FRITZ VON HERZMANOVSKY-ORLANDO
Sämtliche Werke
in drei Büchern bei Zweitausendeins

BUCH 2

Band V
ZWISCHEN PROSA UND DRAMA
Der Kommandant von Kalymnos / Die Krone von Byzanz /
Apoll von Nichts / Exzellenzen ausstopfen – ein Unfug /
Der verirrte böse Hund

Band VI
DRAMEN
Die Fürstin von Cythera / Kaiser Joseph II.
und die Bahnwärterstochter / s' Wiesenhendl oder
Der abgelehnte Drilling / Prinz Hamlet der Osterhase
oder »Selawie« oder Baby Wallenstein

Band IX
SKIZZEN UND FRAGMENTE

Fritz von
HERZMANOVSKY-ORLANDO

Sämtliche Werke

Herausgegeben im Auftrag des Forschungsinstituts
»Brenner-Archiv« unter der Leitung von Walter Methlagl und
Wendelin Schmidt-Dengler

Fritz von
HERZMANOVSKY-ORLANDO

ZWISCHEN PROSA UND DRAMA

Erzählte und dramatisierte Fassungen gleicher Stoffe

Der Kommandant von Kalymnos

Die Krone von Byzanz

Apoll von Nichts

Exzellenzen ausstopfen – ein Unfug

Der verirrte böse Hund

Herausgegeben und kommentiert
von Susanna Kirschl-Goldberg

Band V

Zweitausendeins

Lizenzausgabe mit freundlicher Genehmigung
des Residenz Verlages.
© 1985, 1986, 1992 Residenz Verlag, Salzburg und Wien.

Die Theaterstücke von Fritz von Herzmanovsky-Orlando dürfen nur in der
hier veröffentlichten authentischen Fassung zur Aufführung gebracht werden.
Aufführungsrechte nur mit schriftlicher Genehmigung durch den
THEATERVERLAG UTE NYSSEN & J. BANSEMER KÖLN.

Alle Rechte vorbehalten, insbesondere das Recht der mechanischen,
elektronischen oder fotografischen Vervielfältigung, der Einspeicherung
und Verarbeitung in elektronischen Systemen, des Nachdrucks in Zeitschriften und
Zeitungen, des öffentlichen Vortrags, der Verfilmung oder Dramatisierung, der
Übertragung durch Rundfunk, Fernsehen oder Video, auch einzelner
Text- und Bildteile.
Der *gewerbliche* Weiterverkauf und der *gewerbliche* Verleih von
Büchern, Platten, Videos oder anderen Sachen aus der Zweitausendeins-
Produktion bedürfen in jedem Fall der schriftlichen Genehmigung durch die
Geschäftsleitung vom Zweitausendeins Versand in Frankfurt.

Herstellung der Lizenzausgabe:
Dieter Kohler & Bernd Leberfinger, Nördlingen.
Druck und Einband: Franz Spiegel Buch GmbH, Ulm.
Umschlaggestaltung: Angelo Marabese.
Printed in Germany.

Diese Ausgabe gibt es nur bei Zweitausendeins
im Versand (Postfach, D-60831 Frankfurt am Main) oder
in den Zweitausendeins-Läden in Berlin, Düsseldorf, Essen,
Frankfurt, Freiburg, Hamburg, Köln, München,
Nürnberg, Saarbrücken, Stuttgart.

In der Schweiz über buch 2000,
Postfach 89, CH-8910 Affoltern a. A.

ISBN 3-86150-190-2

INHALTSÜBERSICHT

Der Kommandant von Kalymnos	7
Die Krone von Byzanz	41
Paralipomena	110
Apoll von Nichts (1. Prosafassung)	115
Paralipomena	155
Exzellenzen ausstopfen – ein Unfug	161
Apoll von Nichts (2. Prosafassung)	245
Paralipomena	305
Der verirrte böse Hund (Erzählung)	309
Paralipomena	317
Der verirrte böse Hund (Hörspiel)	331

Kommentar	
Editorischer Bericht	347
Der Kommandant von Kalymnos / Die Krone von Byzanz	
Das Material	356
Entstehung und Rezeption	359
Apoll von Nichts / Exzellenzen ausstopfen – ein Unfug	
Das Material	378
Entstehung und Rezeption	380
Der verirrte böse Hund	
Das Material	392
Entstehung und Rezeption	393
Erläuterungen	394
Verzeichnis der Quellen	485
Anhang	
Glossar	495
Personenregister	501

Der Kommandant von Kalymnos

EIN MYSTERIUM AUS DEM ROKOKO DER LEVANTE

Als der glühend heiße Sonnenbrand sich gelegt hatte und das klare
Firmament vom farbigen Golde Apolls übergossen wurde, den dort,
wo er ins Meer stürzte, karmoisinrote Gluten empfingen, wie ein Kuß
der betörenden Lippen Aphroditens – als von Anatolien her veilchen-
blaues Dämmerlicht das Himmelsgewölbe mit zartem Duft umzog,
öffnete sich die schwere Eichenpforte des Proveditorenpalastes, mit
den geflügelten Eisenschlangen der Kreuzfahrer beschlagen.
Die Backofenhitze der Straße drang in das Innere der dunklen Halle
und ließ die golddurchwirkten Seidenbanner flattern, die unter der
Balkendecke hingen. Fahnen erbeuteter Galeeren.
Da sah man die Adler von Byzanz, Trapezunt und Lesbos, die Löwen
Genuas und die grünen Dreieckzungen mit dem Halbmond Moham-
meds.
Der heiße Lufthauch bewegte auch die verwilderte Allongeperücke
des Heraustretenden, die sich in schwerem Kontrast vom dunkel-
braungebrannten, narbenbedeckten Antlitz des Kommandanten Priul
abhob. Niemand Geringerer war es, der jetzt seinen gewohnten
Abendspaziergang durch die verödeten gotischen Gäßchen begann.
Durch fußhohen Staub schritt er an Marmortrümmern vorbei und an
stachligen Aloëbüschen, graugepudert, verdorrt und verbrannt, bis
zum zerfallenen Molo, an den die blaue See donnerte und Baldachine
von Gischt wölbte.
Dort stand ein Riesengeschütz mit halbversunkener Lafette, der
üppige Bronzeleib hellgrün patiniert, von wilden bacchantischen
Szenen umfaßt.
Als Inschrift trug diese Kanone den dumpf-erhabenen Spruch: DVX.
SVM. BALLISTARVM. SVMMVM. JVVANS. DIVVM. ERGO. SVM.
Auf diesem umbrandeten Punkt ließ sich der Kommandant nieder
und zündete die lange Tonpfeife an – Abend für Abend.
Sein Blick schweifte nach Norden: da hob sich das schimmernde
Leros aus der warmen Flut des Meeres, wo in heiligen Lorbeerhainen
auch heute noch die goldäugigen Nymphen ihren Spielen nachhän-
gen. Weiter rechts tauchten – gleichsam ein Hauch – die leuchtenden
Gipfel von Patmos auf, wo Johannes der Evangelist die göttliche
Jungfrau erblickte. Gegen Mittag Kos und Syrina, von den Okeaniden
und Nixen umtummelt. Und ganz weit unten im Süden – den Blicken

nicht sichtbar und dem Scirocco zugewandt – da wußte er ein bergzackiges schönes Eiland – Scarpanto –, wo ihm einst, als er todwund nach einem Gefecht ans Land gespült wurde, ein schönes Mädchen das Blut von den Wunden geküßt. Gegen Osten lag Halikarnassos mit der Trümmerpracht seiner hundert marmornen Tempel, von Azaleen umwuchert, von Schakalen durchstreift, wenn der Mond die versunkene Herrlichkeit mit seinem Silber bestreute.

Das alles, alles hatte dem stolzen Byzanz gehört und seinen starken Kaisern und lilienschlanken Prinzessinnen.

Dann wieder ließ der heilige Markus sein Banner dort flattern oder die Templer oder die Johanniter von Rhodos.

Feudalherren kamen über das Meer, Franken und Schwaben, Romagnolen, Burgunder, Katalanen, und gründeten Herzogtümer, selbst kleine Kaiserreiche, dann kam der Türke und zerriß den kostbaren Mantel der Pracht über diesem Paradies und schuf Ruinen und fliegenschmutziges Elend und lausige Hütten zwischen den Trümmern der Marmorpaläste.

Und heute hütete er, Priul, den letzten vergessenen Posten San Marcos in der Levante, ein felsiges Eiland – im Passarowitzer Frieden de iure dem Sultan überlassen –, gewisser Zahlungen wegen von den Venetianern aber noch besetzt gehalten. Doch ist es nicht ausgeschlossen, daß bei der ins Traumhafte gehenden Auflösung beider Reiche die versulzten Paschas Kalymnos einfach übersehen hatten.

Seufzend wühlte der Sonnenverbrannte in dem Staub des Molos und dachte an die entschwundene Größe seines Nixenreiches Venedig. Leise Schritte weckten ihn aus seinem betrachtenden Brüten. Ein wenig bekleideter, dunkelhäutiger Bub, den roten Fes am Kopf, brachte ihm die hohe Kupferkanne mit dem heißen Kaffee und die bauchige Dose mit Zucker, von Fliegenschwärmen verfolgt, heute, wie jeden Abend.

Der Kommandant schlürfte den heißen Trank und schenkte dem Bürschlein, wie immer, einen abgegriffenen kupfernen Soldo, mit dem Bilde des Dogen neben dem Löwen San Marcos, und der Schlingel lief jubelnd davon.

Die Nacht kam finster und finstrer heran.

Der Kommandant hob sich kaum noch von der Dunkelheit ab, bis Selene am Himmel erschien.

Mit dem ersten glitzernden Strahl umkoste sie das Geschützrohr und erhellte mit gleißenden Fingern die Konturen der Perücke Priuls ganz silbern, auch den Griff seines Degens und die Schnallen der Schuhe.

Ein Glockenspiel hämmerte klagend vom Turm der Zitadelle, das Zeichen, das alles Tagewerk beendet.

Priul erhob sich plötzlich zur ganzen dürren Größe und stand ehern im Mondlicht da; etwas am Horizont fesselte seine volle Aufmerksamkeit.

Kein Zweifel! Ein großer Segler kam auf Kalymnos zu, mit gelbschwelenden Laternen am Deck, in langsam-wiegender Fahrt. Auch im Hafen hatte man den Ankömmling bemerkt; ein großes Schiff – ein seltener Gast für diesen verlorenen Posten.

Aufgeregtes Volk lief beim Schein der eisernen Fackelkörbe herum; Offiziere, den Mantel hinten mit den Degen erhebend, durchschritten das Volk, ernst unter den sonnenverblaßten Bortenhüten blickend.

Konstabler eilten zu den Geschützen und verjagten die Hunde, die sich an den Kugelpyramiden in ihrer Art zu schaffen machten. Bettler tauchten auf und Limonadenverkäufer, auch ein zerfetzter Rotbart mit seinem dressierten Affen und ein anderer Veteran, der kostümierte Katzen tanzen ließ. Alles wartete gespannt, ob der Ankömmling – der die venetianische Flagge entfaltete – sich als Freund oder als Feind entpuppen werde, denn die Barbaresken lieferten damals die bösesten Überraschungen und hatten kurz vorher halb Island als Sklaven weggeschleppt.

Inzwischen war der große Segler so nahe gekommen, daß man die vielen Leute auf Deck deutlich unterschied.

Einer fiel besonders auf – ein Harlekin – der mit den Matrosen lebhaft gestikulierte. Der Buntlappige lief zu einem der Deckgeschütze und ließ dessen Flammengruß blutrot herausdonnern. Dann drehte der Dreimaster bei, zwei Anker rasselten in die Tiefe, und das Fallreep schwang in elegantem Bogen nach unten. Jetzt schossen Boote heran, und die Ankömmlinge entstiegen der Arche.

Eine bunte Schar, flittergeschmückt, mit Straußfedern und Gaze-schleiern, Brokatwesten und Atlasschuhen, weißgepudert und mit Schönheitspflästerchen mouchiert – kurz, die Truppe Goldonis, der sein Lustspiel- und Opernensemble nach dem üppigen Smyrna führte. Von Candia kommend, gedachte er in Kalymnos eine Station zu machen.

Allen voran schritt Goldoni ans Land, in reichgestickter weißer Staatsrobe, den polnischen Ehrenkalpak in der Hand, den ihm der König von Polen, der tragische Policinellenchef unter den europäischen Monarchen, huldvoll verliehen hatte.

In wohlgesetzter Rede bat er Priul, hier ein Gastspiel aufführen zu dürfen. Dann machte er ihn mit seiner Gemahlin bekannt, der liebreizenden Genuesin Ismene Belezza. Die Vorstellung der hervorragendsten seiner Künstler folgte: die weltberühmte Tragödin Esmeralda Bubonetti, der göttliche Tenor und Heldenvater Trabucello, die madre nobile Frampolesi – in weinroter Krinoline – darauf hockend ein dressiertes Äfflein an silberner Kette, Gaspardino genannt. Galba Ortolano als Bariton und Liebhaber, Umido Umidini, der unvergleichliche Bassist, Zenobia Zinale, die kokette Soubrette, und Felicia Armafrodita Arcolani, die in der Rolle lieblicher Knaben schöner singe als alle Kastraten im Palaste St. Peters.

Während dieses festlichen Aktes kokettierten die Chormädchen mit den verstaubten Offizieren, die sofort in schäbiger Grandezza höher stolzierten, oder die Harlekine mit den fahlen Pergamentnasen neckten die Menge.

Bei Fackellicht bewegte sich die affektiert lachende Schar der Angekommenen, die sogar einen grell gefärbten Vogel Strauß mitgebracht hatte, in ihr Quartier, einen verödeten Palast, der seit der letzten Pest leer stand, und brachte bald Leben und rötliches Licht in das alte Marmorgemäuer.

Die verlassene Kirche St. Pantaleimon wurde Goldoni als Theater zugestanden, und einige Tage später ging die Opera buffa: »Der bestrafte Sesostris« in Szene.

Die wenigen Adelsfamilien mit ihren unanbringbaren Töchtern waren in Staatskleidern erschienen, die den Müttern – ein halbes Jahrhundert vorher – zu Ehren des Seehelden Morosini angefertigt worden waren, als er die Türken bei Amorgos geschlagen und auf Kalymnos seine Flotte retablierte.

Das war das letzte Fest, das die Insel gesehen.

Und heute wurde ebenso geliebt, getanzt und gesoffen in den windzerzausten Ruinen, so arg, daß der Erzbischof Dalmaticus Pipistrelli Priul seinen höchsten Unwillen auf das allerdeutlichste zu Gehör brachte und klipp und klar die Aufführung eines zweiten Singspieles: »Didone e Siroe« verbot.

Verschnupft stach damals Goldoni in See und gondelte mit seiner cupido-umflatterten Komödiantenschar weiter nach Smyrna, wo er Geld und Ehren in reichem Maße erntete.

Ja, der dortige Pascha hätte ihm fast den Roßschweif verehrt, wenn nicht sämtliche Imame und Mollahs sich dagegen ins Zeug gelegt hätten.

Für Kalymnos folgten dann trübe Zeiten.

Auf einer verlotterten Brigg kam der Tod zu Besuch in Gestalt einer bösen Seuche und hielt grausige Ernte einen heißen Sommer lang – genau wie es der fromme Pipistrelli vorausgesagt hatte, traf es ein.

Die letzte der Adelsfamilien, die Villehardouins, zog davon, der Kinder wegen, nach der nächsten Weltstadt der Christenheit, nach dem glänzenden Zante.

Dem einsamen Priul blieben bloß wehmütig verklingende Melodien im Ohre und die Erinnerung an die glänzenden Tage der Opernpracht in der gotischen Kirchenhalle.

Aber noch ein besonderes Andenken ernsterer Natur! – Bei Goldonis Truppe hatte sich ein verkommener sizilianischer Edelmann befunden, Numa Pompilius lo Turco, auch Artemidorus genannt, der dem Wandertheater allerhand Dienste leistete.

Er schminkte die Damen, besorgte Blitz und Donner, falls die Götter erschienen, malte und pappte Versatzstücke, konnte mit bunten Gläsern eine Morgendämmerung, rosig wie Safflor, und eidechsengrüne Mondnächte hervorzaubern und verstand sich endlich darauf, kleine Knäblein zu schmelzenden Sopranen zu verschneiden.

Ganz im geheimen übte er noch eine Kunst aus – ganz im geheimen – hatte doch der »Rat der Drei« die Todesstrafe auf solches Treiben verhängt! Denn sein dunkles Geschäft war die Kabbala, welch

Satansklavier er wie kein zweiter zu spielen verstand. Nicht minder wußte er das Schicksal mit untrüglicher Sicherheit aus den Gestirnen vorauszubestimmen.

Für einen Doppeldukaten hatte er Priul das Horoskop gestellt und es ihm kopfschüttelnd eingehändigt, nicht ohne vorher eine gewaltige Prise zu nehmen. Venus mit Mars und Neptun in Quadratur im Haus der Geheimnisse ... solche Schicksalskandidaten betrachtete der Kenntnisreiche stets mit Bedauern und war nahe daran gewesen, kein Geld für diese tragische Botschaft anzunehmen.

Die Jahre gingen, und um Priul wuchs die Einsamkeit.

Die rotbemalte Stationsgaleere verfaulte langsam an den rostigen Ankerketten; die zweihundertzweiundsechzig Rudersklaven arbeiteten teils in den Olivengärten oder lungerten in den Kasematten des alten Hafenkastells herum, gewölbten, oft in Schutt liegenden Tunnels, deren Ausdehnung nie ganz erforscht worden war.

Vor mehr als zweihundert Jahren wurden viele kunstreiche Bronzefiguren in einem abgemauerten Teil dieser Katakomben entdeckt. Der damalige Proveditore Loredan lieferte sie nach Candia ab, wo sie im Arsenal als willkommener Metallfund zu Schiffskanonen umgegossen wurden; denn die Seetreffen mit den Geschwadern des Großherrn fraßen Schiff auf Schiff und Tausende von Männern, goldtauschierte Rüstungen und reichverschnörkelte Musketen – von den Millionen eiserner und marmorner Kanonenkugeln ganz zu schweigen. Später wurden die Funde aus antiker Zeit immer seltener, obwohl der Boden noch manches Kleinod hergab, das immer flugs in den Schmelztiegel der Leuchtermacher und Schnallengießer wanderte.

Das Wirken Neptuns im Hause der Geheimnisse wollte es, daß Priuls Seelenruhe eines Tages aufs heftigste erschüttert wurde.

Es geschah etwas, was den sonst so kaltblütigen Kommandanten in einen Taumel versetzte und ihm das höchste Ziel vor die Augen rückte, das ein Venetianer überhaupt denken, vor sich sehen kann; als Zugabe wohl auch ein dunkles Verhängnis in sich bergen sollte – grausig wie das Haupt der Medusa, das aus den Meeresfluten heraus ein Gigantenarm vor dem entsetzensstarren Schiffer emporreckt.

Es war in der Früh eines golddurchglänzten Sommertages. Bis in die engen Gäßchen der Festung trieben die Windgötter den betörenden Duft der Blumen und die kristallene Frische des Meeres.

Priul stand in einem finsteren, hohen Gemach seines Palastes, mit der Auswahl des heutigen Tagesdegens beschäftigt, als eilige Schritte heranhallten und ohne Meldung sein Korporal Arcimbelotto Caccianemici in das Gemach stürzte.

Empört wendete sich der Kommandant dem Vermessenen zu, den er für offenbar irrsinnig hielt; er packte ihn wütend am Brustlatz und fragte ihn mit donnernder Stimme, ob er von Sinnen sei. Der Korporal – endlich gefaßt – machte eine Meldung, die Priul aus der gelassenen Ruhe des Edelmannes brachte.

Heute nacht – im Mondschein – sei er patrouilliert und habe am Hügel der Richtstätte etwas verschnauft; ein leises, stetig wiederkehrendes Geräusch habe ihn stutzig gemacht; zuerst sei er der Meinung gewesen, daß eines der zerschmetterten, aufs Rad gewundenen Skelette im Winde klappere. Dann aber habe er sich überzeugt, daß der Ton von den Ruinen des Kreuzfahrerschlosses Clarenza kommen müsse, und richtig bei der Trümmerpforte des Palastes einen vermummten Mann erblickt, der ein beträchtliches Loch in den Boden gewühlt hatte. Der Angerufene entfloh – ein Schuß aus dem Trombon sei fehlgegangen.

Sofort habe er weitergegraben – die ganze Nacht, bis er auf eine schwere, verrostete Eisentruhe gestoßen, die er mit Mühe gesprengt – und was darin lag, habe ihn geblendet!

Eine uralte, goldene Krone in Reifform, schimmernd von Juwelen, mitten unter Moder von Seidenstoffen, das Stück eines Schwertes und viele flache, bleierne Büchsen, die er aber nicht zu öffnen gewagt.

Schnell habe er Erde über das Ganze geworfen und sei herbeigeeilt, vom kostbaren Fund Meldung zu erstatten.

Priul schnallte klirrend den Degen um die Hüften und folgte dem treuen Caccianemici zur Stätte des geheimnisvollen Fundes. Die beiden Männer trugen den Schatz in den Palast, und Priul bewunderte die Krone und schlitzte Bleibulle auf Bleibulle mit dem Degen auf.

Ihr Inhalt waren alte Pergamente, bedeckt mit griechischen Buchstaben, die der Kommandant nur notdürftig zu entziffern verstand. Kopfschüttelnd legte er die Schriften zurück und befahl seinen Sekretär heran, Signore Giulio Cesare Spassetti di Montefurbo, genannt Spartivento, ein verhutzeltes Männchen, etwas bucklig und mit überlangen Affenarmen behaftet.

Dafür aber stammte er aus einer angesehenen Familie, die ihre Tradition bis auf den großen römischen Imperator zurückführte. Spartivento zeigte nicht das geringste Erstaunen über den Fund und schnupfte bloß trübselig, weil er so viel Arbeit vor sich sah. Er glättete Pergament auf Pergament und machte Notizen, runzelte die Stirne und sprang plötzlich mit funkelnden Augen jäh auf. Dann, wieder beruhigt, kaute er an der Feder, fuhr sich mit einem bleiernen Katheter in die Ohren – welcher seltsamen Gewohnheit der Sonderling frönte – und sagte endlich, daß die Papiere, auf die er mit dem Handrücken klopfte, ungeahnte Dinge von unberechenbarer Tragweite enthielten. In der Folge würde wahrscheinlich ganz Europa in Trümmer stürzen.

Dabei betrachtete er nachdenklich die bleierne Sonde.

Die Krone sei die des Kaisertumes der Komnenen, der einzigen rechtmäßigen Herrscher von Byzanz, und das heilige Symbol der Herrn des Orientes.

Priul war sprachlos und sank in einen Lehnstuhl.

»Lies! Lies!«

Doch der Hutzelmann im verschossenen karmoisinroten Galarock hob abwehrend die Hand und sagte streng, daß vor vier Glas der Sanduhr nichts zu reden sei.

Der Kommandant sprang auf und ging wie ein gefangenes Raubtier im Gemach auf und ab, den Sekretär ununterbrochen fixierend, der

mit schiefem Kopf und unter allen möglichen Verrenkungen zu
arbeiten begann.

Endlich, als das vierte Glas gewendet war, begann Spartivento zu
lesen, so hoch aufgereckt als möglich, die eine Hand am abgewetz-
ten Korb seines kümmerlichen Staatsdegens, in der anderen sein
raschelndes Manuskript.

Das Blech seiner Stimme stand in ungeheuerlichem Gegensatz zu
dem, was er las. Der sonst eiskalte Priul ward so erregt, daß er atmete
wie ein Hirsch in der Brunst.

Das Gemecker war längst verstummt. Der schmutzige Schreiber saß
da in krasser Häßlichkeit, eine Wanze fiel aus seiner Perücke; die
Sanduhr türmte ihren kleinen Berg, im Halbdunkel leuchtete
Juwelengefunkel in fremdartiger Pracht.

Priul stand auf, ergriff die Krone, wandte sich gegen Westen und hob
das ehrfurchtgebietende Kleinod dreimal auf und nieder. Dann
flüsterten die beiden Männer stundenlang, und des Kommandanten
Augen bekamen einen Schimmer, wie die einer bronzenen Statue, auf
der der Schein von Pechfackeln spiegelt.

Ohne an Essen und Trinken zu denken, blieben sie beisammen. Priul
wies den Sekretär an zu schreiben, viele große Bogen voll, bis die
Schatten der Nacht das Gemach satt erfüllten.

Und als das letzte Siegel auf den Bericht gedrückt war, klingelte der
Kommandant und befahl dem hereingeeilten Arcimbelotto, seinen
Leutnant Francesco Querini zu holen.

Der erschien mit dem Abzeichen des Dienstes, dem Sponton, den er
klirrend auf den Boden stieß. Dann stand er habtacht! Priul sprach
hin und her gehend zu ihm:

»Im Namen der Allerdurchlauchtigsten Republik befehle ich Ihnen
noch heute nacht in See zu stechen. Alarmieren Sie die Garnison, die
Galeere ist, ohne eine Minute Zeit zu verlieren, zu bemannen. Bis
Zante kommt Ihr wohl mit dem eisernen Bestand aus – das Wasser
habt Ihr in einer Stunde an Bord zu bringen. An Soldaten gebe ich
Euch mit, was die Galeere zu fassen vermag – und wenn hier bloß zehn
Mann bei mir bleiben. Denn was Ihr in raschester Fahrt nach Venedig
zu bringen habt – das, Querini, hat noch niemals ein Venetianer
seiner erhabenen Mutter kniend überreichen dürfen! Querini! Zieht

Euern Degen zum Salut! Querini! Es ist die Krone des Oströmischen Reiches, die ich jetzt vor Euch enthülle!

Querini! Der größte Traum des großen Dandolo geht in Erfüllung – unser ist das rechtmäßige Erbe von Byzanz, niemand darf wagen, uns den Anspruch streitig zu machen.

Der die Krone besitzt und das Schwert Alexanders des Großen, aus Meteoreisen geschmiedet, ist der rechtmäßige Erbe des Reiches, der Herr der Brücke von Asien nach Europa. David, der letzte Kaiser von Trapezunt und als solcher der einzig rechtmäßige Thronerbe von Byzanz, hat diesen Schatz hinterlassen.

Muhammed II. hat sein Reich zertrümmert und den Kaiser mit all seinen Söhnen ermorden lassen. Nur zwei aus dem Hause Komnenos fanden Gnade in den Augen des Sultans: die Prinzessin von Lesbos, die Gemahlin des Alexander Komnenos, und ihr einziger Sohn – beide wegen ihrer ausgezeichneten Schönheit.

Sie flohen – ein letzter Zweig dieses erhabenen Kaisergeschlechtes – ins Felsengebirg Lakedämons, und ihre Nachkommen kämpften dort unentwegt gegen die Türken, bis sie der Übermacht weichen mußten – Fußbreit um Fußbreit – trotz allen Heldenmutes!

Auf zwei Fregatten flohen sie – die eine ist vor Korsika von den Türken vernichtet worden, wie Ihr wohl wißt, die andere ist verschollen.

Es ist diesen Helden nicht gelungen, den alten Thron von Byzanz aufzurichten, da ihnen vor dem gesamten griechischen Volk das legitime Zeichen des Rechtes fehlte, der Kronbrief, das Schwert und die byzantinische Krone!

Und hier liegt alles! Hier vor unseren Augen ...! Wir mußten den Schlüssel zur Macht finden, wir hier im öden Felsenhaufen Kalymnos!

Bringt Ihr – so Gott will – den Schatz wohlbehalten nach Venedig, wird keine Macht der Welt uns in unserem heiligen Rechte behindern, und San Marco beherrscht den Orient – denn Byzanz, mein Freund, ist der Schlüssel der Welt.

Jetzt wißt Ihr, Querini, was Euch anvertraut ist!«

Erschüttert stand der junge Edelmann da, er, ein Sproß des alten Geschlechtes, das so oft für Venedig geblutet.

Sein Vorfahre hatte neben dem Helden Marcantonio Bragadin zäh die Verteidigung Famagustas geleitet, ein Jahr lang, bis der glühende Sommer, der Hunger und der Jammer der verdurstenden Flüchtlinge von ganz Cypern, die zu Zehntausenden in der geschützumdonnerten Stadt zusammengepfercht waren, jeden Widerstand brach. In der Nacht vor der Übergabe war der Schatten Desdemonas erschienen, von den Türmen des Hafenkastells klagend.

Die Kapitulation war ehrenvoll, doch sollte der brennende August-tag, der folgte, den Beginn eines der blutigsten Greuel sehen, von denen die Geschichte zu berichten weiß.

Gegen jeden Vertrag wurden die entwaffneten Truppen niedergemetzelt, Bragadino, grausam verstümmelt, mußte den ganzen Tag lang mit dem Schubkarren Erde führen, bis er vor Ermattung zusammen-gebrochen, an eine Säule gebunden, lebendigen Leibes geschunden wurde.

Mord und Brand wüteten tagelang weiter. Immer neue Tausende und Tausende wurden massakriert, die Mädchen und Knaben geschändet und in die Sklaverei verschleppt.

Die Beute war unermeßlich. Die Schätze der ganzen Insel waren in die Riesenfestung Sanmichelis geschafft worden; darunter auch die silberne Quadriga des Lysippus, die Aphroditenstatue aus den Ruinen des Tempels von Paphos, aus dickem Goldblech mit taubeneigroßen smaragdenen Augen der Göttin; und vor allem die heiligen Bücher des mystischen Rituals von Eleusis, das die Satans-diener so hassen, daß sie eben den schwächlichen Säufer, den Sultan Selim, zum Angriff auf das heilige Cypern bewogen, wie sie neun Menschenalter vorher den Templerorden durch einen ähnlichen Lotterbuben und Affenbastarden, den König von Frankreich, in die Dunkelheit drängten. Doch die Galeere, die die kostbarsten Schätze und die schönsten Gefangenen trug, ging bei Cap Colonnas in die Luft, mit ihren brennenden Trümmern das ganze Geschwader vernichtend. Ein Griechenmädchen von edelstem Blute war es, das eine Fackel in die Pulverkammer warf und den Willen der olympi-schen Götter erfüllte.

Ein Kanonenschuß rollte durch die laue Nacht und erhellte für einen Moment mit öligem Gelbrot das alte Mauerwerk des Kastells Tornese.

Fieberhaftes Leben begann im Hafen.

Hunderte von dunklen Gestalten drängten sich über die Laufbretter ins Innere der Galeere, und bald hörte man die Sträflinge in ihren Ketten klirren.

Wasserfaß auf Wasserfaß wurde an den sieben Mündungen des Tritonenbrunnens am Hafenplatz gefüllt und von jämmerlich gebleuten Eseln zur Galeere geschleppt, deren Deck jetzt – im Lichte pergamentumschlossener Laternen – von Matrosen und Seesoldaten wimmelte.

Die Vorruderer – am Heck die Spallieri, die Vogavanti längs der Relinge und die Coniglieri vorn bei der Bugbatterie – warteten des Befehles einzusetzen.

In zwei Reihen standen die Trompeter unbeweglich da, die Instrumente auf die Hüfte gestemmt.

Als letzter begab sich Querini an Bord.

Mit einem Ruck setzten die Spielleute die Trompeten an den Mund und schmetterten die Neptunsfanfare in die Nacht.

Die Taue wurden gelöst, die Blöcke im Takelwerk knarrten, Segel hingen hoch. Fagotte, die den Ruderern den Takt angaben, setzten an Steuerbord und Backbord zugleich ein, und das schlanke, blutrote Fahrzeug schoß rasch durch die mondsilberne Flut, den langen, schaumgekrönten Wogen der hohen See zu.

Lange starrte Priul der Galeere nach, der Botin höchsten Ruhmes, und begab sich zur Ruhe, voll Gefühl eines unbeschreiblichen Triumphes.

Und in der Nacht sah er sich zum Dogen gekrönt unter dem Jubel des Volkes, dem Donner der Galeeren, dem Gesang der Priester und den bewundernden Blicken aller schönen Edelfrauen Venedigs. Ein Blumenregen ging vor ihm nieder, Sonnenstrahlen drangen durch die Wolken von Pulverdampf und vergoldeten die flatternden Tauben.

Doch war Priul in diesem Traumgespinst nicht allein auf Kalymnos. Noch über einen zweiten war es gekommen – in ränkevoller Mißgunst – über den Affenarmigen.

Der fand nicht Ruhe unter dem löcherigen Moskitonetz seines Bettes – der bucklige Spartivento.

Er wälzte sich auf den heißen, mit Baumwolle steinhart gestopften Kissen – wie sie die Levante in den Satyrspielen ihrer Verirrungen so sehr liebt – wälzte sich, daß das Ungeziefer seines Lagers scheu davonstob, und sprang endlich mit den großen Plattfüßen klatschend auf den Ziegelboden seines Gemaches.

Dann ging er zum Schreibtisch, dem er eine Korbflasche feurigen Mavrodafnes entnahm, und trank die dick mit Mastix versetzte Flüssigkeit in langen Zügen schmatzend und gurgelnd.

Schließlich schmetterte er die Flasche zu Boden, drohte mit der Faust in die Richtung des Kommandeurpalastes und brach in ein ersticktes Lachen aus. Stülpte die mäusezernagte Perücke auf den gelben Schädel und zündete eine vor Hitze krummgebogene Unschlittkerze an.

»Schäbiges Unschlitt! ...

Heute noch ... Ja! ...

Dann ... Tausend bemalte und vergoldete Wachskerzen in silbernen Kandelabern und Kronleuchtern aus Murano!

Doge Spassetti! ...

Spassetti? ... Verflucht!

Überall der Name im Wege! Ohne Klang! – Das goldene Buch verzeichnet keine Spassettis!

Priul! Ja! Der hat's leicht ... und ursprünglich doch bloß Furlaner – wo nicht gar dreckiger Veroneser ...

Hundsfott von einem Patrizier! ...«

Er spuckte aus und nagte verzweifelt an der bleiernen Sonde, die ihm ein verwilderter Schiffschirurg vor vielen Jahren verehrte. Damals war er ein armseliges Schreiberlein gewesen, ein Spott der Matrosen, wenn er, immer wieder seekrank, auf dem glitschigen Deck des Admiralschiffes herumstolperte.

In einem finsteren Loch unter der Wasserlinie mußte er amtieren, beim rauchenden Licht einer Ölfunzel seine Bücher führen, die Lohn- und Mannschaftslisten in Evidenz halten und die Proviantverzeichnisse kontrollieren.

In dieses Verlies konnte man nur durch enge Schächte über die beim

Seegang krachenden Stiegen und durch ein niederes, schwüles Deck in gebückter Haltung gelangen.

Dort schlief er auch, und dorthin brachte man ihm das fauligste Wasser und das stinkendste Essen, das die anderen verschmähten – ihm, dem Nachkommen des großen Imperators!

Dann sprang er auf, taumelte einige Schritte in seinem Käfig herum, besah ein altes römisches Goldstück mit den Zügen seines Ahnherrn – ein Amulett, das er stets bei sich trug – und verbarg schluchzend das Antlitz in den Händen.

Lief das stolze Schiff in einen Hafen und bekam man Urlaub, in das Gewühl solch eines fremden Emporiums zu tauchen, wurde die Qual noch ärger.

Kam da die Nacht, und mischten sich die Seeleute unters Volk, da koste es in engen Gassen, flüsternd, kichernd, in Wollust kreischend.

Im roten Flammenschein der Fackeln gewahrte man manch schönes Kind, dem wetterbraunen Marineur nicht abhold. In den Cafés drängten sich die Offiziere im Goldgefunkel ihrer Tressen, in bunten Atlasröcken, Jabots aus Flandern, Federhüten aus Marokko; sie spielten Pharao, und Kurtisanen streiften fächelnd an sie heran.

Nur ihm lächelte niemals ein Mädchen zu, nicht die letzte Dirne in den Spelunken Syriens.

So führte er ein jämmerliches Dasein, von den Quartiermeistern angeschnauzt und von allen verachtet, wenn er sich beim Beginn jedes Gefechtes im Kielraum unter Tauwerk und Zwiebackfässern versteckte.

Wenn dann die ersten Verwundeten herabgebracht wurden, die Verstümmelten sich brüllend in Schmerzen wälzten, Zerschmetterte, Verbrannte nicht sterben konnten, da glaubte er irrsinnig zu werden aus Angst, weil ein gleiches Schicksal auch ihm jeden Moment winkte.

Jetzt verkroch sich der Feigling noch tiefer und stopfte sich Werg oder Schmutz in die Ohren – was ihm gerade in die Hand kam.

Am schlimmsten war es, wenn in solchen Stunden die Matrosen ihn aus seinem Schlupfwinkel herausrissen und unter Fausthieben und Kolbenstößen zum Spitaldienst schleppten, auf daß die Memme doch zu etwas nutz sei.

Da mußte der unfreiwillige Helfer, ein Jammerbild mit schlotternden Kiefern, die Laterne halten, um dem Chirurgen bei den Operationen zu leuchten, bis er in Ohnmacht fiel, wenn das Blut strömte oder bläuliche Eingeweide am Boden dahinglitscherten. Fühllose Schiffsjungen warfen solche Überreste in die Kupfereimer zu Knochensplittern und Hautfetzen und schleppten Last auf Last zu den ächzenden Aufzügen.

Dabei die Sturmmusik des Todes – Donnerschlag auf Donnerschlag aus den geballten Pulverwolken, das Poltern der rücklaufenden Geschütze, die Schläge stürzenden Takelwerks, wildes Geschrei und das brausende Knattern des Musketenfeuers.

Nur der erwähnte Wundarzt nahm sich manchmal seiner an. Als er wieder einmal besinnungslos dalag, hatte ihm der blutbefleckte Äskulap mit ebendieser Sonde so lange auf den Kopf geschlagen, bis er zum Leben erwachte.

Dann schenkte er ihm lachend das Instrument.

Er solle es hochhalten, hatte ihm der rattenflinke, alte Bursche gesagt, es stamme von Prosper Alpinus, dem Admiralarzt Andrea Dorias, der sich mit Hilfe der Franzosen zum Herrn Genuas gemacht hatte.

Als ihm diese Worte durch den Sinn gingen, pfiff Spartivento leise auf, ein staunendes Erkennen ging über sein verschmutztes Antlitz; er stürzte zum Schreibtisch und begann einen Brief zu schreiben ... und je weiter er kam, desto tückischer funkelten seine kleinen, grünlichen Augen.

»So ist es besser ... besser, als wenn ich ihn ...!

Nun ja! ... Blut ist Blut ...

Doch meine Sterbensstunde sei gesegnet! ...«

Dann stellte er sich vor das würmerzerfressene Heiligenbild, dessen Vergoldung im unsicheren Licht der Kerze rissig funkelte, und bekreuzte sich dreimal bis zum Erdboden.

In der ersten Dämmerung des anbrechenden Morgens sah man den spinnenbeinigen Schreiber im Spitzbogentor eines der finsteren Häuser des Hafengäßchens verschwinden – Spelunken, von Fischern und Seilern, von Matrosen und Segelflickern bewohnt, voll Ölgeruch und schmierigen Kindern, die frech und begehrlich jeden Passanten umdrängten.

Polywanzos hieß der Wackere, der auf skurrilem Bragozzo in Bälde in See stach, einen Wachskuchen wohl verwahrend, worin ein Brief war.

Ein Brief!

Was sonst sollte die Waffe eines Schreibers sein?

Sein Degen, an dem er, der bescheidene Junggeselle, die Fische zu Mittag am dürren Kaktusfeuer röstete?

Oder Gift?

Das eher! – Aber wie gesagt, sein Seelenheil! Vielleicht dann in der Hölle mit glühender Feder alle Akten der Welt kopieren müssen?

Nein!

Sein Plan stand fest und war ganz einfach.

Die Galeere war ja ohne die Krone in See gegangen, denn im letzten Moment hatte er – der kluge Spartivento – dem Kommandanten die Gefahr gezeigt, die einem einzelnen Schiffe mit dieser unersetzlichen Ladung drohen könne.

So hatte Priul den Querini beauftragt, so rasch als möglich Bericht nach Venedig zu bringen, man möge das Unterpfand der Macht über zwei Welten mit einem Geschwader zum Rialto befördern, stark genug, um jedem Handstreich zu trotzen.

Als er Priul diesen Rat gegeben, hatte er noch keinen Plan gehabt, nur verhüten wollen, daß die Krone fortgebracht würde.

Denn war sie fort ... war für ihn alles verloren!

Für ihn, dem sie als dem Nachkommen Cäsars eigentlich gebühre.

Aber jetzt hatte er Botschaft an den Admiral von Frankreich gesendet, der in der Ionischen See kreuzte, und den fünfzehnten Ludwig ließ er wissen, daß ihm das Geheimnis der oströmischen Krone bekannt sei ... Als Lohn fordere er einen Fürstenhut. Wenn er schon die Dogenkappe nicht tragen dürfe. –

Pah! Er wäre auch Grieche geworden mit einem Lorbeerkranz um den dürren Schädel, wenn sich die Sache vor fünfzig oder hundert Jahren abgespielt hätte, als die jetzt verschollenen Prätendenten von Byzanz, die letzten Komnenen, noch lebten und in Mystra, der Felsenstadt Lakedämons, in kümmerlicher Pracht residierten. Doch jetzt war jede Spur von ihnen verschwunden und Hellas gänzlich verlöscht und zertreten.

Und seine Gedanken verfolgten Polywanzos.

Dieser Bote kam niemals zurück.

Wochen vergingen.

Nichts rührte sich in der Hitze des Sommers, der noch nie mit so bleierner Schwüle auf Kalymnos gelagert.

Abend für Abend starrte der Kommandant gegen Westen in die purpurne Abendglut über die wogende See hin, bis ihn die Augen schmerzten wie brennende Wunden.

Den Kaffee ließ er stehen und zertrat mehr als einmal die kupferne Kanne.

Er verschmähte fast jede Nahrung, und der Waffenrock schlotterte um seine dürren Glieder.

In einer Nacht geschah es, daß Priul, der in ohnmachtähnlichem Schlafe gelegen, mit einem Schlage jäh wach wurde.

Ihm war es, als läge er in lodernden Flammen. Doch spürte er keinen Schmerz, bloß ein lüsternes Grauen.

Silberne Glöckchen erklangen. Ihr Ton wuchs zum unermeßlichen Klingen und Brausen heran, und ein nichtendenwollendes Zittern durchlief seinen Körper, wie ein Schiff zittert im rollenden Donner der Seeschlacht.

Er fühlte sich in der Hand einer fremden Macht.

Dann verwirrte sich sein Traum in ein buntes Bild voll Goldgeflimmer; verführerischem Gelächter und Blut.

Und rote Wogen verlöschten sein Bewußtsein.

Als er aufstand, war sein Kopf wirr, wie nach einem tollen Gelage; und als er sich im Bett aufstützte, spürte er einen Schmerz an einer Stelle der Brust. Voll Zorn über die Schlappheit, die ihn – den rauhen Krieger – gepackt, ermannte er sich, beschloß, einen Kübel Wasser über den Kopf zu stürzen, und goß ein Aquavit hinunter. Flink in die

Kleider, den Degen gepackt und hinaus in die Kühle des Morgens, sich durch einen ausgiebigen Spaziergang zu erfrischen.

Wie wohl ihm die Seebrise tat!

Welch eine Morgenpracht! Welche Fluten goldenen Lichtes!

Weg mit dem gespenstischen Erlebnis der Nacht, das sich verworren vor ihm aufzubauen begann, bis zu einem Punkt, wo sich alles verwischte.

So schritt Priul lange dahin, zuerst in befreiter Stimmung, dann aber finster zu Boden blickend, tief in Gedanken versunken.

Wo nur die venetianische Flotte blieb?

Acht Wochen waren seit dem großen Tage vergangen, da man die Krone gefunden.

Jede Stunde war es jetzt zu erwarten, daß sich eine lange Reihe von Segeln über den Horizont erhob, um sich möwenumflattert Kalymnos zu nähern.

Immer grandioser wurde das Gemälde. Die goldenen Löwen San Marcos auf purpurnem Fahnentuch, die Konstabler mit den brennenden Lunten bei den Geschützen, den Royal Canons, Quartanen, Aspiks und Kolubrinen, die Schiavoni in stählernen Helmen, die tulpenköpfigen Musketen geschultert, die ernsten Steuerleute im Halbdeck, die Augen starr auf den Kompaß gerichtet, die Kadetten, gewärtig, jeden Moment den Befehl des Kapitäns zum Beidrehen weiterzugeben, Tausende von Matrosen bereits auf den Rahen und Wanten, der Proveditor der Republik an Deck des Admiralschiffes mit seinen Kommissären, Perücke an Perücke, dazwischen die schwarzen Roben der Notare San Marcos ...

Da blickte Priul auf, vom eleganten Geräusch rauschender Seide aus dem Traumbild gerissen.

Was war das?

Welch liebliches Bild!

Narrt' ihn sein Auge oder war es holdselige Wirklichkeit?

Nicht weit von ihm ging auf zierlichen, hochgestöckelten Schuhen ein junges Fräulein, so schön, wie er noch nie eines gesehen. Sie trug einen silberdurchwirkten Pannierrock, einen resedafarbenen Shawl um die schmalen Schultern, die hohe Frisur ließ weißgepudert eine schleifengeschmückte Locke auf die Brust fallen.

Ein stolzer, purpurgeschminkter Mund, ein entzückendes, gerades Näschen und strahlende Augen von unwahrscheinlicher Größe, die durch ein Lorgnon den staubigen Kommandanten etwas hochmütig musterten.

Eine Dienerin in gelbem Taftkleid trug über dem Haupt der entzückenden Donzella ein Parasol, das die Sonnenstrahlen abhielt, die von dem mit zarten rosa und gelben Wölkchen geschmückten, seidigblauen Himmel fielen, ein Parasol, so kunstreich mit Straußfedern gekrönt, daß nur eine Gemma Preciosa Balanzoni aus Palermo ihn gefertigt haben konnte, deren Werke bis Persien und Indien berühmt waren.

In schwarzer Atlasmantille folgte eine dicke Duenna im Hintergrunde.

So zog die kleine Gesellschaft ganz nahe an den Kommandanten heran, der an den Marmorsockel einer zertrümmerten Venusstatue gelehnt, stehen geblieben war.

Ein kleines Palasthündchen sprang mit dünnem Gekläff an Priul empor und versuchte ihn an den Rockschößen zu packen.

»Kassandra!« rief mit melodischer, etwas dunkel gefärbter Stimme das Edelfräulein.

»Kassandra! Da her!« Dann packte sie das demütig herangekrochene Hündchen am Genick und warf es der gelben Sklavin in großem Bogen zu.

»O bitte! Das Hündchen stört mich nicht! Im übrigen – Ordelafo Priul, Commendatore und Baïlo der Insel!«

»Und ich bin Helena Laskaris, und auf der Fahrt nach Cypern zu meinem Vater. Dies da ist Madonna Giustiniani, meine Duenna. Ich komme von Konstantinopel; ein Unfall nötigte uns, heute nacht hier zu landen: in meiner Kajüte brach ein Brand aus, denn meine Dienerin, diese schläfrige gelbe Person da, fiel mit dem Rechaud die Kajütentreppe herunter. Mit Mühe wurden wir nach stundenlangem Kampf Herr des Feuers, und ich muß so lange hier bleiben, bis mein Gemach wieder hergestellt ist. Ich brauche Komfort . . . das wird wohl einige Zeit dauern.

Ich hoffe auf Ihre Erlaubnis, Herr Kommandant!«

»Oh! Archicontessa« – Priul wußte, welche Titulatur einem Mädchen aus dem Hause Laskaris gebührte – »fast möchte ich das Verhängnis preisen und mit Ariost den Feuergott loben, der das Zelt Angelicas verbrannte ... Ah! Wohin verirre ich mich! – Darf ich die Bitte wagen, daß Sie im Templerpalast Quartier nehmen?«

Das schöne Mädchen wendete das liebliche Gesicht der Duenna zu, so daß ein Goldhauch des Lichtes über ihren Pfirsichteint streifte.

»Madonna! Welch edles Beispiel venetianischer Gastfreundschaft. Wir nehmen dankbarst an!«

Mit anmutigem Lächeln dankte sie Priul und setzte unter graziösem Fächerspiel ihre Promenade fort.

»Cours de la Princesse« – so mindestens dachte der galante Edelmann hinfort das Stück Strandpfad zu nennen.

Wie wunderlich:

Dem Kommandanten war es gar nicht mehr so eilig, die Flotte San Marcos über die Seekimmung auftauchen zu sehen ... es dünkte ihm gar nicht mehr so wichtig, den Donner aus ehernen Kanonenmünden zu hören ... vielmehr Sehnsucht quoll in seinem Herzen empor, die süß-herbe Stimme von den stolzen und doch so lieblichen Lippen dieses geradezu berückenden Ankömmlings zu vernehmen, dieser schlanken Seeschwalbe, die sich auf sein Eiland verirrte.

Nach wenig Tagen naht die junge Schöne
Dem Orte, wo der Franken Lager steht.
Sowie sie ankommt, flüstern ihr die Töne
Des Staunens nach, und jeder schaut und späht:
Wie wenn bei Tag – in nie geseh'ner Schöne
Ein Stern erscheint, ein strahlender Komet.

Von ihrer Götterschönheit angezogen,
So wie das Licht den Schmetterling erregt;
Naht er und blickt – durch ihren Reiz betrogen
Ins Auge, das sie sittsam niederschlägt,
Doch hat er schon ihm helle Glut entzogen ...
Oh – Despina Armida ... Helena ...

Ordelafo! Wohin verirrst du dich? Weg mit diesen verliebten Versen Tassos ..., die dir schon soviel Prügel vom Maestro Bembo auf der Schule gekostet, in der stinkenden Salizzada Zanipolo!

Allein – Priul, der sonst so eherne, schwärmte weiter.

Oder er grübelte: Laskaris! Die Fürsten vom Parnaß, aus dem Hause Bellinzanzon, waren mit ihnen verschwägert ... auch mit Priuls, die Skyros beherrschten.

Und mancherlei ging ihm durch den Sinn.

Im sechsten Jahre Innozenz' III., da Georg der Glänzende, Thamars Sohn, in Georgien regierte, und Balduin von Flandern nach der Erstürmung Konstantinopels durch die Kreuzfahrer über die rauchenden Paläste der Hauptstadt herrschte, da waren die Laskaris die Herren von Nikäa. Ein machtvolles Geschlecht! Vor ihnen zitterten selbst die Sultane von Ikonium so, daß die Seldschuken jedes Oberhaupt der Christen von Anatolien als Al-Aschkar bezeichneten.

Und nun zitterte er, der harte Kommandant, daß das Licht ihrer Augen auf ihm ruhe! Heiliger Ordelaf von Monembasia, mein Schutzpatron, steh mir bei!

Er zerrte wütend am Degengurt und stampfte mit den Füßen. Mit seiner Ruhe war es dahin.

Als nächsten Vorwand, diese juwelengleiche Donzella zu sehen, beschloß er, bei ihr zu erheben, ob sie, Helena, etwa dem Hause Laskaris von der Linie Trebisonda angehöre, richtiger eine Laskaris-Melissenos, aus dem Hause der Kabasita sei, die die vielen Lehen und Alpen gegen Iberien und Alangogaza hin besäßen ... die Burgen Zigana, Cadaca, Dorila und das herrliche Mesochaldion zwischen den gletscherbachdonnernden Alpenhöhen und dem blauen, weiten Meer, über das Jason das Goldene Vlies gebracht.

Am nächsten Tag kam er der angenehmen Pflicht nach, dem vornehmen Ankömmling seinen offiziellen Besuch zu machen.

Unter strengstem Zeremoniell trat er an.

Vier Mann, die Musketen geschultert, die rauchenden Lunten in der Hand, gingen als Schildwache vor dem Palast auf und ab. So wollte es das Paradereglement Venedigs.

Madonna Giustiniani empfing ihn mit wogender Grandezza im spitzbogigen Loggiensaal, in dem eine Räucherpfanne gloste. Sie ging voraus, rauschend in starrer Seide, mit schlaffen Hängewangen und unergründlichem Blick in den fahlen Fischaugen.

Sie hob einen Teppich zur Seite und ließ den verliebten Baïlo ins Allerheiligste eintreten.

Die schlanke Despina empfing ihn auf ihrem Teppichlager, um das vier schwere, silberne, turmförmige Räuchergefäße hellblau qualmten. Ein Papagei ließ die goldenen Fußfesseln erklirren. Es roch betäubend nach indischen Drogen in den Feuerbecken, nach Seide und dem verwirrenden Parfüm, das den Locken und der Aura solcher junger Mädchen zu eigen ist, die so schön sind, daß man sie in der graziösen Sprache der Aphroditemysterien als »Ministranten der goldenen Narzisse« bezeichnete.

Nach fränkischer Sitte reichte sie dem Kavalier die schmale Hand zum Kuß und bot ihm Rahat, lesbischen Mastix zum Kauen und eine betörende Droge an, aus Rosenblättern und Nelkenhonig, aus Kerisondo, leicht mit Haschisch gepudert. Artig wies der rauhe Krieger diese unmännlichen Genußmittel von sich und begnügte sich mit dem schwarzen Kaffee, den die gelbseidene Sklavin kniend überreichte.

Priul war verlegen.

Er hätte lieber mit vier bis fünf Teufeln gekämpft, als diesem schönen Mädchen da mit dem holden Lächeln ausgeliefert zu sein, zumal er bemerken mußte, daß dem Lächeln ein ganz leichter Zug, fast wie Hohn oder eigentlich von etwas Unbeschreiblichem, beigemischt war.

Der Schritt der Schildwachen, der von der Straße heraufhallte, gab ihm irgendwie ein Gefühl von Sicherheit.

Er kam sich wie ein Feigling vor; es war zum Verzweifeln! Das

Gespräch wollte zuerst nicht in Gang kommen, und das Fräulein betrachtete voll Interesse ein monumentales Bonbon aus vergoldetem und bemaltem Zucker, das Martyrium des heiligen Erasmus darstellend.

»Sagen Sie, Eccellenza, Ihre Familie hat einmal Skyros besessen? Nicht?«

»Ich habe« – dabei biß sie einem Henkersknecht den Kopf ab – »wenigstens davon gehört und möchte Näheres darüber von Ihnen wissen.«

Priul war selig. Befreit atmete er auf – jetzt hatte er Stoff, sich als geistreicher Plauderer zu zeigen und sein nichtendenwollendes, heraldisches Wissen leuchten zu lassen.

Das schöne Mädchen zeigte das lebhafteste Interesse und war erstaunt, sogar neue Daten über ihren verwickelten, von Anatolien bis Burgund und von Montferrat bis Kappadozien reichenden Stammbaum zu hören.

Der schlaue Priul gab vor, ihn zu besitzen – nur in seinem Palazzo zu sehen – als umfangreiches Dokument, nebst vielen anderen kostbaren Dingen, so selten, wie der einzig echte Fußstapfen des Esels, auf dem der Heiland in Jerusalem einzog – der köstlichste Besitz seines Hauses, um dessentwillen sein Ahnherr Ordelaf I. im Kreuzzug das Leben gelassen.

»Madonna Giustiniani! Madonna Giustiniani! Das müssen wir sehen und vor dieser heiligen Reliquie unsere Verehrung verrichten!«

Priul lud also die Damen, wenn die Abendkühle gekommen wäre, zum Besuch in seinen Palast ein.

Kaum war er gnädigst entlassen, klingelte die junge Despina.

Der Kapitän der Laskaris trat ein, verneigte sich ernst und tief und blieb in demütiger Haltung stehen.

»Chalkondyles! Was für Wind ist auf?«

»Levante bis Levante quarta Greco und wird sich noch zwei Strich nach Norden drehen; er weht so stark, daß ein Schiff gut voll und bei am Wind gehalten, einfach gereffte Marssegel und Bramsegel führen muß.«

»Sehr gut. Das gibt ein hartes Kreuzen für die Venetianer und drückt sie in die Cykladen zurück. Die zwei Kolubrinen neben der Kombüse

mit Kartätschen laden; für zweite Lage Kettenkugeln und genug Kardusen für die Deckgeschütze – Persenninge über alles breiten!«
»Sehr wohl!«
Mit gnädigem Kopfnicken war der Kapitän entlassen.
Eine Zeitlang blieb die Donzella in tiefen Gedanken versunken. Dann sprang sie auf, reckte ihre geschmeidige Gestalt zu voller Höhe und ging zu einem Schrein, dem sie Hände voll des kostbarsten Schmuckes entnahm.
Stein um Stein ließ sie aufleuchten, einer herrlicher als der andere. Schließlich wählte sie noch einen Fächer für den Abend, der Feinheit nach ein in Persien gemaltes Meisterwerk, doch im Stile des europäischen Modekreises: Gazellenjagden durch verschnörkelte Bosketts, Amazonen in Krinolinen gegen Türken kämpfend und ein Frankenkönig in einem indischen Liebesgarten. Nach diesen Vorbereitungen rief sie ihre Duenna.
»Madonna Giustiniani! Warum ist Kassandra noch nicht parfümiert? Putzen Sie ihr die Nase mit Lilienwasser!«
Ihre weitere Aufmerksamkeit galt dem Papagei Thersites, der vor ihrem Blick die Augen schloß und: »Nieder mit den Türkenhunden!« rief. Er bekam den Rest des heiligen Bonbons.

Der Abend kam. Silbern blitzte ein Stern nach dem andern am Göttermantel des Himmels auf, und über Anatolien schwebte, wie ein ferner Schiffsbrand, in düsterer Feuersglut der Vollmond höher und höher.

Im Commendatorenpalaste wurden Vorbereitungen getroffen, und als sie beendet waren, die Dienerschaft fortgeschickt.

Priul ging, festlich gekleidet, alles musternd die Säle und Gemächer durch, ordnete da und dort den Faltenwurf eines Brokates und stellte noch eine Rosenvase auf den Tisch neben die heraldischen Schriften.

Wenige Lampen brannten und mischten ihr rötliches Geflacker zum Blau-Weiß des Mondlichtes.

Ein Türklopfer ertönte.

Der Kommandant führte die Damen, die schwarzseidenmaskiert durch die Gartenpforte des Palastes eingetreten waren, in den Prunkraum, von Girandolen und Silberlampen kaum zur Genüge erleuchtet.

Man nahm Platz. Arcimbelotto servierte Konfekt und Malvasier; dann verschwand er auf einen Wink des Kommandanten. Niemand hat ihn wieder gesehen.

Helena war schöner denn je. Eine Duftwolke von cyprischem Parfüm umgab sie, ihre Augen irisierten wie fremdartige Edelsteine, der Mund war maskenhaft geschminkt. Die Glätte ihres Gesichtes, auf dem Priul umsonst nach einem Fehler zu seiner Rettung suchte, der Lockenbau ihrer Frisur, das Blitzen der schönen Zähne verwirrten den Gastgeber aufs tiefste.

Obgleich ein griechisches Edelfräulein vor ihm saß, vermengte sich ihm mit ihrer Erscheinung immer wieder der Eindruck eines Torso des Hyakinthos, den er einst auf Delos gesehen.

Madonna Giustiniani nickte nach wenigen Minuten tief ein. Man ehrte ihren Schlummer.

Priul holte die versprochenen Dokumente heran und rollte die Tausenden von Dynastenfamilien auf, die alle – uneingestandene Nachfahren des großen Alexander auf dem Weg nach Indien – von Mazedonien bis Bagdad, in jahrhundertelangen Kämpfen das Märchenland des Ostens beherrschten – diese Ritterfiguren aus

Tausendundeiner Nacht – hin und her wogend – Abenteurer und zu den Göttern Stürmende, Templeisen und Gnostiker – alle auf dem Zug der Sonne entgegen.

Scharen und Scharen. Herzogtümer, Burgen und Königsschlösser ohne Zahl wuchsen empor, versanken, entstanden neu – ein Paradies der Minstrels und fahrenden Ritter, wo hellenische Grazie und stählerne Gotik ein Zauberreich schufen, in dem Liebe und Abenteuer die buntesten Bilder woben, bis der Türkensturm alles in Greueln erstickte.

Da zerriß die schöne Donzella ihr Spitzentuch in kleine Fetzen – ihre Augen flammten, daß selbst der kühne Kommandant erschrak, sie fuhr empor und warf die Schultern zurück, daß die Perlenkette zerriß und die irisierenden Kugeln am Marmorboden dahinrollten.

Jetzt stand sie da, die eine Hand vorgestreckt, als ob sie einen Degen zur Stütze suche.

Durch das zärtliche Spielzeug ihres graziösen Flitterwerkes trat für einen Moment die antik-herbe Plastik der Jugendpracht ihres Körpers hervor.

Priul sank in die Knie.

»Willst du die Perlen suchen!« rief jetzt mit girrendem Lachen das Mädchen. »Dahin! Dahin! ... So sind sie zerronnen – die Perlen am Gürtel der Aphrodite – die Burgen, die Fürstenhöfe – und das schimmernde Schloß des Gürtels, das Parthenon!«

Mit wütender Gebärde, sich halb umwendend, streifte ihr finsterer Blick die Duenna.

»Und da kann sie schlafen – die Giustiniani – ... natürlich ... Lateinerin!«

Priul fuhr zurück.

»Oh! Ich wollte Euch nicht kränken ... ich habe vergessen, daß Ihr Venetianer seid ...«

»Es hat mir weh getan ... Euer Wort ... Archicontessa, denn – ich liebe Euch!«

»Still! Still! Was fällt Euch ein! Was sprecht Ihr da! Erhebt Euch! Wenn die Giustiniani aufwacht ...«

»Nein! Nein! – Ich kann nicht mehr schweigen! ... Als ich Euch zum erstenmal gesehen ... heute weiß ich's – stand ich auf einer heid-

nischen Zauberstätte – in den Trümmern des Aphroditentempels seid
Ihr mir begegnet ... da war ich verloren an Euch, rettungslos ...
Kommt mit mir, hier kann ich nicht sprechen.«
Und er nötigte die Widerstrebende mit sanfter Gewalt in einen
Nebensaal.
Da – mitten im Mondlicht – stand sie diamantenschimmernd. Eine
vielflammige Silberlampe mit Kephalos und Prokris beleuchtete
Helena in rosigem Gegenschein.
Priul umfaßte ihre Hand.
»Helena! Ich kann nicht ohne dich leben, ich vergehe, verzehre mich
in Sehnsucht – sei mein – siehe, ein Priul liegt zu deinen Füßen und
bittet um deine Hand – im Staube vor dir, – Gott ist mein Zeuge –
noch kein Weib hat mich jemals so gesehen.«
Die schöne Laskaris hob die Arme und rang die Hände.
»Ihr Götter! Er ist von Sinnen! Du! Du venetianischer Kanalrattenhändler – du willst um mich freien ... du! ... Bist ja von Sinnen ...
von Sinnen!«
Sie hob die Silberlampe empor.
»Da – Kephalos und Prokris – da hast du das Beispiel ... wie kannst
du dich gleich ihm vermessen ...«
»Fürstin der Schönheit, Prinzessin der Grazien, Herzogin der Anmut
– quäle mich nicht«, stöhnte Priul, dem die Liebe die Zunge gelöst.
»... Herzogin der Anmut ... Venetianer, stolzer Sohn der Republik
... du hast gelernt. – Doch eine Herzogin! Am Rialto mag es genügen
– kann sein, daß ein wohlerzogener Venetianer gar nicht weiter
denken kann. Ein Herzogshut! Würde mir nicht stehen.« – Sie besah
sich kokett im Spiegel – »Eine Krone! – Das wäre etwas anderes! ...
Ja, wenn du mir eine Krone bieten könntest – das wäre vielleicht der
Preis. Aber dich, den armseligen Nobile, heiraten – die Idee ist zu
köstlich für mich, eine Laskaris!«
Priul stand finster blickend auf und nagte die Lippen.
»... Und wenn ich dir eine Krone biete?«
Helles Lachen die Antwort.
»Du – eine Krone! Willst du etwa Jerusalem erobern ... dein Banner,
von Amoretten umflattert, am Ölberg aufpflanzen!«
Sie bekreuzte sich.

»Nein, keine Königskrone.«

»Was denn sonst?«

»Eine Kaiserkrone.«

»An eine – *Kaiserkrone* denkst du?«

Lächelnd sank die schöne Laskaris in einen Lehnstuhl.

Dann sagte sie sanft: »Ich glaube, wir bekommen Scirocco. Die Nacht ist schwül und drückend. Euch ist nicht gut. Wecken wir die dicke Giustiniani – wir wollen gehen, und hoffentlich bringt gesunder Schlaf Eure Verwirrung ...«

»... Und *wenn* ich Euch eine Kaiserkrone biete? ...« Priul sprach es in eisigem Ton.

Darauf Despina Laskaris: »Es gibt keine Kaiserkrone – außer Ihr wollt sie aus Aachen entführen ... ein wenig weit von hier.«

Wortlos drehte der Kommandant dem schönen Fräulein den Rücken, verschwand fast im Dämmer des Saales und rasselte lange mit Schlüsseln. Dann kam er zurück, zog ein purpurnes Seidentuch von einem Gegenstand.

Helena Laskaris fuhr zurück.

»Was ist das?«

»Die Krone der Komnenen, die Krone Davids, des letzten Kaisers von Trapezunt!«

Helena Laskaris stand auf, beugte ein Knie und küßte das Kleinod; trat zurück und stand da, fast zu Marmor erstarrt.

»Ich segne den Tag, den Göttern sei Dank, daß ich erschauen durfte, was allen Griechen heilig! – Priul! – Das hätte ich nicht vermutet ... Es ist gut so! Priul – Dynasten von Skyros waren Eure Vorfahren – so habt Ihr ein Recht, dies Kleinod zu berühren!

Wohlan – reicht mir die Krone!«

Sie nahm mit unbeschreiblich lieblichem Lächeln – einem Lächeln, so hold, daß alle Elfen den Rosenpalast ihres Mundes umschwebten – die Krone, warf die Rokokoperücke weg und setzte sich das Diadem auf die kurzen, dunklen Locken.

Vom grünen Mondlicht umflutet, stand sie leuchtend da, schlank, in weißer Seide, schimmernd von kostbaren Brillanten.

Im Lorbeer des Gartens sangen in süßer Schwermut die Nachtigallen, im Palasthof rieselte die vergoldete, eherne Fontäne. Priul, hingerissen von ihrer blendenden Schönheit, stürzte in die Knie. Sie reichte ihm neckisch den silbernen, hochgestöckelten Schuh zum Kusse; er aber, von einer glutheißen Woge der Sinnlichkeit übermannt, erfaßte ihren zarten Fuß, bedeckte ihn mit Küssen, und seine bewundernden, fieberheißen Hände wollten sich, den schlanken Fesseln entlang, höher verirren. Da leuchtete eine dunkle Woge von Zorn auf dem Antlitz der gekrönten Donzella auf. Sie beugte sich elastisch zurück.

»Venetianer! Du wagst es, mich, die Kyria Komnenos zu berühren – mich ... die byzantinische Kaiserin!«

Priul prallte drei Schritte zurück.

» ... Ihr ... Despina Laskaris ...«

»Die bin ich nicht. Der Name war bloß eine Maske, der Despina Komnenos würdig. Habt Dank! Kronhüter! ... Hier« – sie nestelte ihren Schmuck ab – »hier ... Euer Lohn! ...« Priul fuhr zurück. Er rang nach Worten.

»Nehmt! Nehmt! Ihr Venetianer seid bloß Krämer. Alles für Geld Euch feil! Nehmt, ziert Euch nicht. Die Steine da – auch aus dem Kronschatz! Millionen Zechinen – nehmt sie.«

Priul ballte die Fäuste. Zu seinen Füßen funkelten und glitzerten die Brillanten. Sein Atem keuchte.

Jetzt wandte sich die Despina zum Gehen.

Da zog Priul den Degen und stürzte nach vorne.

»Ragazza Mascalzon! Genug des Scherzes – gib die Krone her!«

»Niemals! Ich bin Helena Megala Kyria Komnenos. Mir gebührt sie, niemandem sonst auf der Welt!«

»Dann Gnade dir Gott! San Theodor und San Marco!«

Der Degen blitzte durch die Luft. Die Donzella wich in linker Parade geschickt aus, ergriff die silberne Lampe und fing mit ihr den zweiten Stoß auf. Gelenk wie ein Panther stürzte sie vor und stand Brust an Brust mit dem Wütenden.

»Für Pallas und Aphrodite!« klang hell ihre Stimme.

Ein Stahl glitzerte – der Kommandant taumelte zurück, die Augen staunend aufgerissen; sein Mund suchte Worte zu formen, lautlos brach der Sterbende nieder.

Einen Moment senkten sich die schönen Augen der gekrönten Donzella wehmütig gegen den Niedergefällten.

Mit sanfter Stimme sprach sie:
»Du hast geglaubt, deine Pflicht als Venetianer erfüllen zu müssen –
und warst doch mein Vasall. Schade um dich – für Hellas mußte es
sein!«
Leise trat sie zum Tisch, entblätterte Rosen, kam wieder zurück und
streute die Blumenblätter über den Toten. Sie hüllte die Krone in das
Purpurtuch und glitt auf graziösen Füßen zur Tür hinaus. Das Lied
der Nachtigallen klang weiter in trauriger Schönheit, und die
betäubte Madonna Giustiniani röchelte schwer im Prunksaal des
Palastes.

Die Krone von Byzanz

EIN MYSTERIUM AUS DEM ROKOKO DER LEVANTE

Personen:

PRINZESSIN HELENA LASKARIS
MADONNA GIUSTINIANI, ihre Duenna
FELICIANO, ihr Page
ORDELAFO PRIUL, der Kommandant von Kalymnos
DALMATICUS, der Erzbischof der Insel
FRANCESCO QUIRINI, Marineleutnant
SPARTIVENTO, der Sekretär der Republik
FÜRST KANTAKUZENOS
  UNTER DER MASKE DES ARTEMIDORUS
GOLDONI
ESMERALDA BUBONETTI, Tragödin
FRAMPOLESI, die Madre nobile
FELICIA ARMAFRODITA ARCOLANI, die Pagensängerin
DAPHNE DONDEDEO, die Ballerina
ZENOBIA ZINALE, Soubrette
TRABUCELLO, Tenor
GALBA ORTOLANO, Bariton
UMIDO UMIDINI, Bassist
TRISTAN, der Arlecchino
CICALA, der Truffaldino
VENIER
DIE GIARDINIERA ⎫
DIE JÄGERIN   ⎬ Maskenfiguren
MESSER BALANZONI ⎭
DER MANN MIT DEN TANZENDEN KATZEN
ATHENAIS ⎫
IRIS   ⎬ Mädchen von Kalymnos
PIERINA   ⎬
ANAXO   ⎭
KASSANDRA, ein Fischermädchen
EIN BETTLER MIT DER DREHLEIER
ARCIMBALOTTO, Korporal
DER HOCHBOOTSMANN
VIER STEUERLEUTE

Figuren des Traumes:

DIE FÜRSTEN VON EUROPA
DIE FÜRSTEN VON ASIEN
CYPARIS
DIE PAGEN DES GOLDENEN VLIESES

DIE STIMMEN DER CHERUBIM UND DER SERAPHIM

VENEZIANISCHE EDELLEUTE UND DAMEN, MASKEN, OFFIZIERE, BAL-
LETTEUSEN UND TÄNZER, THEATERBESUCHER, GONDOLIERS, BÜH-
NENARBEITER, SOLDATEN, MATROSEN, TAMBOURS, SÄNGER, MÄD-
CHEN, JÜNGLINGE, KINDER, VOLK

Zeit der Handlung: um 1740

ERSTES BILD

Halle des Palazzo Loredan in Venedig. Die Halle ist gegen den Canal Grande durch eine Bogenstellung geöffnet. Auf dem Wasser spiegeln Mondreflexe und das Licht der farbigen Laternen auf den Anlegepfählen. Bewegung von Gondeln, die die Gäste des Maskenfestes erwarten. Im Innern der Halle führt eine mächtige Barocktreppe zu einem Podest, von dem drei große Flügeltüren in die Ballsäle führen, aus denen ab und zu gedämpfte Musik dringt. Auf den Stufen der Palastpforte und in den Gondeln warten Lakaien. Quirini kommt mit allen Anzeichen von Nervosität die Treppe herunter und stürzt auf Venier zu.

QUIRINI Venier, kam jemand von den Gästen schon herab?

VENIER Nein, sei beruhigt – das Fräulein ist noch oben!

QUIRINI Als die Glocke bei San Silvestro schlug,
da streift' mein Blick zum letztenmal die Holde.
Um sie herum, was gab es da zu sehn!
Faune und Götter,
Elfen, Harlekine,
des Carnevals leuchtend buntes Bild
in nie geseh'nem Glanz und Prangen.
Erlauchten Herrn gefiel es, als Pagliazzi
dort Rad zu schlagen und wie toll zu schrein.
Als Truffaldin, Brighella, Skaramuzz
gewährte ihnen Maskenfreiheit Schutz,
des Bacchanales Tollheit auszukosten.
Und manch Dottore, mancher Pantalon,
ist designiert vielleicht für Dogenkapp' und Thron!

VENIER Pst! Wahr deine Zunge!
Sieh dort die Burschen, wie sie lauschen.

QUIRINI *zerstreut* Doch konnt' ich nicht zu ihr.
Ein widrig Schicksal türmte
stets neue Menschenwogen zwischen sie und mich.
Und dann verschwand das Mädchen.
Der ersten eine, die das Fest verließ.

VENIER Quirini, sei beruhigt.

Die Gondel der Donzella wartet gleich all den übrigen
dort am Canal vor des Palastes Pforte.
Noch niemand von den Masken zeigte sich.
Die Garderobiers sind langsam.
Doch schau! Die ersten nah'n, die den Palast verlassen!
*Lakaien, Mohren, Pagen kommen die Treppe herunter. Gruppen
lachender Herren und Damen folgen, alle in animiertester Stimmung.
Ein Pierrot singt*

> Vu xè caro e xè belin;
> Ma xè tanto scarmolin,
> Che un falcone, mi parè!

*Ein junges Mädchen schlägt ihn mit dem Fächer. Ihr Begleiter
erwidert ihm*

> Tien tua bocca Dandolo!
> il tuo canto scandolo!

Ein junger Mann ruft zur Galerie hinauf

> Fagotte und Dulcianen loben
> die Schönheit dieser Mädchen droben!

Ein anderer ruft lachend

> Die Donna Malipieri! Seht!
> wie ihr der Wind das Kleid verweht!

Der Begleiter der Dame fährt ihn an

> Va via — brutto maccheron!

Der erste antwortet

> Che insolenza, Gianni Tron!

QUIRINI Das Schlimmste ist, ich kenn' nicht ihren Namen.
　Hilf mir, Venier, des schönen Fräuleins Namen zu erkunden!
VENIER Wie soll ich das?
QUIRINI Sprich mit Loredan.
VENIER *zuckt mit den Achseln* Du weißt sehr wohl,
　das Maskenrecht ist heilig in Venedig,
　und Loredan wird niemals es verletzen.
*Gäste kommen in immer dichteren Scharen die Treppe herunter.
Lakaien rufen den Gondoliers Namen ihrer Herren zu.*
　Grimani! Barbaro! Masèr!
QUIRINI Hörst du? Die Namen! Alle Namen kennt man,

nur einen nicht – wie süß mag er wohl klingen?

EIN PATRIZIER *ruft einem Bedienten zu* He, Bursche, ruf mir den
    Gondolier.

BEDIENTER Der Name, Euer Gnaden?

DER PATRIZIER Foscari!

LAKAIEN *rufen abermals* Micchieli! Gradenigo! Buon!

QUIRINI *stößt mit dem Degen auf den Boden* Mir klingt's wie Hohn!
    Zweimal am Abend hat sie mich beachtet,
    wie war sie schön, wie war sie hoheitsvoll
    und wie graziös dabei – schlank wie ein Page!
    Ihr Fluidum durchströmte meine Sinne,
    in ihrer Augen Sonnen hat sich mein Bild gespiegelt.
    Daran zu denken, Wonne, es zu missen, Schmerz.

VENIER Dich hat's getroffen – du bist ganz erledigt!

QUIRINI Da hast du recht. Des Eros Lächeln bricht den schärfsten
    Degen! *Er dreht sich gegen die Treppe zu um.*

*Inzwischen ist eine Gondel angekommen, und ein buckliges Männ-
chen mit einem Aktenportefeuille steigt aus. Der Ankömmling tritt
neben Venier, der, von der unsympathischen Erscheinung des
Buckligen unangenehm berührt, einige Schritte zurückweicht.*

QUIRINI *sich umwendend* Was ist das? Don Spartivento ... Ihr hier
    in Venedig?

SPARTIVENTO *lächelt süffisant und öffnet das Portefeuille*
    Ich komm als bittrer Bote ... den Urlaub Euch zu kürzen.
    Mich sendet Kommandant Priul her von Kalymnos!

QUIRINI *öffnet das Schreiben und liest* ... unverzüglich nach
    Kalymnos ... *mit einem Blick auf Spartivento*
    Auf des Zaubergartens Herrin,
    auf Armida wart ich ... und diese Spinne naht ...

*Abermals kommt eine Gruppe lachender Damen und Herren die
Treppe herunter.*

QUIRINI Die Glücklichen! Sie können lachen und scherzen!
    Des Cupido Pfeil
    aus seinem Köcher der bitterste war.
    Mich traf er zu Tod.
    Der ersten Wonne folgt eine Welt der Wehmut –

so will es der Liebe Gesetz.
Vielleicht seh niemals ich wieder
die Schönste, die jemals
die Valandine Venedig mir zeigte.
– Kein Name mir fremd,
der aus dem Goldnen Buche erklingt!
– Schmückt die Erlesne den Blumengarten
der adriatischen Königin?
Oder ist's eine Fremde?
nachdenklich Der Klang ihrer Stimme
... verrät mir die Griechin!
VENIER Leicht möglich!
So manches Adelsgeschlecht
lebt heut noch unter den Türken,
die die Levante uns raubten,
Candia und Cypern,
Negroponte, Morea ...
Er starrt zum Podest hinauf, auf dem eben Helena Laskaris
lichtumflutet erscheint. Die Musik ertönt in prunkvoller Fülle aus
den weitgeöffneten Türen des Ballsaales.
Sieh dort ... Quirini ... wenn das dein Mädchen von Amathunt,
dann schlägt dir die Stunde des Glücks!
Wie herrlich! das ist mehr wie Goldenes Buch ...
Vom Stamme Aphroditens ist dies Kind!
Helena Laskaris ist inzwischen die Treppe heruntergekommen.
Quirini eilt ihr bis zum Treppenabsatz entgegen.
QUIRINI Der Götter Gnade Dank für diese Stunde!
Verzweifelte schon, Euch jemals wiederzusehn!
Nur kurze Augenblicke vergönnt' es mir das Schicksal
Euren Duft zu atmen, Donzella,
Wunderblume eines Märchenlands!
Wie seid Ihr mir geheimnisvoll.
Bei keinem Fest noch sah ich Euch, Donzella,
und niemals ähnliches wie Euch ...
Befreit mich von der Qual, die mich verzehrt,
gebt Hoffnung mir und nennt mir Euren Namen!

LASKARIS *schüttelt den Kopf* Mein Name?
  Was soll Euch mein Name?
  Warum alles benennen?
  in Formeln zwingen,
  in magische Formeln,
  die den Adepten vernichten,
  der schwächer als sie!
  Wollt Ihr die Schönheit fragen, wie sie heißt?
  Die Jugend?
  Erraten, wie im Goldnen Buch des Rosenfeenreiches
  ihr Genius eingetragen steht?
  Die schwersten Aventiuren sucht Ihr, mon chevalier,
  der in die Märchenwelt des Mädchenreiches dringen will!
  ... wir Mädchen haben Launen ... seht Euch vor!
QUIRINI Quält mich nicht ... sagt, wie rief Euch die Mutter?
LASKARIS *verharrt einige Augenblicke in tiefer Bewegung versun-*
  ken. Dann lächelt sie und spricht weiter
  Nennt Cynthia mich –, Chrysee –, Berenike,
  nennt mich Ariadne, nennt mich Theodora ...
QUIRINI Halt! Nun weiß ich etwas wenigstens,
  Donzella – Ihr seid Griechin!
  Kein Name drunter, der am Rialto üblich!
  Und Eurer Sprache Klang,
  der zarte Schmelz in Eurer Zauberstimme,
  dünkt mir der Zauber Kirkes – Ihr seid Griechin!
  Und jetzt – spielt länger nicht Verstecken!
LASKARIS Ich bin ein Schemen, ein Schatten meiner selbst,
  am Fest der Loredan nur eine Maske ...
  Geht, man erwartet mich, zur Gondel mich zu führen!
Die dunkle Gestalt eines vermummten Mannes löst sich von einer Säule
der Seepforte des Palastes. Ihm folgt, etwas verwirrt, ein Page, aber als
Mädchen kostümiert, sehr schönes, schlankes halbwüchsiges Mädchen.
QUIRINI Wie seid Ihr grausam!
  Noch heute nacht geh ich in See,
  zur Stunde der Diana, die Ihr kaum kennt, Donzella!
LASKARIS Die kenn ich gar wohl.

Die See mir vertraut,
hold mir ihr Hauch,
blaut im Goldlicht des Morgens
Amphitrites Palast
Delphinendurchtummelt
Sirenenumsungen!
Amphitrites Palast,
korallengetürmt ragt er empor
aus Purpur und Blau,
mit smaragdener Kuppel
zerstäubender Wogen,
leuchtend im Gischt!

QUIRINI Doch rosenrot ist der Liebe Gefild.
Muß meiden dies Land.
Mich ruft der Dienst – Kalymnos das Ziel.

LASKARIS *zuckt bei der Nennung dieses Namens zusammen. Quirini
bemerkt ihre Bewegung.*

QUIRINI Ein ödes Felsennest inmitten blauer Wogen.
Der letzte Posten, den uns der Türke ließ.
Kennt Ihr Kalymnos?

LASKARIS Mein Fuß betrat es nie.

QUIRINI Des Ballsaals üppiges Parfum mit Hauch der See
und Teerduft muß ich tauschen
beim Frührot dieses Tags.
Oh, gebt mir einen Talisman an Bord,
der mir im Reich Poseidons sei ein Hort!
Wenn statt in grauen Schleier des Inkognito
in bunten Märchenflimmer Ihr Euch hüllt,
so ehr' ich Euer Schweigen.
Doch eine andre Gunst gewährt mir:
Schenkt meiner Seele Euer Bild,
lüftet die Maske, Donzella Byzantina,
Ihr schönste Blume Griechenlands!

LASKARIS *leistet lächelnd seinem Begehren Folge.*
Gut denn – es sei!

QUIRINI Wie schön Ihr seid, wie unbeschreiblich schön.

Jetzt wird ein Wort mir klar:
Schönheit kann Schrecken zeugen — Furcht,
wie die Naturgewalten allesamt,
deren Schwester sie ist,
deren Königin ich sie nenne
... was wird aus mir ...

Der Vermummte, der während der vorhergehenden Szene Zeichen der Ungeduld gegeben hat, wird dringlicher. Laskaris geht auf ihn zu. Er überreicht ihr ein Papier und bleibt in tiefer Verbeugung stehen. Die Prinzessin betrachtet fragend das Papier und gibt es dem Überbringer zurück.

DER VERMUMMTE *Artemidorus, in hartem, abgerissenem Ton*
Hier — der Brief — kaum eine Stund' ist's her,
bekam ich endlich, was so lang ich suchte.

LASKARIS *öffnet das Schreiben, das Artemidorus ihr neuerdings gereicht hat.* Es ist gut. Beeilt Euch. Die Gondel!

ARTEMIDORUS Ihr wißt — Gemistos Plethon — der in Misithra starb —
der Felsburg Lakedämons,
geheimnisvoll Er, der den Göttern nahestand —
der noch den alten, nie erloschnen Glauben pflegte,
sein letzter Schüler lebt hier — in Venedig.
Bei ihm — dem Kabbalisten Zannacchi Spezzapetra —
fand ich die Schrift, die uns den Ort verkündet.
Ihm selbst ist dieser Brief ein rätselhaftes Nichts wie vieles andre,
an dem die Klügsten oft vorübergehn ...
und manchmal sind es Schlüssel ungeahnter Dinge.
Höhnisches, unterdrücktes Lachen In unserem Fall —
wenn mir in Gnaden diese Sprach' gewährt sei ...

LASKARIS Artemidorus, mein Getreuer, Dank!
Ihr selber holtet dieses Pergament?
Von dem's wie Geisterhauch mich anweht ...

ARTEMIDORUS Nein — nicht ich!
Feliciano ... in eines Mädchens Maske.
War zum Berücken schön ... die ladra Parthenos ...
im Flügelkleide ...
mürrisch Der Schutzpatron bewahr vor solch' Besuchen.

LASKARIS Du – Feliciano – der so schüchtern sonst,
mehr Mädchen oft als Bube!
Was bist du so verstört ...?
FELICIANO *beugt ein Knie und spricht noch immer etwas benommen*
Ich tat's für Euch, Erhabene ...
Als kleines Mädchen kam ich ...
in seiner Hand zu lesen.
Und er, der Alte ...
oh, es war grauenhaft ... wie er in Liebe girrte ...
welch sonderbare Sprache der Verwirrte führte,
daß Irrsinns Fabelwerk wie Gifthauch mich umwehte ...
Mich schließlich packen wollte ... und ich fuhr zurück.
... vor meinem Dolche wankte er zurück ...
stürzt' röchelnd jäh zu Boden.
Ich floh hinaus aus dieser Todeshölle!
Welch Glück für mich und ihn,
daß Schicksalshand ihn lähmte ...
LASKARIS Ich werd' dich reich belohnen ...
wirst Herzog von Athen ... Prinz von Cythera ...
FELICIANO Nein, Herrin, nichts von alledem!
Macht mich zum Hüter Eures Schattens,
zu Eurem Schatten selbst ...
möcht immer Euer Spielzeug bleiben ...
leise Ihr Götter, habt Erbarmen – ruft mich bald!
ARTEMIDORUS Und nun bitt' ich Euch, Prinzessin,
folgt mir zur Gondel.
Muß den ganzen Plan entwickeln.
Denn schon morgen
geht die Truppe einer Wanderoper ab,
der ich unerkannt mich anschloß.
Bleibt stehen und fährt mit großer Geste fort
Zwischen Candia, zwischen Smyrna,
liegt ein Eiland, dessen Schoß
Hellas hehre Krone birgt.
Sie zu heben gilt es jetzt.

Ihr wißt von der Kronen Geheimnis ...
die, hohe Symbole,

LASKARIS den Weihestrahl sammeln ...
aus Ätherreichs Welten ...
voll Feengeheimnis
Den Reif von Byzanz ...
aus dem Golde des Kelches des Heilands gefertigt,
der Heiligste ist!

ARTEMIDORUS Zu Zannacchi dem Kauz, haben die Kunde gebracht
die Hüter der Krone, die Hüter des Heils,
Templeisen von Rhodus.

LASKARIS Deren Rosen der Königin des Himmels geweiht ...

ARTEMIDORUS Es ruhn, wie Ihr wißt,
die wahren Kronen der Welt
bei den Krummen, gierend nach Schätzen,
nach goldenem Hort.
Auf räudigen Köpfen, einmal des Jahrs,
schimmern die Reifen der Welt ...

LASKARIS Doch er blieb bewahrt,
der funkelnde Reif voll magischer Macht,
die Krone der Herrn des Tores der Welt,
Die Herrn von Byzanz!

ARTEMIDORUS Sie seien gepriesen,
Und jetzt ans Werk!
Zum Pagen Dich brauch ich ... komm in Mädchenkleidern!
wirst die Diva Arcolani!
Glanz und Ruhm sein der Levante!

FELICIANO *verzweifelt* Laß bei der Herrin mich ...
ihr nur will ich singen, wie sie's liebt ...

LASKARIS Gehorche, wenn der Kanzler spricht!
Feliciano ergibt sich stumm.
Dornenvoll ist unser Pfad,
der zum Ruhmestempel führt,
schmerzvoll ist der Weg zum Licht.
Des Entsagens Qual gibt Farben für der Psyche Prunk-
gewand.

Oh, du armer, süßer Junge, der vielleicht einst Daphnis war ...
oder warst du Hyakinthos, dessen Stimme Götter rief ...?
Nachdenklich Um mich her alles Geheimnis ...
gleich dem Raunen einer Mondnacht
voll von Zauber und von Schwermut,
an des Feenreiches Schwelle.
Perireiches Avalun!
Sie seufzt Gut denn, scheiden,
war's vielleicht das letzte Fest?
Wie gerne möcht ich harmlos glücklich sein!
    Du Reich der Liebe,
    von Anmut umschimmert,
    von Schönheit verklärt,
    im Traum nur geschaut,
    dich such ich im Sehnen,
    im Goldstaub der Sonne
    kosend ein Falter,
    die Seele mein.
    Du meiner Jugend Cythera,
    der Grazien Gestade,
    bist mir verschlossen, bist mir verwehrt!
    Das Tor deiner Gärten,
    mit Wundern erfüllt,
    wann tut sich's mir auf,
    mich zu empfangen als Königin?
    Des Mädchenreigens spielende Königin,
    ja, die möcht ich sein,
    in ihrer Mitte hold umgeben ragend,
    des M o r g e n l a n d s Prinzessin, ich!
ARTEMIDORUS *geheimnisvoll*
Bedenkt, der Purpurmantel ziert' Euch einst,
Euch einst des Reiches B y z a n z Kronreif
in erhabener Pracht ...
Das Szepter der Macht,
von gleißenden Karfunkeln schimmernd,
Euch, die erwählte Herrin Griechenlands!

Blickt sich scheu um
Euch die geheimnisvolle, rätselhafte Fürstin,
die flüsternd man ahnt ...
... ein schlanker Panther, noch im Rosenhag verborgen.

EIN MÄDCHEN *in der Maske einer Giardiniera singt*
He, Zoppino! Arlecchino!
Gefleckte Schlingel fauler Art!
Bestellt die Gondel zu nächtlicher Fahrt,
zur Lust der Liebe,
zum Küssen und Kosen,
mit glutheißen Wangen,
Io, Bacchus! reich mir den Thyrsos,
des heißen Blutes jugendschöner Gott!

ARTEMIDORUS *finster für sich* Viel eher kann die Welt versinken
als meine Pflicht ich je vergesse
und Byzanz' Herrin Schwäche übermannt!

LASKARIS *träumerisch* Als ich den jungen Cavalier erblickte
durchzog ein süßes Bangen meine Brust,
und seine Augen suchten mich.
Sah, wie plötzlich er erblaßte,
als er sich vor mir verneigt'.
Trunken wurden seine Blicke
in des Saales goldnem Licht.
Mied ihn, nicht zu unterliegen,
fühlte mich besiegt im Siegen ...
rafft sich auf Liebe – töricht Wahngebild ...
Muß ihn meiden
denn mein Pfad,
führet steil zu hohem Ziel.
Zu opfern gilt es Glück der Minne,
Lust des Herzens und der Sinne,
bei höchstem Einsatz in dem Spiel!

MASKE (JÄGERIN) Tralilala! Tra lalali lalilali!
Die Jagd beginnt,
die Jagd auf Goldfasanen!

IHR PARTNER Und andres reichberingtes Wild,

dessen Gekröse Gioiellerien sind,
und wenn es ausgeweidet,
Ströme Dukaten blutet ...
schlägt sich auf die Brust So wahr ich Messèr Balanzoni bin,
der Schutzherr aller Narren von Sizilien!
LASKARIS Wie sind die sorglos, froh ihres Lebens!
Auf meinen zarten Schultern lastet die Welt!
Der Vorfahrn ungeheures Ringen krön' ich
oder geh' unter ...
Oh, dürfte ich lieben,
mit vollen Händen geben,
brennend — der Schönheit heil'ger Pflicht bewußt,
an der Minne Altar
die Lösung meines Seins vollenden ...
Ein Mädchen nur sein ...
Ihn mir erküren,
ihn zum Gemahl ...
ARTEMIDORUS *beschwörend* Bedenkt, Erhabne,
O Herrin, bedenkt,
das Blut der Ahnen, Blut der tausend Tausende
die wundenbrennend starben ...
fanatisch bedenkt den Ruhm, den Glanz von Hellas!
in Euren zarten Händen ruht des Reichs Crystall,
und Eures Mundes Rubin verkündet Tod oder Leben ...
geheime Herrin von ganz Griechenland,
des Kaiserhauses letzter Sproß,
Enygma, Kyria Byzantina!
Er bleibt in tiefer Verbeugung stehen.
LASKARIS Gut, es sei.
Folgt mir zur Gondel, Fürst Kantakuzenos!
*Artemidorus und der Page begleiten die Prinzessin zur Gondel,
bleiben aber zurück. Venier und Quirini sind wieder nach vorn
getreten. Quirini blickt der Prinzessin Laskaris sehnsüchtig nach.*
VENIER Saturn und Venus!
Der Kerl gefällt mir nicht.
Was hat er heimlich so zu flüstern ... Fledermaus ...

und dieses kriechend tiefe Kompliment!
Hofmeister wohl ... und sie ... aus großem Haus ...
es interessiert mich selbst! Nun, Maskenfreiheit!
Gesetz der Republik!
Zu Quirini Hast du das Ziel erreicht? Den Namen? Sprich!
QUIRINI *abwehrend* Nein ... vor Göttern verstummt unsre
Frage!

Auf in goldenen Fackeln flammt die Glut meiner Liebe,
das Banner des Eros,
das Banner des Eros, das purpurgezackte.

Mondschein, der durch Säulensäle flutet,
ist deiner Schönheit kyprische Nacht
Ganymedessa!

Purpurner Rosen traumlauer Duft
ist der Laut deiner Stimme,
Donzella Bathyllos!

Dunkel schwankenden Faltern gleich
ist das Schwarz deiner Wimpern,
Pallas Atlanta!

Und der Hauch deines Mundes
trägt das Raunen der Rosengärten von Schiras
sterndurchschimmert,
Scheherezade!

Hoch in goldnen Fackeln flammt die Glut meiner Liebe,
das Banner des Eros,
das Banner des Eros, das purpurgezackte,
wie Wachs vom Hymettos
dir, Blume vom Osten,
Porphyrogenete!

Doch aus der Pracht deiner Augen,

die alle Juwelen umfassen,
schleiern betörend
die Wogen der Ewigkeiten,
Eros Puella ...

Denn dies ist dein Name
in dieser Maske auf Erden ...

*Die Türen des Ballsaales gehen auf. Bacchantische Musik erdröhnt,
und Scharen von Gästen erfüllen die Bühne.*
CHOR Wo ist Herr Loredan,
    Fabellands Wundermann,
    der solch ein Fest uns gegeben,
    voll Tollheit, voll Jubel und Leben!
CHOR Das hat er wohlgetan!
    Heil, Heil dem Loredan!
    Der spart nicht mit den Zechinen!
*Goldoni erscheint auf der Estrade an der Spitze seiner Schar. Ein Teil
des Chors akklamiert ihn* Goldoni! Goldoni!
CHOR *durcheinander* Lieblich bist du, holde Maske,
    gib das Händchen mir zum Kuß!
    Du dort drück dich! – o weh, der zwickt mich –
    Ach, du Schöne – auf ein Wort!
    O nein ... wir scheiden uns
    und vermeiden uns ...
    Schenk mir den Fächer!
    Fort mit der Hand!
    Mir diese Rose! ... wie duftet dein Haar!
GOLDONI Das Sonnenrad rollt in die Purpurpracht,
    voll Gnade umfängt uns die Sternennacht,
    in der erst fröhlich wir leben!
CHOR In der erst fröhlich wir leben!
GOLDONI Triumph und duftendes Purpurblut,
    das Bacchus uns beut,
    ist das, was uns freut!

... meine Mädeln – die brechen die Herzen!
wie glitzerndes Glas.
CHOR Wie glitzerndes Glas!
GOLDONI Wie glitzerndes Glas.
Die brechen sie so,
wie glitzerndes Glas von Murano! *Chor lacht*
GOLDONI *zum Chor* Seid voll vom Honigseim,
der Liebeslust Honigseim,
seid voll vom Purpurwein,
der heut wie aus Schleusen geflossen!
CHOR Das hat er wohlgetan
Fabellands Wundermann,
Messèr Loredano, Loredano Paraxelso!
*Tusch, ausgeführt von zwei in den Vordergrund getretenen dürftigen
Figuren aus dem Ballorchester, Pauker und Posaunenbläser.*
GOLDONI Doch genug nun für heute!
Zum Teufel – wo sind meine Leute!
GOLDONIS TRUPPE Das sind wir – die Deinen!
Noch alle fest auf den Beinen!
GOLDONI Gut, meine Kinder – zu den Gondeln,
denn das Fest ist nun zu Ende,
stehn schon an des Tages Wende ...
zu Artemidorus, der mit Feliciano herantritt ... o Höllenspuk
... o kalter Graus ... was will denn diese Fledermaus ...
Ach so, du bist es! Daß du mir auf die Kulissen achtgibst!
bemerkt Feliciano ... was ist denn das? *Schmunzelt wohlwollend.*
Ei, der Daus! Das schaut ja wie ein Mädel aus!
ARTEMIDORUS Ist auch eines. War als kleiner Page auf dem Fest!
Es ist das junge Mädchen, das ich Euch bringen wollte ...
die schöne Cantatrice, die ich Euch versprach.
GOLDONI *kann sich erst nicht besinnen* Aha! *wohlwollend*
Wie heißt du denn, mein schönes Kind?
FELICIANO Felicia ... Felicia Armafrodita Arcolani ...
GOLDONI Ha! In deiner Kehle ist ja Gold! Dich nehm' ich!
Jetzt hab' ich den Cherub, den ich suchte, den Cherub an
Stimme!

GOLDONIS TRUPPE Willkommen kleine Kameradin – fühl dich wohl bei uns! *Sie schütteln ihr die Hände.* Sollst leben, schlanker Cherub ohne Flügel! Viva Felicia Arcolani! Armafrodita Arcolani! Felicia, Felicia Arcolani!
Der Arlecchino schlägt dazu den Triangel, Truffaldino bläst eine Flöte, Zinale schlägt ein Tambourin. Eine Huldigungsgruppe entsteht um Felicia, die schließlich auf den Schultern die Treppe heruntergetragen wird.
GOLDONI *ruft ihr zu* Fürchte dich nicht! – Hast einen Protecteur!
Dann besteigen Goldoni und seine Truppe die Gondeln. Die Festgäste winken ihnen noch nach. Leise verhallen der Gesang der Truppe und die Tambourinklänge am Wasser.
Das Sonnenrad rollt in die Purpurpracht,
es kommt voll Gnade die Sternennacht,
in der erst fröhlich wir leben!

Vorhang

ZWEITES BILD

Ein Teil des Hafens von Kalymnos. Links steht, ins Meer hinausgerückt, ein mächtiger Festungsturm, nur in der unteren Hälfte sichtbar. Rechts im Vordergrund erhebt sich, über den Hafenquai erhöht, eine Batterie, zu der Stufen hinaufführen. An der Stirnwand dieser Batterie ist als Skulptur der Markuslöwe angebracht. Die Nacht bricht immer finsterer herein. Auf der Batterie werden Pechfeuer in eisernen Fackelkörben entzündet, desgleichen an einem im linken Vordergrunde plastisch dargestellten Bildwerk des Markuslöwen. Man hört verschiedene Trompetensignale und näheren und entfernteren Trommelwirbel. Vereinzelte Gestalten, dann immer dichtere Gruppen laufen quer über die Bühne der Batterie zu, die sich bald mit zahlreichen Leuten, Soldaten, Constablern, Volk füllt. Im Vordergrunde, am Hafenquai, bilden sich ebenfalls verschiedene Gruppen von Bürgern, Kindern, Bettlern und anderen Gestalten des Straßenlebens.

ERSTER BÜRGER Ein großes Schiff in Sicht, das sich dem Hafen
nähert.
ZWEITER BÜRGER Ein großes Schiff, Dreimaster.
ERSTER BÜRGER Welche Flagge führt es?
ZWEITER BÜRGER Noch nicht zu unterscheiden. Zu finster ist der
Abend.
ERSTER BÜRGER Wer mag es sein? Freund oder Feind?
Der Himmel behüte uns!
ZWEITER BÜRGER Messèr! Wer kann das wissen!
Wir sind gar schwach an Kräften hier in Kalymnos!
*Ein Kanonenschuß ertönt vom Meer her, aus der Festung antwortet
ein zweiter. Auf der Batterie wird die venezianische Flagge gehißt und
mit Trommelwirbel und Trompetengeschmetter begrüßt. Geschrei
ertönt:*
Ein Venezianer! Ein Venezianer! Den Markuslöwen zeigt das Schiff
auf allen Masten!
ERSTER BÜRGER Ich bin beruhigt. Ich sage Dank dem Himmel.
ZWEITER BÜRGER Jubelt nicht zu früh. Es gibt teuflische Finten. Oft
kommt der Feind mit Übermacht – seht – so wie jetzt ... ich
meinerseits salvier mich!
*Das Schiff ist inzwischen im Hafen eingelaufen und wirft Anker.
Durch den Festungsturm sind mindestens zwei Drittel des Drei-
masters verdeckt, so daß man nur den barocken, mit vergoldeten
Bildhauerarbeiten geschmückten Vorderbau und den Fockmast
sieht. Die grünen und roten Positionslichter sind gesetzt, und einige
Laternen beleuchten mit rötlich-gelbem Licht das Deck, das von
zahlreichen Gestalten belebt ist. Eine Brücke wird gelegt. Die
Ankömmlinge betreten den Hafenquai, der von einer großen Menschenmenge erfüllt ist, unter ihr auch Bettler, Limonadeverkäufer
und Straßenmusikanten (auch ein Stelzfuß mit einer Drehleier). Jetzt
erscheint der Kommandant Priul, vor dem sich eine Gasse bildet. An
der Spitze der Angekommenen schreitet Goldoni dem Kommandanten entgegen.*
GOLDONI *macht drei tiefe Verbeugungen, einen polnischen Ehrenkalpak zierlich schwingend. Dann übergibt er diese Kopfbedeckung einem kleinen braunen Pagen.*

Messer Priul – mein Name ist Goldoni, ich schmeichle mir,
daß er Euch sei bekannt!
Räuspert sich und beginnt Mein Thespiskarren schweb' durchs
Crystallreich der Nixen ...
UMIDO Navigare necesse est.
GOLDONI *sieht ihn ob der Unterbrechung strafend an* ... auf langer
Fahrt von Venedig.
TRABUCELLO Phöbus beschien uns gar grausam.
ZINALE Mich bräunte der garstige Gott.
UMIDO Mir weckte er grimmigen Durst!
ARCOLANI Früher, da war'n sie galanter, die Götter,
am Berge Pelion, da schwebten sie nieder,
holdselig lächelnd, die Locken bekränzt!
Entführten als Stier die Europa,
kamen als regnendes Gold!
ALLE Oh, oh, wie schön!
ARCOLANI Vor Paris, dem Hirten,
hoben die Schleier
drei göttliche Damen
aus dem Olymp ...
TRUFFALDINO Das wär auch was für dich gewesen,
schöne Sünderin!
ARCOLANI *faucht ihn an und singt weiter*
Durch dichten Lorbeer
flohen die Nymphen,
nach Daphne klagte Apoll
mit seiner göttlichen Stimme ...
ORTOLANO ... göttliche Stimme? ... wohl so:
Daphne! – Daphne! ... Daphne! ... Wo bist du?
DAPHNE DONDEDEO *die inzwischen im Hintergrund kokettiert
hatte* Wer rief mich? *Allgemeines Gelächter.*
UMIDO Der Kerl hält sich für Apoll!
ORTOLANO *zu Umido* Versoffenes Luder!
FRAMPOLESI Und Jupiter auch ...
ZINALE Weil er einmal drei Zechinen gewonnen
auf dem Rialto

in der Spielbank,
wo der junge Grimani
seinen Palast hat verspielt.

TRUFFALDINO Die Hunde und die Mätressen!

ZINALE Doch Ortolan hatte Glück!
Drei schöne Funkelzechinen!

BUBONETTI *pathetisch* Mir war er sie schuldig,
seit langem, und mehr!
Ortolan hat nie Geld!

ZINALE ... Drei schöne Funkelzechinen ...

ARLECCHINO Da wolltest du wohl die Danae sein?
Allgemeines Gelächter

TRUFFALDINO *zu Arlecchino* Mein Herr – welch Affront!
das werden Sie büßen!
Heut nacht noch müssen die Klingen sich kreuzen!

GOLDONI *trennt die Streitenden* Meine Herren – keinen Streit!
– evitare rixam! Weichet dem Streit aus!
Versöhnt euch – vergleicht euch!

UMIDO Das macht er gut, der schwimmende Advokat und Theaterdirektor!

ARLECCHINO Der zum Steuer griff, weil vor der Steuer er floh!

GOLDONI *überhört vornehm. Dann zu Priul* Messèr! Priuli!
Die Damen und Herrn
vom Schauspiel, der Oper,
vom Ballett
und von der Commedia dell'arte
stelle gehorsamst ich vor:
Madonna Frampolesi –
sie singt und mimt die madre nobile!
die Dame Bubonetti –
Tragödin am Kothurn!
Sie stellt Euch eine Medea hin, daß die Mütter
die Kinder angstvoll unter der Krinoline verstecken!
Zenobia hier –
Zenobia Zinale –
Soubrett'!

auch schmachtende Amantinnen spielt sie,
gibt die Naive
und ist als Colombina unvergleichlich!
Und die Felicia ...
Felicia Armafrodita Arcolani ...
Ein flimmernd Kunstwerk der Natur,
die die reizenden Pagen spielt,
als Lilienengel die Augen sittsam niederschlägt,
und als Cypernkatze unlängst den Orpheus zerriß
in einem Mysterium des Bembo!
TRUFFALDINO Da trug sie Onyxkrallen,
die ihr ein alter Cardinal verehrte!
CHOR Aha! Oho!
GOLDONI ... und Daphne gar, Daphne Dondedeo aus Seriphos!
Der bunten Falter Reigen gleicht ihr Tanz
und dem Gefunkel üppiger Juwelen.
Aus Hellas' Marmor formten Götter ihre Glieder,
in ihren Augen spiegelt sich das Meer.
Vom Dufthauch Aphroditens ist das Kind umweht!
ZINALE *boshaft zu Goldoni* Als Paris den Apfel
der Göttin gereicht,
empfing er zum Lohn
die tauigen Perlen
des Blicks der Erhabnen,
die ganz ihn betört ...
*Goldoni verscheucht sie mit dem Schnupftuch, aber Zinale fährt
fort* Und ein Pfeilchen vom Sohn!
Daphne Dondedeo mißt Zinale von oben bis unten.
GOLDONI Im Gegensatze zu den holden Damen
seht hier die Zier des männlichen Geschlechts:
die Heldenstimme eines Trabucello,
der die erhabne Kuppel wölbt im Göttersaal der Töne,
die wiederum als Säulen stützt der Baß
des wackren Umido,
den ich als Kellner fand in San Fantin –
nun, es ist keine Schande! *Räuspert sich*

Aus Candia komme ich mit meiner bunten Schar,
wo im Palast Cornaro
wir eine Bühne fanden, wie für uns gebaut!
ZINALE *fällt ein, träumerisch mit den Bändern ihres Schäferhutes
spielend*

> Chi potria mai tante cose narrare
> del'insula de Creti, a dir il vero?
> Che quanto più la cerco e fo pensiero,
> tanto più trovo cosse da cantare? ...

TRUFFALDINO *eilt auf sie zu und verschließt ihr den Mund*
Pst! Pst! Diskretion, Diskretion!
ARLECCHINO Da werden Weiber auch zu Cavalieren!
– sagtest du etwas? Arcolani?
GOLDONI Hier bitten wir Euch um Quartier,
Station zu machen auf der Fahrt nach Smyrna.
Und würden gern mit unserer Kunst erfreun
den Adel und die Bürger von Kalymnos!
PRIUL Es sei! Stets war San Marco edler Kunst gewogen
und fördert' Dichtkunst, Plastik, Malerei.
Willkommen Euch, die so weit hergezogen!
Arcimbalotto, führ die Kumpanei!
*Die Angekommenen gehen lachend und plaudernd ab. Die Bühne
leert sich etwas. Priul bleibt mit dem melancholisch dreinschauenden
Quirini zurück. Während der vorhergehenden Szene haben die
Mädchen vom Chor und die Balletelevinnen mit den verstaubten
Offizieren kokettiert, die sofort in schäbiger Grandezza höher
stolzierten, oder die Arlecchine mit den fahlen Pergamentnasen
neckten die Menge.*
PRIUL Welch lustig Volk!
Und wär ich nicht Soldat, ich möchte Künstler sein.
Einmal ein Advokat, dem mit Vergnügen man Expensen zahlt!
Mir ist es recht, dies bunte Intermezzo
in unsres Alltags grauem Einerlei!
Käm' öfter nur solch froher Schwarm gezogen!
Quirini sagt, reißt diese bunte Pracht,
dieses Erglühn des Lebens Euch nicht

aus Eurer trüben Träumerei?

QUIRINI Ihr meint es gut, mein väterlicher Freund.
Doch was sind alle gegen sie,
die einzige, die Herrin meiner Seele?
der nur – nur ihr mein ganzes Sein geweiht.
Messèr verzeiht – ich schwärme – werde Euch zur Last ...

PRIUL Schwärmt, lieber Freund!
Malt ihren Namen in den Sand ... ja so! Ihr kennt ihn nicht!
Den Dienst habt drob Ihr niemals noch vergessen!
Jeder ist anders, wie wär' auch sonst die Welt?

*Ein Katzenspieler, der dressierte Katzen tanzen läßt, preist die Kunst
seiner kleinen Truppe an.*
Kommt, o kommt!
Seht her, wie Katzen als Puppen sich drehn,
zum Klang der Musik,
verzauberter Mädchen Seelen
in Körpern mit seidigem Fell!

PRIUL Ich kenn das Schwärmen nicht, bin strenger Hagestolz,
den nie ein Mägdlein rührte.
Nur Kriegsruhm, Ehre, Vaterland!
Bellona ist mein Schatz!
Euer Idol – und wär's die Venus selbst auf Erden,
glaubt mir, könnt niemals mir gefährlich werden!

QUIRINI Sagt das nicht! lästert nicht! Ihr habt sie nicht gesehn!
– nicht ihre Macht verspürt!
Um sie ist etwas wie um Heiligtümer, das uns verwirrt,
die Ruh uns raubt, den Degen Euch entwindet ...

PRIUL *lacht, dann geht er, Quirini allein auf der Bühne zurück-
lassend. Ein Bettler mit der Drehleier humpelt heran.*

BETTLER Verzeiht, wenn ich Euch störe!

QUIRINI Was gibt's? Faßt kurz Euch, redet!

BETTLER Ich bin ein schlechter Mensch, ich weiß, ein Vagabund,
ein Taugenichts, doch arm und elend bin ich,
und Hunger tut weh,
das Obdach mangelt,
zerrissen die Kleidung, zerbrochen der Mut!

VIER MÄDCHEN *die sich zum Katzenspieler gesellt haben*
Ach, ihr Schwestern, klein und zart,
mit Rosennäschen und mit Glitzeraugen,
ihr müßt tanzen, Brot verdienen,
für den alten Ziegenbart,
magre Soldi, nie Zechinen
und Gold gebührt doch holder Katzenmädchenart!

KATZENSPIELER *will sie verscheuchen*
Pierrina! Du Schlimme!
Dich kenn ich – Anaxo!
Athenais – ich zaus' dir das Haar!
Iris! Du Abgrund an Bosheit!
Euch hat aus dem Sack
der Satan verlorn!

VIER MÄDCHEN haha ... ha ... haha ... haha ...

BETTLER Und doch glaubte man einstmals,
es nahe auf rollender Kugel das Glück,
als ein Königsmark, ein Morosini rief,
der Werber Trommel an der Fondamenta delle zattere rasselte
bei San Giovanni in Bragora
und vor der Kirche des heiligen Simeon,
kurz, überall in der armen Leute Quartier,
wo Matrosen die Burschen
und Dirnen die Mädchen werden.

VIER MÄDCHEN Schlanke Burschen beim Geschütz,
braungebrannt wie altes Kupfer,
kurz der Frack,
der Hut aus Lack.
– Runzlig bist du, Katzenhupfer! –
schmucke Burschen, die Matrosen,
wollen uns gar gut gefallen!
gut gewachsen –
denn ein Zwerg
taugt nicht für das Takelwerk!
Der Katzenspieler gestikuliert gegen sie.
Hahaha, haha, hahaha, haha!

BETTLER Da dachte man mit blutigem Säbel
beim rollenden Donner des Musketenfeuers
den Großsultan selbst zu erschlagen
im goldenen Haus
mitten im brennenden Konstantinopel,
und die Schätze des Ostens zu rauben:
den wehend' Roßschweif, goldene Brokate,
silbern Geschirr, Zechinensäcke, Edelsteine
und schlanke Mädchen,
weiße, braune, schwarze,
die sich wie junge Schlangen in den Armen winden!
DIE MÄDCHEN *laufen kreischend auseinander*
Grausen hat uns jäh gepackt
beim Gedanken, daß der Türk
rauben könnt' uns schlanke Lilien!
Der Gedanke tut uns weh!
Schwestern, Katzen, nun ade!
Zum Katzenspieler, dem sie lange Nasen gemacht haben
Fang uns – alter Stinkebart!
BETTLER Und jetzt hab ich nichts mehr auf Erden,
und Hunger tut weh.
Je nun, was will man!
Sucht etwas zu finden,
um Not und Elend zu lindern.
QUIRINI *hat zerstreut zugehört* Schon gut, lieber Freund,
nehmt diesen Soldo!
BETTLER Behüte mich Gott, behaltet das Geld,
hab Strafe verdient, gnädiger Herr,
und bitte um mildernde Nachsicht!
Geheimnisvoll Bin doch ein alter Soldat!
Beim Sturm auf Athen, als Mavrocenus die Stadt nahm,
die Akropolis ein Bombenwurf zu Marmortrümmern zerstäubte,
da verlor ich den Fuß und war schon Gefreiter
beim Regiment Zobenigo,
dessen Fahne die heilige Jungfrau dieses Namens schmückt'.
Man sagt, früher sei sie die Heidengöttin Pallas gewesen.

Nachdenklich Und wir stürmten Athen als die ersten.

QUIRINI Du armes Opfer antiker Herrlichkeit,
mußt also jetzt betteln.

BETTLER ... und stehlen ...

QUIRINI *fährt empört zurück* Ein alter Soldat!

BETTLER Ja, stehlen. Hört mich, Herr!
Vorhin, als der Theaterleute Gepäck an das Land kam,
machte ich mich
an einen Koffer heran.
Von Geldeswert hofft' ich etwas zu finden.
Seht, was unter Perücken
und falschen Bärten
wohlversteckt ich da fand!
Überreicht Quirini ein Papier.
Weiß wohl, was ein alter Soldat dem Vaterland schuldet!
Es ist ein Plan der Festung, ganz gewiß.

QUIRINI *entfaltet das Papier voll Interesse. Doch bald läßt seine
Spannung nach. Er faltet den Plan zusammen und steckt ihn ein.*
Der Plan ist zwar nichts wert,
ist nichts Gefährliches,
ein Teil der Feste, der längst Ruine ist,
mit einem Zeichen drauf,
das mir ganz unverständlich.
Doch hast du deine Pflicht als Patriot erfüllt.
Nimm die Zechine hier – und auch mein Schweigen.
Doch – stiehl nicht mehr!

BETTLER *empfängt das Geldstück mit großer Gebärde.*

ARCIMBALOTTO *tritt auf, salutiert*
Zum Festmahl bittet Euch der Kommandant
zu Ehren der, die eben angekommen.

*Ein Schwarm jubelnder Ballerinen, Arlecchino und Truffaldino
stürmen heran und ziehen Quirini mit sich fort.*

Vorhang

DRITTES BILD

Das Innere einer verfallenden gotischen Kirchenhalle. Durch zerbro-
chenes Maßwerk scheint Mondlicht. Quer durch das Kirchenschiff
läuft von einem Pfeiler zum anderen eine Schiffsrahe, oder Spiere mit
Stricken an den Pfeilern angebunden, die einen mit Delphinen und
Putten bemalten Theatervorhang trägt. Oben ist ein Markuslöwe
angebracht. Bühnenpodium ist keines vorhanden, vielmehr sitzen die
bevorzugten Zuschauer auf Fauteuils auf einer Ebene mit dem sich
abspielenden Ballett. Die Beleuchtung des improvisierten Theater-
saales erfolgt durch einige Crystallkronleuchter oder durch auf Räder
gesteckte Kerzen. Die Bühnenbeleuchtung erfolgt natürlich unab-
hängig von diesen Lichtquellen im Sinne auch der damaligen Bühne,
die auf Grund bengalischer Beleuchtung über starke Lichtquellen
verfügte.
Eine Vorstellung ist eben zu Ende gegangen. Die Zuschauer – man
sieht natürlich nur die als vorderste Gedachten, darunter Priul und
Quirini – sind von ihren Barockfauteuils aufgestanden und bilden
animiert plaudernde Gruppen, nachdem der Applaus sich gelegt hat.
Die Musiker entfernen sich von ihren Plätzen, die sich auf einer in
doppelter Manneshöhe aus Holz errichteten Estrade befinden, die
rechts von der Bühne improvisiert ist.

GOLDONI *ist vor die Mitte des Vorhangs getreten und hält eine*
    Ansprache an das Publikum.
    Hochansehnliche! Nachdem die opera seria
    »Der Andromeda Klage« ist zu Ende,
    sei dem geehrten publico anjetzt bekannt,
    daß ein Ballett erfolgt:
    »Das Fest des Peleus«!
    Die Göttin Aphrodite, in Schönheit leuchtend
    und der Gnade voll,
    tanzt Daphne Dondedeo, Prima Ballerina!
Zustimmendes Gemurmel, Applaus und einzelne Zurufe seitens des
Publikums
GOLDONI *hat inzwischen seinen Posten verlassen und geht auf Priul*
    zu Herr Kommandant, wie hat das Stück gefallen?

Hat dero Eccellenza Beifall es gefunden?

Behagte Euch die Kunst der Musikanten?

Ehe Priul antworten kann, erscheint Artemidorus und richtet an Goldoni halblaut eine sachliche Frage, die er mit irgendeiner Geste gegen die Bühne hin begleitet. Goldoni gibt ihm ebenfalls leise eine Antwort, offenbar eine Anordnung, worauf Artemidorus mit halbem Kompliment, auch gegen Priul und den neben ihm stehenden Quirini, verschwindet.

QUIRINI *für sich* Den hab ich irgendwo seh'n.

Eine fatale Visage.

Es ist so! Der Kerl kommt mir bekannt vor –

Jetzt hab' ich's – in Venedig war's!

In der Halle des Palastes Loredan!

Beim Maskenfeste, wo ich die Unvergeß'ne sah ...

... er führte sie zur Gondel ... kennt ihren Namen ...

– endlich eine Spur!

Zu Goldoni Mein Herr, verzeiht – wer war der Mann,

der eben etwas von Euch wollte?

GOLDONI Mein Theatermeister! Seit kurzem erst im Dienst,

doch bin ich recht zufrieden mit dem Burschen,

sein Künstlername ist: Artemidorus.

Scheint ein verkomm'ner Edelmann – ein wenig Abenteurer!

Er malt und pappt Soffitten,

besorgt den Blitz, den Donner und den Regen,

des Mondes Silberlicht, die rote Abendsonne,

das Wogenbrüllen und zartes Waldesrauschen –

in seiner Obhut sind auch Schminkzeug und Perücken!

QUIRINI *erregt* ... und Perücken? – Ich muß ihn sprechen ... gleich!

GOLDONI Bedaure sehr – unmöglich in dem Augenblick.

Gleich geht der Vorhang auf – der Mann ist unentbehrlich.

Nach dem Ballett sofort.

Auch mich ruft jetzt der Dienst – entschuldiget!

Quirini will Priul etwas sagen. Der winkt ab, weil eben die Musik beginnt und der Vorhang aufgeht. Allgemeines »Ah« der Bewunderung.

Ballett

Plötzlich bricht die Ballettmusik ab, von links kommend erscheint auf der Ebene des Proszeniums der Erzbischof Dalmaticus in vollem Ornat, begleitet von asketisch aussehenden Klerikern und Akoluthen, die Kerzen tragen, Chorknaben mit brennenden Fackeln eröffnen den Zug. Die Anwesenden stehen auf, die Vorstellung wird jäh abgebrochen.

DALMATICUS Verruchtes Gaukelspiel! Apage Satana!
    Es ist die Schönheit Luzifers,
    die euch hier blendet!
    Im roten Höllenfeuer zahlt ihr dann die Lust,
    die sünd'gen Freuden dieser Erde teuer!
    Ein heidnisch Spiel in alter Kirchenhalle ...
    Wer hat euch das erlaubt, ich frage wer?
PRIUL Ich, Eminenz. Das Münster hier ist ja verfallen,
    und längst entweiht – war Festungsmagazin.
DALMATICUS Trotzdem! Ich stehe auf dem Standpunkt,
    daß jede Regung alten Heidentums,
    das leider! immer wieder hebt das Haupt,
    – des Höllenhundes Haupt ...
    ohne Erbarmen zu vernichten sei.
    Auf vorgeschob'nem Posten stehen wir,
    des Christentums, vom Islam hart umbrandet.
    Ihr wahrt Venedigs, ich der Seelen Heil!
    Für uns heißt's, eifrig wachen
    über gar kostbar Gut.
    So nehme ich das himmlisch Teil in Hut.
    Und dazu kommt, daß hier in diesem Lande
    das griechisch' Heidentum noch weiterglimmt
    wie Feuer unter Asche, ein Brand, der nie zu löschen ist!
    Seherisch Der Erde Schoß birgt selbst so manch Geheimnis!
PRIUL Ihr habt wohl recht
    Fern sei's von mir, mich Euch zu widersetzen
    als frommer Sohn der Kirche, die ich ehre.

Dies alles hier sind frommgesinnte Leute!

Seht nur:

Aphrodite ist, noch im Costüm, zum Erzbischof getreten, beugt ein Knie und küßt ihm die Hand. Die andren Künstler folgen ihrem Beispiel. Der Erzbischof geht pompös und grollend ab, gefolgt von Priul, der Quirini zu sich winkt. Das Theater leert sich. Goldoni geht brütend, in sichtlich übler Stimmung auf und ab. Plötzlich bekommt er seine gute Laune wieder, er tritt mitten auf die Bühne und singt

Morgen geht die Fahrt nach Smyrna,
Ehren winken uns und Gold,
Unsrer Kunst ist man dort hold!
Paschas, Odalisken lachen,
abends die Raketen krachen
blitzend übers blaue Meer,
bei den Festen uns zur Ehr'!

Griechenmädchen, Türkenmädchen,
in den bunten Seidenhosen,
alle möchten mit uns kosen!
Lippen glühen, Augen funkeln,
bei den Blonden, bei den Dunkeln,
keine setzet sich zur Wehr,
alle lieben uns so sehr!

Daphne tanzt,
es singt Zinale
Ritornell, prunkvoll Finale,
Donnersalven von Applaus
füll'n das brechend volle Haus!

Und ist dann das Stück zu Ende
regnet's Lorbeer und an Spende
manches güldene Bracelet,
von alten Türken, dick und fett.

CHOR Verbrüdert ziehen dann dahin
der Mollah mit dem Mezzettin,
der Skaramuzz und Muezzin.
GOLDONI Wie gern läßt man sich dann verleiten,
denn die Stadt voll Üppigkeiten,
bietet dem, der danach sucht,
manche süß verbot'ne Frucht!

Ziehen wir nach Smyrna hin,
der Levante Königin!

CHOR Segel hoch!
Es geht nach Smyrna!
GOLDONI Also, Aufbruch! He! Artemidorus! Er soll noch
heute nacht die Bühne abbrechen – die Requisiten
alle ordnen ... Wo bleibt er? Artemidorus ...
Zum Teufel, wo steckt der Bursche!
EIN THEATERARBEITER Herr, Artemidorus ist nicht zu finden!
GOLDONI Sonderbar!
CHOR Segel hoch!
Es geht nach Smyrna!
Ehren winken uns und Gold!

Vorhang

VIERTES BILD

Halle im Kommandanturpalast. Im Hintergrunde eine Spitzbogen-
loggia, wie in den alten venezianischen Palästen der frühen Epoche
üblich. Man sieht durch die Säulenstellung der Loggia Schiffsmaste.
Die Halle verschmälert sich links vorne zu einem kabinettartigen
Raum, in dem ein schwerer Renaissancetisch und hohe Stühle stehen.
An der Wand sind zahlreiche Degen aufgehängt. In der rechten
Seitenwand der Halle befindet sich eine niedere Spitzbogentüre. Es
ist früher Morgen. Der Kommandant ist mit der Auswahl seines
Degens beschäftigt. Quirini tritt ein.

QUIRINI Messèr Priul! Der Plan, den ich Euch zeigte ...
PRIUL Wertlose Hirngespinste! Geschmiere eines Sonderlings!
QUIRINI Ja, ich weiß.
Er fand sich, wie ich schon gestern sagte,
im Gepäck des Burschen des Theatermeisters,
der sich Artemidorus nennt, und den ich finden muß,
zu sprechen habe, kost' es, was es wolle!
Nun hört! Die Truppe des Goldoni
ging nachts noch auf das Schiff,
vollzählig bis auf einen – den grad', den ich suche.
Goldoni wettert', tobte, mußte selbst
den Abbruch seiner Bühne leiten!
So ist der Mann entwischt,
der einzige, der Licht mir geben könnt' in meine Finsternis!
PRIUL Geht, Freund, versucht das Glück noch einmal –
in dieser Stunde geht in See Goldoni,
da morgens stets der Wind nach Anatolien weht!
Quirini ab. Priul hat endlich den gewünschten Degen gefunden.
Da poltern Schritte heran, die Tür wird unzeremoniell aufgerissen,
herein stürzt Arcimbalotto, einen Gegenstand in den Mantel gehüllt.
Er preßt die Hände auf die Brust, ist ohne Atem.
PRIUL *wütend* Bist du von Sinnen, Corporal! Bist toll du –
betrunken? *Packt ihn voll Zorn am Brustlatz*
ARCIMBALOTTO *endlich gefaßt* Herr Kommandant, verzeiht!
Ich weiß sehr wohl, die Ungehörigkeit ist sträflich,
doch bringe Meldung ich von einem Abenteuer,
das mir den Sinn verwirrt!
Ein Fund, so ungeheuerlich – so noch nicht dagewesen,
vernehmt, Herr Kommandant!
Als heute nacht ich meine Runde machte,
wie vorgeschrieben – gleich nach Mitternacht,
hört' ich ein Scharren, Kratzen, nah des Palasts
Klarenza Pforte, des Riesenbaues aus der Kreuzzugszeit,
der heut in Trümmern liegt.
Ich eile vor und seh' im Mondenlichte,
wie ein Vermummter dort im Boden wühlt.

»Halt! Wer da! Steh!«
Der taucht in harte Schatten, denn der Mond schien grell.
Meines Trombones Schuß rollt durch die öden Hallen.
Der Mann ist fort, spurlos verschwunden, wie verhext!
Schatzgräber, dacht' ich – klare Sache,
und grabe selber stundenlang,
bis endlich zeigte mir ein harter Klang,
daß meines Spatens Stahl auf andres Eisen stieß.
Was seh' ich! Eine Eisentruhe,
doch braun vor Rost, von Reifen fest umschlossen.
Nach langer Müh' sprengt' ich den Deckel.
Im selben Augenblick war ich von Gold umflossen,
des ersten Sonnenstrahls, der siegreich sich erhob.
Und aus der Truhe grüßt' ein ähnlich Funkeln
von Gold, Juwelen, Perlen aus dem Dunkeln.
– Messère, seht, was auf dem Boden lag!
Der Kronreif hier! *Enthüllt den Mantel*
PRIUL Wie seltsam, welche Kostbarkeit!
Die Steine – ein Vermögen – Du bist ein braver Bursche,
ehrlich, treu!
ARCIMBALOTTO Noch andres fand ich bei dem goldnen Reif:
Seht hier, Herr Kommandant – die Reste eines Schwertes,
die Kapseln hier, aus Blei!
Was mag wohl drinnen sein?
PRIUL *nimmt eine der Bullen und schlitzt sie mit dem Degen auf.*
Pergamente. *Rollt einige glatt*
Griechische Schrift – sehr altertümlich. Kann sie nicht lesen.
Ruf mir den Sekretär, Don Cesare Spartivento!
*Arcimbalotto ab. Priul öffnet die anderen Bullen und bewundert den
Kronreif.*
QUIRINI *tritt ein.* Umsonst. Goldonis Schiff war fort.
In weiter Ferne schwebt's, ein Pünktchen bloß,
wie eine weiße Daune auf dem blauen Meer!
Will sich entfernen
PRIUL Bleibt hier! Die heut'ge Nacht gebar uns
gar sonderbare Dinge ... Spartivento kommt.

Spartivento erscheint, ein buckliges Männchen mit überlangen
Armen, schmutzigem Runzelgesicht. Er trägt einen verschossenen
karmoisinroten Galarock und eine mäusezernagte Perücke.

SPARTIVENTO *mürrisch* Was gibt's?

PRIUL Ein wundersam Begebnis!

Arcimbalotto stieß heut nacht auf einen Burschen,
der nach Schätzen wühlte, vor ihm floh,
und schnappte selbst die Beute weg – da liegt sie!

Er enthüllt die Krone, die auf Spartivento keinen Eindruck macht.

SPARTIVENTO Was weiter, soll ich vielleicht sie tragen?

Weil die Perücke schäbig – bei dem Sold!

PRIUL Nein – Ihr nicht – da sei Gott vor!

SPARTIVENTO *klopft auf die Krone* Gold! Tausend Zechinen – ohne
die Steine – gibt jeder Jude!

PRIUL Lest! *Gibt ihm die Pergamente*

SPARTIVENTO *setzt sich seufzend nieder. Er kramt brummend in den*
Pergamenten, glättet sie, liest. Plötzlich springt er mit den Zeichen
höchster Erregung auf, gestikuliert mit den Händen, greift sich an
den Hals, nach Luft ringend. Dann arbeitet er weiter. Endlich steht
er auf und spricht, so hoch aufgerichtet als möglich, die Hand auf
den Korb seines kümmerlichen Degens gestützt.

Herr Kommandant!

Was Ihr hier leuchten seht,
dies Kleinod da, aus Gold, Juwelen, Perlen,
kann einen Brand entfachen, unheimlich, fürchterlich!
Wahrscheinlich stürzt in Trümmer dann Europa,
– die nie verheilend' Wunde des Orient.
Hört!
Des Reiches Byzanz Krone
liegt vor Euch!
Das Haus Komnenos trug die Kaiserwürde,
es hatte inne Hellas' goldnen Thron.
Sein letzter Kaiser trug in Trapezunt die Kron'!
nachdem die Türken Byzanz stürmten und verbrannten.
Dort, an des Goldnen Vlieses blauem Meer,
hob sich das letzte Bollwerk, licht und hehr,

des Griechenreiches einz'ger Wall und Schutz;
bis auch der Geist der Finsternis hier siegte.
Der Sultan Muhamed ließ alle Söhne morden,
des letzten Fürsten, der die Krone trug *weist auf den Reif.*
Und nur ein Mitglied des erhabnen Hauses,
die Herzogin von Lesbos und ihr Kind,
verschonte selbst der Bluthund Muhamed,
besiegt von ihrer Schönheit Göttermacht.
Sie beide floh'n ins Felsland Lakedämons. –
Zweihundert Jahr' lang trotzte hier ihr Blut
der weltenbeugend' Übermacht des Islam.
Sie kämpften unentwegt dort Schritt für Schritt.
Doch konnten nie die Herrschaft auf sie richten,
da ihnen diese Krone fehlt', das heil'ge Zeichen
der einzig wahren Herrscher des Orients.
Wer dieses Diadem besitzt,
dem beugt sich Hellas!
Als dann Venedig aus dem Osten wich,
Zante und Candia, schließlich Morea fiel,
da floh'n auch sie mit wenigen Getreuen.
Bloß zwei Fregatten nannten sie ihr eigen!
Die eine sank vor Corsica in heißem Kampfe,
die andre ist verschollen.
Der letzte Hoffnungsstrahl erlosch für Griechenland.
Jetzt liegt's gebeugt im Staub, vernichtet und zertreten!
PRIUL *bewegt* Und uns ward nun das Wunder hier zuteil!
Hier auf Kalymnos' ödem Felsenstrand!
Sein dürrer Boden barg dies Unterpfand
der Herrschaft zweier Welten!
Denn Byzanz ist die Brücke, die nach Indien führt.
QUIRINI Der Traum des großen Dandolo erfüllt sich!
Venedig wird die Herrin des Orients!
PRIUL Das walte Gott! – Das Diadem ist unser,
der Kronbrief und das Schwert,
und keine Macht der Welt kann unser Recht mehr schmälern!
Das Türkenreich ist morsch, die Christen der Levante,

langgebeugt, erheben sich, um unsre Fahn' geschart,
zahlloses Kriegsvolk strömt San Marco zu.
Wer soll da widerstehen?
Noch heute geht Quirinis Schiff in See!
Es bringt der Herrschaft heilig Unterpfand
in schneller Fahrt hin zum Rialto!

QUIRINI Herr Kommandant! Ich melde mich zum Dienste!

PRIUL Im Namen der Allerdurchlauchtigsten Republik
befehle ich Ihnen noch heute in See zu gehen.
Alarmieren Sie die Garnison. Die Galeere ist, ohne Zeit
zu verlieren, zu bemannen und abfahrtbereit zu stellen.
In einer Stunde muß das nötige Wasser an Bord sein, bis Corfu
wird der eiserne Bestand an Proviant reichen.
Und wisset: Ihr habt des Reiches Byzanz heil'ge Krone
dem Dogen selbst zu überbringen!
Noch niemals hat ein Sohn Venedigs
seiner erhab'nen Mutter kniend überreicht
ein ähnliches Geschmeide.
Und jetzt sprech ich zum Freund:
Wie freut's mich doppelt,
daß neben dem erhab'nen Dienst,
der hehren Pflicht, Ihr auch die Freude habt,
der Stätte Eures Sehnens Euch zu nah'n,
die Schöne bald zu schau'n,
die Euch zur Göttin ward,
das Heiligtum des Herzens Euch erfüllend!

QUIRINI Habt Dank, Herr Kommandant!
Wie stolz macht mich des Auftrags Ruhm und Ehre!
Ich eile, alles anzuordnen.

PRIUL Und dann holt den Befehl!

Quirini ab

SPARTIVENTO *der die Zeit über grübelnd dagestanden, mit tücki-
schem Ausdruck gesprochen*
Ich halte es für meine Pflicht als Venezianer,
als Sekretär der Republik,
Adlatus auch des Kommandanten der Insel,

submissest zu bemerken,
daß mir eben vorhin der Gedanke kam,
noch einmal zu erwägen,
ob man dem schwachen Schiff,
einer Galeere,
wohl anvertraut so unersetzlich Gut!
Des Meeres und der Stürme wilde Tücke!
Die Barbaresken kommen oft zu zehn,
um die Convoys der Christen anzugreifen!
Kurzum, mein Rat ist der:
Die Krone bleibe hier.
Das Amt Quirinis aber ist es,
so schnell als möglich eine Flotte herzuholen,
die stark genug ist, jedem Feind zu trotzen –
die halbe Seemacht unsrer Vaterstadt,
vom Proveditor selbst befehligt –
das Diadem zu nehmen und es im Triumph
dem großen Rat der Republik zu bringen!
PRIUL *nachdenklich* Ihr habt so unrecht nicht. Schreibt den Befehl
und seine Instruktion!
Der Sekretär schreibt. Währenddem hört man durch die Loggia des
Palastes den Lärm im Hafen, hört gedämpftes Trommelrasseln und
Signale blasen. Dann hört man den taktmäßigen Schritt näherkom-
mender Soldaten. An ihrer Spitze tritt Quirini in die Halle, deren
Hintergrund bald von Bewaffneten erfüllt ist. Acht Trompeter sind in
zwei Reihen aufgestellt und stehen unbeweglich da, die Instrumente
an die Hüften gestemmt. Der Cornett hat das Banner mit dem
Markuslöwen gesenkt, rechts und links von ihm stehen die Kadetten.
Die Tambours sind der Sitte der Zeit gemäß halbwüchsige Jungen in
phantastischem Aufputz.
QUIRINI *meldet* Herr Kommandant! Ich melde mich zur Stelle,
den Dienst zu übernehmen.
PRIUL Herr Leutnant! Ich übertrage Ihnen
hiermit das Kommando der Galeere!
Dreimaliger Trommelwirbel, Generalmarsch
QUIRINI *salutiert, dann zu einem Chargen und Soldaten*

Ich führe! Cornett, das Banner hoch!
*Die Trompeter setzen mit einem Ruck die Instrumente an den Mund
und blasen die Neptunsfanfare.*
ALLE ANWESENDEN San Marco Heil!

Vorhang

FÜNFTES BILD

*Der Schauplatz ist das Hinterdeck einer Galeere auf hoher See. Es
ist Nacht. Zwei hohe venezianische Hecklaternen brennen in trübschwelendem, rötlichem Licht. Zwischen ihnen flattert das Banner
mit dem Markuslöwen. Quirini ist auf dem Kommandantensessel,
einem Klappstuhl, eingeschlafen. Der Hochbootsmann und vier
Steuerleute erscheinen und stellen eine Laterne auf den Boden.*
HOCHBOOTSMANN Heil'ger Nikolaus von Bari,
   Sankt Trifon von Monembasia,
   schützet dieses stolze Schiff!
   Denn die See ist voll Geheimnis,
   voller Nixen, Wassernonnen,
   voll Sirenen und Tritonen,
   voll des Zauberspuks Neptuns!
DIE VIER STEUERLEUTE Und kommt der Sturm,
   da gellt die Pfeife, die Matrosen hasten,
   der Petersvogel kreischend läuft am Meer,
   die Dioskurenflammen blauen auf den Masten,
   das Steuer ächzt, die Wanten singen, knarren,
   in rotem Feuer blinkt dann Blitz auf Blitz.
   Der Donner rollt vom glutdurchfurchten Himmel,
   in unsren Händen ruhet dann das Schiff,
   die schaumumwehte, schwankende Galeere.
   Wir hüten sie vor Wogenprall und Riff
   zum Ruhm der Republik und zu des Herrgotts Ehre!
HOCHBOOTSMANN *hebt die Sanduhr*
   Eh' die Sanduhr abgelaufen
   peilen wir genau Lepanto.

Vierzigtausend junge Leben
fraß das Meer an dieser Stelle
in der ungeheuren Schlacht
Don Juans von Österreich.
Seit der Zeit ist's nicht geheuer.
Wären wir schon drüber fort!
Er deutet auf Quirini.
Er schläft. Soll ruh'n. Träumt wohl
von einer Liebe in Venedig.
Nachdenklich Mich sollt' es wundern, wenn sein Schlummer
ungestört von Bildern wär ...
Er hebt die Sanduhr. Zu den Leuten
Das Glas um Mitternacht läuft ab!
*Sie nehmen die Laterne auf und entfernen sich. Schleier erheben sich
aus dem Meer. Wie aus weiter Ferne ertönt eine Stimme, die der
Helena Laskaris.*
... Quirini ... Francesco Quirini ...
*Quirini fährt empor und reibt sich die Augen. Dann bleibt er starr
stehen vor dem Bild, das sich vor seinen Augen entrollt ... Immer
mehr Schleier steigen auf. Das Heck mit den Laternen, die Geschütze
rechts und links verschwinden. Die Schleierwogen erstrahlen in
goldenen Lichtern, und es erscheint, als Vorhang die ganze Bühne
bedeckend, ein ungeheurer byzantinischer Doppeladler auf Goldgrund. Der Vorhang rauscht auseinander und zeigt ein üppiges
Prunkbild seines Traumes.*
*Es ist das Byzanz des zwölften Jahrhunderts, auf der Höhe seines
Glanzes. Auf der einen Seite erheben sich kolossale gewundene und
reich mit goldenen Skulpturen bedeckte Säulen spätantiker Pracht,
durch die blauer Himmel glüht. Nach der andren Seite führt eine
breite, sphingenbesetzte Treppe in breiten Absätzen empor. Es ist
strahlend heller Tag. Überall wehen Flaggen mit dem byzantinischen
Doppeladler, dem heiligen Michael mit dem Drachen oder mit den
Buchstaben: B B B B.*
*Eine große Menschenmenge erfüllt die Szene und bejubelt den
ankommenden Krönungszug der Kaiserin, der sich nach und nach
entwickelt.*

Quirini steht in seiner etwas hergenommenen Barockuniform bewegungslos im Vordergrund.

VOLK Siehe, es naht die Fürstin im Purpur der Kaiserpracht!

DIE MÄDCHEN Holdselig ist sie,
vom rosigen Lichte der Jugend umstrahlt!

DIE SÄNGER Basileia Basileion, Basileuonta, Basileusin!

DIE MÄDCHEN Gnade und Huld lächelt ihr Angesicht!

MÄNNER O Stolz von Byzanz, wir rühmen und preisen dich!

Eine Schar von Kindern kommt blumenstreuend gelaufen.

KINDER Helena! Helena! Basilissa!
Helena Basilissa!

Fanfaren des Krönungszuges

DIE SÄNGER Ehre sei Gott in der Höh'
und Friede den Menschen auf Erden.
Ehre sei Gott, der mit seiner Hand dich gekrönt hat.
Ehre sei Gott, der so dich geschmückt hat.

Das Volk wiederholt die Strophen. Dazwischen klingen die silbernen Stimmen der Kinder

Helena, Helena, Basilissa!

DIE SÄNGER In Schönheit und glanzvoller Pracht
Nahst du, Erhabene!

DIE KINDER Kyria Helena! Kyria Helena!
Helena Basilissa!

DIE MÄDCHEN Tausend Lasten Edelsteine
sind die Huld deines Kusses,
Imperatrix aller holdseligen
Mädchen von Hellas.
Aus unserem Blut entsprossene,
gekrönte Schwester!

JÜNGLINGE Elfenbein in der Sonne Gold
ist die Huld deiner Schönheit
unseres Blutes gekrönte Schwester!

DIE SÄNGER Die du als Füllhorn des Glückes erscheinst,
Divina Majestas!

Inzwischen ist eine geschlossene, vergoldete und juwelengeschmückte Sänfte in Form einer kuppelgeschmückten Kathedrale herangekom-

men. Sie wird niedergestellt und geöffnet. Die Vorhänge gehen auseinander, und man erblickt ein schönes schlafendes Mädchen, Helena Laskaris.

Quirini ist unwillkürlich in die Habtachtstellung – den Hut in der ausgestreckten Rechten – gekommen. Mit einem wilden Aufschrei stürzt er jetzt vor und eilt, alles um sich her zur Seite drängend, zur Sänfte und fällt vor der Erscheinung Helenas auf die Knie.

QUIRINI ... o Herrin meiner Seele ... o ... sprich ein Wort,
   ... benedeite Herrin meiner Seele!

Die Kaiserin öffnet die Augen und blickt Quirini wie träumend an.

   Meine Göttin – meine Fee Morgana ...
   Nun hab' ich dich doch erreicht ...
   ... wer bist du?

KINDER Helena Kyria, Helena Basilissa!

HELENA Ich ... weiß ... es ... nicht ...

DIE SÄNGER Salve Imperatrix, Stolz von Hellas, Romaias Zier!
   Der Heerscharen Herr hat dein Haupt gekrönt
   mit dem strahlenden Diadem von Byzanzion!

KINDER Helena Kyria, Helena Basilissa!

DIE MÄDCHEN Doxan Hagia Basileia.

QUIRINI ... du ... Kaiserin ...? du, Kaiserin dieses Landes ...
   Wo bin ich? Welch sonderbares Volk ... welch Prunk ...
   Nie sah ich ähnliches!

HELENA Dein Mädchen nur bin ich.
   O glaub ihnen nicht!
   Für dich nur gebar mich die Mutter ...
   ängstlich ... wo ist sie?

DIE PAGEN DES GOLDENEN VLIESES
   Im Schutze der Cherubim
   strahlst du im Königsglanz.
   Voll Gnade die Seraphim
   schützen voll zarter Hand
   Kron' und Palladium!
   O Palladina!
   Pontifex Maxima,

Palladiums Behüterin,
Fürstin von Hellas!
SÄNGER UND VOLK Pontifex Maxima!
Palladiums Behüterin!
SOPRANE Kyria Palladina!
Helena Basilissa!
Die Glocken von Konstantinopel fallen ein.
HELENA Dein Mägdlein nur bin ich
in einer Kugel aus Crystall.
– So seh' ich dich
und sehne dich so ...
traurig und kann nicht zu dir ...
QUIRINI O du Ersehnte,
die immer ich suchte,
in glühendem Sehnen,
o neig dich zu mir!
HELENA Ich liebe dich und kann nicht zu dir.
Wie wunderlich ist mir's zumute,
wie weh mir das Herz,
du meiner Seele Gespiel!
Sie streckt sehnsüchtig die Arme aus.
QUIRINI Höre mich – ich bin dir so nahe!
HELENA Und fern ... o wie fern ...
Niemals zusammen in irdischer Maske
kommen wir Liebenden,
die in Gott einst vereint.
Quirini bebt zurück.
PAGEN DES VLIESES O Ministrantin der goldenen Narzisse
des Vlieses Herrin du,
verwirrend ist der Duft deiner Locken ...
VOLK Heil, Heil, dir, Helena Imperatrix,
des Morgenlands erhabene Kaiserin,
Helena von Byzanz!
DIE FÜRSTEN VON ASIEN Siehe, o Kyria, es nahen dir
die Fürsten des Morgenlands,
die der Sonne Wiege umstehn.

CYPARIS Eos verklärt rosig den Demawend,
  jubelt empor zum funkelnden Goldgeschmeid
  über Ionischer See,
  um Veilchen zu streuen und dunkelnde Levkojen
  über thrakischen Felskamm ... verläßt sie dein Reich!
FÜRSTEN VON ASIEN Vom fernen Kilikien nahen wir uns,
  Seleukia, Tartessus.
  Von Nikäa, Armenien,
  Sinope und Trapezunt.
  Wir bringen dir Goldstoff aus Bagdad und Kahira,
  Perlen aus Ceylon und aus Golkonda,
  und Azyra, den Stein des Sonnenlichts
  vom Gestade des Indus.
FÜRSTEN VON EUROPA Siehe, die Fürsten Europas huldigen dir,
  Imperatrix,
  von Thessalonich, Athen, von Romaia und Kreta,
  Albanien, Epirus,
  und bringen dir Silber vom Laurion,
  Scharlach von Florenz
  und goldene Brokate von Theben!
VOLK Heil, Heil der Fürstin der Welt!
CYPARIS *seherisch* Die Spinne hat ihr Gewebe gesponnen
  im goldenen Kaiserpalast.
  Die Eule singt ihr Wächterlied vom Turme Efrasyad.
  Das Schloß der Blachernen ist leer,
  das Schloß Daphne ist öde ...
  und wo der Thron sich erhob,
  kauert ein Bettler ...
HELENA Siehe – ich bin ein armes Mägdlein
  und liebe nur dich.
  Wie die Mutter das Kind in Gefahr
  und die Löwin in glühender Nacht
  ersehnt den Gemahl.
  Siehe, meine Seele ist rein,
  und die da, sie nennen mich Kaiserin.
  Der Hellenen Kaiserin sei ich ...

Doch höre,
wenn ich die Kaiserin bin,
die Herrin ich bin von Byzanz,
da hab' ich ein Schloß,
wie's ein zweites nicht gibt auf der Welt!
Sie rückt mit schmeichelnder Gebärde näher zu Quirini.
Am Phasisstrom,
wo Jason geholt das Goldene Vlies,
da leuchtet mein Schloß Mesochaldion
in lichtem Azur.
Dort blauen die Alpen Iberiens,
mit schimmerndem Eise.
Dort duften die Wälder im Sonnenglast,
dort schweben im Äther die Adler.
Viel hundert Säle in Purpur und Gold
und strahlend' Jaspis,
voll köstlicher Ambra
umfangen dich dort,
der du ins Netz mir gegangen!
Endymion!
QUIRINI Artemis du! O holde Jägerin!
HELENA Dann sei mein Gespiel,
in süßer Minne umfangen.
Und tausend Mädchen müßten uns bedienen,
uns zur Laute singen,
die Schönsten der Schönen,
wie Schlangen so schlank,
mit meerblauen Augen und goldenem Haar,
die Schönsten der Schönen
von Alangogaza,
Larachne, Dryona!
Sie müßten uns singen so süß,
daß die Elfen des Waldes
in Sehnsucht erschauern.
Und kommt dann die Nacht,
die funkelnde Sternennacht,

dann tanzen zum Paukenklang
die Mädchen von Erzerum
im schimmernden Mondeslicht,
die Locken wie Ebenholz,
mit Goldstaub gepudert,
im Walde von Phianon,
im Hain von Parcharis,
im Blütenschnee Kerisondos!
Zu den Pagen Ihr Pagen – reicht mir das Vlies,
den Gürtel der Aphrodite!
Oh, mein Geliebter,
ich fessle dich
an meine Seite,
für immer und ewiglich!
Mein Ritter du bist,
mit mir jetzt magisch verbunden ...

Quirini kniend, küßt ihre Hände. Die Imperatrix will ihn zu sich emporziehen, um ihn auf den Mund zu küssen. Im selben Moment erscheint hinter ihnen eine drohende schwarze Gestalt.

Cyparis ... der Tod ...

Es ist Kantakuzenos, der die Krone hoch erhoben zwischen die Liebenden hält. Beide beben zurück. Die Bühne verfinstert sich, das Prunkbild des Krönungszuges verschwindet. Man sieht nur noch die strahlende Krone und in bläulichem Licht den Hochbootsmann mit erhobener Sanduhr. Vier klingende Schläge ertönen.

HOCHBOOTSMANN Das Glas um Mitternacht ist abgelaufen!

Vorhang

SECHSTES BILD

Die Ruinen eines Tempels der Aphrodite. Im Hintergrunde das Meer. Strahlender Morgen. Einige Säulen aus goldfarbigem Marmor stehen noch. Im Vordergrunde rechts eine zertrümmerte Statue der Göttin, auf einem Sockel einige Palmen, hochstämmiger Lorbeer, Rosen-

büsche, *Agaven und südliche Gewächse geben der Szenerie ein üppiges Gepräge.*

SPARTIVENTO *taucht wie ein Faun aus einem Rosengebüsch, macht sich mit Mühe aus den Dornen los und eilt gegen das Meer hin. Mit einer Hand beschattet er die Augen.*

Mir scheint, dort sehe ich ein Segel –
nein, – ein Rosenwölkchen ist's, der Eos ...
lacht dabei zynisch der Eos ... habe andre Sorgen
als poetisches Gesäusel ...
mir läßt es keine Rast doch, keine Ruh,
– schlaflos des Nachts, kein Auge mehr zu –
die Flotte des Königs von Frankreich zu schauen
am griechischen Meer hier, dem blauen!
Als ich dem Toren, dem Priul
den Rat gab,
die Krone hier zu belassen,
hier in Kalymnos,
da wußt' ich, warum ...
Der wird doch zum D o g e n gekrönt
für das, was das blinde Geschick ihm warf in den Schoß ...
I c h – hoffnungslos
durch Höcker und Namen gezeichnet! *Lacht bitter*
Im Goldenen Buch, da glänzt sein Geschlecht,
doch nimmer ist Platz für das meine ...
Ich schickt' einen Brief in die Ionische See,
dort kreuzte die Flotte von Frankreich.
Geheimnisvoll Für das Geheimnis der Kron',
der byzantinischen Kron',
verlangt ich den Pairshut von Frankreich als Lohn!
Der fünfzehnte Ludwig, der eitle Wicht,
der wühlt' schon lang im geheimen,
zu werden der Herr
am Goldenen Horn,
um Asien, um Indien zu beugen!
Ich habe nicht Rast, ich habe nicht Ruh',
mir schnürt's vor Erwartung die Kehle fast zu,

endlich die Flotte zu schauen,
die weiße Flagge mit Lilien aus Gold ...
– Lilien! *Lacht höhnisch* da muß man doch lachen ...
... Kröten! die überall breit woll'n sich machen.
Oh, kämen sie bald,
zu hol'n mit Gewalt
die Krone des Reichs der Komnenen!
Dann aber ... hahaha! *Tanzt eine Gavotte*
die reizendsten Filletten,
die süßesten Doucetten!
Im Arme der Maitressen,
welch seliges Vergessen
an alte Not
ans Kriechen im Kot ...
Ein Leben dann in Saus und Braus,
ein Leben in Pomp,
in funkelndem Gold,
in höfischem Kleide,
aus blumenstarrender Seide!
Le Duc César Spassetti!
Von Puderwolken umwoben,
ein gnädiger Zeus blickt von oben ...
Die reizendsten Koketten,
die schönsten Bergeretten
verwöhnen den César sodann,
den wunderschönen jungen Mann.
César, der Vetter des Königs!
Und im Park von Versailles
spuck' ich auf die Canaille
des Hofgesindels um mich her –
der Vetter des Königs, der erste Pair!
Ha! ... da kommt er! ... der Priul! ...
Schon wieder muß ich mich ducken ...
Hundsfott von einem Patrizier!
Verschwindet scheu, sich in die Rosenbüsche duckend.
PRIUL *nimmt den Federhut ab, fährt sich über die Stirne*

Die Nacht war fürchterlich. Alle Furien der Hölle
war'n losgelassen gegen mich, mein armes Haupt!
Zuerst lag ich in bleischwer' Schlummer,
ermüdet von dem glühend heißen Tag.
Mit einem Schlage ward ich jählings wach:
Ich fühlte gleichsam mich in Flammen schwimmend,
ein lüstern Grauen war's, das mich durchströmt'.
Ein Kichern hörte ich, ein girrend' Lachen
wie das von jungen Hexen, von Panisken ...
verlockend süß und dennoch schauerlich ...
und fühlte mich in seltsamer Gewalt,
fast wie in Liebesketten, die mir unbekannt.
Zum Schluß verlor sich alles in dem Dunkeln,
wie es der Traumwelt eigen,
wie es Gott Morpheus liebt.
Ich sah nur mehr bezaubernd Augenfunkeln,
dann hörte ich ein Brausen,
sah ein gold'nes Flimmern
und hörte tausend kleine Glöckchen wimmern,
und alles um mich her war purpurrot ...
dann sah ich Ilions Untergang ... und meinen Tod ...
geheimnisvoll und Ilion war V e n e d i g.
Als ich aufwacht', spürt' ich dicht beim Herz
ganz jählings einen brennend heißen Schmerz ...
Rafft sich auf Weg mit den Traumgesichten!
unwürdig eines Mannes!

*Er setzt sich auf ein marmornes Gesimsstück, das Haupt in die Hände
gestützt, ein junges Fischermädchen kommt mit einem Netz voller
Fische. Sie singt.*

Ihr silbernen Kinder der silbernen See,
im Meer seid wie Prinzen ihr frei!
Ihr spielt mit den Nixen,
in Jagen und Kosen
lacht dann ihr Rosenmund.
Wie seid ihr da stolz!

Fischlein wie Silber in schimmernder Flut,
gehet ins Netz mir hinein,
verhelfet der Fischermaid
zur Seide fürs Sonntagskleid.
Lacht dann ihr Rosenmund,
– wie seid ihr da stolz!

Fischlein, wie Silber ihr gleißt
am silbernen Königstisch,
im Marmorpalast
gebraten in Feuersglast.
Naht ihr dem Rosenmund
der schönsten Prinzess',
wie seid ihr da stolz!

Ihr silbernen Kinder der silbernen See,
singe mit Silberklang
euch meinen Dank!

PRIUL Wer bist du, schönes Kind?
Wie nennst du dich?
Wenn auch dein Nam' so schön wie du,
so sei er mir von guter Vorbedeutung!
MÄDCHEN Der alte Fischer, nah dem Tor Charisios,
er ist mein Vater, Priamus,
und ich sein jüngstes Kind!
Man nennt mich Kassandra!
PRIUL *fährt mit allen Anzeichen des Entsetzens zurück.*
Ha! – die Königstochter,
die Ilions Untergang verkündete,
als Helena, die Griechin, kam nach Troja!
... weiche von mir!
MÄDCHEN *erschrocken* Herr, was ist Euch denn?
Ich hab' doch nichts getan ... bin keine Königstochter!
PRIUL *zwingt sich zu einem Lächeln.*
Nein, armes Kind, nicht du.

Dein Name bloß – er ähnelt einem andern –
doch das verstehst du nicht.
Zieh hin in Frieden.
Die Fische – gib sie ab in des Palastes Küche,
eines Palastes, wo ganz sicher niemals
eine Prinzessin lächeln wird mit ihrem Rosenmund!

Mädchen ab

PRIUL *nachdenklich* Der Traum heut' nacht – das Mädchen ...
meine Gedanken kreisen wie ein Rad.
Die Unruh' macht mich krank – dies tatenlose Sein ...
Wo nur die Flotte bleibt?
Zwei Monde sind vergangen.
Jetzt kann sich's nur um Stunden handeln,
daß sie kommt,
am Horizont emportaucht, Schiff an Schiff.
Visionär Ich seh' im Geist die hundert weißen Segel,
gedrängt die Decks voll Seeleuten, Soldaten,
an den Geschützen die Constabler steh'n
mit rauchend' Lunten, den Salut zu schießen.
Am Heck des Admiralschiffs thront
der Proveditor unsrer Republik
im Purpurmantel, mit dem gold'nen Stab.
Jetzt naht sein stolzes Schiff Kalymnos,
die Löwenflaggen weh'n auf allen Masten,
Kanonendonner, brausend' Rollen dröhnt,
ich heb' voll Stolz mein Haupt und sehe ...

*Helena Laskaris naht sich, prachtvoll gekleidet, silberdurchwirkter
Pannierrock, Rokokofrisur. Eine Sklavin oder Dienerin hält über
ihrem Haupt einen straußfedergekrönten Sonnenschirm. Hinter ihr
geht eine dicke Duenna in schwarzer Seide. Die Gruppe nähert sich
langsam Priul.*

PRIUL Ein Trugbild ... nein ... ein schöner Traum ...
Fährt sich über die Augen

HELENA LASKARIS *ist lächelnd zu dem an den Sockel der Venusstatue
gelehnten Priul getreten.*
Messèr – verzeiht, ich bin hier fremd,

den Kommandanten dieser Insel such' ich.
PRIUL Er steht vor Euch, Donzella, in Person!
Bin Ordelafo Priul, der Baïlo der Insel!
Gern steh' ich mit allem Euch zu Diensten.
Und wer seid Ihr?
LASKARIS Helena Laskaris,
von Konstantinopel kommend, auf der Fahrt nach Cypern,
in meines Vaters Haus.
Vorstellend Meine Duenna hier – Madonna Giustiniani!
Die vergangne Nacht barg für uns viele Schrecken.
Priul horcht auf.
Auf meinem Schiff entstand ein Brand,
den meine Sklavin da entfacht mit ihrer Leuchte,
mit der sie bei dem Seegang stürzte.
Ein Vorhang meines Betts fing Feuer
und mein Gemach, voll Mädchenflitterwerk,
stand gleich darauf in heller, roter Lohe.
Mit Mühe nur, nach stundenlangen Kämpfen,
gelang es uns, die Feuersglut zu dämpfen!
Ich bitte jetzt so lange um Quartier an Land,
bis mein Gemach ist wiederum instand.
PRIUL Archicontess' – Despina, welche Ehre
erweisen Sie der Republik und mir,
als sehr erlauchten Gast Euch zu begrüßen!
In einer Stunde steht Euch der Palast,
wo einst vor langer Zeit die Herrn von Rhodus hausten,
für Euch und Eure Ehrendame zur Verfügung!
Wie preise ich das Glück, Eures erhab'nen Hauses
so schönes, jüngstes Mitglied hier zu sehen,
des Hauses, ruhmreich, machtvoll und gefürchtet,
das lang in Anatolien war der Herr,
des glanzvoll' Nam' im Mund der Christen lebte,
vor dessen Klang Seldschuk und Türke bebte!
LASKARIS *stolz* So? Ist Euch das bekannt?
PRIUL Und mehr als das.
Ich kenne Eures Haus' Geschichte,

das Phrygien, Montferrat,
das Reich der Lydier und Burgund umfaßte
mit seinem stolzen Blut.
Mein eignes Haus, Dynasten einst auf Skyros,
standen ihm nahe in der alten Zeit.
Ihr gebt mir heute, hoff' ich, noch die Ehre,
zusammen mit Madonna Giustiniani,
meines Palastes Schwelle zu betreten!

LASKARIS *dankt stumm und pompös. Sie setzt die Promenade fort.*
PRIUL *blickt ihr gedankenvoll nach.*
Wie schön sie ist!
Das Ebenmaß der Glieder, das Gesicht!
Der Schnitt der Augen – Griechenland!
Seufzt Da schwärm' ich wie ein junger Fant,
lacht wenn jetzt Quirini kommt ...
kann sein, daß sie ihn heilt von seinem Liebesgram ...
Wie wird er staunen,
was inzwischen kam.
Verträumt Bewundernswertes Mädchen ...
Singt eine Canzone Tassos
Nach wenig Tagen naht die junge Schöne
dem Orte, wo der Franken Lager steht.
So wie sie ankommt, flüstern ihr die Töne
des Staunens nach und jeder steht und späht,
wie wenn bei Tag, in nie geseh'ner Schöne,
ein Stern erscheint – ein strahlender Komet.
Von ihrer Götterschönheit angezogen.
So wie das Licht den Schmetterling erregt,
naht er und blickt – durch ihren Reiz betrogen –
ins Auge, das sie sittsam niederschlägt.
Doch hat er ihm schon helle Glut entsogen ...
O Despina Armida – H e l e n a ...
Rafft sich auf Ordelafo! Wohin verirrst du dich ...?
Weg mit den verliebten Versen Tassos,
die einst so viele Prügel dich gekostet,
als in der Schul' du saßest,

im dumpfen Gäßchen Zan i Polo,
allwo fürs Arsenal die Stockfisch'
man klopfte weich auf seinem Marmorpflaster.
Nachdenklich Mir scheint, mein alter Freund,
gehärtet im Kanonendonner mancher Seeschlacht,
der ob Quirinis Träumerei'n stets lachte.
Du selbst bist ihrem strahlend' Aug' verfallen,
der Schönheit der Despina Helena ...
... Helena ... die G r i e c h i n ...
... i h r galt Kassandras Klage ... i h r!
Erregt ab

Vorhang

SIEBENTES BILD

*Saal im Palast Priuls. Ein rückspringender Teil dieses Raumes kann
sich durch einen Vorhang (burgundischer Gobelin) verhüllen lassen.
Im Mittelgrunde steht ein niederer sechseckiger Renaissancetisch,
auf ihm eine Silberlampe mit offenen Flammen. Ihren Fuß ziert eine
Gruppe von Kephalos und Prokris. Auf dem Tische liegen Pergamente
mit Stammbäumen. Das große Gemach ist nur von dieser Lampe und
einer ähnlichen auf einem Tisch in der erwähnten Hintergrundnische
beleuchtet. Durch ein hohes offenes Spitzbogenfenster der linken
Seitenwand flutet Mondlicht herein. Im Hintergrunde links eine
Spitzbogentüre. Man hört bald stärker, bald schwächer das Rauschen
einer Fontaine im Palasthofe.*
*Priul tritt ein. Hinter ihm Arcimbalotto mit Silbergeschirr. Priul geht
den Saal musternd durch, stellt noch eine Rosenvase auf den Tisch
mit den Pergamenten. Man hört einen Türklopfer.*
PRIUL Stellt das Confect auf diesen Tisch! So, gut.
   Öffne! Führe die Damen in den Saal!
*Priul geht erwartungsvoll auf und ab. Die Tür wird aufgerissen.
Arcimbalotto steht mit tiefem Bückling da und läßt die Damen
eintreten. Sie kommen in schwarzen Seidendominos und haben
schwarze Halbmasken vor dem Gesicht. Die Giustiniani hat das*

Haupt mit einem schwarzen Spitzenschal verhüllt. Laskaris trägt, der Sitte der Zeit entsprechend, zum Domino einen niedren Dreispitz, etwa wie der der Offiziere der Epoche. Sie legen die Dominos nahe dem Tisch im Mittelgrunde ab. Jetzt tritt die Prinzessin Laskaris dem Kommandanten in kostbarem weißem Seidenkleid entgegen, nach levantinischer Sitte mit sehr reichem Schmuck behangen, den Fächer in der Hand.

PRIUL Willkommen, meine Damen, in Kalymnos!
    Welch' Seltenheit sind Gäst' in meiner Einsamkeit!
    Beliebt's, Prinzessin Laskaris, Madonna Giustiniani,
    Euch zu erfrischen hier mit Wein, Confect.
    Arcimbalott', serviere!

LASKARIS Ihr verzeiht! *Wendet sich zu Giustiniani*
    Madonna Giustiniani, wollet Euch bequemen,
    von diesen Tropfen in den Wein zu nehmen,
    da Eure Nerven von dem Schreck des Brandes
    sich noch nicht ganz beruhigt ...

GIUSTINIANI Meinen Dank, Prinzess',
    für Eure Sorgfalt, kindlich Güte ...

LASKARIS *reicht der Dame ein Flakon.*
    Die Glut des Sommers und der große Schreck,
    sie machten die Madonna müde.
    Dann zu Priul Ihr spracht, Messère, daß Ihr den Stammbaum habt
    der alten Fürstenhäuser,
    die im Oriente herrschten, Herrn war'n der Levante.
    Den der Pisani, die Santorin besaßen,
    vom Haus Barozzi, das in Therasia saß,
    in Seriphos Micchieli,
    in Namfio Foscolo und Premarini.
    Grimanis Burgen ragten auf Sifanto,
    das Haus Cornaro und der Dandolo
    beherrschten Cypern und Scarpanto!
    Ihr Stammherr, Janus, hatte eine Tochter,
    der Graf von Sidon, Phöbus, freite sie,
    und zeugte mit ihr eine Ahnherrin
    des Hauses Laskaris – Ihr seht, Messère,

daß ich sogar, trotz meiner jungen Jahre,
in Eurer Wissenschaft beschlagen bin!
PRIUL *erfreut* Oh, Despina, die hohe Schule
von Padua wär' stolz auf Euer Wissen,
das selten bei den Mädchen,
denen Fächer, Tand und schöne Kleider
die Welt bedeuten ...
LASKARIS Irrt Euch nicht!
Auch ich bin diesen Dingen zugetan.
Sind's doch die Waffen, die uns Venus lieh,
wie Mars den Männern Schwerter, Speere, Schild!
PRIUL Ja, Euer Kampf ist mild!
LASKARIS Da irrt Ihr wieder,
galant, ein Cavalier!
Die Männer halten oft für spielerische Zier,
was unsres Waffenhandwerks Arsenal bedeutet!
Das mächtig' Wollen eines Mägdeleins,
die Schönheit nennt ihr Eigen, kann die Stärke
des größten Königreichs vernichten,
wirft Heere in den Staub,
versenkt die prunkendsten Galeeren ...
... der Schönheit Macht ist fürchterlich, Messère ...
denkt nur an Helena, die Griechin ...
PRIUL *ist bei diesen letzten Worten erregt aufgesprungen. Madonna*
Giustiniani aber ist sanft eingeschlafen, was er in seiner Aufregung
gar nicht beachtet.
Wie recht Ihr habt, Despina!
Wenn aber Mars und Venus sich geheim vereinen,
so zeugen sie den Eros, der Götter Allerhöchsten,
dessen lächelnd' Pracht,
des' verklärteste Schönheit Hellas durchdrang,
das wunderwahre!
LASKARIS Das Reich des blauen Meeres, gold'ner Marmorinseln,
wo an jedem Quell ein Heiligtum sich hob
der hellen Götter, wo das Veilchenlicht
der Nacht die Bildersäul'n umrieselt',

die zu tausend Tausenden den Blumengarten
seines Reiches schmückten ...
In Byzanz' starrem Goldtraum krönte sich dies Hellas,
bis wiederum die panzerdröhnend' Schar der Kreuzesherrschaft
als Lehenshelden seiner Kaiser
im Rittertraume Syrien, Indien suchten,
– ein wogend' Zug dem Sonnenzauberland entgegen!

PRIUL Es hoben Fürstenhöfe, Herzogtümer
und Burgen, Königssitze ohne Zahl
in Pracht und Prangen sich empor,
ein Zauberreich, wo Hellas' Anmut sich mit Stahl der Gotik
zu einem Paradies verwebte,
der Minstrels und der Streiterscharen,
die Abenteuer, Minneträume suchten,
bis Türkenhorden in unsäglich Greueln
alles erstickten und in Nacht verhüllten.

*Laskaris ist blitzenden Auges, zornbebend aufgesprungen. Ihre Hand
ist vorgestreckt, als ob sie einen Degen zur Stütze suchte. Sie wirft
ihre Schultern so jäh zurück, daß eine Perlenschnur zerreißt und die
Kügelchen irisierend am Boden dahinrollen. Priul kniet nieder, die
Perlen zu suchen.*

LASKARIS *mit girrendem Lachen*
Dahin ... dahin ... die Perlen
am Gürtel der Aphrodite –
ihr schönheitsstrahlendes Geschmeide,
die Königsschlösser und die Fürstenhöfe,
die Minneburgen und Cypressenhaine,
wo der Turniere goldene Fanfaren ihr zur Ehr' erklangen,
der höchsten Dame aller Ritterschaft:
Frau Venus ...
Und dieses Gürtels stolze, schimmernd' Schließe,
das Parthenon, Hochveste aller Griechen!

*Priul ist auf den Knien liegen geblieben. Ihn, den Krieger, hat die
Begeisterung gepackt.*

PRIUL Wie herrlich – Euer Wort – wie strahlend, herrlich Ihr!

LASKARIS *überhört in ihrer Erregung die Worte Priuls und spricht*

mit finsterem Blick auf die schlafende Giustiniani
... und da kann sie schlafen ... natürlich, Lateinerin ...!
PRIUL *fährt zurück*
LASKARIS Ich wollte Euch nicht kränken,
  habe vergessen, daß Ihr ein Venezianer!
PRIUL Es hat mir weh getan, das Wort, Despina,
  denn – ich liebe Euch!
LASKARIS Seid still – kein Wort – was fällt Euch ein!
  Was sprecht Ihr da – erhebt Euch ...
  Wenn die Madonna aufwacht!
PRIUL Nein, nein – kann nimmermehr schweigen,
  es ist stärker als ich – hat den Krieger besiegt ...
  Als ich dich sah, zum erstenmal sah,
  da war ich verloren – verloren an dich – heut weiß ich's.
  Ich stand auf heidnischer Zauberstatt –
  im Tempel der Venus bist du mir begegnet!
*Er schließt den Vorhang der Nische, in der Madonna Giustiniani
schlummert, und nötigt Helena zum Tisch, wo die Silberlampe
steht. Die Prinzessin Laskaris steht da, schön wie eine überirdische
Erscheinung, vom Mondlicht überflutet, schlank, in weißer Seide,
die Lampe beleuchtet sie in rosigem Gegenschein. Priul umklammert ihre Hand.*
  Helena! ich kann nicht leben ohne dich,
  verzehre mich in Sehnsucht nach dir ...
  Siehe, ein Priul liegt im Staub vor dir,
  zu deinen Füßen, Despina, der Demut Bild!
  Gott ist mein Zeuge – niemals hat
  ein Mädchen so erniedrigt mich geseh'n – der Minne Bettler ...
  gebeugter Demut Bild ...
LASKARIS Ihr Götter – er ist von Sinnen ... von Sinnen!
  von Sinnen – Ihr wollt um mich frei'n?
  Lacht Armseliger Nobile – Ihr – Ihr um mich!
  Von Sinnen ... *lacht wieder*
  Von Sinnen!
Sie hebt die Lampe mit Kephalos und Prokris in die Höhe.
  Messère, schaut Euch dieses Beispiel an:

Der Krieger Kephalos – einer der vielen –
freite um die Prinzessin Prokris, die Athenerin.
... voll Unheil war das Ende ...
Wie wagt Ihr's, Prokris gleich Euch zu vermessen,
als Krieger um das Königsblut zu frei'n!

PRIUL *leidenschaftlich* Fürstin der Schönheit,
Prinzessin der Grazien,
du Herzogin der Anmut ... quäle mich nicht!

LASKARIS *kokett* ... Herzogin der Anmut ...
Venezianer, stolzer Sohn der Republik,
Ihr habt gelernt! – doch – eine Herzogin ...
– am R i a l t o mag's vielleicht genügen – kann wohl sein,
daß ein wohlerzog'ner Venezianer weiter nicht denken kann.
Sieht in den Spiegel Jedoch ein Herzogshut ...
– er stünd' mir nicht!
Nach einer Pause Eine Königskrone ... das wär' was andres!
Hört, mein stolzer Nobile!
Wenn eine K ö n i g s k r o n e Ihr mir bieten könntet
– das wär' v i e l l e i c h t! der Preis ... v i e l l e i c h t!

PRIUL *ist aufgesprungen. Prinzessin Laskaris sieht ihn lauernd an. Er
kämpft einen schweren Kampf zwischen dem Pflichtgefühl, dem
Patriotismus und der Liebesleidenschaft.*
... und ... wenn ... ich dir einen Kronreif biete ...

LASKARIS Ihr – eine Krone!
Wollt etwa Jerusalem erobern,
das Banner pflanzen auf am Berge Olivet,
das Banner, das der Liebesgott umflattert!
Sie macht das Kreuzzeichen.

PRIUL Nein! Eine K a i s e r k r o n e.

LASKARIS Ihr denkt an eine K a i s e r k r o n e?
Sie setzt sich in einen Lehnstuhl und spricht sanft
Die Nacht ist schwül und drückend.
Der Gluthauch des Scirocco sendet seine Boten!
Euch ist nicht wohl – des Schlafs seid Ihr bedürftig.
Ich will Madonna Giustiniani wecken,
wir wollen geh'n ...

PRIUL *unterbricht sie* Und wenn ich dir die Kaiserkrone biete?
LASKARIS *sanft* Ihr müßtet denn aus Aachen
  das Kleinod hol'n – ein wenig weit von hier!
Priul entfernt sich und macht sich an einem Schrein im Hintergrunde
des Saales zu schaffen. Er rasselt lange mit Schlüsseln. Dann kommt
er zurück, zieht ein purpurnes Seidentuch von einem Gegenstande.
Die Krone funkelt im Mondlicht.
LASKARIS *fährt zurück, erregt* . . . was ist das . . .?
PRIUL Die Krone der Komnenen, der Herrn von Griechenland!
  Der Byzantiner letzter Herrscher trug sie, David,
  Kaiser von Trapezunt!
LASKARIS *beugt ein Knie und küßt die Krone.*
  Der Tag sei gepriesen – den Göttern sei Dank,
  daß ich, was allen Griechen heilig,
  durfte schauen . . .
  O heilig' Zeichen alter Herrlichkeit!
  Mit verändertem Ton, gebieterisch Es ist gut so, Priul!
  Dynasten von Skyros waren Euer Geschlecht!
  So habt das Recht Ihr, das Kleinod zu berühren,
  – reicht mir das Diadem!
Priul tut dies. Laskaris nimmt die Krone, beugt abermals ein Knie
und setzt sich das Diadem auf die Locken. Schlank, leuchtend in
weißer Seide steht sie da, vom Mondlicht umflutet, schimmernd von
Juwelen. Ihre graziöse Rokokoerscheinung wird zum Bilde byzanti-
nischer Pracht.
PRIUL *fällt vor ihr auf die Knie.*
  Herrlich bist du – salve Imperatrix!
  Ich huldige dir, dein erster Cavalier!
  Ein leuchtend' Lilienwunder stehst du da.
  Erhab'ne Fürstin in dem Reich der Schönheit!
  Alle Elfen umschweben
  den Rosenpalast deines Mundes,
  dein Blick betört den
  zagenden Sterblichen . . .
  vor deiner Hoheit beugt sich alles in den Staub!
LASKARIS *reicht ihm den Silberbrokatschuh zum Kuß.*

Huldigt mir, wie es in Byzanz Brauch!
Priul befolgt ihre Aufforderung. Er bedeckt den Schuh mit Küssen und will, von der Leidenschaft übermannt, das schöne Mädchen umfangen und an sich pressen. Laskaris beugt sich elastisch zurück.
Venezianer! Du wagst es, mich zu berühren,
mich, die Kyria Komnena,
mich, die byzantinische Kaiserin?
PRIUL *prallt drei Schritte zurück, starr vor Überraschung*
... Ihr ... Despina Laskaris ...
LASKARIS Die bin ich nicht.
Eine Maske bloß war das,
würdig der Kyria Komnena.
Ich bin des Namens letzte Trägerin,
ich bin die wahre Kaiserin von Byzanz!
Nun – Kronhüter – seid bedankt!
Sie nestelt ihren Schmuck ab und wirft Hände voll Brillanten vor ihn auf den Boden.
Hier – Euer Lohn!
PRIUL *fährt entsetzt zurück, ringt nach Worten.*
LASKARIS Nehmt – Nehmt – Ziert Euch nicht!
Ihr Venezianer seid alle doch Krämer,
alles feil Euch für das Geld,
Ehre, Verträge, Vaterland – alles!
– Die Steine da – aus dem Schatz der Herzogin von Lesbos,
den meiner Vorfahr'n Sorgfalt hat gerettet.
– Millionen an Zechinen sind sie wert ... nehmt sie!
Die Kaiserin von Byzanz
weiß treue Dienste zu belohnen ... nehmt!
Und nun habt Dank ... ich gehe.
PRIUL *starrt auf die zu seinen Füßen funkelnden Brillanten, stöhnt vernichtet, dann spricht er kalt*
Genug des Scherzes ... gib die Krone her!
LASKARIS Was sagst du, Venezianer?
PRIUL *zieht den Degen.*
Ragazza Mascalzon ... zum letztenmal in Güte ...
LASKARIS *mit Hoheit* Niemals!

Ich bin Helena Megala Kyria Komnena,
die letzte Fürstin aus dem Kaiserhaus,
in meinen Adern fließt das Blut
des Herrn der Welten, Alexander ...
nur mir gebührt das Diadem – und niemand sonst auf Erden!

PRIUL *stürzt vor. Sein Degen blitzt durch die Luft. Er fällt aus mit*
dem Rufe Dann gnad' dir Gott!
San Theodor', San Marco!

LASKARIS *weicht in linker Parade geschickt aus. Sie packt die Lampe*
und fängt den zweiten Stoß auf, so daß der Degen Priul aus der
Hand gedreht wird und klirrend auf den Boden fällt. Mit einem
Sprung ist die Donzella dicht am Gegner, der, von der Macht ihrer
Augen verwirrt, zurückweicht. Sie ruft Pallas und Aphrodite!
Ihr Dolch blitzt, der Kommandant taumelt, stürzt zu Boden. Seine
Lippen versuchen Worte zu formen. Laskaris wendet sich zum
Tisch, entblättert Rosen und streut sie über den Toten.
Du hast geglaubt, deine Pflicht als Venezianer erfüllen zu
müssen und warst doch mein Vasall ...
Schade um dich! Für Hellas mußte es sein!

Sie nimmt ihren schwarzen Domino um, setzt die Maske auf, die
Krone noch immer am Haupt. Dann nimmt sie das Diadem ab und
legt es auf den Tisch, um den Dreispitz aufzusetzen. Sie ist im
Begriff, den Saal zu verlassen, als ein Geräusch ihre Aufmerksam-
keit fesselt. Sie bleibt lauschend stehen, hört Schritte und rafft den
am Boden liegenden Degen auf. Sie hält die Klinge gesenkt und
blickt gegen die Tür, die aufgerissen wird.

QUIRINI *stürmt herein und ruft jubelnd*
Herr Kommandant ... eine Freudenbotschaft,
der Flotte eilte ich voran und ... *Er sieht die Leiche.*
Bin ich von Sinnen? – grauenhaft!

Jetzt sieht er auch die Prinzessin Laskaris, die vom Mondlicht
beleuchtet, maskiert und in Schwarz gehüllt, den Degen in der
Hand, starr dasteht. Sie hält die Krone an die Brust gedrückt.
Ha – was ist das?
Bandit. Du hast Priul gemordet und den Reif geraubt!
Er zieht den Degen. Wehr dich!

LASKARIS *legt schnell die Krone auf den Tisch und pariert den Angriff. Das Gefecht wird hitzig. Da löst sich aus dem Schatten der offen gebliebenen Türe eine vermummte Gestalt, kommt fledermausartig heran und will sich auf Quirini werfen.*
Kantakuzenos!
Nicht auf ihn!
Rettet das Diadem von Byzanz – bringt es in Sicherheit!
Die Krone Hellas' schirm' ich
mit meinem Leben ...
Sie sinkt getroffen nieder.
Ihr letzter Ausfall hat aber auch Quirini schwer verwundet. Er taumelt gegen die Wand, wo er, von einer Lähmung befallen, in die Knie gleitet. Dann stöhnt er mit geschlossenen Augen
Der – junge – Fant – führt – eine brave – Klinge ...
Die Morgenröte – seh' ich nimmermehr ...
Als Kantakuzenos mit der Krone verschwindet, hört man draußen den Ruf »Kantakuzenos« und herein stürmt der Page Feliciano, um sich zwischen die Kämpfenden zu stürzen. Er kommt aber schon zu spät und sieht, wie seine Herrin tödlich getroffen niedersinkt. Er wirft sich über die Leblose, springt dann auf Quirini zu, um ihn zu erdolchen. Wie er ihn aber wehrlos sieht, wirft er die Waffe weg und schreit
Du ... Du ... Die Kaiserin von Byzanz ... hast du ermordet ...
die Imperatrix ermordet ... die Kyria ... die Kyria ...
dann stürzt er verzweifelt hinaus. Man hört noch sein gellendes Schreien die Imperatrix ... die Imperatrix ... die Kyria ... die Kyria ...
QUIRINI *öffnet die Augen* Was für ein Wahnwitz ...
die Imperatrix ...
Ist denn die Hölle los mit ihrem Irrsinn ... ich ...
eine Kaiserin ermordet ...
ARCIMBALOTTO *stürmt herein*
Was geht hier vor? Ich hörte Schreien ...
Degenklirren ... Herr ... Was ist Euch ...
der Kommandant! Um aller Heiligen Willen ...

QUIRINI *mühsam* Später – alles ... verfolgt – einen Vermummten,
der ... er floh hinaus ...
wird wohl ... in einer Barke ... flüchten wollen ...
Schnell nach ... bring ihn ...
lebendig ... oder tot ...
schnell ... schnell ...
Arcimbalotto ab. Man hört Waffenklirren, Rufe, Lärm.
QUIRINI Was für ein Drama hat sich abgespielt?
... die Krone ... geraubt ... Priul ... erschlagen!
ich ... zu Tod getroffen ...
Alles sinkt in Nacht und Grauen. *Er stützt sich auf.*
Und ... ich soll ... ein Mädchen ... getötet haben?
In angstvollem Ahnen ... ein ... Mädchen ... ein Mädchen ...
Nur eine einzige kenn' ich,
die mir dies heil'ge Wort verkörpert ...
Visionär ich sehe niemals wieder meinen Abgott –
sie ... die Unbekannte, Götterhauchumwob'ne ...
Prinzessin Eros ...

Vor meinem Auge träumend weicht dein Bild,
wie sanft mit dunklem Flügelschlage,
ein schöner Falter in den Äther schwebt.
Prinzessin Eros – götterschönes Wesen,
noch einmal möchte ich dich wiedersehen,
du benedeite Herrin meiner Seele ...
O Herr, der du des Paradieses Teppich webst;
den Staub zur Göttlichkeit durch deinen Hauch belebst,
o Herr der Gnade, laß mich noch einmal schauen
das, was ich liebte, eh in Nacht und Grauen
mein Sein versinkt, vielleicht ins ew'ge Nichts ...
– Es ist das Los des Kriegers, das mich traf. –
Ein tapfrer Bursche übrigens,
kaum Jüngling noch, der holden Stimme nach – der Page,
der sein Leben ohne Zagen ließ
für Byzanz' Kronreif ...
– den Namen eines Griechenfürsten rief,

der dieses Diadem an sich nahm, floh ...
wie seltsam alles dies, welch wunderlich Gewebe!
Ich muß doch seh'n, wer mir zum Schicksal ward,
mich in den Hades sandte ...
*Er schleppt sich mühsam zu der auf den Boden gesunkenen
Laskaris, schlägt den Mantel auseinander und ruft mit allen
Anzeichen des Entsetzens*
... Ein Mädchen ... welch kostbar Kleid ...
um Gotteswillen ... *Er reißt ihr die Maske ab.*
Um aller Himmel Barmherzigkeit! ... Sie ...
sie – sie – sie – sie ... *Er wirft sich über die Daliegende.*
LASKARIS *erwacht aus ihrer Betäubung.*
Wie schön's hier ist ...
Welche Rosenpracht, wohin ich blicke ...
Lorbeerzweige beugen sich hernieder ...
bin im Palaste D a p h n e ... dem der Ahnen ...
die Rosen wölben sich zu einem Dom ...
ihr Duft ... jetzt weiß ich es ... ihr Duft
ist der Gesang der Engel ... am Throne Gottes ...
Visionär Vater ... Mutter ... *traurig* nein ... ich bin allein ...
einsam wie immer ...
Ein Kanonenschuß ertönt in dumpfem Rollen.
Da – der Salut der byzantinischen Kaiserin!
... wo – sind – meine Getreuen ... Kantakuzenos ...
wo ist – das Diadem?
Ich muß mich dem Volk von Hellas zeigen
Ich, H e l e n a K y r i a K o m n e n a,
die Kaiserin von Byzanz!
QUIRINI *weicht scheu zurück.*
Sie – die Rätselvolle ... die in Nacht Gehüllte ...
H e l e n a K y r i a K o m n e n a,
die Kaiserin von Byzanz
habe ich gemordet ...
Jetzt weiß ich den Namen,
der der süßeste ist,
der meinem Ohr je geklungen ...

ARCIMBALOTTO UND SPARTIVENTO *stürmen in den Saal*
  Soeben raffte die Kugel
  einer Kolubrine, die am Hafen steht,
  die Barke in den Grund,
  auf der, verzweifelt rudernd,
  der Mann in schwarzem Mantel floh ...
QUIRINI *verzweifelt*
  Die Krone liegt am Grund des Meeres!
  das nach der Küste schon ein Abgrund, bodenlos ...!
  Das ist der Tod Venedigs ...
  Der Traum von seiner Größe ist zu Ende ...
  San Marcos Herrlichkeit verglüht ...
  verhüllt das Gesicht mit den Händen
LASKARIS *rafft sich noch einmal auf. Verklärt*
  So hab' ich doch gesiegt ...
  Des Märchenlandes Byzanz Kronreif ist versunken,
  im Purpurreich Poseidons ruht er jetzt.
  Behütet ihn, ihr holden, schlanken Nixen,
  du Melusine auch – Prinzessin Lusignan,
  aus meinem Blut und dem der Könige von Cypern ...
  sakral du, Aphrodite, nimm ihn gnädig auf,
  dir Schaumgeborne! Herrin Griechenlands!
  vertraue ich die Märchenkrone an ...
  Beschirme sie in Gnaden, Göttliche,
  bis wieder Tag es wird für Hellas,
  das Licht der Schönheit wieder flammt empor,
  und auch dein Tag erwacht.
  Anadyomene!
Die Chöre der Engel ertönen, nur ihr hörbar gedacht.

CHOR Jungfrau von Schönheit goldumstrahlt,
  vom Goldklang der Nachtigallen gefeierte
  Fürstin der Jugendpracht!
  Goldthronende
  in Paradieses Ruhe ...
  Der Heiligkeit

bringen wir
Botschaft des Lichtes, der Gnade voll,
dir, wunderreiche Königin,
Maid der Maide,
lilienschlank!

Der Liebesgöttin bist heilig, heilig.
In Blumenketten tragen wir dich
empor zur flutenden Iris des Ätherlichts.
Wir Scharen der Engel,
wir Blumen vom Himmelsplan.
Fürcht unsren Anblick nicht ...
Wir strahlend gewirkten Kinder glitzernden Lichts!
Vom Feuer des Saphirs flammt uns der Augen Schein,
vom Blitz des Berylls, des Smaragds und aller Crystalle,
vom Anhauch der Rosen der Leib uns geformt
und der Narzissen
und Flaum des Schwanes
und flimmernde Birkenzweige,
die Glieder, die schwanken ...
Fürchte den Anblick nicht,
der Sündenbeladne vernichtet!

Alles durchdringen wir,
alles bezwingen wir:
Des Blühens Farben
gleich Fackeln wir tragen,
den Weg zu leuchten dir
im letzten Edens Hain,
Königin!
Jungfrau!
Du, du, Erlesene
Archiparthenos Palladina ...

Aus unsrem goldenen Lockengeschmeid,
umfängt voll betörender Wonne

der Königspracht Mantel dich,
gewebt wie aus Strahlen der Sonne,
in dem leuchtend du nahst
dem Throne des Herrn ...

Sie stirbt verklärt.
QUIRINI Du Tochter Aphrodites ... Herrliche ...
Du Bild der Göttin, die dem Meer entstiegen,
dem Mutterschoß der blauen ew'gen See,
der alles Leben immer neu entsteigt ...
Er wirft sich nochmals über die Entseelte. Dann ruft er in tiefster
Klage Mutter ... Mutter ...
zurück zu dir ... in deinen Schoß ...
Er wankt zur Tür hinaus.
SPARTIVENTO ... und ich bleibe der elende Schreiber.

Ende

PARALIPOMENA

ERLÄUTERUNG

Das Milieu des Stückes ist für die Bühnen ein vollkommen neues, nämlich das Rokoko in Griechenland.

Historisches:

Das byzantinische Reich endete 1453 durch die Eroberung Konstantinopels durch die Türken. Nur noch im Kaiserreich Trapezunt hielt sich das legitime byzantinische Kaiserhaus, das der Komnenen, bis 1452 [sic!], wo auch dieses Bollwerk höchster europäischer Kultur in Asien fiel. Die kaiserliche Familie wurde bis auf die Herzogin von Lesbos vernichtet. Sie floh mit ihrem minderjährigen Sohn nach Messenien, wo sich bis ins 18. Jahrhundert die Prätendentschaft der Komnenen erhielt, die selbst heute nicht erloschen ist. Wiederholte Putsche fanden statt.

Aber auch bei verschiedenen westeuropäischen Fürstenhäusern, die mit der byzantinischen Kaiserfamilie verschwägert waren, spielten die Versuche, einen Thronanspruch geltend zu machen, eine große Rolle. So bei den Wittelsbachern, die 1830 den Hauptstoß zur Befreiung Griechenlands führten und auch den Königsthron vorläufig einmal in Athen besetzten. Der byzantinische Thronsaal Ludwig II. in Hohenschwangau war nicht bloß eine dekorative Spielerei.

Als das legitimistische Prinzip noch in seiner Vollkraft war, spielte der Besitz der jeweiligen Reichskrone eine ausschlaggebende Rolle. So noch 1850 im Falle der durch Kossuth entführten ungarischen Stephanskrone.

Die byzantinische Reichskrone wurde nach dem Fall von Trapezunt auf eine der Inseln entführt und blieb für die Legitimisten verschollen. Schließlich kam aber der Bericht über ihren Standort in den Besitz einer der wunderlichen Geheimgesellschaften, die im alten Venedig spukten.

»Die Krone von Byzanz« zeigt einen der Putschversuche, die dem endgiltigen griechischen Befreiungskampf vorausgingen. Der Anfang spielt in dem schon machtlos gewordenen Venedig, über dem das letzte golddurchhauchte Abendrot der gewesenen Größe verglüht. Fürst Kantakuzenos, der Kanzler des kommenden Reiches, ist in den Besitz des Kronengeheimnisses gekommen. Sie ist in Kalymnos vergraben, einer Insel, die noch venetianisch ist. Um unentdeckt hinzukommen, schließt er sich als Theatermeister der Truppe Goldonis an, die auf der Fahrt nach Smyrna überall auf den Inseln Station machen will.

Er gibt der Kronprätendentin, die sich als Prinzessin Helena Laskaris auf einem Ball befindet, Bericht. Auf diesem Fest hat sich der Marineleutnant Francesco Quirini unrettbar in die schöne Maske Laskaris verliebt. Auch ihr hat Quirini einen tiefen Eindruck gemacht. Doch sie ist vor allen Dingen glühende Fanatikerin, die alles, was ihr in den Weg kommt, zu opfern bereit ist.

* * *

Im Hafen von Kalymnos. Es ist tiefe Nacht.
Die Truppe Goldonis – auf der Fahrt nach Smyrna – ist angekommen und holt Quirini zum Festmahl ein. Es sind die Herren: TRISTAN, der Arlecchino, CICALA, der Truffaldino; an Damen: DAFNE DONDEDEO, die Primaballerina, FELICIA ARMAFRODITA ARCOLANI, die Pagensängerin, FRAMPOLESI, die madre nobile, und die Tragödin, ESMERALDA BUBONETTI, ZENOBIA ZINALE, die Soubrette, und endlich die Herren ORTOLANO und UMIDINI sowie der Tenor TRABUCELLO.
Die Bühne füllt sich mit der Truppe Goldonis. Tristan und Cicala – beide mit hölzernen Schwertern im Gürtel und schwarzen Masken, lüften ihre Dreispitze und grüßen den Leutnant Quirini mit stolzer Grandezza.
BEIDE Salve, Capitano! Gesandte des Markuslöwen sind wir! Gesandte Venedigs! Wir holen Euch! *Zu den Ballerinen* Umschlingt den Messère da mit Rosenketten! ... Ihr verzeiht!
Dann überreichen beide Herren mit edlem Anstand und feierlicher Miene der Dafne Dondedeo und der Arcolani – einem frechen,

lausbubenähnlichen Stück – je eine Kirchenlilie, die sie einem vergoldeten Korb entnehmen, den ein kleiner Mohrenjunge mit Riesenturban trägt.

TRISTAN Nehmt hier, Donzelle, das Zeichen Eures Allerhöchsten Dienstes!

DAFNE DONDEDEO *zu Quirini* Ich komme, Euch die Grüße der Damen Goldonis zu überbringen! Folgt mir, edler Krieger!

ARCOLANI *nimmt ihn von der anderen Seite fest* O ziert Euch nicht. Jeder Widerstand ist nutzlos! Ihr seid in unserer Gewalt.

Zwei Fackeln werden hochgehoben. Der Zug bewegt sich im feierlichen Rhythmus eines spanischen Tanzes – etwa eines Bolero – zu getragener, pompöser Musik langsam dahin. Ortolano und Umidini blasen dumpfe, gestopfte Bombardons. Die Soubrette meistert einen Triangel, Glutblicke auf den verdutzten Offizier werfend. Die madre nobile und die Primadonna Bubonetti spielen auf großen Apolloleyern. Trabucello bekam die türkische Trommel anvertraut. Eine Koryphäe vom Ballett läßt unter graziösen Bewegungen die Tschinellen erklingen, und vier andere Tänzerinnen schlagen Tamburine. Tristan und Cicala blasen schrille Flöten.

Ein dumpfer Kanonenschuß rollt durch die Nacht.

* * *

DAS FEST DES PELEUS
Ballett

Bei Aufgaben des Vorhanges ist die Bühne dunkel. Man sieht undeutlich, wie verschiedene Gestalten Gegenstände herbeischleppen, es sind dies Gnomen, Perkopen, Sylvane, Faune und andere Wesen des Waldes, die den Schauplatz zum Feste der Götter schmücken. Sie richten im rechten Hintergrunde einen Purpurbaldachin auf, der sich über dem Thronsitz, der für Zeus und Hera bestimmt ist, erhebt.

Plötzlich beginnt ein Flimmern und farbiges Leuchten in der Mitte des Bühnenbildes. Aus dem Dunkel hebt sich Aphrodite, von Eroten begleitet, die gegen das Meer gewendet, die Hand erhebt. Rosiger Schimmer erhellt den Horizont, die Sonne bricht durch und läßt die Szene in immer hellerem Glanz erstrahlen. Die dienenden Wesen des Waldes, die Sylvane, Faune und Zwerge flüchten scheu und verlassen den Schauplatz. Sie haben ihr Werk beendet und die Stätte des Festes reich mit Prunkgefäßen, Fruchtgewinden, Guirlanden und dergleichen geschmückt.

Aphrodite verschwindet, und an ihrer Stelle erhebt sich ein Rosenstrauch. Eine Gruppe von Herolden erscheint. Sie blasen feierlich Fanfaren, zur Einleitung des Festes.

(Thetis, die Tochter des Nereus, wurde durch die Veranstaltung der Götter mit dem König Peleus vermählt, der mit ihr den Achilles zeugte.)

Der Zug der neptunischen Wesen erscheint, die Ankunft der Braut zu verkünden. Nereiden, Nixen, dreizackbewaffnete Korallenträger und Fabelwesen des Meeres.

Jetzt kommt Thetis, die Braut, von den Nereiden geleitet. Reigen der beiden Gruppen. Die Musik nimmt einen immer feierlicheren Charakter an. Die Nereiden und Thetis sinken zu Boden: der Einzug der Götter beginnt.

Athena und Ares, Apoll und Artemis, dann die Nymphen und Musen. Ihnen folgt Ganymed, der Zeus und Hera vorausgeht. Schließlich erscheint, von einem Blumenregen begrüßt, Aphrodite, von den Charitinnen und Horen begleitet.

Aphrodite in der Mitte der Szene: das Brautpaar huldigt der Liebesgöttin, die von bogentragenden Eroten umringt ist. Sie berührt das Paar segnend mit ihrem goldenen Heilszeichen und führt das Paar zum Thron des Zeus. Der Tanz beginnt. Apoll spielt die Kithara, die Musen begleiten ihn. Reigen der Chariten, Horen und anderer jugendlicher Götinnen, geführt von Aphrodite.

Schließlich huldigt die ganze Gruppe dem Paare der höchsten Götter, Zeus und Hera. In diesem Momente taucht die ganz in Schwarz gehüllte Figur der Eris, der Göttin der Zwietracht, auf, die man einzuladen vergessen hatte.

Sie wirft einen goldenen Apfel unter die Versammelten mit der Aufschrift: Der Schönsten der Göttinnen!

Hera, Aphrodite und Pallas Athena treten einander drohend gegenüber. Man wendet sich an Zeus um Entscheidung.
Im selben Moment bricht die Musik des Ballettes ab, und der Erzbischof von Kalymnos tritt auf.

Apoll von Nichts

NOVELLE

Der bevollmächtigte Minister Franz Georg Carl Fürst von Metternich, des noch berühmteren Staatskanzlers Vater, hatte mit dem Erzeuger Apolls die selbe Amme gemein. So konnte es nicht fehlen, daß später auch der Milchbruder zu hohen Ehren und Würden gedieh und im Sonnenglanze der barocken Exzellenz Ordensstern auf Ordensstern ansetzte, einen bunter und farbensprühender als den andren.

Er wurde auch mit schönen Titeln bedacht und in wohldotierte Ämter eingewickelt, wie in ein Federbett, mollig gefüllt mit den Daunen des Reichsadlers, der dräuend seine Häupter nach Aufgang und Untergang wendet.

Dieses goldene Vieh blickte gnädig auf den pflichttreuen jungen Beamten, dessen Leistungen seinem angesehenen Namen alle Ehre machten, und der bei Hoch und Nieder in gleichem Maße beliebt war.

Auch auf dem Pfade der Liebe blühte dem Sonntagskinde das Glück. Ein nicht mehr ganz junges Edelfräulein war es, der der Ordenstrahlende in die trüben Äuglein stach.

Mariä Heimsuchung schrieb sie sich, Mariä Heimsuchung von Windhuth zu Scheuenpauch. Die sehr energischen alten Windhüthe setzten bei hoher Stelle die Verlobung ihrer Tochter mit dem noch etwas zögernden Freier durch, und sechzehn adelige Zeugen besiegelten in steifer Würde den Heiratskontrakt.

Wie das Lächeln Aphroditens sah das Bräutlein allerdings nicht aus; aber am Polterabend erschien sie, von sieben feuchtnasigen Nichtlein neckisch an Perlenketten geführt, deren Glieder Stück für Stück groß waren wie böhmische Erbsen. Da schmunzelte der selige Nichts und zeugte bald darauf Apoll, unseren Helden.

Im prunkvollen Halbdämmer eines Wiener Palastes wuchs das Knäblein auf. Goldstaubendes Sonnenlicht huschte über chinesisches Porzellan und ließ da den feisten Bauch einer Pagode aufleuchten, zeigte dort auf den Gobelins das bärtige Haupt eines Türken, einen mit Amoretten spielenden Panther, oder das bunte Fleisch üppiger Nymphen.

Zwischen ragenden Schornsteinen, die gleich kleinen Ritterburgen auf den steilen Dächern thronten, sah das Kind das Wundergestein des Stephansturmes, einmal durchsichtig wie blauer ferner Rauch, das andere Mal rosenrot oder pfirsichfarben, daß dem kleinen Mann der Mund nach dem vermeintlichen Zuckerwerk nur so wässerte. Waren doch die Kinder aus guten Häusern damals fast noch dümmer als sie heute sind und überaus genäschig. So hockte Apollchen auch am liebsten in der schwarzgewölbten Küche, wo die Köchin Bibiana aus goldroten Kupferformen Torten zauberte, üppig wie kleine Grabkapellchen, wo es schmorte, rumorte und gar herrlich roch. Ein alter blinder Jagdhund drehte den Bratspieß jahraus, jahrein.

Vom vielen Schleckerwerk ward dem kleinen Hosentrompeter manch Zähnlein schlecht. Da mußte man den gräßlichen Gang zum Herrn Hofzahnarzt tun, der im zweiten Stockwerk des vornehmen Hauses wohnte, und der sich Gelindus Knacker von Nussheimb schrieb.

Was für schauerliche Stunden im Wartezimmer! Ein lebensgroßer Heiland hing dort, und daneben, gleichfalls altersgeschwärzt, ein Ölbild, wo zum Gaudium turbangeschmückter Heidenkönige der heiligen Lucia die Zähne von affenartigen Henkersknechten ausgebrochen wurden. Wenn dann die Türe aufging und der geistliche Assistent erschien – ein schwarzstoppeliger Jesuit –, welch ein Schreck! Der führte den Knaben mit vorgehaltenem Kruzifix zum Marterstuhl, wo der kleine Patient mit Gurten umständlich festgeschnallt wurde. Der kurzsichtige alte Herr tropfte ihm regelmäßig zuerst mit dem Wachsstock in den Hals, als Vorspiel zu weit Schrecklicherem!

Sonst floß seine Kindheit ruhig dahin. Auch ein Schwesterchen ward ihm später dazubeschert, damit Apollchen eine Gespielin habe. Ward da das Leben schön! Wenn nur die irren, verzweifelten Schreie nicht gewesen wären und das gedämpfte wilde Trampeln von Nussheimbs herüber . . . Dann klammerten sich die beiden Kinder eng aneinander oder schauten zum Fenster hinaus, wo nicht selten verschwollene Hoheiten vorfuhren, die man kaum aus den Equipagen bringen konnte.

Viele Jahre später, als die alten Nichtse in der bequemen Familiengruft ruhten und mit etwas süffisantem Ausdruck (sie waren balsamiert) dem Jüngsten Gericht entgegenschlummerten, konnte man noch immer die Geschwister in derselben Wohnung beobachten, freilich bei gründlich veränderter Einrichtung.

Es war ja durch das emsige Wirken unserer großen Geister der Classizismus selbst bis Wien gedrungen! Man ersetzte im Zusammenhang damit alles, was man früher aus Silber oder Bronze zu formen pflegte, durch Gips und den neuentdeckten Zinkguß; die Gobelins und die vergoldeten Möbel verschenkte man an arme Leute und sorgte für strenges, möglichst unbeholfenes Mobiliar in öden Zimmern. Die Schalmei des Rococo wich der nußbaumenen Leyer, der bebänderte Hirtenstab dem Spucknapf, und lange Schafsnasen ohne Hinterkopf verkörperten für damals das Schönheitsideal der Antike.

Zuckerwerk naschte der nunmehr erwachsene Apoll wohl nicht mehr; dafür aber trank er Karlsbader Wasser aus steinernen Plutzern, Tag für Tag. Da dran war seine Küche schuld, sicher die schlechteste im damaligen Wien. Und der Vater dieses Verhängnisses war, um es gerade heraus zu sagen, ein Bruder Metternichs, Prinz Wenzel Hasdrubal, der seinerzeit als Botschafter an den Hof von Peking geschickt wurde, mit dem strengen Auftrag, den Kaiser Kiakhing zu bekehren und das dortige Polizeiwesen im Sinne Österreichs zu organisieren, was beides mißlang. Der hohe Herr wurde aus Langerweile zum leidenschaftlichen Amateurkoch und verfaßte ein Buch: »Der erbländisch Unterennsische Hof-Koch in Sina«. Auf dem Totenbette – er hatte sich den Petschiliwurm eingewirtschaftet – legte er dieses sein Lebenswerk der späteren Erbtante Apolls ans Herz. Sie – eine überspannte alte Jungfer, die den prunkvollen Prinzen Wenzel abgöttisch liebte – kochte nur noch danach, ward aber bald das Opfer tückischer Vapeurs, der damaligen Modekrankheit.

Ihr sehr bedeutendes Erbe war durch eine geschickte Testamentsklausel mit einem bitteren Stachel versehen: ... daß Neffe und Nichte sich verpflichten mußten, ihr Leben lang ausschließlich nach den Rezepten des Kochbuches zu essen. Murrend nahmen die Erben die Verpflichtung auf sich, weil ohnedies damals kein Testament als juridisch einwandfrei galt, das nicht irgendwelche peinliche, am liebsten aber unerfüllbare Bestimmungen enthielt.

Man aß nicht nur schlecht; auch Personalmangel machte sich fühlbar, denn die weichherzigen Dienstboten von damals konnten die »arme Herrschaft« einfach nicht so leiden sehen, und kündigten einer nach dem andern.

Was Wunder, wenn die Geschwister reizbar und nach und nach etwas wunderlich wurden. Ja, Geld allein macht nicht glücklich, das sieht man in unserem Falle besonders deutlich, wenn auch nicht geleugnet werden soll, daß es manche Miseren aus dem Weg räumen hilft. Und so eine Misere kam eines Tages ganz unvermutet.

An einem wundervollen Maienmittag war es. Radegunde rief Apoll zum Essen. Er klappte den »Wohlinstruirten zimmerreinen Salon-löwen« zu, ein Werkchen, das sich bei allen Cavalieren größter Beliebtheit erfreute, und folgte der Schwester zu Tisch.

Etwas bänglich wie immer; doch kaum saß er, sprang er wieder auf, angeblich, um den Canarienvogel Lilipendi zu füttern. »Apoll«, klang es leise mahnend, »die Suppe wird kalt.«

»›Hasenpöpelchen in blauem Einlauf‹. Was zum Kuckuck ist das? Und dann: ›Baumwanzen in Madeira‹ vor den ›Schweinsembryonen mit Kälberaugen in Aspik‹. Ei ja, ta, tata ... Was gibt's denn wenigstens als Dessert? ›Fischschuppen in Rosenwasser‹! Also da soll doch der Teufel den verfluchten Prinzen Wenzel und die manns-tolle...«

»Aber Apoll! Heut ist doch der Geburtstag vom lieben Tantchen!«

»Ach so!«

»Das letzte Geburtstagserinnerungsessen war ohnedies eine Blamage gewesen. Die Mandrillgesäße, die wir uns um teures Geld verschrie-ben hatten, waren nicht mehr frisch und ganz farblos.«

»Weil du aber auch keinen Kren dazu gegeben hast, Radegunde!«

»Ja, damals haben auch bloß die ›falschen Teufelschwänze in Gelee‹ die Sache herausgerissen! Aber jetzt, Apoll, iß, es wird ja sonst kalt!«

Und wie gewöhnlich legten sich die Geschwister eifrig vor, und fast schien es, als ob sie im eifrigen Schmausen begriffen wären, als unerwartet die Türe höchst unzeremoniell aufgerissen wurde, und das Stubenmädchen Portiunkula mit hervorgequollenen Augen zum Tisch stürzte. Die Geschwister sprangen angstvoll auf und blickten fragend auf das Mädchen. Portiunkula formte mit den Lippen klanglose Worte und glotzte zitternd auf die Herrschaft. Endlich kam es schluchzend heraus: Im Zimmer der verstorbenen Tante Adel-gunde stehe ein splitternacktes Fräulein im Papierkorb!

»Apoll! Hast du Worte ...«

»Aber, das ist doch unpassend.«

»Sehr, sehr, lieber Bruder.«

»Ja, Radegunde!«

»Ob wir sie kennen? Kann es nicht glauben.«

»Sehn wir einmal nach!«

Und sie gingen, Apoll das Haupt mit einer Serviette verhüllt. Richtig; es war genau so, wie es das Mädchen berichtet: Ein pudelnacktes Fräulein stand im Papierkorb und musterte lange wortlos die Eingetretenen mit dem Lorgnon, das sie schließlich gelangweilt zuklappte. Dann begann sie: »Arethusa Freifräulein Fyrdraugh; vor zehn Minuten verordnete mir ein dressierter Zeisig, der, Eigentum eines blinden Leiermannes, gegen geringes Entgelt Zettelchen zieht und sie einem überreicht (ich bin etwas abergläubisch), Fußbäder in Papierschnitzeln. Als Fräulein der Tat erkundigte ich mich beim nächsten Polizisten, wo es in der Nähe reichlich Papierschnitzel, womöglich adeliger Provenienz, gebe, und da nannte man Ihre Adresse. Ein Schlosser öffnete – hier bin ich.«

Noch immer hielt Radegunde die Augen Apolls verhüllt. Sie war gerade im Begriffe, gegen den jungen – nebenbei bemerkt – überaus hübschen Eindringling ein heftiges Wort des Vorwurfes zu richten, als unvermutet zwei geckenhaft gekleidete Herrn ins Zimmer getänzelt kamen. Beide hatten drapfarbene Beinkleider an, bloß die Fräcke waren verschieden: abendrot der eine, resedagrün der andre. Zylinderhüte aus feinstem Florentiner Geflecht schwangen beide zierlich in den Händen, je ein Paar Glacéhandschuhe dazugeklemmt. Die schnatterten um das Fräulein, ohne auch nur die geringste Notiz von den Geschwistern zu nehmen. Indigniert wehrte das junge Mädchen die Annäherung der Herren mit der Lorgnette ab. Die Szene war aber auch im höchsten Grade anstößig; es war nur gut, daß der Papierkorb breite rote Flanellborten am Rande hatte, die mit viel Glück einen Wall gegen die schlimmste Verletzung der guten Sitten bildeten.

Die Herren beteuerten, endlich, endlich, das Glück zu haben, ihr, der Herrlichsten, der sie schon seit Wochen nachstellten, nahen zu dürfen, und sie sähen selbstverständlich über das Légère der Toilette hinweg ... »Nicht genieren, Katzi!«

Ein durchbohrender Blick traf den Resedagrünen, der sich so weit vergessen hatte. Und der Zorn der nackten Baronesse wuchs sichtlich; endlich war er so gewachsen, daß sie drohend aus dem Korb sprang, dabei aber nicht außer acht ließ, die ins Auge springendsten Blößen mit einem rasch an sich gerissenen Schriftstück zu bedecken.

»Um des Himmelswillen, mein Testament!« kreischte im selben Moment Apoll verzweifelt auf, der die ganze Zeit über durch die Finger Radegundes alles mitangesehen hatte.

»Das geht doch zu weit, ich bin indigniert, ja, wirklich höchst indigniert ... meine Herrn, man stellt sich wenigstens vor, wenn man jemanden besucht ... ich grolle ernstlich.«

Doch die beiden Gecken, denen sich während dieser Szene noch ein dritter in Königsblau angeschlossen hatte, sahen den Hausherrn bloß eisig schweigend an und wendeten sich hochmütig von dem Nervösen ab, der wie besessen im Zimmer herumraste. Radegunde biß in ihr Spitzentüchlein und klingelte, dem Fräulein beim Ankleiden zu helfen.

Ein Paravent mit großen Papageien, die gegen Reichsadler kämpften, wurde um die Entblößte aufgestellt, hinter dem auch Radegunde und eine Zofe verschwanden. Nach wenigen Minuten erschien Radegunde wieder und händigte Apoll das Testament aus. Der wies es von sich: Jetzt wolle er es nicht mehr haben, nein, unter keinen Umständen! Während Radegunde so mit dem sich eigensinnig immer mehr verrennenden Bruder stritt, war das junge Mädchen tadellos angezogen erschienen und verschwand, von den drei Cavalieren umkomplimentiert, aus der Türe, alle ohne den geringsten Abschied von ihren Wirten zu nehmen.

Vernichtet sank Radegunde in einen Fauteuil. Unweit von ihr legte Apoll das Testament mit einer Feuerzange auf den Schreibtisch, was dem nervös Zitternden nicht recht gelingen wollte.

Da ging abermals die Tür auf, und ein vierter Cavalier erschien, marillenfarben mit Straußfederdreispitz, und fragte, ob nicht eben drei steyrische Barone dagewesen seien. Das war zu viel.

Apoll wies gurgelnd vor Wut auf das Testament und warf gegen den neugierigen Frager die Feuerzange, die leider nur zu gut traf.

Mit dem Rufe: »Du hast den letzten Montpreyss-Igelfing getötet«

sank der junge Edelmann blutüberströmt zusammen. Die Geschwister sahen einander totenbleich an. Da, horch! Eine klagende Glocke erklang vom Hofe her. Apoll beugte ein Knie und bekreuzigte sich. Dumpf klopfte es an die Türe. Radegunde ächzte: »die Häscher . . .«, aber es erschien bloß der fragende Kopf der Magd. »Gnä Freiln, der Mistbauer ist da!« Jetzt kamen Bruder und Schwester wieder zu sich und beratschlagten. Was sollte man ihm diesmal nur geben? Ja was nur? Heute kam aber auch alles zusammen! Was nur diesmal? Bloß den Müll – das mußte den Mann verletzen. Das ging nicht. »Vielleicht diesmal deine römischen Münzen und ein Meßkleid vom Urgroßoheim Cardinal Khlesl?«

»Nehmen Sie den da mit, Portiunkula!« und herzlos wies Apoll auf den Cavalier in der Blutlache.

»Heiliger Paphnutius von Stixneusiedel«, brüllte das Mädchen auf und warf sich über die Leiche des jungen Mannes. »Was ist denn da geschehn! so a schöner junger Gnäherr und tot!«

Apoll hüstelte verlegen. Der Canari intonierte das Kaiserlied. Der Mistbauer läutete noch immer in jammervollem Diskant.

»Ja, wie ist denn das geschehen?« Die Geschwister zuckten verlegen die Achseln und blickten streng auf das schluchzende Mädchen. Die Herrn von früher hätten sicher die Leiche da verloren, daß sie's nur wisse, wenn vielleicht jemand nachfragen komme.

»Geb'n S' es mir, geb'n S' es mir . . .«

»Ja, wenn Sie ihn nicht dem Mistbauer geben, können Sie ihn behalten; den Café servieren Sie diesmal im grünen Rosenzimmer.«

Dort setzte sich Apoll seufzend nieder. »Endlich Ruhe! Weißt du, Raderl, mir wird allmählich die Sache zu bunt. So geht das nicht weiter! Die Geschichte da von vorhin übersteigt alles Dagewesene. Weißt du was, wir ziehen von Wien weg aufs Land oder machen eine Reise. Was hält uns eigentlich hier? die paar Bekannten? Dann wächst auch Gras über die Geschichte von vorhin, die übrigens Metternich schlimmstenfalls rangieren wird. Hat doch mit Politik nicht das geringste zu tun.«

»Ja, Apoll! Du hast wie immer recht, wer ist überhaupt klüger und welterfahrener als du? Ich will bloß meine chinesischen Nippes einpacken, weißt du, ohne die ich einmal nicht leben kann. Besonders den elfenbeinernen Eremiten, der sich die Hände am Feuer wärmt, und die alte Schildkröte aus Jade, die ihren sieben Jungen den schlafenden Bettler zeigt. Und die krumme Frau, die mit der Laterne nach dem blökenden Schaf schlägt ... ach alle, alle. Und höre Apoll! Sollten wir nicht doch noch zum guten alten Dr. Muckenhübl gehen, der den Süden so gründlich bereist hat? Der könnte dich auch noch einmal anschaun, wo du trotz der vielen Latwerge immer so trocken hüstelst ...« Apoll nickte, und der Besuch fand statt. Inzwischen hatte Portiunkula den unglücklichen Cavalier näher untersucht, und als sie Spuren von Leben in ihm fand, in ihr Bett gelegt, wo er bald wieder zu sich kam und allen Mägden des Hauses gezeigt wurde. Jede brachte etwas anderes: die ein Schinkenbein, die einen Guglhupf, und die einen geweihten Katzendreck, gut für alle offenen Schäden. Die einen betteten sein wundes Haupt an jugenddrallen Busen, andere wärmten seine erstarrten Hände auf ähnliche Weise. Die unerwartete Botschaft, daß es dem jungen Montpreyss schon besser gehe, vermochte nicht mehr die Geschwister umzustimmen und von der geplanten Reise abzuhalten.

Wenige Tage nach den eben geschilderten erschütternden Vorkommnissen saßen Apoll und Radegunde im geräumigen Reisewagen, der vom großen Hofe der Hauptpost abfuhr. Es war eine windwolkengefegte Mondnacht. Mit klappernden Scheiben rollte das Gefährt durch die finstren Straßen. Radegunde schmiegte sich vertrauensvoll an Apoll und fragte, wohin eigentlich die Reise gehe. Sie hätten darüber noch gar nicht ausführlich miteinander gesprochen.

»Ei, liebe Schwester, wirst staunen und hoffentlich erfreut sein. Immer knapp an Ungarn vorbei nach Triest und dann, juble! mit einem großen Segler nach Neapel, um das bunte Treiben des Südens zu genießen.« Milchvetter Metternich habe ihm eine warme Empfehlung an den dortigen Hof gegeben. Bald stockte das Gespräch, und sie machten sich zum Schlummer zurecht. In der Hundsturmerstraße sahen sie noch eine Prostituierte, die vom Wind mit abstehenden Röcken wie ein Kreisel herumgewirbelt wurde – das letzte Bild der Wirklichkeit; dann nickten sie ein, Arm in Arm, und schlummerten tief den Schlaf des Gerechten, bloß ab und zu ob des Sturmgeknatters für Momente aufblinzelnd. So vergingen viele Stunden, bis plötzlich ein starker Krach die Reisenden unsanft weckte und ihrer Fahrt ein jähes Ende setzte. Der Wagen stand. Apoll riß das Fenster auf. Die Windsbraut benahm ihm den Atem und erstickte seine Stimme, als er schreien wollte, schreien mußte ... denn, was sah er? Schon weit weg von ihm jagte der Kutschbock im sausenden Galopp durch die Nacht, mit ihm die vermummten schlafenden Postillione. Da saß man allein mitten im freien Land, in der windbebenden Ruine einer Diligence! Der galante Apoll war der Schwester wegen verzweifelt. Gedankenbrütend taumelte er auf seinen Sitz. Radegunde tröstete ihn, und aneinander geschmiegt schliefen sie bald weiter, gegen die Nachtkälte fest in die Mäntel gehüllt.

Ein goldener Tag lachte den Erwachenden ins Gesicht. Am heiterblauen Himmel jagten rasche Wölkchen dahin, die Ränder zierlich vergoldet; es war klar und frisch, und eine ferne Alpenkette hob sich in zarten Rosenfarben vom Horizonte ab. Tauduftiger Wald, noch leicht umnebelte Wiesen und das schimmernde Stück eines Flusses waren zu sehen, aber weit und breit kein Haus, keine Spur eines menschlichen Wesens. Schon einigermaßen besorgt, was aus ihnen werden sollte, vernahmen sie plötzlich Hufgetrappel, das immer näher kam. Musik setzte ein. Vier Jäger zu Pferd bliesen eine muntere Weise, die vergoldeten Hörner funkelten lustig in der Frühsonne. Die reiche Tracht, giftgrüner Atlas mit silbernen Tressen, deutete auf die Livrée eines vornehmen Herrn. Zwei paukenschlagende Mohren in riesigen Turbanen folgten. Dann kamen Cavaliere geritten, teils mit hechtgrauen hohen Zylindern, teils in der reichen Costümierung der verflossenen josephinischen Epoche, und schließlich mehrere Sänften, von federbuschgeschmückten Maultieren nach spanischer Art getragen. Die Atlasgardinen an den Fenstern waren diskret geschlossen, und aus dem vordersten dieser reichbemalten Gehäuse erhob sich aus einem kleinen Rauchfang ein dünner Streif blauen Rauches, der anmutige Schleier in die Crystalluft des anbrechenden Morgens wob.

Apoll war aus dem traurigen Rudiment der kaiserlichen Postkalesche geklettert und nahte sich mit dem zierlichen Anstand, der den Standesherrn auch in den widrigsten Umständen nicht verläßt, der vornehmen Cavalcade.

»Von Nichts.«

»Drottlef von Pirzelsburg, von Schleimberg, Aufsitz zu Absitz, Baron Bassus, Müffling sonst Heitertanz genannt, Trautenohm von Nichtenglitt, Freiherr von Quackenbusch«. Dann schüttelte man sich die Hände.

Aus der beginnenden Conversation entnahm Apoll unschwer, daß die eben genannte illustre Gesellschaft die Eskorte einer ebenso liebenswürdigen als vornehmen Dame bilde, der von den ersten medizinischen Autoritäten der Residenz eine Reise nach dem Süden dringend geraten worden sei. Gelte es doch eine krankhafte Schwermut zu bekämpfen! Die Besagte, eine Freiin von Linnennetzer, befinde sich in der vordersten Sänfte, die zu bequemen Nachtreisen eingerichtet sei; mit ihr ihre liebste Freundin, die anmutige Donna Roxane, eine junge Spanierin.

Man forderte Apoll auf das liebenswürdigste auf, sich der Gesellschaft anzuschließen, und brachte seine Schwester, die, von den Cavalieren auf das galanteste begrüßt, dem verunglückten Vehikel entstiegen war, in einer sonst als Garderobe dienenden Sänfte unter. Die Herren saßen auf, und dahin ging es unter lustigem Blasen auf courbettierenden und tänzelnden Rennern.

Bei freundlichen Hirten, die sich Hayek schrieben, machte man eine kurze Rast. Der exotische Name frappierte. Doch rührte er daher, daß das Oberhaupt der Familie, ein Veteran aus den letzten Kriegen, vom Kaiser gnadenweise in dieser Einöde angesiedelt, aus dem Herzen Böhmens stammte.

Der Reisegesellschaft wurde in bunten Schüsseln Milch kredenzt, auch Honigwaben und duftendes Kornbrot. Jaromir Messenteufel, ein finstrer Geselle, der bei den Hirten als Einleger wohnte, spielte ausnahmsweise mit lahmen Fingern die Zither, zu deren Klängen sich die Töchter der Familie im Tanze drehten.

Den üppigen Mädchen sprengten die festen Formen fast den groben Zwilch des Hemdes. Hei! da regnete es grünspanige Silberzwanziger und große Kupfermünzen mit dem strengen Antlitz des bezopften Herrschers, um die sich die halbwüchsigen Mädchen bückten und balgten, daß man unter den kurzen Faltenröckchen jugenddralle Schenkel und rundliche Übergänge zu noch anmutigeren Sehenswürdigkeiten erblickte, zum Gaudium der schmunzelnden Herren.

Ein Glück, daß die Damen noch in den Sänften schlummerten.

Der weitere Marsch führte durch immer gewaltiger werdende Tannenwälder dem fernen blauen Gebirge zu, bis der silberne Ton einer Schelle aus der vordersten Sänfte den gewundenen Zug zum Stehen brachte. Man war gerade in eine Lichtung gekommen mit einem Boden gleich einem leuchtenden Blumenteppich auf dunkelgrünem Rasen.

Die Mohren nestelten mit fieberhaftem Eifer einen köstlichen Perser aus dem Gepäck, die Diener deckten mit blitzartiger Fingerfertigkeit einen damastenen Frühstückstisch; die Herren stiegen von den schnaubenden Gäulen und bildeten rechts und links ein Spalier vor der Türe der Sänfte, die sich alsbald öffnete.

Heraus stieg, anmutig wie der Morgen, ein reizendes Mädchen im Pannierröckchen und Höschen aus Alençonspitzen bis zu den Knöcheln, in silbergestöckelten Atlasschuhen, daran zierliche Sporen, um die Amazone im Reitzuge zu markieren.

So verdeutschte man dem nachdenklich schnupfenden Apoll die ungewöhnliche Costümierung des exzentrischen Mädchens. Sie knixte graziös vor den Herren und warf mit kokettem Lächeln die schwarzen Ringellocken über die Schultern.

»Baronesse ist tiefernst! Schont ihren Zustand!« Die Herren nickten schweigend und begrüßten die junge Dame, die nunmehr ausstieg. Obgleich auch sie ähnliche Hosen trug, glich sie doch im übrigen mehr einer Vestalin. Daran war ein Musselinschleier schuld, der ihr über die Stirn gewunden war. Das blendende Weiß der Gewandung, das einen pikanten Kontrast zu ihrem dunklen Teint bildete, ließ ein zinnoberroter Shawl doppelt zur Geltung kommen. Mit schmerzlichem Lächeln hob sie die Lider von den schwermütigen Augen und begrüßte voll stummer Tragik die Versammelten.

Auch Radegunde erschien zum Frühstück, durch nachgeholten Schlummer sichtlich erfrischt und über den Unfall getröstet. So wurden die Geschwister mit den Damen bekannt, die sie schweigend musterten und sich anfänglich etwas zurückhaltend benahmen.

Bei sengender Mittagssonne erreichte man ein schon von weitem gesehenes und ersehntes Gasthaus auf ödem, nur mit vereinzelten Fichtengruppen bestandenem Blachfeld. Ein grüner Kranz an langer

Stange ragte aus dem Giebelfenster, die Sonne spiegelte in den
Scheiben, ein lustiges Brünnlein sprudelte vor dem Hause. Der Wirt
erschien, zog sein perlengesticktes Käppchen, befahl den Knechten,
die Pferde zu versorgen, und pries sein Essen an und seine Weine aus
Karlowitz und aus Esseg, aus Stinkenbrunn und aus Poysdorf, aus
Luttenberg gar und aus Retz! Auch Slibowitz gäb' es aus Syrmien und
Mailänder Bier in steinernen Plutzern zu 17 Kreuzern die Halbe!
Dann wurden Hühner geschlachtet; die Mohren halfen dabei mit
ihren krummen Säbeln. Der Hofhund zerrte wild an seiner Kette und
bellte darob, daß der Geifer in Flocken davonstob. An allen Spießen
prasselte es, und auf den siedenden Kesseln tanzten die Deckel.
Im Gärtchen wurde die Tafel gedeckt, mit Nelken und Bauernblumen
reichlich geziert, und das plumpe Besteck durch mitgebrachtes
Herrschaftssilber ersetzt. Das Mahl dehnte sich lange hinaus. In der
rotgelben Sonne des Nachmittags erschienen, in Staub gehüllt,
wandernde Musikanten mit Zymbel und Geigen und einem hühnerfedergeschmückten Trommler, der die Janitscharenpauke wie selten
einer zu meistern verstand. Eine Sarabande beschloß dann das Mahl,
von den drei Damen mit ihren Cavalieren aufs zierlichste getanzt.
Doch mitten hinein, gerade als Apoll voll Begeisterung eine Prise
bereitete, erklang wüstes und schrilles Geschrei; Scherben fielen von
einem klirrenden Fenster des Stockwerkes: Den einen Mohren sah
man mit der Kellnerin ringend, daß der Fensterstock krachte. Da
stoben die Barone Aufsitz und Quackenbusch davon und ins Haus
hinein, aus dem bald Hiebe und Geschnatter ertönte. Doch Bassus,
der nie seine Ruhe verlor, sagte ernst: »Allweil der Hussein! Sonst so
brav, hat er's immer mit den Kellnerinnen und Zofen.« Und von
Pirzelsburg seufzte, und die Damen schlugen die Augen nieder. Dann
brach man auf, und es ging weiter dahin, dem Purpurrade der
untergehenden Sonne zu, und man sah fröhliche Dinge: Neben einem
blumigen Gebüsch saß eine schmucke Dirn in rotem Rock und gelber
Seidenschürze, ein Grünrock mit lederner Jagdtasche stand kosend
hinter ihr, die gespannte Büchse an den Busch gelehnt. Der
Kichernden entglitt der Milchkrug, und die dicke weiße Masse floß
über das Gras und die trockenen Steinchen. Lächelnd wies sie darauf,
und hinter ihr grasten klingelnd drei behagliche Kühe.

Unweit davon saß in einem kleinen Wäldchen eine wandernde Krämerin; die bot dem vornehmen Zuge rosa und blaues Zuckerwerk zum Kauf an. Die silberne Mondsichel stand am Himmel. Dann wurde der kühle Vorsommerabend finstrer und finstrer, und die Reiterschar kam an ein übergroßes ödes Bauernhaus mit ganz kleinen Fenstern, vor dem eine Jungfrau in goldgesticktem Mieder und bebortetem Rocke bei einem rohen Steinblock spann. Über ihr bauschte sich ein trübrosa Vorhang an vergoldeter Stange, die in einem Widderkopf endete. Eine grüne Guirlande und ein Vogelbauer mit einem Gimpel hingen daran. Neben dem Mädchen ragte eine kurze Holzsäule aus dem Boden, die auf geschnitztem Brettchen eine antik geformte Tonlampe trug, deren schwach flimmerndes Licht der Fleißigen beim Spinnen diente.

Rosen, messinggelb und safflorrot, wuchsen neben dem Steine, dahinter schwarz-giftgrünes Säbengesträuch. Ein Salamander kroch watschelnd davon.

Dann kam ein junger Wandersmann herangestaubt, ein Bündelchen am Rücken; der klopfte an die Säule, sich der Spinnerin bemerkbar zu machen. Doch die nahm keine Notiz von ihm. »Eine Taubstumme« – so wendete sich der Jüngling an die Cavalcade. Kopfschüttelnd ob des ungewöhnlichen Bildes setzten die Italienfahrer die Reise fort in ein immer enger werdendes Tal mit vereinzelten Ruinen auf den Gipfeln. In stockfinstrer Nacht endlich hielten sie vor einem mächtigen Gebäude mitten im Wald.

Man pochte mit den Pistolenkolben an das Tor; ein verschlafener Castellan erschien mit gespenstisch-weißer Zipfelmütze und fragte, was die Ankömmlinge begehrten.

Nach wenigen Minuten des Wartens – die Fremdlinge waren inzwischen in den Schloßhof eingeritten – kam ihnen über eine sich allmählich im Kerzenlicht erhellende Freitreppe der Schloßherr entgegen, der edle und gestrenge Freiherr Dünnschitz genannt Dickschitz, Herr auf Urschitz zu Uschitz. Seine an eine Kugel erinnernde gedrungene Gestalt steckte in einem blauen Frack, dazu trug er rehlederne Hosen und eine blumige Atlasweste mit großen Talerknöpfen. Ein struppiger Vollbart, der erst unter den Augen halt machte, bedeckte, der Sitte der Zeit entgegen, das wohlgerundete Antlitz.

Doch war er ein liebenswürdiger Cavalier, der die unerwarteten Gäste
aufs herzlichste bewillkommnete. Händeküssend, die Frackschöße
fast ununterbrochen steil in der Luft, komplimentierte er die Damen
in ihre Appartements, wo lavendelduftende Betten soeben frisch
überzogen und Kupferkannen mit heißem Wasser herbeigeschleppt
wurden. Sogar eine zinnerne Badewanne mit Löwentatzen wurde in
einem Nebengelaß aufgestellt.

Eine halbe Wildsau war noch von Mittag übriggeblieben und gab den
Ankömmlingen ein schmackhaftes Nachtmahl. Nach dem Souper
ließ der ebenso heitere als liebenswürdige Dickschitz die Gäste noch
lange nicht zur Ruhe kommen; er blies ihnen trotz aller artigen
Abwehr noch eine Anzahl von Liedern auf einem Fagott vor, das ihm
tagsüber als Spazierstock diente. Er liebte es auch, bockige Knechte
damit zu prügeln, wenn ihm der Zorn die Adern am kaum
vorhandenen Hals blähte. Jeder der Herren wurde in einem der
weitläufigen Gemächer untergebracht, an deren Türen bald zaghaftes
Klopfen ertönte, Klopfen der zahlreichen jungen Mägde, die gekommen waren, goldbehaubt, doch leicht gekleidet, sich zu erkundigen,
ob einer der Herren noch etwas wünsche. Ja, in diesem gastlichen
Haus hielt man noch etwas auf gute alte Sitte nach üppigen
Mahlzeiten!

Am folgenden Morgen traf Apoll – er war ein unverbesserlicher
Frühaufsteher –, als er im Liliengarten des Schlosses promenierte und
sich am juvenilen Dufte unreifer Mohnkapseln erfreute, den Freiherrn von Pirzelsburg. Der stolzierte trotz der frühen Stunde im
schwarzatlassenen Caputrocke umher.

Die gemeinsame Einsamkeit, der gleiche Geschmack in der Anbetung
der dem Sonnenaufgang folgenden, Rosenwölkchen streuenden Eos
brachte die Herren einander näher, und bald ergingen sie sich in
intimer werdenden Gesprächen.

»Sagen Sie mir im Vertrauen«, so begann Apoll, »sagen Sie mir im
Vertrauen, was bedrückt eigentlich Ihre anmutige Reisegefährtin, die
Baronesse Linnennetzer?«

»He, hüm«, war Drottlefs Antwort, »ein böses Schicksal, ein Familienkummer, wie ihn kaum ein andres freiherrliches Haus aufzuweisen
hat! Aber kommen Sie zu jenem abgelegenen Pavillon, wir könnten

hinter den Büschen bürgerliche Lauscher haben!« Und sie betraten den grünlattigen Käfig, von tauglitzernden Rosen umwuchert, an denen emsig summende Bienen ihr Tagwerk begannen, denn es war die Stunde des Eros.

»Ein schwerer Kummer, ja. Hören Sie: Zur Zeit der allergnädigsten Kaiserin Maria Theresia lebte am Hofe zu Wien ein Mohr, von heidnischen Eltern geboren. Durch Treue und Pflichteifer erwarb er sich die Gunst der Monarchin. Sein ursprünglicher Name war Soliman, sein Schreibname jedoch Karkadan. Der sehnlichste Wunsch der frommen Monarchin, des Heiligen Vaters und des ganzen Hofes war, Soliman dem Schoße der allein seligmachenden Kirche zuzuführen. Endlich gab der schmucke Heidenjüngling nach und empfing in der heiligen Taufe den Namen Angelo. Als zweiten Namen aber Alois nach seinem hohen Taufpaten, dem Fürsten Liechtenstein.

Jetzt setzte aber die Kaiserin alles daran, Angelo auch eine passende Lebensgefährtin zu suchen, und endlich fand sie eine solche in der Person ihrer Lieblingshofdame, der Prinzessin Pschiakrewkowna-Pschiakrewkrschitzki, deren Großvater einmal dreiviertel Stunden lang König von Polen war. Also gewiß first set, wie Sie mir sicher zugeben werden. Dieser Bund wurde mit einer Tochter gesegnet, die später den Freiherrn von Linnennetzer heiratete. Dessen einziges Kind und Erbin seines großen Vermögens ist unsere liebe Reisegefährtin, die augenblicklich hinter diesen Jalousien« – er deutete auf das Schloß – »schlummert.

Soweit wäre die Sache ganz schön. Leider, leider sollte sich aber später ein wahrer Strom von Wermut über die angesehene Familie Solimans ergießen.

Das kam so. Als die Kaiserin Maria Theresia starb und ihr hohes Testament eröffnet wurde, fand man unter den zahlreichen Codicillen von höchst eigener Hand eines, über das man allgemein erschrak. Dort stand der Befehl, daß man Soliman nach seinem Tode – bewahren Sie Haltung, von Nichts – ausstopfen und dem kaiserlichen Naturalienkabinette einverleiben müsse. Peinlicherweise hatte die gütige, doch alternde Monarchin, die das Testament jahrelang nicht mehr gelesen, diesen Passus übersehen. Tiefbekümmert starb Soliman, dessen Lebensabend ohnedies durch die bewußte letztwillige Verfügung schwer verbittert war, warf sich ruhelos am Totenbette hin und her; und als nach feierlicher Einsegnung – es ist ja kaum auszusprechen – die betrübten Hofärzte zusammen mit dem Hofschinder, assistiert von den Obmännern der Gerberinnung in Trauerflor, ihr schmerzliches Amt beendet hatten, kam der also geschändete Leichnam Solimans, ausgestopft, aber im Kammerherrnfrack mit allen Orden geschmückt, ins Naturalienkabinett! Allerdings nach wenigen Tagen mit stillschweigender Billigung aller kompetenten Behörden in ein Depot im Dachraume der k. k. Hofbibliothek. Dort, o dort! trieben 1809 die Franzosen, deren Nationalstolz es ja ist, Denkmäler zu schänden, bei ihren Plünderungszügen mit dem Balg der ehrwürdigen Exzellenz ihren Unfug und zerstörten ihn vollständig. Die noch immer trauernde Witwe konnte das nicht überleben, stürzte sich aus dem Fenster und blieb sofort tot. Seitdem krankt auch unsere Baronesse an einem unheilbaren Gram. Um sie zu zerstreuen und dem sichren Trübsinn zu entreißen, hat man ihr eine Reise an den lustigen Hof von Neapel vorgeschlagen.«

»Ei, wie sich das trifft!« rief der wieder animierte Apoll aus, der sich bei der Erzählung des Barons teils den Angstschweiß athembeklemmender Erregung, teils Tränen des Mitgefühles mit dem Schnupftuche weggetupft hatte. »Ei, auch uns hat man zur Betäubung von Seelenschmerz ähnlich geraten, und wir freuen uns, das gleiche Ziel zu haben.«

Horch! Da rief eine Glocke zum Frühstück, das in der sala terrena, dem mit reicher Stuccatur und verblichenen Fresken geschmückten Sommersaale eingenommen wurde. Als man schon vollzählig versammelt war, ging nochmals die Türe auf, und ein sonderbares, wie verstaubt aussehendes Hutzelmännchen erschien, in verschossenem Carmoisinfrack mit reichen Silberspitzen, mächtigem Jabot und weißer Perücke.

»Der berühmte Anatom Santorini«, stellte der Hausherr vor. Und in der Tat! es war der illustre, der Welt schon längst verschollen geltende Florentiner Gelehrte, den Kaiser Joseph zur Ausführung der weltbekannten Wachsplastiken nach Wien berufen hatte. Auf der Rückreise wurde er vom Vater des jetzigen Schloßherrn zum Übernachten eingeladen, war aber, da er sich vor den Strapazen des Gebirgsüberganges scheute, seitdem auf Uschitz geblieben und vom Sohne als liebes Inventarstück von Vaters Zeiten her übernommen worden. Seine schichtenweise zerlegbare mediceische Venus, durchaus aus farbigem Wachs gefertigt, galt als die größte Sehenswürdigkeit der Kaiserstadt an der Donau.

Santorini erging sich in altmodischen, meckernden Komplimenten den Damen gegenüber, die er mit silberbestreuten Wachsblumen verglich. Dann ereiferte er sich, wie jeden Tag, über seine wissenschaftlichen Gegner, einen Valsalva, Pacchioni, den tückischen Vicq-d'Azyr oder gar Monro und den teuflischen Bell, der ihn als dermoplastischen Conditor bezeichnet hatte, und versank dann in schnupfendes Brüten. Die Gesellschaft beachtete gelangweilt den alten Herrn nicht weiter, aber Dickschitz gab mit pfiffigem Gesicht den Herrschaften ein Zeichen, daß ihnen gerade durch diesen abseitigen Greis eine großartige Überraschung bevorstehe. Und richtig! Nach aufgehobener Tafel bat Santorini die Gäste in seine Gemächer, wo sie vor einem grünen seidenen Vorhang stehen bleiben mußten. Der alte Herr schob ihn zur Seite, und ein allgemeines »Ah« des Erstaunens ertönte. Sah man doch dort zur größten Überraschung eine prächtige lebensgroße Nachbildung der Laokoongruppe aus Wachs – sein Werk, an dem er auf Uschitz durch ein Menschenalter lang geschaffen hatte.

Welch sprachloses Erstaunen malte sich auf den erstarrenden Gesichtszügen der Zuschauer, als der greise Meister auf einen Knopf drückte, und ruckweises Leben in die erhabene Gruppe kam. Nach und nach warfen Vater und Söhne die Schlange ab, griffen nach hinten und hatten schon Musikinstrumente in den von summenden Federn bewegten Händen. Santorini stieg auf ein Tabouret, hob einen Taktstock, und das merkwürdigste Konzert begann.

Der Vater mit den immer noch schmerzverdrehten Augen blies ein Bombardon, der rechte Sohn führte eine Flöte an den klagenden Mund, während der linke auf eine Schellentrommel mächtig paukte. Drei inzwischen aus der Versenkung aufgetauchte Pudel aus weißem Wachs hielten die Notenblätter, was der Gruppe zu einer fast schauerlichen Realität verhalf.

Und horch: Pergolesis unsterbliches Madrigal: »Die verirrte Proserpina« erfüllte voll verhallender Wehmut den Raum. Als aber dann das an Landlermotiven reiche: »Et in Styria Dionysos« ertönte, von Paisiello eigens für die Gruppe komponiert, hatte alles Tränen in den Augen.

Eine Kahnfahrt auf dem Schloßteich folgte. Die Boote glichen teils rot-, blau-, grün- oder gelbbemalten Chinesergondeln, teils waren sie wie fleischfarbene Körper schwimmender Meerjungfrauen gebildet, denen Wasserstrahlen aus dem Busen drangen, und die auf dem am weitesten aus den Wellen ragenden Körperteile glöckchengeschmückte Sonnenschirme trugen. Die Damen bekamen üppig bemalte Spanschachteln voll Mehlwürmer, um die unsinnig alten Goldfische im Teiche zu füttern, die Herren aber durften mit vergoldeten Tritongabeln nach Hechten und moosigen Spiegelkarpfen stechen.

Leider sollte der animierte Tag kein gutes Ende finden; nach Tisch trat mit den Zeichen höchster Erregung Baronesse von Linnennetzer zu den vertrautesten Herren ihrer Eskorte und teilte busenbebend mit, daß ihres Bleibens hier nicht länger sei. Der alte Geck Santorini, der ihre Familiengeschichte aufs genaueste kenne und sich in starken Ausfällen über das Ende ihres Großvaters, den er als stümperhafte Pfuscherarbeit bezeichnet habe, erging, hätte sie mit dem schamlosen Antrag verfolgt, ihm als Modell zu einer keulentragenden Omphale zu dienen! Genau wie sie Spranger auf dem berühmten Bild in der kaiserlichen Kunstkammer dargestellt habe, und die er in farbigem Wachs mit allen intimen Details nach der Natur und sogar mit herausnehmbaren Eingeweiden zu bosseln gedächte!

Da die Herren den alten Knacker auf Pistolen nicht mehr gut fordern konnten, mußte man aufbrechen, vom weinenden Dickschitz bis zur Grenze des Schloßparks begleitet. Und wieder ging es dahin, durch eine romantische Wildnis, auf schwindelnden Brücken über schaurige Abgründe, durch Schluchten voll kaltem Moderduft, unter gestürzten Riesenstämmen hindurch und über grüne Almfelder voll unzähliger brauner Heustadel, deren Dächer wie Silberschilde leuchteten. Als der Abendstern am Himmel funkelte, ritten sie in ein ummauertes Städtchen ein, wo ihnen der Bürgermeister entgegen-

kam und sie ins vornehmste Wirtshaus, den »Schwarzen Adler«
einquartierte. Man wies der Cavalcade die Kaiserzimmer an, wo
zentnerschwere schwarz-gelb überzogene Tuchenten keine angenehme Nachtruhe verhießen.
Dafür waren die Nachttöpfe aus versilbertem Glas – wie Gartenkugeln – und mit frommen Szenen bemalt. Kurz, es war für alles
gesorgt; sogar ein Friseur erschien, Jucundus Dapont, ein bis hierher
versprengter Venezianer, und bot seine Dienste an. Dann machte sich
noch im finsteren Hausflur ein vermummtes altes Weib an Quackenbusch heran und flüsterte ihm zu, sie sei die Gemeindehebamme und
wisse gar süße Häslein fürs Bett ...
Der nächste Tag führte die Reisenden über den Kamm des Gebirges
und talab, dem beginnenden Süden entgegen. Der Himmel ward
blauer, die Luft spürbar milder. Weinreben an den Häusern und
üppiges Obst allenthalben. Dafür war das Volk weniger bieder.
Durch den glühenden Tag zog man, bergauf und bergab; die Tiere der
Sänften wurden durch Träger ersetzt, um an schwierigen Stellen
sicherer zu gehen, denn der Weg ward jetzt schlechter. Einen Mann sah
man, der saß in einem hängenden Korb, der an einem Eichenast
schaukelte. So hütete er das Vieh, der Sandvipern wegen, an denen
das Land dort sehr reich war. Eine Zigeunerin tauchte auf und bot
den Vorüberziehenden ein braunes nacktes Mädchen an, das sie
schamlos enthüllte; ob der Abweisung fluchte sie dem Zug nach und
wünschte selbst den Rossen Dummkoller und Rotz. Dengelnde
Schnitter warnten weiter zu ziehen, da im Wald ober ihnen Räuber
lauerten; doch die Herren, auf ein Abenteuerchen lüstern, verlachten die Wackren. Und richtig! Bei einer Kapelle vor dem Eingang
in den struppigen Wald fiel ein Schuß. Da sprengte der grimme
Bassus voran und feuerte sein Trombon auf den kecken Banditen, der spitzhütig vor ihm auftauchte. Auf das hin stoben die
Mordbuben davon, der Getroffene aber wankte schimpfend von
dannen.
Dann wieder traf man auf einen frommen Anachoreten, der in einem
zerfetzten Schmöker blätterte und zum Klang eines kleinen Schellen-
baumes ein geistliches Liedchen sang. Er wies freundlich den Weg
und bat um ein Schnäpslein. Weiter unten belästigte ein Landedel-

mann in ganz veralteter Jägertracht und von zwei spontontragenden Hartschieren begleitet, ein Mägdlein, das in einer Grotte badete. Bei lustig sprudelnden Wasserfällen aber saß ein Maler an einfacher Staffelei. Es war kein Geringerer als Fischeroni, der Lieblingsschüler Magnascos, im emsigen Conterfeien beschäftigt.

Nicht weit davon, im finsteren Tann, stieß man auf eifrig arbeitende Falschmünzer. Die Braven wischten sich den Schweiß von der Stirne und wünschten den Ziehenden alles Gute. Dann tat sich ein gewaltiges, breites Tal auf, weit gegen Süden geöffnet, voll winziger Dörfer und Kirchen, ferner Burgen, Wälder und Städte, vergoldet vom Glanze der sinkenden Sonne, belebt von fernem, feinverklingendem Herdengeläute. Hie und da stieg eine blaue, schlanke Rauchsäule zum Himmel. Dann kamen Bauernhäuser, vor denen der Vater die Schalmei blies und die Kinderlein tanzten. So ging die Reise fast eine Woche dahin, bis eines Nachmittags das Meer vor ihnen lag wie eine Borte aus gehämmertem Silber. Und steil ging's bergab über steinige, staubige Straßen bis an ein Stadttor, über dem in lauer Sommerabendluft eine Lampe vor der Madonna brannte.

Es war Triest. Durch enge, rauchige Gassen, über hallendes Pflaster, durch Menschengedränge erreichten sie endlich die Herberge, ganz nahe am Hafen. Bei offenem Feuer verzehrte man das Mahl, wie es im Süden üblich ist, und fragte die schreienden Gestikulierer nach dem Abgang eines Seglers ins Königreich beider Sizilien.

Welch ein Signal für Gesindel aller Art und Winkelagenten! Man pries alle möglichen Fahrzeuge an, griechische Briggs und venezianische Trabakel, Ragusäer Tartanen, die bis Amerika schwömmen, und toskanische Schoner, eine päpstliche Feluke, sogar eine spanische Fregatte, die zwar gestrandet sei, aber in einem Monat wieder seetüchtig würde, ja, beim heiligen Veit! Selbst nachts pochten gackernde Figuren mit Stangen an die Fenster der Schlafenden, um ihnen empfehlenswerte Gelegenheiten anzupreisen und vor den anderen Agenten zu warnen. So war ans Schlafen wenig zu denken, und man machte sich beim ersten Sonnenlicht auf den Weg zum Molo, fast zerrissen von der Menge der Verdienenwollenden. Dort entschied man sich für einen stattlichen Dreimaster, den der Name Medusa in goldenen Lettern verzierte. Die kleinen Kämmerchen mit

den schiefen Türen, die auf die Hauptkajüte mündeten, die Kupfereimer und Rettungsringe neben den Betten übten wohl einen leisen
Druck auf die Gemüter der Damen aus. Doch das Getriebe am Schiff,
der Blick in die dunklen Tiefen voll Warenballen, das Rasseln der
Kräne und das Treiben am Molo war allen Reisenden neu und
fesselnd. Freilich mußte man an Bord bleiben oder nur ganz nahe
beim Schiff umherpromenieren, da der Eintritt des günstigen
Windes die Abfahrt bedeutete. Den ganzen Tag verbrachte man so;
auch nach dem Schlafengehen lag der Segler noch an seinen Tauen,
von ernsten Polizisten mit Riesentschakos bewacht.
Da, gegen Morgen erwachte Apoll jählings ob eines Schaukelgefühles
und schlug zitternd Licht. Er lag in leise krachender Koje und
bemerkte mit Entsetzen, daß sein sorgsam aufgehängter Überrock an
der weißlackierten Kabinenwand pendelte. Er blickte durchs Rundfensterchen neben dem Bett und sah nichts als das bleifarbene,
wogende Meer vor sich und nicht fern einen großen, gespenstisch
dunklen, schwankenden Segler, der an seinem Auge langsam vorbeizog.
Jetzt wurde er ganz wach und stieg mit säuerlich zusammengezogenem Magen aus dem Bett; Würgen im Halse ... schon war es zu spät.
Jammergestöhn aus den Nebenkammern belehrte den schmerzlich
Kreißenden, daß der Ozean nach den Opfergaben der Neulinge
lechzte.
Bei grauendem Morgen kredenzte die frechnasige Figur eines
bronzefarbenen Schiffsjungen unserem grünlichen Apoll ein Glas
heißen Grogs, der dem auf dem glatten Deck hin und her Torkelnden
neues Leben in die Eingeweide gießen sollte. Zum Gaudium der zwei
stämmigen Matrosen, die das Steuerrad bedienten, kauerte der
jämmerlich Frierende hinter dem schwach beleuchteten Compaß-
häuschen, das ihm den frischen Wind abhielt. Das schwankende
Deck lag der ganzen Länge nach vor Apoll, der jedesmal aufbebte,
wenn eine Woge über das Vordercastell brandete. Alle Segel waren
gesetzt; ein Gewebe von Tauwerk, mit weißlackierten Blöcken
gespickt, dazwischen bunte Laternen, verwirrte sein Auge.
Allmählich verblaßten die Sterne. Rosig erglänzten die Segel zu
seinen Häupten, die Laternen erloschen, eine Glocke ward angeschla-

gen, das Deck belebte sich mit dunklen Gestalten, und der Schiffspudel begrüßte bellend den jungen Tag.

Nach wenigen Tagen gewöhnten sich unsre Reisenden an das
Schwanken des Schiffes und freuten sich an den Schönheiten im
Reiche Neptuns.

Tagelang genossen sie die erhabene Ruhe der See mit ihren
Wunderbildern an Sonne und Farbe, an spielenden Delphinen und
fernsegelnden Schiffen, dann wieder freuten sie sich der Schönheiten
der Inseln und der alten venezianischen Nester Dalmatiens, in deren
Häfen sie ankerten. Wunderbare Städte mit nackten Kindern am
Hafendamm und blinden Bettlern, fein säuberlich mit den Nummern
der Bettlerlizenz versehen, weil seit wenigen Jahren der schlampige
Markuslöwe dem ordentlichen Doppeladler Platz gemacht hatte. Wie
pittoresk waren doch die kleinen Caféhäuser, in denen turbangeschmückte Türken den Mocca kredenzten, und wo man bis zur
Abfahrt des Seglers die Zeit verbummelte.

Endlich nach wochenlanger Fahrt kam Messina in Sicht, das
palastgetürmte, mit dem wimmelnden Hafen. Landsleute empfingen
sie – war doch die Stadt, wie ganz Sizilien, von österreichischen
Truppen besetzt, um Ordnung in das bunte Gesindel zu bringen. Und
dann eines Morgens bei herrlichem Sonnenschein baute sich Neapel
vor ihren erstaunten Blicken auf. Wie ein kostbarer Gobelin, doch
zerrissen und schmutzbekrustet.

Krepierte Hunde und Hühner, auch gedunsene Kinderleichen spien
die Kloaken in das Meer. Krätzige und Krüppel in allen erdenklichen
Stellungen umgaben schwarmweise die Landenden, die auf federn-
und glockengeschmückten Eselskarren ihrem Gasthof zujagten,
immer besorgt um das Gepäck, nach dem unzählige diebische Hände
griffen. Wenige Stunden später sah man die illustre, uns schon
liebgewordene Reisegesellschaft mehreren vergoldeten Kutschen
entsteigen und die Pracht Parthenopens von der Promenade Chiaja
aus bewundern.

> Non si puol andar più in su,
> Ne si puol trovar di più,
> Che la gran consolazion
> Nel mangiar i Maccaron ...

Quackenbusch, der sich schon als halber Neapolitaner fühlte, summte dieses reizende Liedchen und schaute den dunkellockigen Schönen in die funkelnden Glutaugen, die hinter den Fächern ihr gefährliches Spiel trieben.

Welch ein Treiben! Distinguirte Fremde, der einheimische Adel, geistliche Würdenträger, dazwischen wieder Sbirren und Detektive in den auffälligsten Verkleidungen! Auch Bekannte traf man, das würdige Ehepaar Fröstelpinsch, nordische Patrizier, sehr zugeknöpfte, die jeden Winter hier verbrachten, und endlich den österreichischen General Hopsetič von Sturmsprung, der seit kurzem Platzkommandant am Pizzofalcone war.

Da packte urplötzlich Radegunde Apoll so unvermutet am Arm, daß er fast aufschrie. Sie lenkte seine Aufmerksamkeit auf eine vornehme Equipage, in der niemand andrer saß als der elegante Besuch aus dem Wiener Papierkorb!

»Sie hier! Wie hieß sie doch gleich?« und Apoll blätterte in seinem Notizbüchlein, ohne den Namen finden zu können.

Während er so blätterte, war es wieder Radegunde, die ihn mit einem jähen Aufschrei zur Seite riß: Stürmten da nicht auf schnaubenden Rossen drei elegante Cavaliere im kurzen Galopp vorbei, offenbar der gerade vorher gesehenen Equipage nach? Und flüsternd machte sie den Bruder mit ihrer Entdeckung bekannt: die drei steyrischen Barone, die damals so unverschämt in ihre Wohnung eingedrungen waren! Also auch hier auf der Fährte der excentrischen jungen Dame ...

Was dem guten Apoll leider nicht auffiel, war, daß ein hagerer Mann, ganz in Schwarz gekleidet, sogar mit schwarzer Brille und vom Schnupfen schwarzen Nasenlöchern, die Arme düster verschränkt, Radegunde starr nachsah und einem zerlumpten, nur mit den Rudimenten eines Hosenbeins bekleideten Jungen ein Zeichen machte. Am Abend auf dem Toledo, mitten im glanzvollen Treiben, fiel ihm derselbe Mann doch endlich auf und noch andere zweideutige Figuren, zum Beispiel ein bärtiger Herr in tadellosem Salonanzug, doch eine kleine Axt auf der Schulter. Der machte einem andren, an dem ein Seidensäckchen mit Holzkohlen bedenklich erschien, ein Zeichen. Dann wieder standen Vermummte im Mondlicht eines

Seitengäßchens beieinander, mit erhobenen Schwurfingern, die sie auf einen Dolch legten, um schließlich Arm in Arm in einem Caféhaus zu verschwinden.

Flüsternd teilte man Apoll im Hotel mit, dies alles seien Carbonari, Anhänger der berüchtigten Gesellschaft, die den offenen Umsturz auf ihre Fahne geschrieben hätten.

Auf die Frage, daß bei so offenem Treiben doch jedermann sehen müsse, hier sei etwas nicht geheuer, bekam er die sehr richtige Antwort, daß gerade das unvermutet offene Auftreten die zahllosen Verfolger irre mache und immer wieder von der richtigen Spur abbringe.

Übrigens sei er in Italien, und da dürfe man nicht alles mit der scharfen Brille nordischer Logik betrachten. Habe man doch sogar vor kurzem den Heiligen Vater selbst – übrigens fast unkenntlich verkleidet – in einer der berüchtigtsten Spelunken Roms gegen seine eigene hohe Person agitierend gefunden – so sei das Verschwörertum in jedem Italiener eingewurzelt! Nur daran sei er schließlich erkannt worden, daß er den Versammelten den Fuß zum Kuß hingehalten habe. Aber trotz alledem dürfe man beileibe nicht glauben, daß der Papst während der offiziellen Amtsstunden sein eigenes Treiben in den Freistunden nicht verdamme! O nein! Die Bulle: de amplitudine confusionis spreche dafür, nicht minder auch die: de ingratitudine alterius ego! So die Worte des belesenen Wirtes, der natürlich auch, wie alle seines Standes, Mitglied der geheimen Polizei war.

Apoll schüttelte das Haupt wie so viele andere, die nie und nimmer die Mentalität der sogenannten Römersprößlinge verstehen lernen werden, da sie unentwegt an das Märchen von Romulus und Remus glauben, das etliche verkommene und böswillige Antiquare der Nachwelt aufgeschwatzt haben. Nicht von ihnen stammt Hesperiens Volk ab, nein, seine Urväter sind der tückische Scaramuz und der alberne Pulcinell, denn jede Wölfin würde sich geschämt haben, die Ahnherrn dieses Volkes zu säugen.

Am kommenden Tage gab Apoll das Empfehlungsschreiben seines großen Milchvetters Metternich am Regierungssitz, dem Palazzo Gravina, ab. Sofort öffneten sich ihm alle Pforten, und eine

Hofequipage stand stets zu seiner Verfügung. Auch die Vorstellung vor dem König folgte in einigen Tagen.

Ferdinand, ein gurkennasiger Greis, empfing die Herrschaften aufs allergnädigste. Am Abend war den Gästen zu Ehren théâtre paré in San Carlo, wo der erlauchte Herrscher im Zwischenakt zur Freude des Publikums einen Teller Maccaroni mit den Händen aß und sich mit allen Logen brüllend unterhielt.

Die Wiener Gäste staunten nicht wenig ob des ungezwungenen Tones. Baronesse Linnennetzer zog sich indigniert zurück und bekam ihre Migräne – vor ihrem geistigen Auge rang der ausgestopfte Großvater, der korrekte Höfling, seine schwarzen Hände, und Radegunde war empört, daß die Majestät beim Cercle, knapp vor der Balletteinlage, die schmutzigen Pfoten an ihrer Staatstoilette abgewischt hatte. Dagegen erregte die liebreizende Roxane Furore. Voll vom Übermute der Jugend, tippte sie dem gekrönten Spaßvogel mit der Spitze des Atlasschuhes auf den schönsten Ordensstern und bekam dafür am folgenden Tage außer den Brillanten zum Rosalienorden die Medaille für Kunst und Wissenschaft verliehen, um die selbst ein Goethe so lange vergeblich gebuhlt hatte.

Nach dem Theater warteten der animierten Herren noch die verschiedenen lugubren Zerstreuungen der Riesenstadt, die statt Parthenope richtiger Pornonope heißen sollte. Was für Erlebnisse wußten sie sich am Morgen zu erzählen!

Apoll war nach unerhörten Zumutungen wütend in einer Kalesche entflohen, deren Kutscher ihn noch durchaus zu einer nackten Tanzunterhaltung im pompejanischen Styl führen wollte. Baron Müffling, ein eifriger Protestant, war wenig erbaut von einer schwarzen Messe, die schändlicherweise von sechsjährigen Kindern zelebriert wurde. Auch eine Ziege mit vergoldeten Hörnern und prächtiger Samtschabracke wollte durchaus nicht gefallen. Auf diese Weise machte sich der Nordländer dort unten immer wieder unbeliebt und erschien als nörgelnder Spaßverderber, der mit nichts zufrieden ist und den Fleiß und das Können des harmlosen Vesuvvölkchens mißachtet!

Als Radegunde am Vormittag im Park der Chiaja die paar syphilitischen Sperlinge fütterte, bemerkte sie zu ihrem Unbehagen wieder den finstren Gesellen vom Toledo, der einem Galgengesicht mit schmutzigem Pechpflaster überm Auge einen kurzen Befehl gab. Es überkam sie ein leises Unbehagen, das den ganzen Tag nicht mehr weichen wollte.

Jetzt reihte sich Fest an Fest: am Nachmittag eine schönheitstrunkene Fahrt nach Cap Miseno auf der blutroten Staatsgaleere, durchaus von kettenklirrenden Freiheitssängern gerudert, denn es war die Zeit, wo man solche Lumpen auf diese Weise nutzbringend verwertete. Nicht minder erfreute die Herzen unserer Freunde der darauf folgende ländliche Ball in der Grotte der Sibylle mit seinem berühmten Scherzturnier, bei dem die kurzgeschürzten hübschen Mädchen ihre Burschen als Kampfrosse verwendeten. Was gab es da bei den harmlosen Stürzen für schallendes Gelächter und für ovidische Scherze beim Anblick heiterer Blößen!

Die folgende glühende Sommernacht sollte ein neues Prunkbild gebären. Die Laune des Königs hatte ein höfisches Zerrbild ersonnen – ein Ballfest im Ruinenpalast der Donna Anna, dem melancholischen Riesenbau, der sich in verwitterter Pracht am Posilip emportürmt.

Hunderte von Gondeln führten die Gäste zum meerbespülten Portal. Auf verfallenen Stiegen betrat man die festlichen Räume voll von üppigem Bildwerk. Durch geborstene Decken schien das silberne Mondlicht. Andere Säle waren reich mit Gobelins geschmückt, und das Geflacker kostbarer Candelaber verscheuchte die Fledermäuse in den Corridoren.

Bald war der Sirenenpalast von einer glitzernden höfischen Menge gefüllt. Dort drängten sich lärmende Cavaliere um den König, der nach seinen Maccaroni schnippte; dort unterhielten sich in gemessener Art die Gesandten, ihre Portefeuilles unterm Arm, von listigen Sekretären umschnupft; dort schaute ein steifer Engländer durch ein Fernrohr die Galerien entlang, und dort warfen Halbvermummte die Mäntel um die Schulter und blickten finster auf den König: denn man hatte auch die Crème der Verschwörerschaft laden müssen, um nicht allzu böses Blut zu machen.

In einem entlegenen Kuppelgemach aber schlugen sich mit erhobener Linken herumspringende Edelleute, die sich beim Falschspiel ertappt hatten, und in einem Octogon, das geschwärzter Stucco mit der Fabel von Amor und Psyche verzierte, wurden zwei in Gala-kleidern steckende Backfische von ihren Müttern geohrfeigt, weil man sie mit hochroten Köpfen dabei erwischte, wie sie einem kleinen Knaben das Höschen geöffnet.

Auch in der Unterwelt des Palastes donnerte das Leben. Die schwarze Riesenküche wimmelte von Gestalten. Flammen loderten in die Kamine; mit Kupferkannen schlängelten sich braune Küchenjungen, nackt bis auf die weiße Flachmütze, an den durcheinanderwirbelnden Köchen vorbei und an der Schar der Lakaien, die auf silbernen Aufsätzen Last auf Last von Speisen und Zuckerwerk zum könig-lichen Buffet trugen, das, in der Loggia aufgestellt, von genäschigen Diplomaten und der jeunesse dorée beider Sizilien umschwärmt war.

Auch eisgekühlter Wein floß dort in Strömen und erfreute die Kenner; rosige Bischöfe, goldbetreßte Marineure und Landedelleute in bunter Staatsgala noch aus der spanischen Zeit.

Andere wieder zogen die Liebe vor. Da flüsterte es hinter bemalten Fächern und im Schutze halbzerschlagener Götter.

In einer Nische saß eine liebliche Gruppe junger Mädchen ganz abgesondert; Hellebardiere verwehrten den Zutritt. Durch das hohe Bogenfenster fiel der rote Schein des Vesuvs auf die schlanke Grazie der reizenden Precieusen und ihre glitzernden Augen.

Von den Balkonen klang in barocker Süße Paisiellos Musik, und vom silberwogenden Meer her ließen ganze Barken voll von Tenören ihre Dolces emporzwitschern. Die lange Flucht der Ruinenfenster war von schwelenden Girandolen beleuchtet, und ein Feuerwerk ließ den schwermütigen Bau in allen Farben erglühen.

Zwölf rollende Kanonenschüsse verkündeten die Mitternacht. Da nahte der Triumphzug Neptuns. Korallenträger, Fabeltiere und Nixen in Ballettröckchen leiteten ihn ein. Ihnen folgten zwölf blasende Tritonen, durchwegs verkleidete Admirale, von denen einige in echt südländischer Eitelkeit nicht davon abgelassen hatten, ihre Orden anzulegen.

Schließlich Neptun selbst, ein Bruder des von Nelson gehängten Seehelden Caraccioli, von den Verschwörern lebhaft akklamiert, die plötzlich Trikoloren entfaltet hatten. Zu gleicher Zeit schwebte die

Göttin Luna herab in großer, barocker Maschinerie. Splitternackte, doch kunstvoll frisierte Putten mit silbernen Sandalen, Köcher und Bogen, hielten sich graziös auf rosa Gazewolken.

Bengalisches Licht überstrahlte die Gruppen, und silberner Staub wirbelte zu ihnen empor.

Während sich das ganze Zaubergebäude ruckweise herunterbewegte, hörte man die Pfeifen der Hochbootsleute auf den verfallenen Palastgesimsen, die Signale gaben, denn Matrosen bedienten – wie schon seit Jahrtausenden – die Bühne im Dienste der beiden verwandten beweglichen Elemente, der Marine und des Theaters.

Wer beschreibt aber das Erstaunen Apolls, als er in der Göttin wieder die schöne Dame erkannte, die seinem Papierkorb in Wien so viel Interesse bewies!

Verstohlen machte er seine Schwester auf diesen eigenartigen Umstand aufmerksam. Schon kitzelten die Beaus mit ihren bâtons de cour die reizenden Meerballetteusen, die Okeaniden und Nymphen, schon ging der leutselige König dem Herrn des Ozeans mit geöffneter Tabatière entgegen, als ein wilder Schrei ertönte.

Mit verwüstetem Haar stürzte Apoll durch die festliche Menge und gurgelte schmerzverzerrt, seine Schwester sei soeben geraubt worden!

Man habe einen großen schwarzen Hummer in Verdacht, einen Hummer aus dem Gefolge Neptuns!

General Hopsetič – der österreichische Kommandant von Neapel – wollte sofort die Verfolgung militärisch und systematisch in die Hand nehmen, nachdem er auf die erste Meldung, daß »die Nichts« fehle, verwundert gefragt hatte, warum man dann so aufgeregt sei. Endlich begriff er, dem die Artikel oft Schwierigkeiten machten, daß der Nichts die Nichts suche, weil nicht *das* sondern *die* Nichts dem Nichts fehle. Aber kein Mensch kümmerte sich um ihn, der vor leeren Sälen seine Kommandorufe gespenstisch erschallen ließ.

Das ganze Fest war in Unordnung gekommen. Alles stürzte durcheinander, und ein Laufen und Jagen durch die hallenden Räume des Sirenenpalastes begann. Allen voran stürmte der verzweifelte Apoll.

Über geborstene Wendeltreppen ging die Jagd und durch Gemächer, in denen der Staub fußhoch lag, durch grelles Mondlicht und durch tintenschwarze Schatten, treppauf und treppab. Schließlich kam er in die Keller, die unheimlich vom Brausen des Meeres widerhallten. Eine eingestürzte Treppe gebot ihm jählings Halt. Nur einen Blick warf er in das vom Wasser halbgefüllte Gewölbe, wo er im Scheine einer silbernen Lampe badende Cavaliere mit schalkhaft kichernden Hofdamen bemerkte; bei seinem Anblick schwammen diese Outsider des Hofballs in einen finstren Seitenkanal hinein.

Das Aufregende, das Verwirrende seiner Lage war schließlich stärker als seine Nerven; eine tiefe Ohnmacht umgab ihn mit gnädigem Vergessen.

Des andren Morgens erwachte Apoll in seinem Himmelbett, an dem ein bezopfter Arzt und ein salbungsvoll dreinschauender Abate standen. Ein heißes Klystier, auf einen Wink der zusammengezogenen Brauen des Medicus von einem Gehilfen zischend appliziert, brachte ihn momentan zu voller Besinnung.

Das dampfende Wasser im Leibe, fing der sonst so Wohlerzogene zu schmähen an. Dann verjagte er den Spitaldiener, einen abgebauten Folterknecht, der noch mit der aus dem Mundstück rauchenden Spritze dastand; darauf schmetterte er die Riesenflasche mit Medizin auf die Erde, daß die Scherben flogen, und dann forderte er gebieterisch, vor seine Majestät geführt zu werden.

Doch der Arzt bedeutete ihm, ein Nervenfieber sei im Anzug, und er dürfe sich vor Monaten nicht aus dem Bette rühren. Der Abate sprach von christlicher Demut und Geduld, was er ihm an zahlreichen Beispielen der Heiligen und Erzväter erläuterte. Und richtig! Wochenlang warf sich Apoll in tollen Fieberphantasien im krachenden Himmelbett hin und her oder rollte manchmal am kühlen Marmorboden dahin, was ihm wohltat, denn der Sommer war von drückender Schwüle. Bisweilen kamen die Fröstelpinsche, die damals für sich und ihre Tochter Desdemona abgesagt hatten, weil sie sich beim Nachtfest zu erkälten fürchteten. Sie wollten ihm in ruhiger, gesetzter Rede Lebertran mit Schlagsahne vermischt als altes Hausmittel aufdrängen; dann wieder spielte die Baronesse Linnennetzer an seinem Lager die Harfe und sang das Liedchen der Letzten Rose oder vom geschundenen Raubritter Jaromir, worauf sie regelmäßig schluchzend das Antlitz in den Händen verbarg; oder der wackere

Bassus spielte die Querpfeife oder Quackenbusch die Violine, was den Kranken leider nur aufregte, denn der schwer kurzsichtige Künstler mußte sich zwischen jedem Bogenstrich mit dem Finger die nächste Note am Blatte bezeichnen.

Und zu all dem die traurigen heißen Sommerabende in der miasmenbrütenden Großstadt! Was Wunder, wenn sie *alle* betrübt und bedrückt waren, zumal die Baronin Linnennetzer keineswegs heiterer, sondern vielmehr noch schwermütiger wurde. Hatte sie doch zu all dem ihre muntere Gespielin so gut wie verloren! Denn die reizende Roxane war bald der verzogene Liebling am Hofe geworden, wo sie in der Verkleidung des Pagen Hyazinth Furore machte und Dutzende der pikantesten Abenteuer in jeder Richtung erlebte.

Alles freite um sie, selbst der hundertjährige Graf Hamilton, der alte Schönheitssucher, der gar nicht gestorben war, sondern sich nach dem bösen Ende seiner Gemahlin in ein Camaldulenserkloster zurückgezogen hatte.

Der Herbst kam in goldener und purpurner Pracht über das blaue Meer gezogen und streute über Neapel das üppige Füllhorn seiner Farben, Töne und Früchte. Mit ihm erschien, von einem Vetturin dem andern übergeben, wie ein rollender Ball mit Stulpstiefeln und klirrenden Knöpfen, auch ein lieber Freund aus dem Norden, der launige Dickschitz. Dickschitz auf Uschitz!

In einer Sänfte aus Rosenholz, auf der ein bogenflitzender Cupido thronte, ließ er sich zum siechen Apoll tragen. Der staunte nicht wenig! Auch ein Fäßchen uralten Tokajers wurde ausgepackt und sein Inhalt Apollen nach und nach eingeflößt. Das gab ihm neue Glut in den Adern.

Der ehrliche Dickschitz leerte vor dem Freunde sein Herz aus: wie er gleich anfangs gemerkt, daß etwas los sei bei ihm, dem verhärteten Hagestolz, als er Radegunde erblickte. Dann habe er lang mit sich selber gerungen – und nun sei er da! Ein ungelenker Bär aus den steyrischen Wäldern, der nicht viel schöne Worte machen könne – kurz, er bitte um die Hand Radegundens! Da stützte sich Apoll am Lager empor und schmetterte den zaghaften Freier fast nieder mit der schaurigen Mär von Radegundens Entführung.

Wie schluchzte da Dickschitz! Dann schwor er die furchtbarsten Eide und vermaß sich, die Scharen des steyrischen Adels den Schurken auf die Fährte zu hetzen mit Hundekoppeln, Horrido und Hussasa ... und er endete: »So wahr ich Zephirin Dickschitz heiße!« Diese Worte gaben Apoll neue Stärke. Es war, als ob mit dem Tokajer auch die Willenskraft des Spenders seine Adern durchströmte, und bald verließ der Rekonvaleszent das Bett, um den Spuren der Verbrecher zu folgen. Doch packte bald Apoll die Verzweiflung. Er wußte nicht, wo anfangen und sah sich einem undurchdringlichen Dunkel von Geheimnissen gegenüber.

Was ihn besonders quälte, war die Frage, ob ihn nicht ein Trugbild genarrt habe, als er in der Person der Mondgöttin am verhängnisvollen Festabend den nachgerade mysteriösen Besuch aus dem Wiener Papierkorbe erkannt hatte.

Daß diese problematische Figur mit dem entsetzlichen Ereignis in irgendeinem Zusammenhang stehen müsse, wurde ihm zur fixen Idee, und er beschloß, koste es, was es wolle, mit dieser irisierenden Spukgestalt Fühlung zu nehmen.

Der Name Fyrdraugh konnte nicht stimmen, er gehörte einem schon im neunten Jahrhundert ausgestorbenen isländischen Rittergeschlecht an, wie er im Heroldamte erfuhr. Bei Hof, wo er sich um den Namen der Darstellerin erkundigte, bekam er sonderbarerweise ganz auseinandergehende Auskünfte. Die einen nannten den Namen einer berühmten Ballerina, die andern den einer sizilianischen Herzogin, die dritten behaupteten gar, es sei ein Sopranknabe vom Heiligen Stuhl gewesen. Aber daß die Carbonari oder gar die verruchte Camorra ihre Hand im Spiel gehabt haben müsse, wurde Apoll zur immer größeren Gewißheit. Auch, daß er bei der offiziellen Polizei auf Hilfe nicht rechnen durfte, war selbst dem weltfremden Apoll klar. Das ganze Staatsgefüge war ein unentwirrbares Netz von dermaßen ineinander geschachtelten geheimen Gesellschaften, daß niemand mehr wußte, was vorne und hinten war.

Die offizielle und die inoffizielle Staatsleitung bestand lediglich aus Verschwörerconventikeln, von denen der eine dem andern mißtraute und überall eine geheime Nebenregierung zeitigte. Diese Spezialität Italiens brachte es mit sich, daß neben der Camorra zum Beispiel wieder eine Camorra zur Überwachung der Tätigkeit der ersteren und ihres Verhältnisses zur Staatspolizei bestand. Neben der königlichen Staatsgewalt spukte noch eine zweite legitime Bewegung einer gespensterhaften, mehr spanisch eingestellten Regierung, für die Seine Majestät sogar geteilt zu fühlen im geheimen verpflichtet zu sein glaubte.

So wurde Apoll achselzuckend an eine geheimnisvolle Behörde gewiesen, den »Rat der 18« in Palermo, dem das Arrangement speziell der Götterszenen beim Ballfest im Sirenenplatz unterstanden hatte. Nach Wochen stellte indes Apoll fest, daß diese Staatsstelle schon seit Jahren aufgelöst war. Dagegen hätten heute die »Cinquantuni« die wirkliche, staatslenkende Gewalt, seien aber so gut wie unerreichbar, da sie in einem wandernden Zirkuswagen tagten, um unabhängig von den Gegenströmungen und den Dolchen der Mafia zu sein.

Der ehrliche General Hopsetič eröffnete schließlich unsrem verzweifelten Helden im Vertrauen, daß wahrscheinlich die höchsten Stellen selbst in die Geschichte verwickelt seien, da Mädchenraub sich sehr lohne ... leider, leider! und ließ Apoll ganz vernichtet zurück. Seinen Gemütszustand besserte auch der Umstand nicht, daß eines Nachts um drei Baron Quackenbusch sich in seiner Wohnung melden ließ, nur von einem fackeltragenden Diener begleitet. Nach wochenlangem Grübeln sei er, Roderich Quackenbusch, soeben auf folgende schreckliche Vermutung gekommen: daß die Dame – damals in Wien – das »Fußbad« – man müsse ja lachen! – nur zum Vorwand genommen habe, um in Apolls Papierkorb nach *zerrissenen Briefen Metternichs* zu suchen!

Ja, es sei für ihn Gewißheit, daß gerade sie die geheime Chefin der Carbonari sei, die geheimnisvolle »Grangiardiniera«, vor der die Höfe Europas zitterten ... Es müsse ihm doch klar sein, daß Milchvetter und Milchbase des großen Staatskanzlers, dieses Hortes der Ordnung und Legitimität, der Brennpunkt des Interesses aller Verschwörer sein mußten!

Und noch einen langen stechenden Blick auf den in Schweigen Versunkenen richtend, den flohbraunen Zylinder schon am Kopf, empfahl sich Quackenbusch, gleichsam im Finstren vernebelnd.

Bloß die verhallenden Schritte auf der Gasse und ein Blick auf den fackelschneuzenden Diener gaben Apoll die Gewißheit, daß ihn kein Trugbild genarrt.

Auch von Uschitz wurde schwermütig und verlor alle Hoffnung. Der Seufzende, der oft stehen blieb und sich, irr herumblickend, den Schweiß von der Stirne wischte, wurde das Opfer zahlloser Taschendiebstähle. Einmal kam er gar mit abgeschnittenen Frackschößen, ein wahres Spottbild, nach Hause. Schließlich wurde er überfahren und nicht unerheblich verletzt.

In seiner Krankheit pflegte ihn die Freiin von Linnennetzer, und da konnte es nicht fehlen, daß, wie so oft in solchen Fällen, auch dort ein zartes Pflänzchen der Liebe aufkeimte. Die Umgebung der beiden bemühte sich, das emporglimmende Flämmlein zu nähren, damit es sich dereinst zum Feuer der Hestia entwickle, zum wärmenden Herd der Familie werde.

Um Apoll nicht wehe zu tun, verheimlichte der schlaue Zephirin diese da in Fluß gekommene Geschichte, denn der Dickkopf hatte sich partout vorgenommen, beweibt wieder heimzukehren, um nicht die beschwerliche und kostspielige Reise umsonst unternommen zu haben. Andrerseits gab er sich nicht mehr der Hoffnung hin, daß Radegunde jemals wiedergefunden würde.

So geschah es denn, daß er knapp vor Weihnachten, als die pifferari von allen Bergen strömten und ihre Dudelsäcke vor den Madonnenbildern erklingen ließen, um die Hand der melancholischen Baronin anhielt und sie auch zugesagt bekam. Am Heiligen Abend sollte die offizielle Verlobung mit großem Gepränge stattfinden, und man rüstete bereits zum Feste.

Der einzige Stachel in der Affaire war nur: Wie wird Apoll die Sache aufnehmen; würde er nicht in den Augen des kummervollen Bruders als leichtsinniger Fant dastehen? Und Dickschitz suchte die Stimme des Gewissens durch Zerstreuungen zu betäuben.

So klopfte denn auch eines Abends der geheime Bräutigam an die Türe Apolls und fand den Freund trübsinnig in die letzte Dämmerung des Wintertages starren. Er bewegte ihn, sich in seinen Radmantel zu hüllen und mit ihm ein wenig das bunte Treiben am Toledo zu betrachten.

Apoll folgte dem Freunde. Kaum einige Schritte gegangen, drängte sich eine der zahllosen zweideutigen Figuren der Großstadt an sie heran, einer, der berufsmäßig das schändliche Gewerbe des Kupplers betrieb.

Die bunte Speisekarte des Lasters leierte er herunter, von den schmierigen Genüssen in finstren Verbrecherhöhlen des vielstöckigen Hafenviertels an bis zu den parfümierten Wonnen der Boudoirs verworfener Herzoginnen und weihrauchduftender Cardinalsnichten. Man wies ihn ab. Seine Anbietungen wurden schändlicher und schändlicher, verstiegen sich ins Bizarre, Monstrose.

Als alles nichts fruchtete, erbot er sich endlich, die Herrn zu einer Darbietung zu führen, die sonst nirgends auf der Welt zu sehen sei, in einen Salon, wo marmorne Götterbilder zu Leben und Liebe erwachen würden.

Selbst ein Goethe – so weit vermaß sich der Unverschämte – würde die Stunde segnen, in welcher er dies Höchste der Kunst erblicken dürfte!

Da blinzelte Dickschitz, der sich noch einmal als freier Mann amüsieren wollte, dem Apoll zu: »Komm!«

Der Widerstrebende ließ sich mitziehen – zum ersten Mal in seinem Leben untreu den Prinzipien strengsten moralischen Lebenswandels.

Durch finstere Schmutzgäßchen ging es, durch wahre Verliese und Gänge, um endlich in der Wohnung eines Paramentenmachers zu enden!

Der erhob seine Leuchte und führte nach kurzem Wortwechsel mit dem Führer die Herren zu einem Hausaltar, vor dem er ein Knie beugte. Dann schob sich auf einen Federdruck das sakrale Gehäuse auseinander, und die erstaunten Herren betraten einen finstren Gang, der in einen modrigen Keller von gewaltigen Dimensionen führte. Dort standen viele Weinfässer von stattlicher Größe. An vielleicht ein Dutzend derselben klopfte der Kuppler, der inzwischen eine Blendlaterne hervorgezogen hatte, und schüttelte mißbilligend das Haupt. Endlich, beim zwanzigsten Faß, bekam er von innen eine Gegenantwort. Der Deckel öffnete sich, und die beiden Freunde krochen, nicht ohne ein Gefühl peinlicher Beklemmung, in die dunkle Öffnung.

Kaum waren sie drin, stürzte der andre Deckel herunter, und zu ihrem größten Erstaunen erblickten sie einen eleganten, strahlend leuchtenden Salon. Gallonierte Diener richteten sie empor und führten sie zu zwei Thronsesseln, die sich im Bedarfsfall zu Chaiselongues umklappen ließen, wie Dickschitz mit Vergnügen bemerkte.

Eine dicke Dame trat vor, sie trug eine Maske aus Millefioriglas, einen Kopfputz mit nußgroßen Similibrillanten und ein himmelblaues Samtkleid, das mit ausgestopften Canaris übersät war. Diese Prunkgestalt stieß in ein kleines Silberhorn, worauf ein giftgrüner Atlasvorhang, mit gotischen Ornamenten bestickt, zur Seite rauschte. Was war das! Vor einem schwarzen Sammethintergrunde hob sich in blendendem Marmor die Statue eines Adonis ab! Ein Adonis in lügnerisch süßer Attitüde, wie lauschend leicht vorgebeugt. Kein Zweifel, trotz der Bezeichnung und der logisch damit zusammenhängenden Geschlechtsattribute war es ein junges, wenn auch arg mit Gips beschmiertes Mädchen, das vor ihnen stand.

Plötzlich zogen sich Apolls Augen zwinkernd zusammen; sein Mund bildete vor Erregung bloß einen Strich – die Nüstern hielt er gebläht. Dann sprang er auf und packte mit seinen beiden Armen die Erscheinung an den schimmernden Schultern.

»Radegunde!« entquoll es seinen bläulich fahlen Lippen. »Radegunde, du hier?« Und die Geschwister lagen sich in den Armen.

Dickschitz schluckte nervös ohne Unterlaß und fächelte sich mit einem großen roten Sacktuch Luft zu.

Die Dame mit der Canaridress war mit einem schrillen Schrei verschwunden, die Bedienten rissen sich die Galaröcke vom Leibe und ein buckliges Männchen löschte die Lichter aus. Im verdunkelten Saal begann ein Poltern und Rennen um unsere Freunde herum. Apoll packte die vor Kälte und Erregung zähneklappernde Schwester in seinen Mantel und stürmte, von Dickschitz gefolgt, kühn durch das Dunkel.

Wenige Ellen weit fanden sie eine Türe, die sich leicht öffnen ließ, und die direkt auf den belebtesten Teil des Toledo führte.

Der Menschenstrom riß das erschütterte Kleeblatt mit sich fort, das unverzüglich in eine der heranrasselnden Kaleschen stieg.

Wenige Minuten später standen sich die Geschwister, noch immer schwerathmend, in Apolls Schlafzimmer gegenüber. Dickschitz hatte sich händeringend empfohlen und war stierblickend die Treppe hinabgestolpert.

Jetzt brach Radegunde zusammen. Sie hatte sich bisher nur mit Aufbietung aller ihrer Willenskraft aufrecht erhalten können. Nun erschütterte ein hysterisches, nicht enden wollendes Weinen ihre weißgepuderte Gestalt, daß ganze Staubwolken davonflogen. Mit herzzerreißender Geste begann sie das brüchige Mosaik ihrer Erzählung, eine abenteuerliche Rhapsodie, vom melancholischen Geklimper der Leier ihres Schluchzens begleitet.

Ein riesiger Hummer habe sie damals gepackt, geknebelt und zwei schlammbekleideten Kobolden zugeworfen; unter der Krinoline einer Seenymphe habe man sie versteckt, einer Riesenkrinoline, die blausilbern das wogende Meer darstellte!

So sei sie fortgerollt und schließlich in eine Barke geworfen worden, aus der rauhe Fäuste sie in eine Sänfte luden – und dann ... das fürchterliche Haus ... Apoll verschloß der Zusammenknickenden mit sanfter Gebärde den Mund. Darauf wankte Radegunde zum Bett, nicht ohne vorher mit großer Geste das sie entehrende schändliche Attribut einer gefälschten Männerwürde herabzunesteln und, von Ekel geschüttelt, weit wegzuwerfen.

Apoll hüllte sie sorglich in die Daunen und ging ächzend im Zimmer auf und ab. Dann blieb er stehen und blickte mit finsteren Brauen, die Arme verschränkt, auf das Weggeworfene. Mit verächtlicher Gebärde schlug er endlich mit seinem Stöckchen nach dem scheinbar marmornen Attribut juveniler Aktivität einer verlogenen, infamen Adonismaske, daß der Gips abbröckelte, der das phallische Gebilde bedeckt hatte. Ja, was war das? Zu seinem Erstaunen sah Apoll beschriebenes Papier, das er entknüllte und glattrollte.

Er ging näher zum Licht und las; dann stand er plötzlich stramm und betrachtete das Papier mit allen Anzeichen der Ehrfurcht.

Er hob, »pst!« gebietend, einen Finger und sprach gedämpft: »Ein Allerhöchstes Handschreiben von Seiner Majestät dem Kaiser!«

Was stand da! Unter Lachen der Freude und Schluchzen höchster seelischer Erschütterung las er weiter und weiter und rüttelte Radegunde wach.

Ein Allerhöchstes Handschreiben, in dem Seine Majestät seinem lieben Vetter in Neapel mitteilte, daß Seine Liebden den Schleier eines romantischen Geheimnisses zu lüpfen geruhen möge!

Apoll und Radegunde seien gar keine Geschwister, Apoll sei wohl ein echter von Nichts, doch Radegunde der Sproß eines mächtigen Fürstenhauses und durch die Politik Metternichs, um nicht wegen Sukzessionsrechten einen neuen Koalitionskrieg herbeizuführen, wohlweislich versteckt worden.

Weiter kam er nicht. Er stürzte zum Bett Radegundens ... ihr Blick sagte ihm *alles!* Mit zarter Grandezza empfahl sich Apoll.

Der nächste Morgen, der lachend dem Tyrrhenischen Meere entstieg, sah ein liebreizendes Bild: Bräutlich geschmückt, von zwei fackeltragenden Edelknaben geführt, nahte sich Radegunde dem strahlenden Apoll.

Sie, die sich endlich gefunden, sanken sich in die Arme und traten ans Fenster, unter dem soeben myrtenbebuschte pifferari die Dudelsäcke erklingen ließen. Einen Wildschweinskopf auf eine Lanze gespießt, das antike Zeichen jungen Glückes, umtanzten die Pfeifer mit ihren surrenden Hummeln.

Da ging ganz leise die Tür auf.

Mit hohem bebänderten Stock, den ein Myrtensträußchen bekrönte, trat von Dickschitz gar zierlich ins Zimmer und brachte die Kunde, daß er sich soeben mit Baronesse Linnennetzer verlobt.

Die Herrschaften dürften nicht bös sein; aber sie würden verstehn ... am Land sei man heikel ... es tue ihm furchtbar leid, daß Fräulein von Nichts sich wegen ihm bräutlich geschmückt ... allein der gestrige Abend ...

Doch Apoll verschloß ihm lachend den Mund und stellte ihm seine Braut vor. Da schlug von Dickschitz rücklings zu Boden, daß der Zylinder zerkrachte. Vor Erregung heiser röhrend, streckte er gegen den offenbar Irrsinnigen die Hand aus, erhob sich mühsam, retirierte scheu bis zur Türe und wollte mit dem Rufe: »Barmherziger Jesus, also so wirkt Neapel!« davonfliehen.

Da hielt ihn der noch immer lachende Apoll bei den Frackschößen fest und erklärte ihm *alles.* Jetzt schluchzte von Dickschitz, daß ihm der Vollbart von Tränen glitzerte und küßte das Brautpaar.

Und dieses schlimme Neapel sah zwei glückliche Paare.

Auch der gute König kam und gratulierte; die Carbonari brachten ihre Gaben, etwas Holzkohle, ein Fläschchen Gift und die Trikolore Italiens.

General Hopsetič ließ eine Ehrensalve abfeuern, bei der die nebenan postierten neapolitanischen Truppen davonstoben und die Fahne im Stich ließen.

Darauf stiegen die beiden glücklichen Paare in ihre Kaleschen, bespannt mit schellenklingenden Schimmeln.

Die liebe alte Eskorte schwang sich auf die Rosse, und ein Chor weißgekleideter Schulmädchen sang auf den Ruf des Dirigenten: »avanti, putanelle!« das reizende Liedchen vom entzauberten Prinzen Adonis ...

Dann rollte man der Heimat zu, und die Zurückbleibenden winkten ihnen noch lange nach mit den Schnupftüchern; manche sogar mit Strähnen dampfender Maccaroni.

F I N I S

PARALIPOMENA

In einer finsteren Straße des alten Wien stand vor vielen Jahrzehnten ein schönes, sehr verwittertes Haus in reichstem Barockstyle. Die üppig verzierte Fassade war schwarz vor Alter, die bauchigen Eisenbalkons, reich wie fantastische Blumenkörbe, waren rostzerfressen und manche Fenster blind vor Staub und Ruß, und überdies dick mit Spinnweben verhangen. Ein herrlicher Apriltag tauchte bald das ganze Bauwerk in eine Flut warmen Goldlichtes, bald verliehen Wolkenschatten für Minuten dem Haus einen ernsten Charakter, und bald glitzerte das Sonnenlicht nur in spiegelnden Pfützen auf dem Granitpflaster, über die verschiedene Passanten, skurrile oder pompöse, mit spitzen Füßen voltigierten. Und alle verschwanden in dem alten Barockhause, das im unteren Teil seines Bauches ein Geschäft beherbergte, in dem man so gut wie sonst nirgends einkaufte. Zum »Cavalier der Hirten, zum Prinzen Paris« hieß die Handlung. Ein dunkles, langes Gewölbe, in dem es nach Steinen, Samt und Seide roch. In einer Nische, bläulich durch die Lichthoffenster beleuchtet, saß der Buchhalter Aloysius Schüchterhuhn und rechnete in seinen Folianten. Zwei Schneider in rosa Fräcken suchten Goldzindel und Tarlatan aus, dann einen Barchent, »Jacobusblut« genannt, und einen Tarlatan, wie ihn nur die Weber in Görz und Gradisca zu machen verstanden, dessen Kette aus Löwenhaar bestehen sollte.
Am Nebentisch kramte ein altes Männchen mit grüner Hornbrille in phantastischen Kupferstichen – das Neueste, was aus Edinburgh kam. Ein Blatt gefiel ihm besonders: Da tanzten große Flöhe als schottische Cavaliere üppig verkleidet nach dem Klange einer Schellentrommel im Haine Dianens mit ponceauroten [ein Wort unleserlich] Nymphen einen Hirtenreigen; im Seitengrunde rechts pickten vergoldete Hähne aus chinesischen Porzellanschalen Lebzeltenmonogramme der Könige von Frankreich. Das Männchen hielt verliebt das Blatt weit von sich ab, als ihm plötzliche Zugluft das Kunstwerk entriß.
Denn mit großem Geschrei war ein Herr mit überhohem Spazierstock hereingekommen, ein stadtbekannter alter Geck und Cavalier, Ferdinand Maria Incubus Pauxpertl von Drachenspey genannt, der

übergeschnappt war, seit er sich einstens als Legationsattaché in Paris im Nachttopf der Pompadour die Hände hatte waschen dürfen. Ob hier im Hause nicht Herr von Nichts wohne! He?

»Ja, ja, von Nichts mit Fräulein Schwester, Stiftsdame bei Maria Schul in Prag? Ja, in der Beletasch.«

Die rosa Schneider standen habacht, das zittrige Männlein stocherte virtuos mit seinem Stabe unter der Ladenbudel nach dem entschlüpften Mode-Kupfer, und ein Lehrbube wurde beauftragt, dem Cavalier die Stiege zu der gesuchten Wohnung zu zeigen.

»Nein, nicht jetzt nötig. Bin ja nicht in Besuchskleidung«, grollte der Cavalier, »habe mich nur orientieren wollen, nur orientieren.«

Schilderung der Wohnung der Nichts, bis zur Szene, wo Nichts' Wien zu verlassen gedenken.

»Ja, Apoll! Ich bin wie immer deiner Meinung. Einen klügeren und welterfahreneren Mann als dich gibt's ja nicht, ich will bloß meine chinesischen Nippes einpacken – weißt du, ohne die ich einmal nicht leben kann. Besonders den elfenbeinernen Eremiten, der sich die Hände am Feuer wärmt, und die alte Schildkröte aus Jade, die ihren sieben Jungen den schlafenden Bettler zeigt. Ach und die krumme Frau, die die Laterne für ein blökendes Schaf hält ... ach alle, alle. Und horch, Apoll! Sollen wir doch nicht noch lieber zum guten alten Dr. Muckenhübl gehen, der den Süden so gründlich bereist hat, daß er uns die nötigen Aufklärungen und vielleicht ein Verzeichnis der Gasthöfe bis Neapel gibt. Lieber, bei ihm lernt man so viel! Und anschaun könnt er dich auch noch einmal, wo du trotz der vielen Latwerge so trocken hüstelst!«

Apoll nickte, und der Besuch fand statt.

Obzwar Dr. Muckenhübl schon seit Jahrzehnten keine Praxis mehr ausübte, mußten die Besucher geraume Zeit in einem weitläufigen Zimmer warten, in das sie ein grauer Lakai, den noch niemand ein Wort sprechen gehört hatte, mit beredten Mienen und breitem, verzerrten Munde hineinführte.

Sie blätterten in allen möglichen Büchern, um sich die Zeit zu vertreiben; endlich kam Muckenhübl hereingetänzelt und stürzte

gleich mit gerunzelter Stirne auf Apoll zu, ihm ein Buch aus der Hand
reißend, zu dem derselbe eben gegriffen.

»Pfui! Laßt das liegen! Nochmals pfui! Da sind nichts als so nackte,
feist-dralle Odaliskenschlegel abgebildet ... Hat mir einstmals der
Großherr in Constantinopel geschenkt! Schau dir lieber fromme
Bücher an. Hier: Hinkemar von Reims: ›Über die Haarkrankheiten
der Teufel‹ oder Hekubé: ›Wird der Antichrist ein geborener
Innsbrucker sein?‹ Jacopone Spinetti: ›Die wohlgestimmte Aloysius-
Zimbel‹ ... Das da nicht! das ist schlimm: Eiapopeia Seichentögel:
›Das Schminktöpfchen der Venus oder die Pomadepromenade der
siebzehnjährigen Busenlatzwäscherinnen von Freudenstadt‹. Ei, daß
dich der Daus! Leg's weg, Apoll! Schau lieber zum Fenster hinaus!
Schau dort geht der alte Dreykindlwein, Warzenvertilger von Beruf!
Der Kerl kann mit einer Schalmey Bandwürmer beschwören! Dem
reichen, dicken Selcher Buwödl bläst er schon acht Tage vor —
vergebens! Hä, hä! Glaubt, daß wir Ärzte ... Doch, horch, was ist das:
Schau dort die Menge!« Tausende von schreienden Menschen drängten sich in der altertümlichen Straße an den rauchfarbenen Häusern
vorbei. Was sie sahen, und was die Menge so aufregte, spottete freilich
jeder Beschreibung. Auf einem niederen Lastwagen wurde eine
vollends 60 Fuß lange Riesennase — ja es war nicht anders! — geführt;
ein Bruchstück, das man soeben beim Bau des neuen Schulgebäudes
für höhere Rauchfangkehrertöchter gefunden hatte. Weiter zu
forschen war verboten worden. Dieser Fund bestätigte klar und
deutlich, daß die Stadt sich auf dem Orte einer atlantischen Insel
befinde, wie mystische Forscher schon seit Jahrhunderten vermutet
hatten. Nicht weit, gegen Norden, hatte man längst Riesenskulpturen
der Atlantier nachgewiesen, Gebilde, die die frühere Aufklärungszeit
mit verzweifelter Hartnäckigkeit immer wieder als sogenannte Natur-
schauspiele bezeichnet hatte. So beiläufig lauteten die Erklärungen
des gelehrten Muckenhübl, die dieser dem stier dreinschauenden
Apoll zukommen ließ. Beide Männer hatten den Eintritt eines neuen
Gastes überhört, des hochgeschätzten, lieben alten Freundes und
Stadtrates Neunzigknedel.

* * *

»Wer hält uns noch hier? Ich bitt dich! Herr und Frau von Blechwurm höchstens – aber auch sie sind so langweilig, und wann man sie besucht, muß man oft noch eine gute halbe Stunde in der Riesenwohnung herumlaufen, ehe man sie findet. Nein. Und dann das gräßliche Skelett aus Ebenholz, das als Hampelmann dient!«

Radegunde war damals als Kind so tödlich darüber erschrocken, so tödlich, als von Blechwurm damals – 20 Jahre ist's her – hämisch meckernd den ungeheuren Danzigerschrank öffnete und ihr das hampelnde Skelett zeigte. Das war von den Nikobaren gekommen, als sie noch österreichisch waren und sein Großvater als Kapitän drüben war. Und noch ganz andere Sachen hätte er, könne er aber nicht zeigen.

»Ach, streichen wir auch Blechwurms.«

Und als es Abend ward ... als es Abend ward, da brachte Kathi die hohe Stehlampe mit dem Schirm der Silhouetten des kaiserlichen Hauses. Setzte die Lampe auf den Tisch und wünschte einen guten Abend. Seufzend setzten sich die Einsamen an den Tisch und begannen die Daumen zu drehen. – Was wird's wohl heut abend geben? Mit leichtem Schauder gedachten sie der Baumwanzen in Madeira von mittag – eine Speise, wie sie die Saison eben mit sich brachte – und der Schweinsembryocroutons mit Karpfenaugen, als es draußen schrill klingelte.

»Apoll! wie schrill! Was mag das wieder sein? Gibt's denn gar keine Ruhe mehr! Horch! Was ist das – welch stürmisches Laufen?!« Apoll sprang auf – aus aufgerissener Türe stürzte die Magd Katharina und rang, hervorgequollenen Auges an die Tischkante geklammert, nach Luft: machte eine Hand frei und hob sie wie beschwörend gegen den Herrn. Dann griff sie mit der andren nach der Kehle und sank ohnmächtig nieder. Mit Entsetzen bemerkten die Geschwister, daß sie eisgrau geworden war.

Dann blickten aber auch beide mit gesträubtem Haar gegen die Türe, die plötzlich von zwei bisher ungesehenen gebückten Gestalten aufgerissen war. Herein schritt ein rotvermummter Henker mit blitzendem Beil, ein zweiter mit einem schwelenden Feuerbecken und ein dritter mit einer glühenden Zange.

Apoll schlugen die Zähne. Hinter ihnen nahte ein finster aussehender

Greis mit dunkelumrandeter Brille, in rotem Ornat, gefolgt von vermummten, unheilausstrahlenden Gestalten. Der Greis schritt bis zum Tisch und sprach gemessen: »Apoll und Radegunde! Euer höchster irdischer Richter naht euch! Zittert! Zittert! Nochmals: Zittert!« . . . Wer er sei? Der Großinquisitor! Ja. Und Apoll erfuhr Ungeahntes. Daß ganz im geheimen, in Kellern der Inneren Stadt, nach wie vor im Verborgenen die heilige Inquisition noch immer bestünde, unbenagt vom Zahn der Zeit, und daß mancher, der rätselhaft verschwand, ihr zum Opfer gefallen sei. Er sei angeklagt, Apoll zu heißen, welch unermeßlicher Frevel, den nur der Tod am Scheiterhaufen etwas vermildern könne.

Diese unerhörte Unverschämtheit gab aber jählings Apollen die Selbstbeherrschung voll zurück. Höhnisch lächelnd bat er den Inquisitor Platz zu nehmen und benützte den Moment jähen Staunens über diesen von der Inquisition unerhörten Akt von Unverschämtheit dazu, scheinbar zum Schreibtisch, aber in Wirklichkeit zum Fenster zu retirieren.

Er schlug es ein und brüllte hinaus: »Zu Hilfe, zu Hilfe – Mörder! M-ö-r-d-e-r.«

Auf der Straße begann hastiges Laufen.

Murrend ließen die entsetzlichen Eindringlinge von Apoll ab und retirierten zur Türe hinaus. Radegunde und die Magd lagen ohnmächtig am Boden. Schläge dröhnten. Die Flurtüre – obwohl gewiß offen – wurde eingeschlagen. Die Retter! Das war ja klar. Da stürmten auch schon die Braven herein. Apoll erzählte fliegenden Atems, sich überstürzend, das Grauenvolle . . .

Nichts habe man gesehen! Wie ist das möglich? Verlegen kratzten die Wackeren ihre Köpfe und blickten verlegen zu Boden.

Endlich räusperte sich ein Grauhaariger und meinte, die seien gewiß in den Kanal geschloffen und von dort in die Katakomben gelangt, die überall unter dem alten Teil der Stadt Verbindung mit den weitläufigen Kellern der Häuser hätten. Entgeistert starrte ihn Apoll an. »Ja, ja; von die Kanalräumer könnt' ma sonderbare Sachen hören, wann s' redeten. Aber, gnä Herr, haben Sie schon einmal an Kanalräumer gesehn, der was gesprochen hätte? A Schliefer natürlich, ka Wasserer!« Und er erging sich in grellen Tönen des Lobes über die »Schliefer«. Dann verzogen sich die Retter.

Apoll begoß die Schwester mit den Goldfischen, so daß sie bald die Augen öffnete, und brachte die nervös Zuckende ins Himmelbett. Sein Plan stand fest: Wien würden sie auf Nimmerwiedersehen verlassen.

Exzellenzen ausstopfen – ein Unfug

EIN SKANDALÖSES BEGEBNIS AUS DEM ALTEN WIEN
(PROLOG UND 11 BILDER)
GESUNGEN VON
FRIEDRICH VON ORLANDO

Personen:

DER GENIUS ÖSTERREICHS
FERDINAND I., König beider Sizilien
LORD BYRON
APOLL VON NICHTS } Milchneffe und Milchnichte des
RADEGUNDE VON NICHTS } Staatskanzlers Metternich
JOSEPHINE FREIIN VON FEUCHTERSLEBEN, Kronprätendentin des Neger-
   reiches Pangutsiglang
ROXANE PUYGPARADINEZ, Herzogin von Atalanta
GRAF KÖNIGSMAUL
RODERICH FREIHERR VON QUAKENBUSCH
VON BASSUM } Ehrencavaliere beider Damen
VON MÜFFLINGEN, bisweilen Heitertanz genannt
DICKSCHITZ GENANNT DÜNNSCHITZ, Herr auf Uschitz, ein südsteyrischer
   Grande
SANTORINI, Hofanatom
RUDI GRAF MONDPREYS
HAUZENBERG
NECHENHEIMB } drei steyrische Barone
MÖNNICHGLEINZ
GENERAL HOPSETIČ, der österreichische Kommandant von Neapel
GRAF SEDLNITZKY, der österreichische Polizeiminister
EINE NUR WENIG BEKLEIDETE BARONESSE
EIN CICERONE
LETIZIA MEZZACALZETTA, Besitzerin einer Lasterhöhle in Neapel
ZWITKOWITSCH, ein Sereschaner
PORTIUNKULA, Stubenmädchen

Stumme Figuren:

EIN BUCKLIGER KELLNER
EIN BÜCHSENSPANNER
ZWEI MOHREN
HERR MEZZACALZETTA
HOFGESELLSCHAFT, MASKENFIGUREN, ZWEI VETTURINI
MÄDCHEN MIT DEFEKTER KINDERSTUBE, HOFLAKAIEN, BEDIENTE
   UND VERSCHIEDENES GESINDEL
MARCHESE FRA DIAVOLO, Hofmarschall
ANANGKE, HEKATE, junge Athenerinnen und mit Byron eng befreundet
ARBUKLE HUGH CLONMELL, Lordleutnant von Llanfairpwellgwyngyll, der
   taubstumme Freund Byrons

Tanz und Gesang:

VIER ALPINE MÄDCHEN (= ZWEI PIERRETTEN, ZWEI BACCHANTINNEN)
EINE SCHELLENTÄNZERIN } Angestellte einer Lasterhöhle
ZWEI FLÖTENBLÄSERINNEN

17 Darsteller:

Ferdinand – Dickschitz
Byron
Apoll
Radegunde
Feuchtersleben
Roxane
Baronin im Papierkorb – Genius von Österreich
Santorini – Hopsetič
Drei Barone – Zwitkowitsch, Sedlnitzky, Cicerone
Letizia – Portiunkula
Quakenbusch
Bassum
Müfflingen
Mondpreys
Königsmaul

Orte der Handlung:

1. Bild: Zimmer bei von Nichts
2. Bild: Anderes Zimmer ebendort
3. Bild: Ein Wald in den Alpen
4. Bild: Im Schloßpark zu Uschitz
5. Bild: Verfallener Saal im Sirenenpalast der Donna Anna am Posilip
6. Bild: Zimmer in Neapel
7. Bild: Zimmer in Neapel
8. Bild: Eine Spelunke in Neapel
9. Bild: Zimmer wie 6 und 7
10. Bild: Zimmer wie 6 und 7
11. Bild: Eine Galerie im Königsschloß von Neapel

Bemerkung: die Namen sind fingiert – die Begebenheit ist von höherer Wahrheit.

PROLOG

Das Wort »Österreich« erscheint unter der bekannten Musikbeglei-
tung der Kinowochenschau. Nur der Reichsadler ist der von 1820.
Die Wolken, auf denen die Projektion erscheint, zerteilen sich, und
heraustritt der Genius Österreichs, ein schmales, sehr fesches Mädel,
halb Olympierin, halb mondänes Dirndl, mit grünem Bubenhut mit
großem Gamsbart.

DER GENIUS *räuspert sich und pudert das Naserl, steckt den Spiegel*
  ein und beginnt
  Ein schandvoll Märchen muß ich Euch verkünden,
  Von wüstem Hirn erdacht, so wird Euch dünken,
  Und doch ist's wahr, in seinem schlimmsten Kern,
  Zerfließt in Tränen sanft, ihr holden Damen,
  Und schluchzend ballt die Fäuste, edle Herren.
  Pudert das Näschen
  Ihr werdet Euch in Seelenqualen winden
  Auf teurem Sitz, bisweilen bar bezahlt,
  Pause
  – – – – – – – – – – – – – – – ja.
  Doch möge Euch zum innren Troste dienen:
  Kein Volk auf Erden steht ohn' Makel da!
  Das tröste Euch! Erhellt die finstren Mienen!

  Nun hört die Fabel dieser Komödi!
  Der große Metternich, der hatte einen Bruder,
  Den liebte irgend eine schöne »Sie«,
  Er mocht' sie nicht und floh vor diesem Luder.
  In China endlich kam der hohe Herr zur Ruh.
  Dort hörte er, vermischt mit Jammern eine Klage;
  Die dort'ge Polizei, sie sei des Landes Schand!
  Es stinket mancherlei im Land der Waage.
  Ei! dachte da des großen Kanzlers Bruder,
  Die Wiener Polizei, sie sei der Chinas Muder,
  – o Pardon: Mutter!

Sie gleich' der andren, so wie Ei dem Ei!
Pause
Und auch den Kaiser wollte er bekehren,
Und dies so gründlich, überraschend schnell,
Daß schon im nächsten Jahr der Kaiser sollt' beehren
Die Frühjahrsprozession nach Mariazell.
Des Kaisers Namen konnt' nur so er merken,
Daß Trambahnhaltestellen aus Wien er memoriert'.
Wie heißt der Kaiser gleich: heißt er nicht Hacking?
Heißt er nicht Penzing? Hietzing? Nein! Kiakhing!
Doch wollt' er sonst noch heißen: Dsching-Dschong-Dschung.
Doch als der Bonzen Schar die Wiener Absicht merkte,
Erfüllte sie des Kaisers höchsten Wunsch,
Worauf das Götzentum in ihm aufs neu sich stärkte.
Er blieb ein Höllenbratel für des Teufels Lunch.
Dschung blieb ein Heide
Und die Detektive
In Goldzylindern und im Seidenkleide
Verschwanden wieder in der Tiefe
Zu Metternichens größtem Leide.

Des Mißmuts Wurm, zu unsrem Helden kroch er,
Vom Baume seines Lebens nagt er Span um Span,
Aus purer langer Weile ward zum Koch er,
Und schrieb ein Kochbuch wie im Fieberwahn.
Bald hatte ihn ein früher Tod erlöset,
Man könnte eher sagen: ihn ersößet,
Denn grauenhaft war'n seine Soßen, Tunken
Aus Ohrwurmbrei, aus Asseln und aus Unken.
Doch nicht zufrieden mit dem eignen Tod,
Bracht' er das Liebste, was er hatt', in Not.
Und dieses durch ein giftgeschwollnes Instrument,
Doch nicht aus Eisen. Nein! Ein Testament!
Das Liebste war sein Neffe und die Nichte.
Das Heldenpaar der kommenden Geschichte.
Die wurden Erben unter der Bedingung,

Daß sie nur äßen – bis zur Darmverschlingung –,
Was Onkel in dem Buche niederschrieb.
(Und dabei manches so, daß er beim Schreiben spieb)
Ein Drama werdet Ihr entroll'n sich sehn
Zu schauerlicher Tief', bis zu des Lichtes Höhn.
Genius verhüllten Antlitzes ab.

ERSTES BILD

Speisezimmer der Geschwister von Nichts. Beide bei Tisch. Apoll
sieht auf den Suppenteller, springt aber sofort auf, angeblich um den
Canarivogel zu füttern.

RADEGUNDE *leise mahnend* Apoll! Die Suppe wird kalt.

APOLL *setzt sich wieder und deutet fragend auf den Teller* Was is das?

RADEGUNDE Hasenpöpelchen im blauen Milch-Einlauf . . .

APOLL Was zum Kuckuck ist das? *Nimmt das Menü* Und dann:
Baumwanzen in Madeira! Vor den Schweinsembryonen mit Kälber-
augen in Aspik! Ei ja, ta, ta, ta . . . was gibt's denn wenigstens zum
Dessert?

RADEGUNDE Fischschuppen in Rosenwasser.

APOLL *springt auf* Was!? Das ist ja fast noch schlimmer als vorige
Woche die falsche Trüffelpastete aus Hundenasen! Noch dazu in
ranzige Schuhwichse eingelegt gewesen! Da soll doch der Teufel
den verfluchten Prinzen Wenzel Hasdrubal . . . und ganz China . . .

RADEGUNDE Aber, Apoll! Heut ist doch das Geburtstagserinnerungsessen vom armen Onkelchen . . . Er hatte sich den Petschiliwurm
eingewirtschaftet . . . *Sie drückt ihr Tüchlein an die Augen.*

APOLL *mit dem Besteck spielend* Ach so.

RADEGUNDE Das letzte Geburtstagserinnerungsessen ist ohnehin
eine Blamage gewesen! Die Mandrillgesäße – du erinnerst dich
noch? – Hast sie im ersten Moment für Beefsteake gehalten und so
gejubelt! – die wir uns für teures Geld via Triest verschrieben
hatten, waren nicht mehr recht frisch und daher ganz farblos!

APOLL *wichtig* Weil du aber auch keinen Meerrettich dazugegeben
hast! Zu Gesäßen gehört eben Meerrettich.

RADEGUNDE Ja! Damals haben auch bloß die falschen Teufels-
schwänze in Gelée die Sache herausgerissen. Aber jetzt, Apoll, iß!
Sonst wird alles kalt ...
Die Geschwister beginnen, sich eifrig vorzulegen.
APOLL Iß jetzt, Liebling!
RADEGUNDE Ach! Na. Fang doch du an.
APOLL Ach! Na. Ja. Hm.
RADEGUNDE *beutelt es* Also ... guten Appetit.
Der Canari zwitschert.
APOLL Brrr. Nu. Ja. *Spielt mit dem Löffel.*
RADEGUNDE *reicht ihm die Saucière* Gib ein bißchen warmen
Lebertran drauf ... das verdeckt den Geschmack ... und macht die
Speise lecker ...
*Da wird die Türe höchst unzeremoniell aufgerissen, und Portiunkula,
die Magd, stürzt mit allen Anzeichen irren Entsetzens zum Eßtisch.
Sie versucht zitternd klanglose Worte zu formen. Endlich glückt es
ihr. Der Canari flattert scheu.*
PORTIUNKULA Gnä Herr, gnä Herr, gnä Fräuln ... gnä Fräuln ...
gnäff, gnäff, gnäff ...
APOLL, RADEGUNDE *sind aufgesprungen* Um Himmelswillen, was
haben Sie denn?!
PORTIUNKULA *ganz verwirrt, stöhnt halberstickt* Gnäff, gnäff ...
gnäf-Fräuln ... da ... *sie schreit so entsetzlich, dabei irr gegen die
Türe ins Nebenzimmer starrend, daß die Geschwister sich ängst-
lich umklammern* gnäff ...
APOLL Paß auf, sie wird gleich Milch niesen ... das kommt bei
Hysterikerinnen bisweilen vor. Elbeuf erwähnt's in seinem »Tanz-
zeremonien der Irrsinnigen« ... das dritte Buch links ... da oben
... das zeiserlgrüne ...
RADEGUNDE Gräßlich.
PORTIUNKULA Gnäff ...
APOLL So fassen Sie sich doch! Was gibt's denn?
PORTIUNKULA *deutet zitternden Fingers gegen die Türe* Da ... da
... da ... *gräßlicher Schrei* Haaaa ...
RADEGUNDE Was denn?
PORTIUNKULA Da ... im ... Zimmer der verstorbenen hochen Frau

Tant' Metternich ... da ... haaaaa! steht ... im gnä Herrn seinem großen Papierkorb ...

GESCHWISTER *ängstlich* Was denn?

PORTIUNKULA schluckend Da ... steht ... im Papierkorb ... etwas Entsetzliches! *Sie schluchzt*

APOLL *schluckend* Wa ... wa ... was denn?

PORTIUNKULA Etwas Gräßliches ... ooooo!

RADEGUNDE Wa-wa-wa-was denn?

APOLL Wie ... schaut's denn aus? Ist's am End' der Geist der Tant' Adelgunde?

RADEGUNDE Apoll!!

PORTIUNKULA Naa ... der ... Teufel! *Sie will sich unter den Tisch verkriechen.*

RADEGUNDE Hu!! ... *will auch unter den Tisch.*

APOLL So bleiben Sie doch! Is' ... struppig?

PORTIUNKULA *antwortet nicht.*

APOLL Ob's struppig is?

PORTIUNKULA Naa ... ganz glatt ...

RADEGUNDE Wa ... was ... für ... a ... Farb? Is' grau?

APOLL Raucht's von hinten?

PORTIUNKULA Rosa ... fleischfarben ... oooo.

RADEGUNDE *klammert sich an Apoll und schreit irr* Apoll!!!

APOLL Fleischfarben?!

PORTIUNKULA *schluckt* Ja. Es is ... a splitternackete Fräuln ... a pudelnackete ...

RADEGUNDE ... eine ... splitternackte ... Fräuln ...

PORTIUNKULA ... bloß an Sonnenschirm ... aus Spitzen ...hat s' an 'n gnä Herrn sein Schreibtisch ... glehnt ...

APOLL *schreit* Am Metternichischen Schreibtisch, den er mir zur Firmung geschenkt hat, a nacketer Sonnenschirm!

RADEGUNDE *streng* Apollo!! Solltest du am Ende ... einen Besuch bekommen haben ... aus der Gosse?!

APOLL Radegunde! Ich bitt' dich! Wer bin ich denn! Du glaubst ... daß ich ... mit der Gosse buhle ... *Schlägt die Hände zusammen.*

PORTIUNKULA Naa ... eine von die schlimmen Madeln is' nit ... die woaß i alle vom Bierholen ...

Eine Uhr schlägt.

RADEGUNDE *schreit* Zwölf Uhr! Das ist das Mittagsgespenst ...

PORTIUNKULA Dann is' doch der Teufel! Wie i mir schon 'dacht hab! *Sie kreischt und verkriecht sich unter den Tisch. Dann schaut sie hervor und sagt* Der Böse ... in lüsterner Weibsgestalt ... dös hat er gern ... nit einigehn! Holen S' ... an Kapuziner ... da därf nur a Kapuziner eini ...

APOLL Ach wo! Jetzt muß ich doch schaun ...

RADEGUNDE Nein, nein. Da wird nichts geschaut.

APOLL Aber ... wer kann's denn sein? Doch kein Besuch ... in der Toilette! So légère Leut kennen wir nicht ...

RADEGUNDE Das fehlte noch!

APOLL *nachdenklich* Die Trutscherl Siebenaich vielleicht ... der's immer so warm is ... schaun wir halt!

Radegunde verhüllt Apolls Gesicht mit der Serviette. Dann führt sie ihn zur Türe.

Vorhang

ZWEITES BILD

Verwandlung (Drehbühne). Etwas altjüngferliches Zimmer mit Portrait der strengblickenden Tante. Allerdings ist ein mächtiger Diplomatenschreibtisch vorhanden, auf dem ein ausgestopfter Mops auf Akten kauert. Im großen Papierkorb daneben steht ein nur wenig bekleidetes, auffallend hübsches Fräulein und mustert wortlos die Eingetretenen mit dem Lorgnon.

RADEGUNDE *Apoll an der Hand führend, tonlos* Das ... ist ... nicht ... die ... Trutscherl ... Siebenaich ...

DER LEGERE BESUCH *Das Fräulein klappt das Lorgnon zu und stellt sich vor. Spricht sehr hochmütig.* Aretusa Freifräulein von Fyrdraugh mein Name! Vor zehn Minuten verordnete mir ein dressierter Zeisig, der, Eigentum eines blinden Leiermannes, gegen geringes Entgelt Zettelchen zieht und sie artig überreicht – ich bin etwas abergläubisch –, Fußbäder in Papierschnitzeln. Das

Ungewöhnliche an diesem Planetenzettelchen bewog mich, dem Auftrag Folge zu leisten. Ich erkundigte mich beim nächsten Polizisten, wo es in der Nähe reichlich Papierschnitzel, womöglich adeliger Provenienz, geben dürfte. Da nannte man Ihre Adresse. Ein Schlosser öffnete ... hier bin ich.

Die Geschwister schweigen zuerst wie versteinert. Dann fällt Apoll die Serviette vom Kopf. Radegunde verhüllt ihm mit der Hand die Augen.

APOLL ... aber ... ich ... bi ... bi ... bitte ... gestatten ... Sie ... mir ... aber ... ich ... ebenso meine Schwester ... Stiftsdame von Maria Schul in Brünn ... müssen doch ... dringend ersuchen ... ich meine: selbst im Fasching ... und selbst kaum ... da bei ... sehr animierter ... entourage ... und jetzt ... schreiben wir ... Mai ...

Da kommen unvermutet zwei stutzerhafte Herren ins Zimmer getänzelt. Beide mit drapfarbenen Beinkleidern, doch der eine Frack abendrot, der andere resedagrün. Beide schwingen Zylinderhüte aus feinstem Florentinergeflecht, je ein Paar Glacéhandschuhe dazuge-klemmt. Sie umschnattern das Fräulein, ohne die geringste Notiz von den Geschwistern zu nehmen. Das junge Mädchen wehrt indigniert die Annäherung der Herren mit der Lorgnette ab.

APOLL *jetzt freien Auges* ... Mai ...

NECHENHEIMB Also endlich, endlich haben wir das Glück, Ihnen, der Herrlichsten von allen, nahen zu dürfen!

HAUZENBERG Seit Wochen stellen wir Ihnen nach!

NECHENHEIMB Wie ein Phantom sind Sie uns immer entwuschen!

HAUZENBERG Grausame Flüchtige!

NECHENHEIMB Also, wie ein Komet ... wie ... ein ... Ko ... met. Jaa, wie ... a ... Schwaaf ... Steern.

HAUZENBERG Aber jetzt endlich ... jetzt halten wir Sie fest!

NECHENHEIMB Selbstverständlich sehen wir über das Légère Ihrer Toilette hinweg.

HAUZENBERG Es ist ja Mai!

NECHENHEIMB *neckisch* Nicht genieren, Katzi!

Radegunde, die während der Zeit Apolls Antlitz wieder mit einer Hand verhüllte und mit der anderen irre Gebärden beschrieb, formt

*noch immer tonlose Worte. Der légère Besuch gerät über die
Unverschämtheit des Resedagrünen so in Zorn, daß er aus dem
Papierkorb springt und drohend auf ihn zugeht, nicht ohne vorher
ein vom Schreibtisch gerissenes Schriftstück mit Trauersiegel zur
Ergänzung ihrer rudimentären Toilette zu verwenden.*

APOLL *der alles durch die Finger sah, kreischt* Um Himmelswillen! Mein Testament! Das geht doch zu weit! Ich bin indigniert,
ja, wirklich höchst indigniert! Meine Herren, man stellt sich
wenigstens vor, wenn man jemanden besucht! Ich grolle ernstlich!

*Die Herren, denen sich während dieser Szene unvermutet noch ein
dritter in Königsblau angeschlossen hat, sehen den Hausherrn eisig
schweigend an und wenden sich hochmütig von dem Nervösen ab, der
wie besessen im Zimmer herumrast. Das Fräulein rougiert sich
stumm und pudert das Näschen. Radegunde beißt in ihr Spitzentüchlein und klingelt. Die Magd erscheint.*

RADEGUNDE Stellen Sie den Paravent um das Fräulein. So. Helfen
Sie ihr beim Ankleiden.

Die drei Herren treten zum Fenster und starren still hinaus.

NECHENHEIMB Schau! Tauberln.

HAUZENBERG Wo?

MÖNNICHGLEINZ Siebene.

NECHENHEIMB Schau, wie s' schnäbeln. Die lieben Viecherln.

HAUZENBERG Ja! Schmarrn, schnäbeln!

MÖNNICHGLEINZ Werds aufhörn ... Ludern ...

APOLL *klopft wütend an den Paravent* Wiwiwissen Sie auch, daß da
auf dem Schreibtisch droben *er deutet mit wutzitterndem Finger
hin,* wo jetzt Ihr frevelhafter Schirm lehnt, der Kaiser Franz
gesessen is und dreimal Café gjausnet hat? Mit einbrockte Kipfel!
Sechs hohe Gläser jedesmal! Ja? Das ist ein Nationalheiligtum!
Eine Pi ... Pi ... Pilgerstätte für Patrioten!

Es erfolgt keine Antwort. Statt dessen hört man:

DER LEGERE BESUCH So. Jetzt die Hafteln.

APOLL Das hat mir der Metternich wiederholt erzählt. Und in
Hormayrs Annalen steht's auch drin.

Überraschend schnell erscheint der Besuch.

APOLL *der inzwischen ein Buch zur Hand genommen hat* Schaun S',
da ist der Hormayr ...

DER LEGERE BESUCH *tadellos angezogen, gibt der Magd ein Trink-*
geld.

PORTIUNKULA *knixt* Küß die Hand! Jö! *Schaut begeistert die Münze*
an.

Das Fräulein nickt arrogant und verschwindet. Die drei Herren folgen
ihr nach, sich den Vortritt anbietend. Nehmen übrigens keine Notiz
von den Geschwistern. Apoll sinkt ächzend in einen Fauteuil.

PORTIUNKULA Eine sehr eine feine Fräuln! – Schaun S': ein Dukaten!
Wenn s' nur öfter kommen tät! Sehr a feine Dame! da sieht man's
eben, was a wirkliche Dame is!

RADEGUNDE *will ihm das jetzt überflüssige Testament einhändigen.*
Hier dein Letzter Wille!

APOLL *mit einer Art kurzen Bellens* H, H, H! Das ist nicht mehr mein
Letzter Wille! Ist nicht mehr mein Letzter Wille ... jetzt ist's
entweiht ... ich will's nicht mehr haben ... unter keinen
Umständen ...

RADEGUNDE Aber Apoll! Es ist doch nichts daran geschehen!

APOLL Das auch noch! Das schlüg dem Faß den Boden aus!

RADEGUNDE Na also, nimm's!

APOLL So was rühr ich nicht mehr an. *Groß* Ein Letzter Wille ist kein
Feigenblatt.

Radegunde sinkt jetzt vernichtet in einen Fauteuil. Unweit von ihr
sucht Apoll das Testament mit der Feuerzange auf den Schreibtisch
zu legen, was dem nervös Zitternden nicht recht gelingen will. Der
Canari trillert kunstvoll.

APOLL *zähneknirschend und finster* Kein Feigenblatt!

Da geht abermals die Türe auf und ein vierter Cavalier erscheint,
marillenfarben, mit Straußfederndreispitz.

VIERTER CAVALIER *näselt* Sind nicht eben drei steyrische Barone da
gewesen?

Das ist zu viel. Die Geschwister schrecken auf. Gurgelnd vor Wut
weist Apoll mit der Feuerzange auf das Testament und wirft das Eisen
auf den jungen Eindringling, der mit dem näselnden Ruf: »Du hast
den letzten Mondpreys-Igelfing gemordet« *zusammenbricht. Rade-*

*gunde steht zitternd am Schreibtisch. Ihre Hand irrt vom Riechsalz
zum Rosenkranz. Apoll, dessen Haar sich gesträubt hat, preßt, irre
Worte lallend, den Handrücken gegen die Stirne. Das klagende
Wimmern eines Glöckchens ertönt, wird immer lauter, greller.
Schluchzend beugt der Mörder ein Knie und schlägt mit der Hand auf
die gefältelte Hemdbrust.*

RADEGUNDE Das Zügenglöckchen ...

*Der Sterbende stöhnt noch einmal auf. Apoll wimmert und macht
gegen einen Handschuh, der, den Finger ausgestreckt, auf Apoll
weist, eine Gebärde entsetzter Abwehr. Da – ein dumpfes Pochen an
der Türe.*

RADEGUNDE *ächzend* Die Häscher ... Apoll! Fleuch von hinnen ...

*Apoll erhebt sich und blickt sich wirr um. Das Pochen wiederholt
sich. Apoll stammelt etwas mit erstickter Stimme. Die Türe geht auf.*

RADEGUNDE Ah! ... *Sie ist im Begriffe, auf den Tisch zu sinken.
Portiunkulas Kopf wird sichtbar.*

PORTIUNKULA Gnä Freiln, der Mistbauer ist da!

*Radegunde atmet befreit auf und läßt den Rosenkranz aus der Hand
klirren. Auch Apoll ist mit einem Ruck wieder der unnahbare
Weltmann.*

APOLL *kühl* Was geht denn eine so untergeordnete Sache uns an?
Sie haben über den Müll zu entscheiden! Das ist Ihre Sache,
Portiunkula!

*Schon will sich das Mädchen eingeschüchtert zurückziehen, da wird
sie des Leichnams gewahr.*

PORTIUNKULA *kreischend* Heilige Mutter Anna! Was ist denn da
geschehn! So a scheener Gnäherr, noch a halbetes Kind, und schon
maustot!

APOLL *eisig* Die jungen Leut, die vorhin auf Besuch hier waren,
haben die Leich da vergessen. Aber, was fragen Sie denn, Sie
dreistes Ding? Räumen Sie's lieber weg, geben S' es meinetwegen
dem Mistbauer!

RADEGUNDE Bruder! Um Himmelswillen! *Dann zu Portiunkula* Den
Herrn hat der Schreck, als er die Leiche da gewahr wurde, verwirrt!
Hören Sie nicht darauf, er meint es nicht so!

APOLL Ach, was weiß ich? Natürlich, jedermann muß doch einsehen, daß einem so was auf die Nerven gehn muß ... warten S', Portiunkula ... zu dumme Geschichte ... Vielleicht schafft der Mistbauer sie doch weg, wenn man ihm ein gutes Trinkgeld gibt.

PORTIUNKULA *über den Toten gebeugt, jubelnd* Er lebt noch a bissel! Grad noch a bissel! Geben S' ihn mir, i glaub, i kann da was machen!

APOLL Also behalten S' ihn sich. Kommt er auf, is' gut. Sonst schmeißen S' ihn halt weg, wie schon gesagt. Aber räumen S' die Schlamperei da geschwind auf. Das Blut putzen S' weg mit an Hadern. Ja. Und den Café servieren Sie diesmal im grünen Rosenzimmer. *Portiunkula befolgt seine Anordnungen.*

APOLL *brummend* Schöner Café! aus Teufelsdreck ... aus verschimmeltem. *Setzt sich nieder* Endlich Ruhe! Weißt du, Raderl, mir wird allmählich die Sache zu bunt. So geht das nicht weiter. Die Geschichte da von vorhin übersteigt alles Dagewesene. Sich nicht einmal vorzustellen! Weißt du was? Wir ziehen uns von Wien weg aufs Land, oder machen eine Reise. Was hält uns hier eigentlich? Die paar faden Leut ... und um neue Bekannte, wie solche grad vorhin da waren, reiß ich mich nicht! Nit? Also: gehen wir weg! Dann wächst auch Gras über die Affaire von vorhin, die übrigens Metternich schlimmstenfalls rangieren wird.

RADEGUNDE *ängstlich* Schlimmsten Falles? Glaubst du denn, daß der Ärmste ... am Ende nicht aufkommt?

APOLL Nein. Den Schlag hätte kein Ochs ausgehalten. Aber, ich habe in psychischer Notwehr gehandelt. Hat übrigens mit Politik nicht das geringste zu tun.

RADEGUNDE Ja, Apoll! Du hast recht wie immer! Wer ist überhaupt klüger und welterfahrener als du? Ich will bloß meine chinesischen Nippes einpacken, ohne die ich einmal nicht leben kann. Und höre, Apoll! Sollten wir nicht doch noch zum guten alten Doktor Zwetschgenfeind am Bauernmarkt gehn, der den Süden so gründlich bereist hat? Der könnte dich auch noch einmal anschaun, wo du immer so trocken hüstelst! So, und jetzt komm essen! Das Aufgewärmte wird sonst wieder kalt!

APOLL *ringt die Hände* Aaa! ... der falsche Mord ist schon gesühnt!

Aufgewärmte Fischschuppen in Rosenwasser ... Schad, daß nicht wirklich der Beelzebub da war! Damit hätten wir ihn aus der Welt geschafft! *Zum Publikum* Fischschuppen in Rosenwasser, das hält kein Teufel aus ...

Vorhang

DRITTES BILD

Wald. Finstere Nacht. Der Sturm heult. Fahles Wetterleuchten. Ein Postwagen kommt angefahren, schlafende, vermummte Postillione am Bock. Ein Ruck, ein Krach: der Bock mit den Schlafenden fährt davon, der Wagen bleibt stehen. Ein Fenster öffnet sich. Heraus schaut Apoll, dem sofort der Hut davonfliegt.

APOLL Scheußlich! Mein Hut! *Er gewahrt, daß keine Pferde da sind und erschrickt.* Was soll das bedeuten? Wo sind die Pferde? Postillion! Postillion!

RADEGUNDE *aus dem Innern des Wagens* Sind wir wo?

APOLL Nein, wir sind nirgends.

RADEGUNDE Warum stehen wir dann?

APOLL Ja – denk dir! Die Roß sind weg.

RADEGUNDE Was sagt denn das Fahrpersonal?

APOLL Ich weiß nicht. Die scheinen ja zu schlafen. Wart! Werden wir gleich haben! *Er sticht mit dem Stock in die Richtung des Bockes.* Das ... is ... auch weg! Samt dem Bock. Der ist allein weggefahrn! *Er steigt aus.* Ja. Der hat sich selbständig gemacht. Ich weiß nicht, im Kursbuch ist das nicht erwähnt.

RADEGUNDE *am Fenster* Wo hast denn dein' Hut?

APOLL Auch fort.

RADEGUNDE Der schöne neue Castorhut!

APOLL Weiß der Himmel, wo sich der jetzt herumtreibt. Den hat der finstre Tann verschlungen. Vielleicht werden Eichhörnchen drin nisten! *Nachdenklich* Oder Erdzeiseln.

RADEGUNDE Hu! Was ist das?

APOLL So kleine Viecherln. Die Kirgisen machen draus Salat.

RADEGUNDE *entsetzt* Ooo! Das fehlt uns grade noch!

APOLL Ja, richtig: Brr!

RADEGUNDE Mir wäre lieber, es würden Nachtigallen drin brüten. Sicher gibt es deren hier!

APOLL Überzeug dich! Komm, Schwesterl, steig aus!

RADEGUNDE Nein, nein, nein! Gewiß sind Räuber da oder Totengebein! In jedem Wald wird weibliches Dienstpersonal erschlagen von seinen ungetreuen Verehrern. Wegen den Sparkassabücheln, die sie in die Busen tragen.

APOLL Aber geh! Komm heraus!

RADEGUNDE Schau erst gut nach. Huh – dort: ein leuchtender Totenkopf. Und dort: ein Geripppe!

APOLL Aber, das ist doch bloß faules Holz.

RADEGUNDE Schieß erst hin!

APOLL *zieht eine riesige Pistole aus der Hosentasche und schießt. Radegunde hält sich beide Ohren zu.*

RADEGUNDE Ist's weg? Ich trau mich nicht herausschaun.

APOLL Was denn?

RADEGUNDE Ob 's Skelett davongelaufen ist?

APOLL Aber, Schwester! Was kömmt dich an!

RADEGUNDE In allen Ritterromanen kannst du lesen, daß die Skelette herumirren, besonders die der Unerlösten, und bei den Eremitagen anklopfen. Die frommen Einsiedler, wo in solchen Waldzellen oder gar bloß in hohlen Bäumen hausen, werden oft stundenlang von ihnen herumgejagt!

APOLL Aber, Schwester!

RADEGUNDE Na – darum bringt mich auch kein Mensch auf die jetzt so modern werdenden Landpartien ... i setz kein' Fuß am Kahlenberg! ... Hast du noch nie den Roman von der Gespensterquadrille im Krapfenwaldel gelesen?

APOLL Blödsinn!

RADEGUNDE Du liest aber auch gar nichts außer der »Adeligen Hundezeitung«!

APOLL Komm doch heraus! Schau! Es wird schon heller!

RADEGUNDE *steigt aus* Huh ... 's ist kalt!

APOLL *langt einen Mantel aus dem Wagen* Hier ist dein Mantel.

Der Sturm hat sich gelegt. Ei! Dort ist eine Moosbank! Laß uns ruhen! Komm, ich hüll dich ein, bewache deinen Schlummer. *Sie schmiegt sich an Apolls Schulter und schläft ein. Er zieht eine andere große Pistole heraus und bewacht die Schwester.* Man kann nicht wissen . . . die hungarische Grenze kann nicht weit sein, und dort gibt es Zigeunerhorden, leicht sogar Kuruzzen.

RADEGUNDE *murmelt im Schlaf* Der . . . kaiserlich . . . erbländische . . . Koch . . . in Sina! Seite . . . 95 . . . Laß . . . einen noch zarten, feisten Mops . . . am gelinden . . . Feuer . . . langsam . . . zerschleichen . . .

APOLL Brrr! *Er schüttelt sich.*

RADEGUNDE *wacht auf, reibt sich die Augen* Mir . . . träumte . . . vom déjeuner dînatoire! Warte, Apoll! Wir wollen uns stärken. Warte . . . wo ist der Korb . . .

APOLL Nein, ich danke! Brrr! Mich graust! Vielleicht hast du, was weiß ich? geselchte Kreuzottern eingepackt . . .

RADEGUNDE Nein! Denn gestern sagte man mir am Fürsterzbischöflichen Ordinariate, daß für die Reise jegliches Fastengebot aufgehoben sei. Und der hochwürdige Rat Angelinus Saperdibix, Consiliarius in rebus Satanicis! Du weißt! Der versicherte mir, daß wir auch der testamentarischen Speiseverordnung ledig seien, solange wir reisen.

APOLL Heißa! *Er tanzt vor Freude und hebt die Schwester hoch.*

RADEGUNDE Nicht so stürmisch! *Apoll küßt sie und läßt sie wieder zu Boden, dann holt er den Korb.* Paß auf, was wir im Körberl haben! *Packt aus.*

APOLL Dampfnudeln!

RADEGUNDE Bischofsbrot!

APOLL *verklärt* Bisch – ofs – brot . . .

RADEGUNDE Salami . . . Veroneser . . . Extrawurst . . .

APOLL Hier Schinken . . . ein Henderl . . . eine Pariser . . . Klobassen!

RADEGUNDE Hier Kälbernes und Eier.

Sie packen Paket um Paket aus, die sie nach hinten werfen. Währenddem ist es heller geworden. In das Papiergeraschel tönen ganz zart Fanfaren ferner Jagdhörner. Die erste Sonne küßt und verklärt einen von Apoll hochgehaltenen Schinken. Pferdegetrappel und Rufe: »Haltet die Rosse«. *Einige Cavaliere kommen aus der Waldkulisse heraus und klopfen mit den Reitgerten an die Stulpstiefel.*

BASSUM Wie sonderbar! Die Rudera einer kaiserlichen Postkalesche! Ei! zwei Reisende!

QUAKENBUSCH Personen von Distinktion.

KÖNIGSMAUL *lorgnettierend* Sie gleicht einer Sylphidin im Kapothut!

QUAKENBUSCH Und er! Fürwahr, ein klassisch Angesicht! Wie man aus Gips oft die Antiken sieht.

BASSUM Das leere Aug! Ja, das ist echt antikisch!

QUAKENBUSCH Er würde – als Büste, wohlverstanden! – einem jeden Zimmerofen zur höchsten Zierde gereichen!

KÖNIGSMAUL *beugt sich etwas vor und beschattet das Auge* Darob kein Zweifel.

BASSUM Und Haltung hat er trotz der elenden Ruin', in der sie angekommen!

MÜFFLINGEN *pedantisch* Die angeborene Würde verläßt den Standesherrn auch nicht angesichts mißlicher Umstände.

ALLE Wollen wir uns den Herrschaften vorstellen! *Sie stellen sich vor.* Graf Königsmaul! Von Bassum! Freiherr von Quakenbusch! Von Müfflingen, sonst Heitertanz genannt!

APOLL von Nichts. – Meine Schwester. Sie sehen uns in einer, wenn auch nicht direkten Bredouille, aber immerhin ärgerlichen Situation. Auf unerklärliche Weise kam uns der kaiserliche Bock samt Personal abhanden; in finstrer Nacht, bei Sturmesbrausen hat er sich verkrümelt.

MÜFFLINGEN *nachdenklich* Der Bock hat sich – in finstrer Nacht – verkrümelt. Hm. Haben S' Streit mit dem kaiserlichen Bock gehabt?

APOLL Mit nichten!

BASSUM Hm. Seltsam. Bin trotz vieler Reisen noch niemals einem verirrten kaiserlichen Postbock begegnet. Na – lassen wir das.

KÖNIGSMAUL Lakaien! He! Heran! Mohren, lauft! Den Wagen schiebt zurück!

DIE MOHREN Ho-ruck! Ho-bui! Zarren furi ... no amal!

Zwei pferdegetragene geschlossene Sänften kommen heran und werden behutsam niedergestellt.

BASSUM *schreit in die Kulisse* Lakaien! He! Nestelt vom dritten Packpferd – ja! vom Schimmel Alois! – Teppich und Fauteuil herunter . . . So . . . her damit!

Der Teppich wird gelegt. Radegunde in den Fauteuil genötigt.

QUAKENBUSCH *zu Apoll* Sie müssen wissen, daß wir die Eskorte einer Dame sind – *leise* sie schlummert noch dort in der Sänfte – der, ihrer Nerven wegen, von den ersten medizinischen Autoritäten der Residenz eine Reise nach dem Süden dringendst angeraten wurde.

APOLL *nimmt eine Prise* Ah! Die Vapeurs, die, leider, immer mehr in Mode kommen und schrecklich wüten.

QUAKENBUSCH *wegwerfend* Ah! – Das sind doch bloß petites bêtises . . . Mißlaunigkeiten. Nein! Hier gilt es, eine krankhafte Schwermut zu bekämpfen, die geradezu beängstigende Symptome zeigt. *Geheimnisvoll* Es ist Baronin Feuchtersleben!

APOLL Ah . . .

MÜFFLINGEN Und ihre liebste Freundin reist mit ihr – Marchesa Atalanta!

APOLL Noch nie gehört.

QUAKENBUSCH Roxane Puygparadinez, Markgräfin von Atalanta.

KÖNIGSMAUL *mit Geste:* »superb« Sie werden sehen! Das süßeste Prinzeßchen, das Sie sich denken können!

BASSUM Man reist bequem in solchen Sänften. Der Weg ist lang. Denn unsre Reise geht weithin gen Mittag. Am lustigen Hofe zu Neapel suchen wir Zerstreuung, daß die gnädige Baronesse wieder das Lachen lerne! Skaramuz und Pulcinella sollen ihre schönsten Lazzi machen, wozu Paesiello kunstvoll pfeifen wird, und heiter drehn sich dort im Tanze Exzlenzen mit Colombinen . . .

KÖNIGSMAUL *mit Geste:* »superb« . . . die bisweilen Cardinalsnichten sind; per bacco!

MÜFFLINGEN *mürrisch* Nja . . . Minister in Federhüten springen womöglich über die glühende Lava . . . Dazu meistern Hofräte die Schellentrommeln . . . unernste Schnurrpfeifereien des Südens!

APOLL *bereitet eine Prise* Superb! Das muß fürwahr ein heiteres Völkchen sein, das sich am Vesuvabhang tummelt. Auch uns

verordnete der Hausarzt – Primarius Zwetschgenfeind am Bauern-
markt – nach einem Nervenschock anläßlich eines schweren
Unfalls, der einen aristokratischen Freund in unsrem Salon
betroffen – ... Luftveränderung ... und ordinierte uns denselben
Aufenthalt. Die milde Luft – und Pomeranzen gucken in die
Fenster ...

MÜFFLINGEN *düster, beiseite* Jawohl. Briganten auch, Camorra,
Carbonari ...

APOLL *niest* Und abends klingen Serenaten ... das Feuerwerk
schattiert in Gold und Purpur ...

MÜFFLINGEN *wie oben* Und der Vesuv, der speit ...

APOLL Der Golf. Die Linienschiffe funkeln ...

MÜFFLINGEN ... die Rattenkästen ihres saubren Königs ...

APOLL ... in tausend Lichtern festlicher Beleuchtung, und nächtens
duften herrlich Rosengärten!

MÜFFLINGEN Und Blattern, Pest und Lues pflastern dort die Gassen.

APOLL So schildert's Zwetschgenfeind, der kürzlich dort gewesen, als
Hofarzt Ihrer kaiserlichen Majestäten und des Fürsten Kaunitz.
Bloß eine leichte Art von Dispesie hatte ihn gestört, die auch den
guten Kaiser leichthin streifte. Ich habe hier im Busen – neben
meinem Letzten Willen – ein wohlversiegeltes Empfehlungsschreiben an Neapels König. Bei Todesstrafe darf es niemand öffnen
außer ihm. *Sieht wichtig herum.*

MÜFFLINGEN *beiseite* Die Cholerine hat den Hof verjagt.

DIE CAVALIERE Wie sich das trifft! Da werden wir wohl das
Vergnügen haben, miteinander zu reisen!

APOLL Seien Sie versichert, daß es uns eine Ehre und ein Vergnügen
sein wird! Ich weiß jedoch nicht, wie wir rein physisch ...

BASSUM Vehiculorum-Beschaffung soll unsre Sorge sein! Wir werden
Sie beritten machen, Herr von Nichts, und Fräulein Schwester
wird eine Sänfte zur Verfügung haben. Wir sind mit allen
Bequemlichkeiten wohl versorgt. Lakaien! He! Ein Lustgezelt!
Vom Schecken Nummer sechs ... ja! Vom krummen Moritz! So.
Hier ... schon aufgestellt!

QUAKENBUSCH *bietet Radegunde den Arm* Wollen sich Baronesse
bequemen, allhier ... die Morgentoilette vorzunehmen? Ein

Nécessaire ist drin ... *Der Mohr hat ein winziges Lavoir gebracht ... hier ... das Lavoir ... Der andere Mohr bringt ein kleines Kännchen ... und das nötige Wasser ... geruhen gnädigst ... Zu Apoll* Man hat uns nämlich geraten, ausreichendes Waschservice mitzunehmen, da man da unten dergleichen nur schwer beschaffen kann.

Eine silbrige Schelle ertönt von der Sänfte. Ein Fenster geht auf: man sieht zwar kein Gesicht, doch hört man eine liebliche Stimme: »Die Chokolade!«

BASSUM *klatscht in die Hände* Lakaien! Vorwärts! Den Frühstückstisch gedeckt! Beeilt euch!

Lakaien und Mohren breiten einen großen Perser auf und decken eine Tafel. Der eine Mohr haucht auf einen Löffel und schärft ein Messer an der Stiefelsohle.

MÜFFLINGEN *drohend* Hussein!

KÖNIGSMAUL Allweil der Hussein! Sonst so brav. Aber das kann man ihm nicht abgewöhnen, das, und die Hirtenmädchen.

MÜFFLINGEN Königsmaul! Sie predigen auch Latwerge und essen Honig.

KÖNIGSMAUL Na, erlauben Sie! Haben Sie schon je gesehen, daß ich ein Dessertmesser an der Sohle schärfe! Muß bitten ...

BASSUM So ein Pharisäer! Seht mal! Doch: pst!

Die Schelle ertönt wieder. Die beiden Mohren springen zur Sänfte und stellen sich beiderseits der Tür auf. Königsmaul eilt herzu und öffnet galant den Schlag. Heraus tritt ein reizendes Mädchen im Pannierröckchen und Höschen aus Alençonspitzen bis zu den Knöcheln. Sie trägt silbergestöckelte Atlasschuhe, daran zierliche Sporen. Die Herren verbeugen sich. Sie knixt graziös und reicht die Hand zum Kuß.

ROXANE Baronesse ist tiefernst. Schont ihren Zustand! Die Nacht war schlecht. Sie wehrt' im Traume Gerberhunde ab ...

MÜFFLINGEN Und hatte Lederträume? Nicht?

ROXANE *traurig blickend* Ja. *Sie malt mit den Händen die Umrisse des bekannten Lederbildnisses auf Ladenschilden und endet mit einer müde-resignierten Gebärde.*

KÖNIGSMAUL *erklärt Apoll, der nachdenklich eine Prise bereitet,*

Roxanes Erscheinung, auf seinen Stiefel deutend Sporen! Markiert die Amazone! Aktives Mädchen! Glänzende Balance für unsre Baronin ... melancholisch ... contemplativ ... die andre: *Geste: »superb«* ... äh ... Temperament! Satanella in Alençonspitzen! Parfümierte Wildkatz mit Atlasschucherln! Bisserl maurisches Tigerbaby mit rubands und Mascherln ... friponiert uns alle – bis auf den Müfflingen. Der Bassum hätte sich bald mit Quakenbuschen geschossen ... der alte Esel glimmt wie 'n Vollbart, in dem man eine Pfeife ausgeklopft hat – das habe ich einmal gesehen ... scheußlich ... kommen Sie, beneidenswerter von Nichts! *Er wird Roxane vorgestellt.* Von Nichts. Das ist die Herzogin Puygparadinez von Atalanta. Wissen Sie, das ist da unten wo, wo sich die Haifische gute Nacht sagen!

ROXANE *belorgnettiert Apoll* Welch angenehmer Zufall führt Sie her?

APOLL Bei Windsbraus heute nacht zerstört ein Zufall unsren Wagen. Dort die Rudera.

ROXANE Ah! Herr ... Waldfund! Ah! Der Sturmwind hat Sie uns beschert! War es ein Aeolus? Scirocco war es nicht. Sie sehn nicht südlich aus. Es war wohl Boreas, der Sie vom Norden brachte? Nicht?

APOLL So halb und halb. Ich bin von Wien.

ROXANE Ei! Sieh! Vom Stephansturm gesäugt! *Schlägt sich auf den Mund.* Nicht doch! Vom Backhuhn ausgebrütet ... wie? Oh! Ich habe Hunger, wenn man vom Backhuhn spricht! Wäre ich Anthropophagin jetzt *zurücktretend und Apoll betrachtend* – man müßte Sie, mit Würsteln reich garniert ... ganz richtig! ... und mit Kren bestreut, servieren! Und, richtig: eine Zitrone im Mund!

Müfflingen ringt im Hintergrund die Hände.

APOLL *beutelt es* Österreichischer Standesherr mit Würsteln ... Mir scheint, ich bin von einem kulinarischen Unstern verfolgt. *Er setzt sich auf einen Stein und stützt die Stirn in die Hand.*

ROXANE Was haben Sie denn? Hab' ich Sie beleidigt?

APOLL Nein. Ich bin nur nervös.

ROXANE *deutet auf den Apoll'schen Wagen* Ach – es ist unverzeihlich! Ich verstehe! Sie sind ja schließlich einem zerstörten Gesäß

entstiegen ... *Schlägt sich auf den Mund* Ach – Sie verzeihen – ich
meinte: Sitzgelegenheit ... zum Fahren ... mir fehlen oft die feineren
deutschen Worte noch ...

MÜFFLINGEN *beiseite, mürrisch* Na, Dialekt beherrscht sie, da gäb'
es keine Klage.

APOLL Sie sind Spanierin?

ROXANE Nein, Dynastin von Epirus. Griechin. Die Familie ist
allerdings spanischen Ursprungs. Die Puygparadinez waren Ge-
folgsherrn des Roger von Sizilien. Doch lese ich begeistert, um
mein Deutsch zu bilden, Ihren großen Landsmann oft, den
Gratzbrüller ...

*Müfflingen schlägt die Hände überm Kopf zusammen und sieht sie
streng an.*

ROXANE *unsicher* ... Pratzgriller ...? Der die »Ahnfrau« geschrieben
hat ... er ist Hofrat ... aber, wissen Sie, er ist in Ungnade gefallen,
weil er eine Elegie verfaßt hat, daß der Kronprinz einen Wasserkopf hat!

APOLL Ja, das ist es ja, was Oheim Metternich nicht schlafen läßt!

ROXANE So? Das ist Ihr Onkel? Sonderbar, daß in jeder vornehmen
Familie was los ist.

APOLL *leicht pikiert* Wie meinen das?

ROXANE Na – das mit dem Wasserkopf. Es ist mein Lieblingsgedicht.
Ich kann es auswendig. Wollen Sie es hören? *Sie stellt sich in
Positur, blickt gedankenversunken zu Boden und beginnt* »Auf die
Genesung Gütinand des Fertigen« – nein! Pferdinand des Gütigen!
Eine Elegie für zwei Harfen. Markieren Sie bitte die Harfen.
*Bassum und Königsmaul befolgen den Befehl, dann zieht sie einen
Zettel aus dem Busen und reicht ihn Müfflingen.* Sie, Müfflingen,
soufflieren mir! Also:
> »Mag sein, daß höchster Geistesgaben Fülle,
> Dereinst umleuchten deinen Fürstenhut.«
... Festlich und fesch ... sehr fesch ...

MÜFFLINGEN So bleiben Sie doch bei der Sache!

ROXANE > »Wir forschen nicht, was Zukunft uns enthülle,
> Des Einen sicher jetzt schon: daß du gut.
> Und so ist denn der Gute auch der Weise,

Denn was der Mensch erringen mag und haben,
Der Tüte bleibt der höchste, letzte Preis.«

MÜFFLINGEN Was? Der Tüte?? Prinzessin!!

ROXANE O pardon! ... Natürlich: die Tüte. »Tüte« ist weiblich ... so weiblich wie nur etwas!

MÜFFLINGEN *pedantisch* Der Güte! Der Güte bleibt ...

ROXANE Bringen Sie doch nicht alles durcheinander! Es heißt: die Güte! Das Gedicht ist bestimmt verdruckt! Es muß ja logischerweise heißen: Die Tüte bleibt der letzte, höchste Preis! Das ist doch klar! In allen Schulen werden ... bei der Preisverteilung Tüten mit Bonbons ...

MÜFFLINGEN Aber das kommt doch bei dem hohen kränklichen jungen Herrn nicht mehr in Betracht! Er ist vierfacher Doktor ... honoris causa. —

ROXANE Dann braucht er doch auch keinen beleuchteten Fürstenhut!

MÜFFLINGEN Also, was heißt das schon wieder?!

ROXANE Haben Sie schon einmal einen Doktor mit einem beleuchteten Fürstenhut gesehen? Ich nicht!

MÜFFLINGEN Also: Der Güte bleibt ...

ROXANE Es ist übrigens recht häßlich von Ihnen, eine arme kleine Philhellenin zu verwirren, wo ich ohnedies so melancholisch bin. Sie wissen gar nicht, wie mir immer dieses Chanson eines bedrückten Hofrates nahegeht! Wir Großen dieser Erde haben auch ein Herz, das uns blutet, wenn wir einen verfallenen ... Kroncousin beweinen müssen.

KÖNIGSMAUL Verzeihen Sie — aber ich finde es doch sonderbar, daß Sie einerseits ein innerliches Schluchzen für diesen oben erwähnten, herumzipfenden Despotensprößling haben, andrerseits die Fahne des Aufstandes, die Fahne der Freiheit schwingen ... Schönbrunn im Herzen des Parthenon suchend!

ROXANE Ja, ich bin Hellenin! Diese fränkische Tracht ist nur Maske! Die meine ist die Fustanella, wie sie unsre tapfren Euzonen tragen, die Mütze mit den Quasten am Kopf.

KÖNIGSMAUL *halblaut* Ich wüßt' ein schönres Costüm: Marmor von Paros ... goldumhaucht.

ROXANE Wenn Sie nur ein bißchen galant wären, würden auch

Sie für Hellas sterben! Die Türken pfählen fremde Franken ...
Kurz: Die Tüte ist der letzte hohe Preis!

KÖNIGSMAUL Tjä ... *tritt vor* »die Tüte ... ist der letzte, hohe Preis«
... könnte von Schiller sein ... tjä ...

*Baronin Feuchtersleben entsteigt jetzt der Sänfte, à la Vestalin
gekleidet: weißes, griechisches Gewand mit zinnoberrotem Schal. Ein
Musselinschleier um den Kopf gewunden, läßt den sehr dunklen
Teint pikant hervortreten. Sie tritt, von den Cavalieren ehrfurchtsvoll
begrüßt, an den damastenen Frühstückstisch, hebt mit schmerzlichem Lächeln die Lider von den schwermütigen Augen und läßt ihren
Blick voll stummer Tragik auf der Gesellschaft ruhen. Dann seufzt sie
tief und belorgnettiert interessiert das üppige Frühstück. Radegunde
tritt aus dem Zelt.*

ROXANE Noch eine Waldfundin! Jetzt sind wir ja die drei sylvanen
Grazien! Da können wir ein berittenes Parisurteil in Permanenz
betreiben – von jedem Cavalier drei Stunden lang einen Steinpilz
verliehen bekommend – welch amüsanter Zeitvertreib auf Reisen!

*Inzwischen ist Feuchtersleben mit den Geschwistern von Nichts
bekanntgemacht worden. Dann stellt Apoll seine Schwester Roxane
vor.*

BASSUM Lakaien! Das Déjeuner!

*Man placiert sich. Apoll und Roxane im Vordergrund. Die Herrschaf-
ten sprechen leise miteinander.*

RADEGUNDE *deutet auf den Tisch* Apoll! Was sagst du!?

APOLL Das erste menschliche Essen seit dem verdammten Testament!
Wenn ich den Namen Metternich nur höre!

MÜFFLINGEN *steht auf* Ich muß bitten, den Namen des Staatskanzlers aus dem Spiel zu lassen!

APOLL Ach, das ist was ganz anderes! Seit Jahren essen wir bloß junge
Pudel in Béchamel und dergleichen Scheußlichkeiten.

Die Cavaliere springen entsetzt auf. Geschirr klirrt.

MOHREN *dumpf* ... Marandanna ...

FEUCHTERSLEBEN *halblaut zu Quakenbusch* Um des Himmelswillen, das sind wohl Zigeuner, oder als Weiße drapierte Herrschaften
von der chinesischen Ambassad'!

APOLL Nein, nein, beruhigen Sie sich, meine Herrschaften! Wir sind weder Chineser noch Tollhäusler oder krankhafte Esser, nein, wir sind bloß Opfer einer streng geordneten Rechtspflege, Opfer des heilig zu haltenden Letzten Willens eines Sonderlinges. Ich werde Ihnen bei Gelegenheit alles erklären ... Sie werden staunen und die menschliche Logik und das juridische Denken beweinen lernen! Aber jetzt weg mit allen marinierten oder eingesottenen Gespenstern!

ROXANE *zu Apoll, ihn mit angstvoll geweiteten Augen ansehend ...* Sie essen ... neugeborene Pinsche?

APOLL Nein! Setzen Sie sich nicht weg, Contessina! Haben Sie Mitleid mit einem Unglücklichen ... man hat mich ja gezwungen ... die Rechtspflege ... ich wiederhole: Infolge eines Testamentes!

ROXANE Das ist ja furchtbar! Oh! Sie müssen mir dann alles erzählen. Brr! Ich bin so neugierig ...

Im selben Moment erscheinen vier halbwüchsige Landmädchen und bieten ihre Waren an

DAS MÄDCHENQUARTETT Ich hätt' Erdbeer da –
Mögts nit an Topfen?
Kaufts mir die Himbeer a –
Tuts nit lang kopfen!
Da gebet's Gmundnerfisch!
Wären ganz frisch!
Wer mag an Millirahm?
Und was ma sonst ham!

DIE CAVALIERE Da her, Mädeln ... da her ... kommts nur da her!

ROXANE *zu Apoll* Warten Sie, das soll anders werden! Hier – ein kaltes Huhn! *Sie legt ihm vor.*

APOLL Dem Himmel sei Dank! Endlich einmal kein Canari – samt den Federn –

ROXANE *suggestiv, wie zu einem kranken Kind* Es gibt ja gar keine Canari! Denn es kann kan Canari geben! Entweder ist aner an Anari oder an Zwa-nari!

APOLL Aus Ihrem Munde spricht orientalische Weisheit!

ROXANE Nicht wahr! Denn, an Canari ist demzufolge doch an Cancanari, was kan Canari kann!! Was für eine höchst geheimnisvolle Erscheinung wäre also ein gewöhnlicher »Canari«! Sozusagen der Carbonari unter den Cancanari, was in einem geordneten Staatswesen gar kan Canari kann ... natürlich auch kan Cancanari kann ... Jetzt bin ich selber schon ganz blöd ... can, can, can ... ah was! Reagieren wir das Ganze in einem Tanz ab ... in einem can Cancanari Cancan. Den müßten Sie um einen goldenen Canari cancanieren ... Sie und der Müfflingen! Nicht? ... Ah! Da! Die kleinen Mädeln! Warten Sie, die werden wir gleich zum Cancan abrichten!

BASSUM Wo denken Sie hin? Die Bauernmädeln da!

MÜFFLINGEN *düster* Und ohne Hosen ... wie zu vermuten ...

KÖNIGSMAUL Hähä!

ERSTES MÄDEL *mit einem Knix*
Da hätt' i Gmundnerfisch!
Die wären ganz frisch!

ZWEITES MÄDEL Mögts nit an Millirahm?

DRITTES MÄDEL Da hätt' i Erdbeer da
In mein' Körberl drin!
Ganz frische, schön rote!
Hebts nur die Leinwand auf
Was is am Körberl drauf
Und greifts a weng hin ...

VIERTES MÄDEL Kaufts mir die Himbeer a ...
Werden sonst hin ...

ROXANE *zu Bassum, augenzwinkernd* Alle wahren Mädeln können tanzen!

KÖNIGSMAUL Da hat sie recht, die Waldhex da, in Alençondessous ...

FEUCHTERSLEBEN *vorwurfsvoll* Aber! Herr Graf!

ROXANE *zu den Herrschaften* Der neue Cancanaricancan! Mädeln! Kommts!

Königsmaul wirft eine Handvoll Geld unter die Mädchen, die sich drum balgen.

BASSUM Fanfaren!

Pikeurs mit Jagdhörnern erscheinen. Die Mohren rechts und links der Tafel schlagen Kesselpauken. Roxane erfaßt ein Tamburin. Zuerst tanzt sie allein und singt, meist zu Apoll gewendet.

ROXANE Im Gebirg und in den Auen – bumm,
Begegnest du den schönsten Frauen – drumm,
Mußt du den Göttern innigst danken,
Daß sie im Wald und in den Hainen
Das Schönste zeigen dir an Arm und Beinen!
Drum auf zum Tanz ihr Mägdelein, ihr schlanken,
Drum auf zum Tanz ihr Mägdelein, ihr feinen!

Der Tanz beginnt. Unerwartet erscheint ein fast kugelförmig dicker Herr im blauen Frack mit großen Talerknöpfen, rehfarbener Hose und hohen Stulpstiefeln. Ein dichter Vollbart, der erst unter den Augen halt macht, bedeckt sein Antlitz. Er stützt sich auf ein als Spazierstock eingerichtetes Fagott. Er ist von einem Büchsenspanner begleitet, der eine Saufeder oder Jagdpartisane trägt. Der Bursche steht ganz verdattert da. Der Ankömmling setzt seinen struppigen Zylinder auf den Boden, beginnt am Fagott zu blasen und mischt sich als komische Zentralfigur in den Waldcancan. Alles ist aufgesprungen. Seinen Tanz beendend, tritt er auf Radegunde zu, fällt vor ihr huldigend ins Knie und sagt: »Königin des Waldes. Dickschitz ist mein Name! Ich grüße Sie im Namen der grünen Steyermark!« *Darauf erhebt er sich und bläst ein Jodlermotiv und stellt sich vor:* »Zephyrin von Dickschitz, genannt Dünnschitz auf Urschitz und Uschitz!« *Die Cavaliere schütteln ihm die Hände; man macht die Damen bekannt.*

DICKSCHITZ Welch liebenswürdiger Zufall, den mir Auroras Gunst bescherte!

QUAKENBUSCH *halblaut* Ein gebildeter Mann! Mitten hier im Wald!

MÜFFLINGEN Er scheint belesen!

KÖNIGSMAUL *ahmt das Fagott nach* Ein pfiffiger Sonderling!

DICKSCHITZ Statt einer Wildsau – auf die ich pürschte, gleich so viel schöne Damen *Kompliment* und edle Herren zu begegnen!

BASSUM Welch feingedrechselte Pointe!

DICKSCHITZ *der das vernommen, mit leichter Verbeugung* ... den schönen Künsten überhaupt gewogen! Auch bin ich Philosoph: Passen Sie auf: Was für ein Unterschied ist zwischen einer Spinne und einer Wildsau? *Man beteuert allenthalben seine Unwissenheit.*

Also hören Sie: Spinne am Morgen – Kummer und Sorgen! Hier –
diese Wildsau.

KÖNIGSMAUL Hähä!!!! Heiratsantrag!

DICKSCHITZ *sieht ihn streng an* ... »Gold im Munde«.

Alles lacht.

STIMMEN Famos, lieber ... ä ... von Dickschütz!

MÜFFLINGEN Verstehe ich nicht. Morgenstunde ...

KÖNIGSMAUL ... hat Wildsau im Munde!

DICKSCHITZ Ganz richtig! »Hat Wildsau im Munde«!

MÜFFLINGEN Aber ich verstehe Sie nicht! Herr von Dickschitz! Es ist
ja gar keine Wildsau da!

DICKSCHITZ *breit lachend* Na – erlauben Sie! Wann ich heute
morgen keine wilde Sau gehabt hab', so charmante Leuteln
kennenzulernen! Glei an ganzen Schüppl!

Man lacht artig. Plötzlich lacht auch der Büchsenspanner laut heraus.

DICKSCHITZ Wirst aufhörn! Du Tepp! Tritt nit ins herrschaftliche
Glachter eini! Da, da, da! *Er haut ihn mit dem Fagott. Dann
probiert er, ob's noch geht* Dideldideldidi ... Schon wieder a
Klappen hin! Schau daß d' abfahrst, kraupeter Trottel! Lauf ins
Schloß, was d' kannst ... Meld uns an! Denn, meine hochverehrten
Herrschaften, mein Schloß ist gar nicht weit von hier. Machen Sie
mir eine exquisite Freude, Sie auf Uschitz begrüßen zu dürfen.

ALLE Zu liebenswürdig!

DIE CAVALIERE So wollen wir denn aufbrechen! *Fanfaren*

ROXANE   Hinter jedem Busch und Felsenbildern
        Lauern die Gefahren

zu Tamburin und Fagott
        Für die, die gerne schöne Mädchen wildern ...
        Nach Abenteuern suchen,
        Wunderbaren.

Tanz der Mädchen
        Sylvan und Nymphen – bumm
        Beschern dir Connaissancen
        Mit waldverwobnen Chancen

leiser
        Mit waldverwobnen Chancen ... drum

Drumdrumdrumdrumdrum
Geh öfter in dem Wald herum
Und findst du Connaissancen

leiser

Und findst du Connaissancen ...
Dann mache kühn Avancen!

leiser

Dann mache kühn Avancen ... bumm!

Schellengerassel

Vorhang

VIERTES BILD

Garten vor der sala terrena des Schlosses Uschitz. Die Bogenhalle ist mit einem Vorhang verschlossen. Strahlender Morgen. Apoll und Quakenbusch, der im schwarzatlassenen Caputrock und mit hohem Stock herumstolziert.

APOLL Sagen Sie mir im Vertrauen, was bedrückt eigentlich Ihre anmutige Reisegefährtin, die Baronin Feuchtersleben?

QUAKENBUSCH Hum, hum. Ein böses Schicksal, ein Familienkummer, wie ihn kaum ein andres freiherrliches Haus aufzuweisen hat. Aber kommen Sie nach vorne, wir könnten hinter diesen Büschen bürgerliche Lauscher haben! *Sie treten nach vorne, setzen sich.* Ich muß da weit ausholen. Es ist eine schändliche Geschichte. Vor vielen Jahren wurde im Innersten von Afrika ein ganz junges Knäblein, der Sohn des Königs, von Sklavenhändlern geraubt. Sein Vater fiel im Kampfe – so wurde das Söhnchen automatisch sein Nachfolger.

APOLL Aha! Es handelt sich da sozusagen um einen Monarchenfrischling ... ein, soi-disant: hohes Spanferkerl – unter den gekrönten Häuptern!

QUAKENBUSCH Um Himmelswillen! Wenn wer Sie sprechen hörte! Bedenken Sie, daß es hierzulande oft sogar als harmlose Komposthaufen verkleidete Spitzel gibt! Auch den Vogelscheuchen dürfen

Sie nicht trauen! Die schnappen ein Wort auf – telegrafieren's
weiter *er ahmt die Bewegung nach* und Sie sind der Lackierte!
Aber zur Sache: das unglückliche Kind wurde durch eine mit den
Räubern liierte Marseiller Firma ...

APOLL *traurig nickend* Ja, ich weiß! Marseille ...

QUAKENBUSCH Nach Messina verschachert.

APOLL t!t!

QUAKENBUSCH Dort gewann es der in Sizilien kommandierende
Feldmarschall Fürst Georg Lobkowitz gelegentlich einer animierten Assemblée im Tarock, verlor es aber wieder an einen andren
Matador dieser Kunst, den Prinzen Wenzel Liechtenstein, der ihm
einen angesagten Pagat ultimo auf heimtückische Art abstach.

APOLL Hören Sie auf – das ist atembeklemmend!

QUAKENBUSCH Zu Lobkowitzens Spielerehre müssen wir beifügen,
daß ihn beim Ansagen allerdings etwas irritiert hatte, das selbst
dem Kaltblütigsten auf die Nerven gegangen wäre. Stellen S' Ihnen
vor, da kommt plötzlich ein Erdbebn, und haut den Kronleuchter
auf den Spieltisch! Der Lobkowitz ...

APOLL Was? Ist denn der Lobkowitz ein Erdböhm! Ich hab' immer
gedacht, er ist ein Deutschböhm!

QUAKENBUSCH *sieht ihn strafend an* Das ist doch eine Natur-
erscheinung.

APOLL Die Erdböhm'? Nun ja ... das geb' ich zu.

QUAKENBUSCH Bleiben wir bei der Sache. Der beneidenswerte
Gewinner machte Soliman – so hieß der hohe Knabe ...

APOLL *unterbrechend* Sie! Das hätt' ich dem Lobkowitz nie zugetraut, daß er einen Kronleuchter auf den Spieltisch wirft ...
nein ...

QUAKENBUSCH Das ist ja entsetzlich! Der Lobkowitz ist doch ganz
unerwartet zum Handkuß gekommen! Der Liechtenstein hat ...

APOLL Das glaub' ich schon gar nicht! Ich bitt' Sie, ein Liechtenstein!

QUAKENBUSCH Unterbrechen Sie mich bitte nicht mehr! Also, er hat
den hohen Herrn Knaben – als Erwachsener natürlich – später zum
Erzieher seiner Söhne gemacht, und so kam dieser bedauernswerte
Zwitter ...

APOLL Ah! Also ein Kron-Zwitter.

QUAKENBUSCH Lassen Sie mich doch ausreden: Zwitter aus einem Spielgewinn und pensionsfähigen Würdenträger nach Wien und später im Tausch gegen ein sehr ein fesches Schnapsservice, da der schmucke – leider noch Heidenjüngling – Maria Theresien wohlgefiel, in allerhöchsten Besitz. *Beide Herren stehen einen Moment auf.* Der sehnlichste Wunsch der frommen Monarchin und des ganzen Hofes war, Soliman dem Schoße der alleinseligmachenden Kirche zuzuführen. Nach langem Kampfe gab er nach und empfing in der heiligen Taufe den Namen Angelo, richtiger: Wenzel Angelo, natürlich auf Alois abgekürzt.

APOLL Mir ist ein Stein vom Herzen.

QUAKENBUSCH Dies geschehen, setzte die Kaiserin alles daran, ihrem Schützling, der sofort zum Kammerherrn und Geheimen Rat avanciert war, eine passende Lebensgefährtin zu suchen. Sie fand eine solche in der Person ihrer liebsten Hofdame, der Prinzessin Pschiakrekowna-Pschiakrewkrschitzki, deren Urgroßvater einmal dreiviertel Stunden lang König von Polen gewesen war – also gewiß first set, wie Sie mir zugeben werden.

APOLL *eifrig* Gewiß, gewiß.

QUAKENBUSCH Dieser Bund wurde mit einer Tochter gesegnet; die später den Freiherrn von Feuchtersleben heiratete. Dessen einziges Kind und Erbin seines großen Vermögens ist unsre liebe Reisegefährtin, die eben hinter diesen Jalousien *er deutet hin* schlummert. So weit wäre die Sache ganz schön. Leider sollte sich aber später ein wahrer Strom von Wermut über die angesehene Familie Solimans ergießen. Das kam so: Als die Kaiserin starb und man ihr hohes Testament eröffnete, *beide stehen auf,* fand man unter den zahlreichen Codicillen von höchst eigener Hand eines, über das man allgemein erschrak. Stand doch dort klipp und klar der Befehl, daß man Soliman nach seinem Tode ausstopfen und dem kaiserlichen Naturalienkabinett einverleiben müsse, und zwar der Affenabteilung. *Apoll schlägt die Hände über dem Kopf zusammen.* Peinlicherweise hatte die gütige, doch alternde Monarchin, die das Testament lange nicht mehr gelesen, diesen aus der Servicetausch-Zeit stammenden Passus übersehen. Als der eitle Hofmann Angelo davon erfuhr, traf ihn fast der Schlag. Er setzte alle Hebel in Bewegung – reiste vom Reichskammergericht in Wetzlar (die Eingabe verschlampte ein gewisser Referendar Göthe) zum Heiligen Stuhl, der aber nur ein Achselzucken für ihn übrig hatte – vom Heiligen Stuhl zum Reichsdeputationshauptausschuß in Regensburg – alles umsonst. Endlich starb er tiefbekümmert, nach schwer verbittertem Lebensabend, und warf sich noch am Totenbette ruhelos hin und her. Als dann die betrübten Hofärzte zusammen mit dem Hofschinder – assistiert von den Obmännern der Gerberinnung in Trauerflor – ihr schmerzliches Amt beendet hatten, kamen die also präparierten Überreste Solimans ausgestopft, aber im Kammerherrnfrack und mit allen Orden geschmückt, ins Naturalienkabinett, und zwar in die Affenabteilung. Doch wehrte sich der Direktor desselben, ein gewisser Eberle, gegen diese Neuakquisition, ein Schaustück, das durch ein Costüm die Einheitlichkeit der Sammlungen störte, und ließ den Verewigten durch den Hofbildhauer Thaller auf eine mehr das national-afrikanische Element betonende Art umpräparieren. So kam es, daß der ehemals gefeierte, geistreiche Mann, der Intimus eines Sonnenfels und Duzfreund Lessings, mit Federkrone und Lendenschurz angetan, den Bogen in der Hand, die zoologische Abteilung schmückte. Was sagen Sie?!

APOLL *aus schwerem Nachsinnen aufwachend* Also, das glaub' ich Ihnen alles gern. Aber, daß der Liechtenstein mit Kronleuchtern umanandhaut ... nein ... das k a n n ich mir einfach nicht vorstellen!

QUAKENBUSCH macht eine verzweifelte Geste. Eine Glocke ertönt. Dickschitz erscheint und geht auf die Herren zu.

DICKSCHITZ Guten Morgen! Guten Morgen! Gut geschlafen? Ah! Da sind ja auch die übrigen Herrschaften! Küß die Hände, meine Damen, küß die Hände! Auch gut geschlafen? Haben Sie die Hühner nicht gestört und die andren ländlichen Geräusche?

FEUCHTERSLEBEN O ganz und gar nicht! Das ist mir die liebste ländliche Musik. Gewiß haben Sie Musterstallungen? Die müssen Sie uns zeigen!

DICKSCHITZ *mit schlauer Miene* Ländliche Musik! Da kann ich Ihnen mit etwas ganz anderem aufwarten! Ganz a andre Musik ...

FEUCHTERSLEBEN Musik? Hier?

DICKSCHITZ Sie werden staunen.

FEUCHTERSLEBEN Am Ende gar ein Kammerorchester?

DICKSCHITZ Ja ... ganz etwas ähnliches.

FEUCHTERSLEBEN Am Ende ein Männerquartett? Wie ich mich freue!

DICKSCHITZ Ganz recht ... ja ... ein ... Männerquartett. Ja ... kann man sagen ...

FEUCHTERSLEBEN Sagen Sie Näheres. Sie spannen mich auf die Folter.

DICKSCHITZ Schauen Sie – da kommt der Kapellmeister!

FEUCHTERSLEBEN Ein ... Kapellmeister ... bei einem Männerquartett? Das ist mir neu.

Ein ganz altmodisches, sonderbares, wie verstaubt aussehendes Männchen erscheint. Verschossenes himmelblaues Hofkleid mit reicher Silberstickerei, mächtiges Jabot, weiße Allongeperücke.

DICKSCHITZ *vorstellend* Der berühmte Anatom Santorini!

SANTORINI Per bacco! Der bin i! Der Santorini! Aben no nie von mir geheert? Der »Beischelsantorini« aben s' mi ge-eißen in die Vienna, weil i aus Wax die hauseinandernehmbare Figuren gemakt ab! Aben nix die medizäische Venussen gesehn in die militäranatomischen Hinstituten? Ae? Hat swei Leber! Per bacco! Heine, wie sein sohl, handere heine Snirlebern! E! Von die Corsetten! Come no? O! Molto bello!

DIE DAMEN Das – ist – ja – ent – setzlich.

SANTORINI Ma chè! hentsetzlig? Bellissimo!

MÜFFLINGEN Ist einfach unästhetisch. Das hätte Valsalva, der große Anatom, oder ein Vicq d'Azyr nie gemacht!

SANTORINI *bellend vor Wut* Was?! Was geht mi die bleede Valsalva han? Oder diese verdächtige Vicq d'Azyr? Oder der Pacchioni? Maledetta brutta figura di un professore ... *Er murrt weiter*

DICKSCHITZ *halblaut zu Müfflingen* Der hat ihn nämlich einen dermoplastischen Conditor genannt.

DIE DAMEN Beruhigen Sie sich doch, Herr Professor!

SANTORINI Oh! Wenn von so scheene Mund kommte! Hist mir Befehl, magari! *Die einzelnen Damen betrachtend* O – ché bellezze!

Zu Radegunde Heine Niobe! Ho! Ma ancora senza Kinder! ...
Selbstverständlig! Später at Amfion ge-eiratet und massa Kinder
ge-abt! Haber halle gestorben ... wahrscheinlich Nabelentzindung.
FEUCHTERSLEBEN Sie sind schrecklich, fi donc ... fi donc.
SANTORINI O bitte, ab nit beleidigen wollen. *Zu Feuchtersleben* O!
Hund Sie! Ché bella! ... Haber − i weiß no nit, was mit Ihnen
maken werden ... wird mir schon heinfallen. Und da, die Fräuln
auf Roxane weisend heine ganz heine schlimmer ... Briseis ...
nein! Für Hafrodite zu jung ... zu wenig Iften ... Hoder vielleigt
die Swester von die Narzissussen? E! ... wäre Neuheit ... Ha! Jetzt
fallt mir hein! Bellona hals Backfischen! Bravo! Haber a bissel
mehr weiblike Formen ... *Er malt mit den Händen das dazu
Gedachte in der Luft.*
DICKSCHITZ *zu den Herren* Das ist seine Passion! Mich hat er als
Orkus modellieren wollen! Blasend noch dazu ... Wissen S'! Am
Fagott ...
SANTORINI O! Perché no? So at hausgeschaut! So finster. So heine
schlagtrefferische Figuren ... und diese Ehr *auf Apoll deutend*
gar nicht anrieren! Lassen wie is! Högstens, was unterhalb Hals is,
wegschneiden und durch heine Postamenten hersetzen! A! So wird
erst der Charakter der ganzen Person richtig erauskommen!
KÖNIGSMAUL *hochnäsig* Ein langweiliger Kerl. Wie kommen Sie zu
diesem Scharlatan?
DICKSCHITZ Schaun S', er hat heim wollen nach Florenz ... so vor
vierzig, fünfzig Jahreln, und auf der Rückreise hat ihn mein seliger
Vatter zum Übernachten eingeladen. Aber er hat sich vor den
Strapazen der Weiterreise übers Gebirg gefürchtet und is halt
dageblieben ... Aber passen S' auf, was er mir gemacht hat! *Er geht
dem Mittelbogen der Loggia zu und zieht einen Vorhang zurück.*
... mein größter Stolz! *Man sieht eine steife Nachbildung der
Laokoongruppe.* Alles aus feinstem Bienenwachs! *Stolz* Uschitzer
Fassung!
Die Gäste versammeln sich vor der Gruppe.
BASSUM Wirklich sehr schön.
DICKSCHITZ Das ist noch gar nix! Passen S' auf, was die kann!
Santorini ist auf ein Tabouret gestiegen, hat einen Taktstock und ein

Notenheft ergriffen und gibt ein Zeichen. Darauf werfen Vater und Söhne ruckweise die Schlange ab, hinter der Musikinstrumente auftauchen. Das Spiel beginnt. Der Vater bläst ein gipsernes Bombardon, die Söhne meistern Doppelflöte und ein Tamburin.

DICKSCHITZ Was die jetzt blasen, sind Überresteln von Mozart! »Et in Styria Dionysos« heißt es!

FEUCHTERSLEBEN Also das sind die Kammermusiker! *Zu Dickschitz* Sie sprachen aber von einem Männerquartett? Das sind aber bloß drei Herren ...

DICKSCHITZ Warten S' nur! Kommt schon! *Ein gipserner Pudel taucht auf und schlägt verklärt einen Triangel.* Hab ich zuviel gsagt? Ein steyrischer Cavalier lügt nie!

Die Musik hört auf. Die Anwesenden gruppiert ab. Apoll und Quakenbusch bleiben zurück.

APOLL Erzählen Sie mir Solimans Tragödie zu Ende.

QUAKENBUSCH Gerne. Nun: die angesehene Familie Solimans protestierte gegen diese sie schwer verletzende Art der Lösung dieser funebralen Angelegenheit: aber umsonst! Stellten sich doch alle rechtlich Denkenden streng auf die Seite der Erfüllung eines Letzten Willens. Aber selbst wenn Recht und Gerechtigkeit gebeugt worden wären – die Amtsstelle wäre nie und nimmer von ihrem Standpunkt abzubringen gewesen. Zudem hatte der Direktor die Gelehrtenrepublik der ganzen Welt für sich, und ein begeisterter Brief Humboldts bestärkte ihn, das Richtige getroffen zu haben. Dazu kam der Geschmack an schlichter Einfalt und Rückkehr zur Natur – na Sie wissen. Am Allerseelentag aber konnte man jedesmal beobachten, wie die dicht verschleierte Witwe am Sockel ihres ausgestopften Gatten zwei angezündete Kerzen befestigte. Man hatte nicht das Herz, ihr diesen feuergefährlichen Totenkult zu verbieten und gab ihr später stillschweigend zwei Hofpompiers bei, die mit umflorten Spritzenmundstücken der stillen Feier beizuwohnen hatten. So ging dies, bis eines Tages etwas geschah, das enormes Aufsehen machte und die maßgebenden Stellen in lebhafte Unruhe versetzte. – Man schrieb gerade das Jahr achtzehnhundert, als aus dem Novembernebel des Allerseelentages eine glänzende Cavalcade auftauchte und sich dem Gebäude des Naturalienkabinettes im spanischen Schritt näherte. Es war eine Abordnung des polnischen Adels, der inzwischen festgestellt hatte, daß dieser ausgestopfte Königssproß mit einem ihrer Königshäuser versippt gewesen. Bald erfüllte Hufdonner einer Fantasia der kalpakgeschmückten Reiter den stillen Josephsplatz. Dann drangen die Herren ins Naturalienkabinett und exekutierten, die entblößten Säbel mit schwarzem Krepp umwickelt, einen feierlichen Trauerkrakowiak vor der hohen Mumie. – Seine Majestät aber nahm die Huldigung vor dem Sprossen eines fremden, von ihm noch nicht anerkannten Fürstenhauses sehr übel und verordnete mittels Hofdekretes die Überstellung des staatsgefährlichen Präparates in eine Bodenkammer der Hofbibliothek. Dort aber trieben achtzehnhundertneun die Franzosen mit der ausgebalgten Exzellenz ihren Unfug und zerstörten diese teure Reliquie einer angesehenen Familie vollends. – Die Witwe konnte als leidenschaftliche Polin von königlichem Geblüte diese Schmach nicht überleben. Sie stürzte sich aus dem Palaisfenster; Tochter und Schwiegersohn – in Schmerz und Liebe unzertrennlich – nahmen Gift. Bloß unsre unglückliche Doppelwaise blieb übrig, siecht aber am Schmerz dahin.

Apoll ist auf der Bank zusammengesunken und tupft sich die Tränen der Rührung vom Angesicht. Quakenbusch nickt düster und spielt verloren mit dem Stock im Sand. Da kommt Baronin Feuchtersleben ganz verwirrt gelaufen und bleibt vor den Herren schweratmend stehen.

QUAKENBUSCH *erschrocken* Was ist Ihnen, Baronesse?

FEUCHTERSLEBEN *in höchster Erregung* Der alte Geck ... der Santorini ... *Sie schluchzt in ihr Taschentuch.*

QUAKENBUSCH *ungläubig* Was ...? Ist ... er Ihnen ... nahegetreten? *Die Herren der Eskorte tauchen auf, Feuchtersleben nickt leise mit dem Kopf.* Unerhört ... aber auch: unglaublich!

BASSUM Was ist hier los?

QUAKENBUSCH Man ist ... der Baronin ... nahe ... getreten ...

KÖNIGSMAUL Unerhört! Wer?

QUAKENBUSCH Santorini.

BASSUM UND KÖNIGSMAUL Ha! Das fordert Blut! Was hat er gewollt?

FEUCHTERSLEBEN Das denkbar Abscheulichste ... von einer Jungfrau noch dazu ... *Sie schluchzt in die Arme.*

MÜFFLINGEN *düster brütend, die Arme verschränkt* Wie ... weit ...
kam ..: der Bursche??'

*Feuchtersleben schluchzt erneut. Alle übrigen Herren Geste des
Entsetzens. Verhüllen erst die Augen, dann strecken sie, noch dazu
seitlich, je einen Arm von sich, irgendeine grauenvolle Vorstellung
von der Seite weisend. Die Baronin zerreißt das Linontüchlein und
wirft die Fetzen zornig auf den Boden. Dann schluchzt sie wieder
verzweifelt in ihren Arm. Auch Roxane ist herzugelaufen. Sie stürzt
sich entsetzt auf die verzweifelte Freundin, die schweigend weiter-
schluchzt.*

ROXANE *zu den Herren* Was ist da geschehen? *Ein entsetzlicher
Gedanke taucht in ihr auf.* Hat man ... ihr ... etwas getan? *Alle
Herren wenden sich stumm ab.*

MÜFFLINGEN *düster* Gewalt ...

ROXANE Wer?

MÜFFLINGEN Jemand im Schloß, von dem man es nicht glauben
sollte ...

ROXANE *mit gräßlichem Schrei* Ha! ... Haaa! ... Blut! ... Das
fordert Blut!! *Sie reißt ihr Röckchen unbekümmert seitlich hoch
und zieht ganz oben aus dem Strumpf einen Dolch. Sie rast zur sala
terrena, verschwindet einen Moment hinter den Säulen; dann rast
sie gegen das Schloß.*

MÜFFLINGEN *finster und bedeutend* Die Erinnye wird den Satyr
metzeln.

BASSUM Oh! Daß ihn nie die Mutter geboren!

MÜFFLINGEN Ihr Blick war blutig.

KÖNIGSMAUL Was man doch mit Lippenstift nicht alles kann.

BASSUM Sie wird den verschossenen himmelblauen Greis metzeln ...

KÖNIGSMAUL *mit lüsternem Grauen* Dabei um den Sünder flechten
die Schlangenwirbel ihrer jugendholden Glieder ... ah!!

MÜFFLINGEN Ha! Was ist das!? Die Entsetzliche irrt sich ...

*Roxane, die im Schloß verschwunden war, schleift, den Dolch
erhoben, den eben verdutzt daherkommenden Dickschitz mit sich.*

ROXANE Haaa! Wie weit kamst du ... Bube?

Dickschitz ist zu Boden gestürzt, daß eine Staubwolke aufschießt.
Roxane setzt ihm ein Knie auf die Brust und macht Miene, ihn zu
erstechen. Man fällt der Rasenden in den Arm. Dickschitz steht ganz
staubig und verdattert auf.

DICKSCHITZ *ewig gutmütig* Aber ... wa ... wa ... was ... is ... denn?
  Wo ... is ... mei ... Zylinder ...

ROXANE *von zwei Herren gehalten, wutzischend* Wie weit kamst du,
  Bube?

DICKSCHITZ Ja ... bis ... zur gwissen feuchten Stelle ... *atmet schwer*
  da ... beim Regenfaß da rechts ... dann ham S' mich erwischt ...

ROXANE Das mußt du mit deinem Blute reinwaschen!

DICKSCHITZ 's Regenfaß? Aber ... das is ja ... heuer erst grün
  g'strichen worden ...

MÜFFLINGEN *zu Roxane* Das geht zu weit. Sie sind in einem
  entsetzlichen Irrtum! Sie massakrieren da einen Unschuldigen!

KÖNIGSMAUL Unselige, Sie stechen ja einen harmlosen Hendelbaron
  ab!

ROXANE *zu Feuchtersleben* Wer denn hat dir was getan? *Sie steckt*
  den Dolch unter den Arm und streichelt sie sanft. Komm doch zu
  dir, armer Liebling! 's g'schieht dir ja nichts! Was hat man dir
  getan?

DICKSCHITZ *ganz konsterniert* Um Himmelswillen! Baronin! Wer hat
  Ihnen was getan?

FEUCHTERSLEBEN *jetzt gefaßt und sehr energisch* Hier ist meines
  Bleibens nicht länger. Santorini hat mir einen scham – schamlosen
  Antrag gemacht!

ALLE Oh! Was werden wir hören müssen!

KÖNIGSMAUL *lüstern* Hn?

FEUCHTERSLEBEN Er hat gewollt, daß ich ihm ... als keulentragende
  Omphale Modell stehe, wie sie Spranger gemalt!

KÖNIGSMAUL *beiläufig* Aha! In der kaiserlichen Kunstkammer. Sie
  wird nur Erwachsenen gegen Revers gezeigt. Zweimal die Woche.

FEUCHTERSLEBEN Mit allen intimen Details der Natur gedenkt er
  mich zu bosseln. *Sie schluchzt wieder und heult.* In farbigem
  Wachs. *Heult laut auf.*

MÜFFLINGEN Unerhört!

BASSUM Ein Faun! Das ist ja ein Faunus!

KÖNIGSMAUL Is ja toll! Farbiges Wachs. Stellen Sie sich das vor, von Bassum!

FEUCHTERSLEBEN *weiterschluchzend* ... ja, sogar mit ... herausnehmbaren Eingeweiden ... *heult weiter.*

ALLE Oh!

DICKSCHITZ *rauft sich den Bart* Weh mir Unglücklichem! *Kniend* Verzeihen Sie dem alten Narren! Ich jag' ihn weg! Sie bleiben da! Ich setz' ihn im Wald aus ... meiner Seel ...

FEUCHTERSLEBEN *eisig* Nein. Ich verlasse dieses ... modellierwächserne Sodom ...

DICKSCHITZ *raunzend* Uschitz ist kein Sodom nicht! Es is a landtäflige Herrschaft! Sodom war a Saunest, a hundsordinäres! Jeder Pinkeljud schämt sich ...

KÖNIGSMAUL *zu Dickschitz* Schaun S' – beruhigen Sie sich! Ja, wenn die Baronin gesagt hätte: es ist ein papiermachéernes Gomorrha... ja, das wär was andres!

DICKSCHITZ So? Wäre das schlimmer? Gomorrha?

KÖNIGSMAUL Will ich glauben! Gomorrha! Schaun Sie, es ist ja richtig, man wendet sich mit – ich möchte beinah sagen: Abscheu – vielleicht zu stark. Also sagen wir: Mißachtung! von Leuten ab, die in ... wie soll man sagen ... innerer Beziehung stehen mit der von der Baronin gerade früher erwähnten ... Metropole ... eines ... sagen wir: mauvais goût! Vielleicht auch zu stark ... also sagen wir: eines derangierten Geschmackes ... also ... stehen – soweit sie nicht schon sitzen! Jawohl! Das sind allerdings Leute – oft aus der Crème! Die auf der schiefen Rutschbahn ... gewisser ... Unarten, wie soll ich sagen? auf einem bestimmten Gebiete einer gewissen Art ... der gesellschaftlichen Beziehungen ... dem moralischen Abgrund geradezu entgegentollen! *Müfflingen nickt ernst.* Eine sausende Fahrt, vielleicht ab und zu von einem moralischen Purzelbaum unterbrochen, weiße Knoten sozusagen, im düsterroten Bande der Wohllust. Dies das Ende manches verlorenen Sohnes, mancher verstrickten Tochter.

DICKSCHITZ Aber – dös is doch brav von die Madeln! Ja ... solln denn die Madeln nicht stricken?

KÖNIGSMAUL *groß* Nein! Was für verbotene Lust wird da mit verstrickt! Was für orgiastische Träume werden da zu Socken! Was für wüste ... Wünsche zu Pulswärmern! *Pause* Was könnten mißratene Fersen erzählen ... diese ... Arabesken hineinver-schnörkelter sündhafter Begierden ... Oh!

DICKSCHITZ *wischt sich den Angstschweiß von der Stirne* Schrecklich!

KÖNIGSMAUL Aber immerhin sind das noch honette Leute gegen einen Gomorrhaidarier! Das ist das Schrecklichste! Das ist fast so schlimm wie ein Hämorrhoidarier ... Ha über diese eklen Buben ... nie käme mir so ein ... Geselle ... über die Schwelle ... pfui ...

Dickschitz schaut auf wie ein intelligenter Säugling, der das erste Wort formen will.

FEUCHTERSLEBEN Und ich bleibe nicht!

ALLE HERREN Wenn aber Herr von Dickschitz so schön bittet!

FEUCHTERSLEBEN Nein! Denn das war nicht alles!

MÜFFLINGEN *dumpf* Also doch. *Nickt ernst, die Arme verschränkt.*

FEUCHTERSLEBEN Das war noch nicht das Schlimmste. Wissen Sie, mit was er die Krone aufs Haupt gesetzt hat? Er hat gesagt: Mein hochseliger Herr Großvater ... war ...

ALLE Nun?

FEUCHTERSLEBEN ... war eine durch und durch stümperhafte Pfuscherarbeit! *Sie heult in ihren Arm.*

KÖNIGSMAUL Nun schlägt's aber fufzehn!

Der Vorhang sinkt unter 15 Schlägen

FÜNFTES BILD

Ein Saal im Ruinenpalast der Donna Anna am Posilip. Zwischen zwei zerborstenen Säulen hängt ein Vorhang. Rechts und links der Säulen niedrige Bogentüren in marmornen Gewänden. – Im Vordergrunde steht Apoll, Radegunde um die Schulter nehmend, und erklärt ihr ein halbzerstörtes Marmorrelief unter der Stuckkassettendecke. – Feuchtersleben, Quakenbusch, Bassum sprechen miteinander. Man hört

gedämpfte Musik. Verschiedene Maskenfiguren, Bajazzos, Colombi-
nen, Harlekine flitzen vorüber und verschwinden in den Seitentüren,
die zum Ballsaal führen. Königsmaul kommt maskiert in animierter
Stimmung aus der Kulisse, zwei Pierretten am Arm. Er verwickelt
sich mit ihnen in eine akrobatische Gruppe, Karikatur des Laokoon.
KÖNIGSMAUL Na, was würde jetzt Santorini sagen! Können wir auch!
 So 'n alter Dermoplastiker! Hähä! Ziehe jugendfrische lebende
 Haut vor! Was ist schon Wachs! Fleisch! Duftende Locken! *Schiebt*
 die kichernden Mädchen vor. Das sind Schlangen, wie ich sie liebe!
 Keine Marmorwüste, wie sie der olle Grieche ...
MÜFFLINGEN *ernst* Keine Lästerung, wenn ich bitten darf! Kann so
 was nicht hören. Lessing hat mich auf Knien gewiegt.
Ein hagerer Engländer, kotelettenbärtig, ein Fernrohr vor dem Auge,
geht schweigend vorbei.
KÖNIGSMAUL Na – seine Sache. Ich hätte Sie nicht mal aufs ...
 Schaukelpferd gesetzt ... na, schweigen wir von dem antiken
 Marmorfritzen. Also, ich pfeife auf Santorini ...
FEUCHTERSLEBEN *sich nervös fächelnd* Nehmen Sie, bitte, in meiner
 Gegenwart den Namen nicht in den Mund.
QUAKENBUSCH Ja, der Name sei begraben. Ich glaube, Sie haben ein
 bißchen tief in den Falerner geguckt!
KÖNIGSMAUL Kann sein! Und diese zwo kleenen Vesuvnutten – Wat?
 Famos! Nich? Vesuvnutten! Die haben mir den Rest gegeben ...
MÜFFLINGEN Sie können sich ja nicht einmal mit ihnen verständigen!
KÖNIGSMAUL Ach wat, verständigen! Wozu denn das Gequatsch? Da
 sehen Sie mal. Das wird so gemacht! *Er packt die Mädchen und*
 küßt sie wie toll ab. Feuchtersleben wendet sich indigniert ab.
Zwei schlecht rasierte, halunkenhafte Lakaien mit brennenden
Kandelabern stürmen herein, mit der einen erhobenen Hand eine
platzmachende Geste vollführend. König Ferdinand erscheint. Müff-
lingen ruft: »Der Könick!« *Königsmaul, wieder Laokoonkarikatur, ist*
erstarrt, wischt sich die Lippen und glotzt den König an. Die
Pierretten springen von ihrem Galan herunter und machen Hofknixe.
Die Herren exekutieren Hofkomplimente, die Damen ersterben
gleichfalls in tiefen Verbeugungen.
FERDINAND Ah! Ich sehe, man amüsiert sich! Bravo, bravo! Ah!

Fremde von Distinktion! Mit wem habe ich das Vergnügen? Sind Sie nicht die Herrschaften aus Wien? Ja? Charmant, charmant!

QUAKENBUSCH *geht auf den König zu* Majestät! Ich bin Roderich Quakenbusch!

FERDINAND Ah! Ein Name von Klang! Waren das nicht vier Brüder Quakenbusch, die Aladdins Wunderlampe raubten? Alter Adel! Kommt nicht nur im Gotha vor, sondern schon in Tausendundeine Nacht. Das nenne ich Familie.

QUAKENBUSCH Zu gnädig.

BASSUM Von Bassum heiß' ich!

FERDINAND Willkommen! Der erste Bassum schwamm Hand in Hand mit dem Rohan der Arche Noah nach, weil ihm die Gesellschaft darin zu jung nobilitiert war.

Während Quakenbusch die Feuchtersleben und Müfflingen vorstellt, sagt

APOLL *zu Radegunde* Du, Raderl, ich glaub', ich übergebe dem gekrönten Jubelgreis da meinen Brief vom Oheim Metternich.

RADEGUNDE Das tu. Ach, wie erfahren du bist! Wie weltgewandt! Immer triffst du das Richtige!

Der steife Engländer passiert wieder den Saal und mustert einen Moment lang stumm den König mit dem Fernrohr.

FERDINAND Ein Englishman! So sind die meisten. Dürfen aber nicht glauben, daß es keine Ausnahmen gibt. O nein! *Er ruft in die Kulisse* Byron! Lord George! Komm! ... Ah! Momentan okkupiert, er spricht mit ... ganz richtig ... mit ein paar Carbonari.

MÜFFLINGEN *entsetzt* ... Carbonari?

FERDINAND Ganz recht. Man hat, um nicht allzu mauvais sang zu machen, auch die Crème der Verschwörerschaft geladen. Da sind sie! *Er ruft* Caraccioli! Laß ihn doch aus! Ah! Lauter Admirale ... natürlich ... Byron! Viene qua!

Lord Byron erscheint, geht elastischen Schrittes auf den König zu. Als er Radegunde erblickt, stutzt er einen Moment und ist von ihrem Anblick sichtlich enflammiert. Ferdinand macht die Gruppen bekannt. Als er einen Moment zurücktritt, verneigt sich Apoll vor ihm und räuspert sich.

APOLL Majestät! von Nichts ist mein Name!

FERDINAND A la bonheur! Der älteste Adel! Aus Ihnen erschuf ja
Gott die Welt! *Leutselig* Mit was kann ich dienen?

APOLL *nestelt einen versiegelten Brief aus dem Busen und reicht ihn
dem Monarchen.*

FERDINAND *nimmt das Lorgnon und liest. Gleich nach den ersten
Zeilen runzelt er die Stirne, liest genauer* Wo ... ist ... die Dame
... Ihre ... Schwester? *Apoll winkt Radegunde herbei und stellt sie
vor* Das ist ... Ihre ... Schwester? Ah! *Er küßt ihre Hand.*

RADEGUNDE Zuviel der Gnade, zuviel der Gnade.

FERDINAND Oh! Enchantiert! Enchantiert! *Dann zu einem Lakaien.*
Beppo! Viene qua! *Er sagt ihm was ins Ohr. Lakai ab. – Als sich der
König umwendet, stürmt Roxane im griechischen Costüm der
aufständischen Sulioten – Troddelfez und Fustanella – herein,
begleitet von dem inzwischen verschwunden gewesenen Königsmaul.*

ROXANE Wer ist der liebe gurkennasige Greis da mit den vielen
Cotillonorden? Schaut ja wie ein Quadrillearrangeur vom Wiener
Wäschermädelball aus! *Sie tippt graziös mit der Fußspitze einen
brillantenfunkelnden Ordensstern an.* Ist der echt?

Man macht im Hintergrund entsetzte Gebärden.

FERDINAND Reizendes Fräulein! Sie verleihen meinen Dekorationen
erst den würdigen Glanz!

ROXANE Nicht wahr? Alter Kracher!

Die Gesellschaft ist sichtlich konsterniert.

FERDINAND *winkt ab* So degagiert ist nur souveräne Kinderstube. Wer sind Sie, schönes Kind?

ROXANE Die Markgräfin von Atalanta!

FERDINAND Roxane Puygparadinez! Herzogin von Lepanto!

BYRON *fährt auf* Wo ist sie?

FERDINAND Da schaust du! Da siedet dein Verschwörerblut!

*Byron bietet Roxane den Arm an. Sie gehen einige Male plaudernd
auf und ab. Da taucht wieder der Engländer mit dem Fernrohr auf.*

BYRON Ooo! Lord Binkabank!

Der Engländer schweigt und mustert die Anwesenden.

ROXANE Wer ist denn die wandelnde Vogelscheuchen da?

BYRON Ooo! Das sein keine Voglscheichn! o noo! Das sein the Earl of

Bumsberry! Arbukle Hugh Clonmell! Oberstleutnant im Chester
Yeomany Cavalry Regiment! Lordleutnant von Llanfairpwellgwyngyll.

ROXANE Was? Is das, wo die Affen z'Haus sind?

BYRON *pikiert* Das ist in Wales. *Flüsternd* Er soll von einem Kind
der Liebe der Maria Stuart abstammen!

ROXANE Aha! Er schaut auch so hingerichtet aus ...

BYRON ... und zwar vom fünften Sohn linker Hand ...

ROXANE No ja, kein Wunder, wenn er so melancholisch ist. Rufen Sie
ihn.

BYRON Clonmell ... Clonmell! ... Er heert nicht.

ROXANE *ausgelassen* Arbukle! Da komm eini! Wieder nix. Nette
Freunderln haben Sie. Jetzt versteh' ich, daß Sie aus dem
heimischen Männerclan ausgebrochen sind. Sagen S' mir lieber ...
*Das Gespräch wird undeutlich. Man merkt, daß auch Radegunde
im Gespräch gestreift wird.*

APOLL Du wirst sehen, Raderl, der Brief wird seine Wirkung haben.
Alle Salons von Neapel werden uns offen stehen. Die Doria,
Gravina, Pimpiglioni! Die Lucrezia Borgia mit dem berühmten
Café. Und weißt'! Der Prinz von Salerno wird uns zu seinen
reizenden Assemblées in der Hundsgrotte – weißt' – laden, wo's so
bekannt animiert zugeht. Wie ich mich schon freu'!

RADEGUNDE Ja. Und die Frangipani sollen auch so ein schönes Haus
führen.

APOLL *entêtiert* Nein – da geh' ich nicht hin. Nicht einen Fuß setz'
ich hin! Parole d'honneur!

RADEGUNDE Warum denn nicht? Ich kenne dich ja gar nicht so.

APOLL Nein, nein, das geht nicht. Du weißt, daß wir über die
Metternichische Milch hinüber mit den Hohenstaufischen versippt
sind, und der Frangipani hat den Konradin verraten!

RADEGUNDE Aber, ich bitt' dich! Wann war das? In die Kreuzzüge
oder wann? Und bei der entfernten Verwandtschaft! Überhaupt:
Milchcousinage ...

APOLL *entêtiert* Milch ist dicker als Wasser. Hast du je gehört, daß
sich Wasser und Milch mischen läßt? ich nicht!

RADEGUNDE Ich zwar auch nicht. Aber schau ...

APOLL Für mich erledigt. Da wirf ich eher meine Karte beim hiesigen Rothschild ab, obwohl er erst seit dem Fufzehnerjahr nobilitiert ist.

RADEGUNDE Du sag ... bei ... die ... Gorgonzola ... soll's auch so fesch hergehn ...

APOLL Nein, nein. Das ist ein Käs ...

RADEGUNDE Aber, die Roxan hat mir gsagt ...

APOLL Die Roxan! Roxan! Bei der weißt' nie, wie's dran bist. Weißt du, was sie im Wald mit mir getrieben hat, damals am Weg nach Triest ... weißt, dort, wo man zum erstenmal 's Meer sieht? Das hab' ich mich noch gar nicht zu sagen getraut, so schäm ich mich ...

RADEGUNDE Apoll! Entsetzlich ... ist das ... Weib in ihr erwacht ... damals ... im Wald?

APOLL *wegwerfend* Ah! – Weib ... Weib ... etwas viel Entsetzlicheres.

RADEGUNDE *mit angstvoll geweiteten Augen* Apoll! ... Was werd' ich Gräßliches hören müssen.

APOLL ... der Lausbub! Ja! Da im Wald ... da hat sie mich mit so seltsam glitzernden Augen ang'schaut ... und hat mir zugeraunt: »Da gibt es Drachenkaviar.« Kannst dir denken, wie ich mich hingesetzt hab' ... noch dazu mit der neuchen Casimirhosen in ein Pech ... Denn, das fehlet mir grad noch zu mein' Unglück! »Da« – hat s' g'sagt – »da« – und zeigt mir ... was glaubst? Ein Häuferl ... weißt', was die Ziegen ... »Das in Essig eing'legt ...«, sagt s', »... mit Zitron ...«

RADEGUNDE Ein entsetzliches Mädel!

APOLL »Na – für was halten Sie mich eigentlich?!« hab' ich ihr g'sagt. »Na, bei Ihrem kulinarischen Vorleben ...«, antwortet sie mir.

RADEGUNDE Herzloses Ding!

APOLL Auf das hin geh' ich überhaupt nicht mehr nach Wien zurück. Jetzt werden wir immer reisen! Du wirst sehn, seitdem die Puygparadinez mir den Drachenkaviar an die Wand gemalt hat ...

RADEGUNDE Scheußliches Bild ...

APOLL ... wird mir gewiß noch ein falscher Freund einen schenken. *Nachdenklich* Stell dir vor, es läutet ... und herein rollt einer

so ein Faß voll vor sich her ... Das dank' ich dann der Roxan. Da
kommt sie – gehn wir weg!

ROXANE *zu Byron, auf Radegunde deutend* Schauen Sie, Mylord, Ihr
neuer Schwarm läuft schon weg vor Ihnen. Hat die einen feinen
Instinkt! Soll ich ihr die Geschichte von der Katinka in Athen und
von der Anangkitschku erzähln, wie Sie damals Zimmerherr waren
im neuaufgesetzten zweiten Stock vom »Turm der Winde«? Das war
damals ein Kassandratscherl! Und wie minorenn die waren ... Sie
... Barterljäger!

BYRON Was sein das: Barterl?

ROXANE Geiferlätzchen.

BYRON *entrüstet* Oooo ... sie waren alle an die finf-zehn Jaahre!

ROXANE Das ist nett von Ihnen.

BYRON Ibrigens: was is »Anangitsch-ku«?

ROXANE Das ist Brünnerisch. In Wien würde man: Anangkatzerl
sagen.

BYRON Well. Was is: Brynn?

ROXANE Brünn ist ein Zustand!

BYRON Oooo!

ROXANE So. Und jetzt gehen Sie zu ihr, und sagen Sie ihr Ihr schönstes
Gedicht auf! Wir haben unsren geschäftlichen Teil besprochen.
Hell lachend Die Leut haben am End gedacht, wir flirten! Ist ja
fabelhaft! Wo ich dekolletierte Herrn nicht ausstehn kann! ... 's
ganze Krenfleisch sieht man!

BYRON *pikiert* Erlauben Sie, Prinzess! Was sein ibrigens: Kre-en-
flaisch?

ROXANE Das ist zu gut für Euch! Betrachten Sie das als das einzige
österreichische Staatsgeheimnis von irgendeinem Wert!

BYRON Ooo ... wenn es gut is ... aber ich verstehe, wie gesagt,
nicht ...

ROXANE Dichten Sie! Das Denken werden Sie sowieso mir überlassen, wenn ich Sie dereinst zum Prinzgemahl erhebe ... brauchen
sich nix darauf einzubilden – rein dynastische Angelegenheit.

BYRON *sieht sich scheu um.* Sie sind schrecklich! Wie können Sie
solche Dinge sprechen, wo alle Wände Ohren haben und de beese
Hopsetitsch da is ...

ROXANE Wer? Was für ein »Titsch«?

BYRON *wichtig* De Hopsetitsch ... was de esterreichische General
is, wo in Neapel kommandiert, und der alle Konspirationen zu
kontrollieren hat! Er ist das diametrale Gegenteil von Hellas!

ROXANE *mit innerer Erleuchtung* Ah! Das ist dieser Krowoten-
häuptling, der Sie damals in Venedig bei der Affaire mit der
Bäckersfrau retten mußte!

BYRON *stutzt*

ROXANE No ... wie der Mann von ihr, der alte Laberlschupfer, sie hat
trischaken wollen!

BYRON Well. Ich bin bestimmt the einzige Engländer, der je perfekt
Deitsch gekannt hat – aber ich verstehe Sie so schwer! Was is Laa-
berlschupfer? And: tri-schaken?

ROXANE Das ist beides nordgriechisch. *Sie läßt ihn stehen.*

BYRON *kopfschüttelnd* Woher weiß sie das von die Bäckersfrau? *Er
sieht Radegunde herankommen. Ooo! Er macht vor ihr eine tiefe
Verbeugung. Dazu zeigt er auf Roxane.* Mylady! Das ist ein beeses
Mädel! Ich flüchte mich vor dieser Paniske, diese Puck-Nymphen-
girl zu Ihnen ... dem Götterbild der Artemis ... Oh! es ist nicht zu
viel gesagt!

RADEGUNDE Sie sind ein wenig kühn.

BYRON Es ist nicht zu viel gesagt! Ich bin eine Dichter. Dem mögen
Sie zugute halten, was ein Lord zurückhaltender ausdrücken
würde. Als armer Dichter auf dem tintenbeklecksten Pegasus darf
ich die Konvention durchbrechen im Steeplechase unsrer Salon-
kultur – das Götterbild im Auge, *eindringlicher, halblaut* das
turmhoch alles überragt an Schönheit!

RADEGUNDE *ihn unterbrechend* Ich muß gestehen ... eine solche
Sprache ...

BYRON Es hat mich übermannt! Doch jede Göttin wird's verzeihlich
finden, wenn Beter nahen ... sonst wär' sie Göttin nicht! Dies
hohen, hehren Amtes holder Schein umstrahlt die Akoluthen auch
der Liebesgöttin Aphrodite!

RADEGUNDE *sanft* Was sind das: Akoluthen?

BYRON Graziöse Mädchen waren das, die im antiken Tempeldienst
die Lichter anzuzünden hatten ... Lichtträgerinnen aller Götter

Schönheit ... Eine Laute! *Eine Maske reicht ihm das Instrument.*
Er singt.

> Dich Holde, die in sich vereint
> Was je bezaubert einen Mann,
> Vor der ein jeder staunt und weint
> Des Herz noch Liebe fühlen kann.
> Wer wäre wohl so eisig kalt,
> Daß er vor dir vorüberging
> Und deiner Reize Allgewalt
> Nicht seinen ganzen Sinn umfing?

Alles applaudiert. Da stolpert Rudi Graf Mondpreys herein, Costüm wie gewöhnlich.

MONDPREYS Ah, da wird deutsch gesprochen! *Zu Apoll* Können Sie mir nicht sagen, sind nicht grad vorhin drei steyrische Barone da-ge-wesen? *Apoll fährt entsetzt zurück. Auch Mondpreys stutzt.*

APOLL Um Himmelswillen! ... Ein Geist ...

MONDPREYS Ka Spur von Geist! Muß bitten! Rudi Graf Mondpreys-Igelfing, mein Name!

APOLL ... Aber ... Herr ... wissen Sie denn nicht, daß ich Sie ... erschlagen habe? Es ist entsetzlich ...

MONDPREYS *mit halboffenem Mund* Ja richtig! Also Sie waren der Lackel? Eine ausgesprochene Gemeinheit! ... Ich mach meinen Antrittsbesuch ... und ...

APOLL *wieder gefaßt* Bleiben Sie bei der Wahrheit. Einem Toten steht es schlecht an zu lügen. Sie sind der nacketen Baronin nachgelaufen. Das ist kein Antrittsbesuch! Herr! Das ist ...

MONDPREYS Fahren S' mich nicht so an! Ja? Mit an Toten spricht man nett. Übrigens, ich bitt' mir aus. *Er raunzt fürchterlich.* Weder der Hauzenberg, noch der Nechenheimb oder gar der Mönnichgleinz stehen, wann s' zum ersten Mal wohin kommen, nacket in die Papierkörb herum! Und sind schon gar keine Baronessen! *Redet sich förmlich in Wut.* Ich bitt' Sie! Ein Erblandküchenmeister wie der Hauzenberg oder ein Oberststabelmeister wie der Nechen-heimb als nackete Baronessen costümiert ... das ist ja, daß einem der Ver-stand still stehn kann ... beim ersten Besuch ..., *er bemerkt Roxane* daß einem ... der Verstand ... still stehn ... kann ... Sagen S' mir, wer ist die Kleine da? Ravissante Beauté!

APOLL Warten Sie, ich stell' Sie dann gleich vor. Aber sagen Sie mir, liebster Graf – Sie wissen ja, ich bedaure nachträglich unendlich meine unverzeihliche Handlungsweise ... ich war so irrsinnig nervös ... Und wegen Ihrem Tod sind wir ja davon ... deshalb auch hier in Neapel ... bis Gras darüber gewachsen ist. *Mondpreys hört nur halb zu.* Aber wie sind Sie denn damals gerettet worden?

MONDPREYS *zerstreut* Ihre Dienstmädeln ... haben mich ins Bett genommen ... dann irgend was aufgelegt ... einen bei Mondschein gefundenen Katzendreck oder so was ... zum Glück, trocken ... Die einfachen Mädeln haben immer so gspaßige Medizinen ... So, bitte jetzt!

Apoll führt Mondpreys zu Roxane. Bald sieht man ihn, die Schöne am Arm, promenieren, mit dem Dreispitz in der Luft malend, Evolutionen machen.

BYRON *kommt auf Apoll zu, räuspert sich.* Herr von Nichts! Bitte ... ja ... der Anlaß ... kurz ...

APOLL Sie sind ja ganz verwirrt!

BYRON Allerdings. Sie sehen mich in so ungewöhnlicher Situation ... einem Gentleman gegenüber ... mit dem ich noch keine zehn Worte gewechselt habe ..., daß ich gar nicht weiß, wie ich beginnen soll! Und ich versichere Sie, ich bin keine weltfremde Mensch ... Sie können mir glauben.

APOLL *unsicher* Ja ... ich ... weiß ... Sind Sie vielleicht in einer momentanen Verlegenheit? Vielleicht von Taschendieben der Börse beraubt, wie dies gerne auf Hofbällen vorkommt? Ich werde mit Vergnügen bereit sein ...

BYRON *lacht hell auf* Ja! Allerdings hat man mir etwas gestohlen ... besser: habe ich etwas verloren: mein Herz! Ja! Und kurz und gut: ich bitte Sie ... um die Hand Ihrer Schwester!

APOLL Das kommt so überraschend ... Sie werden begreifen, daß ich ...

BYRON Bitte vor allem, sagen Sie ihr noch nichts! Um Himmelswillen, kein Wort! Ich war mein Lebtag eine so leichtsinnige Mensch, vielleicht wissen Sie sogar etwas darüber ... daß ich den allergreeßten Wert darauf lege, Ihnen als dem Bruder, als dem Beschützer dieses herrlichen Wesens, dieser Krone der Weiblichkeit, Einblick in mein tiefstes Gefühl zu geben, Ihnen mitzuteilen, von welch jähem Blitzschlag ich getroffen bin ... die Beute eines Gefühles, wie ähnlich ich es in meinem Leben nie kennengelernt habe!

APOLL Mylord – ich bin in einem solchen Grad überrascht – die Sache kommt, wie gesagt, so unerwartet, daß Sie es begreiflich finden werden, wenn ich mir eine Bedenkzeit ausbitte ...

BYRON Natürlich, natürlich! Es ist ja leider keine Mutter mehr vorhanden, wie ich hörte. Kurz, ehe ich mit dem reizenden Kind spreche, muß ich Sie vollen Einblick in alle meine Dinge nehmen lassen ... Geben Sie mir etwas Hoffnung?

APOLL Ich muß sagen: Ihr Antrag ehrt mich, Mylord, und ich weiß, daß ich es mit einem vollkommenen Edelmann zu tun habe. Bitte mich morgen zu besuchen!

BYRON Zuviel der Güte! Und nun wieder zu ihr! Sie verstehen mich ja wohl?

APOLL *sieht ihm gedankenvoll nach* Schade, daß Ohm Metternich nicht da ist! Er schätzt Byron sehr ... als Menschen und Dichter ... politisch allerdings ... hm ... naja ... die Polizei wird Manderln machen, wie man sagt ...

ROXANE *kommt vorbei, in Mondpreys eingehängt. Zu Apoll* Was haben S' denn? Sie schaun ja ganz verdattert aus? *Auf Mondpreys deutend, leise* Sie – das ist ein charmantes Kälbernes! *Geht lachend wieder weg.*

FERDINAND *klatscht in die Hände und tritt, von den beiden Lakaien flankiert, einige Schritte vor. Einzelne Masken sind herzugekommen.* Meine Herrschaften, mein kleines Fest beginnt! *Der Vorhang geht auseinander. Man sieht eine Apotheose der Luna, eine junge schöne Dame, umgeben von Amoretten, silbrig beleuchtet.*

FERDINAND Die Apotheose der Luna!

MÜFFLINGEN Empörend!

BASSUM Warum?

MÜFFLINGEN Das Costüm! Winckelmann hätte der Schlag getroffen.

KÖNIGSMAUL La honte est une invention des tailleurs!

BASSUM Ganz Ihrer Meinung.

RADEGUNDE *ist nähergetreten – noch immer am Arme Byrons –
und belorgnettiert die Gruppe interessiert. Dann winkt sie ihren
Bruder heran, der nachdenklich eine Prise bereitet.* Apoll, ich
bitt' dich! Das ist ja ... die Baronin aus unsrem Wiener Papierkorb!

APOLL Wahrhaftig ... wie sie leibt und lebt! Ich begreif nicht ...

*Im selben Moment stürmen die drei steyrischen Barone herein,
schwenken gegen die Luna ihre Zylinder und werfen ihr Kußhände
zu.*

ALLE DREI Endlich erreicht!

NECHENHEIMB Bis ans Ende der Welt jagen wir Ihnen schon nach.

MÖNNICHGLEINZ So ein Zuckerschnucki, so ein fesches!

HAUZENBERG Also, so ein unverhofftes Wiedersehen!

MÖNNICHGLEINZ Selbstverständlich sehen wir über das Légère Ihrer
Toilette hinweg!

NECHENHEIMB Nicht genieren, Katzi!

Die Luna macht eine wütende Geste gegen den Unverschämten.

HAUZENBERG Ich bitt dich, derangier die Apotheose nicht! Das tut
man nicht! Du bist nicht in Leoben!

MÖNNICHGLEINZ Wo ham S' denn die reizenden Bébés da her?

HAUZENBERG Du, das ist zu intim!

MÖNNICHGLEINZ Na, wenn schon das Eis gebrochen ist!

NECHENHEIMB *tritt in die Gruppe* Erlauben, daß ich Ihnen die Hand
küsse, Baronesse!

*Das wird Byron zu viel. Er läßt Radegunde los und stürzt auf
Nechenheimb zu.*

BYRON Das geht zu weit! Sir! Wie können Sie sich in Ihrem modernen
Costüm in eine mythologische Szenerie mischen!

MÖNNICHGLEINZ *zu Byron* Wir müssen das Rätsel der jungen Dame
da endlich lüften.

NECHENHEIMB *hochmütig* Das geht Sie gar nichts an. Sie sind ihr
nicht einmal vorgestellt! Wir kennen die Dame schon aus Wien ...
haben bei Bekannten, in einem aristokratischen Haus ... bei einem
après diner ... das Vergnügen gehabt ...

APOLL *abseits, mit geballten Fäusten* Das ist der Gipfel der
Unverschämtheit!

MONDPREYS *zu Roxane, die er immer noch führt* Kommen S'
Prinzesserl! Das gibt eine Hetz! *Eine große Gruppe von Masken
bildet sich um die Streitenden, deren aufgeregten Dialog man nicht
versteht.* Passen S' auf! Gleich wird's losgehn! Da werden die
Watschen nur so in der Luft umanandfliegen!

ROXANE Daß nur der König keine fangt!

MONDPREYS A, weil er so a steinaltes Manderl is?

ROXANE Nein ... wegen die Verwicklungen ... Oh! Mir scheint ...
nein ... die haben bloß gestikuliert ...

MONDPREYS *ängstlich* Haben recht ... daß aber auch keiner an
Schirm da hat ...

NECHENHEIMB *zu Byron, nachdem man den Wortlaut des Streites
nicht unterscheiden konnte* Nein, ich bleib! Wir stammen der Sage
nach von einem altsteyrischen Flußgott ab! Gwisser Nechilo! Wir
führen auch an silbernen Kropf in der Helmzier ... statt der Urne
... Ich hab' also ein Recht ...

*Da stürzt Apoll gesträubten Haares mit einem entsetzlichen Schrei
herbei.*

APOLL Meine Schwester ist soeben geraubt worden! Zu Hilfe! Zu
Hilfe!

FERDINAND *von den Lakaien flankiert* Was ist geschehen? Wer hat
sie geraubt?

APOLL Zwei schlammbedeckte Kobolde!

BYRON Ihr nach! Dort schreit man, es sei ein großer Hummer
gewesen, aus einer Neptunsgruppe! Oh, daß ich sie einen Moment
verließ! *Wie toll ab.* Mit eine Commandeurskreuz ...

*Es wird plötzlich halb finster. Großes Getümmel erhebt sich. Man
hört Trompetensignale und schrille Pfiffe. General Hopsetič nähert
sich, flankiert von zwei Sereschanern, von denen einer wild trompe-
tet.*

HOPSETIČ *phlegmatisch* Waaaas is?

BASSUM *schreit* Die Nichts fehlt!

HOPSETIČ Warum is man daan so aufgeregt, wehn ohnedies »die
Nichts« fehlet? Daan is ja aales in Ordenung! Seied zufrieden und
preiset den Chiemel.

BASSUM Aber nein! D e r Nichts sucht d i e Nichts!

HOPSETIČ Junger Freund! Wie sohl er daas maachen? Daas kaan er ja
gaar nicht! Er haat doch keine Füße.

BASSUM Doch Exzellenz! Der Nichts sucht die Nichts, weil nicht
das, sondern die Nichts dem Nichts abhanden gekommen ist!

HOPSETIČ Ich jetzt werde verrücket. Das verstähet kein normaler
Mänsch. Nähmen Sie doch Vernunft ahn! Der Nichts kann nicht so
viele Geschlächter habben. Der Nichts ist selbstverständlich
geschlächtslos. Wie kann er auch mit einem Geschlächte verzieret
sein? Daas weiß jeder Kind.

*Königsmaul und eine fremde Maske tragen den ohnmächtigen Apoll
heran.*

HOPSETIČ Erschossen? Wer is daas?

KÖNIGSMAUL Nein. Bloß ohnmächtig. Es ist der Herr von Nichts.

HOPSETIČ Oo! Jetzt ich anfange ein bislein zu verstehhen! Der Nichts
ist ein Ziviliste! In Frack! Als solcher also ein uhnnützer Mensch.
Zu den Sereschanern Wegtraget den Zivilisten da, und gebet aacht,
damit nicht auch dieser gestohlet werde! Zwitkowitsch! Wenn du
ihn ins Meer fahlen lässest, acht Tage Einzelarrest! *Erklärend zu
den Herren* Weil Zivilist ist! Wäre Offizier: dahn einen Monat und
Fünfundzwanzig! Transport – Richtung jener Trimmerhauffen!
Schritt – Marsch!

Der Engländer mit dem Fernrohr sieht ihnen nach.

Vorhang

SECHSTES BILD

*Krankenzimmer. Durch ein hohes geöffnetes Bogenfenster sieht man
den Vesuv. Medizinflaschen und eine Spritze auf einem niedren
Tischchen. Am Fußboden in malerischer Unordnung eine Flöte, eine
Trommel, ein Tamburin, eine Oboe, eine Pansflöte, ein Schellenbaum, eine Posaune, eine Zither, ein Hackbrett. Quakenbusch steht
an einem Notenpult und kratzt auf einer Violine, immer nach jedem
Ton die nächste Note kurzsichtig mit dem Finger suchend. Im Eck
neben ihm lehnt eine Baßgeige und ein Bombardon. Apoll, jetzt mit*

kümmerlichem Spitzbärtchen und unnatürlich langer Nase, liegt im Bett und ist in lautlosem Jammer, die gefalteten Hände etwas erhoben, erstarrt. Seine Lippen murmeln unhörbare Worte. Baronin Feuchtersleben und Roxane stehen mit wild funkelnden Augen da. Hinter Quakenbusch sieht man Bassum, die wutgeballten Fäuste erhoben, in stiller Raserei schäumen.

QUAKENBUSCH So. Die Teufelssonate von Tartini wäre zu Ende. *Er trocknet sich die Stirne.* Jetzt kommt — Transkription von mir — der Minutenwalzer auf der Baßgeige.

Apoll schlägt die Hände zusammen und fällt stumm aus dem Bett. Dann rutscht er kniend in dürftiger Nachttoilette — Bandelunterhosen — zu einem Madonnenbild, wo er händeringend knien bleibt. Bassum rauft sich die Haare. Der verlorene Quakenbusch bemerkt von alldem gar nichts und zertritt Colophonium für den Geigenbogen.

FEUCHTERSLEBEN *streicht sich die Stirne* Schon wieder eine Nervenkrise! *Zählt die Instrumente* Die Neunte! Quakenbusch, es ist besser, mit der Musik auszusetzen. Ich glaube, sie irritiert unsren Patienten.

QUAKENBUSCH Sollte mein Spiel am Ende zu wild gewesen sein? Ja, die Teufelstriller verträgt eben nicht jeder! *Mit dem Kopfe nickend* Ja, ja. Dann ein weniger leidenschaftliches Stück ... Lassen wir den Minutenwalzer aus ... Warten Sie! Was Sanftes, Beruhigendes: ich hab's! Die Chopin'sche Nocturne in b-moll auf dem gestopften Bombardon ... wo ist ein wenig schmutzige Wäsche ...

Bassum brüllt plötzlich gräßlich »Haaa!« und stürzt sich aus dem Fenster.

DIE BEIDEN DAMEN *sind zum Fenster geeilt.* Nichts ist ihm geschehen. Da läuft Herr von Bassum! Sein Schutzengel ist natürlich auch mit ihm weg ... *Man hört fernes, irres Geschrei.* Jetzt hat er die alte Obstfrau umgeworfen. Das werden Sie zahlen können, Quakenbusch!

QUAKENBUSCH *eilt zum Fenster und ruft hinaus* Böotier! *Dann schließt er es und bemerkt jetzt erst den bedauernswerten Apoll.* Apoll! Sie werden sich verkühlen! Was machen Sie denn da?

Wie Apoll ihn sieht, will er sich unters Bett verkriechen. Die Damen fallen sich, stumm vor Entsetzen, in die Arme und deuten beide mit eurythmischer Gebärde auf das jämmerliche Schauspiel. Die Tür geht auf, Königsmaul tritt ein. Er ist konsterniert ob der heillosen Situation.

KÖNIGSMAUL *kopfschüttelnd* Das hat er nur einmal gemacht. Damals als ein gewisser Jemand die Matthäuspassion auf der Maultrommel gespielt hat. So kommen Sie doch hervor, von Nichts! Quakenbusch meint's ja nur gut mit Ihnen!

APOLL *unterm Bett* Wird er nichts mehr spielen?

KÖNIGSMAUL *gibt Quakenbusch ein Zeichen.*

QUAKENBUSCH *indigniert* Nein! Des können Sie sicher sein. *Er wendet sich zum Gehen. Vor der Türe sagt er noch* Banause!

APOLL *aus tiefstem Herzen* Ah! Mir ist schon viel besser. Ein Stein ist mir vom Herzen. Wo ist Bassum?

ROXANE Zum Fenster hinausgesprungen!

APOLL So! Recht hat er! Aktivität! Ich fühle neues Leben in meinen Adern ... ah! ... Ich will nicht mehr krank sein! Das Leben fordert mich. Meinen armen Liebling muß ich finden, meine arme, arme Schwester! *Er springt zum Tisch und schmettert die riesige Medizinflasche auf den Boden und wirft eine überdimensionale Klystierspritze zum Fenster hinaus. Ich muß ... ich muß ... Eine neue Schwäche übermannt ihn. Die Damen stürzen sich auf ihn und stützen ihn.*

DIE DAMEN Beruhigen Sie sich, lieber Nichts! Vergessen Sie nicht, daß Sie dem tückischen Nervenfieber kaum entronnen sind.

APOLL So viel Güte muß einen ja gesund machen ... so viel schwesterliche Liebe ... schwesterliche Liebe ...

DIE DAMEN Sie werden sie wiederfinden. Wir a l l e stehen Ihnen bei. Schonen Sie sich, daß Sie recht bald so weit sind, sich den Expeditionen Ihrer Freunde anzuschließen. Horchen Sie: es klopft! Vielleicht eine Botschaft? Herein!

MONDPREYS *kommt auf den Zehen herein* Geht's besser? Ich war schon zweimal da, nachfragen. Sie haben mich aber nicht erkannt! Schaun S', ich trag Ihnen das von damals nicht nach! Sagen wir uns »Du«! Gelt? No, wirst bald wieder auf d' Füß sein, Apolltscherl! Du – das mit dem Katzendreck solltest du auch probieren! Bei deinem

Zustand natürlich innerlich. Übrigens hab' ich damals gar keine Schädelfraktur erlitten. Weißt, in ganz Wien hat's damals geheißen, sie hätten mir ein falsches Kalbshirn eingesetzt. Das ist eine Gemeinheit!

APOLL *etwas müde* Wirklich sehr lieb von dir. Sehr lieb ...

MONDPREYS *zu den Damen* Noch ein bisserl benommen. Da geh' ich lieber. Küß die Hände! *Zu Apoll* Pah! *Beim Hinausgehen stößt er auf Dickschitz, der zum allgemeinen Erstaunen in einer von zwei Lakaien getragenen Sänfte erscheint, die ein bogenflitzender Amor krönt. Er versucht, mit buntbebändertem Zylinder und blumenbekröntem Stab geschmückt, der Sänfte zu entsteigen, aus der er staunend herausgestarrt hatte. Es geht aber nicht.*

DICKSCHITZ *versucht das Türchen zu öffnen* Sakra ... Jetzt geht das nit. Ja ... was is denn? Krank? Um Himmelswillen doch nichts Ernstes? Ja, die Zwetschgenzeit! Dees kennt man. Aber, bleiben S' nur liegen, so, kommod ... und haben die Gnad, mich anzuhören. *Er räuspert sich fett und dreht den Zylinder in den Händen.*

FEUCHTERSLEBEN Sollen wir hinausgehen?

DICKSCHITZ Aber bitte, bitte nur zu bleiben! Es ist ja nichts Lichtscheues, was ich vorzubringen hab' ... nur ein holdes Geheimnis. *Er schlägt verschämt die Augen nieder.* Ich ... bin ... verliebt. *Deutet auf den Amor.* Aber, eh ich red', ich hab' Ihnen was mitgebracht ... da ... dees Fasserl Tokajer! An uralter! *Seufzend* Verliebt ... verliebt ... 's dritte Fagott hab' i zerpfiffen in die Mondnächt ... I hab's gleich anfangs gemerkt, daß mit mir was los ist, wie i doch so ein verhärteter Hagestolz war! Ja, mein Lieber, lang hab' ich mit mir gerungen. Derfst nie vergessen, daß i an ungelenker Bär bin aus die steyrischen Wälder ... koan so Parkettlöw nicht, wo um die geheiligte Person des Monarchen herum auf die Hofbäll ... Schlitten fahrn ... naa! ... Dees is ka schönes Bild nicht ... umatschucken! Dees is besser ... kann koane schönen Worte machen ... drexeln. Kurz: i bitt dich um d' Hand von der Schwester!

APOLL *stützt sich am Lager empor* Radegunde ... ist ... geraubt worden! Entführt ... o ... o ...

DICKSCHITZ *entsetzt* Wie, wo, wer, was, wann ...?

APOLL Am Hofball.

DICKSCHITZ *röhrt* Am ... Hofbaaall. *Er beginnt schaurig zu schluchzen und tobt so, daß die Sänfte halb zerbricht. Er stürzt, das Gestell noch immer am Oberkörper, auf Apoll zu.*

DIE DAMEN *halten ihn aufrecht* Aber, fassen Sie sich doch, von Dickschitz! Seien Sie ein Mann!

DICKSCHITZ *furchtbar* Ja! Ein Mann! Und ich schwöre, *er erhebt zwei dicke Finger* daß ich die elenden Buben zur Strecke bringen werde! Den ganzen steyrischen Adel hetze ich dem Gesindel auf die Fährte! Von Ober- und Untersteyr, aus dem Windischen und aus 'm Jogelland! So wahr ich Zephyrin heiße, Dickschitz Zephyrin ... Haa! *Wildrollenden Auges haut er auf den Souffleurkasten.*

APOLL *verlegen* Du ... Dickschitzerl ... i muß dir ... noch was sagen ... es hat sich ... noch was ... zuge ...

DICKSCHITZ I hör' jetzt nix! Jetztn bin i a Bluthund! A Viech bin ich!

APOLL Was Wichtiges ... sehr was Wichtiges ...

DICKSCHITZ *borniert vor Wut* Es gibt jetzt nix Wichtigeres als das, daß i d'Radegunde find'! Ha ... haaa! Nicht eine Minuten halt i mi auf! *Er gibt den Resten der Sänfte einen Tritt.* Verfluchtes Krippelgspiel ... haaa! *Er stürmt aus dem Zimmer.*

APOLL *vernichtet* Das ... ist ... zu viel! Wenn der am Byron stößt ... *Glotzt angstvoll vor sich hin.* Nicht auszudenken ... *Im Moment, wie der Vorhang sinkt, hört man einen furchtbaren Krach.* So. Jetzt ist er glücklich die Stiegen herunterg'falln ...

Vorhang

SIEBENTES BILD

Dasselbe Zimmer. Die Nacht bricht immer mehr herein.

APOLL *steht von einem Barockfauteuil auf und geht nervös auf und ab.* Wo Hopsetič bleibt? Ich habe ihn hergebeten. Er vielleicht kann mir einen Anhaltspunkt geben, den Weg zu meiner armen Schwester weisen. *Es klopft* Herein!

HOPSETIČ *tritt ein, gefolgt von zwei Sereschanern, die an der Türe*

Posto fassen. Guuten Abend, junger Freund. Da bien ich. *Zu einem Sereschaner* Zwitkowitsch! Du haast daas schärfere Gehörr! Wähn einer lauschet, herausspringe und paacke ihn.

ZWITKOWITSCH Ich wärde ihme daas Ohrr aabschneiden.

HOPSETIČ Gutt. Daas kaan niemals schaaden.

ZWITKOWITSCH Daas Ohrre ich schicke daan der Muter.

HOPSETIČ Daas ist schenn. Du bisest ein braver Sohnn.

ZWITKOWITSCH Sie werden zu Hause in Krschiwopolje zu der Gusla taanzen uhm das Ohrr.

HOPSETIČ Wänn der Gemeindeälteste den Reigen anführet, dürfen sie. Es ist feindliches Ohr. Aaber paacke es ein in Tabaakblätter. Nichts schimpelt leichter als Ohrr.

ZWITKOWITSCH Zu Befäll!

HOPSETIČ Ruhtt! *Zu Apoll* So. Daas Dienstliche wärre erlediget. Nun zu Ihnen: haalbaamtlich und streng reservate! Nuun: chabben Sie schon jedden Värdaacht durch däne Koopf gehen gelasset, werr könte chabben gestohlet Schwääster?

APOLL Ich habe alles erwogen, bin allen Fährten nachgegangen, seitdem ich das Krankenlager verließ. Resultatlos. Ich bin der Verzweiflung nahe. Wer, wer kann sie entführt haben?

HOPSETIČ *eiskalt* Vielleicht ist der Kenig dachinter.

APOLL *springt entsetzt auf und klammert sich an den Tisch.* Der Könich?!

HOPSETIČ Där Fisch stinket voom Koopf. Man kaan nije hooch obben genug anfangen bei Verdaacht.

APOLL *kopfschüttelnd* Der – Könich?!

HOPSETIČ Nicht als Kenig! Natierlich nurr, wänn er frei chat. Dänn, wenn er frei chat, ist er auch Carbonari wie alle anderen. Warum sohlte er nicht auch? Hier gibt es nurr Verschwerrer!

APOLL *gebrochen* Ein – Könich ...

HOPSETIČ *hat mit Apoll Mitleid* Wissen Sie so genau, daß er der Kenig ist? Vielleicht ist er als Chiend ganz kleines – wie sagt maan? – als Säugerich! Ja, daas ist das Wort! beim Bäteln vertauschet worden.

APOLL *springt abermals auf und macht eine abwehrende Geste.*

HOPSETIČ Waaruhm niejcht? Die Hamme hat ihn chergeborget.

APOLL Aber ...

HOPSETIČ Waas: abber? Wenn sie ein Trinkgäld bekohmen haad! Eine »mancia«, ein »bevere«! Hierr nimt ahles – ein Trinkgäld.

APOLL *im Tiefsten getroffen* Der Könich ein Carbonari! Nein, nein, nein!

HOPSETIČ Ja. Wir es wiessen. Einmal er haat so arg gägen sich sälber agitieret, dahss er sich dahn sälber verhaaftet chat ...

APOLL ...!...

HOPSETIČ Wiej niecht? Als Kenig kaan er. *Zum andren Sereschaner* No, sagen Sie es ihm, Exzellenz!

APOLL *ist sprachlos und glotzt offenen Mundes.*

HOPSETIČ Daas ist nemlich unser österreichischer Polizeiminister Graf Sedlnitzky, der besitzet wie kein anderer das Ohr des Kaisers!

SEDLNITZKY *mit leicht böhmischem Akzent* Allerdings.

HOPSETIČ Zwitkowitsch! Daas ist nur bildlich gesprochen. Merke dir dieses.

APOLL ... von Nichts. Bitte, nehmen Exzellenz Platz! Wollen Sie nicht den Handschar ablegen? Er geniert ja!

SEDLNITZKY Können wir tun. So. Übrigens den Schnurrbart auch. Er geniert bei der Hitze. *Er legt den riesigen, spitzgedrehten Schnurrbart ab, den Apoll diensteifrig mit dem Ärmel abstaubt und auf den Kleiderrechen hängt.*

APOLL Darf ich mit einem Tokajer aufwarten? Verzeihen, daß ich nicht schon längst ... aber ich war so benommen ...

BEIDE HERREN Danke! Wir sind dienstlich da.

APOLL Also, Sie geruhten mich damals im Sirenenpalast höchstselbst herauszutragen?

SEDLNITZKY Allerdings! Ich war dort unerkannt, das heefische Treiben zu beobachten. Ibrigens sehe ich mich geneetigt, Ihnen die Ereffnung zu machen, daß Sie quasi der Kryst-alpunkt einer gewaltigen Verschweerung sind, beziehungsweise darstellen. Wissen S', wer die Dame war, damals in Ihrem Papierkorb? No, die Luna vom Hofball war doch dieselbe. Hat Sie das nicht neigierig gemacht?

APOLL *sprudelt das Folgende hervor* Und wie! Gleich damals in Wien ist mir die Sache nicht ganz geheuer vorgekommen.

SEDLNITZKY Kunststück.

APOLL Am Heroldsamt erfuhr ich, daß der Name falsch war. Die
Fyrdraughs starben schon vor achthundert Jahren aus. Und jetzt,
da ich sie als Luna wieder gesehen, steht sie im Zentrum meines
schwersten Verdachtes. Sofort erkundigte ich mich nach dem
Namen der Darstellerin, bekam aber die divergierendsten Auskünfte. Die eine Stelle nannte mir den Namen einer berühmten
Ballerina, die andre den einer sizilianischen Herzogin. Schließlich
wies man mich an eine geheimnisvolle Behörde, den »Rat der
Achtzehn« in Palermo, dem speziell das jeweilige Arrangement,
speziell von Götterszenen, bei offiziellen Ballfesten im Sirenenpalast unterstehe; erfuhr aber, daß diese Amtsstelle schon seit
dreihundert Jahren aufgelöst sei. Schließlich hat man mich an die
»Cinquantuni« gewiesen, was die offizielle geheime Nebenregierung wäre ... habe sie aber nicht gefunden!

SEDLNITZKY *ernst* Glaube ich gerne. Übrigens haben Sie schon je
gehört, daß man eine Regierung findet? Aber speziell in dem Fall
würden Sie wenig Glück haben. Dort steckt allerdings die wirkliche
staatslenkende Gewalt. Die Herren sind aber so gut wie unauffindbar, da sie in einem wandernden Zirkuswagen tagen – gefallen sich
in der Maske harmloser Akrobaten, um sicher vor den Dolchen der
noch allmächtigeren Mafia zu sein.

APOLL Ich, der Brennpunkt einer Verschwörung!

SEDLNITZKY Ja! Kann es Sie wundern, daß Milchneffe und Milchnichte Metternichs, dieses Hortes des Legitimismus, Brennpunkte
des Interesses aller Verschwörer sein müssen? No, und dabei sind
Sie a bissel ein wunderlicher Herr ... und zu all dem haben Sie
nicht einmal das Speisepulver erfunden. No, bei so was haken die
finstren Mächte gern ein. Was glauben S' von der Geschichte mit
dem Bock? *Bedeutend* Den durchgegangenen Bock suchen wir
noch heute in ganz Österreich! Wissen S', wer die drei Burschen da
drauf waren?

APOLL Nun, Postillione.

SEDLNITZKY Ja ... trara! Die waren, kann ich Ihnen gleich sagen,
zieht das Dienstbuch heraus a g'wisser Kossuth Franz, a g'wisser
Mazzini Joseph und a g'wisser Marx Karl.

APOLL So, so ... Namen, die ich noch nie gehört habe, bis auf Marx.
Sind die drei am Ende Verschwörer?

SEDLNITZKY Erst Verschwörerakzessisten! Werden aber amal sehr
gefährlich werden!

APOLL Na – meinetwegen. Gesehen habe ich die Burschen allerdings
nicht genau, sie waren dicht vermummt.

SEDLNITZKY Sehen Sie! Verschwörer sind immer vermummt! Daran
kennt man s'. Aber Sie haben sie ja gesehen, als a unvermummter!

APOLL Ich? Wo?

SEDLNITZKY No, die Herren haben Sie doch schon früher besucht!
... die drei sogenannten steyrischen Barone!

APOLL Also, das muß ein Irrtum sein! Denn zum Beispiel den Marx
kenn ich nach Bildern. Klein, dick ... so ein Vollbart und ein
Schnauzbart, als ob er Eichkatzeln geschnupft hätte! Alle drei
Herren bei mir waren aber lang und mager!

SEDLNITZKY Was glauben S', wie sich speziell der Marx verstellen
kann ... Hier: er ist nach dem Steckbrief identisch mit dem ...
Baron ... Mönnich ... klein. Ja, junger Herr! Das ist eben die
Geschichte! Grad die Gefährlichsten sehen immer ganz anders aus
als im Steckbrief. Das ist geradezu der Beweis! Und wissen Sie, was
die ... soi disant! ... Baronesse bei Ihnen wollte? Denn an das
Märchen mit den Fußbädern in Papierschnitzeln glaubt doch keine
Katz! *Bedeutend* Sie suchte nach ... zerrissenen Briefen Metternichs!

APOLL *entsetzt* In dem Costüm!

SEDLNITZKY No ja, damit sie nicht so auffällt! *Er ist aufgesprungen
und sticht mit dem Finger nach Apoll.* Wissen S', wer sie ist? *Mit
erhobener Stimme* Sie ist, erzittern Sie! *Zum Publikum* Sie auch
a l l e! Sie ist die Grangiardiniera von die Carbonari! Wissen Sie, was
das ist?

APOLL *unsicher* Ja ... so ... ein Aufsatz mit trockenen Zwetschgen, a
paar Datteln ... Krachmandeln ... einer verschimmelten Malaga-
traube ... und sogenanntem Neapolitaner Abfall ...

SEDLNITZKY *sieht Apoll mitleidig an* Sonst nix?

APOLL *wie oben* A ... paar ... tote Fliegen ...

SEDLNITZKY *unwillig* Aber, das ist ja das in den Gasthäusern. Bei ihr bedeutet dieser Titel, daß sie die geheime Chefin aller Carbonari ist!

APOLL *sitzt platt am Boden* Bei mir ... in meiner Wohnung eine Chefin der Ca ... Ca ... Caca ... *dann schreit er* diese Giftschlange!

SEDLNITZKY Und in was für eine Gesellschaft Sie danach weiter geraten sind!

APOLL Noch wer?

SEDLNITZKY Die Prinzessin Puygparadinez!

APOLL Wa ... wa ... wa

SEDLNITZKY Sie ist der spiritus rector vom Lord Byron ... seiner geheimen Orientpolitik. Die zukünftige Kaiserin von Byzanz und Indien! Ja, mein Lieber, Sie sind in eine europäische Darmver-schlingung ersten Ranges verhaspelt!

APOLL Lord Byron politisch gefährlich?

HOPSETIČ Die Engelländer gutt es chaben. Auf feuchter Insel sitzen und saufen Schnjaps oder Tthä und ehssen Zibebenpogatschen, mit Unschlitt abgeschmalzen. Daas schmeckt ihnen. Und monate-lang miteinander nijcht sprechen ein Wort. Daas sie nennen Club. Dabei sie machen, kein Mänsch weiß wann, Verschwerrung, und wir könen Asien abhalten. Wenn Esterreich nijcht wäre, kein Määnsch in Londonland hätte mehr ein Ohrwaschl. Zwitkowitsch! Ist es so?

ZWITKOWITSCH General, wenn du schwerst, dann ich glaube.

HOPSETIČ Ich schwerre beim cheiligen Mirko von Gospič.

ZWITKOWITSCH General, ich melde gehorsamst, jetzt ich glaube. Sonst du lügst.

HOPSETIČ Rruht!

SEDLNITZKY Ja. Das war alles arrangiert. Die melancholische Baronin und deren berittene Thaddädeln, und ihre Reise. Beachten Sie nur das geradezu teiflisch schlau erdachte Manöver mit dem verirrten Bock, um uns von der richtigen Fährte abzulenken. *Pause. Nachdenklich* Das Suchen nach dem Bock kostet die Steuerträger bis jetzt gute zwanzigtausend Gulden! Die halbe Cavallerie ist schon nach ihm ausgeschwärmt. Aber glauben Sie mir, wir werden nicht eher Ruhe geben, bis wir den verfluchten Bock haben. *Er verschränkt die Arme.* Aber dem werden wir Mores lehren, dem Ungeziefer! *Er blickt starr in die Ferne.*

HOPSETIČ Der wird nijchts zu lachen habben, der Book.

SEDLNITZKY Schaun S', das Ganze war dirigiert von ... allerdings sehr graziöser Hand ... um unauffällig zu Lord Byron zu stoßen, den wir bis jetzt in We-nedig durch eine Pogatschenbäckin kontrolliert haben. Dieser verfluchte Lackel von Pogatschenbäck hat uns einen Strich durch die Rechnung gemacht ... Und wir können jetzt an Haufen Kinder im k. k. Polizeifindelhaus aufziehn ... na ja ... hm ... No, die Buben kommen später alle zur Marine und die Madeln ins Opernballett ... no ... jo.

APOLL Ja ... wieso ... so a Haufen?

SEDLNITZKY Bitt Sie, in knapp anderthalb Jahren zweimal Drillinge ... no, wann wir das vorher gewußt hätten. Sie war a Iglauerin. Nie mehr nehmen wir a Iglauerin in ... diplomatischen ... no ... Außendienst. Ja.

APOLL Also Lord Byron ist so gefährlich!

SEDLNITZKY Der wird eben wieder, ohne zu wissen, als deklamierende Schachfigur geschoben ... von der Lepantofreiln.

APOLL Aber die Fräuln ist doch von tadellosem Adel. Die sind seinerzeit unter Roger von Sizilien ...

SEDLNITZKY *ergänzt* ... demnach normannisch orientiert! Als Dynasten nach Nordgriechenland gekommen ... das wissen wir alles! No, und wie ist damals unsre österreichische Orientpolitik — seit der Zeit haben wir ohnedies keine mehr — mit denen Normannen zusammengekracht! Denken S' nur an Akkon, wo der Richard Löwenherz die österreichische Flagge *alles steht halb auf* in den Kot treten ließ.

HOPSETIČ Ja. Sieben Brieder Hopsetič waren dabei und haben damals zwei Haareme geraubt ... *verbessert sich* ... gehaaschet. Und daraus ist Banjaluka gezeugt worden und aus den Resteln noch ätliche andere namhafte Städtlein, zum Beispiel Gospitsch, Tschirtschitsch, Vrschitsch, Vrbitsch, Utschakautsche, Trnjava, Skrinjavera!

APOLL Zur Sache! Was hat das mit dem Lord Byron zu tun?

SEDLNITZKY Selbst Normanne! Daher so unruhig! Normannen haben einmal kein Sitzfleisch! Waterproofzigeuner! Denken S' nur an die Firma Cook. Die hat die Kreuzzüge auf dem Gewissen.

Hopsetič, Sedlnitzky und der Sereschaner salutierend ab. Es ist ganz finster geworden. Apoll zündet die Lampe an und sagt sich selbst

APOLL Nein so was ... Guten Abend. *Kopfschüttelnd* Guten Abend.

Es klopft abermals. Herein tänzelt Mondpreys.

MONDPREYS Guten Abend. Du, denk dir, der Turl ist durchgegangen. Hast du Worte, Apolltscherl?

APOLL *zerstreut* Was für ein Turl? *Er starrt, die Stirne in die Hand gestützt, geistesabwesend vor sich hin.*

MONDPREYS No, der Lord, weißt, der, der was dichtet. Merk mir den Namen nie. Weißt, der immer mit dem offenen Kragen umanandrennt. Und auf an Fuß a bisserl hatscht. Der damals am Fest im Sirenenpalast den Erblandkuchelmeister von Steyermark so angfahrn hat. Weil er die nackete Baronin, die am Mond gsessen is, belästigt hat. Ich bitt dich! Wo sie sich nur gratulieren könnt ... die Mondflitschen die ... So eine Mondflitschen ... Wei ... weißt ... was er gsagt hat? »Die Herren solln sich nicht in eine mythologische Szene hineinmischen!« Hast du Worte? Der Mommerl Nechenheimb, der hat ihn angschaut ... angschaut ... sag ich dir ... wo er's noch dazu vom Kaiser Karl dem Fünften schriftlich hat, daß er's därf ... Aber mir scheint, du schlafst?

APOLL *zerstreut* Das hätt ich mir vom Cook nie gedacht ... Was sagst? Mir scheint, du hast da früher vom Lord Byron gesprochen? Der heißt doch gar nicht Turl! Der heißt ja George!

MONDPREYS *ägriert und streng* Das ist mir wurst! A Engländer hat Artur z' heißen ... wann er sich auch George schreibt. Z' was is er sonst a Engländer?

APOLL Bitt' dich, komm zur Sache. Es ist schrecklich, was du wieder z'sammredst! Ich muß dir damals doch was getan haben!

MONDPREYS Du, das mit dem Kalbshirn ist nicht wahr. Das hat mir das Mistviech von einem Hauzenberg aufgebracht.

APOLL Laß mich doch endlich mit deinem verfluchten Kalbshirn in Ruh! Also, warum ist der Lord durchgegangen? Gewiß hat er aus politischen Gründen flüchten müssen!

MONDPREYS Ka Spur. Angschoss'n hat er wen.

APOLL Was? Auf der Jagd?

MONDPREYS Nein. Im Duell! Im Ritterkampf!

APOLL Da hört sich doch alles auf. Der Byron ist doch ein ewiger
Raufer. Wen hat er denn angschoss'n?

MONDPREYS ... in ... Dickschitz Zephyrin ...

APOLL *sehr erregt* Also doch! Was ich gefürchtet habe, ist geschehn.
Die sind richtig übereinandgekommen. Und doch leider bloß noch
wegen einer Träumerei ... *Seufzt tief* Und wann war das?

MONDPREYS Vor vierzehn Täg.

APOLL Und da habt ihr mir nichts gesagt davon?

MONDPREYS Schau ... wir haben dich damals nicht aufregen wolln
... warst doch recht schwach ... Du, da draußen tappt wer im
Dunkeln umanand ... wart ... ah! Da ist er!

DICKSCHITZ *kommt hereingehumpelt und setzt den ruppigen Zylin-
der auf den Boden* Ja, mein Lieber! Da schaust! *Zeigt auf sein
Bein, das mit einem riesigen rotgetupften Sacktuch verbunden ist.*
Wegen deiner Schwester. Das is so kommen. I bin im Café
Spassetti gsessen – weißt, wo die bess'ren Verschwörer und die
Crème der Carbonari gern jausnen. Kommt a Herr mit an Sackerl
Holzkohlen und an klein' Hackerl auf der Schulter auf mi zu –
weißt, daran kennt man d' Carbonari, wie s' mir auf der Polizei
gsagt habn, und stellt sich als Graf Gamba vor, der, wo seine
verheiratete Schwester 's Gschpusi mit an Byron Schorsch hat.
Weißt', sie schreibt sich Gräfin Guiccioli. No sagt er, man hat ihm
gsagt, i bin aner von die deutschen Herrn, wo man d' Schwester am
Hofball gstohlen hat. »Ja«, sag' i und fang' zum Flennen an. »Ha«,
sagt er und rollt schrecklich mit die Augen. »Ha, die finstre Hand
der Tyrannen ist bei der Dame im Spiel!« Und da habn alle Herrn
im Café mit die Kohlen geraschelt und mit die Hackerln gfuchtelt.
»Ha«, sagt er weiter, »das fordert Blut!« Sein edler Freund, Gönner
und ... no ... Halbschwager ... habe die Befreiung Griechenlands
auf drei Wochen aufgeschoben. Denn zuerst die Befreiung der
geraubten Helena und dann die von Hellas! Auch habe er sofort ein
Epos angefangen: »Radegunde, the raped Viennese Ellen«, und
habe geschworen, die bereits angeworbenen fünfhundert Sulioten

zur Verfolgung der Räuber zu mobilisieren ... »Wos«, sog i, »wos geht denn ihn die gstohlene Fräuln an? Wo i doch d' ganze steyrische Ritterschaft – z'erscht die aus 'm Klachelland – eben daran bin zu mobilisieren!« Sagt er: Ha, er will doch die Fräuln am griechischen Thron erheben, nachdem er sie zur Lady Byron gemacht hat! Kannst' dir denken, wie i da losgangen bin! »Wos«, hab i gsagt, »wos? mei Braut?« und hab amal in der erschten Wut 's ganze Gschirr z'sammghaut. Dös hat mir aber leid tan, weil da die ganzen Herrn gflohn san vor die Porzellanscherben, wo umagflogen san. Dann hab i no a Zeitl am Tisch 'trischakt, und dann san zwa Herrn kommen, der mit 'n Fernrohr und noch aner, und ham mir die Contrahasch 'bracht, weil der Byron im Billardzimmer daneben alles ghört ghabt hat ...

APOLL No brav! Aufs Haxl hat er di' auffa gschoss'n! Komm an mein Herz, mein lieber Schwager in ... spe ... Ja ... hoffentlich. Bist ein wahrer Cavalier und eine treue Seele. Und was ist aus meinem andern ... Verschwägerungsakzessisten geworden? ... Brauchst nicht gleich so aufzufahrn! Hast ihm eine hinaufbrennt? Ha'n?

DICKSCHITZ Nix is. Der is mir auskommen. Aber fliehn hat er müssen, wegen Zweikampf. Die Polizei hat eh zugschaut ghabt. Jetzt befreit er Griechenland. Die Sorg wär i los. Aber ...

APOLL Ja, guter Alter! Jetzt bist du Herr des Schlachtfeldes. Hast viel ausgestanden mit deinem blessierten Fuß! Wer hat dich denn 'pflegt?

DICKSCHITZ *wird verlegen, nimmt den Zylinder und glättet ihn ein paarmal* ... d' Feuchtersleben ... d' Josephin ...

APOLL Ah! Eine edle Seele! Sie ist eine wahre Samariterin! Wirklich edel durch und durch.

DICKSCHITZ *gepreßt* Ja, d' Josephin. *Während Apoll sich einen Moment abwendet, preßt Dickschitz die Hand aufs Herz und seufzt verliebt* ... Josephin ... Peperl ...

APOLL Hast was gsagt?

DICKSCHITZ I? A – beileibe nicht! Das muß der Wind gwesen sein. Du, ich sag dir: Alle waren s' so nett gegen mich! Bis auf d' Roxan. Weißt', die scheint ein Aug auf den Mondpreys geworfen zu haben. Einmal hat s' gsagt, sie heirat' nur den dümmsten Mann, wo s' findet. Aber auf der ihr Gered kann man nit viel geben. Sie ist soviel flatterhaft. Da ist die Peperl anderscht! *Er schlägt sich auf den Mund.*

APOLL Welche Peperl?

DICKSCHITZ ... du kennst sie nicht. Sie ist eine g'wisse ... eine g'wisse ... Hamilton! ... gewesen, wo der Nelson selig ... Aber weißt du was? Apollerl! Ich werd' dir was sagen: Das ewige Vergraben, die ewige Einsamkeit ist auch nicht gut für dich. Weißt' was, verscheuchen wir ein bisserl die trüben Gedanken, gehen wir ein wenig aus! Der Königsmaul hat mir eine Sehenswürdigkeit ersten Ranges genannt: ein Lokal, weißt', wo ... Und das soll man gesehen haben, weißt'! Wegen der klassischen Bildung, weißt'! ... wo also ... antike Götterbilder ... vor einem ... auferstehen, weißt'! ... also ... lebender Marmor.

APOLL *sieht ihn bedenklich an* Lebender ... Marmor? Hoffentlich keine Nuditäten? Alles vertrag' ich, nur das nicht! Das erinnert mich immer an Nudeln, und Nudeln mag ich nicht. Überdies hab' ich sehr strenge Ansichten. Königsmaul ist ein Libertin. Du weißt, ich habe Familienverpflichtungen ... der Staatskanzler ...

DICKSCHITZ Aber sei unbesorgt! Unbesorgt! Weißt': alles in Trikot, wo die blauen Adern draufgemalt sein sollen – *schwärmerisch* – soll wunderbar wirken! Übrigens ist der Königsmaul ein charmanter Mensch. Er hat mir den neuchen Zylinder da verehrt, der alte ist mir räudig geworden. Weißt', das Neueste: flohbraun! Gelt fesch? Man muß ihn gegen 's Licht halten. Siegst' es? Flohbraun! Das ist eine Huldigung an die orientalische Frage ... Erwachen des Balkans.

APOLL Also gut. Laß mich mit dem vermaledeiten Flohzylinder in Ruhe. Und entschuldige mich einen Moment. Muß ein wenig Toilette machen. *Apoll ab.*

DICKSCHITZ *zieht eine Miniatur aus dem Jabot, die er küßt. Haucht* Göttliche Josephine! Es ist ja eine Untreue eigentlich, aber Radegunde bleibt, leider, wohl verschwunden. *Er blickt ernst vor sich hin.* Soll ich aber andrerseits die kostspielige Reise umsonst gemacht haben? Uschitz braucht eine Herrin! Jawohl, braucht eine! Und wie sie mich gepflegt hat, die Peperl! Wie ich ihm das

allerdings beibringen werde, das von der neuchen Verlobung ...?
Daß das nit am End dem armen Häuter 's Herz bricht ... na ...
kommt Zeit, kommt Rat. Aber noch einmal will ich mich als freier
Mann unterhalten ... und dann ... morgen: Verlobung! Offizielle
Verlobung! Punktum! ... Da kommt er! Fesch ... gehen wir! Der
Fremdenführer, der das Entrée vermittelt, wartet schon unten.
Denn, weißt'! Wir werden mit verbundenen Augen geführt
werden! Niemand darf wissen, wo das Lokal ist! Das ist hier bei
allen feineren Lokalen so ... Usance, weißt'! No, ländlich, sittlich.
Herentgegen in Graz möcht man schön auffallen, wenn man so ins
Café oder ins Orpheum käm ... *Beide ab.*

Vorhang

ACHTES BILD

*Düsteres Lokal, dem man anmerkt, daß es dort nicht einwandfrei
hergeht. Im Hintergrund kleine Bühne. Geschmackloser Theatervorhang, giftigblau, mit scheußlichen Ornamenten der Biedermeier-
gotik. An der Wand eine Anzahl in der Mauer halb eingelassener
großer Weinfässer. Eine dicke Frau sieht alles nach. Himmelblaues
Samtschleppkleid, mit ausgestopften Canaris übersät, Kopfputz aus
nußgroßen Similibrillanten. Schwarze Halbmaske. Ein buckliger
Kellner zündet Lichter an. Einige halbnackte Mädchen flitzen herum.
Die dicke Frau verscheucht sie. Dann lauscht sie an einem der Fässer.*
UGOLINA *zum Kellner* Onofrio! Da her! *Deutet auf ein Faß* Sie
  kommen! Deckel herunter!
*Kellner zieht den Frack aus und lockert den Deckel mit einem
Küferhammer. Dann stemmt er, während die Ugolina die wieder
herangeschwärmten Mädchen mit stummen Gesten verscheucht, den
sich schon bewegenden Deckel mit einem Fuß so lange zu, bis er den
Frack wieder anhat. Der Deckel fällt ins Lokal. Ein Halunke, ein
Pechpflaster über einem Auge, kriecht heraus, grüßt vertraulich und
hilft dem mühsam herauskriechenden Apoll aus der Röhre. Mit
Dickschitz, den man ängstlich röhren hört, geht es schwerer. Ein*

Stulpstiefel bleibt in den Händen des Cicerone. Die Ugolina hat inzwischen einen kurzen Speer ergriffen und bläst verdrossen ein kleines Jagdhorn.

CICERONE Ecco! Salone Diana! Das waren die keische Göttin der Wälder hund der Hauen!

Vier Bacchantinnen schweben heran, während eine fünfte, viele klingelnde Schellen an Armen und Beinen, Rad schlägt. Eine sechste spielt auf einer kleinen Drehorgel »Die letzte Rose«. Die Bacchantinnen schießen von kleinen, goldenen Bogen Blumenpfeile auf die Ankömmlinge ab.

BEIDE HERREN Au! Au!

Dies getan, verharren die Mädchen in kniender Apotheose. Die Schellentänzerin hat halbrücklings ein Bein in erstarrter Tanzstellung gegen die Herren ausgestreckt. Dickschitz hüpft noch immer beim Anziehen seines Stiefels unbeholfen umher. Der Kellner geht mit einem Teller absammeln. Im Hintergrund wird ein langbärtiger Greis mit Kochmütze für einen Moment halb sichtbar, der offenbar vorzeitig eine große Tasse Café hereinreicht. Ugolina gibt ihm eine Ohrfeige. Die Tasse zerklirrt.

DICKSCHITZ *zum Cicerone* Na, wissen S', z'erscht wird man angschossen ... Sakra! Da zwickt mi was! *Er hat noch einen Pfeil zwischen den Frackschößen stecken.*

CICERONE Gestatten! *Nimmt den Pfeil weg.* War bloß ein Pfidschipfeil.

DICKSCHITZ Und dafür soll man auch noch zahln. Jagen S' 'n weg, den kralawatscheten Falotten da ... später zahl' i alles z'samm ... Verscheuchen S' ihn!

Ein Pudel geht aufrecht quer durchs Lokal. In den Pfoten eine Tafel mit Stiel, mit der Inschrift: »Vivano egli Forestieri!« Die Mädchen ziehen sich zurück.

CICERONE *zum Pudel* Va via, brutto mascalzon!

DICKSCHITZ Nit 'n Pudel! Den Kellner jauken S' davon, den Hangerlcavalier da, den verdöchtigen, mit seine Plattfüaß wie die Tschinellen ... I mag koan von die Plattfußindianer sehn!

CICERONE Va via! *Kellner scheu ab.* Bitte, Platz zu nehmen, meine Erren! Sie werden sehen das Heechste, was menschliche Augen begehrt, die Spitzen der Kultur, denn Napoli ist die Wiegen der heechsten heuropäische Zivilisatione – il cristallo del mondo! Wo sie den wahren Gulturfirnissen begommte, denn speziell hier wird sie lackiert? E? Come no? Sie werden sehen Darbietung, wie sie nirgends in die Welten ist zu sehen. Hier werden Götterbilder zu Leben ... und Liebe erwachen. Selbst heine Goethe hätte die Stunde gesegnet, in welchem er dieses Heechste der Kunst hätte erblicken dürfen. *Dickschitz blinzelt Apoll zu.*

APOLL Warum hat Seine Exzellenz von Goethe es nicht gesehen?

CICERONE *leise* Leider war damals die Signora Mezzacalzetta – da steht sie – gerade heingesperrt. Slekte Menschen – uomini senza conscientia aben falsche Hanzeige gemakt, daß hier ist das Casino von die schwarze Loge ... circolo satanistico! Oe! *Noch leiser* Wo die Satansmesse gefeiert wird! A! Molto ceremonioso ... wo sie dabei gleine Ginder slachten ...

APOLL *entsetzt* Oh!

CICERONE Das ist aber in die zweiten Stocken, gut maskiert! Bei alter, schwerhöriger Dame ... ö! molto distinta!

DICKSCHITZ Entsetzlich!

CICERONE *geheimnisvoll* Satan erscheint selber!

APOLL Hören S' auf!

CICERONE Und geht am Schluß absammeln ...

DICKSCHITZ Das gibt's nicht!

CICERONE Sie aben ihn schon selber gesehen ...

APOLL Ha?

CICERONE Hat grad früher Ohrfeige bekommen ... Is ja der Padrone ... Also, gleich werden kommen die ganze Holympen! Alle Damen hunverhüllt! Hund an die Schluß kommt als Krone des Ganzen der Vater der Göter, Il Giove Olimpico! Geht auch absammeln! *Leise* Nimmt aber nicht unter eine Scudo! Attentione! Gleich fangte an!

Der bucklige Kellner löscht fast alle Lichter aus. Es wird halbdunkel. Letizia stößt in ihr Horn, der Vorhang rauscht auseinander, und vom schwarzen Hintergrund hebt sich ein marmornes Götterbild ab.

LETIZIA Die leierschlagende Hapollo!

Ein Apoll steht da, die Lyra scheinbar mit einem Plektron schlagend,

täuschend als Gipsfigur hergerichtet. Rechts und links zwei Panis-
ken, eifrig auf Doppelflöten schrill blasend.

DICKSCHITZ Ich weiß nicht ... das ist doch gar kein Apoll ... das ist
doch ein Mädchen ...

APOLL *ist unruhig geworden, ist halb aufgesprungen und deckt sich*
die zwinkernden Augen Das ... ist ja ... um Himmelswillen! Das
ist ja Radegunde! ... Radegunde! *Er stürzt so jäh vor, daß er*
Dickschitz umwirft.

Die Panisken hören zu blasen auf. Letizia irrt, schrill schreiend,
herum. Der Cicerone jammert zum Himmel und rauft sich den Bart.
Halbnackte Mädchen schwirren, während Radegunde immerfort
»Apoll« schreit, im immer dunkler werdenden Raum herum, denn der
Kellner löscht still auch noch die letzten Kerzen aus. Bloß noch ein
Opferfeuer auf der Bühne beleuchtet düster das irre Getümmel.
Dickschitz kugelt noch immer am Boden herum. Eine Paniske stiehlt
ihm den Geldbeutel, eine andre den Zylinder, den sie dem Greis
geschwind reicht. Aber da ermannt sich Dickschitz und entreißt ihm
den Hut und haut ihm eine herunter. – Apoll hat Radegunde in seinen
Mantel gehüllt und trägt sie am Arm. Er tritt eine Türe ein, die neben
der Bühne liegt. Letizia verschwindet mit einem lauten Jammer-
geschrei in einer Versenkung. Aus der Seitenkulisse schiebt sich ein
Podest mit einem Tisch herein, den eine altmodische Stehlampe
beleuchtet. Um den Tisch herum sitzt eine Gruppe zeitunglesender
Philister, aus der anderen Kulisse kommt ein Tisch mit Kartenspie-
lenden herein, um auf die Art ein harmloses Caféhaus vorzutäuschen.
Eines der Mädchen schlüpft in eine Kassa und sortiert Zucker. Zwei
andere stricken plötzlich Strümpfe. Und eine dritte wiegt in rasch
umgeworfener Schürze den Pudel in einer herangezauberten Wiege.
Man sieht, daß die Türe auf die Straße führt. Sofort drängen sich
Kutscher herein und brüllen peitschenknallend: »Vettura! Vettura!«
Auch Dickschitz hat jetzt Radegunde gepackt, und alle drei ver-
schwinden, von einem Kutscher mit grandioser Gebärde wegdiri-
giert.

Vorhang

NEUNTES BILD

*Apolls Zimmer. Die Türe fliegt, da ein Fußtritt Apolls nachhilft,
krachend auf. Er und Dickschitz tragen schweigend die halb
ohnmächtige Radegunde zum Bett. Dickschitz ringt wortlos die
Hände himmelwärts und retiriert durch die Türe. Dann kommt er
nochmals herein und holt den Zylinder, den er beim Hereintragen mit
einer Hand rasch auf den Boden gestellt hatte. Macht nochmals eine
Gebärde des Entsetzens gegen das Bett, wo Apoll die Schwester
nervös herumbettet. Dann schleicht er auf den Zehen hinaus.
Radegunde hat noch immer Lyra und Plektron krampfhaft an sich
gepreßt.*

APOLL Ich bitt' dich, Radegunde, leg ab! *Sie reicht ihm schweigend
beide halbgöttlichen Attribute, die er, wütend blickend, mit
zusammengepreßten Zähnen, eines nach dem anderen auf den
Tisch legt. Radegunde schluchzt still in ihre Arme.* Raderl?
Raderl, ich bitt' dich! Nein ... wie's staubt! Und in ganz Neapel
kein Bad ... wie werden wir sie nur rein kriegen? *Radegunde
schluchzt herzzerreißend.* Mein armes, armes Schwesterl! *Er
sucht sie zu beruhigen. Er wirft ein paar Gipsbrocken, die er ihr
von den Schultern abgekletzelt hat, auf den Boden.* Schauerlich ... Ich will versuchen, ihr einen Tokajer einzuflößen. *Er führt
es aus.*

RADEGUNDE Ah! ... Daß ich nur wieder bei dir bin! Apoll, es war
fürchterlich ... was ich gelitten ...

APOLL Versuch doch zu erzählen, wie all das gekommen. Wer die
verruchten Buben waren ... Wer hat dich geraubt?

RADEGUNDE Ja, wenn ich's wüßte! Ein riesiger Hummer hat mich
damals gepackt ... im Sirenenpalast ... geknebelt ...

APOLL geknebelt ...

RADEGUNDE und zwei schlammbedeckten Kobolden zugeworfen ...

APOLL Entsetzlich.

RADEGUNDE *nachdenklich* Es muß aber ein besserer Hummer
gewesen sein. Er hat ein wenig Goldborten am Schweif gehabt und
ein Verdienstkreuz. Das hab' ich gesehen. Die Kobolde haben mich
unter der riesigen Krinoline, die blau-silbern das wogende Meer

darstellte, versteckt. Da drunter waren ein paar gebückte Herren im Frack, haben auch Comitéschleifen gehabt, die haben mich fortgerollt und schließlich bin ich in eine Barke voll von spitzbärtigen Tenören geworfen worden, die ihre Dolces zur bengalisch beleuchteten Fassade des Ruinenpalastes emporzwitscherten. Dort haben lauter elegante Leute gewunken ... mich aber haben s' nicht gesehen ... *Sie schluchzt wieder.* Und dann haben mich rauhe Fäuste gepackt ... in Rupfen eingewickelt ...

APOLL *jammernd* in Rupfen!

RADEGUNDE und in eine Sänfte geladen. Und dann ... das fürchterliche Haus ...

Apoll verschließt ihr sanft den Mund. Sie schluchzt still in die Kissen. Apoll geht ächzend auf und ab, wie ein gefangener Löwe. Plötzlich bleibt er mit einem Ruck am Tische stehen und rafft sich zur vollen Größe auf. Mit finstren Brauen, die Arme verschränkt, blickt er auf Leier und Stäbchen.

APOLL Die Elenden! D a s sollte über ihr wahres Geschlecht täuschen ... die Spur noch mehr verwischen ... diese gipserne hosenlose Hosenrolle! *Er nickt ein paarmal mit dem Haupt und läßt ein Lachen voll Bitternis hören. Dann aber nimmt er die Leier und schmettert sie zu Boden. Dann das Stäbchen, das nach vorne kollert.* Ha! *Er geht wieder ein paarmal auf und ab und droht wild auf die Leier. Darauf packt er ein Stöckchen und haut wie toll auf die Lyra.* Hin sollst du werden! Das auch! *Er drischt auf das Plektron, daß der Gips abbröckelt. Nun blickt er schärfer hin.* Um alles in der Welt, was ist das? Beschriebenes Papier? *Er entknüllt das Papier, aus dem das Plektron gebildet war, streicht es glatt, geht zum Licht und liest. Sein Mienenspiel zeigt größtes Erstaunen. Er sieht neugierig nach der Unterschrift, steht plötzlich stramm und betrachtet das Geschriebene mit allen Anzeichen größter Ehrfurcht. Ein »Pst« gebietend, hebt er einen Finger und spricht gedämpft.* Ein allerhöchstes Handschreiben von Seiner Majestät dem Kaiser! *Er rüttelt die Schwester, die schon bei der Erwähnung des hohen Namens aufgefahren war.* Da ... da ... teilt Seine Majestät ... seinem ... lieben Vetter ... in Neapel ... mit, daß Seine Liebden ... zu dem ihm passend erscheinenden Moment ...

den Schleier ... eines romantischen Geheimnisses ... zu lüften ...
geruhen möge ... also, so was! Wo die Hunde den Brief nur
gestohlen haben können?! Durch die Politik Metternichs sei –
siehst' es! – um nicht wegen Sukzessionsansprüchen – da schau her!
– einen ... Koalitionskrieg heraufzubeschwören, der Sproß eines
mächtigen ... Fürstenhauses ... wohlweislich versteckt worden ...
Ich *er zeigt auf sich* sei wohl ein echter und wahrer von Nichts ...
aber du ... nein so etwas ... du bist ... da lies! *Radegunde liest mit*
weitaufgerissenen Augen.

RADEGUNDE Das Muttermal stimmt ... Also, ich bin eine ... *Das*
Weitere flüstert sie Apoll ins Ohr.

APOLL Da steht noch, es muß immer Geheimnis bleiben!

RADEGUNDE Ja, das soll es! Dafür werde ich sorgen!

APOLL Bist ... du ... ich weiß wirklich nicht, wie ich jetzt sagen soll
... du ... jetzt glücklich?

RADEGUNDE *jubelt* Glücklich! Glücklich! Ah! Was geht mich der
Name an ... Glücklich bin ich, überglücklich, daß ich ... ja,
merkst du es denn nicht, Apoll? *Sie sieht ihn voll Innigkeit an* Daß
ich nicht deine Schwester bin!

APOLL *voll Jubel* Radegunde!

RADEGUNDE Ja, mein Geliebter! Oh, welch ein Glück! Allen
Himmeln sei Dank, daß ich jetzt die zarte Liebe einer Schwester zu
anderer, lodernder Flamme wandeln darf!

APOLL Du angebetetes Kleinod meiner Seele! Alle Feen der Liebe
mögen deinen Schlummer behüten. *Er zieht sich diskret zurück.*

Vorhang

ZEHNTES BILD

Dasselbe Zimmer. Das Himmelbett ist geschlossen. Strahlender
Morgen. Apoll, ein Myrtensträußchen im Knopfloch, geht animiert
auf und ab. Radegunde tritt, bräutlich geschmückt, begleitet von zwei
Mädchen, ins Zimmer.

APOLL Wie reizend du bist! Laß dich anschauen.

RADEGUNDE Schau Apoll! Die Generalprobe! *Man hört auf der Straße Musik.* Was ist das? Wie süß das klingt! Mädchen, macht das Fenster auf! *Die Mädchen ziehen sich wieder zurück, Apoll und Radegunde treten zum Fenster. Er hält sie umschlungen.* Schau! Was haben die da? Die haben ja Myrten um die Dudelsäcke geschlungen und umtanzen ... einen Wildschweinkopf, an eine Stange gespießt ...

APOLL Weißt du, das ist hier das antike Zeichen jungen Glücks. Ein Brautständchen bringen sie.

RADEGUNDE Ein Brautständchen? Ja, wem denn?

APOLL Was glaubst du?

RADEGUNDE *lächelt Apoll voll an* Was ist das?

Es pocht. Die Tür geht leise auf. Dickschitz tritt ein und tänzelt zierlich ins Zimmer, einen hohen bebänderten und mit Myrtensträußchen gekrönten Stock in der Hand.

APOLL Willkommen, alter Freund!

RADEGUNDE Wie zierlich!

APOLL Mach dir's kommod, Zephyrinderl.

DICKSCHITZ *setzt sich und murmelt, während er den Hut auf den Boden stellt* Zephyrinderl! So intim war er noch nie nit! Und grad heut muß i ihm 's Herz brechen ... *Verlegen und unsicher* Ja. Küß die Hände! Küß die Hände! Sehen wunderbar aus! Wie 's Gnadenbild am Luschariberg! Steht Ihnen fabelhaft! fabelhaft!

APOLL *glänzend gelaunt* Du bist aber heut schön! So was von fesch! Warum bist denn heut so originell angelegt? Schaust ja wie ein Hochzeitsbitter aus?

DICKSCHITZ Jaa ... bin ich auch ... dees versteht ja hier niemand ... muß i selber als i selber ... halt ... anhalten gehn ...

APOLL Warum hast denn nicht den Bassum genommen?

DICKSCHITZ Ich bitt' dich, den Bassum Alois? Der versteht nicht unsre Gepflogenheiten.

RADEGUNDE Ja, warum haben Sie denn dann nicht den kleinen Mondpreys genommen? Das ist doch ein Elitesteyrer comme il faut und mit allen Landesfinessen vertraut!

DICKSCHITZ *platzt heraus* Das geht doch nicht! Der ist nicht da!

RADEGUNDE Wieso nicht?

DICKSCHITZ Der ist doch entführt worden!

APOLL UND RADEGUNDE Der Mondpreys entführt! Wer hat denn diese Untat, diese Schandtat auf dem Gewissen? Gewiß die Carbonari oder gar die Mafia!

DICKSCHITZ Nein. Man sagt, die Roxan. Auf einem Ausflug ist er vom Esel herunter geraubt worden. Zwei Banditen mit Spitzhüten waren es. Unweit von ihnen hielt ein schlanker, maskierter Jüngling zu Pferd. Den zwei Gendarmen, die es mir erzählt haben, ist aufgefallen, daß dieser Reiter, der übrigens vor Ungeduld im Sattel hin und her gewetzt ist, Atlasschucherln mit hohen Stöckeln anghabt hat. Und sie ist auch weg seit damals, die Puygparadinez Roxerl.

APOLL *schüttelt den Kopf* No, warum hast denn dann nicht den Königsmaul genommen?

DICKSCHITZ Ja, der Königsmaul. Niemand weiß, wo er is. Der ist in einem Meer von Flitscherln untergegangen. *Zu Radegunde* O ... pardon.

RADEGUNDE *gut gelaunt* Na – solange Sie nicht Zwuschperln sagen ... Aber fahren Sie fort: da wäre noch der würdige Müfflingen!

DICKSCHITZ *verlegen* Der hat die Cholerine. Die tut ihn förmlich beuteln ...

RADEGUNDE Ooh ...

APOLL Na, bleibt noch der Quakenbusch Roderich. Warum nimmst denn den nicht?

DICKSCHITZ *unsicher* Ich ... t ... trau mich nicht ...

APOLL Ja, um alles in der Welt, warum traust du dich denn nicht?

DICKSCHITZ Er ist so viel eifersüchtig.

APOLL Eifersüchtig? Was geht denn dich die Eifersucht von dem alten Kracher an? Auf wen ist er denn eifersüchtig, der Quakerich Rodenbusch?

DICKSCHITZ *kläglich* Ja, das ist ja die Geschichte. Ich bin doch sein ... Konkurrent ...

Apoll und Radegunde sehen sich verblüfft an.

APOLL Sein Konkurrent?

DICKSCHITZ *hat Mut gefaßt* Schau, Apollerl, ich hab' die teure Reise
doch nicht umsonst machen wollen ... und da hab' i mi halt ... mit
der Baronin Josephin versprochen ... z'erscht heimlich ... und
heut soll's offiziell werden. Schau, es ist furchtbar schwer für mich
... grad hier zu sprechen. Die Peperl hat mi so aufopfernd gepflegt
... wie mir der Baron Schorsch auf 'n Fuß auffi gschossn hat. No
... und so ist das halt 'kommen. No, die Herrschaften dürfen nicht
bös sein ... wo jetzt die gnädige Fräuln *auf Radegunde deutend*
doch einige Zeit ... beim ... Theater ... war ... oder so. Ja, schaun
S', am Land ist man heikel ... 's tut mir halt furchtbar leid, daß die
gnädige Fräuln von Nichts sich wegen meiner jetzt so bräutlich
geschmückt hat ... allein, wie gesagt, am Land ist man heikel ...
und ...

APOLL *springt auf und verschließt ihm, der aufgestanden ist, lachend
den Mund* Erlaube, daß ich dir meine Braut vorstelle!

*Dickschitz stürzt vor Entsetzen rücklings zu Boden, daß der Zylinder
zerkracht. Vor Erregung heiser röhrend, streckt er gegen den
offenbar Irrsinnigen die Hand aus, erhebt sich mühsam, retiriert
scheu bis zur Türe und will mit dem Ruf:* »Barmherziger Himmel, das
ist der Pesthauch des Südens« *davonfliehen. Apoll zieht ihn mühsam
bei den Frackschößen zurück wieder ins Zimmer.*

APOLL So komm doch, du Trottel!

Dickschitz sieht ihn höchst mißtrauisch an.

APOLL Nein, wir sind nicht irrsinnig, obgleich ich's vor lauter Freud
werden könnte. Wir sind nämlich gar nicht Bruder und Schwester!

DICKSCHITZ Ja ... was seids denn dann?

APOLL Also, das geht dich eigentlich gar nichts an. Sie ist ein
unterschobenes Kind.

DICKSCHITZ Ich weiß nicht. Du kommst mir eher so unterschoben
vor.

APOLL Nein! Der weibliche Teil war es!

DICKSCHITZ *streng* Nach dem Ehrenkodex müßtest du den Unter-
schub auf dich nehmen!

APOLL Also, die hohe Politik ist dahinter. Ich bitt' dich also, red dich
nicht um deinen Hals. Hast eh fast keinen! Kein Mensch weiß, wie
man dich hängen sollte!

DICKSCHITZ A beileib! Da will i nix hören davon. Aber wer hat's euch denn gsagt?

APOLL A Brief is kommen ... a gipserner Brieftrager hat 'n 'bracht ...

DICKSCHITZ A ... gipserner ... Brieftrager ...?

APOLL Geht dich auch nix an. Denk nicht nach drüber! Ein guter Untertan hat nicht zu denken.

DICKSCHITZ *etwas pikiert* Bin kan Untertan! I g'hör der Landtafel an. Bin halbet so gut wie die Regierung.

APOLL Da hast schon gar nix z' denken ...

DICKSCHITZ *scheu* Ich bitt' dich, wenn das jemand hört! Aber hast recht! Was sich den Kopf zerbrechen. Glücklich bin ich, daß sich bei euch alles so schön gelöst hat. Glücklich, überglücklich, daß wir deine schöne, liebe Braut wieder bei uns haben. Denn gelt: am Schloß Uschitz werdet ihr nicht vorbeigehn! Keine von den Damen wird je modelliert werden! Den Santorini hab' ich in den Urwäldern aussetzen lassen. Seit drei Wochen fehlt übrigens jede Nachricht. Also, auf nach Uschitz! Die Hochzeitsreise machen mir z'samm! Juche! *Er beginnt zu schuhplatteln.*

Vorhang

ELFTES BILD

Saal im königlichen Palast. Bassum, Müfflingen, Königsmaul. Etwas abseits Quakenbusch.

KÖNIGSMAUL Jetzt müssen die Brautpaare jeden Moment da sein. Majestät hat es sich ja nicht nehmen lassen, die Herrschaften vor dem Gang in die Kathedrale bei sich zu sehen. Na, meine Herren, jetzt sind wir eigentlich recht überflüssig geworden. Unsre reizende, von so viel Schicksalsniedertracht verfolgte Schutzbefohlene ist am Weg, in den Hafen der Ehe einzulaufen, da ins Poulardparadies, nach Steyermark. Na, Kopf hoch, Quakenbusch! Ja, ja, wir wissen ja ... Kannst dort Ökonomierat werden. Merke dir: der Ochse ist der Onkel! *Lacht hämisch.*

MÜFFLINGEN Ich finde das taktlos.

BASSUM Beneide dich, daß du lachen kannst. Mir ist's gar nicht lustig zumute. Da ist wieder einmal ein Abschnitt zu Ende. Wirkliche Reisen, die Damen in Sänften oder am Zelter, die Cavaliere ihrer Garde hoch zu Roß, das wird's bald nimmer geben. Ihr werdet sehen: die Kutscher werden noch alles verdrängen. Na – mag dann leben, wer will.

MÜFFLINGEN Kein Zweifel, wir sind die letzten wahren Cavaliere. So werden wir auch das Geheimnis des uns angedeuteten Romanes des Gegenbrautpaares zu wahren wissen.

KÖNIGSMAUL Na, an Romantik hätten wir keinen Mangel. Könnten ohne weiteres alle Cafékränzchen der Welt auf fünf Jahre mit Stoff zum Klatsch versorgen. *Hoflakaien öffnen eine Flügeltüre. Beide Brautpaare treten ein. Die Cavaliere verneigen sich tief.* Wirklich bildschön! Sehen Sie, Bassum, wie der dunkle Teint von dem weißen Atlas gehoben wird! Superb! Der steyrische Masthuhndresseur in seinem Frackkummet hat ein Glück. *Zu Quakenbusch* Siehst du, Quakenbusch, hättest du dir beizeiten auch so 'n schönen Vollbart stehen lassen! Sieh mal: wir haben ja nicht gewollt; aber du hast nicht daran gedacht, alter Junge. Wenn's anders wäre, würden wir jetzt alle zottig dastehen wie drei Neufundländer auf den Hinterpfoten! Parbleu! Na, laß dir ab jetzt so eine Herzensmausefalle wachsen, so 'n Urwald, aus dem die Amoretten kichern!

Abermals wird die Flügeltüre aufgerissen. Die drei steyrischen Barone kommen hereingetänzelt und steuern auf Radegunde zu.

DIE DREI BARONE Unsre Gratulationen, Gnädigste!

HAUZENBERG Haben nämlich gehört, daß S' zum Altar schreiten werden! Müssen viele Male um Entschuldigung bitten, daß wir uns erst heute formell vorstellen! Jetzt kann ich's nachholen: Hauzenberg! Nämlich, damals ... waren wir alle so perplex ... Überdies hielt uns ein unausrottbares savoir vivre wie mit innerem Zwang ab, uns vorzustellen. Denn ... wenn wir im Übermut un-comme-il-faut gehandelt hätten, hätten wir uns in überdimensionale faux-pas verwurstelt ...

NECHENHEIMB Förmliche Goliathfußstapfen, wie sie mangelhaften Kinderstuben anhaften ...

MÖNNICHGLEINZ *nachdenklich* Eigentlich dürften wir in Trance
gehandelt haben!
HAUZENBERG UND NECHENHEIMB *denen ein Licht aufgeht* Aha ...
HAUZENBERG Also bügeln wir den faux-pas gründlich aus: hier
Nechenheimb, hier Mönnichgleinz! Aber wie der künftige Gemahl
Ihrem Bruder ähnlich sieht!
NECHENHEIMB Frappant.
MÖNNICHGLEINZ Wie ein Ei dem anderen.
HAUZENBERG *zu Apoll* Gewiß verwandt? Haben übrigens Ihren
werten Namen noch nicht in Erfahrung gebracht!
APOLL Von Nichts.
NECHENHEIMB Also, das ist fabel-haft! Daß der Namen auch noch so
ähnlich ist! Gwiß a Cousinage vorhanden?
MÖNNICHGLEINZ No, ganz so ähnlich, war der Herr Vetter ... also:
das heißt: jetzt Schwager ... in Wien damals, doch nicht.
HAUZENBERG Hast recht. 's Profil war anders ... eigentlich ein bissel
eine Schafsnasen ...
NECHENHEIMB Dann war er auch kleiner.
MÖNNICHGLEINZ Und mehr rothaarig. Nicht?
HAUZENBERG Wir haben ihn eigentlich auch gar nicht so recht gsehn
damals. War so a flüchtiger Besuch ...
NECHENHEIMB Es war ja ein schrecklicher faux-pas! Schaun S',
Gnädigste, wir drei sind a bissel sonderbare Leuteln. *Wichtig* Wir
haben auch alle drei 's zweite Gsicht! Ja! Sind nämlich jeder
zweimal übers Kreuz mütterlicherseits im schottischen Uradel
miteinander verwandt.
RADEGUNDE Ah, dann allerdings! Oh, da verzeiht man viel.
HAUZENBERG Daher auch, daß wir früher öfters in Trance gehandelt
haben.
MÖNNICHGLEINZ In Graz gibt's a paar grausliche Leut ... Sonder-
linge! ... Die sagen: wir sind g'schupft.
NECHENHEIMB Du! Wenn s' aber das von der Trance hören werden,
dürften s' a Ruh geben. Bei alte Familien ist das nämlich bestimmt
chic!
HAUZENBERG Jetzt toben wir uns noch ein paar Jahreln aus. Aber
dann werden wir dem Beispiel der Herrschaften folgen!

242

NECHENHEIMB Muß sagen, Gnädigste, das macht Appetit!

Eine Fanfare wird in der Antichambre hörbar. Die Flügeltüren werden aufgerissen. Unter Vortritt der zwei girandoletragenden Lakaien mit den Halunkenvisagen erscheint König Ferdinand, mit ihm einige Hofdamen und Cavaliere, darunter auch Hopsetič und Sedlnitzky. Wie der König Dickschitz sieht, bleibt er stehen und winkt Hopsetič zu sich. Auch der Hofmarschall Principe Fra Diavolo erscheint (ein Pechpflaster auf einem Auge) und klopft dreimal mit dem Stabe. Apoll macht Dickschitz beunruhigt auf den fatalen Umstand des Pflasters aufmerksam. Auch Dickschitz ist sichtlich betroffen und flüstert, mit dem Finger auf den Fürsten deutend:

Du ... Apoll ... ich bitt' dich ... schau dir den an ... den haben wir doch schon wo gsehn ...

APOLL Ich weiß nicht ... also, so eine ... fatale Ähnlichkeit ...

DICKSCHITZ I woaß a nit ... also ... der ganze ... Dschiedscheroni ...

APOLL Fatal, fatal ...

DICKSCHITZ Ja. I laß mi derschlagen, wann dös nit der Falott is, der Fasserlschliefer, der verdächtige ... *er murmelt beunruhigt in den Bart.*

FERDINAND Was ist das? Alle Carbonari, die zu Hof kommen, haben rasiert zu sein.

HOPSETIČ Er ist kein Carbonari.

FERDINAND Exzellenz! Irren Sie sich nicht? Ist er am Ende nicht der Obercarbonari von Steyermark? Mit dem finstren Bart!

HOPSETIČ Nein, Majestät. Er ist mehr ein Trootel.

FERDINAND Mehr ein Trottel? Wissen Sie das genau?

HOPSETIČ Sool ich schweren beim heiligen Cyrill von Prschtanowicze? Ich es kaan.

FERDINAND Dann bin ich beruhigt, und der Herr ist als tadelloser Gentleman legitimiert. *Ferdinand tritt vor das Brautpaar Dickschitz, das in tiefem Hofkompliment erstirbt.* Ich gratuliere. *Dann tritt er zum andren Brautpaar.* Ich gratuliere. *Dann sieht er die jungen Leute von Nichts längere Zeit mit zusammengekniffenen Augen an. Dann schmatzt er, nestelt sich von der dreckigen Uniform einen Orden, spuckt darauf und reibt ihn am Hosenbein blank, ehe er ihn Apoll an den Frack heftet. Jetzt tritt Hopsetič zur offenen Balkontüre und schwingt signalisierend seinen Säbel. Eine Ehrensalve kracht. Musik setzt ein, der Festzug formiert sich. Der König voran. Blumenstreuende Pagen. Dann folgen die Hofchargen, dann die Brautpaare. Gerade als der König schon aus der Türe draußen ist, fliegt polternd die andere Flügeltüre auf und atemlos stürmt das Brautpaar Mondpreys herein; Roxane ein baumelndes Kommandeurkreuz um den Hals. Mondpreys in Zylinder, Frack und Fustanella.*

ROXANE *ruft* Aushalten! Aushalten! Komm, Rudi!

FEUCHTERSLEBEN Ja ... wie schaut denn ihr aus!

ROXANE Wir sind, wie wir von eurer Hochzeit gehört haben, geschwind von Griechenland herübergekommen. Daher dem Rudi sein Costüm!

Abermals wird an der Flügeltüre gerüttelt. Man hört Kichern, Mädchenlachen. Der König stutzt. Auf seinen Wink reißen zwei Lakaien die Flügeltüre auf. Herein tritt Lord Byron, in den sich zwei Mädchen eingehängt haben.

HOFMARSCHALL *zuerst betroffen ...* ausnahmsweise! Lord Byron ... samt Gefolge?

FERDINAND Ö ...

HOFMARSCHALL Na heben wir für eite den Verbotten hauf!

ROXANE Da schau her! Wo ich ihm so streng verboten habe zu erscheinen! Also, so was! die ... Anangitschku ... 's Hekaterl ... Da fehlet bloß noch die Sodomizi!

Dickschitz macht eine nervöse Bewegung. Feuchtersleben ist sichtlich empört.

ROXANE No ja. Weil s' so ein Abgrund an Schlechtigkeit is.

FERDINAND *nicht ohne Größe* Ich – fühle – Neigung – allen zu verzeihen.

MÜFFLINGEN *trocken* Das ist von Shakespeare. Maß für Maß. V. Akt, 1. Szene. Es spricht dort der Herzog von Wien.

KÖNIGSMAUL Also nicht auf seinem hohen gekrönten Mist gewachsen. Na, warum jehn wa nich lieber in 'n Sommernachtstraum ieber? Wäre flott! Nich? Pukparadinez!

FEUCHTERSLEBEN Und dein Orden?

ROXANE Das Ehrenzeichen für Wissenschaft und Kunst. Um das der

Goethe umsonst gebuhlt hat. Das hat mir der Pferdinand verliehen, weil ich damals im Sirenenpalast mit der Fußspitze sein bestes Großkreuz erwischt hab! *Müfflingen ringt stumm die Hände.* Aber jetzt vorwärts! Komm Rudi! Hatsch nicht so! Sonst geht uns der Gurkengreis da vorn an der tête verloren! Der wird Augen machen, wenn er sieht, wie geschwind sich der Hochzeitszug vermehrt hat! Es lebe die Vermehrung!

Müfflingen beschließt den Zug und ringt in stillem Jammer die Hände. Der hagere Engländer mit dem Fernrohr wandelt stumm heran und blickt gelangweilt in die Richtung, wo der Zug verschwand.

Vorhang

ENDE

Apoll von Nichts

SKURRILE ERZÄHLUNG VON
FRITZ VON HERZMANOVSKY-ORLANDO
(MERAN)

PROOEMIUM

Der bevollmächtigte Minister Franz Georg Carl Fürst von Metternich, des noch berühmteren Staatskanzlers Vater, hatte mit dem Erzeuger Apolls dieselbe Amme gemein. So konnte es nicht fehlen, daß später auch der Milchbruder zu hohen Ehren und Würden gedieh und im Sonnenglanze der barocken Exzellenz Ordensstern auf Ordensstern ansetzte, einen bunter und farbensprühender als den andren.

Natürlich wurde auch er mit schönen Titeln bedacht und in wohldotierte Ämter eingewickelt, wie in ein Federbett, mollig gefüllt mit den Daunen des Reichsadlers, der dräuend seine Häupter nach Aufgang und Untergang wendet, ein Schreck seiner Feinde.

Doch wem es wohl wollte, auf den blickte dieses goldene Vieh gar gnädig herab; so auch auf den pflichttreuen jungen Beamten, dessen Leistungen seinem angesehenen Namen alle Ehre machten und der bei Hoch und Nieder im gleichen Maße beliebt war. Auf dem Pfade der Liebe blühte dem Sonntagskinde nicht minder das Glück.

Ein nicht mehr ganz junges Edelfräulein war es, der der Ordenstrahlende in die trüben Äuglein stach; und wenn auch diese Äuglein trüb waren, so war doch ihr Name voll Glanz.

Mariä Heimsuchung schrieb sie sich, Mariä Heimsuchung von Windhuth zu Scheuenpauch. Die sehr energischen alten Windhüthe setzten bei hoher Stelle die Verlobung mit dem noch etwas zögernden Freier durch, und fünfzehn adelige Zeugen besiegelten in steifer Würde den Heiratskontrakt.

Allerdings, das Lächeln Aphroditens umschwebte das Bräutlein nicht; dafür erschien sie am Polterabend von sieben feuchtnasigen Nichtlein, neckisch an Perlenketten geführt, deren Glieder Stück für Stück groß waren wie böhmische Erbsen. Da schmunzelte der selige Nichts und zeugte bald darauf Apoll, unseren Helden.

I. KAPITEL

Im prunkvollen Halbdunkel eines Wiener Palastes wuchs das Knäblein heran.

Goldstaubendes Sonnenlicht huschte über chinesisches Porzellan und ließ da den feisten Bauch einer Pagode aufleuchten, zeigte dort auf den Gobelins das bärtige Haupt eines Türken, einen mit Amoretten spielenden Panther, oder das bunte Fleisch üppiger Nymphen.

Zwischen ragenden Schornsteinen, die wie kleine Ritterburgen auf den steilen Dächern thronten, sah das Kind das Wundergestein des Stephansturmes einmal durchsichtig wie blauen, fernen Rauch, das andremal rosenrot oder pfirsichfarben, daß dem kleinen Mann der Mund nach dem vermeintlichen Zuckerwerk nur so wässerte. Waren doch die Kinder aus guten Häusern damals fast noch dümmer als sie heute sind und überaus genäschig. So hockte Apollchen auch am liebsten in der schwarzgewölbten Küche, wo die Köchin Bibiana aus goldroten Kupferformen Torten zauberte, üppig wie kleine Grabkapellen, wo es schmorte, rumorte und gar herrlich roch. Ein alter, blinder Jagdhund drehte den Bratspieß am Herde jahraus, jahrein; dieser traurige Betrieb stellte sein Gnadenbrot vor. Vom vielen Schleckerwerk ward dem kleinen Hosentrompeter manch Zähnlein schlecht. Dann mußte man den gräßlichen Gang zum Herrn Hofzahnarzt tun, der im zweiten Stockwerk des vornehmen Hauses wohnte und der sich Gelindus Knacker von Nussheimb schrieb.

Was für schauerliche Stunden im Wartezimmer! Ein lebensgroßer Heiland hing dort und daneben, gleichfalls altersgeschwärzt, ein Ölbild, wo zum Gaudium turbangeschmückter Heidenkönige der Heiligen Lucia die Zähne von affenartigen Henkersknechten ausgebrochen wurden. Wenn dann die Türe aufging und der geistliche Assistent erschien – ein schwarzbestoppelter Jesuit – welch ein Schreck! Der führte den Knaben mit vorgehaltenem Kruzifix zum Marterstuhl, wo der kleine Patient mit Gurten umständlich festgeschnallt wurde – welch ein Graus!

Der kurzsichtige alte Herr tropfte ihm regelmäßig zuerst mit dem Wachsstock in den Hals, als Vorspiel zu all den Schrecken barocker Zahnheilkunde.

Sonst floß seine Kindheit ruhig dahin. Auch ein Schwesterchen ward ihm später dazubeschert, damit Apollchen eine Gespielin habe.

Man nannte sie Radegunde.

Ward da das Leben schön! Wenn nur die irren, verzweifelten Schreie nicht gewesen wären und das gedämpfte wilde Trampeln von Nussheimbs herüber ... Dann klammerten sich die Kinder eng aneinander und schauten zum Fenster hinaus auf die Straße, wo Tag für Tag verschwollene Hoheiten vorfuhren, die man kaum zum Verlassen der Equipagen bringen konnte.

Viele Jahre später, als die alten Nichtse in der bequemen Familiengruft ruhten und mit etwas süffisantem Ausdruck (sie waren balsamiert) dem Jüngsten Gerichte entgegenschlummerten, konnte man noch immer die Geschwister in derselben Wohnung beobachten, freilich bei gründlich veränderter Einrichtung.

Es war ja durch das emsige Wirken unserer großen Geister der Classizismus sogar bis Wien gedrungen! Man ersetzte im Zusammenhang damit alles, was man früher aus Silber oder Bronze zu formen pflegte, durch Gips und den neuentdeckten Zinkguß; die Gobelins und die vergoldeten Möbel verschenkte man an arme Leute und sorgte für strenges, möglichst unbeholfenes Mobiliar in öden Zimmern. Die Schalmei des Rokoko wich der nußbaumenen Leyer, der bebänderte Hirtenstab dem Spucknapf, und lange Schafsnasen ohne Hinterkopf verkörperten für damals das Schönheitsideal der Antike.

Wie freute sich Apoll gerade jetzt seines stilvollen Namens und segnete die Eltern, die unter schweren Kämpfen ihm dieses Gut erworben. Hatte sich doch die Geistlichkeit gegen die unerhörte Zumutung eines so götzendienerischen Namens aus Leibeskräften gewehrt, im nie ermüdenden Kampf gegen das immer wieder aufflackernde Heidentum, das wenige Dezennien später den dämonischen Hintergrund zum scheinbar! so harmlosen Biedermeiertum abgeben sollte.

Der Taufakt erfolgte auch erst, als man den alle Romantik auslöschenden Namen »Alois« mit in den Kauf nahm. Dieser Name, den wohl das verliebteste Mädchen kaum jemals in den Blumenduft einer Mondnacht haucht oder auf dem Butterbrot ißt, wirkte auch in unserem Fall ähnlich wie ein leichter Zusatz von Abschöpffett zu Ambrosia und paralysierte alle Gefahren eines plötzlich ausbrechenden Olympiertums.

Apoll hieß aber nicht nur Apoll, sondern er sah später, als er die

Mitesserepoche glücklich überwunden hatte, ganz fabelhaft gipsern aus, so gipsern, daß um den Lebendabguß seiner Büste sich jede Glyptothek gerauft haben würde.

Besonders stark wirkte sein leeres Auge.

Nicht minder wäre er auch die begehrte Zierde jedes bürgerlichen Wohnzimmerofens gewesen, was wir zur Steuer der Wahrheit beifügen müssen.

Als Mensch war er feierlich und gemessen, von strengem Lebenswandel und überaus verschlossen.

Zuckerwerk naschte der nunmehr ganz erwachsene Apoll wohl nicht mehr; dafür aber trank er Karlsbader Wasser aus steinernen Plutzern, Tag für Tag.

Da dran war seine Küche schuld, sicher die schlechteste im damaligen Wien.

Der Urheber dieses Verhängnisses war, um es gerade heraus zu sagen, ein Bruder Metternichs, Prinz Wenzel Hasdrubal, der seinerzeit als Botschafter an den Hof zu Peking geschickt wurde, mit dem strengen Auftrag, den Kaiser Kiakhing zu bekehren und das dortige Polizeiwesen im Sinne Österreichs zu organisieren, was beides mißlang. Der hohe Herr wurde aus Langerweile zum leidenschaftlichen Amateurkoch und verfaßte ein artiges Büchlein: »Der erbländisch Unterennsische Hof-Koch in Sina«, das er mit nach der Heimat brachte. Auf dem Totenbette – er hatte sich den Petschiliwurm eingewirtschaftet – legte er dieses sein Lebenswerk der späteren Erbtante Apolls ans Herz. Sie – eine überspannte alte Jungfer, die den prunkvollen Prinzen Wenzel abgöttisch liebte, kochte nur noch danach, jubilierte aber bald – ein Opfer unbehebbarer Verdauungsstörungen – als buntbeflügeltes Engelein an den Stufen des Thrones Gottes.

Ihr sehr bedeutendes Erbe war durch eine geschickte Testamentsklausel mit einem bitteren Stachel versehen: daß Neffe und Nichte sich verpflichten mußten, ihr Leben lang ausschließlich nach den Rezepten des Kochbuches zu essen.

Murrend, aber gefaßt nahmen die Erben die Verpflichtung auf sich, weil ohnedies damals kein Testament als juridisch einwandfrei galt, das nicht irgendwelche peinliche, am liebsten aber unerfüllbare Bestimmungen enthielt.

Man aß nicht nur schlecht; auch Personalmangel machte sich bald fühlbar, denn die weichherzigen Dienstboten von damals konnten die »arme Herrschaft« einfach nicht so leiden sehen und kündigten einer nach dem anderen.

Was Wunder, wenn die Geschwister reizbar und nach und nach etwas sonderbar wurden?

Ja, Geld allein macht nicht glücklich, das sieht man in unserem Falle besonders deutlich, wenn auch nicht geleugnet werden soll, daß es manche Miseren aus dem Weg räumen hilft. Und so eine Misere kam eines Tages ganz unvermutet.

II. KAPITEL

An einem wundervollen Maienmittag war es.

Radegunde rief Apoll zum Essen. Er klappte den »Wohlinstruirten Salonlöwen« zu, ein Werkchen, das sich bei allen Kavalieren größter Beliebtheit erfreute, und folgte der Schwester zu Tisch. Etwas bänglich wie immer; doch kaum saß er, sprang er wieder auf, angeblich um den Kanarienvogel Lilipendi zu füttern.

»Apoll«, klang es leise mahnend, »die Suppe wird kalt.«

»›Hasenpöpelchen in blauem Einlauf‹. Was zum Kuckuck ist das?« Verekelt griff er zum Menu. »Und dann ›Baumwanzen in Madeira‹ vor den ›Schweinsembrionen mit Kälberaugen in Aspik‹. Ei ja, ta, tata... Was gibt's denn wenigstens außertourlich als Dessert?«

»›Fischschuppen in Rosenwasser‹!«

»Was? Das ist ja fast noch schlimmer als vorige Woche die ›falsche Trüffelpastete aus Hundenasen‹!... da soll doch der Teufel den verfluchten Prinzen Wenzel und die mannstolle ...!«

»Aber Apoll, heut ist doch der Geburtstag vom lieben Tantchen!«

»Ach so!«

»Das letzte Geburtstagserinnerungsessen ist ohnedies eine Blamage gewesen. Die Mandrillgesäße, die wir uns um teures Geld verschrieben hatten, waren nicht mehr frisch und ganz farblos.«

»Weil du aber auch keinen Kren dazugegeben hast, Radegunde.«

»Ja, damals haben auch bloß die ›falschen Teufelsschwänze in Gelée‹ die Sache herausgerissen! Aber jetzt, Apoll, iß, es wird sonst alles kalt!«

Und wie gewöhnlich legten sich die Geschwister eifrig vor, und fast schien es, als ob sie in emsigem Schmausen begriffen wären, als unerwartet die Türe höchst unzeremoniell aufgerissen wurde, und das Stubenmädchen Portiunkula mit hervorgequollenen Augen zum Tische stürzte. Die Geschwister sprangen angstvoll auf und blickten fragend auf das Mädchen. Portiunkula formte mit den Lippen klanglose Worte und glotzte zitternd auf die Herrschaft. Endlich kam es schluchzend heraus: Im Zimmer der verstorbenen Tante Adelgunde stehe ein splitternacktes Fräulein im Papierkorb.

»Apoll, hast du Worte . . .?«

»Aber das ist doch unpassend!«

»Sehr, sehr, lieber Bruder.«

»Ja, Radegunde! Ob wir sie kennen? Vielleicht ein Besuch? Aber in der Toilette? – allzu légère, allzu légère –«

»Sehen wir einmal nach.«

Und sie gingen, Apoll das Haupt mit einer Serviette verhüllt. Richtig. Es war genau so, wie es das Mädchen berichtet. Ein pudelnacktes Fräulein stand im Papierkorb und musterte lange wortlos die Eingetretenen mit dem Lorgnon, das sie schließlich gelangweilt zuklappte. Dann begann sie:

»Arethusa Freifräulein von Fyrdraugh; vor zehn Minuten verordnete mir ein dressierter Zeisig, der, Eigentum eines blinden Leiermannes, gegen geringes Entgelt Zettelchen zieht und sie einem überreicht (ich bin etwas abergläubisch), Fußbäder in Papierschnitzeln. Als Fräulein der Tat erkundigte ich mich beim nächsten Polizisten, wo es in der Nähe reichlich Papierschnitzel, womöglich adeliger Provenienz geben dürfte, und da nannte man Ihre Adresse. Ein Schlosser öffnete, hier bin ich!«

Die Geschwister schwiegen wie versteinert. Die Augen Apolls hielt Radegunde noch immer verhüllt. Sie war gerade im Begriff, gegen den jungen, nebenbei bemerkt überaus hübschen Eindringling ein heftiges Wort des Vorwurfes zu richten, als unvermutet zwei stutzerhaft gekleidete Herren ins Zimmer getänzelt kamen. Beide hatten drapfarbene Beinkleider, bloß die Fräcke waren verschieden. Abendrot der eine, resedagrün der andere. Zylinderhüte aus feinstem Florentiner Geflecht schwangen beide zierlich in den Händen, je ein Paar Glacéhandschuhe dazugeklemmt. Die schnatterten um das Fräulein, ohne auch nur die geringste Notiz von den Geschwistern zu nehmen.

Indigniert wehrte das junge Mädchen die Annäherungen der Herren mit der Lorgnette ab.

Die Szene war im höchsten Grad anstößig; nur gut, daß der Papierkorb breite rote Flanellborten am Rande hatte, die mit viel Glück einen Wall gegen die schlimmste Verletzung der guten Sitten bildeten.

Die frech eingedrungenen Libertins beteuerten, endlich, endlich das Glück zu haben, ihr, der Herrlichsten, der sie schon seit Wochen nachstellten, nahen zu dürfen, und sie sähen selbstverständlich über das Légère der Toilette hinweg ...

»Nicht genieren Katzi!«

Ein durchdringender Blick traf den Resedagrünen, der sich so weit vergessen hatte. Und der Zorn der nackten Baronesse wuchs sichtlich; endlich war er so gewachsen, daß sie drohend aus dem Korb sprang, dabei aber nicht außer acht ließ, die ins Auge springenden Blößen mit einem rasch an sich gerissenen Schriftstücke zu bedecken.

»Um des Himmels Willen, mein Testament!« kreischte im selben Momente Apoll verzweifelt auf, der die ganze Zeit hindurch durch die Finger Radegundes alles mitangesehen hatte.

»Das geht doch zu weit, ich bin indigniert, ja, wirklich höchst indigniert ... Meine Herren! Man stellt sich wenigstens vor, wenn man jemanden besucht ... ich grolle ernstlich.«

Doch die beiden Gecken, denen sich während dieser Szene noch ein dritter in Königsblau angeschlossen hatte, sahen den Hausherrn eisig schweigend an und wendeten sich hochmütig von dem Nervösen ab, der wie besessen im Zimmer herumraste. Radegunde biß in ihr Spitzentüchlein und klingelte, dem Fräulein beim Ankleiden zu helfen.

Ein Paravent mit großen Papageien, die gegen Reichsadler kämpften, wurde um den sonderbaren Badegast aufgestellt. Auch Radegunde und eine Zofe verschwanden hinter dem Gestell, um nach wenigen Minuten wieder hervorzutreten und das nunmehr überflüssige Testament dem Bruder auszuhändigen.

Er wies es von sich: Jetzt sei das Testament entweiht, er wolle es nicht mehr haben, unter keinen Umständen! Während Radegunde so mit dem sich eigensinnig immer mehr verrennenden Apoll stritt, war die junge Baronesse tadellos angezogen erschienen und verschwand, von den drei Kavalieren umkomplimentiert, aus der Türe. Alle, ohne den geringsten Abschied von ihren Wirten zu nehmen. Vernichtet sank Radegunde in einen Fauteuil. Unweit von ihr legte Apoll das Testament mit einer Feuerzange auf den Schreibtisch, was dem nervös Zitternden nicht recht gelingen wollte.*

Da ging abermals die Türe auf und ein vierter Kavalier erschien, marillenfarben mit Straußfederndreispitz, und fragte, ob nicht eben jetzt drei steyrische Barone dagewesen wären.

Das war zu viel!

Apoll wies gurgelnd vor Wut auf das Testament und warf gegen den neugierigen Frager die Feuerzange, die leider nur zu gut traf. Mit dem Rufe: »Du hast den letzten Montpreyss-Igelfing getötet!« sank der junge Edelmann blutüberströmt zusammen.

Die Geschwister sahen einander totenbleich an.

Radegunde stand zitternd am Schreibtisch; ihre Hand irrte bald zum Rosenkranz, bald zum Riechsalz; ihre Augen waren angstvoll geweitet.

Dem Unseligen, der seines Letzten Willens wegen zum Mörder geworden, hatte sich das Haar vor Entsetzen gesträubt. Irre Worte lallend, preßte er den Handrücken auf die Stirne.

Und jetzt ... was ist das ...? Das klagende Wimmern einer Glocke, das immer lauter, greller wird ... Sollte es schon das Zügenglöckchen sein? Schluchzend sank der Mörder zusammen, beugte ein Knie und schlug mit der Hand an die gefältelte Hemdbrust.

---

* Mancher Leser wird sich fragen: Ja, wie ist alldies möglich? Wie konnte der Schlosser die Türe öffnen, wie kam es, daß die Geschwister nicht sofort nach der Namens-nennung dieses Mädchens mit (scheinbar) mangelnder Kinderstube, nicht sofort von ihrem Hausrecht Gebrauch machten und selbe hinauswiesen? Die Beantwortung ist sehr leicht: Sie war, oder nannte sich wenigstens, eine Baronin. Dieses Zauberwort öffnete alle Türen, ebnete ihr jeden Weg.

Noch einmal stöhnte der Sterbende leise.

Da ... ein dumpfes Pochen an der Türe.

»Die Häscher«, ächzte Radegunde, »Apoll, schnell, flieh von hinnen!«
Der erhebt sich und schaut wirr um sich.

Das Pochen wiederholt sich!

Der Fluchbeladene stammelt etwas mit erstickter Stimme ... Die Tür
geht auf ... Oh Grauen! ... nein ... es ist bloß der Kopf der fragenden
Magd.

»Gnä Freil'n, der Mistbauer ist da.«
Radegunde atmete befreit auf und ließ den Rosenkranz aus der Hand
klirren.

Apoll war mit einem Ruck wieder der unnahbare Weltmann (»sich
nur nichts merken lassen«) und fragte kühl die Magd, was denn die
Herrschaft eine so untergeordnete Frage angehe. Portiunkula habe
über den Müll zu entscheiden.

Schon wollte sich das Mädchen eingeschüchtert zurückziehen, als ihr
farbloser Kälberblick der Leiche gewahr ward.

»Heilige Mutter Anna«, kreischte sie hell auf, »was is denn da
g'schehn! So a schener Gnäherr — noch a halbetes Kind und scho
maustot!«

»Die jungen Leute, die vorhin auf Besuch hier waren, haben die Leich'
da vergessen — aber was fragen Sie denn, Sie dreistes Ding — räumen
Sie s' lieber weg und geben S' es dem Mistbauer.«
Apolls Stimme klang eisig.

»Bruder! Um Himmels Willen!« rief Radegunde. Dann zur Magd:
»Den Herrn hat der Schrecken, als er der Leiche da gewahr wurde,
verwirrt — hören Sie nicht darauf — er meint es nicht so ...«

»Ach, was weiß ich?« murrte Apoll. »Natürlich — jedermann muß doch
einsehen, daß einem sowas auf die Nerven geht ... Warten S'
Portiunkula ... zu dumme Geschichte ... vielleicht schafft der Mistbauer sie doch weg — wenn man ihm ein gutes Trinkgeld gibt ...«

»Er lebt no a bisserl! grad a bisserl!« jubilierte das weichherzige
Mädchen, das sich über den Niedergefällten gebeugt hatte. »Geben S'
ihn mir, geben S' ihn mir — I glaub, i kann da was machen!«

»Also behalten S' ihn sich; aber räumen S' die Schlamperei da
gschwind auf — das Blut putzen S' weg mit an Hadern —«, sagte Apoll

und blickte streng auf das vor Bewegung schluchzende Mädchen. »Ja
– und den Kaffee servieren Sie diesmal im grünen Rosenzimmer!«
Dort setzte sich der Hausherr seufzend nieder.

»Endlich Ruhe! Weißt du Raderl, mir wird allmählich die Sache zu
bunt! So geht es nicht weiter. Die Geschichte da von vorhin übersteigt
alles Dagewesene. Weißt du was, wir ziehen uns von Wien weg aufs
Land oder machen eine Reise. Was hält uns eigentlich hier? Die paar
Bekannten? Dann wächst auch Gras über die Affaire von vorhin, die
übrigens Metternich schlimmsten Falls rangieren wird. Hat doch mit
Politik nicht das geringste zu tun.«

»Ja Apoll, du hast wie immer recht. Wer ist überhaupt klüger und
welterfahrener als du? Ich will bloß meine chinesischen Nippes
einpacken, weißt du, ohne die ich einmal nicht leben kann. Besonders
den elfenbeinernen Eremiten, der sich die Hände am Feuer wärmt,
und die alte Schildkröte aus Jade, die ihren sieben Jungen den
schlafenden Bettler zeigt. Und die krumme Frau, die mit der Laterne
nach dem blökenden Schaf schlägt . . . ach alle, alle. Und höre Apoll!
Sollen wir nicht doch noch zum guten alten Dr. Muckenhübl gehen,
der den Süden so gründlich bereist hat? Der könnte dich auch noch
einmal anschauen, wo du trotz der vielen Latwerge immer so trocken
hüstelst . . .«

Apoll erklärte sich einverstanden, und man trat den Besuch sofort an.
Inzwischen hatte Portiunkula den unglücklichen Kavalier näher
untersucht, dann in ihr Bett gelegt, wo er bald wieder zu sich kam und
allen Mädchen des Hauses gezeigt wurde. Jede brachte etwas anderes:
die ein Schinkenbein, die einen Guglhupf und die einen wundertätigen – bei Vollmond gesuchten – Katzendreck, den ihr ein frommer
Einsiedel geschenkt – das beste Mittel für alle offenen Schäden.
Die einen legten einen heißen Hafendeckel auf seinen Bauch, die
anderen betteten sein wundes Haupt an schwellende Busen oder
wärmten seine erstarrten Hände auf ähnliche liebevolle Weise.
Was Wunder, wenn der junge Tote bald wieder zum Bewußtsein kam
und sich sauwohl fühlte.

III. KAPITEL

Wenige Tage nach den eben geschilderten erschütternden Vorkommnissen saßen Apoll und Radegunde im geräumigen Reisewagen, der vom großen Hofe der Hauptpost abfuhr. Es war eine windwolkengefegte Mondnacht.

Mit klappernden Scheiben rollte das Gefährt durch die finsteren Straßen. Radegunde schmiegte sich vertrauensvoll an Apoll und fragte, wohin eigentlich die Reise gehe? Sie hätten darüber im Trubel der Besorgungen und sonstigen Vorbereitungen noch gar nicht gesprochen.

»Ei, liebe Schwester, wirst staunen und hoffentlich erfreut sein. Immer knapp an Ungarn vorbei nach Triest und dann, juble! Mit einem großen Segler nach Neapel, um das bunte Treiben des Südens zu genießen.« Milchvetter Metternich habe ihm eine warme Empfehlung an den dortigen Hof gegeben. Auch einen speziellen, vielfach versiegelten Brief an den König, den bei Todesstrafe niemand als die Majestät öffnen dürfe. Er trage ihn neben dem neugeschriebenen Testament auf dem bloßen Herzen.

Ob dieser Pflichttreue bewegt, blickte Radegunde Apoll tief in die Augen, nicht ohne vorher einen Wachsstock angezündet zu haben. Dann bot sie ihm knusprige Buchteln – die erste Speise, die man nicht nach dem verdammten Kochbuch bereitet. Denn auf der Reise war man doch durch vis major der Knechtschaft dieses Höllenhammers von Testament entbunden – überdies hatte die heilige Kirche für sie als Reisende das Fastengebot aufgehoben – wie man den Geschwistern beim Fürstbischöflichen Ordinariate wiederholt versichert hatte.

Wie ein Wolf fiel der sonst so formliebende Jüngling über das Backwerk her.

Jedes Gespräch verstummte. Man hörte bloß das Rasseln der Kalesche, das Donnern der Hufe und seliges Schmatzen.

Als das letzte Bröslein verzehrt war, kam der Schlaf.

In der Hundsturmerstraße sahen sie noch eine Prostituierte, die vom Wind mit abstehenden Röcken wie ein Kreisel herumgewirbelt wurde – das letzte Bild der rauhen Wirklichkeit, dann nickten sie ein, Arm

in Arm und schlummerten tief den Schlaf der Gerechten, nur
manchmal für Sekunden aufblinzelnd, vom Sturmgeknatter gestört.
Dann wieder stöhnten sie im Schlaf, von Traumgesichten geängstigt.
Da war es Radegunde, die wohl hausfraulich von ihrem Kochbuch
träumte und mit schwerer Zunge abgerissene Sätze lallte, wie: ». . . laß
einen noch jungen, recht feisten Mops am gelinden Feuer langsam
zerschleichen . . .« Oder es warf sich Apoll – immer der genießende
Teil – plötzlich mit geballten Fäusten auf dem Sitz herum und ächzte:
». . . pfui Teufel, wenn ich an die Suppe mit den vier jungen
ertrunkenen Pudeln denke . . . die im Ragout schwammen . . .«
Viele Stunden vergingen so.
Plötzlich ein heftiges Reißen – ein dröhnender Krach – die Geschwister kollerten von den Sitzen, Handtaschen und Körbe schlugen in
der Finsternis wuchtig auf die jählings Erwachenden – der Wagen
stand.
Apoll riß das Fenster auf. Die Windsbraut benahm ihm den Atem
und erstickte seine Stimme, als er schreien wollte, schreien mußte!
Denn – was sah er? Schon weit weg von ihm jagte der Kutschbock in
sausendem Galopp durch die Nacht, mit ihm die vermummten,
schlafenden Postillione.
Da saß man allein, mitten im fremden Land, in der windbebenden
Ruine einer Diligence!
Der galante Apoll war der Schwester wegen verzweifelt. Gedankenbrütend taumelte er auf seinen Sitz. Radegunde tröstete ihn und
schmiegte sich an seine papierknisternde Brust. So schliefen sie bald
weiter, gegen die Nachtkälte fest in die Mäntel gehüllt.

IV. KAPITEL

Ein goldener Tag lachte den Erwachenden ins Angesicht. Am heiter
blauen Himmel standen Wolkengebilde, zart wie Straußenfedern, die
Ränder zierlich vergoldet; es war klar und frisch, und eine ferne
Alpenkette hob sich in zarten Rosenfarben vom Horizonte ab,
lieblich, wie die Dekorationen eines Feentheaters. Tauduftiger Wald,
noch leicht umnebelte Wiesen und das schimmernde Stück eines

Flusses waren zu sehen, aber weit und breit kein Haus, keine Spur
eines menschlichen Wesens.
Schon einigermaßen besorgt, was aus ihnen werden solle, klang den
Verzagten fernes, immer näherkommendes Hufgetrappel ins Ohr.
Zugleich auch verwehte Musik, waldverschleierte Töne, die lauter
und lauter wurden, sich zu schmetternder Pracht erhoben.
Vier Jäger zu Pferde tauchten aus dem Walde; in der Frühsonne
funkelten die vergoldeten Hörner lustig. Der emsigen Bläser reiche
Tracht – giftgrüner Atlas mit silbernen Tressen – deutete auf die
Livrée eines vornehmen Herrn.
Zwei paukenschlagende Mohren in riesigen Turbanen folgten. Dann
kamen Kavaliere geritten, die einen mit hohen hechtgrauen Zylin-
dern, die anderen in der reichen Kostümierung der verflossenen
Epoche eines Kaiser Joseph.
Den Schluß machten mehrere Sänften, von federbuschgeschmückten
Maultieren nach spanischer Art getragen. Die Atlasgardinen an den
Fenstern waren diskret geschlossen, und aus dem vordersten dieser
reichbemalten Gehäuse erhob sich aus kleiner Esse ein dünner Streif
blauen Rauches, der anmutige Schleier in die Kristalluft des frühen
Morgens wob.
Apoll war aus dem traurigen Rudiment der kaiserlichen Postkalesche
geklettert und nahte sich mit dem zierlichen Anstand, der den
Standesherrn auch in den widrigsten Umständen nicht verläßt, der
vornehmen Kavalkade.
»Von Nichts.«
»Drottlef von Pirzelsburg, von Schleimberg, Aufsitz zu Absitz, Graf
Königsmaul, Baron Bassus, Müffling sonst Heitertanz genannt,
Trautenohm von Nichtenglitt, Freiherr von Quakenbusch«, endlich
schnarrte noch einer »von Knake«.
Dann schüttelte man sich die Hände. Aus der beginnenden Konver-
sation entnahm Apoll unschwer, daß die eben genannte, illustre
Gesellschaft die Eskorte einer ebenso liebenswürdigen als vornehmen
Dame bilde, der von den ersten medizinischen Autoritäten der
Hauptstadt eine Reise nach dem Süden dringend geraten worden sei;
gelte es doch eine krankhafte Schwermut zu bekämpfen, die geradezu
bedrohliche Anzeichen gezeigt habe. Besagte, eine Freiin von

Linnennetzer, befinde sich in der vordersten Sänfte, die zu bequemen Nachtreisen eingerichtet sei.

Ihre liebste Freundin als dame d'honneur mit ihr, die anmutige Donna Roxane y Puygparadinez, Markgräfin von Atalanta, eine junge Spanierin.

Man lud Apoll auf das Liebenswürdigste ein, sich der Gesellschaft anzuschließen.

Radegunde, die, von der Kavalkade galant begrüßt, dem verunglückten Vehikel entstiegen war, wurde in einer sonst als Garderobe dienenden Sänfte untergebracht, wo sie alsbald in tiefen Schlaf verfiel.

Die Herren saßen auf, und dahin ging's unter lustigem Blasen auf kurbettierenden und tänzelnden Rennern, weiter hinein in den herrlichen Morgen.

Bei freundlichen Hirten, die sich Hayek schrieben, machte man eine kurze Rast. Der exotische Name frappierte. Er rührte daher, daß das Oberhaupt der Familie, ein Veteran aus den letzten Kriegen, vom Kaiser gnadenweise in dieser öden Gegend angesiedelt, dem Herzen Böhmens entstammte.

Der Reisegesellschaft wurde in bunten Schüsseln Milch kredenzt, auch Honigwaben und duftendes Kornbrot. Jaromir Messenteufel, ein finsterer Geselle, der bei den Hirten als Einleger wohnte, spielte ausnahmsweise mit lahmen Fingern die Zither, zu deren Klängen sich die Töchter der Familie im Tanze drehten.

Den üppigen Mädchen sprengten die festen Formen fast den groben Zwilch des Hemdes. Hei! Da regnete es grünspanige Silberzwanziger und große Kupfermünzen mit dem strengen Antlitz des bezopften Herrschers, um die sich die halbwüchsigen Mädchen bückten und balgten, daß man unter den kurzen Faltenröckchen jugenddralle Schenkel und rundliche Übergänge zu noch anmutigeren Sehenswürdigkeiten erblickte, zum Gaudium der schmunzelnden Herren.

Ein Glück, daß die Damen noch in den Sänften schlummerten!

Der weitere Marsch führte durch immer gewaltiger werdende Tannenwälder dem fernen, blauen Gebirge zu, bis der silberne Ton einer Schelle aus der vordersten Sänfte den gewundenen Zug zum Stehen brachte. Man war gerade in eine Lichtung gekommen mit

einem Boden gleich einem leuchtenden Blumenteppich auf dunkelgrünem Rasen.

Die Mohren nestelten mit fieberhaftem Eifer einen köstlichen Perser
aus dem Gepäck, die Diener deckten mit blitzartiger Fingerfertigkeit
einen damastenen Frühstückstisch; die Herren schwangen sich von
den schnaubenden Gäulen und bildeten rechts und links ein Spalier
vor den Türen der Sänfte, die sich alsbald öffnete.

Heraus stieg, anmutig wie der Morgen, ein reizendes Mädchen im
Pannierröckchen und Höschen aus Alençonspitzen bis zu den
Knöcheln, in silbergestöckelten Atlasschuhen, daran zierliche Spo-
ren, um die Amazone im Reiterzuge zu markieren.

So verdeutschte man dem nachdenklich schnupfenden Apoll die
ungewöhnliche Kostümierung dieser etwas exotischen Schönen.

Sie knixte graziös vor den Herren und warf mit kokettem Lächeln die
schwarzen Ringellocken über die Schultern.

»Baronesse ist wieder recht melancholisch! Schont ihren Zustand.«
Die Herren nickten schweigend und begrüßten voll tiefster Ehrfurcht
die junge Dame, die sich nachfolgend zeigte.

Obgleich auch sie ähnliche Hosen trug, glich sie doch im übrigen
mehr einer Vestalin. Diese Note gab ihr ein Musselinschleier, den sie
sich um die Stirne gewunden. Ein zinnoberroter Shawl ließ das
blendende Weiß ihres Gewandes doppelt zur Geltung kommen, im
pikanten Kontrast zu dem dunklen Teint, der Apoll etwas frappierte.

Mit schmerzlichem Lächeln hob sie die Lider von den schwermütigen
Augen und ließ ihren Blick voll stummer Tragik auf der Gesellschaft
ruhen. Dann seufzte sie tief und belorgnettierte das üppige Frühstück.

Auch Radegunde erschien, durch nachgeholten Schlummer sichtlich
erfrischt und über den Unfall getröstet.

So wurden die Geschwister mit den Damen bekannt, die sie
schweigend betrachteten und sich anfangs etwas zurückhaltend
benahmen.

Bald aber waren aus drei sich mißtrauisch Musternden drei Freundinnen geworden, die sich angelegentlich über die neuesten Moden
unterhielten und sogar abwechselnd an einer gerahmten Stickerei
arbeiteten.

Sie zeigte den Kaiser Franz im Kreise seiner Familie, im Hintergrunde das Schloß Laxenburg, im Vordergrunde eine Gruppe Schwäne in so zierlichen Stellungen, daß man an die Hand des Ballettmeisters glauben mußte.

V. KAPITEL

Bei sengender Mittagssonne erreichte man ein schon von weitem gesehenes und ersehntes Gasthaus auf ödem, nur mit vereinzelten Fichtengruppen bestandenem Blachfeld. Ein grüner Kranz auf langer Stange ragte aus dem Giebelfenster, die Sonne spiegelte in den Scheiben, ein lustiges Brünnlein sprudelte vor dem Hause. Der Wirt erschien, zog sein perlenbesticktes Käppchen, befahl den Knechten, die Pferde zu versorgen, und pries seine Speisen an und seine Weine aus Karlowitz und aus Esseg, aus Stinkenbrunn und Poysdorf, aus Luttenberg gar und aus Retz! Auch Slibowitz gäb' es aus Syrmien und Mailänder Bier in steinernen Plutzern zu 17 Kreuzer die Halbe!

Dann wurden Hühner geschlachtet; die Mohren halfen dabei mit ihren krummen Säbeln. Der Hofhund zerrte darob wild an seiner Kette und bellte, daß der Geifer in Flocken davonstob. An allen Spießen prasselte es, und auf den siedenden Kesseln tanzten die Deckel.

Im Gärtchen wurde die Tafel gedeckt, mit Nelken und Bauernblumen reichlich geziert, nur das plumpe Besteck ward durch mitgebrachtes Herrschaftssilber ersetzt. Das Mahl dehnte sich lange hinaus.

In der rotgelben Sonne des Nachmittags erschienen, in Staub gehüllt, wandernde Musikanten mit Zymbeln und Geigen und einem hühnerfedergeschmückten Trommler, der die Janitscharenpauke wie selten einer zu meistern verstand. Eine Sarabande beschloß dann das Mahl, von den drei Damen mit ihren Kavalieren aufs zierlichste getanzt.

Doch mitten hinein, gerade als Apoll voll Begeisterung eine Prise bereitete, erklang wüstes und schrilles Geschrei; Scherben fielen von einem klirrenden Fenster des Stockwerkes, und man sah den einen Mohren mit einer Kellnerin ringen, daß der Fensterstock krachte.

Da stoben die Barone Aufsitz und Quakenbusch davon ins Haus hinein, aus dem bald Hiebe und Geschnatter ertönten. Doch Bassus, der nie seine Ruhe verlor, sagte ernst:

»Allweil der Hussein. Sonst so brav, hat er's immer mit den Kellnerinnen und Zofen.«

Und Graf Königsmaul seufzte, und die Damen schlugen die Augen nieder.

Dann brach man auf, und es ging weiter dahin, dem Purpurrade der untergehenden Sonne zu; da sah man fröhliche Dinge: Neben einem blumigen Gebüsch saß eine schmucke Dirne in rotem Spenzer und gelber Seidenschürze, ein Grünrock mit lederner Jagdtasche stand kosend hinter ihr, die gespannte Büchse an den Busch gelehnt. Der Kichernden entglitt der Milchkrug; die dicke weiße Masse floß über das Gras und benetzte die trockenen Steinchen. Lächelnd wies die Dirne darauf, und hinter ihr grasten klingelnd drei behagliche Kühe.

Unweit davon saß in einem kleinen Wäldchen eine wandernde Krämerin. Die bot dem vornehmen Zug rosa und blaues Zuckerwerk zum Kaufe an. Die silberne Mondsichel stand am Himmel.

Dann wurde der kühle Vorsommerabend dunkel und dunkler. Der weitere Weg führte die Reisenden an ein übergroßes Bauernhaus mit ganz kleinen Fenstern, vor dem eine Jungfrau in goldgesticktem Mieder und bortetem Rocke bei einem hohen Steinblock spann. Über ihr bauschte sich ein trübrosa Vorhang an vergoldeter Stange, die in einem Widderkopf endete. Eine grüne Guirlande und ein Vogelbauer mit einem Gimpel hingen daran. Neben dem Mädchen ragte eine kurze Holzsäule aus dem Boden, die auf geschnitztem Brettchen eine antik geschnitzte Tonlampe trug. Ihr schwach flimmerndes Licht diente der Fleißigen beim Spinnen.

Rosen, messinggelb und safflorrot, wuchsen neben dem Steine, dahinter schwarz-giftgrünes Säbengesträuch. Ein Salamander kroch watschelnd davon.

Dann kam ein junger Wandersmann herangestaubt, ein Bündelchen am Rücken; der klopfte an die Säule, sich der Spinnerin bemerkbar zu machen. Doch die nahm keine Notiz von ihm.

»Eine Taubstumme!« so wendete sich der Jüngling an die Kavalkade.

Kopfschüttelnd ob des ungewöhnlichen Bildes setzten die Italienfahrer ihre Reise fort in ein immer enger werdendes Tal mit vereinzelten Ruinen auf den Gipfeln. In stockfinsterer Nacht endlich hielten sie vor einem mächtigen Gebäude mitten im Wald.

Man pochte mit den Pistolenkolben an das Tor; ein verschlafener Kastellan erschien mit gespenstisch weißer Zipfelmütze und fragte, wer die Ankömmlinge seien und was sie begehrten?

Nach wenigen Minuten des Wartens – die Fremdlinge waren inzwischen in den Schloßhof eingeritten – kam ihnen über eine sich allmählich im Kerzenlichte erhellende Freitreppe der Schloßherr entgegen, der edle und gestrenge Freiherr Dickschitz, genannt Dünnschitz, Herr auf Urschitz und Uschitz. Seine an eine Kugel erinnernde Gestalt steckte in einem blauen Frack mit kummetartigem Kragen. Dazu trug er rehlederne Hosen und eine blumige Atlasweste mit großen Thalerknöpfen. Ein struppiger Vollbart, der erst unter den Augen halt machte, bedeckte, der Sitte der Zeit entgegen, das wohlgerundete Antlitz.

Doch war er ein liebenswürdiger Kavalier, der die unerwarteten Gäste aufs herzlichste bewillkommnete. Handküssend, die Frackschöße fast ununterbrochen steil in der Luft, komplimentierte er die Damen in ihre Appartements, wo lavendelduftende Betten soeben frisch überzogen und Kupferkannen mit heißem Wasser hereingeschleppt wurden. Sogar eine zinnerne Badewanne mit Löwentatzen wurde in einem Nebengelaß aufgestellt.

Eine halbe Wildsau war noch von Mittag übriggeblieben und gab den Ankömmlingen ein schmackhaftes Nachtmahl. Nach dem Souper ließ der ebenso heitere als gefällige Dickschitz die Gäste noch lange nicht zur Ruhe kommen; er blies ihnen, trotz aller artigen Abwehr, eine Anzahl von Liedern auf einem Fagott vor, das ihm tagsüber als Spazierstock diente und dem einige Klappen fehlten, was Dickschitz unter Räuspern zu entschuldigen bat. Liebte er es doch, bockige Knechte damit zu prügeln, wenn ihm der Zorn die Adern am kaum vorhandenen Halse blähte.

Dann sagte man sich gute Nacht, und der umsichtige Dickschitz löschte mit befeuchteten Fingern zischend die Lichter.

Jeder der Herren wurde in einem weitläufigen Gemache untergebracht, an dessen Türen bald zaghaftes Klopfen ertönte, Klopfen der zahlreichen jungen Mägde, die gekommen waren, goldbehaubt, doch leicht bekleidet, sich zu erkundigen, ob einer der Herrn vielleicht etwas wünsche. Ja, in diesem gastlichen Haus hielt man noch etwas auf gute alte Sitte nach üppigen Mahlzeiten!

VI. KAPITEL

Am folgenden Morgen traf Apoll – er war ein unverbesserlicher Frühaufsteher –, als er im Liliengarten des Schlosses promenierte und sich am juvenilen Dufte unreifer Mohnkapseln erfreute, den Freiherrn von Pirzelsburg.

Der stolzierte trotz der frühen Stunde im schwarzatlassenen Caputrock mit einem hohen Spazierstock umher.

Die gemeinsame Einsamkeit, der gleiche Geschmack in der Anbetung der dem Sonnenaufgang folgenden, Rosenwölkchen streuenden Eos, brachte die Herren einander näher, und bald ergingen sie sich in intimer werdenden Gesprächen.

»Sagen Sie mir im Vertrauen«, so begann Apoll, »sagen Sie mir im Vertrauen, was bedrückt eigentlich Ihre anmutige Baronesse Linnennetzer?«

»Hüm, hüm«, war Drottlefs Antwort, »ein böses Schicksal, ein Familienkummer, wie ihn kaum ein anderes Freiherrliches Haus aufzuweisen hat. Aber kommen Sie zu jenem abgelegenen Pavillon, wir könnten hinter den Büschen bürgerliche Lauscher haben!«

Und sie betraten den grünlattigen Käfig, von tauglitzernden Rosen umwuchert, an denen emsig summende Bienen ihr Tagwerk begannen, denn es war die Stunde des Eros.

»Ein schwerer Kummer, ja hören Sie! Zur Zeit der allergnädigsten Kaiserin Maria Theresia lebte am Hofe zu Wien ein Mohr, von heidnischen Eltern geboren. Durch Treue und Pflichteifer erwarb er sich die Gunst der Monarchin. Sein Vorname war Soliman, mit dem Schreibnamen hieß er Karkadan, was im Arabischen, wie ich mir sagen ließ, Nilpferd bedeutet.

Dieser besagte Soliman war als Knabe im innersten Afrika von Sklavenhändlern geraubt worden und wurde durch eine mit ihnen

liierte Marseiller Firma – diese Stadt beherbergte stets den Auswurf
der Kaufmannschaft – nach Messina verschachert. Dort gewann ihn
der in Sizilien kommandierende Feldmarschall Fürst Georg Christina
Lobkowitz gelegentlich einer animierten Assemblée im Tarock, verlor ihn aber wieder an einen Matador dieser Kunst, den Prinzen
Wenzel Liechtenstein, der ihm einen angesagten Pagat-Ultimo auf
heimtückische Weise abstach. Zu Lobkowitzens Spielerehre müssen
wir beifügen, daß ihn beim Ansagen ein leichter Erdstoß, der den
Kronleuchter auf den Tisch warf, irritiert hatte. Der beneidenswerte
Gewinner machte Soliman zum Erzieher seiner Söhne, und so kam
dieser bedauernswerte Zwitter aus einem Spielgewinn – Baratollo
nennen das die Sizilianer – und einem pensionsfähigen Hofwürden-
träger nach Wien und später im Tausch gegen ein Porzellanservice in
allerhöchsten Besitz.
Der sehnlichste Wunsch der frommen Monarchin, des Heiligen
Vaters und des ganzen Hofes war, Soliman dem Schoß der alleinseligmachenden Kirche zuzuführen.
Nach langem Kampfe gab der schmucke Heidenjüngling nach und
empfing in der heiligen Taufe den Namen Angelo.
Dies geschehen, setzte die Kaiserin alles daran, ihrem Schützling, der
sofort zum Kammerherrn und Geheimen Rat avanciert war, eine
passende Lebensgefährtin zu suchen. Sie fand eine solche in der
Person ihrer liebsten Hofdame, der Prinzessin Pschiakrewkowna-
Pschiakrewkrschitzki, deren Großvater einmal dreiviertel Stunden
lang König von Polen gewesen war – also gewiß first set – wie Sie mir
wohl zugeben werden.
Dieser Bund wurde mit einer Tochter gesegnet, die später den
Freiherrn von Linnennetzer heiratete. Dessen einziges Kind und
Erbin seines großen Vermögens ist unsere liebe Reisegefährtin, die
augenblicklich hinter diesen Jalousien« – er deutete auf das Schloß –
»schlummert.
Soweit wäre die Sache ganz schön. Leider, leider sollte sich aber später
ein wahrer Strom von Wermut über die angesehene Familie Solimans
ergießen. Das kam so. Als die Kaiserin Maria Theresia starb und ihr
hohes Testament eröffnet wurde, fand man unter den zahlreichen
Kodizillen von höchst eigener Hand eines, über das man allgemein

erschrak. Stand doch dort klipp und klar der Befehl, daß man Soliman nach seinem Tode – bewahren Sie Haltung, von Nichts – *ausstopfen* und dem Kaiserlichen Naturalienkabinette einverleiben müsse.

Peinlicherweise hatte die gütige, doch alternde Monarchin, die das Testament jahrelang nicht mehr gelesen, diesen Passus übersehen.

Als der eitle Hofmann Angelo davon erfuhr, traf ihn fast der Schlag; er setzte alle Hebel in Bewegung, raste vom Reichskammergericht in Wetzlar zum Heiligen Stuhl, vom Heiligen Stuhl zum Reichsdeputationshauptausschuß in Regensburg – alles umsonst.

Endlich starb er tief bekümmert, nachdem sein Lebensabend durch die bewußte letztwillige Verfügung aufs schwerste verbittert war, und warf sich noch auf dem Totenbette ruhelos hin und her.

Als nach feierlicher Einsegnung – es ist ja kaum auszusprechen – die betrübten Hofärzte, zusammen mit dem Hofschinder, assistiert von den Obmännern der Gerberinnung in Trauerflor, ihr schmerzliches Amt beendet hatten, kam der also präparierte Leichnam Solimans *ausgestopft,* aber im Kammerherrnfrack mit allen Orden geschmückt, ins Naturalienkabinett.

Der Direktor dieser Anstalt, Eberle, wehrte sich gegen diese Neuakquisition, ein Schaustück, das wegen seines Kostümes die Einheitlichkeit der Sammlungen störte, und ließ den Verewigten durch den Hofmedailleur und Bildhauer Thaler auf eine mehr das nationalafrikanische Element betonende Weise umpräparieren.

So kam es, daß der ehemals gefeierte geistreiche Mann, der Intimus eines Sonnenfels und der einzige Duzfreund Lessings, mit Federkrone und Blätterschurz angetan, den Bogen in der Hand, die zoologische Abteilung des Hofkabinettes schmückte.

Begreiflicherweise protestierte die eitle Familie Solimans heftig gegen diese sie schwer verletzende Lösung der funebralen Angelegenheit, natürlich umsonst, da alle rechtlich Denkenden sich streng auf die Seite der Erfüllung eines Letzten Willens stellten.

Die Angelegenheit wirbelte viel Staub auf. Eine Flut von Broschüren überschwemmte die gebildete Leserwelt – aber selbst wenn Recht und Gerechtigkeit gebeugt worden wären, die Amtsstelle wäre nie und nimmer von ihrem Standpunkte abzubringen gewesen.

Zu all dem hatte Eberle die Gelehrtenrepublik der ganzen Welt für
sich, die damalige Aufklärungsepoche stellte ja die Naturwissenschaf-
ten an die Spitze des Interesses, und ein begeisterter Brief Humboldts
bestärkte den Direktor besonders, das Richtige getroffen zu haben.
Dazu kam der Geschmack an schlichter Einfalt und der Rückkehr zur
Natur – kurz, der Kampf der Hinterbliebenen war hoffnungslos.
Am Allerseelentag konnte man jedesmal die dichtverschleierte
Witwe, ein gebrochenes Weib mit vornehmen Bewegungen, beobach-
ten, die auf dem Sockel ihres ausgestopften Gatten zwei angezündete
Kerzen befestigte und in stiller Andacht weilte, bis der Saal gesperrt
wurde. Man hatte nicht das Herz, die bedauernswerte Witfrau zu
verscheuchen, obschon ihr Totenkult ein sehr gefährlicher war.
Deshalb wurden ihr später stillschweigend zwei kaiserliche Hofpom-
piers beigegeben, die mit umflorten Spritzenmundstücken der stillen
Feier beizuwohnen hatten.
Wien gewöhnte sich allmählich an den sonderbaren Anblick, bis eines
Tages etwas geschah, das enormes Aufsehen erregte und die maß-
gebenden Stellen in Unruhe versetzte.
Man schrieb gerade das Jahr 1800, als aus dem Novembernebel des
Allerseelentages eine glänzende Kavalkade auftauchte und sich dem
Gebäude des Naturalienkabinettes im spanischen Schritte näherte.
Es war eine Abordnung des polnischen Adels, der inzwischen
erhoben hatte, daß Soliman ein Königssohn, der Kronprinz des
Reiches Mhehe gewesen sei und richtig Mmadi-Make geheißen habe,
was hier als historische Tatsache festgestellt werden muß.
Eine Fantasia der kalpakgeschmückten Reiter folgte, geführt von den
Fürsten Sapiéha, Poniatowski, Leszczynski und Potocki, die den
stillen Josephsplatz mit kriegerischem Lärm und Hufgedonner
erfüllte.
Dann stiegen die Herren ab, drangen ins Kabinett und tanzten, die
entblößten Säbel mit schwarzem Krepp umwickelt, vor dem Verewigten einen Trauerkrakowiak, den mit ihnen versippten Königssproß zu
feiern.
Seine Majestät, damals noch ›Franz der Andere‹ geheißen, nahm
diese Huldigung eines fremden, von ihm noch nicht anerkannten
Fürstenhauses sehr übel und sorgte für die Abstellung künftiger

ähnlicher Huldigungen, indem er durch Hofdekret die Überführung des staatsgefährlichen Präparates in eine Bodenkammer der kaiserlichen Bibliothek anordnete.

Dort, o dort! trieben 1809 die Franzosen, deren Nationalstolz es ja ist, Denkmäler zu schänden, bei ihren Plünderungszügen mit dem Balg der ehrwürdigen Exzellenz ihren Unfug und zerstörten diese teure Reliquie einer so angesehenen Familie vollständig.

Die noch immer trauernde Witwe konnte als leidenschaftliche Polin von königlichem Geblüte diese Schmach nicht überleben: Sie stürzte sich aus dem Palaisfenster und blieb sofort tot; Tochter und Schwiegersohn – in Schmerz und Liebe unzertrennlich – nahmen Gift. – Bloß unsere unglückliche Doppelwaise blieb übrig, krankt aber seitdem an einem unheilbaren Gram, obschon sie zur Zeit dieser Schrecknisse noch ein zartes Kindlein war.

Um sie zu zerstreuen und dem sicheren Trübsinn zu entreißen, hat man ihr diese Reise nach dem lustigen Hof von Neapel verschrieben.«

»Ei! Wie sich das trifft!« rief der wieder animierte Apoll, der sich bei der Erzählung des Barons teils den Angstschweiß atembeklemmender Erregung, teils reichliche Tränen des Mitgefühles mit dem Schnupftuch weggetupft hatte.

»Ei! Auch uns hat man nach einem Nervenschock, anläßlich eines schweren Unfalles eines aristokratischen Freundes in unserem Salon ähnlich geraten; wir sind erfreut, das gleiche Ziel zu haben.«

Sie wollten noch weiter plaudern, aber die Glocke rief zum Frühstück, das in der sala terrena, dem mit reicher Stuccatur und verblichenen Fresken geschmückten Sommersaale eingenommen wurde.

Man war schon vollzählig versammelt; da ging nochmals die Türe auf und ein sonderbares, wie verstaubt aussehendes Hutzelmännchen erschien, in verschossenem himmelblauem Frack mit reichen Silberspitzen, mächtigem Jabot und weißer Perücke.

»Der berühmte Anatom Santorini«, stellte der Hausherr vor.

Und in der Tat! Es war der illustre, der Welt schon längst als verschollen geltende Florentiner Gelehrte, den Kaiser Joseph zur Ausführung der weit und breit bekannten Wachsplastiken, des Stolzes des k. k. Militärspitalmuseums, nach Wien berufen hatte. Auf der Rückreise wurde er vom Vater des jetzigen Schloßherrn zum Übernachten eingeladen, war aber, da er sich vor den Strapazen des Gebirgsüberganges scheute, seitdem auf Uschitz geblieben und vom Sohne als liebes Inventarstück von Vaters Zeiten her übernommen worden.

Seine schichtenweise zerlegbare mediceïsche Venus, durchaus aus farbigem Wachse gefertigt, galt als die größte Sehenswürdigkeit der Kaiserstadt an der Donau.

Santorini erging sich in altmodischen, meckernden Komplimenten den Damen gegenüber, die er mit silberbestreuten Wachsblumen verglich. Dann ereiferte er sich, wie jeden Tag, über seine wissenschaftlichen Gegner, einen Valsalva, Pacchioni, den tückischen Vicqd'Azyr oder gar Monro und den teuflischen Bell, der ihn als dermoplastischen Konditor bezeichnet hatte, und versank dann in schnupfendes Brüten. Die Gesellschaft beachtete gelangweilt den alten Herrn nicht weiter, aber Dickschitz gab mit pfiffigem Gesicht den Herrschaften ein Zeichen, daß ihnen gerade durch diesen abseitigen Greis eine großartige Überraschung bevorstehe.

Und richtig! Nach aufgehobener Tafel bat Santorini die Gäste in seine Gemächer, wo sie vor einem grünseidenen Vorhange stehen bleiben mußten. Der alte Herr schob ihn zur Seite und ein allgemeines »Ah« des Erstaunens ertönte. Sah man doch dort zur größten Überraschung eine prächtige, lebensgroße Nachbildung der Laokoongruppe aus Wachs – sein Werk, an dem er auf Uschitz durch ein Menschenalter geschaffen!

Welch sprachloses Erstaunen malte sich auf den erstarrenden Gesichtern der Zuschauer, als der greise Meister auf einen Knopf drückte und nach und nach Leben in die erhabene Gruppe kam.

Leises Surren ertönte.

Ruckweise warfen nun Vater und Söhne die Schlangen ab, griffen nach hinten und hatten schon Musikinstrumente in den von summenden Federn bewegten Händen.

Santorini stieg auf ein Taburett, hob einen Taktstock, und das merkwürdigste Konzert der Welt begann.

Der Vater mit schmerzverzerrten Augen blies ein Bombardon, der rechte Sohn führte eine Flöte an den klagenden Mund, während der linke, irre Verzweiflung in den Blicken, auf eine Schellentrommel mächtig paukte.

Drei inzwischen aus einer Versenkung aufgetauchte Pudel aus weißem Wachs hielten die Notenblätter und nickten immerfort mit den Köpfen, was der Gruppe zu einer fast schauerlichen Realität verhalf.

Es war Pergolesis Madrigal: »Die im Wienerwald verirrte Proserpina«, das voll verhallender Wehmut den Raum erfüllte.

Als aber dann das an Ländlermotiven reiche: »Et in Styria Dionysos« ertönte, von Mozart eigens für die Gruppe komponiert, hatten alle Tränen in den Augen.

Kaum war der letzte Paukenschlag verklungen, erstarrte die Gruppe, die Pudel stierten auf die Notenblätter und verschwanden, wie vom Boden verschluckt.

Donnernder Applaus lohnte dem Meister, der dieses Wunderwerk geschaffen und sich meckernd verbeugte.

Eine Kahnfart auf dem Schloßteiche folgte. Die Boote glichen teils rot-, blau-, grün- oder gelbbemalten Chinesergondeln, teils waren sie wie fleischfarbene Körper schwimmender Meerjungfern gebildet, denen Wasserstrahlen aus den Busen drangen und die auf dem am weitesten aus den Wellen ragenden Körperteile glöckchengeschmückte Sonnenschirme trugen. Die Damen bekamen üppigbemalte Spanschachteln voll Mehlwürmer, um die unsinnig alten Goldfische im Teiche zu füttern; die Herren aber durften mit vergoldeten Tritonengabeln nach Hechten und moosigen Spiegelkarpfen stechen, was Anlaß zu viel Gelächter und animierten Wetten gab.

Leider sollte dieser festliche Tag kein gutes Ende finden; nach Tisch trat mit den Zeichen höchster Erregung Baronesse von Linnennetzer zu den vertrautesten Herren ihrer Eskorte und teilte busenbebend mit, daß ihres Bleibens hier nicht länger sei.

Der alte Geck – Santorini –, der ihre Familiengeschichte aufs genaueste kenne und sich in starken Ausfällen über das Ende ihres Großvaters erging – den er als eine durch und durch stümperhafte Pfuscherarbeit bezeichnet habe –, hätte sie mit dem schamlosen Antrag verfolgt, ihm als Modell zu einer keulentragenden Omphale zu dienen! Genau so wie sie Spranger auf dem berühmten Bild in der kaiserlichen Kunstkammer dargestellt, und die er in farbigem Wachs

mit allen intimen Details nach der Natur – ja sogar mit herausnehmbaren Eingeweiden zu bosseln gedenke.
Das gehe zu weit!
Da die Herren den alten Knacker auf Pistolen nicht mehr gut fordern
konnten, mußte man aufbrechen, vom weinenden Dickschitz bis zur
Grenze des Schloßparkes begleitet.
Und wieder ging es dahin durch eine romantische Wildnis, auf
schwindelnden Brücken über schaurige Abgründe, durch Schluchten
voll kalten Moderdufts, unter gestürzten Riesenstämmen hindurch
und über grüne Almfelder, besät mit braunen Heustadeln, deren
Dächer wie Silberschilde leuchteten.
Als der Abendstern am Himmel funkelte, ritten sie in ein ummauertes Städtchen ein, wo ihnen der Bürgermeister entgegenkam und sie
ins vornehmste Wirtshaus, den »Schwarzen Adler«, einquartierte.
Man wies der Kavalkade die Kaiserzimmer an, stickige Räume, wo
zentnerschwere, schwarz-gelb überzogene Tuchenten keine angenehme Nachtruhe verhießen.
Dafür waren die pots-de-chambre aus versilbertem Glas – wie
Gartenkugeln – und mit frommen Szenen bemalt. Am meisten
gerührt war man über die Bettscheren aus Steinbockgeweih, um die
Schlafenden vor Stürzen zu bewahren.
Kurz, es war für alles gesorgt: Sogar ein Friseur erschien, Giocondo
Daponte, und bot seine Dienste an. Er war ein bis hierher versprceng-
ter Venezianer und ehemaliger Admiral der Republik, der wie so viele
seiner Standesgenossen ein kümmerliches Brot in der Fremde aß.
Mit der glühenden Brennschere zeigte er, graziös zurücktretend, wie
man die Kanonen abschieße, wozu er mit eherner Miene und tiefernst:
»Pumm! Pumm!« machte.
Dann gab er mit dem blitzenden Rasiermesser das Signal zum
Enterkampf gegen die Türkenhunde und zeichnete schließlich mit
dem Puder eine Kompaßrose auf den Mahagonitisch.
Seine Frisuren allerdings hätten höchstens windzerzausten Sturmgöt-
tern Ehre gemacht, was man seiner ehemaligen Würde als Marine-
fachmann und Seehelden zugute rechnen mußte.
Am späten Abend machte sich noch im finsteren Hausflur ein
vermummtes Weib an Quakenbusch heran und flüsterte ihm ins Ohr,

sie sei die Gemeindehebamme und wisse gar süße Häslein fürs Bett.
Er solle nur zum alten Turm kommen, gleich rechts vom Greifen-
burger Tore!
Ein knallender Peitschenschlag verscheuchte die Kupplerin.

VII. KAPITEL

Der nächste Tag führte die Reisenden über den Kamm des Gebirges
und talab, dem beginnenden Süden entgegen. Der Himmel ward
blauer, die Luft spürbar milder. Weinreben an den Häusern und
üppiges Obst allenthalben.
Dafür war aber das Volk weniger bieder.
Durch den glühenden Tag zog man bergauf und bergab; die Tiere der
Sänften wurden durch Träger ersetzt, um an schwierigen Stellen
sicherer zu gehen, denn der Weg ward jetzt schlechter. Einen Mann
sah man, der saß in einem hängenden Korb, der an einem Eichenast
schaukelte. So hütete er das Vieh der Sandvipern wegen, an denen das
Land dort sehr reich war. Eine Zigeunerin tauchte auf und bot den
Vorüberziehenden ein braunes, nacktes Mädchen an, das sie schamlos
enthüllte; ob der Abweisung fluchte sie dem Zuge nach und wünschte
selbst den Rossen den Feifel, Piephacke, Dummkoller und Rotz.
Dengelnde Schnitter warnten weiter zu ziehen, da im Wald ober ihnen
Räuber lauerten. Doch die Herren – auf ein Abenteuerchen lüstern –
verlachten die Wackren.
Und richtig! Bei einer Kapelle, vor dem Eingang in den struppigen
Wald, fiel ein Schuß. Da sprengte der grimme Bassus voran und
feuerte sein Trombon auf den kecken Banditen, der spitzhütig vor
ihm auftauchte. Auf das hin stoben die Mordbuben davon, der
Getroffene aber wankte schimpfend von dannen.
Dann wieder traf man auf einen frommen Anachoreten, der in einem
zerfetzten Schmöker blätterte und zum Klange eines kleinen Schel-
lenbaumes ein geistliches Liedchen sang. Er wies freundlich den Weg
und bat um ein Schnäpslein.
Weiter unten belästigte ein Landedelmann in ganz veralteter Jägertracht und von zwei spontontragenden Hartschieren begleitet, ein

Mägdlein, das in einer Grotte badete. Eine freche Ziege beknabberte inzwischen die Wäsche, den Schäferhut und das Gebetbüchlein der Huldin. Bei lustigen Wasserfällen, vom angenehmsten Dämmerlichte beglückt, saß ein Maler an einfacher Staffelei und verewigte diesen pastoralen Vorgang. Es war kein Geringerer als Fischeroni, der Lieblingsschüler Magnascos.

Nicht weit davon, im finsteren Tann, stieß man auf eifrig arbeitende Falschmünzer. Sie stünden eigentlich im Dienst einer fremden Regierung, erklärten sie freundlich, hätten jetzt aber Sommerurlaub und arbeiteten auf eigene Rechnung. Dann wischten sich die Braven den Schweiß von der Stirn und wünschten den Ziehenden alles Gute.

Dann tat sich ein gewaltiges, breites Tal auf, weit gegen Süden geöffnet, voll winziger Dörfer und Kirchen, Burgen, Wälder und Städte, vergoldet vom Glanze der sinkenden Sonne, belebt von fernem, feinverklingendem Herdengeläute. Hie und da stieg eine blaue, schlanke Rauchsäule zum Firmament. Dazu der verhallende Klang eines Jagdhornes und fernes Hundegebell. Der vornehme Zug, aus dem Walde kommend, war stehen geblieben, dies liebliche Bild zu betrachten.

Der Himmel war bunt wie auf alten Gobelins, und das letzte Abendrot spiegelte sich in den Tressen der Kavaliere und auf den plattierten Kolben ihrer Pistolen.

Man stieg talab und kam zu Bauernhäusern, vor denen der Vater die Schalmei blies und die Kinderlein tanzten.

Durch solch liebliches Land ging die Reise fast eine Woche dahin, bis eines Nachmittags das Meer vor ihnen lag wie ein Spiegel aus gehämmertem Silber.

Und steil ging's bergab, über steinige, staubige Straßen, an Feigenbäumen vorbei bis an ein Stadttor, über dem in lauer Sommerabendluft eine Lampe vor der Madonna brannte.

Es war Triest!

Durch enge, rauchige Gassen, über hallendes Pflaster, durch Menschengedränge erreichten sie endlich die Herberge ganz nahe am Hafen.

Bei offenem Feuer verzehrte man das Mahl, wie es im Süden üblich ist, und fragte die schreienden Gestikulierer nach dem Abgang eines Seglers ins Königreich beider Sizilien.

Welch ein Signal für heranwimmelnde Winkelagenten. Man pries alle möglichen Fahrzeuge an, griechische Briggs und venezianische Trabakel, Ragusäer Tartanen, die bis Amerika schwömmen, und toskanische Bragozzi, eine päpstliche Feluke, sogar eine spanische Fregatte, die zwar gestrandet sei, aber in einem Monat wieder seetüchtig würde. Ja – beim heiligen Veit! Selbst nachts pochten gackernde Figuren mit Stangen an die Fenster unserer müden Reisenden, die sich zur Ruhe begeben hatten, um ihnen empfehlenswerte Gelegenheiten anzupreisen und vor den anderen Agenten zu warnen. So war ans Schlafen wenig zu denken, und man machte sich beim ersten Sonnenlicht auf den Weg zum Molo, fast zerrissen von der Menge der Verdienenwollenden.

An Ort und Stelle entschied man sich für einen stattlichen Dreimaster, dem »Amfitrite« in goldenen Lettern aufs Heck geschrieben stand.

Die kleinen Kämmerchen mit den schiefen Türen, die auf die Hauptkajüte mündeten, die Kupfereimer und Rettungsringe neben den Betten übten wohl einen leisen Druck auf die Gemüter der Damen aus.

Doch das Getriebe am Schiff, der Blick in die dunklen Tiefen voll Warenballen, das Rasseln der Kräne und das Treiben am Molo war allen Reisenden neu und fesselnd. Freilich mußte man an Bord bleiben oder nur ganz nahe dem Schiff umherpromenieren, da der Eintritt des günstigen Windes die Abfahrt bedeutete.

Den ganzen Tag verbrachte man so; auch nach dem Schlafengehen lag der Segler noch an seinen Tauen, von ernsten Polizisten mit Riesentschakos bewacht, und von schwarzbrilligen Zollspitzeln umschnüffelt.

Gegen Morgen erwachte Apoll jählings ob eines Schaukelgefühles und schlug zitternd Licht. Er lag in leise krachender Koje und merkte mit Entsetzen, daß sein sorgsam aufgehängter Überrock von Gänseleberfarbe an der weißlackierten Kabinenwand pendelte. Er blickte durchs Rundfensterchen neben dem Bett und sah nichts als das bleifarbene, wogende Meer und nicht fern einen großen, gespenstisch dunklen Segler, der an seinem Auge schwankend vorbeizog.

Jetzt wurde er ganz wach und stieg mit säuerlich zusammengezogenem Magen aus dem Bett. Würgen im Hals ... schon war es zu spät. Jammergestöhn aus den Nebenkammern belehrte den schmerzlich Kreißenden, daß der Ozean nach den Opfergaben der Neulinge lechzte.

Bei grauendem Morgen kredenzte die frechnasige Figur eines bronzefarbenen Schiffsjungen dem grünlichen Apoll ein Glas heißen Grogs, der dem auf dem glatten Deck hin und her Torkelnden neues Leben in die Eingeweide gießen sollte.

Der jämmerlich Frierende kauerte zum Gaudium der zwei stämmigen Matrosen, die das Steuerrad bedienten, hinter dem schwachbeleuchteten Kompaßhäuschen, das ihm den frischen Wind abhielt, und klapperte mit den Zähnen.

Das schwankende Deck lag der ganzen Länge nach vor dem Milchvetter des Staatskanzlers, der jedesmal aufbebte, wenn eine Woge über das Vorderkastell brandete. Alle Segel waren gesetzt; das Gewebe von Tauwerk, mit weiß lackierten Blöcken gespickt, dazwischen bunte Laternen, verwirrte sein Auge.

Allmählich verblaßten die Sterne, rosig erglänzten die Segel zu seinen Häupten, die Lichter erloschen, eine Glocke ward angeschlagen, das Deck belebte sich mit dunklen Gestalten, und der Schiffspudel begrüßte bellend das holde Frührot.

In der Kombüse prasselte das Feuer, die Morgencollation zu bereiten, und der Kapitän erschien im wachstuchenen Frack und mit dem blauen Zylinder, überall nach dem Rechten zu sehen.

Nach wenigen Tagen gewöhnten sich unsere Reisenden an das Schwanken des Schiffes und freuten sich an der Schönheit im Reiche Neptuns. Bald genossen sie die erhabene Ruhe der See mit ihren Wunderbildern an Lichtern und Farben, an spielenden Delphinen und fernsegelnden Schiffen, dann wieder freuten sie sich der Schönheiten der Inseln und der alten venezianischen Nester Dalmatiens, in deren Häfen sie ankerten. Wunderbare Städte mit nackten Kindern am Hafendamm und blinden Bettlern, fein säuberlich mit den Nummern der Bettlerlizenz versehen, weil seit wenigen Jahren der schlampige Markuslöwe dem ordentlichen Doppeladler Platz gemacht hatte.

Und überall gab es kleine Kaffeehäuser, in denen turbangeschmückte Türken den herrlichsten Mocca kredenzten, und wo man bis zur Abfahrt des Seglers die Zeit träumend verbummelte.

So lief die Fregatte auch eines Tages das Städtchen Trau an, voll von Palastruinen mit spitzbogigen Fenstern, marmornen Kirchen und finstern hohen Türmen.

Man vergnügte sich, zerstreute sich in Gruppen, die Landschaft zu betrachten. Die einen rollten in Karossen dahin, die mit den Decklaternen alter venezianischer Schiffe geschmückt waren. Andere trabten auf Eseln ins Innere des Landes, den kahlen Bergen zu, und wieder andere krochen in den Trümmern römischer Monumental-bauten herum. Unter diesen auch der wissensdurstige Quakenbusch, der mit seinem elfenbeinernen Maßstab sich in jedes Kapitell und Gesimsstück vertiefte und ein juchtengebundenes Notizbuch mit eifrigem Gekritzel füllte.

Ein drohender Gewitterhimmel trieb die Ausflügler schon am frühen Abend zum Schiff, das leise an der Vertäuung zerrte.

Das Meer ward fahlgrün; die ersten Windstöße pfiffen im Takelwerk, der Kapitän mahnte zur Abfahrt, um rechtzeitig die hohe See zu gewinnen. Schon spritzten die Wellen am Molo empor, und Schaum-flocken benetzten die Wartenden, die sich keiner angenehmen Nacht versahen, als grau vor Schreck der eine der Mohren verkündete, daß Don Quakenbusch fehle. Man habe denselben zuletzt in der Ruine eines römischen Amphitheaters im eifrigen Messen gesehen. Jetzt fehle jede Spur von ihm.

Der Kapitän – ein alter Seebär namens Kleskovich – wütete über die Unpünktlichkeit des zerstreuten Archäologen und befahl, einen Kanonenschuß abzufeuern. Der Donner rollte dumpf über das schäumende Meer und brach sich in fernem Echo in den Bergen. – Kein Quakenbusch kam.

Fahle Blitze zuckten, das Schiff riß an den Tauen – an eine Abfahrt war nicht mehr zu denken.

Die ganze Nacht ließ der besorgte Kleskovich Raketen steigen und Stunde für Stunde die Kanonen erdonnern, was zur Nachtruhe der ohnehin bekümmerten Reisenden keineswegs beitrug, aber den Vermißten nicht brachte.

Auch der Morgen und der ganze folgende Tag verlief in resultatlosem Hoffen und steigerte den Grimm des Kapitäns, der sich rollenden Auges in Flüchen erging, von denen nicht wenige Viertelstunden lang dauerten.

Am nächsten Tag erschien ganz unerwartet der Sindaco, ein bedenklich aussehendes Subjekt mit Augen so klein und stechend wie die eines Igels, und bot sich an, die amtliche Todeserklärung des Don Quakenbusch auszufolgen, gegen Vergütung von 5 Gulden 22 Kreuzer – letzteres die Stempelgebühr samt Zuschlag für die vom Erdbeben Betroffenen und je einen Kreuzer Musik- und Waisentaxe.

Die Anwesenden standen stumm und betreten da, der Kapitän strich sich den grauen Schnauzbart, blies schweigend ein Stäubchen vom Ärmel des Wachstuchfrackes, senkte die Augenbrauen und forderte die Reisegesellschaft auf, durch Heben der Hand über den Antrag des Sindaco abzustimmen, weil man die Reise fortsetzen müsse.

Da das Resultat einhellig war, befahl er, das Schiff klar zur Abfahrt zu machen und brüllte dem Hochbootsmann zu, die Signale zum Segelsetzen zu geben.

Die Matrosen lösten die Taue, die letzten Bettler jammerten und streckten Arm- und Beinstümpfe den an Deck stehenden Lustreisenden entgegen, einer sogar sein von den Türken abgeschnittenes Ohr samt dem dazugehörigen amtlichen Beglaubigungsschreiben, als im letzten Moment zusammen mit den Matrosen sich auch ein abgerissener und verstaubter Landesbewohner, ein sogenannter Morlake, über die Reling schwang und der Kajütentreppe zueilte. Bassum sprang ihm mit einem geschwungenen Tauende nach, ließ es aber sofort fallen, als er in dem verwahrlosten Burschen Don Quakenbusch erkannte.

Der aber bat händeringend, ihn nicht aufzuhalten, er müsse sich in seiner Kabine verstecken ... später würde er alles erklären ...

Kopfschüttelnd darüber nachdenkend, was der sonst so steife Quakenbusch angestellt haben müsse, teilte er seine Wahrnehmungen der Reisegesellschaft mit, die voll Spannung der Lösung dieses Rätsels entgegensah. – Liebesgeschichte? Kaum zu glauben! ...

Verheimlichung eines antiken Goldfundes? Schon eher möglich ...
Um des Himmels Willen! Etwa ein Mord im Affekt?! Das Rätsel ließ
niemandem Ruhe.

Endlich, nach einer Woche traute sich der Scheue heraus; der
Kapitän tobte wie ein Berserker und verschwor sich, daß Quakenbusch von Rechts wegen an der höchsten Rahe baumeln müsse: Er
habe die kaiserliche Post nach Messina aufgehalten – weiß der
Himmel, was für Folgen sich zeigen würden!

Allmählich vermurrte sein Zorn, da der Wiedergefundene sich erbot,
für die Mannschaft ein Oxhoft sizilianischen Weines und ein Fäßlein
feinsten Olivenöls für das ewige Licht des St. Nikolausbildes am Fuße
der Kajütentreppe zu stiften.

Wie erschrak aber der zum erstenmal wieder beim gemeinsamen
Mittagessen erschienene Quakenbusch, als er unter seinem Teller
eine Rechnung über zwei Normaleselslasten Raketen und 101
Kanonenschüsse à 18 Kreuzer fand!

Von den Anwesenden bedrängt, endlich ihre Neugier zu befriedigen
und zu erzählen, was ihm zugestoßen sei, erklärte Quakenbusch mit
tonloser Stimme: Er sei entführt worden!

Alles rückte näher, die Damen zogen gruselnd die Shawls über die
Schultern. Der im Geruche eines spannenden Abenteuers Stehende
begann:

Nachdem er sich in dem römischen Gemäuer müdegeklettert, habe er
unfern, dicht an der wogenden See, ein kleines Gasthaus erblickt,
»Zur silbernen Medusa« – »Zur goldenen Ente« – oder so irgendwie
habe es geheißen, wie dem auch sei, unter duftenden Zitronenbäumen,
voll von goldenen Früchten; hart am dunkelblauen Meer habe er sich
niedergelassen und sei freundlichst begrüßt worden. Gleich sei der
Wirt herbeigehinkt, ein Veteran, dem eine Mohrenkugel das Bein
zerschmettert, und habe ihm feurigen Wein und prächtige Eselswurst
aufgetischt. Dann sei auch die Kellnerin mit ihrer surrenden Spindel
gekommen – ein bildschönes Ding mit langen braunen Zöpfen. Sie
habe unaufgefordert die schönsten Lieder gesungen – ihn schwermütig schmachtend betrachtet und immer wieder ihr Busentüchlein
gelüpft. Bald seien mehr und mehr Leute aufgetaucht, den fremden
Franken zu bewundern.

Ein blinder Greis mit wehendem Patriarchenbart wurde herangeschleppt; dem habe man seinen – Quakenbuschens – Zylinder aufgesetzt; alles habe bewundernd in die Hände geklatscht und den Zylinderhut mit Basilikum und wildem Opoponax bekränzt. Sogar ein Lehrer sei mit etlichen Kindern gekommen, den Fremdling seinen Schülern zu zeigen.

Man habe seine Taschen durchsucht – nichts weggenommen – dies sei zur Ehre der Leutchen gesagt; sein Sacktuch habe die Runde gemacht, jeder schneuzte sich ehrerbietig hinein; dann habe er den für ihn wertlos gewordenen Batist einem alten Mütterchen geschenkt, wofür das Hüte-Schwenken und Evviva-Rufen der Menge kein Ende nehmen wollte. Die gebückte Matrone, die mit großer Zungenfertigkeit den Segen aller Heiligen über ihn herabflehte, wollte schließlich den Saum seines Frackes küssen, was er nur mit Mühe verhindern konnte. Allerdings machte ihn das immer mehr anwachsende Getriebe nervös, zumal ein kleiner Streit entflammte: Der eigensinnige, schon recht kindische Greis – Senegatschnick gerufen – wollte durchaus den prächtigen Hut nicht mehr hergeben, was zu einer lauten Kontroverse Anlaß gab. Es bildeten sich für und wider Parteien, und schon hätten Messer aufgeblitzt, als glücklicherweise mitten in dieses Toben die Vesperglocke erklang, worauf alle Anwesenden in die Knie sanken. Dann trollte man sich davon.

So weit wäre alles ganz gut abgelaufen.

Kaum war nämlich das Glöckchen verstummt, als die Kellnerin kichernd erklärte, jetzt sei die Stunde, wo die dicke Donna Gorgozzuola delle Gozze d'umago auf ihrem Eselein vorbeireiten werde, um nach des Tages Hitze wie immer zum Abate Burdone Bombaceleste zu eilen. – O quel bulicame d'amore – oh, welch ein Sprudelquell der Liebesglut sei diese noch junge Dame mit dem vielen Gelde!

Was nun geschah, ist wert beseufzt zu werden!

Richtig trabte eine äußerst umfangreiche Blondine – eine echte Venezianerin – auf ihrem Eselein vorbei, machte einen Augenblick halt, lüftete den Schleier und sandte einen versengenden Glutblick auf den erröntenden Edelmann, der verlegen seine Brille putzte.

Er verlangte zu zahlen, wobei das bedienende Mädchen sich seufzend auf seinen Schoß setzte und umständlich zu rechnen begann.

Den noch bekränzten Zylinder am Kopf sei er durch die duftende Abendröte geeilt, zurecht zur Abfahrt zu kommen.

Unweit eines mannshohen, blühenden Kaktusses habe ihn ein unerwartetes Verhängnis ereilt.

Kräftige Arme packten ihn, ein Sack verhüllte sein Haupt, trotz verzweifelter Gegenwehr wurde der Überraschte gebunden und auf einen Karren geladen, wo er mit Zwiebeln und Orangen bedeckt wurde. Stundenlang humpelte das Gefährt dahin, mitten in ein Gewitter hinein; schließlich sei er in ein Gebäude geschleppt und in einem kühlen Raum mit hallenden Gewölben niedergelegt worden. Infolge der überstandenen Aufregung habe ihn eine Ohnmacht überkommen, und er könne nicht angeben, wie lange er so dagelegen sei. Endlich durchdrang ein Lichtschein die rauhe Leinwand, sanfte Hände lösten seine Fesseln, der Sack wurde entfernt und Quakenbusch sah sich zwei freundlichen, fast wie Nonnen verkleideten Mädchen gegenüber.

Der verschleppte Ausflügler wollte schreien, protestieren; doch sanft und still legte ihm die Kleinere eine mit Honig beschmierte Leinenbinde über den Mund, während die andere in gebrochenem Italienisch erklärte, er solle ganz ruhig sein, er sei bei guten Leuten, sie hieße Movrazirone, ihre Gefährtin aber Najadavišnjak, und sie stünden ihm in jeder Hinsicht zu Diensten.

Quakenbusch beruhigte sich langsam, zumal ihm die Mädchen die von den Stricken herrührenden Striemen mit wohlriechenden, lindernden Salben bestrichen, und zwei vermummte Bediente einen köstlich gedeckten Tisch mit kalten Speisen hereintrugen.

Während sich der bedeutend milder gestimmte Quakenbusch an das Tischchen setzte, auf dem zu allem Überfluß vier Wachskerzen in einem silbernen Kandelaber brannten, wuschen ihm die dienenden Mädchen in einem schöngetriebenen Kupferbecken die Füße, um sie mit weichem Linnen abzutrocknen. Quakenbusch war gerade im Begriff, ein lustiges Liedchen anzustimmen, hatte ihn doch der überaus feurige Wein, dem er wie ein Verschmachtender zugesprochen, ungemein heiter gestimmt.

Dann verlangte er schlafen zu gehen.

Die nonnenhaften Gestalten, die ihren Gesang mit gefälligem

Lautenspiel begleitet hatten, bedeuteten ihm, daß daran nicht zu denken sei, da ihre Exzellenz ihn erwarte.

»Was für eine Exzellenz?« Doch die Mädchen geboten ihm Schweigen und führten den Verdutzten und etwas unsicher Gehenden einen langen hallenden Gang über Marmorplatten dahin.

Eine Flügeltür, bedeckt mit den köstlichsten Schnitzereien, tat sich auf, und er sah sich in einem mit den prunkvollsten Stukkaturen überreich beladenen Saal. Im Kamin brannte trotz des lauen Abends ein Feuer. Quakenbusch war überrascht, auf einem Ruhebett, auf vergoldeten Löwenpratzen aufgebaut, die dicke Dame vom Nachmittag zu erblicken, die mit gewaltigem Fächerspiel in gewagter Toilette vor ihm lag.

Dem Besuch wurde ein Taburett angewiesen.

Die Mädchen verschwanden mit stummer Verbeugung.

»Mein Name ist Quakenbusch!«

»Quakenbusch«, replizierte die üppige Schönheit, »in Amsterdam kannte ich vier Brüder Quakenbusch, tolle Tänzer, mit denen ich Nächte durchwalzte.«

»Möglich, wir stammen vom Niederrhein ... Aber sagen Sie mir ...«

»Ja, ich weiß, daß ich eine Aufklärung schulde. Hören Sie, Messère: Ich habe Ihre Entführung veranlaßt. Doch verzeihen Sie diesen Schritt einem leidenschaftlichen Weib – ich bin Witwe – noch jung an Jahren und zu ländlicher Einsamkeit verdammt. Ich will Ihnen das alles kurz auseinandersetzen. Als ich Sie heute beim Klang der Vesperglocke erblickte, hat mich die Leidenschaft übermannt, – ich gestehe es Ihnen offen, niente vile in amore, kein fühlendes Weib, kein liebender Mann wird meinen Schritt verdammen – am wenigsten Sie, ein Kavalier der alten Schule, wie es nur wenige gibt.«

Quakenbusch verbeugte sich stumm. Dann dankte er der Dame für die liebenswürdige Aufmerksamkeit, die sie seiner unbedeutenden Person geschenkt habe, ließ aber mit gewählten Worten durchblicken, daß er ein Mann in gesetzten Jahren und weniger Lebemann als vielmehr eine Künstlernatur sei.

»Oh, welch Zusammentreffen! Auch ich interessiere mich brennend für Künstler – schauen Sie Baron, dort in der Ecke, ein Werk Canovas – ich als Nymphe in durchsichtigem Schleier – leider ließ der Meister das Werk unvollendet ... wollen vielleicht Sie beenden, was dieser, ihr Vorgänger ...«

Quakenbusch klärte den Irrtum auf mit dem Hinweis, daß er Musiker sei, habe aber erst kürzlich eine einzigartige Verbindung der beiden Künste bewundern können – eine Schöpfung des Meisters Santorini, der in Wien die berühmte Venus mit den herausnehmbaren Eingeweiden geschaffen.

»Wie interessant, Baron ... können Sie mir nicht den Gefallen tun, Santorini hierher zu bitten?«

Quakenbusch wies auf das hohe Alter des Künstlers hin, der den großen Strapazen wohl nicht mehr gewachsen sei, worauf das Interesse seines üppigen Vis-a-vis sichtlich abnahm. Sie machte noch einige Versuche, den unfreiwilligen Gast und keuschen Joseph in Flammen zu setzen, was aber nicht gelang, da der übermüdete Baron langsam, aber sicher einnickte.

Endlich gab sie wutbebend das Zeichen, den heftig Schnarchenden in sein Schlafzimmer zu befördern.

Als der durch Morpheus' Gnaden vor einem Sündenfall bewahrte Galan erwachte, war es hoher Mittag. Er schellte und verlangte, daß die erschienenen Mädchen sofort ein Fuhrwerk besorgen sollten, das ihn zu seiner Fregatte zu bringen habe. Die Sprachkundige der beiden wies auf die Unmöglichkeit hin, seinem Wunsche zu willfahren, da für heute abend ihm zu Ehren Gäste geladen wären, ein Ball angesagt sei.

Kurz und gut, er mußte sich in der Tat bequemen, dem tyrannischen Willen seiner sonderbaren Gastgeberin nachzugeben, einfach weil er physisch gar nicht anders konnte – er war und blieb ihr Gefangener.

Als die Nacht hereingebrochen war, vernahm er schäumend vor Wut die ersten Klänge einer Tanzmusik, der Dudelsack, Triangel und Kesselpauken ein eigenartiges Gepräge gaben.

Welch seltsames Bild bot die Gesellschaft!

Welch ein Gemisch von angeborner Würde und äußerster Dürftigkeit – leicht zerlumpte Männer mit kühnen Gesichtern und abgehärmte Frauen in dunkler Seide, dann sonnverbrannte Mädchen, die durchwegs die Beweglichkeit junger Ziegenhirtinnen hatten – kurz, es war der verarmte Adel von Spalato, der sich vor ihm im Tanze drehte, wie ein kleines, buckliges, als Römer verkleidetes Männchen Quakenbusch bedeutete. Der Ärmste – ein Graf Vuchetic – trug ein Pappendeckelschild mit einem neugierig blickenden Medusenhaupt, das er vertraulich ans Hosenbein des Barons lehnte.

Selbst er, der Mißgestaltete sei beinahe ein Opfer dieser lüsternen Circe geworden, vor der er nur warnen könne; allein, durch die große Macht ihres Geldes beherrsche sie die Gegend, schlimmes Geld, munkle man, ihr verstorbener Mann ... hier stieg der Erzähler auf ein Taburett und flüsterte Quakenbusch die Worte ins Ohr – sei Sklavenhändler gewesen. Aber in dem nicht enden wollenden Krieg, der unten in Griechenland ausgebrochen, vor Jahren verschollen.

Das Meer wäre jetzt so unsicher, daß das bißchen Verdienst mit Schmuggel, von dem die bessere Gesellschaft hierzulande lebe, ganz darnieder liege. – Ob er etwa eine Ladung Schwämme kaufen wolle, ein Trabakel voll sei davon zu haben ... Hier eine Probe.

Hüstelnd nestelte er ein Stück Schwamm und mehrere trockene Brotrinden aus einer Falte seiner Toga.

Im selben Moment trat die Hausfrau heran und richtete in harter Sprache einige zischende Worte an den Römer, der das Schild packte und sich davontrollte. Wutfächelnd nahm sie den Arm des Barons und flüsterte ihm zu, er solle sich vor diesem Intriganten in acht nehmen und die Gesellschaft eines solch notorischen Schürzenjägers meiden! Als zwölfjähriges Mädchen sei sie fast diesem Wüstling zum Opfer gefallen, allerdings wäre sie damals ebenso entwickelt gewesen wie heute, fügte sie errötend hinzu.

Ach, auch schon in diesen Jahren habe sie Qualen der Liebe gelitten, ein Opfer heißen Blutes, die Tochter einer vulkanischen Mutter und eines Herkules von Vater, der dreihundertfünfundsechzig Kindern das Leben geschenkt – man könne die Zahl ganz leicht merken. Dabei betrachtete sie funkelnden Auges den bebenden Quakenbusch und stürzte unvermutet einen Korb Rosen über ihn, mit den Worten: »Sei mein ... du der Pascha – ich die Odaliske!«

Die Wirkung war aber eine ganz andere als erwartet: Die Brille des zaghaften Freiherrn wurde von den Rosen heruntergerissen und zerbrach; das Opfer der Kinder Floras sah sich in der hilflosesten Lage.

Die Gastgeberin bedauerte den Unfall. Dann klatschte sie in die ringfunkelnden Hände, und zwei janitscharenartig gekleidete Halunken – wohl eine Art Leibhusaren der Schloßherrin – polterten in den Saal. Wieder einige Worte in der harten Landessprache, die Burschen trollten salutierend davon und schwangen sich auf ihre Gäule, die im Korridor warteten, wie Quakenbusch durch die halbgeöffnete Flügeltür zu seinem Befremden wahrnahm. Die Hufschläge verhallten in den Gängen – das Fest nahm seinen weiteren Verlauf.

Eine halbe Stunde später wurde dem Unglücklichen das schwer vermißte Augenglas wieder gebracht – aber in welchem Zustande! Eine Linse war wohl halbwegs in Ordnung, die andere jedoch durch eine Butzenscheibe ersetzt worden, die den Träger unendlich nervös machte. Da der Zappelige in diesem Zustande aus Mangel an Sammlung wieder kein geeignetes Objekt für einen tollen Liebesrausch bildete, ließ ihn die holde Gastgeberin ziehn, jedoch unter halbzerkauten Verwünschungen, die seiner Männlichkeit nicht gerade schmeichelten. Dann sah sie sich für diesen Abend nach einem anderen Opfer unter den Geladenen um.

Den nächsten Tag brachte der Gefangene allein in seinen Gemächern zu. Das Essen war vorzüglich und überaus reichlich gewürzt. Gegen Abend traten nach leisem Klopfen die beiden, wie immer fast zu dezent gekleideten jungen Geschöpfe herein, warfen aber zu Quakenbuschens größtem Erstaunen mit einem Ruck die dunklen Hüllen ab und standen in sehr seltsamen Kostümen, zumeist aus Straußfedern bestehend, mehr entkleidet als angezogen vor ihm. Ihre Stellungen waren so schlüpfrig, daß der Baron den Unfall lobte, der ihm das Augenglas zerbrochen. Die irritierende Butzenscheibe hatte er schon am Vormittag durch einen geschwärzten Pappendeckel ersetzt, was nun den Vorteil hatte, daß er nur die Hälfte des aufreizenden Schandgemäldes zu sehen brauchte, das sich vor ihm entrollte.

Wie staunte er, als die mit unnötig weit zurückgeschlagenen Röckchen am Boden kauernden Mädchen kichernd einen vergoldeten Korb auspackten und Rosenketten daraus zum Vorschein brachten, mit denen sie ihn, den gesetzten Junggesellen fesselten! Um nicht ungalant zu erscheinen, ließ er die jungen Dinger gewähren.

Sie zeigten kindlichste Freude über ihr Werk und umtanzten händeklatschend den festlich Geschmückten.

Nur als sie ihm nach südländischer Sitte Rosen hinters Ohr stecken und den Scheitel mit Hammeltalgpomade nachziehen wollten, lehnte er artig, aber entschieden ab.

Dann drückten sie ihm eine mit Gewürznelken und Zimtstückchen gespickte Orange in die Hand – wie er später erfuhr, ein uraltes Symbol des Freiertums – stießen die Tür auf und geleiteten unter fremdartig anmutenden Gesängen das so sonderbar geschmückte Opfer zu den Gemächern der Hausherrin.

Schon von weitem drang ihm die eigentümlich aufreizende Musik, wie am Tage vorher, entgegen. Nur daß sich noch silbrig klingende Tschinellen dazugesellt hatten; auch eine Baßgeige murrte umflort.

Kopfschüttelnd betrat Quakenbusch den ihm bekannten Saal. Wie erschrak er, als er in der Mitte desselben die dicke Dame, als Venus verkleidet – welche Lüge in dem Worte – in üppigem Tanze sich drehen sah. In einer Nische spielte die bewußte Kapelle. Dichte Trauerschleier, die vorgespannt waren, benahmen den Künstlern jede Möglichkeit, die Vorgänge im Saal zu überblicken.

Die beiden Mädchen, die ihrerseits auch noch die Federröckchen in beängstigender Weise hoben, führten ihren empörten Gefangenen näher und wollten ihn, der nervös auf der Pappendeckelscheibe des Augenglases trommelte, in den Reigen verstricken.

Die Pauken wirbelten dumpf.

Die Venus breitete die Arme aus – die eine der frivolen Nönnchen flüsterte Quakenbusch zu: »So tun Sie ihr doch endlich den Gefallen, sie hat mir eine Handvoll Zwanzig-Kreuzerstücke versprochen...« Da kam dem Gefolterten ein rettender Gedanke: »Ich bin der Polizeiminister Graf Sedlnitzky«, rief er mit Donnerstimme, »im Namen seiner Majestät des Kaisers Franz erkläre ich die Anwesenden...«

Ein Tumult entstand. Kreischend fuhren die Mädchen zurück.

Aus dem Orchester krachte ein halbes Dutzend Pistolenschüsse; vor den pfeifenden Kugeln versteckte sich der überraschte Quakenbusch, der sich diese Wirkung seiner Worte nicht erwartet hatte, hinter dem unvollendeten Canova. Eine vergoldete Portechaise schleppte die empörte Venus fort. Der Kreppvorhang zerriß, und ein Rudel wilder

Burschen stürzte mit gezückten Handschars aus der Nische heraus. Mit Mühe gewann Quakenbusch eine Türe, die er hinter sich abschloß. Die Mörder polterten. Er floh weiter durch düstere, winklige Gänge. Da wollte es das Glück, daß er in eine Schlafkammer — wohl die des niederen männlichen Dienstpersonals, gelangte. Er überwand seinen Ekel und schlüpfte blitzschnell in die bunte Tracht eines Landesbewohners, eines sogenannten Morlaken. So gelangte er unbemerkt aus dem Schloßhof und flüchtete den Berg hinan, wo er sich in struppigem Oleander und Rosenbüschen verbarg. Von dort sah er auch in weiter Ferne, ein Pünktchen bloß, die vertraute Fregatte auf der Reede von Saldon, vom Schloß Vukmani aber, das so harmlos zu seinen Füßen lag, nahm er gerne Abschied und gelangte nach Einbruch der Dämmerung auf sein Schiff. Den Schluß der Geschichte kennen wir.

Quakenbusch bat alle Anwesenden, über sein Erlebnis absolutes Stillschweigen zu bewahren, damit er nicht wegen Mißbrauchs des Namens seiner Exzellenz, des allmächtigen Polizeiministers, in große Unannehmlichkeiten käme.

Man setzte die Reise fort, den Baron als interessanten Helden eines pikanten Abenteuers feiernd. Er wurde fortan »der Tartuffe mit der Butzenscheibe« genannt.

Nach tagelanger Fahrt kam endlich Messina in Sicht, das palastgetürmte mit dem wimmelnden Hafen. Landleute empfingen sie — war doch die Stadt, wie ganz Sizilien, von österreichischen Truppen besetzt, um Ordnung in das bunte Gesindel zu bringen.

Und dann eines Morgens in farbiger Pracht baute sich Neapel vor den erstaunten Blicken der Seefahrer auf.

Wie ein kostbarer Gobelin, doch zerrissen und schmutzbekrustet, wimmelnd von Ungeziefer. Krepierte Hunde und Hühner, selbst gedunsene Kinderleichen spien die Kloaken in das Meer. Krätzige und Krüppel in allen erdenklichen Stellungen umgaben schwarmweise die Landenden, die auf federn- und glockengeschmückten Eselkarren ihrem Gasthof zujagten, immer besorgt um das Gepäck, nach dem unzählige diebische Hände griffen.

VIII. KAPITEL

Wenige Stunden später sah man die illustre, uns schon lieb gewordene Reisegesellschaft mehreren vergoldeten Kutschen entsteigen und die Pracht Parthenopens von der Promenade Chiaja aus bewundern.

> Non si puol andar più in su,
> Ne si puol trovar di più,
> Che la gran consolazion
> Nel mangiar i Maccaron ...

Quakenbusch, der sich schon als halber Neapolitaner fühlte, summte dieses reizende Liedchen und schaute den dunkellockigen Schönen in die funkelnden Glutaugen, die hinter den Fächern ihr gefährliches Spiel trieben.

Welch ein Leben!

Distinguierte Fremde, der einheimische Adel, geistliche Würdenträger, dazwischen wieder Sbirren und Detektive in den auffälligsten Verkleidungen! Auch Bekannte traf man, das würdige Ehepaar Fröstelpintsch, nordische, sehr zugeknöpfte Patrizier, die jeden Winter hier zubrachten mit ihrem unzertrennlichen Freund Lord Halifax, einem Mann von kältester Glätte, und endlich den österreichischen General Hopsetič von Grabensprung, der seit kurzem Stadtkommandant am Pizzofalcone war.

Immer weiter gingen sie durch die wimmelnde Menge, geblendet von den luxuriösesten Toiletten, den kostbarsten Shawls, dem unschätzbarsten Schmuck!

Da packte urplötzlich Radegunde Apoll so unvermutet am Arm, daß er fast aufschrie. Sie lenkte seine Aufmerksamkeit auf eine vornehme Equipage, in der niemand anderer saß als der elegante Besuch aus dem Wiener Papierkorb.

»Sie hier? Wie hieß sie doch gleich?« und Apoll blätterte in einem Notizbüchlein, ohne den Namen finden zu können.

Während er so blätterte, war es abermals Radegunde, die ihn mit einem jähen Aufschrei zur Seite riß; stürmten da nicht auf schnaubenden Rossen drei elegante Kavaliere im kurzen Galopp vorbei, offenbar dem gerade vorher gesehenen Viererzug nach? Und flüsternd machte sie den Bruder mit ihrer Entdeckung bekannt: die drei steyrischen Barone, die damals so unverschämt in ihre Wohnung eingedrungen waren! Also auch hier auf der Fährte dieser rätselhaften Erscheinung!

Was dem guten Apoll leider nicht auffiel, war, daß ein hagerer Mann, ganz in Schwarz gekleidet, sogar mit schwarzer Brille und vom Schnupfen schwarzen Nasenlöchern, die Arme düster verschränkt, Radegunde starr nachsah und einem zerlumpten Jungen ein Zeichen machte. Der lief davon, daß das Rudiment eines Hosenbeines – seine einzige Bekleidung – im Winde flatterte.

Am Abend auf dem Toledo, mitten im glanzvollen Treiben fiel ihm derselbe Mann doch endlich auf und noch andere zweideutige Figuren, zum Beispiel ein bärtiger Herr in tadellosem Salonanzug, doch eine kleine Axt auf der Schulter. Der machte einem anderen, an dem ein Seidensäckchen mit Holzkohlen bedenklich erschien, ein Zeichen. Dann wieder standen Vermummte im Mondlicht eines Seitengäßchens beieinander, mit erhobenen Schwurfingern, die sie mit einem Schlag auf einen Dolch legten, um schließlich Arm in Arm in einem Kaffeehaus zu verschwinden.

Flüsternd teilte man Apoll im Hotel mit, dies alles seien Carbonari, Anhänger der berüchtigten Gesellschaft, die den offenen Umsturz auf ihre Fahne geschrieben hätten.

Auf die Frage, daß bei so auffälligem Treiben doch jedermann sehen müsse, hier sei etwas nicht geheuer, bekam er die sehr richtige Antwort, daß gerade das unvermutet offene Auftreten die zahllosen Verfolger irre mache und immer wieder von der richtigen Spur abbringe. Übrigens sei er in Neapel, und da dürfe man nicht alles mit der scharfen Brille der nordischen Logik betrachten.

Habe man doch sogar vor kurzem den Heiligen Vater selbst – übrigens fast unkenntlich verkleidet – in einer der berüchtigtsten Spelunken Roms gegen seine eigene geheiligte Person agitierend gefunden – so sei das Verschwörertum heutzutage in Flor!

Nur daran sei er schließlich erkannt worden, daß er den Versammelten den Fuß zum Kuß hingehalten habe. Aber trotz alledem dürfe man beileibe nicht glauben, daß der Papst während der offiziellen Amtsstunden sein eigenes Treiben in den Freistunden etwa nicht

verdamme! Oh nein! die Bulle: de amplitudine confusionis spreche
dafür, nicht minder auch die: de ingratitudine alterius ego!

So die Worte des belesenen Wirtes, der natürlich auch — wie alle
seines Standes — Mitglied der geheimen Polizei war.

IX. KAPITEL

Am kommenden Tage gab Apoll das Empfehlungsschreiben seines
großen Milchvetters Metternich am Regierungssitze, dem Palazzo
Gravina, ab. Sofort öffneten sich ihm alle Pforten, und eine
Hofequipage stand fortan zu seiner Verfügung.

Auch die Vorstellung vor dem König folgte in einigen Tagen.
Ferdinand, ein gurkennasiger Greis, empfing die Herrschaften aufs
allergnädigste. Apoll machte, jedesmal aufs neue zurücktretend, die
vorgeschriebenen drei Komplimente. Dann nestelte er aus seinem
Busen den geheimen Brief und überreichte ihn dem König. Die
Majestät erbrach sofort die Siegel und entfaltete das Schreiben. Des
Königs Miene war zuerst gleichgültig, ward dann ernster und ernster,
fast finster. Dann pfiff er leise durch die Zähne und betrachtete einen
Augenblick lang den Überbringer mit ganz hoch hinaufgezogenen
Brauen und steckte das Papier sorgfältig ein.

»Ben!« Mit diesem Wort, das soviel bedeutet als »es ist gut!« und aus
der Sprache der Engel entlehnt ist — wie die Italiener voll Stolz ihr
patois nennen, beendete der König die Audienz.

Am Abend war den Gästen zu Ehren ein théâtre parée in San Carlo,
wo der erlauchte Herrscher im Zwischenakt zur Freude des Publikums einen Teller Maccaroni mit den Händen aß und sich mit allen
Logen brüllend unterhielt.

Die Wiener Gäste staunten nicht wenig ob des ungezwungenen
Tones.

Baronesse Linnennetzer zog sich indigniert zurück, bekam ihre
Migräne, und vor ihrem geistigen Auge rang der ausgestopfte
Großvater und überkorrekte Höfling seine schwarzen Hände.

Auch Radegunde war empört, weil die Majestät beim Cercle, knapp vor der Balletteinlage, die schmutzigen Pfoten an ihrer Staatstoilette abgewischt hatte.

Dagegen erregte die liebreizende Roxane Furore.

Voll vom Übermute der Jugend, tippte sie dem gekrönten Spaßvogel mit der Spitze des Atlasschuhes auf den schönsten Ordensstern und bekam dafür am folgenden Tage außer den Brillanten zum Rosalienorden die Medaille für Kunst und Wissenschaft verliehen, um die selbst ein Goethe so lange vergeblich gebuhlt hatte.

Nach dem Theater warteten der animierten Herren noch die verschiedenen lugubren Zerstreuungen der Riesenstadt.

Als Radegunde am Vormittag im Park der Chiaja die paar syphilitischen Sperlinge fütterte, bemerkte sie zu ihrem Unbehagen wieder den finsteren Gesellen vom Toledo, der einem Galgengesicht mit schmutzigem Pechpflaster überm Auge einen kurzen Befehl gab. Und das Gefühl einer rätselhaften Unruhe überkam sie, ein Bangen, wie vor einem kommenden Unheil!

Am Nachmittag folgte eine schönheitstrunkene Fahrt nach Cap Miseno, auf der blutroten Staatsgaleere, durchaus von kettenklirrenden Freiheitssängern gerudert – denn es war die gute Zeit, wo man solche Lumpen auf diese Weise nutzbringend verwendete.

Nicht minder erfreute die Herzen unserer Freunde der darauffolgende ländliche Ball in der Grotte der Sibylle mit seinem berühmten Scherzturnier, bei dem die kurzgeschürzten hübschen Mädchen ihre Burschen als Kampfrosse verwendeten. Was gab es da bei den harmlosen Stürzen für schallendes Gelächter und für ovidische Scherze beim Anblick heiterer Blößen!

Nur Radegunde blieb ernst.

X. KAPITEL

Die folgende glühende Sommernacht sollte ein neues Prunkbild gebären.

Die Laune des Königs hatte ein barockes Zerrbild ersonnen – ein Ballfest im Ruinenpalast der Donna Anna, dem melancholischen Riesenbau, der sich in verwitterter Pracht am Posilip emportürmt.

Hunderte von Gondeln führten die Gäste zum meerbespülten Portal.
Auf verfallenen Stiegen betrat man die festlichen Räume voll von
üppigem, zerbröckelndem Bildwerk.
Durch geborstene Decken fiel das silberne Mondlicht. Die mächtigen
Säle waren reich mit Gobelins geschmückt, und das Geflacker
kostbarer Kandelaber verscheuchte die Fledermäuse in den öden
Corridoren.
Bald war der Sirenenpalast von einer glitzernden, höfischen Menge
erfüllt. Dort drängten sich lärmende Kavaliere um den König, der
nach seinen Maccaroni schnippte; dort unterhielten sich in gemesse-
ner Art die Gesandten, ihre Portefeuilles unterm Arm, von listigen
Sekretären umschnupft; dort schaute ein steifer Engländer durch ein
Fernrohr die Gallerien entlang, und dort warfen Halbvermummte die
Mäntel um die Schulter und blickten finster auf den gierig fressenden
Monarchen: Denn man hatte auch die Creme der Verschwörerschaft
laden müssen, um nicht allzu böses Blut zu machen.
In einem entlegenen Kuppelgemach aber schlugen sich, mit erhobener Linken herumspringend, Edelleute, die sich beim Falschspielen
ertappt, und in einem Octogon, das geschwärzter Stucco mit der
Fabel von Amor und Psyche verzierte, wurden zwei in Galakleidern
steckende Backfische von ihren Müttern geohrfeigt, weil man sie mit
hochroten Köpfen dabei erwischt hatte, wie sie einem kleinen Knaben
das Höschen geöffnet.
Auch in der Unterwelt des Palastes donnerte das Leben.
Die schwarze Riesenküche wimmelte von Gestalten. Flammen loder-
ten in die Kamine; mit Kupferpfannen schlängelten sich braune
Küchenjungen, nackt bis auf Lendenschurz und die weiße Flach-
mütze, an den durcheinanderwirbelnden Köchen vorbei und an der
Schar der Lakaien, die auf silbernen Aufsätzen Last auf Last an
Speisen und Zuckerwerk zum königlichen Buffet trugen, das in der
Loggia aufgestellt, von genäschigen Diplomaten und der jeunesse
dorée beider Sizilien umschwärmt war.
Auch eisgekühlter Wein floß dort in Strömen und erfreute die
Kenner, rosige Bischöfe, goldbetreßte Marineure und Landedelleute
in bunter Staatsgala noch aus der spanischen Zeit.
In einer Nische saß eine liebliche Gruppe junger Mädchen ganz

abgesondert; Hellebardiere verwehrten den Zutritt. Durch das hohe Bogenfenster fiel der rote Schein des Vesuvs auf die schlanke Grazie der reizenden Precieusen und ihre glitzernden Augen.

Von den Balkonen klang in barocker Süße Paisiellos Musik, und vom silberwogenden Meer her ließen ganze Barken voll von Tenören ihre Dolces emporzwitschern.

Die lange Flucht der Ruinenfenster war von schwelenden Girandolen beleuchtet, und ein Feuerwerk ließ den schwermütigen Bau in allen Farben erglühen.

Zwölf rollende Kanonenschüsse verkündeten die Mitternacht.

Da nahte der Triumphzug Neptuns.

Korallenträger, Fabeltiere und Nixen in Balletröckchen leiteten ihn ein. Ihnen folgten zwölf blasende Tritone, durchwegs verkleidete Admirale, von denen einige in echt südländischer Eitelkeit davon nicht abgelassen hatten, ihre Orden anzulegen.

Schließlich Neptun selbst, ein Bruder des von Nelson gehängten Seehelden Caraccioli, von den Verschwörern, die plötzlich Trikoloren entfaltet hatten, lebhaft akklamiert.

Zu gleicher Zeit schwebte die Göttin Luna herab in großer, barocker Maschinerie. Splitternackte, doch kunstvoll frisierte Putten mit silbernen Sandalen, Köchern und Bogen, hielten sich graziös auf rosigen Gazewolken. Bengalisches Licht überstrahlte die Gruppe, und silberner Staub wirbelte zu ihnen empor.

Während sich das ganze Zaubergebäude ruckweise herunterbewegte, hörte man die Pfeifen der Hochbootsleute auf den verfallenen Palastgesimsen die Signale geben, denn Matrosen bedienten − wie schon seit Jahrtausenden − die Bühne, im Dienste der beiden verwandten beweglichen Elemente, der Marine und des Theaters.

Wer beschreibt aber das Erstaunen Apolls, als er in der Göttin wieder die schöne Dame erkannte, die seinem Papierkorb in Wien so viel Interesse bewiesen! Verstohlen machte er die Schwester auf diesen eigenartigen Umstand aufmerksam.

Schon kitzelten die Beaus mit ihren bâtons de cour die reizenden Meerballetteusen, die Okeaniden und Nymphen, schon ging der leutselige König dem Herrn des Ozeans mit geöffneter Tabatiere entgegen, als ein wilder Schrei ertönte.

Mit verwüstetem Haar stürzte Apoll durch die festliche Menge und gurgelte schmerzverzerrt, seine Schwester sei soeben geraubt worden! Man habe in Verdacht einen großen schwarzen Hummer, einen Hummer aus dem Gefolge Neptuns!

General Hopsetič – der österreichische Kommandant von Neapel – wollte sofort die Verfolgung militärisch und systematisch in die Hand nehmen, nachdem er auf die erste Meldung, daß »die Nichts« fehle, verwundert gefragt hatte, warum man dann so aufgeregt sei. Endlich begriff er, dem die Artikel oft Schwierigkeiten machten, daß der Nichts die Nichts suche, weil nicht das, sondern die Nichts dem Nichts fehle. Aber kein Mensch kümmerte sich um ihn, der vor leeren Sälen seine Kommandorufe gespenstisch erschallen ließ.

Das ganze Fest war in Unordnung gekommen; alles stürzte durcheinander, und ein Laufen und Jagen durch die hallenden Räume des Sirenenpalastes begann.

Allen voran stürmte der verzweifelte Apoll. Über geborstene Wendeltreppen ging die Jagd und durch Gemächer, in denen der Staub fußhoch lag, durch grelles Mondlicht und durch tintenschwarze Schatten, treppauf und treppab. Schließlich kam er in die Keller, die unheimlich vom Brausen des Meeres widerhallten.

Eine eingestürzte Treppe gebot ihm jählings Halt. Nur einen Blick warf er in das vom Wasser halbgefüllte Gewölbe, wo er im Scheine einer silbernen Lampe badende Kavaliere mit schalkhaft kichernden Hofdamen bemerkte; bei seinem Anblick schwammen diese Outsider des Hofballes in einen finsteren Seitenkanal hinein.

Das Aufregende, das Verwirrende seiner Lage war schließlich stärker als seine Nerven; eine tiefe Ohnmacht umgab ihn mit gnädigem Vergessen.

XI. KAPITEL

Des anderen Morgens erwachte Apoll in seinem Himmelbett, an dem ein bezopfter Arzt und ein salbungsvoll dreinschauender Abate standen. Ein heißes Klystier, auf einen Wink der zusammengezogenen Brauen des Medicus von seinem Gehilfen zischend appliziert, brachte den Kranken momentan zu voller Besinnung.

Das dampfende Wasser im Leibe, fing der sonst so Wohlerzogene zu schmähen an. Dann verjagte er den Spitalsdiener, einen abgebauten Folterknecht, der noch mit der aus dem Mundstück rauchenden Spritze dastand; darauf schmetterte er die Riesenflasche mit Medizin auf die Erde, daß die Scherben flogen, und dann forderte er gebieterisch, vor Seine Majestät geführt zu werden.

Doch der Arzt bedeutete ihm, ein Nervenfieber sei im Anzuge. Er dürfe sich vor Monaten nicht aus dem Bette rühren.

Der Abate sprach von christlicher Demut und Geduld, was er ihm an zahlreichen Beispielen der Heiligen und Erzväter erläuterte.

Und richtig! Wochenlang warf sich Apoll in tollen Fieberphantasien im krachenden Himmelbette hin und her oder rollte manchmal am kühlen Marmorboden dahin, was ihm wohltat, denn der Sommer war von drückender Schwüle.

Bisweilen kamen die Fröstelpintsche, die damals für sich und ihre Tochter Desdemona abgesagt hatten, weil sie sich beim Nachtfest zu erkälten fürchteten. Sie wollten ihm in ruhiger, gesetzter Redeweise Lebertran mit Schlagsahne vermischt – ein altes Hausmittel – aufdrängen; dann wieder spielte die Baronesse Linnennetzer an seinem Lager die Harfe und sang das Lied von der letzten Rose oder vom geschundenen Raubritter Jaromir, worauf sie regelmäßig schluchzend das Antlitz in den Händen verbarg; oder der wackere Bassus spielte die Querpfeife oder Quakenbusch die Violine, was den Kranken leider nur aufregte, denn der schwer kurzsichtige Künstler mußte sich zwischen jedem Bogenstrich mit dem Finger die nächste Note am Blatte bezeichnen.

Und zu all dem die traurigen, heißen Sommerabende in der miasmenbrütenden Großstadt!

Was Wunder, wenn sie alle betrübt und bedrückt waren, zumal die Baronin Linnennetzer keineswegs heiterer, sondern vielmehr noch schwermütiger wurde.

Hatte sie doch zu alldem ihre muntere Gespielin so gut wie verloren! Denn die reizende Roxane war bald der verzogene Liebling am Hofe geworden, wo sie in der Verkleidung des Pagen Hyazinth Furore machte und Dutzende der pikantesten Abenteuer erlebte.

Alles freite um sie, selbst der hundertjährige Graf Hamilton, der alte

Schönheitssucher, der gar nicht gestorben war, sondern sich nach dem bösen Ende seiner Gemahlin in ein Camaldulenserkloster zurückgezogen hatte.

Der Herbst kam in goldener und purpurner Pracht über das blaue Meer gezogen und streute über Neapel das üppige Füllhorn seiner Farben, Töne und Früchte.

Mit ihm erschien, von einem Vetturin dem anderen übergeben, wie ein rollender Ball mit Stulpstiefeln und klirrenden Knöpfen auch ein lieber Freund aus dem Norden, der launige Dickschitz. Dickschitz auf Uschitz!

In einer Sänfte aus Rosenholz, auf der ein bogenflitzender Cupido thronte, ließ er sich zum siechen Apoll tragen. Der staunte nicht wenig! Auch ein Fäßchen uralten Tokajers wurde ausgepackt und sein Inhalt nach und nach Apoll eingeflößt. Das gab ihm neue Glut in die Adern.

Der ehrliche Dickschitz leerte vor dem Freunde sein Herz aus: wie er gleich anfangs gemerkt, daß bei ihm etwas los sei, bei ihm, dem verhärteten Hagestolz, als er Radegunde damals erblickte. Dann habe er lang mit sich selber gerungen – ein Dickschitz mit dem andren – und nun sei er da! Ein ungelenker Bär aus den steyrischen Wäldern, der nicht viel schöne Worte machen könne, kurz – er bitte um die Hand Radegundens!

Da stützte sich Apoll am Lager empor und schmetterte den zaghaften Freier fast nieder mit der schaurigen Mär von Radegundens Entführung.

Wie schluchzte da Dickschitz! Dann schwor er mit den fetten Fingern die furchtbarsten Eide und vermaß sich, die Scharen des steyrischen Adels den Schurken auf die Fährte zu hetzen mit Hundekoppeln, Horrido und Hussassa ... und er endete: »Sowahr ich Zephirin Dickschitz heiße!«

Diese Worte gaben Apoll neue Stärke. Es war, als ob mit dem Tokajer auch die Willenskraft des Spenders seine Adern durchströmte, und bald verließ der Rekonvaleszent das Bett, um den Spuren der Verbrecher zu folgen. Allzubald packte Apoll die Verzweiflung. Er wußte nicht wo anfangen und sah sich einem undurchdringlichen Dunkel von Geheimnissen gegenüber.

Was ihn besonders quälte, war die Frage, ob ihn nicht ein Trugbild genarrt habe, als er in der Person der Mondgöttin am verhängnisvollen Festabend den nachgerade mysteriösen Besuch aus dem Wiener Papierkorbe erkannt hatte.

Daß diese problematische Figur mit dem entsetzlichen Ereignis in irgendeinem Zusammenhang stehen müsse, wurde ihm zur fixen Idee, und er beschloß – koste es, was es wolle – mit dieser irisierenden Spukgestalt Fühlung zu nehmen.

Der Name Fyrdraugh konnte nicht stimmen. Er gehörte einem im zwölften Jahrhundert ausgestorbenen isländischen Rittergeschlecht an, wie er im Heroldsamte erfuhr. Bei Hof, wo er sich um den Namen der Darstellerin erkundigte, bekam er sonderbarerweise ganz auseinandergehende Auskünfte. Die einen nannten den Namen einer berühmten Ballerina, die anderen den einer sizilianischen Herzogin, die dritten behaupteten gar, es sei ein Sopranknabe vom päpstlichen Hofe gewesen.

Aber daß da die Carbonari oder womöglich die verruchte Camorra ihre Hand im Spiel gehabt haben müsse, wurde Apoll zu immer größerer Gewißheit. Auch, daß er bei der offiziellen Polizei auf Hilfe nicht rechnen dürfe, ward selbst ihm, dem Weltfremden vollkommen klar.

Das ganze Staatsgefüge war ein unentwirrbares Netz von dermaßen ineinandergeschachtelten geheimen Gesellschaften, daß niemand mehr wußte, was vorne und hinten, was positiv, was negativ war.

Die offizielle und die inoffizielle Staatsleitung bestand lediglich aus Verschwörerkonventikeln, von denen der eine dem anderen mißtraute und überall eine geheime Nebenregierung zeitigte.

Das brachte es mit sich, daß neben der Camorra zum Beispiel wieder eine Camorra zur Überwachung der Tätigkeit der ersteren und ihrem Verhältnis zur Staatspolizei bestand. Neben der königlichen Staatsgewalt spukte noch eine zweite legitime Bewegung einer gespensterhaften, mehr spanisch eingestellten Regierung, für die Seine Majestät sogar geteilt zu fühlen im geheimen verpflichtet zu sein glaubte.

So wurde Apoll achselzuckend an eine geheimnisvolle Behörde gewiesen, den »Rat der Achtzehn« in Palermo, dem das Arrangement speziell der Götterszenen beim Ballfest im Sirenenpalaste unterstanden hätte. Nach Wochen stellte indes Apoll fest, daß diese Staatsstelle schon seit Jahrhunderten aufgelöst war. Dagegen hätten heute die »Cinquantuni« die wirkliche, staatslenkende Gewalt, seien aber so gut wie unerreichbar, da sie in einem wandernden Zirkuswagen tagten und sich in der Maske harmloser Akrobaten gefielen, um unabhängig von den Gegenströmungen und den Dolchen der Mafia zu sein.

Der ehrliche General Hopsetič eröffnete schließlich unserem verzweifelten Helden im Vertrauen, daß wahrscheinlich die höchsten Stellen selbst in die Geschichte verwickelt seien, da Mädchenraub sich sehr lohne ... leider, leider! und ließ Apoll ganz vernichtet zurück.

Seinen Gemütszustand besserte auch der Umstand nicht, daß eines Nachts um drei Baron Quakenbusch sich in seiner Wohnung melden ließ, nur von einem fackeltragenden Diener begleitet. Nach wochenlangem Grübeln sei er, Roderich Quakenbusch, soeben auf folgende, schreckliche Vermutung gekommen: daß die Dame – damals in Wien – das Fußbad – man müsse ja lachen – nur zum Vorwand genommen habe, um in Apolls Papierkorb nach *zerrissenen Briefen Metternichs* zu suchen! Ja, es sei für ihn Gewißheit, daß gerade sie die geheime Chefin der Carbonari sei, die rätselhaftgeheimnisvolle »Grangiardiniera«, vor der die Höfe Europas zitterten ... Es müsse ihm doch klar sein, daß Milchvetter und Milchbase des großen Staatskanzlers, dieses Hortes der Ordnung und Legitimität, der Brennpunkt des Interesses aller Verschwörer sein müßten! Und noch einen langen, stechenden Blick auf den in Schweigen Versunkenen richtend, den flohbraunen Zylinder schon am Kopf, empfahl sich Quakenbusch – gleichsam im Finstern vernebelnd.

Bloß die verhallenden Schritte auf der Gasse und ein Blick auf den fackelschneuzenden Diener gaben Apoll die Gewißheit, daß ihn kein Trugbild genarrt.

XII. KAPITEL

Auch von Uschitz wurde schwermütig und verlor alle Hoffnung. Der Seufzende, der oft stehen blieb und sich irr umherblickend den Schweiß von der Stirne wischte, wurde das Opfer zahlloser Taschendiebstähle und ein stadtbekanntes Verkehrshindernis. Einmal kam er gar mit abgeschnittenen Frackschößen, ein wahres Spottbild, nach Hause. Schließlich wurde er überfahren und nicht unerheblich verletzt.

In seiner Krankheit pflegte ihn die Freiin Linnennetzer, und da konnte es nicht fehlen, daß – wie in solchen Fällen üblich – auch dort ein zartes Pflänzchen der Liebe aufkeimte. Die Umgebung der beiden bemühte sich, das emporglimmende Flämmlein zu nähren, damit es sich dereinst zum Feuer der Hestia entwickle, zum wärmenden Herd der Familie werde.

Um Apoll nicht wehe zu tun, verheimlichte der schlaue Zephirin diese da in Fluß gekommene Geschichte – denn der Dickkopf hatte sich partout vorgenommen, beweibt wieder heimzukehren, um nicht die beschwerliche und kostspielige Reise umsonst unternommen zu haben. Andererseits gab er sich der Hoffnung nicht mehr hin, daß Radegunde jemals wiedergefunden würde.

So geschah es denn, daß er knapp vor Weihnachten, als die pifferari von allen Bergen strömten und ihre Dudelsäcke vor den Madonnenbildern erklingen ließen, um die Hand der melancholischen Baronin anhielt und sie auch zugesagt bekam. Am Heiligen Abend sollte die offizielle Verlobung mit großem Gepränge stattfinden, und man rüstete bereits zum Feste.

Der einzige Stachel in der Affaire war nur, wie würde Apoll die Sache aufnehmen? Würde der ehemalige Freier der Verschollenen nicht in den Augen des kummervollen Bruders als leichtsinniger Fant dastehen? Und Dickschitz suchte die Stimme des Gewissens durch Zerstreuungen zu betäuben.

So klopfte dann auch eines Abends der geheime Bräutigam an die Türe Apolls und fand den Freund trübsinnig in die letzte Dämmerung des Wintertages starrend. Er bewog ihn, sich in seinen Radmantel zu hüllen und ein wenig das bunte Treiben am Toledo zu betrachten.

Apoll folgte dem Freunde.

Kaum einige Schritte gegangen, drängte sich eine der zahllosen zweideutigen Figuren der Großstadt an sie heran. Einer, der berufsmäßig das schändliche Geschäft der Kuppelei betrieb.

Die bunte Speisekarte des Lasters leierte er herunter, von den schmierigen Genüssen in finsteren Verbrecherhöhlen des vielstöckigen Hafenviertels an bis zu den parfümierten Wonnen der Boudoirs verworfener Herzoginnen und weihrauchduftender Kardinalsnichten. Man wies ihn ab. Seine Anerbietungen wurden schändlicher und schändlicher, verstiegen sich ins Bizarre, Monströse. Als alles nichts fruchtete, erbot er sich endlich, die Herren zu einer Darbietung zu führen, die sonst nirgends auf der Welt zu sehen wäre: in einen Salon, wo marmorne Götterbilder zu Leben und Liebe erwachen würden. Selbst ein Goethe – soweit vermaß sich der Unverschämte – würde die Stunde segnen, in welcher er dies Höchste der Kunst erblicken dürfte!

Da blinzelte Dickschitz, der sich noch einmal als freier Mann amüsieren wollte, dem Apoll zu: »Komm!« Der Widerstrebende ließ sich mitziehen – zum ersten Mal in seinem Leben untreu den Prinzipien strengsten moralischen Lebenswandels. Durch finstere Schmutzgäßchen ging es, durch wahre Verliese und Gänge, um endlich in der Wohnung eines Paramentenmachers zu enden.

Der erhob seine Leuchte und führte nach kurzem Wortwechsel mit dem Führer die Herren zu einem Hausaltar, vor dem er ein Knie beugte. Dann schob sich auf einen Federdruck das sakrale Gehäuse auseinander, und die erstaunten Freunde betraten einen finsteren Stollen, der in einen modrigen Keller von gewaltigen Dimensionen führte. Dort standen viele Weinfässer von stattlicher Größe. An vielleicht ein Dutzend derselben klopfte der Kuppler, der inzwischen eine Blendlaterne hervorgezogen hatte, und schüttelte mißbilligend das Haupt. Endlich – beim zwanzigsten Faß – bekam er von innen eine Gegenantwort. Der Deckel öffnete sich, und die beiden Freunde krochen, nicht ohne ein Gefühl peinlicher Beklemmung, in die dunkle Öffnung.

Kaum waren sie drin, stürzte der andere Deckel herunter und zu ihrem größten Erstaunen erblickten sie einen eleganten, strahlend erleuchteten Salon. Galonierte Diener mit Galgengesichtern richteten die kriechenden Ankömmlinge empor und führten sie zu zwei Thronsesseln, die sich im Bedarfsfalle zu Chaiselongues umklappen ließen, wie Dickschitz mit Vergnügen bemerkte.

Eine dicke Dame trat vor. Sie trug eine Maske aus Millefioriglas, einen Kopfputz mit nußgroßen Similibrillanten und ein himmelblaues Samtkleid, das mit ausgestopften Kanaris übersät war. Diese Prunkgestalt stieß in ein kleines Silberhorn, worauf ein giftgrüner Atlasvorhang, mit gotischen Ornamenten bestickt, zur Seite rauschte.

Was war das?

Von einem schwarzen Samthintergrund hob sich in blendendem Marmor die Statue eines Adonis ab! Ein Adonis in lügnerisch süßer Attitüde, wie lauschend, leicht vorgebeugt. Kein Zweifel! Trotz der Bezeichnung und den logisch damit zusammenhängenden Geschlechtsattributen, war es ein junges Mädchen, das da vor ihnen stand.

Kaum hatte Apoll genauer hingeschaut, zogen sich schon seine Augen zwinkernd zusammen; der Mund bildete vor Erregung bloß einen Strich, die Nüstern hielt er gebläht. Dann sprang er auf und packte die Erscheinung mit beiden Armen an den schimmernden Schultern.

»Radegunde!« entquoll es seinen bläulich fahlen Lippen. »Radegunde! Du hier?« Und die Geschwister lagen sich in den Armen.

Dickschitz schluckte nervös ohne Unterlaß und fächelte sich mit einem großen roten Taschentuch Luft zu.

Die Dame mit der Kanariendress war mit einem schrillen Schrei verschwunden, die Bedienten rissen sich die Galaröcke vom Leib, und ein buckliges Männchen löschte still die Lichter aus. Im verdunkelten Saal begann ein Poltern und Rennen um unsere Freunde herum.

Apoll packte die vor Kälte und Erregung zähneklappernde Schwester in seinen Mantel und stürmte – von Dickschitz gefolgt – kühn durch das Dunkel. Wenige Ellen weit fanden sie eine Türe, die sich leicht öffnen ließ, und die direkt auf den belebtesten Teil des Toledo führte.

Der Menschenstrom riß das erschütterte Kleeblatt mit sich fort; man stieg unverzüglich in eine der heranrasselnden Kaleschen.

Wenige Minuten später standen sich die Geschwister, noch immer schwer atmend, in Apolls Schlafzimmer gegenüber.

Dickschitz hatte sich händeringend empfohlen und war stierblickend die Treppe hinunter gestolpert.

Jetzt brach Radegunde zusammen.

Sie hatte sich bisher nur mit Aufbietung aller ihrer Willenskraft aufrecht erhalten können.

Ein hysterischer, nichtendenwollender Weinkrampf erschütterte ihre weißgepuderte Gestalt, daß ganze Staubwolken davonflogen.

Apolls Freude über die Wiederauffindung seiner Schwester war durch Ort und Art des Zusammentreffens fast vernichtet! Er wischte sich den Angstschweiß von der Stirne und stand hilflos da.

Als Radegunde – schon beruhigt durch die veränderte Atmosphäre – halbwegs zu sich gekommen war, begann sie stockend das brüchige Mosaik ihrer Erzählung; in herzzerreißenden Tönen flüsterte sie die abenteuerliche Rhapsodie, vom melancholischen Geklimper der Leier ihres Schluchzens begleitet.

Ein riesiger Hummer habe sie damals gepackt, geknebelt und zwei mit falschem Schlamm bedeckten Kobolden zugeworfen; unter der Krinoline einer Seenymphe habe man sie versteckt, einer Riesenkrinoline, die blau-silbern das wogende Meer darstellte.

So sei sie fortgerollt und schließlich in eine Barke geworfen worden, aus der rauhe Fäuste sie in eine Sänfte luden – und dann ... das fürchterliche Haus ... Apoll verschloß der Zusammenknickenden mit sanfter Gebärde den Mund.

Darauf wankte Radegunde zum Bett, nicht ohne vorher mit großer Geste das sie entehrende, schändliche Attribut einer gefälschten Manneswürde herabzunesteln und von Ekel geschüttelt weit von sich zu werfen.

Apoll hüllte sie sorglich in die Daunen und ging ächzend im Zimmer auf und ab ... auf und ab, ruhelos, wie ein gefangener Löwe.

Plötzlich – mit einem Ruck – blieb er stehen, raffte sich zur vollen Größe auf, mit finsteren Brauen, die Arme verschränkt, blickte er auf das Weggeworfene.

Ein paarmal nickte er mit dem Kopf, wobei er das gräßliche Hohnlachen einer Hölle voll Bitternis hören ließ.

Dann nahm er sein Stöckchen zur Hand und schlug mit verächtlicher Gebärde nach dem scheinbar marmornen Attribut juveniler Aktivität einer infamen Adonismaske, daß der Gips abbröckelte, der das verlogene Gebilde bedeckt hatte.

Um alles in der Welt, was war das?

Zu seinem Erstaunen sah Apoll beschriebenes Papier, das er entknüllte und glattrollte.

Er ging näher zum Licht und las: dann stand er plötzlich stramm und betrachtete das Geschriebene mit allen Anzeichen der Ehrfurcht.

Er hob – »Pst« gebietend – einen Finger und sprach gedämpft:

»Ein Allerhöchstes Handschreiben von Seiner Majestät, dem Kaiser!«

Was stand da?

Unter Lachen der Freude und Schluchzen höchster seelischer Erschütterung las er weiter und weiter und rüttelte Radegunde wach.

Ein Allerhöchstes Handschreiben, in dem Seine Majestät seinem Vetter in Neapel mitteilte, daß Seine Liebden den Schleier eines romantischen Geheimnisses zu lüpfen geruhen möchte!

Apoll und Radegunde seien gar keine Geschwister, Apoll sei wohl ein echter von Nichts, doch Radegunde der Sproß eines mächtigen Fürstenhauses und durch die Politik Metternichs – um nicht wegen Sukzessionsrechten einen neuen Koalitionskrieg herbeizuführen – wohlweislich versteckt worden.

Jetzt aber sei jede Gefahr überwunden und Ferdinand – als Seniorchef aller Monarchen – möge ...

Weiter kam er nicht!

Er stürzte zum Bett Radegundes ...

Ihr Blick sagte ihm *alles* ...

Mit zarter Grandezza empfahl sich Apoll.

FINALE

Der nächste Morgen, der lachend dem Tyrrhenischen Meer entstieg, sah ein liebreizendes Bild: bräutlich geschmückt, von zwei fackeltragenden Edelknaben geführt, nahte sich Radegunde dem strahlenden Apoll.

Sie, die sich endlich gefunden, sanken sich in die Arme und traten ans Fenster, unter dem soeben myrtenbebuschte pifferari die Dudelsäcke erklingen ließen. Einen Wildschweinskopf auf eine Lanze gespießt – das antike Zeichen jungen Glücks – umtanzten die Pfeifer mit ihren surrenden Hummeln.

Da ging ganz leise die Tür auf.

Mit hohem bebändertem Stock, den ein Myrtensträußchen bekrönte, trat von Dickschitz gar zierlich ins Zimmer und brachte die Kunde, daß er sich soeben mit Baronesse Linnennetzer verlobt! Die Herrschaften dürften nicht bös sein, – aber . . . sie würden verstehen . . . am Land sei man heikel . . . es täte ihm furchtbar leid, daß Fräulein von Nichts sich wegen ihm bräutlich geschmückt . . . allein der gestrige Abend . . .

Doch Apoll verschloß ihm lachend den Mund und stellte ihm seine Braut vor.

Da schlug von Dickschitz rücklings zu Boden, daß der Zylinder zerkrachte.

Vor Erregung heiser röhrend, streckte er gegen den offenbar Irrsinnigen die Hand aus, erhob sich mühsam, retirierte scheu bis zur Türe und wollte mit dem Rufe: »Barmherziger Jesus, das ist der Pesthauch Neapels!« davonfliehen.

Da hielt ihn der immer noch lachende Apoll bei den Frackschößen fest und erklärte ihm *alles.*

Jetzt schluchzte von Dickschitz voll Rührung, daß ihm der Vollbart von Tränen glitzerte und küßte das Brautpaar.

Und dieses schlimme Neapel sah zwei glückliche Paare.

Noch am selben Tag kam der gute König, gratulierte und sah die jungen Leute längere Zeit mit zusammengekniffenen Augen an. Dann schmatzte er, nestelte sich von der dreckigen Uniform ein paar Orden, spuckte darauf und rieb sie am Hosenbein blank, ehe er sie dem freudestrahlenden Apoll verlieh.

Wie die Carbonari das sahen, ließen sie ihrer gleichfalls nicht spotten und gaben den jungen Paaren ihre Gaben mit in die Ehe: ein Fläschchen Gift und nicht weniger als drei Stückchen Holzkohle.

Der brave General Hopsetič ließ eine Ehrensalve erdonnern, und die Camorra tanzte mit der Polizei eine heiterbeschwingte Tarantella.

Vom Volk umjubelt und von den pifferari umdudelt stiegen schließlich die beiden glücklichen Paare in ihre Kaleschen, bespannt mit schellenklingelnden Schimmeln.

Die liebe alte Eskorte schwang sich auf die Rosse, und ein Chor weißgekleideter Schulmädchen sang auf den Ruf des Dirigenten: »Avanti putanelle!« das reizende Liedchen vom entzauberten Prinzen Adonis ...

Dann rollte man der Heimat zu, und die Zurückbleibenden winkten ihnen noch lange mit den Schnupftüchern nach, manche sogar mit Strähnen dampfender Maccaroni.

FINIS

PARALIPOMENA

Neben der königlichen Staatsgewalt spukte noch eine zweite legitime Bewegung einer gespensterhaften, mehr spanisch, besser: katalanisch eingestellten Regierung, für die Seine Majestät sogar geteilt zu fühlen im geheimen verpflichtet zu sein glaubte.

Das Leben bei Hof war überaus bunt.

Der unendlich große Park der Sommerresidenz Caserta ward von Räuberbanden unsicher gemacht. Ja, sogar die tausend Säle des Schlosses selber waren durchaus nicht geheuer, und konnte es vorkommen, daß da und dort ein Minister in Gefangenschaft geschleppt wurde – etwa wenn er auf »die kleine Seite« ging – und nur gegen großes Lösegeld wieder freikam.

Eines Tages wurde Apoll, dessen Nase unter der immer bedenklicher gerunzelten Stirne immer länger und länger wurde, unter Achselzucken an eine geheimnisvolle Behörde gewiesen – den »Rat der Achtzehn« – in Palermo, dem angeblich das Arrangement speziell der Götterszenen beim Ballfest im Sirenenpalaste unterstanden hatte. Er ließ einige Zechinen klingen, konnte aber auch da nichts Brauchbares herausbringen. Nach Wochen stellte er übrigens fest, daß diese Amtsstelle schon seit Jahrhunderten aufgelöst war. Dagegen hätten heute die »Cinquantuni« die wirkliche staatslenkende Gewalt, seien aber so gut wie unerreichbar, da sie in einem wandernden Zirkuswagen tagten und sich in der Maske harmloser Politschinelle gefielen, um unabhängig von den Gegenströmungen und den Dolchen der Mafia zu sein. Der ehrliche General Hopsetič eröffnete schließlich unsrem verzweifelten Helden im Vertrauen, daß möglicherweise die höchsten Stellen selbst in der Geschichte verwickelt sein könnten, da Mädchenraub sich sehr lohne ... leider, leider, und ließ Apoll ganz verzweifelt zurück. Noch nie hatte er einer Ofenfigur ähnlicher gesehen als jetzt.

Zur Ehre von Apolls Freunden muß gesagt werden: Sie grübelten hilfsbereit *alle* mit ihm. Die Herren waren durch die Bank alle bereits daran, Nägelbeißer, ja sogar Nasenbohrer zu werden. Die beiden Damen – als solche naturgemäß intelligenter als die Mitglieder des stärkeren Geschlechtes – gingen ihre Hilfsaktionen realer an, indem sie sich an Wahrsagerinnen, ja sogar an die noch vorhandenen paar unter Kirchenbann stehenden Hexen wandten, die in den Ruinen von Baiae ihren höchst malerischen lästerlichen Unfug trieben.

Da wurden in kupfernen Dreifüßen – falsche – Kinderleichen gekocht. Dämonisch vom Feuergeflacker beleuchtet, saß die banditenhaft vermummte schöne Roxane dabei und machte sich einen Heidenspaß daraus, ihrerseits die schwindelnden Nekromantinnen mit plötzlich an die Kehle gesetztem Dolch zu zwingen, ihre Seelen dem Satan zu verschreiben, wenn sie das Versteck der geraubten »feschen Wienerin« nicht sofort bekannt gäben ... dann humpelten die keifenden Zauberweiber jammernd davon, und das böse Mädchen bombardierte sie mit Kalbs- oder dampfenden Eselsknochen aus den Dreifüßen. So hatte die Despina Puygparadinez zum mindesten ein wenig Spaß an der traurigen Sache, aber auch sie konnte so wenig Licht in die Finsternis bringen wie der emsig bohrende Teil der männlichen Eskorte.

Apolls Gemütszustand besserte auch der Umstand nicht, daß sich sogar eines Nachts um drei (der bekannten Stunde des Verhängnisses, wo so gerne der Tod kommt oder die unerklärlichen und unlöschbaren Feuer ausbrechen) Baron Quakenbusch in Frack mit kummetartigem Kragen, – den flohbraunen Zylinder in der Hand – in seiner Wohnung melden ließ. Mit Trauermiene betrat er den Salon und lehnte sich in düsterer Attitüde an einen Marmorsockel, nachdem er die Büste Ciceros von seinem mitgebrachten Kammerdiener herunterheben ließ.

Dann fuhr er sich längere Zeit mit dem Zeigefinger in den Kragen und starrte lange seufzend vor sich hin. Dann wappte er ein paarmal tonlos mit dem Mund – machte aber verneinende Gebärden, als hätte er unverzeihlicherweise falsche Informationen, die er nie hätte verantworten können, geäußert, und machte gegen Apollen, der mit hängender Unterlippe und schwergerunzelter Stirne vor ihm stand, eine verzweifelte Gebärde des Nichtwissens und wendete sich schließlich, melancholisch den Kopf schüttelnd, den flohbraunen Zylinder schon am Haupte, zum Gehen. Zurück blieben, außer der Unordnung im Salon, einige nervös herumschwirrende Fledermäuse, die sich mit dem Besuch hereingeschwindelt hatten. (Sie gelten als die Schwalben des Teufels und werden in Italien nur von Freigeistern gegessen.)

* * *

»Ja ... was seids denn dann?« staunte der vornehme Besuch, dem unseligerweise beim jähen Sturz hinten die Hosennaht, die den Mann erst wirklich zum Gentleman macht, geplatzt war. Von dieser Naht hängt so viel ab. Wehe dem beneidenswerten Tänzer, der designiert ist, mit einer Erzherzogin einen Ball zu eröffnen! Der Erlesene verbeugt sich tief – ein Krach – den er in der festlichen Erregung nicht einmal hört – weiß schimmert die frische Unterwäsche aus der feierlichen Nacht des Beinkleides ... die Musik setzt aus ... finsterblickende Komitéeherren führen den um seine Zukunft Gebrachten weg ... sperren ihn in die Bedürfnisanstalt, wo ihm die Anstaltswärterin eine geladene Pistole in die Hand drückt ... ein Knall ... ein junges Menschenleben ist an der zu früh sichtbar gewordenen Gattja verblichen.

Es ist in der Öffentlichkeit nicht bekannt, daß alle Klosettdamen, die feierliche Bälle zu betreuen haben, sogenannte »Leyer- und Schwertdamen« sind. Das hieße genauer: ihre dienstlichen Attribute sind Pistole und Beserl. Allerdings muß es nicht immer tragisch enden. In meiner Jugendzeit gehörte ich einmal dem Komitée des Juristenballes an. Alles trat schon von einem Fuß auf den andren. Der berühmte Rechtslehrer Professor von Hye – eine Weltkapazität – war überfällig. Endlich tauchte der berühmte Mann auf und wurde in der Garderobe von den Komitéeherren umringt. Er entzog sich aber unseren Klauen und flüsterte, wo man hier könne. Dort ... dort ... deutete ein Rudel weißer Handschuhe. Zum allgemeinen Entsetzen kam der berühmte alte Herr in höchster Eile heraus, hielt aber statt des Chapeau claque den Klosettdeckel in der Rechten, den er sich partout nicht entwinden ließ, und eröffnete, dieses indiskrete Bijou in jugendlichem Feuer schwingend, mit einer Erzherzogin den Ball.

* * *

Wir befinden uns im königlichen Palast. Alle Herren der Wiener Kavalkade sind anwesend. Prachtvolle Gobelins schmücken die Wände aus kostbarem Verde antico und Lapislazuli. Meister Haydn wird sichtbar, der aus einer Audienz unter dreimaligen Verneigungen erscheint. Er hatte Seiner Majestät sieben bukolische Symphonietten überreicht – ungewöhnlich instrumentierte Werke für lyraartige, aber mit dem Bogen gestrichene, bizarr geformte Instrumente. Flüchtig begrüßte der große Meister die Wiener Freunde, die er schon beim Fürsten Eszterházy in dessen herrlichem, Versailles ähnlichen Schloß Galantha anläßlich eines Festes zu Ehren der schönen Lady Hamilton – die sehr gnadenvoll Quakenbuschen zugefächelt hatte – kennen lernen durfte. Damals wäre es fast zu einer ausgesprochenen Quakenbuschtragödie gekommen, da der blutdürstige Eszterházy, den gewaltigen Schnurrbart furchtbar gezwirbelt, den englischen Gesandten Hamilton gefragt hatte, ob er etwa wünsche, daß von Quakenbusch, der traumverloren herumtänzelte – genau wie einer, dem sein Mädchen das Verbotene hinter dem Fächer zugesagt habe, zu Gulaschfleisch zerhackt werden solle. Aber der uralte Hamilton schlief noch während des Gespräches sanft ein, und der gastliche Fürst ließ den leichtsinnigen Daus am Leben.

Der verirrte böse Hund

ERZÄHLUNG

Um Irrtümer zu vermeiden: das bin nicht ich. Ich bin weder verirrt noch böse. Leider bin ich aber kein Hund, sondern nur ein Mensch und gehöre als solcher zu einer Lebewesenform, die schon so unendlich viel Unverzeihliches und Blödes über die Welt gebracht hat. Oder glaubst du, lieber Leser, daß ein Rudel Hunde, die zu Beriechungen zusammengekommen sind, jemals etwa *den Frieden von Versailles* oder einen ähnlichen Monumentalblödsinn ausgeknobelt hätte, der ein Meer von Thränen über die Welt gebracht hat? Homo sapiens ... geh in dich!

Die beherzigenswerte Geschichte, die ich hier berichte, spielt in München, in der herrlichen Zeit, da die Menschheit, außer in fernen Staaten, die mit Achselzucken behandelt wurden, den Begriff »Paß« nur als eine Gangart von Pferden, Kamelen und Mauleseln kannte.

Aber, es war keineswegs »in der guten alten Zeit« (wehe, wenn man da zum Zahnarzt mußte!), als München noch einen großen, hölzernen Bahnhof hatte, den man unter strengster Strafe nur dann betreten durfte, wenn die Glocke am Giebel einmal geläutet hatte. Und als die Maß eines Bieres, das so gehaltvoll war, daß der Steinkrug am Tisch picken blieb, vier Kreuzer kostete. Und als die Schönheiten lange, unten beim Knöchel mit Falberln verzierte Unterhöschen trugen ... und der unvergeßliche König Ludwig I. auf dem großen Trödelmarkt – der Auer Dult – einen Praxitelestorso um 42 Kreuzer kaufen konnte. (Er hat ihn dann vom Justizminister – oder war es der Unterrichtsminister Baron Frumbesel? – in einer Kraxen abholen lassen.) Und wo es passieren konnte, daß man beim Selcher den Wurstaufschnitt in die kostbarsten Kupferstiche eingewickelt erhielt ...

Aber laßt uns jetzt auf den Hund kommen.

An einem nebligen Oktobermorgen war es. In der Luft lag dieser bezaubernde Geruch, der feinfühlenden Fremden München so lieb macht, dieser ganz feine Duft nach Malz und Torfrauch, den man sonst in keiner Großstadt findet.

Ich schritt über den Bahnhofplatz. Da fiel mir – Gott sei Dank nur bildlich – ein überaus großer, ein wenig krummer Hund – schon mehr ein ausgesprochener Köter – ins Auge, der ganz verwirrt im Gewirr der Trambahnen herumtorkelte.

Er war graugelb, äußerst unsoigniert, ohne Halsband. Das einzige ein bißchen Nette an ihm war: ein Wagenschmierfleck auf der rechten Gesäßpartie. Er hatte den verstörten Blick eines Volksschullehrers vom Land, der, ein Billett in der Hand, seinen Platz in einem Hoftheater sucht. Mir als leidenschaftlichem Hundefreund bangte es davor, daß der arme Kerl überfahren werden könnte.

Zum Glück hatte ich ein großes Stück Leberwurst bei mir, mit dem ich den Findling bis in mein nahe gelegenes Hotel lockte.

Ich übergab den ungeheuren Lackel dem Hausknecht, der ihn sofort als Metzgerhund von »da draußen wo« taxierte. »Bsonders in Allach, Menzing oder gar in Pipping haben s' soliche«, meinte der biedre Bursche. »Er kann aber auch aus Feldmoching sein . . . da bin i z'haus . . . ja, ja, da kenn i mehrere . . . und die ham gern Wagenschmier-flecken. Den sein Herrl is bstimmt a Metzger. Die san schon in aller Herrigotts Früh bsoffen, und wird wo umanandliegn. Und in Hund wird dös zu fad gwordn sein. Und er hat wieder ham wolln, a bißl nach 'm Vieh schaun.«

Ich unterbrach die mir langweilig gewordene Konversation, beauf-tragte den Burschen, meinem düstren Schützling ordentlich zu fressen zu geben, und begab mich aufs Polizeiamt in der Wein-straße.

Als ich dort angelangt war und das Wort »zugelaufener Hund« ein wenig scheu hervorbrachte, bemerkte der wachhabende Schutzmann mit dumpfer Stimme: »O bluatiga Heanadreck! dees san Sachn, dees san Sachn . . . a gfundener Hund . . . da wern S' an Leidensweg ham . . . an bluatign. Alsdann, da gengan S' afn drieten Schtock . . . da san die nit gweenlichen Hund . . . auf Nummer . . . warten S' . . . 347«, und er wies mit dem zitternden Säbel steil in die Höhe.

Bei 347 klopfte ich an. Richtig! es knurrte. Aha, dachte ich mir, da bist du bei der richtigen Schmiede.

Kaum stand ich im Vorraum vor dem Schalterfenster, als der dort sitzende, offenbar sehr übellaunige Beamte – nebenbei das Urbild eines wild aussehenden schottischen Terriers mit viereckigem Voll-bart, kaum vorhandener Fliehstirne und buschigen Brauen –, die Arme in zwei schwarzen Schreibärmeln, viel zu kurz, am Schalterbrett aufgestützt, auftauchte.

»Können S' nit an Hut abnehmen! Sie sein in an keeniglichen Amtszimmer ... und machen S' gfälligst Eanare Sach kurz ab ... mir ham andres a noch z'tun ... mir kriegn jetzt die Hundswut ... da wern ma glei bis zum Krawattl drin stecka ... in Pipping is s' bereits ausgebrochen ... da kennt man sich vor Arweit nit aus!«

Ein Krach unterbrach seine Rede. Offenbar war ein Maßkrug vom Schreibtisch gefallen.

Unter dumpfem Schimpfen verschwand der düstre Terrier vom Schiebefenster und kroch polternd am Boden herum.

Als er fertig gekrochen war, ging das Verhör los.

»Also – was is? Wegen was für an Hund kommen S'? Begehren Sie eine Hundemarke für Ihnen selbst? Weil S' am Hundemarkenschalter sein.« Bescheiden wehrte ich ab. Aber die innere Stimme der unter der Schwelle des Bewußtseins lauernden Aufstandsbereitschaft glotzte mich – sozusagen – tückisch an und raunte mir zu: »Wauwau« zu rufen ... und noch einmal »Wauwau« und dann in das so überaus wirksame Jammergeheul eines auf einem Klubfauteuil eingeschlummerten Hundes überzugehen, auf den sich ein kurzsichtiger Dickwanst von drei Zentnern Lebendgewicht gesetzt hat. Ich hatte mir dieses phonetische, so ungeheuer wirksame Vortragsstück schon als halbwüchsiger Knabe eingelernt und es darin zu einer großen Fertigkeit gebracht und verschiedentlich sehr große Störungen hervorgerufen.

Besonders schön wirkt das bei Pianissimostellen nächtlicher Gesangsvereinsständchen in dunklen Kurparks, wenn die angeschwärmte Schöne endlich am Balkon erscheint.

Später – als ich schon ein Gentleman war und auf Reisen meine Bildung erweiterte – habe ich in sehr feinen Restaurants, wo sowohl lautlos gegessen als auch auf stillen Sohlen serviert wird, plötzlich einen unsichtbaren Dackel auftreten lassen, der unter herzzerreißendem Gesang um ein Stückchen Beefsteak oder dergleichen bettelt. Dabei muß man natürlich mit eisiger, ja über den unpassenden Lärm indignierter Miene dasitzen. Erwischt wurde ich nie.

»Warum tun Sie da sein tun?« bekam ich zu hören. »Dees tut ein keenigliches Amtslokal sein tun, wo der Deansthabende die Zeit nicht gestohlen haben tun tut. Alsdann: hat Eanara Hund schon a Marken? Warum san S' dann da? Wo tuat er sein tun, Eanara Hund.«

Ich: »Mir gehört gar kein Hund.«

Der königliche Beamte: »Warum tun Sie dann da sein?«

Ich: »Weil mir ein Hund zugelaufen ist.«

Der Beamte: »O mei, o mei. Dees gibt an Arbeit . . . da muß i die grean' Drucksorten nehmen! . . . Herr Mottenmelcher!« rief er einen bisher unsichtbaren Kollegen. Der tauchte sofort auf. Er ragte nur wenig über das Schalterbrett, war aber sehr was Feines – das menschgewordene Substrat eines Skie-Terriers – als königlicher Beamter natürlich von seinem Schutzengel hergerichtet, damit er so sein Brot verdienen und eine Familie erhalten kann. Schwarze Haare hingen ihm überall ins Angesicht, und da er offenbar von einem Stockschnupfen mit Nasenbluten gequält war, hatte er die Zunge ein wenig vorgeschoben.

»Was wolle Sie denn, Herr Käsbohrer?« sagte die neue Erscheinung zum ersten Protokollierenden. »Um e verlaufenes Hündle tut es sich handle? Du blutiges Herrgöttle von Biberach! Dreimal angnageltes und dreimal wieder herabgfallenes und dreimal wieder neu angnageltes und wieder hinabgfallenes . . . wo is Ihne dann 's Hündle zuaglauffe?« (Das sprach er zu mir.)

Ich: »Am Bahnhofsplatz. Er wäre fast von einer Trambahn überfahren worden.«

»So«, hörte man wieder den finstren Käsbohrer von zuerst. »Von was für einer Linie denn? So, von der Zweier. Was für eine Nummer hat der Wagen gehabt tun? Wie heißt der Wagenführer?«

Ich: »Das weiß ich nicht. Übrigens ist dem Hund nichts geschehen. Somit war auch keine Amtshandlung und Namensbefragung. Und der Hund hat zur Ableitung des Schreckens Wasser gelassen . . .«

Käsbohrer: »Das Wasserlassen gehört nicht hierher. Dees ist ein königliches Amtszimmer! Unterlassen Sie solche Versuche, Milderungsgründe zu suchen. Alsdann weiter: Wie tut der Hund heißen tun? – So. Das wissen Sie nicht! Was tut der Hund sein tun?«

Ich: »Von Beruf? Ich glaube, er dürfte ein Metzgerhund sein . . .«

Käsbohrer: »Das interessiert uns vorläufig nicht! Ich meine: ob er ein Männlein sein tut oder ein Weibchen?«

»Am Ende gar ein Kaschtratle?« fiel Sekretär Mottenmelcher ein.
»Das weiß ich alles nicht«, war meine Antwort.
Auf das hin schob sich der erste Inquisitor mit halbem Oberleib zum
Schalterfenster heraus, um mich mit funkelnder Brille zu betrachten.
Der kleine Kollege versuchte auch höher neben Käsbohrer hinaufzu-
klettern.
»Sie tun angeblich nicht wissen, wessen Geschlechtes Ihr Hund sein
tun tut? Das ist stark. Eine Behörde ist keine Gehschule in einem
Kindergarten!«
»Noi, noi, noi!« sekundierte schwerathmend Mottenmelcher, der
übrigens den Titel »Hundelistenkonduktör« führte.
Und Käsbohrer fuhr fort: »Was für a Rass' is er? Was für a Farb hat er?
Wie hoch ist er in Zentimetern? Und was wiegt er? Is er gegen Staupe
geimpft und wann? Steht der Name von sei'm Herrle am Halsband?
... so! Kein Halsband hat er? Und Sie sind mit einem Hund ohne
Halsband zum Führen und ohne Marke auf der Straße herumgegan-
gen? Wissen Sie, daß Sie strafbar sein tun?! Das wird Sie drei Tage
Arrest oder 300 March Geldstrafe kosten!«
»Was?!« protestierte ich. »Nun ist's genug. Das ist zu stark. Ich
werde mich bei meiner Gesandtschaft beschweren. Ich bin Öster-
reicher!«
»O mei – o mei –«, stöhnte der plötzlich klein gewordene Käsbohrer.
»Dees wird Komplikationa geben ... gar nimmer zum Ausdenken ...
o mei ... jetzt ... wo Sie am End auch noch hundswutverdächtig
sein können ... wann S' 'n Hund angriffen haben, wo dieser kein
Halsband nicht anhabend gewesen sein tut ... und wann der Hund a
geborener Pippinger sein tun könnte ... wofür die Fundstelle am
Bahnhofsplatz spricht ... o mei ... o mei ...«
Er nötigte mich ganz dicht zum Schalter und flüsterte mir zu: »Ich
geb Ihna an guten Rat, an guten. Passen S' fein auf: Nehmen S' 'n
erschten Zug und fahren S' ab ... und kommen S' nie wieder nach
Minka.«
Kaum im Hotel angekommen sah ich den Hausknecht. Die eine
Pratze steckte in einem ungeheuren, kopfkissenähnlichen Verband
aus rot-weiß-kariertem Dienstbotenbettzeugstoff.
»... bissen hat mi der Malefizsakra, der ausgschammte. Zerscht hat er

um zwoa March finfundfimzich gfressn ... dann hat er sich losgrissen, dann hat er mi biss'n, und dann ist er davongloffen ... sehn S' – da is er dahin, durch d' Arnulfstraßn ... auf Pipping zu!«

Ich packte meinen Koffer und bin lang nicht mehr nach München gekommen.

PARALIPOMENA

DER VERLAUFENE HUND

Die Geschichte spielt in München, in der herrlichen Zeit, da die
Menschheit — außer in ganz vertrottelten Staaten des Ostens — den
Ausdruck »Paß« nur als eine Gangart der Pferde, Kamele oder
Maulesel kannte. Aber es war keineswegs in der guten alten Zeit, als
München noch eine hölzerne Bahnhofshalle hatte, die eine kleine
halbe Stunde vor dem Tore lag — wie es in einem Berichte aus dem
Jahr 1840 heißt — ein Mißstand, der dadurch an Gewicht verliert, daß
die »Gäste« durch eigene, von der »Anstalt« bestellte Fiaker aus den
Ringmauern herausgeholt werden, bis es einmal zur Erwerbung eines
nähergelegenen Grundes kommt, wozu die alte Schießstätte aus-
ersehen ist. Wer den Pschorrkeller kennt, den ungeheuren, der von
seiner künstlichen Esplanade herab freundlich über die Stadt
hinblickt, der weiß auch den Bahnhof, denn er liegt zu dessen Füßen,
in einer Ecke des Marsfeldes, ganz nahe an der Landsbergerstraße,
gegenüber von Nymphenburg. Es ist ein hohes, hölzernes Gehäuse,
von dessen First herunter die Landesflagge weht, an dessen Vorderseite auf großer schwarzer Tafel Bedeutung und Zweck des Gebäudes
angesprochen sind. »Eisenbahn« ist dort angeschrieben. Verbissene
schwäbische Partikularisten wünschten auch, daß dort als Übersetz-
zung das Wort »Eusepahn« zu stehen habe. Aber, dieser Wunsch, bis
zu den Füßen des großen Bayernkönigs Ludwig I. vorgetragen, wurde
vom Monarchen abgelehnt — ebenso wie dieser selbst in philhellenischem Patriotismus auf das Wort ΣΙΔΕΡΟΔΡΟΜΟΣ (= Eisenbahn)
verzichtet hatte.

Vor dem Eingange stehen zwei hölzerne Tempelchen, in denen der
Reisende sein Opfer darbringt. Dafür bekommt er sogar eine etwa
fußgroße Bestätigung, daß er berechtigt ist, den Dampfwagen
kurzerhand zu besteigen. Die Glocke, die über dem Giebel hängt, läßt
sich vor der Abfahrt dreimal hören.

Beim zweiten Mal öffnen sich die Tore des Hauses, um sich beim dritten Mal wieder zu schließen. Zwei große Empfangszimmer beherbergen die Reisenden, bis dieselben nach einem vierten Glockenzeichen die obrigkeitliche Erlaubnis erhalten, in die weite Halle zu strömen. Dort stehen in langer Reihe die Wagen bereit, die rauchende Maschine an der Spitze. Die beiden englischen Wagenlenker hantieren auf dieser und schüren den Brand, der glühend herausglotzt aus der Esse, während sie selbst, schwarz und rußig vom Kopf bis zur Zehe, zwei Dämonen gleichen, die an der Pforte der Hölle stehen.

* * *

DER VERIRRTE BÖSE HUND

Die Szene zeigt uns den Bahnhofsplatz in München. Man hört das Klingeln der Trambahn, Pferdegetrappel, Reden und Rufe der Menge. Auf einer Schutzinsel stehen der Verfasser dieses Spieles, eine äußerst dicke Dame, die einen faßgroßen messingenen Papageienkäfig betrachtet, und Hofrat Anton Maximilian Pachinger, ein überaus stattlicher älterer Herr, der so aussieht wie ein berühmter Tenor im Ruhestande, Gehrock, aber weiße konfektionierte Krawatte.

Die dicke Dame steht mit dem Rücken zu uns. Nur einmal wendet sie den Blick zu uns. Ihr Antlitz zeigt den Ausdruck gespannter Erwartung, ob sie bald die Fahrbahn übersetzen könne. Der Mund ist halboffen. Über der niederen, kaum vorhandenen Stirne sitzt ohne rechten Halt ein dunkler Kapothut mit einem sichtlich verbrauchten Federstumperl. Dann schnieft sie einmal laut auf und wendet sich wieder um. Der Papageikäfig scheppert leise.

»Scheen wie die Sünde«, murmelte halblaut der stattliche Hofrat. »So Weiber können auch einen ernsten, gesetzten Maan«, er sprach dieses Wort unendlich weich aus, »zu Torheiten verleiten.«

»Bitt di«, bekam er von mir zu hören, »die alte Jahrmarktstrommel da hat ja a fürchterliche Figur. Schau, wie die hinten ausladend is ... da könnt' ja einer Nippfigürchen draufstellen und a kleins Gipsmodell von der Wallfahrtskirche von Altötting ...«

Pachinger hob die Augenbrauen hoch. »Wos d' da sagst, is nit amal so

dumm! Siegst, wann i an Bascha wär – da drunt' bei die Türgen oder
gar in Ögypten, jo! I nehmat die Frau da als Odalüske in mein Harem
und stellat derselben zwar koa Kirchenmodl am ... halt hinten drauf,
aba: an Zigarrenabschneider, oan Aschenbecher und oan Strafhölzl-
standerl – olles festangmacht. Dees hab i amal als junger Maan vor
viele Jahre – jo – in Baris in oaner Auslag von Printemps gsehn ...
damals haben die Damen sogenannten Cul de Paris ghabt, und da war
so ein Arrangement öffentlich ausgestellt – Jo, d' Franzosen waren
uns in Damenmoden ungemein voraus ... hat sich aber bei uns nie
eingebürgert, nie eingebürgert, war auch bloß als pikante Mode-
torheit gedacht.

No, i muß sagen, mir warn s' z' moocher, die bezeichneten
Bariserinnen – z' moocher.« Er murmelte wegwerfend: »Schaugn ahle
aus wie bei uns d' Baandwurmleidenden ... Wann i was Schöns hab
sehn wolln, bin i nach Mähren gfahren – in d' Hanakei – wo d'
Ammeln z'haus san ... bald wär i dort picken blieben – Aber da
schau! Jetzt hat der Verkehrsschutzmann aufgmacht – schau, da geht
das Weiberl! – Oha! jetzt is' hingfalln und der Käfig rollt vor ihr
weg.«

Man hört den Schutzmann: »Sö, können S' nit achtgebn? Der
Hennabauer is ja groß wiar a Faaß! Wenn da ein Droschkengaul
drieber schtolpert ... und hienfallt ... und sich niemer derheben
kann – weil s' alle faule Ludern san, faule – dieselbigen, und der
Gutscher stirzt vom Bock – weil s' allweil bsoffn san, dieselbigen,
hamma d' schönste Verkehrsstockung, was oft kaum zum behebn is,
weil 's Roß sich auf d' andre Seiten wälzt. Warum stehn S' denn nit
auf, Sö Frau?«

»Jesses«, schrie der Hofrat und sprang zu der offenbar Verletzten, die
den Hut verloren hatte. »Habn S' Eana wöh than? Frauerl! Warten S'
... i hilf Eana auf.«

»Weiter oben«, quieckste die dicke Dame, »nit so weit unt'. Möhr bei
der Talje ...«

Und der Hofrat: »Wo wohnen S' denn? So, Sö san aus auswärts, gar in
Erding ... I kahn Sie nit so hilflos da liegn lassn – Oh! und in was von
an Ferd san Sie a no gestirzet ... Warten S', i nimm a Droschken ...
a Glick, daß wieder auf die Füsserln stehn ... und führ Sie in meine

Wohnung … in d' Lindwurmstraßn … jo … und an Käwig laß i Eana rebariern … beim Luitpold Pirzl im Thal … dös is der weitaus Bessere … war auch frieher Dentist … So – und d' Protesen, wo S' verlorn haben – steck i ins Westentaschl!

»San S' bald firti?« donnerte der Wachmann. »Schaun S' Eana nur den Schwaaf von Wagn an, was Sö verursacht habn! A so a Sauerei überanand!«

Er verstummt. Aber was ist das? Zwei Wagen der zweiten Linie läuten wie toll. Und man hört die grölende Stimme eines Wagenführers.

»Dreckater Sauhund, dreckater! Kannst nit ausweicha! Dees is ja 's reinste Kaibl! Schau, daß du fieri kommst – jetzt lauft das saublöde Luada, das saubleede in d' andre Trambahn hinein …« Tschinn, tschinn und aufgeregtes Geschrei der Passanten.

Jetzt trat ich in Aktion, engagierter Hundefreund, wie ich bin. Vor mir seh ich einen überaus großen, ein wenig krummen Hund – eigentlich schon mehr ein ausgesprochener Köter, der ganz verstört im Gewirr der Trambahnen herumtorkelte. Er war graugelb, äußerst unsoigniert, ohne Halsband. Das einzige ein bißchen Nette an ihm war ein Wagenschmierfleck auf der rechten Gesäßpartie. Der Köter hatte den verstörten Blick eines Volksschullehrers vom Land, der, ein geschenktes Billett in der Hand, seinen Platz in einem Hoftheater sucht. Wie bangte mir davor, daß das arme Vierbein da überfahren werden könnte.

Der Verkehrsschutzmann schimpfte drohend zu mir herüber. Droschkengäule – irrblickend, die Gebisse dräuend entschleiert – mußten von verzweifelt quackenden Kutschern zurückgerissen werden – mühsam bahnte ich mir eine Gasse, das vor Aufregung auch noch struppig werdende, pfotenstemmende Scheusal hinter mir. Endlich stand ich am Trottoir.

Passanten betrachteten mich befremdet. Der Hund schwieg wie ein Trappist, sah mich aber tückisch an. Hier konnte ich mit meinem müllfarbenen Findling nicht bleiben, das stand fest. Also, in mein ganz nahe gelegenes Hotel mit ihm. Zum Glück hatte ich ein großes Stück Wurst bei mir. Damit lockte ich meinen Schützling, den ich mangels eines Halsbandes nur am Ohr führen konnte (wobei er mich, kurz schnappend, ein wenig ritzte) ins Hotel. – Alles wich mir aus.

Das letzte, was ich auf der Straße hörte, war ein »Pfui dar Deixel – wiar ma sowas zsammklauba kann, so ein graupetes Rabenviech!« Aber kaum war das scheue Tierchen unter Dach und Fach, als es schon Sicherheit gewann. Einer alten Dame, die auf einem Korbsessel beim Vesperbrot saß, warf es den Tee um und nieste der Angstkreischenden ins Genick. Aber dann übergab ich den ungeheuren Lackel, der sich mit blutunterlaufenem Blick leidenschaftlich zu kratzen anfing, dem Hausknecht, der ihn sofort aus der Eingangshalle zog.
»Deer is a Metzgerhund, von da draußen wo«, taxierte ihn das erfahrene Hotelorgan. »Schuhwix is des koane, wo der am A ... Gesöße had.« Er hatte den Fleck sofort ein wenig mit dem Finger gerippelt und kostete ein wenig. Naa – dees is sei Lebtag koa Schuhwix – dees is Wagenschmiere, ma kennt's schon am Geruch, schmöcken S' selber!« Ich lehnte entschieden ab. »Dees hinwiederum – dees sein Blutflöcken. Dadamit bewoiset er sich als Metzgerhund. Der is von da draußen wo – Was haben S' denn für den 'geben? Hoffentlich nit viel. Der is ja schon mit fünfzig Pfennig weit überzahlt. Daß a so a feiner Herr so a Luada koaft. Na so was! Besonders in Allach oder in Pipping haben s' solchene. Er kann aber auch aus Feldmoching sein ... da bin auch i z'haus.
Ja, da kenn i mehrere soliche ... und die haben gern Wagenschmierflecke – weil dort a Wagenschmierfabrik is ... Den sein Herrl is bstimmt a Metzger. Die san gern schon in aller Herrigottsfrüh bsoffen, und falln dieselbigen gern vom Wagen ... und da wird er wo umanandliegn, und im Hund wird das z'faad gwordn sein. Und er hat wieder heim wolln, a bißl nach 'm Viech schaugen ... Ja, und so lang er in Minka umanandstrabanzt is, werden s' eam 's Halsband gstohln haben ... so verdechtige Bazi, so verdechtige ... und so Hundsmarken kennen S' schon um zwanzig Pfennig gnug habn ... brauchen S' nur ins Tal gehn.«
Ich unterbrach die mir langweilig werdende Konversation, beauftragte den Hausknecht, meinem düstren Schützling ordentlich zu fressen zu geben und begab mich aufs Polizeiamt in der Weinstraße. Als ich dort angelangt war und das Wort »zugelaufener Hund« ein wenig scheu herausbrachte, bemerkte der im Parterre des düstren Hauses stehende Schutzmann, den ich wegen der Meldestelle für

verlaufene Hunde fragte, mit dumpfer Stimme: »O bluatiger Heana-
dreck, bluatiger! dees san Sachn ... dees san Sachn ... da wern S' an
Leidensweg haben ... an bluatign ... Alsdann gengan S' ofa in drieten
Schdook ... da san die gewöhnlichen Hund, aber aa die nöt
gewöhnlichen. Warten S' auf Nummer 347«, und der bewaffnete
Mann wies mit dem blitzenden Säbel steil in die Höhe.
Auf allen Teilen der Stiege stieß man auf Geheimpolizisten jeder
Kategorie und jeder Kostümierung. Da waren halbblinde Greise mit
grünem Augenschirm, die – scheinbar – hilflos herumtappelten. Dort
wieder zwei Hirtenknaben mit Rucksäcken voll falscher Alpenrosen,
klirrend von Steigeisen. Da war wieder ein ältlicher Professor mit
schrecklichem, miserabel sitzendem falschen Bart und dort ein
reizender Englishman in kariertem Waterproof und grauem Zylinder, einen Baedeker in der Hand.
Alle diese Herren waren auf dem Weg zum Hauptbahnhof, wo sie an
den Bahnsteigsperren auf signalisierte Gauner zu warten hatten.
Ich konnte es mir nicht versagen, den Waterproofherrn auf englisch
zu fragen, ob ich da auf dem rechten Weg zu den verirrten Hunden
sei. Leider verstand er aber kein Wort in dieser seiner Muttersprache,
sondern er wies mich auf urmünchnerisch in den dritten Stock.
Bei 347 klopfte ich schüchtern an. Richtig! Es knurrte. »Aha«, dachte
ich, »da bist du an der richtigen Schmiede.«
Nach abermaligem dumpfem Knurren wagte ich mich in den
Amtsraum. Kaum stand ich vor dem Schalterfenster, als der dort
sitzende, offenbar sehr übellaunige Beamte – nebenbei das Urbild
eines wildaussehenden schottischen Terriers mit viereckigem Vollbart, kaum vorhandener Fliehstirne und buschigen Brauen, die Arme
in zwei schwarzen Schreibärmeln, viel zu kurz, am Schalterbrett
aufgestützt, auftauchte.
Können S' nöt an Hut abnehma! Sie san in an Königlichen Amtszimmer, mei Lieba ... und machen S' Eanere Sach gefälligst kurz ab
... mir ham andres aa no z'tun ... mir kriegn jetzt d' Hundswut ... da
wern mir glei bis zum Krawattl drin stecken ... in Pipping is' bereits
ausbrocha, nacher kennt man sich vor Arweit nit aus.«
Tonaufnahme: Ein Krach unterbricht seine Rede. Offenbar ist ein
Maßkrug vom Schreibtisch gefallen. Man hört ein dumpfes Rollen.

Man hört ein dumpfes Schimpfen. Käsbohrer: ».. . Malefizkrügel . . . i
rollet no weiter . . . wo is er denn . . .« Er kriecht polternd am Boden
herum.
»Endli . . . hab . . . i . . . eam.«
Das Verhör geht weiter. »Alsdann . . . was is? Wegen was für an Hund
kommen S'. Begehren Sie eine Hundsmarke für Eana selbst, weil S'
am Hundsmarkenschalter san?«
Bescheiden wehrte ich ab. Aber die innere Stimme der unter der
Schwelle des Bewußtseins lauernden Aufstandsbereitschaft glotzte
mich sozusagen tückisch an und raunte mir zu, »wauwau« zu rufen . . .
und noch einmal »wauwau«, um dann in das so überaus wirksame
Jammergeheul eines Hundes überzugehen, auf den sich, der in einem
Klubfauteuil eingeschlummert war, ein kurzsichtiger Dickwanst von
drei Zentnern Lebendgewicht gesetzt hat.
Ich verneinte.
»Warum tun Sie dann da sein tun?« bekam ich mit strenger Stimme zu
hören. »Dees tut ein Keenigliches Amtslokal sein tun, wo der
Diensthabende die Zeit nicht gestohlen haben tun tut . . . Alsdann, hat
Eanara Hund schon a Marken? Nein . . . Warum san S' dann do? Wo
tuat er sein, Eanara Hund?«
Ich: »Mir gehört gar kein Hund?«
Der Beamte: »Warum tan S' dann da sein tun?«
Ich: »Weil mir a Hund zuglaufn is.«
Der Beamte: »O mei, o mei! dees gibt an Arwet! Do muß i d' grean
Drucksorten nehma . . . Sö, Herr Mottenmelcher!« rief er einen bis dahin unsichtbaren Kollegen. Der tauchte sofort auf. Er ragte nur wenig
über das Schalterbrett empor, war aber etwas sehr Feines . . . das
menschgewordene Substrat eines Skieterriers – natürlich als königlich bayrischer Beamter adaptiert – natürlich von seinem Schutzengel, damit er sein Brot verdienen und eine Familie erhalten kann.
Schwarze Haare hingen ihm überall ins Angesicht, und da er offenbar
von einem Stockschnupfen und Nasenpolypen gequält war, hatte er
die Zunge ein ganz wenig vorgeschoben. Wie gesagt, nur ganz wenig.
»Was wolle Se denn, Herr Käsbohrer?« sagte die neue Erscheinung
zum ersten Protokollierenden. »Um e verlaufnes Hündle tuet es sich
handle? Du bluatigs Herrgöttle von Biberach! Dreimol angnageltes

und dreimal wieder herabgfallenes und dreimal wieder nei angnageltes und dreimal wieder herabgfallenes ... wo isch Ihne denn 's Hündle zueglaufe?« so wendete er sich an mich.

Ich: »Am Bahnhofsplatz. Er wäre fast von einer Trambahn überfahrn worden.« Der Schwab pfauste ein wenig vor Erregung.

»So«, hörte man wieder den finstern Käsbohrer. »Von was für einer Linie denn? So! von an Zweierwagen? Was für a Nummer hat denn der ghabt? der Wagen? Wie heißt der Wagenführer?«

Ich: »Das weiß ich alles nicht. Übrigens is dem Hund ja nichts gschehn. Somit war auch keine Amtshandlung und Namensbefragung, und der Hund hat zur Ableitung des Schreckens Wasser gelassen.«

Käsbohrer: »Das Wasserlassen gehört nicht hierher. Dees is a Keenigliches Amtszimmer. Unterlassen Sie solche Versuche, Milderungsgründe zu suchen! ... Alsdann weiter! Wie tut der Hund heißen tun? Und wo und wann tut er geboren sein tun? So! das wissen Sie alles nicht? Und, was tuet der Hund sein tun?«

Ich: »Von Beruf? Ich glaube, es dürfte ein Metzgerhund sein.«

»Kann ers Pföttle gewe? Kann er schön aufwarte? faules Mädele mache?« wollte der andre Herr wissen.

Käsbohrer: »Das interessiert uns vorläufig nicht. Ich meine: ob er ein Männlein sein tut oder ein Weiberl?«

»Am Ende gar ein Kaschträtle?« fiel Sekretär Mottenmelcher ein.

»Das weiß ich alles nicht«, war meine Antwort. Auf das hin schob sich der erste Inquisitor mit halbem Oberleib zum Schalterfenster heraus, um mich mit funkelnder Brille zu betrachten. Der kleine Kollege suchte auch an Käsbohrers Seite höher hinaufzuklettern. Käsbohrer brüllte: »Sie tun angeblich nicht wissen tun, welchen Geschlechtes jener Hund sein tut? Das ist stark. Eine Behörde ist keine Gehschule nicht in einem Kindergarten!«

»Noi, noi, noi!« sekundierte schweratmend der Schwabe, der übrigens den Titel »Königlicher Hundelistenkondukteur erster Klasse« führte. Und Käsbohrer fuhr fort: »Was fier a Raß is er und was fier a Farb hat er? Wie hoch is er in Zentimetern vom Boden aus? Is dees Viech gegen Staupe geimpfet? und wann? Tragt er an Maulkorb? Und steht der Nam von seim Herrle am Halsband? So! ... kein Halsband hat er nicht? Und Sie sind mit einem Hund ohne Halsband und daher ohne Marke auf der Straße herumgangen? Wissen Sie nicht, daß das strafbar sein tut? Das wird Sie drei Tage Arrest oder hundert March Geldstrafe kosten!«

»Was«, protestierte ich. »Nun ist's genug, das ist zu stark! Ich werde mich bei meiner Gesandtschaft beschweren! Ich bin Österreicher!«

»O mei! O mei!« stöhnte der plötzlich klein gewordene Käsbohrer, »das wird Komplikatione geben! . . . gar nit zum Ausdenken! A verlaufener Hund und a Österreicher . . . o mei — jetzt wo S' auch noch wutverdächtig sein können . . . wenn S' an Hund angriffen haben, wo dieser kein Halsband nicht anhabend gewesen sein tut . . . Waas! gebissen hat er Ihnen auch!!! Sein S' bluati?«

»Ach, nur ein bisserl.«

Jetzt krachte auch am Nebenschalter ein Maßkrug zu Boden. (Rollen, am Boden Herumpoltern, undeutliches Geschimpfe auf Schwäbisch).

»Was haben S' denn, Herr Kollega?«

»O moi — mir is vor Schreck 's Maaßkrügel o-gfalle . . . wo isch nur des Luder? Jetzt muß der Herr unter Kontumaz komme, und der Hund muß zum Abdecker, daß mir sehe koa am Kadaver, ob er scho wutkrank war!

Käsbohrer flüsternd: »So Herr . . . Kommen S' näher zum Schalter. I geb Ihna an guatn Rat, an guatn . . . passen S' fei auf: Gehn S' pfeigrad am Bahnhof und fahren S' mit 'm nächsten Zug ab . . . und kommen S' nie wieder nach Minka.« Das Schalterfenster wurde leise herabgezogen.

Ich begab mich ins Hotel. Man hört die Geräusche einer Hotelhalle.

»Der Herr wünschen den Zimmerschlüssel? Nein? Den Hausknecht wollen Sie sprechen? Der is krank, der hat sich marod gemeldet. Ich werd ihn gleich rufen (Man hört schwere, schlürfende Schritte).

Ich: »Was haben S' denn da für an ungeheuren Verband? Das is ja ein Kissen aus Dienstbotenbettstoff.«

»Ja, 'bissen bin i wurdn.«

»Bissn?«

»Jo, von dem Malefizsakra dem ausgschamten . . . Eaner Hundsviech! Zerscht hat er um zwoamarchfinfundfufzich [ein Wort unleserlich] und mir a Maaß Bier umgworfa . . . – macht sechzig Fennig – und dann hat er sich losgrissen – macht zwölf Fennig für'n Spagat – und dann is er davongloffa . . . segn S'! – da, da is er davon, durch d' Arnulfstraßn – auf Pipping zu!«

Ich verbrachte eine sorgenschwere Nacht, gequält von Traumgesichten. Da tauchte der geschmacklos grobe Holzschnitt eines Pfennigmagazins der Biedermeierzeit auf, der einen bärtigen Schmied darstellte, der von einem wütenden Hund gebissen und, der bei ihm unausbleiblich auftretenden Tollwut entgegensehend, als wackerer Mann sich selbst mit einer Riesenkette an den Amboß anschmiedete. Dann wieder erinnerte ich mich an einen seltenen Druck, den ich erst unlängst erworben: Ein dünnes Heft, betitelt: »Schreckliche Geschichte des Notars Croquembouche in Lyon, bei dem die Hundswut in der Brautnacht ausbrach, der dann sowohl seine junge Gattin als auch die im Nebenzimmer auf den glücklichen Ausgang wartenden Schwiegereltern zum Opfer fielen.« Paris 1839 stand vermerkt und dabei die Bleistiftnotiz: gesucht und sehr selten.

Am nächsten Morgen begab ich mich auf die österreichische Gesandtschaft, um das unheimliche Abenteuer für alle Fälle meiner zuständigen Behörde zur Kenntnis zu bringen.

Auch da gab es einen Schalter, an dem mein Bericht entgegengenommen wurde. »Alsdann«, meinte der protokollierende Herr, »der Fahl is a solchener, nöt, daß dös dechten Seiner Exzellenz vorgetragen werden muhß. Drahanek! mölden S' den Herrn – wie war der werte Name – dromat beim Exzlenzherrn ahn. Gengan S' mit 'm Herrn da! I telefonier inzwischen hinauf.«

In einem eleganten Salon saß ein vornehmer alter Herr.

»Mhm. Waas wolen S'? Sie melden sich als aangeblich wutverdächtig?« Er rückte von mir ab. »Waren am End' schon Fälle in Ihrer Familie? So, so, angeblich nicht. An wahs is Ihr Herr Papa gstorm? Nicht? Lebt angeblich noch. In waas betätigt er sich? So! Ackerbauministerium. Da wird er ja mit 'm Grafen Ledebur befreundet sein – dem Minister. Mit dem bin i bei die Sechser Dragoner gstandn – wissen Sie – die mit die schwarzen Aufschläg. Ja. Von waas hamm mir grad gesproochn? Ja. Von der Hundswut. Wenn ich nicht irre, ham die Herrn dort auch die Hundwut unter sich . . . denn, es gehörn ja auch die Gestüte unter dieses Ministerium, und wo Ferde sind, sind doch stets Huunde vorhaanden – nicht? . . . und wo Huuunde sind, ist selbstverständlich auch Hundswut – klaar, nicht? M, hm, m, m! Waas für ein Ressort hat Ihr Herr Papa ghaabt? – so, die Reebläuse – so, so.« Er rückte wieder ein wenig von mir ab.

Darauf ich: »Können beruhigt sein! Ich hab keine bei mir!«

Und der Botschafter: »Hm. Hm. Was hat der Papa gemaacht damit? Hat er sie gezählt?? Nicht? Er hat sie nicht gezählt? Irren Sie sich nicht? Hat er sie in an Glaaserl ghaabt . . . nämlich die Probestücke . . . Nein? Aber wohl in an Schachterl? . . . Aber, da können die Ludern ja leicht heraushüpfen . . . und wenn die amal am Boden sind – stell ich mir vor – kann man ja stundenlang danach suchen – scheußlich! Weiter hat der Herr Papa niichts gearbeitet?«

Ich: »O doch! Als die Reblausplage sich gelegt hatte, hat er doch die Bekämpfung der Feldmäuse in die Wege geleitet – damals, als die entsetzliche Mäuseplage war – ich glaube 1893.«

Exzellenz: »Jaa. Ich erinnere mich, die Gräfin Maaltschi Auersperg, meine Cousine, die dann den Grafen Schnaxi Stuhlheim geheiraatet hat – der haben die Ludern damals auf ihrem Schloß bei Esseg – anläßlich der Siesta – es ist ja damisch heiß da drunt' in Slawonien – die große Zehen angeknabbert. Stellen S' Ihnen vor!«

Ich: »Entsetzlich! Und dann hat mein Vater den Mäusetyphus bekommen!«

Exzellenz machte starre Fischaugen und mümmelte wie toll. Abermals rückte er weiter fort. »Und wie is er gerettet woordn – Ihr Herr Papa? Hat er sehr gelitten?«

»Aber nein – Exzellenz! Er hat ja nur das Institut für Erzeugung des Mäusetyphusbazillus ins Leben gerufen!«

»A – so.«

»Menschen werden ja nie vom Mäusetyphus befallen!« beruhigte ich ihn. »Sonst könnte ja niemand einen Golasch essen.

»Gollasch – essen?« stöhnte der hohe Herr. »Glauben Sie denn – daß – in einem Gollasch . . .?

»Natürlich! Wie oft werden Ratzen . . .«

»Nein! Nein!« stöhnte der so schrecklich desillusionierte Exzellenzherr.

»Nun, in was war denn dieses Typhusserum verpaakt?«

»In Glasflakons und die wieder in Goldpapier, damit es recht auffällig war. Und diese Flakons wurden an die landwirtschaftlichen Vereinigungen verteilt. Und das hat den Leuten so viel Spaß gemacht, daß sie diese ... Kostproben gleich als Christbaumschmuck verwendet haben.«

Exzellenz geruhten abermals zu mümmeln. Gnädig sagte er zu mir: »Junger Freund sind ja außerordentlich guut informiert über dieses Kapitel. Und wie hat man denn den Mauserln – Ratzerln auch? – das Gift beigebracht? So, in Ködern. Zucker? Semmelbrocken? Etwas auch in Kon-fitüren? So auch. Aha. Und – verzeihen Sie – ich weiß ja, bei Typhus da müssen ja die Viecherln – viel auf die große Seite gehn? Daas steckt gewiß sehr an ... Hat da die Poolizei ...? Denn – stellen Ihnen vor, wenn da Kinder ... damit in Berührung gekommen sind ... beim Spielen ... die stecken doch alles in den Mund ...«

»Nein, Exzellenz! Selbst wenn ab und zu so eine Pestilenzmaus in den Kaffee gefallen is – in kleinen, wenig soignierten Cafés in den Vororten kommt das ja beim großen Betrieb gerne vor – so an einem Sonntag im Prater ...«

Entsetzt wehrte der soignierte hohe Herr mit aufgehobenen Händen ab.

Ich: »Kann ich mich jetzt empfehlen?« Ich sah, daß mein Abgang erwünscht sei. »Jetzt erlaube ich mir noch die Frage: Was geschieht mit mir? Kann ich nach Österreich zurück ... oder muß ich – und wie lange – in Kontumaz bleiben? Wie gesagt, ich fühle mich vollkommen wohl.«

Darauf der Exzellenzherr: »Spüren S' keine Wasserscheu? Tun Sie nie ... knurren? wenn S' an Knoochen sehn ... laufen S' keiner Katz naach?« Dann flüsterte er mir etwas ins Ohr.

»Nein, nein! Ecken interessieren mich ab-so-lut nicht.«

Beruhigt lehnte sich der hohe Funktionär in seinem Amtsfauteuil zurück. »Ja, meinem subjektiven Empfinden naach, haalte ich Sie für vollkommen gesund und kann ich Ihnen libera practica geben. Sie haben klar gesproochen – nicht einmal gebellt (das soll ein Hauptmerkmal des Primärstadiums der Infektion sein, ich hab da genau aufgepaßt.

Nun hören Sie: Aamtlich erlischt bei uns der Hundswutverdacht in dreißig Jahren. Dann können Sie ungehindert in Österreich und auch in Bayern zirkulieren. Auf Wiedersehen! Hat mich sehr gefreut!«

* * *

Ich war entlassen und froh, mein Gewissen beruhigt zu haben. Die Bemerkung über das Bellen hatte mich sehr interessiert. Wo ich doch die Köterwelt so liebe! Ab und zu hatte ich schon ein wenig zu bellen versucht. Aber das war eine bloße Stümperei gewesen.

Im Jahr darauf begab ich mich in Wien zum Professor Strakosch, dem damals sehr berühmten Konversationsmeister des Burgtheaters. Professor Strakosch war ein düster aussehender Fünfziger, hatte Augen wie Trauersiegellackflecke, einen kurz gehaltenen schwarzen Vollbart, eine überaus hohe Stirne mit Glatze, aber mit dunklem schütterem Langhaar im Nacken. Stumm empfing er mich. Blieb auch noch einige Zeit stumm, als ich ihm gesagt hatte, daß ich bellen lernen möchte. »Be-he-l-llen«, sagte er endlich, seinen Ehrensiegelring betrachtend. »Das lohnt sich kaum. Wird nur gering bezahlt und nur sehr selten an den Bühnen gebraucht. Wir haben da im Burgtheater für solche Geräusche einen verarmten Edelmann ... aber – was bekömmt er schon! Für nahes, kräftiges Rüdengeläute einen Gulden zwanzig Kreuzer. Für fernes dergleichen sechzig Kreuzer, für Wiehern – du lieber Himmel – achtzig Kreuzer und für Rosseschnauben gar bloß zwanzig Kreuzer. Besser sind schon mittelalterliche Trompetensignale bezahlt. So im ›Wildfeuer‹, im ›Reich Gottes in Böhmen‹ ... Nein, schlagen Sie sich das aus dem Kopf ... Werden Sie etwas anderes!«

Als ich ihm sagte, daß ich schon was andres sei – nämlich Architekt – und daß ich das Bellen nur als Nebenfach betreiben wolle, rein nur um meinen Beitrag zum geselligen Leben zu geben – betreiben wolle wie etwa Jazz oder Wahrsagen, oder mich nebenbei der politischen Karriere widmen – da notierte er etwas auf einen Zettel und entließ mich mit ganz versunkenen Siegellackflecken.

Als ich den Zettel entfaltete und den Namen las ... da traute ich meinen Augen nicht! Welch internationale Berühmtheit war das! Eifrig lernte ich und hatte lustige Resultate. Als erste Übung habe ich

auf Reisen, die ich unternahm, um meine Bildung zu erweitern, in
sehr feinen Restaurants, wo sowohl lautlos gegessen als auch auf
stillen Sohlen serviert wird, plötzlich einen unsichtbaren Dackel
auftreten lassen, der unter herzzerreißendem Gesang um ein Stückchen Roastbeef oder dergleichen bettelte. Dabei mußte man natürlich
mit eisiger, ja, über den unpassenden Lärm indignierter Miene
dasitzen.

Erwischt wurde ich niemals.

Aber eine schöne Wirkung zeigte auch das Jammergeheul eines
kleinen Hundes, auf den sich – der in einem Klubfauteuil eingeschlummert – ein kurzsichtiger Dickwanst von drei Zentnern
Lebendgewicht gesetzt hatte.

Das Glück wollte, daß ich – heute bin ich zu solchem Schabernack zu
bejahrt und würdevoll – das Wirken eines unbekannten Amateurs in
diesem Fach anläßlich einer Rede bei einem Fackelzug vor der Büste
des Bundespräsidenten zu hören bekam:

»Mitbürger! Hochansehnliche Festversammlung! Meine Damen und
Herren! Geben Sie Ihren wahren Gefühlen den richtigen Ausdruck.
Hören Sie die Stimme des Volkes!« Seine Worte, die er setzt, sind
bieder und einfach!

»Also, Herr Bundespräsident! Die hier Versammelten werden Ihnen –
ohne Schönfärberei – sagen, was das Volk empfindet, insbesondere
aber, was es sich von der Zukunft – von der allgemeinen Weltlage
denkt!«

Herzzerreißendes Jammergeheul.

Der verirrte böse Hund

EIN HÖRSPIEL VON FRIEDRICH V. HERZMANOVSKY-ORLANDO, MERAN

Personen:

EIN ALTER EXZELLENZHERR VON DER ÖSTERREICHISCHEN BOTSCHAFT
   IN MÜNCHEN
DER DIENSTHABENDE SEKRETÄR DASELBST
SCHEBESTA, Amtsdiener
DER SPRECHER (»ICH«)
HOFRAT A. M. PACHINGER
EINE JUNGE DICKE DAME
EIN VERKEHRSSCHUTZMANN
EIN SCHUTZMANN IN DER POLIZEIDIREKTION
KÄSBOHRER ⎫
MOTTENMELCHER ⎭ Sekretäre der Hundemarkendienststelle
EIN HOTELPORTIER
FRAU KLEINDIENST, Toilettefrau der Damenabteilung im Hotel
EINE ALTE ENGLÄNDERIN
DER LOHNDIENER
EIN TRAMBAHNFÜHRER
VERSCHIEDENE STIMMEN, ANGSTRUFE, SCHIMPFWORTE, DUMPFES
FLUCHEN

Ort der Handlung: München
Zeit: 1905
Tonbild: Trambahnklingeln, Autosignale, Pferdegetrappel, Rollen von Droschken,
   Rufe etc.

ICH Sie, Herr Hofrat Pachinger, bin i froh, daß wir da glücklich auf
der Schutzinsel gelandet sind. Schaun S' Ihnen das dicke Trampel
da an – die den großen leeren Papageienkäfig da mithat . . . naa, so
eine Dicken . . . Was murmeln Sie da? »Schön wie die Sünde«, hörn
S' auf . . . mit solche Klavierfüß, und die Reversseite . . .

PACHINGER Ja, scheen wie die Sünde. Mein Schönheitsideal sind
eben Rubensgestalten. Dees Weiberl da hat sicher einen Meter
finfzig Taillenweite . . . dees Gschmaacherl dees liabe . . . und
Brustumfang wird s' einen Meter dreißigi ham . . . die Sorten is
leidenschaftlich! . . . glauben Sie mir's. So Weiberln können auch
den ernsthaftesten Maan zu Thorheiten verleiten . . . ja, zu
Thorheiten. Da wird man zum Sänger . . . ja.

ICH Hörn S' mir auf. Wie die hinten ausladen tut. Da könnt einer ja
Nippfigürln draufstelln, ohne daß s' abifalln . . . und a kleins
Gipsmodell von der Wallfahrtskirchen in Altötting . . . und so
Sachen.

PACHINGER Was da sagen, is nit amal so dumm. Wann i an Bascha
wär – da unt' bei die Tirrgen oder gar in Ögyptn . . . i nemet dees
Weiberl da als Odalüske in mein' Harem und stellat derselbigen
zwar koin Kirchenmodell hinten drauf, aber an Aschenböcher, an
Zigarrlabschneider und an Strafhölzlbehölter auf das Gesäßerl . . .
so was hab i amal als junger Maan in Baris gsehen, in oaner Auslag
von Printemps als Reklame für'n damals hochmodernen Kül de
Baris, ja. D' Franzosen waren uns imma in Damenmoden weit
voran . . . hat sich aber bei uns nicht recht eingebürgert, so
Extravaganzen. Und i muß sagen, die Bariserinnen waren mir
weitaus zu moocher . . . schaun alle aus, als ob s' baandwurmleidend
wären. Wann i ins Ausland geh, um Weiberscheenheiten zu
schtudiern, geh i nach Mähren, in d' Hannakei – wo d' Ammen
z'haus san . . . bald war i dort pickn blieben . . . pickn blieben . . .
reetungslos . . . da hat koane unter zwoahundert Pfund. Aber
schaun S', der Verkehrsschutzmann hat aufgmacht . . . da geht da
das Weiberl . . . das putzige. Oha! Jetz is es hingfalln . . . weil sich
aber d' Roß auch nicht menagiern können – die zerstreiten
Luadern . . . immer muaß was am Boden liegn . . . und der Käfig
rollt von ihr weg . . . grad vor die Pferd . . . o sakra . . .

SCHUTZMANN Sö Frau! Können S' nit achtgebn? Ihr Hennabaur da, der blecherne is ja groß wie an Fassel. Wann da an Droschkengaul so an damischer, drieber schtolpert ... und hienfallt ... und sich nimmer derhebn kann ... weil s' alle faule Luadern sein, dieselbigen, und der Gutscher schtirzet vom Bock ... weil s' allweil bsoffen sein dieselbigen ... hamma die scheenste Verkeersschtörung, was oft kaum zu beheben is, weil 's Pferd sich auf d' andre Seite walzet ... warum stöhn S' denn nit auf? Sö, Frau!

PACHINGER Jesses ... warten S', i komm gleich ... haben S' Eana wöh tan, Frauerl? Warten S' ... i hilf Eana ... wer'n ma schaugn, ob nix brochn is.

DIE DICKE FRAU Nit so weit unten ... üch bün kützlich ... mehr oben – bei der Taille ... Sö san no immer z' weit unt' ...

PACHINGER I kaan Sie nit so hilflos liegen lassen ... und in was von an Pferd sein Sie auch noch gestirzet ... warten S' ... i nimm glei mein Schnupftuach ... so, is schon wök ... wo wohnen S' denn? I nimm an Wagn und führ Sie z'haus. Wo, in Erding sein Sie z'haus ... A Glick, daß Sie wieder auf die Fuaßerln stehn ... aber, Erding is gar zu weit ... warten S', i führ Sie in meine Wohnung in der Lindwurmstraßn ... da werdn S' Eana scheen ausruhn ... und in Vogelbauer laß i Eana gradklopfen ... beim Luitpold Pirzl im Thal ... dees is weitaus der Bessere ... war auch früher Dentist ... so, und d' Prothesen, wo S' verlorn habn, steck i ins Westntaschl.

VERKEHRSPOLIZIST *mit Donnerstimme* San S' bald firti? Schaun S' Eana nur den Schwaaf von Wägen aan, was Sö verursacht habn! A so a Sauerei überanand.

Zwei Trambahnwagen läuten wie toll.

EIN WAGENFÜHRER Drecketer Sauhund, drecketer. Kannst nit ausweicha ... Dees is ja schon nimmer kein Hund nicht ... dees is ja a Kaibl ... schau daß d' fieri kimmst ... jetzt lauft das saubleede Luada, dees saubleede a noch in den andren Wagen hinein.

Neuerliche Signale, Geschrei.

ICH Marandjosef – dees arme Hunterl ... glei komm i. *Signale, Geschrei* Naa – is dees Viech groß ... und wie bleed es schaut ... na, tu nit so zwischen d'Trambahnwagen so umanandtorkeln ...

schaust ja aus wie ein Volksschullehrer vom Land, der, ein geschenktes Hoftheaterbillett in der Hand, seinen Sitzplatz nicht findet ... und gar so dreckig bist ... wenn man schon gar so gackerlfarbn ist, darf man wenigstens keinen so großen Wagenschmierfleck auf der Gesäßpartie haben ... und mit 'n Halserl hast dich auch in an Dreck gwalzelt ... also, stinken tust du, mein Freunderl ... pfui der Deixl. Und Halsband hast auch keins ... nein, sowas von stinken ... na ja, wann man die Farb hat, kannst nicht nach Vanilli riechen ...

VERKEHRSSCHUTZMANN So, schaun S', daß S' mit ihrem Rabenviech aufs Trottoir gelangen ... Segen S' nit, wia die Droschkengäul glotzen mit Schaum vor 'm Maul.

ICH Gut, schaun wir, daß wir ins Hotel kommen ... wart, i wer dich beim Ohrwaschl führn ... O sakra – jetzt hat er mi gschnappt ... nur gut, daß i ane Wurscht in der Taschen hab ... so, komm, spreiz di nit ... na, Gott sei Dank, daß wir da sind. Paß fein auf, da wirst du eine Masse Koffer sehn ... das sind aber keine Ecksteine.

Geräusche in einer Hotelhalle. Undeutliche Gespräche, Glockenzeichen etc.

ICH Herr Portier – bitte schicken Sie mir den Hausknecht hierher zur Türe mit einem langen festen Spagat ... ich muß den Hund da durch die Halle führen. Ja, danke. So, Hunderl komm schön.

Angstvolles Kreischen einer alten Dame, Klirren eines umgeworfenen Teeservices. Rufe: Nein, so ein dreckiger Köter. Pfui Teufel!

ICH Sind Sie der Hausknecht? Aha. Bitte, übernehmen Sie das Hundsvieh da, binden Sie ihn gut wo an, und geben Sie ihm ordentlich zu fressen. Das Teeservice da soll auf meine Rechnung kommen.

HAUSKNECHT Nein so a grausliches Rabenviech! Was haben S' denn für den geben? Hoffentlich nicht zu viel – der is scho mit fuchzig Fennig weit überzahlt ... daß sich a feiner Herr so an Luder kauft ...

PORTIER Bitte, die alte Dame da, vo der Eana Hund die Jausen z'sammgschlagn hat, beschweret sich, daß der Hund ihr auch noch in die Frisur genießt hat ... bitte, Sie werden vielleicht mit der englischen Miss das weitere besprechen ... oh, danke verbindlichst

... wär nit notwendig gewesen ... a Frisörin wegn Haarwaschen ham mir im Haus.

HAUSKNECHT So? Zuaglaufn is er Eana? Dees is a Metzgerhund von da drauß' wo. Schuhwix is dees koane, wo er am A ... Gesöß had. Mir braucht nur a weng rippeln dran und kosten ... naa – schmecken S' nur selber, dees is sei Lebtag koane Schuhwix – mir Hausknecht ham dees im Griff – dees is Wagenschmiere. Und mehr die geweenliche, siebzehn Fennig 's Pfund. Dees hinwiederum da oben, dees san Blutflöckn. Dadurch bewoiset er sich selber als Metzgerhund. Ja, der is von da draußd wo – bsonderst in Menzing, in Pipping und Allach waxt der Schlag. Er kaan aber auch aus Feldmoching sein – da bin i auch z'haus. Da kenn i mehrere ganz a soliche ... und dö ham gern Wagenschmierflöck, weil dort a Fabrik dafür is. Den sei Herrl is bstimmt a Mötzger. Dieselbigen sein gern schon in aller Herigottsfrie bsoffen und da fallen dieselbigen gern vom Wagen. Und da wird er wo umanandliegn, und im Hund wird dees zu fad gwordn sein. Und er had wieder hoam wollen, a bissel nach 'm Viech schaun ... ja, und so is er in Minka umanandschtrabanzt, und da wern s' eam 's Haalsband wegzwickt haben ... so ausgschaamte Bazi so ausgschaamte ... und so gstohlene Hundsmarkn kennen S' gnua kaufen um zwanzig Fennig ... brauchen S' nur ins Thal schaugn oder am Schrannenplatz. Ja.

ICH Also gut. Räumen S' eam weg, daß koa Ramassuri gibt mit Eanare Hotelgäst, geben S' eam urndli z' fressen, und i geh jetzt auf d' Polizei. Holen S' mir ein Taxi!

TAXICHAUFFEUR *man hörte den Schlag öffnen* So – wir wärn da. Macht oane March ... siebenzig ... danke. *Geräusche der Schritte.*

ICH Herr Wachtmeister, wo is es Büro für die zuglaufenen Hunde? Ich hätt einen solchen zum Anmelden.

WACHTMEISTER Haben S' eam dabei? nöt? z'haus? o bluatiger Heanadreck, bluatiger! dees sein Sacha ... dees sein Sacha ... da wern S' an wahren Leidenswög habn ... dös sag i Eana gleich ... alsdann, da gehn S' in an drietn Schtoock ... sehn S' da wo i mit 'n Sabel hinzeig ... ja, dort wo die vielen Maschkerer awi kummen –

san aber koane Maschkerer, san lauter Detöktiwe, wo auf die Dienststelln verteilt werdn.

ICH Was? der blinde Greis auch, mit 'm grünen Augenschirm? Der so hilflos umanandtappelt? Und die zwei Hirtenknaben mit die Rucksäck voll falsche Alpenrosen? Und der Professor mit der blauen Brilln, dem grad der Vollbart herunterrutscht? Und der Englishman mit 'n grauen Zylinder und mit dem schäbigen Baedeker in der Hand?

WACHTMEISTER Ja, dees sein unsere besten Kräfte. Die gehn alle am Hauptbahnhof an die Bahnsteigsperren, um auf die avisierten Fallotten zu warten ... Und Sie gehn auf Zimmer Numero 347 und fragn nach 'm Herrn Käsbohrer, und sagen S' eam, daß Sie der Herr Wachtmeister schickt – das bin ich!

ICH Alsdann – da is Numero 347. Nacher, klopfen wir an. Was ist das? Ich hör da Knurren? Da wär i ja an der rechten Schmiede! So. Schau – schau – was ist denn da am Schalterfenster? Das ist ja der reinste schottische Terrier – der viereckige Vollbart – die Fliehstirne ... die buschigen Brauen ... und wie er dasteht, die schwarzen Schreibärmel aufgestützt ... und bös is er auch ...

HERR KÄSBOHRER Können S' nöt an Huat abnehmen? Dees is fei a königliches Amtszimmer, mei Liaber ... und machen S' gefällig Eanare Sach kurz ab ... mir ham anderes a no z' tun ... wo mir jetzt d' Hundswut kriegen ... da wern mir glei bis zum Krawattl drin stecken ... in Pipping is' bereits ausgebrochen ... nacher kennt man sich vor Arweit nimmer aus ...

Man hört einen Krach. Offenbar ist ein leerer Maßkrug im Schreibraum Herrn Käsbohrers heruntergefallen. Der Krug rollt herum. Herr Käsbohrer kriecht polternd am Boden herum.

Sakramalefizkrügl ... endli hab i 's. So.

KÄSBOHRER Alsdann – was is? Wegn was für an Hund tun Sie kommen? Begehren Sie eine Hundsmarken für Eana selbst, weil S' am Hundemarkenschalter sein? Sie mögen gar keine solche? Warum tun Sie dann da sein tun? Dees is fei a königliches Amtszimmer, wo der Diensthabende sei Zeit nicht hat gestohlen haben tut! Alsdann, hat Eanara Hund schon a Marken? Nein?

Warum tun Sie dann da sein tun? Und wo tut Eanara Hund sein tun?

ICH Mir ghört gar kein Hund. Mir is nur ein Hund zugelaufen.

KÄSBOHRER O mei, o mei. Das gibt an Arwet . . . Da muß i d' greanen Drucksorten nehma . . . Sö, Herr Mottenmelcher . . . losen S' a bißl her.

MOTTENMELCHER Was wolle Se denn? Um e verlaufnes Hündle tuet's sich handle? O du bluatigs Herrgöttle von Biberach, dreimol angnagelts und dreimal wieder hinabgfallenes . . . wo is Ihne denn deesselbige Hündle zueglaufe?

ICH Am Bahnhofsplatz. Es wäre fast von einer Trambahn überfahren worden.

KÄSBOHRER Von was für einer Linie denn? So. Von an Zweierwagen. Dees sein die leichtsinnigsten und machen der Polizei nix wie Arwet. Werdn auch am heifigsten von dem zuegreisten Gsindel frequentiert, wo mit der Bahn ankommt. Was für eine Nummer hat er denn ghabt, der Wagen? Wie heißt der Wagenführer und wo wohnet dieser?

ICH Das weiß ich alles nicht. Übrigens is ja dem Hund nix passiert. Somit war auch keine Amtshandlung und also keine Namensfeststellung nötig. Und der Hund hat zur Ableitung des Schreckens reichlich Wasser gelassen.

KÄSBOHRER Das Wasserlassen gehört nicht hierher. Dees is a keenigliches Amtszimmer und da wird nicht vom Wasserlassen geredet. Wo 's Bild vom Keenig zueschauet. Unterlassen Sie solche Versuche, Milderungsgründe herauszuschinden. Alsdann: weiter: Wie tut der Hund heißen tun, und wo und wann tut er geboren sein tun? So. Das wissen Sie angeblich alles nicht. Schau, schau. Und was tut der Hund seien tun?

ICH Von Beruf? Ich glaube, es dürfte ein Metzgerhund sein.

MOTTENMELCHER Kann er 's Pfötle gewe? Kann er brav 's Männle mache? und hibsch aufwarte? und fauls Mädele mache?

KÄSBOHRER Das interessiert uns vorläufig nicht und behindert nur den Gang der Untersuchung. Der Staat muß erst einmal wissen, ob er ein Männlein sein tut oder ein Weibchen.

MOTTENMELCHER Oder am End gar e Kaschträtle?

ICH Das weiß ich alles nicht.

Man hört einen Krach. Mottenmelcher ruft: Jetz isch es Amtstrink-
wasserfläschle umgfalle und am Fußbode gschtirzt ...

KÄSBOHRER *brüllt* Sie tun angeblich nicht wissen tun, welchen
Geschlechtes jener Hund is! Das is stark! Eine Behörde ist keine
Gehschule nicht in einem Kindergarten. Gelten S', Herr Mottenmelcher? Wissen S', was dees is? Dees heißt, a königliches Amt an
der Nasen herumführn. Ja, dees heißt's. Und weiter muß i wissen:
Was für a Rass' is er? Was für a Farb hat er? Wie lang tut derselbe
sein tun in Zentimeter von der Schwaafspitzn bis zur Nasen, und is
er und wo gegen Staupe geimpft? Weiter: Is er mit Piephacke
behaftet?

ICH Piephacke? Was ist denn das?

KÄSBOHRER Dees tut ein Fußübel sein tun. Und wenn er's hat, is er
militärfrei und braucht nit einrücken als Meldehund. Steht der
Nam von sei'm Herrle am Halsband, und von wo is die Hundsmarkn ausgestellet?

ICH Der hat weder a Marken noch an Halsband. 's einzige, was ihn ein
wenig verziert, is a großer Wagenschmierfleck am Podex. Rass' hat
er auch keine. Nit amal a Promenadenmischung is er − er is
vielmehr eine Misthaufenmischung. Daß es wissen.

KÄSBOHRER So. Keine Marken hat er nicht? Und kein Halsband hat
er auch nicht? A − da schau her. Und Sie sein mit sowas auf der
Straßn umanandgangen? He? Wissen Sie nicht, daß das in hohem
Grad strafbar sein tut? Das wird Sie drei Tage Arrest oder gar 100
March Geldstrafe kosten.

ICH An Schmarrn wird es mich! Nun ist es genug. Das ist stark! I rett
an Hund − i hilf an königlich bayrischen Viehstand erhalten ... ich
werde mich bei meiner Gesandtschaft beschweren ... i bin
Österreicher!

KÄSBOHRER O mei ... o mei ... dees wird Komplikationen gebn ...
gar nit zum Ausdenken ... A verlaufener Hund und an Österreicher ... noch dazu, wo S' wutverdächtig sein dürften ... wenn S' an
Hund angriffen haben, wo dieser kein Halsband nicht anhabend
gewesen sein tut, und Sie das Fell berührten ... wos! − gebissen hat
er Ihnen auch ... Sein S' bluatig?

ICH Nur ein bisserl. Nicht der Rede wert. Hab's glei aus'zuzelt.

KÄSBOHRER Heilige Mutter von Altötting! Jetzt habn S' Wutgift auch innerlich ...

Jetzt kracht es auch beim Nebenschalter. Ein Maßkrug rollt am Boden. Herumpoltern des suchenden Beamten und undeutliches Geschimpfe auf Schwäbisch.

O moi – mir isch vor Schreck 's Maßkrügle ogfalle ... wo isch nur dees Lueder? i find's nimmer ...

MOTTENMELCHER O moi ... jetzt mueß der Herr unter Kontumaz komme ... wohl nach Stadlheim ... und der Hund muß zum Abdecker, daß mer sehe kann am Kadaver, ob er wutkrank gwese sein tuet ...

KÄSBOHRER *flüsternd* Sö Herr ... kommen S' näher zum Schalter ... i gib Eana an guatn Rat – an guetn. Passen S' fei auf: gehn S' pfeigrad am Bahnhof ... pfeigrad ... und fahren S' mit 'n nächsten Zug ab und kommen S' – wann S' leben bleiben – vor d' nächsten dreißig Jahr nimmer nach Minka.

ICH Danke schön, meine Herren – gleich werd ich im Hotel sein.

Geräusche in einer Hotelhalle. Läuten einer Empfangsglocke, verschiedene Stimmen des Portiers und der Gäste etc.

PORTIER Der Herr wünschen den Zimmerschlüssel? Den Hausdiener wollen Sie sprechen? Der hat sich marod gemeldet – er ist von Ihrem großen Hund gebissen worden ... ob die Wunde schwer ist? Bin leider darüber nicht im Bilde ... bitte sich einen Moment zu gedulden ... er wird gleich da sein ... sehen Sie, da kommt er schon. Hören S' ihn schlurfen?

ICH Was hat er denn da für ein Dienstbotenkopfkissen am Arm?

PORTIER Nein, bitte, das ist bloß sein Verband.

HAUSDIENER Gu'n Abend. Schaun S', wier i zugrichtet bin. Dees hat Eanara Hund tan! Bissen hat er mi. Zerscht hat derselbe um zwoa March finfundfufzigi gfressen, dann hat er mir a Maß Bier umghaut – macht sechzig Fennig –, dann hat er sich losgrissn – macht zwölf Fennig für an dicken Spagat – nacher hat er d' Klosettfrau von der Damengardrob, d' Frau Kleindienst umgworfen, und der ihrigen Freundin, der Frau Siebenzak, die wo ihren Jausenkaffee bei ihr im Institut 'trunken hat, hat er in Kaffeehafen brochen – macht zwanzig Fennig in Hefen, wo ein Bild vom Keenig Ludwig als Lohengrin schmückte – und is selbige vor Schreck auch noch mit 'm Fuß auf ihrn Bien'stich treten, von dem dann hernach bloß d' Hälftn eßbar war – macht zehn Fennig – hernach hat er anghebt, ieber an Fußbodenbelag in der Halle Schlittn z'fahrn und dann is er davongloffa, – sehn S' – da is er davongloffa, durch d' Arnulfstraßn auf Pipping zu.

ICH Herr Portier – stellen Sie mir die Rechnung zusammen – ich reise morgen früh ab – lassen Sie mich zeitig wecken. Gut.

Es klopft mehrmals.

HAUSDIENER *durch die Türe* Siebeni is. Bitte aufstehn. Gu'n Morgen. Es war ein Herr hier, der was Sie sprechen will, Howrat Pachinger. *Tritte schlürfen.*

ICH Herein. Herr Hofrat! Ja – wie schaun denn Sie aus? Ganz gramdurchfurcht – was is denn?

PACHINGER *seufzend* Ja. Eine schwere Enttäuschung. Ja. Wissen Sie – die mollige Dame von gestern – die wo gestirzet is . . . war eine schwere Enttäuschung. Sie war nit ganz echt. Jo, jo. Das heißt, von der Taille abwärts war ka Klag nit. Aber oben . . . nix als Attrappe. Vorspiegelung falscher Tattsaachen. Naa – naa . . . Habn Sie gut gschlafen?

ICH Nein. Ich hab – wegen Sorgen – eine schreckliche Nacht voll grausliger Traumgesichte ghabt. Da is mir an geschmackloser, grober Holzschnitt aus an alten Pfennigmagazin aufgetaucht! Der stellt einen bärtigen Schmiedemeister dar, der, von einem wüten-den Hund gebissen, der Tollwut entgegensehend, sich selber mit einer schweren Kette an den Amboß schmiedet. »Ein braver Mann« steht drunter. Und dann wieder ist mir ein seltener Druck vor den Augen erschienen, den i erst unlängst am Tandelmarkt erworben habe. Ein dünnes Heft, betitelt: Schreckliche Geschichte des Notars Croquembouche aus Lyon, bei dem die Hundswut in der Hochzeitsnacht ausgebrochen ist, und er dann sowohl seine junge Gattin als auch die im Nebenzimmer auf den glücklichen Ausgang wartenden Schwiegereltern auf entsetzliche Weise umgebracht hat.

Paris 1847 stand darauf – und in Bleistift der Vermerk: gesucht und selten.

PACHINGER Und was plagt Sie da so? Sie sind doch sonst ka Melancholiker?

ICH Weil ich gestern – grad als Sie fort warn – einen Hund vor 'm Überfahren gerettet hab. Und der hat mich 'bissen. Nit viel, aber doch. Und dann hat man mir auf der Polizei einen Floh ins Ohr gesetzt, daß gerade die Hundswut ausbrochen is ... und, zumal ich nit daher gehöre, soll ich schaun, daß ich über die Grenz komm. Und um zehn Uhr geht mein Zug.

PACHINGER Sie – tun S' das nit. I mein's gut mit Ihnen. Melden Sie Ihr Abenteuer sofort auf der Österreichischen Gesandtschaft oder wohin Sie gehören, damit Ihnen kein Mensch einen Vorwurf machen kann, daß Sie was verabsäumt haben ... und Sie am End d' Hundswut einschleppen. Zuerst merkt man nix ... dann fangen S' vielleicht aus heiterm Himmel a bißl zu belln an – vielleicht in einer faden Gesellschaft – so wie andre zur Erheiterung zum Singen anheben oder Taschenspieler-Kunststückeln machen ... geben S' acht, mein lieber Herr! Das Leiden kann plötzlich auftauchen ... Stellen S' Ihnen vor, Sie sitzen in der Matthäuspassion – wo eh kein Mensch weiß, was er aus Langerweile anfangen soll ... und da bricht bei Ihnen d' Hundswut aus ... stellen S' Ihnen den Skandal vor ... Herr, gehn S' stantepe zum Exlenzherrn, wo hier repräsentiert. Nit zum Schmiedel, naa: zum Schmied müssen S' gehen. I halt Ihnen nit auf – adjö!

Sekretariat der k. k. Botschaft. Diskretes Hüsteln. Ein Grammophon fängt an, die Volkshymne zu spielen. Stimme eines hohen Beamten: Schebesta, stellen S' ab. Mir sein unter uns. Sie! es klopft! Schaun S' nach, wer da kommt. Her-ein. Sie wün-schen?

ICH Kann ich seine Exzellenz sprechen? In einer diskreten Frage. Brauchen nichts zu fürchten ... es ist kein Pump um ein Reisegeld oder so was. Mein Vater ist ein hoher Funktionär des Ackerbauministeriums, und ich gehöre dem Denkmalamt an. Bitte, hier ist meine Karte.

DER DIENSTHABENDE SEKRETÄR Ich bedaure – aber ich muß doch
bitten, mir Informationen über Ihre Wünsche zu geben.

ICH Also – wenn es sein muß: Ich bin von einem unbekannten Hund
gebissen worden, und da in Pipping Wutfälle gemeldet sind – ich
aber beabsichtige heimzureisen ... möchte ich doch wissen ... ob
Bestimmungen ... existieren ... ob man da vielleicht in ...
Waggons für Wutverdächtige ...

DER DIENSTHABENDE SEKRETÄR Sie halten sich demnach für einen
... sagen wir ... etwa: Akzessisten ... einer ... eventuell
ausbrechen könnenden ... hm, Hundswut? Alsdann, der Faal is a
solchener, daß dös doch Seiner Exzellenz vorgetragen werden
muß. Drahanek! mölden S' den Herrn – wie war der werte Name? –
dromat ahn. Ich telefonier inzwischen hinauf ... Hab die Ehre –
gengan S' mit dem Herrn.

DRAHANEK Wollen mir folgen.

Geräusch von Schritten. Schnaufen des Amtsdieners.

So – da klopfen S', und warten S', bis Exlenz ruft.

Schnaufen wie oben.

STIMME DES EXZELLENZHERRN mhmmm ... herrr-rrrein ... *Geräusch
der Türe* Mhm ... was wollen S'? Sie melden sich also als aangeeb-
liich wutverdächtig sein könnend? Muuß saagen, mir ganz neuch.
Mhm. Nooch nie vorgekommen. Haben vielleicht Heißhunger-
erscheinungen, wenn Sie bei Teppichgeschäften vorbeigehen?
Wegen Hineinbeißen-Wollen? Soll aber auch bei werdenden
Trooteln voorkoomen. Jaa. Hab ich mir saagen lassen. – Sie ver-
zeihn, daß ich ein bissel wegrück. Waren amend schon Fääle in Ihrer
Familie? So so. Angeblich nicht. Aan was is Ihr Herr Papa gstorm?
Nicht? Leebt aangeeblich nooch. Da schau her ... in waas betätigt
er sich? So. Ackerbauministerium. Da wird er ja mit 'm Grafen
Ledebur befreundet sein – mit 'm Mienisster. Mit deem bin ich bei
Sechser Dragonern gstaandn – wissen Sie – die mit die schwarzen
Aufschlääg ... Von was ham wir grad gschproochen? Richtig! Voon
der Huundswut! Wenn ich niicht irre, ham die Herrn dort – im
besagten Ministerium – auch die Hundswut unter sich ... weil ja
doch die Gestüte unter dieses Ministerium ghöörn ... und woo
Ferde sind, wiemelt es geradezu von Hunden – nicht? Is dooch

klaar. Waas für ein Ressort hat Ihr Herr Paa-pa ghaabt? So! die
Reebläuse! Da schau her. Interessant – interessant. Gstatten, daaß
ich ein wenig abrücke, weil mir die Sonne am Tisch scheint.

ICH Können beruhigt sein. Ich hab keine bei mir.

EXZELLENZ Waas hat Ihr Herr Paa-pa gmacht damit? Hat er sie
gezäählt? Niiicht? Er hat sie niiicht gezählt? Irren Sie sich nicht?
Die ins Amt eingelieferten Exemplaare sind dooch Staatseigentum
... Probestücke ... Hat er sie in an Glaaserl ghabbt? Nein? Aber
dann wohl in an Schaachterl? Aber da können die Ludern leicht
heraushupfen ... und wenn die amal am Booden sind ... dann
kann – stell ich mir voor ... 's gaanze Ministerium stuundenlang
suchen, scheußlich! Hat Ihr Herr Paa-pa iemer damit zu tun
ghaabt? War ihm das nit faad?

ICH Nein. Als die Reblausplage sich überlebt hatte – mein Gott, das
sind alles Modesachen – hat mein Vater die Bekämpfung der
Feldmäuse in die Wege geleitet – damals als die katastrophale
Mäuseplage war – ich glaube, 1893.

EXZELLENZ Jaa. Ich erinnere mich – die Gräfin Maaltschi Trautson,
die dann den Grafen Schnaxi Stuhlheimb geheiratet hat – meine
Cousine – der haben damals diese Ludern auf ihrem Schloß bei
Esseg, anläßlich der Siesta – es ist ja damisch heiß da drunt' in
Slawonien – die große Zehe an-ge-knaabert – stellen S' Ihnen vor!

ICH Abscheulich. Und dann hat mein Vater den Mäusetyphus
bekommen ... Exzellenz brauchen nicht wegzurücken ...

EXZELLENZ Uuund is er gerettet worden, der Herr Paa-pa? Hat er
sehr gelitten?

ICH Aber nein, Exzellenz. Er hat ja nur das bakteriologische Institut
für den Mäusetyphusbacillus ins Leben gerufen. Menschen werden
nie davon befallen. Sonst könnte ja niemand einen Gollasch essen.

EXZELLENZ ... Gollasch essen? Glauben Sie denn ... daß in einem
Gollasch Ratzen sind?

ICH Und wie oft ... bitt Sie ... die wimmeln in der Küche herum ...
wie leicht werden sie dann bei Großbetrieben mit in den Topf
geworfen ...

EXZELLENZ Und in was war denn dieses Typhusserum verpackt?
Damit man's gleich kennt!

ICH In Glasflakons. Und die wieder in Goldpapier, damit die landwirtschaftlichen Vereine mehr Freud dran haben ... ich bitt Sie – so mehr einfache Leute ... Und wie oft haben sie die Kostproben in der ersten Zeit als Christbaumschmuck verwendet.

EXZELLENZ Junger Freund sind ja außerordentlich gut informiert über dieses Kapitel. Da werden mir auch sagen können, wie man den Mauserln und Ratzen das Gift beigebracht hat? So? In Köödern. Da schau her. Semmelbrocken? Vielleicht auch Confitüren? Croß & Blackwell? Aha. Und dann – verzeihen – eine intime Frage – nur gut, daß keine Dame anwesend is – bei Typhus ist's ja bekannt ... müssen ja die Viecherln viel auf die große Seite gehn ... und das steeckt furchtbar aan ... muuß da nicht immer die Polizei dabei Waache stehn? Stellen S' Ihnen vor: wenn die Kinder, die doch mit allem spielen ... damit in Berührung kommen ... die stecken doch alles in den Muund ... und wo nimmt man dann die vielen Waachleute her, die bei den Häuferln stehn müssen? Faade Geschichte ... ja ...

ICH Keine Angst. Selbst wenn ab und zu so eine Pestilenzmaus in den Kaffee fällt ... in kleinen, wenig soignierten Cafés in den Vororten oder im Prater bei Massenbetrieb kommt das oft genug vor – steckt das gar nicht an. – Kann ich mich jetzt empfehlen? Kann ich nach Österreich zurück? Oder muß ich – und wie lange – in einer Kontumaz bleiben? Übrigens fühle ich mich vollkommen wohl.

EXZELLENZ Spüren S' keine Wasserscheu? Tun Sie ab und zu duumpf knurren, wenn S' an Knoochen sehn? Laufen S' keinen Katzen nach? Ja, und dann, bitte kommen Sie etwas näher ... ich muß Ihnen was ins Ohr sagen ... ...

ICH Aber nein, Exzellenz. Nein, nein. Ecken interessieren mich absolut nicht. Kommt nicht in Frage.

EXZELLENZ ... da bin ich beruhigt. Meinem subjektiven Empfinden nach halte ich Sie für vollkommen gesund und kann Ihnen die libera practica geben. Sie haben klar gesprochen, nicht einmal gebellt oder sich scharrend gekratzt. Aamtlich erlöscht bei uns der Hundswutverdacht schon in 30 Jahren. Dann können Sie ungehindert in Bayern und Österreich zirkulieren. Auf Wiedersehen! Hat mich sehr gefreut! Paa.

EDITORISCHER BERICHT

»Zwischen Prosa und Drama«, so ließe sich fast das gesamte literarische Œuvre von Fritz von Herzmanovsky-Orlando charakterisieren. Lange dialogische Partien durchziehen seine Romane, so daß sich für eine durchaus authentische und sehr geglückte Theateraufführung von *Der Gaulschreck im Rosennetz* des Wiener Serapion Ensembles (1979/80) »ein ›Dramatisieren‹ erübrigte, da bei der Lektüre Dialoge und ›Regieanweisungen‹ sich von selbst herauskristallisierten«. Was Erwin Piplits, der Leiter des Ensembles, über seine Inszenierung gesagt hat, ist für die Romane *Rout am Fliegenden Holländer* oder *Das Maskenspiel der Genien* gleichermaßen zutreffend. Umgekehrt begegnet man in den Dramen immer wieder epischen Passagen, die nicht zuletzt für den gängigen Einwand verantwortlich sind, Herzmanovsky-Orlandos Theaterarbeiten seien schwer aufführbar. Im vorliegenden Band ist dieses Changieren »zwischen Prosa und Drama« thematisiert. Die Vorlage liefert der Befund aus dem Nachlaß: Von drei literarischen Stoffen liegen sowohl Prosa- als auch Dramenfassungen Herzmanovsky-Orlandos vor.

Viele der Figuren, die Herzmanovsky-Orlando gezeichnet oder beschrieben hat, tragen seine Züge, geben in ironischer oder grotesker Zuspitzung etwas von seinem Wesen preis und zeugen davon, wie er seine Neigungen und Leidenschaften, sein Dastehen im Leben und in der Kunst sah. Ein literarisches »Selbstbildnis« dieser Art findet sich auch im *Maskenspiel der Genien* (*Ausgabe Sämtlicher Werke*, in der Folge abgekürzt *S. W.*, Band III). Und da sagt er auch, was er für das Besondere an seinem Blick auf die Wirklichkeit hält: die Optik mit den vielen Facetten; und er zählt auf, was er so anzubieten hat, die seltsamen Funde des Sammlers, die »Walpurgiskerzen« seiner okkulten Forschungen und antiquierte Mehlspeisen aus dem alten Österreich. Und er gibt schließlich preis, was ihn bedrückt und entmutigt – die Einsiedeleistimmung seines Meraner Exils:

»Da kam ein gebückter Greis ums Eck, einen Tabulettkramkasten umgeschnallt. Das knochige Gesicht totenbleich, bot er seinen Krimskrams an, rechte Quisquilien, um dem ausgefallenen Worte wieder einmal zu Ehren zu verhelfen. Da gab es Operngläser, die zwar nichts vergrößerten, aber mit Hilfe eines kunstreichen Facettenschliffes alle Gegenstände 24mal nebeneinander zeigten, was sehr verwirrte. Als junger Mann, so erzählte der Alte, habe er am Broadway mit dieser echt amerikanischen Idee sein Glück gemacht; später habe der Film sein Geschäft ruiniert. Und nun wohne er da in der Öde. Walpurgiskerzen hätte er auch – er selbst wisse allerdings auch nicht, zu was sie gut seien – und einen ganz alten Mohnstrietzel, von dem voreinst Kaiser Joseph ein Stück abgebissen habe; dies sei ein wertvolles Stück, und er könne zum Ankauf dringend raten.« (IV/3–56).

Man darf das Bild der Brille mit Facettenschliff durchaus als Hinweis des
Autors auf das Gesetz verstehen, unter dem seine ganze künstlerische
Produktion von Anfang an steht. Ein Blick auf seine Manuskripte –
besonders auf erste Notizen und Entwürfe – macht dies deutlich. Da geht
Geschriebenes in Gezeichnetes, Beschreibendes in Dialogisches über, und
man glaubt tatsächlich dem Aufblitzen immer neuer Facetten an ein und
demselben Gegenstand beizuwohnen. So ist, was in diesem Band dokumentiert wird, durchaus nicht als Randgebiet abseits der eigentlichen literarischen Leistung Herzmanovsky-Orlandos zu verstehen, vielmehr scheint sich
gerade in diesem Wechsel der Blickpunkte, in der permanenten Verführ-
barkeit des Autors durch die eine oder andere Form, eine besondere und
unverwechselbare Eigenheit seines Künstlertums zu spiegeln. Seine Neigung
zu bildhafter Vorstellung verleitet ihn inmitten dramatischer Abläufe zu
wahren »Tableaus«, eine Neigung, die er selbst in so gut wie allen Stücken in
Form »lebender Bilder« zu ironisieren liebte. Die verblüffende Fähigkeit,
Figuren in ihrer gesprochenen Sprache zu charakterisieren, zieht mitten im
Erzählenden, Schildernden unversehens die ganze Textsubstanz an sich, so
daß es wie im Paralipomenon *Der verirrte böse Hund* (S. 318–330), das die
Zwischenstufe von der Erzählung zum Hörspiel darstellt, dazu kommt, daß
die Namen der sprechenden Personen des erzählenden Textes mitunter an
den linken Rand rücken, und so auch formal das Umkippen in die
dramatische Form anschaulich wird.

Auf diese Grunddisposition im gesamten literarischen Schaffen von Herzmanovsky-Orlando soll mit dem Titel dieses Bandes besonders verwiesen
werden. Die Texte und ihre Erschließung im Kommentar liefern dazu reiches
Anschauungsmaterial.

Wie schon eingangs angedeutet, gab es für die Entstehung dieser Prosa-
und Dramenfassungen gleicher Stoffe aber auch sehr pragmatische Beweg-
gründe: Nach dem Tode seines Verlegers Artur Wolf bald nach dem
Erscheinen des Romans *Der Gaulschreck im Rosennetz* mußte Herzmanovsky-Orlando zur Kenntnis nehmen, daß zwar immer wieder Verleger,
mit denen er in Kontakt getreten war, ihr Wohlgefallen, ja Entzücken an
seiner literarischen Produktion bekundeten, das Abenteuer einer Publikation aber nicht auf sich nehmen wollten. Freunde und Bekannte aus
dem Wiener Theatermilieu ermunterten ihn, sein Glück im dramatischen
Fach zu versuchen. Dies lag umso näher, als tatsächlich die besondere
Begabung des Autors zu lebendig geführtem Dialog auf der Hand lag.
Umgekehrt gewann Herzmanovsky-Orlando mit der Niederschrift seiner
Theaterarbeiten auch neuen Stoff und erblickte darin die Möglichkeit,
vorerst bescheidene, den Rahmen einer Erzählung kaum sprengende
Prosaarbeiten zum Roman zu weiten. Davon versprach er sich auch auf
dem Buchmarkt neue Möglichkeiten. Es steht dahin, ob nicht gerade dieses
Hin- und Hergezogensein zwischen den literarischen Disziplinen dazu

beigetragen hat, Herzmanovsky-Orlandos Erfolg bei Lebzeiten zu verhindern.

Der Kommandant von Kalymnos, eine der ersten Erzählungen des Autors, sollte, umgearbeitet zum Opernlibretto *Die Krone von Byzanz*, den Versuch einer Zusammenarbeit mit Musikern begründen. Die Motivierung, gerade ein Libretto zu schreiben, geht sicherlich über die bereits genannten Überlegungen hinaus. In ihrer Dissertation *Fritz von Herzmanovsky-Orlandos »Der Kommandant von Kalymnos« und »Die Krone von Byzanz«. Versuch einer Edition aus dem unveröffentlichten Nachlaß* (Wien 1982) führt Ilse Chlan folgende Faktoren an: Die zwanziger Jahre seien »als besonders produktiv auf dem Gebiet des Opernschaffens anzusehen. Die ›unvernünftige‹ Kunstgattung der Oper erfreute sich außerdem wachsender Popularität. Beides steht sicherlich zum Teil auch im Zusammenhang mit neuromantischen und neubarocken Tendenzen in diesem Zeitraum.

Zudem macht sich bereits in dem ausgehenden neunzehnten und am Beginn des zwanzigsten Jahrhunderts eine ›stetig wachsende Literarisierung der Oper‹ bemerkbar, der Text gewinnt in der Oper des zwanzigsten Jahrhunderts zunehmend an Bedeutung. Ein solches ›literarisches‹ Libretto wollte Herzmanovsky zweifellos schaffen.« (A. a. O., S. 86 f. Die Autorin zitiert folgende Literatur in ihren Überlegungen: Marianne Wünzer: *Die Erneuerung des Barock, mit besonderer Berücksichtigung des barocken Theaters auf der Bühne des 20. Jahrhunderts.* München 1963. Peter Hacks: *Versuch über das Libretto.* In: Peter Hacks: *Oper.* Berlin/Weimar 1976. S. 295 f. Karen Achberger: *Literatur als Libretto. Das deutsche Opernbuch seit 1945.* Mit einem Verzeichnis der neuen Opern. Heidelberg 1980. S. 13, 8.)

War im Fall des Kalymnos-Stoffes die Entstehung der Prosa- und Dramenfassung zeitlich klar voneinander abgegrenzt, so entstanden die Entwürfe zur Novelle *Apoll von Nichts* und erste Notizen zu einer dramatischen Ausformung des Stoffes parallel. Die erste Niederschrift der Dramenfassung sollte jedoch erst etwa ein Jahrzehnt nach der Novelle von 1924 entstehen. Herzmanovsky-Orlando griff in den späten vierziger Jahren wieder auf die Prosaform zurück und formulierte zur ersten Fassung einige längere Ergänzungen (insbesondere S. 277–287) und erweiterte Varianten. Dieses neue Textkorpus wurde zur Arbeitsgrundlage seiner Erzählung *Apoll von Nichts*, zugleich aber auch zu einem Roman *Das Fest im Sirenenpalast*, einer Kontamination der nun in zweiter Fassung vorliegenden kleinen epischen Form mit dem aus der frühen Novelle hervorgegangenen Drama.

Die späte Erzählung *Der verirrte böse Hund* verdankt ihre mehrfache Ausformung sicherlich vor allem dem Wunsch des Autors, in seinen letzten Lebensjahren doch noch einen, wenn auch bescheidenen Erfolg seiner literarischen Arbeit zu erleben.

Zur Textgestaltung:

Grundsätzlich gilt auch für diesen Band der *Ausgabe Sämtlicher Werke* das Prinzip der Auswahl des letzten autorisierten Textes als Druckvorlage. Im Fall des Kalymnos-Stoffes liegt für die Erzählung ein autorisierter Druck vor – sieht man vom *Gaulschreck* ab, der erst nach zahlreichen Eingriffen des Verlegers veröffentlicht wurde (siehe *S. W.*, Band I, S. 161 ff.), ist dies der einzige im Œuvre Herzmanovsky-Orlandos. Der Umstand, daß hier also der höchste Grad möglicher Autorisation vorliegt, macht diesen Text – für die *Ausgabe Sämtlicher Werke* – zum brauchbaren Maßstab für den vom Autor gewünschten Grad der Übereinstimmung mit der geltenden Duden-Rechtschreibung, insbesondere was die Edition des frühen literarischen Werkes von Herzmanovsky-Orlando betrifft. Wie in den bereits erschienenen Bänden wurden also mit aller gebotenen Zurückhaltung durchwegs nur geringfügige, für den Lesegenuß jedoch nicht unwesentliche Vereinheitlichungen und Normalisierungen vorgenommen: Sie betreffen Inkonsequenzen in Interpunktion und Orthographie, insbesondere in der Verwendung von Apostrophen bei der Wiedergabe von Dialogen. Grammatische und sprachliche Eigenheiten wurden beibehalten, sofern sie die Lesbarkeit des Textes nicht beeinträchtigen. Besonders behutsam war bei der Edition der gesprochenen Rede in allen ihren umgangssprachlichen Färbungen vorzugehen. Hier wurden mutmaßliche Schreibfehler nur dann korrigiert, wenn der Wortklang völlig unverändert bleiben konnte (nähere Einzelheiten siehe *S. W.*, Band I, S. 164 f.). Normalisierungen und Vereinheitlichungen wurden jeweils innerhalb einer in sich geschlossenen Texteinheit vorgenommen, Herzmanovsky-Orlandos in den verschiedenen Perioden seines Schreibens wechselnde Eigenheiten respektiert. So kommt es, daß die Schreibung einzelner Wörter in Prosa- und Dramenfassungen ein und desselben Stoffes differiert.

Als Druckvorlage für die Erzählung *Der Kommandant von Kalymnos* diente also der Privatdruck von 1926, *Die Krone von Byzanz* wird in der Fassung wiedergegeben, wie sie Herzmanovsky-Orlando nach immer wieder erfolgten Überarbeitungen schließlich zur Vertonung freigegeben hat (XI/7).

Komplizierter liegt die Überlieferung des Apoll-Stoffes in seinen verschiedenen Versionen. Die Novelle von 1924 blieb fast zwanzig Jahre lang die Fassung, die Herzmanovsky-Orlando einer bescheidenen Öffentlichkeit in Gestalt seines Freundeskreises zur Lektüre überließ und die er auch Thomas Mann vorlegen wollte (siehe S. 381) und aus der Alma Seidler und Karl Eidlitz in einem Vortragsabend der Wiener Urania lasen (siehe a.a.O.). Somit erscheint es gerechtfertigt, sie auch weiterhin als eine vom Autor als gültig erachtete Gestaltung des Stoffes zu tradieren (XIII/6, Fasz. 3. Siehe S. 115–154). Die hier vorgelegte Dramenfassung enthält die größte Dichte handschriftlicher Korrekturen und Ergänzungen des Autors (XII/6. Siehe

S. 161–244). Mit der Erzählung entstand eine in sich abgeschlossene zweite Prosafassung des Stoffes (XIII/3. Siehe S. 245–305). Mit einer dritten epischen Textversion trachtete Herzmanovsky-Orlando den *Apoll* zu einem Roman *Das Fest im Sirenenpalast* zu dehnen: Er unternahm den Versuch, die epischen Teile der bereits in Kapitel gegliederten Erzählung mit den Dialogen aus der Dramenfassung zu einer neuen Einheit zu verschränken. Die Durchführung dieses Vorhabens blieb jedoch über weite Strecken *vor* einer wirklichen Verschmelzung der heterogenen Textpartien liegen. Dies dokumentiert sich etwa darin, daß Dialoge ohne formale und inhaltliche Einpassung in den erzählenden Text wörtlich aus dem Drama übernommen sind. Es liegt also in diesem Manuskript zu einem Roman eine wesentlich frühere Textstufe vor als in allen anderen Lesetexten, die in der *Ausgabe Sämtlicher Werke* publiziert werden. Über diesen Befund kann auch eine (von fremder Hand hergestellte) Reinschrift dieses Entwurfs (XII/4, XII/5, XIII/4) nicht hinwegtäuschen. Abgesehen von drei kurzen Einschüben (Paralipomena S. 305–308) und wenigen erweiterten Textvarianten (sie sind in den Erläuterungen den betreffenden Textstellen der Dramen- bzw. Erzählfassung zugeordnet) bringt das Manuskript *Das Fest im Sirenenpalast* nur Material, das in den drei vorangegangenen Fassungen fast deckungsgleich bereits vorliegt. Eine Publikation auch dieser Montage in der vorliegenden Ausgabe erscheint somit nicht gerechtfertigt.

Sowohl zur Erzählung als auch zum Hörspiel *Der verirrte böse Hund* liegt jeweils nur eine autorisierte Fassung vor (XV/10, Fasz. 1, XV/7, Fasz. 2). Die Phase der Umarbeitung der Prosa- zur Hörspielversion ist in einer Niederschrift dokumentiert, die geradezu ein Demonstrationsbeispiel dafür bietet, wie Herzmanovsky-Orlando bei der Überführung eines literarischen Vorwurfs von einer Form in die andere vorgeht (XV/9, Fasz. 2. Siehe Paralipomena S. 317–330).

Zur Kommentargestaltung:

Grundlage der vorliegenden Ausgabe ist ein erweiterter Werkbegriff, der alle Textstufen von den ersten einem Stoff zuzuordnenden Notizen bis zu den letzten Korrekturen und Ergänzungen umfaßt. Die die eigentlichen Lesetexte begleitenden Materialien gliedern sich im wesentlichen in drei Gruppen: Zwischen den entstehungsgeschichtlich geordneten Texten sind Paralipomena eingereiht, die einen weiteren Schritt in der Entwicklungsgeschichte des jeweiligen Stoffes repräsentieren. Charakteristisch für einen eingeschränkten Begriff des Paralipomenons, wie er hier – und bereits in den Bänden I und II – definiert wurde, ist, daß es sich um einen in sich abgeschlossenen, zur Aufnahme in das jeweilige Werk vorgesehenen Text handeln muß, wobei es jedoch zu einer Einarbeitung durch den Autor nicht gekommen ist. Aufschlußreiche Notizen, die keiner bestimmten Stelle des betreffenden

Lesetextes zugeordnet werden können (vor allem erste Gedankensplitter zum eigentlichen Stoff), Dispositionen des Handlungsverlaufs sowie Eigenkommentare des Autors in seinen Inhaltsangaben (sofern sie nicht den erläuternden Charakter eines Vorwortes haben) und vor allem die Korrespondenz des Autors wurden zur Dokumentation der Entstehungs- und Wirkungsgeschichte herangezogen.

Zur dritten Gruppe des dargestellten Materials zählen jene Notizen und Entwürfe, die als Varianten auf bestimmte Textstellen bezogen sind. Sie wurden in die Erläuterungen, den eigentlichen Kern des Kommentars, aufgenommen und bilden nach der Edition und Kommentierung von Herzmanovsky-Orlandos Quellen die zweite entstehungsgeschichtliche Stufe. Auch spätere Notizen zu Ergänzungen und Varianten, die vom Autor nicht mehr in den Lesetext eingearbeitet wurden, sind dort dem jeweils entsprechenden Textzusammenhang zugeordnet.

Zur Kommentierung sachlicher Zusammenhänge wurde, wie auch in den bereits erschienenen Bänden, ausschließlich Quellenmaterial des Autors verarbeitet, da es zur Aufschlüsselung der Entstehungsgeschichte nur um eine Rekonstruktion des Wissensstandes und der geistigen Haltung des Autors gehen kann. (Dabei ist zu bemerken, daß auch Herzmanovsky-Orlandos Exzerpte und Notizen aus seinen Quellen bereits vielfach die »Anverwandlung« des Übernommenen erkennen lassen.) Es war dabei in Kauf zu nehmen, daß dieses Wissen nicht dem Stand der heutigen Forschung entsprechen muß.

Nur in besonderen Fällen, wenn die Quellenlage für eine befriedigende sachliche Kommentierung nicht ausreichend erschien, wurde von diesem Prinzip abgegangen. Dann wurde – mit besonderem Hinweis – aus folgenden Werken zitiert:

Allmer, Konrad und Marlene Jantsch: *Katalog anatomischer und geburtshilflicher Wachspräparate* im Institut für Geschichte der Medizin an der Universität Wien. Hermann Böhlaus Nachf. Graz/Köln 1965 (= Studien zur Geschichte der Universität Wien, Band VII).

Österreichisches Biographisches Lexikon 1815–1950. Hrsg. von der Österreichischen Akademie der Wissenschaften. Bisher erschienen 8 Bände. Hermann Böhlaus Nachf. (Band 1–5) und Verlag der Akademie der Wissenschaften (Band 6, 7, 8). Graz/Köln 1957 – Wien 1983.

Biographisches Lexikon der hervorragenden Ärzte aller Zeiten und Völker. Hrsg. August Hirsch. 2. Aufl. von W. Haberling und H. Vierodt. Band 1–5 und Ergänzungsband. Urban & Schwarzenberg. Berlin/Wien 1929–1935.

Deutsches Bücherverzeichnis. Eine Zusammenstellung der im deutschen

Buchhandel erschienenen Bücher, Zeitschriften und Landkarten. Band 1–33 (1911–1955). Verlag des Börsenvereins der deutschen Buchhändler. Leipzig 1911–1962.

Byron in seinen Briefen und Tagebüchern. Hrsg. Cordula Gigon. Artemis Verlag. Zürich/Stuttgart 1963.

Jacques Callot. Das gesamte Werk in zwei Bänden. Hrsg. Thomas Schröder, Manfred Pawlak. Rogner & Bernhard. München 1971.

The English Catalogue of Books. Books issued in the United Kingdom of Great Britain and Ireland 1801–1836. Edited and compiled by Robert Alexander Peddie. Marston & Company. London 1914.

Catalogue Générale des livres imprimés de la Bibliothèque Nationale. 231 Bände. Imprimerie nationale. Paris 1924–1981.

Daim, Wilfried: *Der Mann, der Hitler die Ideen gab.* Von den religiösen Verirrungen eines Sektierers zum Rassenwahn des Diktators. 2. Auflage. Hermann Böhlaus Nachf. Wien/Köln/Graz 1985.

Deutsch, Otto Erich: *Admiral Nelson und Joseph Haydn.* Ein britisch-österreichisches Gipfeltreffen. Hrsg. von Gitta Deutsch und Rudolf Klein. Österreichischer Bundesverlag. Wien 1982.

Heinsius, Wilhelm: *Allgemeines Bücher-Lexicon* oder alphabetisches Verzeichniß der in Deutschland und den angrenzenden Ländern gedruckten Bücher, nebst beygesetzten Verlegern und Preisen. 4 Bände und Supplementband. Buchhandlung des Verfassers. Leipzig 1793.

High-Life-Almanach. Adreßbuch der Gesellschaft Wiens und der österreichischen Kronländer. Verlag des High-Life-Almanach. Wien 1914/1915.

Kann, Robert A.: *Geschichte des Habsburgerreiches 1526–1918.* Hermann Böhlaus Nachf. Wien/Köln/Graz 1977. (= Forschungen zur Geschichte des Donauraumes. Band 4).

Christian Gottlob Kayser's Vollständiges Bücher-Lexikon. Ein Verzeichnis der seit dem Jahre 1750 im deutschen Buchhandel erschienenen Bücher und Landkarten. 36 Bände und Register. Verlag von Ludwig Schumann. Leipzig 1834–1841. Verlag von T. O. Weigel. Leipzig 1848–1887. Chr. Herm. Tauchnitz. Leipzig 1891–1912.

Kindlers Literatur Lexikon. 12 Bände. Kindler Verlag. Zürich 1962.

Kortan, Helmut, Erna Lesky und Otto Wächter: *Anatomiae universae Pauli Mascagnii icones.* Dokumentation zur österreichischen Florenzhilfe. Wien 1968. (= Bildhefte der Akademie der Bildenden Künste Wien, Heft 4).

Lennhoff, Eugen: *Die Freimaurer.* Nachdruck der Ausgabe von 1929. Löcker Verlag. Wien/München 1981.

Lennhoff, Eugen und Oskar Posner: *Internationales Freimaurerlexikon.* Amalthea-Verlag. Zürich/Leipzig/Wien 1932.

Leonhard, Walter: *Das große Buch der Wappenkunst.* Entwicklung, Elemente, Bildmotive, Gestaltung. 2. Auflage, Callwey. München 1978.

Lipp, Franz: *Der Sammler und Kulturhistoriker Anton Maximilian Pachinger.* In: Börsenblatt für den Deutschen Buchhandel (Frankfurter Ausgabe) 25 (1971). S. A 149–A 164.

Markl, Otto: *Ortsnamen Griechenlands in »fränkischer« Zeit.* Hermann Böhlaus Nachf. Graz/Köln 1966. (= Byzantina Vindobonensia. Herausgegeben vom Kunsthistorischen Institut und dem Institut für Byzantinistik der Universität Wien. Band 1).

Piferrer, Francisco: *Nobiliario de los Reinos y senioros de España.* Ilustrado con un Diccionario de Heraldica. Tomo V. Minuesa. Madrid 1859.

Der große Ploetz. Auszug aus der Geschichte. 29. Auflage. Verlag Ploetz. Freiburg/Würzburg 1981.

Steiger, Robert: *Goethes Leben von Tag zu Tag.* Eine dokumentarische Chronik. Band I. 1749–1775. Artemis Verlag. Zürich/München 1982.

Stratowa, Hans: *Wiener Genealogisches Taschenbuch 1927/28.* Im Selbstverlage von Hans Stratowa. Wien 1928.

Wyklicky, Helmut: *Das Josephinum.* Biographie eines Hauses. Die medizinisch-chirurgische Josephs-Akademie seit 1785. Das Institut der Geschichte der Medizin seit 1920–1986. Edition Brandstätter. Wien 1986.

Zorzi, Alvise: *Venedig eine Stadt, eine Republik, ein Weltreich 697–1797.* amber verlag. München 1981.

Besonders wertvolle Hinweise für die Kommentierung des Kalymnos-Komplexes verdankt die Herausgeberin der bereits erwähnten Dissertation von Ilse Chlan, »*Der Kommandant von Kalymnos*« und »*Die Krone von Byzanz*«, Wien 1982. Wiederholt wurde auch die Doktorarbeit von Monika Freiin von Gagern, *Ideologie und Phantasmagorie Fritz von Herzmanovsky-Orlandos*, München 1972, herangezogen. Ihre Interpretationsansätze zu einigen Motivkomplexen bei Herzmanovsky-Orlando haben sich mit fortschreitender Aufarbeitung des Nachlasses als schlüssig erwiesen. Der Dissertation von Renate Pater Gross, *Zur Textgestaltung von Herzmanovskys Maskenspiel der Genien*, Northwestern University Evanston, Illinois 1971, wurden Zitate aus Briefen von Herzmanovsky-Orlando an Alexander Hartwich und Friedrich Torberg entnommen. Die Originalschriftstücke sind nicht zugänglich.

Notiz: Der Einfachheit und Kürze wegen steht im dokumentarischen Anhang und für die ganze Lebenszeit des Autors das Kürzel »FHO« für Fritz von Herzmanovsky-Orlando, obwohl der Autor dasselbe erst nach Vereinigung der beiden Elternnamen im Jahre 1917 als Kurzsignatur verwendet hat.
Zur Erläuterung von biographischen Zusammenhängen und von einzelnen Motiven, die bei Herzmanovsky-Orlando immer wiederkehren, werden neben den jeweils unter der Rubrik »Das Material« aufgelisteten Zeugen auch Notizen aus der Handschrift *Das Maskenspiel der Genien* (IV/1–13) sowie aus den autobiographischen Aufzeichnungen, den Manuskripten zur Namensforschung, Kabbalistik, Astrologie, Alchemie, Heraldik und Mythologie herangezogen. Die Handschriften aus diesem Teil des Nachlasses sind noch nicht endgültig archivalisch bearbeitet, müssen daher ohne Signatur zitiert werden.
Die Erläuterungen verstehen sich nicht als autonome Lektüre. Sie setzen die Kenntnis des Lesetextes voraus und sollten zum besseren Verständnis desselben benützt werden. Im Prinzip wird jeweils bei der ersten Nennung einer kommentierungsbedürftigen Stelle des Textes erläutert. Tritt der gleiche Sachverhalt in der zweiten beziehungsweise dritten Fassung eines Stoffes abermals auf, so wird auf die Kommentarstelle zur ersten Fassung querverwiesen.

DER KOMMANDANT VON KALYMNOS
DIE KRONE VON BYZANZ

Das Material

Die Überlieferungslage zur Erzählung *Der Kommandant von Kalymnos* und zum Opernlibretto *Die Krone von Byzanz* ist kompliziert. Die Teilung des Nachlasses zwischen der Handschriftensammlung der Österreichischen Nationalbibliothek, Wien, und dem Forschungsinstitut »Brenner-Archiv«, Innsbruck, geht quer durch das Werk, teilweise quer durch die Handschriften: Die lückenhaften handschriftlichen Zeugen sowohl der Erzähl- als auch der Dramenfassung sind auf beide Orte verteilt. Dank der großzügigen Herstellung von Kopien des gesamten Wiener Bestandes durch die Handschriftensammlung können in Innsbruck die ursprünglichen Zeugen rekonstruiert werden.
Die Signaturen der Handschriftensammlung bleiben erhalten. Die Materialien sind aber zusätzlich mit den hier vorangestellten Signaturen des FHO-Nachlasses versehen worden.

Im einzelnen setzt sich das Material wie folgt zusammen:

Bestand des »Brenner-Archivs«

X/1   Typoskript mit einer Aufstellung des Materials (von fremder Hand) u. a. zu *Der Kommandant von Kalymnos* (Blatt 1).

X/2   Handschriftliche Notizen und Entwürfe sowie einzelne zeichnerische Skizzen zur Erzählung. Schließt inhaltlich an X/3, Fasz. 2 an, entstammt aber einer früheren Entstehungsstufe (Blatt 1–6).

X/3   Teil eines ersten handschriftlichen Entwurfs der Erzählung (Fasz. 1, Blatt 1–12). Schließt inhaltlich und formal an XI/1 an, entstand vermutlich im März 1924. Für den zweiten Teil der Erzählung liegt kein handschriftlicher Zeuge vor. Handschrift des Anfangs der Erzählung (erste Seite maschinschriftlich, vermutlich von der Hand des Autors), mit handschriftlichen Korrekturen von FHO (Fasz. 2, Blatt 1–17). Briefentwurf von FHO, vermutlich an Richard Strauss, datiert 1926 (Fasz. 3, 1 Blatt).

X/4   Handschriftliche Notizen und Entwürfe, graphische Skizzen sowie einzelne Typoskriptblätter zum Opernlibretto (vermutlich von der Hand des Autors), einzelne Blätter datiert mit 1926, 1927 (Blatt I, 1–24).

X/5   Handschriftlicher Entwurf mit zahlreichen Notizen, Ergänzungen und graphischen Skizzen zum 2.–6. Akt des Opernlibrettos (Blatt I,

	II, 1–38), datiert 1926. Notizen, Entwürfe einzelner Textpassagen, einzelne Typoskriptblätter (vermutlich von der Hand des Autors), Zeitungsausschnitte etc. (Blatt 39–78).
X/6	Einzelne Typoskriptblätter zum Opernlibretto (vermutlich von der Hand des Autors), ohne handschriftliche Korrekturen (Blatt 1, 2).
X/7	9 Exemplare eines hektographierten und broschierten vollständigen Typoskripts des Opernlibrettos, hergestellt von Kosmas Ziegler, ohne handschriftliche Korrekturen des Autors (Blatt I, II, 1–56). In 4 Exemplaren fehlt die Seite 29. Zwei weitere dieser Broschüren befinden sich in der Handschriftensammlung der Österreichischen Nationalbibliothek (XI/4).

Bestand der Österreichischen Nationalbibliothek

XI/1	Signatur der Handschriftensammlung: Cod. Ser. n. 13.661. Teil eines ersten handschriftlichen Entwurfs der Erzählung, datiert »III. 1924« (Blatt 1–5). Maschinschriftliche Reinschrift der ersten Seite (vermutlich von der Hand des Autors, Blatt 6).
XI/2	Signatur der Handschriftensammlung: Cod. Ser. n. 13.662. Typoskript der Erzählung (von fremder Hand), ohne handschriftliche Korrekturen, vermutlich 1926 entstanden (Blatt 1–30).
XI/3	Signatur der Handschriftensammlung: Cod. Ser. n. 13.663. Entwürfe für Illustrationen (Bleistift und Tintenstift, Blatt 1–4), Notizblatt zu einer italienischen Fassung (Blatt 5).
XI/4	Signatur der Handschriftensammlung: Cod. Ser. n. 13.669, 13.670. Siehe X/7.
XI/5	Signatur der Handschriftensammlung: Cod. Ser. n. 13.677. Materialien zum Opernlibretto: Handschriftliche Notizen, Entwürfe, Ergänzungen (Blatt I, II, 1–7). Handschriftliche Übersetzung ins Italienische des 3.–5. Bildes (Blatt 8–23). Handschriftlicher Entwurf für die Schlußszene des 2. Bildes (Blatt 24). Typoskriptseite aus der italienischen Fassung (vermutlich von der Hand des Autors, Blatt 25). Notizen, Entwürfe, Ergänzungen, graphische Skizzen und Exzerpte (Blatt 26–85). Titelblatt des Konvoluts datiert durch den Autor »doubletten des neuen Textes III. 28«. Datierung durch Carmen HO »1926 in Wien begonnen, 1927 in St. Anton geschrieben«, betrifft vermutlich die eigentliche Niederschrift des Opernlibrettos.
XI/6	Signatur der Handschriftensammlung: Cod. Ser. n. 13.673. Typoskript der »Erläuterung« zum historischen Hintergrund mit handschriftlichen Korrekturen des Autors (Blatt 1, 2) und des Opernlibrettos (vermutlich von der Hand des Autors) mit hand-

schriftlichen Korrekturen des Autors, vermutlich 1926 entstanden (Blatt 3–75).

XI/7 Signatur der Handschriftensammlung: Cod. Ser. n. 13.671. Typoskript des Opernlibrettos (von fremder Hand, drei verschiedene Schreiber), geheftet, handschriftliche Korrekturen des Autors, Korrekturen von Tippfehlern von fremder Hand (Blatt I, 1–56).

XI/8 Signatur der Handschriftensammlung: Cod. Ser. n. 13.672. Typoskript (vermutlich von der Hand des Autors) der »Erläuterung« (Blatt I, II). Typoskript des Opernlibrettos (siehe XI/7).

XI/9 Signatur der Handschriftensammlung: Cod. Ser. n. 13.674. Einzelne Typoskriptblätter aus verschiedenen Niederschriften des Personenverzeichnisses, sowie aus dem 1. und 2. Bild des Opernlibrettos, mit handschriftlichen Korrekturen des Autors (Fasz. 1, Blatt 1–27, Fasz. 2, Blatt 1–20, Fasz. 3, Blatt 1–19).

XI/10 Signatur der Handschriftensammlung: Cod. Ser. n. 13.675. Einzelne Typoskriptblätter aus verschiedenen Niederschriften des Personenverzeichnisses, mit handschriftlichen Korrekturen des Autors (Fasz. 1, Blatt I, II, 1–9). Typoskript (von fremder Hand) eines Briefes von FHO an Mia Luckeneder vom 10. 11. 1926 (3 Exemplare, Blatt 10–18). Typoskript einer Inhaltsangabe der Filmversion (vermutlich von der Hand des Autors), ohne handschriftliche Korrekturen (3 Exemplare, Blatt 19–27). Typoskript (vermutlich von der Hand des Autors) einer erweiterten Inhaltsangabe der Filmversion, ohne handschriftliche Korrekturen (3 Exemplare, Blatt 28–43). Typoskript (vermutlich von der Hand des Autors) der »Erläuterung«, mit handschriftlichen Korrekturen des Autors (Blatt 44). Einzelne Typoskriptblätter zum Opernlibretto aus verschiedenen Niederschriften, mit handschriftlichen Korrekturen des Autors (Fasz. 2, Blatt I, 1–41). Typoskript (vermutlich von der Hand des Autors) »Das Fest des Peleus. Ballett«, mit handschriftlichen Notizen von Carmen HO (2 Exemplare, Fasz. 3, Blatt 1–4). Zwei graphische Skizzen: »Die Elfe und der beschränkte Casimir« (Tinte, Feder), »Der Jungbrunnen« (Bleistift und Farbstifte) (Fasz. 4, Blatt 1, 2).

XI/11 Signatur der Handschriftensammlung: Cod. Ser. n. 13.676. Entwürfe für Figurinen und Bühnenausstattung zum Opernlibretto (Bleistift, Tintenstift), einzelne Blätter mit »FHO« signiert, vereinzelte Datierungen durch Carmen HO 1926, 1927 (Blatt 1–12).

XXIII/11 Signatur der Handschriftensammlung: Cod. Ser. n. 13.633. Handschriftliche Notizen und Entwürfe zum Ballett *Der Wunsch der Prinzessin*. Blatt 1 und 3 enthalten einen Entwurf zu *Der Kommandant von Kalymnos* (siehe S. 362).

Entstehung und Rezeption

»Ich habe stets getrachtet, mir einen gesunden Blick für das Irreale zu bewahren«, notiert FHO einmal auf einem losen Notizblatt; und diese Aussage hat für ihn durchaus programmatischen Charakter. Die Keime zu diesem Aufbrechen des Irrealen im Realen finden sich vielfach schon in den Quellen, deren Zugang FHO mit geradezu schöpferischer Vielfalt im Verfremden zu verschleiern suchte. Meist sind es Zufälle, die auf ein entlegenes Wissen hinführen, das nicht immer in Büchern festgehalten ist. Ist es gelungen, ein Quellenwerk zu identifizieren, und vergleicht man die letztgültigen Texte mit dem Material, das in ihnen verarbeitet worden ist, von den ersten Notizen bis zum ausformulierten Text, so wird eines klar: Alles, was da an Anregungen, Wahrnehmungen am lebenden Modell, an Wissen und Meinungen in den Text eingeflossen ist, unterlag einem intensiven Einschmelzungs- und Verwandlungsprozeß. Es kommt in keinem Fall zu einer bloßen Montage vorgefundener Materialien, zu einem Mosaik auf- und angelesener Einzelheiten. So dicht auch das Geflecht der Beziehungen zwischen dem Geschriebenen und der vom Autor zugrundegelegten Realität sein mag, am Ende der schriftstellerischen Arbeit steht keine Collage, sondern ein fugenloses Bild einer vom Autor imaginierten Welt.

Dieser Befund hat besondere Aktualität, beschäftigt man sich mit der Entstehungsgeschichte der Erzählung *Der Kommandant von Kalymnos* und der aus ihr entstandenen Dramenfassung *Die Krone von Byzanz*. FHO beruft sich nämlich mehreren Briefpartnern gegenüber auf eine historische Vorlage seines Stoffes, die er einmal als »venezianische Sage (besser: Bericht)« (vgl. Brief von FHO an Alexander Hartwich vom 8. 10. 1953. Siehe S. 361 f.) bezeichnet, dann wieder als 1742 in Venedig passiertes »reizvolles Rococodrama, das knapp zur Wiederbesteigung des byzantinischen Thrones durch eine entzückende Komnenenprinzessin geführt hätte« (Brief von FHO an Wilhelm Anton Oerley vom 6. 10. 1953). Ebenfalls mehreren Briefpartnern gegenüber scheint FHO auf eine weitere historische Vorgabe hinzuweisen, indem er behauptet, ganze Szenen seines Werkes *Die Krone von Byzanz* in dem Film *Die Prinzessin Tarakanowa* verwirklicht gesehen zu haben (vgl. Briefe von FHO an Torberg vom 27. 7. 1951, siehe S. 360, und an Oerley vom 6. 10. 1953). Dieser Film basiert auf folgender historischer Grundlage, die Ilse Chlan (*Kommandant*, S. 452 f.) erarbeitet hat: »Im Jahr 1774 gab sich in Venedig eine Frau unbekannter Herkunft als Tochter der russischen Kaiserin Elisabeth Petrovna, als Prinzessin Elisabeth II., aus und behauptete damit, die rechtmäßige russische Thronerbin zu sein. Sie trat mit dieser Behauptung zu der Zeit des russischen Volksaufstandes unter Jemeljan Iwanowitsch Pugatschew auf und wurde offenbar von den Gegnern der Zarin Katharina II., vor allem von Frankreich und von einzelnen polnischen Adeligen unterstützt.« Obwohl es in der *Krone von Byzanz* keinen einzigen direkten

Hinweis gibt, daß es FHO um eine Verarbeitung dieser historischen Begebenheit gegangen sei, glaubt der Autor sogar nachweisen zu können, wie es zu diesem angeblichen Plagiat gekommen sei, nämlich über den Komponisten Loris Margaritis am Konservatorium von Saloniki, dem er 1935 sein Libretto zur Vertonung zugesandt hatte:

Zu meiner Verwunderung sah ich eines Tages, bald nach 1945, einen – übrigens prachtvoll ausgestatteten – Film: »die Prinzessin Tarakanowa«, wo ganze Szenen aus meiner Arbeit vorkamen und der einen Riesenerfolg hatte. Leider war aber meine Arbeit in einen direkten historischen Blödsinn umgewandelt worden [...] Mein Filmlibretto dürfte damals – Salonikiepoche – in Gaunerhände gekommen sein die dann daraus obenerwähnten Russischen Film zusammengepatzt haben. (Brief von FHO an Torberg vom 27. 7. 1951, zitiert nach Pater Gross, *Textgestaltung*, S. 62).

Eines klärt sich durch diese Briefstelle: Um eine Paraphrasierung dieses »direkten historischen Blödsinns« ist es FHO nicht gegangen. Ob ihm die Begebenheit Ideen geliefert hat, wird sich nicht leicht nachweisen lassen, da sich anhand der bisher ca. 1500 registrierten Titel seiner Bibliothek und der bibliographischen Angaben in seinen Manuskripten nicht nachweisen läßt, ob er den Stoff der *Prinzessin Tarakanowa* gekannt hat. Größere Verbreitung dürfte dieser Stoff auch erst »zwischen 1920 und 1940 gefunden haben«, als er unter anderem von mehreren Autoren belletristisch verarbeitet wurde. »So von Herbert Stegemann 1926, von Richard Schneider-Edenkoben 1930 und von Reinhard Schneider 1937. Es entstand auch eine Oper von Boris Blacher, für die Karl Koch das Textbuch *Fürstin Tarakanowa* (1940) schrieb.« (Vgl. Chlan, *Kommandant*, S. 454).
Auf den für ihn wesentlichen Aspekt des Stoffes stieß FHO sicherlich im Zuge seiner Beschäftigung mit der Geschichte des östlichen Mittelmeerraums, den er 1911, 1913 und 1914 bereist hat. Dort glaubte er die für ihn so glanzvolle Epoche der Kreuzfahrer erahnen zu können. Insbesondere seine Studien zur Byzantinistik, die er in den zwanziger und dreißiger Jahren betrieben hat, dürften FHO zu seinem literarischen Stoff hingeführt haben. Persönliches stand dabei im Vordergrund, weniger die exakte Untersuchung historischer Fakten. Von der Hypothese einer geheimen Identität zwischen Byzanz und Österreich ausgehend (Näheres siehe S. 464, Anmerkung: *Schönbrunn im Herzen des Parthenon*), sieht er Alfred Kubin an dessen Wohnsitz in Zwickledt »in einem der magischsten Winkel von Alt Hellas« (Brief von FHO an Kubin vom 17. 9. 1931, *S. W.*, Band VII, S. 260), und den Eingang zum Tartarus glaubt er bei der Adelsberger Grotte nachweisen zu können. Aphrodite weist er als geborene Österreicherin aus und Charon als »österreichischen Untertan und wohl in einer Kategorie einer Dienerstelle des Handelsministeriums beizuzählen« (IV/1–72).
So hatte FHO auch offensichtlich immer ein offenes Ohr für Spekulationen, die darauf abzielten, das Oströmische Reich wieder erstehen zu lassen. Dieses Interesse mag einmal von FHOs – wohl kaum zu verifizierenden – Stamm-

baumforschungen genährt worden sein. Diesen zufolge nahm er an, seine Mutter (Luise von Orlando) stamme von einer nordgriechisch-epirotischen Familie ab, »die eine Burg am Festland hinter Korfu hatte und die im vierten Kreuzzug aus Sizilien dorthin gekommen war«.

Diese Familie bewahrte noch eine Menge von Traditionen, was mir Einblicke in ganz merkwürdige Zusammenhänge gab, die man nur schwer in Büchern findet.

So stieß ich auf Prätendentschaften auf den byzantinischen Kaiserthron, bekam Klarheiten über gewisse Geheimnisse im Leben Ludwig I. von Bayern, Kaiserin Elisabeth und Ludwig II., der absolut nicht so gesponnen hat, als man annimmt. (Brief von FHO an Wilhelm Anton Oerley vom 6. 10. 1953).

FHO war weiters der Meinung, daß seine Frau in einem früheren Leben eine byzantinische Prinzessin gewesen sei (Näheres siehe S. 422 f., Anmerkung: *Auf in goldenen Fackeln*). Es ist denkbar, daß *Der Kommandant von Kalymnos* eine Huldigungsgabe an Carmen sein sollte, zumal der Privatdruck im Jahre 1926 – in dem Jahr, als das Ehepaar seinen 15. Hochzeitstag feierte – erschienen ist.

Diesem zweifachen familiengeschichtlichen Interesse entsprechend, spielten sich FHOs Quellenforschungen zunächst auch auf der Ebene persönlicher, von Zufällen begünstigter Begegnungen ab: Aus einem Brief an Alexander Hartwich vom 8. 10. 1953 erfährt man, daß FHO auf einem Spaziergang mit seinem Bully Tommy am Strand des Gardasees »einem überirdisch großen Dackel« begegnet sei.

Er war an einer Schnur befestigt. Am anderen Ende war niemand geringerer als die ›fromme Helene‹ von Busch. Im Laufe der Beriechungen kam heraus, daß dieses herzige junge Mädchen eine Contessina Carracciolo aus Alexandrien war – Nachfahrin des ermordeten Admirals! Von ihr erfuhr ich eine Menge Details der Nelsongeschichte, die sich in keinen Büchern finden. (Zitiert nach Pater Gross, *Textgestaltung*, S. 39. Näheres siehe S. 454, Anmerkung: *Caraccioli*).

Welche Einzelheiten FHO von seinem Freund Hugo von Reininghaus, einem seiner bevorzugten Modelle für literarische Figuren (siehe *S. W.*, Band II, S. 288 f.), erfuhr, wird sich kaum ermitteln lassen.

Näheres über das Geheimnis der schönen Prinzessin Komnenos, der letzten Prätendentin aus der Fregatte No 2 [Näheres siehe S. 362] war nicht so leicht zu erfahren. Da war es ein Steyrischer Graf Bobby, Besitzer der Puntigamer Brauerei, der eigentlich Hugo von Reininghaus hieß, der mir weiterhalf. (Pater Gross, a. a. O.)

So verschiedenartig waren also – nach FHOs eigenen Angaben – die Grundlagen für den geschichtlichen Hintergrund seiner Erzählung beschaffen. In seiner »Erläuterung« (siehe Paralipomenon S. 110) und in seinen Inhaltsangaben zu einer Filmversion (siehe S. 372–377) hat er sie – freilich erst 30 Jahres später – zusammengefaßt. (Näheres zu den von FHO angeführten historischen Daten siehe Anmerkungen S. 437 f.)

Dieser Arbeit liegt eine alte venezianische Sage (besser: ein Bericht) zugrunde, daß 1742 eine komnenische Prinzessin, der der Reichskanzler Fürst Kantakuzenos zur

Seite stand, sich in den Besitz der Kaiserkrone setzte, die auf Kalymnos vergraben lag. Es war die Krone, die 1453 aus dem eroberten Konstantinopel an den Hof des Kaisers David II. von Trapezunt gerettet worden war.

Als dieses letzte komnenische Kaisertum auch vernichtet worden war, rotteten die Türken die kaiserliche Familie aus. Bloß ein Prinz, der in Lesbos versteckt war, konnte nach Lakonien gerettet werden. Dort kämpfte die kaiserliche Familie unentwegt gegen die Türken, bis sie 1675 auf zwei Fregatten flüchteten. Eine Fregatte gelangte nach Korsika, wo der Thronprätendent Demetrios von Frankreich als byzantinischer Kaiser anerkannt wurde. Er war der Vater des Napoleon und des Luzian (Bonaparte). Diese Details haben wir persönlich in Ajaccio erhoben. Napoleon wollte mit einer großen Flotte nach Konstantinopel; wurde aber durch Nelson nach Süden abgedrängt und faßte in Ägypten festen Fuß. Vorher gab es eine amüsante Gangstergeschichte. Die englische Flotte hatte kein Wasser mehr. Lag vor Syracus.

Das Königreich Neapel war unter faktischer Kontrolle von England. Da verschaffte Lady Hamilton, die in die schäbigen Reste Nelsons verliebt war, in einer Liebesnacht mit der Königin Karoline von Neapel (dieses Früchtel war die Tochter der keuschen Kaiserin Maria Theresia) der englischen Flotte die Erlaubnis, in Syracus Wasser zu nehmen. Zur Strafe verbrannten die Franzosen die Neapolitanische Flotte und hängten den Admiral Grafen Carracciolo. (Brief von FHO an Alexander Hartwich vom 8. 10. 1953, zitiert nach Pater Gross, *Textgestaltung*, S. 38 f.)

1924 Die ältesten überlieferten und datierten Arbeiten FHOs zu seiner Erzählung stammen mit dem Entwurf einer ersten Niederschrift (XI/1, X/3, Fasz. 1) aus dem März 1924. Nach der Aussage des Autors in seinem Brief an Hartwich (siehe oben) fällt der Beginn seiner Beschäftigung mit dem Stoff in das Jahr seiner Hochzeitsreise nach Korsika 1911 (Näheres zum angesprochenen historischen Hintergrund siehe S. 406, Anmerkung: *die eine ist vor Korsika von den Türken vernichtet worden*). Der entstehungsgeschichtlich früheste, aber nicht datierte, Text gibt einen Entwurf zum Dialog zwischen Helena Laskaris und Priul am Ende der Erzählung (vgl. S. 36 f.) wieder:

Aphrodite sei mir gnädig!

Dinge, die man nie hört – nur auf dem großen Theater der Liebe.

Sie belorgnettierte eine antike Silberlampe, die ein Asklepios trug. Die sollte man dir in das Gesicht schlagen – Barbar. Chelas! Die Franken nennen es Rhokokho – diese Christenhunde.

Der Commandant stutzte: Bist du eine Türkin? Da flammten ihre Augen. Nein. Sie zuckte mit den schlanken goldbraunen Schultern. Nein. Ich hasse diese Pest.

Wenn du errätst wer ich bin –

Sag mir Puella Eros – puella Eros ... schauert dich nicht bei diesem Wort –

Du venetianischer Esel, der nur Disteln und Schläge verdient ... Hast du nicht die Liebe eines schönen Buben genossen du ... du ... Zinale im Alter der Artemis? Kalt wie weiße Narcissen ist ihr Mund und glutheiß wie duftende Rosen von Cypern ... du Kanalrattenhändler, du schmutziger Venetianer – pfui – mir ekelt vor dir ...

Commandant: Tag für Tag dasselbe. Die Glutabende der Levantinischen Sommer, die strahlenden Tage, die nicht enden wollen. Wenn es dämmert, schleicht man durch den glühenden Staub an vertrockneten Aloen und Dornenhecken vorbei. (XXIII/11–1, 3 verso.)

In diese Frühzeit der Entstehungsgeschichte der Erzählung, zu deren Datierung sich nur ein vager Zeitraum zwischen 1911 und 1924 angeben läßt, muß FHOs Studium wichtiger Quellenwerke fallen. Ilse Chlan weist folgende Untersuchungen nach, die FHO noch vor der Entstehung seines handschriftlichen, nicht datierten Entwurfs (X/2) der ersten Begegnung der Helena Laskaris mit Priul und der Schlußszene der Erzählung gelesen haben muß: Fallmerayer, *Geschichte des Kaiserthums von Trapezunt*, und Torquato Tasso, *Befreites Jerusalem*. Für die bereits erwähnten handschriftlichen Entwürfe aus dem Jahr 1924 (XI/1, X/3, Fasz. 1) hat sich FHO vermutlich in folgenden Werken über die Geschichte der Insel Cypern informiert: Reinhard, *Vollständige Geschichte des Köngreichs Cypern*, und Folliot de Crenneville, *Die Insel Cypern in ihrer heutigen Gestalt* (vgl. Chlan, *Kommandant*, S. 73)

Auf der Grundlage seiner Entwürfe verfaßt FHO eine handschriftliche Niederschrift der Erzählung (X/3, Fasz. 2), deren erste Seite der Autor selbst mit der Maschine ins Reine schreibt. Die Handschrift gibt aber nicht den gesamten Text wieder. Auch hier dürften einige Lücken in der Überlieferung vorliegen, denn der entstehungsgeschichtlich anschließende Zeuge ist der Durchschlag eines Typoskripts von fremder Hand, dessen Original vermutlich die Vorlage für die Drucklegung des Werkes gebildet hat. Dieser verschollene Zeuge war mit Korrekturen versehen. Eine größere Texterweiterung (siehe S. 22–24) muß in dieser Entstehungsphase dazugekommen sein, von der FHO Kubin berichtet:

926 Für Dich ist glaube ich als Interessantes eine Spitalszene auf einem Kriegsschiff der Barocke drin wo ein Proviantschreiber der, zwar ein Abkömmling Julius Cäsars, aber bodenloser Feigling bei den Operationen leuchten muß und vor Angst irrsinnig wird, daß ihn jeden Moment dasselbe Schicksal ereilen kann. (Brief vom 6. 8. *S. W.*, Band VII, S. 246 f.)

In demselben Brief berichtet FHO von seinen letzten Arbeiten an der Erzählung, nachdem er bereits in einem Brief vom 26. 7. (*S. W.*, Band VII, S. 244) Kubin angekündigt hat, daß ihm die Novelle *Der Kommandant von Kalymnos* wohl in etwa 14 Tagen als Bibliophilendruck zugehen werde.

[...] und vorgestern die letzte Correctur zum »Kalymnos« durchgesehen; am 14. hoffe ich den ersten Druck zu bekommen, der Dir zugehen wird. (*S. W.*, Band VII, S. 246).

Zusammenfassend schreibt Ilse Chlan (a. a. O., S. 85) über die Textentwicklung der Erzählung: »Das überlieferte Material zeigt, daß Herzmanovsky im Laufe des Werkprozesses ständig um eine bessere, verdeutlichende, aber vor allem auch ausschmückende und in besonderem Maß ästhetisierende Ausformulierung bemüht war. Die Textveränderungen greifen in die Haupthandlung kaum ein, sondern bewirken allenfalls eine Steigerung der in den frühesten Texten [...] bereits angelegten ›Stil- und Bedeutungscharakteristika‹.

Um den Kern der Fabel siedelt der Autor im Laufe der Textentwicklung zunehmend historisch belegbare Geschichten an, vermutlich um der Erzählung selbst historische Glaubwürdigkeit zu verleihen.«

Der Kommandant von Kalymnos erscheint mit zwei Illustrationen (siehe S. 11, 27) und bibliophil ausgestattet »als Manuskript gedruckt« in hundert Exemplaren. Als Erscheinungsort gibt FHO »Venedig S. Maria Formosa« an. Etwa ein halbes Jahr später berichtet FHO Kubin:

Im Sommer erschien von mir ein üppiges Büchlein, das aber sofort apokryph wurde (nicht wie Du leppernd denken wirst, wegen Unzüchtigkeit) sondern weil es von einem »namhaften« Komponisten zur Veroperung übernommen wurde; und so muß ich wieder ein Jährchen warten, bis der seine Eier ausgebrütet hat, sonst stehlen sie ihm den sehr bunten, fantastischen Stoff der Opern meistens zu sehr abgeht. (Brief vom 28. 2. 1927, *S. W.*, Band VII, S. 247 f.)

Schon während der Arbeit an der Erzählung dürfte FHO die Idee zu einer Dramatisierung seines Stoffes gekommen sein. Er wollte ursprünglich Richard Strauss für eine Vertonung interessieren. Unbekannt ist, ob sich die von FHO sehr verehrte Tänzerin des Wiener Hofopernballetts Tilly Losch tatsächlich bei dem Komponisten für das Stück eingesetzt hat, »der damals mit der Helena und Arabella schwanger ging« (FHO in einem undatierten Brieffragment ca. 1932/33, Adressat nicht ermittelt). Im Nachlaß liegt folgender Entwurf aus dem Jahr 1926 vor (X/3, Fasz. 3). Ob dieser Brief Richard Strauss erreicht hat und ob er beantwortet worden ist, muß offen bleiben.

Sehr verehrter Herr Doctor!
Sie finden anbei eine als Manuskript ged. Novelle, die ich so lange unveröffentlicht lasse, bis Sie mir Bescheid sagen, ob der Stoff für Sie als Unterlage zu einem Opernlibretto Interesse hat.
Die Figuren der Handlung sind folgende:
Prinzessin Laskaris als Maske der byzantinischen Prätendentin Helena Megala Kyria Komnenos
Madonna Giustiniani, ihre Duenna
Ordelafo Priul, Commandant der Insel
Francesco Querini, sein Leutnant
Giulio Cesare Spassetti genannt Spartivento, Sekretär der Republik
Goldoni
Ismene Bellezza, seine Gemahlin
Esmeralda Bubonetti, Tragödin
Trabucello, Tenor und Heldenvater
Frampolesi, madre nobile
Galba Ortolano, Bariton und Liebhaber
Umido Umidini, Bassist
Zenobia Zinale, Soubrette
Felicia Armafrodita Arcolani, Pagensängerin
aus der Truppe Goldonis auf der Fahrt nach Smyrna
Lo Turco, genannt Artemidorus, ein verk. sicilianischer Edelmann
Dalmaticus Pipistrelli, Erzbischof der Insel

Arcimbelotto Caccianemici, Corporal
Chalkondyles, Kapitän der Laskaris
Eine Zofe in Gelb
Der Caféragazzo mit der Cafékanne
Offiziere, der Adel von Kalymnos, Harlekine, Chormädchen, Soldaten, Volk und
Bettelmusikanten.
Ort: Die Insel Kalymnos um 1740.
Der Stoff ist auf historisch wenig bekannter Basis aufgebaut. Die Fahrt Goldonis nach
Smyrna, der neben Lustspielen auch komische Opern auf dem Repertoire hatte, ist
ebenfalls historisch beglaubigt, und gibt Anlaß zu einem pikanten Zwischenspiel. Mein
Name ist noch sehr unbekannt. Ich trete auf eine Aufmunterung des bekannten
Essayisten O. A. H. Schmitz, der mich nach Meyrink und Kubin jetzt als dritten
»fabulierenden Österreicher« zur Veröffentlichung meiner Arbeiten ermutigt, an Sie,
Herr Professor, heran.
Nachricht erreicht mich bis Montag an [der Text bricht ab] Sonst: Rindbach am
Traunsee, wo ich einen Sommersitz habe. Da ich vollkommen unabhängig bin, stehe
ich übrigens jederzeit und an jedem Ort in Europa zur Verfügung.

Noch im Herbst 1926 tritt FHO mit dem Wiener Musiker Franz Salmhofer in
Kontakt, der bereits zu dieser Zeit für das Burgtheater tätig gewesen ist und
ab 1929 als Kapellmeister wirkte. (Näheres siehe Chlan, *Kommandant*,
S. 87).

Bestätige umgehend den Empfang des I. Aktes Ihrer Oper und wünsche, daß alle
anderen Akte ebenso gut werden wie dieser. Die Handlung ist klar geführt, die
Gestalten gut eingeführt, die Sprache sehr klangvoll, manches für mein Ohr etwas
holprig:»Des Liebesgottes Pfeil aus seinem Köcher der bitterste war . . .« (pag. 4) habe
ich abgeändert in: »Arg hat mich der Liebesgott getroffen, mein Gleichmut ist hin.« –
Doch das sind Kleinigkeiten, die ich selbst ändern kann. – Der Akt ist genügend lang,
der Dialog gut ausgewogen und Ihre Angst, zu mager zu arbeiten, ganz unbegründet. –
Ob am Schluß des I. Aktes nach der prachtvollen Hymne nicht ein Chor nötig ist, weiß
ich noch nicht; es wäre jedenfalls ein Höhepunkt nach der »Breite« hin, nicht lang, etwa
6 bis 8 Zeilen. Inhalt: Freudetrunkenheit (eventuell italienisch).
Ich habe mir den Stoff gründlich durch den Kopf gehen lassen, alles ist vortrefflich
gebaut, nur das letzte Bild (Untergang des Schiffes und alles übrige muß unbedingt
ausfallen, der dramatische Endspurt muß in das vorhergehende Bild verlegt werden,
vielleicht folgendermaßen: Priul ist totverwundet. Laskaris will fliehen, Quirini tritt
auf, er hat irgendwie erfahren, daß Priul sein Vater ist – der sterbende Priul berichtet in
abgerissenen Worten, was sich zugetragen, der Haß des Venetianers, die Liebe, das
Pflicht- und Sohnesgefühl – Kampf zwischen Quirini und Laskaris – der Vermummte
verhilft Laskaris zur Flucht – Getümmel und Verfolgung (hinter der Scene).
Man erfährt, daß der Vermummte und Laskaris, auf einer Barke fliehend, in den Grund
geschossen wurden –
Monolog (Epilog) des halbirrsinnigen Spartivento – »die Krone ist am Grund des
Meeres, ich bleibe der elende Schreiber etc.«
Bitte schreiben Sie mir darüber ausführlich, es wird Ihnen sicher bald das Richtige
einfallen. (Brief von Franz Salmhofer an FHO vom 26. 9.)

Das große Interesse Franz Salmhofers wird stimulierend auf FHOs Arbeit an seinem Libretto gewirkt haben, denn bereits im November legt FHO – in einem Brief an Mia Luckeneder – ein Konzept vor. Durch seine forcierte Arbeit hoffte der Autor offensichtlich, wieder anregend auf die Arbeitsleistung seines Komponisten einwirken zu können. (Über diese Zusammenarbeit dürfte ein reger Briefwechsel Auskunft geben, der sich im umfangreichen, derzeit noch nicht gesichteten Nachlaß Franz Salmhofers befinden könnte, wie Ilse Chlan ermittelt hat. Näheres siehe *Kommandant*, S. 88.) Nun nehme ich an, daß Salmhofer sich zur Oper doch mehr Zeit nehmen kann als zu der Hudriwudriarbeit eines eingeschobenen Burgtheaterstückes. Wäre sehr neugierig, was Du zu meinem Libretto sagen würdest – ich habe es ganz anders gedeichselt als die Novelle – sehr dramatisch.

1. Bild: Prunkvolle Treppenhalle des Palastes Loredan in Venedig. Ein Maskenfest geht zu Ende. Quirini – Marineleutnant – wartet am Fuß der Treppe auf eine blendend schöne Maske, der er ganz verfallen ist. Klagt einem Freund sein Leid, daß er ihren Namen nicht herausgebracht hat. Alle möglichen Herrschaften erscheinen und alle Namen werden von den Läufern ausgerufen – nur ihr Name nicht. Endlich erscheint sie – Quirini drängt sie wieder – sie winkt ab. Ein schwarzer Mann weht an sie heran: Er habe das wichtige Dokument gefunden – vor einer Stunde – beim Kabbalisten Zanacchi Spezzapetra – der von der Bedeutung des Schriftstückes nichts ahne – Laskaris und er in Gondel ab. Quirini, ganz vernichtet, singt ein überaus prunkvolles Liebeslied, [auf] das die ganze, aus den Sälen strömende Maskengesellschaft respondiert.

2. Bild: Hafen von Kalymnos. Goldoni kommt an. Als die ganze Theaterbande in ihr Quartier zieht, kommt ein alter Invalid, der eine gewaltige Rhapsodie auf den Sturm Morosinis auf Athen singt, auf Quirini zu und sagt ihm, daß er, von Hunger gequält, gestohlen hat – im Koffer mit Perücken fand er einen Plan der Festung. – Quirini sieht, daß es aber bloß der in Ruinen liegende Teil ist. – ohne Wert für ihn.

3. Bild: Ballett in einer Kirchenruine. Mitten im Ballett erscheint der Erzbischof, sehr zornig. Theatervorstellung wird sistiert. Aber dann gewinnt Goldoni seinen »Hamur« wieder – bläst zum Aufbruch und singt ein bacchantisches Lied: »Auf nach Smyrna«. Dann: Bühnenabbruch! – aber – der Theatermeister ist verschollen –

4. Bild: Szene im Palast des Priul mit der Kronfindung.

5. Bild: In der Ruine des Aphroditentempels, Priul erscheint, singt die Ballade seines Traumes von seinem Tod und Trojas Untergang, als Helena, die Griechin kam – von Kassandra, des Priamus Tochter vorausgesagt. Aber … sonderbar … im Traum … Troja war: Venedig!
Das Lied eines Fischermädchens weckt ihn aus seinem Brüten. Er ist freundlich zu ihr und will ihren Namen wissen. Sie nennt ihn – sie ist die Tochter des alten Fischers Priamus und heißt: Mona Kassandra! Priul bebt zurück und stößt das Kind von sich – Schicksalsmotiv –
Da kommt der Zug der Laskaris. Priul verliebt – erkennt aber am Schluß den Zusammenhang dieser Griechin Helena mit seinem Traum.
Akt endet mit drohenden Schicksalsmotiven, Spannung gewitterhaft gesteigert.

6. Bild: Jause bei Priul. Die Vorgänge kennst Du ohnehin. Schließlich fällt Priul – Laskaris streut Rosen auf den Toten. Dann hüllt sie sich in den schwarzen Domino, setzt die Maske auf und den Dreispitz auf den Kopf. Will gehen. Hört heranhallende

Schritte: packt den Degen Priuls und hält die Krone an die Brust gepreßt. Türe geht auf: herein stürzt Quirini mit Freudenbotschaft, daß er der Venetianischen Flotte vorausgeeilt ist ... sieht aber Priuls Leiche und die im Mondlicht unheimliche schwarze Maskengestalt mit Degen und Krone. – Stürzt auf den vermeintlichen Mörder. – Laskaris legt Krone auf den Tisch. Sie fechten. Durch ihre Maskierung bekommt die Handlung etwas Geheimnisvolles und verliert das zirkusmäßige Schauerbild einer fechtenden Dame. – Aus der offen gebliebenen Türe löst sich ein Schatten: Fledermausartig kommt eine Figur heran und will sich auf Quirini stürzen. Laskaris aber ruft ihm zu: Kantakuzenos! Nicht auf ihn – rette die Krone – ich schirme sie mit meinem Leben! – Er tut dies – Laskaris aber fällt, tödlich getroffen. Hat aber auch Quirini tödlich verwundet, der niederstürzt. Arcimbalotto kommt herein: »Was gibt's ...« und Quirini ruft ihm zu, sofort einen schwarzen Mann zu verfolgen, der gewiß in einer Barke fliehen wird. »Lebend oder tot, ich muß ihn haben.« – Dann rafft er sich auf zu sehen, wer sein Gegner war. Noch einmal, bevor er stirbt, möchte er die unbekannte Herrin seiner Seele sehen! Er öffnet den Domino – prunkvolle Mädchen-kleider – ein würgendes Grauen befällt ihn – er ahnt Schreckliches ... löst die Maske ... sie ist es! Sie, sie, sie ...

Da fängt die Laskaris zu delirieren an. Sie wähnt sich in einem Rosenparadies ... glaubt Vater, Mutter zu erblicken ... nein, sie ist ja einsam wie immer ... Jetzt erdröhnt ein Kanonenschuß. Da rafft sie sich auf ... Kantakuzenos! die Krone! ich muß mich meinem Volk zeigen – hörst du den Kaisersalut? ... Ich, Helena Komnenos, Kaiserin von Byzanz! ... Jetzt hört Quirini ihren Namen – wo alles zu spät ist! Spiel stummer Verzweiflung. Da ertönen, nur der sterbenden Laskaris hörbar gedacht, die Chöre der Engel in einer ungeheuer prunkvollen Hymne, die griechisch anfängt und deutsch weitergeht. Sie schildern ihre (der Engel) erschreckende Schönheit: »Fürchte nicht unser Angesicht.«

Jetzt stürzt Arcimbalotto herein. Soeben habe man den fliehenden Mann samt der Barke in den Grund geschossen. Quirini klagt: »Das ist das Ende des Traums Venetianischer Herrlichkeit – die Krone am Grunde des Meeres. – Der Tod Venedigs!« Laskaris hört das: So hat sie doch gesiegt! ... Sie vertraut den Kronreif ihres Märchenreiches den Nixen und der Melusine an – aus ihrem Blut und dem der Könige von Cypern – Aphrodite möge sie bewahren, bis wieder Tag es wird für das Hellas der Götter und der Tag der Schönheit wieder anbricht – der Tag der Schaumgeborenen, Anadyomene. Sie stirbt. Quirini wirft sich über die Tote, dann wankt er mit dem Ruf: »Mutter! – Mutter! – Zurück in deinen Schoß« zur Türe hinaus und ertränkt sich. – »Und ich bleibe der elende Schreiber«, stöhnt der bucklige Spartivento. – Damit endet das Drama.

Bin neugierig auf Dein Urteil! Für Musik ist alles schön abgesetzt – der Komponist kann in allen Registern der Tragik und der Leidenschaft wühlen. (Brief von FHO an Mia Luckeneder vom 10. 11. 1926. Vgl. X/4–21, XI/10, Fasz. 1 – 10–12. Konzepte dazu finden sich in der nachgelassenen Korrespondenz.)

Wird im Entwurf eines Briefes an Richard Strauss noch das Bestreben deutlich, das Libretto ganz nach dem Aufbau der Erzählung zu gestalten, so zeigen »schon die ersten Entwürfe zur *Krone von Byzanz*, daß der Autor vom Beginn der konkreten Arbeit [...] den Stoff anders verarbeitet hat als in der Erzählung« (Chlan, *Kommandant*, S. 88). Diese Entstehungsphase ist durch zahlreiche Notizen und Entwürfe dokumentiert. Es kommt zu einer ersten, nicht vollständig formulierten Niederschrift, zu der FHO auch Figurinen und Entwürfe für die Bühnengestaltung skizziert (X/5). Die erste maschinschriftliche, vom Autor selbst hergestellte Fassung entsteht. Parallel dazu führt FHO zahlreiche Korrektur- und Ergänzungsarbeiten durch. (Näheres über diese sehr bewegte Arbeitsphase des Autors, die bis in das Jahr 1928 andauern wird (XI/5) siehe bei Chlan, *Kommandant,* S. 86–110.) In diese Zeit dürften auch FHOs Versuche fallen, eine italienische Fassung des Werkes zu schreiben, von der sich Teile in dem erwähnten, mit »III. 1928« datierten Konvolut XI/5 befinden.

Die Vertonung des Komponisten scheint aber nicht so zügig vorangeschritten zu sein, wie FHO anfangs offensichtlich vermutete und auch andere glauben machte:

1927 Ich freue mich, daß Ihre Opernangelegenheit sich gut weiterentwickelt hoffentlich kommt es auch hier zum Winter schon zur Premiere. (Brief von Friedrich Winckler-Tannenberg an FHO vom 22. 5.)

Da der Berliner Maler Friedrich Winckler-Tannenberg als Bühnenbildner tätig war, könnte FHO seine Erfolgsmeldung an ihn auch aus taktischen Erwägungen vorgebracht haben. Seinem Freund Kubin gegenüber dürfte er wenig später ehrlicher gewesen sein.

»Wir waren einige Wochen in Wien, wo ich an meiner Theatersache weiter gearbeitet habe. Ich glaube Dir schon davon geschrieben zu haben.
Die Composition geht langsam vorwärts und das Ballett gibt viel Arbeit. Ich habe hunderte von Figurinen gezeichnet von denen etwa 1/10 zur Auswahl kommen. Das ganze ist eine äußerst groteske Welt für sich. Die berühmten Ballerinen von früher z. B. haben die Schuherzeugung oder ähnliche trauliche Metiers ... o Saturn!« (Brief vom 1. 8., *S. W.,* Band VII, S. 252).

FHO scheint an die Arbeit Salmhofers nicht mehr so recht zu glauben. Er beginnt, sich um einen neuen Komponisten umzusehen.

Vielen Dank für Deinen lieben Brief! Die Idee mit Langer ist vorzüglich; ich glaube, daß ich diesen Weg gehen werde.
Vor geraumer Zeit schrieb ich Salmhofer, was er macht – keine Antwort – das ist mir zu dumm. Dabei begreife ich seinen Standpunkt nicht; im Juni war er begeistert von den Ballettideen und wollte nichts auslassen – jetzt: gar nichts. Vielen andren wäre vielleicht geholfen mit diesen Ideen – der Losch haben sie sehr gut gefallen und die versteht doch was davon. –
Schade, daß niemand mit ihm sprechen kann. Was meinst Du von Korngold? Ist er zugänglich?
Heute bitte ich Dich so lieb zu sein, aus dem Telephon- oder Adreßbuch die Adresse Max von Portheims auf das Kouvert zu schreiben und den Brief in das Kastel zu werfen. Portheim ist einer der größten Kenner des barocken Wiens. (Brief von FHO an Mia Luckeneder vom 22. 11.)

Zwei Förderer haben sich gemeldet: Wolfskehl und Robert Neumann, zwei Literaten, die heute obenauf sind. Mein Opernlibretto: »Die Krone von Byzanz« ist also das noch größere Schmerzenskind.

Diesen Sommer riet mir ein junger Regisseur, zu versuchen, die Sache nach Berlin zu bringen und dort zu versuchen, einen Theaterunternehmer dafür zu interessieren, der ein Prunkstück braucht, in das der Sensation halber viel Zulauf stattfinden kann. Wie das bei dem auflebenden Dalles sein wird, kann ich allerdings nicht begreifen.

Was mir auch bitter fehlt, ist ein phantasievoller Musiker – kein Strawinsky oder sonst ein Fadian der Mazzesklike. (Undatiertes Brieffragment, Adressat nicht ermittelt).

1928 Noch einmal bekommt FHO jedoch ein Lebenszeichen von Franz Salmhofer:

Ich benütze den ersten freien Augenblick, um Ihnen zu schreiben. Wie Ihnen meine Frau bereits bestätigt hat, habe ich alle Ihre Briefe richtig erhalten. Der Traumakt gefällt mir außerordentlich und wird mir sehr gut liegen. Der Kontrast: menschlich, sehnsüchtig ... und zeremoniell, sacral, unerbittlich grausam ... ist Ihnen restlos gelungen. Besonders freut mich, daß der Traumakt, trotz seiner breit ausladenden Handlung, knapp in der Diktion geworden ist. Ihre Randbemerkungen über das »goldene Vlies« sind mir nicht verständlich, ich verlasse mich hierin ganz auf Ihr Wissen.

Den Chor: Pontifex maxima ... mit dem Glockengeläute von Byzanz möchte ich unbedingt dem Werke einfügen. Ich finde, wenn ich den ganzen Plan des Werkes überdenke, daß durch das Traumbild erst, die ganze Oper ihre Seele, ihre Lebensfähigkeit bekommen hat. Um noch eine Kleinigkeit zu streifen, so heißt es: βασιλεύοντα nach dem Genitiv βασιλέως.

Mit der Katzenspielerszene bin ich ganz einverstanden, die beigefügten Verse sind reizend.

Nun aber, da doch die Oper bis auf Kleinigkeiten (darunter verstehe ich: kleine Kürzungen, Satzumstellungen etc.) fertig ist, bitte ich Sie um ein endgültiges Exemplar, denn die vielen Einlagen irritieren sehr bei der Komposition. (Brief von Salmhofer an FHO vom 12. 4.)

1929 Franz Salmhofer legt die Vertonung der *Krone von Byzanz* schließlich doch zurück. Carmen HO berichtet darüber Jörg Lanz von Liebenfels in einem undatierten Brief:

Auch meinem Mann stellen sich fort und fort Hindernisse entgegen. Der Komponist Salmhofer hat die Oper »Krone von Byzanz« nach zweijährigem Herumprobieren und sich daran Klammern zurückgegeben mit der Entschuldigung, daß er dem Stoff nicht gewachsen sei.

Und mit Komponisten sind wir wohl schlecht bestellt. An Strauss und d'Albert ist schwer herankommen, und wen haben wir noch?

1931 Zwei Jahre lang dürfte sich in dieser Angelegenheit nicht viel getan haben. Es konnte auch nicht geklärt werden, ob es für FHOs Bemerkung, Wildgans und Aslan hätten das Buch als Prunkdrama bringen wollen, »aber der Tod Wildgansens und der finanzielle Zusammenbruch von 1930« hätten das Projekt versinken lassen, einen realen Hintergrund gibt (vgl. undatiertes Brieffragment an nicht ermittelten Adressaten, entstanden ca. 1932/33).

Artur Wolf, der Verleger von FHOs Roman *Der Gaulschreck im Rosennetz*

(Wien 1928) ist es schließlich, der – nicht ganz uneigennützig – sich um eine Vermittlung an einen Musiker bemüht. Welchen Komponisten er in der folgenden Briefstelle anspricht, konnte nicht ermittelt werden.

Bei meinem heutigen Anruf habe ich leider erfahren, daß Du abgereist bist, ohne es mich wissen zu lassen.
Ich habe noch Deinen Besuch erwartet, da ich eine außerordentliche Gelegenheit gehabt hätte, Deinen byzantinischen Operntext einem der hervorragendsten Opernkomponisten der Gegenwart zu geben.
Ich bitte Dich, mir ein Manuskript desselben zukommen zu lassen und mir gleichzeitig zu bestätigen, daß ich, im Falle, das Manuskript durch mich verwertet wird und herauskommt, 50% der Tantiemen erhalte.
Die Gründe für den hohen Prozentsatz kann ich Dir nur mündlich auseinandersetzen. Wenn die Sache zustande kommt, bin ich überzeugt, Dir einen großen Dienst erwiesen zu haben. (Brief von Artur Wolf an FHO vom 2. 1. 1931).

Noch einmal ist FHO in Zusammenhang mit seiner *Krone von Byzanz* mit einem Komponisten in Kontakt getreten: »[...] vor ganz kurzem nahm Prof. Margaritis vom Konservatorium Saloniki das Drama an sich.« (Vgl. undatiertes Brieffragment an unbekannten Adressaten, ca. 1932/33.) Zu einer Zusammenarbeit scheint es jedoch nicht gekommen zu sein, wie sich in einem Brief von FHO an Fra Theoderich, einen Mitbruder im Orden zum Neuen Tempel, bestätigt: Loris Margaritis, der auch als Professor am Salzburger Mozarteum wirkte, habe *Die Krone von Byzanz* zum Komponieren übernommen. »Was aus ihm im Krieg geworden ist, weiß ich nicht.« (Brief vom 1. 4. 1947.) Siehe dazu auch den Brief von Margaritis an FHO vom 1. 10. 1935, in dem der Komponist lediglich bestätigt, ein Manuskript von FHO erhalten zu haben.

1935 FHO bietet Hermann Schleichert (Neuzeit-Verlag, München) sein Libretto zusammen mit den Stücken *Kaiser Joseph II. und die Bahnwärterstochter* und *Fürstin von Cythera* an. Er beruft sich auf Erhard Buschbeck, »den artistischen Leiter des Burgtheaters«, der letzteres als bühnenreif bezeichnet habe (vgl. Brief von FHO an Schleichert vom 10. 5. 1935). Da der *Kaiser Joseph* nicht unbearbeitet angenommen wird und sich auch kein geeigneter Bearbeiter findet, zieht FHO alle drei Stücke wieder zurück.

Da auch die beiden andren Stücke – »Prinzessin von Cythera« und besonders »die Krone von Byzanz« zum ersten Debut vor der Öffentlichkeit mir noch nicht geeignet und daher ebenfalls gefahrbringend erscheinen, ziehe ich auch diese Stücke zurück und bitte gleichfalls um Rücksendung der Exemplare. (Brief von FHO an Hermann Schleichert vom 7. 6.)

1940 FHO wendet sich in der Angelegenheit einer Verwertung seiner dramatischen Arbeiten an den Schriftsteller, Maskenforscher und Regisseur am Leipziger Staatstheater Reinhold Balqué, der ihm in einem Brief vom 14. 10. 1940 antwortet:

Ich fange jetzt bei der »Krone von Byzanz« an. Das Stück von Ihren Arbeiten, die ich gelesen, das mir am wahrscheinlichsten zu einer Annahme neigt. Es ist trotz des historischen Stoffes gewissermaßen »zeitnahe«. Es ist dramatisch geladen. Die Tendenz ist, wie gesagt, für heute und für die momentanen europäischen Verhältnisse direkt aktuell. Es verrät das Kulturstreben der neuen Zeit im alten Gewand. Es ist äußerlich gut aufgezogen und entbehrt auch nicht etwas Humor (Goldonitruppe), sowie auch der Schluß (Versinken der Kronherrschaft!) wieder aktuell ist. Es müßte allerdings überarbeitet (regietechnisch) werden, um es völlig bühnengerecht zu machen. Aber das ist Sache des jeweiligen Regisseurs oder Intendanten. Ich habe das Stück unserem hiesigen Schauspieldirektor übergeben, der es bald! lesen wird und mir seine Meinung sagen wird. Nun ist die Sache die: Sie kennen ja auch das Sprichwort vom Propheten im eigenen Land!? Deshalb ist mir die hiesige Intendanz absolut nicht maßgebend, aber ich habe in Berlin verschiedentlich Stellen, wo ich (ich hatte vor zwei Jahren in Berlin gefilmt und werde nächstes Jahr wieder dort drehen) Verbindungen habe. Mein Schwiegersohn, Herr Käutner, ist sehr groß im Film drin, und würde ich schon allein durch diesen Anschluß für Unterbringung oder Interessenten finden. (Er schreibt jetzt für das Staatstheater ein Lustspiel im Auftrag, mit einer Hauptrolle für Rühmann, und sein eben beendigter Film »Kleider machen Leute« (nach Keller) soll sehr gut geworden sein. Er kommt Ende Oktober heraus. Das nebenbei.

1942 Der Grazer Verleger Gerd Wolfenau bittet FHO um Auskunft, ob *Der Kommandant von Kalymnos* käuflich zu erwerben sei (vgl. Brief vom 2. 8. 1942). Obwohl FHO in einem Brief an Friedrich Torberg vom 23. 11. 1935 behauptet hatte, seine Novelle sei vergriffen, bietet FHO seinerseits Wolfenau den Vertrieb des Buches an. Wolfenau antwortet am 9. 8.:

1. Wegen Vertrieb des »Kommandant«: ein »Unter-die-Leute-Bringen« wäre von Interesse, wenn man den Vertrieb nur an ausgewähltes Publikum, das man auch für die weitere Verbreitung und Förderung Ihres Werkes einspannen könnte, vornähme. Für diese Aufgabe stelle ich mich, bzw. meine buchhändlerische Tätigkeit gern zu folgenden Bedingungen zur Verfügung: Sie liefern mir eine Anzahl Exemplare und gewähren der Buchhandlung einen Rabatt von 30% auf den Ladenpreis, dem man vielleicht mit RM 8.— festsetzen könnte, so daß Sie pro verkauftem Exemplar etwa 5 Mark bekämen. Daß die Bücher dann an die richtige Adresse kommen, würde ich schon sorgen! Die Abrechnung könnte dann gelegentlich Ihres nächsten Aufenthaltes in Deutschland oder an eine Stelle in Deutschland, etwa Ihre Wiener Verwandten erfolgen.

2. [...] Bei meinem letzten Wiener Aufenthalt habe ich wieder Beziehungen zum Kreis Schirachs aufgenommen (eine bewährte alte Freundin ist dessen Schwägerin) und kann, da Sch. sehr hinter derartigen Dingen steht, ohne Fußfall usw. erreichen. Gern werde ich Sie auch bei der Oper vertreten und gegebenen Falls diese Beziehungen in Anspruch nehmen. Aus diesem Grund ist es mir auch wichtig, Exemplare des »Kommandant« zu bekommen, die ich auch in diese zum Teil sehr interessierten Kreise bringen will.

[Handschriftliche Notiz FHOs: »40 Stück abgesendet. 83–100, 58–79«.]

953 In dem bereits eingangs zitierten Brief FHOs an Wilhelm Anton Oerley (Europa Verlag, Wien) vom 6. 10., in dem der Autor über sein familienge-schichtlich begründetes Interesse an der byzantinischen Geschichte erzählt, berichtet FHO, daß er neben dem Opernlibretto noch einen Film zu diesem Stoff geschrieben habe, ein Unternehmen, für das er sich offensichtlich durch die Lektüre folgender Literatur das nötige handwerkliche Wissen anzueignen suchte: Ott: *Das Film-Manuskript*. Sein Wesen, sein Aufbau, seine Erfordernisse, Berlin 1926. Abel: *Wie schreibt man einen Film?* Wien/Leipzig 1937. Zu FHOs Filmprojekt liegen mehrere Fassungen von Konzepten vor, Inhaltsangaben des Librettos, ausgestattet mit einigen Regieanweisungen und optischen Vorstellungen für eine filmische Realisierung, die als Beilage zu Briefen an Verleger, Bühnen und Komponisten die Sicht des Autors auf seinen Stoff zusammenfassen (XI/10, Fasz. 1 – 29–34):

Die Krone von Byzanz
Film von Fritz R. v. Herzmanovsky-Orlando

Das Milieu dieses Spieles ist noch nicht dagewesen: das Rococo der Levante. Orte der Handlung: Palazzo Loredan in Venedig und die Insel Kalymnos. Hohe See vor Lepanto und Handlung des Traumes: Byzanz. Zeit: um 1740.

Zum Verständnis der Handlung: Nach dem Untergang des Kaisertumes Trapezunt um 1450 [sic!] wurde das Kaiserhaus der Komnenen bis auf den jüngsten Prinzen, der im Gebirge von Lakonien verborgen wurde, ausgerottet. 1675 mußten die Thronprätendenten fliehen. Eine Fregatte gelangte nach Corsica, die andere galt als verschollen. Das Drama beginnt. Sinkende Nacht.

Im Palazzo Loredan geht ein prunkvoller Ball zu Ende. In einer gegen das Meer geöffneten Bogenhalle eines monumentalen Stiegenhauses warten Lakaien und Gondoliers. Der Marineleutnant Quirini eilt die Stiege herunter und stößt auf seinen Freund Venier, dem er anvertraut, er habe sein Herz an eine wunderschöne, geheimnisvolle Maske verloren. Der Trubel des Festes habe ihm die Donzella immer wieder entrissen. Aber hier wolle er sie erwarten und wolle um jeden Preis erfahren, wer sie sei. Inzwischen ist eine Gondel angekommen, der ein buckliges Männlein mit mäusezernagter Allongeperücke entsteigt – der Sekretär Spartivento – der ihm höhnisch lächelnd den Befehl des Kommandanten Priul überreicht, noch diese Nacht nach Kalymnos in See zu gehen.

Quirini ist verzweifelt. Auf des Zaubergartens Herrin wartete er, und diese Spinne da im verschossenen Karmoisinrock naht ihm! Gruppen übermütiger Masken stürmen die Treppe herunter, und immer wieder tönen die Fetzen prunkvoller Ballmusik aus den aufgerissenen Flügeltüren. Venier tröstet den Freund, der fürchtet seine Liebe zu übersehen. Aber plötzlich starrt er selber wie gebannt zur Treppe hinauf, auf der Helena Laskaris, lichtumflutet erscheint.

Quirini eilt ihr entgegen. Leidenschaftlich fleht er sie an, ihr Inkognito zu lüften und ihn nicht der Verzweiflung zu überlassen, sie nie wieder zu sehen. Denn noch heute müsse er in See – Kalymnos das Ziel. Beim Wort Kalymnos zuckt die Donzella zusammen und sieht gleichzeitig, wie sich von einer Säule der Seepforte eine fledermausartig wirkende Figur löst, eine düstere Erscheinung, gefolgt von einem schönen, irgendwie psychisch schwer erregten Mädchen.

Quirini gesteht der angebeteten Donzella seine glühende Liebe und fleht sie an, wenigstens für einen Moment die Maske zu lüften.

Er starrt sie wie gebannt an und tritt einen Schritt zurück. Der Vermummte, der schon Zeichen der Ungeduld gegeben hat, wird dringlicher. Helena Laskaris geht auf ihn zu.

Er überreicht ihr ein Papier und bleibt in tiefer Verbeugung stehen. Es ist Fürst Kantakuzenos. Das Dokument bezeichnet die Stelle, wo die Reichskrone auf Kalymnos verborgen ist, die heilige Krone von Byzanz, ohne die ein Aufstand zur Wiedererrichtung des byzantinischen Reiches unmöglich ist.

Vor einer Stunde erst sei er auf abenteuerliche, ja, gewalttätige Art durch den als Mädchen verkleideten Pagen Feliciano in den Besitz der Urkunde gekommen, die sich im Besitz des Kabbalisten Spezzapetra befunden habe. Jetzt sei das letzte Glied der Kette geschlossen – der Aufstand in Hellas könne beginnen!

Auch Helena Laskaris, deren mädchenhaftes Gefühl in der vorhergehenden Szene mit Quirini voll erwacht war, ist jetzt nur noch entsagende, leidenschaftliche Fanatikerin, die nur eine Pflicht kennt, nur ein Ziel sieht, für das schon Hunderttausende starben – das morgenländische Weltreich. Das jubelnde Maskentreiben berührt sie nicht mehr, und Kantakuzenos, ihr Kanzler, deutet ihr die Art und Weise an, die Krone, die in Kalymnos liegt, zu bergen. Er selbst geht mit der Truppe Goldonis als Theatermeister nach Smyrna – unterwegs wird Kalymnos berührt, und so alles unauffällig in die Wege geleitet. Goldoni erscheint und bemerkt mit großem Wohlgefallen das schöne Mädchen an der Seite des Kantakuzenos, der ihm mürrisch erklärt, daß dies die Pagensängerin Felicia Armafrodita Arcolani sei, die er ihm versprochen habe.

Goldoni prüft die Stimme der neu zu engagierenden Künstlerin, um die sich die Glieder seiner Truppe versammelt haben. Man ist begeistert und trägt das Mädchen im Triumph herum und feiert sie als neue Kameradin. Goldoni singt das Lied »Auf nach Smyrna, der Levante Königin« und preist noch die Gastfreundschaft des Loredan ... aber, jetzt in die Gondeln ... Triumph und Ruhm ruft.

II. Akt

Ein Teil des Hafens von Kalymnos. Es ist Nacht. Man hört Trompetensignale und fernen Trommelwirbel. Vereinzelte Gestalten und immer dichtere Gruppen laufen über den Hafenplatz und auf die Batterie hinauf, auf der das Rohr eines mächtigen Ferngeschützes steil gestellt wird. Denn ein großes Schiff ist in Sicht. Unruhige Gruppen besprechen die wahrscheinliche Gefahr eines Überfalles, bis schließlich das Schiff Goldonis anlegt, auf dessen Deck eine bunte Künstlerschar sich zum Aussteigen bereit macht. Goldoni geht mit edlem Anstand dem Kommandanten Ordelafo Priuli entgegen, stellt ihm seine Artisten vor und bittet um die Erlaubnis, deren Kunst in Kalymnos zeigen zu dürfen. Die Mädchen vom Chor und vom Ballett kokettieren mit den verstaubten Offizieren, die sofort in schäbiger Grandezza herumzustolzieren beginnen, und die Harlekine mit den großen Pergamentnasen necken die Menge. Wohlwollend nähert sich der Kommandant dem melancholischen Quirini, dem doch die Ankunft dieses bunten Volkes Zerstreuung bieten würde.

Ein alter Mann, eine malerisch zerlumpte Callot-Figur, der dressierte Katzen tanzen läßt, preist die Kunst seiner kleinen Truppe an und wird alsbald von vier halbwüchsigen, leicht verlotterten gassenbübischen Mädchen umringt, die dann als ein Mädchenquartett eine nicht unwichtige Rolle spielen.

Quirini, in sehnsüchtige Gedanken an seine ferne, unerreichbare Liebe versunken, will gehen. Da naht ein stelzfüßiger Bettler mit einer Drehleyer und spricht, sich umschauend, in geheimnisvollem Ton zu Quirini, der ihm ein Almosen geben will, das aber der Bettler zurückweist. Er sei ein alter Soldat – vom Regiment Zobenigo – sei arm und elend ... und Hunger tue weh. Er müsse gestehen, daß er sich an das Gepäck Goldonis herangemacht habe ... und habe unter allerlei Requisiten ein Papier gefunden, auf dem der Plan der Festung wäre. Mit einem Zeichen darauf ... Quirini gibt ihm einen strengen Verweis, prüft das Papier, das er aber als vollkommen wertlos bezeichnet. Nur der zerfallene Teil der Fortifikationen sei darauf.

Abermals wendet er sich zum Gehen. Da kommt aber ein Teil der Truppe Goldonis, umringt ihn und ladet ihn zum Festmahl ein, das gegeben wird.

III. Akt

Das Innere einer zerfallenen gotischen Kirchenhalle.

Sie dient als Bühne. Eine Oper ist gerade beendet worden, und Goldoni verkündet dem Publikum, daß jetzt ein Ballett in Szene gehe: »Das Fest des Peleus«. Doch unerwartet bricht die Ballettmusik ab. Der Erzbischof, begleitet vom Klerus, erscheint und verbietet, die Kirche – wenn auch Ruine – mit solchem weltlichen Treiben zu entweihen.

Verstört entfernt sich das Publikum, und Goldoni geht, sichtlich schlechter Laune, auf und ab. Aber plötzlich findet er seinen Humor wieder, kommandiert seine Truppe zur morgendlichen Weiterreise nach Smyrna und ruft den Theatermeister, sofort für den Bühnenabbruch zu sorgen. Aber der ist zu Goldonis Erstaunen unauffindbar.

IV. Akt

Halle im Palast des Kommandanten. Quirini bespricht mit ihm noch die gestrige Sache mit dem alten Plan, dem aber Priuli nicht die geringste Bedeutung beilegt. Da wird aber die Türe jählings aufgerissen und herein stürzt der Korporal Arcimballotto, einen Gegenstand in seinen Mantel gehüllt. Priuli fährt den offenbar verrückt gewordenen Korporal hart an, wird aber von seiner Meldung sofort gefesselt. Denn Arcimballotto habe auf seiner Runde in einem alten Gewölbe Geräusche gehört und habe einen offenbaren Schatzgräber verscheucht und dann dessen Arbeit fortgesetzt. In einer Eisentruhe, braun vor Rost, liege eine juwelenschimmernde Krone ... daneben Bleibullen.

Priuli schlitzt eine mit dem Degen auf und findet ein Pergament in griechischer Schrift, die er nicht lesen kann. Der Sekretär Spartivento wird gerufen ... alle Bullen werden geöffnet ... der sehr mürrische Spartivento beginnt zu lesen ... zittert vor Erregung und teilt Priuli mit, daß die Krone von Byzanz vor ihm liege ... und wer sie habe, würde der Herr von Griechenland.

Quirini erscheint. Priuli verständigt ihn, was vorgefallen ist. Jetzt habe Venedig die heilige Krone ... werde Herr von Byzanz ... dieser Brücke nach Indien ... werde eine Weltmacht! Quirini solle sofort mit der Stationsgaleere in See gehen und die Krone dem Dogen überreichen. Da widerspricht Spartivento, der die ganze Zeit in tiefes Sinnen versunken war. Sein Rat als Sekretär der Republik gehe dahin, daß die Krone nicht solch einer schwachen Einheit, wie einer einzigen Galeere anvertraut werden dürfe. Sie müsse in Gewahr Priulis bleiben, und Quirini möge die halbe Flotte von San Marco zur Einholung der Krone bestellen.

V. Akt

Auf hoher See auf der Höhe von Lepanto. Tiefe Nacht. Das Hinterdeck einer Galeere. Zwei hohe venezianische Hecklaternen brennen in trübschwelendem, rötlichem Licht. Quirini ist am Hochsitz eingeschlafen. Der Hochbootsmann hat die Wache übernommen. Er und vier Steuerleute singen ein Lied, daß St. Trifon das Schiff schützen möge, denn sie kreuzen jetzt die Stelle der Schlacht von Lepanto – und seit der Zeit sei es dort nicht geheuer. Es sollte sie wundern, wenn der Schlaf Quirinis nicht von schweren Traumgesichten heimgesucht wäre.

Sie nehmen die Laterne auf und verschwinden. Eine Zeit lang hört man nichts als das Brausen der See. Da, plötzlich, hört Quirini seinen Namen rufen ... fährt aus dem Schlaf empor und vernimmt wieder den Ruf. Er reibt die Augen und bleibt starr stehen vor dem Bild, das sich jetzt entrollt. Die Hecklaternen verschwinden, auch die Geschütze rechts und links. Schleierwogen erstrahlen in goldenem Licht und als Vorhang erscheint, die ganze Bühne bedeckend, ein ungeheurer byzantinischer Doppeladler auf Goldgrund. Der Vorhang rauscht auseinander und zeigt ein üppiges Prunkbild seines Traumes. Es ist Byzanz des 12. Jahrhunderts, auf der Höhe seines Glanzes.

Eine große Menschenmenge erfüllt die Szene und jubelt dem ankommenden Krönungszug einer Kaiserin entgegen, der sich genau nach dem Zeremoniell des Kaisers Konstantin Porphyrogenetes entwickelt.

Quirini steht in seiner etwas hergenommenen Barockuniform im Vordergrund. Blumenstreuende Kinder kommen gelaufen und jubeln: Helena ... Helena Basilissa ... Helena Basilissa ... immer neue Scharen kommen und singen die Krönungszugslieder, wie sie das Konstantinische Zeremoniell vorschrieb.

Aber dann kommt eine vergoldete, juwelengeschmückte Sänfte heran. Sie wird niedergestellt und geöffnet. Die Vorhänge teilen sich, und man erblickt ein schönes, schlafendes Mädchen – Helena Laskaris.

Quirini war unwillkürlich in eine Habtachtstellung gekommen – den Hut in der ausgestreckten Rechten. Mit einem wilden Aufschrei stürzt er jetzt vor und stürzt zur Sänfte und fällt vor der Erscheinung Helenas auf die Knie. Die Imperatrix öffnet die Augen und blickt Quirini wie träumend an. Von den Sängern tönt es: Salve Imperatrix, Stolz von Hellas, der Heerscharen Herr hat dein Haupt gekrönt mit dem strahlenden Diadem von Byzanzion! Quirini ist ganz verwirrt ... im Traum befangen.

»Die Kaiserin dieses Landes bist du?« Doch Helena erwidert traumschwer: »O glaub ihnen nicht ... Dein Mägdlein nur bin ich ... in einer Kugel aus Krystall – so seh ich dich ... und sehne dich so ... und kann nicht zu dir ...« Immer neue Scharen kommen, die Fürsten von Asien huldigen der Basilissa, die Fürsten Europas ...

In einem traumduftumwobenen Lied gesteht sie ihre Liebe.

Quirini knieend, küßt ihre Hände. Die Imperatrix will ihn zu sich emporziehn. Im selben Moment erscheint hinter ihnen eine drohende, schwarze Gestalt. Es ist Kantakuzenos, der die Krone hoch erhoben zwischen die Liebenden hält. Beide beben zurück. Die Bühne verfinstert sich, das Prunkbild des Krönungszuges verschwindet. Man sieht nur noch die strahlende Krone und in bläulichem Licht den Hochbootsmann mit erhobener Sanduhr. Vier klingende Schläge ertönen und: das Glas um Mitternacht ist abgelaufen ...

VI. Akt

Kalymnos. Die Ruinen des Aphroditetempels. Im Hintergrund das Meer. Es ist strahlender Morgen. Spartivento taucht wie ein Faun aus den Rosengebüschen auf. Eilt gegen das Meer hin, beschattet mit der Hand die Augen. Doch das, was er erspähen will, ist nicht da: die Flotte von Frankreich. Er hat doch die Krone dem König Ludwig XV. angeboten – voll Haß gegen Priuli, der doch Doge von Venedig werden wird. Und während seines Monologes erscheint auch Priuli ... Spartivento kann gerade noch ungesehen verschwinden. In einem Monolog spricht Priuli von einer fürchterlichen

Nacht, in der alle Furien der Hölle gegen sein armes Haupt losgelassen waren. Er sah Ilions Untergang ... und Ilion war Venedig ...

Ein junges Fischermädchen kommt und singt ein seltsames Lied, das seine unheimliche Untergangsstimmung noch steigert. Priuli beschenkt das schöne Kind und fragt um den Namen. Zu seinem Entsetzen hört er, daß sie Kassandra heißt. Doch er bezwingt seine bösen Ahnungen und wünscht sich, daß er die venezianische Flotte endlich sieht: »Die Löwenflaggen wehn auf allen Masten – Kanonendonners brausend Rollen dröhnt ... ich heb voll Stolz mein Haupt und sehe ...«

Doch da erscheint Helena Laskaris, prachtvoll gekleidet, juwelenschimmernd. Eine schwarze Sklavin hält über ihrem Haupt einen straußfederbekrönten Sonnenschirm, und hinter der Prinzessin geht eine dicke Duenna in schwarzer Seide. Lächelnd tritt der verführerische Besuch zu Priul. Sie sei auf dem Weg nach Cypern, aber eine Havarie zwinge sie zu einem Aufenthalt, den ihr der Kommandant ermöglichen möge.

Er, der alte Hagestolz ist sofort in die Gewalt der preziösen Donzella mit dem klangvollen Namen geraten – das Schicksal hat ihn voll und rettungslos ereilt. In der folgenden Nacht empfängt er die beiden Damen festlich in seinem Palast. Die alte Giustiniani bekommt von Helena ein Betäubungsmittel, das die Duenna ausschaltet. Der alte Kommandant verstrickt sich immer tiefer in die Netze der Prinzessin Laskaris – so weit, daß er sie um ihre Hand bittet. Aber sie lacht ihn aus ... den armseligen Nobile. Selbst wenn er ihr einen Herzogshut bieten könnte – ein Venezianer könne doch gar nicht weiter denken ... selbst das wäre nicht der Preis!

Aber da erklärt er, ihr eine Krone bieten zu können ...

»Die von Jerusalem vielleicht?« ist die Antwort.

»Nein – eine Kaiserkrone!« Er begibt sich zu einem Schrein im Hintergrund, und der dämonische Besuch wartet in höchster Spannung, ob sich ihr Plan, die Krone aus den Händen des venezianischen Kommandanten zu entwinden, verwirklichen wird. Und richtig – er bringt die byzantinische Krone – sein Patriotismus ist vollkommen vernichtet. Und die schöne Laskaris hebt das Diadem auf ihr Haupt und steht in märchenhafter Pracht, mondlichtumschimmert da. Priuli ist auf die Knie gesunken und huldigt der Imperatrix, die ihm den Schuh zum Kuß reicht. Priul will sie umschlingen. Doch sie weist ihn voll Verachtung zurück: »Wage es nicht, die Imperatrix zu berühren ... die Helena Komnenos ... die rechtmäßige Herrin der Levante!«

»Komnenos?« fragt Priuli, »nicht Laskaris?«

Nein. Das sei nur eine Maske gewesen. »... und jetzt genug des Spieles ... Kronhüter, sei bedankt.« Damit nestelt sie ihren ganzen, fabelhaften Brillantschmuck herunter und wirft ihn dem Kommandanten zu Füßen ... er sei doch nur ein Krämer, wie alle Venezianer, er sei bezahlt!

Priuli ist tödlich verletzt – den Ausgang des phantastischen Abenteuers hat er nicht erwartet. Völlig ernüchtert fordert er das unheimliche Mädchen auf, sofort die Krone in seine Hände zu legen. Empört weigert sie sich, worauf Priuli den Degen zieht. Aber sie fängt den Stoß mit einer silbernen Lampe auf, entwindet ihm so den Degen und erdolcht ihn.

Sie hüllt sich in einen schwarzen Mantel, setzt die Guetta auf, preßt die Krone gegen die Brust und will das Gemach verlassen. Im selben Moment aber stürmt Quirini herein, in höchster Erregung. Die venezianische Flotte sei da! Da sieht er den toten Priuli und bemerkt erst jetzt die pagenhaft vermummte Helena, die, den Degen Priuls in der Hand, dasteht. Mit einem Wutschrei: »Bandit ... du hast Priul gemordet und das

Diadem geraubt!« stürzt er sich auf die dunkle Gestalt der Imperatrix, die noch schnell die Krone auf den Tisch legt und den Angriff pariert. Das Gefecht wird hitzig. Da löst sich aus dem Schatten der offen gebliebenen Türe eine vermummte Gestalt und will sich auf Quirini werfen. Doch Helena ruft: »Nicht auf ihn ... rettet das Diadem von Byzanz ... bringt es in Sicherheit ... ich schirme es mit meinem Leben!« Doch da sinkt sie getroffen nieder. Aber ihr letzter Ausfall hat auch Quirini tödlich verwundet.

Als Kantakuzenos verschwand, hört man draußen den Ruf: »Kantakuzenos«, und herein stürmt der Page Feliciano, um sich zwischen die Kämpfenden zu stürzen. Er sieht nur noch, wie seine Herrin tödlich getroffen niedersinkt. Er wirft sich über die Leblose, springt dann auf den schwer verwundeten Quirini los, um ihn zu erdolchen. Wie er ihn aber wehrlos sieht, wirft er die Waffe fort und schreit: »Du ... die Kaiserin von Byzanz hast du gemordet ... die Imperatrix gemordet ... die Kyria ... die Kyria ...!«

Quirini öffnet die Augen. »Was für ein Wahnwitz ... ich eine Kaiserin ermordet ... ist denn die Hölle los?« Dann zum Korporal Arcimballotto, der hereingestürzt ist: »Verfolge einen Vermummten ... er floh hinaus ... wird wohl in einer Barke flüchten wollen ... bring ihn lebendig oder tot.«

Aber dann schleppt er sich mühsam zu der auf den Boden gesunkenen Laskaris hin, reißt den Mantel auseinander und sieht zu seinem Entsetzen, daß er seine unbekannte Angebetete umgebracht hat.

Ein dumpfer Kanonenschuß rollt.

Helena wacht noch einmal auf: »Da ... der Salut der byzantinischen Kaiserin ... wo sind meine Getreuen ... Kantakuzenos ... muß mich dem Volk von Hellas zeigen ... ich, Helena Kyria Komnenos ... die Kaiserin von Byzanz.«

In tiefer Verzweiflung hört Quirini noch die Meldung des Korporals, daß die Barke mit einem verzweifelt Rudernden durch ein Hafengeschütz versenkt worden sei. Er klagt noch: »Die Krone liegt am Grund des Meeres ... das ist der Tod Venedigs ... der Traum von seiner Größe ausgeträumt.«

Helena stirbt verklärt und vernimmt noch die Stimmen der Cherubim und Serafim.

Ende

APOLL VON NICHTS

EXZELLENZEN AUSSTOPFEN – EIN UNFUG

Das Material

Die Teilung des FHO-Nachlasses zwischen der Nationalbibliothek, Wien, und dem »Brenner-Archiv«, Innsbruck, geht auch im Falle des *Apoll von Nichts* beziehungsweise von *Exzellenzen ausstopfen – ein Unfug* quer durch die Überlieferung. Näheres siehe S. 356.

Bestand des »Brenner-Archivs«

XII/1   Handschriftliche Notizen zur Novelle (Fasz. 1, Blatt 1–4). Handschriftlicher Entwurf der Novelle, datiert 1924 (Fasz. 2, Blatt 1–74).

XII/2   Maschinschriftliches Deckblatt zur Erzählung mit handschriftlichen Notizen des Autors (1 Blatt).

XII/3   Typoskript der Dramenfassung, ohne handschriftliche Korrekturen, mit handschriftlichem Deckblatt des Autors, vermutlich 1935 entstanden (Blatt I, 1–109).

XII/4   Typoskript der Romanfassung ohne handschriftliche Korrekturen, mit handschriftlichem Deckblatt des Autors, vereinzelte handschriftliche Spuren von FHO und Carmen HO, vermutlich 1949 entstanden (Blatt I, 1–119).

XII/5   S. o. XII/4.

XII/6   Kopie des Typoskripts der Dramenfassung (siehe XII/3) mit handschriftlichen Korrekturen des Autors (Blatt I, 1–109. Original bei Wolfgang Ausserer, Meran).

XII/7   Typoskript der Dramenfassung (Fasz. 1, Blatt 1–109, siehe XII/3). Typoskript des Personenverzeichnisses mit handschriftlichen Korrekturen des Autors und von Friedrich Torberg (Fasz. 2, Blatt 1, 2). Handschrift und Typoskript der Bearbeitung der Dramenfassung von Friedrich Torberg (Fasz. 2, Blatt 3–71).

XII/8   Einzelne Typoskriptblätter von Friedrich Torberg zur Erzähl- und Dramenfassung mit seinen handschriftlichen Korrekturen und einem allgemeinen einleitenden Text Torbergs zu FHO (Blatt 1–19).

XII/9   Typoskript mit einer Aufstellung des Materials (von fremder Hand, 2 Exemplare, jeweils Blatt 1–6).

Bestand der Österreichischen Nationalbibliothek

XIII/1   Signatur der Handschriftensammlung: Cod. Ser. n. 13.617. Handschriftlicher Entwurf der Dramenfassung, Datierungen einzelner Blätter von 1935 (Blatt I–III, 1–127).

XIII/2   Signatur der Handschriftensammlung: Cod. Ser. n. 13.618. Typoskript der Dramenfassung mit vereinzelten handschriftlichen Korrekturen und handschriftlichem Deckblatt des Autors (Blatt 1–109, siehe XII/3). Handschriftliche Notizen und Entwürfe zur Novelle (Blatt 131–141), zum Drama (Blatt 111–125) und zur Romanfassung (Blatt 110, 126–130). Undatierter Brief (Adressat nicht ermittelt) mit Inhaltsangabe des Dramas (Blatt 142–149).

XIII/3   Signatur der Handschriftensammlung: Cod. Ser. n. 13.619. Typoskript der Erzählung mit handschriftlichen Korrekturen des Autors und von Carmen HO, datiert »mit den neuen Sachen 1949« (Blatt I, 1–67).

XIII/4   Signatur der Handschriftensammlung: Cod. Ser. n. 13.620. Typoskript der Romanfassung (siehe XII/4).

XIII/5   Signatur der Handschriftensammlung: Cod. Ser. n. 13.621. Typoskript der Romanfassung (teilweise vermutlich von der Hand des Autors) mit handschriftlichen Korrekturen des Autors und vereinzelten handschriftlichen Notizen von Carmen HO, vermutlich 1949 entstanden (Blatt I, 1–113).

XIII/6   Signatur der Handschriftensammlung: Cod. Ser. n. 13.622. Einzelne Typoskriptseiten (vermutlich von der Hand des Autors) zur Dramenfassung, mit vereinzelten handschriftlichen Korrekturen von FHO und Carmen HO (Fasz. 1, Blatt I, 1–21). Einzelne Typoskriptblätter zur Romanfassung (vermutlich von der Hand des Autors), ohne handschriftliche Korrekturen (Fasz. 2, Blatt 1–17). Typoskript der Novelle (vermutlich von der Hand des Autors), mit handschriftlichen Korrekturen von FHO und Carmen HO (Fasz. 3, Blatt 1–35). Einzelne Typoskriptblätter zur Romanfassung (vermutlich von der Hand des Autors) mit handschriftlichen Korrekturen von FHO und Carmen HO (Fasz. 4, Blatt 1–12). Einzelne Typoskriptblätter zur Romanfassung (vermutlich von der Hand des Autors) mit handschriftlichen Korrekturen von FHO (Fasz. 5, Blatt 1–9). Einzelne Typoskriptblätter zur Romanfassung (vermutlich von der Hand des Autors) mit handschriftlichen Korrekturen von FHO (Fasz. 6, Blatt 1–8). Einzelne Typoskriptblätter zur Romanfassung mit handschriftlichen Korrekturen des Autors (Fasz. 7, Blatt 1–29). Entwurf zu einer Illustration und handschriftliche Notizen zur Dramen- und Romanfassung (Fasz. 8, Blatt 1–11).

Entstehung und Rezeption

Ein »entzückender Altwiener Salon«, in dem FHO eine Originalvisitkarte der Schosulan – der historischen Vorlage zu FHOs literarischer Figur der »würdigen Jungfrau Ursula Schosulan« im *Gaulschreck im Rosennetz* (*S. W.*, Band I) – überreicht bekommen habe, ist nach FHOs eigener Darstellung Schauplatz seiner ersten Begegnung mit dem Schicksal des Angelo Soliman: In eben demselben Salon – wie oben – wurde ich Ohrenzeuge, wie eine alte Baronin Chiari (der Frau danke ich geistig viel, wie die Folge zeigt) einer andren distinguirten Scharteken sagte: »Denken S' Ihnen, Frau von Zirm, dem Feuchtersleben sein Herr Großvater soll ein Aff gwesn sein.« – »Der vom Minister, Gottselig?« war die Gegenfrage. Ich versuchte natürlich sofort ins Gespräch einzudringen, stieß aber auf eisige Abwehr. Ich ging der Sache sofort nach, ja, spannte die Polizeidirektion (Akt Feuchtersleben) ein, wo ich mich als M. des Denkmalamtes legitimierte. Ich wurde mehrfach von »Howwräten« bedenklich gemustert und stellte dann fest, daß die alte Chiari im Irrtum sei. Denn, der Großvater des Dichters und Exlenzherrn Feuchtersleben sei, soviel der Polizeidirektion bekannt, kein Affe gewesen. Allerdings war er über einen letzten Willen der Kaiserin Maria Theresia ausgestopft worden und dem k. k. Affenkabinett des Hofmuseums einverleibt worden. Ich baute um dieses Juwel der Barocke das Drama »Exzellenzen ausstopfen« auf, das, vom Burgtheater abgelehnt, jetzt unter dem Titel: »Lord Byrons letzte Liebe« in den dramatischen Verkehr hineinzuschmuggeln versucht wird. (Brief von FHO an Friedrich Torberg vom 25. 11. 1949)

Wieviel Wahrheit und wieviel Dichtung in dieser Darstellung steckt, die zumindest fast drei Jahrzehnte nach dem Besuch im Salon entstanden ist, wird sich nicht erheben lassen. Nachgewiesen ist, daß FHO Quellenforschungen begonnen hat, die ihn auf die Untersuchung von Wilhelm Bauer: *Angelo Soliman der hochfürstliche Mohr* (Wien 1922) aufmerksam gemacht haben. Ob er darüber hinaus die Akten der Polizeihofdienststelle eingesehen hat, konnte nicht ermittelt werden. In den Indexbänden der Benützerbücher (Allgemeines Verwaltungsarchiv, Wien) scheint FHO nicht auf.

1924/25 Der handschriftliche Entwurf der Novelle (XII/1, Fasz. 2) ist mit 1924 datiert. Am 11. 12. 1925 berichtet FHO Kubin, *Apoll* ins Reine getippt zu haben (vgl. *S. W.*, Band VII, S. 241).

1926 Im Band 1 der Zeitschrift *März. Almanach des Oberösterreichischen Künstlerbundes* (Dezember 1926) erscheint als Auszug aus der Novelle der Abschnitt mit dem Fest im Palast der Donna Anna (S. 142–145) unter dem Titel *Das Fest im Sirenenpalast*, den FHO später seiner Romanfassung des Apoll-Stoffes geben sollte. In einem Brief an Kubin (28. 2. 1927) dankt FHO seinem Freund für die Vermittlung seiner »Superaustriazität« an die Linzer Zeitschrift. »Ich bin sehr stolz, neben Dir erschienen zu sein – und wir alle wiederum horsten sozusagen im Vollbarte des wackeren Bahr«. Von Kubin erschien nämlich in derselben Nummer die Anekdote »Der letzte Landstreicher« mit der gleichnamigen Lithographie. (Vgl. *S. W.*, Band VII, S. 247, 430).

FHO arbeitet an der graphischen Ausgestaltung seines *Apoll von Nichts*. Kubin berichtet er, »9 große Federzeichnungen, darunter eine mit 90 Figuren« fertiggestellt zu haben. In diesem Brief vom 6. 8. 1926 (vgl. *S. W.*, Band VII, S. 246 f.) legte FHO folgende Skizze bei: »zum ›Apoll von Nichts‹ Karpfenstechen auf Schloß Uschitz des Freih. Dickschitz gen. Dinschitz Herr auf Urschitz zu Uschitz. –« (Nach Recherchen von Monika und Michael Klein ist diese Zeichnung als Beilage zu den Briefen des Kubin-Archivs in der Städtischen Galerie im Lenbachhaus, München, erhalten. Die genannten Federzeichnungen sind bis dato verschollen.) Kubin antwortet in einem Brief vom 10. 3. 1927, *S. W.*, Band VII, S. 249.

927 [...] es war mir allerdings angenehm das Fragment Deines Apoll von Nichts da zu lesen und mit der hübschen Zeichnung zu sehen – Du sollst der Illustrator Deiner Schriften selbst sein –.

Auf der Suche nach einem Promotor seiner schriftstellerischen Arbeit sucht FHO den Kontakt mit Thomas Mann. Ob dieser FHOs Brief bekommen, wie er eventuell reagiert hat, oder ob es zu einer persönlichen Begegnung gekommen ist, konnte bisher nicht ermittelt werden.

Bitte sende sofort ein gut leserliches Exemplar der Novelle: Apoll v. Nichts an folgende Adresse: Herrn Thomas Mann (Schriftsteller) München Poschinger Straße 1 als rek. Drucksache ohne jeden Kommentar, Brief etc. Ich habe nämlich Manns Adresse bekommen u ihm geschrieben, er möchte den ›Apoll‹ lesen u mir seine Meinung, Verlag etc. sagen u ich möchte ihn Mitte März, wenn ich ohnehin nach Berlin fahre, in München besuchen. (Brief von FHO an Mia Luckeneder von Neuhauser vom 5. 3.)

Die mit dem Ehepaar HO befreundete Familie Luckeneder in Wien war Kontaktstelle in Österreich für die seit 1916 in Meran lebenden Herzmanovskys. In einem Brief an Mia Luckeneder kündigt FHO am 15. 9. an, »ein Paket mit ›Apoll‹ und einigen Schreibereien« zur Aufbewahrung zu schicken.

933 Am 16. 11. lesen Alma Seidler und Karl Eidlitz im Volksbildungshaus der Wiener Urania Texte von Gerhart Hauptmann, Richard Beer-Hoffmann, Hugo von Hofmannsthal, Joseph Roth, Arthur Schnitzler, Frank Wedekind, Erich Mühsam, Polly Tieck und Beispiele aus FHOs *Gaulschreck* und der Novelle *Apoll von Nichts*.

935 FHO schreibt unter dem Titel »Die ausgestopfte Exzellenz« eine erste handschriftliche Fassung seiner Komödie (XIII/1), zu deren Aufbau er folgenden Handlungsablauf notiert (XIII/2 – 113):

Soliman

Prolog durch den Genius Österreichs.

I. Akt

Erstes Bild. Speisezimmer. Apoll und Radegunde beim Essen, die Magd kommt herein: Im grünen Rosenzimmer stünde eine nackte Fräuln im Papierkorb!
Zweites Bild. Geschwister und nackte Baronesse. Drei Steyrische Barone kommen, dann ab. Geschwister bleiben allein. Montpreyss kommt. Apoll erschlägt ihn. Man beschließt zu fliehen. Nach Neapel. Radegunde tanzt vor Vergnügen darüber.

II. Akt

Drittes Bild. Sturmnacht. Ein Postwagen. Pferde gehen durch, Wagen bleibt allein zurück. Nach einer kurzen Pause: Apoll: »Wo ist das Testament? da!« Er soll es dem König geben. »Hast dir was tan? Schau, die Sonn geht auf!« Musik. Sänften kommen. Bekanntschaft. Frühstück im Wald. Bauernmädel bringen Milch und Wandermusikanten kommen. Ballett. Aufbruch.
Viertes Bild. Vor dem Schlosse zu Uschitz. Oder: Baron Uschitz auf der Jagd stößt auf die Wanderer. Schmachtet um Radegunde und ladet die Gesellschaft nach Uschitz ein.

III. Akt

Fünftes Bild. Früher Morgen. Vor der sala terrena des Schlosses: Erzählung über Solimans Schicksal. Die Laokoongruppe wird vorgeführt.
Abschiedsfagottsolo Uschitzens. Glück auf nach Triest! Glück auf nach Neapel!

IV. Akt

Sechstes Bild. Fest im Ruinenpalast der Donna Anna. Raderl wird geraubt. Hopsetič kommandiert. Alles wird finster. Zwei Sereschaner mit Fackeln leuchten Hopsetič herein. Lord Byron läßt sich vorstellen und ist enflammiert von Raderl. Er läßt sich eine Mandoline geben und singt Raderl an.
Siebtes Bild. Apoll am Krankenlager. Uschitz wird in Sänfte angetragen. Werbung. Uschitz entsetzt, als er Raub vernimmt. Nach ihm kommt Lord Byron und wirbt ebenso.
Achtes Bild. Apoll wieder auf. Nacht. Uschitz erscheint, erzählt die Vermutung wegen des Raubes und daß er sich mit Byron geschossen hat, der ihn verwundete und fliehen mußte. Baronin Pepi habe ihn gepflegt, und nun werde er – verlobt – Pepi heiraten. »Schau – die teure Reise« etc. Aber noch einmal wolle man drahen gehen. Er wisse ein Lokal, wo Götterstatuen zum Leben kommen – gehen wir!
Neuntes Bild. In der Spelunke. Apoll erkennt Radegunde und entführt sie. Uschitz röhrt vor Entsetzen.
Zehntes Bild. Bei Apoll. Er legt Radegunde ins Bett. Sie erzählt schluchzend ihr Abenteuer. Noch immer hat sie als Terpsichore Lyra und Plectrum in der Hand. Wütend haut Apoll die Gipslyra hin, daß sie zerbricht, und dann das Plectrum. In dem ist der Brief. Stumme Verlobung.
Elftes Bild. Lendemain. Uschitz kommt als Hochzeitsbitter. Apoll überrascht ihn.
Zwölftes Bild. Gratulationscour beim König. Er verleiht Apoll einen dreckigen Orden. Dann große Apotheose beider Paare. König brummend ab.

Grade wie der Hochzeitsmarsch ertönt, tauchen auch Montpreyss und Roxane auf. »Dürfen wir uns anschließen?«

Die vorläufige Niederschrift scheint FHO am 22. Juli beendet zu haben, wie einer Notiz (XIII/1 – 127) zu entnehmen ist. Korrekturarbeiten beschäftigen ihn aber bis in den Herbst hinein: Ein Entwurf zu einer Ergänzung, die vom 18. 9. datiert ist (XIII/1 – 48), und zwei Briefe an Friedrich Torberg deuten darauf hin:

Ich habe auch zwei Komödien geschrieben (eine im Frühjahr u. eine jetzt vor fünf Wochen). Die erste heißt »Kaiser Joseph und die Bahnwärterstochter«, die zweite, noch ganz unbekannte: »Exzellenzen ausstopfen ein Unfug«. [. . .] Die andre Komödie ist ein Biedermeiergangsterstück in elf Bildern und beinhaltet die groteske Tragik der Familie Feuchtersleben. Im Hintergrund steht die Tatsache, daß 1797 in Wien ein Duzfreund Lessings ausgestopft und dem Hofmuseum einverleibt wurde! Glauben Sie, daß ein Prager Theater die Stücke bringen würde? Haben Sie zufällig irgend eine Beziehung zu einer Bühne? Die Stücke sind billig auszustatten und erfordern je 17 bis 18 Darsteller. Bombenrollen (Komödien mit Gesang, was jetzt sehr gesucht ist). (Brief vom 23. 11.) Im November lag von mir eine weitere »Biedermeiergangsterkomödie« vor: »Apoll v. Nichts«, oder »Exzellenzen ausstopfen, ein Unfug«. Bitte lesen Sie vielleicht auch diesen Ulk, der sich jetzt im Depot unseres gemeinsamen, sehr lieben Freundes Thorn befindet. (Brief vom 10. 12.)

Um mit Theatern leichter ins Gespräch zu kommen, schreibt FHO eine erläuternde Inhaltsangabe des Stückes (XIII/2 – 144–149), wie er es für die meisten seiner Werke zu tun pflegte. Nach einer Notiz von Carmen HO wurde dieser Text insbesondere zur Vorlage an das Burgtheater geschrieben, für das FHO das Stück noch etwas »zuzustutzen« vorhatte (vgl. Brief an Friedrich Torberg vom 10. 12.).

Zugrund liegt die bedauerliche Tatsache, daß am 23. XI. 1796 in Wien ein hochangesehener Würdenträger, ein intimer Freund Lessings und Humboldts, über allerhöchsten Befehl ausgestopft und dem Kaiserlichen Naturalienkabinett einverleibt wurde. Am 6. X. 1848 zerstörte eine k. k. Bombe das hohe Präparat. Es war dies »der hochfürstliche Mohr« Angelo Soliman, ein Königssohn eines Gallareiches. Er war mit einer Hessin verheiratet und hinterließ eine (bildschöne) Tochter, die in Lemberg den Freiherrn von Feuchtersleben, späterer k. k. Minister, heiratete (1803 oder 1806).

Das Stück ist eine Biedermeiergangsterkomödie, die die Sonderbarkeiten eines ganz übersehenen deutschen Gaues – Steyermarks – der heutigen Welt klar bringen soll. Südösterreich wimmelt geradezu von mittelalterlichen Eigenbröderln. Es soll auch in Deutschland die merkwürdigen illyrischen Condottieri sympathisch machen, die unter dem Namen »Sereschaner« das Reich gegen die permanente Türkengefahr sicherten. Sie waren auch als »Grenzer« bekannt und sind genau dieselben Truppen, mit denen Alexander der Große die Welt eroberte, und die für die Venetianer die Kastanien aus dem Feuer holten.

Das Drama zeigt die verkommenen Zustände des Carbonaritumes. Parallel damit glühte damals das griechische Verschwörertum, das einen Hauptsitz in Wien hatte. Der amüsante Vaurien Lord Byron, der Österreichs Polizei in Venedig der Überwachung wegen ein Heidengeld kostete, tritt auf. Der spiritus rector seiner Geheimpolitik ist die unartige Prinzessin von Atalanta, hinter deren Maske eine andere epirotische Prätendentin der Epoche gemeint ist.

Sie singt das – leider wahre – Gedicht Grillparzers auf den Wasserkopf des Kronprinzen Ferdinand, weshalb dieser Klassiker in Ungnade fiel.

Die Geschwister von Nichts sind Milchneffe und Nichte des Staatskanzlers Metternich. Dessen Bruder hinterließ ein chinesisches Kochbuch, nach dem zu leben die Nichtse verpflichtet waren, um sein überreiches Erbe zu bekommen. Dies ein Bild der bornierten Testamentstüfteleien der Epoche.

1. Bild

Geschwister von Nichts bei Tisch. Sie wollen nicht anfangen, das abstruse Menu zu essen. Da wird die Tür aufgerissen. Das Stubenmädchen stürzt, scheinbar irrsinnig geworden, herein. Im Nebenzimmer habe sie eine gräßliche Erscheinung gehabt! »Der Geist der Tante? Grau? Struppig?« »Nein! Glatt, rosig ... ein nahezu unbekleidetes Fräulein stünde im ... Papierkorb, den Onkel Metternich geschenkt hatte! Offenbar der Teufel in lüsterner Weibesgestalt! Man will diese höchst ausgefallene Sache untersuchen.

2. Bild

Man tritt ein. Es stimmt. Die junge Dame erklärt, sie hätte einen blinden Leiermann begegnet, der einen zahmen Zeisig besäße, der ihr ein Zettelchen zog, auf dem ihr verordnet wurde, Fußbäder in Papierschnitzeln, womöglich adeliger Provenienz, zu nehmen. Man hätte ihr bei der Polizei die Nichtsische Wohnung als geeignet bezeichnet. Ein Schlosser öffnete – hier sei sie.

Während die Geschwister keine Worte finden, dringen drei wildfremde, elegante Herren ein und umschnattern das verführerische Fräulein, alle, ohne die geringste Notiz von den Hausherren zu nehmen. Schließlich läßt Fräulein von Nichts die junge Dame wieder ankleiden, worauf die kleine elegante Gesellschaft spurlos davongeht. Apoll von Nichts tobt. Unglücklicherweise geht abermals die Tür auf und ein vierter junger Kavalier, Rudi Graf Montpreyss fragt, ob nicht eben drei Steyrische Barone dagewesen wären. Das ist zu viel. Apoll wirft die Feuerzange auf den Besuch, der für tot zusammenbricht. Apoll hält sich für einen Mörder. Da beginnt – schauerlicherweise auch noch das Zügenglöckchen zu läuten. Es ist aber bloß der Mann von der Müllabfuhr.

Das Stubenmädchen entdeckt noch Leben im jungen Scheintoten. Man überläßt ihn ihr. Apoll und Radegunde von Nichts beschließen, Wien zu verlassen bis Gras über die Sache Montpreyss gewachsen ist.

3. Bild

Finstere Sturmnacht in einem Gebirgswald. Ein Postwagen erscheint. Fahler Blitz. Der Bock bricht ab und verschwindet mit den vermummten schlafenden Postillonen. Die Geschwister sind verlassen in unangenehmer Situation. Das Morgenlicht kommt. Reiter erscheinen, die von ihren, in der Kulisse gedachten Pferden abgestiegen sind. Es sind drei Kavaliere, die die Eskorte zweier vornehmer Damen bilden. Auch die erscheinen. Man wird bekannt und beschließt, zusammen weiter zu reisen – an den lustigen Hof von Neapel, an dem die Chefin der Reisegesellschaft Zerstreuung von

ihrer Schwermut sucht (Baronin Feuchtersleben und die preziöse Roxane Puygparadi-nez, Herzogin von Atalanta).
Beim Frühstück kommt man sich näher. Bauernmädchen bieten ihren Kram an. Roxane arrangiert aus ihnen eine Tanzgruppe. Ein Fagott ertönt. Ein kugelrunder Kavalier in Jagdkostüm taucht blasend auf und mischt sich als komische Zentralfigur in das barocke Tanzbild. Es ist Zephyrin von Dickschütz, der sich sichtlich in Radegunde vergafft und alle Herrschaften auf sein Schloß Uschitz einladet.

4. Bild

Schloßpark zu Uschitz. Früher Morgen. Apoll erfährt von Herrn von Quackenbusch die Ursache der Depression der Baronin Feuchtersleben. Man hat ihren Großvater ausgestopft. Die Familie wollte diese abscheuliche Geschichte arrangieren, aber alle Juristen der Welt sind gegen sie. Apoll ist entsetzt. Dickschütz und seine Gäste erscheinen. Er stellt ihnen einen sonderbaren Mitbewohner des Schlosses vor, den berühmten Anatomen Santorini, der einen primitiven Musikautomaten aus einer gräßlichen Nachbildung der Laokoongruppe vorführt.
Apoll hört den Schluß der Ausstopfgeschichte. Da stürzt Baronin Feuchtersleben heran und fällt in eine Nervenkrise. Mühsam bringen die Herren heraus, daß ihr, noch dazu vom steinalten Santorini, irgend ein schamloser Antrag gestellt worden sei. Klar wird man nicht. Von Müfflingen vermutet das Schlimmste und informiert bedauerlicherweise die heranstürzende Roxane in diesem Sinn. Das leidenschaftliche Mädchen rast davon und zerrt einen Falschen, den ganz unschuldigen Dickschütz mit sich. Sie macht Miene, ihn zu erdolchen. Mitten in das entstehende Getümmel platzt Baronin Feuchtersleben mit der Erklärung heraus, daß Santorini ihr den schamlosen Antrag stellte, sie als keulentragende Omphale – noch dazu mit herausnehmbaren Eingeweiden – nach der Natur zu modellieren. Hier sei ihres Bleibens nicht länger. Alle verlassen das gastliche Schloß.

5. Bild

Im Sirenenpalast am Posilipp, der bekannten Renaissanceruine, ist ein Hofball in Kostüm. Ferdinand von Sizilien begrüßt die Gäste aus dem Norden, zu denen auch Lord Byron stößt. Dieser verliebt sich sofort in Radegunde und bittet Apoll um ihre Hand.
Apoll überreicht dem König ein Empfehlungsschreiben des Kaisers. Ferdinand ist sichtlich betroffen und mustert Radegunde genau. Da tollt Roxane heran und behandelt den König auf arroganteste Weise. Ferdinand gibt ein Zeichen: Eine reizende Allegorie soll das Fest krönen. Ein Vorhang rauscht auseinander, eine bildschöne Luna auf dem Halbmond, umgeben von Putten, wird sichtbar. Flüsternd macht Radegunde Apoll aufmerksam, daß dies ja die geheimnisvolle Dame aus dem Wiener Papierkorb neben Onkel Metternichs Schreibtisch sei! Ehe Apoll etwas erwidern kann, tollen die drei Steyrischen Barone heran und molestieren, genau wie damals in Wien, die glitzernde Göttin. Ja, Baron Nechenheimb geht sogar so weit, sich neben die Geheimnisvolle auf den Mond zu plazieren. Das ist dem Ästheten Byron aber zu viel. Es kommt zu einem großen Skandal, in den Apoll mit dem Schreckensruf hineinplatzt: Eben sei seine Schwester von Maskenfiguren geraubt worden. Byron rast davon. Ein Getümmel beginnt, es wird immer finsterer. In das Tohuwabohu gellen Trompetensignale. General Hopsetič erscheint mit zwei Sereschanern und will Ordnung schaffen. Er läßt endlich den ohnmächtigen Apoll davontragen.

6. Bild

Apolls Zimmer in Neapel. Als Rekonvaleszent nach einem Nervenfieber hütet Apoll das Bett. Um ihn herum steht ein wutstarres lebendes Bild. Quackenbusch ist die Ursache. Denn er will Apoll mit musikalischen Darbietungen erfreuen. Jetzt spielt er Violine, schwer kurzsichtig zwischen jedem Geigenstrich mit einem Finger die nächste Note suchend. Die Teufelssonate, die drei Stunden gedauert hatte, ist zu Ende. Quackenbusch kündigt ein neues Stück an, die Matthäuspassion auf der Maultrommel! Da rollt Apoll aus dem Bett und ringt vor einer Madonna die Hände. Er verkriecht sich unterm Bett. Bassum stürzt sich unvermutet aus dem Fenster. Graf Königsmaul verbietet weitere Musik. Das gibt Apoll plötzlich Leben. Er rafft sich auf und beschließt, nun genesen, die Entführer seiner Schwester zu suchen. Da meldet man von Dickschütz, der aus Steyermark kam, um um die Hand Radegundens zu bitten. Als er die Hiobsbotschaft von ihrem Raub vernimmt, stürzt er zur Tür hinaus, zum Entsetzen Apolls, der fürchtet, daß er auf seinen Nebenbuhler Byron stoßen könnte. Ein furchtbarer Krach belehrt Apoll, daß der leidenschaftliche steyrische Grande in seinem Übereifer die Treppe hinabgestürzt sei.

7. Bild

Dasselbe Zimmer. Es ist dunkel. Apoll erbat sich den Besuch des Generals Hopsetič, um über Schritte gegen die Entführer zu beraten. Hopsetič erscheint mit zwei Sereschanern, wilden Gesellen mit ungeheuren Schnurrbärten.

Er gibt seiner Meinung Ausdruck, daß man ganz hoch oben mit dem Verdacht anfangen müsse! Vielleicht reiche diese Carbonarigeschichte bis zum König, der – wohlverstanden als Privatmann! wenn er frei habe – natürlich auch Verschwörer sei! Apoll ist platt. Der eine Sereschaner – der sich als der österreichische Polizeiminister Graf Sedlnitzky entpuppt, gibt Apoll Einblick in entsetzliche Dinge! Apoll sei der Zentralpunkt eines wahren Bandwurmes von Verschwörungen! Die nackte Baronesse damals in Wien! Fußbäder in Papierschnitzeln! Das sei doch zum Lachen! Sie sei die geheime Chefin aller Carbonarilogen, die überall gesuchte »Grangiardiniera«, und habe nach zerrissenen Briefen des Staatskanzlers gesucht! Auch Prinzessin Roxane sei was Fürchterliches! Die Geheimchefin der Orientpolitik! Und Byron sei bloß die von ihr hin- und hergeschobene deklamierende Schachfigur, sie zur byzantinischen Kaiserin zu erheben!

Apoll ist vernichtet. Da erscheint Rudi Montpreyss mit der Nachricht, daß es richtig zu einem Duell Byron–Dickschütz gekommen sei, in dem Dickschütz verwundet wurde. Byron sei nach Griechenland geflohen.

Der verwundete Dickschütz erscheint. Er wurde von Baronin Feuchtersleben gepflegt und hat sich in sie verliebt. Radegunde ist leider verschollen. Die teure Reise will er nicht umsonst gemacht haben; also wird er die Feuchtersleben heiraten. Aber wie soll er Apoll die Geschichte beibringen?

Dabei soll morgen die offizielle Verlobung sein. Aber noch einmal will er sich als freier Mann amüsieren gehen und beredet Apoll, auch einmal ein wenig über den Strang zu schlagen. Er wisse ein Lokal, wo Götterbilder – falscher Marmor – zu Leben und Liebe erwachen. Apoll läßt sich bereden. Ein Halunke mit einem Auge führt sie.

8. Bild

Inneres eines obskuren Vergnügungslokales. Auf geheimnisvolle Weise werden die Freunde eingeführt: Sie müssen nämlich durch eine Faßöffnung das Lokal betreten.

Sie werden von jungen Bacchantinnen mit einem Hagel von Blumenpfeilen schmerz-
haft begrüßt. Dann geht ein Vorhang auf: ein marmorner Hyakinthos, die Leyer
schlagend, wird sichtbar. Man erkennt in ihm die geraubte Radegunde. Apoll nimmt
das Mädchen auf seine Arme. Ein Getümmel erhebt sich. Ein buckliger Kellner löscht
still alle Lichter aus. Mit einem Schrei verschwindet die Eignerin der Lasterhöhle in
einer Versenkung; Dickschütz kugelt herum, von den Seiten schieben sich Tische mit
zeitungslesenden Philistern herein. Apoll zertrümmert irgendwo eine Türe, die auf die
Straße führt. Kutscher dringen peitschenknallend herein und das Kleeblatt verschwindet.

9. Bild

Zimmer Apolls wie früher. Die Tür wird aufgestoßen. Apoll trägt die Schwester zum
Bett. Dickschütz folgt händeringend. Mit Jammermiene entfernt er sich. Apoll nimmt
Radegunde Leyer und Plektron ab. Er beruhigt die Schluchzende, von der er immer
wieder Gipsbrocken entfernt. Sie erzählt ihm ihr gräßliches Abenteuer. Wütend wirft
Apoll Leyer und Plektron zu Boden. Da bemerkt er, daß vom Plektron Gips
abbröckelt. Es ist ein zusammengerollter Brief. Apoll entfaltet ihn neugierig und liest.
Plötzlich steht er habtacht! Es ist ein Brief des Kaisers an seinen Vetter in Neapel! Apoll
sei zwar ein echter von Nichts ... aber Radegunde sei gar nicht seine Schwester,
sondern das Mitglied eines hohen Hauses, von Metternich aus politischen Gründen so
versteckt.
Beide sind über dieses Geheimnis überglücklich und sinken sich in die Arme. Apoll
zieht sich diskret zurück.

10. Bild

Dasselbe Gemach. Früher Morgen. Radegunde erscheint bräutlich geschmückt.
Dickschütz macht seinen Besuch und erklärt verlegen, nach dem gestrigen Abend
leider von seiner Verlobung zurücktreten zu müssen. Es täte ihm leid, daß Radegunde
sich wegen ihm bräutlich geschmückt habe ... aber ... am Lande sei man heiklig ...
etc. Lachend verschließt ihm Apoll den Mund: Erlaube, daß ich dir meine Braut
vorstelle!
Dickschütz fällt vor Schreck zu Boden. Er will vor dem offenbar Irrsinnigen fliehen. Da
erklärt ihm Apoll alles, und Dickschütz zeigt seine bevorstehende Verlobung mit
Feuchtersleben an.

11. Bild

Galerie im Königsschloß. Die Brautpaare ziehen vor dem König auf. Auch die drei
steyrischen Barone erscheinen, und als sich der Festzug in Bewegung setzen will, auch
noch Roxane mit dem von ihr geraubten Rudi Montpreyss. Müffling ringt stumm die
Hände. Da erscheint der lange Engländer mit dem Fernrohr und sieht stumm den
Entschwindenden nach.

Ende

FHO bittet Karl Eidlitz, sich im Burgtheater für ihn zu verwenden.
Vor 14 Tagen sendete ich via Thorn ein Exemplar an Eidlitz (den Gatten Alma
Seidlers), zur vorläufigen Begutachtung. Aber Eidlitz, sonst ein lieber Kerl und mir
zugetan, ist stinkfaul im Schreiben. Auch er müßte gegebenenfalls getreten werden ...
(Brief von FHO an Friedrich Torberg vom 10. 12.)

In einem Brief FHOs an das Preußische Staatstheater Kassel vom 4. 1. 1936 zitiert er die Reaktion von Eidlitz, der am 29. 12. geantwortet haben soll (Brief verschollen):

»Vielen Dank für das amüsante Stück. Es ist bezaubernd, apart und lustig. Ich werde all meine bescheidenen Kräfte wirken lassen, es an kompetenter Stelle durchzusetzen.«

Ständig auf der Suche nach Vermittlern zu namhaften Bühnen hatte FHO bereits im Oktober ein Manuskript des *Apoll* (und eines von *Kaiser Joseph II. und die Bahnwärterstochter*) an Korfiz Holm, den Autor und Lektor des Langen Müller Verlags, München, geschickt, der die Stücke an den für den Theaterverlag zuständigen Dr. F. Junghans weiterzuleiten versprach.

Schönsten Dank für Ihren Brief vom 8. d. M. Ich kann Ihnen heute mitteilen, daß ich soeben das Manuskript Ihres Stückes »Apoll von nichts« erhielt und trachten werde, das Stück sobald wie möglich zu lesen. Von Dr. Junghans in Berlin habe ich noch keine Nachricht. Wenn er das erste Stück geschickt haben will, werde ich ihm evtl. das zweite gleich mitschicken, falls ich glaube, daß es für den Theaterverlag geeignet sein könnte. (Brief von Korfiz Holm an FHO vom 9. 10.)

Parallel zu seinen Münchner Verbindungen tritt FHO mit dem Wiener Zsolnay Verlag in Kontakt und wird – ähnlich, wie es ihm mit seinem *Kaiser Joseph* widerfahren ist (vgl. *S. W.,* Band VI, S. 345 ff.) – mit der Frage einer Bearbeitung seines Stückes konfrontiert.

Dr. Horch vom Zsolnay Verlag schreibt mir (vom 4. 12.): er habe sich bei der Lektüre von »Exzellenzen ausstopfen ein Unfug« (= »Apoll von Nichts«) sehr gut unterhalten. Obwohl es nicht leicht sein wird, das Werk unterzubringen, möchte er doch alles versuchen. Er glaubt, daß ich ohne Umarbeitung, die sich vor allen Dingen auf die Stellen, die mit Religion zu tun haben, nicht werde auskommen können. Inzwischen wolle er sich um einen Komponisten interessieren.
Wie weit, glauben Sie, daß ich das einschätzen soll? Sie kennen ja den Verlag. Heißt das bei ihm, daß er ernst machen will? Oder kennen Sie einen andren Bühnenverlag, dem ich auch noch das Buch vorlegen soll? (Brief von FHO an Torberg vom 29. 12.)

1936 Gemeinsam mit seinem *Kaiser Joseph* bietet FHO *Exzellenzen ausstopfen* auch noch dem Bühnenschriftsteller und Dramaturgen des Preußischen Staatstheaters Kassel, Kurt Langenbeck, an:

Soeben las ich Ihre hochinteressante Abhandlung über das deutsche Theater, die in ausgezeichnet klarer Darstellung die Gesamtlage erhellt:
Gleich Ihnen bin ich ein Gegner der undeutschen Operette, die unsrem arischen Empfinden zuwiderläuft und meiner Ansicht nach ganz überlebt ist [...] Im November beendete ich eine zweite Komödie: »Exzellenzen ausstopfen – ein Unfug« [...] Dieses Stück spielt 1821 teils in Wien, Steyermark und in Neapel und könnte als Biedermeiergangsterkomödie bezeichnet werden. Den Hintergrund dazu bildet eine geradezu unerhörte Geschichte, nämlich die, daß im November 1796 in Wien ein Duzfreund Lessings auf allerhöchsten Befehl ausgestopft und der Kaiserlichen Naturaliensammlung einverleibt wurde. Noch dazu war der bedauernswerte hohe Würdenträger der Großvater eines österreichischen Ministers, und mehr als das, der

Großvater des Dichters, der uns das herrliche Lied geschenkt hat: »Es ist bestimmt in Gottes Rat!« – Kurz, der Großvater Feuchterslebens.

Feuchtersleben litt sein ganzes Leben furchtbar darunter, daß alles munkelte, sein Großvater sei ein Affe gewesen, was sich aber durch die Wiener Polizeiakten als nicht stichhältig erwies.

In meiner Komödie kommt auch Lord Byron, wie ich glaube, zum erstenmal als Bühnenfigur vor.

Auf Ihren Artikel hin würde es mir zur außerordentlichen Genugtuung gereichen, wenn Sie etwas von meinen dramatischen Erneuerungsversuchen als erste deutsche Bühne bringen würden. (Brief vom 4. 1.)

FHO bekommt die ersten Absagen auf seine zahlreichen Briefe an Bühnen und Verlage:

Herr Dr. Gutherz hatte die Freundlichkeit uns Ihren »Apoll von Nichts« zu übergeben. Wir haben das originelle und geistreiche Werk gelesen und einen starken Eindruck davon empfangen. Bedenken haben wir nur, was die praktische Verwendbarkeit des Werkes betrifft. Es bedarf, um sich in seiner Eigenart völlig auszuwirken, einer außerordentlich schönen und großartigen Ausstattung, die – wie wir fürchten müssen – den Bereich unserer Möglichkeiten weit überschreitet. Es tut uns aufrichtig leid, daß wir uns unter diesen für uns zwingenden Umständen zu einer Annahme nicht entschließen können. Das Buch geben wir in der Anlage mit verbindlichem Dank zurück. (Bayerisches Staatstheater an FHO in einem Brief vom 30. 1. 1936.)

Ich habe inzwischen Ihre »Exzellenzen« gelesen und zwar mit allerhöchstem Vergnügen. Ich habe viel und laut gelacht. In dem Stück herrscht ein prachtvoller und sehr eigenartiger Witz und ein fast bizarrer Humor. Der Nachteil des Stückes ist ohne weiteres einleuchtend. In diesem wahrlich nicht unbedeutenden Spiel wird ein Stück Weltgeschichte – Österreichs glänzend in allen Farben beleuchtet. Aber man muß ein guter Kenner der Geschichte sein, um die Feinheiten im Stück verstehen zu können. Auf der Bühne wird das ohnehin schwer sein und ganz besonders bei unserem heutigen Publikum. Und nun komme ich zum Kernpunkt. Wer die Geschichte nicht kennt, wird in Ihrem Stück den Witz nicht herausfinden und wird darin nur Zoten sehen. Das ist selbstverständlich falsch. Aber ich bin zu fest davon überzeugt, daß in dieser Form kein Theater das Spiel annehmen wird, und wenn wirklich ein Theater zugreift und das Stück nicht durch die Zensur vorher verboten wird, dann wird es sicher einen Theater-Skandal geben, so wie ich heute die Verhältnisse bei uns kenne. So leid es mir daher tut, kann ich mich nicht entschließen, das Spiel in meinen Verlag zu nehmen und sende auftraggemäß das Stück an Frau Hetty Schauer, Briennerstraße 5 in München mit einem Durchschlag dieses Briefes. Vielleicht haben Sie einmal ein etwas weniger gefahrvolles Stück für meinen Verlag? (»Das Werk« Verlag und Vertrieb an FHO in einem Brief vom 15. 4. 1936)

FHO scheint vorläufig seine Bemühungen um einen Abschluß mit einer der großen Bühnen eingestellt zu haben. An einen (nicht ermittelten) Theaterverlag schreibt er im September von einem Vertrag mit einem »großen Auslandsverlag«, dessen Existenz aber doch angezweifelt werden muß, da sich in der Korrespondenz keine Spur erhalten hat.

Da ich die Erfahrung gemacht habe, daß meine beiden Komödien: »Kaiser Josef und die Bahnwärterstochter« und »Exzellenzen ausstopfen, ein Unfug« nichts für die

Bühnen im Reiche Erwünschtes sind, habe ich drüber mit einem großen Auslandsverlag abgeschlossen, der als erstes aus dem »Joseph etc.« einen Operettenausbau vornimmt.

1940 Nach mehrjähriger Pause nimmt FHO mit der Hilfe des Schriftstellers, Maskenforschers und Regisseurs am Leipziger Staatstheater Reinhold Balqué seine Suche nach Aufführungsmöglichkeiten für seine Bühnenwerke wieder auf. Balqué schreibt an FHO in einem Brief vom 14. 10.:

Also ich möchte mich gern für Ihre Arbeiten einsetzen, ohne daß ich Sie bis jetzt näher kenne, aber Ihre Arbeiten zeugen von Geist und köstlichen Einfällen (»Exzellenzen . . .«) Ich lache jetzt noch (auch meine Frau) über das neue Fußbad (Papierschnitzelfußbad). Ihre Tendenzen und Sentenzen lassen so viel zwischen den Zeilen lesen, daß ich glaube, manche kommen gar nicht auf das, was gemeint ist. Sie haben viel Ähnlichkeit mit meinem Schwiegersohn [Helmut Käutner], der ein sarkastischer, ironisierender, parodisierender Dichter ist und ebenfalls als Filmregisseur voll von Einfällen steckt – aber leider heute nicht so kann, wie er will!«

1942 In Österreich gewinnt FHO mit dem Grazer Verleger Gerd Wolfenau einen Interessenten für seine literarische Arbeit.

Professor von Schmeidel berichtete mir schon vom Zusammentreffen, er will an Werner Egk schreiben. Bitte vergessen Sie nicht, die verfügbaren Manuscripte, besonders die Pantomimen und »Exzellenzen ausstopfen«, aber auch alles andere, was Sie für einige Zeit entbehren können, mir zur Einsicht zu schicken. (Brief von Gerd Wolfenau an FHO vom 2. 8.)

In einem Brief an Wolfenau vom 20. 8. erwähnt FHO wieder Illustrationen zu seinem Apoll-Stoff »15 folio große, gute Federzeichnungen«, über deren Verbleib nichts bekannt ist (vgl. auch Brief an Kubin vom 6. 8. 1926, siehe S. 381). Zehn Jahre später sollte noch Jörg Mauthe in einem Schreiben vom 6. 2. 1952 den Erhalt einer »Mappe mit 14 Bildern« zu *Exzellenzen ausstopfen – ein Unfug* bestätigen. Nach Auskunft Mauthes (in einem Brief an die Herausgeberin vom 16. 12. 1985) konnte er sich an diese Zeichnungen nicht erinnern.

FHO sendet an Wolfenau neben 40 Exemplaren des Privatdruckes der Novelle *Der Kommandant von Kalymnos* (Näheres dazu siehe S. 371) diverse Manuskripte, darunter *Apoll von Nichts* und *Exzellenzen ausstopfen – ein Unfug.*

Mit »Apoll von Nichts« habe ich mich bekannt gemacht und bin von dieser Erzählung sehr angesprochen. Sobald es meine Zeit zuläßt, werde ich eine Reinschrift vornehmen (man muß es selbst machen, sonst wird sie zu sehr verhunzt) und dann Dr. Heimeran einschicken. Schade ist nur, daß die Zeichnungen nicht hier sind – man könnte sie ihm ebenfalls vorlegen. (Brief von Gerd Wolfenau an FHO vom 25. 10.) Über diese Projekte liegen im Nachlaß keine Unterlagen vor.

1946 Über den Schweizer Kunsthändler Klipstein, dem FHO Stiche aus seiner Sammlung zum Kauf angeboten hat, versucht FHO – vergeblich – auf Schweizer Bühnen Fuß zu fassen:

Da ich ein genauer Kenner der österreichischen Gesellschaft war, ähnlich wie Hofmannsthal, der auch dort seinen »Rosenkavalier« herausgefischt hat, habe ich ganz unbekannte und sehr überraschende Pikanterien entdeckt, die ich einem [...] Lustspiel zugrunde legte, einem fürchterlichen Skandal um die Tatsache herum, daß um 1820 herum ein hochangesehener Herr, Duzfreund Lessings und Großvater des Ministers Freiherr von Feuchtersleben, ausgestopft und dem Affenkabinett überstellt wurde [...] Ich glaube, dieses Stück würde in der Schweiz, die jetzt österreichischer Kultur so viel Interesse entgegenbringt, volle Häuser machen. (Brief von FHO an Klipstein vom 27. 12.)

949] FHO überarbeitet seine Novelle und schreibt eine erweiterte Fassung: *Apoll von Nichts. Skurrile Erzählung* (XIII/3. Siehe S. 245–305), sowie einen Entwurf zu einem Roman *Das Fest im Sirenenpalast* (XIII/5). Näheres siehe Editorischer Bericht S. 350 f.

1/53 Nachdem FHO noch dem Verleger Ernst Heimeran in einem Brief vom August 1951 seine »Gesellschaftskomödie« ohne Erfolg angeboten hatte, übergibt er der Sendergruppe Rot-Weiß-Rot sieben Manuskripte, darunter auch *Exzellenzen ausstopfen – ein Unfug*. Die Rundfunkproduktion *Die k. und k. Glasmenagerie*, die von Friedrich Torberg eingerichtet und am 30. 4. 1953 gesendet wurde – es lasen Inge Konradi, Susi Nicoletti, Alfred Neugebauer und Karl Eidlitz – brachte Szenen aus der »grotesken Komödie ›Exzellenzen ausstopfen – ein Unfug«« (vgl. *Herzmanovsky-Stunde* im Radio. *Die Presse*. 30. 4. 1953).

DER VERIRRTE BÖSE HUND

Das Material

Die Überlieferung zu *Der verirrte böse Hund* ist lückenhaft. Weder im Nachlaßteil der Nationalbibliothek, Wien, noch in dem des »Brenner-Archivs«, Innsbruck, liegt – abgesehen von vereinzelten Passagen – eine Handschrift der reinen Hörspielfassung vor. (Näheres zur Teilung des Nachlasses siehe S. 356).

Bestand des »Brenner-Archivs«

XV/7   Einzelne Typoskriptseiten zur Erzählfassung (vermutlich von der Hand des Autors) (Fasz. 1, Blatt 1, 2). Typoskript der Hörspielfassung (2 Exemplare) mit handschriftlichen Korrekturen des Autors und von Carmen HO (Fasz. 2, Blatt 1–29). Handschriftlicher Entwurf für eine Ergänzung (Fasz. 2, Blatt 30).

XV/8   Typoskript der Erzählfassung mit vereinzelten handschriftlichen Korrekturen des Autors (4 Exemplare, je Blatt 1–6, Umschlagbeschriftung von Kosmas Ziegler). Typoskript der Hörspielfassung mit vereinzelten handschriftlichen Korrekturen von Kosmas Ziegler (Blatt 1–24).

Bestand der Österreichischen Nationalbibliothek

XV/9   Signaturen der Handschriftensammlung: Cod. Ser. n. 13.602, 13.601. Handschriftlicher Entwurf der Erzählfassung (Fasz. 1, Blatt 1–3). Handschriftlicher Entwurf zwischen Erzähl- und Dramenfassung (Fasz. 2, Blatt 1–20).

XV/10   Signaturen der Handschriftensammlung: Cod. Ser. n. 13.603, 13.604. Typoskript der Erzählfassung (vermutlich von der Hand des Autors) mit handschriftlichen Korrekturen von FHO (Fasz. 1, Blatt 1–5). Typoskript der Erzählfassung (Abschrift des vorigen) mit vereinzelten handschriftlichen Korrekturen des Autors (Fasz. 2, Blatt 1–5).

XV/11   Signatur der Handschriftensammlung: Cod. Ser. n. 13.605. Einzelne Typoskriptseiten der Hörspielfassung mit handschriftlichem Personenverzeichnis (Fasz. 1, Blatt I, 1–5). Typoskript der Hörspielfassung mit vereinzelten handschriftlichen Korrekturen von Kosmas Ziegler (Fasz. 2, Blatt 1–24).

Entstehung und Rezeption

Nach dem derzeitigen Materialstand erwähnte FHO weder die Erzählung noch das Hörspiel *Der verirrte böse Hund* in seiner Korrespondenz. Es fehlen deshalb Einzelheiten über Entstehung und Rezeption des Werkes. Die Handschrift eines Entwurfs zur Erzählfassung (XV/9, Fasz. 1) notierte FHO auf den Rückseiten von Geschäftsbriefen, die vom April beziehungsweise 7. 6. 1949 datiert sind. *Der verirrte böse Hund* ist also frühestens im Sommer 1949 entstanden. Weitere Datierungen liegen im Befund nicht vor.

Nach Auskunft von Jörg Mauthe bot FHO dem Sender Rot-Weiß-Rot anfang der fünfziger Jahre das Hörspiel zur Sendung an: »Als der legendäre Sender Rot-Weiß-Rot sein Programm einstellte, geschah das buchstäblich über Nacht; die Redakteure hatten kaum Zeit, die Inhalte ihrer Schreibtische zum Paket zu schnüren. Das meine blieb infolge von allerhand Umständen 27 Jahre lang unentschnürt, bis ich mich dann halt doch drüber und dabei merkwürdige Funde machte – unter anderem Fritz von Herzmanovsky-Orlandos Hörspiel ›Der verirrte böse Hund‹, das wir damals zur Sendung vorgesehen hatten.« Das *Wiener Journal* veröffentlichte das Hörspiel in seiner Nummer 28 (Dezember 1982/Jänner 1983) als Vorabdruck aus der *Ausgabe Sämtlicher Werke*. Die oben zitierte Mitteilung Jörg Mauthes ist seinem einleitenden Text entnommen.

ERLÄUTERUNGEN

Die fortlaufende Zählung verweist auf die Seiten des Lesetextes. Literatur, die im Quellenverzeichnis (S. 485 ff.) oder im Editorischen Bericht (S. 352–354) angeführt ist, wird abgekürzt zitiert.

Übersetzungen von lateinischen, griechischen, französischen und italienisch-mundartlichen Zitaten wurden zur besseren Verständlichkeit der Lesetexte in allen ihren Teilen den Erläuterungen beigegeben. Die Erklärung einzelner mundartlicher Wörter vor allem aus dem Wienerischen, Bayrischen und Schwäbischen ist dem Glossar im Anhang vorbehalten.

7 ▷ *Der Kommandant von Kalymnos:* Es gibt keine erhaltenen Varianten des Titels. Als Untertitel sah FHO ursprünglich die lateinische Inschrift »DVX . SVM . BALLISTA-RVM . SVMMVM . IVVANS . DIVVM . ERGO . SVM .« vor. In der maschinschriftlichen Reinschrift der ersten Seite der Erzählung aus dem Entwurf korrigierte FHO auf »Ein Mysterium aus dem Rococco der Levante. (X/3, Fasz. 2 – 1).

▷ *Kalymnos:* Die Sporadeninsel nördlich von Kos, nahe der kleinasiatischen Küste, ist ca. 109 km² groß, kahl, bis 685 m hoch. FHO, der Zypern 1914 besucht hatte, notierte sich Reiseliteratur über das östliche Mittelmeer, insbesondere: Ross, *Reisen nach Kos, Halikarnassos, Rhodos und die Insel Cypern* (vgl. XI/5 – 71 verso). Dieser Band ist der vierte Teil der *Reisen auf den griechischen Inseln des ägäischen Meeres*, in denen der Professor für Archäologie an der königlichen Otto's Universität zu Athen seine Reiseschilderungen in Briefform veröffentlicht hat; Beschreibungen der zahlreichen Ruinen, Kapellen, Ausgrabungen von Tempeln und Grabkammern mit ihren kostbaren Beigaben, die FHO zur Gestaltung seines literarischen Schauplatzes eine Fülle von Anregungen geliefert haben mögen. Die Namen sind teilweise von anderen Örtlichkeiten des Mittelmeerraumes entlehnt. (Siehe S. 400, Anmerkung: *Die verlassene Kirche St. Pantaleimon*, und S. 402, Anmerkung: *Clarenza*. Im 21. Brief beschreibt Ross seinen Aufenthalt in Kalymnos im August 1841 (a. a. O., Band 2, S. 92–115): »Das erste, was uns in die Augen fiel, war rechts am Hafen ein kleiner Baumgarten mit einigen Häusern, dem Spital der Aussätzigen [...] H. und ich gingen [...] sogleich in die Stadt hinauf, die etwa drei Viertelstunden entfernt ist. Von dem Hafen zieht sich ein schmales Thal westwärts in die Insel hinein, auf dessen höchstem Puncte die Stadt am Abhange des nördlichen Berges steht; über ihr, auf einem isolierten Felsen, die verlassene Stadt des Mittelalters. Von dort senkt sich das Thal auf der andern Seite in gleicher Richtung und Länge wieder hinab an die Westküste der Insel. Der untere Theil der Ebene, zunächst am Hafen, ist ganz mit Feigenbäumen und Weingärten bepflanzt. Zwanzig Minuten weit hinauf liegt links auf einem vorspringenden Hügel, der Stadt schräg gegenüber, die Ruine einer mittelalterlichen Burg, P e r a K a s t r o n [...] in deren Mauern noch einige Wappen der fränkischen Burgherren von Kalymnos und ihrer Gemahlinnen erhalten sind. [...]
Nach dem Frühstück [...] führte man uns in die Westhälfte des Thales, die sich bis an einen L i n a r i [...] genannten Hafen hinunterzieht, und den sonderbaren Namen ›Nach Vorne‹ [...] führt. Nur etliche hundert Schritt westlich von der Stadt liegen die Trümmer einer großen Kirche [...], auf der Stelle eines alten Tempels. Aufrecht steht nur noch die große Altarnische am östlichen Ende, aus gebrannten Steinen sehr zierlich gebaut, und nach dem Charakter der Bauart aus den ersten Jahrhunderten nach

Christo. Sie ist jetzt durch eine Mauer mit einer Thüre verschlossen, und bildet so eine besondere Capelle [...] Die Kirche [...] liegt freilich seit unvordenklichen Zeiten in Trümmern.« Nach den Inschriften zu schließen »war es ein Tempel des Apollon [...] und anderer Heilgötter, wie der Panakeia, die auch anderer Orten in demselben Heiligthume gemeinschaftlich verehrt wurden [...] Vom Tempel des Apollon gingen wir nun das sich wieder erweiternde Thal westwärts hinab, und kamen eine kleine halbe Stunde vom Meere an einen Brunnen, genannt Paradisi, über welchem auf einer sanft geneigten Fläche mit felsigem Boden viele Fundamente von alten Gebäuden sind und viele Münzen gefunden werden [...] Ein wenig weiter hin zeigte man uns eine in den Felsen gehauene Grabkammer mit vier Todtenbetten, die erst vor einem Jahre geöffnet und in welcher viele Vasen und antike Schmucksachen gefunden worden seyn sollten. Am nächsten Morgen [...] gingen wir früh wieder ans Land, und besuchten zuerst unweit des Hafens eine große alte Kirche der Panagia in Ruinen; sie enthält viele glatte Säulen aus weißem Marmor, nebst Quadern aus Kalkstein und Conglomerat. Unverkennbar haben auch hier bedeutende alte Gebäude gelegen. Hinterwärts der Kirche sahen wir mehre große antike Gewölbe, halb in der Erde [...]

Nachmittags stiegen wir hinauf in die erst seit ein paar Menschenaltern verlassene frühere Stadt, welche zehn Minuten über der heutigen das Plateau eines steilen von Natur sehr festen Felshügels einnimmt. Die wohlerhaltene Ringmauer ist von guter fränkischer Bauart; an mehren Stellen sind die Wappen der Burgherren nebst denen ihrer Gemahlinnen eingemauert [...]

Der innere Raum des Schlosses ist voll Ruinen von sehr solid gebauten Häusern und Kirchen; in letzteren finden sich einige Inschriften, Grabaltäre mit Stierköpfen und Fruchtgehängen und andere antike Reste [...]«

Die Arbeit der Wappen ist so gut, »daß sie unbedingt für Werke italiänischer Steinhauer gelten müssen.

Von dem Schlosse zeigten mir unsere Führer südwärts gegenüber, auf einem Absatze des mächtigen Berges, der das Thal auf der Südseite begränzt, eine ziemlich große Hochebene mit einem Metochi des h. Johannes von Patmos [...] Daß die Hauptstadt der Insel in dem bisher beschriebenen Thale lag, darüber ist mir kein Zweifel geblieben [...] überall sind Spuren von Gebäuden, nirgends eine Spur von Befestigungen. Die meisten Häuser und öffentlichen Gebäude lagen, wie es scheint, in der Westhälfte des Thales beisammen.«

9 ▷ *des Kommandanten Priul:* FHO wählte – dem historischen Hintergrund entsprechend – für die Protagonisten seines Kalymnos-Stoffes Namen von venezianischen Patriziern, die in der Geschichte Griechenlands im Mittelalter aufscheinen. Daß die Figuren fiktiv sind, ist zum Beispiel den diversen Varianten der Vornamen des Kommandanten abzulesen: »Cesar« (X/3, Fasz. 1–4) und »Marcus Akrisius« (X/3, Fasz. 2 – 15 verso) erwog FHO als Alternativen zu »Ordelafo«, das er schließlich in der letztgültigen Fassung (siehe S. 29) verwenden sollte. FHOs eingehende Studien zu den veneto-byzantinischen Herrscherhäusern, die er auch für seinen Roman *Das Maskenspiel der Genien* (*S. W.*, Band III) betrieben hat, was sich in detaillierten Notizen und Exzerpten niederschlägt (vgl. IV/1, Fasz. 2 – 30, 94, 94.1–4), entspringen seiner Verehrung für die »geheimnisumwobene« und »glanzvolle« Epoche der Kreuzfahrer. FHOs wichtigste Quellenwerke sind die Untersuchungen des Professors der Geschichte an der k. Universität zu Greifswald Karl Hopf: *Geschichte der Insel Andros und ihrer Beherrscher in dem Zeitraume von 1207–1566, Veneto-Byzantinische Analekten* und

Chroniques Gréco-Romanes inédites ou peu connues publiées avec notes et tables généalogiques.
Die Familie Priuli gehörte zu den »neuen« des venezianischen Patriziats, d. h. zu den Familien, die erst nach dem 9. Jahrhundert in den Adelsstand getreten sind. Drei ihrer Mitglieder wurden Dogen, vierzehn Prokuratoren von San Marco und fünf Kardinäle. (vgl. Zorzi, *Venedig*, S. 261). »Das Haus der P r i u l i soll nach dem Zeugniß italienischer Geschichtsforscher seinen Ursprung von den alten Königen Ungarns ableiten. Ein Silvester P r i u l i ließ sich im Jahre 1119 in Venedig nieder und begründete daselbst sein Geschlecht [...] Ein Constantin P r i u l i war Gesandter in Ungarn und legte im Jahre 1370 in Aquileja die Fehde bei, welche L e o p o l d von Oesterreich gegen die Republik Venedig erhoben hatte; ein Nikolaus P. war Fürst von Candia; Daniel P. ein berühmter Senator, welcher im Jahre 1469 die Streitigkeiten zwischen den Städten Justinopolis und Triest beschwichtigte, die Insel Rhodus eroberte und die Republik im Kriege gegen Negroponte auf das Freigebigste unterstützte; Andreas P. ragte zu seiner Zeit auf wissenschaftlichem Gebiet hervor; Franz P. spielte als Gesandter in den Angelegenheiten der Republik mit Papst P a u l V. eine hervorragende Rolle, und Joseph P. war in den letzten Tagen der Republik auf publicistischem Gebiete thätig.« Als Franz I., Kaiser von Österreich, 1829 den Hafen von Venedig freigab, hatte Nikolaus Priuli wesentlichen Anteil (vgl. *Wurzbach*).
Ein Generalkapitän Priuli war im Auftrag Venedigs an der Entmachtung der Caterina Cornaro, Königin von Cypern, Witwe nach Jakob II. von Lusignan, beteiligt (1489). Vgl. Herquet, *Cyprische Königsgestalten des Hauses Lusignan*, S. 146 ff. Als Katherina Cornaro in Venedig starb (1510), war Aluise Priuli Vicedoge von Venedig (a. a. O., S. 161). Eine Tochter des Francesco Priuli heiratete 1525 Francesco II. Quirini, Graf von Stampalia (vgl. Hopf, *Veneto-Byzantinische Analekten*, S. 477). Auch dieser Name findet sich unter den literarischen Figuren des Kalymnos-Stoffes (siehe Anmerkung S. 403).
Nachträglich, gleichsam sich selbst interpretierend, deutete FHO die Namen der Hauptfiguren des Kalymnos-Stoffes aufgrund von Silbenauflösungen, eine Beschäftigung, der FHO gemeinsam mit seiner Frau seit den späten zwanziger Jahren nachging: »Priuli = der Bir oder Bri(el) identisch und Zeugen beinhaltet. Bir-ul-li = Entstehung der Weisheit des göttlichen Lichtes.« FHO betrieb diese Silbenauflösungen aufgrund der Schriften Guido von Lists *(Deutsch-Mythologische Landschaftsbilder* und *Die Ursprache der Ariogermanen und ihre Mysteriensprache.)* Am 8. 4. 1925 schrieb FHO an Kubin: »Ich habe viel Übung in ›Symbolik‹ und habe Versuche mit Traumsprache gemacht die sonderbarerweise dieselbe der eleusinischen Mysterien ist. (Silbenauflösungen; liegt auch der ›Kala‹ der hohen heiml. Acht und der Geheimheraldik zu Grund).« (*S. W.*, Band VII, S. 236 f.) Nach List bezeichnet »Kala« den zweiten, verborgenen Sinn »eines Wortes, einer Erzählung oder auch eines Dinges, einer Sache; auch die ›Kunst‹ der Silbenauflösung wurde ›Kala‹ genannt.« (List, *Landschaftsbilder*, Band 1, S. 15, 171.) FHOs Namensdeutungen, insbesondere seine Ortsnamensforschung, die auch mit den Schriften von Jörg Lanz von Liebenfels und Karl Felix Wolff in Verbindung zu bringen sind, konnten bisher noch nicht sachgerecht bearbeitet und kommentiert werden. (Zum ideologischen Hintergrund siehe Michael Klein, *S. W.*, Band VII, S. 415 f., 426, 430, 433).

▷ *DVX . SVM . BALLISTARVM . SVMMVM . JVVANS . DIVVM . ERGO . SVM .:*
»Ich bin die Fürstin der Geschütze. Ich helfe dem höchsten Gott. Also bin ich.«

▷ *Johannes der Evangelist:* Die Überlieferung, daß der Evangelist Johannes auf der Insel

Patmos die Apokalypse verfaßt habe, ist ein Motiv, das FHO immer wieder, vor allem im *Maskenspiel der Genien (S. W.*, Band III) verwendet. Einer seiner Romanfiguren legt er folgenden Text in den Mund: »Patmos! Würden Sie es gerne sehen? Nicht groß aber von hunderten von Kapellen besät. Eine Höhle zeigt man dort, wo der Evangelist Johannes die Vision der heiligen Jungfrau hatte – Diese Inseln und Klippen zogen immer Visionäre und Einsiedler an.« (IV/9 – 16). In *Rout am Fliegenden Holländer* treten »Vier Johannesse auf Patmos« auf, »die vier unsichtbaren Helfer«. (*S. W.*, Band II, S. 71, 165 f.)

10 ▷ *Scarpanto:* FHO gab seinen griechischen Schauplätzen zum Teil die im Mittelalter, zur Zeit der »fränkisch-venezianischen« Besatzung, gebräuchlichen Ortsnamen. Scarpanto wurde die Dodekanes-Insel Karpathos genannt. Zante ist die Ionische Insel Zakynthos, Candia ist zugleich der Name der Insel Kreta und der Stadt Herakleion, Trebisonda ist Trapezunt, Negroponte hieß Euboia, östlich von Mittelgriechenland gelegen, ebenso wie die Stadt Chalkis auf dieser Insel. Der Peloponnes wurde Morea genannt. Auch die Namen der Stadt Clarenza und der nahe gelegenen Burg Chlemutzi (Näheres siehe S. 402, Anmerkung: *Clarenza*) stammen aus »fränkischer« Zeit. (vgl. Markl, *Ortsnamen Griechenlands in »fränkischer« Zeit.)*

▷ *die Templer:* Die Tempelherren (auch Tempelbrüder), die seit der Gründung ihres Ordens zur Kreuzzugszeit (1119) dem Ideal des Rittertums entsprachen, genossen die Gunst der Großen, so daß sich ihr Reichtum durch Schenkungen und die Einräumung von Vorrechten schnell vermehrte. Ihr Niedergang begann schon im 13. Jahrhundert, als »Klagen über Anmaßlichkeit, Treulosigkeit und Ausschweifungen« laut wurden. »Der Orden gab auch dem Neid und der Mißgunst aufs neue Nahrung, als er den Kampf gegen die Ungläubigen aufgab und 1306 [...] nach Paris übersiedelte, um sich anscheinend müßigem Wohlleben zu ergeben.« Auf Grund der Aussagen »zweier verdächtiger Männer« erhob Papst Bonifacius VIII. »gegen die Templer Anklage wegen Verleugnung Christi, Verehrung des Götzenbildes Baphomet [...], Verspottung des Abendmahls, unnatürlicher Wollust [...], Beschuldigungen, welche durch manche Umstände, durch frivole Äußerungen mancher Templer, durch frühere Anklagen seitens der Päpste, so 1208 Innozenz' III. u. a. unterstützt werden, aber durch unwiderlegliche Zeugnisse noch nicht bewiesen sind [...] Man erpreßte von den Rittern durch die Folter Geständnisse, die dann als unverwerfliche Beweise der Strafbarkeit aller Mitglieder angesehen wurden [...] Papst Clemens V. hob den Orden durch die Bulle vom 22. März 1312 auf, ohne jedoch ein Verdammungsurteil zu wagen.« (Vgl. *Meyers.*) Für FHO, der sich mit der Geschichte des Templerordens, insbesondere mit den Umständen seiner Auflösung befaßte, sind die Ritter Repräsentanten einer Ideologie, die sich in folgenden Notizen zum *Maskenspiel der Genien (S. W.*, Band III) offenbart: »Um das Jahr 1300 triumphiert Satan auf allen Linien: der Zug der Kinder des Lichtes nach dem Osten, die Kreuzzüge waren in ihrem Erfolg zertrümmert. 1297 fiel Akkon als letztes Bollwerk; von da ab verschandelt der Orient hoffnungslos und wird zur öden Wüste voll der Plagen. Die Herrlichkeit, Kultur und Liebe, die die Gotenscharen brachten, verlischt: der unsäglich dumme, naturunverständliche Erdenschänder triumphiert.
Dasselbe sehn wir in Südeuropa:
Die Gotenpracht verlischt in Südfrankreich und Italien, wo sie im Kampf gegen die Schmutzwelle, die das heutige Frankreich und Italien gebar, unterliegt.
Die Katharer mit den Gibellinen unterlagen den teuflischen Mächten, die damals im

Papsttum verkörpert waren. Die Karikatur, daß die übelste Papstzeit am Feenort Avignon residierte, als Ausdruck des übelsten Franzosentums!

Ich glaube, sie besetzten Avignon als Symbol der Polarität der finstersten Zeit gegenüber der Fenidenepoche.

Clemens V. hob dort am 6. VI. 1309 [sic!] den Templerorden auf; ein Werkzeug des Philipp Valois [sic!], genannt ›Albano‹ (in dem Fall Elfenverneinung!).

Man braucht nur die grausigen Folterorgien der damaligen ›Kirche‹ mit ihrer Inquisition zu sehen, um klar zu werden, wo Satans Werk war!« (IV/1, Fasz. 2 – 137.1). Der Orden lebte in verschiedenen Vereinigungen weiter, in Portugal unter dem Namen »Christusorden«, in Schottland unter dem Namen »Ritter von der Distel«. »In der Mitte des 18. Jahrhunderts bemühten sich die Jesuiten, das auftauchende Freimaurerwesen mit dem alten Templerorden in Verbindung zu bringen, um den Bund in katholisch-hierarchischem Sinne zu lenken. So entstand der neue Templerorden in Frankreich, dessen Haupttendenzen die Bewahrung des ritterlichen ›Geistes und das Bekenntnis eines aufgeklärten, in der Zeitphilosophie wurzelnden Deismus waren, und dem die ersten Personen des Hofes und der Pariser Gesellschaft beitraten. Nachdem derselbe während der Revolution sich aufgelöst hatte, sammelte das Direktorium seine Trümmer wieder, und man suchte nun dem Bunde eine politische Richtung zu geben. Napoleon I. begünstigte ihn als ein Adelsinstitut. Die Restauration sah den aufgeklärte Tendenzen verfolgenden Bund zwar mit argwöhnischen Augen an, doch bestand derselbe fort. Die Philhellenenvereine fanden in ihm eifrige Teilnehmer. Nach der Julirevolution trat der Bund sogar in Paris wieder öffentlich hervor und zwar mit kommunistischen Tendenzen, und seine Mitglieder nannten sich Chrétiens catholiques primitifs. Seine Geheimlehre war in einem ›Johannisevangelium‹ zusammengefaßt. Der Orden erlosch 1837.« (Vgl. *Meyers.*)

FHO gehörte dem von Jörg Lanz von Liebenfels (geb. Wien, 19. 7. 1874, gest. ebenda, 22. 4. 1954) 1900 gegründeten ›Orden des Neuen Tempels‹ an, zu dessen Mitgliedern auch August Strindberg zählte. Lanz von Liebenfels gab 1907 seiner Vereinigung folgendes Programm:»Die Staaten werden im Interesse ihres Bestandes der Kultur zur planmäßigen Zucht der staats- und kulturerhaltenden Menschen arischer Rasse kommen müssen.

Uns soll der Zufall nicht überraschen, er soll uns gerüstet und gewappnet finden.« (Zitiert nach Daim, *Der Mann, der Hitler die Ideen gab,* S. 65.)

FHO, der den Ordensnamen »Fra Archibald« führte, stand mit Lanz Liebenfels nachweislich von 1922 bis 1951 in brieflichem Kontakt. Näheres über die Beziehungen zwischen FHO und Lanz Liebenfels siehe *S. W.,* Band VII, S. 350.

▷ *die Johanniter von Rhodos:* Der Johanniterorden – ursprünglich »Hospitalbrüder zum heiligen Johannes«, die sich ganz der Krankenpflege verschrieben hatten – nahmen später nach dem Vorbild der Tempelherrn die Verpflichtung zum Kampf gegen die Ungläubigen auf sich. Sich auf Poujoulat, *Geschichte des Osmanischen Reiches,* S. 56, beziehend, notierte FHO auf einem losen Notizblatt: »Rhodos war die letzte Ansiedlung der Christen in Asien, des vorgeschobenen Postens des Abendlandes im Archipel. Solang die Ritter Herren derselben blieben, war beständig ein neuer großer Eroberungszug Europas gegen Palästina, Syrien und Egypten, ja Persien und Indien zu befürchten. Der Zeitpunkt war gefährlich, die Gärung im Herzen Europas und der blutige Krieg zwischen Frankreich und dem Kaiser kam den Türken gelegen.«

»Zu voller Machtentwickelung gelangte der Orden, als er in der Verteidigung des

Heiligen Landes und in der Beschützung des Königtums von Jerusalem einen mächtigen Beistand durch den gleiche Ziele verfolgenden Templerorden erhielt.«
Als 1291 Akka an den Sultan von Ägypten verlorenging, fanden die Überreste des Ordens [...] zunächst eine gastliche Aufnahme bei dem König von Cypern [...] Als indes Mißhelligkeiten zwischen dem König und dem Orden ausbrachen, beschlossen die Ritter, sich eine neue Heimat zu begründen durch die Eroberung der Insel Rhodos«, die 1309 gelang. »Auch mehrerer benachbarter Inseln bemächtigten sich die Ritter.« (Vgl. *Meyers.*) Kalymnos stand bis 1522 unter der Verwaltung der Johanniter.

▷ *im Passarowitzer Frieden:* Im Privatdruck seiner Erzählung verwendete FHO die Variante »Passarowatz«, vermutlich eine Ableitung aus dem serbischen Passarovacz. Der Friedensschluß vom 21. 7. 1718 beendete – unter Vermittlung Englands und Hollands – den dreijährigen Krieg, »den die Pforte 1715 durch den Überfall von Morea entzündet, Österreich aber als Bundesgenosse des gekränkten Venedig und als Hauptcontrahent des carlowitzer Friedens (26. Jan. 1699) begonnen hatte. Der Sieger von Zentha, Prinz Eugen von Savoyen [...] bezeichnete den ersten Feldzug durch die entscheidende Niederlage des Großveziers bei Peterwardein (5. Aug. 1716) durch die Wegnahme des Temeswar Banats und der ganzen Walachei, den zweiten durch einen noch größern Sieg bei Belgrad (16. Aug. 1717)«. Der Friedensschluß »gab die Walachei bis an die Aluta, das ganze Temeswar Banat, ein Stück von Bosnien und Belgrad mit einem wichtigen Theile von Serbien an Österreich und vereinigte sie wieder mit Ungarn, – Morea blieb den Türken, dagegen erhielt aber Venedig die eroberten Plätze in Albanien und Dalmatien«. Ein »Tractat mit Venedig sicherte auch den Handel nach Asien, Ägypten und in die Levante, namentlich nach Constantinopel, Galata, Gallipolis, Smyrna, Aleppo, Trebisonde, Alexandrien, Kairo, Tripolis, Cypern«. (Vgl. *Ersch und Gruber,* 3. Section, 13. Theil. Siehe auch: Villemain, *Laskaris oder die Griechen,* S. 306 ff.)

2 ▷ *zu schaffen machten:* Ergänzung in der Handschrift: »und so leicht den einen oder den andren Fehlschuß hätten verursachen können.« (X/3, Fasz. 2 – 3).

3 ▷ *Goldoni:* In seinen detaillierten Studien zur Commedia dell'arte galt FHOs besonderes Interesse Carlo Goldoni (geb. Venedig, 25. 2. 1707, gest. Paris, 6. 1. 1793): »Ich bin sehr in den Geist Venedigs eingedrungen und habe versucht, Goldoni neu zu beleben.« (Brief von FHO an Margret Nauheim-Naval vom 29. 1. 1933.) Seine venezianische Maskenkomödie *Die Fürstin von Cythera* (*S. W.,* Band VI) nennt FHO eine »Commedia dell'Arte im Style Goldonis« (Brief an Karl Eidlitz vom 20. 8. 1921). Näheres siehe *S. W.,* Band VI, S. 335 f.
Ob Goldonis Fahrt nach Smyrna tatsächlich »historisch beglaubigt« ist, wie FHO in einem Briefentwurf an Richard Strauss 1926 (siehe S. 365) behauptet, und damit ein Zwischenaufenthalt in Kalymnos stattgefunden haben kann, konnte nicht ermittelt werden. Wie Ilse Chlan (*Kommandant,* S. 458 f., 477) erhoben hat, war Goldoni zwar reiselustig »und mußte darüber hinaus auch unfreiwillig mehrmals wegen finanzieller Schwierigkeiten Venedig verlassen«, hatte aber zur erzählten Zeit (1740/41) das Amt eines Konsuls der Republik Genua inne, von welcher Aufgabe er sehr in Anspruch genommen war. Auch in Details hält sich FHO nicht an Geschichtliches. Goldonis Frau stammte zwar tatsächlich aus Genua, sie hieß aber nicht Ismene Belezza, sondern Nicoletta Connio. Auch die Namen der Schauspieler finden sich nicht unter den berühmten italienischen Goldoni-Darstellern der Geschichte. (Die Autorin benützte

zur Überprüfung der von FHO angegebenen Daten zu Goldoni folgende Werke:
Goldoni: *Mein Leben und mein Theater*. Caprin, *Carlo Goldoni, la sua vita – le sue
opere*. Luigi Ferrante: *I comici goldoniani (1721–1960)*. Bologna 1961. Heinz Riedt:
Carlo Goldoni. Velber/Hannover 1967.

▷ *polnischen Ehrenkalpak:* Der Kalpak »ist eine mittelasiatische Kopfbedeckung, welche
von den Osmanen nach Europa herübergebracht, ihren türkisch-tatarischen Namen
auch für dort vorgefundene ähnliche Trachten solcher Nationen, welche auf längere
oder kürzere Zeit dem Einflusse des Türkenthums erlagen, zur Geltung gebracht hat.
In seiner ursprünglichen Form ist der Kalpak eine, von Kopf bis zu den Augen und
Ohren bedeckende, abgestumpft konische Schafpelz-Mütze [...] Derartige Mützen
haben sich bei den meisten tatarischen Stämmen bis auf diesen Tag erhalten und
dürften früher auch bei den Osmanen einen Theil der Nationaltracht ausgemacht
haben.« Der Kalpak erhielt sich in Konstantinopel »als auszeichnende Kopfbedeckung
angesehener christlicher Unterthanen der Pforte. Jedoch erlitt er hier erhebliche
Veränderungen; an die Stelle des Pelzes trat ein dicker, schwarzer Filzstoff und die
Gestalt wurde bauschig, fast melonenförmig [...] Als hohe Pelzmütze, aus den feinsten
nordischen Rauchwerkgattungen verfertigt und mit kostbarer Agraffe geschmückt,
gehört der Kalpak noch heutigentags zu der Galatracht der ungarischen Magnaten und
der rumänischen Bojaren.« (Vgl. *Ersch und Gruber*, 2. Section, 32. Theil).

▷ *der König von Polen:* Variante in der Handschrift: »der damalige Harlekinkönig zu
Warschau« (X/3, Fasz. 2 – 4).

▷ *Ismene Belezza:* Siehe S. 399, Anmerkung: *Goldoni.*

▷ *Die verlassene Kirche St. Pantaleimon:* Nach der Reisebeschreibung von Ross, *Reisen
auf die griechischen Inseln* (Band 2, S. 92–115) gibt es auf Kalymnos zwar eine ganze
Reihe von Kirchen und Kapellen, aber keine ist Pantaleon, einem der sieben Nothelfer,
geweiht. Auf einer Karte »Cypern zur Zeit der Lusignan« aus einem Quellenwerk FHOs
ist im Norden der Insel ein Ort Pantalimon eingetragen (vgl. Herquet, *Cyprische
Königsgestalten des Hauses Lusignan*, S. 183).

▷ *Sesostris:* Sesostris ist der Name eines ägyptischen Königs, »dem in Wirklichkeit zwei
Könige zu Grunde liegen«: Sethos I. und sein Sohn Ramses II. (Vgl. *Meyers.*) FHO
könnte den Namen bei dem griechischen Geschichtsschreiber Diodorus Siculus, der
zur Zeit Cäsars und Augustus' in Rom lebte, gelesen haben, den er in Zusammenhang
mit seinem Vorwort zum Roman *Rout am Fliegenden Holländer* nennt (siehe *S. W.*,
Band II, S. 321 f.). Auch der griechische Geograph Strabon – er wurde etwa 60 v. Chr.
geboren und starb 20 n. Chr. – verwendet den Namen Sesostris. FHO zitiert Strabon
wiederholt in seinen Notizen zum *Maskenspiel der Genien* (*S. W.*, Band III).

▷ *des Seehelden Morosini:* Der venezianische Admiral Francesco Morosini (geb. 1618,
gest. Nauplia, 6. 1. 1694) befehligte die Flotte im Ägäischen Meer während des
kandiotischen Krieges (1667–69) »und führte zuletzt den Oberbefehl in Kandia, das
nach hartnäckiger Verteidigung im September 1669 sich ergeben mußte«. Er hatte
hervorragenden Anteil an der Eroberung des Peloponnes und Athens. 1688 war er
Doge und Oberbefehlshaber des Landheeres in Morea. (Vgl. *Meyers.* Näheres siehe
S. 427, Anmerkung: *ein Königsmark, ein Morosini.*)

14 ▷ *Erzbischof Dalmaticus Pipistrelli:* Variante: »Pipistrello« (X/3, Fasz. 2 – 4 verso).

▷ *»Didone e Siroe«:* Carlo Goldoni war nach seinem Studium der Rechte Sekretär des
Vizekanzlers des Kriminalgerichts in Chioggia, dem er 1729 nach Feltre folgte. Hier
versuchte er sich auf einem Liebhabertheater mit Glück in der von ihm selbst zur

Aufführung ohne Musik eingerichteten Oper des Pietro Metastasio (geb. Rom, 13. 1. 1698, gest. Wien, 12. 4. 1782) als Schauspieler. (Vgl. *Meyers*, Stichwort *Goldoni*.)

▷ *in reichem Maße erntete:* Ergänzung im Entwurf: »ja sogar einen silbernen Ehrensäbel und ein Futteral aus schneeweißem Roßhaar« (XI/1 – 2 verso).

▷ *Roßschweif:* In »der Türkei ehemals Feldzeichen der höchsten militärischen Würden, bestehend in einem Pferdeschweif, der, von einem vergoldeten halben Mond herabwallend, an einer oben in eine vergoldete Kugel auslaufenden Stange getragen wurde. Nur der Sultan, der Großwesir und die Paschas erhielten diese Auszeichnung, und zwar wurde ihnen der Roßschweif entweder im Kriege vorgetragen, oder vor ihrem Zelte aufgesteckt. Der Sultan hatte sechs Roßschweife, der Großwesir und die Paschas von dem Range des letzteren drei, die Paschas zweiten Ranges zwei, die des dritten Ranges einen.« *(Meyers.)*

▷ *die Villehardouins, zog davon:* Ergänzung in der Handschrift: »obschon sie zur Kreuzzugszeit die Insel beherrscht hatten.« (X/3, Fasz. 2 – 5) In seinen Vorarbeiten zum *Maskenspiel der Genien (S. W.,* Band III) notierte FHO: »Welch eine Zeit, wo ein Villehardouin [...] seine Burg in den Trümmern des Tempels der Hera bei Mykene erbaute! – Welch ein Geschick, das solche Ritter der Gotik zu Nachfolgern des Danaos, des Atreus oder Agamemnons machte« (IV/1, Fasz. 2 – 30 verso). Geoffroy (Gottfried) de Villehardouin beteiligte sich an dem von Enrico Dandolo geführten Kreuzzug, der zur Eroberung Konstantinopels führte (1204). Darüber schrieb er seine *Histoire de la conquête de Constantinople,* erstmals herausgegeben von Charles Dufresne Ducange, 1657. FHO kannte die deutsche Ausgabe *Die Eroberung von Konstantinopel durch die Kreuzfahrer im Jahre 1204.* Villehardouins Neffe Geoffroy wurde Herzog von Achaia und begründete die Herrschaft des Hauses – sie reichte bis ins 14. Jahrhundert –, dem es auch bisweilen gelang, die Herzöge des Archipels zu unterwerfen (vgl. Hopf, *Veneto-byzantinische Analekten.* S. 378 ff. Derselbe, *Chroniques Gréco-Romanes,* S. 469. Fallmerayer: *Geschichte der Halbinsel von Morea,* Band 1, S. 359 ff.)

▷ *der Kinder wegen:* Ergänzung im Entwurf: »Corrado und Jolantha« (XI/1 – 2 verso).

▷ *Zante:* Zakynthos. Näheres siehe S. 397, Anmerkung: *Scarpanto.*

▷ *Artemidorus: Pauly* (Band 2, Spalten 1328–1335) verzeichnet nicht weniger als 38 Träger dieses Namens aus dem klassischen Altertum. FHO kannte den Namen nach aller Wahrscheinlichkeit von folgenden Persönlichkeiten: Der griechische Geograph Strabon, dessen Untersuchungen FHO vielfach zur Grundlage seiner »Forschungen« machte, benützte die in elf Büchern festgehaltenen Aufzeichnungen des aus Ephesos stammenden Geographen Artemidoros (um 100 v. Chr.). Im 2. Jahrhundert nach Christus lebte Artemidoros, genannt der Daldianer. Er verfaßte ein Werk über Traumdeutung in fünf Bänden, *Oneirokritika (Symbolik der Träume).* FHO beschäftigte sich auch mit Traumdeutung. Ob er die Schriften des Daldianers gekannt hat, konnte bisher nicht ermittelt werden. Aber auch in Christoph Willibald Glucks Oper *Armida* (1777), einer Vertonung von Tassos epischer Dichtung *La Gierusalemme liberata,* taucht der Name auf: Artemidorus ruft Rinaldo aus Armidas Zauberpalast zu seiner Pflicht zurück.

▷ *»Rat der Drei«:* 1310 mißglückte in Venedig eine Verschwörung gegen den Dogen Pietro Gradenigo, die Marco Querini, Baiamonte Tiepolo und Badoero Badoer anführten. Obwohl die Aufständischen sich zerstreuten – Querini starb, andere gingen ins Exil – fürchtete der Doge weitere Aufstände. Zum Schutze berief er den »Rat der Zehn«, dessen Mitglieder ein Jahr unter der Leitung von drei Vorsitzenden im Amt blieben. Sie wurden monatlich neu gewählt. 1335 wurde dieses Gremium zur

Dauerinstitution. »Über die Zehn ist soviel Unfug gesagt und geschrieben worden, wie wohl über keine andere konstituierte Körperschaft. Man sprach von düsteren Riten, unmenschlichen Kerkern, grausamer Willkür; heute noch grassiert die Legende von den bocche del leone, den ›Löwenmäulern‹, unheimliche Briefkästen für anonyme Denunziationen, die schon genügt hätten, über Leben und Tod unzähliger Unschuldiger zu entscheiden« (vgl. Zorzi, *Venedig*, S. 47, 50, 248). FHO ist offensichtlich auf Berichte gestoßen, die den üblen Ruf des Rates kolportiert haben. Woher er seine Informationen bezogen hat, konnte nicht ermittelt werden.

15 ▷ *Loredan:* Variante in der Handschrift: »Contarini« (X/3, Fasz. 2 – 6). Die Familie Loredan gehört zu den »neuen« venezianischen Patriziats. Sie brachte drei Dogen und zwölf Prokuratoren von San Marco sowie zahlreiche Generäle zur See hervor. Berühmteste Persönlichkeit ist Doge Leonardo, der von 1501 bis 1521 regierte. Die Contarini gehörten den zwölf »apostolischen« Familien, also den ältesten Venedigs an, die – solange das Reich bestand – von höchstem Einfluß waren. Sie stellten acht Dogen und vierundzwanzig Prokuratoren von San Marco sowie einen Kardinal, Gasparo, einen Vorläufer der katholischen Kirchenreform (vgl. Zorzi, *Venedig*, S. 261 f.). Die Variante FHOs läßt vermuten, daß der Autor nicht auf einen bestimmten Loredan oder Contarini anspielt – es konnte auch keiner ermittelt werden, der mit den vagen Angaben FHOs in Verbindung gebracht werden könnte.

16 ▷ *Clarenza:* FHO notierte in der Handschrift zum *Maskenspiel der Genien* über einen fiktiven Fürstenhof (IV/5 – 14 verso): »Dort herrsche noch der letzte Abglanz der byzantinischen Tradition – ein Ceremoniell, basierend auf den Vorschriften des Kaisers Constantin Porphyrogenetus, den im Mittelalter vorbildlichen Einrichtungen des Fürstenhofes von Klarenza – einer heute noch in Ruinen imponierenden Fürstenburg nahe von Zante.« Klarenza ist der Name eines kleinen Seehafens im Nordwesten des Peloponnes, über dem sich eine Ruine erhebt, die Überreste der von Geoffroy II. de Villehardouin (siehe Anmerkung S. 401) erbauten Burg Chlemutzi oder Tornese (vgl. *Meyers*).

▷ *des Palastes:* Ergänzung im Entwurf: »Wilhelm von Champlittes« (XI/1 – 4). Im *Maskenspiel der Genien* (*S. W.*, Band III) siedelt FHO eine Burgruine der Champlitte in Kreta an. Geoffroy II. de Villehardouin war an der Seite von Wilhelm von Champlitte an der Eroberung von Achaia beteiligt. (Vgl. Fallmerayer, *Geschichte der Halbinsel Morea*, Band 1, S. 359 ff.) Die Champlitte blieben im 13. und 14. Jahrhundert Fürsten von Achaia (vgl. Hopf, Chroniques Gréco-Romanes, S. 469).

17 ▷ *Signore Giulio Cesare Spassetti di Montefurbo:* Varianten: »Girolamoantonio Spassetti di Montenevoso« (X/3, Fasz. 2 – 7 verso), »Girolamantonio Spassetti di Montenevoso San Sepolcro« (XI/1 – 4 verso), »Girolamantonio Spassetti di Montenevoso Tornavanti« (XI/1 – 4 verso, 5). FHO liebte es, sprechende Namen zu erfinden, wovon zahllose Notizblätter zu einer »Nomenklatur« zeugen. Im Falle des intrigierenden Schreibers sollen die verschiedenen Namen »entweder die Tücke und Falschheit dieser Figur ausdrücken oder einfach komisch wirken« (vgl. Chlan, *Kommandant*, S. 459). Die Autorin liefert u. a. folgende Übersetzungen aus dem Italienischen und weist überdies darauf hin, daß Gabriele d'Annunzio 1924 zum »principe di Montenevoso« ernannt wurde: monte – Berg, nevoso – schneebedeckt, San Sepolcro – Heiliges Grab, tornare –

vermutlich im Sinne von umdrehen, anpassen, furbo – Schlaukopf, Gauner, spartire –
teilen.
Spartivento ist das »Kap an der Südspitze des italienischen Festlandes im Ionischen
Meer [...] auch Vorgebirge an der Südspitze der Insel Sardinien.« (Vgl. *Meyers*).

18 ▷ *Francesco Querini*: FHO verwendet hier den Namen eines der ältesten Patriziergeschlechter Venedigs: Die Querini waren vom 8. bis ins 19. Jahrhundert mit dem politischen Geschick ihrer Stadt eng verknüpft. Aus ihren Reihen gingen 15 Prokuratoren von San Marco und ein Kardinal hervor. Infolge einer Verschwörung, die u. a. Marco Querini anführte, wurde der Rat der Zehn gebildet (siehe S. 401 f., Anmerkung: *Rat der Drei*; vgl. Zorzi, *Venedig*, S. 261.) Als es nach der Eroberung Konstantinopels (1204) zur Gründung des lateinischen Ostreiches kam, wurden die Querini Lehensherren von Stampalia (Astypalaea) und Amorgos. Das Wappen der Querini, »in vier Felder geteilt, von denen zwei die Lilien der Quirini, zwei die Rechenpfennige der Magno enthalten, findet sich [...] an den Mauern der Burg Pera-Kastro auf Kalymnos. Da letztere Insel zu den Besitzungen des Johanniterordens gehörte, so ließe sich annehmen, als hätte Giovanni IV. [Querini, gest. 1451] sie von dem Orden in Pacht gehabt, läge es nicht näher, dieses Wappen seinem Sohne Fantino II. [gest. 1453] zu vindiciren, der, selbst dem Orden angehörig, wohl auch Kalymnos neben Kos und Nisyros für den Großmeister verwaltete.« (Vgl. Hopf, *Veneto-Byzantinische Analekten*, S. 459 ff., insbesondere 472, genealogische Tafel im Anhang. Siehe auch Ross, *Reisen auf den griechischen Inseln*, Band II, S. 94.) In seinen Namensdeutungen aufgrund von Silbenauflösung schrieb FHO zu Quirini:»Kiurini = Ki = Erquickung (Jungbrunnen, Radium), Ri = reich, mächtig, gerecht, ur = Urzeugung, ni = Vulva, Zeugung. (Zur Technik der Silbenauflösung siehe S. 396)

19 ▷ *die Krone des Oströmischen Reiches*: »Die Idee zu diesem Stoff mag damit zusammenhängen, daß die byzantinischen Kaiserkronen ›restlos untergegangen‹ sind, was Anlaß zu Spekulationen geben mochte«, so Chlan, *Kommandant*, S. 450. Die Autorin zitiert Percy Ernst Schramm: *Herrschaftszeichen und Staatssymbolik. Beiträge zu ihrer Geschichte vom 3. bis zum 16. Jahrhundert.* Band 2. Stuttgart 1955. S. 427 (= Schriften der Monumenta Germaniae historica – Deutsches Institut für Erforschung des Mittelalters 13).
Auf Kalymnos wurde 1843 ein Goldschmuck gefunden, »über dessen Größe und Bedeutung sich in Griechenland die übertriebensten Gerüchte verbreitet hatten«. Nach Recherchen von Ross (*Reisen nach Kos, Halikarnassos, Rhodos*, S. 8 f.) bestand der Fund aus folgenden Stücken:»1) einem anderthalb Finger breiten einfachen Diadem oder Stirnbande [...] aus massivem Golde; 2) aus einem einen Finger breiten sehr kunstreich gearbeiteten Halsbande [...], an welchem an zwei feinen einen Finger langen Kettchen zwei goldene Gärstenkörner (?) hingen; 3) aus zwei großen goldenen Ohrreifen, in deren jedem eine schwebende geflügelte Figur stand, die in der einen Hand eine Flasche oder einen Krug [...], in der andern eine Schale hielt, als wäre sie im Einschenken begriffen.«
Fünf Jahre nach der Drucklegung seiner Erzählung fand FHO einen Zeitungsartikel, der ihm Anlaß gab, sich nachträglich zu seiner literarischen Idee zu äußern. Das *Neue Wiener Tagblatt* berichtete am 22. 8. 1931: »Die Erbkaiserin von Konstantinopel. Ansprüche einer Prinzessin Paléologue auf den griechischen Thron. [...] Eine Prinzessin P a l e o l o g u e , die 82 Jahre alt ist, hat jetzt Ansprüche auf den

griechischen Thron erhoben. Sie will aber nicht nur griechische Königin, sondern K a i s e r i n werden. In ihrer Klage nennt sie sich ›Erbkaiserin von Kostantinopel‹ und ›Erbprinzessin der Aegäischen Inseln‹. Zur Klage sind äußerst seltene und interessante Dokumente beigefügt, durch die ihre Abstammung vom Kaiser Andronicus und vom letzten Kaiser Konstantin einwandfrei erwiesen sein soll. Sie will auch nachweisen, daß ihr Vater, Prinz T h e o d o r u s, deswegen nicht zum griechischen Kaiser gewählt wurde, weil eines der wichtigsten Dokumente fehlte, das einwandfrei seine Abstammung feststellte. Dieses fragliche Dokument sei kürzlich auf der Insel Malta g e f u n d e n worden [. . .]«FHO notierte dazu: »Medial schrieb ich, daß die Krone – die Legitimation von Byzanz auf einer Insel (Kalymnos) versteckt ist (Kalymnos war Besitz der Johanniter) und jetzt liest man, daß die noch fehlende Legitimation der Paläologin auf einer Insel (Malta) = Besitz der Johanniter, war!« (Notizblatt aus FHOs Studien zur Ortsnamenskunde.) Im Zuge dieser Forschungen notierte FHO zur Symbolik der byzantinischen Krone: »Die Krone = Kerone = nie endende Wiedergeburt, Wiederkehr des Paradieses, des Reiches Gottes auf Erden.« Ebenso eigenwillig liest sich die Interpretation von Sir Galahad (*Byzanz*, S. 30 f.): »Konstantin, dem ersten Cäsar Hohepriester, geistigem Ahnherrn vieler Gralskönige, bringen, späterer Legende nach, zwei Engel die Symbole seiner Doppelmacht. Als weltlicher Beschirmer eines Gottesreiches wird er von einem Cherub in die Geheimnisse des ›griechischen Feuers‹ der berühmten Flammenwerfer- und Giftgasbombentechnik, eingeweiht; in seiner Eigenschaft als geistiger Hüter bringt ein zweiter Cherub ihm die magischen Kronjuwelen, denn kein Kriegerhelm mit Bügel, wie andere Königskronen, eine edelsteinerne Priesterbinde ist das byzantinische Diadem: ›Tenie‹ des Eingeweihten, und ob es gleich im Lauf elfhundertjähriger Geschichte dreimal die Gestalt verändert, nie fehlen die drei schwingenden Gewinde: Hirnnabelschnüre, mit denen Endliches an Ewiges sich knüpfen soll. Binden: religere, bleibt ja das Wesen jeder Religion.« Näheres über Sir Galahad siehe S. 430. Zur Symbolik der Krone siehe auch S. 438, Anmerkung: *1850 im Falle der durch Kossuth entführten ungarischen Stephanskrone.*

▷ *Traum des großen Dandolo:* Der Doge Enrico Dandolo (geb. Venedig, um 1108, gest. Konstantinopel, 1205) eroberte 1204 Konstantinopel. »Von da an blieb Venedig bis spät in die Türkenkriege hinein Leiter des Weltverkehrs [. . .] Die ihm angebotene Kaiserkrone hatte er ausgeschlagen, zufrieden, dem Titel des Dogen von Venetien, Dalmatien und Kroatien den ruhmreichen Namen des Herrn des vierten und ein halb Teiles des ganzen romäischen Reiches beifügen zu können.« (Vgl. Gsell Fels, *Venedig*, S. 60).

▷ *David, der letzte Kaiser von Trapezunt:* Variante in der Handschrift:»David, der letzte Kaiser von Trapezunt, der letzte Komnenos und als solcher der einzig rechtmäßige Thronerbe von Byzanz, der letzte Sproß des Weltenfürsten Alexander, hat diesen Schatz hinterlassen.

Ihr wißt, es lebt noch ein letzter Zweig dieses erhabensten aller Kaisergeschlechter. Sie kämpften stets in der Maina gegen die Türken, bis sie 1675 der Übermacht weichen mußten, Fußbreit um Fußbreit – trotz allen Heldenmutes.« (X/3, Fasz. 2 – 9 verso) David Komnenos mußte sich 1461 dem türkischen Sultan Mohammed II. ergeben. Der letzte Kaiser von Trapezunt wurde mit seiner Familie in Adrianopel hingerichtet. FHO studierte eingehend die von der Dänischen Akademie der Wissenschaften ausgezeichnete Preisschrift des 1790 bei Brixen (Südtirol) geborenen und 1861 in München verstorbenen Jakob Philipp Fallmerayer *Geschichte des Kaiserthums von Trapezunt*. FHO nennt den Historiker und Reisenden einen »großen Orientkenner« (*Maskenspiel,*

IV/3 – 5 verso), woraus man ermessen kann, welch großen Eindruck die Schriften Fallmerayers auf ihn gemacht haben müssen. Liest man den ersten Absatz der Vorrede zu dem genannten Geschichtswerk, so bestätigt sich der Gleichklang der Gemüter in ihrer Geschichtsauffassung:»Die Geschichte des trapezuntischen Kaiserthums, welche ich hiemit dem Publicum übergebe, schildert nicht unmittelbar eine weltumkehrende Katastrophe; zeichnet auch nicht einen jener Riesen-Charactere der Vergangenheit, die durch Kraft im Guten oder Bösen das Schicksal des menschlichen Geschlechtes auf Jahrhunderte entschieden haben. Sie führte den Leser hin zu dem verfallenen Palaste der alten griechischen Herrlichkeit; zeigt ihm die zerstörten Thore, die verödeten Prunksäle, die niedergestürzten Säulengänge, die aufgewühlten Grundfesten, und die ehemaligen stolzen Bewohner, wie sie zaghaft im äussersten Winkel des Gebäudes zusammengedrängt, gegen die Angriffe wilder Feinde ihren letzten Zufluchtsort vertheidigen.« (Zu Fallmerayers Geschichtsbild siehe Chlan, *Kommandant*, S. 468 ff. Die Autorin beruft sich auf folgende Untersuchung: Klaus Steinmair: *Jakob Philipp Fallmerayers »Historische Kunst«*. Geschichtswerke als literarische Kunstwerke. Diss. Wien 1975.)

Zu den geschichtlichen Ereignissen, die zum Untergang von Trapezunt geführt haben, machte sich FHO Notizen zu Fallmerayers Kapitel »David I. – Muhammed II. zerstört das trapezuntische Reich J. 1458–1462« (2. Buch, Kapitel 9, 10. S. 262–285). Vollständige Transkriptionen aller Exzerpte FHOs liegen in der Arbeit von Ilse Chlan (*Kommandant*, S. 365–376) vor.

FHOs Sicht auf die historischen Fakten drückt sich in einer Passage aus der Handschrift des Romans *Das Maskenspiel der Genien* aus (*S. W.*, III). Hier löst sich FHO von der Aussage Fallmerayers, der David nach der Chronik von Monembasia als grausamen und feigen Mann beschreibt (*Geschichte des Kaiserthums von Trapezunt*, S. 263). »Das goldene Vlies! Ein Eingeweihter der ›Königlichen Kunst‹ – Philipp von Burgund – stiftete den Orden neu – um das Jahr 1420 in einem doppelten Sinne. Einmal galt dieser Orden als Fanal zu einem Kreuzzug gegen die Türken, die das letzte Bollwerk des Christentums im Orient – Trapezunt bedrohten.

Der dortige Kaiser – David – ein Komnene und als Mitglied dieser uralten eleusinischen Familie B e w a h r e r d e r M y s t e r i e n J a s o n s u n d M e d e a s, war es eigentlich, der diesen seinen Bundesgenossen Philipp von Burgund zur Wiedererneuerung des Ordens vom goldenen Vlies im Abendlande aufforderte, nachdem er bei den Byzantinern immer bestanden [...]

So war es denn auch das Land Kolchis am Phasisstrom – das Ziel dieses Kreuzzugs im Zeichen des Vlieses, eben das Reich von Trapezunt – dieser Schlüssel von Persien und Mesopotamien, der Pforte zum indischen Ozean, das Geheimzeichen zu einem neuen Argonautenzug nach Kolchis. Bewußt das Werk des zweiten Davids, denn David war der Held des Lichtes, der den Urweltriesen erschlägt ...

Die Pläne Kaiser Davids waren weltbedeutend, und wären sie nicht von den Mahatmas des Schattens durchkreuzt worden – die Welt wäre heute glanzvoller und vielleicht das Paradies des Friedens.« (IV/13 – 2, 3.) Siehe dazu auch S. 412 f., Anmerkung: *Meer, über das Jason das Goldene Vlies gebracht.*

▷ *zwei aus dem Hause Komnenos fanden Gnade:* Vgl. zu der im Text folgenden, von FHO erst nach der ersten Niederschrift der Erzählung eingefügten Passage die entsprechenden Ausführungen Fallmerayers (*Geschichte des Kaiserthums von Trapezunt*, S. 285): »Anna, Davids einzige Tochter, wurde nach Laonicus dem Statthalter von Macedonien überlassen und zur Annahme des Islam genöthiget. Nach andern Berichten aber gab sie Muhammed seinem Erzieher, der sie wieder verstiess, weil sie sich weigerte den Islam anzunehmen. Nur zwei Mitglieder der Gross-comnen'schen Familie fanden in den Augen des Sultans Gnade, nämlich die lesbische Fürstentochter und Gemahlin des Alexander Comnenus, von welchem früher geredet wurde, und ihr einziger Sohn; beide wegen ausgezeichneter Schönheit.«

▷ *die eine ist vor Korsika von den Türken vernichtet worden:* In einem Brief an Alexander Hartwich vom 8. 10. 1953 (siehe S. 362) schreibt FHO erläuternd: »Eine Fregatte gelangte nach Korsika, wo der Thronprätendent Demetrios von Frankreich als byzantinischer Kaiser anerkannt wurde. Er war der Vater des Napoleon und des Luzian (Bonaparte).« Zu dieser Hypothese FHOs liest man in *Meyers* Konversations-Lexikon unter dem Stichwort *Komnenos*: »Unerwiesen ist die Behauptung eines spätern Geschichtsschreibers, daß aus diesem Geschlecht die Familie Bonaparte abstamme, indem sich ein Glied von jenem, Georg Nikephoros, nach Maina in Lakonien gerettet und einer seiner Nachkommen, Konstantin Komnenos, 1675 nach Corsica übergesiedelt sein soll. Zwar wurde ein gewisser D e m e t r i o s Komnenos, geb. 1750 in Corsica, als Nachkomme des David Komnenos von König Ludwig XVI. 1782 anerkannt; aber dies geschah bloß in der Absicht, den Anspruch der legitimen Erbfolge in Konstantinopel, dessen Fall man damals nahe glaubte, einem in Frankreich lebenden Sprößling jenes Namens zu sichern. Demetrios Komnenos, anfangs Royalist, erhielt später von Napoleon I. und von Ludwig XVIII. eine Pension.« Er starb am 8. 9. 1821 kinderlos. Fallmerayer bemerkt dazu hingegen in seinem Vorwort zur *Geschichte des Kaiserthums von Trapezunt,* S. XV: »Was der im Jahre 1811 in Paris verstorbene Dragoner-Capitaine Demetrius Comnenus, in einem Briefe an Herrn Koch über Grösse und Genealogie des comnen'schen Hauses aufstellen liess, um zu beweisen, dass er der letzte legitime Sprosse der alten Beherrscher von Trapezunt sey, ist eitle Erdichtung.« Trotzdem dürfte die Theorie des in *Meyers* Konversations-Lexikon zitierten Geschichtsschreibers (er konnte nicht identifiziert werden) FHO zu folgender Notiz angeregt haben:»Napoleon wagte um diesen Kronreif den Zug nach Konstantinopel, ward aber von den Briten vor Kreta nach dem Süden abgedrängt und und eroberte vorläufig Egypten. Ihr Verschwinden legte einen magisch flimmernden Schleier auf eines der größten Geheimnisse der Weltgeschichte.« (X/3, Fasz. 2 – 17).

20 ▷ *die Verteidigung Famagustas:* Zu FHOs Schilderung des schauderhaften Gemetzels (Herquet, *Cyprische Königsgestalten des Hauses Lusignan,* S. 164) vgl. die Ausführungen von Victor Graf Folliot de Crenneville, *Die Insel Cypern in ihrer heutigen Gestalt,* S. 12 f.:
»Im Monat October 1570 begannen die Osmanen Famagusta zu belagern. Inzwischen war es den Venetianern gelungen, eine Verstärkung von 7000 Mann mit Lebensmitteln und Munition zur See dahin zu bringen. Auch commandirte dort nicht wie in Nicosia ein schwacher, unfähiger Feldhauptmann, sondern der edle Venetianer Bragadino und der Ingenieur Martinengo. Bis zum 1. August dauerte die Belagerung. Da erst, als Munition und Lebensmitteln völlig erschöpft und die Zahl der wehrhaften Männer auf ein Nichts geschwunden, wehte die weisse Flagge vom Thurme Famagustas, und unter Bedingung von freiem Abzug für Alle übergab der Commandant die Stadt. Der Sultan aber und seine Generale brachen die Capitulation, Bragadino wurde bei lebendigem Leibe geschunden, 20.000 Menschen niedergemetzelt; als aber die türkische Flotte, vollbeladen an kostbarer Beute, an Gold und Edelsteinen, und Cyperns schönste Frauen mit den titianisch blonden Haaren mit sich führend, aus dem Hafen

Famagustas steuern wollte, da legte eine der gefangenen Cypriotinnen Feuer an des Capudans Schiff an. Die meisten der geraubten Schätze, sowie die lebende Beute versanken mit tausenden ihrer Bezwinger und den brennenden Trümmern der Galeeren im Hafen, der seit jenem Tage verfallen und versandet. Die Geschichte nennt nicht den ganzen Namen jener Heldenfrau, welche den sicheren Tod dem Leben im türkischen Harem vorzog, ihr Taufnahme war Maria.«

Als weitere Quellen dürfte FHO folgende alte Geschichtswerke benützt haben: Membre, *Warhafftige und unterschiedliche Beschreibung / wie die Türcken anfengklich das treffliche Königreich und Insel Cypern / mit grosser Macht oberfallen / und darinnen die Hauptstadt Nicosia mit gewalt erobert.* Jauna, *Histoire générale des Roiaumes de Chypre*, vol. 2, Livre XXV, Chap. VI, S. 1172 ff. Reinhard, *Vollständige Geschichte des Königreichs Cypern*, S. 167–170.

▷ *Jammer der verdurstenden Flüchtlinge:* Variante im Entwurf: »Jammer der verdurstenden Hunderttausende, die auch in goldenen Prunkgefäßen keinen Tropfen Wasser mehr fanden.« (X/3, Fasz. 1 – 1)

▷ *Die Kapitulation war ehrenvoll:* Variante im Entwurf: »dann erfolgte die ruhmvolle Unterwerfung. Der brennende Augusttag, der folgte, sollte aber Orgien des blutigsten Grauens sehen, von dem die Weltgeschichte zu berichten weiß [...] Die tapferen Verteidiger wurden gegen jeden Vertrag plötzlich niedergehauen. Bragadino, an Ohren und Nase verstümmelt, mußte den ganzen Tag im Schubkarren Erde führen, um endlich, vor Ermattung zusammengebrochen, an einen Pfahl gebunden, lebend geschunden zu werden. Die ganze Nacht durch wurden die 20.000 Mann der Besatzung, die die Waffen abgeliefert hatten, niedergemetzelt, ebenso die ungeheure Masse der Flüchtlinge; Mädchen und Knaben aber geschändet und in die Sklaverei verschleppt.« (X/3, Fasz. 1 – 1)

▷ *die silberne Quadriga des Lysippus:* Der griechische Bildhauer und Erzgießer Lysippos – er war um 360–316 v. Chr. tätig – soll gegen 1500 Werke hinterlassen haben, von denen aber keines erhalten ist. Plinius bezeugt das »Viergespann mit Helios«, das sich in Rhodos befunden haben soll (vgl. *Pauly*, Band 14/1, Spalte 48 ff.).

▷ *Aphroditenstatue aus den Ruinen des Tempels von Paphos:* An der Westküste Cyperns liegen die beiden Städte Neupaphos und Altpaphos. Letztere war als Lieblingsaufenthalt der Astarte (Aphrodite) berühmt: »In dem [...] Naturphänomen, daß an der Südwestküste von Cypern, in der Gegend von Paphos, öfters Schaummassen angetrieben werden, mag ein Anlaß für die Mythen von der Landung der schaumgeborenen Aphrodite bei P. zu suchen sein.« (*Pauly*, Band 18/2/1, Spalte 938–962, insbesondere 953.)

▷ *neun Menschenalter vorher:* Notiz in der Handschrift: »1307–1570« (X/3, Fasz. 2 – 11).

▷ *Lotterbuben und Affenbastarden, den König von Frankreich:* Gemeint ist Philipp IV., der Schöne (geb. 1268, gest. 29. 11. 1314), der den Sitz des Papstes nach Avignon verlegte und diesen verpflichtete, »seine Hand zur Aufhebung des Tempelherrenordens zu bieten, dessen Reichtum längst die Habsucht des Königs gereizt hatte«. (Vgl. *Meyers*, Stichwort *Philipp*. Näheres siehe S. 397 f., Anmerkung: *die Templer*)

▷ *Doch die Galeere:* Variante im Entwurf: »Die Galeere aber, die diese Schätze trug, ging beim Kap Colonnas [Sunion] unter, die andren Schätze wurden zerstreut, und das ehemals so blühende üppige Cypern zur Wüstenei, aus der es auch die Indolenz Englands nicht rettete.« (X/3, Fasz. 1 – 1) Im Vertrag vom 4. Juni 1878 wurde Cypern an Großbritannien abgetreten, das dafür die Garantie der asiatischen Besitzungen des Sultans übernahm (vgl. *Meyers*, Stichwort *Cypern*)

▷ *der olympischen Götter:* Variante in der Handschrift: »der cyprischen Göttin« (X/3, Fasz. 2 – 11).

21 ▷ *des Kastells Tornese:* Siehe S. 402, Anmerkung: *Clarenza.*

24 ▷ *Prosper Alpinus, dem Admiralsarzt Andrea Dorias:* Der Botaniker (geb. Marostica bei Venedig, 23. 11. 1553, gest. Padua, 5. 2. 1617) ging 1580 als Arzt nach Kairo und wurde 1584 Marinearzt auf der Flotte des Giovanni Andrea Doria, der 1570 den Befehl über die spanische Flotte führte, »die den Venezianern gegen die Türken zum Entsatz von Cypern zu Hilfe gesandt wurde, verschuldete aber durch seine Umkehr nach dem Fall von Nicosia den Verlust der Insel.« Er war Adoptivsohn des Berühmtesten aus seinem Geschlecht, Andrea Doria, der als Condottiere nacheinander dem Papst, dem Herzog Friedrich von Urbino und dem König Ferdinand von Neapel diente. Er »kämpfte dann für die Genuesen auf Corsica und ward 1512 von dem Dogen Fregoso, nach Vertreibung der Franzosen aus seiner Vaterstadt, an die Spitze der genuesischen Flotte gestellt [. . .] Nachdem Franz I. von Frankreich die Fregosi wieder für sich gewonnen hatte, trat auch Doria 1522 in französische Dienste« (vgl. *Meyers*, Stichwörter *Alpini, Doria*). FHOs Vertauschen von Giovanni Andrea und Andrea Doria mag auch daher kommen, daß in seinem Lexikon unter dem Stichwort *Alpini* fälschlicherweise Andrea Doria genannt ist.

25 ▷ *auf skurrilem Bragozzo:* Variante in Entwurf und Handschrift: »auf skurriler Brazzera« (X/3, Fasz. 1 – 3; Fasz. 2 – 13). Eine charakterisierende Aufzählung der verschiedensten Bootstypen der österreichischen Marine findet sich bei Rohrer-Rottauscher, *Als Venedig noch österreichisch war,* S. 168 f., wo man u. a. liest, daß die Bragozzi vier Mann Besatzung zählten.

▷ *in der Ionischen See:* Variante in Entwurf und Handschrift: »bei den Cykladen« (X/3, Fasz. 1 – 3; Fasz. 2 – 13 verso).

26 ▷ *im rollenden Donner der Seeschlacht:* Variante im Entwurf: »beim ununterbrochenen Donner der Kanonen. Das dauerte wohl eine Viertelstunde lang. Dann schlief er ein, in bleierner Müde. Und als er später aufstand, spürte er einen Schmerz an drei Stellen der Brust.
Das Erlebnis der Nacht, die Mattigkeit, das alles war dem rauhen Krieger nicht recht, und unwirsch beschloß er, sich durch einen kräftigen Spaziergang zu erfrischen.« (X/3, Fasz. 1 – 3)

29 ▷ *Helena Laskaris:* Variante: »Helena Calligaris« (X/3, Fasz. 1 – 4). Ähnlich den italienischen Namen des Kalymnos-Stoffes (siehe S. 395 f., Anmerkung: *des Kommandanten Priul,* S. 402, Anmerkung: *Loredan,* S. 403, Anmerkung: *Francesco Querini*) sind auch diejenigen griechischer Herkunft historisch: Nach der Eroberung Konstantinopels durch die Kreuzfahrer (1204) floh der Schwiegersohn des oströmischen Kaisers Alexios III., Theodor Laskaris, nach Kleinasien und gründete das griechische Kaiserreich Nikäa, »welches er in tapfern Kämpfen gegen Lateiner und Seldschuken glücklich behauptete«. Sein Enkel Johannes IV., Kaiser von Byzanz, wurde in unmündigem Alter zum Kaiser von Nikäa erhoben, »kam aber 1259 in die Gewalt des Michael Paläologos, den er zum Mitkaiser erheben mußte«. Laskaris hieß auch eine edle

Familie Bithyniens, aus der der griechische Gelehrte Konstantin Laskaris stammte, der nach der Eroberung Konstantinopels durch die Türken (1453) nach Italien floh und in Neapel seit 1465 lehrte. Sein Bruder (oder Vetter) Andreas Johannes (Janos) lebte am Hofe von Lorenzo de Medici, bis er als Lehrer für griechische Sprache nach Paris geholt wurde. Papst Leo X. rief ihn nach Rom, wohin er nach einem Aufenthalt in Venedig auch wieder zurückkehrte. (Vgl. *Meyers*, Stichwörter *Laskaris, Theodor, Johannes*.) Über ihn schrieb Villemain: *Lascaris, ou les Grecs du quinzième siècle*, suivi d'un Essai historique sur l'état des Grecs, depuis la conquête Musulmane jusqu'à nos jours. Ladvocat. Paris 1825. FHO kannte die deutsche Ausgabe (Straßburg 1825). Der Grundtenor in dieser Novelle – sie schildert die Ankunft des Konstantin Laskaris in Messina (1454) – über die Beziehung zwischen Griechen und Lateinern im Mittelalter ist bezeichnend für die Quellen FHOs zu diesem geschichtlichen Kapitel: »Nicht geringern Antheil hatten die Venezianer und die Genueser an dieser allmählig fortschreitenden Auflösung des griechischen Reiches. Venedig hatte, theils durch Gewalt, theils durch Geld, Fürstenthümer und Städte, in Griechenland und im Archipelagus, an sich gebracht. Es hatte Candia und Negroponte erobert, Corfu hatte sich an dasselbe ergeben, Argos und Napoli di Romania hatten diesem Freistaat im 14. Jahrhundert blos einen jährlichen Gehalt von 700 Dukaten gekostet, welchen derselbe an die Wittwe eines Feudalherrn, des frühern Besitzers dieser zwei Städte, auszuzahlen hatte. Eben so war Lepanto, das in dem alten Phocis liegt, gegen einen Jahrgehalt von 500 Dukaten erkauft worden. Patras war durch seinen Erzbischof Stephanus Zacharias übergeben worden; Modon und Coron waren den Venezianern von dem griechischen Fürsten über Morea überlassen worden, der um diesen Preis sich Schutz gegen die Türken zu verschaffen suchte [...] Das ganze griechische Volk fühlte sich durch diese unglückliche Begebenheit getroffen.« (A. a. O., S. 191) In FHOs – nach der Niederschrift der Erzählung entstandenen – Aufzeichnungen zur Mythologie weist er auf seine Interpretation des durch »die schöne Helena« mythologisch bedeutsamen Namens hin: »Helle-na: die Lichtgeborene, Quelle des Lichtes = Asenerzeugerin. La-as-kar-is (idise) die Fee (Idise), die die Asenentstehung »kart« = ist in der hohen heimlichen Acht, in ihrem Schutz hält!« (Zu FHOs Technik der Silbenauflösung und ihrer Deutung siehe S. 396) In seinen Aufzeichnungen zur Alchemie erwähnt FHO einen Alchemisten Laskaris, dessen Tochter Helena »ihm als magisch motorische Kraftquelle zur Goldbereitung« gedient haben soll. »Sie war das ›FYR‹« (zur Erklärung der Silbe siehe S. 440, Anmerkung: *Arethusa Freifräulein von Fyrdraugh*). »Laskaris hatte seine Hände in der Politik. Er soll das preußisch-persische Bündnis Friedrich d. Großen projektiert und das Projekt gefördert haben; ebenso sei seine Hand 1683 spürbar gewesen und sein Werkzeug war Prinz Eugen.«

▷ *Madonna Giustiniani:* Variante: »Madame Kala-pathes« (X/3, Fasz. 2 – 15 verso). Die Giustinian (auch: Zustinian) gehörten zu den größten alten Familien des venezianischen Patriziats. Sie haben eine ganze Reihe bedeutender Persönlichkeiten, darunter einen Dogen und 27 Prokuratoren von San Marco hervorgebracht. Girolamo Giustiniani (1646–1704) war Dynast von Cerigotto (Antikythera). Die Genueser Giustinian waren mehr als 200 Jahre lang Dynasten von Chios und anderen Inseln des Archipels, bis 1566 die Türken Chios besetzten (vgl. Zorzi, *Venedig*, S. 263, 143). Siehe dazu Hopf, *Chroniques Gréco-Romanes*, S. 503–520, 528. FHO bezeichnet in seinen Notizen zu den veneto-byzantinischen Herrscherhäusern die Giustinian auf Zia (Chios) und Seriphos als »Argonauten des 13. Jahrhunderts« (IV/1, Fasz. 2 – 30 verso. Näheres siehe S. 395 f., Anmerkung: *des Kommandanten Priul*).

410

▷ *Ich brauche Komfort:* Ergänzung in der Handschrift: »und Brandruinen sind mir nicht standesgemäß« (X/3, Fasz. 2 – 15 verso).

30 ▷ *mit Ariost den Feuergott loben:* FHO spielt auf das Epos *Orlando furioso (Der rasende Roland)* des Lodovico Ariosto (geb. Reggio, 8. 9. 1474, gest. Ferrara, 6. 6. 1533) an.

▷ *Nach wenig Tagen naht die junge Schöne:* FHO zitiert aus dem vierten Gesang (28 und 34) von *La Gierusalemme liberata overo il Goffredo* von Torquato Tasso (geb. Sorrent, 11. 3. 1544, gest. Rom, 25. 4. 1595) in der Übersetzung von Gries (*Befreites Jerusalem*, Stuttgart 1893). Die Ankunft Armidas im Lager der Christen wird beschrieben. Näheres siehe S. 418, Anmerkung: *Auf des Zaubergartens Herrin, auf Armida wart ich.*

31 ▷ *Maestro Bembo:* Der alten venezianischen Patrizierfamilie Bembo entstammen einige Persönlichkeiten, die in die Geschichte eingegangen sind. Der Humanist Pietro Bembo (geb. Venedig, 20. 5. 1470, gest. Rom, 18. 1. 1547) war Mitglied der Gelehrtenakademie des Aldus Manutius und wurde Sekretär des Papstes Leo X. Um 1529 wirkte er als Historiograph der Republik Venedig und als Bibliothekar an der Markusbibliothek. Er erhielt 1539 die Kardinalswürde. »Als Schriftsteller war Bembo einer der vornehmsten Wiederhersteller des guten Stils sowohl in der lateinischen als auch in der italienischen Sprache.« (Vgl. *Meyers*)

▷ *Salizzada Zanipolo:* Salizzada hießen in Venedig die gepflasterten Straßen (salizo – Pflaster). Die ältesten gepflasterten Straßen heißen heute noch so. San Zanipolo ist die Dialektbezeichnung für die Kirche Santi Giovanni e Paolo. (Vgl. Zorzi, *Venedig*, S. 269 f.)

▷ *Im sechsten Jahre Innozenz' III.:* FHO kontaminierte für den im Text folgenden historischen Abschnitt zwei Passagen aus Fallmerayers *Geschichte des Kaiserthums von Trapezunt.* Im Kapitel »Alexis Comnenus erobert Trapezunt nebst einem grossen Theile der Südküstenländer des Pontus Euxinus« (1. Buch, 1. Kapitel, S. 44 ff., insbesondere 47 f.) schreibt der Historiker: »Nicht gegen das Haus der Comnenen hatten sich die trapezuntischen Küsten so oft erhoben, sondern gegen die herrschende Faction der Grossen von Konstantinopel, durch deren Ränke und unersättliche Habsucht die Monarchie zerrüttet und die Kräfte der Unterthanen erschöpft wurden. Alexis Comnenus, Manuels Erstgeborner wurde daher von den Trümmern des alten Hofes, die mit ihm an den Phasis gekommen waren, so wie von den neuen, bei der letzten Katastrophe aus Byzanz entflohenen Grossen des Reichs, und von allen Bewohnern der kolchischen Provinzen als ein vom byzantinischen Throne unabhängiger Herrscher, als Kaiser, als Βασιλεὺς anerkannt, und verlegte den Sitz dieses Neu-Comnen'schen Reiches von den Ufern des Phasis in die grosse und wohl verwahrte Stadt Trapezus oder Trapezunda am schwarzen Meere. Die Bande, welche diese Stadt länger als zwölfhundert Jahre an das Schicksal der römischen Welt geknüpft hatten, waren auf immer zerrissen, und sie selbst von nun an die zweite Hauptstadt des griechischen Kaiserthums.

Dieses merkwürdige Ereigniss begab sich im Monate April 1204 nach Chr., als Innozenz III. im sechsten Jahre die Kirche des Abendlandes und Georg der Glänzende, Thamar's Sohn, das Reich am Kaukasus regierte, in eben demselben Jahre als Kilidsch-Arslan's Sohn Chosrev über Ikonium, Theodor Laskaris über das Gebiet von Nicäa, und Balduin von Flandern über die rauchenden Paläste von Konstantinopel zu herrschen begann.«

Im Abschnitt »Sinope geht an die seldschukischen Türken verloren« (1. Buch,
5. Kapitel, S. 92 ff., insbesondere 98) liest man: »und weil sich Lascaris durch seine
Thaten bekannter und den Ikoniern furchtbarer gemacht hatte, als Alexis, so ist es kein
Wunder, dass man bei den Eroberungen, die die Seldschuken über beide machten,
immerfort den Namen des berühmteren nannte und [...] Al-Aschkari jedes
Oberhaupt der Christen von Anatolien zu damaliger Zeit bezeichnete, wie es auch aus
einigen Stellen bei Abulfeda nicht undeutlich hervorgeht.«

▷ *Trebisonda:* Trapezunt. Näheres siehe S. 397, Anmerkung: *Scarpanto.*

▷ *eine Laskaris-Melissenos, aus dem Hause der Kabasita:* Die Namen fand FHO in
Fallmerayers Kapitel »Blick auf den innern Zustand des Reichs unter Manuel III.«
(*Geschichte des Kaiserthums von Trapezunt,* 2. Buch, 6. Kapitel, S. 234 ff.,
insbesondere 238 ff.) FHOs Exzerpte liegen bei Chlan, *Kommandant,* S. 365 in
Transkriptionen vor.) Fallmerayer schreibt: »Allein ungleich ausgedehnter war seine
Macht [die des Manuel, Kaiser von Trapezunt um 1404] dem Rechte nach, wenn wir ihn
als allgemeines Oberhaupt der ganzen Trapezuntischen Staatenvereins betrachten. Von
den grossen Kronvasallen, die im Laufe der bürgerlichen Unruhen die Territorial-
Hoheit zu usurpiren begannen, können urkundlich und namentlich fünf nachgewiesen
werden, die um diese Zeit eine von der Krone unabhängige Herrschaft über alt-
trapezuntische Gebietstheile ausübten. Der erste davon ist der Fürst von Oenäum oder
Hinio in trapezuntischer Aussprache jenes Zeitalters. Der Sitz desselben war in der
benannten Stadt; zu welcher der Küstenstrich zwischen den Flüssen Thermodon und
Vatisa gehörte. Er hatte neben seinen griechischen auch einige Hundert Türken als
Unterthanen, wie man dem mehrbelobten kastilianischen Gesandten versicherte. Der
um 1404 regierende Fürst hiess Melaseno, oder Melissenos, ein in der byzantinischen
Welt nicht unbekannter Familienname [...] Der zweite war der Fürst von Boona,
dessen Gebiet westlich unmittelbar an das von Hinio, östlich aber an die kaiserliche
Grenzmark Keresunt stiess. Der damalige Gebieter dieser Landschaft hiess nach
Clavijo Arzamir, ein muhammedanischer Turkmann und Sohn jenes Tschiatines, der
eine Tochter Alexis III. zur Ehe gehabt, und dadurch die Ehre erlangt hatte, in die
Reihe der grossen Kronvasallen von Trapezunt zu treten [...] Der vierte war jener
Soliman-Bei, Emir von Chalybia, der, wie früher erzählt wurde, den Fürsten von Boona
erschlagen hatte und muttersteits ebenfalls mit dem Gross-Comnen verwandt war.
Der fünfte und grösste von allen aber war Kyr-Leo, das Oberhaupt des uralten
trapezuntischen Geschlechts Kabasita, dem in der Bergregion zwischen Armenien und
Manuels Erbländern eine grosse Menge Schlösser, Bergvesten, Alpengründe und
Zollstätten eigenthümlich angehörten. Die Kastelle Zigana, Cadaca, Dorila und
mehrere andere, sammt allem Gebiete bis zum Arsinganischen Grenzdorfe Alangogaza
(?) waren Eigenthum dieser mächtigen Familie; in deren Händen auf solche Art mehr
als zwei Drittheile der damals üblichen Handelstrasse von Trapezunt nach Armenien
und ganz Morgenland lag. Ausser diesen Schlössern, die Clavijo selbst gesehen und
besucht hatte, besassen die Kabasitanen rechts von der benannten Caravanenstrasse
auch noch die uralte Burg und Ortschaft Mesochaldion mit allen dahin gehörigen
Gütern und Gründen; wesswegen sie in der Palastchronik auch häufig Herzoge von
Chaldia genannt werden [...]
Diesen namentlich aufgezählten und faktisch unabhängigen Dynasten unter Manuels
Regierung muss man noch die muhammedanischen Emire von Cheriane und Paipert;
die christlichen Burgherrn von Tzanich, Dora, Larachane, Chasdenich und den
Fürsten von Ghuria, neben vielen anderen beizählen, deren Schlösser und Sitze im

Gebirge und an der Meeresküste als alte Gebietstheile des trapezuntischen Reiches betrachtet werden.

▷ *Meer, über das Jason das Goldene Vlies gebracht:* Variante im Typoskript: »Meer von Kolchis« (XI/2 – 21). In seiner Handschrift zum *Maskenspiel der Genien (S. W.*, Band III) deutet FHO das »Vliesmysterium«, einerseits die Macht der ins Androgyne gesteigerten weiblichen Schönheit thematisierend, andererseits auch auf das Erbe von Byzanz hinweisend, das er in Österreich zu finden glaubte. (Näheres siehe S. 419 f., Anmerkung: *Schönheit kann Schrecken zeugen,* S. 422 f., Anmerkung: *Auf in goldenen Fackeln* und S. 464) »Zum Vliesmysterium. Das charakteristischste Moment für das menschliche Sein ist die Trennung in Geschlechter. Über dem Menschlichen steht das Göttliche. Sein sichtbarstes Symbol ist das Ungeschlechtige, das Mysterium der Parthenos Pallas, das Androgyne. Es ist wohl kein Zufall, daß das Vlies aus Kolchis geholt ward, dem Land, das den Zugang zum Reich der Amazonen bildet (Schlüssel dazu die Gralsburg misses: engel burg. Missoskaldion = eine Schallaburg!) Die α-μαζονης sind noch παρθενοι, Mädchen ohne die weibliche Vollentwicklung, ohne (starke!) Brüste, androgyne Figurantinnen! Vorgeahnte Erscheinungen der dritten Evolutionsepoche der Weiblichkeit, – an der Schwelle der neuen Hekateepoche. Der Orden des Vlieses in Burgund war nur ein Geheimzeichen zu einem neuen Argonautenzug nach Kolchis – Trapezunt, um den Türkensturm aufzuhalten, war das Werk David II., der bewußt so hieß, der Arier, der den Urweltriesen erschlägt! Die Schönheit seiner Tochter – Despina Katon – stellte er in den Dienst seiner Pläne – eine Schönheit, von der die Minnesänger aller Höfe Europas sangen. Durch sie ward ihm Usun-Hassan, der Chef der Turkmenen, die damals Persien und Mesopotamien beherrschten, zum Schwiegersohn. Despina Katon behielt ihre byzantinische Hofhaltung in Bagdad – und so kam es, daß damals der Hof von Bagdad das Ziel abenteuersuchender Ritter und Minnesänger wurde, und noch Cervantes läßt seinen Ritter Don Quichote über die mißverstandenen Träume dieser Epoche irrsinnig werden. Er und andere Könige des Ostens – von Armenien, Georgien und sogar noch Herzoge kleiner Reste des Gothenreiches setzten unter Schutz der Venezianischen Flotte, die in Cilicien operierte, den Türken furchtbar zu – auch noch nach der Vernichtung von Trapezunt und der Ermordung der ganzen Kaiserlichen Familie der Komnenen. Bei Baibur am Eufrat wogte lange die Entscheidungsschlacht, in deren Kanonendonner fast die Türkenmacht vernichtet worden wäre. Aber leider siegte das Element der Finsternis und warf zugleich Europa auf viele Jahrhunderte in seiner Entwicklung zurück.« (IV/13 – 4, 5. Siehe auch S. 404 f., Anmerkung: *David, der letzte Kaiser von Trapezunt*).
Am 13. 4. 1933 notierte FHO: »Carmen löst das Geheimnis des GOLDENEN VLIESES. KOL – FELIS, das ist: verhüllende Katze, d. h. die Katze verhüllt die Göttergestalt, ihre Maske ist Trägerin, Substrat der androgynen Gottheit: Venus auf dem Vehikel der 2 Katzen, Freya am Katzenwagen.« (Zu FHOs Symbolik der Katze siehe S. 419 f., Anmerkung: *Schönheit kann Schrecken zeugen*).
Der von FHO angesprochene österreichisch-spanische Toisonorden oder Orden vom Goldenen Vlies wurde von Philipp III., dem Guten, Herzog von Burgund, am 10. 1. 1429 »dem Tag seiner Vermählung mit Isabella von Portugal in Brügge, ›zum Lob und Ruhm des Erlösers, der Jungfrau Maria und des heiligen Andreas wie zum Schutz und zur Förderung des christlichen Glaubens und der heiligen Kirche, zur Tugend und Vermehrung guter Sitte gestiftet‹. Die Benennung des Ordens beruht wahrscheinlich darauf, daß Philipp damit auf den Kreuzzug nach Syrien, den er vorhatte, als auf

einen neuen Argonautenzug hat hindeuten wollen [...] Infolge der Vermählung Marias von Burgund mit dem Erzherzog Maximilian von Österreich ging die Großmeisterstelle des Ordens nach den Statuten an das habsburgische Haus über.« (Vgl. *Meyers*, Stichwort *Goldenes Vlies*).

32 ▷ *»Ministranten der goldenen Narzisse«:* Narkissos, in der griechischen Mythologie Sohn des Flußgottes Kephisos und der Nymphe Leiriope, verliebte sich in sein Spiegelbild. Nach anderer Überlieferung war er von Nemesis wegen seiner Nichterwiderung der Liebe der Nymphe Echo mit stets unbefriedigter Selbstliebe bestraft und in die gleichnamige Blume verwandelt. »Pflanzen und Blumen fanden [...] bei religiösen Festen reiche Verwendung, und ihre Rolle besonders bei den Festen der großen Göttinnen der Natur, wo der Gedanke der Fruchtbarkeit vorherrschend war [...] wird vielleicht das erotische Motiv [...] erklären können. Uralt war die Verwendung von Narzissen bei den eleusinischen Mysterien.« Das ganze Altertum hindurch wurden sie als Schmuck der Gräber verwendet. Die letzte Blume, die Persephone pflückt, ehe sie von Hades geraubt wird, ist eine Narzisse. Die Eumeniden sind mit Kränzen von Narzissen geschmückt. Man kann »die Sage von Narkissos vom keimenden Mysteriengedanken, der an die rituelle Verwendung der Narzisse in Toten- und Mysterienbräuchen anknüpfte, über den tief eingreifenden Einfluß des Eroskultes und seine Nachwirkung bei den Orphikern bis zur sublimen Gedankenwelt des neuplatonischen Mystizismus verfolgen.« (Vgl. *Pauly*, Band 16/2, Spalten 1721–1734, insbesondere 1726 ff.)

3 ▷ *Chalkondyles:* Auch dieser griechische Name ist historisch: Laonikos (Nikolaus) war byzantinischer Historiograph, aus Athen gebürtig. Er lebte um 1450 und schrieb eine Geschichte der Türken und des Unterganges der griechischen Herrschaft (1298–1463) in zehn Büchern (vgl. *Meyers*). Demetrius Chalkondyles war sein Bruder. »Bis gegen das Jahr 1471 durchwanderte er die verschiedenen Städte Italiens, ohne eine feste Stelle zu erhalten; erst in jenem Jahr rief ihn Lorenzo de Medici nach Florenz, und übertrug ihm den Lehrstuhl der griechischen Sprache.« Später nahm er den Ruf des Ludwig Morus nach Mailand an. »Er lehrte hier öffentlich, wurde aber durch die den Staat bewegenden Stürme bald gestört, und wandte nun seine Thätigkeit auf die Revision einiger griechischer Handschriften [...] Schon in Florenz hatte er die erste griechische Ausgabe Homers besorgt (1488); in Mailand wurden, unter seiner Aufsicht, Isókrates (1493) und Suidas (1499) zum erstenmale gedruckt. Er starb in dem sieben und achzigsten Jahre, 1511. (Vgl. Villemain, *Laskaris oder die Griechen*, S. 162 ff.)

▷ *Kolubrinen:* Das im 16. und 17. Jahrhundert gebräuchliche Geschütz wurde allgemein mit dem Namen der Schlange belegt, da es mitunter eine ungeheure Länge hatte. Die Colubrinen wurden »nach der Größe ihrer Kugel durch eigenthümliche Namen bezeichnet: der Basilisk von 48 pfd., die Serpentine, oder gemeine Coulbrine von 24 Pfd.; die Natter (Aspic) von 12 Pfd.; der Pelican von 6 Pfd.; der Falke von 3 Pfd., und der Ribadoquin von 1 1/2 Pfd.« (Vgl. *Ersch und Gruber*, 1. Section, 18. Theil).

4 ▷ *Kartätschen:* Sprachlich aus dem italienischen cartaccio (Papiertüte, Büchse) abgeleitet, bezeichnet Kartätsche ein Artilleriegeschoß, das aus einer zylindrischen Blechbüchse besteht, »die mit 50–250 g Kartätschkugeln aus Eisen oder Zink gefüllt« ist (vgl. *Meyers*. Siehe auch *Ersch und Gruber*, 2. Section, 34. Theil).

414

▷ *Kardusen:* FHO meint vermutlich die Geschosse einer Kartaune, eines aus der Bombarde hervorgegangenen Geschützes größeren Kalibers des 16. und 17. Jahrhunderts, das als Vorgänger der Kanone angesehen wird (vgl. *Meyers*, Stichwort *Kartaune*).

▷ *Papagei Thersites:* In FHOs Ausgabe von Homers *Ilias* (Johann Heinrich Voß, 1.–12. Gesang. Wien/Prag 1800) sind auf S. 45 die Verse 214–222 des 2. Gesanges mit dem Hinweis auf Thersites angestrichen:

> »Wo ihm nur etwas erschien, das lächerlich vor den Argeiern
> Wäre. Der häßlichste Mann vor Ilios war er gekommen:
> Schielend war er, und lahm am anderen Fuß; und die Schultern
> Höckerig, gegen die Brust ihm geengt; und oben erhub sich
> Spitz sein Haupt, auf der Scheitel mit dünnlicher Wolle besäet.
> Widerlich war er vor allen des Peleus Sohn' und Odysseus;
> Denn sie lästert' er stets. Doch jetzt Agamemnon dem Herrscher
> Kreischt' er hell entgegen mit Schmähungen.«

36 ▷ *Königsschlösser ohne Zahl wuchsen empor:* Ergänzung im Typoskript: »steinerne Zauberlieder der Gotik« (XI/2 – 25).

▷ *Gürtel der Aphrodite:* Vgl. Homers *Ilias*, XIV. Gesang, 214–224 (Übersetzung von Johann Heinrich Voß, S. 47):

> »Sprachs, und löste vom busen den wunderköstlichen gürtel,
> Buntgestikt: dort waren die zauberreize versammelt;
> Dort war schmachtende lieb' und sehnsucht, dort das getändel,
> Auch die schmeichelnde bitte, die selbst den weisen bethöret.
> Den nun reichte sie jener, und redete, also beginnend:
> Da, verbirg' in dem busen den bunt durchschimmerten gürtel,
> Wo ich die zauberreize versammelte. Wahrlich du kehrst nicht
> Sonder erfolg von dannen, was dir dein herz auch begehret.
> Sprachs; da lächelte sanft die hoheitblickende Here;
> Lächelnd drauf verbarg sie den zaubergürtel im busen.
> Jene nun ging in den saal, die tochter Zeus Afrodite.«

In einem Brief an Mia Luckeneder von Neuhauser schrieb FHO am 6. 2. 1927 über sein besonderes Interesse an Homer: »Wenn wir ein bißchen ruhiger sind, gehen Carmen und ich an die Auflösung der Kala der griechischen Mythologie und später an ein ungeheures Kalanderwerk, den Homer, der nach einigen Probeschürfungen uns eben als armanisches, verkaltes Mysterienbuch erscheint.«

Ca. 1932 entstanden Notizen, in denen FHO Aphrodite mit der heiligen Katharina in Verbindung bringt, die auf einem Fresko in Brixen (Südtirol) mit Schwert und Gürtel dargestellt ist: »Sie trägt dort den ›Weltenschlüssel‹. Das ist das ›feurige Rad‹, von dem immer die Kirche schwefelte. Sie ruht auf einem König = Kuni = Maid! d. h. ihr »Vehikel« ist die irdische Maske der Mädchen, und sie ist Chefin der Katzen, auf deren ›Vehikel‹ Aphrodite sichtbar wird. Das sind gewaltige Einstiege, durch die auch die ägyptische Katzenverehrung klar wird.« »Sie, Katharina, trägt das Schwert am Gürtel mit einer Handstellung, die nach der Yogalehre das Schlangenfeuer (Schlangen, Engelsfeuer!), das Schlangenfeuer Kundalini entfacht. Kun(da) = Vulva, Schoß, li = Licht, ni = Vulva (Vulvatschakram). Das Schwert ist die schwarze (= unsichtbare) Lohe, die Welle, der elektrische Gürtelzauber der Walkyre.« Zur Technik der Silbenauflösung und ihrer Deutung siehe S. 396.

37 ▷ *Kephalos und Prokris:* Variante: »Proitos und Iphinoë Stheneboia« (X/3, Fasz. 2 – 17).
Der attische Heros Kephalos tötete versehentlich seine Gemahlin Prokris, eine
Gefährtin der Artemis. Sie war ihrem Gemahl aus Eifersucht heimlich auf die Jagd
gefolgt. (Vgl. *Pauly*, Band 11/1, Spalte 217–221) FHO verwendete dieses Motiv auch im
Maskenspiel der Genien (*S. W.*, Band III). Proitos, Zwillingsbruder des Akrisios,
nahm Stheneboia, die Tochter des lykischen Königs Jobates, zur Frau. Sie gebar ihm
drei Töchter, von denen Iphinoë im Irrsinn starb, die beiden Schwestern wurden vom
Seher Melampus geheilt. (Vgl. a. a. O., Band 23/1, Spalte 125–133).

39 ▷ *Ragazza Mascalzon:* etwa »infames Mädchen«.
▷ *Helena Megala Kyria Komnenos:* »Helena große Herrin Komnenos«.

41 ▷ *DIE KRONE VON BYZANZ:* In den Nachlaßmaterialien liegen keine Varianten des
Titels vor.

42 ▷ *Personen:* Für eine Vertonung seines Librettos notierte FHO folgende Stimmlagen
(vgl. XI/5 – 65 verso): tragender Sopran – Helena, Alt – Page Arcolani (Altkoloratur),
Tenor – Quirini, Bariton – Kantakuzenos, Basso buffo – Goldoni, Baßbariton – Priul,
Spieltenor – Schreiber.

44 ▷ *Palazzo Loredan:* »Zum Municipio gehört der ehemalige P a l a z z o L o r e d a n, ein Bau
aus dem 11. Jahrhundert, von dem noch die unteren Teile der Vorderfassade stammen
mit den überhöhten Rundbogen, bunten Inkrustationen, altrömischen und ravennati-
schen Kapitälen; im 14. Jahrhundert kam er in den Besitz des Frederico Corner
Piscopia, der 1336 und 1366 den König von Cypern, Pietro Lusignan, hier aufnahm,
dessen Wappen noch jetzt über dem Hauptfenster der Front und über der Eingangs-
thür nach der Gasse zu sehen ist.«
Pietro Loredan ließ 1481 von Pietro Lombardo einen »der schönsten Bauten nicht nur
Venedigs, sondern der gesamten Frührenaissance« errichten. »Dem Wasserbau
entsprechend, zeigt sich über dem Kanalspiegel ein von der Wassertreppe und einem
verjüngten Sockel eingeleitetes zierliches Untergeschoß mit eleganter Dekoration,
korinthischen Pilastern, Rundportal, Doppelfenstern mit Bogen, Mittelsäule mit
maaswerkartiger Scheibe, darüber zwei Prachtgeschoße, die, was das Untergeschoß
andeutet, voll aussprechen, mit einer Bogenfensterfülle, welche den Palast zu einem
luftigen Wasserkasino und doch zu einem glänzenden würdigen Festbau verklärt.
Gesimse, Friese, Säulen und alles Detail folgen den antiken Vorbildern und sind in
höchster künstlerischer Vollendung durchgebildet; unter dem kräftigen Kranzgesims
krönt ein Fries mit Adlern den die reiche Façade. Die Gesamtwirkung wird noch durch das
kostbare Material erhöht: marmorartiger istrischer Stein für die Wände, weisser
griechischer Adermarmor für die Zwischensäulen und Fensterbogen und die Füllun-
gen, Porphyr, Serpentin und antiker Marmor für die Ornamente.« (Vgl. Gsell Fels,
Venedig, S. 16, 7 f.) Dieser spätere Palazzo Loredan wurde auf Vendramin Calergi
umbenannt. Beide Paläste liegen am Canale Grande. Welchen FHO gemeint hat, kann
nicht eindeutig beantwortet werden. Wichtig war für ihn vermutlich der Name, fast ein
Anagramm zu dem Namen seiner Mutter Orlando, der FHO so wichtig erschien, daß er
um Namensvereinigung beider Elternnamen ansuchte, was ihm 1917 gewährt wurde.
Diese Theorie läßt sich mit einem Hinweis stützen, den FHO in seinen Memoiren (aus
den vierziger Jahren, siehe *S. W.*, Band IX) gibt. »Und meiner Mutter Familie Orlando,
die aus dem Epirus stammte und bis etwa 1675 in Zara ansässig war, hatte einen Palazzo
in Venedig ›Orlando‹ – am Canareggio – wo damals [1890, Besuch FHOs

in Venedig] – eine Kohlenhandlung war.« Die Angaben konnten bis jetzt noch nicht verifiziert werden.

▷ *des Maskenfestes:* Über den Prunk der Maskenfeste in Venedig dürfte FHO u. a. in Molmenti, *Venedig und die Venetianer,* im Kapitel »Bankette und Feste« (S. 313–323) gelesen haben.

▷ *Venier:* Varianten: »Sanudo« (XI/6 – 4 ff.), »Pisani« (XI/6 – 4, XI/9, Fasz. 1, 3 – 2). Noch in weit größerem Stil als in seiner Erzählfassung (siehe S. 395 f., Anmerkung: *des Kommandanten Priul*) wählte FHO für seine *Krone von Byzanz* Namen aus dem venezianischen Patriziat: Venier ist eine der großen »neuen« Familien. Sie stellte einundzwanzig Prokuratoren von San Marco und drei Dogen, darunter Sebastiano, den Sieger der Schlacht von Lepanto (vgl. Zorzi, *Venedig,* S. 262). Aus dieser Familie kamen die Dynasten von Cerigo (Kyhtera) (vgl. Hopf, *Chroniques Gréco-Romanes,* S. 526 f.). Die Sanudo gehören zu den sehr alten Familien Venedigs. Marco, ein Neffe des legendären Dogen Enrico Dandolo (siehe S. 404, Anmerkung: *Traum des großen Dandolo*) eroberte mit den übrigen Inseln des Archipels 1207 auch Santorin (vgl. Hopf, *Veneto-byzantinische Analekten,* S. 382). Jacopo III. aus dem Hause der Barozzi trat Santorin der Familie Pisani ab, »aus der verschiedene Sprossen seit dem Ende des XV. Jahrhunderts über Inseln des ägeischen Meeres geherrscht haben«. (Vgl. a. a. O., S. 402 ff. Im Anhang stellte der Autor eine Genealogie der Pisani von Santorini und Namfio zusammen.)

FHO läßt in der prunkvollen Ausgestaltung des Festes noch eine ganze Reihe von venezianischen Patriziern als Randfiguren auftreten: Die Familie der Dandolo gehört zu den vornehmsten Häusern. Von den vier Dogen dieses Namens ist der bereits erwähnte Enrico Dandolo der bekannteste (siehe S. 404, Anmerkung: *Traum des großen Dandolo*). Malipiero ist eine »neue« Familie, die einen Dogen und vier Prokuratoren hervorgebracht hat. Tron hießen ein Doge und sieben Prokuratoren, von denen Andrea, »Weiser des Rates«, eine überragende Macht in Venedig um die Mitte des 18. Jahrhunderts ausübte. Die Grimani, ebenfalls eine »neue« Familie, stellten drei Dogen und einundzwanzig Prokuratoren, drei Kardinäle, Diplomaten und Admirale. Von den Barbaro sind die bekanntesten der Humanist und Politiker Marc'Antonio und sein Bruder Francesco, Patriarch von Aquileia. Der Name Masèr dürfte FHO durch das Dorf Masèr bei Castelfranco bekannt gewesen sein, das durch die von Andrea Palladio 1565–80 für die Familie Barbaro erbaute Villa Giacomelli – auch kurzweg Villa Masèr genannt – in FHOs Reiseliteratur erwähnt wird. Im venezianischen Patriziat findet sich keine Familie dieses Namens. Die Foscari gehörten zu den ersten Familien, die in venezianischen Dokumenten genannt werden. Neben vielen Persönlichkeiten sind vor allem der Doge Francesco und sein Sohn Jacopo, »der Byron und Giuseppe Verdi inspirierte«, in die Geschichte eingegangen. Michiel hieß eine ebenfalls sehr alte Familie, aus deren Reihen drei Dogen, zwölf Prokuratoren, ein Kardinal und zahlreiche politische und militärische Persönlichkeiten stammten. Auch die Gradenigo gehören zu den ältesten und bedeutendsten Familien, die an allen wichtigen Ereignissen seit der Gründung Venedigs beteiligt waren. Sie stellten drei Dogen, vierzehn Prokuratoren, zwei Kardinäle und Diplomaten. Die Bon wurden erst 1297 ins Patriziat aufgenommen und waren vor allem als Diplomaten tätig. Zweimal wurde einer von ihnen Prokurator von San Marco (vgl. Zorzi, *Venedig,* S. 260–263).

Gemeinsam ist fast allen diesen Familien, daß sie im griechischen Archipel Niederlassungen hatten. Dandolo waren Dynasten in Andros (vgl. Hopf, *Chroniques Gréco-Romanes,* S. 486). Etwa 1430 heiratete Leone Malipiero Lucrezia Crispo aus dem

Fürstenhaus des Archipels (a. a. O., S. 482). Grimani waren in Amorgos, Stampalia und Sifanto (a. a. O., S. 488. Hopf, *Veneto-Byzantinische Analekten*, S. 452 ff. und Anhang). In Zia und Seriphos lebten Michieli als Dynasten. Luca vermählte sich 1482 mit einer Tochter des Nicolò Venier (a. a. O., S. 427 ff, 439, Anhang). Die Gradenigo hatten sich in Kreta niedergelassen und kämpften während des Aufstandes (1363–1366) gemeinsam mit anderen venezianischen Adeligen auf der Seite der Bevölkerung. Durch die Heirat der einzigen Tochter von Gianfrancesco II. Cornaro von Skarpanto, Marietta, mit Nicolò Buono wurden die Güter der Cornaro auf deren Sohn Giovanni Buono vererbt (ca. Ende des 17. Jahrhunderts. Vgl. Hopf, *Veneto-Byzantinische Analekten*, S. 478 ff., 495, Anhang). Zu all den genannten historischen Persönlichkeiten und noch vielen mehr aus der Epoche venezianischer Herrschaft auf den griechischen Inseln liegen Notizen und Exzerpte FHOs aus den genannten Quellen vor. In diesen Aufzeichnungen finden sich auch Hinweise auf die im siebenten Bild, S. 96, genannten Dynasten: Barozzi, Foscolo, Premarini.

5 ▷ *Vu xè caro e xè belin:* Diese ersten Verse des venezianischen Liedes »Grasset e Scarmolin« (»Voll und hager«), »worin einzelne Ausdrücke der Gondelsprache [...] entnommen sind«, hat FHO seinem Venedig-Führer (Gsell Fels, *Venedig*, S. 81) entnommen (siehe Hinweis und Exzerpt XI/5 – 4). Er variiert aber bereits im dritten Vers seine Vorlage und ersetzte »mumia« (Mumie) mit »falcone« (Falke). Bei Gsell Fels findet sich ein Hinweis auf folgenden Gedichtband: *Agrumi. Volksthümliche Poesien aus allen Mundarten Italiens und seiner Inseln.* FHO wird dieses Buch gekannt haben, da er ein zweites Gedicht aus dieser Sammlung in *Apoll von Nichts* zitiert (siehe S. 138). »Grasset e Scarmolin« wird in diesem Buch (S. 66, 67) in folgendem Wortlaut wiedergegeben:

Vu xè caro e xè belin;	Lieblich bist Du, rank und schwank;
Ma xè tanto scarmolin	Doch Du kommst mir gar so schlank
Che una mumia mi parè! –	Fast wie eine Mumie vor! –
Vu xè belo e xè grasset,	Du bist hübsch und überall
Xè ben fato e xè tondet;	Wohlgethan und rund und drall;
Ma non so se m'intendè:	Aber spitze fein das Ohr:
Caro fio,	Liebes Söhnchen,
Puto mio,	Schön's Persönchen,
Ve potè	Hör' ein Wort:
Licar i dei:	Dein Händchen küß' Du:
Se xè bei,	Schön wohl bist Du,
Non xè per mi.	Doch nicht für mich!
Vo premè,	Biege fort!
Vu stalì,	Stelle dich –
E mì scio,	Und ich drücke
Dago in drio	Mich zurücke.
Via, slargemose,	Auf! wir scheiden uns
Destachemose	Und vermeiden uns,
E passemola così!	Jedes lebe so für sich!

▷ *Tien tua bocca Dandolo! il tuo canto scandolo:* »Halt den Mund, Dandolo! Dein Lied ist ein Skandal!«

▷ *Dandolo:* Siehe S. 416, Anmerkung: *Venier.*

▷ *Malipieri:* Siehe a. a. O.

▷ *Va via – brutto maccheron:* »Geh weg, häßlicher Dummkopf!«
▷ *Che insolenza, Gianni Tron:* »Welche Frechheit, Gianni Tron!«
▷ *Tron:* Siehe S. 416, Anmerkung: *Venier.*
▷ *Grimani! Barbaro! Masèr:* Siehe a. a. O.

46 ▷ *Foscari:* a. a. O.
▷ *Micchieli! Gradenigo! Buon:* Siehe S. 417.
▷ *Auf des Zaubergartens Herrin, auf Armida wart ich:* FHO spielt auf die dämonische Verführerin Armida aus Torquato Tassos epischer Dichtung *La Gierusalemme liberata, overo il Goffredo* an. Armida verführt mehrere Ritter – schließlich auch den Helden Rinaldo –, um sie dem Kampf zu entziehen und die Belagerung Jerusalems zu verhindern. »Sie lockt Rinaldo in ihren Zaubergarten auf einer Insel. Rinaldo verläßt sie aber, als er sich seiner Pflicht als Ritter erinnert. In Tassos Epos endet die Armida-Rinaldo-Episode versöhnlich. Anders in den meisten der zahlreichen Opernbearbeitungen dieses Stoffes: In dem erfolgreichen Textbuch Philippe Quinaults (1635–1688) endet die Handlung tragisch. Dieses Libretto wurde zuerst von Jean Baptiste Lully, fast hundert Jahre später von Christoph Willibald Gluck vertont. Der Stoff gehörte zu den beliebtesten und bekanntesten Opernvorwürfen des achzehnten und des beginnenden neunzehnten Jahrhunderts.« (Vgl. Chlan, *Kommandant*, S. 486 f. Die Autorin bezieht sich auf Elisabeth Frenzel: *Stoffe der Weltliteratur.* 4. Aufl. Stuttgart 1976, S. 57 f.) Schon in der Erzählfassung nimmt FHO auf Tassos Werk Bezug. Siehe S. 30 und S. 410, Anmerkung: *Nach wenig Tagen naht die junge Schöne.* Im 6. Bild (S. 94) werden diese Verse auch zitiert.

47 ▷ *Valandine:* Diese Vokabel, abgeleitet aus dem mittelhochdeutschen »valantinne« (nach Lexer, *Mittelhochdeutsches Handwörterbuch*, »Zauberin«, »Teufelin«) verwendet FHO u. a. auch im *Maskenspiel der Genien* (*S. W.*, Band III) und im *Tyroler Drachenspiel* (*S. W.*, Band IV).
▷ *dem Goldenen Buche:* Das »Libro d'Oro« war für Venedig »eine Art standesamtliches Register des Patriziats, bestehend aus dem ›Buch der Geburten‹ der Patrizier, eingeführt im Jahre 1506, und dem ›Buch der Eheschließungen‹, eingeführt im Jahre 1526. Für die Einschreibung in dieses Buch, das bis zum Fall der Republik von der Avogaria [der Advokatur] geführt wurde, galten strenge Voraussetzungen.« Es wurde 1797 bei einem Brand zerstört. (Vgl. Zorzi, *Venedig*, S. 47).
▷ *Candia:* Kreta. Näheres siehe S. 397, Anmerkung: *Scarpanto.*
▷ *Negroponte:* Euboia. Näheres siehe a. a. O.
▷ *Morea:* Peloponnes. Näheres siehe a. a. O.
▷ *Amathunt:* An der Südküste Cyperns liegt Amathus (auch Amathunt) mit dem Tempel der Aphrodite, die hier neben dem Adonis verehrt wurde (vgl. Ross, *Reisen nach Kos, Halikarnassos, Rhodos und der Insel Cypern*, S. 168 ff.) Aphrodite führte hier den Beinamen Amathusia. »Amathunt wurde daher auch später vielfach als fingierter Druckort für Erotica verwendet.« (Vgl. *Bilder-Lexikon*, S. 43) Am 9. 3. 1919 entstand FHOs Zeichnung (Bleistift und Farbstifte) *Der Gang nach Amathunt* (Sammlung Fritz Philipp, Innsbruck).

48 ▷ *Cynthia:* Beiname der Artemis und der Athene (vgl. *Pauly*, 12/1, Spalte 41).
▷ *Chrysee:* Chryseis (Astynome) heißt im ersten Gesang von Homers *Ilias* die Tochter des smithinischen Apollopriesters Chryses, der zu Chryse, einer Kultstätte am Fuß des Ida, wohnte. Sie wurde von Achill geraubt und als Kriegsgefangene im Zelt

des Agamemnon festgehalten. Apollon sandte eine Pest ins Lager der Griechen, die Chryseis daraufhin ihrem Vater zurückgaben. Chryse heißt aber auch die Gattin des Dardanos, dem sie als Mitgift die Palladien gebracht hat (siehe auch S. 431, Anmerkung: *Palladium*. Vgl. *Pauly*, Band 3, Spalten 2491–94).

▷ *Berenike:* Der Name mehrerer Ptolemäerinnen leitet sich aus Pherenike (»Siegbringerin«) her. Berenike, die Tochter des Herrschers von Kyrene, heiratete (246 v. Chr.) Ptolemäos III. Euergetes von Ägypten. Bei dessen Kriegszug gegen Antiochos Theos opferte sie ihr Haar der Aphrodite, das am folgenden Morgen aus dem Tempel verschwunden war. Der Astronom Konon aus Samos erklärte, daß dasselbe unter die Sterne versetzt sei, Kallimaches und Catull verherrlichten die »Locke der Berenike«. »Dasselbe Sternbild wurde von Eratosthenes auch in Verbindung gebracht mit irgendwelchen lesbischen Mädchen [...] vielleicht auch mit Ariadne«, der Tochter des Königs Minos von Kreta, die als Brautgeschenk der Aphrodite und der Horen (oder auch von Dionysos) eine Krone, ein Werk des Hephaistos, bekam. Auch diese Krone wurde unter die Gestirne versetzt (vgl. *Pauly*, Band 3, Spalte 284 f., 289). Die Tochter des Königs Herodes Agrippa I. von Judäa nannte sich auch Berenike (a. a. O.).

▷ *Theodora:* Der Name tritt in der Geschichte des Oströmischen Reiches mehrfach auf: So hießen die Gemahlinnen von Kaiser Justinian I., von Kaiser Theophilos und vor allem die Tochter des Kaisers Konstantin VIII., die zwischen 1054 und 1056 allein die Regierung führte. »Mit ihr erlosch die von Basilius I. begründete makedonische Dynastie.« (Vgl. *Meyers*)

▷ *zur Stunde der Diana:* »alla diana« bezeichnet im Italienischen die Zeit am frühen Morgen, beim ersten Morgengrauen. FHO könnte ›ala diana‹ oder ›a la diana‹ bei Francesco Grassetto da Lonigo gelesen haben (zitiert nach Chlan, *Kommandant*, S. 488). Zu Grassetto da Lonigo siehe S. 426, Anmerkung: *Chi potria mai tante cose narrare.*

9 ▷ *Amphitrites Palast:* In Homers *Odyssee* erscheint Amphitrite als Meeresgöttin: »im stürmischen Meere von Amphitritens Gewäßern« (III/91, übersetzt von Johann Heinrich Voß, S. 47).
In Hesiods *Theogonie* (Vers 923) ist sie Gemahlin des Poseidon (vgl. *Hesiods Werke und Orfeus der Argonaut*, S. 154. Näheres siehe *Pauly*, Band 1, Spalten 1963–66).

▷ *Kalymnos:* Siehe Anmerkung S. 394 f.

0 ▷ *Schönheit kann Schrecken zeugen:* Im *Maskenspiel der Genien* (*S. W.*, Band III) macht FHO diese Überzeugung für den Gang der Handlung verantwortlich, dafür, daß das Leben des Helden nicht in den für ihn geregelten bürgerlichen Bahnen verläuft: »Daran war eine Macht schuld, die Wonne und Schrecken im Gefolge hat, die Macht besonders schöner und anmutiger junger Mädchen, doch von einer Art, daß man sie als Figurantinnen einer geheimnisvollen Elementargewalt ansprechen muß [...]« (IV/3 – 2.1 verso) »Das unerklärliche Spiel der Katze mit der Maus hat viel davon; und Mädchen von etwas tückischer Schönheit treten in gewissen Epochen ihres Seins ins Zeichen der Katze, – man kann diesen Transept ihres Seins kaum anders benennen. Es ist ein Vorspiel der Artung der Liebe auf den kommenden Ebenen des Engeltums.« (*Das Maskenspiel der Genien*, IV/3 – 44 verso) »Die Verbindung von Schönheit und Macht weist bereits auf eine tiefgreifende Polarität hin, die in Herzmanovskys Welt den weiblichen Wesen in besonderem Maße zu eigen ist: die Polarität von Leben und Tod, von Freude und Grauen [...] Diese doppelte Funktion zeigt sich am deutlichsten bei den Amazonen, die zwar schön und jung sind, durchaus aber todbringend wirken können.

Sie gehören sowohl in den Bereich der jungfräulichen Jägerin Artemis, als auch in den der Aphrodite – wie schon Pfeil und Bogen Dianas, gleichzeitig aber auch das Attribut des Eros zeigen. Herzmanovsky verwendet für diese Verbindung von Tod und Liebe das Bild des Panthers.« (Gagern, *Ideologie und Phantasmagorie*, S. 139 f.) In zahlreichen Briefen an Kubin nennt FHO seine Frau Carmen Panther, oder er vergleicht sie mit dieser großen Wildkatze (vgl. *S. W.*, Band VII, S. 343), was ihr auch im engsten Freundeskreis den Namen »Pardhy« eingebracht hat. Welchen Sinn FHO dem Vergleich mit dem Panther unterlegt, formulierte er auf einem Notizblatt aus dem graphischen Nachlaß: »Die Grausamkeit ist das Krondiadem der Schönheit: Alle verlieren sich an der Grazie des Panthers, dessen erhabene Lust im Sinnfälligen zweiten Grades Carmens Herrlichkeit ist. Des Traumes Eroszeichen ist der Kuß des Panthers: ihm muß man sich opfern, er vernichtet das – was das schöne Mädchen als solches nicht vernichten kann [...] Der dritte Grad der Schönheit oder Wahrheit ist Carmen.« Auf einem losen Notizblatt vom 24. 12. 1932 versucht sich FHO in etymologischen Deutungen: »KATZE. Spiegelung irdisch (niedrig) der Aphrodite. Freya, Maria. Kate = Haus. Kat = Kampf. Katz = Vulva (= Haus), das Schützende, Mehrende. (Geld Katze, Geld = ›Marianne‹, Mariedl) Vulva heißt Mizi. Katzen heißen immer ›Mizi‹. Maria = Mirjam: ausgesprochen klingt wie ›Miau‹!
FELIS, Felisk = Feenlicht, Feenentsprossene. Fell: daher trugen Könige (Kuoni! = Weib) immer Felle als Abzeichen [...] Wahrscheinlich erschienen die Feen als Katzen (Pantherfelle) maskiert und bekleidet! Katze – böhmisch: Maschka = Maske [...]« (Siehe auch S. 414, Anmerkung: *Gürtel der Aphrodite*. Zu FHOs Technik der Silbenauflösung und ihrer Deutung siehe S. 396.)

▷ *Gemisthos Plethon:* Der griechische Gelehrte »wohnte als Ratgeber der Despoten des Peloponnes, Manuel und Theodor Paläologos, dem Konzil zu Florenz 1439 bei. Sein Aufenthalt in dieser Stadt wurde dadurch folgenreich, daß er das Studium altgriechischer Schriftsteller, namentlich des Platon und Plotinos, wesentlich beförderte. Durch ihn wurde Cosmus von Medici veranlaßt, eine Platonische Akademie in Florenz zu gründen.« (Vgl. *Meyers*) Villemain schreibt über Plethon (geb. Konstantinopel 1355, gest. Mistra 1450) in seinem Kommentar zu *Laskaris*, S. 154 (Plethon war nämlich etwa zur gleichen Zeit wie Konstantin Laskaris in der Nähe von Messina gelandet): »Georg Gemistus vertauschte diesen letztern Namen, indem er ihn von γεμίζειν, anfüllen, ableitete, mit dem gleichbedeutenden Pletho, von πληθω, um dem von ihm so verehrten Plato ähnlicher zu werden. Er war nämlich unter den seltenen Kennern des alexandrinischen Platonismus der berühmteste, und führte das Studium dieser Philosophie wieder in das Abendland ein [...] Er tritt zuerst bei den Unterhandlungen mit der römischen Kirche in Ferrara und Florenz in das Gebiet der Geschichte. Hier war er einer der vorzüglichsten und hartnäckigsten Gegner der Vereinigung, und warnte auch seinen Kaiser vor der List und Herrschsucht der Päpste. Er schrieb auch mehrere Bücher gegen die römische Kirche, von denen Leo Allantius, der seine Werke vollständig verzeichnet hat, vermuthet, sie seyen noch vor der Kirchenversammlung in Florenz verfaßt worden. Er kehrte nach dem Schlusse derselben wieder nach dem Morgenlande zurück, und kam erst nach dem Untergange des griechischen Reiches wieder nach Italien, wo er jetzt wahrscheinlich zu der von ihm vorher bekämpften Kirche übertrat, und sogar ihre Behauptung von dem Ausgang des heiligen Geistes in einer besondern Schrift gegen Manuel Malaxus vertheidigte.« Ilse Chlan (*Kommandant*, S. 489) nimmt an, daß mit dem »alten, nie erloschnen Glauben« die Zarathustra-Religion, der Zoroastrismus oder der Parsismus gemeint sei. Sie führt dazu folgende

Literatur an: Fritz Schulze: *Georgios Gemisthos Plethon und seine reformatorischen Bestrebungen.* Jena 1874 (= Geschichte der Philosophie der Renaissance, Band 1). Werner Ziegenfuß und Gertrud Jung: *Philosophen-Lexikon.* Handwörterbuch der Philosophie nach Personen. Band 2. Berlin 1950. S. 295 f. Karl Krumbacher: *Geschichte der byzantinischen Literatur* von Justinian bis zum Ende des oströmischen Reiches (527–1453). Handbuch der klassischen Altertumswissenschaft. Hrsg. I. v. Müller. 2. Auflage. 9. Band. New York o. J. S. 117 ff.

▷ *Misithra:* Mistra. Näheres siehe S. 397, Anmerkung: *Scarpanto.*

▷ *Zannachi Spezzapetra:* Variante: »Chandachiti Spezzapetra« (X/5 – 47).

▷ *Feliciano:* In seinen nachträglichen Namensdeutungen aufgrund von Silbenauflösungen (Näheres siehe S. 396) notierte FHO zum Namen Feliciano: »Vee-li-si-an (Felix Austria) [...] = richtige Zeugungsentstehung, das (Artgericht!) [eine Abkürzung unleserlich] An = Anfang, nahe, angeschlossen = Der Anfang der Feen – Gottes Licht – richtigen Entstehung: Page der Aphrodite!«

▷ *die ladra Parthenos:* ladra (ital. »diebisch«) Parthenos (griech. »Jungfrau«).

1 ▷ *Cythera:* Die südlichste der Ionischen Inseln ist mit ihrem Tempel der Aphrodite Urania der Göttin geweiht, die den Beinamen Kythereia trägt. Von Cythera aus soll Helena von Paris aus dem Tempel der Aphrodite entführt worden sein sein (vgl. *Pauly,* Band 12/1, Spalte 217). Die »Liebesinsel« war im Barock ein beliebtes Motiv in der Kunst. FHO, das »Rokoko der Levante« beschreibend, wählte für eines seiner Dramen den Titel *Die Fürstin von Cythera* (*S. W.,* Band VI. Näheres über Kythera siehe dort S. 366). Ein Teil des Romans *Das Maskenspiel der Genien* (*S. W.,* Band III) spielt auf der Insel.

2 ▷ *Templeisen von Rhodus:* Notiz: »Die Dokumente über die Kaiserkrone der Komnenen waren aber in den Stürmen der weiten Wirren der mittelalterlichen Levante in die Hände einer der wunderlichen geheimen Gesellschaften gekommen, die im alten Venedig blühten, und diese Krone mußte von den byzantinischen Geheimbünden wiedergefunden werden, um den Aufstand gegen das zerbrechende Türkenreich aufflammen zu lassen.« (X/4 – 14 verso) Vgl. dazu auch Paralipomenon S. 110.
FHO vermischt die Templeisen, die Ritter des Grals, mit den Tempelherren (siehe Anmerkung S. 397 f.) und er verknüpft zugleich diesen Ritterorden mit dem der Johanniter (siehe Anmerkung S. 398 f.) – die Tatsache ignorierend, daß die beiden Orden »in beständigem, oft blutigem Streite« lebten (vgl. *Meyers,* Stichwort *Tempelherren*) – das hängt vielleicht auch damit zusammen, daß nach der Auflösung des Templerordens ein großer Teil von dessen Besitzungen an die Johanniter überging (a. a. O.).

▷ *Deren Rosen der Königin des Himmels geweiht:* In seinen Aufzeichnungen zur Mythologie bezeichnet FHO die Rose als Attribut der Aphrodite.

▷ *Es ruhn, wie Ihr wißt:* In einer Überarbeitung einer ersten maschinschriftlichen Fassung des Dramentextes stellte FHO diesem Vers folgende »Erklärung« voran: »Kala Hymen Os heißt die Insel ... ›Im Schoße der Jungfrau verborgen‹« (XI/6 – 13). Dieser Stelle liegt eine Notiz zugrunde, die FHO zur »Mystik von Kalymnos« gemacht hat: »Kala Hymen Os = im jungfräulichen Schoß der Erde verborgen. Kahl (Kala) ist der Schoß der Jungfrau, d. h. die Jungfrau ist ganz besonders durch den Mangel der erst in der Pubertät erscheinenden Sexusmerkmale der sonst sinnlosen Behaarung charakterisiert.« (XI/5 – 59) Auch auf einem Notizblatt des graphischen Nachlasses finden sich diese Silbenauflösungen. Zu ihrer Deutung siehe S. 396.

▷ *die wahren Kronen der Welt:* Notiz zu dieser Stelle aus handschriftlichen Entwürfen: »unter der Synagoge von Krakau! durch Weichselwasser immer unter Wasser zu setzen!« (XI/5 – 59). Vgl. dazu FHOs Notiz aus den historischen Aufzeichnungen: »Übrigens sollen sich die meisten wahren Kronen in einem Gewölbe unter einer Krakauer Synagoge befinden und sich Judenchefs einmal im Jahr damit maskieren. Gelegentlich zugreifen!« Zur Symbolik der Krone siehe S. 403 f., Anmerkung: *die Krone des Oströmischen Reiches,* und S. 438, Anmerkung: *1850 im Falle der durch Kossuth entführten ungarischen Stephanskrone.*

53 ▷ *Perireiches Avalun:* Nach dem späten Glauben der Parsen, der Anhänger der von Zoroaster (Zarathustra) gestifteten iranischen Nationalreligion, sind Peri »feenartige Wesen, die sich vom Reich der Finsternis abwandten« (vgl. *Meyers*). Avalun (Avalon) ist in der mittelalterlichen höfischen Dichtung das Feenland, das von der Fee Morgana beherrscht wird.

54 ▷ *ein schlanker Panther, noch im Rosenhag verborgen:* Siehe S. 419 f., Anmerkung: *Schönheit kann Schrecken zeugen,* und S. 421, Anmerkung: *Deren Rosen der Königin des Himmels geweiht.*

▷ *Thyrsos:* Den Stab des Dionysos, der in der klassischen griechischen Literatur mit Efeu und Weinranken, oben mit einem Fichtenzapfen versehen, geschildert wird (vgl. *Pauly,* 2. Reihe, Band 6/1, Spalten 747–752), nennt FHO den Feuerbohrer, ein Phallussymbol. Er ist vom Efeu umschlossen, den FHO aufgrund von Silbenassoziationen (Efeu, Hefei, Ifa, Heva, Hefe, Eve, Eibe) zur Jugendgöttin Hebe zurückführt; für FHO Symbol der Vulva. Den Thyrsos sieht er als Symbol seiner »feuerspeienden Draughs« (siehe dazu S. 440, Anmerkung: *Arethusa Freifräulein von Fyrdraugh*).

55 ▷ *Enygma, Kyria Byzantina:* »Rätsel, Herrin von Byzanz«.

▷ *Fürst Kantakuzenos:* Die Familie der Kantakuzenos waren griechische Fürsten, die 1347 mit Kaiser Johannes VI. den byzantinischen Thron bestiegen. Helena Cantacuzena war die zweite Gemahlin des trapezuntischen Kaisers David I. (vgl. Fallmerayer, *Geschichte des Kaiserthums von Trapezunt,* S. 284 f.). Georg und Alexander gehörten einem nach Rußland ausgewanderten Zweig der Familie an, die beim Ausbruch des griechischen Freiheitskampfes im russischen Kriegsdienst standen. Alexander Kantakuzenos schrieb *Briefe eines Augenzeugen der griechischen Revolution vom Jahr 1821* (vgl. *Meyers*). FHOs Interesse am griechischen Freiheitskampf entsprechend (siehe S. 460 f., Anmerkung: *Roxane Puygparadinez, Markgräfin von Atalanta*) könnte er dieses Werk gekannt haben. Dem Namen Kantakuzenos ist er sicherlich in seiner Lektüre von Blaquiere, *Die Griechische Revolution,* begegnet.

56 ▷ *Auf in goldenen Fackeln:* Ein Entwurf zur »Hymne des Quirini« findet sich in XI/5 – 29, 30. Er entspricht einem Huldigungsgedicht, das FHO seiner Frau Carmen zu Weihnachten 1925, in goldenen Lettern geschrieben, verehrte (Materialien zur Biographie, Mappe »Pardhy«). Auf gleichem Papier und in der gleichen Schrift notierte FHO weiter: »Das Vorspiel ist beendet. Die Mitspieler der Komödie sind abgetreten. Ich erwarte dich, du, an der alle Namen der Sterblichen abgleiten. Die irdischen Großmächte wählen stets würdige, amtbeschwerte Herren als ihre Gesandten. Sie sind ihr Spiegel: trocken, borniert, namenlos, albern. Die Mächte allerdings, die dich zur Gesandten wählten – ja, die sind keine ohnmächtigen Traumfiguren wie Britannien

oder Amerika. Sie sind vorsichtiger in der Wahl ihrer Repräsentanten ... Der Titel aller dieser lautet: ›Excellenz‹. Der deine auch: Die Strahlende in Jugendpracht und grausamer Grazie. Die Mächte, die dich sandten, lassen sich durch höhere Ränge vertreten – und hohe Herrschaften wählen stets für ihre Reisen ein Incognito. Ich grüße dich, holde Herzogin der Anmut, an der alle Namen abgleiten. Errate ich aber deinen wahren Namen, der so schön ist, daß Schauer einen überlaufen – dann – beginnt – das – Drama.« Die Entschlüsselung der Kyria Komnena in der Maske der Helena Laskaris wird eindeutig in folgendem Textentwurf, der – in goldenen und schwarzen Versalien geschrieben – ebenfalls dem Huldigungsgedicht an Carmen HO beiliegt.

WIR VON GNADEN MANUELA
KARMEN KOMNENOS
KAISERLICHE PRINZESSIN VON
BYZANZ·TRAPEZUNT UND NIKAEA·
KÖN·PRINZ·VON CYPERN·KILYKIEN
LYDIEN·SYRIEN·ARMENIEN·SIZILIEN
HERZOGIN VON KRETA·SCARPANTO
KALYMNOS·RHODVS·KYTHERA·ETC·

In seinen Aufzeichnungen zur Zahlenmagie versuchte FHO drei Varianten von magischen Quadraten. Die erste sollte die Aussage »geheime Kaiserin = Carmen, Electa, Rex, Eros, Maxima, D. I. B.«, die zweite »Kriegssymbol = Terror, Mundi, Maris, Eros, Thea«, die dritte »Symbol C. E. Eros« enthalten.

▷ *Ganymedessa:* Entsprechend seinem Schönheitsideal einer geschlechtslosen Grazie, »die das Spiel der eigenen Schönheit als Selbstzweck empfindet« (vgl. *Das Maskenspiel der Genien*, IV/3 – 44 verso. Siehe *S. W.*, Band III) sind Ganymedessa, Donzella Bathyllos, Porphyrogenete, Eros Puella weibliche Abwandlungen männlicher Gestalten aus Geschichte und Mythologie. FHO läßt auch die Heldin seines *Maskenspiels* (*S. W.*, Band III) einmal als Ganymed erscheinen. Dieser ist in der Mythologie der schönste der sterblichen Jünglinge, der – nach Ovid – von dem in einen Adler verwandelten Jupiter entführt wird. Bei Pausanias ist eine Göttin in Phleius belegt; die »ältesten der Phleiasier« bezeichneten sie als Ganymeda, die späteren als Hebe. Die Identifizierung mit der Jugendgöttin erklärt sich daraus, »daß Ganymeda dem Namen, Hebe der Funktion nach die weiblichen Gegenstücke zu Ganymedes sind«. Nach anderer Interpretation ist Ganymeda eine Abstraktion des Ganymedes (vgl. *Pauly*, Band 7, Spalten 736–749). Der griechische Lyriker Anakreon besingt den schönen Knaben Bathyllos (vgl. »Das Bild des Bathyllos« in *Anakreon*, übersetzt von Eduard Mörike, S. 102 f.). Porphyrogenete leitet FHO aus dem Beinamen »Porphyrogenetos« mehrerer byzantinischer Kaiser ab. Sie trugen diesen Namen, da sie geboren wurden, als ihr Vater Kaiser war (griech. »der im Purpur Geborene«, vgl. *Meyers*). Der bei FHO auftretende Typus des »knabenhaften, schönen und mächtigen« Mädchen ist

»keine reale Person, sondern eine Personifikation der Macht der Liebe [...] dieser immer neu verwandelten androgynen Erscheinung der Liebe« (vgl. Gagern, *Ideologie*, S. 146). Das Urbild dieses Frauentyps »der höheren Sphäre, der Wissen und Macht besitzt und nur durch dessen Mittlerrolle eine Erlösung, eine Erkenntnis und Weiterentwicklung möglich ist« (a. a. O., S. 138), ist Carmen HO. Sie erscheint in den Zeichnungen FHOs als knabenhaft-schlanke Mädchengestalt mit dunklen Ringellocken, ein Typ, der – um nur ein Beispiel von vielen zu nennen – auch in der Roxane Puygparadinez im *Apoll von Nichts* auftritt. Unter den handschriftlichen Entwürfen zum *Kommandant von Kalymnos* findet sich eine Paraphrase des Gedichtes, das sämtliche Charakteristika des dargestellten Frauentyps preist und Carmen HO zugeeignet ist. (X/3, Fasz. 1 – 12)

> Schlank und biegsam bist Du
> Wie der Stahl von Toledo
> – Niña Spaniola
> in Deiner Schönheit
> der dunklen Augen und Locken.
> Wie ein Dolch von Toledo
> Auf dem Sternenlicht flimmert
> – Niña Spaniola.
>
> Wie eine Klinge goldgeadert
> – die Küsse und Blut liebt –
> in samtener Scheide,
> geschmückt mit Juwelen
> und dem Steine Abraxas,
> der die Wunder erschließt.
> Du Maid von Toledo
> Hold und gefährlich
> Niña Spaniola . . .
>
> Es grüßt Dich Dein Freund,
> der auf andren Galeeren
> umhaucht von der donnernden See
> In Liebe und Kampf
> mit Dir brannte
> . . . Karmen von Byzanz.

▷ *Donzella Bathyllos:* Siehe S 423, Anmerkung: *Ganymedessa.*
▷ *Pallas Atlanta:* Atalante ist der Name zweier griechischer Heroinen. Die arkadische wurde von einer Bärin gesäugt, lebte in reiner Jungfräulichkeit und nahm am Argonautenzug teil. Die böotische war berühmt durch ihre Schönheit. Jeder ihrer Freier mußte einen Wettlauf mit ihr bestreiten und sollte im Falle ihres Sieges den Tod erleiden. Hippomenes siegte mit Hilfe goldener Äpfel, die er von Aphrodite zum Geschenk bekommen hatte: Er warf sie auf die Bahn, und Atalante hob sie während des Wettkampfes auf, wodurch sie zurückblieb. Hippomenes vergaß der Göttin zu danken, und so wurde er mit seiner Geliebten in ein Löwenpaar verwandelt (vgl. *Pauly*, Band 2, Spalten 1890–1895). Möglicherweise wollte FHO im Namen Atlanta auch den des sagenhaften Inselkontinentes Atlantis anklingen lassen.

▷ *Wachs vom Hymettos:* Der Berg in Attika, östlich von Athen, war im Altertum durch seinen bläulichen Marmor und seinen Honig berühmt (vgl. *Meyers*).

▷ *Porphyrogenete:* Siehe S. 423, Anmerkung: *Ganymedessa.*

57 ▷ *Eros Puella:* Siehe a. a. O.

58 ▷ *Messèr Loredano, Loredano Paraxelso:* (ital.-lat.-griech.) etwa »Herr Loredan, Loredan an der Seite des Höchsten«.

60 ▷ *Wir sind gar schwach an Kräften hier in Kalymnos:* Entwurf: »Wir sind gar schwach an Kräften; die wenigen Musketen – die jeder Mann – Vor Jahresfrist haben die verfluchten Barbaren – die Insel Island ausgeplündert – hoch im Norden, wo im Sommer ewger Tag – mein Sohn war dort – und haben 15 000 der Leute als Sklaven weggeschleppt – die Männer starben bald im heißen Africa – die blonden Mädchen – schluckt das Grab des Harem.
SER GOBLO Das ist alles grauenvoll.
Wenn ich bedenke, daß meinen Töchtern droht das gleiche Los –
Ein Kanonenschuß erdröhnt, aus der Festung antwortet ein zweiter. (X/5 – 43 verso)

▷ *der Kommandant Priul:* siehe Anmerkung S. 395 f.

▷ *Goldoni:* Siehe Anmerkung S. 399 f.

▷ *polnischen Ehrenkalpak:* Siehe Anmerkung S. 400.

61 ▷ *am Berge Pelion:* Variante: »am Berge Ida« (X/5 – 67). Beide Gebirge sind Schauplätze in der griechischen Mythologie: Pelion liegt in Thessalien und galt u. a. als Sitz des heilkundigen Kentauren Cheiron, wahrscheinlich wegen der Menge der dort wachsenden Heilkräuter. Peleus, Sohn des Aiakos, König von Thessalien, und der Endeis, feierte in der Höhle seines Großvaters Cheiron seine Hochzeit mit der ihm von den Göttern bestimmten Gemahlin Thetis. Die Götter fanden sich ein und beschenkten ihn, Eris warf den goldenen Apfel unter die Gäste, der den Streit zwischen Hera, Athene und Aphrodite hervorrief. Aus dem Holz des waldreichen Pelion soll auch das Schiff Argo gezimmert worden sein. Auf dem Gipfel des Berges befand sich das Heiligtum des Zeus Aktäos.
Ida ist ein Gebirge in der Landschaft Troas. Die Ebene zwischen dem Ida und dem Meer ist Schauplatz vieler griechischer Mythen: Paris entschied hier den Streit zwischen Hera, Athene und Aphrodite. Hier wurde auch Ganymed von Zeus entführt. In den Höhlen des Gebirges Ida im Inneren der Insel Kreta wurde Zeus von den Nymphen aufgezogen. (Näheres siehe *Pauly*, Band 19/1, Spalten 339–341.) Zur Rolle der Insel Kreta in der griechischen Mythologie studierte FHO insbesondere Hoeck, *Kreta. Ein Versuch zur Aufhellung der Mythologie und Geschichte dieser Insel bis auf die Römer-Herrschaft.*

62 ▷ *Weil vor der Steuer er floh:* Das Motiv der Flucht eines Theaterdirektors vor seinen Gläubigern fand FHO bei Rohrer-Rottauscher, *Als Venedig noch österreichisch war*, S. 147 ff., wo von einer Theatertruppe die Rede ist, die in Pola Goldoni aufführte. Der Direktor floh über Nacht in einem Fischerboot nach Italien. »Das Gericht pfändete, was pfändbar war.« (S. 150) Goldoni mußte wegen finanzieller Schwierigkeiten mehrmals Venedig verlassen. Näheres siehe S. 399, Anmerkung: *Goldoni.*

426

63 ▷ *Mysterium des Bembo:* Gemeint ist vermutlich Pietro Bembo. Näheres siehe S. 410,
Anmerkung: *Maestro Bembo.*

▷ *Daphne Dondedeo aus Seriphos:* Daphne Dondedeo, Fürstin (Gräfin) von Seriphos
tritt auch im *Maskenspiel der Genien* auf (*S. W.*, Band III). In seinen Notizen nennt
FHO Isabella Dondedeo (IV/1, Fasz. 2 – 94.1, 94.4). Die Herkunft des Namens konnte
nicht ermittelt werden.
Aus einem undatierten Brieffragment FHOs (ca. 1932/33) geht hervor, daß hinter
dieser Figur die Wiener Ballerina (Mitglied des Hofopernballetts) Tilly (Liselotte)
Losch (geb. Wien, 1904, gest. New York, 1975) steht. FHO nennt sie in diesem Entwurf
»die einzige Rococo-Byzantinerin«. Sie lieferte auch Stoff zur Charakterisierung der
Soubrette Adonaïde Malfilâtre in *Rout am Fliegenden Holländer* (*S. W.*, Band II.
Näheres über Tilly Losch siehe ebenda S. 290).

64 ▷ *Palast Cornaro:* Die Cornaro (auch Corner) sind eine der ältesten Familien Venedigs.
Sie haben vier Dogen, 22 Prokuratoren von San Marco, neun Kardinäle, Generäle und
Botschafter hervorgebracht. Der Doge Marco Cornaro – er regierte vom 21. 7. 1365 bis
zum 13. 1. 1368 – vollendete die Unterwerfung Kretas (Candias), das nach der
Eroberung Konstantinopels (1204) zuerst in den Händen der Genuesen, später der
Venezianer war (vgl. Hopf, *Chroniques Gréco-Romanes*, S. 489. Zorzi, *Venedig*, S.
260). Die Cornaro bauten ihre Macht weiter aus: In einem kühnen Handstreich setzte
sich Andrea Cornaro, der 1301 als Gesandter der venezianischen Ritterschaft von
Candia in Venedig gewesen, in den Besitz von Skarpanto (vgl. Hopf, *Veneto-
Byzantinische Analekten*, S. 480 ff. Genealogische Tafel im Anhang).

▷ *Chi potria mai tante cose narrare:* In den Vorarbeiten zum *Maskenspiel der Genien*
(*S. W.*, Band III) notierte FHO: »Veneta di storia patria. IV. Theil. Miscellanea Vol. IV.
Reise des Francesco Grassetto da Lonigo. Lieder über Creta und Rhodos!« (IV/1, Fasz.
2 – 94.3. Siehe auch Notizblatt XI/5 – 2, auf dem FHO das zitierte Gedicht zusammen
mit vier Versen über Rhodos, die er später im *Maskenspiel der Genien* verwenden
sollte, notiert.) FHO entnahm diese venezianischen Verse den genannten Reiseauf-
zeichnungen: *Viaggio di Francesco Grassetto da Lonigo lungo le coste dalmate greco-
venete ed italiche nell'anno MDXI e sequenti*, S. 19. Für folgende Übersetzung dankt
die Herausgeberin Frau Dr. Lotte Zörner, Institut für Romanistik, Universität
Innsbruck:

»Wer könnte fürwahr jemals so viele Dinge erzählen
von der Insel der Kreter?
Je mehr ich sie erforsche und nachdenke
umso mehr Dinge zu besingen finde ich.«

65 ▷ *aus Eurer trüben Träumerei:* Folgende in der Handschrift anschließenden Verse hat
FHO in die Endfassung nicht übertragen (X/5 – 1. Siehe auch X/5 – 43).
»Ist's Licht nicht in der Nacht
des Liebeswahns, der Euch so schwer bedrückt?
Seht doch die holden Mädchen alle
Die uns Venedig huldvoll hergesendet:
Wie anmutsvoll die Pagensängerin,
Wie märchenhaft die Ballerina ist.
Wie manche Grazie birgt sich im Ballett!
Was für ein Teufelsracker ist doch die Soubrett!«

▷ *Bettler:* Variante: »Stelzfuß« (X/5 – 2).

427

66 ▷ *ein Königsmark, ein Morosini:* »Nach den großen Unfällen der Osmanli bei Wien und Mohacz (1683 ff.) erhob das alternde Venedig noch einmal seinen Arm zum Streit, und sandte Morosini mit wälschen und deutschen Söldnern unter Königsmark aus den Lagunen, um die Mohammedaner aus Morea, und wo möglich ganz Griechenland zu vertreiben.« (Fallmerayer, *Geschichte der Halbinsel Morea,* Band 2, S. 436.) Der schwedische Feldherr Otto Wilhelm Graf von Königsmark (geb. Minden, 15. 1. 1639, gest. Modon, 15. 9. 1688) eroberte unter anderem Navarino, Nauplia und Athen (vgl. *Meyers.* Näheres über Francesco Morosini siehe S. 400, Anmerkung: *des Seehelden Morosini.*)

»Dieser Feldherr [Morosini] fühlte jetzt das Bedürfniß, seine Eroberungen auszudehnen, um sie sicher zu stellen. Der Hafen von Athen und die Insel Negroponte konnten allein den Besitz des Peloponnes sichern; und während alle Streitkräfte der Türken im Kriege gegen Oestreich und Polen beschäftigt waren, konnte vielleicht Griechenland den Barbaren entrissen werden.

Morosini eilte daher Athen mit einer starken Artillerie zu belagern, welche die türkische Besatzung und die alten Denkmäler darnieder donnerte. Eine Bombe zersprang im Parthenon, woraus die Türken ein Pulvermagazin gemacht hatten. Nach wenigen Tagen ergaben sich die Festung und die Stadt. Morosini, dessen Waffen nicht weniger zerstörend gewesen waren als die der Barbaren, wollte die Bildsäule Minervas, das Werk des Phidias und das schönste Denkmal Athens, als Siegeszeichen nach Venedig bringen lassen; allein dieses Meisterwerk wurde unter der Zurüstung, welche man machte, um es wegzuschaffen, zersplittert.« (Villemain, *Laskaris oder die Griechen,* S. 300 f.)

▷ *Fondamenta delle zattere:* Als fondamente bezeichnen die Venezianer ihre Straßen entlang der Kanäle, weil sie als Fundamente für die Häuser dienten. Die fondamenta delle zattere verläuft entlang des Giudecca-Kanals. Der Name verweist auf die Flöße, die hier anlegten (vgl. Zorzi, *Venedig,* S. 267, 271. Gsell Fels, *Venedig,* S. 103).

▷ *Hut aus Lack:* Nach Angaben von Hubert Reitterer, Redakteur des *Österreichischen Biographischen Lexikons* der Österreichischen Akademie der Wissenschaften, trugen die Matrosen der österreichischen Marine im 19. Jahrhundert tatsächlich aus praktischen Gründen Hüte aus Lack, da dieses Material wasserabstoßend ist.

67 ▷ *Roßschweif:* Siehe Anmerkung S. 401.

▷ *Beim Sturm auf Athen:* Siehe oben, Anmerkung: *ein Königsmark, ein Morosini.*

68 ▷ *Du armes Opfer antiker Herrlichkeit:* Variante: »Du armes Opfer des Phidias« (X/5 – 2). Siehe dazu oben, den Bericht von Villemain unter der Anmerkung: *ein Königsmark, ein Morosini.*

▷ *Bettler empfängt das Geldstück mit großer Gebärde:* Variante:
»O Dank, O Dank, jetzt bin ich reich –
nun kann ich ehrlich werden
unter Dankesgestammel ab. (X/5 – 3)

69 ▷ *Eine Vorstellung ist eben zu Ende gegangen:* Vermutlich 1949 notierte FHO folgenden Entwurf für eine Ergänzung: »Krone von Byzanz. Ende der Oper: Das Stück ist aus. Man hört frenetischen Beifall. Darsteller erscheinen in römischen Helmen. Die Primadonna mit hoher, gepuderter Frisur, verneigt sich. Links von ihr grüßt Neptun (Umidini) korallengekrönt, den Priul mit dem Dreizack. Ein Amor – Arcolani – mit

kleinen vergoldeten Flügeln und mit hohen Schnürschuhen – himmelblau – trägt eine purpurne Kugel (den ›Sexus‹)« (XI/5 – 37). Auf dem Notizblatt folgt der Versuch einer italienischen Übersetzung des Mädchenchores von S. 66.

▷ »*Der Andromeda Klage*«: Variante: »Hector und Andromache« (X/5 – 57). Notiz: »Andromedas Klage. Andromeda verlobt mit Phineus. Perseus befreit sie. Kepheus, Äthiopiens König ihr Vater, hatte sie dem Perseus versprochen. Ihre Mutter rühmte sich, schöner zu sein als alle Nereïden, worauf Poseidon Überschwemmung schickte und ein Seeungeheuer. Bei Hochzeit Kampf zwischen beiden Bewerbern. (Tümpel schrieb drüber). Perseus Sohn der Danae und des Goldregens. König Akrisios hatte das regnende Gold zum Schwiegersohn. Er nahm Andromeda nach Seriphos mit. Perseus tötete die Medusa und schenkte Athene das Haupt für ihren Schild. Danae war die Schwiegermutter Andromedas.
Man sieht auf einer improvisierten Bühne das Schlußbild zu ›Andromedas Klage‹. Andromedas Liebesduett mit Perseus ist gerade beendet, Phineus, der verschmähte Bräutigam geht ab. Der Vorhang fällt, donnernder Applaus.« (X/5 – 5)
FHO weist auf folgende Untersuchung hin: Tümpel, *Die Aithiopenländer des Andromedamythus*, S. 129 ff. (Siehe auch *Pauly*, Band 1, Spalten 2154–2159.) Die Klage der Andromache, als sie den Leichnam ihres im Trojanischen Krieg getöteten Gemahls Hektor erblickt, findet sich in Homers *Ilias*, XXII, 477 ff. und XXIV, 725 ff. (vgl. Übersetzung von Johann Heinrich Voß, Königsberg 1802, S. 269 f., S. 337 ff.)

▷ »*Das Fest des Peleus*«: Varianten: »Der Raub des Ganymed«, »Des Prinzen Ganymed Entführung« (X/5 – 5). Siehe Paralipomenon S. 113 f., in dem das Ballett geschildert wird. Näheres zum mythologischen Hintergrund siehe S. 425, Anmerkung: *am Berge Pelion*, S. 423 f., Anmerkung: *Ganymedessa*.

70 ▷ *sein Künstlername ist: Artemidorus*: Variante: »Nino lo Turco heißt er, genannt: Artemidorus!« (X/5 – 6. Näheres siehe Anmerkung S. 401)

72 ▷ *Aphrodite*: Variante: »Ganymed« (X/5 – 7).

74 ▷ *Klarenza*: Siehe S. 402, Anmerkung: *Clarenza*.

76 ▷ *Des Reiches Byzanz Krone*: Siehe S. 403 f., Anmerkung: *die Krone des Oströmischen Reiches*.
▷ *Das Haus Komnenos*: Siehe S. 404 f., Anmerkung: *David, der letzte Kaiser von Trapezunt*.
▷ *des Goldnen Vlieses*: Siehe S. 412 f., Anmerkung: *Meer, über das Jason das Goldene Vlies gebracht*.

77 ▷ *nur ein Mitglied des erhabnen Hauses*: Siehe S. 405 f., Anmerkung: *zwei aus dem Hause Komnenos fanden Gnade*.
▷ *Zante*: Siehe Anmerkung S. 401.
▷ *Die eine sank vor Corsica*: Siehe S. 406, Anmerkung: *die eine ist vor Korsika von den Türken vernichtet worden*.
▷ *Traum des großen Dandolo*: Siehe Anmerkung S. 404.

80 ▷ *Dioskurenflammen*: Entwurf: »Elis heißt einheim. ›Va lis!‹ Elmsfeuer, Kolmen, St. Klarafeuer, Elis, Hermes, St. Nikolausfeuer. 2 Flammen: Dioskuren Kastor und Pollux 1 Flamme: (schlecht) Helena, die un-

heilbringende Schwester der Dioskuren, d. h. Elms« (XI/5 – 46. Zu FHOs Technik der Silbenauflösung siehe S. 396) Elmsfeuer sind eine »Lichterscheinung, die an erhabenen Gegenständen entsteht, Turmspitzen, Blitzableitern, Schiffsmasten [...], wenn die Luft bei trübem Himmel stark mit Elektrizität geladen ist [...] Im Altertum schrieb man die Elmsfeuer den Dioskuren zu.« Sie wurden immer als schlechtes Vorzeichen interpretiert, das entweder schlechtes Wetter oder den Untergang des Schiffes ankündigt. »Bretonische Seeleute halten St. Elmsfeuer auch für die Seelen Ertrunkener.« (Vgl. *Handwörterbuch des deutschen Aberglaubens*, Band II, Spalten 791 ff.)

▷ *Lepanto:* »Keine Waffenthat ist berühmter als jene Seeschlacht von Lepanto, wo die verbündeten Flotten des Kaisers, des Papstes, des Königs von Neapel, Venedigs und der Malteser-Ritter erschienen: jedermann weiß, daß Don Juan von Oesterreich die christliche Macht [die Flotte der ›Heiligen Liga‹] befleigte, daß Cervantes dabei verwundet wurde, und daß nie die Christen einen vollständigern Sieg über die Türken erkämpften. Die Politik und die Gefahr Venedigs hatten diesen Bund gestiftet: es galt weder die Befreiung des längst in seiner Sklaverei vergessenen Griechenlandes, noch die Erneuerung der alten Kreuzzüge; man wollte nur die immer drohender werdenden Türken beschränken [...] Venedig allein hatte hundert und acht Galeeren zusammengebracht, und machte beinahe die Hälfte des christlichen Heeres aus [...] der Sieg war vollkommen. Nach einem fünfstündigen Gefechte waren die türkischen Schiffe in Unordnung, verstümmelt, in die Fluthen versenkt, zerstreut, oder in den Händen der Sieger [...] Ein Geschichtschreiber des neuen Griechenlandes erzählt, daß zwölfhundert Venezianer, und achttausend Griechen in dieser Schlacht fielen.« (Villemain, *Laskaris*, S. 255 f. Siehe auch Reinhard, *Vollständige Geschichte des Königreichs Cypern*, 2. Band, S. 171 ff.) Die Verlustzahlen der überaus blutigen Schlacht, die am 7. 10. 1571 im Meerbusen von Lepanto (Naupaktos) entschieden wurde, differieren in den verschiedenen historischen Berichten. Übrigens ist mehrfach überliefert worden, daß FHO der Meinung gewesen sein soll, daß seine Frau Carmen in einer früheren Existenz der Schlacht als byzantinische Prinzessin beigewohnt habe (siehe auch S. 422 f., Anmerkung: *Auf in goldenen Fackeln*). Sie soll bei dieser Gelegenheit auch Roxane Rosanis (siehe S. 441 f., Anmerkung: *Donna Roxane, eine junge Spanierin*) erstmals begegnet sein.

▷ *byzantinischer Doppeladler auf Goldgrund:* Der Doppeladler des byzantinischen Kaiserreiches war golden im roten Feld (vgl. Leonhard, *Das große Buch der Wappenkunst*, S. 195).

▷ *gewundene und reich mit goldenen Skulpturen bedeckte Säulen:* Vgl. FHOs Bleistiftzeichnung *Byzanz II* (nicht datiert, veröffentlicht in *Herzmanovsky-Orlando. Zeichnungen*. Einführung von Werner Hofmann. Verlag Galerie Welz. Salzburg 1965. S. 39 f.) Das dazugehörige, ebenfalls nicht datierte farbige Blatt (Aquarell und Farbstifte) *Byzanz I* ist in *Herzmanovskys Abstrusianum*. 12 farbige Blätter. Galerie Würthle. Wien 1981 reproduziert.

▷ *bejubelt den ankommenden Krönungszug der Kaiserin:* Notiz: »Das wenig bekannte byzantinische Zeremonienbuch des Kaisers Konstantin Porphyrogenetus zeigt uns einen solchen Prunk, daß dagegen der Hof von Versailles Armeleutstube war.« (X/4 – 14) Dieses Werk kannte FHO in griechisch-lateinischer Ausgabe: Constantini Porphyrogenneti imperatoris Constantinopolitani, libri duo de ceremoniis aulae byzantinae. FHO machte Exzerpte (XI/5 – 51–53), die bei Ilse Chlan, *Kommandant,*

S. 357–364 in Transkription vollständig wiedergegeben sind. In der im Text folgenden Szene verarbeitete FHO insbesondere das in der Vorlage geschilderte Krönungszeremoniell. Auf dieselbe Quelle beruft sich Sir Galahad (geb. Wien, 18. 3. 1874, gest. Genf, 20. 3. 1948), die Autorin der weniger wissenschaftlich exakten als blumig schildernden historischen Untersuchung: *Byzanz. Von Kaisern, Engeln und Eunuchen.* FHO erwähnte die Autorin – sie hieß eigentlich Bertha Eckstein und verwendete neben dem Pseudonym Sir Galahad auch den Namen Helene Diener – in einem Brief an Wilhelm Anton Oerley vom 6. 10. 1953: »In der Folge arbeitete ich gründlich auf dem Gebiet der Byzantinologie und veranlaßte Sir Galahad ein wenig ihr BYZANZ zu schreiben.« Darauf bezieht sich ein nicht datierter Briefentwurf FHOs: »Wir sind Gottlob xund und nur faul bzw. wir waren xellschaftlich sehr anxstrengt, weil Sir Galahad sehr viel mit uns war. Sie ist ungeheuer interessant, war hier, um byzantinischen Stoff zu sammeln.« In der Bibliothek von FHO, der mit Sir Galahad nachweislich zwischen 1932 und 1935 in brieflichem Kontakt stand, ist ein Widmungsexemplar von *Byzanz* mit der Eintragung »den verständnisvollen Helfern gewidmet von Sir Galahad« erhalten. (Näheres über sie und ihre Beziehung zum Ehepaar HO siehe *S. W.*, Band VII, S. 355 f.) Über die Krönung der Athenaïs, Gemahlin des byzantinischen Kaisers Theodosius II., die am 7. 6. 421 stattfand, liest man bei Sir Galahad, *Byzanz*, S. 271: »Vom morgenländischen Krönungsmantel übergossen, schwer von blasigen Juwelenbeeren geht sie, honigfarbene Kerzen in den Händen, langsam, dem Gefolge weit voran, durch ein Spalier. Anfangs, von der Kirche nieder, stuft es golden: goldkarierte Capes der Senatoren, Goldkasaken der Patrizierinnen, goldene Panzer, Helme, Lanzenspitzen kaiserlicher Garden säumen seinen Rand. Farben folgen: die Minister in der mauve und rosenroten Clamis und in weißer Seide die Eunuchen. Dann um eine halbe Meile aus Palastbeamten biegt die Schreitende in die Allee von Pagen ein: zehntausend in blauem Brokat, zehntausend in grünem Brokat, zehntausend in gelbem Brokat führen durch die inneren Propyläen zu den Silbertoren der Terrasse.
Dort draußen neigt die junge Kaiserin sich vor dem Kreuz. Steht langsam auf und wirft das Haupt zurück, daß die Diamantgehänge von der Krone hart nach hinten klirren. Frei, hochaufgerichtet, zeigt sie sich dem Volk.
Wie große Vogelrufe fliegt es ihr aus dem Gewühl entgegen: ›Glorie des Purpurs‹, ›Freude der Welt‹, eine Gruppe fängt den Jubel: ›Gotterwählte‹, ›Gottbeschützte‹, sei willkommen‹ auf, wirft ihn rhythmisch streng geregelt einer andern weiter: ›Chaire Basilissa, Despoina, Augusta, chaire‹ – und die Reichsstandarten neigen sich vor ihr.
Vorher aber hatte sie sich selber tief dem Kreuz geneigt. Nicht mehr Athenaïs, der Athene Namenskind, Eudokia: ›Der Gott wohl will‹, heißt sie jetzt.«

82 ▷ *Basileia, Basileion, Basileuonta, Basileusin!* Basileia Basileon: »Kaiserin der Kaiser«. Basileuonta (Partizip Präsens, Neutrum, Plural, Nominativ oder Akkusativ, bzw. Maskulinum Singular oder Akkusativ von »βασιλεύω«)
Basileusin: Dativ Plural von »βασιλεύς«. Stünde nach ›Basileon‹ ohne Beistrich »Basileuousa« hieße das: »Kaiserin der Kaiser, Herrschende über die Herrscher«. (Vgl. Chlan, *Kommandant*, S. 496)
Im Zeremonienbuch (a. a. O.) fand FHO die bei der Krönung gebräuchlichen Huldigungsformeln. Insbesondere exzerpierte er (XI/5 – 53):
»p 121 Acclamatio ad Imperatricem:
Sänger: πολλά. 3 mal. Volk: πολλὰ ἔτη εἰς πολλά! Sänger und Volk wechseln immer ab.

Heil dem Herrn, unsrem Gott, der mit seiner Hand Dich gekrönt hat, felicitas
sceptrorum, Porphyrogenete Heil, Gloria in excelsis Deo, pax in Terra!«
»p 133: Rufe: ὁ δεῖνα καὶ δεῖνα μεγάλων Βασιλέων καὶ
αὐτοκρατόρων πολλὰ τὰ ἔτη, ὁ δεῖνα τῆς
εὐσεβαστης αυγούστης πολλα τα ἔτη,
ὁ δεῖνα ἐυτυχέστατε Καίσαρος
ὁ δεῖνα επιφανεστάτε Νωβελησσί μου π.ολλὰ τ.ὰ ἔ.τη.

Salve Imperatrix, Stolz von Hellas, Romaias Zier.
Der Herr der Heerscharen hat Dein Haupt gekrönt
mit dem strahlenden Diadem, dem Schreck Deiner Feinde
Salve Imperatrix, felicitas Romanorum.«

83 ▷ *Doxan, Hagia Basileia:* »Ruhm [dir], heilige Kaiserin«.
▷ *DIE PAGEN DES GOLDENEN VLIESES:* Entwurf: »Pagen des Vlieses: Der
Damaszenerrose gleichst Du im perlenden Silberthau
Imperatrix von Hellas . . .« (XI/5 – 60 verso, 61). Näheres zum »Vliesmysterium« siehe
S. 412 f., Anmerkung: *Meer, über das Jason das Goldene Vlies gebracht.*
▷ *Palladium:* Dem Pallasbild, der Darstellung der Athene-Minerva, wurde im Altertum
magische Kräfte zugesprochen. Insbesondere soll das Palladium von Troja (ein
Holzschnitzbild) den Schutz der Stadt garantiert haben. Nach anderer Sage gab es zwei
Palladien in Troja, welche Chryse dem Dardanos als Mitgift gebracht hatte. Eines
raubte Odysseus, das andere rettete Aeneas aus dem brennenden Troja und brachte es
nach Rom. Dort soll es im allerheiligsten Raum des Vestatempels von den Vestalinnen,
die dem Pontifex Maximus unterstanden, gehütet worden sein. (Vgl. *Pauly*, Band
18/2/1, Spalten 171–201.) FHO interpretierte das »Mysterium« in seinen Forschungen
zur Mythologie: »Bild der Pallas Athene mit g e s c h l o s s e n e n Füßen = die jungfräuli-
che H e r m e = Orakelgöttin, Stipfel = Stock = erste Gottesdarstellung der Holzzeit.
In der Rechten haltend den Speer = männliches Prinzip, in der Linken die
Spindel = Vulvenraute und Rocken. Das symbolisiert sie als androgyne Gottheit. ›So
lange Troja im Besitz dieses Bildes blieb, war sie uneinnehmbar‹, d. h.: So lange der
Staat gynaikokratisch – idisenkultisch – engelkultisch – eingestellt war. Figur aus Holz
bedeutet u r a l t. Plastik aus urältester Holzzeit.«
▷ *Pontifex Maxima:* In der römischen Kaiserzeit war der Kaiser selbst Pontifex Maximus,
der oberste Priester der Staatsreligion. »Doch möge das Wort ›Priester‹ keine
unrichtigen Vorstellungen erwecken. Man denke da ja nicht an würdige alte Herrn in
einer Art Bademänteln, mit wehenden Wattebärten, wie sie in der ›Zauberflöte‹
zusammenkommen.« FHO nennt ihn vielmehr den »steuernden Tänzer«, den »Meister
des magischen Balletts«. Die Göttin Iris, den »Regenbogen«, das »Spektrum, die Brücke
zu den Göttern« stattet FHO mit dem Titel Pontifex Maxima aus. (Notizblätter aus
FHOs Aufzeichnungen zur Mythologie.)

84 ▷ *O Ministrantin der goldenen Narzisse:* Entwurf:
»O Ministrantin der Goldenen Narcisse
verwirrend duften Deine Locken
wie Rosenhonig mit Haschisch gemischt verwirrt Dein Anblick« (XI/5 – 60 verso).
Näheres siehe Anmerkung S. 413.
▷ *des Vlieses Herrin du:* Entwurf: »Helena hängt ihm das Goldene Vlies um als tiefes

Liebessymbol. Als Vermählungs-, Verehrungs-Zeichen« (XI/5 – 46). Zum »Vliesmysterium« siehe S. 412 f., Anmerkung: *Meer, über das Jason das Goldene Vlies gebracht.*

85 ▷ *Demawend:* Der im Altertum »Jasonius Mons« bezeichnete Berg ist der höchste Gipfel des Elburzgebirges im nördlichen Persien (vgl. *Meyers*).

▷ *Vom fernen Kilikien nahen wir uns:* Für die Beschreibung des Reichtums, den die Fürsten von Asien repräsentierten, dürfte FHO Anregungen aus Fallmerayers Kapitel »Sitten, Lebensweise, Handel, Gelehrsamkeit und Kriegsmacht der Trapezuntier« (*Geschichte des Kaiserthums von Trapezunt*, S. 318 f.) gewonnen haben. »Dass aber Trapezunt ungeachtet der grossen Unfälle bis zum Verlust der Freiheit blühend, reich, und stark bevölkert war, lag ausschliesslich weder in der natürlichen Fruchtbarkeit des Landes, noch in der Gewerbthätigkeit der Bewohner; sondern im Gange des ostindischen Welthandels, von welchem ein reicher Strom durch die Hauptstadt der Comnenen rann, und die üppigste Lebensfülle mitten unter den Stürmen bürgerlicher Unruhen und den Brandfakeln der Turkmanen und Georgier emportrieb, und die von der Pest verödeten Plätze augenblicklich mit neuen Schaaren anfüllte. Derselbe Indische Handelsstrom, der einst die prachtvollen Städte Seleucia und Ctesiphon, Cufa und Bassora, Ispahan und Tauris wie durch Zauberschlag aus den Sandwüsten von Babylonien und Iran hervorrief, übermannte auch zu Trapezunt die Wuth der Menschen und der Elemente. Trapezunt war ein Emporium, ein Stapelort, eine Hauptniederlage, und neben Caffa und Tana, der Mittelpunkt des damaligen Welthandels. Was die ostwärts vom schwarzen Meere bis Indien und China gelegenen Länder Asiens an kostbaren Waaren darboten, lag in den Magazinen und im Bazar von Trapezunt aufgeschichtet; und die Schiffe aller Völker der abendländischen Reiche erschienen an den Comnen'schen Küsten um die Reichthümer des Morgenlandes gegen Produkte des Abendlandes einzutauschen. Goldstoffe aus Bagdad und Kahira, Seiden- und Baumwollgewebe aus Indien und Sina (σῆρ νήματα τῶν Σινῶν); Perlen und Edelsteine aus Golconda und Ceilan; Tücher aus Cilicien, Flandern und Italien; Glas- und Stahlwaaren aus Deutschland; Hanf und Honig aus Mingrelien, Getreide aus dem taurischen Chersones, Scharlach aus Florenz; und überhaupt alles, was aus den Werk- und Kunststätten von Pisa, Venedig und Florenz hervorging, füllte den Markt von Trapezunt. Das Zusammenströmen von Fremden war ausserordentlich; eine grosse Anzahl derselben schlug ihren Wohnsitz daselbst auf; und alle Sprachen, Kleidertrachten und Religionen der Handel treibenden Völker von Asien und Europa konnte man nach Bessarion auf dem Bazar gleichzeitig mit den Einheimischen unterscheiden.«

▷ *Romaia:* Dieser Name wird in FHOs Quellen wiederholt für Byzanz genannt.

▷ *Schloß der Blachernen:* Bei Sir Galahad, *Byzanz*, S. 119, liest man über den kaiserlichen Palast: »Wie Pallas Athene ihr Athen, verteidigt die Blachernitissa ihr Byzanz. Angeblich kommt der Name dieses Varortes Blachernen selbst von »bale cheiri«, Aufforderung an die Madonna, über den Bosporus die Hand zu halten bei Gefahr. Als zweimal fremde Flotten schon in den Hafen dringen wollen, jene der Avaren im Jahre 626, das große russische 860, vernichtet diese Hand in zehn Minuten beide durch unwiderstehlichen Sturm und Wellengang. Nie enttäuscht die Ohnegleiche eine zitternde Hoffnung in diesem Winkel am Goldenen Horn, heute Aïvan Serail, darum schmiegen die Komnenenkaiser des zwölften Jahrhunderts sich dort ganz in ihre Hut, und Manuel Komnenos baut den Palast am Silbersee mit Pavillons und Park-anlagen.«

86 ▷ *Mesochaldion:* Notiz: »Miss o chaldion = Skal = Schale Vulva der ›Misses‹ der Alk-
Engel« (XI/5 – 45). In seinen Notizen zum *Maskenspiel der Genien* (*S. W.*, Band III)
nennt FHO »Missaskaldion« eine Gralsburg, eine Schallaburg. (Näheres dazu siehe
S. 412 f., Anmerkung: *Meer, über das Jason das Goldene Vlies gebracht.* Zu FHOs
Technik der Silbenauflösung und ihrer Deutung siehe S. 396. Nach Fallmerayer,
Geschichte des Kaiserthums von Trapezunt, S. 303, war Mesochaldion eine kabasitani-
sche Veste. (Näheres siehe S. 411.)

▷ *Endymion:* Variante: »Aktäon« (XI/5 – 45). Der Jüngling Endymion, »der schöne
Schläfer« der griechischen Mythologie, dem Zeus auf seine Bitte ewigen Schlaf,
Unsterblichkeit und Schönheit gewährte, ist ebenso wie Aktäon, der, von Artemis in
einen Hirsch verwandelt, von seinen eigenen Jagdhunden zerrissen wird, immer
wiederkehrendes Motiv bei FHO. Vgl. z. B. sein Ballett *Diana und Endymion* (*S. W.*,
Band IV) oder *Das Maskenspiel der Genien* (*S. W.*, Band III), in dem der Held des
Romans das Schicksal Aktäons erleidet.

▷ *Alangogaza, Larachne, Dryona:* Bei Fallmerayer (*Geschichte des Kaiserthums von
Trapezunt,* S. 301) fand FHO in den »Bemerkungen über Landes-Beschaffenheit,
Bewohner, Cultur und kirchliche Verhältnisse des trapezuntischen Reichs« die Namen
der Kastelle im Landesinneren aus der Chronik des trapezuntischen Geheimschreibers
Michael Panaretos: »Ausser den bereits namentlich angeführten Orten im Inneren des
trapezuntischen Gebirges nennet uns die Palastchronic noch die Kastelle Tzatzintza,
Tzampa, Doran, (Dorila?), Kamach, Neo-Matzuca, Dicäsmon, Larachane, Chasdenich,
Golach, Petroma und Kotzanta, sämmtlich in den Wald-Cantonen von Tzanich,
Cheriane, Sorogäna, Chaldia, Chalybia, Trikomia und Dryona gelegen. Hiezu kommen
noch ungefähr ein Dutzend unbekannter, zum Theil barbarisch klingender Namen,
welche in der Kirchengeschichte des Orients als eben so viele Sitze von trapezuntischen
Suffragan-Bischöfen aufgezählt werden: als da sind, Chamuzur, Sakab, Chabtzitzon,
Chantziertz, Tulnuton, Sermatzon und Zarimach. Keine Landkarte, kein Geograph
weiss von diesen Ortschaften zu erzählen, oder ihre Lage zu bestimmen.« FHO notierte
in seinen Exzerpten aus Fallmerayer diese Namen (XI/5 – 83, vgl. die Transkriptionen
von Ilse Chlan, *Kommandant,* S. 375 f.). Zu Alangogaza siehe S. 411.

37 ▷ *Erzerum:* Erzerum »entspricht der altarmenischen Stadt Karin, was die Griechen in
Karana veränderten. Der byzantinische Kaiser Anastasius I. (491–518) befestigte sie
und nannte sie Theodosiopolis. 502 geriet sie vorübergehend in den Besitz der
Perser, ebenso gegen Ende des 6. Jahrhunderts, wo ein großer Teil ihrer Einwohner
nach Hamadan verpflanzt wurde. 647 eroberten sie die Araber, denen sie durch die
Griechen wiederholt streitig gemacht wurde, aber bald nach 1000 doch verblieb. 1047
wurde die benachbarte altarmenische Stadt Ardzn von den Persern zerstört; ihre
Einwohner flüchteten nach Karin, das seitdem Ardzn Rûm (das römische oder
griechische Arzen) benannt wurde, woraus Erzerum entstand.« (Vgl. *Meyers*)

▷ *im Walde von Phianon, im Hain von Parcharis:* Fallmerayer (*Geschichte des
Kaiserthums von Trapezunt,* S. 311) zitiert Giovanni Ambrogio Marini (geb. Genua,
1594, gest. Venedig, ca. 1650), der in seinem Roman *Calloandro* schreibt:
»Alle Reize, welche Natur und Kunst im Bunde zu schaffen vermögen, finden sich
verschmolzen in einem Orte, wenige Miglien von Trabisonda entfernt, das irdische
Paradies genannt, wohin sich die Fürsten des Landes des Vergnügens wegen häufig
begeben; und unsterblich würde jener seyn, der in diesem Wonne-Orte sein Leben
hinbringen könnte, weil der ewige Frühling dieses Zauber-Gartens auch unsere Blüthe

nicht verwelken liess.« Aus dieser Beschreibung zieht Fallmerayer folgenden Schluß:
»Hier ist ohne Zweifel das kaiserliche Lustschloss Parcharis mit seinen herrlichen
Gärten und Parken bezeichnet, wo nach Angabe der Palastchronic, der Hof gewöhnlich
einen Theil der schönen Jahreszeit hinbrachte und fremde Fürsten zu bewirthen
pflegte. In der Nähe lagen die nicht weniger romantischen Orte Phianon, Gantopedis,
Marmara, St. Mercurius, Achantacos und der liebliche Hügel Minthros mit einem
prachtvollen Schlosse.«

▷ *im Blütenschnee Kerisondos:* Kerisondo, auch Kerasus, Kerasunt, Guirisonda nennt
Fallmerayer (a. a. O., S. 303 f.) »die zweite Hauptstadt des Reiches« von Trapezunt. Sie
»lag amphitheatralisch rund am Fusse des benannten Schlossberges herum, und hatte
eine Ringmauer von grosser Ausdehnung, die zugleich eine grosse Zahl Gärten und
Obstbaumwälder umschloss.« Aus Kerasus soll der Kirschbaum nach Europa gebracht
worden sein (a. a. O., S. 312).

▷ *das Vlies, den Gürtel der Aphrodite:* Zur Symbolik der beiden Begriffe und der
Verbindung, die FHO zwischen ihnen herstellt, siehe S. 412 f., Anmerkung: *Meer, über
das Jason das Goldene Vlies gebracht,* und S. 414, Anmerkung: *Gürtel der Aphrodite.*

▷ *Cyparis ... der Tod:* Kypris ist ein Beiname der Aphrodite, der sich vom Namen der
Insel Zypern (Kypros) herleitet: »Zwei Erscheinungen sind eigenthümlich in Cyperns
Geschichte wegen ihrer fortlaufenden Wiederholung. Die eine besteht in dem grossen
Einflusse, den Frauen auf die Insel ausübten. Von der bei Paphos an das Land
steigenden Aphrodite und ihren Tempeln und Liebesmysterien, welche Kypros zu
einem einzig dastehenden hellenischen Heiligthum gestalteten, bis auf unsere Tage, wo
die Königin von England das Banner, das Richard Löwenherz auf der Feste der
Comnenen aufpflanzte, wieder aufrichtete, spielen die Frauen in der Geschichte
Cyperns eine Rolle, wie kaum in jener eines anderen Landes. Es ist hier nicht der Ort,
auch nur die Namen jener Städte aufführen zu wollen, welche sich des besonderen
Schutzes der Liebesgöttin erfreuen und ihr zu Ehren Tempel und Altäre bauten,
Bildsäulen errichteten und Producte hellenischer Kunst in geheiligten Hainen
aufstellten. War doch der ganze südwestliche Theil Cyperns dem Cultus der Aphrodite
geweiht.« (Folliot de Crenneville, *Die Insel Cypern,* S. 13). Eine zweite Assoziation mit
dem Namen dürfte FHO bewußt mitschwingen lassen: Der schöne Jüngling Kyparissos
aus der griechischen Mythologie wird wegen seiner Trauer über den Tod seines
Lieblingshirsches von einem Gott, der ihn liebt, in eine Zypresse verwandelt (vgl.
Pauly, Band 12/1, Spalte 51). In einer Notiz bezeichnet FHO den Pagen im Traumbild
als »Todesgenius mit der umgekehrten Fackel« (XI/5 – 62). Cyparis ist eine Maske der
weiblichen Hauptfigur im *Maskenspiel der Genien* (*S. W.,* Band III). Sie tritt dort auch
als Todesgenius auf, als Mädchen, »das Wonne und Schrecken gebiert« (siehe auch
S. 419 f., Anmerkung: *Schönheit kann Schrecken zeugen.*

92 ▷ *Helena Laskaris:* Siehe Anmerkung S. 408 f.

93 ▷ *Madonna Giustiniani:* Siehe Anmerkung S. 409.
  ▷ *die Herrn von Rhodus:* Siehe S. 398 f., Anmerkung: *die Johanniter von Rhodus.*

94 ▷ *Nach wenig Tagen naht die junge Schöne:* Siehe Anmerkung S. 410.

95 ▷ *Gäßchen Zan i Polo:* Siehe S. 410, Anmerkung: *Salizzada Zanipolo.*
  ▷ *Kephalos und Prokris:* Siehe Anmerkung S. 415.

96 ▷ *von diesen Tropfen:* Variante: »Theriak« (X/5 – 27). Theriak ist ein »altes Universalarz-
neimittel in Form einer Latwerge, angeblich vom Leibarzt des Kaisers Nero,
Andromachus, erfunden [...] Es bestand aus 70 Stoffen und wurde bis in die neuere
Zeit in den Apotheken Venedigs, Hollands, Frankreichs mit gewissen Feierlichkeiten
und unter Aufsicht von Magistratspersonen gefertigt.« (Vgl. *Meyers*) Durch die
Freundschaft mit dem Meraner Apotheker Josef Polášek beschäftigte sich FHO mit
alter Arzneimittelkunde. (Näheres siehe S. 440 f., Anmerkung: *einen geweihten
Katzendreck.*)

   ▷ *der Pisani, die Santorin besaßen:* Siehe S. 416 f., Anmerkung: *Venier.*

   ▷ *Haus Barozzi, das in Therasia saß:* Die zu den zwölf »apostolischen Familien« des
venezianischen Patriziats zählenden Barozzi waren seit dem 13. Jahrhundert Herren
in Santorin und Therasia. Näheres siehe Hopf, *Veneto-Byzantinische Analekten,*
S. 378 ff., 528. Siehe auch S. 416 f., Anmerkung: *Venier.*

   ▷ *in Seriphos Micchieli:* Siehe a. a. O.

   ▷ *in Namfio Foscolo und Premarini:* Die Foscolo waren nach der Eroberung der Insel
durch Marco I. Sanudo im 13. Jahrhundert Lehensherren in Namfio. (Vgl. Hopf,
a. a. O., S. 499 ff., Anhang). »Während das Haus der Michieli von Zia wenigstens in
Venedig noch fortblüht, ist das altvenezianische Patriciergeschlecht, das ihm in seinem
Antheile im Archipel folgte, auch dort längst erloschen und heute fast ganz verschollen.
Und doch waren die P r e m a r i n i, wenn auch aus ihnen nie ein Doge hervorgegangen
ist, einst eine der bedeutendsten und namhaftesten Familien der Republik, aus der
manche Mitglieder auch lange vorher, ehe sie sich in Griechenland Herrschaft
erwarben und zum Theil dauernd da niederliessen, sich gar viel in der Levante bewegt
hatten.« (A. a. O., S. 441 ff., Anhang). Siehe auch S. 416 f., Anmerkung: *Venier.*

   ▷ *das Haus Cornaro und der Dandolo:* Siehe S. 426, Anmerkung: *Palast Cornaro,* und
S. 416, Anmerkung: *Venier.*

   ▷ *Janus hatte eine Tochter:* Der cyprische König Janus (1398–1432) stammte aus dem
Haus der Lusignan (vgl. Herquet, *Cyprische Königsgestalten des Hauses Lusignan,*
S. 32 ff.) »Soffredo, mit dem Beinamen ›der Kahle‹ (Calvus) [aus der Familie der
Crispo] lebte meist auf Cypern und Rhodos [...] Er war vermählt mit Eleonora von
Lusignan, Tochter des Febo von Lusignan, Herr von Sidon, Bastards des cyprischen
Königs Janus und der Isabella Babin.« (Hopf, *Veneto-Byzantinische Analekten,* S. 418.
Genealogische Tafel im Anhang).

01 ▷ *David, Kaiser von Trapezunt:* Siehe S. 404 f., Anmerkung: *David, der letzte Kaiser von
Trapezunt.*

02 ▷ *Ragazza Mascalzon:* etwa »infames Mädchen«.

04 ▷ *der Page Feliciano, um sich zwischen die Kämpfenden zu stürzen:* Notiz: »Page wirft
sich beim Endkampf zwischen die beiden und tötet den Quirini. Er verschwindet wie
Cherubim.« (XI/5 – 62 verso)

06 ▷ *Welche Rosenpracht:* Ilse Chlan (*Kommandant,* S. 504) schreibt über die Symbolik der
Rosen: »Jenseits-Vorstellungen der (griechischen) Antike standen häufig in Zusam-
menhang mit blumigen, von Rosen erfüllten Auen. In Aristophanes' Komödie ›Die
Frösche‹ (447) wandeln die ›Geweihten‹ im Hades auf Rosenauen und Blumenwiesen.
Auch im deutschen Aberglauben, im Orakelwesen und in der Traumdeutung werden

436

Rosen meist mit dem Tod in Verbindung gebracht. Friedhöfe wurden bisweilen als ›Rosengarten‹ bezeichnet.« Die Autorin benützte FHOs Quellen: *Handwörterbuch des deutschen Aberglaubens*, Band 7, Spalte 778 ff. Meyer, *Germanische Mythologie*, S. 126 f.

107 ▷ *Kolubrine:* Siehe Anmerkung S. 413.

▷ *du Melusine auch – Prinzessin Lusignan:* Der Sage nach erbaute Melusine, die Meerfee mit dem Fischschwanz, das Schloß der Grafen von Lusignan, die 1186 bis 1291 Könige von Jerusalem, 1192 bis 1475 Könige von Cypern, 1345 bis 1375 auch Könige von Kleinarmenien waren. Das Geschlecht starb 1475 aus. (Vgl. *Meyers*) Auch im Roman *Rout am Fliegenden Holländer* verwendet FHO dieses Motiv (*S. W.*, Band II, S. 92, 301). Im *Maskenspiel der Genien* (*S. W.*, Band III) spielt das Haus Lusignan ebenfalls eine Rolle.

▷ *Anadyomene:* Dieser Beiname der Aphrodite leitet sich von ihrem Emporsteigen aus dem Meere her (vgl. S. 407, Anmerkung: *Aphroditenstatue aus den Ruinen des Tempels von Paphos*, und S. 434, Anmerkung: *Cyparis ... der Tod.* Näheres siehe *Pauly*, Band 1, Spalten 2019–2021).

▷ *Die Chöre der Engel ertönen:* Notiz: »Eine ungeheure Lichtgarbe blendet das Publikum. Dann hört man verklingend den Engelschor: ... und Flaum des Schwanes ... (leise verklingt der Chor).« (XI/5 – 27) Ilse Chlan (*Kommandant*, S. 505) weist darauf hin, daß sich in dieser für FHO typischen Schlußapotheose (siehe auch *Das Maskenspiel der Genien*, *S. W.*, Band III) barocke Lichtsymbolik mit deutlichen pseudognostischen Vorstellungselementen verbindet. FHO dürfte Hugo Ball, *Byzantinisches Christentum*, S. 129–154, 192–247, als Quelle herangezogen haben.

▷ *Jungfrau von Schönheit goldumstrahlt:* FHO fügte dem hier als Druckvorlage dienenden Zeugen (XI/7) eine Wort-für-Wort-Übersetzung aus dem Deutschen in ein fehlerhaftes Schulgriechisch bei. Er mischte griechische und lateinische Schrift, die Wahl der Vokabeln wirkt aus dem Lexikon zusammengesucht, wobei die literarischen Epochen von Homerischen (7.–5. Jahrhundert v. Chr.) bis zum Griechischen des Neuen Testaments (1. Jahrhundert n. Chr.) bunt durcheinandergewürfelt sind. Kreativität zeigt sich in der Bildung von Zusammensetzungen, von Wortneubildungen oder in der Übertragung lateinischer Termini ins Griechische sowie in der Schöpfung lateinischer Ausdrücke. Wo vom Lateinischen ins Griechische übersetzt wurde, ist oft die lateinische Konstruktion beibehalten. Nicht zuletzt daraus läßt sich schließen, daß FHO das Lateinische besser als das Griechische beherrschte. (Für die altphilologische textkritische Arbeit dankt die Herausgeberin Herrn Stefan Schumacher.) FHOs Übersetzung findet sich bei Chlan, *Kommandant*, S. 346. Die Autorin liefert in ihrem Kommentar, S. 505 f., eine Transkription und grammatische Erklärungen.

109 ▷ *Mutter ... Mutter:* »Hier kommt also noch [zu FHOs Frauenbild] das Bild der alles gebärenden und alles verschlingenden Urmutter hinzu [...] Aber viele Helden Herzmanovskys sterben an ihrer jeweiligen Begegnung mit ihrem Schicksal in Mädchengestalt, wobei der Tod ja nicht als Ende, sondern als Übergang, als Weiterentwicklung gewertet wird.« (Gagern, *Ideologie*, S. 143). Kubin war es, der FHO zum Mutterrecht hingeführt hat: In seinem Brief an FHO vom 8. 2. 1910 (*S. W.*, Band VII, S. 43 ff.) hatte er eine stattliche Reihe von »Büchern ›mystischen‹ Inhaltes« aufgelistet, darunter auch Johann Jakob Bachofen (geb. Basel, 22. 12. 1815, gest. ebenda, 25. 11. 1887), den Erforscher des Mutterrechtes u. a. mit *Das Mutterrecht*, eine

Untersuchung über die Gynaikokratie der alten Welt nach ihrer religiösen und rechtlichen Natur. Sir Galahad schrieb ebenfalls ein Buch über das Mutterrecht: *Mütter und Amazonen.*

Karl Wolfskehl äußert sich darüber in einem Brief an FHO vom 5. 8. 1932: »Die ›Mütter und Amazonen‹? Wie gut kenne ich das Buch, wie ausgezeichnet finde ichs, wie wissend, wie weise, und wie österreichisch! wie nah verwandt ist diese galahadische zeitlose Amazone Euch allen. Eine tertia im Bunde Herzmanovksy–Kubin.« Schon im Titel dieses Buches vereinigen sich zwei Schlüsselbegriffe zu FHOs Frauenbild (Näheres siehe S. 419 f., Anmerkung: *Schönheit kann Schrecken zeugen,* und S. 422 f., *Auf in goldenen Fackeln.* Zu FHOs Beziehung zu Sir Galahad siehe S. 430).

10 ▷ *ERLÄUTERUNG:* Dieser Text (XI/8 – 1, 2) entstand vermutlich zusammen mit der ersten maschinschriftlichen Fassung der *Krone von Byzanz,* die FHO selbst 1926/27 getippt hat. Möglicherweise sollten diese Erläuterungen ursprünglich als Beilage für einen Brief an einen Komponisten dienen, was aus der abschließenden Bemerkung, die am Original dem hier wiedergegebenen Text beigefügt ist, zu entnehmen ist. »Der hier beigefügte Teil des zweiten Aktes zeigt die Ankunft Goldonis auf Kalymnos, um Beispiele der Dialogführung und sangbaren Texte zu geben.« Möglicherweise sollte die »Erläuterung« aber auch die Funktion eines Vorworts erfüllen, wie es der Autor etwa für seinen Roman *Rout am Fliegenden Holländer* verfaßt hat (vgl. *S. W.,* Band II, S. 224 ff.).

Teile dieser Ausführungen verwendete FHO auch in diversen Briefen und für seine Konzepte einer Filmversion des Stoffes, Inhaltsangaben der *Krone von Byzanz,* denen einige historische Daten vorangestellt sind (siehe S. 372–377).

▷ *Das byzantinische Reich endete 1453:* Am 29. Mai erstürmte Sultan Mohammed II. Konstantinopel. Der letzte Kaiser des Oströmischen Reiches, Konstantin XI., Dragades, Paläologos, fiel im Kampf. Sir Galahad schildert die Erstürmung Konstantinopels sehr farbenreich (vgl. *Byzanz,* S. 309–312).

▷ *Nur noch im Kaiserreich Trapezunt:* Näheres zur Geschichte von Trapezunt siehe S. 404 f., Anmerkung: *David, der letzte Kaiser von Trapezunt.*

▷ *So bei den Wittelsbachern:* Als am 5. Juni 1827 der Griechische Freiheitskampf verloren schien, kam den Griechen die Rettung von außen: »Im Abendlande wuchs die Teilnahme für den heldenmütigen Befreiungskampf und die fürchterlichen Leiden des Volkes, dessen große Vergangenheit eine glückliche Zukunft versprach. Überall bildeten sich Philhellenenvereine, welche Geld sammelten [...] und Waffen aufkauften, um die Griechen zu unterstützen: König Ludwig von Bayern, der Genfer Bankier Eynard, der Dichter Wilhelm Müller fachten die philhellenische Stimmung zur Begeisterung an.«

Nachdem in der Seeschlacht bei Navarino die türkisch-ägyptische Flotte von der englischen, französischen und russischen geschlagen worden war, erkannten die Türken im Frieden zu Adrianopel (14. 9. 1829) die Unabhängigkeit Griechenlands an. Die Schutzmächte (Rußland, England, Frankreich), die sich im Londoner Vertrag (6. 1. 1827) zusammengeschlossen hatten, setzten den Prinzen Otto von Bayern (geboren 1815) als Fürsten von Griechenland ein und billigten die Bedingungen von dessen Vater König Ludwig: »den Königstitel, die Grenzlinie von Arta bis Volo und die Garantie einer Anleihe von 60 Millionen [...] Nachdem der Staatsvertrag vom 7. Mai 1832 die Verhältnisse des neuen Königreichs geordnet hatte, wurde die Nationalversammlung nach Nauplia berufen und erkannte am 8. August einstimmig den Prinzen als König Otto I. von Griechenland an; bis zu seiner Volljährigkeit (1835) sollte eine aus drei Mitgliedern [...] bestehende Regentschaft die Regierung führen. Der junge König hielt am 7. Februar 1833 an der Spitze von 3500 Mann Bayern seinen feierlichen Einzug in Nauplia.« (Vgl. *Meyers*, Stichwort *Griechenland*)

▷ *1850 im Falle der durch Kossuth entführten ungarischen Stephanskrone:* Nachdem der ungarische Aufstand niedergeschlagen worden war und Ludwig Kossuth (geb. Monok, September 1802, gest. Turin, 20. 3. 1894) fliehen mußte, überschritt er am 17. August 1849, »nachdem er die Reichskleinodien in einer gemauerten Grube bei Orsova an der ungarisch-rumänischen Grenze verborgen, betäubt und gebrochen die türkische Grenze, um sich nach England zu retten.« (Vgl. *Meyers*)
Die Stephanskrone trägt – nach Ansicht FHOs – einen »Valkyrenmotor« der für ihn »Symbol der Androgynität« ist. Auf demselben Notizblatt, das vermutlich 1931 entstanden ist, hielt FHO fest: »Für wichtig halte ich, daß in Wien die Deutsche Reichskrone und das Krondiadem von Burgund liegen!« 1946 notierte FHO, daß die englische Königskrone am 9. 5. 1671 durch Oberst Th. Blood geraubt wurde (XI/5 – 31).
»Das Schicksal der Stephanskrone belegt, in welchem Maß eine Krone als ›Symbol und Quelle allen Rechtes, Träger aller Macht und Hoheit im Lande‹ angesehen wurde und wiesehr sie ›zur religiösen und historischen Inkarnation‹ der Staatsidee und ein Gegenstand höchster, geradezu religiöser Verehrung‹ werden konnte.« (Chlan, *Kommandant*, S. 450. Die Autorin zitiert Heinz Biehn: *Die Kronen Europas und ihre Schicksale.* Wiesbaden 1957, S. 25.)

111 ▷ *Im Hafen von Kalymnos:* Der Text, eine Variante zum Beginn des zweiten Bildes, findet sich im Nachlaß unter der Signatur XI/5 – 28.

112 ▷ *DAS FEST DES PELEUS:* Diese Schilderung der Ballettszene aus dem dritten Bild des Dramas (S. 71) findet sich im Nachlaß unter der Signatur XI/10, Fasz. 3.

115 ▷ *Apoll von Nichts:* Titelvariante (XII/1, Fasz. 2–8): »Der Erbe des Flüstergewölbes«.

117 ▷ *Minister Franz Georg Carl Fürst von Metternich:* Franz Georg Carl von Metternich (geb. Coblenz, 9. 3. 1746, gest. Wien, 11. 8. 1818) begann seine politische Laufbahn als churtrierscher Gesandter am Hof zu Wien (1768), trat 1774 in die kaiserlichen Dienste über, wurde am 28. 2. zum k. k. Minister an den Churhöfen von Trier und Köln, 1776 »am niederrheinisch-westphälischen Kreise« ernannt. Kaiser Leopold II. übertrug ihm 1791 die Stelle eines kaiserlichen Ministers in den österreichischen Niederlanden. Als das Generalgouvernement nach der Schlacht von Fleurus aufgelöst wurde, begab sich Metternich zurück nach Wien. 1797 wurde er zum kaiserlichen Bevollmächtigten beim Friedenskongreß in Rastatt bestellt. Sein Sohn Clemens Lothar Wenzel (geb. Coblenz, 15. 5. 1773, gest. Wien, 11. 6. 1859) setzte ihn 1810 als stellvertretenden Minister des Auswärtigen ein, was den Abschluß seiner politischen Tätigkeit bildete. Seit dem Tod von Philipp Graf Stadion (1809) bekleidete Clemens Lothar Fürst von Metternich die Funktion eines Ministers der auswärtigen Angelegenheiten, »dessen provisorische Leitung derselbe vorderhand jedoch nur unter dem Titel eines Staatsministers annahm«. Am 8. 10. übernahm er schließlich die definitive Leitung des Ressorts. 1821 wurde er zum Haus-, Hof- und Staatskanzler ernannt, 1826 übernahm er den Vorsitz der Ministerkonferenzen für die inneren Angelegenheiten, wodurch er die oberste Leitung des gesamten Staatswesens in sich vereinigte. Seine Politik, die unter dem am

439

Laibacher Kongreß (1821) verkündeten Grundsatz, »daß es den Fürsten allein zustehe, die Geschicke der Völker zu leiten und die zu diesem Zwecke erforderlichen Maßnahmen zu treffen und zu ändern, und daß die Fürsten für ihre Handlungen Niemand außer Gott verantwortlich seien«, bestimmte u. a. seine Handlungsweise gegenüber revolutionären Bewegungen in Sizilien, die niedergeschlagen wurden, und in Griechenland (vgl. *Wurzbach*). Näheres siehe S. 450 f., Anmerkung: *wie ganz Sizilien von österreichischen Truppen besetzt* und S. 460 f., Anmerkung: *Roxane Puygparadinez, Markgräfin von Atalanta*.

▷ *des Reichsadlers:* Aus dem Entwurf: »O du großer goldener Adler, dem die Indianer Guyanas ebenso ihre Reverenz darbrachten wie das frischduftende Volk der Polen, von Tyrolern umjodelt, vom sporenklingenden Magyaren feurig umtanzt!« (XIII/2 – 131)

▷ *Mariä Heimsuchung von Windhut zu Scheuenpauch:* Varianten: »Mariä Heimsuchung von Windhuth-Knoppernscheuch« (XIII/2 – 135 verso, 136), »Mariä Heimsuchung zu Windhuth-Scheuenbauch« (XIII/2 – 141).

18 ▷ *von affenartigen Henkersknechten ausgebrochen wurden:* Die im Entwurf anschlie-ßende Passage hat FHO in die Niederschrift der Novelle nicht aufgenommen: »Auch Bauchgrimmen folterte ihn oft; dann wollte er die Medizinen nicht nehmen, bis ihm einstmals an einem Dezembertag mit rieselndem Schnee vor den Fenstern der Nicolo erschien und ihm ein Täfelchen brachte, auf dem in ernster Schrift das Sprüchlein stand: ›Was bitter ist im Mund, ist innerlich gesund‹.« (XIII/2 – 135).

19 ▷ *Kaiser Kiakhing:* Notiz: »Kia-King bekam nach seinem Tod den Titel: Dsching-tschong-tschunk-shui-koang-ti. Ein Titel, wegen dem es viele Reibereien gegeben haben soll, oder: der in China viel Staub aufgewirbelt haben soll; um den er viel beneidet wurde, den man als arge Speichelleckerei empfand und der weite Kreise verstimmte.« (XIII/2 – 132, siehe auch XII/1, Fasz. 1 – 3) Kaiser Kiakhing regierte China von 1796 bis 1820. Seine »Gewalthätigkeit und Grausamkeit erregten bald allgemeine Unzufriedenheit; immer neue Verschwörungen wurden angezettelt, Räu-berbanden durchzogen verheerend das Land; Seeräuber, die sich in Hainan und Formosa festsetzten, beherrschten nicht allein das Meer und bekämpften hier die chinesischen Flotten mit wechselndem Glück, sondern drangen von den Flußmündun-gen aus auch in das Innere des Landes plündernd und verwüstend ein, bis ihre Macht endlich durch inneren Zwiespalt zu Grunde gerichtet ward.« Kiakhing wurde vermutlich durch einige »Mißvergnügte« ermordet (vgl. *Meyers*, Stichwort *China*)

▷ *Petschiliwurm:* Petschili (auch Tschili) ist die nordöstliche Provinz Chinas. Über den »Petschiliwurm« konnte nichts ermittelt werden.

▷ *nach den Rezepten des Kochbuches zu essen:* Variante: »daß Neffe und Nichte sich verpflichten müßten, ihr Leben lang ausschließlich das Kochbuch zu benützen und nur Freitags normal zu essen, da das heidnische Buch für Fasttage nicht vorgesorgt hatte.« (XII/1, Fasz. 2 – 11 verso, siehe auch XIII/2 – 140)

20 ▷ *Lilipendi:* Variante im Entwurf: »die Canarienvögel Lilipendi und Angelus Nepomuck« (XII/1, Fasz. 2 – 8).

▷ *Hasenpöpelchen:* Varianten im Entwurf: »Grimaldistelze à la Caracalla« (XII/1, Fasz. 2 – 8), »Biberkaldaunen à la Caracalla an Tagen mit Schüttelverbot« (XII/1, Fasz. 2 – 8).

▷ *Portiunkula:* Varianten: »Desdemona«, »Rosina Populorum« (XII/1, Fasz. 2 – 8), »Bibiana« (XII/1, Fasz. 2 – 16), »Kathi« (XII/1, Fasz. 2 – 17).

121 ▷ *Arethusa Freifräulein Fyrdraugh:* FHOs mythologischen Forschungen aufgrund von Silbenauflösungen (Näheres siehe S. 396) ist zu entnehmen, daß sich der Name mit »Feuerdrache« übersetzen läßt. Dazu findet man unter dem Titel »Drachengrad der Hagadisen« folgende Notizen: »Kureten sind, wie das göttliche Kind, mann-weiblich, etwa bubenhafte junge Mädchen, Hexen, Hagadisen, die man auch: den Drachengrad nannte. Ihr Wappen: feuerspeiender Drache, soviel als in Worten: die Drei (Draugh) gebiert die Vier (Fyr) elektrisches Manifestwerden. Symbolfixierung davon: Die Hagadisen, Koreten, bringen durch ihren elektrischen Wirbeltanz die Engelsmanifestation hervor, das »Ag«wesen (hagios, heilig, Engel, Seraphen = feurige Schlangen). das Ag Wesen ist das ewige Symbol der höheren Welt im Kind, besser: im jugendstrahlenden Wesen; Engel werden als schöne, nicht absolut betonte jugendholde Wesen jungfräulicher Schönheit dargestellt. Diese ›Kureten‹ sorgen, daß das Jugendwesen nicht das ... Opfer des Chronos, der Zeit wird ... aus dem Jugendwesen, dem holden mädchenreizenden Buben wird dann der ›ernste‹ bärtige Mann, später der Wackelgreis! Also: Kronos verschlingt das Kind. Und der Gott darf nie etwas mit materiellem Verfall zu tun haben! Daher das Götterkind von jeher! Zeus in Kreta, Jesus in der Wiege.«
Auf einem weiteren Notizblatt teilt FHO die Mädchen in Altersgruppen: »10 bis 20 eigentlich Vestal (= Bajaderen), 20 bis 30 als Hexen, Hagadisen, Lehrende. Von 10 bis 20 hatten sie den Drachengrad = feuerspeiende Draughs, Dreherinnen (mit Thyrsos! dem Feuerbohrer! werden die Tänzerinnen dargestellt!)« (Siehe auch S. 422, Anmerkung: *Thyrsos.* Näheres zu FHOs Frauenbild siehe S. 419 f., Anmerkung: *Schönheit kann Schrecken zeugen,* S. 422 f., *Auf in goldenen Fackeln.*)

122 ▷ *Montpreyss-Igelfing:* Variante: »Mondseychch-Igelfing« (XII/1 – 19), »Mondseych I. Quinquerot« (XII/1 – 23). Notiz: »Baron Künsberg. Gotha 1881, p. 460, geb. auf Montpreis« (XIII/1 – 24). Das *Gothaische Genealogische Taschenbuch der Freiherrlichen Häuser,* Gotha 1881, S. 460, führt in der II. Hauptlinie der Familie Künsberg (Künßberg) »Kuno geb. 5. 5. 1853 auf Montpreis in Untersteiermark« an.

123 ▷ *Urgroßoheim Cardinal Khlesl:* Aus protestantischer Familie gebürtig trat Melchior Khlesl (auch Klesel oder Klesl, geb. Wien, 19. 2. 1553, gest. Wiener Neustadt, 18. 9. 1630) zum Katholizismus über und wurde ein eifriger Förderer der Gegenreformation. Als Dompropst von St. Stephan war er ab 1579 zugleich Kanzler der Universität Wien, deren Professorenkollegium unter seiner Leitung ausschließlich aus Katholiken bestand. Er veranlaßte auch das kaiserliche Dekret vom 2. 7. 1581, demzufolge bei Promotionen zuerst das tridentinische Glaubensbekenntnis abgelegt werden mußte. 1615 wurde er Kardinal. Wegen seiner nachgiebigen Haltung den Böhmen gegenüber ließen ihn die Erzherzöge Ferdinand und Maximilian verhaften und nach Schloß Ambras bei Innsbruck abführen. 1622 wurde er als Kardinal vor die Gerichtsbarkeit der römischen Kirche berufen und entlassen. Er kehrte 1627 in die Heimat zurück, nachdem er von Ferdinand II. als schuldlos erklärt wurde (vgl. *Ersch und Gruber,* 2. Section, 35. Theil, und *Meyers*).

124 ▷ *einen geweihten Katzendreck:* Der Polyhistor Kristian Frantz Paulini (geb. Eisenach, 25. 2. 1643, gest. ebenda, 10. 6. 1712) schrieb eine *Heylsame Dreck-Apotheke,* Wie nemlich mit Koth und Urin Fast alle/ ja auch die schwerste/ gifftigste Kranckheiten, und bezauberte Schäden vom Haupt biß zun Füssen, inn- und äusserlich, glücklich

curiret worden. Dem Katzendreck wird keine sehr prominente Heilwirkung zugesprochen, anders als etwa dem Taubendreck, der für fast jedes Rezept gebraucht wird. (Im *Gaulschreck im Rosennetz, S. W.*, Band I, S. 133 f., ist der Taubendreck ein »unerschöpfliches Thema«). Das Auflegen von »Katzen-koth« schlägt Paulini lediglich zur Heilung der Podagra (Fußgicht, S. 184) vor, er »will damit die härteste Geschwäre erweichen« (S. 224 f.) und vermischt mit Bohnenmehl »in Essig geweicht, und mit Leinöhl auffgeschlagen« soll er gegen den »Fingerwurm« heilsam sein (S. 237). Die Bekanntschaft mit dem Meraner Apotheker Josef Polášek (geb. Mähren, 10. 7. 1875, gest. Martinsbrunn, 20. 6. 1953) – sie reicht vermutlich bis in die zwanziger Jahre zurück – dürfte auf FHO sehr anregend gewirkt haben, wie einem Brief an Kubin vom 3. 5. 1942 (*S. W.*, Band VII, S. 293) zu entnehmen ist: »Ein drittes Original meiner Sammlung kennst Du nicht. Es ist ein heftig ›bemelnder‹ Apotheker in Meran, der sich seinen Doktorhut aus Teufelsdreck geholt hat, ›wo dann zum Neste seiner Familie‹ wurde. Ist der Mann nicht eine Perle?! Und das ist ernst! Seine Doktorarbeit über asa foetida ist sehr geschätzt. Ab und zu weiß er eine Gelegenheit, frischen Teifelsdreck (einen ausgerauchten!) billig zu erwerben.« Polášek veröffentlichte neben der von FHO genannten Dissertation *Über das Gummiharz von Ferula Narthex Boissier* (Bern 1896) noch eine Sammlung pharmazeutischer Spezialitäten, das *Medizinal-Vademecum*. Das Gummiharz asa foetida (Teufelsdreck) spielte in der Frühzeit der Pharmazie etwa als Mittel gegen Hysterie eine Rolle; Paulini schlägt ihren Gebrauch in seinen Rezepten immer wieder vor. Polášek war – nach Aussage seines Sohnes – von ihrer nur geringen pharmazeutischen Brauchbarkeit überzeugt. Dessenungeachtet legte der Apotheker neben einem ungeheuer reichen »Kräuterboden«, der seltenste Spezialitäten enthielt – zum reinen Selbstzweck – eine Sammlung der asa foetida an. Diese gab FHO reichlich Stoff für seine Arbeit, so handelt etwa Philipp Edler von Hahn im *Maskenspiel der Genien* (*S. W.*, Band III) u. a. mit Teufelsdreck.

5 ▷ *weit weg von ihm jagte der Kutschbock in sausendem Galopp:* Auch im *Maskenspiel der Genien* (*S. W.*, Band III) führt dieses Motiv zu einer unvorhergesehenen Zäsur im Handlungsablauf: »Kurz – was soll ich lange herumreden – sechs vorgespannte Gäule hoben schließlich das Bild aus den Angeln und rasten [...] übers staubende Blachfeld – rasten weiter und verschwanden schließlich als kleine Punkte am Horizont. Der Donner grollte.« (IV/3 – 14).

6 ▷ *Drottleff von Pirzelsburg:* Varianten: »von Bischelspurgg«, »Drottleff von Bösenstuel«, »von Pirzelstecher« (XII/1 – 28 verso).

▷ *Baron Bassus:* Variante: »Baron Bassus genannt Sparenspatz« (XII/1 – 27 verso, 28 verso).

▷ *Trautenohm von Nichtenglitt:* Variante: »von Trautenohm genannt Nichtenschender« (XII/1 – 27 verso).

▷ *Freiherr von Quackenbusch:* Variante: »Graf Quackenbusch« (XII/1 – 27 verso).

▷ *Freiin von Linnennetzer:* Varianten: »Feuchtersleben« (XII/1 – 28), »Feuchterslinnen« (XII/1 – 28 verso), »Linnenfeucht« (XII/1 – 40). Zur historischen Vorlage dieser Figur siehe S. 442 ff., Anmerkung: *lebte am Hofe zu Wien ein Mohr.*

▷ *Donna Roxane, eine junge Spanierin:* In einem Brief an Kubin vom 30. 7. 1924 berichtet FHO (*S. W.*, Band VII, S. 232 f.): »Wir haben zween Gäste jetzto bei uns: Mägdleine, eines hübscher als das andere; eine eine nordische Schönheit in majestoso, die andere eine Schlankelei Spaniens braun und bübisch.« Michael und Monika Klein

schlüsseln in ihrem Kommentar (a. a. O., S. 424) auf, daß mit der »Schlankelei Spaniens« Roxane Rosanis gemeint ist, über die FHO in einem Brief vom 6. 2. 1927 an Mia Luckeneder von Neuhauser schreibt: »[...] uns ist ein großes Unglück widerfahren. Am Montag bekamen wir ein Telegramm, daß sich unsere liebe Freundin Roxane im Schloß Rainegg bei Brixen mit Veronal getötet hat.
Wir sind ganz gebrochen von dem Unglück, daß dieses wundervolle Geschöpf dahingegangen ist.
Drei Tage vorher bekamen wir noch einen sehr lieben Brief von ihr; sie war für den 10. Februar zu uns eingeladen [...] Am Mittwoch war das Begräbnis in Bozen; der Friedhof liegt in Loreto, ein schönes Symbol: Loreto ist das Haus der h. Jungfrau Maria, das die Engel übers Meer brachten, als Jerusalem wieder in die Hände der Sarazenen fiel. Und das arme Mäderl war reine Jungfrau, Entsagung ein ganzes Leben lang.« (Siehe dazu auch den Brief von FHO an Mia Luckeneder von Neuhauser vom 16. 2. 1927.) In der Dramenfassung gewinnt besonders diese Figur deutlichere Akzentuierung. Näheres siehe S. 460 f., Anmerkung: *Roxane Puygparadinez, Markgräfin von Atalanta.*

129 ▷ *Säbengesträuch:* Der »Säbenstrauch, eine Eibenart, ist Abortivmittel; also enge Beziehung dieses, den lebenregierenden Nymphen, Eiben, geheiligten und synonymen Baumes mit dem Sexus«, notierte FHO im Zuge seiner Namensforschungen. Etymologisch führt er »Säben« auf »Theben« und »Sabina« zurück.

▷ *Freiherr Dünnschitz genannt Dickschitz, Herr auf Urschitz zu Uschitz:* Variante: Dünnschitz genannt Dickschitz zu Urschitz auf Uschitz. (XII/1–28 verso) Die Familie Urschitz trat durch das Diplom vom 20. 3. 1895 mit dem Prädikat Usszich in den österreichischen Ritterstand (vgl. Stratowa, *Wiener Genealogisches Taschenbuch*).

131 ▷ *lebte am Hofe zu Wien ein Mohr:* Nach eigener Aussage stieß FHO durch Zufall auf die Geschichte des Angelo Soliman (Näheres siehe S. 380). In seinen Notizen findet sich ein Hinweis auf die Darstellung Wilhelm Bauers, *Angelo Soliman der hochfürstliche Mohr*, aus der folgende Zusammenstellung des Lebensgeschichte und der Affäre nach seinem Tode gemacht wurde: Etwa 1721 wurde Soliman – vermutlich als Sohn eines wohlhabenden Vaters und Beherrschers des Stammes der Magni Famori – in Pangutsiglang (auch Gangusilang) in Afrika geboren. Er erhielt den Namen Mmadi-Make. Ein Krieg gegen seinen Stamm tötete die Eltern, und er wurde von den Feinden als Sklave gehalten. Vermutlich über einen Umweg nach Spanien gelangte er an den Hof von Messina, wo ihn eine »reiche Dame« wohlwollend aufnahm und sorgfältig unterrichten ließ. »Aufrichtige Trauer erfaßte alle, als der Kleine eines Tages, wie es scheint, ernstlich erkrankte. Die Marquise sorgt für ihn wie für ihr eigenes Kind und wacht an seinem Krankenlager [...] Die Gefahr für sein Leben läßt die Marquise ihren Wunsch erneuern, er möge sich taufen lassen. Während er sich früher ihren mehrfachen Bitten gegenüber immer ablehnend verhalten hatte, begehrt er nun selbst das Sakrament [...] Der Kleine bittet, dankbar der Negerin Angelina gedenkend, Angelo genannt zu werden. An Stelle des Familiennamens fügt man Soliman hinzu.« (S. 15 f.) Fürst Johann Georg Christian Lobkowitz (geb. Wien, 10. 8. 1686, gest. ebenda, 4. 10. 1755) war von 1729 bis 1732 als Generalfeldwachtmeister bei den Truppen im Königreich Neapel stationiert, wurde 1732 Gouverneur von Sizilien und schloß 1733 die Kapitulation von Messina. Er fand Gefallen an Angelo und nahm ihn in seine Dienste, der »sein stäter Begleiter auf Reisen und selbst in der Schlacht« wurde. (S. 17.)

Der Quellenlage nach läßt sich nicht feststellen, ob Angelo bis zum Tode des Prinzen bei ihm diente und wann er zum Fürsten Wenzel Joseph Liechtenstein (geb. Prag, 9. oder 10. 8. 1696, gest. Wien, 10. 2. 1772) kam. »Die beiden Fürsten waren nämlich in den Jahren 1745 und 1746 in verschiedenen Funktionen in Italien: daß damals Wenzel Liechtenstein Angelo Soliman wenigstens kennen lernte, darf als sicher angenommen werden.« (S. 20). Eine bestimmte Stellung hat Angelo beim Fürsten Liechtenstein nicht bekleidet: »in den Dokumenten heißt er Kammerdiener oder fürstl. Liechtensteinischer Pensionär, Hofmeister, gewester Kammerdiener, pensionierter fürstlich Liechtensteinscher Hausofficier. Am reizvollsten aber ist die in Rechnungsakten vorkommende Bezeichnung ›vor den hochfürstlichen Mohren‹« (S. 22). Angelo hatte somit seinen ständigen Wohnsitz in Wien und war eine stadtbekannte »Rarität« (S. 23). Er begleitete den Fürsten nach Parma, als dieser im Auftrag des Hofes die Braut Josephs II., Isabella von Parma, einzuholen hatte. Josephs Kaiserkrönung in Frankfurt (1764) wohnte Liechtenstein als kaiserlicher Commissär bei. Kaiserin Maria Theresia äußerte sich über beide Missionen des Fürsten mit Zufriedenheit und Dankbarkeit (vgl. Brief und Billet der Kaiserin, Bauer S. 26, 31 f.). In Frankfurt soll folgende Geschichte zugetragen haben: Vom Fürsten Liechtenstein veranlaßt, beteiligte sich Angelo an einem Glückspiel mit dem Pharao und gewann 20.000 Gulden. »Er bot seinem Partner Revanche, der daraufhin weitere 24.000 Gulden verlor. Als ihm Angelo nun neuerdings Revanche gab, ›wußte er das Spiel so fein einzurichten, dass sein Partner die letzten 24.000 Gulden zurückgewann‹.« (S. 31)

Am 6. 2. 1768 fand Angelos Vermählung mit einer verwitweten Frau von Christiani, geborene Kellermann, »die aus den Niederlanden gebürthig war« (S. 32), in der Stephanskirche statt. »Diese Ehe darf auf Befehl Seiner Eminenz des Cardinalerzbischofs niemandem mitgeteilt werden« (S. 34). Als Fürst Liechtenstein von der Ehe durch eine Indiskretion Kaiser Josephs, »der sehr vielen Antheil an Angelos Schicksalen nahm und ihn öffentlich auszeichnete, indem er mehr als Ein Mahl auf Spaziergängen sich an seinen Arm hing« (S. 32), entließ er Angelo aus seinem Dienst. Nähere Umstände sind nicht geklärt.

Soliman lebte mit seiner Frau in der »Vorstadt Weissgärber, Kirchengassen, Haus Nr 38« (S. 38). »Nach fast fünfjähriger Ehe, am 18. Dezember 1772, wurde ihnen eine Tochter geboren, die zu St. Stephan auf den Namen Josephine getauft wurde.« (S. 39) »Die sorgfältigste Erziehung seiner einzigen Tochter [...], die Pflege seines Gartens, der Umgang mit einigen sehr gebildeten, vorzüglichen Menschen, machte seine Beschäftigung und Erholung aus.« (S. 40) Der Neffe des Fürsten Wenzel Liechtenstein sollte Soliman ca. 1774 in das Palais zurückholen.

»»Die Negerfrage hat in der Hauptstadt des damals unfreien Österreich [...] ihre praktische Lösung und zwar im bejahenden, und echt maurerischen Humanitätssinn gefunden. Denn die sehr ehrwürdige, gerechte und vollkommene Wiener Loge zur wahren Eintracht rechnete es sich zum Vergnügen, einen Vollblutneger [...] Angelo Soliman geheissen, in ihren Schoss aufzunehmen.‹« (S. 43, Siehe auch S. 466, Anmerkung: *Intimus eines Sonnenfels und Duzfreund Lessings*) Am 18. 9. 1786 starb Solimans Gattin »an Faulfieber und Nierenverschwürung« (S. 45), ein Schlagfluß machte seinem Leben am 21. 11. 1796 ein Ende. »Die Schönheit seiner feingeschnittenen Gesichtszüge sowie auch die Zartheit und Ebenmässigkeit seines Baues, welche sich in sein spätestes Greisenalter in wunderbarer Weise erhalten hatten, erregten in dem Kaiser den Wunsch, denselben auch der späteren Zukunft zu erhalten und durch einen Künstler auf sorgfältigste Weise präparieren zu lassen, um ihm einen Platz in seinem neu gegründeten Museum anzuweisen.« Bauer zitiert hier (S. 62 f.) Fitzinger (*Geschichte des kais. kön. Hof-Naturalien-Cabinetes zu Wien*, S. 6 ff.) der über die Vorgangsweise der Behörden berichtet: »Die Familie Solimans, durch den Direktor seines physikalischen Kabinettes, das er damals mit einem zoologischen Museum zum Physikalischen und Astronomischen Kunst und Natur Tierkabinett vereinigte, Abbé Eberle von diesem Wunsch des Regenten in Kenntnis gesetzt, willigte in jenes Begehren und der Bildhauer Franz Thaller, später Medailleur im k. k. Münz und Antikenkabinett, übernahm die Präparation, welche im Hof des k. k. Hofbibliotheks-gebäudes in einer Wagenremise vorgenommen wurde [...] Angelo Soliman war in stehender Stellung mit zurückgerücktem rechten Fuss und vorgestreckter linker Hand dargestellt, mit einem Federgürtel um die Lenden und einer Federkrone auf dem Haupt, die beide aus roten, blauen und weissen, abwechselnd aneinander gereihten Straussfedern zusammengesetzt waren. Arme und Beine waren mit einer Schnur weisser Glasperlen geziert und eine breite aus gelblichweissen Münzporzellan-schnecken (Cypraea Moneta) zierlich geflochtene Halskette hing tief bis an die Brust herab.«

Über Angelos neuen Aufenthaltsort sagt Fitzinger: »Das vierte Zimmer (im linken Flügel) endlich enthält bloss eine einzige Landschaft, die eine tropische Waldgegend mit Strauchwerk, Wasserpartien und Geröhr darstellt. Hier bemerkte man ein Wasserschwein, einen Tapir, einige Bisamschweine und sehr viel amerikanische Sumpf und Singvögel in mannigfaltiger Weise gruppiert.

In demselben Zimmer [...] befindet sich in der Ecke ein mit grüner Farbe angestrichener Glasschrank, dessen Türe, welche die Vorderwand des Schrankes bildet, mit einem Vorhang aus grünem Tuch verkleidet und der in seinem Innern hellrot angestrichen war. In diesem Schrank war Angelo Soliman verwahrt, der dem besuchenden Publikum, bevor dasselbe jene Abteilung verliess, von einem Diener besonders gezeigt wurde.«

Bauer kommentiert den Bericht Fitzingers (S. 63 ff.): »Bei einer Neuaufstellung 1802 blieb der Schrank mit unseres hochfürstlichen Mohren ausgestopften Überresten an seiner Stelle. Angelo erhielt sogar Gesellschaft: ein auf dieselbe Weise der Nachwelt erhaltenes, vom König von Neapel geschenktes Negermädchen wurde gleichfalls im rot-grün lackierten Schrank untergebracht und vervollständigte so diese k. k. Sammlung von ›Repräsentanten des Menschengeschlechtes‹, wie der brave Fitzinger in musealer Kustodenbegeisterung Angelo Soliman in ausgestopftem Zustande nennt. (Dem lebenden hätte er diesen Ehrentitel kaum zugebilligt.) [...] Der fürstliche Museumsgründer hatte in seinem Sammeleifer aber auch einen kongenialen Direktor gefunden: wie sehr Abbé Eberle sich derartige Erwerbungen angelegen sein ließ, ergibt sich aus der insgesamt vier Personen zählenden Kolonie ausgestopfter Neger [...] So wäre also alles in schönster Ordnung gewesen, nachdem sogar, man mußte sie ja doch schließlich fragen, die Familie in den Wunsch des Regenten gewilligt hatte, wie Fitzinger zu erzählen weiß. Darin allerdings irrt aber der sonst sehr genaue Mann: ob die Familie, also Angelos Tochter Josepha, überhaupt gefragt wurde, ist nämlich höchst zweifelhaft. Sicher aber ist, daß sie in den Wunsch des Regenten nicht gewilligt hat. Und das beweisen Akten, denen wir denn doch mehr Glauben schenken müssen als allen übrigen Berichten. Und zwar steht in den Protokollen der Polizeihofstelle Archiv des Ministeriums des Innern) 1796, p. 666: ›Soliman Josephine bittet, dass ihr das Skelet und die Haut ihres Vaters zur Beerdigung ausgefolgt werde. Bittstellerin wird mit ihrer Vorstellung an Regierung gewiesen. Am 14. Dez. 796.‹

Josephine bittet aber neuerdings p. 678:
›Soliman Josephine bittet um die Leichnahmsreste ihres verstorbenen Vaters. An
Regierung zur Erledigung. Am 19. Dez. 796.‹
Und in den Protokollen der Regierung 1796 und 1797 (Archiv der n. ö. Landesregie-
rung) sind folgende beiden Akten vermerkt:
›Soliman Josepha. Gesuch um Zurückstellung der Überbleibsel ihres verstorbenen
Vaters.‹
›Soliman Angelo, dessen Tochter Josepha um Erfolglassung seiner Haut um solche zu
dem übrigen Körper beerdigen zu können, sowie zur Aufbewahrung an das k. k.
Naturalienkabinett übergeben worden. Im Geistl. Depart. de 1796.‹
Wir entnehmen also daraus, daß Josepha keineswegs einverstanden war: unablässig
bemüht sie sich, ihres Vaters ›Überbleibsel‹ zurückzuerhalten, wie der Schreiber dieses
wahrlich ungewöhnlichen Exhibits so geschäftsmäßig bemerkt. Der Wortlaut des
Gesuches der schwer gekränkten Tochter ist leider nicht mehr erhalten. Wohl aber ist
es gelungen, im Archiv der Landesregierung eine Erledigung des geistlichen
Departments aufzufinden, die den ganzen Vorgang bei der Ausstopfung aufklärt.
Josepha hatte sich nämlich in ihrer Verzweiflung auch an den Fürsterzbischof
gewendet und um seine Intervention gebeten. Daraufhin richtet das fürsterzbischöf-
liche Konsistorium an die Regierung eine Eingabe, die inhaltlich und formell ein
Meisterwerk ist und mit ihren feinen Pointen ihresgleichen sucht.«
Als Karl Schreiber 1806 Direktor des Hof-Naturalien-Cabinetes wurde, kam der
ausgestopfte Soliman in ein Magazin unterhalb des Giebels des Dachgeschoßes (S. 71).
»Am 31. Oktober 1848 bombardierte bekanntlich der in ›pazifistischer Mission‹ vor den
Mauern Wiens anwesende österreichische Alba, Fürst Alfred Windischgrätz, die innere
Stadt. Bei diesem mit anerkennenswerter Energie durchgeführten, schätzbaren
Versuch, Ruhe, Ordnung und Sicherheit wiederherzustellen, geriet auch, wahrschein-
lich infolge eines bedauerlichen Missverständnisses, ein Teil des k. k. zoologischen
Museums in Brand und die Flammen [...] verzehrten in aller Gemütlichkeit [...] die
vier Repräsentanten des Menschengeschlechtes bis auf das letzte Stäubchen.« (Bauer,
S. 79 f., zitiert Brabbée, *Sub Rosa*, S. 168 f.) »Diese sarkastischen Auslassungen des
allzeit kampfbereiten Freimaurers umschreiben also die bekannte Tatsache, daß im
Jahre 1848 eine Kugel in den Dachboden des Gebäudes der Hofbibliothek einschlug
und dort gewaltigen Schaden anrichtete.« (S. 80)
Solimans Tochter hatte am 9. 10. 1797 Ernst Freiherr von Feuchtersleben, »Kreisinge-
nieur in Gallizien, geb. von Hildburghausen im Reiche, des Herrn Erdmann Freih. v.
Feuchtersleben und Regina, geb. Freiin von Schott ehl. Sohn« geheiratet. »Josepha
Baronin Feuchtersleben war, wie die Miniatur aus dem Besitze von Helene Feuchterslе-
ben [...] zeigt, eine ausgesprochene, ja blendende Schönheit, deren Ähnlichkeit mit
dem Vater zwar überzeugend, für unsere europäischen Augen aber alles eher als
störend ist [...] Sie starb [...] vermutlich in Krakau, sehr jung im Jahre 1801, nachdem
sie in dieser Stadt im Jahre 1798 einen Sohn Eduard geboren hatte.
Eduard Feuchtersleben, nach verschiedenen staatlichen Anstellungen in Salinen, war
seit 1832 Sudhüttenmeister in Aussee und starb daselbst am 13. April 1857.« (S. 75 f.)
Sein Miniaturporträt zeigt »einen merklich ausgeprägten negroiden Typus«. Er soll sehr
exzentrisch gewesen sein, »was er mit Vorliebe seiner Abstammung ›vom Mohren‹
zuschrieb«. (S. 76 f.)
Josephines Gemahl heiratete nach ihrem Tod Frau Cäcilie Clisolis, eine Portugiesin:
aus dieser Ehe stammt der Dichter und Philosoph Ernst Feuchtersleben« (geb. Wien,

446

29. 4. 1806, gest. ebenda, 3. 9. 1849). »Ein altes und boshaftes Wiener Gerücht verwechselte die beiden ersten Ehen und behauptete, des Dichters Großvater sei ein Aff gewesen und ausgestopft zu sehen.« (Fußnote S. 76. Siehe dazu FHOs Brief an Torberg vom 25. 11. 1949, S. 380).
Neben der bereits zitierten Literatur gibt es in folgenden Werken Berichte zu Angelo Solimans Leben: Grégoire, *Über die Literatur der Neger*, Pichler, *Prosaische Aufsätze I.*, S. 80–95. Auf diese biographische Skizze stützen sich die Darstellungen des Wiener Chronisten Franz Gräffer: *Angelo Soliman.* In: *Österreichische National-Encyklopädie*, S. 86 f. *Kleine Wiener Memoiren*, S. 146–149.

132 ▷ *»Der berühmte Anatom Santorini«:* Giovanni Domenico Santorini (geb. Venedig, 6. 6. 1681, gest. ebenda, 7. 5. 1737) gehört zu den hervorragendsten Anatomen seiner Zeit. Nach ihm sind u. a. zwei kleine Knorpel auf den Gießbeckenknorpeln des Kehlkopfes, der Lachmuskel und ein Ausführungsgang am Kopfe der Bauchspeicheldrüse benannt (vgl. *Biographisches Lexikon der hervorragenden Ärzte* und *Meyers*).

133 ▷ *schichtenweise zerlegbare mediceische Venus:* Die Nachbildung der Mediceischen Venus mit herausnehmbaren Eingeweiden gehört zu den Prunkstücken der josephinischen Sammlung anatomischer Wachspräparate, die noch heute – trotz Verlusten bei Bränden und Verlagerungen – in 368 Vitrinen im Josephinum, dem Institut für Geschichte der Medizin in Wien, verwahrt sind. Die Sammlung wurde von Joseph II. in Auftrag gegeben, um den künftigen Militärärzten in unmittelbarer Anschauung des Objekts ihre anatomischen und geburtshilflichen Kenntnisse zu erweitern. Der Kaiser kaufte die Präparate um 30.000 Gulden für seine 1785 gegründete medizinisch-chirurgische Akademie. Sie »geben in ihrer Pracht Zeugnis für die großzügige Förderung, die Kaiser Joseph II. dem von ihm so geschätzten Militärsanitätswesen angedeihen ließ, und die seltsame Feierlichkeit ihrer Ausstattung läßt etwas ahnen von jener Hochachtung, die der eigenwillige Kaiser vor allen Wissenschaften hatte, die der Erweiterung und Festigung positiven Wissens dienten.« (Jantsch, Historische Einleitung. In: *Katalog der josephinischen Sammlung anatomischer und geburtshilflicher Wachspräparate.* S. 9)
Mit der Ausführung der Präparate wurden Paolo Mascagni (geb. Castelletto/Siena, 5. 2. 1752, gest. Florenz, 19. 10. 1815), der bereits als 22jähriger die anatomische Lehrkanzel in Siena innehatte, 1800 nach Pisa und 1801 nach Florenz berufen wurde, und Felice Fontana (geb. Pomarolo/Rovereto, 15. 4. 1720, gest. Florenz, 7. 3. 1805), Inhaber des Lehrstuhles der Universität Siena, betraut. »Ferini, ein Wachsbossierer ohne größere medizinische Kenntnisse, soll die anatomische Wachsbilderei nach Florenz gebracht« und für Mascagni die ersten Präparate hergestellt haben. Aber erst als Mascagni mit Fontana zusammenarbeitete, »erzielte man überzeugende Ergebnisse«.
»Für jedes der Fontanaschen Wachspräparate wurden von Mascagni [...] zahlreiche natürliche Präparate hergestellt, aber auch die Kupferstiche aus den berühmtesten anatomischen Atlanten der Zeit herangezogen.« (A. a. O., S. 13 f.) Näheres siehe auch: Helmut Kortan, Erna Lesky, Otto Wächter: *Anatomiae universae Pauli Mascagnii icones.* Neben Mascagni und Fontana taucht aber in der Geschichte der Sammlung noch ein dritter Name auf, der FHO verleitet haben dürfte, den Anatomen Santorini (s. o.) mit dem Josephinum in Verbindung zu bringen, da der Name fast ein Anagramm zu dem des Schöpfers der »abyssinischen Venus« bildet: »1858 wurde [...] Demitrio

Serantoni beauftragt, die schadhaften Wachspräparate wiederherzustellen und zu reinigen. Serantoni unterzog sich seiner Aufgabe mit großem Eifer, selbst die ergrauten Haare der drei großen Figuren im ›Venussaal‹ [Vitrinen 190, 244, 245] werden von ihm um 156 fl. erneuert.« (Jantsch, *Katalog*, S. 16).

▷ *Valsalva:* Antonio Maria Valsalva (geb. Imola, 17. 2. 1666, gest. Bologna, 2. 2. 1723) bekleidete den Lehrstuhl für Anatomie an der Universität Bologna. Er ist vor allem durch seine anatomisch-physiologisch, pathologisch-anatomischen Untersuchungen über das Gehörorgan berühmt: *De aure humana tractatus, in quo integra ejusdem auris fabrica multis novis inventis et iconismis illustrata describitur etc.* Bologna 1704 (vgl. *Biographisches Lexikon der hervorragenden Ärzte*).

▷ *Pacchioni:* Der Anatom Antonio Pacchioni (geb. Reggio, 13. 6. 1665, gest. Rom, 5. 11. 1726) ist besonders bekannt durch seine Untersuchungen der Dura mater. Die von ihm entdeckten vermeintlichen Drüsen (Granulationen) der Arachnoidea führen noch jetzt seinen Namen (vgl. a. a. O.).

▷ *Vicq-d'Azyr:* Félix Vicq-d'Azyr (geb. Valognes/Manche, 23. 4. 1748, gest. Paris, 20. 6. 1794) schrieb Untersuchungen zur Veterinär-Medizin und zur menschlichen vergleichenden Anatomie. 1789 wurde er zum »ersten Arzte der Königin« ernannt (vgl. a. a. O.)

▷ *Monro:* Alexander Monro (Primus; geb. London, 8. 9. 1697, gest. Edinburgh, 10. 7. 1767) wurde 1721 Professor für Anatomie in Edinburgh. 1759 überließ er seinen Lehrstuhl seinem Sohn Alexander (Secundus; geb. Edinburgh, 20. 3. 1733, gest. ebenda, 2. 10. 1817). Ab 1801 hatte dieser den Lehrstuhl zusammen mit seinem Sohn Alexander (Tertius; geb. Edinburgh, 5. 11. 1773, gest. ebenda, 10. 3. 1859) inne (vgl. a. a. O.).

▷ *Bell:* Der Chirurg Benjamin Bell (geb. Dumfries, April 1749, gest. Edinburgh, 5. 4. 1806) war Schüler von Alexander Monro (Secundus). John Bell (geb. Doun in Monteath/Schottland, 12. 5. 1763, gest. Rom, 15. 4. 1820) gab mit seinem Bruder Sir Charles Bell (geb. Doun, November 1774, gest. Hallow Park bei Worcester, 27. 4. 1842) anatomische Schriften und Zeichnungen heraus, die er selbst anfertigte, u. a. *The anatomy of the human body* (1. Auflage, 3 Bände, London 1793, 1797, 1802). Weitere anatomische Arbeiten von ihm sind *Engravings explaining the anatomy of the bones, muscles and joints* (1. Auflage, London 1794).

4 ▷ *Pergolesis unsterbliches Madrigal:* Giovanni Battista Pergolesi (geb. Jesi/Ancona, 4. 1. 1710, gest. Pozzuoli/Neapel, 16. 3. 1736) kam bereits 1726 nach Neapel, wo im Kloster S. Agnello Maggiore seine ersten Werke aufgeführt wurden. Neapel sollte auch das Zentrum seiner Tätigkeit bleiben: 1732 wurde er Kapellmeister des Prinzen Stigliano und er kehrte nach kurzem Aufenthalt in Rom beim Herzog Maddalani wieder nach Neapel zurück. Ein Madrigal über Proserpina (lat. Name der griechischen Unterwelts- und Naturgöttin Persephone) konnte nicht ermittelt werden.

Wohl aber schrieb Giovanni Paisiello (auch Paesiello; geb. Tarent, 9. 5. 1740, gest. Neapel, 5. 6. 1816) eine wenig erfolgreiche Oper »Proserpina«. Auch Paisiello hatte schon früh den Mittelpunkt seiner Tätigkeit nach Neapel verlegt: Er studierte am Conservatorio di Sant'Onofrio a Capuana (1755–59) und wurde nach einem mehrjährigen Aufenthalt in St. Petersburg Hofkapellmeister des Kaisers Ferdinand IV. von Neapel (ab 1815 erst Ferdinand I., König beider Sizilien). »Bei Ausbruch der Revolution 1799 wußte sich Paisiello zur Republikanischen Regierung gut zu stellen und behielt seine Kapellmeisterstelle als Direktor der Nationalmusik, fiel aber dadurch beim König in Ungnade und wurde erst zwei Jahre nach dessen Rückkehr wieder in Gnaden aufgenommen.« (Vgl. Riemann, *Musik-Lexikon*)

▷ *»Et in Styria Dionysos«:* Vgl. FHOs am 24. 1. 1919 entstandene Bleistiftzeichnung gleichen Titels (Sammlung Paul Flora, veröffentlicht in Fritz von Herzmanovsky-Orlando: *Tarockanische Geheimnisse.* 44 Faksimile-Reproduktionen von Buntstift- und Bleistiftzeichnungen. Mit Begleittexten von Paul Flora und Kosmas Ziegler. Edition Tusch. Wien 1974. S. 53).

▷ *Spranger auf dem berühmten Bild:* Zum Bestand des Kunsthistorischen Museums, Wien, gehört »Herkules und Omphale« des Malers und Radierers Bartholomaeus Spranger (geb. Antwerpen, 21. 3. 1546, gest. Prag, im August 1611). Vgl. *Thieme-Becker.*

135 ▷ *Dummkoller und Rotz:* Dummkoller galt zur Zeit der Entstehung des *Apoll* als chronische, unheilbare, fieberlose Gehirnkrankheit der Pferde, »die in der Regel durch Wasseransammlung in den Gehirnkammern, seltener durch Geschwülste und Knochenauftreibungen in der Schädelhöhle bedingt wird«. Rotz galt als die gefährlichste Seuche des Pferdegeschlechts, die schon im Altertum bekannt war. Die Krankheit ist charakterisiert durch die Bildung spezifisch kleiner Granulationsgeschwülste. Besonders heimtückisch tritt der sogenannte okkulte Rotz auf, da die Krankheitssymptome fehlen, das Tier aber schließlich an Atembeschwerden und Abmagerung zugrunde geht (vgl. *Meyers*).

136 ▷ *der Lieblingsschüler Magnascos:* Kleinfigurige Szenen sind die Spezialität Alessandro Magnascos (gest. Genua, 12. 3. 1749, 72jährig laut Sterbeurkunde). »Der Stil [...] ist als außergewöhnlich und ganz für sich stehend empfunden worden. Er wird gekennzeichnet durch einen rapiden, ausfahrenden und die Formen nur andeutenden Strich, überschlanke Proportionen [...] Die Landschaften sind [...] heller, haben klarblauen Himmel mit großen weißen oder grauen Wolken und kräftig bläulich-grünen Baumschlag. Mit seiner unruhigen und tupfenden Technik vermag Magnasco je nach dem Gegenstand seiner Darstellung gleich schlagend überlegen-karikierende und dämonisch-unheimliche Wirkungen zu erzielen.« Vorbild war u. a. Callot, »dessen Kenntnis Magnascos Strichführung, Typen und Proportionen voraussetzen« (vgl. *Thieme-Becker*). Näheres zu FHOs optischer Vorstellung seiner geschilderten Szenerien siehe S. 460, Anmerkung: *Einige Cavaliere kommen aus der Waldkulisse.*

▷ *Es war Triest:* Schon seit seiner Jugend hatte Triest auf FHO eine Faszination ausgeübt. Als er im Frühjahr 1893 mit seinem Vater per Bahn über den Semmering, durch die Steiermark nach Krain fuhr, was etwa der Reiseroute der handelnden Personen des *Apoll* entspricht, empfand er den Aufenthalt in Triest als Höhepunkt. Er kannte die Stadt schon von einer Reise, die er drei Jahre vorher von Venedig aus mit dem Schiff unternahm. Über beide Reisen führte FHO Tagebuch (siehe *S. W.,* Band IX). Die Besichtigung des Lloydarsenals »die Mama sämtlicher Lloyddampfer, eine Fabriksstadt im kleinen« (a. a. O.) machte offensichtlich einen tiefen Eindruck auf den knapp 16jährigen, der bereits damals nicht nur besonders großes Interesse für die Schiffahrt zeigte, sondern bereits über einiges Spezialwissen verfügte, das immer wieder in FHOs Literatur zutage tritt. Einige Jahre später bekommt das Interesse an der Stadt noch einen weiteren Aspekt: »Übrigens ist mir der Knopf für Triest aufgegangen: Das ist eine unerhört mystische Stadt ... Carmen behauptet man sieht sie nie und sie hat nicht so unrecht ... Alles sieht man: Pirano, Capo d'Istria, Miramar – nur das Riesige

449

Triest verschwindet völlig; wenn man abends ankommt sieht man nur die riesige Gichtflamme eines Hochofens in Muggia – sonst nichts. –
Nebenbei: in Pirano ist Tartini geboren!« (Brief von FHO an Kubin vom 2. 6. 1910, *S. W.*, Band VII, S. 50). Auf einem Notizblatt in seinen Aufzeichnungen zur Ortsnamenforschung nennt FHO Triest zusammen mit Tarvis einen alten Tanzort, was er durch Deutung der Silben zu erklären versucht: »DREI TRI DRI. Orte der Holzgötter (TRI = Feuerquirl, Drehfeuer) d r e h e n kommt von den Dryaden – Baumheiligtümer!« (Zu FHOs Technik der Silbenauflösung und ihrer Deutung siehe S. 396)

37 ▷ *erwachte Apoll jählings ob eines Schaukelgefühles:* Auf seiner Schiffsreise von Venedig nach Triest im Jahr 1890 (s. o.) machte FHO Erfahrungen, die ihm für die Schilderung der Eindrücke des Apoll Stoff geliefert haben dürften: In seinem Tagebuch notierte er am 17. 9. 1890: »Als ich nach der Übergabe einschlief, schlief ich fest im unteren Bette bis gegen Morgen. Es mochte vielleicht sechs Uhr sein, als ich aufstand. Noch nie bin ich so schnell und willig in den Kleidern gewesen. Papa hatte sich durch den Zug, der entstand, als er das Fenster öffnete, verkühlt. Ich stolperte also wie gerädert die steile Treppe hinan, fiel in der [ein Wort unleserlich] über die ein Fuß hohe Türschwelle und sah mir die Situation an. Es mochten etwa 100 Passagiere an Bord sein. Ich frühstückte einen Cognac, wenn's einer war, und fütterte die Möven.«
In seinen Memoiren (*S. W.*, Band IX), die in den vierziger Jahren entstanden sind, erinnert sich FHO noch einmal an diese Reise: »Nach einigen Stunden wachte ich schwer geschaukelt auf. Sah riesige dunkle Wogen durchs oft umschäumte Skilicht und bemerkte, daß die Maschine unregelmäßig bei schwerer See arbeitete. Ich verkündete dem Vater, daß mir's speiberig zu Mute sei. Er war ein guter Pädagog und verbot mir einfach das Speiben. Für alle Fälle spedierte er mich ins untere Bett, um nicht etwa doch von oben etwas abzubekommen. Er wollte auch frische Luft machen; wurde aber ganz jämmerlich angegossen und schraubte das sprühende Fenster mühselig wieder zu. Aber, uns beiden machte das Intermezzo Spaß, und wir hörten mit Schadenfreude das gedämpfte, jämmerliche Gekotze aus den Nebenkabinen, die in den Speisesaal mündeten, in dem viele, zum Putzen hinausgestellte Stiefel herumkollerten.«

8 ▷ *fein säuberlich mit den Nummern der Bettlerlizenz:* 1916 entstand eine Bleistiftzeichnung FHOs *Jugoslawischer Seeheld,* einen bettelnden Blinden auf einer Hafenmole darstellend, der seine Bettlerlizenz am Rücken trägt: »POVERO CECO NR. 5« (Sammlung Paul Flora, veröffentlicht in *Perle und Tarockanien.* Galerie Bloch. Innsbruck 1980. S. 73).

▷ *dem ordentlichen Doppeladler Platz gemacht:* Eine erste Periode österreichischer Herrschaft in Dalmatien gab es bereits 1797 bis 1805, als nach dem Niedergang der venezianischen Herrschaft durch den Traktat von Passerino Venedig, Istrien und Dalmatien an Österreich gekommen waren. Durch den Preßburger Frieden (1805) rückten aber die Franzosen im Februar 1806 nach Dalmatien, deren Herrschaft bis 1814 währte. »Am 19. Jänner 1814 zog General Milutinović in Ragusa ein und am 8. Juni fiel auch Castelnuovo, welches die Engländer den Franzosen abgenommen und an Montenegro übergeben hatten, in die Hände des Generals, der am 12. Juni mit der Einnahme Cattaros die zweite Occupation der Bocche durch die Österreicher vollendet hatte.

450

Noch einmal regte sich in Ragusa der Geist der Republik, der Wiener Frieden aber befestigte die Herrschaft der Österreicher in ganz Dalmatien, dessen verschiedene Theile 1816 zu einem Königreich vereinigt und in die vier Kreise Zara, Spalato, Ragusa und Cattaro eingetheilt wurden.« (Vgl. Petermann, *Führer durch Dalmatien.* S. 73 ff.)

▷ *wie ganz Sizilien, von österreichischen Truppen besetzt:* Bereits im Spanischen Erbfolgekrieg wurde Neapel ein erstes Mal von den Österreichern besetzt und fiel im Utrechter Frieden (1713) an Österreich. Schon 1735 (endgültig 1738) trat Kaiser Karl VI. im Frieden von Wien Neapel und Sizilien an den Infanten Karl von Spanien »als eine mit diesem Königreich zu vereinigende Sekundogenitur der spanischen Bourbonen ab [...] Als Karl III. 1759 auf den spanischen Königsthron berufen wurde, überließ er Neapel und Sizilien seinem dritten Sohn, Ferdinand IV. (1759–1825), während dessen Minderjährigkeit Tanucci das Reich mit fast unumschränkter Gewalt regierte [...], nach des Königs Großjährigkeit aber allmählich seinen herrschenden Einfluß an die Königin Karoline, eine Tochter Maria Theresias, verlor und 1777 ganz beseitigt wurde.« Als die Franzosen in Neapel einfielen, floh der König mit dem Hof nach Sizilien und gab das Land den Siegern preis (1799). Die königliche Herrschaft wurde für abgeschafft erklärt und die Parthenopeïsche Republik proklamiert. »Der neue Staat war jedoch nur von kurzem Bestand. Schon im Februar landete der vom König zum Generalvikar ernannte Kardinal Ruffo in Kalabrien, und der von diesem gebildeten ›Glaubensarmee‹ schloß sich die Masse der ländlichen Bevölkerung, aber auch ein Schwarm räuberischen Gesindels an.« Die Franzosen räumten Neapel, Ruffo rückte vor die Hauptstadt, die am 21. Juni kapitulierte. »Den Bestimmungen der Kapitulation zuwider, welche eine Bestrafung politischer Vergehen ausschlossen, wurde über die Anhänger der Republik ein furchtbares Strafgericht verhängt, woran der englische Admiral Nelson hauptsächlich schuld trug. Der König kehrte im Juli nach Neapel zurück. Als 1805 der Krieg der dritten Koalition gegen Frankreich ausbrach, öffnete die Königin Karoline entgegen dem im August mit Napoleon abgeschlossenen Vertrag einer russisch-englischen Flotte den Hafen von Neapel.« Napoleon erließ am 27. 12. 1805 in Schönbrunn das Dekret: »Die Dynastie der Bourbonen in Neapel hat aufgehört zu regieren.« Die französische Herrschaft dauerte aber nur bis zum Wiener Kongreß, der Ferdinand die Rückkehr auf den Thron ermöglichte (1815). Der König vereinigte »Festland und Insel zu einem Staat, nahm den Titel eines Königs beider Sizilien an und nannte sich als solcher Ferdinand I.« In einem geheimen Vertrag mit Österreich (1815) verpflichtete er sich, »keine Verfassung einzuführen und keine Einrichtungen zu treffen, die liberaler seien als die der Lombardei. Zwar änderte der träge, unfähige König an den von der französischen Herrschaft übernommenen Institutionen wenig, doch ließ er sie verfallen. Die Verwaltung war schwach und vermochte die Ordnung nicht aufrecht zu erhalten; in allen Provinzen erhoben die Briganten ihr Haupt. Die allgemeine Unzufriedenheit mit den bestehenden Zuständen wurde genährt von dem Geheimbund der Karbonari und ergriff auch die Armee. Als 1820 die Kunde von der Revolution in Spanien erscholl, rückte ein Leutnant der Garnison von Nola, Morelli, mit wenig über 100 Mann nach Avellino und rief die spanische Konstitution von 1812 aus, zog dann nach Neapel und erhielt auf seinem Marsch so große Verstärkung, daß man am Hof jeden Widerstand aufgab [...] Indessen verlangte Sizilien nicht die spanische, sondern seine eigne Verfassung von 1812.« In Palermo wurde am 18. 7. eine provisorische Regierung eingesetzt. Während in Neapel die Einführung der Verfassung am 21. 1. 1821 festlich begangen wurde, beschlossen Österreich, vertreten durch Clemens

Lothar Fürst von Metternich, Preußen und Rußland »auf dem Kongreß zu Laibach, wo Ferdinand selbst erschien und die von ihm beschworne Verfassung verleugnete, die Intervention im Königreich beider Sizilien. Von dem österreichischen Exekutionsheer unter General Frimont liefen nach einem kurzen Gefecht bei Rieti (7. März) die von Pepe befehligten neapolitanischen Truppen auseinander.« Die Österreicher rückten am 24. 3. in Neapel ein, »wo ebenso wie auf der Insel Sizilien, wohin ein österreichisches Korps unter Wallmoden geschickt wurde, die alte Ordnung mit blutiger Strenge hergestellt ward. Ferdinand, der im Mai zurückkehrte, beseitigte alle liberalen Einrichtungen und erneuerte die frühere Mißwirtschaft.« (Vgl. *Meyers*, Stichwort *Sizilien*. Zur Situation in Palermo mit dem Ausbruch der Revolution in Neapel siehe *Ersch und Gruber*, 3. Section, 9. Theil, S. 488 f. Näheres zur Rolle Metternichs siehe S. 438 f., Anmerkung: *Minister Franz Georg Carl Fürst von Metternich*.)

▷ *die Pracht Parthenopens:* Neapel ist griechischen Ursprungs. »Von der im VIII. Jahrh. vor Chr. gegründeten euböischen Pflanzstadt K y m e (lat. C u m a e [...]) aus scheint schon früh hier eine Niederlassung, P a r t h e n o p e (von dem Grabe der Sirene dieses Namens), angelegt worden zu sein; zu dieser kam etwa seit 450 vor Chr. eine wiederholte Ansiedelung von Griechen, N e a p o l i s oder Neustadt genannt, indes das zerstörte Parthenope als P a l a e o p o l i s oder Altstadt wieder erbaut wurde.« (Vgl. Baedekers *Unteritalien*, S. 37)

▷ *Non si puol andar più in su:* Diese erste Strophe aus dem neapolitanischen Gedicht »I Maccaron« (»Die Maccaronen«) könnte FHO der Gedichtsammlung *Agrumi. Volksthümliche Poesien aus allen Mundarten Italiens und seiner Inseln*, S. 34, entnommen haben (Näheres siehe S. 417). Das Gedicht umfaßt insgesamt 19 Strophen. Zum Titel merkt der Herausgeber an, daß »I Maccaron« ein »Fliegendes Blatt« in Neapel gewesen sei. Die ersten Verse sind in folgender Übersetzung wiedergegeben (a. a. O., S. 35):
>»Höher geht es nicht hinauf,
>Mehr erfindet keiner d'rauf:
>Als die Consolation
>Einer Schüssel Maccaron'n!

9 ▷ *General Hopsetič von Sturmsprung:* Varianten: »Hopsetič von Schneckensprung« (XII/1 – 51), »Hopsetič von Siegessprung« (XII/1 – 62 verso).

▷ *Pizzofalcone:* »Der Ausläufer der Höhe von San Elmo läuft parallel dem Quai, der Via Partenope« (vgl. Baedekers *Unteritalien*, S. 40).

▷ *Toledo:* »Die V i a R o m a, die große von früh bis spät belebte Pulsader Neapels, wurde 1540 von dem Vizekönig Don Pedro de Toledo angelegt und in der Folge nach ihm T o l e d o genannt; erst in jüngster Zeit dringt die seit 1870 amtlich eingeführte Benennung Via Roma durch.« (A. a. O., S. 47)

0 ▷ *Carbonari:* Zur Zeit der französischen Herrschaft in Neapel (1805–1815) entstanden überall in Süditalien geheime Vereinigungen. »Die radikalste unter ihnen war der Geheimbund der Carbonari, der Kohlenbrenner, deren Brauchtum sich in mancher Hinsicht an das der Freimaurerei anlehnte, und denen vielleicht in einzelnen Orten die Logen als der geeignete Organisationsboden für ihre Absichten erschien. An Stelle der Loge trat bei den ›Köhlern‹ die ›Hütte‹, in denen den ›guten Vettern‹, so nannten sich die Mitglieder, als heiligste Pflicht der Kampf gegen die Tyrannei verkündet wurde, oder, wie die Carbonari das in ihrer symbolischen Sprache ausdrückten: ›die Jagd auf die Wölfe des Waldes‹.

Man hat in der Folge oft behauptet, die Carboneria sei mit der Freimaurerei identisch gewesen. Aber das ist nicht der Fall. Eine Identität der Freimaurerei und der italienischen politisch aktiven Geheimbünde ist niemals festgestellt worden. Die Ankläger selbst sind von dieser Behauptung abgerückt. Während Pius VII. in seiner Bulle vom 13. August 1814 noch erklärte, die Carboneria sei ein neuer Name für die Freimaurerei, wurde sie in der Bulle ›Ecclesiam‹ vom September 1821 ›vielleicht als Ableger oder doch gewiß eine Nachahmung der Freimaurerei‹ bezeichnet. Gewiß gab es in dieser Freiheitsbewegung, die man nicht mit der Maffia oder Camorra in einen Topf werfen darf, auch Freimaurer, so den großen italienischen Patrioten Mazzini, den von einem dritten Rom träumenden Gründer des ›Jungen Italien‹. Denn die Freimaurerei vereinigte damals in ihrem Schoße ›die ersten Geister, die feurigsten Herzen, die stolzesten Willensmenschen und die kühnsten Charaktere‹. Aber der Unterschied zwischen Freimaurerei und Carboneria trat doch klar zutage. In der Freimaurerei eine abstrakte Idee, im Carbonaritum der unbedingte Wille zu revolutionärem Handeln. Man hat das dadurch überbrücken wollen, daß man die Carbonari als eine ›Unterabteilung‹ des Bundes, als eine Art volkstümliche Maurerei stigmatisierte, die von der Idee zur Tat, von der Abstraktion zum konkreten Plan, von der Auseinandersetzung über Prinzipien zu deren Betätigung im staatlichen Leben geschritten sei. Das ist aber nicht richtig gesehen: um in diesem Sinne aktivistisch hervorzutreten, hätten die Freimaurer nicht des Umweges über eine Neugründung mit fremdartigen, komplizierten Ritualen bedurft.« (Vgl. Lennhoff, *Die Freimaurer.* S. 200 f.) »Ihr Ziel war die Begründung nationaler Unabhängigkeit und freisinniger Staatsformen. Sie bekämpften daher auf das entschiedenste die Reaktion in Italien 1815. In Neapel zählten sie Tausende von Mitgliedern und spielten bei der Revolution von 1820 eine wichtige Rolle.« (*Meyers.* Näheres zur Geschichte von Neapel siehe S. 450 f., Anmerkung: *wie ganz Sizilien, von österreichischen Truppen besetzt.*)

▷ *de amplitudine confusionis:* »Das Ausmaß der Verwirrung«.

▷ *de ingratitudine alterius ego:* »Die Undankbarkeit des anderen Ich«.

141 *Ferdinand, ein gurkennasiger Greis:* Ferdinand I., König beider Sizilien. Näheres siehe S. 450 f., Anmerkung: *wie ganz Sizilien, von österreichischen Truppen besetzt.*

▷ *Rosalienorden:* In den Notizen zu einem geplanten Aufsatz »Mysterien von Wien« deutet FHO den Namen der Rosalienkapelle, indem er ihn in Zusammenhang mit Rosalia, der Nichte Wilhelms II., des Guten, von Neapel bringt: »Sie war Patronin gegen den schwarzen Tod, also eine Lebenserhalterin. Sie war eine Tochter des Grafen Sinibald von Roses und Quisquina, aus dem Stamme der frühen deutschen Kaiserdynastien. Diese um 1170 gestorbene Heilige hielt sich in einer Höhle bei Palermo auf und dürften wir nicht fehlgehen, sie mit den Mysterien der uralten ›Salwelten‹ in Zusammenhang zu bringen. So substituiert diese Heilige wohl schon seit uralten Zeiten eine ›Salige‹ des Eros, des heiligen Geistes der artreinen Liebe, durch die die Materie bis zu den Götterhöhen hinauf veredelt wird.« Ein sizilianischer Rosalienorden konnte nicht ermittelt werden.

▷ *einer schwarzen Messe:* Die Satansmesse oder Schwarze Messe ist »eine diabolische Parodie der christlichen Messe, wobei der Teufel in Bocksgestalt auftritt«. An Sonntagen wurden »homosexuelle Orgien abgehalten, am Donnerstag und Samstag die der Bestialität und Sodomiterei, am Mittwoch und Freitag die der Blasphemie und die Werke zur Befriedigung der Rache, am Montag und Dienstag die Sabbate gewöhnlicher Lüste. Die Priester, die die Messe hielten, konsakrierten Hostien, die sie in der

Mitte ausschnitten, auf ein in gleicher Weise zugerichtetes Pergament kitteten und sie dann in schändlicher Weise zu ihren Lüsten mißbrauchten. Diese Messen, bei denen aber das sexuelle Moment nicht Antrieb, sondern nur Mittel zum Zweck war, setzten sich bis in das 18. Jahrhundert, ja bis in die neueste Zeit fort, wobei selbst Kinder geopfert worden sein sollen.« (Vgl. *Bilder-Lexikon*, S. 609) Die Schwarze Messe ist Ausdruck des Satanskultes (Satanismus). In seinen Enthüllungen über Verbreitung, Verzweigung, Verfassung, Ritual und die geheimen Zeichen der Freimaurerei bezeichnet Leo Taxil (Pseudonym für Gabriel Jogand-Pagès) die Maurerei als Satanskult. Taxil war selbst nur kurze Zeit Freimaurer, »brachte es aber nicht weiter als zum Lehrling und wurde, nachdem er nur dreimal eine Loge besucht gehabt hatte, ausgeschlossen«. (Lennhoff, *Die Freimaurer*, S. 397. Siehe auch Lennhoff-Posner, *Freimaurerlexikon*). Die Schriften Taxils waren für FHO wichtige Quellenwerke: *Die Drei-Punkte-Brüder*, *Bekenntnisse eines ehemaligen Freidenkers*, *Der Meuchelmord in der Freimaurerei* (Näheres siehe *S. W.*, Band II, S. 304, 308, 333 f.) FHO gibt in der Dramenfassung des *Apoll* einen Hinweis, daß er Freimaurerei und Satanismus bewußt in einen Zusammenhang bringt, indem er eine »schwarze Loge«, nennt, die die Satansmesse zelebriert (siehe S. 231).

42 ▷ *Cap Miseno:* Von dem aus dem Meer aufsteigenden Krater ist nur ein Segment übrig geblieben. »Durch die schmale nach Westen sich erstreckende Spiaggia di Miniscola [...] hing er einst mit dem Festland zusammen. Seine weithin auffallende Gestalt ließ den Glauben entstehen, es wäre ein künstlich aufgeschichteter Grabhügel aus den Tagen der Vorzeit [...] Die kleine Plattform auf dem Gipfel (92 m) bietet eine der schönsten Aussichten im Umkreis von Neapel [...] Sie umfaßt die Golfe von Neapel und Gaeta mit den umschließenden Bergketten. Ihre Eigentümlichkeit beruht darin, daß der Beschauer in der Mitte eines verwickelten Systems von Land- und Meerengen, Seen, Buchten und Vorgebirgen zu stehen glaubt.« (Vgl. Baedekers *Unteritalien*, S. 115 f.)

▷ *Grotte der Sibylle:* In den Felsen der Akropolis von Cumae, der ältesten Niederlassung der Griechen in Italien (westlich von Neapel), »sind von allen Seiten Gänge und Stollen gebohrt. Einer derselben, im SO [...] mit mehreren Seitenöffnungen und unterirdischen Gängen soll der Schilderung entsprechen, welche Virgil (Aeneïs VI. 43 f.) von der Höhle der Sibylle gibt, die hundert Zugänge und hundert Ausgänge habe, ›woher ebensoviele Stimmen tönen, Antworten der Weissagerin‹.« (A. a. O., S. 117)

▷ *Ruinenpalast der Donna Anna:* Entwurf: »Die Familie der Fürsten Ruspoli-Cruspoli-Muspoli (delle Zinzanelle) bewohnt einen Flügel der Ruine Palazzo delle Sirene – Donna Anna? Mit einer Barke kam man an und fuhr in ein Stiegenhaus. Durch hohe Bogenfenster hatte man einen herrlichen Blick auf das Meer. Weite Säle – aber leer von Möbeln.
Es wird ein Hoffest in der Ruine Palazzo Donna Anna arrangiert, traumhaft dekoriert: die verfallenen Säle mit Gobelins ausgeschmückt. Doch der Mond schaut hinein; in einer Nische, vom roten Licht des Vesuv beleuchtet, eine Gruppe. Silberne Candelaber in den düster verfallenen Corridoren. Das Hofbuffet in einer Loggia; die Riesenküche neu belebt; alle Ruinenfenster von Candelabern beleuchtet. Paisiellos Musik tönt von den Loggien; ein Feuerwerk läßt den schwermütigen Bau in allen Lichtern erstrahlen. Da – mitten im Fest wird Radegunde von Masken entführt; der düstere Mann – der Polizeichef! – im Hintergrunde dirigiert das Ganze.« (XII/1 – 57)
Am Beginn der Straße auf den Posilipo (auch Posillipo), den Neapel im Westen

454

begrenzenden, mit zahlreichen Villen und Ortschaften bedeckten Bergrücken, liegt am Meer die Ruine des Palazzo di Donn'Anna, »im XVII. Jahrhundert durch Fansaga für Anna Carafa, die Gemahlin des Vizekönigs Herzog von Medina erbaut, aber nie beendigt«. (Vgl. Baedekers *Unteritalien*, S. 100).

143 ▷ *beider Sizilien:* Zur Geschichte des Königreichs beider Sizilien siehe S. 450 f., Anmerkung: *wie ganz Sizilien, von österreichischen Truppen besetzt,* und S. 462, Anmerkung: *Roger von Sizilien.*

  ▷ *Caraccioli:* Der neapolitanische Admiral Francesco Caraccioli »trat 1798 in die Dienste der Parthenopeischen Republik und wurde 1799, als Kardinal Ruffo sich Neapels bemächtigte, auf Befehl des Admirals Nelson am Mastbaum eines seiner Schiffe aufgehenkt.« (Vgl. *Meyers.* Näheres siehe S. 450 f., Anmerkung: *wie ganz Sizilien, von österreichischen Truppen besetzt.*) Nach eigener Aussage war FHO mit einer Nachfahrin des Admirals bekannt (siehe S. 361)

145 ▷ *die Fröstelpinsche:* Variante: »Nur die Fröstelpintsche hatten abgesagt; auch für ihre Tochter Desdemona; sie fürchteten sich zu erkälten, auch war ihnen die Gesellschaft zu gemischt. Überhaupt sind Fröstelpintsche ungesellig.« (XII/1 – 55)

146 ▷ *der hundertjährige Graf Hamilton:* Variante: »Alles freite um sie, selbst der 100-jährige Graf Hamilton, der alte Schönheitssucher, der gar nicht gestorben war, sondern seit dem bösen Ausgang seines Romanes mit der reizenden Emmy Lyons sich in ein Camaldulenserkloster zurückgezogen hatte.« (XII/1 – 59 verso) Der Altertumsforscher Sir William Hamilton (geb. London, 1730, gest. ebenda, 6. 4. 1803) »ging 1764 als englischer Gesandter nach Neapel und trug hier viel zur Ausgrabung von Herculaneum und Pompeji bei«. 1791 vermählte er sich in zweiter Ehe mit Emma Harte (geb. Nesse/Cheshire, um 1761, gest. Calais, 15. 1. 1815), »berühmt und berüchtigt durch ihre Schönheit, ihr plastisch-mimisches Talent und ihre politische Thätigkeit«. Sie hieß eigentlich Amy Lyon und war die Tochter armer Eltern. »Nach dem Tode ihres Vaters soll sie seit ihrem 13. Jahre nacheinander Kindermädchen in Hawarden, Hausmagd in London, Kammerzofe, Magd in einer Taverne, Geliebte des Kapitäns John Willet Payne und Mutter seines Kindes sowie Darstellerin der Göttin Hygieia in einer indezenten Schaustellung des medizinischen Charlatans John Graham gewesen sein.« Nach ihrer Heirat mit Sir Hamilton wurde sie dem neapolitanischen Hofe vorgestellt »und bald die Vertraute der Königin Karoline. Daß sie diese Stellung im Interesse der englischen Politik ausgenutzt hat, ist bestimmt anzunehmen, wenngleich ihre eigne spätere Darstellung von den Verdiensten, welche sie sich dadurch erworben haben will, vielfach übertrieben ist. Daß Nelson diese Darstellung bestätigt, ist nur ein Beweis der leidenschaftlichen Liebe, welche die Hamilton ihm einflößte, als er sie 1798 nach seiner Rückkehr von Ägypten genauer kennen lernte. Sie vermittelte den Verkehr des Admirals mit der Königin, begleitete 1798 die königliche Familie auf ihrer Flucht nach Palermo und war 1799 bei der Wiedereroberung Neapels eifrig thätig.« (Näheres zur Geschichte Neapels siehe S. 450 f., Anmerkung: *wie ganz Sizilien, von österreichischen Truppen besetzt.*) »Als Sir William Hamilton 1800 nach England zurückgerufen wurde, begleitete Nelson die Geliebte. Hier genas sie 1801 einer Tochter, welche nach Nelson Horatia genannt wurde, und bezog nach dem Tode ihres Gemahls (1803) ein Landhaus, Merton Place, welches Nelson für sie gekauft hatte. Nach ihres Geliebten Tode (1805) geriet sie in große Bedrängnis, weil die englische Regierung die auf die angeblichen

455

politischen Verdienste der Lady begründete Bitte Nelsons, für die Hamilton zu sorgen, nicht beachtete und diese allzu verschwenderisch mit ihrem Vermögen umging. 1813 wurde sie Schulden halber verhaftet, entfloh im nächsten Jahre nach Calais und starb hier nach etwa 8 Monaten. Als Künstlerin ist sie als eine Wiedererweckerin der antiken plastischen Mimik und Orchestik zu betrachten. Zu ihren Vorführungen wählte sie besonders die Darstellung antiker Statuen [...]« (vgl. *Meyers*). Jene »entzückenden plastischen Attitüden, deren vollendetste Darstellerin sie wurde und welche Kunst sie zu einer europäischen Berühmtheit machte«, soll sie unter der Schulung ihres Gemahls Sir Hamilton erlernt haben (vgl. *Bilder-Lexikon*, S. 444 f. Dort wird auch die Freundschaft der Lady Hamilton zu »der den lesbischen Freuden nicht abholden Karoline von Neapel« erwähnt, worauf FHO in einem Brief an Alexander Hartwich vom 8. 10. 1953, siehe S. 362 anspielt.)
Lady Hamilton schrieb ihre *Memoirs*; über ihre Beziehung zu Lord Nelson geben seine Briefe *Letters to Lady Hamilton* Aufschluß.
▷ *Vetturin:* ital. vetturino: »Lohnkutscher«.

17 ▷ *im neunten Jahrhundert ausgestorbenen isländischen Rittergeschlecht:* Nach Auskunft des Adelsarchivs am Allgemeinen Verwaltungsarchiv, Wien (Adelsakten der Reichs- und Hofkanzlei, Originaldiplome, Stammbäume, Familiengeschichtliche Sammlungen) konnte kein isländisches Adelsgeschlecht mit dem Namen Fyrdraugh ermittelt werden. Zur Bedeutung des Namens siehe S. 440, Anmerkung: *Arethusa Freifräulein von Fyrdraugh.*
▷ *Camorra:* Die Camorra war bereits im vormaligen Königreich Neapel eine geheime Verbindung, »deren Zweck auf Gaunerei und Räuberei hinauslief. Denn mit Gewandtheit und Dreistigkeit sich überall eindrängend, gingen sie überall auf Geldgewinn durch Erpressungen bei allen Geschäften und in allen Ständen aus. Die Erhebung einer Steuer von allen in Neapel eingehenden Lebensmitteln hatten sie förmlich organisiert. Reichen Gewinn machten sie als Schmuggler, aber auch zu Verbrechen ließen sie sich in Sold nehmen. Ihre feste Organisation gab ihnen große Macht. In jeder Provinzialhauptstadt hatte die Camorra eine Zentralstelle, in der Stadt Neapel allein deren zwölf. Auf jeder befand sich ein Chef mit absoluter Gewalt sowie ein Rechnungsführer, welcher die gemeinsame Kasse verwaltete. Mit furchtbarem Eid gelobte jeder Neuaufzunehmende Treue und Verschwiegenheit [...] Ferdinand II. von Neapel [Enkel von Ferdinand I., König beider Sizilien] duldete die Camorra aus politischen Gründen.« (Vgl. *Meyers*)

9 ▷ *pifferari:* Die Musikanten sind »Hirten aus dem Volskergebirge und den Abruzzen, welche in der Adventszeit nach Rom kamen, um vor den Marienbildern an den Straßenecken mit ihrer Schalmei (piffero), mit Dudelsack (zampogna) und Gesang zu musizieren und freiwillige Gaben einzusammeln. Ihre Lieder und Weisen sind uralt.« Gewöhnlich treten zusammen »ein Alter mit Kragenmantel, Spitzhut und dem Dudelsack und ein schwarzlockiger, in ein Fell gehüllter Junge mit der Schalmei, beide Sandalen tragend, auf.« (Vgl. *Meyers*)

0 ▷ *wo marmorne Götterbilder zu Leben und Liebe erwachen:* Lady Hamilton gilt als »Wiedererweckerin der antiken plastischen Mimik und Orchestik«. Näheres siehe unten und oben, Anmerkung: *der hundertjährige Graf Hamilton.*
▷ *Selbst ein Goethe:* Goethe hielt sich vom 25. 2. bis 29. 3. 1787 in Neapel auf und lernte Lord Hamilton und seine spätere Gemahlin kennen: »Der Ritter Hamilton, der noch

immer als englischer Gesandter hier lebt, hat nun, nach so langer Kunstliebhaberei, nach so langem Naturstudium, den Gipfel aller Natur- und Kunstfreude in einem schönen Mädchen gefunden. Er hat sie bei sich, eine Engländerin von etwa zwanzig Jahren. Sie ist sehr schön und wohlgebaut. Er hat ihr ein griechisch Gewand machen lassen, das sie trefflich kleidet; dazu löst sie ihre Haare auf, nimmt ein paar Schals und macht eine Abwechslung von Stellungen, Gebärden, Mienen usw., daß man zuletzt wirklich meint, man träume. Man schaut, was so viele tausend Künstler gerne geleistet hätten, hier ganz fertig, in Bewegung und überraschender Abwechslung. Stehend, kniend, sitzend, liegend, ernst, traurig, neckisch, ausschweifend, bußfertig, lockend, drohend, ängstlich usw. Eins folgt aufs andere und aus dem andern. Sie weiß zu jedem Ausdruck die Falten des Schleiers zu wählen, zu wechseln und macht sich hundert Arten von Kopfputz mit denselben Tüchern. Der alte Ritter hält das Licht dazu und hat mit ganzer Seele sich diesem Gegenstand ergeben. Er findet in ihr alle Antiken, alle schönen Profile der sizilianischen Münzen, ja den Belveder'schen Apoll selbst. So viel ist gewiß, der Spaß ist einzig! Wir haben ihn schon zwei Abende genossen.« (Vgl. Goethe, *Italienische Reise*, Zweiter Teil, Caserta, den 16. März. Goethes Autobiographische Schriften, Band II, S. 221 f. Goethe-Ausgabe Band 4).

154 ▷ *»avanti, putanelle!«:* »putanella« Diminutiv von »putana« (Dirne).

155 ▷ *In einer finsteren Straße des alten Wien:* Der Text findet sich im Nachlaß unter der Signatur XII/1, Fasz. 2 – 4–7, ein Entwurf dazu unter XII/1, Fasz. 1 – 1, 2 verso: »Im Nebenhaus litten die Kinder an den Fraisen. Geschäft zum ›Paris‹. Dunkles langes Gewölbe, in einer Nische, bläulich durch ein Lichthoffenster beleuchtet, saß der Buchhalter. Zwei Schneider in rosa Fräcken suchten Goldzindel aus, dann ein Barchent, »Jacobusblut« genannt. Am Nebentisch suchte ein altes Männchen mit grüner Hornbrille phantastische Kupferstiche aus – das neueste, was aus Edinburgh kam. Ein Blatt gefiel ihm besonders gut: Da tanzten große Flöhe, als Cavaliere üppig verkleidet, nach den Klängen einer Schellentrommel im Haine Dianens mit ponçeauroten Gefrorenennymphen; vergoldete Hähne pickten aus chinesischen Porzellanschalen Lebzeltenmonogramme des Königs von Frankreich.
Da – mit großem Geschrei kam ein Herr mit überhohem Spazierstock herein, er, der übergeschnappt war, seitdem er einst in Paris im Nachttopf der Pompadour die Hände hatte waschen dürfen.
Im Parterre wohnte ein rotnasiger Greis, der bisweilen eine seltsam geformte bauchige aber leere Flasche auf den Tisch stellte und selbe oft stundenlang beschimpfte.
Radegunde von Nichts wohnte im ersten Stock, ihr Bruder Hasdrubal Apollo von Nichts war der Verfasser des Werkchens: ›Der wohlinstruirte zimmerreine Salonlöwe‹, ein geschätztes Büchlein, das keinem feineren Cavalier fehlen durfte.
Sie litten beide fürchterlich an einem Kochbuche, das Radegunde hoch und heilig hielt, und setzten sich täglich bänglich zu Tische. Dann sprang Hasdrubal Apollo noch geschwind auf, angeblich um den Canarienvogel Lilipendy zu füttern. ›Apollo!‹ klang es dann leise mahnend, ›Die Suppe wird kalt!‹ ›Hasenpöpelchen in Blauem Eynlauf. Ach! Was ist denn gar das? Und dann: Grimaldistelze mit Kälberaugen garniert.‹
Obgleich es ihm gar nicht munden wollte (wie gewöhnlich) legten sie sich gegenseitig eifrig vor, und fast schien es, daß sie eifrig beim Speisen seien, als plötzlich die Türe höchst unzeremoniell aufgerissen wurde und Desdemona, das Dienstmädchen mit

hervorgequollenen Augen zum Tisch stürzte. Die Geschwister waren angstvoll aufgesprungen und blickten Desdemona fragend an. Die rang nach Worten.«

▷ *in phantastischen Kupferstichen:* FHO war leidenschaftlicher Sammler von Kupferstichen. Das nachfolgend beschriebene Blatt könnte Teil seiner stattlichen Sammlung gewesen sein. Näheres dazu siehe S. 460, Anmerkung: *Einige Cavaliere kommen aus der Waldkulisse.*

56 ▷ *Maria Schul:* Das »K. K. adelig-freyweltliche Damenstift Maria-Schul« hatte seinen Sitz in Brünn. Neben den regulären Stiftsdamen gab es auch »ueberzählige Stiftsdamen«, »Honorar-Stiftsdamen« und »Ausländische Honorar-Stiftsdamen«. In Prag gab es das »K. K. Theresianisch-adelige Damen-Stift auf dem Prager Schlosse« und das »K. K. freyweltlich-adelige Stift der heil. Engel auf der Neustadt zu Prag« (vgl. *Hof- und Staats-Schematismus des österreichischen Kaiserthums*, II. Theil, S. 80 ff.).

57 ▷ *auf dem Orte einer atlantischen Insel:* Zu FHOs »Mystik der Ortsnamensforschung« gehörte auch seine Beschäftigung mit der Sage der Atlantis, die sowohl in der griechischen (bei Platon) als auch in der nordischen Mythologie (in Zusammenhang mit dem Midgard, der mittleren der mythischen Welten, die dem Menschen zum Wohnsitz dient) tradiert wird.

58 ▷ *Wer hält uns noch hier:* Dieser Entwurf findet sich im Nachlaß unter der Signatur XII/1, Fasz. 2 – 19 verso–22. Vgl. Lesetext S. 123.

▷ *Nikobaren:* 1778 besetzte William Bolts, dem am 5. 6. 1775 »das Privilegium des directen Handels zwischen Österreich und Ostindien« (vgl. Kisch, *Vorstädte*, Band 1, S. 258) erteilt worden war, im Namen Österreichs die Inselgruppe an der Südostseite des Bengalischen Meerbusens. Dänemark, das bereits 1756 von den Nikobaren Besitz ergriffen hatte, legte in Wien Beschwerde ein. Österreich zog sich wieder zurück, Grund genug für FHO, sich darüber zu mokieren, »daß man seitens der allerhöchsten Stelle die Nikobaren an Dänemark geschenksweise abgetreten hat. Jawohl geschenksweise. Das reichste Nickelvorkommen der Welt. Jawohl. Selbst die größten Geographen wissen nicht, daß die Insel mit dem Sitz der k. k.-Macht T r i e s t geheißen hat.« (Vgl. Brief von FHO an Ernst Heimeran vom August 1951. Näheres siehe *S. W.*, Band I, S. 219 f.)

59 ▷ *in Kellern der Inneren Stadt:* Zwei Zeitungsausschnitte aus dem *Neuen Wiener Journal*, die im Nachlaß FHOs erhalten sind, berichten von der Entdeckung unterirdischer Gänge der Inneren Stadt in Wien: Unter dem Titel »Zweiunddreißig Meter unter dem Ballhausplatz. Entdeckung von Resten des alten Stadtgrabens und von geheimnisvollen unterirdischen Räumen« liest man: »Bekanntlich wurde vor einiger Zeit ein Teil der noch unverbauten Gründe am Ballhausplatz von unserer Regierung an einen Privatmann abgetreten gegen die Verpflichtung, daß dieser auf dem Rest des Platzes ein großes Zentralarchivgebäude für den Staat errichtet.« Bei Probebohrungen zur Erforschung des Ballhausplatzbodens stieß man neben Stadtgrabenresten auch auf zahlreiche Hohlräume. »Man nimmt an, daß es sich wahrscheinlich um verschüttete, vergessene Kellerräumlichkeiten des einst in der Nähe bestandenen großen Klosters handeln dürfte.« Der Artikel »Baugebrechen am Judenplatz. Unterirdische Gänge aus der Türkenzeit« berichtet, daß durch »ein Baugebrechen [...] in einem uralten Keller des Hauses Judenplatz 9 [...] die Feuerwehrmannschaften

in eine Reihe unterirdischer Gänge, die bis zwei Stockwerke tief unter dem Straßenniveau sich befinden«, gelangt sind, »in Gänge, die noch aus der Zeit der Türkenbelagerung stammen und sich weithin erstrecken durch die Fütterergasse und die Wipplingerstraße bis in die Umgebung des Stephansdoms hin.« Die Gänge sollen ein »förmliches Straßennetz« gebildet haben.

161 ▷ *Exzellenzen ausstopfen – ein Unfug:* Im Bestreben, sein Drama trotz wiederholter Absagen in den Theaterbetrieb hineinzuschmuggeln (FHO an Torberg, 25. 11. 1949, siehe S. 380), suchte FHO nach einem anderen Titel und erwog auch die Annahme eines Pseudonyms. Lanz von Liebenfels beriet ihn (Brief vom 25. 8. 1949): »Nun Deine kabbalistische Anfrage wegen Titel des (oder der Stücke) und wegen Pseudonym. 1) An sich paßt Pseudonym R. v. Braiten-Landenberg besser zu Friedrich von Herzmanovsky. Diese Combination gibt drei Stärken und nur eine Schwäche. Gibt geistigen und materiellen Erfolg. Ist eine mystische, bedeutsame Sache, enthüllt trotz der Komik doch einen hohen moralischen Wert, ist auch im gewissen Sinn militant und pikant, was die Durchschlagskraft erhöht. Nur überanstrenge Dich nicht zu sehr, damit Du den Erfolg in voller Gesundheit und voller Frische voll genießen kannst. 2) Bei der Wahl des Pseudonyms Wessenberg-Ampringen wäre der Erfolg nicht so groß und durchschlagend, Frauen würden da hemmend einwirken durch Quatschereien. Es sind nur zwei Stärken gegen ein schlechtes und gegen ein neutrales Element wirksam. Aber immerhin kannst Du dieses Pseudonym doch nehmen. Denn Du wirst Hilfen von Freunden und von sozialen und reformerischen Verbänden haben.
Wenn Du das Pseudonym Braiten-Landenberg nimmst, dann ist der meist glückbringende Titel: [...] ›Lord Byrons letzte Liebe‹ (drei Stärken ohne jede Schwäche). Etwas Hochkünstlerisches auch in Regie, Dekoration und Kostüm einträglich und durchschlagend, Eleganz, höchster Geschmack!
Wenn Du Pseudonym Wessenberg-Ampringen nimmst, dann sind am besten: ›Bitte, Exzellenzen nicht ausstopfen!‹ (zwei Stärken, keine Schwäche), ›Lord Byrons letzte Liebe‹ (zwei Stärken, keine Schwäche).« In den Manuskripten (XIII/2 – 123, XIII/1 – 2, XIII/1 – 6) finden sich folgende Textvarianten:

Soliman oder die geschändete Hofratsmumie
Ein Dramolet aus der Beethovenzeit
Ein aristokratisches Drama aus dem frühen Biedermeier

Die ausgestopfte Exzellenz
Ein skandalöses Begebnis aus dem alten Wien
in 11 Bildern und einem Prolog.
Ein aristokratisches Begebnis in 11 Bildern und einem Prolog.

Apoll von Nichts
oder
Welch ein Unfug Exzellenzen auszustopfen
Ein skandalöses Begebnis aus der Biedermeierzeit
von Friedrich von Orlando

162 ▷ *GRAF KÖNIGSMAUL:* Variante: »Löwenmaul« (XIII/1 – 83).
  ▷ *drei steyrische Barone:* Zu den Namen der drei steyrischen Barone machte sich FHO folgende Notiz (XIII/1 – 73):
»Dacher v. Fastenberg Brillinghof

Lügendorf Windischfeistritz Hochkittenberg
Waxeneggs Wildon Wumbach Wundschuh Mönnichgleinz Nechenheim
Tutenberg Trattenbach Tickenfeld Uggendorf Treglwang«
Für Hauzenberg überlegte er die Variante »Uggendorf« (XIII/1 – 73), für Nechenheimb
»Nechendorf« (XIII/1 – 76 ff.).

▷ *LETIZIA MEZZACALZETTA:* Variante: »Ugolina Pampinelli, Inhaberin eines
verrufenen Lokales in Neapel« (XIII/1 – 6 verso).

▷ *ZWITKOWITSCH:* Varianten: »Zwitkowič« (XIII/1 – 78 verso), Zwitkowicz (XIII/1 –
87 verso), Mirko (XIII/1 – 88).

▷ *Llanfairpwellgwyngyll:* Llanfairpwllgwyngyllgogerychwyrndrobwllllantysiliogogogoch
ist ein Dorf auf der Halbinsel Anglesey in Wales. Die deutsche Übersetzung würde etwa
lauten: »Kirche der Heiligen Maria in der Höhle am weißen Haselstrauch nahe dem
schnellen Strudel bei der Kirche von St. Tysilio an der roten Höhle« (*Die Presse*,
5. 12. 1983).

53 ▷ *17 Darsteller:* Variante: »17 Darsteller. Lord Byron = Santorini, Ferdinand = Graf
Sedlnitzky; Mondpreis = Cicerone; 3 Barone = ein Sereschaner; Apoll, Radegunde;
Hopsetič; Genius = Baronesse Feuchtersleben; Roxane, 4 Kavaliere; Dickschitz;
Empfangsdame = Portiunkula.« (XIII/1 – 5) In dieser Handschrift fixiert FHO die
Zeit der Handlung: »Mai bis August 1821« (XIII/1 – 2 verso).

54 ▷ *Und schluchzend ballt die Fäuste, edle Herren:* Folgende Verse hat FHO in die
Endfassung seines Stückes nicht aufgenommen (XIII/2 – 119):
»In Preussen nagten einst fünf Brüder
Danckelmann an ihres Königs Szepter;
Rinaldo Rinaldini ist der Rost auf Romas Helm.
Betrügerischen Schiffbruch über Albion schwebt er
Und auch Napoleon war ein übler Schelm.
Von Montenegro will ich gar nicht sprechen
Und, was ich sonst seh, will das Herz mir brechen.«
In der Handschrift (XIII/1 – 11, 12) fügte FHO diese Verse nach der Zeile »Das tröste
Euch! Erhellt die finstren Mienen!« ein.

9 ▷ *Aretusa Freifräulein von Fyrdraugh:* Siehe Anmerkung S. 440.

0 ▷ *Stiftsdame von Maria Schul in Brünn:* Siehe S. 457, Anmerkung: *Maria Schul.*

1 ▷ *Hormayrs Annalen:* Joseph Freiherr von Hormayr (geb. Innsbruck, 20. 1. 1781 oder
1782, gest. München, 5. 11. 1848) gab das *Taschenbuch für die vaterländische
Geschichte* (Wien 1811–1814) heraus, an dem in der Folge Freiherr von Mednyánsky
als Herausgeber mitgearbeitet hat (Wien 1822–1848). 1816 wurde Hormayr zum
Historiographen des kaiserlichen Hauses ernannt. »Als König L u d w i g von Bayern im
Oktober 1825 den Thron bestieg, berief er H o r m a y r [...] in seine Dienste.« (Vgl.
Wurzbach) Daß Hormayr dem Ruf gefolgt ist, mag in seinem Groll über seine
Verhaftung am 7. 3. 1813 – er wurde 13 Monate in Munkács festgehalten – begründet
sein, die Metternich wegen Hormayrs freiheitskämpferischen Aktivitäten in Tirol
veranlaßt haben soll (vgl. *Meyers*). Diesem Haß, insbesondere gegen den Staatskanzler,
dürfte auch Hormayrs »nachgelassenes Fragment« über *Kaiser Franz und Metternich*
entwachsen sein.

172 ▷ *Mondpreys-Igelfing:* Siehe Anmerkung S. 440.

176 ▷ *Krapfenwaldel:* Aussichtspunkt auf einer Vorhöhe des nördlichen Wienerwaldes oberhalb von Grinzing.

178 ▷ *Einige Cavaliere kommen aus der Waldkulisse:* Notizen zur Bühnengestaltung: »Cavalcade. Dahinter Wanddekoration mit immer wiederkehrenden Figuren: Bettler Callots mit Drehleier. Kleines Zigeunerlager. Tanzendes Zigeunermädchen. Dickbäuchige Sängerin mit kleinem Kind. Überraschende Räuberszene.« (XIII/1 – 9). Um seine optische Vorstellung für die folgenden Szenen zu präzisieren, nennt FHO den französischen Zeichner, Kupferstecher und Radierer Jacques Callot (geb. Nancy, 1592, gest. Paris, 28. 3. 1635), von dem FHO nachweislich 86 Blätter besaß, darunter auch »Bettler mit Drehleier«, möglicherweise »Der Zwerg mit der Bettlerleier« aus Callots Serie von 21 Radierungen »Die Gobbi« (um 1622) oder »Der Bettler mit Leier« aus der Serie von 25 Radierungen »Die Bettler« (um 1622/23). (Siehe dazu Jacques Callot: *Das gesamte Werk in zwei Bänden.* Insbesondere Band 2, S. 1104, 1110). Die in den Prosafassungen auf S. 128 f., 263 f. geschilderten »Bilder« (im Anschluß an: »man sah fröhliche Dinge«) könnten ebenfalls Vorlagen in FHOs Graphiksammlung haben. Die erhaltenen Verzeichnisse sind aber lückenhaft, der noch erhaltene Teil des Bestandes nicht zugänglich. Die Blätter Callots sind aber wichtigstes Quellenmaterial. Neben den »Bettlern« dürfte FHO auch von den vier Radierungen »Die Zigeuner« (1621, vgl. a. a. O., S. 1070 ff.) oder von Callots zahlreichen Studienblättern zu Edelleuten, besonders aber seinen glanzvollen Landschaftsszenen »abgeschrieben« haben. FHO erwarb den größten Teil seiner Sammlung zwischen 1900 und 1905 auf Auktionen oder aus Nachlässen. Es gehört zum Besonderen seiner literarischen Arbeitstechnik, graphische Blätter und ihre Meister zu zitieren, Namen und Titel, die sich zum guten Teil aus dem Besitz FHOs nachweisen lassen. Im *Gaulschreck im Rosennetz* spielt FHO etwa auf Friedrich Leopold Bürde, Georg Hampfelmeyer, Hieronymus Löschenkohl und Ferracuti an (siehe *S. W.*, Band I, S. 18, 58, 81, Anmerkungen S. 198 f., 210 f., 212), in *Rout am Fliegenden Holländer* auf Giulio Antonio Bonasone, Abraham Casembrot, Andreas Schelfhout, Romeyn de Hooghe an (siehe *S. W.*, Band II, S. 9, 12, 31 f., Anmerkungen S. 277 f., 287, 290). FHO benützte folgende Fachliteratur: Andresen, *Handbuch für Kupferstichsammler, Der deutsche Peintre-Graveur* und *Die deutschen Maler-Radirer.* Apell, *Handbuch für Kupferstichsammler,* Bartsch, *Le Peintre Graveur* und *Catalogue raisonné des dessins originaux* des plus grands maitres anciens et modernes, qui faisoient partie du cabinet de feu le Prince Charles de Ligne, Vienne 1794.

179 ▷ *Vapeurs:* Eine von FHO gerne benützte Vokabel, die er aus der Zeit des »Rococo« zum Ausdruck eines nervös-deprimierten Zustandes entlehnt (vgl. *S. W.*, Band I, S. 28, Band II, S. 141, Band VII, S. 167).
   ▷ *Baronin Feuchtersleben:* Siehe S. 442 ff., Anmerkung: *lebte am Hofe zu Wien ein Mohr.*
   ▷ *Roxane Puygparadinez, Markgräfin von Atalanta:* Über die in der Novelle gegebene Charakterisierung (siehe S. 441 f., Anmerkung: *Donna Roxane, eine junge Spanierin*) hinaus beschreibt FHO seine Heldin der Dramenfassung in einem Brief vom August 1951 an den Verleger Ernst Heimeran als sehr ungewöhnliches Mädchen und aus Shakespeares Sommernachtstraumgesellschaft entstammend. »Diese Donzella war eine Hauptfigur im Hintergrund des griechischen Aufstandes und arbeitete zwischen Wien

(wo sie bei Grillparzer deutsch lernt!) und König Ludwig I. Sie ist historisch, wie mir es die Brüder Ypsilanti bestätigten.«

In einer erläuternden Inhaltsangabe (siehe S. 384) vertritt FHO die Interpretation, daß in der »Prinzessin von Atalanta [...] eine andere epirotische Prätendentin der Epoche gemeint ist.« Damit stellt FHO eine Beziehung zu seinem Stoff im *Kommandant von Kalymnos* bzw. der *Krone von Byzanz* her (Näheres siehe S. 360 f.). Er erblickt und markiert im griechischen Freiheitskampf zu Beginn des 19. Jahrhunderts eine Fortsetzung seiner Vorstellung von einer Wiederbelebung des Byzantinischen Reiches (Näheres siehe S. 464, Anmerkung: *Schönbrunn im Herzen des Parthenon*). Mit der Familie Ypsilanti gelingt es ihm wieder, eine Brücke nach Österreich zu schlagen: Die griechische Fanariotenfamilie, die ihren Ursprung bis zu den Komnenen (siehe S. 404 f., Anmerkung: *David, der letzte Kaiser von Trapezunt*) zurückführt, spielte vielfach eine Rolle in der griechischen Geschichte. Alexander (geb. 1725) wollte Osmanen und Griechen verschmelzen und ein neues Volk damit schaffen, sein Sohn Konstantin mobilisierte 8000 Mann zur Befreiung Griechenlands. Seine Verschwörung wurde aber entdeckt, und er floh nach Wien. Sein ältester Sohn Alexander (geb. Konstantinopel, 12. 12. 1792, gest. Wien, 31. 1. 1828) wurde vom russischen Kaiser Alexander I. zum Generalmajor und Kommandanten einer Husarenbrigade ernannt. »Ende 1820 trat er an die Spitze der Hetärie der Philiker. Gegen seinen Wunsch ward der Aufstand des Theodor Wladimiresko (Januar 1821), eigentlich gegen die Bedrückungen der Bojaren gerichtet, von den eifrigsten Hetäristen für das Zeichen zum Aufstand gegen die Türken angesehen [...] Der erwartete Aufstand der Griechen gegen die Türken erfolgte jedoch nicht.« Ypsilanti mußte mit seinem Bruder Nikolaus nach Siebenbürgen fliehen und wurde von der österreichischen Regierung verhaftet. Der zweite Bruder Demetrios (geb. 25. 12. 1793, gest. Wien, 3. 1. 1832) »ging im Frühjahr 1821 [...] im Auftrag seines Bruders nach dem Peloponnes, um sich dort an die Spitze des Aufstandes zu stellen.« Er beteiligte sich »mit Glück an einzelnen Kriegsunternehmungen und ward infolge der auf der ersten Nationalversammlung von Epidauros im Januar 1822 festgesetzten Verfassung für Griechenland zum Präsidenten des Gesetzgebenden Körpers ernannt.« (Vgl. *Meyers*. Zum griechischen Freiheitskampf studierte FHO insbesondere Blaquiere, *Die Griechische Revolution*.) Welche der Nachkommen der Familie Ypsilanti FHO gekannt hat, konnte bisher nicht ermittelt werden. Im *High-Life-Almanach* der Wiener Gesellschaft (1909) ist der kgl. griechische Hofstallmeister Prinz Theodor registriert, der in Schloß Marienhof bei Spillern ansässig war und auch in Wien eine Wohnung hatte.

Zu der von FHO angesprochenen Beziehung des Bayernkönigs Ludwig I. zum griechischen Freiheitskampf siehe S. 437 f., Anmerkung: *So bei den Wittelsbachern*. Die angebliche Historizität der Roxane Puygparadinez konnte nicht nachgewiesen werden. Ihr Name kommt aus dem spanischen Adel (vgl. Piferrer, *Nobiliario de los Reinos y Seniorios de Espana*, S. 36). FHO notierte sich auf einem losen Notizblatt »Galceran Puigparadinez, Herren auf Cardenizza und Calandri (Atalante)«. Seine Quelle konnte nicht ermittelt werden.

Mit Atalanta könnte FHO auf die vom griechischen Geographen Strabon, dessen Schriften er in seinen Notizen wiederholt zitiert, angeführte Insel Atalante anspielen, die 431 von den Athenern befestigt wurde (vgl. *Pauly*, Band 2, Spalte 1889). Möglicherweise wollte er aber auch die Atlantis in dem Namen mitschwingen lassen (Näheres siehe S. 457, Anmerkung: *auf dem Orte einer atlantischen Insel*).

▷ *wozu Paesiello kunstvoll pfeifen wird:* Variante: »wozu Scarlatti kunstvoll pfeifen möge« (XIII/1 – 32). Notiz: »Alessandro Scarlatti: Oper ›Tigrane‹ (1726)« (XIII/1 – 31 verso). Alessandro Scarlatti (geb. Palermo, 2. 5. 1660, gest. Neapel, 24. 10. 1725) verbrachte wie Paesiello einen Teil seiner Schaffensjahre in Neapel. 1715 komponierte er seine Oper »Tigrane«. (Vgl. Riemann, *Musik-Lexikon*, Näheres siehe S. 447 f., Anmerkung: *Pergolesis unsterbliches Madrigal*.)

180 ▷ *Briganten*: Ursprünglich waren sie »Unruhestifter, Aufwiegler, dann soviel wie Straßenräuber, Freibeuter. Der Name kommt von den Soldtruppen, welche die Stadt Paris während der Gefangenschaft des Königs Johann (1358) hielt, und die sich bald durch die schlechte Aufführung berüchtigt machten [...] Als Frei- und Streifkorps vereinigten sie dann die Zwecke des Krieges mit denen des Raubes, so zu Ende des 18. Jahrhunderts in der Vendée, später in Spanien und in Süditalien, wo zuletzt nach der Vertreibung der Bourbonen aus Neapel (1860) Scharen von Briganten für die Herstellung der alten Dynastie auftraten, das Königreich bis an die Thore der Hauptstadt unsicher machten und so die strengsten militärischen Maßregeln gegen sich hervorriefen.« (Vgl. *Meyers*)

▷ *Camorra*: Siehe Anmerkung S. 455.

▷ *Carbonari*: Siehe Anmerkung S. 451 f.

▷ *des Fürsten Kaunitz*: »Am 27. September 1795 vermählte sich der Graf Clemens Metternich mit seinem dreiundzwanzigsten Jahre mit der noch nicht ganz zwanzigjährigen Gräfin Eleonore von Kaunitz, Tochter des ältesten Sohnes des Staatskanzlers [...] Ernst Fürsten von Kaunitz, vormaligen Botschafters in Rom und Neapel.« (Vgl. Hormayr, *Kaiser Franz und Metternich*, S. 21). Der 1753 zum Hof- und Staatskanzler ernannte Wenzel Anton Kaunitz (geb. Wien, 2. 2. 1711, gest. ebenda, 27. 6. 1794) war Vertrauter Maria Theresias und legte sein Amt erst mit der Thronbesteigung von Kaiser Franz II. nieder. Von ihm wird überliefert, daß er stets Furcht vor ansteckenden Krankheiten hatte, worüber Kaiser Joseph seinem Bruder Leopold schrieb, er habe den furchtsamen Kanzler zwei Jahre lang nicht mehr gesehen (vgl. *Wurzbach*).

182 ▷ *Parfümierte Wildkatz mit Atlasschucherln*: Zu FHOs Symbolik der Katze im Zusammenhang mit seinem Frauenbild siehe S. 419 f., Anmerkung: *Schönheit kann Schrecken zeugen*.

▷ *Wäre ich Anthropophagin*: Vgl. die wehmütige Äußerung des Prinzen Max über die Frauen in *Rout am Fliegenden Holländer* (*S. W.*, Band II, S. 61): »Wenn die Mädeln mies oder mediocre sind, kann doch kein Mensch verlangen, daß man ihnen zugeht; und sind s' sehr hübsch, daß man andererseits a bisserl a Freud hätt, haben s' alle etwas leicht Anthropophagenhaftes.«

183 *Roger von Sizilien*: Roger II., Sohn des Roger I., Graf von Sizilien, der 1061 mit der Eroberung Siziliens begann und von seinem älteren Bruder Robert Guiscard mit Sizilien belehnt wurde, folgte seinem Vater anfangs unter der Regentschaft seiner Mutter Adelheid, Tochter des Markgrafen Bonifacius I. von Montferrat. Er wurde 1130 von Papst Anaclet II. als König von Sizilien anerkannt. »Infolge einer Beleidigung, welche seinem Gesandten von seiten des griechischen Kaisers Manuel widerfahren war, nahm Roger, der seine Herrschaft schon über zahlreiche Plätze der nordafrikanischen Küste, darunter Tripolis, ausgebreitet hatte, auch den Kampf mit Byzanz auf, eroberte 1147 Korfu und verheerte das griechische Festland. Roger ist der eigentliche Begründer des Königreichs beider Sizilien.« (Vgl. *Meyers*)

▷ *»Mag sein, daß höchster Geistesgaben Fülle«:* Roxane zitiert aus der zweiten Strophe
von Grillparzers Gedicht »Auf die Genesung Sr. Majestät des jüngeren Königs von
Ungarn, Ferdinand, im April 1832«, über das FHO in einem Brief vom 10. 12. 1935 an
Torberg schreibt: Sein *Apoll* »müßte für das Burgtheater etwas zugestutzt werden.«
Denn Roxane Puygparadinez »singt das leider wirklich existierende Lied Grillparzers
über den Wasserkopf des Kronprinzen Ferdinand, der später als pensioniertes Trottel
seine dalkerten Stückeln in Prag aufführte. (Das Gedicht war schuld am Ende der
Staatskarriere Grillparzers).« Vgl. *Grillparzer's Sämmtliche Werke,* Band 1, S. 196 ff.:

> Bist du genesen denn? Sei uns willkommen!
> Wir jubeln laut dir in Begeistrungsglut,
> Des Schatzes sicher, der uns halb genommen,
> Der Zukunft froh; denn du bist gut.
>
> Mag sein, daß höchster Geistesgaben Fülle
> Dereinst umleuchtet deinen Fürstenhut;
> Wir forschen nicht, was Zukunft erst enthülle,
> Des einen sicher jetzt schon: daß du gut.
>
> Denn was der Mensch erringen mag und haben,
> Der Güte bleibt der letzte, höchste Preis;
> Der Gipfel sie und Inbegriff der Gaben,
> Das Einz'ge, was nicht altert, selbst im Greis.
>
> Die Weisheit irrt, Bedächt'ge trifft der Tadel,
> Die Tapferkeit erreicht nur, was ihr glückt;
> Doch Güte, Herr, gleich der magnet'schen Nadel,
> Zeigt nach dem ew'gen Pol hin, unverrückt.
>
> Und Treue und Gerechtigkeit und Milde,
> Sie sind nur Strahlen jenes selben Lichts.
> Als Gott den Menschen schuf nach seinem Bilde,
> Sprach er: »sei gut!« von Weisheit sprach er nichts.
>
> Doch gut nicht heut' nur, manchmal? – immer, immer!
> Ob Nutzen vor auch schlaue Klugheit schützt;
> Des Einzeln' Vortheil ist erborgter Schimmer,
> Doch dauernd bleibt, was auch den Andern nützt.
>
> Und so ist denn der Gute auch der Weise,
> Er ist der Feste, denn er bleibt sich gleich;
> Er ist der Mächt'ge, denn im selben Gleise
> Mit seines Schöpfers Weltall rollt sein Reich.
>
> Fühlst du es so in deinem Busen schlagen,
> Dann tritt die Zukunft an mit frohem Muth;
> Und jubelnd soll ein Enkelchor einst sagen:
> Sein Volk war treu, und er war gut!

184 ▷ *Schönbrunn im Herzen des Parthenon:* FHO lebte in der Überzeugung, daß Österreich legitimer Erbe des Oströmischen Reiches sei, eine Meinung, die von Fallmerayer, *Geschichte der Halbinsel Morea*, Band 2, S. 408 f., gestützt wird: Andreas Paläologus, Erbe des letzten byzantinischen Kaisers, »starb ohne Nachkommenschaft im Jahre 1502, jedoch mit Hinterlassung einer letztwilligen Verfügung durch welche er Ferdinand und Isabella von Castilien als Erben des Peloponneses und des ganzen byzantinischen Reiches einsetzte. Zoe Paläologina, die jüngere Schwester der beiden Prinzen, wurde mit Johann Basiliowitsch, Großfürsten von Moskau, vermählt, dessen Tochter Helena in der Folge Alexander I. König von Polen zur Ehe nahm. Demnach hätten nach dem alten Feudalstaatsrecht in Europa die Häuser Oestreich-Habsburg und Romanov-Oldenburg die nächsten Ansprüche auf das alte byzantinische Kaiserthum.« FHO verfolgt in einer Notiz die gleiche Argumentation, was die Ansprüche des Hauses Habsburg betrifft. Folgende historische Fakten liegen dem zugrunde: Johanna, die zweite Tochter Ferdinands des Katholischen, König von Aragonien und der vereinigten spanischen Monarchie, und der Isabella von Kastilien, nach dem Tod ihrer älteren Schwester Erbin Spaniens, heiratete 1496 den habsburgischen Erzherzog Philipp. Er war der Sohn von Kaiser Maximilian I. und der Maria von Burgund und wurde 1506 als Philipp I., der Schöne, als König von Spanien anerkannt (vgl. *Meyers*, Stichwörter *Ferdinand, Philipp*). Im Orden vom Goldenen Vlies sah FHO die österreichischen Ansprüche verwirklicht. Die Großmeisterstelle wurde nämlich durch die Heirat der Maria von Burgund mit Maximilian an die Habsburger übertragen (Näheres siehe S. 412 f., Anmerkung: *Meer, über das Jason das Goldene Vlies gebracht*). Das Recht der alten Feudalstaatsordnung versuchte FHO schließlich noch mit allerlei irrationalen Beweisführungen zu untermauern: »Österreich war Teil von Hellas. Arzt in Lovrana ... sagt, daß Jason & Medea auf Cherso spielt. Medea bei Gradiska! Wo ja der Argonautenzug spielt. (Ker-so! Bestätigung der Keren! Ker – Kyra) Tartessus auf Strabos Karte die Höhlen von Adelsberg!« Cherso war eine österreichische Insel im Quarnero, dem Golf des adriatischen Meeres, und gehörte zur Markgrafschaft Istrien. Istrien bildete zusammen mit der gefürsteten Grafschaft Görz und Gradisca und dem Gebiet von Triest das sogenannte österreichisch-illyrische Küstenland. An anderer Stelle seiner mystischen Forschungen entwarf FHO ein »Mysterium des Doppeladlers«, über das er in einem Brief an Ludwig Th. Götz (Fra Tassilo des Ordens vom Neuen Tempel) vom 22. 12. 1930 schreibt: »an Wien brach Macht Asiens. 1683 vergebliche Belagerung Wiens durch die Türken. Wien hat gerade dämonische Vitalität. Lebendste Stadt der Welt, westliche Hälfte von Byzanz. Damit hängt auch das Mysterium des Doppeladlers zusammen [...] Auch Byzanz führt den Doppeladler und heißt dasselbe wie Wien, Vindobona. B = W (Vienna griechisch: Bienna). B und W führen den Doppeladler, weil er das Bild des beiden gemeinsamen Genius loci ist, ihrer Walkyre!« (Zu FHOs Technik der Silbenauflösung und ihrer Deutung siehe S. 396.)

185 ▷ *die drei sylvanen Grazien:* Die drei Grazien sind ein in FHOs Graphik wiederholt abgewandeltes Motiv. Die älteste belegte Zeichnung dazu stammt aus dem Jahr 1896 (Sepiafeder, bezeichnet *Graciae*, Sammlung des Tiroler Landesmuseums, Innsbruck. Veröffentlicht in Fritz von Herzmanovsky-Orlando. *Katalog der 47. Sonderausstellung des Historischen Museums*, Wien 10. 3. bis 29. 5. 1977, Abb. 30). Am 6. 3. 1919 entstand eine Farbstiftzeichnung *Das Parisurteil auf der Wieden* (Sammlung Paul Flora, veröffentlicht als Umschlagbild der Ausstellungskataloge: Fritz von Herzma-

novsky-Orlando 1877–1954. Zeichnungen und Aquarelle. *Galerie im Taxispalais,* Innsbruck, *Galerie Würthle*, Wien, *Kulturhaus der Stadt Graz*, Neue Galerie der Stadt Linz *Wolfgang Gurlitt-Museum.* Innsbruck 1974. Die Farbstiftzeichnung *Drei Grazien* entstand im März 1922 (veröffentlicht in Fritz von Herzmanovsky-Orlando: *Tarockanische Geheimnisse.* Mit Begleittexten von Paul Flora und Kosmas Ziegler. Edition Tusch. Wien 1974. S. 68).

190 ▷ *Es ist eine schändliche Geschichte:* Siehe S. 442 ff., Anmerkung: *lebte am Hofe zu Wien ein Mohr.*

191 ▷ *im Tarock:* Das Tarockspiel ist ein immer wiederkehrendes Motiv sowohl in FHOs Graphik als auch in seiner Literatur: In einem Brief vom 19. 10. 1918 berichtet er Kubin (vgl. *S. W.*, Band VII, S. 205) »einiges, lustiges gezeichnet« zu haben, »eine Serie ›Tarokke‹«. Am 23. 1. 1919 entstand eine Zeichnung *Bei Tarockkönigs.* In *Rout am Fliegenden Holländer* treffen die vier Johannese auf Patmos wegen des Tarockspiels zusammen (vgl. *S. W.*, Band II, S. 71). *Das Maskenspiel der Genien* (*S. W.*, Band III) spielt in der »Tarokei«, deren Verfassung nach den Regeln des Tarockspieles aufgebaut ist. Der Zauber, den die »Welt der Tarockkarten« auf ihn ausübte (vgl. *S. W.*, Band VII, S. 205) liegt in ihrer kabbalistischen Bedeutung, die FHO vermutlich in den Schriften des Eliphas Lévi studierte. Dieser führt das Tarockspiel bis zur »Genesis des Henoch« des Kabbalisten Wilhelm Postel im 16. Jahrhundert zurück. Ein Buch, »in dem er den Schlüssel zum Absoluten niedergelegt hat; und auf dem Ring dieses Schlüssels ist der das Wort TARO in vier einzelnen Buchstaben geschrieben, aber so angeordnet, daß es ungewiß ist, wie man sie lesen solle.« Tarok soll mit Tora, »dem sakramentalen Namen, den die Juden ihrem heiligen Buche geben«, zusammenhängen. Papus, ein Schüler Lévis, habe eine Abhandlung über den Tarot geschrieben »und ist neben manchen anderen Forschern zu der Ansicht gekommen, daß die Zigeuner, dieses geheimnisvolle Nomadenvolk, die Hauptverbreiter des Tarot gewesen seien und ihn nach Europa eingeführt hätten«. »Einen ›verwässerten‹ Tarot, dessen ursprüngliche Symbolik natürlich in seiner jetzigen Gestalt nur noch von Spezialisten auf diesem Gebiet erkannt werden kann, haben wir in dem namentlich in Österreich sehr beliebten Tarockspiel!« Vgl. *Eliphas Lévi der große Kabbalist und seine magischen Werke,* Hrsg. von Larss, S. 46 f.

▷ *einen angesagten Pagat ultimo:* Ein besonderes Ziel eines Spielers im Tarock ist es, »den Pagat [die Karte I] zu ultimieren, d. h. den letzten Stich mit ihm zu machen, beziehungsweise das Ultimieren des Pagat zu verhindern«. »Für den ultimo abgestochenen muß der Pagatist jedem andern 10 Points geben.« (Vgl. *Meyers,* Stichwort *Tarock*)

▷ *Lobkowitz ein Erdböhm:* Das Spiel FHOs mit der phonetischen Ähnlichkeit der Worte Erdbeben (das im Wienerischen wie Erdbem klingt) und Erdböhm hat auf Lobkowitz bezogen durchaus Hintergrund: Ausgelöst durch den Druck des Metternichschen Systems kam es etwa ab der Mitte des 19. Jahrhunderts in Böhmen zu stark nationalistischen Bestrebungen, die in der tschechischen Bevölkerung die Einschätzung der Deutschen als Werkzeuge der Fremdherrschaft nährten. Der aus dem alten böhmischen Geschlecht der Lobkowitz stammende Fürst Georg Christian, Herzog zu Raudnitz (geb. 14. 5. 1835, gest. Prag, 21. 12. 1908) spielte »schon früh eine politische Rolle als Führer des tschechisch gesinnten Feudaladels und wurde 1871 unter Hohenwart zum erstenmal Oberstlandmarschall von Böhmen. Nach dessen Sturz stellte er sich an die Spitze der feudal-klerikalen Agitation, gründete mit dem Grafen Karl Schönborn den Katholisch-Politischen Verein für Böhmen«, kam ins Abgeordnetenhaus und wurde 1883 erbliches Mitglied des Herrenhauses. Er leitete die tschechische Mehrheit des Landtags bei den Maßnahmen zur Unterdrückung der Deutschen und der Tschechisierung Böhmens. Lobkowitz war »die Seele des feudal-klerikalen Antagonismus gegen das liberale Deutschtum in Böhmen und ein eifriger Tscheche.« (Vgl. *Wurzbach* und *Meyers*. Siehe auch *Österreichisches Biographisches Lexikon*, Band 5, S. 259 f.)

193 ▷ *die Eingabe verschlampte ein gewisser Referendar Göthe:* Mitte Mai 1772 trat Goethe als Praktikant beim Reichskammergericht in Wetzlar ein (vgl. Steiger, *Goethes Leben von Tag zu Tag*, S. 502 ff.). Das Reichskammergericht »urteilte über alle Rechtssachen der Reichsunmittelbaren, war zugleich höchste Instanz in Zivilsachen für die Reichsmittelbaren [...] und nahm Beschwerden über verweigerte oder verzögerte Justiz und in Kriminalsachen auch wegen Nichtigkeit an.« (Vgl. *Meyers*)

▷ *Intimus eines Sonnenfels und Duzfreund Lessings:* Joseph von Sonnenfels (geb. Nikolsburg/Mähren, 1732, gest. Wien, 25. 4. 1817) gehörte wie Angelo Soliman der Freimaurerloge »Zur wahren Eintracht« an. »Das war nicht eine Loge schlechthin, sondern unter Joseph II. der geistige Mittelpunkt der österreichischen Freimaurerei, vielleicht sogar Wiens überhaupt.« (Vgl. Lennhoff, *Die Freimaurer*, S. 179.) FHO interessierte die Geschichte dieser Freimaurerloge besonders, da sein Vorfahre mütterlicherseits, der Reichshofratsagent Franz Xaver Lorenz von Orlando, ihr angehört hatte. In einem undatierten Briefentwurf (Empfänger nicht ermittelt) weist FHO darauf hin, daß dieser bei Abafi, *Geschichte der Freimaurerei in Österreich-Ungarn* in Band IV auf S. 310 genannt ist. Gustav Brabbée widmete Soliman in seinem Buch *Sub Rosa* das Kapitel »Ein ›schwarzes‹ Mitglied der Wiener Loge ›zur wahren Eintracht‹« (S. 151–175). Soliman gehörte »in der ersten Hälfte der Achtziger Jahre des vorigen Saeculi dem österreichischen Maurerbunde als Mitglied des dritten Grades« an (S. 153). Näheres siehe S. 442 ff., Anmerkung: *lebte am Hofe zu Wien ein Mohr.* Im ersten Band, S. 185, der von Gugitz und Schlossar besorgten Ausgabe der *Kleinen Wiener Memoiren* von Franz Gräffers *Denkwürdigkeiten aus Alt-Österreich* liest man über Sonnenfels: »Unser Montesquieu, und noch etwas mehr: Sonnenfels! Ein Inslebengreifer, Durchslebengreifer. Er alles aus und durch sich selber. Was Lessing für Hamburg und Deutschland: er für Wien und die Monarchie. Verjager der Inhumanität, des Ungeschmacks, des Rokoko, der Folter, des Hanswurst (um letzteren doch schade!)« Auch Lessing war aktiver Maurer. Er »wurde am 14. Oktober 1771 in Hamburg vom Freiherrn von Rosenberg in die Loge ›Zu den drei Rosen‹ aufgenommen. Bei diesem Anlaß schon erzählte er seinem Meister, daß er die Absicht habe, seine Anschauungen über das Wesen der Freimaurerei in einer Schrift herauszubringen. Das geschah 1775, nachdem Freunde Lessings, so Moses Mendelsohn, schon vorher von ihrem Inhalt Kenntnis erhalten hatten. Es waren die Dialoge: ›Ernst und Falk, Gespräche für Freimaurer.‹ Genauer gesagt, nur die ersten drei Gespräche, zwei weitere kamen erst 1780 in die Öffentlichkeit, die in der Zwischenzeit durch das Drama der Toleranzidee, den ›Nathan‹ [...] aufgewühlt worden war.« (Vgl. Lennhoff, a. a. O., S. 139 f.)

194 ▷ *Der berühmte Anatom Santorini:* Siehe Anmerkung S. 446.

▷ *die medizäische Venussen:* Siehe S. 446, Anmerkung: *schichtenweise zerlegbare mediceische Venus.*

▷ *Valsalva:* Siehe Anmerkung S. 447.

▷ *Vicq d'Azyr:* Siehe Anmerkung S. 447.
▷ *Pacchioni:* Siehe Anmerkung S. 447.

196 ▷ *»Et in Styria Dionysos«:* Siehe Anmerkung S. 448.
▷ *ein begeisterter Brief Humboldts:* Der Naturforscher Friedrich Heinrich Alexander
von Humboldt (geb. Berlin, 14. 9. 1769, gest. ebenda, 6. 5. 1859) war zu Beginn des
19. Jahrhunderts d a s Gesprächsthema der gebildeten Welt, was in einer umfangreichen Briefliteratur (z. B. bei Bettina von Arnim, Goethe, Heinrich Heine, Friedrich
Schlegel) dokumentiert ist. Bereits ein Jahr nach Erscheinen von Humboldts
Ansichten der Natur (Tübingen 1808) fand diese Sammlung von Aufsätzen einer fast
sechsjährigen Reise in Mittel- und Südamerika ihren Niederschlag in Goethes
Wahlverwandtschaften. Sich gegen die Philosophie seiner Zeit (Hegel) stellend, betrieb
Humboldt seine Wissenschaft auf der Grundlage »der durch die Empirie gegebenen
Erscheinungen«, was seine besondere Nähe zu Goethes naturwissenschaftlicher
Denkungsweise begründet. Als Studienkollege von Clemens Lothar Metternich, der
sich besonders von Humboldts *Kosmos* (Entwurf einer physischen Weltbeschreibung.
5 Bände. Cotta 1845–1862) angesprochen fühlte, stand der angesehenste Naturforscher
seiner Zeit auch in besonderer Verbindung zu Wien. 1797/98 hielt er sich hier zu
physiologischen Versuchen auf (aufgrund seiner Begegnung mit Luigi Galvani).
Soliman war im November 1796 gestorben, die Affäre nach seinem Tode zog sich bis
1797 hin. (Näheres siehe S. 442 ff., Anmerkung: *lebte am Hofe zu Wien ein Mohr.*) Ob
sich Humboldt zu dem Fall geäußert hat, konnte nicht ermittelt werden. (Vgl.
Humboldt, *Gesammelte Werke,* Bruhns, *Alexander von Humboldt*)

197 ▷ *Trauerkrakowiak:* Der Krakowiak ist der »Nationaltanz des polnischen Landvolkes um
Krakau. Die Musik, zwei oder mehrere achttaktige Reprisen im Zweivierteltakt, mit
eigentümlichen rhythmischen Einschnitten, wird zuweilen vom Gesang kurzer
zweizeiliger Lieder (K r a k o w i a k e n) begleitet, während die Tänzer durch starkes
Zusammenschlagen ihrer mit Metall beschlagenen Absätze den Takt markieren.« (Vgl.
Meyers und Riemann, *Musik-Lexikon*)
▷ *Der alte Geck ... der Santorini:* Entwurf: »Man ist über Santorini beleidigt.
Quackenbusch erklärt Uschitz. Uschitz weint, beschwört. Schaun S', da geht's nach
Triest! Sehn Sie da – wo das Henderl lauft! Nicht aus dem Aug lassen! Und im Gebirg,
recht achtgeben! Da ist's nicht geheuer! (Wispernd) Jetzt kann ich's Ihnen ja sagen,
warum der Santorini noch hier ist. Der hat an ganz an alten Baedeker oder so: und da
steht drin, daß vor Riesen und Wichtelmännern gewarnt wird.
Apoll: Aber!
Nix aber! der Santorini ist heut noch einer der führenden Männer des Wissens! Der
wird schon wissen.
– jetzt Drachenkaviar.« (XIII/2 – 112)

199 ▷ *wie sie Spranger gemalt:* Siehe S. 448, Anmerkung: *Spranger auf dem berühmten Bild
der kaiserlichen Kunstkammer.*

201 ▷ *Ruinenpalast der Donna Anna:* Siehe Anmerkung S. 453 f.

203 ▷ *Carbonari:* Siehe Anmerkung S. 451 f.
▷ *Caraccioli:* Siehe Anmerkung S. 454.

468

▷ *Lord Byron erscheint:* Notiz: »Lord Byron ist am Fest, verliebt sich in Radegunde. Schießt sich dann mit von Uschitz und verwundet ihn. Muß nach Griechenland fliehen.« (XIII/2 – 123) Zur erzählten Zeit – »Mai bis August 1821« (siehe S. 459), jedenfalls aber nach dem gescheiterten Aufstand der Carbonari und dem Einmarsch der Österreicher (siehe S. 450 f.) – hielt sich Lord George Noel Gordon Byron (geb. London, 22. 1. 1788, gest. Missolunghi, 19. 4. 1824) in Ravenna auf. Er stand aber in engstem Kontakt mit der mittlerweile in ganz Italien verbreiteten revolutionären Bewegung, die ihre Hoffnung auf General Pepe in Neapel gesetzt hatte. Durch die beiden Grafen Gamba (Bruder und Vater von Byrons Geliebter Theresa Guiccioli) nahm er ab 1820 an den geheimen Zusammenkünften der Carbonari teil. Bald für seine liberalen Sympathien bekannt, wurde er von der österreichischen Geheimpolizei (siehe S. 472, Anmerkung: *Polizeiminister Graf Sedlnitzky*) und der des Kirchenstaates überwacht. Die Nachricht vom Scheitern der Carbonari in Neapel traf ihn schwer. »Der Plan ist mißlungen, die Führer sind verrathen und die Neapolitaner haben nicht nur nicht losgeschlagen, sondern sogar der Päpstlichen Regierung und den Barbaren [den Österreichern] erklärt, sie wüßten um die Sache nichts!!
Das ist der Weltenlauf und so gehen die Italiener jedesmal aus Mangel an Einigkeit zu Grunde. –
– Ich hatte stets so eine Ahnung, daß die Sache scheitern würde, wollte aber doch nie die Hoffnung aufgeben, und thue es auch jetzt noch nicht. Ich will Alles, was ich für die Sache der Freiheit mit Geld oder selbst mit meinem Leben thun kann, willig darbringen.« (Tagebuchaufzeichnung vom 24. 2. 1821, entnommen *Lord Byron, Eine Autobiographie nach Tagbüchern und Briefen*, S. 142).
Ende Juli 1823 bestieg Byron in Livorno das englische Schiff »Herkules«, um sich – wenig erfolgreich – am griechischen Freiheitskampf zu beteiligen. (Siehe auch *Byron in seinen Tagebüchern und Briefen*, hrsg. von Cordula Gigon, S. 491 ff., 602 ff.)

▷ *Ferdinand macht die Gruppen bekannt:* Ergänzung in der Romanfassung: »In einer Pause schaltet sich Apoll ein. Jedesmal aufs Neue zurücktretend, macht er die vorgeschriebenen drei tiefen Komplimente.
So vollendet gipsern wie jetzt war er noch nie.
Nicht einmal ein Preiszettel, der an seinen Frackschößen gebaumelt hätte, wäre störend aufgefallen.« (XIII/5 – 65)

204 ▷ *runzelt er die Stirne, liest genauer:* Ergänzung in der Romanfassung: »Zuerst war die Miene des Lesers gleichgültig. Ward dann ernster und ernster, fast finster. Dann pfiff der hohe Herr leise durch die Zähne und betrachtete den Überbringer mit ganz hoch hinaufgezogenen Brauen, steckt den Brief ein und ruft« (XIII/5 – 65).

▷ *Sulioten:* Der ursprünglich in Albanien beheimatete Volksstamm beteiligte sich am griechischen Freiheitskampf. Ca. 3 000 Sulioten wurden auf englischen Schiffen nach Kephalonia gebracht. Lord Byron hatte 500 von ihnen zur Erstürmung von Lepanto, des letzten türkischen Stützpunktes, in Sold genommen (vgl. *Meyers*).

205 ▷ *im Gespräch gestreift wird:* Ergänzung in der Romanfassung: »Übrigens müssen wir berichten, daß Roxane am folgenden Tag außer den Brillanten zum Rosalienorden die Medaille für Kunst und Wissenschaft verliehen bekam, um die selbst ein Goethe so lange vergeblich gebuhlt hatte.
Da sieht man's wieder! Das pikante Dessou eines bezaubernd schönen Mädchens mit dunklen Ringellocken, mit üppigen, kußbereiten Rosenlippen und einer frechen

Stubbsnase ist eben eine weit größere Macht und von weit größerem Einfluß als ein Ministerportefeuille eines zahnlückigen Staatsmannes, dem sogar schon bei Lebzeiten eine Marmorbüste in einer Parkanlage zu eigen ist. Wer riecht schon – die Frage sei erlaubt – in einer nachtigalldurchschluchzten Mondnacht an solch einem Monument und seufzt dabei?

An Locken hingegen, denen noch dazu ein bezauberndes Parfum – ein ganz, ganz klein wenig nach Panther und Orchideen – anhaftet ... na, nur Misanthropen mit geistigem und körperlichem Stockschnupfen ... nur die gehen an so etwas vorbei.« (XIII/5 – 68) Vgl. S. 419 f., Anmerkung: *Schönheit kann Schrecken zeugen.*

▷ *Die Doria, Gravina:* Der Berühmteste aus dem vornehmen Genueser Adelsgeschlecht Doria war Andrea (1468–1560), den Kaiser Karl V. zu seinem Oberbefehlshaber zur See ernannte, dem er den Orden des Goldenen Vlieses verlieh, das Fürstentum Melfi und das Marchesat Tursi überließ und den er schließlich zum Großkanzler des Königreichs Neapel erhob. Die jüngste der drei Linien des römischen Fürstenge- schlechtes Orsini nennt sich Orsini-Gravina, die von Napoleon Orsini gestiftet wurde. Ferdinand Orsini, Duca di Gravina, ließ 1513 den Palazzo Gravina in Neapel erbauen. (Vgl. *Meyers* und Baedekers *Unteritalien*, S. 50)

▷ *Lucrezia Borgia:* Lukrezia Borgia, aus dem spanischen Adelsgeschlecht, das in Italien um 1600 mächtig wurde, »wird als eine schöne und ungemein anmutige, vielseitig gebildete und kunstliebende Frau, zugleich aber nach der gewöhnlichen Überlieferung als ein moralisches Ungeheuer geschildert [...] Ihr Name ist verrufen durch die Ausschweifungen, welche sie zu Rom begangen haben soll; namentlich wird sie eines blutschänderischen Umgangs mit ihrem Vater und ihrem Bruder Cesare beschuldigt.« (Vgl. *Meyers* und *Bilder-Lexikon*, S. 168, 170)

▷ *Hundsgrotte:* Die grotta del cane in der Provinz Neapel, östlich von Pozzuoli am Rande des ausgetrockneten Kratersees von Agnano, wird so genannt, »weil sie am Boden dergestalt mit aus der Tiefe empordringendem, schwach erwärmtem kohlensaurem Gas gefüllt ist, daß ein Hund bald davon betäubt wird; eine lodernde Fackel erlischt auf der Stelle«. (Vgl. Baedekers *Unteritalien*, S. 106)

▷ *mit den Hohenstaufischen versippt:* 1194 nahmen die Hohenstaufen das Königreich beider Sizilien in Besitz. Das Herrscherhaus erlosch bereits 1279 mit dem Tod der letzten Enkelin Friedrichs II. Das rheinische Dynastengeschlecht Metternich ist ein Zweig derer von Hemmerich und nahm im 14. Jahrhundert den Namen nach dem Dorf Metternich im preußischen Kreis Euskirchen an (vgl. *Meyers*, Stichwörter *Hohenstau- fen, Metternich, Sizilien*). Nach Erhebungen des Historikers Hubert Reitterer besteht keinerlei Verbindung zwischen den beiden Häusern.

▷ *der Frangipani hat den Konradin verraten:* Der Hohenstaufer Konradin – Sohn des deutschen Kaisers Konrad IV., der 1253 Neapel eroberte – war zur Zeit des Todes seines Vaters noch unmündig. Die Reichsverwesung übernahm sein Oheim Manfred, der sich aufgrund eines falschen Gerüchts vom Tode seines Neffen zum König wählen und krönen ließ. »Die Päpste verfolgten aber Kaiser Friedrichs Nachkommen mit unversöhnlichem Haß, und Papst Clemens IV. verlieh Sizilien 1265 dem Grafen Karl von Anjou, Bruder Ludwigs IX. von Frankreich, als päpstliches Lehen, gegen den Manfred am 26. 2. 1266 bei Benevent Thron und Leben verlor.« Konradin wurde auf der Flucht nach seinem Versuch, das Erbe der Väter wieder zu erringen, von Giovanni Frangipani, dem Herrn von Astura aus dem alten römischen Adelsgeschlecht, gefangen und an Karl von Anjou ausgeliefert. (Vgl. *Meyers*, Stichwörter *Sizilien, Konradin, Frangipani*)

206 ▷ *der Lausbub:* Ergänzung in der Romanfassung: »Spitzendessous und Stöckelschuh ... alles nur Täuschung! Ja, der nackete Lausbub ... das ist sie, ihre Hohheit, die Puygparadinez, die dem König einen Tritt in sein schönstes Großkreuz gegeben hat. Weil er bei der Gelegenheit ihre reizenden Wadeln gesehen hat ... hat er ... Aber, lassen wir das.« (XIII/5 – 69)

▷ *Drachenkaviar:* Ebenso wie Apolls Bezeichnung »der Lausbub« für Roxane ist »Drachenkaviar« ein Schlüsselwort für einen bestimmten Frauentyp bei FHO. Mit dem »Drachengrad« bezeichnet er »bubenhafte junge Mädchen«. Den Bubikopf sieht er als mystischen Ausdruck der Androgynität, als Symbol der kommenden Herrschaft des Engel-Feentums. Näheres siehe S. 440, Anmerkung: *Arethusa Freifräulein Fyrdraugh.*

▷ *geh' ich überhaupt nicht mehr nach Wien zurück:* Variante: »Ich geh überhaupt nicht nach Wien zurück! Ich werde immer reisen. Du wirst sehen! Seitdem die Puygparadinez mir den Drachencaviar auf die Wand gemalt hat – entsetzlich.
Wird mir gewiß noch irgend ein falscher Freund einen schenken ... (nachdenklich) Stell dir vor, es läutet – und herein rollt einer so ein Faß voll davon ...« (XIII/2 – 114 verso)

207 ▷ *»Turm der Winde«:* In Athen, am »Südende der Äolos-Straße steht ein wohlerhaltener, nach allen Seiten frei gelegter antiker Marmorbau, welcher den Namen Turm der Winde [...] trägt, richtiger aber als Horológion des Andronikos aus Kyrrhos in Makedonien bezeichnet wird. Das Gebäude, das aus dem 1. Jahrhundert v. Chr. stammt, ist achtseitig [...] Auf der oberen Fläche jeder der acht Wände ist eine Reliefdarstellung des aus der Himmelsrichtung der Wand kommenden Windes angebracht«: Boreas, Kaikias, Apeliotes, Euros, Notos, Lips, Zephyros, Skiron (vgl. Baedekers *Griechenland,* S. 64).

▷ *Wir haben unsren geschäftlichen Teil besprochen:* Entwurf: »Roxane erzählt Byron, daß sie sich immer mit Halbmond und Markuslöwen herumgeschlagen habe. Er will sie wieder zur Dynastin machen. Sie erscheint im Kostüm der Sulioten mit Troddelfez und in der Fustanella und tanzt einen Nationaltanz vor dem König, dem sie mit der Fußspitze auf den Ordensstern tippt. Dafür bekommt sie das große Ehrenzeichen für Kunst und Wissenschaft. Als Byron floh, geht sie ihm nach, und es kommt heraus, daß sie Montpreys entführt hat als Prinzgemahl. Als solcher erscheint er bei der Gratulationscour in Zylinder, Frack und Fustanella.« (XIII/2 – 114 verso)

208 ▷ *Affaire mit der Bäckersfrau:* Im Sommer 1817 lernte Byron Margarita Cogni, »la Fornarina«, die Frau eines Bäckers kennen. »Sie war durch und durch Venetianerin in ihrer Sprache, ihrer Denk- und Lebensweise, mit der ganzen lustigen Naivetät eines Pantalone [...] Gewöhnlich war sie sehr hochmüthig und prepotente, trat zu mir ins Zimmer, wann es ihr beliebte, ohne sich irgendwie um Zeit oder Personen zu kümmern [...] Im Anfange meiner Bekanntschaft mit ihr hatte ich eine relatione mit der Signora S..., die dumm genug war, ihr eines Abends in Gegenwart verschiedener Freundinnen zu drohen, denn das klatschsüchtige Weibervolk hatte entdeckt, daß ich spät ausritt, um die Fornarina zu treffen. Margarita warf ihren fazziolo [Schleier] zurück und antwortete im reinsten Venetianisch: ›Du bist nicht seine Frau und ich bin nicht seine Frau. Du bist seine Donna und ich bin seine Donna. Dein Mann ist ein Tölpel und meiner nicht minder. Was hast Du also für ein Recht, mir Vorwürfe zu machen? Wenn er mich Dir vorzieht, ist das mein Fehler? Wenn Du ihn festhalten willst, so binde ihn doch mit Deinem Unterrockband fest. Bilde Dir aber nicht ein, daß ich Dir eine Antwort schuldig bleiben werde, weil Du zufällig reicher bist als ich!«« Das Zusammenleben mit der Bäckersfrau erwies sich als äußerst turbulent mit wiederholten Szenen des Ehemannes. Die von Byron herbeigeführte Trennung, weil ihm die »Fornarina« zu »eigensinnig« wurde, war von einem theatralischen Sprung in den Kanal begleitet. »Daß sie beabsichtigte, sich das Leben zu nehmen, glaube ich nicht; wenn man aber bedenkt, was die Venetianer, die doch fortwährend auf dem Wasser leben, für eine Angst vor tiefem wie flachem Wasser haben, so muß man gestehen, sie hatte den Teufel im Leibe.« (Vgl. Brief von Byron an Thomas Moore vom 1. 8. 1819. Entnommen: *Lord Byron. Eine Autobiographie*, S. 88 ff. Siehe auch Gigon, *Byron*, S. 418 ff. Mit »Signora S ...« spielt Byron auf Marianna Segati an.)

09 ▷ *Dich Holde, die in sich vereint:* FHO zitiert die Strophen 5 und 7 aus Byrons Gedicht »An Florencia« in Übersetzung von Adolf Böttger (vgl. *Byrons Sämtliche Werke in neun Bänden*, Band 8 »Stunden der Muse. Andere Jugendgedichte. Englische Barden und Schottische Recensenten«, S. 122).

 ▷ *Ich mach meinen Antrittsbesuch ... und ...:* Folgenden Entwurf hat FHO in die Endfassung nicht aufgenommen: »Der Stubenrauch und der Wildon-Wumbach sind unten gestanden auf der Gasse und haben mich erwartet. Und weil ich damals so lang nicht 'kommen bin, sind wir jetzt fâché...« (XIII/1 – 72 verso)

 ▷ *Erblandküchenmeister:* Im *Niederösterreichischen Amtskalender* (1914, S. 75), einer Fundgrube für FHO, werden folgende »Würdenträger« angeführt: Oberst-Erbland-Truchseß, Oberst-Erbland-Türhüter, Oberst-Erbland-Panier und Fähnrich, Oberst-Erbland-Schildträger, -Kampfrichter und -Verschneider, Oberst-Erbland-Münzmeister, Oberst-Erbland-Silberkämmerer, Oberst-Erbland-Stäbelmeister, Oberst-Erbland-Marschall, Oberst-Erbland-Küchenmeister, Oberst-Erbland-Stallmeister (a. a. O.). In den Hof-Schematismen des beginnenden 19. Jahrhunderts sind diese Würden noch reale Ämter im obersten Hofdienst, z. B. Oberstküchenmeister, Oberststabelmeister (vgl. *Hof- und Staats-Schematismus*, I. Theil, S. 4).

0 ▷ *einen bei Mondschein gefundenen Katzendreck:* Siehe S. 440 f., Anmerkung: *einen geweihten Katzendreck.*

1 ▷ *La honte est une invention des tailleurs:* »Die Scham ist eine Erfindung der Schneider.«

3 ▷ *Nein, ich bleib!* Erweiterte Variante in der Romanfassung: »Nein! Ich bleib auf der Wolke neben der Baronin! Ich bin so gut wie eine mythologische Figur! In den Mittelschulen wird man mich noch lernen müssen. Auch durchfallen wird man mit mir. Ja. Denn wir stammen der Sage nach von einem altsteyrischen Flußgott ab – g'wisser Nechilo. Wir führen auch einen silbernen Kropf in der Helmzier ... statt der Urne ... ich hab also ein Recht. Kein Mensch kann mir den Aufenthalt auf der Wolke dort verbieten! Das möcht ich sehen ...« (XIII/5 – 76)

5 ▷ *Teufelssonate von Tartini:* Variante: »Beethovens Neunte« (XIII/1 – 79, 80 verso). In seinen Aufzeichnungen zur Mystik und Ortsnamenkunde notiert FHO, Triest sei ein uralter Tanzort. Darauf bezieht sich auch seine Bemerkung in seinem Brief an Kubin vom 2. 6. 1910 »in Pirano [nahe Triest] ist Tartini geboren« (vgl. *S. W.*, Band VII, S. 50. Näheres siehe S. 448 f., Anmerkung: *Es war Triest*).

216 ▷ *Zum Fenster hinausgesprungen!* Ergänzung in der Romanfassung: »›Zum Fenster hinausgesprungen‹, mischt sich Roxane in die Konversation des leidenden Freundes, der wackelnd als jämmerliche Spitalfigur dasteht und wenig glaubwürdig beteuert: ›Ich fühle neues Leben in meinen Adern.‹ Aber ›patsch‹ da liegt er und kommt endlich mit Mühe auf allen Vieren zu stehen. Auch in dieser durchaus nicht heroischen Stellung übermannt ihn Schwäche, und die beiden Damen stützen ihn liebreich, worauf er sie dankbar mit einem glitzernden Nasentropfen betrachtet – diesem Fluch der klassischen Profile – während wieder die holde Parthenos Puygparadinez sich beim Lachen in acht nehmen mußte.« (XIII/5 – 83 f.)

217 ▷ *versucht das Türchen zu öffnen:* Notiz: »Dickschitz bringt die Sänfte nicht auf. Bei der bösen Nachricht fällt er um, dann zertrampelt er alles, bleibt aber wie in einer Hühnersteige im Rahmen immer weiter drin.« (XIII/2 – 114)

218 ▷ *Dasselbe Zimmer:* Varianten: »Nur das Bett ist entfernt, und an dessen Stelle steht ein Barockfauteuil. Es ist gegen Abend und die Nacht bricht immer mehr herein.« »Das Himmelbett ist mit einem Vorhang geschlossen.« (XIII/1 – 88)

219 ▷ *Ich wärde ihme daas Ohrr aabschneiden:* In *Rout am Fliegenden Holländer* variiert FHO immer wieder dieses Motiv, insbesondere in Verbindung mit dem Tanzen nach der Gusla, einem südslawischen Streichinstrument (vgl. *S. W.*, Band II, S. 127 f., 236 ff., 307).

220 ▷ *Polizeiminister Graf Sedlnitzky:* »Graf Joseph Sedlnitzky von Choltitz, das vor keiner Unthat erschreckende Haupt der geheimen Polizei und der verderblichste Wehrwolf in der Censur, in der Nationalbildung, in der Moralität einer vortrefflichen Bevölkerung« (vgl. Hormayr, *Kaiser Franz und Metternich*, S. 21). Seit 1817 leitete der aus Troplowitz in Schlesien gebürtige (8. 1. 1778) Sedlnitzky die oberste Polizei- und Censur-Hofstelle, bis 1848 die Preßfreiheit proklamiert wurde. Er zog sich nach Troppau zurück, kam 1852 wieder nach Wien, wo er am 21. 6. 1855 starb (vgl. *Wurzbach*).

221 ▷ *Die Fyrdraughs starben schon vor achthundert Jahren aus:* Siehe S. 455, Anmerkung: *im neunten Jahrhundert ausgestorbenen isländischen Rittergeschlecht.*

   ▷ *a g'wisser Kossuth Franz:* FHO schreibt meist: »Koschut« (XIII/1 – 93). Variante: »Kosschut« (XIII/2 – 115). Er nennt den ungarischen Revolutionär Ludwig Kossuth (1802–1894) auch in seiner Erläuterung zum historischen Hintergrund der *Krone von Byzanz* (siehe S. 110 und S. 438, Anmerkung: *1850 im Falle der durch Kossuth entführten ungarischen Stephanskrone*).

   ▷ *a g'wisser Mazzini Joseph:* Giuseppe Mazzini (geb. Genua, 22. 6. 1805, gest. Pisa, 10. 3. 1872), der zur Befreiung Italiens aufrief und den Bund des Jungen Italien gründete, war Mitglied der Carbonari. (Näheres siehe S. 451 f., Anmerkung: *Carbonari*)

   ▷ *a g'wisser Marx Karl:* Ergänzung in der Romanfassung: »Unser Verschreckter, noch kaum Genesener stellte in Abrede, diese Namen jemals gehört zu haben, noch viel weniger habe er die Genannten je gesehen. Finster nickend, die Arme verschränkt, bedeutet Sedlnitzky Apollen, daß er sie ja gesehen habe. Allerdings unvermummt, nicht als Gugelmänner (woran man bekanntlich die Verschwörer erkennt). ›Es waren die sogenannten drei steyrischen Barone! In Ihrem Wiener Salon waren sie. Überall tauchen diese verdammten Gigerlattrappen auf ... oft an drei, vier Orten auf einmal ...

lehnen sich an die Schulter des Finanzministers, wenn er grade im Büro schläft ...
helfen dem Heiligen Vater Messe lesen ... bitte! Ist von unserer Vertrauten konstatiert
worden ... schkandalös ... der Heilige Vatter hat vor Schreck zu stottern angefangen ...
grad beim Segen ... sie sind der Schreck von Thron und Altar!‹ Apoll blickte irr wie ein
Hase mit Basedowaugen.« (XIII/5 – 91). Karl Marx wurde erst am 5. 5. 1818 in Trier
geboren, war also zur erzählten Zeit gerade drei Jahre alt. Auch Kossuth und Mazzini
standen noch im zarten Jünglingsalter (s. o.).

23 ▷ *Die zukünftige Kaiserin von Byzanz:* Siehe S. 460 f., Anmerkung: *Roxane Puygparadinez, Markgräfin von Atalanta.*

24 ▷ *Sie war a Iglauerin:* In *Rout am Fliegenden Holländer* unterhält sich Rat Großwachter
mit Prinz Maximilian zu Eschenlohe über Iglau, das »Ammenparadies«: »In Iglau seien
berühmt selbstlose Mädchen vorhanden, berühmt entgegenkommende ...« (vgl.
S. W., Band II, S. 205). Im *Bilder-Lexikon*, S. 46, werden neben den Spreewälderinnen
die Iglauerinnen als ehemals gesuchte Ammen erwähnt.

▷ *Aber die Fräuln ist doch von tadellosem Adel:* Variante: »Das ist doch bester
nordgriechischer Adel ... eigentlich catalanischer Abkunft ... sind seinerzeit in die
byzantinische Trümmerwelt unter Roger von Sizilien gekommen ...« (XIII/2 –129
verso)

▷ *Denken S' nur an Akkon:* Ergänzung in der Romanfassung: »wo der Löwenherz
Richard, der saubere Sohn der Hexenkaiserin von Aquitanien, der Eleonore von
Anjou, die wo, um uns brave Österreicher in Sicherheit zu wiegen, bei der Ereffnung,
bitte, der Stefanskirche dabei war – also, wo der besagte Löwenherz die österreichi-
schen Fahnen – (der General stand halb auf) – ich bitte! in den Kot treten ließ.« (XIII/5
– 93) Richard Löwenherz eroberte im 3. Kreuzzug am 12. 7. 1191 Akkon. Durch einen
Sturm an die Küste von Aquileia verschlagen, versuchte er unerkannt an Land seine
Rückreise fortzusetzen, wurde aber in Erdberg bei Wien erkannt und von Herzog
Leopold V., dessen Banner er in den Staub treten ließ, auf der Burg Dürnstein über ein
Jahr lang festgehalten *(Meyers)*. FHO nennt Richards Mutter Eleonore von Aquitanien
»Chefin des Geheimordens der Troubadoure«, über die er Notizen zu einem Drama
sammelte *(S. W.*, Band IV. Näheres siehe Band II, S. 324 f.).

25 ▷ *das Mistviech von einem Hauzenberg:* Variante: »das Mistviech der Windischgräz«
(XIII/2 – 117 verso).

26 ▷ *Der Byron ist doch ein ewiger Raufer:* Variante: »Also, der Byron ist doch ein
permanenter Raufer. Aber den guten, dicken Zephyrin! Der ist doch viel zu faul zu
einem Duell. Is denn der auch närrisch geworden?
Mondpreyss Du wirst lachen, Pollscherl! Wegen Deiner Schwester! Was sagst!«
(XIII/1 – 99)

▷ *Gräfin Guiccioli:* Teresa Guiccioli, die, erst 16jährig, an den um 40 Jahre älteren Grafen
Alessandro Guiccioli verheiratet wurde, war die Tochter des Grafen Ruggero Gamba
Ghiselli und Schwester des Pietro. Über ihre Begegnung mit Byron schrieb die Gräfin
in ihren *Memoiren:* »Die Bekanntschaft von Lord Byron machte ich im April des Jahres
1819. Er wurde mir in Venedig von der Gräfin Benzoni an einem ihrer Gesellschafts-
abende vorgestellt. Dieses erste Zusammentreffen, das von so weittragenden Folgen für
uns beide wurde, geschah ganz gegen unsern Willen [...] Lord Byron, der keine

neuen Bekanntschaften mehr machen wollte und, wie er sagte, gänzlich auf alle Leidenschaften verzichtet hatte, weigerte sich anfangs, mir vorgestellt zu werden.« (Entnommen: *Lord Byron*. Eine Autobiographie, S. 99) Byron folgte Teresa, die sich von ihrem Mann trennte und vom Papst auch schließlich unter der Bedingung, daß sie im Hause ihres Vaters leben müsse, geschieden wurde, nach Ravenna. Durch die Grafen Gamba kam Byron in Kontakt mit dem Carbonaritum (Näheres siehe S. 468, Anmerkung: *Lord Byron erscheint*). Seine Abreise nach Griechenland brachte den Abschied von seiner Geliebten Teresa Guiccioli. Pietro Gamba, mit dem ihn inzwischen eine tiefe Freundschaft verbunden hatte, brach gemeinsam mit ihm zum griechischen Freiheitskampf auf (vgl. Gigon, *Byron*, S. 435 ff., 491 ff.).

228 ▷ *eine g'wisse ... Hamilton!* Siehe S. 454 f., Anmerkung: *der hundertjährige Graf Hamilton.*

▷ *Weißt' was:* Variante in der Romanfassung:»Aber, weißt was – Apolltscherl – das ewige Vergraben is auch nix für dich. Wie i wieder mit der Haxen besser bin – wenn i z'Haus wär, müsset frischer Kuhdreck drauf (was Bess'res gibt's nicht) – da gehn wir ein bisserl zusammen aus ... das verscheucht die trüben Gedanken. Brauchst dich nicht mit mir wegen dem Zylinder da zu genieren, i weiß ja, du hast Verpflichtungen wegen dem Staatskanzler. Aber der Königsmaul – is a charmanter Mensch – hat mir an neuchen Zylinder verehrt – weißt! flohbraun, 's Neueste! Das ist eine Verneigung gegen die orientalische Frage. Erwachen des Balkans.
Und der treue Freund schleppte sich von dannen und heuerte eine von entsetzlichen Halunken getragene Sänfte, wie sich Apoll vom Fenster aus überzeugte. Ein Kerl mit einer schwelenden Fackel ging voraus.« (XIII/5 – 95)

▷ *wo also ... antike Götterbilder ... vor einem ... auferstehen:* Siehe S. 455, Anmerkung: *wo marmorne Götterbilder zu Leben und Liebe erwachen.*

231 ▷ *Warum hat Seine Exzellenz von Goethe es nicht gesehen:* Siehe S. 455 f., Anmerkung: *Selbst ein Goethe.*

▷ *die schwarze Loge:* Siehe S. 452 f., Anmerkung: *einer schwarzen Messe.*

▷ *Die leierschlagende Hapollo:* Variante in der Romanfassung: »Von den Lippen des Cicerone kam es: ›Der Hadonis ... der schöne Geliebte der Venus!‹ Und richtig – ein reizender Adonis stand da, täuschend als Gipsfigur hergerichtet (Goethe hätte gejubelt und Eckermannen in die Seite gestoßen!)« (XIII/5 – 99)

234 ▷ *in eine Sänfte geladen:* Ergänzung in der Romanfassung: »Bei der Verzehrungssteuer habe es noch einen Aufenthalt gegeben ... und dann das fürchterliche Haus ...
Jetzt heulten beide Geschwister wie die Hofhunde. Radegunde versteckte sich unter die Decke. Aber Apoll raffte sich auf ... ging wie ein gefangener Löwe auf und ab ... auf und ab.« (XIII/5 – 102)

▷ *Er nickt ein paarmal mit dem Haupt:* Variante in der Romanfassung: »Dann nickte er noch ein paarmal düster dem Weggeworfenen zu und schließlich veränderte sich sein Gesicht zu einer grauenvollen Maske – etwa die eines Löwen, bei dem die Hundwut ausbricht.« (XIII/5 – 102)

236 ▷ *'s Gnadenbild am Luschariberg:* Südwestlich von Tarvis erhebt sich der »Heilige Berg«, der Luschariberg, nach Baedeker's *Österreich-Ungarn*, S. 213, Kärntens best besuchter Wallfahrtsort. In seinen Aufzeichnungen zur Mystik und Ortsnamenskunde bezeichnet

475

FHO Tarvis neben Triest als alten Tanzort. Näheres siehe S. 448, Anmerkung: *Es war Triest.*

37 ▷ *Der ist doch entführt worden:* Variante in der Romanfassung:» ›Ein springlebendiger Mondpreyss entführt? Was wär denn das? – Ein Mondpreyss entführt???? Wer hat denn diese Untat, diese Schandtat auf dem Gewissen??? Was für ein Unhold??? Dieses wandelnde Kalbsgollasch mit Rosenwangerln und mit einem Dreispitz aus Florentiner Geflecht garniert? Gewiß die Carbonari? oder gar die Maffia?‹ empörte sich Radegunde.
›Nein. Die Roxan‹, quakte Dickschitz mit belegter Stimme. ›Auf einem Ausflug ist er vom Esel heruntergeraubt worden. Die Gendarmerie hat zugeschaut. Also – das wären verläßliche Zeugen. Zwei Banditen mit Spitzhüten waren es. Unweit von ihnen hielt ein schlanker, maskierter Jüngling zu Pferd. Den zwei Gendarmen, die mir es erzählt haben, ist aufgefallen, daß dieser Reiter, der übrigens vor Ungeduld im Sattel hin- und hergewetzt ist, Atlasschucherln mit hohen Stöckeln anghabt hat. Also – ein Mädchen! Und dann haben die Räuber ihr den Mondpreyss abgegeben. Und dann hat man ihn so merkwürdig ängstlich quiecken gehört … weiß der Himmel, was sie mit diesem Unglücklichen gemacht hat … Du, komm näher, ich muß dir was ins Ohr sagen.‹ Apoll hielt ihm das Ohr hin. Sein Gesicht wurde lang und länger – er sah furchtbar dumm aus, als er endlich, bedenklich glotzend, bemerkte: ›Ich bitt dich … wo er doch Sodale is von der St. Aloysiusbruderschaft … na, weißt du – so was habe ich noch niemals gehört.‹
›Und sie ist auch seit damals weg, die Puygparadinez Roxerl.‹« (XIII/5 – 106)

.3 ▷ *Daher dem Rudi sein Costüm:* Ergänzung in der Romanfassung: »… er wird sich nach und nach zum antiken Heros herauswachsen … ich verschaff ihm noch ein Denkmal in Olympia … natürlich dann ganz nackt.
Na – brauchst nicht rot werden … den Zylinder kannst aufbehalten … mit einem Lorbeergewinde darauf … das setz ich schon durch!« (XIII/5 – 113)
▷ *Maß für Maß. V. Akt. 1. Szene:* FHO zitiert nach der Übersetzung von Schlegel und Tieck (vgl. *Shakespeares Werke* in vierzehn Teilen, S. 171).

.5.▷ *Apoll von Nichts:* Zu dieser Fassung sind keine Titelvarianten belegbar.

.7 ▷ *Franz Georg Carl Fürst von Metternich:* Siehe Anmerkung S. 438 f.

.0 ▷ *Kaiser Kiakhing:* Siehe Anmerkung S. 439.
▷ *Petschiliwurm:* Siehe Anmerkung S. 439.

2 ▷ *Arethusa Freifräulein von Fyrdraugh:* Siehe Anmerkung S. 440.

.4 ▷ *Montpreyss-Igelfing:* Siehe Anmerkung S. 440.

.6 ▷ *einen wundertätigen – bei Vollmond gesuchten – Katzendreck:* Siehe S. 440 f., Anmerkung: *einen geweihten Katzendreck.*

.0 ▷ *Donna Roxane y Puygparadinez, Markgräfin von Atalanta, eine junge Spanierin:* Variante in der Romanfassung: »Griechin, deren Vorfahren in der Gotik Herzoge von Athen gewesen waren.« (XIII/5 – 17) Näheres siehe Anmerkungen S. 441 f., 460 f.

476

263 ▷ *Säbengesträuch:* Siehe Anmerkung S. 442.

264 ▷ *Freiherr Dickschitz, genannt Dünnschitz, Herr auf Urschitz zu Uschitz:* Siehe Anmerkung S. 442.

265 ▷ *lebte am Hofe zu Wien ein Mohr:* Siehe Anmerkung S. 442 f.

266 ▷ *im Tarock:* Siehe Anmerkung S. 465.
   ▷ *Pagat-Ultimo:* Siehe Anmerkung S. 465.

267 ▷ *Intimus eines Sonnenfels und der einzige Duzfreund Lessings:* Siehe Anmerkung S. 466.

268 ▷ *ein begeisterter Brief Humboldts:* Siehe Anmerkung S. 467.
   ▷ *Fürsten Sapiéha, Poniatowski, Leszczynski und Potocki:* Alle vier Namen sind mit der politischen Geschichte Polens eng verknüpft. Sapiéha und Poniatowski waren fürstliche Geschlechter, die angesehene Adelsfamilie Leszczynski stammte eigentlich aus Böhmen, die Grafenfamilie Potocki hatte ihr Stammschloß in der ehemaligen Woiwodschaft Krakau (vgl. *Meyers*).
   ▷ *Trauerkrakowiak:* Siehe Anmerkung S. 467.
   ▷ *›Franz der Andere‹:* Der deutsche Kaiser Franz II. nahm am 14. 8. 1804 den Titel eines erblichen Kaisers von Österreich an und nannte sich als solcher Franz I. Unter seiner Regierung wurde Metternich zum Haus-, Hof- und Staatskanzler ernannt. Er starb am 2. 3. 1835 in Wien. »Franz der Andere« entstammt dem damaligen Sprachgebrauch.

269 ▷ *»Der berühmte Anatom Santorini«:* Siehe Anmerkung S. 446.
   ▷ *Wachsplastiken:* Siehe S. 446 f., Anmerkung: *schichtenweise zerlegbare mediceische Venus.*

270 ▷ *Valsalva, Pacchioni, den tückischen Vicq d'Azyr oder gar Monro und den teuflischen Bell:* Siehe Anmerkungen S. 447.

271 ▷ *Pergolesis Madrigal:* Siehe Anmerkung S. 447 f.
   ▷ *»Et in Styria Dionysos«:* Siehe Anmerkung S. 448.
   ▷ *Spranger auf dem berühmten Bild in der kaiserlichen Kunstkammer:* Siehe Anmerkung S. 448.

273 ▷ *Feifel, Piephacke, Dummkoller und Rotz:* Feifelgeschwulst ist ein alter Name für die Entzündung der Ohrspeicheldrüse bei Haustieren (vgl. Mumps, Katzen- oder Ziegenpeter), die am häufigsten bei Katzen und Ziegen, aber auch beim Pferd zu beobachten ist. Piephacke ist – ebenso wie Dummkoller und Rotz – eine ausgesprochene Pferdekrankheit, die durch Geschwülste auf dem Höcker des Fersenbeins hervortritt (vgl. *Meyers*). Näheres zu Dummkoller und Rotz siehe Anmerkung S. 448.

274 ▷ *der Lieblingsschüler Magnascos:* Siehe Anmerkung S. 448.
   ▷ *Es war Triest:* Siehe Anmerkung S. 448 f.

275 ▷ *»Amfitrite«:* Variante: »Amalfi« (XIII/5 – 43).
   ▷ *erwachte Apoll jählings ob eines Schaukelgefühles:* Siehe Anmerkung S. 449.

76 ▷ *fein säuberlich mit den Nummern der Bettlerlizenz:* Siehe Anmerkung S. 449.

77 ▷ *dem ordentlichen Doppeladler Platz gemacht:* Siehe Anmerkung S. 449 f.

▷ *das Städtchen Trau:* FHO unternahm in der zweiten Septemberhälfte 1903 gemeinsam mit Kubin eine Reise nach Dalmatien. 1913 besuchte er mit seiner Frau die Adriainsel Brioni. Als Führer benützte er insbesondere Petermann, *Führer durch Dalmatien.* (Über Trau und seine Umgebung siehe dort S. 262 ff.)

78 ▷ *die amtliche Todeserklärung des Don Quakenbusch:* Im *Maskenspiel der Genien* (*S. W.*, Band III) tritt ein Herr Jeremias Käfermacher auf, »ein überaus achtbarer, ja hochangesehener Mann, die Zierde einer mittleren Residenz«, der »plötzlich durch den Fehlspruch des dortigen Amtsgerichtes für tot erklärt« wurde (vgl. IV/6 – 21). Die Quelle für diese Idee fand FHO in einem Artikel des *Neuen Wiener Journals* vom 8. 12. 1928 (IV/2 – 40), der von der irrtümlichen Todeserklärung des Herrn A. W. Wothke durch das Hamburger Amtsgericht berichtet. Von einem ähnlichen Fall berichtet das *Neue Wiener Journal* am 22. 8. 1931: »Die lebende Tote. Seltsame Sprünge des Amtsschimmels«, ein Artikel, der sich auch im Nachlaß FHOs befindet (VI/8, Fasz. 2 – 13)

▷ *Morlake:* Dieser Name der norddalmatinischen Landbevölkerung wird – nach Petermann, *Führer durch Dalmatien,* S. 251 f. – auf zweifache Weise erklärt: »Man hat [...] die Worte ›More‹ (Meer) und ›Valacco‹ in Verbindung gebracht, um aus den Morlaken, die ›am Meer wohnenden Walachen‹ zu machen [...] Andere Historiker leiten das ›Mor‹ in Morlak von ›Mavro‹ oder ›Mauro‹ ab, so daß der Gesammtname ›Schwarzwalachen‹ bedeuten würde.«
»Specifisch für die Tracht ist vor allem die Kopfbedeckung, das bekannte schirmlose Käppchen aus rothem Tuch (kapa), das zuweilen seitlich schwarz bestickt ist und von den Leuten an der bosnischen Grenze auch noch turbanähnlich mit einem seidenen scheckigen Streifen umwunden wird [...]
Über dem Hemde trägt man eine doppelte Weste, von welcher ein Theil (kroźet), der aus rother oder weiss und roth gestreifter Leinwand besteht, über der Brust gekreuzt wird, während der andere (jaćerma) mit Silber- oder Beinknöpfen geziert erscheint. Eine rothwollene Binde (pas) hält die Weste um die Taille fest, auch wird zuweilen noch ein Ledergürtel (pripašnjača) getragen, in welchen man früher die Waffen steckte [...] Die Beinkleider sind aus grobem blauen Tuch und oberseitig ziemlich weit, während sie an den Knien enge anliegen. Strümpfe entfallen meist, da man mit blossen Füssen in die Opanken fährt, die bekannten aus rohem Rindsleder gefertigten und mit Schafledersstreifen verschnürten Beschuhungen [...]
Über den beiden Westen wird zumeist nur die Jacke (haljina), seltener der reichverzierte grüne koparan getragen.« (Vgl. a. a. O., S. 255)

9 ▷ *Oxhoft:* »Ochsenkopf«, in Erinnerung an die Weinschläuche aus Rindsleder so genannt, war ein Maß für Wein und Spirituosen (vgl. *Meyers*).

0 ▷ *Opoponax:* Das Gummiharz, das aus einer südeuropäischen Umbellifere (O. Chironium Koch) gewonnen wird, fand früher arzneiliche Verwendung. Das ätherische Öl wird in der Parfümerie gebraucht (vgl. *Meyers*).

2 ▷ *ein Werk Canovas:* Es sind vorwiegend mythologische Themen, die der zu seiner Zeit sehr gefeierte Bildhauer Antonio Canova (geb. Possagno/Treviso, 1. 11. 1757, gest.

Venedig, 13. 10. 1822) als Marmorplastiken gestaltete: zum Beispiel Amor und Psyche, Venus und Adonis, Perseus, Hebe, Herkules, Konkordia, Paris, Psyche, Polyhymnia, drei Grazien, eine siegende Venus (Porträt der Fürstin Pauline Borghese, geborene Bonaparte, die er auch nackt auf einem Ruhebett darstellte), und schließlich auch eine Venus, die in Charakter und Haltung der Mediceischen angelehnt ist (vgl. *Thieme-Becker*).

283 ▷ *die berühmte Venus mit den herausnehmbaren Eingeweiden:* Siehe S. 446, Anmerkung: *schichtenweise zerlegbare mediceische Venus.*

284 ▷ *Vuchtetic:* Vucetich ist der Name einer Tochter dalmatinischer Bauersleute (geb. ca. 1836), die, von ihrem Mann verlassen – er schiffte sich nach Odessa ein und ließ nie mehr von sich hören –, sich als Botengängerin während der Erhebung der Bocchesen (1869) große Verdienste erwarb. Nach *Wurzbach* »ist sie noch immer eine stattliche Erscheinung, in deren abgehärteten Gesichtszügen die Spuren einstiger Schönheit nicht zu verkennen sind, im Ganzen der Typus eines südslavischen Weibes in Gestalt und Charakter«.

286 ▷ *Polizeiminister Graf Sedlnitzky:* Siehe Anmerkung S. 472.

287 ▷ *in die bunte Tracht eines Landesbewohners:* Siehe S. 477, Anmerkung: *Morlake.*
   ▷ *wie ganz Sizilien, von österreichischen Truppen besetzt:* Siehe Anmerkung S. 450 f.

288 ▷ *die Pracht Parthenopens:* Siehe Anmerkung S. 451.
   ▷ *Non si puol andar più in su:* Siehe Anmerkung S. 451.
   ▷ *Pizzofalcone:* Siehe Anmerkung S. 451.

289 ▷ *Toledo:* Siehe Anmerkung S. 451.
   ▷ *Carbonari:* Siehe Anmerkung S. 451 f.

290 ▷ *de amplitudine confusionis:* Siehe Anmerkung S. 452.
   ▷ *de ingratitudine alterius ego:* Siehe Anmerkung S. 452.
   ▷ *Ferdinand, ein gurkennasiger Greis:* Siehe Anmerkung S. 452.

291 ▷ *Rosalienorden:* Siehe Anmerkung S. 452.
   ▷ *Cap Miseno:* Siehe Anmerkung S. 453.
   ▷ *Grotte der Sibylle:* Siehe Anmerkung S. 453.
   ▷ *Ruinenpalast der Donna Anna:* Siehe Anmerkung S. 453 f.

292 ▷ *beider Sizilien:* Siehe S. 450 f., Anmerkung: *wie ganz Sizilien, von österreichischen Truppen besetzt* und S. 462, Anmerkung: *Roger von Sizilien.*

293 ▷ *Caraccioli:* Siehe Anmerkung S. 454.

295 ▷ *der hundertjährige Graf Hamilton:* Siehe Anmerkung S. 454 f.
296 ▷ *Vetturin:* Siehe Anmerkung S. 455.

479

⊳7 ▷ *im zwölften Jahrhundert ausgestorbenen isländischen Rittergeschlecht:* Siehe S. 455, Anmerkung: *im neunten Jahrhundert ausgestorbenen isländischen Rittergeschlecht.*

▷ *Camorra:* Siehe Anmerkung S. 455.

⊳9 ▷ *pifferari:* Siehe Anmerkung S. 455.

⊳0 ▷ *wo marmorne Götterbilder zu Leben und Liebe erwachen:* Siehe Anmerkung S. 455.

⊳5 ▷ *»Avanti putanelle!«:* Siehe Anmerkung S. 456.

▷ *Neben der königlichen Staatsgewalt:* Der Text stammt aus der Romanfassung *Das Fest im Sirenenpalast* (XIII/5 – 87–89). FHO schob ihn im XI. Kapitel der Erzählung nach »im geheimen verpflichtet zu sein glaubte« (S. 297) ein.

▷ *Park der Sommerresidenz Caserta:* Baedekers *Unteritalien,* S. 10 f., nennt Caserta »das Potsdam oder Versailles von Neapel«. Das königliche Schloß wurde 1752 von König Karl III. »im Barockstil nach Plänen des Luigi Vanvitelli erbaut«. »Der Schloßgarten hat hohe geschnittene Hecken und prächtige Wasserkünste durch Statuengruppen belebt.«

⊳6 ▷ *Ruinen von Baiae:* »Baia [...], an der gleichnamigen Meeresbucht gelegen, hieß im Altertum Baiae und war der berühmteste und glänzendste Badeort des spätrepublikanischen und des kaiserlichen Rom«. Von den großartigen Bäder- und Villenanlagen der Römer, deren Fundamente oft weit in das Meer vorgeschoben waren, sind nur noch öde Reste vorhanden; man hat ihnen in neueren Zeiten hochtönende Namen von Göttertempeln gegeben [...] Zuerst in einer Vigna gegenüber dem Bahnhof, vom Bahnsteig aus genügend zu übersehen, der sogenannte Tempel der Diana, ein gewaltiges Achteck, im Innern rund, mit halb erhaltener Kuppel und vier Nischen an den Seiten, Resten einer Wasserleitung. Beim Austritt aus dem Bahnhof wendet man sich rechts und erreicht nach 120 Schritten rechts den Zugang zu der Vigna, welche den sogenannten Tempel des Mercur enthält, einen großen Rundbau mit gewölbter in der Mitte offener Decke, und vier Nischen in den Wänden.« Hier sollen auch Tarantella-Tänzerinnen ihre »geringen Künste« zu zeigen pflegen. »Nach weiteren 100 Schritten führt die Landstraße an dem (links) sogenannten Tempel der Venus vorüber, einem Achteck aus der ersten Kaiserzeit, einst überwölbt, im Innern 25 Schritt im Durchmesser und rund, mit Resten alter Seitengemächer, Fenstern und Treppenstufen, der Minerva Medica in Rom nicht unähnlich.« (Vgl. Baedekers *Unteritalien,* S. 113 f.)

▷ *Apolls Gemütszustand besserte auch der Umstand nicht:* Variante: »Übrigens grübelten alle Freunde Apolls hilfsbereit mit ihm. Aber keiner konnte Licht in die Finsternis bringen. Seinen Gemütszustand besserte auch der Umstand nicht, daß sich sogar eines Nachts um drei (der bekannten Stunde des Verhängnisses) Baron Quackenbusch im Frack mit kummetartigem Kragen in seiner Wohnung melden ließ, mit Trauermiene den Salon betrat und sich in düsterer Attitüde an einen Marmorsockel lehnte, nachdem er die Marmorbüste Ciceros durch seinen mitgebrachten Bedienten herunterheben ließ. Dann starrte er lange seufzend vor sich hin, machte gegen Apoll, der mit hängender Unterlippe vor ihm stand, eine verzweifelte Gebärde des Nichtwissens und wendete sich – melancholisch den Kopf schüttelnd – zum Gehen. Dieser gewiß gut gemeinte Besuch irritierte nur, ohne auch nur den geringsten Trost zu bringen.« (XIII/2 – 130)

480

307 ▷ *Fledermäuse:* »In Sizilien glaubt man, daß Leute, die eines gewaltsamen Todes gestorben sind, die ihnen von Gott bestimmt gewesene Zeit in Gestalt von Fledermäusen zubringen müssen. Auch in anderen Gegenden Italiens scheint man die Fledermäuse für Geister zu halten, wie aus den dialektalen Namen ›spiritillo‹, ›spiridicolo‹ (Marche) geschlossen werden kann.«

»Vom Animismus zum Hexenglauben ist nur ein Schritt [...] Hexentiere sind immer zugleich Teufelstiere.«

»Namentlich gilt die Fledermaus in Sizilien, wo sie ›taddarita‹ heißt, als Verkörperung des Bösen [...] In einigen Dialekten Italiens ist die Fledermaus nach dem Teufel benannt. So heißt sie im Veronesischen ›galina del diaolo‹, ›Teufelshuhn‹, in Brindisi ›tiaùl‹ (›diaulicchiu‹), ›Teufel‹ (›Teufelchen‹), in der Umgebung von Lecce ›strippa‹ (= ›stirpe‹) ›ti tiaulu‹, ›Teufelssproß‹, in Bari ›aucièl du dmòne‹, ›Teufelsvogel‹, ›lauru‹ (Lecce) bedeutet eigentlich ›Kobold‹ und gehört wohl zu auru ›Lufthauch‹.« (*Handwörterbuch des deutschen Aberglaubens*, Band 2, Spalten 1591–1593)

▷ *»Ja ... was seids denn dann:* Dieser Text stammt aus der Romanfassung *Das Fest im Sirenenpalast* (XIII/5 – 107 f.). FHO schob ihn im 10. Bild der Dramenfassung ein (S. 238).

308 ▷ *Professor von Hye:* Freiherr Anton Josef Hye von Glunek (geb. Gleink/Oberösterreich, 26. 5. 1807, gest. Wien, 8. 12. 1894) supplierte seit 1832 die Lehrkanzel für Vernunfts- und österreichisches Criminalrecht an der Wiener Universität und wurde 1833 Supplent derselben Fächer und der Diplomatischen Staatengeschichte am Theresianum und 1835 wirklicher Professor an derselben Anstalt. 1867 zum Justizminister ernannt, betreute er zugleich als Leiter das wieder begründete Ministerium für Cultus und Unterricht. 1869 wurde er zum lebenslänglichen Herrenhausmitglied (vgl. *Österreichisches Biographisches Lexikon*, 3. Band, S. 22). FHO besuchte 1887 bis 1896 das Theresianum in Wien.

▷ *Wir befinden uns im königlichen Palast:* Der Text stammt aus der Romanfassung *Das Fest im Sirenenpalast* (XIII/5 – 109). FHO stellte ihn dem 11. Bild des Dramentextes voran (S. 239).

▷ *Schloß Galantha:* Variante: »Schloß in Eisenstadt bei Wien« (XIII/4 – 113). In Galantha (jetzt Galanda), ca. 100 km östlich von Wien (heute ČSSR) liegt das Stammschloß der Eszterházy, eines der mächtigsten und reichsten ungarischen Adelsgeschlechter. Fürst Nikolaus Joseph, Graf von Forchtenstein, k. k. Geheimrat und Feldmarschall (geb. 18. 12. 1714, gest. Wien, 28. 9. 1790) war Förderer von Joseph Haydn, der zwischen 1761 und 1790 fürstlicher Kapellmeister war. Seine Kompositionen wurden im fürstlich Eszterházy'schen Schloß in Eszterháza unweit Eisenstadt aufgeführt (vgl. Baedekers *Österreich-Ungarn*, S. 325, 327, *Wurzbach* und Riemann, *Musik-Lexikon*). Der Besuch der Lady Hamilton beim Fürsten Eszterházy in Eisenstadt ist historisch. Am 6. 9. 1800 traf sie in Begleitung von Admiral Nelson dort ein: »An Mylady Hamilton fand Haydn einen grossen Verehrer. Sie machte einen Besuch auf Esterházy's Gütern in Ungarn, bekümmerte sich aber wenig um seine Herrlichkeiten, und wich zwey Tage hindurch nie von Haydn's Seite.« (Brief des Haydn-Biographen Georg August Griesinger vom 28. 1. 1801 an die Firma Breitkopf und Härtel. Zitiert nach Deutsch, *Admiral Nelson und Joseph Haydn*, S. 108.) »Es kann angenommen werden, daß Lady Hamilton die Kantate *Arianna a Naxos* sang und daß Haydn sie am Klavier begleitete.« (A. a. O., S. 112) Näheres zu Lady Hamilton und Admiral Nelson siehe S. 454 f., Anmerkung: *der hundertjährige Graf Hamilton.*

09 ▷ *Der verirrte böse Hund:* Abgesehen von dem Titel *Der verlaufene Hund* im Entwurf zur Erzählung (siehe S. 317) liegen im Nachlaß FHOs – auch für die Hörspielfassung – keine weiteren Titelvarianten vor.

11 ▷ *den Frieden von Versailles:* Der Friedensvertrag von Versailles (1919) bestimmte nach dem Ersten Weltkrieg die neuen Grenzen. Der einleitende Artikel erklärt, »daß Deutschland und seine Verbündeten als Urheber aller Verluste und aller Schäden verantwortlich sind«. Österreich und Ungarn wurden als Rechtsnachfolger der Donaumonarchie zum Anstifter des Krieges erklärt, die Verlierer zu hohen Reparationen verurteilt. Dieser Vertrag wurde auch »Clémenceau-Frieden« – nach George Clémenceau – genannt, da er von den Franzosen durchgesetzt worden ist, wenn er auch in wesentlichen Punkten von Thomas Woodrow Wilson (USA) und David Lloyd George (Großbritannien) abgeschwächt wurde. (Vgl. *Der große Ploetz*, S. 853 f.) Über alle drei Politiker äußert sich FHO in Briefen, aber auch in seinen literarischen Werken sehr abschätzig, ja haßerfüllt, ganz im Tonfall der Antifreimaurerliteratur, die mit Leo Taxil und dem Antifreimaurerkongreß (Trient 1896) in Umlauf gebracht worden ist (Näheres siehe S. 452 f., Anmerkung: *einer schwarzen Messe*). Clémenceau nennt er unter anderem einen Satanisten (Brief vom 26. 12. 1930, Adressat nicht ermittelt), Wilson einen Schurken (vgl. Brief an Kubin vom 3. 5. 1916, *S. W.*, Band VII, S. 148), Lloyd George eine diabolische Existenz, die massakriert gehört (vgl. Brief an Kubin von 19. 10. 1918, a. a. O., S. 205). In *Rout am Fliegenden Holländer* macht er die Politiker wiederholt lächerlich (vgl. *S. W.*, Band II, S. 198, 220, 229 f., 265, 273, 323).

   ▷ *wehe, wenn man da zum Zahnarzt mußte:* Vgl. FHOs Schilderung der Praktiken des Hofzahnarztes Gelindus Knacker von Nussheimb im *Apoll* (S. 118).

   ▷ *König Ludwig I.:* Der Bayernkönig Ludwig I. Karl August (geb. Straßburg, 25. 8. 1786, gest. Nizza, 29. 2. 1868) widmete sich besonders der Kunst. Unter seiner Regierung wurden die großartigen Kunstbauten und Sammlungen begonnen, »deren Kosten zumeist aus den Privatmitteln des Königs bestritten wurden«. Bereits 1804 hatte er die ersten Ankäufe für die Glyptothek getätigt, 1826 wurde der Grundstein zur Pinakothek gelegt. (Vgl. *Meyers*)

2 ▷ *beauftragte den Burschen, meinem düstren Schützling:* Variante in der Handschrift: »Nachdem ich meinen düstren Schützling dem Hausknecht ans Herz gelegt hatte (wieder bildlich zu verstehen!). Denn, wo wird sich irgendjemand einen so übergroßen, flohreichen, verstaubten Köter warm ans Herz legen lassen! Die Sprache liebt eben solche dummen Ausdrücke – und sogar noch dümmere, wie das Wort: ›nichtsdestoweniger‹!« (XV/9, Fasz. 1 – 2)

4 ▷ *Mottenmelcher:* Variante: »Duttelhofer« (XV/9, Fasz. 1 – 3).

7 ▷ *DER VERLAUFENE HUND:* Der Text findet sich im Nachlaß unter der Signatur XV/9, Fasz. 1.

   ▷ *in philhellenischem Patriotismus:* Ludwig I., König von Bayern (Siehe auch Anmerkung oben) unterstützte moralisch und materiell den griechischen Freiheitskampf. Sein Sohn Otto wurde 1832 als König von Griechenland anerkannt. Näheres siehe S. 437 f., Anmerkung: *So bei den Wittelsbachern.*

3 ▷ *DER VERIRRTE BÖSE HUND:* Dieser Text – entstanden zwischen der Erzähl- und der Hörspielfassung – findet sich im Nachlaß unter der Signatur XV/9, Fasz. 2.

▷ *Hofrat Anton Maximilian Pachinger:* Mit ihm, dem Rat Großkopf des *Gaulschreck im Rosennetz* (vgl. *S. W.*, Band I, S. 204 f.), dem Direktor Großwachter in *Rout am Fliegenden Holländer* (vgl. *S. W.*, Band II, S. 298 f.), dem Xaver Naskrückl im *Maskenspiel der Genien* (*S. W.*, Band III), um nur einige seiner literarischen Namen im Werk FHOs zu nennen, war FHO seit seiner Münchner Zeit (ca. 1903) bekannt. Die Freunde teilten vor allem eine Leidenschaft: Pachinger (geb. Linz, 22. 11. 1864, gest. Wien, 30. 11. 1938) sammelte »alles Erreichbare«, wie etwa Medaillen, Münzen, religiöse Graphik, Kostümstücke, Gebrauchsgegenstände aller Art, Spielzeug, Spielkarten, Erotica, Kochbücher, Stammbücher, Almanache, Devotionalien. (Vgl. *Österreichisches Biographisches Lexikon*, 33. Lieferung, Wien 1977). Was FHO mit Pachinger hingegen nicht teilte, womit er diesen aber in jedem seiner literarischen Porträts charakterisierte, war dessen Vorliebe für einen üppigen Frauentyp, der sein Schönheitsideal verkörperte (siehe *S. W.*, Band II, S. 315. Näheres bei Lipp, *Der Sammler und Kulturhistoriker Anton Maximilian Pachinger* und *S. W.*, Band VII, S. 333 f.) FHOs Frauenideal war denkbar gegensätzlich. Siehe dazu S. 419 f., Anmerkung: *Schönheit kann Schrecken zeugen*, S. 422 f., Anmerkung: *Auf in goldenen Fackeln.*

319 ▷ *Hanakei:* Der tschechische Volksstamm der Hannaken, der in einer fruchtbaren Ebene zwischen der March und deren Zufluß Hanna von Olmütz bis Wischau (heute Olomouc und Višcov) zu Hause ist, ist »ein kräftiger Menschenschlag von offenem, geradem Wesen und phlegmatischen Naturell«. (Vgl. *Meyers*)

326 ▷ *Holzschnitt eines Pfennigmagazins der Biedermeierzeit:* Es ist möglich, daß FHO ein Blatt mit dem geschilderten Motiv in seiner reichen Graphiksammlung besessen hat. (Näheres siehe S. 460, Anmerkung: *Einige Cavaliere kommen aus der Waldkulisse.*

▷ *Schreckliche Geschichte des Notars Croquembouche in Lyon:* Vgl. folgende Passage aus *Rout am Fliegenden Holländer* (*S. W.*, Band II, S. 30): »›Gräßliche Geschichte‹, las sie, ›vom Notar Geron aus Paris, welcher nach 9 Jahren in der Brautnacht die Hundswut bekam und seine Braut nebst den Schwiegereltern auf die schrecklichste Art ermordete. Wien 1848.‹ ›Sehr selten‹, hatte jemand mit Bleistift dazu notiert.« Eine mögliche Quelle konnte bisher nicht ermittelt werden.

▷ *Ackerbauministerium:* FHOs Vater, Dr. iur. Emil Ritter von Herzmanovsky (geb. Tarnow/Galizien, 8. 10. 1843, gest. Ebensee, 19. 12. 1916), trat mit Entschließung vom 6. 10. 1865 als Conceptspraktikant seinen Dienst am k. k. Ackerbau-Ministerium an. Er wurde 1884 Ministerial-Secretär, 1893 Sections-Rath, 1898 Ministerial-Rath. 1899 erhielt er die Jubiläums Medaille für Civil-Staatsbedienstete und dürfte 1900 pensioniert worden sein. Johann Graf von Ledebur-Wicheln (geb. Krzemusch/Böhmen, 30. 5. 1842, gest. Prag, 14. 5. 1903) wurde am 30. 9. 1895 Ackerbauminister im Kabinett Badeni (vgl. *Niederösterreichischer Amtskalender* 1875–1901 und *Österreichisches Biographisches Lexikon*, Band 5, S. 80) Ab 1888 wurde am Ackerbauministerium eine »Central-Commission für Reblausangelegenheiten« eingesetzt. Der Vorsitzende war entweder der »Ackerbauminister oder der von demselben hiezu bestimmte Stellvertreter«. Ob Emil Herzmanovsky in dieser Funktion tätig gewesen ist, konnte bisher nicht ermittelt werden. (Vgl. *Diensttabelle* von Emil Herzmanovsky des k. k. Ackerbau-Ministeriums im Allgemeinen Verwaltungsarchiv, Wien, und *Amtskalender*, a. a. O.)

483

27 ▷ *Mäusetyphus:* Nachdem der deutsche Hygieniker Friedrich Löffler gegen Ende des vorigen Jahrhunderts den Mäusetyphusbacillus entdeckt hatte, wurde dieser – zuerst in Thessalien – zur Ausrottung der Mäuse im großen benutzt (vgl. *Meyers*).

29 ▷ *Ich war entlassen und froh:* Der Text findet sich im Nachlaß unter der Signatur XV/9, Fasz. 2, 16 verso–17 verso.

▷ *Professor Strakosch:* Der Schauspieler und Vortragskünstler Alexander Strakosch (geb. Eperies/Ungarn, um 1845, das Datum seines Todes konnte nicht ermittelt werden), Schüler des legendären Adolf von Sonnenthal, der 1856 vom artistischen Direktor des k. k. Hofburgtheaters Heinrich Laube nach Wien geholt worden war, hatte sein Engagement am Wiener Stadt-Theater. Laube eröffnete diese Bühne 1872. Strakosch wurde eine populäre Persönlichkeit Wiens, »der Messias aller künftigen Heroinen, Naiven, Anstandsdamen irgend einer Hofbühne, der letzte Hoffnungsanker aller relegirten Studenten und falliten Handlungscommis, die auf der Bühne ihre Zufluchtsstätte suchten.« (Vgl. *Wurzbach*)

▷ *»Wildfeuer«, im »Reich Gottes in Böhmen«:* Wildfeuer heißt ein 1864 erstmals erschienenes und sehr erfolgreich aufgeführtes Schauspiel des unter dem Pseudonym Friedrich Halm bekannten Autors Eligius Franz Joseph Freiherr von Münch-Bellinghausen. Franz Werfel schrieb 1930 sein Hussiten-Drama *Reich Gottes in Böhmen.*

▷ *nämlich Architekt:* FHO studierte 1896–1903 an der k. k. technischen Hochschule in Wien. Über seine berufliche Tätigkeit auf diesem Gebiet kann bisher nur gesagt werden, daß er mit dem Architekten Fritz Keller zusammengearbeitet, insbesondere einige Wohnhäuser in Wien/Erdberg und Wien/Margareten gebaut hat. Im graphischen Nachlaß liegen zahlreiche Architekturskizzen – keine Pläne – vor. Es konnte bisher auch kein einziger Bau ermittelt werden, für den FHO alleine verantwortlich zeichnet. FHO war Mitglied der Zentral-Kommission für Denkmalpflege des Ministeriums für Kultus und Unterricht.

2 ▷ *HOFRAT A. M. PACHINGER:* Siehe Anmerkung S. 482.

9 ▷ *Piephacke:* Siehe S. 476, Anmerkung: *Feifel, Piephacke, Dummkoller und Rotz.*

1 ▷ *Schreckliche Geschichte des Notars Croquembouche aus Lyon:* Siehe Anmerkung S. 482.

2 ▷ *am End d' Hundswut einschleppen:* Variante: »Stellen S' Ihnen den Skandal vor. Aber, ehe Sie die Herren dort aus ihrer ohnedies so aufreibenden Amtstätigkeit aufscheuchen, tragen S' ganz privatim Ihren Fall einem alten Freund von mir vor, der – heute pensioniert – früher die gottsöberste Instanz war – ma heißt'n 'n Grafen Bobby. Sehr a lieber Exzllenzherr . . . ist riesig erfahren – Sagt der Ihnen: ›fahren S' nach Haus‹ – dann fahren S' ruhig. Er wohnt in der Kaulbach Straßen . . . und an scheenen Gruß von mir!« (XV/9, Fasz. 2 – 8).

▷ *Sekretariat der k. k. Botschaft:* In einer handschriftlichen Notiz entwarf FHO für die Ankunft ein »Tonbild«: »Auto hält. Ich: ›warten‹. Schritte, Anläuten, Portier öffnet Haustüre. Ich: ›Ist Seine Exzllenz zu sprechen?‹ Portier: ›Ja. Bitte sich in den ersten Stock zu bemühen. Ich verständige Seine Exzellenz. Nehmen Sie im Empfang Platz.‹ Schritte, Stuhlrücken.« (XV/9, Fasz. 2 – 8)

484

▷ *Hoher Funktionär des Ackerbauministeriums:* Siehe S. 482, Anmerkung: *Ackerbauministerium.*

▷ *ich gehöre dem Denkmalamt an:* Siehe S. 483, Anmerkung: *nämlich Architekt.*

343 ▷ *Grafen Ledebur:* Siehe S. 482, Anmerkung: *Ackerbauministerium.*

344 ▷ *Bekämpfung der Feldmäuse:* Siehe S. 483, Anmerkung: *Mäusetyphus.*

345 ▷ *schon in 30 Jahren:* Ergänzung in einem handschriftlichen Entwurf: »Was wollen S' da a Amtsstelle molestiern? Wo die Herrn ohnehin so überbürdet sind.« (XV/9, Fasz. 2–8 verso) Möglicherweise beabsichtigte FHO diese Passage noch auszubauen, was einem handschriftlichen Entwurf zu entnehmen ist: »Warten Sie: Wegen der Inkubationszeit, bzw. Verjährung von ... Hundswutanfällen ... schaun S': da ist das »Handbuch der österreichischen Verwaltungsgesetzkunde« von Stubenrauch – vom Jahr 1856, da § 272: Maßregeln gegen Viehseuchen, ja – wo haben wir denn die Hundswuth? Aha! da! § 246 Belehrung die Wasserscheu hintanzuhalten! Schaun S' im Stubenrauch ist alles drinn! z. B.: ob Rabbiner in armen Gemeinden im Nebenberuf die Seiltänzerei ausüben können, und zwar im Kaftan.« (XV/7, Fasz. 2 – 30) FHO nennt in diesem Fall seine Quelle sehr präzise. In Band 1 des genannten Werkes von Stubenrauch werden auf S. 577 die »Maßregeln gegen Viehseuchen« gegeben. Der § 246 (a. a. O., S. 499) enthält »Besondere Vorschriften zur Verhütung des Ausbruches der Wuth bei Thieren und der Wasserscheu bei Menschen«. »Als besonders gefährlich stellt sich die Wuthkrankheit (Tollwuth) dar, weil nicht nur der, selbst unblutige Biß der davon befallenen Thiere, sondern auch das Belecken geritzter, oder sonst wunder, oder nur sehr dünner Hautstellen (z. B. der Lippen), ferner die innige Berührung solcher Stellen durch den Geifer oder das Blut derselben das Uebel auch auf andere Thiere verbreiten und bei Menschen die s. g. Wasserscheu hervorbringen kann, welche gemeiniglich den Tod auf die jammervollste Weise herbeiführt.«

VERZEICHNIS DER QUELLEN

Die mit »*« versehenen Werke sind nachweislich Bestand der ehemaligen FHO-Bibliothek. Für die anderen angeführten Titel finden sich im Nachlaß Hinweise, daß FHO mit ihnen gearbeitet hat oder zumindest beabsichtigte, sie für seine Quellenforschungen heranzuziehen. Es ist nicht mehr feststellbar, welche Jahrgänge des Baedeker sowie des Venedig-Führers von Gsell Fels FHO jeweils benützt hat. Die hier getroffene Wahl bestimmter Auflagen beruht deshalb lediglich auf Indizien (Reisen, Zitate etc.) Welche Ausgaben der Werke von Goethe, Grillparzer, Ariost und Tasso FHO – abgesehen von einzelnen Reclamheften aus der elterlichen Bibliothek in Rindbach – besaß, geht aus den erhaltenen Bücherverzeichnissen nicht hervor. Ebenso konnte von Homer, Hesiod und Anakreon nur jeweils die Übersetzung identifiziert werden, nicht aber die Ausgabe, sieht man von einem Band der *Ilias* aus dem noch erhaltenen Teil der Bibliothek ab. Dasselbe gilt für die Werke Byrons.
Wichtiges Quellenmaterial fand FHO auch in der Tages- und Wochenpresse. Nachweisbar sind zeitweilige Abonnements auf die Wiener Zeitungen: *Neue Freie Presse, Neues Wiener Journal* und *Wiener Sonn- und Montagszeitung*. Jedoch finden sich im Nachlaß auch zahlreiche Ausschnitte aus anderen Blättern des gesamten deutschen Sprachraums.

Abafi, Ludwig: *Geschichte der Freimaurerei in Österreich-Ungarn.* 5 Bände, Verlag Aigner. Budapest 1893.

* Abel, Viktor: *Wie schreibt man einen Film?* Sensen-Verlag. Wien/Leipzig 1937.

Agrumi. Volksthümliche Poesieen aus allen Mundarten Italiens und seiner Inseln. Gesammelt und übersetzt von August Kopisch. Verlag von Gustav Crantz. Berlin 1838.

Niederösterreichischer Amtskalender. Hof- und Staatsdruckerei. Wien 1875–1914.

Anakreon und die sogenannten Anakreontischen Lieder. Hrsg. Eduard Mörike. Verlag von Wilhelm Rübling. Stuttgart/Leipzig 1864.

Andresen, Andreas: *Handbuch für Kupferstichsammler.* Alexander Danz. Leipzig 1870–1873. Ergänzungsheft von J. E. Wessely. Leipzig 1885.

Andresen, Andreas: *Der deutsche Peintre-Graveur* oder die deutschen Maler als Kupferstecher nach ihrem Leben und ihren Werken, von dem letzten Drittel des 16. Jahrhunderts bis zum Schluß des 18. Jahrhunderts. 3 Bände. Alexander Danz. Leipzig 1872.

* Andresen, Andreas: *Die deutschen Maler-Radirer* (Peintre-Graveurs) des neunzehnten Jahrhunderts nach ihren Leben und ihren Werken. Fortsetzung von J. E. Wessely. 5 Bände. Alexander Danz. Leipzig 1878.

Apell, Aloys: *Handbuch für Kupferstichsammler* oder Lexicon der vorzüglichsten Kupferstecher des 19. Jahrhunderts, welche in Linienmanier gearbeitet haben, sowie Beschreibung ihrer besten und gesuchtesten Blätter. Alexander Danz. Leipzig 1880.

* *Ariosophie.* Zeitschrift für Geistes- und Wissenschaftsreform. Blätter für ariosophische Lebenskunst. Mystik, Menschenkenntnis und Rassenkunde. Hrsg. von Herbert Reichstein. Nummer 3/4. Verlag Herbert Reichstein. Preßbaum/Wien 1932.

Lodovico Ariosto's rasender Roland. Übersetzung von J. D. Gries. 2 Teile. Reclam. Leipzig o. J.

Artemidoros aus Daldis: *Symbolik der Träume.* 5 Bände. Übers. von Friedrich Krauss. Hartleben. Wien 1881. [Bisher als Quelle FHOs nicht nachweisbar.]

* Attinger, Gustave: *Beiträge zur Geschichte von Delos.* Diss. Imprimerie Attinger Frères. Neuchatel 1886.

Ausführliches Lexikon der griechischen und römischen Mythologie. Hrsg. Wilhelm Heinrich Roscher. 6 Bände. B. G. Teubner. Leipzig/Berlin 1884–1937.

Bachofen, Johann Jakob: *Das Mutterrecht.* Eine Untersuchung über die Gynaikokratie der alten Welt nach ihrer religiösen und rechtlichen Natur. Krais & Hoffmann. Stuttgart 1861.

Baedeker, Karl: *Österreich-Ungarn.* Handbuch für Reisende. 23. Auflage. Verlag von Karl Baedeker. Leipzig 1892.

Baedeker, Karl: *Oberitalien mit Ravenna, Florenz und Livorno.* Handbuch für Reisende. 17. Auflage. Verlag von Karl Baedeker. Leipzig 1906.

Baedeker, Karl: *Griechenland.* Handbuch für Reisende. Verlag von Karl Baedeker. Leipzig 1908.

Baedeker, Karl: *Unteritalien. Sizilien, Sardinien, Malta, Korfu.* Handbuch für Reisende. 15. Auflage. Verlag von Karl Baedeker. Leipzig 1911.

Baedeker, Karl: *Dalmatien und die Adria. Westliches Südslawien, Bosnien, Budapest, Istrien, Albanien, Korfu.* Handbuch für Reisende. 1. und einzige Auflage. Verlag von Karl Baedeker. Leipzig 1929.

Ball, Hugo: *Byzantinisches Christentum.* Drei Heiligenleben. Duncker & Humblot. München 1923.

* Bartsch, Adam: *Catalogue raisonné des dessins originaux des plus grands maitres anciens et modernes,* qui faisoient partie du cabinet de feu le Prince Charles de Ligne. Blumauer. Vienne (Wien) 1794.

Bartsch, Adam: *Le Peintre Graveur.* 21 Bände. Barth. Vienne (Wien) 1802–1821.

* Bauer, Wilhelm: *Angelo Soliman der Hochfürstliche Mohr.* Ein exotisches Kapitel Alt-Wien. Gerlach & Wiedling. Wien 1922.

Bilder-Lexikon der Erotik. I. Kulturgeschichte. Ein Sammelwerk sittengeschichtlicher Bilddokumente aller Völker und Zeiten. Hrsg. vom Institut für Sexualforschung in Wien. Verlag für Kulturforschung. Wien/Leipzig 1928.

* Blaquiere, Edward: *Die Griechische Revolution*; ihr Anfang und weitere Verbreitung. Nebst einigen Bemerkungen über Religion, Nationalcharacter u.s.w. der Griechen. Verlag des Gr. H. S. privil. Landes-Industrie-Comtoirs. Weimar 1825.

* Boehn, Max von: *Rokoko.* Frankreich im XVIII. Jahrhundert. Askanischer Verlag. Berlin 1923.

* Bothmer, Heinz: *Kreta in Vergangenheit und Gegenwart.* Woerl's Reisebücherverlag. Leipzig 1899.

Brabbée, Gustav: *Sub Rosa.* Vertrauliche Mitteilungen aus dem maurerischen Leben unserer Großväter. Verlag von L. Rosner. Wien 1879.

Brückner, Alexander: *Katharina die Zweite.* Grote. Berlin 1883 (= Allgemeine Geschichte in Einzeldarstellungen). [Bisher als Quelle von FHO nicht nachweisbar.]

* Burckhardt, Jakob: *Der Cicerone.* E. A. Seemann. Leipzig 1904.

Byrons Sämtliche Werke in neun Bänden. Übers. von Adolf Böttger. Hrsg. und aus anderen Übersetzungen ergänzt von Wilhelm Wetz. Max Hesse's Verlag. Leipzig o. J. (= Max Hesse's Klassiker-Ausgaben).

* Byron, Lord George Gordon: *Briefe.* Reclam. Leipzig o. J.

Lord Byron. Eine Autobiographie nach Tagebüchern und Briefen. Hrsg. Eduard Engel. Ergänzungsband zu Byron's Werken. 3. Auflage. J. C. C. Bruns' Verlag. Minden in Westf. 1884.

Caprin, Giulio: *Carlo Goldoni la sua vita – le sue opere.* Con introduzione di Guido Mazzoni. Fratelli Treves. Milano 1907.

Constantini Porphyrogenneti, imperatoris Constantinopolitani, libri duo de ceremoniis aulae byzantinae. Prodeunt nunc primum graece, cum latina interpretatione et commentariis. Curarunt Jo. Henricus Leichius et Jo. Jacobus Reiskius. J. F. Gleditsch. Paris 1751–1754.

* Cornet, Enrico: *Le guerre dei Veneti nell' Asia 1470–1474.* Documenti. Tendler & Comp. Wien 1856.

* Ehrenburg, Karl: *Die Inselgruppe von Milos.* Versuch einer Geologisch-Geographischen Beschreibung der Eilande Milos, Kimolos, Polivos und Erimomilos auf Grund eigener Anschauung. Diss. Gustav Fock. Leipzig 1889.

Ersch, Johann Samuel und Johann Gottfried Gruber: *Allgemeine Encyklopädie der Wissenschaften und Künste.* 3 Sectionen. Johann Friedrich Gleditsch, später Brockhaus. Leipzig 1818–1850.

Fallmerayer, Jacob Philipp: *Geschichte des Kaiserthums von Trapezunt.* Verlag von Anton Weber. München 1827.

Fallmerayer, Jacob Philipp: *Geschichte der Halbinsel Morea während des Mittelalters.* Ein historischer Versuch. Band 1, 2. J. G. Cotta'sche Buchhandlung. Stuttgart und Tübingen 1830, 1836.

Fitzinger, Leopold Jos.: *Geschichte des kais.kön. Hof-Naturalien-Cabinetes zu Wien.* Kais.-Königl. Hof- und Staatsdruckerei. Wien 1868 (= Sitzungsberichte der k. Akademie d. Wissenschaften Band LVII. I. Abth. Mai-Heft. Jahrgang 1868).

* Folliot de Crenneville, Victor Graf: *Die Insel Cypern in ihrer heutigen Gestalt,* ihren ethnographischen und wirtschaftlichen Verhältnissen. Faesy & Frick. Wien 1879.

* Freimark, Hans: *Okkultismus und Sexualität:* Beiträge zur Kulturgeschichte und Psychologie alter und neuer Zeit. Leipziger Verlag. Leipzig 1909.

* Sir Galahad [Bertha Eckstein, auch Helene Diener]: *Mütter und Amazonen.* Ein Umriß weiblicher Reiche. Langen-Müller. München 1932.

* Sir Galahad: *Byzanz. Von Kaisern, Engeln und Eunuchen.* E. P. Tal & Co. Leipzig/Wien 1936.

Gfrörer, August Friedrich: *Byzantinische Geschichten.* Aus seinem Nachlasse herausgegeben, ergänzt und fortgesetzt von Johann Baptist Weiß. 3 Bände. Vereins-Buchdruckerei. Graz 1872, 1873, 1877.

Goethe, Johann Wolfgang von: *Werke* in 16 Bänden. Im Inselverlag. Leipzig 1921.

Goldoni, Carlo: *Memoiren;* oder Schicksale, Beobachtungen und Reisen, von ihm selbst beschrieben. Übers. von G. Schatz. 1. Band. Dyck. Leipzig 1789. [Bisher als Quelle von FHO nicht nachweisbar.]

Goldoni, Carlo: *Mein Leben und mein Theater.* Übersetzt von Lola Lorme. Rikola Verlag. Wien/Leipzig/München 1923. [Bisher als Quelle von FHO nicht nachweisbar.]

Gothaisches Genealogisches Taschenbuch der Freiherrlichen Häuser. Justus Perthes. Gotha 1881.

Gräffer, Franz: *Angelo Soliman.* In: *Österreichische National-Encyklopädie* oder alphabetische Darlegung der wissenswürdigsten Eigenthümlichkeiten des Oesterreichischen Kaiserthumes, in Rücksicht auf Natur, Leben und Institutionen, Industrie und Commerz, öffentliche und Privat-Anstalten, Bildung und Wissenschaft, Literatur und Kunst, Geographie und Statistik, Geschichte, Genealogie und Biographie, so wie auf alle Hauptgegenstände seiner Civilisations-Verhältnisse. Ignaz Klang. Wien 1835.

Gräffer, Franz: *Kleine Wiener Memoiren*. Historische Novellen, Genrescenen, Fresken, Skizzen, Persönlichkeiten und Sächlichkeiten, Anecdoten und Curiosa, Visionen und Notizen zur Geschichte und Charakteristik Wien's und der Wiener, in älterer und neuerer Zeit. Erster Theil. Fr. Beck's Universitäts-Buchhandlung. Wien 1845.

Grassetto da Lonigo, Francesco: *Viaggio di Francesco Grassetto da Lonigo lunge le coste dalmate greco-venete ed italiche nell'anno MDXI e seguenti*. In: Monumenti storici publicati dalla R. Deputatione Veneta di storia Patria. Serie IV. Miscellanea vol. IV. A spese della società. Venezia 1886.

Grégoire, Henri Baptiste: *Über die Literatur der Neger* oder Untersuchungen über ihre Geistesfähigkeiten. Übers. von P. Usteri. Cotta. Tübingen 1809.

* Gregorovius, Ferdinand: *Geschichte der Stadt Athen im Mittelalter*. Cotta. Stuttgart 1889.

Grillparzer, Franz: *Sämmtliche Werke*. 10 Bände. J. G. Cotta'sche Buchhandlung. Stuttgart 1872.

Gsell Fels, Theodor: *Venedig*. Ein Städtebild. 6. Auflage. A. Bruckmann's Verlag. München 1903 (= Bruckmann's illustrirte Reiseführer Nr. 2–5).

Hamilton, Lady Emma: *Memoirs*. Colburn. London 1815 (neu aufgelegt 1892). [Bisher als Quelle FHOs nicht nachweisbar.]

Handwörterbuch des deutschen Aberglaubens. Hrsg. von Hanns Bächtold-Stäubli und E. Hoffmann-Krayer. 10 Bände. Walter de Gruyter. Berlin/Leipzig 1927–1942.

* Hausenstein, Wilhelm: *Rokoko*. Französische und deutsche Illustratoren des achtzehnten Jahrhunderts. K. Piper & Co. München 1912.

Herquet, Karl: *Cyprische Königsgestalten des Hauses Lusignan*. Buchhandlung des Waisenhauses. Halle a. S. 1881.

Hesiods Werke und Orfeus der Argonaut. Übersetzt von Johann Heinrich Voss. Moor und Zimmer. Heidelberg 1806.

Hoeck, Karl: *Kreta*. Ein Versuch zur Aufhellung der Mythologie und Geschichte dieser Insel bis auf die Römer-Herrschaft. 3 Bände. Lauffer. Göttingen 1823–1829.

* Hofmannsthal, Hugo von: *Der Rosenkavalier*. Komödie für Musik in 3 Aufzügen. Musik von Richard Strauss. Adolph Fürstner. Berlin 1910/1911.

* Hofmannsthal, Hugo und Richard Strauss: *Ariadne auf Naxos*. Oper in einem Aufzuge. Adolph Fürstner. Berlin/Paris 1916.

Hof- und Staats-Schematismus des österreichischen Kaiserthums. Theil I, II. k. k. Hof- und Staats-Aerarial-Druckerey. 1823.

Homers Odüßee. Übersetzt von Heinrich Voß. Im Eigenverlag des Herausgebers. Hamburg 1781.

* *Homers Illias.* Übersetzt von Johann Heinrich Voß von 1ten bis 12ten Gesang. Franz Haas. Wien und Prag 1800.

Homers Ilias. Übersetzt von Heinrich Voss. I.–XXIV. Gesang. 2. Auflage. Bei Friedrich Nicolovius. Königsberg 1802.

Hopf, Karl: *Geschichte der Insel Andros und ihrer Beherrscher in dem Zeitraume von 1207–1566.* In: Sitzungsberichte der Philosophisch-Historischen Classe der Kaiserlichen Akademie der Wissenschaften. Band 16 (1855). Heft I und II. K. K. Hof- und Staatsdruckerei. Wien 1855.

Hopf, Karl: *Veneto-Byzantinische Analekten.* In: Sitzungsberichte der Philosophisch-Historischen Classe der Kaiserlichen Akademie der Wissenschaften. Band 32 (1859). Heft I bis IV. K. K. Hof- und Staatsdruckerei. Wien 1860.

Hopf, Karl: *Chroniques Gréco-Romanes* inédites ou peu connues publiées avec notes et tables généalogiques. Librairie de Weidmann. Berlin 1873.

Hormayr, Joseph Freiherr von: *Taschenbuch für die vaterländische Geschichte.* Anton Doll. Wien 1811–1814. Fortgesetzt mit Freiherrn von Mednyánsky. Härter. Wien 1822–1825. Ludwig. Wien 1826–1829. Reimer. Leipzig/Berlin 1830–1848.

Hormayr, Joseph Freiherr von: *Kaiser Franz und Metternich.* Ein nachgelassenes Fragment. Weidmann'sche Buchhandlung. Leipzig 1848.

Humboldt, Alexander von: *Eine wissenschaftliche Biographie.* Hrsg. von Karl Bruhns. 3 Bände. Brockhaus. Leipzig 1872. [Bisher als Quelle FHOs nicht nachweisbar.]

Humboldt, Alexander von: *Gesammelte Werke.* 12 Bände. Cotta Nachf. Stuttgart 1889. [Bisher als Quelle FHOs nicht nachweisbar.]

Jauna, Dominique: *Histoire générale des Roiaumes de Chypre, de Jerusalem, d'Armenie, et d'Egypte, comprenant les croisades.* 2 Bände. J. Juzac. Leide 1747.

* Karlweis, Marta: *Die Insel der Diana.* S. Fischer. Berlin 1919.

* Kisch, Wilhelm: *Die alten Strassen und Plätze von Wien's Vorstädten.* M. Gottlieb's Verlagsbuchhandlung. 2 Bände. Wien 1888/1895.

* Koerner, Bernhard: *Handbuch der Heroldskunst.* Wissenschaftliche Beiträge zur Deutung der Hausmarken, Steinmetzzeichen und Wappen mit sprach- und schriftgeschichtlichen Erläuterungen nebst kulturgeschichtlichen Bildern, Betrachtungen und Forschungen. E. A. Starke. Görlitz in Schlesien 1920–1926.

Lanz von Liebenfels, Jörg: *Theozoologie oder die Kunde von den Sodoms-Äfflingen und dem Götter Elektron.* Eine Einführung in die älteste und die neueste Weltanschauung und eine Rechtfertigung des Fürstentums und des Adels. Moderner Verlag. Wien 1905.

Larss, Richard Hans [Hrsg.]: *Eliphas Lévi der große Kabbalist und seine magischen Werke.* Rikola Verlag. Wien/Berlin/Leipzig/München 1922 (= Romane und Bücher der Magie. Band 2. Hrsg. Gustav Meyrink).

Lexer, Matthias: *Mittelhochdeutsches Handwörterbuch.* 3 Bände. Hirzel. Leipzig 1872–1878.

List, Guido von: *Deutsch-Mythologische Landschaftsbilder.* 2. Auflage. H. Lüstenöder. Wien 1891 (= Gesammelte Werke 1, 2).

List, Guido von: *Guido-List-Bücherei.* I. Reihe. Forschungsergebnisse. 1. Das Geheimnis der Runen. 2. Die Armanenschaft der Ario-Germanen. 3. Die Rita der Ario-Germanen. 4. Die Namen der Völkerstämme Germaniens. 5. Die Bilderschrift der Ario-Germanen in ihrer Esoterik und Exoterik. Guido von List-Gesellschaft. Wien 1907–1910.

* List, Guido von: *Die Ursprache der Ario-Germanen und ihre Mysteriensprache.* Guido von List-Gesellschaft. Wien 1915.

Lombroso, Cesare: *Genie und Irrsinn* in ihren Beziehungen zum Gesetz, zur Kritik und zur Geschichte. Übersetzt von A. Courth. Philipp Reclam jun. Leipzig 1887.

Membre, Philippus: *Warhafftige und unterschiedliche Beschreibung / wie die Türcken anfengklich das treffliche Königreich und Insel Cypern / mit grosser Macht oberfallen / und darinnen die Hauptstadt Nicosia mit gewalt erobert. O. O. 1571.*

* Mendelssohn Bartholdy, Karl: *Geschichte Griechenlands von der Eroberung Konstantinopels durch die Türken im Jahre 1453 bis auf unsere Tage.* S. Hirzel. Leipzig 1870.

Meyer, Elard Hugo: *Germanische Mythologie.* Mayer und Müller. Berlin 1891. (= Lehrbücher der germanischen Philologie, Band I).

* *Meyers Konversations-Lexikon.* Ein Nachschlagewerk des allgemeinen Wissens. 5. Auflage. 17 Bände. Bibliographisches Institut. Leipzig/Wien 1895–1897.

Meyrink, Gustav: *Goldmachergeschichten.* A. Scherl. Berlin 1925.

* Molmenti, Pompeo Gherardo. *Venedig und die Venetianer.* Entstehung, Glanzperiode und Verfall. S. Koenitzer's Gr.-A. Frankfurt a. M. o. J.

Nelson, Horatio Viscount: *Letters to Lady Hamilton.* With a supplement of interesting letters by distinguished characters. 2 volumes. Lovewell. London 1814. [Bisher als Quelle FHOs nicht nachweisbar.]

Newton, C. T.: *Travels and Discoveries in the Levant.* 2 volumes. Day. London 1865.

* *Die österreichisch-ungarische Monarchie* in Wort und Bild. Auf Anregung und unter Mitwirkung weiland Seiner kaiserl. und königl. Hoheit des durchlauchtigsten Kronprinzen Erzherzog Rudolf begonnen, fortgesetzt und unter dem Protectorate Ihrer kaiserl. und königl. Hoheit der durchlauchtigsten Frau Kronprinzessin-Witwe Erzherzogin Stephanie. *Kärnten und Krain.* 1891. *Dalmatien.* 1892. *Croatien und Slavonien.* 1902. Verlag der kaiserlich-königlichen Hof- und Staatsdruckerei. Wien.

* Ott, Richard: *Das Film-Manuskript.* Sein Wesen; sein Aufbau, seine Erfordernisse. 2. Auflage. Max Matisson. Berlin 1926.

Palma di Cesnola, Louis: *Cypern.* Seine alten Städte, Gräber und Tempel. Bericht über zehnjährige Forschungen und Ausgrabungen auf der Insel. Autorisierte deutsche Bearbeitung von Ludwig Stern. Hermann Costenoble. Jena 1879.

Paulini, Kristian Frantz: *Heylsame Dreck-Apotheke,* Wie nemlich mit Koth und Urin Fast alle/ ja auch die schwerste/ gifftigste Kranckheiten, und bezauberte Schäden vom Haupt biß zun Füssen, inn- und äusserlich, glücklich curiret worden. Nochmahls bewährt, nun zum vierdten mahl um ein merckliches verbessert. In Verlag von Friedrich Daniel Knoch. Franckfurt am Mayn 1734.

Paulys Real-Encyclopädie der classischen Altertumswissenschaft. 2. Bearbeitung. Begonnen von Georg Wissowa. J . B. Metzlersche Verlagsbuchhandlung. Stuttgart 1890 ff.

Petermann, Reinhard E.: *Führer durch Dalmatien.* Herausgegeben vom Vereine zur Förderung der volkswirtschaftlichen Interessen des Königreiches Dalmatien. Alfred Hölder. Wien 1899.

Pichler, Karoline: *Prosaische Aufsätze I.* Erster Theil. Im Verlage bey Anton Pichler. Wien 1829 (= Sämtliche Werke, 24. Bändchen).

Polášek, Josef: *Über das Gummiharz von Ferula Narthex Boissier.* Im Eigenverlag. Bern 1896.

Polášek, Josef: *Medizinal-Vademecum.* G. Seligmann. Zagreb 1909.

Poujoulat, Baptistin: *Geschichte des Osmanischen Reichs von der Eroberung Konstantinopels bis zum Tode Mahmud's II.* Übersetzt von Julius Seybt. Carl B. Lorck. Leipzig 1853 (= Historische Hausbibliothek, Band 27).

Preller, Ludwig: *Griechische Mythologie.* 4. Auflage. 2 Teile. Weidmannsche Buchhandlung. Berlin 1894–1926.

Reinhard, Paul: *Vollständige Geschichte des Königreichs Cypern.* 2 Bände. Erlangen 1766–68.

Riemann, Hugo: *Studien zur Byzantinischen Musik.* 2. Heft. Neue Beiträge zur Lösung der Probleme der byzantinischen Notenschrift. Breitkopf und Härtel. Leipzig 1915.

Riemann, Hugo: *Musik-Lexikon.* 4. Aufl. M. Hesse. Leipzig 1893/94.

Rohrer, Paul und Friedrich und Max Rottauscher: *Als Venedig noch österreichisch war.* Erinnerungen zweier Offiziere. 4. Auflage. Verlag Robert Lutz. Stuttgart o. J. (= Memoiren Bibliothek. V. Serie. 3. Band).

Ross, Ludwig: *Reisen auf den griechischen Inseln des ägäischen Meeres.* Band 1, 2. J. G. Cotta'sche Buchhandlung. Stuttgart/Tübingen 1840/1843.

* Ross, Ludwig: *Reisen nach Kos, Halikarnassos, Rhodos und der Insel Cypern.* C. A. Schwetschke & Sohn. Halle 1852.

Schiviz von Schivizhoffen, Ludwig: *Der Adel in der Matriken der Stadt Graz.* U. Moser. Graz 1909.

Schmitt, John: *Die Chronik von Morea.* Eine Untersuchung über das Verhältnis ihrer Handschriften und Versionen. Diss. München 1889.

* Schmitz, Oscar A. H.: *Brevier für Weltleute.* Essays über Gesellschaft, Mode, Frauen, Reisen, Lebenskunst, Kunst, Philosophie. 5. Auflage. Georg Müller. München/Leipzig 1911.

* Schmitz, Oskar A. H.: *Fahrten ins Blaue.* Ein Mittelmeerbuch. Georg Müller. München 1912.

* Schmitz, Oscar A. H.: *Das Dionysische Geheimnis.* Erlebnisse und Erkenntnisse eines Fahnenflüchtigen. Georg Müller. München 1921.

Shakespeares Werke in vierzehn Theilen. Übersetzt von Schlegel und Tieck. Hrsg. von Wolfgang Keller. Deutsches Verlagshaus Bong & Co. Berlin/Leipzig/Wien/Stuttgart o. J.

* *Shakespeare's dramatische Werke.* Übersetzt von August Wilhelm Schlegel. Ergänzt und erläutert von Ludwig Tieck. 7 Bände. Berlin 1825.

Stoll, Heinrich Wilhelm: *Die Sagen des classischen Alterthums.* Erzählungen aus der alten Welt. 2 Bände. Teubner. Leipzig 1862.

Stubenrauch, Moriz von: *Handbuch der österreichischen Verwaltungs-Gesetzkunde.* Nach dem gegenwärtigen Stande der Gesetzgebung bearbeitet. 2 Bände. 2. Auflage. Verlag von Friedrich Manz. Wien 1856.

Tasso, Torquato: *Befreites Jerusalem.* Übersetzt von J. D. Gries. Mit einer biographischen Einleitung von Hermann Fleischer. J. G. Cotta. Stuttgart 1893.

Taxil, Leo [Pseudonym für Gabriel Jogand-Pagès]: *Die Drei-Punkte-Brüder.* Ausbreitung und Verzweigung, Organisation und Verfassung, Ritual, geheime Zeichen und Thätigkeit der Freimaurerei. Autorisirte Uebersetzung und Bearbeitung aus dem Französischen. Buchdruckerei des Werkes vom heiligen Paulus. Freiburg in der Schweiz 1886/87 (= Vollständige Enthüllungen über die Freimaurerei 1, 2).

Taxil, Leo: *Bekenntnisse eines ehemaligen Freidenkers.* Autorisirte Uebersetzung. Verlag der Buchhandlung des Werkes vom hl. Paulus. Freiburg in der Schweiz 1888.

Taxil, Leo: *Der Meuchelmord in der Freimaurerei.* Einzig autorisirte deutsche Uebersetzung. Matthias Mittermüller, Buchhändler des heil. Apostol. Stuhles. Salzburg 1891.

Thieme, Ulrich und Felix Becker: *Allgemeines Lexikon der Bildenden Künstler bis zur Gegenwart.* 36 Bände. E. A. Seemann. Leipzig 1907–1950.

Tümpel, Karl: *Die Aithiopenländer des Andromedamythus.* In: Jahrbücher für Philologie. 16. Supplementband. Teubner. Leipzig 1887.

Villehardouin, Gottfried von: *Die Eroberung von Konstantinopel durch die Kreuzfahrer im Jahre 1204.* Hrsg. von Franz Getz. Voigtländers Quellenbücher. Leipzig 1878.

Villemain, Abel-François: *Laskaris, oder die Griechen in dem fünfzehnten Jahrhundert,* mit einem historischen Versuche über den Zustand der Griechen, seit der Eroberung der Mahomedaner bis auf unsere Zeiten. F. G. Levrault. Straßburg 1825.

Wurzbach, Constant von: *Biographisches Lexikon des Kaiserthums Oesterreich,* enthaltend die Lebensskizzen der denkwürdigen Personen, welche 1750 bis 1860 im Kaiserstaate und in seinen Kronländern gelebt haben. Hof- und Staatsdruckerei. Wien 1856–1891.

GLOSSAR

Das Glossar ist als Lesehilfe zum leichteren Verständnis mundartlicher Ausdrücke und phonetischer Schreibungen, vorwiegend aus dem Wienerischen, Bayrischen und Schwäbischen gedacht. Nähere Angaben zur Etymologie finden sich bei Julian M. Burnadz: *Die Gaunersprache der Wiener Galerie.* Verlag für Polizeiliches Fachschrifttum Georg Schmidt-Römhild. Lübeck 1966. Franz Seraph Hügel: *Der Wiener Dialekt. Lexikon der Wiener Volkssprache.* Hartleben. Wien 1873. Julius Jakob: *Wörterbuch des Wiener Dialektes.* 5. Auflage. Gerlach und Wiedling. Wien 1972. Andreas Schmeller: *Bayrisches Wörterbuch.* Cotta. Stuttgart/Tübingen 1827–1837. Eduard Maria Schranka: *Dialekt-Lexikon.* G. Szelinski. Wien 1905. Peter Wehle: *Sprechen Sie Wienerisch?* von Adaxl bis Zwutschkerl. Erweiterte und bearbeitete Neuausgabe. Ueberreuter. Wien/Heidelberg 1980.

a	eine
aa no z'tun	auch noch zu tun
aba	aber
abfahren	weggehen
abkletzeln	etwas Angeklebtes ablösen
afn	auf den
ahle	alle
allweil	immer
amal	einmal
amend	etwa
an	einem
Arweit, Arwet	Arbeit
ausbrocha	ausgebrochen
ausgschammt, ausgschamt	unverschämt, schamlos
aus'zuzelt	ausgesaugt
a weng	ein wenig
awi kummen	herunter kommen
Baris	Paris
Barterljäger	Barterl: Brustlatz für Kleinkinder. Wortschöpfung von FHO in Analogie zu Schürzenjäger, bezeichnet also einen, der (sehr) kleinen Mädchen nachstellt
an Bascha	ein Pascha
bäteln	betteln
Bazi verdechtige	verdächtiger Kerl
Beletasch	Beletage
Beserl	kleiner Besen
bewoiset	erweist
bisserl, a bißl	ein bißchen
bluati	blutig
bsoffn	betrunken
Canari	Kanarienvogel
Contrahasch	Kontrahage, Verabredung zu einem Zweikampf
damisch	verrückt, auch: benommen
Dampfnudeln	Mehlspeise aus gekochtem Hefeteig

davongloffa (davongloffen)	davongelaufen
dechten	doch
dees	das
derheben	erheben
Detöktiwe	Detektive
Dicken	Umfang, Beleibtheit
dös	das
drahen	zechen, feiern (abgeleitet von: drehen)
draußd wo	irgendwo draußen
dreckater	dreckiger
drieber	drüber
drieten, drietn	dritten
dromat	droben
Dschidscheroni	Cicerone, Fremdenführer
eam	ihn
Eana	Ihnen
für Eana	für sich
Eanara, Eanare	Ihr, Ihre
eini	hinein
entwuschen	entwischt
Erdzeiseln	eine Art Ratte
erschten	ersten
Fahl	Fall
Falbeln	Faltensaum
Fallot, Falot	Gauner
Fasserlschliefer	einer, der in ein Faß hineinkriecht
Ferd	Pferd
fier	für
fieri	vorwärts, nach vorne
Figürln	Figürchen
finfundfimfzich	fünfundfünfzig
firti	fertig
Fraisen	Nervenfieber, verbunden mit konvulsivischen Erscheinungen
frieher	früher
fuchzig	fünfzig
gackerlfarben	fäkalfarben
Gattja	die (meist langen) Unterhosen aus Kattun
gengan S'	gehen Sie
gestirzet	gestürzt
gfuchtelt	fuchteln: etwas hin und her bewegen
Gigerl	Stutzer
Glachter	Gelächter
glei	gleich
gnua	genug
Golasch, Gollasch	Gulasch
graupet, kraupet	zerzaust, ungekämmt
grean', greanen	grünen

Gschmaacherl	Kosewort, abgeleitet von: G'schmach'n (Geschmack)
Gschpusi	Liebschaft
gschtorm	gestorben
g'schupft	verrückt, exzentrisch
gspaßig	lustig
guatn	guten
Gutscher	Kutscher
Hadern	Fetzen, Lumpen
Hafteln	Heftel, Drahtspange
halbet	halb
ham, hamm	haben
hamma	haben wir
Hangerlkavalier	Kellner (Hangerl: Serviertuch)
hatschen	hinken, schwerfällig gehen
Haxl	Bein
bluatiger Heanadreck	Ausruf des Entsetzens: blutiger Hühnerdreck!
Hefen	Hafen (Schale)
Henderl	Huhn
Hennabauer, Hennabaur	Hühnersteige
herentgegen	hingegen
Herigottsfrie, Herrigottsfrüh	Herrgottsfrüh, früh am Morgen
herumzipfeln	sich bei Details aufhalten
Hetz	gute Stimmung, Spaß
hoam	heim
imma	immer
jauken	verjagen, forttreiben
Jesses!	Jesus!
Kaibl	Kalb
ka Klag	keine Klage
Kaschtratl, Kaschträtle	Diminutiv für Kastrat
Kassandratscherl	Diminutiv für Kassandra
Käwig	Käfig
keeniglichen	königlichen
Kirchenmodl	Kirchenmodell
Klobassen	Würste
koa	kein
sehe koa	sehen können
koaft	kauft
koane	keine
koin	kein
kralawatschet	windschief, deformiert
kraupet	siehe: graupet
Kraxen	Traggestell, auf dem Rücken zu tragen
Krenfleisch	gekochtes Schweinefleisch mit geriebenem Kren
Krippelspiel	gebrechliches Wesen, gilt für Gegenstände, die so schlecht gemacht sind, daß sie bald zugrunde gehen
Krowotenhäuptling	Kroatenhäuptling
Kül de Baris	Cul de Paris

Laberlschupfer	Bäcker (abgeleitet von: Laberl – kleiner Brotlaib)
Lackel	grober, großer Mensch
der Lackierte	der Betrogene
Ladenbudel	Ladentisch
Lazzi	Späße, Narreteien
mei Liaba	mein Lieber
Luada, Lueder	Luder
Malefizsakra	Fluch
Manderl machen	Männchen machen
Marandanna	Maria und Anna!
Marandjosef	Maria und Josef!
March	Mark
Maschkerer	Maskierte
Millirahm	Milchrahm, Sahne
Minka	München
möhr	mehr
mölden	melden
Mondflitschen	Flitschen: Schimpfname für ein junges vorlautes Frauenzimmer
z'moocher	zu mager
nacher	dann
nehma	nehmen
nehmat	nähme
nei, neuch	neu
niemer	nicht mehr
nit, nöt	nicht
no	noch
oan, oaner	einen, einer
ofa	hinauf
o-gfalle	hinuntergefallen
Ögypten, Ögyptn	Ägypten
Pariser	Wurstsorte
passen S' fei auf	passen Sie gut auf
pfeigrad	pfeilgerade, schnurstracks
Pfidschipfeil	Pfeil (zum Bogen)
Pfötle (Pföttle) gewe	Pfötchen geben
pfui der Deixel	pfui Teufel!
pickn blieben	kleben bzw. hängen geblieben
Pinsch	Hunderasse: Pinscher
Planetenzettelchen	Lose
Podex	Gesäß
Pogatschenbäckin	Bäckerin von Pogatschen (kleines Gebäck mit Grammeln oder Rosinen)
Pomeranzen	Orangen
Ramassuri	Durcheinander
Ratzen	Ratten
rebariern	reparieren
Rupfen	Jute

sakra	verdammt!
san, sein	sind
Scharteken	hier: Schmähwort auf ein altes Frauenzimmer
schaugn	schauen
Schliefer	Kriecher
schmöcken S'	kosten Sie!
scho	schon
Schuhwix	Schuhpasta
Schüppl	eine Menge, Büschel
Schwaaf von Wagn	Wagenkolonne
Schwaafspitzn	Schwanzspitze
segn S'	sehen Sie
siegst	siehst du
Sö	Sie
solchene, soliche	solche
solchener	solcher
stantepe	stantepede, stehenden Fußes, sogleich
stecka	stecken
stellat	stellte
Strafhölzlbehälter	Streichholzbehälter
Strafhölzlstanderl	Streichholzständer
Talje	Taille
tan S'	tun Sie
Tepp	Idiot, Dummkopf
Thaddädl	abgeleitet von: Thaddäus; Dummkopf, Tattergreis, komische Figur aus der Altwiener Posse
than	getan
Tirrgen, Türgen	Türken
Trampel	ungeschickte, dumme Weibsperson
trischaken	schlagen, quälen
Trutscherl	ungeschicktes, schwerfälliges Mädchen, auch: artiges, kleines niedliches Mädchen
Tschinellen	Schlagbecken
tuat, tuet	tut
überanand	übereinander
umanand	umher
umanandschtrabanzen	ziellos umhergehen, vagabundieren
umatschucken	umherrennen, -laufen
umgworfa	umgeworfen
urndli	ordentlich
verwursteln	verwechseln, etwas verlegen, durcheinander bringen
walzet	wälzt
warn s'	waren sie
in was	in etwas
Wasserer	hier: Kanalarbeiter
Watschen	Ohrfeige
waxt	wächst
a weng	ein wenig

wiar a	wie ein
wiar ma	wie man
wöh	weh
wök	weg
wolle Se	wollen Sie
wurdn	geworden
zarren furi	zieh ihn vor!
a Zeitl	eine kurze Zeit
z'erscht	zuerst
Zibebenpogatschen	Rosinenpogatschen (Gebäck)
zsammklauba	zusammensammeln
zuaglauffe, zuaglaufn	zugelaufen
Zügenglöckchen	Sterbeglocke
zwoa	zwei
zwoamarchfinfundfufzich	zwei Mark fünfundfünfzig
Zwuschperl	kleines (bemitleidenswertes) Mädchen, abgeleitet von Zwetschke

PERSONENREGISTER

Das Personenregister enthält die Namen aller in Text und Kommentar genannten realen Personen, nicht aber die literarischer oder mythologischer Gestalten. Wo FHO jedoch mit den Namen seiner literarischen Figuren auf reale Personen anspielt, wurden letztere in das Verzeichnis aufgenommen, sofern der Grad der Realitätsbezogenheit dies gerechtfertigt erscheinen ließ. Immer wieder zieht FHO biographische Details verschiedener historischer Persönlichkeiten zu einer literarischen Gestalt zusammen. Dem Register obliegt es, die Herkunft der Elemente wieder aufzufächern. Die Freiheit, die sich der Autor in der zeitlichen Situierung historischer Persönlichkeiten nahm, zeigt sich etwa darin, daß der Staatskanzler Clemens Lothar Wenzel Metternich in den verschiedenen Fassungen des *Apoll*-Stoffes einmal als Onkel, dann wieder als Vetter des Helden genannt wird.

Um einen Überblick über die Stellen, an denen die wichtigsten Quellenwerke zitiert sind, zu ermöglichen, wurden diese in das Register eingefügt. Kursiv gesetzte Seitenangaben verweisen auf biographische Angaben zur Person.

Abafi, Ludwig   466, 485
Abel, Viktor   372, 485
Achberger, Karen   349
d'Albert, Eugen   369
Albion   459
Alexander der Große   19, 35, 103, 383, 404
Alexander I., König von Polen   *464*
Alexander I., Zar   *461*
Alexios III., Angelos, byzantinischer Kaiser   *408*
Alexis (Alexios) I., Komnenos, Kaiser von Trapezunt   *410f.*
Alexis III., Komnenos, Kaiser von Trapezunt und seine Tochter   *411*
Allantius, Leo   *420*
Allmer, Konrad   352
Alpinus, Prosper   24, *408*
Amtskalender, Niederösterreichischer   471, 482, 485
Anaclet II., Papst   *462*
Anakreon   *423*, 485
Anastasios I., Dikoros, byzantinischer Kaiser   *433*
Andresen, Andreas   460, 485
Andromachus, Leibarzt des römischen Kaisers Nero L. Domitius   *435*
Andronikos aus Kyrrhos   *470*
Andronikos IV., Paläologos, byzantinischer Kaiser   *404*
Angelina, Negerin   *442*

Anjou, Eleonore von s. Poitou, Eleonore von
Anjou s. Karl I., König von Neapel und Sizilien, Ludwig IX., König von Frankreich
Anna Carafa (Caraffa; Donna Anna), Gemahlin des Vizekönigs von Neapel, Herzogs von Medina   142, 163, 201, 291, 380, 382, 453, *454*, 467, 478
d'Annunzio, Gabriele   *402*
Antiochos II., Theos, König von Syrien   *419*
Apell, Aloys   460, 485
Ariosto, Lodovico   30, *410*, 485f.
Aristophanes   435
Arnim, Bettina von   *467*
Artemidoros, Geograph aus Ephesos   *401*
Artemidoros, der Daldianer   *401*, 486
Arzt in Lovrana (nicht ermittelt)   464
Aslan, Raoul   369
Athenaïs, Gemahlin des byzantinischen Kaisers Theodosius II.   *430f.*
Attinger, Gustave   486
Augustus (Gajus Julius Cäsar Octavianus), römischer Kaiser   400
Ausserer, Wolfgang   378

Babin, Isabella   *435*
Bachofen, Johann Jakob   *436*, 486
Bächtold-Stäubli, Hanns   489

Badeni, Kasimir Graf *482*
Badoer, Badoero *401*
Baedeker, Karl 451, 453f., 467, 469f.,
474, 479f., 485f.
Bahr, Hermann 380
Balduin IX. von Flandern 31, *410*
Ball, Hugo 436, 486
Balqué, Reinhold *370, 390*
Barbaro, venezianische Familie *416*
Francesco, Patriarch von Aqui-
leia *416*
Marc'Antonio *416*
Barozzi, venezianische Familie, Dyna-
sten von Santorin und Therasia 96,
416f., *435*
Jacopo III. *416*
Bartsch, Adam 460, 486
Basilius I., der Makedonier, byzantini-
scher Kaiser *419*
Bauer, Wilhelm 380, 442–446, 486
Beer-Hoffmann, Richard 381
Beethoven, Ludwig van 458, 471
Bell, Benjamin, John und Sir Char-
les 133, 270, *447,* 476
Bellinzanzon, trapezuntische Familie
(nicht ermittelt) 31
Bembo, venezianische Familie *410*
Pietro 31, 63, *410, 426*
Benzoni, Gräfin Maria Querini *473*
Berenike, Tochter des Herrschers von
Kyrene *419*
Berenike, Tochter des Herodes
Agrippa I., Königs von Judäa *419*
Biehn, Heinz 438
Bilder-Lexikon der Erotik 418, 453,
455, 469, 473, 487
Blacher, Boris 360
Blaquiere, Edward 422, 461, 487
Blood, Th., englischer Oberst (nicht
ermittelt) *438*
Boehn, Max von 487
Bolts, William 457
Bon (Buono), venezianische Familie,
Dynasten von Skarpanto *416*
Giovanni und Nicolò *417*
Bonaparte, Luzian 362, *406*
Napoleon s. Napoleon I., Kaiser der
Franzosen

Pauline s. Borghese, Fürstin Pauline
Bonasone, Giulio Antonio 460
Bonifacius I., Markgraf von Montferrat,
und seine Tochter Adelheid *462*
Bonifacius VIII., Papst *397*
Borghese, Fürstin Pauline geb. Bona-
parte *478*
Borgia, Lucrezia 205, *469*
Cesare und deren Vater *469*
Bothmer, Heinz 487
Böttger, Adolf 471, 487
Bourbonen, französisches Herrscher-
geschlecht *462*
Brabbée, Gustav 445, 466, 487
Bragadino, Marco Antonio 20, *406f.*
Brückner, Alexander 487
Bruhns, Karl 467, 490
Buon s. Bon (Buono), venezianische
Familie
Burckhardt, Jakob 487
Bürde, Friedrich Leopold 460
Burgherren von Dora, Chasdenich,
Larachne und Tzanich *411*
Burnadz, Julian M. 495
Busch, Wilhelm 361
Buschbeck, Erhard 370
Byron, Lord George Noel Gordon 162f.,
203–205, 207–213, 218, 223–227, 238,
243, 353, 380, 382–384, 386, 389, 416,
458f., *468, 470f., 473f.,* 485, 487

Callot, Jacques 353, 373, 448, *460*
Canova, Antonio 282, 286, *477*
Cantacuzenos s. Kantakuzenos, griechi-
sche Fürstenfamilie
Caprin, Giulio 400, 487
Caraccioli (Caracciolo), Francesco 143,
203, 293, 361f., *454,* 478
Contessina (nicht ermittelt) 361,
454
Cardinalerzbischof von Wien *443*
Cäsar, Gaius Julius 25, 363, 400
Casembrot, Abraham 460
Catullus, Gaius Valerius 419
Cervantes Saavedra, Miguel de 412,
429
Chalkondyles, Demetrius und Laonikos
(Nikolaus) *413*

Champlitte, Fürsten von Achaia   402
   Wilhelm von   402
Chiari, Baronin (nicht ermittelt)   380
Chlan, Ilse   349, 355, 359f., 363,
   365–368, 399, 402f., 405, 411,
   418–420, 429f., 433, 435f., 438
Chopin, Frédéric François   215
Chosrev, Seldschukenherrscher von
   Ikonium   410
Christiani, Frau von, geb. Kellermann,
   Gemahlin von Angelo Soliman   197,
   383, 443
Cicero, Marcus Tullius   307, 479
Clavijo Arzamir, Fürst von Boona   411
Clémenceau, George   481
Clemens IV., Papst   469
Clemens V., Papst   397, 398
Clisolis, Cäcilie   445
Cogni, Margarita (la »Fornarina«) und
   ihr Mann   208, 224, 470f.
Comnenus s. Komnenos (Komnenen),
   byzantinische und trapezuntische
   Herrscherfamilie
Connio, Nicoletta   399
Constantin Porphyrogennetos s.
   Konstantin VII., Porphyrogenetes,
   byzantinischer Kaiser
Contarini, venezianische Familie   402
   Gasparo, Kardinal   402
Cornaro (Corner), venezianische
   Familie, Dynasten von Skarpan-
   to   96, 417, 426, 435
   Andrea   426
   Caterina, Königin von Zypern   396
   Gianfrancesco II.   417
   Marco, Doge   426
   Marietta   417
Corner Piscopia, Frederico   415
Cornet, Enrico   487
Courth, A.   491
Crispo, Lucrezia   416
   Soffredo, der Kahle (Calvus)   435
Croquembouche, Notar (nicht
   ermittelt)   326, 341, 482f.

Daim, Wilfried   353, 398
Danckelmann, Eberhard Christoph
   Balthasar und seine Brüder

(»Danckelmannsches Sieben-
   gestirn«)   459
Dandolo, venezianische Familie   96,
   416, 435
   Enrico, Doge   19, 77, 401, 404, 416,
   428
David I., Komnenos, Kaiser von
   Trapezunt   19, 38, 76f., 101, 362,
   404–406, 412, 422, 428, 435, 437, 461
Desdemona, Gemahlin Othellos   20
Despina Katon   412
Deutsch, Gitta und Otto Erich   353, 480
Diodorus Siculus   400
Dondedeo, Isabella (nicht ermit-
   telt)   426
Don Juan von Österreich   81, 429
Donna Anna s. Anna Carafa, Gemahlin
   des Vizekönigs von Neapel
Doria, genuesisches Adelsge-
   schlecht   205, 469
   Andrea   24, 408, 469
   Giovanni Andrea   408
Ducange, Charles Dufresne   401

Eberle, Abbé   193, 196, 267f., 444
Eckermann, Johann Peter   474
Eckstein, Bertha (Sir Galahad, auch
   Helene Diener)   404, 430, 432, 437,
   488
Egk, Werner   390
Ehrenburg, Karl   487
Eidlitz, Karl   350, 381, 387f., 391, 399
Elbeuf (nicht ermittelt)   167
Elisabeth, Kaiserin von Österreich   361
Elisabeth Petrovna, Zarin   359
Elisabeth II., russische Prinzessin   359
Emire von Cheriane und Paipert   411
Engel, Eduard   487
Erasmus, der heilige   33
Eratosthenes, griechischer Polyhi-
   stor   419
Ersch, Johann Samuel und Johann
   Gottfried Gruber   399f., 440, 451,
   488
Eszterházy, ungarisches Adelsge-
   schlecht   480
   Fürst Nikolaus Joseph, Graf von
   Forchtenstein   308, 480

Eugen, Prinz von Savoyen *399, 409*
Eynard, Genfer Bankier *437*

Fallmerayer, Jakob Philipp 363, 401f.,
    404, 405f., 410f., 422, 427, 432–434,
    464, 488
Fansaga (Fanzaga), Cosimo *454*
Ferdinand II., deutscher Kaiser, König
    von Ungarn und Böhmen 440
Ferdinand I., der Gütige, Kaiser von
    Österreich (Kronprinz) 183f., 384, *463*
Ferdinand II., der Katholische, König
    von Aragonien und der vereinigten
    spanischen Monarchie, seine älteste
    Tochter und seine Tochter Johan-
    na *464*
Ferdinand I. (oder II.), König von
    Neapel *408*
Ferdinand IV., König von Neapel
    (als König beider Sizilien Ferdi-
    nand I.) 141f., 145, 148, 153f.,
    162f., 180, 202–204, 211, 213, 219f.,
    234, 242–244, 257, 290–292, 295, 297,
    303–305, 308, 382, 385, 387, 444,
    447f., 450f., 452, 455, 459, 468, 470,
    478
Ferdinand II., König beider Sizi-
    lien 455
Ferini, Wachsbossierer *446*
Ferracuti 460
Ferrante, Luigi 400
Feuchtersleben, Familie 383, *445*
    Eduard *445*
    Erdmann Freiherr von *445*
    Ernst Freiherr von, Gemahl der
    Josephine von Feuchtersleben 131,
    192, 266, 269, 383, *445*
    Ernst, Dichter und Philosoph 380,
    388, 389, 391, *445f.*
    Helene 455
    Josephine Freiin von 131, 192, 266,
    269, 383, *443–445*
    Regina geb. Freiin von Schott *445*
Fitzinger, Leopold Jos. 444, 488
Fleischer Hermann 493
Flora Paul 448f., 464f.
Folliot de Crenneville, Victor
    Graf 363, 406, 434, 488

Fontana, Felice *446*
la »Fornarina« s. Cogni, Margarita
Foscari, venezianische Familie *416*
    Francesco, Doge *416*
    Jacopo *416*
Foscolo, venezianische Familie, Dyna-
    sten von Namfio 96, 417, *435*
Frangipani, Familie 205
    Giovanni 205, *469*
Franz I., Kaiser von Österreich (als
    deutscher Kaiser Franz II.) 152,
    165, 171, 180, 197, 220, 234, 262, 268,
    303, 385, 387, 396, *443f.*, 459, 462,
    472, *476, 490
Franz I., König von Frankreich *408*
Fra Tassilo s. Götz, Ludwig Th.
Fra Theoderich (Mitglied des Neutemp-
    ler Ordens, bürgerlicher Name nicht
    ermittelt) 370
Fregoso, genuesische Familie *408*
Fregoso, Doge von Genua *408*
Freimark, Hans 488
Frenzel, Elisabeth 418
Friedrich II., der Große, Hohenstaufen,
    deutscher Kaiser und seine Enke-
    lin *469*
Friedrich II., der Große, König von
    Preußen *409*
Friedrich, Herzog von Urbino s. Monte-
    feltre, Federico da
Frimont, Johann Maria Graf von, Fürst
    von Antrodocco *451*
Fürsten von Ghuria *411*
Fürsterzbischof 445

Gagern, Monika von 355, 420, 424,
    436
Galvani, Luigi *467*
Gamba Ghiselli, Pietro Graf 226, *468,
    473f.*
    Ruggero Graf *468, 473f.*
Georg IV., der Glänzende, König von
    Georgien 31, *410*
Getz, Franz 494
Gfrörer, August Friedrich 488
Gigon, Cordula 353, 468, 471, 474
Giustinian, genuesische Familie, Dyna-
    sten von Chios *409*

Giustiniani (Zustinian), venezianische
Familie, Dynasten von Ceri-
gotto *409*
Girolamo *409*
Gluck, Christoph Willibald 401, 418
Goethe, Johann Wolfgang von 141,
150, 193, 231, 244, 291, 300, 354,
455f., 466f., 468, 474, 485
Goldoni, Carlo 13f., 42, 57–64, 70,
72–75, 111f., 364–366, 371, 373f.,
399f., 401, 415, 425, 437, 487, 488
Götz, Ludwig Th. (Fra Tassilo, Mitglied
des Neutempler Ordens) *464*
Gradenigo, venezianische Familie,
Dynasten in Kreta *416f.*
Pietro *401*
Gräffer, Franz 446, 466, 488, 489
Graham, John *454*
Grassetto da Lonigo, Francesco 419,
426, 489
Gravina s. Orsini-Gravina, römisches
Fürstengeschlecht
Grègoire, Henri Baptiste 446, 489
Gregorovius, Ferdinand 489
Gries, J. D. 410, 486, 493
Griesinger, Georg August 480
Grillparzer, Franz 183f., 384, 461, 463,
485, 489
Grimani, venezianische Familie, Dyna-
sten von Amorgos, Stampalia und
Sifanto 96, *416f.*
Großvezier, türkischer 399
Gsell Fels, Theodor 404, 415, 417,
427, 485, 489
Gugitz, Gustav 466
Guiccioli, Alessandro Graf *473f.*
Teresa 226, *468, 473f.*
Guiscard s. Robert Guiscard, Herzog
von Apulien und Kalabrien
Gutherz, Gérard 389

Haberling, W. 352
Habsburg, österreichisches Herrscherge-
schlecht *464*
s. auch Don Juan von Österreich,
Ferdinand I., Kaiser von Österreich,
Ferdinand II., deutscher Kaiser,
Franz I., Kaiser von Österreich,

Joseph II., deutscher Kaiser, Karl V.,
deutscher Kaiser, Karl VI., deutscher
Kaiser, Leopold II., deutscher Kaiser,
Leopold III., Erzherzog von Öster-
reich, Leopold V., Herzog von Öster-
reich, Leopold, Bruder von Joseph II.,
Maria Theresia, Kaiserin von Öster-
reich, Maximilian I., deutscher Kaiser,
Maximilian II., deutscher Kaiser,
Maximilian, Erzherzog von Österreich,
Rudolf, Kronprinz von Österreich,
Stephanie, Erzherzogin von Öster-
reich
Hacks, Peter 349
Halm, Friedrich *483*
Hamilton, Lady Emma 146, 228, 296,
308, 362, *454–456,* 474, *480,* 489, 491
ihr Vater und ihre Tochter Hora-
tia *454*
Sir William 146, 295, 308, *454–456,*
474, 478, 480
Hampfelmeyer, Georg 460
*Handwörterbuch des deutschen Aber-
glaubens* 429, 480, 489
Hartwich, Alexander 355, 359, 361f.,
406, 455
Hauptmann, Gerhart 381
Hausenstein, Wilhelm 489
Haydn, Joseph 308, 353, *480*
Hegel, Georg Wilhelm Friedrich 467
Heimeran, Ernst 390f., 457, 460
Heine, Heinrich 467
Heinsius, Wilhelm 353
Hemmerich (Hemberg), rheinisches
Dynastengeschlecht *469*
Henoch, Verfasser eines apokalypti-
schen Buches 465
Herodes Agrippa I., König von Ju-
däa *419*
Herquet, Karl 396, 400, 406, 435, 489
Herzmanovsky, Emil Ritter von 326f.,
342–344, 448f., *482*
Herzmanovsky-Orlando, Carmen
von 357f., 361, 378f., 383, 392, 396,
412, 414, 420, *422–424,* 429f., 448,
477
Hesiod 419, 485, 489
Hirsch, August 352

Hitler, Adolf 353, 398
Hoeck, Karl 425, 489
Hoffmann-Krayer, Eduard 489
Hofmann, Werner 429
Hofmannsthal, Hugo von 381, 391,
   489
Hof- und Staats-Schematimsus 457,
   471, 489
Hohenstaufen, deutsches Herrscher-
   geschlecht 205, *469*
   s. auch Friedrich II., der Große,
   deutscher Kaiser, Konrad IV., deut-
   scher Kaiser, Konradin, Manfred,
   König von Neapel und Sizilien
Holm, Korfiz 388
Homer 413f., 418f., 428, 485, 490
Hooghe, Romeyn de 460
Hopf, Karl *395*, 396, 402f., 409, 416f.,
   426, 435, 490
Horch, Franz 388
Hormayer, Joseph Freiherr von 171f.,
   459, 462, 472, 490
Hügel, Franz Seraph 495
Humboldt, Friedrich Heinrich Alexan-
   der von 196, 268, 383, *467*, 476, 490
Hye von Glunek, Freiherr Anton
   Josef 308, *480*

Innozenz III., Papst 31, *397*, 410
Isabella von Kastilien *464*
Isabella von Parma, Gemahlin des
   deutschen Kaisers Joseph II. *443*
Isabella von Portugal, Gemahlin des
   Herzogs von Burgund Philipp III.,
   der Gute *412*
Isokrates, attischer Redner 413

Jakob, Julius 495
Jakob II., Lusignan, König von
   Zypern *396*
Jantsch, Marlene 352, 446f.
Janus, Lusignan, König von
   Zypern 96, *435*
Jauna, Dominique 407, 490
Johann, der Gute, König von Frank-
   reich *462*
Johann Basiliowitsch, Großfürst von
   Moskau, und seine Tochter
   Helena *464*

Johannes, Evangelist (heiliger Johannes
   von Patmos) 395f., *397*, 465
Johannes IV., Laskaris, byzantinischer
   Kaiser *408*
Johannes VI., Kantakuzenos, byzantini-
   scher Kaiser *422*
Joseph II., deutscher Kaiser (als Kaiser
   von Österreich Joseph I.) 125, 132,
   259, 269, 347, 370, 383, 389f., *443*,
   446, 462, 466
Jung, Gertrud 421
Junghans, F. 388
Justinian I., byzantinischer Kaiser 419

Kabasita, trapezuntische Herrscherfami-
   lie 31, *411*, 433
   Kyr-Leo *411*
Kallimaches (Kallimachos), griechischer
   Dichter und Grammatiker 419
Kann, Robert A. 353
Kantakuzenos, griechische Fürstenfami-
   lie *422*
   Alexander, Helena Cantacuzena,
   Georg *422*
   Fürst (nicht ermittelt) 361
   s. auch Johannes VI., Kantakuzenos,
   byzantinischer Kaiser
Karl V., deutscher Kaiser 225, *469*
Karl VI., deutscher Kaiser *450*
Karl I. von Anjou, König von Neapel
   und Sizilien *469*
Karl III., König von Spanien
   (als König beider Sizilien Karl IV.)
   450, *479*
Karlweis, Marta 490
Karoline, Gemahlin des Königs beider
   Sizilien, Ferdinand I. 362, *450*,
   454f.
Katharina II., die Große, Zarin 359,
   487
Kaunitz, Eleonore Gräfin von *462*
   Ernst Fürst von *462*
   Wenzel Anton von 180, *462*
Käutner, Helmut 371, 390
Kayser, Christian Gottlob 353
Keller, Fritz *483*
Keller, Gottfried 371
Keller, Wolfgang 493

Kellermann, s. Christiani, Frau von, geb. Kellermann
Khlesl, Melchior 123, *440*
Kiakhing, Kaiser von China 119, 165, 250, *439,* 475
Kilidsch-Arslan, Seldschukenherrscher *410*
Kisch, Wilhelm 457, 490
Klein, Michael und Monika 381, 396, 441
Klein, Rudolf 353
Klipstein, Schweizer Kunsthändler 390f.
Koch, Karl 360
Koch (nicht ermittelt) 406
Koerner, Bernhard 490
Komnenos (Komnenen), byzantinische und trapezuntische Herrscherfamilie 19, 26, 38, 76, 89, 101, 110, 362, 372, *404–406,* 410–412, 421, 428, 432, 434, 461
Alexander 19, *406*
dessen Gemahlin, die Prinzessin (Herzogin) von Lesbos 19, 77, 102, 110, *406,* 428
deren Sohn 19, 77, 110, 362, 372, *406,* 428
Anna *405*
Demetrios 362, *406*
Georg Nikephoros *406*
Konstantin *406*
Prinzessin (nicht ermittelt) 361
s. auch Alexis I., Alexios III., David I., Kaiser von Trapezunt, Manuel I., byzantinischer Kaiser und Manuel III., Kaiser von Trapezunt
Könige von Frankreich 155, 456
König von Neapel *429*
König von Polen 13, 131, 192, 266, 400
Könige von Zypern 367, 399
Königsmark, Otto Wilhelm Graf von 66, 400, *427*
Konon von Samos 419
Konrad IV., deutscher Kaiser *469*
Konradi, Inge 391
Konradin (Konrad der jüngere), Hohenstaufen 205, *469*

Konstantin I., der Große, byzantinischer Kaiser 404
Konstantin VII., Porphyrogenetus, byzantinischer Kaiser 375, 402, 429, 487
Konstantin VIII., byzantinischer Kaiser *419*
Konstantin XI., Dragades, Paläologos, byzantinischer Kaiser 404, *437,* 464
Kopisch, August 451, 485
Korngold, Wolfgang 368
Kortan, Helmut 354, 446
Kossuth, Ludwig 110, 221, 404, 422, *438, 472f.*
Krauss, Friedrich 486
Krumbacher, Karl 421
Kubin, Alfred 360, 363–365, 368, 380f., 390, 396, 420, 436f., 441, 449, 465, 471, *477,* 481
Künsberg, Freiherren von *440*
Kuno Freiherr von *440*
Kyr-Leo s. Kabasita, Kyr-Leo

Langenbeck, Kurt 388
Langer (nicht ermittelt) 368
Lanz von Liebenfels, Jörg 353, 369, 396, *398,* 458, 490
Laonicus, Statthalter von Macedonien 405
Larss, Richard Hans 465, 491
Laskaris (Lascaris), Alchemist *409*
seine Tochter Helena (nicht ermittelt) *409*
Laskaris, Familie Bithyniens 399, *408f.,* 413, 420, 427, 429, 494
Andreas Johannes (Janos) *409*
Konstantin *409,* 420
Laskaris, Herren von Nikäa 31, 96
Theodor, Kaiser von Nikäa *408, 410f.*
s. auch Johannes IV., byzantinischer Kaiser
Laube, Heinrich *483*
Ledebur-Wicheln, Johann Graf 326, 343, *482, 484*
Leichius, Jo. Henricus 487
Lennhoff, Eugen 354, 452f., 466
Leo X., Papst *409f.*

Leonhard, Walter 354, 429
Leopold II., deutscher Kaiser 438
Leopold III., Erzherzog von Österreich 396
Leopold V., Herzog von Österreich 473
Leopold, Bruder des deutschen Kaisers Joseph II. 462
Lesky, Erna 354, 446
Lessing, Gotthold Ephraim 193, 202, 267, 383, 388, 391, 443, 466, 476
Leszczynski, Fürst 268, 476
Lévi, Eliphas 465, 491
Lexer, Mathias 418, 491
Liechtenstein, Fürst Wenzel Joseph 131, 191, 193, 266, 443
   sein Neffe 443
Ligne, Prince Charles de (Karl Josef Fürst von Ligne) 460, 486
Lipp, Franz 354, 482
List, Guido von 396, 491
Lloyd George, David 481
Lobkowitz, Fürst Johann Georg Christian 191, 266, 442f.
   Fürst Georg Christian, Herzog zu Raudnitz 465f.
Löffler, Friedrich 483
Lombardo, Pietro 415
Lombroso, Cesare 491
Loredan, venezianische Familie 402
   Leonardo, Doge 402
   Pietro 415
Lorme, Lola 488
Losch, Tilly (Liselotte) 364, 368, 426
Löschenkohl, Hieronymus 460
Lucia, die heilige 118, 248
Luckeneder, Familie 381
Luckeneder (von Neuhauser), Mia 358, 366–368, 381, 414, 442
Ludwig I. Karl August, König von Bayern 311, 317, 361, 437, 459, 461, 481
Ludwig II. Otto Friedrich Wilhelm, König von Bayern 110, 341, 361
Ludwig IX., König von Frankreich 469
Ludwig XV., König von Frankreich 25, 88, 375

Ludwig XVI., König von Frankreich 406
Ludwig XVIII., König von Frankreich 406
Lully, Jean Baptiste 418
Lusignan, Grafen von, Könige von Jerusalem, Kleinarmenien und Zypern 396, 400, 406, 435, 436, 489
   Eleonora von 435
   Febo (Phöbus), Herr von Sidon 96, 435
   s. auch Jakob II., Janus, Pietro, Könige von Zypern
Lysippus 20, 407

Maddalani, Herzog 447
Magnasco, Alessandro 136, 274, 448, 476
Magno, Familie 403
Malaxus, Manuel 420
Malipiero, venezianische Familie 416
   Leone 416
Manfred, König von Neapel und Sizilien 469
Mann, Thomas 350, 381
Manuel I., Komnenos, byzantinischer Kaiser 410, 432, 462
Manuel II., Paläologos, byzantinischer Kaiser 420
Manuel III., Komnenos, Kaiser von Trapezunt 411
Manutius, Aldus, der ältere 410
Margaritis, Loris 360, 370
Maria von Burgund, Gemahlin des deutschen Kaisers Maximilian I. 413, 464
Maria, eine Cypriotin 407
Maria Stuart 205
Maria Theresia, Kaiserin von Österreich 131, 192, 265–267, 362, 380, 443, 462
Marini, Giovanni Ambrogio 433
Markl, Otto 354, 397
Markus, der heilige 10, 39, 103
Marquise in Messina 442
Martinengo, Nestore 406
Marx, Karl 221f., 472f.
Mascagni, Paolo 354, 446

Mauthe, Jörg 390, 393
Mavrocenus (nicht ermittelt) 67
Maximilian I., deutscher Kaiser *413, 464*
Maximilian II., deutscher Kaiser *429*
Maximilian, Erzherzog von Österreich *440*
Mazzini, Giuseppe 221, *452, 472f.*
Mazzoni, Guido 487
Medici, Cosimo de *420*
   Lorenzo de *409, 413*
Mednyánsky von Medgyes, Alois Freiherr 459, 490
Melaseno (Melissenos), Fürst von Oenäum (Hinio) *411*
Membre, Philippus 407, 491
Mendelsohn, Moses 466
Mendelssohn-Bartholdy, Karl 491
Metastasio, Pietro *401*
Metternich, rheinisches Dynastengeschlecht 185, 205, *469*
   Clemens Lothar Wenzel, Fürst von, Staatskanzler 117, 123f., 140, 148, 153, 171, 174, 222, 228, 235, 247, 256f., 276, 290, 298, 303, 384–387, *438, 450f.*, 459, 462, 465, *467,* 472, *476,* 490
   Franz Georg Carl Fürst von 117, 119, 164f., 183, 203, 211, 221, 247, 250, *438,* 451, 475
Meyer, Elard Hugo 436, 491
Meyers Konversations-Lexikon 397–403, 407–410, 413f., 419f., 422f., 425, 427, 432f., 435f., 438–440, 446, 448, 451f., 454f., 459, 461f., 464–469, 473, 476f., 481–483, 491
Meyrink, Gustav 365, 491
Michael VIII., Paläologos, Kaiser von Nikäa, dann Konstantinopel *408*
Michieli (Micchieli, Michiel), venezianische Familie, Dynasten von Zia und Seriphos 96, *416f., 435*
   Luca *417*
Milutinović, General *449*
Mittermüller, Matthias 494
Molmenti, Pompeo Gherardo 416, 491
Monro, Alexander (Primus, Secundus, Tertius) 133, 270, *447,* 476

Montefeltre, Federico da, Herzog von Urbino *408*
Montesquieu, Charles Secondat de 466
Moore, Thomas 471
Morelli, Michele *450*
Mörike, Eduard 423, 485
Morosini, Francesco 13, 66, 366, *400, 427*
Morus, Ludwig 413
Mozart, Wolfgang Amadeus 196, 271
Muhammed II. (Mohammed II., Mahmud II.), türkischer Sultan 19, 77, *404–406, 437,* 492
Mühsam, Erich 381
Müller, I. v. 421
Müller, Wilhelm 437
Napoleon I., Bonaparte, Kaiser der Franzosen 362, 398, 406, *450,* 459
Nauheim-Naval, Margret 399
Nelson, Horatio Viscount 143, 228, 293, 353, 362, *450, 454f., 480,* 491
Nero L. Domitius, römischer Kaiser *435*
Neugebauer, Alfred 391
Neumann, Robert 368
Newton, C. T. 491
Nicoletti, Susi 391

Oerley, Wilhelm Anton 359, 361, 371, 430
Orlando, Familie 415
   Franz Xaver Lorenz von *466*
   Luise von *361, 415*
Orsini (Orsini-Gravina), römisches Fürstengeschlecht 205, *469*
   Ferdinand, Duca di Gravina *469*
   Napoleon *469*
Ott, Richard 372, 492
Otto, Prinz von Bayern (als König von Griechenland Otto I.) *437f., 481*
Ovidius Publius Naso 423

Pacchioni, Antonio 133, 194, *447,* 467, 476
Pachinger, Anton Maximilian 318–320, 332–334, 341f., 354, *482,* 483
Paesiello (Paisiello), Giovanni 134, 143, 179, 293, *447f.,* 453, 461f.

Paläologos, Andreas *464*
  Theodor 420
  Zoe Paläologina und ihre Brü-
  der *464*
  s. auch Andronikos IV., Konstantin
  XI. und Manuel II., byzantinische
  Kaiser, Michael VIII., Kaiser von
  Nikäa
Paléologue, Prinzessin *403f.*
  Prinz Theodoros *404*
Palladio, Andrea 416
Palma de Cesnola, Louis 492
Panaretos, Michael *433*
Pantaleon, einer der sieben Nothel-
  fer 394, 400
Papus, Schüler des Eliphas Lévy *465*
Pater Gross, Renate 355, 360–362
Paul V., Papst 396
Paulini (Paullini), Kristian
  Frantz *440f.*, 492
Paulys Real-Encyclopädie 401, 407,
  413, 415, 418f., 421–425, 428, 431,
  434, 436, 461, 492
Pausanias, griechischer Schriftstel-
  ler 423
Pawlak, Manfred 353
Payne, John Willet und sein Kind *454*
Peddie, Robert Alexander 353
Pedro de (Peter von) Toledo, Vizekönig
  von Neapel *451*
Pepe, Guglielmo *451*, 468
Pergolesi, Giovanni Battista 134, 271,
  447, *462*, 476
Petermann, Reinhard E. 450, 477, 492
Pharao 443
Phidias (Pheidias) 427
Philipp IV., der Schöne, König von
  Frankreich 20, *407*
Philipp VI. von Valois, König von
  Frankreich 398
Philipp I., der Schöne, König von
  Spanien *464*
Philipp III., der Gütige (der Gute),
  Herzog von Burgund *405*, *412*
Philipp, Fritz 418
Phöbus s. Lusignan, Febo, Herr von
  Sidon
Pichler, Karoline 446, 492

Pietro, Lusignan, König von Zypern 415
Piferrer, Francisco 354, 461
Pimpiglioni, Familie (nicht ermittelt)
  205
Piplits, Erwin *347*
Pirzl, Luitpold (nicht ermittelt) 320,
  334
Pisani, venezianische Familie, Dynasten
  von Santorini und Namfio 96, *416*,
  435
Pius V., Papst 429
Pius VII., Papst 452, 474
Platon 420
Plethon, Georgios Gemistos 50, *420f.*
Plinius 407
Plotinos 420
Poitou, Eleonore von (Eleonore von
  Aquitanien, Eleonore von An-
  jou) *473*
Polášek, Josef 435, *441*, 492
Pompadour, Jeannette Antonia Poisson,
  Marquise de 156, 456
Poniatowski, Fürst 268, *476*
Portheim, Max von 368
Posner, Oskar 354, 453
Postel, Wilhelm 465
Potocki, Fürst 268, *476*
Poujoulat, Baptistin 398, 492
Praxiteles 311
Preller, Ludwig 492
Premarini, venezianische Familie,
  Dynasten von Zia und Seriphos 96,
  417, *435*
Prinzessin (Herzogin) von Lesbos s.
  Komnenos, Gemahlin von Alexander
Priuli, venezianische Familie *396*
  Aluise, Vicedoge *396*
  Nikolaus, Fürst von Candia *396*
  Generalkapitän (nicht ermittelt) *396*
  Andreas, Constantin, Daniel, Fran-
  cesco und seine Tochter, Franz,
  Joseph, Nikolaus, Silvester *396*
Ptolemäos III., Euergetes, Herrscher
  von Ägypten 419
Pugatschew, Jemeljan Iwano-
  witsch 359
Puygparadinez, spanische Adelsfami-
  lie *461*

Querini (Quirini), venezianische
Familie, Dynasten von Stampalia
(Astypalaea) und Amorgos   *403*
Fantino II.   *403*
Francesco II., Graf von Stampa-
lia   *396*
Giovanni IV.   *403*
Marco   *401, 403*
Quinault, Philippe   418

Ramses II., ägyptischer Pharao   *400*
Reichstein, Herbert   486
Reinhard, Paul   363, 407, 429, 492
Reininghaus, Hugo von   361
Reiskius, Jo. Jacobus   487
Reitterer, Hubert   427, 469
Richard Löwenherz, König von Eng-
land   224, 434, *473*
Riedt, Heinz   400
Riemann, Hugo   448, 462, 467, 480, 492
Robert Guiscard, Herzog von Apulien
und Kalabrien   *462*
Roger I., Graf von Sizilien   *462*
Roger II., König von Sizilien   183, 224,
462, 473, 478
   sein Gesandter in Griechenland   *462*
Rohrer, Paul   408, 425, 493
Romanov-Oldenburg, russisches Herr-
scherhaus   *464*
Rosalia, Schutzheilige von Paler-
mo   *452*
Rosanis, Roxane   429, *442*
Roscher, Wilhelm Heinrich   486
Rosenberg, Freiherr von   *466*
Roses und Quisquina, Graf Sinibald von
(nicht ermittelt)   *452*
Ross, Ludwig   *394*, 400, 403, 418, 493
Roth, Joseph   381
Rothschild in Neapel (nicht ermit-
telt)   206
Rottauscher, Friedrich und Max
von   408, 425, 493
Rubens, Peter Paul   333
Rudolf, Kronprinz von Österreich   491
Ruffo, Kardinal Fabrizio   *450, 454*

Salmhofer, Franz   365f., 368f.
Santorini, Giovanni Domenico   *446*

Sanudo, venezianische Familie   *416*
   Marco I.   *416, 435*
Sapiéha, Fürst   268, *476*
Scarlatti, Alessandro   *461f.*
Schatz, G.   488
Schauer, Hetty   389
Schelfhout, Andreas   460
Schiller, Friedrich von   185
Schirach, Baldur von   371
Schiviz von Schivizhoffen, Ludwig   493
Schlegel, August Wilhelm von   475,
493
   Friedrich von   *467*
Schleichert, Hermann   370
Schlossar, Anton   466
Schmeidel, Professor von (nicht ermit-
telt)   390
Schmeller, Andreas   495
Schmitt, John   493
Schmitz, Oskar A. H.   365, 493
Schneider, Reinhard   360
Schneider-Edenkoben, Richard   360
Schnitzler, Arthur   381
Schönborn, Karl   *465*
Schosulan, Ursula   380
Schramm, Percy Ernst   403
Schranka, Eduard Maria   495
Schreiber, Karl   *445*
Schröder, Thomas   353
Schulze, Fritz   421
Schumacher, Stefan   436
Sedlnitzky von Choltitz, Graf
Joseph   162f., 220–225, 242, 286f.,
386, 459, 468, *472*, 478
Segati, Marianna   *470f.*
   ihr Mann Pietro   *470*
Seidler, Alma   350, 381, 387
Selim II., türkischer Sultan   406
Serantoni, Demitrio   *446f.*
Sethos I., ägyptischer Pharao   *400*
Seybt, Julius   492
Shakespeare, William   243, 475, 493
Signora S . . . s. Segati, Marianna
Simeon, der heilige   66
Sir Galahad s. Eckstein, Bertha
Soliman, Angelo   131f., 134, 141,
190–193, 196f., 201, 265–269, 290,
380, 382f., 385, 388f., 391, 441,

442–446, 458, 460, 465–467, 476, 486, 488
seine Frau s. Christiani, Frau von, geb. Kellermann
seine Tochter s. Feuchtersleben, Josephine Freiin von
Soliman-Bei, Emir von Chalybia *411*
Sonnenfels, Joseph von 193, 267, 443, *466*, 476
Sonnenthal, Adolf von *483*
Spranger, Bartholomaeus 134, 199, 271, *448*, 467, 476
Stadion, Johann Philipp Graf *438*
Stegemann, Herbert 360
Steiger, Robert 354, 466
Steinmair, Klaus 405
Stephanie, Erzherzogin von Österreich 492
Stephanus Zacharias, Erzbischof von Patras *409*
Stern, Ludwig 492
Stigliano, Prinz 447
Stoll, Heinrich Wilhelm 493
Strabon *400*, 401, 461
Strakosch, Alexander 329, *483*
Stratowa, Hans 354, 442
Strauss, Richard 356, 364f., 367, 369, 399, 489
Strawinsky, Igor 369
Strindberg, August *398*
Stubenrauch, Moriz von 484, 493
Suidas, griechischer Lexikograph 413
Sultane von Ikonium 31

Tanucci, Bernardo *450*
Tartini, Giuseppe 215, 449, *471*
Tasso, Torquato 31, 94, 363, 401, *410*, 418, 485, 493
Taxil, Leo (Pseudonym für Gabriel Jogand Pagès) *453, 481*, 493f.
Thaller (Thaler), Franz 193, 267, *444*
Thamar, Königin von Georgien 31, *410*
Theodor, der heilige 39, 103
Theodora, Gemahlin des byzantinischen Kaisers Justinian I. *419*
Theodora, Gemahlin des byzantinischen Kaisers Theophilos *419*

Theodora, byzantinische Kaiserin *419*
Theodosius II., der jüngere, byzantinischer Kaiser *430*
Theophilos, byzantinischer Kaiser *419*
Thieme, Ulrich und Felix Becker 448, 478, 494
Thorn, Fritz 383
Tieck, Johann Ludwig 475, 493
Tieck, Polly 381
Tiepolo, Baiamonte *401*
Torberg, Friedrich *355*, 359f., 371, 378, 380, 383, 387f., 391, 446, 458, 463
Tron, venezianische Familie *416*
Andrea *416*
Tschiatines, Schwiegersohn des Kaisers von Trapezunt Alexis III. *411*
Tümpel, Karl 428, 494

Urschitz von Usszich, Wiener Adelsfamilie *442*
Usteri, P. 489
Usun-Hassan *412*

Valois, Philipp s. Philipp VI. von Valois, König von Frankreich
Valsalva, Antonio Maria 133, 194, 270, *447*, 466, 476
Vanvitelli, Luigi *479*
Venier, venezianische Familie *416*
Nicolò und seine Tochter *417*
Sebastiano, Doge, Sieger von Lepanto *416*, 429, 435
Verdi, Giuseppe 416
Vergilius Maro, Publius 453
Vicq-d'Azyr, Félix 133, 194, 270, *447*, 467, 476
Vierodt, H. 352
Villehardouin, Herrscherfamilie von Achaia 14, *401*
Geoffroy (Gottfried) I. *401*, 494
Geoffroy II., Herzog von Achaia *401*f.
Villemain, Abel François 399, 409, 413, 420, 427, 429, 494
Vizekönig von Neapel, Herzog von Medina (nicht ermittelt) *454*
Voß, Johann Heinrich 414, 419, 428, 489f.

Vucetich, Tochter dalmatinischer
Bauersleute, und ihr Mann   *478*

Wächter, Otto   354, 446
Wallmoden Gimborn, Ludwig Georg
Thedel   451
Wedekind, Frank   381
Wehle, Peter   495
Weiß, Johann Baptist   488
Werfel, Franz   *483*
Wessely, J. E.   485
Wildgans, Anton   369
Wilhelm II., der Gute, König von
Sizilien   *452*
Wilson, Thomas Woodrow   *481*
Winckelmann, Johann Joachim   211
Winckler-Tannenberg, Friedrich   *368*
Windischgrätz, Fürst Alfred   *445*
Wissowa, Georg   492
Wittelsbach, bayrisches Dynasten-
geschlecht   110, *437*, 461, 481
s. auch Ludwig I., Ludwig II.,
Könige von Bayern, Otto, Prinz von
Bayern

Wladimiresko, Theodor   461
Wolf, Artur   348, 369f.
Wolfenau, Gerd   371, 390
Wolff, Karl Felix   396
Wolfskehl, Karl   368, 437
Wothke, A. W.   *477*
Wünzer, Marianne   349
Wurzbach, Constant von   396, 439,
459, 462, 466, 472, 478, 480, 483, 494
Wyklicky, Helmut   354

Ypsilanti, griechische Fanariotenfami-
lie   *461*
Brüder (nicht ermittelt)   *461*
Alexander, Demetrios, Konstantin
und sein Sohn Alexander, Nikolaus,
Prinz Theodor   *461*

Ziegenfuß, Werner   421
Ziegler, Kosmas   392, 448, 465
Zirm, Frau von (nicht ermittelt)   380
Zörner, Lotte   426
Zorzi, Alvise   354, 396, 402f., 409f.,
416, 418, 426f.

DANK

Für wertvolle Beiträge und Hinweise danke ich Frau Mag. Susanne Costa, Herrn Stefan Haas, Frau Univ.-Prof. Dr. Maria Iliescu, Frau Dr. Eva Irblich, Frau Univ.-Prof. Dr. Ulrike Kindl, Herrn Hofrat Univ.-Prof. Dr. Otto Mazal, Herrn Univ.-Doz. Dr. Walter Methlagl, Herrn Mag. Maximilian Reinisch, Herrn Hubert Reitterer, Herrn Dr. Sigurd Paul Scheichl, Herrn Univ.-Prof. Dr. Wendelin Schmidt-Dengler, Herrn Stefan Schumacher, Frau Marietta Torberg, Frau Dr. Juliane Vogel, Frau Dr. Lotte Zörner sowie auch allen, die unsere Suche nach Briefen und Dokumenten Fritz von Herzmanovsky-Orlandos unterstützt haben. Herr Dr. Lorenz Mikoletzky unterstützte mich in meinen Nachforschungen am Allgemeinen Verwaltungsarchiv, Wien, das Einblick in aufschlußreiches Aktenmaterial gewährte. Am Institut für Geschichte der Medizin in Wien wurde mir freundlicherweise der Zugang auch zu den nicht öffentlich ausgestellten Teilen der Josephinischen Sammlung Anatomischer Wachspräparate ermöglicht.
Meinem Mann, dessen vielfältige und unermüdliche Arbeit wesentlich zur Gestaltung dieses Buches beigetragen hat, gilt mein besonderer Dank. In diesen möchte ich den Verleger und alle seine Mitarbeiter einschließen.

Innsbruck, April 1986   Die Herausgeberin

Das Forschungsinstitut »Brenner-Archiv« und die Leiter der Edition Sämtlicher Werke von Fritz von Herzmanovsky-Orlando danken allen Institutionen, die das Zustandekommen dieses Bandes durch Förderung ermöglicht haben. Dies sind: das Bundesministerium für Wissenschaft und Forschung; die Tiroler Landesregierung, Kulturreferat; die Raiffeisen-Zentralsparkasse Tirol. – Das Bundesministerium für Wissenschaft und Forschung, namentlich Herr Dr. Gerhard Hellwagner, und die Finanzprokuratur haben wesentlich zur Klärung der rechtlichen Lage beigetragen. – Der Fonds zur Förderung der wissenschaftlichen Forschung hat mehrere Jahre hindurch die zur Manuskriptherstellung erforderlichen Personal- und Materialkosten übernommen und die Drucklegung gefördert.

Walter Methlagl   Wendelin Schmidt-Dengler

Fritz von
HERZMANOVSKY-ORLANDO

DRAMEN

Die Fürstin von Cythera

Kaiser Joseph II. und die Bahnwärterstochter

's Wiesenhendl oder Der abgelehnte Drilling

Prinz Hamlet der Osterhase oder »Selawie«
oder Baby Wallenstein

Herausgegeben und kommentiert
von Klaralinda Kircher

Band VI

INHALTSÜBERSICHT

Die Fürstin von Cythera	7
Paralipomena	59
Kaiser Joseph II. und die Bahnwärterstochter	73
Paralipomena	144
's Wiesenhendl oder Der abgelehnte Drilling	149
Paralipomena	222
Prinz Hamlet der Osterhase oder »Selawie«	
oder Baby Wallenstein	233
Paralipomena	310
Kommentar	
Editorischer Bericht	321
Die Fürstin von Cythera	
Das Material	329
Entstehung und Rezeption	332
Kaiser Joseph II. und die Bahnwärterstochter	
Das Material	340
Entstehung und Rezeption	342
's Wiesenhendl oder Der abgelehnte Drilling	
Das Material	353
Entstehung und Rezeption	354
Prinz Hamlet der Osterhase	
Das Material	360
Entstehung und Rezeption	361
Erläuterungen	366
Literaturverzeichnis	428
Anhang	
Glossar	431
Personenregister	444

Die Fürstin von Cythera

VENEZIANISCHE MASKENKOMÖDIE
VON F. VON ORLANDO

PANTALONE, ein reicher Kaufherr, Vorsitzender des Rates der Zehn
ZERBINETTA, dessen Nichte und Mündel
COLOMBINA ⎫
SPILETTA ⎭ ihre Freundinnen
PALLADIA DIAMANTINA, die Fürstin von Cythera
MARCHESE SELADON, ihr Ambassadeur
MYRTILLO, ihr Staatssekretär
TRUFFALDINO ⎫
SCARAMUCCIO ⎭ Rechtsgelehrte und Mitglieder des Rates der Zehn
NARCISSO CIMADOLCE, der venezianische Gesandte in der Levante
DON GRACIOSO NABULIONE MEZZACALZETTA ⎫ die Botschafter des König-
DON BALDASARINELLO PIMPIGLIONE ⎭ reichs Beider Sizilien
CAPITANO SPAVENTO, ein neapolitanischer Edelmann
CAPITANO TARTAGLIA, genannt »der Schreckliche«
ARLECCHINO, sein Leutnant
DON TIBURZIO, ein Gelehrter und Bräutigam Zerbinettas
VESBAGGIANO BAMBAGIANTE, ein reicher Wüstling
MADONNA MISERONI, Zerbinettas Duenna
SGURGULA MEZZANOTTE, eine Kupplerin
BRIGHELLA, ein verkrachter Gastwirt auf Brautschau
ZAZZERONI, ein Poet
PHILEMON, auch genannt October, der Escaderapotheker der Republik
GIOIA ⎫
TEREBINTIA ⎪
MYRTA ⎬ seine Töchter
PHYLLIS ⎭
GELSOMINO ⎫
PASQUARIELLO ⎬ seine zukünftigen Schwiegersöhne
DIE BEIDEN MEZZETIN ⎭
CORALINA ⎫
ROSAURA ⎪
SYLVIA ⎬ Hofdamen von Cythera
GALATHEA ⎭
FLORINDO ⎫
LELIO ⎭ Kammerherren
GIANGURGOLO, genannt Faloppa, Chef der Mördergewerkschaft von San Marco
TRUCILANTE, ein Mörder (Professional)
AGAPIT, ein Notar
SCAPINO, Spaventos Bedienter und Gondoliere
FLAGRABOMBA NAPPERONE, Tambourmajor von San Marco
COSPETTO DI BACCO ⎫
BRICOCOLO ⎭ Trompeter
NERBATA ⎫
NIFFOLO ⎭ Unteroffiziere
EIN GONDOLIERE

EIN VERARMTER NOBILE ALS PFERDEHINTERTEIL VERMUMMT
SBIRREN, RATSDIENER, GONDOLIERE, STRASSENHÄNDLER, MÖRDER,
POLCINELLE UND ANDERE MASKENFIGUREN, SCHÄFERINNEN, TÜR-
KEN, STRASSENKEHRER, CAFÉHAUSBESUCHER, GEFOLGE DER FÜR-
STIN VON CYTHERA, AMORETTEN, PAGEN, TÄNZERINNEN, EUNU-
CHEN, VOLK

Ort der Handlung: Venedig
Zeit: Als die Pompadour noch an den Storch glaubte

ERSTES BILD

Der Sitzungssaal des Rates der Zehn in Venedig. Szenerie sattsam bekannt. Pantalone, wie alle andren, sorgfältig schwarz maskiert, präsidiert der düstren Versammlung. Sbirren stehen im Hintergrund herum. Einige Kandelaber brennen.

PANTALONE *erhebt sich, schnupft und spricht*
    Was schon vor Monden mir Messere Smecchia,
    der Polizeiminister der erlauchten Republik,
    in tiefster Nacht, unkennbar schier verhüllt,
    mich, wie gesagt, besuchend, flüsternd mitgeteilt:
    »Ein neuer Krieg gebäre dräuend seine Häupter
    in der Levante ... mit irren Feuerzungen leckend
    gegen Venedig« – das letzte raunt' er wimmernd mir ins Ohr –
    gewinnt schauerliche Wirklichkeit.

Bewegung, Geflüster. Eine große Fliege, etwa von den Dimensionen eines Backhuhnes, summt quer durch den Saal.

    Der Ambasciatore unserer Vaterstadt,
    Messer Narcisso Cimadolce,
    steht in der Anticamera,
    behütet treu das Aktenportafoglio
    mit den Berichten unserer Attachés.
    He, Sbirren, führt den Herrn herein!
    Auf der Fregatte Spauracchione ist er angekommen,
    dem stolzen Schiff –
    führt 14.000 Schüsse für die bronznen Leiber
    seiner Kartaunen,
    diesen glattbäuchigen Metzen des Todes!

ALLE Hä! Hähähähä!

CHOR DER SBIRREN *Bassisten* Hö! Höhöhöhöhö!

PANTALONE *sieht sie strafend an.* Nun – wird's?

Sbirren reißen die Flügeltüren auf. Cimadolce tritt herein. Unendlich geziert. Riesenallongeperücke, himmelblaues Schäferkostüm, doch mit Anklängen an Diplomatenuniform. Er übergibt einem der Sbirren seinen Schäferstab, sieht sich in den Spiegel, hüstelt und betupft eine Stelle des Gesichtes mit seinem Seidenmouchoir, das

*einen Markuslöwen zeigt. Dann stäubt er sich die Spitzenmanchette
ab und beginnt nach drei Komplimenten:*
CIMADOLCE Erlauchte! Hohe Zehen! Des Vaterlandes Väter! Löwen-
vetter ... Pardon! Väterliche Hüter des Löwen von San Marco ...
äh ... ich ... äh ... *Er sieht sich wirr um.* ... Richtig ... ich will
hinaus!
Bewegung unter dem Rat.
PANTALONE *finster, die Arme gekreuzt* Sbirren, gebt ihm den Schlüssel!
Vier Sbirren bringen einen Riesenschlüssel.
CIMADOLCE *sieht ihn verwundert an, fragend* Was soll's damit?
Zwei Sbirren flüstern ihm etwas ins Ohr.
CIMADOLCE *stampft mit dem Fuß*
  Nein! Welch ungeheurer Orkus tut sich da auf!
  Welch bodenloser Abgrund vor dem geistigen Auge ...
  welch Irrgrund düstrer Meinung,
  welches Ansinnen an das zurückhaltende Wesen des Diplomaten,
  der in jahrelangem Studium zu allererst mühsam erlernt,
  auch die Stimme der Natur in wirre Rätsel umzudeuten.
  Nein, ihr Gestrengen, ich will bloß hinaus,
  das Aktenportafoglio mitzubringen,
  das ich vergaß am Marmortisch der Anticamera,
  wo hoch geschürzte Nymphen der Kalypso schmeicheln,
  daß auch Odysseus ihrer sich erbarme,
  wie es nun einmal als schöner Männer Pflicht ...
*Der Rat der Zehn versichert sich paarweise, den Irrtum vollkommen
durchschaut zu haben. Cimadolce, wieder im Saal, legt das Portefeuille feierlich, mit zusammengebissenen Zähnen auf den Tisch. Die
Fliege summt sofort herbei und drängt sich vor Pantalone, Einsicht
in die Akten zu nehmen. Pantalone schlägt mit einer Fliegenklappe
nach dem indiskreten Insekt. Die Sbirren verscheuchen sie mit einer
Partisane vollends.*
PANTALONE Ihr Herren vom Rat, prüft das Siegel, ob es unverletzt!
*Der Rat tut dies, Posaunenstöße verkünden die Tatsache. Nun öffnet
Pantalone das Portefeuille. Er nimmt das oberste Schriftstück heraus
und liest:*
  Erminia! Angebetete meiner Seele!

Pantalone wirft das Papier unwirsch zur Seite und nimmt das folgende Schriftstück:

Mein zweites Selbst, in Mondlichtsrosenwasserdüften
frisch gebadet ...

Er nimmt ein drittes Blatt und liest stirnrunzelnd:

Wenn Sie noch einmal sich erfrechen,
in tiefer Nacht, vor meiner Tochter Loggia
Ihr heulend-hündisch Saitenspiel
klingen zu lassen ...

Pantalone sieht den erblassenden, nervös herumfahrenden Cimadolce bitterböse an.

EINER DER ZEHN *tippt sich auf die Stirne.*

Aha! der Diplomaten abgekartete Sprache!
O, wie tief! O, welche Vorsicht ... dem Dogen unser Kompliment!

PANTALONE *nach tiefem Nachdenken, für sich*

Welch unverzeihlich Irrtum ...
Sankt Macchiavelli hilf! daß es der Rat nicht merkt ...
Der amouröse Bursche hat das Dossier verwechselt.
Zu Cimadolce, zischend Was tu ich jetzt mit Euch?
Bleikammer, wüste Insel ... Verbannung auf den Lido?

CIMADOLCE Nur dieses nicht!

Seltsam dröhnende Musik ertönt in der Anticamera. Bricht ab. Stimmengewirre, dann eigensinnige Paukenschläge. Die Tür fliegt auf, herein stürzen zwei Ussieri mit einer Meldung.

DIE USSIERI Kund und zu Wissen einem hohen Rat,
daß Einlaß fordern die Gesandten
Beider Sizilien!

Der hohe Rat fährt auf. Alles flüstert erregt miteinander.

VIELE STIMMEN Was wohl — mag's sein zu ungewohnter Frist —
urplötzlich — die Gesandten — Beider Sizilien!

PANTALONE *voll Majestät* Ihr Sbirren, tretet an, Fanfaronelli, blast den Gruß des Löwen von San Marco!

Posaunengeschmetter. Wilde bunte Musik antwortet aus der Anticamera. Die Mitglieder des hohen Rates sehen sich erstaunt an. Die Flügeltür wird aufgerissen, herein treten die Gesandten Beider Sizilien, in der fantastischen Adjustierung wandernder Orchester-

männer, eine musiktechnische Erscheinung, die die Sonne des Südens nie aussterben läßt. Für Gesandte ist diese Tracht überhaupt sehr zu empfehlen, da sie einem gewiegten Diplomaten wie keine andere die Möglichkeit gibt, an prekären Stellen bei Verhandlungen am grünen Tisch irgendeines der Instrumente zu stimmen und so Zeit zum Vorbereiten eines neuen Schachzuges zu finden. Bismarck, der auf diese im Norden denn doch nicht ganz angängliche Tracht verzichten mußte, fand Ersatz in seiner historisch gewordenen Zigarre, deren Rauch er an bedenklichen Stellen träumerisch nachsah.

DIE GESANDTEN BEIDER SIZILIEN
    Wir, die Gesandten Beider Sizilien,
    beglaubigte Vertreter,
    keine Verräter,
    camoristi-maffiosi!
    Nein! Uomini d'onore!
    Galantuomini! Preziosi!
    Träger bourbonischer Lilien,
    Crème de la Crème von Sizilien (è vero!).
    Dal nostro sempre augusto monarco
    abbiamo un mucchio papiri per sbarco.
    Volete vedere?
PANTALONE Wir schätzen die Ehre!
DIE GESANDTEN Maken Sie auf die Kuverten!
PANTALONE Wir glauben auch so den Verehrten!
    Doch Eure Excellenzen, mit welcher Botschaft
    will uns des Dreiecks königlicher Herr erfreuen und ehren?
DIE GESANDTEN Wir beide,
    Baldassarinello Pimpiglione – ich,
    und Don Gracioso Nabulione Mezzacalzetta – ich,
    die ihres Königs erlauchtes, gnadenreiches Ohr
    wie keine andren besitzen,
    nahen im Einverständnis mit Exlenz Balanzoni,
    der das Geschick Siziliens hütet, schützt und pflegt,
    Euch, Herrn des Markuslöwen,
    vor dessen Knurren sich die Feinde ducken,

Euch Bündnis anzubieten in dem neuen Kriege,
der gegen Euch ist angebrochen.
*Heftige Bewegung unter den Ratsherren. Die Fliege summt wie toll
herum.*
ALLE ZEHN *in höchster Erregung zu den Sizilianern*
Wer ist der Feind ... Wir fragen: wer?
Zueinander Jetzt endlich wird es Klarheit werden.
Wir haben ein Recht zu wissen, wer uns metzgen will ...
O skandalöse Postverhältnisse des Südens!
DIE GESANDTEN *öffnen mit großer Geste das königliche Schreiben*
Hier steht es: hört!
» ... da ruchlose Frevlerhand,
zerriß das Friedensband,
und seine Galeeren, seine zahllosen Streiter
seine unzähligen Reiter entsendet hat«
und so weiter ...
... kurz, »weil den Krieg hat gegen Venedig verkündet, das Volk
von ...« Teufel, Teufel! *Die Gesandten betrachten immer inten-
siver das Papier mit großen Lupen.*
ALLE *Pantalone an der Spitze* Wer ... Wer ist der Feind?
DIE GESANDTEN ... Per bacco!
Unleserlich ist die betreffende Stelle ...
(da müssen maccheroni al sugo drauf gekommen sein ...)
Die Hand hat im Spiele hier die Hölle!
PANTALONE *schnupft düster* 's kann der Türk nur sein, wie immer.
ALLE Der Türk, der Türke, der Türk.
PANTALONE Itzt kann ich's sagen, was mir der kluge Smecchia
damals
hat verkündigt: Man sah, wie tausend bunte Türken
in ein Schiff gestiegen (dies alles unweit von Korfu,
doch Ort und Zeit streng reservat behandelt),
ein großes, reichbemaltes Segelschiff,
von dem aus wilde Kriegsmusik erdröhnte!
Dies obbemeldet Schiff ist Vorhut wohl nur
einer Riesenflotte ... *mit Grabesstimme*
und dieses Schiff hat seinen Kurs genommen gegen V e n e d i g ...

Pantalone sinkt gedankenbrütend auf seinen Thronsitz.
ALLE Oimé ... oimé ... noi poveri!

Vorhang

ZWEITES BILD

Der Palazzo Pantalone vecchio in Venedig. Das Zimmer der Zerbi-
netta. Als offene Loggia gegen einen Kanal gedacht, die andere Hälfte
der Bühne zeigt den Kanal. Das Mobiliar des Zimmers für damalige
Verhältnisse etwas puritanisch: Lackmöbel, eine Rosenholzkommode,
darüber vorhängend ein Venezianerspiegel in buntem Glasrahmen.
An der anderen Wand das Gemälde eines frühen Meisters: Dido, die
sich ersticht.
Es herrscht Abenddämmerung. Zerbinetta sitzt gebeugten Hauptes
auf dem steiflehnigen Sofa. Pantalone geht wütend auf und ab.

PANTALONE ... und was ich dir noch sagen wollte, Zerbinetta! Du
hast in mir Vater und Mutter zu ehren ... beide zugleich ... jawohl,
Vater und Mutter; denn ich vertrete an dir, der Doppelwaise,
Vater- und Mutterstelle zugleich. Da gibt's keinen Widerspruch!
Unser großer Doctor Graciano, diese göttliche Leuchte Bolognas,
hat es so bestätigt. Und so ist es denn mein elterlicher unumstöß-
licher Wille, daß du demnächst, so du die Reife erlangt hast,
meinen lieben Neffen, den hochgelehrten Don Tiburzio, ehelichst.
ZERBINETTA Aber ...
PANTALONE Ich dulde keinen Widerspruch ... Ich, der ich der
Hauptstützpfeiler des Staates bin, Präsident des Rates der Zehn
und mit Vetter Scaramuccio und Vetter Truffaldino sogar das
niemandem bekannte Kollegium des Rates der Drei bilde ... von
dem du naseweises Ding allerdings etwas weißt, weil du uns
manchmal die Tarockkarten putzen mußt ... mit denen wir in
ganz verzweifelten Fällen auf Grund des Fragmentes des letzten
sybillinischen Buches das Schicksal befragen müssen ... Ja ...
wo bin ich stehn geblieben ... ja, glaubst du, ich werde mir von dir
kleiner, schmaler Glitzerschlange, von dir unreifen Sgombro, eine

Gegenrede gefallen lassen? Also, du wirst mit dem fürtrefflichen Tiburz demnächst ins Brautbett steigen!

Zerbinetta ist aufgesprungen und wehrt den Gedanken verzweifelt ab.

PANTALONE Was soll diese Geste? Tiburz ist ein prächtiger Mann, wenn er auch kein Stutzer ist. Dazu ist er, dem Himmel sei Dank, viel zu ernst, viel zu tiefgründig. Padua ist stolz auf diesen Sohn, diese Leuchte – was Leuchte! diesen Kandelaber der Wissenschaft!

ZERBINETTA ... Er ist so langweilig ... trübselig, wie der kranke Laubfrosch, mit dem du neulich betrogen worden bist ...

PANTALONE Aber das war doch von ihm eine zarte Überraschung für dich zum Namenstag ... aber lenke nicht ab! Er scheint dir nur so langweilig, weil er nur von der Tugend spricht und das Laster peitscht. Und wie er es peitscht!

Padua ist stolz auf seine Doktordissertation: »Mit welchem Fuße hat die Heilige Jungfrau der Schlange den Kopf zertreten?«

ZERBINETTA Er hat zwei linke Füße ...

PANTALONE Das scheint nur so, du leichtfertiges Ding! ... Es ist übrigens gar nicht wahr ... *gerät in Zorn* ... er hat gar keine Füße! Wenn er schon welche hat: h ö c h s t e n s zwei rechte! *Schreiend* Ist doch Doktor beider Rechte! Schon daraus kannst du sehen, du unverschämtes, leichtfertiges Kind, was bei vorschnellem Urteil herauskommt ... *wütend* Überhaupt, was gehen dich Männerfüße vor der Hochzeit an!

ZERBINETTA *weinerlich* Er ist abscheulich häßlich und riecht wie kranke Hühner, die vom Pips befallen ...

PANTALONE Er ist viel zu schön für dich! Seine Seele duftet dafür wie Keuschlamm und Weihrauch.

ZERBINETTA Ich kann ihn nicht wenden lassen wie einen alten Domino!

PANTALONE Welche Vergleiche, welche Vergleiche, du frevle Sinnenmagd! *Bedeutend*

Er ist mit Schönheit förmlich angepfropft.

Und so gebiert er Schönheit gleich dem Pinsel Tizians.

Des Messer Papadopul Sohn lehrt er Triangel schlagen;

der meistert jetzt dies Schlagwerk gleich Apoll!

Der Geige Baß beherrschet Don Tiburzio

wie Triton Šifkowič aus Cattaro,
in einer Weise süß, daß bei dem Saitenspiel
der Inquisitor selbst und auch die Henker weinen.

Alle Gemälde verbessert Don Tiburzio: So hat er unlängst der Venus von Furini ein Schamlätzlein hinaufgezaubert ... aus duftigem Schwanenpelz, worauf das Schweifchen eines Hermelins, und auf die drallen Busen malt er ein Büchlein, woraus die Göttin betet ... lache nicht, ruchlose Dirne! Der Rat der Zehn hat es gebilligt und die Klage des Malers abgewiesen ... Jetzt geh an deine Arbeit ... Ich muß zu Seiner Hoheit, dem Dogen, Tarock spie ... Lache nicht so frech ... Tartarennachrichten zerstreuen gehen ...

Zerbinetta hat sich seufzend auf das Sofa zurückgelehnt. Colombina tritt ein, geht auf Zerbinetta zu und umarmt sie tröstend.

COLOMBINA Was ist dir, Zerbinetta? *Zerbinetta zuckt wortlos die Schultern.* Kann mir denken, was dich bedrückt. Schau, dein Oheim meint es trotz allem Poltern gut mit dir und weiß als welterfahrener alter Mann, daß Jugendreiz vergeht und die Sorge ums Seelenheil wichtiger ist als Sinnenlust und eitle Freuden dieser Welt. Er wird dir wieder zugeredet haben, Herrn Tiburzio die Hand zum ew'gen Bund zu reichen? *Zerbinetta nickt.* Siehe, du bekommst in ihm einen christlich fühlenden Ehegebieter ... abhold weltlicher Lust und jedem Sinnentaumel ...

Die Tür wird aufgerissen und Spiletta stürmt herein. Umarmt Zerbinetta stürmisch. Colombina entfernt sich schweigend und niedergeschlagen.

SPILETTA Gut, daß die fade Motte draußen ist. Hat der alte Zechinensack wieder einmal gepoltert? Hab dir aber auch zum Trost etwas mitgebracht ... Wart, hier hab ich's ... die neueste Schminke! Ist vom Florentiner Hof und als höchste Mode aus Paris gekommen.

ZERBINETTA *setzt sich sofort vor den Spiegel und beginnt sich zu schminken. Dann liest sie die Etikette* »Rouge de Lulu«.

SPILETTA Man sagt nicht »Lulu«, es ist »Rouge de Luly«.

ZERBINETTA *schmollend* Als echte Venezianerin habe ich das Recht, alles falsch auszusprechen ... das gebietet die Nationalehre.

SPILETTA Hab dich nicht so! Bin auch eine echte Venezianerin ...

sogar von Dorsoduro ... wenn auch mein guter Vater nicht eingesalzene Ratten an die Marine verkauft wie dein lieber Herr Onkel.

ZERBINETTA So ... und dein Herr Papa gerbt die gestohlenen Seehundsfelle für Gebetbucheinbände nach Rom ...

SPILETTA Aber, was streiten wir uns denn! Ich lasse auf Papa nichts kommen. Der sorgt eben für seine Tochter! Mein neues Zimmer sollst du sehen. Wir gehen mit der Mode. Na, das Loch hier! *Sieht sich naserümpfend um.* Die Dido dort ... abscheulich ... hätte keinen Mann beglückt. Die Formen ... Huh – nichts als Kanten und Ecken.

ZERBINETTA *entschuldigend* Es ist ein alter Meister. Heißt sogar: die »Dido aus der Casa Pantalon«. Mein Oheim gab mir das Bild zur Aneiferung meiner Tugend in das Zimmer.

SPILETTA Ein netter Onkel! In ein Jungmädchenzimmer gehören heutigentags ganz andre Dinge, als da wären an Bildern:
Einmal ein schönes Vogelhändlermädchen mit vollen Bauern und eine Phyllis drauf, die den Katzen wehrt, die auf die Vöglein lauern!
Auch Schäferbubenvolk mit prallen Dudelsäcken,
die wieder holde Cymbalschlägerdirnlein necken ...
Und Mägdlein, zart, mit rosenroten Kränzen,
die sie zum Lohn der Buben, die um sie scherwenzen,
mit süßem Lächeln um die Finger stecken ...
Und deine Kleidung ... Das einzige, was noch erfreulich dran ist: dein rotes Röslein am Gürtel! Aber warte! Heute wollen wir noch recht lustig sein. Am Abend fahren wir zur Serenade: Pulcella, Zinale, Zurlana, Civetta, Citella. Der Goldfink Cigolo zahlt uns die Barke. Ich hole dich ab, steigst aus dem Fenster.
Überhaupt der Cigolo. Ist jetzt der Hauptgalan der großen Hure Nefenda Ninoletta ... ein Mädchen, alles was recht ist, von der wir noch feine Lebensart und vornehme Sitten lernen können. Und dabei aus was für einem miserablen Milieu! Der Vater war Limonadenverkäufer bei den Hinrichtungen ... Wir sind Nachbarskinder gewesen und sie hat uns immer die besten Plätze verschafft. Haben aber nie zusammen spielen dürfen. Jetzt hat die

ein Leben – könnt dir Geschichten erzählen . . . aber ich verplaudre
mich . . . ja, die Ninoletta! Also – halt dich parat, wenn's siebenmal
miaut vor deinem Fenster! *Ab.*

ZERBINETTA *seufzt* Die haben's alle gut. Fliegen des Abends aus, die
Mädchen, die nidi! Nur ich allein kann ohne die Duenn' nicht auf
die Straße gehn. O ich Verbannte, ich unglücklich Gefangene, dem
Mottenfraße des Tiburz bestimmt!

*Inzwischen ist der Mond aufgegangen. Auf dem Kanal erscheint eine
Gondel, in der ein Notenpult steht. Beim Scheine eines Kerzen-
stümpfchens spielt ein dicker, sehr kurzsichtiger Jüngling mühsam
und lückenhaft ein Madrigal zur Laute.*

ZERBINETTA *resigniert* Also doch, wie jeden Abend. Sor Midollonac-
cio, der mich aus der Ferne liebt. Den ganzen Tag übt er still zu
Hause für das Ständchen mir zu Ehren und am Abend . . . nun, am
Abend – faßt der die Prügel Pantalons. Welch treue Liebe . . . ist
reicher Eltern Sohn, fern her, aus Umago.
Selbst den zög ich Tiburzen tausendmal noch vor.

*Nach wenigen Takten ist eine Türe neben Zerbinettas Gemach
aufgesprungen und Pantalone erscheint mit einer Lampe. Er verjagt
mittels eines überlangen Hosenträgers den schüchternen Amanten.*

ZERBINETTA *lacht vor sich hin* Nein, das ist nichts für mich. Der
Meine muß ein Held sein, ein Mann. Ein stolzer Kavalier, der jede
Schmach mit blutigem Degen abwäscht. Ich wüßt wohl einen . . .
Ach! *Sie singt*

> Am Markusplatz sah ich Marchese Pampadores.
> O welch ein Mann! ein Grande durch und durch!
> Er heißt auch Quadradrillos, José, Miraflores.
> Marquis von Xirbi, Graf von Florida.
> Er herrschet über mehrere Gewässer,
> hält tausend Sklaven in Amerika.
> Die Silbergräben von Potosi sind sein Eigen.
> Das Leben ist José ein Wonnereigen.
> Ein Baldachin schützt immerdar sein Haupt,
> mit Straußenfedern drauf, die man den Mohrn geraubt.
> Ach ja, wenn der mich freite . . .

das wär ein Mann für mich ...
die andren ... Tröpfe ... pah
... in dem Venedig kriegt man keinen Mann.

Legt sich aufs Kanapee, träumerisch
O Pampador! Befrei mich aus den Ketten Pantalons!
O Pampador! Ich bin nicht arm ... der Liebe
süßeste Bonbons
halt in dem Körbchen ich für dich, mein Held.
Und in der Waisenkasse liegt für mich viel Geld.
In Spanien ... *Musik setzt ein ...* Möbel aus Silber
... eine Wanne aus Gold ...
Juwelenmonogramme drauf ... und nackte
Negermädchen müssen mich bedienen, doch
hochfrisiert in Weiß mit Goldstaub in den Locken.
Die kurzen Näschen schimmernd vor Vergnügen,
mich zu erblicken rosennackt im Wasser ...
Sie salben mich dann mit den Wohlgerüchen Indiens ...
Berauschend Spitzentand umschmeichelt meine Glieder
und Seidenstoff, bestickt mit Papagein und funkelnden
Brasilienkäfern ...
*Süße, exotische Musik hat sie eingeschläfert. Zerbinetta seufzt noch
einige Male tief auf und öffnet die Arme. Sie bemerkt nicht mehr, daß
eine reichgeschmückte Gondel mit jungen Mädchen und Stutzern bei
ihrem Fenster angelegt hat. Spiletta hat sich, unterstützt von Cigolo,
auf die Brüstung geschwungen, das Maskenwerk für Zerbinetta in den
Händen. Sie konstatiert ihren Schlummer und wirft Zerbinetta noch
eine Kußhand zu.*
SPILETTA Arme Kleine ... für deine Freiheitsstunde bürge ich,
die Magierin Spiletta,
die schon so manche Hexe brennen sah!
*Spiletta schwingt sich wieder zurück in die Gondel zu ihrer Gesell-
schaft, die unter Gesang und Gelächter davonfährt.*

Vorhang

21

DRITTES BILD

Am Rialto. Buntes Straßenleben. Strahlend heller Vormittag. Zerbinetta erscheint in Begleitung ihrer alten Duenna, Donna Miseroni, und besichtigt die Auslagen. Sie macht die alte Dame auf dies und das aufmerksam, kann aber das Interesse ihrer Begleiterin nicht ganz fesseln, die nach alten Weibern auslugt, um ein wenig tratschen zu können.
Bambagiante, pompöser Wüstling, bemerkt Zerbinetta, schnupft bewundernd, dreht sich immer wieder um und kann sich von ihrem Anblick nicht trennen. Da schleicht die Kupplerin Sgurgula Mezzanotte an ihn heran.

SGURGULA Herr Bambagiante – pst – mein stolzer Nobile – Ihr sucht etwas? Verfügt getrost über meine schwachen Kräfte, wenn Ihr etwas erkunden, auszuforschen habt. Sgurgula dient!

BAMBAGIANTE A, du bist es, alte Satansbrut, du alte Kupplerin ... dachte, du seist im vorigen Spätherbst gehängt worden? No, macht nichts, kommst schon noch dran. Sag mir, ... wer ist das Mädel da? Der kühne junge Falke ... entzückend ... schlank und doch schon mollig ... Falkenpoulard, um die Sache beim richtigen Namen zu nennen.

SGURGULA Des reichen Pantalons Nichte ist sie – man nennt sie Zerbinetta!

BAMBAGIANTE *pfeift durch die Zähne* Also die! Höre Sgurgula ... steck ihr ein Briefchen zu ... warte, du verlauste Sündenamme, gleich werde ich's schreiben. *Geht in den Hintergrund zu einer Balustrade.*

Zerbinetta trennt sich unvermerkt von der Duenna, die inzwischen alte Jugendgespielinnen wiedergefunden hat, und tritt in den Vordergrund, von vielen Stutzern umschwärmt und bewundert. Colombina mit einem Einkaufskörbchen, bescheiden gekleidet, kommt auf sie zu und begrüßt sie.

COLOMBINA Guten Morgen, Zerbinetta! Bist besserer Laune heute? Strahlst so mit den Augen – hast am Ende deinem guten Oheim, Messer Pantalone, den Willen getan und bist – Braut!

ZERBINETTA *stampft mit dem Fuß.* Colombina, ich verstehe dich nicht! Wie kannst du mich in einem solchen Maße ennuyieren? Der öde Flederwisch! voll dummer Arroganz! Jetzt, da der Krieg vor der Tür steht, übt er das Waffenhandwerk! *Lacht laut.* Bramarbasiert mit überlangem Degen, über den er abends auf dem Broglio stolpert, verstreut dann mappenweise Festungspläne ... wie gesagt, den nie!

COLOMBINA So höre, liebste Freundin! Sieh, der ehelose Stand ist von Gefahrn umwittert ... Sinnenkützel lockt ... und ein venezianisches Edelfräulein kann nicht früh genug dem Vaterland die Ehepflicht erfüllen ... sei's denn, sie nähme den Schleier. Wenn nun dein inneres Sein dem Don Tiburzio allzusehr entgegen – so hätt ich – einen Vetter – Muttervatersbrudersohn ... ach, freie meinen Vetter! Gottselig sanft ist dessen Lebenswandel ... auch wohnt er fern von diesem Wassersodom! *Zerbinetta macht eine unwillige Bewegung.* Angelo heißt er, Angelo Colombicchio, und hat das schöne Prädikat: »Von Taubenbichel«.
Tarockakzisen nimmt er ein für den Kaiser
und haust fern von hier am Schlosse zu Gradiska!

ZERBINETTA O weh mir! in Gradiska!
Gibt's dort auch Leben, unsrem hier vergleichbar?
Und gibt's dort Pulcinelle, Arlecchine?
Und Capitani, wie Herrn Malagamba
und feine Herrn wie Dottor Complimenti?
Kurzum die Crème der Crème der Maskenwelt San Marcos?

COLOMBINA Ja doch!
Feierlich Der sechste Karl, Deutschlands großer Kaiser,
wird jedes Jahr im Hornung schrecklich heiser.
Da geht er nach Gradiska oder auch nach Görz,
der ganze Hofstaat zieht dann mittagwärts.
Die Männerblüte aus dem großen Wien
trägt selbstverständlich sich als Arlequin!

ZERBINETTA *sieht Colombina zweifelnd an.* Wie wird mir bang sein, so weit fort von Venedig ...
seufzend Wie sieht Herr Taubenbichel aus?
Colombina nestelt aus dem Mieder ein Medaillon und reicht es Zerbinetta.

Gefällt mir nicht! Spitzbart! Hasenaugen!
mit einem schielt er fürchterlich nach oben!

COLOMBINA Ja – ein wenig schielt er; das heißt: himmelwärts!
Es sieht sehr fromm aus ... wie ein stilles Loben.

ZERBINETTA Behalt ihn dir. *Gibt die Miniatur zurück, traurig* Bin ein
unglückliches Mädchen. *Sie weint auf ihren Arm. Colombina
seufzend ab.*

*Brighella tritt auf, grünweißkariertes Kostüm. Er kommt verschränk-
ten Armes herangetänzelt, das Holzschwert und eine kleine Harfe an
der Seite. Er sieht sich selbstgefällig um und bemerkt Zerbinetta.*

BRIGHELLA Donnerwetter! Das ist ja die Zerbinetta! Beim heiligen
Isidor von Zulianopoli! ist das Mädel hübsch geworden! Hab doch
schon, wie ich als Austernbub in den Pantalonpalast gekommen
bin, den kleinen Fratzen bewundert, wie sie hinterm Moskitonetz
gestrampelt hat ... im kurzen Hemdchen ... ist die hübsch
geworden! Ich nehm die Zerbinetta! das ist die richtige Frau für
mich! Meine Muhme, die Hexe Versiera, und ihr alter Mops, der
wackre Cadimozzo, besitzen ein Häuschen im Furlanischen und
haben beide keine allzufeste Gesundheit. Hm, hm. Ist eine
entzückende Gegend! Und sonst gesund, gesund! da kann man
tausend Jahre alt werden. Ja, dort werden wir wohnen, die junge
Frau und ich, und eine Wirtschaft aufmachen. Nicht weit vom
Dorf. Ist eine heitre Gegend ... vom großen Gnadenorte am
Luschariberge her hört man die Glocken bis zu uns herüber!

> Diridibum, diridibum, diridibumbumbum,
> wie hold tönt doch der Glocken Goldgebrumm!
> Dann kommen die Waller,
> verstaubt voller Durst:
> »Herr Wirt, einen Wein.
> He! Frau! eine Wurst!
> Mir Myrtensalat und rote Rüben!
> Und denen da drüben
> gezuckerte Tannenzapfen
> und Faschingskrapfen
> und Kohlrabigemüs

vom Grab des Sankt Sküs!«
Ja, die Wirtin ist fein!
Das Täubchen ist mein,
und fein beieinander.
Spitz der Hut – aus grünem Filz,
breit ist die Krempe – breit wie ein Pilz –
Rot ist das Kleid – sehr kurz, doch sehr breit
und schneeweiß leuchten die Socken.
Die Brüste, die Waden so drall!
Und schwarzbraun umrahmen die Locken
die Wangen aus Rosenkrystall!

Aber Brighella, Brighella, denk lieber als praktischer Venezianer
ans Leben ... Geld muß her ... Geld! Also: Der Kranz steckt an der
Stange, natürlich, ist ja ein Gasthaus! Die duftige Laube ist bereit,
und nahen sich Reiter, muß Zerbinetta in kurzem Röckchen und
Tändelschürzchen fein tanzen. Wenn dann das Tamburin rasselt,
kommen die Herrn, die feinen Herrn, herbei – werd sie gar
freundlich einladen, hihi! Dann zeigt ihnen Zerbinetta die –
Zimmer ... und ich drück mich weg in den Keller. Muß doch nach
dem Wein schaun, nicht? Valpolicella? So kommt ein Gasthaus in
Flor, und der Pantalone wird uns, Kinder, segnen. Schaun wir
zuerst einmal zu ihm!
Bambagiante ist inzwischen mit seiner Schreiberei fertig geworden.
Er tritt in den Vordergrund. Neben ihm schleicht Mezzanotte.
SGURGULA Gnädiger Herr, habt Ihr das Briefchen?
BAMBAGIANTE Hm. Hmbum. Wo? So, da ho, hum, huhumm. Hier
... daß du mir keine Dummheiten machst, du Dreckhaufen, du
alte Hexe, reif für den Kanal Orfano, und am Ende die Duenna den
Brief erwischt. Die steckt's, um ein paar Soldi zu verdienen, dem
Pantalone zu, dem alten Krippenbeißer, und der infame Kerl ist
bei seiner senilen Bosheit imstand, mir einen Sommeraufenthalt in
den Bleikammern zu verschaffen. Wäre keine Lätiz bei meiner
Corpulenzia, per Bacco.
Mach, daß du weiter kommst und verdien dir drei Zechinen ...
Was für ein Sündengeld ... magari ...

SGURGULA Signor, seid außer Sorgen, die treue Mezzanotte wird das
Ding besorgen!
Sie knixt, daß die Fetzen flattern, und verschwindet.
*Dann schleicht sie an Zerbinetta heran, die sich wieder in der Nähe
der Duenna bei den Geschäftsläden aufgehalten hat, und drückt dem
Mädchen das Papier in die Hand. Geste schweigender Vorsicht.
Zerbinetta läßt sich durch eine Sänfte, in der eine dicke alte Dame
getragen wird, scheinbar abdrängen, liest vor einem anderen Laden
glänzenden Auges den Brief und steckt ihn befriedigt in den Busen.
Im selben Moment kommt der Dichter Zazzeroni und verbeugt sich
tief vor der wenig entzückten Zerbinetta.*
ZAZZERONI *stellt sich in Positur und beginnt nach einem gründlichen
Räuspern mit meckernder Stimme*
Wie preise ich das Schicksal, Königin der Schönheit,
das mir erlaubt, Euch allhier zu begegnen.
Der Huld des Augenblickes streu ich Weihrauch
und werd die Stunde im Gebete segnen.
In aller Eile will ich Euch erklären
wie tief schon längst mein Herz Ihr habt bezwungen.
Wie völlig Ihr mich schlugt in Liebesfesseln,
wie viele Nächt ich einsam hab gerungen!
Ach, hätte ich zur Hand ein Clavicembo,
ich spielte jetzt »Die Liebespein« von Bembo.
Der Ärmste starb auch ohne Ehgemahl,
denn er war Komponist und Kardinal.
Seht, dieses Beispiel gäbe Euch zu denken!
Man soll sich nicht an äußere Würden hänken!
Das Glück, Geliebte! wohnt im kleinsten Häusal
und Ehelosigkeit – sie ist und bleibt ein Scheusal!
Werdet die Meine! Seht, ein Schäferleben
blüht Euch an meiner Seite, – ein Idyll!
Flieht! flieht mit mir ...
Wir werden zwischen Milch und Honig leben
nach holder Schäferart, im allerfeinsten Styl!
ZERBINETTA Ihr schwärmt! Wo soll das sein?
Wo gibt's noch Schäferfreuden ... wo?

ZAZZERONI Madonna – nur in Linz!
    Linz ist die Stadt der Schäfer.

Kennt Ihr Arkadiens bunte Hauptstadt Linz?
Gleichwie ein Fürstenkindlein, ein verwöhnter Prinz,
auf reichgesticktem Pfühl nur wohl sich fühlt,
ist diese Stadt in Blumenauen gesühlt.

Die Donau kühlt die Füße ihrer Mauern
und trennt die stolze Stadt vom Knollenvolk der Bauern.
Voll hehrer Pracht im Silberband des Stromes
spiegeln sich hell die Zwiebeln ihres Domes.

Am Tor schon wartet dein der Schäfer Corydon.
Weil er zu faul, so bläst Willkomm! der Sohn
auf güldnem Horn, dem feinsten Ohr zur Wonne,
im sinkend Purpurlicht der warmen Abendsonne.

Betritt dein Fuß die Katzenköpf der Gassen,
wird dich das Staunen nicht so bald verlassen.
Welch buntes Schäfertreiben herrscht dort Tag und Nacht,
welch Busentüchellust, welche Gewänderpracht!

Die Mesner selbst in streublumnen Talaren
verbeugen sich im Tanzschritt vor Altaren.
In Goldstückzindel und Florianiröcken
sähen am liebsten sich die Linzer Mägd und Gecken.

In allen Kirchen singen fromme Nonnen
mit Angesichtern, rund wie rosa Sonnen.
Selbst Greise gehn in goldverschnürten Fracken,
und spiegeln sich, – Narcissi! – in den Lacken.

Die Mägdlein nur in Atlasschuhn stolzieren,
ansonsten sie bloß goldne Hauben zieren.
Das übrige Gewand, zumeist aus Rosentülle
verhüllt nur schwer die üppige Jugendfülle!

So ist's im Sommer. Doch im Winter tragen
dieselben drüber einen Marderkragen.
Natürlich Röcke auch mit vielen Falten;
hauptsächlich aus der Furcht vor dem Erkalten!

Die feine Lebewelt schwärmt für den Purpurhut
mit einem Gamsbart dran, der ihn verzieren tut.
Und alle haben Hirtenstäb mit Bändern,
an denen höchstens sich die Farben ändern.

Die Geistlichkeit kennt man an schwarzer Färbung:
da kniet man hin voll Demut in Ersterbung.
Die Biedermänner tragen Gelb und Schwarz,
der Stock ist rot wie feinstes Siegelharz.

Aus kleinen Fenstern hochgetürmter Häuser
sehn lockend Mädchen auf die Duckenmäuser.
In allen Schenken jubiliert und tost es,
auf allen Herden prasselt es und glost es.

Patrizier fahrn in morgenroten Fräcken
mit ihren Damen – gleich Karfunkelsäcken –
in Steyrerwagerln, bunt wie Pfauenwedel,
– die Roß habn Straußenfederbuschen auf dem Schädel.

Haushohe Schiffe stehn im Donaustrome,
mit Glitzerfensterln, Fahnen-, Bretterdome.
Mit Dudelsäcken, Cymbeln und Guitarren
vergnügt man sich auf dieser Welt von Sparren.

Die Diebe hängt man auf an Hochgerichten,
bemalt mit zierlich-lieblichen Gesichten:
Mit Tauben, die sich schnäbeln, Treu im Herzen,
mit Jagerdirndeln und mit andren Scherzen.

Ihr seht, voll Kurzweil ist das Linzer Treiben!
Drum auf nach Linz und laßt uns dorten bleiben!

ZERBINETTA Ihr schwärmt. Linz gibt es gewiß gar nicht. *Zazzeroni protestiert.* O, euch Dichter kennt man schon! Den armen, gläubigen Mädchen verdreht ihr die Köpfe und malt ihnen Paradiesherrlichkeiten vor, und wenn man dann näher zusieht, ist alles trügerisch wie Rauch von Olivenkernen. Im übrigen: Sprecht mit meinem Oheim und Vormund Pantalon!

Sie knixt höhnisch und geht auf die Duenna zu, die in eifrigem Gespräch mit den alten Weibern ist. Bambagiante, der sich während der vorhergegangenen Szene im Hintergrund gehalten hat, gibt Zerbinetta ein Zeichen. Er bietet Zerbinetta den Arm und führt sie, die nochmals zur Duenna zurückschaut, zu seiner Gondel.

Vorhang

VIERTES BILD

Prunkvoller Garten auf der Giudecca. Marmorstufen führen zum Meeresspiegel, vergoldete Faunskaryatiden blicken hinter üppigem Rosengeranke hervor und tragen Korbdächer aus rotem Lattenwerk. Marmorbalustraden und Statuen stehen im Hintergrund. Lachend blauer Himmel mit schneeweißen Wolken. Heller Sommertag. Bambagiante in ponceaurotem Staatskleid, mit goldenem Degen und weißer Allongeperücke umschwärmt Zerbinetta, die ihm in neckischem Spiel immer wieder ausweicht.

BAMBAGIANTE Schon lang verfolgt ich scheu Euch mit den Blicken ...
Doch niemals schenkte Venus mir das Glück,
mit Euch, der Holdesten, zu sprechen.
Bin doch, per Bacco, kein heuriger Hase,
und doch verschlägt's mir die Red fast,
da so nah ich Euch seh ...
Die Augen ... das Näschen ... die Fesseln!
O, was macht ihr Schulfratzen doch aus einem angesehenen Edelmann, der diese Strapazen im Grund gar nicht brauchte!

Lind und rund wär das Leben
wie eine Gansleberwurst,
doch ihr seid die Pfefferkörndeln darin!
ZERBINETTA Chevalier! Ich bitt Euch! Welche Vergleiche!
BAMBAGIANTE Verzeiht, daß die Suada mir durchging
wie einer meiner zahlreichen Renner.
Denn ein Marstall ziemt dem beßren Cavalier.
Räuspert sich.
Ja. Bin kein Roturier, Arsenallieferant oder Manufakturist,
nein, ein Cavalier in den allerbesten Jahren,
in Erosfinessen und Künsten der Liebe erfahren!
Intim spricht er mit Zerbinetta auf- und abgehend Folgendes:
Ein Landhaus habe ich in Strà ...
... unter Zedern versteckt ...
... einen luftigen Pavillon ...
... Tiepolo malt' mir die Decke ...
... im Park manch lauschige Hecke ...
Das Gespräch, das beide im Hin- und Hergehen geführt haben, wird
undeutlich. Sie verschwinden im Hintergrund des Parkes. Jetzt tritt
der Escaderapotheker Philemon, genannt October, mit seinen vier
Töchtern und deren Verehrern auf. Sie ziehen in festlichem Gänse-
marsch im Hintergrund vorbei, bis Philemon von Pasquariello auf
eine Pflanze aufmerksam gemacht wird.
PASQUARIELLO Herr Apotheker bitte, was ist dieses Pflänzchen?
PHILEMON *gibt Gelsomino die vergoldete Spritze mit dem Markus-*
löwen – das amtliche Abzeichen seiner halbmilitärischen Würde –
zum Halten, nimmt den Zwicker ab und untersucht die Blume.
Camomilla ist es, Camomilla officinalis.
Beseitigt den Kitzel der Sinne, der ein Skandal ist.
Und hier die Rosen! Seht, Kindchen, wie sie blühen
und Hummeln locken. *Mit einem bedeutsamen Blick auf Bamba-*
giante, der inzwischen wieder einmal im Hintergrund sichtbar
geworden ist
Und doch als Tee so nützlich, wenn sie trocken!
Die vier jungen Herren treiben inzwischen ihre Allotria mit der
Spritze.

PHILEMON *fortfahrend* Seht hier des Keuschlamms blütenreiche
Zweige.
Die Göttin Juno wurde unter ihm geboren,
und reine Jungfraun streun sein Heu ins Bett.
Tretet getrost zu dieser Blume hin.
Doch gibt es Pflanzen ... die fressen – F l e i s c h !!
Bewegung des Entsetzens unter der Begleitung.
Salami ... kalte Hendeln ... was gut und teuer ist ...
vergreifen sich sogar am Lebenden!!
So haben diese Ludern dem Heiligen Franziskus von Assisi, der
was ein großer Tierfreund war, einen lammfrommen Rattler glatt
von der Schnur heruntergebissen, was in jedem Lehrbuch der
Kirchengeschichte zu lesen steht!
Philemon und sein Gefolge verschwinden wieder im Gänsemarsch.
Zerbinetta und Bambagiante erscheinen.
BAMBAGIANTE ... Macht mich zum Glücklichsten der Sterblichen!
Den Schalk Cupido, den Verderblichen,
seh ich im Geist
auf zarten Wolken
um Euer lieblich Haupt
im tollen Tanze polken!
Die bunten Flügel
streifen die Hügel
der zartesten Brust.
Ach, Zerbinetta, kommt ...
Er zieht sie an sich und küßt das nur scheinbar widerstrebende
Mädchen auf eine mouche ihres Halses. Im selben Moment rauschen
die Büsche und heraus springt wutschnaubend Capitano Spavento.
SPAVENTO Ruchloser! Halt!
Verfluchter Mädchenschänder ...
... Ha, wie er läuft ...
Bleib stehn am Marmorgeländer!
Beim Blute des heiligen Januar!
Va in malor, Verfluchter,
allongeperuckner Bube, feister Wanst ...
Mein Degen –

Er zieht vom Leder, Bambagiante flieht vollends.
wird dich zu Mortadella metzgen!
Er tritt zur empörten Zerbinetta, beugt ein Knie und spricht
Bin Euer Ritter, hochedelste Madonna,
groß und nenne mich: Spavento!
Am Fuße des Vesuvs leuchtet stolz mein Schloß!
Zerbinetta blickt milder.
Lacrimas Christi durchranken meinen Garten
in wohlgezognen Hecken,
ein überkostbar Wein, den ich dem Heiligen Vater
– ich bin per du mit ihm –
zur Ostermesse jährlich sende.
O, holde Jungfrau, jetzt befreit vom Drachen,
Euch wird von nun ab treu Spavent' bewachen!
Furchtbares Gebrüll ertönt. Abermals rauschen und brechen die
Büsche. Nicht ohne Mühe stürzt Tartaglia hervor, schüttelt in der
Richtung des geflohenen Bambagiante die Faust und zieht ein
hölzernes Schwert, mit dem er wild fuchtelt.
TARTAGLIA Verwünschter Wüstling! Halt!
– Doch besser: Fliehe!!! Fleuch!!
Dies Messer, siehe!
zerfetzt deinen Bauch – Bäuch!!
Und die Gurgel auch und das Herz dazu . . .
dann hat das Fräulein da Ruh . . .
Er schaut eine Zeitlang knurrend in die Richtung des Geflohenen.
Dann in neuem Paroxysmus:
Werd dich lehren,
dich an den Tauben der Unschuld vergreifen . . .
ihnen die Eier zerdrücken,
ihr Rosenblut saufen . . .
brummend Hab alles gesehn im Gebüsch . . .
verächtlich Weg ist der Kerl.
Sein Glücksstern hat ihn entführt,
sonst hätt der Tod ihn gekürt.
Da Bambagiante absolut nicht mehr zum Vorschein kommt, hält er
inne und wischt sich den Schweiß der Erregung von der Stirne.

*Zerbinetta, die die ganze Zeit mit Verwunderung den Vorgang durch
das Lorgnon betrachtet hat, wendet sich an Spavento.*

ZERBINETTA Wer ist der sonderbare Herr mit dem spanischen
Federhut und dem grimmigen Blick?

SPAVENTO Mir völlig unbekannt ... kenne doch sonst alle Kavaliere
in Italien!

TARTAGLIA *der sich inzwischen mit edlem Anstand der Gruppe
genähert hat* Ihr kennt nicht den Marquis Tartaglia?!
Der BIN ICH!
Und heiße auch: Tartaglia, der Schreckliche!
Unvorhergesehen bin ich wie der Blitz des Zeus!
Bedeutend Zerschmettre Würmer, die an Rosen nagen ...
Moskitos, die gern Jungfern stechen möchten ...
Zertrete feiste Säue, die nach Perlen wühlen,
nach Perlen der Unschuld!
Ehrlose Hunde, die Backfische lüstern beschnuppern ...
Grimmig Und wo der Arm der Gerechtigkeit nicht ausreicht,
gibt Don Tartaglia
seinen ehernen Finger dazu.

Ein Kanonenschuß grollt über das Meer. Tartaglia nickt zufrieden.
Hört Ihr? Der Himmel bestätigt meine Worte.

ZERBINETTA *ängstlich* Was war das?

SPAVENTO *nebenbei* Die Galeeren üben bei Malamocco.
's gibt mit den Türken Krieg, wie man mir erzählte.

Tartaglia nickt furchtbar mit dem Kopf.

SPAVENTO *der Tartaglia stumm gemustert hat* Was für ein wunderliches Schwert Ihr führet, edler Don?

TARTAGLIA *streicht sich den Knebelbart*
Hm, das kam so: *Donner*
Ich bin im Zorn so fürchterlich, *Donner*
so grauenhaft, entsetzlich, überschauerlich, *dumpfer Donner*
daß mir der Rat der Zehn, der Heilige Vater
und alle übrigen Regierungen des Abendlandes
nur dieses Schwert aus weichstem Feigenholz gestatten.

Fernes Trompetengeschmetter, das Tartaglia sichtlich befriedigt.
Doch selbst mit dieser, bei andren harmlosen Waffe, kann ich,

gereizt, in den Reihn meiner Feinde so schreckliche Verheerungen anrichten, daß noch Generationen mit Schauder davon berichten. *Dumpfer Donner.*

Der Großtürke zum Beispiel, auf seinem goldnen Thron in Stambul, zuckt angstvoll mit dem Schnurrbart, *Kanonenschuß* wenn man ihm meinen Namen flüsternd erwähnt. *Fernes Grollen.* Dies ist demnach auch in Konstantinopel bei Todesstrafe verboten.

SPAVENTO Aha!

ZERBINETTA *zu Spavento* Mein Retter, seid bedankt. Die Erregung hat mich ermüdet. Seid so galant, mir eine Gondel zu beschaffen. *Ab, ohne von Tartaglia, der alle möglichen imposanten Stellungen einnimmt, die geringste Notiz zu nehmen. Tartaglia blickt ihnen noch eine Zeitlang verschränkten Armes nach. Dann setzt er sich, in Gedanken versunken, auf eine Marmorbank. Inzwischen sind der Apotheker und sein Gefolge wieder von der andren Seite gekommen. Er hält den Zug an, nimmt den Zwicker ab und deutet auf den Boden. Alles reckt die Hälse und lauscht seinen Worten. Nur Mezzetin ist diesmal nicht bei der Sache und belästigt während dem Folgenden mit der Spritze Tartaglia, der sein Schwert zieht und sich des Unverschämten zu erwehren sucht.*

PHILEMON Der Kaktus dient zur Zier dem Garten,
doch muß man seiner fleißig warten.
Kommt er jedoch einmal ins Bett,
– was nur durch Bubenhände möglich –
dann schreit der Schläfer laut und kläglich!
Er bückt sich abermals und pflückt einen bedenklich aussehenden Pilz.
Der Pilz hier heißt das Leichenohr.
Er kommt zum Glück recht selten vor.
Nur Melancholikern vor ihrer letzten Reise,
gibt er, gedünstet, eine Lieblingsspeise.
Alle verhüllen die Häupter und ziehen im Gänsemarsch ab. Tartaglia bleibt allein zurück und schaut nach, ob nicht sein Schwert im Kampf mit der Spritze Schaden genommen hat. Er wischt es mit einem roten Schnupftuch trocken.

TARTAGLIA Wieder einmal ein wunderbares Abenteuer. Das ist die dreiundzwanzigste Jungfrau, die ich seit acht Tagen gerettet. Die öffentlichen Anlagen sind für mich das Feld der Ehre. Doch jetzt an ernstes Tun! Mein Degen lechzt nach Blut, so will mich dünken ... Ha! was ist das? Dumpfe Stimmen ... wahrscheinlich Verschwörer ... will hinter jenem Sockel mich verstecken, um im gegebenen Moment hervorzubrechen ... rette vielleicht Venedig!

Bambagiante erscheint, mit ihm ein bedenklich aussehender Halunke, der Mörder Trucilante.

BAMBAGIANTE Ein Glück nur, daß Ihr so bald zur Stelle ... Also, Ihr kennt Spavento ... diesen Schurken, er soll zur Hölle ... Es bleibt dabei, er wird z e r s t ü c k e l t!

TRUCILANTE Zerstikkeln, Signore? O! Zu viel Harbeit ... zu viel Harbeit. Wo denken hin ... kommt viel zu teier ... ruiniere drei, vier Messer ... sind hunherswinglig ... fabricato hinglese ... handere sneiden nix ...

BAMBAGIANTE Also gut. Erstich ihn. Bekommst dann auch deinen Ducato!

TRUCILANTE Einen Ducaten? Einen Ducaten! ... pro Zoll einen Ducaten! Anders mach ich nit ... unter finf Zoll is nix ... *empört* einen Zoll! ... bei Herwaxene braucht man finfe! *Zeigt ihm die Finger* – bei Kinder dreie – würde nie so billig sein ... kann es nur um diese Preis machen, weil ich zufällig noch einen Mord in der Gegend bestellt habe ... geht in einem ... Aber der Herr müssen bis übermorgen gedulden. Der andre Herr, den ich erstechen soll, ist noch am Land.

Beide ab.

TARTAGLIA *stürzt hinter dem Sockel hervor* Schurke, doppelgesohlter Schurke! Das zahlst du ... Ich – deus ex machina – rette den edlen Kavalier Spavento ... durchbohr den Schurken da, den Bravo, und ihn, den Fettwanst in dem roten Kleid faschier ich, daß sogar die ältesten, zahnlosesten Würmer ihre Freude an dem weichen Braten haben sollen ... doch vorher ... ja vorher ... ruft mich noch der Dienst ... warte ... *Blättert in einem Notizbuch.* Ja ... aha ... da ... muß flugs noch nach Cypern, die Insel zu erobern, um Venedig das Beutestück zu schenken ... das bin ich dem Schatten der Desdemona schuldig ... war meine Urururgroß-

tante ... über Ludovico Moro und Alfons dem Prächtigen hinüber
... wo fang ich nur an ... wo fang ich nur an ... was nun zuerst ...
Ja so, in See ... *Pfeift und ruft einen Gondoliere* He! Gondoliere
... sind Sie frei? Richtung Cypern ... Schaun S', daß die
Tramontana erwischen.

Das Dach geben S' herunter ... man sieht ja nichts ...

Vorhang

FÜNFTES BILD

*Kleiner Platz in Venedig. Rechts und links verfallene Palazzi. Der
eine die Wohnung Spilettas, der andere das Quartier Spaventos. Im
Hintergrund ein breiter Kanal mit einer Kuppelkirche am andren
Ufer. Es ist schon ziemlich dunkel. Eine Gondel legt an. Heraus
steigt, ohne Begleitung, Zerbinetta. Gerade als sie, scheu heraus-
schauend, davonhuschen will, prallt sie auf Pantalone.*

PANTALONE Zerbinetta...! Du allein! ... Wo ist deine Duenna,
Madonna Miseroni?

ZERBINETTA *in tödlicher Verlegenheit* Sie ist ... ertrunken.

PANTALONE *schlägt die Hände überm Kopf zusammen* Misericordia!
Wo?

ZERBINETTA Unterwegs. Das kam so: Wir fuhren friedlich nach
Hause ... im Dome von Redentore ... da wohnten wir der
Vesperandacht bei ... der Pater Tremolini hat so schön gepre-
digt ... kein Aug blieb trocken ... und die Madonna Miseroni ... in
diesen Stunden – wie Ihr wißt – spricht stets sie vom verschollnen
Gatten ... der sie einst gefreit ... und schon nach wenig Wochen
nimmer wiederkehrte. Ist tot er ... oder rudert er als Sklave der
Mauren ... zum Kettenklirren seufzend ...

Pantalone wischt sich die Augen.

ZERBINETTA *jetzt schon sicher* Da – als wir nah schon von San Giorgio
waren ... da springt sie auf im Boot ... springt auf die Poppa flink
und deutet in das Wasser ... »Da« – spricht sie – »Da ... o seht, da
... mein Gemahl!« die arme Irre ruft noch: »Ippolite!« – denn so

hieß der Gatte, und stürzt sich ins Meer ... Doch war's ein grauser
Irrtum ... Bloß ein Fisch war es, der aus der Tiefe glotzte ...
*Im selben Moment – Pantalone will gerade mit dem Rufe Polizei! Zur
Hülfe! davoneilen, Zerbinetta an der Hand, prallt die Duenna auf
beide. Pause tödlicher Verlegenheit. Pantalone ringt nach Atem. Im
Hintergrunde geht der Apotheker mit seinem üblichen Gefolge
vorbei, jedes eine steife Blume in der Hand tragend.*
PHILEMON Was trag ich da in meiner Hand?

O Töchter! Seht! Es ist der Stinkasant.
CHOR DER TÖCHTER Fi donc – fi donc!
PHILEMON Man siedet aus ihm Teufelsdreck.

Das ist des Blümchens eigentlicher Zweck.

Und daraus wieder tropfet ein narkotisch Öl,

es tötet Wollust, dient zum Heil der Seel'!
*Der Zug verschwindet. Pantalone rast vor Zorn. Er wirft die Kappe zu
Boden und trampelt auf ihr herum. Dann rauft er die Haare und
verflucht Zerbinetta. Die Miseroni ist ohnmächtig an einer Säule
hingesunken.*
PANTALONE Mein elterlicher Fluch! Du willst also deinen Vater
töten ... Nicht genug damit ... auch deine Mutter bringst du um
... die dich in Schmerzen gebar ... Ruchlose!
ZERBINETTA Ohm! Aber Ohm!
PANTALONE Ohm! – Ohm! ... weiß selbst nicht, was ich bin ... Ja ...
Muttermörderin ... was tatest du, sprich ... mit wem hast du
gebuhlt ... und wo!!
*Spiletta hat ein Fenster aufgestoßen und hört entsetzt zu. Dann lacht
sie und reibt sich die Hände.*
ZERBINETTA Halt ein ... Entsetzlicher! Aus deinem Munde dampft
der Irrsinn einer Hölle ...
PANTALONE Also, die Tugend deiner Rose ... nein! Die Hosentugend
deiner Rosenjugend ... Nein! Die Hosenlosen ohne Tugend-
rosen ... *sieht sich irr um* nein ... die Rosen ohne Hosen ... *starrt
vor sich hin* Mir wird es bitter auf der Zunge ... das Gallenbrechen
wird mich überkommen ... Sprich ... Dirne ... gestehe alles!
ZERBINETTA Aber Oheim, hört doch ... nehmt Vernunft an ...
wischt den Schaum vom Munde ... nichts ist geschehen ...

nichts ... bin unversehrt wie ein Dukaten, der aus der Münze kommt.

Dieser Vergleich spricht zu Pantalone. Aber trotzdem wütet er noch weiter. Er droht in Richtung der ohnmächtigen Miseroni mit der Faust hin und zischt Verwünschungen. Spiletta am Fenster patscht vor Vergnügen in die Hände.

PANTALONE *eisig* Nichts geschehen? Wenn dem so ist ... nun dann ... gibst heut du noch dein Jawort Don Tiburzen ... denn morgen *mit schrecklicher Stimme* ... denn morgen, vielleicht ... verschmäht er dich! So kann vielleicht! die Schmach sich wenden ... die Schmach an unseres Hauses blanken Ehrenschild, das du beschmutzt. Ja – mehr noch! Du hast in mir die Staatsgewalt besudelt ... den Rat der Zehn so gut wie verunreinigt ... ich hör den Markuslöwen grollen!

So kann noch alles sich zum Guten wenden. Doch wenn er dich verschmäht ... dann fällt mein Wappenschild in Bröseln ... und dann kannst du vielleicht den miserablen Kerl, den Brighella nehmen, den ich erst heute nachmittag durch meine Spediteursgehilfen habe hinauswerfen lassen!

ZERBINETTA *kämpft einen schweren Seelenkampf* Nein! Nein! Ich nehm ihn nicht ... den eitlen, hohlen Tropf, die Mumie ohne Herz, den ausgewundnen Fetzen ohne Mark und Saft!

PANTALONE *eisig* Gut denn. Dann nehmen dich die Klostermauern auf.

Truffaldin und Scaramuzz tauchen aus dem Dunkel auf und nicken fürchterlich zur Bestätigung. Pantalone ist ihr Erscheinen sichtlich unangenehm.

BEIDE ... Klostermauern! ... Klostermauern ...

ZERBINETTA *wendet sich auf den Knien auch zu den beiden, die mit düstrer Miene schnupfen.*

Ach, Oheim Truffaldin – ach, Oheim Scaramuzz!
So helft der Nichte doch, den Stein erweichen,
den Pantalon in seinem Herzen trägt!

BEIDE Wir wissen nicht, um was es sich handelt, das heißt, nein! wir handeln stets mit dem, was wir nicht wissen, da wir Notar und avvocato sind. Doch Vetter Pantalon hat recht, wir fühlen es! Er ist streng gegen Euch, wie es seinem Rang als Urgroßvater geziemt.

PANTALONE *ärgerlich* ... Urgroßvater ... Onkel mit Mutterinstinkten ... das ja. Kurz, daß ihr's wißt: mein Bruder, der Großinquisitor von Dalmatien, will, daß Zerbinetta Nonne wird ... *drohend* hoffentlich habt ihr nichts dagegen ... Übrigens, heute nacht tagt der Rat der Zehn ... daß ihr mir pünktlich seid ...

Inzwischen ist Colombina unhörbar erschienen und nähert sich liebreich Zerbinetta.

COLOMBINA Zerbinetta! Faß dich! Sieh, dein Oheim hat recht ... wer nicht gefestigt ist in Tugend, strauchelt leicht ... abschüssig ist der Blumenpfad des Lasters ... und sieh – im Kloster geht's ganz unterhaltlich zu: Zum Beispiel weiß der Chor der Nonnen tagsüber manches Loblied zu spielen! Denk dir, heut wäre etwa Sankt Nepomukskonzert:

> Hilarias und Priscillas Schellenbäume
> tönen gar lieblich durch die Klosterräume.
> Wie Schwester Sylvia sanft das Waldhorn meistert!
> Und Schwester Bolicana machtvoll hürnt!
> Der Becken tosend Rauschen stammt von Radegunde.
> Die Flötentriller pfeift voll Kunst Liboria.
> Cecilia aber wirbelt auf dem Cymbal
> und deiner harrt ein buntes Clavecin!
> Maria Schnee und Vitrubaldis spielen Bratschen,
> die Hirtenpfeife fingert flink Bibiane.
> Pankratias Pauke donnert ohne Rast.
> – Den Rest des Tages singst du Alleluja!

Scaramuzz und Truffaldin begleiten alle Phasen des Konzertliedes mimisch mit allen Bewegungen der Instrumente.

ZERBINETTA Ach nein, ich kann nicht ...

> Mag nicht das Treiben missen in der Calle Fabbri,
> das Leben am Rialto!
> Die Klostermauern sind mir fürchterlich.
> *Sehnsüchtig* Will abends buntes Eis beim Schein der Fackeln essen,

im Festgewühl des Platzes untertauchen
und Segler kommen sehn und schwinden.
*Inzwischen ist Spiletta aus dem Haustor getreten. Sie geht der Gruppe
zu. Spricht sanft mit Pantalone.*
SPILETTA Herr Pantalon ... Herr Pantalon, hört mich!
Laßt mir die Freundin über Nacht! Ich wurde Zeugin – nun, Ihr
schriet ja laut genug – ich weiß, um was sich's handelt – seht, bin
doch mit Burzio nah verwandt ... *Pantalones Miene erhellt sich*
und werde – wir Mädchen können das – den Sinn der Zerbinetta
biegen ... so wie Ihr wollt! Mich dauert Don Tiburz, mein armer
Vetter, sehr. Mit trüben Augen kompiliert der Hochgelehrte aus
tausend dicken Büchern Passendes und läßt daraus die wunde
Seele – gescheuert von dem harten Joch des Eros – Sonette eitern,
die er »ihr« nur weiht ... Eurem jungen Niftel ... *Pantalone strahlt.*
Daß ich verschwiegen ... glaubt mir's, Herr! Laßt mir das
Mädchen, und Ihr, geht nach Hause, eh noch die Nachbarn von
dem Streite wissen.
*Pantalone küßt Spiletta dankbar die Hand, weckt die ohnmächtige
Miseroni und jagt sie faustschüttelnd vor sich her. Spiletta umarmt
die betrübte Zerbinetta und flüstert ihr etwas ins Ohr. Die horcht auf,
lächelt, lacht unterdrückt, damit Pantalone nichts merken soll.
Schließlich lachen beide Mädchen so, daß sie sich auf die Knie
patschen. Dann verschwinden sie im Palazzo. Colombina ist traurig
abgezogen. Scaramuzz und Truffaldin machen sich gegenseitig
Zeichen und steigen Colombina nach. Man sieht nur noch, wie sie die
Alten ohrfeigt. Eine kurze Zeit bleibt die Bühne leer. Dann schleicht
Trucilante vorsichtig zum Hause des Spavento und rührt den
Türklopfer. Der Gondoliere und Bediente Spaventos, Scapino, öffnet
mißtrauisch die Türe nur ein wenig.*
TRUCILANTE He! Bist du der Diener des Kavaliers Spavento?
SCAPINO Mag sein ... was willst du? *Beide stutzen.*
TRUCILANTE Mich dünkt, ich kenne dich ... du bist Scapino!
SCAPINO ... beim Himmel ... bist du's, Trucilante? Wo doch
dieselbe Amme uns gesäugt ... sprich, alter Kamerad, was treibst
du?
TRUCILANTE Nun ... soso, lala lalamamancherlei ... und du?

SCAPINO Ich rudre den Kahn,
 steh auf mit dem Hahn,
 geh zu Bett mit den Hühnern –
 so ziemt's braven Dienern. Und du?
TRUCILANTE *stockt eine Zeitlang* ... nun zu!
 Ich? ... Ich bin der Mörder Trucilante,
 bin von Beruf Barbar, Birbante,
 schone weder Vater, Bruder noch Onkel,
 besticht man mich mit Zechinengefonkel.
 Schone nicht Tante, noch Nichten und Neffen –
 nur muß man sie treffen!
 Ich metzge auch jammernde Großpapas,
 verwandle selbst Ahnherrn in stinkendes Aas ...
 kurz, alle Verwandte.
 – Ich, Trucilante!
SCAPINO *entsetzt* Das sind verfluchte Chosen,
 sog man am selben Bosen!
TRUCILANTE Siehe dies Messer!
 Es nährt mich baß.
 Doch Gift noch besser!
 Bezieh's gleich im Faß!
 Da kommt es mich billich.
 Geb's gern in der Millich.
SCAPINO Nein – sowas tät ich nimmer und nimmermehr.
 Bin Herrschaftsdiener und halt viel auf die Ehr!
TRUCILANTE Apropos Gift! Ich rotte ganze Städte aus ...
SCAPINO Welch Graus!
TRUCILANTE Erst unlängst führt ein Auftrag mich nach Mantua.
 Ein alter Griesgram voll Podagra und Orden
 beauftragt' mich, ganz Mantua zu morden.
SCAPINO *entsetzt* ... In Pausch und Bogen?
TRUCILANTE Jawohl – en bloc.
 So fuhr ich denn vergnügt nach Mantua,
 mit einem Postillon am Bock – trari, trara.
 Doch starb mir keine Maus, geschweige denn ein Kindel;
 das Gift war wieder einmal Milaneser Schwindel!

SCAPINO Von wem bezogst du diese Zabaglione?

TRUCILANTE Von einem Kaufherrn namens Pantalone.

SCAPINO O, welch ein Glück, daß es noch ab und zu einen unredlichen Gemischtwarenhändler gibt. Und was willst du eigentlich hier?

TRUCILANTE *vertraulich* Milchbruder traut! Ein kleines Geschäft – so nebenbei.
Schau – es ist Sommer.
Die besseren Leute sind alle am Land.
Gut nur, daß wir eine Fremdenstadt sind und immer ein paar Touristen haben. Schau, besser als gar kein Fleisch ist eine Laus am Kraut ... Kurz, ich bin gekommen, deinen Herrn zu metzeln.
Hast du 'nen Stein, das Messer rasch zu wetzeln? *Scapino wehrt ab und macht »die Feige«.*
Bin ja nicht bös – doch jeder muß verdienen ...
Das Morden bringt ganz stattliche Zechinen.
Gelt ... Milchbrüderlein – man bot mir sechs goldne Füchse und wenn du willst, fällt auch ein Silberling in deine Büchse!

SCAPINO Was fällt dir ein! Halt ein! Halt ein!
Kämpft einen harten Seelenkampf. Er rechnet in der Luft. Schließlich siegt sein besseres Ich.

TRUCILANTE Gut, dir zu Liebe tu ich's nicht! Wer kann widerstehen, wenn ein Milchbruder bittet?

SCAPINO Die guten Mächte sei'n gepriesen! Welch Freudentag!

TRUCILANTE So laß uns denn die Birbantina tanzen!
Sie tanzen. Mitten unter dem Tanz kommt Spavento, schaut eine Zeitlang zu, dann tanzt er als echter Südländer mit.

SCAPINO Herr Kavalier! Seht Euren Retter hier! Der brave Mann, den Sie da sehn in Lumpen stehn, er ist's, dem Euer Gnaden das Leben danken! Der Brave hat mir eine Verschwörung anvertraut ... Man bot ihm zehn Zechinen ... Euch zu ermorden ... ihm aber bangte um sein Seelenheil ...

SPAVENTO *gerührt* O Mann des Volkes ... Mann mit der schwieligen Rechten ... an mein Herz, mein Freund! Ich werde dir fünfundzwanzig geben!
Spavento gerührt ab. Scapino und Trucilante teilen sich die Beute.

Auch sie verschwinden. Der Vollmond geht auf. In seinem Silberlicht legt eine Gondel an. Tartaglia steigt aus und entlohnt den Gondoliere.

GONDOLIERE ... e false ... gelten nix ... ist eine Rosenkranz-
medaille!

TARTAGLIA Das schon. Doch birgt sie hohe Wunderkraft!
Sie war das Eigentum von sieben Räubern,
die ich beim dritten Hiebe erst erschlug.
Doch wisse! Hätten sie das Münzlein nicht besessen – die Canaillen,
beim ersten Hiebe wären sie gefallen!

GONDOLIERE Ihr seid gewiß ein Pole, edler Herr, trotz Eurem
spanisch Hut?

TARTAGLIA Das nicht. Die Mutter nur, die hatte Polenkönigsblut.
Gondoliere murmelt Segenswünsche und küßt die Medaille.
Tartaglia betrachtet den Palazzo.
Das ist das Schloß des Kavaliers Spavento.
Vor seiner Pforte wache ich die Nacht.
Die Fahrt nach Cypern gab ich auf trotz bestem vento ...
es war sehr schwer ... o santo sacramento ...
ich hab ein großes Opfer dargebracht!
Des wüsten Bambagiante Plan will ich durchkreuzen
und will die Fackel seiner Rachsucht schneuzen!
Spavent! Ruh sanft auf deinem weichen Pfühle.
Ich wach für dich, trotz Fieberdunst und Kühle!
Er zündet ein kleines Lagerfeuer an und wärmt sich die Hände.
Plötzlich bemerkt er, daß sein Schwert zu glimmen anfängt. Er
löscht es behutsam. Dann macht er sich zum Schlaf zurecht. Unter
Gähnen hört man noch ... wie gut wärmt das Feuer ...
... das Heilige Grab ... befrei ich noch heuer ...
Tartaglia schnarcht. Jetzt regt sich Leben auf dem kleinen Platz.
Zuerst kommen einige vorsichtige Späher, dann der große Chor der
Mördergilde. Dudelsack, Triangel. Unendlich sanfte Musik begrüßt
immer neue Ankömmlinge. Schließlich erscheinen auch die siziliani-
schen Gesandten, ehrfurchtsvoll als Ehrengäste begrüßt. Auch
Brighella kommt als letzter dazugelaufen.

CHOR DER MÖRDER Wir, organisierte Gewerke in Gift und Stahl,
wir ebnen die Wege, so jemand bedrängt –

BRIGHELLA *daneben* A was! Wir gehen immer straflos aus! Wir und
die Diplomaten! Wir können machen, was wir wollen! *Eine
moderne Nickelservierplatte.* Hier Boeuf à la mode ... eben
erfunden!

CHOR DER MÖRDER *sieht ihn strafend an und fährt fort:*
und ohne uns hängt.
Lassen um zwanzig Jahre früher erben,
wenn wer nicht kann sterben.
Helfen der Frau von dem Mann.
Kurz, sind ein Segen auf allen Wegen.
Daher so beliebt bei dem, der gern gibt.

GIANGURGOLO Habt eure Schützer deshalb wo auch immer ihr seids
in der Stadt. Und geht ihr am Land auf die Lauer,
hilft euch der Bauer!
Zum Publikum Meine Herrschaften! Sehen Sie da die Kapelle? Da
ist nicht ein Instrument, das gekauft, gestohlen oder geschenkt
wäre. Jedes bedeutet einen Todesfall.
Sie dürfen aber nicht glauben, daß es dabei wild zugeht!
O nein! Wir haben unser System! Die Pauker zum Beispiel, werden – so ist die Vorschrift – aus dem vollbesetzten Orchester
herausgeschossen. Am besten während einer Opera seria mit
spannender Handlung. Daher die Seltenheit dieses beliebten
Instrumentes, das heute einige liebe Ehrengäste aus dem fernen
Süden bei uns spielen werden. Flötisten tötet man durch einen
Stich ins linke Ohr. Diese Sorte von Musikern quiekt im Sterben
und merkt nichts, da sie nach rechts in die Noten blicken. Den
Bombardonbläsern hingegen schlitzt man während einem Oboe-
solo den Bauch auf. Sie selbst machen an solchen Stellen meist gern
ein kleines Nickerchen und sonst merkt niemand was, weil der
Dirigent auf die Holzbläser schaut und mit ihm das Publikum, dem
es Spaß macht, wie sich der Solist plagt. Aber was verrate ich der
heranwachsenden Sportsjugend unter Ihnen da Geschäftskniffe!
Lassen wir das und beginnen wir lieber mit dem Ständchen zu
Ehren des Herrn Spavento, der unseren Genossen Trucilante so
reich entschädigt hat.
Tusch.

44

TARTAGLIA *ruft im Schlaf* Sieg!
*Spavento, Spiletta, Zerbinetta erscheinen an den Fenstern. Spavento
dankt den Bravi und wirft Zerbinetta eine Kußhand zu.*

Vorhang

SECHSTES BILD

*Derselbe Platz wie früher. Strahlender Morgen. Straßenkehrer fegen
das Pflaster und belästigen den schnarchenden Tartaglia, der
ingrimmig auffährt und das hölzerne Schwert zieht, das ihm aber mit
dem Besen aus der Hand geschlagen wird. Tartaglia protestiert, wird
aber verjagt. Das Straßenleben beginnt in bunter Fülle. Straßenhänd-
ler rufen ihre Waren aus. Aus allen Fenstern schauen Polcinelle und
andre Figuren der Commedia dell'Arte.*
AUSRUFER Hier frischer Iristrank für Taschentücher!
  Hier Wanzenpulver für das Ehebett!
  Mandragora hier, frische Mandragora für ältere Junggesellen!
  Für Schneidermeister hier etwas zu kurze Ellen!
  Flederwische und zurückgesetzte Tintenfische!
  Hier Pritschen für die Herrn Polcinelle!
  Hier lange Nasen für den Festestrubel!
  Wetzsteine hier für die Herrn Briganten!
  Und Masken hier, unkenntlich schier,
    für die Herrn Intriguahanten!
*Verschränkten Armes, düster blickend, ist auch Tiburzio erschienen.
Er blickt, mißbilligend den Kopf schüttelnd, auf die Menge.*
TIBURZIO Leichtsinnig Volk! So ohne Sorgen?
  Wo vielleicht schon morgen
  San Marcos güldne Stadt ein Aschenhaufen sein kann ...
  Der grimme, unbekannte Feind,
    geschürt gehabt und habend,
    die Stadt durchmordet haben können
  wird von circa mittags zwölf bis Abend ...
  Ha! Hier! *eine Rolle entfaltend*

Das letzte Rettungsmittel, das mein Geist ersonnen,
der sonst nur schwelgt in der Antike Wonnen:
Zehntausend Dutzend giftige Kröten,
die tut mit Leim man aneinander löten.
Auf der Trompete kräftiges Signal,
da spritzen Gift sie alle auf einmal,
auf den Feind, bis vor Gestank er weint.
TARTAGLIA *sich den Staub abklopfend, sehr derangiert*
Brav, Herr Kamerad!
Doch sorgt Euch nicht,
glättet von Falten Euer Angesicht!
Habe soeben nach sorgendurchwachter Nacht
den Generalverteidigungsplan vollkommen fertig gemacht.
Arlecchino ist aufgetreten, mit ihm zwei Trompeter: Bricocolo und
Cospetto di Bacco.
TARTAGLIA Hier ist mein Leutenant!
Herr Arlecchin aus Bergamaskerland!
Er und Bricocolo und Cospetto, die Trompeter,
sammeln in wenig Stunden die Legionen der Retter!
Es sind dies die Bajazzi,
Gargoni, Garulazzi,
die Zanni, Tempesta, Spadoni,
Coviello, Fracasso, Pedroni
und alle maestri dei lazzi!
Die Schar der Bertolini,
Mascagni, Trivellini,
der feiste Mezzolin,
und mancher Truffaldin!
Es fehlt nicht Pulcinella,
aus Bergamo Brighella,
und tausend Travaglini,
vor allem doch aus Rom
das Heer der Gelsomini!
Voran in kühnem Marsch,
glitzernd in der Sonne,
der Trommler rasselnd Schar,

geführt von Napperone.
– Flagrabomba Napperone,
der so grimmig fast wie ich!
Und etwas später
kommt Pompeio Powidl, mein Stabstrompeter.
Er ist mit uns verbündet,
weil Gleiches sich zu Gleichem findet.

Tartaglia ab. Don Tiburzio bleibt allein und schreitet militärisch auf und ab. Das Tor des Palazzo Spiletta öffnet sich. Spiletta lugt vorsichtig heraus. Dann erscheint, einen Handschuh zuknöpfend, Zerbinetta, als der Page Adonione verkleidet.
Sie blickt sich spähend um und gewinnt mit eiligen Schritten das Freie. Dann schneidet sie den Weg Tiburzens und fixiert ihn arrogant. Tiburz reagiert nicht. Darauf schlägt sie ihn in rascher Wendung mit der Degenscheide auf die Stulpenstiefel, daß es dröhnt. Tiburz reagiert auch da nicht. Endlich tritt sie ihm von hinten auf die Sporen, daß er umfallend stolpert.

ADONIONE Tölpel!

TIBURZ *ist baff und richtet sich die schwarze Brille.*

ADONIONE Warum fixieren Sie mich?

TIBURZ Weil Sie um diese Stunde auf die Schulbank gehören ... wer hat Ihnen erlaubt, zu schwänzen? Jawohl, ich werde Ihren Ordinarius schon finden und ihm alles erzählen ... Sie ... Schwänzer ...

ADONIONE Was erlauben Sie sich? Ich, ein ... Schwänzer! Das sollen Sie büßen, alter Herr!
Übrigens: *sie stellt sich in hochmütigem Ton vor* Adonione!

TIBURZ Don Tiburzio Anselmo Bifferoni, detto il cacciababoli, Ehrendoktor von Bologna, Padua und Spilimbergo, Ehrendekan der medicinischen Fakultät an der Hochschule zu Lecce, Calabrien; ergo: Spectabilis. Präsident der »Akademie der Fische« und der »Gelati«. Verfasser des von den Mediceern preisgekrönten Werkes: »Hatte Adam einen Nabel?« Ich hoffe, das genügt!

ADONIONE *ringt scheinbar nach Atem* Don ... Tiburzio ... ? Herr ... ist das Ihr Ernst? Dann sind Sie ja der unverschämte Bursche ... ja, Bursche, der es wagt, meine Braut zu umschnüffeln, die zarte, hilflose Zerbinetta. *Sehr ernst* Mein Herr, Sie werden verzichten!

TIBURZIO *groß* Niemals!

ADONIONE Unseliger ... dann müssen die Klingen sich kreuzen ... und welches Ende das nehmen wird, können Sie im Voraus ermessen ... denn mein Arm ist jung und stählern, und Sie gleichen einem schlechtdrapierten Kleiderständer ... einem »uomo morto«, wie man in Venedig sagt!

TIBURZIO *wird unsicher und ist von der Situation sehr peinlich berührt, endlich sagt er* ... unverschämter ... Bube ...

ADONIONE Bube? *Mit undurchsichtigem Ausdruck* Bube. Also gut: Bube. *Scheinbar fürchterlich* Gut. Will Euch zeigen, daß ich ein Bube bin! *Zu den gerade des Wegs kommenden, in eifrigem Disput begriffenen Scaramuzz und Truffaldin, den Hut ziehend* Adonione! Signori! Dieser Wicht hier hat mich beleidigt. Ich sollte seine Gebrechlichkeit zwar schonen ... er stellt aber mit greiser Lüsternheit meiner Braut nach! *Tiburz protestiert.* Bitte, sekundieren Sie als Edelleute unserem Zweikampf!

SCARAMUZZ und TRUFFALDIN *abwehrend* Zweikampf! ... Verboten, wo Kriegsgefahr droht!

TIBURZIO Ganz richtig! ... Meine Herrn! *Beschwörend* Bitte, versöhnen Sie den Rasenden, der verlangt, daß ich auf meine rechtmäßige und sauer genug behütete Braut Donzella Zerbinetta verzichte! Ich liebe sie, sie ist unermeßlich reich und die Erbin eines der angesehensten Patrizier von Venedig, dessen heißester Wunsch es ist, sie in meiner Hut, unter meinem Mannesschirm zu wissen ... das Mädchen ist so außerordentlich schüchtern und unerfahren ... eine wahre Taube an Sanftmut und Schüchternheit ... *Die letzten Worte winselt er fast, sucht in den Taschen und drückt den beiden heimlich einige magere Silberlinge in die Hand.* ... Ich weiß, Ihre Zeit ist kostbar, das Forum des Rechtes verlangt nach Ihnen.

SCARAMUZZ und TRUFFALDIN *schauen sich heimlich, etwas achselzuckend, das Geld an, dann zu Adonione* Mein Herr! Im ersten Zorn soll man nie handeln. Sie sind überhaupt ein bißchen sehr jung ... Und wie wird erst Ihre Braut ausschaun? ... Sind S' froh, daß unser bürgerliches Gesetzbuch noch nicht reformiert ist und noch das alte Gewohnheitsrecht der infantilen Ehe gilt ... wir wollen ein Aug zudrücken ... der Herr Gegner würde ja vielleicht Anstände haben ... also, reichen Sie Don Tiburz die Hand zur Versöhnung, die er Ihnen seinerseits entgegenstreckt, die Hand, die lediglich gewohnt ist, an den Brüsten der Musen ... *verbessert sich verlegen* zu meditieren ... gedankenvoll zu meditieren ... Pax!

Schaun Sie, wir kommen als die Tauben mit dem Ölzweig im Schnabel ... *klimpern dabei unwillkürlich mit dem Geld.*

ADONIONE *leise* Lassen Sie sehen ... so ein Schmutzian ... *Er wirft eine volle Börse vor Scaramuzz und Truffaldin, die sich eifrig danach bücken. Laut* Gut, ich gehe auf Ihren Vermittlungsversuch ein. Fragen Sie meinerseits, ob Don Tiburz auf die Hand des Fräuleins Zerbinetta verzichten will – dann schenke ich ihm das Leben!

TRUFFALDIN und SCARAMUZZ Ah – um Zerbinetta handelt es sich! *Zu Tiburz* Don Tiburz – Sie haben gehört? Wir raten Ihnen nach bestem Wissen und Ermessen dazu, das zu tun, was Junker Adonione sagt.

TIBURZIO *hohl* Niemals!

ADONIONE Dann zieh vom Leder, alter Papierkorb!

Die Sekundanten zucken die Achseln, zücken die Schwerter und postieren sich. Im Hintergrunde erscheint der Apotheker mit dem üblichen Gefolge. Sie bilden den Hintergrund zur folgenden Duellszene. Nur Gelsomino versucht fortwährend, Don Tiburzio mit der Klystierspritze, die er im Kanal anfüllt, zu belästigen, was den Gang des Ehrenhandels einigermaßen beeinträchtigt und zu Zusammenstößen mit Truffaldin führt.

PHILEMON No, Kindchen seht, das ist ein Ehrenhandel!
Nur Leut von allerfeinstem Lebenswandel
gestatten sich ein solches schaurig Tun!
Dabei verstehe ich den Don Tiburzio nicht!

Tiburz zieht, fällt wutkreischend aus. Nach wenigen Gängen schlägt ihm Adonione den Hut vom Kopf. Gelsomino bespritzt diese Trophäe.

Bei mir im Laden klagt er über Gicht!
Schüttelt den Kopf.
So Kinder sind kein Umgang nicht für ältre Herrn ...
Ich bin ein Pädagog und sehe das nicht gern!
Schüttelt abermals den Kopf.
Es ist ein Leichtsinn sondergleichen.
So unerfahrne Fratzen gehen über Leichen!
Ein Hieb sitzt.

Tartaglia ist hinter einer Mauerecke aufgetaucht und verfolgt die Phasen des Kampfes.

... no sixt es ... hat ihn schon ...
... und auch den Scaramuzz
Zu den Mädchen gewendet
Auch Euer Vater mußt sich oft das Mütchen kühlen!

Scaramuzz bekommt einen Hieb von Adonione ab. Er verliert die Börse, mit der Truffaldin flieht.
Wie Tartaglia sieht, daß Scaramuzz auf einem Bein stöhnend vor Schmerz herumhüpft, schlenkert er in Mitgefühl die Finger und zieht sich hinter eine Säule zurück.

Denn ich war Meister fast in allen Ritterspielen!
– Einstmals, in des Palasts Borghese stolzen Hallen ...
... Je, je! ... Um Himmelswillen!
– Jetzt ist Tiburz gefallen!!

Plötzlich sinkt Tiburz getroffen nieder. Adonione setzt ihm einen Fuß auf die Brust und den Degen an die Kehle.

Alle schlagen die Hände über dem Kopf zusammen.
ADONIONE Don Tiburz! sprecht noch ein Stoßgebet!
TIBURZIO Gnade ... Gnade ...
ADONIONE Meinetwegen ... ich schenke Euch das Leben, wenn Ihr einen Revers unterschreibt, auf die Hand Zerbinettas zu verzichten!
Tartaglia lugt vorsichtig hinter einem Pfeiler hervor.
TIBURZIO Gut denn. Ich, ein Erleuchteter, bin der Menschheit mein Leben schuldig ... möge sich nun Zerbinetta die Augen wund weinen. Ich will mich umdrehn.
Auf dem Bauch liegend, schreibt er, von Adonione funkelnden Auges betrachtet, den Revers und bestreut ihn mit Straßenstaub. Dann

nimmt Adonione das Papier, steckt es in den Busen und gibt Tiburz noch einen Tritt. Der ist regungslos liegen geblieben.

PHILEMON *zu den Mädchen* Schwerer Nervenchock! Ein völliger Zusammenbruch.

Kein Wunder, allerdings. Geht eine hin!

Sagt es ins Ohr dem Greise laut:

in dem Fall hilft ihm Läusekraut!

Zu Adonione Hat jemand von den Herrschaften vielleicht heute früh oder wann das ... no, ein gewisses ... Porcellain ... zerbrochen?

DIE TÖCHTER Aber Papa!

PHILEMON ... etwa im Zwielicht ... da kommt das gerne vor ... das bedeutet nämlich: Feindschaft!

TÖCHTER Aber Papa ...

PHILEMON No, Kindchen, das ist einmal so, da nützt kein Beschönigen. Also wie gesagt, das bedeutet: Feindschaft ... in jedem Lehrbuch der Metaphysik steht das ... und die richtige Beantwortung dieser Frage hat mir seinerzeit den Bologneser Doktorhut gebracht, auf dem ich mein Lebensglück aufgebaut habe und der mir zum molligen Nest der Familie wurde.

Zerbinetta-Adonione ist errötet und hat sich abgewandt.

No, was ist das ... Sie erröten, junger Herr!

Adonione greift wütend an den Degen.

Je, je, mir scheint, das ist ein Mädel!

Er nimmt den Zwicker ab und will Adonione an die Brust tippen. Adonione macht ernste Miene, den Degen zu ziehen. Philemon für sich. Jeje! ... das ist ja die Zerbinetta ... No, so was ... der Pantalon wird eine Freud haben ... Muß gleich hin, es ihm sagen!

Fernes Trompetengeschmetter. Rudel von Gassenbuben kommen. Dann die Sergeanten Niffolo und Nerbata, die die Menge auseinandertreiben. Ihnen folgt Arlecchino mit einer Fahne, neben ihm schmettern Bricocolo und Cospetto eine Fanfare.

ARLECCHINO Folgt alle mir jetzt auf den Markusplatz!

Beflaggt die Häuser und Paläste!

Legionen, todesmutig, seht ihr dort geschart!

Sie seien, bis sie die Pflicht ruft, eure Gäste!

SPAVENTO Dem Sonnenaufgang geht ihr Siegzug zu!
Denn wißt! Cythera ist bedroht,
das Bollwerk unsrer Macht im Osten!
Der Venus heilig Land bedroht – ihr Helden! schützt es.
Allgemeiner Jubel, große Begeisterung. Adonione wird von der
Menge davongeführt.
PHILEMON *hat alle Vorgänge mit oft geputztem Zwicker ernst*
beobachtet. Jetzt holt er einen Zweig aus der Brusttasche und
spricht:
Das Flohkraut schützt des Helden Schlummer.
Es bürgt für tiefen ruhevollen Schlaf.
Ein ausgeruhter Krieger ist ein Löwe,
ein flohgeplagter schwächlich wie ein Schaf!
... Auf Flohkraut ruht die Größe jedes Volkes!
Zustimmung.

Vorhang

SIEBENTES BILD

Markusplatz. Links im Vordergrund ein Caféhaus in den Bogengän-
gen der alten Prokuration. Rechts im Hintergrund der Campanile
und ein Stück des Dogenpalasts sichtbar. Über dem Caféhaus rotgelb
gestreifte Markise. Vergoldete Rococolacktische, kupferne Kaffee-
kannen, Porzellangeschirr. Strohsessel stehen herum.
Bataillone von Harlekinen ziehen ununterbrochen vorbei unter
fortwährenden Rufen, daß Cythera von den Türken bedroht sei. Es
kommt auch Artillerie. Harlekine mit rauchenden Lunten sitzen auf
den Geschützen, gezogen von krummnasig maskierten Pferden, die
aus je zwei Männern bestehen. Voran zwei Kanonen mit Heerpaukern
besetzt. Tartaglia, hoch zu Roß, kommandiert die Truppen. Arlec-
chino neben ihm. Vivatrufe der Menge und der Caféhausgäste. Unter
ungeheurem Jubel erscheint auch der Rat der Zehn mit Pantalone an
der Spitze. Tartaglia präsentiert vor ihm.
TARTAGLIA *mit großer Geste auf die Truppen weisend*
Mein Werk ... Eccelso, Venedig ruht nun sicher.

Kein Feind kann diesen Truppen widerstehn,
des Landes Blüte, die hier dicht gedrängt
drauf wartet, mit dem Satan selbst zu kämpfen.
Uns ward die sichre Kunde, daß der Türk Cythera,
der Venus lieblich Eiland, Teil der Republik,
mit blutger Faust bedrängt.
Sieh all die Tapfren hier in lilienweißer Kleidung,
wie sie der Venus heilig, stehn bereit!

PANTALONE Habt Dank, mein tapfrer Don!
den heut zum erstenmal ich sehe.
Man sprach von Euch als einem zweiten Cäsar!

TARTAGLIA In meiner Vaterstadt wohnte ein greiser Seher,
der sich zu meiner Wiege führen ließ.
Als er das Kindlein, das ich war, erblickte,
stürzt er zu Boden, hob segnend seine Hände
und zuckte mit dem weißen Bart vor Rührung.
Dann rief der Würdige: »Der neu erstandene
große Feldherr ... Cäsar ... liegt vor euch ...
beschafft ihm Purpurwindeln! Schnell!«
Erhob sich dann und nestelte mit seinen greisen Händen
ein Schwert aus seinem Mantel, das hier Ihr seht ...

*Tartaglia wird durch eine beginnende Unruhe in seiner Erzählung
unterbrochen.*

*Ein irres, wildes Geschrei erhebt sich. Die Harlekine beginnen in
kopfloser Hast zu fliehen und bieten das Bild tollster Verwirrung.*

*Eine große Schar buntgekleideter Türken mit krummen Säbeln
kommt von der Piazzetta hergelaufen. Tartaglia will die Truppen
aneifern. Einige schlagen schußartig auf die Pauken, aber es nützt
nichts mehr, die Armee ist in voller Auflösung. Als die ersten sind
Pantalone und die andren vom Rat davongelaufen. Schließlich bleibt
nur Tartaglia übrig, aber nur deshalb, weil sein Pferd nach zwei
Richtungen auseinanderstrebt. Es wird immer länger, endlich zerreißt es und die Hälften laufen nach verschiedenen Richtungen weg.
Tartaglia sitzt am Boden. Dann steht er auf, setzt sich an einen
Cafétisch, bestellt bei Brighella einen Mocca und mimt einen
harmlosen Caféhausbesucher.*

Die bunten Türken, die inzwischen den ganzen Platz erfüllt haben, bilden eine Gasse, um einen prunkvollen Zug herbei zu lassen. Auf einem Thronsessel naht sich die Fürstin von Cythera, die mit ihrer, als Türken kostümierten Dienerschaft soeben angekommen ist. Sie erscheint sonnenumstrahlt, prachtvoll gekleidet, schwarzlockig, mit ziemlich braunem Teint. Pagen mit kostbaren Parasolen umgeben ihren Thronsitz, ebenso acht fantastisch geputzte junge Mädchen mit Drehleiern, auf denen sie süße Schäferweisen spielen. Ihre Palastdamen und der ganze Hofstaat folgen nach. Die Fürstin blickt sich um, erstaunt, alles leer zu finden.

Bloß Adonione ist stehen geblieben, vom reizvollen Bild der Prinzessin fasziniert. Allmählich kommen auch andre Zuschauer und von den Behörden die sehr neugierigen Scaramuzz und Truffaldin als die ersten.

Im Hintergrunde aber irren noch immer versprengte Fähnlein Harlekine und vor allem die hintere Hälfte vom Rosse des Tartaglia herum.

PALLADIA DIAMANTINA Wie tief bedaure ich den irren Schrecken,
    den mein Erscheinen hier erregt!
    Ich fürchte fast, ihr nehmt für Feinde mich
    und die Getreuen, meine Dienerschaft,
    die in die bunte Tracht des Ostens gern ich kleide.
    Mein kleines Reich ist eurem ja verbündet,
    mein Inselreich im Süden Griechenlands!
    Sie belorgnettiert Adonione. Zu den inzwischen zu ihr getretenen Scaramuzz und Truffaldin
    Wer ist der schmucke Jüngling da ...
    der einzige, der standhielt und aufrecht uns erwartete?
SCARAMUZZ *verlegen* Was für ein Jüngling? Aha, der!
Im selben Moment erscheint auch der Apotheker und hört die letzten Worte der Prinzessin. Er schüttelt den Kopf, packt beide Herren an den Jacken und spricht:
PHILEMON Ein netter Jüngling ... dieses Früchtel ... der sogenannte
    Adonione dort, nach dem die hohe Dame eben frägt!
    Wißt Ihr, wem Ihr im Duell geholfen ... wem? Einer verlarvten
    Irrealfigur, einem verknabten Mädchen ... einer mit sich selbst

Verlobten! ... No, ist es anders? frag ich ... skandalös! Na, kurz,
der Zerbinetta! Was sagt Ihr jetzt?

*Die beiden Herren geben alle Zeichen des Staunens von sich und
flüstern miteinander. Philemon schaut sich das liebliche Gefolge der
Prinzessin näher an und beginnt ein Gespräch mit einem der
Leibhusaren.*

TRUFFALDIN Also – was sagen wir ihr jetzt? Die Wahrheit?

SCARAMUZZ Truffaldin! Seitdem die Welt steht, hat noch niemand in
offizieller Stellung einer Fürstlichkeit die Wahrheit gesagt und da
willst du, alter Esel, die erste Ausnahme machen ... schäm dich ...
pfui Teufel ...
zur Prinzessin Zu dienen ... Eure Hoheit ... das Ganymedchen
da ... nach dem zu fragen Ihr geruht, es ist der Stiefsohn des Herrn
Pantalone, des großen Pantalone vom Rat der Zehn!

PALLADIA Des Messer Pantalone de Bisognosi?

TRUFFALDIN Dort kommt er schon!

*Pantalone erscheint seinerseits auf einer Sänfte getragen, mit einer
Dogenkappe geschmückt. Er ist von verschiedenen Funktionären der
Republik umgeben und verbeugt sich mit dem selbstbewußten Stolz
des Patriziers vor Palladia.*

PANTALONE Willkommen, Fürstin in Venedig! Ich nahe in Vertre-
tung Seiner Hoheit des Dogen ... Ihm ist nicht gut, ein leichtes
Unwohlsein ... hat ihn vorhin befallen ... als im Begriff grad die
Hoheit war ... die Heldenschar der Truppen zu besichtigen ... und
Ihr kamt.
Jetzt brütet Seine Hoheit auf dem Thron ... über ... das Wohl des
Staates.
Wir sind erfreut, daß alles so schön sich löste, und daß statt Brand
und Mord ein überreizend schöner Gast uns hier erfreut!

*Inzwischen ist Tartaglia wieder hinter dem Cafétisch hervorgekom-
men und wirft sich in die Brust.*

TARTAGLIA Tartaglia bin ich ... Alles floh.
Nur ich allein blieb aufrecht.
Ein Glück für Eure Leute, daß es nicht die Türken waren, wie ich
erwartet. – Das ganze Kriegsgerücht nichts als ein Irrtum war.
Wie dies Zivilbehörden manchmal unterläuft.

Zwirbelt den Bart.

Pantalone gibt Zeichen der Unruhe von sich und einige dunkel-bebrillte, düster aussehende Herren seines Gefolges ballen die Fäuste.

Denn seht dies Schwert, aus Feigenholz geschnitzelt ...

Weh dem, der über diese Waffe witzelt ...

Noch niemand hat dem Werkzeug der Vernichtung widerstanden!

Gelsomino legt hohnlachend, wie mit einem Gewehr zielend, die Spritze gegen ihn an. Ein Sbirre verweist ihm aber dieses Beginnen als unschicklich, führt ihn in den Hintergrund. Palladia ist über die Erscheinung Tartaglias etwas erstaunt und flüstert mit Myrtillo, einem ihrer Kammerherrn, und übergibt die Spritze Philemon. Ganz unerwartet kommt jetzt die Pferdekrupp herangetollt.

DAS PFERD *packt Tartaglia am Kragen* Hab ich dich ... du Gauner!

Wo ist die Zahlung ... wo die Entschädigung für mein Kostüm? ...

Bin ein Familienvater ... Doge ... helft!

Alles ist entsetzt aufgefahren und starrt auf das groteske Schauspiel.

TARTAGLIA Kenne Euch nicht – hab nichts mit Euch zu tun ... Ihr

... Irrwisch!

PFERD Ein Irrwisch ... ich ... Herr Doge, hört auf mich!

Bin ein Familienvater,

bin ein verarmter Nobile.

Mein Palazzo ist verfallen,

achtzehn Kindern wimmern nackt nach Brot.

Und dieser Schwindler da hat mich nebst einem Freund als Roß

gemietet!

PANTALONE *verwirrt zur Pferdekrupp und Tartaglia, sowie zu andren, die sich hineinzumischen beginnen* Pscht, pscht!

AGAPIT, DER NOTAR *zur Krupp*

Schon als Attrappe seid Ihr juridische Person

und habet Anrecht auf 'nen Doppellohn.

PANTALONE Betretet den Prozeßweg. Und jetzt, belästigt mich nicht länger. Sbirren! Entfernt die Streitenden ... den fremden Rittersmann und den ihn verklagenden Hintern ... marsch!

Er verscheucht mit dem Sacktuch die Pferdekrupp, die die Hände nach ihm ausgestreckt hat.

PFERD Was? Den Prozeßweg! *Wedelt vor Wut mit dem Schweif.* Ich
soll mein gutes Recht den Rechtstölpeln in die Hand geben . . .?
Nein – da schaff ich mir selber Bezahlung. *Er ohrfeigt Tartaglia
und verfolgt den Fliehenden.*

PALLADIA Eccellenza! Lassen wir die Staatsgeschäfte, die auf Euch
drückend lasten – wie dieses da – für einen Augenblick beiseite.
Laßt uns Fürsten Menschliches besprechen, – für ein Stündchen
die Last des Purpurs beiseite legend.
Und dennoch! Was ich Euch jetzt zu sagen habe, will ich lieber als
Fürstin gesprochen haben . . . denn als junges Mädchen . . . das dort
errötend stammeln müßte, wo es der Landesherrin frei steht, im
Dienste des Staatswohles – wohlverstanden – des Staatswohles! –
ihren Vorschlag . . . ihren . . . Antrag . . . vorzubringen. Ich könnte
eigentlich meinen Ambassadeur Marchese Seladon oder Don
Myrtillo, meinen Minister der inneren Angelegenheiten, zu Euch
senden, zum stellvertretenden Souverän der erlauchten Republik
San Marco . . . und zum . . . Vater . . . *Pantalone stutzt, errötend . . .*
kurz . . . ich liebe Euren Sohn . . . sein bloßer Anblick hat mich
ganz bezaubert – nehmt mich zur Tochter!

PANTALONE *mit irrer Geste* . . . Sohn . . . ich habe keinen Sohn . . . so
viel ich weiß!

*Scaramuzz und Truffaldin schlagen die Hände überm Kopf zusam-
men und weisen beschuldigend aufeinander. Philemon ist neugierig
nach vorn getreten.*

PALLADIA Ihr verleugnet Euer Blut . . . dort steht es!

*Adonione, der sich bisher immer zu verbergen getrachtet hatte, wird
jetzt vorgedrängt.*

PANTALONE *nach kurzem Fixieren* Zerbinetta! Bist du des Teufels?

PALLADIA . . . Zerbinetta . . . wer ist das?

PANTALONE Das ist meine Ziehtochter und Nichte . . . dazu angetan,
ihren guten Onkel zu vernichten . . . wie dies schon manchem
Onkel passiert ist . . . Meine Nichte, die sich in dieser unerhörten,
unziemlichen Maskerade herumtreibt . . . die Braut des hochgelehrten Don Tiburzio . . . zukünftige Frau Universitätsprofessor . . .
heiliger Emidio, Patron des Erdbebens . . . stütze mein Herz!

PALLADIA Weh mir!

PANTALONE ... wo ist er ... wo ist Tiburzio?

PHILEMON *der sich neuerlich durch die Menge drängt, atemlos* Herr
Pantalon – daß Ihr's nur wißt – die Zerbinetta hat den alten Trottel,
den Tiburz, im Zweikampf erschlagen! Ich muß sowieso mit Ihnen
sprechen wegen der Beerdigung ... solln wir ihn vielleicht
balsamieren? Zahln werden Sie's ja doch ... die Tiburzischen
werden sich mit Recht weigern, die Unkosten dieser Escapade zu
tragen und die Geschichte wird noch genug zum Himmel stinken!
mein Lieber, Sie haben Dreck am Szepter, wenn ich mich so
ausdrücken darf. Wenn man bedenkt, daß die Urgroßnichte der
Regierung, um die Sache ins rechte Licht zu stellen, als Lustmörde-
rin dasteht ... no servus ... und wie sie ihn tranchiert hat! Wie auf
Salami ...

ADONIONE *zieht den Degen* Das lügst du ... du Giftfragner ... wehr
dich ... *Sie schlägt mit dem Degen auf seine goldene Spritze.*

PANTALONE Halt! Burgfrieden! ... Sbirren! schreitet ein!
Jämmerlich Muß die Sbirren gegen mein eigenes, adoptiertes Blut
anrufen ... mir bricht das Elternherz!

*Die Sbirren zögern und gestikulieren untereinander. Sie wollen gegen
den bloßen Degen nichts zu tun haben.*

ADONIONE Gut denn – ich halte Friede, so schwer es mir auch
gemacht wird. *Zieht ein Papier aus dem Busen.* Seht hier, Herr
Pantalon ... in diesem Augenblicke Chef der Republik! Hier steht
es schwarz auf weiß, daß Don Tiburzio auf Zerbinettas Hand in
feierlicher Form verzichtet. Ich bin frei.

PALLADIA *für sich* Ach – ein Mädchen. *Laut* Du bist der einzige Mann
hier in Venedig.
Höre meinen Vorschlag! Tritt in meine Dienste!
Sei mein Kriegsminister! Donzella Eccellenza!
In freien Stunden aber deines ernsten Dienstes
– der niemals schwer auf deinen Schultern lasten wird –
ersetzt du mir als kluge Donna del Palazzo,
ersetzt du mir, so hoff ich, den Bajazzo!
Denn du, du dünkst mich schelmisch, holdfrisierte Elfe mit dem
blanken Degen.

ZERBINETTA Ihr täuscht Euch nicht, holdselige Prinzessin ...

... will sagen: Fräulein Pascha ... nein doch:
Donzella Mogul ... nein! Granduchessa der Levante!
PALLADIA Wirst meine engvertraute Lieblingsfreundin!
Wie schade, daß dein Maskenscherz mich täuschte!
Bist überhaupt ein Maskenscherz des Schicksals!
Auch nicht der Weisheit Eule gingst du in das Nest!
Nun, du hast Zeit noch zum Galantsein, du kleines Sphaleron!
Viele Männer zu berücken – merk die Regel:
Sparsam sei mit lächelnd Blicken ...
Stärkre Seile, laß dir sagen,
gibt's nicht für den Siegeswagen,
für der Venus Choreageten.
Sparsam sei mit deiner Gunst,
lodern mache Liebesbrunst
lediglich mit Lächeln, Blicken.
Und nun die Instruktionen für den Kriegsminister von Cythera:
Die Waffen, holdes Mädchen, seien sanft und friedlich!
die Rosenwangen und die Löckchen niedlich,
die schöngeschnittnen Augen und die feinen Brauen,
das Lächeln deines Mundes – Pfeil für Mann und Frauen ...
Und du, du stolze Republik, wirf weg die Waffen!
Du süßverträumte Stadt, sei bloß verklärter Minne Garten,
nur holde Liebesstätte, satt an Schönheit!
Das sei das Abendrot über dem golddurchwirkten
Teppich deiner Geschichte, du Märchenstadt Venedig!
Die Fürstin von Cythere spricht dir diesen Wunsch ...

Ihr Akoluthen Aphroditens eilt – eilt, ihr Eroten,
ihr leichtbeschwingten, goldgegürteten!
ihr Mesnerknaben vom Altare Amors!
Bringt der holdseligen Excellenz die Waffen
als Zeichen süßer Macht der Minne!
In dem folgenden Ballett bringen Amoretten Adonione, über die ein
Rosenregen niedergeht, Pfeil und Bogen. Apotheose Venedigs als
Stadt der Liebe. Die Behörden huldigen Zerbinetta.

Vorhang

PARALIPOMENA

DIE VERDORBENE ZERBINETTA
ODER
PANTALONES VERBITTERTER LEBENSABEND

Zerbinetta, eine Waise, wurde von ihrem buckligen, sonderbar grilligen Onkel, Don Baldassare Policinello aufgezogen. Sein Freund Zoppicone haschte schon als Kind nach ihr. Er gedenkt, sie nach erlangter Reife mit seinem pedanten Neffen Don Tiburzio, einem Gelehrten, zu vermählen. (Derwischforscher) Sie aber liebte zu cocettieren und hatte zwei Freundinnen, Columbina, die ihr ein gottgeweihtes Leben hinwies, und die geile Spiletta, die ihr lächelnd Vogelnester zeigt, Kränze auf den Finger steckte oder ihre Rose betastet, sie rät ihr, unsolid zu werden und weist auf ihre lockeren Freundinnen hin:
Zurlana, Zinale (Schürze), Pulcella, Zitella, Civetta und auf die große Hure Nefenda Ninoletta.
Sie ist noch naiv lebensgierig und schon glücklich, wenn die fünf unzertrennlichen Tröpfe vor ihrem Gitterfenster neben der Nische mit dem Lämpchen vor der Madonna nachts singen:
Zeppo (der Volle), Spazzaforno, Zibbibbo, Niffolo und Giangurgolo (oder Midollonaccio) aus Messina.
Doch jedesmal werden die in der Gondel geprügelt, wenn sie heimfahren, und Sfiandronato, ein Großsprecher, rühmt sich dieser Taten. Bambagello, ein Geck, steigt ihr nach; beide gefallen ihr nicht übel, aber ihr Herz wird ganz gefangen, als sie den spanischen Gesandten Quadradrillos, Granduca di los Pampadores, unter einem Traghimmel über den Marcusplatz steigen sieht; ach, sie möchte so gerne große Dame werden! Midollonaccio, ein Tropf und Sohn wohlhabender Provinzler, läßt um ihre Hand anhalten; ihn weist sie zurück, genauso wie den schlauen Brighella, der mit ihr ein Gasthaus bei Gradisch, der Stadt der Schäfer, gründen will. Dort soll sie vor der Türe tanzen und er denkt, sie an Reisende zu verkuppeln.

Der Dichter Zazzeroni liebt sie auch und malt ihr eine Schäferidylle bei Linz, der Stadt der Schäfer, aus, in Arkadien.

Aber da wendet ihr der reiche Wollüstling Vespagiano Bambagiante sein Augenmerk zu und läßt sie durch die verruchte Kupplerin Sgurgula Mezzanotte mit ihrem räudigen Hund Vermes kuppeln.

Es kommt zum ersten Rendez-vous: Er in ponceaurotem Staatskleid und weißer Parrucke will gerade ihr, die nur scheinbar widerstrebt, den Arm um die Taille legen und sie auf das Schönheitspflästerchen küssen (in einem Renaissancegarten auf der Giudecca mit vergoldeten Faunscaryatiden), als unerwartet Capitano Spavento vorstürzt und ihn durchbohren will; Bambagiante flieht und will Spavento, der ritterlich die empörte Zerbinetta grotesk in die Gondel führt und sie seines Schutzes versichert, während Tartaglia dem fliehenden Bambagiante nachschimpft und mit dem Holzschwert droht (da er behauptet, daß er so gefährlich gelte, daß er bloß ein Holzschwert tragen dürfe).

Also, er will ihn durch den Mörder Trucilante zerstückeln lassen. Sie werden sich aber über den Preis nicht einig, da Bambagiante geizig ist. Das erfährt aber Scapino, der Gondolier Spaventos, der zufälligerweise der beste Freund Trucilantes (sein Milchbruder) ist. (Lied zum Preise der Milchbrüderei) Tartaglia schwört, ihn zu schützen, muß aber in die Levante, um gegen den Großsultan zu kämpfen und Cypern zu erobern. Sein treuer Diener Arlechino, leicht beschuhter Fleckerlpojazzo, geht als sein Leutnant mit. Alle Harlekine Italiens rücken ein. Revue auf der Piazza und Policinello organisiert die Armee. Don Policinello (oder Pantalone) erfährt aber alles und stellt Zerbinetta vor die Wahl: Tiburzio oder das Kloster. Man führt sie hin und sie sieht eine Nonnendamenkapelle. Sie ist entsetzt, da man ihr in Aussicht stellt, dort das Clavecin zu schlagen.

Colombina redet ihr zu. Colombicchio von Taubenbichel, ein Vetter, schmachtet sie zart aus der Ferne an. Er ist Controllor der Tarockkartensteuer in Görz. Sie lächelt nur. Dann läßt er ihr durch die Kupplerin Mammolina einen dummen Brief [ein Wort unleserlich]

(Napperone, der Heerpauker)

Da kommt nach Venedig die unermeßlich reiche Donna Diamantina

Micante aus Kalymnos und kauft einen Palast, wo sie alle Schöngeister versammelt und will aparte Curiositäten.

Auch Don Tiburzio drängt hin, um ihr das große Poem über den Kampf der Arlechini gegen die Derwische vorzulesen. Er bittet sie, Zerbinetta zu beeinflussen. Sie läßt sie kommen, fesselt sie aber an sich und bald geht das Gerücht, daß Micante ein Ermafrodit sei. Sie wirft sich ihr zu Füßen.

Eines Nachts wird Tiburz ermordet.

Darüber verliert Pantalone den Verstand und stirbt auch; Zerbinetta erbt großes Geld, der Notar Graziano von Bologna eröffnet das Testament, in dem ein Legat ist, dem Marcuslöwen auf der Piazetta den Schweif zu vergolden, und alles ist gespannt, wen sie erkürt, Brighella, Bambagiante, Zazzerone, Midollonaccio, Spavento, Tartaglia, Napperone, sein Freund, den er mitbrachte – alle drängen sie. Sie aber folgt dem Rate der Micante, wird Grande cocotte, macht ihre Triumphfahrten zur Giudecca, wo sie mit Juwelen geschmückt in Parade spaziert, sieht alle Welt bei sich und gründet schließlich die Accademia dei gonellanti oder sottomutande und bekommt schließlich vom Papst die Tugendrose.

* * *

DIE FÜRSTIN VON CYTHERA

I.

Saal des Rates der Zehn. Pantalone, wie die anderen, schwarze Maske, präsidiert der düstren Versammlung. Sbirren stehen im Hintergrund umher.

Pantalone – so gut wie der Doge selbst – hat den Rat einberufen, um ihm mitzuteilen, daß in der vorigen Nacht der Polizeiminister Smecchia – unkenntlich fast verhüllt – mitgeteilt habe, daß von der Levante aus ein Krieg Venedig bedrohe. Der Ambasciatore Venedigs, der soeben mit dem schnellsten Schiff aus dem Orient eingetroffen sei, stehe in der Anticamera.

Er wird vorgelassen und überreicht das Aktenportefeuille, in das sofort die obersten Drei Einsicht nehmen. Aber auch eine ungeheure Fliege summt herbei und kann nur schwer von den Hellebardiern verscheucht werden. Das Portefeuille, vom Gesandten Cimadolce verwechselt – enthält nur Liebesbriefe, die aber die Ratsbeisitzer für diplomatische Geheimberichte halten. Pantalone, nicht so naiv, ist wütend, wird aber durch eine dröhnende Musik aus der Anticamera abgelenkt. Herein kommen die zwei als wandelnde Orchestermänner maskierten Gesandten Beider Sizilien, spielen einen rauschenden Tusch und überreichen einen Bündnisbrief ihres Königs. Aber auch dort ist just der Name des Feindes, der Venedig bedroht, durch einen Saucenfleck vollkommen unleserlich.

Alles ist verzweifelt. Aber Pantalone murmelt: es kann nur der Türke sein!

Denn Smecchia habe ihm verkündet, daß unweit Korfu ein buntes Riesenschiff voller Türken gesichtet wurde – als Vorhut einer Riesenflotte, und dieses Schiff habe seinen Kurs gegen Venedig genommen. Unter lauten Weherufen schließt die Versammlung.

II.

Zimmer der Zerbinetta im Palazzo Pantalone vecchio.

Pantalone befiehlt seiner Nichte, den Don Tiburzio zu ehelichen. Denn, das Vaterland in Gefahr heische von allen seinen Kindern die Pflicht, für die Sicherheit und den Bestand des Volkes zu sorgen. Zerbinetta ist unglücklich. Sie kann den öden Schwätzer Tiburz nicht ausstehen. Pantalone wütend ab. Colombina tritt ein und redet Zerbinetta zu, dem Rate des Oheims zu folgen. Die Tür wird aufgerissen. Spileta stürmt herein. Colombina geht traurig ab. Spileta bemäkelt das Verhalten Pantalones – nicht einmal für ein modernes Zimmer sorge er – und wie Zerbinetta angezogen sei – wie er sie ihre Jugend vertrauern lasse. Aber, heute nacht käme sie mit einer lustigen Schar von Mädchen, Zerbinetta durchs Fenster heraus zu holen – man wolle sich im Maskentreiben amüsieren. Wenn's siebenmal miaut, habe sie sich parat zu halten. Spileta ab. Der Mond ist aufgegangen, auf dem Kanal erscheint eine Gondel, in der an einem Notenpult ein dicker, kurzsichtiger Jüngling – Sor Midollonaccio – musiziert. Nach wenigen Takten ist eine Türe neben Zerbinettas Gemach aufgesprungen und Pantalone verjagt mittels eines überlangen Hosenträgers den schüchternen Jüngling.

Zerbinetta lacht vor sich hin und singt ein Lied ihrer Sehnsucht, der
Held ihrer Träume sei der spanische Gesandte Marchese Pampadores!
Dann schläft sie resigniert ein und öffnet noch einmal die Arme. Sie
bemerkt nicht mehr, daß eine Gondel mit jungen Mädchen und
Stutzern vor ihrem Balkon angelegt hat. Spileta hat sich auf die
Brüstung geschwungen, das Maskenwerk für ihre Freundin in der
Hand. Sie konstatiert ihren Schlummer und schwört, daß sie für ihre
Freiheitsstunde sorgen werde. Unter Gesang und Lachen fährt die
Gondel davon.

III.

Buntes Treiben am Rialto. Zerbinetta erscheint in Begleitung ihrer
alten Duenna, Madonna Miseroni.

Man besichtigt die Auslagen; Bambagiante, ein reicher Wüstling,
kann sich vom Anblick des schönen Mädchens nicht trennen und
schnupft immer wieder bewundernd. Die Kupplerin Mezzanotte
schleicht um ihn herum und bietet ihm schließlich ihre Dienste an.
Bambagiante frägt sie, wer das Mädchen sei? Bambagiante schreibt
ein Briefchen, das die Mezzanotte Zerbinetta zustecken solle.

Inzwischen trennt sich Zerbinetta unvermerkt von der Duenna, die
alte Jugendgespielinnen wiedergetroffen hat, und tritt in den Vordergrund, von Stutzern umschwärmt und bewundert. Colombina, mit
einem Einkaufskorb, bescheiden gekleidet, kommt auf sie zu und
frägt sie, ob sie ihrem Oheim schon den Willen getan habe und Braut
sei? Ihre Augen strahlen ja so! Zerbinetta wehrt wütend ab. Diesen
Flederwisch von Tiburz mute sie ihr zu? Jetzt, wo der Krieg vor der
Türe stehe, bramarbasiere er mit überlangem Degen, über den er
stolpere, und verstreue mappenweise Festungspläne! – den Laffen
nie!

Colombina legt ihr dann nahe, ihren Vetter, Colombichio von
Taubenbichel zu wählen – hier sei sein Miniaturportrait.

Zerbinetta findet ihn aber so scheußlich, daß sie mit den Füßen
stampft. Betroffen geht Colombina ab und Brighella tritt auf.
Selbstgefällig dreht er sich um und bemerkt Zerbinetta. Wie schön
die geworden sei! das wäre eine Partie für ihn! Er habe ein Gut im
Furlanischen geerbt! das wäre eine Wirtin! Sofort wolle er zu

Pantalone, um ihre Hand anzuhalten. Jetzt steckt Mezzanotte dem jungen Mädchen das Briefchen zu. Sie bricht es glänzenden Auges und steckt's in den Busen, bemerkt aber zu ihrem Mißbehagen die schäbige Figur eines Poeten, der sich tief vor ihr verbeugt, um dann mit meckernder Stimme ihr in einer Canzon seine Liebe zu gestehen. Er wolle mit ihr ein Schäferidyll leben ... Aber Zerbinetta verweist ihn an ihren Oheim. Dann stellt sie noch fest, daß ihre Duenna vollkommen okkupiert sei, nimmt den Arm Bambagiantes – der eben ein Zeichen gegeben hatte – und läßt sich von ihm zu seiner Gondel führen.

IV.

Prunkvoller Garten auf der Giudecca.

Bambagiante gesteht Zerbinetta seine Liebe. Er wolle sie entführen – in sein Landhaus in Strà – Tiepolo habe es ausgemalt – jeden Luxus wolle er um sie verbreiten.

Da tritt aber der Apotheker Philemon auf, gefolgt von seinen vier Töchtern und deren vier Verehrern. Sie ziehn im festlichen Gänsemarsch auf. Pasquarillo frägt den Apotheker nach einem Pflänzchen. Philemon gibt seine vergoldete Klystierspritze – das amtliche Abzeichen seiner halbmilitärischen Würde bei der Marine – dem Gelsomino zu halten, setzt den Zwicker auf und erklärt, daß es sich hier um die Camille handle, ein Beruhigungsmittel auch bei Sinnenkitzel! Dann geht die Gruppe ab, und das Liebespaar erscheint wieder. Gerade, als Bambagiante das nur scheinbar widerstrebende Mädchen küssen will, rauschen die Rosenbüsche und heraus springt, wutschnaubend Capitano Spavento, der den feigen Bambagiante mit gezücktem Degen verscheucht. Nach gräßlichen Drohungen gegen den verschwindenden dicken Herrn beugt er vor der empörten Zerbinetta ein Knie und bietet sich ihr als ihr Ritter an.

Als sie hört, daß sein Schloß am Fuße des Vesuv stehe, blickt sie milder und will schon mit dem wunderlichen Cavalier zu konversieren beginnen, als abermals die Rosenbüsche rauschen, aus denen nicht ohne Mühe Capitano Tartaglia hervorbricht, der ebenfalls in die Richtung des längst verschwundenen Bambagiante die Faust schüttelt und dorthin mit einem hölzernen Schwert wild fuchtelt.

Seine wütenden Verwünschungen gegen den feisten Wüstling von vorhin gehen in ein finsteres Knurren über. Aber da Bambagiante absolut nicht mehr zum Vorschein kommt, hält er schließlich inne. Zerbinetta, die mit Verwunderung den Vorgang durch das Lorgnon betrachtet hat, wendet sich an Spavento, wer der neue, sonderbare Herr da sei?

Ihm, Spavento, der doch sonst alle Kavaliere Italiens kenne, sei er auch völlig unbekannt: Aber Tartaglia sorgt schon dafür, sich ins rechte Licht zu setzen; er sei gekommen, Venedig im kommenden Krieg sein furchtbares Schwert zu leihen. Trotzdem es nur aus Holz sei, könne er so gräßlich damit hausen, daß man noch lange zitternd davon sprechen würde.

Das Liebespaar, das Tartaglias Zeit nicht beanspruchen wolle, besteigt wieder die Gondel.

Verschränkten Armes blickt ihnen Tartaglia nach: dann setzt er sich sinnend auf eine Marmorbank.

Inzwischen ist der Apotheker und seine Schar wieder aufgetaucht: man läßt sich von ihm den Kaktus als Zierpflanze erklären.

Nur Mezettin ist diesmal nicht bei der Sache und belästigt mit seiner Spritze den Tartaglia, der sich mit dem Schwert des Unverschämten vergeblich zu erwehren sucht.

Zum Glück für Tartaglia verschwindet die botanisierende Gruppe und macht Bambagiante Platz, der einem bedenklich aussehenden Halunken den Auftrag gibt, Spavento zu ermorden.

Tartaglia, der, hinter einem Marmorsockel versteckt, alles belauscht hat, schwört dem verruchten Paar Rache und pfeift einen Gondoliere heran, ihn zum Palazzo Spavento zu rudern.

V.

Kleiner Platz. Rechts und links die halbverfallenen Pallazzi Spiletas und Spaventos. Es ist schon ziemlich dunkel.

Eine Gondel legt an. Ihr entsteigt, ohne Begleitung, Zerbinetta. Gerade als sie, scheu herumblickend, davoneilen will, stößt sie auf Pantalone.

Sie erklärt ihm mit allen Zeichen höchster Erregung, daß Donna Miseroni ins Meer gestürzt und ertrunken sei. Als Pantalone, der –

Zerbinetta an der Hand – um Hilfe rufend, davonstürzt, prallt er mit der Miseroni zusammen.

Pause tödlicher Verlegenheit. Pantalone ringt nach Athem. Im Hintergrund geht der Apotheker mit seiner Schar vorbei, jeder eine Blume in der Hand. Es sei der Stinkasant, hört man den alten Herrn, aus dem man den Teufelsdreck siede. Die Miseroni fällt in eine Ohnmacht. Der Zug verschwindet. Pantalone rast vor Zorn und schwört, daß Zerbinetta nun die Wahl zwischen Tiburz und den Klostermauern habe! Spileta hat ein Fenster aufgestoßen und hört entsetzt zu. Dann lacht sie und reibt sich die Hände.

Truffaldin und Skaramuzz tauchen aus dem Dunkel auf und nicken furchtbar zu seinem Fluch. Aber ihr Erscheinen ist ihm sichtlich unangenehm. Auch Colombina ist unhörbar erschienen und spricht tröstend zu Zerbinetta, daß das Leben im Kloster ganz schön sei.

Doch sie will das Leben Venedigs nicht missen und ist ganz verzweifelt. Da kommt ihr Spileta zu Hilfe. Sie ermahnt Pantalone, nicht so zu schreien und verspricht ihm, die Sache in seinem Sinn zu ordnen, da Tiburz ohnedies ihr Vetter sei! Pantalone möge ihr die Nichte die Nacht über anvertrauen und er möge sich entfernen, ehe die Nachbarn vom Streite wissen.

Pantalone küßt Spileta dankbar die Hand und trollt sich davon. Spileta zieht ihre Freundin in ihr Haus. Colombina ist traurig abgezogen. Skaramuzz und Truffaldin machen sich schweigend ein Zeichen, ihr nachzugehen. Man hört noch, wie sie geohrfeigt werden. Dann ist's ganz still am Platz.

Aber jetzt schleicht der Mörder Trucilante vorsichtig an das Tor des Palazzo Spavento und klopft leise an. Der Diener Scapino öffnet. Trucilante erkennt aber in ihm seinen Milchbruder und ist so gerührt, daß er ihm den ganzen Mordplan anvertraut. Doch Scapino redet ihm das grause Vorhaben aus und bekehrt den Mörder. Dem heimkommenden Capitano Spavento wird die Geschichte erzählt und der gerettete Cavalier belohnt die beiden Milchbrüder aufs reichlichste.

Alle drei verschwinden. Der Vollmond geht auf; eine Gondel legt an. Ihr entsteigt Tartaglia, zwischen dem und dem Gondolier es wegen Entlohnung durch Falschgeld zu einem leichten Streit kommt.

Tartaglia beschließt, die Nacht vor dem Palazzo Spavento zu wachen und begibt sich neben einem kleinen Lagerfeuer zur Ruhe. Jetzt regt sich Leben auf dem kleinen Platz. Erst kommen einzelne Späher, dann das Musikkorps der Mördergilde, dem noblen Spavento ein Ständchen darzubringen.

Zuletzt kommt auch der Gastwirt Brighella gelaufen, der während eines Liedes zum Preise des Giftmords das eben von ihm erfundene Boeuf braisée triumphierend herumträgt.

Schließlich erscheinen Spavento, Spileta und Zerbinetta an den Fenstern. Spavento dankt den Bravis und wirft Zerbinetta eine Kußhand zu.

VI.

Derselbe Platz. Früher Morgen. Fegende Straßenkehrer belästigen den schnarchenden Tartaglia, dem sie das Schwert in den Müll werfen wollen. Tartaglia erwacht und protestiert, wird aber davongejagt. Straßenhändler preisen ihre Waren an; verschränkten Armes ist auch Tiburz erschienen. Er klagt über das leichtsinnige Volk, das nicht ahnt, wie nahe der Untergang sein kann. Tartaglia erscheint aber nun mit einem Heer von Streitern – lauter Figuren der Commedia dell'Arte – um sie Tiburz zu präsentieren. Dann alle ab, nur Tiburz bleibt und schreitet militärisch auf und ab.

Das Tor des Palazzo Spileta öffnet sich. Spileta lugt vorsichtig heraus und entläßt dann Zerbinetta ins Freie, die als der Page Adonione verkleidet ist.

Sie fixiert Tiburz arrogant und tritt ihm dann von hinten auf die Sporen, daß er umfällt. Dabei ruft sie ihm »Tölpel« zu.

Es kommt zwischen beiden zu einer heftigen Kontroverse. Adonione kontrahiert Tiburz, den sie ja scheinbar nicht kennt. Als sie seinen Namen hört, entflammt sie scheinbar in höchste Wut: er sei der Wicht, der Zerbinetta wegen ihrer Mitgift nachstelle, auf deren Hand er, Adonione, nie verzichten werde.

Darauf wendet er sich zu den gerade daher kommenden Truffaldin und Scaramuzz, die dem Duell sekundieren.

Tiburz fleht die Herren an, den Zweikampf zu verhindern, da er sein Leben dem Schutze der ohne ihn hilflosen Zerbinetta geweiht habe;

Adonione erklärt sich bereit, von dem Waffengang zurückzutreten, falls Tiburz feierlich auf die Hand Zerbinettas verzichtet.

Darauf will aber der habsüchtige Tiburz nicht eingehen und das Duell beginnt, von Tartaglia hinter einer Säule ängstlich beobachtet.

Auch der Apotheker und Gefolge erscheint. Sie bilden den Hintergrund zu dem blutigen Drama. Nur Gelsomino sucht fortwährend den Tiburzio mit der Klistierspritze zu belästigen, was zu unliebsamem Zusammenstoß mit den Sekundanten führt.

Nach wenigen Gängen stürzt Tiburz. Adonione setzt ihm den Degen an die Kehle, schenkt ihm aber das Leben gegen Unterfertigung des oberwähnten Reverses. Die Sekundanten tragen Tiburz weg. Der Apotheker aber nimmt den Zwicker ab, um besser zu sehen – der Adonione scheint ihm verdächtig. Gerade, als er dem falschen Pagen auf die Brust tippen will, ertönt ungeheures Geschrei. Gassenbuben kommen gelaufen, hinter ihnen Arlechino als [ein Wort unleserlich] – die Legionen der Masken kommen, den Feind zu zerschmettern.

Der Apotheker konstatiert noch, wer der Page wirklich sei und daß Pantalone eine Freude haben werde! Die Balsamierung der Leiche werde ein schönes Stück Geld bringen! Dann nimmt er ein Bündel Flohkraut aus der Tasche und singt das Preislied dieser Droge, die den Sieg garantiere, da ausgeruhte Helden unbesiegbar seien.

VII.
Markusplatz. Einige Kaffeehaustische.

Bataillone malerischer Masken ziehen vorbei unter Rufen, daß Cythera, die Perle der Republik, von den Muselmanen bedroht sei.

An ihrer Spitze Tartaglia, auf einer Pferdeattrappe, die von zwei Männern gebildet ist. Die Menge jubelt ihm begeistert zu.

Der Rat der Zehn erscheint, Pantalone an der Spitze.

Tartaglia präsentiert vor ihm und preist sich als der unbezwingliche Held an.

Aber er wird durch eine beginnende Unruhe unterbrochen. Irres Geschrei erhebt sich; die Masken beginnen kopflos zu fliehen; über den Platz laufen eine Menge buntgekleideter Türken mit blitzenden Säbeln. Tartaglias Pferd geht nach zwei Richtungen auseinander, so daß er am Boden sitzt. Aber gleich steht er auf, setzt sich an einen

Tisch und bestellt bei Brighella einen Mocca – er ist nun bloß ein harmloser Kaffeehausbesucher.

Die bunten Türken, die den Platz erfüllt haben, bilden eine Gasse, um einen prunkvollen Aufzug durchzulassen. Es ist die Prinzessin von Cythera, umgeben von einem reizenden Hofstaat von Rococoschäferinnen und gezierten Cavalieren.

Einzig Adonione ist stehen geblieben, vom reizvollen Bild fasziniert.

Allmählich kommen auch andere Zuschauer und von den Behörden die sehr neugierigen Scaramuzz und Truffaldin als die ersten. Im Hintergrund irrt aber noch immer die hintere Hälfte vom Rosse Tartaglias herum. Die Prinzessin belorgnettiert Adonione, der ihr sichtbar gefällt. Sie spricht ihr Bedauern aus, daß sie, die bloß hergekommen sei, ein paar neue Frühjahrshüte zu kaufen, durch ihre Marotte, die Dienerschaft türkisch zu kostümieren, so ein Unheil angerichtet habe.

Tartaglia, der inzwischen seinen Mut wiedergefunden, erklärt, welch Glück es gewesen sei, daß die Türken nicht echt waren! Keiner wäre davongekommen! Die Prinzessin ist über Tartaglias Erscheinung etwas erstaunt, noch mehr aber darüber, daß auch noch die Pferdekrupp herangetollt kommt, um von Tartaglia seinen Lohn zu fordern. Es kommt zu einem bittren Streit, den die Sbirren bald schlichten.

Das Interesse der Prinzessin liegt aber wo anders.

Sie fragt leise Skaramuzz und Truffaldin, wer der schöne Jüngling da sei? Die beiden Herrn wissen aber nicht, wer er ist; doch klärt sie der eben herbeigekommene Apotheker auf, die ganz entsetzt sind, in was sie da verwickelt würden. Verlegen erklären sie der Fürstin, es wäre der Stiefsohn des Pantalone ... der übrigens eben auf einer Sänfte erscheint, geschmückt mit der Dogenkappe.

Pantalone willkommt die schöne Prinzessin, die aber bald das Staatsgespräch abbricht und verlegen errötend erklärt, daß sie etwas als Fürstin vorzubringen habe, was sie als junges Mädchen nie sagen dürfte ... kurz: sie bäte ihn, sie zu seiner Tochter zu machen ... sie bäte um die Hand seines Stiefsohnes! Pantalon glaubt, in eine Ohnmacht zu sinken. Palladia ist über die Richtigstellung schwer enttäuscht, aber beide Mädchen versichern sich gegenseitig, daß um sie herum genug brennende Herzen wären; und die Prinzessin ernennt die reizende Maske Zerbinetta-Adonione zum Kriegsminister der Venusinsel Cythera. Hold und lieblich wären da Waffen, über die sie zu gebieten habe! Dann aber spricht sie die Minne [Lesung unsicher] an, daß die Märchenstadt Venedig nur noch holde Liebesstätte sein möge ... das sei das Abendrot über den goldgewirkten Teppich dieser Märchenstadt.

In einem Schlußballett bringen Amoretten Adonione, über den ein Rosenregen niedergeht, Pfeil und Bogen.

Die Behörden huldigen dem schönen Mädchen.

* * *

Bajazzotum Ich sehe die synthetische Blüte des Welttreibens stark ins Bajazzohafte verklärt, – wohl eine Compensation zum unübertroffenen Grauen des Krieges. Immer hat die große Weltregie eine Atellanische Komödie nach den Tragödien eingeschoben. Nach 1789 bis 1815 die fabelhafte Blödsinnskomödie der Biedermeierei, wo mit Emphase wohl das Dümmste von sich gegeben wurde, das die Welt sah. Sogar Goethe hat damals einen leichten Gypsschlag davongetragen.

* * *

Tartaglias Blamage am Markusplatz. Alle Bajazzi marschieren auf. Bajazzoartillerie mit den krummnasigsten Pferden etc. Plötzlich treten maskierte Türken auf und alles stiebt auseinander. Eine Bajazzogaleere mit der ganzen Fleckerlciurna verirrt sich bis Zara, wo man noch heute Bajazzoansiedlungen findet.

* * *

Zerbinetta wird bei der Kartenschlägerin »Das große Mistviech« aufgeschlagen. Das bestärkt sie in dem Vorsatze, »Grande cocotte« zu werden.

* * *

Kartenschlägerin kommt und schlagt das »große Mistviech« auf. Zerbinetta staunt, aber Spiletta und Zurla lachen und sagen, es bedeutet, daß sie »grande Cocotte« werden müsse!

* * *

Spavento kam sogar bis Surinam.

* * *

Admiralsarzt hat Klystierspritze, die in Neptunsgabel endet.

* * *

Markusplatz: der Geck Bambagello betrachtet durchs Lorgnon die Diana.
Neben Bajazzohütte ein Kohlkopf mit Turban an Spießen. Policinell erzählt von der fleischfressenden Pflanze, die den Kuchen angebissen hat. Dann seinen Finger. (Otto, das Messer!) Erst in der Todesstarre hat sie ausgelassen. – No, Kindchen, das ist kein Spaß.

* * *

Kaiser Joseph II.
und die Bahnwärterstochter

EINE DRAMATISCHE STIMME AUS INNERÖSTERREICH
ZUM KLANG GEBRACHT DURCH
FRIEDRICH VON ORLANDO
HERRN UND LANDSTAND IN KRAIN UND
AUF DER WINDISCHEN MARK, PATRIZIER
VON TRIEST UND FIUME ETC. ETC.

VON DEMSELBEN DEMSELBEN
EHRFURCHTSVOLL GEWIDMET.

Personen:

Von allerhöchsten Herrschaften:
SEINE MAJESTÄT KAISER JOSEPH II. in der Maske eines schlichten, doch vornehmen Reisenden. Mitunter unter dem Namen eines Grafen Falkensteyn

Vom hohen Adel:
GRÄFIN PRIMITIVA VON PARADEYSSER, Obersthofmeisterin
OTTILIE VON HATZFELD
LUCRETIA VON LANDSCHAD } Comtesserln bei Hof
VERONICA VON MARSILIEN
SEINE HOHEIT WOLF DIETRICH FÜRST PFAUENBERG, k. k. Obersthofmarschall
SEINE EXCELLENZ DER GEHEIME STAATSMINISTER LUDWIG GRAF COBENZL
ORPHEUS GRAF WUMPSPRANDT, Indigena von Hungarn und Oberstküchenmeister von Kärnthen
dessen Herr Sohn, ORPHEUS DER JÜNGERE

Von der Hofgesellschaft:
ONUPHRIUS FREIHERR VON LAAB IM WALDE } Kammerherrn
KREUZWENDELICH GRAF SCHÄSSBURG
DAGOBERT PAPPELBERG EDLER VON KAISERHULD UND ZU PAPPEL-HORST, Zeremoniendirektor
VERSCHIEDENE KAMMERHERRN UND HOFDAMEN, ZWEI ÖSTERREI-CHISCHE PAGEN

Ausländischer Adel:
SEINE LORDSCHAFT PERCY FAIRFAX FITZROY HOBGOBLIN, königlicher großbritannischer Botschafter
SIR HUGH ALGERNON WHIMBHALSELL, dessen Sekretär
ZWEI ENGLISCHE PAGEN

Aus der zweiten Gesellschaft:
IGNAZETTE FREIIN VON ZIRM, NÉE SCHEUCHENGAST, AUS DEM HAUSE DER SCHEUCHENGAST-SCHEUCHENGAST, fälschlich auch Eynöhrl genannt
SOWIE WOHL AUCH EIN GERINGER TEIL EINES REISEPUBLIKUMS, DAS EINEM AUS VERKEHRTER RICHTUNG ANGEKOMMENEN ZUGE ENT-STIEG

Aus dem guten Mittelstand:
ZAHLREICHE REISENDE

Hofbedienstete:
ABDIAS HOCKAUF, k. erbl. Hofzugsvorreiter
ZWEI LAKAIEN AM HOFWAGGON
VERSCHIEDENE LAKAIEN IN DER HOFBURG ZU WIEN

Aus dem ordinären Mittelstand:
GACKERMEIER LEOPOLDINE, eine beleibte Witfrau

Aus dem Volke:
ZWÖLFAXINGER ALOIS, k. erbl. Bahnwächter
INNOZENTIA ⎫
NOTBURGA ⎭ dessen eheliche Töchter
FRANZ X. TEUXELSIEDER, k. erbl. Hilfsheizerstellvertretersanwärtersubstituten-
gehilfe ohne Gebühren, Innozentias heimlich Verlobter
PIFFRADER QUIRINUS, k. erbl. Lokomotivführer
NEBELKETTINGER FRANZ ⎫
MUGELSCHUPFER FRANZ ⎪
TRUMMRUCKINGER FRANZ ⎬ k. erbl. Streckenarbeiter
ZWAXELHOFER FRANZ ⎪
WADSCHUNKERL FRANZ ⎭
ZWEI BAUERNBURSCHEN
FRANÇOIS, ein Lakai
ZWEI LAVENDELWEIBER

Figuren zweifelhafter Provenienz:
ZWEI GNOMEN

Aus dem Abschaum:
RINALDO RINALDINI, ein Räuber und Verschwörer, auf der sommerlichen
Erholungsreise begriffen

Aus der Hölle:
DESSEN ARME SEELE

Aus dem Reiche der Täuschungen:
EIN K. K. DOPPELADLER ⎫
WALDMANN, EIN DACHSHUND ⎪
EINE ERSCHOSSENE GEMSE ⎪
EIN APFELSCHIMMEL MIT FEDERBUSCH ⎬ alle ausgestopft
MEHRERE LÄMMLEIN ⎪
EIN PFEFFERFRESSER ⎭

Ort der Handlung:

1. Akt: Das Zimmer eines Bahnwächterhauses
2. Akt: Vor dem Bahnwächterhaus in grandioser Hochgebirgslandschaft
3. Akt: Der Zeremoniensaal der Wiener Hofburg

Zeit: Etwa 1786, da Seine Majestät nicht mehr viel zu tun hatte

ERSTER AKT

Wohnstube im Bahnwächtershaus. Bäuerliche Barocke.

TEUXELSIEDER *kommt herein und ladet eine Kraxe Tannenzapfen ab* Uff! Dös war d' elfte ... so. Lauter Tannazapfen. Dös gheert alles für d' Logomodiew. Nix schmeckt dera besser als wia Zapfn. Dös wann s' haben, mögen s' nix anders. Und gar d' Pockerln! Der Kohlen ... handler – Feiglstock schreibt er sich – hat natürli an Grant, wann er's siecht. Aber – mir ham halt 's Sparsystem. Wos willst macha? *Zählt auf* Pockerln ... Zapfen ... morsche Dachbreder ... ab und zu an alten Schlapfen ... an krepierten Raben ... was ma halt so findt ... dös sehn s' oben gern.

Eigentli hab i ja in Maschindienst, wie man sagt. Aber, da muß i weg aus 'm Haus. Und wegen ihr – der Innozentia – tu i mir die Plag an. So viel sauber is s'. So viel sauber. Aber a Mistviech! Hob nix z' lachen. Gschpaßig, daß d' Saubren allweil Mistviecher san ... is a Greiz ... No ja. Mir tragt's gern. Wann aber ane bloß a Mistviech is ... naa!

Von was ham ma grad gsprochn? Richti! von der Arbeit! Die Arbeit ist des Bürgers Stolz, ansonsten doch der Deifel hols! Wegen der Arbeit hab i's gar nit gmacht. A! beileib nit! D' Bahn kann ma in Bugel awarutschen. Dös is bloß mei Brot. 's trockene Brot ... aba d' Innozentia is der Schunken drauf ...

No, und was ihr Vater is ... der is halt mei Vorgsetzter ... als Eisenbahner. Ja. Eigentli is er ... sagn ma's frei heraus ... mehr a ... Art Ferschter. Das hoißt: a ausgsprochener Ferschter is er nöt ... naa! Er is ... wie soll i's sagen? ... is halt schwer z'sagn ... er is halt doch mei Vorgsetzter ... a Bahnorgan ...

Wann i sag: er is a Wilddieb, is's gegen 's vierte Gebot, weil er doch amal mei Schwiegervatterl wird! Andererseits ...

VATER ZWÖLFAXINGER *tritt ein.* Was tuast denn da? Bring mir in Stutzen!

TEUXELSIEDER Aha! *Hebt ein Bodenbrett auf und reicht ihm die Waffe.*

VATER Gut. Aber z'erscht muß er sauber sein. *Putzt den Stutzen und singt:*

's Zügerl pfeift
und 's Gamserl pfeift a,
i kenn s' ausrananda,
die Pfiff alle zwaa!

Sakra! is der Stutzen wieder amol dreckig. Und 's Gschlooß tuat a
nimmer ... Rost ... nix als Rost ...

TEUXELSIEDER *wichtig* Ja, ja, der Rost. Der wann net wär! Sehen S',
dös is aa bei der Bahn der greeßte Feind. Schaun S', so a
Logomodiew ... wanns dich umdrahst – sagen ma: du hast grad a
Krügel Bier wo trunken in aner Starzion ... wanns di umdrahst – is
s' schon wo a bisserl rosti ... d' Logomodiew ...

VATER *sieht ihn fürchterlich an.* Bleeder Kerl. *Dann singt er:*

Aufs Zügerl, da grüaß i,
aufs Gamserl, da schiaß i,
ja, der Dienst is mei Lebn
und d' Gamserln danebn!

TEUXELSIEDER Wos? bleeder Kerl? Wo i d' Hoazerschul hob! Da ham
ma hauptsächli 's Verrosten glernt. Aber nit gleich! Im erschten
Jahr ham ma 's Fruhstuckholen glernt und als Freigegenstand 's
Maikäferz'sammtreten und 's Weitspucken. Im zwoaten Jahr ...

VATER *betrachtet das Gewehr.* So was von Dreck ...

*Die Türe wird aufgerissen. Sonnenlicht flutet herein. Man sieht auf
schneebedecktes Hochgebirge. Notzerl stürmt herein, stößt, halb in
der Türe, einen Jodler aus und singt:*

NOTZERL Jetzt ham mir a Bahn,
sehet's koaner uns an,
fufzg Jahrln zu frua –
i moan, dös war gnua!

So gwisse Fallotten
hätten's gern uns verbotten ...
Halt ma d' Verträg,
aftn bleibt ma a Dreck ...

A Glück, daß 's net finden,
und d' Bahn uns entwinden.
Awa – koan Mensch kommt z'ins her.
Dös hoaßt ma in Fremdenverkehr!
Juchzer

TEUXELSIEDER *freudig bewegt* Heit bist wieder amol sauber beiranand! Und singen tuast akrat wie'r an Engerl im Himmel ...

NOTZERL Was tuast denn du da? Wirst schaun, daß d' außi kimmst, Zapfen klauben! Wanns d' a Kraxen beiranand hast, nacha stell s' außi vor die Tür, daß ma s' glei bei der Hand hat ... I muß rein an alles denken ...

TEUXELSIEDER Aber schau, Notzerl! Jetzt hab i schon elf Kraxen voll z'sammklaubt ... 's gebet andre Arbeit auch. Hast koa Gschirr nit zum Awaschen ... oder Schuch zum Schmiern ... oder in Kanari 's Häusel putzen ... oder a Woll aufwickeln, wo's d' eh stricken tuast in ganzen Tag!

NOTZERL A da schau her! dös schmecket dir, da in der Stuben umanandhocken! Schau nur, daß d' außi kimmst. Sonst mach i dir Füaß! *Verächtlich* So zu woiseln! Säu ein Maan! *Teuxelsieder ab.* Allweil möcht er mir im Weg umanandhocken. So a verliabta Stoanesel! Und Sö, Herr Vatter! Was tuan S' denn da umanandarippeln?

VATER *etwas verlegen* Na – halt an Stutzen putzen. Er tuat nimmer ... und i brauch 'n halt ... *putzt und singt weiter:*

D' Gams hoan an Wechsel
und die Bahn hat a aan –
wann i af d' Gamserln geh,
pfeif i af d' Bahn!

NOTZERL Vatter! Vatter! Wie kann man Soliches sagen! Wo die Bahn inser greeßter Stolz is! wo insre Inschiniere doch d' Bahn derfunden ham, natierli mit Bewilligung seiner Majöstött und vom Heiligen Vater.

VATER Wiaso?

NOTZERL *eintönig leiernd* Der Herr Katachöd hat mir gesaged, wia das Ganze gangen is: Wia der Kaiser Jo-sepff... *Sie blickt ängstlich.*

VATER *gewinnt bei diesem faux-pas der Tochter seine volle Sicherheit wieder und sagt mit drohender Geste* P... Pff! Du! Wann du noch anmal »Joseppff« sagst... nacha... weißt schon! Wie oft hab i dir schon beim Schreibenlernen gsagt, daß der Kaiser hinten weich is... Dees wann der Kaiser höret... nacha hauet er dir den *wird undeutlich* ... aus ...

NOTZERL *ängstlich* Naa... naa... nöt... i tua's gwiß nimmer... alsdann:... wia also der Kaiser... Jo-seff... das Staubmeisteramt gegründet hat, mit der Aufschrift: Kaiser Jooseff für die gerechte Verteilung des Staubes, haben s' eam gesaget, daß, wenn er a Eisenbahn bauet, es gar net mehr staubet, und das hat eam gefallen, und dann hat er aus dem Amt, wo jetzt leer gestanden is, das k. k. Militärfindelhaus gemacht, wo in heechster Bliethe stehet, und die Bahn is gebaut worden!

VATER *zerstreut* Wird schon a so sein. *Er lauscht einen Moment zur Tür hinaus.* Wo s' heut nur bleiben? Ka Verlaß auf die Leut... und dös wollen Bahnorgane sein! *Er vertauscht den Diensttschako mit dem k. k. Adler gegen ein Jägerhütl und herrscht die Tochter an:* Bring d' Spanschachtel uma... mit der Treue im Herzen!

NOTZERL *erschrickt* Vatter... Vatter... d' Schachtel... d' rote?

VATER *grob* No... wird's? *Er haut mit dem Stutzen auf den Boden. Notzerl reicht ihm die Schachtel. Vater reibt sich mit Ruß aus der Schachtel das Gesicht ein.* Pfui... der... Deixl... m... pf...

NOTZERL Herr Vatter! Herr Vatter! Was tun S' denn! Waschen S' Eana lieber... war gscheider... Sie werden von eam selber im Dienst dreckig gnua... d' Kopfkissen schaun allerweil daher, daß aner Sau grausen könnt...

VATER Sei staad, Deandl! Dees is bei alli Eisenbahner so! Soan halt koane Hofrät. Dadafür riacht's bei die Hofrät schlecht, – so viel müachtln tuat's – weil dieselben allweil in die Zimmer beiranand hockhen. Jo. Die hecheren Biamten schmecken alle. *Nachdenklich* Alsdann... jetztn ham ma siebeni af d' Frua... Da Zwelfuhrzug kämet gern gegen halbi achti af d' Nacht. Da hab i Zeit, auf d' Gams zu gean. *Er öffnet die Tür und pfeift dem Dackel.* Waldmann! kimm! *Der Dackel dreht sich einen Moment zu ihm her und glotzt ihn mit seinen gelben Glasaugen an. Dann dreht er sich sofort wieder in seine alte Positur zurück.* Rabenbratl . . . verdächtiges . . . allweil zuwischmeckhn und nix als zuwischmeckhen . . . laß di ausstopfen . . .

NOTZERL *die die ganze Zeit über wortlos flehend die Hände gerungen hat* Vatter! Vatter! Ach lasset doch vom Wildbretdiebstahl ab . . ., allweil denen Gamserln auffischiaßn!

VATER *zufrieden lächelnd* Lauter Spiegelschüß!

NOTZERL Dös is akrat so guat, als wann S' insrem guatn Herrn Kaiser allm auf 'n Spiegel auffischiaßeten . . . naa! ins Herz treffeten! *Sie weint.*

VATER Dumme Gans, röhr net a so!

NOTZERL Vatter! Vatter! tuan S's nöt! Tuan S's nöt! denken S', was der Herr Quadian von die Kappaziener unlängst so schön brödigt hat gegen die Wilibretschützen: daß der Kaiser an jeden Schuß gspürt, daß er beim Schreibtisch in d' Höh fahrt und selbst am geheiligten Thron allweil umawetzen muaß, wann er grad regiert!

VATER A – wischi – waschi! nacha mecht er ja in ganzn Tag umihupfen wia'r an Haischröggh . . . dös gibt's doch gar net . . .

NOTZERL *beschwörend* Vatter – an Haischröggh . . . ! da möcht er ja als a Ganzer grean daherschaun . . . An grean Kaiser kann's ja gar net gebn . . . a richtiger Kaiser muß ganz schwarz-gelb anglegt sein . . . akrat wia'r a Schilderhaus . . . daran kennet i eam gleich, wann er oanmal kämet . . .

VATER Dumme Gans!

NOTZERL Wann S' mi a a dumme Gans hoaßn, Eanare Tochter bin i do und tu Eana halt recht scheen bitten: bleiben S' z'Haus!

VATER An Schmarrn!

NOTZERL Herr Vatter! Wann a alle andren schlecht san, machen Sö a Ausnahm . . . bleiben S' z'Haus, machen S' an Dienst . . . Vatterl! Vatterl! *Sie nimmt die Zither und singt*

> Wollt Ihr nicht daas Lämmlein hieten?
> Lämmlein ist so foast und sanft!
> Nöhrt sich von des Grases Bliethen,
> die es mit Vargniegen baambft!

VATER *der sich einen schwarzen Spitzbart umgehängt hat, der ihm ein infernalisches Aussehen gibt, sich jäh umdrehend und die Augen wild rollend* Halt die Pappen!

NOTZERL
  Schömt Eich vor dem Nepomuken,
  auf der Brucken beim Tuhnööl!
  Tuhet in den Dienst einrucken,
  wasched ab die Schwärze schnööhl!

Ferner Donner grollt.
Sehn S' ... der Himmel zirnet Eurem Vorhaben!
VATER An Schmarrn! a Lawin is awigangen! *Er hat mit dem Ladstock herumprobiert.* An Hammer will i ... in Schienenhammer ...!
NOTZERL *seufzt* An Kaiser sein Hammer! *Sie bringt ihn.*

Duett

NOTZERL	VATER
In Kaiser sein Hammer!	Ohne den Hammer
Dös is a Jammer!	wär's a Jammer!
Wo führt denn dös hin?	Mit was schlaget i hin?
I kann nimmer schlafen,	Die Leut, die nur schlafen,
denn der Himmel wird's strafen ...	tun selber sich strafen ...
Dös bringt kan Gewinn!	ham nie an Gewinn!

VATER *schlägt auf den Ladstock* So ... die sitzt ... die Kugel. Mit Todenknochen ist das Blei gerührt!
Er nimmt das Signalhorn und bläst zur Tür hinaus. Andre Hörner antworten. Eine Gruppe verwegen aussehender Burschen mit geschwärzten Gesichtern kommt, sich vorsichtig umschauend, hereingeschlichen und singt

CHOR DER WILDERER D' Gamserln san lusti
         und lusti san mir,
         mir schiaßen eana auffi,
         dar Wirt schiaßt ins für!

EIN GRÖLENDER BASS *singt* Dar Wirt hat ins fürgschossn,
z'erscht ham ma 'n Wirten droschn ...

VATER Seids doch staad! 's könnt wer auffa kimmen!
DIE WILDERER *durcheinander* Mögts an Unblachten? ... reib 'n
ummi ... in Unblachtn ... z'mir an her ... han no koan ghabt ...
VATER Röhrts net a so!
NOTZERL *rutscht auf den Knieen beschwörend vom einen zum
andern.* O lasset ab von eurem deiflischen Vorhaben! Trummruckinger Franz! Zwaxelhofer Franz! Waadschunkerl Franz! Ne-
belkettinger Franz! ... O ... alle ihr vom Streckendienst! *Mit
einem Aufschrei bemerkt sie noch einen Wilderer, der sich immer
hinter den andren versteckt hatte.* Franzl! Franzl! Auch du,
Teixelsieder Franzl! ... Schaam di in Grund und Boden hinein ...
Du bleibst da! ... O! Ihr grauslichen Fränze!
Franzl stiert verlegen auf seine großen roten Hände.
ZWAXELHOFER *zu Notzerl* Hast lei Angst, daß sich der Gamsbock in
sein Hosenfutter verhakeln tät und ihn wegtraget, den deinigen
Schneidergsölln da ...
NEBELKETTINGER Wo er so viel moocher is ...
NOTZERL Moocher san alle Heizer!
TRUMMRUCKINGER Weil du eam so viel einheizen tust!
NOTZERL Dös is net wahr ... dös tut d' Logomodiw!
NEBELKETTINGER Wo er all'm am Feuerloch ummigaukelt ... dös
glaub i, daß da hoaß is! ...
NOTZERL *wüthend* Geh zuwi! Was waaßt denn du, wo d' all'm unterm
Zug uma krallst ... du Schliaferl ... du!
NEBELKETTINGER Ghalten dir, dein Bäckenknecht mit seim blecher-
nen Schiasser!
WADSCHUNKERL Is eh gscheiter, bleibst da, Deixlsieder und hilfst ihr
beim Lamperlhiaten ... kennst in an Ameshaufn einigraten ...
ZWAXELHOFER So viel tramhappert lauft er umanand, der Kittel-
dragoner der!
NEBELKETTINGER Ghalten dir ... mir pfeifen auf eam!
*Franzl will auf ihn losgehn, aber Vater Zwölfaxinger sieht ihn mit
furchtbarem Blick und gesträubtem Bart an.*

VATER Keine Streidigkeiten! Tuts ean net hanseln! Schauts gscheiter, daß ös firikemmen tuts!

NOTZERL *zu Franzl* Ja – geh nur! I mag di nimmer. Daß d's woaßt! *Leise zu ihm* I schaamet mi – mi so hanseln lassen . . . Oana mit an Stutzen – oana mit an Messer . . . I schaamet mi . . . *dreht ihm den Rücken.*

TEUXELSIEDER Schau, Notzerl, dees verstehst du nit. Mir san halt . . . a . . . Arbeitsgemeinschaft . . . gelt? Dees is . . . so . . . gut als wia der Dienst . . . und dein Vater is inser Vorgsetzter! Dienst is Dienst! – auch außer'm Dienst! Jawohl! Und wanns d' bloß da dienst, wo's dienst, nacha verdienst, daß d' nix verdienst . . . *Notzerl sieht ihn groß an.* Ja, schaug nur! I hätt eh dem Nebelkettinger oane anschaugn lassen, dem Pluiwasch, dem kralawatscheten . . . aber der Vater . . .

Alle schultern die Stutzen und verschwinden aus der Türe, wo man sie auf allen Vieren weiterkriechen sieht.

NOTZERL *allein* Ui je, je, je. Jetzt san s' richti gangen. Naa, naa, naa, naa! Dös kann nit gut ausgehn! Einmal derwischn s' es doch . . . da muß was gschehn. *Sie nimmt die Signalscheibe und klopft damit an die hölzerne Zimmerdecke. Dabei ruft sie:* Burgl! Burgl! Notburga!

Eine Falltür geht auf und zwei reizende Beine baumeln herunter.

NOTZERL Was tuast denn oben?

BURGL I bin im Eiersuchen! da schau her! *Sie beugt sich herunter und will lachend eines aus der Schürze nach ihr werfen.*

NOTZERL Laß die Eier, wo s' sein! Bin net auf Gspaß gstimmt! Komm aba! hab mit dir was zum Dischkerieren!

BURGL *ärgerlich* No, wird schon was Rechtes sein! Wart, i muß nur d' Leiter abalassen! *Sie tut es, erscheint, bleibt auf halber Höhe auf einem Sprießerl sitzen.*

NOTZERL Kimm aba, sag i!

BURGL I heer schon bis da auffa!

NOTZERL Aba kimm! Aba kimm, sag i! wo's doch gilt, den Vattern zan retten –

BURGL *ist mit einem Sprung unten, reißt Notzerl am Arm.* Was sagst? Den Vatern retten? Is er am End wieder in d' Senkgruben einigfalln? Gar mit 'n neichen Gwand? Wia am letzten Kaiser sein Geburtstag?

NOTZERL Aber naa, er is gar nit einigfalln – wann er's nur wär, tat ma weit wohler!

BURGL Aber, i heer eam ja ummipledern – kimm schnell, ziag ma 'n außa, sonst dersauft er ins! *Will hinausstürzen.* Und wie'r a pantscht!

NOTZERL *hält sie zurück.* Aber naa, sag i dir, heerst net, dumme Nocken? Dees is nur der Dackel, der draußen sauft. Er is gar net einagfalln in d' Senkgruben –

BURGL Der Dackl?

NOTZERL Naa, der Vatter. Der liegt bald in ganz an andren Dreck, mei Liabe. *Ganz nah bei ihr* Sie san scho wieder alle wüldern gangen!

BURGL Der Franzl aa? – Wo er dir's doch so hoch und heilig versprochen hat, daß er's nimmer tut!

NOTZERL Bei mir hat si's ausgfranzelt. Der windige Fallott find koa Leitern mehr bei mein Fenster. *Trocknet energisch die Augen.* Burgl, du mußt ma an Weg machn! I kann net fort, weil d' Bahn net allein bleiben mag, und auf 'n Waldl is koan Verlaß mehr. – Du kannst net da bleiben, *bissig* hast dich ja nie nicht kümmert um an Dienst!

BURGL Zu was denn? *Hochdeutsch* Wo du doch immer die rechte Hand vom Vater bist!

NOTZERL Geh – red ma was Gscheidts, woaßt ja gar net, wia ma ums Herz is, wann i an die Schand denk, die uns no blüat. Paß auf, du nimmst jetzt die Schwammerlkraxen, gehst Schwammerln brokken, tuast so, wie wannst den Vattern begegnen mechst, holst 'n z'rück – na – sagst, daß a Inspiktion da is, ja, dees is guat! I moan halt immer, heit dawischen s' eam noch. Wirst sehn – ins heirath dann koa Menschenseel nimmer … wann's guat geht, nimmt di vielleicht! der Dorftepp, der krumpe Zacherl … denn der Herr Vatter kimmt, wann s' ean beim Gnack haben, nach Fenedig auf die Galeere … Um an Gulden finfzig, was … um an Gulden dreißig … kaufen dö bei uns die Malefizer zusammen … *sie röhrt* i siech in Herrn Vattern schon rudern … und wegen seim schwarzen

Gesicht werden s' eam für an Mohren halten und in ganzen Tag trischacken ... da san nix als Wildbretschützen und Brodeschtantna ... *Beide röhren zusammen.*

BURGL Dees Röhren nützt nix. Recht hast! i nimm jetzt die Kraxen, so, und den Stutzen nimm i aa, da krach i im Wald, daß alle Gamserln reißaus nehmen – und jetzt: Pfiat di! *Hebt kokett das Röckchen.*

Fesch bin i beinand mit der Kraxen,
da haben viel Schwammerln drin Platz.
Fesch bin i beinand mit die Haxen,
bin flink wie'r ar Heiselratz!

I brock a no andere Sachen,
a Kraxen voll Herzerln vielleicht.
I laß mein Stutzen gschwind krachen,
damit der die Gamserln verscheicht!

In Vattern, in guten Herrn Vattern,
den bring i am richtigen Weg.
Er kimmt ma nit hinter die Gattern.
Er kimmt ma nit eini in Dreck.

I soll an Teppen mir nehmen?
Mei Liaba – dös tian ma net ...
I müßt ja zu Tod mi dann schämen ...
und nit amal der nimmt ma 'n weg!
Juchzer, ab.

NOTZERL *sieht ihr nach* Pfiat di! Pfiat di!

Vorhang

ZWEITER AKT

Ein Bahnwärterhaus in der Art eines Rococopavillons, eine Signalglocke am Dach. Links im Vordergrund ein steiler Felsvorsprung, rechts große Steinplatten. Im Hintergrund grandiose Gletscherlandschaft. Hinter dem Haus ragen einige Tannenwipfel aus dem Abgrund herauf. Strahlender Morgen.

NOTZERL *tritt aus der Tür und sieht offenbar der Schwester nach, dann füttert sie die Lämmer* ... daß er weg is, der Vatter, da is nur der Samiel dran schuld, der Samiel Hundsknochinger, der was die Bahngastwirtschaft in Schurkental hat, und der Grausgruber, sein Ober ... Ja ... wie z'frieden könnten wir da leben ... Dös liabe Häuserl ... mei Hoamatl. *Sie singt*

> Mein Vatern sein Häusel
> hat a Glöckerl am Dach.
> Kling, klang,
> kling, klang,
> kling, klang, sing mir's nach! *Glocke antwortet.*

> I bin a arms Madel,
> hab im Beitel koan Geld,
> awa, fest sein die Wadel,
> – bin sakrisch gestellt!

> Bin voller Sorgen,
> 's Herz schlagt mir bang,
> hörst es, mein Glöckerl?
> Kling, klang, ⎫
> kling, klang, klang. ⎬ *Stimme und Glocke.*

> Reich und von Adel –
> da wär mir nicht bang.
> So bleib i wohl ledig ...
> Sag Glockerl – wie lang? *Glocke schweigt.*

Sprechend Noo ... was is ... kling? Noo? ... klang? Schau, schau! ...

gschpaßig . . . Kommts, meine Lamperln, so . . . da habts Bleamerln
. . . schön rote, gelbe und blaue. Gelt, die schmecken gut!
Man hört Paukenklänge.
Was wär denn dös?
Drei seltsame Callotsche Fetzenfiguren tauchen auf. Die eine mit
mächtigem Tyrolerhut, die eine vermummt, die letzte mit veneziani-
schem Dreispitz, Trommel und kurzem, buntlappigem Röckchen,
das ihr zu leicht frivoler Tändelei verhilft. Die erste trägt einen
Kasten umgehängt, auf dem ein buntgefiederter Pfefferfresser hockt,
der mit seinem riesigen Schnabel Wahrsagezettelchen, sogenannte
Planeten, zu ziehen abgerichtet ist. Die Vermummte trägt eine große
Kaffeetasse in der Hand.

DIE ERSTE   Mei Paaperl scheen rot und scheen grean,
                      der ziagt um an halbeten Krai-zer
                      die Ankunftszeit von die Train . . .
      lamentabel ja, die Ankunftszeit von die Train . . .
DIE ZWEITE   Da wär a Kaffeesud im Häferl,
                      tust grad a weng zuwischmecken,
                      da siagst kloan wie'r a Käferl,
                      alle Züg auf der Streckn . . .
      lamentabel ja, alle Züg auf der Streckn . . .
ALLE DREI *geheimnisvoll raunend*
                      Wir − werden − dir − sagen − wann −
                      der − nächste − Zug − kommen − tut . . .
ERSTE   Das alls um an halbn Kraizer.
ZWEITE   Das alls um an halbn Kraizer.
DRITTE   Das alls um an halbn Kraizer . . .
ALLE DREI *singen raunzend* Denn mir san
                      die behördlich geprüften,
                      landes-be-fugten *bumm, bumm*
                      beeidigten und autorisierten,
                      Eisenbahnzugsankunftszeitenwahrsagerinnen
                      knixend mit Ko-hon-zession!
NOTZERL I brauch Enk nöt! I hob in Dackel. *Zum Dackel* Gelt,
   Waldl, du schmeckst die Züg, wo kommen, brauchst koan
   Kaaffösud nicht, heechstens a Lackerl Milch.

*Die Wahrsagerinnen gehen ab und murmeln Flüche auf den Dackel.
Der Pfefferfresser hackt nach ihm. Die Vermummte macht böse
Beschwörungsgesten auf das unschuldige Tier, die Trommlerin gibt
ihm einen Tritt. Der Dackel jault furchtbar.*

NOTZERL Schauts, daß's weiter kimmts, ihr grauslichen Weibsbilder!
Mein'n Waldl tretten ... Bist a bravs Huntel, a bravs! Is auch a
Unglück, daß der Döllegraf no nöt derfunden is. Immer pantschen
s' mit 'm Kaffeesud umanand, dö Gelehrten ... *Der Dackel knurrt
wie eine Osterratsche. Zum Dackel* Was hast denn? Knurr nit a so!
Zu sich Was kann er denn haben? Wann a Zug käm, tät der Laut
geben. Der muß wo a Viech spüren ... irgend a ganz a großes
Viech, was daherkommt. ... horch ... was is das? Pferdegetrappel
auf der Strecke? *Schirmt die Augen mit der Hand* Aha! Ein
Vorreiter! ... da schau! gar ... einer ... auf ... an ... Apferlschimperl ... ja, auf an Apferlschimperl ... 's wird nit anders! Das
bedeutet einen Extrazug! Aha! Man hört ihn schon pfnausen. Wie
hart er sich tut ...

*Sie nimmt die Signalfahne und stellt sich in Positur. Der Vorreiter
erscheint auf einem sich bäumenden, dicken und etwas zu kurzen
Apfelschimmel, einen Federbusch am Kopf. Er springt ab und bindet
das Roß mit den permanent irrsinnig geweiteten Augen an die
Signalscheibe.*

VORREITER Alsdann – da wärn wir. Der Lokomotiv muß glei
kommen.

*Der Train kommt. Kurze Lokomotive, »Schönbrunn« genannt,
messinggekrönter, hoher Rauchfang. Sie zieht einen gelben, einfenst-
rigen, sänftenartigen Wagen, den ein Straußenfederbusch bekrönt
und der mit trompetenblasenden und paukenschlagenden Putten
verziert ist. Zwei Lakaien stehen hinten auf. Sie springen ab und
reißen, sich verbeugend, den Schlag auf. Heraus tritt ein vornehmer
Herr.*

HERR *zu Notzerl* Mich dürstet. Hast du Milch? *Notzerl macht eine
erschrocken abwehrende Geste.* Ob du Milch hast?

NOTZERL Ah so! Gleich! *Läuft ins Haus und kommt mit einer
Schüssel Milch zurück.*

HERR Wer bist du, schönes Mädchen? Sprich!

NOTZERL Ich tu die Bahn da hüten und auch die Lämmlein hüte ich!

HERR So jung und schon so viel auf deinen zarten Schultern? Ey, ey! und heißen tust du?

NOTZERL Ich tue: 's Notzerl heißen!

HERR Notzerl! Das ist kein Name christlichen Bekenntnisses! Wie taufte dich der hochwürdige Herr Pfarrer?

NOTZERL Innozentia, Herr! Und schreiben tue ich mich: Zwölfaxinger. Aber jetzt muß der Herr mich entschuldigen. Ich habe Dienst. *Geht ins Wächterhaus.*

HERR Wohin eilst du?

NOTZERL Den Trichter holen und die Pitsche!

HERR Wozu?

NOTZERL Die Maschine auffüllen muß i, damit sie weiter kann. Sonsten derpfnaust sie's nit, wann s' weiter will!

HERR *für sich* Das ist eine gute Idee. *Zu den Lakaien* Drehet die machine um!

Die Lakaien und das Maschinenpersonal befolgen seine Weisung. Sie nehmen die aus Watte bestehenden »Dampfwolken« von den Kolben herunter und drehen die Lokomotive so, daß sie mit der Stirnseite zum Sänftenwaggon steht. Notzerl leert eine Kraxe voll Tannenzapfen in den Tender und schraubt mit einem Schraubenschlüssel den Kessel auf, aus dem der Dampf pfeifend entweicht. Dann will sie den Kessel auffüllen.

HERR Halt, mein Kind! Einen Moment! *Zu den Lakaien* Fischet zuerst die Würstel heraus – ich will das zweite Frühstück!

Die Lakaien befolgen den Befehl. Artig bietet er Notzerl ein Paar an.

NOTZERL Bin so frei.

HERR Senf! *Die Lakaien nehmen Senf aus dem kleinen Dampfdom.*

NOTZERL Das schmeckt! Hab so feine noch nie nicht gessen. Man merkt wohl, die sind weit her. Vielleicht aus der Hauptstadt? Oder gar aus Frankfurt? Wissen S', dort bekommt der Kaiser bei der Krönung die ganze Krone voll heißer Würstel!

HERR Was du nicht sagst!

NOTZERL Die Frau Mahm hat mir's erzählt! Und auch die Herrn Churfürsten werden reich mit Würsteln beschenkt! Aber alle gerecht ... alle gleich ... daß nit neidig werden. Nicht, daß einer a Paarl mehr krieget ... daß am End streiteten, die Herrn Churfürsten! Möcht vielleicht die Krönung stocken!

HERR *lächelnd* Ganz so geht denn das doch nicht zu!

NOTZERL Ja, warum heißt man dann die hohen Herrn um den Kaiser Großwürstelträger?

HERR *lacht* Aber Kind! Du verwechselst das! Sie heißen: Großwürdenträger!

NOTZERL A ... Großwürden ... träger. So, so. Wie Sie das alles wissen! Am End waren Sie gar schon amal in Frankfurt?

HERR Allerdings ... mein Kind.

NOTZERL Jö ... sein Sö aber schon weit umma kimmen! ... Woit geroist ... will i sagn! *Sie ißt weiter.* Ja ... so a Logomodiw ist halt was Kommodes! Man legt d' Würsteln ein *essend* d' Maschin pfeift – fahrt ab – *essend* während der Fahrt – tun s' fesch umanand hupfen im Kessel – so: hüo Tschackerl! Und wann ma ankommt, hat man sein warmes Essen! So, jetzt bin i fertig.

Sie füllt Wasser in den Kessel, hat zu wenig und nimmt auch noch das Schüsserl vom Dackel dazu. Der Herr betrachtet die Szene mit Wohlgefallen. Dann klatscht er in die Hände und ruft zum Personal

HERR Macht euch fertig zur Abfahrt!

NOTZERL Is dees a scheene Gutschn! Schön gelb wia'r an Kanari ... und die liabn Engerl darauf und der Federbusch auf der Höh dromat ... Hab no nie so a scheene Fahrglegenheit gsehn. Ja, wer da damit fahren kennt!

HERR Möcht dir das gfalln?

NOTZERL O! und lauter silberne Fünfzehnkreuzerstück tät i außi streun – grad wia der Kaiser!

HERR *für sich* Muß adeliges Blut haben ... na ja, die Hofjagden ... *laut* Und woher nehmest du denn das viele Geld?

NOTZERL Dös müsset mir der Kaiser schenken, wenn i schon im feinsten Wagen seiner Bahn fahren dürft!

HERR Glaubst du denn, er würde dir so viel Geld schenken?

NOTZERL *ihn erstaunt anschauend* Wann i eam drum bitt?! Is eh für die Armen und das notige Bagaschi! – Und i ghaltet mir nix – meiner Seel! Koan Kreizer ... und er kriaget a Busserl dafür ... a Busserl dafür ...

HERR Und das trautest du dich?

NOTZERL Wie denn nicht?! wann ma allein seieten ... is doch unser aller Herr Vatter, unsa liaba, guata Herr Vatta ... und i duld's amal nöt, daß sie eam allweil am Hintern auffischiaßen *verschämt und erschrocken* ... allweil am Spiegel auffischiaßen ... dö Lumpen ...

HERR *konsterniert* Waas? ... Wer? ... am ...?

NOTZERL *sehr verlegen* No – ja – i – moan halt ... wissen S', verstehen S' ... das is ja bloß so ... ein Bild – wie man's malt ... *deutet auf ihre Rückseite.*

HERR Ich dank schön! *Macht eine nervöse Bewegung.*

NOTZERL *hat sich gefaßt* Dös is a so: 's Land auf, 's Land ab, wird gar so viel Wildbret geschossen ... und da denk i mir allweil, der Herr Kaiser muß dös akrat spüren, daß auf seine liabn Gamserl und d' Reh gschossen wird, akrat muß ihm sein, als treffet ihn selbst jeder Schuß ... ins Herz ... oder wo man's sonst meist derwischt ...

HERR *gerührt* Du bist ein liebes Mädchen und eine treue Patriotin! *Zum Personal* Seyd ihr jetzt fertig? Habt ihr schon aufgeheizt?

Der Heizer legt den Blasbalg weg und wischt sich die Stirne. Die andren setzen die Hüte wieder auf, mit denen sie Luft ins Ofenloch gewedelt hatten.

HERR Drehet das Dampfroß um!

Man befolgt den Befehl. Die Lokomotive brummt und macht Eff, eff ... pff ... Als nach einem deutlichen Niesen sich der Zug in Bewegung setzen will und das Personal, das angeschoben hat, aufspringt, ruft

NOTZERL Halt! Aushalten! Habts ja noch koa Geißel nicht! Warts ... i bring s' glei ... *kommt mit einer Peitsche – schwarz-gelber Stiel – zurück und befestigt die Peitsche vorn an der Lokomotive* Da habts zum Vieh Wegscheuchen auf der Strecke, weil jetzt bald aufgetrieben wird!

HERR Brav! Du denkst an alles!

NOTZERL Ja – 's Viech is oft bockig – kann der Zug einfach nicht weiter fahrn ... in a paar Jahrln werden sie sich schon dran gewöhnen an den Verkehr ... d' Viecher!

Dann springt sie vor, richtet die Weiche, schwenkt die Fahne und stößt ins Horn. Die Lakaien und das Zugspersonal haben den Zug angeschoben und springen auf – jeder an seinen Platz. Der Zug verschwindet ächzend, bloß der Vorreiter ist dageblieben, was dem Herrn offensichtlich nicht ganz recht ist.

Der Vorreiter hebt dem Gaul einen Huf auf und schlägt mit dem Schienenhammer einen Nagel ein. Dann bringt er ihm einen Kübel Wasser und schüttelt den Kopf, da er nicht saufen will.

HERR *zu Notzerl* Also: Zwölf-Hax-inger schreibst du dich! Ein spaßiger Name. Zwölf Haxen! Hm, hm. Schau, schau! Zwölf Haxen! No ja! Wann man sich das so vorstellt ...

NOTZERL Aber nein! Zwölf-axinger! Axen! So was ... *Sie macht eine drehende Bewegung mit Hand und Finger.*

HERR A! so! Zwölfaxinger! A, das ist freilich was andres! Ein schöner, ein seltener Namen! Ein – breiter Namen, ... hat so was Bequemes. Zwölf Axen! A ... Aha ... das liegt gut ... gar nicht schlecht ... zwölf Axen ... stößt nicht ... beinah nicht ... bequem ... bequem ... à la bonheure! *Er schnupft zufrieden.* Nun – und wer ist dein Vater? Sprich!

NOTZERL Bahnwärter, in des guten Kaisers Diensten.

HERR Warum ist er nicht da?

NOTZERL Er ... er ...

HERR Nun?

NOTZERL Er ... bringt ... was ... zum Essen ...

HERR *neckisch* Vielleicht auch Würstel?

NOTZERL *dreht sich verlegen halb um und spricht zu sich* Jö ... Würstel ... Ja – wann's nur Würstel wären ... dö springeten nöt so herum ... von an Fels zum andern ... Würsteln mit Krickeln und Gamsbart und Würsteln, die was pfeifen können, wann der Jaga kimmt ...

HERR Und wo ist deine Mutter?

NOTZERL Im Spittel in der Stadt. Der Winterfrost beraubte sie der Nasen und der Ohren!

HERR Das ist ja schrecklich!

NOTZERL *blickt ihn wichtig an* Wir haben ein Sauklima hier.

HERR Schau, schau, wie gebildet du daher redest! Du liesest gewiß viel an den rauhen Winterabenden?

NOTZERL Naa. Vergangenen Winter war i noch a Afn . . . a Afanal . . .
naa! a Alfannafal . . . a Analfaf . . . *Sie schluchzt beinahe.*
HERR No, was ist denn? Aha! Du meinst gewiß: eine Analphabetin!
NOTZERL *jubelnd* Ja! Dös war i . . . so viel a schöns Wort: Alafanböm
. . . i merk mir's nit . . . i merk mir's nit! *Stampft mit dem Fuß.*
Aber, der Herr Kaiser will's durchaus ausrotten . . . dieselben, mit
Stimpfel und Stingel!
HERR Ey! hat er da nicht recht? Ist es denn nicht herrlich schön, wenn
man lesen und schreiben kann? Wenn man die Trivialschule
genossen hat?
NOTZERL Ja, ja dös schon! aber . . . dös schöne Wort zu sein, das ist
auch schön . . . es klingt so vornehm . . . man ist doch dann wer . . .
das ist fast so wie a Baronin.
HERR Du bist ein großes Kind! Und schau! Eitel auf ein Gebrechen
darf man nicht sein! Und jetzt: Kannst du lesen? . . . hast du's seit
dem Winter gelernt?
NOTZERL Schreiben auch!
HERR Wer hat dir's denn gelernt?
NOTZERL Der Vatter.
HERR Ist's leicht gegangen?
NOTZERL *treuherzig* O . . . nach dem dreißigsten Stecken hab i schon
mein Nam schreiben glernt!
HERR Ein offenherziges Mädchen!
NOTZERL *erstaunt* Naa . . . 's Herz war net offen . . . aber . . .
HERR Was war dann?
NOTZERL No, i mein . . . dös war gnua . . . I hab acht Täg nit sitzen
können!
HERR *lacht* Aber nein! Das mein ich ja nicht! Ob du nur deinen
Namen schreiben kannst?
NOTZERL Ich kann jetzt alles, was der Dienst derheischet!
HERR Brav! Dann ist wohl der Unterricht schnell und glatt vor sich
gegangen?
NOTZERL *stockend* Ja . . . aber wegen insrem gnädigen Herrn Kaiser
hat's amal was geben . . .
HERR *neugierig* Was denn?
NOTZERL I hab 'n »Josepf« gschribn mit an harten »pf« hinten –

wissen S'. Und da hab i drei Flaschen gfangen ...

HERR *verständnislos* ... drei ... Bouteillen ...? ja ... was?

NOTZERL *lacht herzlich* So was hab i gfangen! *Macht die Geste der Ohrfeige.*

HERR Wenn das der Kaiser wüßte ... glaubst nicht ... daß er dir als goldenes Pflaster ein paar Dukaten drauflegen täte?

NOTZERL O mei! der hoche Herr weiß nix von uns arme Leut!

HERR Wer weiß!

NOTZERL Aber jetzt kann i schon in Vattern helfen und ihn piswelen vertreten, wenn er ... was zum Essen holn geht ... und so. Er traget oft schwer *sie seufzt* und dreckig is er Eana, wann er hoamkommt ... völlig nit zum Kennen ...

HERR Und so behütest du öfter hier ganz allein die Bahn und sorgst für den Verkehr, du muthiges Mädchen!

NOTZERL Ja, Herr! Manchmal ist's recht einsam hier, völlig zum Fürchten. Und im Tunnel sind Geister. Der Vater duldet nicht, daß ich hineingeh. Er holet selber stets das Bier, das er dort einkühlt und ... *schlägt sich auf den Mund.*

HERR *interessiert* Kommt jetzt bald ein Zug?

NOTZERL Ich glaube nicht, doch weiß man's nie genau.

HERR Also, du glaubst, daß jetzt längere Zeit kein Zug kommt?

NOTZERL Jetzt bestimmt nicht.

HERR Wieso weißt du das so sicher?

NOTZERL Sonst hätt der Hund angschlagn! Er tut's genau eine halbe Stund früher. Ohne Dachshund keine Bahn! Bei die Vorreiter herentgegen knurrt er nur. Aber Vorreiter sein selten. So nobel tun's wenige. *Staunend* Sagt – wer seid Ihr?

HERR Wollen wir das lassen.

NOTZERL Der schöne Ring – Ihr seid vom Hof – ein Zwerg vielleicht – als Großer bloß verkleidet ...

HERR !!!

NOTZERL Halt in Kommodadjustierung ... auf 'm Urlaub ...

HERR !!!

NOTZERL *verlegen* No nein – ich mein nur ... um unsren guten Kaiser rings herum sind doch ein Haufen Hofzwerg und sonst auch Minister und a Massa Böhm und Uhern und Hayducken!

HERR Also, so stellst du dir den Hof vor? Also so, glaubst du, sieht's dort aus. Und sonst wär nichts dort?

NOTZERL *zu sich* Hof ... Hof ... *unsicher* ... und gewiß a sehr a schöner ... riesiger Misthaufen in der Mitt vom Ganzen ... *Herr lacht* No ja! a Hof ohne Misthaufen! *Vorwurfsvoll blickend.*

HERR Aber Kinderl! laß das! Siehst – bei Hof schaut's ganz anders aus, ganz, ganz anders.

NOTZERL Was Sie alles davon wissen! *Sieht ihn forschend an.* Sie müssen doch was um den Kaiser sein ... am End sein S' gar a Kammerdiener ... ja ... der die Gefäße trägt ... Gefäße der kaiserlichen Gnade mein ich ... wo halt die Orden eingsäuert sein ... daß ... besser ... werden ... no ja – müssen doch schließlich auch wo liegen, wenn s' aus der Ordensschmitten kommen ... tschuldigen schon, wann i mi net richtig ausdrück ... bin bloß a einfachs Madel aus 'm Volke. *Geste der Verlegenheit.*

HERR Zwölfaxinger, Zwölfaxinger! Sing lieber ein Lied – Orden sind keine Gurken!

NOTZERL Aber gut san beide! Wann i mi beim Reden so leicht verhaspeln tu ... Wann der Herr aber auch so nobel daherschaut ... gar Saffianschucherl haben S' an ... da im Gebirg ... müßt man ja rein mit silberne Tscheanken nageln!

HERR Also sing! Du kannst doch gewiß schön singen wie alle Almerinnen! Du da auf deiner eisernen Alm wo du dem Kaiser sennest! *Zum Vorreiter* Abdias! Geh er ein wenig Blumen brocken!

NOTZERL Was soll i Eana denn singen? Warten S'! *Singt*

> In Kaiser sein Dirndl bin i,
> die Dirn von der eisernen Alm.
> I hüt die Bahn und das Vieh,
> umwehet vom Eisenbahnqualm.
>
> In aller Herrigotsfrua –
> die Glocken schlaget grad Zehn –
> da had man vom Dienst schon ka Ruah –
> da kämet der Mitternachtstrain.
>
> Der heifti Verspettungen had,
> man muß durch die Finger eam sehn.

Jodler

Er kimmt aus der Ka-iserstadt,
Aus Wihaho-wohaha-Wean!

Drin sitzen viel noblichte Herrn,
die feschesten Ungarn und Böhm.
Am meisten hätt man es gern,
wenn amol der Kaiser selbst käm!

Sie hat das Lied beendet und blickt den Bravo! *rufenden Herrn schmachtend an.*

HERR Zwölfaxinger, du hast eine schöne Stimme!

NOTZERL Oh ... der Herr scherzen nur mit einem einfachen, armen Mädchen.

HERR Nein, parole d'honneur! Manche Diva könnte dich beneiden ... welch natürlicher Schmelz in der Stimme!

NOTZERL Was ist das: »die Wah«? eine Wah? das hab ich noch nie gehört! Ja, kann denn eine Wah so gut singen?

HERR Aber nein! Eine »Wah« gibt's doch gar nicht.

NOTZERL Denk ich mir eh. A Wabn – gibt's. Solche kenn ich.

HERR Eine Diva – weißt du – das ist eine vom Theater.

NOTZERL Ein Thiater! Muß dös schön sein! Ich hab noch nie keines nicht gesehen. Aber Sie, Sie waren gewiß schon in einem drinnet ... gelten S', da müssen die Herrn vergoldete Gamsbart anlegen, weil gar der Kaiser kommen könnt, und ...

HERR *lacht* Wer hat dir denn das gsagt?

NOTZERL Der Vatter. Er tut nämlich die Gamsbart ... *sie stockt, Herr stutzt* Nämlich ... der Vatter ... der findet die Gamsbart ...

HERR *fährt empor* Dein Vater findet Gamsbärte ... wo findet er deren?

NOTZERL Aber nein! Sie lassen mich ja nicht ausreden! Er findet die Gamsbart gar so viel schön ... selber hat er keinen ... naa, gewiß nit ... er geht ja rasiert ... und hat so koan Bart ... dös muß er ja tun ... schreibt eam der Dienst vor ... bloß, was die Vorreiter von die ungarischen Züg sein, tragen langmächtige Schnurrbärt ... die ham s' dort gegen d' Fliegen ... die können s' damit verscheuchen, wann s' so umastechen damit ... Wissen S'!

HERR Ganz richtig. Brav, brav, wie du das Reglement im Kopf hast.

NOTZERL *kokett* No – und wann i Dienst mach ... Sehen S' ... i
brauch mi gar net rasieren ... bin ganz glatt ... hab gar keine Haar
da. *Weist auf die Wange.*
HERR Geh ... zeig her! *Er streichelt ihre Wange.*
Der Dackel schlägt wie toll an. Auf einem Rollwägelchen kommen,
sich mit Stöcken abstoßend, zwei Gnomen gefahren. Notzerl will sie,
wüthend über die Störung, mit der Fahne verscheuchen.
NOTZERL Zurück! ins Tunnel! Was tuts ihr da umanandertschun-
dern! am hellichten Tag. Schamts euch gar nicht? in dera Gluft?
Was muß sich der fremde Herr da denken, wie's bei uns auf der
Strecken zugeht?!
GNOMEN *mit hoher Stimme* Wir lassen uns die Bahn nicht verbieten!
Wir gehören dem Industriellenverband an ... wir repräsentieren
überhaupt die österreichische Industrie!
NOTZERL So eine Frechheit! Meiner Seel – i bind 'n Dackel los –
könnts dann schaun, wie ihr mit ihm fertig werdets!
HERR »Die Bahn frey für den Tüchtigen.« – So steht's im Hof-
dekret. Laß die Kleinen schalten! Mein Neffe Franziscus ist ihnen
zugetan. He! Gnomen! He! Was treibt ihr da? Wer seid ihr,
Wackere?
GNOMEN Salniterkratzer, zu dienen! Wir kratzen den Salpötter aus
der Tunelle Wölbung und liefern ihn in die Pulvermühle, so im
Drachenloch stehet, dem Vatterland zu dienen!
HERR Recht so, wackere Kleine! Kratzet getrost fürs Vaterland
Salniter, des Blitzes Ey. Fahret nur eiligst fort, der Kaiser braucht
sein Pulver. *Zu Notzerl* Sei nicht so streng! Es kann nicht lauter
Husarenleutnants auf der Strecke geben! – die Eisenbahn ist allen
offen!
NOTZERL Das ist es eben! Ein einziges Mal nur möcht ich mit dem
Kaiser sprechen. Kein Ernst! Wie oft, wann der Vater auf dem
Geleise grad sein Schlaferl macht ... *Herr stutzt* ... heißt, ... um
es zu bewachen, legt er sich drauf, damit die Zigeuner nicht die
Schienen stehlen.
HERR Was!? die Zigeuner stehlen Schienen?!
NOTZERL Ja. Die sind wie die Raben drauf! Kaum, daß ma s' verjagen
kann ...

HERR Das ist mir neu! da muß ich doch sofort dem Sonnenfels ...

NOTZERL *sieht ihn forschend an.* Was ist Euch, Herr?

HERR O nichts. Aber du hast noch etwas sagen wollen?

NOTZERL Ja. Wenn der Vatter auf den Schienen ... also ... wachet,
kommt da nit 's Fetzenweib gfahrn, der Sauschneider, der
Powidlböhm, der Zwiefelkrowot oder der Kohlenjud?

HERR *lacht* Na – reg dich nicht auf!

NOTZERL ... und überfährt den Vattern! *Herr lacht.* Da lacheten S'
nit, wann S' 'n dann schimpfen höreten! Der röhrt Eana, daß es
Viech im Tal zum Fressen aufhört. Wann man aber auch an
Menschen so schröckhen tuat! Allweil aufscheichen!

HERR No ... 's Stimmerl hast wohl nicht von ihm geerbt! Geh – sing
noch Eins!

NOTZERL Mir ist die Heiterkeit vergangen, wann i an mein armes
Vatterl denk und wi'r sich über das Gsindel aufregt, was 'n guten
Kaiser 's Eisenbahnbrot wegfrißt ... denn zahlen tun s' nix ... die
Fallotten ... Werd Ihnen halt was Ernstes singen, was Weh-
mütiges! *Sie nimmt die Zither zur Hand und singt:*

DER ÖSTERREICHER (eine Ballade)

Waas können mir dafier, daß mir so gscheeid sein?
In ahlen Stücken gar so weit sein?
Daaß wir von Eferding bis halbwegs Wankham,
seeit etli Jahren schon a Bahn ham?

Ja freili klagen dadadrüber sehr die Rösser,
Für die und ihresgleichen wär der alte Zustand besser.
Doch kommen so in hundartfufzg Jahrl andre Wagerln,
und tun die Bahn dann langsam awakragerln ...

Für ahle kommt der Selcher mit 'n Messer.
Zu allererst verwurschtet er die Rösser.
Füür ahle kommt amal der Selcher!
Die große Frag is nur die eine: Welcher?

Ja – gibt es gegen dieses denn kein Mittel ...?

Zwei Weiber biegen auf einem Wägelchen ums Eck, rumpeln vorbei
und singen:
LAVENDELWEIBER   Kaafts an Lawendel,
                     an Lawendel kaafts!
                     Zwa Kreizer in Büschel!
     verhallend Kaafts an Lawendel!
                     Mir hätten an da ...
Notzerl wirft die Zither weg und schluchzt vor Ärger.
HERR *streichelt sie tröstend.* Reg dich nicht auf! es ist ja ziemlich arg.
   Hab mir nie gedacht, wie dicht der Verkehr ist.
NOTZERL Grad heute ... grad heut ... Immer wird ma gstört. Ach!
   Wenn der Zwölfuhrzug heut erst morgen abend käm ... *Sie schaut*
   den Herrn schmachtend an.
HERR Ja, ja, dein Stimmerl ... mußt du ein schönes Kehlkopferl
   haben ... no freilich! gehört ja zu deinem Kopferl und muß ihm
   Ehre machen. So ein Stimmerl kann verlocken ... na, und
   Lockerln hast du auch schöne ... und so schöne, schöne Augerln
   ... könnt dich manche hochadelige Fräuln beneiden drum!
NOTZERL Ach, ich armes bürgerliches Mädchen! Mich eine adelige
   Fräuln beneiden, wo in die seidenen Spenzer prangen und in
   Kitteln umanandgehn wie die Heuschober so groß ... brokatene
   Heuschober, wie die Meßgewänder so bunt und mit Perlenschnü-
   ren z'sammbundn ... und, daß s' z'sammhalten, a Brüllant-
   broschen wie'r an Krapfen so groß am A ... also: hinten!
HERR Mein Kind, wenn du auch keinen Titel führst, – du bist
   dennoch von Adel ... den wir nicht ... den kein Kaiser verleihen
   kann trotz Brief und Siegel. Die feinen Handerln trotz dem harten
   Dienst ... und da ... schau! ... die Fesseln! ... ich kann sie
   umspannen mit der Hand ... schau! *Er tut es der scheinbar*
   Widerstrebenden. Siehst Mäderl: der wahre Adel sitzt unterm
   Wadel!
NOTZERL Ach! was kann denn so ein feiner Herr da dran finden ... so
   ein feiner Herr!
Sie schlägt noch einen Schlußakkord auf der Zither. Ferne Herden-
glocken läuten. Die Stimmung wird bedenklich süßlich. Der Herr
spielt, auf der Bank sitzend, versonnen mit der Stationsweiche neben

seiner Bank, so daß die Laterne kling-klang macht. Notzerl macht
gerade Miene, sich ihm auf den Schoß zu setzen, als schweratmend die
dicke Witfrau Gackermeier auftaucht. Zwei Bauernburschen schlep-
pen ihr Gepäck.

GACKERMEIER So – da habts ... zwoa ... Kraizer ... kaafts enk ...
wos ... dafier ...

BURSCHEN Naa – dees gibt's nöt ... a Stund lang die drei Zenten
tragen ... naa ... unter sieben Kreizer gibt's dös nöt.

GACKERMEIER Alsdann, da habts no an Kreizer ... aber gebts a
Ruh ... *Burschen unzufrieden ab.*
Was ... d' ... Leit ... un ... var ... schamt ... san ... So, da war i.
Sie zählt die Gepäckstücke ab. Eins, zwei drei, vier fünf, sechs,
sieben, acht, neun, zehn, ... so. Sieben Kreizer hätten s' mögen für
die paar Stickeln!
Jö, wo hab i denn die Taschen, wo die Flucht nach Egiptn drauf
gstickt is ... und die Taschen is a net da, wo die Heiligen Sieben
Schläfer dromat san, wie s' grad aufwachen und in Heiligen Ulrich
anrufen ... da war a recht a fettes Schweinernes drin ... *Sie sucht*
verzweifelt und wirft die Gepäckspyramide dabei um. Sieben
Kreizer hätten s' mögen ... Sagen S', wo ... is der Zwelfuhrzug?
Schon ... kummen ... oder ... noch nicht? Wann kunnt ar
kummen tun ... wann ar kummen kunnt ... frag ... i ... ?

NOTZERL *ungnädig* Das weiß man nie nicht. Wie er's grad dermacht
und wie er Vorspann findt bei die Bergeln. An ungerade Tag
kommt er heifti gar nicht. Heut wär so a Tag. Gehe Sie lieber nach
Haus, oder wo Sie her ist und miet Sie sich an Ochsen!

WITFRAU A ... so ... wahs ... ! Sehe einer ahn! Z' was ham mir a ...
Bahn ... ? Da sollte römische kaiserliche Majastett selber antrei-
ben! *Herr fährt empört empor.* Ans Zepter eine Peitschenschnur
sich binden – das mein ich – und ghörig mit der Goaßl schnalzn ...
nöt selm antauchen ... bei lei ... nöt ... naa ... Wem fallet ...
schon soliches ein? So ein zartes Mandl! *Blickt devot nach oben.*

Hockauf kommt mit einem Riesenstrauß Alpenblumen zurück und
will sie dem Kaiser in den Arm legen.

HERR Tölpel! Schmeiß er sie weg! *Lakai zögert.* So hau er s' um die
Erd!

HOCKAUF ... das feiste Weibsbild da?

HERR Nein! die Blumen ... den Buschen!

WITFRAU *hebt das Bukett auf und versucht, es am Busen unterzubringen, kokett* Zu liab vom Herrn ... wölch siehnige Uiberraschung! Ich bin Blumistin, müssen wissen!

Sie folgt dem nervös Auf- und Abgehenden bei Fuß. Notzerl buttert inzwischen in einem schwarz-gelben Butterfaß und wirft der Witfrau finstere Blicke zu.

WITFRAU *arrangiert einige Schachteln anders.* Warten der Herr gleichfalls auf den Train? Sind gewiß gar aus der Hauptstadt oder 'leicht aus Znaim! Hab einen Oheimb dort, der was der reichste Metzger ist! Oder 'leicht aus Zwettl? Sehen dem Notar dort ähnlich – wie aus 'm Gsicht gschniden! *Vertraulich* Soll hoches Blutt in seinen Adern haben! *Herr indigniert.*

NOTZERL *zur Witfrau* Wo hat Sie das Büllett, das Sie berechtigt, sich hier auf der Gstetten aufzuhalten?

HERR Gstetten! Gstetten! Perron! meine Liebe!

NOTZERL A, so! Baron ... Ja! ... das Sie berechdiget, sich am Baron breit zu machen ... auf ihm umanand zu steigen ... gfallet einer Jeden ... glaub ich gern!

WITFRAU *wutkeuchend* Alsdann ... geben S' mir halt a Büllett.

NOTZERL Warten S' an Moment. *Setzt die Dienstkappe auf und beginnt zu schreiben* Alsdann ... wie tun Sie heißen tun?

WITFRAU Gackermaier.

NOTZERL *streng* Ja ... ja, aber: wie schreiben Sie Ihna, wann S' überhaupt schreiben können?

WITFRAU *wüthend* Ga – a – ka ...

NOTZERL Halt! Nicht so schnell – mir san im Gebirg! Warten S': »G« wie Gansel oder grauslich, »A« wie Amschel, Gack ... Gacker ... meier: ordinär gschrieben, wie ganz gewöhnlicher »Meier«? – Taufnam?

WITFRAU Leopoldin!

NOTZERL *wegwerfend* Lepoldin ... der Vatter? die Mutter? – sein natürli ledig? wie viel Kinder? und deren Geschlecht?

WITFRAU *empört und schweratmend* Ich ... bin ... Braut ... !

NOTZERL No – das schließt nicht aus. *Leise* Muß a Viechsgeld haben!

No – und wo wollen S' alsdann hinfahren?

WITFRAU *kleinlaut* Nach ... Powang. *Die Gepäckspyramide stürzt ein.*

NOTZERL Nach Powang! da schau! *Blättert in einem Folianten* Aha! warten S': Pe – O – Po, Po, Wa, Wan, Wang! Ja ... da hätt ich zwei – links und rechts voneinander!

WITFRAU Das in den kaiserlichen Erblanden ob der Enns ... *verklärt blickend* I heirat den dortigen Bürgermeister! Woislhofer schreibert er sich, wann er schreiben könnt!

NOTZERL *schüttelt bemitleidend den Kopf, dann fährt sie fort* Mmmm ... das Ihrige liegt ja bei Unreinfussen, unweit von Großklein und Kleinklein! Und wo tun Sie geboren sein tun?

WITFRAU *leise* In ... Wampersdorf ...

NOTZERL In Wampersdorf! Sieht man Ihnen an! – Welche Klasse? Erste, zweite, dritte, vierte oder fünfte? – In der vierten gibt's ka Dach, in der fünften herentgegen keinen Boden im Waggon – da müssen S' zu Fuß mitlaufen!

HERR Wa ... was ... ist das?

NOTZERL Ist erst kürzlich probeweis eingführt worden, weil man nimmer gwußt hat, wie man den Reisenden das billigere Fahren in gerechter Weise recht unbequem machen soll ... da zahlen s' ein Spottgeld, in der fünften, und brauchen nit so hart sitzen auf lange Strecken!

HERR Aber – wann er kan Boden hat ...

NOTZERL No ja, aber besser wie nix is schon! Und die Leut haben doch das Gefühl, daß in der Bahn fahren, die Freud laßt man ihnen ... aber dafür sehen s' nix, weil die Seitenteil schon da sein ... wegen die Türeln! Sonst könnt niemand einsteigen! denn von unt' einsteigen ist verboten wegen der Kontroll ...

Kan Boden und kane Seitenteil – dees wär ja die sechste! die gibt's noch nicht ... aber vielleicht führen s' es ein in der Zukunft ... daß d' Önkelkinder auch a Freid haben!

HERR *schlägt die Hände überm Kopf zusammen.* Auf was die Bahnfachleute alles kommen, wenn man sie laßt ... *Er sinkt gebrochen auf die Bank nieder und ringt stumm die Hände.* Das – hat – man – vom – Fortschritt.

NOTZERL Alsdann: welche Klasse?

WITFRAU Welche is denn am billigsten?

NOTZERL D'erschte. Die was drin san, zahlen gar nix. Aber dös is nix
für Sie! Da dürfen nur sehr feine Leit eini ...

HERR *zu sich* ... davon weiß ich ja gar nichts! ... sehr interessant!

NOTZERL Herentgegen die zweite: da fahren wieder die staatlichen
Funktionäre. Alsdann: die zahleten wieder höchstens a halbe
Hundskarten! Herentgegen was die Angehörigen der Bahnorgane
sind, zahln bloß in zehnten Teil von aner viertel Hundskarten.
Nehmen S' halt a dritte, die is für Eana lang no fein gnug!

WITFRAU Da tät i halt um a dritte bitten.

NOTZERL *nimmt ein Blankett und schreibt* Alsdann ... Dritte ...
nach ... Po ... wang! *Unterschreibt.* In Vertrettung – des –
Vattern: Zwelf-ax-ing-er Notzerl! *schlägt sich auf den Mund* ...
falsch ... *schief schreibend und ängstlich auf den Herrn blickend*
... Nötzchen ... *Der Herr blickt sie streng an.* ... Nötz-lein ...

HERR *streng* Das ist ein Dokument! Also!

NOTZERL *streicht aus und schreibt* In-nox-xenx-i-a, kaiserlich ...
erbländisches ... Hilfs ... bahn ... unter ... organ ... *nimmt Sand
vom Boden und bestreut das Billett, das sie dann abklopft und der
Frau hinwirft* So – jetzt zahln! Sieben Gulden 77 1/7 Kreuzer,
sieben Gulden die Fahrt und 77 1/7 Kreuzer Mautgeld – das gibt
wieder: ein Gulden 17 1/7 Kreuzer, die hab mer no net, die kriegen
mir erst bei der nächsten Münzverschlechterung, also abgerundet
auf 18 Kreuzer, wo Sie 3/4 Kreuzer herausbekommen ...

HERR Brav! Sie hat die Tarifen gut im Kopf!

NOTZERL ... Gepäck ist frei, wann S' es am Schoß nehmen, ebenso
zwei Kinder ebenda ... aber! Sie! Was wiegen Sie eigentlich?
Witfrau sagt ihr etwas ins Ohr. Naa ... naa ... meine Liebe! das
gibt's nit! Bei drei Zenten Lebendgewicht müssen S' zwei Bülletter
nehmen ... 's zwoate is d' Zuwaagkarten! Wann S' es nit glauben –
i bring Ihna gleich die Beförderungsbedingungen für dicke Leut
und Mißgeburten ohne Begleitpersonen. *Sie geht ins Haus.*

WITFRAU *zum Herrn* So ein freches Mensch! Sollt bei mir im Dienst
sein! I, wann die Bahn bin, ließet mir dös nit gfalln! Sollt bei mir in
der Kuchl sein ... Wann i, wie gsagt, die Bahn wär, die müasset d'

Schienen schmirgeln von hier bis Wien ... d' Wochen zweimal ...
oder mit Zinnkraut putzen ... weil dös billiger kam ... die falsche
Sennerin die ... kommt bloß auf lüsterne Gedanken da in der
Einschicht!

HERR Genug!

WITFRAU A – so! Mein nur ... so ein junger Fratz ... die leitet ja den
Zug auch in den Wald – mitten hinein – daß er sich in die Baam
verwutzelt und man ihn 'leicht a Wochen lang nit findet. *Wichtig*
Soll heifti vorkommen ... heifti vorkommen ... mir hat's a
Förschter erzählt ... *geheimnisvoll* Z'erscht hat er wo klagen ghört
... allweil klagen ... im Wald ... und dann hat er 'n gfunden ...
Herr macht eine unwillige Bewegung. Witfrau suchend A! Da is
die Taschn, wo der heilige Petrus dem Malchus 's Ohr abhaut! Ja.
Wichtig Das sein aber bloß die leichten Fälle! ... sie sein auf Züg
gstoßn ... oft schon voller Schwammerln ... und wo die Schgelet-
ter von die verhungerten Passascheer aus die Fenster heraus-
geglotzt ham ... hab i mir derzähln lassa!

HERR *unwillig* Was redt Sie daher?! Im Anfang vielleicht ist so etwas
vorgekommen ...

NOTZERL Sie haben zwei Gulden 23 Kreuzer Übergewicht zu zahlen!

WITFRAU *erbost* Das kann Sie jedem sagen! Was weiß Sie überhaupt
von der Bahn? Ja – ist denn kein Mannsbild da? Hat Sie kan
Vattern? Muß a saubrer Vatter sein, der was sein Madel da in der
Einschicht laßt, wo auch junge männliche Passascheere kommen
... Lustreisende soll es geben! A saubrer Vatter ... gewiß is er
wildern!

NOTZERL *springt zornbebend vor* Nein! Über 'n Vattern laß i nix
kommen ... dös gibt's nit! Er is a ehrlicha Mann ...

*Man hört einen Knall. Der Dackel bellt wie irrsinnig. Das Pferd
bäumt sich. Ein Gemsbock klatscht mitten in die Gruppe hinein. Der
Vorreiter läuft entsetzt davon, denn unter Poltern und Krachen von
Steinen und Felsblöcken kollert und rutscht eine Gruppe Wilderer,
von Geröll begleitet und in eine Staubwolke gehüllt, von der
vorspringenden Felswand herunter. Der Apfelschimmel geht durch.*

VATER Sakra – jetzt hab i wegen dem dalkerten Vorsprung net gsehn,
daß Leut da san ...

HERR A – da schau her! Geschwärzte Gesichter – Wildschützen! Ihr
Halunken, demasquiert euch sofort! Statim! Wascht den Ruß ab –
Bärte herunter – muß euch sehen ... Bande!
VATER No – no! nit glei so gach! Mit sieben 1/2 Kreuzer Taglohn kann
man net leben. Heißt's halt, a bißl die Menasch aufbessern. Wo
schon die Maß Bier 1/4 Kreuzer kostet. Hab i nit recht?
WILDERER Jo, jo!
VATER No – und aus die Decken von die Gams machen ma Hosen.
Soll ma 'leicht nacket gehn, in Dienst verrichten? He! frag i! Möcht
der Kaiser gar a Schnoferl machen, wann er aus 'm Hofzug außa
schauet ...
HERR *empörte Bewegung*
WILDERER Weil's wahr is ... jo, jo.
HERR Und doch seid ihr Wilderer, Verbrecher, Malefizpersonen,
elende Diebe! schießt des Kaisers Wild ab in den Bergen, adelige
Jagdlust zu verhöhnen ... Gebt die Gewehre ab ... sofort!
Diebsgesindel!
TEUXELSIEDER *springt vor, schwingt drohend den Stutzen* Dös
nimmst z'ruck ... dös Wurt ... oder ...
NOTZERL *wirft sich zwischen beide* Teuxelsieder, halt! – zurück! ...
nur ... über ... meine Leiche! *Sie sinkt ohnmächtig in die Arme
des Herrn.*
TEUXELSIEDER *verzweifelt* ... A ... so ... is ... dees ... a ... da ...
schau her ... Hure! Hure elendige ... i geh ins Wasser ... stürz mi
in 'n Gießbach ... und zuvörderscht ... *gräßlich* und zuvörderst
... laß i dem Herrn da die Darm außa! *Er zieht ein Messer.*
WILDERER Dös tuast nöt ... untarsteh di ... die Darm bleibn drinnet ... naa ... Merder san ma koane ... naa ... mir san honede Lei-
teln ...
VATER *mit drohend zitterndem Finger* Teuxelsieder! Dö Darm
bleiben drinnat.
*In diesem kritischen Moment ächzt, stöhnt und niest ein Zug heran,
vom Dackel, der der Wildererszene interessiert zugeschaut hat, nicht
gemeldet.*
VATER Marandanna! Dös is ja der Zwölfuhrzug ... was fallt denn dem
ein ... wo erst neini vorbei ist ... und von der falschen Seiten

kommt er a an . . . auf das Rabenviech, den Waldl, is gar ka Verlaß mehr. *Er setzt, trotz falschem Bart und geschwärztem Gesicht den Diensttschako auf, nimmt die Signalfahne und bläst »Freie Einfahrt«. Zum Herrn, der irgendwas sagen will* Sein S' staad und göhn Sie vom Geleise . . . der Zug will aa Platz habn . . . jetzt bin i im Dienst . . . Jetzt kenn i Eana nöt . . . reden S' später!

Die Lokomotive bleibt unter unheimlichen Tönen stehen. Der Heizer springt ab und stellt sofort ein Schaffel unter, da der Kessel tropft. Dann steigt er mit einem Rauchfangkehrerbesen zum Schlot und versucht, ihn zu putzen. Ein Herr in großer Gala kommt vorgelaufen. Es ist Cobenzl.

COBENZL Maj . . . Maj . . . M . . . *Der Herr sieht ihn streng mahnend an, einen Finger an den Lippen.* . . . da . . . da . . . sind die Akten! *Er überreicht ihm knieend ein rotes Portefeuille.*

Eine Menge Reisende in Rococotrachten sind herangetreten und betrachten staunend das Schauspiel. Ein Zeichner mit einem Netzdiopter skizziert das Ganze. Schärferen Beobachtern muß auch ein fahriger Herr mit Carbonarivollbart auffallen. Es ist der Verschwörer Rinaldini, gekennzeichnet durch seinen wilden und düsteren Blick. Mit Mißbehagen kann man auch bemerken, daß er, undeutliche Worte murmelnd, einen Dolch an seiner Schuhsohle schleift und ihn unzufrieden prüft. Schließlich benutzt er sogar den ärarischen Schleifstein neben der Felswand, daß die Funken stieben. Dann verschwindet er mit drohenden Gesten in der Menge. Alle, auch die Wilderer, sind gespannt, was mit dem Minister da los ist.

VATER . . . wer ist denn der Herr? *Alles zuckt die Achseln. Für alle Fälle nimmt er die Kappe ab. Dann tippt er Cobenzl mit dem Stutzen an und fragt:* . . . Sö . . . Sö . . . .ja! Sö! Wer ist der denn?

Cobenzl öffnet ein paarmal tonlos den Mund.

HERR *schlägt den Rock zurück.* Seht hier den Stern an meiner Brust, ich sage niemandem, wer ich bin,
ich bin der Kaiser Joseph!

Allgemeine große Bewegung setzt ein.

STIMMEN Der Kaiser . . . der Kaiser . . . geheiligte römisch-teutsche Majestät. *Dazwischen das Läuten ferner Herdenglocken. Vater*

Zwölfaxinger und die Wilderer ringen rhythmisch die Hände.
Während der Szene hört man die Baronin Zirm:

ZIRM Ma chère Paradeysser! *Lorgnettiert auf Notzerl.* Hat Sie Worte?
So ein Trampel! Wagt, Majestät so zu molestieren! Unerhört!

PARADEYSSER Versteh den Cobenzl nicht, daß er das duldet!

ZIRM ... und Seine Majestät befreit, indem er das ordinäre Mensch da
von geheiligter römischer kaiserlicher Majestätt herunterklaubt.

PARADEYSSER Ganz richtig! her-un-ter-klaubt!

ZIRM *kopfschüttelnd* Wird halt schon alt, der Cobenzl. Passen S' auf,
liebste Zirm, jetzt wird er reif für den auswärtigen Dienst! In Wien
ist er auf das hin un-möglich!

Alles ist in die Knie gesunken. Der Heizer auf der Lokomotive steht
Habacht und präsentiert den gerade gebogenen Besen. Auch der
Dackel macht Manderl und selbst die tote Gemse kniet auf einen
Vorderlauf nieder und nimmt die Hirnschale ab, um sie sofort wieder
aufzusetzen. Die Wilderer flehen um Gnade.
Der Kaiser nestelt mühsam die immer noch an seinem Halse
hängende Notzerl ab und übergibt sie zwei Damen, die sie mit ihren
Riechfläschchen laben.

NOTZERL *schlägt die Augen auf.* Was ist das? die vielen Menschen? ...
ist denn ein Zusammenstoß gewesen? Herr ... Herr ... was ist
das ... da ... schauts ... ober seinem Haupt ... *Mit Staunen sieht*
man den doppelköpfigen Reichsadler über dem Kaiser schweben.
... dös ... muß ja ... der Kaiser sein! *Auch sie sinkt in die Knie.*

WITFRAU Ja, sag Majerstett zu ihm! Es ist der Kaiser Joseph, obwohl
er sagt, daß er's nöt sagt, sagt er, daß er sagt, daß er gsagt hat, daß er
saget, er saget's – will sagen – was sag i denn – daß ma sagt – er hat's
gsagt, wie man sagt, daß er nöt sagt, er saget's ... obwohl er schon
sagt, er hätt gsagt, i hätt gsagt, er hätt gsagt, daß er's nöt sagt ...
obschon er's gsagt hat ...

Man führt die sich ins Endlose verhaspelnde Frau in den Hintergrund
und verbaut sie mit ihrem Gepäck.

HOCKAUF Soll i s' derschlagen?

KAISER *winkt gütig ab.* Nein, laß sie. Es ist die Stimme meines
Volkes, die aus ihr spricht! Schlicht und bieder setzt es seine
Worte!

NOTZERL *zu Füßen des Kaisers* Majestät! Unser aller Vater! Üb Gnad an diesen Leuteln da, ... an deine treuen Biamten ... sein ja lauter Eisenbahner, die heit Dienst gmacht ham ... und üb Gnad am Franzl ... er hat's nit so gmeint ... Er is so viel gaach ... weil er Aushilfsheizerassistentenanwärterstellvertretersubstitut ohne Gebühren lernt! *Sie weint.*

KAISER *hebt das Mädchen liebreich auf.* Holdes Mädchen! Du hast dich zwischen mich und den Verblendeten geworfen und mich mit deinem Leib geschirmt! Du hast Muth und dem Kaiserhause Treue bewiesen! Ich schenk dir deinen Franzel! Es sind die Schlechtesten nicht, die drohend auch einmal ihren Stutzen schwingen!

Im selben Moment springt aus dem Reisepublikum der Verschwörer Rinaldini in gräßlichem Carbonarikostüm vor, rollenden Auges, den Bart wuthgesträubt. Er zückt einen Dolch auf den Kaiser. Franzl stürzt sich auf ihn und entwindet dem Rasenden den Mordstahl und rettet so die geheiligte Person des Monarchen. Er ringt mit dem Attentäter, hebt den Zappelnden schließlich hoch und schleudert ihn wie einen Fußball in den Abgrund.

VIELE STIMMEN Grauenhaft! Er hat ihn in den Abgrund geschleudert! Der wilde Orcus verschlinget ihn!

Die Obersthofmeisterin Paradeysser sinkt in Ohnmacht.

WITFRAU *die sich aus der Gepäcksmasse losgelöst hat* Hörts es, hörts es ... wie's »bumm« gmacht had? Jetzten hat's eam dermatschkert!

Rechts und links von ihr sinken zwei junge Damen in Ohnmacht. Die Lakaien führen die Witfrau wieder in den Hintergrund.

CHOR *dumpf* Jetzt ... hat's ... ihn ... dermatschkert ...

EIN EINZELNER DÜSTERER HERR *tritt vor, nickt ernst mit dem Haupt und spricht bedeutend* ... Der ... matsch ... kert ... *tritt zurück, sich mit einer Hand das Antlitz verhüllend.*

Doch Pappelberg taucht auf, schiebt den schwer athmenden Franzl zurück, klopft dreimal mit dem Stab und ruft: Der Retter Seiner Majestät! *Dann bleibt er bewegungslos wie eine Panoptikumsfigur stehen.*

Die Witfrau hat sich wieder aus dem Hintergrund losgelöst und haut einem der sie halten wollenden Lakaien auf die weißzwirnenbehand-

schuhte Pratze, daß es knallt. Dann geht sie, laut seufzend, an Pappelberg vorbei, setzt sich im Vordergrund nieder und beginnt, immer wieder liebegirrend seufzend, aus einer Reisetasche Kuchen zu essen. Dann schiebt sie die letzten Brösel in den Mund und murmelt mit fetter Stimme, mit dem Daumen über die Schulter auf Pappelberg deutend Den oder kanen! Mi sicht dös fade Powang nimmer! Ich löse meine Verlobigung mit 'n Woislhofer auf! Jo!

Im Vordergrunde steht Graf Wumpsprandt, tupft sich die Stirne mit dem Mouchoir und sagt zu seinem Sohn: Waaas sagst du?

SOHN Waas ich?

GRAF WUMPSPRANDT Ja. Du.

SOHN Ich bin con-ster-niert!

GRAF WUMPSPRANDT *wichtig* Alle Leute mit Vollbärt sein Möörder. Merk dir das fürs Leben!

SOHN A! daaran kennt man s'? Da – schau – her. *Er geht kopfschüttelnd ab und verarbeitet sichtlich das Gehörte. . . . da . . . schau . . . her . . .*

KAISER Auch du, mein Franzl, hast mir das Leben gerettet! Steh auf, Baron Teuxelsieder! *Alles applaudiert dem Gnadenakt. Zu Cobenzl* Notifizieren Sie die Nobilitierung, lieber Graf!

Zwei Pagen in Reisekostüm laufen zu Cobenzl. Der eine hält knieend die Schreibunterlage, der andere die Tintenfeldflasche.

COBENZL *zu Franzl* Vorname?

FRANZL Franzl!

COBENZL Haben mehrere Namen?

FRANZL Naa . . . aber an Übernam hätt i: Petersil!

COBENZL *winkt ärgerlich ab und notiert* Hm . . . m . . . m . . . Franciscus . . . cus . . . Xa . . . ver-us . . . nobilis . . . baro . . . de . . . et . . . ab . . . Teuxelsieder . . . virtute . . . ornatus . . .

zum Kaiser gewendet Ja . . . und wenn ich schon im Schreiben bin: die Freiln da . . . mit den Wadelstutzen . . . tun wir s' auch baronisieren? die Majestät ihre Anhänglichkeit an das Kaiserhaus so offenkundig bewiesen und Majestät leiblich beschirmt hat?

KAISER *der im Gespräch mit Notzerl befindlich ist* Natürlich! Die Gerechtigkeit erheischet dieses! *Zu Notzerl* Siehst du! Jetzt wirst du doch noch eine Edelfrau mit Brief und Wappen! *Beifall der Menge. Er unterhält sich leise und liebenswürdig weiter mit der neuen Baronin.*

COBENZL *emsig schreibend* Et vivivivi ... Sakra! Die Feder tut a nimmer! Et vir-gi-nem Inno-cen-tiam *kopfschüttelnd* – das ist auch die erste Baronin, die Jungfrau wird ... halt! herstellt! das ist die erste Jungfrau, die sozusagen auf freiem Feld der Ehre Baronin wird! ... de ... et ab ... Zweleff-ax-inger. So! Was ist mit dem Vatern? Wenn die Tochter geadelt ist ... Vielleicht den Erzeuger auch nobilitieren ... Wie? Kein Bedenken dagegen?

NOTZERL Haben sich Majestätt schon ganz derfangen? Spüren S' keinen Schrocken nimmer?

KAISER Nein!

COBENZL *der das »Nein« auf seine Frage bezieht* Nein? Also gut? auch adeln! Somit ist die ganze Familie ... in den ... Freiherrnstand ... erhoben. So, genug damit.

KAISER Na, Cobenzl! fertig? Also, geben S' her! *Er unterschreibt.* So. Und weiter! Schreiben Sie auf: die dasige Stationskassa von ... wie heißt die Haltestelle eigentlich?

COBENZL Wutzlwang!

KAISER Also: von Wutzlwang! sey des wackren Mädchens Mitgift. Ja, und Seine Liebden, der Freiherr von Teuxelsieder ... hat er das? bekömmt mit Mautabwurf die Bahn da als Lehen – als adeliges Lehen – von der Weiche da bis zum Nepomuk dort auf der halben Brucken.

COBENZL ... usque ad Nepomucenum aut cum Nepomuceno?

KAISER Natürlich nur bis zum halben Nepomuk! Damit habe er genug! Die andre Hälfte dieses böhmischen Heiligen bleibt kaiserlich! *Er schnupft.*

Das Tunnel gehört nimmer ihm. Ein Tunnel ist keine Fleischbank! *Cobenzl nickt wichtig mit der Perücke.*

Das ist wegen seinem zukünftigen Schwiegervater!

COBENZL Schwiegervater? Glauben Majestät an eine künftige eheliche Verbindung beider adeliger Häuser?

KAISER Provideat Imperator! Zweifeln Sie?

FRANZL *küßt dem Kaiser die Hände.* Ui! Wann i denk, was i von die allerhöchsten Därm gsagt habe! net wahr. Herr Kaiser. Sö tragen mir's nöt nach, das mit die allergnädigsten Darm ...

KAISER Nun – ein Baron tut so etwas nicht. Des bin ich sicher. Stünd ihm schlecht an!

Cobenzl wimmert stumm zum Himmel.

NOTZERL *drängt Franzl von des Kaisers Händen weg, die sie nun inbrünstig küßt.* Gelten S' ... und dös auch nit ... daß die Verblendötten ... daß s' Eana den allerheechsten Spiegel ... *schluchzt* ... bluati ... gschossn ... sozusagen ... *schluchzt erbärmlich.*

Der Kaiser hebt das verzweifelte und zitternde Mädchen liebreich auf. Eine Gratulationscour des Publikums zu Notzerl und Teuxelsieder beginnt. Verschiedene Personen blicken auch in den Abgrund und gestikulieren über die Tragödie mit dem Mörder. Junge Damen bringen den Wilderern ihre Stammbücher.

GRÄFIN PARADEYSSER Theuerste Zirm! Nein – die Gnad von Seiner römisch-kayserlichen Majestätt! Allergnädigst zu baronisieren! Mitten da in der Wildnuss! Jetzt ist dieselbe *deutet mit dem Lorgnon auf Notzerl* ein Mensch geworden, jetzt kann man erst auf sie reden!

ZIRM Nein, die Gnad, die allerheechste Gnad, und wie gsagt, in der Wildnuss ausgeübt.

PARADEYSSER Noch dazu am Vormittag. Kann mich kaum darob derfangen.

ZIRM *belorgnettiert Notzerl.* Sie ist schon nervios geworden. Sehen S', Theuerste, wie sie zidert.

PARADEYSSER Jetztn derf sie auch zidern, wo s' eine Baraunin is. Da hat s' das Recht dazu. Jetztn kann ich sie auch nachträglich labn. François! Mein Fläschgen! *Der Lakai reicht das Verlangte.*

ZIRM Allerdings. Wo s' jetztn eine Standesperson gwordn is. *Belorgnettiert Notzerl.* Schad! Eben hat s' zum Zidern aufghört. Wo s' doch das volle Recht hat, zum nervios Sein.

PARADEYSSER *klappt das Lorgnette zu.* Finden nicht auch, daß sie der Contess Mahrenberg frappant ähnlich siecht?

ZIRM Wahrhafftig! die ganze Lientscherl Mahrenberg. Und en profil eine ausgesprochene Luhatschowitsch.

PARADEYSSER In der Tatt! Eine Luhatschowitsch wie sie leibt und lebbt!

BEIDE Charmant. Charmant.

PARADEYSSER Und er – der neiche Baron – hat was vom franzeschen Ambassadör. Bis aufs Kostüm, natürlich. Der ginget nit so zerrissen daher. Ich hab noch keinen Herrn von der Ambassad gsehn, der so dreckig gwesn wär. Wie gsagt – er hat was vom . . . na . . . vom . . .

ZIRM Meinen gwiß in Richelieu?

PARADEYSSER Abber nein! Der war doch bugled! *Verbessert sich* Das heißt, als Gsandter kann er ja nicht direkt bugled sein . . . aber bossü . . . halt! jetzt hab ich's: vom Rohan hat er was! Vom Cardinalambassadeur, natierli.

ZIRM Eigentlich könnt er sich jetzt das Gsicht waschen. Ich hab noch nie einen Baron gsehn, der so dreckig war.

PARADEYSSER *denkt nach, den Lorgnonstil an der Unterlippe.* Ich – auch – nicht. Heechstens – damals – ein – zwei – Cavaliere . . . die bei der westindischen Gesandtschaft waren oder gar aus Brazzilien. Genau weiß ich's nit. *Geheimnisvoll* Einer sohl soggar vier Händ ghabbt ham. Wie das die Kaiserin Mutter erfahrn hat, hat s' demselben den Maria-Theresienordn wieder weggnohmen.

ZIRM T, t, t, t. Abber, wie is den dieses gewiß sorgfältig behüttete Geheimbnuss herauskohmen? Bitt Sie, sowas hängt man doch nit an die große Glocken . . . vier Händ . . . ! Marandjosef . . .

PARADEYSSER Bei einem Tett-a-Tett.

ZIRM Da siegt man's wieder! O über die fluchwürdigen Vertraulichkeiten . . .

PARADEYSSER Und über die Fleischesluhst. *Beide mümmeln kopfwackelnd.* Abber man ist mit der greeßten Delikatess vorgangen. Die Fräuln, wo ihn in das sindhaffte Treiben verwickelt hat, hat, weil sie beneidet werden wohlte, dieses bikannte Detail in ganz Wien herumerzählt. Keine Viertelstund nach begangener Sünde hat's Ihre Majestätt erfahrn und hat vor Schrockn den Kaffee umgschütt. Was der Edle von Pappelberg ist, hat ihm, unterstützt vom diensthabenden Wappenkönig vom Toisonorden, die Dekoration abgefordert. Die fremde Exlenz is abber am Luster gschprungen und war Ihnen nit zum Herunterbringen. Erst als man ihm's schriftlich geben hat, daß ihm zu Ehren die Marokkanergassen baut wird, wann er brav war, hat der hoche Herr nachgeben.

ZIRM *mit großen Augen* Also, das ist das Geheimnis der Marokkanergassn. Schau einer her! *Kopfgewackel beider Damen.*

PARADEYSSER Und wissen Sie, warum die Kaiserin gar so bös war? Weil der sündhafte Vorfall gerade zur Jausenzeit stattgefunden hat. Zur Jausenzeit haben d' honetten Leut an Kaffee z' trinken und sich aller Lüste zu enthalten.

WITFRAU *tritt zum starr wie eine Panoptikumsfigur dastehenden von Pappelberg.* Mögen S' koane Wuchteln?

PAPPELBERG *steif* Danke!

WITFRAU Nit mit Kraut. Die blöhen. Mit Bowödl.

PAPPELBERG Danke.

WITFRAU Bowödl tat Eana gut. Sö schaun eh so obschtipiert daher.

PAPPELBERG *sehr energisch* Danke! *Ab.*

WITFRAU *blickt ihm verliebt nach.* Wölch scheener Maann! Das Aug ... das Aug ... der wär was zum Naschen ... Zuckerbuwi ... *Kußhand.*

NOTZERL *zum Kaiser* Majestätt! Jetztn komm ich erst zum Bewußtsein ... i scham mi so ... über die viele Gnad ... und no dazu die schöne Mitgift – wann i amol heirat ... zwoa Gulden 23 Kreuzer muß dös Trampel noch Zuwaag zahln ... wie mi dös gfreut!

KAISER Aber liebste Baronin! Trampel! *Er droht mit dem Finger.* Vergesse Sie nicht, daß Sie jetzt hoffähig ist!

NOTZERL Mein Gott! Mit dem Gwandel – wo i Wadelstutzn trag!

KAISER Ja ... liebe Baronin ... da fällt mir was ein! Sie haben seinerzeit wegen mir ... drei ... also, drei schmerzhafte ... Sachen erlebt. Da müssen wir ein linderndes Pflaster drauflegen! Cobenzl! Fügen Sie ein in die Urkunde: Aus meiner Privatschatulle bekömmt die Baronin 3000 Kremnitzer Dukaten!

NOTZERL Nein die Gnad – die hohe Gnad!

COBENZL *notiert* Ducaten drei-null-null-null, *schlägt nach einer Stechfliege* verdammtes Vieh! – null. So! Schön! ... Jetzt sind's 30.000 gwordn *stummes Spiel* a – laß mer's ... is gscheider als noch amal schreiben ... wo jeder Bogen mit zwei Kreuzer gestempelt ist.

Gräfin Paradeysser und Baronin Zirm wollen gerade der Notzerl gratulieren gehen. Da kommt der elegante alte Graf Wumpsprandt auf sie zu.

WUMPSPRANDT *zur Gräfin, die ein kupferrotes Gesicht hat* Charmant! Charmant! Liebste Gräfin. Sie hier begrüßen zu dürfen! Was für ein be-zau-bern-der Zufall! Haben doch was Gutes – die trains! Kann einen mit die Neuerungen aussöhnen! *Einen Schritt zurücktretend* Haben aber die Gnad, wieder einmal bril-lant auszusehn! Ja – und die Baronin! Küß die Hände, küß die Hände! *Ein unendlich fad aussehender Jüngling ist langsam herangetreten, ohne eine Miene zu verziehen.* Darf ich meinen Sohn vorstellen? den Schnoopfi! den zukünftigen Majoratsherrn! *Voll Vaterstolz* Er hat nämlich als Kind nicht Orpheus sagen können. Heißt natürlich auch Orpheus, wie wir alle, seitdem wir im vierten Kreuzzug am Weg ins Heilige Land die Schlacht von Delphi gewonnen haben ... Lauter Steyrer Ritter ... ja ... und denken S': gegeneinander ... im Nebel ... na ja ... aber will Sie nicht ennuyieren ... von was ham wir grad gschproochn? richtig! er heißt Orpheus Bogumil Sosianus ... Zu Haus wird er deshalb auch »Soserl« gnannt ... is kürzer ... aber meiner Frau gfallt Schnopfi besser ... 's hat so was Englisches ... *zum Sohn, der ganz apathisch dasteht, leise* Sag der Gräfin auch, daß sie brillant aussieht!

SCHNOPFI *leise* Wäälcher?

WUMPSPRANDT *leise* Der ... die wie Rostbif ausschaut ... die Große ... Dicke ...

SCHNOPFI *zur kleinen, bleichen und mageren Zirm* ... nein ... wie Sie gwaxn sind ... seitdem ... ich ... nicht mehr ... das Vergnügen hatte ...

WUMPSPRANDT *unwillig abwinkend* Er is a bisserl distrait ... ja ... distrait ...

SCHNOPFI *geht grußlos weg, kehrt nach wenigen Schritten wieder zurück und frägt den Vater* Glaubst, daß die Polizei sich das merken wird?

WUMPSPRANDT Waaas?

SCHNOPFI Daaas von die Voll-bäärt. Wann man's ihnen gsagt hat? *Dann geht er weg und belorgnettiert Notzerl.*

WUMPSPRANDT *sieht ihm voll Stolz nach.* Dürfen aber nicht denken, Gräfin, daß er immer so distrait is ... sonsten hat er eine présence d'ésprit ... ich sag Ihnen: eine pré-sence d'ésprit ... Der Kaunitz ist gaanz weg von ihm ... saagt mir nix als Flattusen, wann er mich sieht. Erst ohnlängst hat er sich geäußert:»Glänzender Nachwuchs für die Diplomatie! so was von undurchsichtig!« So einer wie er, würde zum Beispiel soo-fort Großsiegelbewahrer da oben in ... Dingsda ... äh ... wo der Sherry wachst ... äh ... in ... na ... 's gibt so eine Krankheit mit krumme Füß ... heißt auch so wie das Land ... na ... laß ma das. Ja! Aber heut is er nicht aus-geschlaafn, der Bub. Er is nämlich gar nicht matinal.

PARADEYSSER Er is ein Bild von einem jungen Ca-fa-lier!

WUMPSPRANDT Sagen das nicht! Sagen das nicht! Ein Maann braucht nicht schön sein. Das überlassen wir Ihnen, meine Damen. Aber: wie gsagt: présence d'ésprit muß einer haben. Blitzaaartig au fait sein jeder neichen Situation gegenüber.

Apropos! Was sagen von kaiserlicher öffentlicher Entschließung von vorhin? So ein Gnadenakt war noch nie daa ... man bedenke: voor dem déjeuner! Nur einmal historisch beglaubigt: Wie der hochselige Rudi – der erste Habsburg ... bei ... no, ja ... bei ... Dingsda ... den Dingsda ... den Dingsda ... Ä, ä, ä, ä, ... gedingsdat haad ... *Lorgnettiert zu Notzerl.* Ä ... 'zückende Erscheinung ... Jetzt natürli bisserl zu sehr paysanne ... bergère ... m, m ... Ja. Und – wie heißt der junge Retter von Majestät ... der mit der ... patinierten Visage?

ZIRM Teu-xel-sieder!

WUMPSPRANDT *erstaunt* Wa –? Bisserl sehr exotisch ... T, t, t! und riecht – excusez! nach Manufakturist. Hab dégout vor die Gewerbe-treibenden-Adelsnamen! Immer muß da was Unnützes gmacht werden ... was schneidern ... oder meistern, was stopfen ... meinetwegen. Typische Bagatelladelsnamen! ... Sieder ... sehr outriert. Na – ein Sohn könnte ja Cardinal werden! hä, hä! ob die Teuxeln dann auch rot werdn? hä, hä, hä ...

PARADEYSSER Intressant, wie die Majestät heut ... der ländlichen entourage angepaßt trotz aller Zeremoni doch eigentlich das Incognito gewahrt hat!

WUMPSPRANDT *der einige Sekunden nachdenklich gemümmelt hat* ... Bisserl viel Gnaad eigentlich. Gleich: Baron! Wegen so ein Attentaterl ... und sie auch ... No, ja ... Frühlingstag.

BEIDE DAMEN Abber, liebster Graf!

WUMPSPRANDT N, n, n, n! Bitt Sie, wie damals der Pappelberg von der böhmischen Hofkanzlei, – der mit die gschwinden Äugerln, – am Hofball den Mörder entdeckt hat, der was unter der Krinoline von der Kaiserin Mutter versteckt war ... und immer mitgeschloffen is ...

BEIDE DAMEN Entsetzlich!

WUMPSPRANDT Da is er bloß »Edler von« gworden. Pappelberg von Kaiserhuld! Ich bitt Sie, »Edler voon ...«

BEIDE DAMEN Wie war das eigentlich?

WUMPSPRANDT Er hat gedacht, die Majestät geruht ein Dessous zu verlieren ... derweil war's a Stück vom Mörder, was herausgschaut hat ... Vorher is dem Pappelberg schon aufgefallen, daß immer was »bim-bim« macht ... Käärl hat nämlich Tanzsporn anghabt ... wegen Hofbaall ...

ZIRM Huu! – heern S' auf ... I krieg a Ganshaud ... Huu ... was is denn das?! Einen so zu derschrecken!

Dicht neben ihr kommt über die Felsblöcke Notburga heruntergesprungen und prallt auf den verloren dastehenden Schnopfi, den sie, fallend, umarmt. Ein Hagel von Schwammerln überschüttet ihn, der verdutzt herumschaut.

NOTBURGA Ent ... ent ... schuldigen S' ... i ... hab's ... net ... tun ... wolln ... schad um die scheen Schwammerln.

Schnopfi steht, noch immer den Mund halb offen, mit Schwammerln behängt da und glotzt wie gebannt das schöne Mädchen an. Er kann sich von ihrem Anblick nicht trennen. Sie kokettiert immer wieder auf ihn, einzelne Schwämme aufhebend. Er hilft ihr. Beide knieen voreinander.

WUMPSPRANDT *dreht sich um und bemerkt erst jetzt die Situation.* Schnooopfi! Waas haast denn? Bitt dich, laß dich abputzen ... wie kommst du überhaupt zu die vieln Schwaammerln? begreife das, wer's kann!

SCHNOPFI *glotzt noch immer verloren auf Burgl.* Jaaa – ich weiß
selbst nicht wie. Die hat das Mädel da ... mit ... bracht.
WUMPSPRANDT *belorgnettiert sie, leise* Sü-perb.
*Der Dackel bellt fürchterlich. Man hört einen Zug fauchen. Der Vater
Zwölfaxinger bläst ins Horn und waltet seines Dienstes.*
VATER Zuruck da ... das Gleise freilassen ...
NOTZERL Majestät! der Hofzug kimmt zurück! ... Eure Majestät
wieder abholen. *Leise* Mir wird der Abschied schwer ... *laut*
Alsdann: Pfiat God, Herr Kaiser! ... i hab schon in der Früh
gwußt, 's gschicht heid noch was! Daß ma alle eingspirrt wern, hab i
mir denkt – daweil bin i a Baraunin gwordn ... um was mir dös
liaba is!
*Teuxelsieder ist zum Kaiser getreten. Burgl packt Notzerl bei der
Hand und deutet auf Schnopfi.*
BURGL Du ... der is dir schön ... der ... wo mitten in die
Schwammerln steht ... schön is dir der ... den oder koanen ...
KAISER *zu Teuxelsieder* Sie kommen zu mir nach Wien. Ich stell Sie à
la Suite – das erklärt Ihnen dann der Cobenzl, was das ist. Einen
Mann wie Sie, kann ich nicht entbehren. Die Heizerei lassen wir
anderen. *Zu Notzerl* Und Sie, Baronin! Auch Sie werd ich bald bei
Hof in Wien sehen ... glauben Sie nicht? Sehr oft sehen ... *Notzerl
erröthet tief.* Nun – Kinder – reicht Euch die Hände – ich weiß ja
von Eurer stillen Verlobung – ich will Euren Bund segnen!
NOTZERL *tritt einen Schritt zurück* ... Majestät ... ich bitt
unterthänigst ... sich das zu ersparen ... ich – mag – ihn nimmer!
Blick auf den Kaiser.
KAISER *beißt sich auf die Lippe* ... So ...
TEUXELSIEDER ... I ... a ... nöt ... *dreht sich brüsk um. Der Zug
pfeift.*
KAISER So wollen wir uns denn weiterbegeben.
DIE MENGE Vivat Josephus! Vivat Josephus! *Hüteschwenken.*
*Auch die arme Seele Rinaldo Rinaldinis – ein grauer Schatten – ist aus
der Erde jäh aufgetaucht und schwingt begeistert den Spitzhut.
Langer Lokomotivpfiff.*

Vorhang

DRITTER AKT

Zeremoniensaal in der Wiener Hofburg

WUMPSPRANDT *zur Gräfin Paradeysser* Theuerste Gräfin! wir waren – wie sich wohl erinnern werden, Zeugen des interessanten
Begebnisses damals in Wurstelhofen ... wann ich nicht irre ... Das
entschlossene Eingreifen des jetzigen Barons ... Leimsieder? ...
nicht?

PARADEYSSER Teuxelsieder.

WUMPSPRANDT A – richtig! merk mir den Namen nie ... wär mir
lieber, er heißet Batthyany oder sonst wie vernünftig ... ja! ... von
waas ham wir grad gredt?

PARADEYSSER Vom Attentatt. Mich überläuft's heit noch kalt ...
wo's doch wieder so überheizt hier is ...

WUMPSPRANDT Also ... der ... Dingsdasieder ... was sich der für
eine Position bei Hof gschaffn hat ... in der kurzen Zeit ... Persona
gratissima bei Majestät.

PARADEYSSER *sich vorsichtig umblickend* Ja, segn S', unser guter
Kaiser ... lauter moderne Ideen ... neue Leut ... denken S' nur an
den Sonnenfels ... jetztn hat er sogar die Zauberey erlaubt ... im
Prater unt ...

WUMPSPRANDT Ä?

PARADEYSSER Ja, da gibt es Zaubberbudn! Stellen S's Ihnen vor!

WUMPSPRANDT M, m, m, m! Das ist doch ab-so-lut harmlos!
Jongleurpavillons! Prestidigiateurhäuserln! ... Glauben S', die
Wopizei ... Blödsinn! Polizei! duldet so was, wo der böse Feind ...
also sagen wir: Gastspiele gibt! Aus-gschlossn Baronin! aus-
gschlossn!

PARADEYSSER *bedrückt* Das ist ja ohnedies das Wenigste! Abber –
flüsternd haben Sie schon das Gräßliche vernommen, daß sie einen
Teufel seit ein paar Täg in der Schönbrunner Menagerie ham?!
Den was ausländische Freigeister hi-nein-gestiftet ham?! Und Flöh
hat er en masse, die er mit Botschaften hin und her schickt! Er ist
immer in einer Art Hundshütten verschloffen, hör ich ... *Blickt
starr vor sich hin.* Ein Gottseibeiuns mit Flöh ...

WUMPSPRANDT M, m, m, m! da irren! Teufel! Natürlich war ich auch gleich draußen ... nachschaun. Ganz harmlos! Warten S'. *Er zieht einen Zettel heraus und liest* Sarcophilus satanicus ...

PARADEYSSER Segn S' es!

WUMPSPRANDT ... heißt das Ziefer!

PARADEYSSER *ungläubig* Und nachts solln die Flöh glühn! Denken S', wenn man die erben möcht ...

WUMPSPRANDT Nochmals – da irren! *Groß* Parole d'honneur! Ich glaub, einem Ehrenmalteser und Erblandküchenmeister können Sie glauben! Was aber viel schlimmer is: die neuchen Leut bringen so einen andren Ton ... da wär die kleine Baronesse ... ä ... Zwölfpatschinger ... oder wie? ... Sieht entzückend aus!

PARADEYSSER Laßt sich ertragn! Aber der ihr Ton! Schon wie sie sich nennt: »Nötzchen«! Haben Sie Worte?

WUMPSPRANDT *versteht nicht* Hn?

PARADEYSSER *laut* Spricht von sich nie anders als vom »Nötzchen«.

WUMPSPRANDT *zerstreut* Pfui Teufel! Wie meint sie das?

PARADEYSSER Die jungen Leut bei Hof reden schon alle »nötzlerisch«! Das gfallt denen, das finden die fesch – originell! Möcht sagen: bei Hof »nötzelt« es.

WUMPSPRANDT Pfui Teufel ... was? A – so! Man möcht sich wirklich schon wünschen, daß man so terrisch wär wie der alte Fürst Pfauenberg ... aber, schaun S': eine Ausnahm gibt's! Mein Schnopfi! Also, der ist un-berührt von dieser dé-struction, ja! dé-struction ... Hat sich aber seit der Attentatsgeschichte merkwürdig verändert ... Ja – damals hat's angfangen ...

PARADEYSSER Inwiefern?

WUMPSPRANDT Sehen S', Gräfin, distrait war er immer. Aber so was von distrait wie in der letzten Zeit ... Stellen sich vor, unlängst – beim Lever – halt er Seiner Majestät den Ärmel volle drei Minuten zu ... Peinlich! Der Pappelberg – der Zeremoniendirektor – hat Blut transpiriert – wie er mir versichert hat – Blut transpiriert! Stellen Sie sich das vor! Ja ... und jeder hat Neider ... bitt Sie, und der Natternbiegel steht dabei ... Intriguant durch und durch!

PARADEYSSER Ja, die Natternbieglischen ... Nie nix Gutes gewesen ...

WUMPSPRANDT Der wart ja nur drauf, erster Kammerherr zu werden.
Also, das mit 'n Zuhalten, das muß was bedeuten ... wann ich nur
wüßt – was er hat?

PARADEYSSER Verliebt is er.

WUMPSPRANDT Glauben? Aber in wen? Kommen S', Gräfin, schauen
wir ein bisserl herum ... vielleicht kommen wir drauf ... denn er is
da ... und der Schlankel wird schon wissen, wegen welcher! *Lacht.*
*Beide ab. Sie stoßen dabei auf Pappelberg, der einige Schritte gegen
die Mitte geht und sich dumm-selbstgefällig in einem Spiegel
mustert. Dabei bemerkt er gar nicht, daß die Witfrau aufgetaucht ist.*

WITFRAU *seufzt* Da is er – mein Herzbünkerl mit dem goldenen
Kragen, wie schön er ist! Wölch ein Maann! Wann i da an den
Meinigen denk ... da verblasset dersölbige zu einem Nichts, so
wahr i ane geborene Schunkengruber biin! Blasser toter Sölcher –
verschwinde. Owa, gehn ma's an! Hat eh a Viechsgeld kost, bis i da
einerkummen biin, daß ich nach em Zwelfiläuten an Fußfall
machen derf – wegen eam, dem Spitzbuben da mit dem großen
Stecken! *Sie tippt den Selbstversunkenen an.* Herr von Bappel-
berg!

PAPPELBERG *dreht sich unwillig um.* Was will Sie? Wie kommt Sie da
her?

WITFRAU Schaun S', Öchslenz, i kunnt lügen und Eana weiß Good
was derzähln – aber – i bin a grade Frau, a einfache Frau – wenn auch
a reiche, a sehr a reiche Frau! *Pappelberg blickt milder.* Sehen S',
verstehen S': I hab da amal die zwoa Eckhäuser in der Dreilaufergassn, die zwoa andern am Schottenfeld, das oane mit 'n Schild:
»Wo der gute Hirte daas verloorene Lamm röttet« und das andre:
»Wo die Schlange nach dem Sündenfall den erschten Eltern Gute
Nacht winscht!« *Pappelberg blickt interessiert.* Na, und 's Haus am
Strozzengrund ghört a mein, wo i die Saitlinghandlung hab!

PAPPELBERG *verständnislos* Was für Säuglinge?

WITFRAU Aber naa! Sait-linge! Därm! A Darmhandlung hab i!
*Pappelberg weicht entsetzt einen Schritt zurück und blickt die
Frau verekelt an.* I treib's aber nit selber! Naa! In meinigen
Gschwisterkind san Schwiegersohn, der wo die Gliedkusin ...

PAPPELBERG *ägriert* Genug!

WITFRAU Lassen S' mi ausreden! Schebesta schreibt er sich und hat nur an Ohrwaschl. Das andre ...

PAPPELBERG *ennuyiert* Ja, liebe Frau, gut, gut! Aber ...

WITFRAU *vorwurfsvoll* So seid ihr, ihr Großen dieser Örde! Ob an armer Maann aus dem Volke zwei, drei oder gar kans oder vier Ohrwascheln hat – das is euch gleich! Möhr! Ein Gegenstand des Spoottes oder gar des Abscheis! Ja, so ist es! So blicket ihr Erwöhlte herab auf das arme Volk, wo den Haufen bildet und es ist eich gloich, ob dieser brave Bürgersmann nur ein Ohrwaschel mehr hat ...

PAPPELBERG *ärgerlich* N ... nja ...

WITFRAU Dabei hat er es auf den Altar des Vatterlandes niedergelegt!

PAPPELBERG *verständnislos* Ö?!

WITFRAU No – 's Vatterland hat's halt gschnappt, 's Ohrwaschl! – no, weil's ihm der Türk vor Mohatsch abghauen hat.

PAPPELBERG *steht stramm* Jedenfalls ein braver Mann! Aber warum erzählt Sie mir das alles? Sieht Sie nicht, daß ich Hofdienst hab? Überbürdet bin? Also: was will Sie?

WITFRAU *schwer atmend* Was i will? Ja, sehen S' nicht, wie mir's ums Herz is? Haben Sie denn keinen Blick für uns kleine Leut, keinen Blick nicht, wann der Haufen zu Eich hinaufschaut? O! Wann mir einmal das Aug zu oich emporheben, zu oich Große dieser Örde! Oh! Zum Spielzeug sind mir oich schon recht ... Blümlein sind wir, wo ihr pflücket, wo dann wölken und eier Schuch zerdritt ... da könnt i Euch a Geschicht erzählen aus der untren Laimgruben und dann aus dem »Schmecketen Wurmhof«, wo ein Hofkondukten- ansager der Köchin aus 'm vierten Stock – zwoate Tür links – glei neben 'm Abort – 's Hörz brochen had ...

PAPPELBERG Lassen S' mich mit solchem Tratsch in Ruhe! Ja!

WITFRAU A, da schau her! Ihr haltet ja alle z'samm, ihr Höflinge ... und das interessiert Sie a nöt, wie's einer meinigen Nichten gangen is, wo das Aug zu an Lack-ei erhoben haad ... no ... und dann is sie eines kleinen Lack-eies genösen und in die Donau gangen.

PAPPELBERG *nervös* Was soll das verschnörkelte Gerede? Jetzt sag Sie endlich, was Sie will?!

WITFRAU *schwer atmend* Wahs i wihl? O! Es ist hart für ein zartes,

hilfloses Weibb, so ohne Fürsprech zu reden ... Ja ... merkens
Sie's denn nöt? ... I wihl die deine sein! *Pappelberg ist konsterniert. Witfrau voll Gemüt* Dagobert!

PAPPELBERG Woher weiß Sie denn das?

WITFRAU Aus 'm Hofkalender. Der Fleischer hat mir unlängst mit
ötlichen Saiten daraus die Zuwaag eingwiegld.

PAPPELBERG Nun aber ... ich muß schon sagen ... ein wenig jäh ...
da ... müßte ... doch ... zuvörderst ... ich weiß auch nicht ... ob
ich die allerhöchste Bewilligung ... aber, wie gesagt, ... man
könnte ja ... zuerst ... zuerst einmal ...

WITFRAU Waas zuerscht!? Naaa – *groß* I bin nöt daas Holz, aus dem
maan Mötressen schnützet! *Sie geht wild fächelnd auf und ab.
Dabei stößt sie auf eine genauso gekleidete, ebenso wild fächelnde
Hofdame.*

DICKE HOFDAME Die Hitz. I zerspring. *Bemerkt die Witfrau als
Kontrafigur und geht empört ab.*

PAPPELBERG *schaut ihr starr nach und murmelt* Die Prünstenau von
Feuersbrunn ...

WITFRAU *verdeckt ihm mit dem Fächer die Augen.* Schau nicht nach
ihr, sie ist sicher eine Buhlerin!

PAPPELBERG *ringt die Hände.* Die Prünstenau eine Buhlerin! ...
Groß, dabei starr und devot nach oben blickend Sie ist Ahnen-
probenexaminatorin bei die am Obersthofajaamt zur Auswahl
kommenden kaiserlich königlichen, auch erzherzoglichen
Obersthofammeln ... von Geblüt! *Er sinkt gebrochen in ein
Fauteuil.*

WITFRAU Schau Dagobertscherl, i bin a reife Frau und derf da reden,
wo so a rotznasige Gitsch sagn ma, von a fufzehn, sagn ma, von a
achtzehn Jahrn, gar nit dran denken könnet! Aber: noch ist der
Hörbist des Lebens no nöt da ... und schau: Wie i di damals zum
erschten Mal gsehn hab – na – hast mir glei gfallen! No – hab i mir
denkt – nimmst ihn, den Hungerleider mit die dünnen Wadeln,
den Hundsmochren ... *Pappelberg fährt empört empor, Witfrau
protzig* Was bist den andres? Halt a vergoldeter Hungerleider!
Aber bei mir wirst es gut haben! Wann di a der Kaiser schaßt wegen
der Messalanzi ...

PAPPELBERG *jämmerlich* Das ist es ja eben ...

WITFRAU Da laß nur mich machen! I mach mei'n Fußfall – bumm – no, und unser guter, guter Kaiser wird mi schon aufheben ... der hat no koan Weib vor ihm am Boden liegen lassen ... *Pappelberg schätzt stumm ihr Gewicht ab und ringt leicht die Hände.* Und achtzehn Metzen voll Silberzwanziger hab i a! San gute sechsunddreißigtausend Gulden! *Pappelberg tänzelt vor Vergnügen.* Wern ma uns halt a Ewibaasch halten mit Mohrenschimmeln! *Neckisch* Daß d' aber dem Kaiser nit sagst, daß d' in a Darmhandlung einiheiratst! So – und jetzt gib mir a Busserl! *Sie fahren sofort auseinander, als man näherkommende Schritte hört. Beide ab. Notzerl und Burgl treten auf.*

NOTZERL *fächelt sich.* Heiß is da. Oder bin i so aufgregt? Wann's nur schon zwelfi leiten täten! da wär d' Audienz vorbei ... und i muß 'n Kaiser sprechen ... muß eam was sagen!

BURGL Daß du di dees traust! Vor die vielen, vielen Leut – die Großkopfeten, wo s' alle gar so viel noblicht und gewöhlt daherreden!

NOTZERL I will mei Glück derrobern!

BURGL I will aa mei Glück derrobern!

NOTZERL I hab eam gar so gern, mein Franzel ... i war zu hart zu eam ... jetzt tut mir's leid.

BURGL *sehnsüchtig* O mein Orpheuserl! Wann i denk ... wie er mir unter die Schwammerln kommen is ... wie liab er da gschaut hat, der liabe, hohe Herr Bua! Und ka Wort hat er außibracht ... koa Sterbenswörtel nit ... aber angschaut hat er mi – angschaut ... dös schöne Aug ... wo er hat!

NOTZERL Wie nennen s' ihn z'Haus mit 'n Übernamen ... dein'n Ohrwascherl oder wia daß er hoaßt?

BURGL *empört* Geh – hör mir auf! Ohrwascherl! Bist mir nur neidig ... Or-phe-us schreibt er sich, woaßt! halt! weißt du – i lern – ich lerne ihn jetzt in der Mythologie ... oh! schön ist das – bei meiner Französischlöhrerin! ach – Mythologie!

NOTZERL I mecht a Müchtologie betroibn!

BURGL Du – das ist dir intressant! – da sind Sacherln drin ... völlig zu schamen ... i hab gar nicht gwußt, daß so ... gwisse Sachen ...

schon so lang erfunden sein. No ja, heitzutag haben wir ja die Heuböden – aber damals: a Akanthus-Gebisch ... Hoine ... a zertrümmerte Vasen ... Da is so a Gschicht von der eifersüchtigen Diana ...

NOTZERL *einfallend* Dös Luder! die was 'n Vattern sei neiche Hosen z'rissen hat ... die vom Grausgruber die, was wegen an Waldel kommen is, und wo dann beim Bahnhofbuffett a Wurscht derwischt hat ... dann ist's natürlich ölendig krepiert!

BURGL Aber was denkst denn! die war ja die Göttin der Jagd!

NOTZERL Siagst es – wia'r der Hund geschmeckt hat, daß unser Vatter a Wilddieb ist!

BURGL *fein* Sprich nicht so von Papa! Du – also, der Orpheus war der Gemahl der Eurydike ... was eine überaus schöne Nymphe war, – weißt! so eine im Gebirg ... wie soll i dir's sagen: halt a sehr a schöne nackete Sennerin ... also ... was die störblichen Wanderer verzarrt ...

NOTZERL ... Du ... das is dir pükant ...

BURGL Und denk dir! Der Orpheus war ein Zitharöde!

NOTZERL Ja ... aber ... hat er da nit 'n Arzt fragen müssn?

BURGL Aber naa! Musi hat er gmacht!

NOTZERL ... Bei der Damenkapelln?

BURGL Wos?

NOTZERL Wonnst aber sagst, daß er a Zwitter war ...

BURGL Bitt di ... blamier dich nicht ... dabei zahlst du mir die Stunden ... No – und dann ist der Orpheus gstorbn ... er is nämlich von die Bakonierinnen ... zerfetzt worden – waßt, von so bsoffene Madeln ...

NOTZERL Siegst es! A Mann soll nit ins Wirtshaus gehn – dös kommt davon! Du – gib amal acht auf ihn! Wann i auf die Schand denk, die wir dann in der Famili haben können werden hätten ...

BURGL *selig* Also glaubst du auch, daß er mi doch heiraten wird? Nein – das Glück! *Sie preßt die Schwester an die Brust.* ... Was glaubst – wann i die »Burgel« fallen laß und mich Eurydike nennen mecht? Eurydike – meinetwegen: Eurydike Notburga ... Gräfin Wumpsprandt, née Baronne de Zwölfaxinger ...

NOTZERL Dös hätt i mir net träumen lassen, daß wir amal solchene

Projekten besprechen werden, damals, wo i dacht hab ... daß der
Vatter auf die Galeere verkitscht wird ...

BURGL Und gestern hat der Papa mit 'n Contarini tarockt, wo der
fenetianische Ambassadör is ... angschaut hat ihn der schon ... als
ob er was wisset. Ob der nit am End in Frachtbrief übern Papa
schon ausgfüllt von früher besitzt ...

NOTZERL A – hör auf – dös is, wia gsagt vorbei – die Ängsten ... und
daß mir alle eingspirrt werden und du höchstens noch an Trottel
heiraten wirst!

BURGL I an Teppn heiraten! I?! I geb nit eher Ruh, als bis er Minister
is ...

Übrigens, wo nur der Vater bleibt? Er will sich heute bei Seiner
Majestät für die Nobilitierung bedanken. I hab so Angst, daß er
keinen Fotzpatz nit macht! I hab ihm auf deine Kosten ein paar
Stunden Anstand beim Hoftanzmeister geben lassen. A gwisser
Gluck hat dazu gspielt. Aber der Tanzmeister hat's aufgeben ... nit
um a Gschloß unterrichtet er ihn weiter, hat er gsagt.

NOTZERL ... die Schand ...

BURGL Und was der Gluck is, der hat gsagt, er mecht a Gigasch ...
naa! a Gigant werden ... nur für an Moment ... hat er gsagt, daß er
dem Vattern 's Glawier um den Schädel hauen könnt ...

NOTZERL Ja, der Vatter. Was willst da machen?! A Eisenbahner bleibt
a Eisenbahner. Wann i dich so anschau! Völlig nicht zum Glauben!
wie du dich verändert hast! und koane derfreerten Händ!

BURGL Ich gebrauche Crème de Cythère aus Paris!

NOTZERL Jö – muß dös was Feines sein!

BURGL A! – in Wirklichkeit kommt ja dös alles aus Wean nach Paris
und dann wieder um a Viechsgeld z'ruck! I weiß es vom
Teuxelsieder – der is an der Fabrik beteiligt – und der hat mir
derzählt, was es ist.

NOTZERL Wos denn?

BURGL A Hundsfetten aus Simmering!

NOTZERL Fein bist beieinand! *Vertraulich* Du – sag, hast du a so
Hosen an?

BURGL *wichtig* Ja, denk dir – am Brückel hab i das Allianzwappen von
uns und die Wumpsprandtischen einsticken lassen ... das soll

Glück bringen ... a Wahrsagerin vom Spittelberg hat mir's
grathen. Und du?

NOTZERL I a. *Seufzt.* Aber i woaß net, i kann Hosen anziagn so viel
i will – drunter bleib i doch a einfachs, ungschminkts Bauern-
madel ... Mir fallt's Herz in diese neumodische Gluft. Wann i so
denk, daß i heut so vor dem ganzen Hof erscheinen muß ...

BURGL I bitt dich – heb dir nur nit die Kitteln auf und deck dir 's
Gsicht zu!

NOTZERL Verzieh dich – d' Obersthofmeisterin kommt!

*Burgl geht hochmütig lorgnettierend ab. Die Obersthofmeisterin
kommt. Notzerl macht einen tiefen Knix und erhebt sich unge-
schickt.*

PARADEYSSER Liebbste Baronin, falln S' mir nit vom Sprießerl! Sie
ham mich bitten lassen, daß ich Ihnen ein wenig examinier!
Alsdann, wir können gleich anfangen. Wiederholen S'! so – das ist
schon besser. So, dieses tun Sie dreimal. Dann senken Sie die
Augen und warten, bis Majestät geruht anzusprechen. Dann sagen
Sie: Erwählter römischer Kaiser und König von Germanien,
Hungarn, Böheimb und Jerusalem!

NOTZERL Jö ... is er das, seit wir Galizien ham?

PARADEYSSER Abber nein. Den Titel hat er amal zum Schenken
kriagt vom Heiligen Vattern, oder wie ...

NOTZERL Oder hat er 'n am End im Tarackiern gwonnen?

PARADEYSSER A Kaiser tarackiert nicht. Die Majestäten spieln mit
Völkerschicksalen ... Das heißt man die Politik. Abber das
verstegn wir Frauenzimmer nit. Vor allen Dingen nicht den Kaiser
zuerscht ansprechen! auf die gnädige Frage der Majestätt warten
und hochderselben am Ende ehrfurchtsvoll die Hand küssen, sowie
in drei Verbeugungen ersterben. Also nochmals: die Titulatur?

NOTZERL *atmet verwirrt, unsicher* Herr ... König ... von ... Kanaan
... nein ... Kaftanien ... nein: Bethlehem ... *ganz verwirrt* heilige
drei König ... bitt für uns ...

PARADEYSSER *zum eben eintretenden Wumpsprandt* Es ist schrecklich. *Beachtet die weinend auf ein Fauteuil Gesunkene nicht weiter* ... was mit die jungen Leut von heutzutag is ... so verwir-
ret ...

EINE DICKE HOFDAME *taucht abermals wild fächelnd auf.* Die Hitz.
Die Hitz. I kohm umm, meiner Söll, i zerspring ... Schauts nach,
ob i nöt irgendwo zersprungen bihn ...

WUMPSPRANDT Ich hab auch nichts zu lachen. Der Schnopfi is noch
mehr verändert. Schaun S', was er treibt! *Er zeigt auf den Sohn, der
eine große Sonnenblume zerzupft und dann einen Herrenpilz küßt.*
Sie haben recht ghabt – er is verliebt ... so enflamé – und wir
können nicht herausbringen, in wen? Gott sei Dank macht er auch
nicht die neuchen Moden mit, die was die Jeunesse von dem
Dingsdasieder kopiert ... Moden ... legère Manieren ... Denken
S', unlängst kommt der ... Gspensterkoch ... in robe de cour mit
seladongrüne Lederhosen und einem Tyrolerhütel mit Straußenfedern ... ein horreur!

*Eine Schar junger Cavaliere, Teuxelsieder an der tête, kommt herein,
alle sehr aufgeräumt. Drei Comtesserln mit ihnen. Die Comtesserln
umringen sofort den melancholischen Schnopfi.*

DIE COMTESSEN *durcheinandersprechend* Ja – was is Ihnen denn –
Schnopferl! Was ham mir denn da für ein Blumi? Schönes Blumi!
O, o, verliebt! Jö ... und was hat er denn da ... ein ... Schwammerl ... her damit ... nehmts ihm 's Schwammerl weg ... wo er das
nur gfunden hat ... was ... im Zeremonisaal ... lüg net! So was von
verliebt ... Wer ist sie denn? die Herzallerliebste?

LANDSCHAD Na – was wird denn ein Orpheusserl lieben?! ...
Eurydike wird sie heißen, seine Inamorata!

ALLE DREI Eurydike! Eurydike!

LANDSCHAD *singt* Eu-ry-di-ke ... *Orpheusruf nach Gluck, die andren
fallen ein.*

*Notzerl ist beim Wort »Eurydike« aufmerksam geworden, ist nach
hinten gelaufen und winkt Burgl herbei, die während des Gesanges
der Comtessen, die Hand aufs Herz gepreßt, zuhört.*

LANDSCHAD Herr Orpheus! Uns drei Nymphen vom kaiserlichen
Parnasso könnt Ihr ihn anvertraun, Euren Liebesgram! Ihr
Nymphen! rüstet euch! Nennt eure Art! Wer seid ihr?

HATZFELD Ich Atlantide! und nenne mich: Plexaura!

MARSILIEN Ich Nereide! und nenne mich: Aktaia!

LANDSCHAD Ich Auloniade! und nenne mich: Rhodeia!

ALLE DREI   Göttern so nah,
       Olympos Töchter,
       Schicksal zu formen,
       irdisches Glück.

MARSILIEN Vicomte Orpheus! Sohn des Apoll und der Kalliope!

SCHNOPFI Abber nein ... Mama ist doch eine geborene Czaki!

LANDSCHAD *leise* Trottel!

MARSILIEN Vicomte Orpheus! Betrachtet uns als den Cour d'amour, dem Aphrodite präsidiert, den Cour d'amour, zu dessen Stufen Ihr flüchten dürft, zu klagen Euer Leid, Rath zu holen ...

HATZFELD Auf, auf, zum Liebeshof! *Sie arrangieren drei Fauteuils.*

HATZFELD *zu Landschad* Lukretia! Du bist die Herzogin Rhodeia!

LANDSCHAD Ich nehm es an. Die Vorfahrn opferten der Freya! Zur Rechten: Hatzfeld – will sagen: liebliche Plexaura ... bist Seneschal – zur Linken – Marsilien – süßeste Aktaia! mein Perseverant!

MARSILIEN Die Tagung ist eröffnet! *Fanfare.*

LANDSCHAD Sprecht! Vicomte! Wer ist die Angebetete?

HATZFELD Um welches Götzenbild verglüht das Herz?

LANDSCHAD Wollt Ihr um hohe Gnad uns bitten, Euren Pfad mit Blumen zu bestreun ... den Pfad zu Eurydiken?

SCHNOPFI ... da gibt's kein Pfad ... da is ein Abgrund ...

HATZFELD Ein Abgrund? Solln wir eine Brück aus Rosenranken wölben über ihn?

SCHNOPFI ... Kommt keiner drüber. Sie ... ist ... eine ... Bürgerliche ...

ALLE DREI O ... quel horreur ... wie wird sie heißen? ... Resi ... Mali ... Zenzi ... oder am End gar: Burgel ... wie ordinär!

Notzerl und Burgl ballen im Hintergrund die Fäuste.

SCHNOPFI *ist beim Namen »Burgel« aufgefahren.* Ihr habts leicht lachen ... da gibt's keine Hoffnung nicht ... *raunzend* Ich mach heut an Fußfall ... voorm Kaiser ... ja, meiner Seel ... daas haat noch kein Wumpsprandt tan ... Mir is es ... Herz ... broochen ... Sie ist ... ein ... Götterbild.

HATZFELD ... ein bürgerliches Götterbild.

SCHNOPFI Sieht man mir's nit an, wie ich innerlich derangiert bin ... jeder muß mir's ja anmerken ... *Schaut in seinen kleinen*

*Handspiegel und bleibt wie erstarrt, als er drin das Bild Burgls
erblickt. Er deutet in den Spiegel.* Do ... schau! die ... Bu ...
uur ... gel. *Dann putzt er den Spiegel mit dem Mouchoir.* ... wird
... nit ... aan ... ders!

*Er dreht sich um, den Mund offen und schreitet verklärt auf Burgl zu.
Die Comtessen starren auf die sich abspielende Szene.*

SCHNOPFI Sie hier bei Hof ... begreif ich nicht ... wie schön ... Sie
... ausschaun ...

BURGL *reicht ihm, der verlegen vor ihr knixt, mit grandioser Gebärde
die Hand zum Kuß.* Nun?

SCHNOPFI *raunzend* Dees ... darf ... i ... nit ... wie gern ich auch
möcht!

BURGL Warum nicht?

SCHNOPFI Zwegen der Famili ...

BURGL Aber gehn S'! Unter uns vom hohen Adel!

SCHNOPFI Wieesooo!

BURGL Ich bin doch eine Baronin ... bin die Schwester von der
Notzerl ... will sagen, von der Baronin Innozentia Zwölfaxinger!

SCHNOPFI Aber ... wegen ... dem ... sind doch Sie nicht ...

BURGL Aber ja!

*Die drei Comtessen machen sich Zeichen »Sie ist offenbar geistes-
gestört«.*

SCHNOPFI Ich begreif nicht ... ich be-greif nicht ...

NOTZERL O – was begreifen Sie schon ... küssen S' ihr ruhig die
Hand ... wenn ich Ihnen sag – sie is a Baronin, is auch a Baronin ...
und wenn auch der ganze Hof Kopf steht. Jetzt hab ich keine Zeit,
Ihnen das zu erklären – Sie werden sehen!

SCHNOPFI Das wär ja ein un-begreifliches Glück ... das muß ich
gleich dem Paa ... a ... paa sagn ... au revoir ... mes dames! *Ab.*

*Man hört ihn im Hintergrund wiederholt verschwindend und neu
auftauchend* Pa ... a ... paa *rufen.*

VATER ZWÖLFAXINGER *hereinstolpernd* I woaß net – bin i da richti –
Jessas! die Madeln!

NOTZERL und BURGL Papa! benimm dich!

WUMPSPRANDT *kommt von der entgegengesetzten Seite als von der,
wo sein Sohn abgegangen ist, und sieht Vater Zwölfaxinger.* Ja ...

was ... macht denn der da – bei Hof? Begreif nicht! der hält den
Zeremoniensaal wohl für ein Durchhaus ... bin ja gar nicht
informiert von solchen Möglichkeiten ... und ... da ... is ja noch
eine unbekannte Dame ... fabel-hafte beautée ... ja ... is ... denn
alles verrückt geworden ... O – da kommt auch der unausweich-
liche ... Ä ... Ä ... sieder – muß schaun, daß ich weiter komm ...
a! der Pfauenberg! Gott sei Dank ... ein Kavalier!

DER ZEREMONIENMEISTER *klopft dreimal und ruft* Der Obersthofmarschall! Seine Durchlaucht, der Fürst Wolf Dietrich zu Pfauenberg!

DIE COMTESSEN Vorläufer der Majestät! Grad halten!

WUMPSPRANDT *eilt Pfauenberg entgegen.* Gott sei Dank, daß du da
bist!

PFAUENBERG *schwerhörig* A! Wumpsprandt! Was hast gsagd?

WUMPSPRANDT Bin froh, daß d' da bist!

PFAUENBERG ... Trappist? nein! hören tu ich nix – aber reden – das
laß ich mir nicht verbieten.

*Teuxelsieder ist an der Spitze der jungen Cavaliere in höchst
animierter Stimmung hereingekommen. Unbekümmert tritt er an
Pfauenberg heran.*

TEUXELSIEDER *sich die Stirne wischend* Sakra ... is dös a Hitz hier
... alsdann, so was von eingheizt ... mir is doch glörnter Fachmann
gwesen ... aber so was ... *zum Pfauenberg respektlos* Is
Eana a so hoaß?

PFAUENBERG *sieht ihn entgeistert ob der Unverschämtheit an.* Hn? a?
... n? ...

TEUXELSIEDER Hoaß is!

PFAUENBERG *verständnislos* Ha-tzi?

TEUXELSIEDER Terrische Kapelln! ... die haben firigschossn!
Macht Heizerbewegung.

PFAUENBERG *Miene absoluten Unverstehens.*

TEUXELSIEDER Es – is – firtarli he-iß ... !

PFAUENBERG Ach ja! scheußlich, scheußlich. *Geht weiter.*

COBENZL *tritt ihm entgegen, echauffiert* Ich komme vor Hitze um –
sagen Sie, Hoheit, leiden Sie auch so? ... infame Palmenhaus-
temperatur ... wir sind ja doch kein Blumenflor ...

PFAUENBERG *verständnislos* Äh? Floh? ... verstehe immer: Floh!

COBENZL *nervös* Infame Hitze! tropisch!

PFAUENBERG A! Prokesch-Osten! Nein – habe ihn nicht gesehen!

COBENZL *gibt nicht nach* Furchtbar eingekachelt!!!

PFAUENBERG *versteht endlich* Ja! Ja! scheußlich heiß! ... leide furchtbar! Bürgerpack würde schwitzen, Bagatelleadel transpirieren. Mf! B! *Geht weiter.*

GRÄFIN PARADEYSSER Hoheit, ich muß Ihnen eine hocherfreuliche Nachricht bringen: Denken Sie sich, Ihre Majestät, die Königin Karolin von Neapel hat Zwillinge bekommen!

PFAUENBERG *mit schwerhöriger Geste* Ja, ja, Käärl muß ja hineingefeuert haben wie verrückt!

Die Paradeysser fällt in Ohnmacht. Pfauenberg ist fassungslos und das Bild absoluten Unverständnisses. Alles eilt herzu.

COBENZL Was haben S' denn mit der Paradeysser angstellt? Sie haben ihr was gsagt und da ist das Malheur arriviert! Was war's denn?

PFAUENBERG Begreif nicht – begreif nicht – genau hab ich nicht verstanden, was sie gsagt hat, aber mir scheint, sie hat mir auch gsagt, daß zuviel hinein... *Geste* worden ist... Begreif das, wer's kann. *Geht mümmelnd weiter.*

Man hat der Gräfin verschiedene Riechfläschchen vorgehalten. Sie kommt aber nicht zu sich.

Da eilt Teuxelsieder herbei und zieht eine Schnapsflasche aus dem Hofkleid.

TEUXELSIEDER So. Werden wir ihr an Unblaachten zum Zuwischmecken firihalten. Do schau! niast schon! haptschi! und üst göröttöt!

PARADEYSSER O! wo bin ich?

LANDSCHAD Wie schön, daß Frau Gräfin wieder bei gräflichen Sinnen sind!

HATZFELD Wenn Sie wüßten, was für ein Odeur man Ihnen supponierte!

MARSILIEN Eau de vie ... fi donc!

TEUXELSIEDER Wos? an ... Viehdon? Wos? an Unblaachten! Ja ... mögen S' leicht a an?

MEHRERE JUNGE CAVALIERE Ä – originell ... originäll ... zuwischmecken ... Ungebleichten ... sehr fesch!

LAAB IM WALDE Einer Marsilien einen Schnaps anbieten ... noch nicht dagewesen! Wenn das ihr Vetter – der Rauhgraf bei Rhein wüßte – der der-schla-get den Lederhosenkavalier da auf der Stell!

MARSILIEN *hebt den Fächer.* Was erlauben Sie sich eigentlich? das riecht ja – nach Mob!

TEUXELSIEDER *grob* Wos? nach Mops?! a! das ist stark! meine Herrn! Haben Sie schon ghört, daß man in an Schnabes ein Mops ... einilegt ... wie Nussen ... pfui der Deixl – an Mobes ...

LANDSCHAD Es ist in den Annalen des Ordens unerhört, daß eine Sternkreuzordensdame auf so eine ordinäre Weise dem Leben wiedergegeben wurde.

HATZFELD *drohend* Einer der Cavaliere sollte das mit Blut abwaschen ...

TEUXELSIEDER ... Wos? in Mobes? der schauet gut aus. *Halblaut zu sich* Sollen froh san, daß die alte Zarren wieder umakraxeln kann ...

LAAB *der es gehört hat* Uma-kraxeln ... famos! Du! Schäßburg! Eine Obersthofmeisterin und kraxeln!

SCHÄSSBURG Zarren! ... könnte mich nicht schlagen mit dem Baron ... könnte vor Lachen nicht fechten ... mit diesem François de Bouillon de Diable!

HATZFELD Bouillon de Diable ... welch grauenhafte Vorstellung! *Sie schüttelt sich, daß ihr Brillantengefunkel alles irritiert. Hochmütig, halblaut* Übrigens, wie soll der einfache Mann das verstehen?

TEUXELSIEDER *zu Hatzfeld* Glauben S', i versteh nöt franzesch? Öha!

> Möter Korboh,
> süra ran Arwer perschö,
> tenett o Beck ön Froh-maasché!

Alsdann, Sö müassen a feines Kochbuch ham – da is mir der Marsilien ihr Mops in Spiritus no lieber ... i gratulier dem künftigen Herrn Gemahl zu Eanare Kochkünste ... mi sehen S' nöt bei Eanare Diners ... naa, mi nöt! *Contess Hatzfeld wendet ihm*

den Rücken. Sö! ... Contess Hatzfeld! funkelnde Ottilie! Gelten
S' ... aber die Krickeln vom bösen Feind ... die kriegt der Bruder
Leimsieder bei die Kapaziner!

ZWÖLFAXINGER *der in einem Fauteuil genickt hat* Woos fir Krickeln?
Weer kriegt Krickeln ... ? will i wissn!

SCHÄSSBURG *zu Teuxelsieder* Aber lieber Freund! Sie sind der
Bouillon! Wir nennen Sie so!

TEUXELSIEDER ... Wos!? nach so an Gschlader ... nach so an
grauslichen Leimwasser? ... i dank schön!

ALLE CAVALIERE ... Gschlader ... Leimwasser ...! hast du Worte,
Schnopfi? Er nennt die Consommé en tasse – Leimwasser!

TEUXELSIEDER A Knödelsuppen – dös is a Suppen! Oane mit
Speckhknödl! Alsdann: I mag net Bullon hoaßen!

LAAB Aber denk doch! Gottfried von Bouillon, der erste König von
Jerusalem!

TEUXELSIEDER Woos! ... Jo, dees is ja wia'r a Aushangschild
für a koschere Auskocherei ... i laß mi do net mit Gansfettn
o'schmalzn ...

LAAB Ich bitt dich, du bringst ja alles untereinander ... das sind doch
Quibbles ...

TEUXELSIEDER Pfui da Deixl. Wos is denn das für was Grausliches?
san dös bachene Mäus, dö nöt gar san?

LAAB Nein! das sind Wortspiele!

TEUXELSIEDER Du möchst di schön bedanken, wann i dich: Ochsen-
schlepp nennen möcht.

SCHÄSSBURG Jetzt ... hast ... d' es ...

ZWÖLFAXINGER Wo is a Oxenschlepp ... i mecht fruhstuckn, wo a
Oxenschlepp is, will i wissn!

SCHÄSSBURG *klopft ihm auf die Schulter.* Gedulden Sie sich noch,
mein Lieber. Nach der Audienz gibt's dann ein déjeuner à la
fourchette!

ZWÖLFAXINGER Wos ... für ... a ... Fursch ... a Fursch?

TEUXELSIEDER Woaßt, ... das is so a Red von die feinen Leit, sie
moanen damit: a Zehnuhrjausen! No – wos ißt denn a aufrechter
Mensch zur Zehnerjausen? No! halt a Wurscht! Verstehst jetzt?

ZWÖLFAXINGER *mißtrauisch* No ja, a Wurscht is a Wurscht, aber: i

versteh allweil Fursch! *Drohend* Wer hat a Fursch – wo is a
Fursch ... wos a Fursch is – will i wissn!

TEUXELSIEDER A geh! sei staad! d' Leud schaun schon alle her! I ...
hätt da ... a feine ... Knofelwurscht! ... wo ... is ... denn? ...
aha! ... da! ... I schneid dir a Stück ab ... ißt es halt hinter an Bara-
want oder hinter der Obersthofmasterin ihrer Grinolin.

*Im selben Moment erscheint Pappelberg und klopft dreimal. Der
Kaiser erscheint. Alles verbeugt sich tief. Teuxelsieder will seine
Wurst einstecken, findet aber in seiner Aufregung nicht die hintere
Tasche. Der Kaiser geht auf den Nervösen zu und spricht ihn
huldvollst an.*

KAISER Also, mein lieber Baron! Als Erstes beglückwünsche ich Sie
zu dem schönen Erfolg, den Sie für Uns und das Vaterland
errungen haben! Ja, ich sage es Ihnen gerne, Ihre Idee war
großartig, ist bahnbrechend – und wird dem Fiskus und dem Land
zum größten Segen gereichen! Als wir Ihnen damals die Gubernial-
stelle für das Verkehrswesen anvertrauten, sah ich bereits, wie Ihre
unverbrauchte Kraft ...

*Das Gespräch wird undeutlich. Der Kaiser geht mit ihm sprechend
auf und ab. Teuxelsieder hält die gekrümmte Wurst wie einen
Hundeschweif hinten fest. Er winkt damit verzweifelt den Pagen, bis
einer derselben sie ihm abnimmt. Beide Pagen fressen sie dann auf.
Teuxelsieder grimassiert wüthend auf die Essenden.*

NOTZERL *kommt aus der linken Kulisse.* Schau Burgerl, da is er! Jö,
wie schön er is, der Kaiser! Wie schön ... wie ihm die Uniform
steht! Schau dir die Stirn an! Das herrliche Auge ...

BURGL Und die vielen Orden, wo er anglegt hat! Wart: eins, zwei, drei,
vier, fünf! Und statt an Kravattel hat er auch einen ... Siegst, das
wär ein Mann für mich – der is praktisch und spart.

NOTZERL Untersteh dich! Du hast dein'n Schnopserl, bleib nur schön
bei eam! –

BURGL *hinter ihrem Rücken* Böh!

NOTZERL Und wie i eam zum erstenmal gsehn hab, im schmucklosen
Kaputröckel! Wie er mir so einfach und menschlich gesagt hat:
»Hast du Mülch!« Woaßt, i hab 'n da nit glei verstanden, woaßt ...
wie i mi jetzten schämen tu ...

BURGL Schöbbert dir auch so das Herz?

NOTZERL Du hast gar nicht zum Schöbbern – *Deutet plötzlich auf die Pagen.* A da schau her! Schau dir die Lausbuben an! *Leise* Werds aufhörn zum Wurstfressen!

BURGL *hochnäsig* So was wolln Ödelknaben sein ... woaßt ... im Olümp haben solchene, aber wöniger bekloidet und ohne Schucherln, zumeist Fackeln geschnoizet ...

NOTZERL Was haben s' geschneuzt? Fackerln? ... kleine Schweinderln?

BURGL *fährt schwärmerisch fort* Oder in güldenen Schalen Göttertränke servieret ... *da sie Notzerl verständnislos anschaut* gereicht!

NOTZERL Pscht! Plärr nit a so!

BURGL Solche Lausbuben haben dort Ganamed und Höbe ghoaßn ...

NOTZERL Sei staad! Der Kaiser spricht!

KAISER *zur Hofgesellschaft* Hohe Herrschaften! Ich habe das Vergnügen, Ihnen mitzuteilen, daß Baron Teuxelsieder sich um das Vaterland unschätzbare Verdienste mit einer verbessernden Erfindung im Verkehrswesen erworben hat, mit einer Sache, die leider geheim gehalten werden muß! *Alles flüstert.*

SCHÄSSBURG *leise* ... die sechste Klasse!

SCHNOPFI *ziemlich laut* ... o ... ja ... ! die schwimmende Eisenbaahn ... die so pleedern kann ... ohne Räder ...

VIELE STIMMEN Pst, pst!

Laab tupft sich auf die Stirne.

SCHNOPFI ... No ja ... halt a Logomodiw mit blecherne Flossen.

Der Kaiser wirft ihm einen strafenden Blick zu und schweigt. Diesen Moment benützt Notzerl, die schon die ganze Zeit am Sprung gewesen war, auf den Kaiser loszustürzen.

NOTZERL Ma ... Ma ...

KAISER *sichtlich entzückt aufblickend* Aber! aber! meine liebe Baronin! quel erreur ...

Die Obersthofmeisterin macht ihr erregte Zeichen zu knixen, macht es vor, ist verzweifelt.

NOTZERL Mai ... Mai ... Herr Maier, will sagen: Herr Kaiser! je – ich bin so aufgregt – greifen S' her, wie mir's Herz schebbert ... Je ...

was i z'sammredt? ... Sie – Majestät, kommen S'! *Sie hängt sich in ihn ein.* Gehn wir z'samm a bissel auf d' Seiten ... die bleeden Leut da brauchen nit alles z'hörn, was mir zu dischkurieren habn! Nit alles z'hörn, was i Eana sagn muß! O, Sie gütiger Vater, habn mir ja so an Schüppel Geld geschenkt, für nix und wieder nix, für die paar Flaschn ... Jö ...

KAISER Ah – Sie meinen die 3000 Dukaten? Aber, nicht der Rede wert ...

NOTZERL 3000? Wer redt denn von 3000? 30.000 haben S' mir gegeben – das sind hundertzwarasiebzigtausendneunhundertneunzig Gulden 13 1/3 Kreuzer ...

KAISER *erschrocken* Was?! 30.000 ... *er ruft* Pappelberg!

PAPPELBERG Majestät befehlen?

KAISER Veranlassen Sie die Herrschaften, für einige Minuten den Zeremoniesaal zu verlassen! – Cobenzl, Sie bleiben!

PAPPELBERG *klopft dreimal mit dem Stab* Bitte die hohen Herrschaften, sich für einige Minuten zurückzuziehen!

Die Hofgesellschaft verläßt den Saal, bis auf Vater Zwölfaxinger, der unbemerkt in einem Fauteuil schlummert. Der Kaiser geht nervös auf und ab.

KAISER Cobenzl! Sie! Was haben S' denn da gmacht! *Cobenzl blickt verständnislos auf den Boden.* Da is nix ... Aber einen Palawatsch haben Sie gmacht ... mit den 30.000 Dukaten! das mein ich ... Ja – hab ich denn überhaupt so viel Geld in meiner Privatschatulle? ... Gibt's denn so viel Geld? Und dabei ham S' mir heut frisch gedoppelte Schuh zum Anziehn gegeben!

COBENZL Mille pardon! Majestät! hab das so verstanden bei dem Lärm ... und eine Roßfliegen hat mich auch noch dabei gstochen ...

KAISER *halblaut für sich* Er sein selber ein Roß ...

COBENZL Und dann ... es kommt der Schönheit zugute ...

KAISER Um das Geld hätt ich mir eine Antikensammlung kaufen können!

COBENZL Majestät! Sagen Sie selber – was ist schöner: ein Drusus oder sonst a so a versteinerter Salamucci ohne Kopf, Händ und Füß – oder das Bild von einer ...

KAISER Haben Recht! aber teuer kommt sie mich zu stehen, die Bahn. Was für Kämpfe sie mich schon früher gekostet hat! Denken Sie noch an die goldene, brillanteninkrustierte Klystierspritze, die ich dem Großinquisitor nach Rom schicken mußte, ihn vom Vorgang des Betriebsmechanismus des Dampfwagens zu überzeugen? *Nachdenklich* Und heute Nacht hat mich ein Traumgesicht gequält: ein Haufen Wasserratzen ... ja! Wasserratzen! hat mir die Bahn unterminiert ... futsch war sie!

COBENZL Werde gleich Euer Majestät Sorgen mindern! Ich hab da eine glänzende Idee! Wir geben dem Teuxelsieder keine Provision, auf die er eigentlich den Anspruch schon schriftlich stehn hat. Sehen, da! Majestät – so – das schmeißen wir weg – sondern verheiraten ihn mit dem bildsaubren Goldfüchsel.

KAISER *entzückt, deutet auf einen seiner Orden* Sie – den kriegen S'! noch kaum getragen ... Ja, Cobenzl – wunderbar! wird gemacht! Veranlassen Sie, daß die Assemblee wieder erscheine! Halt! ... die Notzerl ... a! ... Baronin ... bleibt aber draußen, bis ich sie rufen lasse! Sagen S' das dem Pappelberg! Soll keinen Palawatsch machen! sonst laß ich ihn Ballettansager werden statt dem Flitschek!

Cobenzl ruft in die Antichambre Pappelberg! *und macht das Zeichen zu klopfen. Pappelberg und zwei Pagen erscheinen. Die Pagen öffnen die Türe, der Hof erscheint mit Ausnahme von Notzerl. Der Kaiser ist währenddem händereibend auf und ab gegangen und nahm eine Prise, das Bild Maria Theresias betrachtend.*

KAISER *zur Hofgesellschaft* Meine hohen Herrschaften! Wie Sie hörten, habe ich Seine Liebden, den Freiherrn von Teuxelsieder nicht nur mit dem Stephansorden ausgezeichnet, *Bravo!-Bravo!-Rufe* sondern ich habe ihm auch die schönste Aristokratin vom Hof als Gemahlin zugedacht!

ALLE Wer ist sie?

TEUXELSIEDER A ... da muß i bitten ... i muß a no gfragt werden ...

Kaiser winkt Pappelberg. Dreimaliges Klopfen, die Pagen reißen die Flügeltüren auf und heraus tritt Notzerl, strahlend schön.

ALLE Ah ... wie schön ...

TEUXELSIEDER *der sich schmollend abgewendet hatte, dreht sich um.* Jessas! d' Notzerl! *Er umarmt und küßt sie stürmisch. Der Kaiser tritt zu dem glücklichen Paar.*

KAISER Ich gratuliere von Herzen, lieber Baron! Hab ich Ihren Geschmack getroffen? *Leise ins Ohr* Statt Provision! Sie hat 30.000 Dukaten Mitgift!

TEUXELSIEDER *wirft seinen Dreispitz in die Luft und stößt einen Juchzer aus.* Dös a no! Aber i hätt s' a wie s' is, ohne Hemmat, gnommen – meiner Seel!

Der Hof gratuliert dem Paar. Jetzt winkt Burgl den faden Schnopfi zu sich, richtet ihm was am Jabot und führt ihn an der Hand zum Kaiser und sagt ihm: I bin die Burgl! *Der Kaiser sieht sie verständnislos an.*

BURGL Majestät ... ich bin die Schwester von der Notzerl ... *verbessert sich* von dem Nötzlein ... dem Innozentiatscherl will i sagen ... und ... *gibt Schnopfi einen Schupfer und sagt zu ihm leise:* Anhalten!

SCHNOPFI ... wo? ... a, so!

WUMPSPRANDT Ja – was ... bedeutet denn daas?

SCHNOPFI *eigensinnig* Daaß ich die Kleine da heirat ...

WUMPSPRANDT Mon Dieu! verrückt geworden! ... eine ... Bürgerliche offenbar ... kennt ja niemand ...

KAISER Ja – ich weiß selbst nicht ... bin nicht orientiert *zu Schnopfi* ... wollen Sie vielleicht einen Fußfall machen?

BURGL Das hat er Gott sei Dank gar nicht nötig. Ich bin doch eine Baronin!

KAISER *absolut verständnislos* ... eine Reichsadelige? aber – Sie sind doch eine ganz gewöhnliche Zwölfaxinger ...

BURGL Fallt mir nicht ein! Natürlich bin ich eine Reichsbaronin und komme mich ja bedanken für die hohe kaiserliche Gnad und Auszeichnung!

KAISER Aber ... ich ... ich ... ich ... *kennt sich gar nicht mehr aus*

BURGL Warten S'! da ... die k. k. Wienerzeitung! *Sie zieht ein winzig kleines Blatt aus dem Busen.* Da, Majestett! da steht Ihr allerheechster Entschluß, wenn S' es nicht glauben wollen!

VATER *drängt sich durch die Menge, mit grober Stimme* I a!

KAISER *erschrocken* ... Was wollen Sie denn?

VATER No – i will mi a bedonken! ... i bin a a Baraun!

KAISER *sinkt in ein Fauteuil und ruft mit schwacher Stimme* Cobenzl! Sagen S' ... was heißt das alles? Bin i a Mandel oder ...

COBENZL *hebt beschwichtigend die Hand.* Aber! Majestät! geruhen nach wie vor ein Mann ... der Vater des Vaterlandes ...

KAISER Aber – was ist denn hernach das da?

COBENZL Das was da steht, ist ein Gnadenakt Eurer Majestät!

KAISER Ich ... soll ... *entsetzt* ... das ist ja der Wilddieb mit dem gelben Dackel ... der so ein furchtbar dreckiges Gesicht gehabt hat ... den soll ich ...

COBENZL Allerdings! In den Freiherrnstand erhoben! Majestät haben doch höchst eigenhändig den Gnadenakt unterzeichnet.

KAISER Ich ... Wann?

COBENZL *kleinlaut* No ... ich hab doch noch gefragt ... damals auf der Bahn ... wie Majestät huldvollst vom Nobilitieren gesprochen haben: »Den Erzeuger auch? kein Bedenken dagegen?« Da haben Majestät allergnädigst »nein« gesagt! *Etwas süffisant* Majestät waren allerdings sehr in ein Gespräch vertieft ...

KAISER Schon gut ... aber, was S i e treiben! *Schüttelt den Kopf.* Man hat im Hintergrund Pfauenberg offenbar die Geschichte ins Ohr gesagt. Er schlägt die Hände in stummem Entsetzen zusammen und deutet mit dem Stock auf Zwölfaxinger.*

KAISER *zu Burgl und Schnopfi* In dem Fall steht Ihrer standesgemäßen Verehelichung allerdings nichts im Wege! Auch Ihnen gratuliere ich herzlichst, mein lieber Graf!

Alles applaudiert. Der Applaus wird von einem dumpfen Ton unterbrochen: Die Witfrau hat ihren Fußfall gemacht.

KAISER *erschrocken* Was hat das zu bedeuten? Wer ist sie?

WITFRAU Eine geborene Schunkengruber bin i!

KAISER Das sehe ich. Aber, was begehrt sie?

WITFRAU *nach langem, schwerem Atmen* ... n' Pap-pel-berg Dagobert!

KAISER Den Edlen von Pappelberg? Meinen Zeremoniendirektor?! Zu was will Sie ihn denn?

WITFRAU Er soll mi heiraten!

KAISER Was fällt denn dem ein? Jetzt am Anfang der Ahnenreihe gleich so ein Loch im Stammbaum! Warum kommt er denn nicht zu mir?

WITFRAU Er traut sich halt nöt!

KAISER Er traut sich nicht? *Streng* Hat er Sie am Ende – verführt?!

MEHRERE HALBLAUTE STIMMEN Dem Pappelberg sein Kebsweib!

WITFRAU *die vom Gemurmel etwas aufgeschnappt, aber nichts Genaues verstanden hat* I bin koan Käsweib! I ... i ... i ... hab an Schüppel Hoiser! *Lakaien helfen ihr auf.* Und bin ... sozusagen wie ma sagt ... die ... Mutter von ... die ... Würscht!

DUMPFE STIMMEN ... die Mutter ... von ... die ... Würscht ...

DIE DREI COMTESSEN *halblaut im Vordergrund* Quel horreur!

TEUXELSIEDER *halblaut zu Hatzfeld* Ottilie! Versündige dich nicht an den Frankfurtern! *Hatzfeld empört.*

KAISER A so! Sie ist in Approvisionierung tätig! – Und hat er um sie angehalten, der von Pappelberg?

WITFRAU Jaa ... naa ... das heißt: i um eam ... Er is so viel tschüchtern, müssen S' wissen! *Verklärt* Oin zürlicher Maann ...

COBENZL Verstehe von Pappelberg nicht. Glückselig diejenigen, so ihre Ahnen in dem Stand haben, daß solche überall stiftsmäßig passieren können, was ein hochschätzbares Kleinod ist. Der aber blumbt wie eine Fliegen in den heißen Brei hinein ...

KAISER Lassen wir ihnen das Glück! Drücken wir ein Aug zu! Von Pappelberg soll ruhig weiter dreimal aufstoßen!

WITFRAU *jubelnd* I derf 'n haben, i derf 'n haben! I werd Frau Zeremonidirigentin! *Ab, küßt einige empört Abwehrende.*

ZWÖLFAXINGER Sö Majarstött! Sö ham halt a Herz fürs Volk! Gschamster Diener! Gschamster Diener! mir Standesherrn werden Eana nie vergessen, was Eure Majarstött noblicht an mir gehandelt hamm! Gelt, Cobenzl? Und wie schön du das niedergeschriem hast! Ja, du schreibst di halt leicht ... Bist halt a fescher Kerl ... nöt so gstaatzt wie andre Gavaliere! Du – stell dir vor: a paar Täg is her, treff i in Liechtenstein – der, wos die Jagd bei uns hat, gleich neben der kaiserlichen, die, wo, ... i immer ... jo ... *kleine Pause* »Servus Loisl!« hab i ihm gsagt! »Scheen, daß man di auch amol siegt in der Weanastadt!« Aber der hat Manderln gmacht, der faade Zipf der!

Woaßt, was er mir gsagt had? »Üch köhne Ühnen nücht!« *Pause* Da
bist du halt anderscht! Bist a fescher Kerl, Cobenzl! Dadafür bin i a
töglich mit 'n Traberzeugl drausd jausnen bei dir! In deiner Meierei
da draus! Bist halt mei liabs Mülchmeierl! Und Sö, Majerstött, Sö
solln mi a nöt undankbar finden ... i woaß Eana an Wechsel ... da
stehent Gamserln ... nit dös Krepierlwerk, was man Eana bei die
Hofjagden zuawischiabt ... naa! ... solchene Bärt *zeigt* kann man
von die haben! Mir zwoa werdn pürschen gehn ... brauchen denen
andren nix sagen!

KAISER Schon gut, lieber Zwölfaxinger! schon gut!

ZWÖLFAXINGER *kramt brummend in seinen unförmig aufgebausch-*
ten hinteren Rocktaschen und bringt ein mit roten Flanellzacken
eingefaßtes gelbes Dackelfell zum Vorschein. Schaun S', Marja-
stött! da hätt i Eana a was mitbracht! Die Decken vom Waldl!

KAISER *macht eine nervöse Bewegung.*

ZWÖLFAXINGER *enttäuscht* Mögen S' es nöt? Der Kohlenjud hat ean
zsammgführt ... letzten Leopolditag ...

TEUXELSIEDER Natürli! da siagt ma's wieder.

KAISER Ja ... ä ... geben S' es dem Zeremoniendirektor.

ZWÖLFAXINGER Wo is er denn?

KAISER *zu den Brautpaaren* Kommt her, meine lieben Kinder!
Empfangt aus den Händen des Kaisers seinen Segen!

Die Kaiserhymne ertönt. Im selben Moment kommt der Zeremonien-
direktor mit allen Zeichen höchster Aufregung.

TEUXELSIEDER *zu Zwölfaxinger* Siegst, da kommt er!

Zwölfaxinger drängt ihm das Dackelfell auf.

PAPPELBERG *empört* So halten Sie mich doch nicht auf!

ZWÖLFAXINGER Der Kaiser laßt Eana sagen, Sö solln die Dacken da
halten! No – nehmen S' es! ... den talketen Stecken gebn S' halt
weg!

PAPPELBERG *klopft dreimal, das Fell in der Hand.* Seine Excellenz,
der großbrittanische Botschafter, Seine Lordschaft Percy Fairfax
Fitzroy Hobgoblin!

Ein Page kommt heran und nimmt das Fell beim Schwanz.

HOBGOBLIN *nach zeremoniellem Gruß zum Sekretär* Sir Whimbhalsell – lesen Sie!

Zwei englische Pagen bringen ein Riesenpergament mit großen Siegeln.

WHIMBHALSELL O – es würde wörden zu lang. Ich wörde geben die Succus!

HOBGOBLIN Well! Go on!

WHIMBHALSELL Es ist geschehen Folgendes: Ihre königliche Hoheit, the Prince of Wales, haben sich gejagt Massa Viecher! foxes! de Viecher mit die bleeden Kleidergestelle an the Kopf ... richtig! Hirsches! roebucks! Urspringlich woar es bloß a Treibjagd auf conys ... rabbits ... wie heißen auf Deitsch? so kleine Rabbiners mit soo große Ohren, wo falschen Coffee fabrizieren ...

TEUXELSIEDER *grob* Kinihasn moant er ...

WHIMBHALSELL Und the Prince of Wales haben sich geschießt ... geschießt ...

TEUXELSIEDER Wos gschiaßt? Auffigschossn hat er auf sie ... bei uns jaget koa Mensch so a Glumpert ...

ZWÖLFAXINGER *zum Kaiser* Majarstött! Kinihasen auf aner Hofjagd! *Macht eine niedrige Bewegung zum Boden hin und schüttelt den Kopf.*

WHIMBHALSELL Und the Prince of Wales haben sich geschie ... geschossen! statt auf diese auf an Treiber ... gwissen Mister Stephenson. Der hat so fiarch-terlich gschrian ... und da hat Seine kenigliche Hoheit, weil sie gar nicht aufgeheert hat zu schreien, ihm eine Schmerzensgeld gegeben ... eine große Schmerzensgeld! Aber nicht baar! O no! Sie hat ihm erlaubt, daß seine Soon, – weil er schon alt is und bleed – später wird erfinden dirfen the Eisenbahn.

Das Ganze has happened gschehn auf schottische Booden. Consequently ist hiermit natierlich verboten the Eisenbahn in Austria! Dafür bekommen the Austria as compensation the Recht, für Zwecke von Fütterung für die Yorkshireschweine, den inländischen Zucker unter dem Gestehungspreis zu exportieren.

Die englische Hymne ertönt. Beide Herren gehen grußlos ab.

KAISER Also ... da ... da ... kannst nix machen. Pappelberg! sagen S' denen Herrschaften, *er deutet auch auf das Publikum* daß somit die Eisenbahn in Österreich in Vergessenheit zu geraten hat!

Pappelberg tritt an die Rampe und klopft dreimal mit seinem Stab. Aber

TEUXELSIEDER *drängt ihn zurück und brüllt:* Wos brauchen mir schon so Dampfspritzen ... Mir pfeifen auf die Döchnik ... mir ham halt scheene Madeln! *Juchzer.*

COBENZL *zuckt zusammen* Ein unmöglicher Kerl ...

KAISER *zu Teuxelsieder* Du hast Recht! Es gibt noch etwas Höheres als die Technik, dies unbeholfene Stümpern der Menschheit – die Liebe! Sie ist der ewige Fortschritt, die stete Erneuerung aus dem Volke! *Er deutet auf die Brautpaare.* Tu felix Austria nube!

WITFRAU Dagoberterl! Kumm!

PARALIPOMENA

Die Fabel ist die: In den letzten Lebensjahren Kaiser Joseph II.
ist – tief verborgen in den österreichischen Alpen – eine Bahn gebaut
worden, sorgfältig vor dem Fremdenverkehr versteckt.
Das erste Bild zeigt uns die Station Wutzlwang, die vom Bahnwärter
Zwölfaxinger und seinen schönen Töchtern Inozentia, genannt
Notzerl, und Burgl betrieben wird. Neben dem sehr geringen Dienst
leben die Herren vom Wilddiebstahl. Auch heute ist so ein Tag. Mit
berußten Gesichtern geht man die Jagd an, der sich auch Notzerls
Bräutigam, der Hilfsheizerstellvertreterakzessist Franz Xaver Teuxelsieder trotz allen Flehens der Braut anschließt. Die Station ist wieder
völlig vereinsamt. Da kommt ein k. k. Hofzugsvorreiter und bald
nach ihm ein winziger, vergoldeter Hofzug. Aus dem sänftenartigen
Waggon steigt ein distinguierter Reisender aus. Sehr bald entwickelt
sich ein Flirt mit der schönen Notzerl. Man hört ferne Herdenglocken, die Stimmung gäbe Anlaß zu einem marionettenhaften Spiel
mit sanften Lämmlein, deren Chor vom k. erbl. Stationsdackel
dirigiert wird – einem neuen Auftakt für die Salzburger Festspiele.
Eben macht Notzerl Anstalten, sich dem vornehmen Unbekannten
auf den Schoß zu setzen, als eine unendlich dicke Dame mit einem
Haufen abstrusen Gepäck erscheint und das Liebespaar stört. Notzerl
läßt ihre Wut an dem störenden Monstrum aus und will ihr eine
»Zuwaagkarten« anhängen, worauf die bissig wird und beanstandet,
daß sie allein das Amt ausübt. »Wo ist der Vater? He? Gewiß
wildern?!« Notzerl stellt das wütend in Abrede. Im selben Moment
kracht ein Schuß. Eine Gemse klatscht von der Felswand herab. Ihr
folgen, untermischt mit Felsbrocken und kleinen Tannen, die ganzen
Wilderer, auf die der vornehme Reisende wütend losfährt. Im selben
Moment aber kommt ein Zug an, dem eine Menge Reisender
entsteigen, unter anderem ein sehr vornehmer Höfling, der dem
distinguierten Reisenden von vorhin in tiefster Demut ein Aktenportefeuille überreicht. In diesem Moment stürzt der Carbonari Rinaldo
Rinaldini einen Dolch schwingend auf den vornehmen Herrn zu, wird

aber von Teuxelsieder in den Abgrund geschleudert. Notzerl fällt ohnmächtig an die Brust des bedroht Gewesenen, worüber Teuxelsieder ganz verzweifelt ist. Wer ist der Fremde? Er lüftet aber das Geheimnis mit den Worten: [Text fehlt]
Notzerl wacht aus ihrer Ohnmacht auf und macht mit geheimer Stimme die Reisenden aufmerksam, daß ober ihm der k. k. Reichsadler schwebt. Darauf der Kaiser erhebt zum Lohn für die Rettung den Teuxelsieder zum Baron – auch Notzerl wird baronisiert und die Hofdamen paraphrasieren das Geschehnis wie folgt. [Text bricht ab]

* * *

Es ist das ein kleines Stück österreichischer Eisenbahnträumerei, die gerade in den letzten Jahren ungeahnte Triumphe gefeiert hat.
Ich will da nur auf die Anordnung der Gepäcknetze ober den Fenstern hinweisen, die emsig begangenen »Durchhauswaggons« – wahre rollende Luftkutschen [Lesung unsicher] – die Vermehrung der Sitzplätze in der II. Classe von sechs auf acht, wobei man nicht nur gehörig durchgeschüttelt, sondern auch fest gepreßt wird – die noch immer nicht durchgeführte Polsterung der III. Klasse – und schließlich die geradezu sadistische Erfindung der so schmalen Flugdächer auf den Perrons, denen es zu danken ist, daß es dem Passagier gerade in den Kragen hineinregnet.
Um nun auf mein Stück zu kommen!
Nachdem es gerade in Österreich heute längst verschollene Ansätze zu Schienenbahnen gegeben hatte, lasse ich den Kaiser Josef auf die Idee kommen, eine wirkliche Personenbahn (auch der Dampfbetrieb war damals schon möglich gewesen) zu erbauen. Freilich mußte dieser aufgeklärte Monarch dem dasigen Volkswillen die Konzession machen, daß diese Bahn vor dem, zu allen Zeiten peinlich befundenen Reiseverkehr tunlichst verborgen angelegt werden müsse! Es geschah.
Wenn der Vorhang sich hebt, sehen wir vor uns die in herrlicher Alpenpracht gelegene Station Wutzlwang. Da täglich in jeder Richtung nur ein Zug verkehrt, hat das Bahnpersonal sehr viel freie Zeit, die es begreiflicherweise zum Wildern verwendet. Der Stations-

vorstand Zwölfaxinger ist der Anführer der Herren, denen sich auch der Hilfsheizerstellvertretersakzessist Höllriegel, der Bräutigam der schönen Vorstandstochter Innozentia, anschließt.

Auch den »Herrn Vatter« warnt sie inständig, da ihr sehr Böses ahnt. Aber, sie predigt tauben Ohren – das Bahnpersonal, mit falschen Bärten getarnt – geht und Innozentia bleibt allein auf der Station zurück.

Gleich im Anfang muß sie die aufdringlichen drei Eisenbahnzugsankunftswahrsagerinnen abweisen. Es sind drei alte Weiber, die aus dem Kaffeesatz die Ankunftszeiten deuten! Keine schlechte Einrichtung, denn der Telegraf war noch nicht erfunden und selbst die ersten Betriebsjahre der 1837 errichteten Nordbahn quälten sich mit derartigen Ersatzmitteln herum. Wenn wir alten Berichten trauen dürfen, verwendete man dazu Dackel, die neben den Schienen zu schlafen hatten. Knurrten diese, konnte man wetten, daß bald ein Zug käme.

Ja, es entstand damals schon eine Art »Railway-Toto«. So auch hier. Der Stationsdackel (auf der Bühne leider nur eine Holzfigur der Firma Bisenius) gibt plötzlich Laut und wer erscheint? Der kaiserliche Hofzugsvorreiter, kenntlich am schwarz/gelben Federbaum. Dann hört man Niesen und Pfnausen und eine typische Würstellokomotive [Text bricht ab]

* * *

Aus: Fritz von Orlando: Kaiser Josef II. und die Bahnwärterstochter, Barockkomödie in drei Aufzügen.

Schlußszene
Zeremoniensaal der k. k. Hofburg in Wien.

Fabel des Stückes: In Österreichs Alpen besteht schon etwa um 1786 eine Eisenbahn, die aber, dem innersten Charakter des Volkes gemäß, vor dem Ausland sorgfältig verborgen gehalten wird. Der Verkehr ist im Grund suspekt, da er vielleicht Zauberer oder gar Protestanten ins Land bringen könnte. Nun, der fortschrittliche Josef hat die Bahn erkämpft, inspiziert die Strecke und stößt dabei in der

Station Wutzlwang auf ein bildschönes Mädchen, Innozentia Zwölfaxinger, die in Abwesenheit ihres Vaters, der wie das gesamte andere
Personal wildern gegangen ist, den Streckendienst versieht. Obgleich
dem Hofwaggon des Kaisers ein k. k. Hofzugsvorreiter vorantrabte,
erkennt das unschuldige Mädchen in der Person des Ankömmlings
den Monarchen nicht. Zwischen dem alternden Monarchen und dem
jungen Mädchen flammt plötzlich, wie das so oft vorkommt, eine jähe
Liebe auf. Das eben beginnende Idyll erfährt durch dramatische
Vorgänge eine Störung. Innozentias heimlich Verlobter, Franz X.
Teuxelsieder, Hilfsheizerstellvertreterakzessist, gerät schwer in den
Knoten des Dramas und bekommt von Innozentia den Laufpaß. Der
Kaiser bringt aber später die Sache wieder in Ordnung und will
gerade den verschiedenen Liebespaaren (auch Innozentias Schwester
ist da dabei, die einen jungen hochadeligen Trottel liebt) seinen Segen
geben, als ein Zwischenfall eintritt. Denn die damals noch auf der
Höhe stehende englische Diplomatie hat schon in den ersten Jahren
ihres Bestehens die Eisenbahn entdeckt.

* * *

Im Zeremoniensaal sind glänzende Hofleute versammelt. Aber auch
der wenig dekorative Vater Zwölfaxinger, der durch ein Versehen des
Staatsministers Cobenzl durch kaiserlichen Irrtum den Freiherrnstand erhalten hat. Er will sich gerade beim Kaiser bedanken.
[Es folgt Seite 141 des Lesetextes (beginnend mit: »ZWÖLFAXINGER
kramt brummend...«) bis Schluß des Dramas]

* * *

's Wiesenhendl
oder
Der abgelehnte Drilling

MÜNCHNER KOMÖDIE IN DREI AUFZÜGEN
VON FRITZ VON ORLANDO

150

Personen:

DR. PHIL. GOTTHOLD EPHRAIM PUSTKUCHEN, Oberstudienrat i. R.
SCHWANHILDE, geb. NAATSCHE, dessen Eheweib
GRISELDIS, beider Tochter
BENNO SCHWARTELMAYER, ein junger Münchner
ALOISIUS SCHIESLINGER, ein würdiger Greis
THERES, geb. KEFERMACHER, dessen Eheweib
KUNO VON BLUTENBURG, ein reicher Privatier
VALESKA, geb. BLAADL, dessen Gemahlin
XAVER ZSCHWAAR, ein alter Dienstmann
ZENZL, Kellnerin
ELLA, Pensionsstubenmädchen
MALI, Blutenburgisches Stubenmädchen
EIN RADIWEIB
EINE HAUSIERERIN

1. Aufzug: ein Tisch auf der Oktoberwiese
2. Aufzug: ein Pensionszimmer
3. Aufzug: Salon bei Blutenburgs

Ort der Handlung: München
Zeit: Gegenwart

Bemerkungen:
Die Komödie enthält vierzehn Rollen für elf Darsteller (vier männliche, sechs
weibliche, eine Kinderrolle).
Im ersten Akt werden das Radiweib und die Hausiererin von derselben Darstellerin
gespielt.
Auch Ella, Mali und Zenzl erfordern nur eine Darstellerin.
Pustkuchen, Griseldis und Onkel Kuno sprechen tadelloses Deutsch.
Pustkuchen allerdings fällt für Momente ins Norddeutsche.
Die anderen Figuren sprechen leicht gefärbtes Münchnerisch.
Frau Pustkuchen kann sächselnd gegeben werden, soweit dies zulässig ist.
Onkel Kuno – ein Liliputaner außer Dienst – wird durch ein Kind gegeben.
Der Dienstmann wäre in idealer Besetzung eine Rolle für Weiß Ferdl oder Hans Moser.
Für norddeutsche Bühnen kann der Münchner Dialekt etwa in das »geschraubte«
Deutsch des *Ochs v. Lerchenau* verwandelt werden.

> Friedrich R. von Herzmanovsky-Orlando
> Meran (Italien)
> Via Miramonti 20.

No 114 als Mitglied der staatlichen gen. Literarischen Verwertungsgesellschaft Wien.
Mitglied der österreichischen Kommission zur Erhaltung der Kunstdenkmale.

ERSTER AUFZUG

*Auf der Oktoberwiese in München. Winkel bei einer grüngestriche-
nen Bretterwand, an die einige magere Föhren genagelt sind. Es ist
strahlend heller Frühnachmittag. Der Dienstmann, aber in Zivil, das
verwitterte Hütl tief ins Gesicht gezogen, daß nur der verwilderte
Schnauzbart sichtbar ist, hockt an einem langen Tisch, die Hände auf
einen Hirschhornkrückenstock gestützt.*
ZENZL *stellt einen Maßkrug hin.* D' vierte. Zum Wohl. *Ab.*
*Vater, Mutter und Tochter Pustkuchen treten auf. Er, Olympierbart,
scharf spiegelnde Brille, Schlapphut, waffenrockartiger Bratenrock
nach Professor Jäger, etwas zu kurze Hosen.*
VATER Hm. Hier wäre Platz. Wollen wir uns hierher setzen. Sie
gestatten wohl? *Dienstmann grunzt.* Nun, du siehst, liebe Schwanhildis, welche Vorteile daraus erwachsen, wenn man für jede
gesuchte Gelegenheit den passenden Zeitpunkt erwählt. Es ist zwo
Uhr fünfzehn Minuten. Die in meinen Augen verwerfliche wälsche
Mode, diesen Zeitabschnitt als 14 Uhr 15 zu bezeichnen, lehne ich
ab. Wären wir später gekommen, hätte das festliche Treiben dieser
sogenannten Oktoberwiese, hm, bereits einen solchen Umfang
angenommen, daß es wohl kaum einen bequemen Platz gegeben
hätte.
HAUSIERERIN Mögts koane Hüateln? Schöner Herr! Sö sollten oans
nehma! Sehn S' Frau, wie's 'n kleidet!
*Trotz aller Abwehr hat sie dem Studienrat ein winziges Hütchen
aufgesetzt.*
VATER Nehmen Sie das wieder weg. Ich bin jedem Mummenschanz
abhold.
HAUSIERERIN Aber a Pfeiferl kaufen S'! Losen S', wia scheen daß 's
tut! *Alle drei halten sich mit verzerrten Mienen die Ohren zu.* D'
Stieme des Waldveegloins hoaßt mas! *Ab.*
VATER Vollends nach Einbruch der Dunkelheit das dann – leider –
oft von gemischten Elementen strotzende Treiben zu besuchen,
verwerfe ich absolut. Ich würde euch vielleicht sogar in Gefahr
wissen, abgeschnitten zu werden, und bei eurer begreiflichen
Ortsunkenntnis, deren Gegenteil bei dem Umstand, daß wir erst

152

mit dem Frühzug ankamen, und die Stadt zum erstenmal betraten ... hm ... was wollte ich sagen? ... ja ... deren Gegenteil geradezu verwunderlich wäre ...

ZENZL Mögts a Bier?

VATER Ja. Drei Nösel.

ZENZL Wos?

VATER Haben Sie mich nicht verstanden? Wie oft soll ich's denn wiederholen? Ich sagte doch klar und deutlich genug: Drei Nösel!

ZENZL I hob do gfragt, obs a Bier mögts!

VATER *schlägt leicht auf den Tisch.* Ja doch!

Zenzl stellt drei Maßkrüge auf den Tisch.

VATER Aber das sind doch Humpen! Viel zu groß! Förmliche Tränkeimer! Wir sind doch keine Pferde! Ich bestehe, wie schon gesagt, auf drei Nösel. *Macht eine flache, halbierende Handbewegung.* Ein Nösel ist doch ...

ZENZL Glauben S' leicht, i hab Zeit, mi mit Eana unterzuhalten? Da habts enker Bier und gebts a Ruh! Zum Wohl! *Ab.*

VATER Es ist geradezu unverzeihlich, daß die Leute, die's angeht, hierorts nicht im Bilde sind, was ein Nösel ist! Wohl dem leichten »Überdiedingehinweggleiten« des Südländers zuzuschreiben.

DIENSTMANN Trinken S' Eaner Bier, Herr Nachbar, eh's warm wird. Is eh lauter Faam.

MUTTER Na, Vattchen, beruhige dich doch! Sieh mal, Gindchen, wie sich Vater wutbäbend an der Dischkante anhält! Nu heere doch ze bäben auf, Gotthold!

ZENZL *zum Dienstmann* Da haben S' d' fünfte. Zum Wohl.

MUTTER ... Du bist ja nicht mehr außerdurlicher Briefungsgommissär an der Idiotenanstalt mit Effentlichkeitsrecht am Sonnenstein!

VATER Ja, das waren Schickungen. Wenn ich daran denke. – Also: in Hannover ist ein Nösel gleich 1/2 Quartier, bzw. zwei Ort oder 0.487 Liter. In Sachsen soviel wie 1/2 Dresdner Kanne ... Störe nicht, Griseldis! ... gleich einem 1/4 sogenannten Töpfchen ... habt ihr das? und gleich Null, Komma 468 Liter, während bis 1858 in Leipzig ...

GRISELDIS Guck mal, Mama! da ist der nette junge Herr, der Schlag

Mitternacht in Leipzig zu uns ins Abteil stieg und Bappa so sehr auf den Fuß trat.

BENNO Jessas, da sein ja die Herrrschaften! Erinnern sich noch meiner? Gestatten, daß ich mich hersetz? O danke, bin so frei! Alsdann, wie gfallt's Ihnen in München? Ich sehe zu meiner freudigen Genugtuung, daß Sie sofort auch hierher gefunden haben. Denn hier sehen Sie das Herz Münchens pulsieren, das heißt, in etwa einer Stunde setzt das bunte Treiben voll ein. Wenn Sie gestatten, werde ich Ihnen dann einen kurzen Überblick über die hauptsächlichsten Sehenswürdigkeiten geben.

HAUSIERERIN Da hätt i Löbzöltnreiter! so viel fösch wärn die! A Hüatl gfälli? so . . . steht Eana gut. D' scheene Freiln a Schiaßscheibn aufs Köpfl?

GRISELDIS Vatting, darf ich?

VATER Laß diesen abgeschmackten Firlefanz bleiben. Es ist nicht Fastnacht.

BENNO Sie müssen unbedingt die Berg- und Talbahn frequentieren, sowie das Bombenfliegerkarusell und das mit den künstlich wiehernden Trakehnerhengsten! Vielleicht intressieren sich die Damen für die Fahrt ins Märchenreich auf der feuerspeienden Lindwurmtrambahn? Auch die schönen Künste sind vertreten: die Drechslerei, die aus abgenagten Kalbsstelzen die reizendsten Weihnachtsfigürchen macht . . . Um aber auch die Wissenschaften nicht zu kurz kommen zu lassen, darf man unsre wirklich prima Mißgeburten nicht übersehen! Im überreichen Bukett dieser Art fallen heuer besonders zwei Damen ohne Unterleib auf! jawohl! Das hat's seit zehn Jahrn nimmer geben. Im vorigen Winter hat die eine derselben – sie ist nämlich im Winter Kunstläuferin! – den großen Preis von Davos gemacht, und war mit einem Vanderbilt kurze Zeit verlobt, während die andere, ich bitte! der Mittelpunkt eines sehr interessanten Alimentationsprozesses war. Hat an schönen Staub aufgewirbelt! *Trinkt.* Na, prost!

GRISELDIS Mutting, was ist das – Alimentationsprozeß?

MUTTER Bis stille!

GRISELDIS Vatti, weißt du, was Alimentation ist?

VATER Alimentare heißt: ernähren.

GRISELDIS Na hoffentlich werde auch ich bald der Mittelpunkt eines solchen Alimentationsprozesses. Ich halt's kaum mehr aus! *Blickt auf die Armbanduhr.*

DIENSTMANN Jesses!

GRISELDIS Mutti, ich kann's kaum mehr erwarten! *Mutter ringt stumm die Hände.*

VATER *verständnislos* Was habt ihr denn?

Mutter sagt ihm was ins Ohr. Benno und Griseldis blicken sich an und drücken sich heimlich die Hände.

VATER *mißbilligend zu Benno* Sie sollten solch ein Thema nicht anschneiden. Gut, daß das Kind den Kern der Sache nicht verstanden hat.

BENNO Entschuldigen! Es entfloß nur dem Lokalpatriotismus!

VATER *streng* Erlauben Sie mal, Herr ... ?

BENNO Schwartelmayer.

VATER Ganz richtig, Schwartel-mayer. Hm. Darf ich fragen – rein aus statistischem Interesse ... heute ist Werktag, Mittwoch, wenn mir recht ist ... hm, und erlauben Ihnen da Ihre Amtsstunden ... und ich darf wohl annehmen, daß Sie berufstätig sind ...

BENNO Ganz recht! sehen S', wenn ich auch in einem nicht rein büromäßigen ... Getriebe ... stecke ... aber auch das ist hier in Minka nit gar so gnau ... schaun S' ... Bierpausen gebet's überall ... aber i ... bin nur halbamtlich, sozusagen, da ... bin nämlich in einer ... sportlichen ... also ... Bransch tätig, jawohl, wo man immer mit die ... Kunden Fühlung habm muß, nit? No, und mancher von die Wiesenbetriebe ... gheert ... privat ... zu mein Rayon.

VATER A propos, ad vocem: »Sport«. Man stellt uns da eine wahre Pferdeschwemme an Bier vor die Nase ... frägt nicht, was man zu essen wünscht, und ist jählings weg. Ich finde das einfach hahnebüchen!

MUTTER Ach chja. Wubbdich.

VATER *ernst* Wie beliebt? Wubbdich? Du befindest dich im Irrtum, ich heiße Gotthold. *Mutter wehrt verzweifelt ab und will zu Wort kommen.* Sollte das Unernste dieser ... Bacchusstätte, das Genießerisch-Spielerische des Südens, dieses Entnervende, bei dir

eine Lockerung des sittlichen Ernstes ... laß mich ausreden! ...
bewirkt haben, daß du mir gegenüber Koseworte!! anwendest. Ein
Pater familias ist kein Wubbdich. *Blickt streng umher.*

MUTTER Ach nää ... auf dir könnten ja de Spechte hämmern! Ich
meente doch de Gellnerin, weil sie so eilig verschwand ...

VATER *borniert* Die heißt doch, soweit ich in die Etymologie des
süddeutschen Dialektes eingedrungen bin, bestimmt nicht:
Wubbdich, sondern wohl: »Anneliese«, oder: »Moitel«. *Er funkelt
mit der Brille.* Aber bestimmt nicht »Wubbdich«. Jaa, jaa ... muß
doch mal nachlesen, was Grimm drüber schrieb ... hm. Hm.

MUTTER Griseldis ... wo biste denn mit deine Gedanken?

GRISELDIS Ja, Mama. Hier bin ich.

VATER Und es ist im höchsten Grad unbekömmlich, zu trinken, ohne
vorher zu essen.

DIENSTMANN O mei ... *schüttelt den Kopf.*

BENNO Warten S'! Wern ma glei habn! Kellnerin!

ZENZL Bin eh schon da!

VATER Na, Gott sei Dank, daß Sie endlich erscheinen!

ZENZL Was wolln S' denn? I hab koa Zeit nit.

BENNO A Speiskartn gib her! Im Herrn dort.

VATER *hält das Blatt, das Zenzl aus dem Busen zog, und in dem sie
eine Menge ausstrich, ganz knapp vor die Augen.* Hm. Was ist das:
Bru ... uck ... fleisch?

ZENZL A Art Boischl. Aber mehr vom Schlund und so. Wolln S' es?
Schön is nimmer.

MUTTER Ich hätte gerne »Stolzen Heinrich im Reisrand«.

ZENZL Dees gibt's bei uns in Bayern nit.

VATER Na, Kalbsfriedrich werd ihr doch haben?

MUTTER Chja! Drei Galbsfriedriche! aber fix!

ZENZL Kenn i nit. Schaun S', i hab zu tun ... *will davon.* Ja, i kimm
schon ...

VATER Zum Donner! so bleiben Sie doch! Was ist denn das da:
Herrn ... gröstl?

ZENZL Dös is so was Aufgrösts von vorgestern ... was ma so auf den
Tellern find ... − i friß dös nit! *Ab.*

VATER Nu bin ich in Ehren grau geworden und man bietet mir

coram publico! Hundefutter an! Nö! das geht zu weit. *Steht auf, um zu gehen. Griseldis verzieht weinerlich den Mund. Der Dienstmann faßt mit der Hirschkrücke nach dem Studienrat.*

DIENSTMANN Bleiben S' sitzen, Herr Nochbor!· Saure Nierndeln lassen S' Eana geben. Oder saure Leber. Der Meensch muß allweil was Saures essen! Schmeckt 's Bier glei besser. Schaun S' mi an! Um halbi achti geh i auf mei erschtes z'sammgeschüttetes Bier. Am Marienplatz fang i an. Z'erscht a Hackerbräu. Zwoa Liter. Und dazu ...

VATER Mensch! Um halb acht! ... vor dem Kaffee ... Bier?

DIENSTMANN Wos? Kaffee! Wer trinkt denn so an Gschlamp in der Frua als Mann! Glauben S', i hab kein Schamgefiel nicht? Alsdann, nachm Hacker geh i weiter ins Fruhstuckn. An ungrade Täg durchfruhstuck i 's Tal, an die graden Täg herentgegen d' Neuhauserstraßn. An Urdnung muß der Mensch haben. – Da stell a Maß her, Zenzl!

ZENZL D' sexte! zum Wohl! *Ab.*

VATER Kellnerin! n' Hoppelpoppel ... das Weib hat keine Ohren ... Was soll man nur essen? *Stiert in die Karte.* Hoppel ... poppel ... po ... natürlich! führn se nich. Ebensowenig die überaus bekömmlichen Heringsklopse. Was is denn das! Gratbraten! Bin doch kein Hochtourist! Zumutungen ...

BENNO Was mechten S' da erscht in Wien sagn! da täten S' erscht Sachen finden! An Schweinsjungfernbraten, an Stefanieschinken, a Kaiserfleisch, a Matrosenfleisch!

MUTTER Das sin chja Androbbofachen! Daß sich die nicht schäämen.

GRISELDIS *lüstern* ... Matrosenfleisch ...

BENNO Wissen Sie was, lassen Sie sich a Stück Ochsen am Spieß, und denen Damen aan, zwoa Wiesenhenderln geben!

VATER Was? Wie-sen-ehn-terl? ... was is denn das für 'n Zeug?

DIE DAMEN Wiesen-henterln?

BENNO *steht auf und weist in die Richtung der Spießbraterei. Dabei sagt er leise zu Griseldis* Sie san selbst 's reinste Wiesenhenderl ... a gschmachigs Wiesenhenderl, a gschmaachigs! so zart!

GRISELDIS *leise vor sich hin* Wiesen-henterl hat er zu mir gesagt ...

Ein steinaltes Ehepaar kommt an den Tisch.

EHEPAAR SCHIESLINGER Mit Verlaub!

HAUSIERERIN Meegts koane Hüaterln! Kaufen S' doch im scheenen Gnöherrn oans!

THERES Lei später, wann er brav war. Sö, Kellnerin! zwoa Maß. Glei zahln! Mir gengen glei wieder, weil der Meinige gar so an Refmatifismus hat, und Frostballn hat er heuer aa schon, wo mir no so zeidig im Jahr san, und unter dö Heaneraugen, und wia'r daß er lamendiern tuat, sag i Eana! Wie tun S' denn hoaßn tun, Freiln?

ZENZL: Zwoa mal neinzg macht a Mark achtzigi ohne. Zenzl hoaß i.

VATER Kommen Se dann zu uns! Wir möchten endlich was zu essen!

THERES Da ham S'. 's Zehnerl ghalten S' Eana.

ZENZL Dank scheen. Mögts nix essen? .

VATER Na wird's endlich?

MUTTER Vater bäbt schon wieder.

THERES Naa. *Zenzl ab.*

VATER Na, na, na! Sie!

ZENZL I hoan kei Zeid. Sehn S' net, wie s' dort schon winka! rein zerreißn könnt man sich!

VATER Das ist doch wie verhext! Das geht einem auf die Nerven! Und das da! Da habt ihr wieder so ne süddeutsche Unsitte! Schütten diese alten Leutchen das eisige Bier auf den nüchternen Magen runter! Uns hingegen wird das Bier ganz schaal werden ... *blickt in den Krug.* Ja – um Himmelswillen! wo ist denn das hingekommen? *Blickt unter den Tisch.*

DIENSTMANN *lacht hohl* Wos hab i gsagt? A Roßschwemm hat er gmoant! hätt er! Hähähähä! Schenken s' schon uns Altbayern halbert nix ein, die ausgschaamten Baazi, die ausgschaamten! Und gor erscht an Zugroistn! *Sein Lachen endet in einem krächzenden Husten, der ihn fast unter den Tisch beutelt.* Dees kummt aa davon, wann S' es Bier nit zudeckn mit 'n Filzl! Nacha ziagt dees, was unterm Faam iebrig bliebn is, d' Sonn aussa! no ja, dees is a Nadurgesötz.

VATER Ich dachte, Sie täten dies wegen der Fliegen?

DIENSTMANN A beilei! wer wird denn so heigli san! Heechstens an die Freitäg, daß mir 's nit mitsauft und unwillgirli gegen 's Fastgebot sindigt!

VATER Ein wunderliches Völkchen!

THERES *hochdeutsch* Man siehet, die Herrschaften sein frembd. O! es ist angezeigt, sich hierher das Es-sen selbst mitzubringen.

MUTTER Chja, das is ganz scheene, awwer, sähnse mal, 's is unser Mittagsbrot, und mittagens sin mer nu ämal warm gewähnt!

THERES Da ham S' ganz recht, Frau! Schaun S', mir habn aa unser warms Essen mit. Kumm, Aloisius, halt dich staad! *Sie zieht dem Greis eine Handvoll Weißwürste aus dem wallenden Bart.* Wacherlwarm! delikat, sag i Eana! Wolln S' nit verkosten? *Sie stößt auf artige Abwehr.*

Da hoscht, Loiserl! Tu scheen essen. Laß s' nit kalt werden! Sehn S', da bräucht's kan Damafor nicht, wo so deurig san, wann oan d' Vorsehung an Vollbart gschenkt hat. Und dann: 's Gwand wird nit fettig. Aber dees geht nur bei die lockigen Vollbärt! Bei die mehr glatten, *Geste* wie'r ma d' heiligen Örzvätter und d' Badriarchna malet, da hoan d' Wirscht koan Halt nicht. Müsset ma Wäschklampferl oanizwicken und das tät an solichen scheniern. Geld, Loiserl? *Sie nimmt was aus seinen Taschen.* Da hoscht es Salz, da in Pfeffer!

DIENSTMANN *schiebt den Senftopf hinüber.* Senf wird er wohl kaan haben. Oder?

VATER Wie viele Jahre zählt Ihr, würdiger Greis?

SCHIESLINGER Bimpfwusiewizik.

THERES Brav!

VATER Und noch so rüstig! Ei!

THERES Dees machn d' Weißwürscht! In aller Herrgottsfruah schon hat er seine zwoa Paarln zum Warmbier. Um Schlag Elfe soane zwoa Paarln mit aner Biersuppen. Is er aber verkältet, da tun eam d' Wollwürst gor so gut.

MUTTER Sähn Se! ich sage es ooch immer! Im Winter kleben wir ooch de Balkongtüre damit zu, daß es Gottholden nich so an de Beene zieht!

THERES Dees is ja a Todsünd! d' Balkontür ... Wann dees beim jingsten Gericht außi kommt ... *rückt ein wenig weg.*

MUTTER Wieso denn?

THERES Weil ma mit oaner Eßwaar nit so Schindluder treiben därf!

MUTTER *angstvoll* Gotthold ... hier essen se Luftzuchschließer ...

THERES A, Sö manen die ... wo aus Stoff sein! a, dös is dir guat ... a,
da legst di nieder! Ja, so derhalt i mir mein Alten! Aber, *halb
weinend* als Junger hätten S' eam gekennt haben solln! Locken hat
er ghabt − grad wie der unvergeßliche Keenig Ludwig gottselig!

DIENSTMANN *packt den abwehrenden Studienrat mit der Stockkrücke.* Schaun S' 'n gut an, denselbigen, Herr Nochbor! I hoab 'n
kennt, *kopfnickend* hoab 'n kennt, in seine glanzvollen Täge!
Tronpötten hoan i vor eam her blasen, ja! Dees sicht 'n heit a
koaner möhr an, daß dös amal der Brünz Faasching war ... 1881
ham ma damals gschriabn ... ja, 1881. Und d' Cosima Wagner,
gottselig, hat damals damit gschprochen und hat dann laut gesaget:
»Ör ist scheen wie die Sinde ...« ja, dös hat s' gsagt damals ...
meiner Söll, dös hat s' gsagt damals.

VATER Was! Sie wissen was von der Cosima Wagner? Na, wenn das
wahr is, da können ja die Hühner Kobolz schießen!

DIENSTMANN I nix davon wissen? a, dees is guat! wo i d' rechte Hand
war vom Possart gottselig ...

VATER Was? ... Possart?

MUTTER Hn? wer war dn das?

VATER Berühmter Intendant. Ernst von. 1842−1921. Vater der
Drehbühne.

GRISELDIS Himmlisch!

HAUSIERERIN Mögts koane Hüatln? Mögts koane Sügfrüdidillpfei-
ferln?

DIENSTMANN *nach großem Schluck* Freilig, vom Possart. Wie oft hab
i damit gschprochn. I war Kulissenschiaber an die Hoffdeader. Wia
oft hab i unterm söligen Herrn Intendantn 's Brautbett für d' Elsa
aufbett ... und in Lohengrin sein Gebiß im Glas ghaltn während
die Gesangspausen.

GRISELDIS Abscheulich ...

HAUSIERERIN Mögts koane Radi? koane Brözeln? Koane löbzöltenen
Herzerln?

DIENSTMANN Jo, 's Gebiß. Mir ham damals ganz an beriemten

Kammersänger ghabt. Deifi, Deifi ... jetzt fällt ma da Nam net ein ... glei wern ma 'n haben ... Alsdann, der hat Eana zwoa Gebiß ghabt, oans, 's bürgerliche, zum Tagesgebrauche, und 's Abendgebiß, ... a Galeriegebiß sagen mir vom Thiater, a sehr a auffallendes, mit lauter Schneidezähnd, daß es woithin blitzet. Und dös hat 'n nadierli a weng scheniert, denselbigen. Na, und in die längeren Bausen hat er's in a Wasserglas einglegt mit an Bildnis vom unvergeßlichen Keenig Ludwig darauf. Und amol hab i an meinigen Kollegen von der Versenkung 's Zigarrl damit ozwickt, und d' Zähn dann ins Westentaschl gsteckt. Da Herr Kammersänger find d' Zähn nit ... nur noch zwanzig Dakte Zeit ... nur noch zehen Dakte ... da fühl i d' Zähnd, sperr eam 's Maul auf, hau eam am Hölm auffi, daß gut sitzen, dö Zähnd, und schiabn außi aus der Kulissen ... der Abend war geröttöt. *Großer Schluck.* Und da Hörr von Bossart had mir auf die Tschulter geglopfet und »brafer Maan«, had er mir gesaget. »Brafer Maan« ... ja, so had derselbe zu mir gesaget. *Trinkt.* Und was der Wagner war, had mir auch gedanket und a abglegte Haubn gschenkt, weil dersölbige nie koan Göld nicht bei eam ghabt had. Sehn S', und die Hauben is mir dann im Fasching mitsamt oaner roten, noch ganz neichen Nasen vom Haupte gstohln worden, von so ausgschaamte Bazi, von so ausgschaamte ... *knurrt finster vor sich hin.*

MUTTER Von den »Pazzi«? das is doch 'n berühmtes Florentiner Geschlecht aus dem Zinkwezento ... wie kommen denn die ...

VATER *der nicht zugehört hat* Was faseln Sie denn da von Wagner? Wagner hat sich doch zu der von Ihnen angedeuteten Zeit gar nicht mehr im nordischen Klima aufjehalten ... vielleicht hat er damals nich mehr jelebt.

DIENSTMANN Wos! Wieso soll mei Herr Wagner ...

VATER Ihr Wagner? na hörn Sie mal! Ich arbeite in meinen Musestunden speziell über Wagner in München ... erlauben Sie mir ... ich werde doch wissen ...

DIENSTMANN Dös glaub i Eana gern, Herr Nochbor, denn in Minka hat's damals zwoa Wagner gebn, wo hervorgeragt ham ...

VATER Chnja doch ...

DIENSTMANN Der wo Sö meinen, wird, moan i, der in der Schomerstraßn sein, wo er 's Gschäft noch heidigen Tags betroibet, und herentgegen, der Moanige, wo i moan, der war, wo die Stück gschriem had und gekombonieret had ...

VATER Chnja, chnja, so hören Sie doch! Also ... ich ... *zur Hausiererin* nee, ich will keine Hüte ... sehn Se denn nich, daß ich versorgt bin ... Also!

DIENSTMANN Naa, sag i! Sie moana gwiß den, wo i nit moan und wo in der Schomerstraßen hauset. Der Moanige, den wo i moan, is a sehr a feiner Herr gewesen ... zirka so groß ... sehn S' ... Er war zwar koa Bayer ...

VATER Chnja doch! natürlich war er kein Bayer. War Sachse! Sachsens größter Sohn.

DIENSTMANN Da schaug her ... da wär 'n ma ja beinand. Alsdann, der Moanige, der wo d' Musi gmacht hat, war fein net verwandt mit dem Ihrigen in der Schomerstraßen! *Trinkt und wischt den tropfenden Schnauzbart ab.*

VATER Nu wird mir's zu bunt! *Haut auf den Tisch.*

MUTTER Denke doch an deinen Kalk, Männe! Ach, wenn er nur sei Hoppelpoppel bekäme ...

DIENSTMANN Dös wir i doch wissen! Sö, Herr! 's gäbet no zwoa, drei andre Wagner, wo Sö oan davon meinen ... der Oane, wo das scheene Sach bei Daglfing had, der schreibt sich awa mit an »AA«! Der is bestimmt nit. Herentgegen die zwoa andren ...

VATER *fährt auf* Das schlägt ja dem Faß den Boden aus!

DIENSTMANN *trinkt geschwind.* Bleiben S' sitzen! Dös werden S' doch an alten Dienstmann net antun, daß 'n wia'r an Lügner daherstelln. Dös können S' an heidign Dienstmann sagn, wo ein Radel betreibet ... o mei, o mei! *Trinkt.*

BENNO Aber Herr Oberstudienrat, ärgern Sie sich doch nicht! wern Ihnen doch nicht mit so an bsoffenen gscheerten Rammel streiten!

VATER Je-scheerter ... Rampel? was is denn das schon wieder?

BENNO Wie soll ich Ihnen das übersetzen? etwa mit: kurzgeschorener Ökonom.

VATER Ach so! »al Fiesco« geschnitten! nu versteh ich's! Weißt du, Mutting, in alter Zeit durfte nur der Edeling wallendes Haar tragen.

Übrigens, dort ist die Kellnerin wieder ... dort ... dort ... *macht Zeichen.*

GRISELDIS Ach Mutting, ich bin so furcht-bar neugierig auf das Wiesenhen-terl!

MUTTER Nuu, 's wird äbn 'n Hähnchen sin wie alle andern ooch.

GRISELDIS Benno hat mir's im Korridore, 'n bißchen nach Regensburg, in so glühenden Farben ausgemalt ... weißt du, er ist Bayer durch und durch, und die scheinen alle so am Wiesenhähnchen zu hängen.

MUTTER Heere mal! Du saachst »Benno«? ich finde das aber s e h r , s e h r indim ... kennst 'n chja gaum!

GRISELDIS Ach Mutting, im erwähnten D-Zugs-Korridore sprach er so tiefsinnig mit mir über sein geliebtes Bayern und dessen Sitten ... und das gefiel mir so, daß er so schlicht und bieder in seinem Jagdröckchen dastand.

MUTTER Saache mal ... wie gamste denn in den Gorridor?

GRISELDIS Ihr schlieft so fest, und ich erwartete doch immer die Gipfel der Alpen in ihrer Morgenglut zu sehn.

MUTTER Gut, daß Vater weghört und Zeichen gibt. Mir scheint, ihr habt da ein Komplott geschmiedet ... das habt ihr arranschiert! G r i s e l d i s !

GRISELDIS Ach Mutting, das ist doch ganz unschuldig.

VATER Na, endlich hat sie mir rübergedeutet. So wolln wir denn die paar Minuten lang noch unsren Hunger verbeißen und laß uns, liebes Weib, währenddem das gestrige Pensum aus Baedekers »Südbayern, Tyrol et cätera« wiederholen. Du weißt: repetitio est mater studiorum. Also, beginnen wir.

DIENSTMANN Öha ... jetzt find i 's Krügel nimma. A, da is ... jetzt kimmt's ... *Er schläft ein.*

VATER *liest* Ankunft. Die Omnibusse der Hotels warten am Hauptbahnhofe. Klammer: eine Mark.

GRISELDIS Benno, wenn Vatting liest – das ist wundervoll, denn dann kann man tun und treiben, was man will, sogar ruhig aus dem Zimmer gehen. Denn auch Mutti darf das Auge nicht vom zeilensuchenden Finger Vattis wenden. Wehe ihr, wenn sie nicht aufmerksam zuhört und dann bei den Stichproben versagt!

163

BENNO Na, da wird's amal meine Frau besser habm. Die wird machn kenna, was mag! auf d' Händ werd ich s' tragen und Kleidln wird s' haben dürfen, so viel s' will und natürli halt i ihr an Auto, dös is es »Ghört-sich«!

VATER Vornehmste Gaststätte: Vier Jahreszeiten, besonders im Fasching . . .

GRISELDIS Ich hatte auch gehörig zu lernen. Vater war der beliebteste Professor.

BENNO Warn Sie auch unter ihm?

GRISELDIS Ei ja doch!

BENNO Amo, amas, amare! Was? ist Ihnen also nicht fremd?

GRISELDIS Na, Latein hatte ich zwar nicht . . . aber das . . . na, das hört man, is doch die Grundlage aller klassischen Bildung!

VATER Weinhäuser: Schleich . . . hm . . . Ty-roler Weinstube, Ecke der . . . Hundskugel?? Nanu? was is denn das für 'n Ding? ach so! . . . Ecke und . . . Hund . . . na, prost. Also, liebes Weib, wollen wir diesen Gegenstand verlassen . . .

BENNO Wie herzig Sie daher reden! Warn S' gewiß die Brävste von der Klass?

GRISELDIS Nu nich gerade. Wir kälberten ooch gehörich herum . . .

VATER Hier: Hofbräuhaus . . . natürlich . . . na, und dann müssen wir auch mal in den »Kindchenkeller« gehn . . .

GRISELDIS Besonders wenn Vater in Hexametern schwelgte, den Bart über die Schultern zurückgelegt . . .

BENNO Hax . . . Hixameter . . .?

VATER Varietétheater: Kil's Kolosseum! Ja, da schwebt mir immer der erhabene Prachtbau der Flavier vor . . . unweit der Müller-straße.

GRISELDIS Nanu, habt ihr denn das nicht gehabt?

BENNO *verlegen* Naa . . . so weit bin i nöt kemma . . . mi ham s' schon in der vierten Schimnasium gschaßt . . .

GRISELDIS Um Gotteswillen, daß Vater das nicht erfährt!

BENNO Gelten S' ja, Sie behalten das bei Ihnen?

GRISELDIS Hand drauf! unser erstes Geheimnis!

BENNO Naa . . . 's zweite . . .

GRISELDIS Ach so! ja! das erste: daß wir uns für hier verabredeten!

BENNO *sieht sie still an.* Wie i Sie 's erschte mal gsehn hab ... siedeheiß is mir geworden ... meiner Seel.

MUTTER Sieh mal hier: »Bletzliche Dembaradurveränderungen an der Tachesordnung! Der Fremde hüte sich vor den so ebenso jäh als unerwartet auftretenden Nacktfröschen ... dem Schrecken Münchens.«

VATER Was? aber, das heißt doch: Nachtfrösten! Nun, bei 519 Metern Seehöhe!

MUTTER Ach so. Sieh mal: da is ooch ne Fußnote: »Blääd«!

VATER Ei ja. Damit sind wir – hier ist es – versorgt. Gehn wir nun auf pagina fünfzehn zurück: Ausrüstung.

A./ Nicht zu leichter Anzug aus Wollstoff ... hätten wir. Ebenso unbedingt Jägerwäsche. Stimmt. Weicher Filzhut mit Sturmband. Feste Schuhe, mit hinlänglich Spielraum für die Zehen.

B./ Damen. Müssen sich gleichfalls mit derben Schuhen ausrüsten, deren Schaft hinten gehörig gesteift ist, damit sie an der Achillesferse nicht reiben. Kurzer, faltiger Rock aus Flanell mit Jacke, und, hm, Hosen sorgfältig geschlossen, auch am Knie. Denn, wenn mal Schnee drin ist, ist die ganze Freude verdorben.

HAUSIERERIN Liebesthermometter gfällig! Lebzeltene Herzerln!

THERES *zu Loisl* Haltst ja d' Zeitung verkehrt – 's is a Kreuz mit dir!

Benno und Griseldis seufzen.

VATER Dicke wollene Strümpfe, innen mit Hirschtalg eingefettet. Gamaschen. Lederne Riemen zum Aufschürzen des Rockes.

BENNO *seufzt* ... ach ...

VATER Schutzbrille und Schleier sind un-ent-behrlich.

BENNO *aus tiefster Brust* Schleier! ja!

VATER Sieh mal hier! Sehr empfehlenswert für Herren: der sogenannte »Alm-Brummel« ... Wort gesetzlich geschützt. Sieh mal! Was soll denn das? Ach so: Fußnote: »George Brummel, 1778 bis 1840, der bekannte englische Geck und Londner Modeheld. Starb im Elend.« Natürlich. – Er besteht aus laubgrünem Loden, um etwa äsendes Wild nicht zu verscheuchen und gibt, mit einem einfachen Handgriff gewendet, einen schwarzen Gesellschaftsanzug von solidem Geschmack. Nützlich auch ein Kompaß! Unbedingt notwendig aber ein Seil aus Manilahanf, auf gebahnten Wegen gerollt zu tragen! . . . Was willst du denn?

GRISELDIS Darf ich nen Augenblick mit Herrn Schwartelmayer einen
Sprung da hin – da rüber machen, wo die Spießbratereien sind? es
interessiert mich so außerordentlich! Du weißt, in der Kochschule
der Frau Ziegenbein, da hatten sie das nicht!

BENNO Wann S' mir d' Freiln anvertraun, werd i d' Herrschaften
auch mit was sehr Angenehmen überraschen! Glei sein mir wieder
da! Hadjes!

VATER Kommt dem Feuer nicht zu nah! Nun geht! . . . ja *liest weiter*
. . . und den Eispickel nicht vergessen! Steigeisen sind dagegen nur
für schwere Fälle, die der Besteigung der Jungfrau gleichkommen,
notwendig und von den Alpenvereinen gerne gesehen. Doch sehe
man im allgemeinen von solchen, bis zehngliedrigen – sieh mal!
Hülfsmitteln lieber ab. Auch ist bei solchen Unternehmungen,
gerade wie bei einer Jungfraubesteigung, speziell im Finstren vor
Mitnahme eines schweren Tornisters zu warnen.
Wird es sehr schwül, sei ein Schirm mit Blitzableiter und
nachschleifender Kette warm empfohlen. Elmsfeuer auf der Spitze
zeigt die nahende Gefahr deutlich an.

THERES So, jetzt san mir fertig. Jetztn heißt's, de Händ abwischen!
*Steht auf, hebt dem Gatten die kümmerlichen Frackschöße auf, so
daß eine Rolle Klosettpapier sichtbar wird.* Sehn S', Frau Nach-
barin, auf dö Art steht man nicht auf denen ihre Babierserfietten
an, die s' eh nit gebn, wann ma sich 's Essen selber mitbringt!
Dees sollten S' im Herrn Gemahl auch heimlich einbauen lassen!
Als Weihnachtsüberraschung oder so! Er wird a Riesenfreid
haben. Mir woaß ohnedies nie, was man schenken soll . . . Und wo er
ohnehin an Gehrock tragt! Wie dazu geboren!

MUTTER Hm. Ganz bragdisch. Wie gahmen Sie denn da drauf?

THERES Ich hab's aus der Hausfrauenzeitung. Da war a Artikel: »Zu
was kann ich Klosettpapier verwenden?«

VATER *klopft auf den Tisch.* So bleibe doch bei der Sache. Sonst wirst
du wieder bei der Kontrolle versagen.

MUTTER Ja, Gotthold. Wo sinn mer denn stehngeblieben?

VATER Hier: Man richte sich überhaupt nach den Landessitten. Bei
Eintritt in kleine Gasthöfe wird man zum Beispiel stets gefragt:

»Was ... schaffen S'?« Darauf erfolge stets die Frage: »Was gibt's?«
Präge dir dies ein, Schwanhildis! Denn diese Formulierungen sind
wohl das Resultat jahrhundertelanger Erfahrung. Ruperto debes
credere experto!

ZENZL Alsdann, habts schon ausgsucht?

VATER *richtet die Brille, sehr ernst* Gutes Mädchen: wieso sagen Sie
nicht: »Wos ... schoffen S'?«

ZENZL Han?

VATER Was soll nur dieses ewige »Hahn«-Sagen? Hier steht ausdrücklich: in kleinen Gasthöfen wird man stere-o-typ gefragt: »Wos
schoffen S'«, worauf i c h antworte: ...

ZENZL Dös is koa kloana Gasthof nicht!

VATER Aber der Baedeker sagt ausdrücklich ...

ZENZL Nacha gengen S' zum Baedeker essen. I hoan koan Zeit nicht!
Zum Dienstmann Da habn S'! d' siebte. Zum Wohl.

VATER Da! lesen Sie selbst nach!

ZENZL Glauben S', i hab Zeid zum Romanlesen?

VATER Ein Reisehandbuch ist kein Roman. Lesen Sie bei Gustav
Freytag nach über das Wesen des Romans.

SCHIESLINGER *zu Theres* I mecht aa so a rots Büchel haben. *Flennt.*

VATER Ein Reisehandbuch ist kein Roman! Sie! Sie! so bleiben Sie
doch ... *Zenzl ist weg.*

DIENSTMANN *ist aufgewacht* ... gun ... Morgen ... a, da schau her! a
Z'sammgschüttets! *Trinkt.*

VATER Wir wollen jeder Aufregung aus dem Wege gehn, wenn wir
schon nichts zu essen bekommen. Hoffentlich war das das letzte
Mißverständnis. Also, beginnen wir: Als erstes sei dem Ankömmling eine Besteigung der Frauentürme geraten. Im Glockenstuhl
gutes Bier und stets frische Weißwürste. Zwar ist oft, zumal im
Herbst, der erste Blick über die Stadt ein gräulicher Dunstkreis ...

HAUSIERERIN Ganz neuche Hüateln hätt i da, ganz neuche ...

MUTTER Was war da gleich 's letzte Wort gewesen?

VATER *laut* »Gräulicher Dunstkreis!« *Sein dozierender Finger sticht
unglücklicherweise gegen Herrn Schieslinger.*

THERES *wütend* Dees verbitt i mir fei! Mei Mann ist koa greilicher
Dunstgreis nicht!

VATER Ich habe Ihrem Mann doch gar nichts gesagt!

THERES So? laugnen wolln S' es auch noch? »Dunstgreis, grausliger«, ham S' auf eam gsagt!

DIENSTMANN Jo, i hoan's aa gheert! dees is koa Gheert-sich, an stoanalts Mandel, an stoanalts, bleidingna, wo allweil an angesehenen Stadtrat gmacht hat!

THERES *keifend* Eana macht er no lang koan grauslign Dunstgreis nit! Nit wohr, Alter?

SCHIESLINGER ... gii ... bibt's ... denn?

THERES Der da mit der Brülln haad gsaagd, du säuest ein abscheilinga Dunstgrois, ein abscheilinga, daß d' es woaßt!

SCHIESLINGER *haut mit dem Hörrohr auf den Tisch und fängt zu flennen an.* I. bin koa Deanschtbot nöt! i bün a bönsionierta Stadtrat! *Stampft mit dem Fuß.*

DIENSTMANN Er dünscht eh gor nit aus! No jo, so guad wia der Wagner godsölig schmöckt er nit daher! Wos wohr is, is wohr! Aber, was der selige Herr auch Göld für Bafföm außighaut hat! Wia oft hab i eam an Schoppen Bafföm gschwind aus der nächsten Droscherie holn müssn! Glei offen. Über dö Gassen war er eh billiger!

VATER *ungeduldig* Nu is mir's bald zu bunt. *Steht auf.* Frau! das ganze ist ein Mißverständnis. Da, lesen Sie: »Dunstkreis« *malende Bewegung, sehr feierlich* Herr Stadtrat! Hier liegt ein ausgesprochener Irrtum Ihrer Frau vor! Den leider auch Sie teilten!

SCHIESLINGER Wos hoan i?

THERES Hör auf zum Flennen! Sö, Radiweib! Gem S' eam an Löbzeltreiter! da! Magst aa a Hüaterl?

VATER Na, ich danke. Zeit meines Lebens bin ich noch nicht in soviel Streitigkeiten und Mißverständnisse verwickelt worden, wie hier auf dieser Vergnügungsstätte! Auf Hundefutter wollten se mich setzen! ... dann der rätselhafte »Hahn« ... wenn se wieder kommt, wird sie vielleicht versuchen, mir unverwendbare Pferdehufe, die se in der Leimfabrik nich mehr brauchen können, aufzuschwatzen ...

DIENSTMANN Sö müßn eben was Saures essen! mir konn gor nit sauer gnug zum Bier essen, Herr Nochbor! Nur nix Süßes! Der Herr

Wagner, gottselig, hat Eana nix als Bamboon kiefelt ... und dann
hat 'n der Zucker dahingraffet, und d' Frau Cosima had auch
allweil mitkiefelt ... und wie d' Leich am hiesigen Bahnhof
durchkemma is, hoan i mitblasen.

VATER So? Seid Ihr musikalisch?

DIENSTMANN Jo. I hoan allweil Bambadon blasn. Beim »Nöhrvatter
Josef« hoan i 's glernt, was der feinste Leichenbestattungsverein
sein tut.

THERES Bei dem san mir aa einzahlt. Gelt, Loiserl? So vüll fein is der!
Wann d' Herrschaften längere Zeit in München bleiben, bsonderscht in Winter über, wär er sehr zu empfehln. Da müssen S'
Eana sowieso in an Leichenbestattungsverein einzahlen. Nur
wenige Fremdde überlebn an Winter in Minka!

DIENSTMANN *nimmt einen großen Schluck.* Jo, jo. Beim Nöhrvatter
Josef hab i vüll mitblasen. Jo, und jedesmal, wann wo a Leiberver-
einigung gwesen is, hab i s' musigalisch mitbegloitet.

MUTTER *gickst schrill* Wo sind wir denn?!

VATER Nu verbitt ich mir's aber ernstlich! ich werde die Anzeige bei
der Sittenpolizei machen! *Dem Schweratmenden springt das
Gummivorhemd steil heraus und bebt mit. Die Röllchen sind
verschoben.*

Das junge Paar taucht auf. Beide sind mit Tellern beladen.

GRISELDIS *entsetzt* Vater ... was ist dir? Benno! so habe ich Vater
noch nie gesehen ... so keuche doch nicht so, Vater ...

BENNO Herr Studienrat ... was habn S' denn? dös is der ja a
Krampf ... zweng was fuxen S' Eana denn so damisch?

VATER Nun, Mann zu Mann: dieser trunkene Pursche dort rühmte
sich, daß er die denkbar schamlosesten ... Orgien ... auf der
Zugposaune ... oder was weiß ich, zu begleiten pflege ...

BENNO Wos ... wos hat er gsagt? *Vater flüstert Benno ins Ohr, wobei
der Vollbart arg stört.* Naa, naa! hier handelt sich's um eine der
volkstümlichsten Feiern, unter den Augen der Behörden!

VATER *vernichtet* Das sind ja himmelschreiende Greuel ... Frau!
schluchze nicht! Dein Gatte ist bei dir!

BENNO Belieben im ausgesprochensten Irrtum zu sein! es handelt
sich um eine der beliebtesten militärischen Feiern!

VATER Mir steht der Verstand stille. Militärische Feier ...

BENNO Aber nicht doch! Sie brauchen nit so mit 'n Finger zidern! es is ja d' Z'sammenkunft der Urlauber vom Münchner Leibregiment: vulgo: d' Leiber!

VATER Da seht ihr, wohin Vulgärausdrücke und Provinzialismen führen! *Richtet die Brille und die Röllchen.* Was habt ihr denn da?

BENNO Zwoa Wiesenhendeln für die Damen! der Ox san Sö!

VATER Gottlob, daß das Gewäsch zu Ende ist. Also, das sind die sogenannten Wiesenhähnchen? *Setzt noch einen Kneifer auf.* Hm, simple Hähnchen. Wie überall. Geschlecht nicht mehr bestimmbar. Sexus incertus. Hm. Nun, Tolkewitzer sind entschieden repräsentabler. Lauter Orpingtons oder Hitfelder Masthühner.

BENNO Sö san aber ganz gscheid für an Oberstudienrat! – Da schau her!

VATER *überhört die Worte.* Das is wohl so 'n »boarisches Jebirgshuhn« mit Steigeisen. Hähä. *Zweiter Kneifer.* Na, der musculus gluteus läßt zu wünschen übrig. Nu, Muttchen, schmeckt's? Und du, Kindchen ... was is denn?

DIENSTMANN *tritt heran und setzt eine Brille auf, in der ein Glas fehlt.* O mei, o mei ... Dös soll aa a Wiesenhendl san ... Teifisaxn no amal, wia daß dö ehenter warn! Jo, dö Zeiden, dö Zeiden ... O bluatiga Heanadreck überanand!

MUTTER *schiebt den Teller zurück.* Fui Gäcks! und da soll einem das Essen munden! das kann änem nich gedeihn ... zu ägelhaffd ...

GRISELDIS Mutting, so iß doch! Höre nicht auf den unartigen Mann mit dem grünen Hütchen! Sieh doch! das Hähnchen is ja zu lecker! Wie gut Sie uns rieten, Be ... Herr Schwartelmayer!

MUTTER Nein. Mir is der Abbedied gründlich vergangen. Ach, meine Gongestionen! Daß einem nu so was bassiern muß, wo mer sich schon so uffs Middagsbrod gefreit hat! Muß der Lumich da mersch Essen ägal so vergälln!

VATER *eifrig essend* Was gibt's denn?

DIENSTMANN Herr Nochbor, Eanere Frau had aba oan schwachn Magn! auf die sollten S' aufpassa. Hat s' efter so Anfäll? 'leicht hat s' an Bandwurm oder gar an derfreerten Bauch?

VATER Was erlauben Sie sich! Wie können Sie ...

DIENSTMANN Sö Frau, losen S' her! Sö sollten Eana an Zieselmist
auflegen. Grad am Nabel.

MUTTER Gotthold! ...

VATER Das ist ja unerhört!

DIENSTMANN 's gibt koa bessres Mittel, sag i Eana. Aber an jährigen!
koana, wo noch grean is! *Vater legt Messer und Gabel weg und sieht
ihn entgeistert an.* Nöt grean! Na, nöt so wie mei Hüatl! naa! Mir
kann sagn, oan grean Mist gibt's iberhaupt gar nit! Oder seltn gnua,
daß ma af an grean Dröck wo stößt ... der kommt bloß in die
Bücher vor ... Alsdann: wann i grean sag, moan i: koan heirigen! I
wüßt Eana oan unter der Hand, Frau! Da greifen S' zu! i rat Eana
gut!

GRISELDIS Mutter!!

VATER Werden Sie sofort mit diesem eklen Gespräch aufhören! das
ist denn doch ... sehen Sie nicht, daß ich esse!

DIENSTMANN Woos – ekel? Dös is wos Wunderseltens. Glauben S'
'leicht, Sö kriagn oan in d' Worenheiser! An Dreck kriagn S' oan!
Weil's wahr is. *Trinkt.* Jo, Zenzl, no a Maß!

ZENZL D' achti. Zum Wohl. *Ab.*

DIENSTMANN ... als ob Oans nur in d' Worenhoiser gehen brauchet
oder gor in d' Droscherie, um an Dröck hoam z'tragen. Sö, Frau
Nochborin! der Beste is, wo der Frost drüber ganga is oder d'
heiligen drei Oismänner: Serwazi, Pankrazi und Bonifazi und d'
kalte Sophie.

VATER Zum Donner ... ich nehme öffentliches Ärgernis an diesem
koprolalen Gewäsche ... ja, Ihr seid ein Koprolale!

DIENSTMANN *sehr erregt* Wos bin i? a Lali bin i? sagn S' dös no amal,
Sö alder Krauterer, Sö! ... i verklag Eana bei der Gnossenschaft,
daß es wissen. Nacha werden S' schon sehn, wer Eana an Lali
abgibt, wo man's guad meint ... Sö, Radiweib! Sagen S', Frau
Nochborin, sagen S' selbst, gibt's was Bessers als wie Zieselmist auf
an derfreerten Bauch?

WEIB Naa, gwiß nit ... megen S' koan Radi? Meegts koane
Salzbretzen nit?

DIENSTMANN Da heern S' es! 's Radiweib bestätigt meine Worte.

VATER *zu Benno* Ich muß sagen, auch mir ist der ganze Ochse verdorben worden. Und dabei verstehe ich den widerlichen Alten nur halb. Was meint er denn mit dem »Zizzelmist«? Sind Sie vielleicht im Bilde?

BENNO Schaun S', dees is von so kloane Mäus ... mir find s' heifti gnug in Oberbaern, bschonderscht in Oberammergau. Da kömmen s' scharenweis zu die Festspiel, wo so viel abfällt.

VATER Ach, Zieselmäuse meint der trunkene Alte. Spermophilus citellus Wagner!

DIENSTMANN *setzt empört den Krug ab.* Naa ... dö ham mit dem gottseligen Herrn Wagner gor nix z'tun! dös muß wieder a andrer Wagner saan ... 'leicht a Kammerjäger! *Benno zuckt zusammen.* Und Sö, Frau! horchen S'! bei Vollmond müssen S' eam aufklauben, aber an die ungraden Täg mit der rechten, herentgegen an die graden Täg mit der linken Hand, wobei Sö Eana mit der Schulter bis zum Mist hinschieben müssen. *Zu Theres* Frau Stadtrat, is nit so? sagen S' selbst!

THERES Jo, wos wohr is, is wohr. Aber i halt mehr auf an Schwalbendreck. I laß 'n den Loisl fleißi schnupfen gegen d' Augen, wo er hat. Wann ma amal in Siebziger am Buckel had, muaß ma was für sich tun.

SCHIESLINGER Jo, unterm Schmalzler gspiert man eam fein gor nit! Naa, gwiß nit. *Zu Pustkuchen* Greifen S' zu, Herr Nachbar.

VATER ... danke. Ich bin Tabakgegner.

THERES *macht ein Zeichen.* Nehmen S' ruhig ... *Augenzwinkern* da is koa Breeserl Tabak drinnet. Da schau schon i drauf. 's Braune is Feigenkaffeesatz!

VATER *legt Messer und Gabel weg.* Für was halten Sie mich eigentlich?

THERES Und wann die Fräuln da als a Kloaner no koane Fraisen ghabt hat ... heimli ins Bier einigebn! In Minka derwischen soliche junge Mädchen, wo von wo anderscht her saan, bei Wetterumschläg leicht d' Fraisen, und d' Ärzt kennen's nit, daß es d' Fraisen sein, weil s' nit wissen kinna, daß es als a Kloans koane Fraisen nit ghabt hat, wo noch in der Wiege glegen is. Ieberhaupt sag i Eana, mit aner Servietten fest binden und an Sönfteig af d' Fußsohln und an warmen Hafendöckel am Hinter ...

VATER Bin ich im Tollhause? Waten Sie nicht im Unflat! ...

THERES Lassen S' mi doch ausreden: am Hinterkopf ...

VATER Das ist ja entsetzlich! welch Hornißnest wüsten Aberglaubens! Das ist denn doch das finsterste Mittelalter! Sollte man heutzutage sowas für möglich halten! welch Rattenkönig an Unsinn!

SCHIESLINGER *der die ganze Zeit sein Hörrohr spielen ließ* Ja, ja, die Ratenzahlungen. Ja, ja.

HAUSIERERIN Mögen S' no immer koane Hüatln nit? Der Frau stünd's guat! Kommen S', lassen S' Eana an probiern!

GRISELDIS Ach, Mutting, ja!

MUTTER Ich bitte dich, laß mich ... in mir bäbt noch immer alles ...

VATER *brummt noch nach* Rattenkönig ... *blickt mißtrauisch in den Maßkrug.*

BENNO *leicht pikiert* Herr Oberstudienrat! Bedenken Sie, daß diese Dinge und Anschauungen unsrem Volke hier heilig sind!

VATER Nein, das kann ich als logisch geschulter Denker nicht billigen. Das ist ja schon ultramontan.

BENNO Dürfen nicht denken, daß wir im Schimnasium koane Logik nicht gelernt haben! Der wo das berühmte Lehrbuch gschriem hat, war sogar unser Brofessor! Klötzenkloiber Klemens hat er sich gefertigt. Jawohl.

VATER Ja. Ich hörte nur Lob in Fachkreisen über den verdienstvollen Gelehrten.

BENNO Schaun S', alle Gehoimnisse hat er uns mitgeteilt. Nur wo er wohnt, hat er nit sagen kinna, und wie er heißt, weil er so viel gehölzelt hat ...

VATER Waas?

BENNO No, sagen Sie »Onno-Klopp-Straßn«, wenn S' hölzeln! Er hat's nit außabracht.

DIENSTMANN *sieht Pustkuchen böse an und murmelt* Spinneter Hanswurscht, spinneter. *Mit einem Blick auf die Reste des Hendels* Bluatiger Heanadreck, bluatiger ...

VATER *aufspringend* Schwanhildis ... was ist dir? *Beide ab.*

BENNO *faßt verstohlen die Hände seiner Partnerin.* Sind Sie mir bös, Griseldis, daß ich ungewollt der Urheber dieser Scenen bin?

GRISELDIS Ach, Benno, ich weiß doch, daß Sie nur von den besten, edelsten Absichten beseelt waren, als Sie mir nahelegten, Vati und Mutti zu bereden, heute am Frühnachmittag hierherzukommen, auf den Platz, den Sie mir fürsorglich so genau bezeichnet hatten.

BENNO Erinnern Sie sich, wie ich knapp vor der Einfahrt Ihre schönen, schönen Augen auf unsere Bafaria lenkte! Zu ihren Füßen, sagte ich, sei die Stätte, wo unser nächstes Wiedersehen stattfinden müsse. Süßeste, angebetete Griseldis! Der Vormittag verging mir in quälender Ungewißheit, ob Sie Ihre Eltern bereden konnten!

GRISELDIS Ach, ich bin so glücklich! dort, die Spießbraterei, gab uns das Symbol des häuslichen Herdes.

BENNO Siehst, Schatzerl, mei Zuckergoscherl, mei wundernetts, das Wiesenhenderl hat uns z'sammbracht ... aber dei arms Mutterl ... Jesses, jetzt ham ma 's ganz vergessen ...

SCHIESLINGER I mecht a so oan greans Hüatei hom ...

THERES Ja, Alter, sollst oans habm, wo du so brav in ganzen Schmalzler ausgschnupft hast! Sö, Hüatlweib. Gehn S' her da! Ja, da ham S'. *Weib ab.*

DIENSTMANN Oha ... Jetzten war i beinah awigfalln ...

GRISELDIS *schlägt die Augen voll auf.* Ja, Benno, ich weiß selbst kaum, wie das so schnell über mich kam ... *neckisch* Als »Ja-ga-Bua« hättest du eigentlich zuerst fen-sterln solln ... *Benno schrickt zusammen.*

BENNO Griseldis ... ich kann nicht leben ohne dich ...

GRISELDIS Benno ...

BENNO D' Eltern können jeden Moment zrück sein. Horch! Morgen, gleich nach neune, komm ich zu euch in die Pension, wo ich empfohlen habe, und ... du wirst schon sehn ... a! da kommen s' schon ...

DIENSTMANN Oha! da soan s' wieda! No, Frau, hocken S' Eana wieda her!

MUTTER Nu is mersch wieder wöhler! Schade ums scheene Essen! Ach, nu is der Rest vom Hähnchen gald geworden und ich vertraach nu mal Mittagens geene galde Giche!

BENNO *eifrig* Gnä Frau, i hol Eana gschwind no oans ... a halbetes wenigstens! dös da geb ma an Hund, wo vorbeikimmt ... na, na, na!

lassen S' mi nur machen ... glei wern S' Eanare Hälften habm ...
wolln S' es mehr braun braten?

MUTTER Chja! gnusbrich!

ZENZL Da wär a Bier! *setzt drei Maß nieder.* Zwoa siebzig ohne. Zum
Wohl! Danke!

VATER Nun, ich muß sagen, der Stoff scheint mir sehr süffich. *Trinkt
und plustert animiert den Bart.* Schmeckt's euch, meine Lieben?
Aber der widrige Jeselle da, der dem geflügelten Merkur untersteht – eigentlich lachhaft! – hatte recht, als er den jeweiligen
Kubikinhalt der Labebecher dieses Unternehmens einer geradezu
vernichtenden Kritik unterwarf. Ich will Hannes Wurst heißen,
wenn da mehr als drei Viertel Nösel drinne ist, wohlgemerkt, nicht
Leipziger Nösel! die um $1/3$ Siebzehntel reichlicher bemessen
waren, aber wie erwähnt, 1858 abkamen ... na, sag mal fix,
Griseldchen, was macht das in Dezimalen ausgedrückt?

GRISELDIS *aus Gedanken erwachend* Was meinst du, Vatting?

VATER Ei! ist mein Töchterchen dem Gotte Gambrinus zum Opfer
gefallen? Nun sage fix: wieviel ist $1/3$ Siebzehntel in Dezimalen?

GRISELDIS ... ein ... Ziezelbribzehn ... ein Zipflbibbschen ... n'
Piepzähnchen ...

VATER Na ... dies Land der Phäaken ... seht, wie rasch der Süden
erschlafft! So ist mir's auch unbegreiflich, wieso man hierorts nicht
mit einmütiger Entschlossenheit auftritt, als eherne Phalanx, und
dem Mißstand dieses hundsmiserablen Einschenkens kein Ende
bereitet! Ich möchte doch sehen ...

SCHIESLINGER *schwingt wiehernd vor Lachen sein Hörrohr und steht
kniepatschend da.* 's ... schlechte ... Einschenggn ... ab ...
schaffn ... hihihihi ... glaubt der Tepp ... der zuagroaste ...
daß's ... so ... was ... gebet! ... Hihihihi ... hi.

MUTTER Il est ivre.

THERES Na gwiß nöt, koa Mensch is da »iwer«. I hab Eana gut
verstandn. I war Franzeeschlöhrerin bei die Englischen Freiln!
Aber wie Ihr Mann so gschpaßig daher gredt hat, hat's 'n packt! Er
hat halt auch mehr Ernst erwartet von dem Ihrigen, mit Verlaub,
wo der so an örnsten Bart tragt. Der Loiserl is a Zwilling, müssen S'
wissen, und die kann man nit berechnen! Der andre hat Zefises

ghoaßn. Hat aber früh im wöltlichen Dreiben hadjö gesaget und
is Kappaziner gwordn. Aber das hat in Meinigen gfuxt, weil
er eam hat »Sö« sagen und um san Segen hat bitten müßn.
Spöter is derselbe aber wieder wöltlich und Sauschneider
geworden.

GRISELDIS Ach wie süß! Hier bekommen de Schweinchen im Winter
wohl Deckchen wie de Hundchen? Und die hat er konfektioniert?

DIENSTMANN Jesses! *Schlägt die Hände über dem Kopf zusammen.*

VATER Ei! da kömmt ja unser junger Freund aus dem Dampfwagen!
Ach, vielen Dank für Ihre Aufmerksamkeit meiner Gattin gegenüber!

BENNO Gnä Frau, lassen S' es Eana gut schmecken! *Er blickt offenen
Mundes entgeistert in die Ferne.* Jesses ... a, da schaug her ... d'
Frau Tant ... o sakra ... daß dö aa akrad kumma muß ... *Geste der
Verlegenheit.* Wia s' pfnaust ...

*Man hört taktmäßiges Keuchen wie von einem Motor. Eine Dame von
unwahrscheinlichen Dimensionen taucht auf.*

BENNO *leise* Marandjosef ... *mit forcierter Erfreutheit* Jesses! d'
Frau Tant! Küß d' Hand! küß d' Hand! na, so eine angenehme
Überraschung! na, dö Freid! daß S' aa hergfundn hom! na, so
was ... magst nit Platz nehma? Erlaube mir vorzustellen: meine
Frau Tante, Frau Valeska ... *das andere murmelt er nur* ... die
Herrschaften ...

VATER *mit viel Würde* Oberstudienrat i. R. Dr. philosophiä Gotthold
Ephraim Pustkuchen. Mein Eheweib, meine Tochter ...

VALESKA Sehr ... er ... freid ... hhhhhh-hm ... ge-st-at-ten sch-
schon, daa-ß i mi ssetz. Jo, oowa ... i ... muuß mi ver-kehrt ...
seetzn, i kumm ... sunsten ... nit ... unt' ... vurbei ... *Die Bank
senkt sich tief ein.* No, wie gefallt's denen Herrschaftna in
Minchen? Gelt, dös is fein grüawi da af dera Wiesn? a! da schaug
her! habts schon 's Richtige erwischet: an ... hhhh ... Wiesnhendl!
Fein? ... gelt? *Zur Kellnerin* Jo, stelln S' glei zwoa Maaß her ...

BENNO Frau Tant, was derf i dir holn? a Wiesenhenderl? zwoa
Steckerlfisch! a Oxenlenden?

VALESKA Waas fragst denn so lang? dös kannst amal für dn Anfang
alles bringen. Dann werdn ma weiter sehn. Zum Wohl, d'

Herrschaftn! ... A ... Also, wie lang san dö Herrschaftn schon in
Minchen? Schon lang?

VATER Nein. Wir vertrauten uns erst gestern abends dem Dampfwagen an und langten 9 Uhr 28 an.

VALESKA Gfallt's Eana? den Damen aa?

MUTTER Über alle Maßen. Die Stadt ist herrlich! Gleich nach dem
Frühstück machten wir eine Rundfahrt.

GRISELDIS Es ist göttlich! das südliche Klima! man glaubt sioh schon
mit einem Fuß in Italien!

VALESKA Warts gwiß aa im Hofbräu a weng fruastucken?

VATER Nein. Das kommt morgen dran und ebenso der ... *blättert im
Notizbuch* der ... sogenannte: Nock ... Nockel-berg ...

VALESKA Aha!

VATER ... Ja ... das ... kömmt, *stiert ins Buch* das ... kömmt ...
hm ...

VALESKA Wo seids denn gar her?

VATER Aus Klotsche.

VALESKA Jö ... gor so weit her! aba, dafür sprechts ganz gut deutsch.
I versteh fast a jeds Wort.

VATER *gereizt* Wieso! was soll das?!

VALESKA No, wann ihr aus der Tschechei seids!

VATER Ich muß bitten! Klotsche liegt im Herzen Sachsens! 3275
Einwohner. Die Lokalmundart ist dortorts ganz leicht ... kaum
spürbar ... obersächsisch gefärbt, auch der Lausitzer Dialekt ...
Schnarrlaute, wissen Sie! ... ist für den geübten Linguisten nach
einiger Übung als sehr, sehr kleine Beigabe erkennbar. Die 38
Israeliten, die sich allerdings alle zumeist zur römischen Kirche
bekennen, haben leichte Hebraïzismen beigesteuert, wie etwa das
Wort ... warten Sie mal! *blättert im Notizbuch* Dalles! ja, und
»Menuwel«, womit man gesetzte Frauen bezeichnet.

GRISELDIS *wichtig* Du, Vati: »Tinnef«!

VATER *streng* Pfui doch! das Wort sagt man nicht! Wer lehrte es
dich?

GRISELDIS Niemand. Ich schnappte es auf. Zwei sehr würdige Herren
warfen es mit ernster Miene vor unserer schönsten Prunkauslage
hin, dabei orientalisch gestikulierend.

VALESKA Alsdann, ihr seids gar keine Böhm. I war aa amal in Behmen. Als a ganz a zartes, unerfahrenes Madel. Koane zwoa Zenten hab i damals ghabt ... Lebendgewicht ... als a Nacketer ... Ohne die Kleider. Aba, wann's euch nur gfallt in unserer liabn Münchnerstadt? I will gern aa mein Teil dazu beitragen, gwiß, ganz gwiß. Ah! da bist ja schon, Beni! und d' Kellnerin is aa mitkemma, weil s' alloanig alls nit tragen kannst! no ja, freili. Ja ... da stellts es her ... gut is ... *Heitere Bockmusik setzt ein.* Paßts auf, jetzt wird's zünftig! Jö ... wann i mi ... nur ... umdrahn kennt ... Marand Josef!!!

Mit einem fürchterlichen Krach bricht die Tante durch. Klammert sich an die Kellnerin, die in beiden Händen eine unwahrscheinliche Menge von Maßkrügen trägt. Auch sie stürzt auf den Tisch, den sie zusammenhaut. Ein Riesenwirrwarr entsteht, da der stürzende Professor seinerseits das Radiweib umreißt. Der Dienstmann ist unter den Trümmern verschwunden. Eine Föhre, an die sich Frau Pustkuchen klammert, senkt sich langsam und begräbt das Jammerbild, wobei auch noch Schieslinger durch den Wipfel nach vorne gekehrt wird. Benno weiß nicht, wen er zuerst abtrocknen soll. Jedenfalls küßt er unbemerkt Griseldis.
Lärm anderer, unsichtbar bleibender Festgäste, die die Zenzl, die sich wieder erhoben hat, energisch zurückdrängt. Die Bockmusik spielt unbeirrt.

ZENZL Zruck da ... machts koan Aufsehn nit ... sehts ja, daß nix passiert is ... Mir kennen enk nit brauchn.
Schieslinger steht im Vordergrund und »plaazt«. Ihm ist Bier ins Hörrohr gekommen.
THERES Hast dir wehtan, Schieslinger? Bist halt derschrocken! Kumm! *Führt den kindischen alten Herrn an der Hand weg.*
SCHIESLINGER Mei Huet ...
THERES Laß jetzt amal dees bleede Hüatl. I hoan mein Zopf aa nimmer ...
Schieslinger folgt aber nicht, schlägt nach der Frau mit dem Hörrohr und flennt immer weiter. Der Dienstmann kommt auf allen Vieren unter den Trümmern hervorgekrochen.
THERES *zu Schieslinger* No, gfreu dich, bis wir hoamkemma!

Mit dem Schirm drohend, zieht sie ihn mit, der eine lange Rolle Klosettpapier nachschleift. Man hört jodeln und »patschen«.

Vorhang

ZWEITER AUFZUG

Pensionszimmer

VATER *geht, den Baedeker memorierend, auf und ab.* Nun wollen wir mal das heutige Pensum präparieren. Kolossalstatue König Max Josefs in sitzender Stellung, ... getragen von Sockel, den vier Schafsköpfe flankieren ... Südlich davon das Postgebäude, nur zehn bis zwölf offen, gegen vorherige Anmeldung. Vierzig Pfennig Eintritt.

Es klopft wiederholt.

ELLA *tritt ein, setzt einen Staubsauger nieder.* Guten Morgen. Derf i a weng saugen?

VATER *ganz versunken* Ja ... An den Karyatiden aus Papiermaché von Fleischmann im Festsaal. Hm. Übrigens ein nicht alltäglicher Anblick, den man nicht so bald vergißt. Darnach hinauf zum Herkulessaal ... vierzig Pfennig. *Ein scharfes Zischen ertönt, dann ein gewaltiger Krach. Ella richtet kopfschüttelnd den Apparat.* Herein! ach Sie sind's! Ich dachte, meine Frau wäre es! Was tun Sie denn da?

ELLA Ich hab nur d' falsche Luft außi glassen. Es ist ein neiches Süstem. Sonst koa zwidrer Abarat nicht. Der Herr Direktor, wo mar 'n kauft ham, hat gsagt, im Anfang tut er efter so. Nach und nach gwehnt er sich aber. Er wird bald ganz zutraulich.

VATER Wo nur meine Frau bleibt?

ELLA Ja, sollte mehr Gemüs essen. *Sie rollt still den Apparat nach vorn und dreht ihn um, daß dessen Vorderseite sichtbar wird, die eine geradezu Entsetzen erregende, zähnefletschende Bulldoggattrappe mit wechselnd rot und grün leuchtenden Augen darstellt.* Darf i jetzt also anfangn? bitte?

VATER *ungeduldig* Pagina 17. Ja, gehn Sie auf die Seite, aber störn

Sie nicht länger. *Ella schüttelt den Kopf.* Daneben also zwei
Festsäle mit 36, von Stieler gemalten Bildnissen schöner Frauen.
Das trunkene Auge wird vom Anblick von solch seltener Lieblich-
keit ... um Himmelswillen! jagen Sie diesen ekelhaften Hund da
weg! entfernen Sie diesen abscheulichen Unhold augenblicklich!
Er ist ja sichtlich wutverdächtig! Möchte wissen, wie sich das Biest
hier eingeschlichen hat!

ELLA Aber gnä Herr, da irren Sie! Es ist bloß der Apparat, wo so
herschaugt wegen der Reglam.

VATER Ach so, setzen Sie sich. *Memoriert weiter* Pagina 18.
Volkstypen: »Die ganze Schönheit aller Münchnerinnen ist sozusagen in der Bavaria (siehe Abschnitt 11) summiert.« Ja, summiert,
»und stellt insbesonders das Haupt dieses Kolosses den Exzerpt all
der edelschönen Anblicke dar, die einem auf Schritt und Tritt
aufstoßen ... Geibel«. *Er läßt das Buch träumend sinken.*

ELLA Ham S' mi gmoant? *Mit kokettem Augenaufschlag und
kosender Stimme ...* soo?

VATER Wieso?

ELLA Ob S' mi gruft ham? I hob gmoant, Sie hättn gruft: Weiberl!

VATER Nein! ich sagte laut und deutlich: Geibel! Emanuel von Geibel
1815–84. Sehen Sie, hier steht's!

ELLA *schmiegt sich kokett heran und schaut ins Buch ...* soo? Eanare
Frau kimmt no laang net ... *Dabei geht unerwartet der Staubsauger los und zieht den Bart des Professors waagrecht weg.*

VATER Kommen Sie mir nicht so nah! Wenn meine Frau hereinkäme!

ELLA O mei! die is schon a gschlagene Viertelstund draußen. Eanere
Gnädige tut gar so umständlich umanand bandeln. *Eifrig abstau-
bend* Die Damen haben dös alle, die Herren herentgegen ...

VATER Weiter! Für Leute, die viel sitzen, seien Ausflüge dringend
angeraten. Leichte Touren vom Isar- ins Loisachtal. Knapp hinter
Benedikt-Beuren (siehe dieses) der sogenannte »Wurm-Zipfel«.
Betreten nicht ratsam! Von dort zum »Angst-Filz«! gleichfalls zu
warnen. Hm. Hm. Angebliche Geistererscheinungen! Na! Klammer: in neuerer Zeit bestritten. Hm. Phänomene übersinnlicher
Art.

ELLA *seufzt tief auf* Ja, die Sinne! die wenn nicht wären! A schener

Mann eigentlich ... bis auf die Jägerwäsch. *Schnuppert mit der Nase* I maag aber zum näheren Verköhr nur Mannsbilder mit Büglwösch. *Seufzend* Unsereins steht sich was aus beim Wäschsortieren, wo dann abgholt wird. Da pießt man seine Sinden ab. Weil's woar is.

VATER *memoriert* Ehemalige Hofgeweihsammlung. Dienstag, Freitag, zehn bis zwölf, sechzig Pfennig. Dann die Gebäranstalt ... Im Fasching Ammenball. Warm empfohlen. –

ELLA *staubt ab.* Lieber nur zwei, drei Gawliere im Monat als mit an Schüppel von Bazi, wo nix als müachteln. Er wär zwar a schener Mann. Nit daß er direkt müachteln tät! Naa! er tuat grad a weng moicheln. Dös haben wiederum mehr die Herren, wo in die Büro sitzen, und die Geistesarbeiter. *Wegwerfend* Und koa Krawatt hat er auch nicht an unterm Vollbart!

VATER ... und König Maximilian I. setzte sich 1848 ...

ELLA So, jetzt bin ich fertig. Wünschen Sie noch was?

VATER ... den Thron aufs Haupt, unter dessen Last er aber schon zwei Jahre später fast zusammenbrach.

ELLA *lacht* Was Sö nit sagn!

VATER Bringen Sie mich nicht aus dem Konzept! Lachen Sie nicht, sonst kommen Sie alle ins Klassenbuch! *Ella kopfschüttelnd ab.* Nun muß ich doch mal nach meinem Weibchen sehen. *Ruft ins Nebenzimmer* Schwanhilde! ... Schwanhilde! *Kopfschüttelnd* Wo sie nur stecken mag um diese Zeit? muß doch mal gucken. *Es klopft.* Herein!

ELLA Ein Herr möcht Sie sprechen.

VATER Wie sieht er denn aus?

ELLA Sehr ein fescher, junger Herr. Da is d' Kartn!

VATER *Karte ganz nahe* Benno Schwartelmayer, Prokurist. So, so. Ich lasse bitten. *Ella ab.* 9 Uhr 11! eigentlich ein wenig zeitig für einen Besuch! Was er nur wollen mag? Nun, er wird sich wohl gedacht haben, uns später nicht mehr anzutreffen. Ganz recht. Aber, mich dünkt doch, daß der junge Mann seinen Beruf vernachlässigt, oder zum Mindesten ein wenig zurückschiebt, beziehungsweise setzt. Hm. Chja na. Der Süden! Hm. Es macht so den Eindruck, als ob hier jeder Rechtsanwalt den Thyrsos neben dem Schreibtisch lehnen hätte ... oder plötzlich auf der Schellen-trommel paukt ... natürlich bloß bildlich gemeint ... eine Metapher. Ganz wohl, bloß eine Metapher. A! da sind Sie! Was verschafft mir so früh das Vergnügen? und schwarz angezogen ... Angströhre ...

BENNO *räuspert sich* Herr Oberstudienrat!

VATER Wollen Sie nicht Platz nehmen?

BENNO Danke verbindlichst, aber gestatten, daß ich vorziehe, zu stehen.

VATER Wie beliebt? zu stehen? nun, wenn Sie wollen.

BENNO *verbindlich* Aber bitte sich's nur selber bequem zu machen. Ja. Sitzen Sie gut?

VATER Was steht zu Diensten?

BENNO M ... ä ... ä ... m ... hm ... ä ... ä ...

VATER Belieben Sie, sich etwas klarer auszudrücken.

BENNO Ich ... ja ...

ELLA I bitt, gnä Herr, zum Telefon.

VATER Ich? Ich kenne doch niemanden hier? Na, ich komme, will mal sehen!

Benno dreht sich so, daß er dem Rat immer die Vorderseite zuwendet, dabei bemerkt man, daß er mit einer Hand ein Bukett hinter dem Rücken versteckt hält. Seitentür geht auf. Der Kopf von Griseldis wird einen Moment sichtbar.

GRISELDIS Wie mir das Herze klopft! ach, wenn's schon draußen wäre ... *Sie tauschen Kußhände aus.*

VATER *tritt ein.* Unsinn! drüben meldete sich der Hundefänger. Wollte mich in eine unklare Geschichte von einem verlaufenen Teckel verwickeln, einen gewissen »Waldel«. Der soll einen alten Hofrat gebissen haben. Ich wurde aus seiner kaum verständlichen Suada nicht klar, ob ich der gebissene Hofrat oder der Hund wäre.

BENNO Ja gwiß, gwiß. Was die mehr subalternen Beamten sein, so keine Akademie nicht besucht haben, drucken sich oft recht unklar aus. Waldel ... sehr ein gebräuchlicher Name ... hat so was Treuherziges, so was ... ja ... und dazu als Pendant eine Kuckucksuhr ... Grundlagen eines trauten Heimes ... mit Butzenscheiben ...

VATER Na sagen Sie mal, wo wollen Sie denn raus?

BENNO Ich ... ich ... ich ...

VATER Also, was verschafft mir das Vergnügen Ihres Besuches?

BENNO In Leipzig war's. Da stieg ich in Ihr Abteil.

VATER Stimmt. Und traten mir auf den Fuß. Waren kaum herunter-
zubringen.

BENNO Hab mi aber auch entschuldigt, und so san mir halt bekannt
gewordn, und, es is schon a so ... und wie Sö so gequigazt
habn ...

VATER Was? ge-kwi-gazt? Was ist denn das für 'n verwilderter
Ausdruck? Offenbar mißverstandene Onomatopoesie!

BENNO No ja – halt, wie Sie so geauwehzt haben ... hat 's Freiln
Tochter, wo gschlafen ghabt hat, 's Köpfl gehoben ... mittn aus
dem Schlof außer ... 's Köpfl ... mit die Lockerln herum ... und
da ...

VATER *richtet sich die Brille.* Erlauben Sie mal! Was sind denn das
für Präambeln? Wo wollen Sie raus?

BENNO Da hat's mir fermli an Stich gebn ... hab a gleich gmerkt, daß
die Freiln zu Eana ghört, weil s' ganz Eanere Stirn hat!

VATER *angenehm berührt* Ja ... nu ... äh ...

BENNO No, und i hab d' halbe Nacht nit schlafen kenna ... Gwiß is
wahr, und hab Hof noch ausrufen gheart und Mehlteuer, Elends-
grün und Weiden ... so hat's mi packt ... *plötzlich* Baaba! *Er reißt
das Bukett nach vorne.*

VATER Wie beliebt? Ach so! Also deshalb Ihr schwarzer Anzug und
der Zylinderhut. Eine abrupte Werbung.

BENNO Derf ich hoffen?

VATER Ich muß sagen, ich bin ja wie aus allen Wolken gefallen. Ich
verstehe Ihren Zustand, den schon die Alten, allen Berichten nach,
soweit sie glaubwürdig, wenn leider oft auch nur in Bruchstücken
auf uns kamen, so häufig fühlten ... ä ... will nur auf die Idüllen
des Theokritos hinweisen, den Hauptvertreter der bukolischen
Poesie der Griechen, wahrscheinlich aus Syrakus und um 270
blühend, und vor allem Ovidius Naso, den Meister der erotischen
Elegie, geradezu als Schulbeispiel erwähnen, der von 43 vor bis 17
nach Christus blühte und dessen Hauptwerk ohne Zweifel die »Ars

Amatoria« ist (übersetzt von Öhlenschläger, Leipzig 1880) beziehungsweise auf die »Heroides«, Liebesbriefe, aber von Heroinen auf
ihre abwesenden Liebhaber, die Röhrich, Berlin 1873, für den
Schulgebrauch so sorgfältig kastrierte, daß eigentlich nur die
Beistriche stehen blieben – wenigstens in seiner ersten Ausgabe ...
die jetzt selten gelesen wird ... ja ... von was sind wir nun denn
gleich ausgegangen?

BENNO Ob ich hoffen derf, Baaba?

VATER Nun ... ich muß da Röhrich ... nein, meine Frau ganz
vertraulich zurate ziehen ... es ist ja das erstemal, daß ich in diese
Lage komme, da ich außer dieser, eben mannbar gewordenen
Tochter, keine andre habe. *Öffnet die Nebentür.* Röhrich! ach nee!
Fährt sich über die Stirne ... Schwanhildis! Komm mal bitte ...
Griseldis, du bleibst!

MUTTER Was soll's denn, Gotthold? Ei guten Dag! was verschafft uns
denn 's Vergniechen, Sie so frieh am Daache zu sehen? Nähm Se
doch Blatz! Wolln Se Gaffee? Herr ... Herr ...

BENNO Schwartelmayer. Aber bitte ... sagen S' mir bloß Benno ...

MUTTER Benno? Wie käm ich denn dazu? Härn Se mal?

BENNO Weil i ... weil i ...

VATER Weil er soeben bei mir um die Hand unserer lieben Tochter
Griseldis, in aller Form, darf ich sagen, angehalten hat.

BENNO Ja, weil's wahr is. Derf i hoffen? liabs Muatterl, liabs Muatterl,
liabs guats?

MUTTER Ich weiß nicht, wie mersch wird? das is chja wie im Draume
so ungeweehnlich. Ich kenne Sie doch gaum. Wie kommen Sie
grade uff uns? Se kennen doch vom erschden Male gar nicht im
Bilde sinn, wer mer sind, und wie mer sind, und ...

BENNO Aber dös woaß i gwiß, daß ös liabe, goldige Leideln seids und
a Töchterl habts, wo's nix scheners gibt aff der Welt!

MUTTER Das is chja wie im Romane! aber sähn Se, bei uns in Klotsche
is man äben rääler. Ich weeß gar nicht, wie ich mich nu so fix zu
Ihrer Bewerbung stellen soll? Was meenste? Gotthold?

VATER Hm, vor allen Dingen müssen wir allergenauesten Einblick in
Ihre Lebensverhältnisse nehmen und die absolute Überzeugung
gewinnen, daß Sie auch in der Lage sind, für ein Weib, für einen

eigenen Herd zu sorgen. Sie nehmen mir das nicht übel, aber wir wissen doch von Ihnen so gut wie nichts. Ich frage Sie: Können Sie ein Weib ernähren?

BENNO Das derf i als gwiß beantworten und mit meinem heiligen Manneswort besiegeln.

VATER Sie haben mir schon gestern, ganz vage allerdings, angedeutet, daß Sie so ne Art Sekretär bei einer Jagdvereinigung... oder so ähnlich seien ...

BENNO *etwas gedrückt* Jo ... so ist's ... i bin ... Prokurist bei so was ... und leit in Außendienst.

VATER Hm. Da müssen Sie mir Näheres sagen. Ich gestehe, daß ich keine Ahnung habe, um was es sich da handelt.

BENNO Natürli, natürli. Alsdann, um's vorweg zu nehmen! Sie werden alles ganz genau erfahren bis ins Kleinste. Aber: Vermögen hab i persönlich koans, doch fällt mir dereinst und damit meiner lieben Lebensgefährtin ein sehr bedeutendes Vermögen zu, ein sehr ein bedeutendes, darf i wohl sagen ... von an kinderlosen Onkel und der Tante, wo i der Lieblingsneffe bin. Und sollten Sie mich als Sohn aufnehmen, so sollen Sie noch am Nachmittag auch bei diesen Leuteln alles so vorfinden, wie i sagte, auch die bedeutende Mitgift in Empfang nehmen, die mir am Verlobungstage überwiesen wird! *Die Eltern sehen sich an.* Und i schlag halt als geübter Prokurist vor: Gehen Sie in eine Art freibleibende Verlobung ein! Alsdann: dearf i jetzten ... derf i d' Griseldis ... sehn?

VATER Nun, ich glaube also: einer, sagen wir, vorläufigen Verlobung könnten wir beistimmen.

BENNO Jesses! Sie machen mich zum glücklichsten Mann in ganz Münka!

VATER *zur Türe* Griseldis!

GRISELDIS Benno! *Sie fliegt ihm um den Hals.*

BENNO Griseldis! Hab i di gfunden, mei Schatzerl, mei gschmaas! liebe Eltern, derf i s' küssn?

GRISELDIS *fällt den Eltern um den Hals.* Dank euch! Wie bin ich glücklich.

VATER Griseldis! Herr Schwartelmayer hat als Prokurist allerdings beigestimmt, dies sei erst eine freibleibende Verlobung. *Öffnet die Korridortüre.* Stubenmädchen!

ELLA Is da a Bitterwasser bestellt?

VATER Lassen Sie mich mit Ihrem vermaledeiten Bitterwasser in Ruhe! Bringen Sie uns ne Pulle Sekt ... was Se im Eiskasten haben ... aber mal fix ...

MUTTER Ich bin noch ganz benommen! Weeß gar nich, wo mer der Gopp steht, ... wie kam denn das so fix? ... Nä, so was von fix ... ihr kennt euch doch kaum!

VATER *legt Benno die Hand auf die Schulter.* Nun sag mal, lieber Benno, wie kam denn das so zwischen euch, daß das so fix geht? Wo spracht ihr euch denn zuerst? *Benno blickt verlegen zu Boden.* Nun? mich dünkt fast, du trägst irgendwie Scheu, zu sprechen?

BENNO Alsdann ... ihr habts no gschlafn, nit, aber i ... woaßt Baaba, wie soll ich dir's sagen ... jedesmal glei nach Regensburg ... is mei ... Stund ... woaßt ... no, und wia'r i aufwach und ganz meiserlstad aus 'n Abteil schlupfen will, seids ös zwoa alloan in eure Winkel ghockt! Und wo triff i d' Griseldis? ... aber, es war schon besetzt ... No ... beim Warten sein mir ins Sprechen kommen ... nit? ... Wie's halt der Brauch is. Natürlich hab i ihr als Kafalier in Vortritt glassen! *Verlegen mit dem Fuß das Teppichmuster nachziehend.*

VATER *sonor* Hm.

BENNO *zutraulich* Woaßt, Baaba, a wenn i nit bahnfahr und 's Wort »Regensburg« hör, alsdann ... da treibt's mi ... i brauch koan Kruschensalz nit, naa ... kannst mir's glaubn.

VATER Hm – chja. Zerebrale Wirkungen auf den Solarplexus. Hm. Verwandt mit dem Kußmaulischen Phänomen. Obzwar Kußmaul 1884, zuerst eigentlich nur über Sprachstörung arbeitete. Ja. Störungen des dem lautbildenden Organ zugehörenden Nervenapparates. Diese Diktionsstörungen sind stets bedingt von beginnender Gehirnerweichung zweier Stellen des Großhirns. Dort ist die Ursache der ataktischen Aphasie: Dem Kranken schwebt zwar der Laut vor, er kann ihn aber nicht bilden. Wenn nun in idealer Konkurrenz dazu die sensorische Aphasie – Worttaubheit Kußmauli – dazutritt, haben wir die Paraphrasie – das Verwechseln ganzer Wörter oder Silben vor uns, der sogenannte Wortsalat, oder das sogenannte Pfnopfische Phänomen ist fertig. Ich hatte vier daran leidende Schüler. Der letzte starb erst in der Obersekunda.

MUTTER Gotthold, verlier dich nicht.

BENNO Baaba! ich möcht noch sagen ...

VATER Sein Glück! *Jäh auffahrend* Das waren die Dinge, die auch in den verflossenen Parlamenten so widerlich wirkten. Das und die immer und immer wieder störenden Bauchredner.

BENNO Bauchredner?

VATER Ja, man hat die Dinge zwar stets unterdrückt – der breiten Öffentlichkeit gegenüber. Die Presse hatte ihre strikten Weisungen. Und außerhalb der Parlamente waren die erwähnten Ataktiker der Sprache in der Öffentlichkeit kaum unterzubringen. In entlegenen Pfarren hört man sie zuweilen noch predigen. Auf einsamen Meierhöfen geben sie hie und da als Ökonomiedirektoren wirre Befehle, die ohnedies nie befolgt würden. Hm, hör mal, bist du auf deinen Jagdzügen nie auf solche erwähnte, lokalbedingte Erscheinungen gestoßen?

BENNO Naa ... naa ... i ... a ...

VATER Junge! sage nicht: »I – A«! dies ist eines Mannes, der im Leben steht, unwürdig!

BENNO Schau ... Baaba ... I bin halt vor lauter Glück ganz aus dem Häusl! I möcht der ganzen Welt a Bussl geben!

GRISELDIS *vorwurfsvoll* Benno!

Ella stellt den Sektkübel nieder und stellt vier Gläser auf. Dann ab.

VATER *schenkt ein* Nun wollen wir mal die Sache begießen, Kinder! Unser liebes – wenn auch vorläufiges – Brautpaar soll leben!

MUTTER *wischt eine Träne aus dem Auge.* Schade, daß deine Verwandten nicht da sind. Ich bin schon gespannt, sie kennen zu lernen.

BENNO *etwas verlegen* D' Frau Tant, kennts eh schon. Gestern war sie doch bei uns am Tisch ... die dicke Dame ... wo das Unglück verursacht hat.

VATER *stellt das Glas hart nieder.* Zum Donner! das ist diese Tante! Nun, sie mag ja gewiß eine wackere Frau sein, gewiß. Und mir tut's leid, daß ich gestern harte Worte gegen sie fand ... der Abschied vielleicht unharmonisch war.

BENNO Na ... naa ... Sie tragt euch gewiß nichts nach! Sie is die beste Seele von der Welt und so Sachen schon gewöhnt. Mir hat halt nit ungestraft drei Zenten Lebendgewicht ohne d' Kleider. Heit um halbi finfe gema eh hin, wann's euch recht ist? I hol enk ab, weil ös sonst schwer hinfinden tätet. Ganz hint in der Lindwurmstraße sein s' z'Haus, wo sich d' Füchs guate Nacht sagn.

MUTTER Herrchjesses! Lindwurmstraße! das is ja zum Fürchten!

GRISELDIS Wie romantisch! Wie im Märchen! Wie ich mich auf die Deinen freue! Der Oheim ist wohl deines Vaters Bruder?

BENNO Naa, bluatsverwandt is er nit, naa, er ist bloß angheiraded. I darf doch als Öhrenmann jetzt keine Geheimnisse vor euch haben. Spöter is er dann zu viel Geld kommen. Ja. Und hat recht klein angfangt.

VATER So ist's recht. Ein Selfmademann, der sich durch seine machtvolle Persönlichkeit den Weg gebahnt hat! Solche Männer haben alle was Überragendes, sind nun einmal imposant.

BENNO Ja ... mei ... i ... moan halt ...

VATER Nun, Benno, erzähl uns mal was Näheres von deinen Jagdangelegenheiten. Wie ist das? Ist das eine Vereinigung passionierter Nimrode, etwa des Landadels oder der Finanzaristokratie, die da so eine Art von Klub gegründet haben, in deren Sekretariat du eine Stelle bekleidest? Aber halt! Du hast doch, wie erwähnt, die Eigenschaft eines Prokuristen ... ich verstehe das nicht recht: bei einer ... Jägervereinigung? Erkläre mir das!

BENNO *verlegen mit dem Fuß das Teppichmuster nachzeichnend* Ja ... es is ... als ... A.G. aufgezogen. Mir sein halt als »D'Hubertus« eingetragen.

VATER Als Aktiengesellschaft? merkwürdig. Hm. Vielleicht ist das hier im Süden usuell, beziehungsweise möglich. Und was für Jagd betreibt ihr denn? Hochjagd oder Niederjagd?

BENNO *sehr verlegen* Ja ... mir kann eher sagen: Niederjagd. Wenigstens hängt's mit der Niederjagd z'samm.

VATER Ne Art von Niederjagd? versteh ich nicht. Allerdings habt ihr in Bayern so manche merkwürdige, vom Jebräuchlichen einigermaßen abweichende ... Sachen, die wir nicht kennen. Ist's etwa ne Sauhatz? Höre mal, da solltet ihr aber doch unbedingt den König von England laden! höre du! Schon wegen der Annäherung.

BENNO Naa, der käm gwiß nit ... naa, gwiß nit ...

VATER Na, da möcht ich doch wetten! wo er im benachbarten Österreich sich so bei der und der alpinen Jagd bewährt hat.

GRISELDIS Aber, wenn du deine Jagd beendet hast und die Strecke vor dir liegt – sag mal: da bläst du doch Halali?

BENNO Naa ... gwiß nit.

VATER Ei! ich dachte, gerade ihr in Bayern hättet diesen schönen Brauch noch in Kraft?

GRISELDIS Nun, ich kann mir's denken! wenn du und die Herren eurer Gesellschaft ohne Gäste zusammen jagen, ja, dann haltet ihr es einfach. *Mit glänzenden Augen* Aber, nimm an: der König von England ist doch mal dabei, wenn ihr euer Gejaide ausübt ... *neckisch* vielleicht schreib ich ihm mal nen Briefchen? und ihr habt zusammen gejagt: aber dann läßt du doch den Ruf deines Hifthornes erschallen?! Ein Hifthorn trägst wohl doch, wenn du auf deine Pirsch gehst?

BENNO *gequält* Jesses ... a Hifthorn ... naa, gwiß hoan i koans bei meiner ... naa, gwiß nit ... an soliches hab i bei meiner ... Pirsch ... nie nit braucht!

GRISELDIS *bestimmt* Das bekömmst du von mir! aus meinem Sparpfennig! werde gleich ins Telefonbuch gucken, wo hier ne ... wie sagt man? ne: Hifthornerei? is. Du mußt eins führen! Und eingravieren werde ich lassen: »Samiel hilf!«

BENNO Naa, i bitt dich, nit! Schau, i kennt an Anstand haben – bei der Direktion ... Jesses! ... wegen Unfug!

GRISELDIS Na denn: »Sechse treffen, sieben äffen«! – auch aus dem Freischütz. *Benno wehrt verzweifelt ab.*

VATER So schenke Benno'n doch ne Saufeder, wenn er noch keine hat!

GRISELDIS *erfreut* Hast du ne Saufeder?

BENNO Naa, gwiß nit! i brauch amal bstimmt koane. Auch von die Herrn vom Verwaltungsrat hat koaner koane nicht.

GRISELDIS Mit was gibst du deinem Wild den Gnadenstoß?

BENNO *wischt sich den Schweiß ab* ... i ... gib koan Gnadenstoß ...
in die Lage kimm i nie ...

GRISELDIS Dachte mir's! Deine Kugel trifft sicher tödlich. Aber jetzt
hab ich's! *Klatscht in die Hände.* Ein Jagdhorn bekommst du für
die Parforcejagd! Das wird dein Pikör führen! Mit einem großen,
großen Puschel in den sächsischen Farben! Das mußt du tragen!
Benno wehrt ab. Oh bitte, bitte! bei deiner nächsten Jagd
gehe ich mit ... unfehlbar ... Du mußt's tragen ... mir zu-
liebe ... wenigstens so lange, als du durch die Neuhauserstraße
gehst!

BENNO ... mit an Jagdhorn ... was d' Leut sagen werden ...

VATER Ach, laß die Leute reden! laß dich von falscher Bescheidenheit
nicht übermannen! Nun, du sagtest vorher: Niederjagd. Aber mir
wirst du nicht weismachen, daß nicht in euren Spezialrevieren dann
und wann mal 'n kapitales Rotwild auftaucht.

BENNO Jesses ... a Rotwild ... *Blickt beklommen herum.*

VATER Stell dir vor, wenn unerwartet so 'n stolzer Sechzehnender
auftaucht, wo du's gar nicht erwartet hast! da wird dein Weid-
mannsherz wohl höher schlagen!

BENNO Marandjosef ... jo, jo ... dees schon ...

VATER Na, sieh mal! habe mir's doch denken können! wo ihr »Bo-arn«
doch alle jeborne »Ja-cha« seid! Hähä! *Klopft ihn auf die Schulter.*

GRISELDIS *klatscht in die Hände.* Zu so was nimmst du mich mit,
Benno! Gelt? Weißt du, Mutting, da werde ich mir bei Bockelsohn
& Pietsche ...

MUTTER ... in der Geenichsallee ...

GRISELDIS ... so 'n grienes Lodenkostüm fertigen lassen und so 'n
»Jach-cha-hüttl« tragen mit ner Spielhahnfeder drauf! Mutti! wie
ich mich freue!

MUTTER Woher weißt de denn das alles?

GRISELDIS Aus Ganghofer! Himmlisch! der Jäger von Fall! Benno!
abends dann in der traulichen Jagdhütte, wenn der Forstgehilfe
den »Schmarren« am prasselnden Feuer – aus Latschenholz bereitet
... und der Kienspan traulich leuchtet ...

MUTTER Gien-schban? was is denn das?

VATER Pinus rigida Linné.

GRISELDIS ... und die Hundchen bekommen ihr Waidrecht – weißt du, Mutting – die Leber von dem, was Benno erlegt hat ...

BENNO *irrblickend* ... Marandjosef ...

GRISELDIS ... da bestehn sie drauf, die klugen Tiere ... gelt, so wolln wir's auch halten, Benno! *Benno ringt die Hände.* Wie ich mich schon auf die Hundchen freue! Wir hatten ooch einen! der hieß Biegas, und seine Mutter, die hieß Puttelchen von Kötschenbroda und war preisgekrönt!

VATER *plustert animiert den Bart.* Na, nimmste mich auch mal mit auf deine Pirsch in eure herrliche Bergeinsamkeit, wenn die Frühsonne die zackigen Schneegipfel goldig küßt! Dort äst d e i n Wild, Benno! Und dann: Piff – paff! Ja, Junge! *Klopft ihm auf die Schulter.*

BENNO *seufzt* Scheen wär's schon.

VATER Na, dann möchtet ihr Augen machen, wenn euer Vatting in kurzen Gamsledernen, den krickelbekrönten Bergstock – vulgo Griesbeil – in der Rechten, einen Sechzehnender geschultert, stolz durchs Siegestor die Ludwigstraße heraufgeschritten käme, so nen Koppel läutender Teckel neben sich, die Leine in der geballten Faust!

GRISELDIS Famos! Ja! Teckel müssen dabei sein!

VATER Und dein Benno neben mir, wiederholt einen Kranz würzig duftender Rebhühner unter Juchzen schwingend, wenn er euch sieht ... oder sonst die Beute seiner Niederjagd, für die er so schwärmt, wie ich seiner wiederholten Betonung wohl entnehmen darf.

GRISELDIS Und, Vatti, nen grünen Bruch mußt du am »Hü-a-tei« tragen ... sprech's ich schon richtig aus, Benno?

VATER *streng* Hü-a-tei? Was soll das? welch verwilderter Provinzialismus! Als Tochter eines alten Schulmannes solltest du nicht so reden. Salopp, allzu salopp.

MUTTER Ach, laß se doch! aus dem Gind schbricht das junge Glück!

GRISELDIS Wann geht's los? kann's gar nicht erwarten! und der Onkel muß auch mit! Gewiß 'n großer Nimrod! Wie heißt er eigentlich?

BENNO Kuno.

GRISELDIS Kuno! welch schöner Name! ach, ich seh ihn vor mir!

Warte, ich werde dir mein Phantasiebild von ihm malen ... und du mußt mir dann sagen, ob's stimmt! Also: hohe, hohe Stirn. Das wallende Haar zurückgeworfen ... Sein kühner Blick schweift in die Ferne ... ein rotgoldner Vollbart ... ja, er muß rotgolden sein ... rauscht zum Gürtel, in dem sicher ein Waidmesser steckt, denn er ist gerne nach Jägerart gekleidet ... umsonst haust der Mann doch nicht in der Lindwurmstraße! und an schönen Morgen ... sprengt er, hoch zu Roß, durch euren herrlichen Englischen Garten!

BENNO Naa ... naa ... sprenga tuat der gwiß nit ... durch an ... Englischen Garten ... naa ... dees derfet der gor nit ...

GRISELDIS Warum denn nicht? ich möchte den sehn, der den traurigen Mut hätte, es ihm zu verbieten!

BENNO Wegen em Aufsehen, wo er machen mecht ...

MUTTER Se neigt 'n weenich zum Phantasieren und seit jeher schwelgt se in eiren wundervollen Bauern- und Jäächergeschichten. Aber das hat se vielleicht ägal von mir: denn, irchendwie hänge ooch ich mit eiren lieben bayerischen Bergen zesammen. Ä Hauch wirziger, wenn auch ägal nur gedachter Alpenluft hat ooch in schdiller Boösie meene Ginderstube durchspült! Ja. Unser seliger Vater war Begründer und Inhaber der erschden brivielgierten geenichlich sächsischen kinstlichen Almrausch- & Edelweißfabrik aus Jägerwäscheabfällen in Glauchau in Sachsen.

VATER Ja. Die wurden aus den übriggebliebenen Ecken ausgestanzt. Die Touristenvereine unserer Mittelgebirge fraßen das nur so.

MUTTER Und de Verscheenerungsvereine durchspickten ab Mai die Matten der sächsischen Schweiz mit unsrem farbechten und wasserdicht gemachten Artikel.

GRISELDIS Unsern Garten hättest du sehn solln, Benno! Was ist dir, Lieber?

BENNO Gar nix, gar nix. Jo. Scheen muß der gwesen sein. Falsche Käfer habts koane ghabt? mit Uhrwerk? daß s' umikrallen könna?

MUTTER Aber als unser guter, unvergeßlicher Vater ooch noch den herrlichen ginstlichen Enzian mit der Schutzmarke »Holdricho« auf den Markt warf, brach er unter der Arbeitslast zusammen. *Tupft die Augen.*

VATER *tiefernst* Er war ein ganzer Mann, ein wahrer Pater familias. Ehre seinem Andenken. Ja, der Mann hatte für die Seinen gesorgt. Doch lassen wir die Toten ruhen und bekümmern wir uns um die Rechte der Lebenden. Wollen wir die Tagesordnung aufstellen: Also, du holst uns, sagen wir, um vier Uhr ...

BENNO Ja, das langt.

VATER ... von hier ab. Hier ist der Stadtplan. Zeige mir doch mal den Weg zur Lindwurmstraße ... so ... hier ... und was ist das für 'n Ding! der Stachus? das ist doch 'n Gemüse? ... nee! Stachys ... heißt das Zeug. – Übrigens bemerke ich, daß du uns bisher bloß den Vornamen deines Herrn Oheimes genannt hast! gestern verstand ich deiner Tante Namen nicht, wie das bei Vorstellungen die Regel. Wie ist der Name?

BENNO ... jo ... Kuno von Blutenburg hoaßt er.

VATER Ei, sieh! recht klangvoll und feudal! Wohl ein altes Raubrittergeschlecht?

BENNO Naa ... naa ... wie gsagt ... der Onkel reit nit ...

GRISELDIS *erregt* Ach ... die berühmte Tänzerin Lola Montez war doch Gräfin von Blutenburg! Seid ihr am Ende verwandt? Mutti! Herrlich!

VATER Kind, was weißt du von der Lola Montez?

GRISELDIS Aus dem Film. Die Greta Garbo! Nee ... wie die mit den Gastanjetten knackte!

BENNO Naa ... mit der Montez san ma nit verwandt ... so viel i woaß ...

GRISELDIS Am Ende doch! Mutti, weißt du, er war so vergeßlich bezüglich Onkel und Tante, daß er nicht gleich den schönen, schönen Namen nannte ... am Ende ist doch eine Verwandtschaft da ... und halblinks mit dem Königshause!

MUTTER Griseldis! wie redtste denn!

GRISELDIS Mutting! wir Mächen von heute sind eben helle ...

MUTTER Und das hat mer erzoochen ...

VATER *der im Plan vertieft ist* Was 's denn das da? Damenstiftstraße? das is wohl soviel wie 'n Backfisch oder ne Ballettratte? wie?

BENNO Wos??

VATER Na – Stift!! de kleenen Jungen nennt man doch bei uns so ...

ach so! »Stift«! wie Stiftung ... ach so, 'n kleener Irrtum ... na, weiter ...

GRISELDIS Von Blutenburg! was für 'n herrlicher, herrlicher Name ... schade, daß Benno nicht so heißt ... ach, ich liebe ihn soo ... wie glücklich mich euer Jawort gemacht hat!

MUTTER Bedingt, mein Kind, erstmal bedingt!

VATER Was ist denn das? hier: E, 2: Kle ... Kletzen-straße? *Schüttelt den Kopf.* Ich muß sagen ... und A, 3: Spatzenkeller? ... höre mal ...

BENNO *interessiert* Ah, dees kann i gar nit! muß neuch sein ... laß schauen ... a, da hast di verlesen! das hoaßt: Spatenkeller ... *wird undeutlich.*

MUTTER Da fällt mir was ein ...

VATER Also, das ist stark! Humpelmeierplatz!! verzeihe, aber was ihr da aus »Humbold« macht, das finde ich geradezu luuschig! *Benno schämt sich.*

MUTTER Hm. Am Ende gennte Guno seinen Neffen adoptieren ...

GRISELDIS Das wäre ja herrlich! der Gipfel meiner Wünsche! Du Mutti! das müßte aber sehr bald sein ... wegen der Ausstattung. Weißt du, da müßte doch unbedingt das Monogramm mit der Krone in die Wäsche: Gä – Vau – Bä: Griseldis von Blutenburg!

MUTTER Hm. Wäre gar nicht übel!

GRISELDIS Mutti, was zieh ich denn an zu Onkel Kuno und Tante ... jetzt weiß ich wieder nicht, wie Tantchen heißt! nein, Benno ist unverzeihlich! Benno ist unverzeihlich! Benno! wie heißt deine Tante von gestern?

BENNO Mir ruft s': Valeska.

GRISELDIS Wie klangvoll: Valeska! Sag mal, betreibt deine Tante als Gemahlin eines Edelmannes zuhause großen Toilettenluxus? der Lindwurmstraße angepaßt? Gestern war sie ja, wohl dem Volkstreiben gemäß, ganz einfach angezogen ... natürlich will sie nicht auffallen.

BENNO Freilig, freilig! Auf der Wiesen derf ma nit z'fein dahergehn! Leicht bleibst wo hängen, leicht tritt dir einer auffi mit die Genagelten, leicht wirst angschütt, oder wirst angschpieben in der Finster, was sehr gern gschieht.

GRISELDIS Du entschuldigst uns wohl, wir müssen uns jetzt für deine Familie schön machen ... komm, Mutti! *Beide ab.*

VATER Na, ich muß sagen: mir wirbelt der Kopf! das ging ja zwischen euch wie der Blitz aus heiterm Himmel! Wenn mir das jemand so vor nem Jahr gesagt hätte ...

BENNO Ja, i woaß selber nit ... woaßt, Baaba! i bin aa ka heuriger Haas ...

VATER Na, setzte ich voraus. Aber, höre mal: Mann zu Mann! Hast du nicht irgendwelche Bindungen ... Du verstehst ...

BENNO Ganz und gar, Baaba! Da is nix zum Verschweigen, da is koa Bindung nicht, koa Eheversprechen, koa Verpflichtung nicht ... kannst mir's glauben.

VATER Ich will's, mein lieber Sohn.

BENNO Woaßt, Baabaatscherl, ... derfst fein nit glauben, daß i dir im Abteil mit Berechnung auf d' Haxen ... auf den Fuß getreten bin.

VATER Ich will nicht hoffen. Aber, ich denke nicht mehr dran.

BENNO Also, kennst dees Bücherl auch, wo das mit 'n Auffitrötten drin steht?

VATER ... Nen Buch? ... was für 'n Buch? Gibt's denn ne Literatur über Fußtritte? ich muß sagen ...

BENNO Ah, dees wird zu deiner Zeit no nit heraußen gwesen sein. Es hoaßt: »Der vollendete Schentlemann in ahlen Lebenslagen.« Deswegen hab i 's auch allerweil mit. Siegst, und in dem Büchel da ist sehr empfohlen: 's Auffitreten am Fuß von an Vater von a schener Dochter! oder sagst eam von hinten: Sö Herr! A Dauben hat Eana aufig ... gsch ... geschmutzet! und mit deinem Schnupftuch rüppelst eam, wo gar nix is. Schau, und da is a Kapitel ... wart ... »Wie knipfe ich unauffällig Bekandschaften an«: A/ Wanns Objökt deines stillen Sehnens alloinig is: da streifst es zum Beispiel quasi zufällig mit 'n Radl und haust es um d' Erd. Dann springst du schwungvoll ab und sprichest: Um Hümmelswillen! Froilein! hab ich Ihnen verlözzet? dann putzt es sorgfältig ab, wobei du bemerkest, ob dir die, wo gestürzt ist, in ihrer Haltung Beweise ihrer Sympathie entgegenbringt. Wisse, wenn sie dir in angenehmen Körperwendungen entgegenkommt – nacha hast gwunnen! denn ein feinfühliges und wohlerzogenes Mädchen kann damit

mehr ausdrücken, als sie in den gewähltesten Worten sagen
könnte. Woaßt!

VATER So laß doch den Knopf los.

BENNO Is der Gavalier ihr aber unsympathisch, bemächtigt sie sich
der Luftpumpe des Anschlußwerbers und haut 'n weitmächtig
umanand – sagen wir, vom chinesischen Turm bis zum Aumeister
und zrug, was ein sehr beliebter Spaziergang ist. Das kannst im
Englischen Garten oft gnug beobachten! Und es hilft niemand
nicht einem solichen Maan! Mehr! ein solicher gilt stillschweigend
als geächtet und kann an diesem Bierverschieß monatelang bitter
leiden. Nicht einmal ein besserer Hund brummet einen solchen
Mann an!

B/ Wann das Objökt deiner Liebesqual, deiner schlafflosen Nächte
in Gesellschaft der Herren Eltern verweilet: Da haust im Vorbeigehen in Vatern sein Hut in sein Bier oder stößest der Mutter vom
Nebentisch aus in Kaffee mit 'n Stock um. Deshalb soll a
ordentlicher, strebsamer junger Mann, der's zu was bringen will,
nie ohne Stock ausgehen. Siegst?

VATER Jetzt hast du mir richtig den Knopf abgedreht! so gib ihn doch
wenigstens her, zum Kuckuck!

BENNO *ganz verloren* Jetzt springst auf, wobei du den Kuchen, wo d'
Mutter dabei ghabt hat, zsammtrittst! Ihn ja nicht aufhebst,
abschleckst und ihr überreichest, denn das würde dich in den
Verdacht bringen, du seiest ein Kleinstädter oder gar am flaachen
Lande aufgewachsen.

VATER Ich will meinen Knopf haben, hörst du nicht?

BENNO *zieht ihn aus der Tasche.* Öha! jetzt hätt i eam beinah ghalten!

VATER *ernst* Sag mal, warst du krankhafter Nasenbohrer?

BENNO *verloren* Wos hon i bohrd? *Fährt ekstatisch fort* Deine
troiherzige Endschuldigung ...

VATER Weil das eine Ersatzhandlung ist! Is übrigens südländisch!
Cicero soll auch Knopfredner gewesen sein wie alle großen
römischen Vorbilder, wenn wir Leberecht Gockelmanns ...

BENNO Also, deine troiherzige Entschuldigung ...

VATER *alles niederredend* Wenn wir Leberecht Gockelmanns »Anna-
les Libri Sex«! trauen dürfen ...

BENNO ... Also deine treuherzige ...

VATER Daher auch die Römer zwangsläufig die Toga als knopfloses Kleidungsstück, merke wohl! einzuführen gezwungen waren. Was sagst du? und bemerkst du auch, wie die mächtig entwickelte Nase Roms, geradezu das Charakteristikum der antiken Größe, zum Bohren einladen mußte! Das muß alles ins Kalkül gezogen werden!

BENNO Jo, jo. Deine treuhörzige Entschuldigung bringt ein Gespräch in Gang. Das Bier ersetzest du, ebenso den Mutterkuchen – halt, den Kuchen, was die Mama ghabt hat – und zwar durch ein Stück, wo um zehn Pfennig teurer is. Merke das! Ebenso die Zigarre, die ins Bier gefallen is, wann er graucht hat. Das zeugt von Zartgefiel und Hörzensbüldung. Aber merke wohl! Stets durch eine feinere Marke! welche Spesen sich immer bezahlt machen: Gnausere nicht!! Nicht, daß du etwa einen ausgesprochenen Dreck, wo etwa das Deckblatt bloß drauffotografiert is, selber mit an nobligen Bandl verzürest und anbietest, oder eine kümmerliche Fehlfarbe, wo du etwa durch Schuhcrem in eine schwere Uppmann verwandelt hast. *Vater, der Benno unausgesetzt scharf beobachtete, schlägt ihm auf die Hand.*

Denn es is schon vorgekommen, daß durch solche Künsteleien der Vatter plötzlich wie aus heiterem Himmel speibt, wodurch im Lokal leicht ein Ärgernis entstehen kann, weil die Leute dichtgedrängt sitzen und ein Konzert herrscht. Denn die Schicksalstücke will, daß das oben angedeutete Unglück immer während Bianissimostellen einhergeschritten kommt!

VATER *schlägt ihm wieder auf die Hand.* Das ist ja furchtbar!

BENNO Gelt? Auch mußt schaun, daß der Hut, den wo d' abighaut hast, recht dreckig wird. Aber in Hut gibst unter keinen Umständen zruck! mag er penzen wie er will, dös merk dir! In Hut laßt chömisch butzen und bringst ihn persönlich in d' Wohnung. So muß man di einilassen und bist einwandfrei in d' Famili eingführt.

Dabei vergiß ja nicht, der Mutter vom begöhrten Objökt einige Blumen mitzubringen, was ihr seit der Brautzeit nimmer passiert is. So kannst du um – sagen wir fünfundsiebzig Pfennig – dein

Lebensglück aufbauen. Siegst, so mußt es machen! Und 's ganze
Buch kriegst um zwei Mark finfzig ... mei Liaber!

VATER Aber hör einmal! Ich denke doch nicht an solche Ausschweifungen, als Familienvater! und meine Jahre! Durch Lukubrationen
früh gealtert!

BENNO Han? wos hast trieben?

VATER *ungeduldig* Lukubratio! das nächtliche gelehrte Studieren.

BENNO *zuckt ungläubig die Achseln, beiseite* Sagt er.

ELLA Bitt schen, hat hier der Herr das Glas Bitterwasser bestellt? es
wär aufgewärmt!

VATER *unangenehm berührt* Nee, zum Deubel! Nun Benno, sag
einmal, was soll denn das Gesalbader da von vorhin?

BENNO Daß i rein vor dir dasteh, wannst, wie bei einem Gelehrten
leicht is, auf das Buch stößt! I geb dir 's Manneswurd, daß mei
Herz rein war, wie i dir aufitreten bin!

VATER Ja, guter Junge, ich glaube dir! Ich freue mich, heute
nachmittag deinen Oheim kennen zu lernen. Dein Oheim – er ist
wohl älter als ich?

BENNO Gwiß, gwiß. Er ist oisgrau, aber er färbelt sich ein wenig.

VATER Nun ja, eine verzeihliche Schwäche dieses gewiß famosen
Mannes. Ich erkenne ihn natürlich dann als Seniorchef unserer
Familie an. Und nun, Junge! möchte ich dir zum Andenken an den
heutigen Tag eine kleine Freude machen und unserem lieben
jungen Nimrod einen Drilling schenken! Sollst den schönsten
haben! soll dich stets auf deinen Pirschgängen an mein »Weid-
mannsheil« erinnern! Na, schlag ein, Benno!

BENNO Jesses, wie lieb ... aber ... den könnt i gar nicht braucha ...
na ... gwiß nit ... wär schad ums Geld ...

VATER Wieso denn nicht? Mit was gehst denn du deinem Wild
zuleibe?

BENNO *der das Haupt auf die Hand gestützt, aus Nachdenken auffährt* ... Ja ... mir ... verwenden Gas ...

VATER *und seine Damen, die bei den letzten Worten ins Zimmer
getreten sind, schreien entsetzt auf* Gas?

VATER *empört, einzelne Bartsträhne gesträubt* Gas?! mit Gas schießt
ihr aufs edle Wild?! empörend ...

BENNO *schwer ringend* 's is koa Ödelwild nit, wo wir ... vertülgen ...
's san Schödlinge ...

VATER Wenn auch! auch Füchsen, Mardern, Bären gegenüber soll
man nicht so unritterlich entgegentreten! Sind doch keine Menschen.

BENNO Aber es san lauter kloane Schödlinge und in die Häuser ...

VATER *brillenfunkelnd* In Häusern ... jagt ihr? am Ende ...
Ratten?

*Die Damen schreien ängstlich auf und klammern sich aneinander.
Griseldis' Mund bleibt offen.*

BENNO I muß a Gständnis macha, mir druckt's di Sööl ab ...

VATER Ja, 's ist ja furchtbar! Also doch: R a t t e n ...

BENNO *zerbrochen* Wenn's nur Ratzen wären ...

VATER Wa ... Wa ... Was denn?

BENNO *ganz zerknirscht* I ... i göh ... ins ... Wanzenvertülgen ...
schluckt I ... leit 'n ... Außendienst ...

VATER Und das nennt sich »Hubertus«!!!

BENNO Daß's scheener klingt. Mir marschieren an der Spitze!

VATER Ekle Lüge. *Wendet sich ab und versucht, die Strähne des
Bartes wieder zu glätten.* ... Hubertus!!

BENNO Jo, mir san die Größten. Koa Mensch, gar koa Mensch, geht
heit mehr zu »Schlafe saanft« oder zur »Wiegen-Wanzenvertülgungs
G.m.b.H. Puppheidi«! Naa, gwiß nöt! wo in der Senefelderstraßen
's Direktionsgebäude hat, oder zur »Horridoh«, die wo eigentlich
gar net zwider wär. Schau, heit muß halt alles sportlich aufzogen
sein ... siegst, Vaterl ...

VATER Das Wort Vater klingt mir übel aus Eurem Munde!

BENNO *leicht pikiert* Mir gängen in d' feinsten Häuser vertülgen, da
muß dös Kind an Namn habn. Siegst ... lauter Röförenzen. *Er will
etwas aus der hintern Tasche ziehen.*

VATER Danke. Ich muß nur den traurigen Mut bewundern, so etwas
vorlegen zu wollen.

MUTTER Ach, wenn das unser gottseliger Vater gewußt hätte! Und da
hätt mer ihm ä Jagdhorn schenken wollen, Herrjemersch ... mit 'n
Puschel in den Farben der Stadt Glotsche!

GRISELDIS *schluchzend* Und ene Saufeder! *Heult in den gebogenen*

Arm. Mit der Gravierung: »Samiel hilf!« *Heult.* Mutter! Mutter! es ist schrecklich! d i e Enttäuschung!

MUTTER Nu weine doch nicht so! 's wird ja vielleicht noch alles besser werden! vielleicht kann Herr Schwartelmayer umsatteln!

VATER *sieht zum Fenster hinaus und macht mit den Händen rückwärts, nervöse, klavierspielende Bewegungen. Ein fernes Klavier spielt den Brautmarsch aus dem »Sommernachtstraum«. Er seufzt* Ach, du lieber Himmel!

GRISELDIS *schluchzt laut auf, unter Tränen* In Glotsche wärn se mer ägal: Frau Gammerjächern saachen. *Birgt ihr Haupt am Busen der Mutter.*

ELLA *durch die halb geöffnete Türe* 's Bitterwasser muß doch da b'stellt saan ...

Vorhang

DRITTER AUFZUG

Gute Stube in der Lindwurmstraße.
Zur gutbürgerlichen Einrichtung wollen die zahlreichen, teilweise schon recht ramponierten Lorbeerkränze mit verblichenen Schleifen nicht recht passen.
Mali richtet an den Kränzen herum. Es läutet. Mali verschwindet ins Vorzimmer, öffnet aber gleich darauf die Salontüre. Während die Herren noch draußen ablegen, treten die Damen in den Salon.

MALI Bitte, Platz zu nehmen. Meine Hörrschaft wird glei erscheinen.

BENNO Jo. *Er stößt auf steifes Schweigen.* Ja. Also dös is die Wohnung.

MUTTER *läßt ihr Batisttüchlein sinken, das sie an den Mund gepreßt hielt.* Nein, das war furchtbar. Und dazu sind wir so weit hergereist.

VATER Ja, ich hätte auch mehr Offenheit erwartet.

BENNO Schau ... Baa ... *Ein eisiger Blick trifft ihn.* I ... I ... hab's halt nit übers Herz bringen kenna ... is ja wahr, i hätt ihr glei damals ... wie i mi vorgstöllt hab und mir ins Blaudern kimma

sein, wie s' wieder ... im Korridor erschienen is ... d' volle
Wahrheit sagen solln ... ja ... aber ... i hab's halt nit übers Herz
bringa kenna ... wie i ihr in die liabn, liabn Augerln gschaut hab ...
daß i ihr die Wahrheit sag. I hob glei gsehn, die is mei Lebensglück
und koine andere. Und damals, wie i ihr so von unsere Wiesenhenderln vorerzählt hob, und sie mich so dreihörzig und groß
angschaut hat, und wie ihr 's Goscherl fermli gwassert hat, dös
wunderliabe ... han i mir denkt ... wanns die kriegst ... gehst
nimmer ins ... Wan ... *schluckt* Vertülgen ... wendest dich der
Genußmittelbransch zu, ... machst a Händerlbraterei auf, weil
doch dös Wurt vom Wiesenhenndl uns zum örsten Mal näher
bracht hat ... meiner Sööl, ja!

VATER *leise gerührt* Nun ... ja ... schon die alten Römer sagten:
»Nihil Turpis in Amore«. Vielleicht kannst du wirklich umsatteln.
Vor allen Dingen wollen wir einmal mit deinem Herrn Oheim, der
in natürlicher Folge der Chef deiner Familie ist, sprechen, ihm den
Fall ungeschminkt! ohne alle Beschönigung der immerhin üblen
Lage vorlegen, und seinen Rat einholen. Er ist sicherlich ein ge-
setzter Mann, über dessen Haupt ja der Reif des Alters gegangen ist.

BENNO Jo, jo. Jo, also: daß mir da sein. Dös is d' Lindwurmstraßn!
Deutet auf den Boden.

VATER Nein, sie ist v o r der Wohnung! und du solltest sagen: dies ist
die Wohnung i n der Lindwurmstraße!

BENNO Jo, jo, mir sagt halt a so!

VATER *gereizt* Nicht »mir«! sondern »man«!

BENNO Was für a Mann?

VATER *ungeduldig* Kein Mann mit nem Bart und Stock. Das
Unpersönliche!

BENNO *sieht ihn scheu an und formt tonlose Worte.* Also wie gesagt,
dös is die Wohnung beziehungsweise die gute Stube. *Blickt in ein
Eck.* Da is d' Leistn locker ...

VATER Wie beliebt? Ach, die Stuhlleiste da!

BENNO Siehst, dö san unsere Brotgeber. *Schlägt sich auf den Mund.*
Es ist, wie gesagt, ein Künstlerheim. *Weist auf die vielen Kränze
hin.* Die hat die Tant alle heimtragen. Soviel berühmt war die.

VATER Tja, also deine Frau Base war wohl, wenn ich dem ersten

Eindruck, der Autopsie nach, einen Schluß ziehen darf, wohl ...
früher ... Wagnersängerin?

BENNO Naa, dös nit. Aber sie is ehenter, mir kann sagen ... schon
effentlich auftröttn ...

VATER Aha! Dann wird die Dame wohl Tragödin gewesen sein?
Eigentlich, bei ihrer Sprechweise – unser Zusammensein war
allerdings durch das überaus abrupte Ende etwas allzu kurz –
ausgefallen, um sich ein abschließendes Urteil zu bilden. Tja ...
wollte sagen: die Sprache erschien mir ein bißchen zu ungepflegt
im Munde einer Bühnenkünstlerin. Allerdings wird ja hier auch die
Volkskomödie gepflegt. Will nur etwa den Namen dieses: Weiß-
Ferr-Tel erwähnen, den ich rühmen hörte ... seine Filme erscheinen bei uns mit deutschen Aufschriften ... ja, ... sind ja famos.

BENNO Naa ... bei der Sprechbiene war s' nit, d' Frau Tant.
Allerdings war s' beim Thiattr.

VATER Na, du willst doch nicht sagen, daß sie etwa im damals noch
Königlichen Ballettcorps mitwirkte! Was anders bleibt ja anzunehmen nicht übrig. Nee! die hätte doch mit den damals üblichen
abstehenden Röcken wie ein Karussell gewirkt und alles wegjefecht
... Verzeihe mal ... nee, das laß ich mir nich weismachen!

*Es läutet Sturm. Ein Wortwechsel, in dem eine grobe, heisere Stimme
dominiert, wird im Vorzimmer vernehmbar. Man hört die Mali.*

MALI Naa ... i kann euch nit eini lassn ... sein schon feine
Herrschaften drinnet ...

DIE HEISERE STIMME Nacha erzwing ma uns in Eintritt durch d'
Bolizei, wenn Eana dös liaber is.

WEIBLICHE STIMME Naa, wir lassen uns nit abweisen, wo mir zu die
angesehensten Kroise Münchens khörn, und mei seliger Mann ...
was red i denn? ... mei Alter! der Brünz Fasching war!

MALI Alsdann gehts halt eini!

Es erscheinen Herr und Frau Schieslinger und der Dienstmann.

DIENSTMANN Grüaß enk God alle mitsamm! Dös waren ja liabe
Bikannte! a Wunder, daß i da bin, wo mi der Boam gstroifft hat!
Jesses! Frau Mutter, wie haben S' Ihnen denn von dem Schrocken
derholt? Erlauben schon, daß i mi zu Eaner da her hock. San Sö ...

Er flüstert etwas ins Ohr.

MUTTER *fährt auf* So ne Unverschämtheit! Was erloobn Sie sich denn eigentlich!

VATER Was gibt's denn? *Mutter wispert ihm was ins Ohr.* Das ist denn doch geradezu hahnebüchen! Un-ver-schämt-heit! *Er verliert sein Röllchen.*

DIENSTMANN *wichtig* I moan's Eana nur gut! Sehn S', in Schröckenh muaß man glei ableitn.

BENNO *sucht die Hand seiner Braut.* Kannst du mir verzeihen? Griseldis?

GRISELDIS Ach ... mein Herz ist so schwer ...

DIENSTMANN Sö, Herr Nochbor! I sag Eana wiederholt: ableitna ... sonst schlagt sich's auf d' Augn.

VATER Behalten Sie Ihre Ratschläge gefälligst für sich.

DIENSTMANN Alsdann, dös is der Dank für die christliche Nächstenliebe. Wo mi no dazu der Baam gstroifft hat. Möcht wissen, ob Ihna so a neicher Dünstmann ... dö roten Radler, und wia die Ziefer sich sonst schreibn, unentgöltlich sich so um Eanere Gsundheit kimmern tät. O mei, o mei! Übersiedln, ja, d' Vorhäng aufmacha, ja! Aber a Herz hobn naa! ... naa! O mei, o mei! d' wahren, d' richtigen Dünstmänner sterbn ja aus wie die Möps! Wunderselten, daß d' no wo an findst! Ursprünglich sein die wahren Dünstmänner bloß in Altötting und in der allernäherenteren Umgebung vom Gnadenort gezeugt worden. *Schnupft.* Die von Erding waren aa nit zwider ...

VATER Was interessiert mich das? *Wendet sich indigniert zum Fenster.*

DIENSTMANN *wendet den Professor mit der Stockkrücke um.* Söhen S' dös alte Mandl da? wie den der Schröckn hergricht hat! Er hat vom Sturz die Sprach verlorn, und i hab eam mit einer Scheibtruchen hoamgfiert, weil 'n d' Frau nicht weiterbracht hat. Und weil man so Granke den Erschütterungen von die Automobüler nit aussetzen derf.

THERES Jo, gwiß is wahr, gwiß is wahr. Der Herr Zschwaar hat eam af aner Scheibtruchn hoamgfiert. Er is a guate Haut, i kenn eam ja scho lang, aber gestern hat er zum Streitn anghebt und den Aloisius zerst durchaus in ganz a andere Gassn führen wollen.

DIENSTMANN Jo, i hab zwoamal in Sonnenstich ghabt und jetztn hat mi der Baam gstroifft. 's wird koan Dienstmann gebn, wo nicht in Sonnenstich ghabt hat. An dem sterben s' gern, dieselbigen. Oder sie derfrearn, oder stehen a so um von eam selber, ohne daß es merken. Dös is unser Los.

THERES Und heut früh hab i im Loisl an Schmöderlingsnetz kauft, wegen der Zerstreuung. Und hat an Heidengeld kost, weil's außer der Saisaun is, und i verlang für alles an Schadenersatz, und mei Schal is flöckig gwurdn, und in Zopf find i aa nimmer.

VATER *zu Schieslinger* Seid Ihr Lepidopterologe, guter Mann?

SCHIESLINGER Han?

VATER Warum sagt auch der Mann »Hahn«? Hat wohl meine Frage nicht verstanden!

BENNO Naa, Baaba, der versteht Eana bestimmt nicht, er is a ... *Sagt ihm leise etwas ins Ohr.*

VATER Nein, der Ansicht bin ich nicht! Ich tippe eher auf Dementia Senilis, Altersblödsinn. Ich glaube nicht, daß er so geboren ist. Bedenke, ein Stadtrat! Und sicher gehört auch immerhin eine, wenn auch geringe, so doch immerhin eine gewisse Intelligenz dazu, den Prinz Fasching darzustellen! Nein, das hat er sich im Laufe eines langen Lebens, wenn auch mühsam, erworben. Auffallend schöne, von den Frauen verwöhnte Männer enden alle so.

Man ist nicht ungestraft ein ausgesprochener Beau! Übrigens ist die Beschäftigung mit Lepidopterologie für diese Art von Bresthaften ungemein zuträglich. Es zwingt sie, täglich einige Stunden in freier Luft zuzubringen, und dann zwingt die Klassifizierung der Ausbeute die Kranken zu heilsamer Konzentration.

BENNO Baaba, eh der Onkel und d' Tant kimma ... i hätt da einen Auszug aus dem Hauptbuch mitbracht ... i woaß ... aber auch a so a Gschäft will urdentlich betriebn sein. Und i hab nur an Einblick geben wolln, dir und im Onkel, wie aktiv i bin. 's wird gut sein, daß man ihn dafür hat.

VATER Verstehe. Du willst auch deinem Oheim vor dem großmütigen Schritt, den er in deinem Falle vorhat, Einblicke gewähren, was ich sehr begreiflich finde.

MUTTER Nu, Gindchen, Gobb hoch! Du hast zwar vielleicht zertrimmerte Ideale! Der Sturz aus dem Himmel war tief, chja, aber sieh mal, ihr habt da ein sichres Brot, das nie alle wird. Vater hatte auch als Unterlehrer, wie wir heirateten, keinen schönen Beruf, versichere ich dich.

GRISELDIS Kann mir's denken.

MUTTER Ja, und ihr habt ein sichres Brot. De gietge Mutter Nadur sorgt da zu eiren Gunsten für einen unerschebbflichen Vorrat. Auch da blicke mit Verehrung und Demut auf ihr Weben und Wirken.

VATER *blickt von den Papieren auf.* Donnerwetter! Achtzehn Mille bei Semesterschluß! und du sagtest, die Sesselleisten fördern so das Geschäft?

BENNO Jo. Und d' Bilderrahmen san a net zwider. Mir von unserer Bransch amal können inserm guatn, unvergeßlichen König Ludwig I. gar nit dankbar gnug sein, daß er die Malerei in unserm lieben München so gefördert und auch unserm Geschäft soviel Brot dadurch gschaffen hat!

VATER Ich habe die Auswirkung der schönen Künste von diesem Standpunkt allerdings noch nie ins Auge gefaßt.

BENNO Wir haben aber auch die feinsten Häuser! 's gebet koa Hotel nicht im ganzen Aktionsradius, koa Bension nicht, wo wir *wird undeutlich* Alsdann lieber Baaba, jetzt hast du einen kleinen Überblick über mein Wirken bekommen. Ich bin natürlich ohne weiters bereit zu liquidieren und ein anderes Wirkungsfeld zu beschreiten.

VATER Nun, ein endgültiges Urteil über deinen Beruf, auf dem du, ich gestatte mir das vielleicht kühne Bild, auf dem du also das Nest für euer zukünftiges Familienglück zimmern willst, wage ich so mir nichts dir nichts ... ä ... nicht abzugeben. Hm. Der Beruf ist allerdings ein etwas ungewöhnlicher und vielleicht der eines Postfunktionärs weitaus häufiger. Aber ich könnte selbst Beispiele aus der Antike anführen. Denn wir müssen uns stets vor Augen halten, daß zum Beispiel schon die kriegerischen alten Römer den Wanzen mit Gift und Dolch zu Leibe gingen. Auch Brutus soll im bürgerlichen Berufe, ehe er eine Zierde des

Senates wurde, Wanzenvertilger gewesen sein. Dies hat Schnievelbein, dieser Stolz der Altphilologie – Brunsbüttel 1892 – überzeugend nachgewiesen und ich schließe mich seiner Ansicht voll
an. *Er schüttelt den erhobenen Zeigefinger, wobei ein Röllchen
locker wird.*

*Benno spricht leise mit den Damen, deren Zustimmung er merkbar
gewinnt. Mimisch lenkt er auch deren Aufmerksamkeit auf die
Sesselleisten und doziert an einem Polstermöbel herum. Schüttelt
eine Quaste und macht die Geste des Zertretens. Beide Damen
lorgnettieren zu Boden.*

VATER *setzt einen Zwicker über die Brille auf und liest an den
Kranzschleifen* »Der schönsten Frau Münchens!« »Der nachgeborenen Muse des Rubens!« »Der schwersten Frau des Bayernlandes!«
»Vom Heiterkeitsklub der Frauenärzte!« »Der Königin des Münchner Ammenballes!« »Unserm hochverehrten Modell: Das Kartell
der Gummibusenerzeuger!« Sieh mal, sieh mal!

MALI *zu den später Gekommenen* D'gnä Frau laßt enk sagen, ös sollts
in der Kuchl warten!

THERES Naa, i wart in kaner Kuchl nit! I und der Meinige san
Standespersonen!

DIENSTMANN I a nit, wo i oaner bin, wo mit knapper Mühe dem Tode
entronnen ist! Wo mi der Baam gstreift hat.

MALI Um an Dienstmann zu erschlagen, ghört mehr dazu als wia'r a
Baam. Wer in d' Kuchl geht, kriagt aa was. Wollwürst hätt i da,
oder mögts a aufgwärmts Beischl von Mittag?

DIENSTMANN Wanns a Bier holst, kimma ma.

THERES und ALOISIUS *sehen sich an* Nocher gemma a.

MALI *als letzte abgehend* D' gnä Frau hat sagn lassen, sie kimmt nit
eher, als bis das Bagagi draußen ist. *Ab.*

Valeska tritt majestätisch ein.

VATER *der noch einmal die Kränze durchsah* ... Gummibusenerzeuger ... *Wendet sich um.*

VALESKA Willkommen in moinem Hoim! Jessas, wann i dös gestern
gwußt hätte, daß i den liabn Besuch von heit angschütt hab. Über
und über wart ihr benezzet! Aber is nit gearn gschehn, gwiß nit. Das
is recht, Beni, daß du die Damen herbracht hast und aa in Herrn

davon. 's wenigste wo i tun kann is, daß die Damen sich als Ersatz was von meiner Gardrob aussuchen.

BENNO Nein, liebe Frau Tant, du bist im Irrtum. Es handelt sich um keinen Besuch nicht von zugreiste Leit, nein! Gestatte mir, daß ich dir meine liebe Braut vorstelle!

VALESKA *nimmt auf einem knurrenden Sofa Platz.* Wölch froidiger Schröck! das hast brav gmacht, Beni! Was für an herzallerliabs Goscherl! Du bist ein Schlankel! Wir – r – an Burzellanfigürl! Derfens Eana nit über meine Wurte wundern, hier ist alles kinstlich! Sö dirfen nie vergessen, daß Sie in an Kinstlerhoim san! Sehen S' die Trophäen! Minken war immer a Kunststadt und bleibt halt a Kunststadt!

VATER Gestatten Sie mir die Frage: Ich bin mir immer noch nicht klar, in welchem Fach Sie tätig waren? Ich konnte aus Bennos Andeutungen nicht genau entnehmen, in welchem Theater Sie Ihre Triumphe feierten?

VALESKA I in an Thiata! an Schmarrn war i in an Thiata! Hat er Eana denn nit gsagt, daß i allweil auf der Wiesen war?

MUTTER Habben Sie sich denn da nicht ergältet, wenn Sie etwa in dinnen Gostiemen aufgetreten sind?

VALESKA Aufgetretten? Naa, meine Liabe, i bin allweil nur gsessen!

MUTTER Im Grienen? da dürfen Sie aber nicht weiß gostimiert gewesen sein!

VALESKA Ja, haben Sie je gsehn, daß a Wiesn grean is ... ?

MUTTER Nu ... häärn Se!

BENNO Liebe Maamaa, die Frau Tant meint doch die Wiese, wo wir gestern waren.

MUTTER und VATER Dort sind doch bloß Schaubuden!

VALESKA Schaubuden? ... Naa ... I war der Störn vom Banobdikum! an die graden Täg war i oben in einer boarischen Schwoleschöuniform mit Straußfedernbesatz anglegt, und an die ungraden Täg war i als Bafaria, dabei kniefrei bekloidet. Jedoch ohne Trikot!

BENNO *wichtig* Der Schah von Persien hat damals die größten Torheiten für die Frau Tant begangen, hob i mir sagen lassen.

VALESKA *die die letzten Worte aufgefangen hat* Es waren damals zwoie davon in meinen Banden, derf i sagen: Der Örschte, und nach

seiner Ermurdung, der Andere! In der Möhrzahl derf man bloß
»Schahe« sagen! Das is dort heefische Sitte, müssen S' wissen. Und
der Herr börsische Konsul hat mi damals komma lassn, und vor
dem hab i's solang aufsagn müssen, bis er sich selber nimmer
auskennt hat. Dann hobn s' ihm den Löwenorden strafweise
weggnommen. Jo. Aber dann hab i mein Kunotscherl gfunden und
ör hat mi gliecklich gmacht. Es is mei zwoater Mann, müssen S'
wissen! 's erschte war bloß a Vernunftheirad.

GRISELDIS *leise zur Mutter* Ich finde die Tante gräßlich. Wie freue ich
mich auf den Onkel. Benno sagte mir, er habe ein so zartes Gemüt.
Dabei muß er doch furchtbar imposant sein, neben der Frau
aufzutreten! Ich stelle mir vor, daß er kaum zur Türe reinkommen
kann.

VALESKA Ja, i war a zeitlang d' schwarste Frau diesseits der Alpen.
Aber heut halt i den eiropöischen Rekord nimmer. Dies ist aa der
Grund, warum i nit bei die olümpischen Spüle war. Dabei kenn i
die Konkurrentinnen gar nimmer! Und grad in Müncha kommen s'
gern z'samm, dieselbigen, weil mir in größten Fachmann auf
diesem Sportgebiet hier habn, an gwissen Hofrat Pachinger, söhr
an schötzenswerter Frauenkenner. Der wär d' größte Kapazität für
dicke Weiber und kleine Gebetbuchbilderln. Aber jetzt leb i bloß
noch für die schlanke Lini, und der Arzt hat mir's ans Herz glegt, i
muß was für meine Aschilitätt tun.

BENNO *ägriert* Aber Frau Tant!

VALESKA Jetzten muß aber glei mein Maan kommen! Mali! Richten S'
in Tee daher ... in Sessel bringen S' aa ... d' Herrschaftn nehmen
doch an Tee? oder mögts lieber a Bier und Gschwollene? Mir hätten
sehr an gutn Scharkutiö im Hause!

MALI *schiebt zum Erstaunen der Gäste einen hohen Bébéstuhl herein.
Dann öffnet sie mit einer Verbeugung die Türe.* Der Herr Doktor
laßt sagen, daß er glei erschoinen wird.

VATER *angenehm berührt* Ich wußte gar nicht, daß der Herr Gemahl
Doktor ist!

VALESKA Ja! er hat seinerzeit an Doktorhut davongetragen.

MALI *öffnet den zweiten Türflügel, mit einer Verbeugung* Der gnä
Herr kimmt!

VATER *springt auf* Muß doch dem Herrn Kollegen entgegengehen. *Man sieht, wie er stutzt und sich die Augen mit der Hand beschattet, dann sagt er halblaut:* ... Allmächtiger! *Er retiriert, scheu eine Hand vorstreckend.* ... Das ist ... Kuno von Blut ... en ... burg ...

Ein Liliputaner mit grämlichem Gesicht tritt in die Stube, aber den Damen, die mit Valeska plaudern, noch nicht sichtbar geworden.

VALESKA Da kommt mein Mann! Darf ich Ihnen Dr. Kuno von Blutenburg vorstellen?

Die Damen, die aufmerksam geworden sind, starren gegen die ungewöhnliche Erscheinung hin. Griseldis klammert sich an ihre Mutter. Eine Art Niobegruppe entsteht. Während Mali dem gnä Herrn auf den hohen Sessel hilft, sagt

BENNO *beruhigend* Vergessen S' nit, daß ihr halt in an Kinstlerheim seid. Müncha war immer a Kunststadt und wird immer a Kunststadt bleiben. Das is unser greeßter Stolz!

VATER Grell! Allzugrell! Alles hier so sonderbar ... 'n Wiesenhähnchen ... Spießochse ... die Hubertus A.G. ... der Humpelmeierplatz ...

BENNO Derfst halt nit vergessen, Baaba, daß d' Frau Tant zerscht halt bei die Mißgeburten tätig war und bei die Abnormitäten. Arbeit ist keine Schaande ...

MUTTER *leise* Aber ... wie kann man so einen Lebensgefährten ...

BENNO *leise* Der Zweite! Der Frau Tant ihr erster Mann soll drei Füaß ghabt habn ... *Mutter macht eine abwehrende Geste, Benno geheimnisvoll* Von dem is es mehrere Geld! Was glaubst, was so a Glückspilz verdeant! Aber dann soll er im Duwell gfalln sein. Mir munkelt, daß der Zwoate ... *Zuckt die Achseln.*

KUNO *der nach mehreren mißlungenen Versuchen endlich auf dem Stuhl gelandet ist* Willkommen in meinem Heim. Bin sehr erfreut, die Herrschaften kennen zu lernen! Also das ist deine Erwählte, Benno? Sehr erfreut, sehr erfreut!

VATER Auch ich bin sehr erfreut, Ihre werte Bekanntschaft zu machen. Hm. Sie sind, wie ich höre, Doktor! Sicher Jurist? wenn ich fragen darf, denn medicinä glaube ich wohl nicht?

KUNO Nein! Doktor der schönen Künste!

VATER Ei, wo haben Sie promoviert, Herr Kollega?

VALESKA Naa, mein Mann hat gar nicht bromowierd? Er ist Ehrendoktor einer der angesehensten amerikanischen Universitetten!

VATER Ach so! Ehrendoktor! hm ja. Aber ... wie ... so ...

VALESKA Das haben wir einmal bei einer amerikanischen Tournee an Zahlungsstatt übernehmen müssen! Da san der Eana Hochstappler und Schwindler beisamm ... Übrigens ham mir d' Wahl ghabt: Oberscht oder Ehrendokter. Aber als Oberscht könnt er nit gut in der Uniform umanandgöhn. Möchte vielleicht d' Bolizei nach eam haschen ... oder gar der Hundefänger.

Man hört immer stärker werdenden Lärm im Vorzimmer.

VALESKA Was ist denn dös für ein Bahöl?!

Stark gedämpft wird Schimpfen hörbar. Malis Stimme: Sö ausgschamter Kerl Sö ... Ja, geben S' die Bratzen weg ... wissen S', was S' mi kenna ... *Theres schrillt etwas. Schieslinger weint.*

THERES Treten S' mein Mann nit, Sö ausgschamter Batzi, Sö ausgschamter ...

Mali stürzt schwer atmend ins Zimmer, die andern nach.

VALESKA Was gibt's denn? was san S' denn so afgeregt?

MALI Ich brauch mir koane unflötigen Wurte nicht zurufen lassen von an Dienstmann. Af d' letzt hat er mi gar no an Drambel aufghoaßn.

VALESKA Solang er nit handgreifli gwordn ist ...

MALI Dös is er fei aa gwordn. Damit hat's anghebt.

DIENSTMANN 's Madl hat mir aber aa 's ... gschafft. So was kann i nicht auf mir sitzen lassen als Maan in aner öffentlichen Stellung. Und noch dazu sowas aan Maan anschaffen, wo der Baam fast derschlagn hätte! Dös is fast a Art Leichenschändung ... *Atmet schwer.*

VALESKA Da habts a Markl.

DIENSTMANN Dank halt recht schen! I wir fleißi betten! Unsereins wär eh nit so heikel und druckt ja gern a Aug zu bei so was. *Nachdenklich* Ob aber dö Genossenschaft nit kaparativ vorgehn wird? In diesem Bunkt sans söhr heigl! Weil die Großkopfeten sowas nicht auf sich sitzen lassen dürfen.

VALESKA Mali!! Haben Sie am Ende gar auch ... d' Genossenschaft ... erwähnt?

MALI Na, ja, wann ma schon aufgregt is! Is halt in anem ganga.

KUNO Jetzt haben wir am Ende noch Scherereien. Ihr Flegel von
Dienstmännern gebt doch immer an Anlaß. In meinem Haus so ein
Skandal! unverschämter Kerl! *Haut auf das Tischchen.*

DIENSTMANN *grob* Wos? Von 'r an Zwirgl s o was! I mach Eana noch
long koan unverschämten Kerl, Sö!

VATER *vorwurfsvoll* Guter Mann, vergessen Sie nicht, daß Sie Herrn
von Blutenburg vor sich haben!

DIENSTMANN I hoan 'n no kennt, wo man ihn fei bloß in »Bludschi«
khoaßen hat.

VATER Ich wiederhole, sprechen Sie nicht so respektlos von Herrn
von Blutenburg. Vergessen Sie nicht, daß Sie einen bayrischen
Edelmann vor sich haben.

DIENSTMANN Wos? der hoaßt gar nit so. Sei wahrer Nam is:
Würmsieder.

MUTTER Mann! Sie träumen wohl? Dies ist doch Kuno von Blutenburg!

DIENSTMANN An Schmarrn! Und dauft is er gar nur auf Josef.

GRISELDIS *tiefverletzt* Mutter!

MUTTER Nu bin ich wieder mal aus dem siebenten Himmel gestürzt.
Ich werde ganz schwach ... Wasser! *Mali labt sie.* Ich hätte mersch
gar so romandisch vorgestellt, wenn du Griseldis von Blutenburg
heißen würdest – nach der Adoption. *Tränen.*
Ach, wenn das mei Babba erlebt hätte! der war doch eigentlich im
diefsten Grunde gar kee Fabrikante, sondern ä Boäd. Drum machte
er och bloß in Blumen ... *schluchzt, Griseldis ebenso.*

KUNO *der bis dahin stumm vor Wut war* Das ist eine Unverschämtheit! *Haut auf das Tischchen.* Ich habe mich zeitlebens nur von
Blutenburg geschrieben!

DIENSTMANN Wos? Du kannst gar nit amal schreiben! Z' deiner Zeit
hat überhaupt koaner beim Thiatr schreiben könna. Amol gor koa
Tenor. I hon amol keinen nit kennt. *Atmet schwer.*

BENNO Blutenburg war allerdings nur Onkels Künstlername, weil er
in dem Örtchen gefunden wurde. So ist er auch im Theater-

Almanach stets eingetragen gewesen.

VATER Ach so ... sein nom de guerre.

BENNO Denn er ist beim Schauspiel tätig gewesen. Wenigstens hat
ihn sein Unternehmen, wie er noch ein junger, unverheirateter
Mann war, und noch nicht seine späteren Riesengagen bekommen
hat, immer als geraubten Prinzen für »Die Räuber von Maria
Kulm« hergeborgt ... ans Gärtnertor-Theater.

KUNO *haut wieder auf den Tisch* Du spinneter Teufel du, du
spinneter! Du kannst nicht schreiben mit deine Bratzen, wo als a
ganzer nix sein als a Haufen derfrearte Heaneraugen!

DIENSTMANN Dös nimmst zruck, dö derfrörten Heaneraugn! Und
den spinneten Teifl schon gar. I mach dir no lang koan spinneten
Toifl nit, du ausgschamts Zwiargl, du ausgschamts. Und überhaupt, i sag's dir frei ins Gsicht: Du bist a Schwindler! *Kuno
gackert vor Wut und verkutzt sich so, daß ihm Mali auf den Rücken
klopfen muß. Die Damen springen auf.* Jawohl! Denn eigentlich
san Sö a Großer! Den Verdacht haben möhrere! *Fährt sich
schnaufend in den Kragen und blickt wild herum.*

VATER Aber Mann, Ihr seid wohl von Sinnen!

DIENSTMANN Dös schmecket an Jeden, daß er a Zwiargl wär und 's
Geld schüppelweis einstreift!

VATER Seid Ihr toll?

DIENSTMANN Wos? zwoa Brüder von ihm sein Mordsdrumm Lak-
keln. *Zu Kuno* Ja! Sö san nur so anzogn! Wie gsagt, da gebat's viele
Stimmen, wo dös behaupten! Da bin i nit der Oanzige! Jo.

VATER Aber! Zwerge, nach der neuen Rechtschreibung richtiger:
Querxe, haben zumeist große Geschwister. Mehr! Das ist sogar die
Regel! Ich bin wahrhaftig der letzte, der betrügerische Machen-
schaften nicht geißelte! Aber dieser Vorwurf ist geradezu töricht.
Der Zorn macht Sie ungerecht, lieber Mann. Lesen Sie doch im
Bollinger nach – Hamburg 1884 – fötale Rachitis führt der als
Ursache an. Kennen Sie überhaupt Bollinger?

DIENSTMANN Han?

VATER Oder, wenn Sie Bollinger ablehnen: Lesen Sie »Ahrens, Über
Zwergbildung ... « die beste Ausgabe: Helmstädt 1886.

DIENSTMANN I lies überhaupt nix, aber sagen S' selbst, wären S' nit aa lieber an Lulubüdaner wurdn, oder wie sich dö Ziefer, dö verdöchtigen, schreibn, als a Brofessor, wo sich mit die Rotzer umergiften muß? Sagen S' selber?

VATER Ich muß jede weitere Diskussion mit Ihnen ablehnen.

DIENSTMANN *wieder zu Kuno* Und du bist do a Schwindler, i laß mir's net nemma.

KUNO Elender Verleumder!

Dienstmann stürzt sich zum Stuhle Kunos. Benno wirft sich zwischen die Streitenden und drängt den Dienstmann zurück, der am Stuhle Kunos rüttelt. Valeska fällt mit einem so grauenhaften Schrei, daß das ganze Theater zittert, in Ohnmacht. Die Damen bemühen sich um sie.

SCHIESLINGER *verständnislos* Herein! Was haben s' denn? *Nimmt das Hörrohr.*

THERES Da geh her, daß d' koane Fotzen fangst! Schau wia er aufreibt!

Benno drängt den Dienstmann erneut zurück und biegt ihm den drohend erhobenen Arm herunter, wobei er ihm einen der fadenscheinigen Ärmel abreißt.

DIENSTMANN An spinneten Teifi laß i nit auf mir sitzen! *Keuchend* Geben S' meinen Ärmel zrugg! Abstechen sollt man so a Krippl-gspiel, so a ausgschaamts ... wo denen Leuten Sand in d' Augen streut!

VATER Mann, das wollen wir lieber nicht gehört haben!

VALESKA *eben aufgewacht* Beni! Trönn s'!

BENNO *schwer atmend* Hab s' schon trönnt. *Zum Dienstmann* Sö haben Eana schwer vergessen.

DIENSTMANN No, wann er aa glei so zuarnig daher red! Wos so a Zwiargl hantig sein kann. No ja, kloane Haferln gehn leicht über!

VALESKA *zu den Damen* I mog streutende Männer nicht leiden. Im Zurn sind s' des öftern ganz schröcklich. *Betupft sich die Stirn mit Kölnischwasser.* Und gar der Meinige! Der heart oft a ganze Woch nit auf zum Gagazen!

MUTTER Was ist das: Ga-Ga ...

VALESKA No halt Keppeln!

MUTTER Ach so! Wie ä Mühlrad! Mer hamm bei Dresdn eene Miehle –

ä boedischer Ausflugsort – die Keppmühle – da mach mer gerne in der Boomblüte hin.

DIENSTMANN Sö Frau, do schauen S' mein Ärmel an. Jetzt sein S' doppelt ersatzpflichtig. Wie i wegen Eana gestern untern Tisch gstürzt bin und mi der Baam derschlagn hat, hab i d' Hosn von oben bis unten derrissen. A Glück, daß i mit Eana net öfter z'sammkumm, sonst werd i noch als Nacktläufer eingsperrt werdn. Und dem alten Mandl da, ist dann von die freiwilligen Helfer der Zylinderhut z'sammtreten worden, was solche gern tun, und seine Wollstützeln find er aa nimmer, und was die Frau davon is, die hat an Zopf verlorn ... Und die Arbeit, bis mir ihre Zähn wieder gfunden habn. Dö sein ihr später ausgfalln, weil s' soviel hat schimpfen müssen.

VALESKA Alsdann, Leidln, sollts befriedigt werden. Jetzt gebts a Ruh und setzt euch. Mali – bring eana alte Sachen – weißt schon!

MUTTER Nee, die Aufregung. In den zwee Tagn hier habe ich mehr erlebt als in ebensoviel Jahrn derhäme. Das ist doch ä siedliches Leben in den München! Das is äbm schon die idalchenische Leidenschaft!

VATER Allerdings! Die Nähe des klassischen Südens! Traun! Was man hier auf Schritt und Tritt erlebt, wäre Stoff für Terenz und Plautus und die attischen Komödienschreiber. Die Stadt ist fürwahr nicht umsonst als Isar-Athen bezeichnet wordn. Allerdings sollte man alles, was hierorts gesprochen wird, von tüchtigen Germanisten feilen lassen.

VALESKA Da sein S' ja, Mali. Zeigen S', was bracht habn. So, legen S' her. Zerscht die Dame. *Sie bekommt einen phantastischen groß-blumigen Carmenschal, einen hohen Kamm sowie Kastagnetten.* In dem Kostüm hab i Triumpfe gfeiert! 's Hüatl aa mit der Blörös! An Schirm geben s' 'r aa. Ja, den mit die Wolaan!

Theres probiert den Kamm und stolziert herum. Die Kastagnetten aber legt sie weg.

MALI Sö – Frau! Dös ghört dazu! Sonst san S' nur halbert anzogen!

THERES Z' was braucht ma's denn?

MALI Schaun S' Frau: dös geht a so! *Tanzt kokett, und Loiserl einen tückisch gemeinten Glutblick zuwerfend, einige Takte Fandango.*

VALESKA Dadamit hab i die zwoa... *vorsichtig die Worte wägend* ...
Scha ... gfangt! Damit, wannst schöpperst, kann koan Oriendale
nicht widerstöhen!

SCHIESLINGER *das Hörrohr verklärt schwingend* Braafo! Braafo!
Klatscht.

THERES Aloisius!!!

MALI Alsdann – da hamm S'. So nemmen S' es doch!

THERES *bockig* Jetztn mag i's nimma ...

MALI Dees wär no scheener! Wer s' Bratl frißt, muß d' Knochen aa
fressen! *Halblaut* 's scheene Gwand schleppeten S' fort und in
Dreck lasseten S' uns da! Solln mir denn an jeden Schmarrn aufheben?

*Der Dienstmann zieht einen winzigen Frack von Kuno an. Schieslin-
ger wird ein winzig kleiner Zylinder, noch dazu Chapeau claque,
aufgesetzt, der dann wegspringt, worauf Herr Schieslinger weint.*

DIENSTMANN *wühlt indiskret unbemerkt eine ungeheure Barchent-
hose aus der Garderobe und tritt damit vor.* Könnt i di Gattjah-
Hosn da habn? I laß s' färbn und laß mir an neichen Wintermantel
draus machen.

MALI *entwindet sie ihm.* Naa ... legen S' 's zruck.

VALESKA Schrecklich, wann ein Dienstmann über Damenunterwä-
sche kommt. Mali! geben S' an jeden von die drei a Fünf-Mark-
Stückl und lahnen S' die Bagagi dann außi. Und horchen S': wann
der Dienstmann Spanbanadeln macht, läuten S' in Schorschl aufi,
in Metzgerburschn, daß 'n über die Stiegn abiwirft.

VATER Himmel! Wie ist sowas möglich?

VALESKA Na, hörn S'! Erst packst eam bam Gnack, druckst eam in
Schädl aba, nacha lupfst eam hint beim Hosenbodn auf, nacha
kannst eam gut mit dem Krawattischen Griff abifeiern!

VATER *entsetzt* Was? mit dem Crawattischen – Griff?

VALESKA Na freili! Mit 'n Altmünchner oder gar mit 'n Niederboari-
schen Griff ging dös hart! Da drahst 'n so um! *Geste einer
Spindelbewegung.* Der is nur gut auf große Blätze und bei
festlichen Versammlungen.

Alsdann Mali! er soll gut achtgeben, daß er in »Fleetenspülenden
Gnaben« nit z'sammhaut, wo im Stiegenhaus steht. Der selbe is

bloß aus Güps. Nit aus Gußeisen. Oanmal, da waren Sie no nit da –
ham ma a Mordsgfrött damit ghabt, und ihn zahln können. Dann
soll er 'n unt z'sammklauben, 'n Dienstmann, aufitragn und
noamal abiwerfn, weil wir bloß im ersten Stock wohnen. Aber
wieder am »Fleetenspülenden Gnaben« achtgebn!! weil man heit
alle unnützen Ausgaben vermeiden muß. Und ehe er ganz zu sich
kommt, soll er 'n dann beim Bordal außifeiern. Er soll eam aber so
üwrihaun, daß er fein am drentern Trotoar liegen bleibt, so daß
man koan Anstand hat, wenn er gfundn wird. Auf die Art hat er d'
Straßn glücklich überquert. Denn er is aa nimmer der Jüngste. Jo,
seufzt auf d' eltern Leit muß man a weng aufpassn. Sie Mali! und no
was. Er soll z'erscht gut schaun, ob kan Auto daherkommt! wegen
der körperlichen Beschädigung, wenn er z'sammgfahrn wird, oder
weil man d' Fenster zahln kann, wann er mit eam in Wagen trifft.
Seufzend An was man als Hausfrau alles denken muß! *Zu den*
Dreien So jetzt gehts! schauts, daß i enk nimmer siech!
THERES Loisl, küß der Dame schön d' Hand! Sag dem Herrn schön
»Pah«. *Schieslinger tut dies, alle ab.*
VALESKA Dös alles kummt davon, weil auf der Wiesn die Sitzglegen-
heiten so brimdiv baut sein. A Hoidengeld denen Besucher
abknöpfen, ja dös kennen s'. Aber, was inwöstieren? naa, da bist
derbleckt. Weil's wahr is.
DIENSTMANN *kommt noch einmal zurück.* I find mein Ärmel
nimmer. Aha, da is er. Sö, die Sach mit der Vereinigung macht mir
Sorgen. Verstehen S', solang's noch a gwöhnliche Vereinigung war,
da hast nit a jeds Wörtl auf d' Goldwaag legen müssn, und damit
sprechen können, wia's einem ums Herz is. Aber jetzt wird's a
Innung. *Schüttelt sorgenvoll das Haupt.*
BENNO Da haben S' noch an Fünfer, aber jetzt gengen S'.
DIENSTMANN No jo, i wir's scho richten. Gut, daß d' Freiln es nit
schriftli geben hat.
VATER Ja, ja, gehn Sie nu!
DIENSTMANN Wissen S', a Gschriebens bleibt für immer. Das, wo d'
Freiln gsagt hat, soll man nie nicht aufschreibn! Denn, wann's
Oaner jeden Tag liest, nocher fuxt er sich immer von neichem, und
so großkopfete Herrn sein gar heigel, und wann's amal in Brodokol

drin is, nacha geht's vor dreißig Jahren nimmer außi und die Herrn Ausschüß fuxen sie wieder und immer wieder. Gelten S', Herr Nachbar?

VATER *ungeduldig* Chja. Schon die alten Römer liebten zu sagen: Scripta manent.

DIENSTMANN Schau, schau! So hat dös damals ghoaßen ... Also, dös haben dö auch schon gwußt, wo doch bloß Heiden waren, und es is immerhin schön von so Verwurfene gewesn, daß die sich dös auch schon gegenseitig gschafft haben. *Kopfschüttelnd ab.*

VALESKA Gott sei Dank, daß er draußen ist! – Jetzt kommt er schon wieder ...

DIENSTMANN *zur Tür hinaus* I kimm glei zruck. *Zu Valeska* Wann i Eana vorher vielleicht beleidigt hab, derfen S' nit harb sein, weil i bloß a mangelhafte Erziehung genossen habe. Ich war a ledigs Kind.

MUTTER Nu ... hier werden doch nicht die Kinder heiraten.

DIENSTMANN Naa! I bin oin Kind der Liebe, wissen S'. *Allgemeines Schweigen.* Eine meinige Tant hat behaupt, daß mei liabs Vatterl zwoa Gfrorenesmänner gwesen sein, wie dös noch heit in die mehr einfachen Bezirke gern vorkommt. Nämlich seinerzeit waren s' immer zwoa: der Zubitreiber und der andre. Den hat man in »Stiechling« ghoaßen, wo die Bortionen stochn hat. Mei Muatterl hat aber heiftig gmoant, er sei a Maschgerer gwesn, wo ein allgemein übliches Vorkommnis ist. Alsdann: Hadjehs! *Ab.*

VALESKA Na, bin i froh, daß dö Bagagi drauß ist und wir wieder en famille sind. Mögts no an Thö? Und die Herrn a Bier? *Wieder wird eine grobe Stimme im Vorzimmer hörbar.*

MALI Werden S' abfahrn! A so a Unverschämtheit! ... Weg mit der Pratzen ...

Durch die offene Türe drängt sich der Dienstmann.

KUNO Schon wieder dieser unverschämte Geselle! Ich werde von meinem Hausrecht Gebrauch machen. Geben Sie acht, daß Sie es nicht mit mir zu tun bekommen.

DIENSTMANN Jetzt bin i fein gar nit der Dienstmann, jetzt bin i 's Radiweib, wo umgstürzt is. Ja, so guat wie 's Radiweib. Hab ja ganz vergessn, daß i 's Radiweib zum Vertröttn hab, wo schwer zu Fall

kemma is. Bin a juridische Berson, daß es wissen, weil i 's
gschödigte Radiweib bin. Dieses kann nicht abkummen, weil s' an
Wiesendienst macht und Sö gehn mir gar nix an, sondern der da,
wo 's Weib öffentli zu Fall bracht hat.

MALI *halblaut* Soll i doch in Schorschl rufen?

VALESKA Nein! Versuchen wir es noch einmal in Sanftmut.

DIENSTMANN *zum Professor* Und Sö müssen fünf Mark schwitzen
und die Vertröttungsgebühr, daß S' es wissen. Zehn Börzent davon
macht achtzig Pfennig.

VATER Mit was für Insinuationen kommt Ihr mir da! Ich muß dies
alles weit von mir weisen!

MUTTER Gotthold! mache kenen Deebs! in en fremden Haus! Gib's
ihm, es is ja zwar ein Sündengeld.

Vater tut es, zählt die Groschen ganz nahe den Augen.

DIENSTMANN Burzbüchler Notburga schreibet sich dieses Radiweib
und is ledigen Standes, doch zwoamal vorbestraft. Oanmal wegen
Verleitung zur Kindesweglegung ... o küß die Hand, küß die Hand
fürs Radiweib, und 's zwoate Mal ...

VALESKA Jetzt gehn S' aber schon amal! Adjes! Mali! *Zeichen.*

DIENSTMANN *von Mali hinausgedrängt* ... wegen Vorschub zur ...
Verschwindet.

VALESKA Schauen S', i bin überhaupt für d' Beschaulichkeit. Schon
in meinem Beruf habe ich a sitzende Lebensweise gehabt.

VATER Sie werden aber doch wohl viel auf Tourneen gegangen sein?

VALESKA Naa. Wissen S', i tu mi soviel schwer reisen. Bsonderst
früher, wo i no nit so viel abgnommen hab. A kloans Abdeil – da
hoan i koan rechten Platz nit ghabt und a doppelts war mir z'deirig.
Und, Sie! was glauben S', was die Männer zudringlich waren wegen
meiner damaligen Modefigur! Bsonders in die Tunöhl! No, i bin
überhaupt gegen die Reisebekanntschaften. Dös is immer a
Bagage, wo man kennenlernt! I wenigstens hab nie was Urdent-
liches aufzwickt. Schaun S', wenn i mehr Glück ghabt hätt, wär i
heut schon längst vielleicht zwoamal Kaiserinmutter in Persien.

MUTTER Aber wie Ihr Gemahl nach Amerika mußte, haben Sie sich
da ooch mit eingeschifft?

VALESKA Han? – Wos hoan i? Ah so! Naa.

Vater, Benno und Kuno konferieren halblaut miteinander. Benno legt beiden Herren Papiere vor.

MUTTER War Ihnen nich bange nach dem Gatten?

VALESKA Ja. Möhr! Quallen der Oifersucht han i glitten. I war damals noch a loidenschäftliches Weib, und die Ziefer drüben, dö Ameriganerinnen, i sag Eana, die habn demselbigen öntzötzli nachgstellt, weil s' auf so zarte Figürln fliegen, dö ausgschaamten Schlawinerinnen, dö ausgschaamten.

MUTTER Nee, was mer da heert! Des wolln och Geschlächtsgenossinnen sin, die Luschen! Griseldis, höre wech, und sprich 'n bißchen mit 'n Onkel Guno.

VALESKA Und wie'r zrückkomma is, der Meinige, förmli in Lurbeer einglegt war er, wia a Hasenbraten, sag i Eana.

VATER *ruft herüber* Ei, das läßt sich hören.

VALESKA *zur Mutter* Alsdann, da hat er plötzlich eine veröndorte Sinnesrichtung zeigt. Ja. Nömlich die Ziefer drieben san schon zur damaligen Zeit bereits mehr moacher gwesen, weil s' allweil Eiswasser saufen, dö unsoliden Ludern, dö unsoliden. Und falsche Zöhn mit Brüllantna habn s' tragn, döselbigen. No, da hab i aa a Abmoochrungskur anghebt. An Thö hab i Eana! Frau!

MUTTER Wie is er denn? Ich möcht och 'n baar Fund runtergehn.

VALESKA Mali! bring a Probn her vom Laxierthö, woaßt scho. Ja, mir muß in an gwissen Alter was tun gegen die innern Orkane, was zu fett werden. *Zu Griseldis, die wieder herkommt* Ja, ja, aber Sö, Kindl, Eana tät's nix schadn, wann S' a bißl an Spöck da herum ansetzten. Ja, Sö Schmaacherl! Ißt s' brav?

MUTTER Nuu — seit mer hier sind, läßt's ä bißchen zu wünschen übrich. Sie stochert im Essen rum.

VALESKA Dös soll s' nit. Sehn S' mi an: alles vertrag i, nur koane Ziwebn nicht. Und dabei iß ich s' so gern.

MUTTER Was ist denn das, Gotthold?

VATER Wart einmal. Wohl verderbt aus italienisch »Zibibbo«. Aber was das ist? Da müßte ich Kollegen Orazio Knullemann vom romanistischen Seminar mal schreiben.

BENNO Rosinen moant s'.

KUNO Meine Leibspeise.

VALESKA Ja, i iß Ziweben höchstens unter die Mahlzeiten. s' erste
Pfund geht. Da wär koa Klag nit. Aber wia'r i 's zwoate angenz, da
druckt's mich da, sehens S' da ... da greifen S' her. Nit da! Dös
keart schon zum Gsäß, tschuldigen schon ... Ah! Da leg S' her!
Mali bringt einen Riesensack Tee. Sehen S', das und d' Lafemans,
dö zwoa Sachen brauchen alle Künstlerinnen wia 's tägliche Brot.
Mir kann überhaupt sagen: 's Lafeman ist 's Gschwisterkind von
der Kunst. Sö, das Packl da reicht grad für oane Woche. Nemmen
S' es. Mir brockt's allerweil a frommer Einsiedel, wo in Höll-
riegelskreit in an hohlen Baum z'Haus is.
GRISELDIS Mutti! himmlisch! ob wir seine Klause nicht auf der
Hochzeitsreise berühren werden? Muß der Ort romantisch sein!
VALESKA Aus Pasing haben s' ean ausgwiesen.
VATER Das ist denn doch! Der sicher würdige Alte!
GRISELDIS Benno, ob er Eichhörnchen auf der Schulter sitzen hat,
und äsende Rehkitzchen ihn besuchen?
VALESKA Naa. Die geahn eam nimmer zu. Aus dem Münchner
Woichbild hat er fein weg müssen, weil er alleweil d'Hund gmaxt
hat.
VATER Was ist das? Geht das am Ende auf den Namen Maximilian
zurück? 1459–1517, den großen Jäger, der auf der Martinswand ...
BENNO Naa. Er is a Hundefänger gwesen ohne Konzession!
*Mutter und Tochter halten sich abermals entsetzt umklammert und
bilden wieder eine Art Niobegruppe.*
MUTTER Nä, der Däh wird mir widerstehn ...
VALESKA Mali! Trag 'n zruck! *Sie ist pikiert und fächelt sich.*
VATER *räuspert sich und sucht ein neues Thema.* Sind Sie Münchne-
rin?
VALESKA Nein, i bin aus Niederbayern. *Wieder animiert* I hätt, wann
i a Wagen wär, hint a reemische »Zwoa-Zeh« draufbicken. *Lacht zu
Griseldis* Geh, du gschmachs Tschapperl, du gschmachs!
GRISELDIS *zur Mutter* Tantchen hat mir »Du« gesagt. – Benno, was ist
das Tschap-pei?
VALESKA Geh – dös verstehst do nit. Aber von der Mutterseiten san
ma aus Pforzheim! I bin d' ganze Mutter, sagen alle, die s' kennt
haben! Eben a echte Pforzheimerin, a waschechte! Und es war eine

feine Famili! Der Vatter gottselig, war dort Gestütsdirektor. So an Viererzug echte Pforzheimer Jucker hätt's ös sehen sollen! Da sein d' Leit ausgwichen! Die ham's können ... so a Feuer!

GRISELDIS Herrlich!

VALESKA Er is aber ölendig umkomma, der Vater.

ALLE DREI Ach!

VALESKA Oanmal, im August, war a sehr a hoaßer Tag, hat er im Sorgenstuhl im Amtszimmer a weng tunkt. Hat ihn nit a Hufschlag dahingraffet? *Trocknet ihre Augen.*

VATER Nu schlägt's aber Fuffzehn!

VALESKA Is nit so a Ziefer auskemma und dringt ins Büro? erschlägt ean nit so a Ziefer nit mittn in Dienst? *Schluchzt.*

MUTTER 's is erschitternd ...

GRISELDIS *kniet sich zu ihr.* Armes Tantchen! So wurdest du ein Waisenkind, du armes, armes Tantchen!

VALESKA *unter Tränen* Siegst, ... Kuno ...! Tanterl hat s' mir gsagt ... dös tuat wohl! bist a liabs Kindl, a guates! Ja Benni, da machst dei Glück! Die hat 's Herzerl am rechten Fleck! Dich nehmen wir görn in d' Famülli auf! So, gib im Onkel auch a Bußl ... i eifer nit ... Ja, Frau! d' Mitgift is unsere Sach ... naa, da gibt's nix ... Und der Benni earbt amal alls, wann mi und den Kuno d' Wirm gfressn habn. *Trocknet die Augen.* Jetzt sagen wir uns alle du, gelt? *Zu Mali, die eben hereintritt* Bring an Schampagninger, woaßt, an halben Korb voll, und bstöll a urdentlichs Souper! Ös müßts alle da bleibn. Alsdann, dann wird af Du und Du trunken!

KUNO Auch ich bin von Herzen dabei. *Geht zu einer riesigen eisernen Kasse, die er nur mühsam, auf den Zehen stehend, öffnen kann. Nach mehreren Versuchen gelingt es.* Hier, Benno, ist der Scheck, wo ich dir immer für den Fall deiner Verlobung versprochen habe. *Gibt Benno ein versiegeltes Kuvert und klettert wieder auf seinen Sessel.*

BENNO *liest* Saxn no amal! A Viertel Million! *Juchzt, umarmt seine Braut, die Tante und alle der Reihe nach und tanzt mit dem Onkel am Stuhl herum.*

VATER *wischt sich eine Träne aus dem Auge und schüttelt Kuno die Hand.* Wackerer Mann! Ja, Kinder, wer das Kleine nicht ehrt ...

Ihr kennt das schöne Sprichwort. *Halblaut zu Benno* Hör einmal
... die andern Anteile ... der Hubertus ... kaufen wir jetzt. Ich
beteilige mich als stiller Teilhaber. *Brillenfunkelnd* Wir können's
ja verpachten.

VALESKA Und sag – du Gschmacherl – wo habts euch denn verliebt?
Wo habts euch denn gfunden?

GRISELDIS Beim Wiesenhenndl ...

Vorhang

PARALIPOMENA

Konsistorialrat Gotthold Efraim Leberecht Nacktfrosch und Gemahlin Bauline sowie Lottchen kommen zur »Bräurosel«. Ein greiser, gramversunkener Dienstmann hockt da und murmelt: »Bluatiger Heanerdreck, bluatiga! dö Zeiten! Mir bräucht gar nimmer leben!«
Frau Bauline bäbt zurück, geekelt. Denn gerade serviert man das Wiesenhendl – was fürn Hähnchen?
Leberecht bestellt bei der Kellnerin n'en Fifl. »Wos is dös?« »Nu – 'n Fifl! ä 1/2 Nösel!« »A Bier wollen S'« »Chja! awer nich so n' Eimer –« Ein netter junger Herr bringt die Sache in die »Reih«. Leberecht erklärt ihm: in Klotsche gibt's: Töpfchen, 1/2 Töpfchen = Nösel, 1/2 Nösel = Pfiff, somit 1 Töpfchen = 8 Fiffe! Allerdings, sei das Wort außer Klotsche unbekannt. Lottchen schwärmt vom Theater. Der Jüngling stimmt bei. Der Dienstmann fällt ein: Wie oft hat er unterm seligen Possart 's Brautbett für d' Elsa aufbett! und in Lohengrin sein Gebiß im Glas ghabt. (Geschichte der Rettung des Stückes) Possart habe ihm damals auf d' Schulter klopft: »Brafer Mahn, hat er gsagt. Aber heit! o bluatiger ...«
Dann kommt noch ein altes Ehepaar. D' Frau nimmt 'n Mann d' Weißwürst aus 'm Bart – sie nimmt immer in »Prowiand« mit. Er sei amal fesch beianand gewesen! 3 × war er der »Prinz Fasching«. Ja, aber heut! S' Ohrwaschl tuat nimmer! Es ist der Onkel Bennos.
Nacktfroschens werden fidel! Lottchen und Benno: Liebe auf den ersten Blick! Man verabredet sich und Benno wird im Hotel seinen Antrittsbesuch machen.

2tes Bild

Hotelzimmer. (Empfangsraum) Benno – gleich ins Volle – Bukett – hält um Lottchen an.
Nacktfrosch fragt, ob er eine Frau ernähren könne. Er gackert herum. Kleiner Beamter der Darmbranche! Aber – Erbonkel. Onkel Kuno. Reicher Privatier. Erbtante und Erbonkel

3tes Bild

Zuerst müsse man bei der Erbtante Eulalia anfragen, ob sie das Paar unterstütze. Ja, sagt die Schwester – ohne 'n Bruder kann sie keine Entscheidung treffen.

Empfangszimmer bei Onkel Kuno. Man wartet. Ein hocher Kinderstuhl wird hereingeschoben. Nacktfrosch fragt: »Wozu?« Ja – der Gnäherr wird gleich kommen. Er kommt – ein Liliputaner in Pension.

Rat und Kuno sprechen sich aus.

Ende: Brautpaar kniet vor Kuno, der die Mitgift bestimmt.

Rat: Wer das Kleine nicht ehret!

Lottchen: 's Wiesenhendl hat uns zsammbracht.

* * *

DER ABGELEHNTE DRILLING

Es ist dies eine Münchner Oktoberwiesenkomödie, in der in das Privatleben der Mißgeburten und dergleichen hineingeleuchtet wird. Ein norddeutscher Studienrat (pedantisches Hochdeutsch) reist mit Gattin, die stark sächselt, und bildhübscher Tochter (Hochdeutsch) zur Oktoberwiese. Im Zug hatte sie die Bekanntschaft eines feschen, typischen »Jaga-buam« – Benno, gemacht, der einen günstigen Rendezvousplatz festlegt. Einsamer Tisch, an dem nur ein halbbesoffener Dienstmann hockt. Mit ihm, der Kellnerin und den Radi- und Hüaterlweibern kommt es zu einer Kette dauernder Mißverständnisse. Auch das steinalte Ehepaar Schieslinger, das sich dazugesellt, macht die Sache nicht besser. Der Dienstmann hatte Stadtrat Schieslinger noch als den Prinz Fasching von 1881 gekannt, ebenso auch (er war Kulissenschieber) Richard Wagner, dessen durchreisende Leiche er als Bombardonbläser des Bestattungsvereins »Nährvater Josef« begrüßt hatte.

Wegen Wagner kommt es mit dem Professor zu argen Streitereien, die durch das Auftreten Benno Schwartelmaiers beendet werden. Er verschafft den hungergeplagten Festgästen zu essen und alles gestaltet sich ganz harmonisch, bis man einen Motor keuchen hört. Es ist aber bloß Bennos Erbtante – das emeritierte dickste Weib Bayerns – die ein Heidengeld hat und jetzt, mit einem Dr. Kuno von Blutenburg verheiratet, eine schöne Wohnung in der Lindwurmstraße hat. Tantchen bringt aber einen schweren Mißton in die Festfreude, da sie mit der Bank durchbricht und dabei die Kellnerin mit zehn Maßkrügen umschmeißt, die wiederum im Sturz auf den Tisch das Ehepaar Schieslinger und den Dienstmann schwer beschädigt. Das Ende ist traurig: Der alte, von Bier tropfende Stadtrat steht flennend da. Aus seinen armseligen Frackschößerln rollt eine lange Klosettpapierschlange heraus, die er zum Mund- und Händeabwischen nach den mitgebrachten Delikatessen mithat. Das zweite Bild zeigt ein Pensionszimmer. Benno hält um die Hand der Griseldis an. Sie, durch die Lektüre Ganghofers total verdorben, will durchaus dem schmucken Nimrod ihre Hand zum Lebensbund reichen. Der Professor Pustkuchen wird durch die Versicherung Bennos gewonnen, daß er der Lieblingsneffe des Ehepaares Blutenburg sei, das ihm am Verlobungstag eine hohe Summe zu übergeben denke. Überdies sei er Prokurist der Jagdvereinigung »Hubertus« – einer angesehenen A. G. Dem sorgenden Vater ist diese Korporation nicht ganz klar. Die Schwärmerei der romantisch veranlagten Griseldis kennt keine Grenzen. Sie will ihrem Geliebten durchaus eine Saufeder schenken. Und als dies auf seine verlegene Abwehr stößt, wenigstens ein Hifthorn mit einem Puschel in den sächsischen Farben. Auch einen Drilling, den ihm der Schwiegervater aufdrängen will, muß er als für ihn unverwendbar ablehnen. Man wird stutzig, bis die entsetzliche Wahrheit herauskommt, daß er bloß den Außendienst einer Wanzenvertilgungsanstalt leite... Griseldis fällt aus allen Himmeln. Aber schließlich entschließt man sich zum Besuch in der Lindwurmstraße. Dieses dritte Bild zeigt den Salon, in dem eine Menge von Lorbeerkränzen mit verblichenen Schleifen auffallen, Trophäen aus der Glanzzeit der dicken Tante, die die Gäste aus dem Norden auf das Üppigste bewirtet. Ein immer mehr anschwellender Lärm im Vorzimmer stört einigermaßen. Das Stubenmädchen verteidigt die Türe, durch die schließlich der alte Dienstmann von gestern und das Ehepaar Schieslinger eindringen. Der Dienstmann fordert Schmerzensgeld, da er unter den Tisch geschleudert worden sei, und macht

auch den Fürsprech für die zu Schaden gekommenen alten Leute. Die Frau habe den falschen Zopf verloren und das Gebiß wäre ihr von freiwilligen Helfern zertreten worden. Mühsam werden die Eindringlinge hinausgebracht. Dann wird ein hoher Bébéstuhl hereingeschoben und das Stubenmädchen meldet den gnädigen Herrn an. Der Professor will dem Dr. von Blutenburg – als Kollegen – entgegengehen, schrickt aber mit dem Ruf: »Um Himmelswillen!« zurück. Denn ein grämlich aussehender Liliputaner mit grauem Vollbart kommt zur Türe herein und erklettert mühsam den Kinderstuhl. Es ist der Herr des Hauses – emeritierter Künstler und lediglich Ehrendoktor einer USA Universität. Die Sache mit der Mitgift gehe in Ordnung – es sei eine halbe Million. Die entstandene, sehr angenehme Situation wird abermals durch einen wüsten Lärm unterbrochen. Wieder ist es der ungebärdige Dienstmann. Aber diesmal sei er das ebenfalls zu Schaden gekommene Radiweib – er sei bloß als juridische Person zu betrachten. Blutenburg haut quakend auf den Tisch und weist den Unverschämten zur Türe hinaus. Ein bitterer Streit entsteht. Der Dienstmann beschuldigt den Hausherrn, ein Schwindler zu sein ... er sei bloß ein falscher Zwerg ... sei auch Analfabet u.s.w.
Übrigens verlange er – diesmal wieder als Dienstmann – Schmerzensgeld für eine Ehrenbeleidigung, die ihm das Stubenmädchen zugefügt habe ... ein rauhes Wort, das er nicht so ohne weiteres hinnehmen könne, da er in Uniform gewesen wäre. Nicht genug an dem habe sie auch die ganze Genossenschaft mit einbezogen ... und das sei nicht unter fünf Mark gutzumachen.
Der durch die große Mitgift weich gestimmte Studienrat schlichtet alle Unannehmlichkeiten und erklärt Benno, daß es günstig wäre, die A. G. selbst als Familienbesitz zu übernehmen.

ENDE.

* * *

DER ABGELEHNTE DRILLING
Komödie in drei Akten

Das Stück spielt auf der Münchner Oktoberwiese in den letzten echten Friedensjahren und spielt in den Kreisen der für die Ewigkeit geschaffenen Typen: dem besoffenen Dienstmann, dem weltfremden Professor mit seiner Ehefrau (mit Geld, da ihr Vater künstlicher Edelweißerzeuger aus Flanellabfällen war). Weiß der Teufel wie? sind sie zu einer bildschönen Tochter gekommen. Schon auf der Fahrt nach München steigt Benno Schwartelmeier, ein junger Münchner und Prokurist der »Hubertus A. G.«, einer mit dem Jagdwesen irgendwie zusammenhängenden Vereinigung, in Leipzig in das Coupé, in dem das Professorenehepaar schläft, und bleibt, vom Anblick der Tochter förmlich bezaubert, geraume Zeit am Fuß des Professors stehen. So entsteht von selber die Bekanntschaft der Herrschaften, die sich dadurch erfreulich weiterentwickelt, daß Benno in aller Herrgottsfrüh auf dem Weg zur Toilette Griseldis trifft, die dort den Sonnenaufgang über den Alpengipfeln zu sehen hofft. Beide jungen Leute finden lebhaftes Gefallen aneinander und Benno schlägt Griseldis vor, die Eltern zu veranlassen, schon um zwei Uhr an einem bestimmten Platz auf der Oktoberwiese zu erscheinen.

Das geschieht auch pünktlich. An dem Tisch sitzt schon ein alter, halbbetrunkener Dienstmann, dem eben die Kellnerin das fünfte Bier kredenzt. Von Professors nimmt sie bei ihrer typischen Fremdenfeindlichkeit aber keine Notiz. Zwischen ihnen, dem Radiweib und einer Hausiererin mit gschpaßigen, viel zu kleinen Hüterln, Lebzeltreitern und ähnlichem Schund kommt es zu einer nicht endenwollenden Kette von Mißverständnissen, die endlich dadurch ihr Ende nehmen, daß Benno erscheint und der hungrigen Professorgruppe ein angemessenes Mittagsmahl verschafft.

Als man gerade im besten Essen ist, hört man unerwartet einen Motor keuchen, worüber Benno sehr erschrickt. Es ist nämlich seine Erbtante, Valeska von Blutenburg – die vor ihrer Verehelichung – eine Sehenswürdigkeit der Oktoberwiese gewesen war: das dickste Weib Bayerns. Er war im Ungewissen gewesen, was für einen

Eindruck sie auf die kultivierten und ein wenig steifen Herrschaften aus dem Norden machen würde. Aber, es entsteht eine Anfreundung und Valeska ladet die Herrschaften zum Thee in ihre Wohnung in der Lindwurmstraße ein. Ihr Gatte – Ehrendoktor einer USA Universität – würde sich gleichfalls freuen, die Bekanntschaft zu machen.

Leider trübt aber ein Mißton das beginnende reizende Freundschaftsverhältnis. Die dicke Dame bricht mit der Bank durch, klammert sich dabei in ihrer Hilflosigkeit an die Kellnerin und reißt sie um. Die zwölf Maßkrüge entleeren sich auf den Tisch. Das fliehenwollende Radiweib wirft den Dienstmann um – ebenso ein altes Münchner Ehepaar, den Stadtrat Schieslinger, der nebenbei auch noch jubilierter Prinz Fasching von 1881 war. Dieser Jubelgreis hat zwischen den kümmerlichen Frackschößen eine Rolle Klosettpapier, wie dies häufig bei Gästen der Fall ist, die sich ihr Essen selber mitbringen und daher keine Papierservietten bekommen.

Mitten im beginnenden Tohuwabohu steht dieser Jammergreis mit der sich immer mehr abrollenden Klopapierrolle da und flennt, weil ihm noch dazu Bier ins Hörrohr gekommen ist. Seine Gemahlin hat den Zopf verloren. Auch ist von den sofort aufgetauchten freiwilligen Helfern ihr Gebiß zusammengetreten worden.

Der zweite Akt spielt in einem Pensionszimmer.

Der Professor memoriert soeben das Tagespensum, wird aber vom Stubenmädchen Ella mit der Frage unterbrochen, ob sie »saugen« kann, was aber der Professor auf die Karyatiden aus Papiermaché im Krönungssaal bezieht – was seiner Meinung nach nicht statthaft sein dürfte.

Übrigens ist der Staubsauger bulldoggähnlich, noch dazu mit rot und grün leuchtenden Augen gestaltet, so daß der kurzsichtige Professor erschrickt und dem Stubenmädchen befiehlt, diesen offenbar wutverdächtigen Hund sofort hinauszubefördern. Im selben Moment läßt sich aber Benno melden, der in Frack und mit einem großen Bukett gekommen ist, den Professor um die Hand seiner Tochter zu bitten.

Vom besorgten Vater beauftragt, seine Verhältnisse klarzulegen, erklärt er, den »Außendienst« der Hubertus A. G. zu leiten – woraus aber der Professor nicht ganz klar wird. Zugleich würde ihm von

Oheim und Tante Blutenburg, deren Lieblingsneffe er sei, am Tag der Vermählung eine halbe Million Mark ausgezahlt. Man möge nur heute Nachmittag beim gestern festgesetzten Besuch in der Lindwurmstraße alles genau festlegen.

Die inzwischen herbeigerufene Griseldis ist ganz entzückt über diese glänzende Aussicht und entwirft in ihrer Fantasie ein Bild des ritterlichen Onkels von Blutenburg. Vom anklopfenden Stubenmädchen gestört – Ob hier nicht ein Glas Bitterwasser bestellt sei? malt sie sich in echter Backfischmanier die Zukunft überaus romantisch aus und will dem feschen Nimrod Benno vor allen Dingen einmal ein Hifthorn für seine Jagden schenken. Verlegen weist Benno dieses romantische Instrument ab. Ebenso auch einen hochmodernen Drilling, den ihm der Vater verehren will. Und schließlich auch eine Saufeder – wieder eine Idee der reizenden Griseldis. Ja, mit was er denn seinem Wild den Gnadenstoß gäbe? Mit größter Verlegenheit bekennt schließlich der immer mehr in die Enge getriebene Waidmann ... daß das ... in seinem Fall nie in Betracht käme ... kurz und gut: die Wahrheit müsse eingestanden werden: er sei ... Wanzenvertilger ...

Mutter und Tochter fallen vor Entsetzen in Ohnmacht.

Der Vater murmelt etwas von »ekler Lüge«. Aber die Aussicht auf die halbe Million bestimmt die Herrschaften, doch den Nachmittagsbesuch zu machen.

Der dritte Akt spielt im Salon bei Blutenburgs in der Lindwurmstraße. Das sehr resche Stubenmädchen Mali führt den Besuch in den Salon, in dem eine Menge vertrockneter Lorbeerkränze mit golddruckgeschmückten Schleifen herumhängen. Sie beziehen sich alle auf die Triumphe, die die Dame des Hauses davongetragen hatte, als sie noch als das dickste Weib Bayerns gefeiert worden war. Valeska erscheint und beginnt, die lieben Gäste aufs üppigste zu bewirten. Auch ihr Gemahl, der Herr Doktor – werde sofort erscheinen – er ruhe noch ein wenig –. Ein immer mehr anschwellender Lärm im Vorzimmer stört. Das Stubenmädchen verteidigt schimpfend die Türe, an der fortwährend gerüttelt wird. Endlich hört man von ihr: »I kann das Bagasch nimmer zruckhalten!« und herein drängt sich der besoffene Dienstmann und das alte Ehepaar Schieslinger. Der

Dienstmann fordert Schmerzensgeld und macht auch den Fürsprech für das gleichfalls schwergeschädigte alte Ehepaar. Die Dame hält der Frau des Hauses das zertretene Gebiß unter die Nase und er das ruinierte Hörrohr, auf dem man nicht einmal mehr blasen könne. Frau Valeska läßt durch Mali eine Menge alter Kleider zur Auswahl für die Geschädigten hereinschleppen, wobei der Dienstmann unglücklicherweise eine Damenunterhose von unwahrscheinlichen Dimensionen auswählt, um sich daraus einen Sommerüberzieher machen zu lassen. Auch Bargeld gibt es und endlich ist die schäbige Bagasch draußen. Jetzt wird ein hoher Bébéstuhl zum größten Erstaunen von Professors hereingeschoben und das zweite Stubenmädchen öffnet die Flügeltüren: der Herr Doktor werde erscheinen!

Artig geht ihm der Professor, sich die Brille richtend, entgegen. Bleibt aber mit dem Ruf: »Heiliger Himmel – was soll das?« stehen ... Denn ein grämlich aussehender Liliputaner mit langem Vollbart klettert mühsam auf den Kinderstuhl. Das ist der Herr von Blutenburg ... ein quieszierter Liliputaner, der einmal in den USA statt dem schuldig gebliebenen Honorar einen Doktortitel in Zahlung nehmen mußte.

Sehr liebenswürdig begrüßt er die Herrschaften ... die Sache mit der Mitgift gehe in Ordnung ... und der alte Herr läßt sich zur eisernen Kasse hinaufheben. Die nun entstandene, sehr angenehme Situation wird abermals durch einen wüsten Lärm unterbrochen. Wieder ist es der ungebärdige Dienstmann. Aber diesesmal sei er das ebenfalls schwer zu Schaden gekommene Radiweib – also eine juridische Person.

Der Herr von Blutenburg haut quackend vor Wut auf das Tischchen und weist den unverschämten Rüpel zur Türe hinaus. Ein bitterer Streit entsteht. Denn der Dienstmann beschuldigt den Hausherrn, ein Schwindler zu sein ... er sei bloß ein falscher, verkleideter Zwerg ... heiße richtig Würmsieder Alois und sei bloß beim Örtchen Blutenburg auf einem Misthaufen gefunden worden ... auch sei er Analfabet!

Übrigens verlange er – diesmal wieder als der Dienstmann – Schmerzensgeld für eine schwere Ehrenbeleidigung, die ihm das

Stubenmädchen zugefügt habe ... ein rauhes Wort, das er nicht so ohneweiteres hinnehmen könne, da er in Uniform gewesen sei ... unter einer Mark fünfzig sei da nichts zu machen ... Nicht genug an dem, habe sie auch die ganze Genossenschaft mit einbezogen ... und das wäre nicht unter fünf Mark gutzumachen. Er sei Fachmann und kenne sich da aus.

Frau Valeska hört ruhig zu und läßt den Selchergehilfen aus dem Parterre heraufkommen. Mali möge ihm ausrichten, er solle den Dienstmann vorsichtig hinauswerfen und dabei auf den »Flötespielenden Knaben« im Parterre achtgeben. Der sei bloß aus Gips. Und dann den Dienstmann so aufs gegenüberliegende Trottoir befördern, daß er dabei weder ein Auto beschädige, noch von einem Auto beschädigt würde. Schließlich sei er ein altes Manderl und da müsse man schon ein wenig achtgeben.

Während dieser Unterhaltung hat der Studienrat die Abrechnung der »Hubertus A. G.« geprüft und ist schmunzelnd zu dem Beschluß gekommen, aus dem dort investierten Kapital und der enormen Mitgift eine neue FAMILIENWANZENVERTILGUNGS G. m. b. H. ins Leben zu rufen, bei der er und Onkel Kuno von Blutenburg Verwaltungsratsstellen bekleiden würden.

* * *

Regiebemerkungen:

Griseldis und ihre Eltern sprechen ein tadelloses Deutsch. Allerdings könnte die Mutter – falls sich eine dialektkundige Darstellerin findet – einen leicht sächsisch gefärbten Dialekt sprechen. Alle übrigen Darsteller können den bei uns üblichen alpingefärbten Dialekt benützen.

Herr von Blutenburg muß – in Ermangelung eines wirklichen Liliputaners – von einem sehr alt geschminkten kleinen Mäderl gegeben werden, womöglich knapp vor dem schulpflichtigen Alter stehend.

Frau Valeska müßte am besten von einem Herrn dargestellt werden, da sich Frauen nicht gerne für ausgesprochen groteske Figuren hergeben.

Die Ausstattung ist sehr billig.

I. Akt: Tisch an einer rohen Bretterwand, an die drei Föhren genagelt sind.

II. Akt: Schäbiges Pensionszimmer.

III. Akt: Schäbiger kleinbürgerlicher Salon.

* * *

Prinz Hamlet der Osterhase
oder »Selawie«
oder
Baby Wallenstein

EINE GESELLSCHAFTSKOMÖDIE
AUS DEN FEINSTEN KREISEN BÖHMENS UND MÄHRENS
VON FRIEDRICH VON ORLANDO

ZDENKO GRAF WALLENSTEIN, fürstliche Gnaden und Herzog von Prschelautz
BARBARA EUSEBIA, geb. PRINZESSIN VON GONZAGA, seine Gemahlin
THEKLA, genannt BABY, beider Tochter
HEINZ ZWONIMIR ARBOGAST GRAF TERZKY
CLARA EUGENIA geborene HERZOGIN VON CARAVAYAL, seine Frau Mutter
VISCOUNT TEDDY BUTTLER, tit. Ehrentambour zu Pferd der Royal Yorkshire
    Artillery und großbritannischer Militärattaché in Prag
TÖHÖTÖM GRÓF ÜLLÖ   }
ELEMÉR GRÓF ISZOLANY   } Theklas Lieblingsoheime
PROFESSOR DR. WENZEL SENI, Privatdozent aus Prag
JUDAS THADDÄUS GRAF JAROSCHINSKI, Adelsmarschall von Tambor
RUDI LALLMAYER, ein angehender Mime und Aspirant für das Burgtheater
DR. ENGELBERT BLAHA, Oberlandesgerichtsrat
VANILLIUS KRPETZ, Kerkermeister
ARABELLA, eine Zigeunerin
ULTIMUS OWNITSCHEK, Wallensteinischer Hofrat und Leibkammerdiener
WETTI ZWÖSCHBENFLÖCKH, eine unermeßlich reiche Witwe
KODAKOWSKY, Kriminalfotograf
DER KELLNER MIT DER HENKERSMAHLZEIT
EIN DÜSTERER POLIZEIKOMMISSÄR
ZWEI ANDERE POLIZISTEN
OPITZ, Groom in Üllöschen Diensten
QUAPIL, eine stumme Figur im Landesgericht

Personen des österlichen Zwischenspieles:
Hamlet, Prinz von Dänemark. . . . Rudi Lallmayer
Ophelia . . . . Contess Thekla Wallenstein
Polonius. . . . . Graf Terzky
Der König . . . . Gróf Iszolany
Die Königin . . . . Gräfin Terzky (aus besonderer Liebenswürdigkeit)

Stimmen:
DIE HEISERE STIMME EINES HERRN AUS KLADRUB
EINE ZERBROCHENE DAMENSTIMME MIT LANGEM HÖRROHR
MEHRERE »JESISCHMARJA« RUFENDE STIMMEN BEI DER OPHELIASZENE

Auf Grammophonplatten:
VIELE STIMMEN UND SALONGEFLÜSTER DER VORNEHMSTEN KREISE
    BÖHMENS UND MÄHRENS
FERNES RÜDENGELÄUTE IN DEN ZWISCHENAKTEN
PFERDEGETRAPPEL DER WIENER POLIZEI
CHOR DER UNTERSUCHUNGSHÄFTLINGE DES WIENER LANDESGERICH-
    TES

Ort der Handlung:
Der Wladislawsaal auf Schloß Humpoletz. Eine einsame Partie im Schloßpark. Partie
im Wiener Stadtpark. Die Armensünderzelle des Wiener Landesgerichtes

Zeit: Ostern 1937

Bemerkung für das Publikum:
Vor Beginn des Liedes des Gróf Üllö wird das Publikum (das dabei die Handschuhe
abzulegen hat) vereidigt, über den Inhalt Verschwiegenheit zu bewahren. Personen, die
das Eideszeremoniell ablehnen, werden ersucht, inzwischen den Saal zu verlassen und
sich zu den Büffets zu begeben.

Doppelrollen:
Thekla – Opitz
Terzky – Blaha, Polizist
Seni – düsterer Polizist
Buttler – Polizist

Jaroschinski – Krpetz
Ownitschek – Kellner, Fotograf
Gräfin Terzky – Arabella

Regiebemerkung:
Die Rollen des Üllö und Iszolany können statt im ungarischen Dialekt auch in einem
stark akzentuierten Hochdeutsch gesprochen werden.

ERSTER AUFZUG

Schloß Humpoletz in Böhmen. Saal. Rednerestrade.
An einem Tischchen sitzt Rudi Lallmayer und spricht die letzten
Worte eines dramatischen Vortrages. Das Publikum ist nicht
sichtbar.

RUDI *brüllt nach einer offenbaren Kunstpause mit einer Stimme, in*
der das Grauen zittert Haa!!! waas ist daas ... und entsetzt sah sich
der Graf um. Seine Haare hatten sich jäh gesträubt, seine Haare, die
er der Sitte der Zeit gemäß bis auf die Schultern herunterwallen
ließ. Ja, blitzschnell hatten sie sich kerzengerade in die Höhe
gerichtet. *Man hört beklommene Töne aus dem Auditorium.* Ein
ungeheures, tintenschwarzes Totengerippe ging langsamen Schrittes auf ihn zu.

EINE STIMME ... Jesischmarja ...

RUDI »Der Tod von Komotau«, ächzte tonlos der Graf. Das Gerippe
war dicht an den Unseligen herangetreten und klopfte ihm auf
die Schulter. *Rufe des Entsetzens.* Dann sprach der Besuch aus
der Hölle dumpf und auf deutsch: »Popiel von Lobkowitz, er-
bleiche!« *Rudi schließt damit die Vorlesung und bleibt einige*
Sekunden wie in Sinnen versunken sitzen. Seine Linke, die das
Buch hält, ist schlaff heruntergesunken. Donnernder Beifall er-
tönt. Er hebt das Haupt und fährt sich über die Stirne. Aus dem
Auditorium stürmt ein bildhübsches Mädchen heran und stülpt
dem Verdutzten ein leichtes Lorbeergewinde auf die Stirne.
Dann betrachtet sie glühenden Blickes den jungen, verwirrten
Mimen.

THEKLA Edler Mime ... nehmt!

Stimmengebraus, das immer mehr anschwillt.

Graf und Gräfin Wallenstein folgen ihrer Tochter auf das Podium.

ZDENKO Junger Freund, das haben S' wirklich aus-ge-zeichnet
gebracht. Der Schluß – groß ... Man muß 'n Lobkowitz kennen!
Weißt du, Mama, das war der Wenzel Eusebius – der erste Herzog
von Sagan – weißt, in Raudnitz – den was der graus-li-che Lamberg
anno ... anno, na, anno Schnee ... gestüürzt hat. Ich wiederhole,
das ist nicht der Bubi Lobkowitz, den ihr alle kennts ... der hat

keine Haar! Sondern, das war der Onkel der bildschönen Prinzessin Eleonore von Pfalz-Neuburg, um deren Hand ihn der Graf Lamberg, einer der ersten Kavaliere von Wien, gebeten hatte. Aber da – eines Naachts – erscheint plötzlich auf Schloß Raudnitz ... wer glaubts ihr? Der Kaiser Leopold selber, der mit der riesigen Lippe ... und verliebt sich – eben zum vierten Mal Witwer, ... am nächsten Morgen bei der Parforcejagd Knall und Fall in die Prinzessin Eleonore. Aber der Lamberg ...

GRÄFIN *seufzt* Schrecklich. Wenn mein Mann einmal ins Erzählen kommt. Das ist urfad.

THEKLA War das der Lamberg, nach dem die jetzigen Salzkammerhüteln so heißen?

ZDENKO Das weiß ich nicht. Jedenfalls aber hat damals der allmächtige Minister Graf Montecuccoli ...

THEKLA Der was dem Maxl Hohenlohe die Briefmarkensammlung geschenkt hat? Der hat sie dann dem Lallo Trollenstein dreimal um den Kopf gehaut!

ZDENKO Ich bitt dich, wärm doch nicht die alten fachées auf! Du aahnst nicht, wie schwer das Haus Trollenstein damals wieder auf gleich zu bringen war! Drei Familientääge waren nöötig ... und der arme Bub war so verletzt, daß er wegen dem die diplomatische Karriere hat ergreifen müssen. Wie gsagt, bring nicht alles durcheinander! Den Monsignore Fadenhecht, der dir Geschichtsstunde gibt, muß ich übrigens ins Gebet nehmen. Und jetzt geh! Kannst einen ja ganz nervios machen.

Thekla nimmt dem Kammerdiener Ownitschek, der Erfrischungen herumreicht, Limonade ab und reicht Rudi, der im Hintergrund vor einem Spiegel herumstolziert, ein Glas. Sie flirten deutlich miteinander, doch versteht man sie nicht. Rudi macht ihr eine Geste des Entsetzens vor, begleitet von einem leisen Haah!. *Thekla kopiert die Sache. Dann läuft sie wieder ins Auditorium. Die Mutter hält sie aber auf.*

GRÄFIN Schau ihn nicht so an. Er ist ein Bürgerlicher. Vergiß das nie.

ZDENKO *zu einem düsteren Herrn = Seni* ... das Gerippe hat ihm nämlich die Hofkamarilla geschickt. Einige haben behauptet, – noch wie ich bei Viererdragonern gstanden bin, hat man davon 'gredt, – es sei bloß eine Attrappe gwesen. Andre wieder haben steif und fest behauptet, es wär ein Diurnist aus der Hofkanzlei gwesen. Der Graf Nüsslingen-Rillenburg hat sich sogar deswegen mit 'n ... na ... dem ... ä ... momentan entfallen ... gschossen. *Zu Rudi, der sich immer noch in den Spiegel schaut* Sagen S', von wem is die Novelle, was glesen haben?

RUDI *groß und hohl* Von ... Dämätrius Hartleib.

ZDENKO A ... da kannst nix machen.

GRÄFIN *die herangetreten ist* Das Gewinde ist viel zu groß. Man darf nie außer acht lassen, daß er ein Bürgerlicher ist. Das sind die ersten Spatenstiche, dem Bolschewismus die Wege zu ebnen.

ZDENKO M. M. M. Ä. Ä. ... mäh ...

GRÄFIN Was willst du sagen?

ZDENKO Daß ich ganz deiner Meinung bin. Überhaupt: Lorbeergewinde ...

THEKLA *zu Terzky* Was willst denn?

TERZKY Ich möcht dem Rudi die grüne Garnitur da herunternehmen. Die Leut lachen schon.

THEKLA Aber laß ihm doch die Freud!

TERZKY *droht ihr* Du ... na gut, daß wir so nah verwandt sind. *Leise* In deinen Induktionsstrom möcht ich nicht kommen. Zum Glück hab ich Blutscheu vor dir. Bin froh. Dafür schenk ich dir zehn Katschee auf Zuckerl ... Opfer am Altar der Artemis. Das arme Opferbraterl da ... mir scheint, du willst ihn übrigens marinieren ... deshalb der Lorbeer.

THEKLA Wie gescheit du daherredest! Und das will ein Aristokrat sein! Schämst denn du dich gar nicht? Übrigens, was für noble Absichten! Daß du ein Geld hast! Ein Terzky deines Alters! Hast du Nürnberger Kaufleute niedergeworfen?

TERZKY Aha, es »rudelt«! Der arme Rudi, dieser Vegetarier des Geistes!

THEKLA Geh, sei nicht so grauslich!

TERZKY Also, tu du ein gutes Werk. Das achte Werk der Barmherzigkeit: »Du sollst den Armen am Geiste die Ruhmesekzeme vom Haupte klauben!« Ja, ja! Friß mich nicht gleich! Deine Mutter hast du ganz nervös gemacht mit deiner aromatischen Huldigung ... du Marodörin des Bühnentürls!

ZDENKO Was wollen S' denn, Seni?

TERZKY *halblaut zu Thekla* Du, schau dir den Seni an! Seine Magnifizenz würgt schon die ganze Zeit an einer bedeutenden Äußerung. Der schaut aus wie der fliegende Holländer, wenn er zu speiben anfangt. Gleich wird's draußen sein ... aha!

SENI Ad vocem, Durchlaucht, Sie hatten vorhin Lorbeerkränze im Munde. Sagen Sie, Herr Graf: Speziell in Ihren Kreisen müssen doch noch Traditionen – gewissermaßen – existieren. Hümm, ich meine, haben Sie noch Herrschaften gekannt, die durch Autopsie, bitte! konstatieren konnten, daß gekrönte Häupter sich dieses Schmuckes, bitte, auch außerhalb des engeren, allerhöchsten Familienkreises bedient zu haben geruhten?

ZDENKO Äh?

SENI Wenn wir nämlich alte Briefmarken zu Rate ziehen, sehen wir, vorausgesetzt, daß man halbwegs in die Philatelie eingedrungen ist, daß zum Beispiel der Kaiser von Österreich in den Serien von 1858 bis 65, ja noch von 1867 bis 1883, sich in einem leichten Lorbeergewinde mit hinten herabhängenden Bändern gefiel. Und Napoleon III. ... von 1863 bis 1870 ...

ÜLLÖ *der kopfschüttelnd aus dem Auditorium heraufgestiegen ist und an die Gruppe herantritt* Ekelhaftes Pedant.

TERZKY *Hände in den Hosentaschen* Der Hochstapler da von die Tuilerien hat's notwendig ghabt ... Wie wäre so eine Eitelkeit zum Beispiel je einem englischen Monarchen eingefallen!

SENI Oho, da muß ich bitten! Betrachten Sie etwa eine Barbadosmarke von 1892! Da hat sich die höchstselige Königin Victoria in einem Muschelwagen einhertollend abbilden lassen ... den Dreizack schwingend!

ZDENKO M. Mmmm. Toll.

TERZKY Zu blöd! Gealtertes Neptungirl! Hätt sie aber in Windsorcastle nie getan. Zu blöd ... *Graf und Gräfin blicken ihn mißbilligend an.* Welch eine Motzedame! Die hätt eigentlich das Zeug in sich gehabt, Präsidentin eines maritimen Monarchensportvereines zu werden.

SENI Sie fanden früher ein herabsetzendes Wort. Sagen Sie das nicht!
Auch Georg V. folgte diesem erhabenen Beispiel auf Markenemis-
sionen.

ÜLLÖ Wos? Das gute, alte, ehrliche Schorscherl!! ... im ...
Muschelwagen! *Patscht sich auf die Knie.*

THEKLA Onkel, hast du eine Idee, was man eigentlich im Muschelwagen an hat? Frack? oder Ölzeuggehrock? oder Smoking, mit
Seetang paspoilisiert? Dem Papa tät ich so was nie erlauben. Denk
dir, wann der zum Beispiel so am Lido herumschundern möcht...
Die Mama möcht sich ja im Sand vergraben ...

ÜLLO Alsdann bei uns in Ungarn wäre die Frage a priori gonz einfach
gélöst: wir würden bestimmt marineblaue Attila tragen. Móntó
fesch umgehängt, vielleicht aus Haifischhaut, kérem, und nilgrüne
Tschismen: also so Husarenstiefeln, mit Seepferdlsporen, hát!

TERZKY Ja, ja. Aus Leuten werden Kleider.

ZDENKO Ja, so Sachen sind ein bissel fremdartig. Kann davon
erzählen. War doch dem Hofstaat vom höchstseligen Kaiser Franz
Josef attachiert. Seine Majestät hat damals nicht schlecht geschaut,
wie ihn der König Eduard als Siouxindianer im Buckinghampalast
empfangen hat. Noch dazu hat er unsern hohen Herrn zum
Regimentsinhaber ernannt. Aber Seine Majestät war n i c h t zu
bewegen, die Uniform zu tragen, einfach nicht zu bewegen. König
hat ein Schnoferl gmaacht... aber Seine Majestät ist fest geblieben.

TERZKY Ich glaub, bei Benützung eines so exclusiven Beförderungs-
mittels wie eines Muschelwagens – maritime Monarchentramway
sozusagen – trägt man am vorteilhaftesten Schwimmhosen aus
Großkordonbändern mit Hermelinbesatz. *Allgemeine Bewegung.*

SENI Unser junger Freund beliebt zu scherzen.

THEKLA *schwärmerisch* Es ist die reinste Hamletstimmung. Finden
Sie nicht auch, Meister? *Rudi schnuppert am Lorbeergewinde.*

ZDENKO Lassen wir das. Wir sprachen von Lorbeerkräänzen, die uns
eine heilige Überlieferung aus dem alten Rom sind. Ja. Alle
Triumphatoren, heimkehrende Feldherrn und dergleichen sind
ohne Lorbeerkranz undenkbar. *Seni nickt.*

EINE STIMME Ad wozem, Lorbörkrönze! Sehen Sie, da hab ich – ich
bin aus Kladrub, wo die große Pferdezucht ist – unlängst gelesen,

daß laut denen neichesten Forschungen auf dem Gebiet der Insektenkunde die Lorbörkrönze eigentlich aus hügüönüschen Grinden getragen wurden – gegen die Läuse. *Allgemeine mißbilligende Bewegung.* Bitt Sie, heimkehrende Feldherrn! Siedländer ieberdies. Was werden die alles zsammklaubt haben! Wanzen, Zecken, Flöhe. *Töne der Empörung.* Is ja klar. Um sich nicht während der pomphaften Handlung fortwährend kratzen zu müssen. Wie schauet denn das aus. Natürlich haben s' also so Triumphgemiese tragen müssen. *Töne wie oben.* Na, und dann wurde es zum Appendix der Eitelkeit, genau wie die Triumphbögen. Sagen Sie selbst, können Sie sich im Grund etwas Blöderes denken? Rechts kann man herum, links kann man herum ... ausgerechnet in der Mitte muß man ...

ZDENKO ... aber ... schaun S' ... äh ...

STIMME Statt daß sich so a Räuberhauptmann gschämt hat. Is wo bei andren Völkern einbrechen gewesen ...

SENI *laut* Sie wühlen mit ruchlosen Füßen in allerheiligsten humanistischen Gefühlen.

STIMME Bitte! Hand aufs Herz! Wo wäre etwa im Norden der Triumphbogen Mode geworden? Ja, bloß in der Clownerie. Vom Zirkus wurde dieses Requisit übernommen. Wo dumme Auguste sich in die Manege ein kleines Gehtürl mitnehmen und nicht durch können, weil sie den Schlüssel vergessen haben.

THEKLA *zu Rudi, der wieder vor dem Spiegel Attitüden macht* Ganz Shakespeare!

GRÄFIN Meine Herrschaften, wollen wir das Gespräch beenden. Baby will ihrerseits auch etwas zu diesem literarischen Abend beitragen. Wie sie mir eben zuflüsterte. Ein selbstverfaßtes Gedicht. Ich kenne übrigens den Inhalt nicht. Sie will uns damit überraschen.

ALLE O, wie reizend!

ÜLLÖ Contesserl, gib diesem Abend, diesem ... Parnaß ... erst das eigentliche Weihe!

RUDI *leise zu Thekla* Süße Saffo!

Man plaziert sich.

THEKLA *liest vor* »DIE TOCHTER DES EUNUCHEN. Slawische Ballade.«

Allgemeine Unruhe.

TANTE TERZKY ... Aber ...

THEKLA *zur Tante* Bitte, liebe Tante?

Tante verzweifelt.

SENI *verlegen* Die gnädige Contesse ... meint wohl ... das heißt: will
meinen ... daß also der Titel: »Die Tochter ... «

THEKLA *wichtig* Natürlich: Tochter! Eunuchen ... eine alte Hof-
würde ... durften nämlich keine Söhne haben! So hat mir mein
Geschichtsprofessor ... *Ihre Erklärung geht in allgemeiner Unruhe unter. Überall Gesten der Verzweiflung.*

ZDENKO Ä ... Thekla ... einen Moment ... bitte ...

THEKLA Also, ich beginne.

Mama zerbricht den Fächer.

EINE STIMME Jesischmarja!

THEKLA »Zu Ali Pascha, dem Tyrannen, schlich
Bowitsch, den Dolch quer im Munde ... «

SENI Aha. Bowitsch! Der Nationalheld der Morlaken. Reduktion des
Namens Popowitsch, der nicht überall gerne gehört wird.

TERZKY Mhm! Sozusagen natürlicher Logaritmius von Popowitsch.

*Ein Arm mit Hörrohr wird sichtbar. Eine zerbrochene Damenstimme
frägt* Wa ... was? Die Tochter ... quer ... im Monde ... ?

SENI *spricht dozierend ins Hörrohr* Nein! D o l c h! D, wie Marlene
Dieterich, O, wie Obschistwy, L, wie ...

VIELE STIMMEN Pscht, pscht!

SENI *ägriert* Ja! Q u e r im Munde. Damit man die Mordwaffe nicht
sieht. Sehr gut beobachtet. Oder mit uralten Instinkten zusammen-
hängend.

TANTE TERZKY Aber, wie kann sie denn das wissen? Was wollen S'
denn, Iszolany?

ISZOLANY A, da bin ich schuld. Ich hab ihr Bild gezeigt, was ich
immer mit habe. Ein direkt farbenglühender Kafka! *Bewegung.*
Der unser südslawisches Gemütsleben so genau erfaßt hat,
trotzdem er ein verbissener Deutschbehm wor! »Montenegrinische
Besuche beim Kaffeekränzchen« heißt es! Auch die tragen genau so
große Schnurrbärte wie die Morlaken, damit man die geraubten
Gegenstände nicht sieht. Selbst Operngläser, bitte! Und weil sie

immer was zu verbergen haben, deshalb sind sie auch so schweigsam.

THEKLA Also: »Als Bowitsch den Ali so nahe sah,
da fletscht er voll Wut mit den Zähnen,
da sah man den Dolch unterm Schnurrbart – haha,
wie jedermann leichthin kann wähnen.
›Was wolltest du mit dem Dolche? Sprich!‹
entgegnet ihm lauernd der Düsterich.
Groß und verklärt
› ... Das Ei dem Drachen zertreten ... ‹«

ÜLLÖ *brüllt* Bravo! Bravissimo! Wunderborer Bild! *Applaudiert wie
toll, aber mit besorgter Miene.* Contesserl! ich kann nicht weiter!
ich vor Lachen sterbe! *Markiert einen Lachkrampf.* Joihaha ...
hahahaha ... joi joi ...

ZDENKO *zu den beiden Damen* Großartig ... is der beste magyarische
Diplomat ... Wie taktvoll ...

GRÄFIN Dem Himmel sei Dank, daß dieses ... Gedicht ... also, aus
ist ...

SENI *verzweifelt, kann seine Zwickerschnur nicht entwirren, halblaut
für sich.* Nur gut, daß sie dem abscheulichen Laster des Gesanges
wenigstens nicht frönt.

TERZKY *der das doch verstanden hat* Wie können Eure Magnifizenz
das sagen?

SENI Mein fleischlicher Bruder ist ein Tenor gewesen. Der Fluch der
Angehörigen trieb ihn in die Moldau. Bei Koshirs zog man die
Leiche heraus.

TERZKY Das klingt eigentlich so indisch.

SENI Dort ist auch die – sagen wir: Pionierschule für die Westfakire
und es werden dort auch die falschen Chinesen für die Schaubuden
erzeugt, seit wir die Autarkie haben. Ja, das Singen ... es ist ein
Fluch darauf.

ÜLLÖ *der näher getreten ist* Singen? Wie kann man über Gesang so
sprechen! Gesang ist das Heiligste, wo gibt! *Halblaut* Ich werd jetzt
etwas singen, damit das Theklakinderl nicht weiter so ... in ...
melodramatische ... Pornographien ... bitte, unbewußt! sich
verhaspelt, beziehungsweise herumpantscht. *Laut* Meine Herr-

schaften! darf ich euch ein Liedel singen, ein Liedel, was wir
Magyaren ... in czarter Scheu ... sonst ... vor ... weiße Europäer
... géheim halten ... aber, weil ihr so liebe Leuteln seids ...

ALLE Ja, ja, bitte!

ISZOLANY Du muß aber die Zuhöörer früher vereidigen, daß sie den
Lied nicht ausplauschen. Es kommen doch Militärgeheimnisse
drinnet vor!

ÜLLÖ Du hast recht. Also, bitte, meine Herrschaften: Wer anhören
will, stehe auf, hebe den Hand, entblöße selbe von Handschuh
wann anhat und schwöre Verschwiegenheit! Wer Eideszeremoniell
ablehnt, bitte inzwischen Saal verlassen und kann sich inzwischen
an Buffet gütlich tun, bitte.

ISZOLANY Da hast du das Hirtenflöte, um Ton zu suchen.

ÜLLÖ Danke. Alsdann, ich singe. Hier der Lied!

An ainem Tisch haben sich gésessen mehrere Offizierer.

Flöte, kriegerisches Zymbalmotiv, etwas Sporenklirren
Ain blonder, sommersprossig von Gesicht Mann
sanfte Hirtenflöte
hat gé-blickt herein, bitte, in Zimmer. Augenglos hat getragen.
Wie er hat hineingeblickt schnell, so gé-blitzt hat
die zwei Augenglas der Lichterglanz in,
als wenn irgendein feueräugiger Gé-spenst
blicken würde herein. So geblitzt hat, bitte!
Das Kind bé-wunderte den kalten Blut der Leute.
Sein Kopf war von der dummen Tanczmusik bé-täubt.
Wilder Zymbal, Joi-Joi-Rufe
Dasselbe Kind wünschte bei sich, daß
ferne Weihnachtsglocken
der kleine Oberlaitnant gé-winnen möge.
Einige Takte Rakoczymarsch
Der kleine Oberlaitnant schnéller fertig ist gewesen
als das Major von Honvéd.
Verwehter Regimentsmarsch, ferne Schüsse
Schöne gute Nacht hat gé-wünscht ihm. Weil war zufrieden.
Denn das Major hat verspielt gehabt eigene Gage,
und den Furaschgeld von ganzes Régiment, klarerweise.

Und so kaufte er auch, was er wünschte:
Ainen Schild, einen großen, roten – wie Czinober, bitte!!!
Hát!! Eljen!! Czinober!!!
Haj!!! Czinober!!!
Haj!!! Czinober!!!!!
Hajuk!!! Czinober!!!!!!
Ain Schwert, blank und krump hatte er,
weiß Gott woher? – vielleicht von Jud?
in der Hand.
Zimbel
Und auf dem Arader Landtag
ließ die Gattin Bélas des Blinden
jammerndes Fagott
achtundsechzig Magnaten
nieder-metzeln ...

Üllö schluchzt. Wirft den tárogató – die Hirtenflöte – weg und spuckt dann, nach einem grimmigen, langrollenden, aber unverständlichen ungarischen Fluch, mit bösem Blick in eine Ecke. Und weint wieder ein wenig.

ZDENKO Töhötöm ... das hast du wunderbar gesungen.

ÜLLÖ *noch unter Tränen* Jo. Das Leute sagen, daß Schaljapin is a Dreck gegen meiner.

BUTTLER Well. Haben Sie dieser Lied selber gemacht?

ÜLLÖ Wosz? Szélber? Gemocht? *Beleidigt* Dos konn kain irdener Mensch nicht mochen. Das hat der Fußboden, bitte, gesungen. Der hailigen, sáchen, also Fußboden, wo waxt Gétraide ... Das ist der Hymnusz von unser Komitat, von Berekszász. Ganze Gespann-schaft singt es! Auch Stuhlrichter hat schon öfter während der Verhandlung gesungen.

BUTTLER ... OO ...

ÜLLÖ *in plötzlichen Jammer neu ausbrechend* Achtundsechzig Magnaten! Lauter Föméltóságos úram! ... Achtundsechzig! Hat-vannyolc! bitte. Stellts euch vor! Sie werden aingeladen auf Supätscherl – glauben sie, – küssen der Dame des Hauses den Hand, ... mit blindem Mann wird dann bequem hazardieren sein. Die sagt: »Schon gut« und so gewisse Blicke ... immer schaut auf elektrischen Drucker ... das gefällt ihnen schon nicht ... plötzlich entpuppt sich die Dame des Hauses als Beschtie miserable sadistische, was hat Taifel vielleicht ausgebrütet, wie is mit Sekundärbahn in Urlaub gefahren ... wer weiß Genaues über so Sachen ... Ich kenn auch so Fall: Da war im Kommunikations- miniszterium sehr a hübsche Stenotypistin. Die hat einen Bekann- ten von mir, einen königlichen Notär aus Nagykikinda, so gefoltert, daß krummbeinig geworden is und nicht mehr bei der Magnatenfantasia, bitte, hat mitreiten können.

ZDENKO Ich bitt dich ... moderier dich.

ÜLLÖ *schaut ihn entgeistert an.* Man hat in ganz Budapescht béhauptet, daß sie mit Nachtstrom gemacht hat, weil das is billiger.

ISZOLANY Bitt dich Töhötöm, verirr dich nicht.

ÜLLÖ Wos haißt verirren? So was muß man annageln für Öffentlich- keit. Stell dir vor, so ein netter junger Mensch, der zu die schönsten Hoffnungen berechtigt ... der Stolz von ganzem Komitat ... wird über Nacht, bitte, sozusagen ... krummbeinet! Hast du Worte? Elemér?

ISZOLANY Laß mich in Ruh mit die verfluchten Massa Haxen von das königliche Notär!

ÜLLÖ *gereizt* Wos haißt Massa Haxen?

ISZOLANY Samt Schreibtisch. Weil jedes Notär direkt verwaxen is mit Schreibtisch.

ÜLLÖ *verscheucht die ihm abwegige Vorstellung mit einer Handbewe- gung.* No, ainciger Trost war dann für ihn, daß als Attila am Maskenball hat gehen können. Nach eingeholter Bewilligung von königlichen ungarischen Heimatschutz natürlich. Jo, und dann hat der entmenschter Weib die Herrn vor dem Souper hinrichten lassen ... vielleicht von hordár – von Dienstmännern. Dabei haben alle achtundsechzig sich béstimmt neu equipiert – neue Féderbüsche ... die vergoldeten Tschismen frisch besohlen lassen, daß Csardas mehr Lärm macht ... Ich saget kein Wort, wenn gewöhnliche Lait gewesen wären ... aber: lauter Excellenzen!

ISZOLANY No ja, bitt dich, reg dich nicht mehr auf. Damals ...

ÜLLÖ Wos? Domols! haben geglaubt, kommen auf Mulatschag ...

und werden gehinrichtet, statt können machen Kartenspiel ...
bissel färbeln ...

ZDENKO Apropos, Kartenspiel! Der Jaroschinski wird eh gleich da
sein. Wird halt wo ein bisserl gejeut und sich so verspätet haben.

ÜLLÖ *finster* Der Jaroschinski? Gefällt mir nicht. Weiß nicht ... das
ist kein Graf.

ZDENKO Aber, ich bitt dich! Er ist Adelsmarschall von Tambor! Was
sagst jetzt?

ÜLLÖ Laß mich. Das is a innere Standesstimme, wo einem sagt – du
bist ein Grof, ich bin eines, das Iszolan is eines ... der nicht. Der ist
ein ... ein Bold is er! ja! das ist das Wort!

ZDENKO Red nix! wo ich ihn doch in Paris bei einem Diplomatenrout
kennengelernt hab! War das alter ego vom Poincaré! da war kein
Herr der Gentry anders als er! Eine Clique!

ÜLLÖ *neu in Jammer ausbrechend* Und gewiß hat Jud weiterverkauft
Galauniform, nachdem hat chemisch putzen lassen. *Weint.*

TERZKY Aber damals hat's doch noch keine Fleckputzereien gegeben!

ÜLLÖ Wie denn nicht? In Ungarland immer hat gegeben. Unsere
Geschichte war so blutbefleckt, daß hat geben müssen. In Dob
utca, in Trommelgasse, in Budapescht, waren Spezialgeschäfte ...
und *zwinkert* noch andere ...

THEKLA Pappi! Du hast doch ein Haus ... dort ...

Zdenko zuckt die Achseln.

ÜLLÖ Du ... hast?!

ZDENKO *zögernd* Ja. Das 197ger.

ÜLLÖ *mit hochgezogenen Brauen* ... den ... 197ger ... ?? Joi ...

Zdenko wendet sich unwillig mümmelnd ab.

RUDI *schwenkt den Lorbeer* Darf ich um die geneigte Aufmerksamkeit bitten, meine Herrschaften! Contesse Thekla fährt in ihrem
Vortrag fort.

GRÄFIN *winkt Buttler heran und fächelt sich erregt.* Lord Teddy!
Thekla darf nicht weiter sprechen. Schlagen Sie vor, daß meinet-
wegen Theater gespielt werden soll. Das macht der Jeunesse Spaß.
Aber bitte, schnell!

BUTTLER Well. Ich werde versuchen. Vielleicht kann ich die

Countess abstoppen. Es gibt eine alte Sprichwort bei the Delaware-
indianer: Ein Backfisch hat Träumereien wie ein Kind, aber einen
Kopf wie ein Generaldirektor. Also: Meine Herrschaften, unsere
verehrte Gastgeberin hat eine Programmänderung in petto. Die
bisherigen, ganz hervorragenden Solovorträge sollen durch ein
Theaterstück ihre Gegenkontur erhalten.

THEKLA *jubelt* Ja! ja! ein Theaterstück!

Gemurmel der Zustimmung.

STIMMEN Was für ein Stück?

THEKLA Ein modernes Stück, natürlich! das Neueste muß es sein, das
Ideal eines Stückes, wie es sich die Fürsten der Bühne träumen
lassen.

TERZKY Schau, Thekla, das würde dir nicht gefallen, was heute als
Standard gewünscht wird, das heißt: gewünscht wird es nicht. Die
Bühnen wünschen eigentlich im Geheimen ganz andere Sachen.
Die sind gar nicht so renitent. Aber, sie dürfen nicht. Was mischt
sich da nicht alles hinein. Die es nichts angeht! Da darf nichts von
Liebe vorkommen, oben darf man nicht anstoßen, unten nicht,
nicht an beiden Seiten ... kein Herrscherhaus darf erwähnt
werden, besonders nicht, wenn davongetschundert ist ... Dann:
das Stück darf nichts kosten, außer es ist ein von irgendwoher
inspizierter Schmarrn. Na, und drei Darsteller ist schon zu viel! –
Keine Ausstattung, keine Handlung, damit das Publikum mit-
kann, – kein Dialog. Das wäre das Ideal.

BUTTLER Warum spielt man dann nicht lieber gleich auf ganz finstrer
Bühne? Mimen ergo unsichtbar! Stück wird hinter der Szene
gelesen.

TERZKY Sie, da hab ich eine Idee! Bei Waldszene: bisserl Terpentin
zerstäuben. Bei Meer: Häferl Theer anwärmen. Szene am Turf: paar
Pferdefäkalien zerblasen.

THEKLA Pfui, hör auf!

TERZKY O nein! Was lassen sich da für Abfälle dramatisch verwerten!
Naphtalin in mondänem Stück bei Abreise nach St. Moritz! Arme
Leute: Quargel und Sauerkraut. *Trällert*
> Odeur de Quargl avec Syphon,
> fi donc, fi donc, fi donc, fi donc.

ÜLLÖ *haut auf eine Zeitung.* Da is Wiener Tagblatt! Schaun wir in
Programm nach. Wart ... aha ... da: Burgtheater: Androklus und
der Löwe. Von Bernhard ... Shaw. Kinder, das muß lustig sein! Da
spielt dressiertes Löw mit ... nein ... schade. Der Lö-we: Herr
Häussermann! Da ... ja ... ja ... da. Hier bitte: erster Christ: Herr
Veiglstock, zweiter Christ: Herr Lichtblau.

ZDENKO Da hab ich eine andere Idee! – Jetzt kommt Ostern! Wie
wäre großes Eiersuchen auf der Bühne? Ganz harmlos! Dazu muß
jedes Staatstheater seine Bühne hergeben ... muß einfach ... wenn
nur die richtigen Leut dahinterstehen!

ISZOLANY Schauts, Kinder, da hab ich eine Idee: Geben wir den
Hamlet Ostereier suchend ... wo er eh so a Suchender ist!

THEKLA *höchst interessiert* Reizend! Vielleicht könnte dem Toten-
gräber seine Frau ... gwiß hat sie Hendeln ... da als neue Figur
eingeführt werden?

TERZKY Den blöden Totenschädel aus Papiermaché nehmen wir ihm
weg. Dafür bekommt er ein riesiges Osterei, in den dänischen
Farben, meinetwegen.

ÜLLÖ Und wißts was? Könnten wir den Titel nicht zeitgemäß etwas
abändern? »Humhal, Prinz von Dänemark«? Bitt Sie, das is heut
die beliebteste Wiener Schneiderfirma, für die jeder Gebildete
schwärmt.

THEKLA Göttlich!

SENI Dagegen muß ich Einsprache erheben. Das ist Denkmalschän-
dung. Über die Eiergeschichte will ich meinetwegen hinwegsehen.
Denn es ist in der Tat ein Stück, wo die meisten Eier vorkommen.
Zum Beispiel auf pagina 93 der Reimerschen Ausgabe, sechsund-
zwanzigste Zeile von oben, steht: »Polonius! Noch hier? Laertes! Ei,
Ei.« Dann pagina 130, zweimal: »Ei, wohl ... «

GRÄFIN Was Sie alles in den Büchern finden!

SENI Wir Gelehrten müssen eben forschen, um uns in Ansehen zu
erhalten. Kurz, wir können ohnschwer in diesem Drama nicht
weniger denn achtzehn Eier aus dem Munde Shakespeares
nachweisen! Wie schön ist das tiefe Schürfen des Hamletschen
Geistes doch in dem Satz erfaßt: »Ei! es ist spitzbübische
Munkelei!«

THEKLA Nun, wenn da von Munkel-Eiern die Rede ist, können wir getrost die viel moralischeren Ostereier hineinpraktizieren, *zu Rudi* nicht wahr, Meister? Aber jetzt wollen wir an die Verteilung der Rollen schreiten! Wer soll den Osterhasen spielen? Denn aus dem Hamlet machen wir natürlich den Osterhasen.

ZDENKO Ich glaube, das wäre eine Rolle für unsren jungen Freund da! *Er deutet auf Rudi.*

RUDI O, Eure Durchlaucht! O, welche Ehre! So gut gung es mir noch nie! Was? Was? Gung? Falsch! Gong!! nein ... stimmt auch nicht. Na, läuten wir ein bisserl – da liegt's drin! Gung, gang ... geng ... gong? Nein. Gong ... G i n g!! Ging heißt das blöde Wort! Daß man sich nicht geniert, so einen Blödsinn zu gebrauchen ... man stelle sich nur vor: ging, ging, ging ... eines ernsten Mannes unwürdig ... Von was haben wir grad gesprochen? A, ja! Ich soll den ... Mostrichhasen mimen! ... falsch! Hosenmostrich ...

TERZKY Behüte!

ÜLLÖ *hebt die Hand.* Genug! O-ster-hasen ... *zu Zdenko* Was hat er denn? der hat ja den Papperlapa! So was ghört in Parlament, aber nicht unter anständige Leute.

ISZOLANY No! der is halt zum erschtenmal in so feinem Kreis ... natürlich wird er blöd ... und dann, weißt ... *deutet auf Thekla.*

ÜLLÖ Natürlich! Du mußt es ja wissen. Du warst ja auch einmal jung. Also, das ist überwunden. Aber der andre Begleitzustand ... bei dir ...

ISZOLANY Was heißt das? Ich bin heut noch jung.

ÜLLÖ Nain. Täusch dich nicht! Wirklich jung is nur, wem Hand im Winter dampft. Ohne Handschuh, natürlich! Das ist das Opferschale für die Göttin Venusz! Das is Jugend! Alles andere ... pah.

GRÄFIN Ich sehe, man kommt nicht weiter.

SENI Richtig! Wir wollen lieber eine Szene aus dem Drama herausziehen, die sich besonders für die Verlegung des Ostereiersuchens eignet.

Wollen wir vielleicht Viscount Buttler als engerem Landsmann des Dichters die Wahl lassen?

GRÄFIN Mir sehr angenehm. Dadurch ist auch gewährleistet, daß sich
da ein dramatisches Milieu findet, in dem meine Tochter standesgemäß sich bewegen kann. Auch ist durch Ihre Person für mich die
Sicherheit gegeben, daß die Sittlichkeit in jeder Hinsicht in
zartester Delikatesse ghütet erscheint.

BUTTLER Mir ist das Stück zwar nicht mehr in genauester Erinnerung. Aber, ich glaube, wir werden die Opheliaszene wählen. Und
unsere reizende Contesse sei die Prinzeß Ophelia.

THEKLA *leise* Rudi ... ich bin die Ophelia ...

RUDI *leise und verklärt* Still ... die reizende Ophelia ... Nyyym- ...
phe ...

THEKLA Nymphe ...

RUDI Nilpf ... Nyymphe meines Herzens ... Schließ in dein
Gebäht ... all meine Sünden ein ...

ZDENKO Also morgen, meine Herrschaften, findet hier, im Wladislawsaal dies kleine Festtheater statt.

ÜLLÖ Wunderbarer Saal! Und der Akustik, wo hat! *Blickt herum.*
Ich immer wieder bin begeistert ... beneidenswerter Sooß-
beschlitzer ...

OWNITSCHEK Bitte die Herrschaften zum Souper.

ÜLLÖ Kinder! Seids nicht so materialistisch! Laßts mich noch ein
Liedel singen, eh wir prassen gehn! Ich kann nämlich die
Teufelstriller von Tartini s i n g e n!! Wollts es hören? *Ruft zur Tür
hinaus* Opitz! Hol die Lokomotivpfeife und die große Fußpumpe,
weißt!

ZDENKO Äh?

ÜLLÖ Jo. Ich sing besser zu Begleitung. Das ist wie Stimmgabel.
Alsdann: wollts es hören?

ISZOLANY *stürzt vor* Töhötöm! ich bitt dich! das Porzellän wird
wieder einmal zerbrechen! denk, wie du bei Kinskys hinausgeworfen worden bist!

ZDENKO Liebster Üllö! wollen wir nicht doch lieber soupieren gehn?

ÜLLÖ *zuckt die Achseln.* Banausen ... Aber, wenigstens ein kleines
Liedel laßts mich singen ... bissel Musik muß sein ... es gibt keine
gesündere Vorspeis!

ZDENKO Also, meinetwegen.

ÜLLÖ *singt* Haifig wird das Ungor Raiber,
        alles stiehlt er, nur nicht Waiber.
        Weil dies für Kavalier is Szünd,
        und, auch, bitte! wegen Kind!
VIELE STIMMEN DER HÖCHSTEN KREISE BÖHMENS Bitte, aufhören ...
ÜLLÖ   Der Huszar von Kecskemét
        ist gerne gegen Damen nett.
        Sind Damen aber, bitte, schiech,
        dann wird der Huszar, bitte, Viech.
Stimmen wie oben
        Der erwachte Löw blickt wild.
        Und ganz entsetzlich ist sein Bild.
        Ain Aug ist rot, der andre grüün,
        ganz wie bei großer Dampfer Wien.
Stimmen wie oben
        Zwei Dampfer auf dem Flusse Theiß.
        Die pantschten müühsam durch den ...
STIMMEN Sofort aufhören!
ÜLLÖ   Brei, bitte ...
ZDENKO Also Töhötöm ... marsch ... dort ist die Tür!

Vorhang

ZWEITER AUFZUG

Derselbe Teil des Saales wie vorher. Ein Vorhang grenzt eine Bühne ab. Im Vordergrund sind Fauteuils arrangiert. Ein Auditorium ist nebenan gedacht, aus dem man Geflüster hört. Graf und Gräfin Wallenstein, Buttler, Seni, Üllö sind anwesend. Ownitschek reicht Programme herum.

GRÄFIN WALLENSTEIN *lorgnettiert in den Zettel* »William Shakespeare and Sir Rodolph Lallmayer:
    Prinz Hamlet, der Osterhase«.
    Der Könich ... Elemér Gróf Iszolany.
    Die Könichin ... Gräfin Terzky ... muß sagen, charmant, daß sich

die Jenny die Plag antut, wo s' 's Theater nicht schmecken kann. Ophelia ... na, ja, eh schon wissen ... frecher Fratz ... das. Polonius ... Graf Terzky.

Hamlet... Drei Sterne. Aha! Weil er noch nicht die Akademie oder das Reinhardtseminar oder, was weiß ich, absolviert hat. Na. Wird ein zweifelhafter Genuß werden.

Ein Gong ertönt. Der Vorhang rauscht auseinander.

KÖNIG Wie béliebt zu leben unser ... sáchen ... Vétter Ham-lett?

HAMLET I ... dingsda ... Italien!! hat jetzt so große Bedeutung. Ich nenne mich daher nun »Ameletto«! »Omeletto« ausgesprochen. So schreibt es schon Verdi vor. *Sehr geziert* Um auf Euer Majestät Frage zurückzukommen ... ä ... *fragende Gebärde*

KÖNIG *murmelt einen ungarischen Fluch.* Wie béliebt zu leben unser Vetter Hammmlet?

HAMLET Vortrefflich, meiner Treu. Von dem Chamäleonsgericht. Ich esse Luft! mein Gasgemisch ist arm ... Ich werde mit Versprechungen gefüttert ...

KÖNIG Ich habe nichts mit dieser Antwort zu schaffen. Wie ich also höre, nennt Ihr Euch nun »Omeletto«. Dies erfordert Eier.

HAMLET Eure Worte? Meine auch nicht mehr.

Das Auditorium sieht sich kopfschüttelnd an.

HAMLET *zu Polonius* Sir ... Polak ... bitte nein, Polonius! Ihr spieltet einmal auf der Universität? Das ist heute natürlich so gut wie abgeschafft ... außer Ihr exekutiert ein Weihnachtskrippenspiel. Sagtet Ihr nicht so? Ei! was stelltet Ihr vor?

POLONIUS Den Julius Cäsar.

ÜLLÖ ... verflucht schleimiger Namen. Bei Julius muß ich immer an großes Regenwurm denken.

STIMMEN Pscht! Pscht!

POLONIUS Ich ward auf dem Kapitol umgebracht.

SENI *nickt* Vierundvierzig vor Christus.

GRÄFIN Pscht!

HAMLET Es war brutal von Brutus, so ein kapitales Kalb umzubringen. *Bewegung.*

ZDENKO *halblaut* Un-er-hört!

KÖNIGIN *die mit dem Lorgnon ihre Rolle aus einem Zettel liest, ablenkend* Komm ... hierher, lieber ... ä ... Hamlet. Setz dich zu ... mir.

HAMLET Nahein, guote Mutter. Hier ist ein stärkerer Magnet.

POLONIUS *zum König* Oho. Hört Ihr das wohl?

KÖNIG *halblaut* Kunststück ...

HAMLET Fhhh ... Fräulein ... soll ich in Eurem Schoße liegen? *Setzt sich zu Ophelias Füßen.*

KÖNIG *halblaut* Verfluchtes Genußspecht ...

OPHELIA Nein, mein Prinz.

Gräfin nagt am Fächer.

HAMLET Ich meine, den Kopf auf Euren Schoß gelehnt.

OPHELIA *sehnsüchtig* ... Jaa, mein Priinz ...

Gräfin sehr unruhig lorgnettierend.

HAMLET Denkt Ihr, ich hätte erbauliche Dinge im Sinne?

OPHELIA ... ich ... denke ... nichts ...

ÜLLÖ Aha! also damals schon Sportsmädel.

GRÄFIN Pscht!

HAMLET *furchtbar maniert* Ein schöner Gedanke, zwischen den Beinen eines schönen Mädchens zu liegen!

Große Unruhe im Auditorium.

EINE STIMME *gepreßt* Jesischmarja!

Gräfin klappt den Fächer auf und zu.

ÜLLÖ Ich bitte, fangen Sie lieber zum Eiersuchen an ...

VIELE STIMMEN Pscht! Pscht!

KÖNIGIN *läßt den Zettel fallen, sehr ernst* Nein, mein Prinz! stehen Sie auf! Lümmeln Sie nicht so auf der Erde herum! *Macht Zeichen der Empörung zur Gräfin Wallenstein hinüber.*

OPHELIA Was ist, mein Prinz?

HAMLET *böse* ... nix is. *Gemurmel*

OPHELIA *verwirrt* Ihr werdet aufgeräumt!

ÜLLÖ Ganz richtig! Hinausgekehrt wird er gleich werden. Paßts auf!

HAMLET Wer? Ich?

OPHELIA Ja, mein Prinz.

HAMLET Ich reiße Possen, wie kein andrer. Was kann ein Mensch tun als lustig sein? Denn seht nur, wie fröhlich meine Mutter aussieht.

ÜLLÖ So eine Lug!

HAMLET Und doch starb mein Vater vor noch nicht zwei Stunden.

EINE STIMME Segn S' es, der alte Wandwurm!

SENI *ägriert und sehr laut* Nein! H o r n w e n d e l heißt er!

GRÄFIN WALLENSTEIN Ich protestiere. Ich finde, so eine Herzlosigkeit bringt man nicht zu Ostern.

POLONIUS Ich bitte, betreten Eure Durchlaucht nicht das Drama.

ZDENKO Bitte echauffiere dich nicht, Liebste!

OPHELIA *zu Hamlet* Wiederholen Sie den letzten Satz.

HAMLET Und doch starb mein Vater vor nicht zwei Stunden.

OPHELIA Vor zwei mal zwei Monaten, mein Prinz.

STIMME AUS KLADRUB Das muß ich sagen, das is sich ein schener Sohn! Bei uns in Kladrub wäre er ...

STIMME Ruhe! Setzen!

HAMLET Ei! so mag der Teufel schwarz gehn! Ich will einen Zobelpelz tragen!

ÜLLÖ *zu Zdenko* Sixt es! Zobelpelz! Jo, bei der Valuta domols ... Der sollt, bitte, Pengö haben ...

HAMLET O Himmel! Gestorben vor zwei Monaten und noch nicht vergessen? So ist Hoffnung, daß das Andenken eines großen Mannes sein Leben um ein halbes Jahr überdauert. Aber, Kirchen mußte er stiften. Sonst denkt man nicht an ihn. Es geht ihm wie dem Steckenpferd, dessen Grabinschrift ist: »Denn, o denn! vergessen ist das Steckenpferd.« *Trompete, Vorhang fällt.*

SENI Tumultuös ... tumultuös ...

ZDENKO Unerhört! Ich protestiere gegen so ein Stück. Grabschriften für Steckenpferde! Doppelsprachig, womöglich! Leben wir denn unter Heiden? – Cäsar ein Kalb!! So etwas hätte die Zuckerkandl-Szeps nie importiert! *Ownitschek läßt Jaroschinski eintreten.* A, liebster Jaroschinski! Freue mich herzlich! charmante Überraschung! *Zur Gräfin* Darf ich dir Graf Jaroschinski vorstellen? Clubfreund von mir aus Paris. *Die Konversation wird undeutlich. Dann treten beide Herren nach vorne.* Liebster Jaroschinski! Sie kommen da in eine kleine Komödie herein ... wissen S', was von ä ... ä ... Shakespeare ... Bruchstück eines seiner besten Königsdra ... *Alles wird undeutlich.*

GRÄFIN WALLENSTEIN *zu Buttler, wütend* Ich bin em-pört! Ich mache Sie verantwortlich für dieses skanda-löse Stück, diesen Zola, den Sie uns da vorgeschlagen haben! Begreife Sie nicht, Lord Teddy ...

BUTTLER Ich versichere Sie, Durchlaucht, ich hatte keine Ahnung. Bitte Sie, auch damals haben schon die jungen Mädeln gern ...

GRÄFIN WALLENSTEIN Aber bedenken Sie, bei Hof ...

BUTTLER Ganz habe ich es nie gelesen ... und dann ... ist's auch länger her ... und bei uns wird in der guten Gesellschaft eben nur eine darin vorkommende Szene mit einem Totenkopf vorgeführt ... Es kann auch das da die amerikanische Fassung sein ... Drüben hat man andere Manieren. Übrigens ist er Hofdichter ...

GRÄFIN WALLENSTEIN Das Geringste, was Sie tun können, ist, daß Sie mir dann ein Telegramm an Ihre Majestät die Königin von England aufsetzen. Er muß von Hof entfernt werden ...

BUTTLER Aber Durchlaucht ... wie ist das möglich ... er ... ist ...

GRÄFIN WALLENSTEIN Das ist Ihre Sache. Kein Wort mehr in dieser Angelegenheit!

Buttler zuckt die Achseln.

OPHELIA *huscht herein.* Mama! bist du mir böse? Schau, ich kann nichts dafür.

Die Gräfin spricht leise auf sie ein.

JAROSCHINSKI *zum Grafen* Parbleu! Wer ist dieses bezaubernde Kind? bezaubernd ...

GRAF Ä ... ä ... meine Tochter.

JAROSCHINSKI Bitte, machen Sie mich bekannt! *Graf folgt der Aufforderung, zu Thekla* Ich bin ... begeistert, Contesse kennen zu lernen. Glauben Sie mir, ich ... bin ... ä ...

THEKLA Ja, ich verstehe. Aber, Sie verzeihn, daß ich diese Entrevue abbreche. Ich habe ... dramatische ... Verpflichtungen. *Ab.*

Jaroschinski sieht ihr entgeistert nach.

KÖNIG (ISZOLANY) *steckt den Kopf zum Vorhang heraus.* Joi, der Jaroschinski! Servus! Spät bist kommen! Hast sicher wo gejeut? Apropos, du Durchlaucht, wann dann dieser Blödsinn zu Ende ist, tun wir bissel jeuen. Is ja lächerlich, was braucht der Mensch schlafen. Seids einverstanden? Haben ja ganze Nacht vor uns. *Zu Jaroschinski* Was schaust denn so blöd? Hast dich wieder amol verliebt? altes Trottel ... da is nix für dich! *Nach hinten* Was is denn? Aha, fängt wieder an. Also, setzts Euch! *Verschwindet. Ein Gong ertönt. Man plaziert sich wieder. Vorhang geht auseinander. Es beginnt die*

PANTOMIME.

Hamlet hat sich Hasenohren aufgesetzt und erscheint mit einer Butte voller Ostereier.

HAMLET Bin der Prolog! Für unsere Vorstellung mit untertänigster Huldigung ersuchen wir um Genehmigung. *Beifall.*

KÖNIG Sie sei gewährt! Polonius! Sorge dafür, daß er dann die Eier gerecht verteilt. Das Osterfest, es will gefeiert sein.

HAMLET Jetzt werden wir erraten lassen, wem jegliches Ei zu eigen! Sein, oder nicht sein, ihrs, oder nicht ihrs, – das wird dann die Scherzfrage sein. Jedes muß sein Ei erraten! *Geziert* Ist das nicht köstlich?

POLONIUS Das ist urgelungen. Direkt pschütt.

OPHELIA *träumerisch* Der Prolog sei kurz wie Traumlicht.

HAMLET Kurz ... wie ... Traumlicht! Welche Bitternis! *Brüllt* Bitternis ... er ächzt schmierenhaft gleich Wermut ... *brüllt* Weer-muut ...

SENI *wirft das Textbuch zur Erde.* Das ist schrecklich! Läßt der pagina 133, Zeile vier bis 36 einfach aus!

HAMLET *brüllt nochmals, die Hand an der Stirne* Wer-mut ... Wäääärmuut!!!!

Da stürzt Ownitschek in höchster Aufregung herein, ein Tablett mit vielen Gläsern balancierend. Mit dem Ruf: Bin schon da! stolpert er, daß die Gläser mit schrapnellartiger Wirkung herumfliegen. Schrei der Entrüstung. Man putzt sich allerorten ab. Unter Tumult und Schimpfen fällt der

Vorhang

DRITTER AUFZUG

Einsame Partie im Schloßpark. Der Mond scheint.
Rudi ist allein da.

RUDI *Gehrock, Zylinder, die Arme verschränkt* Durch dieses hohle ...
dingsda ... Gasse! muß sie kommen. *Seufzt verliebt* Sie ...
sie ... die von den Sternen niedergestiegene Göttin. Mach mich
zum Goethe – Ulrike Levetzow! Es führt kein andrer Weg nach –
Küßmich!! *Hohles, eitles Lachen, räuspert sich* Man weiß, was du
gewollt hast. – Das geht nämlich auf mich! – Vorwärts mußt du.
Denn, zurück kannst du nicht mehr. *Blick in den Hut beim
Knipsen eines Taschenlämpchens.* Wäärs möglich? Könnt ich
nicht mehr wie ich wollte? nicht mehr zurück, wie mir's beliebt? Na
ja! Mit dem Amor ist nicht gut Kirschen essen ... noch dazu bei
Nacht! *Unsicher, dann Hut.* Aha! Ich müßte die Tat vollbrin-
gen ... *Verschämtes Achselschupfen.* Weil ich sie gedacht habe?
Nicht die Versuchung von mir wies? Ein Schritt vom Wege ... und
man ahnt das Paradies ... Hand aufs Herz, meine Herrschaften –
wer hat das noch nie empfunden? Das Herz genährt mit diesem
Traume ... Kunststück! Das Zuckergoscherl ... das Naserl ... Ja,
wie schön und entsagend sagt Grillparzer in der Ahnfrau: »Im
Venusberg vergaß er Ehr und Pflicht. Unsereins passieret so was
nicht ...« Rudi! Rudi! Aber am Ende passieret dir heute so was ...
Schaudert wonnig. Aber, seien wir wieder ernst! *Hut.* Aha! da
haben wir's! wenn wir schon vom Ernst gesprochen haben ... kenn
den Kerl gar nicht, der ging mir jetzt grad ab. Also: Mein Ernst
war's nicht. Beschlossne Sache war es nie. In dem Gedanken bloß
gefiel ich mir. Die Schönheit reizte mich ... und das Vermögen.
Nein, nein! Das hätt ich dem Schiller nie zugetraut, soweit ich ihn
von den Denkmälern kenne! Das heißt ja der Mitgiftjägerei
klassische Sanktionierung zu geben. A, schmeißen wir den Zettel
weg! War's Unrecht an dem Guckebild ... *Hut* – elende Funzel! –
Nein!! Gaukelbild!! *Hut* stimmt! Gaukelbild! Nicht Schaukelpferd
... der gräflichen Hoffnung mich zu ergötzen? Übrigens ist das
anfechtbar. Die Maria Eis sagt: ergetzen. Und die weiß, was sie
sagt. Aber, lassen wir das. *Hut.* Und sah ich nicht den guten Weg

... zur Seite, der mir die Rückkehr offen stets bewahrt? *Brütend* Nicht ohne Schaudern greift des Mannes Hund ... falsch. *Hut.* Hand!! in des Geschicksels geheimnisvolle Urne. *Nachdenkliche Pause.*

Wie mir die Viboldanék abgeht ... Das ist ein Gfrett bei dem Licht. Die überhört mich immer. Es ist nämlich meine Zimmerfrau in Wien. Früher war sie Tragödin in Olmütz. Jetzt ist sie Klosettfrau. Aber, es ist besser, daß sie momentan nicht da ist. Weiß Gott, was die Thekla zu ihr sagen täte ... So zwei Damen vertragen sich bald nicht.

Und sie? Hinausgegeben in des Lebens Fremde, gehört sie jenen türkischen Mächten an, die keines Menschen Kunst erträglich macht. Wenn ich da an Ankaras Bauten denke. *Ekstatisch, Donnerstimme* Horchet auf! Ein neues Trebitsch will ich mir errichten – ich fühl die Kraft dazu! – wo die Olympier werden mit Vergnügen vespern! Von Alabasterwaden wird euch dort serviert, knalldicker Heben, wie sie das ammenreiche Land in nimmermüdem Eifer laufend flott gebiert!

Uibrigens: – so Grillparzer – Halt! Zuerst die Maske *er nimmt sie aus dem Gehrock* aufgesetzt des Mimen. Ich will ... das Kind ... damit belohnen. Eigahantalich wollte sie mich als Lodengrien sehen. Ganz Humpoletz habe ich auf den Kopf gestellt. Es ist aber kein Lohengrien herausgefallen.

Nun das Kostüm! Da bist du ja, mein Koffer! Du Bringer bittrer Schmerzen! *Setzt den Zylinder auf den Boden und nimmt eine Toga, Kothurne, ebenso eine Apolloleyer und den Lorbeerkranz heraus. Dann deklamiert er*

> Da liegt das Schloß.
> Schlummre ruhig, guter Vater,
> Grääfinmutter, schlummre auch.
> Daß doch eure Tochterblume,
> die ihr streut auf meinem Pfad,
> mir zum Kranze werden möchte
> auf mein lockig Dichterhaupt.
> Sie soll also mir gehören?

Mir gehören? Wirklich mein?
Und das Glück, das schon als Hoffnung
mir der Güter höchstes schien,
gießt in freudiger Erfüllung
mir sein schwellend Füllhorn hin!

Man hört leises Knacken. Für Rudi unsichtbar erscheint im grünen Dämmer Jaroschinski. Er spricht leise und hohl: Haha.

RUDI   Ein Käuzchen klagte im Gebüsch.
              Das schrecket keinen Jüngling frisch.
              Das schrecket höchstens Jubelgreise,
              die halb schon sind der Würmer Speise.

Neues leichtes Geräusch. Aber nun zur Sache! *Hut.* ... Der schwedische Oberst! ist er's? Nun, er komme! *Thekla erscheint, verführerisch schön.* Ihr nennt Euch Wrangel?

THEKLA ... aber ... nein ... ich bin die Baby Wallenstein ...

RUDI *wirft ärgerlich den Zylinder weg.* Göttliche ... Ihr naht Euch ... Guckbleich ... nein! ... puckgleich kommt Ihr durchs Geäst geschlichen, das die Ahnenbilder pflanzten, wo doch der Przemysl noch nackt sah diesen Raum, in dem Ihr steht! Doch, wie seid Ihr angezogen!! Nichts als Pfeile habt Ihr an ... buntbefiedert, goldspitzfunkelnd ... mir das Herze zu durchbohren, wie 's der Pfeil beruflich kann!

THEKLA Großes Kind und lieber Schwätzer, streue weiter süßen Weihrauch, aus dem Herz, das Euch erbebt! Weihrauch hebt uns zu den Engeln, die die schönen Mädchen sandten, süßer Wirrnis Glück zu spenden!

Was sind die Götter ohne Weihrauch? Zu kühn vielleicht? Im Salon sind wir züchtige Backfische. Im Mondlicht aber Genien ... und wir formen die Welt!

RUDI Wer gab Euch Kunde? Wo last Ihr das?

THEKLA Nicht so ... nicht so ... Das zu schreiben traut sich ja niemand. Im Blute wissen wir alles. Aber, es sollte ein gelehrtes Buch geben. Für alte Tanten und andre Hemmschuhe. In dem steht: Du sollst schöne Mädchen nie allein ins Mondlicht stellen! Dann schlagen sie sich zum Gefolg der Artemis. Und Ähnliches sprechen sie wohl auch im Maskentreiben aus, im Mondlicht des realen Lebens!

RUDI Du verzauberst mich ... ich find mich nicht zurecht ... wohin verlier ich mich ... was drohet Wirres meinem Haupte? Durch Seidennebel süßer Wäsche sucht das Maultier seinen Pfad ...

Jaroschinski ballt die Fäuste.

THEKLA *lacht girrend* O, wie pfui! Doch seid Ihr ja kein Maultier. O ... Eure Maske ... O ... wie erhaben! Aber, was dahinter ist – der kleine Rudi. Mit dem hätte ein gewisses Contesserl nie so gesprochen! Im Salon, im Wladislawsaal ... im Daliborklavierzimmer ... dort werd ich gleich wieder so dumm sein, daß jeder Universitätsprofessor seine Freude dran haben wird. Frag nur den Seni, was der von mir hält.

RUDI *ganz verdreht* Der Esel Zettel will ich sein, der selber sich zu einem Teppich webt, der deinen Fuß umschmeichelt ... Titania!

THEKLA Was faselst du? Mir scheint, du fühlst dich Shakespeare und willst einen Gründonnerstagnachtstraum schreiben? Als Ophelia will ich genommen sein!

RUDI Ophelia ... das hat mir den Verstand geraubt ... damals ...

THEKLA Nna ...

RUDI Laßt wieder mich zu Euren Füßen liegen, wie damals. Mein Herz flammt auf zu dir!

THEKLA Was der Katz das Mausen ist, ist uns der Adoreur. Spiel mir ein Lied zur Leyer, Omletterl mit der tragischen Maske!

RUDI Liese Meyer ... e! ... diese Leyer! ist nur Attrappe. Doch bitte! *Er bietet ihr aus dem Schubfach Bonbons an, denn die Leyer ist auf eine Kaffeemühle montiert.*

THEKLA Wie sinnig! Dank, mein Mime!

RUDI Ihr bracht das Eis ...

THEKLA Nicht doch! Das Gefrorene war himmlisch.

RUDI Nahein! Welch grauslicher Irrtum! Nicht so! Ihr habt das gesellschaftliche Eis zertrümmert, den Schritt genähert mit dem Worte: sinnig! Das klingt an sinnlich an ... O, könntet Ihr, Theklakerl ... Theklerle ... Theklerleinerl ... ein wenig schmieg-

sam sein ... *verblödet vor Leidenschaft* samsein ... samsein ...
ein Küßchen rauben lassen?

*Jaroschinski fährt sich in den Kragen und steht dann, die Fäuste
geballt, als grauenhafte Grimasse da.*

THEKLA *lieb* ... nun ... so kommt!

RUDI *schnallt die tragische Maske ab und empfängt knieend den Kuß.
Aufgestanden hinkt er.* Verdammter Kothurn! *Der Kothurn ist
ganz schief.*

THEKLA Gewiß von Bata? sehr fesch ...

RUDI Allerdideldandings! Wer macht sonst so was? Aber geben mern
weg.

THEKLA Horch ... was war das? *Sie lauscht, denn Jaroschinski hat
sich vor Wut geschüttelt. Rudi benützt den Moment zu einem Blick
in den Zylinder.*

RUDI Die hohe Macht, die sich mir zu neigen, mich anzustrahlen
scheint, mit ihrem Glanz, mög dir gefallen, ganz dich mir zu zeigen
... ooo. *Dumme Geste erlogener Verschämtheit.*

THEKLA Aber ... was!! Wir spielen nicht Monna Vanna ... du frecher
Schmetterling! Schalt aus den Maeterlinck und schillre züchtig
weiter!

RUDI Wenn jetzt nicht Ostern wär im rauh Bohemerland, und
Humpoletzen Hellas Sonne küßte, nicht kühle Aschermittwochs-
nacht, und Rosenblätter gaukeln würden auf dich nieder, so
möchte ich ein Phidias sein, das strahlende Idol aus dir zu hauen!
*Jaroschinski ist aus Wut in die Hocke gegangen und ringt die
Hände.* Und willst du nicht, o, entlaß mich ganz!

THEKLA *für sich* Er ist doch ein Romantiker ...

RUDI Ein fremdes ... dingsda ... Streben hast du mir entglommen,
von dunkler Ahnung hebt sich mir die Brust, was sonst mein Glück
war, ist von mir genommen, und dürstend lechz ich nach
gebräunter ... falsch ... geträumter Lust! *Er klimpert auf der
Leyer.*

THEKLA *undurchsichtig* ... göttlicher Sänger ...

RUDI Es ist umsummt. Mich hören keine Götter. Erloschen ist der
alten Wunder Licht. Nur durch die Spalten blickt das Unsichtbare.
Das Tor zu sprengen, glückt dem Punsche ... e! ... Wunsche

nicht! *Er stampft, zur Seite* Viboldanék, wo seid Ihr! Auf dieser
Bank von Stein wolln wir uns setzen! *Er umschlingt sie.* Du
Königin des Herzens ... Greislerische ... e! ... Gleißnerische ...
geborgen hier von duftendem Gebüsche ... lieg ich vor dir und
küsse dir vom Nebelwolkenkleidchen jede Rüsche! Das Maultier
findet dann ... zum Kuß auch Hand ... und ... Füße ...
Jaroschinski ächzt.

THEKLA *kokett* Gefesselt? Wann fing das an?

RUDI Wie der Terzkybubi mich zu dir geführt hat. Beim ersten
Anblick. Im gelben Salon. Weißt? Wie glühende Lauseprimonade
überlief's mein Herz!

THEKLA *entsetzt* ... was ...

RUDI Nahein! Brauselimonade!

THEKLA Rudi, das muß anders werden. Das mußt du dir abgewöhnen. Wenn wir einmal ...

RUDI Was!? Du meinst!? ... ich ... dürfte ... hopfen ...

THEKLA *blickt ihn innig an.* Sag, kannst du ein Weib ernähren?

RUDI Göttliche! Ja! Heut nicht ... aber, im Herbst bin ich Eleve am
Burchtheater! Der Mimenstand wird vielerort dort greis! Sie
werden Radhöfe ... nein ... Radhopse ... o!! ... Hornräte ...

THEKLA Aber heut kannst es! Du bist selbst ein ausgesprochener
Hornrat!

RUDI Ich hoffe, daß Rat wird! *Er spielt mit dem Kothurn im Sand.*
Die Flöhe lichten ihn ... ä ... die Götter! lichten ihn, den
Mimenstand, von Zeit zu Zeit, ... ich werde Schißressör ... wirst
staunen ...

THEKLA *verschämt* Regisseur.

RUDI Dann hebt ein Leben an in Saus und Braus! Zehn Schilling
Spielhonorar! Stell dir vor!

THEKLA Du – ich glaube, wir sind ganz reich! Pappi hat gesagt, mein
Zukünftiger bekommt einmal als Mitgift das Schloß Popowetz bei
Hohenmaut, dann Ourschinowetz, das Schloß, und Hostiwarsch
und Kobylis und andre Güter, wann der Pappi nicht mehr ist ...
Ja, und die Zündholzfabrik in Prschelautz.

RUDI *groß und verklärt* Määhr Liichttt ...

THEKLA Ja, und Hustopetsch! da sollen wir wohnen.

Jaroschinski hat mit dem Gebiß, das ihm vor Wut aus dem Mund gefallen ist, mit bebender Hand geknirscht.

RUDI Horch – es knorsch.

THEKLA Was?

RUDI Ich hörte knirschen.

THEKLA Ah ... da unten wo molfert ein fremder Hund an einem Knochen.

RUDI Glaubst du, ich soll zum Zündholzpappi – nein! zum Zdenko-pappi gehn und um ein Zündholz bitten – nein anhalten? Wann glaubst? Glaubst, daß der Zdenkopappi »ja« sagen wird?

THEKLA *seufzt* Ich glaube, da wird es Hindernisse geben.

RUDI *sehr nervös und ganz verwirrt* Baubst du, daß dein Glagla ... Halt! her stellt! Glaubst du, daß dein Papa ...

THEKLA Ja. Ich fürchte ...

RUDI *angstverblödet* Also ... soll ich zuerst zur Wettimutti?

THEKLA Ich glaub, das ist noch schlechter. Das ist noch kein »Wettimutti«! Das ist eine Sternkreuzordensdame. Ich glaub immer, man hat große Pläne mit mir vor. Unlängst zeigt mir der Buttler – so en passant – ein Photo mit einer großen Krone drauf und frägt mich, wie er mir gefällt? »Jö«, juble ich, »der junge Grok – ist er denn Hoflieferant?« »No«, sagt der Buttler, und wird ganz steif, und Mamatschi hat mir erklärt, ich hätt einen argen faux pas gemacht. Er soll ein sehr ein hoher ... Aristokrat ... ge-wesen sein ... bildhübscher Bursche übrigens ... und ich glaub immer ...

RUDI Es knurschte schon wieder! Werden wir gleich haben. *Steht auf und wirft einen Kothurn ins Gebüsch.* Wird eine Natter sein. Die haben Schuppen am Schweif, weißt!

THEKLA Wie belesen du doch bist! Ich lese auch gern. Die Eltern zwar nicht ... Aber Onkel Elemér hält mir das Subabonnement vom Csaslauer Lesezirkel. Da fällt mir ein: Vielleicht geht's durch die Onkerln. Die sind ganz versklavt an mich.

RUDI Also werden wir halt mit dem Töhömtötscherl Onki sprechen! Zu dem hab ich Vertrauen! Theklerl, Geliebte! ich los mich reiß ... ich los mich reiß von deinem Schoß ... ach! dein Schoßitschku! *Stolz* Stolz reißt sich los von seinem Schoß ... der Jühühü ...

falsch! Jühüngülüng . . . die Wimpel bunt ge . . . die Wimpel bunt
gehißt . . . der Hoffnung Segel stolz zerbläht . . . das Ruder auf das
Onkelhaupt gerichtet . . . auf zu Töhötöm!

THEKLA Bitt dich, klaub den Kothurn zusammen. Und nimm ihn
mit. Er wird dich verraten.

RUDI Nahein! Niemand kennt ihn da! Böheims Wäldern sind die
Kothurne fremd. Geliebte! lebe wohl! Noch schnell ein Honig-
seimchen. Ja — noch eines — von deinen Lurpurpippen . . .
Purpurlippen. Purpur- *Kuß* lippen! Pa! Geliebte, pa! summre
schlanft! *Geheimnisvoll und hohl* Dein Rindvieh . . . ä . . . Rudi
geht! Der Rosenbusch verbirget seinen Abgang!

*Thekla blickt ihm nach, wie er im Mondschatten verschwindet. Da
taucht Jaroschinski hinter ihr auf. Sie fährt jäh herum. Er hat Rudis
Kothurn und Zylinder in der Hand.*

JAROSCHINSKI O, bitte, lassen Sie sich nicht stören. *Thekla nagt an
ihrem Taschentuch und macht Miene, wortlos zu gehen.* Nein,
bleiben Sie, Contesse! *Sie schweigt und will gehen.* Sie werden
bleiben . . . *Packt sie am Handgelenk.*

THEKLA Was erlauben Sie sich . . . Unverschämter . . . lassen Sie
los . . . unterstehen Sie sich nicht, mich noch einmal zu berühren
und jetzt: packen Sie sich!

JAROSCHINSKY *voll Eifersucht* Also . . . Rudi muß man heißen . . . An
einen Kretin werfen Sie sich fort . . . an einen bürgerlichen Kretin
. . . wo ich, ein polnischer Edelmann, um Sie geworben habe . . .
vor einer Stunde. *Thekla schweigt hochmütig.* So sprechen Sie
doch . . . Sie müssen mein werden . . . Sonst . . . Also, sprechen
Sie . . .

THEKLA Ich glaube, es ist am besten, Sie lassen mich jetzt endlich
gehen. Auch Ihnen empfehle ich Bettruhe. Denn ich weiß wirklich
nicht, was für eine mir höchst langweilige Konversation ich mit
Ihnen zu führen habe. So viel ich weiß, gibt's noch keinen Knigge
für bei Rendezvous erwischte junge Mädchen.

JAROSCHINSKI Sprechen Sie! so sprechen Sie . . . Sie müssen mein
werden . . . bedenken Sie, ich habe Sie in der Hand . . . ich werde Sie
verraten . . . Sie unmöglich machen. *Thekla schweigt. . . .* sprechen
Sie: Also, was werden Sie tun?

THEKLA *eiskalt* Mit den Hunden werde ich Sie vom Schloß jagen lassen.

JAROSCHINSKI *knirschend vor Wut* Ich will das nicht gehört haben. Sie sind verzweifelt. Ihre Angst hat Ihre Sinne verwirrt. *Thekla schweigt.* Ich habe um Ihre Hand angehalten. In einer Pause unseres Spieles ... um Ihre Hand geworben ...

THEKLA Um – meine – Hand. Was gab Ihnen den Mut dazu? Um – meine – Hand. Es ist unglaublich! Nicht einmal eine Minute haben Sie mit mir gesprochen! Na, ich muß sagen: nett haben Sie sich bei mir eingeführt. Haben Sie sich denn nicht zum Bewußtsein kommen lassen, daß jemand wie ich doch nie im Leben eine Beziehung mit einem subalternen Spitzel haben kann? Warum annoncieren Sie nicht lieber im kleinen Anzeiger eines großen Blattes, daß Sie eine Schotterpartie suchen? Es gibt wohlhabende Selcherswitwen in Prag. Zu Ihrem Alter und Exterieur passend.

JAROSCHINSKI Wo ich die Doublette vom Menjou bin! *Thekla macht eine bedauernde Gebärde.* So quälen Sie mich doch nicht so! Wie ein Blitz traf mich die Liebe, als ich Sie vor der Bühne sah ... als Ihr, den Iriskranz in den Locken, kamt, Ophelia! Ich vergehe in Leidenschaft zu dir ... Ophelia ...

THEKLA Sie kennen mich ja gar nicht! *In wachsendem Zorn* Bin ich ein Gegenstand des Handels?! Während des Kartenspieles um mich zu sprechen? Wie kann man es wagen, solche unziemlichen Scherze mit mir zu treiben? Sprechen Sie!

JAROSCHINSKI Scherze? Scherze nennst du das? Wenn ich vergehe in Leidenschaft um dich ...

THEKLA Duzen Sie mich nicht ... unverschämter Bursche! Sonst werden Sie auch das »Du« von mir hören ... aber das für räudige Hunde, die man wegscheucht!

JAROSCHINSKI Das mir ... von einem Mädchen ... das sich an einen Trottel wegwirft ...

THEKLA Ich bin kein wohlerzogenes Mädchen. Ich bin auch kein wohlgeratenes Mädchen! *Groß* Ich bin eine Wallenstein! eine Herzogin von Friedland! Ich kann tun und lassen, was ich will! Wir waren stets gewöhnt, Kretins als Gegenspieler zu haben ... und Schurken!

JAROSCHINSKI *keucht vor Wut* Waas?

THEKLA Ich bin eine deutsche Fürstin ... kein böhmisches Dienstmädel, dem man seinen Willen oktroyiert. Hüten Sie sich! Ich
breche jeden Widerstand! jeden ... auch den des Fürsten ... Ich
habe es Ihnen schon einmal gesagt! Ich werde Sie mit den Hunden
jagen lassen!

JAROSCHINSKI *hohnlachend* Das sanfte Mädchen von vorhin! der
halbblöde Backfisch ...

THEKLA Weil mir dies Spiel beliebte. Und ich keinen Widerstand
sah.

JAROSCHINSKY *kalt* Fürchten Sie mich denn gar nicht? Sie glauben
doch im Ernst nicht, daß ich Sie nicht vernichten kann?

THEKLA Ach – ihr Männer! Ihr seid nur im Kollektiv mutig ...
einzeln seid ihr Feiglinge. Wir Mädchen aber sind wie die Katzen.
Die Katze kann schmeicheln, wenn sie will. Das haben Sie ja
belauscht ... ein mißlungener Kavalier ... Aber, es ist nicht gut,
die Maus zu sein. Und zum Schlusse zu kommen: Gehen Sie jetzt,
erstens, damit Sie sich nicht verkühlen, was in Ihrem Alter nicht
angezeigt ist, und zweitens, damit Sie noch die ganze Gesellschaft
beisammen finden, den éclat auszuführen. Ja, denunzieren Sie
mich! Ich bitte Sie, seien Sie so blöd! Es wird mir ein ganz
besonderes Vergnügen sein.
Meine Onkel werden Sie nämlich zu Gulaschfleisch zerhacken ...
Vergessen Sie nie, das sind Hunnen im Frack! Und ich werde die
zuckenden Resteln von Ihnen mit Paprika bestreuen! Denn, zu was
hab ich kochen gelernt! *Im Abgehen* Ich bin kein angenehmer
Flirt!

JAROSCHINSKI *schüttelt die Faust.* Und du wirst doch noch die Meine
werden ...

Vorhang

VIERTER AUFZUG

Dekoration wie im ersten Aufzug. Im Vordergrund einzelne Klub-fauteuils, in der Rückwand Flügeltüren zum Spielzimmer. Es ist Vormittag.
Üllö liest Zeitung. Iszolany kommt aus dem Spielzimmer.

ÜLLÖ No, was is?

ISZOLANY Sie spielen immer noch. Ich muß a Pausen machen.

ÜLLÖ Ich kenn den Zdenko nicht wieder!

ISZOLANY Daran ist dieser verfluchte Kerl schuld, dieser Jaroschin-ski!

ÜLLÖ No, und?

ISZOLANY Der Kerl sackelt uns alle aus. *Ernst* Du, ich sag dir ... der Zdenko ... gefallt mir nicht, die Geschichte ...

ÜLLÖ Mich hat er gestern Nacht ausgesackelt. Ich spiel überhaupt nicht mehr mit. Wer ist noch drin?

ISZOLANY Der Buttlerbácsi und der Gawrianow und der Schumberg.

ÜLLÖ Das drückt mich. Überhaupt ist heut so a Stimmung ... kommt mir vor, als ob Gespenster auftauchen ... es gibt so gewisse unheimliche Örter, wo so was sein kann ... Zum Beispiel, keine zehn Pferde bringeten mich nach Ischl ... da is so verwunschene Stätte ... Sophiens Doppelblick! heißt man's. Also, möchtest du dort ...

SENI *erscheint* Die Herren so ernst heute?

ÜLLÖ Komisch, wir stehen alle so wie unter Druck, bitte, wie unter bööser Zauber, kérem, sáchen. Viellaicht haben wir was in Vorleben angestellt?

SENI *nickt ernst* Ja, das gibt's! Die neueste wissenschaftliche Forschung nähert sich dieser Anschauung.

ISZONALY Mich hat vor paar Täg der Polizei in Donauwörth drüben so merkwürdig angeschaut. Dann haben Wagennummer aufge-schrieben. Ich hab doch nicht Wagen gestohlen! Ischtenem!

ÜLLÖ No ja, vielleicht diesesmal nicht. Aber, mußt doch einmal was da gestohlen haben in Vorleben deinigen. Schließlich – als Kro-wot ...

ISZOLANY *fährt auf* Muß bitten ...

ÜLLÖ *phlegmatisch* Bei euch hat jäder Großpappi, was war Raiber-
hauptmann.

SENI *nickt* Ja, ja, Donauwörth. Sie dürfen nie vergessen, Exzellenz,
daß auch der gewöhnlichste bayrische Schutzmann geprüfter und
beeideter Hellseher ist.

ISZOLANY Er hat recht! Gehts nur auf Bahnhof von einer ganz großen
Stadt – ihr kennts es eh nicht. Also: Ain Taschendieb ist avisiert
und genau signalisiert. Zwei Detektiven, als Hirten bitte, mit
Bergstock und Schneereifen verkleidet, jeder Zither umgehängt,
damit nicht so auffällt – vergleichen den Fottografie, verhaften
aber ganz andern ... altes Professor mit drei Augenglos. Bitte, was
kommt héraus? Jemand in Fammili seinige, ganz oben, weißt, wo
schon Stammbaum so verästelt ist, daß sich die Affen jagen wie
Steeplechase, von Zweig zu Zweig, hat in Kreuzzüge geweihte
Gulaschkanone gestohlen!

ÜLLÖ Was wollts? Schwab is eben gründlich, und was es macht, macht
es ordentlich! Apropos! Wann ich an Baum denk! Da muß ich euch
a Liedl singen!

> Auf der Wiese, grüün und klotzig,
> kleines Baum gewaxen hot sich.
> Immer blau ist sein Gesicht!
> W i e er haißt – das weiß ich nicht.

Übergetitelt: Der Veilchen! ... lachts nit ... das ist uns hailig! Das
hat immer der Tisza gottselig – das Miniszterpräsident – stundenlang gesungen und ist dabei – mit verschränkten Armen –
sporenklirrend und unter vereinzelten »Heißa«-Rufen um den
Schraibtisch gétanzt. Da hat niemand hinein düürfen! selbst der
König hat warten müssen und auch das Kriegsminister, der
Fejérváry. Bloß wann der Rothschild gekommen ist ...

SENI *notierend* Ei! Das sind wichtige geschichtliche Daten.

Buttler tritt ein und zündet eine Zigarette an.

ISZOLANY Ja, das war ein eiserner Mann. Altes Husar! Ich auch war
bei Husaren. Kecskeméter Husaren. In alter Zeit hat der Regiment

den Recht gehabt, als aincziger bitte – die Schnurrbärte mit Aichkatzelschweifen zu verlängern, was mit Schuhwix schwarz gefärbt waren. *Zu Buttler* Alsdann, du warst Kolonialoffizierer bei die Indianer? Host bei die Ghurka-Indianer gedient?

BUTTLER No. Bei Scotch Grenadiere.

ÜLLÖ Apropos! Hast du da nicht zwei Kameraden gehabt? Gwissen Hardy Oliver und dann den Neffen von dem Táblabiró, was hat Australien geentdeckt? Den ... izé sáchen ... Stanley Laurel? Nicht? Schade. Der Hardy Oliver ist Verwandter von die Dampf- bremsen. Also, ich, wann ich Engländer wär, ich möchte nur bei Ghurka-Indianer dienen! Bitte, so gut wie bei uns Honvéd.

BUTTLER Lassen Sie die Indianer. Wir sollten lieber zusammen wirken, daß das Spiel da drinnen aufhört. Ich verstehe Seine Durchlaucht nicht, daß er erlaubt, daß der little Terzky mittut.

ÜLLÖ Mir scheint, es wird Zeit, daß ich ein bissel eingreif. A, da kommen die Damen!

Die Gräfinnen Wallenstein und Terzky sowie Thekla erscheinen.

GRÄFIN WALLENSTEIN *setzt sich zu einem Stickrahmen, sie seufzt.* Heut ist der Jahrestag. Wenn ich an die arme, arme Meidling denke ...

BUTTLER Sie erwähnen den Namen der Herzogin so oft. Was war das Schicksal der hohen Dame?

GRÄFIN WALLENSTEIN Eine unglückliche Ehe. Ihr Gemahl hat sie so gar nicht verstanden.

BUTTLER Well. Es gibt überhaupt zwei Epochen im Leben des Mannes, wo er die Frauen nicht versteht: vor der Ehe und in der Ehe. Das ist eine alte, schottische Sprichwort. *Thekla lacht.* Da gibt's gar nix zu lachen.

ÜLLÖ *der nervös in die Zeitung geschaut hat* Nicht einmal lesen kann man. Könnst auch lieber was Gescheites lesen, Thekla!

THEKLA Wenn du schon so charmant Notiz von mir nimmst. Sag, Batschi, – was ich schon lang fragen wollte –: Bist du eigentlich ein Personendampfer?

ÜLLÖ *springt auf* Wos?! Personen-Dompfschiff?! A, da muß ich bitten! Töhötöm ist sein Lebtag kein Personen-Dompfschiff- namen ...

THEKLA Oh doch. Ich hab eins begegnet, das hat Töhötöm geheißen! Das hat so furchtbar geschnauft wie du! Hat immer »Töhötöm, Töhötöm« gemacht!

ÜLLÖ Was redst da! Einen Rémerkör war das! Das gibt's! Das ist was ganz anderes! Alle sieben Fürsten von Ungarischer Landnahme sind Rémerkördampfer geworden, bitte! Denn nie dürfte man in Ungarn einem dieser heiligen Fürsten zumuten, bitte, daß zum Beispiel wer dritter Klasse auf ihn fährt ... Also: da wär der Arpad, dann meine Wenigkeit, dann der ...

GRÄFIN WALLENSTEIN Sekkier den Onkel nicht. Heut ist überhaupt kein Tag für Witze! Die arme Meidling ... Zuerst ist sie über alle Maßen exzentrisch geworden. Ein Opfer des Burgtheaters. Jede Nacht ist ihr – natürlich in Frack – der Geist des großen Lewinsky erschienen ... Sie wurde dramatische Visionärin und hat schließlich angefangen, Dichtungen in einer unbekannten Sprache aufzusagen. Schließlich kamen die Leuchten unserer Linguistik darauf, daß die Unglückliche völlig unbekannte Shakespearedramen von hinten aufsagte.

TERZKY Das ist ja gräßlich ...

GRÄFIN WALLENSTEIN Zum Beispiel – Eduard VI. und die Esterhazys ... König Lear VII. in Marienbad ... und dann ist dieser seltene Geist umnachtet worden, weil ihr einziges Kind verlegt worden ist ... in einem Park ... von einer gewissenlosen Zofe ... die die Bank nicht wieder finden konnte ... Aber, das hat das hohe Paar vereint ... dieses maßlose Unglück. Beide mußten bald darauf aus Gram in die Gruft versenkt werden ...

TERZKY Und das arme Kind ... Was ward aus ihm? Ach, wenn es doch wieder auftauchen würde ...

BEIDE ... Das arme Kind ...

ÜLLO *der mit den Tränen gekämpft hatte, rafft sich auf* A ... was ... Was trauerts ihr über versenktes, beziehungsweise vergruftetes Kind nach! Wie oft kommt bei uns in Ungorn vor, daß Kind eines in Paprikasoß für Export fällt oder in siedendes Powidl! Zigeuner spielt dann wohl Trauerchoral über den Powidlgrube ... aber, was Herz belasten! Singen wir ein lustiges Liedchen! Wollts hören? Das Neueste –

THEKLA A, du willst gewiß wieder etwas singen wie:

> In der Finsterkeit,
> da sieht man nicht so weit
> wie bei Tageslicht,
> wo man weiter siecht.

ÜLLÖ Nein! Etwas Erhabenes will ich singen! Etwas Majestätisches werd ich euch singen, meine Herrschaften – und dabei lustig!

ISZOLANY Lustig? Mir ist heit nicht lustig! Es is was Fürchterliches in der Luft. Will lieber gehen ... schaun, wie Spiel steht. *Bedeutsamer Blick zu Üllö.*

ÜLLÖ Bitte aufpassen, meine Herrschaften! Ich singe:

> DESZ LÖWEN ERWACHEN.
> 1) Allalallatattaralla! brüllt das Löw
> und streckt den Glieder,
> blicket wild und streicht den Schnurrbort
> und dann legt das Löw sich wieder nieder.
>
> 2) Mit dem Zymbal in die Ohren
> mußt den Wüsztensohn du bohren
> förmlich mit die Töne drin,
> sonst legt der Viech sich wieder hin.

GRÄFIN WALLENSTEIN Lieber Töhötöm, möchtest du nicht lieber was anderes singen? Oder bissel ausreiten – vor dem Déjeuner?

ÜLLÖ *überhört vornehm, aber etwas gekränkt*

> 3) Tut die Pfoten lecken.
> Is nimmer zum Erwecken,
> höchstens, wenn man Paprika, *Thekla räuspert sich warnend.*
> streicht ihm unter Schweiferl da ...

BUTTLER Haben Sie dieses Lied selber gedichtet?

ÜLLÖ Nain. Das hab ich von der Menageriedirektion, was durch patriotische Stiftung zur Sternwarte von Kecskemét irrtümlicherweise appendiziert ist!

BUTTLER O, wuie großherzig.

ÜLLÖ Jo. Ungor ist großherczig. Und ein Fürst der Puszta, der viel für die Wissenschaften übrig gehabt hat, hat auch noch Kegelbahn dazu gestiftet, eine großherzige, ursprünglich der Akademie der Wissenschaften in Budapescht zugedachte Schenkung, die diese aber wegen Raummangel, also, abgewiesen hat, mit zwei Stimmen Mehrheit. Ainmol ist Seine Majestät, der Kköönig gekommen. Hat Bohn gesehen und hat gleich für sich und mehrere andere Monarchen seiner Bekanntschaft auch eine solche, genau wie war, haben wollen. Main Onkel, der Férenz, hat gesogt: »Bitte Majesztät Úr, derf ich ainpacken lassen, den Kegeleisenbahn da? Aber, Kkönig hat nicht angenommen, szondern zwei Tag später sind eigenhändig drei Hofräte gekommen, obmessen Bohn. Dann noch zwei, und dann . . .

TERZKY *der inzwischen gekommen ist* Na, hat Seine Majestät d' Bahn bekommen?

ÜLLÖ Nain. Übrigens hätte auch gor nicht brauchen können, wie war. Seine Majestät hat nämlich als Kkönig von Ungarn den Recht, bitte!! auf zehn Kegel zu schießen!

TERZKY Wer hat denn dir so einen Blödsinn erzählt! Das gibt's doch auf der ganzen Welt nicht.

ÜLLÖ Jo. Bei uns hat er den Recht. Seine Majestät hat es von Papst schriftlich. In Nagykikinda und in Großkokelburg wird in zwei Ausfertigungen aufbewahrt und von Husarenpikett bewacht. Hab ich selber gesehen. Damit niemand dem König das Recht stiehlt und auch auf Zehne schießt, bitte.

TERZKY Aber, ich bitt dich . . .

ÜLLÖ Mein Lieber, es gibt mehr neidige Leute als d' glaubst . . .

BUTTLER *dem die Sache zu dumm wird* Well. Haben Sie nicht auch beabsichtigt, ein wuenig spielen zu gehen?

GRÄFIN WALLENSTEIN *halblaut* Das wäre ein Glück . . .

ÜLLÖ Richtig! Hob ich ganz vergessen! Aber . . . wo . . . hob . . . ich . . . A! hob vergessen! *Ruft hinaus* Opitz! bring mit das izé sáchen . . . waißt schon . . . in Überzieher . . . is . . . no! *Dann knotet er ein buntes Seidentuch auf. Ein Schädel wird sichtbar. Zu den Damen, die leise aufschreien* Mein Bibi . . . bitte! Wegen Glück in Spiel! Es ist der Originalschädel von Kara Mustafa, was hat 1683 Wien belägert.

BUTTLER O! Ich habe gesehen die Original-Shedel of Kara Mustafa in Budapest Nationalgalery!

ÜLLÖ Jo, möglich. Es gibt deren nämlich siebene, was von der Wissenschaft anerkannt sind. Die sind: in Stuhlweißenburg einer, in Hodmeszövarsárhely einer, bei Fürst Esterhazy in Galantha einer, der Ihrige in Budapeschter Museum und der in Veszprém. Aber echt sind bloß zwei: der bei Esterhazy und der meinige! Alle anderen sind ganz gemainer Betrug. *Ab in den Spielsaal.*

GRÄFIN TERZKY Ein bißchen wunderlich ist er. Aber, eine ehrliche alte Haut. *Zählt Stiche.*

GRÄFIN WALLENSTEIN Ja, ein bißchen wunderlich ist er. Wir haben überhaupt eine reichliche Sammlung an wunderlichen Leuten um uns. So ist eben das Leben.

TERZKY ... c'est la vie ...

GRÄFIN WALLENSTEIN Der junge Mensch da, dieser Lallmayer, der hat auch ein Radel zu wenig. Ich muß gestehen, ich verstehe den Geschmack Arbogasts nicht ganz.

GRÄFIN TERZKY Schau, Arbogast neigt zum Theater. Das hat er von seinem armen Vater geerbt. Ja, ja. Bei dem war's allerdings mehr das Ballett. *Resignierte Geste.* Arbogast drückt sich so aus: Für ihn sei dieser Rudi sozusagen die Quintessenz des Theaterwesens. So wie er, ist das Ganze. Es ist da, und es ist doch irreal, es gibt's, aber man versteht nicht, daß es doch z'sammgeht ... so ähnlich drückt er sich aus. Ganz verstehe ich es nicht. Dazu bin ich wohl zu sehr Laie. Wäre er adelig, müßte der ins Unterrichtsministerium, meint er.

GRÄFIN WALLENSTEIN *seufzt* Das verstehe ich alles nicht. Hm. Immer wieder muß ich an den kleinen Meidling denken. Heut hätt er vielleicht auch schon Karriere gemacht ... wäre vielleicht schon Attaché ... aber, andererseits ... am End ist das arme elternlose Wurm ... verhungert. *Pause der Trauer.* Ach, wenn das arme Kind doch noch einmal auftauchen würde. Was gäbe ich dafür ...

Rudi geht quer durch den Saal, macht ein geziertes Kompliment und schlüpft in das Spielzimmer, nicht ohne verstohlen Thekla eine

Kußhand zugeworfen zu haben. Beim Öffnen der Türe hört man eine leichte Unruhe. Eine Uhr schlägt.

GRÄFIN WALLENSTEIN Thekla, deine Englischstunde! Komm Kind, wir gehen.

GRÄFIN TERZKY Ich schließe mich an. Ich habe Briefe zu schreiben.

Die Bühne bleibt einen Moment bis auf Buttler leer. Dann wird die Tür des Spielsaales aufgestoßen. Man hört das Wort Hopp das Ganze. *Üllö und Iszolany kommen herein. Üllö zündet nervös eine große Zigarre an.*

ÜLLÖ Also, der Jaroschinski hat uns wieder einmal vollständig ausgesackelt.

ISZOLANY Ich weiß nicht, der Kerl spielt falsch.

BUTTLER O! Wuieso?

ÜLLÖ Glaubst?

ISZOLANY Schau dir die Visage an! Er ist a Schwindler. In Tambor gibt's überhaupt keine adelige Kammer oder was Ähnliches, beziehungsweise hat nie gegeben.

ÜLLÖ *bellt kurz* Wwo ... s. *Dann pfeift er* Joi! Ördög! überhaupt scheint mir ... der Kerl hat vorhin fünf As im Spiel gehabt ...

BUTTLER Fünf As! und da haben Sie nichts gesagt?

ÜLLÖ Bedenken Sie meine Situation ...! also, das ist schwer, bitte, denn, beschwören kann ich nicht! Iszolan, du verstehst mich ... so in der Leidenschaft des Spieles befangen ... wer sieht da genau, wieviel As da auftauchen? Erinnere dich, wie wir damals im Jockeyklub jahrelang keiner draufkommen sind ... wie ein gewisser ... hoher Herr ...

ISZOLANY Pscht ...

ÜLLÖ No ja. Jahrelang, bitte. Aber die zwei Sküs damals im Tarock ...

ISZOLANY Schau, er war Ausländer. Vielleicht haben s' dort ... wie bei der Marine ... die zweiten Offizierer ... so ... Secondesküs ...

ÜLLÖ Aber ... plausch nicht ...

BUTTLER Ich muß sagen, wenn Sie auch nur den geringsten Verdacht hatten, hätten Sie uns aufmerksam machen müssen. Dann spielen wir doch gleich lieber Bridge mit alte Damen ...

ÜLLÖ und ISZOLANY Bridge? Wos? Bridge? Läppischer Spiel! Das ist nichts für Kavaliere! Das is für Trödler, was immer lizitieren müssen. Sollen im Dorotheum jeuen gehen. *Üllö pafft.*

ÜLLÖ Und schaun S', Buttlerbácsi. Er ist Gast zum erstenmal. Bei uns in Ungarn ist das Kavaliersgepflogenheit, daß man drüber hinwegschaut, wenn ein lieber Besucher fünf As hat. Also einmal! Allerdings ... *drohend* allerdings – wann er auch nur das Schweifspitzerl von an sechsten As zeigt ... nur so viel! ich sag Ihnen ... dann wird ihm der Nasenbein zerschmettert!! Also, ich, wenn ich so ein sexter As sehe ... wird mir rot vor die Augen, bitte.

ISZOLANY Pscht! Brüll nicht so. Damen kommen.

GRÄFIN WALLENSTEIN Ich habe hier mein Buch liegen lassen ... mein Gott ... was ist das ...

Graf Wallenstein wankt bleich aus dem Spielzimmer. Beim Versuch, sich Wasser einzuschenken, kracht die Karaffe zu Boden. Er ächzt und sucht eine Stütze.

GRÄFIN WALLENSTEIN *eilt zu ihm* Was ist dir ...

GRAF WALLENSTEIN *stöhnt* Wir sind ... ruiniert. Ruiniert ... Bettler ... Ich habe ... unser ganzes Vermögen an den Jaroschinski verloren ... *Bricht in einem Klubfauteuil zusammen.*

GRÄFIN WALLENSTEIN *schreit auf* Wie konntest du ... wie konntest du ... *Schluchzt.*

Thekla stürzt herein, ein Schulheft in der Hand. Sie bleibt entsetzt stehen.

ZDENKO Ich weiß es selber nicht. Wie eine unwiderstehliche magnetische Macht war es über mir. Und dann versuchte ich, den Verlust wieder hereinzubringen ...

GRÄFIN WALLENSTEIN Gibt's denn keine Rettung ...

ZDENKO *gepreßt* Ja ... einen Weg gibt's allerdings ... aber er ist furchtbar ... Er deutete mir an, daß er ... als ... Schwiegersohn ... verstehst du ...

GRÄFIN WALLENSTEIN Das ist ja entsetzlich.

ZDENKO *wütend* Und ... ich geb ihm nicht die Hand unserer Tochter. Eher sollen wir zugrunde gehn!

THEKLA *stürzt vor* Nein ... nein! meine Eltern! ich bin euer Kind! ich rette euch ... ich hasse ihn ... hasse ihn ... aber ... es ... muß ...

sein ... Ich werfe mein Lebensglück für euch, für den Glanz unseres Hauses in die Waagschale. Ihr ... Bettler ... vom Haus gejagt ... Nein! das bin ich dem Glanz unseres Namens ... unseren Ahnen schuldig ... wenn auch das Herz mir bricht. *Schluchzt.*

GRÄFIN WALLENSTEIN Sag mein Kind ... du liebst am Ende einen anderen?

THEKLA Ja.

GRÄFIN WALLENSTEIN Wer ist's?

THEKLA Rudi.

GRÄFIN WALLENSTEIN *entsetzt* Das ist ja ebenso furchtbar ... von der Scylla in die Charybdis ... O, welch Unheil über unserem Haus ... *Rudi kommt leichtbeschwingt herein. Bringt Thekla Blumen.*

THEKLA Ich darf diese Blumen ... nicht ... annehmen.

RUDI *tonlos* Wie ... wieso ...

THEKLA Der Traum ist aus. Meine Eltern wissen alles.

RUDI Ich ... dachte ... ich ... *würgend* haben ... sie ... es verboten?

THEKLA Nein. Es ist etwas Furchtbares geschehen. Rudi! verstehst du mich? Ich muß meine Eltern vor dem Elend retten ... vor Gram, Hunger ... Kälte ... Vater ist um sein ganzes Vermögen gekommen ... wir sind ... Bettler ...

RUDI ... Ich kann arbeiten ... jetzt kann ich ja um dich werben ... Heißgeliebte ... ohne mich schämen zu müssen!

THEKLA *ausbrechend* Mein Vater ist ein Bettler geworden. Man hat ihn beraubt! ... all seiner Güter beraubt ... im Spiel! *Rauh* Ich muß einem ungeliebten Freier ... dem Räuber unseres Glückes ... die Hand bieten. Ich ... muß ... Du bist ein guter Junge. Aber, siehst du, du kannst hier nicht helfen ... Laß uns ... scheiden ...

Rudi lange tonlos, dann fällt er vor ihr auf die Knie und küßt schluchzend ihre Hände. Erhebt sich schweigend, geht ab.

ÜLLÖ *zu Iszolany* Das ist für so einen labilen Menschen zu viel. *Leise* Jetzt weiß ich wirklich nicht, wo wir zuerscht dazuschauen müssen ...

ISZOLANY *bedrückt* Was wird der machen ...

Vorhang

FÜNFTER AUFZUG

Schauplatz wie vorher. Ein Spieltisch ist aufgestellt.

ÜLLÖ *geht nervös auf und ab* Wie hab ich ihm abgeredet, dem Zdenko! Schau, hab ich ihm gesagt: Maikkäfer im Kaffee ist besser wie gar kein Fleisch! aber ... er ...

ISZOLANY Was? Kkäfer ... im Kaffee? red doch keinen solchen Blödsinn zusammen! Wenn man auf Magnatentagung erfährt ... und man wird ... wie denn nicht? Übrigens – wer hat schon gern Kkäfer im Kaffee, frag ich? Das is das letzte, was gibt, Kkäfer! ... Haar, richtiger Schnurrborthaar ... bitte. Ist man schließlich gewöhnt. Da wird kein billig denkender Mensch etwas dagegen sagen.

BUTTLER O! Pfui! In England wuäre das un-möglich.

ISZOLANY Ihr Engländer habts dafür wieder die Konserven. Um wieder auf Kkäfer zurückzukommen! So ein Etablissemänt wäre bei uns auf die Dauer unmöglich und würde von der Gentry gemieden werden.

ÜLLÖ Was hab ich gsagt? a, so! Kkäfer ... nix in Kaffee. Maikkäfer in Hand soll heißen. Das ist besser als gar kain ... nain! Als Kaffeehaus am Dach! a – was weiß ich! Ich bin so wirr im Kopf, sag ich dir. Vor lauter Aufregung. Aber denk dir, wie hat Zdenko Inventur gemacht über verlorenen Riesenvermögen was ihm hat weggeschnapst dieser ... dieser ... verfluchte Jaroschinski ... is herausgekommen, daß hat noch als letztes den Haus in Trommelgasse in Budapescht! Vergessen hat er, glücklicherweise ...

ISZOLANY Na, schöne Gegend is nit! Schäbige Gosse!

ÜLLÖ Sag nicht immer G o s s e! Es haißt G a s s e, mit mittlerem A.

ISZOLANY Bist du heute streitsüchtig!

ÜLLÖ Weil ich zerspringen könnt vor Wut über Leichtsinn von Zdenkobácsi! Will der das Letzte noch einsetzen.

ISZOLANY Wos haißt das?

ÜLLO No, noch einmal will Glück versuchen. Weil er nicht kann sehen, wie der Theklakinderl sich grämt und weint und weint ... wann alleinig ist und glaubt, man sieht ihr nicht. Das war halt doch zu großer Opfer, das sie mit Verlobung mit dieser Kanaille gebracht hat, um Eltern zu retten ...

ISZOLANY Na ... und?

ÜLLÖ Wann verliert und kaputt geht? Was dann? Ich hätt genug Geld ... aber nie würde annehmen. Lieber verhungern! Joi ... und ich könnt helfen ... *Weint.*

ISZOLANY Jo, du hast leicht lachen. Aber ich ...

ÜLLÖ *unter letztem Schluchzen* Weil du immer alles verjubelst mit Ballett! Und paß auf: wenn du wirst in drei, vier Monate sein wirklich alter Mann ... Pscht! nit unterbrechen ... verfällst du gor dem Zirkus! Dann seh ich dich schon: auf jedem Knie a Zirkuselevin, morgen viere, übermorgen werden es sexe sein ...

ISZOLANY *braust auf* Ich bin doch kein Kkäfer, daß ich hab sex Füß! ich bin ein Edelmann aus Schaswarer Komitat! *Lange rollender Fluch.*

ÜLLÖ Schon wieder hast an Kkäfer im Mund! Verrrfluchte Kkäfer! ich hab schon bis daher ... Übrigens könnst Himmelvattern danken, wannst einer wärst. Denn, was braucht schon ... Käfer ... Apanage zum standesgemäßen Leben? Nicht der Rede wert ... hat ja so gut wie kaine gesellschaftlichen Verpflichtungen. Und dann hat gut. Kann bei König hinten sitzen auf Pferd ... sitz du einmal hinter König auf Pferd ... Probier nur ... *Iszolany ist kleinlaut.* Und weil ich nicht will, daß der Durchlaucht auch noch blamiert dasteht. Denn das Jaroschinski hat bloß höhnisch gelacht, wie der Zdenko hat als Einsatz Trommelgasse angeboten. Weißt was, hab ich ihm gesagt, schmeiß den Lumpen über die Stiege! Oder, wenn du nicht willst, wir schmeißen heraus!

ISZOLANY *grimmig* Das wär schönste Stunde meines Lebens.

ÜLLÖ Dann is Mädel frei. Kann Rudi heiraten. Übrigens: Weiß der Teifel, wie is der inzwischen geworden sinnesgeverwirrt! Bis jetzt hat bloß gelitten an Wortsalat. Sonst war normal und sogar für Staatsdienst ohneweiteres geeignet.

ISZOLANY Wortsalat? was du heut für Blödsinn z'sammredst!

ÜLLÖ Blödsinn? Sag das nicht! Ich hab in Wien bei größter Psychiater interurban angfragt, wie ich gemerkt habe ... daß ... die Thekla ihn liebt. *Hat Tränen in der Stimme.* Und hab ihm bei

Télefon Probe vorgemacht. Dann hat er Diagnose gestellt ...
sogenanntes Telediagnose, was is teurer, und diesen Salatbezeich-
nung als wissenschaftlichen Terminus technikusch gebraucht. –
»Nain« hot gesagt, ich kann ruhig schlaafen, das ist kein Leiden
nicht, das hört jeder gern! Diese Salatleute, das sind die geborenen
Szalonlöwen, bitte, bégehrte Causeure! Jetzt allerdings von Bridge
an den Wand gedrängt, bitte!

ISZOLANY Sixt es! Bridge! Was sag ich immer? *Sehr ernst ...* aber ...
wenn nur noch lebt ... Im Kopf hat nix ... aber Herz hat der
Bursch ... dieser Thekla ... am End, wann der Durchlaucht
Hausmeister wird bei sich selbst ... und Madel zum Ballett gibt ...
ich weiß nicht ... ... ob ich nicht ... szelber ...

ÜLLÖ Was braucht sie dich! wann ihr den teppeten Rudi nicht wollts!
jeden Magnaten bekommt dieser Prachtmädel! Jeder Kköönich,
bitte, könnt stolz sein, wann unter Tuchent bekommt! Schauts, hab
ich den Wallensteinischen gesagt: wenn Trommelgassen behaltets,
ihr könnt bequem als kleine Bürger leben! Nachmittags kann der
Bácsi Schwarzen trinken gehn in Volkskaffeehaus, und zum
Souper kann die Durchlaucht um fünf Kraizer Hundsfutter bei
Selcher kaufen – so einen Haufen kriegt sie! Bitt dich, heut lebt die
Crème der wirklich guten Gesellschaft nicht anderscht! Bitt dich!
Und mit Paprika kann man rot färben, wenn Jourfix ist!

ISZOLANY Jourfix? Da wird Gräfin ganz alleinig neben Surrogat-
kaffeekanne sitzen und warten auf Freundinnen ... und der
Zdenko wird auch alleinig spazieren gehen ... ganz alleinig ...

BUTTLER *von der Times aufblickend* Schon Plato, was doch eine ganz
alte, dumme Heide war, hat gesagt: »Gehst du zu Fuß, bist du allein
und vollkommen ungesteert. Hast du einen Mercedes oder Maybach, sitzt schon ein scheenes Mädchen neben dir und ist dir im
Weg beim Schalten.«

ÜLLÖ Aber, das hat doch gar keinen Belang! er ist doch schon alter
Esel!

BUTTLER Certainly. Das geheert aber zu frieher, wo ieber the Ehe and
so gesprochen worden ist. Es ist mir jetzt nur so eingefallen. *Liest
weiter.*

ÜLLÖ Ö ... Ö ... Wwa ... Wwo ...

ISZOLANY Bell nicht so. Er ist halt A-phoristiker. Sind übrigens viele Parteien im Haus?

ÜLLÖ No ... also über ... Stockwerke wollen wir nicht reden ... heute weiß ich nimmer. Aber, im Parterre, da is drinnet, erschtens: das Redaktion von »A Magyar Kikeriki«, der große Witzblatt der Konservativen. Und von der ernste Blatt: »A Magyar Hangyaboly«, »Der Ameishaufen«, der patriotischer Organ für kinderreiche Familien. Da kommt übrigens der Zdenko.

ZDENKO Denkts euch, vor a paar Minuten kommt der Jaroschinski auf mich zu und bietet mir aus freien Stücken eine Revanchepartie an. Alles, aber auch alles pointiert er gegen die Trommelgasse!

ÜLLÖ Gefallt mir nicht. Gefallt mir nicht. Da is was Deiflisches dahinter.

ISZOLANY Wir werden schon draufkommen.

Jaroschinski tritt ein. Wird eisig empfangen.

ÜLLÖ *fährt ihn scharf an* Sagen Sie, sind Sie eigentlich verheiratet?

JAROSCHINSKI Leider bin ich Witwer. Meine Gemahlin, die geborene Fürstin von Podwoloczyska ...

ISZOLANY *halblaut* Ich bin oft in ihr umgestiegen, wenn ich hab gewollt nach Moskau. Das Büffet ist ganz gut ...

ÜLLÖ *horcht auf* A, das ist dieser Ort, wo die vielen Wanzen sind! Joi! die reinsten Brathendeln!

JAROSCHINSKI Sie kennen also Podwoloczyska? Unser Haus war schon früher liiert damit. Denn ursprünglich war es eine Jaroschinskische Herrschaft. Anno 820 hat übrigens der Fürst Töhötöm und die übrigen Fürsten, die die Landnahme Ungarns ausgeführt haben, auf der Flucht vor den Chinesen auf dem Schloß übernachtet.

ÜLLÖ Also, ich würde nicht.

JAROSCHINSKI *zuckt die Achseln, zu Wallenstein* Durchlaucht, ich bin bereit, Ihnen Revanche zu geben. Sie sollen sehen, daß Sie es mit einem Kavalier zu tun haben. Ich biete Ihnen alles, was ich gewonnen habe, gegen Ihr Haus in der ... ä ... ä ... Trom ... petengasse?

ZDENKO Trommelgasse.

JAROSCHINSKI Wollen wir uns plazieren. Also: fangen wir an.

ISZOLANY Nein, Zdenko! du wirst es nicht auf einmal setzen!
Stockwerk für Stockwerk.

ZDENKO Meinst?

ISZOLANY Ja. Das is besser. Verlierst alles, kannst noch a Dachwohnung behalten, wannst im Parterre anfangst.

ZDENKO Gut! Also, fangen wir an. Zuerst das Souterrain, wo das
Nachtlokal drin is »Zu den drei magyarischen Laubfröschen«. *Er
verliert* ... ich hab immer mit diesen ... Piccolomini Pech gehabt ...

ÜLLÖ Jetzt kommt der Parterre an die Reihe. *Sieht in den Plan.* Da is
der Goldfüllfederkönig drin. ... Sakra! hin ist er ...

ISZOLANY Jetzt hat der durchlauchtigste Unglückswurm den Goldfüllfederkönig verspielt ...

ÜLLÖ Da is ja noch wer daneben! Die Geflügelhandlung von ... wie
heißt der? ... Attila ... Dochesbieger ... hört man auch nicht alle
Täg ...

ISZOLANY Joi!! Jetzt hat er glücklich den Dochesbieger verspielt ...
Joi ...

ZDENKO Nun das Mezzanin. Da sind zwei Redaktionen ... teilen wir
auch, meinetwegen. Also – rechts ... verloren.

ÜLLÖ Joi ... joi ... Jetzt hat er rechts den Magyar Kikeriki verspielt!

ZDENKO Jetzt links ... Parbleu! verloren.

ISZOLANY Alsdann, der Hangyaboly, der patriotischer Ameishaufen
is auch verloren. Das wird ja literarische h o l d f o g y a t k o z á s, auf
deutsch: Mondesfinsternis werden!

Bemerkung: sprich: Holdfodchjat-Kossasch.

ZDENKO Jetzt ... er ... ster ... Stock.

JAROSCHINSKI Was ist drin?

ISZOLANY Ein ... also ... *verlegen* Pensionat ... *Wallenstein
verliert.* Jetzt zweiter Stock.

JAROSCHINSKI Was ist drin?

ÜLLÖ ... Pen ... sionat. *Wallenstein verliert.*

ZDENKO Jetzt: dritter Stock.

JAROSCHINSKI Was ist da drin?

ÜLLÖ *mit Plan* Noch immer ... Pensionat ... *Wallenstein verliert.*

ISZOLANY Joi, joi, joi ... Jetzt hat der Zdenko geruht, die ganze

Madame Rosa Filiale zu verjeuen ... Joi.

ZDENKO *sehr nervös* Jetzt ... der vierte Stock.

JAROSCHINSKI Was ist da drin?

ÜLLO *nach Plan* Der ... Betriebsleitung ... von Pensionat. *Wallenstein verliert.*

Üllo schnackelt mit dem Finger. Pause tödlicher Stille.

ZDENKO ... Jetzt ... die ...... Dachwohnung.

GRÄFIN *stürzt herein* Zdenko, Zdenko!! ich beschwöre dich ... ich beschwöre dich! rette uns das Letzte ... *Sie schluchzt.*

JAROSCHINSKI Durchlaucht! Sie sollen noch eine letzte Chance haben! Hören Sie ... A l l e s – gegen die Dachwohnung. Ich meine, loyaler kann doch niemand handeln.

ZDENKO *nach schwerem Seelenkampf, keuchend* Ich ... muß. Also. Topp! *Verliert.*

Üllö und Iszolany sind entgeistert. Die Gräfin ist gebrochen. Buttler sieht von der Times auf und schüttelt den Kopf.

JAROSCHINSKI *steht auf, höhnisch* Es ist mir ja sehr, sehr peinlich. Sie können sich gar nicht denken, wie ... pein-lich. Das Glück, Durchlaucht, war, leider! gegen Sie. Aber, alles will ich Ihnen nicht rauben. Ein Unmensch will ich nicht sein. Behalten Sie Ihr Teuerstes. – Ich ... verzichte ... auf die Hand Ihrer Tochter! Da – da haben Sie den Verlobungsring zurück. Vielleicht können Sie mit dem Erlös ... eine neue Existenz gründen. Ich v e r z i c h t e, Ihr Schwiegersohn zu werden. *Peinliche Stille, dann stürzt Üllö mit einem heiseren Wutschrei auf ihn zu.*

ÜLLÖ *brüllt* Was unterstehst du dich, du Halunke! Du unmöglicher Subjekt! So was in Gegenwart von Kavalieren!

JAROSCHINSKI Mein Herr, das werden Sie büßen! Sie müssen mir vor die Pistole!!

ÜLLÖ *wutkeuchend* Wos? Bießen? ... wos ... Pischtolen ... ? D e r s c h l a g e n werd ich dich! nix mit Pischtolen. Mit kalapács, mit Hammer werd ich dir auf Kopf hauen ... beziehungsweise auf p o f a, – der Backen! Ja! daß du e l i d e g e n ü l n i – das heißt, der Welt, bitte, e n t g e f r e m d e t wirst, daß du um i r g a l o m bitten wirst, um Barmherzigkeit! *In neuem, fürchterlichen Ausbruch* Z e r b r e c h e n werd ich dich wie k i s c s é s z e ... wie klaines

Häferltopf, was unter Bett, bitte, steht. *Schweratmend* Meiner
Seel . . . ja.

Bemerkung: sprich: elidegenülni, irgalom, kischschése.

JAROSCHINSKI . . . Sie sind ein . . . roher . . . Schweine-hirt . . .

ÜLLÖ Wos bin ich? . . . Wos? . . . wirst du sofort abbitten? Wird's? *Er
packt ihn bei der Brust und beutelt ihn so fürchterlich, daß aus
Jaroschinski überall Karten herausfallen. Zu Zdenko* Da hast es!
Volt hat er geschlagen. Revanche hat dir dieses Subjekt gegeben,
weil er gewußt hat, daß er dir im Falschspiel auch noch nehmen
wird das Letzte . . . Alsdann: der Trommelgasse gehört wieder dir
und alles andere auch. *Höhnisch zu Jaroschinski* Also, das hätt dir
gepaßt: felkapják az ugorkafára, das ist: auf Gurkenbaum
emporklettern mit fremde Millionen . . . wie sagt man auf Deutsch?
Richtig »auf grünen Zweig kommen« . . . ja, mit fremde Millionen.

GRÄFIN Dem Himmel sei Dank . . . daß in letzter Stunde sich das
Unglück gewendet hat . . . und dir, lieber Üllö, . . . du treuer
Freund. Wie können wir dir danken?

ÜLLÖ Daß ihr dem braven, tapfren Mädel alles erfüllt, um was sie
euch bitten wird.

ZDENKO *nach schwerem Seelenkampf* Nun, sie soll . . . ihren Rudi
haben, wenn sie noch will. Mein Wort als Kavalier!

ISZOLANY Jetzt zu dir, du Lump! wo hast das Geld? du wirst sofort
telegrafisch die ergaunerten Depots zurücktransferieren. Da —
Féder, da — Pappier! schreib.

JAROSCHINSKI *verbissen* Nein!

ISZOLANY Wo sind sie? werden wir telegrafieren.

JAROSCHINSKI Das werdet ihr nie erfahren. *Höhnisch* Bis es zur
Verhandlung kommt, ist alles so verschoben, daß keine Macht der
Welt mehr draufkommt.

ÜLLÖ Vér-handlung? Glaubst du, daß wir über dich verhandeln
lassen? Also, so ein Blödling! Weißt, was dir geschieht? . . . gleich
wirst du sehen! *Brüllt hinaus* Opitz! Opitz! Bring dicken Spogat
mit, wie Frankfurter so dick . . . ja! Stricke! aber schnell! *Opitz
stürzt herein.* Bind dem da . . . wir halten ihn . . . so . . . jetzt . . . die
Haxen.

ISZOLANY Du . . . schrei nicht! sonst wirst geknebelt.

OPITZ Soll ich ihn knebeln? Da wär ein Tennisball ...

ÜLLÖ Nicht nötig. Er kommt an Ort, wo ihn niemand nicht hören kann, wann auch paar Jahre schreit.

OPITZ Wird er in die Zisterne geworfen?

ÜLLÖ Nein. Er kommt in das Verlies. Tageslicht sieht er nimmer. Alle Wochen bekommt er einmal Lichtstumpferl! da kann er mit die Ratzen Tarock spielen.

Üllö und Opitz tragen ihn hinaus. Üllö kommt sofort zurück.

ISZOLANY Aber jetzt heißt's nach Wien schaun, daß mit dem Rudi nix schief geht, ... wenn ... wir nur nicht zu spät kommen.

ÜLLÖ *droht mit der Faust in die Richtung der Tür* Ich werd dir geben, auf Gurkenbaum umanand kraxeln!

Vorhang

SECHSTER AUFZUG

Partie im Wiener Stadtpark. Früher Morgen. Niemand ist zu sehen. Nur eine Amsel zwitschert einen Schlager.

Rudi tritt auf. Mimengehrock. Tuberose im Knopfloch. Zylinder mit wehendem Trauerschleier. Zwei Dienstmänner tragen ein schweres Paket, das sie unter einer Bank verstauen.

RUDI *zu den die Stirne trocknenden Dienstmännern* Da haben Sie! Seien Sie glücklich!

DIENSTMÄNNER *eurythmisch* O küß die Hand! Wann wieder was benötigen: hier unsere Nummer. Stetts zu Diensten.

RUDI *groß* Guote Freuunde ... i h r könnt mir nicht mehr dienen. Ich benötige nur noch des Charon!

DIENSTMÄNNER Firma Aron kennen wir nicht. Wohl in der Leopold-stadt? Aber, was besagte kann, können wir ebenso gut, wenn nicht sogar besser und werden billiger arbeiten als diese ... Hier unsere Karte, bitte!

RUDI *entläßt sie mit stummer Geste. Dann nickt er ernst, die Arme düster verschränkt.*

So stünd ich denn im letzten Glühn des Lebens.

Es ist fünf Uhr. Die Vögel putzen ihre Schnäbel
zum Lobgesang in Fluren, Wälder, Auen. *Glocke.*
Die sechste Glocke werd ich nimmer schauen.
Denn diese Stunde bringt mir Nacht und Tod.
Hohl Qualis ... *leise* dingsda ... artifex pereo!
Groß und noch hohler
um mit Neeroo zu rääden.
So stünd ich denn am Ziele meines Strebens.
Ich fühle wohl: mein Kämpfen war vergebens ...
Mit echtem Gefühl
Leb wohl, o Thekla ... Zauberblume hold ...
aus einem Märchenreich, das mir verschlossen blieb ...
Armselig ich, der zu der Fürstin blickte,
die Rosenflamme ihres Mundes fühlte ...
ein kurzes, qualvoll Brandmal meines Glücks ...
armselig Nichts ...
armselig Nichts ... auf Erden nur ein Wurm,
will ich im Tod ein Flammenzeichen geben ...
im Donnerrolln die Himmelfahrt beginnen ...
Umstrahlt von jähem Blitz und blendend Licht,
daß Wien aus seinem Schlafe fährt ... der Satte es begreift:
Heut starb ein Held!
Denn i c h will wie ein Künstler sterben,
weich dem nichts zu eigen war ... als Traum ... und Tod.
*Er kauert nieder und entfernt die Hülle. Eine Marinegranate wird
halb sichtbar. Er arrangiert eine Zündschnur nach vorn.*
Hervor, du Pfeil ... du Bringer ... nein! nein! Du Feuerwurm ...
du Klingelzug zum Reiche der Äonen!
So, er liegt gut. *Hohles Lachen* ... hier vollend ich's ... Die
Gelegenheit ist günstig. Hervor, du Zünder! *Mit hypokratischem
Lachen, überstark betont* Jaaa! man nahm Holz vom Fichten-
stamme und g a n z trocken ließ man's sein, j a a a!!! in dem
Streichholzwerk von ... *betrachtet die Schachtel* von ... mein
Gott!!! ... Prschelautz. Theklas ... Mitgift ... *Sinkt zusammen und
schluchzt, das Antlitz in den Händen.*
Armselig ich. Was riß man mich aus meinem kargen Frieden hin zu

dem Fürstenhof . . . zur Göttin . . . Göttin in dem Strahlendiadem
der Schönheit . . . du mein verlorenes Glück.
Karg war mein Sein. Kein Vater sorgte. Die linde Hand der Mutter
hab ich nie verspürt . . .
Herumgestoßen ward ich für und für.
Hier, dieser Gehrock – er ward lang erhungert.
Nicht immer gab es Butter auf das Brot.
Wie oft war ein Kaffee mein ganzes Glück und Streben,
und Leben . . .? Leben . . . war nur in dem Reich der Kunst
. . . Mondnacht im Parke dort . . . wie fern . . . wie fern
. . . Eine Stunde im Paradies gelebt . . . und . . . sehr jung ver-
storben . . .

*Er ist ganz in sich versunken. Eine Pause entsteht. Man hört ein
Geräusch, wie das Keuchen eines Motors. Dann sieht man, wie eine
abnorm dicke Dame heranwackelt, eine Flasche Bitterwasser unterm
Arm.*

DAME *betrachtet den Gramversunkenen.* Gschpaßig. Ein sehr ein
fescher, junger Maan. Muß von einer Leich kommen. Aber, so früh
am Morgen? Gschpaßig. *Ihr dämmert was auf.* Am End is er a
Ziviloffizier von die Bumpfuneber? oder gar vom Leichenbestattungsverein »Nährvatter Josef«. Ja! Beim »Nährvatter Josef« haben
s' Zylinderhüt! koane Dreispitz. *Sieht genauer hin* Schultern wie
ein Henderl! Koane zwanzig Jahr. *Genießerisch* Dös wär ein
Tullipuer aufs Nachtkastl! Meiner Seel. *Setzt sich neben den
Teilnahmslosen.* Mit Verlaub! Hier is doch frei? *Rudi nickt kaum.*
Sie prüft still den Schleier Rudis. An Krepp. Sogar sehr gschpaßig.
I woaß nit, die Bumfuneber und so haben doch nie an Schleier
nicht an? Aha! der wird ein Ausländer sein!! Werden wahrschein-
lich an Kongreß der Leichenbestattungsvereine haben. Bei uns ist
halt in die Festwochen immer allerhand Unterhältliches und
Fesches los!
Sie schnüffelt zu ihm hin. Wie i's daschmeckt! Tuberosen. Da ham
wir's. Sö, Herr! Tschuldigen schon, . . . aber, warn S' bei oaner
Leich?
Rudi schüttelt den Kopf. Oder, gehn S' zu aner solichen?
RUDI Nein. Ich bin die Leich selber. *Versinkt wieder in Brüten.*

DAME Wos? Sö san doch keine Leich nicht! Wie reden denn Sie daher? Sie schmecken noch ganz frisch.

RUDI Sie verzeihen ... ich bin so benommen ... ich werde aber bald ... *Hoffnungslose Geste.*

DAME Sie! um Himmelswillen! Sie san doch am End koaner ... was ... Hand an sich selber legen will!

RUDI *groß* ... Und wenn dem so wäre?

DAME Sö san gut angezogen ... Not is nit ... Sie san unglicklich verliebt! Ja, dös ist's! *Rudi nickt.* Hab mir's denkt. Sie, Herr, tschuldigen schon, mich geht's ja nix an ... aber: wie kann man denn so blöd sein – ja! Blöd, sag ich, ... wegen an Madel!

RUDI *bedrückt* ... Wann's nur a Madel wär ...

DAME *entsetzt* ... Ver ... wurfener! *Versucht ächzend aufzustehen.*

RUDI Nein! Nein! So bleiben S' doch. Es ist kein Mädel. Es ist eine Conteß. Eine gefürstete Gräfin ... eine Herzogin!

DAME *höchst interessiert* Eine Conteß! ... eine gefürstete ... Gräfin ... eine Herzogin ... A! und hochdieselbe blückt nücht hünab auf Eana, wo zu ihren Fießen schmaachtet. Ja, ja. Mir liest dieses efter. Mir is ja fein gebüldet. *Schwärmerisch* ... Kurzmalla lies i gar so görn! Sagen S': Wissen Sie, wie die Geschichte ausgeht von der Gräfin mit die sieben blutenden Muttermalen ... die was vom Prinzen Kunibert so wild begehrt wird?

RUDI Bah! Sie meinen Courths-Mahler? *Wegwerfend* Nahein! i c h lese nur Klassiker! Schiller ...

DAME Gehn S', hörn S' mir ja mitn Tschiller auf, den mag i nöt! Wann ich den Nam hör ... am Tschillerplatz is mir nämlich vorigs Jahr d' Handtaschen gstohln worden. *Nimmt einen großen Schluck Bitterwasser.* Brr.

RUDI Ja. Dann den im Volksgarten, wo hinten so rund umbaut ist ... no, wie heißt er denn. Das eine ist kein Vogel und das andre keine Waffe ... a! Grillparzer! So merk ich mir's. Das ist nämlich ein ausgezeichneter Trick aus dem Reinhardtseminar ... Ja, und dann den, auf der Ringstraße wohnt er ... sitzt er ... a, b, c, d, e, f, g ...!! Goethe! ... Ich bin nämlich ... ein ... Mime.

DAME Wos? Wos san S'? ... a ... Mimi! Na, hörn Sie ...

RUDI Nahein! Ich bin ein Schauspieler! Das war der Hellenentitel!

DAME *deren Mißtrauen sich gelegt hat* A Tschauspüller! und da haben Sie so zum Verwelken anghebt? Wo Sie als solicher a jeds Madel haben können? Glaubn S', i woaß nit, wie's bei die Bienenthierln zugeht? Glauben S', i hab koane Augn im Kopf? Glaubn S', i woaß nit, daß sich schon achtjährige Fratzen aan mit Sagspän ausgstopften Busenhalter anlegen, und was dann die ins Unglick gestirzte Famili dann für a Freid hat, wann s' dös sündhafte Glumpert beim Gutenachtsagen findet! *Großer Schluck Bitterwasser, an dem sie sich verkutzt.*

Aber, es gibt auch ernste, völlig derwaxene Üdöalistinnen, wo deren Begeisterung, da gereift, das Licht der Nacht nücht zu scheien, also, braucht ...

O, waas ich für die Tschauspühlkunst schwärme ... Und Sie woanen so aner Flitschen nach – lassen S' mich ausreden – wann s' auch a Fürschtenkron in der begehrlichen Unterwäsch hat! *Ägriert* Schaun S'. *Sie streift ihre plumpen Zwirnhandschuhe ab und bringt an allen Fingern unwahrscheinlich strahlende Juwelen zum Vorschein.* Schaun S', ... i wär so gern a Mezzanin von aan Thiater gworden. *Seufzt. Rudi schaut sie irr an.*

Ja ... Waan ich nur aan Faachmann an der Seiten hätt, der mir sagt, wi man dös anfangt ... und mir a bisserl unter die Arme greifet. Aber, mir findt niemanden, weil man zum Mezzaninsein so goar koane Beziehungen nicht hat. Überhaupt kummt dös heit kaum mehr vor, hab i ghört.

Ja, wie gern sanieret ich auf die Art ein, zwei Thiater. Meiner Söll! Wann i noch ein zweits Mal heirat ... mein Seliger ist am Schleimschlag ölendiglich verblichen ... nurr an Tschauspiller! Und lang und moocher müßt er sein! Glaubens S' mir, ein reifes Weib kann Liebe spenden ... Waas hat einer schon von so einer grauperten jungen Katz, wo er sich – mit Verlaub – in der Finster anhaut ... wo noch halbert unreif ist ... wie's leider! heut Mode is ... *Bitterwasser* ... glu ... glu ... Pfui Teixel. Grauslig: d' reinsten Schusterbuben, die ... wie soll ich mich nur ausdrucken? ... die ... halt ... a bissl zu kurz kommen sein ... weil's wahr is. Nix als Pratzen ... nix als Pratzen ...

Wissen S' was? Gehn wir, wann er aufsperrt, zum Sacher auf a fesches Fruhstuck! Auf an Magnatengulasch mit Schampanja! Mögen S'? *Rudi wehrt müde ab.* Plauscht sich besser wie da im Freien. Wissen S' – in aan Söparö! Schaun S', da kommen schon d' erschten Leut.

Im selben Moment wirft ein Passant achtlos einen glimmenden Zigarrenstumpf, einen sogenannten »Tschick« weg. Die Lunte, die Rudi ohnedies die Zeit über mit dem Fuß wegzuschieben versucht hatte, fängt zischend zu rauchen an.

RUDI *springt entsetzt auf und brüllt* Fort von hier! Augenblicklich fort!

DAME San S' irrsinnig? Ich lad Sie zum Sacher ein und Sie schrein zum Dank so mit mir umanand. Justament bleib i sitzen.

RUDI *verzweifelt* Fort! fort, so wahr Ihnen Ihr Leben lieb ist!

DAME A, da hört sich alles auf! gefährliche Drohung auch noch ... und, ich bleib. Glaubn S', ich fürcht mich vor Eana? vor so an Zwöschbenkrampus wie Sie san? i bleib, und wann Sie nicht das Maul halten, laß ich Sie von der Rettungsgesellschaft in den Narrenturm abführn.

RUDI Fort, fort! *Er zerrt die Widerstrebende, die sich heftigst wehrt, empor und sucht sie wegzuschleppen.*

DAME *mit entsetzlich schriller Stimme* Marrantanna ... zu Hilfe ... zu Hilfeee! er bringt mich um ...

Rudi legt ihr die trauerbehandschuhte Hand auf den Mund. Mit dem Rufe Jeden Moment bist du eine Leiche! *schleift und zerrt er das dicke Monstrum weiter, wobei beide in einer Staubwolke zu Boden kollern. Er – noch immer den Trauerschleier am Zylinder – büßt einen Ärmel ein. Sein Gehrock geht hinten auseinander. Auch die Dame ist schrecklich hergerichtet. Sie stolpert über ein langes Barchentbeinkleid, in das sie sich verheddert. Unter Gekreisch und Ächzen fällt der*

Vorhang

SIEBENTER AUFZUG

Sofort geht der Vorhang wieder auf und zeigt eine andere Partie des Parks.
Rudi zerrt und rollt die Dame eben heran, die irr brüllt und kreischt.
Ein Polizist läuft hinzu. Trillerpfeifen schrillen. Da erschüttert eine dumpfe Detonation die Luft. Es regnet Kies und Zweige, vereinzelt auch noch während des ganzen Auftrittes. Es kommen noch mehr Polizei und Passanten.

DAME Möörder! Möörder! Hilfe! Verhaften Sie ihn!

RUDI Aber – ich – bin – ja beinahe – selbst ermordet worden ... die Dame da, hab ich ... auslassen! bloß – auslassen! ... retten wollen ...

Polizisten haben ihn gepackt. Man hört irres Geschrei und Gestrampel. Eine große Kiesmasse geht nieder.

POLIZISTEN Machen S' keine Geschichten! Halten S' still! leisten S' keinen Widerstand! Legitimieren S' Ihnen! wie heißen Sie?

RUDI ... ich reiße Hudi ... huße Reidi! ... heiße R u d i!

POLIZIST Reden S' nicht so blöd daher! Sie heißen also angeblich L u d o l f. Weiter: Schreibname? Vatersvorname, dessen Alter und Geschlecht? wo tun Sie geboren sein tun? was tun Sie sein tun und wie kommen Sie da her? Warum tragen Sie bloß einen Ärmel und einen Schleier? Sind Sie als Transvestit perlustriert und haben Sie einen Frauenkleiderschein?

EIN DÜSTERER POLIZIST Göhen Sü ümmer hünten offen?

PASSANT Der is gwiß Zettelaustrager von an Trauer-Nacktklub.

POLIZIST Wie, wodurch, weshalb und wozu, in wessen Auftrag haben Sie Mordanschlag durch einen offenbaren Papierböller verursacht?

RUDI Lallmayer schreib ich mich. Ich bin ohne Eltern zur Welt gekommen.

POLIZIST Reden S' nicht so blöd daher, Sie!

RUDI Aber ... wenn ich doch ein weggelegtes Kind bin.

Der Polizist wird unter einem großen herabstürzenden Ast begraben.

ZWEITER POLIZIST *zu einer nicht sichtbaren, aber tobenden Menschenmenge* Zaruck da! Gehn S' ausanander! Machen Sie keinen

Haufen! *Pfeift um Sukkurs. Überall antworten Trillerpfeifen. Pferdegetrappel ertönt. Die halb sichtbar werdenden Wagen zweier Eisverkäufer werden zurückgedrängt.*

POLIZIST Was sind Sie?

RUDI Tragöde.

POLIZIST Schwindeln Sie nicht. Sie sind Sprengstoffattentäter von Beruf.

Eine Kiesmasse geht nieder.

RUDI Aber ... ich habe doch bloß Selbstmord verüben wollen! mit einer Granate. Und wie die Dame da gekommen ist, hab ich die ... Granate ... wieder ... einstecken wollen ... gwiß is wahr ... aber, ein fremder Tschick hat die Lunte entfacht.

POLIZIST Das kennt man schon. Weisen S' den Tschick vor, wenn S' können!

RUDI Auslassen ... verhaften S' doch den Tschickisten, waan S' können!

DER DÜSTERE POLIZIST Unverschömter Pursche! Fort mit ihm!

Inzwischen wird die dicke Dame durch einen großen Ast, der auf sie fällt, aus der Ohnmacht geweckt und schreit.

DAME Möööörder! Ja, der is es. Der hat mich dermurden wollen!

DIE MENGE *brüllt* Lynchen! lynchen! hängts ihn am Wetterhäuschen auf!

ANDERE *rufen* Das ist ja nicht mehr da!

EIN HERR MIT RIESIGEM WALLENDEN BART *zu* Rudi Herostrates!

Funktionäre der Rettungsgesellschaft laben die Dame.

RUDI *wird weggeschleppt, strampelt und brüllt* Ich bin das unschuldige Opfer eines Tschicks!

Graf Wallenstein wird von einem salutierenden Polizisten vorgelassen.

POLIZIST Bitte nur weiter zu spazieren, fürstliche Gnaden.

WALLENSTEIN *zu Üllö* Ah, du bist auch da! charmant, charmant! Mich hat ein schreecklicher Lärm aufgescheucht, wie ich grad im Schwarzenbergkaffee gfrühstückt hab. Weißt ja, ich bin Frühaufsteher. Na, die Leut sind alle da her glaufen, ich nach, überall war schon abgsperrt und Dragoner ausgrückt, ja, und die Artillerie kommt nach, hab ich ghört. Mich haben s' aber selbstverständlich durch alle Kordon glassen . . . von was hamma grad gredt – ja, muß schauen, was is . . .

ÜLLÖ Du, denk dir, den Rudi haben s' verhaftet?

WALLENSTEIN Wäälchen Rudi?

ÜLLÖ Na, deinen Rudi . . . den talkerten Rudi!

WALLENSTEIN Soo. Aber, das hättst gleich sagen solln. Wannst »Rudi« allein sagst, muß ich doch natürlich annehmen, daß du »Rudolf den Stifter« meinst. Der ist für uns der » R u d i «! Klaar.

ÜLLÖ *etwas gereizt* Alsdann: den talkerten Rudi ham s' verhaftet. Nicht den gescheiten Rudi, der was die Universität baut hat. Wie hätten auch kköönnen? wo vielleicht schon hundert Jahr tot is.

WALLENSTEIN Was, hundert Jahr? Lä-cher-lich! vielleicht schon tausend Jahr!

ÜLLÖ Begreif ich nicht. Sie haben doch dort schon den élektrischer Licht am Unniwersitätt. Hab szelber gesehn. Das laß ich mir nicht abstreiten.

WALLENSTEIN Ja, ja, das is doch gaanz nebensächlich. Bitt dich, entetier dich nicht und sag mir lieber, was der Trottel angestellt hat?

ÜLLÖ Der talkerte Rudi? Ja. Allerdings hat der nix gegründet. Aber, aan Erdtrachter hat er gemacht unter a Bank.

WALLENSTEIN *läßt das Monokel fallen.* Waas? aan Erdtraachter? er is doch kein kleines Kind nicht, daß er im Sand spielt. Ich hab ihn schon immer für blöd ghalten, aber, als erwaxener Määnsch mit die Händ im Sand spieln . . . nein, ich muß sagen . . .

ÜLLÖ Woos? Händ? Weißt, wie tief der Trachter ist? Gute zehn Meter. Nicht wahr, Herr Kommissär? So haben Sie gesagt.

POLIZIST Ja, Exlenz. Melde gehorsamst. Wann zehn Meter langen. Hören bitte, die Feuerwehr blaasen? Die beginnt eben mit den Sicherungsarbeiten.

WALLENSTEIN Ich versteh das Ganze nicht. Sowas muß doch im Stadtpark schließlich auffallen. Und ihr sagts: zehn Meter tief? Das is ja wie ein Zimmer hoch ist . . . Da muß er ja schon nach die erschten Täg a Leiter nehmen!

ÜLLÖ Wos? Erschte Täg . . .

WALLENSTEIN *dezidiert und sehr streng* Natürlich braucht er a

Leiter. Wie einen Bissen Brot. Es ist ja bekannt, daß du ein sehr schwacher Denker bist. Und das ist mir das eigentlich Unklare, wieso sie einen Herrn mit einer Leiter in den Stadtpark lassen! *Seine Miene wird ägriert. Üllö protestiert, kommt aber über ein kurzes Bellen nicht hinaus.* Mein heiliges Ehrenwort! Ich hab noch nie einen Herrn mit einer Leiter im Park promenieren gesehen. Also: vielleicht – vielleicht, wenn er an Zylinder aufhat. No, das ist vielleicht – ich wiederhole, vielleicht möglich, weil s' ihn für an Rauchfangkehrer halten – zum Beispiel für einen distinguierten ausländischen Rauchfangkehrer, der zu an Kongreß gladen war und dann auf an Mokka herkommt ...

Aber gestatte mir: Wenn zum Beispiel ein Herr einen Mélon dabei aufhat? He? *Sieht Üllö streng an.* Hast du je in deinem Leben einen Herren, sagen wir: mit einem drapfarbenen Mélon und mit einer großen Leiter unterm Publikum bemerkt? *Üllö will zu Wort kommen.* Ja – und dann muß doch so einer – das Wort verlorene Existenz is noch zu schwach dafür – wochenlang graben! Daß ihm die Polizei das erlaubt hat. Begreif ich nicht. Allerdings, zutrauen tu ich's ihm schon. Jeden Blödsinn. Aber ...

ÜLLÖ Wochenlang? Vor keiner Viertelstund war noch alles eben, wo das Bank gestanden hat! Mit aaner Granaten hat er's gemacht.

POLIZIST Es war eine $30^{1/2}$ Marinegranate.

WALLENSTEIN Also sag mir! Wo kann er die nur herhaben? Mmm. Hab nie eine gsehn bei ihm. So wahr ich Zdenko heiße!

ÜLLÖ Wohrscheinlich von aan befreindetten Marinör, der sie aus Weltkrieg, bitte, heimgebracht hat. Schau, auf jedem zweiten Junggesellenschreibtisch knotzt so was umanand. Ich hab wieder ein Maschinengewehr im Nachtkastelladel, seit diese verflixten Eismänner aufgetaucht sind.

WALLENSTEIN Ä? Der Pankratius, Servatius und Bonifatius ... am Ende auch die kalte Sophie?

ÜLLÖ Wo werd ich! Béla Kun mein ich! Der war doch ehenter Géfrorenesmann. Dos hat in Szibirien gelernt.

WALLENSTEIN In ... Sibirien?

ÜLLÖ Jo. Glaubst du, daß s' in der Szaharra auf Gefrorenes lernen? Laß dich doch nicht auslachen! In der Sahara lernen s' nur worme

Sachen! Filzpaatschen ... aufgeröstete Knödel mit Ei, bitte, dann gefütterte Hoo ...

WALLENSTEIN M.Mmm. Das muß ich mir anschaun. Und gleich das Barometer zu Rate ziehn. Es is plötzlich so bewölkt.

POLIZIST Das sind nur die Rauchschwaden, die wieder zurückkommen.

ISZOLANY *erscheint ebenfalls.* Gut, daß ich dich da find, Zdenko. Also, was sagst? Schrecklich, was der blöde Bursche angerichtet hat. Du hast eine Natter ... einen Petroleur! was! eine Petroleumnatter an deinem Busen gehegt!

EIN KIND Bitt schön, Herr Wachmann, da is schon wieder a Brüllantring, der da glegen ist, wo die dicke Dame so gstrampft hat!

POLIZIST Schon gut, gib 'n her. *Er steckt einen Ring, der wie ein Scheinwerfer blitzt, ein.*

ISZOLANY *höchst interessiert* Lassen S' sehen! ... großartig! Und das hat die ... Dame ... verloren ... die, hör ich ... bei ihm ... gesessen is ...?

POLIZIST Ja. Beim Ringkampf mit dem Attentäter. Sie hat eine Menge Sachen dabei am Platz gelassen. Hier: das Kollier zum Beispiel. *Zieht mühsam ein Riesenkollier aus der Hosentasche.*

ISZOLANY *tänzelt vor Aufregung.* Was ... wer is die Dame ... wos is die Dame? ... wo is die Dame?

POLIZIST Nur soviel wissen wir, daß es eine unsinnig reiche Witwe ist. Sie hat nach der Explosion einen Tobsuchtsanfall bekommen, weil auf der Bank ihre Handtasche mit 100.000 Schilling liegen geblieben ist.

ISZOLANY ... 100.000 ... Schilling ... Joi mamám ...

POLIZIST Aber um das ist ihr's gar nicht gewesen, *Iszolany bellt vor Aufregung* sondern sie hat immer nur gekreischt: »Meine Gallensteine sind drin, meine Gallensteine!«

ISZOLANY *erfreut* Wos? Gallensteine hat auch! *Pfeift* Wo ist also der Dame?

POLIZIST Die Rettungsgesellschaft hat sie in die Irrenanstalt bringen müssen. Sie hat getobt wie ein Nilpferd, das sich zufälligerweise in Benzin gesetzt hat.

ISZOLANY Meine Herren – bitte mich zu entschuldigen – ich muß leider sofort weg ... *Zum Wachmann* Das ist doch die Anstalt am Steinhof? Ja? Servus, Kinder! *Bleibt einen Moment im Vordergrund stehen.* Ich weiß einen Mann, dem kann geholfen werden. *Dann rast er davon.*

STIMMEN VON ZEITUNGSVERKÄUFERN Exxxtra-ausga-bää! Exxxtra-aussga-bää! – Falscher Bimssteinregen über Wien ... erste Auswirkungen der Achse Berlin–Rom ...

Vorhang

ACHTER AUFZUG

Kerkerszene

Halbdunkle Zelle. Es ist die Armsünderzelle, in der die zum Tod verurteilten Missetäter ihre letzte Nacht verbringen.
Ab und zu wird an einem Fenster ein Vorhang zurückgeschoben und ein rotnasiger Gefängnisdiener mit Amtskappe, sowie verschiedene Neugierige mit bekümmerten Mienen werden für kurze Zeit sichtbar. In einer Ecke liegt auf einer Schütte Stroh Rudi. Ab und zu klirrt der Teilnahmslose oder bisweilen irr Murmelnde mit den Ketten. An der Wand ist ein Bild des Landeschefs, an dem einige Palmkatzeln stecken. Der Kerkermeister Krpetz öffnet klirrende Schlösser. Graf und Gräfin Wallenstein mit Tochter treten ein. Rudi ist teilnahmslos und klirrt nur ein bißchen. Üllö ist in prunkvoller ungarischer Trauergala erschienen, sogar Krepp um die Sporen.

KRPETZ Da is er. Heute noch wird er aufghängt.

Die beiden Damen schreien auf und klammern sich aneinander.

GRAF M. Mmmm. ... Gehängt?

KRPETZ Ja. Sprengstoffverbrechen. Da is der Tod drauf. Ja, mein lieber Herr!

GRAF ... M ... ä, ä, Tod?

KRPETZ Wie gsagt. Wenn einer aber bloß ein aufgeblasenes Papiersackl zertatscht: lebenslänglich. Wann einer bei Standrecht laut aufstößt ... oder so ... zehn Jahre.

GRAF *gebeugt* Das Recht ist hart.

KRPETZ No, was wolln S'? Schon im Mittelalter hat so einer seine 24 Stunden wegen sowas brummen können.

Thekla weint in den Armen ihrer Mutter laut auf. Die Gräfin schluchzt in ihr Spitzentüchlein. Auf Rudi fällt ein schäbiger Sonnenstrahl.

GRAF M. M. M. – Da muß was gschehn. Ä, holen Sie den Dingsda . . . der ober Ihnen steht . . . den Oberlandesgerichtsrat. Wir bewachen inzwischen den . . . Dingsda.

KRPETZ Zu Befehl, Exzellenz! *Dann ruft er zur Tür hinaus* Quapil! . . . is der Kerl wieder bsoffen . . . Quapil! wo steckn S' denn? *Sie flüstern miteinander.*

ÜLLÖ *der bis jetzt nur am Kragen herumgegriffen hatte, schluchzt laut zum Himmel* Joi . . . Joi . . . joi . . . Ischtenem . . .

Eine große Spinne läßt sich auf Rudi herab. Er beginnt irr und tonlos zu deklamieren.

RUDI . . . den Scherben vor meinem Fenster . . . bethaut mit Thränen ich,
. . . als ich am frühen Morgen . . . Thekla die Blume brach . . .

Die Wirkung ist fürchterlich. Graf und Gräfin suchen eine Stütze in der Luft. Durchlaucht mümmelt dabei tonlos und macht starre Fischaugen.

GRÄFIN . . . The . . . kla . . .

THEKLA Nein . . . Mama. *Zu Rudi* Ich . . . bleibe bei dir . . .

RUDI *der sie nicht erkennt* Laaaß mich . . . Nein! Ich leide keine Gewalt. Faß mich nicht so mörderisch an! *Jämmerlich* Sonst hab ich dir ja alles zu Liebe getan . . .

GRÄFIN . . . Zdenko! Es ist ent-setzlich . . .

KRPETZ Und dabei sind das so feine Herrschaften! *Mit besorgtem Blick auf das Bild.*

GRAF Barbara Eusebia! Er spricht doch irre.

RUDI . . . Wääh meinem Kranze! Wäre ich nie am Wetterhäuschen gewesen . . . Die Parkwächter . . . Die Quarkpächter . . . wie gräßlich sind sie doch . . . die Quarkpichler . . . die . . . Quaark-pichler . . .

THEKLA Beruhige dich. So etwas Gräßliches gibt es nicht.

GRAF Schrecklich. Was soll man mit ihm machen? Narkotikum

geben? M. Zu modern! Oder Kärl mit dem großen Batschkoren vom Ahnherrn Kuno auf Kopf hauen? M. Besser.

Die alten Herrschaften mümmeln nachdenklich vor sich hin. Da hinein ertönt mit gräßlicher Klarheit im jämmerlichsten Tonfall die Stimme des Rudi.

RUDI ... Vor ... meinem Fenster ... *tiefste Klage* steht ein Schäärben ...

Er verhüllt das Antlitz. Graf macht eine irre, abwehrende Geste. Gräfin ringt nach Luft. Thekla hat einen Finger im Mund. Krpetz hat die Kappe heruntergenommen, trocknet sich die Stirne und glotzt zum Landesvater empor. Dann murmelt er tonlos und schüttelt den Kopf.

GRAF ... Schräcklich. So eine Schlamperei ... vor dem Fenster ...

GRÄFIN Mais, taisez vous. *Was sie sagt, ist unverständlich.*

GRAF ... ghört doch unters Bett! Ich bitt dich ...

GRÄFIN Zdenko! Es ist so entsetzlich, daß unser Kind einem Bürgerlichen du sagt! O, ihr Ahnen ... ihr Ahnen ...

RUDI Da ... da ... da ... *deutet unglückseligerweise auf die Gräfin* sitzt meine Mutter auf einem Stein ... und wackelt mit dem Kopf ... *Graf und Gräfin sehen sich entsetzt an. Jämmerlich ...* moin Schwöhösterlaiin hoob auf die Bein — an einem kühlen Ort ...

GRAF Ä ... es ist eine Katastrophe ... *zu Rudi* Ich begreife Fräulein Schwester nicht.

GRÄFIN *streng* Zdenko! Fremde Mädchenbeine gehen dich gar nichts an. Was mischt du dich überhaupt in so meskine Verhältnisse ein!

GRAF No, ich bitt dich! — an einem kühlen Ort! So ein junges Mädel kann sich den Tod holen! Enrhumer ist das Geringste.

Rudi murmelt weiter und macht so irre Gesten, daß Üllö mit hochgebuschtem Schnurrbart interessiert zu ihm tritt und sein Murmeln belauscht. Plötzlich fährt er entsetzt auf.

ÜLLÖ Joi mamám! Kinder, das ist furchtbar! Er hat Kind gémordet ... pscht! *Er lauscht weiter* Wos?!? ... Wos?!? ... er is ... Wos!?! ... Margarete heißt er ...?? *trocknet sich die Stirne* Leuteln ... er ... is ... a ... Kindsmörderin!

Die Damen fallen in Ohnmacht. Man bringt sie wieder zu sich.

GRÄFIN Wo bin ich?

KRPETZ Im Landesgericht.

GRÄFIN Aaah ... Ach, so ...

ÜLLÖ *gebrochen* Fürchter-lich. Ihr habts durch Wochen ... a Kindsmörderin im Gehrock, bitte!!! ... wohrscheinlich a Zwitschera ... Wie heißt der dumme Wort? richtig! Z w i t s c h é r ... kérem, sáchen, izé, teschék am Busen aufgezullt ... Schlonge is Schmaarrn dagegen ...

GRAF Wi ... wi ... wir haben ... Gehrock hat getäuscht ... *groß und fürchterlich* verfluchte Gehröcke ...

SENI *der plötzlich aus dem Nebel des Hintergrundes auftaucht* Er hält sich für ein gefallenes Määdchen. Das ist jedenfalls r e c h t unerfreulich. Aber, beruhigen Sie sich, Durchlaucht! Das sind nur Rollen, die ihm im Kopf herumgehen. Er hält sich, wie eben erwäähnt, für ein gefallenes Määdchen.

Gräfin klagt stumm zum Himmel.

GRAF *tonlos und vollkommen gebrochen* ... Es is ... ein ... Zwitschermann ...

SENI Ein gewisses Fräulein Margarete. Die hätte einen vieeerfachen Doktor, Heinrich Faust mit Namen, heiraten können ... aber ... *leise* wie soll ich mich vor den Damen ausdrücken? – durch das ... ä ... was man heute ... unter Explosionstechnikern ... Vorzündung nennt ... hab ich mir sagen lassen ...

GRAF Ja, ich bin gegen das Studium. Das und der Film ... das kommt dann davon.

KRPETZ Der Herr Landesgerichtsrat kommt.

BLAHA Exzellenz haben mich rufen lassen? O, ich weiß die Ehre zu schätzen ... was steht zu Diensten?

GRAF Ä ... liebster Herr Oberlandes ... Ä ... Ä ... Blecha? nicht?

BLAHA *leicht verstimmt* B l a - h a, wenn ich bitten darf!

GRAF Ahaaa! Bata! ganz richtig! Namen schon oft gehört! Es handelt sich um Folgendes: da ist eine malheureuse Geschichte passiert! Schaun S', da sitzt, beziehungsweise kauert ... ein entfernter Bekannter von mir ... aber immerhin ... und es ist sehr kompliziert ... weil ... Sie verstehen mich ...

BLAHA Aha! Das ist ja dieser ruchlose Pursche, der Sprengstoffattentäter ... der ... Schnarchmeier ... Ja. Wird ... heute *sieht in einem Verzeichnis nach* um ein Uhr 20 der ... Ding ..., 2 Uhr 10 der ... ehe ... da! Wird heute um 17 Uhr 15 präzise, gehängt! Die Herrschaften wünschen gewiß Entréekarten, weil Sie mich haben holen lassen?

GRAF Gehängt ... zur Jausen ... das ist ja schrecklich ... Mir liegt nämlich viel dran, daß er nicht ...

BLAHA Wo denken Exzellenz hin!

GRAF Schaun S', Herr Blumka ...

BLAHA Bla-ha, bitte!

GRAF Ah? Also, Herr Dr. Hlawa, ich habe Ihnen einen Vorschlag machen wollen ... Können wir nicht tauschen? Schaun S', ich hätt was sehr Nettes für Sie. Wir haben nämlich ... also, meine Frau und ich ... einen Falschspieler bei uns auf Schloß Prschelautz im Verlies ... schließlich wird er uns am End dort hin ...

BLAHA *entsetzt* Was?

GRAF Ja. In Prschelautz. Ich hab ihn nämlich nach Prschelautz bringen lassen, weil's dort feuchter is und ich das Geschrei nicht mehr hab hören können, wenn er gefoltert worden is ...

BLAHA *entgeistert* ... Verlies ... gefoltert ...

GRAF Ja. Jeden Mittwoch und Samstag von drei bis ... mir scheint, es ist immer acht Uhr geworden? *Thekla nickt.* – Die Baby hat nämlich das Arrangement unter sich gehabt. – No, is ja eigentlich nebensächlich. Hab nur fragen wollen, ob wir nicht tauschen könnten? Ich übernehm den Rudi ... da ... im Eck ...

BLAHA *trocknet sich die Stirn.* Ich kann mich nicht fassen.

GRAF Sie machen einen glän-zenden Tausch. Kerl hat einen prima Namen. Ist Adelsmarschall von Tambor! Da können S' lang warten, bis Sie einen Adelsmarschall zum Aufhängen auftreiben! parole d'honneur!

BLAHA *jetzt gefaßt* Erlauben Sie! Sie haben also jemanden im Verlies? Das ist doch Freiheitsberaubung! Paragraph ... Paragraph ... und folgende. Wir leben doch nicht bei den Hottentotten!

GRAF *beruhigend* Nein, nein. Bei den Hottentotten dürfte so etwas allerdings nicht statthaben, weil das Englishmen sind. Aber, schaun S', bei uns am Land, dort ist man nicht so wehleidig, weil man ein natürliches Rechtsempfinden hat. Sie müssen nämlich wissen, es ist ein Agrarbezirk. Im Industriegebiet freilich ...

BLAHA Ich verstehe nicht ...

GRAF Ich wiederhole: Die Leut bei uns haben noch Anstand und Sinn für natürliches Recht. Der Lump, einer der gefährlichsten internationalen Verbrecher, hat durch Falschspiel schon alles von mir ergaunert gehabt und mich dem ... ä ... ä ... Bettelstab, – stellen Sie sich vor! – überantwortet gehabt! Erlauben Sie mir!! Na, und um herauszubekommen, wo er die Gelder deponiert hat, is er doch gefoltert worden! Unser Bezirksarzt hat gsagt, es gibt auch ... so ... Injektionen mit ... einer Art Kaukau ... nit! Wo man alles herauskriegt. Also, ich detestiere alle unnützen Neuerungen. Übrigens, er is nett gfoltert worden. Gentlemanlike. Bloß durch ungarische Lieder. Meine Tochter – die Baby – hat ihm zwar eine Hand abkochen wollen. Hat nämlich vom Christkindl Pratos »Süddeutsche Küche« bekommen ... Aber, das konzertative Verfahren war auch ausreichend. Ein Freund unseres Hauses hat ihm vorgesungen, und sein Groom, Opitz schreibt er sich, hat dazu Tschinellen geschlagen. Scheußlich, sag ich Ihnen, der hat den ganzen Wozzeck auf diesem teuflischen Instrument spielen können. Jetzt hab ich das Geld und nächste Woche wird er zum Tod verurteilt. *Läßt das Monokel fallen.*

BLAHA Das ist ja entsetzlich. Graf, ich beschwöre Sie!

GRAF ... zum Tod verurteilt.

RUDI Wo ist der Wasserkrug? Hu ... eine Kröte hockt darauf.

KRPETZ Aber das is doch bloß alte Sardinenschachtel. Portugiesische. *Blaha spricht auf den Grafen ein. Man hört abgerissene Worte:* Unmöglich – Gesandtschaft am Lobkowitzplatz – Dr. Goliat – verständigen – Glauben Sie, Exzellenz – der Völkerbund is ein Hund? *Inzwischen hat Thekla mit der Mama geflüstert.*

THEKLA Rudi, da hast du Kuglerbonbons! Magst nicht?

RUDI Ich mag sie nimmer und nimmermehr ... nimma-möhr ...

THEKLA Hier – Ägyptische zweiter Sorte ...

RUDI *verblödet lallend* Mutter ... gib mir ... die ... Sonne ...

GRAF Also, schaun Sie, so einen Trottel können Sie doch gar nicht hinrichten.

BLAHA Er ist für vollkommen zurechnungsfähig befunden worden.
Von den Professoren Wyschterschpupek und Schnopfdieterich...
Sie wissen: beides Leuchten!

GRAF *ist mit seinem Latein zu Ende.* Ja – wenn S' den Jaroschinski
nicht in Tausch nehmen wollen ... gibt's denn gar keinen
Ausweg...? Der Landesvater? Kann der was machen?

Krpetz macht eine wegwerfende Gebärde.

BLAHA Liegt Durchlaucht denn so viel daran? Einen Weg gäb's
freilich ...

GRAF *gedrückt* ... Lebenslänglicher Kerker?

BLAHA *lächelt* Etwas ganz Ähnliches! Wir greifen da auf das uralte
Rechtsbrauchtum zurück und da gibt's folgendes Rechtsmittel:
Wenn eine reine Jungfrau einen zum Tod Verurteilten zum Mann
begehrt, wird er noch unterm Galgen frei.

THEKLA *stürzt vor* Ich bin eine reine Jungfrau! Ich wasche mich
täglich mit Schicht-Lilienmilchseife!

GRÄFIN Was kommt dir bei! taisez-vous!

GRAF T, t, t, t. – Wer wird denn sowas sagen!... Schrecklich naiv, das
Mädel. *Zu Üllö* Liebster Töhötöm! Schau, wir sind mit die
Schichtischen ... weißt ... bei Aussig ... benachbart ... darfst
aber nicht glauben ...

ÜLLÖ *wehrt ab* No, also, ich, kérem, verstehe, wenn auch bürgerlich,
so doch benochbort, kérem. Alsdann, i c h wasch mich nie mit
Saife, bitte. Mit Schligowitz! *Graf sagt ihm was ins Ohr.* Nain! Füße
nie! Mein Großvater, der Aladar, ist daran gestorben. *Weint* Mein
ormes Großvatter ... Noch dazu in Cszászárfürdö – in Kkaiserbad ... bitte. Und ist dabei durch das Türe in den Damenschlamm-
bad gestürzt ... verfluchtes Türe! Kutya ... összebaszta ...
teremtette! Und dabei is, bitte, in Damenschlamm gé-ertrunken!

GRAF *mümmelt vor Entsetzen* Schrecklich ... und ganz ordinärer
bürgerlicher Damenschlamm wie anzunehmen ... Hast du Worte,
Barbara Eusebia?

ÜLLÖ No jo, armes Großpapatschi hot, weil ihm faad war mit Fußbad,
durch den Schlüsselloch in Schlammbad hinain spekuliert ... und
is dabei ausgeglitten. Waißt, weil Füße unsicher in Schaffel sind
wegen haißen Saifenwasser, kérem, bitte, und Türen nix taugen

wegen daß so dünn sind. *Zum Grafen, der Zeichen des Entsetzens macht* No, hast du noch nie, wann du zum Beispiel im Wiener Dianabad warst und dich gelangweilt ... *Graf wehrt ab und deutet auf die Gemahlin.*

THEKLA Aber, Mama, laß mich doch ...

GRÄFIN Mon enfant! c'est impossible ... c'est impossible. *Beschwörende Geste.*

THEKLA *stürzt zu Rudi, jubelnd* Ja! Ja! Ich nehm den Rudi – Rudi, ich freie um dich – du bist nun deiner Ketten ledig!

BLAHA Das ist Seelengröße! *Er schneuzt sich. Alle schneuzen sich.*

GRAF Das ist eine Heilige – meine Tochter! Bringen wir ihr dieses schwere Opfer. Eine Wallenstein freit so einen ... mir fehlt das Wort: Bomberich!

RUDI Ah? Ich kann's nicht glauben! Frei ... noch immer nicht glauben ... *Krpetz entfernt die Ketten.* Kann wieder dehnen – die sehnende Hand. Kann itzt ergreifen der Liebe Pfand ... der Liebsten Hand –

THEKLA Rudi, Rudi ... Theklas Rudibuwi ...

GRAF *zu Blaha* Bin verzweifelt, muß ich sagen. Glauben, daß man den Namen ändern kann? Etwa in: Lallenstein? Nein, was der selige Albrecht dazu sagen würde! Aber – wo nobilitieren lassen?

BLAHA Ich weiß momentan nicht ... Vielleicht in der Schweiz ...

GRAF Ist ja demokratisch ... *verekelter Gesichtsausdruck.*

BLAHA Für Geld? Schließlich ... Schaun Sie, alle Demokratien leiden doch – wenn ich mich so ausdrücken darf – *leise* sozusagen an den verschlagenen Winden unterdrückten Königtums ... Ich weiß nicht, ob ich mich verständlich ausge ...

GRAF Nein ... ä ... M ... kann nicht ganz folgen ... Staatswissenschaften hab ich nie studiert ...

GRÄFIN *hat schon vier Mouchoirs zerrissen.* Nein ... ich überleb es nicht ... Es ist unmöglich ... wie bürgerlich er aussieht ... irreparabel ...

KELLNER *tritt ein und bringt ein Tablett.* Die Henkersmahlzeit! Wünsche angenehm zu speisen!

KRPETZ Jean ... tragen S' es zruck.

KELLNER Is denn der Herr nicht bei Apppetittt?

KRPETZ Nein. D' Fräuln hat 'n befreit.

KELLNER A, gschamster Diener! Da sieht man wieder das goldene Wienerherz! Bitte bald wieder zu befehlen, die Ehre gehabt zu haben zu jeder Stunde, auch außer dem Haus bereit ... küß die Hände ... die Hände ... *Ab.*

ÜLLÖ *sehr interessiert* Lassen S' es da! A! Leberknödelsuppe! A! Würstel! Bravo ... delikat! Also, ich muß sagen – wo habts die Wirschtel her?

KELLNER Was der Bruder vom Herrn Scharfrichter is, betreiböt die Sölcherei! Man nennt sie »Armsünderwürstel«!

ÜLLÖ Also, Kinder! Ihr stehts euch im Licht. No ja, so verliebte Leuteln! Aber du, Wallensteinbácsi, magst nit aan Einspänner mit Saft? Joi! und da: ein Henderl! Aber ... Henderl ... da muß ich Euch ein Liederl singen!

> Henderln gibt es allerlei,
> weiße, schwarze, schecketö,
> hunderte von Hunderten.
> Hendeln hatterlaandwirtgern.
> Kindernährmehl fressensie,
> waitausbestes fürdön Vieh,
> schauzwiedas gedeihensie!
> *Kleine Pause*
> Warum bin ich so drecketö?
> klagt das kleinste Schecketö.

ALLE Aufhören ... aufhören ...

Ein Zuschauer hinterm Fenster droht sogar mit dem Stock.

BLAHA Jetzt fang ich an zu begreifen ... *Graf gibt ihm einen neckischen Rippenstoß.*

ÜLLÖ Grad das eine müßts ihr mich noch singen lassen!

> Plöö-tzlich gackert Kleinstes laut,
> uner wortet gackernalle,
> wittern, bitte, eine Falle?
> Alle hundertt gackernsie.
> Was hatténder liebe Vieh?

Duckt sich und beschattet die Augen, scheinbar in die Ferne blickend

Hajuk!! Zigainer!!
Haj!! Zigainer ...

Man hört Lärm und Gepolter, Schlösser rasseln. Ein fetziges Zigeunerweib wird hereingelassen.
Bemerkung: Auf großen Theatern kann eine ganze Gruppe Zigeuner auftreten.

KRPETZ *der das Weib aufhielt und der mit Quapil geflüstert hatte* Also, das ist Ihr Sohn.

GRAF *und* GRÄFIN *entsetzt* Entsetzlich ... ein braun Bohemerweib ... Er ist ein Bohemer ...

BUTTLER Ao, ao, ao. Die arme Zdenko. Die arme Zdenko. E scheene Schwuigermudder ...

BLAHA *zu Buttler* Wie kommen Sie daher?

BUTTLER Ao, ao, durch the Versenkung. Wuenn jeden Mooment jemand durch the Türe hereingelassen wird, wird the Handlung gesteert.

KRPETZ *zu Blaha* Lassen S' eam. Er ist halt a Engländer. Da kannst nix machen. Muß ma halt a Aug zudrucken.

BLAHA Sie, Weib, was wollen Sie denn von Ihrem angeblichen Sohn?

WEIB Richtigstellen will ich ihm Namen in Todesstunde, daß er ehrlich und ordentlich stirbt. Das machen wir immer, wenn bei uns jemand von der Familie aufgehängt wird. Damit schönes Leichenbegräbnis hat mit Landesgerichtsschimpeln. Und ist sich nicht Sohn, sondern war sich Sohn, aber bloß linkshändige Sohn, weil war gestohlen ... *duckt sich vor Blahas Blick* ... nein ... gefundene und weggelegte Sohn, wo dann wieder im Prater, so zum Betteln hergeborgt worden is. *Gräfin und Thekla schauen sich entsetzt an. Graf sucht Stütze in der Luft.* Von Konkurrenz gestohlen worden is und wo dann im Zirkus Wünschhüttel is verkauft worden, wo dann aus Wagen gfalln is und noch a paarmal is gstohlen worden.

BLAHA Sind Sie bald fertig? Ich will übrigens das Ganze nicht gehört haben.

WEIB *zu Rudi* Auf dem Weg zum Galgen wirst du alles erfahren. Ehenter nicht. Das wär gegen unser Sittengesetz.

GRAF *mit leiser Hoffnung* Reden Sie klar, Bohemienne.

WEIB Gib Silber.

GRAF Da.

WEIB *kostet das Geld.* Ein Fünfschilling. Muß schauen, ob is in Ordnung. *Kostet nochmals.* Aaaa. *Streicht sich den Magen.* Echt is schon. Aber ... ja ... ob sich Kreuz is urndtlich? Ja. Is urndtlich. Kane Haxlkreuz!

GRAF Sind Sie bald fertig mit Ihrem Déjeuner numismatique?

WEIB Nein. Hinterseite muß ich auch noch kosten. Aaa ... gut is! Probieren S' auch! Jetzt sag ich etwas, daß Rudi Leich haben wird wunderscheene – mit acht Landesgerichtsschimpeln – und noch dazu ganz schwarze. Weil Rudi is sich P r i n z. Ja, is weggelegte Prinz. Hier! Papiere! *Sie holt aus dem Busen eine Zigarrenkiste, die sie zertritt.*

THEKLA ⎫
GRÄFIN ⎭ *freudebebend* Ein ... weggelegter ... *jubelnd* Prinz ...

GRAF *liest sehr interessiert, läßt das Monokel fallen* Der letzte Herzog von Meidling ...

SENI *ernst* W i e n XII.

GRÄFIN *atemlos* Was für eine Linie?

SENI *ernst* 63, 64 von der Oper. 118 von der Westbahn. Er ist gleichbedeutend mit dem Begriff: Großviehverwertungsstelle.

GRÄFIN Nein, diese Linien mein ich nicht!

SENI Also, dann Nachtautobus ab drei Uhr früh vom Stephansplatz, am dritten Dienstag nach Beethovens Sterbetag, wenn dieser auf einen Freitag fällt. Schwarzes Stirnlicht, das jetzt in Wien so Mode ist, damit man ihn nicht gleich erkennt. So steigen weniger Leute ein und der Verkehr braucht auf diese Weise nicht verdichtet zu werden.

GRAF Also, da wär alles in Ordnung. Barbara Eusebia, uns ist ein Stein vom Herzen gefallen.

ÜLLÖ No, sixt es, jetzt habts ihn. Jeder hat an Schandfleck in der Familie. Bei uns is Großvatter in Damenschlamm ertrun ...

GRAF Versteh nicht, was du willst!

THEKLA Rudi, jetzt bist du ebenbürtig!

GRAF *versonnen* Ja, ja, er muß es sein. Seine hohe Frau Mutter war ja leider nicht ganz zurechnungsfähig. Ein Opfer der Literatur und der schönen Künste. Sie hat sich so ans Gretchen ... also, ich kenn das Stück nicht ... an der Hand Lewinskys – aber erst als er Hofrat wurde – vertieft, daß sie das einzige Kind, ein Buberl ... für ein paar Minuten durch die Aja hat weglegen lassen. Allerdings mit einem Zettel, weil ohne Zettel ein weggelegtes Kind klarerweise kein weggelegtes Kind wäre. Dann hat sie sich ihrem naturalistischen Gram hingegeben und derweil hat die blöde Person von einer Aja vergessen, auf welche Bank im Park sie das hohe Kind gelegt hat, weil ein Dragonerkorporal auf sie geäugt hat. Ja, damals hat's gebildete Leut gegeben, Theaterenthusiastinnen ... aber ... heute ... Der Papa Meidling ist bekanntlich dann aus Graam gstorben. Sie hat geruht, im Irrenhaus zu enden. Sie! Weib! Da haben S' noch ein Sechserl. *Groß* Ein Fürst weiß zu belohnen.

BUTTLER Well. Da – *schreibt* und von mir eine check of 2 Heller. England zahlt nie bar.

RUDI *zu Zdenko, vom Glück ganz verwirrt* O fürchterliches Durchhaus! falsch! Fürstliche Durchlaucht! Könnt Ihr mich zum Sohne nehmen? O, mille Bombardement! Ich bitte um Vergiftung! Ich vergaß ganz ... ich verganz gaß ... erst der hohen Durchlauchtmutter meine dehors zu machen! ... in die Dessous zu ma ...

GRÄFIN Komm in meine Arme, mein Sohn!

THEKLA Ja, Rudi, du bist so gut wie ein Herzog!

RUDI *vor Glück wirr* Ich ... ein ... Herrschopf ... ein ... Herzhops ...

THEKLA *schmeichelnd* Aber, gelt? Du läßt dich als Osterhase mit mir trauen?

GRÄFIN Aber Thekla!! ... Frack!

THEKLA Gut. Frack. Bin ein gehorsames Kind. Aber, dann wenigstens mit einem Hasenkopferl? Das ist romantisch! Und einem weißen, schneeliweißen Wollischwanzi hinten zwischen den Frackschoßis?

GRAF Sie haut über die Stränge! Parbleu! Sie haut über die Stränge! Buttler! Wenn das der selige Eduard, wie er noch Prince of Wales war, gsehn hätt! Der hätt's sofort getragen und alle Kavaliere der Welt hätten's ihm nachgemacht.

BUTTLER *tiefernst* Certainly.

THEKLA Also, was is? ... Aber, 's Kopfi bleibt? Gelt? Wie schön du damals warst, mein Prinz Hamlet!

Man rangiert sich zum Zug. Da stürmt der Kriminalfotograf herein.

FOTOGRAF Meine Herrschaften, darf ich bitten? Wir bitten um eine Kopie für die Ehrenabteilung des Verbrecheralbums zur dauernden Erinnerung!

BLAHA Was fällt Ihnen ein, Kodakowsky!

FOTOGRAF Die einmalige Ausnahme ...

BLAHA Krpetz, führn S' ihn hinaus! Übrigens, halt! Kommen S' einen Moment her! *Sagt ihm was ins Ohr.*

Man hört nur das Wort Chor. Dann weist Krpetz den Fotografen hinaus und ruft Quapil! Man hört Schlüsselklirren und Flüstern. Der Fotograf wird aber wieder ins Gefängnis zurückgedrängt. Eine ungeheuer dicke Dame quetscht sich ächzend durch die Türe.

DAME *ruft nach rückwärts* Elemér, komm. *Dann führt sie Iszolany an der Hand herein.*

BLAHA Was wollen Sie da?

DAME Gratalieren. Eigentlich haben wir Karten zur Hinrichtung holen wollen. Aber schon auf der Straßen habm wir alles gehört. Alsdann: Da sein wir. Derf ich meinen Preitigam vurstelln? Elemér Gróf Iszolany. Erbherr auf Nagy und Kisch Kalamantscha, de et ab Kalamantscha, und de eadem et izé! Ibrigens, kennt ihn ja eh schon! Naa, wie lieb is, dees Bräuterl! Gib mir a Busserl!

Üllö und Zdenko sehen sich sprachlos an und deuten auf Iszolany, der sich sichtlich schämt.

GRAF Barbarbara ... hast ... du ... Worte?

DAME Wos!? Sö heißen auch Wetterl! wie ich! Naa, wie mi dös gfreut! Sö saan zwar d'Ältere, wie man sieht, aber sagn mir uns einander »Du!« gelt, Wetterl? Du bist aber noch recht gut erhalten – nach der Schilderung von mei'm Elemertscherl hätt i dich mir nie so vurgstellt! *Iszolany macht im Hintergrund Gesten der Verzweiflung.* So, und jetzten lassen mir uns alle fotografieren!

BLAHA Bedaure, das ist nicht zulässig.

DAME Nacha gehn wir halt! Elemér, du führst die Gräfin, der Graf
führt mi, dö zwoa alten Herrn können dann Blumen streun bis mir
auf der Gassen zu die Veilchenmötchen kommen ... *zu Üllö* Und
was mach ma denn mit Eana? ... Sö können an Konduktansager
machen! Also! Sein mir's?

BUTTLER *drängt sie zurück. Er hebt die Hand und liest aus einem
Gothaalmanach* Lord Rodolph, Earl of Meydling! Lordleutnant of
Atzgerstorff and Seven-Hyrten! Viscount of Wympassing! Peer of
Fifehouse! Cheer!! Baronet of New-Hietzing! Großsiegelbewahrer
von Kagran! Cheer!

RUDI *hoheitsvoll* Ich bin in königlicher Laune! Ich fühle Neigung,
allen zu verzeihn! *Zu Blaha* Wenn sich um uns rings ein
Feudalstaat rücklings bildet, der Vormärz hinter 1400, neinzig,
zweie, sinket, ernenn ich Euch zum Richter meines Stuhles! *Laut*
Laß uns dem böhmschen Sonnenreich entgegenschreiten!

Ein feierlicher Chor wird hörbar.

GRAF Was ist das?

BLAHA Der Chor der Untersuchungshäftlinge des Landesgerichtes!
Krpetz dirigiert in der Türe das Wir winden dir den Jungfernkranz
aus veilchenblauer Seide!*, melodisches Kettenklirren.*

ÜLLÖ *schluchzt laut auf. Dann spricht er* Sellawie!

Ende

PARALIPOMENA

Um hoffentlich in die theatralische Öffentlichkeit im Deutschen Reich zu gelangen, versuche ich nun doch, Ihrem Rat folgend, kein ernstes historisches Schauspiel, sondern eine Komödie zu schreiben, die ein durchaus vornehmes Miliö hat und – stark karikiert – die Vorzüge und Schwächen der Gentry zeigt, die sich aus der Vorkriegszeit in unsre Tage hinübergerettet hat. Um vollkommen zeitlos bezüglich der »Familien« zu bleiben, wähle ich symbolisch-historische Namen, wie das Personenverzeichnis des Stückes zeigt, das nun dialogisch etwa zu einem Drittel fertig liegt. Da ich weiß, in welch liebenswürdiger Weise Sie an meinen Bestrebungen Anteil nehmen und ich sehr gerne im Rahmen Ihres Verlages starten möchte, nehme ich mir nochmals die Freiheit, Sie um Ihr Urteil zu bitten, ob nach den allerdings kargen Andeutungen dieses Briefes, die Komödie Aussicht hätte, angenommen zu werden.

Skizze der Handlung

Der junge Graf Terzky hat sich in Wien mit einem jungen, netten, werdenden Mimen angefreundet und bringt ihn in den Osterferien ins Schloß seines Onkels Wallenstein in Böhmen. Dessen Töchterchen Thekla, ein bildschöner, unverdorbener Provinzbackfisch mit warmen Herzen, verliebt sich in den flackeräugigen Mimen, der leider! am sogenannten »Wortsalat« leidet, einer amüsanten Sprachstörung, die auf Gedankenflucht beruht.

Aber das stört sie nicht. Im Gegenteil! Ihr echt weiblicher Instinkt, noch dazu aus edelster Blutauslese stammend, macht ihr den pekuniär, gesellschaftlich und geistig auch armen jungen Künstler erst theuer.

Auch eine andere, nette Kusine ist da, die wieder davon schwärmt, daß sie nur einen Mann mit Ödipuskomplex heiraten wird.

Rudi, der Mime, unterrichtet Thekla natürlich in Dramatik.

Der Beginn des Stückes zeigt Rudi am Vorlesetisch. Er hat grade vor einem nicht sichtbaren Auditorium eine Vorlesung beendet, die ein echt böhmisches Familiendrama des Hauses Lobkowitz beinhaltete.

Ein großes, schwarzes Skelett murmelte nämlich Lobkowitz erst auf čechisch, dann in gebrochenem Komotauerdeutsch die Kunde seines nahen Endes zu, das auch eintrat, weil Kaiser Leopold I. dessen Nichte Eleonore von der Pfalz ehelichen wollte, was aber die spanisch-tyrolische Gegenpartei hintertrieb und was auch zur (historischen) Ermordung des Lobkowitz führte. Beifall lohnt den Mimen. Papa Wallenstein ist begeistert. Thekla stürzt vor und krönt Rudi mit einem Lorbeergeflecht, das aber Mama Wallenstein für einen Bürger-lichen viel zu groß findet.

Es findet eine Discussion über Lorbeergewinde am Haupte von Herrschern statt, ein Thema, das der alte Pedant Seni in drolliger Dummheit aufs ernsteste behandelt. Thekla dauert es zu lang: sie hat auch einen Vortrag eigener Fechsung in petto.

Man plaziert sich und zum allgemeinen Entsetzen verkündet das Mädchen den Titel: »Die Tochter des Eunuchen«. Chokierte Tanten-, räuspernde Papa- und Onkelstimmen werden (auf Schallplatte) hörbar. Um abzulenken und Theklas Ergüsse in ein anständiges Fahrwasser zu bringen, schlägt Onkel Üllö vor, ein Theaterstück zu spielen und, da ohnedies Ostern naht, soll es ein Osterhasenstück sein, was man auch überall »oben« gerne sieht und was Anlaß zu einem großen Ostereiersuchen mit Juxtombola etc. gibt. Gräfinmutter wünscht einen salonfähigen Autor, aber niemand kennt sich aus, und Rudi, der einzige Fachmann, ist vom Spiegel nicht wegzubringen. Endlich entschließt man sich, um Butler als den einzigen Ausländer zu ehren, das Ostereierfestspiel in den »Hamlet« zu verlegen. Seni billigt die Absicht, da in »Hamlet« 17 Eier vorkommen: z. B. »Ei, mein Prinz« allein an drei Stellen, die er der Seiten- und Zeilenzahl nach der Berliner Ausgabe von 1834 genau zitiert.

Um dem faden Gesalbader ein Ende zu machen, will Thekla wieder was aufsagen. Aber, der schon gewitzigte Graf Üllö trägt eines der unglaublich seltsamen ungarischen Sprechlieder vor, die wir Euro-päer nie ganz verstehen werden.

Damit endet der Akt.

Dazu bemerke ich, daß ich das Lied, dessen ungarischen Text ich gerettet habe und das etwa ungarisch und deutsch rezitiert wird, in meiner frühen Jugend in einem exklusiven Restaurant zu Zigeunermusik rezitieren hörte. Von meinem Onkel, einem Arader Magnaten, der thränennassen Schnurrbartes neben mir saß, ließ ich es übersetzen und heulte vor Freude.

Onkel Konrad tadelte mich heftig, weil ich fragte, wer diesen Dreck gedichtet habe. »Niemand«, war die Antwort. »Kein Mensch kann das!« Das hat die Puszta selber gesungen!

Es sei auch das Leiblied des Ministerpräsidenten Tisza, der öfter ganz allein mit verschränkten Armen, sporenklirrend um den Schreibtisch tanze und das Lied singe. Dann dürfte nicht »ainmal der König vorgelaszen werden!«

Hier der Text

(Musik wird von Frank Fox in Komposition genommen, wenn die Komödie Aussicht hat.)

An einem Tisch hoben sich gesessen méhrere Offiziere.
Ein blonder, sommersprossig von Gesicht Mann
hat geblickt herein. Augenglas hat getragen.
Wie er hat hereingeblickt schnell
die zwei Augenglas der Lichterglanz drin
als wenn irgend ein feueräugiger Géspenst
blicken würde herein – so hat getan sich.
Das Kind bewunderte das kalte Blut der Leute.
Dasselbe Kind wünschte bei sich, daß der kleine
Oberleutnant gewinnen möge.
Der kleine Oberleutnant schneller fertig ist gewesen als
das Major von Honved.
Er kaufte auch, was er wünschte: einen Schild
einen großen roten, wie Czinóber, bitte!
(wilder Tanz:)   haj! Czinóber, bitte!
                haj! Czinóber
                hajuk Czinóber! Joi, joi, joi!
Ein Schwert blank und krump hatte er
– weiß Gott woher – vielleicht von Jud –
in der Hand.
... und auf dem Landtag von Árad ließ die Gattin
Bélas des Blinden
68 Magnaten nieder-metzeln ...

Im nächsten Aufzug findet das Osterhasenspiel im Zwischenspiel zu Hamlet statt.

Unter den Zuschauern erscheint, den Auftritt störend, ein sehr auffallender Herr, den Graf Wallenstein anläßlich eines Diplomatenrouts in Paris kennenlernte, Judas Thaddäus Graf Jaroschinski. In einer Auftrittspause macht sich der an Thekla heran, die ihn aber geradezu vernichtend abfahren läßt.

Zischend schwört er Rache.

Der Akt schließt mit einem unharmonischen Kladderadatsch, weil Rudi das im Hamlet vorgeschriebene »Wermut, Wermut« so durchdringend heult, daß der Kammerdiener aus der entferntesten Antichambre mit einem Tablett voll von Likörgläsern heraneilt und mit schrapnellartiger Wirkung im Publikum hinfällt. Aber die bekannte »Schoß«szene Ophelias gibt den Liebenden den Rest! Übrigens ist die Gräfinmutter entsetzt, macht den unglücklichen Butler für Shakespeare verantwortlich und beschließt, der Königin von England zu schreiben.

Das nächste Bild zeigt uns eine Mondnacht im Schloßpark.

Die Liebenden treffen sich, während im Schloß auf Veranlassung des leichtsinnigen Hazadeurs Gróf Iszolán toll gespielt wird. Jaroschinski verschwindet von dort für einen Moment und erwischt die unselige Thekla, die gerade dem im Mondschatten verschwindenden Rudi nachwinkt. Jetzt hat er das Mädchen in der Hand. Tableau!

Jaroschinski hat Wallenstein und die beiden Onkel total ruiniert. Es gibt für Wallenstein nur eine Rettung: Thekla muß sich opfern und Jaroschinski die Hand versprechen.

Dramatische Szene: Dem Mädchen bricht das Herz, aber sie will ihrer Kindespflicht genügen und entsagt Rudi, der vollkommen verwirrt, zum halben Irren wird.

In einem großen Monolog aus allen seinen Rollenbrocken zusammengestoppelt, beschließt er, dem Leben Valet zu sagen und plant einen bombastisch-theatralischen Selbstmord, wie er noch nie da war.

Inzwischen will Wallenstein noch einmal das Glück versuchen und wagt einen letzten Einsatz: den einzigen Besitz, der noch sein Eigen: das Haus in der Trommelgasse in Budapescht!

Der mefistofelische Jaroschinski, der, natürlich wie die meisten polnischen Gents Falschspieler ist, bietet ihm teuflisch die ganze Bank als Revanche an – weiß er doch, daß auch das letzte Haus sein wird.

Der vorsichtige Üllö rät dem ganz zerfahrenen Wallenstein an, stockwerkweise zu spielen.

Tiefparterre – verloren. Parterre – verloren. 1, 2, 3, 4, 5ter Stock – alles ... Mädchenpensionat ... geht verloren.

Den Wallensteinpapa trifft fast der Schlag.

Da stürzt die Gräfin herein und beschwört den Gatten, ihnen wenigstens die Bodenwohnung zu retten. Aber – auch das Allerletzte geht verloren. Da springt Üllö vor und beschuldigt den Jaroschinski als Falschspieler. Er fordert ihn auf Pistolen. Er beutelt den Protestierenden. Aus allen Taschen fallen ihm markierte Karten, worauf der Betrüger geknebelt und fortgeschafft wird.

Nächstes Bild: Früher Morgen im Wiener Stadtpark. Alles noch menschenleer. Rudi, einen Trauerflor am Zylinder, läßt von zwei Dienstmännern ein sehr schweres Paket unter eine Bank verstauen. Dann hält er einen Monolog, packt das Paket halb aus: eine 30,5 Granate wird sichtbar. Eine Zündschnur wird befestigt.

Er will sie entzünden. Da erblickt er auf der Streichholzschachtel die Marke der Wallensteinschen Fabrik Prschlautz. Theklas Erbschaft! Teil der Mitgift!

Schluchzend verhüllt er sein Antlitz. Da naht sich keuchend eine ungeheuer dicke Dame; sichtlich schwer, schwerreich, der der schlanke Jüngling gefällt. Sie setzt sich neben ihn und bringt nach und nach mit allen Künsten des »Tratsches« aus Rudi einiges heraus. A – was!! Selbstmord wegen unglücklicher Liebe! Er müsse weg von da – sie lade ihn zu einem Champagnerfrühstück ein! Im selben Moment wirft ein Passant einen Zigarrenstummel fort und die Lunte beginnt zu rauchen.

Rudi brüllt das Weib an, aufzustehen. Sie will sich das nicht bieten lassen – justament bleibe sie sitzen. Rudi zerrt das Monstrum empor, zerreißt den Bratenrock dabei. Das Weib hält ihn für tobsüchtig und brüllt um Hilfe. Rudi zerrt und rollt die immer derangierter werdende davon; der Vorhang fällt.

Bei Beginn des nächsten Bildes erfolgt eine gewaltige Detonation. Die Dame wird ohnmächtig. Überall Trillerpfeifen der Polizei. Es regnet Steinchen; Rudi wird verhaftet, gefesselt. Das dicke Weib wacht auf; verstreut überall Brillantschmuck und wird als tobsüchtig von der Rettungsgesellschaft abtransportiert.

Üllö erscheint und läßt sich Bericht erstatten. Bald nach ihm kommen Wallenstein und Iszolán, die durch den Donnerschlag der Granate von ihren Frühstückstischen verscheucht wurden. Sie nehmen Kenntnis, daß es sich um Rudi handelt. Iszolán hört, daß die Dame nicht deshalb so toll schrie, weil in dem Täschchen auf der Bank 100.000 Schilling gewesen waren, sondern daß darin ihre Gallenstein-sammlung verloren gegangen ist.

Er bricht sofort grußlos in die Irrenanstalt auf, wohin die Dame transportiert wurde.

Schon früher – nach der Wiedergewinnung des Familienvermögens – versprach der Graf Thekla einen Wunsch zu erfüllen: Sie begehrt die Hand Rudis. Man ist entsetzt: ein Mann obskurster Herkunft, ein direkter, wenn auch liebenswürdiger Halbcretin und den man kaum als Attachée unterbringen werde! Aber Wort ist Wort. So beschließt Papa, Rudi aus dem Gefängnis zu holen.

Türschlösser rasseln. Auf einer Schütte Stroh liegt in Ketten Rudi und murmelt vor sich hin. Die Eisentür geht auf: Wallenstein und Üllö treten ein; auch die Gräfin und Thekla.

Der Wärter bedeutet, daß der Delinquent – Sprengstoffattentat! – morgen gehängt werde. Die Damen fallen in Ohnmacht. Papa Wallenstein: »Da muuß was ... gschehn ... Wärter! holen S' den Landesgerichtsrat.«

Der kommt. Wallenstein bietet ihm im Tausch für den Rudi den Jaroschinski an, den er im Verlies seines Schlosses gefangen halte.

Der Landesgerichtsrat ist entsetzt über die merkwürdigen Rechts-anschauungen Wallensteins, die er kaum in dessen Heimat – einem Agrarbezirk Böhmens – für angänglich halte.

Schließlich sagt er, es gäbe nur ein Mittel, den Verurteilten vom Galgen zu retten: wenn eine reine Jungfrau ihn zum Mann begehre!

Jubelnd stürzt sich Thekla auf Rudi, der sie aber bloß irr anblickt und verworrenes Zeug rezitiert. Üllö, der als alter Pusztahund das schärfste Ohr hat, erklärt, daß sich der Rudi für eine Kindsmörderin halte ... »dieser verfluchte Schwob behauptet, daß er Margarethe heißt ...«

Die Gräfin fällt in Ohnmacht.

Da rumort's im Gang: Zigeuner stürzen herein. Arabella rauft sich die Haare – sie muß ihrem angeblichen Sohn die Personalien richtigstellen, damit er wenigstens ein schönes Leichenbegräbnis habe. – Er sei ein weggelegter Prinz, der letzte Herzog von Meidling!

Die Gräfinmutter erinnert sich, daß ihrer Jugendfreundin, der Meidling, das einzige Kind gestohlen wurde; beide Eltern raffte der Gram bald hinweg. Jetzt wird alles gut. Rudi wird durch das Glück gesund und das junge Paar verläßt den Kerker, an dessen geöffneter Türe der Kerkermeister steht, der gestenhaft den Chor der Gefangenen dirigiert, die das Lied singen: »Wir winden dir den Jungfernkranz etc.«

Damit endet die Komödie. Mit den herzlichsten Grüßen verbleibe ich Ihr sehr ergebener Fritz Herzmanovsky-Orlando

* * *

Wallenstein ist ein charmant vertrottelter Graf Bobby. Seine Gemahlin hat als URURURgroßoheim den heiligen Aloysius von Gonzaga aufzuweisen – gehört also dem allerersten set an. In Thekla dagegen hat sich aber die ganze Gewalttätigkeit der mittelalterlichen Wallenstein – in allerdings entzückender Maske – inkorporiert. Sie ist sogar stellenweise ein schwärmerischer, ja verschämter Backfisch, flammt aber, als es darauf ankommt, eine gefährliche Intrige zu durchbrechen, zu gewaltiger dramatischer Größe auf. Butler ist diesmal ein tadelloser Gentleman, dem man sein Vorleben von 1631 in nichts, aber auch gar nichts, anmerkt. Gróf Üllö liebt seine reizende Nichte Baby über alles und man sieht ihm an, daß er nur darauf wartet, jeden, der Baby zu nahe treten möchte, mitten im Salon, bitte, zu Gulaschfleisch zu zerhacken. Iszolany wird ihm natürlich assistieren. Im übrigen ist er eine Figur, der man lieber ausweicht. Man sieht ihm irgendwie an, daß er 1630 bei Donauwörth den ganzen schwedischen Train gestohlen hat.

Dr. Seni heißt jetzt klarerweise Wenzel, gehört aber dennoch der noch heute blühenden Greislerfamilie von Riva am Gardasee an.

Dem ganzen vornehmen Kreis hat sich diesmal Graf Jaroschinski zugesellt. Er ist eine wenig erfreuliche Figur, Falschspieler, der den teppeten Wallensteinpapa schwer schädigt.

Er gehörte historisch nie dem Wallensteindrama an, sondern wurde im Biedermeier in Wien gehängt.

Rudi Lallmayer hat das Reinhardseminar absolviert und aspiriert fürs Burgtheater. Sein Freund Terzky (ein illegaler Nazi), der in Wien studiert, hat ihn über die Osterferien zu Wallensteins gebracht. Er liebt die reizende Thekla mit aller Glut und stößt auf Gegenliebe. Sie treffen sich in der Gründonnerstagnacht im Schloßpark und Rudi überschüttet seine Angebetete mit den konfusesten und tollsten Liebeshuldigungen.

Aber Jaroschinski hat die Szene belauscht und tritt nach Abgang des Rudi vor Thekla, die er nun in der Hand zu haben glaubt.

Doch das hochmütige Mädchen behandelt ihn wie einen räudigen Hund. Er schwört Rache, verwickelt Wallenstein in ein Spiel und gewinnt ihm sein ganzes Vermögen ab. Bobby ist ruiniert. Doch will er auf den ganzen Gewinn verzichten, wenn ihm Wallenstein die Hand seiner Tochter gibt. Tieftraurig willigt Thekla ein, und Rudi, von dem Unglück informiert, begibt sich nach Wien und will in aller Früh im Stadtpark an wenig begangener Stelle einen grotesk-tragischen Selbstmord verüben. Zwei Dienstmänner haben keuchend ein riesiges Paket herangeschleppt und es unter Rudis Bank verstaut. Es ist eine schwere Marinegranate, an deren Zünder eine Zündschnur befestigt wird, die vor seinen Füßen endet. Rudi hält einen traurigen, rührenden Monolog – sein kurzes, armseliges Leben war bittere Not und Hunger ... da begegnete ihm das strahlende Phantom voll Macht und Herrlichkeit ... diese Traumprinzessin. Zum Tod entschlossen sitzt er in sich zusammengesunken da. Man hört einen Motor keuchen. Doch ist es bloß ein monströs dickes Frauenzimmer mit einer Flasche Bitterwasser in der Hand, die Witwe Zwöschbenflöckh, die ihre Morgenkur macht.

Der junge Bursch da gefällt ihr. Sie setzt sich zu ihm und versucht herauszubekommen, was mit ihm los ist.

Schauspieler ... so. Sie schwärme fürs Theater und sei gern bereit, ein, zwei Bühnen zu sanieren. Doch benötige sie einen jungen Fachmann dazu etc. Rudi erweist sich aber als traumverloren und gar nicht gesprächig. Da ladet ihn die Alte auf ein Gabelfrühstück mit Champagner zum Sacher ein. Im selben Moment kommt der erste Passant und wirft einen Tschick fort. Der entzündet die Lunte, die zischend zu rauchen beginnt. Rudi brüllt die dicke Dame an, sich sofort wegzupacken, was sie bitter übel nimmt ... sie, die ihn eben so liebenswürdig eingeladen hat. Rudi reißt die Widerstrebende von der Bank. Die Dame wehrt sich kreischend gegen den vermeintlich Irrsinnigen. Er rollt sie wie ein Faß weg. Vorhang, der sofort wieder aufgeht und eine andere Partie des Parkes zeigt. Eine dumpfe Explosion ertönt. Sofort ist die Polizei da. Überall ertönen Trillerpfeifen und zwei Polizisten drängen eine unsichtbare Menschenmenge zurück. Rudi, des versuchten Mordes von der dicken Dame beschuldigt, wird verhaftet und verhört.

Der verhörende Polizeikommissär wird aber von einem großen Ast, der aus der Luft stürzt, begraben. Ein Kies- und Astregen stört die ganze Szene. Die derangierte Dame hat riesige Schmuckmassen beim Herumstrampfen verloren und wird als tobsüchtig in die Irrenanstalt überstellt. Gróf Iszolany, der neugierig dazukommt, ist in bezug auf den fürstlichen, jetzt polizeilich sichergestellten Schmuck höchst interessiert, und als er erfährt, daß sie deshalb so außer sich war, weil sie ihr Handtäschchen auf der Bank liegen ließ, in dem 100.000 Schilling waren, daneben aber ihre Gallensteinsammlung, die sie nicht verschmerzen könne, bricht er in den Ruf aus: »Joi Mamám ... Gallensteine hat auch ... wo ist der Dame ... ich muß gleich hin ...«
[Text bricht ab]

* * *

RUDI KONFUS

Du denk dir, wie ich heuer die Mamatschi besuchen bin, ist mir was
Nettes ... na ... *macht die Geste* ... weißt – das mit die kleinen Sieb –
passiert
Also, stell dir vor: ich ... wart amal ... ich ... A, B, C, D, E, F ... G!
Alsdann ich geh auf die ... hatatata ... na ... alsdann auf die mit der
man n'unter fahrt ... na, wie heißt denn die Bahn – wo die Würstel
aufspringen, wann man s' zu lang drin laßt!: Sieden! Südbahn! und
steig in an *macht die Geste des Glockenziehens.*
Na – wo's dann
Jetzt hab ich's schon beinah gwußt.
bimm bimm macht bei die Dienstmadeln – wo man so zieht – na ja,
früher hat man's ghabt – mit Glasperln gstickt – was ham ma grad
gesprochen
– ja – von – in an Zug. In an Zug, ja, und fahr von ... Teufel hinein,
wie heißt denn das nur ... weißt, wo die Mamatschi heuer war – is so
gut gegen 'n Heuschnupfen – richtig in der Tosca ... was? Tosca?
gegen Heuschnupfen? Na – nicht die ganze Tosca – bitt dich, der
letzte Akt z. B.
wo s' auf ihn ... no – was die schlechten Anzüg machen – schießen
Bitt dich, hör auf!
Aber nein, nein – mein ich gar nicht – sondern das ... ha! ich hab's ...
singt wie sich die Sterne ... gleichen! in Gleichenberg!!! Gott sei Dank
wischt sich die Stirne
Ja. Da war's gegen 'n Heuschnupfen.
Du apropos Heu! da ist mir auch was Schönes passiert! *Stiert in die
Ferne* Cenzi hat's gheißen ... *fährt über die Stirne* ... passée ... Ja.
Also, wo sind wir stehen blieben?
Animiert Du – also paß auf!
Ich bin dir um ... umm ... wie heißt das, wo die Geister kommen? –
und um eins wieder weggehen ...
da dürfen s' nämlich äußerln!!
um Mitternacht!!! Ha – stell dir vor! Da bin ich dir um Mitternacht –
da wo sie viereckiges ist – wo man ißt ... ha! jetzt hab's ich bestimmt
gwußt ... ja ... wart! was ist die Hälfte von leicht

Viel-leicht! jetztn hab ichs! in Villach
Du aber – Gleichenberg is doch wo anders!
No ja – is gleich – ich bin halt wo anders gfahrn.
Kommt vor – kenn du dich bei die vielen Züg aus. – Also is ja ... wie
heißt das, wo niemand weiß, was drin is – wurscht! – Also, der ...
Dings *Geste des Glockenzuges* bleibt stehn ... ich ... geh im
Speisesaal – ganz leer ... gaaanz leer ... Blooß ... da ... im Eck ...
ganz hinten ... sitzt Einer ... Einer!!! ... daaa ...
– ich frag in Kellner: Sie ... ä ... Ga, na gaga! na ...
Garçon! sagen S' mir, wer is denn das? sagt er mir – sag i ihm – du!
Denk dir! in Sigmaringen war ich heuer auch! Du stell dir vor, da is a
Burg in der Nähe, die heißt Affenschmalz! Du stell dir vor:
Affenschmalz! mein Ehrenwort, – du, du, du denk dir – komm das
gibt's. – Du du – kommst in a Restaurant – bestellst an Schnitzel –
ausbachen in Affenschmalz ... du die Leut schauen ... Oder, wann
ich sag! i hab heuer – in Affenschmalz gschlafen? Kann mir's leisten!
ich habe Reichsmark ...
Übrigens – ich hab mich in Affenschmalz sauwohl gefühlt!

* * *

EDITORISCHER BERICHT

Die in diesem Band vorliegenden vier Dramen werden erstmals in ihrem gesamten Textbestand und originalen Wortlaut veröffentlicht. Noch ist damit nicht das ganze dramatische Œuvre Herzmanovsky-Orlandos dem Leser zugänglich – zwei weitere Dramen, »Die Krone von Byzanz« und »Apoll von Nichts oder Exzellenzen ausstopfen – ein Unfug«, sollen samt ihren Prosafassungen im fünften Band der *Ausgabe sämtlicher Werke* (in der Folge abgekürzt *S. W.*) 1986 erscheinen, um spezifische Charakteristika im Werk Herzmanovsky-Orlandos (in der Folge abgekürzt FHO) – den deutlichen dramatischen Einschlag der Prosatexte und die stark episierenden Momente der Dramen – in einer Gegenüberstellung in ihrer Bedeutung zu unterstreichen. Diese Stücke fallen zwar entstehungsgeschichtlich in den Zeitraum der vier vorliegenden Dramen und sollten bei einer tiefergehenden wissenschaftlichen Untersuchung des dramatischen Werkes FHOs unbedingt in diesem Kontext berücksichtigt werden, dennoch liegt nun mit diesem Band ein weiterer wesentlicher und charakteristischer Teil des Werkes vor, der mit dazu beitragen soll, Vorurteile, die bisher den Zugang zum Werk verstellten, abzubauen. Den Stücken ist mit der üblichen Terminologie – sei es die der Literaturkritik, sei es jene der Literaturwissenschaft – schwer beizukommen. Es ist daher nicht verwunderlich, daß in der Folge Maßstäbe an das Werk angelegt wurden, die das, was sich heute bei der Lektüre des Originaltextes als innovatorisch oder avantgardistisch präsentiert, als Ausdruck des Dilettantismus oder, noch schlimmer, blanken Unsinns erscheinen ließen. Für den Bearbeiter Friedrich Torberg wurden solche Maßstäbe geradezu dogmatisch verbindlich. Es ist angebracht, FHO aus jener Ecke herauszunehmen, in die man ihn als Verklärer der Vergangenheit und ihren auf sie fixierten Humoristen abstellte. Weit eher wird in vielem, was manchen seiner Zeitgenossen als Arabeske oder läppische Manier erschien, der Vorgriff auf eine Dramenform merkbar, der sich erst in jüngster Vergangenheit die Bühnen öffneten. Das dramatische Werk FHOs steht besonders im Kreuzfeuer divergierender Auffassungen. Es ist die Fülle skurriler Anekdoten und kulturhistorischer Details, die FHO berühmt machte. Dies aber beansprucht die Ohren der Theaterbesucher mehr als die auf die Bühne gerichteten Augen und verdeckt die dramatische Handlung, die es in jedem Drama eindeutig gibt. Aber die mitunter ins Absurde gleitenden Dialoge der agierenden Gestalten, diese vermeintlichen Verstöße gegen die »Gesetze der Bühne«: sie decouvrieren die Absurdität der Handlung, ja des Handelns überhaupt. Der dadurch vermittelte Eindruck überlagert die lebendige Handlung mit Liebesszenen, Attentaten und allem, was gemeinhin als Bestandteil des traditionellen Dramas gilt. Die paradoxe Folge ist nun, daß der Handlungsüberschuß den Anschein von Handlungsarmut erweckt.

Eine Ambiguität wie die zwischen Handlung und Nicht-Handlung begegnet noch auf anderen Ebenen: Wer mit der europäischen Kulturgeschichte einigermaßen vertraut ist, weiß, welche Fülle von absurd erscheinenden, jedoch historisch fixierbaren Ereignissen im Salontratsch erörtert wird. Und doch wird der Rahmen des Geschichtlichen oft genug gesprengt und reinen Erfindungen Platz gemacht. Durch diese muntere Mischung des geschichtlich Wahren mit dem Phantasieprodukt scheint so das eine ebenso unwahrscheinlich wie das andere wahrscheinlich. Das erzeugt Unbehagen sowohl gegenüber geschichtlicher Wahrheit als Wirklichkeit als auch gegenüber der Phantasie, deren groteske Komik mitunter nicht nur albernste Scherze nicht verschmäht, sondern auch an Grausamkeiten streift, die sich mit dem Begriff »Komödie« (FHO bezeichnete letztendlich alle vorliegenden Stücke so) nur schwer vereinen lassen. Da wird ein Attentäter »dermatsch-kert«, einem anderen Bösewicht fast die Hand abgekocht, ein verrückt gewordener Schauspieler beinahe aufgehängt, und zwei frisch nobilitierte Baronessen erfahren am Wiener Hof ausgesuchteste Demütigungen. Das Ganze aber wird so witzig im Konversationston serviert, als handle es sich um unzerstörbare Comics-Figuren und nicht um Menschen. Dennoch will die Freude am blendend formulierten Bonmot nicht so recht gedeihen. Die zahlreichen Anachronismen und räumlichen Verschiebungen erfüllen eine ähnliche Funktion wie die vorgeführte Verflechtung von Realem mit Irrealem. Durch sie wird jede Orientierung an Ort und Zeit, jede Fixierung an herkömmliche Kategorien überhaupt ad absurdum geführt.

Gerade aber diese Ablehnung des Kategorischen, die Ironisierung dessen, was Gesetz und Ordnung im konventionellen Sinn darstellt, mußte jemandem, dem es um Wiederherstellung von Ordnung nach der Unordnung des Krieges ging, widerstreben. Gemeint ist Friedrich Torberg, der den Ruhm FHOs begründete und festigte, indem er einen Teil des Werkes in bearbeiteter Form der Öffentlichkeit zugänglich gemacht hat. Gerade diese Bearbeitung aber war es, die knapp nach Erscheinen dieser *Gesammelten Werke* Polemiken in der Öffentlichkeit heraufbeschwor, aber auch eine Reihe von soliden wissenschaftlichen Grundlagenforschungen entstehen ließ, die den Streit um Herzmanovsky längst beendet hätten, wären sie je zur Kenntnis genommen worden.

Es geht nun keinesfalls darum, die Leistung Torbergs zu schmälern. Gerade durch eine Konfrontation der Bearbeitung mit dem Original wurden manche Eigenheiten FHOs besonders deutlich sichtbar.

Torberg begründete seine Bearbeitung in erster Linie mit der mangelnden »Professionalität« des Autors. Diese äußere sich im Widerstreben gegen »professionelle Kunstgesetze«, wobei sich die Frage aufdrängt, welcher Art jene Kunstgesetze seien, die FHO als »genialisch verkauzter Amateur« nach Meinung Torbergs in deren Unkenntnis verletzt hat.

»Die präzise Zuordnung bestimmter Äußerungen zu bestimmten Charakteren oder Situationen ist ebensowenig Herzmanovskys Sache und Ehrgeiz wie die psychologische Gestaltung der Charaktere selbst, die eindeutige Struktur ihrer Konflikte, und kurzum die Beobachtung der handwerklichen Disziplinarvorschriften für den Aufbau epischer und dramatischer Werke. Sehr vieles von dem, was in bestimmten Augenblicken des Ablaufs geschieht, könnte auch früher oder später geschehen, oder gar nicht. Für die ›Handlung‹, soweit sie vorliegt, wäre das kein Verlust.« (Torberg in einem Vorwort zu FHO: *Gesammelte Werke in einem Band*, Wien 1975, S. 133) Torbergs Vorstellungen von Formgesetzen gaben schon 1948 Hermann Broch in seiner Rezension des Romans *Hier bin ich, mein Vater* zu denken. Broch stellte darin fest, daß sich Torberg in seinem Werk »nicht viel um die neuen technischen Probleme der Romankunst gekümmert hat«, legitimierte die anachronistische Form jedoch durch die didaktische Funktion des Werkes, auf daß »möglichst viele Menschen berührt und aufgerührt« werden. (Hermann Broch: *Schriften zur Literatur. 1. Kritik,* Frankfurt 1975, S. 401f.) Im Gegensatz zum Festhalten an der literarischen Tradition, der Ablehnung des Experiments im persönlichen literarischen Schaffen, um der »Botschaft« eine Priorität einzuräumen, würde, nach Meinung Friedrich Torbergs, eine problematisierte literarische Form eine Einbuße an Eindringlichkeit infolge Irritation des Lesers bedeuten.

Torbergs Formkonservatismus ist in seiner didaktischen Funktion in einer Zeit labilster gesellschaftlicher Verfassung, und die Nachkriegsära war eine solche Zeit, als Instrument zur österreichischen Identitätsfindung (unter welchem Druck war diese zu leisten!), als affirmatives, stabilisierendes Element verständlich.

In der Bearbeitung der Werke eines Autors, der sich, wie aus dem Bestand seiner Bibliothek hervorgeht, sehr wohl mit moderner Literatur befaßt hatte, muß eine solche Einstellung den Blick auf wesentliche Merkmale des literarischen Werkes verstellen.

In allen, nicht nur der »Sekte der Germanisten« (Torberg) vorbehaltenen Untersuchungen mußten im Vergleich zwischen Original und Bearbeitung umfangreiche Kürzungen in letzterer festgestellt werden. Diese beziehen sich im dramatischen Werk nicht nur auf die unterlassene Veröffentlichung zweier vollständiger Stücke (*'s Wiesenhendl* und *Die Krone von Byzanz),* sondern auch auf die Komprimierung des *Kaiser Joseph II. und die Bahnwärterstochter* zu einem Einakter. Überdies wurde in *Sellawie oder Hamlet, der Osterhase* kaum mehr als ein Viertel des originalen Stückes – mit den Inhalt stark raffenden Verbindungstexten Torbergs – wiedergegeben. Aber es gab für Torberg weitere Anlässe zu Kürzungen: Neben der Zusammenziehung kontrastierender Figuren (z. B. Brighella–Spavento, Colombina–Spiletta in *Zerbinettas Befreiung),* die die Charaktere in ihren extremen Darstellungen entschärfen und die von FHO bewußt gesetzte Überzeichnung so weit neutralisieren, daß kaum mehr etwas von der

authentischen Plastizität verbleibt, eliminierte Torberg bevorzugt kleine
Exkurse, mythologische Berichte, Geschichts- und Landschaftsbilder und
komische Zwischenkapitel. Dies erfolgte vor allem mit der Intention, einen
klareren Handlungsverlauf aus dem Werk herauszupräparieren. Die
»Gschichteln« sind jene Histörchen und Anekdoten, die die agierenden
Personen einander erzählen und die in ihrer Fülle den konkreten Handlungs-
strang fast aufzutrennen scheinen. Mitunter dominieren diese Miniaturen die
Handlung so sehr, daß der Handlungsrahmen fast schon beiläufig anmutet.
Die Masse dieser fragmentarischen Skizzen hat jedoch ihre konkrete
Funktion: Sie bricht die Einheit der Handlung und zerdehnt die Aktion auf
der Bühne. Ihren Inhalten nach zerstört sie auch die Einheit von Raum und
Zeit, suggeriert damit eine Dimension der Vielfalt von Handlung, Raum und
Zeit und erweitert damit ebenfalls den Blick auf das totale Panorama der
vergangenen Epoche des versunkenen Habsburgerreiches. Durch die
»Gschichteln« wird die Geschlossenheit und Konsequenz des traditionellen
Dramas aufgelöst, wird eine Welt auf die Bühne geholt, die auf dieser nicht
darstellbar ist, die aber durch die Erzählungen auf ihr spürbar wird.
Die dramatische Struktur ist von episierenden Tendenzen durchsetzt und ein
wichtiges Merkmal im dramatischen Schaffen FHOs. Rupft man die »bizarren
Blüten« der Phantasie aus und strafft damit die Handlung, wird diese
spezifische künstlerische Ausdrucksform zerstört.
Ein kleiner Exkurs noch über die Konsistenz der »Blüten«, die in der
Bearbeitung entfernt wurden: Die antisemitischen und rassistischen Äußerungen des Autors wurden von jenem oft genug selbst aus dem Manuskript
geschnitten oder gestrichen. Hier hatte Torberg wenig zu tun. Bezeichnend
aber ist, daß der Bearbeiter fast alles strich, was ihm moralisch anfechtbar
schien. Die Unterschlagung des *Wiesenhendls* ist hier – nach Aussage
Torbergs selbst – anzusiedeln, wie auch die Streichung des dritten Aktes im
Kaiser Joseph, die wegen der darin vorkommenden (eher peinlichen) Scherze
als Ausdruck »schlechten Bierhumors« vorgenommen wurde.
Mit geradezu puritanischer Säuerlichkeit wurde jeder Abstecher ins Anzüg-
liche getilgt, nicht einmal Theklas naives Gedicht von der »Tochter des
Eunuchen« darf aufgesagt werden; Kaiser Joseph streichelt lediglich Notzerls
Wange und gelangt keineswegs bis zum Bein wie im Original. Dabei ergibt
sich ein weiterer Aspekt der Bearbeitung: die gründliche Enterotisierung der
Stücke. Sie verändert die Charaktere der Protagonistinnen so, daß an den
Intentionen des Autors vorbeigezielt wird. Besonders im Zusammenhang mit
den Vorarbeiten zu den Dramen wird dies deutlich. Zerbinetta, die
ursprünglich als Grande cocotte vom Papst die Tugendrose bekommen soll,
die sich mit Geld, Glanz und Gloria über jede Scheinmoral einer vertrottelten,
deformierten Männerwelt hinwegsetzt, die sich in der Endfassung selbst
befreit, indem sie mit List über eben dieses verkommene Patriarchat siegt
und von der Fürstin von Cythera wegen Tapferkeit zur Kriegsministerin

ernannt wird, die mit den Waffen der Liebe ihre Funktion zu erfüllen hat, sie muß im Zuge der Torbergschen Figurenakkumulation ausgerechnet jenen Mann heiraten, der (im Original gedenkt er als Zuhälter sie auch noch zu mißbrauchen) nur auf ihr Geld aus ist, und das wird dann auch noch als »Zerbinettas *Befreiung*« verstanden.

Notzerl, im Entwurf zum Drama alpine Amazone, die dem Kaiser in waghalsiger Aktion das Leben rettet (S. 343), in der Endfassung zumindest resche Sennerin und selbstbewußte Amtsperson, wird in der Bearbeitung zu Beginn des Dramas nicht nur zur farblosen Stichwortgeberin degradiert, die der Vater anschnauzen darf, sie bekommt auch längst nicht den erotischen Stellenwert bei seiner Majestät wie im Original. Selbstredend bleibt auch von Thekla Wallenstein kaum etwas von einem jener »über der niederen Sphäre des Dinglichen« schwebenden, knabenhaften, schönen, mächtigen und autonomen Mädchen, die sich in Herzmanovskys Komödien keineswegs so tödlich oder fatal ausnehmen wie in anderen Werken (vgl. Cyparis im *Maskenspiel der Genien, S. W.,* Band III, oder die Sängerin Höllteufel im *Gaulschreck im Rosennetz, S. W.,* Band I). Trotzdem entsprach offenbar der Weiblichkeitsmythos FHOs nicht dem Frauenbild der fünfziger Jahre und auch nicht der Auffassung des Bearbeiters.

Torberg akzentuierte hingegen verstärkt operettenhafte Elemente und Klischees, das männliche Rollenverständnis und die patriarchalische Gesellschaft. Viele männliche Figuren wurden in ihrer Darstellung entzerrt, die gesellschaftliche Hierarchie deutlich hervorgehoben, die Notwendigkeit hierarchischer Ordnung überhaupt in einer Form betont, wie dies nicht FHOs Intention gewesen sein konnte. Entspricht der Kaiser Joseph als Titelheld keineswegs seiner Funktion als Protagonist, so erfährt er in der Bearbeitung eine deutliche Aufwertung. Nicht nur das schlichte Kaputröckel wird ihm aus- und die Uniform angezogen, auch die Dialoge um seine Person erfahren eine umfassende quantitative Aufwertung.

Das Bild Österreichs in der Torberg-Bearbeitung ist nicht ausschließlich geprägt vom Blick zurück. In Klischees werden vermeintliche Ist-Zustände aufgezeigt: Nur wenn man im Ausland Karriere macht, wird man im eigenen Land nicht mehr ignoriert; wenn jemand sich nicht ordentlich vorstellt und seinen Namen nur nuschelt, ist es sicher ein Österreicher, und daß die Welt von der frühen Existenz einer österreichischen Eisenbahn niemals erfahren würde, ist ebenfalls ein österreichisches Schicksal. Dieses Österreich ist nicht das Österreich FHOs, in dem der große, nicht nur alle »Rösser verwurschtende Selcher« (S. 98) erahnt wird, das Torbergsche Österreich ist jenes, das den »Selcher« gerade noch überlebt hat und sich fragt, wie ein Volk, ein Land beschaffen sein muß, dem das gelungen war.

Zur Textgestaltung

In Analogie zu allen bisher in der *Ausgabe Sämtlicher Werke* erschienenen Texten bildet die Grundlage der vorliegenden Dramen die letzte autorisierte Fassung, wobei diese – da FHO kaum Irrtümer und Fehler von Abschreibern zur Kenntnis nahm – mit der letzten hand- oder maschinschriftlichen Niederschrift des Autors kollationiert wurde, um zahlreiche Hör-, Lese- und Tippfehler rückgängig zu machen. Diese Vorlage enthält im wesentlichen die optimale Textquantität, da sämtliche handschriftliche Korrekturen und Erweiterungen selbstverständlich berücksichtigt wurden. Die wenigen Tilgungen in textgenetisch verhältnismäßig späten Fassungen, die darauf zurückzuführen sind, daß der Autor in weltanschaulichem Wandel Passagen aus den Typoskripten herausschnitt, werden im Kommentar gesondert behandelt.

Weit mehr als in den Prosatexten ergab sich bei der Gestaltung der Dramentexte die Notwendigkeit von Eingriffen, die mit aller zu Gebote stehenden Zurückhaltung durchwegs geringfügige, aber für den Lesegenuß nicht unwesentliche Vereinheitlichungen und Normalisierungen betreffen: Inkonsequenzen des Autors in Interpunktion und Orthographie sowie die eigenwillige phonetische Transkription zur Charakterisierung eines Sprechhabitus wurden beibehalten, sofern sie die Lesbarkeit des Textes nicht beeinträchtigen. Mutmaßliche Schreibfehler wurden nur dann korrigiert, wenn der Wortklang völlig unverändert blieb. Abkürzungen wurden grundsätzlich ausgeschrieben.

Die Gestaltung des Dramentextes erforderte darüber hinaus eine stärkere formale Vereinheitlichung. Die Namen der sprechenden Personen, bei FHO oft abgekürzt und/oder in unterschiedlicher Schreibweise, versal oder in Minuskeln, wurden grundsätzlich in Versalien nach der – wenn nicht anders begründet – dominierenden Schreibung an den Anfang des Sprechparts gestellt. Regieanweisungen, bisweilen vom Autor in Klammer gesetzt, ohne Berücksichtigung von Interpunktion und Groß- und Kleinschreibung, werden kursiv wiedergegeben, wobei hervorzuheben ist, daß jene Stellen, an denen FHO aus der Rolle des Dramenschreibers herausfiel und den Text wie erzählende Prosa weiterschrieb, nur dann formal aufgelöst wurden, wenn dies möglich war, das heißt, wenn der Text ohne Hinzufügung oder Tilgung einzelner Wörter formal dem Dramentext angeglichen werden konnte. Auftretende Besonderheiten einzelner Stücke werden im Kommentar kurz dargelegt.

Zur Kommentargestaltung

Der Kommentar informiert über Material, Textgestaltung, Entstehungs- und Wirkungsgeschichte der Stücke (sofern diese bereits aufgeführt wurden),

Vorarbeiten des Autors, Varianten und enthält sachliche Erläuterungen. Zur Dokumentation der Entstehungs- und Wirkungsgeschichte stützte sich die Herausgeberin im wesentlichen auf die Konvolute mit den verschiedenen Fassungen der Stücke sowie auch auf Briefe und weitere Bestandteile des Nachlasses, wie eine Kartei des Bibliotheksbestandes FHOs, soweit diese zugänglich waren. In den Zitaten wurde die originale Schreibweise beibehalten.

Sicher war die Kartei des Bibliotheksbestandes eine große Hilfe zur Aufschließung der sachlichen Bezüge, doch fällt beim Autor, dessen Eigenschaft als Sammler immer wieder hervorgehoben wird, die Zuordnung einzelner Quellen zum Text äußerst schwer. Die reiche Materiallage zwingt die Herausgeberin, ständig hinter dem Autor *nach*zulesen und *nach*zusammeln, wobei es sich oft genug ereignet, daß der Bezug einer Quelle zum Text – selten wird vom Autor ein Aussagekern aufgegriffen, viel öfter übernimmt er ein marginales Ornament – so dünn ist, daß man sich scheut, dieses Fädchen in das Gewebe des Kommentars aufzunehmen. Andererseits gelang den Herausgebern der bisher erschienenen Bände die Verifizierung verblüffendster und unwahrscheinlichster Vorkommnisse, so daß man hinter jeder Skurrilität einen historisch belegbaren Kern wittert und bemüht ist, diesem nachzuforschen.

Im übrigen erschien es der Herausgeberin sinnvoll, zur Verbesserung der Übersichtlichkeit der Variantenverzeichnung wenige, ganz simple Siglen einzuführen, da eine deskriptivere Variantenbeschreibung nicht nur den Kommentartext aufbläht, sondern auch Gefahr läuft, Unklarheiten zu erzeugen.

Ein nach dem Lemmatext gestelltes

E: bedeutet *Entwurf* und bezeichnet skizzenhafte Textteile, Notizen, Bruchstücke von Ideen, die in nachfolgenden Fassungen in veränderter Form in den Text einflossen oder wieder verworfen wurden.

V: bezeichnet *Varianten;* mitunter stammen diese aus vorangehenden Fassungen, bisweilen stehen sie auf einer Textstufe völlig gleichwertig nebeneinander, da sich der Autor nicht entschließen konnte, eine Möglichkeit zu streichen oder es zu tun vergaß.

NV: bezeichnet daher *Namensvarianten.*

sgZ: ist eine unschöne, jedoch kaum zu verbessernde Bezeichnung für *später getilgter Zusatz* und kennzeichnet Textteile, die vom Autor aus einem mehr oder weniger ersichtlichen Anlaß wieder verworfen wurden. Schwierig ist es dort, wo die Linearität von autornächster Fassung zur Endfassung nicht gewährleistet ist. Hier läßt sich kaum feststellen, ob ein Text vom Autor verworfen oder von einem

Abschreiber vergessen wurde. Auf Mutmaßungen wurde jedenfalls verzichtet.

/Wort/ Ein durch zwei Schrägstriche gekennzeichnetes Wort bedeutet, daß die *Lesung unsicher* ist.

Diese schematisierte Kommentargestaltung meint natürlich nicht, daß auf Erläuterungen verzichtet werden soll, wo diese angebracht erscheinen.

DIE FÜRSTIN VON CYTHERA

Das Material

Die einzelnen Textfassungen werden in textgenetischer Abfolge beschrieben. Der Signatur, unter der das Konvolut im Brenner-Archiv inventarisiert wurde, wird die Signatur der Handschriftensammlung der Österreichischen Nationalbibliothek nachgestellt, wenn das Original daselbst seinen Standort hat. Da in der Kommentargestaltung der bisher erschienenen Bände der Vereinheitlichung halber grundsätzlich die Brenner-Archiv-Signatur verwendet wurde und eine Fassung mitunter an beiden Standorten getrennt aufbewahrt wird, wurde auf eine getrennte Auflistung nach Standorten unter Berücksichtigung der chronologischen Abfolge verzichtet.

XIV/1 – fol. 1–28. Teilweise zusammengeheftete Entwürfe zu einzelnen Szenen, Zeichnungen, Studien zu verschiedenen Figuren des Stückes, dazwischen Anmerkungen, etymologisierende Versuche, Exzerpte aus einem nicht eruierbaren Werk über die Commedia dell'arte und Entwürfe zu Pantomimen, die mit dem Stück in keinem Zusammenhang stehen. Das Konvolut enthält außerdem zwei ausführliche Entwürfe zum Inhalt des Dramas (einer davon ist mit 9. September 1921 datiert) sowie einen Teil einer Inhaltsangabe der Endfassung (deren fehlende Blätter im Konvolut ÖNB Cod. ser. nov. 13.695-15-16 aufgefunden wurden).

XIV/2 – fol. 1–125. Einzelne handschriftliche Szenenentwürfe, Vorarbeiten, Zeichnungen.

XV/1 (= ÖNB Cod. ser. nov. 13.623, Fasz. 1) – fol. 1–40. Meist auf Doppelblätter mit dunkelgrüner Tinte von Herzmanovsky eigenhändig geschriebene, durchgehende Vorfassung des Dramas, zahlreiche Korrekturen; dazwischen einzelne Blätter mit Skizzen und Entwürfen, teils als Vorarbeiten, teils im Zuge der Abfassung des Manuskripts entstanden.

XV/2 (= ÖNB Cod. ser. nov. 13.623, Fasz. 2–4). Fasz. 2: fol. 1–53. Typoskriptdurchschläge von Personenverzeichnissen und einem Teil des Textes, vom Autor selbst mit der Schreibmaschine geschrieben, zum Teil handschriftlich korrigiert; mit Sicherheit nach XV/1 entstanden. – Bei den elf Blättern des Textfragments (sie liegen in jeweils drei Durchschlägen vor) handelt es sich um eine Neuformulierung des letzten Drittels des Gesamttextes. Vielleicht handelt es sich bei diesen Blättern um einen Teil der Kopien des nicht überlieferten Zeugen, der das Verbindungsglied zwischen XV/1 und XIV/3 bzw. XV/6 darstellt.

Fasz. 3: fol. 1–10. Bleistiftzeichnungen und handschriftliche Entwürfe zu einzelnen Szenen – textgenetisch der Entstehung von XIV/2 zuzuordnen.

Fasz. 4: fol. 1–14. »Das Lied des Zazzeroni aus einer Zerbinetta-komödie«. Zwei Originaltyposkriptblätter des Autors mit handschriftlichen Zusätzen; zweimal vier Durchschläge einer danach erstellten Abschrift von fremder Hand; ein kleines Doppelblatt mit Korrekturliste, die sich auf Verbesserungen *nach* der überlieferten handschriftlichen Fassung beziehen.

XIV/4 – fol. 1–22. Nochmals Durchschläge des »Liedes des Zazzeroni«, vom Autor und von fremder Hand getippt.

XIV/3 – fol. 1–11. Teil eines Typoskriptdurchschlages von fremder Hand, vom Autor korrigiert (umfaßt etwa das erste Viertel des Textes).

XV/6 – fol. 1–62. Kopie des im Besitz des Buchhändlers Wolfgang Ausserer, Meran, Buchhandlung Unterberger, Lauben 277, befindlichen Typoskriptdurchschlags von fremder Hand. – Nach den im Textvolumen bei weitem noch nicht vollständigen handschriftlichen Vorarbeiten und der doch sehr von der Endfassung divergierenden Handschrift XV/1 die einzige, durch erweiternde Korrektur des Autors an zwei Stellen zuverlässig autorisierte, durchgehende Typoskriptfassung.

XIV/5 – fol. 1–93. Originaltyposkript von fremder Hand mit handschriftlichen Anmerkungen Friedrich Torbergs. Es fehlen einzelne Blätter, die sich im Konvolut XIV/6 wieder finden.

XV/3 – (= ÖNB Cod. ser. nov. 13.624) – fol. 1–95. Typoskriptdurchschlag wie XIV/5 mit minimalen Korrekturen Carmen Herzmanovsky-Orlandos (in der Folge abgekürzt CHO), Friedrich Torbergs und von nicht identifizierbarer Hand.

XIV/6 – fol. 1–117. Handschriftliche Fassung von Torbergs Bearbeitung und alle aus XIV/5 fehlenden Blätter.

XIV/7 – fol. 1–82. Torbergsche Originaltyposkript-Fassung mit geringfügigen handschriftlichen Korrekturen des Bearbeiters und kleiner Korrekturliste.

XV/5 – (= ÖNB Cod. ser. nov. 13.626) – fol. 1–51. Geheftetes, hektographiertes Exemplar der Torberg-Fassung.

XIV/8 – fol. 1–51. Wie XV/5, mit handschriftlichen Anmerkungen Kosmas Zieglers.

XIV/9 – fol. 1–115. Vertonung der Torberg-Fassung. Enthält Texte und Noten zu insgesamt 21 Musiknummern; von neun Liedern haben nur zwei den Torberg-Text zur Vorlage, sieben andere stammen von einem unbekannten Librettisten.

Stemma

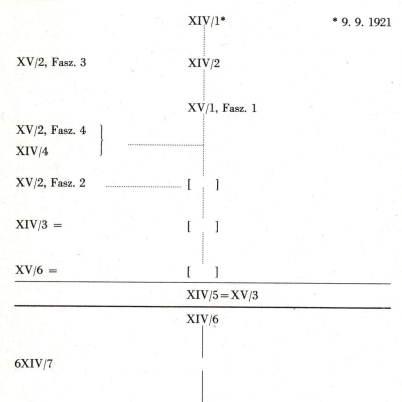

```
                          XIV/1*              * 9. 9. 1921

XV/2, Fasz. 3             XIV/2

                          XV/1, Fasz. 1
XV/2, Fasz. 4  ⎫
XIV/4          ⎭

XV/2, Fasz. 2  ............ [   ]

XIV/3 =                   [   ]

XV/6 =                    [   ]
                       ───────────────
                          XIV/5 = XV/3
                          XIV/6


6XIV/7


                          XV/4

 XIV/9                    XV/5 = XIV/8
```

──── – Grenze der Autorisation   = – Durchschlag
──── – Torberg-Bearbeitung | – Deszendenz gesichert
[ ] – nicht überlieferte Fassung   ⋮ – Deszendenz nicht gesichert
*   – Datierung im Konvolut

Zur Textgestaltung

Die Schwierigkeit in der Textgestaltung ist klar ersichtlich: Die große Lücke in der Überlieferung zwischen XV/1 (Fasz. 1) und XV/6 bedeutet, daß zwischen der ersten durchgehenden handschriftlichen Fassung und einem Typoskript fremder Hand, das zwar autorisiert ist, mit Sicherheit aber eine Reihe von Abschreibfehlern enthält, keine weiteren vollständigen Zeugen existieren. Hier mußte in der Textgestaltung besonders behutsam vorgegangen werden, da die autornächste Fassung sehr weit entfernt ist von der optimalen Textquantität, andererseits XV/6 nicht mit einer vollständigen Vorlage kollationiert werden kann. Hier wurden nur jene Teile nach XV/1 bzw. XV/2, Fasz. 2, und XIV/3 korrigiert, die in XV/6 verhältnismäßig unverändert übernommen worden waren. Nicht korrigiert aber konnten jene Passagen werden, die zu große Unterschiede zur Endfassung aufweisen. Fremdsprachige Zitate wurden nur dann verbessert, wenn eine sinnstörende Fehlerhaftigkeit klar ersichtlich war.

Entstehung und Rezeption

Ob FHO tatsächlich von der »großen Weltregie«, die »immer eine altclassische Komödie nach den Tragödien einschiebt« (FHO an Kubin am 18. 9. 1921, *S. W.,* Band VII, S. 222) animiert, die Harlekinkomödie verfaßte, sei dahingestellt. *Die Fürstin von Cythera,* seltsames Produkt sehr unterschiedlicher Ausgangsintentionen – wie in der Folge sichtbar gemacht werden soll –, ist jedenfalls das erste Drama des Autors.

Als FHO im August 1921 brieflich erste Hinweise auf sein Stück gab, waren die ersten Vorarbeiten bereits getan. Nicht ungewöhnlich für seine Arbeitsmethode war es, sich Exzerpte anzufertigen, wie hier aus einem leider nicht eruierbaren Werk über die Commedia dell'arte, um sich mit deren Figureninventar vertraut zu machen:

Masken. Im 12. Jahrhundert, wo Irnerius eine neue Bologneser Schule der Rechtsgelehrsamkeit gründete, finden wir den bologneser *Dottore* auch *Graziano* genannt. Er trug schwarze Maske mit langer, schwarzer Nase und Stirn und roten Wangen, ist langweiliger, pedantischer Raisonneur. Der *Pantalone* kam Ende des 14. Jahrhunderts auf die Bühne. (Maskenrolle des Vaters) und stellt einen reichen venetianischen Kaufmann vor.
Kleidung (ehemals: Zimmarra, langer schwarzer Mantel mit kurzen Oberärmeln und Umlegekragen, trug Strumpfhosen (rot), daher: Pantalone!)
Als die Republik Venedig das Negroponte an die Türken verlor, wurde als Zeichen der Trauer das rote Untergewand in schwarz verwandelt. / 1488 (?) gutmütiger, einfältiger, stets verliebter Alter, hat Ehrgefühl, Gewissenhaftigkeit, was sein gegebenes Wort betrifft, ist sehr streng gegen seine Kinder, die ihn anführen, wie sein Bedienter.
Spricht venetianisch (Dottore bolognesisch).
Die *Zanni* sind die ältesten Masken der italienischen Bühne: einer ist Arlechino, der

andere Scapino, ein Bergamaske, beide listige, schelmische Bediente im Dienst Pantalones und des Dottore. Jünger ist *Brighella* im mittelalterlichen [ein Wort unleserlich] Kleid. Anmaßend, verschlagen, herzhafter Plebejer von Brescia, macht meist den Kuppler. Dottore von Bologna, Pantalone von Venedig, Harlekine von Bergamo, Brighella von Ferrara, bramarbasierender Capitano Spaviento aus Neapel, Fracasso, Tempestes, die an Plautus Pyrogopolynices erinnern und Truffaldin sind seit 15. Jahrhundert die »Zenneschi«.

Die Römer haben noch den Dottore Pasquale und die Gelsomini, die Florentiner die Pasquelle, die Calabresen den Giangurgolo, die Sizilianer die Travaglini, die Messineser die Giovanelli. Neapel den Coviello, Pasquariello

Mailand Girolamo

Piemont Gianduja

dann gibts noch: Pedrolino, Bertolino, Tartaglia, Trivellino, Mezzolino und Don Plione Balanzoni.

Pulcinell (Policinell) aus Sorrent. Weite, weiße Hose, weißes Oberkleid mit weiten Ärmeln, schwarzer Ledergürtel oder Haarseil, Halskrause, Mütze mit rotem Buschel, ¾ des Gesichts mit krummnasiger, schwarzer Maske.

Weibliche: Columbina und Spiletta (römisch-toskanisch). Ruzzante führte 1530 diese Maskencharaktere in größere Lustspiele ein.

Valentini: Trattato sulla comedia del arte, maschere italiane etc. Berlin 1826, mit Kupferstichen

Das prachtvolle, aber planlose Kupferwerk von Ficoroni: »De larvis, scenicis et figuris comicis«, Rom 1754.

Scaramuzz Neapel. Schwarze, spanische Tracht, wie Neapler Amtspersonen trugen. Aufschneider, der am Ende von Arlechino durchgeprügelt wird. 1680 gründete ihn Tiberius Fiorelli. *Scarron* (Erfinder der Dienstmänner) Lebte in einer Schachtel, so verkrümmt war er; er bekam die sonderbare Gnade, sich der »Kranke der Königin« nennen zu dürfen. (son malade en titre d'office) Er schrieb sich Posten: »Scarron, von Gottes Gnaden Kranker der Königin, auch Paladin der Königin Christine von Schweden«. (XIV/1-7-8)

Die folgenden Personenverzeichnisse bilden einen für FHO typischen Ausgangspunkt für die Schaffung eines Werkes. Die Figurenlisten wurden durchwegs den Konvoluten XIV/1 und XV/1 entnommen und geben Aufschluß darüber, daß dem Autor vorerst eine klassische Commedia dell'arte, vermischt mit anakreontischem Schäferspiel, vorgeschwebt haben mag:

Taddeo di Monteastuto	Sbilencone, der Krummbeinige
Pistone, sein Diener	Dott. Polito Polesini Eskaderapotheker
Corallina	Rosaura
Dtte Complimenti	Cap. Malagamba
Der Barighello mit der Maske	Schäfer:
Lelio } Cavaliere	Philemon
Florindo } Lumpen	Seladon, verliebt in Doris
Verme, der Höllenhund	October, sein Erbonkel
Bambagello, ein Geck	Phyllis } Nichten
Zurla, die Kitzlige	Sylvia }

Sfiandronato, ein Großpauker
Pompeio Powidl
Zinale (Schürze) eine Hure
ein Soldat, Spingardella,
der Doppelhacker
Don Plione Balanzoni
Circoncisa, ihre farbige Zofe
Spilunchieri
Ruzzuloni di Zara
Zurla, Zerbinettas Freundin
Xirpe
Venalis

Myrta (Magd)
Damon
Doris
Galathé, verliebt in:
Mirtillo (reicher junger Schäfer)
Sylvan, Schäferknabe
Mops, Knecht des Myrtill Silen
Sosomeneo Navratil Koch
Pizzicarallina
Maltemp. Esmeralda
Pagerina
Paggetone
Paggetina

Beispiele für Spielereien mit der italienischen Sprache, ebenfalls den Konvoluten XV/1 und XIV/1 entnommen, zeigen übrigens die Bemühungen des Autors, »sprechende« Namen zu finden, das Drama mit möglichst viel »Original-Ton« zu gestalten:

Niffolo Nerbata, Hieb und Ochsenziemer
Ninarella, das Wiegenliedchen
ninnonalare, vertändeln
ciurna, die Sklaven auf einer Galeere
ciurnaglia, Gesindel
Trottolo, ein Kreisel
Bajuzza, das Späßchen
Palafreno, das Reitpferd

Ein flüchtig notiertes »Ottway: Die Verschwörung wider Venedig« (XIV/1–3 verso) führte auf die Spur dieser Tragödie des englischen Dramatikers Thomas Otway (1652–1685), die den Autor wohl zum nächsten Entwurf inspirierte, wobei zu bemerken ist, daß außer der tragischen – bei FHO natürlich ironisierten – Grundstimmung der Schauplatz der ersten Szene, der Sitzungssaal des Rates der Zehn, übernommen wurde:

Das Königreich Cythere
Im großen Rat zu Venedig ist eine düstre Sitzung. Pantalone, diesmal in schwarzer Amtstracht, ist der Präsident des Rates der Zehn; man ist in Beratung. Der Türke rüstet und ist nach sicheren Berichten daran, den Krieg zu erklären. Da steht Gabriele auf, setzt einen Lorbeerkranz auf die Stirne und gibt den Rat, statt Krieg zu führen, lieber sofort ein Siegesdenkmal zu errichten.
Aus dem Orient kämen Kriegsgerüchte; Bestimmtes wisse man nicht, da der Curier der Republik, Stusinello, die Portefeuilles verloren habe; sicher sei es der Türke.
Eine Leyer erklingt: »Vorrei morire ...«
Pantalone winkt ab. Der Sänger, Gabriele, protestiert. Furcht beim [ein Wort unleserlich] Gabriele hat Padua erobert! (XV/1–4)

Aus der Skizze, die wiederum einen Aspekt des Dramas – den Androgynitäts-komplex – in nuce expliziert, wird in das Stück nur das Motiv der Verkleidung eines Mädchens als junger Mann übernommen:

Komödie
Schwere Verwicklung. Mädchen als Knabe kann nicht Knaben als Mädchen, das Knabe ist heiraten.
Pantalone, alle verzweifelt.
Da muß etwas geschehen.
Unerwartete Posaunenstöße
Skaramuzze kommen herein und führen auf:
»Die Herzogin von Urbino«
(»Wo hast du die Hand! Pfui!«) (XIV/1–4 verso)

All diese Entwürfe befanden sich noch im Stadium des Zusammenwirkens, als sich der Autor erstmals in einem Briefentwurf an Karl Eidlitz, den Schauspieler und späteren Regisseur des Burgtheaters, am 20. 8. 1921 zu äußern versuchte. In der Aufzählung einzelner Elemente des zukünftigen Dramas wird deutlich, wie weit entfernt ein erstes durchgehendes Konzept noch war:

An Regentagen arbeite ich an einer Commedia dell'Arte im Style Goldonis: betitelt »Die Fürstin von Kythere« mit schönen Rollen für ihre liebreizende Frau Gemahlin als Zerbinetta und für Sie als venetianischen Poeten Zazzeroni, der eifrig Propaganda für praktische Schäferidyllen macht. Auch ein würdiger Pantalone, ein Don Tiburzio, ein Wüstling namens Bambagiante und zwei bramarbasierende Schwindler kommen vor: Capitano Spaviento und Capitano Tartaglia.
Daneben natürlich Truffaldin und Skaramuz, Pulcinella und Mezzetin, alle in führenden Stellungen bei den höchsten Behörden, wodurch, wie in jedem geordneten Staatswesen für unentwirrbare Unordnung gesorgt ist. Sehr wichtig ist auch der Geschwaderapotheker Philemon, genannt October, der seinen 4 Töchtern Unterricht in Botanik gibt und bei allen bewegten Szenen wie ein antiker Chor im Hintergrund vorbeizieht und die Verwicklungen schlimm beeinflußt.
So hält er z. B. in einem Liebesgarten einen Vortrag über Kakteen, was die Stimmung außerordentlich stört.
Überhaupt ist die Gesamtstimmung in dem Stück eine sehr nervöse, weil Venedig von einem unbekannten Feinde bedroht ist, da in der Kriegserklärung die wichtigste Stelle – eben der Feind, absolut unleserlich ist. Dafür strömen aber die Policinelle von ganz Italien am Markusplatz zusammen, um die Republik zu retten. Doch findet diese patriotische Assemblée ein übles, unrühmliches Ende und Zerbinetta, in der Verkleidung des Pagen Adonione, wird schließlich zum Kriegsminister des Liebes-hofes von Cythere ernannt.

Weniger die Handlung als vielmehr Charakterisierungen handelnder Perso-nen wurden im ersten, mit 9. 9. 1921 datierten Versuch einer Inhaltsangabe angerissen. Diese Datierung erscheint allerdings unsicher, da hier eine Schlußvariante des Stückes angeboten wurde, die bereits im oben wieder-gegebenen Brief an Eidlitz verworfen worden war. Möglich, daß zu dieser Zeit beide Varianten in der Intention des Autors offen waren. Die nun folgende erste Version erfährt später eine erweiterte Fassung, die unter dem Titel »Die verdorbene Zerbinetta oder Pantalones verbitterter Lebensabend« in den Paralipomena zu diesem Stück (S. 59 ff.) wiedergegeben wird.

Zerbinetta   9 IX 21
Zerbinetta hat einen buckligen Onkel, Don Baldassare Policinello, der sie als Waise aufzog und mit seinem pedantischen Neffen, dem Gelehrten Tiburz (Tiburtius) zu verheiraten gedenkt. Sie will aber lieber Curtisane werden, obwohl ihr Brighella ein paradiesisches Schäferleben, wo bei Linz vorschlägt.
(bei Linz, der Stadt der Schäfer!)
Der Dichter Zazzeroni liebt sie unglücklich und macht miserable Gedichte. Der Bediente Arlechino haut ihn immer durch.
Sie hat zwei Freundinnen: Colombina, die sanft ist, und Spiletta, die ihr zuredet, Hure zu werden.
Capitano Spavento stellt Bambagiante, den er zu durchbohren droht.
Truffaldino steht über dem Ganzen.
Tartaglia, Capitän, sein Freund, der Cypern wieder erobern will.
Bambagiante, ein reicher Wüstling, will sie kuppeln und wählt dazu die verruchte Mezzanotte.
Die fünf Tröpfe kommen vor und singen Ständchen:
Niffolo, Zeppo (der Volle), Spazzaforno, Zibbibbo (Truffa Gauner)
Donna Diamantina Micante sucht einen Palast in Venedig und will Zerbinetta zur Mätresse.
Ja, ruft sogar die Akademie der »————« ins Leben.
Zum Schluß wird sie Grande cocotte in Venedig, wozu sie Truffaldino beredet.
(XIV/1–13)

Wenig später, am 18. 9. 1921, schrieb FHO an seinen Freund Alfred Kubin:
Momentan arbeite ich an einer Harlekinkomödie mit den alten Figuren, deren Handlung zwischen Venedig, Gradisca und Linz schwebt. Vielleicht macht Dir dieses Linzer Lieht [!] Spaß:
»Patrizier fahrn in morgenroten Fräcken
Mit ihren Damen, gleich Karfunkelsäcken
In Steyrerwagerln, bunt wie Pfauenwedeln,
Die Roß mit Straußenfedern auf den Schädeln.«   (S. W., Band VII, S. 222)

In der Folge gibt es zur weiteren Entwicklung des Stückes kaum konkrete Daten. Noch ungeübt im Abfassen von Dramen, ging der Autor nun daran, einzelne Elemente auszubauen, zusammenzufügen, zu verwerfen. Beispielhaft sei hier nur eine Skizze des ersten Aktes vorgestellt:
I. Akt
1. Szene Pantalone. Zerbinetta, macht ihr Vorwürfe, daß sie Tiburz nicht mit Begeisterung zum Mann nimmt.
2. Szene Colombina kommt, redet ihr zu; sei ein frommer Mann.
3. Szene Spiletta kommt dazu. Colombina geht traurig ab. Spiletta räth ihr, locker zu

werden, wie Nefenda Ninoletta (nennt sich bloß »Aranciata«, welch schöner Name) [ein Wort unleserlich] leiht ihr Schminken. Man sagt nicht »Lulu«.
Verwandlung Zerbinetta am Balkon
4. Es dämmert. Die fünf Tröpfe machen dumme Musik.
Zerbinetta immerhin begeistert. Plötzlich hört man Schläge.
5. Sfiandronato steigt stolz vor dem Balkon herum und rühmt sich, die Tröpfe – einer gegen 5! – geprügelt zu haben. Schenkt Zerbinetta herablassende Beachtung. Auch Midollonacio naht sich und spielt bei einem Kerzenstumpf und einem Notenpult kurzsichtig Laute. Pantalone jagt ihn weg.
6. Reflexion Zerbinetta. Alle beide gefallen ihr. Doch verblassen sie vor dem Bild Pampadores – wie gerne möchte sie eine große Dame werden! Schläft ein. Pampadoresmotiv, träumendes Spanien bei Vollmond. Prunkvolle Musik, die ins Träumendphantastische, Carmenhafte übergeht. (XIV/2–17)

Erst in der ersten handschriftlichen Fassung XV/1 hebt das Drama nicht in Zerbinettas Boudoir, sondern im Sitzungssaal des Rates der Zehn an. In der gleichen Fassung kommen auch umfangreiche Textteile hinzu. Die ersten Auftritte des Apothekers Philemon werden angekündigt, und dem Dichter Zazzeroni wird in der Folge der Hymnus auf Linz in den Mund gelegt. Der Schluß ist noch verhältnismäßig unklar: In einem ersten, blutrünstigen Entwurf wird Tiburz ermordet, und Zerbinetta wird Grande cocotte. Dem folgt eine Variante, in der der reiche Grieche Diamantina Micante Zerbinetta zur Zofe begehrt und sie schließlich, da diese als Tochter eines so angesehenen Mannes nicht arbeiten darf, zur Freundin erkürt, und endlich ist es die Fürstin von Cythera, die Zerbinetta zur Kriegsministerin auf Cythera erwählt.
Die zahlreichen Brüche dieser Fassung wurden in der Folge gekittet, und – was an diesem Drama auffällt – Figuren fielen einer Streichung zum Opfer, wenn andere eine ähnliche Funktion erfüllen, wie zum Beispiel die fünf Tröpfe, die nur ein Ständchen bringen, wie Midollonaccio oder Gabriele, der mit seinen Aktionen eine arge Konkurrenz zu Tartaglia darstellt.
Leider gibt es keine überlieferten Zeugen einer sicher vorhanden gewesenen nächsten Fassung und auch nicht die geringsten Anhaltspunkte für weitere Datierungen. So muß auch offenbleiben, ob die Manuskripte, die FHO in der Folge an Theaterfachleute schickte, der Endfassung entsprechen.
Erste Ablehnungen ließen FHO Beziehungen aktivieren, um das Stück zu einer Aufführung zu bringen, wie der Entwurf zu einem Brief an Margret Nauheim-Naval vom 29. 1. 1933 veranschaulicht:
Ich bin sehr in den Geist Venedigs eingedrungen und habe versucht, Goldoni neu zu beleben. Sie wissen, wir stehen im Goldonijahr. Alle Bühnen stehen vor dem schweren Problem, einen Goldoni zu bringen – doch geht es nicht. Seine Sachen sind heute leider unmöglich. Nur Reinhardt, dessen merkwürdige Beziehung zu altem Mobilar & von den Herrschaften Abgelegtem, was er wohl von seinem Papa her hat und in welcher Atmosphäre er wohl aufwuchs, zeigte noch Interesse dafür mit dem Diener 2er Herrn, der auch bloß so daneben geduldet wurde.

Ich habe nun eine geschäftliche Idee. Ich schrieb, wie gesagt, eine venetianische Komödie im Geiste Goldonis, doch noch etwas venetianischer, nämlich nur von den ewigen Fabelgestalten der Commedia dell'Arte belebt. Dabei ist sie, weil ich Wiener bin, auch allgemein europäisiert.
Ich würde sie Ihnen nicht vorlegen, wenn nicht z. B. Sir Galahad, die ja wirklich literarisch ernst zu nehmen ist, sie sehr günstig begutachtet hätte, ja sogar nestroischen Geist damit verbunden konstatierte.
Mein Vorschlag geht dahin, daß ich Sie bitte, vielleicht in Berlin Fühler auszustrecken, wo man sie zur Aufführung bringen könnte. In dem Falle würde ich Ihnen Halbpart der Tantiemen der von Ihnen vermittelten Bühnen anbieten. Der Titel lautet: Die Prinzessin von Cythera. [Es folgt der Versuch einer Inhaltsangabe, der bald abbricht.]

Am 20. 6. 1932 begründete der Wiener Verleger Max Pfeffer die Ablehnung des Stückes in einem Brief an Karl Burger, Direktor der Paramount Film A. G., Wien, mit mangelnder Professionalität des Autors:
Das mir vorgelegte Manuskript der »FÜRSTIN VON CYTHERA« wurde einer aufmerksamen Prüfung unterzogen und es tut mir unendlich leid, Ihnen das Stück wieder zurückgeben zu müssen. Ich kann mir vorstellen, daß ein derartiges alt-venezianisches Spiel sehr reizvoll sein könnte, wenn es dem Verfasser gelungen wäre, daraus eine graziöse, duftige Komödie zu machen. Anscheinend handelt es sich aber bei dem Verfasser des Werkes nicht um einen Routinier und aus diesem Grunde habe ich das Gefühl, daß das Stück in der vorliegenden Fassung nicht anzubringen sein wird. Geben Sie dem Autor den guten Rat, sich mit einem routinierten Schriftsteller zusammen zu tun und legen Sie mir das Buch dann wieder vor.

Aus ähnlichen Gründen lehnte auch der Oesterheld & Co. Verlag in Berlin am 23. 2. 1935 das Stück ab:
Ihre beiden Werke:
»Kaiser Joseph« und »Die Prinzessin von Cythera«
haben wir mit aufrichtiger Freude gelesen. Beide sind sozusagen »Regie-Partituren«, die sich unter der Hand eines kundigen Regisseurs sicher einmal die Bühne gewinnen werden. Für den regulären Bühnenvertrieb kommen die Werke zu unserem Bedauern nicht in Frage.

Der Verlag beeilte sich aber, drei Tage später, also am 26. 2. 1935, den Autor auf eine Möglichkeit, sein Werk vorzustellen, aufmerksam zu machen:
Da Sie z. Zt. in München sind, setzen Sie sich vielleicht mit Herrn Staatsschauspieldirektor Friedrich Forster-Burggraf, der Ihren Werken sicherlich Verständnis entgegenbringt, in Verbindung.
Unseres Erachtens müßte auch Herr Intendant Weichert (Berlin, Theater des Volkes) Sinn für Ihre hübschen »Regie-partituren« haben.

Aber auch Schauspieldirektor Friedrich Forster-Burggraf, Generalintendant der Bayerischen Staatstheater, sah sich gezwungen, am 4. 11. 1935 abzulehnen, wenn auch aus finanziellen Gründen:

Die Generalintendanz der Bayer. Staatstheater, sendet Ihnen Ihre durch Herrn Gutherz vorgelegte Maskenkomödie

»Die Fürstin von Cythera«

mit Dank zurück. Das Stück ist im Sprachlichen wie im Bildlichen von überquellender Fantasie, ihre Verwirklichung auf der Bühne erfordert aber ungewöhnlich hohe Geldmittel, über die wir leider nicht verfügen.

Als CHO am 19. 2. 1960 in einem Brief an Hans von Ankwics-Kleehofen (Handschriftensammlung der Wiener Stadt- und Landesbibliothek, I. N. 186.405) eine Aufführung ankündigte, mußte damit wohl die Bearbeitung gemeint gewesen sein:

Direktor Häusserman hat FHO's Bühnenstück à la Goldoni »Die Fürstin von Cythera« angenommen, es sollte im April aufgeführt werden, mußte wegen Besetzungsschwierigkeiten, Krankheiten etc. auf die nächste Spielzeit verschoben werden.

Das Stück konnte bis heute nicht in unbearbeiteter Form die Bühne erreichen. Die Fassung Friedrich Torbergs, sie erschien 1957 im dritten Band der *Gesammelten Werke,* »Lustspiele und Ballette«, erfuhr ihre Uraufführung in Wien im Februar 1961.

Die folgende Aufstellung mag einen Überblick über die wichtigsten Aufführungen vermitteln:

1961 – 13. 2.   Akademietheater, Wien, Regie: Axel von Ambesser. Johanna Matz in der Titelrolle und Boy Gobert als Tiburzio.

1963 – 14. 2.   Theater im Künstlerhaus, Hannover. Aufführung der Staatlichen Hochschule für Musik und Theater. Regie: Hans Günther von Klöden.

1970 – 21. 1.   Volkstheater in den Außenbezirken, Wien, Regie: Rainer Artenfels. Dolores Schmidinger als Zerbinetta.

1983   Freiluftbühne Brixen.

KAISER JOSEPH II. UND DIE
BAHNWÄRTERSTOCHTER

Das Material

XVI/1 – fol. 1–105. Neben Skizzen und Zeichnungen zu einzelnen Textteilen enthält das Konvolut eine durchgehende, meist mit violetter
Tinte auf Doppelbögen geschriebene Vorfassung des Dramas.

XVI/2 – fol. 1–93. Ebenfalls stark korrigierte, erweiterte und durchgehende
handschriftliche Fassung; zahlreiche hand- und maschinschriftliche Entwürfe, Zusätze und Abschriften von Textteilen.

XVII/3 (= ÖNB Cod. ser. nov. 13.666) – fol. 1–62. Verschiedene Personenverzeichnisse und eine maschinschriftliche Abschrift fremder
Hand von XVI/2 mit vielen handschriftlichen Erweiterungen.

XVI/3 (= aus dem Besitz Prof. Schmidt-Denglers) – fol. 1–20. Unkorri-
giertes Typoskriptfragment (Durchschlag), Abschrift einer unterschiedlich korrigierten Parallelfassung von XVII/3 von fremder
Hand.

XVII/2 (= ÖNB Cod. ser. nov. 13.665) – fol. 1–102. Maschinschriftliche
Abschrift der Vorlage XVII/3 von fremder Hand, vom Autor kaum
korrigiert, zahlreiche Abschreib(Hör-)fehler, vereinzelt Korrekturen CHOs. Unvollständig.

XVI/4 – fol. 1–112. Vollständiges Typoskript wie XVII/2.

XVII/4 (= ÖNB Cod. ser. nov. 13.667) – fol. 1–108. Wie XVI/4 und
XVII/2, noch flüchtiger korrigiert, fehlerhafte Blattzählung.

XVII/1 (= ÖNB Cod. ser. nov. 13.664) – fol. 1–108. Optisch sorgfältig
getippte Abschrift von XVII/4 durch fremde Hand, durch zahlreiche schwere Abschreibfehler entstellt, wohl die autorfernste
Fassung, durch geringfügige Korrekturen FHOs nicht wesentlich
verbessert.

XVII/5 (= ÖNB Cod. ser. nov. 13.668) – fol. 1–92. Hand- und maschinschriftliche Texterweiterungen, die inhaltlich in XVII/3 Eingang
fanden. Sie wurden am 17. 6. 1935 an »Frl. Sylvia Fuchs, II.,
Rembrandtstr. 37/5« zur Abschrift übergeben, wie aus der Notiz
auf einem Kuvert hervorgeht. Zusammenstellung von Szenenaus-
schnitten für Lesungen.

XVI/7 – fol. 1–23. Maschinschriftliche und hektographierte Ausschnitte aus
der Torberg-Fassung, vom Bearbeiter für eine (Radio-?)Lesung
zusammengestellt, ferner ein Personenverzeichnis FHOs, versehen
mit handschriftlichen Korrekturen Torbergs.

XVI/5 – fol. 1–47. Vollständiger, unkorrigierter Typoskriptdurchschlag der
Torberg-Fassung.

XVI/6 – fol. 1–43. Typoskriptdurchschlag wie XVI/5 mit Korrekturen Torbergs.
fol. 1–44. Abschrift der korrigierten Torberg-Fassung mit weiteren, minimalen Korrekturen des Bearbeiters.

Zur weiteren Beschreibung der Textzeugen vgl. Klaralinda Kircher: *Fritz von Herzmanovsky-Orlando: »Kaiser Joseph II. und die Bahnwärterstochter«. Versuch einer historisch-kritischen Edition.* Diss. Wien 1979 (masch.).

Stemma

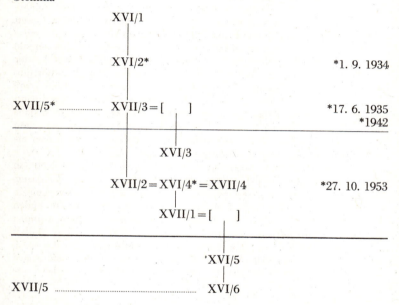

Zur Textgestaltung

Die Überlieferung ist von einer klaren, unproblematischen Linearität geprägt. Eine durchgehende handschriftliche Fassung war vorhanden, die für die Abschrift XVII/3 als Vorlage diente. Die umfangreichen Erweiterungen dieser Fassung wurden zumeist mit der Hand geschrieben, oder es finden sich, wo nur eine maschinschriftliche Abschrift in das Manuskript eingeklebt wurde, die handschriftlichen Vorlagen fast zur Gänze im Konvolut XVII/5. Der vorliegende Lesetext konnte daher vollständig mit handschriftlichen Vorlagen kollationiert werden, um die besonders zahlreichen Fehler der Abschreiber zu korrigieren, die aufgrund der dialektalen oder zum Zwecke der Charakterisierung einer Figur besonders eigenwilligen phonetischen Transkription normalisierten und damit ein wesentliches Charakteristikum des Textes eliminierten.

Entstehung und Rezeption

Kaiser Joseph II. und die Bahnwärterstochter ist in einen konkreten Traditions-Zusammenhang zu stellen: Unter den zahlreichen literarischen Werken, die den beliebten Volkskaiser zum Protagonisten haben, sind auch Volksstücke zu finden, die den kaiserlichen Harun al Raschid eine Annäherung an sein Volk suchen lassen. Der thematische Schwerpunkt in diesen Stücken liegt zumeist auf dem Prinzip der kaiserlichen Macht als Instrument ausgleichender Gerechtigkeit, doch gibt es darunter eine Anzahl Dramen, die als sekundäre Tendenz die spezielle Annäherung an weibliche Landeskinder zum Inhalt haben. Diese haben nach entsprechender Inkognito-Lüftung unglücklich auf ihre Träume zu verzichten. Wie weit FHO diese Stücke, wie Heinrich Jantschs *Kaiser Joseph und die Schusterstochter,* Ferdinand Krachers *Kaiser Josef und die schöne Pepi* oder Oskar Friedrich Eirichs *Kaiser Josef und Mariandl,* kannte, läßt sich nicht sagen. Sicher aber waren ihm als Besitzer zahlreicher Viennensia die Anekdoten um den Kaiser als Gegenstand so handfester Verehrung nicht fremd.

Den Ausgangspunkt zum vorliegenden Stück bilden wieder Exzerpte, in erster Linie aus dem sechsbändigen Standardwerk *Geschichte der Eisenbahnen der österreichisch-ungarischen Monarchie* (Wien–Teschen–Leipzig 1898–1908). Typisch für FHO ist, daß er neben durchaus ernst zu nehmenden Daten Bemerkungen aufgriff, denen er einen komischen Aspekt abgewinnen konnte, wie zum Beispiel:

p. 40: der 1837 erfundene Morse Apparat vermochte sich lange nicht Bahn zu brechen, weil das Erlernen 1 / Morse / alphabets als durchaus unvereinbar mit dem Bildungsgrad der in Frage kommenden Beamtenkategorie erklären würde. Erst 1 Zufall – das Erlernen des Telegraphierens durch das Gehör seitens 1 Angestellten führte eine Wandlung herbei. (XVI/1–106)

Was aus diesen ungeordneten Notizen später in den Text einfließt, ist nur die Idee einer verschollenen Bahn in Österreich:

Österreich besaß eine verschollene Bahn!!! Prag–Pilsner Bahn. 1826 begonnen vom / Sandtor / in Prag, bis 1831 waren 60 km, bis [ein Wort unleserlich] fertig. 1te Fahrt: 21. X. 30. 255 000 fl (M) (1,12 m Spur) 1 : 15. 1834 versteigert. Fürstenberg kaufte sie um 55 000 fl! ab 1839 blieb sie jahrzehntelang als Torso in den böhmischen Wäldern bestehen. (XVI/1–106)

Für FHO hatte das Thema Eisenbahn eine seltsame Faszination. So sieht er auch die Gesellschaft nach dem Zusammenbruch der Monarchie als »vierte Klass Passagiere in einen in den Nebel [. . .] Zug gepackt, von dem man weiß, daß er irgendwo ins Schienenlose kommen wird.« (FHO an Kubin am 30. 12. 1921, *S. W.*, Band VII, S. 227) Vor allem begeisterte ihn die Idee des Entgleisens, des Verirrens, des Versickerns von Zügen im Erdreich und andere abwegige Aspekte des scheinbar so geradlinigen Fahrzeugs.

Zu diesem Eisenbahnkomplex fügt der Autor selbstverständlich ein Element seines Weiblichkeitsmythos:

Gewitter, Wolkenbruch, Brücke stürzt ein. Fern hört man den Zug ächzen. Innozentia schwingt sich aufs Roß und holt den Zug ein, der vor der Brücke stehn bleibt. Minister steigt aus: Majestät

Innozentia sinkt in die Knie. Sie hat den Staat gerettet. Kaiser Joseph segnet in Mitte der Apotheose. (XVI/1–101–101 verso)

In einer ersten handschriftlichen Niederschrift entstand eine einaktige Fassung des Stückes, die mit der Nobilitierung Teuxelsieders endet, wobei Notzerl eine stattliche Mitgift erhält und nun nicht mehr »Alfabö . . . Anflabö« – Analphabetin – sein will. Nun fügte der Autor, dem dieser Schluß wohl unbefriedigend erschienen sein mag, die Ankündigung eines Wiedersehens in Wien an, da er Teuxelsieder im Hofstaat nicht missen will. Dieses Ende der zweiten Schlußfassung weist bereits auf die Möglichkeit eines Ausbaus zum III. Akt hin, trotzdem setzte der Autor nach diesem zweiten vorläufigen Ende noch eine Schlußszene hinzu: Gräfin Paradeysser, Baronin Zirm, Graf Wumpsprandt und dessen Sohn konversieren, bis sie von der Erscheinung eines Berggeistes, der in Reimen daran erinnert, daß Eisenbahn und Spiel Traum seien, zum Verstummen gebracht werden (S. 389). Noch immer innerhalb des Textzeugen XVI/1 wird nun das Stück zu einer dreiaktigen Fassung umgestaltet, wobei die ersten vier Seiten des ursprünglichen Einakters zur ersten Szene ausgebaut werden und der dritte Akt im wesentlichen bereits der Schlußfassung entspricht. Nach diesem Schritt entstand die zweite handschriftliche Niederschrift, datiert mit 1. 9. 1934. FHO verwendete wohl das Konvolut XVI/1 zur Vorlage, doch erfolgte die Abschrift kaum übereinstimmend. Der Autor variierte stets mehr oder weniger geringfügig und änderte viele Wörter, die ursprünglich orthographisch den Regeln entsprechend geschrieben worden waren, in phonetische Schreibung. Daneben bemühte er sich deutlich um eine Präzisierung des Ausdrucks, die Verkittung von Brüchen und um eine Expansion des Textes. FHO legte dieses Manuskript einem Schauspieler vor, dessen Identität nicht feststeht. Es handelt sich vermutlich um einen Statisten, denn von den Darstellern des vom 20. 9. 1934 bis 9. 11. 1934 am Burgtheater gespielten Stückes »Das ferne Schiff« heißt keiner mit Vornamen Peter, wie die Unterschrift lautet. Dieser notierte nicht nur Verbesserungsvorschläge zu einzelnen Textstellen in das Manuskript (einer davon blieb nicht ohne Wirkung auf die Gestaltung des Textes und wird in den Erläuterungen wiedergegeben), sondern bezog auch in einem Brief vom 18. 9. 1934 dazu ausführlich Stellung:

Lieber, lieber Onkel Grausliček,
Ich schreibe hier im Burgtheater halbgeschminkt und angekleidet während der Kostümprobe zum »fernen Schiff«; eine bezaubernde Indianergeschichte mit Alma Seidler als Indianerhäuptlingin. Vielleicht wird dieser Brief etwas konfus beeindruckt. Durch den [ein Wort unleserlich] Kram um mich, bitte jedenfalls im Vorhinein um Entschuldigung. Ich muß nur schreiben, weil ich Sie nicht so lange auf Antwort warten lassen will. Frau Seidler liest gerne im Radio, sie bittet, ihr ein Programm zusammenzustellen; sie selbst hat keine Zeit dazu und bittet weiter, ihr doch zu schreiben!
Dann: ich bin so glücklich, daß Sie meine strenge Kritik nicht übel auslegen, es ist so schwer, Dichtern zu sagen, daß sie nicht restlos die Materie erfaßt haben, – aber Sie geliebter Onkel Grausliček, sind eben nicht allein ein großer Dichter, sondern auch ein großer Mensch, mit so viel Verständnis und so viel Verstand! Das ist fast noch mehr, als wenn einem immer neuer Stoff zum dichten einfällt. – Nein, das Thema Kaiser Joseph darf nicht fallen gelassen werden, nur die Gedanken darum ein wenig ausruhen und in ein paar Wochen, wieder daran arbeiten. Meiner Ansicht nach müßte der II. Akt mit der Nobilitierung enden, vielleicht versucht der Kaiser vorher das Liebespaar zusammen zu bringen, sie weigern sich d. h. »er« weigert sich, weil er Innocenz mit dem Kaiser flirtend gefunden hat, läuft böse ab. Kann man nicht als Pflaster für das Nichtfinden nobilitieren statt für ein verhindertes Attentat? Mich stört der Cavaradossi so! Es soll nur heiter sein ohne ernste Attentate aus der Gegenwart. Man ist zu empfindlich heute für derlei Dinge. Szene Orpheus Burgl plus Schwammerln ist reizend. Wirkungsvoll in der Darstellung! III. Akt ist zu gezwungen. Man müßte Auftritte und Abgänge mehr precisieren, die Szene mit den Kontessen ist gut gemacht, kommt aber nicht heraus. Es kommt der neue Teuxelsiederhofton zu wenig heraus. Auch den alten Herrschaften, die sich darüber moquieren, müßt einmal ein unpassendes Wort entschlüpfen. Ich persönlich bin *gegen* ein nochmaliges Auftreten der dicken Witwe. Episoden müssen Episoden bleiben! I. Akt würde ich nicht viel verlängern, er ist als Einführung gedacht und soll es sein. Vielleicht könnte man die Witwe in den ersten Akt nehmen, weil sich das Schreiben einer Karte besser im Raum als im Freien spielen läßt. Über Aufführung und Rollenbesetzung soll man erst sprechen, bis es endgiltig fertig ist. Stellt man sich einen Darsteller nämlich zu fest in einer Rolle vor, so ist man zu sehr enttäuscht, wenn es ein anderer spielt. Ich will gerne das Manuskript anzeichnen, aber erst morgen, ich weiß nicht, wie lange die Probe heute dauert und ich brauche Zeit und einen ausgeruhten Kopf dazu.

Bei den in der Folge verschiedenen Verlagen und Theatern angebotenen Typoskripten handelt es sich vermutlich um Durchschläge der Fassungen XVII/3 oder XVI/3. FHO scheint auch bereits die Vertonung der Lieder erwogen zu haben, als er am 13. 10. 1934 an Alfred Kubin schrieb:
Aus langer Weile habe ich mich auf die Dramatik geworfen. 4 Ballette und ein Revueartiges Singspiel der Kaiser Joseph Zeit sind das Resultat und parallel mit Dir schreibe ich zwei Komponisten. Zwei andre löste ich aus der Bindung da ihre musik. Exposées urfad waren. (*S. W.*, Band VII, S. 272)

Dr. Hermann Schleichert, Lektor des Münchner Neuzeit-Verlags und ernsthafter Interessent an den Dramenwerken FHOs, scheint auch den

Komponisten für dieses Stück vermittelt zu haben, denn der Autor wandte sich am 21. 3. 1935 wegen eines anderen Werkes an ihn:

Ist Ihnen noch ein Komponist bekannt, der Interesse für ein, auch für Varietées verwendbares (Revue)ballett von etwa 45 Min. Dauer hätte? Käme Ihr Komponist des Kaiser Josef in Frage, und wie heißt der Herr?

Doch abgesehen von einzelnen Ermunterungen wurde FHO immer wieder auf den finanziellen Aufwand hingewiesen, dessen seine Stücke bedürften, und damit auf die Notwendigkeit einer Überarbeitung, wie beispielsweise vom Regisseur des Münchner Schauspielhauses, Richard Révy, im Brief vom 18. 3. 1935:

»Kaiser Josef u. die Bahnwärterstochter« habe ich mit viel Vergnügen gelesen. es ist eine von spezifisch oesterreichischer Laune, Fantasie u. Naivität erfüllte Schnurre; messerscharfe Ironien würzen das lustige Ragout, aber der Dialog ist da ein Millionär, die dramatische Handlung ein Bettelmann. –
eine Aufführung für unser bürgerlich-hartes Münchener Schauspielhaus kommt noch nicht in Frage, denn es bedürfte um das Spiel in seiner aesthetischen Spannung und mozartischen Närrischkeit auf der Bühne zu verwirklichen einer *kostümlichen,* tänzerischen, decorativen *musikalischen! Ausstattung,* die sich eigentlich nur ein den Musen geneigter Kaiserhof leisten könnte. wir sind leider arm und der Zeit entsprechend etwas nüchtern.
mit herzlichem Dank schicke ich das Manuscript zurück. es war mir eine Freude u. Ehre, Sie persönlich u. durch Ihr Werk kennen zu lernen!

Aus dem Briefbestand des Brenner-Archivs geht nicht hervor, ob FHO Révys Empfehlung zweier Bearbeiter vom 10. 4. 1935 tatsächlich wahrgenommen hat:

[...] an unserer Bühne sind 2 Herren tätig, die in der von Ihnen geschilderten Richtung versiert sind: Dr. Wolfgang Petzet u. Bruno Wellenkamp, unser Dramaturg. ich glaube, daß ersterer als *Süd*deutscher mehr Beziehung zu Ihrem »Kaiser Josef« hätte. Adresse beider Herren: München, Kammerspiele im Schauspielhaus, Maximilian-straße.

Im Entwurf zu einem Brief an den Wiener Buchhändler Friedrich Horwitz vom 30. 3. 1935 zeigte FHO Zweifel am Sinn einer Überarbeitung:

Aber, ich habe mich nicht blos im Caviandoli herumgetrieben, sondern habe eine brauchbare Theatersache angeschnitten. Ich schrieb nämlich ein Lustspiel, halb Roccocco-Alpenrevue, halb Wiener Hof um 1775 mit Technik. Es hat Singspiel-einschlag; Kaiser Joseph als Zentrum.
Ich fand sofort einen Bühnenverlag dafür, der sich lebhaft für das Stück interessiert und die Sache für einen sicheren Kassenerfolg hält, wenn es für die Bühne mit den richtigen Kniffen, die nur ein Praktiker anbringen kann, hergerichtet wird.
Auch der Oberregisseur Falkenbergs prüfte es: Er ist Ungar und erklärte, der Dialog sei bitte, »Millionär« aber ein Orthopäd muß her. Ein Übersetzer ins Ungarische ist vor wenigen Tagen an mich herangetreten, da das Thema für Ungarn sehr erfolgreich ist.
Zu ändern ist sehr wenig: nämlich *Negatives:* Striche, Operationsmesser.

Und dazu kann ich mich nicht entschließen. (Orthopäd.) Die Zeit drängt: Bis Sommer muß sowas eingereicht sein. Komponist ist in München da, braucht auch 6 Monate für die Lieder, darunter ein Schlagerthema.
Nun erwähnten Sie mir einmal daß Sie einen Weg zu Sassmann (?) haben. Oder ist es sonst ein routinierter Bühnenpraktiker?

In einem Brief vom 30. 3. 1935 lehnt ein professioneller Bearbeiter literarischer Werke namens Joseph Rudolph Schneider-Franke eine Bearbeitung ab:
Wenn ich nach reiflicher Überlegung mich heute gezwungen sehe, Ihnen das Manuskript zurückzugeben, so liegen dafür folgende Gründe vor: Nach nochmaliger Durchsicht Ihres Entwurfes mußte ich die Feststellung machen, daß das Werk so wie es jetzt ist auch nicht annähernd zu gebrauchen wäre. Um es bühnengerecht zu machen, müßte ich zunächst eine wirklich dramatische Handlung ersinnen, die die Vorgänge, wie Sie von Ihnen geschildert sind, zu motivieren vermögen. Das würde aber bedingen, daß der größte Teil des bisherigen Inhalts fallen müßte. Der zweite und dritte Akt besteht fast nur aus Witzen, eine Handlung wird überhaupt nicht sichtbar. Dadurch aber ist die Möglichkeit kaum vorhanden, das Stück überhaupt unter zu bringen.
Nun würde aber eine derartige Bearbeitung mir viel zu viel Zeit wegnehmen und letzten Endes würde ich auch den weitaus größeren Anteil am geistigen Eigentum der Arbeit besitzen. Das wiederum liegt wohl auch nicht in Ihrer Absicht, was ja auch schon aus Ihrem geänderten Vertragsentwurf hervorgeht. Andererseits könnte ich mich nicht damit einverstanden erklären, meine Bearbeitung hinterher nochmals Ihrer Zustimmung zu unterziehen. Alle diese Erwägungen bestimmten mich, von einer Bearbeitung abzusehen, umsomehr nur eine radikale Umänderung den Aufwand an Zeit rechtfertigen und einen Erfolg versprechen könnte.

Durch einen solchen Brief mußte FHO erst recht Zweifel an einer Bearbeitung hegen, und er bat Dr. Hermann Schleichert in einem Brief vom 27. 4. 1935 zu einer Besprechung in München:
Ich bin im Besitz Ihrer geschätzten Zuschrift vom 15. d. M. betreffs eines eventuellen Bearbeiters des »Kaiser Josephs«. Inzwischen schrieb mir Herr Dr. Richard Révy, Oberregisseur von Falkenberg, daß an Ihrer Bühne zwei Herren tätig seien, die unter Umständen als dramaturgische Einrenker, Mitarbeiter oder so ähnlich in Betracht kämen. Es sind dies die Herren:
Dr. Wolfgang Petzet und Bruno Wellenkamp, der dortige erste Dramaturg der Kammerspiele in der Maximilianstraße.
Der erstere hätte als Süddeutscher mehr Beziehung zu meinem Werk.
Auch in Wien sah ich mich um. Ein bekannter Buchhändler, der als früherer Prokurist des A. Wolf Verlages, in dem ein jetzt vielgelesener Roman von mir erschien, gute Beziehungen zur liter. Welt Wiens hat, nannte mir einen jungen Autor, Paul Fent und eine sehr bekannte Übersetzerin (französ.) Irene Kafka, die sich bereit erklärt haben, eine Bearbeitung zu übernehmen, obschon sie das Werk nicht kennen. Ich habe nämlich in Wien seit Vorlesungen meiner Sachen durch die berühmte Burgschauspielerin Alma Seidler und eigener Vorlesungen einen gewissen Namen.
Nun weiß ich aber nichts über die Stammeszugehörigkeit beider Autoren.
Da die Sache aber schon in den Sommer hinein geht und es schade um die

geschäftlichen Möglichkeiten ist, glaube ich, daß es gut wäre, die Sache anzukurbeln. So habe ich mich entschlossen, am 29. April nach München zu kommen um mit Ihnen eine kurze Konferenz zu halten.

In einem Brief vom 7. 6. 1935 an den oben genannten Adressaten gab FHO seinen Entschluß bezüglich einer Bearbeitung bekannt:
Ich komme abermals auf den »Kaiser Joseph und die Bahnwärterstochter« zurück. Es gelang mir hier auch nicht trotz allem Bemühen einen Bearbeiter dafür zu finden. Übrigens komme ich zur Erkenntniss, daß durch eine fremde Hand das immerhin eigenartige timbre des Stückes leiden würde. Da ich aber damit, so wie es daliegt, nicht herauskommen kann, noch möchte, ziehe ich hiermit das Stück zurück und bitte um Rücksendung des Exemplars anher. Weil es für einen »homo novus« höchst gefährlich ist, mit einem selbst als nicht befriedigenden Stück zum ersten Mal vor der Öffentlichkeit zu erscheinen, muß ich eben meinen Start auf eine neue Basis stellen. Da auch die beiden andren Stücke – »Prinzess von Cythera« und besonders »die Krone von Byzanz« zum ersten Debüt vor der Öffentlichkeit mir noch nicht geeignet und daher ebenfalls gefahrbringend erscheinen, ziehe ich auch diese Stück zurück und bitte gleichfalls um Rücksendung der Exemplare.

Trotzdem bleibt Schleichert auch in der Folge am Autor und seinen Stücken interessiert, wie sein Brief vom 15. 10. 1935 zeigt:
Obwohl ich bis jetzt noch ohne Nachricht von Kapellmeister Schultze bin, hätte ich doch gern die Möglichkeit Ihres Werkes für Deutschland durchgesprochen; zumal ich weiß, daß Herr Schultze wirklich großes Interesse an dem Werk nimmt. Die neue Fassung, die Sie mir gegeben hatten, habe ich mit viel Freude gelesen; sie scheint mir eine wesentliche Verbesserung darzustellen. Und wenn ich mir auch trotzdem noch nicht darüber klar werden konnte, wie die Aufführungsmöglichkeiten in Deutschland – besonders im Hinblick auf die ganz neuartige Gattung Ihres Werkes – sind, so bin ich doch immer wieder von neuem gefesselt und möchte mich wirklich dafür einsetzen. Gerade deshalb bedaure ich es auch sehr, Sie nicht gesprochen zu haben. Ich freue mich aufrichtig, daß Wien Ihr Werk herausbringen wird und werde es aufmerksam verfolgen. Bitte lassen Sie mich doch wissen, ob ich Ihnen das Manuskript zurückgeben soll oder ob es Ihnen erwünscht ist, daß ich mich mit dem Werk beschäftige.

Uneingeschränkte Ablehnung, wie seitens des Theaterverlages und Bühnenvertriebs Höfling vom 28. 9. 1935, und freundliche Ermutigung wechselten in der Folge ab:
Wir haben Ihr uns frdl. eingereichtes Stück »Kaiser Josef und die Bahnwärterstochter« mit großem Interesse gelesen, leider aber kommt es für unseren Verlag und Bühnenvertrieb nicht in Betracht, wie auch nicht die venezianische Maskenkomödie »Die Fürstin von Cythera«. Wir bedauern Ihnen deshalb beide Manuskripte anbei wieder zurückgeben zu müssen und bitten Sie zugleich, uns das dritte Stück, von dem Sie uns schrieben, nicht mehr einzusenden, da es, soweit wir aus dem Inhalt bis jetzt feststellen konnten, ebenfalls für unseren Bühnenvertrieb nicht passend wäre.

Zu den kritischen Förderern des Stückes zählte Korfiz Holm, Autor und Lektor des Langen-Müller Verlages. Er schrieb an FHO am 5. 10. 1935:

Ich habe Ihre Komödie »Kaiser Joseph und die Bahnwärterstochter« mit großem Vergnügen gelesen und bei der Lektüre über die lustig erdachten Situationen und über den famosen Dialog oft laut und von Herzen gelacht. Ein Buchdrama ist allerdings Ihr Stück meines Erachtens kaum, sondern es schreit geradezu nach der Bühne, obgleich ich meine Zweifel daran habe, ob die entzückenden österreichischen Ironien in Deutschland und namentlich in Norddeutschland immer verstanden werden. Auch muß ich Ihnen, um ganz ehrlich zu sein, sagen, daß ich finde, das eigentliche Thema im Ganzen reicht doch nicht aus, um drei lange Akte mit immer gleichbleibender Frische zu füllen. So scheint mir ein größerer Teil des dritten Aktes eigentlich das vorher Angeschlagene ohne eigentliche Steigerung zu variieren. Erst die glänzende Schluß-pointe des dritten Aktes bringt in der Hinsicht etwas Neues. Denn die verschiedenen Liebesgeschichten scheinen mir doch nicht ausgiebig genug, um im übrigen diesen dritten Akt ohne Ermüdung des Zuschauers und Hörers zu tragen. Das Parodistische darin ist gewiß witzig und nett, aber feine Ironie ist eigentlich meinen Erfahrungen nach das, was einem breiteren Publikum am schwersten einzugehen pflegt. Ueber die Bühnenwirksamkeit wird Herr Dr. F. Junghans von unserem Theaterverlag besser urteilen können als ich. Nun ist dieser augenblicklich mit Arbeit überhäuft und käme, wenn ihm das Stück nicht ganz besonders interessierte, vielleicht nicht so bald dazu, es zu lesen. Ich halte es also für das richtigste, ich schreibe Herrn Dr. Junghans heute einen Brief, teile ihm meinen Eindruck von dem Stück mit, erzähle ihm ungefähr die Handlung und die Art, in der das Ganze behandelt ist und frage ihn, ob er sich unter diesen Umständen dafür interessiert, das Stück zu lesen, und mir zusichern kann, daß diese Lektüre sehr bald erfolgt. Von den Aussichten, die das Stück beim Burgtheater hat, schreibe ich ihm natürlich auch.

Über persönliche Vermittlung des Galeristen Dr. Johannes Meyer scheint das Manuskript im Herbst 1935 dem Hamburger Thalia-Theater angeboten worden zu sein, wurde aber wegen des spezifisch österreichischen Charakters abgelehnt. Der Galerist schrieb am 7. 11. 1935 an den Kubin-Freund Dr. Kurt Otte:
Beifolgend erhalten Sie das Manuskript von Herrn von Herzmanovsky-Orlando mit bestem Dank zurück. Das Thalia-Theater berichtet mir, daß das Stück in Wien als Volksstück Anklang finden dürfte, in Hamburg würde es dagegen wegen der starken Verbundenheit mit dem österreichischen Milieu, das uns doch fremd ist, kaum Interesse erwecken. Zu dem ist der Aufwand für die Inszenierung sehr groß.

1935 hatte sich FHO bereits mit seinem späteren Bearbeiter Friedrich Torberg in Verbindung gesetzt. In einem Brief vom 23. 11. 1935 berichtete er von einer möglichen Aufführung in Wien, erkundigte sich aber gleichzeitig nach Möglichkeiten in Prag:
Und nun habe ich an Sie eine literarische Frage: Ich habe auch zwei Komödien geschrieben (eine im Frühjahr und eine jetzt vor 5 Wochen). Die erste heißt »Kaiser Joseph und die Bahnwärterstochter«, die zweite, noch ganz unbekannte: »Exzellenzen ausstopfen ein Unfug«. – Die erste will das Burgtheater 1936 aufführen, was mich sehr wundert; Buschbeck, der artistische Leiter des Hauses und Aslan sind eben sehr von der Komödie, die ganz ausgefallen ist, eingenommen. [...] Glauben Sie, daß ein Prager

Theater die Stücke bringen würde? Haben Sie zufällig irgend eine Beziehung zu einer Bühne?
Die Stücke sind billig auszustatten und erfordern je 17–18 Darsteller. Bombenrollen.
(Komödien mit Gesang, was jetzt sehr gesucht ist.)
(Aus: Friedrich Torberg: *In diesem Sinne*, S. 141f.)

Eine Aufführung schien bereits recht konkrete Formen angenommen zu haben, als FHO am 10. 12. 1935 an Torberg schrieb:
Mit dem »Joseph« verhält es sich so: im Juni forderte mich Buschbeck auf, ihm irgend etwas Lustiges vorzulegen. Ich gab ihm das Manuskript, das er erweitert wünschte. Darauf sagte er mir, daß er die Aufführung befürworten werde und wies mich wegen der Detailarbeit an Waniek. Gleichzeitig las es Aslan, dem die Sache so gefiel, daß er mir versprach, alle Hebel in Bewegung zu setzen, daß es in eine günstige Spielzeit falle. Er kam auch Ende August auf einen Tag eigens zu mir ins Salzkammergut, um mit mir näheres zu besprechen. Ich habe auch Korrespondenz mit ihm darüber. Buschbeck und er sind für eine Aufführung im Fasching.
(Aus: Friedrich Torberg: *In diesem Sinne*, S. 147)

Doch weiter als bis zur Bereitschaft des Schauspielers Raoul Aslan und des künstlerischen Leiters Buschbeck, das Stück zu fördern, scheint der Plan doch nicht gediehen zu sein, als FHO am 29. 12. 1935 Torberg mitteilte:
Das Burgtheater schweigt auch wegen des »Kaiser Joseph etc.«. Aslan schrieb mir im Herbst, er wolle die Aufführung unbedingt betreiben! Was soll man nun tun?
(Aus: Friedrich Torberg: *In diesem Sinne*, S. 151)

FHO bot jedenfalls am 4. 1. 1936 das Stück Kurt Langenbeck vom Hessischen Staatstheater Kassel an:
Soeben las ich Ihre hochinteressante Abhandlung über das deutsche Theater, die in ausgezeichnet klarer Darstellung die Gesammtlage erhellt.
Gleich Ihnen bin ich ein Gegner der undeutschen Operette, die unsrem arischen Empfinden zuwiderläuft und meiner Ansicht nach ganz überlebt ist. Ein komischer Roman, den ich schrieb, hatte einen so großen Erfolg, daß ich mich seit kurzem auch auf dem Gebiet der Komödie versucht habe. Meine erste Arbeit wurde im Herbst vom künstlerischen Leiter des Wiener Burgtheaters, Herrn v. Buschbeck, angenommen und Raoul Aslan, dem die Sache gut gefällt, wird die Hauptrolle spielen.
Es handelt sich um eine dreiaktige Komödie mit Musik betitelt:
Kaiser Joseph II. und die Bahnwärterstochter
also um ein recht merkwürdiges Sujet. Das Problem lag darin, vollkommen plausibel zu machen, daß etwa um 1785 im Geheimen in den deutschen Alpen eine Bahn bestand und auf eine recht groteske Art verschwinden mußte.
Die Musik ist von jedem Theater leicht selbst durch die Adaptierung von Motiven aus Glucks »Orpheus« beizustellen.
Ich habe das Gefühl, daß das Stück in Kassel gefallen dürfte, da mir ein Bekannter, der vor kurzem als Gast der Stadt in Kassel weilte, mitteilte, daß die Wiener Kapsrevue dort mit lebhaftem Beifall aufgenommen wurde. Meine Komödie spielt in einem barocken Bahnwärterhaus in gewaltiger Tyroler Gebirgslandschaft und im dritten Akt in einem Saal der Wiener Hofburg. [...]

Was meine persönlichen Eigenschaften als Autor betrifft, ist alles erfüllt, was heute Bedingung ist.

Der Wahrheitsgehalt des folgenden Briefes an Alfred Kubin vom 8. 12. 1938 wurde oft in Zweifel gezogen. Mag sein, daß FHO die eine oder andere Tatsache übertrieb. Fest steht, daß FHO zu Mitgliedern des Burgtheaters in freundschaftlichem Verhältnis stand, fest steht auch, daß am 8. 4. 1937 *Kaiser Joseph II., Drama in 5 Akten* von Rudolf Henz unter der Regie von Franz Herterich – die Titelrolle spielte übrigens Raoul Aslan – Premiere hatte, ein Stück, das sicher der von FHO angedeuteten Tendenz entgegenkommt:

Ich habe sehr unter den Provisorien in den Theaterstellen zu laborieren. Denn mich verfolgt auf meinem neuen Kunstgebiet ein krauses Mißgeschick. Ich war hier eine Art von Ehrenintendant und habe im Burgtheater ein paarmal Ausstattungen gemacht bis mich die Direktion dort aufforderte, ein barockes »Kassastück« zu schreiben. Ich tat dies u es heißt: »Kaiser Josef II. und die Bahnwärterstochter«. Stell Dir vor!
Die Burg nahm es an, nur mußte ich es verlängern. Alles war festgelegt; Aslan besuchte mich aus Salzb. um die Rolle des Kaisers durchzunehmen – auch einen Vorschuß bekam ich – da wurde von »Oben« ein frommes Josefstück mit Sterbeszene vorgeschrieben u mein heiterer Josef wurde zurückgeschoben. Der Umbruch kam; Jelusich bestimmte den »Josef« für kommenden Feber u jetzt ist wieder eine neue, provisorische Direktion an seine Stelle gekommen. Wer weiß, was dann wird! *(S. W.,* Band VII, S. 279)

Reinhold Balqué, Schriftsteller, Schauspieler und Regisseur am Leipziger Staatstheater, versuchte, über seinen Schwiegervater, den Regisseur Helmut Käutner, das Stück an das Burgtheater zu bringen. Er berichtete am 19. 9. 1941 dem Autor:

»Kaiser Josef und die Bahnwärterstochter« liegt in der Burg bei: Hans Lietzau, Spielleiter, Wien 13. Konrad-Duden Gasse 66.
! Bitte bewerkstelligen Sie ihre Aufnahme in die Theater- und Schrifttumskammer in Berlin, Keithstrasse II. Sämtliche Papiere in Fotoabzügen mit einschicken! (Arischer Nachweis – Geburtsurkunde – Stammbuch der Fami – [der weitere Text wurde vom unteren Rand des Papiers abgeschnitten]

Im gleichen Monat berichtete FHO dem Grazer Schriftsteller Gerd von Wolfenau:

Balqué versucht eine meiner Komödien beim Burgtheater unterzubringen. Sie heißt: Kaiser Josef der Zweite und die Bahnwärterstochter.
Auch Aslan unterstützt ihn. Sie werden sich wundern, daß das genannte Theater an ein Stück herantreten kann, das diesen unmöglichen Titel führt. Das Problem besteht darin, auch geistig ganz einwandfreien Leuten die Vorstellung zu geben, daß etwa 1784 in Österreich (in den Alpen gut vor dem Reisepublikum versteckt) eine Rokkokoeisenbahn existiert hat und wie es kommen konnte, daß sie in Vergessenheit geraten mußte. Der technische Teil ist eine große Hetz: da noch keine brauchbare Telegrafie bestand, mußte in der Betriebskanzlei jeweils die Ankunftszeit der Trains aus dem Kaffeesatz geweissagt werden usw.

Alle diese Pläne scheinen sich aufgrund der Zeitereignisse zerschlagen zu haben. Im Rückblick machte FHO sowohl die Nationalsozialisten als auch den christlichen Ständestaat für das Scheitern einer Aufführung verantwortlich, wie aus Ausschnitten von Schaffensbilanzen hervorgeht. Gegenüber dem Schweizer Kunsthändler Klipstein machte er am 27. 12. 1946 das Naziregime für seine Mißerfolge verantwortlich:

In Meran hatte ich ehrenamtlich die Oberleitung des Stadttheaters, eine Sache, die mich interessierte und wobei ich mir Bühnenkenntnisse erwarb. In der Kriegszeit schrieb ich zur Ablenkung von dem traurigen Druck der Ereignisse 3 Lustspiele, eine Oktoberwiesenposse (Eirichverlag, Wien) und eine dreiaktige Ballettpantomime (Diana und Endymion), die im Wiener Biedermayer spielt und zu der Frank Fox, Musikalischer Leiter der UFA eine prachtvolle Musik schrieb. Ob er in Berlin (UFA) und Direktor des Metropoltheaters sammt seiner Musik noch existiert, weiß ich nicht. Eines der Lustspiele – Kaiser Joseph II und die Bahnwärterstochter – war vom Wiener Burgtheater zur Aufführung bestimmt, konnte aber der Nazi wegen, da allzu österreichisch und populär nicht aufgeführt werden. Natürlich war die Sache sehr lustig und auch für die Salzburger Festspiele vorgesehen, denn sonst hätte das Burgtheater sich an ein Stück mit diesem ungeheuerlichen Titel nicht herangewagt.

Auch im Brief an Fra Theoderich vom 1. 4. 1947 nannte FHO wiederum die Nationalsozialisten als Grund für die gescheiterten Aufführungspläne:

Von Mitgliedern des Burgtheaters aufgefordert ein lustiges »Kassastück« zu schreiben lieferte ich die Rokokkokomödie:

Kaiser Josef II und die Bahnwärterstochter

Drei Akte. Das Stück wurde sofort angenommen und Aslan, der die Rolle des Kaisers übernahm, besuchte mich eigens von Salzburg in unserer Villa am Traunsee um die Rolle durchzunehmen. Es war Alles festgesetzt und die Aufführung für den kommenden Fasching bestimmt. Aber die Sache war der Naziregierung unerwünscht und mußte unterbleiben. Jetzt kann man daran denken, wenn die Leute weniger Sorgen und Sinn für eine Hetz haben.

Das Stück ist außerordentlich komisch und könnte auch in der Schweiz interessieren, wo man Sinn für österr. Kunst und die Rosenkavalierstimmung hat. Denn das Stück schließt sich ganz an die Art des Rosenkavaliers an.

Es war das Problem zu lösen, wie man in Konsequenz dieses absurden Titels streng logisch überzeugend darstellen kann, daß im Jahr 1785 etwa eine Rokokkoeisenbahn existiert hätte – streng vor dem Fremdenverkehr versteckt, weil er unerwünscht war, und wie diese Bahn dann historisch verwischt worden ist.

Der klerikale Ständestaat wurde im Brief an Wilhelm Anton Oerly vom 6. 10. 1953 als Hindernis genannt:

Da ich aber auf der realen Lebensebene – der geschäftlichen – sehr in Anspruch genommen war, ließ ich meine ganze literarische Tätigkeit völlig brach liegen und machte viel später – angeregt und aufgefordert von einigen Freunden im Burgtheater etwas Lustiges zu schreiben, dramatische Versuche. Ich lieferte eine Barockkomödie: »Kaiser Josef II. und die Bahnwärterstochter«: die auch sofort angenommen wurde. Klerikaler Einfluß hinderte die Aufführung der Komödie, die der Direktion als Kassenstück vorgeschwebt hat.

An den Grazer Verleger Philipp Schmidt-Dengler schrieb er am 6. 8. 1946:
Bezüglich der Komödie, die ich Herrn v. Wolfenau übergab, wäre die Verbindung mit
Direktor Raoul Aslan des Burgtheaters herzustellen, der schon einmal die Aufführung
meiner Barockkomödie: KAISER JOSEPH UND DIE BAHNWÄRTERSTOCHTER
sehr protegierte, mich auch im Sommer wegen Details der Rolle des Kaisers eigens
besuchte, und mich mit dem Regisseur in Verbindung brachte. Aus politischen
Gründen mußte dann die Aufführung zurückgestellt werden, da die Dollfusregierung
gerade zur selben Zeit einen am Todenbett bekehrten Joseph, und nicht den alten
Steiger meiner Komödie, als Helden eines Schauspieles mit 43 Hosenrollen zur
Aufführung vorschrieb.

Als Friedrich Torberg Anfang der fünfziger Jahre ein von Abschreibfehlern
weitgehend entstelltes Typoskript zur Bearbeitung übernahm, war FHO
keineswegs vom Resultat überzeugt. Zweifelnd schrieb er am 23. 5. 1953 an
Torberg:
Glauben Sie, daß man den Josef in einen Einakter hineinpressen kann? (Zit. nach
Renate Pater Gross: *Zur Textgestaltung Herzmanovskys Maskenspiel der Genien,*
S. 69)

Als das bearbeitete Stück vier Jahre nach dem Tod des Autors in München
uraufgeführt wurde, war die Resonanz in der Presse durchwegs positiv.
Die folgende Aufstellung nennt die wichtigsten Aufführungen der verschiedenen Fassungen:
1957 – 10. 1.   Uraufführung der Bearbeitung Friedrich Torbergs an den
                Münchner Kammerspielen. Regie: Axel von Ambesser, Musik: Karl
                von Feilitzsch, Notzerl: Gertrud Kückelmann, Teuxelsieder: Otto
                Schenk, Zwölfaxinger: Fritz Eckhart.
1957 – 13. 2.   Aufführung der Bearbeitung im Akademietheater Wien,
                Regie: Leopold Lindtberg, Musik: Bert Breit, Kostüme: Erni Knie-
                pert, Bühnenbild: Stefan Hlawa, Kaiser Joseph: Joseph Meinrad,
                Notzerl: Inge Konradi, Teuxelsieder: Hugo Gottschlich. Regie der
                Fernsehaufzeichnung dieser Aufführung: Axel Corti.
1975 – 13. 9.   Aufführung der Torberg-Fassung im Stadeltheater zu Unter-
                thürheim bei Werlingen/Unterthürheim bei Buttenwiesen (Landkreis
                Dillingen), Bühnenbild und Inszenierung: Leo Schmitt, musikalische
                Neufassung: Meinrad Schmitt.
1982 – 7. 8.   Aufführung der Torberg-Fassung bei den Tiroler Volksschau-
                spielen Telfs. Regie: Kurt Weinzierl, Musik: Werner Pirchner,
                Fernsehübertragung des ORF.
1977 – 25. 9.   Aufführung der Originalfassung im Rahmen des »Steirischen
                Herbstes« und zur 850-Jahr-Feier der Stadt Graz. Regie: Peter
                Lotschak, Musik: Kurt Schwertsik. – Die Aufführung brachte
                quantitativ mehr originalen Text als die Torberg-Fassung, kam aber
                ebenfalls nicht ohne massive Eingriffe seitens der Regie aus.

'S WIESENHENDL oder
DER ABGELEHNTE DRILLING

Das Material

XVIII/1 –   fol. 1–108. Erste handschriftliche, durchgehende Fassung, stark korrigiert und geklebt, kaum Vorarbeiten.

Die folgenden fünf Konvolute XVIII/2, 3, 8 und XIX/1 und 4 enthalten Durchschläge einer nicht überlieferten maschinschriftlichen Abschrift des Autors:

XVIII/2 –   fol. 1–84. Vom Autor stark korrigiert.

XVIII/3 –   fol. 1–34. Erste Hälfte des Typoskripts (S. 1–31; S. 11 fehlt).

XIX/1   (=ÖNB Cod. ser. nov. 13.700)
Fasz. 1: fol. 1–76. Weniger intensiv korrigierte Parallelfassung zu XVIII/2, zwei Seiten fehlen.
Fasz. 2: fol. 1–48. Mit Sicherheit die fehlende Hälfte zu XVIII/3, sorgfältig korrigiert.

XVIII/8 –   fol. 1–81. Sorgfältig überarbeitetes Typoskript.

XIX/4   (=ÖNB Cod. ser. nov. 13.704)
Fasz. 1: fol. 1–77. Typoskript wie vorhergehende.
Fasz. 2: fol. 1–4. Zwei Personenverzeichnisse.

XIX/2   (=ÖNB Cod. ser. nov. 13.701) – fol. 1–41. Hand- und maschingeschriebene Zusätze, Inhaltsangaben und Personenverzeichnisse.

XVIII/12   (=ÖNB Cod. ser. nov. 13.702) – fol. 1–94. Gebundener Durchschlag einer Abschrift von fremder Hand nach einer nicht überlieferten Parallelfassung der oben beschriebenen Fassung. XVIII/8 diente vermutlich dem Autor als Korrekturvorlage.

XVIII/9 –   fol. 1–93. Wie XVIII/12, unkorrigiert.

XVIII/4 –   fol. 1–136. Fehlerhafte, nur oberflächlich vom Autor korrigierte maschinschriftliche Abschrift von fremder Hand.

XVIII/5 –   fol. 1–136. Wie XVIII/4.

XVIII/7 –   fol. 1–136. Wie XVIII/4.

XIX/3   (=ÖNB Cod. ser. nov. 13.703) – fol. 1–135. Wie XVIII/4.

XVIII/6 –   fol. 1–129. Wie XVIII/4. Personenverzeichnis und Titelblatt fehlen.

Stemma

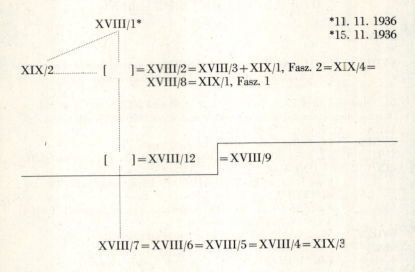

Zur Textgestaltung

Bei diesem Stück lag das Problem der Texterstellung in der Vielzahl der zur Verfügung stehenden, vom Autor selbst auf der Schreibmaschine geschriebenen und unterschiedlich korrigierten Typoskripte. Die Wahl fiel auf XVIII/2, eine relativ sorgfältig korrigierte Fassung. Auch wenn variante Korrekturen (sie betreffen im wesentlichen nur die unterschiedlich transkribierte phonetische Schreibung) mitunter »origineller« erschienen, so wurde dennoch bewußt jede Kontamination vermieden.

Entstehung und Rezeption

Zwei Datierungen in der Handschrift weisen darauf hin, daß dieses Stück im November 1936 entstand, nachdem erste Entwürfe zu *Prinz Hamlet der Osterhase oder Sellawie* vorerst beiseite gelegt worden waren. (Die Ähnlichkeit des stets dozierenden Vater Pustkuchen mit Seni ist sicher kein Zufall.) Die sehr komprimierte Entstehungsphase des Stückes erklärt auch den Mangel an Entwürfen. Ein unter dem Titel *'s Wiesenhendl oder: Wer das Kleine nicht ehrt...* entworfenes Personenverzeichnis benennt zwar die agierenden Figuren zum Teil noch nicht endgültig, doch zeichnet sich ihre Konstellation bereits ab:

355

Personen:
Konsistorialrat Dr. Eusebius L. Nacktfrosch
Bauline, dessen Eheweib
Lotte, beider Tochter (Griseldis)
Onkel Kuno Goliath
Creszenz, dessen Schwester
Benno Schwartelmayer, in der Genußmittelbranche tätig
Arnulph Wanzenböck (Schießlinger), ein Greis
Theres, dessen Eheweib
Zwaxelhofer, Dienstmann
Ella, Kellnerin
Mali, Dienstmädchen   (XXIV/20)

Neben der im Abschnitt Paralipomena wiedergegebenen ersten Skizze des
Dramas (S. 222 f.) gibt es nur einen, im Konvolut XIX/2 aufgefundenen
Textentwurf, aus dem hervorgeht, daß auch in dieser Komödie Liedeinlagen
geplant waren:

's boarische Knödellied.

Maridl, Mar-ijdel,
wart, i hab a paar Knödl!
Fehlt mir bloß 's Gschirr,
wo i s' raus schnabulier!

Der oan Knödl fangt zum Sieden an,
und der andre sied't aa,
schaut der oan Knödl den andren an,
weil's der so schön kaa.

Tue langsam, tue langsam.
Tue nöt so gschwind!
Wie ma Knödel tuet machen
dös woas a jeds Kind.

Knödel san fürn Hunger,
für den Durst is der Brunn,
und der Mondschein fürs Gernhaben,
zu der Arbeit die Sunn!

(Griseldis strahlt.)
MUTTER Wie niedlich!
VATER Ja, ja. Knödel wurden bei den Römern als Opfer dargebracht. Dies lehrt
Stumpflinger. So von den Arvalbrüdern dreimal! Drei Knödel aus Milch, Mehl und
Leber. Bei dem Säkularfest 17 vor Chr., zu dem Horaz das Festlied dichtete, betete
Kaiser: Ilythia wie es in den heiligen Büchern geschrieben steht – unterbrecht mich
nicht – sollen die neun Fladen – ja! Fladen! neun Kuchen und neun Knödel dargebracht
werden.

Wie bei fast allen Manuskripten des Autors ist auch in diesem die Grundschicht nicht vollständig erhalten, da einige Male einzelne Textstellen durch erweiterte Fassungen ersetzt, konkreter: überklebt worden waren. Auch wenn dabei Brüche entstanden, die vom Autor erst in der nächsten Fassung korrigiert wurden, bleibt der Handlungskern von Anfang an klar sichtbar. Auch die Gliederung in drei Akte ist bereits der Grundschicht zu entnehmen. Die umfangreichen Texterweiterungen innerhalb der ersten Handschrift zeigen folgende Tendenzen:

Da FHO gerne einzelne Ideen ausbaute, ergaben sich in manchen Sprechparts Längen. Der Autor versuchte dieser Tendenz zu Monologen zu begegnen, indem er allzu lange Parts durch Zwischenbemerkungen aufzulösen trachtete, um die Dialoge lebhafter zu gestalten. So sollten auch häufigere Auftritte der Hausiererin, des Radiweibes und des Dienstmannes offenbar mehr Bewegung auf die Bühne bringen. Weitere Zusätze stellen die Liebesgeschichte, die das eigentliche Thema des Stückes bildet, in den Vordergrund; in der Grundschicht scheint dieser Handlungskern in der Fülle von Anekdoten fast völlig zu verschwinden.

Der Hauptteil des Textzuwachses widmet sich den Kommunikationsproblemen, die sich aus den Nord-Süd-Unterschieden zwischen Sachsen und Bayern ergeben. Hiezu gehören nicht nur die schier unlösbaren Verständigungsprobleme bei der kulinarischen Versorgung auf der Oktoberwiese oder die immer wieder auftauchenden Mißverständnisse zwischen den Angehörigen der beiden Volksgruppen, sondern auch die Kontroversen auf Verhaltensebenen, die den Klischees entsprechen (zum Beispiel die Attacke des lasziven Stubenmädchens auf den Professor zu Beginn des zweiten Aktes; in der Grundschicht beginnt dieser mit dem Auftritt Bennos).

Die Änderungen in der nächsten autorisierten Textstufe sind minimal. Fast das gesamte Textkorpus der endgültigen Fassung ist bereits in der Handschrift enthalten. Der Charakter des Werkes wird durch die in der Folge durchgeführten Korrekturen nicht im geringsten verändert.

Anstoß für die Abfassung der Komödie scheint ein Aufenthalt in München im Herbst 1936 gewesen zu sein, von dem FHO an die Schauspielerin Gusti Wolf (Briefentwurf vom 14. 11. 1936) berichtete:

Nun sind Wochen seit unsrem Münchner Aufenthalt vergangen, Wochen in schöner Natur aber ohne die schönen Anregungen der Großstadt, die wir von Zeit zu Zeit so lieben. Unser geliebtes Theater ist für uns für Monate entzogen – es ist wie am Nordpol hier in dieser Beziehung und auch den Film verstehen wir nicht. Da müssen wir uns eben selber a Thiatr bereiten! [...]

Über das Projekt mit dem »Wiesenhendl« sprachen wir ja. Jetzt liegt es im Manuskript fertig vor. Bei der Wiener staatlichen Literaturstelle habe ich es angemeldet und werde es in München wohl bei Höfling und dem Werk Verlag anbieten.

Es ist sehr drastisch, eine richtige »Viecherei«.

Personen:

Dr. Gotthold Ephraim Pustkuchen, Ob. Studienrat i. P. (spricht tadelloses Schuldeutsch, ist wohl Hesse)

Schwanhilde, geb. Naatsche, sein Eheweib (sächsisch)

Griseldis, beider Tochter (schönes Deutsch, im Affekt ein wenig sächselnd oder norddeutschelnd)

Benno Schwartlinger, ein junger Münchner

Arnulph Schieslinger, ein Greis (Halbidiot, spricht wenig)

Theres, geb. Kefermacher, sein Eheweib (Münchner Ratschen)

Kuno v. Blutenburg (Theaterdeutsch, auch Lokal)

Valeska, geb. Blaadl, seine Gemahlin (Münchner Vorstadt)

Xaver Zschwaar, emeritierter Dienstmann

Zenzl, Kellnerin, Zenta, Mali, Stubenmädeln

ein Radiweib, tritt auch als Hausiererin auf.

3 Bilder: irgend ein Eck, etwa bei der Bräurosl (dort um 3 Uhr, so daß alles leer ist).

Ein Pensionszimmer. Zimmer bei Blutenburgs.

Wie Sie sehen, ungemein billig auszustatten. Trotzdem keine Statisten vorkommen, gibts durch geschickte Manipulation auf der Wiesenszene einen »Mordsbahöl«.

Es geschehen viele lustige Dinge. Aktschlüsse drastisch. Der Dienstmann macht schreckliche faux pas.

Als FHO dem Verleger Valentin Höfling das Stück anbot (Briefentwurf vom 26. 11. 1936), wies er besonders auf die billige Ausstattung hin:

Ich erlaube mir, Ihnen in den nächsten Tagen – nach Beendigung der Reinschrift – eine soeben beendete Münchner Komödie zusenden zu lassen, die, soviel mir bekannt ist, wohl das einzige Stück ist, das sich auf die so überaus beliebte Oktoberwiese bezieht. Wenn sie sonst Interesse findet, kann ihr diese Priorität zu großer Popularität verhelfen. Es handelt sich um das, was die Münchner eine Viecherei nennen, wo viel Drastisches vorkommt wie es eben der bajuvarischen Seele liegt.

Das Stück ist für 13 Rollen gestellt, die von 11 Darstellern gespielt werden. (4 männliche, 6 weibliche, 1 Kinderrolle)

Die Ausstattung ist die denkbar einfachste.

1. Wiese. Eine Bretterwand an die einige magere Föhren genagelt sind, davor ein langer Tisch und Sitzgelegenheiten.

2. Pensionszimmer.

3. Wohnzimmer.

Statisten kommen nicht zur Verwendung.

Die einzige Polemik richtet sich gegen das schlechte Einschenken.

Drei Darsteller sprechen Schriftdeutsch. Die andren Münchnerisch. Eine Dame sächselt.

Ich habe mir redliche Mühe gegeben, den denkbarsten Blödsinn zu schreiben und hoffe so, das Ideal eines volkstümlichen Stückes erreicht zu haben.

Es gibt keinen Hinweis auf eine wohlmeinende Antwort. FHO versuchte am 16. 2. 1937, Dr. Franz Horch vom Paul Zsolnay Verlag, Wien, für sein Stück zu interessieren:

Nun möchte ich Ihnen etwas eben Fertiggestelltes vorlegen. Es handelt sich um eine Komödie, betitelt: S'Wiesenhendl, ein Stück, das zwar in München spielt, aber eigentlich für Hans Moser gedacht ist. Es enthält wohl die ausgedehnteste Rolle aus der Perspektive des nie ganz nüchtern werdenden Dienstmannes, hier des Xaver Zschwaar, der unter Possart Kulissenschieber war und Wagnerreminiszenzen intimster Art bringt. Ein Oberstudienrat mit Gemahlin und sehr hübscher Tochter besuchen das berühmte Oktoberfest, das in der Tat eine international berühmte Angelegenheit ist und kollidieren klarerweise sofort mit dem besoffenen Dienstmann, den sie am Tisch vorfinden, mit der saugroben Kellnerin, dem Radiweib etc.

Die Mißverständnisse wachsen ins Maßlose. Zum Glück hatte das Töchterchen im Zug die Bekanntschaft eines Münchner Beaus und Charmeurs, des Herrn Benno Schwartlmair, gemacht, – heiße beiderseitige Liebe auf den ersten Blick. Benno ebnet alle aufkeimenden »Bahölle« auf der Vergnügungsstätte, die sich das junge Paar zum Rendezvous bestimmt hatte. Als der Flirt im besten Gang ist, hört man plötzlich ein schweres Schnaufen, wie von einem Motor. Es ist aber bloß eine sehr korpulente Dame, Bennos Erbtante, die aber leider die Urheberin eines unharmonischen Endes des festlichen Mahles wird: Sie bricht, gerade als heitere Bockmusik einsetzt, mit der Bank zusammen, reißt die krügelüberladene Kellnerin um, die alles anschüttet, während der Professor sich ans Radiweib klammert und seinen Teil am Chaos beiträgt.

Der zweite Akt zeigt die Brautwerbung des Schwartelmeyr, den Griseldis, das in Ganghoferei befangene Töchterchen für einen feschen Jaga hielt, und der in Wirklichkeit Prokurist der »Hubertus A.G.« ist, eines der angesehensten Wanzenvertilgungsinstitute. Das führt zwar zu großen seelischen Konflikten. Aber der Umstand, daß Benno der alleinige Erbe nach einem steinreichen Onkel, des Privatiers Kuno von Blutenburg ist, gewinnt ihm die Unterstützung der Eltern, die gerne sähen, daß Benno auch den Titel erben würde.

Der dritte Akt spielt im Salon bei Blutenburgs. Zu ihnen kommt auch die ganze Besatzung des Tisches auf der Festwiese, da Frau von Blutenburg die dicke Dame war und deren Name bei der Vorstellung, wie üblich, überhört wurde.

Diese Leute, unter Wortführung des Dienstmannes, verlangen Schadenersatz.

Und dabei wird ein Milieu aufgerollt, das meines Wissens bühnenneu ist: das Privatleben reich gewordener Schaubudenabnormitäten.

Valeska von Blutenburg war die dickste Frau Bayerns und Kuno, ihr Gatte erregt bei seinem Erscheinen wahres Entsetzen. Er ist ein steinalter Liliputaner im Ruhestand! Auch mit ihm und dem Dienstmann gibts einen schweren, schweren Skandal.

Schließlich aber löst sich alles in Wohlgefallen auf, und der charmante alte Herr, der übrigens amerikanischer Ehrendoktor ist, segnet das junge Paar.

Das Stück, das die denkbar billigste Ausstattung hat, enthält 13 Rollen für 11 Darsteller. (Kuno, der nur wenig spricht, ist für ein Kind gedacht.)

Somit gibt es: 4 männliche, 6 weibliche, 1 Kinderrolle.

Der Professor, seine Tochter, auch zwei Stubenmädchen sprechen Schriftdeutsch, die Professorsfrau sächselt, die andren Darsteller sprechen Münchnerisch, bzw. Wienerisch.

Ich hoffe, daß Ihnen das Stück etwas sagen wird. Ich habe versucht, endlich einmal den Fadheiten des Durchschnitts auszuweichen. Für den Dienstmann schwebt mir, wie gesagt, Moser, für Benno Eybner vor. Im übrigen glaube ich, daß die Rollen allesamt viel hergeben.

In der Folge interessierte sich der Arcadia-Verlag für das Stück, dennoch erwarb schließlich der Eirich-Verlag die Rechte, was der Autor am 8. 12. 1938 seinem Freund Alfred Kubin mitteilt:

Eine derbe Münchner Komödie hat vor ganz kurzem der Eirichverlag erworben, eine Groteske, die Dir speziell Spaß machen möchte. Pachinger ist darin mit Namen erwähnt. *(S. W., Band VII, S. 279 f.)*

Den Vertrag mit dem Theaterverlag Eirich vom 25. 6. 1938 betrachtete FHO selbst offenbar als wenig bindend. Er versah das Stück kurzerhand mit dem Titel *Der abgelehnte Drilling*, wählte das Pseudonym R. v. Braiten-Landenberg und versuchte weiterhin, Theaterverlage und mögliche Verbindungen für eine Aufführung zu aktivieren. Der Theater-Verlag und Kostümverleih Löwinger zeigte sich in einem Brief vom 14. 11. 1951 interessiert, aber anderweitig gebunden:

In der Anlage übersenden wir Ihnen Ihr bei uns eingereichtes Manuskript, das wir mit großem Interesse gelesen haben und welches auch unseren Gefallen gefunden hat eingeschrieben zurück. Leider haben wir derzeit auch in unserem Verlag keine Möglichkeit Ihr Stück zu forcieren. Bei Bedarf werden wir aber gerne darauf zurückkommen.

Darüber hinaus verschleierte der Autor den Eindruck, ein bereits vor längerer Zeit entstandenes Werk läge vor, vollends, wenn er, wie im Brief vom 6. 10. 1953 an Wilhelm Anton Oerley, von einem Schaffensprodukt jüngsten Datums schreibt:

In diesem Sommer habe ich eine Münchner Oktoberkomödie verfaßt: »Der abgelehnte Drilling«.

Mag sein, daß FHO damit reiche literarische Produktion im hohen Alter vorspiegeln wollte. Ob der Bearbeiter Friedrich Torberg von einem Vertrag wußte, oder ob ihm – wie er angab – das Stück zu geschmacklos erschien, um auch unter dem Aspekt der Bearbeitung irgend etwas daraus gestalten zu können, wird kaum mehr festgestellt werden können. Eine im Münchner Dürer-Atelier abgedrehte Fernsehfassung wurde am 29. 10. 1968 im 1. Programm des ORF, am 18. 3. 1969 im 3. Bayrischen Studienprogramm und am 26. 5. 1969 im 3. Programm des Südwestfunks ausgestrahlt. Herbert Prikopa spielte die Rolle der Valeska Blutenburg, Irmgard Kootes und Michael Burk das junge Liebespaar, Regie führte Kurt Wilhelm.
Am 16. 12. 1984 fand im Wiener Volkstheater die Uraufführung des Stückes statt. Benno Schwartelmayer spielte Wolfgang Böck, Griseldis Doris Weiner, das Professorenehepaar Rudolf Strobl und Maria Urban und Valeska Blutenburg Brigitte Swoboda. Regie führte Helmut Palitsch, das Bühnenbild gestaltete Peter Pongratz.

PRINZ HAMLET DER OSTERHASE ODER »SELAWIE«
oder
BABY WALLENSTEIN

Das Material

XX/1 – fol. 1–197. Verschiedene Inhaltsangaben, Personenverzeichnisse, erste Entwürfe und Ausarbeitungen einzelner Szenenteile. Neben einer auf zusammengehefteten Doppelbögen aus Packpapier geschriebenen, durchgehenden handschriftlichen Fassung mit zahlreichen Korrekturen enthält das Konvolut eine Reihe von Zeitungsausschnitten und Fragmenten, die mit dem Stück in keinerlei Zusammenhang stehen.

XX/6 (=ÖNB Cod. ser. nov. 13.690) – fol. 1–56. Vollständige maschinschriftliche Textfassung von der Hand des Autors, stark korrigiert mit varianten Textstellen, die nicht in die nächste Textstufe integriert wurden.

XX/7 (=ÖNB Cod. ser. nov. 13.691) – fol. 1–111. Acht Faszikel enthalten – zum Teil chronologisch und nach Akten geordnet – weitere Durchschläge des unter XX/6 beschriebenen Konvoluts, ergeben jedoch keine vollständige Fassung. Vereinzelt finden sich vom Autor neu formulierte Textteile.

XX/8 (=ÖNB Cod. ser. nov. 13.692) – fol. 1–26. Einzelne Durchschläge der Textstufe XX/6, zum Teil in mehrfacher Ausführung.

XX/5 (=ÖNB Cod. ser. nov. 13.689) – fol. 1–36. Sechs Faszikel enthalten verschiedene hand- und maschinschriftliche Fassungen von Personenverzeichnissen und (unvollständige) Inhaltsangaben von der Hand des Autors.

XX/2 – fol. 1–108. Abschrift von fremder Hand einer nicht überlieferten Parallelfassung von XX/6, wenige handschriftliche Korrekturen des Autors.

XX/3 – fol. 1–115. Parallelfassung zu XX/2, umfangreiche handschriftliche Zusätze von der Hand des Autors sowie Anmerkungen Friedrich Torbergs. Das Konvolut enthält außerdem Notizen zu Varianten, datiert mit »42« und eine Torberg-Fassung des Magnatenliedes.

XX/4 – fol. 1–46. Hand- und maschinschriftliche Torberg-Fassung.

XX/9 (=ÖNB Cod. ser. nov. 13.693) – fol. 1–5. Einleitung Torbergs zum Fragment des Stückes in seiner Edition.

Stemma

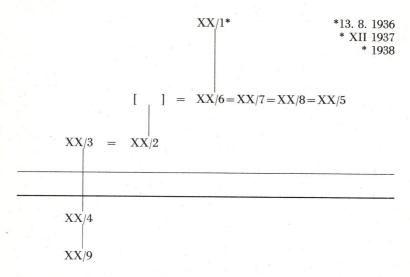

Zur Textgestaltung

Obwohl das Manuskript XX/3 nicht vom Autor selbst auf der Schreibmaschine geschrieben wurde, enthält es doch etliche umfangreiche Zusätze, die es als Fassung mit optimaler Textquantität zur Edition prädestiniert erscheinen lassen.

Um größtmögliche Authentizität zu schaffen, wurde der Text sowohl mit dem vom Autor selbst mit der Maschine geschriebenen Zeugen XX/6 kollationiert als auch mit neuformulierten Textteilen aus dem Konvolut XX/7, um Überlieferungsfehler auszuschalten. Allerdings boten die handgeschriebenen Zusätze in XX/3 an vier Stellen Schwierigkeiten: Hier wurden variante Formulierungen vom Autor so willkürlich beigefügt, daß sie den bestehenden Sinnzusammenhang stören. Sie wurden daher nicht in den Lesetext integriert, sondern werden im Kommentar angeführt.

Entstehung und Rezeption

Wie so oft am Beginn eines Werkes von FHO, steht auch hier ein Exzerpt. Diesmal handelt es sich um den Auszug einer »historischen Skizze« von Johannes Wille *Gestürzt* (siehe S. 405, Anmerkung: *Wenzel Eusebius – der erste Herzog von Sagan*), die sich mit dem Aufstieg, dem Sturz und der historisch nicht belegbaren Ermordung des Fürsten Wenzel Eusebius Lobkowitz befaßt, ein Ereignis, das zu Beginn des Stückes den Inhalt von Rudis dramatischem Vortrag (S. 236) bildet:

Fürst Wenz Euseb. Lobk, Herzog v Sagan Diplom. 1681 /Reichsfürsten/ 1665 Obersthofm. in Wien. Präsid. d. k. geh. Rates. Sommer 73 Leop. Witwer gew.
Raudnitz Wenzels Frau = Auguste Sofie, Pfalzgrf. v Sulzbach es befand sich Nichte Eleonore Pfalz-Neub zu Besuch.
Lamberg wollte sie heiraten. Aber Leop. hielt um Hand an. Wenzel mußte Lamb. vertrösten. Rache.
zunächst stellten Lob. Feinde eine neue Brautkandidatur auf: Claudia Felicitas, Erh Ferd. Karl v. Tyrols Tochter
1676 starb Lob todf. Claudia. 14 XII 76 heiratete Leop die Eleonore. 24 IV 77 kam Gnadenschreiben zu spät.
2 Tage zuvor war er gestorben.
... das Skelett hats gewußt ... Ob das nun ... /sehr/ ein Magier ... Parteigänger ... der Lob. Feinde ... war ... (XX/1–94)

Auch das folgende Personenverzeichnis scheint ziemlich am Beginn der Arbeit FHOs an diesem Stück zu stehen. Es findet sich noch kein Hinweis auf den Inhalt des Dramas. Das »patriotische Zwischenspiel« ist offenbar ein Vorläufer des »österlichen Zwischenspiels«. Der Titel zeigt jedoch, daß die Idee vom Prinzen Hamlet als Osterhase von Anbeginn an existierte.

Prinz Hamlet oder der Osterhase von Königgrätz. Ein festliches Spiel in 5 Bildern
Ždenko Graf Wallenstein, fürstliche Gnaden
Barbara Eusebia, geb. Prinzessin von Gonzaga, seine Gemahlin
Thekla, beider Tochter
Heinz Zwonimir Arbogast Graf Terzky
Seine Mutter, Clara Eugenia, geb. Infantin von Spanien
Viscount Teddy Butler
hon. Hermione Lilian, seine Tochter
Töhötöm Gróf Üllö ⎱
Elemer Gróf Iszolan ⎰ Oheime Theklas
Dr. Wenzel Seni, ein Privatgelehrter und Literaturkenner
Rudi Schnalzinger, ein angehender Mime
Judas Thaddäus Graf Jaroschinski, Adelsmarschall von Tambor
Dr. Engelbert Blaha, Landesgerichtsrat
Vanillius Krpz, Kerkermeister
Arabella, Zigeunerin
Paprikacsy Sandor, Zigeunerprimas
Benito, ein Mitglied der Bande
Ultimus Owniczek, Kammerdiener Wallensteins
Opitz, Groom in Üllöschen Diensten
Creszentia Zwöschbenflöckh, eine reiche Frau aus der crême der Canaille
Festgäste, Wachleute, Dienstmänner, Rettungsgesellschaft
Der Chor der im Landesgericht Sitzenden (Schallplatte)

Personen des patriotischen Zwischenspieles:
Kaiser Franz Joseph I.
Bernhard Buchbinder
2 falsche Johann Strausse
Frau Professor Bodenwieser
Weisshappel, Scharfrichter (XX/1–69)

Ebenfalls bezeichnend für die Arbeitsweise FHOs sind Studien zum Sprechhabitus einzelner Personen, wie zum Beispiel zu Üllös ungarischem Sprachduktus, den er sich aus wörtlichen Übersetzungen von Sätzen eines Lehrbuches anzueignen strebte:

hím – das Männchen! pinczér (133) Kellner
pompás prachtvoll
185 Jöjjön hamar kommen Sie schnell
197 mach schön bók! das heißt Verbeugung
197 elgázolni – zertreten werd ich dich
210 szűz Jungfrau. üröm Wermuth.
186 Was ißt das Raubtier? Das Raubtier ißt Fleisch.
1)   Mit eszik a ragadozó állat? A ragadozó állat hust eszik.
16.   Das Fräulein möchte Champagner trinken.
      A kissasszony pezsgöt inna.
6   ...wer durstig ist, trinke. Aki szomjas, igyék.
p 293 hajadon – Jungfer, ledig (von Mädchen, bloß mit dem Haare, mit nichts anderem bedeckt.)
p 269 1.   Wohin ist der Oberförster gegangen?
         Hová ment a fövadász?
      2.   Der Oberjäger ist in den Reiherwinkel gegangen.
         A fövadász elment a gémzugba.
      8.   Meine Eltern gehen nicht. Szüleim nem mennek el.
      9.   Warum nicht? Miért nem?
276 1.   Was hast du gegessen auf Nachtmahl?
         Mit ettél tegnap vacsorára?
      2.   Käse und Brot. Sajtot és kenyeret
365. 13. Es dämmert. Dörög az ég.
334   Das ist ja bei den Mädchen so modern!
      Hisz es úgy dívat a leányoknál.
323 1.   Wie alt ist dieses Mädchen? Es hat schon das 16. Jahr erreicht. Hány éves ez a leány? Már elérte a tizenhatodik évet.
      2.   Ist dieser alte Herr der Vater des Mädchens?
         Ez az öreg úr e leánynak atyja?
         Igen, ö hires hadvezér
         Ja, er ist ein berühmter Heerführer!
      3.   Mein Gott, was hat der für ein grimmiges Gesicht.
         Istenem, mily mord tekintete van? Es még sem követ el senkinek sem igazságtalanságot.
335 9.   Man fühlt an ihm Tabakgenuß.
      Erzik rajta a dohányszag. (XX/1–44 verso–45)

Als FHO im September 1936 versuchte, einem Theaterverlagsdirektor eine relativ umfangreiche Inhaltsangabe zu geben (siehe Paralipomena, S. 310 ff.), behauptete er, daß das Stück dialogisch zu einem Drittel vorläge. Da aber die Figur der Hermione, die vor einer durchgehenden Fassung ausschied, in diesem Konzept noch aufscheint, ist anzunehmen, daß die dialogische Gestaltung tatsächlich noch nicht über das Entwurfsstadium im Konvolut XX/1 hinaus gediehen war. Weiters darf angenommen werden, daß eine erste durchgehende Fassung erst, wie aus einer Datierung hervorgeht (XX/1–178), Anfang 1938 vorlag. In der Zwischenzeit hatte der Autor im November 1936 die Komödie *'s Wiesenhendl* verfaßt, in der die Figur des Gotthold Ephraim Pustkuchen sicher nicht zufällig einem aus *Prinz Hamlet* ausgeschiedenen Seni-Pendant gleicht: »Geheimer Rat Amöbius: trägt eine Brille aus Spiegelglas, die er immer wegschiebt, wenn er was sehen will.« (XX/1–52 verso) FHO hatte das Stück offenbar noch vor der endgültigen Fertigstellung Theaterverlegern angeboten, denn der Arcadia-Verlag schrieb ihm am 12. 4. 1937:

Wir empfingen Ihren Brief vom 8. April und möchten Ihnen grundsätzlich erklären, daß wir sowohl an Ihrem »'s Wiesenhendl« wie an der Parodie »Prinz Hamlet oder der Osterhase« interessiert sind. Bitte senden Sie uns doch vor allem den »Prinzen Hamlet«, so wie er bei Ihnen vorliegt, zur Prüfung. Wir werden ihn rasch lesen lassen und würden Ihnen dann unsere Meinung mitteilen.

Im Entwurf für einen Brief an Dr. Heinrich Buchner vom 25. 2. 1938 schrieb FHO, gerade erst fertig geworden zu sein:

Herr Dr. Hermann Leber schrieb mir, ich möchte mich unter Berufung an ihn bzg. einer Gesellschaftskomödie an Sie wenden. Das Stück ist soeben fertig geworden und geht morgen an Sie ab. Der Titel lautet:

PRINZ HAMLET DER OSTERHASE
Eine Gesellschaftskomödie aus den feinsten Kreisen Böhmens.

Es ist ein wenig als Parodie auf die jetzt so beliebten »feinen« Milieustücke gedacht, doch handelt es sich keineswegs um eine Parodisierung oder gar Herabsetzung des großen Schillerdramas um Wallenstein, obschon die Personen zum Teil Namen aus der Glanzepoche Böhmens tragen und die Namen Wallenstein, Terzky, Isolany und Seni vorkommen.

Es ist vielmehr das psychologische Essay dahinter: wie würden sich heute diese Herrschaften benehmen?

Wallenstein hat durch sein bewegtes Vorleben das gute Recht erworben, sich diesmal in der Maske eines hohen Herrn vom Land ein wenig auszuruhen.

Seine unangenehmen Gegenspieler von damals sind davongejagt, Butler ist ein ausrangierter englischer Offizier.

FHO scheint das Stück wiederholt Verlegern und Theaterfachleuten angeboten zu haben, so zum Beispiel dem Schauspielhaus Zürich, wie aus einem undatierten Briefentwurf FHOs hervorgeht, oder dem Leipziger Verleger Ralph Steyer, wie einem Brief des Autors an Gert von Wolfenau vom 22. 8. 1942 zu entnehmen ist:

Ein Maskrpt (Hamlet) kommt von Ralph Steyer (junger Bühnen Verlag) Leipzig S. 3 Fockestraße 16, dem ich es vor drei Jahren vorlegte. Er konnte es als zu spezifisch österreichisch in seinem Rahmen nicht verwenden.

In der Schaffensbilanz an den Schriftsteller und Lektor des Europa-Verlages Wilhelm Anton Oerley vom 6. 10. 1953 schrieb FHO:

Dann gab man mir in der Burgtheaterdirektion den Rat, doch einmal was Einwandfreies zu schreiben. Ich legte darauf vor: HAMLET ALS OSTERHAS. Da stieß man sich wieder am Titel, den ich dann umwandelte in: BABY WALLENSTEIN.

Das Stück spielt im Böhmen Masaryks, wo die Figuren des Wallensteindramas zu neuem, aber nicht ganz erfreulichem Leben erwachen. So wird die im Original so sehr farblose Thekla in der neuen Auflage ein sadistischer Backfisch, der so gar nichts von ihrem angeblichen Vater hat, der als typischer Spätrenaissancebobby dargestellt ist.

Die Reminiszenzen an die Geschichte sind zahlreich: Jaroschinski führt ins Biedermeier, der ganze Wallenstein-Klüngel in die Zeit des Dreißigjährigen Krieges, Wallensteins urwüchsige Rechtspflege sogar ins Mittelalter. Die Dialoge beschwören speziell die Anekdotenwelt der Habsburgermonarchie. Trotzdem spielt das Stück in jüngster Vergangenheit – im Böhmen Masaryks (er war von 1918 bis 1935 Präsident der Tschechoslowakei) –, in der Gegenwart des Jahres 1937 beziehungsweise 1938.

Terzky ist als illegaler Nazi konzipiert, die Sprengstoffgeschichte führt mitten in die Justiz der Schuschnigg-Ära, und Rudi Lallmayers Kerkeraufenthalt besitzt wohl nicht nur zufällige Ähnlichkeit mit dem des jungen Sozialisten Josef Gerl. Diese Revue geht über die Zuwendung zur Vergangenheit der Schriftstellergeneration nach dem Zusammenbruch der Monarchie hinaus und schließt – ähnlich einer Weitwinkeloptik – die nächste Katastrophe gleich mit ein. Das Drama steht damit außerhalb jener Werke, die, gemeinhin unter dem Aspekt des habsburgischen Mythos in der Literatur (Magris) gesehen, sich darauf beschränken, eine »Welt von gestern« zu beschwören.

Hans Hollmann hat dies als Regisseur der Aufführung am Schauspielhaus Zürich kongenial erkannt. Die Premiere am 31. 12. 1983 zeigte in erstklassiger Besetzung die erste Aufführung eines Dramas FHOs, die mit Sicherheit als den Intentionen des Autors entsprechend bezeichnet werden kann.

Wie die dreizehn Jahre zuvor, am 3. März 1970, nach der Torberg-Fassung gespielte Aufführung im Theater am Belvedere unter der Regie von Irimbert Ganser ausgesehen haben mag, kann nach der Vorlage (sie umfaßt nur etwa ein Viertel des originalen Textes) kaum beurteilt werden.

ERLÄUTERUNGEN

Die fortlaufende Zählung verweist auf die Seiten des Lesetextes. Erläuterungen ohne
Quellenangabe wurden einschlägigen Nachschlagewerken entnommen. Biographische
Daten entstammen fast durchwegs der Biographischen Sammlung des Wiener Stadt-
und Landesarchivs. – Dieser Kommentar ist vor allem als Lesehilfe zu verstehen; er soll
in gebotener knapper Form den Zugang zu FHOs verwirrender Gedankenwelt
erleichtern.

7 ▷ *Die Fürstin von Cythera:* Kythera, ital. Cerigo, ist die südlichste der Ionischen Inseln.
»Das alte Kythera war der Aphrodite heilig, weil hier die Göttin ans Land gestiegen sein
sollte. Ihr Kultus sowie der des Adonis verbreitete sich von hier über das Festland.«
(Meyers Konversations-Lexikon, Band 10, Leipzig 1895, S. 912) Kythereia war der
Beiname der Aphrodite von der ihr geweihten Insel. Verkehrstechnisch war die Insel
bedeutungslos. »Trotz der überaus günstigen Lage an den sich kreuzenden Schiff-
fahrtsstraßen ist K. niemals zur vollen Wertung dieses Vorzugs gekommen. Die im
ganzen dürftige Naturausstattung, der Mangel an guten Häfen und die geringe
Beziehung zwischen dem Innern und dem Meere haben einer solchen Entwicklung
immer hemmend im Wege gestanden. In der byzantinischen Zeit galt K. geradezu als
schwer zugänglicher Zufluchtsort. Zu selbständiger Bedeutung ist darum K. fast nie
gekommen. Dagegen hat es je nach der politischen Konstellation der Umwelt bald als
Etappenstation auf dem Seeweg um Griechenland, bald als insularer Vorposten eines
Festlandstaats politisch-geographisch eine Rolle gespielt. Das erste war zur Zeit der
Phoiniker, Roms, Venedigs und des englischen Protektorats der Fall.« *(Paulys Real-
Encyclopädie der Classischen Altertumswissenschaft,* Stuttgart 1924) Der Kult der
Aphrodite Urania – Heinrich Schliemann bezeichnet ihren Tempel als den »urältesten«
(Über den urältesten Tempel der Aphrodite, in: Zeitschrift für Ethnologie XX [1888],
S. 20 f.) – war es wohl, der besonders Dichter, Maler und Komponisten des Barock zu
Werken über die »Liebesinsel« inspirierte.
Die meisten Titelvarianten zum vorliegenden Werk entstanden in der frühen
Entstehungsphase des Dramas. Wie der Korrespondenz des Autors zu entnehmen ist,
nennt FHO das Drama zumeist »Die Fürstin von Cythera« oder »Die Prinzessin von
Cythera«. Für einen Doppeltitel findet sich im Nachlaß kein Hinweis. Die folgenden
Varianten sind den Konvoluten XIV/1, XIV/2, XIV/3 und XV/1 entnommen:

Zerbinettakomödie
Die Fürstin von Cythere
Zerbinetta
Zerbinetta perversa oder Pantalones verbitterter Lebensabend
Die Fürstin von Cythera
Prinzessin von Cythera
Zerbinetta. Comödie
Die Prinzess von Cythera. Venezianische Maskenkomödie
Das Königreich Cythere
Die Fürstin von Cythere. Venezianische Komödie
Komödie im Style Goldonis
Opera Buffa

8 ▷ *Pantalone:* NV: Pantalone de Bisognosi (XIV/1–3 verso), Anselmo, reicher Kaufmann in Venedig (XIV/1–3 verso), Don Baldassare Pulicinello (XIV/1–14). – Typenfach der Commedia dell'arte: venezianischer Kaufmann, alt und geizig, wird stets von seiner jungen Frau betrogen. (Vgl. Henning Rischbieter [Hrsg.]: *Theater-Lexikon,* Zürich–Schwäbisch Hall 1983, Sp. 984)

▷ *Colombina:* Typenfigur der listigen Dienerin der Innamorata, Vertraute ihrer Herrin. (Vgl. *Theater-Lexikon,* Sp. 290) Hier übernimmt diese Funktion Spiletta.

▷ *Spiletta:* NV: Spileta (XIV/1–27).

▷ *Palladia Diamantina:* NV: Diamantina Celesti (XIV/1–1), Donna Diamantina Micante, eine reiche Griechin (XV/1, Fasz. 1–3), Donna Diana (XV/1, Fasz. 1–32). – Diese Figur entspricht in FHOs ursprünglicher Konzeption der »Cortigiana« (ital. zuerst Hofdame, dann Kurtisane), der »großen Dame« der Commedia dell'arte. (Vgl. *Theater-Lexikon,* Sp. 304)

▷ *Scaramuccio:* NV: Skaramuzzio (XV/1, Fasz. 1–1). – Scaramuccio ist die neapolitanische Variante des Capitano. (Vgl. *Theater-Lexikon,* Sp. 1118)

▷ *Spavento:* NV: Spaviento (XV/1, Fasz. 1–1). – Diese Figur gehört zum Typ des Capitano, Aufschneider, Raufbold und Maulheld. Kostüm nach den spanischen Besatzungsoffizieren in Neapel. (Vgl. *Theater-Lexikon,* Sp. 255) Im Gegensatz zu Tartaglias sind Spaventos Aufschneidereien bei FHO deutlich gemildert.

▷ *Don Tiburzio:* NV: Dottore Graziano (XIV/2–16), Tiburzio Bifferoni (XV/1, Fasz. 1–35). – Der Dottore der Commedia dell'arte, wie Tiburzio Gelehrter aus Bologna, wurde meist unsympathisch dargestellt, als Parodie auf den Gelehrten, der unverständlich redet, anmaßend und dumm ist und sich als Parasit aufführt. (Vgl. *Theater-Lexikon,* Sp. 355)

▷ *Madonna Miseroni:* NV: Madonna Tisbe Miseroni (XV/1, Fasz. 1–1).

▷ *Brighella:* Typenfigur des schlauen Burschen (Bedienten) aus Bergamo. (Vgl. *Theater-Lexikon,* Sp. 205)

▷ *Zazzeroni:* NV: Paraexceleso Zaccheroni (XIV/1–1).

▷ *Philemon:* NV: Sfiandronato, genannt Cassandrill oder auch October, der Geschwaderapotheker (XV/1–1), Dott. Polito Polesini, Eskaderapotheker (XV/1, Fasz. 1–16).

▷ *seine zukünftigen Schwiegersöhne:* NV: Seladon, Mirtillo, Florindo, Lelio (XV/1, Fasz. 1–1).

▷ *Giangurgolo:* NV: Ziangurgolo, genannt auch Faloppa, Chef der venezianischen Mördergilde (XV/1, Fasz. 1–1).

▷ *Flagrabomba Napperone:* NV: Romoreggiante Napperone, Nabulionetto Napperone (XIV/1–16), Parapompejus Napperone, Cod. Bassus Giove Napperone (XIV/1–13 verso).

9 ▷ *Als die Pompadour noch an den Storch glaubte:* sgZ: Das Ganze ist dem Andenken Goldonis gewidmet. R. B. die Polizinellmengen und Türken des letzten Bildes können durch Attrappen dargestellt werden. (XV/2, Fasz. 2–43)

10 ▷ *Sbirren:* italienische Polizei- und Gerichtsdiener, Häscher.

▷ *Spauracchione:* Von ital. spauracchio: Vogelscheuche, Schreckgespenst. – V: Spazziculura (XV/1, Fasz. 1–5).

12 ▷ *und nimmt das folgende Schriftstück:* V: faßt das zweite (XV/1, Fasz. 1–5 verso).

368

▷ *dem Dogen unser Compliment:* sgZ: Ein anderer Glatzkopf murmelt: Gut! macht sich
eine Notiz von diesem Blatt: »In Mondlichts Rosenwasserdüften frisch gebadet«...
(XV/1, Fasz. 1–6).

▷ *Ussieri:* ital. usciere: Amtsdiener.

▷ *Fanfaronelli:* Gemeint sind wohl Fanfarenbläser. Ital. fanfarone heißt aber Prahlhans,
fanfaronello wäre der Diminutiv dazu.

▷ *herein treten die Gesandten Beider Sizilien:* V: Zwei »hommes orchestre«. Sie stolzieren
im Kreise herum und spielen einen festlichen Marsch. Dann einen Tusch und
beginnen: (XV/1, Fasz. 1–6 verso).

13 ▷ *camoristi:* Angehörige der Camorra, eines terroristischen, politischen Geheimbundes
im Süditalien des späten 18. und 19. Jahrhunderts, dieser verlor zwar nach der
Hinrichtung der Führer 1911 vorübergehend an Macht, gewann aber nach den beiden
Weltkriegen besonders in den USA politischen und wirtschaftlichen Einfluß.

▷ *Uomini d'onore:* Ehrenmänner.

▷ *Galantuomini! Preziosi:* Edelleute! Vornehme!

▷ *Dal nostro sempre augusto monarco abbiamo un mucchio papiri per sbarco. Volete
vedere:* Von unserem stets erlauchten Monarchen haben wir einen Haufen Papiere
abzuladen. Wollt ihr sie sehen?

▷ *Mezzacalzetta:* umgangssprachlich für jemanden, der seine Aufgaben nur halb erfüllen
kann.

14 ▷ *Die Fliege summt wie toll herum:* sgZ: mit furchtbarem Gekreisch springt auf:
GABRIELE Vorrei morir...
    Der Tod fürs Vaterland kennt keine Schilde –
    des Helden Brust schützt Vaterstadt,
    dich milde...
    heraus du Schwert,
    willst Feindesblut du trinken
    heraus du Schwert... (es geht nicht)
DIE RATSHERREN Himmel, Hilfe, ein Schwert, ein Schwert!
(Die Sbirren entwaffnen nach großen Protesten den Gabriele.)
(XV/1, Fasz. 1–6 verso und 7)

▷ *Teufel, Teufel:* V: (Kopfschütteln) So haben wir die Ehre
...sind anitzo mit San Marco verbündet (XV/1, Fasz. 1–7).

▷ *Per bacco:* In Bacchus Name! Zum Donnerwetter!

▷ *Die Hand hat im Spiele hier die Hölle:* sgZ:
GABRIELE (LELIO) (ist aufgesprungen und rennt brüllend zur Türe) Und ich allein, der
letzte Römer, ich
führe allein! den Krieg!
Ich weiß den Feind zu finden...
Als Sieger kehr ich wieder
oder wanke tot
zum inzwischen zu erbauenden
Monument meines
unbeschreiblichen
Heldensiegs! (Ab)
(Begeisterter Tusch der Excellenzen.) (XV/1, Fasz. 1–7)

369

▷ *'s kann der Türk nur sein:* Vom 15. bis zu Beginn des 18. Jahrhunderts war Venedig fast ständig von den Osmanen bedroht. Es kam auch zu mehreren, für Venedig folgenschweren Kriegen. (Vgl. dazu Heinrich Kretschmayr: *Geschichte von Venedig,* Band II und III, Neudruck der Ausgabe Gotha 1920, Aalen 1964)

▷ *Itzt kann ich's sagen, was mir der kluge Smecchia:* V:
Jetzt kann ich sagen, was mir Smecchia hat getreu verkündet
man sah, wie tausend bunte Türken in ein
Schiff gestiegen, von dem aus Kriegsmusik
erdröhnte, hallende Kriegsmusik, voll grauser Wildheit...
Vom Schiff, das Vorhut wohl ist
einer großen Flotte,
vom Schiff, das seinen Kurs genommen
gen Venedig. –
ALLE Oimé, noi poveri ... (XV/1, Fasz. 1–7 verso).

15 ▷ *oimé ... noi poveri:* Oje, oje, wir Armen!

▷ *Zweites Bild:* E: Szenarium: Zerbinettas Zimmer mit Lackmöbeln: eine Rosenholz-kommode. Darüber vorhängend ein Venetianerspiegel in buntem Glasrahmen. An den Wänden Gemälde: Dido, die sich ersticht, von einem frühen Meister (XIV/2–3).

▷ *Sgombro:* Makrele.

16 ▷ *Und wie er es peitscht:* sgZ: Knall, Knall, Knall (XV/1, Fasz. 1–8).

▷ *Pips:* gutartige, unspezifische Entzündung der Nasen- und Schnabelhöhlen beim Hausgeflügel.

▷ *Keuschlamm:* Der Keuschlammstrauch oder Mönchspfeffer (Vitexagnus castus) ist einerseits Symbol der Keuschheit, allerdings benutzte man seine Blätter in der Volksmedizin nicht nur zur Wundbehandlung, sondern auch als Aphrodisiakum.

▷ *Domino:* Maskenanzug mit langem, weitem Mantel und Kapuze, Abendmantel.

▷ *gleich Apoll:* sgZ: des Dogen Sohn lehrt er das Bombardon! (XV/1, Fasz. 1–8 verso)

17 ▷ *Šifkowič:* NV: Šifcovicz (XV/1, Fasz. 1–8 verso).

▷ *der Venus von Furini ein Schamlätzlein:* Das Frühwerk Francesco Furinis (um 1600–1646) ist gekennzeichnet von »schwüler Sinnlichkeit«. Ein halbjähriger Aufenthalt in Venedig fällt noch in diese Schaffensphase. (Thieme-Becker: *Allgemeines Lexikon der bildenden Künstler,* Band 12, S. 595 ff.) – Der in Viennensia ungemein beschlagene FHO scheint hier aber auch folgende Anekdote eingearbeitet zu haben: Die Schöpferin der »Keuschheitskommission«, Kaiserin Maria Theresia, ließ in Abwesenheit ihres Kanzlers Wenzel Anton Fürst von Kaunitz-Rietberg ein in dessen Sommerpalais in Mariahilf befindliches Aktbild der Tänzerin Anna Eberle mit einem Pelz übermalen, was den Fürsten, der jahrelang in Unkenntnis über den Urheber dieser barbarischen Maßnahme blieb, in Zorn versetzte. (Vgl. Wilhelm Kisch: *Die alten Strassen und Plätze von Wien's Vorstädten,* Band 2, Wien 1895, S. 328 f.)

▷ *Tartarennachrichten:* Bezeichnung für ein unbeglaubigtes Gerücht, stammt aus dem Krimkrieg, wo ein türkischer Tatar 1854 nach der Schlacht an der Alma die unrichtige Nachricht vom Fall Sebastopols brachte.

18 ▷ *Dorsoduro:* Seit dem XII. Jahrhundert venezianischer Stadtbezirk (Vgl. dazu Pompeo Gherardo Molmenti: *Venedig und die Venezianer*, S. 178). – SgZ: aber gebildet! Bin international. Mode ist für mich das Höchste. Na! schon dein Zimmer. (Sieht sich naserümpfend um.) (XV/1, Fasz. 1–9)

▷ *Es ist ein alter Meister:* E: eine /Smerdia/ die sich erdolcht, an der Wand (solche Bilder!) hängt mir der Alte in die Kammer! Sieh die verdrehte Dame, welch ein Jammer! (XIV/1–17 verso)

▷ *dein rotes Röslein am Gürtel:* sgZ: Sie betastet es lachend. (XV/1, Fasz. 1–9 verso)

19 ▷ *nidi:* ital. Nester.

▷ *Inzwischen ist der Mond aufgegangen:* V: (Auf dem Kanal ist inzwischen eine Gondel erschienen, in der fünf zweideutig aussehende Jünglinge [ein Wort unleserlich] musizieren und singen.)

ZERBINETTA (hat das Gesicht vom Sofa erhoben und lauscht) Horch – was ist das? (dann resigniert) Sind nur die fünf Tröpfe! Venedigs Dummheitskrone: Zeppo! Spazzaforno! Zibibbo! Niffolo! Giangurgolo! – Ob sie am Schlusse wieder Prügel kriegen? Und Wasser auf den Kopf?

(Musik und Gesang bricht ab, man hört Schläge klatschen, Protestrufe, rauhes Schelten. Zerbinetta nickt mit dem Kopf. Der Vollmond geht groß auf.)

ZERBINETTA Also doch, wie jeden Abend. Ob wohl später auch Ser Midollonaccia kommt, das Wochenständchen mir zu bringen? Sechs Tage übt er still zu Haus für mich und am siebten ... Nun, am siebten faßt er die Prügel Pantalons. Er liebt treu mich aus der Ferne; ist reicher Eltern Sohn (XV/1, Fasz. 1–10).

▷ *Midollonaccio:* NV: Midollonaccia (XV/1, Fasz. 1–10).

20 ▷ *das wär ein Mann für mich:* sgZ: schaut in den Spiegel (XV/1, Fasz. 1–10 verso).

▷ *Süße exotische Musik:* V: ertönt: die Schlafende seufzt noch einige Male tief auf und öffnet die Arme (XV/1, Fasz. 1–10 verso).

21 ▷ *Am Rialto:* V: Buntes Treiben am Rialto. Zerbinetta, begleitet von ihrer Duenna Pipistrella, erscheint unter der Menge, die Läden zu besichtigen. Bambagiante, pompös, reicher Wüstling, sieht sie, schnupft bewundernd (XV/1, Fasz. 1–11).

▷ *Nobile:* Edelmann, Adeliger.

▷ *um die Sache beim richtigen Namen zu nennen:* sgZ: dabei doch kernig und fest! (XV/1, Fasz. 1–11)

22 ▷ *Broglio:* heißt auch Machenschaften.

▷ *Gradiska:* Gradisca d'Isonzo, oberitalienische Gemeinde in Friaul-Julisch Venetien, von Venedig 1471–1481 als Festung gegen die Osmanen angelegt, kam 1521 an das Haus Österreich, das Gradisca zur Grafschaft erhob, 1754 mit Görz zur Gefürsteten Grafschaft Görz und Gradisca vereinigt.

23 ▷ *Brighella tritt auf:* V: BRIGHELLA (grünweiß kariertes Kostüm, kommt herangetänzelt, verschränkten Armes, das Holzschwert und eine kleine Harfe an der Seite, sieht die Zerbinetta) ... Das ist die Zerbinetta! Ist die hübsch geworden ... ich nehme die Zerbinetta! (XV/1, Fasz. 1–12)

▷ *Luschariberge:* Berg mit Wallfahrtskirche in der Nähe der italienischen Grenzstadt Tarvis.

24 ▷ *magari:* Wolle Gott!

25 ▷ *Dann schleicht sie an Zerbinetta heran:* V: Zerbinetta und ihre Duenna. Sie verwickelt, um etwas kokettieren zu können, die Duenna in ein Gespräch mit alten Weibern vor einer Auslage. Mezzanotte schleicht heran und drückt Zerbinetta das Billet in die Hand. Geste schweigender Vorsicht. Ein dickes Ehepaar in zwei Sänften verbirgt sie. Zerbinetta wird scheinbar abgedrängt, liest vor einem Juwelierladen glänzenden Auges und steckt befriedigt das Briefchen in den Busen (XV/1, Fasz. 1–13).

▷ *Clavicembo:* ital. clavicembalo: Klavier.

▷ *Bembo:* Pietro Bembo (1470–1547) wurde trotz seines »ärgerniserregenden Lebenswandels« von Papst Paul III. 1539 zum Kardinal erhoben (Bautz: *Bio-Bibliographisches Kirchenlexikon,* 1975, Sp. 479).

26 f. ▷ *Madonna – nur in Linz:* V:
Und alles schnupfet gern aus bunten Gläschen.
Viel »Doppelmops« verzehrn selbst Damennäschen.
Die jungen Stutzer kauen gern Tabak
und spucken dann mit lautem Schnick und Schnack! (XIV/1–11)

Die Mägdlein rosenrot oder wie blauer Himmel
und sind voll Unschuld, weiß wie junge Schimpel.
Ist eine züchtig, trägt sie blumenblau.
Doch grelles Gelb, ist sie ne Hurensau! (XIV/1–11 verso)

Ist eine züchtig, trägt sie veilchenblau.
Doch schmücket gelb das Fräulein,
ist (sie) bestimmt ein geiles kleines Säulein.
Ist sie sehr züchtig, trägt sie violett,
doch grelles Gelb – ein Hürchen, rund und nett. (XIV/2–22)

Die Straßen liegen voll von Dannenzapfen.
In allen Fenstern stehen fette Krapfen.
Die kann man nehmen nach Belieben.
Doch nie vertragt man mehr als höchstens sieben.

In blumenbuschbestreuten Kleidern wandeln
gar züchtiglich die Damen, meist Mariandeln.
Die Männer heißen alle Josef, Franz und Toni
und junge Mädchen heißen manchmal Cenzi, Vroni. (XIV/1–12)

Aus allen Stuben hört man frohen Sang,
und jedes Nastuch hauchet Iris-Stank.

Und kommst nach Linz du, findst du Gastesstätten
mit Stubenmädchen, saubren, netten.
Am besten wohnt man bei Sankt Nepomuk
und ganz Verwöhnte wohl im »Goldnen Stuck«. (XIV/2–22)

372

▷ *Das übrige Gewand:* V: – sucht nicht nach etwas Schlimmen!
Denn nackt sind sie ja nur beim sommerlichen Schwimmen! (XIV/2–21)

27 ▷ *Die feine Lebewelt:* V: trägt gerne Purpurhüte.
Der Gamsbart dran gleicht der Gigantentüte. (XIV/2–21)
 ▷ *auf allen Herden prasselt es und glost es:* sgZ:
Der Bratspieß dreht sich unter Sang und Tänzen.
Die Hunde selbst tragen Maschen an den Schwänzen
und Goldlust, Zindeltracht
auf üppgem Pfuhl die nackten Mädchen strampeln
dieweilen vor dem Haus die Weiber Roßhaar kampeln.
Hie Fleiß, doch dorten geile Lust
beklemmst dir nicht vor Ärger deine Brust. (XIV/2–22)

28 ▷ *Heller Sommertag:* sgZ: Zerbinetta im Reifrock, helle Seide, Streublumen (XV/1,
Fasz. 1–14).
 ▷ *ponceaurot:* hochrot, frz. ponceau: Klatschmohn.
 ▷ *Doch niemals schenkte Venus mir das Glück:* V:
Doch niemals war das Glück mir so hold,
Mit Euch, der Schönsten zu sprechen,
Ein Cavaliere seht! bin ich,
in den besten Jahren
In Liebeskünsten erfahren
(intimer) Ein Landhaus hab ich in Strà ... (XV/1, Fasz. 1–14)

29 ▷ *Roturier:* verächtlicher Ausdruck für Nichtadeligen, Bürgerlichen.
 ▷ *Ein Landhaus habe ich in Strà:* FHO dachte vielleicht an die bei Molmenti mehrmals
erwähnte Villa Pisani in Stra, in deren Sälen Tiepolo die Fresken gemalt hatte.
(Pompeo Gherardo Molmenti: *Venedig und die Venezianer,* S. 529)
 ▷ *Sie verschwinden im Hintergrund des Parkes:* V: Sie sind im Garten verschwunden,
kommen wieder nach vorne (XV/1, Fasz. 1–14).
 ▷ *Escader:* Schiffsgeschwader, -verband.
 ▷ *Camomilla officinalis:* Gemeine Kamille.

30 ▷ *Va in malor:* Geh zum Teufel!

31 ▷ *Lacrimas Christi durchranken:* V: Lacrimae Christi zieren meinen Garten in wohlgezognen Hecken ... teurer Wein ...! Braucht nimmermehr zu zittern ... Spavento
schützt Euch, Jungfrau. (XV/1, Fasz. 1–22)
Ohne Zuordnung: E: Tartaglia wird in besonders heroischen Momenten immer wieder
von einer zudringlichen Fliege belästigt. (XIV/1–1)
 ▷ *Paroxysmus:* heftiger Anfall, Übersteigerung.

32 ▷ *Malamocco:* Stadtteil auf der Lagune von Venedig, Sitz des Dogen.

33 ▷ *Der Kaktus dient zur Zier:* E: Der Apotheker zeigt seinen vier Töchtern einen Kaktus:

Der Kaktus bloß den Garten ziert!
Daß er sich nie ins Bett verirrt! –
So du ihn in den Strohsack stopfst,
Was nur durch großen Leichtsinn meglich...
Wie schreiet da der Schläfer kläglich.
Und sieh! wie hoch der Arme hopst!
Man steere nie des Bürgers Schlummer,
bereite nie durch Kaktus Kummer:
Dem Wüstensohn dient er zum Trank
(so man ihn auspreßt),
doch wer hineintritt, der schreit bang.
Hier in Venedig blieht er nicht.
Sein Stich heilt, heere ich, die Gicht.
Dem Neger schmeckt sein Saft als Trank [Text bricht ab] (XV/1, Fasz. 1–16 verso).
vom Kaktus gibt es viele Arten
die man zur Zierde pflanzt im Garten.
Doch wirkt der Kaktus minder nett
Wenn man ihn findet in dem Bett.
Wie fragt ihr, kommt er da hinein!
das kann doch blos durch Irrtum sein!
ihr seht, da wirkt er ärgerlich
durch einen ganz infamen Stich! (XV/1, Fasz. 1–35)

34 ▷ *Bambagiante erscheint, mit ihm ein bedenklich aussehender Halunke:* E:
Inzwischen will Bambagiante den Spavento durch den Mörder Trucilante zerstückeln
lassen. Sie werden sich aber um den Preis nicht einig. (Trucilante zeigt das Messer: pro
Zoll 1 Ducato! – 5 Ducati! nein! Handel. Endlich werden sie einig, da er einen zweiten
Mord in der Gegend unternimmt, schaut auf seinen Zettel! – doch erst in einigen
Tagen.)
Das erfährt aber Scapino, Spaventos Gondolier, der zufällig der Milchbruder
Trucilantes ist. Lied. Tartaglia hört zu und schwört, Spavento zu schützen, muß aber
inzwischen in die Levante, um Cypern zu erobern, da er eine alte Zeitung gefunden hat.
Sein treuer Diener Arlequino, leichtbeschuhter Fleckerlpajazzo, geht als sein
Leutnant mit und achtet, daß überall Fahnen sind.
Alle Harlekine Italiens rücken jetzt zur großen Revue am Markusplatz ein und
Polizinello organisiert die Freischaren.
Durch Polizinello erfährt Pantalone alles und stellt Zerbinetta vor die Wahl: Den
Tiburz oder das Kloster! Hinter seinem Rücken taucht Colombina auf und schildert
ihr die Nonnenkapelle (Es ist nicht so fad dort!), wo sie das Clavecin schlagen wird.
Aber Spiletta raunt ihr etwas ins Ohr (!Maske zu wählen.) (XV/1, Fasz. 1–33)

35 ▷ *Tramontana:* heftiger Wind aus dem Norden.
▷ *Misericordia:* Erbarmen.
▷ *Dome von Redentore:* Erlöserkirche, 1576 von Palladio erbaut.
▷ *Pater Tremolini:* Pater Zitterling.
▷ *Poppa:* Bank im Heck der Gondel, auf der der Gondoliere steht.

36 ▷ *Stinkasant:* oder Teufelsdreck (Ferula assa foetida) liefert ein Gummiharz, das früher

374

ein Heilmittel gegen Hysterie und Blähungen darstellte. Sein übler Geruch beruht unter anderem auf Schwefelverbindungen.

37 ▷ *blanken Ehrenschild:* V: heiklem Ehrenschild! und hast das Haus des Pantalone beschmutzt. Ja, mehr noch, du hast in mir die Behörde besudelt. Dann kannst du vielleicht (XV/1, Fasz. 1–18 verso).
  ▷ *Dann nehmen dich die Klostermauern auf:* V: Zerbinetta ist mit einem Schrei Pantalone zu Füßen gefallen. Inzwischen ist Colombina (XV/1, Fasz. 1–18 verso).

39 ▷ *Spricht sanft mit Pantalone:* sgZ: Zerbinetta soll die Nacht unter ihrer Obhut bleiben – vielleicht wird sie Zerbinettas Sinn im Sinne Pantalones biegen. (XV/1, Fasz. 1–20)
  ▷ *aus tausend dicken Büchern:* V: aus tausend dicken Bänden, die Sonette, die ihr nur gelten ... Eurem jungen Niftel ... Die Liebesketten verwunden scheuernd seine herbe Seele, so eitert er Sonette ... (XV/1, Fasz. 1–20).
  ▷ *wie sie die Alten ohrfeigt:* V: wie sie beide anschnauzt (XV/1, Fasz. 1–20).

40 ▷ *Birbante:* Schurke, Schelm, Schuft.
  Ohne Zuordnung: E:
  Viel Glück bringt der Strick,
  vom Henker der /Strick/
  – am Galgen der Glieder Geschlenker
  vergißt man vor Freude den Schenker (XIV/2–7).
  ▷ *Jawohl – en bloc:* sgZ: SCAPINO Oh Schrock!
  TRUCILANTE So fuhr ich denn (XV/1, Fasz. 1–21).

41 ▷ *Zabaglione:* auch: Zabaione, ital. Dessert.
  ▷ *macht die »Feige«:* »Eine obszöne Gebärde, bei der der Daumen durch Zeige- und Mittelfinger der geschlossenen Hand gesteckt wird, dem feindlichen Objekt entgegengestreckt oder meistens heimlich in der Tasche oder unter dem Mantel oder Tisch gemacht wird. [...] Sie gilt als mächtiges Abwehrmittel, vor allem gegen den ›bösen Blick‹, dann auch als Zeichen der Verachtung und als obszöne Gebärde. [...] Hauptgebiete der F. sind Spanien und Italien.« (Bächtold-Stäubli [Hrsg.]: *Handwörterbuch des deutschen Aberglaubens,* Band 2, Sp. 1305 f.) – Die »Feige« ist auch im österreichisch-bayrischen Volksaberglauben bekannt.
  ▷ *Birbantina:* offenbar »Tanz der Schurken«.

44 ▷ *wirft Zerbinetta eine Kußhand zu:* sgZ: Bei animiertestem Bühnenbild fällt der Vorhang. (XV/1, Fasz. 1–23)
  ▷ *Strahlender Morgen:* E: Früher Morgen. Straßenkehrer räumen den protestierenden Tartaglia weg. Straßenverkäufer kommen und rufen ihre Waren aus. Aus allen Fenstern blicken Polcinelle. (XV/1, Fasz. 1–35 verso)
  ▷ *AUSRUFER:* E: Hier frischer Iris-Stank für Taschentücher!
  Hier Flohkraut für das Ehebett – Mandragora für Herren über 40!
  Hier Pritschen für die Herren Polzinelle ...
  Hier lange Nasen für die Festeslaune ... (XV/1, Fasz. 1–33)
  ▷ *Mandragora:* Alraunwurzel, spielt eine große Rolle in der Magie, wurde und wird vornehmlich als Aphrodisiakum verwendet.

375

45 ▷ *giftige Kröten:* sgZ: die auf den Feind man spritzen läßt zum Schalle der Trompeten den Schleim, der Pest gebiert! (XV/1, Fasz. 1–23 verso)

▷ *maestri dei lazzi:* Meister der Lazzi, der komisch-ironischen, drastisch-witzigen, gestisch-mimischen oder verbalen Pointierungen, die der festgelegten Handlung der Commedia dell'arte als artistische Glanzlichter aufgesetzt werden. (Vgl. *Theater-Lexikon,* Sp. 803)

46 ▷ *und fixiert ihn arrogant:* E: Duellszene
(Adonione mißt Tiburz einigermaßen frech im Auf- und Abgehen. Dann schlägt er ihm mit der Degenscheide auf seinen Stulpen, daß es dröhnt. Reagiert nicht. Dann tritt er ihm einen Sporn ab; Tiburz stolpert.) ADONIONE (sagt ihm:) Tölpel. (Tiburz ist paff.) – ADONIONE: Warum fixieren Sie mich?
TIBURZ Weil Sie in die Mittelschule gehören...
ADONIONE Was? das sollen Sie büßen (stellt sich vor:) Adonione.
TIBURZ Don Tiburzio Bifferoni!
ADONIONE (drohend) Tiburzio Bifferoni? Herr, ist das Ihr Ernst? Da sind Sie der Bursche ... ja, Bursche, der es wagt, meine Braut zu umschnüffeln ... die edle Jungfrau Zerbinetta ... (sehr ernst) Mein Herr! Sie werden verzichten!
TIBURZ Niemals!
ADONIONE So müssen die Klingen sich kreuzen! (Adonione winkt den gerade vorbeigehenden Truffaldin, Tiburz den Skaramuzz als Sekundanten [ein Wort unleserlich] Apotheker ist erschienen. Als Tiburz daliegt, sagt er den Mädchen.) Sagt es ins Ohr dem Greise laut – ihm helfet bloß noch Läusekraut! Das Nachtgeschirr zerbrechen bedeutet Feindschaft! (zu den Gegnern) Hat jemand von den Herrschaften vielleicht heut früh oder wann (aber Papa!) das Nachtgeschirr zerbrochen? das bedeutet Feindschaft! etwa im Zwielicht, da kommt das gerne vor. No, Kindchen, das ist einmal so, da nitzt kein bescheenigen! (Zerbinetta errötet und greift an den Degen.) APOTHEKER (nimmt den Zwicker ab:) mir scheint, das ist ein Mädel! Je je, die Zerbinetta... na so was!
na, der Pantalon wird a Freid haben...
ich werds ihm gleich sagen gehn... (XV/1, Fasz. 1–35)

47 ▷ *uomo morto:* »toter Mann«, wird im Italienischen für Kleiderständer gebraucht, »stummer Diener«.

48 ▷ *No, Kindchen seht, das ist ein Ehrenhandel:* sgZ: Mein Busenfreund Orsini (der Prinz Colonna) focht einstmals mit mir. – Es handelte sich um eine Wette /im Bier/. (XV/1, Fasz. 1–26)

▷ *von feinstem Lebenswandel:* V: ist die Erscheinung heifig und auch angebracht. (XV/1, Fasz. 3–7)

▷ *Tiburz zieht:* V: (Tiburz zieht, fällt wutkreischend aus. Nach wenigen Gängen schlägt ihm Adonione den Hut vom Kopf. Tiburz sinkt nieder. Adonione setzt ihm den Fuß auf die Brust und setzt ihm den Degen an die Kehle. Dem Skaramuzz hat er beim Fechten einen flachen Hieb gegeben, so daß Skaramuzz auf einem Fuß schmerzlich herumhinkt; Truffaldin ist mit der Börse geflohen. Tartaglia ist auch einen Moment erschienen, aber zurückgewichen, als er den Treffer an Skaramuzz bemerkte, hat dabei mit dem Finger geschlenkert. Der Apotheker und die vier Töchter sind während des Duelles erschienen und haben Spalier gebildet:)

376

Sehet Kinder – einen Ehrenhandel ...
Nur Leute mit dem feinsten Lebenswandel
stehet solches Tuen zu.
ADONIONE Don Tiburz! Sprecht Euer Stoßgebet!
TIBURZ Gnade! Gnade! (XV/1, Fasz. 1–25 verso)

49 ▷ *ich schenke Euch das Leben:* E: (Sie – sie Papierkorb. Sie schenkt ihm das Leben, wenn
er einen Revers unterschreibt, daß er auf die Hand Zerbinettas verzichtet. Nun kann er
nicht am Rücken liegend schreiben. Also kehrt er sich um: Zerbinetta tritt ihm dabei
auf den Popo.) (XV/1, Fasz. 1–34 verso)

50 ▷ *Läusekraut:* oder Wanzenkraut (Pedicularis), eine Verwendung als Heilpflanze – gegen
Ohnmachten – ist nicht bekannt.

▷ *no, ein gewisses:* V: Nachtgeschirr; – vielleicht ein Stück Porzellan ...; das Zahnbürstel
in den ... Eimer fallen lassen. (XV/1, Fasz. 1–29)

51 ▷ *Dem Sonnenaufgang geht ihr Siegzug zu:* E: Cythere ist bedroht! Unser Bollwerk im
Osten! Ihm gilt die erste Hilfe, ihm, der Afrodite Insel, die uns heilig als Hort der
Schönheit, Liebeseiland hold. (XV/1, Fasz. 1–30 verso)

▷ *Das Flohkraut schützt des Helden Schlummer:* E:
Das Flohkraut schützt den sanften Schlummer.
Drum ziert ein Bündel von ihm nett
das Ehe- und das Todenbett. (XV/1, Fasz. 1–35);
Das Flohkraut schenket Schlaf dem Krieger,
gut ausgeschlafen wird er Sieger. (XV/1, Fasz. 1–35 verso)
Das kleine Flohkraut (Pulicaria vulgaris) wurde früher als Insektenvertilgungsmittel
benutzt, indem man es in den Zimmern verbrannte.

▷ *Siebentes Bild:* E: Schlußakt
Das Prunkzelt der Donna Diana, ungeheure Pracht. Pagen, der Haushofceremoniar
meldet die Zerbinetta an. Flötenspielerinnen begleiten sie. Zerbinetta knixt tief.
Diana kauft den Palast Cornaro, wo sie alle Schöngeister versammelt. Auch Don
Tiburz drängt sich heran und will als zweiter Ariost ihr sein Epos über den Kampf der
Arlechini gegen die Derwische vorlesen. Er bittet sie, Zerbinetta zu beeinflussen. Sie
läßt sie kommen, fesselt sie aber an sich. Aus Rache sprengt Tiburz das Gerücht aus,
Donna Diana sei ein Ermafrodit.
Eines Nachts wird Tiburz ermordet. Darüber verliert Pantalone den Verstand und
stirbt. Zerbinetta erbt alles Geld. Ganz Venedig ist gespannt, wen sie nun küren wird.
Der Notar Graziano aus Bologna öffnet das Testament.
Brighella, Bambagiante, Zazzeroni, Midollonaccio, Spavento, Tartaglia, Napperone
und alle Freunde, die sie mitgebracht, drängen sich.
Das Legat ist drin, dem Marcuslöwen auf der Piazzetta den Schweif neu zu vergolden.
Sie folgt aber dem Rat Dianas und wird Grande cocotte.
Alle Männer zu beglücken – merke die Regeln zu berücken – sparsam nur! mit lächelnd
Blicken.
Stärkere Seile – laß Dir sagen,
gibt's nicht für den Siegeswagen,
für der Venus Choreageten.
Sparsam sei mit deiner Gunst.

Lodern mache Liebesbrunst
lediglich mit Lächeln, Blicken.
Sie macht ihre Triumphfahrten zur Giudecca, wo sie juwelenschimmernd promeniert.
Sieht alle Welt bei sich und gründet schließlich die accademie delle gonellanti oder der
sottomutande.
Schließlich bekommt sie vom Papst die Tugendrose. (XV/1, Fasz. 1–32)
E: Caféhaus am Markusplatz, rotgelbe Plache, Rococolack- und Goldtische, Strohsessel, kupferne Kaffeekannen, Porzellanschalen. Ums Eck ziehen fortwährend Bataillone
von Harlekinen als Freiwillige, da verkündet wurde, daß Cythera von [ein Wort
unleserlich] von den Türken bedroht sei. Man ruft nach /Maureano/, dem Großadmiral
mit dem Fischbart. Kanonen kommen, drauf reiten auf Sätteln Harlekine mit
rauchenden Lunten, voran zwei Kanonen mit Heerpaukern drauf.
Währenddem deklamiert Tiburzio den Derwischkampf.
Vivatrufe der Menge, die aus dem Caféhaus erwidert werden. Auch krummnasige
Pferde ziehen Kanonen, maskierte Rosse. Dann wendet sich das Volk dem Meer zu, wo
ein großes Schiff ankommt. Plötzlich beginnen alle Harlekine panikartig zu fliehn, von
bunten Türken verfolgt, die das Schiff ausspeit. Tartaglia, der die Truppen vergeblich
aneifert (die Pauker schlagen schußartig auf die Kanonenpauken), retiriert ins Café
und bestellt einen Mocca.
Auf prunkvoller Sänfte erscheint jetzt, getragen von buntfarbigen Türken, die
Diamantina Micante, strahlend in voller Sonne, sehr braun im Gesicht, schwarzlockig,
voll Juwelenblumen, in orientalischem Rococokostüm (Fontange), mit Spitzenärmeln
und bedauert, daß ihre Ankunft Venedig so erschreckt habe. Die Türken seien bloß
ihre Sklaven.
Die Parasolpagen, als Mädchen frisiert, helfen ihr herunter und sie sieht voll Entzücken
die reizende Zerbinetta, die sie neben ihrem farbigen Kammermädchen Circoncisa
engagieren will. Zerbinetta weist in ihrem Lied darauf hin, daß eine Pantalonnichte
nicht dienen darf und da wählt Diamantina sie zur Freundin. (XV/1–18)

Daran inhaltlich anschließend:
DIAMANTINA Sei das Zöfchen mein!
ZERBINETTA Es geht nicht.
Mein Oheim ist Messere Pantalon,
des überreichen Pantalone einzger Sohn.
Der Name Pantalon hat goldnen Klang im Land.
Nie dürft ich dienen – das brächte Pantalonen Schande...
TRUFFALDIN So weit San Marco reicht, hat Wohlklang dieser Name.
Er ist der Tugend Hort, des Patriotismus Same!
TARTAGLIA In Tagen höchster Not borgt Pantalon sein Geld...
NAPPERONE Doch niemals sah man einen Pantalon im Feld.
SKARAMUZZ Mit klugem Rat und strengen Sitten
blieb lieber Pantalon in unsrer Mitte...
DIAMANTINA Nun denn: wenn als Schmach dir gilt mein Zöfchenamt
– hätt wohl geschont der kleinen Pfötchen Samt –
so werd ich dich zur Lieblingsfreundin küren...
...sollst nichts von Sklaventumesketten spüren...
Als kluge Donna del palazzo
ersetzt du mir, so hoff ich, den ... bajazzo!

Denn du – du dünkst mich schelmisch,
du holdfrisierte Elfe.
ZERBINETTA Ihr täuscht Euch nicht, holdseligste Prinzessin!
– will sagen: Fräulein Pascha.
– Nein doch! Fräulein Mogul...
– o Granducessa di Levante.
DIAMANTINA Nein! Nein! ... bin bloß Diamantina Micante.
(XIV/1–18–19)
▷ *Eccelso:* Erhabener.

52 ▷ *wie sie der Venus heilig, stehn bereit:* sgZ:
(Gebrüll ertönt, Fanfaren. Auf falschem Roß zieht Rafaele einher, hinter sich an einer Kette gefesselte Gefangene, in der Tracht von Ratsherrn. Vor Pantalone macht er halt und pariert das Pferd.)
Des Dogen Stellvertreter! Heil, und Sieg.
Sieg! – ich hab gehandelt.
Während ihr berietet bin ich ins
Feld gezogen – hab im ersten Ansturm – ohne
Widerstand – eine Riesenstadt erobert.
Hier die Gefangenen!
DER ERSTE GEFANGENE So hört doch Herr! Herr Pantalon!
Welch Irrsinn! riß mich aus dem Bett –
mich, Bürgermeister von Padua...
PANTALON (entsetzt) Von Padua?
RAFAELE Ja, das hab ich erobert.
Brach jeden Widerstand
PANTALONE Welch Irrsinn! Padua! Gehört doch uns!
RAFAELE Mir gleich. Bin ein Poet und hab als solcher das Paradies als Heimat.
Wie soll ich solchen Unsinn wissen...
Die Tat, die ist es, die den Krieger ziert,
das Beiwerk ... was geht mich euer Kleingeist an!
PANTALONE Gleich gebt Ihr den Signore frei! Sogleich.
RAFAELE Mitnichten! Frei – erst zahl er Lösegeld!
POTESTA Nicht einen Groschen. Aber Euch verklag ich auf Friedensbruch, Freiheits-
beraubung.
(Rafaele bedroht ihn mit dem Schwert.)
PANTALONE (zum Potesta) So gebt ihm was...
(Potesta und Rafaele verhandeln.) (XV/1, Fasz. 1–36)
▷ *In meiner Vaterstadt wohnte ein greiser Seher:* V:
An meiner Wiege standen Astrologen,
die stellten mir das Horoskop.
Ihr Oberhaupt, ein greiser Seher,
der warf zur Erde plötzlich sich
und rief: (XV/1, Fasz. 1–30 verso).
▷ *aber es nützt nichts mehr:* V: Alles flieht jetzt, vor allem Pantalone und die Zehn. Nur Rafaele hält auf seinem Roß, denn er kann nicht fort, da der Vorder- und der Hintermann seines Rosses nach verschiedenen Richtungen davon wollen. Das Roß

wird immer länger, schließlich reißt es, und Rafaele sitzt am Boden. Er verschwindet sofort unter einem Cafétisch. Auch Tartaglia retiriert ins Café und bestellt einen Mocca, geriert sich als harmloser Caféhausbesucher. Die Türken sind bloß so kostümierte Dienerschaft der Fürstin von Cythere, die jetzt, auf prunkvoller Sänfte getragen, erscheint. Sie erscheint strahlend in der Sonne, sehr braun im Gesicht, schwarzlockig, sehr anmutig. Acht Mädchen mit Drehleiern spielen um ihren Thron eine süße Schäferweise. Ihr Hofstaat umgibt sie. Ihre Palastdamen folgen ihr, ihre als Mädchen frisierten Parasolpagen, ihre Leibhusaren.

Bloß Zerbinetta-Adonione ist im ganzen Trubel, vom reizvollen Bild der Fürstin fasziniert, stehen geblieben. Jetzt raffen sich auch die erschrocken Caféhausbesucher zusammen. Skaramuzz und Truffaldin sind als die ersten von den Behörden erschienen.

Im Hintergrunde irren noch immer Bajazzos herum, auch der Pferdepopo irrt. (XV/1, Fasz. 1–36 verso)

53 ▷ *Sie erscheint sonnenumstrahlt:* E: Als Diana ankommt, sieht sie Zerbinetta als einzigen Mann, der nicht davongelaufen ist, und verliebt sich in ihn.
Wer ist es? Skaramuzz sagt ihr gegen ein Trinkgeld, es ist der Stiefsohn Pantalones. Sie läßt Pantalon holen.
Gebt mir Euren Stiefsohn? Pantalon?? verblüfft. Inzwischen ist das herumrasende Pferdegesäß wieder aufgetaucht und bekommt Händel mit Tartaglia.
Nun folgt in unmittelbarem Anschluß darauf:
Diana in schwerer Verwicklung: Knabe als Mädchen kann nicht Knaben als Mädchen, das Knabe ist, heiraten … den Skaramuzz hat diese jur. Verwicklung [ein Wort unleserlich]. – Aber, meistens gegen Geld, könne man schaun, irgend ein Dispens zu bekommen … Vederemo!
Unerwartete Posaunenstöße: Skaramuzze kommen und führen auf:
Die Herzogin von Urbino.
(Wo hast du die Hand! Einer haut ihm drauf.) (XV/1, Fasz. 1–34)

▷ *Bloß Adonione ist stehen geblieben:* E: Zerbinetta-Zerbino ist der einzige »Mann«, der am Markusplatz steht. Diamantina mustert sie verliebt. (XIV/1–2)

54 ▷ *Inzwischen ist Tartaglia wieder hinter dem Cafétisch:* E: (Tartaglia hielt sich die ganze Zeit über im Café versteckt: nachdem er sich überzeugt hat, daß keine Gefahr mehr drohe, kommt er heraus, mit furchtbarem Gebrüll, das Schwert schwingend. Diamantina ist erstaunt.)
TARTAGLIA (tritt mit edlem Anstand zu ihr.) Seht – alles floh, wenn nur Tartaglia kömmt.
(Im selben Moment rast der PFERDEPOPO heran, und Tartaglia bekommt mit ihm Streit, da er Bezahlung von Tartaglia fordert, der an dem ganzen Unheil schuld sei. Schließlich ohrfeigt der POPO den Tartaglia.) (XIV/1–2)

18 ▷ *Sphaleron:* Ein Täuschender, von griech. σφαλερός, täuschen σφάλλω.
▷ *Choreageten:* antike Chorführer.
▷ *Akoluth:* Gehilfe für administrative und sakrale Dienste.

f. ▷ *Die verdorbene Zerbinetta oder Pantalones verbitterter Lebensabend:* (XIV/1–14–15 verso).

380

61 ▷ *gonellanti:* von ital. gonella: Weiberrock, Unterrock.
▷ *sottomutande:* FHOs Wortkreation von ital. mutande: Unterhosen meint hier offenbar »Unter-Unterhosen«.
▷ *Die Fürstin von Cythera:* (XIV/1–23–29 und ÖNB Cod. ser. nov. 13.695–15–16).

70 ▷ *Bajazzotum:* (XIV/1–21). – Eine ganz ähnliche Formulierung findet sich im Brief des Autors an Alfred Kubin vom 18. 9. 1921, *S. W.,* Band VII, S. 222.
▷ *Tartaglias Blamage am Markusplatz:* (XIV/1–19 verso).
▷ *Zerbinetta wird bei der Kartenschlägerin:* (XIV/1–19 verso).

71 ▷ *Kartenschlägerin kommt:* (XV/1, Fasz. 1–35 verso).
▷ *Spavento kam sogar bis Surinam:* (XIV/1–19 verso).
▷ *Admiralsarzt hat Klystierspritze:* (XV/1, Fasz. 3–5 verso).
▷ *Markusplatz: der Geck Bambagello:* (XV/1, Fasz. 1–35 verso).

73 ▷ *Kaiser Joseph II. und die Bahnwärterstochter:* Es fand sich nirgends ein Hinweis auf einen zweiten Titel. Folgende Titelvarianten wurden den Konvoluten XVI/1, XVI/2, XVII/2, XVII/3 und XVII/5 entnommen:

> Kaiser Joseph und die Bahnwachterstochter
> Kaiser Joseph II.
> Kaiser Joseph
> Patriotische Posse von F. H. O.
> Komödie in drei Akten
> Barockkomödie in drei Aufzügen

Herrn Hubert Reitterer verdanke ich den Hinweis auf den Titel *Kaiser Joseph und die Bahnwärterstochter* eines Artikels von Karl Kraus über die Heimkehr Gustav Mahlers. *(Die Fackel,* Nr. 324–325 vom 2. Juni 1911, S. 7) Aus dem Inhalt des Artikels ergab sich allerdings kein Bezug zum vorliegenden Drama; auch ein Stück dieses Titels konnte nicht gefunden werden.

74 ▷ *unter dem Namen eines Grafen Falkensteyn:* »Der Name, Graf von Falkenstein, unter welchem Joseph reiste, war übrigens keineswegs Erdichtung, sondern gehörte zu dem großen Titel der österreichischen Regenten. Die Grafschaft Falkenstein war ein Reichsgrafschaft zum oberrheinischen Kreise gehörig und liegt auf dem sogenannten Hunsrück zwischen Zweibrücken und der Stadt Alzei. [...]« (Karl August Schimmer: *Kaiser Joseph. Anecdoten, kleine Vorfälle ...,* S. 56 f.)
▷ *Gräfin Primitiva von Paradeysser:* sgZ: zu Paradeysserlust (XVI/1–97). – Im *Schematismus der röm. kais. auch kais. königlich- und erzherzoglichen Haupt- und Residenzstadt Wien 1789* wird nur ein »Mauteinnehmer bey dem rothen Thurn« Franz Paradeyser, wohnhaft in der Leopoldstadt 222, genannt. Ein Adelsgeschlecht dieses Namens war nicht zu finden.
▷ *Ottilie von Hatzfeld:* NV: Contess Braiten-Landenberg (XVI/1–2) – Braiten-Landenberg ist eines der von FHO verwendeten Pseudonyme.
▷ *Comtesserln bei Hof:* V: Palastdamen (XVI/2–26).

381

▷ *Ludwig Graf Cobenzl:* sgZ: Reichskanzler (XVII/3–IV), NV: Saibling (XVI/1–4). – Ludwig Graf von Cobenzl (1753–1809), österreichischer Diplomat und Politiker, war 1801 bis 1805 (unter Franz II. [I.]!) Hof- und Staatsvizekanzler, während zur Zeit Josephs II. sein Cousin Philipp Cobenzl (1741–1810) diese Funktion innehatte.

▷ *Orpheus Graf Wumpsprandt:* NV: Wumbsprandt (XVI/1–2), Wumsbrand zu Wumbshofen (XVI/1–75), Wumbbsprandt (XVI/1–97), Orpheus Casimir Graf Wumbsprandt, genannt Bangemacher (XVI/1–102). – Die Wurmbrand waren ein steirisches Rittergeschlecht nach »dem namenlosen Lindwurmtödter, welcher das bei Traisheim so viel Unheil stiftende Gewürm, nachdem die Burgfrau Gertrude von Traisheim vergebens bei allen Rittern der Umgebung Hilfe gegen dasselbe gesucht hatte, in dem Augenblicke, als es aus seinem Versteck hervorkroch, um den Ritter zu überfallen, dadurch tödtete, daß er, den Angriff erwartend, dem thierischen Scheusal einen Feuerbrand mit aller Wucht in den Rachen stieß und es dann mit mehreren Schwerthieben erlegte. Nur der Name des Sohnes des Drachentödters, Ottokar, ist bekannt, aber Herzog Theobald verlieh dem unbekannten Helden, nachdem er die That erfahren, zur Erinnerung an dieselbe den Namen Wurmbrand, den der Sohn fortführte, welcher selbst zu den tapfersten Rittern der Steiermark zählte und den Ruhm seines Namens mehrte.« (Wurzbach: *Biographisches Lexikon,* Band 58, S. 302) – Zur Zeit Josephs II. befand sich Franz Joseph Reichsgraf von Wurmbrand-Stuppach (1753–1801) als Rat im »Kaiserl. Königl. innerösterreichischen Gubernium in Pleno« in kaiserlichen Diensten.

▷ *Onuphrius Freiherr von Laab im Walde:* NV: Rüdiger (XVII/5–VI), Höfling, Molchstein (XVI/1–88). – Laab im Walde ist eine Ortschaft in Niederösterreich.

▷ *Kreuzwendelich Graf Schäßburg:* NV: Kreuzwendedich (XVI/1–2 verso).

▷ *Dagobert Pappelberg Edler von Kaiserhuld:* NV: Jeremias Edler von Pappelberg und Kaiserhuld, Zeremonienmeister (XVI/1–2 verso), Stubenberg (XVI/1–67), Schliefenstein (XVI/1–66 verso).

▷ *Sir Hugh Algernon Whimbhalsell:* NV: Sir Hugh Algernon Mac David Whimhalsls (XVI/1–2), Whimfondle (XVI/1–72 verso), Whimhalzil (XVI/1–94).

75 ▷ *Gackermeier Leopoldine:* NV: Witfrau Schunkengruber, Witfrau Burzbichler (XVII/3–1).

▷ *Zwölfaxinger:* Zwölfaxing nennt sich ein Ort in Niederösterreich.

▷ *Innozentia:* NV: Creszentia (XVI/1–101). – Innocentia heißt auch die Dorfschöne mit dem großen Herzen in Heinrich Lautensacks Komödie *Hahnenkampf* (1908).

▷ *Franz X. Teuxelsieder:* NV: Höllriegel (XVII/5, Fasz. 5–4).

▷ *Piffrader Quirinus:* NV: Leychtenpfiff (XVI/1–2 verso).

▷ *Nebelkettinger Franz:* sgZ: k. erbl. Verschieber (XVI/2–27).

▷ *Wadschunkerl Franz:* NV: Wachelberger Franz (XVII/3–3).

▷ *Zwei Gnomen:* sgZ: auf einer Draisine (XVII/3–IV).

▷ *Rinaldo Rinaldini:* NV: Rinaldo Cavarodossi (XVI/1–3), Rinaldo Cavolofiori (XVI/1–54), der Räuber Jaromir (XVII/3–3). – *Rinaldo Rinaldini, der Räuberhauptmann* (1798), Roman von Christian August Vulpius, war ein Bestseller seiner Zeit. Jaromir heißt der männliche Protagonist in Grillparzers *Ahnfrau.*
Personen, die keinen Eingang in das Stück fanden oder schwer zuzuordnen sind: Gallimathias ... Sekretär (XVI/1–4), Aus dem Geisterreich: ein den Bahnen zugeteilter Berggeist IIter Classe (XVI/1–98), Geyr von Schweppenburg (XVI/1–102 verso).

382

▷ *Waldmann, ein Dachshund:* sgZ: als Zugsmeldehund tätig (XVII/3–IV), V: ein gelber Dachshund im Signaldienst (XVII/1–IV).

▷ *ein Apfelschimmel mit Federbusch:* V: ein k. k. Hofpferd (XVII/1–IV), ein falsches Pferd des k. k. Vorreiters (XVII/2–IV).

▷ *Ort:* V: eine kleine Station im Hochgebirge (XVII/5–VII), eine kleine Station im Hochgebirge und Zeremoniensaal der Wiener Hofburg (XVII/2–IV).

▷ *Zeit:* V: in den letzten Regierungsjahren des Kaiser Joseph II. (XVII/3–VII), etwa um 1786 (XVII/4–IV).

Neben den sowohl ständisch als auch nicht ständisch geordneten Personenverzeichnissen finden sich bei FHO, der sich stets um die Aufführbarkeit der Stücke bemühte, immer wieder kleine Listen mit Vorschlägen zu Doppelbesetzungen:

Rinaldo Rinaldini	– Lord Hobgoblin
Fürst Pfauenberg	– Leychtenpfiff
Sir Whymbhalsell	– Nebelkettinger
Graf Schäßburg	– Trummruckinger
von Pappelberg	– Abdias Hockauf
Laab im Walde	– Zwaxlhofer
Witfrau Gackermayer	– dicke Hofdame
Baronin Zirm ⎫ Gräfin Paradeyser ⎭	– zwei Lavendelweiber

(XVII/5, Fasz. 5–2)

76 ▷ *Wohnstube im Bahnwächtershaus:* V: Vor dem Aufgehen des Vorhanges ertönt ländliche Schalmeimusik, Läuten von Herdenglocken und Bahnglocken und Signalmotive, fernes Lokomotivpfeifen und -geräusche. (XVI/1–8)
Bahnwächterhaus in einsamer, prachtvoller Hochgebirgsgegend. Im Hintergrund ein großer Gletscher. Links ein Felsvorsprung mit Tannen bestanden. Rechts ein stollenartiger Tunnel. Vor ihm eine Brücke mit einer Nepomukstatue. An der Felswand links ist verschiedenes Bahngerät angelehnt, auch steht dort ein Schleifstein. Neben dem Bahnwächterhaus – kleiner Barockbau – auf antikem Sockel einer zertrümmerten Merkurstatue ein Bildstöckel. Strahlender Morgen. Ein Dackel ist dauernd an einem Eckstein mit seinen Untersuchungen beschäftigt. Innozentia spielt Zither, einige Lämmer weiden neben ihr. (XVI/1–23)
Inneres des Bahnwächterhauses. Bäuerliche Barocke um 1770. (XVI/2–29)

▷ *TEUXELSIEDER kommt herein:* V: DEUXEL (trägt eine Kraxen Tannenzapfen herein und stellt sie neben mehrere schon vorhandene.)
So. Numero zehni. Lauter Tannenzapfen. Dös ham d' Logomodiven gern. Dös wann s' haben, mögen s' nix andres.
Jo, dös Zapfenklauben – dös is es härteste! Dös muß ma alles lernen! Herentgegen der Dienst auf der Maschin – da wär koa Klag nit.
Der Führer macht eh d' Hauptsach – dös bisserl nachschürn is bald tan und wird's oan z'fad, geht ma a Stückerl neben der Maschin her, um sich d' Füß zu vertreten . . .
O Sakra Hosenzwickel . . . die oane Kraxen ghört ja vors Haus außi gstellt . . . daß ma s' glei bei der Hand hat. (XVI/2–16)

77 ▷ *Notzerl:* NV: Nozerl. Quantitativ überwiegt in den Manuskripten die Schreibung des Namens ohne »tz«, doch würde dabei der obszöne Wortwitz S. 119 unverständlich.

▷ *So gwisse Fallotten:* V:
Aber die Welt gönnt's uns nicht,
daß a bei uns was geschiecht...
Da gebat's so Herrn,
die schauderlich röhrn. (XVII/3–1 verso)

78 ▷ *Dös hoaßt ma in Fremdenverkehr:* V: Zu d' Gamserln, d' Reh und die Bär? (XVI/1–8)
▷ *Katachöd:* V: Oberförster (XVII/3–2).

79 ▷ *Jo-sepff:* Die beiden möglichen Schreibungen mit »f« und »ph« laden dazu ein, sich
solchermaßen zu irren. Trotzdem sei dem Leser nicht vorenthalten, daß laut
Darstellung Wilhelm Knappichs dies dem Kaiser Joseph II. selbst widerfuhr, als er
nämlich auf dem Sterbebett um zehn Uhr abends seinen letzten Akt unterschrieb. (Vgl.
Wilhelm Knappich: *Die Habsburgerchronik*, S. 250) – Schimmer hingegen berichtet in
seiner Anekdotensammlung über den sterbenden Kaiser von einer anderen fehlerhaf-
ten Schreibung: »An demselben Tage, Nachmittags gegen vier Uhr unterschrieb der
Kaiser noch zum Letztenmale eine Schrift; die Züge waren aber sehr undeutlich und er
schrieb *Jofeph* statt *Joseph*, obschon er noch Tags zuvor seinen Namen noch
achtzigmal ordentlich unterschrieben hatte.« (Karl August Schimmer: *Kaiser Joseph.
Anecdoten, kleine Vorfälle...*, S. 159) – Die Antwort auf eine diesbezügliche Anfrage
an das Haus-, Hof- und Staatsarchiv konnte diese Behauptung nicht erhärten.
▷ *Militärfindelhaus:* Kaiser Joseph initiierte zahlreiche humanitäre Institutionen, wie das
Wiener Allgemeine Krankenhaus (1784), die Gebäranstalt, das Findelhaus, die
Taubstummenanstalt etc. Seine Verdienste um die Förderung des Militärwesens,
beispielsweise durch die Errichtung des Josephinums (1785), eines Instituts zur
Ausbildung von Militärärzten, werden hier mit »Findelhaus« scherzhaft auf eine
Assoziationsebene gebracht. »Gedeihliche Anstalten für Soldatenkinder« nennt aber
auch Johann Pezzl in seiner biographischen Darstellung des Kaisers. (Johann Pezzl:
Charakteristik Josephs II., S. 26)
▷ *gegen halbi achti af d' Nacht:* sgZ: da kann ma sie verlassen – der war no nie
unpünktlich. Recht a kommoter Zug! (XVI/2–10)

80 ▷ *a richtiger Kaiser muß ganz schwarz-gelb anglegt sein:* Schwarz-Gelb sind die
Hausfarben der Habsburger.
▷ *Wollt Ihr nicht das Lämmlein hieten:* Friedrich Schiller, *Der Alpenjäger* (1804):
Willst du nicht das Lämmlein hüten,
Lämmlein ist so zart und sanft.
Nährt sich von des Grases Blüten,
spielend an des Baches Ranft.

81 ▷ *Nepomuken:* Johannes von Nepomuk (1350–1393), 1393 von König Wenzel gefangengenommen und nach Folterung in der Donau ertränkt. Durch sein Denkmal auf der
Prager Karlsbrücke wurde er zum Brückenheiligen. Seit seiner Heiligsprechung im
18. Jahrhundert wurde er in Österreich viel verehrt.

82 ▷ *Schaam di in Grund und Boden hinein:* V: Schaam di! (Er wendet sich verschämt ab.
Die andern hänseln ihn. Trotzig schultert er seinen Stutzen und schließt sich der

384

wegschleichenden Gruppe an, die schließlich auf allen Vieren im Tunnel verschwindet.) (XVI/1–26) – In der zweiten Handschrift verschwindet der Tunnel. und es ist eigentlich unklar, warum die Wilderer in der Endfassung, sozusagen ab der Haustüre, auf allen Vieren davonkriechen.

▷ *O! Ihr grauslichen Fränze:* V: O Fränze! Fränze! (XVI/1–12); Ös grausliche Franzeln! (XVI/1–11 verso)

83 ▷ *weiterkriechen sieht:* sgZ: INNOZENTIA (droht nach) Abscheiliche Fränze! (XVI/1–14)

84 ▷ *Er is gar net einagfalln in d' Senkgruben:* V: Er ist leider gar nit einigfallen – dees kühlet ihn nur ab . . .
BURGL Leider, sagst? Wo er dann so lang gejauchzet had damals.
INNOZENTIA Gejauchzet? – Gschumpfen hat, wia i ean no nie ghört hab.
NOTBURGA Aber naa . . . voller Jauchen war er! Weißt nimmer, wia ma ihn aus'wunden ham und wie lang dös dauert hat, bis ma ihn trocken gebracht ham . . . Und heit no kann man's an eam schmecken, wann er recht warm bekommt.
INNOZENTIA Was redst denn! Koa bißl mehr schmeckt er . . . koa bissel mehr . . . nit was schwarz unterm Nagel is . . . grad daß er a bissl müachtelt an feichte Tag.
NOTBURGA Alsdann . . . was gibt's denn, daß d' gar so aufgregt bist?
INNOZENTIA Der Vater wird in an ganz anderen Dreck einikimman! (XVI/1–13 verso–16)

▷ *Leitern:* V: Latern (XVI/2–39) – Um Mißverständnissen vorzubeugen, änderte FHO die dialektale Form »Latern«, die sowohl »Leiter« als auch »Laterne« bedeuten könnte, in eine eindeutig verständliche Schreibung.

▷ *gehst Schwammerl brocken:* V: geh Kaiserlinge brocken (XVI/1–99).

▷ *denn der Herr Vatter, kimmt, wann s' ean beim Gnack haben, nach Fenedig auf die Galeere:* Urkunden aus dem 17. Jahrhundert belegen, daß die Salzburger Erzbischöfe Übeltäter und Wilderer der Seemacht Venedig gegen Ersatz der Transportkosten als Galeerenruderer überantworteten. Erzbischof Guidobald von Thun bedrohte 1665 das Schießen von Steinböcken mit der Galeerenstrafe. Sein Nachfolger Max Gandolf von Kuenburg dehnte wegen überhandnehmender Wilderei diese Strafe selbst auf Personen aus, »die nur mit einer Büchse an verbotenen Orten angetroffen wurden«. (Diesen Hinweis verdanke ich Herrn Dr. Clemens M. Hutter, Salzburg.)

86 ▷ *ein Bahnwärterhaus in der Art eines Rococopavillons:* V: Die Bahnstrecke vor dem Wächterhaus. Links im Vordergrund ein steiler Felsvorsprung, rechts große Steinplatten. Gletscherlandschaft. Hinter dem pavillonartigen Wächterhaus ragen einige Tannenspitzen aus dem Abgrund. Strahlender Morgen. (XVI/1–20)

▷ *füttert sie die Lämmer:* V: (und singt traurig und zerstreut) Mei Vattern sei Haus is mit Habernstroh deckt . . .
Habern-stroh . . . deckt . . . (nachdenkliche Pause) . . . dann geh i in'n Klee (seufzend) . . . kommen vier lustige Jagerbuam, Jagersbuam . . . Hebn ma . . . in Stoan vom Herzen . . . in d' Höh (seufzt und blickt in die Ferne) . . . 'n Stoan vom Herzen (nickt traurig) (XVI/1–20).

▷ *Samiel Hundsknochinger:* Deutliche Anspielung auf Samiel, den Verführer in Carl Maria von Webers *Freischütz.*

▷ *awa, fest sein die Wadel:* V: Nur d' Zopferln sein lang und d' Haar san wild. (XVI/1–18 verso)

87 ▷ *Callotsche Fetzenfiguren:* In Jacques Callots (1592–1635) Werk findet sich eine große Anzahl von Kupferstichen, Figuren der Commedia dell'arte in Fetzengewändern darstellend. (Vgl. Thieme-Becker: *Allgemeines Lexikon der bildenden Künstler,* Band 5, S. 407 ff.) Die tänzerischen Posen lassen die Gewänder flatternd wirken.
Die Szene mit den Zugsankunftswahrsagerinnen ist im Konvolut XVII/3 nicht vorhanden und wurde für die Erstellung des Lesetextes aus XVII/5, Fasz. 3–2, übernommen.

88 ▷ *Is auch a Unglück, daß der Döllegraf no nöt derfunden is:* Das Signalwesen vor Erfindung des Telegraphen bestand in erster Linie aus Wachposten und einem ausgefeilten optischen Signalsystem. (Vgl. Ludwig Kohlfürst: *Signal- und Telegraphenwesen,* in: *Geschichte der Eisenbahnen der österreichisch-ungarischen Monarchie,* Band 3, Wien–Teschen–Leipzig 1898)

▷ *Lokomotive »Schönbrunn«:* Eine Lokomotive »Schönbrunn« wurde 1840 von der k. k. landesbefugten und privilegierten Gesellschaftlichen Maschinen-Fabrik gebaut, befuhr die Strecke Wien–Gloggnitz und explodierte 1847. (Österreichische Lokomotiven-Sondernummer: *Die »Wien–Raaber (Gloggnitzer) Bahn« und ihre Lokomotiven,* Wien 1971, S. 25.) – Eine zweite Lokomotive »Schönbrunn« befuhr von 1858 bis 1884 die Westbahnstrecke. (Die Herausgeberin dankt Herrn Ing. Karl Heinz Knauer vom Wiener Technischen Museum für diesen Hinweis.)

89 ▷ *Fischet zuerst die Würstel heraus:* Am 5. 8. 1930 schrieb FHO an Alfred Kubin: »Daneben arbeite ich über die Stellung Grillparzers zu den sog. ›Würstellomotiven‹ eine technisch-kulinarische Institution die jetzt genau konform mit ihren großen Schwestern auf die Rutsche kommt. Schade um die Lokomotiven. Wenn Du Typen brauchst, kann ich dienen.« (*S. W.,* Band VII, S. 259)

▷ *Frau Mahm:* ohne unmittelbare Zuordnung: V: Mizzi Lugschipplinger (XVI/1–29 verso). – »Lügner« heißt im Dialekt »Lugnschippl«.

94 ▷ *Uhern:* veraltet für Ungarn.

▷ *Hayducken:* Heiducken, ursprünglich ungarische Viehhirten, ab dem 16. Jahrhundert Angehörige einer ungarischen Söldnertruppe, ab dem 18. Jahrhundert Gerichtsdiener und Diener hoher ungarischer Adeliger.

95 ▷ *schaut's ganz, ganz anders aus:* V: INNOZENTIA Es hat aber Stallungen ... und was von der Kuchl kommt ... (XVI/1–34 verso).

▷ *Warten S':* V: Warten S'! das Lied von der neuchen Eisenbahn! Sie singt und begleitet sich dazu auf der Zither. (Zum Dachshund:) Waldmann! daß d' brav bist ... nit die zweite Stimm mitsingen ... Sonsten hau i dir in ... (Sie beißt sich auf die Lippen.) (XVI/1–36)

97 ▷ *mein Neffe Franziscus:* Franz II. (ab 1804 I.) (1768–1835), 1792 bis 1835 Kaiser von Österreich.

98 ▷ *Sonnenfels:* Joseph Reichsfreiherr von Sonnenfels (1733–1787), österreichischer Nationalökonom und Jurist, unterstützte Joseph II. wesentlich in seiner Reformpolitik, bewirkte die Abschaffung der Folter.

100 ▷ *als schweratmend die dicke Witfrau Gackermeier auftaucht:* Valeska von Blutenburg
im *Wiesenhendl*, Wetti Zwöschbenflöckh in *Prinz Hamlet der Osterhase* und diese
dicke Witwe bilden bei FHO einen immer wiederkehrenden Personentypus. Es ist
denkbar, daß der Autor dabei die Freundinnen seines Freundes Anton Maximilian
Pachinger, Marie Bayerlacher und die »dicke Liesi«, vor Augen hatte. (Vgl. *S. W.*,
Band II, S. 315, Anmerkung: *Nein, ist das Madel da aber dick.*) Bei Valeska Blutenburg
ist die Konkordanz des Berufs zur »dicken Liesi« – beide traten in Schaubuden auf –
gegeben. – Trotzdem wäre es sicher eine Untersuchung wert, warum parallel zum
Entstehen des androgynen Bubikopfmädchens, dem eher herberen Frauentypus, ein
deutliches Interesse an Frauenspersonen mit sehr betonten weiblichen sekundären
Geschlechtsmerkmalen aufkam. (Man denke nur an Doderers »Dicke Damen«!) Das
üppige Weib FHOscher Prägung ist jedoch nicht minder sexuell aktiv als seine
knabenhaften Geschlechtsgenossinnen. Die abnorm dicken Damen verbindet, daß sie
sehr zielstrebig auf Männer zusteuern, die sie eindeutig nicht nur in Größe und Gewicht
dominieren: Lallmeier hat »Schultern wie ein Henderl« (S. 287), Pappelberg ist
»hundsmocher« (S. 122), und Kuno von Blutenburg muß zur gemeinsamen Jause
überhaupt auf einen Bébéstuhl gesetzt werden (S. 208).

▷ *Zwei Bauernburschen schleppen ihr Gepäck:* sgZ: Streit bei der Entlohnung ad
libitum. (XVI/1–44)

▷ *Heiligen Sieben Schläfer:* Die sieben Märtyrer Maximinianus, Malchus, Martinianus,
Dionysius, Johannes, Serapion und Constantinus, die nach der Legende während der
Christenverfolgung 251 vor Kaiser Decius in eine Höhle flüchteten, von diesem
eingemauert, in Schlaf fielen, aus dem sie erst unter Theodosius II. (401–450)
erwachten. (Vgl. *S. W.*, Band I, S. 222, Anmerkung: *die den heiligen Siebenschläfern
geweiht war.*)

▷ *blickt devot nach oben:* sgZ: Jö . . . wo hab i denn die Taschen, wo der heilige Wenzel
drauf gstickt ist? . . . Sie sieht sich verzweifelt um und wirft die Gepäckpyramide um.
(XVI/2–52 verso)

101 ▷ *Sehen dem Notar dort ähnlich:* »Freiherr von Fürst berichtet, daß in Krems in der
Akademie ein illegitimer Sproß des Kaisers [Franz Stephan] gelebt haben soll: ›Aber
man kann nichts dergleichen anführen, als daß die Ähnlichkeit beim ersten Blick
jedermann ins Auge fällt . . .‹« (Hans Magenschab: *Josef II. Revolutionär von Gottes
Gnaden*, Graz–Wien–Köln 1979, S. 69 f.)

102 ▷ *dees wär ja die sechste:* V: Und in der sechsten, da ist überhaupt nix da, da laufen s'
neben die leeren Axen – gar ka Gefahr – und a schönes Bewußtsein is a was wert.
(XVI/1–18 verso)

106 ▷ *Netzdiopter:* Zeichenhilfe.

▷ *Carbonarivollbart:* Carbonari nannte man die Mitglieder eines italienischen Geheimbundes, dessen Brauchtum den Köhlern (carbonari) entlehnt war. Er entstand um 1807
in Kalabrien und verbreitete sich in ganz Italien mit dem Ziel der Unabhängigkeit und
freiheitlichen Verfassung Italiens.

▷ *durch seinen wilden und düstern Blick:* sgZ: und eine schwarze Brille. (XVI/2–58)

▷ *Seht hier den Stern an meiner Brust:* Es frappiert in sämtlichen biographischen
Darstellungen des Kaisers, daß er zwar inkognito zu reisen liebte, jedoch stets von
begeisterter Bevölkerung umjubelt wurde. – Anekdoten zufolge schien der Kaiser das
Inkognito mitunter selbst zu lüften, wie beispielsweise folgende Geschichte zeigt:

»Bei des Kaisers Reise durch Ungarn hielt ein Bauer bei der Nachricht, daß er auch sein Dorf passieren würde, sein bestes Pferd bereit und stellte sich damit auf die Straße, um es ihm zum Reiten anzubieten. Bald kam der Kaiser, weit von seinem Gefolge entfernt, herangesprengt, und fragte den Bauer, was er da wolle. ›Ich warte‹, antwortete dieser, ›auf unsern Kaiser und möchte ihm gerne mein Pferd zum Reiten anbieten.‹–›Weißt Du was‹, sagte Joseph, ›gib das Pferd mir.‹ – ›Da wird nichts daraus‹, versetzte der Bauer, ›das ist gar ein gutes Pferd und darauf soll Niemand als der Kaiser reiten.‹ – ›Nun so gib nur her, ich bin ja selbst der Kaiser‹, sagte Joseph lächelnd. – ›Das glaub' ich nicht‹, antwortete der Bauer, ›auf die Art könnte Jeder kommen, und dann würde ich mich nur ärgern, wenn der Kaiser selbst kommt, und ich habe mich schon so lange darauf gefreut.‹ – ›So sieh nur her‹, sagte der Kaiser, indem er den Rock aufknöpfte, ›da ist der Stern.‹ – ›Ei was‹, murrte der Ungläubige, ›Sterne können Mehre tragen, das habe ich in der Stadt gesehen, und der Kaiser wird auch so allein daher kommen.‹ In dem Augenblicke aber kam das Gefolge nachgeritten, nun erst gingen dem Bauer die Augen auf, der Kaiser bestieg das Pferd und machte durch seine Huld und durch eine Hand voll Dukaten den Bauer auf Lebenszeit glücklich.« (Karl August Schimmer: *Kaiser Joseph. Anecdoten, kleine Vorfälle* ... S. 25)

▷ *Allgemeine große Bewegung setzt ein:* Dieser Zusatz in XVI/2 ist sicher auf Anregung des unbekannten Kritikers (siehe S. 343 f.) hin entstanden, der in das Manuskript notierte: »Hier muß große, allgemeine Bewegung sein und irgendeine Reaktion, die überraschend ist; der folgende Dialog ist zu klein dafür.« (XVI/2–57 verso)

07 ▷ *um sie sofort wieder aufzusetzen:* sgZ: Die Gnomen bleiben in tiefer Verbeugung stehen und alle Wilderer flehen um Gnade. (XVI/1–55)

▷ *Es ist die Stimme meines Volkes:* Paralipomenon: Hören Sie die Stimmen des Volkes! seine Worte, die es setzt, sind bieder und einfach! Es verstehet nicht sie anders zu setzen, als Sie izt hören werden! Mitbürger! Hochansehnliche Festversammlung! Meine Damen und Herren! Geben Sie Ihren wahren Gefühlen den richtigen Ausdruck! So möge denn Seine Exzellenz die Stimme seines Volkes, seine zum Herzen dringende Stimme hören: (Jammergeheul)
Schon unsre Eltern und Voreltern haben nicht anders gesprochen: Es ist wenig, was wir zu sagen haben ... aber, es kommt aus vollem Herzen und dringet zum Herzen ...
Also, Herr Bundespräsident, hören Sie die Stimmen Ihres Volkes: (Jammergeheul) Es wird Ihnen ohne Schönfärberei sagen, was es empfindet und insbesondere, was es über die Weltlage denkt! und was es von der Zukunft denkt! (XIX/2 = ÖNB Cod. ser. nov. 13.701-1)

11 ▷ *Luhatschowitsch:* Ein Adelsgeschlecht dieses Namens konnte nicht ausfindig gemacht werden, hingegen ein Dorf »Luhatschowitz« in Mähren, das über heilkräftige Quellen verfügt. *(Meyers Konversations-Lexikon,* Band 11, 1896, S. 598)

12 ▷ *Meinen gwiß in Richelieu:* Louis François Armand Duplessis, Herzog von Richelieu (1696–1788), Urneffe des Kardinals, wegen seines schönen Aussehens bei Damen äußerst beliebt, war in den Jahren 1725 bis 1728 Gesandter Ludwigs XV. am Hof in Wien, wo er am 13. Mai 1727 Friedenspräliminarien – wahrscheinlich zur Aufhebung der Ostendischen Handelskompagnie – mitunterzeichnete. *(Meyers Conversations-Lexikon,* Band 12, 1847, S. 138)

▷ *Das heißt, als Gsandter:* V: d. h.! innerlich sanns alle bugled, die Diplomatten! sagma halt bossü. (XVII/3–23)

388

▷ *Rohan:* Louis René Eduard Prinz von Rohan (1734–1803), der spätere Kardinal und Protagonist der Halsband-Affäre. Über sein rücksichtsloses Benehmen als französischer Botschafter am Wiener Hof herrschte allgemeine Empörung. (Vgl. Alfred Ritter von Arneth und Mathieu-Auguste Geffroy [Hrsg.]: *Marie-Antoinette: Correspondance sécrète entre Marie-Thérèse et le Comte de Mercy-Argenteau. Avec les lettres de Marie-Thérèse et Marie-Antoinette.* Paris 1874, Band 2, S. 51)

▷ *die bei der westindischen Gesandtschaft waren:* V: portugiesischen, honduranischen (XVII/3–23). – Diese Passage existiert in mehreren Fassungen und lag offenbar dem Autor besonders am Herzen. (XVII/5, Fasz. 3–3; Fasz. 5–10; Fasz. 5–11 etc.)

▷ *vom diensthabenden Wappenkönig vom Toisonorden:* V: vom Webenau, wo der Wappenkönig vom Goldenen Vließ ist (XVII/5, Fasz. 5–11). – Der Toisonorden, auch österreichischer Ritterorden vom Goldenen Vlies oder Ordo Velleris Aurei genannt, wurde am 10. 1. 1429 von Herzog Philipp dem Guten von Burgund gestiftet. Der Ritter vom Toison d'Or ist zugleich auch Zeremonienmeister, Ahnenprobenexaminator und diplomatischer Agent des Ordens. (Vgl. Roman Freiherr von Prochazka: *Österreichisches Ordenshandbuch,* Band 1, München 1979, S. 6–9)

113 ▷ *daß ihm zu Ehren die Marokkanergassen baut wird:* Die heutige Afrikanergasse im 2. Wiener Gemeindebezirk trug bis 1862 den Namen nach der marokkanischen Gesandtschaft, die am 14. 2. 1782 (also in der Regierungszeit Josephs II.!) in Wien eintraf, um einen Handels- und Freundschaftsvertrag zu schließen. (Vgl. Wilhelm Kisch: *Die alten Strassen und Plätze von Wien's Vorstädten,* Band 1, S. 244 f.)

▷ *und sich aller Lüste zu enthalten:* V: und keusch zu sein. Deshalb is d' Jausen eingführt worden in Österreich. (XVII/3–23a) – Die Jausenzeit als Stunde des Verhängnisses zieht sich leitmotivisch durch das Werk FHOs. (Vgl. dazu auch *Rout am Fliegenden Holländer, S. W.,* Band II, S. 199)

▷ *Kremnitzer Dukaten:* In Kremnitz geprägter und nach dieser Prägestätte benannter Dukaten aus der Zeit Maria Theresias. (Vgl. Bernhard Koch: *Geldwesen, Münzen und Medaillen,* in: Walter Koschatzky [Hrsg]: *Maria Theresia und ihre Zeit.* S. 331)

▷ *die hohe Gnad!:* sgZ: Jetzt will i nix mehr wissen vom Alfabö ... Anflabö. (Ende.) (XVI/1–63)

115 ▷ *Kaunitz:* Wenzel Anton Dominik Fürst von Kaunitz-Rietberg (1711–1794) bestimmte als Staatskanzler wesentlich die Politik Maria Theresias und ihrer Söhne Joseph II. und Leopold II.

▷ *'s gibt so eine Krankheit mit krumme Füß:* Gemeint ist die Rachitis, die man auch Englische Krankheit nannte.

▷ *Wie der hochselige Rudi:* Rudolf I. von Habsburg (1218–1291) belehnte am 25. 11. 1276 König Przemysl Ottokar II. von Böhmen (um 1230–1278) mit Böhmen und Mähren. Der dritte Aufzug des Dramas *König Ottokars Glück und Ende,* in dem Franz Grillparzer dieses historische Ereignis gestaltete, spielt am Morgen.

▷ *sehr outriert:* sgZ: (Pause) Brüsewitz! Ja, das laß ich mir gfalln. Kenn ich – reizendes Haus ... aber: Deixelsieder ... (XVI/1–67)

116 ▷ *böhmischen Hofkanzlei:* Die böhmische Hofkanzlei wurde 1708–1710 und 1814 nach Plänen von Johann Fischer von Erlach erbaut. (Vgl. Wilhelm Kisch: *Die alten Strassen und Plätze Wien's,* S. 639)

▷ *gschwinden Äugerln:* Nystagmus.

▷ *Entsetzlich:* V: Affrö, affrö! (XVI/1–68)

389

▷ *wegen Hofbaall:* V:
ZIRM Bitte, heerns auf . . . Hu! . . . Was is denn das? . . . 's wird ja finster . . . das haben S'
von ihre grausliche Gschichten!
(Die Bühne verfinstert sich ein wenig. Die Felswand vorn ist plötzlich blau
durchleuchtet. Man sieht, transparent werdend, die Inschrift: Dienstzimmer: Berggeist
IIte Classe.)
DIE BEIDEN DAMEN Hu . . . Hu . . . Hu. (Sie spannen kleine Parasols auf und halten sie
zwischen sich und die Erscheinung des Geistes.)
GRAF WUMPSPRANDT Ja – waas is denn das? Ein Re-ve-nant . . . irgend an Ahnherrn.
Schau. Schau. Gschpaßig. (Er schüttelt den Kopf und geht näher hin, um besser zu
hören. Alle Eisenbahner stehen habacht.)
DER BERGGEIST (verbeugt sich leicht, kaum bemerkbar, zuerst gegen den Kaiser.)
Wenn Zweifel euch im Publikum bedrücken,
daß das, was ihr hier sehet, sei nicht wahr,
wie dies so oft geschieht in andren Stücken,
so werde euch das Folgende jetzt klar:
Daß Neues spurlos manchesmal versiegt,
bestürmt, bejubelt, plötzlich dann verweht.
In jähem Aufstieg glanzvoll siegt und siegt,
und rasch vergessen nebelhaft vergeht.

So gab's in England einstmals eine Bahn,
die wenig Jahre später so vergessen war,
daß Stephensons Primat zu Recht besteht.
Nehmt unser Spiel hier, was es ist – als Traum,
der unsrem Leben gleich, wie Spiegelhauch verweht.
(Pause)
Des Kaïser Josephs Bild besteht in Zeit und Raum.

(Graf Schnopfi ist herangetreten, hat während der ganzen Rede den Berggeist mit dem
Lorgnon von oben bis unten betrachtet und klappt das Lorgnon mit dem Ausdruck
unendlicher Geringschätzung zu.
Ein blinder Harfner kommt auf einem Rollwägelchen dahergefahren, von einem Pudel
mit lechzender rother Zunge gezogen, der ein Glockenspiel am Kopf trägt. Von dem
Gefährt ertönt feierlich das Kaiserlied. Alles jubelt dem Kaiser zu.)
ALLE Vivat Josephus! Vivat Josephus!
(Aus der Erde taucht jählings der Geist Cavarodossis auf und schwenkt ebenfalls seinen
Spitzhut, um dann langsam noch immer winkend zu verschwinden.) ENDE.
(XVI/1–68–70)

18 ▷ *Batthyany:* Karl Josef Batthyany (1697–1772) war der ungeliebte Erzieher und
Obersthofmeister des späteren Kaisers Joseph II. – V: Bechtoldsheim (XVII/3–28).

▷ *Daß sie einen T e u f e l seit ein paar T ä g in der Schönbrunner Menagerie ham:* Gemeint
ist hier wohl der Makako, den der Direktor des botanischen Gartens in Schönbrunn,
Franz Boos, von der Kap-Expedition (1786–1788) für die kaiserliche Menagerie
mitbrachte, der den Namen »Peterl« erhielt und der Liebling des Kaisers Joseph II.
gewesen sein soll. (Vgl. Ursula Giese: *Wiener Menagerien,* Wien 1962, S. 90)

19 ▷ *Zwölfpatschinger:* V: Zwölfpratzinger (XVI/1–73).

120 ▷ *Dreilaufergassn:* Dreilaufergasse, seit 1909 Lindengasse, wahrscheinlich nach herr-
schaftlichen Laufern benannte Gasse im 7. Wiener Gemeindebezirk. (Czeike: *Groner
Wien-Lexikon,* S. 451)

▷ *Schottenfeld:* »selbständige Vorstadt auf dem Boden des heutigen 7. Wiener Gemeindebezirks, die 1850 eingemeindet wurde. Hier befanden sich noch bis Ende des 18. Jh.s
ausgedehnte, dem Schottenstift gehörende Felder, die nach und nach [...] verbaut
wurden.« (Czeike: *Groner Wien-Lexikon,* S. 749)

▷ *»Wo der gute Hirte daas verloorene Lamm röttet« [...] »Wo die Schlange nach dem
Sündenfall den erschten Eltern Gute Nacht winscht!«:* Diese Häusernamen konnten
nicht verifiziert werden, doch waren Bezeichnungen dieser Art nicht ungebräuchlich,
zum Beispiel: »Wo der Esel in der Wiege liegt«, »Wo der Hahn den Hühnern predigt«,
»Wo der Hahn sich im Spiegel schaut« etc. (Czeike: *Groner Wien-Lexikon,* S. 793)

▷ *Strozzengrund:* Ehemalige Vorstadt Wiens, benannt nach Maria Katharina Gräfin
Strozzi, die 1702 in dieser Gegend Gründe gekauft hatte und ein Palais mit Garten
errichten ließ. (Czeike: *Groner Wien-Lexikon,* S. 793)

121 ▷ *Mohatsch:* In der Schlacht bei Mohacs am 12. August 1687 wurden die Osmanen von
den Kaiserlichen unter Herzog Karl V. von Lothringen entscheidend geschlagen.

▷ *Laimgruben:* Vorstadt auf dem Boden des heutigen 6. Wiener Gemeindebezirks. »Der
dominierende Lehmboden, der die Anlage einer bereits 1370 bekannten Lehmgrube
begünstigte, gab der Ansiedlung ihren Namen. Der lehmige Abhang gegen den
Wienfluß hin wurde zur Ziegelgewinnung abgegraben.« (Czeike: *Groner Wien-
Lexikon,* S. 604)

▷ *Schmecketen Wurmhof:* Gebäude im 1. Wiener Gemeindebezirk. Dieses Haus
verdankt seine Bezeichnung einem Liebesabenteuer, wonach ein junger Student seiner
Angebeteten, einer Waise namens Salome Schmidthuber, zum Geburtstag einen
Blumenstrauß schenken wollte. Unter dem Fenster des Mädchens befand sich das
Gewölbe des »Materialisten« Thomas Racher, über dessen Eingang ein lebensgroßes
Krokodil aus Eisenblech hing. In dessen Rachen steckte nun der Verehrer den Strauß,
den die schöne Salome verschmäht hatte, und so sahen die Wiener mehrere Tage
hindurch, wie der »Wurm« an den Blumen »schmeckte« – im Wienerischen synonym
für »riechen«. (Vgl. Wilhelm Kisch: *Die alten Strassen und Plätze Wien's,* S. 634)

122 ▷ *Dicke Hofdame:* V: von Prenner von Prünstenau (XVII/3–III), Jakobea Prünstenau
von Feuersbrunn (XVII/3–VII); weder in ständisch noch in nicht ständisch geordneten
Personenverzeichnissen des Dramas wird diese Figur namentlich angeführt.

124 ▷ *Eurydike:* V: Heurydike (XVI/1–75).

▷ *Gräfin Wumpsprandt:* V: Gräfin Wumbsbrandt zu Wumbshofen (XVI/1–75).

125 ▷ *mit 'n Contarini tarockt, wo der fenetianische Ambassadör is:* Das venezianische
Geschlecht Contarini stellte nicht nur eine Reihe von Dogen, sondern auch einige
Gesandte.

▷ *Gluck:* Christoph Willibald Gluck, ab 1735 mit Unterbrechungen, ab 1752 endgültig in
Wien, wurde am 18. 10. 1774 von Maria Theresia zum »k. k. Hofcompositeur« mit 2000
Gulden Gehalt ernannt. (Vgl. Wilhelm Kisch: *Die alten Strassen und Plätze von Wien's
Vorstädten,* Band 2, S. 55) – Seine letzten Wiener Jahre (gest. 15. 11. 1787 in Wien)
fallen zeitlich noch in den von FHO gesteckten Rahmen.

▷ *Ja, der Vatter:* sgZ: Aus an Eisenbahner kannst halt kan anständigen Menschen machen! (XVI/1–78)

▷ *Simmering:* selbständige Vorortgemeinde, seit 1892 Hauptbestandteil des nach ihr benannten 11. Wiener Gemeindebezirks mit zahlreichen Industrieanlagen. (Vgl. Czeike: *Groner Wien-Lexikon,* S. 767)

▷ *das Allianzwappen von uns und die Wumpsprandtischen:* Vgl. dazu Kisch: »Dieses Farbenschillern wurde noch durch die barocke Mode erhöht, das Wappen des Geschlechtes auf verschiedenen Theilen des Anzuges, auch an solchen Stellen gestickt zu tragen, wo es offenbar unpassend war, so daß Herren und Damen wie wandelnde Fibeln oder lebendig gewordene Heraldiktafeln aussahen.« (Wilhelm Kisch: *Die alten Strassen und Plätze Wien's,* S. XVII) — V: Wurmsbergischen (XVI/1–78).

26 ▷ *a Wahrsagerin vom Spittelberg:* Teil des 7. Wiener Gemeindebezirks, benannt nach dem Bürgerspital, das ab 1525 hier Äcker und Weingärten besaß. (Czeike: *Groner Wien-Lexikon,* S. 774) – Als verrufene Gegend schildert FHO den Stadtteil im *Gaulschreck im Rosennetz* (*S.W.,* Band I, S. 127 und 221, Anmerkung: *Bei der Gigeritschen).*

▷ *von ... Kanaan:* V: von ... Kaftanien ... nein Kanaan (XVI/1–80).

27 ▷ *seladongrüne:* Seladongrün nennt man ein zartes Grün nach der Glasur chinesischen Porzellans.

▷ *Atlantide:* Atlantiden oder Plejaden sind die Töchter des Atlas und der Plejone. Sie wurden von der ungestümen Liebe des Orion sieben Jahre lang verfolgt und bilden, vom Göttervater in den Himmel versetzt, das Siebengestirn auf dem Rücken des Stieres. (Vgl. Vollmer: *Vollständiges Wörterbuch der Mythologie aller Nationen,* S. 372 und 1337)

▷ *Plexaura:* ist keine Atlantide, sondern Tochter des Okeanos und der Tetys. (Vgl. Vollmer: *Vollständiges Wörterbuch der Mythologie aller Nationen,* S. 1337)

▷ *Nereide:* Eine der Töchter des Nereus und der Doris, »in prächtigem Palaste auf dem Meeresgrund wohnend, und ausgelassen scherzend, wenn sie mit Tritonen und Delphinen auf den Wellen des Okeanos sich schaukeln«. (Vollmer: *Vollständiges Wörterbuch der Mythologie aller Nationen,* S. 1232)

▷ *Aktaia:* Aktäa, Nereide. »Der Name bedeutet: die Uferbewohnerin, und ist daher auch ein Beinamen der Ceres zu Attika, dem Ufergelände, woselbst sie besonders hoch verehrt wurde.« (Vollmer: *Vollständiges Wörterbuch der Mythologie aller Nationen,* S. 130)

▷ *Auloniade:* Nach dem Kult des Dionysos Auloneus vermutlich Bezeichnung für Bacchantinnen. (Vgl. *Paulys Real-Encyclopädie der classischen Altertumswissenschaft,* Band 2, 1896, Sp. 2415)

▷ *Rhodeia:* eine der vielen Töchter des Okeanos und der Tetys. (Vgl. *Paulys Real-Encyclopädie der classischen Altertumswissenschaft,* 2. Reihe, 1. Halbband, 1898, Sp. 955)

28 ▷ *Kalliope:* »Eine der Musen, der Gespielinnen des Apollo. Sie war nach Apollodor die Älteste der Töchter des Zeus und der Mnemosyne; verlieh die Gabe der Beredsamkeit, des Gesanges, der Staatskunst und späterhin der ernsten Poesie, besonders der Heldendichtkunst. Von Apollo oder von Oager ward sie Mutter des Linus und des Orpheus.« (Vollmer: *Vollständiges Wörterbuch der Mythologie aller Nationen,* S. 999)

▷ *Czaki:* Czaky von Kereszteg »vielleicht die älteste aller ungarischen Adelsfamilien«. *(Historisch-heraldisches Handbuch zum Genealogischen Taschenbuch der gräflichen Häuser,* Gotha 1855)

▷ *Lukretia! Du bist die Herzogin Rhodeia!:* FHO schrieb in allen Manuskripten irrtümlich »Aktaia«.

▷ *Perseverant:* ständiger Begleiter, Page.

130 ▷ *Durchhaus:* Haus mit einem Durchgang, der zwei Straßen verbindet.

131 ▷ *Prokesch-Osten:* Anton Freiherr von Prokesch-Osten (1795–1876), Orientalist.

▷ *Königin Karolin von Neapel hat Zwillinge bekommen:* Erzherzogin Maria Carolina (1752–1814), Tochter Maria Theresias, heiratete 1768 den Infanten Ferdinand IV. von Bourbon und lebte am Hof in Neapel. Sie bekam zwar einige Kinder, jedoch keine Zwillinge.

132 ▷ *Sternkreuzordensdame:* »An den Brand des Leopoldinischen Traktes [der Wiener Hofburg] (1669) knüpft sich die Entstehung des ›Sternkreuz-Ordens‹. Eine bei der frommen Kaiserin Eleonora, Witwe Ferdinands III., verwahrte ›Kreuzpartikel‹ soll (obgleich das Gold der Fassung geschmolzen war) nach fünf Tagen unversehrt aus dem glühenden Schutt gezogen worden sein. Dieser merkwürdige Fund gab der frommen Fürstin Veranlassung, den Sternkreuz-Orden für adelige Damen zu stiften.« (Wilhelm Kisch: *Die alten Strassen und Plätze Wien's,* S. 234, Anm. 2)

▷ *Möter Korboh:* Fabel *Le corbeau et le renard* von Jean de la Fontaine.

133 ▷ *Oxenschlepp:* bestimmter Teil des Rinderschwanzes, wird in gekochtem Zustand gerne als Gabelfrühstück eingenommen.

134 ▷ *Das herrliche Auge:* Vom beeindruckenden Blau der kaiserlichen Augen schwärmte schon Johann Pezzl in seiner *Charakteristik Josephs II.,* S. 331 f. – Daß »kaiseraugen-blau« zur Modefarbe wurde, die sich über den Tod des Monarchen hinaus hielt, wurde vielfach zitiert, bezeugt aber auch ein Akt im Archiv des Landesgerichtes für Zivilsachen (Fasz. II, Nr. 1966 ex 1809), in dem ein Rock dieser Farbe erwähnt ist, der nach dem Verschwinden des Theaterunternehmers und Schauspielers Josef Kettner 1805 konfisziert wurde.

▷ *im schmucklosen Kaputröckel:* Dies war die bevorzugte Kleidung des Monarchen, wie Pezzl immer wieder betont. – »Es war ja eine Lieblingsgewohnheit dieses Monarchen, in einfache Tracht gehüllt, in einen langen ›Kaput‹ (langer Ueberrock mit hohem Kragen, von ›capot‹ stammend), dessen Kragen er halb in die Höhe schlug, unerkannt Promenaden zu machen und sich an kleinen Abenteuern, die ihm aufstießen, zu ergötzen.« (Wilhelm Kisch: *Die alten Strassen und Plätze von Wien's Vorstädten,* Band 2, S. 496)

135 ▷ *Ganamed und Höbe:* Ganymed war der schöne Mundschenk des Zeus, Hebe die Göttin der blühenden Jugend.

136 ▷ *a versteinerter Salamucci:* Salamucci nannte man die Verkäufer italienischer Salami im alten Wien. – V: a römischer Halawachel (XVI/2–87).

393

137 ▷ *Flitschek:* NV: Flitscherlzähler (XVI/2–86 verso).

▷ *Stephansorden:* »Königlicher ungarischer Hoher Ritterorden vom heiligen Stephan, dem apostolischen Könige«, wurde von Maria Theresia als König von Ungarn am 6. 5. 1764 gestiftet zur Belohnung für ganz besondere Verdienste höchster Staatswürdenträger. Bis 1918 ranghöchster österreichisch-ungarischer Zivildienstorden. (Vgl. Roman Freiherr von Prochazka: *Österreichisches Ordenshandbuch,* Band 4, München 1979, S. 223)

139 ▷ *Bin i a Mandel oder:* »a Weibel« wird diese Redewendung üblicherweise fortgesetzt. Diese Zweifel an der Geschlechtszugehörigkeit werden in Augenblicken höchster Desorientiertheit geäußert.

140 ▷ *Servus Loisl:* Loisl nannte der Volksmund den populären Reichsratsabgeordneten Prinz Alois von Liechtenstein (1846–1920). Der christlich-soziale Politiker arbeitete eng mit Vogelsang und Lueger zusammen, förderte den Zusammenschluß der beiden christlich-sozialen Parteien und war nach dem Tod Luegers von 1910 bis 1918 Führer der christlich-sozialen Partei.

141 ▷ *In deiner Meierei da draus:* Philipp Graf von Cobenzl erwarb 1773 nach Aufhebung des Jesuitenordens Besitzungen desselben am Reisenberg, einem Ausläufer des Kahlenbergs, ließ das dort befindliche Landhaus zu einem Schloß umbauen und widmete der Gestaltung des ausgedehnten Parks über zwanzig Jahre lang erhebliche Mittel. Das Schloß, der Park und die darin befindliche Meierei wurden zu Treffpunkten der vornehmsten Persönlichkeiten des mariatheresianischen und josephinischen Wiens. 1896–1899 wurde das reichlich verfallene Anwesen nach Plänen des Architekten Hans Miksch in ein Hotelrestaurant umgestaltet (Schloßhotel Cobenzl). Unter Bürgermeister Lueger wurde der Besitz 1907 von der Gemeinde Wien angekauft, 1910 bzw. 1912 durch Erbauung eines Cafépavillons und der »Volksgartenwirtschaft« zu einem Ausflugsort umgestaltet. Das Schloß wurde in und nach dem Zweiten Weltkrieg so verwüstet, daß es 1966 abgerissen werden mußte. Der Cafépavillon wurde nach dem Krieg großzügig umgestaltet, der Gutsbetrieb wird noch heute von der Gemeinde Wien selbst geführt. (Vgl. Czeike: *Groner Wien-Lexikon,* S. 78 und 430)

▷ *Leopolditag:* 15. November, Feiertag der Wiener Bevölkerung nach Leopold III., »der Heilige«, der wegen zahlreicher Klosterstiftungen als überaus fromm galt, am 15. 11. 1136 bei einem Jagdunfall ums Leben kam und 1485 heiliggesprochen wurde, 1663 von Kaiser Leopold I., dessen Schutzpatron er war, zum Landesheiligen dekretiert. – V: Aschermittwoch (XVII/3–41).

▷ *Natürli:* sgZ: Der Jud! – (XVII/3–41), V: Natürli! die Kohlenhandler! und wo die Dackeln alle so streng konservativ eingestellt san! Alle tun in Thron stützen (XVII/3–40 verso)
Natürlich der Jud! Da siegt ma 's wieder amol!
NOTZERL Wo 's alle guate Katholiken sein – die Dackeln! (XVI/2–93 verso)

142 ▷ *Die englische Hymne ertönt:* sgZ: (Vorhang.) (XVI/1–95) – Es wird sofort fortgesetzt mit: (Die englische Commission entfernt sich steif, ohne zu grüßen.) (XVI/1–95)

▷ *Beide Herren gehen grußlos ab:* V:
ZEREMONIENMEISTER (fragend zum Kaiser) Was soll man da machen?
KAISER Walten Sie Ihres Amtes!
ZEREMONIENMEISTER (tritt an die Rampe und klopft dreimal.)

394

Meine Herrschaften! Hiermit hat bestehende erbländische Eisenbahn in Vergessenheit
zu gerathen! (Vorhang.) (XVI/1–96)
In der zweiten Schlußfassung der zweiten Handschrift wird fortgesetzt:
KAISER Also ... da ... da ... kannst nix machen ...
COBENZL A ... was! Tu felix Austria nube. (Vorhang.) (XVI/2–94 f.)
Die dritte Schlußvariante schließt an:
TEUXELSIEDER Mir ham halt scheene Madeln! (Juchzer, Vorhang) (XVI/2–95)
In der vierten Schlußfassung wird hinzugefügt:
KAISER Also ... da ... da ... kannst nix machen ... also, Pappelberg, sagen S' den
Herrschaften (deutet auf das Publikum), daß die Eisenbahn in Österreich in
Vergessenheit zu gerathen hat.
(Pappelberg tritt vor und klopft dreimal mit seinem Stab.)
COBENZL A ... was! lassen S' das! Tu felix Austria nube ... das is gscheiter.
TEUXELSIEDER Wos brauchen mir schon so Dampfspritzen, mir ham halt scheene
Madeln. (Juchzer)
COBENZL Ganz recht! Tu felix Austria nube!
TEUXELSIEDER Mir pfeifen auf die Döchnik ... (XVI/2–95).

143 ▷ *Tu felix Austria nube:* Teil eines selten vollständig zitierten Distichons: »Bella gerant
alii! tu felix Austria, nube! – Nam quae Mars aliis, dat tibi regna Venus!«
(»Kriege mögen andere führen, du, glückliches Österreich, heirate. Was Mars anderen
gibt, schenkt dir Venus.«) Der Ursprung dieses Ausspruches, der die territorial
weitreichende Heiratspolitik der Habsburger umreißt, ist ungeklärt.

144 ▷ *Die Fabel ist die:* (XVII/5, Fasz. 5–3).

145 ▷ *Es ist das ein kleines Stück österreichischer Eisenbahnträumerei:* (XVII/5, Fasz.
5–4–5).

146 ▷ *Fa. Bisenius:* Franz Karl Bisenius, Dekorations- und Illuminationsanstalt, Singerstraße
11. Die Firma ist vom letzten Drittel des 19. bis nach Mitte dieses Jahrhunderts in
Lehmanns Allgemeinem Wohnungsanzeiger nachweisbar. (Siehe *S. W.,* Band II,
S. 106 und 303, Anmerkung: *beim Bisenius in Wien, dem Zauberapparatengeschäft.*)
▷ *Aus: Fritz von Orlando: Kaiser Josef II.:* (XVII/5, Fasz. 4–1–2). – Der Text scheint für
eine Lesung zusammengestellt worden zu sein. Der Schluß – ab: ZWÖLFAXINGER (kramt
brummend in seinen unförmig aufgeblähten hinteren Rocktaschen ...) (S. 141 ff.) –
wurde hier nicht wiedergegeben, da er dem Lesetext entspricht.

149 ▷ *'s Wiesenhendl:* Folgende Titel wurden den Konvoluten XVIII/1, 2, 8, 12, XXIV/20
und XIX/4 entnommen:

's Wiesenhendl oder: Wer das Kleine nicht ehrt ...
's Wiesenhendl. Münchner Komödie in 3 Aufzügen
Der abgelehnte Drilling
Volksstück von Fritz von Orlando
Komödie um das Münchner Oktoberfest
Münchner Komödie in 3 Akten von R. v. Braiten-Landenberg

150 ▷ *Dr. phil. Gotthold Ephraim Pustkuchen:* NV: Baltasar Nacktfrosch (XVIII/1–14),
Gotthold Efraim Wunderlich (XVIII/1–14), ohne Zuordnung: Assesor Hühnermann
aus Juterhok (XVIII/1–14), Konsistorialrat Dr. Eusebius L. Nacktfrosch (XXIV/20). –
Vielleicht wurde FHO zu diesem Namen durch die reale Existenz des Schriftstellers
Johann Friedrich Wilhelm Pustkuchen(-Glanzow) (1793–1834) inspiriert.

▷ *Schwanhilde:* NV: Bauline (XXIV/20).

▷ *Griseldis:* NV: Lotte (XXIV/20).

▷ *Schwartelmayer:* NV: Schwartlinger (XVIII/1–37), Schwartlmeier, Schwartelmaier;
sgZ: in der Genußmittelbranche tätig (XVIII/1–14).

▷ *Aloisius Schieslinger:* NV: Arnulph Alois (XVIII/1–13), Arnulph Wanzenböck
(XXIV/20).

▷ *Theres, geb. Kefermacher:* NV: geb. Wirmjager (XVIII/1–14); sgZ: und Französisch-
lehrerin in Pension (XVIII/1–13).

▷ *Kuno von Blutenburg:* NV: Onkel Kuno Goliath (XXIV/20), ohne Zuordnung:
Wanzenrieder (XVIII/1–14); sgZ: recte Würmsieder (XVIII/1–13).

▷ *Valeska, geb. Blaadl:* NV: Tante Valeska, geb. Goliath, geb. Datschinger (XVIII/1–14),
Creszenz, dessen Schwester (XXIV/20).

▷ *Xaver Zschwaar:* NV: Zwaxlhofer (XXIV/20).

▷ *Ella:* NV: Zenta (XVIII/1–13), Centa (XVIII/1–14).

▷ *Ein Radiweib:* V: Ein Radieschenweib (XVIII/1–13).

▷ *Zeit:* V: etwa 1930 (XVIII/8–3), in den letzten echten Friedensjahren (XVIII/5–5).

151 ▷ *Auf der Oktoberwiese in München:* V: Auf der Oktoberwiese. Dienstmann, aber in
Zivil, das verwitterte Hütel so tief übers Gesicht gezogen, daß nur der verwilderte
Schnauzbart sichtbar ist, hockt, die Hände auf einem Hirschhornkrückenstock
gestützt, an einem Tisch im Freien, im Winkel einer grünen Bretterwand, an die einige
Föhren genagelt sind. Es ist früher Nachmittag. (XVIII/1–15)

▷ *Vater, Mutter und Tochter Pustkuchen treten auf:* E: Die drei Nachtfrosch treten auf.
(XVIII/1–15)

▷ *nach Professor Jäger:* Der Zoologe Gustav Jäger (1832–1917) entwickelte nicht nur eine
antirheumatische Gesundheitswäsche, die auch FHO zu bevorzugen schien *(S. W.,*
Band II, S. 285, Anmerkung: *Jägerwäsche),* sondern auch eine Art Sportbekleidung.
(*Meyers Conversations-Lexikon,* Band 9, 1895, S. 460 f.)

152 ▷ *in Hannover ist ein Nösel gleich 1/2 Quartier:* »1 (Dresdener) Eimer à 60 Kannen à 2
Nösel = 67,36 l.« (Richard Klimpert: *Lexikon der Münzen, Maße, Gewichte, Zählarten
und Zeitgrößen aller Länder der Erde,* Graz 1972, S. 419)

153 ▷ *einen kurzen Überblick über die hauptsächlichsten Sehenswürdigkeiten:* Vgl. dazu
Roda Roda: *Die Schaubude auf dem Oktoberfest,* in: Roda Roda: *Ausgewählte Werke
in zwei Bänden,* Band 1, Berlin 1932, S. 215 ff.

▷ *die reizendsten Weihnachtsfigürchen macht:* sgZ: das hat's seit dem 28er Jahr nimmer
geben! (XVIII/1–17 verso)

156 ▷ *Hackerbräu:* renommierte Münchner Gaststätte. – Die in diesem Stück genannten
Örtlichkeiten Münchens sind fast sämtlich in der vom Autor verwendeten Quelle
Baedeker's Südbaiern, Tirol, Salzburg etc. genannt und werden im Kommentar nicht
eigens zitiert. Nur dort, wo der Autor längere Textpassagen in umformulierter Form

aus dem Reiseführer übernommen hat, wird der originale Text aus der 24. Auflage von 1892 wiedergegeben.

▷ *Hoppelpoppel:* In der sächsischen Küche ein typisches Resteessen: Dazu werden Fleisch- und Wurstreste mit Kartoffeln und faschiertem Fleisch abgebraten. (Ich danke Frau Inge Lange für diesen Hinweis.) – Grimm nennt Hoppelpoppel ein »getränk, das aus rhum, eiern und zucker besteht«. (Grimm: *Deutsches Wörterbuch*, Band 4/I, S. 1799)

158 ▷ *Wie viele Jahre zählt Ihr, würdiger Greis:* V: Na, das fehlte noch, daß er im Sommer 'nen Eiskübel aufhätte! Wieviel Jahre (XVIII/1–18).

159 ▷ *dös is dir guat:* sgZ: Bei uns hoaßt ma a Wurstsorten so. (XVIII/1–18)
   ▷ *Cosima Wagner:* (1837–1930) Tochter Liszts und der Marie Gräfin d'Agoult, ab 1870 Frau Richard Wagners.
   ▷ *Possart:* Das Geburtsjahr ist 1841. Possart war 1893 Generaldirektor, 1895–1911 Intendant des Hoftheaters in München.

160 ▷ *Wagner hat sich doch zu der von Ihnen angedeuteten Zeit:* »Richard Wagner hielt sich von Anfang Mai 1864 bis Dezember 1865 dauernd in München auf. Später kam er nur mehr zeitweise nach München. Er wohnte Briennerstraße 31.« (Stadtarchiv der Landeshauptstadt München, Brief vom 9. 5. 1984)

161 ▷ *an heidigen Dienstmann sagn:* sgZ: d' richtigen Dienstmänner sterbent e aus, d' richtigen Dienstmänner werden bloß in Altötting gezeugt. (XVIII/1–45)

162 ▷ *repetitio est mater studiorum:* Die Wiederholung ist die Mutter des Studiums.

164 ▷ *»Bletzliche Dembaradurveränderungen an der Tachesordnung:* »Plötzliche Temperaturwechsel sind bei der hohen Lage der Stadt und der Nähe der Alpen häufig und dem Fremden ist besonders Abends Vorsicht anzurathen.« *(Baedeker's Südbaiern, Tirol, Salzburg etc.,* S. 6)
   ▷ *Ausrüstung:* »Nicht zu leichter Anzug aus Wollenstoff; Hemden von engl. Flanell oder Jägerhemden; weiche wollene Strümpfe; weicher Filzhut mit Sturmband; leichter Wettermantel aus wasserdichtem Woll- oder Lodenstoff. Unbedingt nothwendig sind starke, dauerhafte, nicht neue, sondern gut eingetretene doppelsohlige Schuhe, mit niedrigen breiten Absätzen, auf der Spanne zu schnüren und gut anliegend, aber mit hinlänglichem Platz für die Zehen, besonders nach vorn. Zu größeren Gebirgswanderungen, namentlich wo Gletscher und Schneefelder im Bereich derselben liegen, gehören eigene feste, mit starken, scharfen Nägeln beschlagene Bergschuhe. Bei diesen aber ist ganz besonders nöthig, daß sie vorher gehörig eingetreten sind und weder drücken noch reiben; die kleinste Wunde am Fuß, und sei es nur aufgeriebene Haut, kann die ganze Reise vereiteln. Man thut am besten, die Schuhe zu Hause anzuschaffen, einzutreten und erst im Gebirge benageln zu lassen; dieselben müssen nicht gewichst, sondern eingefettet werden (Ricinusöl gutes Schmiermittel).
   Damen, die Hochgebirgstouren unternehmen wollen, müssen sich gleichfalls mit derben doppelsohligen benagelten Schuhen ausrüsten, die aber ja nicht zu hoch und hinten gehörig gesteift sein sollen, damit sie an der Achillessehne nicht reiben. Der

Anzug besteht am besten aus einem kurzen faltigen Damenrock aus Flanell mit Jacke (darunter eine Blouse oder Tricottaille, falls die Jacke abgelegt werden soll) und Hose, die am Knie geschlossen sein muß, aber die Bewegung nicht hindern darf. Wollne Unterkleider, dicke wollne Strümpfe, Gamaschen, lederner Gürtel, lederner Riemen zum Aufschürzen des Rocks, waschlederne lange Handschuhe, Schleier, Schutzbrille sind unentbehrlich. Das Corsett darf nicht fest geschnürt sein, um das Athmen nicht zu erschweren.« *(Baedeker's Südbaiern, Tirol, Salzburg. etc.,* S. XIV f.)

▷ *Alm-Brummel:* Diese Bezeichnung scheint in keiner der zugänglichen Ausgaben aus dem Zeitraum von 1876 bis 1892 auf.

165 ▷ *und den Eispickel nicht vergessen:* »Für schwierige Touren und Gletscherwanderungen ist ein E i s p i c k e l vorzuziehen; für letztere sind außerdem dicke wollene Strümpfe oder Gamaschen, die bis an die Kniee reichen, graue Schneebrillen mit Drahtgeflecht, Seil (aus Manilahanf) und Steigeisen erforderlich (diese müssen zum Schuh genau passen, am besten dreigliedrig, mit 10 Zacken [. . .])« *(Baedeker's Südbaiern, Tirol, Salzburg etc.,* S. XV f.)

▷ *vor Mitnahme eines schweren Tornisters zu warnen:* »Neulinge sind vor einem schweren Tornister speciell zu warnen. Wer nicht gewohnt ist, größere Fußreisen zu machen, den ermüdet das Gehen allein schon, selbst eine kleine Tasche kann dabei lästig, ein solcher Tornister aber unerträglich werden.« *(Baedeker's Südbaiern, Tirol, Salzburg etc.,* S. XVI)

▷ *Hier: Man richte sich überhaupt nach den Landessitten:* »Der Fußreisende in Gebirgsgegenden, überhaupt Jeder, der gern billig reist, möge sich n a c h L a n d e s s i t t e n r i c h t e n und den Anschein des Fremden möglichst vermeiden. Gewöhnlich wird man schon beim Eintritt in die Gasthöfe oder Wirtshäuser, namentlich der kleineren Gebirgsorte, gefragt: ›Was schaffen's zu Mittag (oder zu Nacht) zu speisen?‹ Darauf folge stets die Frage: ›Was gibt's?‹ Nun wird der Küchenzettel vom Wirth oder von der Kellnerin hergesagt und man wählt, was man wünscht.« *(Baedeker's Südbaiern, Tirol, Salzburg etc.,* S. XVI)

66 ▷ *Ruperto debes credere experto:* Man muß dem erfahrenen Rupert glauben. – Der hl. Rupert gründete als erster Bischof von Salzburg das Kloster St. Peter und das Frauenkloster St. Erentrudis auf dem Nonnberg. Er starb um 715 in Salzburg, wurde aber besonders als Apostel Bayerns verehrt.

▷ *Lesen Sie bei Gustav Freytag nach über das Wesen des Romans:* Gustav Freytag schrieb *Die Technik des Dramas* (Leipzig 1863), jedoch nichts Theoretisches über den Roman.

67 ▷ *Hör auf zum Flennen:* V: Teilt hast ean! (Der Greis versteht nichts.) (XVIII/1–27 verso)

▷ *Na, ich danke:* V:

VATER Unbegreiflich! Das ist Mangel an Disziplin.

MUTTER So rege dich doch nich auf, Männe!

VATER Siehste du nicht, wie sie mir da vorhin geradezu suggestiv nen alten Hahn andrehen wollte! – ich esse aber keinen alten Hahn! Masthenne, ja! oder Pute mit Kastanien gefüllt! Zuerst wollte se mich auf Hundefutter setzen . . . dann der alte Hahn . . . wenn se wiederkommt, wird se versuchen, mir vielleicht unverwendbare Pferde-

398

hufe aus der Leimfabrik aufzuschwatzen! Wir drei sind auf einer ausgesprochenen Lustreise und die soll nicht vergällt sein!

MUTTER Na Vaterchen, beruhige dich! Lesen mer weiter im Gabidel: Genußmittel ...

VATER Pagina 17. Da der Magen des nicht an Strapazen gewöhnten Touristen oft die Aufnahme der derben einheimischen Nahrung, an die er sich erst nach und nach gewöhnt ... das walte Gott! ... verweigert ... so versorge man sich mit leichtbekömmlichen Keksen und dergleichen. Auch der vorzügliche durch [ein Wort unleserlich] apparate dauerhafte Kunsthonig der Ambrosin-Werke in /Potschanopil/ ist außerordentlich bekömmlich.

HAUSIERERIN Mögts koani Radi?

VATER (weiter) Gegen Durst wird krystallisierte synthetische Citronsäure, die aus Harnsäureabfällen – hm – mancherorts erzeugt wird, empfohlen. Man löst 3% mit Sacharin in Wasser auf, sehr empfohlen.

DIENSTMANN Pfui da Deixl! Mir war's gnua ...

VATER Ja! das sollten Sie auch trinken! Ihnen sieht man ja die Übersäuerung von weitem an!

DIENSTMANN Mir konn nit sauer gnua essen zum Bier, Herr Nochbor! (XVIII/1–29 f. und 26 verso) – Vgl. dazu *Baedeker's Südbaiern, Tirol, Salzburg etc.*, S. XVII: »Gegen Durst ist kalter Thee oder Kaffee am besten; auch krystallisierte Citronensäure, die man mit Zucker in Wasser auflöst, wird empfohlen. Aus Gletscherwasser trinke man nur mit Vorsicht, keinesfalls ohne die Beimischung von Cognac oder Rum; ebenso sei man beim Trinken von frischer Milch in Sennhütten vorsichtig und lasse sie lieber vor dem Genuß abkochen, was in wenigen Minuten geschehen ist. Angenehm sind die Stollwerck'schen Brauselimonadebonbons.«

168 ▷ *Nöhrvatter Josef:* Siehe S. 418, Anmerkung: *Nährvatter Josef.*

170 ▷ *Sö sollten Eana an Zieselmist auflegen:* »Gegen Kolik gibt man Hühner- oder Menschenkot, auch Hennen- oder Vogelmist, in Schnaps gebracht, ein. Schwindsucht, Gicht, Geschwüre, Blatterrose heilt man durch Eingeben von weißem Hundedreck (witten enzian). Gegen die Rose nimmt man Katzenkot als Tee oder mit etwas Mehl in süßer Milch verrührt. Saft von Gänsekot hilft gegen die Krämpfe [...].« (Bächtold-Stäubli [Hrsg.]: *Handwörterbuch des deutschen Aberglaubens*, Band 2, Sp. 472)

171 ▷ *Zieselmäuse meint der trunkene Alte. Spermophilus citellus Wagner:* Spermophilus citellus oder citellus citellus ist das Ziesel, ein weit verbreiteter Nager. Das angehängte »Wagner« ist vom zoologischen Standpunkt her falsch und müßte durch »Linné« ersetzt werden. Des Namensspiels halber dürfte hier FHO den Namen des Münchner Zoologen Moritz Wagner (1813–1857) verwendet haben. (Herzlichen Dank Herrn Univ.-Doz. Mag. Dr. Herbert Nopp vom Zoologischen Institut der Universität Wien für die Hilfestellung bei der Aufklärung dieser Textstelle.)

  ▷ *gottseligen Herrn Wagner:* sgZ: wo so schön kampaniert hat (XVIII/1–33).

  ▷ *Schwalbendreck:* sgZ: der is so vüll guat – bsonderscht an die Freitäg nach Lätari! (XVIII/1–33)

172 ▷ *ultramontan:* Zuerst allgemein Bezeichnung einer kirchlich-politischen Richtung, in den zwanziger Jahren und insbesondere während des Nationalsozialismus zur Diffamierung des politischen Katholizismus verwendet.

399

▷ *Klötzenkloiber Klemens:* Sprachbehinderte Gestalten finden sich im Œuvre FHOs immer wieder (vgl. *S. W.*, Band I, S. 112, oder Band II, S. 37). Kirschl-Goldberg führt sie auf einen Lehrer des Autors, Univ.-Prof. Dr. phil. Alois Höfler (geb. 6. 4. 1853, gest. Wien 26. 2. 1922), zurück *(S. W., Band II, S. 289, Anmerkung: Professor Tatterer von Tattertal).* Er wohnte in Wien XIII, Onno Klopp Gasse 6. *(Lehmanns Allgemeiner Wohnungs-Anzeiger,* Wien 1919) – Weder Höflers Schwiegertochter noch sein Sohn, Prof. Otto Höfler, können sich an einen Sprachfehler erinnern. Auch schiene er in der von FHO angedeuteten Dimension für eine Karriere als Universitätsprofessor wohl äußerst hemmend. – NV: Alois Hampfelmaier (XVIII/1–33 verso).

▷ *hat's nit außabracht:* sgZ: No ja! Die was hölzeln, können nicht Onno Klopp sagen! Gwiß is wahr! (XVIII/1–33 verso)

▷ *Schwanhildis … was ist dir:* V:
MUTTER … Der blutige … Hühnerdreck … 's kommt mir hoch …
BENNO Aber, wegen dem! Dees hat doch jeder Mensch in Minka 'n ganzen Tag im Mund! Dees is doch nix zum Aufregen!
(Mutter würgend ab, vom Vater begleitet. Dann faßt er …)
(XVIII/7–44).

174 ▷ *Gambrinus:* Erfinder des Bieres, Schutzherr der Bierbrauer und -trinker.

▷ *Il est ivre:* Er ist betrunken.

▷ *die Englischen Freiln:* Die Englischen Fräulein sind ein Klosterfrauenorden, von Maria Ward 1609 gegründet, der sich der Erziehung und Krankenpflege widmet.

175 ▷ *Eine Dame von unwahrscheinlichen Dimensionen:* V: Eine Riesendame kommt (XVIII/1–43). Siehe S. 386, Anmerkung: *als schweratmend die dicke Witwe Gackermeier auftaucht.*

177 ▷ *die in beiden Händen eine unwahrscheinliche Menge von Maßkrügen trägt:* V: die alle Tischgäste mit ihren zahlreichen Krügeln begießt. (XVIII/1–42)

▷ *senkt sich langsam:* V: Langsam senkt sich eine der mageren Föhren und begräbt einen Teil des Jammerbildes unter sich. Selbst der bedauernswerte Regierungsrat Schieslinger hat mit den Wipfeln zu kämpfen. (XVIII/1–44 verso)

179 ▷ *Emanuel von Geibel:* 1852–1868 Führer des Münchner Dichterkreises.

▷ *Betreten nicht ratsam:* sgZ: Ach so, ein Sumpf! (XVIII/1–50)

180 ▷ *die Gebäranstalt:* V: das günaikologische Institut (XVIII/1–51).

▷ *unter dessen Last:* V: Ach, was bringen Sie mich denn aus dem Konzept! Setzen Sie sich … auf den Thron. (Ella kopfschüttelnd ab.) (XVIII/1–50 verso)

▷ *Thyrsos:* Mit Efeu und Weinranken umwundener Stab des Dionysos und seiner Begleiterinnen.

181 ▷ *Angströhre:* Spottwort für den Zylinderhut, welchen ab 1848 die konservativen Bürger trugen, um damit ihre gute Gesinnung zu bezeugen. (Vgl. Eduard Maria Schranka: *Wiener Dialekt-Lexikon,* Wien 1905, S. 18)

185 ▷ *Kußmaul:* Adolf Kußmaul (1822–1902), Universitätsprofessor in Heidelberg (1857), Erlangen, Freiburg i. B. (1863–1876) und Straßburg, beschäftigte sich vornehmlich mit Endoskopie und Atmungstechnik.

186 ▷ *der sogenannte Wortsalat:* V: ist fertig. Darüber arbeitete Pfnopf in Göttingen. Ja, dies ist der »Wortsalat« oder das sogenannte Pfnopfische Phänomen. (XVIII/1–58)

187 ▷ *Lindwurmstraße:* Ausfallstraße vom Sendlinger Tor in Richtung Südwesten Münchens.
   ▷ *mir kann eher sagen: Niederjagd:* sgZ:
   VATER Ab und zu wird hier in euren Spezialrevieren auch wohl ein Rotwild auftauchen! Ei! da gehst du wohl recht oft selbst auf die Pirsch! Nich immer Bürodienst!
   BENNO Naa ... naa ... nit immer.
   VATER Na ja! hab mir's ja denken können, wo ihr »Boarn« doch alle jeborene ›Jaga« seid! (XVIII/1–65)

188 ▷ *Samiel hilf:* Wiederholter Ausruf Kaspars in Carl Maria von Webers *Freischütz.*
   ▷ *Sechse treffen, sieben äffen:* Siehe Carl Maria von Weber: *Der Freischütz,* Samiel, 2. Aufzug, 5. Auftritt.
   ▷ *Saufeder:* Spieß zum Abfangen des Wildschweines.

189 ▷ *Pikör:* Vorreiter bei der Parforcejagd.
   ▷ *wie ich mich freue:* sgZ: Und wie freu ich mich dann aufs Halali, wann die Jäger die Strecke abschreiten und die Rüden kläffen! (XVIII/1–64)
   E: Juchei! VATER Großes Kind! Das Gewehr wird dir zu schwer lasten! Apropos! was ist Ihre /Lieblingswaffe/ 'n Drilling? (XVIII/1–47)
   ▷ *Ganghofer! Himmlisch! der Jäger von Fall:* Dieses Werk Ganghofers hat zu den in der Folge beschworenen Szenen alpiner Beschaulichkeit tatsächlich Pate gestanden. Vielleicht ist sogar der Name des jugendlichen Liebhabers des Stückes absichtlich diesem Roman entlehnt: Der Freund des Helden Friedl – eine Art Sonntagsjäger – heißt jedenfalls Benno. Zur Schmarren-Bereitung am traulichen Herd siehe: *Der Jäger von Fall. Eine Erzählung aus dem bayrischen Hochlande,* Stuttgart 1883, S. 84; zur Leber als Waidrecht für das Hundchen: a. a. O., S. 117.
   ▷ *Pinus rigida Linné:* Pechkiefer, wurde um 1750 aus Amerika nach Europa eingeführt und hat mit dem Kienspan, der aus durch Reibung, Druck oder durch Pilzbefall stark verharztem Kiefernholz gewonnen wird, nichts zu tun.

190 ▷ *Biegas:* Von einem Aufenthalt in einem Leipziger Hotel schrieb FHO an Alfred Kubin am 28. 9. 1925: »Im dunklen Gorridore gnurrt mich jedesmal eene große Bulldogge an, ganz eigendiemlich: die gann nämlich sächselnd gnurren. Se heißt! ›Biegas‹. – « *(S. W.,* Band VII, S. 240)
   ▷ *Siegestor:* Sehenswürdigkeit Münchens, Nachbildung des Konstantinbogens in Rom.

191 ▷ *durch euren herrlichen Englischen Garten:* »ein 237 ha großer Park mit prächtigen Bäumen, von der Isar in zwei Kanälen durchströmt, bietet mit seiner Fülle von Schatten und kühlem Wasser an heißen Sommertagen köstliche Spaziergänge.« *(Baedeker's Südbaiern, Tirol, Salzburg etc.,* S. 17)
   ▷ *kinstlichen Almrausch- & Edelweißfabrik aus Jägerwäscheabfällen in Glauchau in Sachsen:* Hier scheint es ebenfalls eine Anleihe bei Roda Roda gegeben zu haben, wo es lautet: »ene Blume Edelweiß jibt et jar nich un hat et ooch nie jejeben. En jeder intelljente Mensch muß et uff'n ersten Blick raushaben, det det Zeuch jar keene

Möglichkeit von ne Blume is. Edelweiß is de jesetzlich injetrajene Wortmarke for enen Industrieartikel – et wird in ene Fabrik in Plauen mit Maschinen aus dinnen Filz jestanzt un den Touristen in de Alpen als Blume anjedreht.« – Die darauffolgende Anekdote beginnt mit den Worten: »Was sagen Sie, Herr Austerlitz: in Glauchau [...]« (Roda Roda: *Ausgewählte Werke in zwei Bänden*, Band 1, S. 184 f.)

192 ▷ *Blutenburg:* Schloß und Stadtteil in München.

▷ *Lola Montez:* (eigentlich Maria Dolores Elise Rosa Gilbert, 1818–1861), »berühmte Tänzerin, die nach zahlreichen Liebesaffären, nachdem sie fast überall ausgewiesen worden war, 1846 nach München kam und hier die Mätresse Ludwigs I. wurde, der sie zur Gräfin Landsfeld erhob. Sie verursachte mit ihrem Sturz auch den des Königs, worauf sie nach Amerika ging, dort heiratete, aber in Dürftigkeit starb. Ihr Auftreten in München zog eine große Skandalliteratur nach sich.« *(Bilder-Lexikon*, Band 1, S. 622)

196 ▷ *Uppmann:* Kubanische Zigarre.

197 ▷ *Bitterwasser:* Magnesium- oder Natriumsulfat enthaltende Heilquelle.

▷ *Drilling:* Jagdgewehr mit zwei Kugelläufen und einem Schrotlauf.

200 ▷ *Nihil Turpis [!] in Amore:* In der Liebe gibt es nichts Schändliches.

▷ *der Reif des Alters gegangen ist:* sgZ:
BENNO Jo, jo.
VATER Ist Herr ... ich kann mir den Namen nie merken...
BENNO Würstelböckh! ...
VATER Würstchenböckh! Jawohl.
BENNO Na ... Würstelböckh!
VATER Ganz recht! Ihr bildet ja im Bajuwarischen das Diminuitiv in der Mutua con Liquidaform »el«, während das südwestdeutsche »gen« weiter im Norden zu »chen« wird. (XVIII/1–80)

201 ▷ *Weiß-Ferr-tel:* Weiß Ferdl (eigentlich Ferdinand Weisheitinger, 1883–1949), Münchner Komiker urwüchsigen Humors.

202 ▷ *Altötting:* Berühmter Wallfahrtsort mit einem schwarzen Gnadenbilde der Heiligen Jungfrau, das im VII. Jahrhundert aus dem Orient hergebracht worden sein soll.

▷ *Erding:* Vorort Münchens.

204 ▷ *wird undeutlich:* sgZ: Mir muß nur schaun, daß d' Regierung dafier sorgt, daß 's Balkanpublikum im Reiseverkehr gefördert wird! auch der polnische Korridor.
VATER Dieser Schandfleck!
BENNO Natierlich! aber er is für uns ein Segen, der polnische Korridor!
VATER Hm. Ja.
BENNO Mir kann ieberhaupt die Situation so fassen. 's ganze, liabe deitsche Reich ist von Balkan umgebn – Holland und a Teil von der Schweiz ausgnomma! Wos d' hinhaust! san Wanzen! 's sexhaxete Gold!
MUTTER Und die Zukunft für euch! Denk nur nach – wenn mer durch das zielbewußte Wollen unserer Reichsregierung de Golonien bald wiederbegomm! Wie die inzwischen

verwanzt sind! Da wärscht mit Brilchanten und Berlen behängt einherstolzieren! Und wenn mer noch im Donauraum Fuß fassen! Gaum auszudenken!

BENNO (der mit einem Ohr zugehört hat) Am meisten versprech ich mir davon, daß uns doch noch eine engere Bindung mit unsrem westlichen Nachbarn gelingt. Ja, wenn da unsere deutsche Industrie in allem in Paris zugelassen würde! (XVIII/1–85) – Diese Passage wurde später aus fast allen Typoskripten herausgeschnitten.

205 ▷ *Schnievelbein:* V: Klapprot (XVIII/1–86)

206 ▷ *Der Schah von Persien:* Vorbild für Valeska von Blutenburg könnte eine Dame gewesen sein, die Siegfried Weyr als in der Wiener Walfischgasse tätig beschreibt: »Ein berühmter ›Hurenstrich‹ führte hier generationenlang vorbei, um die Jahrhundertwende von der grotesken Gestalt des ›Sperrschiffs‹ beherrscht, einer käuflichen Dame von zweihundert Kilo Lebendgewicht. Sie verdiente enorm. Ihr Ruf drang bis Stambul und Bagdad.« (Siegfried Weyr: *Wien. Eine Stadt erzählt.* Wien, Nachdruck 1984, S. 64).

207 ▷ *an gwissen Hofrat Pachinger:* Anton Maximilian Pachinger (1864–1938), Sammler, Volkskundler, Kulturhistoriker und Freund FHOs (siehe *S. W.,* Band VII, S. 333 f.), war Vorbild für etliche Herzmanovsky-Figuren, so Direktor Großwachter im *Rout am Fliegenden Holländer (S. W.,* Band II, S. 82 und 298, Anmerkung: *Direktor Großwachter in München),* Großkopf im *Gaulschreck im Rosennetz (S. W.,* Band I, S. 36 und 204 f., Anmerkung: *der Archivdirektor in Ruhe, der Großkopf)* und im *Maskenspiel der Genien (S. W.,* Band III). – Zur Person A. M. Pachingers vgl. Franz Lipp: *Der Sammler und Kulturhistoriker Anton Maximilian Pachinger* (in: *Börsenblatt für den Deutschen Buchhandel,* Heft 25, Frankfurt 1971, S. A 149–A 164).

210 ▷ *bloß in »Bludschi« khoaßen hat:* sgZ: und dauft is gor nur auf »Pepi«! (XVIII/1–92).
   ▷ *Sei wahrer Nam is: Würmsieder:* V: der Heaneraugentoni, richtig hieß er Antonius Warzenböckh oder Wanzenböck (XVIII/1–112 verso).

211 ▷ *»Die Räuber von Maria Kulm«:* Schauspiel von Heinrich Cuno (Kuno) (gest. 1829), Schauspieler, Buchhändler und Verfasser von Lustspielen. – Mit diesem Kassenschlager eröffnete Karl Carl am 18. August 1925 mit Wilhelm Kunst als Hauptdarsteller das Theater an der Wien.
   ▷ *Gärtnertor-Theater:* Hier kontaminierte Herzmanovsky die Namen des Kärntnertor-Theaters in Wien und des Gärtnerplatz-Theaters in München.
   ▷ *Bollinger:* Otto Bollinger: *Über Zwerg- und Riesenwuchs* (= Sammlung gemeinverständlicher Vorträge 455), Berlin 1884.

213 ▷ *die Keppmühle:* V: die Keppmiehle im Keppgrund (XVIII/1–95) – Restaurant und Ausflugsziel in der Nähe Leipzigs. (Vgl. *Baedeker's Sachsen, nordböhmische Bäder,* Prag 1928, S. 62)
   ▷ *Blörös:* V: Bleres (XVIII/1–96). – Pleureuse, lange Straußenfedern als Hutschmuck.

216 ▷ *Scripta manent:* Geschriebenes bleibt.

217 ▷ *a doppelts war mir z'deirig:* sgZ:
   I bin ieberhaupt koa Freindin von Geldaußiwerfen! Gelt, Beni, dees woaßt!
   BENNO (seufzend) Ja, Frau Tant. (XVIII/1–103)

218 ▷ *wia a Hasenbraten, sag i Eana:* sgZ:
VATER Das läßt sich hören! hatten wohl die Vorträge Herrn von Blutenburgs soviel Beifall.
VALESKA ... Naa ... ös hat möhr seiner Berson golten ...
VATER (etwas verständnislos) Ja ... aber ... (XVIII/1–110).

219 ▷ *Höllriegelskreit:* Höllriegelskreuth: Ort bei München.
▷ *auf der Martinswand:* Eine Tiroler Sage erzählt von Maximilian I., dem letzten Ritter, der sich auf der Jagd in einer Felsenwand verstiegen hatte. Nachdem er drei Tage nicht vor und zurück konnte, tauchte ein junger Bursch auf, der ihn aus seiner Lage befreite. Da dieser, ohne einen Dank abzuwarten, nach der Rettung in der Menschenmenge am Fuße des Berges verschwand, sprach man von einem Engel.
▷ *Zwoa-Zeh:* V: Bezwoa (XVIII/1–106) »Die Autonummern II C ... waren bis 1945 in Bayern gebräuchlich.« (Stadtarchiv der Landeshauptstadt München, Brief vom 9. 5. 1984)

221 ▷ *Wir können's ja verpachten:* sgZ: Schluß (XVIII/1–108).

222 ▷ *Konsistorialrat Gotthold Efraim Leberecht Nacktfrosch und Gemahlin:* (XXIV/20).

223 ▷ *Der abgelehnte Drilling:* (XIX/2, Fasz. 6–2–5).

226 ▷ *Der abgelehnte Drilling. Komödie in drei Akten:* (XIX/2, Fasz. 4–2–4).

233 ▷ *Prinz Hamlet:* Die folgenden Titel wurden den Konvoluten XX/1, XX/2, XX/3, XX/5 sowie einem undatierten Entwurf FHOs zu einem Brief an das Schauspielhaus Zürich entnommen:

Prinz Hamlet oder der Osterhase von Königgrätz.
Ein festliches Spiel in 5 Bildern

Der Osterhase (ein festliches Spiel)

Selawie oder Hamlet der Osterhase

Prinz Hamlet oder der Osterhase. Eine Komödie

Hamlet und der Osterhase

Hamlet als Osterhase

Prinz Hamlet als Schwiegersohn

Prinz Hamlet als Bräutigam oder der Osterhase.
Ein Spiel in vornehmen Kreisen

R. v. Braiten-Landenberg
Baby Wallenstein
Eine Gesellschaftskomödie aus den feinsten Kreisen Böhmens und Mährens

234 ▷ *Zdenko Graf Wallenstein:* sgZ: Großgrundbesitzer und Großindustrieller, auch internationaler Hundemarkenkontrollor hon. c. beim Völkerbund (XX/5, Fasz. 3–III), NV: Graf Wallenstein von Aujezd-Jaispitzer Linie (XX/1–69), Zwonimir (XX/1–69). – FHO nahm Friedrich Schillers »Wallenstein« zur Vorlage. (Siehe S. 423, Anmerkung: *Wallenstein ist ein charmant vertrottelter Graf Bobby)* – Die agierenden Personen entsprechen daher – wie bei Schiller – nur bedingt ihren geschichtlichen Vorbildern und werden, entsprechend der Idee der Transposition des Dramas in das Böhmen Masaryks, noch weiter verändert, nicht ohne Verzicht auf deutliche Zitate aus dem Schillerschen Drama. Historisch fixierbare Personen werden in der Folge mit den wichtigsten Lebensdaten wiedergegeben. – Albrecht Wenzel Eusebius von Wallenstein, Herzog von Friedland, Fürst von Sagan (1583–1634), fiel durch seine ehrgeizigen Pläne und durch Erfolge auf den Schlachtfeldern des Dreißigjährigen Krieges bei Kaiser Ferdinand II. in Ungnade und wurde in Eger ermordet.

▷ *Barbara Eusebia:* NV: Barbara Eugenia (XX/6–III). – Wallensteins Gemahlinnen waren Lukrezia von Witschkow (gest. 1614) und Isabella Katharina von Harrach (gest. 1656).

▷ *Thekla, genannt Baby:* NV: Mädi (XX/1–105), Bebi (XX/1–19), Claudia Felicitas (XX/1–120). – Thekla ist bereits eine Erfindung Schillers. Die Tochter des historischen Wallenstein hieß Marie Elisabeth.

▷ *Heinz Zwonimir Graf Terzky:* sgZ: ein illegaler Nazi (XX/7, Fasz. 3–III), ein Illegaler (XX/3–3). – Ob FHO neben dem Terzky des Wallenstein-Dramas auch den Schriftsteller und Journalisten Karl Terzky (eigentlich Tersztyánszki von Nádas, 1808–1870) im Auge hatte, bleibt offen. Dieser war Redakteur der vormärzlichen »Wiener Gassenzeitung«, eines »der revolutionärsten und [...] cynischesten Organe des Sturmjahres«. (Wurzbach: *Biographisches Lexikon,* Band 44, S. 20 f.) – Der Schillersche Terzky entspricht jedenfalls dem Grafen Adam Erdmann Terzky (auch: Trecka, Terzka, Tertschka) von der Lipa (1599–1634). Er hatte die Schwester von Wallensteins zweiter Gemahlin zur Frau.

▷ *Clara Eugenia:* sgZ: geborene Infantin von Spanien (XX/5, Fasz. 6–1), NV: Klara Eusebia (XX/6–III).

▷ *Viscount Teddy Buttler:* NV: Butler (XX/1–4). – Walter Graf Buttler (Butler) (gest. 1634) entstammte einem irischen Rittergeschlecht, kommandierte ein zum Großteil aus irischen Söldnern bestehendes Dragonerregiment des kaiserlichen Heeres und war an der Ermordung Wallensteins beteiligt. Er ist nur bei Schiller ein Günstling Wallensteins.

▷ *Töhötöm Gróf Üllö:* NV: Béla (XX/1–108), Illo (XX/1–35). Christian Freiherr von Illo (Ilow) (1585–1634) entstammte brandenburgischem Adel, war kaiserlicher Feldmarschall und Vertrauter Wallensteins und wurde mit ihm ermordet. – Töhötöm, Tétény oder Tuhutum ist heute ein sehr seltener ungarischer Vorname. So nannte sich einer der legendären sieben Fürsten der ungarischen Landnahme, der 896 Siebenbürgen eroberte. (Vgl. Ladislaus von Szalay: *Geschichte Ungarns,* Band 1, S. 11–16)

▷ *Elemer Gróf Isolany:* V: Oheim Gróf Isolan, Herr auf Erdökfalva (XX/1–69). – Johann Ludwig Hektor Graf von Isolani (1586–1640), General der leichten Kavallerie (Kroaten, ursprünglich nach der Nationalität so genannt, dann Bezeichnung für eine ganze Waffengattung). Sein Verrat an Wallenstein brachte ihm einen Teil von dessen Besitzungen und den Grafentitel ein.

▷ *Professor Dr. Wenzel Seni, Privatdozent aus Prag:* V: Privatgelehrter und Literaturkenner (XX/1–7), Vniak (XX/1–19), Dr. Wenzel Casanova (XX/1–69). – Giovanni Batista Seni (1600–1656), Astrologe in Wallensteins Diensten.

▷ *Rudi Lallmayer:* NV: Schnalzinger (XX/1–69), Rudi Schnarchinger (XX/1–186), Silvio Trappel (XX/1–122), Eleve am Burgtheater (XX/7, Fasz. 3–III).

▷ *Vanillius Krpetz:* NV: Krpz (XX/1–7).

▷ *Ultimus Ownitschek:* NV: Owniak (XX/7, Fasz. 3–III), Owniczek (XX/5, Fasz. 3–III).

▷ *Wetti Zwöschbenflöckh:* NV: Kreszentia Zwöschbenflöckh, eine reiche Frau aus der Crême de Kanaille (XX/5, Fasz. 1–II), ohne Zuordnung: Klöhre Knackmeier (XX/5, Fasz. 1–II). – Zwetschkenfleck, ein österreichisches Dessert, ist eine Art flacher Pflaumenkuchen.

▷ *Kodakowsky:* NV: Linsowitzer (XX/1–192).

▷ *Opitz:* NV: Wopitzc (XX/7, Fasz. 3–III).

▷ *Quapil:* NV: Swoboda (XX/1–178 verso).

▷ *Pferdegetrappel der Wiener Polizei:* sgZ: eventuell auch der Mariazeller Alpenhusaren (XX/5, Fasz. 1–III).

▷ *Ort der Handlung:* V: Ein Schloß in Böhmen und Wien. (XX/5, Fasz. 4–I).

▷ *Zeit:* V: Ostern 1938 (XX/5, Fasz. 2–I), Gegenwart (XX/5, Fasz. 1–II).

▷ *zu den Büffets zu begeben:* sgZ: Hochachtungsvoll die Firmen (für Wien:) Gerstner und Demel (XX/5, Fasz. 4–I).

▷ *Doppelrollen:* V:
Thekla – Opitz
Jaroschinski – Krpez
Terzky – Blaha
Gräfin Terzky – Arabella
Butler – Polizist
Seni – Polizist
Ownicek – Kellner – Photograph
(XX/5, Fasz. 6–1 verso).

36 ▷ *»Der Tod von Komotau«:* V: Es murmelte etwas auf tschechisch (XX/1–99).

▷ *Wenzel Eusebius – der erste Herzog von Sagan:* In den Vorstudien zum Drama findet sich ein Exzerpt zu dem hier von Rudi referierten historischen Ereignis (S. 362). Ein Quellenhinweis führte zu Johannes Willes historischer Skizze *Gestürzt* (= *Bibliothek der Unterhaltung und des Wissens,* Jg. 1890, Band 13, S. 161–176), in der die Hofintrige um Fürst Wenzel Eusebius von Lobkowitz in aller Ausführlichkeit geschildert wird: Leopold I. verliebte sich, gerade zum erstenmal Witwer, auf einer Jagd auf dem Gute seines Oberhofmeisters in die schöne Prinzessin Eleonore Magdalena Theresia von Pfalz-Neuburg, heiratete aber anschließend die weniger schöne Claudia Felicitas, die aufgrund einer wenig charmanten Äußerung von Lobkowitz über ihr unvorteilhaftes Äußeres zu seiner erbittertsten Feindin wurde. Von da an wurde mit Akribie am Sturz des kaiserlichen Günstlings gearbeitet, wobei Johann Philipp Graf Lamberg (1651–1712) eine tragende Rolle zugeschrieben wird. Als Claudia Felicitas starb und Leopold I. die schöne Eleonore von Pfalz-Neuburg nun doch zur Gemahlin nahm, vergiftete man – laut Wille – den auf Schloß Raudnitz Verbannten, um seiner Rache zu entgehen.

237 ▷ *der allmächtige Minister Graf Montecuccoli:* Der spätere Staatsminister Albert Raimund Zeno Graf Montecuculi (1802–1852) bewirkte am 13. März 1848 den Sturz Metternichs. (Vgl. Wurzbach: *Biographisches Lexikon,* Band 19, S. 41 f.)

▷ *Der was dem Maxl Hohenlohe die Briefmarkensammlung:* Prinz Max Karl Joseph Maria Hohenlohe-Langenburg (geb. Toblach, 21. 7. 1901, gest. Stuttgart, 27. 7. 1943), Journalist und Widerstandskämpfer, wurde von den Nationalsozialisten hingerichtet. Zwischen FHO und ihm bestand eine freundschaftliche Beziehung. Siehe *S. W.,* Band II, S. 286, Anmerkung: *Maximilian von Eschenlohe.* – V: Der was dem Bubi Khevenhüller die Markensammlung geschenkt hat, die der dann verklopft hat. (XX/1–120)

▷ *Die Mutter hält sie aber auf:* sgZ: Wallenstein wehrt bescheiden gratulierenden Stimmen aus dem unsichtbaren Publikum ab. (XX/3–10 verso) – Dieser handschriftliche Zusatz des Autors paßt nicht in den Text, da sich der folgende Satz der Gräfin auf Wallenstein bezöge und nicht auf Thekla.

238 ▷ *es sei bloß eine Attrappe gwesen:* V: es sei ein damals weltberühmter Hungerkünstler gewesen (XX/1–121).

▷ *Diurnist:* im Taglohn beschäftigter Hilfsschreiber.

▷ *Blutscheu:* Nach Grimm die Scheu, Blut zu sehen, hier wohl die Scheu vor dem verwandtschaftlichen Blut, einer inzestuösen Verbindung.

▷ *Katschee:* von »koruna československá« = kč, Münzeinheit der ČSR.

▷ *Opfer am Altar der Artemis:* Neben Tieren wurden der Göttin Artemis auch Kuchen geopfert. (Vgl. *Meyers Konversations-Lexikon* in 17 Bänden, Band 1, S. 955)

240 ▷ *Attila:* Kurzer, mit querlaufenden Schnüren besetzter Rock der ungarischen Nationaltracht, auch Jacke der Husaren im Ersten Weltkrieg.

▷ *kérem:* ungar. bitte.

▷ *Tschismen:* Stiefel mit an beiden Schaftseiten verlaufenden Nähten (von ungar. csizma = Stiefel) und verziertem oberen Rand; werden nicht nur in Ungarn, sondern auch in Österreich, etwa in der Steiermark und im Burgenland, getragen. (Franz Maier-Bruck: *Österreich-Lexikon,* Band II, S. 1170)

▷ *ich bin aus Kladrub:* In Kladrub befand sich eines der größten Gestüte der österreichisch-ungarischen Monarchie. – V: ich bin Brünner (XX/1–104).

241 ▷ *die Lorbörkrönze eigentlich aus hügüönischen Grinden:* Der Lorbeer, als aromatische Heilpflanze fäulnishemmend und adstringierend, war in seiner symbolischen Bedeutung eng mit dem Apollo-Mythos verknüpft. Apollo, der siegreiche und reinigende Gott, der auch die Krankheiten der Menschen heilen konnte, war zugleich auch der verderblichste der Götter mit dem todbringenden Bogen. Das Lorbeergewinde auf den Häuptern römischer Triumphatoren scheint wohl in erster Linie aus diesem Grund getragen worden zu sein, wiewohl der Pflanze – wie jeder stark aromatischen – eine insektenabweisende Wirkung nicht abzusprechen ist.

▷ *Statt daß sich so a Räuberhauptmann gschämt hat:* Dieser Passus wurde in Fassung XX/6 und XX/2 aus dem Text herausgeschnitten.

▷ *Süße Saffo:* Sappho. – V: Süße Cytharödin! (XX/1–74) – Eine Cytharödin ist eine Spielerin der Cithara, einem altgriechischen 18saitigen Zupfinstrument.

242 ▷ *zu Ali Pascha:* Vgl. Friedrich Schiller: *Die Bürgschaft.*

▷ *Morlaken:* Serbischer Stamm im nördlichen Dalmatien und in Istrien.

▷ *Popowitsch, der nicht überall gerne gehört wird:* Diese Anspielung könnte auch Johann Siegmund Poppowitsch betreffen, »der, obwohl geborener Slowene, sich mit Eifer und Liebe der Erforschung der deutschen Sprache gewidmet hat und 1753 bis 1766 Professor der ›deutschen Wohlredenheit‹ an der Universität Wien war. Er kämpfte mit größter Wärme und nicht ohne Erfolg für den wertvollen Gehalt der süddeutschen Sprechweise gegen Gottscheds Verherrlichung des Sächsischen und plante ein ›allgemeines Wörterbuch der Teutschen Mundarten‹, zu dessen Vorbereitung er sich einer eifrigen Sammeltätigkeit widmete.« (Max Mayr: *Wortgeographie,* in: Alois Trost [Hrsg.]: *Alt-Wiener Kalender für das Jahr 1926,* S. 120)

▷ *Obschistwy:* Obříství, Ortschaft im Bezirk Mělník, Festung und später Schloß der Grafen von Trautmannsdorf.

243 ▷ *Koshirs:* Wahrscheinlich Koschirz (Lossirž, Košiř), ein Ort in der Nähe Prags. (Vgl. Johann Gottfried Sommer: *Böhmen. Rakonitzer Kreis,* Prag 1845, S. 204)

244 ▷ *Alsdann, ich singe:* E: Das Lied des Gróf Illo
an einem Tische haben sich gesessen mehrere Offiziere
(Flöte, leise Zimbel, etwas Sporenklirren)
ein blonder, sommersprossig von Gesicht Mann
hat geblickt bitte, in Zimmer, Augenglas hat getragen
(sanfte Flöte)
wie er hat hineingeblickt schnell so geblitzt hat
Amint betekinté sebesen úgy villámlott
die zwei Augenglas der Lichterglanz drin
a két szemüveg a gyertyafényben
als wenn irgend ein feueräugiges Gespenst
mintha valami tüzszemü rém pillantana be
blicken würde herein (so hat bitte, getan)
das Kind bewunderte das kalte Blut der Leute.
a gyermek csodálta az emberek hideg vérét
Sein Kopf wurde von der dummen Tanzmusik betäubt
(wilde Zimbel, schrille Flöte)
Feje elkábult az ostoba tánczenétöl (Zimbel, Joi-Joi-Rufe)
[...]
p. 81 7. An einem Tisch saßen mehrere Offiziere.
Egy asztalnál több katonatiszt ült.
8. Das Kind wünschte bei sich, daß der kleine Oberlaitnant gewinnen möge.
A gyermek azt kivánta magában, hogy a kis föhadnagy nyerjen.
p. 121 1. Der kleine Oberlaitnant schneller fertig ist gewesen. A kis föhadnagy hamarabb készen volt.
2. Er verabschiedet sich vom Major, wünschte ihm eine gute Nacht. (Er hat verabschiedet der Major von, schön gute Nacht hat gewünscht ihm.)
elbúcsúzott az örnagytól, szépen
jo, ejszakát kivánt neki.
7. Ein blonder sommersprossig von Gesicht Mann hat geblickt hinein, Augenglas hat getragen.

2. Egy szőke, szeplős arcú férfi tekintett be, szemüveget viselt.
   Vett is, amit kivánt: pajzsot, szépet, nagyot.
139 Er kaufte auch, was er wünschte: einen Schild, einen großen, roten.
   karddal jobbjában, meztelen és görbe.
7 Ein Schwert, blank und krumm, hatte er in der Hand.
   Az aradi országgyülésen ak Béla neje 68 fö-úrat felkoncoltatott.
11 Und auf dem Arader Landtag ließ die Gattin Bélas des Blinden 68
   Magnaten niedermetzeln (er beginnt zu weinen).
p. 277 csaló Betrüger
p. 261 holdvilág pofa – Mondlichtsfratze (XX/1–89–90 verso)
▷ *Honvéd:* 1848 geprägte Bezeichnung für ungarische Freiwillige, seit dem österreichisch-ungarischen Ausgleich 1867 auf die ungarische Landwehr angewandt,
   1919–1945 Bezeichnung für die gesamte ungarische Armee.
▷ *Furaschgeld:* Furage, Lebensmittel, Mundvorrat für die Truppe und Futter für die
   Pferde.

245 ▷ *Hát:* ungar. also, so.
   ▷ *Éljen:* es lebe! es lebe hoch!
   ▷ *Hajuk:* heda!
   ▷ *Und auf dem Arader Landtag:* Der Urenkel Bélas I. wurde von König Koloman als
   Knabe (zusammen mit seinem Vater Almos) geblendet, um ihn von der Thronfolge
   auszuschließen. Nach dem Tod Stephans II. (1131) konnte Béla mit Hilfe König
   Lothars II. den ungarischen Thron besteigen. Um 1132 rächte Bélas Frau die
   Blendung: »Königin Helene rüstete sich, den inneren Feind zu zermalmen. Sie schrieb
   einen Landtag nach Arad aus, wo sie ihrem Vater näher war und sich im Falle der Noth
   unter dessen Schutz begeben konnte. Die Herren und die Krieger waren zwar
   zahlreicher erschienen als dessen Feinde, doch blieben diese nicht aus. Der blinde
   König trat am Arme seiner Gemahlin unter sie, und Helene, welche auf den
   Unglücklichen wies, dem Menschenhände die schönste Gabe Gottes geraubt hatten,
   und auf Jene, welche die Urheber dieser That des Hasses waren, rief ihre und des
   Königs Getreuen zur Rache, zu unbarmherziger Rache auf. Helene schwieg und die
   Anhänger des Hofes fielen nun mit ihrem Gefolge über die ihnen bezeichneten Opfer
   her. Sie tödteten 68 derselben, die anderen banden sie und warfen sie in's Gefängniss.«
   (Ladislaus von Szalay: *Geschichte Ungarns,* Band 1, Pest 1866, S. 288)
   ▷ *Schaljapin:* Fjodor Iwanowitsch Schaljapin (1873–1938), russischer Bassist.
   ▷ *sáchen:* ungar. äh, Verlegenheitswort.
   ▷ *Főméltóságos úram:* gnädige Herren, Exzellenzen.
   ▷ *Hatvannyolc:* achtundsechzig.
   ▷ *Stellts euch vor! Sie werden aingeladen auf Supätscherl:* V: Wos sind vértrauenszelig
   hingezogen, hoben Schulden gemocht, bei Jud für Reise, hoben gedacht, kommen auf
   mulacag ... an Schmarrn! Saget nix, wenn gewöhnliche Lait gewesen wären – tekintetes
   – meinetwegen: nagyságos ... aber bitte, lauter Exzellenzen! (XX/1–109) – (tekintetes:
   ungar. wohlgeboren, nagyságos: Exzellenzen)

246 ▷ *Sekundärbahn:* Nebenbahn.
   ▷ *Magnatenfantasia:* Reiterkampfspiel unter Magnaten.
   ▷ *Mulatschag:* sehr ausgelassene, exzessive Feier, ungar. mulatság.

247 ▷ *Jaroschinski:* Severin von Jaroschinski (Jaroszynski) war der Geliebte der Therese Krones und ermordete am 18. 2. 1827 seinen Mathematiklehrer, den greisen Abbé Johann Konrad Blank, um in den Besitz von dessen Wertpapieren zu gelangen. Er wurde dafür am 30. 9. 1827 hingerichtet. (Vgl. dazu Wilhelm Kisch: *Die alten Strassen und Plätze Wien's,* S. 512 f.)

▷ *Poincaré:* Raymond Poincaré (1860–1934), französischer Politiker, als Präsident der Republik (1913–1920) wurde er im Ersten Weltkrieg zum Symbol der nationalen Einheit.

▷ *Trommelgasse:* Bei Roda Roda mitunter als anrüchige topographische Gegebenheit Budapests erwähnt. (Vgl. »Onkel Feri«, in: *Krokodiltränen,* Berlin–Wien–Leipzig 1933, S. 369, und »Der Zigeuner«, in: Roda Roda: *Ausgewählte Werke in zwei Bänden,* Berlin 1932, Band 1, S. 361)

248 ▷ *Da darf nichts von Liebe vorkommen:* sgZ: (zu Üllö) von Sexualität schon gar nichts. (XX/1–110) – Zensur im eigentlichen Sinne gab es zur Zeit der Entstehung des Werkes keine, doch bot das am 31. 1. 1935 verabschiedete Bundesgesetz zur Bekämpfung staatsfeindlicher Druckwerke eine sicher sehr weitgesteckte Handhabe gegen Schriften, deren »Inhalt geeignet ist, die öffentliche Ruhe und Sicherheit zu gefährden« (§ 3,1).

249 ▷ *Androklus und der Löwe:* Unter der Direktion Wildgans gründeten im Juni 1930 die Burgtheatermitglieder Philipp Zeska und Karl Eidlitz das Burgtheater-Studio. Philipp Zeska (geb. Wien, 27. 4. 1896, gest. Wien, 5. 8. 1977) wandte sich im August 1930 an FHO um Entwürfe für die Ausgestaltung des Stückes *Androklus und der Löwe* von Bernard Shaw, das am 19. 5. 1931 am Akademietheater Premiere hatte. – Die ausführliche Korrespondenz über diese Zusammenarbeit ist im Nachlaß Philipp Zeskas erhalten.

▷ *Herr Häussermann:* Es kann sich nur um den 1915 von Hans Thiemig ans Burgtheater berufenen Schauspieler Reinhold Häussermann (geb. Stuttgart, 10. 2. 1884, gest. Wien, 4. 4. 1947) handeln, den Vater von Ernst Haeusserman (siehe S. 424, Anmerkung: *Häussermann).*

▷ *Lichtblau:* V: Rosenblatt (XX/1–110 verso).

▷ *Humhal:* k. u. k. Hofschneider, königl. rumänischer Hoflieferant, I., Opernring 9 *(Lehmanns Allgemeiner Wohnungsanzeiger,* 1913–36).

Ohne Zuordnung: E:

C. Und was weiß man schon von Dänen außer der Butter – und wer kennt heutzutage schon gar den Prinzen Hamlet, der überhaupt gar nicht existiert hat.

VNIAK Oho! da muß ich bitten! Schon Saxo Grammaticus hat ihn erwähnt. Nach diesem bedeitenden Dönker soll er 500 vor Christus gelebt haben. Sein der Hölle verfallener Papa soll ein sicherer Hornwendel gewesen sein . . . und auf Seeland, nach einigen bzw. in Jütland, wird der Bach gezeigt, in den sich die Ophelia gestirzt haben soll. Der Usurpator hieß aber Fangor . . .

C. Ja, ja, gut.

VNIAK Lassen S' mich ausreden. Neben der Ophelia vermählt sich unser Held mit der Prinzessin Hermutrut, einer schottischen Prinzessin.

B. Uje!

BEBI (brennend) Wie interessant.

VNIAK Auf der Hamletsheide . . .

BEBI (glühend) Auf . . . einer Heide . . . haben sie . . . wenigstens einen Paravant gehabt?

VNIAK (sieht sie strafend an) Allerdings muß ich zur Steuer der Wahrheit beifügen, daß andere, z. B. Wigalois von Hundelsburg, behauptet, sie sei eine geborene Viglet gewesen.

C. Also lassen wir die Hornwendelischen. Na, da kann ich nur beifügen, daß die Ophelia eine geborene Still war ...

VNIAK Still? ... Wie kommen sie da ... aha! Sie lassen sich von der Traumrede verführen: IIter Akt, 3. Szene, p. 128, Zeile 1—36 von oben ... daß ein Schlaf die 1000 Stöße endet, die unsres Fleisches Erbteil ... warten Sie ... 's ist ein Ziel, aufs innigste zu wünschen ... Schlafen? Vielleicht auch träumen ...? Ja da liegt's ... warten Sie – weiter: Den Übermut der Ämter

C. Segn S' es! schon damals! Besonders die Subalternen.

ALLE Pscht! (drohend)

VNIAK ... wenn wir den Drang des Irdischen abgeschüttelt, das zwingt uns still zu sein ... und die Schmach, die unwert schweigendem Verdienst.

RUDI Erwiwowaisahat ... (vom Genuß besessen) ... Wehenn er ... dehen [ein Wort unleserlich] ... schlum ... us, s, s! beendhan könnte. (brüllt) mit einem bloßhan Dullich.

VNIAK (nickt) Jetzt kommts! Zeile 28, ja! verlieren so der Handlung Namen: Namen: aha! Still, die reizende Ophelia.

RUDI (verklärt) Still hat er zu sich selber gesagt.

C. Also, dann war der Hamlet ein geborener Still ...

VNIAK (ringt die Hände).

C. Logik für Logik. Es geht nichts über streng logisches Denken. Darin wird der menschliche Geist gekrönt.

D. Verzeihung, wenn auch ich etwas sage: dann müßte man den Titel verändern: Still, Prinz von Dänemark.

VNIAK Herr! Das würde mißverstanden werden: die Leute würden von einem Stillprinzen sprechen.

E. Hähä! Hofdamen fürstlichen Geblütes wären dann etwa Stillprinzessinnen!

BEBI Prscht.

MAMA Pscht.

C. Der Druckfehlerteufel würde einen Stallprinzen draus machen – eine Idee, der den sportlichen, besonders nordischen Königssöhnen zu Gute käme ...

E. Wenigstens Stahlprinz ... warum nicht? Wenn es Erzherzöge gibt ...

F. No – und niemand wage dabei, an Messingluster zu denken oder etwa vernickelte ...

VNIAK Schreckliches Bild!

E. Bitte! Wir haben Petroleummagnaten, Gummikönige, Knopfkönige, Goldfüllfederkönige ...

BEBI Pruscht.

MAMA Pscht.

C. Lassen Sie mich ausreden. Sei dem wie's sei: Es ist ja sehr erklärlich, wenn nach dem allem die Tragödie nicht zu der formalen [ein Wort unleserlich] und Durchbildung gelangt ist. Daher hat sich die Kritik auch nie in ihr ausgekannt, wo so vieles Andeutung und ungelöster Bruch erscheint. Namentlich der Charakter Hamlets ist für sie Problem, oft allzu weich, melancholisch brütend! ... tiefes Gefühl ... dann wieder schneidender, bitterer Witz, der nicht einmal die hilflose Ophelia schont ... grämlicher Unmut! wie z. B. im erwähnten Akt gezeigt wird, Seite hundertzweiundzwa ...

C. (hebt die Hand auf) Bitte!

VNIAK Zwa...

C. Nein! Schaun Sie! So kommen wir nicht weiter. Verlieren wir uns nicht in gewiß hochinteressanten Contemplationen.

M. (Jude) Bitte, was sind eigentlich Contemplationen? Sehen Sie, das wissen Sie nicht. Niemand weiß überhaupt, präcis, was Contemplationen sind.

VNIAK Bitte! Wiskocil führt in seinem Fremdwörterbuch, Ite Auflage, Langensalza [ein Wort unleserlich] Schulbuchhandlung, 1872, p. 70, wenn ich nicht irre, an: Contemplation: »die innere Betrachtung« gleichsam: Versunken sein in sich selbst. (Bebi errötet tief und bedeckt das Gesicht.)

C. Also schieben wir diese unfruchtbare Betrachtung der eigenen Innereien beiseite – ich glaube, die Herrschaften sind alle meiner Ansicht (nebenbei zum Publikum) Sie auch? und gehen wir...

VNIAK Ich protestiere! Auf die Art stellen Sie die ganze Shakespeareforschung als unnütz hin, leugnen ihre Erfolge! Ich verweise da nur auf Professor Minor! Ich könnte Ihnen ohneweiters fünfzehn Stellen als Beleg bringen...

C. Um Gottes Willen!

MAMA Ich sehe, die Herren kommen nicht weiter. Wir wollen lieber eine Szene aus dem Drama heraussuchen, die sich zur Aufführung besonders eignet und lieber an die Verteilung der Rollen schreiten. (XX/1–19–23)

▷ *Zum Beispiel auf pagina 93 der Reimerschen Ausgabe:* Die zahlreichen Shakespeare-zitate entsprechen tatsächlich, abgesehen von geringfügigen Abweichungen, der angegebenen Ausgabe von *Shakespeares dramatischen Werken,* übersetzt von August Wilhelm Schlegel, ergänzt und erläutert von Ludwig Tieck, Berlin, Reimer 1831.

▷ *sechsundzwanzigste Zeile von oben:* V: 26te Zeile von oben – steht: Polonius. Noch hier? Laertes? Ei, Ei! dann pagina 136 (im 3. Akt) Hamlet: Ei! oder pagina 84, I. Akt, Sp. 3, 35te Zeile von oben: Polonius. Ei ja, recht brav! etc.! [...] pagina 136, Zeile 12 von oben Munkelei (XX/1–112–113)

Ohne Zuordnung: E: Worte Senis zu den Ostereiern:

Horratz sagt so scheen: omne tulit punctum, qui miscuit utile dulci = dör findet allgemeinen Beifall, der das Nitzliche mit dem Angenehmen verbindet!!!

Drei Eier im Hamlet! (Hamlet zeichnet sich durch drei Eier aus.) Omne trivium bonum. Aller guten Dinge sind drei. [!]

zum Suchen:

Omnia conanda docilis sollertia vincit: Lust und Liebe zum Ding machen alle Miehe und Arbeit gering. (Manie 1,93) wie er schweigen soll: parcam verbis, gratuita sunt: Ich will die Worte sparen, sie sind in den Wind gesprochen. Bitte mir nix ieber Eier in Gedichten zu sagen! »ab ovo!« von Anfang an. Schon Horaz erwehnt Vers 147 rühmend, daß Homer den trojanischen Krieg nicht vom »Ei« der Leda, aus dem Helena hervorging, zu erzählen beginne.

joco remoto, Spaß bei Seite. (XX/1–44)

▷ *Ei! es ist spitzbübische Munkelei:* William Shakespeare: *Hamlet,* Hamlet, 3. Akt, 2. Szene.

▷ *O, Eure Duchlauft:* V: O, fürchterliches Durchhaus – o, mille bombardement – ich verganz gas... nein, ich vergas gans... ha! vergasgans? Wer wird denn Gänse vergasen ... nein! Gänse vergießen ... vergießen? Ha! in Nürnberg am Brunnen – da saß ein Krokodil ... aber nein! weg mit dem faden Volks ... lied, ja Lied! Nein –

412

Gänsemännchen! O! Später Vischer – nein! Vetter Pischer ... auch falsch! heut kommt mir alles durcheinander ... so gung es mir selten! Was gung? Gong! nein, auch falsch! Na läuten wir ein bissel! Gung, gang, gang – gong ... ging!!! »Ging« heißt das dumme Wort! »Ging«? – bitte stellen Sie sich das vor, was für einen Blödsinn man zusammenspricht, ohne sich dessen bewußt zu werden! »Ging« gingginggingging. Ist das eines ernsten Graubartes würdig? frag ich! »ging« – na – lassen mer das. Von was haben wir grad gesprochen? (XX/1–75) – Teile dieser Variante finden sich im *Rout am Fliegenden Holländer*, als ein an ähnlichem Wortsalat leidender werdender Schauspieler namens Max Pallenberg in die soignierte Gesellschaft tritt. (Siehe *S. W.*, Band II, S. 121 f. und 306, Anmerkung: *Max Pallenberg)*

▷ *Das ist Jugend! Alles andere ... pah:* sgZ: und denen, wo Hand dampft, danken wir eigentlich unser ganze heutige Kultur. (XX/1–113 verso)

251 ▷ *die reizende Ophelia:* William Shakespeare: *Hamlet*, Hamlet, 3. Akt, 1. Szene.

▷ *die Teufelstriller von Tartini singen:* Die »Teufelstriller-Sonate« – eine Violinsonate – komponierte Giuseppe Tartini 1713 in Assisi; den Namen erhielt das Werk wegen der besonderen technischen Schwierigkeit der Doppeltriller.
Ohne Zuordnung: E:
ÜLLÖ (über Opitz) Jo, er heißt Opitz. Er hot immer so geweint, weil Wopiz heißt. Wopiz bedeutet nämlich Aff. No, hob ich ihm gesagt. Schau, Wopiz! Üllö ist auch nicht schöner Name.
TERZKY Ja, ein wenig düster.
ÜLLÖ Nicht wohr? Wie »Eule«. Dagegen »Töhötöm« – gefallt mir selber!
THEKLA Aber ... ich hab schon längst immer fragen wollen: Du bist doch kein Dampfschiff! (XX/1–167). – »Affe« heißt im Tschechischen »opice«.

252 ▷ *ZWEITER AUFZUG:* E: Das Ostereiersuchen
der König, die Königin, Polonius, Ophelia, Rosencranz, Gyldenstern und andre. Ein dänischer Marsch /Jazz/ Trompeten (XX/1–61).
Ohne Zuordnung: E:
(Gräfin böse, dann ab. Szene zwischen Thekla und Rudi. Rudi ab. Thekla und Lilian, beide schwärmen. Thekla will nur einen Teppen, Lilian einen Mann mit Ödipuskomplex heiraten.)
THEKLA Aber ... der Terzky hat keinen Papa mehr!
LILIAN Leider. So traurig! er kann nur deshalb keinen Ödipuskomplex haben! Ich will nur einen Mann mit Ödipuskomplex heiraten!
THEKLA Ach deshalb bist du traurig? Sag, was ist das eigentlich – ein Ödipuskomplex?
LILIAN Oo. Genau weiß ich auch nicht. (XX/1–43)

253 ▷ *wie beliebt zu leben:* Auf den folgenden Seiten findet sich eine Fülle von Zitaten aus der Schauspielszene im 3. Akt von Shakespeares *Hamlet*.

255 ▷ *Pengö:* ungarische Vorkriegswährung.

▷ *Zuckerkandl-Szeps:* Bertha von Zuckerkandl, geb. Szeps, österreichische Journalistin (geb. Wien, 12. 4. 1863, gest. Paris, 16. 10. 1945), gegen sie richteten sich viele Angriffe Karl Kraus'.

▷ *GRÄFIN WALLENSTEIN zu Buttler, wütend:* V: GRÄFIN (wuthfächelnd) Viscount! für die ... Opheliaszene mache ich Sie verantwortlich. Ich werde der Queen schreiben, daß dieser – Shakespeare gemaßregelt wird. O, was zu arg ist, ist zu arg. (Groß) Zu meiner Zeit wären solche Intimitäten – in der guten Gesellschaft – unmög-lich gewesen. (XX/1–167)

257 ▷ *Für unsere Vorstellung mit untertänigster Huldigung:* Vgl. William Shakespeare: *Hamlet,* Prolog, 3. Akt, 2. Szene.

▷ *Da stürzt Ownitschek in höchster Aufregung herein:* E:
(Thekla flirtet leicht mit Rudi. Kammerdiener kommt.)
THEKLA Ownicek – was wollen Sie?
OWNICEK Bitte, gnädige Contess, wo ist seine Gnaden, der Herr Papa? Will nur melden, daß die Pferde zum Ausritt für die Herrschaften parat sind.
THEKLA (zu Rudi, der mit düster verschränkten Armen zugehört hat) Rudi. (Zu Ownicek) Es ist gut – Sie können gehen! Wir werden Papa verständigen! (Dann schwärmerisch) Rudi! Sie müssen die Botschaft verkünden! Ich möchte so gerne hören, wie das in klassischer Diktion gebracht wird!
RUDI Ihr Willa, Contess, ist mir Befahel! hören Sie genau zu, wie man das am Burgtheater z. B. macht! (Schreitet pathetisch auf die eben eingetretenen drei Grafen zu.) Herr Pferd – die Grafen sind gesattelt.
(Thekla schlägt die Hände zusammen. Der Vorhang senkt sich.) (XX/5, Fasz. 6–4)

258 ▷ *Einsame Partie im Schloßpark:* V: Im Schloßpark. Einsames Boskett. Mondschein. (XX/1–127) – Parkterrasse, Mondschein. (XX/1–56)

▷ *Durch diese hohle ... dingsda ... Gasse:* Vgl. Friedrich Schiller: *Wilhelm Tell,* Tells Monolog, 3. Aufzug, 4. Szene.

▷ *Ulrike Levetzow:* (1804–1899). Goethe traf sie in den Sommern 1821–1823 in Marienbad. Seinen Schmerz über die Abweisung eines Heiratsantrages drückte er in seiner *Marienbader Elegie* (1823) aus.

▷ *Vorwärts mußt du:* Vgl. Friedrich Schiller: *Wallensteins Tod,* Illo, 1. Aufzug, 3. Auftritt.

▷ *Könnt ich nicht mehr wie ich wollte:* Der Monolog Rudis ist durchsetzt mit Zitaten aus Wallensteins Monolog. Friedrich Schiller: *Wallensteins Tod,* 1. Aufzug, 4. Auftritt.

▷ *Maria Eis:* (geb. Prag, 22. 2. 1896, gest. Wien, 18. 12. 1954), Mitglied des Wiener Burgtheaters 1932–1954.

259 ▷ *Du Bringer bittrer Schmerzen:* Vgl. Friedrich Schiller: *Wilhelm Tell,* Tells Monolog, 4. Aufzug, 3. Szene.

▷ *Da liegt das Schloß:* sgZ: In Mondschein baden seine Füße (XX/1–56).

▷ *Schlummre ruhig, guter Vater:* Vgl. Franz Grillparzer: *Die Ahnfrau,* Bertha, 1. Aufzug.

260 Ohne Zuordnung: E: Liebesszene zwischen Thekla und Rudi.
RUDI Horch – Dingsda ... Schritte!
THEKLA Hast du einen Ödipuskomplex? Ich heirate nur einmal einen Mann mit einem Ödipuskomplex!
RUDI Einen ... Ö-dingsda? Nahein! (XX/1–60)

261 ▷ *Durch Seidennebel süßer Wäsche sucht das Maultier seinen Pfad:* Vgl. Johann Wolfgang von Goethe: *Mignon:* »Das Maultier sucht im Nebel seinen Weg.«

414

▷ *Daliborklavierzimmer:* Die Oper *Dalibor* von Friedrich Smetana wurde als »Fidelio der Tschechen« oder »böhmischer Lohengrin« bezeichnet.

262 ▷ *Bata:* T. & A. Bata. Schuh- und Lederwerke, Žlin (Mähren), Wien I., Wiesingerstraße 3 *(Lehmanns Allgemeiner Wohnungsanzeiger,* 1919). V: Batya (XX/1–56 verso).

▷ *Monna Vanna:* Schauspiel in drei Akten von Maurice Maeterlinck, Paris 1902, ist ein Drama wirkungsvoll sich entwickelnder menschlicher Leidenschaften.
Monna Vanna, die Gemahlin des Guido Colonna, kann das belagerte Pisa nur retten, wenn sie sich dem berüchtigten Söldnerführer Prinzivalli ausliefert. Sie tut es, erkennt in ihm einen Jugendgespielen, und sie verplaudern die Nacht. Als sie mit ihm am nächsten Morgen zu ihrem Mann zurückkommt, glaubt dieser nicht ihren Beteuerungen, Prinzipalli habe sie nicht angerührt. Schließlich wird Prinzipalli – um ihn zu retten – von Monna Vanna, die sich in ihn leidenschaftlich verliebt, beschuldigt und in Haft genommen. Monna Vanna gibt vor, ihre Schmach rächen zu wollen, und verlangt den Schlüssel des Kerkers. FHO spielt vermutlich auf die Kußszene an, in der Monna Vanna Prinzipalli vor ihrem Mann das erstemal leidenschaftlich küßt, demonstrierend, wie sie den Heerführer betören mußte, um ihn ins feindliche Pisa zu locken.

▷ *nur durch die Spalten blickt das Unsichtbare:* V: Das Wirkliche dünkt sich allein das Wahre. Nur durch die Spalten blickt das Unsichtbare. (XX/1–129)

263 ▷ *Auf dieser Bank von Stein wolln wir uns setzen:* Friedrich Schiller: *Wilhelm Tell,* Tells Monolog, 4. Aufzug, 3. Szene.

▷ *Wann fing das an:* Vgl. Friedrich Schiller: *Die Piccolomini,* Dialog Max/Gräfin, 3. Aufzug, 3. Auftritt.

266 ▷ *Menjou:* Adolphe Menjou (1890–1963), amerikanischer Filmschauspieler, war während der Stummfilmzeit berühmt als Prototyp des französischen Dandys und Liebhabers.

267 ▷ *kein böhmisches Dienstmädel:* V: keine Kellnerin (XX/1–59).

▷ *Und ich werde die zuckenden Resteln von Ihnen:* V: aber vorher werde ich Sie mit der Hetzpeitsche Ihrer Haut entledigen! (XX/1–59)

268 ▷ *Buttlerbácsi:* »bácsi« (= Onkel) wird im Ungarischen in freundschaftlicher Absicht an einen Namen angehängt.

▷ *Sophiens Doppelblick:* Berühmtes Ausflugsziel Bad Ischls mit Café, Aussicht auf Ischl, den Dachstein und in das Gebiet des Wolfgangsees. Das Grauen Üllös soll wohl die Assoziation auf das »zweite Gesicht«, Geistersehen, erwecken. »Gewahrt jemand in Böhmen, wenn er in den Spiegel sieht, neben seinem Gesicht noch ein anderes, so wird er bald sterben.« (Bächtold-Stäubli [Hrsg.]: *Handwörterbuch des deutschen Aberglaubens,* Band 1, Sp. 682)

▷ *Mich hat vor paar Täg die Polizei in Donauwörth:* Friedrich Schiller: *Die Piccolomini,* 1. Aufzug, 1. Auftritt:
ISOLANI Wir kommen auch mit leeren Händen nicht!
Es ward uns angesagt bei Donauwörth,
Ein schwedischer Transport sei unterwegs
Mit Proviant, an die sechshundert Wagen. –
Den griffen die Kroaten mir noch auf,
Wir bringen ihn.

▷ *Ischtenem:* ungar. Istenem: Mein Gott!

69 ▷ Ohne Zuordnung: E:
ÜLLÖ (ist visionär) Du – Wallenstein, – ich weiß nicht – hast du nicht einmal in Böhmen gedient? bei – weiß der Teifel – Apropos! Eger! Da muß dir was gschehen sein ... Autopanne ... oder hat dich Wanzen gstochen? (XX/1–50)
▷ *daß sich die Affen jagen wie Steeplechase:* V: daß Aff von Zweig zu Zweig hüpft (XX/1–136).
▷ *Auf der Wiese grüün und klotzig:* V:
1) Hipft von End des Astes eines zu End des Astes Baumes anderes. Überschrift: das Eichkatz. (XX/1–46)

Auf der Pusta steht ein Haus,
Jud ist sein Besitzer.
Mädel schaut beim Fenster raus:
Aranka!
Aranka Spitzer!
3) Wie der Kater hinter Mäusen
hinschleicht sich auf Dach von Häusen
schleicht sich Miklosch sachte hin
zu dem Bett der Schwägerin.
Überschrift: dasz Bruderliebe. (XX/1–46)
Miklosch ist ein sehr häufig vorkommender ungarischer Name; die Annahme Georg Schareggs *(Fritz von Herzmanovsky-Orlandos Komödie »Baby Wallenstein«. Dokumentation und Deutung,* Zürich 1983), daß ein Bezug auf den österreichischen Bundespräsidenten Wilhelm Miklas (1872–1956) vorliege, läßt sich nicht beweisen. – Weitere Strophen siehe *S. W.,* Band II, S. 300, Anmerkung: *Auf der Puszta steht ein Haus.*
▷ *Das hat immer der Tisza gottselig:* István Graf Tisza (1861–1918, ermordet), 1913–1917 ungarischer Ministerpräsident, versuchte den Krieg gegen Serbien, aus dem sich der Erste Weltkrieg entwickelte, zu verhindern, stimmte aber dem Kriegseintritt nach dem entscheidenden Ultimatum des Wiener Hofes an Serbien zu. – Vgl. dazu den Brief CHOs an Maximiliane Stehlik 1954 (zit. in *S. W.,* Band II, S. 305, Anmerkung *Das »Nicht tanzen!!«):* »Ein Onkel vom Fritz hat erzählt, daß er einmal in einer dringlichen Angelegenheit beim Miniszterpräsidenten Tisza vorzusprechen hatte. Der Amtsdiener sagte aber, daß es momentan unmöglich sei, Seine Excellenz zu stören, da er schon seit einer halben Stunde – die Hände hinter dem Kopf verschränkt – um den Schreibtisch Csárdás tanze ...«
▷ *Fejérváry:* Géza Freiherr Fejérváry de Komlos-Kersztes (1833–1914), ungarischer Politiker, Landesverteidigungsminister.
0 ▷ *Táblabiró:* Stuhlrichter, Gerichtstafelbeisitzer.
▷ *Stan Laurel:* (1890–1965) und Oliver Hardy (1892–1957) waren das erfolgreichste Komikerduo im amerikanischen Film.
▷ *izé sáchen:* Dingsda, Dings, äh.
▷ *Die Gräfinnen Wallenstein und Terzky sowie Thekla erscheinen:* E: Gräfin Terzky klagt zur Wallenstein, diese habe einen geisteskranken [XX/1–53: geistessprühenden] Cavalier zum Mann. Sie sei Witwe. Aber noch trauriger sei es ihrer Busenfreundin, der Duchesse de Meidling, gegangen, deren Kind verlegt worden sei. (XX/1–36)

416

271 ▷ *das hat Töhötöm geheißen:* Siehe S. 404, Anmerkung *Töhötöm Gróf Üllö.* – Vgl. den
Brief von CHO an Maximiliane Stehlik 1954 (zit. in *S. W.*, Band II, S. 305, Anmerkung:
Das »Nicht tanzen!!«): »Töhötöm ist ein riesiger ungarischer Schleppdampfer, den wir
einmal auf hoher See begegnet haben und dessen talketer Name uns einen nachhaltigen
Eindruck gemacht hat. Töhötöm war ein sagenhafter ungarischer König und alle
wahren Patrioten weinen ganze Lacken, wenn sie nur den Namen hören.« – Da
Remorköre ausdrücklich Donauschlepper sind, dürfte die Begegnung auf hoher See
vom Autor für den Text auf die Donau verlegt worden sein.
   ▷ *Lewinsky:* Josef Lewinsky (geb. Wien, 20. 9. 1835, gest. Wien, 27. 2. 1907), Mitglied des
Burgtheaters 1858–1907, war ein legendärer »Mephisto« in »Faust I« und spielte diese
Rolle am Burgtheater erstmals am 27. 5. 1859.

274 ▷ *Es gibt deren nämlich siebene:* E: Es gibt deren siebene. Soroksár, Stuhlweisenburg
Bezirk Fülek, Hódmezővasarhely, Kaposvár, Nyiregyháza. (XX/1–52) – Zur Proble-
matik der Schädelfrage vgl. Richard F. Kreutel: *Der Schädel des Kara Mustafa Pascha,*
in: Jahrbuch des Vereins für Geschichte der Stadt Wien 32/33 (1976/77), S. 63–77.

275 ▷ *Joi:* ungar. Jaj: Oje! O weh!
   ▷ *Ördög:* ungar. Teufel.
   ▷ *wie ein gewisser hoher Herr:* V: der Prinz von We …
WALLENSTEIN Pscht!
ILLO No ja. J a h r e l a n g, bitte! hat er in jeder Tarockpartie zwei Skús auftauchen lassen.
(XX/1–35)

276   Ohne Zuordnung: E: Nach dem Spiel.
TEDDY Oo. Das herrliche Bild ist auch verspielt – The transmutation … von Plumkakes
and Apolinaris… (XX/1–167)

278 ▷ *daß hat noch als letztes den Haus in Trommelgasse:* E:
WALLENSTEIN Also, jetzt noch das Letzte – das Haus in der Trommelgassen in
Budapescht!
ILLO Was?? Du willst die Trommelgassen verspielen? Die Dub utca? Das Haus, wo die
vielen Menscher drin sind?
WALLENSTEIN Pscht!
ILLO Denk an deine Tochter! (XX/1–33)

280 ▷ *Hundsfutter:* Schinkenfett vom Prager Schinken. (Siehe *S. W.*, Band II, S. 320,
Anmerkung: *Weisshappel)*
   ▷ *Maybach:* Automobil der Luxusklasse in den dreißiger Jahren.

281 ▷ *A Magyar Kikeriki:* Im Gegensatz zu »A Magyar Hangaboly« ist diese Zeitschrift für
1877/78, herausgegeben von Lajos Csert, in Ungarn nachweisbar. (Ich danke Herrn
Dr. Stephan Nemeth für diesen Hinweis.)
   ▷ *Podwoloczyska:* Grenzbahnhof in Galizien, legendär vor allem einer Anekdote Roda
Rodas wegen: »Die Gans von Podwolotschyska« (in: Roda Roda: *Ausgewählte Werke in
zwei Bänden,* Band 1, Berlin 1932, S. 345 ff.).
   ▷ *Sie sollen sehen, daß Sie es mit einem Kavalier zu tun haben:* E: Ich bin ein Edel-
mann.

417

Trotzdem mir Ihre Tochter den Verlobungsring vor die Füße geworfen hat ... Trotz dieser tödlichen Beleidigung – pointiere ich Ihren ganzen Verlust gegen diesen letzten Einsatz. (Das Spiel beginnt.) (XX/1–33)

82 ▷ *Piccolomini:* Die Verwechslung Piccolo/Piccolomini verweist auf die beiden Träger dieses Namens in Schillers Wallenstein-Drama: Ottavio Piccolomini (1599–1656), der durch die Weitergabe von Informationen an den kaiserlichen Hof zu Wallensteins Sturz beitrug, sowie Joseph Silvio Max Piccolomini (gest. 1645), seinen Adoptivsohn.

▷ *Goldfüllfederkönig:* nannte man den in den zwanziger und dreißiger Jahren wegen Betruges und Irreführung der Behörden mehrmals zu Gefängnis verurteilten Ernst Winkler. Er inszenierte absurde Späße, die eigentlich niemandem schadeten, die Öffentlichkeit erheiterten, doch von den Gerichten keineswegs als Komödien anerkannt wurden.

83 ▷ *Madame Rosa Filiale:* Karl Kraus erwähnt in der »Fackel« mehrmals die Inhaberin des »Kleidersalons« in der Grünethorgasse, »Madame Rosa« (eigentlich Regina Riel, geb. 1860 Wradisch), die wegen wirtschaftlicher und gesundheitlicher Ausbeutung ihrer Mädchen 1909 vor Gericht gestellt wurde. Ob das von FHO in Budapest genannte Etablissement mit ihrer Person in Zusammenhang stand, konnte nicht geklärt werden. Ohne Zuordnung; E: Jetzt hab ich auch die Judenvorstadt verloren. (XX/1–33)

▷ *Wallenstein verliert. Üllö schnackelt mit dem Finger:* V:
ILLO (hat Jaroschinski schon die ganze Zeit scharf von rechts und links auf die Finger geschaut, was den Bankhalter sichtlich nervös gemacht hat. /Jetzt/ springt er ihn wie ein Tiger an und packt ihn am Arm.) Schurke! Du hast falsch gespielt.
JAROSCHINSKI Mein Herr! Das werden Sie mir büßen! Sie müssen mir vor die Pistole.
ILLO Wos? bießen? Wos? Pischtoln? derschlagen werd ich dich, Fallott elendiger! (XX/1–33 verso)

▷ *Behalten Sie Ihr Teuerstes:* V: dafür lasse ich Ihnen Ihr Teuerstes ... Ihre Tochter! (Peinliche Stille) Denn – wissen Sie – vor einer ¼ Stunde hat sie mir (Pause) den Verlobungsring vor die Füße geworfen.
THEKLA (die erschienen ist) Ja, das hab ich – du Schurke.
ÜLLÖ (hat wieder scharf auf Jaroschinski geschaut. Dann springt er ihn an.) Du hast falsch gespielt – denn – was ist das? (Er beutelt ihn.) (XX/1–40)

▷ *Mein Herr, das werden Sie büßen:* V:
JAROSCHINSKI Das werden Sie alles – zurücknehmen – Sie werden ...
ILLO (bellt) Wwoss? Wwoss? Der Kerl hat die Volt gschlagn! Der letzte König – der war viel zu groß – bitte!
JAROSCHINSKI Lügner!
ILLO Was? Lügner? Wart! Bürscherl! (Er packt ihn und zerrt ihn nach vorn.) Wirst abbitten? Wirst so-fort ab-bitten? Wird's? (Er beutelt ihn fürchterlich, so, daß aus Jaroschinski überall Karten herausfallen. Triumphierend) Da habts es! Zdenko – die Trommelgassen gehört wieder dein und alles andere auch! (Vorhang) (XX/1–33 verso–34)

▷ *kiscsésze:* ungar. kleine Tasse; V: kischbili (XX/1–149) ungar. kisbili: Nachttopf.

84 ▷ *Volt hat er geschlagen:* »volte schlagen nennt man den kunstgriff geübter kartenspieler, die karten zum vortheil zu mischen [...]; es geschieht entweder bei kartenkunststücken

418

oder in betrügerischer absicht; durch eine schnelle bewegung der finger wird eine oder mehrere karten dorthin gebracht, wo sie liegen sollen [...].« (Grimm: *Deutsches Wörterbuch*, Band 12, Leipzig 1951, S. 736)

285 ▷ *Tuberose:* Nachthyazinthe, wird wegen ihres starken Duftes oft bei Begräbnissen verwendet.
 ▷ *eurythmisch:* in schönen, ausgeglichenen Bewegungen, nach der in der Anthroposophie Rudolf Steiners begründeten Eurythmie.
 ▷ *Wohl in der Leopoldstadt:* Leopoldstadt wird die ehemalige Vorstadt, der heutige 2. Wiener Gemeindebezirk, genannt, die seit 1625 vorwiegend von Juden bewohnt wurde. Nach der barbarischen Judenvertreibung im Jahre 1670 wurde der Stadtteil nach dem Initiator dieses Pogroms, Kaiser Leopold I., benannt. – sgZ: Was die Firma Karo & Jellinek leistet, können wir auch (XX/3–80). – Dieser Zusatz ist lediglich eine Wiederholung.

286 ▷ *Qualis [...] artifex pereo:* Welch ein Künstler geht mit mir zugrunde.
 ▷ *Hervor, du Pfeil... du Bringer:* Vgl. Friedrich Schiller: *Wilhelm Tell*, Tells Monolog, 4. Aufzug, 3. Szene.

287 ▷ *Eine Stunde im Paradies gelebt:* sgZ: schluchzt wieder wie ein klagendes Kind (XX/1–152).
 ▷ *wie eine abnorm dicke Dame heranwackelt:* Siehe S. 386, Anmerkung: *als schweratmend die dicke Witwe Gackermeier auftaucht.*
 ▷ *Ziviloffizier von die Bumpfuneber:* Pompfüneberer werden heute noch in Wien die Angestellten jeder Leichenbestattung genannt, waren aber ursprünglich nur die Angestellten der »Entreprise des Pompes Funebres«, eines Unternehmens, das um die Jahrhundertwende mit etwa 79 weiteren Bestattungsunternehmen in wilder Konkurrenz lag, wobei zu Werbezwecken wenig pietätvoll agiert wurde. »Schließlich wurden die Zustände so arg, daß die Gemeinde Wien 1907 die beiden größten Unternehmen, nämlich die ›Enterprise‹ [!] und die ›Concordia‹ um insgesamt 2,35 Millionen Kronen erwarb und damit die Städtische Bestattung gründete.« Die Angehörigen der »Entreprise« trugen »bordierten Frack nach der Mode von 1785, Hosen von 1710, Achselbänder, wie sie unter Ludwig XIV. ums Jahr 1670 das Höchste an Eleganz waren, und Schuhe aus der Zeit der 2. Wiener Türkenbelagerung [...] Auf dem Kopf trugen eine abenteuerlich gekleideten Gestalten einen Dreispitz, wie ihn die französischen Marschälle um's Jahr 1840 führten.« (Hilde Schmölzer: *A schöne Leich. Der Wiener und sein Tod*, Wien 1980, S. 85 f.)
 ▷ *Nährvatter Josef:* Nicht nachweisbar. Es gab aber bereits vor Beginn des 20. Jahrhunderts den »Hl. Josef von Arimathäa-Verein«, der für die unentgeltliche Leichenbestattung mittelloser Verstorbener, sogenannter »Gratisleichen«, eine Entschädigung aus dem Ressort »Sanitätsauslagen« der Gemeinde Wien erhielt. *(Statistisches Jahrbuch der Stadt Wien*, Wien 1903, S. 837)

288 ▷ *Kurzmalla:* Hedwig Courths-Mahler (1867–1950) verfaßte mehr als 200 Unterhaltungsromane, denen immer dasselbe Klischee von Aufstieg, Reichtum und Glück sozial Niedriggestellter zugrunde liegt. Viele ihrer Romane erreichten in Massenauflagen weiteste Verbreitung.

89 ▷ *Fürschtenkron in der begehrlichen Unterwäsch:* Siehe S. 391, Anmerkung: *das Allianzwappen von uns und die Wumpsprandtischen.*

▷ *Mezzanin:* nennt man in Wien das dem Hochparterre folgende Geschoß. Nach der Theresianischen Bauordnung durfte kein Haus mehr als zwei Stockwerke besitzen. Man half sich mit den Umbenennungen des ersten Stockwerkes als Hochparterre, des zweiten Stockwerkes als Mezzanin, des dritten Stockwerkes als erster Stock und kam so zu vier Stockwerken.

▷ *Schleimschlag:* oedema pulmonum, apoplexia pituitosa (M. Höfler: *Deutsches Krankheitsnamen-Buch,* München 1899, S. 577).

90 ▷ *Narrenturm:* In dem von Isidor Canevale 1784 erbauten und bis 1865 in Verwendung stehenden »Narrenturm« wurden zum erstenmal Geisteskranke einer medizinischen Behandlung unterzogen. (Vgl. Felix Czeike: *Alsergrund* [= *Wiener Bezirkskulturführer* 9], Wien 1979)

91 ▷ *durch einen offenbaren Papierböller:* Nach den Februarunruhen 1934 wurde politische Unzufriedenheit durch Zünden von Papierböllern kundgetan. Obwohl dabei nicht von »Anschlägen« die Rede sein konnte, wurden die Täter in der Regel zu mindestens sechs Monaten Konzentrationslager Wöllersdorf verurteilt. Nach Inkrafttreten des »Sprengstoffgesetzes« im Juli 1934 (siehe S. 420, Anmerkung: *Sprengstoffverbrechen. Da is der Tod drauf)* wurden die Strafen wesentlich verschärft. Herrn Georg Scharegg verdanke ich den Hinweis auf folgenden Zeitungsbericht: »Gestern waren von dem Wiener Schwurgericht im beschleunigten Verfahren unter Vorsitz des Oberlandesgerichtsrates Dr. Werner vier Arbeiter nach § 6 des Sprengstoffgesetzes angeklagt, weil sie scharf adjustierte *Papierböller* verhehlt hatten. Drei von den Angeklagten wurden freigesprochen, Heinrich Haymerle aber schuldig erkannt und zum Tode durch den Strang verurteilt.« (In: *Dokumente einer Diktatur. Ein Jahr Schuschnigg,* Brüssel 1935, S. 28)

92 ▷ *Wetterhäuschen:* Das Wetterhäuschen im Stadtpark wurde 1883 erbaut und 1913 abgetragen, weil man den Platz für das Johann-Strauß-Denkmal ausgewählt hatte. Das abgetragene Wetterhäuschen sollte 1914 im Garten des Pflegeheimes Lainz wiederaufgestellt werden. Zur Verwirklichung dieses Vorhabens scheint es jedoch nie gekommen zu sein. (Vgl. Manfred Wehdorn: *Die Bautechnik der Wiener Ringstraße* [= *Die Wiener Ringstraße* XI], Wiesbaden 1979, S. 249)

▷ *Herostrates:* Der Grieche Herostrat steckte 356 v. Chr. den Artemistempel zu Ephesus in Brand, um berühmt zu werden.

▷ *Ich bin das unschuldige Opfer eines Tschicks:* sgZ: (Die Dame kommt neuerlich zu sich und beginnt wieder zu rasen. Ihre Toilette wird immer derangierter und sie streut eine Menge Brillantschmuck herum.)

ÜLLÖ (kommt zum salutierenden Polizisten) Wer ist das Weibsstück? Hat die so geknallt? Unbegreiflich.

POLIZIST Melde gehorsamst: nein! der Sprengstoffattentäter heißt: Rudolf Lallmayer, angeblich arbeitsloser Schauspieler. Dort wird er grad abgeführt.

ÜLLÖ Die Vogelscheuchen da soll der Rudi sein? das ist doch unmöglich! Er ist doch ein harmloses Trottel! Is ja ausgeschlossen, daß der ... übrigens: Wos hat er gemacht?

POLIZIST Angeblich wollte er mit einer Marinegranaten Selbstmord verüben. Er hat aber nur einen gut 20 m tiefen Erdtrichter gemacht!

ÜLLÖ Wos?! an Erd-Trachter? Wie kann er?
POLIZIST Ja.
ÜLLÖ Hätt ich ihm nie zugetraut! Erd-trachter ... auf was so ein verfluchtes Schwob nicht alles kommt. Hab noch nie gehört, daß bei uns in Ungarn ein der besseren Gesellschaft angehöriger Mensch Trachter macht ... das überläßt er Schlowak, Rastelbinder.
ISOLAN (ist auch hinzugetreten, sehr ernst) Das Wetterhäuschen hat er auch weggesprengt!
ÜLLÖ Wos?! den Wetter-haisel? Alsdann, das ist stark. (Klagend) Den Wetterhaisel, wo das Richtung nach Budapescht is eingegroben in Marmorgeländer! Also, das ist unverzailich. (XX/1–158)
▷ *Schwarzenbergkaffee:* berühmtes Wiener Kaffeehaus am Schwarzenbergplatz.

293 ▷ *gescheiten Rudi, der was die Universität baut hat:* Herzog Rudolf IV. (1339–1365), »der Stifter«, erhob nicht nur 1365 die 1237 durch Friedrich II. geschaffene Bürgerschule zur Hohen Schule, sondern wußte überhaupt durch umsichtige und kluge Maßnahmen als Landespolitiker seine Macht zu stärken.

294 ▷ *Béla Kun:* (auch: Khun; 1886–1939?), ungarischer Politiker, wurde in russischer Kriegsgefangenschaft 1916 Mitglied der Partei der Bolschewiki, zeitweilig enger Mitarbeiter Lenins, organisierte nach seiner Rückkehr die ungarische KP und rief am 21. März 1919 die »Ungarische Räterepublik« aus, in der er das Volkskommissariat für Auswärtiges übernahm. Nach dem Zusammenbruch der Räterepublik (August 1919) floh er nach Österreich, 1920 in die Sowjetunion, wo er im Verlauf der »Großen Säuberung« (1935–1938) verhaftet wurde. FHO spielt hier auf Kuns Zeit in russischer Kriegsgefangenschaft an.

295 ▷ *Joi mamám:* O weh, Mutter!

296 ▷ *Steinhof:* Anstalt für Geisteskranke in Wien.
▷ *Exxxtra-ausga-bää:* Mit dem Ruf »Extraausgabe –! Ermordung des Thronfolgers! Da Täta vahaftet!« beginnt Karl Kraus' *Die letzten Tage der Menschheit.*
▷ *Falscher Bimssteinregen über Wien:* sgZ: Die Herren spannen ihre en tout cas auf. (XX/1–174 verso)
▷ *Achse Berlin–Rom:* Von Mussolini 1936 geprägte und seither gebräuchliche Bezeichnung für das im Spanischen Bürgerkrieg begründete Verhältnis enger außenpolitischer Zusammenarbeit zwischen dem faschistischen Italien und dem nationalsozialistischen Deutschen Reich.
▷ *Sprengstoffverbrechen. Da is der Tod drauf:* FHO spielt hier auf das mit 14. Juli 1934 in Kraft getretene »Sprengstoffgesetz« zur Abwehr politischer Gewalttaten an: »Danach wird mit dem Tode bestraft:
1. wer zum Zweck der Begehung eines Sprengstoffverbrechens Sprengstoffe, Bestandteile von Sprengstoffen oder Vorrichtungen zu Sprengstoffanschlägen herstellt, anschafft, bestellt, besitzt oder einer andern Person überläßt;
2. wer mit andern die Ausführung eines Sprengstoffverbrechens verabredet;
3. wer sich zur fortgesetzten Begehung von Sprengstoffverbrechen mit andern verbündet [...].« Das erste Opfer dieses Gesetzes war der sozialdemokratische

Jugendliche Josef Gerl, der wegen eines geringfügigen Sprengstoffanschlages in der Nacht vom 24. auf den 25. Juli 1934 gehängt wurde. (Vgl. »*Neues Wiener Tagblatt*« vom 25. Juli 1934)

297 ▷ *den Scherben vor meinem Fenster:* Johann Wolfgang von Goethe: *Faust I,* Gretchen im Zwinger.

298 ▷ *sitzt meine Mutter auf einem Stein:* Goethe: *Faust I,* Gretchen im Kerker.
  ▷ *meskine:* armselige, schäbige.

299 ▷ *kérem, sáchen, izé, teschék:* bitte, äh, Dingsda, bitte. Ungarisch: tessék (= bitte) ist im Wienerischen ein Schimpfwort und bezeichnet einen Dummen, der alles mit sich machen läßt.

400 ▷ *bei uns am Land:* V: bei uns in der Tschechei (XX/1–183)

401 ▷ *is er doch gfoltert worden:* sgZ: Eh seine Bankkomplizen alles verschieben. (XX/1–183)
  ▷ *Pratos »Süddeutsche Küche«:* Katharina Prato (Edle von Scheiger): *Die süddeutsche Küche mit Berücksichtigung des Thees* ... 24. Auflage, Graz 1895.
  ▷ *Wozzeck:* Oper in drei Akten von Alban Berg, Text nach Georg Büchner (1925), »kühnste Oper des musikalischen Expressionismus«, »Versuch, grauenhaft-angstvolle Seelenregungen durch atonale Tonfolgen, knarrende Quietschgeräusche, höchstrealistische [...] Dissonanzen noch peinigender zu machen«. (Otto Schumann: *Der große Opern- und Operettenführer.* Wilhelmshaven–Locarno–Amsterdam 1983, S. 341)
  ▷ *Kuglerbonbons:* In der Konditorei »Kugler« in Budapest, einer der berühmtesten Konditoreien der Monarchie, gefertigte Bonbons.
  ▷ *Ägyptische zweite Sorte:* beliebte Zigarettensorte der Zwischenkriegszeit.
  ▷ *Mutter ... gib mir ... die ... Sonne:* Henrik Ibsen: *Gespenster,* Oswald, 3. Aufzug.
  ▷ *so einen Trottel können Sie doch gar nicht hinrichten:* Vermutlich Anspielung auf die erste Hinrichtung in der Ersten Republik, vollzogen an dem Brandstifter Peter Strauß, dem »geistige und körperliche Minderwertigkeit« bei der Verhandlung attestiert wurde. Dies hatte jedoch keinen Einfluß auf das Strafausmaß, was weite Teile der Bevölkerung empörte. Der vom Verteidiger gestellte Antrag auf Psychiatrierung wurde abgelehnt. (Siehe *Neues Wiener Tagblatt* vom 12. 1. 1934, S. 11)

402 ▷ *Wyschterschpupek:* Lehrer eines Onkels von FHO auf der k. k. Militärakademie Chotieborsch (in der Nähe des Staatsgestüts Kladrub), Vistrpupek, »der als einer der größten Linguisten seiner Epoche galt«. (Vgl. *S. W.,* Band I, S. 219, Band II, S. 310, Anmerkung: *von einem Gelehrten namens Skrkarka und zwar unweit von Kladrub)*
  ▷ *Schau, wir sind mit die Schichtischen:* Die Firma Georg Schicht besaß bei Aussig/Böhmen ein Unternehmen der Öl- und Fettindustrie und stellte daselbst auch Seife her.
  ▷ *Kkaiserbad:* Czáczár fürdö, das besuchteste aller Ofener Schwefelbäder, hat elf Quellen mit Temperaturen von 54 bis 65 Grad C, ein noch aus türkischer Zeit stammendes Dampfbad und Schwimmbassins für Damen und Herren. (Vgl. Karl Baedeker: *Österreich-Ungarn,* 24. Auflage, S. 360)
  ▷ *Kutya ... összebaszta ... teremtette:* ungar. Fluch, etwa mit »Hund ... vergewaltigte ... geschaffene« zu übersetzen.

303 ▷ *Lallenstein:* V: Schnalzenstein (XX/1–186).

304 ▷ *Was der Bruder vom Herrn Scharfrichter is, betreiböt die Sölcherei:* Vielleicht Reminiszenz an den Wiener k. k. Scharfrichter Joseph Lang (geb. Simmering, 11. 3. 1855, gest. Wien 21. 2. 1925, Selbstmord), der als Zivilberuf eine Kaffeesiederei betrieb. (Vgl. Fritz Treichel: *Henker, Schinder und arme Sünder,* Münder am Deister 1970, I. Teil, S. 490)

305 ▷ *weil war gestohlen:* V: weil is gestohlene Sohn! Sag selbst Jancsy!
JANCZY (finster zu Rudi) Auf dem Weg zum Galgen sollst du alles erfahren. (XX/1–187) – Rigo Janci, Zigeunerprimas und Protagonist einer Skandalaffäre, entführte die Prinzessin Clara Chimay, die in der Folge, nur mit einem Trikot bekleidet, in den Varietés aller europäischen Großstädte auftrat. *(Bilder-Lexikon,* Band I, S. 227)
 ▷ *Zirkus Wünschhüttel:* Herrn Berthold Lang vom Österreichischen Circus- und Clownmuseum verdanke ich den Hinweis, daß es sich bei dieser »Kunst- und Pantomimenarena« des Herrn Friedrich Wünschhüttel um die älteste österreichische Artistentruppe handelt. Sie läßt sich für den Zeitraum von 1890 bis 1900 in Wien nachweisen und hatte in den Jahren 1890 bis 1893 ihren festen Standplatz Siebenbrunnengasse 23 im 5. Wiener Gemeindebezirk.

307 ▷ *weil ein Dragonerkorporal auf sie geäugt hat:* sgZ: [Zuordnung unsicher] Es war an dem Tag, an dem der unselige Popowitsch den grausigen Todessprung in die /Schwarzspanierstraße/ getan hatte. (XX/1–188 verso)
 ▷ *der hohen Durchlauchtmutter meine dehors zu machen:* sgZ:
ÜLLÖ (taucht aus der Versenkung auf, ungarischer langer Fluch)
LANDESGERICHTSRAT Noch einer? Auch aus der Versenkung?
ÜLLÖ Jo, is nähender.
SCHLIESSER Da kannst nix machen. Is a Ungar.
(Auch Seni taucht quasi nebelhaft aus dem Dunkel auf.) (XX/1–80 verso)

309 ▷ *Earl of Meydling! Lordleutnant of Atzgerstorff:* Meidling, Atzgerstorff, Siebenhirten, Fünfhaus, Hietzing und Kagran sind ehemalige Vorstädte, nunmehr Stadtteile Wiens.
 ▷ *Ich fühle Neigung, allen zu verzeihen:* William Shakespeare: *Maß für Maß,* Herzog im 5. Aufzug, 1. Szene.
 ▷ *wir winden dir den Jungfernkranz:* Carl Maria von Weber: *Der Freischütz,* Mädchenchor im 3. Aufzug, 4. Auftritt.
Ohne Zuordnung: E: Am Schluß kommt noch Iszolany und die Witwe und Terzky mit Hermione. (XX/1–178)
Am Schluß des Dramas notierte FHO wiederholt:
WALLENSTEIN (groß) Da – Bohemienne – noch ein Sechserl! Ein Fürst weiß zu belohnen. (XX/3–112) – Da dies wörtlich dem Zusatz von XX/1–109 entspricht, ist anzunehmen, daß FHO die Notiz nicht endgültig an dieser Stelle angebracht wissen wollte.

310 ▷ *Um hoffentlich in die theatralische Öffentlichkeit:* Typischer Briefentwurf des Autors an einen Theaterverleger vom September 1936. Weitere Entwürfe oder Fragmente von Inhaltsangaben: XX/5, Fasz. 6–3–4 verso, XIX/11 = ÖNB Cod. ser. nov.

13.696–46–46 verso; XX/1–97 verso, XX/1–41 und XX/1–97; XX/5, Fasz. 1–1–5 und Fasz. 2–1–6.

12 ▷ *Von meinem Onkel, einem Arader Magnaten:* Conrad von Reviczky, geb. 1848, »k. ung. Concipist der Eisenbahn- und Schiffahrts-General-Inspection« (Gemmel-Flischbach: *Album des Kaiserl. Königl. Theresianums [1746–1889],* Wien 1880, S. 149)
  ▷ *Frank Fox:* Siehe S. 426, Anmerkung: *Frank Fox.*

16 ▷ *Wallenstein ist ein charmant vertrottelter Graf Bobby:* (XX/1–4–4 verso)
Dazu gibt es noch folgenden Entwurf:
Problemstellung des Wallensteindramas.
Wie würden sich die Figuren benehmen, wenn sie im Böhmen Masaryks wiedergeboren wären?
Wallenstein ist ein – klarerweise – höchst distinguierter »Graf Bobby«. Seine Gemahlin beste in die [ein Wort unleserlich] hineinragende Familie: Gonzaga, deren Urgroßonkel der heilige Aloisius, Patron der Keuschheit war. – Also erster Set. In Thekla hat sich aber die ganze Gewalttätigkeit der mittelalterlichen Wallenstein, in allerdings entzückender Maske inkorporiert. Sie ist höchst energisch und entwickelt sich zu dramatischer Größe. Arbogast Graf Terzky ist illegaler Nazi aus Wien. Seine hohe Frau Mama gehört einer Seitenlinie der spanischen Habsburger an. Konnten zwar nicht ganz [bricht ab]
Butler ist diesmal was sehr Anständiges: englischer Militärattaché in Prag.
Theklas Lieblingsoheime sind als etwas ins Ungarische hinüberschlagende Cavaliere wiedergeboren worden.
Üllö (= Illo) hoch, hoch ehrenwert.
Iszolany – wie schon um 1630 eine Figur, der man lieber ausweicht. Prof. Seni heißt jetzt klarerweise Wenzel, gehört aber noch der Gemischtwarenhändlerfamilie an, die noch heute in Riva blüht. Diesem vornehmen Kreis hat sich diesmal auch »Graf« Jaroschinski zugesellt, wenig erfreuliche Figur. (Ein Namensvetter, der Liebhaber der Therese Krones wurde im Biedermeiertum gehängt.) (XX/1–2)

19 ▷ *Rudi Konfus:* (XX/1–31–32 verso).

33 ▷ *Scarron:* Paul Scarron (1610–1660), französischer Schriftsteller. Siehe *S. W.,* Band II, S. 292, Anmerkung: *Scarron das Opfer eines solchen Faschingsscherzes.*

35 ▷ *Karl Eidlitz:* (geb. Wien, 26. 10. 1894, gest. Wien, 26. 9. 1981), Schauspieler, Regisseur und Chefdramaturg des Burgtheaters, 1918 von Hermann Bahr ans Burgtheater berufen, bis 1960 dort tätig, Begründer des Burgtheaterstudios (zusammen mit Philipp Zeska) im Juli 1930, für dessen Einstudierung von Shaws *Androklus und der Löwe* FHO zur Bühnengestaltung und Ausstattung herangezogen wurde. Siehe S. 409, Anmerkung: *Androklus und der Löwe.*
  ▷ *ihre liebreizende Frau Gemahlin:* Alma Seidler (geb. Leoben, 8. 6. 1899, gest. Wien, 8. 12. 1977), Kammerschauspielerin, seit 1918 Mitglied des Burgtheaters.

37 ▷ *Margret Nauheim-Naval:* (eigentlich Margaret Carol Gräfin Galler-Schwarzenegg, geb.

Wien, 4. 2. 1891, letzte Meldung 8. 4. 1938, 1., Rathausstr. 3/20, dann abgemeldet nach Rom), Schriftstellerin, Verfasserin eines chirologischen Lehrbuches, *Die Hand als Charakterspiegel* (Weimar–Celle 1922), und eines Werkes über Rom, *In Rom erzählt man ... Legenden, Anekdoten, Kuriositäten* (Wien 1938).

▷ *wir stehen im Goldonijahr:* Am 6. 2. 1933 wurde des 140. Todestages des italienischen Dramatikers Carlo Goldoni gedacht.

▷ *Reinhardt:* Max Reinhardts Vater Wilhelm Goldmann (1846–1911) war von Beruf Kaufmann und Fabrikant. (FHO intendierte hier wohl die Assoziation zum Binkeljuden, wie man die meist aus dem Osten stammenden armen Wanderhändler nannte.)

338 ▷ *Sir Galahad:* Pseudonym für Bertha Eckstein, auch Helene Diener (geb. Wien, 18. 3. 1874, gest. Genf, 20. 3. 1948). FHO stand mit der Verfasserin von *Mütter und Amazonen* in regem geistigen Kontakt. Siehe *S. W.*, Band VII, S. 355 f., Anmerkung: *Frau Eckstein.*

▷ *Max Pfeffer:* (geb. Krakau, 6. 10. 1884, bis 4. 8. 1938 in Wien, 7., Siebensterngasse 2/13, gemeldet, dann unbekannten Ortes verzogen), Verleger, 1., Bösendorferstraße 1.

▷ *Karl Burger:* (geb. Wien, 5. 10. 1891, 1939 nach Frankreich übersiedelt), Journalist, Dramaturg, wohnte 18., Buchleitengasse 37/2.

▷ *Friedrich Forster-Burggraf:* (eigentlich Walfried Burggraf), Schriftsteller und Theaterleiter (geb. Bremen, 11. 8. 1895, gest. ebda., 1. 3. 1958), 1933–1938 Intendant des Bayerischen Staatsschauspiels München, dann als freier Schriftsteller tätig.

▷ *Herr Intendant Weichert:* Richard Weichert (geb. Berlin, 22. 5. 1880, gest. 1961), Schauspieler und Regisseur, ab 1920 Intendant der Städtischen Bühnen Frankfurt/M., 1932–1933 Regisseur am Staatstheater München, danach an der Volksbühne Berlin, 1947–1956 Schauspieldirektor in Frankfurt/M.

339 ▷ *Hans von Ankwics-Kleehofen:* (geb. Böheimkirchen/NÖ, 29. 9. 1883, gest. Wien, 1. 10. 1962) Kunsthistoriker, Generalstaatsbibliothekar.

▷ *Häusserman:* Ernst Haeusserman (geb. Wien, 3. 7. 1916, gest. Wien, 11. 6. 1984), 1953 (mit Franz Stoss) Direktor des Theaters in der Josefstadt, 1959 Direktor des Burgtheaters.

342 ▷ *Prag–Pilsner Bahn:* »Die ersten Eisenbahnen in Österreich waren Pferdebahnen. Der Professor des Wiener ›Polytechnikums‹, R. v. Gerstner, erhielt 1824 das Privilegium zur Herstellung einer Pferdeeisenbahn von Linz nach Budweis. Sie wurde, 120,3 km lang, am 1. August 1832 eröffnet und war die erste Eisenbahn für den Transport von Personen und Sachen am europäischen Kontinent. 1832–1836 ist sie um die Strecke Linz–Gmunden, 67 km lang, verlängert und ferner 1828–1831 die 58,7 km lange Pferdebahn Prag–Lanna, welche nach dem ›Privilegium‹ bis Pilsen ausgedehnt werden sollte, hergestellt worden.« (Aloys Freiherr von Czedik: *Die Entwicklung der österreichischen Eisenbahnen als Privat- und Staatsbahnen 1824–1900. [= Der Weg von und zu den Österreichischen Staatsbahnen 1]* Teschen–Wien–Leipzig 1913)

345 ▷ *Richard Révy:* Richtig: Richard Anton Robert Felix (geb. Föherczeglack, Ungarn, 13. 9. 1885, gest. Los Angeles, 22. 12. 1965), 1925/26 Direktor und Schauspieler des Schauspielhauses München, 1926–1936 Direktor, später Generaldirektor der Münchner Kammerspiele, 1936 wurde sein Vertrag, da er sich in Opposition zum

nationalsozialistischen Regime befand, nicht erneuert. (Strauss/Röder [Hrsg]: *International Biographical Dictionary,* Vol. II, Band 2, S. 964)

▷ *Dr. Wolfgang Petzet:* Dr. Wolfgang Paul Christian Franz Petzet (geb. München, 4. 7. 1896), Schriftsteller, Dramaturg und Spielleiter, 1934–1948 Spielleiter in den Münchner Kammerspielen.

▷ *Friedrich Horwitz:* Buchhändler in Wien (geb. Bremen, 19. 3. 1892, am 22. 8. 1938 abgemeldet in die Schweiz).

▷ *Falkenberg:* Otto Falckenberg (geb. Koblenz, 5. 10. 1873, gest. Starnberg, 1947) leitete 1917–1944 die Münchner Kammerspiele.

346 ▷ *A. Wolf Verlages, in dem ein jetzt vielgelesener Roman von mir erschien:* Im Verlag Artur Wolf erschien 1928 *Der Gaulschreck im Rosennetz.*

▷ *Paul Fent:* (eigentlich Frankfurter, geb. Grimmenstein, NÖ., 9. 10. 1906, 20. 5. 1938 abgemeldet nach Budapest), Schriftsteller.

▷ *Irene Kafka:* (geb. Mährisch-Ostrau, 1. 9. 1888, gest. im KZ Ravensbrück, 9. 5. 1942), Schriftstellerin.

347 ▷ *Korfiz Holm:* Schriftsteller, Übersetzer und Teilhaber des Verlages Langen, dann Geschäftsführer des Vereinigten Verlages Langen/Müller.

348 ▷ *Dr. Kurt Otte:* (geb. Hamburg, 3. 9. 1902) war eng befreundet mit Hedwig und Alfred Kubin und leitete das Kubin-Archiv Hamburg bis zu dessen Verkauf an die Stadt München 1970. (Siehe *S. W.,* Band VII, S. 435 f., Anmerkung: *Nach Hamburg ans Kubinarchiv habe ich geschrieben)*

▷ *Buschbeck:* Erhard Buschbeck (geb. Salzburg, 6. 1. 1889, gest. Wien, 2. 9. 1960), Schriftsteller und Chefdramaturg des Burgtheaters, 1918 von Hermann Bahr ans Burgtheater berufen, dort bis 1960 tätig, ab 1948 als provisorischer Leiter.

▷ *Aslan:* Raoul Aslan (geb. Saloniki, 16. 10. 1886, gest. Attersee, 17. 6. 1958), seit 1920 Mitglied des Wiener Burgtheaters, 1945–1948 dessen Direktor.

349 ▷ *Waniek:* Herbert Waniek (geb. Wien, 17. 10. 1897, gest. Wien, 13. 4. 1949) wirkte als Regisseur am Deutschen Volkstheater Wien und am Theater in der Josefstadt unter Max Reinhardt, Oberregisseur im Schauspielhaus Zürich, Theaterdirektor in Essen, seit 1933 Regisseur des Burgtheaters.

▷ *Kurt Langenbeck:* (geb. Elberfeld, 20. 6. 1906, gest. München, 5. 8. 1953), Bühnenschriftsteller und Dramaturg des Stadttheaters Kassel.

▷ *Kapsrevue:* Die Revue des Arthur Kaps feierte in den dreißiger Jahren im In- und Ausland große Erfolge. Die Art der Auftritte, es handelte sich nach Presseberichten vornehmlich um Entertainment in Nachtklubs, scheint allerdings mit den Dramen FHOs wenig zu tun zu haben.

350 ▷ *ich war hier eine Art Ehrenintendant:* Über eine konkrete Arbeit FHOs am Meraner Stadttheater konnte der Herausgeber des Briefwechsels FHO/Kubin, Michael Klein, nichts in Erfahrung bringen: »Aus einem Ausschnitt aus dem Meraner Tagesblatt *Alpenzeitung* vom 26. 2. 1930 geht lediglich hervor, daß FHO im Vergnügungskomitee für den damals üblichen ›Osterfestzug‹ in Meran in der Unterabteilung Theater eine ›wesentliche‹ Funktion innehatte.« *(S. W.,* Band VII, S. 442)

426

▷ *habe im Burgtheater ein paarmal Ausstattungen gemacht:* Philipp Zeska hatte bereits kurz nach Gründung der Studiobühne des Burgtheaters FHO gebeten, Bühnenbilder und Figurinen zu Shaws »Androklus und der Löwe« zu zeichnen. (Siehe S. 409, Anmerkung: *Androklus und der Löwe.)* FHO hatte, wie dem Briefwechsel mit Zeska zu entnehmen ist, diese Aufgabe sehr ernst genommen. Zwischen Zeska und FHO herrschte, was die Entwürfe betrifft, größtes Einvernehmen, die Einschränkungen an der phantasievollen Pracht ergaben sich aufgrund der Anordnung von Einsparungen. Ebenso wandte sich Karl Eidlitz im Dezember 1934 an ihn, für Hofmannsthals *Die Lästigen* »Figurinen zu zeichnen«. *(S. W.,* Band VII, S. 442, Anmerkung: *habe im Burgtheater ein paarmal Ausstattungen gemacht)*

▷ *Jelusich:* Mirko Jelusich (geb. Podmoklitz bei Semil, Böhmen, 12. 12. 1886, gest. Wien, 22. 6. 1969), Schriftsteller, 1938 vorübergehend Leiter des Burgtheaters.

▷ *Helmut Käutner:* (geb. Düsseldorf, 25. 8. 1908, gest. 20. 4. 1980) 1936–1938 Schauspieler und Regisseur am Leipziger Staatstheater, ab 1939 vor allem Filmregisseur, 1943 Regisseur am Staatstheater Berlin, ab 1945 in Hamburg.

▷ *Hans Lietzau:* (geb. Berlin, 2. 9. 1913), 1936–1939 Schauspieler am Nordmark-Landestheater Kiel, 1939–1946 Schauspieler am Burgtheater Wien, 1946–1949 Oberspielleiter in Bern. 1949–1951 Thalia-Theater Hamburg, 1954–1964 Oberspielleiter am Schiller- und Schloßparktheater Berlin, 1969–1970 Intendant am Deutschen Schauspielhaus Hamburg, 1972–1980 Intendant an den Staatlichen Schauspielbühnen Berlin.

▷ *Gerd von Wolfenau:* (eigentlich Erich Pichler, geb. Mürzzuschlag, 28. 12. 1916, gest. Graz, 31. 8. 1945, Selbstmord), Schriftsteller und durch mehrere Jahre Briefpartner FHOs.

351 ▷ *In der Kriegszeit schrieb ich zur Ablenkung:* Es scheint nicht ohne Bedeutung, daß FHO seine dramatische Produktion im wesentlichen vor Kriegsausbruch beendet hatte.

▷ *Frank Fox:* (eigentlich Franz Fux, geb. Biestritz, 25. 7. 1909, gest. Wien, 27. 11. 1965), Kapellmeister, Komponist von Unterhaltungsmusik.

▷ *Wilhelm Anton Oerley:* (geb. Langenzersdorf-Wien, 14. 8. 1903), Journalist, Schriftsteller, Lektor beim Europa-Verlag.

352 ▷ *Philipp Schmidt-Dengler:* (geb. Graz, 16. 8. 1904, gest. Graz, 26. 5. 1971). Der Grazer Verleger und Buchhändler war FHO behilflich, die nach dem Selbstmord Gerd von Wolfenaus in der Verlassenschaftsstelle des Landesgerichtes Graz deponierten Manuskripte FHOs wiederzubekommen.

▷ *Dollfusregierung:* Engelbert Dollfuß (1892–1934) fiel nach vierjähriger Amtszeit als Bundeskanzler am 25. 7. 1934 dem nationalsozialistischen Juliputsch zum Opfer.

356 ▷ *Wolf:* Obwohl dem Brief kein Vorname zu entnehmen ist, handelt es sich ziemlich sicher um die Schauspielerin Gusti Wolf (geb. Wien, 11. 4. 1912), die zum betreffenden Zeitpunkt dem Ensemble der Münchner Kammerspiele angehörte. Seit 1946 ist sie Mitglied des Burgtheaters.

357 ▷ *Dr. Franz Horch:* (geb. Wien, 21. 1. 1901, gest. New York, 14. 12. 1951), 1924–1926 Dramaturg und Schauspieldirektor der Wiener Kammerspiele; 1926–1931 Dramaturg in Max Reinhardts Deutschem Theater, Berlin, und im Theater in der Josefstadt,

427

Wien. Nach seiner Emigration nach Wien fungierte er 1933–1938 als Film- und Theaterdramaturg im Paul Zsolnay Verlag.

358 ▷ *Hans Moser:* (eigentlich Jean Juliet, geb. Wien, 6. 8. 1880, gest. ebda., 18. 6. 1964), sehr beliebter österreichischer Film- und Volksschauspielkomiker.
▷ *Eybner:* Richard Eybner (geb. St. Pölten, 17. 3. 1896), Mitglied des Burgtheaters 1931–1972.

363 ▷ *Bernhard Buchbinder:* (Ps. Gustav Klinger, geb. Budapest, 20. 9. 1849, gest. Wien, 24. 6. 1922), österreichischer Journalist und Schriftsteller.
▷ *Bodenwieser:* Gertrud Bodenwieser (1890–1959) ist die bekannteste Vertreterin einer österreichischen Tanztradition im Modern Dance.

364 ▷ *Dr. Hermann Leber:* (geb. Montabaur, 6. 8. 1900, gest. Wien, 2. 1. 1974), ab 1934 Verlagsleiter des Paul Zsolnay Verlages, Wien, war für die nationalsozialistische Gleichschaltung des Verlages wesentlich verantwortlich. (Ich danke Herrn Dr. Murray Hall für die Daten.)

LITERATURVERZEICHNIS

Die mit »*« versehenen Werke sind nachweislich Bestand der FHO-Bibliothek. Es ist nicht mehr feststellbar, aus welchen Ausgaben des Baedeker sowie der Werke Goethes, Schillers und weiterer Klassiker FHO zitierte.

* *Alt-Wiener Kalender* für das Jahr 1928. Hrsg. von Alois Trost. Wien 1922.

Baedeker, Karl: *Südbaiern, Tirol, Salzburg etc.* Handbuch für Reisende. 24. Auflage, Leipzig 1892.

Bautz, Wilhelm Friedrich (Hrsg.): *Biobibliographisches Kirchenlexikon.* Hamm (Westf.) 1975.

* *Bibliothek der Unterhaltung und des Wissens,* Leipzig 1890, Band 13.

* *Bilder-Lexikon der Erotik.* Ein Sammelwerk sittengeschichtlicher Bilddokumente aller Völker und Zeiten. Band I–IV, hrsg. vom Institut für Sexualforschung in Wien. Wien–Leipzig 1928.

Czedik Aloys Freiherr von: *Die Entwicklung der österreichischen Eisenbahnen als Privat- und Staatsbahnen (= Der Weg von und zu den österreichischen Staatsbahnen,* Band 1). Teschen–Wien–Leipzig 1913.

Czeike, Felix (Hrsg.): *Das große Groner Wien Lexikon.* Wien–München–Zürich 1974.

Ein Jahr Schuschnigg. Dokumente einer Diktatur. Vorwort von Sir Walter Citrine. Brüssel 1935.

* Ganghofer, Ludwig: *Der Jäger von Fall.* Eine Erzählung aus dem bayrischen Hochlande. Stuttgart 1883.

Gemmel-Flischbach, Max Freiherr von: *Album des Kaiserl. Königl. Theresianums (1746–1889).* Verzeichnis sämmtlicher Angehöriger der k. k. Theresianischen Akademie (ehemals k. k. Theresianische Ritter-Akademie) von der Gründung durch die Kaiserin Maria Theresia im Jahre 1746 bis zum Schlusse des 1. Semesters 1880 mit kurzen biographischen Daten. Wien 1880.

* *Geschichte der Eisenbahnen der österreichisch-ungarischen Monarchie.* 6 Bände. Wien–Teschen–Leipzig 1898–1908.

* Grimm, Jacob und Wilhelm: *Deutsches Wörterbuch.* Leipzig 1951.

| *Handwörterbuch des deutschen Aberglaubens.* Hrsg. von Hanns Bächtold-Stäubli und E. Hoffmann-Krayer. 10 Bände. Berlin–Leipzig 1927–1942.

Historisch-heraldisches Handbuch zum Genealogischen Taschenbuch der gräflichen Häuser. Gotha 1855.

Höfler, M.: *Deutsches Krankheitsnamen-Buch.* München 1899.

International Biographical Dictionary of Central European Emigrés 1933–1954. Hrsg. von Herbert A. Strauss und Werner Röder. München–New York–London–Paris 1983. Volume II: The Arts, Sciences, and Literature.

* Kisch, Wilhelm: *Die alten Strassen und Plätze Wien's.* Wien 1883.

* Kisch, Wilhelm: *Die alten Strassen und Plätze von Wien's Vorstädten.* 2 Bände. Wien 1888–1895.

Klimpert, Richard: *Lexikon der Münzen, Maße, Gewichte, Zählarten und Zeitgrößen aller Länder der Erde.* Graz 1972.

Knappich, Wilhelm: *Die Habsburgerchronik.* Salzburg–Stuttgart 1959.

Koschatzky Walter (Hrsg.): *Maria Theresia und ihre Zeit. Eine Darstellung der Epoche von 1740–1780 aus Anlaß der 200. Wiederkehr des Todestages der Kaiserin.* Salzburg–Wien, 2. Auflage 1979.

Kraus, Karl: *Die Fackel,* Nr. 232–233 (1907), Nr. 324–325 (1911).

Kürschners Biographisches Theater-Handbuch. Schauspiel, Oper, Film, Rundfunk. Deutschland, Österreich, Schweiz. Hrsg. von Herbert A. Frenzel, Hans Joachim Moser. Berlin 1956.

Lehmanns *Allgemeiner Wohnungs-Anzeiger* nebst Handels- und Gewerbeadreßbuch für Wien, Jg. 1865–1952.

Maier-Bruck, Franz: *Österreich-Lexikon.* 2 Bände. Wien–München 1966.

* *Meyers Konversations-Lexikon.* Ein Nachschlagewerk des allgemeinen Wissens. 5. Auflage. 17 Bände. Leipzig–Wien 1885–1897.

* Molmenti, Pompeo Gherardo: *Venedig und die Venetianer. Entstehung, Glanzperiode und Verfall.* Frankfurt a. M. o. J.

Österreichisches Biographisches Lexikon 1815–1950. Hrsg. von der Österreichischen Akademie der Wissenschaften. Graz–Köln und Wien 1978 ff.

* Otway, Thomas: *Die Verschwörung gegen Venedig. Tragödie in 5 Akten.* Leipzig 1898.

Paulys Real-Encyclopädie der classischen Altertumswissenschaft, neue, bearbeitete Auflage. Hrsg. von Georg Wissowa. Stuttgart 1894 ff.

* Pezzl, Johann: *Charakteristik Josephs II.* Eine historisch-biographische Skizze samt einem Anhang der Aussichten in die Regierung Leopolds II. Wien 1790.

Rischbieter, Henning (Hrsg.): *Theater-Lexikon.* Zürich–Schwäbisch Hall 1983.

* Roda Roda: *Ausgewählte Werke in zwei Bänden.* Wien 1932.

Schimmer, Karl August: *Kaiser Joseph.* Anecdoten, kleine Vorfälle und Ereignisse... Wien 1844.

Schmölzer Hilde: *A schöne Leich. Der Wiener und sein Tod.* Wien 1980.

Schwarzbuch der österreichischen Diktatur. Recht und Gesetz unter Dr. Schuschnigg, hrsg. von der Kommission zur Untersuchung der Lage der politischen Gefangenen. Brüssel 1934.

* *Shakespeares dramatische Werke,* übersetzt von August Wilhelm Schlegel, ergänzt und erläutert von Ludwig Tieck. Berlin, Reimer 1831.

Statistisches Jahrbuch der Stadt Wien. Wien 1903.

* Szalay, Ladislaus von: *Geschichte Ungarns.* 2 Bände. Pest 1866.

Thieme, Ulrich und Felix Becker: *Allgemeines Lexikon der Bildenden Künstler bis zur Gegenwart.* 36 Bände. Leipzig 1907–1950.

Wehdorn, Manfred: *Die Bautechnik der Wiener Ringstraße* (= Die Wiener Ringstraße XI). Wiesbaden 1979.

* Wurzbach, Constant von: *Biographisches Lexikon des Kaiserthums Oesterreich,* enthaltend die Lebensskizzen der denkwürdigen Personen, welche 1750 bis 1860 im Kaiserstaate und in seinen Kronländern gelebt haben. Wien 1856–1891.

* Wilhelm Vollmer: *Vollständiges Wörterbuch der Mythologie aller Nationen.* 2 Bände. Stuttgart 1836.

GLOSSAR

Das Glossar dient als Lesehilfe zum leichteren Verständnis mundartlicher Ausdrücke, die zum Großteil der Wiener Umgangssprache entstammen, ein nicht unwesentlicher Teil aber – entsprechend dem gemischten Personeninventar der Stücke – dem Bayrischen, dem Sächsischen und dem Jiddischen. Zur Deutung wurden vor allem folgende Werke herangezogen: Franz Seraph Hügel: *Der Wiener Dialekt. Lexikon der Wiener Volkssprache*, Wien 1873; Jacob und Wilhelm Grimm: *Deutsches Wörterbuch*, Leipzig 1951; Friedrich Kluge: *Etymologisches Wörterbuch*, Berlin 1957; Viktor Dollmayr und Eberhard Kranzmayer: *Wörterbuch der bairischen Mundarten in Österreich*, Wien 1963; Lutz Mackensen: *Neues deutsches Wörterbuch*, Laupheim 1952; J. Andreas Schmeller: *Bayrisches Wörterbuch*, Stuttgart–Tübingen 1827–1837; Eduard Maria Schranka: *Wiener Dialekt-Lexikon*, Wien 1905, und Peter Wehle: *Sprechen Sie Wienerisch? Von Adaxl bis Zwutschkerl*, Wien–Heidelberg 1980. Für die Klärung der jiddischen Begriffe danke ich Herrn Univ.-Doz. Dr. Jakob Allerhand vom Institut für Judaistik, für die der sächsischen Wörter Frau Inge Lange von der Botschaft der Deutschen Demokratischen Republik.

aa	auch
aba, abi	hinunter
abfahrn	weggehen
Abmoochrungskur	Abmagerungskur
abscheilinga	abscheulicher
af d' letzt	nicht zuletzt
aftn	dann
ägelhaffd	ekelhaft
akrat	akkurat, geradezu
alli	alle
Ameshaufn	Ameisenhaufen
Ammel	Amme
amol, anmal	einmal
Amschel	Amsel
an, ana	einem, einen, einer
An Schmarrn!	Keineswegs!
anderscht	anders
Androbbofachen	Anthropophagen, Menschenfresser
angenzen	eine Packung zu verbrauchen beginnen
anglegt	bekleidet
angschpieben	mit Erbrochenem bekleckert
Apfelschimperl	Apfelschimmel
Aschilitätt	Agilität
auffischiaßn	hinaufschießen
aufgezullt	ernährt
auf(f)i	hinauf
aufreiben	im Zorn auf jemanden losgehen
aufscheichen	aufscheuchen
ausgschaamt	unverschämt

Aushalten!	Halt! Anhalten!
ausrananda	auseinander
aussackeln	die Säcke ausleeren
außi	hinaus
außibracht	hervorgebracht
außilahnen	hinauslehnen, hinauswerfen
awa, oowa	aber
awakragerln	ermorden
awaschen	abwaschen
baampfen	essen, fressen
Baazi, Batzi	Kerl, Bursche
bachene Mäus	österr. Spezialität, kleine Hefeteigstücke, in heißem Fett schwimmend gebacken
Badriarchna	Patriarchen
Bafföm	Parfum
Bagage, Bagagi, Bagasch, Bagaschi	Gesindel, Pack, Volk (frz. bagage: Gepäck)
Bahöl	Lärm, Skandal, Tumult
Bambadon	Bombardon
Bamboon	Bonbon
Banobdikum	Panoptikum, Kuriositätensammlung
Baraunin	Baronin
Barawant	Paravent
Batschkoren	Fußbekleidung
Bazi	Kerl
beilei	beileibe, wirklich, bestimmt
beiranand	beieinander
Beischl, Boischl	Lungenhaschee
Beitel	Beutel, Geldbörse
Biamten	Beamten
Biene	Bühne
Bienenthierln	Bühnentürchen
bikannt	pikant
Bleamerl	Blumen
bleed	blöd, dumm
Bleed	Plaid, Reisedecke
bleidigna	beleidigen
Bliethe	Blüte
Blörös	Pleureuse, lange (herabhängende) Straußenfedern auf Damenhüten
blüan (die uns blüat)	blühen (die uns erwartet)
Bluatiger Heanadreck!	Blutiger Hühnerkot! (bayr. Fluch)
blumbt	plumpst
boarisch	bayrisch
Boed	Poet
Boischl	Lungenhaschee
bönsionierta	pensionierter

Boomblüte	Baumblüte
Bordal	Portal
bossü	frz. bossu: bucklig, verwachsen
Bowödl, Powidl, Powödl	dick eingekochtes Zwetschkenmus
bragdisch	praktisch
Bransch	Branche, Geschäftsbereich
Bratzen, Pratzen	Hände
brechen	erbrechen
Breeserl	Bröselchen, Krümelchen
Brodeschtantna	Protestanten
Brodokol	Protokoll
bromowierd	promoviert
Brüllantna	Brillanten
bstölln	bestellen
Bugel	Rücken
Bügelwösch	frisch gewaschene Wäsche, Bügelwäsche
bugled	bucklig
Büllett	Billet
Bumpfuneber, Pomfineber	Leichenbestatter
Burzellanfigürl	Porzellanfigur
Bußl	Kuß
Dachbreder	Dachbretter
dafier, dadafier	dafür
daherschaun	aussehen
dahingraffet	dahingerafft
dalkert	dumm
Dalles	Armut
Damafor	Thermophor, Wärmeflasche
dauft	getauft
Deebs	Aufsehen, Aufhebens
Deifl, Deixl	Teufel
deirig	teuer
derbleckt	übervorteilt
derfangen	erholen
derfreat	erfroren
derfunden	erfunden
derhäme	daheim
derheischen	erfordern
dermatschkern	zu Brei zerhauen, zerquetschen
derpfnausen	bewältigen, erschnaufen
derwaxen	erwachsen
derwischen	erwischen, ertappen
Diensttschako	Dienstmütze, -kappe
dischkerieren	diskutieren
Döllegraf	Telegraph
dös	das
Dös schmeckt dir!	Das würde dir so passen!

drenter	gegenüberliegend
drinnet	darin(nen)
dromat	darauf
droschen	verprügelt
dünschten	riechen (von dünsten)
Duwell	Duell
eam, eana	ihm, ihnen
Eckhaus	sehr einträgliches Zinshaus
ehenter	früher, einstens
eingspirrt	eingesperrt
einigraten	hineingeraten
Einschicht	einsame Gegend
Einsiedel	Einsiedler, Eremit
Einspänner mit Saft	einzelnes Frankfurter (Wiener) Würstchen mit Gulaschsaft
eltern	älteren
enk	euch
Erdtrachter	Erdrichter, Zielgrube für Murmelspiel
erschte, örschte	erste
Ewibaasch	Equipage
faader Zipf	langweiliger Mensch
Faam	Schaum (spez. beim Bier)
Fallotten	Gauner
Famülli	Familie
färbeln	Kartenspiel
fei	wohl, nur
Ferschter	Förster
fesch	angenehm, lustig, attraktiv
Fetzenweib	Lumpenhändlerin
Filzpaatschen	weiche Pantoffeln aus Filz
firikemmen	weiterkommen
firtarli	fürchterlich
fix	schnell, überraschend
Flaschen, Flaschn	Ohrfeigen
fleetenspülen	Flöte spielen
Flitscherl	leichtsinniges Mädchen, auch junges, gänschenartiges Frauenzimmer
foast	feist, fett
fösch, fesch	gutaussehend
Fotzpatz	Fauxpas
Fraisen	vorwiegend konvulsivische Erscheinungen bei Kindern (Fieberkrämpfe)
franzesch	französisch
Freiln	Fräulein
Frua	Frühe, Morgen
Früchtel	schlecht erzogener junger Mensch
fufzg, finfzig	fünfzig
fürschiaßn	Kredit gewähren
fuxen	sich ärgern

ga(a)ch	jäh, schnell
gagazen	zetern, schimpfen
Gamserl	Gemse
Ganshaud	Gänsehaut
Gattern	Gitter
Gattjah-Hosn	Unterhose
gean	gehen
Gebisch	Gebüsch
Gelt?	Nicht wahr?
Genagelte	derbe, genagelte Schuhe
geschloffen	gekrochen
gewöhlt	gewählt, erlesen
gfälli	gefällig, genehm
Gfrett, Gfrött	Ärger
gfuxt	geärgert
ghalten	behalten
gheeren, gheert, ghörn, khörn	gehören, gehört
Giftfragner	Gifthändler
Gitsch	Mädchen
glörnt	ausgebildet, gelernt
Gluft	Kluft, Gewandung
Glumpert	wertloses Zeug
Gnack	Genick
Gnöherr, Gnäherr	gnädiger Herr
gnua	genug, ausreichend
Goaßl	Geißel
godsölig	gottselig
Gongestionen	Kongestion, Blutandrang, hier: Zustände
Goscherl	Mündchen
gostimiert	kostümiert
Gottseibeiuns	Teufel
grad	gerade(zu)
Grant	Zorn, Mißmut
graupert	häßlich, hier: mager
grean	grün, auch in der Bedeutung von frisch
greeßter	größter
Grinolin	Krinoline
Großkopfete	mächtige, einflußreiche Personen
grüaßn	grüßen
grüawi	lustig, heiter
Gschamster Diener	verballhornt aus »Gehorsamster Diener«, nicht unbedingt Grußwort, hier: Ausdruck der Loyalität
gscheid	gut, vernünftig
Gschlader, Gschlamp	schlecht schmeckende Flüssigkeit
Gschlooß	Schloß, auch Schloß vom Gewehr
gschmaa, gschmach, gschmachig	appetitlich (von Geschmack)

Gschwollene	Bratwürste ohne Haut
gsta(a)tzt	stolz, steif
Gstetten, Gstätten	Stätte, Ort, leerer, nicht bewachsener Platz, meist Müllablagerungsstätte
gstimmt	gestimmt, eingestellt, gelaunt
Güps	Gips
Gutschn	Kutsche
Gwandl	Gewand, Kleidung
Haan? Han?	Wie? Was? Wie bitte?
Habernstroh	Haferstroh
Hadjes! Adjes!	Adieu!
Hafendöckel	Topfdeckel
Haferln	Töpfe, Gefäße
Haischrögg	Heuschrecke, Grashüpfer
Halawachel	windige, unverläßliche Person
halbert	halb
ham(m)	haben
hantig	herb, gallig, zornig, grob
harb	böse
Häusel	Häuschen
Haxen	Beine
hazadieren	riskant Karten spielen
Heaneraugn	Hühneraugen
hecheren	höheren
heechster	höchster
Heidengeld	eine große Menge Geld
heifti	häufig
heigli, heigl	heikel, empfindlich
Heiselratz	Ratte, deren bevorzugter Aufenthaltsort die Toilette ist
Hemmat	Hemd
herentgegen	hingegen
Herrchjesses! Herrjemersch!	Herr Jesus!
Herrigotsfrua	Herrgottsfrühe, sehr früh am Morgen
herumtschundern	sich umherbewegen
Herzbünkerl	Liebling
hoamgfiert	nach Hause geführt
hoaß	heiß
hoaßen, hoaßn	heißen, nennen
Hoazerschul	Heizerschule, Ausbildung als Heizer
Hoine	Haine
hölzeln	sprachfehlerbedingt sprechen, als hätte man ein quergestelltes Stück Holz im Mund
honed	honett, ehrenwert
Hüateln, Hüatei, Hüatl	Hütchen
hundsmocher	hundemager
Hüo Tschackerl!	Kommando für das Pferd, von »Schakl«, frz. Jacques, häufiger Dienername, daher die Bedeutung Diener, Lakai

Inschiniere	Ingenieure
inwöstieren	investieren
Jahrl	Jahre
Jesischmarja!	Jesus und Maria!
Jessas! Jesses!	Jesus!
justament	nun gerade
kaafts enk	kauft euch
kampeln	kämmen
Kanari	Kanarienvogel
kaparativ	kooperativ
Kappaziener	Kapuziner
Katachöd	Katechet
Kaukau	Kakao
keppeln	schimpfen
kimmt, kämet	kommt, käme
Kinihasen	Kaninchen
Kinstlerhoim	Künstlerheim
Kitteldragoner	Schürzenjäger
Kitteln	Röcke
Knofel	Knoblauch
knotzen	ruhen
koan, koaner	kein, keiner
Kobolz schießen	Purzelbäume schlagen
Kohlrabi	Kohlrübe
kommod, kommot	bequem
Kommodadjustierung	Zivilkleidung
kralawatschert	windschief, deformiert, rachitisch, krummbeinig
Krauterer	träger Mensch, Kleinigkeitskrämer, alter Lüstling
Krawattischer Griff	Kroatischer Griff (Ringsport)
Kraxen	auf dem Rücken zu tragendes Holzgefäß, Butte
Kreizer	Kreuzer (Währung)
Krepierlwerk	schwächliche Kreatur(en)
Krickeln	Geweih von Rehbock und Gemse
Kripplgspiel	mageres, schwaches Geschöpf
Krügel	Maßeinheit bei Bier, 0,3 l
krump	krumm
Kruschensalz	Abführmittel
Kuchl	Küche
Lal(l)i	Tölpel, Kretin
lamendiern	lamentieren, klagen
Lamperlhiaten	Lämmer hüten
Lätiz	Erfreuliches
Lavemans	Lavements, Enlavements
Laxierthö	Tee mit abführender Wirkung
lei	nur, erst, vielleicht
'leicht	verkürztes vielleicht
Leit	Leute
löbzöltene Herzerln	Lebzelten-, Lebkuchenherzen

losen	(zu)hören
Lulubüdaner	Liliputaner
Lumich	sächsisch: unverläßliche Person, widerlicher Kerl
lupfen	leicht anheben, kurz hochheben
Lusche	Schimpfwort, minderwertiger Mensch
lusti	lustig
ma	wir
Mahm	Muhme, Patin, Tante
Majöstött	Majestät
Malefizer, Malefiz-personen	Bösewichte
Manderln machen	Umstände machen, peinlich berührt reagieren
Mandl	Männchen
Marodör	Marodeur, plündernder Nachzügler (Soldatensprache)
Marrantanna!	Maria und Anna!
Maschgerer	Hersteller von Kostümen, aber auch Träger einer Maske, verkleideter Mensch
maxn, maxen	stehlen, jagen mit Fangschnur
mechst	möchtest
meiserlstad	mäuschenstill
Menasch	Menage, Verpflegung
Menuwel	jiddisch: vieldeutige beleidigende Bezeichnung, sittlich nicht einwandfreie Person, aber auch: Kadaver
Merder	Mörder
mersch	mir es
Messalanzi	Mesalliance, unstandesgemäße Eheschließung
Mit Verlaub!	Erlauben Sie!
moanen	meinen, sich denken
moderieren	sich mäßigen
molfern	knabbern, kauen
moocher	mager
Mordsgfrött	großer Ärger
müachteln, miachteln	muffig riechen, stinken
Müchtologie	Mythologie
Mülchmeierl	Besitzer eines Gutshofs mit Milchproduktion
naa	nein
nacha	dann, nachher
neich	neu
net	nicht
noblicht	nobel, vornehm
Nocken	langweiliges Frauenzimmer
nöhrt sich	nährt, ernährt sich
notig	arm, hilfsbedürftig, notleidend
Nussen	Nüsse
oan	ein
oanizwicken	hineinzwicken, -klammern
oanmal	einmal
obschtipiert	obstipiert, verstopft

o(o)ch	auch
Ohrwascherl	Diminutiv von Ohr
ölendiglich, ölend	elend
öntzötzli	entsetzlich
Ordensschmitten	Ordensschmiede
Oriendale	Orientale
Örzvätter	Erzväter
Paaperl	Papagei
Palawatsch	Durcheinander, Chaos
Palmkatzerl	Weidenkätzchen
pantschen	mit einer Flüssigkeit hantieren
Passascheer	Passagier(e)
perlustrieren	durchsuchen eines Verdächtigen
Pfiat di! Pfüat Got!	Auf Wiedersehen! (von »Behüte dich Gott!«)
pfnausen	schnaufen
pießen	büßen
Pitsche	Blechkanne, Gefäß, Bottich
plaazen	heftig weinen
plärren	weinen, auch: schreien, laut reden
pleedern	flattern, hier: planschend schwimmen
Pluiwasch	Schimpfwort
Pockerl	Nadelbaumzapfen (z. B. von Föhre, Kiefer)
Powidl, Bowödl	dick eingekochtes Pflaumenmus
Powidlböhm	Powidlhändler böhmischer Herkunft
Preitigam	Bräutigam
Prestidigiateurhäuserl	Wahrsagerbuden
pschütt	schick
pürschen	pirschen, auf die Jagd gehen
Quadian	Guardian, Vorsteher eines Franziskaner- oder Kapuzinerklosters
quigazen	vor Schmerz quietschen
Radi	Rettich
röhren	brüllen, schreien
rosti	rostig
Rotzer	widerspenstige (Schul-)Kinder
rotznasige Gitsch	junges, unerfahrenes Mädchen
Sacherln	Dinge
Saffianschucherl	Schuhe aus Saffian
Sagspän	Sägespäne
Saisaun	Saison
sakrisch	außerordentlich, verteufelt
Salniter, Salpötter	Salpeter
sauber	gut aussehend
Sauschneider	wandernder Schweinekastrierer
Saxn no amal!	Ausruf der Bewunderung, des Erstaunens, Sapperlot!
Schampagninger, Schampanja	Champagner
Scharkutiö	Charcutier, Fleischwarenhändler

schaßt	verjagt, von frz. »chasser«
scheen	schön
Scheibtruchn	Schubkarren
scheniern	beschämen, genieren, hier: behindern
Schgeletter	Plural zu Skelett
Schiasser	Gewehr
schiech	häßlich
Schimnasium	Gymnasium
Schimpel	Schimmel
Schlapfen	Pantoffel, Hausschuh
Schlawiner	windige, unverläßliche Person
Schliaferl	niedrige Kreatur, Mensch ohne Selbstbewußtsein
Schmaacherl	zartgebaute Person
Schmalzler	Schnupftabaksorte
schmecken, schmöcken	konvenieren, riechen
nicht schmecken können	nicht ausstehen können
Schnabes	Schnaps
Schneidergsöll	Schneidergeselle
Schnoferl	beleidigte Miene
schnööhl	schnell
schöbbern, schebbern, schöppern	beben, klappern
Schorschl	Georg
Schotterpartie	Geldheirat
Schröck	Schreck
Schunken	Schinken
Schüppel	eine Menge, viel
schüppelweis	haufenweise
Schwammerl	Pilze
Schwarzer	Kaffee ohne Milch
Schwoleschö	Chevaux legers, leichte Kavallerie
seim, sein	seinem, seinen
siagst	(du) siehst
siehnig	sinnig, geistreich
soan	sind
soliches	so etwas
Söparö	Separée
Spanbanadln	Umstände, Schwierigkeiten
speiben	erbrechen
spekulieren	vorsichtig, neugierig schauen
Spenzer	kurze, eng anliegende Jacke
spinnet	verrückt
Spittel	Spital, Krankenhaus
Spogat	dicke Schnur
staad	ruhig, leise
Starzion	Station
Steckerlfisch	auf Holzstab gespießte, gebratene Süßwasserfische

Stickeln	Stücke
Stimpfel und Stingel	
(mit – ausrotten)	gänzlich vernichten
Stoanesel	Steinesel, dummer Mensch
Stutzen	Gewehr, auch: Kniestrümpfe
Sügfrüdidillpfeiferl	Pfeiferl mit dem Motiv des »Siegfried-Idylls« von Richard Wagner
Sukkurs	Hilfe, Unterstützung
sunsten	ansonsten
Supätscherl	Diminutiv von Souper
talkert	dumm
Tannazapfen	Tannenzapfen
Teifi, Toifl, Teifl	Teufel
Thiata, Thiater, Thiattr	Theater
Thö	Tee
tian	tun
Tinnef	jiddisch: wertloses Zeug
Train	Zug
Trampel, Drambel	ungeschicktes, dummes Weibsbild
trischaken	kujonieren, quälen
Trönn s'!	Trenne sie!
Tronpötten	Trompete
Tscheanken	eiserne Nägel für Bergschuhe und Stiefel
Tschick	Zigarren-, Zigarettenstummel
Tschickist	Raucher, auch derjenige, der den Tschick weggeworfen hat
Tschuldigen!	Entschuldigen Sie bitte!
tschundern	sich umherbewegen
Tuhnööl, Tunöhl	Tunnel
Tullipuer	großartiger, feiner Jüngling
tunken	einnicken, schlafen
Uhern	Ungarn
uma	herüber
umakralln, umakraxeln	umherkriechen, -klettern
umanandertschundern	sich umherbewegen
umanandhocken	umherhocken
umanandrippeln	herumreiben
umawetzen	unruhig hin- und herrutschen
umdrahn	umdrehen
umergiften	herumärgern
umkomma	umgekommen, gestorben
ummipledern	umherplanschen
ummireiben	zureichen
Unblachten	ungebleichter (billiger) Schnaps
unvarschamt	unverschämt
unwillgirli	unwillkürlich
urndtlich	ordentlich
Vargniegen, Vergniechen	Vergnügen

verblendött	verblendet
verkitschen	verkaufen
Verlobigung	Verlobung
verscheichen	verscheuchen
Verspettung	Verspätung
Verwurfene	Verworfene
verwutzeln	verhängen, verfangen
verzarren	verführen
Viechsgeld	eine große Summe Geldes
vüll	viel
Wabn	alte Frau, abfällig für Weib
wacherlwarm	lauwarm, angenehm warm
Wadelstutzen	Kniestrümpfe, nur die Wade bedeckend
war	wäre
Wäschklampfel	Wäscheklammer
Wasserratzen	Wasserratten, Arvicola terrestris
Wean	Wien
weng	wenig
Wetterl	Koseform von Barbara
Wilibret	Wildbret
Wirm	Würmer
Wirscht, Wirscht(e)l	Würste
Wischiwaschi!	Quatsch!
Woichbild	Weichbild, Ortsgebiet
woiseln	winseln, jammern
Wolaan	Volants
Wollwürst	Bratwürste ohne Haut
wubbdich	husch, geschwind
Wuchteln, Buchteln	beliebtes Hefeteiggebäck
Zapfn	Zapfen
Zarren	hagere, ältere Frau
zerscht	zuerst, vorerst
ziagn	ziehen
zidern	zittern
Ziefer	lästiges Individuum, Ungeziefer
z'ins	zu uns
Zipf	langweiliger Mensch
zirnen	zürnen
Ziwebn, Ziweben	Zibeben, große Rosinen
Zöhn	Zähne
zrugg	zurück
zuarnig	zornig
Zubitreiber	Zutreiber
Zuckerbubi	süßer Junge
Zuckergoscherl	lieblicher Mund
Zugroister	Ortsfremder
zuvörderscht	zuvor, vor allem

Zuwaag	Zuwaage, Zusatz zur bestellten Quantität, z. B. festgesetzter Anteil an Knochen beim Kauf von Fleisch
zuwischmecken	riechen, aber auch: ein wenig (von einer Speise) probieren
Zwelfiläuten	Mittagsläuten der Kirchenglocken
Zwiargl, Zwirgl	Zwerg
Zwiefelkrowot	Zwiebelverkäufer kroatischer Herkunft
Zwöschbenkrampus, Zwetschkenkrampus	kleines Männchen aus getrockneten Pflaumen, hier: schwächlicher Mann

PERSONENREGISTER

Das Personenregister enthält die Namen aller in Text und Kommentar genannten realen Personen, soweit ein Bezug zum Text noch gegeben ist, nicht aber die literarischer oder mythologischer Gestalten. Wo FHO jedoch mit den Namen seiner literarischen Figuren auf reale Personen anspielte, wurden diese angeführt; allerdings bezeichnet eine mit »*« gekennzeichnete Seite, daß eine Beschränkung auf das Personenverzeichnis des jeweiligen Stückes sinnvoll erschien, in dem eine Dramenfigur das erste Mal genannt wird. Die darauf folgenden Seitenverweise beziehen sich nur auf die Nennung des historischen Vorbildes im Kommentar. Konnte ein Abkömmling einer bekannten Familie nicht exakt verifiziert werden, so wurde im Register nur der Familienname angeführt. Kursiv gesetzte Seitenangaben verweisen auf biographische Angaben zur Person.

Ambesser, Axel von   339, 352
Ankwics-Kleehofen, Hans von   339, *424*
Arcadia-Verlag   359, 364
Ariost   376
Arpad   271
Artenfels, Rainer   339
Aslan, Raoul   348 ff., *425*
Attila   246
Auguste Sophie, Pfalzgräfin von
   Sulzbach   362
Ausserer, Wolfgang   330

Baedeker, Karl   162, 166, 178, 421
Balqué, Reinhold   350
Bata   262, 414
Batthyany   118
Batthyany, Karl Joseph   *389*
Bayerlacher, Marie   386
Beethoven, Ludwig van   306
Béla I.   245, *408*
Bembo, Pietro   25, *369*
Berg, Alban   421
Bisenius, Franz Karl   146, 394
Bismarck, Otto von   13
Blank, Johann Konrad   409
Böck, Wolfgang   339
Bodenwieser, Gertrud   363, *427*
Bollinger, Otto   211, 402
Borghese   49
Breit, Bert   352
Broch, Hermann   323
Brummel, George   164, 397
Buchbinder, Bernhard   363, *427*

Buchner, Heinrich   364
Büchner, Georg   421
Burger, Karl   338, *424*
Burggraf, Walfried siehe Friedrich
   Forster-Burggraf
Burk, Michael   359
Buschbeck, Erhard   348 f., *425*
Buttler (Butler), Walter Graf   234*, *404*

Caesar, Julius   52, 253, 255
Callot, Jacques   87, *385*
Canevale, Isidor   419
Christine, Königin von Schweden   333
Claudia Felicitas   362, 404 f.
Cobenzl, Ludwig Graf   74*, *381*
Cobenzl, Philipp Graf   *381*, 393
Colonna   375
Contarini   125, 390
Corti, Axel   352
Courths-Mahler, Hedwig   288, *418*
Cuno (Kuno), Heinrich   *402*
Csert, Lajos   416
Czaki   128
Czaky von Kereszteg   392

Demel   405
Dietrich, Marlene   242
Doderer, Heimito von   386
Dollfuß, Engelbert   352, *426*
Eberle, Anna   369
Eckhart, Fritz   352
Eckstein-Diener, Bertha   338, *424*
Eduard VII., König   240, 307

Eidlitz, Karl 335, 409, *423,* 426
Eirich-Verlag 351, 359
Eirich, Oskar Friedrich 342
Eis, Maria 258, *413*
Eleonora, Kaiserin 392
Esterházy 274
Eybner, Richard 358, *427*

Falckenberg, Otto 345 f., *425*
Falkensteyn, Graf s. Joseph II.
Feilitzsch, Karl 352
Fejérváry, Geza Freiherr de Komlos
   Kersztes 269, *415*
Fent, Paul 346, *425*
Ferdinand Karl von Tirol, Erzher-
   zog 362
Ferdinand IV. von Bourbon 392
Fischer von Erlach, Johann 388
Fleischmann, Andreas 178
Fontaine, Jean de la 392
Forster-Burggraf, Friedrich 338, *424*
Fox, Frank 312, 351, *426*
Fra Theoderich 351
Frankfurter, Paul siehe Paul Fent
Franz II. (I.), Kaiser 97, 381, *385*
Franz Joseph I., Kaiser 239 f., 363
Franz Stephan von Lothringen 386
Franz von Assisi 30
Freytag, Gustav 166, 397
Fuchs, Sylvia 340
Furini, Francesco 17, *369*
Fürstenberg 342
Fux, Franz siehe Frank Fox

Galahad, Sir siehe Bertha Eckstein-
   Diener
Ganghofer, Ludwig 189, 400
Ganser, Irimbert 365
Garbo, Greta 192
Geibel, Emanuel von 179, *399*
Georg V., König 240
Gerl, Josef 365, 421
Gerstner, Konditorei 405
Gluck, Christoph Willibald 125, *390*
Gobert, Boy 339
Goethe, Johann Wolfgang von 70, 258,
   288, 413, 421
Goldfüllfederkönig 410, *417*

Goldmann, Wilhelm *424*
Goldoni, Carlo 335, 337 f., *424*
Gottfried von Bouillon 133
Gottschlich, Hugo 352
Grillparzer, Franz 259, 288, 381, 388,
   413
Grimm, Jacob und Wilhelm 155

Hardy, Oliver 270, *415*
Harrach, Isabella Katharina von 404
Hatzfeld 74*
Haeusserman, Ernst 339, 409, *424*
Häussermann, Reinhold 249, *409*
Haymerle, Heinrich 419
Helene, Königin 408
Henz, Rudolf 350
Herostrat 292, *419*
Herterich, Franz 350
Herzmanovsky-Orlando, Carmen 330,
   333, 339, 415 f.
Hlawa, Stefan 352
Höfler, Alois *399*
Höfling, Bühnenvertrieb 347
Höfling, Valentin 357 f.
Hohenlohe-Langenburg, Max Karl
   Joseph Maria Prinz von 237, *406*
Hollmann, Hans 365
Holm, Korfiz 347, *425*
Homer 411
Horaz 411
Horch, Franz 357, *426*
Horwitz, Friedrich 345, *425*
Humboldt 193
Humhal 249, 409

Ibsen, Henrik 421
Illo (Ilow), Christian Freiherr von
   234*, *404*
Isolani, Johann Ludwig Hektor Graf
   234*, *404*

Janci, Rigo *422*
Jantsch, Heinrich 342
Jaroschinski, Severin von 234*, *409*
Jelusich, Mirko 350, *426*
Joseph II., Kaiser 74*, 342, *380 f.,*
   383, 386 ff., 392
Junghans, F. 348
Jäger, Gustav 151, *395*

Käutner, Helmut   350, *426*
Kafka, Franz   242
Kafka, Irene   346, *425*
Kaps, Arthur   425
Kara Mustafa Pascha   274, 416
Karl VI., Kaiser   22
Kaunitz-Rietberg, Wenzel Anton Fürst
  von   115, 369, *388*
Khevenhüller   406
Kinsky   251
Klaproth, Martin Heinrich   402
Klipstein   351
Klöden, Hans Günther von   339
Klopp, Onno   172, 399
Kniepert, Erni   352
Kohlfürst, Ludwig   385
Konradi, Inge   352
Kootes, Irmgard   359
Kracher, Ferdinand   342
Kraus, Karl   380, 417, 420
Krones, Therese   409, 423
Kubin, Alfred   332, 336, 343 f., 350,
  359, 380, 385, 400
Kückelmann, Gertrud   352
Kuenburg, Max Gandolf von   384
Kugler, Konditorei   301, 421
Kun (Khun), Béla   294, *420*
Kußmaul, Adolf   185, *399*

Lamberg, Philipp Graf   236 f., 362, *405*
Lang, Joseph   *422*
Langenbeck, Kurt   349, *425*
Laurel, Stan   270, *415*
Lautensack, Heinrich   381
Leber, Hermann   364, *427*
Leopold I.   237, 311, 362, 405, 418
Leopold II., Kaiser   388
Leopold III., der Heilige   *393*
Levetzow, Ulrike   258, *413*
Lewinsky, Josef   271, 307, *416*
Liechtenstein, Alois von   140, *393*
Lietzau, Hans   350, *426*
Lindtberg, Leopold   352
Linné, Carl von   189, 398, 400
Lobkowitz, Wenzel Eusebius   236, 310,
  362, *405*
Lotschak, Peter   352
Löwinger, Kostümverleih   359

Ludwig I., König von Bayern   159 f.,
  204, 401

Madame Rosa   283, *417*
Maeterlinck, Maurice   262, 414
Magris, Claudio   365
Mahler, Gustav   380
Maria Carolina von Neapel   131, *392*
Maria Theresia, Kaiserin   112, 116,
  137, 369, 388, 390, 392
Masaryk, Thomas Garrigue   365, 404,
  423
Matz, Johanna   339
Max Josef, König   178
Maximilian I., König von Bayern   180
Maximilian I., Kaiser   219, *403*
Medici   46
Meinrad, Joseph   352
Menjou, Adolphe   266, *414*
Meyer, Johannes   348
Miklas, Wilhelm   415
Minor, Jakob   411
Montecuculi, Albert Raimund Zeno
  Graf   237, *406*
Montez, Lola   192, *401*
Moro   35
Moser, Hans   150, 358, *427*

Napoleon III.   239
Nauheim-Naval, Margret   337, *423 f.*
Nepomuk, Johannes von   81, 110, *383*
Nero   286
Nestroy, Johann   338
Neuzeit-Verlag, München   344

Oerley, Wilhelm Anton   351, 359, 365,
  426
Oesterheld & Co. Verlag   338
Orsini   375
Otte, Kurt   348, *425*
Otway, Thomas   334
Ovid   182

Pachinger, Anton Maximilian   207,
  359, 386, *402*
Palitsch, Helmut   339
Pallenberg, Max   412
Paradeyser, Franz   380

Petzet, Wolfgang 345 f., *425*
Pfalz-Neuburg, Eleonore Magdalena
  Theresia von 237, 311, 362, 405
Pfeffer, Max 338, *424*
Piccolomini, Joseph Max 282, *417*
Piccolomini, Ottavio *417*
Pirchner, Werner 352
Plato 280
Poincaré, Raymond 247, *409*
Pompadour, Jeanne Antoinette
  Marquise de 9, 367
Pongratz, Peter 339
Poppowitsch, Johann Siegmund *407*
Possart, Ernst von 159 f., 222, 358,
  396
Prato, Katharina 301, 421
Prikopa, Herbert 359
Prokesch-Osten, Anton Freiherr 131,
  392
Przemysl Ottokar II. von Böhmen
  260, 388
Pustkuchen(-Glanzow), Johann
  Friedrich Wilhelm *395*

Reinhardt, Max 337, 424
Reviczky, Conrad von 312, *423*
Révy, Richard 345 f., *424*
Richelieu, Louis François Armand
  Duplessis, Herzog von 112, *387*
Riel, Regina siehe Madame Rosa
Roda-Roda, Alexander 395, 400, 409,
  416
Rohan, Louis René Eduard Prinz
  von 122, *388*
Rothschild 269
Rudolf I. von Habsburg 115, *388*
Rudolf IV. der Stifter 293, *420*
Rupert hl. 166, *397*
Ruzzante (Angelo Beolco) 333

Sassmann 346
Saxo Grammaticus 409
Scarron, Paul 333, *423*
Schaljapin, Fjodor Iwanowitsch 245,
  408
Schenk, Otto 352
Schicht, Georg 302, *421*
Schiller, Friedrich 258, 288, 383, 404,
  407, 413 f., 418

Schleichert, Hermann 344, 346 f.
Schliemann, Heinrich 366
Schmidinger, Dolores 339
Schmidt-Dengler, Philipp 352, *426*
Schmidt-Dengler, Wendelin 340
Schmitt, Leo 352
Schmitt, Meinrad 352
Schneider-Franke, Joseph Rudolph
  346
Schultze 347
Schuschnigg, Kurt 365
Schwertsik, Kurt 352
Seidler, Alma 335, 344, 346, *423*
Seni, Giovanni Batista 234*, *405*
Shakespeare, William 249, 252, 255,
  261, 313, 411 ff., 422
Shaw, George Bernard 249
Sir Galahad siehe Bertha Eckstein-
  Diener
Smetana, Friedrich 414
Sonnenfels, Joseph Reichsfreiherr 98,
  118, *385*
Sperrschiff 402
Stehlik, Maximiliane 415 f.
Stephenson, George 142, 389
Steyer, Ralph 364 f.
Stieler, Joseph Karl 179
Strauß, Johann 363
Strauß, Peter 421
Strobl, Rudolf 339
Strozzi, Katharina 390
Swoboda, Brigitte 339

Tartini, Giuseppe 251, *412*
Terzky, Adam Erdmann Graf 234*, *404*
Terzky, Karl (Tersztyánszki von
  Nádas) *404*
Theokrit 182
Thun, Guidobald 384
Tiepolo, Giovanni Battista 29, 64, 372
Tisza, Istvan Graf 269, 312, *415*
Tizian 16
Töhötöm (Tétény) 234*, 362, *404*,
  412, 416
Torberg, Friedrich 321 ff., 330, 339 ff.,
  348 f., 352, 359, 360, 365

Ulrich, hl. 100
Urban, Maria 339

Vanderbilt 153
Verdi, Giuseppe 253
Victoria, Königin 239
Vulpius, Christian August 381

Wagner, Cosima 159, 168, *396*
Wagner, Moritz *398*
Wagner, Richard 160, 167 f., 171, 223, 358, *396*
Wallenstein, Albrecht Wenzel Eusebius 234*, 362, 364, *404,* 423
Waniek, Herbert 349, *425*
Weber, Karl Maria von 384, 400, 422
Weichert, Richard 338, *424*
Weiner, Doris 339
Weinzierl, Kurt 352
Weisheitinger, Ferdinand siehe Weiß, Ferdl
Weiß, Ferdl 150, 201, *401*

Wellenkamp, Bruno 345 f.
Wilhelm, Kurt 359
Wille, Johannes 361
Winkler, Ernst siehe Goldfüllfederkönig
Witschkow, Lukrezia von 404
Wolf, Artur 425
Wolf, Gusti 356, *426*
Wolfenau, Gerd von 350, 352, 364, *426*
Wurmbrand 74*, *381*
Wurmbrand-Stuppach Franz Joseph Reichsgraf von *381*
Wünschhüttel, Friedrich 305, *422*

Zeska, Philipp 409, 423, 426
Ziegler, Kosmas 330
Zola, Emile 256
Zuckerkandl-Szeps, Bertha 255, *412*

DANK

Für wertvolle Hinweise und Beiträge danke ich Herrn Univ.-Doz. Dr. Jakob Allerhand, Frau Barbara Ascher, Frau Susanne Birrer, Herrn Univ.-Doz. Dr. Peter Csendes, Herrn Univ.-Prof. Dr. Felix Czeike, Frau Barbara Frischmuth, Herrn Dr. Murray Hall, Herrn Dr. Clemens Hutter, Frau Dr. Eva Irblich, Herrn Prof. Wilfried Kirschl, Frau Dr. Susanna Kirschl-Goldberg, Herrn Dr. Michael Klein, Herrn Ing. Karl Heinz Knauer, Herrn Herbert Koch, Herrn Dr. Peter Krämer, Herrn Berthold Lang, Frau Inge Lange, Herrn Dr. Klaus Lohrmann, Herrn Dr. Walter Methlagl, Herrn Dr. Stefan Nemeth, Herrn Univ.-Doz. Mag. Dr. Herbert Nopp, Herrn Helmut Palitsch, Frau Dr. Brigitte Psanakis, Herrn Hubert Reitterer, Herrn Georg Scharegg, Herrn Univ.-Prof. Dr. Wendelin Schmidt-Dengler, Herrn Dr. Herbert Tschulk, Herrn Dr. Ulrich Weinzierl und Frau Prof. Irmingard Ziegler. Mein ganz besonderer Dank gilt dem Verleger und allen seinen Mitarbeitern.

Wien, Jänner 1985   Die Herausgeberin

Das Forschungsinstitut »Brenner-Archiv« und die Leiter der Edition Sämtlicher Werke von Fritz von Herzmanovsky-Orlando danken allen Institutionen, die das Zustandekommen dieses Bandes durch Förderung ermöglicht haben. Dies sind: das Bundesministerium für Wissenschaft und Forschung; die Tiroler Landesregierung. – Das Bundesministerium für Wissenschaft und Forschung, namentlich Herr Dr. Gerhard Hellwagner, und die Finanzprokuratur haben wesentlich zur Klärung der rechtlichen Lage beigetragen. – Der Fonds zur Förderung der wissenschaftlichen Forschung hat mehrere Jahre hindurch die zur Manuskriptherstellung erforderlichen Personal- und Materialkosten übernommen und die Drucklegung gefördert.

Walter Methlagl   Wendelin Schmidt-Dengler

Band VII »Der Briefwechsel mit Alfred Kubin 1903 bis 1952«
und Band VIII »Ausgewählte Briefwechsel 1885 bis 1954«
sind in dieser Ausgabe der Sämtlichen Werke nicht enthalten.

Fritz von
HERZMANOVSKY-ORLANDO

SKIZZEN UND FRAGMENTE

Herausgegeben und kommentiert
von Klaralinda Ma-Kircher und
Wendelin Schmidt-Dengler

Band IX

INHALTSÜBERSICHT

Das Tyroler Drachenspiel	11
Im Salonwagen	30
Der Haufen Acerbus	42
Chinesius von Schluck	58
Wehmütige Betrachtungen des wohledlen Herren Wenzel Quadrata von Quaderwurf	61
Kleines Kochbuch für Menschenfresser	72
Wie jedermann – bei der Wiedereinführung der Todesstrafe – um zirka zwei Schilling hingerichtet werden kann	76
Le livre des sauvages	77
Der Totenschädel	79
Die +++ Telegramme und die rheumatische Post	80
Marokkanergasse	82
Das ist die Stadt die mich gebar	83
Die policinelldurchtobte und dabei feudale Wohnung des Ehepaares Bujatti in der Zieglergasse 8	85
Das Taschentuch	87
Linz	89
Erster Tag in Spital am Semmering	92
Über das Duell	95
Bogumil Edler von Hanserl	97
Grillparzer und die Würstellokomotive	100
Ferdinands I. Besuch in Ragusa	103
Das Geheimnis des Tennisspiels	105
Karpfe Huber	105
Schreibmaschinen	107
Aus der Diätküche der Windgattinnen	107
Das Geheimnis des Gerhard van Swieten	108
Amazonen der Gotik	108
Hugo als Einjähriger bei den 7-Dragonern	112
Graf Bobby & Sohn	114
Kaiser Bovistus	116

Aktschluß: wahrscheinlich	116
Der Tod des Tizian	117
Duilius van Topfum	117
Bei den armen Seelen	118
Pferdex	119
Der Hölzler	120
Eleonora Duse	120
Baron Polyakovicz	120
Paris	121
Leuchtwursts Geheimnis	122
Die Mangiacanis	123
Die Reise zum Tartaros	124
Szene	128
Lohengrin und Amfitrite. *Pantomime in drei Aufzügen*	129
Heanvogel	133
Krwoprd	134
Institut Nichtengraus	135
Ballettidee	135
Störungen	135
Casanova. *Ballett*	136
Unser Dümmster	137
Der Besuch beim Osterhasen	137
Götter in der Mausefalle	138
»Stille Nacht, heilige Nacht…«	138
Der lange Olaf	138
Der lebende Torpedo	139
Die Wurstmaschine	139
Der Besuch des Kaisers	140
Clara von Corfu	141
Canzonetta austriaca	142
Ode an einen vernickelten Metallgegenstand	143
Ganymed	146
Ballettfiguren	146
Ballettideen	146
Monodramen	147
Die lebende Novelle	148

Das Mysterium Danae	153
Garderobiers	154
Kreuzfahrerdrama	154
Die Hundekarte. *Ein Kurzdrama*	155
Der 30. Juni 1875 in Paris	157
Don Quichote. *Ballett*	157
Revue	158
Ehre bläht	159
Der Ballarrangeur	160
Der Haupttreffer	161
Mops Zenobius	161
Alois Pimeskern	168
Meine Nerven	169
Laokoon im Caféhaus	169
Das Steckenpferd des Giganten	170
Über die Pest	170
Fasolt und Fafner	172
Der Mann mit dem eisernen Hintern	174
Das Geheimnis des Rotzweisels	177
Mexikanisches Rococo	177
Heinzelmänner	179
Der Dämon der Unzucht	179
Der Wortsalat	180
Boeuf	181
Treue	185
Domitian Doppelhör	186
Familie Würstelschirm	187
Der verbogene Achter	188
Hetty Fortner	188
Handlung	189
Baron Bernus	190
Der Paraklet Pfnistl	192
Die verlorene Medaille	193
Herr Totenwurst oder eine Abhandlung über das Vergängliche	193
Das Ohr des Kaisers	194

Die zertretene Orange Mocenigo	194
Gossensass (Ibsen)	195
Rat Kikeriki	196
Der gestohlene Stuhl	199
K. k. Militärschwimmschul	200
Feuerscheißer	201
Oheims Tod	202
5000 Seelen	202
Nebuschka	203
Motzhaisel	204
An milden Maienabenden	205
Englands Vorstöße auf technisch-kommerziellem Gebiet im Biedermeier auf dem Continent	205
Kaiser Ferdinand I. (Der Gütige)	207
Der alte Baruch Feiglstock	207
Ungarn	207
Wokurka und Caracalla	208
Geheimrat Nacktfrosch	208
Kongreß in Prag	209
Mister Hoppenhaupt	210
Die Schröckhs und Exzellenz Gotscheeber	210
Ein Herzensbedürfnis	211
Zimmerherrn bei Schwetz	212
Das sonderbare Haus	213
Das Blasrohr	214
Phänomen	216
Das Geheimnis des ausgestopften Mopses	216
Hundelirsch	218
Severin Tschutschebiers entsetzliches Geheimnis	221
Ballettschlußbild	221
Dramenende	221
Novellenanfang	222
Feuchtigkeit	222
Das ist der Daumen	222
Seltsam	223
Die Tragödie der Eßwaren	223

Siebente Maske des Eros	223
Traumwien	224
Die Frucht des Eifers	227
Das kategorische Kusch	228
An meinen Hund	228
Psychoanalyse	228
Onkel Szamuel	229
Berufswahl	229
Chantre – Panthre –	229
Et in Styria Dionysos	229
Knurre	230
Auf dem allen kann man nicht schreiben	230
Der Liebesgott	230
Der Brief	230
Der Sturz in den Orcus	231
Herbst	234
Das Zugklosett Tschurtschentaler	234
Moses will in die Schweiz	235
Das Männlein Prschybil und seine Wechseljahre	237
Der Trommelhase	240
Ballett nach einem Traum	243
Der Wunsch der Prinzessin oder Prinzessin von Byzanz	244

Kommentar	
Editorischer Bericht	255
Erläuterungen	259
Literaturverzeichnis	361
Anhang	
Glossar	365
Personenregister	374

Das Tyroler Drachenspiel

Personen:

VENUS
DIE DREI GRAZIEN
DEJANIRA VON PFANNBERG
ISALDA VON PUNTWEIL } Valandinnen und Fürstinnen im
BEATRIX VON TARANTSBERG } Reiche der Drachen
FER PATAGOS
FER ABARBANEL
FER TRIFAGS
FER FARFANELL } Salangen und Palastgirls am Hofe der Valandinnen
FER CHELEDRIA
FER AGLAY
CHRISPIN ÜBELHÖR
ONUPHRIUS MUMELTER } Nörgelen (= Zwerge)
CASSANDRA VON MONTALBON
TITANIA VON TSCHENGELS
AGATHE FINK VON KATZENZUNGEN
DANAE VON MINGENON } Damen von Tyrol
FELIZITAS VEZZAN
SIBILLE VON TELFES
DIANA VON TRAUTSON
PARSIFAL KLUIBENSCHEDL
JAKOB HOSENKHNOPF
DER VON WOLKENSTEIN
DER VON SCHLANDERSPERG } Herren von Tyrol
ZYPRIAN DER VINTLER
EGNO VON TRAUTSON
AGATHE TETZER, die unrechtmäßige Herrin von Stachelburg
PRAXEDIS, ihre Tochter
DIE FRÄULEIN VON BIGANTINA UND GILLARDON, wallisische Mädchen
SIEGFRIED, Bischof von Chur
DER FALKNER VON VÖLS
HARTMANN VON STUFELS, der Vogt der Stachelburg
PARIS VON HOCHALBIONS, der Page des Ritters Kluibenschedl
PETRUS SERMONS VON BURMS, der Goldschmied
BASILIUS VON SCHIECHENEGG, der Oheim der Stachelburgerin
SIMON YBERTRACHTER
DER HUNDSMETZGER VON AFERS } bedenkliche Gesellen
DER BLECHDOKTOR VON ZIRIOL

Ordinäre Drachen:

NOBOCHODONOSOR SCHWEYFFDENDONNER, augsburgischer Stiftsdrache
zu St. Afra
ANTON DOMINIK VERDROSS, meist genannt SCHGUMMSER VON UMSS
BLASIUS PFURZSCHNÖLLER, kaiserlicher Burgdrache von Rumenye

HÄNSEL DER ZÜPPEL, Mistknecht bei den Drachen
PATER KASSIAN MITTERSACKSCHMÖLLER, ein Kapuziner

Erscheinungen im Zauberwald von Pontyves:

GOETHE
DAS PHANTASMA DER ULRIKE VON LEWETZOW
BARON SCHWIMMER IM STAUB, der Bühnenmeister auf der Barke der Isis
ZWEI NÖRGELLEN MIT GLOCKENSPIELEN
VERSCHIEDENE DISTINGUIERTE STIMMEN

Ort der Handlung: verschiedene Gegenden Südtyrols
Zeit: um 1200
Die Szene im Zauberwald: zeitlos

Inhaltsübersicht:

Der Liberalismus blüht. Man ist ganz auf die Reine Vernunft
eingestellt. Der Fremdenverkehr steigt gewaltig – in dem Land ist
kein Platz mehr für alten Aberglauben, für das Walten von Märchenfiguren wie etwa die Saligen Fräulein.
Also – besonders diese allerdings reizenden – dämonischen Wesen
müssen amtlich verschwinden in einem Land, das Kunstbutter,
Konserven, falschen Honig und ähnliche Produkte aufweist, dort
ist kein Platz für Märchenfiguren. Und doch sind diese Ewigkeits-
wesen immer da und stets dagewesen. Nicht einmal das Konzil von
Trient hat ihnen beikommen können – ebensowenig wie das
begonnene Christentum die magischen Mächte vertreiben konnte.
Sie haben sich natürlich von einer immer mehr sich durch Groß-
industrie etc. verdreckten Menschheit zurückgezogen – und diese
Menschheit hat die bitteren Folgen zu tragen.
Das Vorspiel zeigt uns eine Sitzung – typisches Treiben der Mannes-

rechtswelt. Es wird der amtsgiltige Beschluß gefaßt, das Land Tyrol von allem dunklen Aberglauben gereinigt zu erklären.

Als der Beschluß verkündet werden soll, ist plötzlich die ernstbärtige Versammlung – ganz gegen jede Vorschrift – in rosiges Licht getaucht, und drei Salige Fräulein erscheinen.

Die ernsten Herren sind ganz perplex – trauen ihren Augen nicht … bis einer den Bann bricht und erklärt: »Da habts 100 Gulden, ös Faacken und kaufts euch beim Obexer in der Mariatheresienstraße ein anständiges Gewand … so derf man nicht einhergehen … ös Saumägen! Vor allem müßts Hosen haben!« Die drei Dämoninnen lachen bloß und verwickeln die alten Trotteln in ein Ballett, wo die steifen Herren mit rosenumwundenen Stäben mittanzen müssen und sich schließlich jammernd ins Publikum flüchten.

Der zweite Teil des Dramas spielt zur Zeit des vierten Kreuzzuges in Südtyrol. Jetzt greifen die Drachen ein. Die sind in zwei Teile gespalten. Die tragenden Drachenrollen sind die sehr schönen und sehr mächtigen Eingeweihten des dritten Grades. Die Saligen gehören nur dem zweiten Grad einer mystischen Hierarchie an.

Aus der Drehung wird das Feuer. Das sagen uns alle elektrischen Anlagen. Aber auch besonders dafür veranlagte schöne Wesenheiten können, »angeheizt« durch die Tanzbewegungen, Kurzwellenströme senden: »Aus der Drei wird die Vier, die DRAUGH GEBIERT DAS FYR.« Das ist die kurze Formel über den DRACHENGRAD.

Man bezeichnete diese Mädchen auch als VALANDINNEN.

In der Märchenzeit hatte man auch mit dem ordinären ganz erdgebundenen, grauslichen Drachenwesen zu rechnen. Hier erscheinen sie als der hundsordinäre Drache Nobochodonosor Schweyffdendonner und ähnliches magisches Gesindel.

Die Fabel setzt ein: Die dämonisch verführerisch schöne Praxedis von der Stachelburg ist sehr von der Blüte der Ritterschaft umworben. Wenn einer um ihre Hand anhält, muß er in den Kreuzzug gehen, aber vorher all sein Hab und Gut der miserablen Praxedis verschreiben. Sie hat aber Abmachungen mit verschiedenen Drachen, die so plaziert sind, daß der Ritter ihnen auf seiner Fahrt ins Heilige Land begegnen muß. Klarerweise wird er gefressen, wenn er nicht höhere Hilfe hat.

Unser Held – der Ritter Parsifal Kluibenschedl – oder vielleicht schöner: »von Ebion« genannt, spricht bei der bildschönen, aber miserablen Praxedis auf der Stachelburg vor, wird aber nicht gleich vorgelassen.

Da taucht aus der Vertäfelung des Gemaches ein Nörgele (Wichtel) auf und warnt ihn vor der bevorstehenden, lebensgefährlichen Intrige.

Durch Praxedis wird ein Ritter nach dem andren umgarnt, ins Feld zu ziehen … der Preis ist ihre Hand – doch muß er früher seinen Besitz ihr verschreiben. Unweit hausen in Erdlöchern drei Drachen – Nobochodonosor Schweyffdendonner, Blasius Pfurzschnöller etc. Diese Kanaillen werden vom Vogt Simon Ybertrachter vom Kommen der Ritter verständigt und fressen den Betreffenden dann auf. Doch Parsifal beschließt das Abenteuer zu bestehen und schließt den Erbvertrag (seine Burg Boymunt) ab. Bevor er in den Drachenwald kommt, bemerkt er am tiefblauen Himmel ein näherkommendes weißes Wölkchen. Es ist eine fromme Taube in Mädchengestalt mit reizenden Dessous, die voranfliegt und ihm den Weg weist. Als es dunkel wird, kommt er in einen Wald zu einer furchtbaren Balgerei mit Flammengeifer.

Er stößt auf den gräßlichen Pfurzschnöller, der gerade einen Ritter umbringt. Glühende Rüstungsteile fliegen herum – ein Edelknabe läuft auf ihn zu und ruft: »I hab kan Hosenknopf mehr.«

Parsifal tröstet ihn, daß man den Toilettefehler gar nicht bemerke, wird aber belehrt, daß der gefressene Ritter Jakob Hosenkhnopf geheißen habe.

Um die Sache kurz zu machen, der Page, Paris von Hochalbions, schließt sich an Parsifal an. Bald kommen sie aus dem Kreuzzug heil zurück, und Parsifal will in seiner Verliebtheit Praxedis mit seiner Ankunft unangemeldet überraschen. Trifft sie aber in den Armen des Egno von Trautson, den er umbringt. Er will auch Praxedis erstechen, wird aber vom Bischof Siegfried von Chur daran verhindert.

Parsifal flieht ins Hochgebirg und wird – eine Art Ritter Toggenburg – von Gram und unstillbarer Sehnsucht nach der Braut verzehrt.

Paris, der ihn nicht verlassen hat, kommt auf die Idee, die drei Grazien anzuflehen, ihn in ein schönes Mädchen zu verwandeln. In einer nicht alltäglichen Ballettszene geschieht dies. Die Grazien führen Parsifal das verwandelte Mädchen zu, der tatsächlich in Liebe entbrennt. Aber bald kommen ihm schwere Bedenken. Er hält das Vorkommnis für einen Hexenspuk und sich für verworfen. In seiner Not kommt er schließlich an den Cour d'amour auf die Burg der Isalda von Puntweil. Dort wird ihm abermals das verwandelte Mädchen, umgeben von ihren Hofdamen, den Fräuleins von Bigantina und Gillardon, entgegengeführt. Schließlich überzeugt er sich, daß alles in Ordnung geht. Auf Boymunt wird eine prachtvolle Hochzeit zugerüstet. Aber … niemand von den geladenen Gästen erscheint, drei Heroldsrufe sind schon erklungen. Da aber erscheint … bloß eine Katze. Sehr groß, mit Brillanten behangen … unbedingt muß was los sein mit dieser Märchenfigur voll Bedenklichkeit. Und es ist wirklich auch niemand anderes als Frau Venus, und alles endet in Pracht und Herrlichkeit.
Schon früher hat es im Zauberwald von Pontyves ein schweres Traumabenteuer gegeben. Es ist eine apokryphe Reise Goethes, der mit einem Postillion, der plötzlich keinen Kopf mehr hat, in dieser bekannt unheimlichen, auch heute nur ungern besuchten Gegend angekommen ist. Goethe wähnt sich – nicht ganz ohne Grund – auf dem Blocksberg. Im Zauberwald hat er eine Begegnung mit seiner ewigen Psychagogin Mignon, die sich ja an seinem Lebensabend in die wunderschöne Ulrike von Lewetzow verkörpert hatte und ihm die letzte Weihe gab – sie, das ewige Androgyn an Jugend und Schönheit. Erreichen kann er sein Traumbild nicht, da zu ihr nur die Brücke in die vierte Dimension führt, vor deren Betreten ihn verschiedene distinguierte Stimmen und Baron Schwimmer im Staub, der Leiter der Barke der Isis, warnen.

VORSPIEL

Eine Sitzung der Academia Claudia Felicitas in Innsbruck.
JANUAR OBEXER, Präsident der Academia Claudia Felicitas

DR. LUIS WELPONER, erster Vicepräsident
DR. LUIS FISCHNALLER, zweiter Vicepräsident
GALIMATHIAS GSCHNOFERER, Schriftführer
GUIDOBALD GRAF THUN ⎫
KOSMAS GRAF SPAUR ⎬ Gönner und Förderer
PETER VON TRUT ⎭
CHRYSOSTOMUS FEIGENBLATTERER, Abgeordneter von Schgumms und
    Obmann des Vereines zur Abtötung des fleischlichen Begehrens
INGENUIN SCHRÖCKHENDAIFL, Ehrenmitglied obigen Vereines
IMPAVIDUS HÄUSELBERGER, fälschlich Köschtensepp genannt, ein namhafter
    Privatgelehrter und erster Hochradfahrer Tyrols
EUSEBIUS NOGGLER, ein bedeutender Redner
MATSCHER HADUBRAND, ein Konfusionsrat und bekannt, ja gefürchtet als »der
    Gackeltoni von Eyers«
KASPAR BARTLMÄ TÖPSEL, sein geheimer Sohn linker Hand
BOVIANUS KALBLMACHER, ein schwerfälliger Damenfreund
NOTDURFTER SEBASCHTIAN, Amtsdiener
ANNERL DEFLORIAN, eine empfohlene Schreibkraft
MARIA JOSEFA VERGUTZ, Putzfrau
KRAWIESER aus Stuls, genannt der HUSCHENVATTER
PATER KASSIAN MITTERSACKSCHMÖLLER, ein Kapuziner
EIN STOCKTAUBER DR. WELPONER ⎫
EIN EBENSOLCHER DR. FISCHNALLER ⎬ beide mit Hörrohren
EIN SEHR BEKÜMMERTER DR. WELPONER
EIN DR. WELPONER, DER SEINEN BART IN EIN BUCH EINGEKLEMMT HAT
    UND FORTWÄHREND LEISE JAMMERT
MEHRERE RUDEL DOCTORES WELPONER
MEHRERE RUDEL DOCTORES FISCHNALLER, die sich im Hintergrund ver-
    lieren
EIN SEHR GROBER DR. WELPONER
EIN DITO DR. FISCHNALLER
EIN DR. WELPONER, DER IMMER NIESEN WILL
EIN SCHAFHIRT, DER SICH IN DIE SITZUNG VERIRRT HAT

Aus dem Reiche des Übersinnlichen:

DIE ERLAUCHTEN STIMMEN DER BÜSTEN KARLS VI. UND MARIA
    THERESIAS
EIN TAMBOUR DES REGIMENTES ESTERHAZY
EIN KORNET DES REGIMENTES WURMSER
ZWEI TEUFEL
ZWEI ARME TOURISTENSEELEN AUS DEM FEGEFEUER
CHELEDRIA ⎫
ABARBANELL ⎬ Salige Fräulein
TÄNZERINNEN AUS DEN ROSENGÄRTEN

DIE STIMME DES INNSBRUCKER NOVEMBERWINDES
EIN KLIRRENDES FENSTER

Ort: Innsbruck.

Zeit: Der 3. November 1891 (Der Tag Simon und Judä)

Nummern der Herren Doktores Welponer und Fischnaller:

1. Sehr neugierig. Interessiert sich lebhaft, wo es wimmert?
2. Ist düster und bucklig. Zitiert gerne Klassiker und ist daher beim Pater Kassian und einigen Kollegen als Freigeist verdächtig.
3. Ist immer im Begriff zu niesen und geht mit einem großen roten Sacktuch herum. Man weicht ihm nach Tunlichkeit aus. Besonders der Schriftführer verdeckt vor ihm das Protokollmaterial.
4. Ist immer anerkennend.
5. Sehr fromm. Beantragt stets, dem Heiligen Vater zu telegraphieren.
6. Grobian.
7. Gerecht und stets tief bekümmert.
8. Sehr kirchlich eingestellt und ein Ordnungsmayer.
9. Stocktaub und, wie alle mit Hörrohr, durch Welponer No 3 höchst gefährdet, da es das Unglück will, daß der öfter in ihm entgegengehaltene Hörrohre hineinniest.
10. Ebenfalls äußerst schwerhörig und krankhaft wißbegierig bzw. neugierig, wie dies mit Ohrenleiden Hand in Hand geht. In seiner Zerstreutheit kostet er alles, wobei er bisweilen bitter draufzahlt. Wohlmeinende Freunde haben ihn schon öfter vor bemmerlähnlichen Gegenständen gewarnt. Er lehnt mit Vorliebe am Präsidententisch, wo er sogar in seiner Zerstreutheit die Akten behorcht. Er umschnofelt die einzelnen Gruppen und sucht mit dem Vergrößerungsglas fremde Bärte und dergleichen ab.
11. Weiß alles und belehrt gern. Natürlich weiß er nicht, daß böse Kinder ihm eine grausliche Notiz auf den Rücken geschrieben haben.

18

12. Aggressiv und grob:
13. Hat seinen Bart in ein Buch eingeklemmt, wimmert infolge-
    dessen leise und verkriecht sich in seinem Schmerz, wobei er in
    der im Saal herrschenden Finsternis nur schwer gefunden
    wird. Er darf aber den Bart, der jetzt zum Lesezeichen gewor-
    den ist und von scharfen Juristen auch als solches anerkannt
    ist, erst auf Grund einer Abstimmung (das ist der einfachste
    Fall!) wieder aus dem Buche entfernen. Nach Ansicht anderer
    juridischer Kapazitäten ist aber dazu ein Erlaß des k. k. Mini-
    steriums für Kultus und Unterricht in Wien nötig. Denn das
    Buch ist Staatseigentum, und der Bart gehört in seiner Eigen-
    schaft als Lesezeichen dazu. Dies die Ansicht des Freiherrn
    Pius von Frumbesel, Ministers für Kultus und Unterricht.
14. Auch er ist eine Quelle des Wissens, belehrt auch gerne, spricht
    sich aber sehr hart.
15. Typischer Grübler, der bald etwas im Bart oder im Ohr findet
    und damit ans Licht geht.
16. Stattlicher Mann mit mächtigem Vollbart. Stottert sehr stark
    und wird dadurch leicht anstößig.

*Innspruck. Düsterer Saal mit einem gewaltigen, reichsadler-
geschmückten Monumentalofen. Letztes Tageslicht. Im Dunkel
verschwinden ganze Knäuel vollbärtiger Herren, alle mit boden-
scheuen oder zu langen Hosen. Es sind die Mitglieder der von der
Kaiserin Claudia ins Leben gerufenen Akademie der Wissenschaften Claudiana. Ein Redner beendet düster krächzend einen vollkommen unverständlichen Vortrag. Drei Rudel Gelehrte, alle mit
den Händen rückwärts klavierspielend, umstehen ihn, sich ab und
zu unter Nicken mit Funkelbrillen ansehend.*

PRÄSIDENT Wer will denn noch das Wort haben?

GSCHNOFERER Da wär einer, der sich aber nicht traut, dasselbige zu
  ergreifen.

OBEXER Lächer-leach. Sag demselbigen, er soll frei reden, wie es
  sich für einen auff-reachten Diroller geziemet. Wer isch der sölle
  und wia schraibet er siach?

GSCHNOFERER Man rufet ean in Huschenvatter. Und schreiben tät er sich – wenn er könnt – Krawieser.

OBEXER Alsdann, spreach. Wos wills denn?

HUSCHENVATTER Jo. I. Jo. Sell – jo. Awer – i mecht ... owa ... i moan ... daß man mir eh ... 's Maul verbieten wern. I bin achtwusiebazig Johr olt ...

OBEXER A schians Olter. Geh a weng weiter weg von mir. Dei Hosn ... olles was reacht isch ... bisch in a Senkgruben gestirzet? Und außer stinken ... wos willsch?

HUSCHENVATTER Jo ... i ... jo ... i moan ...: die lötzen stinketen Hööltuifel, d'Logomotifen.

Der Kapuzinerpater tritt mit gerunzelten Brauen näher. Auch mehrere der Gelehrten umringen den Huschenvatter.

OBEXER Alsdann – fahr fort.

HUSCHENVATTER I meacht an Aides-Höllfer.

OBEXER Zweng wos?

HUSCHENVATTER I hoan an Reacht, ain söllenen zu verlangen.

OBEXER Jetzt sprech endlich. Mir hoan koan Zeit nit. Tu nit so umanand gagatzen ... hier isch a kaiserliche Akademie.

WELPONER No 7 Sprech klor. Sinscht, wann der Kaiser kimmt, haut er dich mitn Sabel aufs Gesöß.

HUSCHENVATTER *duckt sich* Naa ... naa ... dös nit ...

MEHRERE GELEHRTE Woll – dees isch sei Reacht.

ANDERE GELEHRTE Naa – dees leiden wir nit, daß Saine abostolische Majestätt in unschuldigen Huschenvatter am Hintern haut, wo der so ain möhraltes Mandele isch ...

EINIGE FISCHNALLER *protestierend* Ihr werds dechten Seiner Majestätt nit in Arm fallen, wann er geruht, am Hintern zu hauen. Dees wär Refolution. Derselbige derf sogar Sr. Öxellenz in Herrn Stotthalter – allerdings bloß mit an Hosenträger – hauen – ja.

MEHRERE WELPONER Ös seids Jakobiner! Mir kennt dees ... Ihr gehts bloß nur zwoamal d' Wochen peichten ... man kennt eich alle!

NOCH MEHRERE FISCHNALLER Naa, die söll san mir nit.

SCHRÖCKHENDAIFL *bedeutend* Der Kaiser darf in Huschenvattern so oft er will auf das Gesöß hauen. Mecht den sehen, der sich

gegen Sr. aboschdolische Majarstött stellet oder ötwa an auf-
gespannten Rögenschirm über an Huschenvattern haltet. *Sehr
laut* Schwegler! Spülts die Kaiserhymne … holts die große
grean-weiße Trommel wo im Bissowar lehnet …

No 8 Er mecht an Orden.

OBEXER Also, jetzt sprech.

HUSCHENVATTER *Der Pater souffliert ihm.* Ich be-ontroge … daß
… die … stinkerten Ludern … die Logomodiwm, wenn s' vor ain
Pildstöckhel vorbeifohrn … laut pfeiffen … und daß alle
Passascheer absteigen.

DER PATER Brafo! Der söll isch ain aufreachter, krischtkatholischer
Maan.

No 5 Sollt mer dees nit in Heiligen Vottern dölögraführen, damit der
orme Hoschperle, wo in der Gefangenschaft schmochtet, a weng
a Fraid hot?

Mitten während der Sitzung hört man einen kurzen, harten Knall.

PRÄSIDENT Oha. Wos is dechten dees gwesn?

VICEPRÄSIDENT Mir scheint gor ein Bischdolen-Schuß. *Einige Gelehrte suchen ihre Hüte.* Gian ma lieber. 's isch eh schon schpät.
Man kann nit wissen. Wo isch mei Huet? Es isch ein greaner Zylinder. Grean, weil i damit in denen Wäldern luschtwandelen tue.

Ein zweiter Knall ertönt.

*Bei den Herren fängt eine leichte Panik einzusetzen an. Die Tür
geht auf und herein drängt sich weinend Kaspar Bartlmä Töpsel,
sich die Backe haltend, und ruft nach rückwärts ins Vorzimmer:*
I sag alles im Vattern. Wo isch mei Votter? Au wöh … au wöh …

PRÄSIDENT Wos hosch denn, daß du gor so sehr rehrst?

TÖPSEL Die Deflorian Annerl hot mir zweie gschmiert … Au wöh,
au wöh. Weil i ihr grad a bisserl … mehr bei die Wadeln …
zuwigriffen hob …

BEIDE VICEPRÄSIDENTEN Dees derfst ninderscht nit tien! Dees isch
a Todsind.

KALBLMACHER Da mueß i eam in Schutz nehm. Bis zum Strumpfband isch ka Todsind niacht. Bloß eine läßliche. *Der Pater nickt
ernst.*

PATER Bisch du iebers Strumpfband kimmen? Sprich die Wohrheit!
Schau, dort hängt 's Bildnuss vom heiligen Aloisius von Gonzaga!
TÖPSEL Naa ... gwiß nit. *Scheu blickend huscht er röhrend aus dem Saal.*
PRÄSIDENT *zum Amtsdiener* Notdurfter, horch. Mach die Deflorian Annerl einikimmen. Aber gschwind. *Sie erscheint.* Deflorian Annerl, sprech: Wos hot dir der Töpsel Bartlmä gmacht?
ANNERL *flüstert etwas kaum hörbar.*
PRÄSIDENT Sprech daitlicher. Kain Mensch kann dich verstehn! Bisch verkielt?
ANNERL *kaum hörbar* Nain –
PRÄSIDENT Man versteht dich bei pestm Willen nit. Wos hosch denn fir ein Laiden?
ANNERL I krieg koan Luft nit. I trag 's Strumpfband um den Hals.

Ein andrer Zwischenfall:
Mitten während der Sitzung wird die Tür aufgestoßen. Ängstlich blickend stürmt Kalblmacher in den Saal. Nach ihm wie eine Furie die Putzfrau Vergutz. Sie schwingt einen Klobesen in der einen Hand. In der andern trägt sie einen Eimer Wasser, den sie dem aus der andren Türe heraushuschenden Kalblmacher nachschüttet. Sie keift ratternd vollständig unverständliches Zeug. Der Präsident läutet und ruft sie zur Ordnung.
PRÄSIDENT Vergutz Maria Josefa! Red orntlich ... der Schriftführer kimmt ja ninderscht nit nach mit em Protokollieren ... denn das ischt eine Sitzung der Akademie der Wissenschaften ... alles, was im Saal gschprochen wird, muß im Kaiser zum Nachprüfen vorgelegt werden ... Wosch hosch gsagt? Mir kennen ...

NOGGLER Kreächz, kreächz, kreächz *und so fort*
No 4 Wohr ischt 's. Jedes Wort kannsch unterschreiben.
NOGGLER Kreächz, kreächz *und so fort.*
No 5 *geht herum, den Mund halb offen, die Hände vorgestreckt und will immer niesen.*
No 6 Jo, nit auf mich. Schau, daß hoamkimmscht, du ...
NOGGLER *zum Himmel drohend* Kre ... ächzzz ... kre ... ächzzz ...

No 7 Wohrhoftig ... der hot die Gabe der Rede ... der sell. Zwar isch
er jetzt ain wenik wait gegongen ...
MATSCHER Nain, nain, nain. Noch zu mild. Schärfer, schärfer!
NOGGLER *in wilder Ekstase* Krreächzz ... kreächzzz ... *Er verliert
ein Röllchen, als er zum Himmel droht.*
No 4 Jo, jo, da kannsch was lernen! Der wiedergeborne Zizero ...
hui, dees isch gsessn ...
*Der Redner, die Hände in die Hüften gestemmt, macht eine Kunst-
pause.*
*No 3 sieht ihn offenen Mundes irr an und tropft ein wenig, das rote
Sacktuch in der Hand. Man hört ein leises Wimmern. Einige Herren
blicken befremdet herum. Dann aber bricht der Redner, heiser und
furchtbar krächzend, von neuem los.*
No 4 Ein wohrer Hoch-genuß. Ja, wer das Wort so behörrschen
gelörnet hat ... do konnsch nit mit, mei Lieber.
No 6 *wegwerfend* Dös kann bold ainer. Ain fader Zipf isch derselbe.
No 7 Oha! dös isch das Holz, aus dem man Bisch-öffe schnitzet!
No 5 *verklärt* Jo ... jo. Bisch-hepff.
No 10 *sticht mit seinem Hörrohr dazwischen.* Wisch-töpf? Bisch-
tepf? Schnieff-böpf?
No 3 *der schon immer knapp am Niesen war und halboffenen
Mundes jappend herumgegangen ist, niest* Haptschiii –
tschinn ... *ins Hörrohr, daß das Instrument herunterfällt –*
*No 10 tanzt vor Schreck herum, beginnt zu röhren und beutelt mit
dem kleinen Finger verzweifelt im Ohr.*
No 6 Da hosch es. Wenns du aber auch allweil umastreichnen mußt!
Gib a Ruh, lies was Gscheites ... am besten: bleib dahoam.
No 14 *den Finger erhoben* Da hohohohosch es! sisisi tacu ... taca ...
tacucu ... tacucucuissesch, Fififi ... lolosofus ... mama ... n ...
sususu ... isses. *Blickt triumphierend herum.*
No 4 Bscht! ... losts am Noggler. Silentium!
*No 15 schaut kopfschüttelnd was an, das er im Bart gefunden hat.
Dann nimmt er auch noch eine Lupe heraus. Er steckt den rätsel-
haften Gegenstand in den Mund und fängt an zu mümmeln. Auf
einmal ruft er* Sakra ... sakra. *No 1 schaut ihm neugierig zu und
richtet die Brille. Alles lauscht auf Noggler, der eben furchtbar*

*loskrächzt und auf das Pult haut. Dann krächzt er, gesträubten
Bartes, noch einmal, drohend und fürchterlich. Es ist zu Ende.
Brausender Beifall belohnt seine Rede, die verschiedentlich von
Rufen wie* hört, hört, woll, woll, söll, woll, sehr riachtik *etc.
unterbrochen war. Drei Rudel Gelehrte, die Noggler, alle mit den
Händen rückwärts klavierspielend, umstanden hatten, lichten sich
und gehen auseinander.*

No 4 Ja, dees sein goldene Worte gewesen … goldene Worte.

No 10 *sein Hörrohr ausgießend* An jedes Wort ischt eine Perle
gewesen.

No 5 Sollten wir nit an Heiligen Vattern tölögrafieren, daß er auch
aine Fraid hat in sainer Gefongenschaft? Der orme heilige
Haiter? Hoschperle muggen!

PRÄSIDENT *spricht sich hart* M'mir donkhen 'm Herrn Vorredener
für saine klahren, allgemein verständlichen Aus-fierungen, die
wir pilligen und reacht heißen tun. Gschnoferer! Wer hat jetzt
das Wort? Han?

GSCHNOFERER *gebückt, blitzschnell im Protokoll herumsuchend*
Glei …

PRÄSIDENT Hosch es?

GSCHNOFERER *kopfwackelnd* À – À!

PRÄSIDENT Such halt –

No 2 *kommt vom hohen, kaum durchsichtigen Fenster zurück* Simon
und Juda ischts. Da rast der Sturm und will sain Op-fer hoben.

No 5 *zu 8 leise* Is a Josefiner! Liest lutherische Biecher.

*Der Pater Mittersackschmöller sieht No 2 furchtbar an. Man hört
irgendwo in einem Winkel leise Klagerufe. Es ist No 3* Hoschperle
muggen …

EINIGE HERREN *eurhythmisch* Jo, fierwohr, stolz kann man sein auf
so Männer wie am Noggler. Wann man denkht, daß derselbe als
a Junger noch Mischt gefieret hot.

MATSCHER *eifrig und fahrig* Wos? Bloß loben? Bloß schiane Worte?
Nain! So einer ghört auf die Tschultern gehoben … Jo, dees
gheert er. Im Driumff gehört so einer umanandgetragen werden!
Auff, auff! *Er bricht durch einen Rudel Vollbärte und sucht
sein flüchtendes Opfer zu erhaschen. Noggler wehrt sich um-*

sonst. Er macht sogar Anstalten, auf den großen Monumental-
ofen hinauf zu flüchten. Dabei ereilt ihn sein Schicksal. Vier
kräftige Welponer packen den strampelnden alten Herrn und
heben ihn auf die Schultern. Zahlreiche Hochrufe und Hellauf
Tyrol. Der Präsident läutet Sturm. No 3 steht vorne in der Mitte,
offenen Mundes, das große rote Sacktuch entfaltet und niest
donnernd. Das Echo kommt dröhnend zurück. Dann nickt er
befriedigt.

NOGGLER Mei Schuch ... mai Schuch ...

No 11 Was rehrst denn so?

NOGGLER I hon mai Schuch nimmer ... i verkiehl mi ...

Tosender Applaus verschlingt seine Klagen. Leider endet die Ova-
tion sehr schlimm. Ein Herr stolpert – die ganze Pyramide stolpert.
Noggler stürzt herunter.

NOGGLER O weh ... o weh ... auwödl ... auwödl ...

EINIGE STIMMEN Himmikreizteifieini! Jetzt isch uns der Höllenzoch
     auskommen. Wo isch er denn gor hin? Weil 's aber auch so
     finschter is!

No 7 Da krallt er!

GRAF SPAUR Wer ihn fangt, kriegt fünf Gulden. Spielts fleißig
     Derwischeles!

GRAF THUN Und von mir noch ein Bier.

TRUT Den Kerl wern mir noch zsammbringen!

No 7 *zu No 14* Da hosch es! Was der Matscher anpackt, geht lötz aus.

No 9 Woll, woll, da fait si nix. Jo. Der söll isch ein porner Böch-
     Vogel! Vier linke Fieß hat der sell.

No 7 *zu No 11* Waisch noch, wie er an Brösidenten in die Bedirf-
     nißanstalt hineingesperrt hat und ihn niemand gfunden hat?
     Und mit der Sitzung nix war? Nienderscht nit gfunden hat man
     ean! Und der Matscher hat ean Schlissel eingsteckt und dann
     verloren.

KAPUZINER Schweiget! Nit immer alten Dröckh aufwarmen! Er
     isch ain krischtlicher Mann und sain Geischt isch eben mehr aufs
     Himmlische geriachtet als wi aufs Irdische. Und der Obexer hat
     auf die Ort Zeit zu Kontömplazionen gewonnen. Iebrigens isch
     dort wie gewehnlach die große Trommel gstanden, wos dort

aufgehoben ischt und da hätt er laicht ain Zaichen göben kennen. Er hat's nit tan, weil er gwiß im Geböt versenket war.

No 11 *zu No 7* Jo, und dann hat der söll sich höheren Ortes beschweret, daß er von böswilliger Hand *No 11 senkt sein Hörrohr und nickt ernst* durch Mißbrauch eines – salve venia – Häusels der Freiheit beraubet worden ischt. Und dann ischt aus Wienn ain Brief kommen, daß die betreffende Bedierfnißanstalt straf-weise auf drei Monate gesperrt wird. *No 7 nickt bekümmert.*

No 11 Jo, hart, aber nicht ungerecht.

No 7 *zu No 11* Ja, ja, wenn's nur nit grad zur Zwöschbenzeitt gewesen wäre. Hart war dees zum Tragen. Und fast neamand isch bei die Sitzungen erschienen. Ja, da haben die Wissenschaften schwer an die Zwöschben zu laiden gehabt. Aber was war das gegen Wien! Da isch im Jahr 1866 die Akademie wegen der Rotzkrankheit einmal suspendiert worden, weil der große Sportsmann Graf Sandor, der Ehrenpräsident, mitten in einer feierlichen Sitzung diesem absolut tödlichen Übel erlegen ist. Wie das Übel anfangt? Zuerscht hört man den Befallenen grundlos laut wiehern. Und man glaubt, daß er lacht. Und dann spannt der Befallene irgendwo auf der Straße einen Wagen aus und führt ihn spazieren.

PRÄSIDENT *läutet* Meine hochangesehenen Heerren! Fahren wir in der Sitzung fort. Ich bitte umm RRRuhe ... *Es wird nach und nach ganz still. Aber es wimmert irgendwo leise.*

No 1 Horch! Es tuet wimmeren ... Bscht ...

PRÄSIDENT *erregt* Wo isch dönn das schon wieder?

No 2 Zur Sache. Laßt es wimmern hoch vom Thurm.

Pater Mittersackschmöller ballt die Faust.

No 4 Nain, das Wimmern kommt von hint.

No 7 Von hint wimmert neamand niacht. Von hint ...

PRÄSIDENT Bschd. Bschd. *Er schwingt die Glocke.*

No 9 Herr-rrein!

No 12 Dich hat niemand gefragt ... Du ... *Es wimmert schon wieder.*

No 5 Isch dees heit wieder amal a Sitzung! Zu der derfst »Sie« sagen.

No 16 J ... ja ... i ... meme ... mecht aa ... was sagen.

PRÄSIDENT Du hasch es Wort.

No 16 I … sag … aa … is dös … wiwiwi … drr … a, a … Si … Sitzung.
Verschiedene halblaute Stimmen: Tolm.

EINIGE STIMMEN Mir finden in Zoch nimmer. Wo kann er nur hingeflichtet sain?

No 10 Do isch er eini! Unterm Ofen, ganz hint. *Zündet ein Streichholz an.* Da – sehts. Ganz hint, wo der viele Dreck liagt!

No 1–4 Komm aussi, Noggler. ’s tiat dir kein Mensch was! Der Frau sag ma a nix.

MATSCHER *glühend vor Fanatismus* Aussi mueß er! Mueß weiter gefeiert werden. Du, Amtsdiener! Bring a lange Stangen her – am Abort lehnt s’ … die was d’ Kanalräumer vergessen haben, wie’s Fallrohr verstopft war … a Besele isch dran ’bunden … mit der scheuchn ma ean außa. *Die Stange wird gebracht und verwendet.*

MEHRERE Ho-bui. Fescht – gschtoßn. Ho-bui. Und no mal. Und no. Fescht gschtoßn. Ho-bui …

NOGGLER Au-wöh. Au-wöh, laßt mi. I will mein Fried.

PRÄSIDENT *mit dem Graf Thun leise gesprochen hat* Noggler! Streib di nit lang herum. Der Herr Grof zahlt dir a saure Löber, wanns brav kimmscht …

THUN Alle Herren sind auf a saure Leber geladen. Beim Preinössl.

TRUT Und i zahl ’s Bier oder an Rötele – was oans begehrt.

PRÄSIDENT Ein Hoch dem Grafen Thun-Welsberg!

GSCHNOFERER Ein Hoch dem Grafen Spaur und dem Herrn von Trut!

Alle stimmen ein. Noggler kriecht mühsam hervor und ist eine abscheuliche Dreckfigur.

PRÄSIDENT Gschnoferer, hol die Schwegeln her und die große Trommel, woascht, wenn der Kaiser einmal zur Sitzung käm. *Es geschieht.*

VIELE STIMMEN Hellauf Thun-Welsberg.
Hellauf Graf Spaur.
Hellauf Peter von Trut.
Hellauf Tyrol.

No 16 *heftig stotternd* Und … dann … schlaschlag …i vovovor, gegegehn mimimir AA! *Präsident gibt Ordnungsruf.*

No 16 Nit so gege-maint. Gehn mimir aahle ins Kafe Wi-wi …

GSCHNOFERER Der söll mainet, ins Kafe Wien – damit kain Irrtum
herrsche und die Herren genau informiert sind.
BEIDE CHÖRE Einverstanden. *Man will aufbrechen.*
PRÄSIDENT *läutet heftig* Nit jetzt!! Erscht bis die Sitzung aus ischt!
Es gibt noch viel zu verhandeln.

*Es wird immer dunkler. Ein fernes Fenster klirrt. Der Wind heult. Auf
einem der großen, im Dämmerlicht undeutlichen Historienbilder
sieht man einen Feldherrn mit Kommandostab – wohl Ernst Gideon
von Laudon. Sein Kopf ist nicht mehr ganz sichtbar. Zwei Trommler
und zwei Trompeter treten aus dem Gemälde. Ihnen folgt der
Feldherr – aber ohne Kopf. Die Trompeter blasen eine Fanfare. Alle
Welponer und Fischnaller stehen stramm. Kosmas Graf Spaur und
Peter von Trut flüstern miteinander. Der Generalmarsch ertönt. Die
Büsten Carls VI. und Maria Theresias werden in bläulichem Licht
deutlicher.*

DAS LIED DER BEIDEN KAISERLICHEN BÜSTEN
Während des ganzen Liedes wummert der Generalmarsch.

CARL VI.
Ich bin des Römisch-Teutschen Reyches kaiserliche Majarschtött
die hier aus Güpps auff diesem Ofen steht.
MARIA THERESIA
IHR irret EUCH, o hocher Herre Vatter mein
WIR sind nicht Güpps! Nein, Aitler Marbel-Stein.
CARL VI.
IHR werds schon wissen, Hoche Kaiserliche Frau.
WIR sind schon alt und sehn nicht mehr genau.
MARIA THERESIA
So ischt es, Majarstött, und kann nicht anderscht sein.
Die Marbel-Prockhen schenkte Eusebius Liechtenstein.
CARL VI.
Warumbs wir hier in INNSCHPRUCKH stehent, weiß ich nicht.
Das Land ist kalt, und uns plagt sehr die Gicht.

MARIA THERESIA
ICH werd's dem hochen Herren Vattern sagen:
IHR waret hierzuland am Fuess der Gletscherferner jagen.
CARL VI.
WIR danken EW. Kaiserlichen Majarstött
Daß HOCHDIESELB mit UNS so deitlich redt.
MARIA THERESIA
Erinnert SICH die RÖMISCH-Teutsche Majarstött
an ainen Pildstokkh wo da ainsam stöht
Just am Wegele von Cui
glei links hinieber nach Ranuy?
CARL VI.
Da ham Wir aynen Adlervogl gschossen,
aynen ganz ayn möchtig großen
der hat noch grüßt und dann ist er verendet.
Dann ham WIR noch ayn Kughelschuß gespendet.
Der aber traf plos aynen Hof-Laquai,
der hat noch gschtrampft – dann war es gleich vorbei.
Aine Tobackh-trafficc hat ihn darnach verzieret,
daß die familie auch was von seinem Glückh verspieret.
MARIA THERESIA
Hernach seyn Dirndeln khommen Plumen strain
um EUER Majarstött das Herze zu erfrayn.
CARL VI.
Ja, ja. Sogar zu hinterscht in Ranuy
da gibt es saubre Gitschen ganz genui.
MARIA THERESIA *sehr ernst*
Heunte strein dieselben Rosmarin.
Morgen sayn vielleicht genau dieselben hin.
CARL VI. *ernst*
Heunte seinds noch frische junge Mädel.
Moring sayn die gleichen nackte Totten-Schödl.

Der Generalmarsch verwummert. Der Tambour versorgt die Schlägel.
Der Trompeter bläst ab. Dann begeben sich beide in das Gemälde,
aus dem sie ausgetreten waren, wieder zurück.

PATER MITTERSACKSCHMÖLLER So ischts. Das Antlitz dient der
  Gitsch nur zum Verführen.
  Gemacht ischt's z'gor nichts andrem als zum Schnaitzen.
  Der Teufel aber macht draus ayne Seelen-Peitschen.
  Ayn Antlitz süß wie eitel Honig-Seim
  Ischt gor nix andres nicht als ökler Totten-Laim.
  Das ischt der Teifel, wo so Masken schnizzet.
  Für die ihr dann im Schwöffel-Pfuhle ewig schwizzet.
No 5 Glaubscht nit, daß wir im Heiligen Stuel dölögrafiern sollten?
No 11 Tepp! Halts Maul …

Das Lied an Ulrike von Lewetzow (im Zauberwald von Pontyves)
Wer warst du?
Bathyllos? Ganymed?
Der schönste der Buben
Und Mädchen zugleich …
Holdes Enygma.

Jetzt nah ich dir
Auf der Mondbrücke der Wiedergeburt
Und will dir erzählen,
Wer alles du warst!

Prinzessin im byzantinischen Purpur,
Corsar, dann Donzella
Im florentinischen Blumengarten,
Page am Hof zu Athen –
Immer schön und gefährlich …

Jetzt nenn ich dich
Prinzessin Bathyllos,
Schön und gefährlich
Wie der Stahl von Toledo.
So schlank und so biegsam
Wie der Stahl von Toledo,
Der im Sternenlicht funkelt.

Prinzessin Bathyllos –
Von der Grazie des Eros begnadet,
Dein Lächeln erstrahl mir in Gnade …

Im Salonwagen

Barrington, der Multimillionär und Kupferminenkönig, ist in jungen Jahren durch eine schwere Enttäuschung zum eingefleischten Weiberfeind geworden. Zu seinem Geschäftsführer, Wilcox, kommt eines Morgens Lucy Elgin, mit deren verstorbenen Vater er intim befreundet war.
Lucy, eine schlanke, bildschöne Blondine, ist in Trauerkleidern und bittet ihn, ihr eine Stelle als Stenotypistin zu verschaffen. Sie hat für ihre kranke Mutter und die jüngeren Geschwister daheim in Creston, in Iowa, zu sorgen und ist schon seit vier Wochen umsonst bemüht, etwas zu finden. Wilcox ist ergriffen und sehr traurig, ihr nicht die geringste Hoffnung machen zu können. Er öffnet die Verbindungstür zu seinem Arbeitszimmer und läßt sie durch das Glasfenster, dessen Vorhang er zurückschiebt, in das große Kontor blicken, wo vielleicht 50 Herren an ihren Pulten beschäftigt sind. Wilcox nötigt die seufzende Lucy wieder aufs Sofa und verspricht der Deprimierten, sich um eine Stelle für sie umzusehen. Sie bittet ihn um Entschuldigung, ihn umsonst belästigt zu haben, der Gang zu ihm sei ihr besonders schwer geworden, da er ja die nun verarmte Familie noch im vollen Glanz gesehen hatte.
Wilcox will ihr einen kleinen Scheck zur vorläufigen Aushilfe anbieten. Aber stolz wehrt sie ab, da ihre kleinen, sehr kleinen Mittel doch noch reichen dürften. Zu einer Erneuerung seines Anbietens kommt es aber nicht mehr, denn ein Clerc überreicht ihm eine Depesche. Von Mister Barrington selbst! Er überfliegt die Depesche, stutzt, tritt ans Fenster. »Lesen Sie selbst, Mister Hobbs!« Der liest und schüttelt gleichfalls den Kopf.
Dieser liest laut: »Erwarte meinen Salonwagen morgen abend 9 Uhr 57 in Madison, Wisconsin, mit Stenographin. Falls mit Engels-

mienen, willkommen mit Freuden. Fahren zusammen Leadville,
Colorado. Unterwegs schließe persönlich ab. Dinneranzug. Vollständig ausstatten. Nichts vergessen! Zwei Wochen unterwegs.
John L. Barrington.«
Die Herren sind perplex. »Das klingt geradezu frivol! Ist der Chef
übergeschnappt?« – »Na, gleichviel, der Expreß fährt um zwölf ab,
jetzt ist es 9 Uhr 30«, meint der Kassier. »Wie wollen Sie in der Zeit
eine Stenographin mit ›Engelsmienen‹ auftreiben und auch noch
vollständig ausstatten? Depesche ist in Chicago aufgegeben – keine
Möglichkeit zu Rückfrage, da unterwegs …« – »Wir müssen gehorchen«, seufzt Wilcox, »der Chef versteht keinen Spaß! Bestellen Sie
den Salonwagen!«
»Und die Stenographin?« – »Warten Sie mal! In meinem Zimmer
sitzt eine junge Dame, wäre was ganz Passendes. Inzwischen
klingeln Sie das nächste Warenhaus an!«
Wilcox verständigt Lucy. Die gerät in Verwirrung. Die weite Reise
– sofort – ohne Gepäck – und er haßt die Weiber! Wilcox erwidert,
er verstehe den Chef auch nicht, da er doch Dutzende der erst-
klassigsten stenographierenden Herren zur Verfügung habe. Barrington sei zwar ein junger Mann, aber, sie werde bestimmt kein
anderes Wort von ihm hören als das knappest Geschäftliche.
Inzwischen erscheinen die Herren vom Warenhaus. Wilcox gibt
ihnen Auftrag, sofort alles zusammenzustellen, was eine luxuriös
ausgestattete junge Lady für eine längere Reise brauche. In einer
Stunde müsse alles am Zentralbahnhof sein. Thunderstorm murmelt noch, nach scharfem Geschäftsblick auf Lucy, »Normalfigur«
und verschwindet eilig.
Wilcox händigt Lucy ein Kuvert mit der Depesche und einigen
erklärenden Zeilen ein. In Madison würde sie dem Chef den Brief
überreichen. Der würde übrigens schon wissen, was er tut. Er will
wohl die großen Minenbesitzer unter einen Hut bringen. Hunderte
Millionen stehen auf dem Spiel, und vielleicht wolle er zu diesen
Verhandlungen eine Dame beiziehen, die nichts von den Geschäften versteht. »Kommen Sie, das Auto wartet!«
Am Bahnhof kommt ihnen schon im Menschengewühl der Direktor
des Warenhauses entgegen. Zwei große Koffer stünden schon im

Salonwagen. »Hier die Schlüssel!« Lucy sieht sich an den Salonwagen herangeführt, den letzten des Zuges. Sie ist von der Einrichtung begeistert. Wilcox zeigt ihr die Räume und schließlich auch eine kleine Küche und Vorratskammer. Er bemerkt noch, er wundere sich, daß Barrington, ein schwer zu befriedigender Feinschmecker, nicht seinen französischen Küchenchef zur Mitfahrt befohlen habe. Schade. Lucy würde ihre Mahlzeiten aus dem Speisewagen neben-an beziehen müssen. Den eben eintretenden farbigen Diener weist er an, sich alle Mühe zu geben. Dann zu Lucy: sie möge nicht vergessen, daß sie von dieser Sekunde an in Barringtons Dienst stehe und vollen Anspruch auf erstklassige Verpflegung habe. Wilcox steigt aus, und Lucy begleitet ihn auf die Plattform und winkt ihm nach.

Wilcox ist wieder im Büro und hat alle Hände voll zu tun. Immer wieder versucht ihn Quapeel zu sprechen. Endlich glückt es in einer Unterschriftpause. »Mr. Wilcox ... ich möchte ... ich wollte ...«, beginnt er mit kläglicher Miene. Dann gibt aber Wilcox weiter Unterschriften und läßt sich nicht stören. Endlich erhört er den Kassier. Es sei wegen Barringtons Depesche am Vormittag! Es sei ihm eingefallen, daß das Telegramm möglicherweise verstümmelt gewesen sein konnte, und da habe er dem Telegrafenamt Auftrag gegeben ... es sei leider so ... es sei furchtbar ...

Wilcox fährt entsetzt auf. Dann liest er, und sein spärliches Haar steigt in die Höhe. »Erwarte meinen Salonwagen abends 9 Uhr 57 in Madison, Wisc., mit Stenogramm im Falle Smith (Engelsminen). Will kommen mit Freunden. Fahren zusammen Leadville, Col. Unterwegs schließe persönlich ab. Dinner im Zuge. Nichts ver-gessen! Vollständig ausstatten. Zwei Wochen unterwegs. John L. Barrington.«

Wilcox fängt an, den Kassier zu beschimpfen und ihm alle Schuld zuzuschieben. Wie habe er nur auf Smith mit seinen Riesenminen vergessen können! Er ist der bedeutendste Widersacher, ein scheuß-lich unangenehmer Leisetreter, heuchlerischer Puritaner. Jetzt schicken wir ihm eine Stenographin mit Engelsmienen ... zum Verzweifeln! Na, er könne sich heute schon um eine Stelle als Ausrufer bei Barnum & Bailey umsehen ... Ob man den Waggon

nicht durch Depesche aufhalten könne ... das Mädchen zur Rück-
fahrt veranlassen? Letzteres ginge ... aber nein! Es geht nicht! Sie
ist jetzt schon ganz konfus und hat auch kein Geld! Wäre imstand,
sich in einem Verzweiflungsanfall ein Leid anzutun ..., aber, er
habe eine Idee. Er werde mit dem Verhandlungsstenogramm persönlich nachfahren, werde Barrington drahten, in Madison den
Wagen anhalten zu lassen, da der Zug ohnedies erst um 10 Uhr
nachts eintrifft, werden die Herren einfach in Madison übernachten, und er nehme Miß Elgin hierher zurück, und abgesehen von
einer vorübergehenden Verstimmung löst sich alles in Wohlgefallen
auf.
Lucy kommt sich im Salonwagen wie die verzauberte Prinzessin im
Märchen vor. Dieser Luxus! Dann aber kommt die Riesenangst. Wie
würde sie vor dem ihr als so unangenehm geschilderten Multimillionär arbeiten können? Der farbige Diener unterbricht ihre Medi-
tation, indem er serviert. Nach dem Essen setzt sie sich ans Piano,
spielt und singt. Dann sieht sie sich ihr Schlafzimmer an und packt
neugierig die Koffer aus. Kopfschüttelnd zählt sie die Kleider, fünf,
sechs, sieben. Sie ist begeistert und probiert eines nach dem andern
vor dem Spiegel. Eine Melancholie befällt sie: Ob sich nicht am Ende
morgen herausstellen werde, daß das Ganze nur ein Irrtum war?
Am andren Morgen. Sam klopft an. Er meldet, daß man in einer
Stunde in Chicago wäre. Es wundere ihn, daß Mister Barrington
nicht seinen Koch mitkommen ließ. Denn in Chicago würde der
Speisewagen abgekoppelt. Weiterhin gibt's nichts zu essen. Keine
gute Gegend.
Wieder setzt sich Lucy an den Flügel und singt. Sie ist so vertieft,
daß sie den Eintritt eines hochgewachsenen Herrn gar nicht merkt.
Alles an ihm ist maßloses Staunen. Lucy fährt mit leisem Schreckens-
laut herum. Barrington verneigt sich. »Bitte um Verzeihung wegen
der Störung, aber, ich glaube mich in meinem Wagen zu befinden!«
»Mister Barrington? Oh, ich glaubte, Sie würden erst in Madison
einsteigen?« – »Allerdings. Eine unvorhergesehene Konferenz berief mich in diese Gegend. Aber wer sind Sie?« – »Lucy Elgin, Ihre
neue Stenographin!« Barrington glaubt nicht recht zu hören.
Wilcox habe sie auf sein Telegramm hin engagiert! Mit einer

brüsken Bewegung nimmt ihr Barrington das Kuvert aus der Hand. In aufsteigendem Zorn verläßt er das Gemach. Nach einem Moment kommt er wieder und tobt förmlich. »Da hört sich alles auf! Kein Koch! Keine Vorbereitungen! In wenigen Stunden sind wir in Madison! Da steigen zwei Herren ein, und ich habe sie zum Essen geladen! Und gerade dieser Smith, der nur aus Lebensregeln zusammengesetzt ist! Das ist eine Blamage, eine Beleidigung! Die ganze Kombination fällt ins Wasser! Ich könnte Wilcox erwürgen ...«

Allmählich beruhigt er sich etwas. Dann aber geht er zum Schreibtisch. Sucht nervös und brüllt: »Es ist zum Verrücktwerden! Statt des Protokolls über die Smithschen Engelsminen schickt mir diese Bande eine Stenographin! Smith wird alles bestreiten ... Das Riesenprojekt fällt ins Wasser! Und die Blamage mit dem Dinner!«

Da rafft sich Lucy zusammen. Sie erbietet sich, aus den vorhandenen Vorräten ein ganz passables Dinner zu bereiten. Barrington lacht ungläubig. »Eine junge amerikanische Lady, die kochen kann? Ausgeschlossen. Und überdies – wie kann ich Ihnen das zumuten?« Lucy bedeutet aber, daß es ihr gleich sei, ob sie zu stenographieren oder zu kochen habe. Aber rasch ans Werk – Besichtigung der Vorräte. Zum Kochen sei es übrigens noch zu früh. Wenn sie in zwei Stunden anfange, würde das Dinner gerade in Madison fertig sein. Barrington beruhigt das ein wenig, und er nimmt das Anerbieten dankbar an. Er fordert sie auf, die freie Zeit zu ihrem Klavierspiel zu benützen, denn er sei ein schlechter Gesellschafter.

Das sei vorhin ein prächtiges Lied gewesen. Sonst mache er sich nicht viel aus Singsang, aber ihr höre er gern zu. Sie möge sich nicht stören lassen. Sie möge ihn übrigens entschuldigen. Er werde im Nebenraum versuchen, aus den vorhandenen Notizen das Verhandlungsprotokoll zu rekonstruieren. Zur Not wisse er eine Schreibmaschine zu bedienen.

Lucy fragt ihn, ob sie ihm nicht helfen könne? Barrington wehrt ab. Wenn er arbeite, müsse es mit Dampf gehen. Er habe die bestbezahlten Stenotypisten im Büro, aber keiner arbeite ihm zum Dank. Da bittet Lucy, es mit ihr zu versuchen. Sie stenographiere schneller als er reden könne. »Na, dann los!«, und sie beginnt nach seinem Diktat zu schreiben.

Lucy überreicht ihm die fertige Arbeit. Sie wolle jetzt in die Küche gehen. Barrington ist sichtlich von der Arbeit befriedigt. Im Selbstgespräch bedauert er, daß sie ein Mädchen ist. Nach der Reise werde er sie entlassen. Dann bleibt er unschlüssig stehen. Zündet eine Zigarre an. Einem plötzlichen Gedanken nachgehend, tritt er auf den zur Küche führenden Verbindungsgang hinaus. Gleich darauf steht er an der offenen Küchentüre. Lucy ist in reger Beschäftigung begriffen. Ist eben beim Nudelmachen. Ob er ihr etwa helfen wolle? Doch Barrington bleibt ernst und betrachtet sie sinnend. Ein Bild aus seiner Kinderzeit fällt ihm ein, wo er der Mutter, noch bevor der große Reichtum seines Vaters kam, oft in der Küche half, Rosinen klaubte oder Nudeln schnitt. Doch schüttelt er die Rührung dieser Kindheitserinnerung ab. Aber vom Bild dieses schönen Mädchens kann er sich schwer trennen.

Lucy läßt ihn die Suppe kosten. »Zuerst pusten! Sie verbrennen sich sonst!« Barrington schmeckt es. Sie gibt ihm das Menu bekannt. Auch Weine seien schon eingekühlt, Chablis, Champagner. Barrington beginnt langsam begeistert zu werden. Doch – wer trägt die Speisen auf? Doch nicht Lucy? Warum nicht? In Iowa habe sie bei den Diners, ehe Papa das Vermögen verlor, als die Älteste immer bei Tisch aufgewartet. Denn dort habe man wenig geschulte Dienerschaft. Barrington protestiert. Das könne er unmöglich zugeben! Lucy bemerkt, das würde ihm wenig helfen. Wer sonst sollte auftragen? Doch nicht er? Aber Barrington windet sich. Sie müsse ja einen schönen Begriff von ihm bekommen. Er nütze sie ja rein aus! Lucy erwidert, daß sie es übrigens gern tue. Lieber als stenographieren. Sie wollte, sie hätte einen großen Haushalt. Begriffe nicht, wie man müßiggehen könne. In einen goldenen Käfig gesperrt zu sein, stelle sie sich schrecklich vor.

Barrington geht ins Eßzimmer zurück. Lucy erscheint, um Tisch zu decken. Angelegentlich verfolgt er alle ihre Bewegungen. Dann meint er plötzlich: »Sie legen nur drei Gedecke auf?« – »Natürlich. Es sind ja nur drei Herren.« – »Wo aber bleiben Sie? Unter keinen Umständen dürfen Sie fernbleiben!«

Lucy weist darauf hin, daß sie nicht angezogen sei, was Barrington zur Bemerkung veranlaßt, daß er ausdrücklich Dinnertoilette vorgeschrieben habe! Lucy läßt sich erbitten. Viel Zeit ist nicht zu verlieren. Sie rafft einige Rosen aus einer Vase an sich und verläßt das Zimmer.

Barrington zündet eine Zigarre an und trällert in angenehmer Stimmung. Plötzlich fährt er aus dem Klubfauteuil empor und gibt im Selbstgespräch einer aufkeimenden Angst Ausdruck, daß der alte Heuchler schlimmster Art, Smith, der mit seinem ebenbürtigen Kumpan Ingersoll in wenigen Minuten kommen würde, imstande sein wird, in seinem ewigen Mißtrauen in der niedlichen Stenographin allerlei Kniffliches zu wittern. Daß er nur diese Klippe übersehen konnte!

Sein Gedankengang beginnt sich zu verwirren. Eben pfeift die Lokomotive. In zwei Minuten ... Mit weit aufgerissenen Augen starrt er die eben eintretende Lucy an. Eine Schönheit! Wundersüß, duftig! Eine Feenkönigin!

Wo hatte er nur seine Augen gehabt! Wie hatte er diese Schönheit übersehen können?

Schon fährt der Zug langsamer. Signallaternen gleiten vorüber. Barrington ist mit einem Satz bei ihr und ergreift aufgeregt die Hand der Erschrockenen. »Miß Elgin«, keucht er wie ein Ertrinkender, »das geht nicht ... Sie sind zu schön! Ich kann Ihnen das jetzt nicht auseinandersetzen, warum es nicht geht. Halten Sie mich für einen Mann von Ehre?« – »Aber ... Mister Barrington!« stottert Lucy völlig verwirrt. »So hören Sie. Die Herren, die kommen – ich weiß nicht, wie ich Ihnen sagen soll – sind Kaffern! Die würden Ihrer Anwesenheit falsche Motive unterschieben ... mit einem Wort ... Sie müssen es sich gefallen lassen ... als meine Frau zu gelten!«

Lucy schwankt zurück. Kann keinen Laut hervorbringen.

»Zu Auseinandersetzungen ist keine Zeit! Ruf, Vermögen, alles hängt von dieser Konferenz ab.« Es sei ja nur eine kurze Stunde! ein unschädlicher Scherz, und er verpflichte sich ihr zu ewigem Dank!

»Da hält der Zug! Wollen Sie mich retten und meine ... Frau auf Borg sein?«

Lucy nickt stumm Gewährung. »Also dann auf du und du! Nicht vergessen!«

Barrington war auf die Plattform hinausgeeilt. Gleich darauf kehrt er mit zwei feierlichen alten Herren zurück. Zugleich steckt ihm ein Botenjunge, eine Depesche zu. »Gestatte liebe Lucy, darf ich Dir Mister Bilsam Smith und Mister David Ingersoll vorstellen? – Missis Barrington!«

Die Herren sind erstaunt, noch nichts von Barringtons Heirat gehört zu haben. Sie erklären, daß sie eigentlich Barrington überreden wollten, in Madison zu übernachten. Deshalb hätten sie ihren Waggon auch nicht anhängen lassen, hätten auch noch nicht gegessen. Übrigens mache es nichts, setzte Smith hinzu, er sei die Mäßigkeit selber … am liebsten habe er eine trockene Semmel … ein Glas Milch …

»Meine Frau wird Ihnen was Schmackhaftes vorsetzen! Darf ich bitten, Lucy?« – »Missis Barrington wird sich doch nicht selbst bemühen«, wehrt Smith ab. »Wir werden es wohl zugeben müssen«, scherzt Barrington. »Meine Frau überraschte mich nämlich. Ich fand sie ganz unerwartet hier im Wagen.«

»Lang sind Sie wohl noch nicht verheiratet … weil Sie nämlich keinen Trauring tragen«, meinte Smith. Doch Barrington zog sich mit der Bemerkung aus der Affäre, er habe den Ring am Waschtisch liegen lassen. Als darauf Lucy mit der Suppe erscheint, starrt Smith auf ihre Hand – Lucy trägt einen Ehering! Barrington traut seinen Augen nicht. Lucy fordert die Herren auf, ein kurzes Tischgebet zu sprechen, was auf Smith einen sehr guten Eindruck macht. Die Stimmung wird fast gemütlich, die beiden Puritaner entwickeln einen enormen Appetit und streifen ihr Temperenzlertum ab – der Sekt fließt in Strömen. Von Geschäften an diesem Abend will der immer mehr aus seiner würdevollen Reserviertheit auftauende Smith nichts wissen. Er habe sein Programm geändert. Vorausgesetzt, sie dürften Barringtons Gastfreundschaft in Anspruch nehmen, so würden sie nach Leadville durchfahren. Dort bitte er das Ehepaar Barrington im Kreise seiner Familie einige genußreiche Tage zu verleben! Hier im Waggon würde er mit Ingersoll das eine Schlafzimmer teilen. Das Bett sei ja breit genug.

Als sich die Gäste zurückgezogen hatten, bricht Lucy in Tränen aus. Barrington bittet sie, ihm zu verzeihen. Aber sie sagt: »Wer spricht von mir? Ich bin ein junges, unbedeutendes Ding. Sie nur tun mir leid. Sie ganz allein. Denn wenn Smith – er sieht so falsch aus –, wenn er erfährt, daß wir ihn angeführt haben – was dann?« Barrington beruhigt sie und führt sie in ihr Zimmer. Er werde in der Kabine des Kochs übernachten. Er wolle aber noch wissen, woher sie den Ring habe … am Ende sei sie verheiratet, frägt er voll Angst. Nein. Sie habe von der Erwähnung des Traurings beim Hinausgehen in die Küche gehört und den Ring ihres Vaters genommen, den sie sich habe umarbeiten lassen. Barrington bewundert ihre Smartheit … sie wäre wert, ein Mann zu sein! Die Ansätze zum Flirt beginnen sich immer besser zu entwickeln. Dann zieht sich Lucy zurück. Barrington bleibt lang vor dem Spiegel stehen. »Sehe bald aus wie mein eigener Vater … habe nichts vom Leben gehabt … bist ein großer Esel gewesen!« Mit dieser Erkenntnis sucht er sein Lager auf.

Am Morgen überrascht er Lucy beim Bereiten des Frühstücks. Sie schlägt aber die Tür vor der Nase zu, und er begibt sich zur Konferenz. Als die Herrn erfahren, daß Lucy als Stenographin dienen soll, sind sie nicht wenig erstaunt. Schade, daß sie Barringtons Gattin ist! Smith würde ihr gerne 1000 Dollar Gage geben … famose Frau! Übrigens täte er auch nichts ohne seine Gattin. Heute abend sei das junge Paar seine Gäste. In der Nacht würde er noch das Geschäft mit seiner Frau durchsprechen, und am andren Morgen würde man dann unterzeichnen.

Barrington lehnt aber die Einladung für seine Frau ab. Sie müsse unbedingt nach New York zurück, wo sie gesellschaftliche Verpflichtungen habe. Ihr Kommen sei ja eine Improvisation gewesen. Aber Smith besteht auf seiner Einladung. Sein Haus habe zwar nichts von weltlicher Hoffart; im Oberstock liege jedoch ein gemütliches Stübchen, so recht für ein junges Eheglück! Barrington ist verzweifelt; Lucy steigen die Tränen auf. Was tun? In ein fremdes Haus unter falschem Namen eindringen, in einer Position, die ihr nicht gebühre! Barrington verlegt sich aufs Bitten. Auch er sehe aus der Sackgasse keinen Ausweg. Und kommt der Schwindel auf, dann würde Smith wie ein wilder Eber schäumen! Die ihm gespielte Komödie würde der alte Heuchler ihm nie verzeihen, das käme einer Kriegserklärung gleich, das würde sein Ruin!

Die alten Herren werden immer aufgeräumter, wollen in der Küche mithelfen, stören nach Noten, so daß Lucy froh ist, daß endlich Leadville auftaucht.

Eine dürre, bös aussehende Gattin und acht überlange, farblose Töchter warten schon am Perron. Man besteigt die Wägen. Im Haus angekommen, bestürmt alles die junge Pseudogattin, was für eine Geborene sie sei, wo sie die Mädchenjahre verbracht, wo sie die Toiletten machen lasse usw. Barrington kommt ihr zu Hilfe mit zungenfertigen Erläuterungen über sein Palais, seine Besitzungen, seine Yacht. Lucy nickt nur pagodenhaft. Der Abend kommt.

Smith sieht Lucys Mattigkeit und drängt zum Aufbruch. Barrington macht noch einen letzten Versuch, Lucy das Äußerste zu ersparen, und bittet, anspielend auf sein Schnarchlaster, ihm ein kleines Sonderzimmer für die Nacht anzuweisen. Doch das Ehepaar erstickt jede Opposition im Keim: Sie seien in einem patriarchalisch geführten Haus, wo noch auf gute, fromme Gebräuche gehalten würde, auf die Heiligkeit der Ehe. Hier fänden sie nichts vom Tand der Welt mit ihren mondänen Einrichtungen, getrennten Schlafzimmern und dergleichen.

Von sämtlichen Smithschen Grazien begleitet treten sie in ein kahles, großes Zimmer. Alle Weiber umarmen und küssen Lucy und gehen dann paarweise ab.

Die Tür schließt sich, und Lucy sinkt vernichtet und weinend auf einen Stuhl. Barrington will sich ihr nähern, tröstend eine Hand ergreifen. Sie mißt ihn mit einem verstörten Blick und stößt ihn heftig von sich. »Rühren Sie mich nicht an! Lebt ein Funken Barmherzigkeit in Ihnen, so lassen Sie mich allein ... endigen Sie diese unwürdige Komödie!«

Barrington steht wie gerichtet. Dann aber sagt er ihr: »Miß Elgin, es ist weder Ort noch die Zeit, Ihnen zu sagen, was in mir vorgeht. Sie sollen mir aber nie vorwerfen dürfen, daß ich Ihr Vertrauen, Ihre Kameradschaft mißbraucht habe. Das bin ich – meiner zukünftigen Frau schuldig.«

Lucy zuckt zusammen. Flammender Stolz spricht aus ihren Blicken. Wie er wieder ihre Hand ergreifen will, stößt sie ihn in verletztem Stolz herb zurück. Barrington sucht sie aber mit Gewalt festzuhalten. »Lassen Sie mich ... oder ich schreie um Hilfe«, keucht Lucy. Aber ihr Partner lacht. »Das würde ein erbauliches Schauspiel geben, Miß Elgin! Ich gehe jetzt. Die Luft ist warm – ich werde im Park schon eine Bank finden für die Nacht. Wollen Sie zeitig aufstehen? Etwa bei Sonnenaufgang? Ich werde unten beim Haus auf Sie warten ... ja ... und dann ... wir werden den nächsten Friedensrichter aufsuchen und uns unverzüglich trauen lassen!« Er hebt Lucy wie ein Püppchen hoch und küßt sie, bis ihr der Atem ausgeht. Sie weint und lacht in einem Atem und haucht: »Ich hab dich lieb.«

Barrington sagt: »Nun gehe ich, Miß Elgin! Den nächsten Kuß kriegt Missis Barrington!« Gleich darauf ist er verschwunden.

Die Familie Smith ist beim Frühstück unterm Sonnendach der Vorterrasse vollzählig versammelt. Da erscheint ein staubbedeckter, echauffierter Herr mit grauem Sonnenschirm und richtet sich die Brille. »Wilcox!« ruft der Hausherr erstaunt. »Wo kommen Sie daher. Frühstücken Sie mit uns.«

Wilcox wischt sich die Stirne. Zuallererst müsse er unverzüglich mit Mister Barrington sprechen, er habe ihm wichtige Papiere zu überreichen!

»Na, wie gesagt, frühstücken Sie erst – Mister Barrington wird gleich zurück sein. Er ist mit seiner jungen Frau beim Morgenspaziergang unterwegs!« – »Eine reizende Frau«, gesteht die düstre Missis Smith. »Bißchen weltlich – aber das wird sich geben.« – »Sie ist direkt süß«, flöten die Töchter. Wilcox schaut verwundert auf. »Die Herrschaften scherzen wohl? Mister Barrington ist doch noch nicht verheiratet!« – »Nicht ... verheiratet?« schreien die acht froschäugigen Töchter wie Hühner, zwischen die ein Marder fährt. »Nicht ver-hei-ratet«, frägt auch die fassungslose Mama. Ihr Gatte beugt sich voll Entsetzen über den Tisch, und Mister Ingersoll fährt so jäh auf, daß ihm die Perücke vom Kopf rutscht.

Wilcox ißt seelenruhig weiter. »Wie ich Ihnen sage. Er ist der zäheste Junggeselle von New York.« Über die neuen Entsetzensrufe

41

wird er aber doch stutzig. »Wie meinen die Herrschaften eigentlich?«

Ein Dutzend Fischaugen starren ihn an. »Nein«, bekräftigt er, »Mister Barrington ist ebensowenig verheiratet wie Ihre Töchter!« Mister Smith schluckt.

»Sie werden zugeben, daß sich in seiner Begleitung eine … Lady … befindet, die …«– »Ach, Sie meinen die Stenographin! Ist die auch hier? Die kennt Mister Barrington kaum.« – »Mister Barrington kennt sie kaum!!!« stöhnt Missis Smith, während ihr Nachwuchs kichert. Aber Smith braust auf: »Das sind sehr unzeitige Scherze!« Wilcox wird empfindlich. Aber nach und nach erklärt er die Geschichte vom verstümmelten Telegramm. Er habe, dadurch veranlaßt, eine bei ihm um Stellung bittende Stenotypistin geschickt, ein junges Mädchen, von dessen Existenz Barrington bisher keine Ahnung hatte.

»Er scheint aber inzwischen von ihr sehr viel Ahnung bekommen zu haben«, kräht der Hausherr mit sich überschlagender Stimme. Zornig springt Wilcox auf. »Aber erlauben Sie mal!« Smith packt ihn bebend vor Wut am Arm. »Wi wi wi wissen Sie auch, daß uns Ihr Chef diese … Person als seine Frau ins Haus gebracht hat?!« Er kommt nicht weiter. Denn im selben Augenblick kommt Barrington mit Lucy am Arm durch den Garten heran.

Er ist wie verwandelt, lacht und scherzt, ist so in sein Glück vertieft, daß er ganz erstaunt aufschaut, wie die acht Töchter mit Entsetzensschreien wie aufgescheuchte Hühner über die Terrasse hüpfen, um im Haus zu verschwinden. Missis Smith harrt mit versteinertem Gesicht aus.

Barrington bemerkt jetzt Wilcox und stutzt: »Hallo! Welcher Wind treibt denn Sie her?« Wilcox frägt ihn, ob er seine Depesche unterwegs erhalten habe? »Jetzt erinnere ich mich! Ein Expreßjunge gab mir so was in Madison. Doch ich habe darauf ganz vergessen. Das Ding muß noch im Rock stecken!«

Mit unheilverkündender Miene tritt jetzt das Ehepaar auf ihn zu. Vor Erregung finden sie keine Worte. Ingersoll nimmt sich der Würgenden an und kräht teuflisch: »Sie sind wohl immer noch verheiratet? He?«

Smith, inzwischen gesammelt, frägt Barrington mit Grabesstimme: »Mr. Barrington, ich frage Sie auf Ehre und Gewissen: Sind Sie mit dieser ... Lady ... verheiratet?« – »So gut wie Sie mit Ihrer Frau!« lautet die Antwort. »Aber, Mister Barrington, ich erklärte eben den Herrschaften, Sie seien nicht verheiratet, wie dies die Wahrheit ist. Ich kann als Ehrenmann ...«, hört man von Wilcox.

»Ein Idiot sind Sie!« Und Barrington klärt alles auf. Sein Entschluß, um Lucys Hand zu bitten, sei schon festgestanden, ehe die Herren zu ihm einstiegen. Er würde sonst nie gewagt haben, dem jungen Mädchen so einen abenteuerlichen Vorschlag zu machen. Hier sei der Trauschein.

Alles löst sich in Wohlgefallen auf, und Mister Smith küßt die junge Frau mit segnendem Blick auf die Stirne. Mister Ingersoll, der dasselbe tun will, stößt er energisch beiseite.

Der Haufen Acerbus

Schon 1926, als ich der Festspiele halber in Salzburg weilte, wollte ich die folgende Geschichte, ein Dokument der Mystik sondergleichen, veröffentlichen; denn ich glaube, dies der Menschheit schuldig zu sein. Die dritte Schauung Buddhas – und um die handelt es sich hier – hat meines Wissens im letzten Jahrtausend nur einer erlebt, und das ist eben der bekannte und gefeierte Essayist Oskar A. H. Schmitz, der damals eine behagliche Junggesellenwohnung im Generalihofe zu Salzburg – warum die Adresse verschweigen – innehatte. Das erste, wenn man anläutete, war die belegte Kinderstimme eines Zwergbulldoggs, der, mehr hoch als lang, am Ankömmling begeistert emporsprang. Dann mimte ein dickwadiges Dienstmädchen mit leichtgeflügelter Goldhaube, wie es die Landestracht dortselbst gerne sieht, eine leichte Unwissenheit, ob der gefragte Zimmerherr überhaupt dort wohne, und dann begann das Zeremoniell des Vordringens bis zum gefeierten Geistesriesen, manche munkelten, es sei die Wiedergeburt des großen Neuplatonikers Danonax (101–172 p. Chr.), unter vorantanzendem, sich immer wieder verklärt umblickenden Bulldoggs, der quasi einen eingebildeten Schellenbaum feierlichen Jubels vor sich hertrug. Und dann war man bei ihm, der mit ein paar anderen den Kaffeehaustisch füllt, an dem das geistige Salzburg Platz hat.

Schmitz war etwas unruhig, nervös, und glättete immer an seinem Anzug. Ich fragte ihn, ob er irgend etwas Beunruhigendes in Laibach erlebt habe, das er aus Interesse am neuerwachten Slowenenvölklein, das sich von der Bedeutung etwa eines Provinzturnvereines zu einer richtigen weißen, europäischen Nation kürzlich emporgeschwungen, besucht hatte. »Das nicht, obgleich die Eindrücke recht sonderbar waren. Du weißt – im ersten Jubel der slawischen Freiheit hat man dort alles mit cyrillischen Buchstaben beschrieben und da kennt sich dort kein Mensch mehr recht aus – auch die Eingeborenen nicht. Ja, das Gekrakel des borniertem Mütterchen Rußland.«

Nein, das war es nicht. Und er erzählte mir das Folgende, ganz und gar Unerhörte – und ich bin an was gewohnt! Speziell in Salzburg. Von der Familie, die einen Morgenschlapfen des Paracelsus als heilige Reliquie aufhebt, will ich ganz schweigen. Zwei amerikanische Eisenbahnkönige haben schon Millionen hinausgeworfen, um ihn zu entführen. Ebenso von dem sonderbaren Umstand, daß ich einmal, auf einem Hausball bei dortigem Hochadel geladen, den Hausherrn verschämt nach der Toilette fragte und ihn in tödlicher Verlegenheit fand. Er trat nervös von einem Fuß auf den anderen und sprach: »Es ist ein altes Haus, und die gefragte Ubikation ist seit längerem im Umbau.« Wenn ich durchaus wolle – und dabei nestelte er eine Art von Kirchenschlüssel hinter den Frackschößen hervor, müsse ich in die Sigmund-Haffner-Gasse – keine sechs Häuser weit – zu einer befreundeten Familie gehen und dort kräftig anläuten, da es schon drei Uhr wäre. Aber, ob die taube Magd mich hören würde?

Ein andres Mal wieder fand ich bei der alten Thanbauer Kathel, der Tändlerin unterm Schwibbogen, einen Pack französischer Briefe und darunter – eine der heute schon seltenen ersten pneumatischen Postkarten der Pariser Post vom Nährvater Joseph an den heiligen Paulus adressiert. Als ich kopfschüttelnd weitersuchte, fand ich auch noch zwei Briefe des Christoph Kolumbus an Galilei, von der Maintenon an den »Printemps« und schließlich ein Billett vom Erzengel Gabriel an den Beelzebub vor. Sein Inhalt war überaus grob, ja verletzend.

Ich erwarb das Ganze um einen Pappenstiel, und später erkannte ich, daß es französisches Staatsgut sei, ein gestohlener Gerichtsakt aus dem bekannten Prozesse des Mathematikers Chapel, eines begeisterten Autographensammlers, der jahrzehntelang einem verabscheuungswürdigen Betrüger aufgesessen war und eines Tages, verarmt, der Académie seine Sammlung blutenden Herzens zum Kauf antrug.

Einige der Unsterblichen fielen wie die Stoßgeier auf die unerhörten Schätze – wieder andere stutzten, und schließlich waren alle, bis auf einige ganz verbohrte Nationalisten, einig, eine bedenkliche Sache vor sich zu haben.

Man rief die öffentliche Gewalt an, und es kam zum sensationellsten Prozeß der fünfziger Jahre, der das geistige Europa in atemloser Spannung hielt.

Aber was war das alles gegen die atemraubende Geschichte, die O. A. H. mir erzählte.

Als er fertig war und die Glocken des Angelus vielstimmig erklangen, da trat ich ganz verwirrt ans Fenster.

Da ging gerade Reinhardt unten vorbei, als Abbé verkleidet, und schnupfte nachdenklich, dann wieder Tilly L. als brokatener Mesnerknabe in katzenhafter Grazie und dann sah ich einen ernsten Herrn in der /Satans/straße schuhplatteln, in dem ich im Dämmerlicht Graf Keyserling zu erkennen glaubte.

Was für ein Tag! Salzburg, Stadt der Aphrodite, der Kult und Theater so heilig!

»Oskar« – ich wendete mich wieder zum nunmehr in tiefes Brüten versunkenen Freund. »Oskar, darf ich die Sache veröffentlichen? Der aufhorchenden Menschheit dieses Dokument ...«

»Nein!« – wehrte der bescheidene Dichter ab. »Nein ... wenigstens jetzt nicht – wo die Sache noch zu rezent ist ... vielleicht nach einigen Jahren.«

Nun glaube ich die Zeit gekommen.

Hier ist sie:

An einem Tag voll Sonnenjubel trat die Magd mit der Goldhaube zu Schmitzen ins Zimmer und drehte verlegen an einem ihrer großen roten Finger. Schmitz blitzte mit dem Zwicker: »Was haben Sie da für eine rote Rübe – warum putzen Sie das Gemüse im Zimmer?« Aber die Magd korrigierte den Irrtum sofort mit den Worten: »A Herr wär draußn – mit an großen Bart.«

»Aha! der Herr von Bahr. Bitte lassen Sie ihn eintreten.«

»Na – der nöt … den kenn i, ganz wer andrer.«

»Gut angezogen?«

»Gspaßig.«

»Aha – fragen Sie ihn, wer er ist und was er will. Schnell!«

Nach einiger Zeit kam die Magd zurück.

»Also – wer ist's?«

»Er hat ma's aufgschriem – da is – wann S' lesen können.«

Schmitz las zwickerfunkelnd den Streifen Papier, den ihm die Magd gereicht. Dann sprang er wie elektrisiert auf, knöpfte sich den Arbeitsrock zu und eilte mit dem erregten Ausruf: »Donnerwetter – ein Mahatma!!! nicht möglich!« zur Tür. Doch die ging von selbst auf, und vom Schellenbaum tragenden Bulldogg verklärt geleitet trat eine würdige Figur, von leichter Aura umstrahlt, ins Gemach. Auf einen Wink Schmitzens verschwand die Magd mit dem freudeverrenkten Bulldogg und der falschen Rübe.

O. A. H. war ganz Zuvorkommenheit. Er nötigte aufs artigste den am großen /ein Wort nicht leserlich/ stehen Gebliebenen zum bequemen Fauteuil und sprudelte hervor: »Verstehe, daß keinen Namen nennen wollen – wäre ja auf dieser Ebene Unsinn – nein – Aura legitimiert … übrigens: vielleicht der angebliche Czar – offiziell: 1672 verstorbene Graf Racocky? – Désidèr Antal Aladar Grof Racocky de Rakisfalva et Kalamancsa ad eadem isze, der dem Ungarland den vielumstrittenen ›Kleinen Dezember‹ geschenkt hat – soviel ich weiß – der unsren Weiten zugeteilt – – der – hohen Herren … oder – sind Sie ein Inder … Zeileis, der ja auch seine guten 700 Jahr am Buckel hat …«

»Nein, mein Sohn! Ich könnte dir manchen Namen nennen – wie oft hieß ich anders.« Dabei wechselte der Würdige seinen Platz und saß

ganz behaglich in der Luft, in einem virtuellen Fauteuil, sozu-
sagen.
Schmitz war äußerst konsterniert und murmelte bloß: »Hm, hm …
und da soll man noch an Möbel glauben.«
»Oskar!« nahm dann der mild verklärte Greis das Wort. Der
Mahatma drehte sich behaglich in dem verdichteten Äther: »Oskar!
Sprich einen Wunsch aus!«
In unserem Essayisten wühlte es sichtlich. Was gab es nicht alles!
Und eine Bilderserie durchraste sein Gehirn. Da waren: Anzug-
stoffe, die nicht kratzten, Schuhe, die sich von selber anzogen,
Stenotypistinnen, die keine erotischen Phantasien in das Diktat
hineinverkrauteten, ein dichterer Trambahnverkehr und, daß die
Cremetorten nicht mit dem Zwiebelmesser geschnitten werden, wie
dies allgemein üblich …
»Ach … ich«, kam es endlich stockend heraus: »Ach … möchte …
wenn möglich … die dritte Schauung Buddhas mitmachen! ach ja
… Euer … Efflue … Effluoreszenz …« Er war ganz verwirrt.
Der schneeige Bart teilte sich milde. »Deinem Wunsch, mein Sohn,
soll willfahrt werden. Ja, mein Sohn! Du sollst die dritte Schauung
Buddhas erleben. Doch höre! Zuvor wirst du geraume Zeit als
Eremit leben, erniedrigt sein, mit Würmern zu kämpfen haben,
mehr! Du wirst Fassadenkletterer werden und ein Eisenbahnunglück erleben … Bist du bereit? Selbst ein zweiter Tannhäuser
mußt du werden!« fuhr der verklärte Greis mit in die Ferne
gerichtetem Blick fort. »Schlimmer noch: der zweite Tannhäuser –
wirst knapp am Venusberg vorbeireisen.«
Lange schwankte der Dichter. Was für Prüfungen! Ein bißchen
viel! … Eremit! Eisenbahnunglück … Fassadenkletterer?? …
Fassadenkletterer!! … Alles … nur das nicht! Was würden seine
Freunde dazu sagen. Ein Wolfskehl, Graf Kaiserling, Paumgartner,
ein Hofrat Pachinger oder gar Landeshauptmann Rehrl? Schmitzen
überlief es siedeheiß. Dann ermannte er sich und sah das hohe Ziel
vor sich. – Doch. Auch das mußte wohl sein. Na gut. Wenn's sein
muß. Aber bitte, wo ist so 'ne Kletterschule?
Gütig sah ihn der Greis an. »Komm mit mir!« sprach er liebreich,
und er nahm den Verdutzten an der Hand. Alle Türen öffneten sich

vor ihm, und leichten Schrittes wandelten beide durch die Vorzimmer.

»So ist das hier?« überlegte Schmitz. »Dachte, Fassadenkletterschulen gab's bloß in England oder in den Vereinigten Staaten, hm, hm.«

Da – der Bulldogg. Er und doch nicht ganz er … ein wenig ein eleganter, kleiner Herr, sehr soigniert, der sich verbeugte. Der Greis sprach lächelnd: »Für einen Moment seine nächste Maske: Chef de reception in einem großen Warenhaus – vielleicht Konservenabteilung … Wurstwaren … feinster Art …«

Und Schmitz merkte zu seiner Verwunderung, daß auch er kleiner geworden war, immer kleiner wurde, ja, als sie bei der Portierloge vorbeischritten, hatte er kurze Hosen an, und als er gerade die Straße betrat, bemerkte unser Dichter, der ein wenig ängstlich zurückblickte, einen fürchterlichen Toilettefehler an seiner Kehrseite … nein – um Himmels willen … das war ja ein Hemdenzipfel, der hinten aus seinem Beinkleid herausblickte.

»Ich kann doch nicht so auf die Straße!« Das waren die letzten Worte, die Schmitz als Mensch sprach. Dann: Etwas ganz Unerklärliches geschah, und Oskar ist außerstande, die Art von molekularem Einsturz zu schildern, dem er in den folgenden Sekunden unterworfen war. Er sah zu seinem Entsetzen, daß er rapid kleiner wurde und parallel damit an Bekleidung verlor, ja, daß selbst das unverschämte Höschen flöten ging, was ihn mit wahrem Entsetzen erfüllte. Ja, wenn gerade Dagny Servaes vorüberkäme oder die Lehmann, die ihn abholen wollten … und um die Zeit geht immer der Landeshauptmann Rehrl zum Dr. Richard Strauss frühstücken. »Exzellenz, ich werde verhaftet!« piepste er noch ganz dünn und wurde so klein, daß er sich in tragischer Pose auf einen Zigarettenstummel stützen konnte.

»Nein – mein Sohn! die Torheiten der Behörden tangieren dich nicht mehr! Komm!« Und der Würdige nahm den Schriftsteller auf die Hand, und im Spiegel seines Amethystringes erkannte der … daß er zum Käfer geworden war.

»Ja … aber zum Teufel … was soll das … wo ist mein Anzug … ich werde mich erkälten …« Doch der Mahatma blies unseren Käfer an,

und der schwirrte sausend davon, hoch über die Dächer der
Mozartstadt. Weit, weit, ins goldene Grün der Landschaft, dem
Hochgebirge zu, ins Blau, wie das griechische Meer.

Unweit Gnigl landete der Poet auf einem Haufen von Schutt,
einigem Mist und verrottendem Gerümpel. Der schrieb sich Acerbus.
Und Acerbus sah den Ankömmling verdrießlich an und brummte:
»Wieder so a Howni/wal/!«

Das hatte Acerbus aus einer »Narodny Listy«, die irgendwo in
seinem Inneren verweste, und zwar war dies ein Zuruf auf einen
Minister gewesen und was Dreckkäfer bedeutete.

Über Acerbum wäre viel zu sagen. Wie wenig wissen doch gerade
unsere Gebildeten über die Haufen, über ihr Wohl und Wehe? Ja,
Verachtung haben sie nur übrig für diese Wackeren ... hm ...
Leutchen, diese Inhaltsverzeichnisse zum Buch der Natur oder
Exzerpte der Umwelt. Nichts haben sie übrig! Das Wort »Unrat«
fällt da immer. »Unrat!«

Was ist Unrat? Er ist der Weg zur Natur zurück, die freiwerdende
Arbeitsenergie verstinkt in der Luft, die vom Menschen gegebene
Form verschwindet mehr und mehr, und aus pensionierten Kultur-
gütern wird eben der Haufen.

Die Vaterschaft an ihm hatten – so widersinnig es klingt – die
zahlreichen Mägde der Nachbarschaft, auch die Rößlein Gribičič,
ein feuriger Kroate, Napez, Homperdipomper und der treffliche
Pumpumper hatten das Ihre reichlich beigetragen, und auch
die Kuh Therese Grünhutsch steuerte ab und zu ein Scherflein
bei.

Seine Gliedmaßen setzten sich aus den heterogensten Dingen zusammen: da war einmal der pensionierte Dampfkochtopf Umbach,
ein zersprungener, mürrischer Geselle, gebürtiger Augsburger, der
bei Feinschmeckern glanzvolle Tage gehabt. (Man munkelte sogar,
daß er einen falschen Kunstbutterkönig mästen geholfen habe!)
Dort wieder lag der defekte Abortbesen Kropaček – doch immer
noch mit so ansehnlicher Chevelüre, daß eine frisch angekommene
Notenrolle mit Slawentänzen ganz deutlich murmelte: »Der zweite
Paderewski!«

Übrigens überhörte Kropaček diese süßliche Schmeichelei – er hatte für Weiber nichts übrig und erklärte jedem, der es hören wollte, daß er geistlich sei, ein Weihwedel.

Na – Acerbus überhörte diese Prahlerei.

Dort wieder lag das Bierchen Piwonka – ein schaler Rest in schmutziger Flasche mit Patentverschluß, das der Eisenbahner Zwölfaxer, von einer Vertrauensmännerversammlung kommend, dort schläfrig vergessen.

So kamen immer neue Sachen auf unserem Acerbus an, den Wackeren zu schmücken und zu mehren.

Aber nicht nur plumpe Straßenkehrer und derbpratzige Mägde besuchten den Haufen. Auch holden Besuch bekam er: Da war das Enkelkind Devez, das gerne am Misthaufen spielte.

Goldlockig, schmal und zierlich, immer von Gouvernanten gerufen. Und jedesmal, wenn die Erwachsenen das Devez verjagten und das Wort »Misthaufen« fiel, zuckte Acerbus nervös zusammen. Vorübergehende Nörgler glaubten natürlich bemerken zu müssen, daß der Haufen riesle, und schalten auf die Nachlässigkeit der Straßenkehrer; denn welcher der täppischen Menschen ahnte etwas vom Innenleben eines Acerbus, das ihnen, wie überhaupt das Innenleben der Dinge, ein Buch mit sieben Siegeln war.

Wenn das Devez weglief, blickte Acerbus ihm verliebt nach; denn es hieß Miranda Rosamunde und war ein gar liebliches Mädchen. Es durfte sich viel, viel herausnehmen; bisweilen, wenn weit und breit niemand zu sehen war, da kam es wohl vor, daß das ungezogene Kind die Röcklein hoch hinaufhob und sich mit gespreizten Schenkelchen gerade vor Acerbus hinstellte und ihn von oben bis unten mit güldenem Strahl benetzte. Dann brummte wohl der ernste Umbach, besonders, wenn er einen Spritzer abbekommen hatte, er, der immer nur die köstlichste Bouillon geschmeckt, und schalt den Acerbus, daß er sich so etwas gefallen lasse! »Bebe!« rief er dann wohl, »tue dich auf und verschlinge die Frevlerin!«

Doch der abgeklärte Acerbus lächelte bloß und sprach höchstens: »Ei! Umbach! Laß sie gewähren. Sieh, sie ist so hold und jung und vielleicht sprießt dann ein Röslein hervor, oder gar eine Lilie, wie der Schmuck eines Hutes ...« Und Umbach brummte metallen.

Geschah das Spiel aber abends im Mondlichte gar, dann kamen

auch zum spiegelnden See am Fuß Acerbs kleine Nixlein: Urnella und Pipigonda, Wiwilaweia, Pinkelgunde und wie alle sie hießen, die zierlichen Genien des Kreislaufs des Lebens, des ewigen Webens, der Reigen der Nixen der donnernden See wie des heimlichen Töpfchens.

Denn wißt: Jedes stehengebliebene Glas H_2O wird von Genien belebt, hat seine mythischen Geschöpfe, zu denen die Bakterien beten.

Hast du je Gebetbücher der Bakterien gesehen? oder ihre Kirchenspaltungen erforscht? Wicht!

Dagegen ärgerte ihn das ekle Treiben Bronzinos und des struppigen Schmeckh – zweier wüster Köter. Immer hatten sie zu schnüffeln und zerrissen eines Tages die Phantasieweste Humhal, die ich noch gar nicht erwähnte, in kleine Stücke.

Dr. O. A. H. war todunglücklich, als er auf dem Haufen landete. Steif krabbelte er auf dem rieselnden Staub herum. Sein Magen knurrte: Um die Zeit pflegte er am soignierten Tisch des Österreichischen Hofes seinen Lunch zu nehmen und Dutzende von Kellnern hin und her zu jagen. Das promenierende Publikum sah ihm zu, und mehr als einmal kam es vor, daß eine junge Touristin heimlich seine Photographie, die sie erst gestern unter denen der anderen Berühmtheiten der Mozartstadt erworben, hervorzog und sie mit dem Original verglich.

Endlich fiel ihm ein, daß er an Rosen zu nippen habe. Hm. Gar nicht so übel! Und gesättigt flog er wieder zu seinem Haufen zurück.

Da wollte es das Glück, daß er ein kleines Rindenhüttchen fand. Eigentlich war es eine Damenspende von einem Touristenkränzchen, aber ganz wohnlich, und Schmitz maß den Raum ab, ob er wohl Platz zu einem Schreibtisch hätte. Die Schale einer Eichel ergab die nötige Waschgelegenheit und einige zusammengesuchte Wollflocken das Bett.

Soweit wäre er ganz nett eingerichtet gewesen.

Die gemütliche, wenn auch etwas enge Häuslichkeit reizte ihn, zur gewohnten Arbeit zurückzukehren. Trockene Rosenblätter waren bald zur Stelle – ein Papierersatz, auf dem er eifrig kritzelte.

An Stoff mangelte es ihm wahrlich nicht. Wo sollte er nur anfangen? An seinen Memoiren arbeiten, das Käferdasein beschreiben? Hm? »Ergo Summ!«, was für ein packender Titel! Oder etwas Politik? Und grämlich runzelte er die Stirne, als er zum Beispiel an die Zeit dachte, wo die sieben verruchten Brüder Dankelmann – das Dankelmannsche Siebengestirn – an Preußens Mark zehrten.

Dann wieder dachte er das »Nägelfeilbuch der Odalisken« vom Dichter Dauletschäh Ibn Alla-addaulah Bachtischah aus Samarkand zu übersetzen oder die Reimchronik des böhmischen Dichters Dalimil aus Meseritsch gar in die Sprache der Käfer!

Auch Hinkmar von Reims grundlegendes Werk »Über die Haarkrankheiten der Teufel« (eine kleine Verneigung gegenüber dem Katholizismus), harrte seines Kommentators, dabei konnte man gleich aus derselben Stimmung heraus die Broschüre unter die Menge werfen: »Wird der Antichrist ein geborener Innsbrucker sein?« (Das furchtbarste Codewort für alle Tyroler.) Dann wäre auch eine kritische Neuausgabe eines ungewöhnlichen Büchleins am Platze: »Wie lehre ich mein Huhn Philidor singen?« (Hat einmal viel Staub aufgewirbelt und wird als apokryphes Jugendwerk Pestalozzis angesprochen, der demnächst seinen 100. Todestag feiern wird, wo doch die M …)

Kurz, Arbeit über Arbeit, die seiner harrte, und der Dichter begann sofort, sich in die Sielen zu legen.

Er arbeitete unermüdlich und sah seine Werke zu wahren Rosenblätterhaufen emporwachsen. Kaum, daß er sich sonntags ein wenig Ruhe gönnte. Da flog der Wackere einer lieben Gewohnheit treu entweder zum Pasch, wo er bisher immer gerne den Jausenkaffee genommen, und brachte dort ungesehen ein Stündchen im Bart Hermann Bahrs zu. Welch ein hoher Genuß das doch war. Es roch dort gut nach einer Mischung von Apostel und Nikotin, und unser sechsbeiniger Literat hatte Gelegenheit, das nächste »Tagebuchblatt« zu vernehmen, ein hochwillkommener Zeitungsersatz. Gelegentlich gar, drei-, viermal, hatte er in ganz dringlichen Fällen Caféhäuser besucht und war dort wie toll an den Leitartikeln hin und her gekrabbelt, aber immer aufs unartigste verscheut worden, daher voll der bekannten nichtsnutzigen Beweglichkeit, derentwegen die Steuerzahler so viel für das urdumme Schulwesen zahlen müssen.

Plötzlich wurde es dunkel. Der Wind hatte eine obszöne Photographie gegen seine Türe, die einzige Lichtquelle geweht.

Welch ein Pech! Immer mußte er, der gerade an so frommen Werken schaffte, das Schandbild sehen, das er nicht allein weiterschaffen konnte.

Schließlich legte er daraufhin eine kleine Gartenanlage an; die hinwindenden Wege sahen aber noch immer recht bös und zweideutig aus, so daß der wackere Käfer keine rechte Freude hatte.

»Warum ich doch immer so schlecht wohnen muß …?« grollte er. »Einmal war meine Wohnung gegenüber einem Stundenhotel, einmal ein Käseladen, einmal eine Bedürfnisanstalt, einmal die Photographie …«

Eines Abends – Schmitz schrieb gerade – wurde er durch rhythmische Stöße seines Schreibtisches gestört. Ein Erdbeben? Dafür dauerte es zu lange. Plötzlich begann der Boden zu schwanken, ein Stuhl stürzte um, die Nußschale mit dem Wasser polterte auf den Boden. »Fix Laudon, noch einmal!« (Schmitz liebte altösterreichische Flüche.) Da erschien ja ein roter Kopf mit ausdruckslosem Gesicht aus der Erde geboren … Entsetzlich … eine große Pariserwurst drang aus dem Boden.

O. A. H. prallte voll Entsetzen zur Türe, die er aber in seiner Nervosität nicht aufbrachte. Er wußte nicht, wie ihm geschah, als der unheimliche Eindringling zu sprechen anhob: »Slamečka ist mein Name … haben Sie nicht meinen Bruder Julius gesehen? … Aber Sie kennen ja nicht … Es hat ihn eine Taube gefressen.« Die Stimme klang gepreßt.

Was war das? Nun, nichts anderes als ein Regenwurm, der immer mehr das Zimmer ausfüllte.

»Unerhört!« brauste Schmitz auf. »Ihr Benehmen ist grenzenlos kühn, mein Herr! …«

Aber Slamečka sah sich im Gemach um … sein Kopf züngelte über den Schreibtisch, dann mit einem jähen Ruck zum Garderobenständer, der polternd umfiel. »Hier ist er auch nicht …!« murmelte der ekle Gast, immer mehr und mehr das Zimmer mit sich selber anfüllend.

Von Ekel geschüttelt sprang der unglückliche Dichter auf den Tisch.

Ein fader Leichengeruch füllte den Raum. Endlich, endlich kroch der Unheimliche zur Türe hinaus. Seine Stimme drang klagend durch die Nacht ... »Julius, Julius!! wo bist du?« Einen Cognac! ... Gibt's ja nicht hier auf diesem Sauhaufen ... wenn das so weiter-geht?! Sansara in seiner gesteigertsten Form ... Nun wohl Polaritätsgesetz! Freilich. Freilich. »Wenn ich nur meinen Zwicker hätte ... Das Spiel mit ihm beruhigte stets meine Nerven ... dieser Unhold!! Was der Besuch wohl zu bedeuten hatte? Vielleicht. Hier, Lösung des Phalluskomplexes? Sollte die Kirche recht haben? Muß mal mit Bahr drüber sprechen ... Natürlich, Wurm! Generator des Bodens ... Protophallos ... einer der Souterrainbewohner des Mikrokosmos? Warte mal! Dante mit seinen Limben nach oben, nach unten ... Hier ... aber diese Prüfungen! Werde doch mal ›Satan im Puppenstübchen‹ schreiben. Ja, das werd' ich! Alfred wird's illustrieren.« In Brüten versunken saß er da.

»Um des Himmels willen!« schrie er plötzlich auf – die Fühlhörner sträubten sich ihm – »wenn jetzt nur nicht ein Tausendfuß kommt oder eine Kreuzspinne!« Und das Grauen schüttelte ihn, das Grauen vor den Ungeheuern des Mikrotatokosmos.

Welche Möglichkeit? »Ja, bin ich denn ein Siegfried, der mit Drachen kämpft?« begann er mit dem Schicksal zu hadern. »Das hat Wagner beschworen, diesen Unfug! Der wird mich noch am Gewissen haben. Wagner! Völkischer Unhold! Meyerbeer wäre so was nie eingefallen, Gounod, Berlioz. Ja, die muß man lieben. Vom Ungezieferstandpunkt aus ist Wagner ganz unbedingt zu unter-drücken!

Jetzt wird mir ja ganz klar, warum zum Beispiel die Italiener, die so viel mit Insekten zu tun haben, und andere verwanzte Nationen Wagner immerhin so ablehnen. Oh, welche Zusammenhänge! Freilich, wenn man auf dem Weg zu Buddha ist –«

Im selben Moment drang voll und goldig der erste Frühstrahl in die Zelle des Dichters.

»Wurm – Pionier des Nachtreiches – Protophallos – Schützling der schwarzen Venus – natürlich – die Slawen als Erdlinge auch die schwarze Madonna verehrend – die dumpfen – nie zu erweckenden Slawen … ewige lichtscheue Wühler! Wurmvölker. Ackerbauer … Nasenbohrer … grübelnde Nasenbohrer des Kosmos … Jetzt habe ich die Russen erkannt«, jubelte er, »welche Befreiung!«
Es ist völlig klar. Korrespondierendes Grauen.
Wie oben, so unten.
Und vor seinem geistigen Auge sah er den Baum des Lebens mit Wurzel und Krone. Das Reich der Sänger, das der Insekten. Menschengewimmel – Ameisen dort. Hier Tiger – dort Wespen, ganz ähnlich gezeichnet sogar und gefürchtet. Dem Bären entspricht so die Hummel, dem nützlichen Hund wohl die Bienen … Den verschwundenen Drachen und Sauriern die Tausendfüßer, die Asseln, Spinnen und Larven, vor denen ein heimliches Grauen, ein Ekel den Beschauer erfaßt. In unserem Blut wohnt noch ein Nachklang des Entsetzens dieser Urväter der Steinzeit, die mit diesen gräßlichen Gegnern zu kämpfen hatten … Aber der Mensch ist doppelt verzweigt … einmal zum Gott, einmal zum Affen. Den Katzen, den Waltern des Reiches der Grazie, steht das Reich der Cheruben wohl näher. Der Mensch ist gewickelt zwischen Affe und Gott.
Und er begann an einem Fühlhorn zu kauen, denkend, es sei die Zwickerschnur.
Mit einem Satz fuhr er auf. Welch Unglückstag heute! Dabei keine astrologische Behelfe zu haben – es war zu toll. Er begann dem Mahatma zu fluchen.

Acerbus ward älter und älter, rissig, voll steiler Abstürze und rieselnder Schutthalden. Zierliche Moose bildeten förmliche Wälder auf seinen Abhängen; in allerhand Formen wuchs diese Flora auf ihm; die Wetterseite aber war kahl, wie bei allen Gebirgen.
Käfer lebten in kleinen Klausnereien auf ihm; der weiseste von ihnen war aber O. A. H., der in brauner Mönchskutte in einem Rindenstücke gleich einer Alm hauste.

Er hatte bereits die zweite Schauung etc.

Eines Tages wurde die Luft verfinstert. O.A.H. erschrak. Dann folgte ein Krach, der den nervösen Gelehrten vom Schreibtisch auffahren ließ. In der Nähe war ein unförmiges Gebilde niedergefallen. O.A.H. besah es; es war eine, noch dazu zerbrochene, Juxfäkalie Marke »Zauberkönig«, die jemand weggeworfen hatte. Geekelt wandte sich der Ästhet ab: »Nichts wie Talmi … echtes Neu-Deutschland …«, und mißmutig ging er weiter, wo er den Janos von Kapustaler am Federkiel kauend fand.

Er schrieb noch immer an seiner Doktordissertation zur Rechtfertigung der Polygamie, er, der die viellöcherige Scheunenschaufel Fanny liebte.

Zu Hause angekommen, fand er Baron Tschick, den von hohem Mund ausgespuckten Zigarrenstummel, vor, der ihm eine Contrahage seitens Kropačeks gebracht hatte, den Schmitz, mit Janos verwandt, beleidigte.

O.A.H. schmiß Tschick hinaus. Er schlage sich prinzipiell nicht, F. d. M.!

»Sagen Sie ihm, er *ist* eine Closettbürste!« … Diese Vorgänge machten viel mauvais sang auf dem Haufen, darüber war kein Wort zu verlieren.

Miranda kam öfter. Sie baute kleine Einsiedeleien und legte phantastische Gärtchen für Puppen an. Bald erhoben sich wie phantastische chinesische Pavillons weiße Schneckenhäuser in den Moosgärten. Ihr Freund baute großzügig angelegte Straßenzüge, die in Serpentinen, aufs feinste macadamisiert, selbst die entferntesten Gegenden erreichbar machten, ein Labsal für unseren wackeren Käfer, der jetzt stundenlange Spaziergänge in aller Bequemlichkeit machen konnte.

Auch eine Seilbahn baute der Knabe, die O.A.H. gerne benützte. Die Waggons, breit und bequem, waren ausländisches Erzeugnis, kamen aus Schweden und waren früher Zündholzschachteln gewesen. Jeden Tag ward O.A.H. durch neue Prachtbauten entzückt. Ein Biedermeierstädtchen aus den Resten eines Baukastens gab stimmungsvolle Gäßchen, wo O.A.H. im Stile Alfred de Mussets träumen konnte. Sie mündete auf einen kleinen Platz mit Hobelspanbäumen, wo er gerne Sonntag nachmittags promenierte, ein Buch in der Hand.

Die Fortschritte der Zivilisation wurden immer größer. Eines Tages bauten die Kinder sogar eine wahrhafte Bahn; mit Viadukten und Tunnels. Eine Spirituslokomotive mit zierlichen Waggons brauste einher und pfiff. –

Eine entsetzliche Eisenbahnkatastrophe folgte und hätte beinahe einen unersetzlichen Kulturverlust zur Folge gehabt. Die Rangen entdeckten O.A.H., und ehe er flüchten konnte, hatten sie den Unglücklichen gepackt und in einen Waggon I. Classe gesetzt. Unser Freund sah sich um! Außen war der Waggon sehr schön – aber innen mangelte jeder Comfort: glatt lackiert, ohne Bänke – die Fenster ohne Scheiben – so raste der Train dahin – jetzt in einen Tunnel. Erdschollen donnerten auf das Dach, eine Wurzel ratterte über die Wägen.

Der Zug durchraste alle Stationen. O.A.H. sah seine Hütte – die Fäkalie, am großen Schuh ging's vorbei, am zerbrochenen Topf, bis der Zug entgleiste und den ganzen Anhang hinunterkollerte. Was nun kam, prägte sich O.A.H. unauslöschlich ins Gedächtnis.

Der wurde zuerst hilflos im Waggon hin und her geschleudert. Dann ging das Dach auf, und der Dichter flog im Bogen heraus, immer weiter den Abhang herunterkollernd.

Eine gute Viertelstunde ober ihm war der Zug liegen geblieben; die Lok brannte lichterloh. Die Kinder waren herbeigestürzt und versuchten, mit der Matrosenkappe den Brand zu löschen. Als alles nichts fruchtete, geschah etwas ganz Schreckliches: Der entschlossene Knabe öffnete das Höschen … erschrocken sah das Mädchen zu, und O.A.H. nahm in Verlegenheit, die ihm, dem Auserwählten, die höheren Mächte in diesem Moment verliehen hatten, den zum Glück geretteten Zwicker ab, den er nervös putzte.

Bald war das Feuer gelöscht, und die Kinder flüsterten erregt miteinander.

Um des Himmels willen! diese Zähne! Da – dort – groß wie die Rückenteile elfenbeinerner Klubfauteuils … die Lippen … purpurne Gletscherspalten von einer direkt pervers berührenden Architektonik der erotisch schaffenden Natur ... Jetzt konnte er sich den Fingern der lebenden warmduftenden Sphinx endlich mit wahnsinnigem Gekrabbel entwinden und stürzt – o Schauer! in den Busen ihres Kleidchens, groß wie ein Warenhaus.

Die entsetzliche Hand fuhr nach – oben kreischt das »Kind« wie ein Dampfer auf hoher See. Oskar raste über den seltsamen rosigen warmen Teppich ihrer Haut – die Hand flitzte da und dort hin. – Nur mit Mühe gelang es unserem Dichter, sich hinter dem minimalen Busenansatz zu verbergen. Welch ein Glück, daß es das doch schon gab.

Die Hand kam nach. Er umraste den Busen, hoppte endlich drüber, stürzte ab und kugelte – ein Tourist im Gefilde majuventer wollüstiger Gegenden – immer tiefer! Das Kind krümmte sich, kreischend vor Lachen, und patschte außen wie ein Dampfhammer auf das »Kleidchen«.

Nirgends konnte Oskar Halt fassen ... das war ja skandalös ... – wenn das je herauskäme ... sein Ruf war ja hin ... da ... dort ... gibt's denn keine Hilfe ... und unser Käfer schlitterte immer tiefer. Da ... um Himmels willen! Oskar gab mir das Ehrenwort, daß er in diesem kritischesten Moment seines Lebens die Flügeldecken über die Augen geschlagen habe, immer mehr an marmorglatten, aber blutwarmen Formen heruntergeschundert verloren und endlich bei einem Hosenbeinchen (!) herausgerutscht, eine wahre Rutschbahn vom Strumpf entlang zur Erde geglitten sei.

Er fiel in eine Ohnmacht, die ihn als Mann nur ehren konnte. Ohnmächtig vor Scham blieb unser Literat liegen.

Daß gerade ihm das passieren mußte und nicht etwa dem Verfasser der »Mutzenbacherin«. Was hätte der daraus für eine Geschichte unter falschem Namen machen können – etwa: »Die empfindsame Reise von Tripstrill nach Orlamunds oder Freudental.« – »Was weiß ich!«

Oskars Erzählung war zu Ende.

Wir saßen beide schweigend da.

Dann stand der Dichter auf und ging nachdenklich im nunmehr fast ganz dunklen Zimmer auf und ab.

Endlich blieb er vor mir stehen und sprach gepreßt: »Fritz! Ich

versichere dir nochmals ehrenwörtlich, daß ich in dem vorhin
erwähnten kritischesten Moment meines Lebens – ja wohl, das war
er! – die Fühlhörner fest vor die Augen geschlagen habe … Ich lege
höchsten Wert darauf, daß du davon überzeugt bist. Weiß ja, wie
streng du urteilst – was du deinem Ansehen schuldig bist …«
Dann wurde es ganz still im Zimmer. Bloß der Zwicker funkelte
noch ein paarmal aus dem Dunkel.

Chinesius von Schluck

Ein vom vorigen Sommer stehengebliebenes Bein zierte eine Felsen-
spitze. Es war ein schöner Herrenfuß in einem hohen Reiterstiefel.
Der Sporen zwar verrostet und in den Lackfalten zarter Moosan-
flug; ein Fetzen weißer Reiterhose flatterte oben im Winde.
Auf einem moosigen Waldplatz, dicht unter dem Felsen, hatte es
sich ein Paar kommod gemacht. Ein ungleiches Paar: sie, eine
schmächtige Blondine mit hektischen Wangen, in himmelblauem
Atlaskleide und einem Schäferhute, er, ein vornehmer Greis mit
weißen Coteletten im grünen Jägerfrack.
Ein kleines vergoldetes Waldhorn hing neben der Waidtasche mit
den Patronen und dem Mundvorrat. Ein leckeres Jagdfrühstück
war am Waldboden ausgebreitet.
Der alte Herr feuerte Schuß auf Schuß auf das einsame Bein über
ihm und betrachtete wohl auch in den Schußpausen das Zielobjekt
mit einem Taschenfernrohr. Unzufrieden in den Bart brummend,
lud er immer und immer wieder.
Das Fräulein hatte sich gelangweilt an ein rudimentäres Clavier
gemacht, das zufällig in der Waldlichtung gestanden hatte; mit
sicherem Griff putzte sie die Schwämme weg, die zwischen den
Tasten sproßten, holte aus einem Felsloch vermoderte Noten und
schlug etliche rostige Triller. Dann ging es besser und besser,
besonders als eine Koppel junger Eichhörnchen aus dem Baßwinkel
des Instruments geflüchtet war. »Wenn dein Spiel nicht wäre,
Salmigondis, würde mir die ganze Jagd keine Freude bereiten. Du

bist ein gutes Kind und der Trost meines Alters. Denn siehe, heut verfolgt mich alten Nimrod unerklärliches Pech.» Das Bein stand noch immer. Kopfschüttelnd betrachtete Papa Chinesius von Schluck den rostigen Schießprügel und sagte entschlossen: »Aufbruch und Heimkehr.«

Vater und Tochter gingen, sie nicht ohne wehmütigen Abschiedsblick auf den moosigen Flügel, der jetzt gewiß das Opfer gottloser Holzknechte würde. Wie oft hatte Wagner darauf gespielt, als er das »Waldweben« komponierte. Sie hatte seine Initialen eingeschnitzt gefunden. Gedankenvoll schritten sie den Felspfad talabwärts. Plötzlich: feines Donnerrollen. Papa bemühte sich umsonst, das Gewehr aufzuspannen, worauf er es schließlich unter greulichen Flüchen gesträubten Bartes in den Abgrund warf und noch lange mit geballter Faust nachschimpfte. Als er dann den blutunterlaufenen Blick wieder seinem Sproß zuwandte, bemerkten beide, daß noch immer das Donnerrollen fernher weitermurrte. Ja, es wurde stärker und stärker, trotz stahlblauem, heißem Himmel. Kopfschüttelnd trocknete sich der Greis die hohe Stirne, nachdem er den grünen Schirm vorsichtig abgenommen. Gerade, als er dies Zierstück wieder befestigen wollte, die Tochter fächelte sich mit dem falschen Zopf Kühlung zu, nachdem sie sich, die falschen Busen sorgsam als Kissen nehmend, gesetzt hatte, tollten zwei niederländische Ratsherrn ums Eck, die schweißtriefend einen ungeheuren Abortdeckel vor sich hin wälzten.

»Ha! welch magisches Bild!« rief der Alte. »Narrt mich ein Traum? Oder ist's Wahrheit, Wirklichkeit? Der große Deckel … nicht einmal die Phantasie eines Grillparzer … Wollt ihr den Vesuvius, den Äther bedecken?! …« rief hohler Hand der Greis den Rollenden nach. »Wer mögen sie sein?« grübelte er dann. »Aus Tantalus' Geschlecht?«

»Mitnichten!« tönte eine verschleimte Stimme aus dem harzigen Tannicht. »Mitnichten! Du meinst wohl richtiger, es seien ΣΙΣΥΦΟΙ? oder wittert ihr Salmoneuse? Noin; nicht solche siehst du vor dir, bloß arme kranke friesische Vrieslinge, die den großen Deckel von einem Meister bauen ließen und ihn zur Abmagerung einherrollen!«

»Dank, freundlicher Buschklepper!«

»Welch ein Schimpf!« heulte es aus dem Tannicht. »Das ist der Dank für ungebetene Auskunft! Ei, wenn ich nur herauskönnte ... aber ich bin angebunden, weil meine Familie mich zum Hungertode hier in dieser Wüstenei verurteilte.«

»Und das sagt Ihr so ruhig?« erwiderte erstaunt Chinesius. Auch die Tochter, die inzwischen des immer wieder davonhüpfenden Gummibusens sich bemächtigt hatte, war aufmerksam geworden und zügelte ihre Empörung nicht.

»Da müßt Ihr eben meine Familie kennen«, sprach der Mann aus dem Gebüsch. »Ich sterbe gerne, und jeder, der sie kennenlernt, segnet den Tod. Als ich meine Frau kennenlernte – sie war die Frucht der Liebe eines wegen Unreinlichkeit entlassenen Roßfleischhauersgesellen und einer Latrinenhetäre –, fing es an. Was ich Ihnen sagen kann, gipfelt im Satze eines der größten Philosophen: ›Est-ce que la vie d'une femme se raconte.‹ – Dies goldene Wort Saint Beuves, das man in kilometerhohen Buchstaben in jeden Felsen meißeln sollte – sagt alles. Überhaupt Saint Beuve, sehen Sie, er ist meine einzige Lektüre hier neben dem Totenbett. Kennen Sie sein ›Das Ohr des Dionysos vom Gebüsche gereinigt‹? Nicht? oder Platens lyrische Gedichte zum Gebrauch erstmenstruierender Mädchen ausgebessert? Nicht? Aber schweifen wir nicht ab, hören Sie die Geschichte meiner Familie ...«

Eine ganze Stunde hörten Vater und Tochter, vor nervöser Erregung Nägel kauend, zu. Am Schluß kaute der Greis sogar an seinem grünen Schirm. Dann schwiegen die drei lange. Schließlich standen sie auf, drückten dem Todgeweihten die dürre Knochenhand und brachen schweigend durchs Gebüsch. Der rief ihnen aber noch durch die hohle Hand nach: »... und noch etwas: Lesen Sie ›Ein Roß des Phidias‹ von Cherboullis! ... überhaupt Cherboullis!«

Inzwischen sah man ein trauriges Bild: Die immer kleiner und kleiner werdende Gruppe der Ratsherren mit dem rumpelnden Deckel war auf eine scharfe Wegkrümmung gekommen. Der Riesendeckel machte einen Sprung, als wollte er der Sonne zuschweben, und schwebte schon über dem Abgrund. Dann sauste er in die steinige Tiefe! Jammernd blickten ihm die Männer nach. Unten sprang der Deckel noch einmal viele Klafter hoch! Dann stolperte er weiter, den Jungwald vor sich niedermähend, der furchtbare, entfesselte Deckel.

Vertraulich!   Reservat!

Wehmüthige Betrachtungen des wohledlen Herren Wenzel Quadrata von Quaderwurf

k. k. geheimen Ober-Officiales der
k. k. Patrimonial- und Aviticalbuchhaltung
zu Wien am Alten Fleischmarkt 101
zum ersten Male edieret und durchwegs
auf feines Schreibpapier gedruckt
zu finden bey
C.W. Stern auf dem Glacis vor der
Mölkerpastey
Wien 1828

I

Mein seliger Großoheim, Herr Josef Eusebius Quadrata, hatte in der Stellung eines kaiserlichen Obersten der erbländischen innerösterreichischen Artillerie anno 1805 einen zwar für Österreich historisch höchst wichtigen, strategisch dagegen äußerst ungünstig gelegenen Posten gegen die Franzosen zu vertheidigen, und zwar die Stelle, an der am 26. August 1752 die höchstselige Kaiserin Maria Theresia einen Fasan höchst eigenhändig zur Strecke zu bringen geruhte, welcher, für das Gemüth eines jeden Unterthanen geheiligten Platz, seit der Zeit durch einen Wachtposten regelmäßig bezogen wurde, ausgezeichnet in einer Terraingrube gelegen und zur Vertheidigung, wie schon oben bemerkt, als ungeeignet bezeichnet werden mußte. Dazu kam noch der Umstand, daß die Zündlochlieferungen für die kaiserlichen Geschütze beziehungsweise Mörser, die paritätshalber theils den kaiserlichen Erblanden am Niederrhein übergeben werden mußten und speciell auf den Schiffen des Erzbischofs von Trier nach Innerösterreich verfrachtet werden mußten, nicht rechtzeitig eingetroffen waren und deshalb die Geschütze dadurch abgefeuert wurden, daß man darunter ein Feuer entzündete, so daß das Rohr erhitzt, selbst das Pulver zu entzünden in der Lage war, wodurch die Präcision im Schießen einigermaßen gelitten haben dürfte.

Gegen die Batterie meines Großoheims stürmte nun der Feind, 300 Mann stark, unter der Führung des Obersten Přibyl, der, wie ich höre, ein Südfranzose und deshalb von äußerst hitzigem Temperament gewesen sein soll, an; die Geschütze der Unseren, noch lange nicht genügend vorgewärmt, konnten ihre todbringende Ladung nicht in die Reihe der Feinde speien – die Lage war eine höchst bedrohliche. Da, in der höchsten Not, packte mein Oheim, ein Athlet, einen mächtigen Quaderstein und schmetterte denselben dem feindlichen Anführer auf den Kopf. Durch die Sprengstücke des Steines wurden sämtliche 500 Mann dahingerafft und der Oberst Přybil mit der Fahne in der erhobenen Rechten und leicht benommenem Sensorium unschwer von den Unseren überwunden. Derselbe wurde später in kaiserliche Dienste übernommen, mit dem Prädikate Edler von Eisenstirn ausgezeichnet, und soll noch anno 1876 in Brünn als Brigadier gelebt haben.

Mein Oheim hatte als Athlet selbstverständlich keine Kinder, aus welchen Gründen der Adel seinerzeit auf mich überging. Dies zur Steuer der Wahrheit über meine Person.

II

Lieber Leser! Es ist wirklich nahezu unglaublich, was man zu thun hat. Ich weiß wirklich oft nicht mehr am Abend, wo mir der Kopf steht: Sie müssen nämlich wissen, daß mein ein Achtel der Erde gehört, südlich vom Äquator alles bis zum Südpol, alles östlich von Madagascar bis Südamerika, und weil mein Zimmernachbar, der Pipiček von Huldenfeld, so unfähig ist, auch noch das ganze Chinesische Meer.

In diesem Raum habe ich alle Avitical- und Stellungsangelegenheiten zu erledigen.

Zum Beispiel schau du einmal diesen Zettel an; aber bitte nicht zu plaudern, die Sache ist streng reservat:

Da ist eine Widmungskarte eines gewissen Blasius Blahatek, gebürtig aus Saaz in Böhmen am 3. Mai 1808, welcher Mann unauffindbar ist: Zuletzt war er als Contrabassist bei einer böhmischen Musikbanda in Manila, und als er stellungspflichtig wurde, beauftragten wir unseren k. k. Consul, den Mann abzustellen. Der Consul war aber zum Tennisturnier in Capstadt, wodurch die Durchführung der Amtshandlung unausführbar wurde. Infolgedessen ging die Fregatte »Beleona« unter Segel, um den Mann abzustellen. Kaum war die Fregatte in Manila – war der Mann spurlos verschwunden. Kaum ist die »Beleona« fort, taucht mein Blahatek wieder auf und fällt den jenseitigen spanischen Behörden zur Last. Natürlich beauftragen wir sofort unseren k. k. Consul, jetzt den Kerl abzustellen. Es war aber unmeeglich, da der Consul zum Croquetturnier in Shanghai weilte.

Jetzt aber kam die Sache einem sehr hohen Herrn zu Ohren, und der führte höchsteigenhändig eine k. k. Escadre nach Manila; sie kam aber nach Borneo, wieder nichts.

No, was soll ich Sie lange aufhalten, die Spanier verloren Manila an die Seldschuken, auch der Blahatek tauchte nicht mehr auf, aber seine Excellenz haben gesagt: »Den Blahatek müssen mir kriegen, und wenn die Sache auch 10 Millionen kostet!« Wir leben Gott sei Dank in einem Rechtsstaat!

P.S. Niemand hilft uns im Ausland! die Franzosen, die Engländer nicht, sind alles Lumpen! Bloß die Deutschen! Alle Achtung! Wo drei Deutsche im Ausland sind, ist eine militärische Oberbehörde da, oder zum mindesten aber ein Platzcommando! Alle Achtung!

III

Bitt Sie, bei uns ist einfach gräßlich, wir haben zu thun, daß man wirklich manchmal nicht mehr weiß, was 2 x 2 ist!

Ieberhaupt bin ich in meinem Department der einzig Arbeitsfähige: No zum Beispiel mein Zimmernachbar, der Pipiček von Huldenfeld: Der Kerl kann kein Wort Deutsch, dürfte es auch gar nicht kennen, und auf böhmisch ist er Analphabet! Der ist nur da, weil er der Neffe

vom Minister Cobrda ist! No, und dann der Oberst Schweigl von Siegesdurst! Der Arme ist sehr leidend, und wenn er seine Anfälle hat, ist er eben arbeitsunfähig. Bekommt er Ihnen zum Beispiel vorgestern in der Registratur seinen Anfall, und sämtliche ehrenräthliche Protokolle waren in Fetzen!
In seinem Zimmer schaut's Ihnen aus! Bloß eiserne Gartenmöbel und die alle krumm bogen! Na servus!
Na und mein Chef, der Baron Benevolente Kaptivirovich! der ist nie da. –
Zu Ostern ist er avanziert, dann ist er zum heiligen Grab wallfahrten gfahren, dann ist der Sommerurlaub gekommen, dann ist er wieder avanziert, jetzt ist er in Lourdes – und die paar Tag, wo er da ist, hat er Betstunden mit einer sehr hohen Dame – auf mir lastet rein alles.

IV

Sie, ich sag Ihnen, manchmal ist vor Arbeit rein nicht zum Aushalten! Was wir jetzt zu thun haben, spottet rein jeder Beschreibung. Sie wissen ja, es sollte im Juni zum 500jährigen Jahrestag der Schlacht von Dürnkrut das Denkmal Rudolf von Habsburgs enthüllt werden. Der Hofbildhauer Arschlamm bekommt natürlich den Auftrag.
Wie die Čechen Wind von der Sache kriegen, machen s' einen Mordsspektakel, weil der Rudolf von Habsburg wie alle bedeitenden Leute zwar ein Čeche gewesen sei, aber ein abtrünniger Čeche, der gegen Slaven gekämpft habe, und die Enthüllung wäre ein Faustschlag gegen »das arme getretene čechische Volk usw.« Und wie's schon geht, hat man rasch einen anderen Kopf aufgeschraubt und das Denkmal wurde nächster Tage als das Standbild Wenzel des Aussätzigen enthüllt; ich habe eine Mordsarbeit gehabt, alle bei der Huldigung betheiligten Stände zusammenzubringen: die Abdecker, Advocaten, Aerzte und Apotheker, die Bandwurmabtreibungsmittelfabrikanten, die Bäcker, die Bachmuschelperlenfischer und Botanisierbüchsenlackierer, na, und wie s' alle in der Gewerbeordnung erwähnt sind. –
Vor dem Denkmal tanzten dann die Slaven ihren heiligen Nationaltanz, die Wanzowka, am prächtigsten aber der Großwoiwode

Popopapirovich aus dem Banat. Dann reisten die Betheiligten wieder ab und stifteten aus den bedeitenden, in Wien gemachten Funden das panslawische Nationalmuseum am Zizkow, wieder eine erhebende Feier.

Das schönste ist aber, wie der Hofbildhauer Arschlamm ieberhaupt zu seinen großen Aufträgen kam. Das ist nämlich so: Eines Tages läßt er einen Gollasch mit einem Knödel holen, muß ihn aber stehen lassen und findet am nächsten Tag den Gollasch in gestocktem Zustand wieder, macht davon einen Gypsabguß und stiftet das Werk als »Busen eines durch unzüchtigen Lebenswandel von gerechter Strafe ereilten Weibes« dem Präuscherischen Panopticum im k. k. Prater. Dort fällt es der Frau des Kammerdieners einer Palastdame angenehm auf – heite is er alles.

V

Ideen spuken in den Köpfen der Leute herum, Ideen! Es kennte einem grausen! Da komm ich unlängst zu einem Freind, der ist Kunstsammler und sammelt alle acht Tage was andres. Diesmal sagt er mir auf Befragen, daß er Incunabel des Eisenbahnwesens sammle, aber bis jetzt nur ein Blatt habe, das eine englische Schnellzugslokomotive 1846 vorstelle, die damals neun deutsche Meilen gelaufen sei: Ich frag ihn noch »1846?«, weil ich geglaubt habe, das Datum falsch gehört zu haben. Richtig 1846! No, sag ich, das sei bei uns Gott sei Dank nicht meeglich gewesen, da nach dem Hofdekret vom 6. August 1803 jede Geschwindigkeit über zwei k. k. Postmeilen verboten sei und zwar in Übereinstimmung mit der Ansicht des heiligen Vaters, der jede Geschwindigkeit über vier römische Miglia, was beiläufig zwei k. k. Postmeilen entspricht, als offenbares Werk des bösen Feindes perhorresciert und zwar fußend auf die nach Erkentniss der 38ten Sitzung des Tridentiner Conciles erlassenen Bulle: cooperante diabolo! Das Gesetz bestehe auch jetzt noch in Kraft, auch haben im ersten österreichischen Parlament anno 60 der Abgeordnete Pater Bauchgruber und Genossen aus Hall in Tirol den Antrag gebracht, daß der Erlaß von 1803 Reichs-gesetz werde, und zwar mit der Verschärfung, daß während der Stunden des sonntäglichen Gottesdienstes jeglicher Zugverkehr in

Österreich zu entfallen habe, selbstverständlich total am Karfreitag und am 1. April als dem Geburtstage Judas, des Erzschelmes, der ein Unglückstag allerersten Ranges sei!

Daraus folgt, daß unser ganzer gegenwärtiger Bahnverkehr eigentlich bloß ein erschlichenes Recht ist!

VI

Heute war bei uns die präsumptive Kaiserfeier. Auch Seine Excellenz waren höchst selbst anwesend.

Es war außerordentlich erhebend.

Der bekannte Armeelieferant Mehlwurm von Diebeslohn hatte ein Kaiserbild zu Pferd mit Orgelbegleitung gespendet, das enthüllt wurde.

Die vereinigten Amtsdienerkapellen concertierten und brachten die Neunte von Beethoven zur Aufführung, die dann in den Radezkymarsch überging, um in der Volkshymne zu gipfeln, eine prächtige Idee des leider viel zu früh verewigten Komžak.

Und als man Seine Excellenz von der Bedeutung der Musikstücke unterrichtet hatte, soll dieselbe Thränen der Rührung vergossen haben.

Leider kam es aber nicht mehr zu einem zweiten Stück.

Der Oberst Schweigel Edler von Siegesdurst nämlich, dem schon den ganzen Abend über die große Trommel ein Dorn im Auge war, hat dieselbe plötzlich mit einigen wuchtigen Säbelhieben zerschmettert.

Jetzt soll er ex offo pensioniert werden.

VII

Es ist wirklich traurig, wenn man sieht, wie meistens das wahre Verdienst mißachtet wird, aber Schönthuer, wenn sie auch sonst gar nichts können, unverdienterweise Carriere machen, Orden, Adelstitel, alles bekommen.

Wir braven, stillen Arbeiter aber, die ihr Blut für Kaiser und Vaterland verspritzen, gehen leer aus.

Da haben wir zum Beispiel einen gewissen Křwoščal. Der Mensch muß alle 14 Tage nach Prag fahren, um dort die Powidllieferungen für den Landsturm zu übernehmen. Denn das Neueste ist ja, daß der Landsturm in der Fastenzeit lediglich Powidl zu essen bekommt; einerseits macht das bei den Slaven einen guten Eindruck, andrerseits bei den Clericalen, die ja selbst große Powidlbergwerke in Böhmen ihr eigen nennen.

Also mein guter Křwoščal bleibt immer den Sonntag über in Prag und hetzt dann immer ein bissel gegen die Deitschen, um sich oben ein gutes Blatt einzulegen.

Allerdings wahrt er so weit seine Würde als Beamter, daß er immer hibsch hinten bleibt und [an] den Pöbel bloß herange/rät/. Bei dieser Gelegenheit haben sie einmal einen deutschen Studenten eingeschloffen, der erwischt meinen guten Křwoščal und haut ihm eine fürchterliche Watschen herunter. Der besagte Křwoščal hat darauf vier Wochen Krankenurlaub bekommen, und heute lese ich im Amtsblatt der k. k. Wiener Zeitung, daß derselbe in die böhmische Hofkanzlei übernommen worden und mit dem Prädikate Křwoščal Edler von Straßenkampf in den erblichen Adelsstand erhoben wurde.

VIII

Sie, das ist auch noch so eine Geschichte: Da haben wir im Hause einen Official, einen gewissen Wenzel Haka, der nebenbei, weil er sehr musikalisch ist, sich als Trompeter bei der Maria Josefariege des katholischen Schulvereines bethätigt. Bei dieser Gelegenheit wurde er Turnlehrer allerhöchst derselben Kinder, und heute, bei der großen Thronfeier, macht er zehnmal hintereinander den großen Bauchaufschwung und blast dabei auf einem Trompeterl die Volkshymne.

Heute lese ich in der k. k. Wienerzeitung, daß derselbe mit Oberstenrang ins Kunstdepartement des Unterrichtsministeriums übernommen wurde und Kommandant des Conservatoriums wird.

Ja. Ja.

IX

Haben S' schon die Geschichte von unserm Bürgermeister gehört? Alsdann, er und sieben Gemeinderäthe überbringen Seiner Majestät die Huldigung der Stadt Wien. Seine Majestät empfing die Deputation, lediglich vom Hofjagdleiter umgeben, und spricht den ersten Gemeinderat an. Der wird vor Aufregung blauroth im Gesicht, weil er zum ersten Male seinem obersten Kriegsherren gegenüberstehet, bringt kein Wort heraus und stürzt plötzlich, vom Schleimschlag gestreift, zu Boden.

Ebenso erging es dem zweiten, na, was soll ich Sie langweilen, alle sieben wurden vom Schleimschlag dahingerafft.

Der Hofjagdleiter wollte Halali blasen lassen, aber Seine Majestät in seiner bekannten Herzensgüte winkte ab und wandte sich an den Bürgermeister, der beiläufig Folgendes sagte:

»Majestät, i dank Ihna halt recht schön für die hohe Ehre und Auszeichnung, die S' mir haben zukommen lassen.

I und die Kohlentrager, meine Freunde, haben uns sehr gefreit, ebenso i und Gasarbeiter, auch die Viehtreiber, auf die i so stolz bin, bsondersch aber i und der Naschmarkt.

Auf die kennas Ihna verlassen, der wird Sö und Ihna ganzes Haus stets unter seinen Schirm nehmen: Alsdann i dank Ihna recht schön, daß sich sozusagen einen Strahl von Eahnerm Glorieschein abrotzt und auf mein Haupt verpflanzt haben …«. Weiter kam auch er nicht und stürzte, vom Schleimschlag gestreift, tot zu Boden.

X

Lieber Leser: Was ich diesmal dem Papier anzuvertrauen habe, spottet überhaupt jeder Beschreibung und ist geeignet, ein grelles Streiflicht auf gewisse Verhältnisse bei uns zu werfen, die ich eigentlich als Staatsbeamter füglich gar nicht berühren sollte. –

Also bitte: Es ist jetzt gerade ein Jahr her, daß mir mein gütiger Chef, dessen Name ich geheimhalten muß, einen längeren Krankenurlaub bewilligte, um meine durch den anstrengenden Dienst sehr herabgekommenen Nerven in einem an der Nordgrenze des Reiches gelegenen Badeorte der wohlverdienten Erholung zuzuführen.

Zu diesem Behufe bestieg ich einen Schnellzug, der mich gegen Mittag in eine sehr große gemischtsprachige Provinzialhauptstadt führte, wo ich die nöthige Leibesnahrung zu mir nahm. Nach dem

Speisen begab ich mich auf einen anderen Bahnhof, um meinen nach der Nordgrenze des Reiches gehenden Eisenbahnzug zu erwarten. Prinzipiell komme ich immer mindestens eine $1/4$ Stunde vor Abgang des Zuges auf den Bahnhöfen an und hatte Muße, die am Perron auf und ab promenierende Menschenmenge ein wenig zu betrachten. Ich war, wie immer, sehr néné angezogen – weiße Tennishosen, ein in die Taille geschnittenes blaues Segelsportjacket und Panamahut – und fiel sofort einem bildhübschen, jungen Mädchen, die mit einer älteren Dame – offenbar die Mutter oder Tante – promenierte, angenehm auf. Sie lächelt natürlich auf mich, ich liebenswürdigst zurück, als plötzlich ein kleiner Bulldogg mit riesig großen Ohrwascheln auf mich zusprang und sich an meinen Hosenbeinen angelegentlich zu schaffen machte. Das kluge Thier schmeckte natürlich, daß ich zuhause den Dagobert, meine große Dogge besitze. Sein Herrl pfeift, ihm, in dessen Vocabularium das Wort »Subordination« wahrscheinlich nicht verzeichnet stand, war das ganz wurscht – er schnofelt emsig weiter. Plötzlich lacht das junge Fräulein, ich lache zurück – auf einmal lacht alles, und der Bulldogg läuft von mir weg. – Ich sehe die Bescheerung und stürze natürlich sofort auf den diensthabenden Beamten zu. Im selben Moment braust der Schnellzug ein. Ich sag dem Beamten: »Gestatten Sie, mein Name ist Dr. Wenzel Quadrata von Quaderstein, ich bin Hofsekretär im Patrimonial- und Aviticalamt …« – »Pardon«, sagt der andere – »mein Herr, der Dienst geht vor, ich habe leider. keine Zeit.« – »Oho, ich bin selbst Beamter und weiß, was der Dienst ist«, war meine Antwort, »aber in diesem Falle, mein Herr, geht die beleidigte Beamtenehre vor. Sehen Sie, man hat mir die Goldborte meiner Hose besudelt, mit frevelnder Hand meine Majorsehre geschändet.« – »Aber ich bitte, wer denn?« – »Da fragen Sie noch? Natürlich der elende Bulldogg dort.« – »-??« Ich kann es gar nicht sagen, ohne zu erröthen. Was antwortet mir der freche Mensch. Da müsse ich mich an den Bulldogg selbst wenden. Auf das hin schrei ich ihn an: »Mir so etwas, noch dazu auf einem Bahnhof, der den Namen unseres allerhöchsten Kriegsherrn trägt, na warten Sie, wir reden uns noch weiter.« Fahre sofort mit dem nächsten Zug nach Wien zurück und arbeite noch in derselben Nacht die Eingabe ans

Eisenbahnministerium aus und lege das Hosenbein als corpus delicti als Beilage sub I bei ...

Heute, nach einem Jahr, bekomme ich die Eingabe abschlägig erwidert und das Hosenbein in total verschimmelten Zustande zurück. Es ist weit gekommen in Österreich.

XI

Bevor ich als Oberbeamter in das Aviticalamt zu kommen die Ehre hatte, diente ich als Auscultant beim Schrannengericht am Hohen Markte und hatte dort einen suspecten Criminalfall vorgelegt bekommen, dessen gründlicher und, ohne mir zu schmeicheln, genialer Erledigung ich meine Beförderung in den Hofdienst verdanke.

Eine arme Witwe, Barbara Woiselsberger, die, durch bitterste Not getrieben, einem Trödler namens Samuel Angstschweiß ein Gemälde verkauft hatte, ward durch einen edlen, wohlmeinenden Menschenfreund auf die dabei unterlaufene laesio enormis aufmerksam gemacht, worauf sie obenerwähnten Angstschweiß klagte.

Kaum hatte ich das Bild erblickt, als mir klar wurde, daß es sich um etwas ganz anderes handle, als um das Bagatellverfahren: Nämlich auf dem Gemälde war mit erschreckender Deutlichkeit ein ganz unerhörter Raubmord dargestellt, dadurch ausgeführt, daß ein nahezu unbekleideter Mann ein Weibsbild in einem Bette liegend mit einem Dolche zu ermorden im Begriff war. Darunter stand deutlich geschrieben: Albrecht Dürer pinxit.

Ich ließ sofort das Bagatellverfahren Woiselsberger contra Angstschweiß vertagen und nahm mir als erstes vor, den Mord aufzuklären, zu welchem Behufe ich den fraglichen Maler vorladen ließ.

Der Betreffende war natürlich wieder einmal unauffindbar, bis endlich, nach längeren Erhebungen, der bekannte kunstgelehrte Polizeirat Franz Josef Cwicera, Director des Pospicileums in Prag und firstlich Svazemprgischer Kunstbeirat, nachwies, daß der Fragliche in der Nürnberger Maler- und Vergolderzunft eingetragen sei, weswegen der Akt einer hohen jenseitigen bayrischen Behörde abgetreten wurde.

Für alle Fälle confiscierten wir das Bild und sperrten die Partei ein, bis die fragliche Mordaffaire aufgeklärt ist.

Als der Oberpolizeirath Ždenko Čwaček von meiner scharfsinnigen Beobachtung erfuhr, trat er wie oben erwähnt, persönlich warm für meine Beförderung ein, was ich dem braven alten Beamten, den längst der Hämorrhoidalschlag dahinraffte, heute noch danke.

XII

Mir war es vorbehalten, eine Entdeckung zu machen, die sich mit den größten, weltumwälzenden ruhig an eine Seite stellen kann. In meinem Schreibtisch ist ein Fach, in diesem Fach eine Schachtel, in dieser Schachtel wiederum ein Glas und in diesem Glas ist sozusagen die Thürangel, um die sich Europas Schicksal drehte – ein vertrockneter, ganz gewöhnlicher sogenannter Schwabenkäfer.

Schon viele Jahre lang beschäftigte mich ein Akt, der jetzt schon nahezu 200 Jahre lang läuft, ein Akt von höchster, unglaublichster Staatswichtigkeit, ein Akt, der stets hinter Schloß und Riegel gehalten wird, zu dessen Bewachung im Kriegsfalle 25 gediente Feldzeugmeister im Ruhestande verwendet werden. Lieber Leser, wenn Du mir das Ehrenwort gibst, es nie zu verrathen, kann ich es Dir anvertrauen: Es ist der Akt, durch den der 30jährige Krieg entfacht wurde, dem Österreich seine jetzige Größe und Herrlichkeit verdankt, der gewaltige Krieg, der dem Analphabetismus zum dauernden Siege in Europa verholfen hat – mit einem Worte, der uns die Naturnotwendigkeit unserer Existenz gewährt.

Also, denk Dir, als ich eines Tages den bewußten Akt auszukehren hatte, fiel mir ein längstverblichener Käfer auf, der in einer Falte der Schlußseite von der jähen Hand des Schicksals dahingerafft worden war. Wie ich mir den Käfer näher betrachte, sehe ich, daß er noch Tintenspuren an den erbleichten Beinen zeigt, und wie ich auf die erhabene Unterschrift am Fuße der Seite blicke, wird mir plötzlich sonnenklar, was allen Sterblichen bisher verborgen war: Der Käfer, der aus irgendeinem Mißgeschick ins Tintenfaß gestürzt war, rettete sich auf das trockene Papier des fertig liegenden Staatsdocumentes und erzeugte auf seiner Flucht etliche Spuren, die bei der competenten Behörde den Eindruck machten, als ob

Seine heilige römische Majestät bereits Ihr Contrasignum darauf-
zugeben geruht hätten.

Was darauf folgte, ist allen Gebildeten zu bekannt, um es noch
einmal berühren zu müssen. Ich schwieg still, nahm den Käfer, der
unsere Größe begründen half, an mich und verehre ihn seither als
Heiligthum.

Ich kann es als Angehöriger des čechoslovakischen Volkes nicht
über mich bringen, so sehr auch mein Wahrheitsdrang darunter
leidet, diese historische Wahrheit zu veröffentlichen.

Kleines Kochbuch für Menschenfresser

Ich glaube einem kommenden Bedürfnis abzuhelfen, wenn ich
diesen bescheidenen Beitrag zur Küchenkunde der Öffentlichkeit
übergebe. Denn das eben angebrochene Wassermannzeitalter wird
viel Sonderbares Wirklichkeit werden lassen, oder besser: Lang-
verschollenes zu neuer Wirklichkeit emporzaubern. Das Weltenrad
dreht sich, und die Genien der neuen Epoche werden den
verschossenen Mantel der Hekate sicherlich wenden und neues
Grausen gebären, das bestimmt nicht gerade vor dem Kulinarischen
haltmachen wird.

Wenn Sie gelegentlich in den Werken einer Prato, einer Rokitansky
oder ähnlicher Urmütter der Kochkunst blättern, wird es Ihnen
nicht entgehen, daß man nur die weit entfernte *Cousinage* des
Menschengeschlechtes, die Kälber, Ochsen etc. zu Ernährungs-
zwecken heranzieht. Aber nicht immer war der Teil der Weiblichkeit,
der kochte, so mild wie heute! O nein! Jedesmal, wenn ein Welten-
frühling über den Kosmos geht, kommt auch beim schönen Geschlecht die Amazonenfacette zum Vorschein, und da beginnt es zu
»hekateln« …

Bekanntlich war jeder Amazonenbackfisch verpflichtet, drei Männer abzutun, bevor sie die Kadettenlitze am – ja was? an dem zu
diesem Zweck und in der heißen Jahreszeit bisweilen sogar nur
einseitig getragenen Höschenbein erwerben konnte. Natürlich er-

schlugen diese lieben Dinger aus dem richtigen weiblichen Instinkt heraus bloß das unverwertbarste Kroppzeug. Ausgeschrieene Tenöre, blattersteppige Gigolos oder lahmende Eintänzer. Von besseren Kategorien fielen ihnen die Erbonkel haufenweise zum Opfer, und es gingen solche in damaliger finsterer Zeit aus den Männerclans nie allein nach Hause. Selbst noch aus römischer Zeit wird berichtet, daß der große Seeheld Gaius Duilius auf ärarische Kosten Abend für Abend von einem Fackelträger und einem Flötenspieler in seine Wohnung überstellt wurde. Das gibt zu denken: Approbierte Helden sind immer Feiglinge.

Praktisch, sparsam und erhaltend, wie es nun einmal der sexus femininus ist, blieb es aber nicht beim bloßen Schlachten, nein, das viele Geld für den Kochkurs einer Antiope, Hippolita oder Oretheia sollte nicht umsonst hinausgeworfen sein – also mußte aus den lieben Toten etwas Nützliches und Leckeres werden.

Von antiken Originalrezepten ist so gut wie nichts erhalten, es sei denn, daß man das grausige pot au feu Medeas oder das höchst verabscheuenswürdige Familiendiner bei Tantalus im Auge hätte. Lang, lang war dann alles verstummt. Aber dann, nach mehr als 3000 Jahren schimmern uralte Erinnerungen durch und wo? In der österreichischen Küche.

Nicht verwunderlich! Denn dieses Land ist die Brücke zum antiken Orient, dieses Land vermittelte uns die überfeinerte Kultur von Byzanz, und so mußte es kommen, daß sich dort der letzte schwache Abglanz der amazonoiden Küchenkultur erhalten hat, im dünnsten Ausläufer nur, natürlich seines letzten, gefährlichen Stachels sorgsam beraubt.

Bitte zu beachten: Die österreichische Küche hält zäh fest am sogenannten Jungfernbraten! Den läßt und läßt sie sich nicht nehmen!

Freilich ist er heutzutage frei von jedem anthropophagen Beigeschmack und nur der Deckname für etwas zartes Schweinernes … sapienti sat.

Genauso verhält es sich auch mit dem sogenannten Kaiserfleisch, das bestimmt nie von einem notgeschlachteten Monarchen oder gar von einer gekrönten Mumie stammt. Das gleiche gilt auch vom

Stephanieschinken, der als mißglückte Huldigung des Wiener Selchergremiums anläßlich der Hochzeit des unglücklichen Kronprinzen Rudolf mit einer belgischen Prinzessin vom Obersthofmeisteramt sofort inhibiert wurde. Auch die immer wieder auftauchenden Matrosenfleische, Jägerbraten, Dirndeln in Zucker, Mohren im Negligé oder armen Ritter im Schlafrock sind sittlich durchaus einwandfreie Speisen und können jedermann warm empfohlen werden.

Ganz abgeschwächt hat sich das Wirken der Hekate im deutschen Norden verkrümelt. Dort begegnet man höchstens hie und da noch einem ganz farblosen Kalbsfriedrich oder einem »Stolzen Heinrich im Reisrand«. Die Petermännchen und Judenäpfel zählen wohl überhaupt nicht.

Was das übrige Europa betrifft, klingt nur aus dem grundverdorbenen französischen Rococo eine menschenfresserische Note herüber: Da war es, daß sich der Marquis de Béchamel, ein krankhafter Fresser und Erfinder jener nach ihm benannten Sauce, vermaß, sogar seinen leiblichen Vater aufzufressen, wenn er in solcher Tunke zubereitet würde!

Aber zur Sache! Damit nun ein kommendes Geschlecht den Tagesforderungen einer neuen, uns heute noch unbekannten Kultur nicht ratlos gegenüberstehe, will ich jetzt einige Rezepte der Zukunft bekanntgeben.

Sonntagsreiter samt Pferd mariniert.

Antiopeia aus künftigen Tagen! Du wirst gewiß einen lieben Onkel haben, der sich in deine strahlenden Augen vergafft hat und sich herzlich gern von dir »vernichten« lassen wird! Dem legst du eine aus Urvätertagen stammende und als Familienerinnerung gewiß sorgsam aufbewahrte Handgranate aus Pappis Schreibtisch unter den Sattel. Kaum trabt Onkelchen, noch einmal fesch zurückgrüßend, vom weichen Gartenweg aufs Pflaster, gibt's einen Krach, und Roß und Reiter sind in handliche Stücke zerfallen. Die sammelst du und deine Spielgenossinnen ein und legt sie in den verschiedenen Badewannen bei euch zu Hause in Marinade, über die ihr in den Musealbibliotheken sattsam nachlesen könnt. Wenn ihr aber keinen Onkel mehr zum Verschmausen habt, dann empfehlen wir euch junge Diplomaten (mit Kalbshirn) oder geschmorte Friseure in Kammfett, die direkt auf der Zunge zergehen. Wollt ihr derbere Kost: dann Bayrische Postbeamte mit Knödel und Federbusch, durchtriebene Lausbuben in Schokolade gewälzt, gebackene Institutsvorsteherin im Umstandskleid oder gar Knallprotz in Champagner gedünstet.

Ganz vorzügliche Entremets sind die allgemein beliebten Backfische en surprise, nicht minder rosa Kontessenschinkchen, gut dressiert, oder zitternde Theologiekandidaten in Aspik.

Für ganz leichte Diätkost verwende man Krishnamurticonsommé, verdrängte Neurotiker in Gelee und als Nachtisch Petites bétises nirvaniennes à la Anny Besant. Bei dieser Gelegenheit sei auch der Marlittschöberln in Blaustrumpfabsud gedacht, die der Kränkste vertragen kann.

Sehr starke Esser lieben das kräftige Athletenklein, gespritzten Zahlkellner mit gesulzten Plattfüßen oder Pompfuneber in schwarzer Tunke. Für kleine Frühstücke eignen sich wiederum Polizistenohr mit Meerrettich, sorgfältig vom Schnurrbart befreite Unteroffiziersschnauzen mit Leberwurst gefüllt, Diabetiker in saurer Tunke und endlich der so beliebte Coiffeurpfeffer.

Bei Festessen werden Prälatenbäuche gefüllt immer ein gutes Bild eurer Hausfraulichkeit abgeben, desgleichen Unsterblicher Dichter auf Polentasockel à la Gabriele d'Annunzio (von im eigenen Fett gebackenen Pescicani umgeben), desgleichen Barockmalerlende lenbachbraun geschmort mit köstlichem Modellragout.

Für exotische Diners unentbehrlich sind: Ungarischer Féschak mit paprikagefülltem Zylinder, Böhmischer Trompeter im Nachthemd und gestopfter Polak nach französischer Botschafterart.

Bei Sportdiners reiche man Preisläuferhaxeln in Bierteig à la Nurmi oder Scheinwerferoffizier mit Spiegeleiern.

Der träumerischen Stimmung bei kleinen Mondscheinsoupers en deux tragen am besten Rechnung: gutdressierte Gigologeiß mit warmem Spinat, Milchner Kadett oder Unglückliche Liebhaber mit verlorenen Hosen.

Zur Fastenzeit wieder sind recht bekömmlich: fette, gutunterspickte Kapuziner in Schnupftabak gedünstet, trockener Muselmann mit kleingeschnittenen Christenohren, dürre Suppenjungfer im Brauttopf oder der etwas fade Engländer blau im eigenen Sud à la Lloyd George.

In der heißen Jahreszeit gibt es nichts Vorzüglicheres als erfrorene Schildwache mit Eisbein, Saurer Geheimrat mit Teltower Rübchen, Schlangenmensch in Remouladensauce, kleine Winkelagenten in der Pfütze oder glacierte Problematiker à la Grénouille.

Bringt die Jahreszeit hohe Staatsfunktionäre, dann fangt an mit Suprême de voleurs à la Bayonne (speziell bei Diplomatendiners als zarte Aufmerksamkeit geschätzt), worauf schwarze Abgeordnete mit Schlagobershaube oder Ackerbauminister mit falschen Regenwürmern jeder Tafel zur wahren Zierde gereichen werden.

Die Krone des Ganzen aber sei der überaus dekorative Beamtenbischof blau zwischen falschen Kreppapierfrackschößen und mit Goldborten, die man ja nicht weglasse! Sie erhöhen die Würde des ganzen Schauessens ungemein! Man gewinnt sie aus dem Gewöll nach Generälen, die im ersten Heißhunger noch »grün« verschlungen wurden.

Im übrigen wollen wir mit dem Schillerschen Motto schließen: »Faschiert mir Weib, faschiert mir Kind!«

Wie jedermann – bei der Wiedereinführung der Todesstrafe – um zirka zwei Schilling hingerichtet werden kann

Mein alter Freund, der bekannte Antiquitätensammler und Kunsthistoriker Dr. A. M. Pachinger in Linz, ein lieber alter Herr, der sich im türkischen Schlafrock und einem tintenfleckübersäten Fez in seiner, nur durch die Küche zugänglichen, mit altem Kram überfüllten Zehnzimmerwohnung stolz wie ein Gockel am Misthaufen bewegte, zeigte mir einmal, die Augenbrauen wichtigtuerisch über den blauen Spiegeleieraugen erhoben, eine Mappe voll sonderbarer Banknoten, die ich noch nie gesehen hatte.

»Dein Glück!« kam es flüsternd unter seinem auf- und abturnenden Schnurrbart hervor. »Kannst Gott danken, daß du die Noten da nie in die Hand bekommen hast!« Dabei sah sich Dr. Pachinger scheu um, ob sich auch niemand unbemerkt ins Zimmer geschlichen hätte. »Dös san Koschutbanknoten! 1848 in Keckschemet oder gar in Debrezin herausgegeben ... 's gebet Leut, die sagen ... aber, i bitt dich, laß ka Wort darüber verlauten, daß der Lord Palmerston in London dahintergestanden is ... beziehungsweise, daß i dir dees gesagt hab ... pscht! ... die Wände haben Ohren ...«

»Jetzt sag mir, was machst denn du für Geschichten wegen dem blöden Dreck da?«

»Blöder Dreck?!« flüsterte der Hofrat tonlos. »Weißt was mir gschieht, wenn die Behörde drauf käm, daß i solchene Baanknotten besietze?« Seine Aussprache verfiel ins Jämmerliche.

»Na? was schon?«

»Waas schoon? Woaßt, waas mir gschiecht? Aufgehängt werd i ... am Galgen ...«

»Aufgehängt wirst? So ein harmloser alter Taddädl wie du?«

»Ja«, erklärte Pachinger, »es war Todesstrafe auf den Besitz solchener Noten. Und mein alter Freund, der Rechtsanwalt Schoiswohl in Efferding, woaßt, der Große mit dem einen Ohrwaschl, das andre hat er 1878 in Bosnien glassen, der waas der greßte Gsetzkenner is in Österreich – sie nennen ihn auch den Paragraphenkaasstecher! – hat mir erklärt, daß dees Gesetz übersehen worden is und noch heute besteht!«

»Sind s' teuer – die Noten?« frug ich.

»Zwoa Schilling, die kleinen Stücke.«

Wir schlichen beide ängstlich auseinander.

Le livre des sauvages

Mein lieber alter Onkel Tony sagte mir einmal, als ich ihn besuchte: »Heut' werd' ich dir was ganz, ganz Seltenes zeigen! Das Buch da – leider ghört's nicht mir – i hab's aus der Staatsbibliothek entlehnt.

Da schau her!« Es war ein kostbar ausgestattetes Werk eines illustren Pariser Verlages und mit kaiserlicher Unterstützung gedruckt worden. Es hieß »Le livre des sauvages«. Sein Verfasser ein Abbé Donné, der als Missionar in Nordamerika eine segensreiche und für die französische Wissenschaft entschieden rühmliche Tätigkeit zur Zeit Napoleons III. entfacht hatte. Das Werk war die vorzüglich ausgeführte Reproduktion eines Heftes voll höchst primitiver Zeichnungen, denen eine Reihe von Worten in einer von dem Abbé Donné als unbekannt festgestellten Sprache beigemischt war. Auch die Académie konnte dem Entdecker nichts Gescheites dazu sagen. Pachinger wies mit dem dicken, ringgeschmückten Zeigefinger auf die Worte wie »Worscht«, »Honig«, »Flasch«, »Nablgucken« etc. Die Zeichnungen waren scheußlich primitiv. Menschen mit sackartigen Leibern, dünnen, aus einem Strich bestehenden Beinen, großen Ohren, und, wenn sie im Profil von wenig geübter Hand dargestellt waren, bisweilen mit beiden Augen auf einer Seite, direkte Vorahnungen der Kunst Picassos. Einige der Bilder waren sittlich zu bemängeln.

Das Original war in einem nordamerikanischen Indianerdorf aus dem Bestand des dortigen Medizinmannes erworben worden.

Es war nichts anderes als ein Schulheft eines deutsch-amerikanischen Schulbuben, der den ganzen Schmöker mit unendlichem Fleiß vollgeschmiert hatte. Dieses Dokument einer seltenen französischen Unwissenheit war von namhaften deutschen Gelehrten untersucht und unfreundlich kritisiert worden. Zuerst hatte sich die Académie für ihr Mitglied Donné noch eingesetzt, der eine von Gelehrsamkeit strotzende Verteidigungsschrift von sich gab. Schließlich wurde es – bedauerlicherweise – aus der deutschen Staatsbibliothek zurückgezogen. In Franken durfte es wohl noch hochgehalten werden. Das Münchner Exemplar war durch das Einschreiten des bekannten Bibliophilen Schneider – Herausgeber der »Fliegenden Blätter« – der deutschen Wissenschaft erhalten geblieben.

»So«, sagte Tony, » – i hätt's gern in meiner Sammlung! I hab der Staatsbibliothek im Tausch ein Göthemanuskript angeboten ... in Briefwechsel mit an Maler von der Suleiken, der was in Olümpier

quasi ausgladen hat … woaßt schon … aus ihrer Sommerfrischvilla
in Frankfurt.«

Der Totenschädel

»Mizl«, rief der greise Spezialist des Abstrusen, »Mizl, gib 's
Convolut ›T‹ her. Schaun S', Herr Graf«, so wendete er sich an den
Grafen Berchem, der im geheimen im Buchhandel »machte« und
der speziell als große, aber völlig unwissende Leuchte in der
Heraldik galt. »– Segn S', wie da so abstruse Gegenstände wie
Totenschädel unterstrichen werden!«
Er blätterte in der Mappe und las, den Finger an der mit einzelnen
Wimmerln verzierten Nase:
    »Gräßlich würkt ein Dottenschädel,
    noch dazu mit einem Wödel.
    Noch schlimmer dräut ein Föderbusch,
    womit die Windsbraut macht: Husch, husch.«
Der Hofrat klappte die Mappe zu und blickte stirnrunzelnd in die
Ferne. »Ach Unsinn«, replizierte der aufgeklärte Graf. »Sagen das
nicht! Sagen das nicht!« kam es von Pachingers Lippen.
»A Neophüt bei die +++ Maurer wird mudersölnaloanig in a Verlies
gschberrt, wo a Totenschädl und a Bild auf an Tischerl liegt. Da
muß er sich den Betrachtungen angesichts der Symbole des
erloschenen Lebens hingeben … ja … hingeben! Natierlich ist der
Schädel – wann die Sache in Berlin spielt, aus Babbendöckl! I hab
zwaa! – Mizl, bring s' beide hör … So! Schaugen S', die san vom
›Zauberkönig‹ in Wien I, Maysedergasse 3, erzeugt von der Firma
Bisenius, unser größter Schbezialist in magischen Geräten. Schaun
S', da ist die Marke ›Bisenius ges. gesch.‹.«

Die +++ Telegramme und die rheumatische Post

Als die Angst wegen der Wanzen nach vielen, von Mutter Pepi
schriftlich geschworenen Eiden verschwunden war (die Briefe
waren wunderliche Bildungsdokumente), fing meine Mutter wieder
mit ihren Besuchen an.

Eines Vormittages fand sie Mutter Pepi in ihrem Sorgenstuhl mit
namenlos geistesarmen Augen auf ein Kuvert auf ihrem Näh-
tischchen starren. Als sie näher trat, hörte sie von zitternden
Lippen: »A … rheumatischer Brief is da …« – »Von wem?« – »Um
des Himmels willen … ich werd ihn doch nicht aufmachen … ich
… trau mich nicht!« – »Na – so gib her!« so meine mutige Mutter,
die sich auch von dem dämonischen Treiben der Elemente nicht
imponieren ließ und Erscheinungen, vor denen die meisten im
geheimen zittern, direkt mißbilligte, wie zum Beispiel Blitze, die ihr
als skandalöse Schlamperei erschienen.

»Um alles … in der Welt … nicht aufmachen! nicht … i bitt dich
… sonst stirbt wer …« – »Was heißt das?« – »Wirst sehen … Lois
… sonst … is … wer gstorben.«

Meine Mutter wollte das Trottel von ihrer quälenden Angst befreien, öffnete den Brief und las der halb Ohnmächtigen vor, daß
der Janosch heute erst um drei zum Essen kommen könne. Mutter
Pepi formte mit dem Mund tonlose Worte, und ihre Augen sahen
direkt aus wie vertrocknete Powidlpatzerln, so ohne Leben waren
sie.

Gefruchtet hat diese energische Handlung nichts, dieses Den-Stier-
des-hellen-Blödsinns-bei-den-Hörnern-Packen, denn als der nächste »refmatische« Brief ankam, gab es sicher wieder dieses stundenlange Sich-in-Ängste-Winden … ob etwa dem Doleisch was zugestoßen wäre, oder der Ada, oder, ob die – Himmelswillen! … Riezi
am End doch von … Mädchenhändlern nach Neustift am Walde …
nahe bei Wiener Neustadt … dem nächsten ungarischen Ort …
entführt worden sei … »A reines Wunder, daß das nicht schon
längst gschehn ist, bei der Scheenheit von dem unerfahrenen Madel
– wo ihr die Hundsfetten so gut angschlagn ist … oder gar … am
Ende a Brief von der Polizeidirektion … daß der Karl … mit was …

auf'n Kaiser ... geworfen hat ... auf der Mariahilferstraßen ... wie Seine Majestät nach Schönbrunn gfahren is ... Oder ... halts mich aufrecht ... daß der Just ... ein un-ver-besserlicher Sportsmen, wieder einmal beim Fischen in die Salamilacken beim Konstantin-hügel da links – gfallen sei ... Einmal«, und die Frau sah mit vor Entsetzen ganz leeren Augen starr zum Himmel, »... is der Just auch schon mitsamt seinem Frühstückstischerl vom erwähnten Kon-stantinshügel holterdipolter bis unter die Fußgänger in der Hauptallö hinunter getschundert ... gute vier Meter tief ... weil er aber auch immer so nah am Gelander sitzen muß, daß er nur ja alle hibschen Madeln siecht ...«

Nun – Hand aufs Herz, liebe Leser! Wer hat wenigstens nicht ein bißchen Angst, wenn so eine außergewöhnlich betonte Nachricht kommt – pneumatische Briefe oder gar Telegramme? Ja, Tele-gramme. Zu denen verhielt sich unsere Heldin auch einigermaßen ungewöhnlich.

Man sah die dicke Dame mit grimmigem Gesicht dasitzen, ein Telegramm in der Hand ... Telegramme nämlich öffnete sie, weil sie wissen wollte, wer wieder von denen Postbeamtinnen – »Die Ziefer die ...« – es auf ihren Janosch so schamlos abgesehen hätte. »Wirst sehen, ich werd noch Großmutter«, konnte man sie dann wohl hören. »Da telegraphiert mir der Janosch aus Graz – aber es ist nicht seine Schrift, sondern da hat's für ihn a Weibsbild geschrieben, weil er natierlich für seine arme Mutter kein Zeit hat ... Nit amal die paar Zeilen kann er selber schreiben ... Es is a Unglück ...«

»Aber schau«, erklärte ihr meine Mutter, »dàs ist doch in Wien geschrieben ...«

»Jetzt is der Bursch richtig da geblieben, bei seiner Geliebten, und mir hat er gsagt, er fahrt nach Graz, und jedes Mal is a andre Schrift ... die Madeln reißen sich ja um den Burschen ... hibsch is er halt.« Beklommen sah sie zum Fenster hinaus. »Das war von jeher sein Unglick!!«

Marokkanergasse

Als ich vierzehn Jahre alt war, kam mir wie ein Befehl aus einer anderen Welt die Idee, im Wiener Stadtpark unter den hübschen Mäderln meine zukünftige Frau zu suchen. Drei-, viermal kam mir diese Vorstellung, so oder so wird sie aussehen. Es waren brünette, sehr hübsche, elegante Typen, die, eifrig plaudernd, wichtig herumspazierten.

Mein Lebensgenoß war nicht darunter. Denn sie war eben erst, weiter im Süden, geboren worden, sollte aber, als sie nach Wien kam, im selben Haus Wohnung haben, wo ich das Licht der Welt erblickt hatte. Es war ein hohes weitläufiges Barockgebäude mit Stiegen aus rotem Salzburger Marmor, ein Haus, das dem Deutschen Orden gehörte und in der Marokkanergasse No 3 gelegen war. Diese altertümliche Straße hatte ihren Namen nach einer Marokkanischen Gesandtschaft, die nach Wien gekommen war, dem großen Kaiser Josef II. zu huldigen, mit vielen Kamelen, die Haremspavillons trugen und von Affen beklettert waren, mit Tamtams und heulender Blechmusik. Zurnatichi hießen die betreffenden Künstler, denen wiederum tschinellenschlagende dicke Herren in blauen Kaftanen vorausgingen und die Avantgarde von stolzen Bumbadschis bildeten, die Dutzende gewaltiger Trommeln meisterten. Triangelspieler tänzelten nach und verklärt blickende Schalmeibläser. Auf niederen Wägelchen wurden ernste Herren mitgeführt, die kasserolgroße Handpauken zu jammerndem, jüdelndem Gesang krachen ließen. Die Wägelchen wurden von verkümmerten Eseln mit prunkvollen Federbüschen gezogen. Die Dirigenten waren ein Ober-Zurnatschi und der Aga der Schalmeibläser, zwei weißbärtige Gesellen in gelben Trompetenhosen, die sich voll Neid und Tücke anblickten und sich gegenseitig aus dem Takt zu bringen suchten. Der Orientalenhaufe brach von allen Seiten in den kaiserlichen Palast ein, von schwarz-gelben hellebardentragenden Trabanten abgewehrt, zündeten sich in den hallenden Marmorstiegenhäusern Kochfeuerchen aus Kamelmist an, belästigten auf begehrliche Weise großkrinolinige Hofdamen und wollten durchaus den »ungläubigen Padischa« begrüßen.

Doch Josef – sonst zur Genüge aufgeklärt – hatte Angst vor dem »Nasenreiben«, das selbst in den aufgeklärtesten Gehirnen des Abendlandes spukte, und war heimlich nach Schönbrunn enttschuckt.

Wie das unter die Gesandtschaft gedrungen war, weiß niemand, aber die bunte Schar wälzte sich schellenbaumklingelnd nach Schönbrunn, Mozart mit ihnen, der sich von der orientalischen Bagage – vernarrt in sie – nicht trennen wollte. Wahrscheinlich streuten sie den Samen der »Zauberflöte« und inspirierten ihn zu zahlreichen, in Vergessenheit geratenen »türkischen Märschen«. Abends führte er viele aus dem Mohrenhaufen zum »Heurigen«, wo man – welch Juwelenschimmer für trunkene Maleraugen – bald federbuschgezierte Mohren mit großen goldenen Ohrringen in bunten Seidengewändern neben Soldaten in der barocken, weißen österreichischen Uniform friedlich saufen sah.

Es wurde gejodelt, und Schellenbäume klirrten, und Lieder, die einem ans Herz greifen, wie etwa

    Grüaß di Gott, liabs Gfrießl

    Schwerenots-Lisl

    Millionschädel, schlamperts Hirn!

jubelten in der milden Nachtluft empor zu den Sternen.

Wie schön war das Rococo in Österreich! Dieser prunkvollen Pforte zum Orient!

Das ist die Stadt die mich gebar

Hadschis und auch Maharadschas,
Odalisken und auch dicke Paschas,
Agas, Mollahs, Muezzins,
war'n häufig schon die Zierden Wiens!

Auf Dampfern bitte, kommen sie,
den Rauchfang zierlich ausgezackt,
Herrn mit Zylindern, blau befrackt,
die drehn zu viert das Steuerrad.

Sie brachten auch die Cholera
mit der Melonen war sie da.
Auch später, auf der Eisenbahn,
von Szolnok fingen das Speiben an.

Auf jedem Häusel hockten Leichen,
es war ein Bild zum Herzerweichen. –
Und niemand holt die Leichen weg,
man fürchtete … etc.

Das ist die Stadt, die mich gebar.
Voll Zauber unterm Doppelaar,
voll von Musik und Schönheit, Kunst,
verliehen ihr durch Vermögensgunst.

Voll seidner Mägdlein, schönheitsduftend,
und deren Väter, emsig schuftend.
Sie schufen Geld für Pracht und Glanz
für ihrer Heimat Ruhmeskranz.

Für Opern, herrlich anzusehen,
und für den Tanz der Koryphäen.
Als groß noch war das Vaterland,
da gab es Geld wie Mist und Sand.

Der Kaiser floh nach Mariazell.
Vom Hof die Schranzen mit ihm schnell,
floh mancher Herzog, mancher Graf,
und hinterher der Bürgerschwaaf.

Die policinelldurchtobte und dabei feudale Wohnung des Ehepaares Bujatti in der Zieglergasse 8

Weit davon, daß der Herr des Hauses – der glanzvolle Groß-industrielle, neben dessen Fabrik in Münchengrätz in Böhmen die Schloßkapelle – etwa die bekannte weiße Kleidung mit dem ge-kreideten Spitzhütchen trug. Weit davon entfernt, daß er – schon in Frack für eine feierliche Einladung – zu schmetternden Fanfaren durch die Flucht der Gemächer Rad schlug oder selbst nur seine unnahbar wunderschöne Gemahlin auf der Schellentrommel kra-chend umtanzte – der Wahrheit die Ehre! das tat er nie. Niemals. Aber – man hatte immer den Eindruck, daß dort jeden Moment – aus heitrem schwarzen Himmel – ein überwältigend gewaltiger, unvorhergesehener Einbruch der barocken Commedia dell'arte wie ein Jüngstes Gericht des Bizarren, ein grellgeschminktes Masken-treiben zum Donner von Pauken, schrillen Piccoloflöten und näselnder Schalmeien hereinbrechen könnte. Ja. So war es. Es gab da ein paar der schönsten Augsburger Intarsiamöbel, wie ich nie wieder ähnliche gesehen habe, die das Bibliothekzimmer zier-ten. Dort konnte es vorkommen – vier Spieltische hatten Platz –, daß der Herr des Hauses immer zappliger werdend unerwartet aufsprang und wie ein Rasender herumhüpfend in alle vier Spiele blitzschnell hineingriff und knallend Stich auf Stich herausspielte, um schließlich, schwer atmend, wie ein Triumphator dazustehen und ausrief – »nur so waren die Spiele zu gewinnen! Da sehts es … Pätzer!«

Unter der weiblichen Jeunesse ragte ein ganz junges Mädchen durch faszinierende Schönheit hervor, eine Kombination von Botticelli und Aubrey Beardsley, die in Wien kaum ihresgleichen hatte. Und das will viel sagen. Später sollte noch viel von ihr die Rede sein. Sie sollte historisch werden. Der Kaiser. Ein neu eingeführter, später berühmt gewordener Dichter – sagen wir meinetwegen Hofmanns-thal –, nahm den Hausherrn beiseite, wies auf das reizende Kunst-werk der Schöpfung im graziösen Flügelkleide der Unschuld hin und pochte bei bis zum Ziehen geladenen Chef aller Pagliaccis an: »Wer ist das?« –

»Wer das is? das Frühgemüse da … das Fleisch gewordene Rosen-
bukawettl da … Ihnen kann ich's sagen – aber Pscht! … weil Sie ein
Dichter sein … i hab Ihr herrliches Werk g'lesen ›Der Aff und der
Tod …‹ Der Dichter wehrte indigniert ab. »… Falsch! ›Der tote
Aff …‹ auch nicht … is übrigens ganz gleich also, passen S' auf! Der
Großvatter von der Kleinen da is a österreichischer Admiral … a
sehr a lieber Herr … kann aber kein Wort deutsch … nur englisch
und venezianisch … bitte! Wissen S', wer er is …? warum? Er – is
– a – großer, großer Herr … sehr von hocher Abkunft … von weit
her.« Er machte eine mächtig ausholende Geste und fegte eine
große Zahl Liqueurgläser von einem Tablett hinunter, das ein ser-
vierendes Mädchen trug. Ein ärmlicher Strahl der Wintersonne, die
an einem zarten Abendhimmel stand, beleuchtete für einen kurzen
Augenblick die zerklirrten Scherben, die die Dame des Hauses
gelangweilt belorgnettierte.
»Er is – aber nit weitersagen – a rechter Sohn linker Hand vom Lord
Byron! Wissen S'! Wo er seinen Unfug in Venedig trieben hat! Weil
er an Klumpfuß ghabt hat, hat er natürlich durchaus schwimmen
wolln. Aber – in die Canál dort duldet's die Polizei nicht. Stellen S'
Ihnen nur vor, von an Haus zum andren schwimmt so was … d'
Kinder schwimmen in d' Schul – naa … naa. Dös hat die Obrigkeit
glei von allem Anfang an nit aufkommen lassen! Und d' Leut sein
zum Glück eh wasserscheu.
Und wissen S'« – hopp über einen Fauteuil, weil der Dichter
weggetreten war – »der Metternich hatt 'n polizeilich beobachten
lassen … a sehr a schöne ›Vertraute‹ haben s' auf ihn loslassen …
d' Frau von an Bäckn … von an Loibischupfer.« Der Dichter
notierte diesen Ausdruck. »No – was soll i Ihnen sagen … Drillinge
hat's geben … und der Bäck hat an Byron derstechen woll'n … aber
der hat'n ins Wasser gschmissen … mit 'n Klumpfuß, a Mordstrumm
von an Klumpfuß, und der Bäck hat 'n mitgrissen und im Canal
sind s' dann raufet gworden … was is denn, Lisi? « – »I bitt, der
chinesische Gesandte empfiehlt sich, gnä Herr solln kommen …« –
»Glei, glei … «, und im Wegeilen zum Dichter »und der eine Drilling
… is der Admiral!«

Das Taschentuch

In einem großen, feierlich düstren Barockgebäude, Ecke der Rotenturmstraße und der Rabengasse, hauste im vierten Stock die Familie Just in einer Flucht gewaltiger, düsterer Zimmer. Man sah tief unten den gewaltigen, leicht verschleierten Strom des Verkehres. Was man da sah, war eine Mischung von Rembrandt und Tiepolo, genau der Übergangsnatur der Metropole angepaßt, die schon von altersher stets eine gewaltige Stadt war, mit vielen Spiegeln, in der ihr Antlitz widerschien.

Herrlich war der Blick auf den Stephansturm. Stundenlang genoß ich als Kind diesen Märchenanblick von den Fenstern der gastlichen Justischen Wohnung aus. In allen Farben erschien dieser schönste Turmbau der Welt. Bald erinnerte er an eine Pagode, aus altem Elfenbein geschnitzt, bald wie aus Silber gehämmert, wenn er vom Mondlicht überflutet war, bald wie ein Spitzengewebe aus blauem Rauch und bald wie ein Dolomitzinken im Alpenglühen.

Ein andrer Blick ging auf den Fleischmarkt, das alte Viertel der griechischen und türkischen Kaufleute. Auch damals noch, wie auch heute, war das levantinische Treiben dort nicht ganz erloschen. Die dritte Front der Wohnung sah steil hinunter auf den Rabensteig, eine finstere Straßenschlucht mit düstren Renaissancehäusern, auch dort kein ganz westeuropäisches Geschäftstreiben. Die kurze Straße führt auf den Salzgries, ausgesprochen jüdischen Gepräges, zur Mark Aurel Straße und zum Donaukanal.

Viele Jahre später erlebte ich am Salzgries folgende lustig-rührende Geschichte.

Glutheißer Junitag. In dieser tropischen Glut – im Juni wandert doch ganz Wien infolge der Achsenschwankung der 23. Ekliptik genau nach Assuan, was man nie vergessen darf, aber so wenige sich vergegenwärtigen und bloß schimpfen.

Da kam mir mein Taschentuch abhanden. Naß und klebrig steuerte ich einem Laden zu, dessen Auslage wunderliche bepreiste Textilwaren zeigte. Da stand ein Wäschkorb voll weißer, wohl etwas zu enger Herrengamaschen zu 98 Groschen und ähnliches Zeug und hallo! da – Taschentücher zu 37 Groschen, fesch, diskret dessiniert.

Ich trat ein. Eine dicke Israelitin fragte mich vorwurfsvoll, was »zu Diensten stehe«. »Geben Sie mir ein Taschentuch ... zu ... 37 Groschen.«

»Zu 37? Ich hätt da was Feineres, Zefir-Linon, echte Schweizer Ware zu 95 Groschen!« Ich blieb aber fest und jappte in meiner Auflösung nach einem Sacktuch. »Herr«, sagte die Dame mit den schwermütigen Augen »– wenn schon nicht Zefir-Linon – nehmen Se wenigstens ein Dutzend von die ze 37 – wo ich Ihnen ze 32 geben kann – machet: 32 mal zwölf, ist ... 3,84, sagen mer: drei finfzig ...« – »Nein – ein Stück.« – »Herr, Se stehen sich im Licht bei eim Stick. – Nehmen Se wenigstens sexe – einsachtzig für Ihnen ... Samuel! pack dem Herrn ein halbes Dutzend ein .. von die Aa-K,W,Z, Prince of Wales do – links oben ...«

»Von die Aa? Aa ist ausgegangen... Vor finef Minuten hat der Baron Rotschild die letzten Aa weggetragen.« – »Also, sehen Sie, es soll nicht sein! Geben Sie mir das eine Stück aus der Auslage.« Die Dame machte mit den stoppligen Wulstlippen einen Ton, als wenn ein Knopf abspringt, und brachte das Sacktuch. »Samuel – einpak-ken!«

»Danke! Ich nehme es gleich in Gebrauch. Zahlen!« Die Dame gab melancholisch heraus, sah mich traurig an, befühlte meinen Anzug, seufzte und sagte: »Mer seht, der Herr haben auch einmal bessere Tage gesehen?« Der Aa war groß und blau-weiß. Ich habe ihn heute noch.

Selig ging ich von dannen. Plötzlich hörte ich hinter mir keuchen. Samuel war es. »Herr! Herr! Socken hätt ich! Ze 17 Groschen! Schwarze – mit ä Daumen ... So was kriegen Se nie wieder ...« – »Mit ... ein ... Daumen?« – »Ja? waren für ein Teufelstanz bestellt von Frau Professor Bodenwieser – ist aber nix draus geworden ... die Sittenpolizei hat's verboten ... Greifen Se zu! 17 Groschen. Aber Sie missen 100 Stick nehmen!« – »Ja«, sagte ich, »wenn einer ein bissel als Teufel tanzen will oder wenn wer, sich scheu umblickend, zu einem Laternenpfahl tritt – da ist die Polizei da – Ja! das kann sie.« – »Herr! 16 Groschen ... zweelf Gro ...« Er erreichte mich nicht mehr.

Linz

Ich bin nur ein bescheidenes Exemplar der Kronen der Schöpfung, froh, daß ich nicht einer der »Großen der Geschichte« bin, kein verdammter Schweinehund wie Napoleon, Caesar, Hitler oder dergleichen Mensch gewordene Teufelsfäkalien – nein, bloß ein begeisterter Dichter der Venus, ein tiefer Verehrer des weiblichen Weltenelementes, ein erbitterter Feind des männlichen Marses oder des Saturnes.

Was aber an Sonderbarem, an Außergewöhnlichem, meinen Lebensweg gestreift hat, das will ich gern berichten, um es der Vergessenheit zu entreißen und um Suchende zu belehren. (Wie es sich ziemt.) Da ist mir vor vielen Jahren eine durchaus nicht alltägliche Geschichte zu Ohren gekommen, die sich noch dazu in Linz abgespielt hat, der Stadt der »Surme«, die trotz ihrer verhältnismäßigen Größe nicht einmal einen richtigen Bahnhof – wie sich's gebührt, mit einer Glashalle – besitzt. Nein, Linz ist bloß eine sehr, sehr große Haltestelle, wie es ihr immer die Salzburger höhnisch vorwerfen, die eine prachtvolle Halle ihr eigen nennen. Allerdings halten auch dort nicht die Züge in der Halle, sondern diese Halle ist bloß für das Restaurant da, und die Reisenden können daneben im ewigen Regen einsteigen.

Übrigens hat das geniale Hitlerregime Linz einen riesigen, vollständig unübersichtlichen – Bahnhof kann man nicht recht sagen – beschert, aber wieder eine offene Haltestelle, über die Sturm, Regen und Schnee hemmungslos wegbrausen dürfen, aber man kommt auf unklar angeordneten Stiegen da hinauf.

Aber neben der absoluten Unübersichtlichkeit hatte das Naziregime auch ehernste Ordnung und das erdenklichste Maß von Unbequemlichkeit beschert. Eines Tages kam ich – im letzten Moment – zur Sperre, wies meine Retourkarte nach Ebensee vor und wollte hinaufstürmen. Da rief mich der Beamte schneidig zurück und sagte: »Das täte Ihnen so passen! Mir nichts – dir nichts einsteigen wollen! Da müssen Sie schon zur Kasse, zehn Minuten Schlange stehen wie alle anderen, und dem Beamten die Karte vorweisen! Da wird der einen Schein ausfüllen, mit dem gehen Sie zur Kasse No 10

– dort im Nebensaal – und dann kommen Sie wieder hierher, wo ich
Ihnen den Schein zur Kontrolle abnehmen werde.« Da war mir
vollkommen klar, daß wir bei dieser Eselei absolut den Krieg
verlieren würden.

Und das Schicksal bewies mir, wie recht ich hatte. Wir zogen uns
nach Malcesine am Gardasee zurück. Situation: Ein an die 2000
Meter hoher Steilabsturz, dann 100 Meter Gelände, dann der See.
Eine Straße bloß, an der der ganze Verkehr aus der Poebene nach
dem Brenner geht. An diesem unmöglichen Ort hat sich – über
Empfehlung eines Münchner Geheimpolizisten, der 4% Beteiligung
eines Hoteliers zugesagt bekommen hatte, das Fliegerhauptquartier
unter der genialen Leitung Richthofens angesiedelt, der über kein
einziges Flugzeug verfügte, sondern bloß über eine Gruppe von
Donkosaken, die in die herrlichsten Seidenstoffe gekleidet waren.
Als er noch eine Fliegerstaffel sein eigen nannte, hatte er den
originellsten Gebrauch davon gemacht. So ließ er einmal durch eine
Gruppe von drei Bombern einen jungen Bären aus dem wilden
Monte-d'Oro-Massiv in Korsika abholen, um einer russischen
Freundin ein Präsent zu machen.

Als der Winter kam, langweilte sich Richthofen in Malcesine. Auch
seine Donkosaken hatten sich allmählich verkrümelt und sich bei
den Bauern versteckt. Das Kommando zog sich nach dem Thermalort
Abano zurück, wo die Misere darin bestand, daß man keine
Luftschutzkeller anlegen konnte, da man überall auf heißes Grund-
wasser stieß. In Malcesine blieben bloß zehn Unteroffiziere unter
dem Kommando eines hiesigen Villenbesitzers, der etwas Italienisch konnte. Ich half bisweilen aus. Wie jedermann sieht, eine
dilettantische Kriegsführung. Daneben hatte sich eine Faschisten-
stelle breit gemacht, deren Obmann eine Mischung von einem
Irrenhäusler und einem Schurken war. Sein Name sei bewahrt:
Eugenio Gerola, Füllfedererzeuger aus Mailand, wo er aber unmöglich war.

Im Frühjahr kam das Kommando zurück, nachdem es unmöglich
gewesen war, dem Führer Malcesine als absolut unmöglichen Ort
auszureden. Jedesmal fing dieses verfluchte Aas Teppiche zu beißen und zu schäumen an, da er Malcesine für den letzten Stütz-

punkt in Afrika gehalten haben soll. Bombenwürfe setzten ein, und auf dem Dampfer Alvise Mocenigo, der nur von Ausflüglern besetzt war, richteten die USA-Schweinehunde im tiefsten Tiefflug ein abscheuliches Blutbad an, dem auch eine Menge von Frauen und Kindern zum Opfer fielen. Der wackere Kommandant Martinelli konnte das Schiff, obwohl schwer verwundet, im sinkenden Zustand noch in den Hafen von Limone bringen. Dabei starb er.
Aber kehren wir nach Linz zurück.
Dort wohnte damals ein etwas wunderlicher alter Herr, der eine schöne Villa besaß, die er allein mit einer alten Wirtschafterin bewohnte. Daneben verfügte der beneidenswerte Greis über den ungewöhnlichen Namen Tibetanzel. So hatte auch im Wiener Barock ein mariatheresianischer Hofrat geheißen.
Anfangs November beurlaubte er das alte Faktotum, das beim Eintritt der kalten Jahreszeit Unglaubliches an Nasentropfen leistete, was den alten Ästheten zur Verzweiflung brachte. Wenn er geahnt hätte, was ihm diese Tropfen für ein Unheil gebären würden! Also, er schickte die Alte auch heuer in ihre Heimat, sperrte die Villa zu und rollte nach Italien ab, wo er den Winter zu verbringen pflegte. Opoponax teilte, obzwar streng verboten, das Schlafwagenbett seines gütigen Herrn. Anfang April kehrte er heim, sperrte sein Haus auf, und depeschierte die Alte nach Linz und begann wieder sein normales Leben, von Opoponax genau kontrolliert. So kamen beide Herren auch diesmal wieder nach Linz, spät abends. Tibetanzl heuerte einen Wagen: »Fahren Sie Defregger Straße 12.« »Klappklappklapp« rumpelte er heimwärts. Der Kutscher hielt, fuhr wieder ein kleines Stück zurück; dann wieder ein kleines Stück vor, stieg vom Bock, öffnete den Schlag und begann: »Gnä Herr – Nummer 12 gibt's nit.« – »Aber! was reden Sie denn, Mann!« – »Gnä Herr müssen Eana irren, da is Nummer 10, dort Nummer 14, … schaun S' selber! 12 gibt's nit.« Und unser Freund guckte. Guckte. Trat sich selber auf den Fuß. Schlug sich auf den Kopf. Es wurde nicht anders. Tiefbekümmert läutete er auf Nummer 14, wo man ihm lange nicht aufmachte. Endlich kam der Hausmeister. Was er wolle? »Ah! der Herr Tibetanzel! Jetzt kenn ich Ihnen erst!« Und Tibetanzel: »Was ist denn mit Nummer 12 geschehn? Das ist

ja nimmer da!« – »Was fragen S' denn?« kam es von Bomasls Lippen (so schrieb sich der Hausmeister), »wo S' es selber ham demolieren lassn. Vorigen Herbscht!« – »Wer? ich?« – »Ja, Sö!« – »Nein, nie!« – »Wos? nie?« Bomasls Stimme fing an, gereizt zu klingen. Opoponax betrachtete den Hausmeister mit schiefem Kopf und knurrte leise und machte »Bürsterl«. Der unerbauliche Disput ging so eine Weile hin und her. Opoponax fing an, eine chinesische Maske aufzusetzen, blistete giftig und grasgrün auf Herrn Bomasl, der, Ruhe wünschend, Herrn Tibetanzel förmlich hinauswarf und das Haustor zukrachen ließ. Das hatte gefehlt! Opoponax ward zu einem wahren Schreckgebilde. Er knurrte rollend, kotzte fast vor Wut und begann dann auf eine grauenerregende Weise wabernd zu schimpfen und grell zu röhren. So war es und nicht anders.

Ins »Zehnerhaus« traute sich der obdachlos Gewordene gar nicht mehr, da dort ein wirklich grober Hausmeister war. So fuhr er in die »Goldene Kanone« und verbrachte eine bittere, traumgequälte Nacht. Am nächsten Morgen war sein erster Weg ins Rathaus, Abteilung Baupolizei, wo er über die Demolierung seines Heimes Beschwerde zu führen versuchte. Was er eigentlich wolle, hieß es. Im November seien zwei Herren mit einem von ihm gefertigten Kaufvertrag erschienen und hätten die Demolierungsbewilligung eingereicht. Das ganze Inventar sei recht preiswert verkauft worden, ebenso das Altmaterial aus der Demolierung und schließlich auch das Grundstück. Wann der neue Besitzer – ein in Prag wohnhafter Herr – bauen werde, wisse man hieramts nicht. So kam Tibetanzel auf ganz legalem Weg um seinen Ruhesitz, zog weg und starb und verdarb, nachdem Opoponax schon früher ein Engerl geworden war.

Erster Tag in Spital am Semmering

Als wir uns gerade zu Tisch setzten und man mir eine Serviette so umband, daß ich große, schneeweiße Hasenohren bekam, nahte sich mir das Verhängnis. Es war sehr schön, etwa sechzehn Jahre alt, sah aus wie eine englische Prinzessin von Beardsley und hieß Jenny. Auch ihr Vater hatte was von einem englischen Ritter der Stuartzeit, sah etwa aus wie Francis Drake, der ein Auge bei einer maritimen Balgerei verloren hatte. Die Mutter, eine nordisch kühle, sehr reservierte Schönheit (Orges aus Münster), Jennys ältere Schwester Ida, repräsentierte sich als eine ganz wenig diabolisch pikante Beauté aus dem Kreise der Hofdamen Ludwigs XIII. von Frankreich. Doch alle zusammen waren aus Siebenbürgen, wo der alte einäugige Ritter ein Bergwerk besaß und seine Damen beim teuersten english taylor, Herrn Swoboda, bekleiden konnte.

Herr Swoboda, der auf diese warme siebenbürgische Empfehlung später auch in unsrem Hause auftrat, hat mir einen unvergeßlichen Eindruck gemacht.

Ich habe ihn nie höher als 1.30 gesehen, höchstens!

Denn »auftrat« konnte man eigentlich nicht gut sagen. »Auftreten« hat etwas Energisches, Selbstbewußtes, etwas Aufrechtes. Aber bei Mister Swoboda hatte das etwas ganz anderes. Nach Anklopfen öffnete sich die Türe. Man sah einen gebückten, kurzhalsigen runden Rücken, der nach hinten einem Lehrmädchen einen Befehl zugestikulierte, und herein hopste schon in halb knieender Stellung (»Wegen Maßnehmen!«) ein schlagtrefferisch aussehender, kurzhalsiger Herr in langem Gehrock, blonden Vollbart, den Mund voller Spennadeln, und umhüpfte so, undeutlich murmelnd, die Auftraggeberin.

Später ist er auch »an Spennadeln gestorben«, weil ihm ist Niesen ankommen, wo aus »Wissen was sich ghört sich« samt die Spennadeln verschluckt hat.

Sein Leichenbegängnis soll pompös gewesen sein.

Die ganze Siebensterngasse war abgesperrt, hieß es, und die beiden Warenhauskönige Herzmansky und Gerngroß gingen, einander feindselig musternd, Wachsfackeln in der Hand, sich gegenseitig zu betropfen versuchend, mit.

Welch ein Glück, daß man damals gern zu acht an einem Tisch saß! Jenny war meine Tischdame. Aber ich war von ihrem Liebreiz so bezaubert, daß ich ein schrecklich aufregendes Gefühl in der Magengegend hatte. Jenny, die auch nicht viel aß, bemächtigte sich dann meiner nicht sehr voluminösen Person, nahm mich auf den Schoß und sah mich faszinierend an.

Vielleicht war sie damals noch vor drei, vier Vorleben eine wohlriechende Großkatze gewesen. Kurz, die prachtvollen Augen, die graziöse, ein ganz wenig kecke Nase, das wunderschöne Purpurgoscherl und die schönen Zähne hatten mir es angetan. Sie packte mich fest an, funkelte mich blau an und erklärte mir, sie habe mich zum Fressen gern. Das war dämonisch, und ich war vollständig verzaubert.

Sehr schöne Mädchen haben oft, auch unbewußt, einen Zug von Grausamkeit, unbewußtem Vernichtungswillen gegen uns Herren der Schöpfung, uns Männer – (was mir damals irgendwie klar wurde), die nie erlöschende Bereitschaft zum Amazonentum. Aber ich trug keinen schwereren psychischen Schaden davon. Denn ich hatte in der psychischen Erbmasse irgendeine Ablehnung oder Médisance gegen die Naturgewalten, und zwar von der Seite meiner Mutter her. Sie, sonst eine nicht im geringsten überhebliche, gütige, ja sehr bescheidene Frau, konnte sich – in aller Stille – ganz schrecklich über die rot oder blau herumknallenden Blitze und den trampelnden Donner der Gewitter ärgern. Nicht der Gefahr wegen. Nein. »Schau dir die miserable Straßenbeleuchtung an!« erklärte sie mir einmal. »Und was für Licht wird da vergeudet!«

Und siehe! lieber, lernbegieriger Leser! Da Jenny mich immer wieder zärtlich an sich drückte, blieb es nicht aus, daß ich ihren jugendfrischen, ganz reizenden Busen bemerken mußte. Wäre ich zehn Jahre älter gewesen … was für Freuden! … aber so. Naturgewalten. Also: was für ein praktisches, durch keine noch so hohe Technik zu ersetzendes Anlehnekissen für die spätere Dichterstirne! Auch – am duftenden Alpenrasen bei der Siesta – war es mir vergönnt, in ihrem Schoß zu liegen. Und später verstand ich den Prinz Hamlet in der Opheliaszene: »Mein Prinz, haben Sie Erbauliches im Sinne« etc. Auch er muß eine Mutter gehabt haben, die sich über die Blitze aufgehalten hat.

Geerbt dürfte es meine Mutter übrigens von ihren venezianischen Vorfahren haben, die, schon von den normannischen Ahnen her, als tüchtige Seeleute am Meer herumtrieben, oder von einem Vorfahren mütterlicherseits wieder, der Artilleriechef des Prinz Eugen bei der Eroberung von Belgrad war.

Der sanften Frau sah man übrigens all das nicht an.

Die psychische Katastrophe »Jenny« hatte zunächst zur Folge, daß ich rapid schreiben lernte, nur um »Jenny« überall hinzuschmieren. So wurde ich anerkanntermaßen ein Dichter.

Über das Duell

Das distinguiert-schauerliche Zeremoniell, das wohl jeder Leser aus eigener Anschauung kennen dürfte, entwickelte sich ganz normal. Wem aber eine Teilnahme an diesem Zeremoniell versagt blieb, der kann heute hübsch weit reisen, um des Glückes eines Ehrenhandels teilhaftig zu werden. In Frankreich etwa geht das ganz gut. Da kannst du einem [der] Deputierten, die sich zu allen erdenklichen Stunden um die Buffets drängen oder in den Couloirs zungenfertig beraten, eine Ohrfeige aus heiterem Himmel verabfolgen. Dabei unterlasse aber ja nicht, »fichtre« zu knirschen. Das hört man in Frankreich gern. Du bist reçu.

Der Partner ist ein Deputierter. Natürlich müssen die anderen Herrn glauben, daß alles herausgekommen sei, und du wirst schon wissen, warum du ihm die Backpfeife verabreicht hast. Durch die erwähnte Watsche ist die Affaire brillant angekurbelt, und ihr könnt, den einen Arm elegant gekrümmt, mit dem andern tückisch ausfallend, stundenlang graziös im Bois oder dergleichen herumhüpfen. Denn Deputierte müssen sich schlagen.

Hat man weniger Zeit und Geld, besorge man sich eine Einreisebewilligung nach Ungarn, wo auch noch ritterliche Sitten blühen. Du kennst niemanden? Macht nichts. Ein Dienstmann, ein sogenannter »horda«, weist dir gegen geringes Entgelt gern ein Luxuscafé, wo nur Gentry verkehrt. Richtig glutäugige Elegants sitzen in Mengen herum. Die Geigen schluchzen. Die Elegants schnalzen ein wenig mit den Fingern und tanzen im Sitzen ein ganz bissel Csárdás

– bloß den »Laschutakt«, bei dem man bekanntlich nicht aufzustehen braucht.

Da – einer der Elegants läßt sich in den Stadtpelz helfen. Du siehst, er ist innen mit echtem Sealskin gefüttert. Also, der Mann ist satisfaktionsfähig. Du hast mehr Glück als Verstand, denn der junge Feschak bleibt einen Moment sinnend an deinem Tischchen stehn und kratzt sich mit deiner Hors d'Oeuvresgabel den Kopf oder netzt die Fingerspitzen in deinem Trinkglas, hat er doch in Journalen geblättert. Dein Weizen blüht. Ein Wortwechsel beginnt, die süßen Zigeunergeigen hören jäh auf zu schluchzen. Ein, zwei charmante Bácsis – Staatssekretäre oder gar Minister – eilen herbei und bringen die Affaire ins richtige Fahrwasser. Einer stellt sich dir zur Verfügung, und wenn du hungarisch kannst, hörst du, wie der andere zu deinem Gegner sagt: »Siehst, Pischta« oder Töhötöm oder Sándor, oder wie sonst der Elegant heißt, »– das kommt von dem verfluchten Händewaschen! Wie oft hab ich dir gesagt ...«

Das andere hörst du nicht mehr, und am nächsten Morgen schießt ihr euch im Stadtwäldchen. Ihr schüttelt euch dann die Hände, ihr frühstückt brillant bei Szikszay, und du hast ganz entzückende Freunde fürs Leben gewonnen.

Aber schade, tausendmal schade, daß das Duell in Italien nicht mehr aktuell ist. Wie schön, wie erhaben war das!

Ein bleigrauer Morgen auf der Via Appia. Grabmäler auf allen Seiten. Auf hohen Gigs kommen die Gegner angerollt. Die schwarzen Mäntel über die Schulter geworfen, schreiten die feindlichen Gruppen aufeinander zu. Ha! Auch jetzt, angesichts eines nahen Todes, trällern einige Herren eine Arie. Im düstren Baß antwortet der Arzt, über sein Instrumentarium gebeugt, in dem es stahlhart klingelt und klappert. Boitos unsterblicher »Mefistofele« ertönt. Der schneeweiß bebartete Arzt hebt eine schimmernde Geburtszange gen Himmel, die auch mit ist, verhüllt das Haupt und schleudert dieses unnütze Instrument krachend zu den übrigen. Hinter dem Grab der Cecilia Metella winken einige verhärmte Frauen, ob man sie nicht als verzweifelte Mutter brauchen kann, die sich jammernd und zum Himmel klagend über eine etwaige Leiche stürzen soll, wenn der eine oder der andere Duellant schon ein Waisenkind wäre.

Dort losen finstre Männer, wer den Pistolenkasten zuerst berühren darf und Ha!, was ist denn das blutig Rote da ...? Nur etwas Mortadella, die den Pistolen beigepackt war.

Wermut geht herum. Die Gegner schmettern die Gläser zu Boden. Jetzt geht's zum Tod. Finster messen einander die unversöhnlichen Feinde. Noch einmal spucken sie furchtbar zur Seite ... dann krachen die Schüsse ... blutrote und giftgrüne Feuergarben entsenden die Pistolen ... man schießt wieder, wieder, wieder ... Blitz, Krach, Blitz, Krach ... Die Kugeln – graues Amalgam – zerstieben an den Frackhemden, denn jeder Schuß saß. Der Ehre ist Genüge geleistet.

Bogumil Edler von Hanserl

In einem Café war es uns vergönnt, ihn kennenzulernen. Ein großer, steifer Herr, der aussah wie eine der gewissen, leider heute schon zu den großen Seltenheiten gehörenden, sich nach leiser, quiekender Musik drehenden Herrenfiguren in den Fenstern verträumter Vorstadtfriseure. Nach zwanzig Takten erfolgt ein gedämpfter Zimbelschlag, worauf sich der immer armlose Oberkörper ein wenig verbeugt. Die wächserne Nase ist stets zu lang bei diesen »Horraken«. (In Fachkreisen heißen diese Automaten »Horrake« – warum, habe ich nie erfahren können.)

Hofrat P. winkte den mit stechendem, aber dennoch erloschenem Blick das Kaffeehaus Durchschreitenden zu unserem Tisch und stellte wie folgt vor: »Herr Vicesekretär im Ministerium für Landesverteidigung, Dr. Bogumil Edler von Hanserl – unser schätzenswerter Kikerikikenner.«

»Sagen Sie bloß Kikerikiforscher! Kikerikikenner – diesen Titel will ich nicht prärogieren. Denn wer lernt den ›Kikeriki‹ je wirklich kennen. Ja, Forscher – das will ich meinetwegen gelten lassen. Ich habe bis jetzt in allen Jahrgängen – wobei ich allerdings bloß die ›klassische‹ Periode dieser vaterländisch bedeutsamen Zeitschrift im Auge habe: 1861–1888 – nicht weniger als 117 sinnstörende Druckfehler festgestellt, darunter einige so arge, daß man eigentlich die noch vorhandenen Exemplare aus Gründen der Sittlichkeit einstampfen müßte.« – »Können Sie uns einige aus dem Stegreif nennen?« – »Ja, zum Beispiel auf pagina 398, Jahrgang 1872, ist in einer Novelle Folgendes zu finden: ›Die besorgte Mutter sagte zu ihrem trägen Sohn: Es ist doch höchst unpassend, daß du dich, noch dazu mit dem guten Sonntagsanzug, den ganzen Vormittag im warmen Fett herumwälzt. Hat dadrum dein guter Vater das ganze Leben geschuftet?‹ Es sollte klarerweise ›Bett‹ heißen.« Dann zog er die Mundwinkel herunter und wurde wieder grämlich. »Noch was! noch was!« bettelten die Tischgäste. »No also, ehe die Damen kommen. Also – aus dem ›Briefkasten‹ der Nummer 130718 vom 10. Feber 1882: ›Auf jeden gut katholischen Tisch gehört am Freitag ein hinlänglich großer Pisch mit Kartoffeln. Aber recht warm muß er sein.‹« Dann schwieg er verbissen.

Von Hanserl hatte verschiedene Unsterne. In erster Ehe – er hatte lange ein sehr reiches Mädchen gesucht und sie glücklich umgarnt – hatte er eine wahre Xanthippe heimgebracht. Die ersten paar Tage ging es halbwegs, aber dann …

Es fing so an. Das junge Paar – er mit rabenschwarzen englischen Koteletten und einem mühsam angelernten, pfiffig sein sollenden Blick, das kleine Schnurrbärtchen teuflisch! hinaufgezwirbelt – wohnte in Prag in der Viskorodalekova ulice 19. Nicht weit davon hatte ein großer, reicher Fleischhauer sein Geschäft, und eines Sonntags – Ostern – half, die Kundschaft staute sich gassenweit, der Sohn, Wendelin, der des hohen Feiertags wegen seine Dragonerleutnantsuniform angelegt hatte, an nichts denkend, so kostümiert, an der Fleischbank aus und scharmuzierte mit den schönen Mägden. Bogumil Edler von Hanserl ging gerade vorbei, warf einen verstohlenen Blick auf die knallwadigen Kochkünstlerinnen, sah den aufhackenden Oberleutnant von den Windischgrätzdragonern, nickte traurig mit dem Kopf, eilte indigniert nach Hause und verfaßte sofort einen – anonymen – Bericht an das Korpskommando, daß in einer so infamen! – ja, infamen! Weise das Kleid des guten Kaisers – in den Staub gezogen … beschimpft etc. etc.

Leider, leider kam man darauf, wer der (wohlmeinende!) Denunziant gewesen war, und von Hanserl wurde eines Nachts von

Vermummten bei aufgehendem Mondschein hübsch ein paar Minuten um das Palackýdenkmal unter klatschenden Hieben herumgejagt und am Schluß von frevler Hand hinter das umgebende Gitter gesperrt.

Nach stattgefundener Rekonvaleszenz – Hanserl sei in der böhmischen Schweiz abgestürzt, hieß es im »Salonblatt« – verreisten Hanserls auf einige Wochen und kehrten nicht mehr ins goldene Prag zurück.

Auch die Ehe war zerbrochen. Die böse Frau kochte ihm Tag für Tag bloß gelbe Erbsen mit Zwiebelringen, eine Speise, die er einfach nicht vertrug, entzog ihm das Taschengeld und holte ihn mit gezücktem Sonnenschirm vor dem Ministerium ab.

Schließlich wurde er in schwerkrankem Zustand zu seiner braven, alten Mutter überführt, wo er nach langer, chronischer Flatuleszenz ausheilte.

Sein Mutterl – eine geborene Ribička, die aussah wie ein alter Prälat – führte den siechen Sohn lange in einem Rollstuhl herum, meist in den Stadtpark (wenn gerade Musik war), wo er viele schwärmerische Backfischblicke auf sich zog.

Irgendwie wurde ihm der Eintritt in ein reiches Patrizierhaus vermittelt, wo es eine sehr hübsche Haustochter gab, die längere Zeit in einem Schweizer Pensionat zugebracht hatte. Von Hanserl begann um das nicht leicht zu umgarnende Mädchen zu werben, erwarb bei einem Linzer Bahnhofsportier den Danebrog 5. Klasse und dergleichen und »überraschte« am Heiligen Abend (es war ihm geglückt, eingeladen zu werden), das Haustöchterchen mit einer Miniatur ihres reizenden Kindchens (was er diplomatisch herausgeschnofelt und mit der Miniatur den bekannten Maler Zettel beauftragt hatte). Er wurde nie wieder eingeladen und zieh die Familie des Undankes. (»Da hat man's!«) Den Staatsdienst quittierte er, erwarb aber in Hamburg eine Briefmarkenfirma und das Recht, sich Heinz Pape zu nennen. Er ließ ein teures Schild aus schwarzem Glas mit Goldlettern anfertigen, das er an der Hauswand anbrachte. Das hätte er aber nicht tun sollen. Denn eines Tages, er flirtete gerade in der Halle des Grandhotels mit einer brillantenfunkelnden Bojarin, wurde er von zwei finster aussehen-

den Gentlemen verhaftet und weggeführt. Ob er Heinz Pape sei!
»Natürlich bin ich der.« – »Dann folgen Sie uns unauffällig.«

Grillparzer und die Würstellokomotive

Mein seliger Vater erzählte mir einst als kleinen Jungen eine kleine,
höchst nachdenkliche Geschichte, die vielleicht dazu angetan ist,
Licht in ein völlig dunkles Gebiet zu bringen. Über nichts Geringe-
res als über die Genesis der Würstellokomotive. Die Würstellokomotive! Nur wenige Exemplare existieren noch, in kleinen, verträumten Provinznestern, aus der Cousinage der schnaubenden
rapid aussterbenden Dampfrosse. In kleinen verträumten Provinz-
städten tauchen sie noch hie und da aus dem Nebel mitternächtiger
Gassen auf, ohne Ausnahme von einem alten Herrn geschoben, der,
zumeist Garçon, diesem melancholischsten der kulinarischen Be-
triebe vorsteht. Aus düstren Nachtgestalten rekrutiert sich die
Schar seiner Gäste.
Meist ist es der fröstelnde Abschaum der Gesellschaft, Kanalräumer,
verlorene Töchter und ab und zu ein Mörder, der des Polizeiauges
wegen sich erst nach zehn Uhr aus seinem Schlupfwinkel traut.
Höchst selten lustige Gents, die sich einen Spaß machen wollen,
verspätete Bummler. Früher war das anders. Die Würstel waren
besser, die Leute gefräßiger, und da kam es vor, daß oft ganze
Tischgesellschaften nach üppiger Tafel auf die Straßen eilten, eine
in nächtlichem Hunger erspähte Würstellokomotive leerzufressen.
Daß auch Geistesriesen ab und zu ein solch ein daherwackelndes
Biedermeierphantom anhielten, um dessen leckeren Inhalt zu
verkosten, mögen diese Zeilen bezeugen.
In einer Winternacht des Jahres 187.? sah mein Vater das unver-
kennbare Antlitz Grillparzers vom Dampf einer Würstellokomotive
umweht. Mit einigen gewählten Worten – wie es sich dem Jüngling
durchaus geziemt – erkundigte sich mein Vater, wie es dem Geistesriesen munde?
»Ja, sehen S'«, und der Poet biß in die laut aufknallende Wurst, »I

brauch a Stärkung; bin aus dem Haus, zu später, ungewohnter Stund', Ordnung in die Gedankengänge zu bringen.«

»Nein, junger Freund, Sie stören mich nicht! Ganz unbesorgt! Aber kommen Sie! Abstrahierend von meiner eigentlichen Arbeit will ich Ihnen etwas von dieser poetischen Arbeit ... ganz Fernliegendes erzählen! einen Schleier von jetzt bald vergessenen Dingen ziehen. Schaun Sie die Würstellokomotive da an! Wie oft sind Sie schon achtlos an solch einem Institut vorübergegangen. Glauben Sie, daß die der Zufall geschaffen? Nein!«

Und der große Dichter erzählte meinem Vater die Geschichte von verzwergten Lokomotiven, deren hohler Abklatsch die Würstellokomotive, dieses Biedermeierphantom ist, die sich bis in die jüngste Gegenwart hinübergerettet haben.

Ein zweites Paar Würstel, bei dem sich der Poet bisher die Hände gewärmt, aus den Winterrocktaschen ziehend, berichtet er, daß zu einer Zeit, wo in Österreich als Höchstgang zwei Meilen für Eisenbahnzüge vorgesehen waren – nämlich im Jahre 1837 – nach Plänen der Ingenieure Daniel Gooch bei Stephenson bereits eine Schnellzuglokomotive gebaut wurde ... »North Star« benannt, die auf der Great-Western-Bahn Züge mit einer Geschwindigkeit von 80–90 km pro Stunde beförderte. Derselbe Stephenson lieferte als erste österreichische Maschine eine »Austria« für die Nordbahn, und Jones Tarner eine »Ajax«, welcher Name Grillparzers trübe Augen zum Leuchten brachte.

Das Beispiel der Nordbahn machte Mut. 1838 sandte Baron Sina, neben Rothschild der größte Finanzier der Epoche, den Ingenieur Mathias Schönerer nach Amerika, um die Lokomotiven für die zu errichtende Wien-Raaber-Bahn zu studieren.

Die einfache, ja geradezu wilde Bauart der dortigen Bahnen, der schlichte Oberbau und die Möglichkeit, scharfe Kurven zu befahren, ermutigte denselben, 1838 bei Norris in Philadelphia das Dampfroß »Philadelphia« anzukaufen.

»Mit allerhöchster Erlaubnis Seiner Majestät« – so fuhr Grillparzer – vergeblich nach einem dritten Paar Würstel suchend – fort, wurden drei Maschinen nächst Neu-Meidling zum Schottertransport verwendet; und nach diesem Vorbild wurden die ersten österreichischen Lokomotiven in der Werkstätte der Wien-Raaber-Eisenbahn nächst dem fertigen Südbahnhof erbaut. Eine Schar von jugendfrischen Dampffrossen wurde aus der Erde gestampft. Da waren die »Hietzing«, »Schönbrunn«, »Mürz«, »Belvedere«, »Liechtenstein«, »Altmannsdorf«, »Wien«.

Leider explodierten die »Liesing«, »Schönbrunn« und »Mürz« sehr bald, und man war ziemlich ratlos, bis John Haswell, ein genialer junger Schotte, 1847 stärkere und bessere Maschinen erbaute.

Die österreichische Lokomotivenindustrie schoß kräftig empor; das ließ Norris nicht ruhen, und er fertigte 1843 drei kleine Lokomotiven an, die getreue Kopien der oben erwähnten »Philadelphia« im Maßstab 1:4 waren. Er bewarb sich um die Gunst, die zierlichen Gebilde gekrönten Häuptern überreichen zu dürfen. Ein Exemplar kam an den Hof Kaiser Nikolaus' von Rußland, doch wurde es, selbstverständlich, bevor es zu den Stufen des Zarenthrones gelangen konnte, gestohlen. Norris bekam bloß ein – wohl gefälschtes – Dankschreiben.

Louis Philippe von Frankreich belohnte das Geschenk mit Bestellungen, aber Franz Karl, der Vater Kaiser Franz Josephs, ein Mann, der eine Passion für allerlei Frühwerke hatte, freute sich so damisch über das drollige Unding, mit dem die kaiserlichen Prinzen mit ihren Ziegenbockequipagen in Schönbrunn und Lainz um die Wette fuhren, daß er Norris die Erlaubnis erteilte, eine eigene Fabrik in Österreich zu errichten.

»Und sehen S' – die Maschin war genau so groß wie die Würstellokomotive, die kurz darauf irgendein unruhiger Feuerkopf ersonnen hat! Das Aufsehen, wie die ersten in der Wienerstadt umanand gfahrn sind! Das Aufsehen. Ja, das Aufsehen!« Dann schüttelte er mir die Hand, und mißbilligend noch einmal den Kopf schüttelnd, verschwand der scheue Dichter im nebligen Dunkel.

Ferdinands I. Besuch in Ragusa

Das war eine böse, böse Geschichte, damals, im Jahr 1842 – oder war es 1841? Ich erinnere mich, daß ich als Kind, im Salon meiner Eltern, die ein schönes Haus führten, noch ab und zu alte Diplomaten am Schnurrbart kauen sah. Dann stierten sie wohl ein wenig auf den Boden, schlenkerten schließlich ein bißchen mit der Hand, standen, sich zurechtreckend, auf und sagten zueinander zum Beispiel: »Du, Schaafgotsch, weißt – alles war damals raatlos. Einfach raat-los. Was häätst du zum Beispiel da gemaacht? Hm?« – »Ja, weißt, lieber Bechtholdsheim – ich weiß auch nicht. Apropos, waas saagst zu der Mesalliance, die was die Pipsi Montecuccoli einzugehen im Begriff ist? Einen behmischen Großindustriellen! Bitt dich! Howni- nein! Hoborda heißt er. Und macht falschen Zucker … aus … Ske-letten. Ich bitt dich.« – »Pfui der Deixl.« – »Ja. Totenschedeln.« Und so ging das weiter.

Wenn ich meinen Vater fragte, was da los sei, bekam ich regelmäßig zur Antwort: »Frag nicht, dummer Bub. Verstehst es sowieso nicht.«

Viel später kam ich drauf. Es war auch zu schändlich, was damals passiert war, so traurig, daß ich es mir lange überlegt habe, es niederzuschreiben. Ich, einer der wenigen, der von der einst weltbewegenden Affaire noch wußte.

Man muß aber dazu ein wenig die österreichische Geschichte kennen. Es gab da einmal einen wenig bekannten Staat, der aber dennoch in Wien seine Gesandtschaft hatte: die Republik Ragusa. Sie wurde durch vier Adelsfamilien regiert – also nach oligarchischem System – die Pozzo della Cisterna, etc. Conada etc.

1842 besuchte Seine Majestät Kaiser Ferdinand I. von Österreich – nach ungenügender diplomatischer Vorbereitung – die Stadt mit ihren wunderlichen, eisenstirnigen Oligarchen, die er zum Empfang beordern ließ – ich glaube, durch seinen Minister Baron Feuchtersleben (über den noch später eine wunderliche Geschichte zu erzählen sein wird).

Man war an allerhöchster Stelle ohnedies schon sehr indigniert gewesen, daß gar keine Abordnung der Herren Oligarchen zum zornig heulenden k. k. Hofdampfer »Maria Anna« gekommen war und nach südslavischer Sitte die Mäntel vor dem Kaiser am Boden ausgebreitet und den Kaiser mit ein paar getrockneten Türkenohren überrascht hatte.

Auch in das kaiserliche Absteigquartier kam niemand. In dieser peinlichen Situation wurde der sehr geriebene Polizeiminister Graf Sedlnitzky in den Rektorenpalast gesendet, wo er die Großen des Reiches in verbissenem Schweigen die Nägel kauen sah. Kaum daß der Gruß Sedlnitzkys erwidert worden war, wenn auch ein bloßfüßiger Morlake, den Gürtel voller Messer, Pistolen und nägelbeschlagenen Stiefelknechten – und was so Waffen da unten sind – Raki und Konfekte aus Hammelfett und Honig servierte.

Sedlnitzy sprach wie Cicero. Keine Antwort. Endlich kam es heraus: Sie seien älteren Adels wie Habsburg ... können keinen »Besuch erschten« machen ...

Man spedierte den Kaiser stante pe nach Hause, wo man ihm endlich den Grund der Blamage verdeutschte. Da geschah etwas Fürchterliches ... Nicht etwa, daß der erzürnte absolute Monarch an der Spitze einer riesigen Reiterarmee gegen die Seestadt Ragusa geritten wäre, sie dem Erdboden gleichzumachen ... was schon unerfreulich genug gewesen wäre ... nein! er stellte sich (eigentlich ein konsequenter Denker) ins Winkerl – seiner ein wenig kindischen Psyche angepaßt. (Er war etwas zurückgeblieben.) Der Staatskanzler Fürst Metternich ersuchte Seine Majestät, das Winkerl zu verlassen. »Nein.« Und der Kaiser drehte ihm mürrisch den Rücken. Bei seiner Entetiertheit war sicher damit zu rechnen, daß er dort auch schlafen würde und dergleichen mehr. Ihn zwingen konnte man nicht. Er war doch ein absolutistischer Monarch. Der korrekte Metternich fing aus Verzweiflung zu glotzen an, wozu er schon in seinen Glanztagen neigte.

Es gab logischerweise nur ein Mittel – die Verfassung zu ändern und ein Hausgesetz einzubringen, nach dem Seine Majestät ... das allerhöchste Winkerl zu verlassen geruhen möge. Denn einmal verweigert, konnte er doch nicht mehr auf den Thron zurück, wo er so gerne herumhockte. Wie damals die Sache auf gleich gebracht worden war, entzieht sich meiner Kenntnis – vielleicht durch eine

Ständedeputation mit Fußfall. Säbelschwingende ungarische Magnaten an der Spitze.

Vielleicht wird der eine oder andere meiner Leser den Kaiser tadeln. Zugegeben, daß er eine Art Außenseiter unter den Großen dieser Erde war. So benahm er sich am Thron, und wenn er die drückende Fessel des Regierens abgestreift hatte, gelang es ihm manchmal, aus der Hofburg zu entwischen und im Gewühl seiner Landeskinder unterzutauchen. Schon durch seinen abnorm großen Kopf fiel er auf und auch dadurch, daß er einem Juwelier für ein Brillantdiadem zwei Kreuzer bot (»Aber Majestät, 100.000 fl ist angeschrieben.« – »Auch net teuer«, kam's von des Kaisers Lippen. »Schicken S' es der Therese Krones ...«) oder beim Hofsechter um 1.000 fl »Hundsfutter« verlangte, das er fürs Leben gern schnabulierte. (»Nit einpacken. I iß's glei hier.«) Gerissene politische Agenten benutzten dieses Gabelfrühstück geschickt dazu, das Jahr 1848 zu arrangieren, an dessen Folgen noch heute die Welt leidet.

Das Geheimnis des Tennisspiels

Jetzt bist du tri hunt dreißig. Tätiger Richter über das zweite Sterben deiner selbst. Ihr staunt? Ihr stutzt? Im königlichen Sonnenballspiel auf der Richtstatt grünem Rasen – wo nur der König, die Ritter seiner Tafelrunde und königliche Maiden als Abglanz einer andren Welt den Lichtball werfen dürfen, seht ihr dasselbe Bild. Game and set and match and finish!

Karpfe Huber

Ein hundertjähriger Karpfe namens Huber bewohnte ganz allein den grünen Barockteich des Schlößchens Xavierienslust, eine knappe halbe Stunde von der Residenz eines Duodezfürsten entfernt. Zwölf hornblasende Monatsgötterlein, feiste Putten in Uniformen der friederizianischen Zeit, standen bemoost auf den verfallenen Balustraden. Der Mai, Juni, Juli und August mit nackten, dicken Bäuchelchen, um die heiße Zeit zu symbolisieren. Dezember und Januar hingegen hatten Schlittschuhe an und standen bloß kühn auf einem Beine.

Am Ende von Hubers Teich führte eine Treppe von porösem Gestein zu einem Tempelchen.

Huber war im Testamente ausdrücklich erwähnt worden. Bei der Augenscheincommission hatte der Präsident den alten Huber, dem das Wort »Gericht« gar nicht gefallen wollte – es stand fest, daß Huber jedes Wort verstand –, mühsam mit einer dem Akte beigehefteten Semmel, die von einer Henkersmahlzeit übriggeblieben war, herbeigelockt. Nun, Huber hatte sich das Armesündersemmelchen gut schmecken lassen, war aber dann gleich mit Zeichen deutlicher Mißachtung davongeschwommen.

Huber genoß nämlich das Gnadenbrot. Seine bemerkenswerte Stellung kam daher, daß er seinerzeit der Verlobung der alten Dame zugeschaut hatte. Der gute Huber markierte, diskret wie er war, durch sein Glucksen manchen feurigen Kuß jener Rosenzeit und verstand es auch, den bisweilen traurig werdenden Bräutigam durch seine eleganten Sprünge aufzuheitern. Das alles blieb ihm unvergessen und sicherte ihm die geachtete Stellung, deren er sich erfreute.

Allenthalben gaukelten Goldlichter über den Nixenteich, die Plastiken und auf das vermooste Rasenparterre, das zwischen gewaltigen, dunklen Baumwänden zum Schlößchen führte, das von Sonnengold und feuchtem, bläulichem Morgennebel hold umspielt war.

Das Schlößchen war aus dunklem, feuchtem Stein gebaut. Eine die ganze Breite des Bauwerkes einnehmende Freitreppe führte zum Parterre mit seinen hohen Bogenfenstern, über denen ein breiter figuraler Fries bandartig hinlief, das ein gar merkwürdiges Bildwerk beherbergte. Es war eine Laokoongruppe. Gut. Doch statt der Söhne umwirbelten den Schlangen stemmenden Vater in verzweifelnden Attitüden nicht weniger als sieben nackte, hochfrisierte Barocktöchter aus fettig glänzendem Marmor, an vielen, und was anerkennenswert war, auch an gewissen diskreten Stellen mit schwarzgrünem Moose bewachsen.

Schreibmaschinen

Was sind denn die Schreibmaschinen? – Die Schellentrommeln der ernsten Narren ... überhaupt: überall das Bockspiel, Italien – alles Skaramuz.

Aus der Diätküche für Windgattinnen

Nimm fünf Stoß alte, recht mürbe Zeitungen, verfitze sie ordentlich, knülle und wirble sie ordentlich und gib als Würze darunter zwei fette polnische Zylinderhüte.
Der Sturm nahm seine Ziehharmonika um und ging nach Hause. Er legte sich. Er verschlang eine Portion Zylinderhüte, im Sommer freute er sich auf einen Panama – Girardi /zwei oder drei Worte unleserlich/.
Wie schmeckten so um 10 Uhr einige Schulhefte!
Spanischen Wind! – darüber konnte er sich nur ärgern. Er schnupfte eine Portion Bettfedern, die legt er seiner Windsbraut zu Füßen, die hat es auf ihrem Toilettisch stehen als Bonbons. Der Onkel Taifun, das war ein böser Geselle, mager und gelb, der so klein sein konnte – vom Pfurz zum Tornado – vom Schmetterlingshauch bis zum Samum. – Er haßt den Kohl, der macht ihm Concurrenz – und die böhmischen Erbsen. Ich glaub nicht mehr daran – an den Sturmstorch, der im Schnabel ein rosa Brausepulver trägt, die Windjungfrauen glauben nur mehr an den Windstoß zur sexuellen Aufklärung von Windjungfrauen.
Der königlich-bayrische Wind war blau-weiß.

Das Geheimnis des Gerhard van Swieten

Wer hat nicht schon mit einer gewissen Ehrfurcht sein schönes Monument im Arkadenhof der Wiener Universität betrachtet, den Namen nicht als ehrfurchtgebietend empfunden, mit der vagen Vorstellung, daß der Dargestellte ein großer Arzt von damals war, ein Rococobillroth, ein samtener Eiselsberg von anno Schnee? Und hat ein wenig gestaunt, daß die Büste ein wenig wie von einem solid vergoldeten Bronzemops hat, der aus einem allerliebsten Arrangement brokatener Geweste und Cavalierskostümierung herausschaut?

Daß er aber nebenbei gerade die Möpse geradezu wutschäumend verfolgt hat ... daß er überhaupt fast als wie eine Art Bluthund gegen bestimmte Arten alter Papiere eingestellt war – das weiß fast niemand. Ein Feind der Möpse? Ja! Er und Maria Theresia hatten geschworen, diese Unholde auszurotten, die an den Füßen des Thrones nagten, Thron und Altar untergruben.

Amazonen der Gotik

Panta rei! Das ist eines der großen Grundmysterien des Lebens, dessen Symbol: die Waage der Venus, das Auf und Ab in den Händen der Liebes- und Lebensgöttin. Natürlich macht dies Auf und Ab nicht halt vor einer der wichtigsten kosmischen Einrichtungen, die es gibt, vor den Geschlechtern. Lange Zeit zerbrach sich kein Mensch darüber den Kopf, daß des Mannes Macht ganz und gar unantastbar sei, Staat, Religion seine Domäne. Und zumindest die Exekutive der Politik, deren Bild – Gott sei's geklagt – ein wirrer Gobelin, aus Vollbärten gewebt! Heute aber hört man schon ein leises Knistern im Bau des Mannesrechtes: da und dort stimmt es nicht mehr, des Mannesrechts stolzeste Blüten Technik, Krieg und Politik haben gar zu große Blamagen gezeigt – ein Labyrinth des Blödsinns, aus dem kein Mensch mehr einen Ausweg sieht. Da kommt vielleicht manch einem der ketzerische Gedanke, ob es nicht vielleicht besser ginge, wenn man die Wechselbeziehungen der Staaten nicht vielleicht auf Kaffeekränzchen praktisch erfahrener alter Mutterln machen ließe, deren Beschlüsse dann einem Oberhaus junger Mädeln zur Verfeschung unterbreitet werden müßten – statt des Völkerbundes ein Areopag der schönsten Jugend, dessen Beschlüssen der aktivste Teil der Männerwelt ganz gewiß zujubeln würde.

Nun – ähnliches hat es vor langen Zeiten gegeben. Diese Kapitel der Menschheitsgeschichte sind allerdings von besonderer Seite unterdrückt, ja fast ganz der Vergessenheit anheimgegeben worden. Wer weiß davon, daß Theseus einen furchtbaren Kampf gegen die Amazonen Anatoliens zu bestehen hatte, daß der Sieg dieser glänzend geschulten Sportlerinnen nur mit Mühe verhindert wurde. Weiß Gott, wie es heute aussähe, wenn Theseus etwa verkalkte Generalstäbler gehabt hätte.

Und immer wieder schnellt die Amazonische Waagschale wieder hinauf! Das letztemal geschah dies anno 1143, ein kurzer, stahlschlanker, buntgleißender Skandal der Gotik, der recht glücklich vertuscht wurde, seine Ausläufer machten sich aber selbst bis Wien XI (Simmering), Wien III und bis in die Wachau bemerkbar. Die Sache war so: Frankreich, ein nach und nach zusammengestohlenes Staatenmosaik und keineswegs so aus einem Guß, wie man bei uns glaubt, bemächtigte sich um 1137 eines mächtigen südwestlichen Herzogtumes, das Aquitanien hieß und stark westgotisch durchsetzt war.

Der letzte Fürst des Landes, Wilhelm IX., der heute noch bei den Kennern der alten Literatur als das Musterbild aller provenzalen Troubadours gilt, verzichtete zugunsten seiner Enkelin Eleonore auf seine Erbländer, geblendet durch die ungewöhnliche, blendende Schönheit dieses seines Lieblings.

So ward sie Gouverneurin eines glanzvollen, üppigen Staates, nach dem die unsagbare Schäbigkeit des führenden Frankreichs geradezu läpperte. Kurz: Am 1. August 1137 ward sie Ludwig, dem Dauphin von Frankreich, vermählt – sie 15, er 17 Jahre alt. Und schau, schau! Wenige Tage darauf starb Ludwig VI., und ihr Gemahl bestieg den Thron der Capetinger.

Na – die Modeindustrie schlug Purzelbäume vor Freude – sicher wurden aus Wien böhmische Schneider und Schuster bestellt –, denn sie war die erste Königin, die den steifen, verklosterten Hofton von Paris, der ganz unter den strengen Regeln des heiligen Bernhard stand, völlig umwandelte.

Dank provenzalischer Hilfe gründete sie einen sogenannten »Liebeshof«, dem sie als Königin und Dichterin vorstand – ein Hof, der nach dem historischen Forschungsbericht geradezu auf der Höhe der Moral stand. Sie kümmerte sich wenig um ihren schwachen, farblosen Gemahl (die Könige dieser Reihe waren langweilig, satt an üppigen Büschen, wie aus Kehricht gebosselt.) Macht und Politik, blutige Politik. Sie trieb zu einem Krieg mit der Champagne und war die Urheberin des Sturmes auf Vitry, der die Fehde mit unerhörten Strömen Blutes beendete. Der heilige Bernhard tobte mit Recht und verlangte vom König als Buße die Teilnahme an einem Kreuzzug. St. Bernhards Predigt brachte auch die nunmehr 25jährige Eleonore zu Reue und Buße. Sie betete und grübelte nun – alles mit extremer Vehemenz – und aus ihrer bitteren Reue wuchs eine wunderliche Frucht: Sie organisierte einen weiblichen Kreuzzug. Sie fand Anklang bei den Damen ihres Liebeshofes, rasch war das Amazonenheer organisiert und beritten gemacht, Waffenübungen wurden gemacht, und diese elegante weibliche Pagerie beging, die Königin an der Spitze, offensichtlich eine Reihe von Tollheiten, die manchen ernsten Kavalier vom Kreuzzug zurücktreten ließ.

Und nun steigt vor unsren Augen ein traumhaftes Bild einer Mischung von Kriegführung, Ballett, eine gotisch-byzantinische Revue gleißendster Pracht in Traumstaaten auf, von deren Geschichte wir leider wenig wissen.

Ludwig VII. sandte, von der Auslese seiner Truppen bedeckt (Kunststück!), die Amazonen sogleich voraus, wies ihnen ein Lager an, das – einen vollen Überblick über das Tal von Laodikaia hatte. Kaum außer Sicht, gab Eleonore Gegenbefehl und wählte ein köstlich grünes Tal zum Lager aus. Die Folge war, daß der König, der mit dem enormen Gepäck nachkam, die Königin nicht vorfand und sie suchen mußte, wobei er von den Arabern angegriffen wurde und in blutiger Schlacht 7000 Mann und den ganzen Train verlor. Zum Glück war Antiochia in der Nähe, deren Herzog ein Onkel Eleonores war. Raimund, der junge Fürst, war von seiner Nichte begeistert, und sie gab dem schönen Onkel ihr Entzücken reichlich zurück. Ein kokettes Spiel begann. Im üppigen Antiochia – damals noch eine Riesenstadt voll der Pracht der erst im leichten Verfall begriffenen Antike – erklärte sie, sie wolle nicht mit einem Mann verheiratet sein, der im vierten Grad ihr Cousin sei – das leichte soupçon Blutschande sei ihr ein horreur – und empfing auch trotz Verbot des Königs kostbare Geschenke vom Sultan Saladin, die er ihr, bis über die Ohren verliebt, als souveräner Fürstin darbrachte. Die Wirkung des Amazonenzugs blieb eben nicht aus. Die General-stäbe beider Parteien waren in pitoyabler Lage – die Heeres-lieferanten sahen schon ihren ganzen Rebbach zusammenbrechen – die damaligen Wilsons, Pershings, Clemenceaus und Consorten waren dem Irrsinn nahe.

Also, so was durfte nie mehr vorkommen! Wo blieb dann die Moral! Kurz – Schluß, nie mehr Assentierungen junger weiblicher Jahr-gänge. –

Das gute Resultat sehen wir heute.

Und in Antiochia brach irgendein ungeheurer Skandal aus – irgendwas ereignete sich, was historisch nicht mehr aufgeklärt werden kann. (Also: siehe oben: Wilson etc.) Eleonore wurde weg-geschickt, an den Hof König Balduins III. von Jerusalem († 1162), Sohn des Fürsten von Anjou († 1143) und der Melisande aus dem Hause Rethel-Anjou, der seinen hohen Gast mit allen königlichen Ehren empfing. Doch scheint Eleonores Aufenthalt einer Gefan-genschaft oder dem Aufenthalt in einem »Sanatorium« verzweifelt ähnlich gewesen zu sein. Das Tischtuch mit Ludwig war ganz zerschnitten, denn Eleonore unterhielt, wie Seine Excellenz Blaise Suger, der erste Minister Frankreichs, meldete, ein offenkundiges Verhältnis mit dem schönen jungen Emir Saladin.

1149 kehrte Eleonore nach Europa zurück und ließ sich in Paris als Kreuzfahrerin feiern. Dann machte sie sich über den König öffent-lich lustig. Ein Jahr später erschien aber der Prinz Gotfried Plantagenet, Herzog von Anjou, in Paris, damals vermählt mit der

Erbin der englischen Krone, Maud, der Witwe des deutschen Kaisers Heinrich V.

Sein Sohn Heinrich verliebte sich glühend in die schöne Eleonore, turnierte ihr zu Ehren aufs tollste, und bald sangen alle Troubadoure sein Lied mit dem Refrain:

> Ach, du nahmst mir Glück und Ruh,
> Leonora von Poitou,
> Galliae Regina.

Eleonore machte nun Schluß mit Ludwig, reichte in Rom eine Klage auf Ungültigkeit ihrer Ehe wegen zu naher Blutsverwandtschaft ein, worauf diese im April 1112 vom gefälligen Heiligen Stuhl für null und nichtig erklärt wurde. Bereits im Mai vermählte sie sich in Bordeaux mit dem Prinzen von England – Südwestfrankreich wurde britisch – und vier Monate später wurde ihr Sohn Richard geboren, Richard Löwenherz, der das tollkühne Blut seiner Mutter geerbt und fast zum Herrn der Welt geworden wäre, wenn er nicht an seiner Insolenz gegen Österreich gescheitert wäre, mit der er vor Akkon die Fahne des Babenbergers, des mächtigsten deutschen Fürsten, in den Kot treten ließ. Und dabei sind es, wie die Geheimheraldik der Gotik es weiß, die Farben des Wappens der Aphrodite, das heraldische Abbild ihrer Zeichnung der Waage! Ja – England und Österreichs Geschichte sind magisch verflochten.

Hugo als Einjähriger bei den 7-Dragonern

Wissen S', Baronin, wir mögen eigentlich die Tante Tintschi – die Tintenbach – nicht. Sie schafft nix als Fachés. Will alles besser wissen. So zum Beispiel ist die Großmama – die Fürstin Mels – schreecklich bös auf sie.

Die Tintschitante behauptet nämlich steif und fest, daß meine Frau – eine geborene Khevenhüller ist, wo sie doch – bekanntlich – eine Mels-Colloredo ist!

Mir ist der Streit zu dumm. Wann s' anfangen, geh ich in Jockeyclub – auch nicht mehr 's Richtige, seit der Gucki Schmidt – der

Malteserritter – bitt Sie!! – drin is, und seine dumme Nasen in alles steckt. Wir haben ja auch sonst etwas mauvais sang drin … na, will keine Namen nennen.

Kennen Baronin übrigens aus Meran 'n Reininghaus? Netter Kerl! bei uns im Regiment hat er als Einjähriger der »Loh« gheißen – weil er gar so schön war. Hatt a Massa Rendezwu ghabt – aber nie hin gfunden. – Da drunter hat er gelitten.

Übrigens war er nicht lang beim Regiment. Wie er knapp vor der Offiziersprüfung gstanden is, hat ihm der Erzherzog befohlen: »Wachtmeister Reininghaus, führen S' mir Ihre Eskadron vor.« Eskadron tritt an, Reininghaus galoppiert schneidig zum Erzherzog – will melden – fallt aber dabei vom Pferd, weil er's Kopfi immer ein bisserl schief ghalten hat. Erzherzog schaut gnädig weg; und wie der Loh wieder am Krempen sitzt, kommandiert er ihn: »Lassen Sie Ihr Eskadron eine Attack reiten.« Hugo zieht sein Notizbüchel mit den Kommandos heraus … aber der Wind weht's weg. Er fragt den nächsten Corporal, was er kommandieren soll? »Attack!« raunt der. Eskadron stiebt davon, wird immer kleiner … Hugo kann s' nicht zurückrufen … Verschwindet endlich im Terrain. Reitet zum Erzherzog und meldet: »Eskadron is davon … i sieg s' nimmer!« Der Erzherzog – sonst die Güte in Person, beschimpft Hugo. Er soll sich morgen beim Oberst zum Rapport melden. Reininghaus tut das. Oberst fragt, warum?

Reininghaus zögernd – aber stramm: »Weil meine Eskadron gestern verlorengangen is … Bis heute, 11 Uhr unauffindbar.« Oberst winkt. Reininghaus wird strafweise zur Infanterie versetzt und zwar als Bombardonbläser zur Bürgermusik. »Hat er denn blasen können?« so meine Frau. »Soviel ich weiß, is er unmusikalisch.«

Allerdings, Gnädigste. Hat er auch beim neuen Regimentskommandanten vorgebracht. Der aber sagt: »Wurst ob S' blasen können. Is allerhöchster Dienst, genau so wie 's Roßknödelauffangen im Stall. Weh dem, der drüber lacht.« Also, der Loh hat richtig die ganze Bürgermusik ruiniert, was nur Kenner heraushgört haben bei dem allgemeinen Bahöll, was die Banda macht.

Da ist eine Parade auf der Schmelz – vorm Kaiser. Kaiser will

Ansprache halten. Musik wird abgstoppt. Reininghaus – zerstreut wie er is – blast aber ganz allein weiter. Kopferl schief. – Hört und hört nicht auf. Kaiser wüü-tend. »Wer is der Käärl? sollte man abschießen! Graf Paar – reiten S' hin und führn S' ihn vor.« Reininghaus kommt, 's Bombardon unterm Arm und meldet sich beim Kaiser.

Wissen S' – was gschehn is? Kaiser jagt ihn glatt vom Militär weg. Sofort! und der Loh hat 's Bombardon dem Kaiser zu Füßen gleegt, nimmt an Comfortabel und fahrt auf die Südbahn und auf Schloß Pichel. – Ja.

Graf Bobby & Sohn

Ein vornehmer alter Herr trat ein. Sofort ließ mich der bediende Herr stehen, lief dem Neuangekommenen in devotester Stellung entgegen. »Herr Graf, was steht zu Diensten?«

»A! Herr Graf! Zuviel der Ehr, zuviel der Ehr!« Zwei, drei andere Herrn kamen aus den Nebenzimmern, wedelten devot und verschwanden wieder.

»Ja, mein Lieber, ich komm wegen – wissen S'! mein Bubi hat das gschpaßige kleine Hüterl verloren, das da auf dem – Opernglasstummerl – draufghört!«

»Meinen das Objektiv?«

»So heißt das? – Na, also gut – Sagen S', muß man wegen dem Verlust den ganzen Apparat weg-schmeißen?« Er mümmelt. »Nein, wäre ja schad.« – »Natürlich. 250 Gulden beim Teufel. Ist das Dingerl da teu-er? 50 Gulden?? Hn?« – »Nein, es ist teurer ... Aber – wir werden es Ihnen zum Selbstkostenpreis geben – werde sofort in die Fabrik telegrafieren.« – »Also? wieviel?« – »Na – sagen wir – 20 Gulden.«

»Am Heiligen Dreikönigstag war große Assemblé. Da hat der Bubi eine Blitzlichtgruppenaufnahme von uns allen machen wollen. Er hat uns alles aus dem Büchel, wo Sie beigegeben haben, vorgelesen.

Ganz deutlich, ohne Fehler. Dabei ist er doch erst in der Dritten Gymnasium bei den Jesuiten in Kalksburg.

No – wir ham's alle verstaanden, bis auf die Großmama und den Onkel, den Grafen Frumbesel aus Freysing.

Und – was der Bubi is – hat ein Schnürl an das gewisse Dingerl da gebunden, was auf dem Opernglasstummerl vorn is und hat sich zu uns gsetzt. Der Cousin – der Aggi Montenuovo, hat ins Röhrl vom Blitzlicht blasen, und der Bubi hat abgezogen.

Da hat's ein Krach gmacht, weil der Aggi das Blitzlicht in den Venezianer Kronleuchter hinein gemacht hat, wo's einen Regen von Scherben geben hat. Gleichzeitig is der Apparat umgfalln und die Pipsi is hin-gschtiegen, um ihn zu retten und is in die Harmonika da eini-treten.« Der Prokurist schlug die Hände zusammen.

»Waas wird denn das Adjustieren von der Harmonika kostn?«

»Ja – 120 Gulden!«

»Is a teurer Schbaaß«, bemerkte der Graf, »und auf die Rechnung von Murano bin ich nicht neugierig.«

»Der Bub hat die Platte dann entwickeln wollen. Das hat ihm aber die Familie nicht erlaubt. Erstens kann er im Finstern hinfallen und dann kann die Platte explodieren. Hab ich ihm halt die Platten weggenommen. Hier sind sie.« Er entnahm sie einem Portefeuille – mit einer gewissen Fürstenkrone geziert.

»Ja, wenn die Platten ans Tageslicht kommen, sind sie hin.«

»Hin? Dann geben S' mir halt lichtechtes Material.«

»Also, der Bub hat gleich in die Dunkelkammer förmlich ge-dräängt, um die Platten einzulegen. Die kleine Pipsi Esterhazy hat durch-aus mit hineinwolln, zuuschaun. Zum Glück kommt da die Tant' Tintschi Tintenbach und sagt: ›Uunmöglich! – Was fällt euch ein? Und überhaupt muß die Tür offen bleibn.‹ Ja. Das war ein Glück.«

»Aber, Herr Graf!« fiel der Prokurist ein, »da warn doch die Platten hin!«

»Zugegeben«, und der Graf ließ das Monokel fallen. »Aber das Seelenheil vom Bubi war gerettet.«

Kaiser Bovistus

In der Provinz Metaurien gärte es. Kaiser Bovistus und das Haus der Bovistiden. Bei Hof ging's romantisch genug zu. Es wird das »Bozen«häusel geschildert und seine Geheimnisse. Es ist in der Stadt ein Haus, wo die Springwurz aufbewahrt ist, die alle Schlösser öffnet. Endlich kommt es heraus, daß es das Bozenhäusel ist. Es wird das Geheimnis der Trudenfoz entwickelt, das der Saligen etc.

Aktschluß: wahrscheinlich

Aktschluß: wahrscheinlich. »Meine Doktordissertation habe ich über asa foetida« – »… wa? was ist das?« – »… ich habe meinen Doktorhut damit erworben.« – »… aber nochmals: was ist das?« – »… Teifelsdreck.«
Es donnerte leise.
»Was ham S' denn, daß Sie gar so verdrossen daherschaun?«
»Mein Pelz mausert!« Düster starrte er vor sich hin. Ins Ungewisse. Waterloos Blick folgte dem des Verdrossenen in einen dunklen Winkel. Aber dort war nichts zu sehn, einfach nichts. Also blickte der Mauserkönig ins Imaginäre, wo sich Frau Sorge kratzt oder so. Hanserl Waterloo. Sein Bruder – Wenzel Waterloo. – »Schaun S'. Kindspecherl«, sagte er zum Sohn der Hebamme.
Professor Heinz Wehevater. Er ist Gynäkologe. Wehevatter, wie es jetzt vorschriftsmäßig heißt. Die Barbara Kindspech ist seine rechte Hand.
»Ja, da is es, ja, unser zuckriges Kindspecherl. Was hat's denn? Hat ihm wieder a Tauben auf Zylinder gschissen? Gelt? dees is a Kummer.«

Der Tod des Tizian

Dr. Heršladin von Camelienberg hatte eine Villa, ganz in Lack ausgemalt. Gleich beim Eintritt sah man (in laviden Lacktönen) Tizian an der Pest sterbend. Der Tod in zerfetzter Landsknechtstracht, und zwar eines epirotischen Reisläufers, servierte ihm gerade eine Portion kleiner, in Öl gebackener Fischlein. Zähnefletschend bemerkte aber der unheimliche Geselle, daß des großen Meisters schwarzfleckiges Antlitz kaum mehr sich seines Lieblingsabendessens zuwenden würde.

Verkniffen grimassierend löschte er knöchern den Öllampenkandelaber, den Verrocchio einst verfertigt und der nun bald in den Trödel wandern würde.

Schlurfend entfernte sich der knöcherne Geselle und ließ den starren Meister ruhig im Mondlicht liegen. Liegen auf einem kostbaren Perser. Bald würden die Diebe durch den offenen Palast schleichen und sich wohl auch dieses kontagiösen Kleinodes annehmen.

Duilius van Topfum

Herr Topfum war ein Damenhut. Daran war nicht zu rütteln. Leider.

»Duilius!« sagte seine Frau wiederholt zu ihm. Schon die Ur-Topfum waren strohdumm gewesen. Sie hatten auch ein Strohdach im Wappen, das von zwei Feuerwehrbeamten mißbilligend betrachtet wird. »Sors juvat fortem« stand darunter. Samt und sonders stammten sie aus Wopfings.

Der erste Topfum wollte als Helm-Kleinodie einen Wopf anbringen, am besten einen goldenen Wopf.

Partout einen Wopf! Es mußte ein Wopf sein! Aber wenn er gar aus Kleinnixdorf gewesen wäre! Ja, das gibt's!

Aber am Heroldsamt wußte niemand, was ein »Wopf« sei? Van Topfum gab Zeichen der Ungeduld von sich. Man verwies ihn an die Akademie der Wissenschaften. »Ein Wopf?« Ein »Popf« wurde schließlich festgestellt. Sei ein Druckfehler für »Popp« gewesen.

Aber, er könne einreichen um den Rang eines Ehrenbürgers von »Bösgesäß« in Preußen!

Bei den armen Seelen

Natanael v. N. wohnte in der Domgasse. Entsetzlich war es anzusehen, wenn er wehenden Halstuches bei wechselndem Mondlicht hinter Wolkenfetzen am Chor der Stephanskirche vorüberging und an dem Gemälde der armen Seele im Fegefeuer, so daß ein altes Mütterlein, das neben der Capistrankanzel noch um Mitternacht betete, bei seinem Anblick so erschrak, daß sie das Kreuz schlug. Gleichzeitig hüpfte ein stiller korpulenter Herr aus dem Halbschatten der freskogeschmückten Nische wie ein großer Frosch ziemlich hurtig davon und trachtete im Dunkel des winkeligen Platzes undeutlich zu werden. Natternhorst verfolgte lorgnettierend den Verstörten, der sich bei einer dunklen Tat ertappt sah. Ängstlich sah sich der Unselige einmal um. Gerade mußte ihm ein Mondstrahl für einen Augenblick das bekümmerte Gesicht mit dem rundgehaltenen rötlichen Vollbart voll beleuchten.

Der dicke Herr lugte ängstlich in die Richtung der verhallenden Schritte des Diabolischen. Dann erhob er sich ziemlich gerade und tastete sich scheu wieder zur Armenseelennische zurück und suchte das Sechserl, das ihm entrollt war, weiter.

Das genügte. Natternhorst nickte hämisch mit dem Raubvogelkopf, notierte etwas, und bald würde dem Festgestellten der Pensionsbogen erfolgen. Heute schmeckte Natternhorst der Mitternachtskaffee!

Später stellte er fest, wer ihn verzündet.

Sein Kollege und falscher Freund Natternhorst, der ihn auch um die Stellung gebracht hatte.

Als er sich im Amte beschwerte, sah ihn der Minister eisig an. »Bei den armen Seelen verrichtet man nicht seine große Not ...«

Pferdex

Der Teufel! Was konnte doch dieser Pferdex für Stückeln aufführen! Jeden Moment konnte man sich grün und blau ärgern! Beppo Pferdex! – ja so hieß das Exemplar. Er war so dumm, daß er seine Matura nicht machen konnte, und weil er so dumm war, gab man ihn schließlich seufzend zur Tramway. Was führte Jung-Pferdex dort alles auf!

In seinen verschiedenen saudummen Vorhaben wurde er auch noch vom törichten Wichermann bestärkt. Einmal waren beide Herren schon daran, eine Firma zu gründen, die weiß der Himmel was für abstruses Zeug verfertigen und vertreiben sollte. Zum Glück konnte die Idee nicht durchgeführt werden, da die Handelskammer sich mit Händen und Füßen dagegen sträubte.

Man stelle sich vor: der Firmenname Pferdex & Wichermann! In Großbuchstaben! Womöglich noch in Gold auf Schwarz! Weithin leuchtend! Vielleicht auch noch vertreten auf einer Ausstellung für Futtermittel! Nein, nein, das durfte nicht sein.

Daß er jeden zweiten Tag jetzt beim Geldzählen aus dem Wagen fiel, war das wenigste. Immer trat er den Passagieren auf die Füße, stieß beim Schlingern des elenden Vehikels dort einer Frau an den Eierkorb, daß sie alles Gelb von sich gab und rechts und links ihre Sitznachbarin beim Aussteigen ihre langen Schleimfäden nachzogen. Gleich darauf lag er wieder einer dicken aufgedonnerten Dame mit dem schwitzenden Gesicht am Busen und verhaspelte sich womöglich noch mit der dünnen langen Nase im Ausschnitt, daß die Busige laut quiekte und ihr Mann mit dem Stock zu fuchteln begann. Dort wieder hing am hastig zur hinteren Plattform hastenden Pferdex ein nackter, brüllender Säugling am Taschenschulterriemen, weil er das arme Wurm mit dem Schließhaken aus dem Wickelbett gerissen hatte.

Auf dieser Tramway ging's toll zu. Förmlich: »Gespenstertramway«.
Welch unharmonische Vorgänge auf diesem Transportmittel.

Der Hölzler

I hob eigentlich koan Sproachfehlr. I tia nit stoodern! Nain, i tu
helzeln. Hait zum Beispiel! merkt ma gar nix. Hait red i mi laicht!
Aber: Wia's Wetter wechseln tuat, red i mi nimmer so laicht. Muß
halt damisch aufpassn, daß 's Wetter glaich blaibt.

Eleonora Duse

Die Duse, ein widerwärtig kreischender Nervenpinkel, immer die
Nüstern gebläht, auf der Bühne herumfahrend. Sie hatte irgendwas
– vergleichsweise – von einem wirren, herumgeschleiften Haufen
verrosteter Drähte oder Matratzensprungfedern, wie man das bei
Eisentrödlern sieht.

Baron Polyakovicz

Baron Polyakovicz, der letzte Obersthofmeister der Kaiserin von
Mexiko. Alles hatte sich nach Queretáro zurückgezogen, wo
Polyakovicz seine Kanzlei im Parterre eines alten Barockpalastes
hatte. Seine rechte Hand war der mit der österreichischen Legion
mitgekommene »Amtsdiener« und »Maschiedrumpeter bei Fuß-
waschung« Zmarzil, ein polyglotter Mann, der alle Sprachen genauso wie sein Tschechisch sprach. – Er wurde durchs Fenster mit
einem Lasso weggefangen und verschwand in einem Staubwirbel.
Jahre später soll er als Häuptling eines mexikanischen Stammes –
mit Federschmuck und Tomahawk – wiedergefunden worden sein,

und der ganze Stamm sprach eine Art verdorbenes Tschechisch, ja,
auch in dieser Eigenschaft und diesem Schmuck als Mitglied des
Parlamentes der neuen Republik.

Paris

Eine Gipsstatue des Paris. Zwei Herren schleichen heran und
beschnüffeln den Apfel. Donner und Blitz. Die Statue versinkt. Die
Herren stürzen ins Loch, aus dem es brennt. Schäferpaare kommen
und kochen am Feuer.

Leuchtwursts Geheimnis

Eine Altwiener Geschichte, die atemberaubend vor Spannung
lange niemanden zur Ruhe kommen ließ und deshalb schon (da
viele tiefsinnig wurden) um 1860 polizeilich und über Betreiben der
Irrenärzte unterdrückt wurde.

Tobias Leuchtwurst wohnte in einem vielstöckigen, weitläufigen,
uralten Haus. Bleigraues, fahles Licht beleuchtete schwach die
auch im Sommer stets kalten, unfreundlichen Räume der Wohnung
des alten Herrn.
Rat Nüsterpfennig, ein weit über die Grenzen der Residenz berühmter Numismatiker, hatte mich mit Leuchtwurst bekanntgemacht,
als wir einstens in einem obskuren Gastlokal – »Zur Grundbirn« –
in einem kleinen, aber auserwählten Kreis von Numismatikern
saßen. Am Nebentisch kamen alle Freitäg vier Herren zusammen,
die sämtlich mit dem zweiten Gesicht behaftet waren. Die »Grundbirn« öffnete nicht jedermann ihre Pforten!
Auch die elegantesten Lokale – besonders mondäne Kaffeehäuser
– haben alle ein, zwei, ja mehr wunderliche und geheimnisvolle
Gestalten, die dort bisweilen auftauchen, so wunderlich, daß man
glauben könnte, es seien Revenants, die für ein paar Stunden aus

dem Jenseits kommen, nachschaun, ob der oder der oder die noch dort ihr Wesen treiben. Ich will da nur auf die auch in weiteren Kreisen beobachteten geheimnisvollen »Vier Bocher« hinweisen, die mehrmals im Monat Schlag Mitternacht im Café Carlton in der Maysedergasse auftauchen, schweigend durch die Räume schlendern, erloschen blickend, fast unhörbar mit »die Händ« – flüstern – möcht ich sagen, und dann stirnrunzelnd verschwinden. Nur einmal habe ich den zweitgrößten Bocher ganz flüchtig einen Winterrock prüfend betasten gesehen; vierzehn Tage später lag noch der geringschätzige Ausdruck auf seinem fahlen Antlitz. »Ernst«, habe ich damals den Ober gefragt, »wo sind die vier Bocher?«

Carltonballade (für tiefe Bässe)
Vier Bocher kommen um Mitternacht
geschlichen auf stinkende Socken.
Sie schleichen sach leise,
sie schleichen sach sacht
und lassen durch nichts sich verlocken,
und lassen durch nichts sich verlocken.

Wer lockt schon die Bocher, so frage ich weiter,
wo esoi so geschlichen sach kommen?
Die Nasen so krümp,
de Augen so stümp,
und zu all dem fatalen Gewackel
ewig das Händegeschnackel,
ewig das Händegeschnackel.

Wer versteht se denn schon?
Auch nicht anen Ton …
und schon sind se wieder verschwunden.

Einmal kam ich zu Leuchtwurst. Läute an: »Kann ich Herrn Leuchtwurst sprechen?« Wirtschafterin: »Ja, nehmen S' nur Platz, wann S' auf ihn warten wollen. Muß eh bald kommen … Seit einer

Stunde wart ich schon mit dem Essen auf ihn.« – »Is er denn ausgegangen?« – »Naaa …«, lautete die verlegene Antwort, »das nicht. Er is schon in der Wohnung … Aber seit siebene früh is er schon weg … hat 'n Rucksack gnommen … wenn ihm nur nix zugstoßn is …« – »Aha, is er doch weg … wenn er den Rucksack genommen hat … wie Sie sagen?« Immer verlegener wurde die Frau. »Naa … er is schon in der Wohnung, wie ich sag …« – »Ja, wie groß is denn die Wohnung?!« – »Drei Zimmer.« – »Drei Zimmer? Und da finden Sie ihn nicht?« – »Es is a Kreuz mit 'm Herrn! Einmal is er schon zwei Tag unterwegs gewesen … Halbverhungert is mir hoam kommen … halbverhungert …. Seit damals hat er sich's selber zugschworn, daß er nie mehr ohne Proviant ausgeht … halt … in der Wohnung … uma … geht …« – »Jo … sagen Sie mir …« Aber da kam schon Leuchtwurst ganz erschöpft, wie ein Mann nach einem langen Marsch. Die Tür zog er rasch hinter sich zu und verschloß sie nach einem mißtrauischen Blick auf mich.

Die Mangiacanis

Das Geschlecht der Mangiacanis kann nur jedermann zum Vorbild dienen. Durch eine seit Generationen sorgfältig auf äußerste Ersparnis gerichtete Lebensführung waren sie nach und nach zu hohem Wohlstand, ja, Reichtum gekommen. Ihr Wappen war selten schön und kompliziert. Es zeigte eine Festtafel, an der ein Ritter mit seiner Dame präsidieren. Ein Koch trägt gerade einen Braten auf. Sechs Gäste flüchten davon. In der Helmzier bemerkte man eine Konservenbüchse. –
»Alopex«, sagte die Dame Mangiacani zum ewig zähnestochernden Gatten.

Die Reise zum Tartaros

Zimer Effendi, ein reicher Nichtstuer, war zu seinem Vergnügen persischer Generalkonsul. Schah Nasreddin hatte ihm seinerzeit – als er in Ischl weilte und sich wiederholt in die Schleppe der Kaiserin schneuzte, den persischen Sonnen- und Löwen-Orden zweiter Classe mit (falschen) Brillanten verliehen. Der eitle Zimer, der gerne mit seiner Prunkkolatschen auf Hofbällen herumstolzierte, ließ sich den großen Stern aus echten Steinen machen, was sehr gut 30 000 fl kostete.

Drabek – wie allen, die nahe bei der Südbahn wohnten, entging nichts. Er hatte die Szene selber mit angesehen. Da kam eines Tages Nasreddin. Zimer erwartete ihn groß Willkommen auf der Bahn. Nachdem die ersten Huldigungszeremonien vorüber waren, starrte der krummbeinig watschelnde Despot so auf den Zimerischen Salonstern, daß die Spitze seines Augenlides oben die Stirne berührte. Im Wartesaal nestelte der gütige Kaiser seinen eigenen Stern erster Güte ab, heftete ihn Zimer an den Frack, nicht ohne vorher seine bisherige Dekoration zweiter Güte an sich genommen zu haben. Dann ging er schmunzelnd davon, ohne Zimer auch nur eines Blickes zu würdigen.

Ehe es allzuspät wird, muß ich Euch doch eine Geschichte erzählen, die so ganz ungewöhnlich endet, daß Ihr ja nicht anfangen wollt, von hinten zu lesen. Nicht, ja nicht so zu verstehen, daß einer oder der andre von Euch auf die zwar streng logische aber allzu! barocke Idee käme, dem wackern und bescheidenen Körperteil, den jeder hat, dessen sich mit Recht jeder schämt und den er selten und nur unter scheuen Blicken nennt, eine Brille aufzusetzen!

O lasse jeder dieses Beginnen! es ist völlig unnütz! Nie wird der Wackre Zusammenhängendes lesen, ja, nicht einmal das Buchstabieren erlernen!

Er geht über seinen hirnlosen Horizont. Denn er hat nicht das kleinste bißchen Gehirn und es ist gut so, wie ihr sofort sehen werdet. Nur einmal sah ich in der Tram zur Südbahn, wie sich ein atemloser dicker Herr in heller Pepitahose auf ein Päckchen setzte, das quatschte. Es war Hirn. Der atemlose Bahnfreund hatte eine nette Bescherung an.

Was hatte wohl der jappende Herr wegen dem ersessenen Hirn an der Hose zu Hause anhören müssen! Er, der in seiner Zerstreutheit sich statt mit dem Hirnpaketchen die triefende Glatze zu wischen und sich aufs ohnedies ganz nasse Taschentuch zu setzen, es in seiner Konfusion umgekehrt machte.

Liebe Leser! Verzeiht meine philosophische Betrachtung – verzeiht, daß mich Kant auf die Stirne küßte! Er wird es nie mehr tun! Er hat sich wieder in seine Büste, die mir beim Schreiben so im Weg ist, zurückverwandelt. Als ich hinschielte, schien sie mir noch ein ganz klein wenig zu mümmeln. Dann war sie wieder völlig in Ordnung. Aber ich komme da vom Hundertsten ins Tausendste! Ich wollte Ihnen die Geschichte vom Hofrat Wopalewsky erzählen, der eine entfernte Nichte beim Ballett gehabt haben soll und dem das erste Menetekel just beim Durchqueren der Putschandellucke neben dem Badner Kurpark zu Teil geworden.

Die Lucke ist eine Schlucht im Dolomitenfels.

Es war gegen Abend und glühend heiß. Am Himmel drohte plötzlich ein feuriger Finger. Ein kurzer Knall folgte. Es roch nach Leidener Flasche. Der Hofrat erschrak und verlor das Gebiß. Dann wuchs er einen Moment über sich hinaus, wobei er irgendwie gemenetekelt wurde. Sofort sank er aber wieder zu seiner mittleren Hofratsgröße zusammen und suchte noch lange das Gebiß. Ein Passant fand es, wischte es mit seinem roten Taschentuch ab und wollte es dem Wopalewsky in den Mund schieben. »Nemmen S' nur«, soll er gutmütig gesagt haben. »Denken S' nur, wenn das Hund findet! frißte rote Guttapercha, weil für Fleisch hält und spuckt Zähn aus! die können S' dann kleinweis suchen!« Er kehrte nochmals zurück und bemerkte: »Wann S' es iberhaupt finden.« Wopalewsky, dem das Überirdische – ja was? Aber lassen wir das! Man hat's aus ihm nie herausbekommen. Er verlor sich in mümmelndem Zylinderputzen.

Punkt acht Uhr pflegte er sich bei der »Kohlkreunze« einzufinden, um sein Nachtmahl einzunehmen. An den Tisch des Essenden setzte sich da gerne ein Herr, mager und gelb. Er setzte einen Zwicker auf, sah dem Hofrat auf den Teller, kopfschüttelnd mit dem grämlich wackelnden übergroßen Mund mit den falschen Zähnen, die vielleicht schon weiß der Himmel wem gehört haben mochten.

Ich erwähne das deshalb, weil man in gewissen Lokalitäten öfter emsig mauschelnde Juden sieht, die plötzlich ganze Hände voll falschen Zähnen aus der Westentasche hervorholen und fanatisch glotzend auf das Marmortischchen werfen, worauf man nur gebückte Rücken sieht.

»Schaun Se da, den da! Das war ä Eckzahn von Kaiser Franz! de Abstaubfrau aus der Kappezinergruft …« das andre wird unverständlich.

Drabek – der Name klang eilig – war ein pensionierter Steuerrat. Weil er in der Nähe der Südbahn wohnte, hielt man ihn – fälschlich – für einen Afrikaforscher. Er fuhr nur ab und zu nach Baden, und da er bisweilen ein Schmetterlingsnetz mithatte und einen Trophenhut trug, war das Gemunkel entstanden. Auch ihm kam es zu Ohren. Schließlich glaubte er selbst daran, in Konsequenz des Napoleonischen Wortes, daß nur die stete Wiederholung die einzige Redefigur von Wert ist. Und so ist es. Aus stetig wiederholten unerwiesenen Behauptungen ist so manche Rechtsanschauung entstanden, die nach und nach dermaßen sakrosankt wurde, daß jeder ohne viel Aufhebens eingesperrt wird, der sie erwähnt und etwa dabei mit dem Finger schnippt.

Also: Drabek war imstand, nicht nur die Bissen des Hofrates zu verfolgen, sondern auch ausführlich und tief über seine Schüssel gebeugt etwa zu sagen: »Aha! Steirisches Scheppsernes hamm S' da? ich hab's dem Geruch nach für Kuttelfleck gehalten – aufgewärmt – wissen S'!« Das Abschöpffett auf der Nase, mit der er in dem Moment das Essen des indigniert schimmernden Hofrats berührte. Wieder aufgerichtet sagte er zwinkernd … den Zwicker putzend: »Affenpilaw sollten S' einmal verkosten. Was hat mir der Bey von Tunis jeden Vormittag eins hinieber geschickt ins Hotel zur

Post, wo ich gewohnt hab. Am Schluß hab ich schon meinem Löwen gegeben, dem All-mansor! Oder Nashornschnitzel! Sie – da fällt mir eine Geschichte ein!« Blaß schob Wopalewsky das Schöpserne weg. »Gelten S'? es bockelt! Ja, so ein Brunstschepps!« Jetzt war der Jurist im Hofrat beleidigt. »Herr Drabek«, sagte er. »Was reden Sie da zusammen? Brunstschepps? Wie kann ein Schepps brunsten?« – »Öha«, replizierte Drabek. »Da missen S' nach Oberegypten. Da können S' es abends bei Vollmond röhren hören! und mit die Hörner im Sand wetzen!«

Jetzt fing aber der ordnungsliebende Hofrat zu dozieren an, was juridisch gesehen der Schöps sei. Diese Rechtsdeutung auf den Staatsbürger übertragen habe ganz einschneidende rechtliche Folgen. Nach und nach versammelten sich zwei benachbarte Stammtische um den dozierenden Hofrat, tiefsinnig lauschende Herren und verschämt kichernde Damen.

Ein Stammtisch, dem sich andre Stammtische, angeregt durch den Kautschukmann i.R. Béla Almassy, anschließen, wollen eine Reise zum Tartaros machen, um dort einzusteigen.

»Passen S' auf! die Herren werden verschellen!«

»Ich kenn das! Ich habe dort Leute ausgekehrt, wo hineingeflogen is.«

»Also, Sie wissen, wo's is?«

»Ich werd es Ihnen verraten.«

»Die Nimmesisch is, heer ich, dort auf Sommerfrische.«

Geflüster. »Der Beneidenswerte! Hat die Nimmeschisch g'sehen! hat vielleicht dort an Kaffee bekommen.« – »... Ich war lang genug dort Amtsdiener ... im Tartaros ... Alsdann ... der Tartaros is die Sommerfrische der Nimmesisch! ...« Amtsdiener im Tartaros! – Man sah sich starr an. Herr Béla Almassy zündete sich eine Zigarre zwischen den Füßen durch an, und die beiden englischen Affendarsteller Kotaky kratzten sich zähnefletschend.

Am Nebentisch blickte ein strengbrilliger Herr mißbilligend über die Zeitung.

Behaglich schmunzelnd begann Drabek sein feines Garn zu spinnen. Die Tyrolienne konnte da zu seinen Füßen sitzen, ihre Knie mit den schönen Armen umspannend. Béla von Almassy, eine tiefschwarze Virginia schief im Mund, kratzte sich geschwind noch mit dem eleganten Lackschuh hinterm Ohr, und die beiden Affendarsteller zwinkerten sich in unbeschreiblich rapiden Grimassen zu.

»Alsdann«, hörte man Drabek, »mein Freund, der selige Bey hat jeden Moment ein, zwei Negerkönige zu Besuch bekommen. Da war besonders einer, Schwastlipashtli hat man ihn geheißen, der was ein sehr ein guter meiniger Freund geworden ist. I hab ihn amal von der Firma Betty Gelimberti Ecke der Stiftgassen«, alles nickte, »an Posten unmoderne Damenhüt kommen lassen. Die Freud hättet ihr sehen sollen! Er und seine ganze Freundschaft hat die Wollköpfe voller Federn gehabt! Und dann hat a Hofball stattgfunden. Alle Damen streng verschleiert, dafür aber nabelfrei, damit doch a bisserl Neckerei ist. Ich war sehr befreundet mit mehrere bessere Großwezire. Die Herren spielten den ganzen Tag Tarock, oft, bis der Wüstensand sie verscheuchte.«

Mit allen Anzeichen irren Entsetzens packte er den Hofrat am Arm. »Schaun S' den Lolo an ... der hat ja zwei Köpf ...« Er zitterte mit dem roten Sacktuch. »Saufen S' nicht so viel!« fuhr ihn der Hofrat an. »Wie können S' die Leut so erschrecken!«
Auch später sah er ihn manchmal mißtrauisch an und murmelte, immer wieder scheu hinblickend, Unverständliches in den struppigen Bart.

Szene

»Was für ein Gebimsel,
man hört die Gemsen krähn.
Auf der großen Grimsel
– beim Spazierengehn

– da traf er eine Wimsel
– da war's um ihn geschehn.«
Der Sänger räusperte sich und trank einen großen Schluck und griff
wieder zur Harfe. Doch da trat vom Nebentisch ein Mann auf ihn
zu: »Verzeihen Sie die Störung. Was ist das? Eine Wimsel?« – »Was
fragen Sie mich?« antwortete der Harfner mit trübem Blick. »Wie
soll ich das heute noch wissen?« und kopfschüttelnd sang er weiter:
»An der großen Grimsel
– beim Spazierengehn
– da traf ich eine Wimsel
… ach war die Wimsel schön.«
»Patsch«, schlug er eine Fliege tot und hörte auf zu singen.
Befremdet sah man sich an den Tischen der Gaststube an. »Eine
Wimsel! Eine Wimsel? Einen Gulden fünfzig tät ich geben, wenn
ich wüßt, was eine Wimsel ist.«
Später sang er:
»Auf der großen Gremsel,
sah ich eine Wemsel!
Hätt ich einen Pimsel,
malt ich die schöööne Whymsel
… und dort: ein Gemsel!
Auch da fehlt mir der Pemsel.«

Lohengrin und Amfitrite
Pantomime in drei Aufzügen

NEREUS, der Meeresfürst
AMFITRITE, aus dem Hause
SEINE GEMAHLIN PODARGE, ihre Erbtante, eine Harpie
LOHENGRIN, ein entfernter Neffe des Nereus
HOČEVAR Franz ⎱ zwei berühmte Weise Griechenlands, seine
MOTSCHNIG Franz ⎰ Instruktoren
PIMPOLETTO ⎫
BURATINO ⎬ drei entwurzelte Burschen
SGARGAGNO ⎭
DIE DREI PARZEN

ZWEI ZOFEN DER AMFITRITE
SCHÖNE MÄDCHEN AM HOFE DES NEREUS
ATLANTISCHE TÄNZERINNEN
EIN KÖNIGLICHER HOFFISCH
ZWEI SCHLAMMBEDECKTE KOBOLDE
DER GENIUS DER SEEKRANKHEIT, der den Parzen bei ihren Besuchen
   voranschreitet
SGAUFONAX
SGWASCHGWATSCHIL, Direktor der Seehundtramway
DREI ENTWURZELTE COMÖDIANTEN, ganz in Weiß

Nereus: »Er ist«, so singt Hesiod, »dem Unfug immer geneigt.« Er
hat die Gabe der Weissagung und enthüllt zuweilen die kommenden Ereignisse.
1. Bild. Vier Harlekine spielen scherzend am Meeresufer um eine
große Vase herum »Blinde Kuh«. Sie drehen Touren, schuhplatteln,
etc. Ihnen gesellt sich ein alter, gebrechlicher Sylvan zu, der ein
Stelzbein trägt. Er spielt die Drehleier. Die vier sorglosen Herren
tanzen und bemerken gar nicht, daß zwei düstere Herren im
Gehrock und hohen Zylindern sie, die Arme verschränkt und düster
nickend, betrachten. Pimpoletto tanzt ein Solo.
Da ertönt eine Cantilene vom Meer herüber. Eine Muschelbarke
erscheint, auf der eine Nereide – vielleicht Thetis oder Circe – lässig
hingegossen ist. Zuerst erschien für einen kurzen Moment ein ernst
und wißbegierig blickender Fisch als Vorläufer, auf den der eine
Herr den andren aufmerksam gemacht hatte. Der Fisch bleibt aber
so stehen, daß man seinen Schweif noch aus der Seitenkulisse
hervorragen sieht.
Die Barke bleibt stehen. Da fällt ein rosiges Licht aus einer
auseinandergeschobenen Wolke auf Pimpoletto, der, offenen Mundes, die Nereide anstarrt. Sie wirft ihm eine Kußhand zu. Da fliegt
Amor über das schöne Bild und schießt einen Blumenpfeil auf
Pimpoletto.
Die Barke verschwindet. Die Cantilene verhallt. Pimpoletto blickt
ihr schmachtend nach und wirft Kußhände in die Richtung.
Da dreht der Fisch um und droht mit erhobenem Arm auf den
Götterliebling. Es wird einen Moment dunkler. Ein Schicksals-
motiv ertönt, auch vom Sylvan aufgenommen und von den zwei

düstren Herren auf einem Fagott und mit blechern klingendem Becken wiederholt.

Pimpoletto beschattet die Augen; ist sehr traurig. Seine Freunde trösten ihn; vor allem ziehen sie ihm den Pfeil aus der Wunde und führen vor ihm, um ihn zu zerstreuen, einen Waffentanz auf. Aber, bald wird ihm der Waffentanz zu fad.

Es wird wieder ganz hell. Aus weiter Ferne hört man den süßen Klang der Cantilene.

Da reißt sich Pimpoletto aus dem Kreis seiner Gespielen los und tritt an den äußersten Rand des Ufers. Aber, jetzt wird man mit Schrecken gewahr, daß das schon der breite Rücken des Fisches war, der sich dort tückisch verankert hatte. Der Fisch löst sich vom Ufer und entschwindet mit dem händeringenden Pimpoletto. Seine drei Freunde geben sich am Ufer hilflos ihrem Schmerz hin. Die düstren Herren bestätigen einander das tragische Ereignis, grüßen sich zeremoniell und gehen steif ab, sich beim Souffleurkasten, wo sie verschwinden, den Vortritt anbietend.

2. Bild. Vor Nereus und Thetis

Im unterseeischen Palast des Nereus auf einem Ruhebett liegt halb aufgestützt Thetis. Sie singt im Belcanto, sich dabei die Lippen schminkend und sich im Handspiegel betrachtend. Dann lauscht sie.

Es klopft. Figuren, die bisher als verschwommener Hintergrund erschienen waren, lösen sich los und verschwinden im grünlichen Dämmerlicht. Es klopft. Zwei reizende maritime Zöfchen erscheinen und machen Thetis unter graziösem Tanz darauf aufmerksam, daß es geklopft hat. – Auf einem Tambourin. Sie bitten pantomimisch um die Erlaubnis, dem wiederholten Klopfen zu öffnen. Thetis nickt mit der funkelnden Brillanthand Gewährung; darauf verschwindet sie. Die Pforte springt auf. Zwei schlammige Meerkobolde schieben einen goldenen Käfig herein, in dem Pimpoletto kauert. Die Zofen klatschen vor Freude in die Hände, verbeugen sich vor dem fremden Gast und tanzen mit den Kobolden einige Czardastakte.

Thetis erscheint, betrachtet den netten Ankömmling lange mit dem

Lorgnon und läßt ihn vor den Nymphen von allen Seiten mit bunten Fackeln beleuchten. Pimpoletto führt ganze Serien von graziösen Komplimenten und zierlichen Attitüden vor ihr auf.

Es beginnt ein deutlicher Flirt zwischen beiden. Pimpoletto spielt die Harfe und will Thetis gerade zu Füßen fallen, als die Zofen hervorstürzen und die Gnädige aufmerksam machen, daß Besuch kommt – die Tanten, die Erinnyen. Es wird dunkler. Eine Zofe trägt den Baum mit den Inseparables aus bunten Edelsteinen weg, die so schön singen konnten, und bringt einen Kanarienkäfig mit einem ausgestopften Raben an seine Stelle.
Die Krystallkrone Carls VI. verschwindet. Ein Fackelkronleuchter tritt an seine Stelle. Über Pimpoletto wird ein großer Crepetrauerschleier geworfen.
Die Erinnyen oder Parzen treten herein – mit scheußlichen Handarbeiten – und bekommen Kaffee in ordinären Häferln. Die Unterhaltung ist sehr steif. Plötzlich hebt eine ihre Handarbeit hoch – eine Barchentunterhose. Sie wollen sie der Nichte aufdrängen und sie ihr anprobieren. Sie lüpfen das Gewand der Abwehrenden und sehen mit Entsetzen ihre frivolen Dessous. Inzwischen hat man schon vereinzeltes Schnarchen vernommen. Mitten im Abwehrkampf fällt Pimpoletto um und wälzt sich, verzweifelt im Trauerschleier verhaspelt, am Boden herum.
Wilde verzweifelte Musik.
Der Rabe krächzt mit einer Ratsche.
Pimpoletto hat sich entwirrt. Die Parzen bilden Gruppe des Entsetzens und weisen mit gelben Fingern in Zwirnhalbhandschuhen auf den ertappten Kavalier. Thetis geht hoheitsvoll ab. Die Parzen drohen zum Himmel. Pimpoletto weist sie hinaus und wirft ihre Familienalbums nach.

3. Bild. Neuer Flirt. Wird aber von Lohengrin gestört, der Pimpoletto zum Duell fordert. Pimpoletto läuft davon, und Lohengrin huldigt als Sieger der schönen Seegöttin. Nereiden mit Rosenketten umgeben – von den kupplerischen Zofen geführt – unter berückendem Tanz die Liebenden. Da erscheint, von den Parzen – unter voran-

getragenem Raben auf Stangen – geleitet, Nereus, mit seiner Hörmuschel, in die alle drei Parzen auf einmal sprechen.

Man entwirrt das Liebespaar, und vom erzürnten Eheherrn wird Lohengrin weggewiesen.

Die Zofen schirren zwei Schwäne an, die Hofmeister machen den Neffen reisefertig, und Lohengrin wird in der bekannten Aufmachung von der Schwanenmuschel weggeführt.

Zwei Zofen rollen das silberne Serviertischerl mit der Jause herein. Dem thronenden Nereus wird eine Serviette umgebunden, und kniend reichen die Zofen dem hohen Paar einzeln die leckeren Platten. Da fällt dem Nereus etwas ein. Er stößt ins Muschelhorn. Die Pforte öffnet sich, und zierlich tritt sein Neffe Lohengrin ins Gemach, begleitet von seinen beiden düstren Hofmeistern, die wir schon gesehen haben. Sie korrigieren jede Bewegung ihres Schülers, der unverschämt mit der Tante kokettiert.

Kopfschüttelnd machen sich die Herren darauf aufmerksam.

Heanvogel

Er hörte auf den hundsordinären Namen »Franz«. Auch sein Schreibname »Heanvogel« machte die Sache nicht besser.

Wohlwollende Freunde kamen nach langem Nachsinnen auf die Idee, ihn Francesco zu nennen. Francesco Heanvogel – das klang schon nicht so übel. Der flache Alltag aber schliff das Klingende, ein wenig hochtrabende »Francesco« allmählich zu Tschekerl ab, worüber sich Heanvogel sehr grämte. Er fand wenigstens viel Mitleid. Gehörte er doch zu den sonderbaren Leuten, denen selbst Wildfremde im Vorübergehen etwas an der Kravatte ausbessern, ihn noch einen Moment, zurücktretend, zufrieden betrachten, auch vielleicht ein wenig hin- und herdrehen, um dann schweigend, im Winter vielleicht in angemessenen Intervallen dampfend, ihren eigentlichen Geschäften wieder nachzugehen.

Der alte Heanvogel war aus Mistelbach zugeflattert, wo noch

zahlreiche Heanvögel zu Hause waren und dem guten Weine eifrig zusprachen.

Es war nämlich das »Klein-Mistelbach«, nicht das kleine Mistelbach im Bezirk Gmünd, das noch etwas über hundert Einwohner zählt und seine Post aus Weitra beziehen muß.

Unser Mistelbach aber ist politischer und Gerichtsbezirk. Sein Bürgermeister hieß damals Josef Dunkl und war Ehrenbürger von Pullendorf! Der Pfarrverweser – abgekürzt Pfaw – war Don Winkler, dem Don Holik als Pforv – was Pfarrprovisor bedeutet – assistiert. Im Gemeinderat hatte Kothmayer Franz, sonst Nutzviehhändler, eine mächtige Stimme. Dreißig Katastralgemeinden umfaßte sein Bezirk, das appetitliche Grafensulz etwa zu nennen, wobei jedem nach oben strebenden Anthropophagen der Mund wässern müßte; oder der Markt Gaunersdorf, der sogar eine eigene Post und Station besitzt. Einer der Heanvögel war sogar Ehrenbürger von Gaunersdorf!

Krwoprd

Das Regiment van Gogh war verblutet. Der Tropenhimmel brannte erbarmungslos über der dunstigen Ebene; immer neue Dampfwolken stoben über den Palmen auf. Da und dort klatschte eine Kugel in die Kaktusgruppen, daß grüne Fetzen davonstoben. Rasende Staubwolken bezeichneten die attackierende Cavallerie. Ein kleines Häuflein hagerer, braungebrannter Männer stand jetzt keuchend im Schatten eines großen steinernen Elefantendenkmals, das von Kanonenkugeln arg verstümmelt war. Der Schweiß troff unter den weißen Perücken hervor, ihre roten Uniformen, voll Goldstickereien, waren überall zerrissen; die weißlackierte Bandeliere, in denen beilartig schwere Kommißsäbel steckten, hoben den trostlosen Anblick, den die deplaciert prunkvolle Uniform inmitten dieser Hölle voll Todesgreueln machte.

Die Männer sanken todmüde zu Boden. Es waren der Tambour Wurlicek, Bumber, der türkische Trommler, Powidal, der Trompeter, und Nawratil, der den Schellenbaum meisterte. Lauter Söhne Böhmens, der Rest des Regiments Londonderry, der Rest seiner Regimentsmusik.

»Je, je, wenn man so jetzt in Budweis säßet, beim ›Roten Ochsen‹ oder im alten ›Ungeld‹ zu Prag ... das kommt vom Desertieren — ja, hätten's wir gut gehabt unter der Maria Theresia, ihr bei die Kaiserlichen — verfluchte Werber! jetzt haben s' uns nach Indien verkauft ... 's ganze Regiment ist hin – lauter Behm ... am Schluß wär der Wiskočil noch General gworden ... Je, je.«

Institut Nichtengraus

Man konnte die wundgelaufenen Füße des Verstandes in einem Strudel von falsch angewendeten Fremdworten bei ihr baden, aus dem oft überrankende Gasblasen aufsteigen und der bisweilen den Sinnen wie eine pikante Ragoutsauce schmeichelte.

Ballettidee

Dädalus und Ikarus landen auf einer Wiese. Nymphen wollen Ikarus verzarren. Eine will durchaus mit; er versucht, sie huckpack zu tragen, fällt aber mit Plantsch ins Meer.
Der frühstückende alte Vater schaut aufgeschreckt hin.
Englischer Lord kommt. Will den Apparat kaufen.

Störungen

Ein Liebespaar ist im Park endlich allein.
0) Lehrerin kommt mit dummem Schüler vorbei.
1) Bettelmusikant.

2) Zwei Cavaliere erscheinen völlig stumm, verneigen sich erst artig vor dem Liebespaar und benützen aber den lauschigen Winkel, um sich dort zu duellieren. Im Verlauf des Duells verschwinden sie, haben aber ihren Zweck völlig erreicht.

3) Ihnen folgt ein ganz vermummter Bettelmönch, der einen Klingelbeutel zwischen das Paar hält.

4) Puppenspieler, wo seine Sachen skisartig aufführt.

5) Mann (Skis) mit dressiertem Pudel.

6) Endlich werden die Unglücklichen von einem Feuerfresser belästigt, dem die beginnende Dunkelheit eine gute Folie abgibt.

7) Eine Lehrerin kommt abermals mit dem dummen Schüler vorbei.

8) Die krönende Störung ist dann ein kleines Barockballett.

Vier Personen: Ein gepanzerter römischer Krieger oder Imperator, der einer Oreade, Nymphe oder so was, in gezierten, bizarren Attitüden (aber schnupfend) seine Zuneigung zu erkennen gibt. Ein gemäßigt nackter Amor dirigiert den Flirt, und ein Violinspieler mit Augenschirm tanzt mit. Ist dieses Entremet zu klein, kann etwa ein Parisurteil getanzt werden, was auch sehr störend wirkt.

Casanova
Ballett

Giuletta kommt als kleines Mädchen – Fleckputzerstochter – zum Marchese X, der sie zu seiner Maitresse macht. Er geht als venezianischer Ambassador nach Wien, wo Giuletta allen die Köpfe verdreht.

In einem Park setzt sie sich, von den Sbirren verfolgt, einem ungarischen Oberst aufs Knie, der die als wegen eines Liebesabenteuers verkleideten Kadetten erklärt und die Sbirren mit Säbelhieben verjagt.

Maria Theresia läßt sie ausweisen und droht dem Obersten mit Festung: Apatin.

»In Apatin wird alles hin.
Das echte Gold am Dolman,
wird ninderscht nix als Grienspan!
Der Schnurbort, bisher staif gewixt
durch Feichtigkait wird er geknixt!«
Giuletta als Kadett macht einen Fußfall vor Maria Theresia, die sich
in den Burschen verliebt.

Unser Dümmster

»Jetzt kommt unser Dümmster. Ein hoffnungsloser Fall. Also:
Schuldiener! Lassen Sie das Früchtel herein.«
Eintritt.
»Wie heißest du, Bursche?«
»Schickelgruber Alois.«
»Jetzt bist du zum fünften Mal in der ersten Klasse!«
Alois glotzt blöd.
»Ttt. Ja, ja. Jetzt sag uns, was willst du denn einmal werden?«
»Dehr Firer des deutschen Folkes.«

Der Besuch beim Osterhasen
Ein vatterländisches Weihespiel

Musik nach Motiven Bernhard Buchbinders.

Dieser gibt im Stück dem guten Kaiser eine Klavierstunde, wozu
zwei falsche, bläuliche, soeben aufgetauchte Johanne Strauß geigen
und der Osterhase dem träumenden Kaiser mit seiner Familie
erscheint.
Eine Burgmusik von lauter Osterhasen in Uniform marschiert
heran; zwei ziehen ein schwarz/gelbes Osterei, auf dem der Generalmarsch beim Vorbeidefilieren vor Seiner Majestät geschlagen wird.

Götter in der Mausefalle

Ein Grande von Spanien ist total verkracht. Sein Advokat und Masseverwalter rät ihm, da impotent, eine reiche Amerikanerin zu adoptieren (da er keinen Sohn nach dem Hausgesetz adoptieren darf). Oder: einen reichen, jungen Amerikaner. Der hat eine schwarze Schwester, was der Familie Unglück ist. Er verschwieg nämlich, daß er Quarterone sei (oder: Sie ist hineingeboren worden). Sie besucht ihn eines Tages. Des Granden echter Neffe verliebt sich in sie, die enorm reich ist. Gladys ist bezaubernd hübsch und sehr exzentrisch. Sie bringt den »maxlhaften« degenerierten Erbprinz völlig in ihre Macht.

»Stille Nacht, heilige Nacht ...«

Wahres Vorkommnis am 24. 12. 1902 (?) in einem kleinen Haus nahe der Station Eichgraben bei Neulengbach (Westbahn).
Eine Familie ist vor dem bescheidenen Christbaum versammelt. Bescheidene Geschenke liegen am weißgedeckten Tisch. Vor Aufgehen des Vorhanges hört man eine Klingel und jubelnde Kinderstimmen. Man sieht dann die Kleinen ihre Geschenke betrachten. Vater und Mutter sind gerührt. Lassen das liebliche Weihnachtslied anstimmen.
Mittendrin bröckelt ohne viel Lärm die Wand des dünngebauten Einfamilienhäuschens auseinander und eine Lastzuglokomotive mit leuchtenden Scheinwerfern schiebt sich zischend bis zum Christbaum vor.

Der lange Olaf

Ein Herr geht und immer ober ihm eine kleine Regenwolke.
Oder: Zwei Wolken begegnen sich mit ihren Eignern und grüßen sich mit den Wolkenzylindern aus Watte.

Der lebende Torpedo

Dicker alter Münchner hat sich aus Begeisterung Japan dafür angeboten.

Einzige Bedingung war, daß er in Filzpatschen in den Tod gehen darf.

Am Torpedolanzierapparat liegen zahlreiche Kränze mit Schleifen.

Acht Kerzen brennen daneben. Die Witwe in spe und vier Mädeln bis fünf hinunter weinen (Trauerschleier!) und begleiten mit jämmerlicher, großer Mimik und viel Schnupfen den Chopin-Trauermarsch, der von affenartigen Japsen geblasen wird, die bei den rührenden Stellen grauenhaft ins Publikum schielen (Masken).

Xaver Pfusterwimmer wird umständlich eingeladen und noch mit Krügel Bier und Radi gelabt.

Alles zum Abschuß bereit. Da rattert es Signale. Ein Flugzeug kommt.

Münchner Finanzer erscheint. »Ausladen. Sein Sie der Xaver Pfusterwimmer? Haben Sie schon die heirige Hundesteuer bezahlt?« – »Ja.«

»Alsdann: wieder einladen.«

Feuer!

Alle Damen ohnmächtig.

Die Kerzen werden weggetragen.

Vorhang.

Die Wurstmaschine

Ausstellung. Eine Wurstmaschine wird demonstriert. Ein Metzger schiebt ein künstliches Schwein hinein. Strom wird eingeschaltet. Ein Redner doziert. Fünf dicke Selcher mit Riesenuhrketten stehen um ihn herum. Ein Glockenzeichen: Aus der Maschine kommen Berge von Knackwürsten. Alles ist stolz.

Während sich alles um den Dozierenden drängt, blickt ein dicker Herr neugierig in die offene Maschine. Signal – er verschwindet.

Alles ringt die Hände – man kann die Maschine nicht abstellen.
Signal: Ein Berg Knackwürste sprudelt heraus.
Alle fallen in Ohnmacht.
Vorhang.

Der Besuch des Kaisers

Der österreichische Gesandte am französischen Hof, Graf Hübner
(Hafenbrätl), ist in Fontainebleau Gast Napoleons III. Vor dem
Fenster seines Hochparterrezimmers ist ein Teich. Es ist ein sehr
heißer Augustnachmittag. Er will ruhen, kann aber nicht schlafen.
Blättert in einem Roman. Wirft ihn nervös weg. Gähnt. Hat den
Diplomatenfrack ausgezogen. Langweilt sich fürchterlich. Blickt
zum Fenster hinaus. Vorgespreizte Markise, auf der der Reflex des
Wassers zittert. Da pfeift er leise, holt aus seinem Dossier einen
Angelhaken mit Blechköder, findet eine Schnur und wirft aus. Es
beißt an.
Mühsam windet er einen Riesenkarpfen (kleines Ballettmäderl)
herein, der am Teppich herumspringt.
Im gleichen Moment ertönt die Marseillaise. Viele Schritte nähern
sich seiner Türe. Ratlosigkeit. Dann schiebt er den Karpfen in sein
Bett und stellt sich davor.
Kommt nicht in den Frack. Alles spießt sich. Da öffnet sich die
Flügeltüre. Der Zeremonienmeister klopft dreimal auf.
Der Kaiser kommt, Eugenie am Arm. Hübner deckt das brodelnde
Bett. Die Majestäten sind einen Augenblick perplex. Dann sinkt
Eugenie in Ohnmacht. Napoleon blickt gerunzelter Stirn Hübner
drohend an. Kehrt sich brüsk um.
Alles zeigt ihm, der schließlich vom Karpfen so gestoßen wird, daß
er nach vorn stolpert, den Rücken.
Vorhang.
Vorhang hoch. Alles verbeugt sich. Auch Eugenie. Nur einer jubelt
am Juchhe und wachelt mit dem Hut. Schließlich weist Hübner auf
den Karpfen, der sein Kompliment macht.

Clara von Corfu

Clara von Corfu, eine levantinische Curtisane.
Pantalon delle Bifferi, ein venetianischer Patrizier mit zu kleinem Hut.
Ort: ein dunkles Gäßchen in Venedig.
Zeit: eine schwüle Sommernacht um 1475.
Wechselnde Mondstrahlen.
Pantalon hat etwas von einem ängstlichen Hasen und einen peinlichen Toilettfehler: Ein Hemdzipfel blickt aus der halblangen Hose.
Pantalon sieht sich scheu um und wischt mit einem riesigen roten Sacktuch mit dem Markuslöwen die Glatze. Man hört Degen klirren. Pantalon huscht in eine ganz finstere Ecke. Der Himmel bewahre mich – Banditen, gedungene Mörder …
Das Degenklirren kommt immer näher. Ein schlankes Mädchen in Bubentracht – Carpacciogenre – taucht auf, eine der bedenklichen Erscheinungen des Cinquecentos.
Pantalon zittert laut. Clara erblickt ihn, mustert den Schlotternden, rempelt ihn an, lächelt, scheppert mit den Augen und spricht leise und heiß Ich begehre Deiner …
PANTALON Weh mir – entsetzlich – nie – und nimmer … weiche – von – hinnen –. Ich bin ein – ehrbarer Patrizier – Eh.
CLARA *lockert den Degen* Du … entgehst mir nicht.
PANTALON Eher verschlingt mich der – Ozean.
Er tritt in den Kanal und steht bis zu den Knöcheln im Wasser. Clara zieht ihn am Hemdzipfel zurück.
CLARA Ha! Du glaubst mir zu entrinnen? Mein Palast ist nicht weit – Es soll – eine heiße Nacht werden … ooo! *Sie schüttelt sich wollüstig.* Wie schön.
PANTALON Wää meiner Blume … schone meiner Gicht … Pudicitia mit dem weißen Wiesel behüte mich …

Canzonetta austriaca

Jodelnde Fiakerhermen. Verirrte Resteln der Burgmusik in Arkadien; Wäschermädeln am Styx. Die Erinnyen, die Obererinnye Maske der Tante Olga Sedlakowič. Ihnen wird ein grüner Würstelwagen nachgeführt, auf dem die Schlangen transportiert werden, von einem k. k. Amtsdiener beaufsichtigt.
1) peitschenknallende Fiakerhermen bieten ihre Dienste dem Zigeunerzug Callots an.
2) Ludwig XIV. und sein Hofstaat beim Heurigen.
3) Metternich flüchtet in Sinnen versunken in ein freistehendes ländliches Scheißhäusel, das dann, nachdem es von vier sich Zeichen gebenden Verschwörern (darunter Ungor mit langem Schnurrbort) umstellt wurde, sänftenartig davongetragen wird.

Grazilomomentos, Direktor des Anstandes in der Traumwelt. Der gesetzte Herr ohne Schädeldecke, begleitet von drei Traumzensoren. Die Motive: Ödipus, verfolgt von den Eumeniden, denen ein grüner Würstelwagen Schlangen nachgefahren wird.
1) Machen halt bei der Herme des pensionierten Majors
2) bei der Herme des paschenden Fiakers.
Sechs Marchandmodemädchen tanzen dazu, umschwärmt von Gigerln. Tschanowitsch ist ihr Anführer. Sie fragen sich: »Ührchen???« Da schlägt es zwölf. Gigerln mit zu dicken Thyrsossen ab, flötender nackter Piccolo voraus. Die Eumeniden essen die Schlangen mit Kren.

Beim Überrest des Denkmals treffe ich Philenen.
Allwo die Laub' aus Rosen ist gewölbt,
als Liebesnest voll Düften, zarten Farben
gleich Elfenwangen Pracht.

Ich bin der Schuster Wohanka.
Einst war ich Pah von Schersien.
Ich war auf einem Maskenball,
da gab es, bitte Mordsskandal,
weil man mich aussa gschmissen.

Ode an einen vernickelten Metallgegenstand

Eine junge Rococcomarquise flieht aus der Kulisse und sinkt auf eine Marmorbank, wo sie sofort in traumbeschwerten Halbschlaf versinkt. Die Reverie beginnt.

… So wär ich denn dem Fest entflohn …
weit ab vom Schlosse,
das Philibert de l'Orme
erbaut für meine Ahnen …
Auch dem, dem man mich zugedacht,
bin ich entflohn, Dorante ich,
Marquise la Tour d'Auvergne.
Wißt ihr, vor wem ich floh?
Vor ihm, dem man mich opfern will,
mich junges, junges Ding von sechzehn Jahren,
das vor der Freiheit Türe schmachtend steht,
dem goldgerankten, kostbar Gitterprunk
von Meisterhand geschmiedet und getrieben
… ja … das wohl.
Und wenn's ein Diamantengitter wäre,
ein Gitter aus Rubin, Smaragd, Saphiren,
Morganens Prunkpalast zu zieren,
das Gittertor zu ihren Fabelgärten,
wo Marmorprunk an Götterbildern
im Purpurlicht der Abendsonne leuchtet,
Bassins voll Rosenwasser spiegeln,
Narzissenblütenboote tragend
für Feen und Elfenvolk …
so ist es doch für mich das Tor des Kerkers.
Der Reifrock der Buffanten und Volants,
Arachnes Pracht aus Alençon
und mouches, rubans und Schminke –
das alles Maske bloß – der Sitte Fetzenwerk,
denn drunter bin ich heiß und glatt und ohne Fehl,
wie meine Gliedkusin, die Pantherkatz.
Wie meine Schwestern,

voll der Glut und Grazie gefangen hinter Eisenstäben trauern,
an Schönheit Blumen gleich,
die hoffnungslos verwelken,
bin ich im Käfig drin –
der Zeremonienwelt.
Ich soll die Händ ihm reichen? – ihm?
Dem Fürsten von Biterne-Drepanon?
Sermoneta, Buffavento –
Wie töricht ist sein Taufnam: Januar?
Ich hab ihn nie gesehn …
Clermont-Tonnere – mein Ohm –,
wir nennen ihn bloß Gorgibus,
hat mir ihn ausgesucht.
Diane de Bois d'hyvère, die Base,
die bot ihm Unterstützung,
nachdem ich den Esprit nicht nehmen wollte,
Esprit Calpurninus Nicodeme Marquis von Les Avants et
    crachefleurs,
weil er seit Anfang Mai crétin geworden.
Der König hat's bestätigt.
Wie prunkvoll war das Fest!
Kaskaden schäumten Wein
von Perpignan, Rodez, Ploermel.
Die Tische beugten sich, voll Silber und Crystall
Die Dudelsäcke klangen und der Viole d'amours!
Da war es Descourtis, der meisterte die Hummeln,
und Hotteterres Schaperpfeife klagte süß und ernst.
Es schlangen sich die Tänze
der schönen Masken durch Parterres voll Rosen,
und vor den Taxuswänden
erglänzte Gold und Farbenspiel
der Corisande und des Mezzetin,
des Chitomeneus und des Truffaldin.
Dort Bergeretten – lieblich – in Paniers!
Damon und Phintias siehst du!
Lykas und Marinetten.

Satyre gab es, kosend mit den Nymphen,
Aglante hießen sie, Pherusa, Liriope,
und Nereiden dort, verfolgt von sechzehn Winden!
Da kam, den Finger auf den Lippen,
die liebste Freundin angeschlichen,
die schlanke Herzogin Helione,
die della Cyprière –
und gab das Zeichen mir. –
Ich schwebte weg und sah mich manchmal um,
die Rosenhändchen über Marmor tastend
von Götterbildersockeln,
Bis ich boskettverborgen hier
der Ankunft meines Ritters harre,
des Chevaliers Le … doch halt! kein Name,
des Chevaliers, der mich befreien soll!
Geräusch – er kommt …
Ach nein – das sind ja Cavaliere,
Marquis und Grafen – alle leicht benebelt …
… die um mich schwärmten
jetzt sind sie da … –
Marquis de Brie – ich bitte! nicht so nah …
die Luft ist schwül, *Fächerspiel*
die Nacht wird drückend werden.
Vicomte Camenbert … es ist entsetzlich …
bewahren Sie Distance Sieur Belpaese!
Nein, nein, Gruyère – so kommt man nicht zu Hof!
und was um Sie schwebt – Chevalier Gervais –
ist kaum noch auszudrücken.
… Marchese Gorgonzola, laßt das Saitenspiel!
… la bella Napoli
ich weiß: vorrei morir …
ja, ja genug! verwegner Gorgonzola!
und dort naht Chester
in bleicher Fadheit, ohne animo.
Gut Chester! singen Sie!
plazieren Sie sich – auf jener Marmorbank

nett, was Sie singen ... nett ...
und da – und da! der Ritter Dwarousek ...
weit aus des Ostens Steppen aus Olmüce ...
... I – ich sterbe ... die Sinne schwinden ...
Eine Perolinspritze tritt in Aktion.
Da bist du! Perolin! Perolin, mein Ritter,
sie flohen alle – heißen, heißen Dank!
Sie öffnet die Arme.
Wie schwer du atmest ... welche Leidenschaft ...
mein Liebster ... komm! ...

Ganymed

Ganymed tanzt mit Faunengoldhörndln. Nymphen umschwärmen
ihn und Böcke. Schläft ein. Diana kommt mit Gefolge, hält ihn für
Endymion. Jupiter als Adler trägt ihn empor. Ganymed im Kreis
der Götter.

Ballettfiguren

Zwei Horacke mit zu kurz getragenen, schwimmenden Foxerln.
Die Horacke begegnen sich.
Die Foxeln strecken riesige Zungen heraus.
Ein böser Bub klystiert ein Foxl, das dann wie irrsinnig um den
Horack herumtanzt, bis er zu Fall kommt.

Ballettideen

König Lear
Böser Großfürst tanzt Krakowiak und hält dabei einen Toten-

schädel auf einen Säbel gespießt. Der gute Graf bläst dazu Okarina.

Die drei Hexen kommen, Schottenkappeln mit flatternden Bandeln, auf Hochrädern vorbeigestrampelt.

Grüne Bänder im Zug aufsteigend markieren einen Schlangentanz.

Musikanten geigen auf Roßschädeln.

Monodramen

Die kalte Sophie. Sophiens 33. Liebesnacht.

Otez. Wissen S', das ist aus einer zum Glück (sieht strafend) vergessenen altslawischen Sprache, wie sie am Niederrhein gesprochen wurde. Schaun S', gleich: Rhein! das kommt von griech. res – gleich Katarrh, aber vom altslawischen »haptschieo«, wogegen die Rhone von Rotz …

Er kennt gar keinen Otez. Das ist bloß sein Künstlername (k. k. Önkelkind). Eigentlich heißt er Wibiral. War Sektionsrat im Eisenbahnministerium Chefinspektör der Ringelspiele.

Otez hat eine Sprache erfunden, das Präslawische, das nur er kann. 365 Genklassen, nur die männliche und weibliche nicht. Schionatulander Otez. Er stottert. Blaue Brille.

Andres Stück:

Reichgewordene protzige Familie mit Töchtern clown-fabelhaft kostümierte Damen. Sie haben jede einen Groom, bitte, muß kommen auf kleine Station und versäumen eben Zug. Verkracht. Rittergutsbesitzer mit Monokel wird vom Güterschlächter auf die Leute aufmerksam gemacht.

Stückanfang: Stubenmädel denken auf einen Herrn: Wenn er sich umdreht, malt er üppige Formen und schmunzelt.

Der andre stimmt ihm bei.

148

Aktschluß: Der Onkel (sehr hergerichtet) empfiehlt sich. Aus dem Vorzimmer hört man Abwehrgeflüster des Mädchens und eine Watsche. Hausherr nickt: Da siehst es.

Im öden Gasthaus. Er allein sichtbar. Unterhält sich düster mit unsichtbarem Nebentisch. (Vielleicht die Sache vom lebenden Torpedo.)

Im finstren Raum in ganz schwachen Konturen vier Fehmleute. Sprechen sein Todesurteil aus.

Er wohnt in Gespensterhaus. Dämmerung. Plötzlich starrt er irr geweiteten Auges auf etwas Schreckliches, das näher kommt. Nach wilder Fluchtszene fällt er in Ohnmacht. Zuerst erscheinen im Dämmerlicht zwei schwarze tanzende Kinder. Dann frägt er: Gibt's noch Gespenster? Hohe Stimmen und Gelächter.

Er spricht mit der Bedienerin (unsichtbar) und sagt ihr, sie soll ihn einschließen (spricht vom Bett aus), Hexenschuß. Er sei unbeweglich. Er spricht Reminiszenzen. Da flutet Feuerschein durchs Lichthoffenster. Seine Scheiben springen. Er fällt in Ohnmacht. Vorhang. Wacht im Spital auf. Spricht mit unsichtbarem Nebenbett.

Die lebende Novelle

Personen:
CONTESSE WANDA VON STRAHLENBERG
EXZELLENZ BARON FRUMBESEL, deren Oheim und Vormund
GRAF CASIMIR VON WETTERSTEIN
TANTE AMALIE, DEREN TOCHTER ANNA
ARBOGAST GRAF STRAHLENBERG, Wandas Großvater
TANTE ADELGUNDE
JEAN, der alte gräfliche Kammerdiener
ZWEI ABGEWIESENE FREIER WANDAS
EINE STEHLAMPE
DER MOND
DIE GEISTER DES HAUSES

EIN KLOPFENDES HERZ
EIN GRÜNER FROSCH MIT EINER GRAFENKRONE
EIN HÄSSLICHES BILD
EIN FALSCHER PUDEL

Requisiten:
Die Nase des Königs
Ein Ohr des Königs
Ein Strick
Ein gebrochenes Herz
Ein großes Paket mit Flohkraut
Ein Paar sehr großer Schuhe
Etwas Fersengeld
Ein falscher, großer Floh, Eigentum der Tante Adelgunde
Eine Büchse Zwietrachtsamen
Ein Reibeisen
Viele Hüte des Großvaters
Der Schirm der Tante Amalie
Die Trommel des Regens
Die Pfeife des Windes
Fünf Flaschen mit Wanzengeist etc.
Zwei Zentimeterbänder
Zwei kleine Handbesen
Zwei große Augen zum Herumrollen
Zwei Schnurrbärte
Ein Bückling
Ein Teller Suppe
Ein Schemel
Zwei Eier
Ein großes H
Eine Anstreicherschablone
Ein großer Pinsel
Ein Operngucker
Ein Paket Windeln
Eine Trillerpfeife
Eine Pauke samt Schlägel
Ein Herrenstiefel

Contesse Wanda von Strahlenberg, die letzte ihres Geschlechtes, war heute von tiefer Schwermut befangen. Es war genau so eine unheimliche Nacht gewesen, als der bildschöne Graf Casimir von Wetterstein – mit dem sie sich vor drei Jahren, trotz aller Warnungen ihres Vormundes und Oheims, des ehemaligen Ministers für Kultus und Unterricht, des Freiherrn von Frumbesel, verlobt – hatte, in der Residenz gelegentlich eines Besuches in einem verworfenen Nachtlokal von wahren Sirenen umgarnt, ihr untreu geworden war und sogar den Verlobungsring ... als Zechschuld ... dahingab. Dann allerdings war er, von Scham gefoltert, verschwunden – wohl nach Amerika ausgewandert und dort verkommen, sei es, daß er als falscher Neger in einer Jazzband mitpaukte oder gar in die klebrigen Netze einer Kaugummikönigstochter geraten war. Der treffliche und welterfahrene Frumbesel, der sich nichts vormachen ließ, hatte gleich von Anfang an darauf hingewiesen, daß Casimir von klein auf ein ausgesprochener Strick gewesen war. Wanda sah dies immer wieder vor ihrem geistigen Auge ... und doch hatte sie diesen Strick an ihr Herz gedrückt und ihm den Verlobungsring an den Finger gesteckt.

Vorbei – vorbei. *Der Strick entschwebt.* Ach, Casimir hatte sie im Stich gelassen. Ein häßliches Bild, gegen das sie sich immer wehrte. *Ein häßliches Bild blickt ihr immer wieder über die Schulter.* Zu ihrem Unglück war ihr ihr treuer Pudel (Thomas!) ihr einziger Trost gewesen. Doch, was nützte alles Grübeln! Sie hatte nun einmal ihr Herz an einen Unwürdigen weggeworfen. – Fortan war es zerbrochen.

Dann dachte sie an das verlorene Kinderparadies ihrer Jugend. Wie sie den gütigen Frumbesel – der ein Milchbruder ihres seligen Großvaters gewesen, vor ihr Kinderwägelchen gespannt hatte und mit ihm, trotzdem er wie kein anderer das Ohr des Königs besaß, im Schloßpark herumkutschiert war.

Damals war sie noch ein kleiner grüner Frosch gewesen und hatte noch nichts von der Schlechtigkeit der Männer erfahren. Alle waren gütig zu ihr gewesen, und ihr Großvater hatte sie zu lange behütet. *Es wird ihr ein Hut nach dem andren aufgesetzt.* Dann hatte Tante Amalie, die gerne auf großem Fuß lebte, ihr ihren

151

Schirm geliehen. Und hätte ihr eine Freundin in ihrer Tochter Anna gesucht.

Doch Anna war ihr Wurst.

Aber eine andre Tante, Adelgunde, eine alte Intrigante, versuchte ihr einen Floh ins Ohr zu setzen, daß Tante Amalie alles tun werde, um Wanda an einer Heirat zu verhindern, damit Anna dereinst ihr Vermögen erbe. *Ein großes Paket mit Flohkraut wird ihr überreicht.* Sie hatte im Hause nichts als Zwietracht gesät. *Alte Tante mit großer Büchse, auf der »Zwietracht« steht.* Überhaupt war ihre Lieblingsbeschäftigung, im Hause nichts als Zwietracht zu säen. Wanda war sich klar, daß kein Kraut für ihr Unglück gewachsen war. Vielleicht hatte sie den Grafen Casimir dazu bewegt, einen kleinen Abstecher in die Residenz zu machen? Wie hatte sie sich die Hände gerieben, als sie vom Verschwinden des Verlobten gehört hatte! Wanda wurde sich klar, daß kein Kraut des Vergessens gegen ihr Unglück gewachsen war.

Die Stimmung wurde immer finsterer. Dazu ging auch noch das Licht aus. *Licht nimmt Handschuhe und Stock und geht aus dem Zimmer.*

Der Regen trommelte gegen das Fenster. Dann schlug die Uhr zwölf. Der Wind heulte.

Dann pfiff er schaurig.

Im Kamin rumorte es.

Horch! Im Schloß ging es um. *Tappelnde Schritte* Und die Geister des Hauses erschienen. *Flaschen werden getragen mit Titeln: Seifengeist, Salmiakgeist, Weingeist, Wanzengeist.* Wanda belorgnettiert sie.

Dann aber hörte das Pfeifen auf, und der Mond blickte freundlich durchs Fenster. Der alte Kammerdiener Jean, der im gräflichen Dienste völlig grau geworden war, präsentierte zwei Visitkarten. Schritte wurden hörbar.

Da versteckte sich der Mond, der inzwischen ins Zimmer gekommen war. *Kriecht hinter ein Klubfauteuil.*

Die Grafen Franz und Erwin traten auf und verbeugten sich vor Wanda. Dann aber maßen sie sich finster *mit Zentimeterbändern* und kehrten sich dann den Rücken *mit kleinen Handbesen.*

152

»Ei, Ei! O, O!« sagte da Excellenz Frumbesel, der gleichfalls erschienen war. *Diener öffnete ihm die Salontüre, und er trat mit einem Bückling vor die freudig überraschte Wanda.*
Er wies auf die beiden finstren Gegner und sprach: »Beide hielten bei mir um deine Hand an, aber ich finde da ein Haar in der Suppe. Allein, ich soll dir da einen Brief von jemandem übergeben.« Wanda nahm ihn und brütete über dem Brief. »Erwach aus deinem düstren Brüten«, sprach milde der Oheim, »und schau doch hinein, was drin steht!« Sie las den Brief, wie klopfte da das Herz!
Inzwischen rollten die beiden Rivalen noch einmal die Augen, nagten die Schnurrbärte und gaben Fersengeld. Frumbesel wies darauf hin. Er erklärte Wanda, daß nicht immer alles im Leben leicht ginge. So habe er auch einmal vom König eine Nase bekommen. *Er zog sie aus der Tasche und packte sie behutsam aus einem Sacktuch aus.* Wanda erhob sich und machte einen Hofknicks vor der königlichen Nase.
»Jemand ist im Antichambre!« unterbrach sich Seine Exzellenz. »Ha! was ist das?« *Er hält fragend ein H empor.* Jemand kommt herein.
Graf Casimir tritt ein. Frumbesel will ihn finster mustern. *Nimmt Anstreicherschablone in die Hand.*
Doch Graf Wetterstein wehrt ihn ab. »Wanda!« ruft er, »kannst du mir verzeihen? Ich bin von tiefer Reue innerlich ganz zerrissen.« Doch Wanda macht eine unwillige Gebärde. Frumbesel war ganz nahe zu ihm hingetreten und schnupperte ihn an. »Pfui!« schreit er. »Du riechst nach Alkohol!« – »Ich mußte«, sprach dieser gedrückt, »meinen Schmerz, meine Sehnsucht nach Wanda betäuben … O! legen Excellenz für mich bei der Angebeteten ein gutes Wort ein – sie muß die Meine werden!« – »Nicht eher, als bis du bei den Gebeinen deiner Ahnen schwörst, nie wieder zu trinken!« sprach Frumbesel von oben herab. *Der Kammerdiener hatte ihm einen Schemel zurechtgestellt.* »Das kann ich nicht …« – »Du mußt aber!« Excellenz Frumbesel schwur, daß er ihn trocken legen werde, *der Kammerdiener brachte Windeln herbei*, worauf Contesse Wanda protestierte: »Das kommt später … nicht jetzt – in Gegenwart des Generals.« Doch der Exminister ließ nicht locker und donnerte

Pauke! »Nochmals! dies ist der einzige Weg zu Wandas Herzen!«
Da begann der Graf heftig mit sich zu ringen. Zuerst spuckt er in die
Hände und tanzt herum, um einen guten Griff zu bekommen. Öfter
stößt er dabei an Frumbesel an, der entsetzt zurückweicht. Schließlich versucht der alte Herr, an der Wand in die Höhe zu klettern.
Wetterstein wirft alles mögliche um und verjagt auch den Mond, der
neugierig ein wenig hinter seinem Fauteuil vorgeguckt hatte.
Operngucker
Schwer keuchend kugelt er endlich am Boden herum und wehrt sich
verzweifelt gegen sich selber, bis er mit den Schultern den Boden
berührt.
Schließlich pfeift er, und der Kammerdiener stellt vorsichtig einen
der Stiefel des Grafen Casimir auf dessen Brust, worauf er diskret
deutet.
Casimir hat sich besiegt. Excellenz Frumbesel tupft sich eine Träne
der Rührung aus dem Auge, blickt gen Himmel, gratuliert ihm und
richtet ihn auf.
Jetzt springt Graf Wetterstein völlig auf, stürzt auf Wanda zu und
birgt sein Antlitz in ihrem Schoß.
Lange bleibt er in dieser Stellung.
Und als er sich wieder erhob – siehe! da war er ein andrer!
Veränderte die Maske vollkommen.
Großes Schlußbild.
Alles verneigt sich, auch das Licht, der Mond, die Geister. Der
falsche Pudel bekommt ein Stück Wurst von Fräulein Anna.
Das häßliche Bild wirft Kußhände ins Publikum.

Das Mysterium Danae

Am Hofe des letzten Königs von Cypern wird ein gotisches Fest
aufgeführt.
Während des phantastischen Revuebildes des Goldregens bricht die
Pest aus.
In der Nacht darauf will XY mit der Prinzessin fliehen. In großer

Szene erkennt sie das erste Symptom der Pest im Spiegel, den er ihr reicht – und weist ihn fort. Er aber umarmt sie stürmisch.

Garderobiers

Säuerlberger: Ja, Herr, wenn wir reden derfeten. Aber, mir sein unter Eid.
Der Schnofler Franz, dem ghört die zwoate Galerie. Sehr a rieglsamer Maan. Hat a viel z' klagen … Ja. Herentgegen der Knofel, der hat die vierte Galerie. O mei, o mei. Hat wirklich nix z' lachen. Jo, da wär die Gschicht vom Oanmachhendl. Pletzlich schmeckt der a Oanmachhendl. Hat so an Apatitt krigt. Mei! wo kommt denn heitzutag a Familienvatter zu an Oanmachhendl! Hat er sich denkt. – Weil grad sei Namenstäg war Josef Nährvatter – daß eam d' Frau als Überraschung a Menaschschaln mit seiner Leibspeis wo unter die Budel einigstellt hat. Er geht dem Gschmach nach, schnofelt, schnofelt, immer weiter … und was hat er, nachdem er im Kreis umanandgschmeckt hat, feststellen müssen, daß es die Garderob von an sehr an dicken Herrn gwest is, der was sich vor lauter Schnaufen – wie a Holzschrauffn hat er tan – hat gar nit ausziagn können.

Kreuzfahrerdrama

Beatrix, 14jährig, wird Witwe.
Drei Cavaliere wollen Reich und Mädel erwürfeln. Sie, wild, betrachten Beatrix als Kind. In ihr erwacht die Imperatrix, und sie läßt alle drei hängen und krönt sich selber. Bei dieser Krönung kommt von Norden her ein Tempelritter, der den geradesten Weg zum heiligen Gral sucht. Beatrix verliebt sich in ihn und zieht ihn an ihren Hof. Er bemerkt sie nicht, erfüllt von seiner Mission. Sie geht, bemüht sich um ihn und zeichnet ihn aus. Erfolglos.

Da meldet sich ihre griechische Lieblingssklavin, die ihr, als sie ihr den Liebesgram beim Schlafengehen (Entkleidungsszene), ihren Liebeskummer gesteht, trotz Todesgefahr erklärt, daß sie noch Heidin ist – auf die Gefahr hin, daß Beatrix sie hinrichten läßt. Beatrix ist da nicht Königin, sondern hilfesuchendes Mäderl und willigt ein, bei Aphrodite am Opferfest teilzunehmen.

Szene: Ruine mit Opferfest. Beim Demaskieren wird sie überwältigt von der Kraft der Kultur, und in dem Moment kommt die innere Fähigkeit, diesen Mann zu bekehren. Das will sie tun.

Die Frist drängt.

Durch ihre Überzeugung, daß Aphrodite ihr helfen wird, gewinnt sie seine Beachtung, und diese Störung in seinem Weg nicht Herr über sich werden zu lassen, drängt er weg und will er so rasch als möglich an sein Ziel gelangen.

Mit Mühe hält sie ihn eben durch eine arrangierte gotische Jagd noch zurück. Er verirrt sich im Wald. Sie verkleidet sich als Page; und erscheint, seinen Schutz zu erflehen, da ihr früherer Ritter von den Sarazenen eben erschlagen wurde, und fragt, ob er sie nicht als Edelknabe nimmt. (Jetzt will sie die Krone wegwerfen und sein Edelknabe werden.) Da wird es ernst, Sarazenen kommen von allen Seiten, und sie schützt ihn und fällt.

Er geht wie ein Löwe los und schlägt den Feind in die Flucht und erkennt im sterbenden Pagen die Königin. Schluß.

Die Hundekarte
Ein Kurzdrama

Ein Tramwaywagen in Wien. Ein schnaufender Herr steigt ein. »A Fufzehnfennigkarten!«

Schaffner: »Bedaure, sein ausgangen. Sie müssen halt a Fünfundzwanziger nehmen!«

Der Herr: »Aber ich fahr ja bloß drei Stationen, und dös kost bekanntlich 15 Pfennig!«

Schaffner: »Ja, schon richtig. Aber mir hamm kane Fufzehner. Sie müssen also aussteigen oder a Fünfundzwanziger nehmen.«

Der Herr: »Wie komm i dazu? I bin Famüllenvatter und hab 's Geld nit zum Hinauswerfen.«

Ein Parteimann: »Sind Sie froh, daß der Führer Sie überhaupt auf der Straßenbahn fahren läßt.« Die beiden Hitlerjungen stehen bei der Erwähnung des Führernamens stramm und grüßen. Zwei Bimpfe und zwei deutsche Mädchen: »Mir-daa-nkn-im-Fiera!« Die Fahrgäste legen die Zeitungen weg und schauen der Szene genießerisch zu.

Herr: »Nochmals, warum haben Sie keine Fünfzehner, wozu Sie verpflichtet sind?«

Schaffner halblaut, sich scheu nach dem Parteimann umblickend: »Schaun S' Herr, Sie hamm ja recht ... awa die Karten kommen aus Berlin ... da wir ja beim Großdeutschen Reich san ... und alle Druckereien ... gehören dem Führer ... wir hamm schon seit zwei Monaten kane Fufzehner.« Das Publikum nickt scheu mit dem Kopf. » ... weil ... wie gsagt, alles, was mit ›drucken‹ zusammenhängt ...« Jemand prustet durch die Nase, verbirgt sich aber sofort wieder hinter der Zeitung. Ganz leise: »... dem Führer vorgelegt werden muß.« Ebenso: »... traut sich niemand.« Zuckt die Achseln. »Also der Führer!«

Beim Wort »Führer«, das einige gehört haben, hört man einige »Heil-Hitler«-Rufe. Eine Stimme: »Die deutsche Ordnung. Hat uns grad noch gfehlt.« Der Herr will scheu aussteigen.

Ein Fahrgast: »Geben S' dem Herrn einfach einen Hundefahrschein – einen gelben ... Das kostet dasselbe Geld. Der Herr braucht nicht draufzahlen, und die Straßenbahn bekommt dieselbe Gebühr.« Zum Herrn: »Machen S' Eana nix draus, daß S' als Hund befördert werdn. Verstecken S' Ihna halt hinter die Zeitung, und wann der Revisor kommt und Eanare Karten sieht, bellen S' halt und blicken S' eam treuherzig an.«

Einige Rufe: »Ein salomonisches Urteil.« Der Parteigenosse streng: »Wer spricht da von Salomon? Das ist verboten.«

Schaffner: »Sö, Herr! jetzt gehörn S' af d' vordere Plattform vom Beiwagen.«

Der 30. Juni 1875 in Paris

In Versailles Staatsakt von grundlegender und historischer Bedeutung. Um die definitive Konstituierung der Republik, deren Scheitern die Rückkehr des bourbonischen Königtums in Person Chambords zur Folge gehabt hätte. 353 Stimmen für Republik: 352 dagegen. Die einzige fehlende Stimme war im Haus vorhanden, konnte aber nicht in die Waagschale geworfen werden, weil ihr Inhaber, der königstreue Abgeordnete Leurany mit herabgelassenen Hosen abseits saß.

Und während ihn das Gewissen und die Geschäftsordnung zur Welthistorie rief – auf Zwetschkenkompott oder eine Gurkenmayonnaise fußt die französische Politik.

Cicero braucht den Ausdruck »summus locus civitatis« ... man male sich das Bild aus: Frau Historia findet den Ausdruck ihres Staatswillens auf dem locus.

Don Quichote
Ballett

Don Quichote macht eine Seereise.

Das hat er noch nie gemacht. Was birgt sie für Gefahren? denkt er als kriegserfahrener Mann nach? Wellen kommen unterlauf und wie ihnen begegnen?

1. Die Klippen? umschiffen? Hm, zu wenig Navigationserfahrungen. Wie wär's, wenn man sie selbst unschädlich macht? Also, er geht aufs Schiff. Fährt langsam längs der Klippen und steckt sie mit riesigen Sicherheitsnadeln zusammen. (Scylla und Charybdis)

2. Der böse Meermann. Man sieht Don Qichote im Hafen kleine Ginfässer und schöne Mädchen einladen. Daneben steht seine Frau und droht ihm. Er: »Merde! c'est pas pour moi – c'est pour« – da sieht man den Meeresgott. Da wird sie bleich und läßt es zu. Die Mädchen halten Ausschau. (Um 1300, Gotik)

Meergott taucht auf. Geht an Bord, und Don Qichote geleitet ihn in
eine Saufkabine.

Revue

Ich bin Dämon, bin Götterkind.
Mein Kleid, das ist ein Wirbelwind
und 75 bunte Wirbelwinde rasten
in meinem Kasten.
Und ich bin Fee.
In Sternenflimmer
kleid ich mich immer.

Ich habe auch ein Abendkleid
aus blassem Neid!
Gewisper böser Tanten.
Das sind die Kanten.
Aus rosigen Federn
von Amorettenpopochen
ist meine Boa.
Wen sah ich drüber schmusen:
drei bissige Medusen.
Aus kurzgestutzten Schlangen
troff Blut auf ihre Wangen.
Die zweite Frau vom Zweifel
beliefert jetzt ein Teufel.
Arg lungenkrank mit dünnem Horn,
denn spärlich quillt der Schwefelborn,
was dieser Kerl ihr liefert,
ist durchwegs grün geschiefert.
Verfaulter Kinderleichenstank
das ist ihm Aufputz und Gerank.
Ich bin die Nichte Lucifers,
die Schutzpatronin des Verkehrs

Verborgene Geschlechter,
wer ahnt ihr? Bimpfe, Sechter!

Ehre bläht

A: Reichtum bläht!
B: Was!? bläht.
A: Ja, und treibt! treibt! Jawohl!
B: Trei-eibt?
A: Ehre auch.
B: Wa-ass?! Eh-re ... treibt?
A: Und bläht! bitte!
B: Habe noch nie gehört, daß Ehre bläht.
A: *Und* treibt!
B: Sie zertrümmern Ideale; reißen Götterbilder von den Posta-
   menten ...
A: Apropos: po ...
B: Ja! Po, Postamenten!
A: Sagen das nicht bitte!
B: Doch. Toch! Tochch!!! Nur ein Bube – was Bube? Puh-bä ...
   kann die meskine Behauptung aufstellen, daß Ehre bläht.
A: Und treibt ...
B: Reichtum – meinetwegen.
A: Kein Bube! Claudius hat es gesagt.
B: Aha ... ein verfressener Römer ... Ja, Nachtigallenzungen kön-
   nen das vorher Angedeutete aus dem Westentaschel ...
A: Kein verfressener Römer, die aus ihren Darmverschlingungen
   heraus die Spaghetti ersonnen, diese Projekten obiger böser
   Bilder, dieses zu Kleister gewordenen cauchemars, das all die
   Großen bedrückt, die unsre Klassikerausgaben zahlreich wie
   die Wanzen bevölkern, diese Cäsar, diese Julier, Pompeier,
   Neroe ...
B: Die so an Würmern litten ...
A: Nein! Kein Römer sagt dies. Claudius sagt es, ein teutscher

Dichter! Matthias Claudius! Asmus, oder der Wandsbecker Bote genannt.

B: Wanzen – also doch, vom ewig blauen Himmel belacht …

A: *streng* 1743–1815, zu Hamburg verblichen, aber Sie haben mich nicht ausreden lassen. Sehn Sie, hier steht's: Pharus am Meer des Lebens, Elberfeld, bei Julius Bädeker in Weihestunden zu lesen, pagina 426:

Gesang 1301: »Denn Ehr und Reichtum treibt und bläht – hat mancherlei Gefahren, und vielen hat's das Herz verdreht, die weiland Walter waren!«

Der Ballarrangeur

Der Ballarrangeur ist verzweifelt. Herreninsel und fast lauter Mauerblümchen. Schließlich bricht sogar die Musik ab. Man gehorcht einfach nicht mehr dem Kapellmeister.

Der Arrangeur tobt allein wie ein schwarzer Frosch herum.

Kanoniert mit dem Claque.

Er tanzt dem einzigen Paar voran, das schließlich auch noch hinfliegt.

Verzweifelt und die Stirne trocknend, lehnt er sich an die Wand. Ein Arm hebt sich heraus und beutelt den Arrangeur am Kragen.

Das gestürzte Paar bleibt starr vor Staunen am Boden sitzen.

2. Man sieht in Garderobe, wie sich der Gigerl in eine Rüstung stecken läßt.

3. Daweil treten sechs Metzgerinnen auf. Der Garçon schiebt eine Tafel herein, auf der, wie beim Rindervorbild, die einzelnen Drachenteile mit Nummern bezeichnet sind.

Messertanz der Metzgerinnen.

Der Haupttreffer

Ein armer Student hungert in seinem Zimmer. Machte Bekanntschaft mit hübschem Mädel. Er ist sehr hungrig. »Wo sie nur bleibt?!« Sie kommt, steckt ihm Essen zu.
Klagt über schlechte Behandlung. Der Sohn Zdenko stelle ihr nach. »Brauchst nicht so auf den Zdenko zu eifern.« Die Baronin passe wie ein Haftelmacher auf.
Ein Hausierer kommt. Sie kauft ein Los.

Jause. Telefon im Nebenzimmer. Es klingelt. »Gehn Sie zum Apparat.« Kommt zurück. »Was brauchen Sie so lange! Sie sind reif zur Entlassung.«
Sie nimmt aber nun Platz und sagt zu Herrin: »Bitte Baronin, sich zu bedienen!« Baronin zittert vor Wut. Mädchen: »Aber bitte! nochmals! bedienen Sie sich!« Alles ist aufgesprungen. Jemand sagt: »Freche Person!« Sie, gelassen: »Sie würden gut daran tun, das Haus zu verlassen. Denn: es gehört mir! – Hier sind die Wechsel! Wurden mir eben vorhin eingehändigt! Aber bitte, liebste Baronin, bedienen Sie sich! Sind nun mein Gast.«
Baronin will später haben, daß sie Zdenko heiraten soll. Wird abgelehnt. Sie stattet aber das nette Baronesserl aus, daß sie einen Gottscheer heiraten kann.

Mops Zenobius

Caterina Cornaro. Raimund Lusignan hatte die schöne Melusine geheiratet, zwar ein Gespenst, aber eine Schotterpartie, da sie reiche Schätze hatte.
Helga und Zatta interessieren sich sehr für die Schätze der Melusine.
Wenn Caterina die Tochter der Republik war, in was für einem Verwandtschaftsverhältnis stand diese zur Melusine.
Darüber schrieb ein Jurist ein hochgelahrtes Buch.

Das Märchen vom Mops Zenobius

Rat der Drei. Sitzen an einem Tisch, trommeln bloß nervös mit den Knöcheln. Sekretär schneuzt sich. Endlich sagt einer: »Noch nie drohte San Marco solche Gefahr wie jetzt. Nur einmal: Ihr wißt, als während eines schweren Sturmes, das Wasser wogte über die Piazetten und Gassen, Blitz auf Blitz zuckte vom dunklen Himmel, und niemand war außer den Häusern zu sehen. Da nahte von Palästina her ein Schiff voll Gespenster. Da – wir Menschen werden nie erfahren, welche Gefahr uns drohte – da kam Leben in die eherne Gestalt Sankt Theodors auf der Porphyrsäule, wie blaues Licht schimmerte sein Leib auf; er und andere Heilige fuhren der Galeere des Entsetzens entgegen und vernichteten sie in grausiger Schlacht. Doch heute –« der Greis sah mit starren Augen in die Ferne, die andren Greise folgten seinem Beispiel. Jetzt kehrte der Obergreis zurück und flüsterte: »Als junger Fant – zu jener guten Zeit, da der dämonische Pomponazzi noch nicht an den vier Beinen des Heiligen Stuhles rüttelte, da war ich einst in Dalmatien, zur Jagd, wie es jungen Edelleuten wohl geziemt. Durch dichte Cypressenwälder streiften unsere Scharen, immer bergan, lockige Pagen in goldenen Wämsern, den Falken auf der Faust, Koppeln von Molossern und Rüden. Bunt gekleidete Jäger mit Armbrust und Spieß. Ich verfolgte eine wilde Ziege, die mein Bolzen traf, immer höher ins Geklüft, immer ferner klang der Schall der Hörner, das Geläute der Rüden. Endlich vor Müdigkeit überwältigt, wandte ich mich um und drehte dem Felsen den Rücken. Da sah ich weit über das sonnenglitzernde Meer, sah die goldglitzernden Wogenkämme auf der blauenden Flut, tief unter mir die Bucht, in der unsere Galeeren ankerten, wie rotes Spielzeug im glasgrünen Wasser. War so ins Schauen vertieft, daß ich meiner Wildgais vergaß und erstaunt herumfuhr, als mich eine milde Stimme anrief: ›Messere, was macht Ihr hier oben? Willkommen in Gott, Messere.‹ Ein alter Einsiedler war's. An sonnenbeschienener Felswand hatte er sich ein Schirmdach geflochten. Einsiedler beteten immer Loreto zugewandt. Früher stand Casa Santa hinter Dalmatien, ward von Engeln übers Meer getragen, so wie es einstmals aus Palästina gekommen.« Bei der Erwähnung dieses billigen Transportes mach-

163

ten mehrere der anwesenden Beamten, die als echte Venezianer das
Wunder hauptsächlich vom Standpunkte einer billigen Transport-
gelegenheit betrachteten, eigentümlich begehrliche bedauernde
Schnalzlaute – ein strafender Blick traf sie.
Damals wimmelte Dalmatien von Einsiedlern und Klippenheiligen.
Wo abends an den Felswänden dünner blauer Rauch emporstieg,
da wohnte so ein heiliger Mann, mit seinen wilden Ziegen, seinem
dreifüßigen Bronzetopf, Crucifix und pergamentenen Büchern – oft
Wunder des Pinsels und Feder.
Diese Anachoreten waren oft früher Seeräuber gewesen, lärm-
scheue Bewohner allzu lebendiger Gäßchen, Männer, denen Barbaren die Familien niedergemetzelt, und Leute, denen plötzlich der
Unernst Sansaras, des Satans Spiegeltreiben der Welt, aufgegangen. Der Mönch erzählte ihm, starr gen Loreto gewandt, daß einst
unter harmloser Maske ein teuflischer Plan, ein teuflischer Mops
den Löwen San Marcos verdrängen werde.»Ha! da fuhr unwillkürlich meine Hand an die Klinge –«

Cornaros Fluch: Statt des Markuslöwen soll euch ein Mops beherrschen.
Columbus sah das Mysterium der Wanze.
Columbus: Ein Italiener mußte Amerika entdecken, aber bloß, um
seinem Volk die Wanzen zu bescheren. Nichts weiter.
»Die Lerche Biribimbalos war einst des Mopses Spielgenoß«, sang
ein braunlockiger griechischer Page mit crystallklaren Augen und
spitzbübischem Stumpnäslein.
Mops musele-musel-musello hat einen prächtigen Eckstein, parischer
Marmor, wohl von Pheidias behauen, den man ihm immer nach-
trug – denn gewöhnliche Ecken der Häuser waren ihm zu minder,
bloß die Sockel der Siegesmaste schmeckten ihm, und sein sehn-
lichster Geburtstagswunsch waren die Beine der vier Rosse über
San Marco –; doch niemand aus seiner Umgebung wagte diesem
frevlen Wunsche zu willfahren.
Rapaquetto – Rübchen – hießen seine weiße Losung und wurden
als Amulette teuer bezahlt. Sie sollten, sichtbar getragen, vor dem
bösen Blicke behüten und fanden reißenden Absatz. Tabuletkrämer

priesen abends in den Cafés laut ihre Ware an. – Der greise Doge
hielt's für ein frommes Elfenbeinfigürchen und beugte das gichtische
Knie.

Die Hetäre
Auf einem niedren Ruhebett lag sie, Elfenbein und Ebenholz
eingelegt, drunter stand ein geschweifter silberner Nachttopf,
Praxiteles hatte diesen geschaffen. Aspasia hatte er gehört, manch
römischer Kaiserin, zuletzt die byzantinische Kaiserin Theodora
eignete ihn. Beim Sturme auf Constantinopel zerschmetterte einer
der Tiroler Schützen, die den Kaiserpalast der Blachernen hartnäk-
kig als Letzte verteidigten, einem plündernden Türken damit das
Haupt und weihte das verkannte Gefäß dem heiligen Cassian zu
Brixen. Ein jüdischer Reliquienhändler machte ihn auf sein unpassendes Tun aufmerksam und verhandelte das Prunkgefäß dem
Herzog von Mailand, Galeazzo. Durch Meuchelmord und ein Netz
von Intriguen landete das Töpflein endlich bei ihr, Jocasta Chelidonia.
Stets von Räubern umwittert, deren Augapfel er ward. Ein Brennpunkt des Begehrens ward er für solche, die mit innerm Schauen
begabt waren, ein Wunderding, ein Willenszentrum, ein zauberhafter Topf förmlich von Wunschgeistern umschwirrt.
Daß er im Dunklen leuchtete und sich gespenstische Stimmen
nachts um ihn stritten, war zwar nicht beglaubigt, erhöhte aber nur
seinen Wert.
Jocasta war unruhig. Gewitterwolken standen am Himmel, gegen
Tirol zu, ganz still war es draußen, sonnig und drückend heiß. Im
Nebenzimmer, das auf eine schmale Gasse ging, war ein elfen-
beinernes Riesenschiff, die »Galeere der Leidenschaften«, deren
kühlen glatten Bauch, mit Silbernägelchen gefügt, sie wollüstig
umfaßte. Tausend Wunder gab's an dem Schiffe zu schaun, in den
Cabinen Liebespaare in allen Stellungen, in der Batterie Sterbende und qualverrenkte Verwundete, wie es nach Gefechten
wohl vorkam, im Gallion bedrängte Aborte, die Köche an großen
Herden am Werke. Das Schiff des Lebens war es, das man ihr
geschenkt am Himmelfahrtstage. Kostbare Handschriften hatte sie
über die 7000 Arten der Liebe, auf milchweißes Pergament in

goldenen Farben, von antiken Künstlern gemalt und Persern, Chinesen und Indern.

Beginn: San Fermo spaziert in leichter Rüstung auf dem Markusplatz, von einer Schar Hunde umbellt. Ahasver Tintoretto flüchtet, San Fermozatta begegnet einem andern Cavalier und erwartet das Lob der Hunde. Schön, ja, aber was sind sie gegen Don Zenobio! Was? Don Zenobio? Nun, der Musello di San Marco, nebst andern Titeln führt er auch seit dem letzten Onuphriustage – dem Patron der Möpse – den Beinamen »Das Herzblättchen des Rates der Drei«. Beim nächsten Siriusdurchgang wird ihm zu Ehren ein großes Fest gegeben.

Caterina Cornaro hinterließ einen über alles geliebten Mops – Zenobius. Die Republik mußte ihn hegen, er bekam Kämmerer – man riß sich um die Würde eines Camerlengo di musello – nostro musello – nannten ihn stolz die Venezianer. Der überaus treffliche Zenobio hatte üppig diniert – flugs war seine Gondel zur Stelle – in San Giorgio ging er äußerln und Ecksteine mit dem Marco Leone nannte er Dutzende sein eigen.
Seine Beliebtheit stieg so weit, daß man fürchtete, er werde den Markuslöwen verdrängen, und seit Marino Falieri war es die erste Verschwörung gegen die Republik, die fanatische Parteigänger für ihn conspirierten. Der Rat der Zehn, beunruhigt, ließ eines Nachts von Masken den armen Zenobius erdolchen. –

Bulldog wünscht statt dem Gnobf
sich eine Nase – vorn am Gobf.
Naserl gurz, Ohrerln schlau,
wo vorne ist, macht er wau wau. –

Man findet im Gepäck des Zenobius ein Buch des mystischen Kerinthus, der den doppelten Gott lehrte. Es wird verbrannt.
Giovanni Croce, genannt il Chiozzotto (1560–1609), Schüler Zerbinos an der Markuskirche, schrieb vier- bis siebenstimmige Capricci, auch Improprien, Madrigale.

Zerbino schreibt für Zenobius eine Motette.

Ein ungarische Gesandtschaft kommt und gibt ihm den Titel eines Batschi. Aber es tut nicht gut. Man weist auf die Schlacht der ungarischen Cavallerie gegen die venezianische Flotte im Sommer 843 hin etc.

Vier neapolitanisch-sicilische Dudelsackpfeifer mit klirrendem Blechschmuck strahlend im Abendgold der Sonne San Marcos bringen ihm ein Tanzlied. Violette Lichtergarben, levkojenfarben, vermischt mit bläulichem Rauch der öldampfenden Garküchen, umwirbeln ihre Gestalten.

Zenobius verbellt den Nicolobläser regelmäßig. War Konzert, stellte er sich vor ihm auf und suchte ihn zu verscheuchen.

Früh morgens, wenn der Metzger kam, lag Zenobius bereits am Balkon der Loggia, sein Kommen zu beobachten. Zwei Mohrenjungen fächelten ihn und suchten nach Flöhen.

Famagusta. Hafenszene. Elefant tritt Kranrad. Im Torbogen wohnt eine Curtisane mit rococoantikem Goldschmuck. Inder handeln mit den Trümmern des Colosses von Rhodos /Pesk/. Tausend antike Goldbronzestatuen stehen vor dem gotischen Palaste, funkeln in der Abendsonne.

Laue Nacht. Großer Mond geht auf. Narcissen duften.

Hafenszene: Riesenschiffe, hohe Gestelle von Ballisten, heben sich gelb vom blauen Himmel ab, die vier Türme des Hafenkastelles mit goldenen Kathäusern bestückt. In Hafen reges, tosendes Leben. Ein Mann wird ausgepeitscht, daß die Tauben wirr wegflattern, vor dem Palaste, wo die Desdemona wohnte.

Kamele: Jalowatsch, Schepik, Repik
Boghaslahatsch Zaffarhanboli
Dschümdschümdian Gümülsoglu
Tschermusch Membidsch Schunguskahatsch Erdschasian
Hasankeif Naly-ibn Chatan Bumandsch
Göksünoglu Ysobahatsch. Der ernste Erdschasian führte sie an.
Schumalahadsch Tzülündüloglo

Zenobius ist ein Fohund. Asralische Loge hat ihn der etwas beschränkten Cornaro zugesteckt, um Markuslöwen zu stürzen. Auch Megistos Plethon hatte seine Hand im Spiel. Zwar hieß es, daß einmal ein wunderschönes Mädchen, das den Löwenschwanz des Markuslöwen als Attribut verliehen bekam, dem Christentum schweren Schaden bringen werde (so Diana Vaughan in Trient). Am Onuphriustage – Onophrius ist der Patron der Möpse – gibt ihm die Signoria ein großes Fest.

Grundidee: Mops = Fohund und wurde von der orientalischen Loge nach Westen geschoben, um den Markuslöwen zu stürzen. Kampf gegen das Evangelium.

Man mußte in Venedig – San Marco – angreifen, da Venedig das Tor des Orients war.

Wen gab's Dümmeren als Caterina Cornaro? Der Harmlosen konnte man den Mops, selbst gütig und harmlos, unterschieben.

Zwei Richtungen coincidierten damals: der nähere und fernere Orient; das antike geheime Göttertreiben von Byzanz und der buddhistische Osten.

Die Lockerung der christlichen Macht zeigt sich am Fest, wo der Schönsten der Schwanz des Markuslöwen als Zier verliehen wurde (siehe Leo Taxil).

Das ist Satanismus. (Bemerkungen über das Eingreifen der Satanslogen »Godlike Enchantres«, die indischen Teufelsnonnen und das Haus Savoyen etc. etc. Melusine etc. etc.)

Der Rat der Zehn, der den Einsiedler der Dalmatien, wo die Casa Santa stand, besucht, merkt zum ersten Mal, daß was los ist, das über den Pomponianismus geht.

Marco Polo hatte von Venedig viel in China erzählt und damit auch Anlaß gegeben.

Albrecht Dürer schreibt:
Am Medarditag han ich gar ein feisten Mopperhund abconterfeyhet hab 2 Soldi dafür gelöset und das Essen bekommen wo der Mopper hat nimmer mögen. Hab no nie so fein gessen.

Man sucht ihm eine Frau. Am liebsten eine gesunde Tyrolerin, aus Glurns. Da – im Zwinger der Margarete Maultasch seien prächtige Möpse.

Speisen mit Gold gewürzt, Silberkerzen, Silbergeschirr, Fruchtkörbe. Zuckerpyramiden, Boskette. Lorbeerbäume mit Seidenbändern, silberne Fruchtkörbe. Buffone treten auf.
Jason und das goldene Vließ wurde aufgeführt.
Zenobius verbellt das goldene Lamm.
Auf der Tafel waren Meisterplastiken aus Zuckerwerk. »David mit der Diana streitend« aus vergoldetem Zuckerwerk. Zenobius bittet fort und fort darum. Zobelmumie in einem silbernen Korb.
Carpaccio soll Zenobius malen.
Carmoisinfarbene Seidenstrümpfe.
Pomponius Sicurani machte das Halsband des Zenobius.

Alois Pimeskern

Familienszene. Papa soll gerichtlich blödsinnig erhoben werden. Kaffeetisch, alles seufzt. Ja, der Papa. »Tust schon wieder mit die Füß beten – dummes Kind!«
Szene am Morgen, da des Vater Blödsinn gerichtlich erhoben werden soll. Frühstückstisch. Viele Kinder, die ab und zu wegen zu großer Köpfe umfallen und dann nach einiger Zeit – bis sie den Unfall kapieren – laut plaatzen. Die Mutter seufzt. Der Vater schaut vergnügt einer Fliege nach.
Sie: Ja. Ja. Es ist ein Kreuz. Alsdann Vatter: Merk dir gut alles: also: Wie tust denn heißen tun?
Er: Ha?
Sie: Wi-a-s-d-aßt-hoaßt!
Er: *lächelnd* ... L ... Loisi.
Sie: Nix da: Loisi! A-lois heißt! Merk dir's! A Kreuz mit dem Mann. Weiter: Wie schreibst di denn?
Er: I k-kan net schreim.

Sie: Ja, gut, wiß mer ja, aber wimer schon sagt: Wias di schreibst.
Er: … B-Biwisi …
Sie: Nix da »Bimsi« – Pimeskern heißt. –
Mutter schaut zum Fenster hinaus. Da geht er.
Auf einmal brüllt sie: Jessers, Jessers! *Eine Menschenmenge mit*
Musik umringt den Sträubenden und trägt ihn auf den Schultern
fort: Sie haben ihn für den Wilson gehalten, der sich incognito hier
aufhält.

Meine Nerven

Meine Nerven sind wie eine Harfen, auf der das Schicksal schrecklich tremolierend spielt.

Laokoon im Caféhaus

Als nichts half, wurde die Laokoongruppe von der Feuerwehr
auseinandergejagt. Das war ein Kaffeehaus! Klassisch Empfinden-
de konnten ihre Freude haben! Da sah man in den Parkanlagen
einen Raub der Sabinerinnen vor sich gehen! Es war eine Freude,
das Muskelspiel zu beobachten.
Das Paar torkelte und muskelte immer weiter, bis das klassische
Kunstwerk mit einem lauten Plantsch in den See fiel.
Dann – abgekühlter Begierde – schwamm es (nach langem, schäu-
mendem Gestrampfel) auseinander und wurde – wegen der Nackt-
heit – beim Landen von der Polizei in Gewahrsam genommen.
»Die Herren Narzisse kommen! Bringst blecherne, große Unter-
sätze! Daß sie sich spiegeln können.« – »Die Herren Narzisse
kommen! Pst! Hüsterbold, die Herren sind äußerst zärtlich gegen
sich selbst.« – »Wann kommen s' denn?« – »Sie kommen gern gegen
drei. Früher sind s' nicht recht ausgeschlafen. Dann gehen s' zum
Frisör! Also recht effeminöse Ziefer! Diese Narzehisse!« – »Da
kommen die Herren von Feigenbart Brillat-Savarin!«

Das Steckenpferd des Giganten

In einer Ecke des Salons stand ein riesiger Tropfstein. Von vielen bewundert, auf manche andere wirkte das Exemplar befremdend. So was gehöre nicht in einen Salon, sondern in die Studierstube eines Gelehrten!

Nun – Adolar machte sich nichts aus fremden Kritiken! Sammelte er doch leidenschaftlich auch die kleineren, bunteren Brüder seines Salonstückes, die das Epitheton »Tropf« nicht hatten! Legionen von ihnen durfte er sein eigen nennen – in allen Gemächern seiner Wohnung wimmelte es davon – meist zu malerischen, bunten Gruppen arrangiert. Mancher Besuch hatte den Sonderling schon dabei beobachtet, wie er über sie kosend mit der Hand strich, ja, wunderlicherweise mit ihnen – die leider stumm blieben – plauderte.

Er teilte diesen Sammeleifer übrigens mit illustren Vorbildern! Sogar Goethe war darunter, der selbst Ulriken von Levetzow dafür zu interessieren suchte, indem er die Holde erraten ließ, was dieses oder jenes Exemplar für Tugenden hatte, ob in ihnen Gold, Rubine oder gar Diamanten steckten! Neckisch schob der Greis dem lieblichsten Mädchen noch ein Pfündchen Chocolade darunter und freute sich königlich, wenn sie die schmackhafte Attrappe entdeckte. Oh, über die charmante Neckerei des Weimarschen Olympiers! der seine entzückende Ulrike trotz aller unterschobenen Leckereien nicht heimführen durfte.

Über die Pest

Das Jahr 1346 bezeichnet den Anfang einer Pestpandemie, die sich wie keine andere in der Erinnerung der Völker bewahrt hat. Es war dies der »Schwarze Tod«, der ohne Unterlaß bis 1352 wütete, in Europa über 20 Millionen Menschen dahinraffte und es mit sich brachte, daß die Pest von 1349 bis 1666 in Europa zu einer stehenden, ununterbrochenen Seuche wurde.

Geradezu dämonisch mutet es an, daß dieses Unheil künstlich erregt war, ein Werk des verantwortungslosen Niederrassentums, von Mongolen angestiftet und von mediterraner Habsucht weiterverbreitet.

Wir verdanken dem arabischen Geschichtsschreiber Ibn Batuta die Nachricht, daß diese Pest im Jahre 1332 im Quellgebiet des Ganges angefangen hat. Das genannte Jahr war ein Wallfahrtsjahr, das alle zwölf Jahre wiederkehrt und unzählige Fakire und andere Schmutzfiguren des Ostens mobilisierte.

Die Pest kam dem Westen immer näher, und bei der Belagerung der genuesischen Kolonialstadt Kaffa in der Krim durch die Tataren begann sie Anfang August 1346 in furchtbarster Weise sich zu verbreiten.

Mittelst den von chinesischen Ingenieuren konstruierten Schleudermaschinen warfen die Tataren die Leichen der Pestkranken in die Stadt, damit die Christen von dem unerträglichen Gestank zugrunde gingen. Die Pest flammte in der engen, überfüllten Stadt auf, und was konnte, floh auf Schiffen aus dieser Hölle davon.

Zuerst wurde Konstantinopel verseucht. (Bericht des Kaisers Johannes VI. Kantakuzenos und des Geschichtsschreibers Nikephoros Gregoras 1295–1360) Von dort brachten italienische Handelsschiffe die Pest nach dem übrigen Europa.

Nach dem Bericht des Franziskaners Michael von Piazza wurde Messina zur Einbruchspforte. Zu Anfang Oktober 1347 brachten zwölf genuesische Galeeren das Übel dorthin. Die Messiner flohen und steckten die ganze Insel an; es war so schlimm, daß Trapani, Girgenti, Syracus und Catania menschenleer wurden. Zur gleichen Zeit starben in Neapel 60.000 und in Venedig 100.000 Menschen. Die Letalität betrug dort über 96%. (Bericht von Muratori in: Antiquitates italicae medii aevi, Mailand 1738) Wer sich über den Gang dieses Unglücks näher informieren will, der lese Stickers einzig dastehende Arbeiten nach. (Georg Sticker, Abhandlungen aus der Seuchengeschichte, Gießen 1908, A. Töpelmann)

Immer wieder sehen wir, daß die Seuche im verkommenen Osten oder Süden neu ausbricht, von Mongoloiden und mediterranen Elementen verbreitet wird, diesen Bewahrern des Schmutzes und der Verantwortungslosigkeit. Sogar Namen solcher Unheilsträger hat die Geschichte aufbewahrt. Anfang März 1630 gab eine gewisse Lucrezia Isolana dortselbst einem kranken Soldaten aus Asolo Unterkunft. Er starb an der Pest und bald darauf die Wirtin und ihre Töchter, die sich die Kleider des Verstorbenen geteilt hatten. Von 53.533 Bürgern starben in der Folge 32.903. Das benachbarte Venedig blieb nicht verschont. Dort starben 94.000 Menschen. Ein von einer Spitalswäscherin gestohlenes Taschentuch war der Funke für diesen Brand gewesen.

Fasolt und Fafner

Kaum war ihr Lachen verklungen, als sie in der Ferne Hufschlag vernahmen. Fasolt nahm sein Opernglas und blickte nach dem nahenden Reitersmann. Finster erschien er in der Ferne. Er ritt ein altes Roß, ein schäbiges. »Huch«, sprach da Fasolt, »am Ende ist's Coundrie, die Botin des Grals – aber nein, die reitet den Esel, so kündete mir's der kluge Zauberzwerg Schwapian.« – »Vielleicht ist's Lohe, der tückische – « – »Nein«, sprach da Fasolt, »lang ist seine Gestalt und dürr wie getrocknete Zwetschken, – huhu, am Ende ist's ein Schatten aus Asgard, ein fluchbringender ... oder ist's gar der böse Geist Engelbart«, so seufzte Fafner und zitterte.
Plötzlich war der Reiter vor der Höhle. Gewappnet war er gar prächtig. Mächtig schlug er mit seiner Lanze gegen den Schild, doch das hätte er nicht tun sollen, denn sein Roß brach aus, schrak darüber zusammen und begrub ihn unter seinen Trümmern. Fafner und Fasolt sprangen dem Fremdling bei und flößten dem klappernden Klepper Odol ein, ein Wundertrank, den sie Knullen, dem alten Waldweib, abgenommen hatten. »Äh«, sprach da der fremde Ritter, »bitte, bitte, das Vieh ist nervös, bemühen Sie sich nicht weiter um es. Eigentlich ist es gar kein Reiterpferd, sondern ein bon cheval de comfortable, wie man im Französischen sagen würde ...« – »Ach«, sagte da Fasolt, »Sie sind ein Franzose? Da kann ich mich ja gleich

mit Ihnen in der Aussprache üben, bitte legen Sie doch Ihre Rüstung ab, sie ist aus Email und kann leicht Schaden nehmen.«

»O bitte, bitte, sie ist eigentlich keine Rüstung, es ist ein Kochgeschirr aus der Küche, aber ich hörte, daß hier der Drachenritter Nikolaus ... aus dem Struwelpeter ... aber nein, aus der Schellingburg, ist, und bin ich hergezogen, um zu kämpfen mit Ihnen um die geraubte Jungfrau.«

»Jungfrau?« wiederholte da Fafner. »Aber ja, ich weiß nicht, wie sie heißt und aussieht, wissen Sie, die schöne, die ich so liebe.« – »Aber Sie irren sich, ihren Bruder ...« – »Brrrr ....« knurrte da Fasolt, denn er hatte ihn nicht verstanden. »... Ach, Sie verzeihen«, sagte der andere, ich habe ja gar nichts gesagt ...« – »Ach, wie schön ... So machen Sie sich's doch bequem«, sagte Fafner spitz, »hier ist ein Fauteuil.« Da wagte denn der Fremdling endlich, seine gesenkten Augen aufzuschlagen, während holde Schamröte ihn rosig anhauchte ... Fafner und Fasolt gefielen ihm fast gar nicht, wie sie da wohlig herumsuhlten.

Eigentlich bös sah Fafner nicht aus, eher gelangweilt, seine Tatzen waren sogar wohlgepflegt, und an den Hinterfüßen hatte er weiße Gamaschen. Sein Haupt war von strähnigem Schlangenhaar geschmückt. Auch Fasolt sah eher widerlich als furchtbar aus. Er hatte einen Buckel und wollte immer am Felsen in die Höhe steigen. Von Zeit zu Zeit spie er Rauch aus seinem Rachen und brüllte »indeed«. Darauf bildete er sich sehr viel ein. Unverwundbar war er am ganzen Körper, bis auf die Nase. Die tat ihm immer weh. »Ach, was ich sagen wollte«, sagte da Mauritius gewichtig, »ich bin eigentlich gekommen, um mit Ihnen zu kämpfen, ach, Sie sind mir doch nicht böse darob?« Da sahen sich beide Drachen grimmig an und knurrten leise. Alle drei fürchteten sich sehr. Da flüsterte Fafner dem Fasolt ins Ohr: »He, Mitbruder, mich dürstet nicht nach Blut – ich habe mir unlängst den Magen verdorben – laßt ihn uns betrügen ...«, und zu Mauritius gewendet: »Du magst ihn haben, geh dort in die Nebenhöhle, da hole ihn dir«, und brüsk stieß ihn Fafner in die Nebenhöhle. Da kam ein Knäblein auf ihn zugeflogen, hing sich an seinen Hals, weinte bitterlich und küßte ihn ab. Es hatte einen sehr großen Mund. Glückselig taumelte Mauritius von

174

dannen … Heulendes Lachen und Ströme von Rauch entfuhren den Schlünden des entmenschten Drachenpaares. In der Ferne hörten es die Menschen, bekreuzigten sich und sagten: »Hört ihr den Donner rollen im Gebirge. Wotan schickt Wetter. Falsch kündete Falk, er ist ein Esel.«

Der Mann mit dem eisernen Hintern

Es war einmal ein Mann, ein Jüngling annoch, der wollte ein großer Held werden. Er wünschte sich nichts sehnlicher, als eine eiserne Hand zu besitzen, wie weiland der große Götz. Eine Fee, die ihm gewogen war, versprach ihm einst im Traum einen Wunsch zu erfüllen. »O gütigste Huldin«, hauchte er – »ach, eine eiserne Hand, nur dies, o Herrliche, dies nur.« – »Gut es sei, geh auf den Berg von Tarenz, dort, wo du die blauen Ferner im Sonnendunst erblickst, gegen Süden, wächst das gelbe Eisenkraut, das berühre!«
Jauchzend schritt unser Held durch den dunklen Wald. Flimmernde Sonnenlichter tanzten vor ihm her und zeigten ihm den Weg. Bald stand er oben, am Abhang gen Süden. Dort stand das Eisenkraut. Er wollte sich bücken, es zu berühren, da hörte er silbernes Lachen. Zwei Mädchen huschten vorüber. Er drehte sich im Gefühle kommender Größe voll männlichen Übermutes um. Im selben Augenblicke strauchelte sein Fuß. Eine tückische Kuh hatte dort gedankenlos sich verewigt. Er kann sich nicht halten und mußte sich setzen, rücklings ins Eisenkraut. Voll Unmut will er sich aufraffen. Doch will's nicht gleich glücken. Eine schwere Last hemmt seine Bewegungen. Mühsam schleppt er sich weg – und wie er sich abstauben will, dröhnt es wie Erz. Siedend wallt's zu seinem Herzen. Er berührt das gelbe Kraut, wehe, seine Hand bleibt weich und gelenk, aber ach, sein –
Fast weinend schleicht er sich ins Tal. In einer Taverne setzt er sich donnernd nieder, labt er sich vom schweren Tragen. Mechanisch greift er zu einem Blättchen und liest folgende Annonce: »Junges schönes Mädchen ohne Anhang, 350 Mille, sucht schönen Mann mit

eiserner Constitution. Unter ›Ritter, Tod und Teufelin‹ an die Exp.«

Es war einmal ein Mann, der hatte – sagen wir es grad heraus – einen eisernen Hintern. Er war sehr stolz darauf und hielt sich für einen Helden. Alle Menschen beneideten ihn um diese Gabe, die selbst keiner der antiken Götter hatte. Er ließ sich außerdem diese seltene Schöpfung kunstreich ciselieren und von einem grundgescheiten Schmied facettieren, daß die Schmetterlinge kosend das gleißende Kleinod an den schönen Maitagen umgaukelten.
Ein Mädchen von zauberhafter Schönheit und excentrischem Wesen verliebte sich in ihn und küßte ihn in einer Schäferstunde dorthin. Wehe, wehe, wehe, er bekam und behielt einen Rostfleck. Da grämte er sich tief und suchte alle Künstler auf, den Schaden zu tilgen. Doch keiner konnte es. Endlich kam er zu einem Böttcher, der ihn zu heilen versprach. Der kam auf die verfehlte Idee, ihn heißen Schwefeldämpfen auszusetzen. Die Folge war furchtbar. Unser Held erstrahlte in hellem Winterlicht und wälzte sich rauchend und brüllend auf dem Boden. Im Übermaße seines Schmerzes nahm er ein Sitzbad in einem Eimer, der in der Nähe stand. Wehe, er enthielt Schwefelsäure zur Bereitung von Landweinen. Brausende Wolken von Schwefelwasserstoff wallten auf, ein Blitz, ein Donnerschlag: Wenige rauchende Fetzen zeugten von dem unglücklichen Opfer der Liebe.

II

Einst hatte ich einen Freund, der täglich bleicher und mägerer wurde. Das sonst so feurige Auge ward täglich glanzloser, der ganze Mann schäbiger. Auch seine geistigen Fähigkeiten nahmen langsam, aber stetig, ab. Bloß sein herrliches Musiktalent funkelte aus dem Chaos hervor. Alle Welt weinte und meinte: »An ihm zehrt die Kunst.« Es war aber ein Bandwurm. Ein Bandwurm von seltener Ausdauer und Macht; er war nur Appendix des Wurmes. Eines Tages spielte er mir vor. Chopin. Die letzten melancholischen Töne verklangen. Traumhafte Stille. Plötzlich höre ich ein leises Pfeifen. Was war das? Woher? Sinnend winkte er mit dem Zeigefinger. Sein

176

Bandwurm, der den Radetzkymarsch pfiff. – Das ging über meine
Begriffe. Er spielte weiter, Wagner, donnernd entquoll der Ton den
Tasten, seine Augen funkelten hingerissen von der überirdischen
Pracht der Musik. Plötzlich – was war das? – Der Bandwurm steckte
seinen Kopf lang zu seinem Mund heraus und blätterte die Noten
um – dann verschwand er wieder. – – – Ich war sprachlos.

III

Es war einmal eine Maid, die war eine fromme Christin und lästerte
die heidnischen Götter. Da sie aber durch heftiges Schnüren eine
schmale Taille und dicke Hüften bekam, dünkte sie sich sehr schön,
weiblich und wert, einen Jüngling, dadurch, daß er sie lieben durfte, zu veredeln. Sie fand auch einen solchen, der sehr unerfahren
war. Er liebte sie sehr, da er sie für das Schönste auf Erden hielt. Er
glaubte bald auch nicht mehr an die Götter. Da kam der 10. Juli
heran. Es war ein glühender Tag gewesen. Aus dem goldig flimmernden Staub und den heißen Menschenwogen in den engen
Straßen der Stadt fuhr er fesch im Fiaker nach Döbling zur Villa
seiner Angebeteten. Morgen reiste sie mit dem Kärntner Schnellzug
ab, übermorgen werden schon die blauen Wogen des Sees ihre
rosigen Glieder und die braune Schnürfurche umkosen. Er würde
sie lange nicht sehen, da hatte sie ihm ein letztes Stelldichein
gewährt. Im dunklen Garten traf er sie und kniete vor ihr nieder.
Siegestrunken blickte sie zu ihm nieder. »Ach«, seufzte er, »was
wäre doch Amor gegen so ein Mädchen für ein Patzer, mein
Zuckergoscherl, du bist die Liebesgöttin.« Da sie auch fest davon
überzeugt war, nickte sie nur jungfräulich verschämt. Da – was war
das nur – schon wieder, wie seltsam. Was nur die Leuchtkäfer
wollen? Alle Käfer und Insekten schwirrten und musizierten wie
nie; und der seltsame Duft, wie der bedrückt, wie schwer, wie
violettes Licht. Wie die Luft singt und schwirrt, dem Jüngling
gluckst die Milz, er totenbleich, und starrt auf einen glühenden
Punkt, um den alles saust. Es knospt und blüht auf, die Erde duftet,
da ein Strom von Blüten und Glanz. Im pfauenfarbenen Licht steht
eine schlanke Knabengestalt da, bis zur Nase in koische Schleier
gehüllt. O du koketter schlimmer Bubengott. Leuchtend trifft der

Blitz eines smaragdenen Auges den jungen Herrn. Er schiebt den Schleier über den Mund herab und löst ihn lächelnd mehr und mehr. Herr Meyer wird vor Staunen starr, und die Cravatte wird ihm zu eng. Er stürzt auf das Phantom zu und will – er weiß nicht was – ja, er will. Wollen, daß er will, was er nicht wollen will. Ein goldener Pfeil nach dem anderen blitzt auf ihn nieder, bald sieht er nur noch die funkelnden Zähne zwischen den lächelnden Rubinen. Immer weiter tollt die Jagd da, braust über ihn hinweg, sein Blut springt dampfend auf, und sterbend sieht er noch den glitzernden Smaragdblick.

Das Geheimnis des Rotzweisels

»Also; Sie sind nach wie vor der Ansicht, daß der Name ›Rotzweisel‹ kein Eigen-, beziehungsweise Schreibname ist, sondern ein Amt, einen geheimen Grad bezeichnet? Etwa eine Art Würde?«
Der Angesprochene nickte.
»Einen geheimen Grad vielleicht? Mit Abzeichen? Etwa Kröpfe, ein farbiger Federbusch? Na, ich weiß, Sie sind ein pflichttreuer Staatsdiener und machen keine unzweckmäßigen Meldungen. Sie kennen gehn, Schasdrapil!«
Rat Bocksberger kaute nachdenklich an der Feder. Rätselhaft, rätselhaft.
»Wird ibrigens ein Fressen für den Präsidenten Hinkeldey sein.«
Seufzend nahm er das Einlaufprotokoll vor: » … Iber das unerwünschte Auftreten zahlloser Pickelhäringe ….«

Mexikanisches Rococo

Mädchen mit bernsteinfarbenem Teint und dunklen Augen mit veilchenfarbenem Lüster, in Silbernetzen mit Straußfedern bekleidet, tanzen eine Seguilla oder Habanera zum Spiele zweier Cavaliere.

Der eine meistert einen Baryton aus Acajouholz mit 22 silbernen Saiten, der andere bläst einen Dudelsack aus Goldbrokat mit dem Leiden Christi in Perlenstickerei, von dessen Hummelpfeifen buntseidene Bänder flattern, die sich glänzend vom azurdunklen Himmel abheben. Die Musik wird bizarrer, die Senoritas tanzen den Colibritanz; die hohen goldenen Schnürstiefel aus ornamentiertem Leder – mit mythologischen Szenen – schweben über dem Blumenteppich. Quadrilla Colorado ertönt. Vier staubige Vagabunden mit enormen Sombreros, jeder bloß einäugig, alle mit zu wenig Fingern, bliesen in den marillenfarbenen Tropenabend einen nervenaufpeitschenden, ratternden Fandango. Während der Fermaten leeren je zwei und zwei die Trompete aus. Ab und zu taucht ein älterer feister Cavalier, dessen weiße Perücke seltsam zum Bronceteint contrastierte, aus einem Marmorpavillon auf, schlägt drei Takte mit dem Tambourin, um wieder zu verschwinden. Acaponeta rasten. Die glitzernden Seidenröcke umflogen bis in Brusthöhe ihre Taillen, ihre Diamantschuhe klirrten und klimperten. Die goldenen Schuhe hoben sich phantastisch vom inzwischen kupfergrün gewordenen Abendhimmel ab, während Callaliana die als Hähne costümierten alten Neger mit einer Hetzpeitsche durcheinanderjagte. Kleine creolische Pagen mit hohen Mädchenfrisuren, bloß mit kostbaren Spitzenstrümpfen – Valenciennes – und silbernen Stöckelschuhen bekleidet, streuten silberne Schüsseln voll Vanilleblüten und dunklen Rosen aus. Fraisefarbene Reflexe umspielten die dunklen Gesichter der Mädchen. Der Herr im Pavillon tanzte am Onyxtisch einen Hahnentanz.

Die vier Vagabunden ergriffen vergoldete Fackeln, bei deren sprühendem Leuchten die Senoritas die entsetzten Hühner mit reizend geschulterten Schwertern abstachen und von den Rancheros zum Souper braten ließen. Der feiste Herr im Pavillon lief geschäftig umher, eine damastene Tafel zu decken, als plötzlich Eynhuf auf der Bildfläche erschien. Er war als Statthalbereirat dem Vicekönig attachiert und murmelte: »Seit den ›Drei schiffenden Linzerinnen‹ haben wir nie etwas Aufregenderes gesehen.«

Heinzelmänner

Es gibt eine Hypothekenbank speziell für Belehnung von Spuk-
häusern. Direktor: Heinzelmeister. Heinzelmänner treten immer
an Grenzen auf, meist am Ufer eines Sees, Flusses. Ich sah selbst
zweimal Heinzelmännchen, einmal trottelhaft bunt auf einer Art
Spielereidampfer wirr herumeilen, auf der Donau bei der »Nase«
des Kahlenberges vom Zug aus (1880 oder 1881), das zweitemal
am Wörthersee an schilfigem Ufer, vom Zug aus, etwa 1886.
Diesmal in einem Ruderboot, schmutzig, wie altes Spielzeug. Die
Männchen grau, wie aus Kehricht.
Die Männchen stets etwa spannenhoch.

Der Dämon der Unzucht

Der Dämon der Unzucht feierte seinen 14. Geburtstag. Die Laster-
höhlen Neapels, ja selbst Cairos hatten ihren besseren Abschaum
ausgespien. Auch Krautil, der Geist der ländlichen Gefilde, war
eingeladen worden, doch hoffte man im stillen auf seine Absage.
Natürlich kam er. »Wenzel, Wenzel«, sagte er sich, »heute hast du
dich einmal fein gemacht.«
»– Der Fürst der Finsternis – gehen S', hörn S' auf! Der auf-
geblasene Kerl hat auch einmal klein angfangen, die Famili – sollen
auch einmal nur Barone gewesen sein.« Popelmann, sein Adjutant
(Vogelscheuche), Präsident des Vereines »Vogelscheuche«.
Fahles Dämmern lagerte sich über die Gesellschaft. Die wollüstig
verbogenen Kerzen in den unzüchtigen Candelabern flammten
dünn auf, und glitzernde Augen erwachten zu unbehaglichem
Leben. Der Fürst trat ein. Ein leichter, aber allerdings eiskalter
Bockgestank war plötzlich zu vernehmen, dem unwillkürlich süßes
Cocottenparfum entgegenwirkte.
Ein leichter /Wink/ mit den Augen der Dämonin und süßestes
Cocottenparfum erhob sich. Alles war totenstill und beobachtete
den Kampf der feindlichen Schwaden. P. Mephistofels murmelte:

»Apage, hircule! vincant, florealis cocottarum!« Tribadelina, Trabacellaria der Dämonin – des (Liebes)schiffleins Laternenmagd – trat als erste artig knicksend dem Dämon entgegen und begrüßte ihn mit einem unartigen Gummigebilde, dem gepuderte Locken ein sehr eigenartiges Aussehen gaben.

Der Dämon warf einen seiner rotunterlaufensten Blicke auf die Unverschämte und winkte nach hinten, wo die Trompeter des Grauens mit den Schreckhörnern – voll ciselierter Saturne – seiner harrten. Schon spitzten die Grämlichen die zerfetzten Lippen, um anzusetzen, als Saraschumsian Schusler, der Hornträger und dann Ceremonienmeister war, Grafen Satyriscos Platz machte und dem des Weges kommenden Zwerge heimlich einen Tritt gab.

Der Wortsalat

Eine der amüsantesten und wirkungsvollsten Sprachstörungen, die ihren beneidenswerten Eigner zum Löwen jedes Salons macht.

Wie manchen jungen Mannes Lebensglück ward auf diesen Salat aufgebaut! Man stelle sich vor: Papa, den Fes auf dem Kopf, den Tschibuk in der Hand (schwarzer Salonrock, weiße Weste), wartet bereits im Salon. Hinter der sofort wieder zugezogenen Portiere zum Speisezimmer wird für einen Moment der blonde Wuschelkopf des Töchterchens sichtbar. Es klopft. Atemlose Stille im Speisezimmer. »Herein.« Im Frack, gelbe Glacéhandschuhe, Gardenie im Knopfloch, ein Rosenbukett, mit einer Hand – geschultert wär nicht der Ausdruck –, kommt der strahlende Brautwerber herein. Den Zylinder setzte er auf den Boden: »Momo!« hört man von ihm. »Falsch«, fährt er fort. »Habe natierlich Moment sagen wollen! Apripi Popo – Arpropa Pipi«, erweitert er sofort die Konversation. Das mußte ja kommen. Der Wuschelkopf verschwindet hinter dem Portierenspalt. Er ballt die Fäustlein, beißt ins Spitzentüchlein. Inzwischen rollt sich die Werbung weiter ab; kann sich zu schreckerregenden Abzweigungen, wahren Höllen von Scheußlichkeiten auswachsen. Aber nehmen wir an, Florindo, so wollen wir den

beneidenswerten Werber nennen, hat Maß gehalten, und das Ziel,
das Um-die-Hand-Anhalten, nicht in Schnörkelwollust linguisti-
scher makabrer Teufelsdrecktriller verloren.

Dann passiert das Schlimme: Die Damen stürzen herein: »An mein
Herz, lieber Florindo«, hört man die Mutter. Der aber stammelt
ganz bestimmt: »Magerschwieri« statt Schwiegermama, wenn es
der liebe Leser nicht erraten sollte.

Was sich dann die Liebenden alles – ach, richtiger Florindo ihr ins
Ohr flüstert, darüber haben die Götter ihren Schwamm gebreitet.
Und was ist die Ursache? Eine winzige Störung der von Broca
entdeckten Stelle im Großhirn, nahe vom zwölften Gehirnnerven!
Dort der Sitz der Worttaubheit Kußmauls, der Paraphasie, dem
Wortsalat, über den der eben erwähnte Kußmaul, ein Leipziger,
unterstützt vom Gutzmann und Treitel, so aufschlußreich ge-
schrieben!

Boeuf

I

Boeuf, ein Jüngling, der zu den schönsten Hoffnungen berechtigte,
wurde von Tag zu Tag krummbeiniger. Alles sah ihm mit bedauern-
dem Kopfschütteln nach, hatte er doch für die kommende Zierde
des Städtchens gegolten, in jeder Beziehung!

Selbst Fachgelehrte bezeichneten ihn als einen zweiten Nietzsche,
hatte er doch schon in jungen Jahren ein epochales Werk geschrieben: »Also sprach Zarathustra«, dem in kurzem Abstand »Mensch
und Übermensch« folgte. Geflügelt wurde auch bald das Wort des
damals knapp 16jährigen: »Wenn du zum Weibe gehst, vergiß den
Speichel nicht.« Wir dürfen uns ja nicht am Schlüpfrigen, am
Unpassenden dieses geistvollen Bonmots stoßen! Bewahre! In der
ersten Lesung hieß nämlich der Satz: »… den Spiegel nicht!« Nun
hatte Boeuf einen Jugendfreund dieses Namens, der, von galizischen
Eltern abstammend, noch in der 1. Klasse Speichel geheißen hatte.
Lediglich um einerseits dem Jugendfreunde ein Denkmal zu setzen,
andererseits um nicht eine Unwahrheit zu schreiben, entstand

obige geistvolle Sentenz – aber genug von der philosophischen Seite Boeufs gesprochen. Er hieß auch – das mehr bei den jungen Mädchen des Städtchens – der zweite Heine, auch dies nicht ganz ohne Unberechtigtheit.

Das zunehmende körperliche Übel Boeufs beschäftigte und bekümmerte das ganze Städtchen. Der riet dies, jener dieses; ein findiger Schlossermeister konstruierte eine mächtige Construction von Schirm und Schrauben, daß Boeuf von der Taille abwärts aussah wie ein alter Ritter, ein Zimmermann dagegen eine Art Verdübelung aus Hartholz, die Boeufen einen unbeholfenen Gang gab, und die einmal gerade da polternd zur Erde fiel, als der gütige Landesfürst die Stadt besuchte.

Der hohe Herr erschrak, weil er an ein Attentat glaubte, und Boeuf, der im Gehrock und mit Bukett vor ihm stand, war plötzlich bedeutend kleiner geworden.

Eine ausgleichende Gerechtigkeit wollte es, daß Boeuf zum Trost zwei gute Freunde bekommen sollte. Florestan und Livius von Ghitzy, feurige Madyaren, die beide schwer krummbeinig an die Universität des Städtchens geritten kamen. Später gesellte sich ihm als vierter im Kleeblatt ein ansehnlicher Jüngling, Philibert Pfnausenhorn, dazu, mit Adlernase und Blähhals, gleich dem jungen Boeuf.

II

Etwas Idyllischeres als den kikakerischen Landsitz konnte man sich nicht denken. Auf einer mäßigen Anhöhe gelegen stand das alte Herrenhaus, ein weißgetünchter gemütlicher Bau mit hohem nachgedunkelten Ziegeldach. Die Fensterscheiben blitzten weit über den blauen See, der sich zu Füßen des Herrensitzes sehr stattlich ausdehnte. Vereinzelte Lärchen im ausgedehnten Rosengarten betonten den alpinen Charakter der Landschaft, die im Hintergrunde die blaue Silhouette des Hochgebirges zeigte.

Die Kikakerischen waren reizende Leute. Er, Bartolomäus Eusebius Vornegrad Paphlagonius Kreuzhintenhohl war ein Edelmann vom alten Schlag, mit einem meterlangen Vollbarte und einer silbernen Schädelplatte, da ihm eine Kanonenkugel vor dem Feind den halben Kopf etc. – man hatte die Sache schon sattsam gehört. Die Schloßherrin, Clara Pomona, eine geborene Chaibischärl – Schweizer Uradel – sah nicht minder stattlich neben dem Gemahl, dem Vollbart angepaßt, aus. Die Kinder, Caspar und Müllchen!

Caspar, eine Kreuzung zwischen Stierkalb und Bär, rückte einst, als Mamachen beim Jausenkaffee über die Sonne klagte und nach einem Schirm verlangte, kurzerhand das ganze Lusthaus mit den tafelnden Prassern in den Schatten und liebte es, Türklinken in spaßige Formen zu drehen. Müllchen dagegen – nein, das Batisthöschen einer Elfe war gegen sie ein rauhes Lodengewand – so zart und schmächtig war das Mädchen. Nur war sie etwas sinnlich. Und trotzdem trank Müllchen.

Jeden Moment konnte man das biegsame Figürchen mit den unwahrscheinlichen großen Blauaugen selig in den Äther starrend im smaragdenen Gras oder zwischen Rosen liegend finden, in hingebendster Attitüde, oft das eine Feenbrüstchen entblößt, mit Blumen oder Rosenkäfern tändelnd, das leere Fläschchen Madeira neben sich im Grase. Dann kam es wohl vor, daß Caspar geschwind eine der mächtigen Marmorfiguren nebst Sockel vor das Schwesterchen stellte.

Wenn an solchen Tage beim Gold der scheidenden Sonne der Vater durch den Ziergarten ging, und er eine Veränderung in der Anordnung der steinernen Götterbilder und Allegorien bemerkte, da konnte er wohl grollend stehn bleiben und lange leise fluchen. Schließlich nahm er den breit schattenden Basthut vom Silberhaupte, zwirbelte den mächtigen Bart, verschränkte, mit dem Kopfe nickend, die Arme und seufzte lange und tief.

Und die Sonne schied glutrot, glitzernd auf der Silberplatte des Greises, auf der bisweilen ein fürwitziger Heuschreck ängstlich nach Halt suchte.

Dann klang das Abendglöckchen; aus dem tulpenförmigen Rauchfang des Schlößchens wirbelte blauer Rauch, und lustiges Kichern ertönte, wenn der Bruder mit dem Schwesterchen vor dem Abendessen noch geschwind ein bißchen Ball spielte, daß das Kind hoch über die Taxushecken zu den lieblich zwitschernden Vögelchen emporflog oder von Fledermäusen umhuscht war. Hörte das Mädchen zu fliegen auf, ertönte regelmäßig das Läuten eines mächtigen Gongs; wieder war es der Enakssohn von Bruder, der sich auf die Art nützlich betätigte.

Eben wollte der glückliche Vater dieser nicht alltäglichen Kinder dem Rufe seines Magens, des Glöckchens und des Gonges folgen, als seine Aufmerksamkeit durch etwas am goldenen Gittertor seines Gartens voll und ganz gefesselt wurde.

Ein Reiter in reicher Tracht kurbettierte ein paarmal vor dem Tor auf und ab, dann, noch ehe der diensteifrig herbeigeeilte Obergärtner öffnen konnte, setzte der geschmeidige Jüngling über das Tor.

Der alte Gärtner erschrak. Der Jüngling beugte sich zum Ohr des Greises, man sah, er sprach Wichtiges, zückte dann noch drohend ein Pistol gegen die Stirne des tödlich Erschrockenen und verließ, genau wie er gekommen, den friedlichen Blumengarten Kikakers.

»Hüm, hüm, sonderbar«, äußerte begreiflicherweise der uns schon etwas vertraute Silberkopf zu sich selber. »Warten wir, was uns Gurkenbims«, so schrieb sich der Gärtner, »berichten wird«, denn der Genannte schaufelte auf kurzen Beinen zum Brotherrn heran. Angekommen flüsterte er dem Grundherrn, die grobe braune Hand als sordinierenden Paravent benutzend, eine Meldung ins Ohr, eine Meldung, die Stirnerunzeln hervorrief. »Und bei deinem Leben mußt du schwören, nie niemandem niemals nichts zu verraten? E! E! Hüm.«

Beide Männer starrten lang ins symphonische Farbspiel des Abendleuchtens. Dann beschenkte der Greis den Gärtner mit kleiner Münze in mäßigem Ausmaß und trat durch das weiße Lackwerk des Torbaues in den Speisesaal, der sich weiß, gold und blau vor ihm auftat.

»Mücken – also die kann's meinetwegen geben so viele als sie wollen – nur keine Hornisten nicht!« – streng sah sich eine dicke Dame, die also gesprochen, an der Tafel um. »Siebene, ja, siebene! von denen dort stechen leicht ein Roß. Und dreie – keine mehr! – einen Menschen, oder, wenn er nicht umkommt, bleibt er blöd, wie eine meinige Tant, die haben drei Hornisten gestochn, wie's auf Sommerfrische in Muckenhübl war, ja wohl. Was braucht s' auch nach Muckenhübl gehn, wo eh der einzige Spaziergang das Websental ist …«

»Maman, tetoi«, flüsterte ein junges Mädchen der erregt schnaubenden Dame zu, »neparlpa tel kriotäs, leschanperlapeti!«

»Apropos Wepsental!« schnitzte ein dürrer Herr den zähen Rundkäs der Unterhaltung an, »was macht denn der beneidenswerte Besitzer von Schloß Wespenhorst, der Baron … der Baron … der Baron …« Eisig sahen die Versammelten den hilflos den Namen Suchenden an. »Öder Schwätzer«, hörte man einen leisen Baß. Der Dürre fuhr wie von einer Tarantel gestochen auf. »Herr«, zischte er, »Herr, das werden Sie büßen … Sie müssen mir vor die Pischtole! Noch heute abend.« – »… Um Himmelswillen …«, stöhnte die dicke Dame, »ich seh schon die Pixtolen krachen … Herr Kikaker – hindern S' es, hindern S' es.« Im selben Moment ging die Türe auf, und ein Herr trat ein, grau in grau, spitzes Gesicht, bartlos, bloß eine grau spitzgedrehte Mouche zu Füßen der Unterlippe. »Dr. Windkäse mein Name – 'zeihung, wenn ich störe – habe mich verirrt – irre seit Stunden in der Gegend umher – kam Rosengarten, sah Haus, 'zeihung, wenn ich störe …«

»… Bitte nehmen Sie Platz – seien Sie willkommen.« So lud ihn der gastliche Hausherr zum Abendbrot ein.

Treue

Vier Hofräte sangen immer an derselben Stelle im Walde mit starren, himmelwärts verklärten Augen. Einer gab Takt, diskret, fein. Es war die Stelle, wo man einst eine Kaiserfäkalie fand.
Noch heute, nach Jahrzehnten, hört man zirpend, wie weitverklärt, den Gesang der alten Herrn und sieht die fadenscheinigen Greise noch immer dort singen. Ein Kaktusfeuer schwelt; weit sieht man über die Ruinen von Triest.
Das Danaidenfaß war ins Rollen gekommen. Horchen Sie! Heute, das Concert! was? Wir haben aber auch seit soeben die große

Trommel vom Ministerium der schönen Künste und der Volks-
bildung bewilligt bekommen! Hat jahrelang gedauert – sie kennen
ja die italienischen Verhältnisse! Aber, horchen Sie nur!

Es war der sogenannte »Kleine Dezember«, der nur in ungarischen
Kalendern verzeichnet ist; manche behaupten, es seien Reste des
Novembers, manche wieder, eines späten Oktobers – aus Schalt-
jahren, wie dem auch sei, man duldet ihn aus Convenienz gegen das
tapfere Volk, das durch kosmische Csardastakte viel zu weit nach
Westen vorgetanzt war.

Domitian Doppelhör

Herr Doppelhör wohnte in der großen Bombardierkäfergasse. Einst
hauste dort ein verwachsener Sonderling, von dem man nicht recht
wußte, was er tat. Man munkelte allerlei; niemand, außer zwei
schwerhörigen buckligen Vetteln, kam ins Haus. Als er starb, erbte,
zum allgemeinen Erstaunen, die Stadt ein ungeheures Vermögen.
– Quichlohradez, so hieß der wunderliche Greis, hatte in 60jähriger
rastloser Tätigkeit sein Vermögen mit eigenartiger, vielleicht einzig
dastehender Weise geschaffen. Wer wäre denn auch auf die ausgefallene Idee gekommen (außer ihm), Bombardierkäfer zu züch-
ten?! Männiglich (jedermann) lernte in den unteren Gymnasium-
classen, daß es solche Käfer gebe; aber gesehen hat ihn wohl kaum
einer – muß schon sagen: Jubilate (Laetare) Sonntag. Kind! Vom
Hercules- oder Nashornkäfer gar nicht zu reden. Man wollte
nämlich diese lukrative Tätigkeit fortsetzen. (Einige Stadtväter, die
bekannt immer von geradezu ekelhafter Geldgier sind.) Aus seiner
Geschäfts-Correspondenz konnte man nichts entnehmen, da sie in
einer unbekannten, allerdings dem sogenannten Kuchelarabisch
ähnlichen Schrift verfaßt war. Poststempel wiesen auf Alexandria
hin. (Er stand in Verbindung mit dem Sachsen, der dort einen
Basilisken genährt hatte.) Von dort bezog er ab und zu kleine
Eiersendungen, wohl Bombardierkäfereier. Die Stadt mußte je-

doch in einen etwas sauren Apfel beißen: Im Testament war ausdrücklich gefordert, daß die Straße, in der der Verewigte gewohnt hatte, den Namen »Bombardierkäfergasse« zu führen habe.

Man kann sich denken, was für erregte Kämpfe darüber ausgefochten werden mußten. Lächerlich blieb es immer, aber schließlich, der schnöde, schnöde Mammon fiel allzuschwer ins Gewicht, und jeder Stadtratsfrau war ein Seidenkleid zugesichert worden. Fatal war nur der Zusatz »bombardierkäferdunstbläulicher Stoff«.

Familie Würstelschirm

Und der Herr leerte die Schale seines Zornes aus.

Und wen traf deren Inhalt in überreichem Maße? Niemanden anders als die bedauernswerte Familie Würstelschirm. Wer sie waren? – Wir müssen da weit ausholen. Der Gründer der Familie – damals schrieb er sich übrigens anders – kam zur Zeit, da noch die Damen hohe gepuderte Frisuren und Schäferleibe trugen und auf den Marktplätzen Delinquenten mit glühenden Zangen gezwickt wurden, in die Stadt und betrieb das ehrsame Gewerbe eines italienischen Knopfhändlers. Zu jener Zeit nannte man diese Leute Gobbi, deshalb, weil zuerst venezianische Bucklige dieses Handelsprivileg hatten. Zum Lohn dafür, daß einmal dem heilige Markus, – als charakteristisch für die italienische Unordnung – plötzlich der Altar fehlte und er auf dem Rücken eines solchen Männleins die heilige Festmesse las.

Der Mann war von ganz ungeahnten Unglücksfällen förmlich verfolgt, da er ein anrüchiges Unglückshaus gekauft hatte, von dessen Vorgeschichte man ihm, dem fremden Zugewanderten, begreiflicherweise nichts erzählt hatte. Sein Hauptunglück war, daß einstmals zur Kaiserkrönung Karls VII. einige tausend runde, mit Seide überzogene Zierknöpfe bei ihm bestellt wurden, und ein findiger Geselle, dessen Name so ähnlich wie Kronich gelautet haben soll, ihm die Originalfüllknöpfe stahl und trockenen Hasenkot mit dem Stoff überzog. Unglückseligerweise tauchte während des Krönungszuges plötzlich ein kleines, nur diesen gründlich durchnässendes Gewitter auf – die Knöpfe verloren die Fasson. Dutzende von Stutzern fielen in Ohnmacht – man kann sich den Skandal denken.

Der verbogene Achter

Einer hat eine neue Zahl entdeckt, und zwar einen verbogenen Achter. Er war sehr stolz, wußte aber bei späterem Nachdenken nicht, was er mit dieser Zahl anfangen sollte.

Auf den Rat eines alten, schlauen Juden bot er sie einem wohlhabenden Sonderling und Privatgelehrten gegen eine einmalige Abfertigung an.

Der Mann setzte seine schärfsten Gläser auf und beschnüffelte lang das sonderbare Zeichen. Dann schaute er murrend auf, ging zu einer Bücherstelle und durchschnoberte brummend Wälzer auf Wälzer. Soll es das Allohobium tatradummastikon sein, die aoristische Füllzahl, von der die Spätalexandriner Monomastus Archidrakononymus und Katabalistos von Ismene sprachen? Die dem Mysterium der sieben Vocale zeitlebens nachforschten?

Hetty Fortner

Die bildhübsche Tänzerin Hetty Fortner, bestimmt der Glanzpunkt des Münchner Ballettes, hatte wie alle ihre Kolleginnen des jugendlichen Alters in den Opern auch als Statistin mitzuwirken. Sie stellte immer im »Siegfried« die Walküre dar, die den toten Siegfried nach Walhall zu bringen hatte. Sie sah dabei bezaubernd schön aus.

Ob ihr die Rolle auch so gefalle wie den immer wieder beglückten Zuschauern? So fragte ich sie, als ich einmal mit ihr zusammen soupierte.

»Ja«, sagte sie, während sie gerade eine ungeheure Kalbshaxe

vertilgte, »ja, is nit uneben, die Rolle. Bringt mir jedesmal acht
Markeln ein, wann i die Siegfriedleich nach Walhalla zu überstellen
hab! Weil i gut reiten glernt hab, bekomme ich immer die Rolle.
Und acht Markeln san a schönes Geld für die geringe Arbeit. Ja.«
Dann wurde sie plötzlich pensiv, stocherte schweigend an der Haxe
herum und verstummte vollends, in eine Ecke blickend. »Was hast
d' denn, daß d' auf einmal nix mehr redst?« war meine teilnehmen-
de Bemerkung.
»A … nix«, kam's von den wunderschön geschwungenen Lippen
des anmutigen pagenhaften Fräuleins! »A … i denk nur nach: So
an Blödsinn wie die ›Lustige Witwe‹ spieln s' 300mal hintereinander! Um wie viel besser ist der ›Siegfried‹! Könnten s' den nit auch
300mal bringen – 's wär ee a Kassastück! Krieget i in an Monat
2400 Mark …!«

Handlung

In Wien lebte der Greis Dreykindlweyn, der umsonst den Bandwurm des reichen Aloysius Buwödl, in streng katholischer Familie
nie anders als Loisl gerufen, mit dem Fagott beschwört hat. Der
neugeadelte Sylvius von Frosch, um dessen Verkehr sie sich rissen,
verkehrt dort. Endlich kommt der Wurm.
Buwödl will ihn der Mariazeller Schatzkammer in kostbar verziertem Gefäß schenken, sie lehnt aber ab. Buwödl wird ins Innerste
getroffen und maurischen Angriffen zugänglich. Die Skaramuzze
sind alle Carbonari und arbeiten an der Einheit Italiens. Troubadoure
des Blödsinns! Garibaldi taucht verstohlen auf. Sylvius von Frosch
und sein taufrisches Söhnchen Aenaeas, dem die Buwödlkinder zu
blöd sind, beide Buwödltöchter fallen bei Froschens hin und
zerreißen die Kleider, der Buwödlbub wippt mit dem Stuhl und
kommt mit den Füßen ins Jausengeschirr, daß selbst der porzellanene
Herkules umstürzt.
Der verrückte Herr mit der Pompadour, um den sich Froschens
Mops balgte, ist indigniert über Buwödls, wird sehr von Froschens

überrannt. Frosch sucht in Italien um den Namen Picolomini an, weil picoli uomini Frösche sind; daher auch Aeneas Sylvius, sein Sohn. Er will seine Sache dort selbst betreiben und bricht auf. Ob nicht auch die Pompadour eine geborene Grenouille war und ihren Namen bloß in Poisson änderte?

Baron Bernus

Baron Bernus war damals eine berühmte Figur in München. Vielleicht darum, weil er ganz wunderbar konstruierte falsche Füße hatte, da er die echten als kleines Kind verloren hatte. Wie das geschah, habe ich nicht erfahren und weiß von ihm sonst überhaupt nur, daß er aus Neuburg an der Donau war.
Kubin erzählte in seiner anschaulichen Weise folgende amüsante Geschichte, die sich eines Sonntagnachmittag im Hofgarten zugetragen hatte. Kubin war von irgendeinem Schöngeist, der berühmte Leute sammelte (wie ein anderer Maniak Käfer oder Missetaten historischer Männer), wochenlang bedrängt worden, ihn mit Bernus bekannt zu machen, damit er ihn interviewen könne.
Also der Tag kam, und Bernus, umgeben von einem kleinen Hofstaat seiner Intimen, erwartete den bekanntlich mondfarbenen Kubin und seinen vor Aufregung förmlich veitstanzenden Begleiter, der, einen schmalen Strohhut am Kopf, wirr und zwinkernd daherstolperte.
Dort sei Bernus. Ja, der mit dem eisig gelangweilten Gesicht ... »Schaun Sie, was Sie da angerichtet haben!« Der irr Leppernde hatte vor Erregung das Strohhütchen verloren, das einer stillenden Amme mit der scharfen Kante aufs anvertraute Kind gefallen war und ihr die delikatesten Teile gestreift hatte. Huimann – ich glaube, er hieß so – machte bloß zerstreut »Pscht« nach hinten und umtanzte zuvor einmal mit fliegendem Kneifer die begehrenswerte Assemblee. Das sei Dr. Huimann! »Bernus.« Ha! nun ging es los. Ob er Platz nehmen dürfe? – Hier. Und »Huimann. Huimann. Huimann«, ging er, sich vorstellend, in der Runde herum. Eine

Dame verlautete ihrem Mann gegenüber, sie möchte ein Eis. Ehe der Mann sich noch räuspern konnte, war Huimann schon aufgesprungen, machte wassertretende Bewegungen und telegraphierte in nervöser Ekstase einen Kellner heran, dem er die Bestellung einbleute! Und was möchte das Fräulein da? und der Herr? Vielleicht eine Forelle – sind hier ausgezeichnet.

Baron Bernus sah den Herrn sehr kalt und verwundert an, der ihn bald mit Fragen überschüttete. Etwa: »Haben Sie als Kind die Fraisen gehabt? In der beginnenden Pubertät – bitte, es kommt vor – Nase gebohrt, und was halten Sie von Puschkin? Sagt Ihnen Frank Wedekind etwas und haben Sie! O! Sie waren in einem Landerziehungsheim! Wie interessant! Haben auch im Freien geschlafen … Und haben Sie da nie«, dabei sah er ihn, die Stirn gerunzelt, stechend an, »einen Ohrwurm … acquiriert? Dostojewski hatte deren. Daher auch sein bedenklicher Blick! Haben es nie gehört! Ganghofer hatte öfter welche in seinem Lockenkopf! Hat mir es selber erzählt! Auch von Ibsen wissen Spezialforscher –« Bernus unterbrach ihn uninteressiert mit den Worten: »Kellner! einen Mokka.« Das brachte Huimann außer Rand und Band. »Ja! schnell! So tummeln Sie sich doch …«

Mit fliegenden Frackschößeln kam der vor Anstrengung nüsternde Kellner zurück, in der erhobenen Hand eine blinkende Servierplatte mit vielen Mokkatassen tragend. Huimann wollte Bernus mit Beschleunigung zum Kaffeegenuß verhelfen, wollte den Garçon beim Servieren unterstützen und hieb ihm mit fahriger Hand die Serviertasse in die Luft, so daß zahlreiche dampfende Mokkatassen schrapnellartig herumflogen.

Man hörte von allen Seiten »Au«-Rufe und »So eine Schweinerei!« und Huimann wollte überall beschwichtigen und führte ein wahren Derwischtanz auf.

Dabei schwirrte er ohne Unterlaß bei den tadellos glatten Lackschuhen des eisigen Barons herum, der einfach durch einen Druck auf die Knie die Lackschuhe nach hinten umdrehte, was ganz grausig aussah. Man hörte hysterisches Kreischen an den Nebentischen.

Ein kleines Mädchen schielte vor Entsetzen so, daß man nur noch

das Weiße in den Augen sah, und ein kleiner Bub empfing eine
knallende Backpfeife, von den Worten begleitet: »Versündige dich
nicht. Das kann dir auch noch passieren bei deinem ewigen auf der
Straßen Herumstrabantzen statt z'Haus z'lernen! Ja! Da kannst
unter die Trambahn kommen – weißt nicht wie!« und zu Bernus:
»San S' auch unter d' Trambahn kommen? Ja – und dann is aus mit
dem Metzgersein, und du kannst a Hungerleider werden – so an
Unifersitäzprofessor oder wer beim Magistrat, oder gar im Minni-
sterium! Ja. Verstanden?« und eine zweite Watsche knallte.
Es war ein selten angeregter Nachmittag im Hofgarten.

Der Paraklet Pfnistl

Alle Mysterien sind im Druck erschienen, ganz einfach, ohne
Verhüllung. Die Sache verhält sich ganz ähnlich wie die Heinzel, die
bekanntlich in den Wäldern ganz offen ihr Wesen treiben, vor
Unberufenen sich aber sozusagen zwischen den Zeiten ver-
stecken. So findet man logischerweise in den Adreßbüchern und
Telefonbüchern der großen Stadt alles.
Sehen Sie, da habe ich zum Beispiel im Cairenser Telefonbuch eine
Firma zur Erzeugung künstlichen Mauerschwammes – der dort
sehr selten vorkommt – gesucht. Was für seltsame Abonnenten ich
beim Suchen des Namens – Katatanassovich frères – fand! Davon
einige kleine Beispiele: – Die heulenden Derwische hatten drei
Nummern; der Scheich der geheimnisvollen Sekte der Sanussis, ein
Mann, den ganze Expeditionen französischer und englischer Mili-
tärs in den Tiefen der Sahara seit 20 Jahren vergeblich suchen: zwei
Nummern. Ja, der Alte vom Berge, da ist er im Telefonbuch, der
sagenhafte Chef der Assassinen, eine Nummer mit Unternummer
für die Gemahlinnen; die Moschee der 7000 heiligen Katzen: eine
Nummer, und die Stätte, wo die heilige Jungfrau unter einer Palme
gelegentlich der Flucht nach Ägypten rastete: eine Nummer. Also,
daß der Scheich der Sanussi im Telefonbuch stehe – einfach
unerhört. Ich war platt, wie man sagt.

Als ich ihm die Geschichte erzählte, sog Herr Wuerstelschirm lange an der Zigarre, streifte die Asche ab und sagte langsam, manchmal stockend: »… das ist noch gar nichts. Im Wiener Adreßbuch, dem sattsam bekannten Lehmann, steht sogar ein Paraklet.« – »Ein Paraklet?« – »Ja, ein wirklicher Paraklet, nein, noch mehr – was Paraklet! Ich hatte ihn sogar in Verdacht, daß er ein direkter Demiurg sei.«

Die verlorene Medaille

Gerad heut jährt sich's, daß der gute Vatter in den Abort gefallen ist. Wir haben wohl einen schrecklichen Pumperer gehört, doch nicht gedacht, daß es unser guter Vatter sein könnte. Erst, als wir bei Tisch saßen, vermißten wir ihn und gingen ihn suchen. Richtig! als wir bei der Aborttüre vorbeigingen, glaubten wir ferne, erstickte Hilferufe zu hören. Auf unser wiederholtes Pochen öffnete niemand, doch setzten die kläglichen Rufe nicht aus. Wir sprengten die Türe und sahen die Bescherung! Was war das doch vor dem Unglücksfall für ein fescher, rüstiger Mann! Mit jedem Beau aus der Stadt hätt er's aufgenommen! Hm, Hm. Es ist halt ein Kreuz.

Herr Totenwurst oder eine Abhandlung über das Vergängliche

Eigentlich war er über die Bekanntschaft mit Herrn Totenwurst nicht sehr glücklich. Wie sollte er auch! Abgesehen vom Tod ist auch eine Wurst eine höchst zweideutige Angelegenheit. Niemand kann den Tod durchschauen, geschweige denn ihn in allen seinen widerwärtigen Belangen ergründen. Wie viele Hosen hat wohl Kant – man kann über ihn denken wie man will, aber jedenfalls war er gründlich – also: Hosen durchsessen, diese beinerne Frage behandelnd? Aber, gar erst eine Wurst! Erstens hat das Luder zwei Enden

(wo doch alles auf Erden nur ein Ende hat), und zweitens –
Schwamm drüber. Wie viele Mäusehofbälle samt Generalmusik-
direktor en miniature – haben darin geendet! Es gibt Klapper-
schlangensalami – oder, sie ist wenigstens denkbar. Bist du unterm
Tropenhimmel und riecht das Pärchen Kolonialfrankfurter nach
Moschus – wirf es in den nächsten Briefkasten. Stinktierplunzen
müssen auch ein Graus sein – pack sie ein und übermittle sie dem
nächsten Steueramt.

Das Ohr des Kaisers

Der Handelsminister Freiherr von Gotscheeber besaß das Ohr des
Kaisers. Unbestritten und in hohem Maße.
»Aber viele besitzen das Ohr des Kaisers!« warf der bekannte
Wahrheitssucher Zahradnik ein. »Auf die Art muß ja Seine Maje-
stät eine wahre Ohrenleihanstalt haben! Wie ist das?«
Stoff zum Grübeln war gegeben.
»Hem.« Wohin sollen so viele allerhöchste Ohren führen?
Tojetak, der alles richtigstellte: »Es muß sich hier offenbar um eine
Rödefigur handeln, was in Verbindung mit Seiner Majestät
öntschüdön abzulöhnen ist.«

Die zertretene Orange Mocenigo

Das Wort hat, wie mir jeder billig Denkende bestätigen wird, viel
von einer zertretenen Orange.
Mocenigo war aber ein sehr kühler, überaus korrekter junger Herr
in tadellosem Gehrock mit einem Ordensbändchen im Knopfloch.
Also: Die Portiere öffnete sich. Die zertretene Orange trat ein,
verbeugte sich vor der Dame des Hauses und überreichte ihr ein
kleines Veilchenbukett, wie solche von (sittlich vermutlich nicht
ganz einwandfreien) sogenannten Blumenmädchen in einem, die

äußeren Fortsetzungen des Beutels bildenden sehr flachen Körbchen herumgetragen werden.

Gossensass (Ibsen)

Damals sah ich häufig den großen Meister Henrik Ibsen. Sein grauer Zylinder, der würdige Gehrock und die hellgrauen, karierten Beinkleider werden mir unvergeßlich bleiben. Nicht minder seine Stimme, die hoch und etwas quäkend, so gar nicht zu seinem gewaltigen, bebrillten Löwenhaupt passen wollte.

Damals hieß es in Gossensass: »Hört du's in der Ferne piepsen, so merke dir: Es ist der Ibsen!«

Sein beständiger Begleiter war der – pensionierte – Komiker des Wiener Burgtheaters Meixner, der absolut wie ein alter, lebenserfahrener Mops aussah. Ich habe ihn leider nie auf der Bühne gesehen. Seine Wirkung auf der Bühne soll erschütternd gewesen sein. Wenn er, lautlos wabernd, die Bühne betrat, soll ein unterdrücktes Prusten durch die Zuschauer gegangen sein.

Als jungem Mimen sollen ihm Rollen wie Caesar, Coriolan, Wilhelm Tell vorgeschwebt haben. Aber das wären, wie mir später erfahrene Theaterkenner versicherten, Fehlbesetzungen gewesen. Damals lebten noch alte Kunstfreunde, die einen furchtbaren Zusammenbruch einer Wilhelm-Tell-Aufführung in Wien erlebt hatten – eben durch ungeschickte Rollenverteilung verursacht.

Die Sache war die: Damals war der leuchtendste Stern am Kunsthimmel ein gewisser Wilhelm Kunst. So häßlich der dämonische Nußknacker Devrient war, so schön war Kunst, der alle weiblichen Herzen en gros knackte. Eitel, verwöhnt, Inhaber eines Viererzuges mit zwei federbuschflatternden Lakaien am Rücktritt, durchraste er ganz Europa, um die Menschheit zu erfreuen und zu erschüttern. Wie oft wurde ihm der Wagen ausgespannt! Langmähnige Studenten in voller Wichs und asthmatische Großbürger in kummetartiger Halszier spannten sich vor die knarrende, wuchtige Equipage!

Kreuzbandbeschuhte Mädchen streuten Blumen, und dicke, schmuckfunkelnde Matronen sollen den Weg sogar mit Gugelhupfen oder Krapfen belegt haben.

Rat Kikeriki

Ein Swami, der in Wien beim Heurigen picken geblieben war und sich den Einweihungsgrad eines »alten Schwassers« erworben hatte, war es, der ihm in einer wolkendurchjagten Mondnacht – wo die jungen Hexen spaccato machen – das Geheimnis anvertraut hatte, jede Krankheit, jede Not, jedes seelische Bedrängnis zu kupieren und ein phantastisch hohes Alter zu erwerben. Er müsse nur – so oft angänglich – laut »Kikeriki« rufen, dabei eine S-förmige Bewegung machen (so von unten nach oben) und mit den Flügeln schlagen, beziehungsweise mit den Rockschößen.
Deshalb solle er womöglich stets im Bratenrock gehen. Natürlich sei es vorzuziehen, fünf, den Tatwas entsprechend gefärbte Bratenröcke zu haben, die alle 20 Minuten, den Tatwas konform, zu tragen seien. Auch ein großer, scharlachroter Hahnenkamm – bei Habig zu bestellen – sei zu empfehlen, doch in Westeuropa allzu auffallend. Allenfalls, wenn er, der Rat, auf einem Hahnenkamm bestehe, könnte derselbe in Form einer modifizierten Jakobinermütze (dies in Frankreich) oder in Form des Schlaraffenhelmes (dies in Deutschland) getragen werden, was dann allenfalls in der Öffentlichkeit passieren würde.
Der Würdige glotzte. Doch! Wie recht hatte der Swami.
Da in Wien das ewige »Kikeriki«rufen nicht angänglich war, bezog er eine entlegene Villa in Baden und krähte um 5 Uhr a.m. das erstemal sein »Kikeriki«, und das erste, als Weckruf bestimmte, durch ein Megaphon. Man kam ihm nach und nach drauf, und er wurde im gewissen Sinn populär, eine Figur, die man sich zeigte und die auch in mehr volkstümliche Journale kam. Was Wunder, wenn ihm Neider auftauchten. Zuerst ein dicker Herr mit ewig hängendem Hosenboden, der dröhnend »Kokoda« zu rufen begann.

wobei er jedesmal ein Kompliment machte. Daß er von Natur aus
starre, irre Augen hatte, kam ihm sehr zustatten. Oberflächliche
Leute hielten ihn für einen Agenten der Firma »Kodak« und
neideten ihm die Stellung.

Unseligerweise lud man beide Künstler ein, Mitglieder des Männer-
gesangsvereines zu werden, wobei es bald zu begreiflichen Mißhelligkeiten kam.

Auch »Onkel Kokoda«, wie er bald genannt wurde, hatte Neider.
Da war der Exbürgermeister von Antiesenhofen, dem (von Natur
aus näselnd) von einem falschen Freund – einem Mann mit stechenden Augen – suggeriert wurde, einen weithin quäkenden Entenruf
einzustudieren, den er, scheinbar ziellos lustwandelnd, nach Senken der Zeitung vor sich hin rufen sollte, und dem vom bösen
Einflüsterer (der sich gerne hämisch blickend nach Anzünden eines
ordinären Schwefelholzes empfahl) folgender Kernspruch unterlegt worden war: »Manchmal schmeckt mir's, manchmal schmeckt
mir's nicht, hait, hait schmeckt mir's nicht.« Die Wirkung war
geradezu hypnotisch. Alle, die das hörten, naatschten mit und
begannen steißwackelnd zu hatschen. Der Schwefelstinkende
insinuierte dem törichten Antiesenhofer, er schrieb sich Quatember
Hatschek, eine Art Sportkappe mit einem Knopf darauf zu tragen,
der immer und immer größer bestellt wurde.

Hatscheks Ruhm und Popularität (Kurgäste hatten ja nichts andres
zu tun, als all die seltsamen Vögel zu bewundern) ließ schließlich
einem jungen Luftikus, der sich im Frack zu zeigen liebte, keine
Ruhe, bis er frackschoßflatternd einherhuschte und eine Art Schwal-
benmotiv schrill zu zwitschern begann, das so lautete: »Flick mein
Kittel, flick mein Kittel, … i han ja kan Flääk.«

Dann aber tauchte ein komischer Herr auf, der irgendeinen Verdruß
in der Beckengegend hatte, dazu einen dünnen feuerroten Hals und
ein blaurotes Muttermal auf der Glatze. Er hieß Tschauderna und
stammte aus Hippersdorf, wie gemunkelt wurde, und wohnte in
Wien in der Kollergasse. An den machte sich natürlich der schwefel-
riechende Gast bald heran und …

Da aber hatte der schlagtrefferische Nüsterpfenning genug. Er
schlug, blau vor Wut, mit dem Stock auf den Tisch und brüllte den

lavallièreflatternden Dichterling an, endlich aufzuhören! Da fehle
es ja nur, daß er noch seinen alten Freund Purzbichler in die
Erzählung brächte.
Der Poet floh tief erschrocken über den Zaun, ließ das Manuskript
zurück und ward nie mehr gesehen.

Der unruhige Hofrat Wewerka war ein ausgemachter Sonderling.
Oft hörte man den wunderlichen alten Herrn in seiner Villa kläglich
gackern. Seine »Kokoda«rufe erregten allgemeines Kopfschütteln,
man blieb befremdet stehen und ging dann kopfschüttelnd weiter.
Wenn er aber, einen kräftigen Hahnenschweif hinten im Gehrock
eingeklemmt, stramm und herausfordernd umherblickend einher-
spazierte, sahen sich die Leute befremdet an, schwiegen aber, um
den Skandal nicht ausbrechen zu lassen.
Übrigens kam einmal ein fremder, würdig aussehender Herr übel
an, als er Rat Wewerka schonend aufmerksam machte, daß er einen
Toilettefehler habe. Ungeachtet, daß verschiedene Bürger ihm
abwinkten und immer heftige Zeichen machten, sich nicht in Dinge
einzumischen, die ihn – im Grunde – gar nichts angingen.
Der auf die Schulter getippte Rat sah den Fremden zuerst bloß
starren Auges an. Dann aber folgte eine Flut der gemeinsten, von
heiseren Kikerikirufen durchmischten Schimpfworten und ein solches Gegeifer, daß der wohlerzogene Warner sich aus dem Staub
machte.
Nun – die Stadtbewohner hatten recht. Es war viel besser, den
wirren Rat gewähren zu lassen (schließlich war er ein geschätzter
Steuerzahler), als ihn vielleicht dazu zu reizen, auch noch einen
großen roten Kamm aus blutrotem Zelluloid oder weiß der Himmel
– aus altem roten Hosenbarchent vielleicht – am Chapeau melon zu
tragen.
»Der Kerl gehört ins Fricasee«, bemerkte Baron Reininghaus, »oder
gar nach Graz.« – »Dort wird viel Pensionistenunrat abgelagert«,
bemerkte Dr. Bassgeige, der niemand zu Wort kommen ließ. »Ich
habe alte pensionierte Majors dort gekannt, die als Julius Cesare
kostimiert gingen, wegen der Billigkeit. Jedesmal, wenn sie sich
begegneten, drohten sie sich mit den Schirmen. Ihre dürren Lorbeer-

kränze gaben sie im Theater in der Garderobe ab. Aber halten wir uns nicht länger mit diesem abstrusen Mistkratzer auf. Betrachten wir lieber [Text bricht ab]

Der gestohlene Stuhl

»Sind S' nicht so leichtfertig mit an fremden Stuhl. Das ist Ihnen ein anvertrautes wissenschaftliches! Gut. Im selben Moment, wo er die Schwelle der Apothöke ieberschreitet, haben S' ihn zu *behieten!!* haben S' in fortwöhrend im Auge zu haben, haben S' jenen stets zur Hand zu haben, damit, wönn die Obrigkeit denselben von Ihnen heischen sollte, damit Sie, wenn Zwoifel an ihrer Verlößlichkeit oben zu Ohren kommen (behiete!! *meine* Apothöke) selbe ihrerseits ihre Hand drauf legen kann – kurz, mit an anvertrauten Stuhl wirft man nicht herum, so mir nix – dir nix … a fremder Stuhl is nit zum Jux da.«
Er atmete schwer und setzte den Zwicker wieder auf.
»Aber, Herr Doktor! Das is doch von an Hund! Wer denn sonst könnte – unsere Kundschaft ist verläßlich …«
»Von an Hund?! No, Sie gfalln mir. Ich mechte den Hund sehn, der den traurigen Mut aufbringt, in einer Apotheke zu defezieren! Die Apothöke ist kein Ort nicht, um zu schörzen –«
Indigniert schwieg der gelehrte alte Herr.
»Und iebrigens«, fuhr er fort, »erkönnt man den Stuhl von an Hund daran, daß er schnöweiß ist! Nix aber! Glauben S', die Wissenschaft-licher haben ihn umsonst album graecum getauft? – Wegen seines heifigen Auftrötens in Griechenland, wie auch sonst im Süden, wo derselbe nebst zahllosen Glasscherben den heiligen Boden bedeckt. – Exkremente und Glasscherben. Da haben S' den Süden. Wann S' es nicht glauben, schaun S' im Muspratt nach! Dort! Band 1.«
»Aber, Herr Doktor! Wann er aber frisch ist … nativ … sozusagen.«
»Herr Dekani! Wör is ölter? Sie oder ich? Wör war Priefungs-kommissär in Agram? frag ich? ich kenn 's im Finstren … weil er leuchtet.«

Der Provisor schwieg beklommen.

»Also machen S' keine Geschichten. Wieviel Stuhlanalysen ham
mer heute bekommen? Zweie? Also, teilens es ana partes duo,
nöhmens Zahnstecker und fiegen S' die Hölften gerecht bei.«

»Aber Herr Doktor! das kann ich nicht – das geht gegen mein
Gewissen – ich bin doch kein Fälscher! bedenken Sie – lauter
Harnsäure!«

»Es ist doch keine Schlangenfäkalie, was da liegt! Öntweder ist's –
geben S' den Zettel hör – entwöder vom Herrn Birgermeister oder
von der Baronin Giovanelli. Jeden Moment kommt s' mit so was
ang'fahren.

Vom Birgermeister ... no do schau her – von einem effentlichen
Funktionäre ... von an Wirdenträger – da springen S' damit herum,
als ob 's vom Nöchstbösten wäre. A da schau einer an. Ihr jungen
Leite lests ja gar nix, für den einen is das a Fressen, für den
Kanalreimer, wo wirklich Gelöhrte beim Schein der Studierlampen
ganze Nächte drieber vergriebeln können. ›Res nullius!‹ – schaun S'
– da haben S' das lückenhafte Denken der Juristen. Schaun S', wenn
Ihnen jemand so was im Scherz in den Hut legt ... – mecht sehn, ob
S' das fir a res nullius halten.«

K. k. Militärschwimmschul
Ein Marschlied

Kaka Militärschwimmschwimm – schwimm schwimm
– bumbum Militärkaka
kaka schwimmschwimm Militär bumbum
bumbum Militär schwimmschwimm
kaka Militär bumbum
kaka Militär Schwimschul
Schul kaka schwimmschwimm Militär
Schwimm bumbum Militärkaka
kakabumbum Militärschwimmschwimm
schwimm bum kaka Militär

Schwimkaka Militärbumbum
Generalmarsch, drei Dechargen, Trommelwirbel
Militärbumbum, Schwimmschwimmkaka
Schulkaka Militärschwimmschwimm
Militärkaka bumbum schwimmschwimm
bumbumkaka schwimmschwimm bumbum!
bumbum kaka Schwimmschwimm

Feuerscheißer

Alles staunte über eine Serie von Annoncen, die im gelesensten
Blatte der Residenz aufschien. Es begann einfach mit der Silbe
»DER« in fettester Antiqua. Schön. Viele beachteten dies unverständliche Bruchstück gar nicht. Als am Tag darauf die Silbe »BE«
in der gleichen Aufmachung auftauchte, begann man schon aufmerksam zu werden. Der dritte Tag brachte das unverständliche
»JAM«. Man wurde allgemach stutzig. »MERN« am Tag darauf
spannte die Erwartung in nicht geringem Maße.
»SWER« machte manchem Kopfweh. »TE« tags darauf löste ein
befriedigtes Aha aus. »GREIS« folgte darauf und löste Mitgefühl
aus.
Aber dann kam eine kalte Douche in Form von »SCHISS«.
So mancher legte empört das Blatt beiseite, und es regnete empörte
Zuschriften an die Redaktion. Aber das folgende »FEUER« war
dazu angetan, sich an den Kopf zu greifen. Auch empörte es
besonders die Herren von der kaiserlichen Artillerie. Dies sei ihr un-
be-strit-tenes Metier! Wie kann ein – offenbarer – Zivilist sich so
etwas erlauben!
Das am folgenden Tag folgende »ROT« wirkte wie eine Bombe.
Aber, was war das für eine kleine Notiz dabei? »Besuchen heute das
Residenz-Kino (Farbfilm).«

Oheims Tod

»Ich habe heute die traurige Nachricht bekommen, daß Ihr Ofleisch … nein! Ihr Fleischheim den Weg alles O'es … gegangen ist … sakra! Nein! halt! herstellt …! Ihr Wegfleisch den All … der … ganges … geo't ist … Scheußlich! heut hab ich halt meinen Tag … in der Früh hat's schon angefangen … also: daß Ihr O … O … Fleisch …«

»Lassen Sie das!« begütigte Přzdal. »Ich nehme die Kondolenz als gemacht an.«

»Ja, Ihr O'fleisch«, fuhr er fort (er hatte eine Träne im Auge), »ja, Ihr … gangheim … nein: Fleischgang … falsch: Ihr Allfleisch … O … heim – O …« Přzdal setzte den Zwicker auf und sah den wirren Kondolenten streng an. »Reden wir von was andrem. Wie haben Sie den gestrigen Tag in Brünn verbracht?« – »In Brünn verkracht? beim Krach verbrünnt? Es ist zum Verzwiefeln – Brünn – verkracht – Zwiefebrünn —«

»Jean! Schmeißen S' ihn hinaus!«

5000 Seelen

Der Ort hatte 5000 Seelen. Davon war eine Seele in hervorragendem Maß krummbeinig; zwei Seelen saßen im Zuchthaus und eine Seele hatte vor vielen Jahren einen reichen Freund bei einer Segelfahrt im See ersäuft und war durch diese Tat zu großem Vermögen und hohem Ansehen im Ort gekommen. (Er erwarb ein Fremdenheim.) Die Tat war in aller Mund und bildete das nie endende Thema an Feierabenden in der Carabinierikaserne.

Zu merken ist noch, daß man der krummbeinigen Seele das Austragen der Expreßbriefe und Telegramme anvertraut hatte.

Nebuschka

Cipollini von Zymbelburg ist Interessent für Tochter.
Nebuschka ist ein Opfer der Märchenstücke Raimunds. Das greift
in sein Leben ein.
Nebuschka! Beneidenswerter du!
Du hast ja vierzehn Füße,
die du bekleiden mußt!
Da ist mal deine Frau und da
die Schaar der Töchter:
O Řepelka! Beneidenswerter du!
Du hast ja vierzehn Hände, die du bekleiden mußt!
Mit lauter Handschuh!
Um Gottes willen! nie mit Batschkoren!
Sonst mechten s' schauen – deine Damen!
Das mit den vierzehn Füßen,
das sprach sich weit herum.
Meist stieß auf viele Zweifel
die Sache sei zu dumm.
Herr Smrdal tat mich grüßen
(verlegen war der Mann).
Das mit den vierzehn Füßen …?
Ob da was sei daran?
Er möcht ihn kennenlernen,
den intressanten Mann.
In welch Kaffee er ginge?
wo er ihn treffen kann.
Da saßen wir am Tische,
Heinz Smrdal und labberten Kaffee.
Er lupfte stets das Tischtuch,
ob er viel Füße sehe?

Motzhaisel

Dr. Ch. Motzhaisel war ein hysterischer Sonderling, nervös, reizbar, und hatte so gut wie keinen Umgang. Und niemand hatte platterdings glauben können, daß nun gerade er auf seine alten Tage das Opfer des Fräulein Polsterkatz werden würde, die noch dazu ganz und gar knabenhaft aussah, wo speziell Dr. Ch. Motzhaisel ganz und gar nicht der Mann war, auf diesen subtilen und differenzierten Reiz zu reagieren.

Der finstere Zwetschgenbach – ohnedies Motzhaisels einziger Umgang – hatte lange mißbilligend das Haupt geschüttelt, als er zum erstenmal Motzhaiseln, den schlechtsitzenden Überzieher spannenlang vom Kragen abstehend, das schmalgebaute Fräulein begleiten sah.

Er hüpfte neben ihr durch einige diabolisch glitzernde Pfützen, Kinder eines tückischen und falschen Vorfrühlings, und Zwetschgenbach hatte Gelegenheit, das sehr schöne Gesicht des Fräuleins in einem pompösen purpur goldenen Abendlicht leuchten zu sehen. Nur einen Moment lang, aber das war ihm genug. Nun, der Effekt war geradezu dämonisch, daß es eben selbst Zwetschgenbache kalt zu überrieseln angetan war. Ihre mandelförmigen blauen Augen leuchteten bald smaragden, bald violett, ihr Näschen wurde zum denkbar maliziösesten Bijou und ihre Lippen – na, reden wir lieber gar nicht darüber. Ein seltenes Gemisch von üppig unschuldigem Jugendreiz und ruhiger, formschöner Brutalität, ich möchte sagen: nymphenhaft.

Sie kam ihm fast wie ein rosa gepuderter Panther vor, der eine überdimensionierte Maus am Schnürl führte. Jedenfalls schlug er einen Drudenfuß und stand noch lange seinerseits in einer Pfütze, von der aus er dem ungleichen Paar nachstierte.

Wie Motzhaisel nur an dieses Mädchen geraten sein mochte?

Fräulein Polsterkatz – bloß ein nom de guerre – war die erste Initiative der geheimen Wiener Feministenschule, die selbst von bedeutenden Philologen schon 1885 geahnt, bei Eintritt der Nymphen wieder eröffnet wurde.

Ein dahersausendes Auto streifte ihn mit dem Kotflügel, schlitterte ihn weit durch den Dreck und warf ihn nach etlichen tollen und unnützen und sinnlosen Kapriolen auf ein monatelanges Krankenlager.

Als er sich davon erhoben hatte und zum ersten Male ausging, hörte er durch den Novembernebel die falsche Heiterkeit des Chopinschen Trauermarsches und sah einen langen kaviarfarbenen Wurm von Leidtragenden. Gerade, als die gewisse Stelle voll falscher Heiterkeit* ertönte, erhielt er die Auskunft, daß man Motzhäuseln selig zur Grube trage.

An milden Maienabenden

An milden Maienabenden werden selbst Bandwürmer schwermütig, behend nesteln sie die Cravatte zurecht und sind von Gram verzehrt, nicht mit Spazierstock und Girardihut ein wenig auf dem Ringstraßen-Corso bummeln gehen zu können. So hat jedes die Tragik seines Standes!

Englands Vorstöße auf technisch-kommerziellem Gebiet im Biedermeier auf dem Continent

Schlimm war, daß zuallererst am Foreign Office, wohl der bestinformierten Stelle in diesen Angelegenheiten, Austria aus

---

* Die Stelle grundloser und durchaus unangebrachter Heiterkeit, die nach der neuesten Forschung darauf zurückzuführen ist, daß Chopin bei der Komposition dieses tiefernsten und makabren Werkes durch den Geldbriefträger gestört wurde. Dies das Ergebnis der neuesten Chopinforschung, die der unruhige Professor Wibiral vom Konservatorium pflegte. Und er war der Lehrer Fräulein Polsterkatz'.

leicht begreiflichen Gründen prinzipiell und selbstverständlich mit Australia verwechselt wurde. Natürlich begann jedes Unternehmen damit, daß die kommerziellen Leiter des im Ausland zu dislozierenden Unternehmens bei dem Amt vorsprachen. – Kurz, als zum Beginn England den Kontinent für seine Gas-Bahn-Flußdampfer-etc.-Unternehmungen aufs Korn nahm, herrschte amtliche Unsicherheit, den Unternehmern Ratschläge zu geben, ob sie den dasigen Häuptlingen Nasenringe, Skalpmesser, buntes Calico für Schamlätzchen (»Mamas Liebling«), Glasperlen, Feuerwasser, Kautabak und Gebetsmühlen (Marke »popish«) zur Erringung der Benevolenz zu Füßen legen sollten.

Es naht jetzt bald die 100-Jahr-Feier der Errichtung der Traunseedampfschiffahrt seitens eines schottischen Stammeshäuptlings, John Ruston, genannt der »Dampfschani«, da der Name Ruston zu schwer zu merken ist. Weil der Schottenclan, dem Schani angehörte, mit der britischen Regierung auf Kriegsfuß stand (wegen einer komplizierten und höchst merkwürdigen Dudelsackaffaire bei Waterloo), so handelte der »Clan« hier auf eigene Faust. Und da die Schotten keinen Dolmetsch für die Salzkammergutsprache hatten, gestalteten sich die Verhandlungen äußerst schwierig.

Im Verlauf derselben wurde übrigens J. C. Ruston, da er natürlich im Hochlandsröckchen gekommen war, für die heilige Kümmernus gehalten, was die Wohlmeinung Sr. Gnaden des Bischofs von Linz sehr förderte. Schließlich kam man übrigens über verschiedene Sprachbrocken, die beiden wilden Bergstämmen gemeinsam waren, wie etwa »go dauni«, »duster«, »ruuf«, »Lloidl«, »s'toan« etc. zu notdürftiger Verständigung. Ein lebhafter Verkehr begann. Der erste Dampfer fuhr aber zu schnell, was die vorgesetzte Behörde in Linz mit Mißbilligung bemerkte. Überhaupt wurde der allzutolle Verkehr immer mehr zu dem der Gegenwart herabgedrosselt.

Kaiser Ferdinand I. (Der Gütige)

In lieblicher Landschaft Böhmens liegt Scheckarschen. Wir wollen dahingestellt wissen, ob dies als Glück oder Unglück zu betrachten ist.

Als einst der gute Kaiser Ferdinand durch Scheckarschen fuhr, jubelten ihm alle 335 Scheckärscher laut zu und wollten dem geliebten Monarchen die Hand schütteln.

»Hab mir nie gedacht, daß Ärsche Hände haben, noch dazu mit weiße Handschuch!« bemerkte tiefsinnig der Monarch.

»Wie wird das erst in Unreinfußen sein?« dachte sich da der begleitende Minister Exzellenz Feuchtersleben.

Der alte Baruch Feiglstock

Der alte Baruch Feiglstock war schon seit Jahren mit einer Knoblauchzehe behaftet. Nicht im Mund – im Schuh hat er sie gehabt. Feiglstock war Advokat. Sein Konzipient Dr. I. Ziegelstein (er hieß Isidor) hat mir das gesagt. Und im geschlossenen Zimmer war es mit Feiglstock kaum auszuhalten.

Ungarn

Ungarischer Gesandter nimmt Abschied vom Präsidenten von Chile.

PRÄSIDENT Bitte mich Ihrer Majestät Ihrem König zu empfehlen.

GESANDTER Wir haben kein König.

PRÄSIDENT Aber Sie sind doch ein Königreich!

GESANDTER Ja. Allerdings.

PRÄSIDENT Wer steht dann an der Spitze Ihres Reichs?

GESANDTER Ain Admiraler, gwisser Horthy.

PRÄSIDENT Was hat er denn für Verdienste gehabt?

GESANDTER Er hat mitten der Seeschlacht, mitten im raa-sensten Kugelregen auf der Kommandobrücke Csardas getanzt. Das vergißt ihm kain Ungar.

PRÄSIDENT Dann haben Sie wohl auch eine große Flotte.

GESANDTER Nain. Wir hoben gor kain Schiff mehr!

PRÄSIDENT Wo sind die hin?

Wokurka und Caracalla

Der Vater Wokurka, ein äußerst gebildeter Mann und Schöngeist, hatte seinen Sohn auf Homer taufen lassen. Er – der Vater – tat viel, viel in Bildung und hatte auch ein historisches Essay geschrieben, das nach seiner tiefsten Überzeugung außerordentliche Beachtung finden würde und der Ansporn für lebhafte Discussionen und Betrachtungen unserer größten Geister werden würde. Zu seiner schweren Enttäuschung hatte der Setzer schon am Titelblatt den klangvollen, bunten Namen des von Wokurka der Vergessenheit entrissenen Selbstherrschers in Cakarella vertauscht.

Geheimrat Nacktfrosch

Zum 60. Geburtstag hatte ihm der Landesfürst den erblichen Adel verliehen. Der Geheimrat hatte sich als Wappen einen gepanzerten Ritter, hoch zu Roß gewünscht, der über einen Kübel Wasser sprengt, und der gütige Fürst hatte nicht »nein« gesagt. Von Nacktfrosch ließ das Wappen überall anbringen und las täglich den Adelsbrief, den auch seine Enkelkinder auswendig lernen mußten. Ja, du gütiger Landesfürst! Was hast du da angestellt? Eine nahe Zukunft wird dich lehren, was es heißt, einen so durch Hemmungen belasteten Mann (sein Name!) unter die Großen dieser Erde einzurangieren.

Nacktfrösche gehören nun einmal nicht in die Salons oder in die

Ratsstuben; auch haben sie nichts an den Stufen des Thrones zu schaffen! Nein! Wahrlich, dort haben Sie nichts verloren, gar nichts – und der Seneschall hat die Pflicht, sie diesfalls von dannen zu scheuchen. Zu was ist er schon sonst da?

Wenn einer Käsbohrer heißt, gehört er nun einmal nicht an die Spitze des Vanilletrusts, und wenn einer gar Krschiwoschkschral heißt, gehört er nicht in eine Stellung, die einen geraden Michel erfordert. (Man frage nur einmal bei einem sprachgewandten Tschechen an, was dieser Name bedeutet.)

Kongreß in Prag

Das Echo ging Arm in Arm mit dem On dit. Die Chiacchierone aus Italien war da. Die Chat chat aus London. Die Libussa Powidal lud alle ein.

Man hatte auch den grimmigen Riesen Prd laden müssen, der so manche Gespräche gesprengt und – als deus ex machina erscheinend – bei Liebesbeteuerungen dem feurigen Amanten, der sich niedergekniet hatte (was er *nicht* hätte tun dürfen!), das Wort im Munde verdreht hatte.

Selbst auf die Bühne hatte der eitle Prd sich einzudrängen gewußt, ja, selbst aus dem Souffleurkasten war er schon zu vernehmen gewesen.

Und im Flüstergewölbe – wehe! wenn er im Brennpunkt saß!

Aus Deutschland war die schlecht angezogene Propaganda erschienen.

Dann sah man in einem versteckten Winkel den tückischen, aber satten Rülps, der nie Salonlöwe hätte werden können.

Die Fistelstimmen waren ebenso unbeliebt und hatten in den Salons schon manches Unheil angerichtet.

Den Flüsterstimmen wich man auch gerne aus.

Die Familie »Bst« war vollzählig erschienen.

Mister Hoppenhaupt
(Die Kielkröpfe)

Es war ein öder Novembernachmittag. Vor einem großen, grauen, fünf Stock hohen Haus standen Polizei und Feuerwehr. Ab und zu hörte man schrille Schreie. Dann trug man einen irr blickenden, sich in hysterischen Krämpfen windenden Pompier mit verschobenem Helm heraus. »Wird der Unfug nicht bald ein Önde nöhmen?« hörte man einen fahrigen Herrn (Béla!), der schwarzbebrillt, mit kurzer, krummer Hakennase in die Luft hackte.

Die Schröckhs und Exzellenz Gotscheeber

»Schröckh.« – »Angenehm. Übrigens, was für ein Schröckh sind Sie? der rote oder der blaue, beziehungweise sind Sie der große oder der kleine Schröckh? Am Ende gar der Trompetenschröckh?« – »Nun – das ist ein Onkel von mir!« – »Aha! Dann sind Sie also der sogenannte Kanarienschröckh?« – »Ganz richtig! aber der kleine Kanarienschröckh! Der große ist mein verstorbener Bruder.« – »Ah! der Kanarienschröckh! Sie sollen ja sogar, hör ich, grüne, ja sogar blaue ...« – »Nein! das ist übertrieben!« Schröckh plusterte sich in seinem Pelzkragen und malte mit dem Stock einen enormen Kanari in der Luft.
»Was ist das, bitte, was der Herr da malen?« – »No – ein Kanari. Sehen, da ist die Schweifspitze ...« Ein hohler Knall ertönte. Die Herren erschraken und sahen einen Zylinder vom Trottoir hüpfen. »O sakra«, murmelten beide, »da ist ja der Freiherr von Gotscheeber, der Handelsminister. O pardon, millepardon Exzellenz.« Gotscheeber röhrt. Man läuft dem Zylinder nach. Herrn treiben ihn mit Nashornkrückenstock wie einen Reifen. Am Ende rennen Tausende nach dem Zylinder, landet endlich beim Kaiser. Auch er läuft im Zimmer im Kreis herum!

Ein Herzensbedürfnis

Beim Morgengrauen erblickte ich das goldene Prag, wo heißer Café und Berge von dampfenden Würsteln an die Waggons herangeschleppt wurden. Vier dicke Herrn, die alle wie böhmische Löwen aussahen, stiegen ein und blieben wortlos bis Kladrup sitzen. Ein Stotterer irrte im Korridor umher und fragte in jedem Abteil, ob die nächste Station Buburč wäre. Er begegnete eisiger Abwehr, denn es war ein feiner Wagen, sehr zugeknöpft und Eigentum der Niederlande, wie das Wort »niet spuyten« deutlich bewies.

Dann blieb ich lange vor dem Abteil des Herrn mit dem Sprachfehler stehen, denn ich hatte noch nie auf böhmisch stottern gehört. Er war sehr redselig, aber die andren Fahrgäste suchten Schutz hinter großen Zeitungen.

In Buburč stürmte er auf den Perron und war bald von mehreren kopfschüttelnden Beamten umringt, die ihn von irgendeinem Ziel, dem er krampfhaft zustrebte, wegzudrängen suchten. Der kurze Aufenthalt ließ ihn offenbar irgendeinen Zweck nicht erreichen. Kaum eingestiegen, nahm er mich beim Mantelaufschlag und sagte mir, er habe bloß das Closet sehen wollen, wo seinen Vater gottselig vor zwanzig Jahren der Schlag auf der Reise nach Marienbad getroffen habe. Dann blickte er tränenden Auges auf Buburč zurück. Er sei aus guter Familie, habe aber Pech über Pech. Prager. Als Kind vom dritten Stock gestürzt, aber gottlob! in einen Zuber mit Powidl gefallen. Der Vorgang sei auf einem von der Familie gestifteten Votivbild in der Theinkirchen noch heute zu besichtigen. Wohin ich reise? Ich wurde verlegen, er dringlich.

Aufgeregte Reisende umdrängten den jungen Mann, der tränenumflort aus dem Korridorfenster auf das entschwindende Buburč zurückblickte. »Was haben S' denn wollen?« – »BBloß aufs ClCloset gehn. Ich hab ein Bedürfnis gehabt –« – »Aber, das können Sie doch um Himmelswillen auch hier!« und mit einem mächtigen pelzbehandschuhten Finger, groß wie eine Leberwurst, deutete der Reisende auf die WC-Tür. Aber der schluchzende Stotterer antwor-

tete: »Kein Bedirfnis, was S' vielleicht glauben, nicht klein, auch nicht groß. Ein Herzensbedürfnis!« – ?? – ?
Alles staunte.

Zimmerherrn bei Schwetz

In einer großen Wiege lagen zwei Greise, die von einem alten Hund leise gehutscht wurden. Es waren Zwillinge, wie er auf Befragen erfuhr, uralt, und niemand wußte, was für ein Metier sie betrieben hatten, und auch von ihrem Schreibnamen war bloß ein akustisches Bruchstück bekannt. So wie »Zwidihu« klang es. Was konnten sie nur gewesen sein? Lange zerbrach er sich den Kopf. Jedenfalls nur etwas, das beruflich Eurhythmie in sich trug. Etwa zwei Carabinieri? Nein, dazu müßten sie Südländer sein und etwas von dem Sala-mitimbre haben, der diesen Stand umflattert. Oder Sänftenträger? Kanalräumer? Hm. Die gingen meist zu dritt ... ja ... der Schlieffer – der Schleppe – der Wasserer. Hm. Bettelmusikanten? Blumen-streuende Kinder bei Hochzeitszügen? Clowne? Straßenbahn-schaffner, von denen der eine nie ausgelernt hatte und unter Anleitung des zweiten coupiert? Heizer und Lokomotivführer auf den ältesten Maschinen, grün angestrichen, mit messingenen Dampf-domen und Namen wie »Watt« oder »Aurora« oder »Hardy«?
Er pfiff heiser in die gefalteten Hände, daß es wie eine ferne brustkranke Lokomotive klang, um ihre Aufmerksamkeit zu erre-gen. Nichts regte sich.
Später einmal kommt folgende Szene, die Licht bringt. Sein großer Zylinder fällt auf den Boden und machte furchtbar »Bumm!«, hüpfte weiter: »Bumbumbum«. Da kam Leben in die beiden Greise: Sie spitzten die Ohren. Aha! Alte Artilleristen. Und wenn er den schönen Zylinder opfern sollte – das Geheimnis mußte gelüftet werden. Also los: »Bum, bum!« Kanonenrollen. Beide Greise fingen heiser zu kommandieren an. Aber sonderbar, was sie sagten: Das waren ja altvenezianische Segelkommandos! Aber welcher Natio-nalität hatten die gedient? Da, glänzende Idee! Er eilte nach Hause

und arbeitete eingeschlossen einen ganzen Tag lang. Dann kam er, richtete zwei Besenstangen als Mast und Rah her und entfaltete plötzlich eine Flagge nach der anderen. Laut mit dem Hute böllernd. Niegesehene Flaggen – Flaggen von damals, von anno Maccaroni. Toscana stieg auf – nichts! das Trifus Neapels mit dem Sonnenzentrum … nichts! – die päpstliche Tiaraflagge – nichts! – der Markuslöwe – nichts! das Kreuz Genuas – nichts! – Sardinien, Halbmond, Bourbons Lilien, nichts! sogar die Flagge König Theodors von Korsika, das Neuhoffsche Wappen, blieb unbeachtet. An alles hatte er gedacht. Nachdenklich fuhr er mit seinem schwarzen Sacktuch über die perlende Stirn.

Im selben Moment grölten beide Greise und schwangen wild ihre eisernen Nachttöpfe … heiliger Himmel! Seeräuber! Entsetzlich! Also das ist das Geheimnis.

Im zweiten Stocke wohnte der Zauberer Nawratil, ein bös aussehender Greis. Die Kinder sahen ihm scheu nach, wenn er mit hoher spitzer Mütze ausging, beim Greißler einzukaufen. Jedesmal schimpfte ihm sein Wohnungsnachbar, der Schustermeister Schwetz, heiser nach. »Sie Nawratil – ich bestell nix mehr bei Ihnen – die letzte Beschwerung ist wieder amal ausgegangen – Sie, und ihre Gespenster – bsonders der Geist der Rauchfänge – a – pfui Teufl, so was von schäbig. Da nehmen S' Ihnen an Beispiel an die Schummermännchen …« – »Sächsischer Schwindel«, grollte Nawratil. »… Sie … schimpfen S' mir nicht über Leipzig! Das ist heute führend in Dämonologie. Nix können S', nix, heuer im Sommer die Blamage mit die hatscheten steyrischen Waldteufl …« – »No mein Gott, wann bei der Beschwerung aber auch ein Zithersolo verlangt wird!«

Das sonderbare Haus

Ein Chemiker hatte zwei Töchterchen gehabt – Leni und Lisi, Zwillinge. Leider holte Freund Hein sie bald an den Fraisen und

Nabelbrüchen ab. Wenige Monate später tröstete jedoch die Gattin, Gioja, den schmerzverzerrten Vater mit neuen Zwillingen, Mädchen, gleich den nabelgebrochenen, fraisenverklärten. Als die Taufe nahte, war guter Rat teuer. Dem Vater, einem exakten Denker, fiel absolut nichts ein. Die Mutter – nun, die war eine geborene Kuh. So nannte man die Kinder denn auf Rat des Rektors der Chemischen Fakultät Paralenchen und Paralischen. Die Kinderchen wuchsen ganz nett heran und lernten zur Freude der Eltern schon im fünften Jahre sprechen. Aber wie freute sich alles, als wenige Jahre später noch ein Knabe kam – der Traum des Vaters. Weil dieser damals gerade daran war, eine wichtige Abspaltung vorzunehmen, und er selber auf den – leider hundsordinären – Namen Franz hörte, nannte man das Kind Schizofränzchen.

Das Blasrohr

»Gutn Daach, Herr Meester.«

»Gutn Daach, – was wolln Se denn?«

»Ich mechte e Blaserehrchen machen lassen.«

»E Blase-rehrchen? Was is denn das forn Ding?«

»N – 's is wie ä Stock. Bloß daß ein Loch hat.«

»'n Loch? Zum Bindfaden durchziehen, um 'n besser traagen z'kenn?«

»Ne – der Länge nach.«

»Und da blasen Se druff? e Liedchen?«

»Ne – mer schießen dermit.«

»Schießen? Mit was denn?«

»Mit Brotkrümchen oder Erbsen.«

»Die ißt mer doch lieber …«

»Oder mit zernatschten Papierbrobfen.«

»Uff was schießen Se denn damit?«

»Uff Brummer.«

»Brummer? Warum nehmse da nich ne Fliegeklapp.«

»N – das wäre doch unschbortlich. Stellen S' sich vor, wann mer da im Jaagdkostüm mit 'n Hubertushietchen mit der Fliechenklappe rumhobbst ... und wir, das Korps ›Samiel Hilf‹.«

»Hm. Aus was für 'n Holz soll denn das Ding sein?«

»Ich hätt's gerne aus Eechenholz.«

»Das is aber sehr schwer.«

»Was fir'n Holz kann mer denn dann nehm?«

»Na – nehmen Se doch Bappelholz.«

»Bappelholz? Das is aber doch so weichlich. Ich finde, das steht Mönnern nich an.«

»Na, dann nehm' Se doch Eechenholz.«

»Ja. Bleibm mer dabei.«

»Und dann, Herr Meester, kann mersch nicht außen achteckig machen, daß 's sich besser angreift?«

»Cha. Mer kann's ooch sexeckich machen oder rund, das is billicher.«

»Ja, aber doch nich so scheen! Bleibm lieber bei achteckig. Und dann, kann mersch denn nich boletiern, daß e, nich so leicht drekch wirdt.«

»Mer kann's och beezen.«

»Aber das hat doch keenen so scheen Glanz? –«

»Ne das hat keen so scheen Glanz. –«

»Also, bleibm mer bei boletieren.«

»Hm, boletiern mersch.«

»Ach – und dann, Herr Meester, kenn Se nich e Mundsticke dran machen, daß mersch nich so abrutscht?«

»Cha. Das kamma machen.«

»Was nehm mer denn dazu?«

»Na – nehm mer Elfenbeen.«

»Elfenbeen? Cha, wemmer das aber fallenläßt, denn is' es kaputt. –«

»Ja, denn is es kapütt.«

»... was soll mer da nehmen?«

»Na – nehm Se gemeenes Been.«

»Ach – ich meechte aber doch Elfenbeen. 's is so scheen.«

»Ja, scheen is's. Man kennte ooch Horn nehm.«

»... Horn? ... Ne. Horn mecht' nicht.«

»Nun, da bleibm mer bei Elfenbeen.«

»... cha! und was's ich noch sagen mecht: Vergessen Se ja nöch das Loch durch ze machen ... Schreiben Sie sich lieber auf.«

»I – wo werd 'ch denn? Sinnst wärsch ja gar keen Blasereerche nich.«

Phänomen

Es gingen nämlich, in tiefes Schweigen versunken, zwei Herren in grauen Gehröcken vorbei, die beide, am Rücken sinnreich befestigt, je eine große Pendeluhr trugen, mit der sie taktmäßig wiegend einhergingen. »Ging, ging« machten die Uhren. Es waren die beiden Brüder Toijetakolitschander, bekannte Wahrheitssucher und un-aus-stehliche Pedanten, die keine andere Meinung gelten ließen. Sie waren einmal aus einer großen Nachttopfhandlung in der Residenz hinausgeworfen worden, in die sie eingedrungen waren, sie, die doch um alles in der Welt willen nicht das geringste zu suchen hatten! »Zum Feigenbaum« hieß das Geschäft und gehörte einem gewissen Herrn Waldesel, der es, wie man flüsterte, infolge eines Gelübdes betrieb.

Das Geheimnis des ausgestopften Mopses

Liebe Constanze, ich muß Dir eine nicht alltägliche Geschichte erzählen, die einen erziehlichen Hintergrund hat. Sie soll ein schlagender Beweis sein für das Sprichwort: Wer das Kleine nicht ehrt u.s.w.

Ich besaß eine Tante, die besaß wieder einen alten Mops. Dieses Familiendenkmal war schon recht alt und hatte Motten, was sonst eher ein Altersleiden ausgestopfter Pinsche ist. Ein gelbes Glasauge war ihm – wohl beim Klopfen – ausgefallen und schlecht und recht durch einen vergoldeten Knopf mit einem Doppeladler ersetzt worden. Der stammte von einem Admiralsmantel und hatte mit einer Mopsmumie so gar nichts zu tun.

Als die Tante reif für den Himmel geworden war, wurde der Mops eine Beute der Müllabfuhr. Damals war ich noch ein kleines Mädchen mit sehr wenig Sinn für Antiquitäten und Raritäten. Leider. Leider. Sehr leider.

Ich war früh verwaist und wurde im Hause meines Onkels und Ziehvaters, eines bekannten Industriellen der Dampfbremsenbranche, erzogen. Unser Heim war eine sehr schöne Villa in Döbling. Und in Döbling auf der Hauptstraße war ein kleiner jüdischer Trödler: Herr Sie Laib Zang, und da Döbling immer der Sitz alten Wiener Patriziates gewesen ist, bekam Herr Zang, wenn er Bodenkram erwarb, häufig wahre Museumsstücke. Da sah ich eines Tages beim Schulgang ein sehr schönes Ölbild, von dem ich heute überzeugt bin, daß es ein Jakob Ruysdael war. Ein glücklicher Instinkt trieb mich an, das wundervolle Stück, das eben in die Auslage gegeben worden war, zu erwerben. Ich bekam es ... um einen Gulden (mehr hatte ich nicht), und als ich es leuchtenden Auges heimbrachte ... wurde es wegen Wanzenverdacht in die Feuerung gesteckt. Oh, diese Feuerung! Was die vernichtet hat ... Um mich auf reinlichere Bahnen zu lenken, gestattete man mir, Briefmarken zu sammeln. Oh! wie das endete ...

Mein Onkel ließ einst ein altes Archiv mit langverschollener Korrespondenz ausmisten. Große Körbe voll Korrespondenz kamen zu uns in die Dampfheizung. Darunter viele Briefe mit niegesehenen amerikanischen Marken. In meinem Album (für Anfänger) waren sie gar nicht abgebildet. Wozu auch? Es waren Marken der konföderierten Staaten von Nordamerika, die zu den denkbar größten Seltenheiten gehören. Alle kosten heute hunderte, ja tausende Dollars. Ein paar blieben mir durch Zufall erhalten. Verbrannt, vertäuschelt gegen den größten Schmarren ... und schließlich verschenkt an Schulfreundinnen, aus deren Besitz, als sie größer und »ernster« wurden, sie wohl auch in den Mist kamen.

Vielleicht war es kein Zufall, daß ich einen begeisterten Antiquitätensammler heiratete. Wir kamen begreiflicherweise viel mit andren Sammlern zusammen, und darunter war ein ganz großer »Miststierer« – in München –, ein alter Hofrat, A. M. Pachinger, der ein altes Patrizierhaus vollgepfropft mit altem Kram besaß, darun-

ter auch die wunderlichsten, unwirklichsten Dinge wie Mißgeburten in Spiritus – noch aus der Epoche Maria Theresias. »Wunderselten, daß sich so etwas erhalten tut«, denn »in den meisten Fällen wird ... wenn so was in an Nachlaß kommt, der Spiritus ausgesoffen ... ja ... ausgesoffen.« Und der alte Jubilar nickte bekümmert. »Da, in dem Zimmer sein historische Toilettegegenstände«, erklärte er, als wir weitergingen.
»Sehen S' ... und mit der Hundepeitsche hat die Lola Montez in König Ludwig I. – gottselig – geschlagen ... wann s' ibler Laune war.« Und beim Weitergehen tat sich ein Zimmer auf, da standen auf einem Regal sieben alte Möpse »Gelten S', da schaun S'! Aner von die Meps hat mir a Vermegen bracht ... ja, a Vermegen. Da waren im Baucherl Liebesbriefe vom Minister Gentz – gottselig –, die er einer Wiener Scheenheit geschrieben had. Ja. Und seit dera Zeit kauf i am Tandelmarkt alle Meps zsamm ... alle Meps zsamm ... und bin efter gut gfahrn damit.«

Hundelirsch

»Sehn S'! der eine Pudschenschweif ist in den Farben des Allerhöchsten Hauses gehalten, also: schwarz-gelb, der andere aber rosenrot und schneeweiß! Offenbar Sinnbild der weiblichen Linie.
Da steht: Wir bestimmen hiermit ausdrücklich ... ja ... daß alle deine rechtmäßigen Kinder und Nachkommen ... beiderlei Geschlechts ins Unendliche! Da haben S' es! Hundelirsche, Hundelirsche und nix als Hundelirsche! so weit das geistige Auge reicht! eine ganze Welt voll Hundelirsche tut sich mir auf! Kein Mensch weiß, woher s' kommen, die Hundelirsche, kein Mensch, wohin s' gehen, dieselben! Und da will sich wer unterstehen, mir vorzuschreiben, wo ich mein Lustgezelt aufstellen derf und wo nit? No! das mecht ich sehen! Wo ich will! Und sei's am Stewansturm dromat, oder am Bahnhof von Neuheisl aufm Biffe, oder – meinetwegen – auf an Tramwaywagen dromat. Also, wie gesagt, ich kann, wo immer i will, ein Lustgezelt aufstellen! Ja wohl!«

Er zog ein dreckiges, aber mit dem Wappen geschmücktes Notizbuch aus der Tasche. »Schaun Sie, Herr Wurmhuber, was da steht:
›Wir wollen und bestimmen hiermit ausdrücklich, daß Dir, Aladar
Hundelirsch, alle Deine rechtmäßigen Kinder und Descendenten
beiderlei Geschlechts ins Unendliche, dieses oben vorgeschriebene
Wappen bei jeder ehrbaren Handlung, Uibungen, Feldzüge, sowohl
im Ernste als auch scherzweise! – bitte zu beachten – von nahe und
ferne, an Kriegsschildern, Fahnen an Denkmälern und Monumen-
ten, an jeglicher Mauer, an Lustgezelten – aha! – selbst bei erlaub-
ten Scharmützeln, (zum Beispiel wenn in einem Biergarten was
geschieht und mit Krügeln geworfen wird) überhaupt aller Orten,
Eurem Bedürfnis, Wünschen und Vergnügungen frei und fern von
allen Hindernissen dieses obgenannte Wappen gebrauchen und
tragen dürft.‹ Und weiter: ›Wer es aber wagen sollte, gegen dieses
Edikt zu handeln, verfällt schon selbst dadurch nicht bloß in
Unsere Ungnade, sondern möge auch wissen, daß er unsrem Fiscus
40 Mark reines Gold, den übrigen Teil aber der beleidigten Partei
ohne allen Anspruch auf Nachsicht, bar zu bezahlen werde bemüßigt
sein.‹«
Gesträubten Haares und vor Erregung schnaubend, steckte der
General das dreckige Büchlein ein. »Und ich kann ein Lustgezelt
aufstellen, wo ich will! Auch gegenüber der Oper, mitten im
dichtesten Verkehr.« – »Aber«, fiel Herr Wurmhuber ein, »bedenken Sie doch den Verkehr!« – »Was? Verkehr? Haben S' nicht
gehört? Wo ich will. No, das möcht ich sehen! Was Seine Majestät,
der Kaiser unterschrieben hat, is unterschrieben. Nein, mein Lieber! da wird nicht gerüttelt daran. Da geb ich keinen Deut nach. So
wahr ich ein Hundelirsch bin!« –
»Ja, sagen Sie«, lenkte Wurmhuber das allmählich wütend werdende Gesprudel des erregten Hundelirsches ab, »wo wollen Sie denn
ein solches, offenbar transportables Lustgezelt hernehmen?« –
»Warten Sie – wern mer gleich haben – Kellner? Geben S 's
Geschäftsadreßbuch her ... So ... hier ... Luster ... Lustfeuerwerkerei
... Lumpensortierer ... nein ... da steht nix. Aber ich glaube, der
Zauberkönig in der Maysedergasse hat so was ... oder! der Bisenius?
Ja, das wird der Richtige sein! Da ist für aufsehenerregende,

prunkvolle Aufmachung garantiert.« Befriedigt trollte der alte Soldat ab.

Späteres Kapitel

Mit Hundelirsch hatte es richtig einen ganz netten Skandal gegeben. Einen Skandal, der sich immer mehr auswuchs. –

Da hatte eines Vormittags – gegen 11 h – als der Verkehr am stärksten war –, just vor der Oper eine kleine Gruppe, der ein Handwagerl folgte, unliebsames Aufsehen erregt. Ein eisgrauer General ließ halten und begann, unter lauten Kommandorufen, ein stark vergoldetes Zeltskelett aufstellen zu lassen. Der Verkehr stockte momentan. Im Nu war ein Haufen Neugieriger da, verstärkt durch einen Strom weiterer, den die Tramwaywaggons ausspien. Ein Wachmann drängte sich durch: »Geben S' die Kraxen da weg! augenblicklich!« – »Sachte«, sprach der General. »Das Gezelt bleibt. Und Sie, Wachmann, geben augenblicklich dem Fiscus 40 Mark reinen Goldes und mir ebensoviel. Wenn S' es nicht bei sich haben, lassen S' in der Bankfiliale da wechseln oder leihen es bei der Opernkassa aus.«

»Sind Sie verrückt?« brüllte der Wachmann. »Ich werde Sie verhaften! Kommen Sie mit!« – »So«, kam es eisig von des Generals Lippen, »wissen Sie, Unseliger, was Sie tun? Sie glauben amtszuhandeln. Aber, Sie waten geradezu im höchst Unzulässigen. Sie beleidigen die Majestät. Lesen Sie da!« und er reichte ihm ein Pergament.

Wie die Sache endete, ist uns leider unbekannt geblieben. Auch wäre es interessant zu wissen, wie der Kaiser sich aus der Soß herausgewuzelt hat. So viel steht nur fest, daß der Hundelirsch mit seinem vermaledeiten Zelt noch später hier und dort, an allen möglichen und unmöglichen Orten auftauchte, so zum Beispiel einmal um Mitternacht vor dem Hochstrahlbrunnen am Schwarzenbergplatz und einmal während der Salzburger Festspiele mitten am Domplatz auf den Domstufen, genau hinter der Bühne des »Welttheaters«. Später ging er nach Amerika. Hie und dort kam es zu großen Skandalen. Wegen Hundelirsch hatten die österreichischen Konsulate alle Hände voll zu tun, bis er schließlich vom großen

Zirkus Barnum & Bailey samt seinem »Lustgezelt« aufgekauft und lukrativ verwertet wurde. Heute ist er verschollen.

Severin Tschutschebiers entsetzliches Geheimnis

Als er ihn kennenlernte. Welch schöner Name! Severin. »Gelt ja, der gefällt Ihnen!« sprach er nicht ohne Selbstgefälligkeit. »Ja«, erwiderte ich, »da kann man stolz sein und glücklich!« Bescheiden wehrte der andere ab. »... Nä, nä, mein Lieber – ja, das mit dem Stolze! nä, aber glücklich – ach herchje!«
Er kaufte in einer Tierhandlung ein kleines, undefinierbares Vieh, das keiner mochte. »Das hat mer von seinem Mitleid!« Später wuchs es sich zu einem Basilisken heraus. Das ist streng verboten. Man wird im Orient von einer geheimen Gesellschaft, die aus grauen Zeiten stammt, unfehlbar getötet, wenn man Basilisken hält, da sie die Pest bringen. Daher seine Angst. Nun stinkt das Vieh gräßlich. »Also bringen S' es um!« – »Ich! I wo. Ich soll Lieschen teeten? nee! Sie is nämlich ä Mädchen!« sagte er verschämt.

Ballettschlußbild

Ein papierener Blitz kommt und sucht herum, den nicht zu vertreibenden Tenor am Schluß zu erschlagen.

Dramenende

Der Bösewicht bleibt übrig. Sonst Leichen. Schließlich fällt zur allgemeinen Befriedigung ein Schuß aus dem Souffleurkasten.

Novellenanfang

Fliegenhimmel
Sein Vatter gottselig hat dem Kaiser Maximilian von Mexico einen
Kakaduhimmel anlegen wollen … damit er nobilitiert wird … »Sie
brauchen nit so zu schauen … es muß doch nit lauter Trottel geben,
denen nix Neuchs einfallt … No … schaun S' mi net so an … jetzt
will der Tepp gar die Notleine ziehn … TTT. Ka Himmel mit an
heiligen Petrus … ka Spur net … wissen S' denn nit, was a
Fliegenhimmel is … No nie kan gsehen … Aber gehen S' …«

Feuchtigkeit

Watscha, ein lieber alter Greis, stank stumm zum Himmel, denn
sein Bart war feucht.
Alle Hunde stinken stumm zum Himmel, weil feucht.
Thiemig ist von Nässe geschwollen wie eine altbackene Semmel, die
ihre Renaissance als Knödel feiert.
Ein alter Herr ist durch die Nässe so eingegangen, daß er nicht mehr
bis zum Tisch reicht.

Das ist der Daumen

Das ist der Daumen, der schüttelt die Pflaumen,
der dient zum Begeilen, der hilft ihm zuweilen,
der schaut ihm zu, der ist immer in Ruh,
der bohrt im Lulu.

Seltsam

Seltsam tönt mir's im Gemüth
wie eine Nilpferdzither.
Es grollt mir, glaub ich, im Geblüth
ein kommendes Gewitter!

Die Tragödie der Eßwaren

Wer zündet je einer Wurst ein Allerseelenkerzlein an.
Dies ging Urgockern durch den Kopf.
Schlanke, gestern biegsame Gazelle! Wunder. Morgen: Kitzbraten.
Turteltaube schnäbelnd? Morgen: gefüllt.
Gelehrter! Leuchte der Wissenschaft! Dem noch der Bruderkuß
eines Mommsen auf der Wange leuchtet?! Paar Wochen später, im
Kaffernkral teils gebraten, teils sauer aufgehoben.
Ja – wer will da noch weiter mittun! Welch Tschundern mit der
Materie – Kohlenrutsche. Phui. »Schleim! Schleim!« pflegte Prof.
Nastopil jeweils auszurufen. Schleim? Ausglitschen im »Es«, was
heute zugegebenerweise noch berickt. Da heer ich unlängst von die
Prager Philharmoniker Smetanas »Vischrad« vorgetragen. Hoch-
gesang des Pompes. Und wie hab ich in Smetana selig gsehen? Wie
sie sein Schädel seziert haben? Hat nicht die Frau vom Anatomie-
diener Hribesch die Halbscheit heimgnommen? Für die Hendeln.
Na, Schwamm driber. Und was glauben S', waren die Hendeln?
Geborene Vischrader! Na! also? – – –

Siebente Maske des Eros

Die Welt blieb stehen. Was seit Untergang des Ariertums durch Carl
den Großen (dem großen Kerl) geschehen ist, war schiefe Wirrnis.
Todesstoß gab Fall Byzanz, von wo alles Unglück Europas kommt.

Damals mußte in logischer Erfüllung Amerikas Entdeckung, die durch die Pest von 1348 unterbrochen war, populär werden.
Beginn des Balkanunglücks. Seit dem Tod der Götter blieb die Welt stehen. Geheimnis Napoleons. Schluß des Weltkriegs mit Besiegung des Amerikanismus. Ende des Nebenmenschentums. Traumwien setzt ein. Beginn der neuen Herren-Welt, das ist die zweite Schraubenwindung der Antike, die Heliogabal nicht glückte, weil er kein Arier war. Manuela Komnenos besitzt die Trümmer der Agens Alexander des Großen und das Zentrum der geheimen Weltloge. Sie bekommt als Mitgift die unterirdischen Wasserkräfte Illyriens als letzten geheimen komnenischen Besitz, und da beginnt die maschinelle Vorbereitung der komnenischen Weltherrschaft.

Traumwien

Mondbanknotenfälscher. Macht Besuch in angenehmem, prunkvollem, ernstem Milieu. Sie will nicht mit der Sprache heraus, was für eine Sinecure ihr Mann bekleidet. Er ist Präsident der Gerichtskommission für Verfolgung etwaiger Fälschungen am Mond giltig sein könnender Banknoten. So gewissenhaft ist man.

Die Hagionautenhäuschen sind hübsch über das Wechselgebirge zerstreut, daß sie der Tourist ja nicht merkt.
Die Wettermännchen kommen zur Stadt, gehen ins zweite Weltamt. In Ohrfandls Gasthaus steigen sie gerne ab. Dort ist die geheime Auriflamme bewahrt.

Wien gleicht einem kostbaren Gemälde aus Elfenbein, von tausenden Fliegenschissen verunziert: die Czechen.

Modewechsel hat seinen unbewußten okkulten Grund darin, das Karma zu wechseln. Alte Zeiten mit »Trachten«, stationäre Moden zügelten entschieden Penaten, Laren, Hausgeister. Unsere Epoche ist garantiert momofrei!

Die Modejournale zum Beispiel sind von der rationalistisch-liberalen Geheimloge ins Leben gerufen worden, um dem Heinzelmannunwesen (ja, Unwesen! das Wort ist nicht einmal zu stark gewählt) zu steuern. Die Leute haben bis in die Goethezeit uneingestandenermaßen darunter furchtbar gelitten. Und gar Häuser, wo Kielkröpfe auftraten!

Einer putzt ein falsches Ichtyosaurusgebiß, um es zu verkaufen.

K. k. Militärnekromant, k. k. Militärgeisterbeschwörer haben mit Repetierzauberstäben und voller Gala in der Walpurgis-, Thomas- und Stephansnacht auszurücken. Verein in Ausübung ihres wenig musikalischen Berufes invalid gewordener Ohrenbläser.

Idee: Der Träumer schreitet durch die Spinnwebenpforte zwischen Nacht und Dämmerung und findet die Welt verändert.
Evidenzbüro für Leute aus Zwischenreichen der Venus. Ball bei der kaiserlichen Botschaft von Trapezunt.

Knochenmühle, wo Heiligenknochen gemahlen werden. Betschwestern holen $1/2$ kg Amulettmehl als Dünger für die Passionsblumen.
Verein der Holz- und Kohlenzwerge im roten Kostüm. Sie bauen auf eigene Kosten eine kleine Bahn am Hermannskogel.
Custos am städtischen Hundemarkenmuseum.
Der Stadtpark wird zu einem Zauberwald umgearbeitet, wo die Nixen des Wienflusses und die Kanalundinen zusammenkommen.
Auf tausendjährigen Ringstraßenbäumen nisten Hamadryaden, und im Resselpark schnitzt ein Pan eine Flöte.
Maronimänner verkaufen gebratene Pegasusroßknödel.
Feine Restauration: Aus dem Drüben gefischte Fische – Einhornrostbratel, junge Phönixe in Boblättern gebraten.
Der Teutone raucht aus einer Spitze, aus Ygdrasilholz gedrechselt.
Der Genießer lehnt in einem Schaukelstuhl aus Boholz, ruft I. an: Stelle wo die heilige Agnes den Schleier verlor: wo der heilige Ulrich dem heiligen Leopold vorging. Dort haben die conservativen Holzkohlenzwerge eine Denksäule errichten lassen.

Großer Festtrubel. Dem Erfinder des Pique As wird ein Denkmal gesetzt. Welch bedeutender Mann! Was würde die Welt ohne Pique As machen, tragisch. Lachen Sie nicht! Denken Sie das Loch ohne Pique As! Was für unermeßliche Tragödien hängen an dem Teil des Göttlichen! Seine Traradix (Tansradix Gegenwürfel drüben) ist ein pikanter Dämon, ein Ding zwischen Engel und Puck, schon mehr letzterer. Die Traradix des Caro As ist ein Engelshund, ganz gewiß, ein englischer Hund, wie sich Abraham a Sancta Clara ausgedrückt haben würde, also ein verklärter Bulldogg, Mastiff, jedenfalls mit caféfarbener Nase, wie schon die helle Färbung des Caros anzeigt.

Tartaros
Er verliebt sich in die dämonisch geheimnisvoll schöne Tochter einer Familie. Man eröffnet ihm mit Donner und Blitz, als er um die Hand anhält, daß sie früher ein Siebtel von Krain besessen – bloß noch der Tartaros und Hades mit den Wasserkräften des Styx besitzen. Er ist starr. Strabos Karte und seine uralten Schriften belehren ihn. Sie sind uralte Familie von Priestern des Pluton. (Erdgeiger verkehren im Haus etc.) Zitternd nimmt er an. Dort werden unterirdische Kraftwerke gebaut, um für Komnenos die Welt zu erobern.

Nachdem die Nebenmenschen (Amerikanismus ist kein Mensch, bloß Nebenerscheinung des Menschen, daher seine allzustarke Menschheitsbetonung, riesenbreite Schultern, besonders große Schuhe, besonders große Moral etc. Trinkergesetze, wo alles besoffen ist) niedergelegt wurden, beginnt die zweite Spirale der Antike.
In der Übergangszeit entsteht das phantastische Traumwien, wo alle möglichen Sonderbarkeiten ans Tageslicht kommen, eine Art Biedermeierei mit gespenstischem Anstrich, ein rückwärtsgewandtes Empire (Retroempirestyl), der endlich wieder zur neuen Antike führen wird.
Wie alles, was gedacht wird, wahr wird, wird auch der Inhalt dieses Romans werden.

Einer kam sorgsam als Fastensonntag Estomihi (Psalm 71,3) verkleidet. Die Fastensonntage Invocavit, Reminiscere, Oculi, Lätare, Judica und Palmarum folgten ihm nach. Dann nach Ostern Quasimodo geniti, Misericordia domini, Jubilate, Cantate, Rogate und Exaudi im Gasthaus »Zum lustigen Leichnam«.

Vier Bücher halten die Chinesen heilig:
1) Schi-King, die Annalen,
2) Li-King, der Ceremonienspiegel, noch höher halten sie
3) Yi-King, das Buch der Verwandlungen, eine Sammlung von 8 x 8 Figuren, aus geraden und gebrochenen Linien zusammengesetzt, welche Hua heißen, die die Elemente etc. bezeichnen sollen, aber schon dem grauesten Altertum ein unauflösliches Rätsel waren; der moralisch-politische Commentar des Confucius schließt sich an die älteste Deutung, die des Kaisers Wen-Wang aus dem 12. Jahrhundert, an. Aber die höchste Verehrung genießt das Buch
4) Thas-weg-A (Thas-fir-Y), in dem außer einigen Fettflecken überhaupt nichts enthalten ist. Reibs zuwa, uma.
Den Europäern gegenüber wird die Existenz dieses letzten und heiligsten Buchs immer streng geleugnet.

Die Frucht des Eifers

Die Frucht des Eifers ... Eiferfrichte? wos is das? wachsen auf Eiferbäume? He – werden die auch rationell genug verwertet? Eiferbretter? Furnier aus Eiferbrettern, unter den Sitzledern von Studierstühlen – nicht übel.
Ich stelle mir die Früchte à la Tannenzapfen vor, aber schleimig. – Lassen mer die Leit streiten. Die Eifersägespäne als Zusatz von Würsten, die man stehend zum Stehseidel ißt. (Stehkäse)

Das kategorische Kusch

Mein Innenleben wird immer summender, und ich muß das »kategorische Kusch« immer neu verschärfen. Und das »kategorische Kusch«, das ich ihm an Convenienz vor der Realität des Alltags öfter zurufen muß, bringt das Gegenteil von Dämpfung hervor.

An meinen Hund

Das, was ich schaffe, was ich empfinde,
ist Opferrausch dem Götterbilde,
ist Preislied dir, dem Venuskinde,
so hold gemischt aus Stärk' und Milde.

Des Alltags nebelgraue Affen
putzt du dem Herrli mit dem Zahne weg.
So schützest du und Venus Herrlis Schaffen,
und kein Saturn ist euch genügend keck.

Doch oft beklagst du Herrlis dumme Hülle.
Die ist ja nichts für deinen Schönheitsdurst.
Bei ihm hat Wert leider bloß die Fülle.
Das ist die Mär vom Panther und der Wurst.

Psychoanalyse

Psychoanalyse ist nur eine der sieben Möglichkeiten. Die Kunst der Zukunft bringt noch ganz andere Möglichkeiten der biotischen Symbolik.

Onkel Szamuel

Die ungarisch-jüdische (Paprikasien)Familie hatte eine Beschwö-
rung nach Eliphas Levi (Lévay Elifasz), aber aus Patriotismus mit
ungarischen, daher verfälschten Drogen Räucherungen vorgenom-
men. Die Folgen waren schrecklich: Onkel Szamuel wurde in einen
Kentaur verwandelt, aber in ein Fabel-Comfortabelroß.
Den ganzen Tag stand er mit eingeknickten Vorderbeinen, den
Kopf schläfrig gesenkt, da und fraß ab und zu traumverloren die
Zigarrenstummel, die man für ihn sammelte.

Berufswahl

Schon als Kind hatte er Freude und Hinneigung zu absonderlichen
Menschen mit absonderlichen Beschäftigungen: So zum Beispiel
wollte er gerne Plafondgeher werden oder zumindest solche kennenlernen, die dieses obtroverse Metier betrieben.

Chantre – Panthre –

Schön klingt Gesang deshalb, weil er bei den Zähnen vorbeikommt,
den Gruß des Elfenbeinpalastes dem Ohr bringt – betäubt wie der
Kuß des Eros.

Et in Styria Dionysos

Schönwadige Mädchen und dünnbeinige Herren. In ihren Herzen
knackt verhaltenes Jodeln.

Knurre

Deine Worte gleichen müden Möpsen, die nach Schmetterlingen haschen – hier bitte belieben dumpf zu knurren – hier knurre wie oben.

Auf dem allen kann man nicht schreiben

Ehrfurchtgebietender Kenner der Pflanzenkunde, siebenmal verzweigter Stern am Himmel der Botanik, goldene Blüte am Baume der Weisheit! Mir ward es wie eine Detonation in dunkler Nacht des Ohrlabyrinthes. Trichinenleder wäre zarter, auch ein Gewebe aus Schmetterlingswolle. Auch der trübe Schleier vor dem Auge eines Geohrfeigten. Doch auf dem allen kann man nicht schreiben. Nie. Deshalb.

Der Liebesgott

Der Liebesgott würde schon in der Sekunda aus allen Gymnasien Österreichs hinausgeworfen werden. Die Sehne seiner Armbrust ist aus Brüllaffenhaar. Er hat ein Schnüffelnaserl mit Grüberln. Blumen blühen auf allen Wegen, die sein goldner Schuh betritt.

Der Brief

Mädchen kommt in Hotelhalle. Mehrere Fauteuils. Ein paar Reisezeitschriften liegen da, ein Reisereklameplakat. Sie setzt sich nieder, schaut ein paar Mal auf die Uhr, nimmt Zigarette heraus, zündet an und sieht, wie sie herumkramt, zwischen Sitz und Seitenlehne ein Papierzipferl herausschauen. Nimmt es heraus – ein Brief. Ein Brief – ein offener Brief – an wen – es ist nicht schön, in fremden Briefen

nachzusehen – oft ist's nicht gut, dem Drang der Neugier nachzugeben. Der Brief ist männlichen Geschlechts ... die Schrift ... die kenn ich doch – der Name –
Frau ist die eigene Mutter.

Der Sturz in den Orcus

Disposition
Bürgerliches Wohnzimmer. Eine breite Doppeltüre führt in ein Vorzimmer. Alois Böchvogl, ein Rentier, Kathi, seine Gattin, Annerl, ihre Tochter, Graf Wetter vom Strahl, ehemaliger Leutnant, jetzt Reisender in der sanitären Branche, Bibiana, genannt Bibscherl, Magd, zwei Feuerwehrmänner, zwei Kanalräumer.

1. Akt
1. Szene. Es schlägt zehn Uhr. Annerl, etwas übernächtig, eilt ins Zimmer, setzt sich zum dünntönenden Klavier und spielt, verklärt blickend, einen Walzer.

MAMA KATHI *blickt von der Näharbeit auf und sagt mit leisem Vorwurf* Spät bist du dran. Wann der Vatter das wüßte ... Z'erscht hat er 'n Kanari gfüttert, dann d' Pfeifn geputzt, jetzt is er im »Blauen Ochsen« frühstücken ...

ANNA Sein Tellerfleisch, wie gwöhnlich und seine vier Halbe ... Dann hat er kan Appatit nicht zum Mittag ...

MAMA Wer wird denn san Vattern kritisieren! der so für dich sorgt und spart! Jetztn hat er 's vierte Haus kauft ... daß d' es amal gut hast ... Hat eh schon zwoamal nach dir gfragt, obst no immer schlafst.

ANNA Du, Mutter! schön war's am Ball! Du ... i sag dir ...

MAMA Wann ham di denn eigentlich die Schwammermayerischen z' Haus abgegeben? Mir ham gar nix nicht ghört.

ANNERL Zwoae war's. – Du Mutter – schön war's.

MAMA Das glaub ich. Zwoae! Naa, wann i denk, wie mir als a junger g'halten!

Anfang.

PAPA BÖCHVOGL *tritt ein* Du Alte! heut nacht hat mir was träumt.
Was Unguts. I woaß aba nicht, was war.

MAMA Geh zu! Treime sind Scheime … Sei net abagleibisch.
Treime treffen nie ein.

PAPA … Scheime … Scheime … Ja. 's war was Nasses … ja, was
Nasses war dabei.

DIE MAGD Da wär die Post.

PAPA Ibrigens – es is schon neini, wo steckt denn d'Annerl? hat s'
am End schon gfrühstückt und is weg? Schlittschuhlaufen?

MAMA *verlegen* Nein. Sie schlaft noch.

PAPA Was?

MAMA Ja. Gestern war doch der Ball in der Harmonie!

VATER Richtig, hab gar nimmer drauf denkt. Bei die Schwammer-
mayerischen is ja gut aufghoben. Sunsten hätt i ja nie meine
Zustimmung geben. Denn mi bringen koane zehn Roß auf so an
Bahl.

MAMA Mi a net.

VATER Und woaßt – der Schwammermayer Alois – der war mir net
unpaß zum Schwiegersohn. – Du Alte! horch amal 's Madl aus …

MAMA Ja weißt! Mei Wunsch war's ja auch. Dös Viechsgeld, wo der
amal kriegen wird. Aber d' Annerl! So was von kalt. I woaß net,
der sagen die Männer amal gar nix. Mir hätten s' Ursulinerin
werden lassen sollen, wie allweil der Onkel Bischof, der
Schoisgruber Pius, geraten hat.

PAPA Was! 's oanzige Kind? Wo s' amal a Millionärin machen wird.
Klimpert mit Geld. Mir ham's ja … aber schau ma noch, was in
dem Brief … steht … was is das: Gebrüder Pauschhofer, Fabrik
für s … sa … nit … äre Anlagen … Linz, Dreilaufergasse 99 …
Filiale im Reich, Leipzig. Trompetergäßchen. Da schau! Motto:
Fort mit der Verdauungskommode – her mit dem Sturzklosett!
A so was! die san ja deiflisch, dö Burzellanziefer, dö verfluchten,
wo sich beinah unser alter Vatter Dreywursch den Tott gholt hat.

MAMA Der Dreywursch? wo so fürsichtig is?

PAPA Ja. Denk dir! Wie'r in Salzburg war – im Mai – begegnet ihm
sein alter Freund, der Irresberger vom »Österreichischen Hof«,

und sagt ihm, er soll sich doch amal 's Neichste anschaun – das
önglische … Heisl … d' Leut stehen Schlange an, um's zu
besichtigen – eam kost's nix … soll nur einigehn … ein Besuch is
gratis, wie gsagt, sagt er – und der Vatter Dreywurscht schnauft
halt hin. – Er soll sich nit fürchten, wann's aa schiach tut – 's tut
nix – und draußen war der Irresberger. Und in Vattern Dreywurscht gfallt die Sach … und wie'r daß er einischaut, fallt ihm
der Zigarrnschbiez eini –

MAMA – und weg war er …

PAPA Nein! Es soll so wiar Lawur dahergschaut haben, hat der
Dreywurscht erzählt. Und wier er 'n aussagfischt hat und sich
wieder aufrichten will, erwischt er an Glockenzug zum Anhalten
– und da bricht ein Wassersturz los, daß er über und über naß
war und mit hängete Hosen außi glaufen is.

MAMA A Wassersturz? hat er was brochen?

VATER Na. Dös tun s' alle, die Ziefer, die modernen. Wann oaner
an der Schnur zogen hat, kann er nur schaun, daß er davon
hupft, eh's zu spät is … aber, weiter. »Unsere sanitäre Clo-sets
sind gratis zu besichtigen im ›Blauen Ochsen‹« – also, so was hätt
i eam blauen Ochsenwirt nit zutraut – »und werden täglich von
9–11 und 12–17 Uhr« ja, und weiter: »Einmalige Benitzung
gratis!« – Da schau her! »um freundlichen Zuspruch bittet einen
hochen Adel, eine ansehnliche Beamtenschaft, das p. t. Bürger-
tum der Vaterstadt.«

MAMA Gehn ma hin! Magst nit, Vatter?

VATER Naa –! – naa. Da bringen mi koane zehn Ochsen hin! I bin
fürs hergebrachte!

ANNERL Kiss d' Hand, Herr Vatter! Kiss d' Hand Frau Mutter!
Was hat denn der Herr Vatter, daß er gar so d' Augen rollen
tut? Is eam schlecht? Um Himmelswillen, Herr Vatter! beruhigen S' Ihnen … was tun S' denn so mit der Pfeifn zidern?
fallt ja d' ganze Aschen heraus! Mägen S' a Glas Wasser? Oder
an Brausse-Bulfer? I spring glei um ans ummer. – Glei bin i
da.

VATER Laß nur, guats Kind! I hab mi nur so über an Brief aufgregt,
wo grad kummen is.

ANNERL An Brief? S' wird do nit eppa wer gstorbn sein? Wer is's
denn – 'leicht der Onkel Dreywurscht ...? ...!!
MUTTER Na. Der lebt. Aber, es hängt mit eam zsamm! weißt, mit
dem seim Salzburger Abenteier ...
ANNERL [Text bricht ab]

Herbst

Zitternd pflückte der Greis im Garten die letzten Astern. Der Herbst
war weit vorgerückt. Klarblau der Himmel, alle Farben wie lak-
kiert. Weiße Dreiecke von Zugvögeln segelten im blauen Äther dem
Süden zu.

Das Zugklosett Tschurtschentaler

Du lieber Himmel! Man ist ja ohnehin geduldig wie ein Lamm und
noch dazu wie ein lahmes Lamm und schluckt so manches hinunter, die sonderbarsten Dinge, nicht die tägliche, oft recht fragwür-
dige Kost! Der kurzröckige Backfisch schlüpft herein, verriegelt,
sieht sich scheu um, zieht aus dem Busen einen Liebesbrief, liest ihn
glühenden Auges – risch – rasch, zerrissen ... ich schluck ihn, den
papierenen Liebesseufzer ... manch Girren erstarb in meinem
Mund ... Dann wieder kommt ein ächzender Greis – nein, nicht zum
Erleben ...
Eine dicke ächzende Dame, die nicht mehr hoch kann und hilflos
mit den Armen gestikuliert ... man möchte beispringen, als artiger
Mann aber kann man nicht!
Ein quecksilbriges dünnes Männchen war in ihn hineingestürzt ...
Öha! Wie er diese Springinkerln haßte, die ganze Tänze auf der
Schutzbrille aufführten! Dann wieder nichtsnutzige Rangen bei-
derlei Geschlechts! Vom »Wilson« wurden sie verjagt, weil sie auf
dem falschen Wasserspiegel, den er permanent in seinem Haupt hat

– der ist sein Stolz – Papierschiffchen schwimmen ließen. Sie spielten versteckte englische Flotte und reizten ihn furchtbar. Man ist ohnedies froh, wenn sie nur das tun.

Aber da kommen noch ganz andre Dinge vor, wo man vor Scham und Entsetzen aufschreien möchte … mit väterlich warnender Hand dazwischen fahren möchte – aber, man hat ja keine! Oh, diese Tragik, entsprungen aus dem ewigen Nichtdenken der Handwerker, denen eben belebte Phantasie und Weitblick so ganz mangeln. Da muß ich noch ein Thema anschlagen. Das geistig verflachende Niveau der Großstadt! Jawohl. Sehen Sie, das kommt so: Wir vermissen dort die geistige Nahrung. Was ist schuld daran: das verfluchte Gesundheitsklosettpapier. Früher hatte man neben sich Zeitung hängen. Am Land und in der sonst so verschrieenen Provinz ist's noch heute so. Da konnte man, bruchstückweise zwar nur, seinem Bildungsdrang Genüge tun.

Daher der grund-stock-verblödete »Wilson«! Man wirft immer wieder ein: Hygiene. Was gehen uns denn die verfluchten Ä…e an! Immer und immer wieder diese unintelligenten Gesichter sehen zu müssen ist ja unser Schicksal; natürlich lieben die nicht Gedrucktes. Das ist klar. Aber warum müssen denn wir dafür, daß die protzigen Gesellen keinen Teintfehler bekommen, einfach verblöden?

Diese allzu seßhaften After-Mutterreiche des Geistes!

Moses will in die Schweiz

Schweizer starren in die Ferne. Sind schilfumwickelt. Tschakos mit Schilfkolben. Kreuzfahne. Sie rufen: Chaibenslander kimmen! *Moses erscheint. Unsichtbare Menge mauschelt erregt.*

SCHWEIZER Wie heiße Sie?

MOSES Moyses.

SCHWEIZER Vorname?

MOSES Nu – Moische.

SCHWEIZER Vater?

MOSES … pü … was ich … wieso? Wer kann bestimmt sagen …

SCHWEIZER Mutter?

MOSES Pscht. Etwa – ä hoiche Dame!

SCHWEIZER Geburtsort?

MOSES ... der Nil.

SCHWEIZER Was heißt das?

MOSES Ich bin eppes a Findlkind ... ä nasses.

SCHWEIZER Sc. Stand? Celibe, sposato?

MOSES Wo denken S' chin! Iach bin ä Heiliger.

SCHWEIZER Herkunftsland?

MOSES Egipten.

SCHWEIZER Also Kopte?

MOSES No.

SCHWEIZER Die Usländer ohne Vaterland haben den Grund des Verlustes ihrer Nazionalität anzugeben!

MOSES Iach bin eppes a Jüd. *Gemurmel*

SCHWEIZER Art Ihres Passes? Bis wann giltig?

MOSES Iach hobb kanen. *Bedenkliches Gemurmel*

SCHWEIZER Gegenwärtiger Wohnsitz?

MOSES Was ich? ich bin auf der Wanderschaft.

SCHWEIZER Beruf?

MOSES *stolz* Ein Weiser.

SCHWEIZER So. Was für einen wirklichen Beruf üben Sie aus?

MOSES Prophet.

SCHWEIZER Wie heißt Ihre Frau? Name, Vorname, Mädchenname?

MOSES Bin unbeweibt.

SCHWEIZER Kinder?

MOSES *deutet nach hinten* Mein ganzes Volk. *Das Gejüdel wird dröhnender.*

SCHWEIZER Zweck Ihrer Reise in die Schweiz? Sie müssen für Bewilligung längeren Aufenthaltes ein Sittenzeugnis beibringen, ausgestellt von der Autorität Ihres gewöhnlichen Wohnortes, diesfalls des Pharaos, und Strafregisterauszug. Auch für Ihre Familie sind diese Dokumente beizubringen. *Erregtes Gemauschel* Wenn Ihre Lüt eine Stellung in der Schweiz nehmen wollen, müssen sie ihre Dienstbotenzeugnisse vorweisen.

Alle Leute, ausgenommen Maurer, Zimmerleute, müssen einen Curriculum vitae beilegen. Auch ausreichende Subsistenzmittel nachweisen. *Man hört Geldgeklimper.*

SCHWEIZER Wo erster Aufenthalt und wie lange?

MOSES Bis se uns eherauswerfen.

SCHWEIZER Wie viele Reisen finden voraussichtlich statt?

MOSES Immer werd gewandert.

SCHWEIZER Hat der Eintrittwerber die Absicht, wieder ins ursprüngliche Land zurückzukehren?

MOSES Behiete der Himmel!

SCHWEIZER Warum nicht?

MOSES Weil dort ze viel Jidden sind.

ANDERE STIMMEN Nix gedacht soll es werden!

SCHWEIZER Militärdienstliche Verhältnisse?

MOSES *stolz* Mai ganzes Volk hat Plattfieß!

SCHWEIZER Referenzen in der Schweiz? Sie müesse angebe, mit wem Sie in der Schweiz spreche werde und was Sie spreche werde!

Das Männlein Prschybil und seine Wechseljahre

Das Männlein Prschybil war verlorengegangen, einfach verschwunden, prič. Alles zerbrach sich den Kopf. Besonders seine Familie. Was kann nur mit ihm los sein? hat sich's verirrt? Oder – es ieberkommt einen kalt – ist's am Ende – in einem unbewachten Augenblick – in den Abort gefallen … abgestirzt? Wie dies bei die verfluchten altmodischen Häuseln leider! an der Tagesordnung ist! Bitte, blättern Sie nur in den Journalen beziehungsweise eher in den Provinzblättern! Zum Beispiel im »Olmützer Anzeiger«, den »Stimmen aus Přlouc«, »Kasbergers Intelligenzblatt für Kralup und Umgebung« und ähnlichen periodischen Druckschriften! Schaun Sie, ältere Leite soll man eben nicht unbeobachtet auf so was gehen lassen! Schauen S', wie's dem Dr. Nachtweh selig in Olmütz gegangen ist. Die Familie sitzt Ihnen stillvergniegt am

Ostersonntagmorgen um den Friehstickstisch. Plötzlich wird das Oberhaupt schweigsam, riehrt versonnen im Kaffee und reischpert sich a paar Mal. »Wenzel, was hast du?« fragt ihn die Öhöhölfte, eine geborene Wiskozil aus Podersam, wo die Familie seit jöher die Schuhwichsfabrik gehabt hat, mit dem Bilde des unvergeßlichen Kaisers Franz Josef heechstsölig auf die Schachterln, wie ihm der Kaiser Ferdinand wegen notorisch erhobenen Bleedsinns die Krone Behmens iebergibt, was sich 1848 im Spötherbst am Hradschin ereignöt hat.

Leider ist die aufhabende Wenzelskrone ein wönig verzeichnöt und sieht wie ein Leimhefen aus ... aber gehen wir zur Sache.

»Wenzel? hast Abweichen? das kommt, weil du immer soviel Powidltatschkerl schmausest!«

Dann soll ihn die Firschtin Pantschulitscheff aufgeheiratet haben und er is wo Bojar geworden.

Also, das konnte es nicht sein! So was geschieht in Behmen nicht! Zweimal – sogenannte Kidneppers, – no seitdem wir den Wilson-Bahnhof haben, muß man auch an sonstige amerikanische Gewohnheiten denken, konnten auch nicht in Frage kommen, weil einerseits der Prschybil ein 60er war und sein Papa – längst tot – ein ganz gewöhnlicher Quargelschieber gewesen ist – den können S' lang kratzen, bis a Geld finden. Sollte aber ... die Feder sträubt sich ja! ... sollte Prschybil am Ende ... das Opfer von Mädchenhändlern ... Bitte, bleiben Sie sitzen, lieber Leser! bleiben S' doch ... ja ... ja. So toll es klingt – so verletzend –, diese abscheilich quälende Vorstellung ist leider nicht ganz von der Hand zu weisen. Ja, es kommt vor! daß man sie am Ende als Tänzer bei Orgien – nein! Wegen Heimweh! Meistens werden doch ohnedies behmische oder möhrische Ammeln gestohlen. Das geht doch bei der anhabenden Freundschaft nach Paris! No – die scheißlichen Weiber dort mit die ewig böbönden Nüstern – ne – wenn da a Fliegen hinein kommt – alsdann die neigierigen Ludern warten nur auf so a Gelegenheit – da werden dann die Damen lächerlich und die Behmin ist bevorzugt. No, und daß in die Freistunden a nationale Ansprach wegen Heimweh haben, stehlen s' kommode kleine Mandeln.

Also: Was nur konnte mit Prschybil geschehen sein? War das oft zerstreute Männlein verirrt? Aber wo? Es machte doch nie größere – geschweige denn einsame Spaziergänge! Beileibe nicht! Ja, was nur? War es am Ende – nicht auszudenken, da es klein und zürlich war ... von einem – horribile dictu, Aasgeier entführt worden? So wie es vor vielen Jahren einem gewissen Anastasius aus Kojetein ergangen war, der von so einer Beschtie bis Wischinek, Bezirk Schlau, entführt worden war. Aber, man hat ihn unterwegs beim Umsteigen in Prag ein Bier trinken sehen. Das hat zu denken gegeben, und vielleicht hat die Akademie der Wissenschaften ein bisserl dran schuld gehabt, weil dort, heerich, a Stiftung aufgelegen war dafier, daß nicht bloß die griechische Mythologie die gewisse Entführung des Ganymed durch einen Adler – aber lassen wir das! Jedenfalls hat der Zawil Zawrzel von sich reden gemacht und war lang genug im Panoptikum in der Wassergassen ausgestellt gewesen.

Lösung: Brief kommt. Schoosinkenlassen. Der Tatek hat, heerich, Groom werden wollen ... in a Luxushotel ... um denen Menschern zu gefallen ... a Johkaikappen ... hat er aufgesetzt – aber der Direktor hatn außigschmissen ... in Tatek ... wo er schon fast Gemeinderat geworden wär in Großpopowitze. Sagen S', er is aus Großpopowitze? Jö? Wölches? Bezirk kgl. Wiserberge. Aha! das ist bei Kreuzaujezdetz, wo wir Krschischkovy abgekirzt nönnen oder das bei Powanzen? Powirtschach? Popiwci oder bei Popeter?

Am Schluß kommt heraus: Er war ins gefährliche Alter des Mannes gekommen. Hatte sich, wie dies vorbildlich ist, in gewagte Spekulationen gestürzt, eine 20 fl Salami gekauft und hatte sich als falscher Salamucci ins weltstädtische Treiben des Praters gemischt, bald verdächtig geworden, wurde er von den echten 64 Salamucci, die vermummt zusammengekommen waren, entlarvt und der Gerechtigkeit übergeben worden.

Der Trommelhase

Personen:
HOFRAT JOSEF LEWINSKY, der berühmte Wiener Hofburgschauspieler
DER K. U. K. MINISTER FÜR KULTUS UND UNTERRICHT
EIN K. U. K. HOFSEKRETÄR, der Tschinellen meistert
ZWEI STENOGRAPHEN
EIN AMTSDIENER DER K. K. HOFTHEATERINTENDANZ
EIN BAUER
ZWEI THEATERBEDIENSTETE
ZWEI INFANTERISTEN DES REGIMENTS NO 4 HOCH- UND DEUTSCH-
  MEISTER
VIER ALS PANTHER KOSTÜMIERTE BALLERINEN
HUGO BARON REININGHAUS

Lewinsky tanzt in pedantischer Verbissenheit in genauem Drei-
schritt umher. Kopfnickend bei jeweiliger Umkehr, bisweilen einen
fast drohenden Blick – ob wohl alle auch aufpassen – auf das
Publikum werfend.
In einer Loge sitzt ein bebrillter Herr mit grämlichem Ausdruck, der
bei den passenden Stellen den Trommeltanz mit Tschinellenschlägen
bereichert oder unterstreicht. Ein Theaterdiener neben ihm, der die
Noten umblättert.
Der Tanz wird immer toller. Lewinsky hoppt sogar in die Hocke
gehend herum. Da tragen zwei Bedienstete einen 1 m^2 großen
Grasteppich mit Kohlpflanzen aus grünem Stoff heran und werfen
ihn auf den Boden. Der trommelnde Hasentänzer nimmt auf seiner
tollen Fahrt einen Moment sichtlich Notiz von diesem symbolisierten
Feld. Ein ganz woanders hinblickender Bauersmann im blauen
Janker erscheint und knallt mit einer Peitsche, wohl um die
genäschigen Hasen zu verscheuchen. Aber der Hase läßt die Trommel für einen Moment fahren und tanzt, die Arme verschränkt, um
das Feldstückchen herum, um den gleichgültigen, desinteressierten
Hasen zu markieren. Einige Takte Mazurka. Dann schassiert er
aber wild trommelnd in den Hintergrund. Das benützt eine zage
Figur, rasch eine Vogel- oder Hasenscheuche (leuchtäugiger Katzen-
kopf) auf dem Kohlteppich anzubringen.
Man sieht, wie der Vergeßliche beim Retirieren in die Kulisse vom

Inspizienten an einem der übergroßen Ohren gepackt wird, den Vergeßlichen zu strafen beziehungsweise zu bessern.

Der Bauer knallt gelangweilt und sichtlich nicht bei der Sache weiter.

Jetzt setzt Musik ein. Und zwar eine unheimliche Musik: Etwas Makabres, eine Transkription von Saint Saens Toden etwa, durch jaulende Saxophone bösartig koloriert. Der Tschinellenschläger beugt sich einen Moment ängstlich aus der Loge heraus und will offensichtlich nicht weiter begleiten. Aber sein Adlatus beruhigt den Zagen sichtlich, stellt aber ein eisernes Gitter auf die Logenbrüstung, worauf der grämliche Künstler weiter schlägt.

Jetzt wird auch der peitschenknallende Bauer unruhig. Er klemmt die Peitsche zwischen die Knie, lauscht in die Ferne, sichtlich schwer beunruhigt. – Ach – es ist … nichts. Er nimmt die Peitsche auf, knallt nochmals. Dann aber läuft er fort, quer über die Bühne, verliert seinen Hut und will sich ins Publikum flüchten. Zwei Logenschließer halten ihn aber auf und weisen ihn auf die Bühne zurück.

Inzwischen ist der in wilder Ekstase trommelnde Hase über das Krautfeld gestolpert. Achtet aber seines Schmerzes nicht und trommelt im Liegen weiter.

Der wirre Bauer deutet mit irren Augen etwas Entsetzlichem entgegen, das sich zu den Klängen der jaulenden Musik naht. Er streift den Janker ab, darunter einen zweiten, ja dritten, und schwingt sich an einem Ast, der in die Bühne ragt, hinauf. Der Ast bricht ab, der irre Bauer kracht zu Boden, der Hase rast weiter – unbeirrt – einer grauenvollen Gefahr direkt in den Rachen.

Der Tschinellenkünstler ruft mit sich überschlagender Stimme: »Herr Hofrat! Acht geben! Hörn S' doch auf zu trommeln!! So schaun S' doch!«

Aber der Hase steht wie eine Statue Goethes – er hat jetzt gar seine Maske – direkt vor dem Publikum und exekutiert den Radetzkymarsch, von zwei pfeifenden Deutschmeistern, die unvermutet aufgetaucht sind, in den äußersten Bühnenwinkeln begleitet. Dann aber packt auch ihn das Entsetzen. Was naht dort! Ein Pantherballett!! Schleichend, lauernd …

Die beiden Deutschmeister bringen ihre Schießprügel in Anschlag. Drücken ab; die Schüsse gehen nicht los. Sie probieren die Zündpfannen mit an den Hosenböden angestrichenen Schwefelhölzern in Aktion zu setzen. Erfolglos. Sie laufen davon.
Der Hase trommelt weiter, selbstvergessen, bis man ihn aus dem Publikum auf die Gefahr aufmerksam macht. Da wird er nervös. Rast trommelnd und dazwischen irre Gesten machend wie toll herum, von den Katzen umschlichen und angesprungen.
Baron Reininghaus klemmt das Monokel ein und ruft halblaut: »Ää ... eigentlich: Orpheus und die ... Mm ... Eumeniden. La ... force ... du destin ... m ... Ä.«
Der irrblickende Hase stolpert über das angedeutete, sozusagen virtuelle Feldstückchen. Zwei Katzen haben sich bereits in die Gehrockflügel verbissen.
Da ertönt die Volkshymne.
Seine Exzellenz der Unterrichtsminister, dem auch die Theaterintendantur untersteht, naht sich feierlich, von zwei Journalisten oder Stenographen flankiert.
Der verzweifelte Hase flüchtet sich an die Brust, beziehungsweise das Frackhemd Seiner Exzellenz, der seine Hände schützend über ihn legt. Er verscheucht die wilden Katzen, die vor ihm Kratzfüße machen, und deutet mit gebietendem Finger, sie hätten zu verschwinden. Sie gehorchen, die Schweife eingezogen, machen noch ihre Knickse vor dem Publikum, nehmen einige zugeworfene Bukette in Empfang und verschwinden.
Seine Exzellenz nimmt dem trommelnden Hofrat die Ohren vom Kopf. Brausender Beifall setzt ein. Der Minister verbeugt sich dankend, weist aber angesichts des nicht endenden Beifalls auf Hofrat Lewinsky hin. Auch der Tschinellenschläger in der Parterreloge verbeugt sich, auf sich weisend.
Dann dekoriert noch – Schlußtableau mit bengalischem Feuer – der Minister den Herrn Hofrat Lewinsky, wobei wieder die Volkshymne ertönt. Auch der Bauer erscheint mit eingefatschtem Gesäß und verbeugt sich. Die Panther werfen Kußhändchen.
Ende des Spieles.

Ballett nach einem Traum

Maskenball. Steif, fad, gespreizt, alles langweilt sich.
Plötzlich kommt Leben in die Gesellschaft. Ein junges, hübsches Mädchen wird plötzlich von der Losch und einer Partnerin wie von Katz und Jagdhund blockiert und abgeführt.
Positionen des Bedauerns und der Besorgnis.
Alles lorgnettiert nach einer Richtung. Jetzt beginnt eine Veränderung in der Architektur. Aus einem Fries bewegt sich ein Arm wie ein Hebel. Er schiebt die Wand auseinander. Ein neuer Saal wird sichtbar, wo Gelächter herrscht. Eine Tür springt auf. Heraus kommt ein großer Lindwurm aus Leinwand, er verschlingt eine Dame. Alles läuft kreischend davon. Ein schlotternder Kellner erscheint, nachdem der Lindwurm mit einem Megaphon etwas gerufen hat, und bringt ihm ein Schaffel Speisepulver. Der Kellner will es ihm ins Maul schütten. Der Wurm megaphoniert dumpf und deutet mit dem Kopf nach hinten. Der Kellner öffnet nicht ohne Mühe einen Deckel und schüttet das Pulver hinein. Jetzt beginnt der Wurm zu dampfen; auch erscheinen auf seinen Flanken Nummern *(Tanz der Fortuna)*, die von Lotterieschwestern notiert werden. Auf seinem Schweif sind auch Nummernfetzerln, die man abreißt, worauf er brüllt. Der Wurm macht ein Verdauungsschlaferl. Plötzlich springt ein Fenster in ihm auf, und die verschlungene Person schaut heraus und klimpert auf der Gitarre ein Lied. Der Wurm wacht brüllend auf und verschlingt die Person aufs neue. Vorher hat aber ein Gigerlkavalier die klimpernde Dame gesehen und sie verliebt angeschmachtet. Die Freßszene macht er verstört mit.
Kommt wieder als Ritter auf einem Steckenpferd. Er rennt Drachen mit Lanze an. Drache spürt nix. Er bläst Drachen ins Ohr, nix. Läßt kopfschüttelnd ab, kehrt um, winkt zornig Pagen, ihm Rüstung abzunehmen. Er hat darunter Jägerwäsche, wodurch die Unschicklichkeit der Pagen an den Tag kommt. Endlich ist er halbwegs beinander, läßt sich von zwei Zwergen frisieren und rasieren.
Jetzt kitzelt er den Drachen mit einem Bukett die Nase. Drache niest, wacht auf, verfolgt den Cavalier und verschlingt auch ihn. Die Pagen mit schwarzen Kreppschleifen singen ein Trauerduett. Von

beiden Kulissen erscheinen Trauerchöre. Ein Pastor mit Mühlsteinkragen hält eine musische Trauerdeklamationsrede, die Pagen
radschlagen ab. Der Drache macht sonderbare Bewegungen mit der
Magengegend. Das Fenster geht auf, das Fräulein winkt und sagt
einem Pagen was ins Ohr. Der bringt eine Jause für den Drachen,
darunter ein Grammophon. Drache frißt alles. Grammophon erklingt fein. Im Drachen heftige Bewegungen. Das Paar tanzt drinnen. Bauch zerreißt. Das Paar tanzt heraus und der Drache wird
vom Metzgergremium ausgeweidet. Fuhren voll tollem Zeug werden aufgeladen und abgeführt und immer neuer Schund taucht auf.
Fahrräder, Nähmaschinen, Säcke mit Makulatur etc.

Der Wunsch der Prinzessin oder Prinzessin von Byzanz

Die wunderschöne Prinzessin Daphne Andronike, die einzige Tochter des Kaisers von Byzanz, ruhte auf einem niederen Prunkbett aus
höchst kunstvoll vergoldetem Elfenbein unter einem baldachin-
artigen Aufbau, der auf einer Marmorterrasse des Palastes der
Blachernen errichtet war. Um sie herum bewegten ihre knienden
Palastdamen und Sklavinnen, durchaus Mädchen von ausgesuch-
ter Schönheit, die großen Fächer aus weißen und bunten Federn,
um der Fürstin Kühlung zuzuwedeln, denn der goldstrahlende Tag
war drückend heiß, und der kleine Springbrunnen in der silbernen
Schale aus korinthischem Erz konnte keine Kühlung spenden.
Starr und unbeweglich blickte die Prinzessin, das bräunliche, von
Rosenhauch sanft durchleuchtete Antlitz stolz erhoben, das dunkle
Lockenhaar von Juwelenschnüren erhellt.
Man vernahm nur das Rauschen der Fächer und das leise Knistern
der Seidenpolster neben dem silbern klingenden Plätschern des
parfümierten Springbrunnens aus vergoldetem korinthischen Erz.
Eine Bewegung, sanft wie der Flügelschlag von Tauben, ging durch
die Schar, und Melitta von Sardes erhob sich, aus dem vornehmen
Geschlecht der Laskaris, die jüngste und schönste der Palast-
mädchen, entrollte eine Pergamenthandschrift voll der verliebte-

sten Miniaturen und las mit dunkler honigsüßer Stimme, denn die Stunde der Lesungen war gekommen: »Lob dem, der ohne Griffel im Garten der Schönheit die Wesen des Lebens zeichnete. Lob ihm zum Gesang des Cherubs und höre: Ich bot meiner Geliebten einen Wein dar, der leuchtend wie ihre Wangen war, ... diese Wangen, so leuchtend, daß nur der Glanz einer Flamme ihrem Schimmer gleichkäme. Sie geruhte die Schale mit ihrem lieblichen Munde zu nehmen, diese Hände anmutig wie die Schlangen des Dionysos, wie geformt aus Beryll. Dann sagte sie mir lachend: ›Wie soll ich den Glanz meiner eigenen Wangen trinken?‹ Und die Wimpern ihrer Augen schwebten wie dunkle Falter um die Blumenpracht ihrer Iris. Ich aber sagte: ›Trinke, o Flamme meines Herzens! Dieser Trank ist gebildet aus meinen seligsten Tränen; seine Röte ist die Glut meines Blutes, und die Mischung in der goldenen Schale ist meine ganze Seele ... Trinke, o Flamme meines Herzens, du Kriegerin, geschickt zum Kampfe der Rosen! Das liebliche Blut der Trophäen, die deine Stirne umgeben, färbt purpurdunkel den Duft deiner Locken; der Boden, der alle Blumen gebiert, demütigt sich, deine kindlichen Füße zu küssen, und der Hauch des Äolus, der neugierig spielend dein Gewand hebt, verliert sich, ... genießend ... ewig dort. So hold der Jaspis deines Leibes, Agathodaimonia, daß der Schmuck auf deinem nackten Hals klagt, nicht dein Gürtel sein zu dürfen.‹

Lob dem, der ohne Griffel die Herrlichkeiten des Paradieses malte.«

Doch die Prinzessin Daphne Andronike bewegte die Hand, daß die Juwelen einen siebenfarbigen Traumfächer warfen, der um die vergoldeten Zierate der niederen Decke des Baldachins spielte, und die Doppeladler von Constantinopel, das Kreuz von Cypern, die sieben Lilien von Rhodos und die Leoparden von Trapezunt umschmeichelnd küßte.

Das Edelfräulein von Sardes verstummte, verbeugte sich tief in kniende Stellung, daß die goldfunkelnde Seide in rieselnden Wellen die ganze Grazie ihres schmalen, goldbraunen, vornehmen Körpers umspielte, und eine Woge von Parfum sich von der graziös Bewegten erhob.

Und Ismene Psaphasiades, die rangälteste Hofdame, neigte sich zum Ohre der Prinzessin, nickte verständnisvoll, knickste dreimal ganz tief und eilte, den Befehl der diensthabenden Ceremonienmeisterin, der greisen Fürstin Dourma von Paphlagonien, weiterzugeben. Dreimaliger leiser Trommelwirbel ertönte, als sie an der Palastwache vorbeischritt, da sie das Haupt mit einem flammenfarbenen Schleier als Zeichen, in eiliger Hofdienstleistung zu stehen, umhüllt hatte.

Der Trommelwirbel und das Panzerklirren aber bewirkten, daß der Fürst Johannes Kantakuzenos, bis jetzt in ernster Besprechung, in die er mit dem Minister der kaiserlichen Prunkgewänderkammer Phanudes Triskillinos vertieft war, das Sprechzimmer verließ und die eilende Hofdame anhielt. Als intimstem Freund des Kaisers, seines allergnädigsten und wohlgeneigtesten Herrn, durfte ihm nichts verborgen bleiben, was mit dem Wohle und den Wünschen des allerhöchsten Hauses Palaeologos zusammenhänge, und da die Fürstin soeben von der herrlichsten Prinzessin Daphne Porphyrogeniti, der Chrysolakati, gekommen sei und offensichtlich einen eiligen Befehl weitergebe, bestehe er darauf, diesen Wunsch kennenzulernen. Mit giftgrünen Augen sah ihn die Paphlagonierin an, so böse, daß einem anderen höfischen Speichellecker der diensteifrige Geifer zu Käse geronnen wäre, doch Kantakuzenos war gegen alle Hofgifte immun, konnte er doch sogar den neueingeführten schwarzen Kaffee – eine Droge aus Arabien – vertragen, an der die Hofdamen wie Fliegen starben.

Und der Fürst schlug dreimal mit seinem goldenen Stab auf die Marmorfliesen des Bodens, daß vier Sklaven in buntem Turban sich demütig vor ihm zu Boden warfen. »Ihr Hunde, ihr von Aasgeiern ausgebrütete Krokodilbastarde, horcht auf! Holt mir Simon von Smyrna, den Schreiber!« Wie der Wind verschwanden die Sklaven, und gar nicht lange dauerte es, bis ein ganz in Schwarz gekleidetes Männlein, mit silbernen Schellen behängt, vor dem Auge des grimmigen Kantakuzenos erschien. »Schreib den Befehl mit Muschelgold auf – warte – rosenfarbnes Pergament – als Befehl der Prinzessin!« Und er neigte sich zur Zeremonienmeisterin, runzelte die Stirne, biß sich auf den Schnurrbart und diktierte, innerlich zögernd, dem Schreiber einige Zeilen. Der verschwand mit tiefem

Bückling, den Akt den historischen Annalen einzuverleiben, die Karniades von Knidos verfaßte.

Inzwischen hatte in angenehmer Erwartung Prinzessin Daphne ihr schönes Haupt an das Pfauenfederkissen zurückgelegt. Mit holder Geste winkte sie der jungen Griechin Inaka von Kyllene: »Sag mir, Leaina, du Goldlockige, sag mir, du Geschmeidige, die du mir immer Gutes vorhersagtest, glaubst du, daß mein Befehl bald ausgeführt wird?« Da erhob die Leaina Benannte schmunzelnd das Antlitz, und ein blauer Blitz aus den großen Augen traf die Prinzessin. »O du, verstecke das blaue Licht der Dioskuren, ... ich bin abergläubisch, wie alle Meergeborenen, wie man mir immer versichert.« – »Ja, Anadyomene Porphyrogeniti, ja, das bist du in Wahrheit, doch sage mir, Erhabene, was war der Wunsch, der den Rubinpalast deines Mundes verließ?« – »Komm, neig dich, vernimm!« – Das Mädchen aus Kyllene neigte sich, doch als sie sich wieder aufrichtete, erklang ihr Lachen mit einem Klang wie der Duft dunkler Veilchen, ein Lachen, das alle die Knienden ansteckte und die starre Pracht und das Ceremoniell für einen Augenblick verscheuchte. Doch horch: Mitten in das holde Lachen erklang Kanonendonner und fernes, nicht endenwollendes Jubelgeschrei. Tausende von weißen Tauben flatterten erschreckt vorbei, und immer wiederholter Kanonendonner brach sich an den Marmormauern, die das Palastforum umgaben. – »Sende die Pagen! Was ist Neues, warum das Jubelgeschrei?«

Und die Pagen kamen zurück, zierliche Bengel in leichten Seidengewändern, mit den Flammen des Goldenen Vließes bestickt: »Apokaukos, der Großadmiral, ist wiedergekommen, der bei Seriphos gesiegt hat ... ursprünglich hatte er nur den Befehl, alle italienischen Schiffe, die die Pest bringen, aufzuhalten, und jetzt stieß er auf die türkischen Hunde unter Unnurkbeg. Hat sie alle versenkt. Charmé, charmé!«

Daß alle Dinge zwei Seiten haben, sollte die schöne Kaiserstochter Daphne nur zu bald erfahren. Denn Johannes Kantakuzenos ging gravitätisch – Eile schändet den Edelmann –, den Befehl der Prinzessin in die weiteren Bahnen des byzantinischen Hofzeremoniells zu leiten.

248

Da er unter all dem versteinerten Formelkram des höfischen Wesens im Innern auch herzliche Zuneigung zu dem schönen Kind empfand und den Wunsch als einen tiefgehenden, der vielleicht nur wenig Aufschub vertragen dürfte, kennengelernt, tat es ihm menschlich leid, wenn er an den unendlichen Weg dachte, der noch vor der Ausführung läge.

Im Weiterschreiten hielt ihn ein glänzendes Gefolge von Kriegsleuten und Hofwürdenträgern auf, in ihrer Mitte der Großadmiral Apokaukos, im roten Mantel mit den sieben Schulterknöpfen als Abzeichen seines hohen Ranges. Der Triumph seines Todfeindes – Apokaukos war sein gefährlichster Rivale – war nicht dazu angetan, das finstere Antlitz des Fürsten aufzuhellen. Die ernste Stimmung entging auch dem Admiral nicht, der auch nach einigen geschickten Fragen entdeckte, daß Kantakuzenos auf einem Dienstgang begriffen sei; was immer für dienstliche Dinge es gäbe, dürfte ihm, als Reichskanzler, der er war, unter keinen Umständen verborgen bleiben. So mußte sich denn selbst ein so mächtiger Mann wie Kantakuzenos bequemen, seinen Auftrag – und noch dazu heikelster Natur – dem Todfeind zu nennen.

Apokaukos trat drei Schritte zurück und stützte den Kommandostab in die Hüfte. Das schwarze Tuch seines Barettes wehte im Winde. Lange dachte er mit gerunzelter Stirne und geschlossenen Augen nach, alle seine Admirale umringten ihn und blickten drohend auf Kantakuzenos. Endlich faßte sich Apokaukos und sprach, zum Gegner gewendet, tiefernst die rituellen Worte: »Navigare necesse est. So sagen die ungläubigen lateinischen Hunde. Ja, so ist es. Und Euer Befehl, Kantakuzenos, merkt wohl auf, schlägt in mein Fach. Was mit Schiffen und Wasser zusammenhängt … das werdet wohl selbst Ihr mir nicht streitig machen.«

Kantakuzenos blieb nichts andres übrig, als sich stumm zu verneigen, mit einer großen Geste ihm das Amt überlassend. »Vivere non necesse« flüsterte er im Abgehen. Und Apokaukos unterbrach seinen Triumph und flüsterte Befehl auf Befehl.

Inzwischen drängte jubelndes Volk in den Palast der Blachernen. Die patriotische Begeisterung war stärker als die gekreuzten Lanzen der gepanzerten Wachen, und bald drangen selbst bis in die Nähe des Pavillons der Daphne respektvolle Gruppen. Da sah man die Hofärzte Xiphillinos und Toxipilos, den Dichter Georgios von Trapezunt und den reichen Großhändler Andreas Bapheiades, der mit sorgenvoller Miene, doch zierlichen Purpursandalen einherging. Nikephoros Bryennios, sein Freund und byzantinischer Bailo in Venedig, schlug ihm auf die Schulter und rief ermunternd: »Andre, was bist du so traurig! Schau, wie schön die Prinzessin ist! Wie wird sie sich über deine Schiffsladung Seidenstrümpfe freuen, die jetzt, dank unsrem Apokaukos, sicher daherschwimmt! Oder haben sie dir die Uskoken geentert?« – »Nein, das ist es nicht ... aber meine kleine Schwägerin Xerta ... sie hat von den deutschen Landsknechten, die immer Brusquembille, Melanopetros und andere verfluchte Kartenspiele spielen, eine schreckliche Phrase aufgeschnappt. Ich hab sie mir übersetzen lassen. Hier, lies!« Und er entfaltete ein großes Papier. »Tritt in den Schatten, daß du nicht errötest! Dabei wird sie in acht Tagen Parthenos, sie ist vierzehn, und soll dann in die Blachernen als Hofdame kommen ... Oh, wenn es die Majestät erfährt ... O hagios Apollon ...« Er schlug sich auf den Mund und sah sich scheu um. »... das einzige, was sie in fremden Zungen kann ...« Dann gingen beide Freunde bekümmert davon.

Aber alle andren jubelten, immer neue Schwärme kamen, Edelfrauen und Jünglinge, ernste Männer und blumenstreuende Kinder, bis endlich Trompetengeschmetter immer näher ertönte.

Phrygische Bogenschützen, gepanzerte Kappadozier und Anatolier drängten vor und bildeten eine Gasse für eine Gesandtschaft, so wunderlieblich, wie man noch selten eine am prachtliebenden Hofe von Byzanz gesehen hatte, die auf den Galeeren der Giustiniani von Chios und denen der Cattilini von Mytilene gekommen waren, der Prinzessin Daphne die Tugendrose vom Grabe der Sappho zu überbringen. Prinzessin Melisande von Lesbos aus dem vornehmen Geschlechte der Gattolusi war selbst gekommen, das Kleinod zu überbringen, mit ihr zwei entzückende Hofdamen, voran vier liebreizende Pagen mit Lilien in den Händen, sogar den Mund keuschest verschleiert. Ganz vorne gingen Eunuchen mit dampfenden Räuchergefäßen und Schellentrommeln und Gongen.

Die Gesandtschaft hielt mit anmutiger Gebärde vor dem Thronbett
Daphnes, die sich halb erhoben hatte, sogar etwas weiter, als das
byzantinische Zeremoniell es zuließ.

Prinzessin Melisande stellte die Hofdamen, von denen die eine sich
noch schnell rougierte, vor: Contessa Puerari und Contessa Ragazetti
Bojone. Zugleich sprach sie die Bitte aus, daß die beiden Edelfräulein während der heißen Sommermonate das Hofzeremoniell in
Byzanz verrichten dürften.

Auf das Liebenswürdigste kam Daphne den Damen entgegen. »Wie
ist dein Vorname, Contessa Puerari?« – »Praxedis.« – »Und deiner?« »Vivien.« Daphne zuckte zusammen: »Oh!«

Auf einen fragenden Blick ihrer Lieblingshofdame Melitta, die
ohnedies mit gemischten Gefühlen die Ankömmlinge betrachtete
und der das Zusammenzucken ihrer geliebten Herrin nicht entgan-
gen war, sagte diese: »Man ist ja nicht von Holz! Auch wenn man
Daphne heißt.« Doch eine erneute Ansprache der liebreizenden
Melisande fesselte die Aufmerksamkeit aller. Sie legte der Prinzessin Daphne die mitgebrachten Geschenke vor: zuerst eine reizende
Sklavin, Anaxo aus Mezenderan, wo die schönsten Mädchen Per-
siens wachsen. Sie tanze berückend nach der Trommel; zuerst nach
der ganz kleinen Mufftrommel, wie sie die Centuculi mit einem
Binsenhalm schlagen, dann nach dem Rasseln der kappadozischen
Kalbspergamente und schließlich den Zaubertanz von Mopsus zur
Begleitung der Riesentrommeln von Erzerum, deren dumpfes Toben und grollendes Donnern vom silbernen, ekstatischen Jauchzen
der Tänzerin durchschnitten wird, wie dunkle Gewitterwolken von
blauleuchtenden Blitzen.

Dann tritt der erste Page vor. Er brachte die parfümierte Rose aus
Edelsteinen, die die Prinzessin errötend annahm. Der zweite überreichte mit kokettem Augenaufschlag ein Körbchen Bananen – das
Neueste. Der dritte eine Feder vom Prunkhute des heiligen Kilian
(zum Kille-Kille-machen, meinte Boyone). Der vierte aber mit
verschämt niedergeschlagenen Augen ein spannenlanges Kästchen
in köstlichem Email, wobei Daphne aufquiekte, als sie es öffnete.
Die Hofdamen stürzten alle herbei und tuschelten dann lange hinter
den Fächern. Prinzessin Daphne aber gebot mit ruhiger Hand-

bewegung Stille, denn zwei Kämmerer, an den goldenen Schlüsseln kenntlich, kamen herbei mit der Meldung, daß in das tägliche Zeremoniell ein Einschub stattgefunden habe: Der greise Erzbischof Photius von Thessalonike, ein höchst gebrechlicher Greis, sei auf der Durchreise und wolle der kaiserlichen Prinzessin seinen Segen spenden. Und schon ertönte psalmodierendes Genäsel, und weihrauchfaßschwingende Priester erschienen in erklecklicher Anzahl. Das meckernde Dudeln eines Psalteriums ertönte, und Photius erschien in großem Ornat, ein Greis mit eingesunkenen Augen unter einem Thronhimmel, den vier lechzende, ausgemergelte Mönche trugen.

Der feierliche Zug blieb stehen. Akolythen mit Tonsuren überreichten dem Erzbischof ein Tabularium aus purpurnem Pergament, mit krausen, goldenen Schriftzeichen bedeckt. Eine geraume Zeitlang begann der Greis nicht. Die Prinzessin biß sich auf die Lippen und blickte von unten mit den Juwelenaugen auf den Kirchenfürsten. Die Pagen spielten mit ihren Lilien und schürzten bisweilen fast unmerklich die Mundwinkel, rosig wie Marmor von Skyros. Endlich trat ein junger, asketisch blickender Mann vor und wendete das Buch um; da plötzlich begann der nunmehr erleuchtete Greis zu lesen und kollerte mit dumpfer, manchmal knackender Stimme seine Segnungen hervor. Des öfteren, wenn er besonders hart geknackt hatte, sträubte sich ihm sogar der ehrwürdige weiße Bart. Die Prinzessin hörte geduldig zu. Die letzte Seite war umgeschlagen, und da Photius auf den leeren Buchdeckel gekommen war, in dem er vergeblich weiterzulesen versuchte, hörte er endlich, endlich auf. Daphne und ehrfurchtsvoll mit ihr atmete alles auf, und als das fromme, kiefrige Ungeheuer noch die Lobpreisung der 11.000 Heiligen beginnen wollte, da wollte die schöne Kaisertochter zum ersten Mal in ihrem von abgeklärter Schönheit damaszierten Leben mit etwas nach dem greisen Bischof werfen. Sie tastete nach dem eigroßen Diamanten, den sie als Achselschließe trug, und wollte ihn, der einstmals in der Ägischen Pallas Athene geglänzt hatte, dem bartzuckenden, ehrfurchtheischenden Kirchentyrannen an den Kopf werfen. Sie tat es aber nicht, zum unverdienten Glück des Polenprinzen Boleslaus, der, einige Jahre später mit ihr verlobt, das

Kleinod in einer parfümierten Juninacht beim kunstvollsten Honigtriller der geblendeten Nachtigallen entwendete und auf Nimmerwiedersehen verschwand.

Da schlugen zahlreiche Glocken, und silbersüße Spielwerke begannen zu klingen. Das Stundenende erlöste die holde Diademgeschmückte, und das starre Hofzeremoniell verdrängte den Kirchenfürsten. Bewaffnete in vergoldeten, reliefgeschmückten Panzern erschienen und drängten die fromme Gesandtschaft nach rückwärts. Der Inspektor des Marmorpflasters erschien mit Verstümmelten, die vogelförmige Amphoren trugen. Der Speirofex ließ wohlriechendes Wasser über die Fliesen sprengen und kleine Myrtenzweige allüberall ausstreuen. Dann traten vier hackbrettspielende Gesellen in langen gelben Hosen und randlosen Cylinderhüten auf, denen vier Dudelsackbläser folgten. Ein heiser singender Mann mit einem Schellenbaum tanzte herum, und rechts und links tanzten zwei ernstblickende Tänzer mit, die sich am Fleck ununterbrochen im Kreise drehten. Und dann kam eine bunte Sänfte, in der ein spitzhütiger Mann mit faltigem Gesicht und scharf zugedrehten Augenbrauen saß. Der hielt eine reich vergoldete Cassette auf dem Schoß, auf die er mit listigem Blinzeln deutete. Man setzte die Sänfte mit dem Ankömmling nieder. Acht andere Orientalen nahmen um ihn herum Platz. Zwei schlugen fanatisch heulend Schellentrommeln, zwei spielten auf großen Zithern; zwei arg Schielende bliesen dicke Bambusflöten, und zwei andre Männer saßen bloß apathisch da. Doch ab und zu erhoben sie wie verzückt die Hände und ergingen sich, ohne den erloschenen Blick zu erheben, in begeisterten Lobpreisungen des bewundernswertesten Flohtheaters der Welt, denn das war es, noch dazu ein persisches, aus Isphahan, das die urältesten Flohtheaterschulen sein eigen nennt.

Schwarzglänzende Sklaven breiteten einen Teppich aus; ein Fant trat vor, stieß einen goldenen Stab auf den Boden, gebot den Dudelsackbläsern und den andern lärmenden Gesellen Schweigen und begann, zur Kaisertochter gewendet, eine Lobpreisung der Flöhe in dem goldenen Kasten: Von den hohen Flöhen stamme er ab, die schon Adam und Eva hatten, der geheime Leibfloh des

Darius, der dann auf Alexander den Großen übergegangen und der sich unter den Morgengaben der Roxane befunden, sei unter deren Ahnen und sonstiges obsoletes Geflunker.

EDITORISCHER BERICHT

Mit vorliegendem Band soll die fundamentale Bedeutung des Skizzenhaften und Fragmentarischen für das Werk von Fritz von Herzmanovsky-Orlando (im folgenden abgekürzt mit FHO) deutlich gemacht werden. Viele Werke, die der Autor abschloß, erwecken trotz der versuchten Finalisierung den Eindruck des Unvollendeten, während in den Schriften, die Fragment blieben oder so gut wie gar nicht überarbeitet wurden, jene Substanz am ehesten freizuliegen scheint, deretwegen FHO geschätzt wird. In diesen gewiß sehr unterschiedlichen Versuchen bleibt der Experimentalcharakter erhalten; weder der – oft selbst auferlegte – Formzwang noch die – mitunter wenig glücklichen – Versuche einer Sinnstiftung gefährden die absurde Pointe in ihrer Prägnanz; der Verlust an Intensität, der auf die Nachgiebigkeit dem puren Einfall gegenüber zuzuschreiben ist, wird durch Unmittelbarkeit kompensiert. Die komisch-grotesken Ereignis- und Bildsequenzen, die Kürzestgeschichten und Minidramen, die Sprachspielereien (*K. k. Militärschwimmschul*, S. 200) und die unverblümten Kalauer können in Parallele zur Unsinnspoesie vom Typ Karl Valentins, zu Praktiken der Dada-Bewegung, des Surrealismus sowie der literarischen Avantgarde im 20. Jahrhundert gesehen werden.

Gewiß sind manche Texte in bezug auf ihre Qualität in sich sehr uneinheitlich, und manche sind in dieser Hinsicht außerordentlich problematisch. Dennoch wurden diese mit voller Absicht aufgenommen, da auch aus ihnen Auskünfte über schaffensrelevante Aspekte bei FHO zu erhalten sind. Sicher läßt sich über diese Auswahl als solche auch diskutieren. Eine Auswahl aber mußte getroffen werden; aus Tausenden Notizblättern, die alles enthalten, was in einem Menschenleben notierbar erscheint, angefangen von Buchtiteln bis Zugankunftszeiten, war das auszuwählen, was noch als (literarischer) »Text« bezeichnet werden konnte. Schwierig war mitunter die Abgrenzung zwischen Exzerpt (oft ohne Provenienzangabe) und eigenständigem Text, doch konnte dies in nahezu allen heiklen Fällen geklärt werden. In einem Fall wurde bewußt für einen stark an ein Exzerpt angelehnten Text entschieden, da er eine für FHO typische Schlußpointe aufweist (*Über die Pest*, S. 170 ff.).

Ein besonderes Kapitel stellen FHOs Filmdrehbücher dar. Sie werden gesondert im Kommentar zum einzigen hier präsentierten Drehbuch *Im Salonwagen* (S. 30–42) beschrieben. *Die Götteraugen von Seringham, Garibaldi, Schweizer Film, Erna Sack* und *Der Unbekannte von Collegno* entsprechen durchaus dem Zeitgeschmack der dreißiger und vierziger Jahre, und FHO hätte mit diesen Drehbüchern sicher den Beifall anspruchslosen Kinopublikums gefunden, doch mag das Drehbuch *Im Salonwagen* durch die krasse Banalität der Fabel veranschaulichen, warum auf eine völlige Wiedergabe der anderen zuvor erwähnten Texte zugunsten knapper Inhaltsangaben verzichtet wurde.

Die Beschreibung des Materials und – wenn erschließbar – der Textgenese wird im Kommentar präsentiert. Außer den im Brenner-Archiv sowie in der Handschriftensammlung der Österreichischen Nationalbibliothek befindlichen Textzeugen wurde auch in Privatbesitz befindliches Material berücksichtigt. Als Erfolg läßt sich verbuchen, daß oft an verschiedenen Standorten befindliche Textzeugen als zusammengehörig erkannt und zusammengefügt werden konnten.

Zur Textgestaltung

Die Herausgeber dieses Bandes standen vor besonderen Schwierigkeiten, da Entwürfe, Skizzen und Fragmente naturgemäß – von wenigen Ausnahmen abgesehen (z. B. *Das Tyroler Drachenspiel, Im Salonwagen* oder *Kochbuch für Menschenfresser*) – nicht als Typoskripte vorliegen. Die Mehrzahl der Texte ist in einer außerordentlich schwer lesbaren Handschrift geschrieben; FHO ging hier noch flüchtiger vor als bei den Manuskripten anderer Werke. Die Eingriffe der Herausgeber in bezug auf Vereinheitlichungen, Vervollständigungen und Normalisierungen von Interpunktion und Orthographie wurden hier quantitativ maßgeblicher als in den vorhergehenden Bänden, nichtsdestoweniger aber mit der gleichen Behutsamkeit durchgeführt wie bisher. Mutmaßliche Schreibfehler wurden korrigiert, die im Manuskript sehr häufigen Abkürzungen grundsätzlich ausgeschrieben. Die eigenwillige phonetische Transkription zur Charakterisierung eines Sprechhabitus wurde beibehalten, ebenso die falsche Schreibung von Eigennamen, sofern diese konsequent war. Mutmaßliche Irrtümer wurden stillschweigend korrigiert, wenn es sich um geringfügige Versehen handelte; jede relevante und über einen bloßen »lapsus plumae« hinausgehende Abweichung wurde im Kommentar vermerkt.
Größere formale Vereinheitlichung erforderten dramatische Textfragmente, wobei sich dieses Verfahren an den bereits edierten Dramen orientierte.
Auf einen für den Leser zweckdienlichen Eingriff der Herausgeber sei eigens hingewiesen: Wo in der handschriftlichen Vorlage die Titel fehlten, wurden solche hinzugefügt, um die meist sehr kurzen Texte vor allem im Inhaltsverzeichnis für den Leser leichter auffindbar zu machen. Der Kursivsatz differenziert deutlich von den Titeln des Autors, so daß der Leser von einer etwaigen Pointierung des Textes durch den Titel der Herausgeber im gegebenen Fall Abstand zu nehmen vermag.

Zur Kommentargestaltung

Der Kommentar informiert über Material, Textgestaltung, Vorarbeiten des Autors, Varianten, sachliche Erläuterungen und eventuelle Eingriffe. Zur Dokumentation stützten sich die Herausgeber auf das überlieferte Textmaterial sowie auf Briefentwürfe FHOs, auf Briefe (die nichtedierten stammen aus dem Brenner-Archiv) von ihm oder an ihn und auf die Kartei des Bibliotheksbestandes FHOs. Auch in diesem Band wird über die nachlaßimmanente Kommentierung hinausgegangen und – soweit möglich – erläutert, was der Erläuterung bedarf. Dazu sei angemerkt, daß die Herausgeber auch jenen Personennamen oder Begriffen nachforschten, die auf den ersten Blick eindeutig als Fiktion FHOs erschienen. Daß sich dabei oft überraschende Ergebnisse zeitigten, versteht sich für den FHO-Kenner von selbst. Blieben die aufwendigen Ermittlungen ohne Ergebnis, so heißt dies noch lange nicht, daß ein Phantasieprodukt des Autors vorliegen muß. Möglichen entlegensten Quellen konnte aus einsehbaren Erwägungen nicht weiter nachgegangen werden; die Herausgeber betonen jedoch, daß erst die Kenntnis der realen Fakten einem Text die entsprechende Doppelbödigkeit verleiht.

Zur Vermeidung einer deskriptiven Variantenbeschreibung, die nur den Kommentartext aufbläht und die Gefahr birgt, Unklarheiten zu erzeugen, wurden auch in diesem Band zur Verbesserung der Übersichtlichkeit einfache Siglen verwendet.

Ein nach dem Lemmatext gestelltes

E: bedeutet *Entwurf* und bezeichnet skizzenhafte Textteile, Notizen, Bruchstücke von Ideen, die in den nachfolgenden Fassungen in veränderter Form in den Text einflossen oder wieder verworfen wurden.

V: bezeichnet *Variante* (entsprechend TV: *Titelvariante*, NV: *Namensvariante*); mitunter stammen diese aus vorangehenden Fassungen, bisweilen stehen sie auf einer Textstufe völlig gleichwertig nebeneinander, da sich der Autor nicht entschließen konnte, eine Möglichkeit zu streichen oder es zu tun vergaß.

sgZ: ist eine nach wie vor unschöne, bisher allerdings nicht zu verbessernde Bezeichnung für *später getilgter Zusatz*; sie kennzeichnet Textteile, die vom Autor aus einem mehr oder weniger ersichtlichen Anlaß wieder verworfen wurden.

/Wort/ Schrägstriche vor und nach einem Wort bedeuten, daß die Lesung unsicher ist. Diese Sigle mußte im vorliegenden Band aufgrund der extrem schwierigen Textlage in seltenen Fällen auch im Lesetext verwendet werden.

D: Datierung, nennt ein im Textbestand aufgefundenes Datum und sagt nichts aus über den tatsächlichen Zeitpunkt der Entstehung beziehungsweise über den Zeitraum der Bearbeitung. Angaben aus Briefen (auch sie sind nicht zuverlässig) sowie Vermutungen aus dem Textumfeld innerhalb eines Konvoluts werden gesondert genannt. Auf weitere Spekulationen wurde verzichtet.

Signaturen mit römischen Ziffern bezeichnen Material aus dem Bestand des Brenner-Archivs Innsbruck; aus Ser. nov. und arabischen Ziffern bestehende Signaturen kennzeichnen als Standort die Handschriftensammlung der Österreichischen Nationalbibliothek.

259

ERLÄUTERUNGEN

Die fortlaufende Zählung verweist auf die Seiten des Lesetextes. Erläuterungen ohne Quellenangabe wurden einschlägigen Nachschlagewerken entnommen. Biographische Daten entstammen fast durchwegs der Biographischen Sammlung des Wiener Stadt- und Landesarchivs. – Dieser Kommentar ist vor allem als Lesehilfe zu verstehen; er soll in gebotener knapper Form den Zugang zu FHOs verwirrender Gedankenwelt erleichtern.

11 ▷ *Das Tyroler Drachenspiel:* Die Idee kündigte sich bereits im Brief FHOs an Friedrich Torberg vom 4. Februar 1936 an: »Ich fange wieder an, ein wenig herumzuschreiben. Es wird das ›Tyroler Drachenspiel‹ heißen, ein Mittelding zwischen Ritterstück und Puppenkomödie. Das timbre ist durch die Namen der Drachen, die natürlich bloß aus Erdlöchern dampfen und Feuer speien dürfen, gegeben. Sie heißen: Blasius Pfurtscheller, Ant. Dominik Verdross und Ingenuin Pfusterwimmer und sind alle christkatolisch. Sonst tritt viel Nonsberger und Suganer Adel auf, Figuren, die sonst der Welt verloren gehen. Ein Hoffräulein Deflorian wird Ihnen vielleicht Spass machen. Dabei existiert das alles in natura.« (*S. W.,* Band VIII, S. 292) Im September 1937 schrieb FHO an Kubin: »Was wir schreiben, ist heute vollkommen unverständlich; z. B. arbeite ich am ›Tyroler Drachenspiel‹, das im furchtbaren Gaunerumbruch des 2ten Kreuzzuges spielt von dessen Verlauf sich der Nichtgeschichtskenner keinen Begriff macht!« (*S. W.,* Band VII, S. 278) Eine kontinuierliche Arbeit an dem Stück scheint nicht sofort begonnen worden zu sein, denn im Brief an Kubin vom 14. Januar 1941 kündigt FHO abermals an, das Stück »angehen« zu wollen: »20 Jahre lang habe ich Steinchen auf Steinchen dazu zusammengetragen.« (*S. W.,* Band VII, S. 284) Der Brief an Friedrich Torberg vom 25. November 1949 zeugt bereits von einem gewissen Fortschreiten der Arbeit: »Habe ich Ihnen vielleicht noch seinerzeit von meinem ›Tyroler Drachenspiel‹ etwas erwähnt? Das Vorspiel zeigt eine Sitzung der Innsbrucker ›Academia Claudia Felicitas‹ am 3. Nov. 1891.
Sie gilt der Abwehr gegen den Verdacht, dass es in Tyrol noch ›Salige Fräuln‹ gäbe. (Ich bemerke noch, dass wir in 10jähriger Arbeit dieses sehr merkwürdige Geheimniss gelöst haben. Es waren Yogha Mädchen, die in erdmagnetischen Gebieten: den Rosengärten: dämonische Wirkungen hervorbrachten, bis die Kirche sie ausrottete.) Das Hauptstück spielt in Südtyrol um 1200 und bringt überraschende, auf der Bühne noch nicht dagewesene Überraschungen.
Ein Zwischenspiel ist eingeschaltet: Die letzte tragische Begegnung Göthes auf einer 3t apokryphen Ital. Reise mit dem Phantom der Ulrike von Lewetzow im Zauberwald von Pontyves in den Dolomiten.« (*S. W.,* Band VIII, S. 301)
In seinem letzten Lebensjahr übersandte FHO Torberg offenbar das, was als Typoskriptfassung des Fragments überliefert ist: »Der erste Teil ist so gut wie vollendet. Der zweite Teil – das eigentliche Drachenspiel wird aber noch etwas Arbeit geben – steht aber im Skelett fest.
Nicht leicht wird sich die Verwandlungsszene des Pagen in ein schönes Mädchen – eine Arbeit der 3 Grazien – plausibel machen lassen, da dazu die den Grazien auch nicht im entferntesten ähnliche Elizabeth Arden nicht das nötige Material hat.
Es ist als Balletthandlung gedacht und zwar eine magische Tanzzeremonie auf Grund des Hexeneinmaleins auf dem Tanzfeld des Saturnquadrates – wovon Exz. v. Göthe einiges gewusst hat.

Er hat diese Sache aber äusserst vorsichtig anwenden müssen, da ihm das leicht den – goldgestickten – Diplomatenkragen hätte kosten können.
Ein amüsantes Problem umfasst die Götheszene im Zauberwald von Pontyves – dem Südtiroler Blocksberg – vor dem heute noch gewarnt wird. Dieser Teil ist bereits beendet.« (Brief vom 8. 3. 1954, *S. W.*, Band VIII, S. 311)
Die umfangreichen Vorarbeiten zu diesem Text (Ser. nov. 13.695-13.699) – sie sind erst vom Beginn der vierziger Jahre an überliefert, bis zu FHOs Todesjahr – stehen im Gegensatz zu jener relativ knappen Fassung, die der Autor vor seinem Tode mit der Maschine schrieb (Ser. nov. 13.694). Sie wird hier wiedergegeben, ergänzt allerdings durch zwei in den Vorarbeiten enthaltene Regieanweisungen von nicht unerheblicher Bedeutung (13.696, f. 3 und 13.695, f. 9). Die letzte Fassung darüber hinaus aus den Vorarbeiten zu ergänzen, wäre zwar möglich, doch wären die dazu nötigen umfangreichen Eingriffe durch die Herausgeber nur schwer zu rechtfertigen, denn man erzielte auch dabei nichts »Ganzes«.
Quellen zu recherchieren ist angesichts des vorliegenden Textes kaum sinnvoll, doch sei darauf hingewiesen, daß FHO zahlreiche Werke der Tiroler Sagenliteratur besaß oder benutzte, vornehmlich der Autoren Johann-Adolph Heyl, Karl Felix Wolff und Anton von Mailly.
D: 30. Dezember 1940 (13.695, f. 12); Februar 1954 (13.695, f. 1).

E: Das Tyroler Drachenspiel
die böse Gräfin
Zerline, ihre böse Tochter
Danae von Ebion
Titania von Pfannberg
Etheltrut von Puntweil
Der von Schlandersperg
Der von Eutiklar
Der von Elvas
Elias von Feigenputz
Jakob Hosenkhnopf, ein Ritter
Paris von Hochalbions, sein Page
Parzifal Kluibn Schedl, ein Ritter
Ingenuin Pfurzschnöller
Anton Dominik Verdross } Drachen
Der Platzgummer Ufo
Die drei Schrecklichen aus der Hölle:
der Bratenwender des Caesar
der Bratenwender des Drusus
der Bratenwender des Innozenz
Zwei Salige Fräulein: Charitinnen
Die Erscheinung der Afrodite
Annerl Deflorian, eine törichte Jungfrau
Der vordere Hintere
Der mittlere Hintere
Der hintrige Hintere } Bauern
Der hintrigste Hintere
gor der allerhintrigste Hintere

Ein Waldbruder
Der Nörgele von Karnol
Der Blechdoktor von Ziriol
Zeit: 1150
Ort: Schloß Pontives
der Wald von Akpfeif
Der Alpenboden Virgratten (13.698, f. 9)

Der Auswahl an Fragmenten sei nun eine ausführliche variante Fassung des Textes aus der Handschrift 13.696 vorangestellt, die an *Noggler kriecht mühsam hervor* (S. 26) anschließt:

WELPONER No 13 *hatscht jämmerlich aus dunklem Winkel hervor. Er hat seinen Bart in ein Buch eingeklemmt. Die Schließen sind geschlossen.* Befroiet mich von mainem Buche ...
9 folgt ihm mit dem Hörrohr.
MEHRERE STIMMEN *bedauernd* ... hoschperle
GRAF GUIDOBALD THUN Ö ... gaspita ...
SPAUR *erstaunt lorgnettierend* ... éhè ... ä
PETER VON TRUT Malefizsakra!
13 *kläglich* Befroiet mich von mainem Bueche!
MEHRERE Hooschperle ... hooschperle ... Söll ormes Mannl! söll ormes!
5 Wer sagt, daß es sain Buech ischt?! He! Es ischt vielmehr aines der Akademie!
NATSCHER *eifrig* So ischt's! So ischt's! Hat er's denn mitpracht? Hat er's am Mischt gfunden?
4, 7, 10 Hört, hört!
VIELE Abstimmen! abstimmen!
9 *Hand am Ohr* Zwegen was?
VIELE *sehr laut* Ob man ean befroyen darf vom Bueche?
4 Ischt nicht zulässig. Es ist der Bart – wann auch durch höhere Gewalt – durch einen Wiss-Major, wißts! ain Lesezaichn gworden! und ain Lesezaichen von ainem Gelehrten von Ruf derf nindersch niemals nicht einem akademischen Werke ohne Bewilligung des Minischteriums entnommen werden!
GSCHNOFERER So ischt's!
11 So ischt es.
16 *sehr wichtig* Sososo ... i, i ... scht! ...s.
13 *weint und strampft.*
12 Schneids eam an Bart wekgh! ischt doch so ainfach.
7 *bekümmert* Nain. Nain. Dann ischt er om End kain Mann möhr ...
6 *halblaut* Tolm!
Es wird finster und finsterer.
EIN FENSTER Dschinn.
VIELE Bei der Finschternuss isch dees unmeheglik!
VIELE DUMPFE STIMMEN Woll, woll ...
Plötzlich hört man jemanden krähen Ich beantrage, daß die lüaschterten Weibbs-personen allisammt außer Landes gejagt werden sollen!
7 Wör hat dös gsagt?
STIMME Ich! Ingenuin Schröckhendaifl aus Schgumms.

MEHRERE Recht hat er ... aussi-peitschen ... auch die wollüschtigen Jungfrauen ...
5 Tuts es mit Schgorpionen zichtigen.
SCHGUMSER *kräht* Gibt 's gnua ... gibt 's gnua ...
13 Mei Bart ... mei Bart ... befraiet mich von mainem Bueche ...
4 Hoschperle
THUN Gaspita.
9 *Hand am Ohr* Wer tiat denn gar so graunzen.
7 *laut* Der Welponer Hiasl.
4 Und jetzt zum letzten Mal: Gibn an Bart, wo an Lese-zeichn ischt, aussi! Nacha zwickt ör di nimmer.
8 – und du bischt von deine Schmörzn befraiet!
7, 9, 16, 11 Woll! Woll!
3 Da ischt ein Kernlein Wohrhait darbei. *Etwas nahe dem Auge untersuchend.*
GSCHNOFERER I/each brotöstiere! *Eifrig, ja fanatisch.* Ör dörfn nöt aussigebn, in Bort. Der söll isch a Lesezaichn, und 's Buch gheert im Schtaat und wos a Lesezaichn ischt gheert zu an Buch, weil an wüssenschaftle/achres Buch ohne an Lesezaichn gor kain wüssenschaftle/achres Buch ischt, weil sich in an solichen Buch kain Chrischtenmensch von selm sölber auskennt und allm in Faden verlierat, weil es sunschten koin wüssenschaftle/achres Buch net wäre.
Ja, glicklich der, der da hätt ain Buch! ainer, der kain so ain Buch hat, ain wissensche/aftle/aches ... daß ich nit lachch – der wird nie an Stuhl beklaiden ... nia!
7 Was für ain Stuhl? Ihr maints – sicher an Lehr-stuhl?
2 *Steht bucklig da und zischt* Ganz klar hat sich der nit ausgedrickht ...
Allgemeines bedrücktes Schweigen. Draußen heult plötzlich kläglich der Wind wie gewöhnlich in Innsch-pruck Wui-wui. Wistaha. Verschiedentlich hört man Woll, woll und räuspern.
DER WIND Hhhuiii hhhuiii ... Tschinn.
11 Jötzt isch a Fönster hinn.
DAIFELSCHRÖCKHER *mit dumpfem Baß* Dös sain die ormen Sölen, was in die Rauch-fänge verzwickt sin. Aber nie nienderscht nit in die modernen, naichen *drohend* in – die – lutherischen – Rauch – fäng.
PRÄSIDENT *läutet* Gschn ... Gschn ... Gschnoferer! Isch dös, wos du sagest, allweill so gehandhabet worden? Hascht du die Erfahrung?
GSCHNOFERER Woll, woll, allewail.
PRÄSIDENT *feierlich* Gschn-noo-ferer! Kannscht du dees be-ai-digen! Bischt du berait, es zu be-ai-digen? als glaibiger Krischt?
GSCHNOFERER Woll, woll.
DER WIND Hui! hui-! ujujujuju ... hui!!
DAIFELSCHRÖCKHER *furchtbar* Gschnoferer! Bischt du dir der Hailigch/chkait des Aides auch wohl bewußt?
GSCHNOFERER Woll, woll. *Die Fenster klirren. Es ist fast finster.*
DER WIND Wichi, wichi, wichi, widl, widl, tschinn ... tschinn!

DAIFLSCHRÖCKHER Gnschoferer! Bedönkk/che! Wann du ainstmalen vorm jingsten Geria/echt schdehen wirscht, und olle, olle Gschnoferer wo jö woren, um dich und werden dich anschauen und betrachten – und du solltest *mit furchtbarer Stimme* die Unwohrhait gschworn habn – an Main-oid!! *alles schaudert* Und die Hölldaifl rühren schon im siedeten Pöch umanand und die ormen Seelen hailen aus die weißglieheten Rösttrommeln wie fürn Faigen-kaffee – heraus ...

Pater Damian nickt furchtbar.

DER WIND Wibiwibisch ... hui, hui, hui.

Gschnoferer sinkt in seinen steifabstehenden Rock ein wenig hinein.

PRÄSIDENT Ersporn wir ihm den heiligen Aid. Wir glaubn eam auch a so.

DER WIND *hämisch* Hähä! hiii! tschinn! *Ein Fenster zerklirrt wo in der Ferne.*

PRÄSIDENT Üa/ach konstatiere, doß der Welponer Ingenuin, wo hinten woiselt und wo in Pufels dahaim isch von öhrliche Öltern geporen, in Bart drein lassen muß, bis aus Wienn ain diesbezüglicher Brieff kimmt.

MATSCHER *steht mit einem Ruck auf und beginnt in polternder Sprechweise zu erzählen* Jo – von aingezwickte Bärt kennt ich moncherlei erzähln. Ja, do isch a mol nach ... Nieders? – oder ... jetzt waiß ich nicht, ob's in Nieders war ... oder gar in Stuls? a Mann kimmen ... oder ... dees ischt nämmlich so: Der söll ischt gor kain gebirtiger Diroller gwesen, nain ... mehr ain Sommergascht ... aber doch wieder kainer ... ja! und der ischt über Olperer eini – übern Glöttscher ... wir sagen auch: Käs ... und wie er ausm Käs draußen war mit was er bös z'tuan ghobt hat, sieht er – schon wo die Wegetation anhöbt, müßts wissen, a junge Karrnerin mit an rechtn kurzen Khittel. *Unruhe* No, wißt, weil halt der Wind gangen ischt ... *Der Wind bellt vor Wut.* ... no, und 's Mannl, wo i derzähl ... Ja ... wie is dees jetztn gwesen ...! *Präsident läutet gellend.* Ja, und da isch zum G(g)likk an alte Zirbn gstandn, a meeraltes Beimele ... a· Wetterbaum halt ... und di hat zu seim Glick um ihm die Schamhafftigkeit zu bewahren an Spalten ghabt, wo er hat durchluegen können. *Unruhe* Und dees Madel mit die kurzen Khittel hat sich Harpff gschrieben ... und war, obs ös glaubts oder nöt, ausm Defreggen ... *Präsident läutet wieder gellend.*

DAIFLSCHRECK *wild* Halt ein! Sprich nit solche Dünge! Bischt ni/acht im Peichtstuel!

GRAF THUN Ich erlaube mir, dem bewußten Dr. Welponer in seinen Qualen meinen Kammerdiener anzubieten. Er soll ihm, in gebührendem Abstand vorausgehend, das Buch vorantragen.

VIELE WELPONER Söll isch ödel! söll isch ödel. Do siegt man wieder wie unser Adel ischt.

EINIGE DAVON Hoch, hoch.

DER WIND Hairassa ... huradax ... hurrrdiwidel .... wiedel .... hui.

11 Jo, aber zur Sache! Es hat sich um die saligen Freiln ghandlet. Do isch in Bozen ain Priwot-Gelehrter – in Namen will i net nennen – der wo was ain Buch hat, ein dickhes, dos erscht kirzlach erschienen ischt. –

DAIFELSCHRÖCKH ... Sicher von an lutherischen ...

11 Jo, und dees – Mander! losts! – isch so unwissenschaftleach als meglach, denn darin kann man zwischen die Zailen lesen, daß die saligen Freiln aus der untergegangenen Atlantis kemmen san ...

6 Jo! In Columpus soll ieberhaupt der Deifl holn!

STIMMEN Hört! hört!

DAIFELSCHRÖCK Untergangen weil 's lutherische Zoch warn.

5 Org lüaschtern.

11 Und haben nach der Aiszeit 's Diroll nei aufpaun gholfen ... Man hats' Trutenpfotteln ghaissen ... Trutenfuzzn ...

DAIFELSCHRÖCK Das sain ja die hellischen Flammen, wo aus dem Buch schlagen. Dees Buch darf nit im Land pleiben! Dös störket ja nur die eh schon vorhandenen Zauberbicher, die die Schwarzschulen immer neu verbreiten!

5 *kopfschüttelnd* Daß so was mit der kaiserlichen Poscht ainikimmt ... do heert sich ollis auff ... do mißtn Olli brotöschtieren! Gschnoferer! schraib dann Ollis gnau auf! Aber, daß d' nit wieder ain Stiefel zammschraibst, wie gweanlach!

VIELE Pauts ain Schaitter-Hauffen!

5 *reibt sich die Hände* Ja, dees wird in Stuel fraielen ... aufotmen wird der söll Stuel.

11 ... und haben Bozen gegrindet ... s'Bozenhaisl ... es soll ria/achtig 's Trudenbozenhaisl haißen, da war ihre Zauberstetten ... bis es nach Vertraibung der Haiden in christlache Hände kimmen ischt und a Weinstuben gworden is. *Der Wind gibt einen Ton von sich wie ein Lachen.*

8 's hat wer glacht ...

12 Wird a Katz gwesen sein.

DAIFELSCHRÖCK Allen Katzen derf ma a nit trauen. Sein ihrer drunter wo lüaschtarne Daifelsdechtes verklaidet san. Ja. Wir wissen da Sachen. *Brütet finster und stampft dröhnend auf.*

Pater nickt düster und schnupft.

PRÄSIDENT *läutet* Wir wollen also zur Sachen kommen. Der Herr Filibertus Welponer aus Gschlein hat das Wort. *Es klopft.*

MEHRERE 's thiat khlopf-fen!

PRÄSIDENT Nothdurfter! Es klopft wer.

NOTHDURFTER *wankt unsicher zum Aktenschrank und reißt die Türe auf.* Kimmts ainer!

GSCHNOFERER Was thiasch denn? Hast wieder dein Tschötschele! Dort mach auf!

12 Höchiste Zeit, daß 'n pensionieren. Dann nehmen wir in Töpsl Caschper ... isch verlößlich! war Hausknecht bei die Urschulinerinnen.

NOTDURFTER *der zuerst die Türklinke ganz wo anders gesucht hat, öffnet endlich und stolpert hinaus. Dann kommt er wieder herein.* Es isch wör draußen. Er tät gar so viel bittelen, daß er ini derf!

PRÄSIDENT Wer ischt er? und wie schaugt er aus?

NOTHDURFTER A Mandl ischts, a meeraltes. Er tragt a Kraxen, is aber herrisch angetan. Es geht krump daher.

PRÄSIDENT Mach ean inikommen!

NOTHDURFTER *ruft hinaus* Könnts ini gian!

DER ALTE MANN Grias enk God, grias enk God, die Hörren. Heuselberger schreib i mi, und in der heiligen Dauff hab i in Namen Impavidus empfangen. Aber heißen tut man mich: Pawidel, oder abgekirzet: Söbaschtian! Aber viele meinen, ich sei der Köschtensepp.

10 geht ihn mit dem Hörrohr ab. 3 scheint ihn anniesen zu wollen.

HEUSELBERGER *sieht ihn erschrocken an und retiriert ein wenig.* Ja. Aber gerufen werd i alleweil: Zimeter, aber noch efter: Zischgele. Daß man mi net verwöxelt mit dem richtigen Köschtensepp. Jo. Und in Quirain wär i dahoam. Ganz hint, wo ainmal ainer, der was sich Winnepacher Zyprian gschriem hat und war's 18. ledige Khind von ainer armen Deanstmagd vom Hochrad gestirzet ist.

10 der die ganze Zeit ernst nickend das Hörrohr hingehalten hat, nickt traurig Von zwai armen Deanstmadeln ... sieh! sieh! Ja, ja!! Wie oft sag ich mainen Schielern: Mit dem neetigen Fleiß und süttlichem Ernscht wird das schwörste Wörk spielend vollbracht und mit ain pislain guetem Wielen ...

HEUSELBERGER *fortfahrend* ... Ja, ischt vom Hochrade gestirzet und saine Söle ist gen

Himmel geflattert. Damals hat man 1883 geschriebn ... Ja ... Am klainen Frauentag ischt 's gewesen. Manche sagen aber ...

PRÄSIDENT Woll, woll. Zur Sache! Wos wollts denn?

HEUSELBERGER Ja. Da *setzt die schwere Kraxe ab und hält sich taumelnd am Tisch an* hätt iach ain Biechlain geschriem – bloß ain Broschierde – Ich bin nämlach ain nomhaffter Priwat-Gelöhrter und das mecht i der hochen Akademie ieberreichen, daß es druck-hen tätetst. Do wär das Titelblatt.

PRÄSIDENT *liest* Heuselberger Impavidus: Wird der +++ Antikrischt ain geporener Innsch-pruckher sain? Ja – oder: Nain?

Alle Welponer schaudern. Man hört – offenbar aus dem Ofen – ein wehes Stöhnen, was sofort etliche Welponer dazu bringt, dort einen Knäuel zu bilden.

8 Schröckhen über Schröckhen!

9 *stocktaub* Jo, in Schröckhen! Jo, da isch schian! Im »Ochsen« war i reacht zfrieden.

PATER DAMIAN Ent-setzl-leach! Der Örtz-faindt!!

7 Der Örtzfaind ... der wimmet Sölen ...

PATER DAMIAN *zu Heuselberger* Wia kimmscht du auf das Öntsötzliche? Wia kannsch du Bewaise haben!

HEUSELBERGER Mööralte Brofezeihungen! Nach strenger Loghikkh unter die Lupe genommen! Jo, und dazu kummt der Frömdenverköhr ... Nacher hasch es!

PATER DAMIAN Wohr, wohr!

7 Wehe! Wehe!

SCHRÖCKHENDAIFL Wohrhoftig! Losts olli her!! Ös olli! Da bin i/ach den Sommer amol hoam gangen ibern Bahnhofplatz! den ich ja sonscht maide, woi ich kann. Aber, ich hab sonderbarerweise den Weg verfehlt hoam ... und wie ich da in tiefen Sinnen versunkhen ainherschraite, heb i an Kopf ... und o Schröckh! Wos seh ich ... Prasselt nit der ganze Bahnhof in hellischen Flammen ... und Verkehrsbeamte mit Herndlen am Kopf und lange Schweiff am A ... Hintern ... schaun aus olli Fenster heraus ... und a Schnöllzug, ganz aus feurige Flammen braust daher ... Voller Daifl und Daifelinnen *geheimnisvoll* inn Turischten-koschtiemen ...

STIMME ... Hoschperle ...

WIND Wui, wui, wuiii ...

SCHRÖCKHENDAIFL Und dann hat man mich bemörket *Rufe des Entsetzens* und gut 50 glühende Dianstmönner in alli Farben stürmen auf mi ain ... und da bin i gstirzt ... und wie ich wieder aufgeraffet hab ... isch der Hauptbahnhof ganz finschter ...

PATER DAMIAN Ja, dees können s', die hellischen Geischter, da sains Maischter darain.

8 *nickt* Da sains Maischter darain.

Es knallt. Alles erschrickt.

WELPONER No 15 *hat im Bart eine große Knallerbse gefunden und weggeworfen.* Das war es.

PRÄSIDENT *läutet* Was treibsch denn? Isch dees aines Wissenschaftlers wirdig! Ich muß dich riegen!

15 I hoan 's nit z'fleiß tan! Naa! naa! die Önkelkhinder haben's mir ini tan, die Khnall-Oribis, wie ich mein Mittagsschläfchen gemacht hab ... Könnts mir's glauben ...

GSCHNOFERER Streich ihm die Rüge wieder aus.

HEUSELBERGER Dann hätt i no ayn Broschierde! Nain, mit hab i's nit. Is mir z'schwaar! is z'Haus. Sie heißt: »Sind die Zwörgpulldockhen z'erscht in Pufels erzeugt worden? Ja, oder nain?«

PRÄSIDENT Wos giat denn dees di an?

STIMME So grauslige Ziefer ...
Es wimmert wieder im Ofen. Einige Welponer lauschen, die Hände an den Ohren.
5 Grauslige Ziefer ...
PATER DAMIAN Sain dem Hölltuifl aus der Kraxen gschbrungen, um die Flucht nach
   Ögipten zu steeren. *Eine Gruppe umdrängt ihn.* ... Sain ... im Höllduifl aus der
   Kraxen ...
PATER DAMIAN Ja! Aus der Kraxen gsprungen! Lest nur beim Pater Cochem ›Ieber das
   Öntsetzen beim jüngschten Geriacht‹ nach! – Notdurfter! Brings Buech her ... da
   links muß's sain.
5 ... Kraxen. Sollt man dees nit an an hailigen Stuehl dölegrafirn und um Unterwaisungen
   bzw. Verhaltungsmaßreglen bittlich werden.
6 Glaubscht du, daß dös an heiligen Stuhl a Fraid machen tät?
3 *niest ihn an* Happ-tschieh ...
6 Mai Liaber – der söll Stuhl hat andere Sachen im Kopf! als Pull-dhokkhen!
11 *zu* 5 Was stöllst du dir ieberhaupt unterm heiligen Stuehl vor?
5 *unsicher* ... i ... i ... j ... a ... i ...
11 Bischt ja Professor der Loh-ggikh!
5 Ja ... isch halt ... nur a Bild ... i ... muß ... sagen ...
11 Als Loghiker mußt antworten, wann i di frag, was du dir unterm heiligen Stuhl
   vorstellst.
5 Dort ischt 's finster!
PATER DAMIAN Sprich nicht so frevelhaft daher! Du.
PRÄSIDENT *läutet* Streits eich nicht! *Zu Gschnoferer halblaut* Solln wir die Broschier
   iebernehmen? Is a guter Zentner! Soll er's da lassen?
GSCHNOFERER Ja. Kann er. Wenn er scho alt gnug isch.
PRÄSIDENT Heuselberger! Wie alt seids denn?
HEUSELBERGER Bimm ... bimmbfwusiewizig war i z'Allersöln.
GSCHNOFERER Na kann er's da lassen. Kimmt in d'Haizkammer.
PRÄSIDENT Ja. 's andere kannst aa schickhen! Aber auf daine Koschten.
HEUSELBERGER Wann wird 's denn erscheinen?
PRÄSIDENT Bischt leidend?
HEUSELBERGER Scho reacht schwach, reacht schwach ...
PRÄSIDENT No – drei Jahr mußt warten.
HEUSELBERGER O mai ... o mai ... dös erleb i nimmer.
PRÄSIDENT No – kannsch es wieder hoamtragen.
HEUSELBERGER Naa ... i laß da ... Jetztn geh i. *Hatschend ab*
PRÄSIDENT Nothdurfter! Schberr zu und laßt neamand niecht eini! Dös is wieder
   amol a Sitzung! Z'was sain wir denn iewerhaubbt z'sammkimmen? Wir wollen
   in der Sitzung fortfahren. Gschnoferer! Wör ischt jetzt zum Wort für-
   gmerket?
GSCHNOFERER Der Welponer Filibert aus Gschleiz!
11 ... hochansehnliche Versammlung! Wir missen mit der geradezu prennenden Frage
   wegen der sogenannten Saligen Frailain zu euch khommen!
STIMMEN Hört, hört!
PATER KASSIAN *zischt* ... Tuifels-packh ...
11 Zwegen dem, waill diese Saligen Fräuln uns Dirolern geradezu am Hals hockhen
   und uns lächerleach machen und olli Ausländer ollwail ieber uns in hehnischen
   Worten wegen dem schraiben und waill dieser wo anderscht ieberhaps gor nit mit ayn

Volksstamm in ayn Athem nicht genannt wird und waill wir ja schleaßlach schon Aisen-pahnen haben.

SCHGUMMSER Ich bitte ums Wort! *Es wird ihm erteilt.* Bezieglich der Aisen-pahnen mecht ich auch jetzt wieder wie in olli Sitzungen den Antrag stellen, die Akerdeemie mechte in Wien im Porlement durch ihre Vertrauensmönner den Gesetzesantrag durchdricken lassen, daß die Bahnen am jedem erschten Abrill nindernt nit fahren dirfen, waill dises der Gepurtstag vom Judas war ...

PATER KASSIAN Sehr riachtig. *Allgemeines zustimmendes Murmeln.*

PRÄSIDENT Woll Woll. Darieber spöter. Welponer, sprich waiter.

11 Und es stehet hiermit fescht wie Örz, daß es nie nindersch nicht Salige Fräuln gegeben hat bzw. gegeben haben kann. *Klopft auf das Pult.*

7 Hoben a nit sain derfen!

14 Es hoi ... hoi ... hoißt, dieselbigen seien durch das Paitschen-Schnöllen vertrieben wo, wo, worden.

8 Net wohr! Das hoche Konzil von Trient hat ihnen ain Önde beraitet.

11 *grob* Wie kann man so ainen Bleedsinn spröch-chen?!

7 *sehr aufgebracht* Wos isch ain Bleedsinn? Das hochehrwirdige Konzil ischt doch hoffentleach niacht domit gmaint? *Es wimmert leise.*

15 *hat eine Kleinigkeit gefunden und blickt versonnen auf* Wer wor das? *Das Hörrohr tastet herum.*

2 *Steht düster und bucklig da und brummt dann zischend ...* und dechten hat's nit können.

5,7,8 UND MEHRERE ANDRE Wir proteschtieren als glaibige chrischt-katholische Männer!

13 ... befraiet mich von mainen Buech ...

12 Dieser da *weist auf No 2* isch ain geheimer lutherischer Zoch ...

Präsident läutet.

11 *wild auf das Pult hauend* ... hat's nie nindersch nit göben!!! Ergo hat 's hochwürdige Konzil nit können!

5, 7, 8 UND EIN NEU AUFGETAUCHTER RUDEL WELPONER 's hailige Konzil kann Ollis! Pro-töscht! Pro-töscht, töscht ... töscht ... *Ein Teil dieser Gruppe läuft in einer Art Gänsemarsch nach vorne.* So – wahr – wir – Doctores – Welponer – sain.

9 Iichch auch!

VIELE STIMMEN Dees bewoiset gor niechts!

VIELE STIMMEN Woll, woll!

15 Woll.

13 ... befroiet ... mich end-lach von mainem Bueche!

12 Notdurfter! Schnaid dem Zoch öndleach in Bart wek! Jetztn wird die Sach schon zu blöd.

PATER KASSIAN Ainen Krischtenmönsch dorf man niacht beschneiden! *Es wird immer finsterer. Man hört einen »hoschperle«-Ruf.*

1 Bringet ain Lücht! *Diener bringt es.* Do setz es her!

·2 Jetzt ischt es Licht.

11 Falsch. In der Fihibi ... Fihindischerkait kann's nit liacht seyn.

12 *kräht heiser* Das kann jeder sagen! Das muß logiciter bewiesen werden! Denn höret: Wos isch Finsternuss? frage iach! Iach ober saage Eich: Alle Nüsse kann man khnackhen, nur die Finschternuss. –

2, 3, 5 Oha!

7, 8 Löset boi dön heuligen Örtz-Vättern nach! Menschen Lo-gückh wollet aus dem Gspiehl lasen!
2 Öha! Jötzten isch es Liacht ausgangen! *Es ist stockfinster.*
1, 2, 4 Jötztn isch finschter!
12 Das kann jeder sagen! bewoist mir logiciter, daß es finschter isch!
7 Tuets ab-stimmen!
PRÄSIDENT Stümmet ab, ob's finschter is!
VIELE Mir sehent nicht, obsch finschter isch, weil man auch das bei der Finschter schwer sieht.
VIELE Woll, woll.
Es wimmert leise hoschperle. *Es klopft.*
1 Losts! Es khlopft!
12 Auch das muß bewiesen werden. Es kann aine subjektive Sinnesdeischung sain!
4 In der Finschter klopft's oft ...
VIELE STIMMEN Öha! Mir haben es olli ghöört! *Es wimmert leise und schaurig.* Hoschperle!
PRÄSIDENT Stümmet ab, ob's geklopft hat!
11 Und ob's »gehoschperlt« hat!
PRÄSIDENT Gschnoferer, tue daine Schuldig-kait. *Es klopft wieder.*
3, 5, 6 Schon wieder ...
VIELE Und ghoschperlt hat's auch!
12 Laßet eiren Geistes-Zustand priefen!
VIELE STIMMEN Waas sollen wir tuen?
6 Priefen lassen!
3, 5 Noin! heroin sagen!
13 *tief klagend* Hoschperle ... hoosch-perle.
8 Schon wieder tuat's hoschperlen.
14 Schrökbar, schröckhbar.
9 *zu 11 stocktaub* Wos ... hahm s' ... denn?
3 *zu 9* Öp ...pes ... klopft! Heerscht nit? Haap ... tschi ...
9 Jo. Schianes Wöttr hamma hait ...
5 Reden wir von was anderem! Wie richtig sch ... schbri ... bschricht z.B. der vatterlöndische Dichter Tschiderer ...
14 Ä ... Ä ... Ägid ... von 1777–1888.
7 Dessen Vatter selig die Semmelbrösel ersann ... Ja, nach jahrelangem, überscharfen Nach-denkhen.
14 *dozierend, den Finger erhoben* Uhrsch-schbrü-bübringleach kain Nohrungsmittel – noin – noihoinoin!! sondern als Strafmittel für würdelose Kappatalismer ins Böhöhött!
Pater Kassian räuspert sich furchtbar. Es wimmert. Matscher fährt auf und lauscht. Dabei stößt er No 9.
9 Woll, woll. Ich bin aus Hötting ...
2 Kain fomm Waibe Geporner hatt diachch gefragt.
13 Befroiet miach fon mainem Buche. *Wimmert*
3 *niest dröhnend* Hopp ... hoppp ... tschi!!!!
GRAF SPAUR *erschrocken* Éhè!
INGENUIN SCHRÖCKENDAIFL *unerwartet, nach langem, schweren Atmen und sichtbaren Ringen mit sich selbst, sprudelt kollernd hervor* Ichch beantrage, daß die lüeschternen Weibbspersohnen außer Landes gejagt werden!

7 Mit Rueten! ohne Parmherzigkait!
5 Sollten mer net deschterweegen in Stuel döllegrafiern? nein.
SCHGUMSER Reacht hat er.
SCHRÖCKH Olli Junkfrauen, was geheime Lüeschte hobben, aauch.
1 Red zur Sach! nit um lüeschterne Junkfrauen handelt es siach jötzt ...
SCHRÖCKH *ganz verbohrt, sieht sich mit roten Augen um, drohend* Öpper niacht?!!
GRAF SPAUR ... Ea/ojj-ja. Ea/ojj-ja! ... éhè.
14 Tuats die lüschternen Jungfrauen auch poit-schen.
12 *wild* Wos is dees fir aine Sitzung! Kennts nit pei der Sach pleiben? tun ma
obstimmen? Jo oder nain?
VIELE STIMMEN Woss soll ma tian?
12 Abstimmen lassen, ob's gekhlopft hat.
4, 5 Noihoin! »Heroin« sagen.
PRÄSIDENT Üach broteschtüre! Die Fersammlung ischt aine geschlossene Ainhait.
Die Tür wird grob aufgestoßen. Ein Hirt tritt herein und sieht sich forschend um.
PRÄSIDENT Du – wer bisch du denn?
HIRT Ain Hirt.
SCHRECKENDAIFL Sieht man.
No 7 Schmöckht man. Ja! Du schmekkst ja nach Gaisghagerln!
HIRT Naa. Söll isch Schofmischt.
PRÄSIDENT Gschnoferer! Schmeckkh zuwi, ob er die Wahrhait spricht. Vor der
Wissenschaft derf's keine Lüge geben! Mir sain die Claudia Felicitas.
GSCHNOFERER *schnuppert* I ... kann ... nit unterschaiden ... nach was für an Dreckh ...
dersellbige schmeckt! I han an Stockh-schnupfn.
*Mehrere Fischnaller schmecken dazu. Auch mehrere Welponer. Stimmengewirr wegen
Meinungsverschiedenheit. Die beiden Chöre fangen an, sich erregt zu beschimp-*
fen ... Schofmischt ... Ghaisgagerln ... *Die Bärte fangen an, sich zu sträuben.*
PRÄSIDENT *läutet* Is ja im Grund ganz gleich, wie 'r stinkt! Stinken tut er. Gnua. Du!
Hirth! Was suchst denn da herinnen!
HIRT Wau sain maine Schof?
PRÄSIDENT *erstaunt* Wos willscht? Wie kimmst du ieberhaupt da eini?
HIRT Wail i wissen mecht, wau meine Schof sennen?
GROBER FISCHNALLER Himmikreizdeifiiberanand, wos gehn denn ins deine bschisse-
nen Satanschaf an? He! Du!
PRÄSIDENT Nochmals: Wie kommscht du da ini?
HIRT I han maine Schof verlurn. Schon bei Amras sain s' mir durch, die Zoch, die
verdammten! und wie z'Schprugg ini kommen bin, will s' keiner nit gsehn ham, die
söll. *Erregte Stimmen.*
NOGGLER Da hats man wieder! Weil s' kainen Glauben nimmer haben.
STIMMEN Woll, woll. *Wind pfeift gellend.*
TAUBER WELPONER *zu Hadubrand Heuselberger* Heechste Zeit, daß d' aufbrichst! dein
Zug geht nach Rattenberg! Hörscht nit, wie die Siedbahn pfaifet?!
VIELE STIMMEN Söll isch nit die Siedbahn.
PATER CASSIAN ... isch der Daifl!
Feigenblatterer nickt fürchterlich.
PRÄSIDENT Jetz sag amal, du, was solln denn mir mit deine Schoff z'tian habn?
HIRT Weil mir d' Lait gsagt haben, daß ös Mander da olles wissen tiats.
GROBER FISCHNALLER Schmeißts 'n außi, belaidigen laßn mir ins nit!

GSCHNOFERER Notdurfter Januar! Schmeiß 'n außi! *Es geschieht.*
Die Türe bleibt offen. Denn der Diener Notdurfter starrt erschrocken auf einen
vermummten, ganz schwarzen Herrn, von dem man dann im Dunkel fast nichts sieht.
PRÄSIDENT Notdurfter! Wen hasch denn da ini gehn glassen?
DER DUNKLE I *hebt die Hand, lacht hämisch* möcht nur ein wenig Ordnung bringen in
eire Hirnkaschtel – Pofesenkammerlen – Hab ghört, daß ös da herumreden tuets von
die Saligen Freiln!
VIELE San gar ninderscht nit selig!
DER DUNKLE Sehr richtig! Da habts ös blindes Heanervölkel ainmal ain Kerndel
gefunden!
PATER Sain des Daifels!
DER DUNKLE Nain. So bequem isch dees nit. Die jagen die bschissenen Taifel sauber
umanand. Sain ja die Schlangengitschen! Du! Kassian! Wo dein Collega Sankt
Valentin in den Abgrund verwiesen hat! Sein glitzernde hoche, sehr hoche Gitschen,
funkelnd vor Gold und Edelgestein!
ENTSETZTE STIMMEN ... Schlangen ... des Abgrunds – im höllisch Fuir!
DER DUNKLE *lacht gellend* An Dröckh! Höllenfuir! Sain ja die feurigen Schlangen
selber, wozu die Blitze tanzen, und wann sie tanzen, steigen die Wetter auf ... und sie
lenken die Blitze!
KASSIAN Höllenzoch!
STIMMEN Der sell ischt der dunkle Passaschier ... Schlagt eam nieder.
Der Dunkle hebt die Hand, leiser Donner.
PATER Höllenzoch!
DER DUNKLE Salige heißen s' nur, weil s' in die höhen Klösterlen aus diesen Zeiten, lang
vor der Sintflut her, im selben Saal herangebildet sein als der zweite Grad – als
Trutgesaligen ... hochen Gitschen ... von den Göttern erwählt! *geheimnisvoll* Sie
lernen, formen die Welt!
PATER *höchst erregt* Ketzerei! Ja! Wir haben immer davon gewußt ... das Zeug ghört
in Abgrund ...
VIELE In'n Ob-grund! Verhoftet ean! Er ischt ein Ab-schei!
PRÄSIDENT *klingelt wie toll* Gschnoferer! Walte deines Amtes ... ja ... wo isch er denn?
VIELE Er isch wög! Verschwunden!
VIELE *erregt zum Pater* Nain! dös Zuig gibt's nit! Wir erlauben ainfach so etwas nicht!
mir sein aufgeklärt! Sein die Akademie der Wissenschaften und wiederholen wir: Es
kann gar keine Saligen nicht geben! Auch der Landessekretär für Fremdenverkehr
wehrt sich dagegen!
PETER VON TRUT *elegant, weltmännisch, nachdenklich zum Grafen Thun* Du – kennst
du das Lied: Annoch gefesselt ans Reich
der Combinaisons und Hoserln.
(13.696, f. 9-31v)

GSCHNOFERER *liest* Aingegangen ist die Schrift »Wahrhafftige klare Beschreibung der
Höll mit den dreizehen Peinen«, gedruckt in diesem Jahre in Burghausen. (13.699,
f. 2)

PRÄSIDENT Üch proteschtiere! Die Versammlung isch eine geschlossene Oinhoit, zu dör
koin Mönsch nücht Zutritt had.
Es klopft wieder.

VIELE STIMMEN Wir beschließen demnach, daß niemand geklopft haben darf. Und: Salige Frailn gibt's kaine! Schluß!

Ein Donnerschlag ertönt. Die Türe verschwindet. Rosiges Licht dringt in den Sitzungs-saal, der von leichtem Dampf erfüllt ist. Es riecht nach Rosen und Weihrauch.

EINE SÜSSE STIMME Da bin ich.

7 Es schmöckt – nach Eisch.

5 Wör bischt du?

6 Dös söll ischt ja *richtet die Brille* ain nacketes Weibspild! Noch dazu ain minderjäh-riges!

ALLE Wo sein unsere Brillen? *Setzen sie auf* O! Je ...

MEHRERE Sechser, was redst denn? Die sölbige ischt ja nur halbit nacket.

6 Naa – ganz nacket.

MEHRERE Naa! Söll sein rosa Trikot, wo anhat.

DIE SÜSSE STIMME Haha. Trikot! Schmarrn!

VIELE Zeuch von hinnen! Deifelin!

1 Was hascht du da zu suchen! Spprechch?

STIMME Erschtens: Bin kane Deifelin. Zwaitens: bin ich a Salige. Drittens: Geht's dich an Dreck an.

VIELE Unerhört! Waischt, wer mir san?

STIMME Tolm!

ALLE Naa!!! Mir sein die Akademie der Wissenschaften!

15 *hat etwas herausgenestelt* Da hasch fünf Gulden ... Kauf dir a anständix Gwand ... Du Faaken ... *aus dem Schuh nach langem Suchen*

STIMME Laßt enk sölchen und als Wurst zum Hörtnagel hängen in d' Auslag!

VIELE Dees verbitten wir uns! Du bischt ka Salige niacht! So grob redet ka Salige daher, wann's ieber-haupt Salige gebet!

STIMME Hüats enk! A Tyroler Salige kann saugrob werden. Sonst zeig ich euch, was a Salige kann.

Es donnert und wetterleuchtet. Fahle Blitze lassen sehen, wie einige der Herrn mit dem Stuhle hoch emporgehoben werden, andere wieder versinken und erscheinen von neuem.

MEHRERE *verschüchtert* Was willscht denn hernach? Zwas bischt denn kimmen?

SALIGE Hab nur sagen wolln, daß es im Stück recht sonderbar zugehn wird. Und jetzt könnts mi ...

12 Wos fier ayn Stückh? Mir sain doch nit am Thiatter? Da siech i koan logüschen Z'sammenhang.

SALIGE Du siescht ieber-haupt nix!

VIELE Aber die Sitzung!

SALIGE Dees isch kaa Sitzung! Ihr seids der Prolog.

VIELE Dees verbitten wir uns! Wir sein Wissenschaftler und als soliche stets Haupt-personen.

SALIGE *ernst* A was. Ös seids Tolm.

ALLE *tief erbittert* Mir – sain – die – Leichten – der – Wissen-schafft! Mir – pringen – das – Liechcht!!!

SALIGES FRÄULEIN *die den Rücken gezeigt hat, über die Schulter* Es gibt nur ein Licht, das den Weg zeigt: die Flammen, die die »Drachen« speien! ... Wär's nit versteht, ischt und bleibt ein Trottel.

Vorhang (13.695, f. 10-12)

PRÄSIDENT Wie kommt's denn ieberhaupt, daß ös »selig« seids?

SALIGE Dös geht uns ieberhaups nix an. Mir sein die »Salangen-Freiln«, die »Schlangenfrailn«.

PATER *höchst erregt* – Jezz hab i eich! Ihr seids die, was der hailige Valentin in den Abgrund verwiesen hot! O! O! O! ieber Euch!

7 Schröcklich! Schröckh!

TÖPSL Ieber Schröckh!

PATER Ös seids dieselben, wo das höllische Fuir speien!

FEIGENBLATTERER ... die Flammen der Verfierung! Ich werde blind. Ziegts es an! Packts es in Papier ain! Heuselberger! Hosch kei alti Hosn bei der Hand!

GSCHNOFERER *schreit mit großer Geste* Opferts eire Voll-Bärte zu an großen Feigen-blatt!

SCHRÖCKHENDAIFL Ja! die Flammen der Verfierung!

SALIGE Schau, schau! Du bist gar nit so blöd, wie daß d' daher schaugst!

VIELE STIMMEN Brodöscht! Brodösscht!!!

Präsident läutet gellend.

WELPONER *mit Bart* Helfts mir! Au-wödl ...

No 5 niest in die Protokollakten, daß alles herumfliegt.

THUN Sauber, sauber!

TRUT Scharmant. Angenehm. Flammenheizung im November.

PATER Ain Glückh, daß ös Hexenvolk durch das hochwirdige Wirken des Konzils von Trient zu völliger Ohn-macht verurteilt worden seid.

SPAUR Fesche Wadeln.

PATER Zur Machtlosigkeit. Nix könnts ös möhr, nix, aber schon gor ninderscht nix! Nur mir Mönner hobn noch zu reden!

ALLE So ischt's! Woll, woll!

SALIGE Was redts Ihr daher? Koane Macht mehr? Ös seids Tolm, ös Männer! Jetzt: gebts acht!

Die Bilder klappen sich herunter. Heraus ragen da und dort gelbliche Posaunen. Militärmusikfetzen. Der Ofen geht auseinander. Man sieht Teufel, die in einem Kessel Touristen sieden. Die Silhouetten der Welponer und Fischnaller heben sich gegen das rote Glutlicht grausig ab. Die Büsten Carls VI. und Maria Theresias fangen Schnadahüpfl zu singen an.

Endlich stürzen von überall Tanzmädchen herein. Eine reitet auf dem Präsidenten. Die Grafen und Trut tanzen im Vordergrund eine höfische Quadrille. (13.695, f. 13-14)

I. Bild

Kluibenschedl. Golo. Kluibenschedl geht aufgeregt auf und ab. Wie er dazu kommt, als Bräutigam aufzutreten. Hier der Brief! Golo: Nun, Sie haben Gastfreundschaft genossen. Und dann: Gräfin ist Lehensherrin! Böse Gräfin kommt, zeigt Menge falsche Schätze her. Dietlinde erscheint mit schäbigem verfetteten Falken. »Beugen Sie das Knie!« Dietlinde arrogant.

1. Szene. Böse Gräfin und Golo. Gräfin frägt, wer der reichste und dümmste Ritter ist. Golo: Kluibenschedl. Ha, er muß Dietlinde freien. Golo: Er ist schon draußen. Golo weiter: Dann, als zweiter Gemahl *Himmel verfinstert sich*: der Peutelstein, der Fraisenecker *legt Liste vor* der Burmbser? der Nockhenfeindt (den nicht, der wird nicht freien). Elias von Feigenputz, der leichtsinnige Hurledaus, der Töpsl! aha!

Also, die werden beerbt. Vergifteter /Gstraun/ oder sie werden mit Rittergröstel vergeben oder verenden im Verlies, im Hungerturm und ein Besitz nach dem andern kommt ans /Liederle/.

3. Szene: Kluibenschedl einen Moment allein. Da erscheint der gute Hausgeist, der Nörgele von Karneol. Ja, Nörgelle, was ischt denn? Wanns mi a Viertele zahlst, no sag i dir was! Wart! – Da horch! Nimmt ein Buch: »Heirat s' nit, die söll Gitsch! sie isch ... a ... lu, lu ... Luschtmerderin!« Zwerg macht das Türl zu. Sakra, der Bart! Gräfin bemerkt später den Bart. Eine Stimme ruft: Das ist Schimpel! war's Nörgelle wieder da? Kluibenschedl ist gefaßt. Gräfin läßt ihm durch Tochter Wein servieren. Kluibenschedl bemerkt, daß sie früher ein Pulver hineinschüttet. Aber eine unheimliche Hand kommt aus dem Türl und haut ihn, so daß er den Becher fallen läßt. Kluibenschedl sagt, daß er das Glück erst verdienen müsse, geht in den Kreuzzug. (13.699, f. 13-14v)

Zum II. Akt: *Hinter den Bäumen blitzt und flammt es plötzlich. Man hört grausigen Kampflärm. Waffengeklirr, Schnaufen des Drachens. Plötzlich Gerumpel, als ob ein Karren alten Bleches umgestürzt wird. Eine helle Stimme. Ein Edelknabe zieht sich kämpfend zurück, kniet nieder, schießt einen Pfeil ab. Ein zischender Feuerstrahl fegt ihn vorwärts. Kluibenschedl springt ihm entgegen. Der Bub stürzt sich in seine Arme.*

KLUIBENSCHEDL *gegen den nicht sichtbaren Drachen* Giascht weg, Zoch grauslicher! Ks, ks! Schau, daß weiter kimmst! Jetztn hosch schon ain Ritter derschlagn! Sonsten kimm i!

PARIS *jammert* I hab kan Hosenknopf mehr ... der Drach hat 'n Hosenknopf gschluckt! Was tu i jetzt?

KLUIBENSCHEDL *verdutzt über die Schönheit des Schützlings* No wart, Bübli, was röhrst denn so! I kauf dir halt an Hosenknopf ... *er sieht ihn näher an* ... Hascht ja eh alle ... da ... eins, zwei, drei, drah di um, vier fünf. Was röhrst denn dann a so?

PARIS Nit a gwöhnlichen Hosenknopf... 'n fleischernen Hosenknopf hat er gfressen, das Ziefer, das grausliche ...

KLUIBENSCHEDL *greift sich an die Stirne* ... an ... fleischernen ... Hosenknopf ... Ja, sag amal ... dös is aber ... gspaßig ... dös ... Wort.

PARIS Mein'n Ritter hat er [Text bricht ab] (13.698, f. 4)

Der Page wird von den drei saligen Fräuleins in raffinierter Weise zum Mädchen eingekleidet. Ballettszene. Parfüm tragende Nymphen etc.

Als der Ritter aufwacht, sitzt ein schlankes, übereleganties, von Parfümwolken umhauchtes Mädchen vor ihm. Titania von Pfannberg – diesen Namen hat sie zu führen, wie ein Sylvan mit Papieren noch mitteilt.
Ende: Niemand kommt zum Hochzeitsmahl. Bloß eine Katze teilt es mit ihnen: »Sei unser lieber Gast!« Aber dann verwandelt sie sich in die Afrodite. (13.698, f. 5)

Der Drache speit glühende Rüstungsteile herum.
Der Ritter bringt ein Ohrwaschel des Sultans Saladin nach Hause.
Paris als Braut erscheint von den Charitinnen geleitet. (13.698, f. 9v)

Der österreichische Faust   Dezember 1937

Im Studierzimmer entwickeln sich verschiedene Bilder, die in seinem Traum vorüberziehen, z.B. die Szene zwischen Goethe und Ulrike von Levetzow. Karlsbad. Goethes Monolog: Bin ich ein Gymnasiast? Dort kommt sie!

Er fleht sie an, ihm den Apfel der Eva zu reichen. Sie schlägt das ab, reicht ihm aber die Feuerkugel, den Kugelblitz ihres Pallastums.
Goethe, der als junger Mensch in Leipzig in der »Großen Feuerkugel« wohnte ... –
Er resigniert und spricht der Verschwindenden nach: »Nicht Kern, nicht Schale ...
Beides mit einem Male.« – »Großmeister ... Großmeister ...« klingen die Stimmen um ihn! »Du hast den 33. Grad verliehen bekommen ... Die Parthenos hat dich gekrönt ... entsage, großer Meister!«
Goethe verschwindet. An seiner Stelle taucht Goldschimmer, das Zeichen der Katze auf. (13.699, f. 6)

Unter »Österreichischer Faust« finden sich im gesamten Materialbestand mehrere Entwürfe zu Metamorphosen des vorhergehenden Textes. (Vgl. auch 13.697, f. 21-23, XXV/1, Fasz. 14, f. 21-21v) Die beiden folgenden Paralipomena zeigen die zunehmende Eigenständigkeit dieser Varianten:
Gelehrter. Öde Wohnung. Eiserne Kasse. Reicher Mann. Sieht ovalen Fleck auf Wand. Ehemaliger Porträtort. Es dämmert. Er sitzt im Fauteuil versunken, nickt fast ein. Telefon klingelt. Schöne Mädchenstimme. »Wer dort?« – »Die Ewigkeit.« Erstarrt sieht er auf. Bemerkt aber, daß zwei wüste Banditen eindringen. Fürchtet sich, sitzt tief versunken im Stuhl versteckt. Die Einbrecher suchen Steckkontakt. Schmelzen die Kasse auf. Die vordere Panzertüre kracht nieder, zweite und dritte Hülle auch, Goldglanz leuchtet aus der Kasse.
Ein wunderschönes Mädchen tritt heraus: »der Schatz«. Klatscht in die Hand. Er und die »Schränker« verschwinden. Der Raum belebt sich zum eleganten Salon der Makartzeit. Eine fröhliche Gesellschaft belebt ihn. Die Tür geht nochmals auf und herein tritt der Held, jung. Ihr Bild hängt am ovalen Fleck. Dabei beobachtet er sich. Sie, um ihn zu entflammen, flirtet mit einem andren – dem ersten Einbrecher.
Er, verbittert, verläßt den Salon.
3. Bild. Beserlpark. Ein Mäderl schlenkert die »Musik«tasche, kleiner Gymnasiast ist magnetisch angezogen. Gerade wie der Flirt beginnt, vertreibt sie der Wachmann. (13.698, f. 13)

KALYPSO. Drama eines versäumten Lebens
Wenige Darsteller.
Berühmter Gelehrter. Bezog düstere Wohnung. Schreibt, Telefon, tiefes Fauteuil. Eiserne Kassa. Letztes Dämmern. Er sieht sinnend zum Fenster. Monolog. »Da war er schon einmal.« Starrt einen ovalen Fleck an der Tapete an. Da war einmal ein Porträt. Etwas Graziöses gewiß – oval gerahmt. Was war das? was?
Verwandlung
Steife Gesellschaft vergangener Tage. Er tritt ein als schüchterner junger Mann. Plötzlich allgemeines: Ah! Sie tritt ein. Er liebt sie ja. Gesellschaft zieht sich zurück. Sie bleiben allein. Er macht ihr sein Geständnis. Nebenbuhler kommt. Er zieht sich zurück. Böser Dämon insigniert ihm Verachtung: Wissenschaft zu wählen.
Verwandlung
Weinend sitzt er am Schreibtisch. Schläft ein. Drei Einbrecher schleichen herein. Verbinden Schweißapparat mit einer Proszeniumslampe. Schneiden zischend die Kasse auf.
Die Kassentüre fällt polternd heraus. Dumpfer Donner ertönt.
Oder: Ein Telegraphenbote tritt ein und ist starr vor Staunen. Weckt den Gelehrten.

Du hast die Schule des Lebens nicht verstanden.
Oder: Sie zieht Noten aus der Schultasche und sie blicken dieselbe Musik wie einmal im Salon: Sie spielte damals etwas Mystisches.
Die Unvollendete! (XXV/1, Fasz. 14, f. 19-19v)

Variante zu letzter Textpassage der vorhergehenden Kalypso-Fassung aus XXV/1, Fasz. 14:
die Kassentüre fällt polternd heraus: V: Dumpfer Donner ertönt.
Gold strahlt aus der Kassa. Heraus tritt von permanentenen Blitzen umloht Kalypso. Diebe verbrennen. Ein Telefon ertönt. Er fährt auf. Hängt grantig ab. Dreht sich um, da ihn das Wetterleuchten stört. Kalypso steht vor ihm. Schluchzend zu ihren Füßen. Jetzt! jetzt holen wir alles nach – Spuk des grauen Gewesenseins verschwinde. Er malt ihr ein rosiges Leben aus ... Wiege. (Berceuse ertönt.) Sie traurig. Nein – ich bin nur gekommen, Abschied zu nehmen – es ist zu spät. Stirb, zu neuem Leben! Er stirbt.
Verwandlung
Grauer Vormittag. Beserlpark. Schulglocke und Straßengeräusche bei leerer Szene. Sie kommt als Schulmädel, zieht am Automat. Lutscht Schokolade. Er kommt. Kleiner Gymnasiast. Kramt. Hier, zehn Kreuzer. »Fräulein, essen Sie gerne Schokolade?« – »Ja!« – »Darf ich Ihnen anbieten?« – »Ja.« Sie schlendern zur Bank. »In welche Schule gehst du?« Kindliches Sportgespräch. Aus dem Fußball ... Er (seherisch) ... Er dreht sich ... ewig. Leben grüßt ... die Sphaira ... (kurz, er spricht wie ein Mystiker). Glühend erklärt er ihr, in der Sprache und Reife seiner vorigen Existenz seine Liebe. Sie erwidert ebenso glutvoll, doch resignierend, sein Versäumnis war so groß, daß er auch jetzt noch Buße tun muß.
Er umfaßt sie, »- mein Weib! Mein starker Arm stützt dich ...« Da taucht ein Schutzmann auf und jagt die Fratzen nach Hause. (XXV/1, Fasz. 14, f. 21-21v)

▷ *Dejanira von Pfannberg:* Die Grafen von Pfannberg besaßen in der Steiermark mehrere Herrschaften (Carl Schmutz [Hrsg.], *Historisch Topographisches Lexikon von Steyermark*, Graz 1822 f.)
▷ *Valandinnen:* Zu mittelhochdeutsch valant, Teufelinnen.
▷ *Beatrix von Tarantsberg:* Die Tiroler Familie der Tarande verfügte über Besitzungen in Algund und Naturns. (Franz Huter [Hrsg.], *Alpenländer mit Südtirol*, Stuttgart 1966 [= Handbuch der historischen Stätten Österreich 2], S. 544)
▷ *Fer:* In seinen Studien zur Mystik (XXXI) notierte FHO im Juni 1933: »Fer = hohe Weiblichkeit, d.h: androgyne Maske kindhafter Schönheit!«
▷ *Salangen:* Salige, Salge, auf den Bergen lebende Wildfrauen der Tiroler und Schweizer Sagen.
▷ *Cassandra von Montalbon:* Die Herren von Montalban, Erbauer der Schlandersburg – sie verfügten im 12./13. Jahrhundert über die Herrschaftsrechte im Raum Schlanders –, besaßen in Südtirol mehrere Edelsitze. (Siehe Huter [Hrsg.], *Alpenländer mit Südtirol*, S. 544, 558, 572)
▷ *Titania von Tschengels:* Die Herren und Edelfreien von Tschengels – sie besaßen die Gerichtsherrschaft über Tschengels seit 1149 -, starben 1421 aus. (Huter [Hrsg.], *Alpenländer mit Südtirol*, S. 572 f.)
▷ *Sibille von Telfes:* Telfs, Ort bei Innsbruck mit Burg Hörtenburg, deren Anfänge ins 7./8. Jahrhundert zurückreichen. (Huter [Hrsg.], *Alpenländer mit Südtirol*, S. 484 f.)

276

▷ *Diana von Trautson:* Auf der Stammtafel der Fürsten Trautson, Grafen von Falkenstein, Freiherrn von Sprechenstein, in Constant von Wurzbachs *Biographischem Lexikon des Kaiserthums Oesterreichs* (Band 46) wird keine Diana geführt.

▷ *Der von Wolkenstein:* Oswald von Wolkenstein (* um 1377 Schloß Schöneck im Pustertal [?], † 2. August 1445 Meran), spätmittelalterlicher Liederdichter und -komponist.

▷ *Der von Schlandersperg:* Nicht fixierbarer Angehöriger der Schlandersberger, einer Südtiroler Adelsfamilie (1696 in den Grafenstand erhoben), in deren Besitz beispielsweise die Trutzburg Rotund in Taufers (Schlanders) war. (Huter [Hrsg.], *Alpenländer und Südtirol,* S. 558 f.)

▷ *Zyprian der Vintler:* Der Name des Ortes Vintl bei Brixen gilt als keltisch. Der »Vintler« bezieht sich offenbar auf einen Besitzer der Burg Trojensbach.

▷ *Praxedis:* Name einer christlichen Heiligen, Tochter des römischen Senators Pudens, den Petrus bekehrt haben soll.

▷ *Siegfrid, Bischof von Chur:* Der einzige Bischof von Chur mit diesem Namen ist Siegfried von Geilnhausen († 19. Juli 1321); seine Ernennung erfolgte 1298. (P. Pius Bonifacius Gams [Hrsg.], *Series episcoporum catholicae quotquot innotuerunt a Beato Petro apostolo.* Ratisbonae 1873, S. 268)

▷ *Afers:* Tal in der Nähe Brixens. (Raffelsberger)

12 ▷ *Nobochodonosor:* In diesem Zusammenhang soll Nabuchodonosor Ankelreuter, Söldnerführer des 15. Jahrhunderts im Dienste Erzherzog Albrechts, nicht unerwähnt bleiben. (Siehe Karl Schalk, *Aus der Zeit des österreichischen Faustrechts 1440–1463.* Das Wiener Patriziat um die Zeit des Aufstandes von 1462 und die Gründe dieses Ergebnisses. Quellenkritische Chronik [= Abhandlungen zur Geschichte und Quellenkunde der Stadt Wien 3], Wien 1919)

▷ *Ulrike von Levetzow:* Ulrike Freiin von L. (* 4. Februar 1804 Leipzig, † 13. November 1899 Gut Triblitz/Böhmen) gilt als die letzte große Liebe Goethes in den Sommern 1821–23 in Marienbad.

▷ *Baron Schwimmer im Staub:* Vgl. *S. W.,* Band III, S. 406.

▷ *Barke der Isis:* Als Motiv häufig in der europäischen Malerei; Isis wurde ab dem zweiten vorchristlichen Jahrhundert auch in Rom verehrt.

▷ *Konzil von Trient:* Das Tridentinische Konzil, in mehrfachen Sitzungen an unterschiedlichen Orten, hatte die endgültige Trennung zwischen der katholischen und der protestantischen Kirche zur Folge.

13 ▷ *Obexer in der Mariatheresienstraße:* M. Obexers Modewarenhandlung in der Mariatheresienstraße 15. *Adressbuch der Landeshauptstadt Innsbruck* 1930.

▷ *zur Zeit des vierten Kreuzzuges:* Der vierte Kreuzzug (1202–04) endete unter Bonifatius II. von Montferrat und dem venezianischen Dogen Enrico Dandolo mit der Eroberung Konstantinopels. Es kam zur Zerschlagung des Byzantinischen Reiches und zur Errichtung des Lateinischen Kaiserreichs unter venezianisch-französischer Führung.

14 ▷ *eine Art Ritter Toggenburg:* Friedrich Schiller beschrieb in der Ballade *Ritter Toggenburg* die treue Liebe eines Kreuzfahrers, der nach seiner Rückkehr feststellen muß, daß seine Braut ins Kloster eingetreten ist. Bis zu seinem Tode blickt er in der Folge täglich zum Kloster, um ihres Anblicks gewahr zu werden.

15 ▷ *Im Zauberwald hat er eine Begegnung (...) Barke der Isis, warnen:* V: Als Zwischenspiel ist eine Begegnung Goethes mit dem Phantasma der Ulrike von Levetzow im Zauberwald von Pontyves eingeschaltet – der Liebestod des großen Heros, allerdings nur in symbolischer Art. (13.695, f. 8v)

E: *An der Brücke von Pontives. Ulrike von Levetzow. Goethe. Es ist sehr dunkel.*

ULRIKE Den Hesperidenapfel wolltest du? den Apfel der Liebe, den Apfel der Eva soll ich dir reichen? kann der der Feuerkugel nicht gleichen? Die große Feuerkugel reich ich dir.

GOETHE Die große Feuerkugel?

ULRIKE Dort wohntest du, eh du mich erblicktest. Als Student betört dich nicht mein Elfenpalast von rubinener Pracht, der dein Herz erfaßt? Mein Mund, dess' Lächeln kosenden Faltern gleicht.

STIMMEN Exzellenz! Exzellenz ...

ULRIKE Das stets dich, wo immer, erreicht.
Ich sauge, ich schlinge dich in mich hinein,
Bin riesengroß und du bist so klein.
Bin ja der Kosmos und du bist ein Mensch.
– Wie oft verspeist ein Backfisch Exlenzen ...
Du hast mich beschworen,
Kannst nicht mehr zurück.
Hast mich erkoren,
Vergehst jetzt vor Glück,
Kann tun mit dir,
Was immer ich will –
Das ist das große Drachenspiel.
Die Feuerkugel – der Ball der Glut meiner Liebe, die schwebend mich trägt ... Mein Sexus herunter projiziert –
Vestalinnenfeuer, dess' Lohe mich trägt ... virginisch Geheimnis –
Ich mach dich zum Meister, errätst du es!

GOETHE Sprich – sprich! Nie hätt' ich geglaubt, daß das Licht von dorther mir kommt – das so lang ich gesucht ... So lange gerungen – den Grad zu erringen ... die Weisesten hab ich gefragt ...

ULRIKE Die Weisesten? die WEIZ willst du sagen – die WIZZE – die Fei! Hinter der Weisheit steh ich ... Ich, Archigynandra! ich.

GOETHE Du! Mädchen ...

ULRIKE Archigynandra bin ich! An meines Altares Stufen verbrennst du. – Aller Weisheit Gebirg, das du errungen, Großer! ja! nichts nützt es dir! An mir verbrennst du! Phönix!

GOETHE Phönix?

Die phosphoreszierende Lilienlichtfigur der Ulrike verschwindet.

GOETHE *will ihr nachstürzen und ruft* Phönix? Phönix? ich? Sprich weiter ... weiter ... Göttliche ... sprich.

Er eilt zur Zauberbrücke. Ein übereleganter, zeitloser Herr mit klirrendem Großcordon eilt herzu, vertritt ihm den Weg.

HERR Exzlenz! Nicht!

GOETHE Zurück! Was wagen Sie!

HERR Keinen Schritt weiter! das ist ja eine Zauberbrücke! Die führt ja in eine andre

Dimension! Hüten Sie sich! Sie beherrschen die Dimension noch nicht ... Es ist die
Brücke Pons d'Yves ... Eibensbrücke. Sie beherrschen das Hexeneinmaleins nicht!
Das Hexeneinmaleins am Zauberteppiche Saturns! Der Zauberteppich der neun
Mächtigen und der Zehnte, der Zehnte mit dem Zauberstab steht außer dem
Teppich. Der Polarisator ... der die Umstellung der Lichter besorgt.

GOETHE Ich kann in das Dunkel Ihrer Worte nicht dringen.

HERR Exzellenz! Ihr Genius war es doch, der das Geheimnis fand! – Wie konnte denn
anders Faust sich verjüngen – ein andrer werden? Sie fanden dies Bild!

GOETHE Wer sind Sie?

HERR Baron Schwimmer im Staub!

GOETHE Hab den Adel noch nie gehört ... Was sind Sie?

HERR Bloß der Theaterintendant.

GOETHE ... Aber ... Sie gehören doch gar nicht hierher ... das muß doch ein Regiefehler
sein.

HERR Nein, nein, Exzellenz. Beruhigen Sie sich. Ich bin der Generalintendant des
großen Theaters, das die Welt bedeutet. Ich beherrsche die Bretter ... die Bühne ...

GOETHE Die Bretter, die die Welt bedeuten.

HERR Ganz richtig. Ich bin der Pontifex maximus.

GOETHE Was? ... Was? der Pontifex Maximus. Scherzen Sie nicht! Ich bin kein
Freigeist, ich bin nebenbei auch Minister!

HERR Das ist's gerade. Es ist nur, daß Sie von grämlichen Altphilologen falsch
unterrichtet worden sind. Pons heißt die Bühne, Exzellenz! das Verdeck ... Ich bin
der große Bühnenmeister! Der Meister des magischen Feldes! Exzellenz! Des
magischen Teppichs, auf dem das große magische Ballett, das Schach aus der
Rosenanmut ewiger Jugendpracht schlangenschlanker Glieder und der Irispracht
funkelnder Augen vor sich geht ... Eine der Koryphaien, eine der Faien der Kore, der
Persefone, der Göttin der Unterwelt ist ja – spiegelnd zwar nur – über diese Brücke
der nächsten Dimension geglitten ... die Archigynandra ...

GOETHE Ulrike?

HERR Ja – du lieber Himmel ... im Gotha heißt sie wohl so. An irgend etwas, Exzellenz,
müssen Sie ja sterben, und die irdische, sehr, sehr holde Maskenfigur, die Ihr Ende
bedeutet, muß doch einen Namen haben.

GOETHE Wer ist sie denn?

HERR Als Sie vor vielen Jahren schon einmal dem Tode nahe waren und dann innerlich
brannten, /errieten/ und glühten – zuerst. Da nannten Sie sie Mignon.

GOETHE Mignon ...

HERR Ja. Das ist Mignon. Eine der ewigen Vestalinnen ...

GOETHE Vestalin ...

HERR Ja. Der Tempel der Vestalinnen war ihr fernes Zauberschloß, ihr Tal der
Dschinnen ... wie es den Assassinen vorgegaukelt wurde. Deshalb suchten Sie das
Land, wo die Orangen glühn ... deshalb Rom ...
Das ist es! die vier Mädchen waren es! die FYR! die Feuermädchen ... die Schlangen
der Lohe, die das Leben trägt. Und jetzt – ist Ihr Weg vollendet. An der Archigynandra
sind Sie, Exlenz – gestorben. Aber – der Phönix ist wiedergeboren. Gestatten,
Exzellenz, daß ich Ihnen Ihren neuen Taufschein aushändige. *Hängt ihm eine Tafel
um.* Aber nun im höheren Auftrag!

GOETHE *sieht die Tafel an, ganz perplex* Was? ich bin ... dreiund ... dreiunddreißigster
Grad ...

HERR Pst! die Archigynandra hat Sie dazu gemacht ...
GOETHE *außer Atem* Die Archigynandra ... der Engelwelt Gesandte! ... ich ... weiß nicht
  ... wie mir ... wird ... ich bin ...
HERR Drehen Sie die Tafel um! *Herr verschwindet.*
GOETHE ... die Archigynandra ... des Schlangenfeuers Hebe. (13.699, f. 7-12v)

▷ *Januar Obexer:* NV: Cassiodorus (13.696, f. 2) sgZ: Sein Bruder. Noch etliche Brüder
  davon (13.696, f. 2)

16 ▷ *Welponer:* sgZ: Noch ein Dr. Welponer. Einige desselben Namens. Noch ein Knäuel
  Gelehrter desselben Namens (13.696, f. 2)
  ▷ *Mittersackschmöller:* NV: Zürnlaib (13.696, f. 2)
  ▷ *Krawieser aus Stuls, genannt der Huschenvatter:* NV: Purtscher (13.694, Fasz. 1, f. 6)
  – Das Konvolut 13.695 enthält einen undatierten Zeitungsausschnitt ohne
  Provenienzangabe: »Todesfall. Gestern nachmittag starb in Lengmoos am Rotten im
  Alter von 88 Jahren Herr Johann Projunser, vulgo ›Huschenvater‹. Er hinterläßt die
  Gattin, vier Söhne und zwei Töchter, die alle verheiratet sind.«
  ▷ *Notdurfter:* NV: Walzl (13.696, f. 8)
  ▷ *Regimentes Esterházy:* Es gab mehrere k. u. k. Regimenter dieses Namens. Gemeint ist
  wahrscheinlich das 3. Husarenregiment, das 1768–1782 Graf Emmrich Esterházy
  unterstand.
  ▷ *Regimentes Wurmser:* K. u. k. Husarenregiment, geführt 1775–1798 von Dagobert
  Sigmund Wurmser.
  ▷ weitere Person: Finsterer, Präsident des Gaswerkes (13.696, f. 2)

17 ▷ *(Der Tag Simon und Judä):* Simon und Judas ist der 28. Oktober, nicht der 3.
  November.

18 ▷ *Kaiserin Claudia:* Claudia Felizitas (* 30. Mai 1653 Innsbruck, † 8. April 1676 Wien),
  intelligente, sportliche und vielseitig gebildete zweite Gemahlin Kaiser Leopolds I.,
  engagierte sich sehr für die neugegründete Innsbrucker Universität, die auch nach ihr
  benannt wurde.

19 ▷ *Jakobiner:* Unter dem Eindruck der Französischen Revolution wurde 1793 in Öster-
  reich ein Polizeiministerium geschaffen, das im folgenden Jahr eine angebliche
  Verschwörung von Republikanern, sogenannten ›Jakobinern‹ aufdeckte. In einem
  Geheimprozeß wurden die Verdächtigen zu schweren Strafen verurteilt, der
  ›Rädelsführer‹ Franz von Hebenstreit wurde 1795 öffentlich gehenkt. Die ›Jakobiner-
  Verschwörung‹ diente fortan als Vorwand, Presse, Vereinsleben und Unterrichtswesen
  besonders streng zu überwachen. (Maier-Bruck, *Österreich-Lexikon*, Stichwort
  Jakobiner-Verschwörung)

20 ▷ *mehr bei die Wadeln:* V: da, wo sie sitzen tut (13.695, f. 1)

21 ▷ *heiligen Aloisius von Gonzaga:* Aloysius (21. Juni), ältester Sohn des Markgrafen
  Ferdinand von Castiglione, bei Mantua 1568 geboren, 1581–84 Page Philipps II. in
  Madrid, trat 1585 in den Jesuitenorden ein und starb 1591 bei der Pflege von
  Pestkranken in Rom. Patron der (studierenden) Jugend sowie der Augenleidenden.

280

(Siehe Otto Wimmer, *Handbuch der Namen und Heiligen*, 3. Aufl. Innsbruck-Wien-München 1966)

▷ *den sie dem aus der andren Türe (...) unverständliches Zeug:* V:
VERGUTZ Allweil muß einen der Saumagen der bei der Arbeit steeren ... als ob man nit eh genug z'tian had – der Lump der. *Sie schüttet ihm, der bei der Gegentüre hinaus ist, den Eimer nach.* (13.695, f. 1)

22 ▷ *sisisi tacu ... (...) isses:* Das angedeutete Sprichwort »Si tacuisses, philosophus mansisses« (Hättest du geschwiegen, hättest du weiterhin als Philosoph gegolten), findet sich in seiner Urform bei Boethius, *de consolatione philosophiae* 2,17: »Intellexeram, si tacuisses« (Ich hätte es eingesehen, hättest du geschwiegen).

23 ▷ *Josefiner:* Nach dem Reformkaiser Josef II. besonders fortschrittlich gesinnte Menschen, hier abwertend.
▷ *eurythmisch:* Eurhythmie, von den Anthroposophen gepflegte Bewegungskunst und -therapie, bei der Laute, Wörter oder Gedichte, Vokal- und Instrumentalmusik in raumgreifende Ausdrucksbewegungen umgesetzt werden. Bei FHO etwa im Sinne übertriebener Gestik.

25 ▷ *salve venia:* Richtig salva venia, lat. mit Verlaub zu sagen.
▷ *Rotzkrankheit:* Infektionskrankheit der Einhufer.
▷ *der große Sportsmann Graf Sandor:* Moritz Graf Sándor (* 23. Mai 1805 Nyitrabajna/Slowakei, † 23. Februar 1878 Wien), Pferdezüchter und Großgrundbesitzer, Schwiegersohn Metternichs, leistete Außerordentliches als Pferdezüchter und im Reitsport, weshalb er im Wiener Volksmund der »Stallmeister des Teufels« genannt wurde.
▷ *Zu der derfst »Sie« sagen:* sgZ: Zscherscht is eana an Noggler auskemmen und hod greart und jetzt dös ...
PRÄSIDENT Pischt! Suchts den Wimmerer und verschaichts den, wo so lötz und abscheilich wimmert ... Nothdurfter!
8 Der söll isch wieder amol nit da.
Einige Herren drängen, sich behindernd, an der Türe herein und rufen mehrstimmig Nothdurfter! Januarius Nothdurfter!
NOTHDURFTER Do bin i. I han nur auf die Wirschteln gwortet. Glei wern s' kimmen.
ZWEI HERREN *eurythmisch, auch ins Publikum* Er hat nur auf die Wirschteln gwartet, hoschperle, auwedel ...
GSCHNOFERER Uns interessieren daine Wirschtl nit! Such den, wos so wimmern tiat.
NOTHDURFTER Do – do isch er. Hintern Ofen einigeschloffen, mit 'n Kopf.
PRÄSIDENT I bin dafier, daß der Malefiz-Ofen o-trogn wird! Alle krallns da ini! San es oanez dös – Gelöhrte. Mecht i wissen.
9 Hoschperle – jetzt han i a Wirschtel zerdrettn.
VIELE HERREN Wer isch denn? Wer isch denn?
NOTHDURFTER Der Doktor Welponer Aloysius.
9 *erklärend halblaut* Der wos es Buech ieber die gschbönstischen Schwammerln gschriem hod, wo im Daifel aus der Taschn gfalln sain, wie er von Viums auf Afers gangen is, oaner nachm andern.
3, 6, 7 ... oaner ... nachm ... ondern. *Schaudern, so daß ihnen die Hosen flattern.*
11 Jo, i han's glesen! und der Daifl – aigentleach sagt man »Bettel« – isch als gsölchter Ratzenhändler verklaidet gwesn ...

2 Red nit so daher! Wer kauft denn so was? Domols hot's do no gor kaine Hotels nit
gebn ... und kian Tourischtenproviant. Wail noch kiane so unnütze Zoch umanand
war, wo auf die Wänd hin- und hergschloffen sain und koane Brodeschdanten, wo
mit rote Biecheln umagehn. Segts es! Wör hätt eam denn dös a-kaaft.
PATER DAMIAN *ballt die Faust und sträubt den Bart. Dann spricht er finster* Josefiner ...
5 *zu 8* Jo, jo. Er ischt ain Fraigaist. Each seh ihn bloß alli Samstag Beicht gehn in der
Kapuzinerkirchen.
8 *zu 5* Alles, wos reacht ischt. Aber, gar so unglaibig. Naa, naa. Und dös laignet er aa,
doß der Bettel in Kendl im Gaschthaus »Zu die drei luschtigen Gams« bei der Kassa
die glühende Hand ainibrennt hat, weil s' eam beschissen haben wie die /Infative/
warn.
5 *vorsichtig* Bscht, bscht. (13.696, f. 8v)

26 ▷ *Preinössl:* Gasthof »Zum Breinößl«, Mariatheresienstraße 12, Innsbruck.
  ▷ *Thun-Welsberg:* Lehmanns *Adreßverzeichnis* 1917 führt den Tiroler Landmann und
    Großgrundbesitzer Amadee Graf Thun-Hohenstein-Welsperg.
  ▷ *Schwegeln:* Schwegelpfeifen, hölzerne Querflöten, standen bis zur Einführung der
    Blechblasinstrumente zu Anfang des 19. Jahrhunderts als Militärmusikinstrumente in
    der österreichischen Armee in Gebrauch; in den Schützenverbänden Tirols wurden sie,
    zusammen mit der Trommel, bis ins 20. Jahrhundert verwendet.

27 ▷ *Ernst Gideon von Laudon:* Gideon Ernst Freiherr von Laudon (Loudon) (* 13. Februar
    1717? Tootzen, † 14. Juli 1790 Neutitschein), österreichischer Feldmarschall (seit
    1779). – Trat 1732 in russische, 1742 in österreichische Dienste und trug zu den
    österreichischen Siegen im Siebenjährigen Krieg bei. Im Krieg gegen die Türken 1787–
    92 war er Oberbefehlshaber der österreichischen Truppen.
  ▷ *Eusebius Liechtenstein:* Wurzbachs *Biographisches Lexikon des Kaiserthums
    Oesterreichs* führt als einzigen Eusebius Karl Eusebius Liechtenstein (* 12. September
    1611, † 5. April 1684) an, der für seine Verdienste unter den Kaisern Ferdinand II. und
    Ferdinand III. in den Reichsfürstenstand erhoben wurde. Im Nahverhältnis zu Karl VI.
    und Maria Theresia stand allerdings Fürst Joseph Wenzel Laurenz Liechtenstein (* 10.
    August 1696, † 10. Februar 1722).

28 ▷ *Tobackh-trafficc:* Österr. Tabaktrafik, Verschleißstelle für Tabakwaren.

29 ▷ *Bathyllos:* Galt als Liebling des Dichters Anakreon (6. vorchr. Jh.); häufig auch als
    Name für schöne Knaben in der Schäferlyrik.
  ▷ *Ganymed:* Der außerordentlich schöne Sohn des Königs Tros wurde (nach späteren
    Varianten der Sage von Zeus in Gestalt eines Adlers) entführt und zum Mundschenk
    an der Göttertafel gemacht. Vgl. Ovid, *Metamorphosen* 10, 155 ff.: dazu auch *S. W.*,
    Band IV, S. 165 und Anm. dazu.
  ▷ *Enygma:* Zu griech. ainigma, Rätsel.
  ▷ *Stahl von Toledo:* Die in Toledo produzierten Degenklingen hatten aufgrund ihrer
    Elastizität seit dem ausgehenden 11. Jahrhundert weltweit besonderen Ruf.

30 ▷ *Im Salonwagen:* Ser. nov. 13.607, f. 2 findet sich ein Hinweis auf die *Bibliothek der
    Unterhaltung und des Wissens* 1906, VIII. Band, der auf S. 93 ff. eine Humoreske von
    Otto Höcker, *Die Frau auf Borg*, enthält.

282

Die handschriftliche Fassung Ser. nov. 13.607 variiert zu der vom Autor ausgeführten maschinschriftlichen Fassung 13.608 und 13.609 (zwei Durchschläge) unwesentlich. *TV:* Frau auf Borg (13.608, f. 1), Die Frau auf Pump (13.607, f. 1).

▷ *Barrington:* NV: Waltham (13.607, f. 1)
▷ *Wilcox:* NV: Snyder (13.607, f. 1)
▷ *schüttelt gleichfalls den Kopf:* sgZ: Snyder bittet Lucy zu warten. Tritt zum Kassier: »Lesen Sie, Hopkins!« (13.607, f. 2v) – Der leichte Bruch zur edierten Endfassung vor »Dieser liest laut:« (S. 30), wäre damit einerseits gekittet, eine dritte lesende und staunende Person allerdings doch zuviel an Dramaturgie.

32 ▷ *Barnum & Bailey:* 1871 gegründeter amerikanischer Zirkus.

39 ▷ *acht überlange, farblose Töchter:* FHO nennt in einem Personenverzeichnis sieben Namen: Sara, Rebecca, Ruth, Ester, Abigail, Lea, Hannah (13.607, f. 1v).

FHO interessierte sich sehr für den Film und seine Möglichkeiten, war doch der Betrag von 3000 Lire für das Film-Manuskript *Garibaldi, der Held zweier Welten*, bezahlt von Mercator-Film A.G., Berlin, der einzige kommerzielle Erfolg in seinem schriftstellerischen Bemühen. (Reinisch, *FHO-Chronologie*, 7. 1. 1924) Leider ist von diesem Film-manuskript aus dem Jahre 1924 nur ein unvollständiger, wenig aussagekräftiger Entwurf in XXV/1, Fasz. 12 enthalten.

FHOs Entwürfe für Filmdrehbücher stehen allerdings so sehr im Geist der Zeit, daß sich die vorliegende Ausgabe auf die Wiedergabe eines einzigen Filmexposés beschränkt. Über die restlichen soll hier allerdings kurz referiert werden:

Ser. nov. 13.616 enthält in Fasz. 20, f. 1-10 (mit Vorarbeiten in f. 11-26) das handschriftliche Filmexposé *Erna Sack*. FHO sah für den Film die Schauspielerin und Sängerin Erna Sack, Theo Lingen, Hans Moser und Adele Sandrock namentlich vor, eine Besetzung, die bereits wesentlich den Inhalt des Filmes bestimmt:

Der berühmte Impresario Flitschek (Theo Lingen) ist äußerst nervös. Die Diva seiner Opernstagione Rosalia Chlapézóvà hat unter einem fadenscheinigen Vorwand die Teilnahme an einer Tournee nach Bukarest kurzfristig abgesagt. Er braucht dringend Ersatz. Des weiteren verärgert ihn, daß der Ersatz für die kürzlich entlassene Sekretärin noch nicht da ist. Doch da geht die Tür auf. Das anspruchslose Auftreten der jungen Dame Ernanina Sachettini (Erna Sack) verleitet ihn zu der Annahme, die neue Sekretärin vor sich zu haben. Da er sie nicht zu Wort kommen läßt, kann die Ersatzdiva den Irrtum nicht richtigstellen. Als nun die blendend schöne neue Sekretärin Hansi Schnaxelberger ebenfalls erscheint und ebenfalls nicht zu Wort kommen kann, einigen sich die beiden Damen auf Initiative der Diva, die Verwechslungskomödie weiterzuspielen.

Die Reise kann beginnen. Die falsche Sekretärin ordert die Koffer und Kostümkisten an ein falsches Ziel, Flitschek und die falsche Diva steigen in den falschen Zug. Erst als der Zug anfährt, bemerkt Flitschek seinen Irrtum und will die Notbremse ziehen. Er zieht aber statt dieser an einem Kofferhenkel, und das Gepäck fällt ihm auf den Kopf.

Entnervt steigt man an der nächsten Bahnstation aus. Im Gasthaus »Zur Eisenbahn« hinter dem Bahnhof des kleinen Dorfes befindet sich ein vornehmes Liebespaar: just jene Rosalia Chlapézóvà, die wegen »Unpäßlichkeit« abgesagt hatte, samt einem »charakteristischen Bobby«. Das Paar versteckt sich, Chlapézóvà wütend, weil für sie bereits Ersatz gefunden wurde. Flitschek ist außer sich, weil es erst abends einen Zug nach Wien gibt. Im Heuwagen (einer Variante zufolge in einem alten zerfallenden Auto) geht es zurück nach Wien. Endlich sitzt man im richtigen Zug nach Bukarest, nachdem der Gepäcksmeister der Ostbahn (Hans Moser) – ein großer Opernfreund – gerade noch verhindern konnte, daß das Gepäck irrtümlich nach Budapest statt nach Bukarest verladen wird.

Ernanina Sachettini in der Sekretärinnenrolle wird von Flitschek äußerst schlecht behandelt, lernt aber im Zug einen jungen Mann kennen, mit dem sie flirtet. Mit der verstörten Hansi Schnaxelberger heckt sie einen Plan aus, wie sie Flitschek ärgern kann. In Bukarest tritt in der letzten Sekunde die »Sekretärin« auf die Bühne, was bei Flitschek eine entsprechende Nervenkrise auslöst. Der rauschende Erfolg versöhnt ihn. Alles löst sich in Wohlgefallen auf, nur der junge Mann, mit dem sich nun die richtige Diva nach der Vorstellung heimlich in einem Restaurant trifft, ist enttäuscht. Er wollte ein kleines bescheidenes Mädel, nicht die berühmte Sachettini, die der Kunst gehöre.

Ebenfalls völlig im Stil der Zeit, allerdings dem Genre Abenteuerfilm zuzuordnen, ist das handschriftliche Skript *Die Götteraugen von Seringham* (XXII/8). Der Schauplatz dieser handlungsstarken Geschichte ist Indien, wo Franzosen und Briten Krieg führen. Zwei französische Soldaten entwenden zwei kostbare Diamanten, die Augen des Gottes Wishnu aus der heiligen Tempelhalle von Seringham. Nach der Rückkehr der beiden Schurken nach Frankreich bringen die Steine, über denen ein geheimnisvoller Fluch liegt, Unglück und Tod über die unrechtmäßigen Besitzer. Wie eine Liebesgeschichte ihr positives Ende findet, so kehren auch die Diamanten auf seltsame Weise wieder nach Indien zurück.

Völlig untschiedlich zu den eben beschriebenen Filmen nimmt sich der als *Schweizer Film* (XXIV/21) bezeichnete Ballettfilm aus. Zu den tanzenden, sich transformierenden Figuren eines Schachbrettes (die Springer entwickeln sich etwa zu Zentauren, die Türme kurzfristig zu Musikpavillons) gesellt sich Figureninventar aus den Balletten *Der Zaubergarten* oder *Die Fahrt ins Traumland* (S. W., Band IV) – stolpernde Professoren, Bauern, Kinder. Zentrales, über der Bühne schwebendes Symbol ist das Mercury-Zeichen.

Die Verwendung einer sonst bei FHO nicht üblichen Schreibmaschinentype und die Tatsache, daß der Name des Autors auf dem Typoskriptdurchschlag nicht aufscheint, sind die einzigen Einwände gegen eine Autorenschaft FHOs am Film-Manuskript *Der Unbekannte von Collegno*. Die handschriftlichen Korrekturen sind so minimal, daß sie leider nicht eindeutig als von der Hand des Autors stammend zu bestimmen sind, für die Autorenschaft FHOs sprechen, abgesehen davon, daß der Text seinem Inhalt und Stil nach sehr wohl von FHO stammen könnte, die schlechte, für FHO charakteristische Maschinenschrift (unregelmäßiger Zeilenabstand, unregelmäßiger rechter Rand, Spatium vor Interpunktion etc.) und die Provenienz aus dem Nachlaß des Grazer Verlegers Philipp Schmidt-Dengler samt entsprechender Bezeichnung.

Im Kriegsjahr 1915 wird auch der Universitätsprofessor Canella einberufen, der sich von seiner Frau nur schwer trennt. Als Hauptmann wird er als vermißt, dann als tot gemeldet. Seine Gattin hält ihm über den Tod hinaus die Treue. Als lange nach dem Krieg ein herabgekommener Mann auf dem Friedhof eine Graburne stiehlt, festgenommen wird und über seine Identität keine Auskunft geben kann, wird er in die Landesirrenanstalt von Collegno eingewiesen, wo die Ärzte einen Gedächtnisschwund feststellen. In Hypnosesitzungen versucht man, auf Spuren seiner Vergangenheit zu stoßen. Als die Zeitungen das Bild des rätselhaften Unbekannten veröffentlichen,

284

erkennt ihn nicht nur die Familie, die ihn sofort aus der Krankenanstalt nach Hause holt. Ohne seine Identität wiedererlangt zu haben, lebt er scheinbar ein geordnetes Leben, bis er eines Tages verhaftet wird. Als Mann ohne Gedächtnis hatte er unter dem Namen Mario Bruneri das Leben eines Verbrechers geführt, den der Richter verurteilt. Die beiden Frauen seiner unterschiedlichen Leben machen sich auf die Suche nach einem anderen Mann, dem verbrecherischen Unbekannten, um den Mann ohne Gedächtnis als Professor Canella freizubekommen.

42 ▷ *Der Haufen Acerbus:* Aufschluß zum vorliegenden Text bietet vielleicht folgende Passage aus *Ergo sum* von O. A. H. Schmitz, die die Gesprächsatmosphäre des Winters 1920/21 charakterisiert, als es anläßlich eines längeren Genesungsaufenthaltes von Schmitz in Meran zu einer intensiven Begegnung der beiden Freunde FHO und Schmitz (siehe Anm. *Oskar A. H. Schmitz,* unten) kam: »Fritz war überzeugt, daß alle Dinge etwas ganz anderes bedeuten, als es den Anschein hat, und daß einige Auserwählte, zu denen er Alfred Kubin und freundlicherweise auch mich rechnete, ihre besonderen Schlüssel zu diesen Geheimnissen besaßen. Meran war natürlich nicht der Kurort Meran –, so mochte es Leipziger oder Brünner Spießern erscheinen –, Meran, das lag doch auf der Hand, war ein Teil von Tibet. Hatte es nicht im Rücken seinen kleinen Alpenhimalaja, zu Füßen die heiße indisch-lombardische Ebene? Liefen hier nicht Eingeweihte aller Grade herum? War es vielleicht ein Zufall, daß ich z. B., der verkappte Mahatma, schließlich hierher hatte kommen müssen? Sah man nicht auf Schritt und Tritt Mönche niederen Ranges eine groteske Heiligkeit zur Schau stellen? In der Tat gab es eine ganze Reihe angeblicher Christusinkarnationen mit langem, kanariengelbem Haar und wallenden Gewändern. Einer baute symbolisch an Deutschlands Zukunft, indem er in seinem Garten täglich Stein auf Stein zu einer Mauer fügte. Höher zu achten war ein echter Taoist, im Leben des trügerischen Scheines Postoffizial, was in uns die Erwägung anregte, warum so oft Postbeamte okkulte Neigungen haben, dagegen nie Bahnbeamte, und städtische (!) Gas- oder Wasserbeamte schon gar nicht. Fritz fand die Antwort. Ich muß sie aber verschweigen, da ihre Kenntnis für die Postbeamten schädlich werden könnte.« (O. A. H. Schmitz, *Ergo sum.* Jahre des Reifens, München 1927, S. 297 f.) Wie stets bei FHO wirkte eine derartige Begegnung über Jahre, und unter den Skizzen zu diesem Text findet sich auch eine Datierung aus dem Jahre 1930; die Beschreibung der Szenerie Salzburgs als Festspielstadt stammt ziemlich sicher frühestens aus der zweiten Hälfte der zwanziger Jahre, da FHO 1926 erstmals die Festspiele besuchte. (Vgl. dazu *S. W.,* Band VII, S. 244, und Band VIII, S. 425, Anm. *In Salzb.*)
Anläßlich Schmitz' Tod schrieb FHO am 27. Dezember 1931 an Kubin:
»Um Oskar ist es uns sehr leid. Was für ein Geist! Der hat auch tief in die Dinge hinein ›geschmeckt‹. –
Jetzt bitte ich Dich um einen Rat. Vor 3 od. 4 Jahren legte ich Oskar die Skizze einer kl. Novelle vor, die sein tiefstes geheimes Sein paraphrasierte. Er wollte sie erst veröffentlicht sehen, wenn der Zyklus seiner Entw. Romane abgeschlossen sei! Sie heißt: ›Wie der Essaist OAH Schmitz die 3te Schauung Buddhas mitmachte‹.
Inhalt: O.A.H. bekommt d. Besuch eines Mahatmas ›Er soll sich was wünschen‹. OAH gärt! Was nur? dichterer Trambahnverkehr am Platzl? – oder: daß in Salzb. die Crémetorten nicht immer mit dem Zwiebelmesser geschnitten werden? oder: nicht kratzende Hosenstoffe? – da: die 3te Schauung Buddhas, Mahatma nickt. ›Großer Wunsch‹. Er sei gewährt! aber Du mußt alles Irdische von Dir werfen! mehr: mußt

Fassadenkletterer werden! mehr: mußt die Fahrt zum Venusberg machen – ein moderner Tannhäuser sein!
Oskar willigt ein und wird zum – Käfer. Nach furchtbaren Abenteuern wird er samt einem Misthaufen, der ob seiner Erniedrigung zum Herrn fleht u erhört wird, von 7 Erzvätern vor den Thron Gottes gekehrt. Azerbus – der Haufen – soll sich was wünschen: und Azerb begehrt – aufs Kapitol gekehrt zu werden. Zuerst stutzt der Herr. Dann läßt er sich die Photos des modernisierten Kapitols vorlegen und da schwinden seine Bedenken sofort. Azerb ruht jetzt am Kapitol neben anderem architektonischem Dreck, und O.A.H. hat die große Schauung Gottes bei lebendem Leib ›mitgemacht‹. Er wird wieder Mensch, erzählt es mir (aber: ich dürfe ja dem Landeshauptmann Rehrl nie was davon mitteilen).« (*S. W.*, Band VII, S. 263 f.) – Kubin antwortete: » – In memoriam Oscar A. H. Schmitz finde ich *köstlich* von A-Z. Ich rate Dir *baldigst* an die Zeitschrift ›*deutsches Volkstum*‹ Redaktion *Hamburg 34 Holstenwall 4* zu senden – im Begleitschreiben erwähne daß ich Dir dazu geraten habe und Du mit mir und dem eben + O. A. H. Sch. durch lange Jahre befreundet warst. Wenn Du es unterbringst, erbitte ich natürlich von Dir für mich 1 Exemplar des Heftes.« (*S. W.*, Band VII, S. 265)

Das handschriftliche Konvolut XXIV/1, Fasz. 1 enthält sowohl Material zum *Acerbus* als auch zum *Chinesius* in unterschiedlicher Abfolge. Darüber hinaus finden sich zahlreiche Entwürfe zu diesem Fragment im gesamten Textbestand verstreut.

TV: Wie der Essaist OAH Schmitz die 3te Schauung Buddhas mitmachte (Brief an Alfred Kubin vom 27. Dezember 1931, *S. W.*, Band VII, S. 263).

D: 3. Dezember 1922 (XXV/6, Fasz. 7, f. 1). Der Entstehungsprozeß dieses Fragments zog sich über mindestens acht Jahre. Denn abgesehen von einer mit 1930 datierten Skizze weist auch ein Brief FHOs an Alfred Kubin vom 5. August 1930 auf eine Beschäftigung mit dem Text zu diesem Zeitpunkt: »Ich schreibe eben eine gespenstische Geschichte über O.A.H. die Du gegebenenfalls illustrieren solltest. Eine ulkige Sachen, von der er Kenntnis hat die ich aber erst ab 1930 veröffentlichen darf. (Wohl aus Gründen seiner Biographie.)« (*S. W.*, Band VII, S. 259)

▷ *dritte Schauung Buddhas:* Im Rahmen komplizierter und sich in der Überlieferung überschneidender Versenkungsstufen gibt es in der buddhistischen Lehre eine vierteilige Reihe, die innerhalb eines dreiteiligen Schemas (Region der sinnlichen Begierde – Region der Form – Region der Formlosigkeit) zum Tragen kommt. In der »Region der Formlosigkeit« wird versucht, auf meditativem Wege die empirische Welt zu übersteigen. Die dritte Versenkungsstufe in dieser Bewußtseinsregion ist der »Bereich des Nichts«, dem als vierte und letzte Entäußerungsform nur noch »der Bereich jenseits von Bewußt und Unbewußt« folgt. Auf diese dritte Versenkungsstufe spielt FHO vielleicht an. (Vgl. Ulrich Schneider, *Einführung in den Buddhismus*, Darmstadt 2. Aufl. 1987, S. 90 ff.)

▷ *Oskar A. H. Schmitz:* Oscar A. H. Schmitz (* 16. April 1873 Bad Homburg, † 17. Dezember 1931 Frankfurt a. M.), Lyriker, Dramatiker, Erzähler und Essayist, war der Bruder Hedwig Kubins und wirkte maßgeblich auf den jungen Alfred Kubin. FHO lernte Schmitz im Jahre 1907 kennen (Reinisch, *FHO-Chronologie*, 7. Fassung). Die Freundschaft hielt bis zu Schmitz' Tod. Nicht nur literarisch verewigte FHO diesen Freund, der das Vorwort zum *Gaulschreck im Rosennetz* verfaßte; es sind auch Illustrationsentwürfe FHOs zu Schmitz' *Wie Pannychis, die Hetäre, in den Himmel kam. Ein burlesker Akt* erhalten. Die Wertschätzung war gegenseitig: »In Meran lebte mit seiner hübschen geistreichen Frau Carmen ein alter Wiener Freund, der Architekt

286

und Kunstsammler Fritz von Herzmanovsky, wohl neben Wolfskehl das größte Original, dem ich begegnet bin.« (O. A. H. Schmitz, *Ergo sum*, S. 296)
▷ *Generalihofe:* Ein 1892 von der Salzburger Sparkasse errichtetes, im Gründerstil gehaltenes Wohn- und Geschäftshaus, das den Namen »Generalihof« erhielt, da es in den Besitz der Versicherungsanstalt »Assicurazioni Generali« übergegangen war. (Vgl. *Salzburger Nachrichten* vom 4. 8. 1947)
▷ *Danonax (101-172 p. Chr.):* Nicht ermittelbar. Wahrscheinlich Fiktion FHOs.

43 ▷ *Ubikation:* Lokalität, Irgendwosein. (Vgl. J. Ch. Heyse, *Fremdwörterbuch*, bearb. v. Carl Böttcher. Leipzig 1908).

44 ▷ *Maintenon:* Françoise d'Aubigné, Marquise de M. (1635–1719), Geliebte und (1684 heimlich geheiratete) zweite Gemahlin Ludwigs XIV.
▷ *»Printemps«:* Berühmtes Pariser Warenhaus, gegründet 1865.
▷ *Chapel:* Gemeint ist wahrscheinlich der französische Mathematiker Abbé de la Chapelle (1710–1792), der königlicher Zensor und Mitglied mehrerer gelehrter Gesellschaften in Rouen und Lyon war. Chapelle verfaßte ein beliebtes Lehrbuch der Geometrie, die »Institutions de géométrie« (1746); 1750 erschien »Traité des sections coniques et autres courbes anciennes« (1791 in deutscher Übersetzung). Chapelle hat sich intensiv mit dem geometrischen Aufbau der Bienenzellen befaßt. Vgl. Moritz Cantor, *Vorlesungen über Geschichte der Mathematik*, 3. Band (1668-1759), Leipzig 1894, S. 511.
▷ *Angelus:* Angelusläuten, Glockenläuten zum abendlichen Dankgebet für die Menschwerdung Christi.
▷ *Reinhardt:* Max Reinhardt (* 9. September 1873 Baden bei Wien, † 30. Oktober 1943 New York), österreichischer Schauspieler und wohl bekanntester Regisseur der zwanziger und dreißiger Jahre im deutschsprachigen Raum. FHO bemühte sich immer wieder um seine Aufmerksamkeit.
▷ *Tilly L.:* Tilly Losch, eigentlich Ottilie Ethel L., österreichische Tänzerin und Malerin (* 15. November 1904 Wien, † 24. Dezember 1975 New York). Begann ihre Karriere 1918 im Ballett der Wiener Hofoper. 1925 tanzte sie bei den Salzburger Festspielen in der Ballett-Pantomime Hugo von Hofmannsthals *Die grüne Flöte*, 1927 von Max Reinhardt als Erste Fee im *Sommernachtstraum* in Salzburg verpflichtet. Über die Beziehung FHOs zur – von ihm auch literarisierten – Tänzerin vgl. *S. W.*, Band VII, S. 446 f., Anm. *Tilly Losch*, und Band VIII, S. 409 f., Anm. *Losch! (Amerika)*.
▷ *Graf Keyserling:* Hermann Graf Keyserling (* 20. Juli 1880 Könno/Livland, † 26. April 1946 Innsbruck), deutscher Philosoph, gründete 1920 in Darmstadt die »Schule der Weisheit«, in der er den Gegensatz zwischen Rationalismus und Irrationalismus zu überwinden suchte. Ziel war Erneuerung durch eine »neue Synthese von Geist und Seele«. Sowohl FHO als auch Schmitz hatten sich mit der Idee beschäftigt. (Vgl. *S. W.*, Band VII, S. 225 und S. 421, Anm. *Darmstädter Absichten*)

45 ▷ *Herr von Bahr:* Der Schriftsteller Hermann Bahr (1863–1934), im übrigen ein Verehrer von FHOs Vater (vgl. Brief von A. H. Schmitz an FHO vom 23. Jänner 1918, *S. W.*, Band VIII, S. 207) ging im Herbst 1906 als Regisseur zu Max Reinhardt ans »Deutsche Theater«. Der Zusammenarbeit zugrunde lag der Plan eines 5-Städte-Theaters (Berlin, Wien, München, Salzburg und Hamburg), wobei die Bühnendimensionen überall gleich sein sollten, so daß das gleiche Ensemble mit den gleichen

287

Dekorationen unschwer überall ausgetauscht werden könnte. Bahr sollte der »Reise-direktor« werden, und Otto Wagner, Alfred Roller, Kolo Moser sollten als Bühnen-architekten und Bühnenbildner mitarbeiten. Inmitten dieser Korrespondenzen ent-standen Bahrs erste Vorschläge für die Salzburger Festspiele, zwölf Jahre vor deren Beginn. Er übersiedelte 1912 nach Salzburg, kehrte 1918 für wenige Monate nach Wien zurück, um sich schließlich endgültig in Salzburg niederzulassen. Mit zunehmen-dem Alter kam es zu einer verstärkten Hinwendung zum Katholizismus.

▷ *Mahatma:* Indischer Ehrentitel für einen geistig hochstehenden Menschen, sanskrit mahatman, »große Seele«.

▷ *1672 verstorbenen Graf Racocky:* Der siebenbürgische Fürst Franz I. Rákóczi (* 24. Februar 1645) starb am 8. Juli 1676.

▷ *Désidèr Antal (...) ad eadem isze:* Könnte mit »Desiderius Anton Aladar Graf von Racocky de Rakisfalca und Kalamancsa von Ebendort und Dingsda« wiedergegeben werden. (Vgl. *S. W.*, Band IV, S. 30, und S. 221, Anm. *Tivader de Nagy es Kisch Kalamantscha de Eadem es Isze.*)

▷ *Zeileis:* Michael Valentin Zeileis (* 7. Oktober 1873 Wachenroith/Bayern, † 15. Juli 1939 Gallspach), umstrittener Heilmagnetiseur, da er neben Homöopathie und verschiedenen Naturheilmethoden auch okkulte Medizin anwandte, behandelte O. A. H. Schmitz. (Schmitz, *Ergo Sum*, S. 293; siehe auch *S. W.*, Band VIII, S. 490, Anm. *dem Magier Zeileis.*)

46 ▷ *virtuellen:* Scheinbaren, materiell nicht existenten.

▷ *Effluoreszenz:* Wortspiel aus Exzellenz und Fluoreszenz, evoziert Assoziationen zu Effloreszenz, krankhaften Hautveränderungen, bzw. Ausblühen von Mineralen.

▷ *Tannhäuser:* Nach der Sage aus dem 14. Jahrhundert wird der Ritter Tannhäuser von Frau Venus in ihren Zauberberg gelockt. Von seinem Gewissen geplagt, pilgert er nach Rom, wo ihm der Papst Urban IV. jedoch keine Vergebung gewährt. Das Zeichen göttlicher Verzeihung kommt zu spät: Als das Wunder vom grünenden Wanderstab eintritt, ist der verzweifelte Tannhäuser bereits wieder in den Venusberg zurück-gekehrt.

▷ *Wolfskehl (...) Rehrl:* Der Lyriker und Essayist Karl Wolfskehl (* 17. September 1869 Darmstadt, † 30. Juni 1948 Bayswater-Auckland/Neuseeland), der Philosoph Her-mann Graf Keyserling (* 20. Juli 1880 Könno/Estland, † 26. April 1946 Innsbruck), der Dirigent und Komponist Dr. Bernhard Paumgartner (* 14. November 1887 Wien, † 27. Juli 1971 Salzburg), der Sammler Anton Maximilian Pachinger (* 22. November 1864 Linz, † 30. November 1938 Wien) und der Salzburger Landeshauptmann und Förderer der Salzburger Festspiele Franz Rehrl (* 4. Dezember 1890 Salzburg, † 23. Jänner 1947 Salzburg) gehörten sowohl zum Freundes- und Bekanntenkreis O.A.H. Schmitz' als auch FHOs.

47 ▷ *Dagny Servaes:* Tochter des Schriftstellers Franz Servaes, Schauspielerin, wurde von Max Reinhardt zur Eröffnung der Redoutensäle Wien und ins Theater in der Josefstadt sowie nach Berlin ans »Deutsche Theater« berufen; 1954 Verpflichtung ans Wiener Burgtheater.

▷ *Lehmann:* Lotte Lehmann, deutsche Sopranistin (* 27. Februar 1888 Perleberg, † 26. August 1976 Santa Barbara/Kalifornien), gefeierte Sängerin der Wiener Hof- bzw. Staatsoper (1914–33), wirkte 1916 in der Hosenrolle des jungen Komponisten bei der Uraufführung von Strauss' »Ariadne auf Naxos« mit und entwickelte sich in der Folge

288

zur idealen Strauss-Interpretin. 1928–35 regelmäßige Auftritte bei den Salzburger
Festspielen.
▷ *Dr. Richard Strauss:* FHO hatte großes Interesse, den Komponisten Richard Strauss zu
einer Vertonung der *Krone von Byzanz* zu bewegen. (Vgl. *S. W.*, Band V, S. 364)

48 ▷ *Gnigl:* Vorort von Salzburg, am Fuß des Gaisbergs.
▷ *Howni/wal/:* Vermutlich soll tschech. hovno, Scheiße, assoziiert werden.
▷ *Narodny Listy:* Národí Listy (National-Zeitung), herausgegeben von Julius Grégr,
Prag 1861–1915.
▷ *Über Acerbum wäre viel zu sagen:* Die unzähligen Entwürfe zu diesem Lieblingskind
FHOscher Phantasie sollen hier nur in Auswahl wiedergegeben werden:
E: Die Nacht traf den ewig Bepißten in Grübeleien versunken. O, das Bepissen! das und
die Hühner waren sein Schrecken. Hätte er Arme gehabt – wir müssen sie uns
verschränkt denken – eine Stirne: gerunzelt – Brauen: verfinstert – Zähne: knirschend.
Übrigens: Ein Gebiß hatte er einmal gehabt, das der alten Frau Groisbacher, aber der
Pinkeljude Chajim Schleiertanz hatte es Acerben geraubt und den Bedauernswerten
grausam durchwühlt, wie das schlimmste Bauchgrimmen. Also, mit den Zähnen
konnte er nicht knirschen. Aber mit der inneren Stimme rief er das Weltgericht an.
Dröhnend drang die Stimme dieses Misthaufens bis zum Ohr des Höchsten, des Herrn,
der trotz seiner Größe keiner Kreatur vergißt. Auch stank Acerben gen Himmel, das
merkten selbst Sterbliche. Die innere Stimme konnten nur Engel hören – die jüngsten,
die selbst vorher Mistbuben waren, Mistbuben des Paradieses. (XXIV/1, f. 12)
E: Sieben Kirchenväter kehren ihn zum Thron des Herrn. Dante liest dabei das 13.
Caput aus dem »Purgatorium«, die Engeln halten sich die Nasen zu, die schönen
Cherubine rafften die Kleider hoch und lorgnettieren mit den Diamantenlorgnons
verächtlich auf den staubigen Haufen. »Verachtet ihn nicht!« donnerte die Stimme des
Mahatmas. »Er ist ewig, wie Ihr ... Sprich Acerbus, du Bruder der Sterne, auch
Sonnenkind du – mit meinem Willen erzeugt, ein Sohn des Saturns und der nieder-
gewendeten Venus, des untreuen Mercurs.« Da kamen die Engel nieder und besahen
Acerb. Welch ein Wunder. Was man alles sieht, die Trümmer einer Dantebüste, da der
bauchige Umbach – dort Petrarcas Sonette, dort [Text bricht ab] (XXIV/1, f. 26f.)
De Meurthe, der Vetter Acerbs aus Paris, war Chauvinist, bestand hauptsächlich aus
alten Modejournalen, Kammerdebatten, weggeworfenen Gummiartikeln und war
gekrönt mit dem Ritterkreuz der Legion, das er offen zur Schau trug. (XXIV/1, f. 27)
E: Hownoskriab ist Garçon und spielt Preferance. Petit beurres ist er nicht wie sein
Freund Andrian. Doch plötzlich kam der Hut Klobouk angerollt. Er machte eine irre
Runde, dann einen kühnen Sprung und blieb auf dem indignierten Acerbus liegen. Die
Oreaden streckten die Windzungen heraus. Federwölkchen ließen sich sehen und
reizende Windhöschen, sie, die frivol den Mädchen die Röcke bisweilen lüften.

Pribičewsky, der Dämon des Schnupfens, hatte ausnahmsweise dienstfrei und ging ein
wenig spazieren. Da geschah es, daß er über den Haufen Acerbus stolperte, der wieder
wie gewöhnlich mitten im Wege lag, ein Verschulden des vergeßlichen Skrabal oder gar
Hownoskrabs. Weinerlich zuckte der oft getretene Acerb zusammen. Artig zog
Pribičewsky den tropfenden Hut und entschuldigte sich gebührend. Doch Acerbus
blieb in sich gekehrt und murrte, daß heute ein wahrer Unglückstag sei. Eine
Viertelstunde sei es her, daß ihn der heimtückische Bronzino benäßt habe, dann habe
ihm von den Oreaden geträumt, seinen Todfeindinnen. Nun – gerade die Oreaden, auf

die ließ Pribičewsky nichts kommen, denn die verschafften ihm reichlichen Lebensunterhalt, sie und die Najaden, besonders die unscheinbarsten, niederrangigsten, denen die Pfützen heilig waren! Oh warum, warum frage ich, haben die Menschen keine Janushäupter! hinten und vorn könnten sie niesen – ... dieses war Pribičewskys ewige Qual. (XXV/4, Fasz. 19, f. 1-1v)

▷ E: Hownirsch, ein Mann mit einem großen, wilden Schnurrbart, stach den Acerbus bisweilen um. Aber das geschah nur alle zwei Jahre. Acerbus war begreiflicherweise auf Hownirsch nicht gut zu sprechen, und man tat gut daran, den ominösen Namen nie in seiner Gegenwart auszusprechen. Auch sonst hatte Acerbus allerlei Feinde: Da waren die Hündlein Pimpinello und der treffliche Schmeckh, auch Bronzinos. (XXV/8, f. 56)

▷ *Die Vaterschaft (...) Scherflein bei:* sgZ: Seine Genesis ist überhaupt in dunklen Schleim gehüllt. (XXIV/1, Fasz. 1, f. 23v)

▷ *Umbach:* Vielleicht Anspielung auf den Landschaftsmaler Jonas Umbach (*um 1624 Augsburg, † 28. April 1693 ebenda).

▷ *Kropaček:* Im *Rout am Fliegenden Holländer* wird General Alfred von Kropatschek (* 30. Jänner 1838 Bielitz, † 2. Mai 1911 Lovrana) genannt; er galt als einer der bedeutendsten Waffentechniker und Artillerieorganisatoren der österreichisch-ungarischen Monarchie. (*S. W.*, Band II, S. 219 und S. 321, Anm. *Tegetthoff ... a, was red i denn?*) Im *Maskenspiel der Genien* bricht eine Excellenz Kropaček weibliche Herzen en gros. (*S. W.*, Band III, S. 90)

▷ *Chevelüre:* Franz. Haarwuchs.

▷ *Paderewski:* Ignacy Jan P. (1860–1941), polnischer Pianist, Komponist und Politiker, galt als einer der bedeutendsten Klaviervirtuosen seiner Zeit und verfügte tatsächlich über eine ansehnliche Chevelüre.

49 ▷ *das Bierchen Piwonka:* E: Das Bierchen Piwonka war von vorgestern abend stehen geblieben; niemand mochte es, da es schal und trüb vor sich herblickte. So ging es denn, um etwas Abwechslung zu haben, und der Sommerabend lind und schön war, ein wenig spazieren, tief in Gedanken versunken. (XXIV/1, f. 56)

▷ *Devez:* Zu tschech. děvče, Mädchen oder děvečka, Mägdlein.

50 ▷ *Humhal:* K. u. k. Hofschneider, königlicher rumänischer Hoflieferant, Wien I, Opernring 9. (*Lehmanns Allgemeiner Wohnungsanzeiger* 1913–36)

▷ *Dr. O.A.H. war todunglücklich (...):* E: Der Käfer O.A.H. wirkte in kleinen Klausnereien. Er hatte bereits die zweite Schauung Buddhas mitgemacht und ward bisweilen von Hämorrhoiden geplagt. Dann rutschte er grämlich bergab. Er schrieb graziöse Dramen auf Rosenblätter und liebte es, gleich Lukian die Hetären zu preisen. (XXIV/1, f. 26)

▷ *Österreichischen Hofes:* Bekannter Salzburger Gasthof.

▷ *Endlich fiel ihm ein, daß er an Rosen zu nippen habe:* Das Motiv stammt aus den *Metamorphosen* (besser bekannt als Eselsroman) des Apuleius (2. Jh. nach Chr.). Der durch eine fatale Verwechslung in einen Esel verwandelte Lucius erfährt, daß er nur Rosen zu kosten habe, um wieder zum Menschen zu werden (*Metamorphosen* 3,25,2); nach mancher Mühsal wird er durch einen Hinweis (11,62) in einem vollbesetzten Stadion, das den gelehrigen Esel sehen will, der Rosen gewahr und vor aller Augen in einen (nackten) Menschen verwandelt (13,1-6). Apuleius' Roman ist eine der Hauptquellen für unsere Kenntnis des Isis-Kultes in der griechischen und römischen Antike; in diesem sind die Rosen das Symbol für Auferstehung und Ewigkeit.

290

51 ▷ *Dankelmann:* Der historisch bedeutendste unter den sieben Brüdern Danckelmann war
der Freiherr Eberhard v. D. (* 23. November 1643 Lingen/Ems, † 31. März 1722
Berlin). Er war zunächst Erzieher, dann Vertrauter, seit 1688 Geheimer Staats- und
Kriegsrat des Kurfürsten Friedrich III. von Brandenburg. 1695 wurde er zum Premierminister ernannt. Auf seine Initiative gehen die Gründungen der Universität Halle
(1693) und der Akademie der Künste in Berlin (1694) zurück. Die rigide Wirtschafts-
politik D.s, bei der ihn seine sechs Brüder in hohen Stellungen unterstützten (»das
Siebengestirn«), entsprach seinem schroff absolutistischen Herrschaftsideal. 1697
wurde er auf Betreiben der Kurfürstin Sophie Charlotte gestürzt, die sich durch die
eigenwillige Familienpolitik des mächtigen D. in eigenen Plänen gestört sah; D. wurde
zehn Jahre lang in der Festung Spandau inhaftiert. Erst Friedrich Wilhelm I. von
Preußen rehabilitierte D., in dem er ein Vorbild seiner eigenen absolutistischen Politik
sah. (Vgl. Johannes Schultz, *Eberhard Danckelmann.* In: *Westfälische Lebensbilder IV*
[1933] sowie *Biographisches Wörterbuch zur deutschen Geschichte,* begründet v. Hell-
muth Rössler und Günther Franz, München ²1974, 1. Band, Stichwort *Danckelmann*)

▷ *Bachtischah aus Samarkand (...) Arbeit über Arbeit:* Ähnlich auch XXIV/1, f. 20.

▷ *Dalimil:* Dem ostböhmischen Kanoniker Dalimil wurde fälschlich die Dalimilchronik,
eine altschechische Reimchronik aus dem 14. Jahrhundert, zugeschrieben, die durch
nationaltendenziösen Charakter und eine bewußt staatsrechtliche Haltung gekennzeichnet ist. Sie beginnt nach Art mittelalterlicher Weltchroniken mit dem Turmbau zu
Babel und reicht bis zum Jahre 1310.

▷ *Hinkmar von Reims:* (* um 806, † 21. Dezember 882 Épernay), seit 845 Erzbischof von
Reims, kämpfte gegen die Abhängigkeit der fränkischen Kirche von den politischen
Machthabern und verteidigte die Suffraganbischöfe und den Papst. Einflußreicher
Ratgeber Karls des Kahlen, vermittelte zwischen diesem und Ludwig dem Deutschen
in der aquitanischen Frage.

▷ *in die Sielen zu legen:* Von mhd. sil, ahd. silo, Geschirrseil, Zugriemen der Zugtiere,
synonym für arbeiten.

▷ *Er arbeitete unermüdlich (...):* E: Er war der geschmacklosen Schrift entgegengetreten:
»Haben wir ein Anrecht auf die Erstellung musikalischer Gemeindestiere«, worin die
Forderung vertreten war, Generalmusiker müßten seitens der Staatsgewalt dazu
angehalten werden, keinerlei Ehe einzugehen, sondern etc. etc. Nichts, aber auch gar
nichts von seinen so wichtigen Büchern hatte er in sein neues Dasein mitnehmen können
– was er dem Mahatma nicht wenig verargte. Auch seine täglichen Spaziergänge mit
Herrn Bahr gingen ihm recht ab, und da es ihn gerade fröstelte, dachte er, wie
angenehm es sich in seinem Barte wohnen ließ. (XXIV/1, f. 53)

▷ *Pasch:* Die Schreibung ist eindeutig; als Lokalität festgestellt werden konnte allerdings nur eine Café-Konditorei Posch in Salzburg, Linzergasse 26. (Vgl. *Salzburger
Adreß-Buch* 1930)

▷ *ein Stündchen im Barte Hermann Bahrs zu:* Im Brief vom 27. Februar 1927 dankte
FHO Kubin für dessen Empfehlung des Autors gegenüber dem Almanach des Oberösterreichischen Künstlerbundes »März« und fügte hinzu: »Ich bin sehr stolz, neben Dir
erschienen zu sein – und wir alle wiederum horsten sozusagen im Vollbarte des
wackeren Bahr. Laotse vielleicht hätte über diese Wohnung nicht geschwärmt; dafür
war er auch ein Chineser. – « (*S. W.,* Band VII, S. 247)

▷ *»Tagebuchblatt«:* Gemeint ist das »Neue Wiener Journal«, das den Untertitel »Unpar-
teiisches Tagblatt« trug, herausgegeben in Wien 1893–1939 von Jacob Siegmund
Lippowitz.

▷ *aber immer aufs unartigste verscheucht worden:* E: Verscheuche daher – nie Käfer von Zeitungen! Du weißt nie, wer der Herr ist! Es gibt mehr beschäftigungslose Mahatmas, als du glaubst, und Oskar hat mir erst unlängst erzählt, daß er im Bahrschen Bart öfters ein Marienkäferchen getroffen, das scheinbar Notizen macht (wohl für ein katholisches Familienblatt), oder hatte er einmal die Literatur satt, dann spazierte er gemächlich am Haufen herum und entdeckte dort eines Tages zu seinem Vergnügen ein kleines Städtchen aus einer Spielzeugschachtel, wo er sich reizenden Träumereien einer Alfred-du-Musset-Stimmung hingeben konnte. Auf dem Heimweg wurde es ihm plötzlich ängstlich zumute. Das Städtchen! Ja – da waren gewiß Kinder am Werk – Kinder – diese merkurialen, allzu beweglichen Geschöpfe, noch nicht von der gütigen Natur zu nützlichem Zuchtobjekt polarisiert. (XXIV/1, f. 55)

52 ▷ *für das urdumme Schulwesen zahlen müssen:* sgZ: Na, das konnte ja schön werden! Und Schmitz hatte nicht zu düster gesehen. Denn eines Morgens erwachte er von einem abscheulichen Geräusch. Er stürzte zum Fenster seines Rindenhüttchens ... donnerte da nicht ein spiritusgeheizter Express vorbei! Daß doch den Stephenson ... ohne ihn wären diese scheußlichen Mikrophantome, dieses kleine lackierte Tohuwabohu nie entstanden! Und wie das Zeug nach verbranntem Email stank! (XXIV/1, f. 74)
▷ *Fix Laudon:* Siehe S. 281, Anm. *Ernst Gideon von Laudon.*
▷ *Pariserwurst:* Feine Frischwurst aus Kalbfleisch.
▷ *Slamečka:* Tschech. Slama, Stroh.
▷ *haben Sie nicht meinen Bruder Julius gesehen:* V: Meinen Bruder Julius haben, bitte, nicht gekannt? So einen Langen? Er hat eine Narbe überm linken Auge gehabt ... der hat denen Madeln gfallen ... ein fescher Bursch, ein fescher Bursch. – No freilich, wie hätten S' ihn denn auch kennen kennen? Hat ihn doch eine Taube gfressen ... Gwisse A. M. Korolewna. (XXIV/1, f. 8v)

53 ▷ *Limben:* Zu lat. limbus (Saum des Gewandes); mittellat. Vorhölle (engl., ital. limbo), nach der katholischen Lehre der jenseitige Aufenthaltsort jener Seelen, die weder im Himmel noch in der Hölle noch im Fegefeuer sind. Vgl. »limbus patrum« (Schoß Abrahams, Vorhölle), wo die Gerechten vor Christus ihrer Erlösung harren, oder »linbus infantium«, wo sich die ungetauften Kinder befinden. Zum Limbus bei Dante vgl. den Beginn des vierten Canto des Inferno.
▷ *Alfred wird's illustrieren:* Der Zeichner Alfred Kubin, Freund FHOs und O. A. H. Schmitz'.
▷ *Mikrotatokosmos:* Von mikrotatos, Superlativ von Mikro-, der allerkleinste Kosmos; FHO gebraucht den Terminus in einem Brief an Kubin vom 11. Dezember 1925 (*S. W.,* Band VII, S. 241).
▷ *Meyerbeer (...) Berlioz:* Giacomo Meyerbeer (1791–1864), erfolgreicher Opernkomponist, der sich besonders auf dem Gebiet der »Grand opera«, der großen Historienoper, hervortat (»Die Hugenotten«, »Die Afrikanerin«). – Charles Gounod (1818–1893), französischer Komponist (»Margarethe«). – Hector Berlioz (1803–1869), französischer Komponist und Schriftsteller, Schöpfer monumentaler Orchester- und Oratorienwerke.

54 ▷ *Protophallos – Schützling der schwarzen Venus:* Im *Greek-English Lexicon* von Liddell-Scott ist »Protophallos« nicht belegt; soll wohl die Bedeutung des »Urphallos« haben. Aphrodite erscheint ursprünglich in Vorderasien als dunkle (skotia)

Fruchtbarkeitsgöttin. Der Phalloskult, der sonst meist mit Dionysos in Verbindung gebracht wird, ist auch im Zusammenhang mit Aphroditeheiligtümern nachweisbar. (Vgl. M. P. Nilsson, *Geschichte der griechischen Religion*, München 1960, S. 525)

▷ *Aber der Mensch (...) einmal zum Affen:* Vgl. dazu »Zarathustra's Vorrede« aus Nietzsches *Also sprach Zarathustra*: »Der Mensch ist ein Seil, geknüpft zwischen Thier und Übermensch, – ein Seil über einem Abgrunde«. Zit. nach F. Nietzsche *Sämtliche Werke*. Hrsg. von G. Colli und M. Montinari, 4. Band, Berlin-New York 1980, S. 16.

55 ▷ *Juxfäkalie Marke »Zauberkönig«:* Die 1852 gegründete Firma »Zum Zauberkönig« befand sich in Wien I, Ertlgasse 4. (Lehmanns *Allgemeiner Wohnungs-Anzeiger* 1911)

▷ *Janos von Kapustaler:* Nicht ermittelbar.

▷ *Contrahage:* Feststellung eines Duells.

▷ *F. d. M.:* Foutre (oder foutu) de merde! Franz. Ausruf des Mißfallens.

▷ *mauvais sang:* Franz. böses Blut.

▷ *macadamisiert:* Macadam, nach dem schottischen Straßenbauingenieur J. L. McAdam (1756–1836), hohlraumreicher Straßenbelag, ursprünglich schichtweise gewalzte Schotterschichten, heute Beläge aus Asphaltmakadam und Teermakadam.

▷ *im Stile Alfred de Mussets:* Alfred de Musset (1810–1857), französischer Dichter der Romantik (Dramatiker, Lyriker, Prosaautor und Journalist). Herzmanovsky spielt hier auf jene melancholischen, von »ennui« und Weltschmerz bewegten Stimmungen Mussetscher Helden an (etwa in »Les nuits« und »Confessions d'un enfant du siècle«).

56 ▷ *Eine entsetzliche Eisenbahnkatastrophe (...) Dann ging das Dach auf:* V: Aber jetzt kam das Schlimmste – unser Käfer war von der furchtbaren Fahrt so verstört, daß er gelähmt liegen blieb. Ein Jubelschrei aus entmenschten Kehlen, eine zarte Hand packte ihn und stopfte ihn in einen der kleinen Pullmanwagen.
Der Train setzte sich im nächsten Moment drohend in Bewegung, und unser Käfer konnte bloß noch mit leiser Genugtuung bemerken, daß er wenigstens im Waggon I. Klasse – allerdings bar jeden Meublements – war. Auch zog es schändlich, und so was von rasender Fahrt hatte er noch nie erlebt. Bei den Kurven wirbelte Oskar so toll herum, daß er sich schließlich am Plafond anklammerte, was er seines Wissens selbst im überfüllten Zug noch niemals getan. Noch ein, zwei Kurven – dann kam das Verhängnis.
Der Expreß stürzte ab und kollerte in den Abgrund – die Maschine in Flammen gehüllt. Bei Oskars Pullman sprang das Dach auf – welch ein Glück.

▷ *Die Rangen entdeckten O.A.H.:* V: Diese Themen hatte sich Schmitz zur Bearbeitung vorgenommen.
Jetzt schien das Gepolter des Zuges seinen Höhepunkt erreicht zu haben.
Wütend trat Schmitz aus der Hütte und brüllte, die Feder in zitternden Händen: »Der verfluchte Stefansohm! wird denn der vermaledeite Eisenbahnlärm kein Ende nehmen!«
Das war doch zur Postkutschenzeit anders! Begreiflich, daß da ein Goethe organisch aufwachsen konnte. Aber so! ... und er wollte murrend in seine Klause zurückgehen. Da sahen ihn aber die Kinder! – Mit Indianergeheul stürzten sie auf den Unglücklichen zu, Miranda packte ihn, und Scheuerl hielt den davonbrausenden Expreß an. (XXIV/1, f. 21v)

57 ▷ *majuventer:* Vermutlich gebildet aus lat. magis, mehr, und juvenis, jugendlich.

▷ *dem Verfasser der »Mutzenbacherin«:* Die Autorschaft Felix Saltens am pornographischen Roman *Josefine Mutzenbacher. Roman einer Wiener Dirne* (1906) gilt mittlerweile als gesichert.

▷ *»Die empfindsame Reise von Tripstrill nach Orlamunds oder Freudental«:* Orlamünde liegt in Thüringen auf der Strecke von Rudolstadt nach Jena; Freudenthal liegt im Sudetengebirge. Ernst Weiß' Roman *Boëtius von Orlamünde* erschien 1928.

58 ▷ *Chinesius von Schluck:* Geboten wird nur der kohärente Teil der Handschrift XXIV/ 1, Fasz. 1, f. 6-14. Der Text besteht in der Folge aus unzusammenhängenden Assoziationen und Notizen.

▷ *Koppel:* Hier Schar.

▷ *Salmigondis:* NV: Laura (XXIV/1, f. 6v). – Salmigondis oder Salmagundi wird ein Salat von möglichst buntem Aussehen und aus den verschiedensten Ingredienzien genannt, auch für Gewäsch, unzusammenhängende Rede (Petri, *Fremdwörterbuch*); *Salmagonis ou le manège du genre humain,* ein vielfach nachgedrucktes Werk von François Berould de Verville, enthält eine Mischung derber Wortspiele, Zoten und Satiren. (Vgl. *S. W.,* Band III, S. 529, Anm. *Salmigondis*)

59 ▷ *Nimrod:* nach dem alttestamentlichen Gründer des babylonischen Reiches, hebr. »gewaltiger Jäger (vor dem Herrn)«.

▷ *»Waldweben«:* Orchesterpassage in Richard Wagners Oper »Siegfried«.

▷ *Wollt ihr den Vesuvius, den Äther bedecken:* Vgl. dazu Ovid *Metamorphosen* 1,153 über die Giganten: »[Sie] türmten Berge zuhauf empor zu den hohen Gestirnen.«

▷ *Aus Tantalus' Geschlecht:* Ahnherr der fluchbeladenen Geschlechter der Tantaliden, Pelopiden und Atriden war ein Sohn des Zeus, den Göttern das Ambrosia vom Tische stahl und ihre Geheimnisse ausplauderte. Zur Strafe muß er in der Unterwelt Hunger und Durst leiden, wobei er allerdings immer prächtige Gerichte vor Augen hat und mitten im Wasser steht.

▷ ΣΙΣΥΦΟΙ: Plural zu Sisyphos, der von Zeus dazu verurteilt wurde, in der Unterwelt einen Felsbrocken einen Berg hinaufzurollen, der jedesmal, wenn er oben angekommen war, wieder hinunterrollte.

▷ *Salmoneuse:* Zu Salmoneus, Sohn des Aiolos, der den Blitz nachzuahmen suchte und dafür von den Göttern samt der von ihm gegründeten Stadt vernichtet wurde.

▷ *Vrieslinge:* Wienerisch Frießling, Freßsack, Vielfraß.

60 ▷ *»Est-ce qu la vie d'une femme se raconte«:* Frz. Läßt sich das Leben einer Frau erzählen? Herkunft des Zitats nicht ermittelt.

▷ *Saint Beuves:* Charles Augustin Sainte-Beuve (* 23. Dezember 1804, † 13. Oktober 1869), Lyriker, Literaturkritiker und Historiker.

▷ ›*Das Ohr des Dionysos vom Gebüsche gereinigt*‹: Ein Werk dieses Titels von Sainte-Beuve ist nicht erhalten. – Das »Ohr des Dionys« (nicht Dionysos) ist eine Steinhöhle in der Nähe von Syrakus, in die Dionysios, der Tyrann von Syrakus (5. Jh. vor Chr.), angeblich seine Gefangenen einzusperren pflegte, um ihre Gespräche belauschen zu können. Die Akustik innerhalb der Höhle ist auch heute noch bemerkenswert; das Zerreißen eines dünnen Papiers etwa erzeugt ein kräftiges Knattern.

▷ *Platens lyrische Gedichte:* August von Platen (1796–1835), deutscher Lyriker, der in seinen metrisch durchgearbeiteten, fein ziselierten Strophenformen einem strengen

294

Formalismus huldigt. Herzmanovsky spielt hier wohl mittelbar auf dessen notorische homoerotische Neigung an, deren poetische Spuren in der Ausgabe für »erstmenstruierende Mädchen« wohl getilgt sein dürften.

▷ *›Ein Roß des Phidias‹ von Cherboullis:* Gemeint ist der französische Schriftsteller Victor Cherbuliez (1829–1899), Mitglied der »Académie française«; er besaß die Gunst eines eleganten städtischen Publikums. Hauptfiguren seiner zahlreichen Romane sind meist »femmes fatales«, rätselhafte Mädchen oder engelhafte Wesen. Die Geschicklichkeit des Autors und die angenehme Form, in die er seine Einfälle kleidete, haben Cherbuliez – trotz der Unwahrscheinlichkeit der Geschichten – den Erfolg seiner Romane gesichert. »Un cheval de Phidias, causeries athéniennes« erschien 1864 in Paris. (Vgl. *Histoire de la littérature française* publiée sous la direction de J. Calvet, Bd. IX, *Le Réalisme* par René Dumesnil, Paris 1936, S. 53)

61 ▷ *Wehmüthige Betrachtungen des wohledlen Herren Wenzel Quadrata von Quaderwurf:* Im Brief vom 21. Dezember 1908 an Kubin heißt es: »Ich habe auch etwas geschrieben: Titel: Wehmütige Betrachtungen / des / wohledelen Herren Herren / Wenzel / Kwadrata v. Quaderwurf's / k.k. Hof Ober Officiales im / k. Cameral u Aviticalamte. / durchwegs auf Schreibpapier gedruckt / zu finden in / WIEN / b. C. W. Stern auf dem Glacis vor der / Mölkerpastey./ 1828 / C W Stern gibt mir keine Ruhe die Horackgeschichten drucken zu lassen, allerdings im alten Gewande damit ich nicht die Bekanntschaft mit dem Stockhause mache ... —« *(S. W.,* Band VII, S. 19f.)* Man beachte, daß die im Textmaterial gefundene Datierung einen 19 Jahre späteren Zeitpunkt für die Entstehung angibt.
Die 26 Seiten umfassende Handschrift IX/25 ist durch eine besondere Form gekennzeichnet. Wie amtliche Eingaben zur Zeit der Monarchie wurde der Text jeweils auf ineinandergelegte Doppelbögen nur auf eine Hälfte der Seite geschrieben, um die andere Hälfte für Korrekturen oder Erweiterungen zu verwenden.
D: Leipzig October 1927 (IX/25, f. 1)

▷ *Aviticalbuchhaltung:* Von Avitaillierung, Versorgung mit Lebensmitteln.

▷ *C. W. Stern (...) Mölkerpastey:* 1902–1938 Buchhandlung und Verlag Carl Wilhelm Stern, Wien I, Franzensring (später Dr.-Karl-Lueger-Ring). Ermittlungen Michael Kleins zufolge war der Verlag ständig wegen Verstößen gegen das Urheberrecht sowie das Pornographiegesetz in Skandale verwickelt. *(S. W.,* Band VII, S. 337, Anm. *Stern in Wien)*

▷ *die höchstselige Kaiserin Maria Theresia:* Paralipomenon:
Zögernd kam es heraus »... no ... wissen S' ... die behmische Akademie der Wissenschaften in Prag ... no ... da hat nemlich schon in die 70er Jahr aa Patriot ... a gewisser Houwer, ein gebirtiger, einen Preis gestiftet für den ersten Čechenjüngling – noch lieber, Hanakenjingling, der von einem Adler entführt wird, wissen S', wie seinerzeit bei die Trojaner selig der Ganymed. Sehen S', das ist schon a scheene Strecken von Kopřiwař, Bezirk Berau, bis Schlau!«
Beide Herren wurden nachdenklich. »Wir haben noch andre merkwirdige Geschichte in Behmen. Da ist im Wald bei Žleb – bissel links, am Weg nach Slatinan, was dem Firschten Arschbek gheert, in an Gebisch aa Stelle, wo noch heut jahraus – jahrein so Posten aufgezogen is. Mir zerbricht ana den Kopf: warum? Was die Historiographen sind, haben aber Licht in die Sache gebracht. Da war amal a Hofjagd wo sich die Kaiserin Maria Theresia bei Časlau herumgetummelt hat. No, hat sie plötzlich a allerheechstes Bedirfnis empfunden – man muß ihr's angsehn haben – na, hat sich da

der Firscht Arschbek nicht hinkniet vor Ihr und hat, himmelhoch gebeten, daß sie schon die Ehre auf sein Schloß Žleb erweist? Unter Heissas und Hussassa und vorn Fanfare blasende Jäger, ging die tolle Fahrt dahin. Die Majestät hat allerweil das mit grünem Bruch besteckte Jagdzepter geschwungen und die Zähnd z'sammbissen.

Aber bis Žleb sans nit mehr kommen.«

Žažek sah zu Boden und kaute am Schnurrbart. »Und da«, fuhr er fort, »in a Gebisch, wie oben erwähnt, flüchtet die hohe Dame. No, haben S' dann sofort an Doppelposten dort aufgestellt, um den Locus zu ehren! das hat sich das Regiment einfach nicht – nehmen – lassen!« – »Ich verstehe! ich verstehe!« murmelte Zawadil. »Aber warum an Doppelposten?« Žažek sah ihn groß an: »Herren S'! das ist doch logisch ... Aber, Sie megen recht haben: Der čechische Gelöhrte, a gewisser Wischkoučil aus ... hat in aner Zeitung aus die 20er Jahr gfunden, daß bloß noch a Mann aufzogen war! Natierlich aus Sparsamkeit. Aber der Kriegsminister hat a Verteidigungsschrift damals herausgeben, daß a Mann genügte, weil die Majestät bloß ›auf klein‹ dort war, wie aus den Memoiren-Werken herausgekommen ist.

Sehen S', da ist das Sturmjahr 1848 drüber gangen, 66 und anderes, heut wissen bloß a paar Auserwählte davon.« – »Aber, wie noch heite? Wo mir doch aa Republik hamm?« – »Ja, 's Militär!« replizierte Žažek. »Wer wird jä ergrinden, wie's in denn ihre Kepfeln ausschaut. No, halt, die Armee. No ja, was solln s' sonst tun? No ja, is halt a martialische Prunk! – Sehen S', das is bei die Ungarn auch so, aber a bissel anders. Da haben S' sogar an Monarch, den niemand andrer hat? Göhns!?«

(XXV/6, Fasz. 12, f. 1-2); ähnlich auch XXV/6, Fasz. 12, f. 4.

62 ▷ *Huldenfeld:* NV: Siegeshorst (IX/25, f. 5)

63 ▷ *Blahatek:* NV: Wospiel, Hawelka (IX/25, f. 5)

   ▷ *Fregatte »Beleona«:* Eigentlich »Bellona«. Es gab drei Fregatten der k. k. Kriegsmarine dieses Namens. »Bellona I« wurde im Jahre 1800 in Dienst gestellt, »Bellona II« ist 1811 als »Rigeneratore« vom Stapel gelaufen und wurde 1823 in »Bellona« umgetauft. Der Stapellauf von »Bellona III« erfolgte 1842.

   ▷ *Escadre:* Eskader, Schiffsgeschwader.

   ▷ *die Spanier verloren Manila an die Seldschucken:* Die Seldschuken, eine alttürkische Dynastie in Vorderasien, hatten nichts mit Manila zu tun. (Vgl. *S. W.*, Band III, S. 573, Anm. *Seldschuken.*) Die Spanier verloren die Philippinen nach einem blutigen Unabhängigkeitskrieg der Eingeborenen 1898 an die USA.

64 ▷ *Cobrda:* NV: Blahatek (IX/25, f. 6); Çobrda – vgl. *S. W.*, Band IV, S. 37 – ein Berg, der nicht hoch ist.

   ▷ *Benevolente Kaptivirovich:* capitatio benevolentiae – Gewinnung des Wohlgefallens.

   ▷ *Schlacht von Dürnkrut:* Am 26. August 1278 fand auf dem Marchfeld nahe Dürnkrut die Schlacht zwischen dem Habsburger König Rudolf I. und König Ottokar II. von Böhmen statt, die Rudolf durch den Einsatz seiner anfangs zurückgehaltenen Reiterreserve für sich entscheiden konnte. Ottokar wurde auf der Flucht getötet.

   ▷ *Arschlamm bekommt natürlich den Auftrag:* Die Geschichte mit dem Gipsabdruck des Gollaschs (S. 65) wurde zunächst an diese Stelle gesetzt, später aber nicht gestrichen. FHO wollte offenbar den Text nicht zerreißen und fügte nach der tschechischen Aktion erneut einen Hinweis auf Arschlamm an, ohne die Geschichte seiner Karriere auszufüh-

296

ren. Der Lebensweg des Hofbildhauers wurde, um die Intentionen des Autors zu wahren, im Anschluß an die Denkmalgeschichte gesetzt.

▷ *Wenzel des Aussätzigen:* Wenzel IV. war zwar abnorm beleibt, aber nicht aussätzig.

65 ▷ *am Žižkow:* V: in Koshiers (IX/25, f. 7)

▷ *Präuscherischen Panopticum im k. k. Prater:* Präuschers Panoptikum und Anatomisches Museum nannte sich die Kuriositätensammlung des Tierbändigers und Schaustellers Hermann Präuscher (1839–1896), der in seiner 1871 im Wiener Prater aufgestellten Sammlung ca. 2000 Exponate, unter ihnen den ausgestopften Körper des »Haarweibs« Miß Pastrana, ausstellte. Die Sehenswürdigkeit verbrannte während der Kriegshandlungen 1945. (Siehe Hans Pemmer, Ninni Lackner, *Der Wiener Prater.* Leipzig-Wien 1935, S. 188 ff.)

▷ *perhorresciert:* Von lat. perhorrescere, aufschrecken, sich entsetzen, mit Abscheu zurückweisen.

▷ *38ten Sitzung des Tridentiner Conciles erlassenen Bulle: cooperante diabolo:* Das Konzil von Trient fand seinen Abschluß mit der XXV. Sitzung. (Vgl. Hubert Jedin, *Geschichte des Konzils von Trient*, Band IV/2, Freiburg-Basel-Wien 1975). – Der Beginn dieser Bulle »cooperante diabolo« (»unter Mitwirkung des Teufels«) ist natürlich ebenfalls fiktiv.

▷ *anno 60 der Abgeordnete Pater Bauchgruber:* NV: Kühschlamm (IX/25, f. 7v)

66 ▷ *Komzak:* Karl Komzák (* 8. November 1850 Prag, † 23. April 1905 Baden/NÖ) Komponist, ab 1883 Militärkapellmeister in Wien, 1892–1905 Kurkapellmeister in Baden bei Wien, populärer Dirigent und als Komponist Meister des leichten Genres (Operette »Edelweiß«, 1902; Kaiserjubiläumsmarsch, 1898; über 300 Märsche, Tänze, Walzer, Lieder, Chöre und Potpourris).

▷ *ex offo:* Amtsübliche Verkürzung aus ex officio, von Amts wegen, d.h. ohne daß ein Antrag vorliegt. (Edmund Granzer, *Die österreichische Kanzleisprache.* Verdeutschung der wichtigsten fremdsprachigen Kanzleiausdrücke im Verwaltungsdienste und Gerichtswesen, 2. Aufl. Wien 1917, S. 9)

▷ *Křwoščal:* NV: Präsidialist Putzinař (IX/25, f. 8v)

▷ *Powidllieferungen:* Powidl ist in der böhmisch-österreichischen Küche dick eingekochtes Pflaumenmus.

68 ▷ *Schleimschlag:* Plötzliche Lähmung durch Erguß von schleimigem Wasser in die Lungen (Oedema pulmonum, Apoplexia pituitosa). (M. Höfler, *Deutsches Krankheits-namen-Buch,* München 1899, S. 577)

▷ *I und die Kohlentrager:* Die volkstümliche Rede läßt auf den Wiener Bürgermeister Karl Lueger schließen, dessen Ausdrucksweise nicht selten Anstoß erregte.

▷ *Naschmarkt:* Volkstümlicher Name für den offenen Obst- und Grünwarenmarkt zwischen den beiden Wienzeilen über dem überdeckten Wienfluß außerhalb des Getreidemarktes in Wien.

69 ▷ *néné:* Frz. schick, elegant.

▷ *Subordination:* Unterordnung, Dienstgehorsam.

70 ▷ *Auscultant beim Schrannengericht am Hohen Markte:* Behördlicher, nicht stimmberechtigter Beisitzer bzw. Zuhörer bei einer Gerichtsverhandlung oder auch Richter-

amtsanwärter. Bezeichnung gültig bis 1921. Die Bürgerschranne, das Stadtgericht, befand sich am Hohen Markt von 1437 bis 1839. (Eugen Meßner, *Die Innere Stadt Wien. Ein Beitrag zur Heimatkunde des 1. Wiener Gemeindebezirks*, Wien-Leipzig 1928, S. 48)
▷ *laesio enormis:* Schwere Rechtsverletzung.

71 ▷ *Hämorrhoidalschlag:* FHOsche Analogiebildung zu Schleimschlag, siehe Anm. oben.
▷ *Schwabenkäfer:* Blatta orientalis, Schabe.

72 ▷ *Contrasignum:* Eigentlich Gegensiegel, hier Paraphe.
▷ *diese historische Wahrheit zu veröffentlichen:* sgZ: Die Wanze wurde vom Finger der Vorsehung an der richtigen Stelle zerquetscht. (IX/25, f. 24)

▷ *Kleines Kochbuch für Menschenfresser:* XXIV/13, Fasz. 2, f. 1-6, basiert auf dem stark überarbeiteten Typoskript XXIV/13, Fasz. 1. Bei XXIV/13, Fasz. 3, 4 und 5, handelt es sich um eine Abschrift fremder Hand mit Durchschlägen; sie trägt den Zusatz »von Carmen Orlando«, was zweifelhaft ist, da die beiden ersten Typoskriptfassungen samt Korrekturen eindeutig von FHO stammen. Ein handschriftlicher Kommentar von Bertha Eckstein läßt die Vermutung zu, daß der Text zu Beginn der dreißiger Jahre entstanden ist. (Vgl. *S. W.*, Band VII, S. 400, Anm. *kalter Engländer in Lindwurmaspik*)
▷ *Hekate:* Griech. Erdgottheit, Herrin der Zauberei und Giftmischerei sowie des nächtlichen Spuks.
▷ *Prato:* Katharina Prato war die Verfasserin des Standardwerkes *Die Süddeutsche Küche*, erstmals erschienen 1858.
▷ *Rokitansky:* Marie von Rokitansky war die Verfasserin des Standardwerkes *Die österreichische Küche*, erstmals erschienen 1897.

73 ▷ *Gaius Duilius:* Römischer Konsul (260), Zensor (258), Diktator (231), errang als Konsul durch die Verwendung von Enterbrücken den ersten Seesieg der Römer über die Karthager.
▷ *Antiope:* Geliebte des Zeus, Mutter der Zwillinge Amphion und Zethos. Mußte am Hofe ihres Onkels Lykos unter den Launen seiner Gattin Dirke leiden; diese wurde später von ihren Söhnen grausam getötet. Zur Bezugnahme auf den Onkel vgl. S. 74: »Antiopeia aus künftigen Tagen! Du wirst gewiß eine lieben Onkel haben, [...]«.
▷ *Hippolita:* Die Amazonenkönigin Hippolyte wurde von Theseus von einem Feldzug als Beute heimgebracht; sie wurde Mutter seines Sohnes Hippolytos.
▷ *Oretheia:* Oreithyia ist in der attischen Sage Tochter des Königs Erechtheus; sie wird von Boreas, dem Windgott, geraubt. (Ovid, *Metamorphosen* 6, 677 ff.)
▷ *das grausige pot au feu Medeas:* Medea rächte sich im Auftrag ihres Mannes Iason an seinem Onkel Pelias, der diesen von der Herrschaft ausgeschlossen hatte. Sie zeigt den Töchtern des Pelias, wie sie einen zerstückelten alten Widder in einem Kessel (»pot au feu«) kocht und ihn nach dieser Prozedur nicht nur wiederherstellt, sondern auch verjüngt sein läßt. Auf Medeas Anraten versuchen die Töchter des Pelias dasselbe mit ihrem Vater, doch das Experiment mißlingt.
▷ *das höchst verabscheuungswürdige Familiendiner bei Tantalus:* Tantalus setzte den Göttern, um ihre Allwissenheit zu erproben, seinen Sohn Pelops gekocht vor; nur Demeter aß – geistesabwesend in ihrer Trauer über das Verschwinden ihrer Tochter Persephone – ein Schulterstück. Die Götter bemerkten den Frevel und straften Tantalus.

298

▷ *Jungfernbraten:* Gebratener Schweinslungenbraten. (Marie von Rokitansky, *Die österreichische Küche.* Eine Sammlung selbsterprobter Kochrezepte für den einfachsten und feinsten Haushalt. Anleitungen zur Erlernung der Kochkunst. 6. Aufl. Wien 1910, S. 218)

▷ *sapienti sat:* Lat. »Genug für den, der versteht!« nach Terenz, *Phormio,* 3,3,8.

▷ *Kaiserfleisch:* Gekochte Schweinsbrust. (Katharina Prato, *Die Süddeutsche Küche* mit Berücksichtigung des Thees und einem Anhange über das Servieren für Anfängerinnen sowie für praktische Köchinnen, 24. Aufl. Graz 1895, S. 245)

74 ▷ *Stephanieschinken:* Nicht eruierbar.

▷ *inhibiert:* Von lat. inhibere, hemmen, hindern.

▷ *Matrosenfleische:* Bei Jäger- oder Matrosenfleisch handelt es sich um in Zwiebeln, Sauerampfer, Speck und Kapern gedünstete Rindfleischschnitten. (Rokitansky, a. a. O., S. 197)

▷ *Jägerbraten:* Nach Wildart gebratenes Rindfleisch.

▷ *Dirndeln in Zucker:* Korneliuskirschen (Dirndeln) in Zucker glaciert. (Rokitansky, a. a. O., S. 528)

▷ *Mohren im Négligé:* Vermutlich Mohr im Hemd, eine Art gebackener Schokoladepudding mit heißer Schokoladesauce und Schlagobers. (Rokitansky, a. a. O., S. 390)

▷ *armen Ritter im Schlafrock:* In gezuckerte Eiermilch getauchte, in Rinderschmalz herausgebackene Weißbrotschnitten, meist mit Obstsaft serviert. (Rokitansky, a. a. O., S. 367)

▷ *Kalbsfriedrich:* Nicht eruierbar, vermutlich Spezialität der sächsischen Küche.

▷ *Stolzen Heinrich im Reisrand:* Wie oben.

▷ *Petermännchen:* Wie oben.

▷ *Judenäpfel:* Gekochte Lazarolen (kleine Äpfel) in Zucker. (Rokitansky, a. a. O., S. 529)

▷ *Marquis de Béchamel:* Der Haushofmeister Ludwigs XIV. erfand die Béchamelsauce, eine weiße Rahmsauce aus Butter, Mehl und Milch.

▷ *Antiopeia:* Siehe S. 297, Anm. *Antiope.*

▷ *in deine strahlenden Augen:* V: Glaukopizidität (XXIV/13, Fasz. 1, f. 3)

75 ▷ *Entremets:* Zwischengerichte.

▷ *Krischnamurticonsommé:* Jiddu Krishnamurti (* 1897 Madanapelle/Madras) nannte sich ein von Annie Besant (s. u.) zum neuen Messias proklamierter Hinduknabe. Dieses Ereignis führte 1912 zum Abfall des größten Teils der deutschen Theosophengruppe unter Rudolf Steiner. Auch FHO, der anfangs der Theosophie zugeneigt war, wandte sich von der Theosophin ab und äußerte sich in der Folge über diese sehr abfällig. (*S. W.*, Band VII, S. 387, Anm. *Zusammenbruch der Theos. Gesellschaft ... Blamage der Besant*, Band VIII, S. 457, Anm. *Das Krischnamurtigeschäft*)

▷ *Petites bétises nirvaniennes à la Anny Besant:* Kleine nirvanische Dummheiten nach Anny Besant. FHO äußerte sich abfällig über die Theosophin (* 1. Oktober 1847 London, † 20. September 1933 Adyar/Madras): »Annie Besant ist bloß eine Ballettratte auf der Bühne der ›Schnakerltheosophie‹ von ›Hinkeindien‹ oder ›Indien links von ... links von Gut und Böse‹.« (*S. W.*, Band III, S. 529 f. Anm. *die gute Annie Besant*, Band VII, S. 353 f., Anm. *Besant*)

▷ *Marlittschöberln:* Schöberln, salziges geschnittenes Biskuit für Suppeneinlagen nach Art der deutschen Trivialautorin Eugenie Marlitt.

▷ *Polentasockel à la Gabriele d'Annunzio:* Sockel aus gekochtem Maisgrieß nach Art des zum Pathos neigenden italienischen Schriftstellers Gabriele d'Annunzio.

▷ *Pescicani:* Ital. Haifische.

▷ *lenbachbraun:* Braunton in den Gemälden des deutschen Porträtmalers Franz von Lenbach (1836–1904).

▷ *Féschak:* Österr. fescher, sehr männlich aussehender Kerl.

▷ *à la Nurmi:* Paavo Nurmi (* 13. Juni 1897 Turku, † 2. Oktober 1973 Helsinki) finnischer Mittel- und Langstreckenläufer, gewann neun Gold- und drei Silbermedaillen bei Olympischen Spielen; stellte insgesamt 22 anerkannte Weltrekorde auf.

▷ *Milchner:* Männlicher Fisch.

76 ▷ *Lloyd George:* David Lloyd George (* 17. Jänner 1863 Manchester, † 26. März 1945 Llanystumdwy/Caernarvon), vom liberalen Wahlsieg 1906 bis zum Zerfall der Kriegskoalition beherrschende Figur der britischen Politik.

▷ *à la Grénouille:* Nach Froschart.

▷ *Beamtenbischof:* Unter Bischof versteht man in der österreichischen Küche eine Art Punsch (siehe Rokitansky, S. 516), aber auch den Bürzel von Federvieh, der hier ganz offenbar angesprochen ist.

▷ *»Faschiert mir Weib, faschiert mir Kind!«:* V: Nochmals, mit diesem Gericht werdet Ihr besonders »gute figure« machen! (XXIV/13, Fasz. 1, f. 6) – Mitnichten Schiller, sondern verfremdetes Zitat aus Heines Ballade *Die Grenadiere:* »Was schert mich Weib, was schert mich Kind!«

▷ *Wie jedermann (...) hingerichtet werden kann:* Handschrift VIII/21, Fasz. 1, f. 1-4.

▷ *A. M. Pachinger:* Der Sammler und Kulturhistoriker Anton Maximilian Pachinger (* 22. November 1864 Linz, † 30. November 1938 Wien), wurde von seinem langjährigen Freund immer wieder literarisiert. (Vgl. dazu Anmerkungen in allen bislang erschienen Bänden der *S. W.*) Zur vorliegenden Geschichte schrieb FHO im August 1951 an Ernst Heimeran: »Ich habe noch mehr so Geschichten auf Lager, wie zB., dass der bekannte Kunstsammler Hofrat .A.M. PACHINGER, München, Senefelder Str 3 sich einmal längere Zeit nicht mehr in seine 2t Wohnung in Linz, Bethlehem Str 31, traute, weil er einen Gegenstand besass, auf dessen Besitz seit 1849 in Öst. die Todes Strafe stand, ein Paragraf, den man aufzuheben vergessen hatte!« (*S. W.*, Band VIII, S. 365)

77 ▷ *Koschutbanknoten:* Vgl. *S. W.*, Band VIII, S. 548, Anm. *seit 1849 in Öst. die Todes Strafe stand:* Brief FHOs an Alexander Hartwich vom 16. Juni 1952: »Ich habe einige Kleinigkeiten geschrieben, so eine Hundegeschichte aus München und etwas für Strafrechtler. Wenn wir nämlich, was hoffentlich bald kommt, die Todesstrafe wiederbekommen, wird die Möglichkeit da sein, schon um 2. Schill. an den Galgen zu kommen. Im Jahr 1849 wurde dekretiert, dass alle Besitzer von Koschutbanknoten gehängt werden. Aufgehoben wurde dieses Gesetz nie. Die billigsten Noten kann man schon um zwei Sch. haben –« (Reinisch, *FHO-Chronologie,* 7. Fassung) – Ende Dezember 1848, nach dem Scheitern der Revolution und dem Angriff von Windischgrätz auf die ungarischen Aufständischen, flüchtete die Regierung des ungarischen Freiheitskämpfers Lajos Kossuth (* 19. September 1802 Monok, † 20. März 1894 Turin) nach Debrecen. Die ebenfalls geflüchtete Staatsdruckerei traf erst im Jänner 1849 in Debrecen ein. Näheres zu Kossuths finanziellen Transaktionen und zum Druck der

300

Banknoten siehe Istvan Deak, *The lawful Revolution. Louis Kossuth and the Hungarians, 1848-1849.* New York 1979, S. 150 f.

▷ *Keckschemet:* Die Stadt Kecskemét sympathisierte mit der Revolution und solidarisierte sich mit Kossuth.

▷ *Lord Palmerston:* Henry John Temple, Viscount P. (1784–1865), britischer Politiker, 1830–34, 1835–41 und 1846–51 Außenminister und 1855–58 und 1859–65 Premierminister, verfolgte eine ausschließlich britischen Interessen dienende Außenpolitik. Hauptziel seiner Politik im Sinne eines Gleichgewichts der Mächte war die Erhaltung Österreichs als Großmacht. Kossuth suchte bei ihm vergeblich Unterstützung.

▷ *hat er 1878 in Bosnien glassen:* 1878 okkupierten österreichisch-ungarische Truppen Bosnien und die Herzegowina. Nach schweren Kämpfen wurde das Gebiet schließlich unter österreichische Verwaltung gestellt.

▷ *Paragraphenkaasstecher:* Ein Kasstecher ist jener Fachmann in der Käseproduktion, der mittels Einstichs den Käse auf seine Reife prüft.

▷ *Le livre des sauvages:* Handschrift VIII/21, Fasz. 2, f. 1-2.

78 ▷ *Abbé Donné:* Möglicherweise Ferdinand Donnet (* 16. November 1795 Bourg-Argental, † 23. Dezember 1882 Bordeaux), 1822–27 Oberer der Missionäre vom hl. Martin zu Tours, hielt zahlreiche Missionen und Exercitien, 1852 Kardinal, kämpfte für Lehrfreiheit und gegen schlechte Presse. (Michael Buchberger, *Lexikon für Theologie und Kirche*, 3. Band, Freiburg/Br. 1931)

▷ *der Kunst Picassos:* Im *Konfusen Brief* verballhornt FHO den Namen des spanischen Malers zu Cacpisso *(S. W.,* Band IV, S. 91), was exemplarisch seine Einstellung zur modernen Malerei veranschaulicht.

▷ *Schneider – Herausgeber der »Fliegenden Blätter«:* Friedrich Schneider gab gemeinsam mit seinem Partner Braun die »Münchner Fliegenden Blätter« heraus, eine Zeitschrift, die, wie der Untertitel angibt, zur »Unterhaltung und Erheiterung mit Berücksichtigung der neuesten Zeitverhältnisse« diente. Sie erschien von 1844 bis 1944.

▷ *in Briefwechsel mit an Maler von der Suleiken:* Ein Briefwechsel Goethes mit einem Maler der Marianne von Willemer ist nicht überliefert. Vgl. Hans J. Weitz (Hrsg.), *Marianne und Johann J. Willemer.* Dokumente, Lebenschronik, Erläuterungen, Frankfurt/M. 2. Aufl. 1986.

79 ▷ *Der Totenschädel:* Handschrift XXXV/2, f. 45.

▷ *Grafen Berchem:* Gemeint ist Egon Freiherr von Berchem, Herausgeber der *Blätter des Bayerischen Landesvereins für Familienkunde,* weiters von *Wappenbüchern des Deutschen Mittelalters* in den zwanziger Jahren dieses Jahrhunderts.

▷ *Neophüt bei die +++ Maurer:* Neophyt, eigentlich in der urchristlichen Gemeinde Neugetaufter, bezeichnet auch einen Bewerber um Aufnahme in eine Freimaurerloge, der sich bestimmten Ritualen zu unterziehen hatte. – Drei Kreuze – +++ – bezeichnen vom Mittelalter bis zur späten Neuzeit negative Ausdrücke, die nicht schriftlich fixiert werden sollen; eine Art Abwehrgeste.

▷ *›Zauberkönig‹ in Wien I, Maysedergasse 3:* FHO verwechselt hier die beiden Zauberartikel-Geschäfte »Zum Zauberkönig« (gegründet 1852, Wien I, Ertlgasse 4) und die »Erste Wiener Zauber-Apparate-Fabrik von R. Klingl« (gegründet 1876, Wien I, Maysedergasse 2), ab 1918 »Zauber-Klingl« genannt, dann allerdings unter der

301

Adresse Wien I, Führichgasse 4. (Lehmanns *Allgemeiner Wohnungs-Anzeiger* nebst Handels- und Gewerbeadreßbuch für Wien 1911–1918)

80 ▷ *Die +++ Telegramme und die rheumatische Post:* Handschrift XXXV/2, f. 35-39 und XXXV/2, f. 6v-7.
   D: 26. März 1948 (XXXV/2, f. 35)
   ▷ *+++:* Siehe S. 300, Anm. *Neophüt bei die +++ Maurer.*
   ▷ *rheumatische Post:* Gemeint ist pneumatische Post – Rohrpost.
   ▷ *Angst wegen der Wanzen:* Vgl. *Das Unglück mit den Wanzen, S. W.*, Band IV, S. 64–68.
   ▷ *wo ihr die Hundsfetten so gut angschlagn ist:* Hundefett wurde als volksmedizinisches Heilmittel gegen Schwindsucht, chronische Lungenerkrankungen, Frostbeulen und Quetschwunden verwendet. (*Handwörterbuch des deutschen Aberglaubens*, Stichwort *Hund*)
   ▷ *auf der Mariahilferstraßen (...) nach Schönbrunn gfahren is:* Die Route Kaiser Franz Josephs von der Hofburg nach Schönbrunn führte durch die Mariahilferstraße.

81 ▷ *in die Salamilacken beim Konstantinhügel:* Eines der zahlreichen Gewässer in den Wiener Praterauen.
   ▷ *jedes Mal is a andre Schrift:* V:»... a jeds Telegramm is von so an andern Luder gschriem ... es is a Kreiz mit ihm mit die Weiber ... so fangt's immer an ... das wär nicht das erschte Mal ... Gib mir a kalte Buchten ... das beruhigt. Ieberhaupt ... weißt du ... die vielen schlechten Weiber ... Von meinem Fenster aus kann man s' am Abend sehen ... die Maiteressen ... wo hier und bis in die Kärntnerstraßen herumgehen und auf die Männer passen ... das is schrecklich das mit denen Maiteressen ... bis vor kurzem hab ich's auch gar nicht gewußt ... O mein armer Janosch ... Also, mein Mann is gegen so was direkt gefeit ... o! wann ich so denk wann ich gstorbn wär ... und wir wären verarmt ... und meine Rizi mecht so was werden ... lieber hätt ich sie mitn erschten Bad ausgschütt ...« Sie begann zu schluchzen. Rizi mit der blauen Nase, die bestimmt nie »so was« zu werden in der Lage gewesen wäre. (XXXV/2, f. 7)

82 ▷ *Marokkanergasse:* Handschrift XXXV/2, f. 9-1. – Im Brief von 12. Februar 1948 schrieb FHO an Christine Kerry: »Noch andere kleine Gspaas habe ich: wie die marokkanische Gesandschaft die Kaiser Josef huldigen kam, Mozart durchaus einen Nasenring für seine türkische Musik verleihen wollte.
   Die habgierige Constanze redete ihm zu. Er aber wies ihn mannhaft zurück: ›Denk Dir! Hofballmusikdirektor!‹« (Reinisch, *FHO-Chronologie*, 7. Fassung)
   ▷ *das dem Deutschen Orden (...) Marokkanergasse No 3:* Das Haus Marokkanergasse 3 im dritten Wiener Gemeindebezirk, benannt nach der im nächsten Stichwort erläuterten Gesandtschaft, existiert noch. Ab 1865 ist die Deutsche Ritter-Ordens-Ballei Österreich Besitzerin des Gebäudes und Bauherr des 1875 erbauten Hoftraktes. (Pemmer-Englisch, *Landstraße*)
   ▷ *Marokkanischen Gesandtschaft (...) zu huldigen:* Diese traf am 20. Februar 1783 in Wien ein und logierte im »Paulanerhause« auf der Wieden. Die elf Wochen ihres Aufenthaltes – sie verließ Wien am 8. Mai – ergaben anläßlich des beiderseitigen Kulturschocks genügend Sensation, um weit über die Dauer ihres Aufenthaltes in Mode, Literatur, Straßenbezeichnungen etc. zu wirken. (Siehe Emil Karl Blümml und

302

Gustav Gugitz, *Altwienerisches*. Bilder und Gestalten. Wien-Prag-Leipzig, 2. Aufl. 1921, 2. Band, S. 253–265)

▷ *Tamtams:* Das chinesische Tam-Tam gehört zur Gruppe der Beckeninstrumente und ist dem javanischen Gong ähnlich, jedoch aus dünnerem Metall hergestellt. Es ist aus eng aneinanderliegenden Drahtspiralen geschmiedet, in der Mitte glatt und am Rande gebogen.

▷ *und heulender Blechmusik:* »So hatte er (der marokkanische Gesandte, die Hrsg.) sogar eine Art Kammermusik, die allerdings den Wienern nicht behagte. ›Diese Instrumentalmusik war sehr betäubend, ihr, obgleich unter den verliebtesten Gebärden, herausgezwungener Gesang äußerst gräßlich, und hatte keinen andern Ton, als das Gebrumm des Rabbiners, wenn er die zehn Gebote in der Synagoge herausnimmt.‹ In der Tat gefiel dem Gesandten selbst bald die Wiener Militärmusik besser und er suchte sogar eine solche Kapelle abzuwerben.« (Blümml/Gugitz, a. a. O., S. 256)

▷ *Zurnatichi:* Von Zurna (türk., arab.), einer im Einflußbereich des Islam und in China verbreitete Schalmei mit zylindrischer Röhre. Die Z. wird mit freischwingendem, doppeltem Rohrblatt aus weichem Material (Binse, Maisstroh) angeblasen. Das Instrument hat einen lauten, durchdringenden Ton. Eine besondere Anblastechnik erlaubt eine ununterbrochene Tongebung. Seit dem 10. Jahrhundert belegt.

▷ *Bumbadschis:* Vermutlich Spieler des Bumbaß. Dieser bestand aus einer langen, mit Schellen und Metallplatten verzierten Stange. An ihr war eine Saite befestigt, die über eine gleichfalls an der Stange befindliche Tierblase oder kleine Trommel gespannt wurde. Beim Anstreichen der Saite mit einer gezahnten Holzplatte entstand ein trommelartiger tiefer Ton. Der B. wurde hauptsächlich auf Jahrmärkten von Bettelmusikanten gespielt und bei bäuerlicher Tanzmusik.

▷ *Aga:* Ursprünglich Titel für hohe, später auch für niedrigere Ränge unter Offizieren und Hofbeamten.

83 ▷ *Grüaß di Gott, liabs Gfrießl (...):* »Spittelberger G'stanzl«, Wiener Volksliedgut, zitiert bei K. Giglleithner (Pseud. für Emil Karl Blümml) und F. Litschauer (Pseud. für Gustav Gugitz), *Der Spittelberg und seine Lieder* (Alt-Wiener Sittengeschichte 1), Wien 1924, S. 46. – Vgl. Heimito von Doderer, *Die enteren Gründ'*, in: H.v.D., *Die Wiederkehr der Drachen*. Aufsätze. Traktate. Reden. München 1970, S. 257.

▷ *Das ist die Stadt, die mich gebar:* Handschrift XXXV/2, f.12-13. – Herzmanovsky bringt hier den Einzug orientalischer Gestalten in Wien mit der Choleraepidemie von 1830/31 in Verbindung. In Wirklichkeit wurde die (asiatische) Cholera von den Flüchtlingen des Polenaufstandes eingeschleppt. (Vgl. Heinrich Drimmel, *Franz von Österreich. Kaiser des Biedermeier*. München 1982, 2. Band, S. 239 ff.)

84 ▷ *Szolnok:* Stadt in Ungarn.

▷ *Der Kaiser floh nach Mariazell:* Zur Zeit der Cholera 1830/31 herrschte der österreichische Kaiser Franz I. (1768–1835), dem eine Flucht zum katholischen Wallfahrtsort Mariazell nicht nachgewiesen werden kann. Der Hof verlegte seine Geschäfte in der Zeit der Epidemie nach Schönbrunn. – Allerdings floh Kaiser Leopold I. vor der Pest 1678 nach Prag.

85 ▷ *Die policinelldurchtobte und dabei feudale Wohnung des Ehepaares Bujatti in der Zieglergasse 8:* Handschrift XXXV/2, f. 14-17.

D: Aus dem Konvolut-Kontext sind die späten vierziger Jahre als Zeit der Entstehung anzunehmen.

▷ *policinelldurchtobte:* Policinello, Pulcinella, Hanswurst, Maskenfigur der Commedia dell'arte zu ital. pulcino nach der piependen Stimme und der schnabelähnlichen Nase der Maske.

▷ *Bujatti:* Zu FHOs Bekanntenkreis zählten Kommerzialrat Hermann Bujatti, Mitglied der Genossenschaft der bildenden Künstler und des Industriellenklubs, und seine Gattin Marie, wohnhaft Wien VII, Zieglergasse 8. (*S. W.*, Band VIII, S. 392, Anm. *Hermann Bujatti*)

▷ *Hofmannsthal:* Hugo von Hofmannsthal (* 1. Februar 1874 Wien, † 15. Juli 1929 Rodaun/Wien), österreichischer Schriftsteller.

▷ *Pagliaccis:* Ital. Pagliaccio, Bajazzo, Hanswurst.

86 ▷ *»Der Aff und der Tod ...«:* Hofmannsthals lyrisches Kurzdrama *Der Thor und der Tod* erschien 1893 und wurde 1898 uraufgeführt.

▷ *Lord Byron (...) Unfug in Venedig:* Anspielung auf die Affaire Lord Byrons mit der Venezianerin Margarita Cogni im Jahre 1817. (Siehe auch *Apoll von Nichts, S. W.*, Band V, S. 208 und S. 470, Anm. *Affaire mit der Bäckersfrau.*)

87 ▷ *Das Taschentuch:* Handschrift XXXV/2, f. 3-5.

88 ▷ *Zefir-Linon:* Sehr feiner Leinenbatist.

▷ *Bodenwieser:* Gertrud Bodenwieser-Rosenthal (* 3. Februar 1890 Wien, † 10. November 1959 Sydney), neben Grete Wiesenthal eine der bedeutendsten Tänzerinnen der österreichischen Avantgarde in den zwanziger Jahren. FHO rühmte sich mehrfach, Gastspiele des Bodenwieser-Ensembles in Meran initiiert zu haben. (Vgl. *S. W.*, Band VIII, S. 440, Anm. *aus dem Komödianten Wagen Frau Bodenwiesers.*)

89 ▷ *Linz:* Handschrift XXXV/3, f. 101-107.

D: 31. Jänner 1948 (XXXV/3, f. 101)

▷ *Ebensee:* FHOs Eltern hatten 1903 eine Villa in Rindbach bei Ebensee am südlichen Ende des Traunsees gekauft.

90 ▷ *Richthofens:* Gemeint ist hier wahrscheinlich Feldmarschall v. R. Er war ein erfahrener und erfolgreicher Luftwaffenkommandeur der deutschen Wehrmacht, der nach dem Zusammenbruch der russischen Front mit einigen seiner Offiziere nach Italien beordert wurde. Das Hauptquartier des Generalfeldmarschalls Rommel befand sich ab August 1943 am Gardasee. (Vgl. W. G. F. Jackson, *The battle for Italy*, London 1967, S. 28 bzw. S. 97)

▷ *Abano:* Bedeutendes italienisches Heilbad in der Region Venetien.

91 ▷ *Alvise Mocenigo:* Alvise Mocenigo (1701–1778) war Doge von 1763 bis zu seinem Tod. Ob es einen Dampfer gleichen Namens am Gardasee gab, konnte nicht festgestellt werden. Vgl. auch S. 336, Anm. *Mocenigo.*

▷ *Tibetanzel:* NV: Woislsechzender (XXXV/3, f. 106)

▷ *Opoponax:* FHO schrieb konsequent Opoponax; Opoponax heißt ein aus einem im westlichen Mittelmeergebiet und in Vorderasien heimischen Doldenblütler gewonnenes Gummiharz, das u. a. für Parfümeriezwecke verwendet wird.

304

92 ▷ *blistete:* Vermutlich abgeleitet von engl. to blister, das in figürlicher Bedeutung »heftig angreifen« heißt.

▷ *Erster Tag in Spital am Semmering:* Handschrift XXXV/3, f. 9v-12. – »Heute am 3. Januar 1936, einem Venustag, fang ich an im allerhöchsten Auftrage meiner geliebten Herzenskönigin, der schönen Carmen, die mich mit großen Smaragdaugen etwas schief anschaut, meine Memoiren niederzuschreiben«, heißt es in den Vorarbeiten zu den Lebenserinnerungen. (Reinisch, *FHO-Chronologie,* 7. Fassung) Der Text kann allerdings auch Ende der vierziger Jahre entstanden sein, als eine Reihe »autobiographischer« Skizzen entstanden.

93 ▷ *Beardsley:* Aubrey Beardsley (1872–1898), englischer Zeichner, der erotisch-makabre Themen bevorzugte.

▷ *Francis Drake:* Der englische Admiral und Seeheld Sir Francis Drake (1540–1596) war den Porträts nach zu schließen von martialischer Erscheinung.

▷ *Herzmansky und Gerngroß:* August Herzmansky (* 26. Juni 1834 Odrau/Österr. Schlesien, † 5. Dezember 1896 Wien) übersiedelte 1881 als Gemischtwarenhändler von der Kirchengasse 7 in die Mariahilfer Straße 26. Knapp vor seinem Tod erwarb er das Nachbargebäude, doch erlebte er die Eröffnung des großen Warenhauses am 6. Dezember 1897 nicht mehr. Als »Warenhauskönig« konnte er also am Begräbnis nicht teilnehmen. Alfred (Abraham) Gerngroß (* 30. Dezember 1844 Forth bei Erlangen, † 7. Jänner 1908 Wien) gründete 1881 gemeinsam mit seinem Bruder Hugo ein kleines Tuchgeschäft, das sich bald – die Entwicklung der Mariahilfer Straße zur großen Geschäftsstraße kam ihm zugute – zum größten Wiener Warenhaus entwickelte.

94 ▷ *Médisance:* Franz. Verleumdung, üble Nachrede, Klatsch.

▷ *Prinz Hamlet in der Opheliaszene:* William Shakespeare, *Hamlet,* 3. Aufzug, 1. Szene. – FHO verwendete diese Szene auch in *Prinz Hamlet der Osterhase oder »Selawie«, S. W.,* Band VI, S. 251, 254 ff.

95 ▷ *Über das Duell:* Dieser Text ist einzig in einer, offenbar von Friedrich Torberg veranlaßten maschinschriftlichen Abschrift überliefert (VIII/15, Fasz. 1, f. 1-3). Torbergs handschriftliche Änderungen blieben bei der Erstellung dieses Textes unberücksichtigt.

▷ *fichte:* Franz. Ausruf des Erstaunens oder der Bewunderung, wie verflucht! verdammt! Himmel Donnerwetter!

▷ *reçu:* Franz. angenommen, akzeptiert.

▷ *Bois:* Verkürzt für Bois de Bologne, Pariser Naherholungsraum und traditioneller Austragungsort von Duellen.

96 ▷ *Laschutakt:* Zu ungar. lassú, langsam, gemächlich.

▷ *Szikszay:* Restaurant in Budapest, Vámház körút. (Leo Woerl [Hrsg.], *Illustrierter Führer durch die königl. Haupt- und Residenzstadt Budapest und Umgebung nebst Katalogen der Museen.* 7. Aufl. Leipzig o.J.)

▷ *Boitos unsterblicher »Mefistofele«:* Arrigo Boito (1842–1918), Dichter und Komponist, machte sich einerseits als Librettist Verdis bekannt, andererseits als Komponist der Oper »Mefistofele«, einer Faust-Oper, die 1868 in einer wenig erfolgreichen ersten Fassung, 1872 in der sehr erfolgreichen zweiten Fassung uraufgeführt wurde.

305

▷ *Cecilia Metella:* Berühmtes Grabmal an der Via Appia bei Rom.

97 ▷ *Bogumil Edler von Hanserl:* Handschrift IX/16, f. 2 ff., ähnlich auch XXV/3, Fasz. 1, f. 34 ff. – Bogumil Edler von Hanserl ist der Protagonist eines Versuchs FHOs, »Königliche Hoheit« von Thomas Mann fortzusetzen. Dazu schrieb FHO am 29. Dezember 1949 an Alfred Kubin: »Momentan arbeite ich an der magischen Analyse von ›Kngl. Hoheit‹ von Th. Mann. Du kennst doch den reizenden Roman der typisches Märchen ist, und daher auf magischer Basis fundiert erscheint. Wenn man den Roman weiterentwickelt – von dort wo Mann diplomatisch aufgehört hat – nämlich mit der Hochzeit des reinen Thoren von Erbprinz mit der Märchenprinzessin mit den Milliarden, kommt man auf ganz tolle Dinge.« (Reinisch, *FHO-Chronologie*, 7. Fassung) Die Ende der vierziger Jahre entstandenen Entwürfe dazu sind vornehmlich im Konvolut XXV/3 enthalten und werden – bis auf das vorliegende Fragment aus IX/16 – nicht wiedergegeben. (Zu FHO und Thomas Mann siehe auch *S. W.*, Band VIII, S. 550, Anm. *Achenbach.*)

▷ *»Horraken«:* Die reale Person des Beamten Dr. jur. Emil Edler von Horrak (* 6. Juli 1870 Baden bei Wien, † 1. Jänner 1956 Salzburg) diente einer Reihe literarischer Figuren als Vorbild, so auch dem Helden der *Wehmüthigen Betrachtungen* (S. 61 ff.). Zur Biographie näheres *S. W.*, Band VII, S. 336, Anm. *horakmäßig auszusprechen.* Am 3. Mai 1942 vermeldete FHO Kubin überdies: »Der arme Horak hat in eine böse Familie hineingeheiratet – er war der geborene père einer Pimperlkomödie. Er soll in Salzburg herumstolzieren.« (*S. W.*, Band VII, S. 293)

▷ *prärogieren:* Lat. praerogare, ein Vorrecht in Anspruch nehmen.

▷ *›Kikeriki‹:* FHO selbst sammelte das 1861–1933 erscheinende christlich-soziale und antisemitische »humoristische Volksblatt« »Kikeriki«, wie aus mehreren Briefen an Alfred Kubin hervorgeht. (Vgl. 18. 10. 1914, *S. W.*, Band VII, S. 84) – Im Brief vom 18. November 1914 heißt es außerdem: »Carmen hat endlich – da ich ja noch immer zu Bett liege, einen halbwegs erhaltenen Jahrgang des Kikeriki aufgetrieben den wir uns Dir zu verehren erlauben. Carmen amüsierte sich königlich auf diesen Gängen überall auf die Spuren Horraks zu stoßen der bei den Antiquaren nur mehr Baron ›Kikeriki‹ heißt.« (*S. W.*, Band VII, S. 88)

99 ▷ *Palackýdenkmal:* Denkmal des tschechischen Historikers und Politikers František Palacký (* 14. Juni 1798 Hotzendorf/Mähren, † 26. Mai 1876 Prag) in Prag.

▷ *Danebrog 5. Klasse:* Dänischer Orden.

▷ *Maler Zettel:* In den einschlägigen Künstlerlexika nicht zu ermitteln.

▷ *sich Heinz Pape zu nennen:* Emil von Horrak hatte in Hamburg unter dem Namen Heinz Pape eine Briefmarkenhandlung eröffnet, bald darauf wurde jedoch eine Person dieses Namens steckbrieflich gesucht. (*S. W.*, Band I, S. 193, Band III, S. 522 f., Band VIII, S. 416)

100 ▷ *Grillparzer und die Würstellokomotive:* Handschrift Ser. nov. 13.616, Fasz. 15, f. 4-9. Im Brief vom 5. August 1930 schrieb FHO an Karl Wolfskehl: »Ein kleines Essai: ›Grillparzers Stellung zu den Würstellokomotiven‹ liegt neuerdings vor; kennen Sie diese traumhaften Biedermaierphantome, in den in kleinen Städtchen heiße ›Frankfurter‹ herumgefahren werden? Nun war Grillparzer maßlos gefräßig, dabei immer verstopft. Das gab ihm seine schmerzliche Ader im Leben ...« (Reinisch, *FHO-Chronologie*, 7. Fassung) – FHO stützte sich bei den Fakten über das Eisenbahnwesen wesentlich

306

auf das Kapitel *Lokomotivbau* von Karl Gölsdorf im II. Band der *Geschichte der Eisenbahnen der österr.-ungar. Monarchie* (Wien-Teschen-Leipzig 1898, S. 425 ff.).

D: Am 5. August 1930 schrieb FHO an Kubin: »Daneben arbeite ich über die Stellung Grillparzers zu den sog. ›Würstellomotiven‹ eine technisch–kulinarische Institution die jetzt genau konform mit ihren großen Schwestern auf die Rutsche kommt. Schade um die Lokomotiven.« (*S. W.*, Band VII, S. 259)

TV: Über [das Geheimnis] die Genesis der Würstellokomotive (13.616, Fasz. 15, f. 5)
E: Eine finstere Nacht etwa um 1870. Eine Würstellokomotive steht auf Kinderwagenrädern am schlüpfrigen Pflaster. Es riecht nach Holzkohle und heißen Frankfurtern. Der hagere Mann im überhohen Zylinder, Halstuch umgürtet, ist Grillparzer, der, Gedanken ordnend und scheu, nächtliche Spaziergänge liebte.
Das pessimistische Antlitz des Geistesriesen ist vom Dampf der eben geöffneten kulinarischen Apparatur umwallt. Sein Mund bewegt sich, und der Titan erklärt den aufhorchenden Nachtgestalten um ihn – verlorenen Töchtern, verspäteten Bonvivants und scheuen Mördern, die sich erst nach 10 h p.m. aus ihren Schlupfwinkeln trauen – die sehr seltsame Entstehungsgeschichte dieser vormärzlichen Phantome amerikanischer, ja! amerikanischer Technik, deren Keim aus demselben Amerika stammte, dem wir die ersten Wanzen, Rebläuse, geheime Hautkrankheiten und dergleichen Segnungen verdanken.
Vereinzelte, heisere Hochrufe folgen dem Vortrage des Dichterfürsten, der langsam, mit müder Geste abwehrend, im Dunkel vernebelt. Welch eine Szene aus einem lebensnahen Volksdrama, wenn es in unserer dramatisch so schwach begabten und heimatfremden Zeit so etwas gäbe!
Allerdings: Ganz genauso mag sich die Geschichte nicht abgespielt haben, die mir [mein alter Vater] ein durchaus vertrauenswürdiger alter Wiener vor vielen Jahren erzählte und die ich jetzt der Öffentlichkeit übergebe. (13.616, Fasz. 15, f. 4-5)

▷ *Würstellokomotive:* Auch im *Kaiser Joseph II. und die Bahnwärterstochter* (*S. W.*, Band VI, S. 89 f.) gefällt FHO die Idee, im Dampfkessel der Lokomotive Würstel zu wärmen. Hier dienen Miniaturlokomotiven demselben Zweck.
▷ *Cousinage:* Vetternschaft.

101 ▷ *Baron Sina:* Baron Georg Simon Sina (* 20. November 1782 Mazedonien, † 18. Mai 1856 Wien) Bankier, Förderer des Eisenbahnwesens, Präsident der Staatseisenbahngesellschaft, führend am Ausbau des ungarischen Eisenbahnnetzes beteiligt.
▷ *Mathias Schönerer:* Mathias von Schönerer (* 9./10. Jänner 1807 Wien, † 30. Oktober 1881 Wien), berühmter Eisenbahningenieur. Bauführer der Bahn Linz–Budweis (1829–32), baute 1834/35 die Pferdebahn Linz–Gmunden, ab 1840 die Lokomotivbahnen Wien–Gloggnitz, Mödling–Laxenburg, Wien–Bruck a. d. L., Wiener Neustadt–Ödenburg, errichtete 1839 die Erste österreichische Eisenbahnwagen- und Lokomotivfabrik in Wien, 1841–53 Betriebsdirektor der Wien-Gloggnitzer Bahn.

102 ▷ *Louis Philippe:* König der Franzosen 1830–48, Beiname Bürgerkönig.
▷ *Franz Karl, der Vater Kaiser Franz Josephs:* (* 7. Dezember 1802 Wien, † 8. März 1878 Wien), dritter Sohn Franz' I., verzichtete 1848 auf seine Thronrechte zugunsten seines Sohnes Franz Joseph I. »Er war extrem religiös und trat in der Öffentlichkeit nur mit seiner Leidenschaft, im Sechsspänner durch den Prater zu fahren, in Erscheinung.« (Brigitte Hamann [Hrsg.], *Die Habsburger. Ein biographisches Lexikon*, Wien 1988, S. 136)

307

103 ▷ *Ferdinands I. Besuch in Ragusa:* Handschrift XXXV/2, f. 18-19v. – Kaiser Ferdinand
I. (1793–1875) genoß FHOs besondere Aufmerksamkeit, wobei sich der Autor in rüder
Ausdrucksweise im anekdotischen Umfeld des Monarchen bewegte. (Vgl. dazu FHOs
Brief an Ernst Heimeran vom August 1951, *S. W.*, Band VIII, S. 364 f. und S. 548, Anm.
FERDINAND I.)
▷ *Schaafgotsch:* Schaffgotsch, österreichische Adelsfamilie.
▷ *Montecuccoli:* NV: Pallavicini (XXXV/2, f. 18).
▷ *Howni-:* Siehe S. 288, Anm. *Howni/wal/.*
▷ *nach oligarchischem System:* Oligarchie, Staatsform, bei der die Regierungsgewalt nur
von einer kleinen Gruppe ausgeübt wird.
▷ *Pozzo della Cisterna:* Die Pozzo waren ein korsisches Adelsgeschlecht, das der Familie
Bonaparte feindlich gesinnt war. Bekannt wurde vor allem Karl Andreas Graf von
Pozzo di Borgo, der wegen des Verdachts royalistischer Sympathien 1796 nach London
und 1798 nach Wien fliehen mußte. Im Exil unterstützte er eine antibonapartistische
Politik. (Vgl. *S. W.*, Band III, S. 598, Anm. *Tuilerienpavillons)*
▷ *durch seinen Minister Baron Feuchtersleben:* Ernst Frh. von Feuchtersleben (* 29.
April 1806 Wien, † 3. September 1849 Wien) Arzt und Schriftsteller, war 1848
Unterstaatssekretär im Ministerium des öffentlichen Unterrichts.

104 ▷ *Sedlnitzky:* Joseph Graf Sedlnitzky (* 8. Jänner 1778 Troplowitz/ Österr. Schlesien,
† 21. Juni 1855 Baden b. Wien), Verwaltungsbeamter, war 1817 bis 1848 Präsident
der obersten Polizei- und Zensurhofstelle in Wien, die er im Sinne Metternichs leitete;
er wurde durch die Revolution 1848 gestürzt.
▷ *Raki:* Branntwein aus vergorenen Rosinen mit Anis.
▷ *stante pe:* Verkürzt für lat. stante pede, stehenden Fußes, sofort, umgehend.
▷ *Entetiertheit:* Sturheit, Verbohrtheit.

105 ▷ *Therese Krones:* (* 7. Oktober 1801 Freudenthal/Schlesien, † 28. Dezember 1830
Wien), berühmte Schauspielerin.
▷ *Hofsechter:* FHO verwendete das Wort Sechter im Sinne von Selcher, Fleischhauer,
Metzger.
▷ *»Hundsfutter«:* Speckrand vom Prager Schinken.

▷ *Das Geheimnis des Tennisspiels:* Handschrift 13.697, f. 12v. Titel *Geheimniss des
Tennis Spiels* von Hand Carmen Herzmanovsky-Orlandos.

▷ *Karpfe Huber:* Handschrift XXIV/1, Fasz. 3, f. 1-3.

106 ▷ *friederizianischen Zeit:* Regierungszeit Friedrichs II., des Großen, 1740–1786.

107 ▷ *Schreibmaschinen:* Handschrift XXIV/1, Fasz. 6, f. 3.
▷ *Skaramuz:* Typenfigur des prahlerischen Soldaten in der Commedia dell'arte.

▷ *Aus der Diätküche für Windgattinen:* Handschrift XXIV/1, Fasz. 7, f. 3v.
▷ *Panama:* Feingeflochtener, flacher, breitkrempiger Strohhut.
▷ *Girardi:* Flacher Strohhut nach dem Schauspieler Alexander Girardi. Vgl. auch *S. W.*,
Band IV, S. 251, Anm. *Girardihüten.*
▷ *Samum:* Trocken-heißer, staub- oder sandbeladener Wüstenwind in Nordafrika.

308

108 ▷ *Das Geheimnis des Gerhard van Swieten:* Handschrift XXIV/1, Fasz. 11, f. 1.
   ▷ *Gerhard van Swieten:* Gerard van Swieten (* 7. Mai 1700 Leyden, † 18. Juni 1772
   Wien), bedeutendster Mediziner des theresianischen Wiens, gründete u. a. die erste
   Schule für Tierärzte in Wien.
   ▷ *Rococobillroth:* Theodor Billroth (* 26. April 1829 Bergen auf Rügen, † 6. Februar
   1894 Abbazia), bedeutender österreichischer Chirurg, führend auf dem Gebiet der
   Kriegschirurgie. Auf sein Betreiben wurden das Rudolfinerhaus, eine Lehranstalt für
   weltliche Krankenpflegerinnen, sowie das Haus der Ärzte geschaffen.
   ▷ *Eiselsberg:* Anton von Eiselsberg (* 31. Juli 1860 Steinhaus/OÖ, † 25. Oktober 1939
   St. Valentin/OÖ), Assistent bei Billroth, ab 1901 Prof. an der Universität Wien, größter
   Einfluß auf die Kriegschirurgie des Ersten Weltkriegs, machte sich um das österrei-
   chische Sanitätswesen verdient.

   ▷ *Amazonen der Gotik:* Handschrift XXIV/5, f. 19-25. – Im Text selbst findet sich kein
   Hinweis auf den Zeitraum der Entstehung. Am 10. September 1931 notierte FHO auf
   der Rückseite zweier Briefe: »Der letzte Fürst des Landes, Wilhelm IX – der heute noch
   bei den Kennern der alten Literatur als das Musterbild aller provenzal. Trubadurs gilt
   verzichtete zu Gunsten seiner Enkelin, Eleonore auf seine Erbländer, geblendet durch
   die ungewöhnliche, blendende Schönheit dieses seines Lieblings. So ward sie Suveränin
   eines glanzvollen, üppigen Staates, nach dem die urangeborene Schäbigkeit des
   führenden Frankreiches geradezu läpperte.« (Zit. nach Reinisch, *FHO-Chronologie*, 7.
   Fassung) Über zwanzig Jahre später schrieb FHO im Brief an Wilhelm Anton Oerley
   vom 6. Oktober 1953: »(...) jetzt arbeite ich an einer, von den Historikern bis jetzt
   mühsam im Dunkel gehaltenen Skandalaffäre, wie die Chefin des Geheimordens der
   Trubadure, Eleonore von Aquitanien, Gemahlin des geistig sehr einfachen König
   Ludwig VI v. Frankreich, den dritten Kreuzzug total ruiniert hat, dann den hl. Vater
   Not antat und Südfrankreich an England verkitscht hat: Richard Löwenherz – dem wir
   die Wachau verdanken – war ihr fallottenhafter Sohn.« (*S. W.*, Band VIII, S. 371)
   TV: Eleonore von Poitou (XXIV/5, f. 13)
   Ausführliche Literaturrecherchen und Exzerpte, vor allem aus Isaac de Larreys
   *L'Héretière de Guyenne ou Histoire d'Eleonor fille de Guillaume, dernier Duc de
   Guyenne, Femme de Louis VIII de France et ensuite de Henri II, Roi d'Angleterre*,
   Rotterdam 1691, lassen schließen, daß sich FHO ausführlich mit dem Stoff beschäftigt
   hatte. Personenverzeichnisse und einzelne Entwürfe geben Hinweise auf den Plan einer
   Dramatisierung:
   E: Eleonore von Poitou
   Bloxbergszene. Vermummte Gestalten
   Satan steigt vom Thron, wirft das Kostüm ab. Es ist Königin Eleonore. Rat der Basken,
   Vasconins. Der Oberzeremonienmeister entpuppt sich als der Oberste Troubadour. Der
   Liebeshof ist die Vorlage des Hexensabbath. Man beschwört sie, Aquitanien nicht
   französisch werden zu lassen. Der englische Gesandte ist auch dabei. Sie verspricht, die
   Arelatische Weltherrschaft zu errichten.
   Hexensabbath mit 1 x 1.
   Szene mit Saladin: er unterwirft sich ihr. Suger merkt die Sache. Er und die Konzerne
   beschließen, Eleonore abzuschaffen. (XXIV/5, f. 13)

   E: Anjou Dramen
   Beginn: die drei Hexen am Nachtfeuer

309

Übergang: Hexensabat – Cour d'amour
Zauberteppich des Hexeneinmaleins
Vorhang geht auf: Aktschluß: Leonore setzt den Fuß auf den Nacken Saladins.
(XXIV/5, f. 34v)

Personenverzeichnis:
Eleonore von Aquitanien-Poitou
Ludwig VII. von Frankreich
der heilige Bernhard von Clairvaux
Raimund von Poitou, Fürst von Antiochia
Sultan Saladdin
Balduin III von Rethel-Anjou, König von Jerusalem
Suger, Premierminister von Frankreich
Prinz Gotfried Plantagenet, Herzog von Anjou
Prinz Heinrich, sein Sohn
Kaiserin Maud von Deutschland, Witwe Heinrichs V. von Deutschland, Gotfrieds
zweite Frau
Richard Löwenherz, Sohn Eleonores aus der Ehe mit Heinrich II Plantagenet – Shirley
Temple
Rosamond Clifford, Maitresse Heinrichs Plantagenet (Woodstock)
Raymond Vaucarre
Joyncef Morgan
Samiel Wilson
Clemençois
Beelzebub, Vorsitzender des Aktionscomitées
französische Kreuzfahrer, Araber, Herren und Damen der Höfe von Paris, Antiochia
und Jerusalem, Stenotypistinnen, Clercs, vier Generalsekretäre der Schiffahrts-
gesellschaften, Amazonen der Königin Eleonore (XXIV/5, f. 17; ähnlich XXIV/5, f. 14)

▷ *Panta rei:* Die Formel »Panta rhei« (»Alles fließt«) begegnet in dieser Form nicht bei
Heraklit, sondern erst in der Spätantike im Aristoteles-Kommentar des Simplicius; bei
Platon (*Kratylos* 402a) findet sich die Wendung »panta chorei, uden menei« (»Alles
geht dahin, nichts bleibt«), der die Redewendung »panta rhei« nachgebildet sein
dürfte.

109 ▷ *Theseus einen furchtbaren Kampf (...) Amazonen Anatoliens:* Nachdem der Held
Theseus verschiedene Abenteuer bestesht, folgt er in der Herrschaft seinem Vater Ägeus.
Auf einem Zug gegen die Amazonen gewinnt er deren Königin als Beute. Siehe S. 297,
Anm. *Hippolita.*

▷ *bis Wien XI (Simmering), Wien III und bis in die Wachau:* Richard Löwenherz wurde
in Erdberg (heute 3. Wiener Gemeindebezirk) gefangengenommen und auf Burg
Dürnstein in der Wachau inhaftiert, zum 11. Wiener Gemeindebezirk (Simmering) gibt
es keinen historischen Bezug. (Siehe S. 311, Anm. *Sohn Richard*)

▷ *Aquitanien:* Im späten 7. Jahrhundert fast selbständiges Herzogtum in Südwestfrankreich. Nach der erneuten Unterwerfung durch Karl den Großen 768 kam es
als Unterkönigtum über Ludwig den Frommen und Pippin I. 838 an Pippin II., dem
es Karl der Kahle entriß, um es dem Westfränkischen Reich einzugliedern. Im späten
9. Jahrhundert entstand in reduziertem Umfang ein neues Herzogtum, dessen Herzöge

310

zwar Kronvasallen waren, bald aber große Macht erlangten und auch kulturell führend
waren.

▷ *Wilhelm IX.:* (* 22. Oktober 1071 Poitiers, † 10. Februar 1127 Poitiers) Herzog von
Aquitanien, regierte ab 1086, Vasall der französischen Krone, eroberte zweimal die
Grafschaft Toulouse, unterstützte den Kampf gegen die Sarazenen und führte 1101 ein
Kreuzfahrerheer nach Kleinasien. Frühester Vertreter der provencalischen Troubadour-
dichtung, beeinflußte er seine Enkelin Eleonore nachhaltig in höfischer Kultur und
Lebensführung.

▷ *Enkelin Eleonore:* Eleonore von Aquitanien, auch E. von Poitou, E. von Guyenne (* um
1122, † 1. April 1204 Fontevrault-l'Abbaye), Erbtochter Herzog Wilhelms X. von
Aquitanien. – 1137 als Nachfolgerin ihres Vaters vermählt mit König Ludwig VII. von
Frankreich, seit 1152 (nach Annullierung dieser Ehe) vermählt mit Heinrich Plantagenet,
Graf von Anjou (seit 1154 König Heinrich II. von England); ihr Hof in Poitiers wurde
ein Zentrum höfischer Kultur. Sie galt als besondere Förderin der Troubadourpoesie.
Attraktiv wie lebenslang politisch äußerst aktiv beeindruckte sie ihre Mit- und
Nachwelt.

110 ▷ *strengen Regeln des heiligen Bernhard:* Der Einfluß Bernhards von Clairvaux (1090–
1153) auf König Ludwig VII. und seine unmittelbare Umgebung mißfiel der in
ihrer Jugend eher leichtsinnigen Eleonore, schmälerte aber keineswegs ihre Achtung
vor seiner überragenden Persönlichkeit. – »Seine Sittenstrenge, die tiefe Frömmig-
keit, die Glut seiner Beredsamkeit machten ihn zum Gegenstand der Bewunderung
und ermöglichten ihm in den Kämpfen jener Zeit eine weitgreifende Wirksamkeit.«
(Meyer)

▷ *Büschen:* Hier Diminutiv von Busen.

111 ▷ *soupçon:* Franz. Verdacht

▷ *Sultan Saladin:* Salah Ad Din Jusuf Ibn Aijub (* 1137/1138 Tikrit/Irak, † 4. März
1193 Damaskus), Sultan von Syrien und Ägypten, siegreicher Feldherr in der Zeit der
Kreuzzüge, der nach der Unterwerfung von Damaskus, Syrien und Mesopotamien auch
die Kreuzzügler besiegte. Am 2. Oktober 1187 nahm er Jerusalem ein. Seiner
Persönlichkeit – sie entsprach auch dem abendländischen Ritterideal – konnte sich
auch Eleonore sicher nicht entziehen, eine Liebesbeziehung ist jedoch historisch nicht
nachweisbar. 1191 wurde er von Richard Löwenherz besiegt, er blieb jedoch König von
Jerusalem.

▷ *pitoyabler:* Franz. pitoyable, bedauernswert.

▷ *Rebbach:* Jiddisch Gewinn.

▷ *König Balduins III.:* Balduin III. (1130–1163) war von 1143 bis 1163 König von
Jerusalem.

▷ *Blaise Suger:* Suger von Saint-Denis (* um 1080 Saint-Denis oder Argenteuil, † 13.
Jänner 1151 Saint-Denis), französischer Staatsmann und Historiograph. 1122 zum
Abt von Saint Denis gewählt, führte er 1127 eine strenge Reform durch und begann
1137 mit dem Bau der Klosterkirche, die für die Entwicklung der Gotik entscheidende
Bedeutung erlangte. Bestimmte als Ratgeber Ludwigs VI. und Ludwigs VII. die
französische Politik maßgeblich mit. Während des Kreuzzuges Ludwigs VII. 1147–
1149 war er Reichsverweser.

▷ *Gotfried Plantagenet:* Geoffroi V. le Bel von Anjou, Zuname Plantagenet (1113–1151);
Vater von Heinrich II. von England (Vgl. *S. W.*, Band VIII, S. 552, Anmerkung:

Südfrankreich an England verkitscht). Den Zunamen erhielt G. deshalb, weil er einen Ginsterzweig (planta genista) auf seiner Kappe zu tragen pflegte. Der Name wurde in der Folge auf das englische Königshaus (Anjou-Plantagenêt) von Heinrich II. bis Richard III. übertragen.

112 ▷ *Sohn Richard:* Richard I. Löwenherz (1157–1199), König von England, leitete im dritten Kreuzzug die Eroberung von Akkon 1191. Bei dieser Gelegenheit ließ er die Fahne der österreichischen Babenberger abnehmen und in den Schmutz treten. Als er nach einem Schiffbruch bei Aquileia als Mönch verkleidet durch Österreich reiste, ließ ihn Leopold V. der Tugendhafte (1157–1194), seit 1177 Herzog von Österreich, 1192 in Erdberg bei Wien gefangennehmen und zwei Jahre auf Burg Dürnstein in der Wachau verwahren, wofür er mit dem Kirchenbann belegt wurde, jedoch ein Lösegeld von 100 000 Mark in Silber erhielt, das zwischen Kaiser Heinrich VI. und Herzog Leopold aufgeteilt wurde, der damit Städte befestigte und die Wiener Münzprägung finanzierte.

▷ *Insolenz:* Ungebührliches Benehmen, Unverschämtheit, Anmaßung, zu lat. insolentia – Ungewohntheit, Übertriebenheit, Übermut.

▷ *Hugo als Einjähriger bei den 7-Dragonern:* Handschrift XXIV/9, f. 3.
D: Aus dem Konvolutkontext ist 1948 als Entstehungsjahr anzunehmen.

▷ *Einjähriger:* Einjährig-Freiwilliger, bis zum Ersten Weltkrieg Wehrpflichtiger, der aufgrund höherer Schulbildung nur ein Jahr zu dienen brauchte, wenn er sich freiwillig meldete.

▷ *Fachés:* Franz. Aufregungen, Ärger.

▷ *Khevenhüller:* Familie von Kärntner Reichsgrafen und Fürsten.

▷ *Mels-Colloredo:* V: Trautson (XXIV/9, f. 3).

113 ▷ *mauvais sang:* Franz. böses Blut.

▷ *Reininghaus:* Hugo Karl Julius Edler von Reininghaus (* 4. März 1864 Graz, † um 1946 München), »einer der charmantesten Grafen Bobbys« (FHO an Ernst Heimeran im Brief vom 3. Dezember 1946, *S. W.*, Band VIII, S. 359), diente FHO mehrmals als Vorlage literarischer Figuren. Vgl. *S. W.*, Band II, S. 288 f., Band III, S. 507, Anm. *Freiherrn von Puntigam.* Max Reinisch zitiert in Band VIII, S. 422, Anm. *ein komischer Onkel Reininghaus*, O.A.H. Schmitz, *Ergo sum:* »Die Italiener verstanden es anfangs, mit der österreichischen Gesellschaft (in Meran, die Hrsg.) gute Beziehungen zu unterhalten. Deren Mittelpunkt war der kluge, kunstsinnige Hugo von Reininghaus, der aber nach dem österreichischen guten Ton seine Intelligenz tunlichst unter einer unauffälligen Herrenmaske verbarg (manche österreichische Aristokraten gehen sogar so weit, sich auf elegante Art dumm und trottelhaft zu stellen und dabei heimlich sehr klug und gebildet zu sein, was ja in der Tat keine eleganten, nicht einmal immer sympathische Vorzüge sind).«

▷ *Banda:* Österr. Militärmusikkapelle.

▷ *Parade auf der Schmelz:* Die Schmelz ist eine ursprünglich durch viele Jahrhunderte unbebaute Wiesenfläche im heutigen 15. Wiener Gemeindebezirk, die zu einem Teil 1847 um 50.000 Gulden vom Ärar angekauft und zur Abhaltung militärischer Paraden und Übungen benutzt wurde. (Czeike, *Groner Wien-Lexikon*, Stichwort *Schmelz*)

312

114 ▷ *Graf Paar:* Graf Aloys Paar (* 19. November 1840), k. k. Rittmeister bei den Kaiser
Franz Joseph Ulanen Nr. 4. (*Gothaischer genealogischer Hofkalender [...] auf das Jahr
1870*, S. 170)
▷ *Comfortabel:* (engl.) Wiener Benennung für einen Einspänner.
▷ *Schloß Pichel:* Schloß aus dem 13. Jahrhundert nahe Mürzzuschlag in der Steiermark.

▷ *Graf Bobby & Sohn:* Handschrift XXIV/9, f. 1-6. – FHO widmete der österreichischen
Witzfigur des Grafen Bobby viel Aufmerksamkeit. Im September 1941 bedankte er sich
bei Ernst Heimeran für ein Buch mit Witzen über den Grafen Bobby (*S. W.*, Band VIII,
S. 357). Vermutlich handelt es sich um die 1940 im Heimeran Verlag erschienene
Bobby-Witze-Sammlung Sebastian Grills *Graf Bobby und Baron Mucki.*
D: August 1948 (XXIV/9, f. 1)

115 ▷ *bei den Jesuiten in Kalksburg:* Kalksburger Jesuitenkollegium (23. Wiener Gemeinde-
bezirk, Kalksburg, Promenadeweg 3), 1856 gegründet als Gymnasium-Konvikt der
Jesuiten, »das Oxford der alten Monarchie« (Csokor). (Maier-Bruck, *Österreich-
Lexikon*, Stichwort *Kalksburg*)
▷ *Aggi Montenuovo:* Montenuovo ist eine österreichische Grafen-, ab 1864 Fürsten-
familie nach Fürst Wilhelm Albrecht von Montenuovo, dem Sohn der Erzherzogin
Marie Luise von Österreich und des Grafen Adam Albert Neipperg. (*Gothaischer
genealogischer Hofkalender [...] auf das Jahr 1870*, S. 209)
▷ *Esterházy:* Esterházy von Galántha, österreichisch-ungarische Fürstenfamilie.
▷ *Zum Glück kommt da die Tant' Tintschi Tintenbach (...):* V: Da kommt zum Glück die
Tant Tintenbach und sagt in ihrer strengen Art: ›Das erlaubst du, daß da die Kinder
im Finstern zusammensitzen. Nein – da wird so-fort Licht gemacht!‹ Der Bubi hat zwar
geraunzt – aber es hat nichts genützt. Noch dazu hat die Tant' verlangt, daß die Tür
offenbleibt! Na ja, man kann so schwer widersprechen. (XXV/8, f. 20)

116 ▷ *Kaiser Bovistus:* Handschrift XXIV/11, f. 2.
▷ *»Bozen«häusel:* Batzenhäusel, berühmtes Weinlokal in Bozen, wurde auch vom Ehe-
paar Herzmanovsky frequentiert. Vgl. Brief FHO an Mia Neuhauser vom 27. Oktober
1926: »Wir sind sehr solid; bloß Samstag Abend haben wir im ›Batzenhäusl‹ gelumpt
weil wir Roxane ausführten.« (Reinisch, *FHO-Chronologie*, 7. Fassung) – In den
Studien zur Mystik findet sich eine mit 5. April 1932 datierte Notiz zum Batzenhäusel:
»Botzen = Besen = Liebeshofheiligtum gewesen zu sein. Dafür spricht, dass es immer
Eigentum d. deutschen Ordens war, dessen Kommen ganz nahe ist.«
▷ *Trudenfoz:* Drudenfuß, Pentagramm, Fünfeck, das zum Schutz gegen Druden, Hexen
und Dämonen dienen soll. – Siehe dazu auch S. 264.
▷ *Saligen:* Siehe S. 275, Anm. *Salangen.*

▷ *Aktschluß: wahrscheinlich:* Handschrift XXIV/11, f. 6-6v.
▷ *asa foetida:* Stinkasant, Teufelsdreck, nach Knoblauch riechender eingetrockneter
Milchsaft aus der Wurzel einiger in den Salzsteppen Irans und Afghanistans heimischer
Steckenkrautarten. Schon im alten Indien und Ägypten als vielseitig wirksames
Arzneimittel bekannt, war es im Orient auch Gewürz. Die Araber führten die Droge in
den mitteleuropäischen Arzneischatz ein, wo sie bis zur Mitte des 20. Jahrhunderts in
Apotheken vertrieben wurde. In der Veterinärmedizin wird dieses Medikament heute
noch verwendet.

313

▷ *Kindspech:* Schwärzlicher Stuhlgang des Neugeborenen vor der ersten Nahrungsaufnahme.

117 ▷ *Der Tod des Tizian:* Handschrift XXIV/11, f. 7v.- Anregung zu diesem Text könnte Hugo von Hofmannsthals Versdrama von 1892 gewesen sein, das den Tod des venezianischen Malers aus der Sicht seiner Schüler gestaltete.

▷ *laviden:* Verschwommen, verwischt.

▷ *epirotischen Reisläufers:* Söldner aus Epirus.

▷ *Verrocchio:* Andrea del Verrocchio (1435–1488), italienischer Bildhauer und Maler, ursprünglich Goldschmied, zeitweilig in der Bildhauerwerkstatt Donatellos tätig, ab 1465 selbst Inhaber der wichtigsten Florentiner Werkstatt für Skulpturen, Prachtausrüstungen, Baudekorationen und Malerei.

▷ *kontagiösen:* ansteckenden.

▷ *Duilius van Topfum:* Handschrift XXIV/11, f. 16.

D: Oktober 1941 (XXIV/11, f. 16)

▷ *Sors juvat fortem:* Lat. Dem Tüchtigen hilft das Glück. Vgl. Terenz, *Phormio* 1,4,203: »Fortes fortuna adiuvat.«

118 ▷ *Bei den armen Seelen:* Handschrift XXIV/11, f. 18, 32.

▷ *Capistrankanzel:* Auf der alten hölzernen Kanzel, die seit etwa 1430 mitten am Stephansfreithof stand, predigte ab 7. Juni 1451 während der sieben Wochen seines Wiener Aufenthaltes Johann von Capistran für die Aufbietung eines Kreuzfahrerheeres gegen die Türken. 1548 als verfallen beschrieben, wurde das Schnitzwerk aus Stein nachgebildet, 1737 vom Franziskanerorden renoviert, direkt an den Dom gerückt und 1839 erneut restauriert. (Czeike, *Groner Wien-Lexikon*)

119 ▷ *Pferdex:* Handschrift XXIV/11, f. 24-24v.

120 ▷ *Der Hölzler:* Handschrift XXIV/11, f. 31.

▷ *Hölzler:* Mensch mit Sprachfehler, der sich in Lauten manifestiert, als hätte man ein quergestelltes Hölzchen im Mund.

▷ *Eleonora Duse:* Handschrift XXIV/11, f. 36. – Eleonora Duse (* 3. Oktober 1858 Vigevano, † 21. April 1924 Pittsburgh), italienische Tragödin, verkörperte den feinnervigen, sensiblen Frauentyp der Jahrhundertwende.

▷ *Baron Polyakovicz:* Handschrift XXIV/11, f. 36.

Im Konvolut XXXV/1, f. 3, finden sich unter der Bezeichnung »Kurzes Kurioses aus Österreich« folgende Anekdoten: »Da gäbe es lächerliche, düstere und groteske Dinge, wie etwa eine Erinnerung meines seligen Vaters von einem Juristenball, den der ehemals berühmte (Unterrichtsminister?) Baron Hye (der ›48‹ziger) mit einem Abortdeckel in der Hand statt des am Lokus verlegten Chapeauclacques eine Erzherzogin führend, eröffnete.

– Oder: Ein Freund unserer Familie, Baron Poliakovic, war 1867 Obersthofmeister der Kaiserin von Mexiko. Beim Sturm auf Queretaro bekam er am Schreibtisch von eindringenden Indianern einen Säbelhieb, während sein Amtsdiener Woprsalek mit dem Lasso gefangen aus dem Fenster entschwand.

314

– 1866 fand im Hafen von Lissa ein mehrstündiges Feuergefecht zwischen einem Kaffeehaus und einer Panzerfregatte (Ré di Portogallo) statt.

– Kaiserin Maria Anna ließ bisweilen bei Ansicht eines Bildstöckels den Hofzug halten, verrichtete eine kurze Andacht und ging dann, begleitet vom Zug, wohl ein halbes Stündchen spazieren, ›um sich d' Füß zu vertreten‹.

– Der Obersthofmeister eines unbedeutenderen Erzherzogs pflegte, dreimal mit dem Stab auf den Boden klopfend, den noch sehr jungen Sohn, der unterm Tisch spielte, zum Diner zu bitten: ›Mögen Eure kaiserliche Hoheit allergnädigst geruhen‹ etc. etc. Zweimal vergebens. Endlich brüllte er: ›Mistfratz elendiger, schau, daß d' zum Tisch kommst, sonst hau ich dir den Arsch aus!‹«

▷ *Polyakovicz:* Nikolaus Poliakovitz († 19. Juli 1908) war Geheimsekretär Maximilians vor dessen Thronbesteigung als Kaiser von Mexiko. Nach dem Scheitern des Habsburgers in Mexiko erhielt Poliakovitz 1873 den Franz-Joseph-Orden und scheint ab 1877 in den Staatsschematismen als k. k. wirkl. Hofsekretär im k. k. Obersthofmeisteramt auf. Er war außerdem beeideter Gerichtsdolmetscher für die spanische Sprache und aus seinen mexikanischen Unternehmungen, über die sich nichts Näheres ermitteln ließ, hochdekoriert. Nachruf *Neue Freie Presse* vom 21. Juli 1908. (Für den Hinweis danken die Hrsg. Dr. Friederike Hillbrand.)

▷ *Querétaro:* Hauptstadt des gleichnamigen mexikanischen Staates, in der Kaiser Maximilian von Mexiko – der jüngere Bruder Kaiser Franz Josephs I. – von den Juarez-Truppen eingeschlossen, am 19. Juni 1867 erschossen wurde.

▷ *Zmarzil:* Zu tschech. zmarit verderben.

121 ▷ *Paris:* Handschrift XXIV/11, f. 42v.

▷ *Leuchtwursts Geheimnis:* Handschrift XXIV/14, f. 3-6 und Ser. nov. 13.616, Fasz. 18, f. 1-3v.
D: Am 19. April 1942 nennt FHO in einem Brief an Gerd von Wolfenau »Herrn Tobias Leuchtwursts Geheimniss« sowie »Nebuschka der Rosenkönig«. (Reinisch, *FHO-Chronologie,* 7. Fassung)

▷ *Tobias:* NV: Cassian (13.616, Fasz. 18, f. 3).
Das Konzept zu *Leuchtwursts Geheimnis* (XXIV/14, f. 3-6), ein »Annalenwerk der unbedeutenden Österreicher«, umfaßte einige Biographien FHOscher Existenzen, von denen im vorliegenden Band nur Leuchtwurst und Hundelirsch gewürdigt werden.

Paralipomena:
Wir wollen da einen kleinen Kreis bedeutender Persönlichkeiten unter die Lupe nehmen, der sich um die Jahrhundertwende, also in einem heute schon alten Österreich um Herrn Leuchtwurst gebildet hatte. Aber halt! Es soll richtiger heißen, Ellipse, denn im anderen Mittelpunkt lauerte abwechselnd je ein bedeutender Mann. Zuerst wird es wohl ... gewesen sein. Das wird ein Band werden, den wir der aufhorchenden Welt schenken wollen. Ist die Welt brav und würdigt ihn, bekömmt sie noch mehrere und mehrere. Denn: Eines nebligen Tages im November, den so mancher gern mit /unleserlich/ sah ich zur mütterlichen Rotunde der St. Carlskirche einen langen, langen kaviarfarbenen Wurm von feuchten Leidtragenden kriechen; man machte dem alten Wurm schöne Musik. Es war der Trauermarsch Chopins. Dumpf, erhaben, höchst feierlich spielte man dem frommen Wurm vor: Da gibt's aber eine rätselhafte Stelle, die von einer so dämonisch übermütigen Heiterkeit ist, daß man befürchten mußte, der

ferne Trauerwurm, der nun schauderhafterweise Regenschirme aufgespannt hatte, könnte recht unpassenderweise in einen schändlichen Tanzschritt verfallen, am Ende gar schunkeln – neben jedem Schirm eine Hand – und von jodelnden Pompfünebern begleitet werden – jeder zehn Meter vom andern.

Sicher würden die jeweils acht Rappen an den Kranzwägen irrsinnige Augen machen und nervös schnauben! »Das mußt du dir ansehen!« – rief meine innere Stimme. Ich folgte der Berufung und sah mir die verlogen blickenden Trauergäste an, von denen ich so manche kannte. Damals gelobte ich mir, sie alle der Reihe nach zu verewigen. Da darf es nicht wundern, wenn es ein neues Hormayrisches Annalenwerk wird: das der unbedeutenden Österreicher.

Beginnen wir mal mit Herrn Leuchtwursts Geheimnis. Dann habe ich vor, das Schicksal des Herrn Aladir Hundelirč, Edlen von Kaiserwaff, einer breiten Öffentlichkeit vorzulegen. Verflochten damit werden mehrere würdige Erscheinungen wie: [Text bricht ab]

Viel Liebe wird verschwendet werden an eine reizende Figur, »Nebuschka, der Rosenkönig«. Trotz seiner roten Nase ein wahres Tränenpuzzerl! Und dabei ist nicht einmal recht klar, ob am Ende hinter dieser mit psychischen Guirlanden versehenen Maskerade irgend etwas verborgen war – etwas, das im scheinbar oft platt erscheinenden Wien alle paar Jahrhunderte auftaucht, einem kleinen Kreis bewußt wird, dann aber möglichst rasch vertilgt und verscharrt wird, von grauslichen Dunkelmännern.

Handlung

Alkibiadessa, auch Alkibiadetterl genannt, ist ein geheimnisvolles Mädchen. Studienrat Wohanka (Agamemnon) verteidigt in einem Symposion Klabutschnigs Recht auf die große Leidenschaft.

Er hatte nie geliebt. Als Rechnungsrat mangelte ihm Zeit und Gelegenheit. Erst als Pensionist traf ihn, wohl für jemand anderen bestimmt, der Pfeil des Eros.

Klabutschnig wird unstät. Wie ein vom Gespann ausgerissenes Comfortabelpferd, von einer unsichtbaren Amorette geritten und von imaginärem Peitschenknallen durch öde Gassen gejagt, geistert er unstät umher und wird seinen ebenfalls pensionierten ehemaligen Spielgefährten der Jugendzeit zur Last.

Da ist der Rat Nüsterpfennig mit dem Labyrinth in der Wohnung. Klabutschnig, der sich bei ihm ausklagen will, muß bis 6 Uhr abends warten. Der übermüdete Nüsterpfennig beachtet ihn kaum und sitzt apathisch vor seinem Fußbad da.

»Jesisch! Was sich der Gnä Herr Stiefel zerreißt, weil er allerweil daheim ist«, raunzte Bohumela. (XXV/4, Fasz. 11, f. 10)

E: Labyrinthpächter oder das Labyrinth im Zimmer

Ein alter Professor und Sonderling hatte in seiner Wohnung ein Zimmer durch Pappendeckelwände als Labyrinth hergerichtet. Nach dem Frühstück ging er drin eine Stunde lang spazieren. Einmal kam ein Besuch: »Ist Herr Professor zu Hause?« Verlegen zupfte das Mädchen an der Schürze: »Das schon ... aber der Gnä Herr hat sich in einem Zimmer verirrt und ruft schon seit einer Stunde zu Hilfe. Wir trauen uns aber nicht hinein, da man sehr schwer wieder heraus findet. Jetzt ruft er in einem fort, er muß wohin. Es ist zum Erbarmen. Man könnt ja mit einer Hacken ihn heraushauen, aber der Schaden, der Schaden.«

»Ja, ich werd halt warten, da ist was Dringendes!« und der Besuch setzt sich. Nach zwei

316

Stunden jämmerlichen Rufens kam endlich der Professor zum Vorschein: raste ohne Gruß am Besucher vorbei.
»Das war das letztemal ohne Ausrüstung!« Von jetzt an sah man ihn stets mit einem Rucksack das Lieblingszimmer betreten, in dem vom Topf an alles war: eiserne Ration, Schlafrock, Polster, Marlittromane, eine Kaffeemaschine. – (X/3, Fasz. 2, f. 17v)

▷ *Zur Grundbirn:* Wirtshausname, Grundbirn: wienerisch Kartoffel.
▷ *Revenants:* Von franz. revenir, wiederkommen, Geistererscheinungen.

122 ▷ *Bocher:* Jiddisch, von hebräisch bachur für junger Mann; Mz. bachurim. Angeber, Prahler, Schnarcher (vgl. Grimm). In seiner ursprünglichen Bedeutung ist mit Bocher ein jüdischer Religionslehrer oder ein Talmudstudierender gemeint; außerdem ein Studierter oder Beamter, der die Gauner und ihre Sprache, das Rotwelsch, kennt.
▷ *Café Carlton in der Maysedergasse:* Bekanntes Café in der Wiener Innenstadt, das bis in die siebziger Jahre dieses Jahrhunderts existierte.

123 ▷ *Die Mangiacanis:* Handschrift XXIV/15, f. 6.
D: 1942 (XXIV/15, f. 6)
▷ *Mangiacanis:* Von ital. mangiare, essen, fressen und cane, Hund, also Hundefresser.
▷ *Alopex:* Griech. Fuchs.

124 ▷ *Die Reise zum Tartaros:* Handschrift XXIV/15, f. 7, XXIV/11, f. 25 ff.
▷ *Zimer Effendi:* Effendi türk. Herr, Titel eines türkischen Beamten, Gelehrten.
▷ *Schah Nasreddin:* Nasr-es-Din, persischer Herrscher (1831–1896), begab sich als erster Schah auf ausgedehnte Auslandsreisen, über die er in Reisebeschreibungen berichtete. Als er, anläßlich der Weltausstellung 1873, nach Wien reiste, versetzte er ganz Wien mit seinen erotischen Raffinessen in Aufruhr. So verliebte er sich sichtlich in die österreichische Kaiserin Elisabeth. Hartnäckig bemühte er sich um eine Audienz, die ihm erst ganz zum Schluß seines Aufenthalts gewährt wurde, und auch nur deshalb, weil sonst eine ungewisse Verlängerung seines Aufenthaltes in Wien zu befürchten gewesen wäre. (Vgl. Brigitte Hamann, *Elisabeth. Kaiserin wider Willen*, München 1982, S. 317 ff.). Nasr-es-Din ist auch das Vorbild für den Schah-in-Schah von Joseph Roths Roman »Märchen der 1002. Nacht«.
▷ *Prunkkolatschen:* Österr. besonders auffällige Ordensdekoration, zu tschech. kolač, Kuchen.

125 ▷ *Putschandellucke:* Höhle im Badner Kurpark, zu der der »Felsenweg« führt. Sie diente zur Zeit der Türkenbelagerung als Unterschlupf für Flüchtlinge. Es hielt sich in ihr auch der aus Böhmen stammende Franz von Haag versteckt. Der am kaiserlichen Hof erzogene spätere Anführer einer Räuberbande wurde 1466 gefangengenommen und am Galgenberg hingerichtet. Die P. ist außerdem Fundort prähistorischer Versteinerungen.
▷ *Leidener Flasche:* Glasflasche, die außen und innen mit einer Metallfolie überzogen ist, älteste Form des elektrischen Kondensators.
▷ *Guttapercha:* Eingetrockneter, kautschukähnlicher, brauner Milchsaft südostasiatischer Bäume, guter elektrischer Isolator.

317

126 ▷ *Kohlkreunze:* »Zur Kohlkreunze« nannte sich ein Wirtshaus in Wien-Fünfhaus (15. Bezirk).

▷ *Kappezinergruft:* Kapuzinergruft, seit 1633 kaiserliche Gruft der Habsburger im Kapuzinerkloster am Neuen Markt in Wien.

▷ *Steirisches Scheppsernes:* In Wurzelwerk gedünsteter Hammel.

▷ *Kuttelfleck:* Kaldaunen.

▷ *Affenpilaw:* Safranreis auf türkische Art mit Affenfleisch.

127 ▷ *bockelt:* Strenger Geruch eines brunftigen Widders oder Ziegenbockes.

▷ *Brunstschepps:* Widerspruch in sich, da der Hammel wenig Ursache zu bockeln hat.

▷ *Tartaros:* Die Friedrichsteiner Eishöhlen in der Nähe der Stadt Cilli wurden einer Volkslegende nach als Eingang zum Tartaros der Antike bezeichnet. Siehe Band IV, S. 236, Anm. *unheimliche Eishöhle (...) Eingang zum Tartaros der Antike.*

▷ *Nimmesisch:* Nemesis, Göttin der Vergeltung und Gerechtigkeit.

128 ▷ *Szene:* Handschrift XXIV/15, f. 8.

129 ▷ *Lohengrin und Amfitrite:* Handschrift XXIV/15, f. 9v-16.
D: Feber 1943 (XXIV/15, f. 9v)

▷ *Lohengrin:* Auch Loherangrin, Garin de Loherain (»Garin der Lothringer«), niederrheinischer Sagenheld, der Schwanenritter, der vom Gral in einem von einem Schwan gezogenen Schiff der bedrängten Elsa von Brabant in höchster Not zu Hilfe gesandt wird, sie aber wieder verlassen muß, nachdem sie ihn – gegen das von ihm auferlegte Gebot – nach seinem Namen gefragt hat. Wolfram von Eschenbach machte in einer Weiterbildung Lohengrin zum Sohn Parzivals. Zahlreiche Bearbeitungen des Sagenstoffes bis zu Wagners Oper (Uraufführung 1850).

▷ *Amfitrite:* Amphitrite ist Tochter des Nereus und der Doris und Gemahlin des Poseidon; sie fährt auf dem Muschelwagen.

▷ *Nereus:* Sohn des Pontos (Meer) und der Gaia (Erde); die Okeanide Doris gebiert ihm die 50 Nereiden.

▷ *Podarge:* Podarge, griech. »die Schnellfüßige«, erscheint in der Argonautensage als häßliches Zwitterwesen, halb Vogel, halb Mädchen. Vom Windgott Zephir wird sie Mutter der schnellen Rosse Achills.

▷ *Die drei Parzen:* Die römische Parca war ursprünglich eine Geburtsgöttin und wurde erst spät den griechischen Moiren, die dem Menschen sein Schicksal zuteilen, gleichgesetzt.

130 ▷ *Sgwaschgwatschil:* V: Swacsrizil, Sgwatschgevatschil (XXIV/15, f. 9v)

▷ *Nereus:* »Er ist«, *so singt Hesiod,* »dem Unfug immer geneigt«: So singt Hesiod keineswegs, sondern bezeichnet Nereus (*Theogonie,* 233-236) als sanft sowie wahrheits- und gerechtigkeitsliebend.

▷ *Sylvan:* Römischer Waldgott, Schutzgeist für Pflanzen und Tiere.

▷ *Thetis:* V: Circe (XXIV/15, f. 15v) – Thetis ist eine Nereide, Mutter Achills. (Vgl. *S. W.,* Band IV, S. 17)

▷ *Circe:* Keine Nereide, sondern Zauberin auf der Insel Aia, die die Gefährten des Odysseus in Schweine verwandelt.

▷ *Cantilene:* Liedchen, Singstück.

132 ▷ *Erinnyen:* Erinyen sind unterirdische Rachegöttinen, lat. Furien.
▷ *Inseparables:* Unzertrennliche, Papageienart.

133 ▷ *Heanvogel:* Handschrift XXIV/15, f. 19-19v.

134 ▷ *Gaunersdorf:* Ortschaft und Poststation in Niederösterreich. (Raffelsberger)

▷ *Krwoprd:* Handschrift XXIV/15, f. 23-24. Tschech. Krwoprd bedeutet etwa »Krummfurz«, vgl. *S. W.*, Band I, S. 195, Band II, S. 294, und Band IV, S. 243.
▷ *Bandeliere:* Bandelier, Schultergehänge, Wehrgehänge.

135 ▷ *Institut Nichtengraus:* Handschrift XXIV/15, f. 30.

▷ *Ballettidee:* Handschrift XXIV/18, f. 2.
E: Ikarus. Ein Krystallballett.
Ikarus, Geliebter der Ariadne
Dädalos, sein Vater
Apeliotes, der Ostwind
Amfitrite
Neptun
Nixen, Tritonen
Corcoran, Leiter einer Film GmbH (XXIV/18, f. 3)
Ikarus stürzt ins Meer. Kommt ins Nixenreich, wird auf die Insel der Seligen empor-getragen, bis eine Film GmbH kommt und das Paar stört. Mitten in der Aufnahme aber erscheinen Neptun und Thetis und verwandeln die Filmleute in Affen mit Podexen des Sternenbanners. (XXIV/18, f. 4)
▷ *verzarren:* Österr. verführen, entführen, verschleppen.

▷ *Störungen:* Handschrift XXIV/18, f. 2v. – In einem Brief vom Dezember 1934 forderte Karl Eidlitz FHO auf, für eine Szene einer Molière-Inszenierung »Störenfriede« einer Liebesszene zu erfinden. (*S. W.*, Band VIII, S. 336 ff.) – FHO sandte die verlangten Figurinen sowie einige Ideen am 5. Jänner 1935 an Eidlitz: »Heute früh bekam ich das Stück das ich hiermit returniere. Es war eine Viechsarbeit, die Figurinen so rasch zu machen – aber es ging. Beim Theater heißt es schnell sein.
Ich habe als störende Figuren mir gedacht: dass plötzlich von zwei Seiten Landedelleute kommen: ein Süd- und ein Nordfranzose. Sie wollen sich schlagen, verneigen sich vor dem Liebespaar und beginnen fechtend herumzuhupfen. Dabei verschwinden sie zum Glück im Gang. Dann erscheint ein Jongleur, macht eine stumme, feierliche Reverenz und zieht dem Alcest ein Ei aus der Nase, das er feierlich Orphise übergibt.
Dann kommt noch ein Feuerfresser. Auch sehr störend.
Ein ganz schwarzer Bettelmönch könnte auch kommen. Natürlich auch der schwarzfetzige Liebestrankhändler, der gespenstig unter einem goldenen Konsoltisch vor dem Spiegel auftaucht. (Oder er kommt aus dem Sufflörkasten, wo er auch verschwinden kann.)
Schließlich geht der Vorhang zur Parkterrasse auf u das Ballett umtobt die Liebenden. (Parisurteil) Flötisten u Geiger tanzen mit im Ballett, ebenso der Liebesgenius, der Paris an die Leine nimmt. Wenn Du willst, kann ich das ganz genau ausführen. (Flötist u Geiger machen die Musik real.)« (Reinisch, *FHO-Chronologie*, 7. Fassung)

319

136 ▷ *Skis:* Trumpfkarte im Tarock, bei FHO ist die darauf abgebildete Figur Symbol der
Staatsmacht. (Vgl. *Maskenspiel der Genien*, Band III, S. 15 f.)
▷ *Oreade:* Bergnymphe.

▷ *Casanova:* Handschrift XXIV/18, f. 4v.
▷ *Giuletta:* FHO spielt auf die berüchtigte venezianische Kurtisane Giuletta Cavamacchia
an, möglicherweise mit Rousseaus Julietta identisch, sicher zeitweise Casanovas
Geliebte, aber auch jene des Kanzlers Maria Theresias, Fürst Kaunitz. (Richard
Waldegg, *Sittengeschichte von Wien*. Stuttgart-Bad Cannstatt, 4. Aufl. 1965, S. 149.)
▷ *Sbirren:* Ital. sbirro, bis 1809 italienischer Vollstreckungsbeamter des Gerichts und der
Polizei.
▷ *Apatin:* Festung in Ungarn.

137 ▷ *Dolman:* Mit Knöpfen und Schnüren besetzte, eng anliegende, schoßlose, mit Pelz
verbrämte, oft gefütterte Jacke der Ungarn, die auch zur Uniform einiger
Husarenregimenter gehörte.

▷ *Unser Dümmster:* Handschrift XXV/1, Fasz. 1, f. 1. – Von großem Interesse wäre bei
diesem Text der Zeitpunkt der Entstehung. Er ließ sich nicht ermitteln.
▷ *Schickelgruber Alois:* Der am 7. Juni 1837 in Strones/Waldviertel als uneheliches Kind
der Magd Maria Anna Sch. geborene Alois Sch. wurde mit beinahe vierzig Jahren auf
Veranlassung seines Ziehvaters legitimiert. Obwohl diese Legitimierung gesetzwidrig
war, war sie doch wirksam: »vom Januar 1877 an nannte Alois Schickelgruber sich
Alois Hitler« (Vgl. Joachim C. Fest, *Hitler*. Eine Biographie, Frankfurt/M.-Berlin-Wien
1975, S. 31 ff.). Am 20. April 1889 wurde Adolf Hitler in Braunau am Inn als viertes
Kind von Alois und Klara Hitler (geb. Pölzl) geboren.

▷ *Der Besuch beim Osterhasen:* Handschrift XXV/1, Fasz. 2, f. 1.
▷ *Bernhard Buchbinders:* Bernhard Ludwig Buchbinder (Pseud. Gustav Klinger) (* 7.
Juli 1849 Budapest, † 24. Juni 1922 Wien) Schauspieler, Schriftsteller, Theater-
kritiker, Verfasser von zahlreichen Bühnenstücken mit Volksstückcharakter, Roma-
nen, Opern- und Operettenlibretti (»Die Försterchristl«, »Husarenliebe«, u. a.).

138 ▷ *Götter in der Mausefalle:* Handschrift XXV/1, Fasz. 2, f. 1.
▷ *Quarterone:* Männlicher Mischling von einem Weißen und einer Terzeronin (Mischling
aus Europäer und Mulattin) oder umgekehrt, zu lat. quattuor, vier, zeigt den Grad der
Mischung an.

▷ *»Stille Nacht, heilige Nacht ...«:* Handschrift XXV/1, Fasz. 2, f. 3.
D: März 1947 (XXV/1, Fasz. 2, f. 3)

▷ *Der lange Olaf:* Handschrift XXV/1, Fasz. 2, f. 5.
D: 1941 (XXIV/1, Fasz. 2, f. 5)

139 ▷ *Der lebende Torpedo:* Handschrift XXV/1, Fasz. 2, f. 7.
Paralipomenon:
Lebende Torpedos
Ganz Europa lief eine Gänsehaut über den Rücken, als die Kunde zu uns kam, daß sich

so und so viele Japaner für einen kommenden Krieg mit Begeisterung erbötig gemacht hätten, als lebende Torpedos zu dienen. So sei es in dem bekannt gut informierten N-N gestanden. Besonders sehr dicke Herren in dem Kaffeehaus malten sich irr blickend und von Angstschweiß überrieselt aus, wie sie ihrerseits etwa, eng eingekeilt, wenigstens etwas vom Bauch gefedert, in dem blechernen Gehäuse liegend, mit der Nase einen halben Meter weit von dem Zentner Ekrasit, das Torpedo steuern müßten. Und dann ... 1800 Grad habe die Flamme, wie sich solche kleinen Gruppen von Selbstquälern unter Gechze gegenseitig versicherten.

Träfe es zu, daß es wirklich solche patriotischen Desperados gäbe – ja dann rangierten ja all die stolzen Oreadengeschwader nur noch als schwärmende Gschnasgegenstände, dann wäre es doch besser, diese bloß noch zu politischen Paraden zu verwendenden Schwimmkörper gleich von solchen Firmen auf die Werft legen zu lassen, die sich bisher mit der Erzeugung von Tombola- und Faschingsartikeln beschäftigt hatten. Besonders gut gehe es ja diesem Industriezweig ohnedies nicht, seit die Jugend ihre gegenseitige Fühlungnahme in die Skihütten verlegt hatte.

Und jetzt kommt wirklich die Schreckenskunde, daß ein Chinese tatsächlich ein Torpedo gegen das japanische Admiralschiff gesteuert habe! Also, ein Chinese war der erste?

Nein, auch auf diesem Gebiet war ihm die weiße Rasse zuvorgekommen. Allerdings auf einer andren Art der technischen Durchführung dieses schauerlichen Aktes. Der älteste auf uns gekommene Bericht stammt vom Jahre 1571. Dem Sultan Selim II., einem Trunkenbold, hatte ein Verbrecherkonsortium das Recht zur Eroberung der damals fabelhaft reichen, venezianischen Insel Cypern abgetrotzt. Venedig, das genau zur selben Zeit von einer schweren Pestepidemie heimgesucht war, die allein 40.000 Soldaten vernichtet hatte (Sticker, 105), konnte keine Hilfe bringen. Cypern wurde grauenhaft verwüstet. In der Hauptstadt Famagusta wurden an 80.000 Menschen niedergemetzelt, und was jung und schön war, auf die Sklavenmärkte und in die Harems verschachert. Da war es eine junge Griechin aus vornehmer Familie, die eine Fackel in die Pulverkammer eines der Sklaventransportschiffe warf. Die Geschichte hat aber den Namen dieser Heldin nicht überliefert.

Ein konformes Vorhaben, das aber nicht zur Ausführung kam, rührt vom Seehelden Jan Barth her. Barth, ein gebürtiger Niederländer, trat später in die Dienste Ludwigs XIV., der ihn 1697 in einer Audienz zum Kommandeur eines Geschwaders ernannte und ihm in seiner bekannten hochmütigen Art die Hand zum Kuß hinhielt. Barth aber, ein Mann von rauher Freimut und voll derbem Witz, machte von dem gnädigen Anerbieten der, nach glaubwürdigen historischen Berichten nur äußerst selten gewaschenen Hand des zwar prunkvoll drapierten, aber recht unappetitlichen Königs keinen Gebrauch, sondern äußerte sich, zum Entsetzen der Hofleute – daß Seine Majestät mit der Ernennung wohl daran getan hätte.

Dieser rauhe, prachtvoll und zielsicher Kautabak spuckende Seebär hatte bald darauf auf Befehl des erwähnten Sonnenkönigs den zum König von Polen erwählten Prinzen Conti nach Helsingör zu bringen. Das Schiff wurde dabei unterwegs von den Engländern angegriffen und beinahe genommen. Nach der Aktion drückte der aus einer Matratzenverpackung wieder hervorgeholte, noch sehr nervöse hohe Herr Barth seine lebhafte Freude aus, daß sie dem barbarischen Feinde entronnen. »Die Gefangennahme«, erwiderte Barth, sich naiv mit der Tonpfeife im Ohr kratzend »dürften wir nicht fürchten; ich hatte meinen Sohn mit der Lunte in die Pulverkammer geschickt, um das Schiff auf den ersten Wink in die Luft zu sprengen.« Auf das hin schiffte sich Prinz Conti

schon in Danzig aus und kehrte unter Verzicht auf die polnische Krone, die dann August
dem Starken zufiel, wieder in seine Heimat zurück, wo ihn sein unappetitlicher hoher
Herr Onkel recht ungnädig aufnahm. (XXV/6, Fasz. 15, f. 2-3 und Fasz. 17, f. 1)

▷ *in Filzpatschen in den Tod gehen darf:* V: und dabei ham S' no die Vergünstigung, daß
mit Patschen in den Tod gehen dürfen! Denken S', wia r dös im Radetzky gottselig gfreit
hätt. Der hat als 84 stoanalts Manderl no den Feind mit Zugstifletten vor sich her jauken
müssen! Jawohl, Herr! (XXV/6, Fasz. 17, f. 1)

▷ *Die Wurstmaschine.* Handschrift XXV/1, Fasz. 2, f. 8. Ein ähnliches Motiv findet sich
bei Thomas Bernhard in: *Ereignisse*, Berlin 1969, S. 23, in dem Kurztext *Eine
Maschine.*

140 ▷ *Der Besuch des Kaisers:* Handschrift XXV/1, Fasz. 2, f. 9-10.
TV: Der 18. August 1858.
E: Personen:
Napoleon III.
Eugenie, Kaiserin der Franzosen
Graf Meilhac, Zeremonienmeister
Ein Karpfe, Hofgesellschaft
Fontainebleau (XXV/1, Fasz. 2, f. 9).

▷ *Hübner (Hafenbrätl):* Josef Alexander Graf von Hübner(-Hafenbrätl) (* 26. November
1811 Wien, † 30. Juli 1892 Wien), Diplomat und Staatsmann, stammte aus einer
Glasererfamilie und zog die Aufmerksamkeit Metternichs auf sich, der ihn 1833 in den
Staatsdienst aufnahm. 1846-48 und 1849-59 auf Missionen, schließlich Botschafter in
Paris, wo er zum Freundeskreis des französischen Kaiserpaares zählte. 1859 Polizei-
minister, dann bis 1867 Botschafter im Vatikan. (J. A. Hübner, *Neun Jahre der
Erinnerungen eines österreichischen Botschafters in Paris 1851-59*, 2 Bände, 1904)

141 ▷ *Clara von Corfu:* Handschrift XXV/1, Fasz. 2, f. 11. In einem Konvolut mit der
Bezeichnung »Kurzdramen 1946« findet sich ein ähnlicher, doch noch weniger
ausgearbeiteter Entwurf (XXV/1, Fasz. 14, f. 5).

▷ *Clara von Corfu:* Clara de Corphoo, venezianische Kurtisane. (Alfred Semerau, *Die
Kurtisanen der Renaissance. Ein Beitrag zur Sittengeschichte.* Wien-Leipzig 1926,
S. 158)

▷ *Carpacciogenre:* Vittore Carpaccio (1455/65–1526), bedeutender Vertreter der
venezianischen Renaissancemalerei, schuf warmtonige Zyklen von Heiligenlegenden
in subtiler Lichtbehandlung, die, in Zeit und Umwelt des Malers versetzt, das
venezianische Leben des 15. Jahrhunderts anschaulich schildern.

▷ *Cinquecentos:* Es müßte nach dem angegebenen Jahr 1475 richtig Quattrocentos
heißen.

▷ *Pudicitia mit dem weißen Wiesel:* Lat. Schamhaftigkeit, Sittsamkeit, Keuschheit,
römische Göttin der ehelichen Sittsamkeit, wahrscheinlich ursprünglich ein abstrakter
Begriff, der in den Rang einer Gottheit erhoben wurde.

142 ▷ *Canzonetta austriaca:* Handschrift XXIV/11, f. 42, XXIV/18, f. 8, XXV/1, Fasz. 3,
f. 1-2.
D: 1949 (XXV/1, Fasz. 3, f. 1); 31. August 1943 (XXV/1, Fasz. 3, f. 2). – Auf eine
Bleistiftzeichnung aus dem Jahre 1929 mit dem Titel »Salzburg, Canzonetta Austriaca«

notierte der Autor: »Dafne öffnet den Baumspalt und jodelt Hut schwenkend Canzonetta ballata – das Tanzlied, Heil Dir im Siegeskranz – Melodie von Henry Carey 1690–1773«. (Reinisch, *FHO-Chronologie*, 7. Fassung)

▷ *Fiakerhermen:* Rechteckige Pfeiler mit den Köpfen von Wiener Kutschern (Fiakern). FHO gestaltete graphisch diese meist mit Halbbüsten.

▷ *Callots:* Jacques Callot (* 1592/93 Nancy, † 24. März 1635 Nancy), französischer Zeichner und Radierer. FHO bezieht sich mehrfach auf ihn. (Vgl. z. B. *S. W.*, Band VI, S. 87) – Der Autor besaß selbst 86 Blätter, die einen Schwerpunkt in FHOs Kupferstichsammlung bildeten. (Dazu *S. W.*, Band III, S. 515, Anm. *Callot*)

▷ *Ödipus, verfolgt von den Eumeniden:* Bekanntlich wird nicht Ödipus, sondern Orest von den Eumeniden (Erinyen) verfolgt; allerdings befindet sich in Sophokles' *Ödipus auf Kolonos* der erblindete König in Athen im Heiligtum der Eumeniden, die in diesem Falle nicht als Rachegöttinnen, sondern als die »Wohlgesinnten« zu deuten sind.

▷ *Thyrsossen:* Thyrsos, mit Efeu und Weinranken umwundener Stab des Dionysos und seiner Begleiterinnen.

143 ▷ *Ode an einen vernickelten Metallgegenstand:* Zwei minimal unterschiedliche Fassungen enthält die Handschrift XXV/1, Fasz. 4, f. 1-7; als Lesefassung wurde jene f. 4-6 gewählt.

TV: Der vernickelte Cavalier (XXV/1, Fasz. 4, f. 4)

▷ *Reverie:* Träumerei, eigentl. träumerisch-elegisches Musikstück.

▷ *Philibert de l'Orme:* Frz. Architekt (* um 1510 Lyon, † 8.Jänner 1570 Paris) gilt als wichtigster Vertreter der französischen Renaissancearchitektur. 1533–36 hielt er sich zu Studienzwecken in Rom auf. Zu seinen Hauptwerken zählen die Kapelle und das Portal der Schloßanlage von Anet, das Grabmal für Franz I. in der Kathedrale von St. Denis und das Schloß Madrid bei Paris (um 1550). Unter der Regentschaft der Königin von Frankreich, Katharina von Medici, begann er mit dem Bau der Tuilerien, die jedoch erst in den folgenden Jahrhunderten von verschiedenen Architekten vollendet wurden. 1871 wurden die Tuilerien von den Kommunarden in Brand gesteckt und nur teilweise wieder aufgebaut. (Vgl. Meyer, Larousse)

▷ *Dorante (...) Marquise le Tour d'Auvergne:* Nicht ermittelbar.

▷ *Morganens:* Die zauberkundige Fee Morgane ist die Schwester des sagenhaften König Artus. Sie tritt vor allem in Chrétien de Troyes' Lancelot-Roman auf.

▷ *Buffanten:* Bouffante, Bauschkleid.

▷ *Arachnes Pracht:* Arachne war die Tochter eines Purpurfärbers aus Kolophon; sie verstand sich auf das Weben von Teppichen und forderte im Übermut Athene zum Wettkampf heraus. Obwohl die Göttin die Fertigkeit Arachnes anerkennen mußte, war sie doch über den Inhalt der auf den Teppichen dargestellten Szenen – aus dem Liebesleben der Götter – empört und verwandelte Arachne zur Strafe in eine Spinne. (Vgl. Ovid, *Metamorphosen*, 6, 5 ff.)

▷ *mouches:* Franz. Schönheitspflästerchen.

▷ *rubans:* Franz. Schleifen, Bänder.

144 ▷ *Biterne-Drepanon:* Es gibt mehrere Orte mit dem Namen Drepanon; wahrscheinlich meint FHO den an der Westküste Zyperns, von dem Ruinen aus der römischen und griechischen Zeit erhalten sind. Biterne ist nicht belegbar.

▷ *Sermoneta:* Von ital. sermone, Rede, Predigt.

▷ *Buffavento:* Buffo meint im Ital. nicht nur den Sänger komischer Rollen (vgl. Anmer-

323

kung S. 330, *Buffone*), sondern bedeutet auch »Windstoß«, ebenso wie das Wort »vento«. Es ist dies offensichtlich ein Wortspiel FHOs.

▷ *Viole d'amours:* Auch Viola d'amore (Liebesgeige); im Barock beliebtes, wahrscheinlich aus England stammendes, silbern klingendes Instrument der Viola-da-gamba-Familie; von etwa gleicher Größe wie die Viola (Bratsche). Das Instrument ist mit fünf bis sieben Saiten bespannt, verfügt über keine Bünde und wird in Armhaltung gespielt.

▷ *Descourtis:* Ein Musiker dieses Namens konnte nicht eruiert werden, doch macht FHO hier vielleicht den franz. Kupferstecher Charles Melchior Descourtis (1753–1820) zum Musiker.

▷ *Hummeln:* Die Bordunröhren der schon im Mittelalter geschätzten Sackpfeife. FHO bezeichnet damit das ganze Instrument, das als Musette im 17. und 18. Jahrhundert ein Modeinstrument in der französischen höfischen Musik war. (Vgl. *S. W.*, Band III, S. 159)

▷ *Hotteterres Schaperpfeife:* Die Hotteterres waren eine französische Familie von Instrumentenmachern und Musikern im 17. und 18. Jahrhundert. In ihren Werkstätten wurden vor allem kleine ländliche Musikinstrumente hergestellt, wofür sie berühmt wurden. Einige Mitglieder der Familie waren bedeutende Spieler verschiedener Holzblasinstrumente. Die Schaperpfeife war ein der Schalmei verwandtes Rohrblattinstrument. FHO bezeichnet damit die Spielpfeife der Musette.

▷ *Truffaldin:* Possenreißer in der Commedia dell'arte.

▷ *Bergeretten:* Schäferinnen.

▷ *Paniers:* Franz. panier, Korb.

▷ *Damon und Phintias:* Ein durch seine Treue berühmtes Freundespaar; Damon wollte den Tyrannen Dionysios von Syrakus ermorden. Phintias trat für ihn als Bürge ein. Die Geschichte ist bei Valerius Maximus überliefert und aus Schillers Ballade *Die Bürgschaft* bekannt; allerdings bezog Schiller den Stoff aus den Fabeln des Hygin. Siehe Valerius Maximus IV 7,6.

▷ *Lykas:* Wahrscheinlich Name aus der Schäferpoesie. – Lykas gilt meist als Name eines mit Wolfsfell bekleideten Daimons auf einem Gemälde in der Stadt Temesa, das Pausanias VI 6,10 beschreibt. (Pauly)

145 ▷ *Aglante:* Vermutlich Analogiebildung zu Aglaia, die Strahlende.

▷ *Pherusa:* Die Tragende.

▷ *Liriope:* Neubildung, vielleicht zu griech. lirós, kühn, etwa »die kühn Blickende«.

146 ▷ *Perolin:* Desinfektionsmittel. Die Wiener Firma Perolin-Fabrikations-GesmbH erzeugte bis vor kurzem im 13. Wiener Gemeindebezirk, Feldmühlgasse 4, Luftverbesserungs- und WC-Hygienemittel.

▷ *Ganymed:* Handschrift XXV/1, Fasz. 5, f. 1.

▷ *Ganymed:* Siehe S. 281.

▷ *Endymion:* Zu dem bei FHO besonders beliebten Sagenstoff von Endymion und Artemis (bzw. Diana) vgl. *S. W.*, Band IV, S. 147–164.

▷ *Ballettfiguren:* Handschrift XXV/1, Fasz. 6, f. 1.

▷ *Horacke:* Siehe S. 305, Anm. »Horraken«

▷ *Ballettideen:* Handschrift XXV/1, Fasz. 8, f. 6-7.

D: 1936 (XXV/1, Fasz. 8, f. 6).
▷ *Krakowiak:* Polnischer Tanz im 2/4-Takt nach der polnischen Stadt Krakau.

147 ▷ *Okarina:* Kleines, flötenähnliches Musikinstrument aus Ton in Form eines länglichen, an einem Ende spitz zulaufenden Gänseeis mit einem senkrecht dazu stehenden Mundstück und acht Grifflöchern.

▷ *Monodramen:* Handschrift XXV/1, Fasz. 8, f. 10-11v.
▷ *Otez:* Zu tschech. otec, Vater.
▷ *Schionatulander:* Figur aus dem »Parzival« von Wolfram von Eschenbach (um 1170 bis um 1220). Der Plan, die tragische Liebesgeschichte zwischen Sch. und Sigune zum Gegenstand eines eigenen Romans zu machen, ist Fragment geblieben (»Titurel«). Die Fragmente berichten von der Minne Sch.'s, dessen Abschied und Zug mit Gahmuret nach Bagdad. Nach Sch.'s Rückkehr kommt es zu einem Treffen der Liebenden im Wald. Sigune möchte, daß Sch. einen eingefangenen und dann entlaufenen Bracken mit wertvoller Leine wieder einfängt. In den Kämpfen um diese Leine fällt Sch. durch Orilus. Aufgenommen wurde der Stoff Wolframs später (1260-75) von einem Dichter, der sich Albrecht nennt. Der »Jüngere Titurel« stilisiert Sch. zu einem idealen Helden und wurde zu einem der wirkungsmächtigsten Bücher des Spätmittelalters. (Vgl. Max Wehrli, *Geschichte der deutschen Literatur*, Band 1: *Vom frühen Mittelalter bis zum Ende des 16. Jahrhunderts.* Stuttgart 2. Aufl. 1984, S. 315 f. und 494 f. – Vgl. auch *S. W.*, Band 2, S. 74 f.)
▷ *Groom:* Hoteldiener, Reitknecht.

148 ▷ *Die lebende Novelle:* Handschrift XXV/1, Fasz. 9, f. 1-12.
D: Dezember 1944 Malcesine (XXV/1, Fasz. 9, f. 1).

152 ▷ *eine Nase bekommen:* sgZ: nachdem ihm dieser so lange sein Ohr geliehen hatte (XXV/1, Fasz. 9, f. 9)

153 ▷ *Das Mysterium Danae:* Handschrift XXV/1, Fasz. 10, f. 2.
▷ *Danae:* Danaes Vater Akrisios erfuhr durch ein Orakel, daß ihm durch einen Enkel Gefahr drohe. Um Nachkommenschaft daher unmöglich zu machen, sperrt er seine Tochter in ein Gewölbe. Zeus dringt in Gestalt eines Goldregens bei ihr ein. Danae gebiert Perseus und wird mit diesem in einem Kasten auf dem Meer ausgesetzt, doch landen beide sicher auf der Insel Seriphos, wo sie ein Fischer aufnimmt.

154 ▷ *Garderobiers:* Handschrift XXV/1, Fasz. 11, f. 1-1v.
▷ *Josef Nährvatter:* Fest 19. März.

▷ *Kreuzfahrerdrama:* Handschrift XXV/1, Fasz. 13, f. 1-2.
▷ *Beatrix:* Die Texte lehnen sich entfernt an die historischen Gestalten der – vom Gegenpapst Paschalis III. zur Kaiserin gekrönten – Beatrix von Burgund (* 1144, † November 1184) und Beatrix von Portugal, Königin von León und Kastilien (* 1372, † nach 1409) an.
▷ *Imperatrix:* Kaiserin.

155 ▷ *Die Hundekarte:* Handschrift XXV/1, Fasz. 14, f. 10 ff.; Entwurf f. 7.

325

157 ▷ *Der 30. Juni 1875 in Paris:* Handschrift XXV/1, Fasz. 13, f. 12. FHO gibt als Quelle an: Alexander Moskowsky, *Die Welt von der Kehrseite*, p. 144.

▷ *Chambords:* Henri Charles de Bourbon (* 29. September 1820 Paris, † 24. August 1883 Frohsdorf bei Wiener Neustadt). Französisch-bourbonischer Kronprätendent, Enkel Charles' X. Die Legitimisten versuchten vergeblich, ihn 1836, 1848 und 1870–73 auf den Thron zu bringen. Da er sich weigerte, die konstitutive Verfassung und die Trikolore anzuerkennen, scheiterte die Wiederherstellung der Monarchie in Frankreich. Mit der Verfassung der Dritten Republik von 1875 waren die Legitimisten endgültig unterlegen. Chambord war mit der Erzherzogin Therese von Österreich-Modena verheiratet. Er lebte seit der Julirevolution von 1830 in Österreich.

▷ *Leurany:* Nicht ermittelbar.

▷ *summus locus civitatis:* Wörtlich »die höchste Stelle im Staate«. Vgl. Cicero, *Pro Cluentio*, 150.

▷ *Don Quichote:* Handschrift XXV/1, Fasz. 14, f. 14-15v.

D: Dezember 1937 (XXV/1, Fasz. 14, f. 14).

▷ *Merde! c'est pas pour moi – c'est pour:* Franz. Scheiße! Das ist nicht für mich – das ist für [...].

158 ▷ *Revue:* Handschrift XXV/1, Fasz. 14, f. 17.

159 ▷ *Bimpfe:* Kleiner Junge, 1933-1945 Angehöriger des NS-Jungvolks.

▷ *Sechter:* FHO verwendet diesen Begriff für Selcher, Fleischhauer, Metzger.

▷ *Ehre bläht:* Handschrift XXV/1, Fasz. 15, f. 3v-5v; wiedergegeben wurde hier der Lesbarkeit wegen nur ein Teil des Textes.

▷ *Claudius:* Name eines römischen Patriziergeschlechtes und zweier römischer Kaiser.

▷ *cauchemars:* Franz. Alpträume.

160 ▷ *Matthias Claudius:* Pseud. Asmus (* 15. August 1740 Reinfeld/Holstein, † 21. Januar 1815 Hamburg), deutscher Dichter, Theologe und Jurist.

▷ *Asmus: ASMUS omnia sua SECUM portans, oder Sämmtliche Werke des Wandsbecker Bothen* lautet der vollständige Titel der 1775 gesammelt erschienenen Beiträge Claudius' aus dem 1771–76 herausgegebenen »Wandsbecker Boten«, der ersten deutschen Volkszeitung mit politischen, wissenschaftlichen, literarischen und pädagogischen Abhandlungen.

▷ *Pharus am Meer des Lebens (...) Gesang 1301:* Die Verse bilden eine Strophe des Gedichts »Täglich zu singen«, das im dritten Teil von »ASMUS omnia sua SECUM portans« (1775) abgedruckt ist. Der letzte Vers lautet: »Die weiland wacker waren.« (Vgl. Mathias Claudius, *Sämtliche Werke*. Nach dem Text der Erstausgaben [ASMUS 1775–1812], München 1968, S. 150)

▷ *Der Ballarrangeur:* Handschrift XXV/1, Fasz. 16, f. 1.

▷ *Claque:* Verkürzt aus Chapeauclaque.

161 ▷ *Der Haupttreffer:* Handschrift XXV/1, Fasz. 21, f. 1-1v; Skizze dazu a. a. O., f. 2 und f. 4, hier unter dem Titel »Aristokratenstück«; der letztgenannte Entwurf gleitet allerdings ins Absurde:

326

Figuren: Art Hugo – Vicepräsident des Abgeordnetenhauses. Er klagt über das abscheuliche Wirken der Bauchredner. Man muß ihn sehr schonen. Denn bei seiner letzten großen Rede war er infam von Bauchrednern gestört worden. – Wirkung von Fliegenpapier. – Handelsminister Peregrinus Freiherr von Gotscheeber. Verwandlung. Er bricht in den ersten Stock durch. Dame am Klavier bemerkt ihn zu spät und wundert sich, daß ein Herr, Serviette umgehängt, an der Gabel ein Hühnerbein, bei ihr ißt. (XXV/1, Fasz. 21, f. 4-4v; *D:* November 1936) *D:* 1943 (XXV/1, Fasz. 21, f. 1)

▷ *Mops Zenobius:* Handschrift XXV/2, Fasz. 1, f. 1-11, Fasz. 2, f. 1-10. *D:* Almfried 1912 (XXV/2, Fasz. 1, f. 37v); 1921 (XXV/2, Fasz. 2, f. 8). Die Arbeit an diesem Text erstreckte sich über einen längeren Zeitraum. Am 20. August 1920 schrieb FHO an Kubin: »Übrigens arbeite ich wieder an einer Groteske: ›der Mops Zenobius‹ die Dir noch Spaß machen soll!« (*S. W.*, Band VII, S. 217) – Zu dem Text finden sich zahlreiche Exzerpte eines nicht unmittelbar feststellbaren Werkes des Historikers Hermann Oncken. (XXV/2, f. 38) – Zenobius ist ein zu häufiger Name im klassischen Altertum, als daß ihm eine konkrete historische Figur zugeordnet werden könnte. Personeninventar: Mops Zenobius
Arone Pizzicapello, Leibarzt des Zenobius
Der Palast der griechischen Kurtisane (Galeere der Lüste)
Apostolo Zeno führt »Lucius Papiricus« auf.
(Papirica, Edelknaben mit Fackeln, Rutilia, Cominius mit goldener Rüstung) Chelonis, Amphares
Figuren des Orients: Araxane, Achmet, Fatime
Osiman, Jarbos (König der Mohren), Selim Parsinor, Orphise Merope, Nabal (Züchter des Mopses)
Zenobius war der erste Mops der aus China kam!
(Fohund) Ariane
Der Fluss Bostreno bei Sidon.
Nabarzanes, Cleonia, König von Syrien, Fenicius, Olinte, Barsena, Tarantes
Falconida, Zofe der Buhlerin Triphona
Corasmin (Lusignan und Zaira)
Pharasman (König von Iberien, aus: Radamest und Zenobia)
Arsam, Phenize (in Artanis)
Fylane und Belazim
Melitene, Hauptstadt Armeniens (XXV/2, Fasz. 2, f. 1)

▷ *Caterina Cornaro:* Caterina Cornaro, Königin von Zypern (* 1454, † 10. Juli 1510 Venedig), Tochter des Marco C., eines direkten Nachkommen des gleichnamigen Dogen, und der Fiorenza Crispo, Herzogin von Naxos. Im Juli 1472 heiratete sie per procurationem Jakob II. Lusignan, König von Zypern, und wurde in der Folge von der Republik Venedig zur Adoptivtochter erklärt. Von ihrem Gatten wurde C. erst nach längerem Zögern im Herbst 1472 zu sich gerufen. Wenige Wochen nach dessen Tod (am 7. Juli 1473) schenkte sie am 18. August einem Sohn das Leben und wurde im November des gleichen Jahres durch ein Komplott neapelfreundlicher Elemente, die der Serenissima feindlich gesinnt waren, entmachtet. Mit Hilfe eines venezianischen Truppenkontingentes wurde die Ordnung wiederhergestellt, C. selbst jedoch de facto durch die Seerepublik ihrer Macht beraubt, da ihr im März 1474 ein Provveditore und zwei Consiglieri an die Seite gestellt wurden, die den direkten Oberbefehl über das Heer und die administrative Leitung des Königreiches übernahmen. Nur mehr auf eine repräsentative Rolle beschränkt, mußte C. nach dem Tod ihres Sohnes ohnmächtig zusehen, wie Zypern seinen unabhängigen Status verlor und in den Besitz der Serenissima überging; sie wurde zudem noch verdächtigt, sich durch Heiratsprojekte, die ihr immer wieder v. a. am Hof von Neapel vorgeschlagen wurden, der strengen »Vormundschaft« entziehen zu wollen. Im Februar 1489 überredete sie ihr Bruder Giorgio im Auftrag Venedigs, sich in die Seerepublik zurückzuziehen und auf den Thron von Zypern zu verzichten. Dafür wurde sie mit der Herrschaft über Asolo (Prov. Treviso) abgefunden. Dort hielt sie sich von 1492 an vorwiegend auf, förderte in großzügiger Weise die Künste und Wissenschaften und zog die berühmtesten Persönlichkeiten aus Politik und Kulturleben ihrer Zeit an ihren kleinen Renaissancehof, der Pietro Bembo zu seinem Werk *Gli Asolani* inspirierte. Von zahlreichen Dichtern ihrer Zeit gefeiert, wurde sie auch in den folgenden Jahrhunderten zur Heldin einer Reihe von Werken der Literatur, darstellenden Kunst und Musik. (*Lexikon des Mittelalters*, Stichwort *Cornaro Caterina*)

▷ *Raimund Lusignan:* 1387–93 verfaßte Jean d'Arras für Herzog Jean de Berry eine fabulöse Chronik der Ursprünge des Hauses Lusignan, »Melusine«, wonach das Geschlecht von der Fee Melusine abstammt, die mit dem Sire Raimondin von Lusignan ehelich verbunden ist. (*Lexikon des Mittelalters*)

162 ▷ *Rat der Drei:* Vermutlich die jährlich wechselnden drei höchsten Richter Venedigs, die zur Verfolgung von Staatsverbrechen ab 1539 als Inquisitori di stato installiert wurden.

▷ *San Marco:* Kirche des hl. Markus, des Schutzheiligen der Stadt Venedig.

▷ *Sankt Theodors auf der Porphyrsäule:* Statue des auf einem Krokodil stehenden hl. Theodor auf der Piazzetta di San Marco. Die Statue steht nicht auf einer Porphyr-, sondern auf einer Granitsäule aus Syrien oder Konstantinopel; die berühmten Porphyrreliefs, zwei sich umarmende Kriegerpaare darstellend, befinden sich neben dem Eingang zum Dogenpalast.

▷ *Pomponazzi:* Vermutlich zu ital. pomposo, komisch prunkende Figur.

▷ *Molosser:* Ursprünglich besonders fähige Hirtenhunde, benannt nach dem Viehzucht treibenden epirotischen Stamm der Molosser. Doggenähnliche Wach- und Kampfhunde. (Vgl. *S. W.*, Band III, S. 406)

▷ *Loreto:* Der bedeutende italienische Wallfahrtsort nahe der adriatischen Küste entstand um die hier verehrte Santa Casa (das heilige Haus von Nazareth), die nach der Legende am 7. September 1295 von Engeln nach Loreto gebracht wurde. 1468 begann man mit dem Bau der Basilika über der Santa Casa. Papst Sixtus V. erhob Loreto 1584 zum Bischofssitz und 1586 zur Stadt. Die Wallfahrt nach Loreto geht wohl auf eine bereits am Ende des 12. Jahrhunderts nachweisbare Marienkirche an der Stelle des heutigen Heiligtums zurück.

163 ▷ *Dalmatien von Einsiedlern und Klippenheiligen:* Schon vor dem Einfall der Slawen zu Beginn des 7. Jahrhunderts entfaltete sich im Königreich Dalmatien das Christentum. Der hl. Hieronymus stammte aus Stridon/Dalmatien. 375-378 lebte dieser bedeutenden Kirchenvater und -lehrer allerdings in der Wüste Chalcis (bei Aleppo), nach 385 in Betlehem, wo er ein Männer- und drei Frauenklöster leitete.

▷ *Anachoreten:* Einsiedler.

▷ *Sansaras:* Sansara oder Samsara bedeutet jene Lehre der Hindus, Buddhisten und

328

Dschainas, wonach alle Wesen dem ewigen und leidvollen Kreislauf der Wiedergeburt unterworfen sind. Zur speziellen Bedeutung dieses Begriffs bei Kubin – daher auch für FHO von Relevanz – vgl. *S. W.*, Band VII, S. 331 f., Anm. *Sansara*.

▷ *musele-musel-musello:* Vermutlich von ital. muso, Schnauze.
▷ *Pheidias:* Phidias, athenischer Bildhauer (5. Jh. v. Chr.).
▷ *Rapaquetto:* Rübchen, von ital. rapino, wilde Rübe.
▷ *Tabuletkrämer:* Krämer, der seine Waren in einem Bretterkasten mit Schubfächern herumträgt.

164 ▷ *Praxiteles:* Berühmter athenischer Bildhauer (4. Jh. v. Chr.).
▷ *Aspasia:* Zweite Gattin des Perikles; geistreich und von großem Einfluß auf ihren Gatten, wurde sie das Angriffsziel seiner politischen Gegner. Eine gegen sie um 433/432 von Hermippos eingebrachte Klage wegen Gottlosigkeit und Kuppelei leitete den Untergang des Perikles ein. Die ihr später zugeschriebene Hetärenrolle scheint unhistorisch zu sein, gilt aber nichtsdestoweniger als Topos der erotischen Literatur. So schreibt das *Bilderlexikon der Erotik* (Kulturgeschichte, Band 1, Wien-Leipzig 1928): »Während man ihr auf der einen Seite eine von den Staatsmännern und Philosophen anerkannte hohe philosophische und oratorische Bildung nachrühmte, hat sie auf der anderen Seite eine förmliche Organisation des Hetärenwesens in Griechenland geschaffen, da sie zahlreiche schöne Mädchen importierte, sie in ihrem Hause zu Athen in den Hetärenkünsten ausbildete und dann ganz Hellas damit überschwemmte, weshalb sie auch Sokrates ›Erotodidaskalos‹ (Liebeslehrerin) nannte.«
▷ *Kaiserin Theodora:* (* um 497, † 29. Juni 548), übte als Frau des byzantinischen Kaisers Justinian I. großen Einfluß auf dessen Politik aus.
▷ *Cassian zu Brixen:* Der Legende nach wurde der hl. Cassian, Patron von Brixen (Fest am 13. August) von seinen heidnischen Schülern mit Griffeln zerfleischt.
▷ *Galeazzo:* Herzog von Mailand (*16. Oktober 1351, † 3. September 1402), ließ bei der Übernahme der Regierung von Mailand im Jahre 1385 seinen Oheim Bernabò mit dessen beiden Söhnen gefangennehmen und vereinigte so alle Besitzungen seines Geschlechts (der »Visconti«) in einer Hand. Darüber hinaus erweiterte er seinen Besitz um die Städte Pisa, Siena, Perugia, Padua und Bologna. Angriffe von Florenz und Venedig, 1401 auch von König Ruprecht von Deutschland, wehrte er erfolgreich ab. Unter seiner Herrschaft wurde der Bau des Mailänder Doms begonnen und die Tessinbrücke bei Pavia errichtet. Als er sich darauf vorbereitete, den Titel eines Königs von Italien zu übernehmen, starb er plötzlich an einer Seuche. (Vgl. Meyer)
▷ *Jocasta Chelidonia:* Eine historische Figur dieses Namens war nicht zu ermitteln; vielleicht zu griech. chelion, Schwalbe.

165 ▷ *San Fermo:* Der hl. Firmus erlitt zusammen mit dem hl. Rusticus nach »einer späten, unglaubwürdigen Passio« (*Lexikon für Theologie und Kirche*, Stichwort *Firmus*) das Martyrium in Verona, wo er auch, weil man sich dort im Besitze von Reliquien glaubte, verehrt wurde.
▷ *Onuphriustage:* 12. Juni.
▷ *Siriusdurchgang:* Bezieht sich auf die sogenannten Hundstage, da der Sirius (Hundsstern) zugleich mit der Sonne auf- und untergeht, d. h. auf die heißesten Tage im Jahr, etwa vom 24. Juli bis zum 24. August.
▷ *Camerlengo:* Ital. Kämmerer.

329

▷ *San Giorgio:* San Giorgio dei Greci, 1538 erbaute Kirche mit elegantem, schiefem Campanile (1587–92).

▷ *Marino Falieri:* Marino Faliero (* 1274, † 17. April 1355 Venedig), 1354 Doge von Venedig, versuchte 1355 durch Staatsstreich die Adelsrepublik in eine in seiner Familie erbliche Signoria umzuwandeln. Das Vorhaben wurde verraten und schlug fehl. Faliero wurde auf der großen Treppe des Dogenpalastes hingerichtet. Die Geschichte wurde mehrfach literarisiert, u. a. von E. T. A. Hoffmann (*Doge und Dogaresse*) und von George Lord Byron.

▷ *Rat der Zehn:* Geheime Ratsbehörde der Republik Venedig, 1310/35–1797, zuständig für Hochverrat, Staatssicherheit und Sittenaufsicht, darüber hinaus Instrument der Selbstkontrolle des Adels. Der Rat der Zehn umfaßte bis zur Mitte des 17. Jahrhunderts 17 Mitglieder einschließlich des Dogen.

▷ *Kerinthus:* Kerinthos, gnostischer Häretiker vom Ende des 1. Jahrhunderts in Kleinasien.

▷ *Giovanni Croce:* Genannt Chioggiotto (Chiozzotto) (um 1557–1609), italienischer Komponist, Kapellmeister an San Marco in Venedig.

▷ *Improprien:* Improperien, lat. Vorwürfe, Schimpfworte; die I. sind während der Karfreitagsliturgie gesungene Klagelieder, in denen Jesus die Wohltaten Gottes den Übeltaten seines Volkes gegenüberstellt.

166 ▷ *Batschi:* Ungar. Bácsi, Brüderchen, freundschaftliche Anrede.

▷ *Ballisten:* Antikes Wurfgeschoß der Griechen und Römer. Geschossen wurde mit Steinen, Eisen- oder Holzpfeilen.

▷ *Kathäusern:* Bedeutung nicht ermittelbar.

167 ▷ *Fohund:* Gemeint ist vermutlich der chinesische Palasthund, Pekinese. »Fo« bedeutet Buddha. In den buddhistischen Tempeln gibt es weder Hunde noch Hundedarstellungen, wohl aber in taoistischen. – Zu Fohund vgl. *S. W.*, Band IV, S. 268, in einem Paralipomenon zu *Abduhenendas mißratene Töchter.*

▷ *Asralische Loge:* »Beni Asra« ist ein südarabischer Volksstamm, dem heftigste und zugleich keuscheste Liebe nachgesagt wird. Von ihm überliefert die arabische Tradition einige rührende Liebesgeschichten. Auf diesen Topos eines sich in schweigender Glut Verzehrenden spielt auch Heinrich Heine in seiner Romanze *Der Asra* an.

▷ *Megistos Plethon:* Nicht ermittelbar.

▷ *Diana Vaughan:* Die »Satanspriesterin« Miß Diana Vaughan ist eine der zahlreichen Erfindungen des vom militanten Freidenker und Freimaurer zum Katholizismus bekehrten Leo Taxil. Der Publizist und Buchhändler Gabriel Jogand-Pagès (* 1854 Marseille, † 1907 Sceaux), wie der Autor mit seinem richtigen Namen hieß, erklärte am 19. April 1897 seinen Anhängern im großen Saal der Geographischen Gesellschaft in Paris, daß alle Geschichten von ihm nur erfunden seien. (*S. W.*, Band VII, S. 397, Anm. *dem Palladistischen Satanskult*)

▷ *Signoria:* Ital. Herrschaft, Adelsstand.

▷ *siehe Leo Taxil:* Der Hinweis bezieht sich vermutlich auf eine Stelle in Leo Taxils Werk *Vollständige Enthüllungen über die Freimaurerei. Die Drei-Punkte-Brüder. Ausbreitung und Verzweigung, Organisation und Verfassung, Ritual, geheime Zeichen und Thätigkeit der Freimaurerei.* 2 Bände, Wien 1886/87.

▷ *Godlike Enchantres:* Gottähnliche magische Gestalten.

▷ *Albrecht Dürer schreibt:* In der von Moriz Thausing ausgeführten Edition *Dürer's*

Briefe, Tagebücher und Reime nebst einem Anhange von Zuschriften an und für Dürer
(Wien 1888 – Quellenschriften für Kunstgeschichte und Kunsttechnik des Mittelalters
und der Renaissance 3) findet sich kein derartiges Zitat.

168 ▷ *Glurns:* Glurns im Vintschgau/Südtirol (ital. Glorenza).
▷ *Margarete Maultasch:* Gräfin von Tirol (* 1318, † 3. Oktober 1369 Wien), übergab
nach dem Tod ihres Sohnes Meinhard 1363 Tirol Herzog Rudolf IV. von Österreich.
▷ *Buffone:* Ital. Hofnarr, komische Theaterfigur. Die Bezeichnung B. für eine komische
Charakterrolle taucht in der italienischen Oper des 17. Jahrhunderts auf. Die (nach
Stimmlagen unterschiedenen) Fächer des Tenor- und des Baß-B. setzen neben
stimmlichen Qualitäten großes Spieltalent voraus. (Vgl. Riemann, *Musik-Lexikon.*
Sachteil, Mainz 12. Aufl. 1967, Stichwort *Buffo*)
▷ *Carpaccio:* Siehe S. 321, Anm. *Carpacciogenre.*
▷ *Carmoisinfarbene:* Karmesin, bläulicher Rotfarbton.
▷ *Pomponius Sicurani:* Nicht ermittelbar.

▷ *Alois Pimeskern:* Handschrift XXV/2, f. 45.
D: Februar 1920 Meran (XXV/2, f. 45)
▷ *Wie schreibst di denn:* Umgangssprachliche Frage nach dem Familiennamen.

169 ▷ *Wilson:* FHO hegte für den Politiker keine freundlichen Gefühle, wie aus einem Brief
an Kubin am 3. Mai 1916 hervorgeht: »Nur Wilson ist eine große Gefahr: Auch dieser
Schurke gehört zum Mörderkonzern und ist meiner Meinung nach *Amerika* der Sitz der
ganzen Brut.« (*S. W.*, Band VII, S. 148)

▷ *Meine Nerven:* Handschrift XXV/2, f. 45.

▷ *Laokoon im Caféhaus:* Handschrift XXV/3, Fasz. 1, f. 14.
▷ *Narzisse:* Der schöne Jüngling Narziß verschmähte die Liebe der Nymphe Echo und
wird von Aphrodite derart bestraft, daß er sich in sein Spiegelbild verliebt, bis seine
Verwandlung in die Blume gleichen Namens seinen Qualen ein Ende macht.
▷ *effeminöse:* Zu lat. femina, Weib, Frau, verweiblichte.
▷ *Brillat-Savarin:* Jean Anthème Brillat-Savarin (1755–1826), französischer Schriftsteller und Politiker, profilierte sich literarisch vor allem durch seine *Physiologie des
Geschmacks* (1825), ein Lehrbuch der zeitgenössischen Gastronomie und der Tafel-
freuden.

170 ▷ *Das Steckenpferd des Giganten:* Handschrift XXV/3, Fasz. 2, f. 1-1v.
▷ *Sammelte er doch (...) nicht hatten:* V: Aber es brauchte nicht immer das
epitheton ornans »Tropf« daran zu sein. Sammelte er doch mit der gleichen Leiden-
schaft auch die kleineren, aber buntschillernden, von kundiger Hand mit dem Meißel
zurechtgeklopften Brüderlein und Schwesterlein des Riesen im Salon. Besonders ans
Herz gewachsen waren ihm seine Herzpinkerln (wie er sie kosend nannte), in denen
Goldadern, Rubine, ja sogar Diamanten steckten! (XXV/3, Fasz. 2, f. 1v)
▷ *Ulriken von Levetzow:* Siehe S. 276, Anm. *Ulrike von Levetzow.*

▷ *Über die Pest:* Handschrift XXV/4, Fasz. 1, f. 1-2. Der Text – es handelt sich um ein
Exzerpt aus Georg Stickers *Abhandlungen aus der Seuchengeschichte und Seuchen-*

lehre, I. Band: Die Pest (Gießen 1908) – wurde nur deshalb ausgewählt, weil er typisch ist für die auf die Bagatelle – das Taschentuch – hinkonstruierte Textpartie als für FHO schaffensrelevantes Motiv der Schicksalskonstruktion.

▷ *Pestpandemie:* V: Pestepidemie (XXV/4, Fasz. 1, f. 1)

172 ▷ *dortselbst einem kranken Soldaten:* Es handelt sich um die Stadt Verona, wie aus Sticker, a. a. O., S. 148, zu entnehmen ist.

172 ▷ *Spitalswäscherin gestohlenes Taschentuch:* Obwohl Sticker immer wieder Bagatellen nennt, durch die die Pest ihre Verbreitung fand – Kleidungsstücke, ein gestohlener Ohrring etc. –, findet sich seltsamerweise kein gestohlenes Taschentuch für die Ursache der Ausbreitung der Pest in Venedig 1630. Sticker berichtet nur von zwei Schreinern, die nach sechs Wochen Quarantäne, die sie gesund überstanden, einer Frau einige Tücher zum Waschen gegeben haben. »Die Frau erkrankte einige Tage später und starb nach einer Woche.« (a. a. O., S. 151)

▷ *Fasolt und Fafner:* Handschrift XXV/4, Fasz. 2, f. 1-2. Nach der Schrift zu schließen, scheint dieser Text früh entstanden zu sein. Obwohl aus Erfahrung gesagt werden kann, daß die Datierung einer Zeichnung, die thematisch zu einem Text paßt, keineswegs ein Hinweis auf den Zeitpunkt der Entstehung des Textes ist, soll doch erwähnt werden, daß 1898 eine Bleistiftzeichnung FHOs den Titel »Fafner und Fasolt« trug. (Reinisch, *FHO-Chronologie,* 7. Fassung)

▷ *Fasolt und Fafner:* Riesengestalten aus Richard Wagners »Rheingold«, die, nach Errichtung der Burg Walhalla für den Gott Wotan, um den Nibelungenhort streiten; Fafner tötet Fasolt und taucht, zum Drachen verwandelt, als Hüter des Nibelungenhortes im dritten Teil der Ring-Tetralogie, »Siegfried«, wieder auf. Hier wird er von Siegfried besiegt, der sich des Schatzes bemächtigt.

▷ *Coundrie:* Cundry, Gestalt aus Wolfram von Eschenbachs »Parzival«, ebenso gelehrte wie häßliche »Zauberin«, die als Botin der Gralsburg zum Artushof reitet, um das Scheitern Parzivals bei Amfortas zu verkünden. Dieser hatte versäumt, den siechen König der Gralsburg nach seinen Wunden zu fragen. (Parzival, 6. Buch)

▷ *Asgard:* Himmelsburg, Sitz der Asen, jenes Geschlechts, als dessen Stammvater Wotan galt.

▷ *Odol:* Mundspülwasser zur Zahnpflege.

▷ *bon cheval de comfortable:* Pferd für eine Comfortable, einen Einspänner.

173 ▷ *der Drachenritter Nikolaus:* Nicht ermittelbar.

▷ *Struwelpeter:* Titel des 1847 erschienenen Kinderbuchs des Pädagogen und Irrenarztes Heinrich Hoffmann(-Donner).

▷ *Schellingburg:* Nicht ermittelbar.

▷ *Mauritius:* Gallischer Märtyrer († 280/300 bei Aganum), Patron der Soldaten, Waffenschmiede, Schützer der Pferde.

174 ▷ *Der Mann mit dem eisernen Hintern:* Handschrift XXV/4, Fasz. 3, f. 1-4. Das Schriftbild dieses Textes deutet auf einen zeitlichen Bezug zur vorangegangenen Geschichte hin.

▷ *Götz:* Götz von Berlichingen (1480–1562) verlor im Landshuter Erbfolgekrieg 1504 die rechte Hand, die durch eine kunstvoll gefertigte eiserne ersetzt wurde.

▷ *gelbe Eisenkraut:* Gelb blühende Form des schwer giftigen Eisenhutes (Aconitum), entweder Aconitum anthora oder Aconitum vulparia.

175 ▷ *Ritter, Tod und Teufelin:* Variation zu Dürers bekanntem Werk »Ritter, Tod und Teufel«.

176 ▷ *koische Schleier:* Die Insel Kos (vor der Südwestküste Kleinasiens) war für ihre Seidenproduktion berühmt.

177 ▷ *sieht er noch den glitzernden Smaragdblick:* sgZ: Da kommt schon der Polizeimann der Station gelaufen und will [Text bricht ab]. (XXV/4, Fasz. 3, f. 4)

▷ *Das Geheimnis des Rotzweisels:* Handschrift XXV/4, Fasz. 4, f. 1-2v.
▷ *Pickelhäringe:* Pickelhering, stereotype komische Figur der englischen Komödie, die 1618 von Robert Reynolds geschaffen wurde. Sein Rollenfach, dem die Aufgaben eines Kommentators zugeschrieben werden, oszilliert zwischen Teufel und Hofnarr. (Vgl. Gero von Wilpert, *Sachwörterbuch der Literatur.* Stuttgart 6. Aufl. 1979)

▷ *Mexikanisches Rococo:* Handschrift XXV/4, Fasz. 6, f. 13. – Der Text ist als Paralipomenon zum *Gaulschreck im Rosennetz* (*S. W.,* Band I) zu werten.
▷ *Seguilla:* Seguidilla, span. Volksgesang mit Tanz und Instrumentalbegleitung in Strophen aus vier abwechselnd sieben- und fünfsilbigen assonierenden Versen, im 3/4 Takt mit instrumentaler Einleitung und Refrain. Begleitinstrumente sind Kastagnetten und Gitarre.
▷ *Habanera:* Ein im frühen 19. Jahrhundert in Kuba aufgekommener Tanz in langsamer Bewegung und geradem Takt. Die H. wurde auch von Bizet (»Carmen«) und Ravel (»Rhapsodie espagnole«) verwendet.

178 ▷ *Baryton:* Im 17. und 18. Jahrhundert beliebtes Streichinstrument mit sechs oder sieben Darmsaiten, unter denen metallene Resonanzsaiten geführt sind. Das Instrument ist seiner Konstruktion nach als Baß der »Viola d' amore« anzusehen und wurde vor allem durch die Kompositionen Joseph Haydns bekannt, die dieser im Dienst des Fürsten Esterházy geschrieben hat.
▷ *Acajouholz:* Bezeichnung für Mahagoni; ursprünglich französischer Name für das lange Zeit wichtigste westindische Mahagoniholz (Swietenia mahagoni).
▷ *Hummelpfeifen:* Siehe S. 323, Anm. *Hummeln.*
▷ *Quadrilla Colorado:* Die Quadrille ist ein Tanz, der von im Karree aufgestellten Paaren in jeweils gleicher Anzahl getanzt wird. Historisch ist die Q. schon bei den Naturvölkern als Fruchtbarkeitszauber ausgebildet. Darauf spielt FHO wahrscheinlich an.
▷ *Fandango:* Zur Gruppe der Flamencos zählender feuriger Werbetanz.
▷ *Fermaten:* FHO verwechselt Fermaten mit Pausen.
▷ *Acaponeta:* Span. acaponada wäre die Kastraten- oder Fistelstimme.
▷ *Callaliana:* Nicht ermittelbar. Vielleicht zu span. calle, Gasse. Callajera wäre z. B. die Dirne.

179 ▷ *Heinzelmänner:* Handschrift XXV/4, Fasz. 9, f. 1.

▷ *Der Dämon der Unzucht:* Handschrift XXV/4, Fasz. 7, f. 2v.

333

180 ▷ *Apage, (...) cocottarum:* Etwa »Verschwinde Böcklein! Sie mögen siegen, die Blüten der Kokotten!«

▷ *Der Wortsalat:* Handschrift XXV/4, Fasz. 11, f. 8-9.

181 ▷ *Broca:* Syn. Aphemie, Störung der Sprache bei erhaltener Funktion der zum Sprechen benötigten Muskulatur bei gleichzeitigem Vorhandensein intellektueller Fähigkeiten. (Pschyrembel, *Klinisches Wörterbuch*, 255. Aufl. Berlin-New York 1986*)*

▷ *Paraphasie:* Sprachstörung, die durch Verwechselung von Worten, Silben oder Buchstaben gekennzeichnet ist. (Pschyrembel, *Klinisches Wörterbuch*)

▷ *Kußmaul (...) geschrieben:* Adolf Kußmaul, *Die Störungen der Sprache.* Versuche einer Pathologie der Sprache. 4. Aufl. hrsg. und mit Kommentar versehen von Hermann Gutzmann, Leipzig 1910.

▷ *Boeuf:* Handschrift XXV/4, Fasz. 13, f. 2-11. – FHO nennt diese Figur im *Maskenspiel der Genien* (*S. W.*, Band III, S. 41) – Franz. boeuf, Ochse, Rind.

182 ▷ *kikakerischen:* NV: Kükaker (XXV/4, Fasz. 13, f. 9)

184 ▷ *Enakssohn:* Enakssöhne, sagenhaftes Volk von Riesen in Kanaan, nach 4. Moses 13, 23-24.

▷ *kurbettierte:* Eine Folge mehrerer gleicher Sprünge ausführen, Galoppübung, zu Franz. courber, (sich) krümmen, biegen.

▷ *sordinierenden:* Hier die Lautstärke des Gesprächs mit vorgehaltener Hand dämpfend.

185 ▷ *Maman tetoi (...) leschanperlapeti:* Maman, tais-toi! Ne parles pas telles cruautés. Les gens perdent l'appétit. – Mama, schweig! Sag nicht solche Grauslichkeiten. Die Leute verlieren den Appetit.

▷ *Treue:* Handschrift XXV/4, Fasz. 14, f. 1v.

▷ *Danaidenfaß:* Da die Danaiden auf Befehl ihres Vaters in der Hochzeitsnacht ihre Bräutigame ermordeten, müssen sie zur Strafe in der Unterwelt Wasser in ein durchlöchertes Faß schöpfen.

186 ▷ *Domitian Doppelhör:* Handschrift XXV/4, Fasz. 15, f. 6-7v.

▷ *Quichlohradez:* Vgl. Greis Quihlohradez im *Maskenspiel der Genien*, *S. W.*, Band III, S. 25.

▷ *Bombardierkäfer:* Brachyninae, weit verbreitete Unterfamilie der Laufkäfer, in trockenem Gras- und Kulturland lebend. Die Käfer besitzen am Hinterleibsende zwei Drüsenkammern, aus denen in einer kleinen heißen Gaswolke Chinon ausgestoßen wird, um Angreifer abzuwehren.

▷ *Jubilate (Laetare):* Jubilate ist das erste Wort des Introitus der Messe des dritten Sonntags nach Ostern; Laetare leitet die Messe am vierten Fastensonntag ein. Vgl. S. 346, Anm. *Estomihi (...) Exaudi*.

▷ *Nashornkäfer:* Zur Gattung der Riesenkäfer gehörend, lebt vor allem in den Tropen und Subtropen Amerikas und Eurasiens, so benannt nach dem langen Horn der Männchen.

> *der dort einen Basilisken genährt hatte:* Vgl. *Severin Tschutschebiers entsetzliches Geheimnis,* S. 221

187 ▷ *Familie Würstelschirm:* Handschrift XXV/4, Fasz. 15, f. 8.
E: Jucundus Würstelschirm stand kurz vor der Nobilitierung. Im Hause Würstelschirm herrschte freudige Aufregung in Permanenz und die jungen Würstelschirme gingen stolzgebläht einer hinter dem anderen durch die Straße. (XXV/5, Fasz. 14, f. 1)
▷ *Gobbi:* Ital. gobbo, Buckliger.
▷ *Kaiserkrönung Karls VII.:* Karl VII. Albrecht (* 6. August 1697 Brüssel, † 20. Jänner 1745 München) wurde 1742 unter Mißachtung der Pragmatischen Sanktion von 1713 mit Unterstützung Frankreichs und Preußens zum Kaiser gewählt.

188 ▷ *Der verbogene Achter:* Handschrift XXV/4, Fasz. 16, f. 1.
D: März 1922 (XXV/4, Fasz. 16, f. 1). – Zu den in den letzten beiden Sätzen des Textes genannten Begriffen wurden Ermittlungen angestellt, die jedoch ergebnislos blieben.

▷ *Hetty Fortner:* Handschrift XXV/4, Fasz. 17, f. 1.
D: Januar 1952 (XXV/4, Fasz. 17, f. 1)
▷ *Hetty Fortner:* Das *Deutsche Bühnenjahrbuch* 1928–1935 führte Henriette (Hedy) Fortner als Ballettelevin und Ensemblemitglied des Münchner Staatstheaters. Über den persönlichen Kontakt mit FHO hinaus fungierte sie auch als Kontaktperson für die Übermittlung von Manuskripten. Siehe Brief Korfiz Holms vom 5. Oktober 1935 an FHO (Brenner-Archiv).
▷ *»Siegfried« die Walküre:* »Siegfried«, der zweite Tag des »Rings des Nibelungen« von Richard Wagner, endet mit dem Liebesduett Brünnhilde/Siegfried. Auch das Geschehen um Siegfrieds Leiche in der »Götterdämmerung« stellte sich nach Richard Wagner etwas anders dar: Siegfried wird von seinen Mannen von der Bühne getragen. Brünnhilde blickt auf die Leiche, keinesfalls aber überstellt sie ihn mittels eines Pferdes nach Walhalla.

189 ▷ *vertilgte:* V: vernichtete (XXV/4, Fasz. 17, f. 1)
▷ *›Lustige Witwe‹:* Operette von Franz Lehár (1870–1948) aus dem Jahre 1905.
▷ *'s wär ee a Kassastück:* V: is ohnehin a geborenes Kassastück. (XXV/4, Fasz. 17, f. 1)

▷ *Handlung:* Handschrift XXV/4, Fasz. 18, f. 1.
▷ *Carbonari:* Mitglieder eines italienischen Geheimbundes, dessen Brauchtum den Köhlern (carbonari) entlehnt war. Er entstand um 1807 in Kalabrien und verbreitete sich in ganz Italien mit dem Ziel der Unabhängigkeit und freiheitlichen Verfassung Italiens.

190 ▷ *Pompadour (...) Poisson:* Jeanne Antoinette Poisson, Dame Le Normant d'Étoiles, Marquise de Pompadour (seit 1745) (* 29. Dezember 1721 Paris, † 15. April 1764 Versailles), bürgerlicher Herkunft, war ab 1744 Mätresse Ludwigs XV. – Frz. poisson, Fisch.
▷ *Grenouille:* Franz. Frosch.

▷ *Baron Bernus:* Handschrift XXV/4, Fasz. 21, f. 1-3v.
TV: Baron Rudolf von Simolin (XXV/4, Fasz. 21, f. 1).

335

▷ *Baron Bernus:* Alexander Freiherr von Bernus (* 6. Februar 1880 Lindau/Bodensee, † 6. März 1965 Schloß Donaumünster bei Donauwörth). Neuromantischer Dramatiker, symbolistischer Lyriker, Erzähler und vor allem Nachdichter englischer und lateinischer Lyrik. – Ob und wann eventuell FHO den Schriftsteller persönlich kennenlernte, bleibt offen. Kubins Brief vom 26. Oktober 1909 vermerkt eine erste persönliche Begegnung des FHO-Freundes mit dem Schriftsteller (*S. W.*, Band VII, S. 36), der eine 25jährige Freundschaft folgen sollte. (Siehe *S. W.*, Band VII, S. 344, Anm. *Baron Bernus*.) – FHO erkundigte sich im Brief vom 12. Jänner 1948: »Was war eigentlich der Baron *Bernus* – der mit den falschen Füßen – der einmal die groteske Szene im Hofgarten gehabt hat? War er Literat? Lebt er noch?« (*S. W.*, Band VII, S. 295)

▷ *da er die echten als Kind verloren hatte:* Alfred Kubin vermutete im Kriegsjahr 1914 Bernus bei der badischen Landwehr, was mit »wunderbar konstruierten falschen Füßen« sicher schwer möglich war. (Vgl. Brief Kubins vom 11. Oktober 1914, *S. W.*, Band VII, S. 83)

▷ *Huimann:* NV: Huysmann (XXV/4, Fasz. 21, f. 2v) – Vielleicht Anspielung auf den belgischen Schriftsteller Joris-Karl Huysmans (1848–1907). – Kubin wies FHO mehrmals auf Huysmans hin, wie etwa im Brief vom 7. Oktober 1911. (*S. W.*, Band VII, S. 70) FHO besaß von ihm nachweislich das Werk *Gegen den Strich*, Berlin-Leipzig o. J. (= Kulturhistorische Liebhaber-Bibliothek 20).

192 ▷ *Der Paraklet Pfnistl:* Handschrift XXV/4, Fasz. 22, f. 2.
E: Paraklet. Ein gewisser Pfniss war Sonnen- und Regenschirmemacher; nicht daß er ein Paraklet gewesen wäre, der Sonne allein hätte erzeugen können, wie seine Visitkarte vielleicht fälschlich deuten ließ, das nicht!
Du lieber Himmel! da wäre er ja ein ausgesprochener Paraklet gewesen und hätte nicht mehr Schirme zu erzeugen brauchen. (XXV/5, Fasz. 14, f. 1)

▷ *Paraklet:* Helfer, Tröster, Fürsprecher, der Heilige Geist, zu griech. parakletos.

▷ *da habe ich zum Beispiel im Cairenser Telefonbuch (...):* FHO schrieb an Kubin am 18. November 1918: »Im Frühjahr haben wir noch den Mahatma in Cairo antelephoniert – damals meldete sich aber: Generalsekretariat der heulenden Derwische – auch gut. (Mahatmas stehen im Telephonbuch zwischen Maßkrügeln aus Preßglas und Mehlwurmhändlern). (*S. W.*, Band VII, S. 89)

▷ *Sanussis:* Im Sanussi-Orden organisiert sich eine von religiösen und nationalistischen Motiven getragene Bewegung im Ägypten des ausgehenden 19. Jahrhunderts, die sich in einer religiösen und einer politischen Hoffnung wiegte. Sie erwartete die Erscheinung des »Machtir« (Messias) und mit ihm die nationale Unabhängigkeit. (Auskunft Frau Dr. Römer vom Institut für Orientalistik, Universität Wien).

▷ *Alte vom Berge:* Rasidaddin Sinan (1163–93), Großmeister der Assassinen, der fanatisierten Elitetruppen einer vom Islam abgespaltenen Sekte (vgl. franz. assassin, ital. assassino, Mörder), die organisierte Morde an politischen und religiösen Gegnern verübten.

▷ *Moschee der 7000 heiligen Katzen:* Nicht ermittelbar; möglicherweise handelt es sich hier um eine Klitterung muslimischer und altägyptischer Komponenten. Die Katzenverehrung im alten Ägypten mag hier hineinspielen, vielleicht auch die Katzentempel der Shintu-Religion in Japan.

193 ▷ *Demiurg:* Weltschöpfer, zu griech. demiurgos, demos, Volk, und ergein, wirken.

336

▷ *Die verlorene Medaille:* Handschrift XXV/4, Fasz. 23, f. 1.

▷ *Herr Totenwurst oder eine Abhandlung über das Vergängliche:* Handschrift XXV/5, Fasz. 1, f. 2.

194 ▷ *Das Ohr des Kaisers:* Handschrift XXV/5, Fasz. 1, f. 25.
  D: Mai 1944 (XXV/5, Fasz. 1, f. 25).
  ▷ *Gotscheeber:* Anspielung auf die sogenannten »Gottscheer«, im Wiener Volksmund auch »Gottschewerer« genannt, die aus dem in Krain gelegenen Gottschee kamen, um in Wiener Wirtshäusern, besonders im Prater, Süßigkeiten zu verlosen. In einem runden Korb trugen sie verschiedene Süßigkeiten, in einem Sack die Losnummern. Eine Ziehung kostete ein »Sechserl«. (Richard Groner, *Wien wie es war*. Ein Nachschlagewerk für Freunde des alten und neuen Wien. 5. Aufl. 1965)
  ▷ *Zahradnik:* V: Tojetak (XXV/5, Fasz. 1, f. 25)

  ▷ *Die zertretene Orange Mocenigo:* Handschrift XXV/5, Fasz. 1, fol. 25v.
  D: Juli 1947 (XXV/5, Fasz. 1, f. 25v).
  ▷ *Mocenigo:* Venezianische Adelsfamilie, die eine Reihe von Dogen, Staatsmännern und Soldaten hervorbrachte. Es sei darauf hingewiesen, daß das Porträt des Dogen Giovanni Mocenigo von Gentile Bellini (um 1478, Museo Civico Correr, Venedig) durch einen auffälligen Orange-Ton besticht. (Siehe auch S. 303, Anm. *Alvise Mocegino*.)

195 ▷ *Gossensass (Ibsen):* Handschrift XXV/5, Fasz. 1, f. 32-32v.
  D: Februar 1950 (XXV/5, Fasz. 1, f. 32).
  ▷ *Henrik Ibsen:* Der norwegische Dramatiker Henrik Ibsen (1828–1906) kam 1901 auch nach Österreich, wo er von den Autoren von Jung-Wien als Vorreiter einer dramatischen Moderne gefeiert wurde. In Gossensass verbrachte er 1882, 1883 und 1884 seinen Urlaub.
  ▷ *Meixner:* Julius Meixner (* 15. Juni 1850 Tarnow/Galizien, † 2. Jänner 1913 Bad Vöslau/NÖ), Schauspieler an zahlreichen Bühnen, zuletzt am Deutschen Volkstheater in Wien, als Charakterdarsteller, dessen scharf umrissenen Charakteren etwas Ätzendes anhaftete.
  ▷ *Wilhelm Kunst:* (* 2. Februar 1799 Hamburg, † 7. November 1859 Wien) Schauspieler, Bühnenschriftsteller. Unter Carl Carl im Theater an der Wien berühmter Heldendarsteller, vergeudete sein bedeutendes Talent und fand später nur in der Provinz vorübergehende Beschäftigung.
  ▷ *Devrient:* Maximilian Paul Devrient (* 12. Dezember 1857 Hannover, † 14. Juni 1929 Chur), Burgtheaterschauspieler, glänzender Interpret von Melodramen und letzter Repräsentant einer pathetischen Schauspielkultur.

196 ▷ *Rat Kikeriki:* Handschrift XXV/5, Fasz. 1, f. 74, 78-80, Fasz. 15, f. 1.
  D: März 1944 (XXV/5, Fasz. 1, f. 79v).
  Paralipomenon: Dr. Uhum war ein düsterer Herr. Noch nie hatte ihn jemand lachen gesehen, gehört oder gerochen.
  Der eilfertige Gockschinell, der sich bisweilen verirrte. Er hatte rote Augen und ein kammartiges, blutrotes Gewächs am Kopf. Er scharrte gern unterm Tisch, was die Gäste nervös machte. Garstig war, daß er bisweilen Eierflecke in der Nähe des Hosenbodens hatte. (XXV/3, Fasz. 1, f. 18)

337

▷ *Swami:* Sanskrit Herr, Anrede für einen Geistlichen.

▷ *Schwasser:* Nicht ermittelbar.

▷ *spaccato:* Ital. spaccare, Holz hacken.

▷ *laut »Kikeriki« rufen (...) mit den Flügeln schlagen:* FHO, dem die Begriffe des Buddhismus nicht fremd waren, spielt hier sicher auf die im asiatischen Raum verbreiteten Übungen zur Ertüchtigung geistiger und körperlicher Kräfte an, bei denen Bewegungen der Tiere nachgeahmt werden. Diese Formen von Übungen gibt es sowohl im Kungfu, also im Kampfsport, als auch im Qigong, das mehr meditativen Charakter hat.

▷ *Tatwas:* Indischer Begriff für Schwingungszustände, denen Mensch und Natur unterworfen sind.

▷ *Habig:* P. & C. Habig, Wien IV, Frankenberggasse 9, produzierte Hüte. Lehmanns *Allgemeiner Wohnungs-Anzeiger* nebst Handels- und Gewerbeadreßbuch für Wien 1936.

197 ▷ *Hippersdorf:* Markt in Niederösterreich, zur Herrschaft Ober-Stinkenbrunn gehörig. (Raffelsberger)

▷ *Nüsterpfennig:* NV: Purzbichler (XXV/5, Fasz. 1, f. 80)

198 ▷ *lavallièreflatternden:* Lavallière oder Künstlertuch hieß ein in der zweiten Hälfte des 19. Jahrhunderts beliebtes, locker geschlungenes Halstuch, benannt nach der Herzogin Louise Françoise de Lavallière (1644–1710).

▷ *Wewerka:* Tschech. ververka bedeutet Eichhörnchen.

▷ *Baron Reininghaus:* Siehe S. 311, Anm. *Reininghaus.*

199 ▷ *Der gestohlene Stuhl:* Handschrift XXV/5, Fasz. 1, f. 75v-77, ähnlich XXIV/1, Fasz. 2, f. 1-5. Ab *Vom Birgermeister ... no do schau her* ergänzt aus XXV/8, f. 28. – Vorbild für den Pharmazeuten scheint »ein heftig ›bemelnder‹ Apotheker in Meran«, Dr. Josef Polášek zu sein, dessen Bekanntschaft mit FHO bis in die zwanziger Jahre zurückreicht. (Siehe Brief FHOs an Kubin vom 3. Mai 1942, *S. W.*, Band VII, S. 293, und die entsprechende Anmerkung S. 448.)

▷ *defezieren:* Defaecieren, den Darm entleeren.

▷ *daß er schnöweiß ist:* Vgl. dazu Gustav Meyrinks *Wozu dient eigentlich weißer Hundedreck?* aus *Des deutschen Spießers Wunderhorn.*

▷ *Muspratt:* James Sheridan Muspratt, *Theoretische, praktische und analytische Chemie in Anwendung auf Künste und Gewerbe.* Encyklopädie der technischen Chemie, Braunschweig 1854–58.

200 ▷ *Res nullius:* Lat. Nichtigkeit.

▷ *K. k. Militärschwimmschul:* Handschrift XXV/6, Fasz. 18, f. 2, ähnlich auch unter der Überschrift *Wirrnis 2* in XXV/5, Fasz. 1, f. 81v.

▷ *K. k. Militärschwimmschul:* 1813 eingerichtet, erbaut nach den Entwürfen des nachmaligen Feldmarschalleutnants Franz Frh. von Schulzig. Als Probestück für das »Freiwerden« war den Schülern vorgeschrieben, über die Donau zu schwimmen. (Czeike, *Groner Wien-Lexikon*, Stichwort *Militärschwimmschule*) – Der Vollständigkeit halber sei erwähnt, daß »der Kunde nach« ein Badebordell etabliert gewesen sein soll, das »in erster Linie auf adelige Besucher eingestellt« war. (Waldegg, *Sittengeschichte von Wien*, S. 366)

▷ *Ein Marschlied:* sgZ: Der bärtige Major sah den silberbeknauften Stock. (XXV/5, Fasz. 1, f. 81v)

▷ *schwimmschwimm:* sgZ: Jedesmal, wenn er von Verona nach Desenzano fuhr, überkam ihn dieser Song, den er als Knäblein von alten österreichischen Haudegen gehört hatte. Durchsetzt mit Fetzen der Kaiserhymne. Die zwei Trommelhunde lechzen dabei stumm mit blutroten Zungen zu diesem Lied.
Katrschafka schlug dazu dröhnend auf eine Baßgeige oder Laute. (XXV/5, Fasz. 1, f. 81v)

201 ▷ *Feuerscheißer:* Handschrift XXV/5, Fasz. 1, f. 82.
D: 16. Dezember 1943.

202 ▷ *Oheims Tod:* Handschrift XXV/5, Fasz. 1, f. 83v; Anmerkung FHOs: »zu: WIRRNISSE« (XXV/5, Fasz. 1, f. 83v).

▷ *5000 Seelen:* Handschrift XXXV/2.

203 ▷ *Nebuschka:* Handschrift XXV/5, Fasz. 2, f. 1-2.
E: Frohe Weihnachten
Slamecka! Beneidenswerter du! du hast ja 14 Füße!!! Die du bekleiden mußt! Das kost dich sauren Schweiß. Ich glaub es gern. Da ist Eufenmia, deine wunderschöne Gattin, und dann die Schar der Töchter, Schwanhilde, Abigail und Franzi, die Lepoldin, die Anny und die Hansi! Ich glaub es, daß die Füß dir sauer werden, und noch dazu hat dir das Christkind heuer einen Klumpfuß aus Gips gebracht, den dir ein ungenannter Freund bei Scholl erworben, wo der die Auslage zierte. Du grübelst Tag und Nacht an diesen vielen Füßen. (XXV/6, Fasz. 3, f. 1)
▷ *Smrdal:* NV: Smirdal (XXV/5, Fasz. 2, f. 2). – Zu tschech. smrdet, stinken, böhmisch auch »Ficker«.

204 ▷ *Motzhaisel:* Handschrift XXV/5, Fasz. 5, f. 1-3. NV: Motzhäusel (XXV/5, Fasz. 5, f. 3).
▷ *maliziösesten:* Boshaftesten, hämischesten.

205 ▷ *An milden Maienabenden:* Handschrift XXV/5, Fasz. 7, f. 1.

▷ *Englands Vorstöße:* Handschrift XXV/5, Fasz. 8, f. 1.

206 ▷ *Calico:* Dichtes Baumwollgewebe.
▷ *popish:* Engl. päpstlich.
▷ *J. C. Ruston:* Joseph John Ruston I. (* 3. März 1809 London, † 2. März 1895 Wien), Schiffs- und Maschinenbauer, ab 1862 Besitzer der Traunsee-Dampfschiffahrt. Im Jahre 1837 entwarf R. die Pläne für den ersten hölzernen Traunseedampfer »Sophie«, dessen erste offizielle Fahrt im Mai 1839 stattfand. Sein Bruder John Joseph R. baute für ihn die eisernen Raddampfer »Elisabeth« (1858), »Sophie« (1862) und »Gisela« (1871) in den familieneigenen Werften in Wien-Floridsdorf und Klosterneuburg. 1871/72 errichtete Joseph John R. auch in Gmunden eine Werft. Dort erwarb er die später nach ihm so benannte »Villa Ruston«. Heute befindet sich an dieser Stelle die »Ruston Wohnanlage« mit der »Rustonstraße«. 1917 verkaufte Joseph John Ruston II.,

339

der Neffe des ersten, die Traunseedampfschiffahrt an Rudolf Ippisch. Die Hundertjahrfeier fand 1939 statt, nach dem Tod von J. J. Ruston II. (Vgl. *Die Schiffahrt auf dem Traunsee*. Zum Jubiläum 150 Jahre Traunseeschiffahrt hrsg. vom Kammerhofmuseum der Stadt Gmunden unter der Leitung von Ingrid Spitzbart, Gmunden 1989, S. 97 ff.)

▷ *heilige Kümmernus:* Kümmernis, Name einer in der katholischen Volksfrömmigkeit verehrten Heiligen (nicht kanonisiert), nach der Legende Tochter eines portugiesischen Königs und von diesem gekreuzigt, weil sie zum Schutze ihrer Jungfräulichkeit eine entstellende Barttracht erfleht und erhalten hatte.

207 ▷ *Kaiser Ferdinand I.:* Handschrift XXV/5, Fasz. 13, f. 2.
D: 15. September 1945 (XXV/5, Fasz. 13, f. 2)

▷ *Scheckarschen:* Zu diesem Text gibt es im Brief FHOs an Ernst Heimeran vom 3. Dezember 1946 folgende Anekdote: »Der Anisfeld brachte uns auf die Idee Entdeckungsreisen in unbekannte österr. Gebiete (...) zu machen (...). Bei dieser Gelegenheit entdeckten wir den Ort : SCHEKARSCHEN : in Westböhmen. Ich muss bemerken, wir hatten einen verehrten Professor gehabt – den berühmten Philosophen A.. A.. Alois H .. Höfler (...). Wir wollten dem grossen Mann eine rechte Freude machen, packten Gehrock und Zylinder ein, fuhren nach Schekarschen bei Bischofteinitz, stellten uns mit falschen Legitimationen dem Bürgermeister vor – wir seien zu einer Ehrung des illustren SCHEKARSCHISCHEN Sohnes – eben des Philosophen – betraut legten 100 Kronen auf den Tisch zu wohltätigen Zwecken – und baten, eine Huldigungsadresse vom Lehrer schreiben zu lassen. Natürlich glaubte man unseren Daten. Die Sache erschien im Kreisblatt und lanzierte sich in verschiedene Blätter. Der grosse Denker war geehrt und wurde von vielen Seiten begratuliert.« (*S. W.*, Band VIII, S. 360) – Schekarzen, Dorf in Böhmen, Klattauer Kreis. (Raffelsberger)

▷ *Unreinfußen:* Unreinfuss, Ortschaft in Niederösterreich. (Raffelsberger)

▷ *Feuchtersleben:* Siehe S. 307, Anm. *durch seinen Minister Baron Feuchtersleben.*

▷ *Der alte Baruch Feigelstock:* Handschrift XXV/5, Fasz. 16, f. 1.
D: 1950 (XXV/5, Fasz. 16, f. 1)

▷ *Ungarn:* Handschrift XXV/5, Fasz. 17, f. 1.

▷ *Horthy:* Miklós Nikolaus Horthy von Nagybánya (* 18. Juni 1868 Kenderes, † 9. Februar 1957 Estoril), ungarischer Reichsverweser. 1918 Konteradmiral und Oberbefehlshaber der österreichisch-ungarischen Flotte, Mitte 1919 Kriegsminister, dann Oberbefehlshaber der gegenrevolutionären Nationalarmee, 1920 zum Reichsverweser mit beschränkten königlichen Rechten gewählt, tendierte in den dreißiger Jahren zu den revisionistischen Kräften, die eine Annäherung Ungarns an das Deutsche Reich und an Italien bewirkten. Nach seinem gescheiterten Versuch, im Zweiten Weltkrieg mit den Alliierten einen Sonderfrieden zu schließen, mußte er 1944 abdanken und wurde in Deutschland interniert, lebte dann ab 1948 in Portugal.

208 ▷ *Wokurka und Caracalla:* Handschrift XXV/5, Fasz. 18, f. 1.
D: August 1945 (XXV/5, Fasz. 18, f. 1)

▷ *Wokurka:* Tschech. vokurka, Gurke.

▷ *Caracalla:* (186-217) 196 zum Caesar, 198 zum Augustus erhoben, ließ seinen Bruder Geta bald nach dem gemeinsamen Regierungsantritt ermorden. Neben zahlreichen

340

Kriegszügen gegen den Osten ist die Verleihung des römischen Bürgerrechts an alle freien Reichsbewohner (Constitutio Antoniniana, 212) zu erwähnen.

▷ *Geheimrat Nacktfrosch:* Handschrift XXV/6, Fasz. 1, f. 1-2. V: Consistorialrat Dr. Schwänzelpfenning (XXV/6, Fasz. 1, f. 1).

209 ▷ *Seneschall:* Im fränkischen Reich oberster Hofbeamter, im deutschen Reich Truchseß.

▷ *Kongreß in Prag:* Handschrift XXV/6, Fasz. 2, f. 1.
  D: 4. Dezember 1946 (XXV/6, Fasz. 2, f. 1)
▷ *On dit:* Franz. wörtlich »man sagt«, Gerücht.
▷ *Chiacchierone:* Ital. Schwätzer.
▷ *Chat chat:* Engl. chat, Plauderei, zwangloses Gespräch.
▷ *Powidal:* Tschech. povidati, erzählen; powidal, er hat erzählt.
▷ *Prd:* Tschech. Furz.

210 ▷ *Mister Hoppenhaupt:* Handschrift XXV/6, Fasz. 6, f. 3.
▷ *Kielkröpfe:* Am 2. September 1915 schrieb FHO an Alfred Kubin: »Deine geistigen Anregungen haben Früchte getragen, die der Herbst der Erkenntnis reifen läßt und zwar haben wir die Kielkropfforschung bedeutend erweitert, der neueste Bericht geht dahin:
  Die Kielkröpfe (crabbulatores flandr. K.) (aus der Familie der hoptiquaxiden) sind eingewandert (Hauptfundort: Flandern, Brabant, Niederlande, Irland, verkümmerte Exemplare in Island, Far Oer u den Hebriden)
  u. zw. seinerzeit aus Tyrus u Sidon von wo sie durch besonders alte und schlechte Schiffe, wie sie die Phönizier zu verwenden liebten, verschleppt wurden.
  Sie stellten die letzte Entartungsstufe der Kaufmännischen Angestellten dar, da man sie als total verkümmerte Börsengaloppiers erkannt hat.
  Durch weise Sparsamkeit ist der gesamte Körper verkümmert, bloß ein blödes Maul und Plattfüße blieben übrig. Auch heute noch ist ihr höchstes Ideal Handlungsreisender in Schundartikeln zu werden (Bilder von Van Gogh, Slevogt, Liebermann) so wie sie früher in Pesteiter und Choleraproben reisten.« (*S. W.*, Band VII, S. 122 f.)
  – Das Motiv der Kielkröpfe beschäftigte FHO über einen längeren Zeitraum. Am 9. August 1918 schrieb er an Kubin: »Inzwischen habe ich eine zweite, große phantastische Geschichte im Skelett fertig in der amüsante Typen vorkommen: Ein Kielkropfzüchter, Hoppenhaupt, Geheimrat v. Harnapf der eine transzendente Fäkaliensammlung von Fabelwesen für den Staat zusammenbringt – das sind noch die mildesten Erscheinungen.« (*S. W.*, Band VII, S. 201 f.)
  Das *Handwörterbuch des deutschen Aberglaubens* bezeichnet als Kielkropf ein mißgestaltetes verwachsenes Kind, das von dämonischen Mächten einer Wöchnerin anstelle des eigenen Kindes unterschoben wurde und mit Ausnahme seiner Extremitäten nicht gedeiht.

▷ *Die Schröckhs und Exzellenz Gotscheeber:* Handschrift XXV/6, Fasz. 6, f. 3; Entwurf XXV/6, Fasz. 6, f. 5.
▷ *Schröck:* NV: Schröh (XXV/6, Fasz. 6, f. 3)
▷ *Gotscheeber:* NV: Gottscheeber (XXV/6, Fasz. 6, f. 3). Vgl. S. 336, Anm. *Gotscheeber.*

341

211 ▷ *Ein Herzensbedürfnis:* Handschrift XXV/6, Fasz. 8, f. 1-2.
   ▷ *»niet spuyten«:* Niederländ. nicht spucken!

212 ▷ *Zimmerherrn bei Schwetz:* Handschrift XXV/6, Fasz. 9, f. 1-2.
   ▷ *des zweiten coupiert:* sgZ: Dazu waren sie zu alt. (XXV/6, Fasz. 9, f. 1)
   ▷ *»Watt« oder »Aurora« oder »Hardy«:* James Watt (* 19. Jänner 1736, † 19. August
   1819), englischer Ingenieur und Erfinder. Die von der Firma »Boulton & Watt«
   gebauten Dampfmaschinen, die auf den Konstruktionen von James Watt beruhten,
   trugen wesentlich zur industriellen Revolution bei. – Zu Hardy vgl. *S. W.* , Band III,
   S. 535, sowie Band VIII, S. 390. John George Hardy (* 23. Februar 1851 Sotteville les
   Rouen, † 22. Februar 1914 Wien) und Joseph Robert Hardy führten die Firma
   »Gebrüder Hardy« in Wien XX, Hochstädtplatz 4. Die Maschinenfabrik und Gießerei
   erzeugte Präzisionsinstrumente, Manometer etc. Der Familie gehörte auch »The
   Vacuum Brake Co.Ltd.« in England. Die Frau FHOs, Carmen, verbrachte einen Teil
   ihrer Kindheit im Hause Hardy. »Aurora« hieß der Kreuzer, der die ersten Schüsse zur
   Oktoberrevolution 1917 abfeuerte.

213 ▷ *König Theodors von Korsika, das Neuhoffsche Wappen:* Theodor Baron von Neuhof(f)
   (* 24./25. August 1694 Köln, † 11. Dezember 1756 London) wurde von den
   aufständischen Korsen 1736 zum König Theodor I. von Korsika ausgerufen, hielt diese
   Stellung allerdings nur bis 1738. (Vgl. *S. W.*, Band IV, S. 13, und Anm. dazu, S. 213.)

   ▷ *Das sonderbare Haus:* Handschrift XXV/6, Fasz. 10, f. 1-1v.
   ▷ *Fraisen:* Bezeichnung für verschiedene Krankheiten, bei denen Fieberkrämpfe und
   Konvulsionen hauptsächliches äußeres Erscheinungsbild sind. (Höfler, *Deutsches
   Krankheitsnamen-Buch*, S. 165 f.)

214 ▷ *Gioja:* Die Scherzhafte, Tändelnde, von ital. gioioso.
   ▷ *Paralenchen und Paralischen:* Die Dienstmädchen in Herzmanovskys Vaterhaus, Leni
   und Lisi, schienen ab 1889 bzw. 1894 im Ausgabenbuch Louise von Herzmanovskys
   auf und blieben über Jahrzehnte in der Familie. FHO notierte in seinen Lebenserinnerungen: »Das Dienstpersonal – 2 Schwestern, Leni u Liesi, hießen treffend:
   Paraleni u. Paralisi.« (*S. W.*, Band VIII, S. 388, Anm. *les mademoiselles*)

   ▷ *Das Blasrohr:* Handschrift XXV/6, Fasz. 11, f. 1-2v.

215 ▷ *»Samiel hilf«:* Wiederholter Ausruf Kaspars in Carl Maria von Webers »Freischütz«.

216 ▷ *Phänomen:* Handschrift XXV/6, Fasz. 13, f. 5v.
   ▷ *Toijetakolitschander:* Zu serbokroat. to je tako, so ist es.

   ▷ *Das Geheimnis des ausgestopften Mopses:* Handschrift XXV/6, Fasz. 16, f. 1-1v.

217 ▷ *Ich war früh verwaist(...):* Die Ich-Erzählerin ist Carmen Herzmanovsky-Orlando, der
   Onkel und Ziehvater der Industrielle Ing. Joseph Robert Hardy. (*S. W.*, Band VIII,
   S. 390 f., Anm. *bei Hardy's*)
   ▷ *Jakob Ruysdael:* Jacob van R. (1628–1682), niederländischer Landschaftsmaler.
   ▷ *Briefmarken zu sammeln:* Paralipomenon:

342

Man kann getrost sagen, daß wahre Hagelwolken von Ohrfeigen das Morgenrot der Philosophie verdüstert haben. Waren doch die ersten Pioniere dieses Gebietes durchwegs sehr, sehr minorenne, und wenn der »Herr Lehrer« so ein mit Marken gefülltes Heft erwischte, schlug er wohl dem mißratenen Buben ein paarmal um den Kopf, ehe er es dem Schuldiener zum »Vernichten« übergab.

Wie viele Nachkommen derer, denen einst so ein Milliardenvermögen von heute um die Ohren geklatscht war, würden sich heute im eigenen Auto alle zehn Finger abschlecken, wenn der Großpapa gottselig etwas vorsichtiger gewesen wäre und lieber fleißiger getäuschelt hätte als später vielleicht ein Mitglied der Akademie der Wissenschaft geworden zu sein.

Die klassische Figur des Markensammlers der alten Epoche ist wohl Ertls Cassian Fanndl, der Marken sammelte und etwas wie ein Kalb aussah. – Das sagt alles. (XXIV/1, Fasz. 1, f. 58)

▷ *A. M. Pachinger:* Siehe S. 299, Anm. *A. M. Pachinger*

218 ▷ *mit der Hundepeitsche (...) geschlagen:* FHO unterstellt der Tänzerin und Maitresse des bayerischen Königs Ludwig I. Lola Montez (* 25. August 1818 Limerick, † 17. Jänner 1861 New York) gerne handfeste Vorgangsweisen. (Siehe *S. W.*, Band IV, S. 227, Anm. *Kleiderpracker von der Lola Montez*, auch *S. W.*, Band III, S. 505, Anm. *Ludwig I. und die geheimnisvolle Montez)*

▷ *Gentz:* Der Hofrat der geheimen Hof- und Staatskanzlei und vertraute Mitarbeiter Metternichs, Friedrich Gentz (* 2. Februar 1764 Breslau, † 9. Juni 1832 Wien), entbrannte 65jährig in eine leidenschaftliche Beziehung zur 19jährigen Tänzerin Fanny Elßler. – Zu den Briefen im Mops heißt es im Brief FHOs an den Verleger Reinhard Piper vom 7. Dezember 1953: »Rat Großwachter (A. M. Pachinger, die Hrsg.) war einer der merkwürdigsten Sammler in Linz und München. Als ich kurz vor seinem Tod bei ihm war, standen im Vorzimmer sechs ausgestopfte Möpse. Jede Dult durchsuchte er nach diesem Artikel, da er einmal in einem Mops verborgene Liebesbriefe von Gentz gefunden hatte.« (*S. W.*, Band II, S. 298, Anm. *Direktor Großwachter in Müchen)*

▷ *Hundelirsch:* Handschrift XXV/6, Fasz. 18, f. 3-7.
Paralipomena:
Herr Thrasybul Bumsterhampel konnte auf seinen ungewöhnlichen Namen mit vollem Recht stolz sein. Wer hieß schon noch Bumsterhampel? Ja, als er später auch noch dazu vom gütigen Landesfürsten – vielleicht durch Irrtum – in den Ritterstand erhoben wurde, war es mit Bumsterhampeln kaum mehr auszuhalten.
Im langathmigen und total wirren Adelsdiplom war unter vielen absolut wertlosen Gerechtsamen auch die ausdrückliche Erlaubnis ausgesprochen, daß er, Bumsterhampel, »an Lustgezelten« – ich bitte! – sein Wappen anbringen dürfe, und daß der, der ihm dies verwehre, zehn Maß Goldes an die Fiskalkammer zahlen müsse.
Vergeblich suchte Bumsterhampel im Adriabereich nach einem Lustzelte etc.
Als einst im Fasching eine bekannte Ballerina in toller Sektlaune über Busterhampeln Bockspringen wollte, blieb sie an seinem Nacken haften und ritt mit dem verstörten Pferdchen davon. (XXIV/15, f. 5)

Er hatte viel von einem Pudel. Der gute Kaiser hatte ihm auch ein schönes Wappen verliehen, worin ein schwarz-gelber Eckstein war. Auch in der Helmzier wiederholte

343

sich derselbe. »Ich habe das Recht«, konnte man Hundelirsch öfters hören, denselben auch auf Lustgezelten – öffentlich! und ieber-all! – zu führen.« Streng sah er sich um. »Auch an die Bettfüße ...« – »Hm«, machte Sengstbratl, »am Bettfuß?« aus seiner Stimme klang Bedenken. Aber von Hundelirsch ließ sich nicht kleinkriegen. »No – ich mechte den Insolenten sehen, der mir das verwehren könnte.« Sein Zeigefinger zitterte. »Die Lustgezelte und alle sonstigen schicklichen Orte« sind im Adelsdiplom eigens aufgezählt. Und was der Ritterhelm ist – wissen S', oben – der ist mit zwei großen, großen Pudschen geziert, schwarz/gelb der eine, rot/weiß der andre! Sonst hat keine Adelsfamili diese Auszeichnung. Siembohl der Treue. und ich – darf – auch – so ausgehn! steht eigens in Adelsbrief. Ohneweiteres!« – »Sagen S' mir« fiel ihm Sengstbratl in die Rede, »aber im Kaffeehaus missen S' ihn doch abnehmen. Darf der Piccolo ihn aufhängen.« –
»Ja, und am Eckstein steht: De te saxa loquuntur de te saxa narrabant. Meine Älteste is an den Major Krachowisch verheiratet, der Geza, der zweite möchte Fräulein von Hohennipf heiraten. Aber: Sie läßt sich nicht frein, sagt die eingebildete Urschel! Da haust sie in Kärnten auf ihrer Burg Wichtenstein. Aber ich kenne einen Wüstling aus Klagenfurt, der ihr nachstellt! Der hat die Zofe lustiert, die Kunigunde. Kasgatterer schreibt sich die. Die Hoheit im Himmelbett – das ist sein Traum.« – »Sie!« er kehrte um. »Sie! Lassen Sie sich das Prädikat ›von Plauschenstein‹ geben! Dringen Sie darauf. Hundelirsch von Plauschenstein! Zuerst hab ich mir gedacht: Plauschenegg – wär auch nicht übel. Aber, dazu müßten Sie eine Namensbereinigung haben. Genannt Nachturn von Plauschenstein. Nachturn – sehen S', da ist wieder die Wachsamkeit angedeutet ... die Zierde jedes wahren Soldaten ... Haben S' keinen bekannten Wappenkönig? Arion Swastiploucek, der Sänger, müßte ihm zuerst ein Ständchen bringen.
Herr auf Wurmbartshofen.« (XXIV/11, f. 21-21v.)
▷ *Pudschenschweif:* Helmzier in der Heraldik.

219 ▷ *Zauberkönig in der Maysedergasse:* Siehe S. 300, Anm. ›Zauberkönig‹ in Wien I, *Maysedergasse 3.*
▷ *Bisenius:* Franz Carl Bisenius, Verschleiß und Verleihung von Beleuchtungs- und Dekorationsartikeln, Wien I, Singerstraße 11. (Lehmanns *Allgemeiner Wohnungs-Anzeiger* nebst Handels- und Gewerbeadreßbuch für Wien 1924)

221 ▷ *Barnum & Bailey:* Siehe S. 282.

▷ *Severin Tschutschebiers entsetzliches Geheimnis:* Handschrift XXV/6, Fasz. 20, f. 2.
▷ *wenn man Basiliken hält, da sie die Pest bringen:* Das phantastische Fabelwesen (Hahn mit Eidechsen- oder Schlangenschwanz) stand für Tod, Teufel und Antichrist. Noch im 17. Jahrhundert war der Glaube an die Existenz eines solchen Tieres weit verbreitet.

▷ *Ballettschlußbild:* Handschrift XXV/6, Fasz. 21, f. 1.
D: Mai 1934 (XXV/6, Fasz. 21, f. 1)

▷ *Dramenende:* Handschrift XXV/6, Fasz. 21, f. 1.

344

222 ▷ *Novellenanfang:* Handschrift XXV/6, Fasz. 21, f. 1.
  ▷ *Fliegenhimmel:* Oberdecke eines von Vorhängen umgebenen Bettes, Baldachin.

  ▷ *Feuchtigkeit:* Handschrift XXV/8, f. 20.

  ▷ *Das ist der Daumen:* Handschrift XXV/8, f. 58.

223 ▷ *Seltsam:* Handschrift I/1, f. 81.

  ▷ *Die Tragödie der Eßwaren:* Handschrift XXXI.

  ▷ *Siebente Maske des Eros:* Handschrift 13.616, Fasz. 1, f. 1. Ab *Beginn des Balkanunglücks* Handschrift CHO, ab *Sie bekommt als Mitgift* wieder Handschrift FHO.
  D: 16. Februar 1921, 9 h 30 (13.616, Fasz. 1, f. 1).
  Paralipomenon:
  Künstlich zurückge/staute/ Fiaker und Autos rasten wie immer über den Platz des Opfers.
  Bei sinkender Nacht, wenn der kristalldunkle Himmel, von den ersten Sternen durchglitzert, sich über die Riesenstadt spannte, rückten von allen Seiten Truppen mit Geschützen und donnernden Kettenwagen gegen den Stadtkern vor, um den sie alsbald einen dichten Cordon bildeten. Mit bengalischen Salzen genährte Wachtfeuer loderten bald zischend in schimmerndem, opalisierendem Qualm überall auf. Dann begann im prunkenden marmorschimmernden Stadtinnern der große Mittsommernachtsball.
  Auf allen Straßen wurde getanzt und alle Wohnungen standen die Nacht über offen, ein gigantischer unermeßlicher Festsaal. Im Mondlicht der Seitenstraßen girrten in den Fenstern schmachtende Liebespaare.
  Die toll überschäumende Maskenlust wälzte sich durch alle die festlich geschmückten Wohnungen: Dort schmiegte sich eine Gavotte einem zierlichen Roccocosalon mit Sevreskronleuchtern ein, dort ruhten Träumende in hohen Gemächern dunkler Paläste in ernsten Räumen voll kostbarer Gemälde Melozzos und Buonacorsos, dort girrten dicke, doch jugendliche Damen in reichem Samt und Damastsalons, in denen Franz Liszt einst concertierte, die prunkenden Quasten gaben ein Bild der übersüßen, versunkenen Epoche, die im Krachjahr 1873 elendiglich zerbarst.
  Die Kärntnerstraße, die seit vielleicht zwei Jahrtausenden nie vom Menschengedränge leer wurde, war der Ort der längsten Quadrille. Ordner in Harlekinkostümen galoppierten auf blumig bemalten Schimmeln die Riesenreihen der Tänzer entlang, während in jedem fünften Haus eine Capelle conzertierte.
  Um fünf kam der Glanzpunkt des Festes: Da wurde von der Spitze des mit qualmenden Rauchfässern überall besteckten Stephansturmes das schöne Opferkind – nicht unter gräflichem Range – herabgestürzt.
  Gräßlich sah man, von der Sonne gelbgolden beschimmert, das nackte Mädchen sich in der Luft überkugeln und zu formloser Masse auf dem Straßenpflaster zerschmettern.
  Aus der Form des Blutfleckes mußte dann der k. Marinetheurg, der in papageigrüner Sänfte herangetragen wurde, das Schicksal der kommenden Jahre voraussagen. Dann teilte die Sicherheitswache die Menge, und /die/ bislang war ja doch nur einmal im Jahr das glühende Vorsommerfest und wohlerfahrene Weisheit wußte, daß es besser war, ein paar Blutopfer bei lustigem Anlaß zu bringen als, wie es früher so kommen mußte, nach Jahrzehnte langem feigen Friedens, blutrünstige Kriege zu führen, wo dank der

namenlosen Dummheit der Fachmänner, gleich in den ersten Tagen 100.000 der blühenden Jünglinge fielen.

Ja, der Verein der Sadistischen Assekuranz Antikosmotraumatiker war es eigentlich, die hinter ihnen standen (jetzt kann man es ja sagen), planten, den Moloch Wagen von Dschagger/nouit/ einzuführen und hofften, so das Gleichgewicht des Schicksals nach Möglichkeit herzustellen, daß das Leben ungestört zu buntestem Schönen sich steigern könne.

Unter einem wahren Blütenregen des Publikums. Schließlich paddelten die lustig prustenden Mädchen bloß noch in einem dicken Blumenkompott herum, in das Verehrer immer wieder Heidsiek, Mumm oder schwerparfümierte Cognaks gossen. Kein Wunder, daß die Nixen schließlich in süßer Betrunkenheit von allem Volke bestaunt, auf einem burgundischen gewaltigen Himmelbett voll buntgestreifter Seidenpfühle mitten des Volkes eines süßen Schlummers pflegen, bewacht von grimmen Grenadieren in engen blauen Hosen und weißen Waffenröcken. Schusterbuben kitzelten und patschokten die nackten Schönen mit langen Schilfkolben, wurden aber jedesmal verjagt von federbuschgeschmückten Läufern.

Das ging so, bis man blechernes, meckerndes Getrommel von trottelhaftem Rhythmus hörte. Jubelnd stürzte da alles Volk dem neuen Schauspiele zu: Die Garde der Mummelgreise kam, 20 dressierte Pudel mit scharlachenen Schabraken voran, die Greise mit schwarzen, blauen und bunten Brillen hinterdrein. Trompetengeschmetter vertrieb sie. Auf Hirschen mit vergoldeten Geweihen ritten nackte Putten, buntfarbene Flügel fest um Brust und Schultern geschnallt. Mit den vollen Pfeilköchern suchten die Schüchternen unter ihnen ihre kindliche Blößen zu verdecken, während die frechen mit üppig gespreizten Schenkeln sich freuten, lüsternen Augen ein willkommenes Schauspiel zu bieten. Da kam es wohl vor, daß Empörte aus leeren Bonbonnieren den fehlenden Latz ersetzten, oder papierene Schmetterlinge, die eigens zu diesem Zwecke von plötzlich auftauchenden, alten, sonst mit Firmbändern handelnden Vetteln erstanden und sorgfältig den frechen Kindern an den inkriminierten Stellen befestigten.

Dazwischen drängten sich wildaussehende Männer, die den Unkundigen kurze dicke Sonnenschirme um einen lächerlichen Betrag verkauften. Öffnete so ein Käufer den Schirm, zerbarst er mit einem kanonenschußartigen Knall, was der Volksmenge immer erneuten Spaß machte, aber leider manches Menschenleben erheischte. Doch heute nahm man es nicht so genau.

Im Parterre wohnte heute der Greis Kokčinek. Niemand wußte Rechtes um seinen Lebensabend. Manchmal tönte wüstes Geschrei aus seiner Zelle. Da konnte man sehen, wie er einer dickbauchigen, altertümlichen Flasche, wie man solche nie mehr sieht, faustdrohend die wüstesten Schimpfreden ausstieß. Und sonderbar! Es war nichts in der Flasche. Er soll Keuschlammerzeuger gewesen sein.

Die Witwe Wedula Schemschirn hatte 1024 Erzählungen aus' 1001 Nacht.

Am Pfingstsonntage hatten die Trambahnen vertragsmäßig mit vier Stock hohen, reich vergoldeten Palastwagen zu fahren. Der erste Wagen am Tag, der Bucintoro auf Schienen, vollbesetzt mit Verwaltungsräten in phantastischer Tracht, vollzog die mystische Vermählung mit dem Wienflusse – als Symbol der Stadt. Der selige Makart hatte das prunkvolle Fest angeordnet.

In einem gigantischen Nachttopf aus Porzellanwerkstücken gemauert, schwammen Najaden in atlassenen Reitstiefeln und lediglich mit einer Goldverschnürung bekleidet, spazieren. (13.616, Fasz. 1, f. 19-22)

346

224 ▷ *Heliogabal:* Eigentlich Varius Avitus Bassianus, römischer Kaiser (218-222 n. Chr.), der wegen Mißwirtschaft erschlagen wurde. Er führte die Verehrung des Sonnengottes Elogabal in Rom ein. (Vgl. *S. W.*, Band VII, S. 385, Anm. *Kaiser alá Heliogabal*)

▷ *Manuela Komnenos:* Die Komnenen waren ein ursprünglich in Thrakien, dann in Paphlagonien ansässiges byzantinisches Geschlecht des Militäradels. Es stellte 1057–59 und 1081-1185 die byzantinischen Kaiser und herrschte als Großkomnenen 1204–1461 im Kaiserreich Trapezunt. Unter den K. von Konstantinopel blühten Wissenschaft und Kultur. Der letzte legitime Träger des Namens, Johannes Komnenos (1657–1719), war Arzt und Gelehrter in Bukarest. (Meyer) Eine Manuela Komnenos konnte nicht ermittelt werden.

▷ *Traumwien:* Handschrift 13.616, Fasz. 1, f. 4-11.

▷ *Mondbanknotenfälscher (...) wo Kielkröpfe auftraten: D:* 19. Februar 1921 (13.616, Fasz.1, f. 7).

▷ *Sinecure:* Sinekure, Pfründe ohne Amtspflichten, müheloses, aber einträgliches Amt.

▷ *Hagionautenhäuschen:* Neubildung aus griech. hagios, heilig, und lat. nauta, Seefahrer.

▷ *Auriflamme:* Zu lat. aurum, Gold.

▷ *momofrei:* Zu griech. momos, Tadel, also vielleicht: tadellos.

225 ▷ *Kielkröpfe:* Siehe S. 340, Anm. *Kielkröpfe.*

▷ *Militärnekromant:* Nekromant, Toten-, Geisterbeschwörer.

▷ *Walpurgis-, Thomas- und Stephansnacht:* Als Walpurgisnacht gilt heute allgemein die Nacht vor dem 1. Mai, doch nennt das *Handwörterbuch des deutschen Aberglaubens* für bestimmte Gebiete bis zu neun verschiedene Walpurgisnächte; die Thomasnacht ist die Nacht zum 21. Dezember und die Stephansnacht jene vor dem 26. Dezember. Allen Nächten ist gemein, daß in ihnen eine Vielzahl von Bräuchen und magischen Handlungen geübt wird.

▷ *Idee: (...) Denksäule errichten lassen:* Handschrift XXV/6, Fasz. 22, f. 3.

▷ *Hamadryaden:* Baumnymphen, Baumgeister.

▷ *Boblätter:* Langgestielte, herzförmige Blätter des Bobaumes (Pepilbaum, Ficus religiosa), reichverzweigter Baum mit silbergrauen Ästen.

▷ *wo die heilige Agnes den Schleier verlor:* Agnes, Markgräfin von Österreich (1075–1143), Tochter Kaiser Heinrichs IV., 1106 in zweiter Ehe mit Markgraf Leopold III. von Österreich verheiratet. Der Legende nach hat Leopold das Stift Klosterneuburg an jener Stelle erbaut, an der der verlorene Schleier seiner Gattin auf der Jagd gefunden wurde.

226 ▷ *Traradix:* Nicht ermittelbar.

▷ *Mastiff:* Bullenbeißer, Kampfhunde.

▷ *Strabos:* Die Geographika des Geo- und Historiographen Strabon (63 v. Chr.-28[?] nach Chr.) umfaßt 17 Bücher (Europa, Asien, Afrika), wobei mythologischen und historischen Exkursen besonderer Raum gewidmet wurde.

▷ *Pluton:* Beiname des Hades, des Gottes der Unterwelt.

227 ▷ *Estomihi (...) Exaudi:* Die Abfolge der genannten Sonntage entspricht genau dem Meßbuch der katholischen Kirche; mit Ausnahme des fünften Sonntags (bei FHO

347

»Rogate«, im Meßbuch »Vocem jucuditatis«), dem allerdings die Bitt- oder Rogationstage folgen.

▷ *Vier Bücher halten die Chinesen heilig: D:* Rindbach, Oktober 1921 (13.616, Fasz. 1, f. 11) – Die sogenannten Fünf kanonischen Bücher sowie die Vier klassischen Bücher der Konfuzianer bildeten bis zum 19. Jahrhundert den Prüfungsstoff für die Staatsprüfungen.

▷ *Schi-King:* Shi jing, Buch der Lieder, eines der Fünf kanonischen Bücher, Sammlung von 305 Volksliedern und religiösen Hymnen.

▷ *Li King:* Li jin, das Buch der Riten, ebenfalls eines der Fünf kanonischen Bücher, enthält Aufzeichnungen über die gesellschaftlichen Normen.

▷ *Yi King:* Y jing, das Buch der Wandlungen, ebenfalls eines der Fünf kanonischen Bücher und ein Weissagebuch magischen und naturphilosophischen Inhalts.

▷ *Thas-weg A (Thas-fir-Y):* FHOsche Erfindung, österreichische Mundart für »Tu (gebe, lege) es weg!«, »Tu (gebe) es heraus (hervor)!«.

▷ *Reibs zuwa, uma:* Mundart für »gib es her!«

▷ *Die Frucht des Eifers:* Handschrift 13.616, Fasz. 1, f. 3.

▷ *Stehseidel:* Vermutlich analog zu Stehkaffee, einem Kaffee, der im Stehen eingenommen wird, ein Seidel (1/3 l) Bier, das stehend konsumiert wird.

▷ *Stehkäse:* Siehe oben.

228 ▷ *Das kategorische Kusch:* Handschrift 13.616, Fasz. 1, f. 11v.

▷ *An meinen Hund:* Handschrift 13.616, Fasz. 1, f. 13; ähnlich lautender Entwurf 13.616, Fasz. 1, f. 13v.

▷ *Psychoanalyse:* Handschrift 13.616, Fasz. 1, f. 13.

▷ *biotischen Symbolik:* Auf das Leben oder Lebewesen bezügliche Symbolik.

229 ▷ *Onkel Szamuel:* Handschrift 13.616, Fasz. 2, f. 1.

▷ *(Paprikasien)Familie:* Ungarische Familie, nach Ungarn als Anbaugebiet des Paprikas.

▷ *Eliphas Levi:* Der französische Schriftsteller und Abbé Alphonse Louis Constant (1816–1877) schrieb unter dem Pseudonym Eliphas Lévi Werke über religiöse Probleme und beschäftigte sich mit Magie und der Kabbala. (*S. W.,* Band III, S. 495, Anm. *Elifas Lévi in der Helga Kundtischen Übersetzung*).

▷ *und fraß ab und zu:* V: und langte mit langer Oberlippe nach Zigarrenstummeln (13.616, Fasz. 2, f. 1).

▷ *Berufswahl:* Handschrift 13.616, Fasz. 2, f. 1. Vom 3. März 1919 datiert folgendes Paralipomenon:
Plafondgeher
Die Geschichte vom Genius Bumschdinella. Der Hausmeister wollte nicht recht mit der Wahrheit heraus, man hatte ihnen ja kündigen müssen. Plafondgeher! So ein Pech! In ganz Wien gibt's höchstens 3-4 solcher Käuze und gerade in unserem Haus! Also nix sagen. Die Pardhi ist neugierig und will durchaus wissen, woher die Spuren kommen. Es ist ganz unerklärlich. (13.616, Fasz. 8, f. 1)

▷ *Plafondgeher:* Zu diesem Phänomen findet sich im Brief FHOs vom 31. März 1954 an Otto F. Beer folgende Erläuterung: »Bei dieser Gelegenheit möchte ich mitteilen, dass

348

ich erhoben habe, dass in den Jahren zwischen 1850 u 1860 in Varieteès Plafondgeher aufgetaucht sind, die mit Hilfe von Adhäsions-Gummischuhen dieses grausige Kunststück vorgeführt haben. Auch in Restaurationsräumen, wo, bei Abstürzen der Artisten verschiedentlich Todesopfer unter den Schmausenden Zuschauern zu beklagen waren. Ich selbst bin einmal als Student vor den Rektor der Techn. Hochschule befohlen worden, weil ich folgenden Unfug aufgeführt habe.

Unsere Hörsäle hatten äusserst drekige Plafonds. Ich besorgte mir eine lange Bambusstange an die ich einen feuchten Rehlederhandschuh befestigte. Damit erzeugte ich deutliche Fußspuren die – scheinbar – aus dem Büro des Hofrates Karl König kamen und im Hörsaal herumirrten.

König war ein tiefernster Herr, jedem Unfug abhold. Noch dazu – ich war ein reicher Jüngling – lies ich genau so wie die Emailaufschriften der – ernsten – Lehrsäle waren, zwei Tafeln erzeugen mit der Aufschrift: SEMINAR FÜR PLAFONDGEHER AN DER K. K. TECHN. Hochschule : und : HOFRAT ARCH. KARL KÖNIG : LEHRKANZEL FÜR THEORIE UND PRAXIS DER PLAFONDGEHEREI:

Eine geschickt lanzierte Notiz in der Zeitung bewirkte, dass eine grosse Menge Neugieriger Nichtstuer den Unterricht der Technik störten.« (*S. W.*, Band VIII, S. 319 f.)

▷ *obtroverse:* Vermutlich Wortprägung FHOs, kein Beleg ermittelbar.

▷ *Chantre – Panthre:* Handschrift 13.616, Fasz. 2, f. 2v.

▷ *Et in Styria Dionysos:* Handschrift 13.616, Fasz. 2, f. 3.

230 ▷ *Knurre:* Handschrift 13.616, Fasz. 2, f. 6.

▷ *Auf dem allen kann man nicht schreiben:* Handschrift 13.616, Fasz. 2, f. 7.

▷ *Der Liebesgott:* Handschrift 13.616, Fasz. 2, f. 7v. Der Text ist bis »blühen« in griechischen Buchstaben geschrieben.

▷ *Der Brief:* Handschrift 13.616, Fasz. 3, f. 12.

231 ▷ *Der Sturz in den Orcus:* Handschrift 13.616, Fasz. 5, f. 1-5. – Die Möglichkeit eines derartigen Unfalls schien FHO ausgiebig und über einen längeren Zeitraum zu beschäftigen.

Die Bedeutung der Örtlichkeit lebensnaher Verrichtung thematisiert der urologisch lebenslang beeinträchtigte Autor 1914 in einem Brief an Kubin: »Wir Deutsche legen dem Pissoir viel mehr Wichtigkeit bei als Freud ahnt.

Der Katholicismus und das Haus Habsb-Lothr sind Feinde eines feinentwickelten Closettwesens (Gegensatz zu England!) – Dafür haben sie die ›weihevollen‹ Aborte die alle Zusammenhänge mit der Hölle haben.

Tausend Kindermärchen entspringen dem grundlosen Abgrund unseres Landes und verfinstern dauernd den Geist des Volkes – Hades als Erzieher. Mit einem Fuß wurzelt unsre Kirche im Abort, während sie mit dem anderen in den Himmel ragt.

Pissoire, Aborte und Nachttöpfe sind Brennpunkte des occulten Sinnenlebens – noch lange nicht genügend gewürdigt.« (*S. W.*, Band VII, S. 100)

349

Das vorliegende Stück kündigte FHO im Brief von 14. Juli 1951 Karl Eidlitz und Alma Seidler an: »Ein neues Volksstück bereite ich vor:
›DER STURZ IN DEN ORCUS‹ 3 Akte.
Es führt uns in die kleinbürgerliche, höchst konservative Welt unserer öst. Provinz wo in den Patrizierkreisen eine verbissene Abneigung gegen die W.C.s war.
Ich gehe da von der folkloren Tatsache aus, dass fast ohne Ausnahme mindestens einmal im Leben meist der ›Opapa‹ mit der von den Urvätern ererbten, daher stets morschen, weitläufigen ›Verdauungskommode‹ in die Unterwelt gestürzt ist, was ich von schätzenswerten Kennern alter Zeitungen erhoben habe.
Das Motiv erlaubt aufregende, prachtvolle Aktschlüsse und schliesslich das happy end: der Gigerlhafte Klosetreisende aus Norddeutschland führt schliesslich das reiche Haustöchterl als Braut heim und schenkt dem schwerbandagierten, von der Feuerwehr nur mit Mühe geretteten Familienoberhaupt ein Blumenbekränztes W.C. Apotheose. Bleibtreu als Urahne segnend. Klosetpapierschlangen werden geworfen.« (*S. W.*, Band VIII, S. 344)

Der folgende Text stammt aus dem Jahre 1921, der Entwurf einer dramatisierten Fassung »Gedämpfte Trompeten«, aus dem Jahre 1939:
Ich möchte ja sehr gerne einmal versuchen, ein einfacheres, ins reale Leben greifendes Stück zu schreiben. Etwas leicht Verständliches, das nicht voraussetzt, einen Haufen psychologischer Kenntnisse mitzubringen. Ich habe da einmal in einer oberdonauischen, ein wenig spießerischen kleineren Stadt etwas sehr Komisches erlebt. Ich muß da etwas Technisches vorausschicken: Gewisse konservative Kreise hatten eine »Viechswut« auf gewisse Neuerungen. Hauptsächlich betraf dies das Wasserklosett. Behäbigen Leuten war das Porzellanzeug zu geckenhaft, zu prätentiös. Ja! gewisse Familien besaßen die mir stets unerklärlichen »zweischläfrigen Abdrite«. Nun waren diese Sitzgelegenheiten stets morsch und gebrechlich, ich habe mir von bekümmerten Leuten sagen lassen, daß Leute an ihrem Lebensabend mindestens ein bitterböses Abenteuer in ihrem Leben beim Klosettbesuch zu registrieren hatten.
Kurz, just in höherem Alter ist jeder Honoratiore einmal ins »Häusel« gestürzt. Ich hatte in jener Stadt einen wunderlichen Freund, einen biedren alten Herrn, der eine wundervolle Antiquitätensammlung besaß. Ich fand ihn bettlägerig vor, ganz verbunden. Er sah mich mißtrauisch an, als ich mich nach der Ursache seines Leidens erkundigte. Von seiner jammernden Haushälterin erfuhr ich, daß ihn jetzt auch dasselbe Unglück betroffen habe wie seinen »Herrn Vater gottselig«. Nun hatte der sehr reiche alte Herr eine sehr hübsche Großnichte, deren Vormund er war. Unseligerweise hatte sich in die der Repräsentant einer hygienischen Firma verliebt. Zornig hatte der eigensinnige Alte den Freier abgewiesen. Gerade er war es aber, der als Fachmann beigezogen, die Rettungsaktion des Verunglückten leitete!
Was soll ich sagen: Kurze Zeit später fand, beim ersten Aufstehen, der alte Herr als Geschenk des jungen Schäkers ein herrliches Klo in Bauernmajolika und dem tollsten Komfort vor! Resultat Lebensglück.
Der besagte alte Sammler war überhaupt ein Brennpunkt drollig-grotesker, sehr dramatischer Erlebnisse. (13.616, Fasz. 10, f. 9-10)

Gedämpfte Trompeten
Posse in drei Akten
I
Düstrer Erbonkel. Tyrann. Verwechselt alles, ist gefräßiger Hypochonder. Als ihm
seine begehrte Nichte etwas vorliest, wo »gedämpfte Trompeten« vorkommen, wacht
er auf und will das unbekannte Gericht kennenlernen. Er [Text bricht ab]
Aktschluß. Onkel Alois ist den Abort gestürzt.
II
Anfang. Strickende alte Tanten. Immer mehr kommen später.
Klagend erzählt die Haupttante: »Das ist heuer schon das zweite Mal, daß Onkel Alois
in den Abort gestürzt ist. Das muß anders werden.« Die reizende, energische Nichte hat
einer Closet-Fabrik geschrieben. Der Vertreter kommt, berückender Filmheldtyp. Er
verknallt sich in Ulrike. Er packt Pröbchen aus, entrollt Riesenbilder von Anlagen.
Die Verwicklung tritt ein. Oheim Alois ist gegen diese Verbindung.
III
Der WC-Vertreter hat eine Cloatrappe voll Zentifolien gebracht.
Onkel eisig. Aber, es wirkt. Dienstmänner rollen ein Idealclo »Sommernachtstraum«
herein. Es hat alle Finessen. Neckische kleine Likörspülung, Eiskasten etc.
Man nötigt Onkel, Platz zu nehmen. Das Clo (– ein Roboter), das auf Ruf kommt, fährt
mit dem Ohm spazieren.
Plötzlich umfangen ihn Porzellanarme. Ohm ist gefesselt und kommt nicht eher los, bis
der Filmheld das erlösende Wort gesprochen hat, nachdem er in die Verbindung
eingewilligt hat. (Alles angeblich zum 150jährigen Jubiläum des W.C.) (13.616, Fasz.
10, f. 11)

E: Etwas für nachdenkliche Leute
Zu den Tragödien der Biedermeierzeit – ja, die Sache zog sich selbst bis in den Vormärz
hinüber – gehörte ohne Zweifel das In-den-Abort-Fallen. Es gab kaum eine Familie,
die von diesem tristen Aczident verschont geblieben wäre, und zumeist waren es gerade
die angesehensten Mitglieder der Familien, die von diesem Unheil betroffen wurden.
Und es war ein Unheil, ohne Zweifel. Malen wir uns die Sache ein wenig aus. Es war
der Ehrentag des Vatters. (Handschrift I/1, f. 93)
▷ *Graf Wetter vom Strahl:* Männliche Hauptfigur aus Heinrich von Kleists Drama *Das
Käthchen von Heilbronn.*
▷ *Tellerfleisch:* Saftige, fette Stücke gekochten Rindfleisches, das in der alten österreichischen Küche als Gabelfrühstück (Vormittagsjause) gegeben wurde. (Prato, *Die
süddeutsche Küche,* S. 169)

232 ▷ *Harmonie:* 1864/65 in der Alservorstadt erbautes Theater, das nach 1872 als »Danzers
Orpheum« vor allem Varietétheater brachte. 1908 in »Neue Wiener Bühne« benannt,
1928 wurde das Theater geschlossen. (Czeike, *Groner Wien-Lexikon,* Stichwort
Harmonietheater)
▷ *»Österreichischen Hof«:* Siehe S. 289, Anm. *Österreichischen Hofes.*

234 ▷ *Herbst:* Handschrift 13.616, Fasz. 8, f. 2.

▷ *Das Zugklosett Tschurtschentaler:* Handschrift 13.616, Fasz. 10, f. 1, 12v.
V: Das Zugklosett »Tschurtschenthaler« war nun seit Wochen verstopft. Traurig

351

blickte es drein, die Arme verschränkt, das Haupt mit der großen Schutzbrille traurig gesenkt. Niemand besucht den vereinsamten »Tschurtschenthaler« – »unser Tschurtscherl«, wie er in guten Tagen von zufriedengestellten Gönnern tituliert wurde. Kein ernster, würdiger Mann kam zu ernstem Tun; kein schäkerndes Mägdlein begaukelte es, um es mit raschem Tau zu erquicken. Auch Meister Igeltanz, der behördlich autorisierte Closetfachmann (der nebenbei die Closetpapiermarke »Igel« [-papier] vertrieb), der als ehemaliger Taucher bei der Marine oft seinen Schlund untersucht hatte, kam nicht mit der heilenden Bürste, ihm die verlorene Lebens- und Berufsfreude wiederzugeben. Es schien, man habe ihn – Tschurtschenthaler – einfach verworfen!!!
Was konnte er dafür – so haderte Tschurtschenthaler oft mit sich selbst – daß Kirschkernzeit gewesen war!

Ja, der Juniusmond, der feurige, hat manches Closet, dem Wassermann und Luna'n heilig, auf dem Gewissen. Bloß die Klappenlosen, diese unergründlichen Satansküchen, diese, die bleiben verschont! Wie er die Schmutzconcurrenz haßte! Dann das Paradeklosett »Boëmund«! Wie höhnisch das lachte! Unerträglich in seinem Hochmut! Und erst der widerliche »Wilson«, das Sturzklosett, das alles besser wissen wollte, sich in alles mischte. (13.616, Fasz. 10, f. 3, 6)
▷ *Tschurtschentaler:* Geläufiger Tiroler Familienname.

▷ *Moses will in die Schweiz:* Handschrift 13.616, Fasz. 19, f. 1-1v. NV: Das ideale Gastland (13.616, Fasz. 19, f. 1v).

237 ▷ *Das Männlein Prschybil und seine Wechseljahre:* Handschrift IX/7, Fasz. 1, f. 1-2v.
▷ *prič:* Tschech. pryč, fort.

238 ▷ *1848 im Spötherbst am Hradschin:* Nach seiner Abdankung und der Übergabe der Herrschaft an seinen Neffen Franz Joseph am 2. Dezember 1848 in Olmütz zog sich Ferdinand I. auf den Prager Hradschin zurück.
▷ *Wilson-Bahnhof:* Der Prager Hauptbahnhof war nach Wilson benannt.

239 ▷ *horribile dictu:* Es ist schrecklich zu sagen.
▷ *Kojetein:* Es gibt in Böhmen und Mähren mehrere Orte dieses Namens. (Raffelsberger)
▷ *Wischinek:* Dorf in Böhmen. (*Special-Orts-Repertorium von Böhmen*)
▷ *Tatek:* In den slawischen Sprachen Koseform für (Groß-)Vater.
▷ *Groom:* Hoteldiener, Reitknecht.
▷ *Großpopowitze:* Groß-Poppowitz, Herrschaft und Dorf mit Schloß in Böhmen, es gibt auch ein gleichnamiges Dorf in Mähren. (Raffelsberger)
▷ *Krschischkovy:* Křžowitz, Meierhof in Mähren. (Raffelsberger).
▷ *Powirtschach:* Zur Landgerichtsherrschaft Himmelberg gehörige Ortschaft in Kärnten. (Raffelsberger)
▷ *Popiwci:* Nicht ermittelbar. Es gibt mehrere Orte mit dem Namen Popitz. (Raffelsberger)
▷ *Popeter:* Popetra, Dorf in Istrien. (Raffelsberger)

240 ▷ *Der Trommelhase:* Ausgangspunkt zu diesem Text ist ein handschriftlicher Entwurf, datiert mit August 1915, ein Beitrag FHOs zur experimentellen Lyrik, ähnlich der »K. k. Militärschwimmschul«

352

Der Trommelhase.
Ein Liedchen für zurückgebliebene Kinder.
Hoppdschindschin, bummhopphopp.
hoppbummbumm, dschinhopphopp.
bummdschinndschin, bumm.
bummdschindschin hopphopphopp. (XXIII/1, Fasz. 1, f. 1)
Das Konvolut Ser. nov. 13.631 enthält drei ausführlichere handschriftliche Fassungen, von denen die zweite als die homogenste als Lesetext ediert wird (Ser. nov. 13.631, f. 1-6), die beiden anderen (Ser. nov. 13.631, f. 8-9 und 10-14v) aufgrund ihrer Abweichungen hier wiedergegeben werden. Ser. nov. 13.632 enthält wie XXIII/6, Fasz. 2-3, und Ser. nov. 13.632 die maschinschriftliche Abschrift fremder Hand der 1960 entstandenen handschriftlichen Abschrift und Materialbeschreibung durch Kosmas Ziegler (XXIII/6, Fasz. 4). Da die Bezeichnung »Eine Tanzdichtung« (13.632, f. 1) nicht vom Autor überliefert ist, wurde auf sie verzichtet.
D: 1946 (13.631, f. 3); 1950 (13.631, f. 1); 1. Februar 1950 (13.631, f. 10).
Widmung: Den Manen des großen Hofburgschauspielers Josef Lewinsky zugeeignet. (13.631, f. 3)

Erste Fassung: Alles drängte sich in den Kleinen Musikvereinssaal. Durchgeistigte Gesichter, wohin man blickte. Auch zwei bleiche Gräfinnen mit zu großen Nasenlöchern waren da, tragische Masken. Die Billeteure gingen leise. Als endlich das Knacken der Stühle, durch Zuspätkommende verursacht, sich gelegt hatte, wurde das Licht allmählich herabgeschraubt.
Kein Programmraschein war mehr hörbar. Verschiedene Leute blickten sich ängstlich an, und ein Herr, der von nervösem Schlucken befallen war, fuhr sich mit dem Zeigefinger in den Kragen. Alles wußte, daß etwas Unheimliches kommen würde.
Und da war auch schon Lewinsky da. Heute sah er förmlich bucklig aus. Er bestieg das Rednerpult. Blickte finster. Jemand schluchzte leise. Pst! Und da begann der Meister: »Der Trrromll-haase. – Bum Tschindschin –«
Manche rückten näher zusammen. – »Hopphopphopp ....«
Lewinsky blickte finster ins Leere. »Hopptschindschin ... hopp hopp hopp, bumbumbum, tschintschinndschin ... hopp«. Hier wurde er ganz bucklig. Dann ein hohles »Hopp – hopp – hopp«. Der Meister hatte die Arme gekreuzt. »Bumm!!!«
Alles fuhr zusammen. Eine der Gräfinnen fiel in Ohnmacht. Ein bleicher Herr war aufgestanden und verlor eine Manschette, als er die Hände beschwörend erhoben hatte. Baron Reinighaus war aufgestanden und suchte den Ausgang. Endlich draußen, sagte er, sich die Stirne abtrocknend, zu Seiner Erlaucht, dem Grafen Wittgenstein, der mit auseinanderschielenden Augen beim Bier saß: »M ... hält kein Mensch aus. Zu dämonisch. Jetzt kommt die Stelle, wo der Meister persönlich durch den Saal zu hoppen beginnt ... Aber, was ist das?!«
Auch die andere der beiden Gräfinnen mit den zu großen Nasenlöchern wurde ohnmächtig hinausgetragen. Dr. Charas von der Rettungsgesellschaft bemühte sich persönlich um die Damen. Sie werden auf Tragbahren gepackt. Man hört die Trillerpfeife des Rettungswagens. – »Mm, scheußlich«, bemerkte der Baron. – »Aber, was ist das! Frühlingsnichti da? So was? Zu spät gekommen! Na, sein Sie froh, Medi. Welch glückliches Natürell, immer zu spät zu kommen!« – »Mammina hat mich aufgehalten! ... Herbstonki, können Sie mir 100 Kronen pumpen ... für das Programm!?« – »Ja, hm.«

– »Danke.« – »Sie, ein Programm kostet 20 Heller.« – »So hier haben Sie. Den Rest können Sie behalten ...«
Der Billetteur machte eine Schraubenwindung und verlor die Sprache.
»Kommen Sie, Herbstonki! Gehen wir lieber weg. Ins Palais de Danse. Ich hab so Lust auf ein Paar Würstel ...«
Und sie fuhren ins Palais de Danse. Amüsierten sich königlich. Herbstonki fiel zweimal hin. Da rief plötzlich – es war 4 Uhr früh – das Fräulein Nichti: »Um Himmels willen. Ich hab mein Taxi weiß nimmer wo warten lassen.« – »Ich auch«, erwiderte Herbstonki, blickte starr und wischte sich die Stirn ... »Aber ich weiß nicht, wo ich den Kerl hab warten lassen ... dabei weiß er meinen Namen ... na, schöne Bescherung.«

Dritte Fassung:
Der Trommelhase Lewinsky
Personen:
BARON EYNINGHAUS
HELGA VON REICHENBACH
GRAF PRIAMI
DIE ALTEN BARONESSEN MIT ZU GROSSEN NASENLÖCHERN:
TINTSCHI TINTENBACH
MYSA VON ATTNANG
DER ALTE KORNGOLD (GOLDZAHN) UND GEMAHLIN

Rechts und links zwei kleine Proszeniumslogen auf der Bühne. In die eine tritt ein steifer, sehr langnasiger höherer Staatsbeamter (von der Hoftheaterintendanz) mit verwelkten Bartkoteletten und grämlich herabgezogenen Mundwinkeln ein. Stechende Lackaugen. Ein Logenschließer überreicht ihm ein Paar schwarz-gelb bequasteter Tschinellen und stellt einen kleinen Notenständer und zwei Silberleuchter mit Wachskerzen auf die Logenbrüstung. Dann stellt er sich hinter den hohen Beamten zum Umblättern parat.
EYNINGHAUS Lieber Graf! ... m ... Heute steht fabelhafter Kunstgenuß bevor! Hofrat Lewinsky! Wird tanzen!!
PRIAMI *Eyninghaus ins Ohr*
EYNINGHAUS Ganz recht! Bisher unerreichter Franz Moor. Überhaupt: Weltrekord in Intrigantenrollen! ... Mm ... he ... he! Und gar: Nickelmann!! Kaiser Wilhelm wollte die Figur des Nickelmann nobilitieren! Denken Sie: auf jedem Programmzettel würde stehen: von Nickelmann! Hätte auf Hauptmann abgefärbt! Maximilian Harden soll ihm dringend geraten haben, Namensänderung in Nickelmann! Gerhard von Nickelmann!
PRIAMI Wäre glückliche Wahl gewesen.
EYNINGHAUS Finde ich auch. Also: Lewinsky wird heute die Tanzkreation vorführen: den Trommelhasen! Soll ein Sensationsgegenstück zu Labans »Don Juan« werden ... mm ... Es wurde geflüstert, daß er Tanzunterricht bei der Palucca genommen hat!
PRIAMI Bei der Rebekka?
EYNINGHAUS Nein! sie heißt PALUCCA! Bin aber besser unterrichtet: hat bei der Sironi hospitiert ... gelernt. Als Hofrat *mußte* er klarerweise sich beim k. k. Hofopernballett vorpräparieren lassen.
PRIAMI *frägt etwas ins Ohr.*
EYNINGHAUS Nein! Zu Salonrock hätten rosa Trikots nicht gepaßt! Nein!! Hat in Macco-Hosen getanzt! Weiß sogar Marke »Heinzelmanns Lieschen«! Ich hab's von der Chorklosettdame!

PRIAMI *glotzt fragend.*

EYNINGHAUS Ja. Heißt so! ... M ... he ... he ... *lacht hölzern* Und weil die Sironi es nicht anders tut, hat sie mit Spitzentanz angefangen! Hat Lewinsky schlucken müssen. Für steifen, alten Herrn natürlich peinlich! Allerdings hat er die gewissen Ballettschucherln mit den eidernen Kasteln angehabt! Na, ja!

PRIAMI *ängstlich* Saag ... Hugo ... is der Tanz, der was jetzt kommt, auch sittlich einwandfrei? Bestimmt kein Naaackttaanz ... da ginget i weg ...

EYNINGHAUS Aber ... bitt dich! ... Ein Hofrat ... ein alter Herr, da kannst ruhig sein ... Jetzt wird Tanzen oft gegen Hämorrhoiden verschrieben ...

PRIAMI Ja ... aber grad vorhin haast gsaagt, daß in Berlin ein gewisser ... Haban? ... nein! Das ist ein Greißler auf der Wienzeile ... Nein! Laban! ... richtig: der »Don Juan« tanzt ...! Bitt dich ... Da sind doch immer Maadln dabei ... gewiß nackete ... Hab Schreckliches gehört ...

EYNINGHAUS Aber nein! Der Laban is ganz a alter Kracher! Nur sehr eitel ... Alle diese von oben bewilligten Divertissements sind einwandfrei ... Hab mich bei der Nuntiatur erkundigt! Sind vom Papst erlaubt.

PRIAMI *Hand am Ohr* Papst, Kaiser & Grutsch ...

EYNINGHAUS Nein! das ist ja eine Eisenwarenfirma in der Singerstraße. Nein! Vom Papst in Rom! ... Und das zusammen ... speziell für die Übersee noch extra vom Dr. Moritz Eisendraht aus Milwaukee, Präsident der jüdischen Liga in USA, mit der der Heilige Vater zusammenarbeiten will, um Katholiken und Juden unter einen ... Zylinder beziehungsweise ... Hut zu bringen.

PRIAMI Aha! Eisendraht! Wegen Lösen und Binden ...

EYNINGHAUS Möglich! Wie gesagt: Es wurde festgestellt, daß, wie gesagt, daß der besagte Laban ganz ein alter Kracher is ... Daß er ruhig den »Don Juan« tanzen kann ... wird ihm bestimmt kein Madel zugehn! No, und bestimmt wird unser Hofrat Lewinsky brav sein ... Hätt' ja bei der Intendanz um a Bewilligung zu einem Bauchtanz einkommen können. *Er fährt elektrisiert auf, da ein auffallend schönes junges Mädchen in die Loge tritt, Helga Comtesse Reichenbach.* Ah!!! Charmant! Charmant! Helga! Übrigens, gestatte, daß ich dir Graf Priami vorstelle: Graf Priami ... meine Frühlingsnichti ... mhm. Ich ... äh Herbst-Onki ... M, m! M – äh!

HELGA Priami? Haben Sie vielleicht Ihr Manoir in Troja? Gewiß sind aber die Boiserien schon verbrannt. *Dann zu Eyninghaus, der ihr eine Bonbonnière überreicht* Aber, das ist lieb. Ich dank dir, daß du mir die schönen Kugler-Gerbeauds gebracht hast. *Zu Priami* Darf ich offerieren?

Die beiden alten Herren molfern an den Bonbons.

HELGA *lorgnettiert ins Parterre* Wer sind denn die zwei scheußlichen alten Maruschen da? Die mit den zu großen Nasenlöchern? Also ... so was ...

EYNINGHAUS Maruschen!! Bitt dich! das ist doch die Baronin Tintschi Tintenbach und das ist die Mysa von Attnang ... Beide Stiftsdamen von Maria Schul in Brünn ...

Der Vorhang ist aufgegangen.

Währenddem schreitet unter Mai Sohn ... mai Sohn-*Rufen ein alter Herr quer über die Bühne. Hinter ihm watschelt eine dicke alte Dame, die schweratmend in der Mitte stehen bleibt. Der alte Herr – der bekannte Kritiker*

GOLDZAHN *lehnt sich an die Logenbrüstung und beginnt* Mai Sohn!!! Mai Sohn!!! Hamm Se schon gehört, mai Sohn ... Gott is er groß! ... hat die Täg umgewälzt die musikalische Welt.

EYNINGHAUS Ja, der Amadeus! *Er macht Miene, niederzuknieen.*

GOLDZAHN Hat ... die ... Täg! ... Komponiert den »Zwetschkenkrampus«!!! Ka Mensch wird mehr gehn in den »Rosenkavalier«! Niemand mehr ...
FRAU GOLDZAHN *ruft ununterbrochen, schweratmend Was ... r ... Musik ... was ... r ... Musik ...*
GOLDZAHN Jetzt wird der »Zwetschkenkrampus« Wien beherrschen ... Was? Wien? Die ganze Welt! Glauben Se mer! Allein im großen Walzer is de ganze Neinte von Beethoven drinn ... und niemand merkt es ... Wassertriumph!!! Mai großer Sohn!
Die Mama ruft weiter wie oben!
PRIAMI Du ... wo ... wird man nicht mehr hineingehen?!
EYNINGHAUS In den »Rosenkavalier«!
PRIAMI *mißtrauisch* »Rosenkavalier«? Das is doch von Richard Sedelmayer ...?
Eyninghaus verneint und stellt richtig. Aber die beiden alten Herren fangen zu streiten an. Da
GOLDZAHN *kein Gehör findet, geht er zum Sufflör* Hammseschon geheert: Mai Sohn! Mai Sohn!! Der Amadeus hat geschrieben den »Zwetschkenkrampus«!! Wollen Se sehen die Edition Schott, er is auch schon herausgekommen für eine berittene Reiterkapelle ... von: Amadeus Ludwig van Goldzahn ... *Während er, sich verrenkend, in den Gehrock greifen will, verschwindet der Souffleurkasten.*
GOLDZAHN *verwirrt* Wo is ... wo is der Souffleur? Is a Ballett ...??
Die ganze Zeit über hat die alte Dame ihr Was ... r ... Musik *gerufen. Ein Inspizient läuft quer über die Vorderbühne.*
GOLDZAHN *ihm nach* Herr Inspizient! Mai Sohn! ...
Da verschwindet das Ehepaar ... jedes für sich ... in der Versenkung. Die Mai-Sohn-*Rufe verhallen.*
Jetzt beginnt das Tanzspiel.
Man sieht R. von Lewinsky – Maske Goethe – aber mit hohen Hasenohren – seinen Trommeltanz exekutieren. Musik, meist von Chopin, aber auch Rhapsodienbruchstücke von Liszt. Er ist im Gehrock, Maccounterhosen, Kothurne. Der grämlich blickende Hofbeamte begleitet den Tanz mit gewählten Tschinellenklängen. Ihm wird von einem Hoflakaien umgeblättert.
Dann breiten zwei Hoftheaterdiener einen kleinen grünen Grasteppich mit falschen Kohlhäupteln auf, die Lewinsky mundwässernd umtanzt.
Ein Bauer mit Janker mit der knallenden Peitsche tritt auf. Zwei Diener stellen Popelmänner im Hintergrund auf, die Lewinsky scheu anblickt.
Die Stimmung wird drückend. Der Bauer lauscht in die Ferne. Grüne Lichtchen tauchen im dunklen Hintergrund auf. Die Popelmänner zittern und heben die Schirme. Der Hofrat lehnt sich aus der Loge und ruft Herr Hofrat! Bitte geben S' Obacht! *Ihm wird ein Gitterl aufgestellt. Den Bauern erfaßt eine Panik. Er schwingt sich auf einen großen Ast. Lewinksy ist unbeirrt. Da kommt das Unheil! Ein Pantherballett! Sie knicksen und werfen Kußhände ins Publikum. Der Ast zerbricht. Der Bauer kracht zu Boden: Zwei Panther zerreißen ihn. Schrilles Wehgeschrei. Zwei Panther zerreißen die Popelmänner. Alle Figuren sind voll Seegras. Wirres Getümmel.*
Die zwei Baroninnen mit den zu großen Nasenlöchern werden ohnmächtig weggetragen. Der Hofrat mit den Tschinellen flüchtet ins Publikum. Eyninghaus und Priami verkriechen sich in der Loge. Helga bietet den Panthern die Bonbons an. Eine der Katzen nimmt ihren Fächer und tanzt fächelnd vor. Das Ehepaar Goldzahn taucht unter Mai Sohn-*Rufen aus der Versenkung auf und wird zerrissen. Mit den Jägerwäschedessous spielen die Panther Fußball.*

Da ertönt der Radetzky-Marsch. Zwei Deutschmeister erscheinen und wollen auf die Panther schießen. Es geht nicht. Jetzt bemerkt auch der verklärt trommelnde Hase, daß was nicht stimmt. Die Soldaten fliehen, schwer verfolgt. Auf jeden ist ein Panther gesprungen. Im kritischen Moment aber erscheint der Unterrichtsminister, vom Burgtheaterdirektor auf die Bühne komplimentiert. Der weist auch die zu frech gewordenen Panther weg, die artig vor dem Publikum knicksen und Kußhändchen werfen. Verschiedentlich werden ihnen Buketts zugeworfen.
Lewinsky flüchtet sich an das knackende Frackhemd des Ministers, der ihm den Franz-Joseph-Orden 3. Klasse anheftet.
Die Volkshymne ertönt und bengalische Beleuchtung beschließt das schöne, erhebende Bild. Eine Kaiserbüste ist heruntergeschwebt und steht auf einem Sockel.
EYNINGHAUS *sagt groß* Mm ... m ... Ohr ... pheuss ... Mm ... mhm ... und ... die ... Tiere.

▷ *Hofrat Josef Lewinsky:* Josef Lewinsky (* 20. September 1835 Wien, † 27. Februar 1907 Wien), Mitglied des Burgtheaters 1858–1907, gehörte zum Bekanntenkreis FHOs. (Vgl. *S. W.*, Band III, S. 189, Band VI, S. 271, Band VIII, S. 345 und Anm. dazu.)
▷ *Reininghaus:* NV: Eyninghaus (13.631, f. 11 ff.)
▷ *schassiert:* Von franz. chasser, jagen.

241 ▷ *Saint Saens Toden:* Gemeint ist wahrscheinlich der »Totentanz« von Camille Saint-Saëns (1835-1921), eine Komposition aus dem Jahre 1875.

242 ▷ *Orpheus und die (...) Eumeniden:* Siehe S. 322, Anm. *Ödipus, verfolgt von den Eumeniden.*
▷ *La ... force ... du destin:* »Die Macht des Schicksals«, Oper von Giuseppe Verdi.

243 ▷ *Ballett nach einem Traum:* Hier liegt nur eine Abschrift fremder Hand in vier Exemplaren (XXI/12, Fasz. 1-3, und Ser. nov. 13.658) vor, so daß der originale Text nicht gesichert werden konnte.
▷ *Losch:* Siehe S. 286, Anm. *Tilly L.*
▷ *Lotterieschwestern:* Frauen, die Lottozahlen aus wunderwirkendem Brunnenwasser erschauten und ihre »Tips« gegen geringes Entgelt verkauften. Karl-Heinz Weiß beschreibt diesen Brauch in seiner Studie *Das Marienbild vom Agnesbründl in Weidling* (Amtsblatt der Stadtgemeinde Klosterneuburg Nr. 3/1990, Sondereinlage Nr. 186, S. 2): »Als besonders günstiger Tag für Lose oder Lotteriezahlen ersah man den 29. August, den Tag ›Johannes Enthauptung‹.« Auch Edith Saurer nennt das Agnesbrünnl im Wienerwald als beliebtes Ziel von Lotterieschwestern. (Edith Saurer, *Straße, Schmuggel, Lottospiel.* Materielle Kultur und Staat in Niederösterreich, Böhmen und Lombardo-Venetien im frühen 19. Jahrhundert, Göttingen 1989 [= Veröffentlichungen des Max-Planck-Instituts für Geschichte 90], S. 309 f.)
▷ *Jägerwäsche:* Der Zoologe Gustav Jäger (1832–1917) entwickelte nicht nur eine antirheumatische Gesundheitswäsche, sondern auch eine Art Sportbekleidung, die FHOs Gesamtwerk leitmotivisch durchzieht.

244 ▷ *Mühlsteinkragen:* Steife, gefältelte Halskrause, besonders an niederländischen Trachten.

357

▷ *Der Wunsch der Prinzessin:* Einzelnen Entwürfen und Personenverzeichnissen (Ser. nov. 13.633, f. 1-12) folgt eine durchgehende handschriftliche, mitunter äußerst schwer entzifferbare Handschrift (Ser. nov. 13.633, f. 13-21). Deren Transliterierung durch Kosmas Ziegler XXIII/10 aus dem Jahre 1960 umfaßt die Vorarbeiten und den Text und bietet darüber hinaus eine minuziöse Materialbeschreibung, doch bedingte die schlechte Qualität der Vorlage zahlreiche Abschreibfehler, so daß für die Erstellung der Lesefassung unbedingt das Original zur Korrektur herangezogen werden mußte. Die maschinschriftliche Abschrift fremder Hand (Ser. nov. 13.634 und der Durchschlag XXIII/9) weist mitunter grob sinnstörende Fehler auf, z. B. bringen hier die italienischen Schiffe die Post (13.634, f. 17) und nicht – wie im Original des Autors – die Pest. Da die Gattungsbezeichnung »Ballett« (13.634, f. 1) sowie »Eine Tanzdichtung« (13.634, f. 3) nicht von Hand des Autors überliefert ist, wurde in der Wiedergabe des Textes darauf verzichtet.

D: 1925 (13.634, f. 3). – Eine Blei- und Farbstiftzeichnung vom 7. April 1922 trägt den Titel »Die Schaumgeborene/oder: Byzantinische Prinzessin« (Reinisch, *FHO-Chronologie*, 7. Fassung)

E: Persisches Flohtheater kommt. Er spricht gackernd und knatternd. Ein Dolmetscher. Vier blicken immer in eine Schachtel, die ein bewaffneter Zwerg zähnefletschend trägt, und tanzen das Entsprechende. Alles juckt sich. Prinzessin windet sich. Tanz der Flöhe im Theater. Mädchen heben sich neckisch die Hemden auf. »Pullo Pulli Pulli Pulex lex lex lex.« Laternenballett. Plötzlich schreit er: »Primaballerina is auskimma – ich bin ruiniert.« Prinzessin ballt die Fäuste ... »Er soll mir nur nicht sagen ... mir schneidet es in die Seele. Oh über das Kissen (Pas de l'eau) seulement pas de l'eau sur les coussins! – »Coussin, das glaub ich«, sagt die Hofdame. Ein Page bringt Parfum, nicht ein modernes Parfum! einer eine Feder zum Kille Kille (eine Reliquie des heiligen Kilian) – Einer ein Kästchen, wo die Dafne aufquiekt, einer ... Bananen. Das neueste, aber gut!! Gelt, Puerari! Geh, da legst di nieder!

Der Zug der Speisenträger singt: »Maka ka kaka, Kakakaka, Makakaro, roro, roro, ro, ro, ni, ni, ninininini«. Zweiter: »A – Ana, Ananana, Annanass!« Prinzessin fährt auf: »Ich heiße zwar nicht Anna, aber es ist eine Infamie – Köpft ihn!« Die neue Hofdame bittet: »Laß mich ihm den Kopf abschlagen!« – »Oh, du bist aber kühn!« Malhör geschieht. Man zieht ihm hinter einer Feder- und Fächerpyramide das Hemd aus. In glühender Abendsonne flattert es neben der Richterfahne. Hymne.

Schlußbild.

Tür geht auf. Diener mit einem Berg Töpfe stürzt über die Stiege. Hofdamen fallen kreuz und quer in Ohnmacht. Apokaukos stürzt sich ins Schwert, das sich an seinem Panzer verbiegt. Prinzessin komm!

Commandant erbittet sich das Hemd.

> Der Vorhang zu dem Heiligtume,
> Er diene euch zu ewigem Ruhme.

Gespannt folgt sie dem Schauspiel. Schau, wie das Blut hervorspritzt in einem langen Strahl.

▷ *Daphne Andronike:* Tochter des Andronikos III. Palaeologos (*1296/98, † 15. Juni 1341), Kaiser seit 1328. – Ostrogorsky nennt nur einen neunjährigen Sohn als Erben nach dem Tod dieses Kaisers. (Georg Ostrogorsky, *Geschichte des byzantinischen Staates* [= Byzantinisches Handbuch 1/2] München 1940, S. 366)

▷ *Palastes der Blachernen:* Palast der byzantinischen Kaiser in Konstantinopel.

358

▷ *Melitta von Sardes:* Sardes, antike kleinasiatische Stadt im Tal des Hermos, Mittelpunkt des Lyderreiches, nach einer neuen Blüte im Römischen Reich verödete sie im
14. Jahrhundert.
▷ *Laskaris:* Name eines byzantinischen Geschlechts (Laskariden), das kurz vor 1200 in
Erscheinung trat. Nach der Einnahme Konstantinopels durch die Kreuzfahrer (1204)
gründete Theodorus I. L., Schwiegersohn des byzantinischen Kaisers Alexios III.
Angelos, das Exilreich von Nikaia. Nach der Rückgewinnung Konstantinopels (1261)
verdrängte Michael VIII. Palaeologos den letzten Vertreter des Geschlechts auf dem
Kaiserthron (Johannes IV. Dukas L.).

245 ▷ *Schlangen des Dionysos:* Üblicherweise wird Dionysos nicht mit Schlangen in Verbin-
dung gebracht. Eine Bezugnahme auf den dionysischen Phalluskult ist anzunehmen.
▷ *Beryll:* Edelstein, durchsichtiges oder durchscheinendes, glasglänzendes Mineral.
▷ *Agathodaimonia:* Sprachlich unrichtige Analogiebildung zu Agathodaimon, der »gute
Geist«.
▷ *Ismene Psaphasiades:* Nicht ermittelbar.

246 ▷ *Dourma von Paphlagonien:* Paphlagonien wurde das historische Gebiet im mittleren
Nord-Anatolien, das vom 10. bis zum 13. Jahrhundert unter byzantinischer Herrschaft
stand, genannt.
▷ *Johannes Kantakuzenos:* Freund des jungen Andronikos III. (* 1296 oder 1298, † 15.
Juni 1341, Kaiser seit 1328), Führer der Widerstandsbewegung gegen Andronikos II.
Palaiologos, nach dem Tod Andronikos' III. am 15. Juni 1341 erhob er als Groß-
domestikos Anspruch auf die Regentschaft für den erst neun Jahre alten Sohn des
Andronikos, Johannes V., nach schweren Kämpfen gegen seinen gefährlichsten
Gegner Alexios Apokaukos und massiven Bemühungen, den Verfall und Untergang
des byzantinischen Reiches aufzuhalten, wurde er 1347–1354 Kaiser von Byzanz, um
dann an der Leitung der Staatsgeschäfte auch den legitimen Herrscher Johannes V.
teilnehmen zu lassen. (Georg Ostrogorsky, *Geschichte des byzantinischen Staates*,
S. 358-373)
▷ *Phanudes Triskillinos:* Nicht ermittelbar.
▷ *Palaeologos:* Die Palaeologen waren die letzte Dynastie des oströmischen Reiches. Ihr
Stifter, Michael VIII. Palaeologos, wurde zunächst als Mitregent des unmündigen
Kaisers Johann IV. Laskaris eingesetzt, den er später blenden ließ. Er bestieg den
Kaiserthron von Nikäa und nahm 1261, nach der Vernichtung des lateinischen
Kaisertums, auch in Konstantinopel zur Macht. Der letzte Kaiser, Konstantin XI.
Dragedes P., fiel bei der Erstürmung der Stadt durch Sultan Mohammed II. (Vgl. *S. W.*,
Band III, S. 572, Anm. *Thron der Paläologen von Byzanz.*)
▷ *Daphne Porphyrogeniti:* Daphne, die Purpurgeborene, d.h. legitim auf dem Kaiser-
thron Geborene.
▷ *Chrysolakati:* Chryselaktos ist ein homerisches Epitheton »mit der goldenen Spindel«
(oder »mit dem goldenen Pfeil«).

247 ▷ *Karniades von Knidos:* Der griechische Philosoph Karneades (214–129 v. Chr.)
stammte aus Kyrene.
▷ *Inaka von Kyllene:* Es gibt drei verschiedene Ortsbezeichnungen des Namens Kyllene.
(*Paulys Realencyclopädie der classischen Altertumswissenschaft*)
▷ *Leaina:* Griech. Löwin, ist nebstbei auch ein geläufiger Hetärenname. (Pauly)

359

▷ *das blaue Licht der Dioskuren:* Von den Dioskuren heißt es, daß sie den Schiffern das Elmsfeuer auf den Masten als hilfreiches Zeichen sandten. Ob hier von FHO darauf angespielt wird, ist ungewiß.
▷ *Apokaukos:* Alexios Apokaukos, »ein ehrgeiziger Streber von geringer Herkunft«, unterstützte wie sein Gegner Johannes Kantakuzenos die Bestrebungen Andronikus III. Palaelogos um den Thron von Byzanz. Der diktatorische Gewaltherrscher fand am 11. Juni 1345 sein Ende: »Bei der Besichtigung eines Kerkers, in dem seine politischen Gegner schmachteten, wurde er von den Häftlingen überfallen und totgeschlagen.« (Ostrogorsky, *Geschichte des byzantinischen Staates*, S. 359 und 373)
▷ *die türkischen Hunde unter Unnurkbeg:* Gemeint ist Umur Beg, türkischer Eroberer aus der Dynastie der Aydin-Oghlu, der in den Jahren 1334–1348 kriegerische Feldzüge unternahm. Mit zweitausend Reitern kam er Johannes IV. Kantakuzenos zu Hilfe, der seinen widerrechtlich erworbenen Thron von Konstantinopel verteidigen mußte. Gemeinsam mit ihm unterwarf er Thrakien. Papst Clement VI. rief zu einem Kreuzzug gegen ihn auf, in dessen Verlauf Umur Beg trotz seiner Siege über die Christen zu Tode kam. (*The Encyclopaedia of Islam*, Leiden 1979; Hinweis Frau Dr. Römer des Institutes für Orientalistik d. Univ. Wien)
▷ *Charmé, charmé:* Frz. bezaubernd, bezaubernd!

248 ▷ *Navigare necesse est:* Schiffahrt ist notwendig.
▷ *Vivere non necesse:* Leben ist nicht notwendig.

249 ▷ *Xiphillinos:* FHO spielt sicher auf Syphilis an; es gibt allerdings einen Juristen Johannes Xiphilinos, kaiserlicher Ratgeber Konstantins IX.
▷ *Toxipilos:* Zu griech. toxikon Gift.
▷ *Georgios von Trapezunt:* Griechischer Humanist (* um 1395 Kreta, † wahrscheinlich am 12. August 1484 Rom). Er kam 1428 nach Italien und wurde durch Papst Nikolaus V. mit der Übersetzung griechischer Schriften ins Lateinische beauftragt, aber bald wegen seiner Nachlässigkeit des Amtes enthoben.
▷ *Andreas Bapheiades:* Nicht ermittelbar.
▷ *Nikephoros Bryennios:* (* um 1062 Adrianopel, † 1137) Historiograph und Vertrauter von Kaiser Alexios Komnenos, war nicht byzantinischer Gesandter (ital. Bailo) in Venedig.
▷ *Uskoken:* Serbische Seeräuber.
▷ *Xerta:* Da das griech. X als ch zu lesen ist, ergibt sich der deutsche Name Herta.
▷ *Brusquambille:* Eigentlich Brusquembille, Kartenspiel, das nach dem französischen Komödianten Bruscambille benannt wurde. Zwei bis fünf Spieler.
▷ *Melanopetros:* Griech. »Schwarzer Peter«.
▷ *Parthenos:* Griech. parthénos, Jungfrau, hier gemeint als Altersgrenze.
▷ *O hagios Apollon:* Oh, heiliger Apollon!
▷ *Giustiniani von Chios:* Die Giustinian (auch Zustinian) gehörten zu den größten alten Familien des venezianischen Patriziats. Sie haben eine Reihe bedeutender Persönlichkeiten hervorgebracht, darunter einen Dogen und 27 Prokuratoren von San Marco. Die Genueser Giustinian waren mehr als 200 Jahre lang Dynasten von Chios und anderen Inseln des Archipels, bis 1566 die Türken Chios besetzten. – Vgl. *S. W.*, Band V, S. 409, Stichwort *Madonna Giustiniani.*
▷ *Cattilini von Mytilene:* Cattilini nicht feststellbar, Mytilene ist die bedeutendste Stadt der Insel Lesbos.

360

▷ *Prinzessin Melisande von Lesbos (...) Gattolusi:* »Ein genuesischer Korsar, Francesco Gattilusio, Besitzer von zwei Galeeren, auf denen er, nach Beute und Abenteuern suchend, das Ägäische Meer durchkreuzte, sollte den Palaeologen auf den Thron der Väter geleiten. Für den Dienst versprach ihm Johannes V. die Hand seiner Schwester Maria und als Mitgift die Insel Lesbos, die größte und bedeutendste unter den Inseln, die dem Kaiserreich noch verblieben war.« (Ostrogorsky, *Geschichte des byzantinischen Staates,* S. 383)

250 ▷ *Man ist ja nicht von Holz! Auch wenn man Daphne heißt:* Auf der Flucht vor der Liebe des Apollon wird die Nymphe Daphne von ihrer Mutter Gäa (Erde) verschlungen und in einen Lorbeerbaum verwandelt.
   ▷ *Anaxo aus Mezenderan:* V: Roxane (13.633, f. 19)
   ▷ *zur Begleitung der Riesentrommeln:* V: begleitet vom dumpfen Toben der Pauken (13.633, f. 19)
   ▷ *heiligen Kilian:* Im süddeutschen Raum ist die Verehrung des hl. Kilian von Würzburg (Fest 8. Juli) geläufiger als die des irischen Einsiedlers Kilian von Aubigny (Fest 26. März, seit dem 13./14. Jahrhundert 13. November).

251 ▷ *Photius von Thessalonike:* Der berühmte byzantinische Theologe und Schriftsteller, der Tatriarch Photios von Konstantinopel (* um 815–820, † 891–898) wird hier wohl mit Symeon von Thessalonike kompiliert.
   ▷ *Lobpreisung der 11.000 Heiligen:* Ziemlich sicher wird die Legende um die hl. Ursula mit den 11.000 Jungfrauen angesprochen. Die Zahl beruht auf einem Lesefehler; ursprünglich waren es nur zehn. (*Lexikon für Theologie und Kirche*)
   ▷ *damaszierten:* Hier für die Feinheit der musterartigen Struktur des Damaszener Stahles, die durch die besondere Herstellungstechnik und anschließende Flächen-behandlung entsteht, hell und dunkel in vielerlei Variationen, je nach Art der Verarbeitungstechnik.
   ▷ *Polenprinzen Boleslaus:* Es gibt mehrere Prinzen dieses Namens.

252 ▷ *Speirofex:* Zu griech. speiro, ausstreuen, sprengen, und dem griech. Suffix fex, von lat. facere, machen, der Wassersprenger. Als byzantinische Hofcharge in der einschlägigen Literatur nicht belegbar.

253 ▷ *Darius:* Darius III. Codomannus (* um 380 v. Chr., † 330 v. Chr.), 333 von Alexander bei Issos besiegt.
   ▷ *Morgengaben der Roxane:* Roxane, Tochter des Oxyartes, der sie 327 mit Alexander dem Großen nach einheimischem Ritus verheiratete. 322 gebar sie einen Sohn Alexander Ägos. Nach dem Tod Alexanders wandte sie sich nach Makedonien, wo sie 310 ermordet wurde. (Pauly)
   ▷ *obsoletes:* Obsolet, veraltet, ungebräuchlich.

LITERATURVERZEICHNIS

Adressbuch der Landeshauptstadt Innsbruck 1930.

Bächtold-Stäubli, Hanns (Hrsg.): *Handwörterbuch des deutschen Aberglaubens.* 10 Bände. Berlin-Leipzig 1927-1942.

Bilder-Lexikon der Erotik. Ein Sammelwerk sittengeschichtlicher Bilddokumente aller Völker und Zeiten. 4 Bände, hrsg. vom Institut für Sexualforschung in Wien. Wien-Leipzig 1928 ff.

Blümml, Emil Karl, und Gustav Gugitz: *Altwienerisches.* Bilder und Gestalten. 2. Auflage. Wien-Prag-Leipzig 1921.

Buchberger, Michael: *Lexikon für Theologie und Kirche.* Freiburg/Br. 1931.

Cantor, Moritz: *Vorlesungen über Geschichte der Mathematik.* 3. Band (1668–1759). Leipzig 1894.

Czeike, Felix (Hrsg.): *Das große Groner Wien-Lexikon.* Wien-München-Zürich 1974.

Deak, Istvan:*The lawful Revolution. Louis Kossuth and the Hungarians, 1848–1849.* New York 1979.

Drimmel, Heinrich: *Franz von Österreich. Kaiser des Biedermeier.* München 1982.

The Encyclopaedia of Islam. Leiden 1979.

Fest, Joachim C: *Hitler.* Eine Biographie. Frankfurt/Main-Berlin-Wien 1975.

Gams, P. Pius Bonifacius (Hrsg.): *Series episcoporum catholicae quotquot innotuerunt a Beato Petro apostolo.* Ratisbonae 1873.

Geschichte der Eisenbahnen der österreichisch-ungarischen Monarchie. 6 Bände. Wien-Teschen-Leipzig 1898–1908.

Giglleithner, K. (Pseud. für Emil Karl Blümml), und F. Litschauer (Pseud. für Gustav Gugitz): *Der Spittelberg und seine Lieder.* Wien 1924 (Alt-Wiener Sittengeschichte 1).

Gothaischer genealogischer Hofkalender nebst Diplomatisch-statistischem Jahrbuch auf das Jahr 1870. 107. Jg. Gotha.

Gothaisches Genealogisches Taschenbuch der Freiherrlichen Häuser. 25. Jahrgang. Gotha 1905.

Grimm, Jacob und Wilhelm: *Deutsches Wörterbuch.* Leipzig 1951.

Groner, Richard: *Wien wie es war*. Ein Nachschlagewerk für Freunde des alten und neuen Wien. 5. Auflage. Wien 1965.

Höfler, M.: *Deutsches Krankheitsnamen-Buch*. München 1899.

Hunger, Herbert: *Lexikon der griechischen und römischen Mythologie mit Hinweisen auf das Fortwirken antiker Stoffe und Motive in der bildenden Kunst, Literatur und Musik des Abendlandes bis zur Gegenwart*. 5. erweiterte und ergänzte Auflage. Wien 1959.

Huter, Franz (Hrsg.): *Alpenländer mit Südtirol*, Stuttgart 1966. (= Handbuch der historischen Stätten Österreich 2).

Jackson, W. G. F.: *The battle for Italy*. London 1967.

Lehmanns *Allgemeiner Wohnungs-Anzeiger* nebst Handels- und Gewerbeadreßbuch für Wien. Jgg. 1859 ff.

Lexikon des Mittelalters. München-Zürich 1981 ff.

Liddle, Henry George, und Robert Scott: *A Greek-English Lexicon*. Oxford 1968.

Maier-Bruck, Franz, und Richard Bamberger: *Österreich-Lexikon*. 2 Bände. Wien-München 1966.

Meyers Konversations-Lexikon. Ein Nachschlagewerk des allgemeinen Wissens. 5. Auflage. 17 Bände. Leipzig-Wien 1885–1897.

Österreichisches Biographisches Lexikon 1815–1950. Hrsg. von der Österreichischen Akademie der Wissenschaften. Graz-Köln-Wien 1978 ff.

Ostrogorsky, Georg: *Geschichte des byzantinischen Staates*. München 1940 (= Byzantinisches Handbuch 1/2).

Paulys Real-Encyclopädie der classischen Altertumswissenschaft. Neue Bearbeitung von Georg Wissowa unter Mitwirkung zahlreicher Fachgenossen. Hrsg. von Wilhelm Kroll. Stuttgart 1894 ff.

Pemmer, Hans, und Franz Englisch: *Landstraßer Häuserchronik*. Wien 1958 (Typoskript Wiener Stadt- und Landesarchiv).

Pemmer, Hans, und Ninni Lackner: *Der Wiener Prater*. Leipzig-Wien 1935.

Prato, Katharina: *Die Süddeutsche Küche* mit Berücksichtigung des Thees und einem Anhange über das Servieren für Anfängerinnen sowie für praktische Köchinnen. 24. Auflage. Graz 1895.

Pschyrembel, Willibald: *Klinisches Wörterbuch*. 255. Auflage. Berlin-New York 1986.

Raffelsberger, Franz (Hrsg.): *Allgemeines geographisch-statistisches Lexikon aller österreichischen Staaten*. Nach ämtlichen Quellen, den besten vaterländischen Hilfswerken und Original-Manuscripten von einer Gesellschaft Geographen, Postmännern und Staatsbeamten. 6 Bände, Wien 1845 ff.

Reinisch, Maximilian: *FHO-Chronologie*. Innsbruck 1991. 7. Fassung (Typoskript Brenner-Archiv, Innsbruck).

Riemann, Hugo: *Musik-Lexikon*. 12. Auflage. Mainz 1967.

Rokitansky, Marie von: *Die österreichische Küche*. Eine Sammlung selbsterprobter Kochrezepte für den einfachsten und feinsten Haushalt. Anleitungen zur Erlernung der Kochkunst. 6. Auflage. Wien 1910.

Salzburger Adreß-Buch 1930.

Samotz, Emanuel (Hrsg.): *Dr. Friedrich Erdmann Petri's Handbuch der Fremdwörter in der deutschen Schrift- und Umgangssprache*. 24. Auflage. Leipzig 1879.

Schalk, Karl: *Aus der Zeit des österreichischen Faustrechts 1440–1463*. Das Wiener Patriziat um die Zeit des Aufstandes von 1462 und die Gründe dieses Ergebnisses. Quellenkritische Chronik. Wien 1919 (= Abhandlungen zur Geschichte und Quellenkunde der Stadt Wien 3).

Die Schiffahrt auf dem Traunsee. Zum Jubiläum 150 Jahre Traunseeschiffahrt, hrsg. vom Kammerhofmuseum der Stadt Gmunden unter der Leitung von Ingrid Spitzbart. Gmunden 1989.

Schmitz, Oscar A. H.: *Ergo sum*. Jahre des Reifens. München 1927.

Schmutz, Carl (Hrsg.): *Historisch Topographisches Lexikon von Steyermark*. Graz 1822 f.

Schneider, Ulrich: *Einführung in den Buddhismus*. 2. Auflage. Darmstadt 1987.

Schuster, Mauriz: *Alt-Wienerisch*. Ein Wörterbuch veraltender und veralteter Wiener Ausdrücke und Redensarten. Wien 1984.

Special-Orts-Repertorium von Böhmen. Hrsg. von der k. k. Statistischen Central-Commission. Wien 1885 (= Special Orts-Repertorien der im oesterreichischen Reichsrathe vertretenen Königreiche und Länder IX).

Thieme, Ulrich, und Felix Becker: *Allgemeines Lexikon der Bildenden Künstler bis zur Gegenwart*. 36 Bände. Leipzig 1907–1950.

Waldegg, Richard: *Sittengeschichte von Wien*. Eine sittengeschichtliche Darstellung in Wort und Bild von der Gründung Vindobonas bis zum Ausbruch des Ersten Weltkrieges. 4. Auflage. Stuttgart-Bad Cannstatt 1965.

Wehrli, Max: *Geschichte der deutschen Literatur*, Band 1: *Vom frühen Mittelalter bis zum Ende des 16. Jahrhunderts.* 2. Auflage. Stuttgart 1984.

Weitz, Hans J. (Hrsg.): *Marianne und Johann J. Willemer.* Dokumente, Lebenschronik, Erläuterungen. 2. Auflage. Frankfurt/M. 1986.

Otto Wimmer: *Handbuch der Namen und Heiligen*, 3. Aufl. Innsbruck-Wien-München 1966.

Woerl, Leo (Hrsg.): *Illustrierter Führer durch die königl. Haupt- und Residenzstadt Budapest und Umgebung nebst Katalogen der Museen.* 7. Auflage. Leipzig o. J.

Wurzbach, Constant von: *Biographisches Lexikon des Kaiserthums Oesterreich*, enthaltend die Lebensskizzen der denkwürdigen Personen, welche 1750 bis 1860 im Kaiserstaate und seinen Kronländern gelebt haben. Wien 1856–1891.

365

GLOSSAR

Das Glossar dient als Lesehilfe zum leichteren Verständnis mundartlicher Ausdrücke, die zum Großteil der Wiener und Tiroler Umgangssprache entstammen. Zur Erläuterung wurden folgende Werke herangezogen: I. F. Castelli, *Wörterbuch der Mundart in Oesterreich unter der Enns (...)*. Wien 1847; Franz Seraph Hügel, *Der Wiener Dialekt*. Lexikon der Wiener Volkssprache. Wien 1873; Jakob Ebner, *Duden. Wie sagt man in Österreich?* Wörterbuch der österreichischen Besonderheiten. 2. vollständig überarbeitete Auflage, Mannheim-Wien-Zürich 1980; Julius Jakob, *Wörterbuch des Wiener Dialektes mit einer kurzgefaßten Grammatik*. Wien-Leipzig 1929; Eduard Maria Schranka, *Wiener Dialekt-Lexikon*. Wien 1905; Mauriz Schuster, *Alt-Wienerisch*. Ein Wörterbuch veraltender und veralteter Wiener Ausdrücke und Redensarten. Wien 1984 u. a.

abagleibisch	abergläubisch
Abrill	April
abrotzn	entbehren
Abschei	Abscheu
Abweichen	Blähungen
Aideshöllfer	Eideshelfer, jemand, der die Glaubwürdigkeit einer eidpflichtigen Person beschwört
ain	ein
ainherschraiten	einhergehen
ainsam	einsam
Aisenpahnen	Eisenbahnen
aitl	rein, pur
Allersöln	Allerseelen
Ammeln	Ammen
anschlagn	zuträglich sein, wohltun
auffreacht	aufrecht, standhaft
aufgschriem	aufgeschrieben
aufpaun	aufbauen
aufwarmen	aufwärmen, wiederholen
ausgedrickht	ausgedrückt
auskemmen	entkommen
auwödl	auweh, oweh
awer, owa	aber
ayn, ayne	ein, eine
Baanknotten	Banknoten
Babbendöckl	Pappendeckel
Bahöll	Lärm
Batschkoren	Fußbekleidung
Bedirfnisanstalt	Bedürfnisanstalt, Toilette
Been	Bein
Behm	Böhme, Böhmen

behörrschen	beherrschen
Beimele	Bäumchen
Beschweerung	Beschwörung
Biecheln, Biecher	Bücher
Biffe	Buffet
bisch	bist du
Bischdolenschuß	Pistolenschuß
Bischhepff	Bischöfe
Bissowar	Pissoir
bittelen	bitten
blaibt	bleibt
Blaserehrche, Blasereerche	Blasröhrchen
böböndön	bebenden
Böchvogel	Pechvogel
Böhöhött	Bett
boletiern (mersch)	polieren (wir es)
Braussebulfer	Brausepulver
Brodeschdanten	Protestanten
Brodöscht	Protest
Brofezeihungen	Prophezeiungen
Broschierde	Broschüre
Brösidenten	Präsidenten
brotöstieren	protestieren
Brummer	Fliege
bsonderscht	besonders
Budel	Ladentisch
bummbfwusiewizig	fünfundsiebzig
Burzellanziefer	Tiergestalt (Ungeziefer) aus Porzellan
cha	ja
Combinaison	Unterrock, Hemdchen
da fait si nix	da fehlt nichts, das ist so
dahoam	daheim
Daifelsdechtes	Teufelsgestalten
darain	darin
dechten	doch, denn
dees (isch gsessn)	das (hat getroffen)
deiflisch	teuflisch
dera	dieser
derf	darf
derfeten	dürften
dersölle	derselbe
Derwischeles	Fangen spielen
deschterweegen	deswegen
Dingerl	kleiner Gegenstand
Dirndeln	Mädchen
Diroller	Tiroler
dölögraführen	telegraphieren

Dottenschädel	Totenschädel
Driumff	Triumph
Dröckh	Dreck, Schmutz
dromat	oben
eam	ihn
ean	den, ihn
Eechenholz	Eichenholz
efter	öfter
eingefatscht	mit Wundverband versehen
einigeschloffen	hineingekrochen
Eisch	Eis
Elfenbeen	Elfenbein
em	dem
entsetzleach	entsetzlich
enttschucken	entfliehen
eppa, eppes	etwa
erfrayn	erfreuen
Faigenkaffee	Feigenkaffee, Kaffeeersatz
Famüllenvatter	Familienvater
fescht	fest, kräftig
fiegen	fügen
finschter	finster
Finschternuss	Finsternis
Firschtin	Fürstin
Föderbusch	Federbusch
Fönster	Fenster
Foxerl	Foxterrier
Fraid	Freude
fraielen	freuen
Fraigaist	Freigeist
Freiln	Fräulein
Früchtel	mißratenes Kind
fürgmerket	vorgemerkt
gagatzen	stottern
Gaisghagerln	Gemsen-, auch Ziegenkot
Geischt	Geist
Gelander	Geländer
gelt	nicht wahr
gemeen	gemein, gewöhnlich
gesölcht	geselcht
gewehnlach	gewöhnlich, üblicherweise
Gfrießl	Gesicht
ghandlet	gehandelt
gheert	gehört
Gigerl	Modegeck
Gitsch	Mädchen
glaibig	gläubig
glaich	gleich

Glöttscher	Gletscher
go dauni	geh hinweg
gor	gar
graunzen	jammern
grean	grün
greart	geweint
Grias enk God	Grüß euch Gott
griebeln	grübeln
gschbönstisch	gespenstisch
gschpaßig, gspaßig	lustig, seltsam
gschprochen	gesprochen
gschtoßn	gestoßen
Gspiehl	Spiel
Gutn Daach	Guten Tag
gweanlach	gewöhnlich
Haiter	Haut, bedauernswerter Mensch
hatschet	hinkend
Hauptallö	Hauptallee, Promenade im Wiener Prater
Heanervölkel	Hühnervolk
heerich	höre ich
heerscht	hörst du
Heisl	Toilette, WC
herauswuzeln	aus der Affaire ziehen
Herbscht	Herbst
Herndlen	kleine Hörner
heruntertschundern	sich heftig nach abwärts bewegen
hibsch	hübsch
Himmikreizdeifiieberanand	Fluchwort
Himmikreizteifieini	Fluchwort
hingschtiegen	hinzugetreten
Hirnkaschtel	Hirnkastel, Gehirn
hoamkimmst	heimkommst
hoan	haben
Hölldaifl, Hölltuifel	Höllenteufel
Höllenzoch	Höllenkerl
Hoschperle (muggen)	bedauernswerter Mensch
hot mir zwei gschmiert	hat mich zweimal geohrfeigt
Huet	Hut
i	ich
i mecht, meacht	ich möchte
i moan	ich meine
iewerhaubbt, ieberhaps	überhaupt
inigian	hineingehen
isch	ist
Jessers!	Jesus! Ausruf höchsten Erschreckens
jötzten	jetzt
Juchhe	oberste Galerie im Theater
Kanari	Kanarienvogel

Kappatalismer	Kapitalisten
kennas Ihna	können Sie sich
Kepfel	Köpfchen
Kerndel	Körnchen
Khnalloribis	Knallerbse
kimmt	kommt
kirzlach	kürzlich, vor kurzem
Klösterlen	Klöster
Knofel	Knoblauch
koan	keine
kommod	bequem, gemütlich
Kontömplazionen	Kontemplationen
Koschten	Kosten
Köschtensepp	Kastanienjosef
Kraxen	Traggestell
krigt	bekommt
Krischtenmönsch	Christenmensch
krischtkatholisch	christkatholisch
krump	krumm
lächerleach	lächerlich
laicht	leicht, ohne weiteres
Laiden	Leiden
leiden	erlauben
Leimhefen	Leimtopf
Lesezaichn	Lesezeichen
Loghikkh	Logik
Logomodiwm	Lokomotiven
losts	hört
lötz	schlecht
lüaschtern	lüstern
Lücht	Licht
Luschtmerderin	Lustmörderin
Maan	Mann
mai	mein
Mainoid	Meineid
Maischter	Meister
Majarstött, Majarschtött	Majestät
Malefizsakra	Fluchwort
Mandele, Manderl	Männchen
Marbelstein	Marmorstein
Maruschen	hinfälliges Frauenzimmer, zu griech. marasmós, Kräfteverfall
meeralt, möhralt	sehr alt
Mei!	Ausruf, hier in der Bedeutung eines Seufzers
Menaschschaln	von frz. Ménage, Metallgefäß für den Transport von Essen
Menscher	Mädchen (Mehrzahl)

Meps	Möpse
mer (seht)	man (sieht)
Minischterium	Ministerium
mir	wir
Mischt	Mist
möhralt	sehr alt
Mönsch	Mensch
mudersölnaloanig	mutterseelenallein, ganz allein
mueß	muß
neamand nicht	niemand
neetig	nötig
nehmse	nehmen Sie
Neichste	Neueste
neigierig	neugierig
neini	neun Uhr
niacht, nit, nöt, nücht	nicht
niechts, nix	nichts
ninderscht nit	niemals
ö gaspita	Ausruf, von ital. càspita!, Donnerwetter!
oanez	welche
Oanmachhendl	Hühnerfrikassee
obst	ob du
ödel	edel
Ögypten	Ägypten
öndleach	endlich
önglisch	englisch
Önkelkhinder	Enkelkinder
öntschüdön	entschieden
orm	arm
orntlich	ordentlich
Örtzfaindt	Erzfeind
ös	ihr
ötwa	etwa
Paitschenschnöllen	Peitschenschnellen, Tiroler Brauchtum
Parmherzigkait	Barmherzigkeit
Passaschier	Passagier
Patschen	Hausschuhe
peichten	beichten
Peichtstuel	Beichtstuhl
pestm	besten
Pfui der Deixl	Pfui Teufel
Pildstöckhel, Pildstokkh	Bildstock
Pischtole	Pistole
pislain	bißchen
Pofesenkammerln	Pofesen sind gebackene, hier mit Hirn gefüllte Brotscheiben
Pompfüneber	Bestattungsangestellter nach Entreprise des pompes funèbres

Porlement	Parlament
porner	geborener
Powidlpatzerln	kleine Häufchen Pflaumenmus
Protöscht	Protest
Pulldhokkhe	Bulldogge
Pumperer	dumpfer Ton, verursacht durch einen Aufprall oder Schlag
Puzzerl	Kleinkind
Ratz	Ratte
raunzen	protestieren, jammern, Einspruch erheben
Reacht	Recht
reischpern	räuspern
riachtik	richtig
riegen	rügen
rieglsam	fleißig, emsig
riehrt	rührt
Rötele	Rotwein
Rueten	Ruten
rumhobbst	umherhüpft
Salamucci	Salamihändler
Saumagen	unappetitlicher, unanständiger Mensch
saure Löber	saure Leber, geröstete Leber, die mit etwas Essig aufgegossen wird
Schaitterhauffen	Scheiterhaufen
Schbaaß	Spaß
schberrn	sperren
Schbezialist	Spezialist
schdehen	stehen
scheen, schinn	schön
Scheenheit	Schönheit
Scheime	Schäume
Schgorpion	Skorpion
schian	schön
Schieler	Schüler
schlampert	schlampig, nachlässig
Schlangengitschen	Schlangenmädchen
Schlapfen	Pantoffel
Schlissel	Schlüssel
schmeckkhn	riechen
schmochten	schmachten
Schmörzn	Schmerzen
schnaitzen	die Nase putzen
Schofmischt	Schafmist
Schotterpartie	reiche Heirat
Schprugg	Innsbruck
Schröckh	Schrecken
Schtaat	Staat

Schuch	Schuh
Schwöffelpfuhle	Schwefelpfuhl, Hölle
Selcher, auch Sechter	Fleischer, Metzger
sell, söll	das, dieses
Siedbahn	Südbahn, Eisenbahn, die in den Süden fährt
siedeten	siedend
siesch	siehst
sinscht	ansonsten
Söbaschtian	Sebastian
söllenen	solchen
Sommergascht	Sommergast
Spennadeln	Stecknadeln
spreach	sprich
Sproachfehlr	Sprachfehler
spröchen	sprechen
spüln	spielen
steeren	stören
Stewansturm	Turm von St. Stephan in Wien
stinketen	stinkenden
stoanalt	steinalt, sehr alt
Stockhschnupfn	festsitzender Schnupfen
stöhn	stehen
stoodern	stottern
Stotthalter	Statthalter
strain	streuen
Stuel	Stuhl, auch Heiliger Stuhl
sunschten	ansonst
Surm	Schimpfwort für einen dummen, uneinsichtigen, primitiven Menschen
Taddädl	Schimpfwort für einen läppischen Menschen
Thiatter	Theater
thiat	tut
tian, tien	tun
Todsind	Todsünde
Tolm	dummer Mensch
Treime	Träume
Tschötschele	Schwips, Rausch
tschundern	sich heftig in eine Richtung bewegen
Tschurtscherl	Fruchtzapfen der Nadelhölzer, bes. Kiefernzapfen
Turischtenkoschtiem	Touristenkostüm
Türl	Türchen
ummer	hinüber
unmeheglik	unmöglich
unpaß	unangenehm
unschbortlich	unsportlich

Urschulinerinnen	Schwestern des Ursulinenordens
verhoften	verhaften
verkiehln	verkühlen, erkälten
Vermegen	Vermögen
verschaichts	verscheucht
verspiern	verspüren
von selm	von selbst
waisch noch	weißt du noch
wait	weit
wegkh	weg
weißgliehet	weißglühend
wemmer	wenn man
wer andrer	jemand anderer
wern	werden
wia schraibet er siach	wie heißt er
willsch	willst du
Wirschteln	Würstchen
wohr	wahr
woiseln	jammern
woll	jawohl
Worscht	Wurst
Wöttr	Wetter
zernatscht	matschig
zerscht	zuerst
zidern	zittern
Ziefer	zu Ungeziefer, Schimpfwort für einen verachtenswerten Menschen
Zigarrnschbiez	Zigarrenspitz
Zirbn	Zirbe
Zoch	Kerl
zscherscht	zuerst
Zuig	Zeug
zuwigriffen	hingegriffen
zweng wos	wozu
zwoa, zwoate	zwei, zweite
zwoamal	zweimal
Zwörgpulldockchen	Zwergbulldoggen
Zwöschbenzeitt	Pflaumenzeit, der Genuß von Pflaumen ist bekanntlich verdauungsfördernd

PERSONENREGISTER

Das Personenregister enthält die Namen aller in Text und Kommentar genannten Personen, soweit ein Bezug zum Text noch gegeben ist, nicht aber die literarischer oder mythologischer Gestalten. Kursiv gesetzte Seitenangaben verweisen auf biographische Angaben zur Person.

Agnes, Markgräfin 224, *346*
Ankelreuter, Nabuchodonosor 276
Annunzio, Gabriele d' 75, *299*
Apokaukos, Alexios 247, *359*
Aspasia 164, 328

Bahr, Hermann 45, 51, *286 f.*, 290
Balduin III. 111, 309, 310
Barnum und Bailey 32, 221, *282*, 343
Barth, Jan 320
Beardsley, Aubrey 85, 93, *304*
Béchamel, Marquis de 74, *298*
Beer, Otto F. 347
Berchem, Egon Freiherr von 79, *300*
Berlichingen, Götz von 174, *331*
Berlioz, Hector 53, *291*
Bernhard von Clairvaux 110, 309, *310*
Bernus, Alexander Freiherr von 190 f., *335*
Besant, Anny 75, *298*
Billroth, Theodor 108, *308*
Bisenius, Franz Carl 219, *343*
Bodenwieser-Rosenthal, Gertrud 88, *303*
Boito, Arrigo 96, *304*
Botticelli, Sandro 85
Brillat-Savarin, Jean Anthème 169, *330*
Bryennios, Nikephoros 249, *359*
Buchbinder, Bernhard 137, *319*
Bujatti, Hermann 85, *303*
Byron, George Lord 86, *303*

Caesar, Julius 89
Callot, Jacques 142, *322*

Caracalla 208, *339 f.*
Carpaccio, Vittore 141, 168, *321*, 330
Casanova, Giacomo 136, 319
Cavamacchia, Giuletta 136, *319*
Chambord, Henri Charles de Bourbon 157, *325*
Chapelle, Abbé de la *286*
Charas, Heinrich 352
Cherbuliez, Victor 60, *294*
Chopin, Frédéric 175, 205, 314
Cicero 104, 157
Clara von Corfu 141, *321*
Claudia Felizitas, Kaiserin *279*
Claudius, Matthias 160, *325*
Clemenceau, Georges Benjamin 111
Columbus, Christoph 44, 163
Conada 103
Constant, Alphons Louis siehe Lévi, Eliphas
Cornaro, Caterina 161 ff., *326 f.*
Croce, Giovanni 165, *329*

Dalimil 51, *290*
Danckelmann, Eberhard Freiherr von 51, *290*
Dandolo, Enrico 276
Dante Alighieri 53, 288, 291
Darius III. Codomannus 253, *360*
Descourtis, Charles Melchior *323*
Devrient, Maximilian Paul 195, *336*
Donnet, Ferdinand *300*
Dostojewski, Fjodor Michailowitsch 191
Drake, Francis 93, *304*

Dürer, Albrecht 70, 167, 329 f., 332
Duse, Eleonora 120, *313*

Eidlitz, Karl 318, 349
Eiselsberg, Anton von 108, *308*
Eleonore von Aquitanien 109 ff.,
 308 ff., *310*
Elisabeth, Kaiserin 124, 316
Esterházy 16, 115, 279, *312*
Eugenie, Kaiserin 140, 321
Eugen von Savoyen 95

Falieri, Marino 165, *329*
Ferdinand I., Kaiser 103 ff., 207,
 238, *307*, 339, 351
Feuchtersleben 103, 207, *307*, 339
Fortner, Henriette 188, *334*
Franz I., Kaiser 126, 302
Franz Joseph I., Kaiser 238, 301,
 351
Franz Karl 102, *306*

Gaius Duilius 73, *297*
Galeazzo, Herzog 164, *328*
Galilei, Galileo 44
Gattilusi 360
Gentz, Friedrich 218, *342*
Georgios von Trapezunt 249, 359
Gerngroß, Alfred (Abraham) 93,
 304
Goethe, Johann Wolfgang von 11,
 15, 78, 170, 241, 259, 273 ff.,
 277, 292, 300, 355
Gooch, Daniel 101
Gotfried Plantagenet 111, 309,
 310 f.
Gounod, Charles 53, *291*
Grillparzer, Franz 59, 100 ff., 305 f.
Gustinian 249, *359*
Gutzmann, Hermann 181, 333

Hardy, John George 212, *341*
Hardy, Joseph Robert 341

Hartwich, Alexander 299
Haswell 102
Hebenstreit, Franz von 279
Heimeran, Ernst 311 f.
Heinrich V., Kaiser 112
Heinrich Plantagenet 309 ff.
Heliogabal 224, *346*
Herzmansky, August 93, *304*
Hesiod 130, 317
Heyl, Johann-Adolph 260
Hinkmar von Reims 51, *290*
Hitler, Adolf 89, 319
Hofmannsthal, Hugo von 85 f., *303*,
 313
Holm, Korfiz 334
Horrak, Emil von 97 ff., *305*
Horthy, Miklós Nikolaus 207, *339*
Hotteterre 144, *323*
Hübner-Hafenbrätl, Josepf Alexan-
 der Graf von 140, *321*
Humhal *289*
Huysmans, Joris-Karl 335

Ibsen, Henrik 195, *336*

Jäger, Gustav 356
Jogand-Pagès, Gabriel siehe Taxil, Leo
Johann von Capistran 313
Johannes VI. Kantakuzenos 171
Joseph II., Kaiser 82 f., 280, 301

Kantakuzenos, Johannes 246 f.,
 358, 359
Karl der Große 223
Karl VI. 16, 27 f., 132, 272, 281
Karl VII. Albrecht 187, *334*
Karneades 247, *358*
Kerinthus 165, *329*
Kerry, Christine 301
Keyserling, Hermann Graf 44, 46,
 286 f.
Khevenhüller 112, *311*
Komnenos 224, *346*

Komzák, Karl   66, *296*
König, Karl   348
Korngold, Julius Leopold   353 ff.
Korngold, Erich Wolfgang   355
Kossuth, Lajos   77, *299 f.*
Krishnamurti, Jiddu   75, *298*
Krones, Therese   105, *307*
Kropatschek, Alfred von   *289*
Kubin, Alfred   53, 284 f., 291, 294, 305 f., 326, 330, 335, 340, 348
Kubin, Hedwig   285
Kunst, Wilhelm   195, *336*
Kußmaul, Adolf   181, 333

Laban, Rudolf von   354
Laskaris   244, 358
Laudon, Gideon Ernst von   27, 52, *281*, 291
Lehmann, Lotte   47, *287*
Lenbach, Franz von   75, *299*
Leopold I., Kaiser   279, 302
Leopold V., Herzog   112, 311
Levetzow, Ulrike von   11, 14, 29, 170, 259, 273, *276*, 277 ff., 330
Lévi, Eliphas   229, *347*
Lewinsky, Josef   240 ff., 352 ff., *356*
Liechtenstein, Joseph Wenzel Laurenz 281
Liechtenstein, Karl Eusebius   27, *281*
Lingen, Theo   282
Liszt, Franz   344
Lloyd George, David   76, *299*
Losch, Tilly   44, 243, *286*, 356
Louis Philippe 102, *306*
Ludwig I. von Bayern   218, 342
Ludwig VI.   109
Ludwig VII.   109ff., 309, 310
Ludwig XIII.   93
Ludwig XIV.   142, 286, 320
Lueger, Karl   296
Lusignan, Raimund   161, 309, *327*

Mailly, Anton von   260
Maintenon, Françoise d'Aubigné Marquise de   44, *286*
Makart, Hans   345
Mann, Thomas   305
Marco Polo   167
Margarete Maultasch   168, *330*
Maria Theresia   16, 27f., 61, 108, 135 ff., 218, 272, 281, 294 f.
Marlitt, Eugenie   75, 298
Maximilian I. von Mexiko   222, 314
McAdam, J. L.   292
Meixner, Julius   195, *336*
Mels-Colloredo   112
Metternich, Clemens Wenzel Fürst   86, 104, 142, 280, 321
Meyerbeer, Giacomo   53, *291*
Mocenigo   91, 194, *303*, 336
Montalbon   11, *275*
Montecuccoli   103
Montenuovo   115, *312*
Montez, Lola   218, *342*
Moser, Hans   282 f.
Mozart, Wolfgang Amadeus   83, 301
Musset, Alfred de   55, *292*

Napoleon I.   89, 224
Napoleon III.   78, 140, 321
Nasr-es-Din   124, *316*
Neuhauser, Mia   312
Nietzsche, Friedrich   292
Nikephoros, Gregoras   171
Nikolaus, Zar   102
Nurmi, Paavo   75, *299*

Oerley, Wilhelm Anton   308
Orme, Philibert de l'   143, *322*
Oswald von Wolkenstein   11, *276*
Ottokar II. von Böhmen   295

Paar, Aloys Graf   114, *312*
Pachinger, Anton Maria   46, 76 ff., 217, *287*, *299*, 341, 342

Paderewski, Ignacy Jan   48, *289*
Palacky, Frantisek   *305*
Palaeologos, Andronikos III.   244,
   357 f., *358*, 359
Palmerston, Henry John Temple
   Viscount   77, *300*
Paracelsus   43
Paumgartner, Bernhard   46, *287*
Pestalozzi, Johann Heinrich   51
Pfannberg   11, 260, 273, *275*
Pheidias   163, *328*
Photios von Konstantinopel   360
Picasso, Pablo   78, 300
Piper, Reinhard   342
Platen, August von   60, *293*
Polásek, Josef   337
Poliakovitz, Nikolaus   120, *314*
Pompadour, Jeanne Antoinette
   Marquise de   190, *334*
Pozzo della Cisterna   103, *307*
Prato, Katharina   72, *297*
Präuscher, Hermann   296
Praxiteles   164, *328*

Rácóczi, Franz I. Fürst   45, *287*
Rehrl, Franz   46 f., *287*
Reinhardt, Max   44, *286*, 287
Reininghaus, Hugo Karl Julius von
   113 f., 198, 240 ff., *311*, 336, 356
Rembrandt   87
Richard Löwenherz   112, 308 f., *311*
Richthofen   90, *303*
Rokitansky, Marie von   72, *297*
Roller, Alfred   287
Rothschild, Baron   88, 101
Roxane   253, *360*
Rudolf, Kronprinz   74
Rudolf I. von Habsburg   64, 295
Ruston, Joseph John   206, *338 f.*
Ruysdael, Jakob   217, *341*

Sack, Erna   282
Saint-Saens, Camille   356

Sainte-Beuve, Charles Augustin   60,
   293
Saladin, Sultan   111, 308 f., *310*
Salten, Felix   293
Sándor, Moritz Graf   25, *280*
Sandrock, Adele   282
Schaffgotsch   103, *307*
Schickelgruber, Alois   137, *319*
Schlandersperg   11, 260, *276*
Schmidt-Dengler, Philipp   283
Schmitz, Oskar A. H.   42 ff., 284,
   285, 286 ff., 291
Schneider, Friedrich   78, 300
Schönerer, Mathias   101, *306*
Sedlnitzky, Joseph Graf   104, *307*
Seidler, Alma   349
Selim II., Sultan   320
Servaes, Dagny   47, *287*
Siegfried von Chur   11, 14, *276*
Sina, Georg Simon Baron   101,
   306
Sironi, Irene   354
Smetana, Friedrich   223
Steiner, Rudolf   298
Stephanie, Kronprinzessin   74
Stephenson, George   101
Stern, C. W.   61, *294*
Strabon   226, *346*
Strauß, Johann   137
Strauss, Richard   47, 287, *288*
Suger, Blaise   111, 308 f., *310*
Swieten, Gerhard van   108, *308*
Symeon von Thessalonike   360

Tarand   11, *275*
Taxil, Leo   167, *329*
Theodor I. von Korsika   213, *341*
Theodora, Kaiserin   164, *328*
Thun-Welsberg   26, *281*
Tiepolo, Giovanni Battista   87
Tizian   117
Torberg, Friedrich   259, 304
Trautson   11, *276*

Tschengels   11, *275*
Tschurtschentaler   234 ff., 351

Umbach, Jonas   48f., 288, *289*
Urban VI., Papst   287

Valentin, Karl   255
Verrocchio, Andrea del   117, *313*

Wagner, Otto   287
Wagner, Richard   175, 293
Watt, James   212, *341*
Weiß, Ernst   293
Wenzel IV.   296
Wiesenthal, Grete   303

Wilhelm IX.   109, 308, *310*
Wilhelm X.   310
Willemer, Marianne von   300
Wilson   111, 169, *330*, 351
Wittgenstein   352
Wolff, Karl Felix   260
Wolfskehl, Karl   46, 286, *287*,
   305
Wurmser, Dagobert Sigmund   16,
   279

Xiphillinos, Johannes   359

Zeileis, Michael Valentin   45, *287*
Ziegler, Kosmas   352, 357

DANK

Für wertvolle Hinweise und Beiträge danken wir Herrn Univ.-Prof. Dr. Peter Csendes, Herrn Dr. Bernhard Fetz, Herrn Prof. František Lesák, Herrn Univ.-Doz. Dr. Walter Methlagl, Herrn Mag. Maximilian Reinisch und Frau Dr. Juliane Vogel.
Unser ganz besonderer Dank gilt dem Verleger und allen seinen Mitarbeitern.

Wien, November 1992   Die Herausgeber

Das Forschungsinstitut »Brenner-Archiv« und die Leiter der Edition Sämtlicher Werke von Fritz von Herzmanovsky-Orlando danken der Tiroler Landesregierung, Kulturreferat, dem Bundesministerium für Unterricht und Kunst und dem Fonds zur Förderung der wissenschaftlichen Forschung, die durch Unterstützung und Beiträge zur Drucklegung das Zustandekommen dieses Bandes ermöglicht haben.

Walter Methlagl   Wendelin Schmidt-Dengler

Dieses Buch, einschließlich Vorsatzpapier
und Schutzumschlag, wurde auf Recyclingpapier gedruckt,
das zu 100% aus Altpapier besteht. Das Einbandleinen,
das Kapitalband und das Leseband sind aus 100% ungefärbter
und ungebleichter Baumwolle.